Lehrbuch

des

Bürgerlichen Rechtes

mit Berücksichtigung des gesamten Reichsrechtes

von

Dr. Bernhard Matthiaß,
Professor an der Universität Rostock,
Geheimer Justizrat.

Sechste und siebente, verbesserte und ergänzte Auflage.

Springer-Verlag Berlin Heidelberg GmbH
1914.

ISBN 978-3-642-52535-3 ISBN 978-3-642-52589-6 (eBook)
DOI 10.1007/978-3-642-52589-6

Vorwort zur ersten und zweiten Auflage.

In dem vorliegenden Lehrbuch ist dem nächsten und allgemeinen Bedürfnisse entsprechend das Hauptgewicht auf eine kurze und möglichst vollständige Darstellung des neuen Rechtes und auf den Nachweis der wichtigsten Literatur gelegt worden. Daß auch bei dieser Begrenzung des Zieles das Erreichte hinter den zu stellenden Ansprüchen erheblich zurückbleibt, verhehle ich mir nicht. Man wird es als Mangel empfinden, daß die Darstellung noch zu vorsichtig an den Einzelvorschriften des Gesetzes haftet. Eine wirklich instruktive Zusammenfassung und Vereinfachung muß aber auf breiter Einzelforschung fußen können. Ähnliche Schwierigkeiten haben mich von ausgedehnterer Heranziehung der geschichtlichen Anknüpfungspunkte Abstand nehmen lassen. Kurze Verweisungen auf das bisher geltende Recht sind m. E. nahezu wertlos und mehr geeignet, den Studierenden, an den sich das Lehrbuch in erster Linie wendet, zu verwirren als zu fördern. Notwendig wäre es, die Grundgedanken des bisherigen Rechtes, und zwar nicht nur die des römischen und gemeinen Rechtes, im neuen Rechte zu verfolgen. Verzichtet habe ich ferner auf eine ausgedehnte Unterstützung der Darstellung durch ausführliche Kasuistik, nicht nur mit Rücksicht auf den mir zur Verfügung stehenden Raum, sondern weil ich die nähere Ausführung und Veranschaulichung als die vornehmste Aufgabe des Rechtsunterrichtes betrachte, in der ihn das Lehrbuch gar nicht vertreten kann.

Meinen aufrichtigsten Dank spreche ich Herrn Referendar Dr. Zschimmer aus, der mich bei der Drucklegung und durch die Anfertigung des Registers mit freundschaftlicher Bereitwilligkeit unterstützt hat.

Rostock, den 1. März 1899.

Matthiaß.

Vorwort zur dritten und vierten Auflage.

In der vorliegenden neuen Auflage bin ich in erster Linie bemüht gewesen, die massenhafte und zum Teil sehr gehaltvolle Literatur des neuen Rechtes für die Darstellung zu verwerten, soweit es nach dem Fortschreiten des Druckes möglich war. Unerläßlich war ferner der Hinweis auf die Bestimmungen der Ausführungsgesetze. Im übrigen ist die Anlage des Buches im ganzen unverändert geblieben. Auch die Literaturangaben habe ich noch in unveränderter Weise beibehalten. Soweit diese Literatur der Entstehungszeit des Gesetzes angehört, trägt sie zwar zum unmittelbaren Verständnis des Gesetzes weniger bei, wird aber für die Entstehungsgeschichte des Gesetzes und die weitere Entwicklung unseres Rechtes von dauerndem Werte bleiben. Eine ausgedehntere Berücksichtigung der geschichtlichen Grundlagen des neuen Rechtes mußte ich zurückstellen, weil es mir in der Kürze der Zeit nicht möglich war, dieser Aufgabe so, wie ich sie auffasse, für alle Teile des Systemes gleichmäßig zu genügen. Nirgends liegt

m. E. die Gefahr, den jungen Juristen mit einem Stoffe, den er nicht zu beherrschen vermag, zu überlasten oder ihn durch Einseitigkeit in irrige Vorstellungen zu leiten, so nahe wie hier.

Bei der Verbesserung der Fehler und Versehen in meiner Arbeit bin ich durch sachkundigen Rat von Fachgenossen in mir sehr willkommener Weise unterstützt worden. Besonders hat Herr Referendar Walsmann in Rostock durch seine aufopfernde Mitarbeit bei der Revision der Materialien und der neu erschienenen Literatur und durch die Herstellung des Sach- und Quellenregisters meine Arbeit gefördert. Es ist mir ein Bedürfnis, auch an dieser Stelle für die freundliche Teilnahme und Hilfe aufrichtigst zu danken.

Rostock, den 9. März 1900.

Matthiaß.

Vorwort zur fünften Auflage.

In der vorliegenden fünften Auflage ist die Anlage des Lehrbuches nicht verändert. Aus Zweckmäßigkeitsgründen ist die Darstellung in einem Bande vereinigt. Dem Hauptzwecke des Lehrbuches, dem Studierenden eine Übersicht über den beständig wachsenden Stoff, dem fertigen Juristen ein Mittel zur ersten Orientierung zu bieten, ist durch Verbesserungen und Ergänzung, durch Hinweise auf die geschichtliche Entwickelung und das früher geltende Recht und die Beziehungen zum sonstigen Reichsrechte Rechnung getragen. Die ausgedehnten Literaturnachweise der früheren Auflagen konnten fortfallen, weil selbständige Hilfsmittel diesem Bedürfnis sich bieten; nur die wichtigsten Erscheinungen der Literatur sind aufgenommen. Notwendig erschienen mir kurze Hinweise auf die bemerkenswertesten, prinzipielle Fragen berührenden Streitfragen der Literatur und Praxis. Überall ist das Lehrbuch nur als eine Grundlage gedacht, die durch den Universitätsunterricht und eigenes Studium weiter ausgebaut werden, nicht aber abschließende Erörterung bieten soll.

In nächster Zeit soll eine der Anordnung des Lehrbuches folgende Sammlung „Rechtsfälle und Rechtsfragen“ erscheinen, die den jüngeren Juristen beim Selbststudium des bürgerlichen Rechtes zu unterstützen bestimmt ist.

Rostock, im Februar 1910.

Matthiaß.

Vorwort zur sechsten und siebenten Auflage.

Die Anlage des Lehrbuches ist in dieser Auflage nicht geändert. Nur ist versucht worden, durch eingefügte kurze Beispiele die Anschaulichkeit der Darstellung zu erhöhen. Die Literatur ist bis zum Schlusse des Sommersemesters verwertet worden. Bei der Revision des Druckes und der Herstellung des Sachregisters hat mich Herr Professor Dr. Walsmann wiederum in dankenswertester Weise freundlichst unterstützt.

Rostock, im Mai 1914.

Matthiaß.

Inhaltsverzeichnis.

VI. Abschnitt. Ausübung und Schutz der Rechte.

Zweites Buch. Das Recht der Schuldverhältnisse.

I. Abschnitt. Die allgemeinen Lehren.

1. Kapitel. Begriff, Inhalt und Entstehung der Schuldverhältnisse.

2. Kapitel. Bestärkung und Abschwächung der Schuldverhältnisse.

3. Kapitel. Das Erlöschen der Schuldverhältnisse.

4. Kapitel. Die Übertragung der Forderung und die Schuldübernahme.

10. Kapitel. Das dingliche Vorkaufsrecht.

11. Kapitel. Das Pfandrecht.

A. Das Pfandrecht an Grundstücken.

B. Das Pfandrecht an beweglichen Sachen und Rechten.

Viertes Buch. Das Persönlichkeits- und Immaterial-Güterrecht.

Fünftes Buch. Das Familienrecht.

I. Abschnitt. Das Eherecht.

1. Kapitel. Die Eheschließung.

2. Kapitel. Die Folgen der Ehe.

III. Abschnitt. Die Vormundschaft.

Sechstes Buch. Das Erbrecht.

I. Abschnitt. Die Verfügungen von Todes wegen.

II. Abschnitt. Die einzelnen erbrechtlichen Verhältnisse.

A. Die gesetzliche Erbfolge.

B. Die gewillkürte Erbfolge.

3. Kapitel. Die Vermächtnisse.

A. Die gewillkürten Vermächtnisse.

B. Die gesetzlichen Vermächtnisse.

4. Kapitel. Die Auflage.

5. Kapitel. Das Pflichtteilsrecht.

6. Kapitel. Der Testamentsvollstrecker.

III. Abschnitt. Die Erbenstellung.

1. Kapitel. Die Begründung der Erbenstellung.

2. Kapitel. Das Rechtsverhältnis unter Miterben.

Verzeichnis der Abkürzungen.

ALR. = Preußisches Allgemeines Landrecht.
AG. = Ausführungsgesetz.
AV. = Ausführungsverordnung.
BGB. = Bürgerliches Gesetzbuch.
D. = Denkschrift zu Entwurf III.
EG. = Einführungsgesetz zum BGB.
GBO. = Grundbuchordnung vom 24. März 1897.
GewO. = Gewerbeordnung.
FGG. = Gesetz über die Angelegenheiten der freiwilligen Gerichtsbarkeit vom 17. Mai 1898.
GVG. = Gerichtsverfassungsgesetz.
HGB. § = Handelsgesetzbuch vom 10. Mai 1897.
HBG. Art. = Altes Handelsgesetzbuch von 1861.
KO. = Konkursordnung vom 17. Mai 1898.
L. § = Dieses Lehrbuch.
M. = Motive zum Entwurf eines BGB.
Nov. = Novelle.
ÖBGB. = Österreichisches Bürgerliches Gesetzbuch.
P. = Protokolle der Kommission für die zweite Lesung des Entwurfes, bearbeitet von Achilles, usw.
RAO. = Rechtsanwaltsordnung.
RG. = Entscheidungen des Reichsgerichts.
RGO. = Reichsgewerbeordnung.
ROHGB. = Entscheidungen des Reichsoberhandelsgerichts.
RStrGB. = Reichsstrafgesetzbuch.
RVerf. = Reichsverfassung.
StPO. = Strafprozeßordnung.
ZPO. = Zivilprozeßordnung.
ZVG. = Gesetz über die Zwangsversteigerung und Zwangsverwaltung vom 24. März 1897.

Einleitung.

Die Entwicklung des bürgerlichen Rechtes in Deutschland.[1]

§ 1.

Die Entwicklung bis zum Abschlusse der Rezeption.

Die Privatrechtsentwicklung in Deutschland bis zur Mitte des sechzehnten Jahrhunderts wird durch die Aufnahme des fremden (römisch-justinianischen, kanonischen und langobardischen) Rechts in zwei Perioden geschieden.

I. Die Entwicklung vollzieht sich zunächst auf nationaler Grundlage und ist bezeichnet durch politischen und sozialen Partikularismus, das Vorherrschen der Gewohnheitsrechtsbildung und des ungeschriebenen Rechtes, den Mangel wissenschaftlicher Rechtsbearbeitung und die Handhabung des Rechtes durch Laiengerichte. In der vorfränkischen Zeit besteht keine politische Einheit der Nation und kein einheitliches Recht, sondern verschiedene, in der Gewohnheit entwickelte Rechte der einzelnen deutschen Völkerschaften, Stämme und Stammesteile, die bei Verschiedenheit im einzelnen gleichen nationalen Charakter tragen. In der Zeit der fränkischen Monarchie, welche die Stämme zuerst politisch vereinigt, tritt die Gesetzgebung schärfer hervor: als Reichsgesetzgebung in den Kapitularien einheitliches Recht für das ganze Reich schaffend, als Sondergesetzgebung in der Kodifikation und beschränkten Weiterbildung der deutschen Volksrechte (leges barbarorum), sowie des für die unterworfene römische Bevölkerung geltenden römischen Rechtes (leges Romane); die fränkische Reichsgesetzgebung hat aber auf dem Gebiete des Privatrechtes die Rechtseinheit wenig gefördert, so daß hier bei der Aufteilung des fränkischen Reiches die Sonderung des Rechtes nach Stämmen bestand.

II. Im deutschen Reiche des Mittelalters macht sich, wenn auch der gemeinsame nationale Grundcharakter des Rechtes erkennbar bleibt, eine rückläufige Bewegung in doppelter Richtung geltend. Die Gesetzgebung des Reiches vernachlässigt das Privatrecht gänzlich, und eine Sondergesetzgebung für die Stammesgebiete kommt nicht mehr in Betracht. Gewohnheitsrechtsbildung tritt hier an die Stelle, die in privaten Aufzeichnungen, den Rechtsbüchern (Sachsenspiegel usw.) ihren Niederschlag findet. Der überkommene Partikularismus des Rechtes schreitet aber nicht nur in territorialer Beziehung fort, indem sich aus dem Gebiete der Stammesrechte kleinere Rechtsgebiete mit besonderem Rechte (Landrechte, Stadtrechte, Dorfrechte usw.) ausscheiden, sondern auch in sozialer Hinsicht, indem sich für bestimmte Personenkreise besonderes Recht gegenüber dem Landrechte des Gebietes (Lehnrecht, Dienstrecht, Hofrecht) bildet. Die Gründe dieser fortschreitenden Rechtssonderung liegen in der fortschreitenden Schwäche der Zentralgewalt des Reiches gegenüber den Gliedern. Die Aufgabe, den Bedürfnissen der Nation gerecht zu werden, mußte notwendig den im Reichsverbande sich mehr und mehr entwickelnden deutschen Einzelstaaten zufallen.

III. In diese Zeit der politischen Auflösung und Neugestaltung fällt die Aufnahme (Rezeption) der fremden Rechte, des römisch-justinianischen, des kanonischen Rechtes und des langobardischen Lehnsrechtes. Dem Verständnis dieses überraschenden geschichtlichen Vorganges kommen wir

---

[1]) Zu vergleichen sind u. a. die Werke über die deutsche Rechtsgeschichte und das deutsche Privatrecht; für die Rezeptionszeit die Lehrbücher des Pandektenrechtes und v. Below, Die Ursachen der Rezeption des röm. R. in Deutschland (1905), §§ 1—4. Hübner, R., Grundzüge des d. Privatrechts (2. A.). Zusammenfassende Übersicht bietet: Vierhaus, Beitr., H. 1. 1889: Schwarz, Arch. f. bürg. R., Bd. 1, S. 1 ff. Kohler, ebenda, Bd. 2, S. 1 ff. Matthiaß, Die Entwicklung des deutschen bürgerlichen Rechts in gemeinverständlicher Darstellung (1905). Enneccerus I. 1 §§ 1 ff.

näher, wenn wir uns zunächst vergegenwärtigen, daß das deutsche Mittelalter von der Idee des römischen Weltreiches und römischen Weltrechtes beherrscht wird, welcher gemäß das Recht Justinians als das geltende Recht auch Deutschlands erschien, daß diese Idee, welche die Nationalitätsidee ausschließt, auch von der Kirche und ihrem Rechte genährt wird, daß so die allgemeinsten Bedingungen ungemein günstig für die Anerkennung des römischen Rechtes lagen, dessen wissenschaftliche Pflege, von der Glossatorenschule in Bologna gerade vom Standpunkte dieser allgemeinen Idee aus im 12. und 13. Jahrhundert neu belebt, sich nach Deutschland verbreitet und bald von der allgemeinen geistigen Bewegung des Humanismus und der Renaissance getragen wird. Begreiflicher wird der Vorgang der Rezeption weiter dadurch, daß das einheitliche, hochentwickelte, von der jungen italischen Wissenschaft mit ausgesprochener praktischer Tendenz gepflegte römische Recht (Schule der Postglossatoren im 13. bis 16. Jahrhundert) dem Rechtsbedürfnisse des deutschen Volkes, das in eine Periode reich entwickelten Handelsverkehrs und gewerblichen Schaffens eingetreten war, mehr entsprach als das partikulär zersplitterte, lückenhafte, wissenschaftlich nicht entwickelte, von der zentralen Gesetzgebungsgewalt des Reiches vernachlässigte und durch Laien gehandhabte deutsche nationale Recht. Das entscheidende Gewicht liegt aber nicht in diesen Verhältnissen, sondern in der bewußten Politik der aufstrebenden Landesherren und der Hausmachtspolitik der Habsburger, die unter Benutzung dieser allgemeinen Verhältnisse dem römischen Rechte und seinen Vertretern, den doctores juris, Eingang verschaffen, um sich die Stütze des absoluten römischen Staatsrechtes zur Befestigung ihrer der kaiserlichen Gewalt gegenüber bereits gewonnenen Selbständigkeit auch nach unten gegenüber den Reichsständen in ihren Territorien zu sichern[1]). Die Gründung des deutschen Territorialstaates ist demnach das entscheidende Ereignis wie in der politischen so in der Rechtsentwicklung unseres Vaterlandes. In diesem politischen Vorgange fand die gewohnheitsrechtliche Aufnahme des römischen Rechtes ihre notwendigen Voraussetzungen. Dieser Aufnahmeprozeß ist entschieden mit der Umwandlung der Gerichte in Beamtengerichte im Reiche und in den Territorien (Reichs-Kammergerichtsordnungen von 1495 und 1521). Auch der weitere Verlauf der Rezeption bestätigt diese Auffassung: die Opposition gegen das fremde Recht geht vornehmlich aus von den Gegnern der neuen landesherrlichen Macht. Die nationale Abneigung gegen das fremde Recht tritt hinter dieser Opposition zurück. Andererseits mußte die fundamentale Rechtsänderung die schwersten Erschütterungen des Rechtszustandes mit sich führen. Daraus ergab sich, daß die Aufnahme sich im wesentlichen auf das Privatrecht beschränkte und selbst in dieser Beschränkung wesentliche Bestandteile der fremden Rechtsordnung keinen Eingang zu gewinnen vermochten, daß das Fremdrecht nur subsidiäre Bedeutung gegenüber dem deutschen partikulären Recht erlangte, und daß das Fremdrecht im Sinne der italischen Wissenschaft und Praxis den deutschen Verhältnissen angepaßt wurde. Dem Verluste, der in der Unterbrechung der nationalen Rechtsentwicklung ohne Zweifel lag, steht aber der Vorteil gegenüber, daß das rezipierte gemeine Recht als gemeinsames Rechtsband ganz Deutschland umschloß, gegenüber der Rechtssonderung den Gedanken der Rechtseinheit rege erhielt, und daß mit ihm die Rechtswissenschaft Eingang in Deutschland fand. Die Rechtswissenschaft und die Gesetzgebung der Einzelstaaten sind die Faktoren, auf denen die Rechtsentwicklung seit der Rezeption beruht.

§ 2.

Von der Rezeption bis zur Reichsgründung.

I. Die Zeit bis zu den großen Kodifikationen.

Mit der Rezeption des fremden Rechtes war ein zweifacher Dualismus geschaffen: der zwischen nationalem und fremdem und der zwischen dem partikulären und gemeinen Rechte. Dabei fällt das nationale Recht anfänglich mit dem partikulären, das fremde mit dem gemeinen Rechte zusammen. Es konnte aber nicht ausbleiben, daß nicht nur nationaler Rechtsgehalt in das fremde Recht, sondern auch fremder Rechtsstoff in das partikuläre Recht hineinfloß. Das gemeine fremde Recht, durch die Gewohnheit zur Geltung gelangt, wurde auch weiter, von einzelnen Gesetzen des alten Reiches abgesehen, durch die Gewohnheit in selbständiger Weise um- und fortgebildet. Dieser Prozeß wurde weniger durch die Humanisten, die französische und niederländische Rechtsschule (16., 17. Jahrh.) als durch die praktische Rechtsschule des 17. Jahrhunderts (usus modernus Pandectarum) gefördert. Im Partikularrechte erhielt sich das einheimische Recht. Aber abgesehen davon, daß die deutschrechtlichen Sätze in der praktischen Anwendung durch die römisch-rechtlich geschulten Richter eine romanistische Deutung und Behandlung erfuhren, ist in den Territorien die Gesetzgebung tätig, den materiellen Gegensatz zwischen dem fremden und nationalen Rechte auszugleichen. In den Stadt- und Landrechtsreformationen des 16. und 17. Jahrhunderts, den Vorläufern der großen Kodifikationen, macht sich ein starker romanisierender Zug geltend, von dem sich nur das sächsische Recht freier zu halten wußte. Auch die vollständigsten dieser Gesetzgebungen (Codex Maximilianeus Bavaricus civilis. 1756) waren aber weit davon entfernt, den

[1]) Laband, Die Bedeutung der Rezeption für das deutsche Staatsrecht (1880. Rede).

bestehenden Gegensatz zwischen nationalem und fremdem Rechte in selbständiger Rechtsschöpfung zu überwinden; sie beließen es daher auch bei der subsidiären Geltung des fremden Rechtes und bedeuten keinen wesentlichen Fortschritt auf dem Wege zur Einheitlichkeit des Rechtes.

II. Die großen Kodifikationen.

Der Dualismus des Rechtes wurde erst durch die großen Kodifikationen des 18. und 19. Jahrhunderts in einigen größeren deutschen Staaten beseitigt[1]). Der Boden für die Gesetzgebungen war durch zwei wissenschaftliche Richtungen vorbereitet. Die dem deutschen Rechte sich zuwendende Rechtswissenschaft (Herrmann Conring 1606—84) hatte den im geltenden Rechte bestehenden Gegensatz zwischen nationalem und fremdem Rechte zum klaren Verständnis gebracht und die Gleichberechtigung des nationalen Rechtes verteidigt, während die naturrechtliche Schule (18. Jahrh.), indem sie an dem bestehenden Rechtszustande mit Erfolg Kritik übte, eine durch philosophische Abstraktion gewonnene, der historischen Zufälligkeiten entkleidete Rechtsordnung empfahl und dadurch der schöpferischen, kodifizierenden Gesetzgebung eine nachhaltige Anregung gab. Der Erfolg der Kodifikationen für die deutsche Rechtsentwicklung war einerseits ein günstiger und großer; denn für einzelne deutsche Rechtsgebiete war der Dualismus des nationalen und partikulären zum fremden und gemeinen Rechte in erschöpfenden Gesetzgebungen, in denen in verschiedenem Maße auch das nationale Recht zur Anerkennung gelangt war, überwunden. Die Rechtssonderung hatte in diesen Gebieten erheblich an Bedeutung eingebüßt. Andererseits war durch die Beseitigung der subsidiären Geltung des gemeinen Rechtes in diesen Gebieten die Rechtssonderung für das gesamte deutsche Rechtsgebiet verschärft. Mit dem Untergange des alten Reiches (1806) zerfiel Deutschland in die Gebiete der Kodifikationen und das Gebiet des früheren gemeinen Rechtes. Das letztere galt in den einzelnen souveränen Staaten dieses Gebietes als partikuläres Recht fort. Es hatte zwar den Charakter des allgemeinen, nicht aber den des gemeinen deutschen Rechtes bewahrt (vgl. L. § 7).

III. Die Rechtsgleichheitsbestrebungen.

Die Abschwächung der Rechtssonderung durch eine immer weitergreifende Einheit des Rechtes war allerdings erst eine Folge der für die Nation im neuen Reichsverbande wiedergewonnenen politischen Einheit. Es hat aber an Bestrebungen, trotz der politischen Schranken, welche die Rechtseinheit verboten, für ganz Deutschland wenigstens zur materiellen Rechtsgleichheit innerhalb der Nation zu gelangen, schon vor der Reichsgründung nicht gefehlt. Wissenschaft, Praxis und Gesetzgebung waren an diesen Bestrebungen vorbereitend, fördernd und verwirklichend beteiligt. Mit der Wende des Jahrhunderts vollzog sich auch auf dem Gebiete der Rechtswissenschaft die Umkehr vom Rationalismus und die Wiederbelebung der der Erkenntnis des geschichtlich gewordenen Rechtes zugewendeten Studien. In der Zeit der nationalen Erhebung wurde zwischen Thibaut[2]) und Savigny[3]) eingehend die Frage der Schöpfung eines Bürgerlichen Gesetzbuches für Deutschland erörtert. Dieser Streit gab Savigny Gelegenheit, das Programm der historischen Rechtsschule (Vorläufer: J. Möser † 1794 und Hugo † 1844) zu entwickeln, deren wissenschaftliche Arbeit, sowohl dem römischen wie dem nationalen Rechte zugewendet, im Laufe des 19. Jahrhunderts die notwendige Voraussetzung für eine ausgleichende Gesetzgebung geschaffen hat, während der geniale Vertreter dieses Programms die aufgeworfene Frage nach der Notwendigkeit und Möglichkeit eines allgemeinen deutschen Gesetzbuches von seiner geschichtlichen Auffassung des Rechtes aus verneinte. Die fortwirkenden Impulse der früheren Zeit und das nationale Bedürfnis erwiesen sich stärker. Wie die Gesetzgebung in den Einzelstaaten nicht ruhte, so fand der Gedanke der Rechtsgleichheit auf Veranlassung des deutschen Bundes in der deutschen Wechselordnung (1848) und dem Handelsgesetzbuche (1861) seine teilweise Verwirklichung. Der deutsche Juristentag vertrat seit seiner Gründung (1860, Antrag von Jos. Unger) diesen Gedanken im weiteren Umfange, und der deutsche Bund war entschlossen, ein gemeinsames Obligationenrecht zu schaffen, dessen Entwurf am 13. Juni 1866 (Dresdener Entwurf) veröffentlicht wurde.

---

[1]) Allgemeines Landrecht für die Kgl. Preußischen Staaten vom 1. Juni 1794. Der Code civil vom 21. März 1804 bzw. 3. September 1807. Das Badische Landrecht vom 3. Februar und 22. Dezember 1809. Österreichisches Bürgerliches Gesetzbuch vom 1. Juni 1811. Das Sächsische Bürgerliche Gesetzbuch vom 2. Januar 1863. Außerdem sind mehrere gesetzgeberische Projekte beachtenswert: Der Preußische Revisions-Entwurf zum allgemeinen Landrecht von 1839. 1842. Der Bayrische Entwurf eines Bürgerlichen Gesetzbuches von 1861. 1864. Der Hessische Entwurf von 1841. 1844. 1845. 1853.

[2]) Thibaut, Über die Notwendigkeit eines allgemeinen bürgerlichen Rechtes für Deutschland (N. Ausgabe, 1840).

[3]) v. Savigny, Vom Beruf unserer Zeit für Gesetzgebung und Rechtswissenschaft (1892, Neudruck nach der 3. Aufl. von 1840).

§ 3.

Die Reichsgesetzgebung und das Bürgerliche Gesetzbuch.

I. Die Reichsgesetzgebung bis zum Bürgerlichen Gesetzbuch.

Der allgemeine Zustand der Rechtsentwicklung, den der Deutsche Bund dem Norddeutschen Bunde überlieferte, war der der Rechtssonderung bei nicht unbeträchtlicher materieller Rechtsgleichheit. Die Verfassung des Norddeutschen Bundes vom 17. April (publiziert am 26. Juli) 1867 wies dem Bunde (Art. 4 Z. 13) die gemeinsame Gesetzgebung über das Obligationenrecht, das Strafrecht, Handels- und Wechselrecht und das gerichtliche Verfahren zu (Antrag Lasker); zugleich setzten aber weitere Anträge (Lasker, Miquel) auf Erweiterung der Kompetenz auf die allgemeine bürgerliche Gesetzgebung ein, die sich wiederholten (Lasker), nachdem die Reichsverfassung vom 16. April 1871 in Art. 4, Z. 13 die Kompetenz des Reiches in gleichem Umfange wie die des Norddeutschen Bundes bestimmt hatte. Das Reichsgesetz vom 20. Dezember 1873 brachte dann die erstrebte Ausdehnung der Kompetenz[1]). Damit war der Einzelgesetzgebung des Reiches auf dem privatrechtlichen Gebiete und den Arbeiten für ein deutsches Bürgerliches Gesetzbuch die verfassungsmäßige Basis geschaffen. Wo die Reichsgesetzgebung eingriff, war nicht nur der Fortschritt von der materiellen Rechtsgleichheit zur *Rechtseinheit* vollzogen, sondern auch ein Damm wider die Rechtssonderung errichtet; denn gemäß Art. 2 der Reichsverfassung gehen die Reichsgesetze den Landesgesetzen vor. Das neue Reichsrecht ist absolut gemeines Recht. Das bisher nur gemeinsame Recht der Wechselordnung und des Handelsgesetzbuches wurde kraft der Reichsgesetzgebung gemeines Recht, und außer wichtigen Einzelgesetzen privatrechtlichen Inhalts folgte die reichsgesetzliche Regelung der Gerichtsverfassung, des Zivil- und Konkursprozesses. Überall mußte sich die Reichsgesetzgebung der seit der Aufnahme des Fremdrechts der deutschen Rechtsentwicklung gestellten Aufgabe der Aussöhnung und Überbrückung des Gegensatzes zwischen fremdem und nationalem Rechte unterziehen. In langer, bedächtiger Arbeit war so der Boden geebnet, waren die Kräfte und Kenntnisse erworben zur Herstellung eines Bürgerlichen Gesetzbuches für das Deutsche Reich.

II. Die Entstehung des Bürgerlichen Gesetzbuches.

Schon der Überblick über den Fortgang des Gesetzgebungswerkes lehrt, daß das endliche Resultat in langsamer, gewissenhaftester Arbeit gewonnen ist.

A. *Die Vorkommission.* Auf Grund des Reichsgesetzes vom 20. Dezember 1873 betraute der Bundesrat am 28. Februar 1874 auf Vorschlag seines Justizausschusses eine *Vorkommission* von fünf Mitgliedern mit der Aufgabe, Vorschläge zu machen über Plan und Methode, nach denen bei Aufstellung des Entwurfes zu verfahren sei. Die Vorkommission erstattete ihr Gutachten[2]) am 15. April 1874. Auf Bericht[3]) seines Justizausschusses über dieses Gutachten beschloß der Bundesrat am 22. Juni 1874, im wesentlichen dem Gutachten der Vorkommission gemäß, eine Kommission von elf Mitgliedern mit der Aufstellung des Entwurfes eines Bürgerlichen Gesetzbuches zu betrauen.

B. *Die erste Kommission.* Auf Grund des Beschlusses vom 22. Juni 1874 wählte der Bundesrat am 2. Juli 1874 die elf Mitglieder, durch welche die größeren deutschen Rechtsgebiete vollständig vertreten waren. Die Kommission trat am 17. September 1874 zum ersten Male zusammen. Für einzelne ausscheidende Mitglieder traten andere ein. Außerdem zog die Kommission eine Reihe von Hilfsarbeitern hinzu. Im wesentlichen Anschlusse an das Gutachten der Vorkommission überwies die Kommission die einzelnen Abschnitte besonderen Redaktoren. Die Arbeiten der Redaktoren (*Teilentwürfe*) waren 1879 bis 1881 vollendet. Der Teilentwurf über das Obligationenrecht kam nicht zustande und wurde ersetzt durch den Dresdener Entwurf von 1866. Die fünf Teilentwürfe bildeten dann den Gegenstand der am 1. Oktober 1881 beginnenden weiteren Arbeiten der Kommission, die am 27. Dezember 1887 den Entwurf dem Reichskanzler überreichte[4]). Der Bundesrat beschloß unter dem 31. Januar 1888 die Veröffentlichung des Entwurfes und der von den Redaktoren bzw. ihren Hilfsarbeitern ausgearbeiteten Motive, die demnächst erfolgte (*Entwurf erster Lesung* nebst fünf Bänden Motive)[5]). Darauf stellte die Kommission in weiteren Sitzungen bis zum 30. März 1889 *den Entwurf eines Einführungsgesetzes zum Bürgerlichen Gesetzbuch* und die ihr durch Beschluß des Bundesrates vom 14. Juni 1888 weiter aufgetragenen *Entwürfe einer Grundbuchordnung und eines Gesetzes, betreffend die Zwangsvollstreckung in das unbewegliche* Vermögen, fest, und wurde am 30. März 1889 geschlossen. Auch diese

---

[1]) Schon der Entwurf der Reichsverfassung von 1849, Art. 13, § 59 hatte diese Kompetenz ins Auge gefaßt.

[2]) Abdruck: *Gruch. Beiträge*, Bd. 21, S. 175 ff.

[3]) *Gruch. Beitr.* Bd. 21, S. 195 ff.

[4]) Bericht des Vorsitzenden vom 27. Dezember 1887 bei *Alexander-Katz*, Erläuternde Anmerkungen zu den Vorschriften d. Entw. usw. (1888), I, S. 9 ff.

[5]) Amtliche Ausgabe, erschienen bei Guttentag, Berlin 1888. Zit.: Entw. I.

Entwürfe wurden mit den Motiven auf Anordnung des Bundesrates veröffentlicht[1]). Die Verhandlungen der ersten Kommission sind nicht veröffentlicht. An den ersten Entwurf knüpfte sich, der ausgesprochenen Erwartung des Reichsjustizamtes entsprechend, eine lebhafte Diskussion an. Laien und Juristen, Theoretiker wie Praktiker[2]), auf Veranlassung des Reichskanzlers auch die Regierungen[3]), gaben ihr Urteil über den Entwurf und zahlreiche Abänderungsvorschläge öffentlich kund. Die wohl überwiegende Auffassung hielt den ersten Entwurf für eine geeignete Grundlage weiterer Arbeit. Demgemäß beschloß der Bundesrat am 4. Dezember 1890, den ersten Entwurf einer zweiten Kommission von 22 teils ständigen, teils nichtständigen, aus dem Juristenstande und aus den besonders interessierten Laienkreisen zu wählenden Mitgliedern zur zweiten Lesung zu überweisen.

C. Die zweite Kommission. Die zweite Kommission, deren Vorsitzender und einzelne Mitglieder mehrfach wechselten, begann ihre Sitzungen am 15. Dezember 1890, verteilte die fünf Bücher des ersten Entwurfes an besondere Referenten und vertagte sich dann bis zum 1. April 1891. Hier begannen die Beratungen der Gesamtkommission, deren Beschlüsse in einer besonderen Redaktionskommission ihre definitive Fassung erhielten. Nach Fertigstellung jedes einzelnen Teiles erfolgte die vorläufige Veröffentlichung (Teilentwürfe zweiter Lesung) und nach einer Schlußrevision durch die Redaktionskommission die Feststellung des Entwurfes zweiter Lesung. Daran schoß sich die Beratung und Feststellung des Entwurfes des Einführungsgesetzes zweiter Lesung und des Entwurfes eines Gesetzes, betreffend Änderungen des Gerichtsverfassungsgesetzes, der Zivilprozeßordnung, der Konkursordnung und der Einführungsgesetze zu diesen Gesetzen. Die zweite Kommission wurde am 8. März 1896 geschlossen. Außer wöchentlichen Mitteilungen über den Gang der Arbeiten im Reichsanzeiger und den erwähnten Teilentwürfen[4]) sind durch den Druck veröffentlicht der definitive Entwurf zweiter Lesung mit dem Gesetzentwurfe, betreffend Änderungen des Gerichtsverfassungsgesetzes usw.[5]) und die Protokolle in einer Bearbeitung von Achilles, Gebhard und Spahn[6]).

D. Die Beratung im Bundesrat und Reichstag[7]).

Der Entwurf zweiter Lesung des Gesetzbuches und des Einführungsgesetzes wurde am 22. Oktober 1895 von der zweiten Kommission dem Reichskanzler und von diesem dem Bundesrat überreicht. Nach einzelnen Abänderungen wurde der Bundesratsentwurf des Gesetzbuches mit einer im Reichsjustizamt ausgearbeiteten Denkschrift am 17. Januar 1896, der Entwurf des Einführungsgesetzes am 23. Januar dem Reichstage vorgelegt. Der vom Bundesrat festgestellte Entwurf wird auch als Reichstagsvorlage bezeichnet[8]). Der Reichstag verwies nach der ersten Lesung (3.—6. Februar 1896)[9]) den Entwurf an eine Kommission von 21 Mitgliedern. Die zweite Lesung auf Grund der Kommissions-Berichterstattung[10]) begann am 19. Juni, die dritte endigte mit namentlicher Abstimmung und Annahme des Gesetzes am 1. Juli 1896[11]). Die Zustimmung des Bundesrates erfolgte am 14. Juli, die Vollziehung beider Gesetze durch den Kaiser am 18. August, die Verkündigung durch Reichsgesetzblatt vom 24. August 1896. Beide Gesetze traten am 1. Januar 1900 in Kraft (EG. Art. 1).

E. Gleichzeitig mit dem Bürgerlichen Gesetzbuch und dem Einführungsgesetze traten in Kraft:

1. Das revidierte Handelsgesetzbuch nebst Einführungsgesetz vom 10. Mai 1897, soweit nicht nach EG. zum HGB. Art. 1, Abs. 2 ein früheres Inkrafttreten sich ergibt.

2. Das Reichsgesetz, betreffend Änderungen des Gerichtsverfassungsgesetzes, der Zivilprozeßordnung und der Konkursordnung, sämtlich vom 17. Mai 1898. Auf Grund des Ermächtigungsgesetzes vom 17. Mai 1898 ist durch Bekanntmachung des Reichskanzlers vom 20. Mai 1898 der Text der geänderten Gesetze in neuer Paragraphierung veröffentlicht.

3. Das Reichsgesetz über die Zwangsversteigerung und Zwangsverwaltung nebst Einführungsgesetz vom 24. März 1897.

---

[1]) Amtliche Ausgaben, erschienen bei Guttentag, Berlin 1888. 1889.

[2]) Zusammenstellung der gutachtlichen Äußerungen zu dem Entwurf eines Bürgerlichen Gesetzbuches, gefertigt im Reichsjustizamt mit Nachträgen, 6 Bände. Als Manuskript gedruckt. Berlin 1890. 1891.

[3]) Zusammenstellung der Äußerungen der Bundesregierungen zu dem Entwurf eines Bürgerlichen Gesetzbuches, gefertigt im Reichs-Justizamt, 2 Bände. Als Manuskript gedruckt. Berlin 1891. Außerdem erschienen selbständig im Druck die Äußerungen seitens der Regierungen von Preußen, Bayern, Württemberg, Mecklenburg, Hessen, Baden, Hamburg.

[4]) Auf amtliche Veranlassung erschienen bei Guttentag, Berlin 1894. 1895. Zit.: Entw. IIa.

[5]) Auf amtliche Veranlassung erschienen bei Guttentag, Berlin 1898. Zit.: Entw. IIb.

[6]) Im Auftrage des Reichs-Justizamtes erschienen bei Guttentag, Berlin, 7 Bände, 1897—1899.

[7]) Gierke, Das BGB. und der D. Reichstag (1896). Oertmann, Arch. f. bürg. R., Bd. 11 (1896), S. 4 ff.

[8]) Erschienen mit der Denkschrift bei Guttentag, Berlin 1895. Zit.: Entw. II l.

[9]) Stenogr. Berichte, S. 705—794.

[10]) Kommissionsbericht, S. 1935—2192.

[11]) Stenogr. Berichte, S. 2717—3108.

4. Die Grundbuchordnung vom 24. März 1897.

5. Das Reichsgesetz über die Angelegenheiten der freiwilligen Gerichtsbarkeit vom 17. Mai 1898.

F. Die Ausführungsgesetze der Bundesstaaten. Zum Bürgerlichen Gesetzbuche und seinen Nebengesetzen sind im Laufe des Jahres 1899 in den einzelnen Bundesstaaten und in den Reichslanden Ausführungsgesetze erlassen[1]).

III. Die Literatur und Praxis.

I. Kommentare.

1. Kurze Hand-Kommentare von Fischer-Henle (9), Achilles (7), Neumann (6).

2. Ausführliche Kommentare (Planck usw. (3), Biermann usw. (3/4), Hölder usw., Staudinger (5. 6), Rehbein, Kuhlenbeck (2), Scherer. Von Reichsgerichtsräten (1910).

II. Systematische Darstellungen.

1. Kürzere Systeme: Eck (Leonhard), 1903 ff.), Landsberg (2 Bde. 1904), Müller und Meikel 2. 1904), Engelmann (5. 1900), Korn (1908), Goldmann-Lilienthal (2), Bernhöft.

2. Größere Systeme: Crome I—V, Cosack (5), Dernburg 5 Bde. (2. 3), Endemann 3 Bde. (7. 9), Enneccerus, Kipp, Wolff (6/8), Kohler 2 Bde., v. Tuhr I. (1910).

3. Zum allgemeinen Teil: Leonhard, Zitelmann, Biermann (1908).

4. Darstellungen unter Vergleichung mit dem älteren Recht v. Buchka, (3) Kuhlenbeck. Von den Pandekten zum BGB. Förtsch (2), Barre (2), Otto, Nitzsche.

III. Rechtsfälle, Praktika. v. Jhering (Regelsberger), Joseph, Stammler, Schück, Lenel, Schröder, Dickel (2), Heinsheimer, Hellwig (2), Matthiaß, Rechtsfälle und Rechtsfragen.

IV. Wortverzeichnis zum BGB.: Gradenwitz.

V. Literatur und Praxis: Jahrbuch des deutschen Rechts von Neumann (bis jetzt I—X im Ersch.).

VI. Die Landesrechte in Dernburg, Das bürgerliche R. des Deutschen Reichs und Preußens. Bd. 6 ff. Die Kommentare zu den Ausführungsgesetzen zum BGB.

---

[1]) Becher, Die Ausführungsgesetze zum Bürgerlichen Gesetzbuche (Textsammlung mit Register, 3 Bde.) 1901.

I. Buch.

Allgemeine Lehren.[1]

I. Abschnitt.

Die Lehre von den Rechtsvorschriften.

§ 4.

Die Rechtsvorschriften im allgemeinen.

I. Das Leben der Menschen vollzieht sich nicht in der Vereinzelung, sondern in der Gemeinschaft. Damit ist die Unmöglichkeit einer unbeschränkten Betätigung und Verwirklichung der Interessen aller Einzelgenossen und die Notwendigkeit einer Ordnung dieses menschlichen Zusammenlebens gegeben. Diese Ordnung wird durch die Rechtsvorschriften bezweckt. Die Gesamtheit der in einer menschlichen Gemeinschaft geltenden Rechtsvorschriften bildet ihr Recht (**Recht im objektiven Sinne**). Die Rechtsvorschriften wenden sich nur an das äußere Verhalten der Genossen. Um ihrem Zwecke zu genügen, weisen die Rechtsvorschriften jedem Genossen das Gebiet an, auf dem er seinen Willen betätigen kann, schützen aber zugleich auch dieses so abgegrenzte Gebiet. Die Rechtsvorschriften sind daher die Einzeläußerungen einer über den Genossen stehenden Willensmacht, die dem Einzelnen ein Gebiet freien Verhaltens gewährleistet (Befugnis), zugleich aber auch alle übrigen Genossen verbindet, dieses Gebiet zu achten (Pflicht)[2].

II. Jede Vorschrift, die das Wesen der Rechtsvorschrift an sich trägt, ist allgemein verbindlicher Wille. Das Recht ist aber Menschensatzung und als solche unvollkommen und mangelhaft. Es wird kritisch beurteilt und gewertet an einem Ideale, dem es entsprechen soll. Wir stellen daher an die Rechtsordnung bestimmte allgemeine Postulate. Sie soll zunächst ihrem Zweck entsprechen, d. h. auch wirklich die Gebiete der Einzelnen abgrenzen und schützen, damit das Zusammenleben ermöglicht wird (Zweckmäßigkeit). Sie soll aber auch die Grenzen so ziehen, daß diese nach den jeweils in der Gemeinschaft herrschenden Durchschnittsanschauungen als die richtigen erscheinen. Die Rechtsvorschriften sollen sich nicht mit dem, was die Genossen für wahr und gut halten, in Widerspruch befinden (Gerechtigkeit). Je mehr eine Rechtsordnung diesen Postulaten gerecht wird, desto größer ist ihre innere verpflichtende Kraft. Eine diesen Postulaten nicht entsprechende Rechtsordnung ruft die Reaktion der Genossen hervor, die nach Abänderung und Beseitigung der Mängel strebt.

III. Die Rechtsvorschriften sind nicht die einzigen Vorschriften, die das äußere Zusammenleben der Menschen bestimmen und ordnen. Es treten hinzu die Vorschriften der **Moral** und der **Sitte** (Brauch, Anstand)[3].

---

[1] R. Leonhard, Der Allgemeine Teil des BGB. in seinem Einflusse auf die Fortentwicklung der Rechtswissenschaft (1900). E. Zitelmann, Das Recht des BGB. Allgemeiner Teil (1900). v. Tuhr. I. (1910). Enneccerus I, 1. § 27 ff.

[2] Vgl. Merkel, Jur. Enzyklopädie (2) § 1 ff.

[3] Merkel, Enzyklopädie (2) § 70 ff. Stammler, Wirtschaft und Recht (2. A. 1906) § 19 ff. Derselbe, Die Lehre vom richtigen R. (1902). S. 52 ff.

a) Der wesentliche Unterschied zwischen Recht und Moral besteht darin, daß die Vorschriften des Rechtes ausgehen von der Abgrenzung eines dem Einzelnen zukommenden Gebietes freier Willensbetätigung, von der Abgrenzung und Anerkennung des Interesses der Einzelnen, also von der Gewährleistung, woran sich die Statuierung der Pflicht anschließt. Die Moral dagegen geht nicht vom Einzelinteresse und seiner Betätigung aus, sondern von einem bestimmten Ideale, dem zunächst die Gesinnung und dann auch das äußere Verhalten jedes Einzelnen entsprechen soll. Sie spricht daher in erster Linie Pflichten aus, aus denen der moralische Anspruch erst folgt. Ebenso gehen die Regeln des Anstandes und der Sitte von einem Ideale äußeren Verhaltens aus, das sie dem Einzelnen zur Pflicht machen.

Bei der Würdigung konkreten Verhaltens kommt es demnach für das Recht nur darauf an, ob sich dieses Verhalten innerhalb der dem Einzelnen gewiesenen Grenzen hält, für die Moral, ob dieses Verhalten auf einer dem Ideal entsprechenden Gesinnung beruht, für die Sitte, ob das Verhalten dem Ideal äußeren Verhaltens entspricht. Rechtmäßiges Verhalten ist deshalb noch kein der Sittlichkeit oder der Sitte entsprechendes, und rechtswidriges Verhalten kann von der Moral oder der Sitte gebilligt sein.

b) Nicht von prinzipieller, sondern nur von quantitativer Bedeutung ist der Unterschied, daß die Vorschriften des Rechtes von fest bestimmten Faktoren der Gemeinschaft ausgehen, daß sie sicherer formuliert und weniger Schwankungen und Abänderungen ausgesetzt, daß ihre Verwirklichung fest bestimmten Organen zugewiesen ist, daß sich der Einzelne ihnen schwerer entziehen kann, und daß sie auch zu äußerem Zwange[1]) greifen können.

c) Der Berührungspunkt des Rechtes mit Moral und Sitte liegt andererseits darin, daß das Recht dem Postulate der objektiven Richtigkeit entsprechen soll, daß seine innere verpflichtende Kraft demnach auch davon abhängt, wie sich seine Vorschriften zu unseren sittlichen Anschauungen und auch den Vorschriften der Sitte verhalten. Vorschriften der Sittlichkeit werden nicht nur zu Rechtsvorschriften, sondern die Rechtsvorschriften müssen in vielen Beziehungen ihre eigene Wirksamkeit mit Rücksicht auf Moral und Sitte regulieren (vgl. L. § 11).

IV. Das in den einzelnen menschlichen Gemeinschaften geschichtlich gewordene und vielgestaltige Recht ist allein das geltende (positives Recht). Ihm gegenüber läßt sich aber die Einheit der Rechtsidee festhalten und durch philosophische Abstraktion aus der aprioristisch festgestellten Natur der Lebensverhältnisse (Natur der Sache) eine ideale Rechtsordnung finden, die aber als solche nicht Rechtsordnung, geschweige denn höhere Rechtsordnung über dem positiven Rechte ist[2]).

Wir haben es mit einer wissenschaftlichen Formulierung der Postulate, die wir an die Rechtsordnung stellen (II.), zu tun. Wie die wissenschaftliche Formulierung selbst, so ist auch die Quelle, aus der sie schöpft (Natur der Sache), nicht Recht. Die Natur der Sache erlangt aber deshalb eine große Bedeutung, weil das positive Recht in seinem Streben nach Erfüllung jener Postulate auf eben diese Quelle verwiesen ist (vgl. L. § 6, IV. § 12) und, weil es aus ihr schöpft, auch wieder aus ihr verstanden und entwickelt werden kann und muß.

§ 5.

Die Entstehung der Rechtsvorschriften. a) Das Gesetz.[3])

Die Rechtsvorschriften verdanken ihre Entstehung entweder der Gesetzgebung oder der Gewohnheit. Diese sind die **Entstehungsquellen** des Rechtes. Die Rechtsvorschriften sind demnach Gesetze[4]) oder Gewohnheitsrecht.

---

[1]) Daß die Rechtsordnung wesentlich eine durch äußeren Zwang durchzuführende Ordnung ist, wird öfters gelehrt. Selbst Vertreter dieser Richtung geben aber zu, daß Vorschriften unserer Gesetze bestehen, die im Wege des Zwanges nicht aufrechterhalten werden können, z. B. R.-Verf. Art. 14. 63, Abs. 3. Die Literatur der Frage vgl. bei Regelsberger, Pand. I, § 10. Gierke, D. Priv.-R. I, § 15.

[2]) Darüber Stammler, Über die Methode der geschichtlichen Rechtstheorie (Haller Festgabe 1888); Bekker, Recht muß Recht bleiben (Heidelberger Festgabe 1896), bes. S. 2 ff. Unbewußt und bewußt und zum Teil mit größter Entschiedenheit werden aber heute die naturrechtlichen Spekulationen wieder vertreten. Vgl. Ehrlich, Freie Rechtsfindung und freie Rechtswissenschaft (Vortr. 1903). Gnaeus Flavius, Der Kampf um die Rechtswissenschaft (1906).

[3]) Hölder, Pandekten § 6. 7. Regelsberger, Pandekten I, § 17. 18. 24. Bierling, Jur. Prinzipienlehre I, S. 30 f. II, § 29. Gierke, D. Privatrecht I, § 17 ff. Triepel, Völkerrecht und Landesrecht (1899). Bergbohm, Jurisprudenz und Rechtsphilosophie I (1892), bes. S. 130 ff.

[4]) Im allgemeineren Sinne ist Gesetz gleich Rechtsvorschrift, umfaßt also auch das Gewohnheitsrecht. So besonders mit Rücksicht auf die Einfachheit der Textformulierung die neuere Reichs-

I. **Gesetz** ist die von den verfassungsgemäß berufenen Organen der Gemeinschaft in verfassungsgemäßer Weise festgestellte und verfassungsgemäß geäußerte Rechtsvorschrift.

A. Im einzelnen ist die Verfassung der Gemeinschaft für die Entstehung des Gesetzes maßgebend. Demnach sind die Voraussetzungen der Landesgesetze nach den verschiedenen im Deutschen Reiche geltenden Verfassungen der Einzelstaaten (Republik, ständische und konstitutionelle Monarchie) und der Reichslande, auch soweit diese Verfassungen gleichartig sind, verschiedene. Die Voraussetzungen der Reichsgesetze bestimmen sich nach der Reichsverfassung. Organe sind der Reichstag und der Bundesrat. Dem übereinstimmenden Beschluß beider erteilt der Bundesrat die Gesetzeskraft (Sanktion), und die Ausfertigung und Publikation erfolgt durch den Kaiser[1]).

B. Nach der Verfassung treten in gewissen Fällen an die Stelle der allgemeinen gesetzgebenden Faktoren besondere Organe der Gemeinschaft (Monarch, Senat, Behörden). Staatsrechtlich spricht man von Verordnungsrecht und Verordnungen, jedoch trifft der allgemeine Begriff des Gesetzes hier nicht weniger zu, soweit die Verordnungen Rechtsvorschriften enthalten (Rechtsverordnungen), nicht bloß die Durchführung vorhandener Rechtsvorschriften bezwecken (Verwaltungsverordnungen)[2]).

C. Nach dem Umfange ihres Inhaltes werden die Gesetze in Einzelgesetze, Kodifikationen und Inkorporationen unterschieden. Die Inkorporation ist Neuredaktion des gesamten Rechtes oder eines Rechtsteiles durch den Gesetzgeber; in ihrem geschichtlichen Hauptfalle, der Justinianischen Gesetzgebung, war sie mit weitgehender Neuschöpfung verbunden.

II. Auch die der Verfassung gemäß von bestimmten Organen in Staatsverträgen[3]) festgestellten und geäußerten Rechtsvorschriften fallen unter den Begriff des Gesetzes. Die Vertragsform steht dem nicht im Wege; freilich kann die Verfassung darüber hinaus weitere Anforderungen stellen[4]).

III. Autonomie, autonome Satzung.

Gewissen lokalen Verbänden (Provinzen, Gemeinden, Kreisen) und auch rein personalen Verbänden (Familien des hohen Adels, vgl. **L.** § 25), nicht dagegen rechtsfähigen Vereinen[5]) steht das Gesetzgebungsrecht für gewisse, ihnen eigentümliche Verhältnisse zu[6]). Nicht nur für die Angehörigen des Verbandes, sondern auch Dritten gegenüber gilt die autonome Rechtsvorschrift, die sich darin von einer vertragsmäßigen Einigung unterscheidet[7]).

---

gesetzgebung (EG. zu ZPO. § 12, EG. zu KO. § 2, zu StPO. § 7. RV. Art. 2) und auch das BGB., vgl. EG. z. BGB. Art. 2: „Gesetz im Sinne des Bürgerlichen Gesetzbuches und dieses Gesetzes ist jede Rechtsnorm." Ebenso auch die Ausführungsgesetze z. BGB., z. B. Mecklenb. (Schwer. Strel.) AV. z. BGB. § 1. Im allgemeinsten Sinne wird auch die Willensäußerung als Gesetz bezeichnet, welche keine Rechtsvorschrift enthält, wohl aber an den Gesetzgebungsapparat gebunden ist („formelle Gesetze", z. B. Anleihegesetze, Etatsgesetze in den konstitutionellen Staaten und im Reich).

[1]) RV. Art. 2. 5. 17.

[2]) Über Reichsverordnungen vgl. RV. Art. 7, Z. 2 und BGB. **482**.

[3]) Vgl. Heilborn, Arch. f. öff. R. Bd. 12 (1897) S. 141 ff. und besonders Triepel, Völkerrecht und Landesrecht (1899).

[4]) RV. Art. 11, Abs. 3. Soweit Staatsverträge der Einzelstaaten untereinander privatrechtliche Vorschriften über reichsrechtlich geregelte Materien enthalten, werden sie durch das BGB. nach EG. Art. 56 abgeändert.

[5]) A. M. Biermann, I, S. 485 Note 3; auch S. 74 Note 6.

[6]) Mecklenb.-Schw. AV. z. BGB. § 1, Abs. 3.

[7]) Im Staatsrecht bedeutet Autonomie die Gesetzgebungsgewalt eines Einzelstaates gegenüber der Gesetzgebungsgewalt des Verbandsstaates, im Privatrecht auch die **Freiheit der Privatverfügung** gegenüber den Rechtsvorschriften.

§ 6.

b) Das Gewohnheitsrecht. Wissenschaft und Gerichtsgebrauch.[1])

Daß sich innerhalb einer Gemeinschaft auch im Wege andauernder Übung einer Regel Rechtsvorschriften bilden, ist eine geschichtliche Tatsache[2]). Man stritt aber seit jeher über die entscheidenden Voraussetzungen derartiger Rechtsentstehung und über das Verhältnis dieser Rechtsquelle zu der der Gesetzgebung. Das BGB. enthält keinerlei Bestimmungen. Alle das Gewohnheitsrecht betreffenden Fragen sind daher aus dem Wesen der Rechtsvorschriften zu beantworten.

I. Unbestritten gehört zu den Voraussetzungen der **Gewohnheitsrechtsbildung** eine längere oder kürzere Zeit währende, von dem beteiligten Kreise ausgehende, gleichförmige Übung einer Regel. Die ältere Theorie (Übungstheorie)[3]) begnügte sich hiermit, sah von einer näheren Bestimmung des Charakters der in der Übung befolgten Regel gänzlich ab und führte so notwendig zu einer Vermischung von Rechtsvorschriften und Vorschriften der Moral und Sitte. Ganz im Gegensatze zu ihr sieht die Willens- und Überzeugungstheorie in der Übung nur den Ausdruck der Volksüberzeugung von dem, was Recht sei. Die Rechtsvorschrift ist nach dieser Auffassung schon vor der Übung vorhanden. Diese Theorie scheitert an der Tatsache, daß keineswegs alle Vorschriften des Gewohnheitsrechtes sich auf die Überzeugung der Gemeinschaft zurückführen lassen, und daß in keinem Falle ein exakter Nachweis der Volksüberzeugung möglich ist. Dem wirklichen Vorgange bei der Gewohnheitsrechtsbildung entspricht vielmehr nur die Auffassung, daß der Gewohnheitsrechtssatz durch die Übung zur Entstehung gelangt. Aber nicht jede in längerer Übung bewährte Regel wird deshalb zur Rechtsvorschrift, sondern die Regel muß in der Übung die Funktion der Rechtsvorschrift erfüllt haben. Man sagt nun, es müsse in der Übung die Auffassung der Übenden (Parteien, Richter) hervorgetreten sein, daß sie in ihrem Verhalten einer Rechtsvorschrift Genüge taten (sog. opinio juris oder necessitatis) und verlangt demnach für die Gewohnheitsrechtsbildung außer bestimmt qualifizierter Übung einer Regel das subjektive Verhalten der Übenden zu dieser Regel wie zu einer Rechtsvorschrift oder **die Anerkennung** der Regel als Rechtsvorschrift. Folgerichtig müßte also wieder ein innerliches Verhalten der Übenden festgestellt werden, womit die Feststellung der Existenz eines Gewohnheitsrechtssatzes wieder ins Schwankende und Unsichere geriete. Wesentlich kommt es aber nur darauf an, ob die fraglichen Lebensverhältnisse durch die fragliche Regel wie durch eine Rechtsvorschrift geregelt sind. Wenden die Gerichte den Satz an, so wird nach der Überzeugung der Übenden auch nicht weiter zu fragen sein; liegt gerichtliche Anwendung noch nicht vor, so ist diese Auffassung der Übenden nur eines der Indizien, die bei der Prüfung zu verwerten sind. Das Gewohnheitsrecht ruht demnach ganz auf objektiver Grundlage (Übung der Regel und Funktion derselben als Rechtsregel). Aus dieser Auffassung folgt mit Notwendigkeit die Ablehnung des Satzes, daß der Irrtum der Übenden, die befolgte Regel sei Rechtsvorschrift, die Bildung des Gewohnheitsrechtssatzes ausschließe[4]).

II. Trägt der Gewohnheitsrechtssatz den Charakter der Rechtsvorschrift, so ist damit seine Gleichwertigkeit mit dem Gesetz gegeben. Anders das römische Recht[5]).

Irrig ist auch der gleichfalls auf das römische R.[6]) gestützte Satz von der erforderlichen Rationabilität des Gewohnheitsrechtes. Mag man darunter die Grenze der Vernunft, der guten Sitte oder der

[1]) Das grundlegende Werk ist: Puchta, Das Gewohnheitsrecht (1828. 1837). Über die weitere Entwicklung der Lehre vgl. Zitelmann, Arch. f. d. ziv. Praxis Bd. 66, S. 324 ff. G. Rümelin, Jahrb. f. Dogmat. Bd. 27, S. 153 ff. Schuppe, Das Gewohnheitsrecht (1890). Neukamp, Arch. für bürg. R. Bd. 12, S. 89 ff. Brie, Die Lehre vom Gewohnheitsrecht I (1899). Sturm, Revision der gemeinrechtl. Lehre vom Gewohnheitsrecht (1900). Hölder, Pandekten § 6. 7. Regelsberger, Pandekten I, §§ 17. 19—25. Gierke, D. Privatrecht I, § 20, 21. Bierling, Jur. Prinzipienlehre II, § 27. 28. Schmidt, Das Gewohnheitsrecht als Form des Gemeinwillens (1899).

[2]) Trotzdem negiert das Gewohnheitsrecht O. Bülow, Heitere und ernste Betrachtungen über die Rechtswissenschaft (1901) S. 109 ff.

[3]) Sie wird auch heut noch vertreten z. B. von Jellinek, Allgemeine Staatslehre (2. A.). S. 331.

[4]) Abweichend RG. in vielen Entscheidungen. Dazu Kuhlenbeck, Rechtsprechung des RG. I, S. 24.

[5]) l. 2. 3. C. (8, 52), vgl. l. 32. § 1. l. 35 D. (1, 3).

[6]) Vgl. Note 5.

Grundlage der bürgerlichen Ordnung verstehen, immer kann es sich nur um jenes Postulat der Gerechtigkeit handeln, das wir an jede Rechtsvorschrift stellen. — Die prinzipielle Gleichwertigkeit des Gewohnheitsrechtes schließt aber nicht aus, daß der Rechtsquelle der Gewohnheit durch ein Gesetz die Anerkennung versagt[1]) oder geschmälert[2]) wird. Bei der Frage, ob das Gesetz hierzu die Kraft hat, kann es freilich nicht entscheidend darauf ankommen, wie sich die Gerichte zu einem solchen Gesetze verhalten; denn die Anerkennung und Befolgung durch die Gerichte setzt die Geltung der Rechtsvorschrift voraus. Die Beantwortung ergibt sich nur aus dem Inhalte der Rechtsvorschrift. Daß nun Rechtsvorschriften wirksam bestimmen können, wie eine Gesetzesvorschrift entsteht, ist unbestritten. Damit ist aber auch die Möglichkeit anerkannt, daß eine Rechtsvorschrift das Gewohnheitsrecht negiert oder beschränkt. Solange der dem Gewohnheitsrechte feindliche Gesetzessatz gilt, ist es denkbar, daß ein Gewohnheitsrechtssatz sich bildet, der aber vor Gericht keine Anerkennung findet. Es ist möglich, daß sich dann eine Differenz zwischen dem gesetzlichen und von den Gerichten allein geübten und dem in der Übung extra forum befolgten Rechte herausstellt. Der dem Gewohnheitsrecht feindliche Gesetzessatz kann aber selbst wieder ganz oder zum Teil dadurch aufgehoben werden, daß ihn die Gerichte in konstanter Übung mißachten. Insoweit ist es richtig, daß das negierende oder einschränkende Gesetz die Quelle der Gewohnheit nicht für alle Zeit verstopfen kann. Diese Tatsache mag Zweifel an der Zweckmäßigkeit eines solchen Gesetzes hervorrufen, stellt die Gültigkeit desselben an sich aber nicht in Frage. Ob und inwieweit der fragliche Gesetzessatz durch Gewohnheitsrecht außer Anwendung gesetzt ist, ist nach den Grundsätzen festzustellen, die für die Rechtsanwendung und Auslegung gelten (**L.** § 12). Aus der prinzipiellen Gleichartigkeit und Gleichwertigkeit folgt die Unrichtigkeit der sog. Gestattungstheorie (Gewohnheitsrecht gilt nur, weil es der Gesetzgeber stillschweigend billigt[3]). Diese Auffassung verkennt den in der Macht der Tatsachen liegenden selbständigen Entstehungsgrund und läßt die Frage nach dem Grunde der verpflichtenden Kraft des Gewohnheitsrechtes ungelöst.

III. Wie in gewissen engeren lokalen und personalen Verbänden sich autonome Statuten bilden können, so auch Gewohnheitsrecht. Für dieses ist die Bezeichnung **Observanz** gebräuchlich[4]).

Verschieden vom Gewohnheitsrecht ist die **Verkehrssitte**, Handelssitte (Usance). Letztere ist nicht Recht[5]), mag sie auch eine weitumfassende und verbreitete sein. Ihre Bedeutung liegt darin, daß sie bei der Feststellung des Parteiwillens zu beachten ist; denn man darf annehmen, daß die Parteien, die eine Regelung unterließen, gewollt haben, was üblich ist. Die Beachtung der Sitte bei der Auslegung ist durch das Recht vorgeschrieben (BGB. **157**; HGB. § 346), auf die Mißachtung dieser Auslegungsvorschrift kann daher die Revision gegründet werden, nicht direkt auf Mißachtung der Sitte.

IV. **Wissenschaft und Gerichtsgebrauch** sind keine Entstehungsquellen des Rechtes. Die gemeinsame Aufgabe der Wissenschaft und der Praxis ist die Feststellung des Sinnes der Rechtsvorschriften (vgl. **L.** § 12). Wissenschaft und Gerichtsgebrauch können aber den Anstoß zur Entwicklung von Gewohnheitsrecht oder Gesetzesrecht geben[6]).

An der Stetigkeit der Praxis besteht allerdings ein gewichtiges allgemeines Interesse, welches durch Rechtsvorschriften unseres Rechtes anerkannt ist[7]).

§ 7.

Die Verschiedenheit der Rechtsvorschriften.

a) Herkunft, Quelle und Geltungsgebiet der Rechtsvorschriften.

I. **Einheimisches** und **rezipiertes** Recht.

Die einzelnen Rechtsgemeinschaften entwickeln entweder die Rechtsvorschriften ihrer Eigenart entsprechend, oder sie nehmen fremdes Recht in das ihrige auf. Die Aufnahme fremden Rechts vollzieht sich entweder so, daß der aufgenommene Rechtsstoff ein integrierender Bestandteil der

---

1) So Sächs. BGB.

2) So ALR. (mit der Unterscheidung zwischen allgemeinem und provinziellem Gewohnheitsrecht); C. c.; ÖBGB.; HGB. (1861), Art. 1 und auch Entw. I, § 2.

3) An diese Theorie knüpft die vermittelnde Auffassung von Schmidt, a. a. O. (1899) an.

4) Mecklenb.-Schw.-Strel. AV. z. BGB. § 1, Abs. 3.

5) Kohler, Lehrb. I. § 35. AM. Danz, Jahrb. f. Dogmat. Bd. 38 (1898), S. 397 ff.

6) Anders muß die naturrechtliche Richtung, die eine freie Rechtsfindung fordert, die Bedeutung der Rechtswissenschaft bestimmen (vgl. **L.**, S. 8. Note 2).

7) GVG. § 137, Abs. 2. ZPO. § 565, Abs. 2. GBO. § 102. FGG. § 199. GBO. § 79, Abs. 2. 3. FGG. § 28, Abs. 2. 3.

einheimischen Rechtsordnung wird und nur mit dem Inhalte gilt, den ihm die einheimische Rechtsquelle (Gesetz, Gewohnheit) beilegte (z. B. die Aufnahme des französischen Prozeßrechtes in die deutsche Zivilprozeßordnung oder die Aufnahme des europäischen Rechtes in Japan), oder so, daß das fremde Recht zunächst in dem Sinne gilt, den die fremde Rechtsquelle ihm beilegte (z. B. die Rezeption des römischen und kanonischen Rechtes).

II. Jede Rechtsgemeinschaft produziert ihr eigenes Recht. Daher ergibt sich der Gegensatz der Rechte der einzelnen *Staaten*, des **inländischen** und **ausländischen** Rechtes, des Rechtes des Staates und der Kirche. Da die verschiedenen selbständigen Staaten in einer höheren Rechtsgemeinschaft verbunden sind, ergibt sich das ihre Beziehungen regelnde **Völkerrecht**[1]).

III. Auf dem Verhältnis kleinerer staatlichen Gemeinwesen zu dem größeren sie umschließenden staatlichen Verbande beruht der Gegensatz von gemeinem und partikulärem Rechte. Das **gemeine Recht** (jus commune im örtlichen Sinne) eines bestimmten Rechtsgebietes ist dasjenige, welches auf einer für das gesamte Rechtsgebiet maßgebenden Rechtsquelle beruht; das **partikuläre Recht** dieses Rechtsgebietes ist dasjenige, welches in einem Teile dieses Rechtsgebietes kraft der besonderen Rechtsquelle dieses Teiles gilt[2]). Die für ein Rechtsgebiet maßgebende Rechtsquelle kann auch nur für einen Teil dieses Rechtsgebietes Recht schaffen, oder sie kann von der Geltung der aus ihr fließenden Rechtssätze im ganzen Gebiete bestimmte Teilgebiete ausschließen. In dem Verhältnisse beider zueinander gibt sich das staatsrechtliche Verhältnis des Teiles zum Ganzen zu erkennen. Das gemeine Recht ist daher entweder *subsidiär gemeines Recht* (so das rezipierte gemeine Recht) oder *absolut gemeines Recht*. Letzteren Charakter hat das Recht des neuen Deutschen Reiches. Das Reichsprivatrecht ist entweder in fragmentarischen Gesetzen oder in der Kodifikation des Bürgerlichen Gesetzbuches enthalten oder es ist Reichsgewohnheitsrecht[3]). Nach Art. 2 der Reichsverfassung geht das Reichsprivatrecht (Gesetzes- oder Gewohnheitsrecht) dem Landesprivatrecht (Gesetzes- oder Gewohnheitsrecht) vor, d. h. das Landesrecht kann mit dem Reichsrechte *nicht in Widerspruch* treten. Für das Verhältnis des BGB. zum Landesprivatrecht gilt aber EG. Art. 55, d. h. alles Landesprivatrecht ist mit der Geltung des Bürgerlichen Gesetzbuches aufgehoben und für die Zukunft ausgeschlossen. Dieses Prinzip gilt aber nicht ausnahmslos[4]).

A. Beseitigt wird durch das BGB. nur das Landes*privatrecht*, nicht das *öffentliche* Landesrecht. Ob ein landesrechtlicher Satz dem öffentlichen Recht angehört, bestimmt sich an sich nach dem betreffenden Landesrecht. Es darf aber kein öffentlichrechtlicher landesrechtlicher Satz dem BGB. widerstreiten, sonst wird er beseitigt.

B. Das Bürgerliche Gesetzbuch und das Einführungsgesetz zu diesem[5]) haben dem *Landesrecht bestimmte Gebiete des Privatrechtes vorbehalten*:

Der Vorbehalt konserviert das Landesprivatrecht hauptsächlich auf folgenden Gebieten[6]): Verhältnisse der landesherrlichen und der Familien des hohen Adels, Gesinderecht, Lehnrecht,

---

[1]) *Triepel*, Völkerrecht und Landesrecht (1899).

[2]) Praktische Bedeutung: ZPO. §§ 293. 549.

[3]) Gegen die Existenz des Reichsgewohnheitsrechtes *Obsthelder*, Recht 1900, S. 33 ff. Für Anerkennung mit beschränkter Wirkung *Rehbein* I, S. X. *Staub*, a. a. O. S. 9. *Laband*, Staatsrecht (4. A.) II. S. 69. Nach *Biermann*, Bürgerl. Recht I, S. 81 ist Reichsrecht nur die in Anwendung und Ergänzung des BGB. und der Reichsgesetze entstandene Gewohnheit, andere im ganzen Reiche bestehende Gewohnheit dagegen nur Landesrecht, wenn auch allgemeines deutsches Recht. Letztere würde aber durch Reichsprivatrecht nicht beseitigt, während sie, soweit nicht EG. Art. 55 entgegensteht, durch Landesrecht beseitigt werden könnte. Diese Ansicht wird kaum befriedigen.

[4]) *Zitelmann*, Zum Grenzstreit zwischen Reichs- und Landesrecht (1902). *Stranz*, in v. Holtzendorff-Kohler, Enzyklopädie I, S. 761 ff. *Aron*, Sächs. Arch. Bd. 6, S. 337.

[5]) Die Vorbehalte gelten auch nach GBO. § 83. EG. zum ZVG. § 2. Nach FGG. § 200 geht der Vorbehalt zugunsten des Landesrechtes noch weiter.

[6]) EG. Art. 56—152. Für das *Pandektenrecht* kommen insbesondere in Betracht Art. 65. 124. Vgl. *Kuhlenbeck*, S. 6 f. *Stammler*, D. Jur.-Ztg. 1897, S. 434 ff. *Bruck*, Archiv f. bürg. Recht, Bd. 14 (1898), S. 219 ff.

Familienfideikommiß- und Stammgüterrecht, Rentengüterrecht, Bäuerliches und Agrarrecht mit dem Anerbenrecht, Wasserrecht, Berg-, Fischerei-, Jagdrecht, Recht der Regalien, Zwangs-, Bann-, Realgewerbeberechtigungen, Versicherungs-[1]), Verlagsrecht[2]) usw.

Der Vorbehalt versteht sich natürlich nur in dem Umfange, in dem er durch das Gesetzbuch gewährt ist, und bezieht sich nur auf die gerade dem vorbehaltenen Gebiet eigentümlichen Rechtssätze. Die einzelnen Fälle sind im System zu erwähnen. Derartige Vorbehalte kannte auch die fragmentarische Gesetzgebung des Reiches schon.

Auf dem vorbehaltenen Gebiete bleibt gegenüber dem BGB. das Landesprivatrecht bestehen, und es kann sich hier neues Landesprivatrecht durch Gesetz, Gewohnheit, Verordnung bilden. Ob das gleiche gegenüber sonstigen Reichsgesetzen der Fall ist, ergibt sich aus diesen Reichsgesetzen.

Auf dem vorbehaltenen Gebiete kommt das BGB. mit dem EG. zur Anwendung, soweit das Landesrecht auf nunmehr beseitigtes Landesprivatrecht verweist und nicht selbst abweichende Vorschriften gerade für die vorbehaltenen Materien enthält (EG. Art. 4).

C. Soweit das Landesprivatrecht durch die Reichsgesetzgebung ausgeschlossen ist, ist es auch das Landesgewohnheitsrecht einschließlich der landesrechtlichen Observanzen, mag es einem zwingenden oder ergänzenden Reichsrechte gegenübertreten, oder mag es Reichsrecht abändern oder nur ergänzen. Es folgt das, wenn nicht aus der Auslegung des Art. 2 der Reichsverfassung, so aus EG. Art. 55[3]).

D. Bestritten ist, ob das durch die Reichsgesetzgebung in den Reichslanden geschaffene Recht Reichsrecht oder Landesrecht ist. Während es einige als Reichsrecht (Cosack), andere als Landesrecht (Endemann) auffassen, soll es nach einer dritten Ansicht (Aron) auf Prüfung im einzelnen Fall ankommen.

E. Das BGB. gilt auch in den Konsulargerichtsbezirken und den Kolonien[4]).

IV. **Allgemeines Recht.**

Das Recht verschiedener selbständiger Rechtsgemeinschaften, mögen sie unter einem höheren Verbande vereinigt sein, wie die deutschen Bundesstaaten, oder nicht, kann materiell, inhaltlich übereinstimmen. Soweit diese Übereinstimmung vorliegt, ist das Recht ein allgemeines der betreffenden Gemeinschaften.

§ 8.

b) Formulierung und Inhalt der Rechtssätze.[5])

Jeder Rechtsvorschrift ist eigentümlich, daß sie in erster Linie eine Gewährleistung ausspricht und diese in zweiter Linie durch Pflichtgebot sichert.

A. Für den Charakter einer Vorschrift als Rechtsvorschrift ist allein entscheidend, daß sie diesen Inhalt hat; es ist gleichgültig, in welcher **Form** sie erscheint. Die Rechtsvorschrift kann formell lediglich die Gewährleistung zum Ausdruck bringen (gewährende,

---

[1]) EG. Art. 75. Der Vorbehalt ist zum Teil erledigt durch Reichsgesetze vom 12. Mai 1901 und 30. Mai 1908.

[2]) EG. Art. 76. Der Vorbehalt ist erledigt durch Reichsgesetz vom 19. Juni 1901.

[3]) So bes. Crome, Jahrb. f. Dogm., Bd. 39 (1898), S. 322 ff. A. M. Cosack, § 10. Hellmann, Krit. V. J. Schr. Bd. 40 (1898) S. 178 f., 190 f. Landsberg, § 10. Krückmann, Jahrb. f. Dogm. Bd. 38 (1898), S. 191 ff. Nach K. soll das partikuläre Gew.-R. das BGB. ergänzen, soweit es dispositive Vorschriften aufstellt, abändern und aufheben, ja selbst seine zwingenden Vorschriften in gewissem Umfange abändern, nur nicht aufheben können. — M. E. scheitert jede solche Geltung des partikulären Gew.-R. an dem klaren Sinne des EG.

[4]) Konsulargerichtsbarkeits-Ges. vom 7. April 1900. Schutzgeb.-Ges. v. 25. Juli 1900.

[5]) Hölder, Pandekten I, § 11. Regelsberger I, § 27. Bierling, Jur. Prinzipienlehre I, § 4. 5. Gierke, D. Priv.-R. I, § 16. Biermann I, § 28. Lehmann, H., Die Unterlassungspflicht (1906) § 2. Die Bezeichnungen und die Auffassungen gehen auseinander.

erlaubende, ermächtigende Rechtsvorschriften) oder die Pflicht betonen (verbietende, gebietende Rechtssätze), oder die Rechtsvorschrift kann sich auch neutral verhalten und in der Form eines wissenschaftlichen Lehrsatzes erscheinen (begriffsentwickelnde Vorschriften).

B. Der Gegensatz von verbietenden, gebietenden und erlaubenden Rechtssätzen gewinnt aber Bedeutung für ihren **Inhalt,** insofern das um der Berechtigung willen bestehende Gebot sich an den Willen bestimmter Personen wendet. Der gebietende Rechtssatz will bestimmte Handlungen hervorrufen, der verbietende solche abwehren. Dem gebietenden Rechtssatz entspricht die Berechtigung auf eine positive Handlung, dem verbietenden die Berechtigung auf eine Unterlassung. Der erlaubende Rechtssatz will in erster Linie bestimmte Handlungen ermöglichen; ihm entspricht die negative Pflicht zur Unterlassung der Hinderung. Welchen Inhalt im einzelnen Falle die Berechtigung hat, wie sie zur Entstehung gelangt, und wann sie wieder fortfällt, bestimmen die gebietenden, verbietenden oder erlaubenden Rechtssätze entweder selbst oder andere, die sich auf diese Rechtssätze beziehen. Alle diese Rechtssätze werden als bejahende zusammengefaßt, weil sie eine Berechtigung zur Entstehung bringen.

1. Den bejahenden Rechtssätzen stehen die verneinenden gegenüber. Sie haben lediglich den Inhalt, daß einem Tatbestande, an den sich eine Berechtigung nach anderen Rechtssätzen anknüpfen würde, diese Bedeutung ganz oder in beschränktem Maße versagt wird.

2. Tritt das Recht bestimmten Handlungen mit Verboten entgegen, so kann es der dennoch vorgenommenen Handlung jegliche privatrechtliche Wirkung entziehen (z. B. **134**; ferner alle im BGB. aufgestellten sog. „Muß"-Vorschriften und die Vorschriften, die von einem „Nichtkönnen" reden) oder ihr diese Wirkung zwar belassen, aber andere Folgen (Anfechtbarkeit, Schadenersatzpflicht, Strafe) an die verbotswidrige Handlung anknüpfen. (Vgl. die sog. Soll-Vorschriften und die Vorschriften des BGB., die von einem „Nichtdürfen" reden.) Der verbotswidrigen Handlung steht die in fraudem legis d. i. die zur Umgehung des Verbotes vorgenommene Handlung gleich[1]). Ob in der Verhängung öffentlicher Strafe auch Entziehung der privatrechtlichen Wirksamkeit liegt, ist eine Auslegungsfrage.

§ 9.

c) Öffentliches und bürgerliches Recht.[2])

Das römische Recht verstand unter dem jus publicum im Gegensatz zum jus privatum das gesamte Recht, das die Rechtsverhältnisse des Staates regelt[3]). Das Privatrecht war dagegen das Recht, welches die Rechtsverhältnisse der Privatpersonen normiert. Diese Abgrenzung ist sicher unzulänglich. Sie geht lediglich vom Subjekte der einzelnen Rechtsverhältnisse aus. Die Verschiedenheit der Subjekte ist aber heute nicht entscheidend, weil der Staat und der Private sowohl in öffentlichen wie in privaten Rechtsverhältnissen stehen. Auch die Qualität des geschützten Interesses (allgemeines — Sonderinteresse) ist nicht entscheidend, weil die Privatrechtsnormen auch allgemeine Interessen zu schützen bestimmt sind. Es kommt vielmehr darauf an, in welcher Eigenschaft die Subjekte in den einzelnen Rechtsverhältnissen beteiligt sind. Macht sich in dem einzelnen Rechtsverhältnisse die Rechtsgemeinschaft als selbständige und ihre Glieder umfassende Organisation anderen Rechtsgemeinschaften oder ihren Gliedern gegenüber mit ihrer Selbständigkeit und Überordnung, oder macht sich der Einzelne in seiner Angehörigkeit an die Organisation geltend, so ist das Rechtsverhältnis ein öffentliches und die dieses regelnden Normen sind öffentlichrechtliche[4]). Dem öffentlichen Recht weisen wir daher zu das Völkerrecht, Staatsrecht, Kirchenrecht, Strafrecht, Prozeßrecht. Wo dagegen das Subjekt an dem

---

[1]) Reichs-Abzahlungsgeſ. § 6.

[2]) Hölder, Pandekten I, § 1. 12. Regelsberger, Pandekten I, § 28. Gierke, Deutsches Priv.-R. I, § 4. Jellinek, System der subjektiven öffentlichen Rechte (2 A.) S. 54 ff. Ehrlich, Beiträge zur Theorie der Rechtsquellen I (1902), S. 159 ff.

[3]) l. 1. § 2. D. (1, 1).

[4]) So O. Stölzel, Rechtsweg und Kompetenzkonflikt in Preußen (1901) § 7.

betreffenden Rechtsverhältnisse in erster Linie als Einzelwesen beteiligt ist, beginnt das Gebiet des Privatrechtes. In dieser Weise kann auch die Rechtsgemeinschaft selbst (Staat, Kirche) an den Rechtsverhältnissen beteiligt sein.

I. Ob ein öffentlichrechtliches oder privatrechtliches Verhältnis, öffentliches oder Privatrecht vorliegt, kann immer nur aus der positiven Rechtsordnung entnommen werden, die hierbei geleitet wird von allgemeinen Auffassungen über die Grenzziehung zwischen der individuellen Sphäre des Einzelnen und dem Gebiete der Gemeinschaft[1]). Daraus erklärt sich, daß in den verschiedenen geschichtlichen Rechtsordnungen ein und dasselbe Lebensverhältnis hier als öffentlichrechtliches, dort privatrechtliches Rechtsverhältnis erscheint (z. B. die Behandlung des Diebstahls im römischen und heutigen Recht), und daß mitunter der Gegensatz selbst, wie z. B. im deutschen Rechte, nicht scharf hervortritt. Die Schwierigkeit der Entscheidung besteht auch für das moderne Recht. Zwar bestimmt das moderne Recht öfters, daß über die aus einem Rechtsverhältnisse sich ergebenden Ansprüche im Wege des Zivilprozesses zu entscheiden ist[2]); in solchen Fällen ist aber über die Natur der normierenden Rechtsvorschriften noch keine sichere Entscheidung getroffen; denn der Weg des Zivilprozesses ist positiv auch für öffentlichrechtliche Verhältnisse[3]) und der dem öffentlichen Recht eigentümliche Rechtsschutz auch für privatrechtliche Verhältnisse eröffnet[4]). Solchen positiven Anordnungen gegenüber verliert die Frage nach der Natur der Rechtsnorm an praktischer Bedeutung, weil besonders dann, wenn die Zulässigkeit des Rechtsweges fraglich ist, die Vorfrage nach der Natur des Rechtes beantwortet werden muß (GVG. § 13)[5]), z. B. eine Zivilklage gegen die Kirchengemeinde auf Unterlassung des Glockenläutens wäre vom Richter abzuweisen, weil das vorliegende Rechtsverhältnis dem öffentlichen Rechte angehört. Die Frage kommt aber nach EG. Art. 55 auch dem BGB. gegenüber zur Geltung, welches das Landesrecht aufhebt, soweit es „privatrechtliche Vorschriften" enthält (vgl. **L.** § 7 III).

II. Selbstverständlich stehen die private und öffentliche Rechtsordnung eines Rechtsgebietes in engstem Zusammenhange und in Wechselwirkung. Die Vorschriften der einen Ordnung bilden vielfach die Voraussetzungen der Vorschriften der anderen. Die Änderung der Privatrechtsordnung ist daher auch von Bedeutung für das öffentliche Recht und umgekehrt[6]).

§ 10.

d) Rechtsvorschrift und Parteiwille.[7])

I. Auf dem Gebiete des Rechtes kommt, wenn auch nicht ohne Einschränkung, das Prinzip der Parteiwillkür, d. h. der freien Regelung der Rechtsverhältnisse durch die Parteien zur Geltung. Das Recht tritt mit seinen Vorschriften nur für den Fall ein, daß die Parteien eine Regelung unterließen und soweit sie sie unterließen; es ist **ergänzendes**, dispositives, bedingtes Recht. Dieses Prinzip wird aber aus rechtspolitischen Erwägungen, bei denen beteiligte allgemeine Interessen, die Sicherheit des Rechtsverkehres, der Schutz der Parteien selbst, eine Rolle spielen, durchbrochen. Die Rechtsvorschriften normieren dann unbedingt, und die Parteiwillkür kann nichts Abweichendes festsetzen. Dieses Recht ist **zwingendes** Recht, jus cogens. Der Gegensatz berührt sich mit dem des öffentlichen und bürgerlichen Rechtes. Im Gebiete des öffentlichen Rechtes gilt der zwingende Charakter als Regel, der ergänzende als Ausnahme (z. B.

---

1) Vgl. besonders Gierke, D. Priv.-R. I, § 4.

2) Menzel, Arch. f. bürg. R., Bd. 1 (1889), S. 327 ff.

3) Z. B. Reichsbeamtengesetz § 149 ff.

4) Biermann I, S. 42 Note 16.

5) EG. z. ZPO. § 3.

6) Vgl. Schepp, **Das öffentliche Recht im BGB.** (1899).

7) Hölder, Pandekten I, § 12. Regelsberger I, § 32. Bierling, Jur. Prinzipienlehre I, S. 137 ff. Gierke, D. Priv.-R. I, § 16. Stammler, Das Recht der Schuldverhältnisse in seinen allgemeinen Lehren, S. 57 f., 72 ff. Danz, Die Auslegung, bes. S. 12 ff. Danz, Jahrb. f. Dogm., Bd. 38, S. 389 ff. Ehrlich, Das zwingende und nicht zwingende R. im BGB. (1899), Reuterskiöld, Über Rechtsauslegung (S.-A.) S. 69 f.

im Zivilprozeßrecht), im Privatrechte, besonders im Schuldrechte, überwiegt das ergänzende Recht[1]).

II. Wann ergänzende oder zwingende Rechtsvorschrift vorliegt, ist lediglich Auslegungsfrage. Die Vorschrift kann sich ausdrücklich oder stillschweigend den einen oder anderen Charakter beilegen. Das gilt auch für das BGB.: es führt sowohl den zwingenden[2]) wie den ergänzenden[3]) Rechtssatz mit bestimmten Wendungen ein; die Sprache des Gesetzes ist aber keine feste, und in anderen Fällen fehlt es im Gesetz an einer Andeutung des Charakters der Rechtsnorm.

III. Der ergänzende Rechtssatz unterscheidet sich von der **Auslegungsregel.** Der erstere hat zur Voraussetzung, daß keine Bestimmung der Parteien, weder eine ausdrückliche noch stillschweigende, vorhanden ist, daß es also an einem Objekte für die Auslegung gänzlich fehlt. Die Auslegungsregel dagegen greift ein, wenn stillschweigende oder ausdrückliche Willenserklärungen und Bestimmungen der Parteien über einen bestimmten Rechtserfolg vorliegen, und nur ihre Deutung im Zweifel bleibt[4]). Ob eine Rechtsvorschrift Auslegungsregel oder ergänzender Rechtssatz ist, ist Auslegungsfrage. Dem BGB. gegenüber ist sie dadurch erschwert, daß die Auslegungsregel nicht immer zweifellos als solche bezeichnet ist, daß sie sich häufig in derselben Weise („im Zweifel") andeutet wie der ergänzende Rechtssatz, daß ein und derselbe Satz die Funktion der Auslegungsregel und des ergänzenden Rechtssatzes dem Willen des Gesetzgebers gemäß übernimmt (**2068. 2069. 2070**). Auch darin rücken beide nahe aneinander, daß inhaltlich beide auf diejenige Regelung abzielen, die der Gesetzgeber bei solchen Verhältnissen allgemein für die richtige erachtet[5]).

§ 11.

e) Rechtsvorschrift und Gerechtigkeit.[6])

Wir stellen an die Rechtsordnung die Forderung, daß sie gerecht sei, daß sie dem gemeinschaftlichen Leben der Rechtsgenossen eine Regelung gebe, bei der die Einzelinteressen die Beachtung und Berücksichtigung finden, die ihnen nach den geschichtlich wechselnden Durchschnittsauffassungen über das der Wahrheit, Moral und Sitte Entsprechende zukommt. Die Rechtsordnung vermag aber dieser Forderung immer nur annähernd gerecht zu werden, wenn sie die ihr eigentümliche Aufgabe, eine feste äußere Ordnung des gemeinschaftlichen Lebens zu schaffen, nicht verfehlen soll. Die Wege, auf denen die positive Rechtsordnung dem Gerechtigkeitsideal nahezukommen sucht, sind verschieden.

I. Das Recht kann in seinen Vorschriften der unendlichen Mannigfaltigkeit der Einzelerscheinungen nur durch Aufstellung umfassenderer Regeln, welche ganze Gattungen von Einzelerscheinungen umschließen, gerecht werden (jus commune im sachlichen Sinne). Die darin liegende Nichtbeachtung der Eigentümlichkeiten der Art innerhalb der Gattung kann das Recht selbst gutmachen, indem es für die Art einen **Sonderrechtssatz** (jus singulare) aufstellt. Das römische Recht spricht von privilegium[7]). Das Sonderrecht kann für eine Art von Personen, Sachen, Rechtsgeschäften, Rechtsverhältnissen normieren.

---

[1]) Das zeigt sich auch bei der Verzichtbarkeit der Rechte. Walsmann, Der Verzicht (1912). S. 144 ff.

[2]) Vgl. **15. 1518. 248,** Abs. 1. **1253,** Abs. 1. 2. **1023,** Abs. 2 u. a.

[3]) Vgl. **30. 1030,** Abs. 2. **503. 1432. 1092. 1430,** Abs. 2. **1284** u. a.

[4]) Auch die Rechtssätze können zu anderen Rechtsvorschriften in dem Verhältnis von ergänzendem Rechtssatz oder Auslegungsregel stehen. Stammler, a. a. O., S. 58.

[5]) A. M. Stammler, a. a. O., S. 82. Die Auslegungsregel soll dem vorhandenen Willen der Parteien, soweit nur tunlich, entsprechen und das wirklich Gewollte klären. Das ist richtig; aber diese Klärung erfolgt eben dadurch, daß dem unklaren Willensausdruck das „objektiv Richtige" untergelegt wird. Vgl. Hellmann, a. a. O.

[6]) Hölder, Pandekten, § 13. 14. Regelsberger I, § 11. 30. 31. Bierling, Jur. Prinzipienlehre I, § 3. 8. Gierke, D. Privatrecht I, § 15.

[7]) l. 16. D. (1, 3); l. 15. D. (28, 6).

Keine Sonderrechtssetzung enthalten dagegen Verwaltungsakte, die auf Grund eines ermächtigenden Gesetzes einzelnen Rechte und rechtliche Fähigkeiten gewähren, z. B. Volljährigkeitserklärung, Verleihung der Rechtsfähigkeit an einen Verein, Dispensationen von rechtlichen Schranken. Diese Staatstätigkeit berührt sich sehr nahe mit der freiwilligen Gerichtsbarkeit des Staates.

In seltenen Fällen kann es eine Forderung der Gerechtigkeit sein, daß das Recht für eine Einzelerscheinung (individuelle Person, Sache, Rechtsgeschäft, Rechtsverhältnis) eine lediglich diese treffende Rechtsvorschrift gibt (jus speciale, **Individualrechtssatz**). Die neueren verwenden hier den Ausdruck Privileg (privilegium favorabile, — odiosum). Die Rechtsregel (jus generale), die alle Einzelerscheinungen, welche unter die Gattung oder Art fallen, ergreift, ist dann für diesen Fall unanwendbar[1]).

II. In umfassender Weise entspricht die Rechtsordnung dem Gerechtigkeitsideale, wenn sie ihren Vorschriften eine allgemeine Fassung gibt, zugleich aber durch Hinweis auf **Billigkeit**, Treue und Glauben, die Verkehrssitte, die Umstände des Falles, das Gemeinwohl, das Parteiwohl und die Verhältnisse der Parteien den Richter anweist, die den beachtenswerten Eigentümlichkeiten der Einzelerscheinung angemessene Entscheidung zu treffen[2]). In solchen Fällen wird die Billigkeit nicht Rechtsquelle über oder neben dem Gesetz, sondern Rechtsquelle bleibt das Gesetz allein, welches das Prinzip der Billigkeit usw. in sich aufgenommen hat, und zwar in der Begrenzung, die sich aus dem Gesetze ergibt[3]). Dem Richter ist keineswegs eine Entscheidung nach subjektivem Billigkeitsgefühl übertragen. Solche Rechtsvorschriften, die dem Richter die Berücksichtigung der berechtigten Eigentümlichkeiten des Falles gestatten, nennen wir billiges Recht (jus aequum), solche, die das nicht gestatten, strenges Recht (jus strictum). Das billige Recht stellt an den Richter hohe Anforderungen, daher in zurückliegenden Zeiten der Rechtsentwicklung ein Vorherrschen des strengen Rechtes. Aber auch bei fortgeschrittener Entwicklung führen rechtspolitische Erwägungen zu strengem Rechte (**L.** § 4).

III. Auch in der Anerkennung des Grundsatzes der Parteiwillkür (**L.** § 10) liegt ein wesentlicher Fortschritt zur Verwirklichung des Rechtsideals.

§ 12.

Die Rechtsanwendung und die Rechtsauslegung.[4])

I. Die **Rechtsanwendung** schließt in sich die Feststellung dessen, was im konkreten Falle dem Rechte gemäß ist und, soweit notwendig, die Durchführung dieser Feststellung im Zwangswege (Urteil, Zwangsvollstreckung). Der konkrete Tatbestand (quaestio facti) wird dem Richter nach heutigem Prozeßrecht durch die Parteien gegeben und eventuell bewiesen. Die Feststellung dessen, was Rechtens ist, erfolgt durch den Richter von Amts wegen. Er hat das Recht zu kennen (jura novit curia). Diesen Grundsatz hielt die Glosse[5]) beim Gewohnheitsrechte für unanwendbar und stellte es dem konkreten Tatbestande hinsichtlich der Feststellung gleich. Eingeschränkt ist der Grundsatz noch mehr in der ZPO. § 293: Der Richter kann, wenn in einem anderen Staate geltendes Recht, Gewohnheitsrecht oder Statuten in Frage stehen, eine diese Rechtsvorschriften in ihrer äußeren Erscheinungsform nachweisende Tätigkeit der Parteien verlangen, die nicht unter den Grundsätzen des zivilprozessualen Tatsachen-Beweises steht.

---

[1]) Vgl. Kohler, Lehrb. I, § 36, 37. Abweichend Stammler, Privilegien und Vorrechte (1903). Biermann, Bürgerl. R. I, S. 21.

[2]) l. 16. D. (1, 3); l. 15. D. (28, 6).

[3]) Abweichend Sturm, Die Lehre von der Geschäftsführung ohne Auftrag nach dem Bürgerlichen Gesetzbuch für das Deutsche Reich (1897), §§ 4. 5. Danz, Jahrb. f. Dogm., Bd. 38 (1898), S. 373 ff.

[4]) Hölder, Pandekten §§ 8—10. Regelsberger, Pandekten I, §§ 33—38. Gierke, D. Privatrecht I, §§ 18. 21. Danz, Jahrb. f. Dogmat., Bd. 39, S. 373 ff. Derselbe, Die Auslegung der Rechtsgeschäfte (2. A.) 1906. Derselbe, Einführung in die Rechtsprechung (1912), S. 3 f., 83 ff.

[5]) Gl. „probatis his“ zur l. 1 C. quae sit longa consuetud. (8, 52).

Ehe der Richter das Urteil spricht, d. h. die Rechtsfolgen des Gesetzes über den konkreten Tatbestand ausspricht, hat er zu prüfen, ob der fragliche Rechtssatz auch Rechtssatz ist, d. h. auf einer Rechtsquelle (Gesetz, Gewohnheit) beruht (Prüfung der **Legalität**). Das Prüfungsrecht erstreckt sich grundsätzlich auf alle Voraussetzungen der Geltung des Gesetzes (Rechtsgültigkeit der Verkündung, Gegenzeichnung usw.), besonders auch auf die in dem Verhältnis von Reichs- und Landesrecht und in den Schranken des Verordnungsrechtes liegenden Voraussetzungen. Der Richter wird auch zu prüfen haben, ob der Rechtssatz noch gilt. Seiner Prüfung unterliegen aber nicht die inneren Vorgänge in den gesetzgebenden Versammlungen (Legitimation der Mitglieder, Beschlußfähigkeit, Abstimmung), die anderen Organen zur definitiven Erledigung überwiesen sind. Allgemein hängt das richterliche Prüfungsrecht von dem Verfassungsrechte ab. Die Reichsverfassung (Art. 2, 17) schneidet dem Richter gegenüber der Ausfertigung des Gesetzes die Prüfung der Legalität nicht ab[1]). Soweit ein Prüfungsrecht besteht, besteht auch die Prüfungspflicht, nur kann sich der Richter bei der formell richtigen Publikation beruhigen.

Nach Feststellung der Legalität kommt es zur Kritik und Auslegung des Rechtssatzes.

II. Die **Kritik** hat die Aufgabe, den echten Wortlaut des Rechtssatzes festzustellen. Auch in modernen Gesetzen können Druckfehler, d. h. Entstellungen des sanktionierten Textes, und Redaktionsversehen, die in den Werdegang des Gesetzes fallen, die Echtheit des Textes aufheben[2]). Soweit die Kritik, was besonders für das corpus juris in Frage stand, mit handschriftlicher Überlieferung arbeitet, spricht man von diplomatischer oder niederer Kritik, soweit die Textfeststellung auf anderen Grundlagen fußt, von höherer, Konjekturalkritik.

III. Die **Auslegung** (Interpretation) hat den Inhalt des Rechtssatzes, die voluntas legis[3]), sowohl des gesetzlichen wie des gewohnheitsrechtlichen Satzes, zu ermitteln (objektive Auffassung)[4]), nicht den Inhalt des Gesetzgeberwillens (subjektive Auffassung). Der Richter und der Verwaltungsbeamte treiben die Auslegung zum Zwecke der Rechtsanwendung (Rechtsprechung, Verwaltung, Kautelarjurisprudenz), der Theoretiker legt das Recht aus um der wissenschaftlichen Erkenntnis und der Belehrung willen (Rechtswissenschaft). Bei beiden hat sie den gleichen Charakter, beide arbeiten mit den gleichen Mitteln (doktrinelle Auslegung). Sie unterscheidet sich von der sog. authentischen Interpretation; diese ist legale, wenn ein neues Gesetz, usuelle, wenn neues Gewohnheitsrecht einen bestehenden Rechtssatz deutet; sie ist immer neue Rechtsbildung, ihr Resultat also unabhängig von seiner materiellen Richtigkeit, während das Resultat der wahren Auslegung abhängig ist von seiner materiellen Richtigkeit und nur aus Gründen der Rechtspolitik im rechtskräftigen richterlichen Urteil und in den Urteilen der höchsten Gerichte (vgl. **L.** § 6, IV) eine beschränkte Autorität zu gewinnen vermag.

A. Die Mittel der Auslegung. Als nächstliegendes Mittel bieten sich die Regeln des Sprachgebrauches, der Grammatik (grammatische Auslegung); sie fördert den Wortsinn. Bei diesem hat sich der Auslegende niemals zu beruhigen. Das gilt auch für die Auslegung des BGB. trotz seiner sorgfältigen Terminologie[5]). Der Wortsinn ist vielmehr nach allgemeinen Denkregeln zu prüfen (logische Auslegung). Momente, die hier Bedeutung gewinnen können, sind: die Beziehung des Rechtssatzes zu anderen Rechtssätzen[6]), die geschichtlichen Voraussetzungen (Herkunft aus fremdem Recht, bestehende Rechtslehre) und die Veranlassung seiner Entstehung (occasio legis), sein Zweck (ratio legis), das höhere Prinzip der Rechtsordnung (ratio iuris), die Natur des geregelten Verhältnisses. Auch das argumentum a contrario gehört hierher. Durch die dem Gesetze beigegebenen Motive oder sonstigen Materialien ist die

---

[1]) Vgl. Kuhlenbeck, Rechtsprechung I (1895), S. 3 ff.

[2]) Vgl. Wach, Handb. des ZProzR. § 21. Lüdemann, Arch. f. öff. R., Bd. 14 (1899), S. 145 ff. RG. Bd. 41, S. 34.

[3]) l. 19. D. (1, 3).

[4]) RG. Bd. 27, S. 411.

[5]) Abw. Biermann I, S. 82. Note 3.

[6]) l. 24. D. (1, 3).

Auslegung niemals gebunden. Dagegen kann das Gesetz dem Richter *Auslegungsvorschriften* an die Hand geben, allgemeinere (**133**) oder besondere (**186—193**). Indem die logische Auslegung das Resultat der grammatischen prüft, ergibt sich in den Hauptfällen entweder eine Bestätigung des Wortsinnes (*bestätigende Auslegung*), oder eine Klarstellung oder Ergänzung des unklaren, mehrdeutigen oder lückenhaften Wortsinnes (*deklarierende Auslegung*), oder eine materielle Einschränkung des Wortsinnes (*restriktive Auslegung*), oder endlich eine materielle Ausdehnung des Wortsinnes (*extensive Auslegung*).

B. *Das Endziel der Auslegung* (**Analogie**). Die Auslegung darf niemals bei der Feststellung des nächstliegenden Inhaltes des Rechtssatzes stehenbleiben. Es kann der Fall eintreten, daß der Richter in der Rechtsordnung keinen Rechtssatz findet, dessen nächstliegender Inhalt den konkreten Tatbestand begreift.

Hier gewinnt es Bedeutung,

1. daß der Rechtssatz zugleich eine Regelung aller derjenigen Fälle enthält, die mit den von seinem nächstliegenden Inhalte umfaßten *Wesensgleichheit* besitzen. Diese allgemeinere Regelung hat der Richter gegebenenfalls durch Auslegung festzustellen und im Urteile zu verwerten (*Gesetzesanalogie*);

2. daß jeder Rechtssatz aber auch organischer Bestandteil der gesamten positiven Rechtsordnung ist. Die Auslegung darf daher auch nicht stehenbleiben bei der Festlegung des nächsthöheren Prinzipes, das im Einzelrechtssatze enthalten ist, sondern muß die letzten allgemeinsten Prinzipien der gesamten Rechtsordnung, wie sie sich aus der logischen Beziehung der Einzelrechtssätze zueinander (System) ergeben, ermitteln. Auch diese höchsten Prinzipien sind in der Rechtsordnung enthaltene Rechtssätze, die der Richter anzuwenden hat (*Rechtsanalogie*).

Hieraus ergeben sich wichtige Folgerungen:

a) Das positive Recht ist lückenlos[1]). Von Lücken darf man da nicht reden, wo sich aus dem positiven Rechte ergibt, daß ein bestimmtes Lebensverhältnis *rechtlich* nicht geregelt sein soll. Hier liegt Regelung in negativer Hinsicht vor, die selbstverständlich durch neue positive Rechtsbildung (Gesetz, Gewohnheit) ersetzt werden kann. Ist aber nach Auslegung des positiven Rechtes klar, daß ein Lebensverhältnis unter dem Recht steht, und fehlt es nur an einem unmittelbar zutreffenden Rechtssatze, so ist solche Lücke nur scheinbar vorhanden, andererseits wäre die zweifellos vorhandene positive Regelung eine völlig inhaltlose. Der Richter kann daher niemals die Entscheidung mit Berufung auf Lücken seines Rechtes ablehnen; eines besonderen Verbotes des Gesetzgebers[2]) bedarf es nicht. Andererseits bedarf der Richter auch keiner besonderen gesetzlichen Legitimation zur Analogie.

b) Gesetzesanalogie und Rechtsanalogie sind voneinander nicht begrifflich geschieden, und beide sind nur Auslegung, nicht Rechtsschöpfung, auch nicht Rechtsfindung, wenn damit ein Mittelding zwischen Auslegung und Rechtsschöpfung bezeichnet sein soll[3]). Die Analogie unterscheidet sich von anderer Auslegung nur durch ihre größere Intensität. Die extensive Auslegung (A) unterscheidet sich von der Analogie nur darin, daß die erstere den nächstliegenden Inhalt des Rechtssatzes als einen umfassenderen erweist, als der Wortsinn erkennen läßt, während die Analogie den Inhalt des Rechtssatzes oder der Rechtsordnung erschöpft.

c) Die Mittel der Analogie sind die der Auslegung. Der Richter schöpft hier weder aus seiner subjektiven Vernunft noch aus der Natur der Sache, sondern aus dem Rechtssatze und der Rechtsordnung. Die Natur der Sache spielt keine andere Rolle als bei der Auslegung überhaupt, nämlich als Natur der Sache im Sinne der Rechtsordnung.

§ 13.

Das zeitliche Herrschaftsgebiet der Privatrechtsvorschriften.[4])

Es handelt sich um zwei Fragen: Von wann an bis zu welchem Zeitpunkte gilt eine Rechtsvorschrift (I)?, und welche von den Lebenserscheinungen, die während der Geltungsdauer der Rechtsvorschrift eintreten, erhalten durch diese ihre rechtliche Regelung (II)?

---

[1]) Darüber gehen die Ansichten weit auseinander; für die Lückenlosigkeit der positiven Rechtsordnung mit Entschiedenheit z. B. *Bergbohm*, S. 130 ff. 372. Dagegen *Kohler*, Lehrb. I, § 25. *Zitelmann*, Lücken im Recht 1903, und die Vertreter der freien Rechtsfindung (vgl. **L.** § 4).

[2]) Code civil, Art. 4.

[3]) So *Regelsberger* I, S. 160. Vgl. auch *Reuterskiöld*, Über Rechtsauslegung, S. 69 ff.

[4]) *Hölder*, Pandekten I, §§ 15. 16. *Regelsberger* I, §§ 26. 47. 48. *Bierling*, Jur. Prinzipienlehre I, § 7. *Gierke*, D. Priv.-R. I, §§ 22—24. *Habicht*, Die Einwirkung des BGB. auf zuvorentstandene Rechtsverhältnisse, 3. A. (1901). *Hölder*, Komment., Einl. S. 36 ff. *Affolter*, F., Das intertemporale Recht I. II. (1902. 1903).

I. Die zeitliche Geltung der Rechtsvorschriften.

A. Der Rechtssatz gilt im formalen Sinne vom Momente seiner **Entstehung** an. Wann ein Rechtssatz entstanden ist, ergibt sich aus **L.**, §§ 5 und 6. Regelmäßig wird mit der formalen Geltung auch die materielle zusammenfallen, welche bedeutet, daß das Gesetz die Lebensverhältnisse auch bestimmen, kurz daß es angewendet werden soll. Das Gesetz kann aber den Zeitpunkt seiner materiellen Geltung über den seiner Entstehung hinausschieben (EG. Art. 1). Allgemein geschieht dies für die Reichsgesetze in der ergänzenden Vorschrift der Reichsverfassung Art. 2[1]), während die Geltung in den Konsulargerichtsbezirken durch das Reichsgesetz vom 10. Juli 1879 bestimmt wird. Wo vorübergehend nur formale Geltung einem Gesetze zukommt, hat sie die Bedeutung, daß das Gesetz nur durch Gesetz usw. wieder aufgehoben werden kann[2]).

B. Der Rechtssatz gilt bis zu seinem **Wegfall**; der Zeitpunkt des Wegfalles kann im Gesetze selbst ausdrücklich oder stillschweigend enthalten sein (transitorische Gesetze), oder der Wegfall tritt ein durch restlosen Wegfall des von ihm geregelten Lebensverhältnisses. Der Wegfall eines Rechtssatzes tritt ferner ein infolge seiner Aufhebung durch einen neuen Rechtssatz (Gesetz, Gewohnheit), der ihn lediglich beseitigt oder eine Neuregelung enthält. Wie weit die Aufhebung reicht, ergibt die Auslegung des neuen und des alten Rechtssatzes. Diese wird z. B. ergeben, daß die Aufhebung einer allgemeinen Rechtsregel durch eine neue nicht auch stets die Ausnahmen von der alten Regel beseitigt (lex posterior generalis non derogat priori speciali). Vor Aufhebung kann keine Rechenschaft gesichert werden, auch nicht durch Gesetz, und der Private hat auf Bestand der Rechtssätze keinen Anspruch, wenn er ihm nicht wieder durch Rechtssatz zugesprochen ist, z. B. ein Entschädigungsanspruch bei Aufhebung von Individualrechtssätzen (**L.** § 11)[3]).

C. Während das BGB. zu den Landesgesetzen nicht nur die Stellung des jüngeren, sondern auch die des gemeinen Rechtes einnimmt (**L.** § 7), ist es den Reichsgesetzen gegenüber lediglich die lex posterior. Bei der Auslegungsfrage, wie weit das BGB. die bestehenden Reichsgesetze aufhebt kommen in erster Linie die Abänderungen früherer Reichsgesetze in Betracht, die das EG. Artikel 33—54 ausdrücklich ausspricht; davon abgesehen hat gegenüber EG. Art. 32 der Charakter des BGB. als einer Privatrechtskodifikation keine entscheidende Bedeutung; auch darf man nicht den Grundsatz lex posterior derogat priori schematisch zur Anwendung bringen, da dieser nichts enthält als eine allgemeine Anleitung für die Auslegung, deren Zutreffen im konkreten Falle zuerweisen ist. Vielmehr ist aus dem BGB. im einzelnen Falle festzustellen, wie weit es bestehendes Reichsprivatrecht hat beseitigen wollen[4]). Wo von Bestand bleibendes Reichsrecht auf aufgehobenes Reichs- oder Landesprivatrecht verweist, tritt das BGB. nach EG. Art. 4 an die Stelle der aufgehobenen Vorschriften.

D. Als Sonderrecht ist mit dem BGB. am 1. Januar 1900 das neue Handelsgesetzbuch vom 10. Mai 1897 in Kraft getreten. Es geht in Handelssachen dem BGB. vor. Soweit nicht das HGB. und das EG. zum HGB. anders bestimmt, kommt das BGB. zur Anwendung. Ältere Reichsgesetze sind in Kraft geblieben, soweit sie nicht im HGB. oder EG. zum HGB. abgeändert sind. Soweit in Reichsgesetzen auf das alte HGB. verwiesen ist, tritt das neue HGB. an die Stelle.

II. **Die Rückwirkung.**

Die Wandelung von Rechtsvorschriften ist von weittragender Bedeutung für die Sicherheit des Rechtsverkehrs. Die Parteien rechnen mit dem jeweils geltenden Recht und können mit dem

[1]) Vgl. Bad. AG. z. BGB., Art. 1, Abs. 2.

[2]) Bourier, Bl. f. Rechtsanwendung, Jahrg. 64 (1899), S. 358 ff.

[3]) Die Frage ist allgemeiner gestellt die nach der Ersatzpflicht des Staates usw. wegen Vermögensbeschädigung durch rechtmäßige Handhabung der Staatsgewalt. Vgl. Anschütz, Verwaltungsarchiv, Bd. 5 (1897), S. 1 ff. Baron, D. Jur.-Ztg. Jahrg. 3 (1898), S. 152. Staub, ebenda, S. 168. Endemann, ebenda, Jahrg. 4 (1899), S. 93 ff. Anschütz, ebenda, S. 171 f. Oertmann, ebenda, S. 192.

[4]) Vgl. Neukamp, Verwaltungsarchiv, Bd. 5 (1897), S. 209 ff. Lobe, Sächs. Arch., Bd. 7 (1897), S. 19 ff. Dronke, Gruch. Beitr., Bd. 44, S. 706. Oertmann, Arch. f. bürg. R., Bd. 13 (1897), S. 1 ff. v. Blume, Verwaltungsarch., Bd. 7 (1899), S. 483 f.

Wechsel desselben in den seltensten Fällen rechnen. Würde der Richter auf die seiner Kognition unterstellten Tatbestände lediglich das jetzt geltende neue Recht zur Anwendung bringen, so wären schwere Schädigungen der Parteien, Erschütterung und Fesselung des Rechtsverkehrs die Folge, die eine gesunde Rechtspolitik zu vermeiden hat. Wir gewinnen hieraus die Auslegungsregel: Gesetze haben keine rückwirkende Kraft (jus ad praeterita trahi nequit), d. h. was unter dem alten Recht seine Regelung erhalten hat, wird auch unter der zeitlichen Herrschaft des neuen Rechtes nach dem alten Recht beurteilt; das neue Recht regelt nur das, was ungeregelt geblieben ist. Diese Auslegungsregel bedarf der näheren Präzisierung (A), und als Auslegungsregel verliert sie ihre Bedeutung, wenn der Inhalt des neuen Gesetzes entgegensteht (B).

A. Die nähere Bestimmung der Auslegungsregel. Die Frage, welche sich der Richter vorzulegen hat, ist die, ob ein bereits nach älterem Recht geregelter Tatbestand vorliegt. Einigkeit besteht darüber, daß dahin nicht nur die Regelung, die bereits zum definitiven Erwerbe von subjektiven Rechten (sog. wohlerworbenen Rechten) geführt hat, sondern auch die Begründung allgemeiner, rechtlich relevanter Fähigkeiten gehört (wie Großjährigkeit, Stellung unter elterliche Gewalt).

An den Tatbestand (Rechtsgeschäft, Rechtsverletzung, sonstige Tatsachen) knüpfen sich für die Zukunft die Rechtsfolgen an, die das Gesetz, welches zur Zeit der Verwirklichung des Tatbestandes gilt, mit ihm verbindet. Das neue Gesetz kann nun in verschiedener Richtung ändernd eingreifen:

1. Es stellt andere Anforderungen an den Eintritt der Rechtsfolge überhaupt, an ihre erste Entstehung und Begründung, z. B. die Begründung des Nießbrauches, die unter dem alten Recht diesem gemäß durch formlosen dinglichen Vertrag erfolgte, wird an die Eintragung gebunden. Hier ist die Frage der Begründung dieses Nießbrauches lediglich nach altem Rechte zu beurteilen.

2. Das neue Gesetz stellt andere Vorschriften auf hinsichtlich des Umfanges und Inhaltes der betreffenden Rechtsfolgen oder hinsichtlich ihrer Änderung oder Aufhebung, z. B. die Rechte des Nießbrauchers werden erweitert, der Nießbrauch wird für vererblich erklärt, während er nach altem Rechte durch den Tod des Berechtigten erlosch. Selbstverständlich müssen Änderung und Aufhebung wie der Inhalt der Rechtsfolgen für die Zeit der Geltung des alten Rechtes nach diesen beurteilt werden, für die Zeit der Geltung des neuen Rechtes müßte aber das neue Recht angewendet werden, da es sich um Tatbestände handelt, die in seinen Geltungsbereich fallen; trotzdem wird man aus dem Prinzip, das der Auslegungsregel zugrunde liegt, das Gegenteil entnehmen müssen, wenn nicht der neue Rechtssatz ausnahmsweise eine absolute Besserung, also eine für alle an den Rechtsfolgen Beteiligte wirksame Besserung in sich schließt. Es kommt also regelmäßig auch hier fortgesetzt das alte Recht zur Anwendung.

3. Andererseits werden Tatbestände, die sich unter der Geltung des alten Rechtes noch nicht voll verwirklicht hatten, lediglich durch das neue Recht bestimmt. Unter der Herrschaft des alten Rechtes bestanden hier nur Möglichkeiten und Aussichten; daß das neue Recht auch diese schonen will, ist nicht anzunehmen.

B. Da es sich um eine Auslegungsregel handelt, kann der Inhalt des neuen Rechtes sie aus Gründen der Rechtspolitik ausschließen[1]),

1. indem es sich Rückwirkung gegen die Auslegungsregel ausdrücklich oder stillschweigend beilegt, und zwar

a) in stärkerem Maße, wenn das Rechtsverhältnis ganz nach dem neuen Recht beurteilt wird, obwohl der Tatbestand sich unter dem alten Rechte verwirklichte[2]).

Das wird im Zweifel der Sinn eines neuen Rechtssatzes sein, der sich als authentische Interpretation eines älteren Rechtssatzes zu erkennen gibt. Durch rechtskräftiges richterliches Urteil, Vergleich, vertragsmäßige Anerkennung und Erfüllung erledigte Sachen wird aber auch die authentische Interpretation nicht mehr berühren wollen;

---

[1]) Vgl. Lehmann, Zeitschr. f. d. ges. Handelsr., Bd. 48 (1899), S. 28 ff.

[2]) RG. Bd. 47, S. 103 (betr. **138**, Abs. 2).

b) in schwächerem Grade, so daß die Rechtsfolgen bis zur Geltung des neuen Rechtes nach altem Recht, von da ab nach neuem Recht beurteilt werden.

2. Das neue Recht kann sich aber auch seiner regelmäßig nach A Z. 3 eintretenden normierenden Wirkung entschlagen, so daß das alte Recht den Vorzug erhält (z. B. es sollen die unter dem alten Rechte begonnenen Prozesse nach altem Prozeßrecht erledigt werden, nicht nach dem in Geltung getretenen neuen).

C. Das Verhältnis des Bürgerlichen Gesetzbuches zum bisherigen Recht ist in verschiedenen Punkten durch das Einführungsgesetz abweichend von den allgemeinen Auslegungsregeln bestimmt (EG. Art. 153—218), allgemeine Regeln über den Eintritt der Rückwirkung oder Nichtrückwirkung oder über den Grad der Rückwirkung sind vermieden. Wo aber die im Einführungsgesetze aufgestellten Vorschriften nicht eingreifen, werden auch die allgemeinen Auslegungsregeln Platz greifen. Das Ergebnis ist bei den einzelnen materiellen Vorschriften zur Darstellung zu bringen.

§ 14.

Das sachliche Herrschaftsgebiet der Privatrechtsvorschriften.[1])

I. Nicht nur jeder Staat, sondern auch die Einzelstaaten im Gesamtstaate stellen ihre eigene Privatrechtsordnung fest, und diese verschiedenen Privatrechtsordnungen weichen inhaltlich voneinander ab. Zweifellos ist das räumliche örtliche Rechtsgebiet, für welches die einzelne Privatrechtsordnung gilt; zweifelhaft kann es aber sein, ob der Richter auf alle seiner Beurteilung unterworfenen Rechtsverhältnisse nur das Recht seines räumlichen Rechtsgebietes anzuwenden hat oder auch das Recht anderer Rechtsgebiete. Zweifellos kann eine positive Rechtsordnung den ersten Standpunkt einnehmen und die ausschließliche Anwendung des einheimischen Rechtes dem Richter zur Pflicht machen (**Exklusivitätsprinzip**)[2]). Eine solche Vorschrift würde zwar eine absolute Klarheit und Sicherheit für den anwendenden Richter schaffen, in demselben Maße aber ungerecht sein und die Sicherheit des Rechtsverkehrs gefährden. Die Lebensverhältnisse erhalten mit ihrer Existenz ihre rechtliche Normierung, sie werden zu Rechtsverhältnissen, indem sie unter eine bestimmte Rechtsordnung treten. Rechte und Pflichten der Parteien bestimmen sich nach dieser, und die Parteien rücksichtigen bei der Begründung der Rechtsverhältnisse und bei ihrem späteren Verhalten auf diese Rechtsordnung. Die gerichtliche Geltendmachung der Rechte und Pflichten ist aber bei entwickeltem Verkehr in vielen Fällen nur bei den Gerichten eines anderen Rechtsgebietes möglich. Die den Richter an sein einheimisches Recht ausschließlich bindende Vorschrift würde zur Folge haben, daß eine andere Rechtsordnung als diejenige, welche das Rechtsverhältnis normiert hatte, der richterlichen Beurteilung zugrunde gelegt würde. Die vom internationalen Verkehr geforderte gerichtliche Rechtshilfe hat dahin geführt, daß das moderne Recht den Grundsatz der ausschließlichen Anwendung des einheimischen Rechtes verwirft und den entgegengesetzten gerechten Grundsatz aufstellt, daß der Richter die Rechtsverhältnisse nach dem (einheimischen oder ausländischen) Rechte beurteilen muß, welches dem Rechtsverhältnisse seine Normierung gegeben hat. Nach diesem Grundsatze tragen die Rechtsverhältnisse ihr positives Recht dauernd in sich, und der Grundsatz gewährleistet, daß die Rechtsverhältnisse im Stadium der Rechtsverfolgung und des richterlichen Urteiles, im Verhalten der Parteien zueinander und

[1]) v. Bar, Theorie und Praxis des internationalen Pr.-R. I. II. 2. A. (1899). Hölder, Pandekten I, § 17. v. Bar, Lehrb. des internationalen Privat- und Strafrechts (1892). Regelsberger I, §§ 39—46. Bierling, Jur. Prinzipienlehre I, § 7. Niemeyer, Positives intern. Privat-R. I. Derselbe, Zur Methodik des internationalen Priv.-R. (Vortr.). Derselbe, Das internationale Priv.-R. des BGB. (1901). Gierke, D. Priv.-R. I, §§ 25. 26. Zitelmann, Internationales Priv.-R. I. II, 1. 2. (1898. 1903). Barazetti, Das internationale Priv.-R. im BGB.

[2]) Dieser Auffassung folgte im wesentlichen Wächter im Archiv für d. ziv. Praxis, Bd. 24. 25: Der Richter dürfe ausländisches Recht nur da anwenden, wo das einheimische Recht darauf verweist.

Dritter zu den Parteien ihren Bestand und Inhalt bewahren, den sie ursprünglich hatten (**Internationalitätsprinzip**).

II. Ob der einzelne Staat den Grundsatz der Internationalität anerkennt oder nicht, steht bei ihm. Vom Standpunkte der Gerechtigkeit stellen wir an ihn die Forderung, daß er den Grundsatz anerkenne. Dieses Postulat ist aber nicht Recht. Wo die Anerkennung erfolgt ist, ist sie der Inhalt der positiven innerstaatlichen Rechtsordnung. Allerdings hat der Staat, der diesen Grundsatz proklamiert, auch ein wesentliches Interesse daran, daß der Grundsatz auch von anderen Staaten anerkannt wird. Die völkerrechtlichen Vereinbarungen, welche dieses anstreben, sind aber nicht an sich Bestandteile der positiven Rechtsordnung, sondern binden nur den Staat dem Staate gegenüber. Sie können aber zum innerstaatlichen Rechte werden (R.-Verf. Art. 11, Abs. 3). Niemals ist das Internationalitätsprinzip und seine Ausgestaltung im einzelnen Bestandteil des Völkerrechts [1]) oder eines über der gesamten kultivierten Menschheit stehenden Weltrechts [2]). Kann der Grundsatz nur der Bestandteil der positiven staatlichen Rechtsordnung sein, so bestimmt diese auch den Umfang seiner Geltung.

A. Wo das Internationalitätsprinzip anerkannt ist, hat sich der Richter zunächst (vgl. **L.** § 12) die Frage vorzulegen, durch welche Rechtsordnung (einheimische oder fremde) das ihm vorgelegte Rechtsverhältnis normiert ist. Diese Frage hat er nach den Vorschriften seines internationalen Privatrechtes zu beantworten. Diese nennt man **Kollisionsvorschriften,** weil sich aus ihnen ergibt, welche von den mehreren Rechtsordnungen die für das Rechtsverhältnis maßgebende ist, oder weil sie den sachlichen Herrschaftsbereich der verschiedenen Rechtsordnungen bestimmen. Ist vom Richter die maßgebende Rechtsordnung gefunden, so hat er nach dieser die Entscheidung in der Sache abzugeben.

B. Trotz Anerkennung des Internationalitätsprinzipes ist die ausschließliche Geltung des einheimischen Rechtes da anzunehmen, wo die Anwendung des besprochenen Grundsatzes mit den wesentlichen, besonders sittlichen und religiösen Grundlagen und Zwecken des einheimischen Rechtes in Widerspruch treten würde (sog. **Vorbehaltsklausel**).

C. Wenn das positive Recht keine erschöpfenden Vorschriften zur Durchführung des Internationalitätsprinzips aufstellt, so hat der Richter aus den vorhandenen Bestimmungen die latenten Einzelvorschriften zu entwickeln und hierbei die Natur der Sache in gleicher Weise zu beachten wie sonst (**L.** § 12).

D. Da die Kollisionsvorschriften den Herrschaftsbereich der Privatrechtsordnungen bestimmen, so werden sie überwiegend als Privatrecht aufgefaßt [3]).

III. Wie bestimmen die Kollisionsvorschriften den Herrschaftsbereich der Privatrechtsordnungen? Im fränkischen Reiche sah man als das entscheidende Element eines jeden Rechtsverhältnisses die beteiligte Person an, und alle Rechtsverhältnisse einer Person unterstanden daher dem Stammesrechte dieser Person (Personalität des Rechtes), jedoch machte man Ausnahmen hinsichtlich der Rechtsverhältnisse an Grundstücken. Sie unterstanden dem Rechte des Ortes, an dem sie lagen. Eine Wandlung trat ein mit Entwicklung des Territorialstaates, die zur heutigen Gestaltung des internationalen Privatrechtes geführt hat. Das Herrschaftsgebiet des Staates wird bestimmt durch das Gebiet und die persönliche Angehörigkeit, Staatsangehörigkeit. Zur Aufstellung der Kollisionsnormen bieten sich daher zwei Anknüpfungspunkte: die Beziehung des Rechtsverhältnisses zum Territorium und die Angehörigkeit der beteiligten Personen, also das Territorialitäts- oder das Personalitätsprinzip.

A. Die staatliche Rechtsordnung normiert nach dem **Territorialitätsprinzip** die Rechtsverhältnisse, die zu dem Rechtsgebiet in Beziehung stehen.

Dem entsprach die von den Postglossatoren entwickelte bis auf Savigny ganz überwiegend geltende Statutentheorie [4]); sie ging davon aus, daß man sich bez. der einzelnen Rechtsverhältnisse einem bestimmten Statute stillschweigend unterworfen habe, nämlich bez. der Rechtsverhältnisse

---

[1]) Zitelmann, a. a. O. unterscheidet innerstaatliches internationales Privatrecht und neben ihm ein subsidiär zur Anwendung zu bringendes überstaatliches internationales Privatrecht, das aus dem völkerrechtlichen Grundsatze fließt, daß das Recht desjenigen Staates maßgebend ist, dem die Rechtsmacht über den Inhalt des betreffenden Rechtsverhältnisses zusteht.

[2]) Diese Auffassung vertritt Fitta, Arch. f. öff. R., Bd. 14, S. 301 ff.

[3]) Dem öffentlichen Recht weist sie u. A. zu Zitelmann **I**, S. 199.

[4]) Neumeyer, Die gemeinrechtliche Entwicklung des internationalen Privat- und Strafrechts bis Bartolus **I** (1901).

der Person dem statutum personale (d. i. die lex domicilii), bez. der Grundstücke dem statutum reale (d. i. die lex rei sitae), bez. der Rechtshandlungen den statuta mixta (d. i. die lex loci actus, lex delicti commissi); nach dem Satze mobilia ossibus inhaerent standen die Rechtsverhältnisse an beweglichen Sachen unter der lex domicilii. Dem Territorialitätsprinzip geht auch Savigny[1]) nach; an die Stelle der fiktiven Unterwerfung unter bestimmte Privatrechtsordnungen setzte er aber das Internationalitätsprinzip, und für das starre Schema der Statutentheorie trat die freie Formulierung ein, daß das Recht des Territoriums entscheide, in dem das Rechtsverhältnis seinen Sitz habe. Die Auffassung Savignys blieb im gemeinen Recht die herrschende.

B. Nach dem **Personalitätsprinzip** *entscheidet die Staatsangehörigkeit der an den Rechtsverhältnissen beteiligten Personen.* Für die Normierung der die Person allein betreffenden Rechtsverhältnisse ergibt sich so das Personalstatut der Staatsangehörigkeit, Nationalität, Heimat. Das Personalstatut der Staatsangehörigkeit kann, wenn man das Element der Person als das entscheidende auffaßt, die gesamten Rechtsverhältnisse normieren.

Dem Personalitätsprinzip folgte die neuere italienisch-französische Auffassung mit der Einschränkung, daß das öffentliche Interesse anderer beteiligten Staaten Ausnahmen erfordert (Theorie des ordre public)[2]). Auch im jüngeren gemeinen Recht neigte man dazu, wenigstens dem Personalstatut der Staatsangehörigkeit den Vorzug vor dem des Wohnsitzes einzuräumen.

C. Der die Kollisionsvorschrift aufstellende Gesetzgeber hat zwischen beiden Prinzipien (A, B) die Wahl. Der Gerechtigkeitsforderung entsprechend, hat er im Einzelfall das Prinzip zu bevorzugen, das die stärkere Beziehung zum Anknüpfungspunkte nimmt. Diese Erwägung hat die Auslegung zu leiten, wo in den Kollisionsvorschriften direkte Anweisungen fehlen.

D. Die Parteien können das unter ihnen begründete Rechtsverhältnis einem bestimmten positiven Rechte unterstellen. Damit ist nicht etwa der sachliche Herrschaftsbereich des positiven Rechtes bestimmt, vielmehr in kurzer Weise der Inhalt des Rechtsverhältnisses festgelegt. Ob diese Abmachung gültig ist, richtet sich danach, ob nicht zwingende Normen entgegenstehen (z. B. **1433**), und diese Frage ist wieder nach dem im konkreten Falle normierenden positiven Rechte zu entscheiden.

E. Die Notwendigkeit einer Bestimmung des Herrschaftsbereiches der einzelnen Privatrechtsordnungen tritt nicht nur hervor im Verhältnis des Rechtes des einen Staates zu dem des andern, sondern auch im Verhältnis der Partikularrechte eines und desselben Staates zueinander. Auch hier gelten entsprechend die dargestellten Grundsätze.

§ 15.

Die Kollisionsvorschriften des BGB.

Hier sollen die grundsätzlichen Gesichtspunkte hervorgehoben werden, während die Einzelheiten in Verbindung mit der systematischen Darstellung der materiellen Rechtsvorschriften gegeben werden.

I. Das deutsche Reichsrecht steht auf dem Internationalitätsprinzip. Seine Kollisionsvorschriften sind innerstaatliches, d. h. deutsches Reichsprivatrecht, enthalten im EG. Art. 7—31 und in völkerrechtlichen Verträgen, z. B. dem Haager Abkommen vom 12. Juni 1902 betr. Eheschließung, Ehescheidung und Altersvormundschaft, die die Genehmigung des Reichstages erhalten haben (R.-Verf. Art. 11, Abs. 3).

II. Die Kollisionsvorschriften weisen erhebliche Lücken auf, sie regeln nur das Personen-, Familien- und Erbrecht, nicht das Sachenrecht und Recht der Schuldverhältnisse. Die gegebenen Kollisionsvorschriften sind in sich lückenhaft, weil sie entweder einseitige oder doch unvollkommen zweiseitige, nur in einigen Fällen aber vollkommene sind.

Eine vollkommene Kollisionsvorschrift bestimmt sowohl den Anwendungsbereich des einheimischen als den des ausländischen Rechtes (z. B. EG. Art. 7. 11. 17. 21); die einseitige bestimmt nur den Anwendungsbereich des einheimischen Rechtes, es sagt also (abgesehen von dem Falle

---

[1]) System Bd. 8, §§ 344 ff.

[2]) Kahn, Jahrb. f. Dogmatik, Bd. 39, S. 4 ff.

der Rückverweisung [s. IV]), daß Auslandsrecht anzuwenden ist, nicht aber welches (z. B. EG. Art. 14. 18. 19. 20. 22); zwischen beiden stehen die unvollständig zweiseitigen Kollisionsvorschriften, die zwar den Bereich des einheimischen und ausländischen Rechtes bestimmen, aber für bestimmte Tatbestände, auf die Auslandsrecht anzuwenden ist, nicht sagen, welches Auslandsrecht anzuwenden ist (z. B. EG. Art. 13. 15. 24 Abs. 1, 25 Satz 1).

Wo nun Kollisionsvorschriften fehlen (Sachenrecht, Recht der Schuldverhältnisse) oder unvollständige vorliegen, findet die richterliche Rechtsentwicklung, die Analogie, ein weites Feld[1]).

Abzulehnen ist die Kompetenztheorie[2]); sie geht von der irrigen Auffassung aus, daß der deutsche Gesetzgeber sich da, wo er Kollisionsnormen nicht aufstelle, seiner Kompetenz hierzu absichtlich begebe und die Aufstellung der Kollisionsnormen dem kompetenten Gesetzgeber überlasse; sie scheitert auch an der praktischen Lösung der Aufgabe, die kompetente Rechtsordnung aufzufinden, und an den Ergebnissen, zu der sie führt[3]). Der deutsche Richter hat vielmehr die lückenhaften Kollisionsvorschriften so zu ergänzen, wie er in anderen Fällen Lücken seines Rechtes ergänzt (**L.** § 12).

III. Bei der Aufstellung der Kollisionsvorschriften knüpft das deutsche Recht sowohl an die Staatsangehörigkeit der am Rechtsverhältnis Beteiligten als an die räumlichen Beziehungen der Elemente der Rechtsverhältnisse an, es folgt also dem Personalitäts- wie dem Territorialitätsprinzip. Ersteres, daher das Personalstatut der Staatsangehörigkeit, ist maßgebend im Personen-, Familien- und Erbrecht (EG. Art. 7. 8; 13—17; 18—22; 23; 24—25).

Die Staatsangehörigkeit bestimmt sich nach dem Staatsrecht[4]). Ist eine Staatsangehörigkeit nicht vorhanden oder nicht nachweisbar, so ist die frühere entscheidend, ist auch eine solche nicht vorhanden oder nachweisbar, so kommt das Territorialitätsprinzip subsidiär zur Geltung, und es entscheidet der Wohnsitz oder letzte Wohnsitz, eventuell der Aufenthalt oder letzte Aufenthalt; bei mehreren Wohnsitzen ist wohl wieder der Aufenthalt maßgebend. Wenn mehrere Staatsangehörigkeiten konkurrieren, so entscheidet die konkurrierende deutsche. Bei Konkurrenz mehrerer fremden Staatsangehörigkeiten kann man zweifeln, ob diejenige entscheidet, die für den Träger aktuelle Bedeutung hat, oder die jüngste, oder die mit Wohnsitz verbundene. Das letztere verdient den Vorzug (EG. Art. 29), eventuell ist, wenn sich der Wohnsitz mit keiner der Staatsangehörigkeiten verbindet, die jüngste maßgebend; sind aber wieder alle gleichen Alters, so müßte die freie Wahl des Richters entscheiden. Der Wohnsitz muß auch dann entscheiden, wenn in einem Staate, dem die Person angehört, verschiedenes Recht gilt. Das Territorialitätsprinzip greift aber auch in erster Linie ein besonders im Sachen- und Obligationenrecht (vgl. auch EG. Art. 11. 13, Abs. 3) und führt auf die maßgebende lex rei sitae, lex domicilii[5]), lex delicti commissi, lex loci actus.

IV. Die allgemeinen Grundsätze des Kollisionsrechtes werden durchbrochen

A. Dadurch, daß die Parteien das Rechtsverhältnis einer bestimmten Privatrechtsordnung unterstellt haben. Darüber gilt das oben (**L.** § 14 II, D) Gesagte.

B. Durch die Rückverweisung oder Weiterverweisung. Wenn das deutsche Recht die Anwendung des ausländischen Rechtes vorschreibt, das ausländische aber in seinen Kollisionsvorschriften das einheimische Recht (Rückverweisung) für maßgebend erklärt, so hat der Richter das einheimische Recht dann anzuwenden, wenn die deutschen Kollisionsvorschriften das vorschreiben. Das ist geschehen in EG. Art 7, Abs. 1; 13, Abs. 1; 15, Abs. 2; 17, Abs. 1; 25 und ist auch anzunehmen, wo sonst ausländisches Recht zur Anwendung kommt (EG. Art. 14, 18, 19, 20, 22). Wenn dagegen das nach deutschem Recht zur Anwendung kommende Auslandsrecht anderes Auslandsrecht für maßgebend erklärt (Weiterverweisung), hat der Richter nicht zu folgen, sondern der Sachentscheidung das Auslandsrecht zugrunde zu legen, weil er sein einheimisches Kollisionsrecht zu befolgen hat, und dieses ihn nicht anweist, die Weiterverweisung zu beachten. Die Frage ist aber sehr bestritten.

C. Durch die Vorbehaltsklausel (EG. Art. 30)[6]). Vgl. **L.** § 14, I, B.

---

1) Vgl. bes. Niemeyer, Das internationale Privatrecht (1901), bes. § 1—4.

2) Vertreten von Neumann, Verhandlungen des 24. Juristentages I, S. 172 ff. und auch Niedner, Einführungsgesetz.

3) Darüber besonders Niemeyer, a. a. O., S. 21 ff. 39 ff.

4) RGesetz vom 1. Juni 1875.

5) An Stelle des Personalstatutes des Wohnsitzes (lex domicilii) bevorzugen manche das der Staatsangehörigkeit, z. B. Zitelmann II, S. 366 ff. 513.

6) Seuff. Arch., Bd. 59, Nr. 33, Bd. 60, Nr. 142.

D. Durch die Gegenseitigkeitsklausel. Die Anwendung des ausländischen Rechtes kann vom einheimischen Recht davon abhängiggemacht sein, daß im ausländischen Recht die Gegenseitigkeit verbürgt ist, d. h. daß im entsprechenden Falle im Auslande das einheimische Recht maßgebend ist. Das deutsche Kollisionsrecht kennt solche Bestimmung nicht[1]). Die Gegenseitigkeitsklausel hat aber über eine das Gebiet der Kollisionsvorschriften hinausreichende Bedeutung ebenso wie das Widervergeltungs- oder Retorsionsrecht. Die Gegenseitigkeitsklausel garantiert die materielle Gleichbehandlung des Ausländers mit dem Inländer für den Fall, daß auch der Inländer im Auslande die Gleichstellung genießt; das Retorsionsrecht gestattet, die Ausländer im Inlande ungünstiger zu behandeln als den Inländer, wenn letzterer im Auslandsstaat ungünstiger behandelt wird als der Angehörige dieses fremden Staates (EG. Art. 31. KO. § 5. EG. zum ZPO. § 24. ZPO. §§ 110 Z. 1. 114, Abs. 2. 328, Z. 5. 723, Abs. 2. Vgl. **L.** § 25).

V. Die heute geltenden Kollisionsvorschriften kommen nicht zur Anwendung, wenn der Rechtsfall nach älterem Rechte zu beurteilen ist, sondern die Kollisionsvorschriften des älteren anzuwendenden Rechtes (**L.** § 13)[2]).

Die reichsrechtlichen Kollisionsvorschriften heben die Kollisionsvorschriften des Landesrechts nach EG. Art. 55 auf, soweit nicht die landesrechtlichen Kollisionsnormen durch einen der Vorbehalte erhalten sind (**L.** § 7)[3]).

VI. Die reichsrechtlichen Kollisionsvorschriften gelten auch für die Kollision unter den Privatrechtsordnungen der Einzelstaaten und für die Kollision der Rechte kleinerer Gebiete (Provinzen) innerhalb der Einzelstaaten, selbstverständlich aber nur, soweit nicht kraft Vorbehaltes die landesrechtlichen Kollisionsvorschriften in Geltung geblieben sind oder als älteres Recht zur Anwendung gelangen (V).

---

[1]) A. M. bez. des EG., Art. 25, Abs. 2. Kohler, Lehrb. I, § 11.
[2]) Seuff. A., Bd. 91, Nr. 252.
[3]) Vgl. besonders EG., Art. 56.

II. Abschnitt.

Die Lehre vom subjektiven Recht.

§ 16.

Das subjektive Recht. Der Anspruch.[1])

I. Der **Begriff** des subjektiven Rechtes.

Die Rechtsvorschriften verleihen den Lebensverhältnissen der Menschen den Charakter der Rechtsverhältnisse. In den Rechtsverhältnissen äußert sich die eigentümliche Funktion der Rechtsordnung. Es wird in ihnen für den einzelnen eine Machtsphäre ausgeschieden, und anderen die Pflicht auferlegt, diese zu achten. Die Regelung erfolgt stets mit Rücksicht auf die Interessen des einzelnen an den Lebensgütern, deren er zur Deckung seiner Lebensbedürfnisse bedarf. Die dem einzelnen durch die Rechtsordnung gewährleisteten Lebensgüter sind Rechtsgüter. Da, wo die dem einzelnen verliehene rechtliche Macht nicht nur wegen des Interesses des einzelnen gewährt, sondern zugleich ausschließlich diesem Interesse angepaßt und ihm gemäß gestaltet ist, sprechen wir vorzugsweise von subjektiven Rechten (speziell gestaltete subjektive Rechte z. B. Eigentum). Aber auch da, wo die Interessen des einzelnen nur einen generellen, nicht nur gerade diese Interessen deckenden Schutz genießen, liegen subjektive Rechte vor, also z. B. da, wo das Interesse durch Strafvorschriften geschützt ist, die zugleich viele andere Interessen decken (generell gestaltete subjektive Rechte z. B. Leben, Ehre[2]). Das subjektive Recht ist demnach die dem einzelnen zur Verwirklichung bestimmter Interessen gewährte Macht. Dieser Macht entspricht regelmäßig die Pflicht je nach der Natur des subjektiven Rechtes bestimmter oder aller Menschen. Weder der Interessenschutz allein (Jhering), noch die Macht, das Wollendürfen (Windscheid) erschöpfen also das Wesen des subjektiven Rechtes, es ist ihm vielmehr wesentlich, daß der Interessenschutz durch die Machtgewährung an den einzelnen beschafft wird. Keine subjektiven Rechte sind die aus dem subjektiven Rechte sich ergebenden einzelnen Befugnisse und die rechtlichen Eigenschaften (Geschäftsfähigkeit usw.)[3]).

II. Die **Arten** der subjektiven Rechte.

A. Die subjektiven Rechte sind abgeleitet aus dem positiven objektiven Recht. Gegen die Kategorie angeborener Menschenrechte ist das gleiche zu sagen wie gegen ihre Quelle: das Naturrecht. Es gibt nur positive subjektive Rechte, in denen sich der Charakter der sie

---

[1]) Hölder, Pandekten I, §§ 5. 61. 62. Regelsberger I, §§ 14. 49—53. Bierling, Jur. Prinzipienlehre I, §§ 9 ff. 15 ff. Gierke, D. Priv.-R. I, §§ 27—29. Zitelmann, Internationales Privatrecht I, S. 12 ff. Hellmann, Vorträge über d. BGB. § 33. Hellwig, Anspruch und Klagerecht. 1900. Siber, Der Rechtszwang im Schuldverhältnis (1903). Langheineken, Anspruch und Einrede (1903). Hölder, Arch. f. d. ziv. Praxis, Bd. 93, S. 1 ff. Wendt, ebenda Bd. 100, S. 356 ff. Über den Begriff und die Arten des subjektiven Rechts verbreitet sich eingehend Walsmann, Der Verzicht (1912), bes. § 3.

[2]) Eltzbacher, Die Handlungsfähigkeit bes. S. 110. Manche, z. B. Biermann I, § 31, nehmen hier nur Reflexwirkungen allgemeiner Schutzbestimmungen zugunsten der einzelnen an.

[3]) Vgl. Walsmann, a. a. O., S. 51. 61 f.

begründenden positiven Rechtsvorschriften fortsetzt. So treten sich öffentliche und private, auf allgemeiner Vorschrift und auf Sonderrecht oder Individualvorschrift beruhende Rechte usw. gegenüber.

B. Dem **System** des objektiven Rechtes entspricht das System der subjektiven Rechte. Unter dem System des Rechtes verstehen wir die aus dem Wesen des Rechtes entnommene Gruppierung der **Rechtsinstitute**, d. h. der Gesamtheiten der die Grundformen des menschlichen Gemeinschaftslebens regelnden Rechtsvorschriften. Ist das Recht die Ordnung des sozialen Zusammenlebens der Menschen, so ist der Mensch mit seinen Lebensinteressen Ausgangspunkt des Systems.

1. Soweit das Recht einen Schutz der Interessen des Einzelnen an seiner Individualität (Leben, Freiheit, Ehre, Namen usw.) gewährt (vgl. **823**), besteht ein subjektives **Recht der Persönlichkeit**, ein Privatrecht, das zum Gegenstande die eigene Individualität hat. Aus diesem haben sich speziellere Persönlichkeitsrechte oder Individualrechte selbständig losgelöst, z. B. das Namensrecht, Firmenrecht, R. am eigenen Bilde usw. (vgl. **L.** § 219 f.)[1].

2. Der Einzelne bedarf zur Deckung seiner Bedürfnisse der Sachen und anderer Güter und der Mitwirkung anderer. Die rechtliche Anerkennung dieser Interessen ergibt die **Vermögensrechte**, die ihren Namen von der regulären[2]) Erscheinung erhalten haben, daß ihr Gegenstand eine Schätzung in Geld zuläßt. Die Struktur der Vermögensrechte ist eine verschiedene.

a) Die Sachenrechte (dinglichen Rechte) gewähren dem Berechtigten unmittelbare rechtliche Herrschaft an einer Sache (Besitz, Eigentum und beschränkte dingliche Rechte).

b) In ähnlicher Weise ist in den Immaterialgüterrechten eine unmittelbare Herrschaft der Person über die Erzeugnisse geistiger Arbeit anerkannt (Rechte an Schriftwerken, Abbildungen, Werken der bildenden Kunst, Erfindungen usw.). Vgl. **L.** § 221 f.

c) Die absoluten Erwerbs- und Aneignungsrechte (Jagd- und Fischereirecht, sog. Bergwerkseigentum, das Aneignungsrecht des Fiskus aus **928** usw.).

d) In den Forderungsrechten (obligatorische, Schuldrechte) ist dagegen die Mitwirkung anderer (Schuldner) zugunsten des Berechtigten (Gläubiger) gewährleistet, indem diese anderen rechtlich verpflichtet sind, eine Leistung, die auch in der Beschaffung von Sachen bestehen kann, zu erbringen.

3. Während in den Vermögensrechten die Interessen des einzelnen als einzelnen zum Ausdruck gelangen, liegen den **Familienrechten** die sich aus der Gattungszugehörigkeit des Menschen ergebenden Interessen zugrunde. Sie sind entweder absolute Rechte (Statusrechte) oder wie die Forderungsrechte persönliche und relative (vgl. C. Z. 2). Ihre eigentümliche Grundlage bedingt aber weitgehende Verschiedenheiten. Die Familienrechte (aus dem Rechtsverhältnis der Ehe, der Eltern zu den Kindern, der Vormundschaft) berühren sich auch mit den Vermögensrechten, insofern sich eigentümliche Vermögensrechte überall mit ihnen verbinden.

4. An dem Fortbestand der Vermögensrechte und -pflichten eines Verstorbenen besteht ein allgemeines Interesse. **Das Erbrecht** erkennt diesen Fortbestand und Übergang zugunsten überlebender Mitglieder der Gattung in der Erbfolge an. Auch hier ergeben sich subjektive Rechte, deren Grundlage also eine familienrechtliche, deren Folge aber eine vermögensrechtliche ist.

C. Die subjektiven Rechte, die sich aus dem System ergeben, scheiden sich in weitere Gruppen:

1. Wegen des Verhältnisses, in dem ein Recht zu einem andern steht, unterscheiden wir **Haupt-** und **Nebenrechte** (akzessorische Rechte). Folge dieses Verhältnisses: **401. 1153.**

2. An Stärke sind die **absoluten** Rechte den **relativen** überlegen. Das absolute Privatrecht wirkt gegen jedermann, ihm entspricht die negative Pflicht aller übrigen, sich nicht mit dem Rechte in Widerspruch zu setzen. Es gehören hierher die Sachen- oder dinglichen Rechte, gewisse Familienrechte (elterliche Gewalt), das Recht des Erben, die Persönlichkeitsrechte (Namenrecht), die Immaterialgüterrechte und gewisse Erwerbsrechte. Die relativen Privatrechte richten sich gegen einen oder mehrere bestimmte Verpflichtete; nur diese können sich mit dem Rechte in Widerspruch setzen. Hierher gehören die Forderungsrechte und gewisse Familienrechte. Die absoluten Rechte werden heut auch bezeichnet als Rechte des rechtlichen Dürfens (Darf-Rechte), die relativen Rechte als Rechte des rechtlichen Sollens (Soll-Rechte); beiden werden die Gestaltungsrechte als Rechte des rechtlichen Könnens (Kann-Rechte) gegenübergestellt (vgl. III B).

---

[1]) Das Recht der Persönlichkeit und die besonderen Persönlichkeitsrechte werden abgelehnt von v. Tuhr I, § 6, IV. V. und besonders Walsmann, a. a. O., S. 57 ff.

[2]) Vgl. Kohler, Arch. f. bürg. R., Bd. 7 (1893), S. 94 ff. Petschek, Arch. für bürgerl. R., Bd. 9 (1894), S. 85 ff.

3. **Positive** und **negative** Rechte unterscheiden sich dadurch, daß die letzteren die Unterlassung eines an sich zulässigen Verhaltens gewährleisten (negative Grunddienstbarkeiten, Forderungsrechte auf Unterlassung).

4. Die subjektiven Rechte sind der Regel nach übertragbar und vererblich, können also ihr Subjekt wechseln; unübertragbare Rechte sind nicht notwendig unvererblich (**399** f.). Die nicht übertragbaren oder unvererblichen Rechte werden als **höchstpersönliche** bezeichnet. Derartige Ausnahmen finden sich in jedem Teile des Systems, z. B. **38. 399** f. **514. 1098. 613. 1059. 1092. 1623** usw., vgl. **L.** § 79.

5. Der Regel nach können die subjektiven Rechte auch mehreren gemeinschaftlich zustehen. Bei gewissen Rechten ist das ihrer Natur nach völlig ausgeschlossen (elterliche Gewalt); wo es zulässig ist, ist die Gemeinschaftlichkeit entweder in der Rechtsform der Gesamtberechtigung oder der Quotenberechtigung anerkannt. Im ersteren Falle besteht eine Rechtsgemeinschaft zu ungeteiltem Rechte, zur gesamten Hand (Gesellschaft, Erbengemeinschaft, Gütergemeinschaft), im letzteren Falle zu geteiltem Rechte (Miteigentum). Wo das letztere zulässig ist, sprechen wir von **teilbaren** Rechten. Vgl. **L.** § 102.

III. **Der Anspruch.** In jedem subjektiven Rechte ist die allgemeine Möglichkeit gelegen, es durchzusetzen. Bei den absoluten Rechten richtet sich diese gegen alle anderen (II, C., 2.), hat aber keinerlei selbständige Bedeutung; es ist mit ihr nichts weiteres gesagt, als daß der im absoluten Rechte liegenden Macht auch eine Gebundenheit, Pflicht anderer, begriffsmäßig entspricht. Gleichwohl spricht man von Anspruch im Sinne dieser bloßen Eventualität und Möglichkeit oder von Ansprüchen gegen jedermann[1]). Anders, wenn das absolute Recht verletzt ist; hier steht dem Berechtigten das gegenwärtige Recht zu, von dem das absolute Recht beeinträchtigenden die Herstellung des dem Rechte entsprechenden Zustandes, also eine Leistung, verlangen zu können. Dieses Recht besteht bei den relativen Rechten sofort mit ihrer Entstehung. Dieses Recht ist der Anspruch im materiellen Sinne (**194**).

A. Der Anspruch ist ein besonderes, aus dem absoluten Rechte abgeleitetes oder mit dem relativen identisches Recht. Der Anspruch hat das subjektive Recht zur notwendigen Voraussetzung und wird durch das subjektive Recht inhaltlich bestimmt. Daher übertragen sich die Unterscheidungen der subjektiven Rechte auch auf die Ansprüche (z. B. dingliche, schuldrechtliche, familienrechtliche, erbrechtliche Ansprüche). Andererseits hat der Anspruch Sonderexistenz neben dem subjektiven Recht; er kann für sich Gegenstand rechtlicher Verfügung (z. B. Abtretung) und sonstigen rechtlichen Schicksales sein (z. B. Verjährung). Vgl. **L.** § 64.

B. Nur die absoluten und relativen Rechte erzeugen Ansprüche oder erschöpfen sich in Ansprüchen. Sie sind Anspruchsrechte. **Die Gestaltungsrechte** sind dagegen Rechte ohne Ansprüche, sie gewähren dem Berechtigten nur die Befugnis, durch eigene Handlung eine Rechtswirkung hervorzurufen (Recht der Anfechtung, der Aufrechnung, Wahlrecht, Rücktrittsrecht, Widerrufsrecht)[2]). Auch die materielle Einrede als Recht, die Leistung zu verweigern, ist ein solches Gestaltungsrecht (**L.** § 70).

C. Den Ansprüchen ist die Klagbarkeit nicht wesentlich[3]); über das Verhältnis von Anspruch und Klage und dem hier behandelten materiellen Anspruch zum prozeßrechtlichen vgl. **L.** §§ 64. 70.

---

[1]) Windscheid I, § 43. Auch heut wird diese Auffassung vertreten, z. B. von Hellwig, Ziv.-Proz. § 31.

[2]) Weder die Berechtigung der Unterscheidung, noch die Terminologie, noch die Abgrenzung ist eine allgemein anerkannte und feste. Vgl. Zitelmann, Internat. Privatr. II, 1. S. 19 ff. Derselbe, Allgem. Teil, S. 22 f. Seckel, Die Gestaltungsrechte (Festgabe für R. Koch 1903). Hellwig, Anspruch und Klagerecht II, S. Landsberg, § 14. Sohm, Der Gegenstand, § 15. Enneccerus-Lehmann (3. A.) I, § 34. Die Kategorie der Gestaltungsrechte wird abgelehnt z. B. von Thon, Rechtsnorm und subj. R., S. 342 ff. Kohler I, § 48 ff.

[3]) Über die streitige Frage jetzt Biermann I, S. 109 f.

III. Abschnitt.

Die Lehre vom Rechtssubjekt.

1. Kapitel.

Das natürliche Rechtssubjekt.

§ 17.

Der Mensch als Rechtssubjekt.[1])

I. Aus dem Wesen der Rechtsvorschriften ergibt sich, daß die Anerkennung aller subjektiven Privatrechte nur um menschlicher Interessen willen erfolgt. Wo es sich um Interessen der Einzelindividuen handelt, spricht das Recht auch die Zuständigkeit des subjektiven Rechtes zugunsten des einzelnen oder mehrerer menschlicher Individuen aus. Sie sind die Subjekte, Träger des Rechtes. Voraussetzung dieser Zuständigkeit des subjektiven Rechtes ist die rechtliche Fähigkeit hierzu, welche durch die heutige Rechtsordnung allen Menschen[2]) gewährt wird: die **Rechtsfähigkeit.** Die Zuständigkeit des subjektiven Rechtes setzt dagegen nicht die Fähigkeit zur eigenen Ausübung des Rechtes, **Handlungsfähigkeit,** voraus. Auch handlungsunfähige Menschen sind rechtsfähig. Die im subjektiven Recht liegende Macht wird aber für sie durch andere ausgeübt. Die menschlichen Interessen sind nun aber oft nicht Interessen einzelner Individuen, sondern allgemeine kleinerer oder größerer Kreise. Hier kann die Zuständigkeit von der Rechtsordnung nicht zugunsten von Einzelindividuen ausgesprochen werden, sie wird vielmehr an die Organisationen angeknüpft, in denen das umfassendere Interesse zur äußeren realen Existenz gelangt. Das sind die juristischen Personen (**L.** §§ 26—36). Die Anerkennung als Rechtssubjekt schließt nicht aus, daß ein Rechtssubjekt gewisse Rechte nicht haben kann (**beschränkte Rechtsfähigkeit,** vgl. **L.** §§ 22 ff.).

II. **Der Mensch als Rechtssubjekt.**

A. Der Mensch ist Rechtssubjekt mit der vollendeten und lebenden Geburt (**1**).

1. Die Vollendung der Geburt ist nicht nach den Lehren der Medizin festzustellen[3]), sondern liegt vor mit dem völligen Heraustreten des Geborenen aus dem Mutterleibe (Trennung), ohne daß auch die Abtrennung der Nabelschnur erforderlich wäre.

2. Lebende Geburt muß im Zeitpunkt der Vollendung der Geburt vorliegen. Gleichgültig ist die Dauer des Lebens und wie sich das Leben äußerlich gezeigt hat. Mehrere miteinander verwachsene Geborene sind mehrere Rechtssubjekte, soweit die sachverständige Prüfung, trotz der Verbindung, eine Mehrheit menschlicher Individuen ergibt.

---

[1]) Hölder, Pandekten **I**, §§ 19. 20. Regelsberger **I**, §§ 56—59. Gierke, D. Priv.-R. **I**, §§ 30. 40. 41. Hellmann, Vorträge über das BGB. § 1. 2.

[2]) Eine Ausnahme besteht bei den Haussklaven der Eingeborenen in den deutschen Schutzgebieten, Reichs-Schutzgebietges. v. 10. 9. 1900, § 4.

[3]) A. M. Biermann **I**, S. 428. Leonhard, S. 72 f.

3. Weitere Erfordernisse stellt das Gesetz nicht auf. Es ist also Lebensfähigkeit nicht verlangt weder in dem allgemeinen Sinne, daß der lebend Geborene überhaupt ein längeres Leben außerhalb des Mutterleibes fortzusetzen in der Lage ist, noch in der beschränkteren Fassung, daß er die zur Fortsetzung selbständigen Lebens erforderliche Reife im Mutterleibe erlangt haben muß[1]). Auch anormale körperliche Gestalt (monstrum, prodigium) schließt von der Rechtsfähigkeit nicht aus, weil auch hier die Menschennatur feststeht.

4. Das Kind vor und während der Geburt (Embryo, nasciturus) ist nicht Rechtssubjekt, sondern Bestandteil des mütterlichen Organismus (pars viscerum). Das hindert nicht, daß das heutige Recht, wie das römische[2]) die Eventualität der künftigen Rechtsfähigkeit des Erzeugten, ja auch die des noch nicht Erzeugten ins Auge faßt und seine Interessen teils direkt teils indirekt durch Sicherung der Interessen der Mutter (**1963**) schützt und seine künftige Entstehung als Rechtssubjekt berücksichtigt. In diesen Fällen liegen dann bis zur Geburt subjektlose Rechte vor, während andere nur eine rechtliche Bindung[3]) oder eine juristische Person des noch Ungeborenen annehmen[4]).

a) Dem Embryo fallen Erbschaft, Nacherbschaft, Vermächtnis an (**1923**, Abs. 2. **2108**. **2176**. **2178**), er gilt für den Fall, daß er als Rechtssubjekt geboren wird, als bereits im Momente des Erbfalles geboren. Beschränkt der Embryo andere Erben im Erbteile, so bleibt die Auseinandersetzung bis zur Hebung der Unbestimmtheit ausgeschlossen (**2043**, Abs. 1). Soweit es auf die Zahl der zu erwartenden Geburten ankommt, wird dem Gewöhnlichen entsprechend eine Geburt angenommen. Vermächtnisse und Nacherbeseinsetzungen können auch zugunsten eines im Zeitpunkt des Erbfalles noch nicht Erzeugten angeordnet werden (**1923**, Abs. 2, **2108**. **2162**, Abs. 2. **2176**. **2178**. **2101**, Abs. 1). Ein Versprechen kann auch zugunsten eines noch nicht erzeugten Dritten gültig abgegeben werden (**331**).

Aus der schuldhaften Tötung des Unterhaltspflichtigen erwächst dem zur Zeit der Tötung noch ungeborenen Embryo ein Schadensersatzanspruch (**844**. **846**).

b) Zur Wahrung der künftigen Rechte des Embryo und des noch nicht Erzeugten kann ein Pfleger (**1912**. **1913**), besonders ein Nachlaßpfleger (**1960**) bestellt werden.

In allen diesen Fällen bestimmt sich der Zeitpunkt der Empfängnis nach **L.** §§ 245—246.

B. Der Mensch hört auf, Rechtssubjekt zu sein, mit dem Tode. Vernichtung der Rechtsfähigkeit bei Lebzeiten des Menschen (capitis diminutio, Friedlosigkeit, bürgerlicher Tod, Verzicht)[5]) ist nicht möglich (EG. Art. 55)[6]).

III. Die Anerkennung der Rechtsfähigkeit der monstra und Lebensunfähigen nach BGB. wirkt nicht zurück für die vor dem 1. Januar 1900 Geborenen. — Im internationalen Privatrecht wird die Rechtsfähigkeit nach dem Rechte beurteilt, dem das betreffende Rechtsverhältnis untersteht (EG. Art. 24, Abs. 1; 25, Abs. 1).

§ 18.

Der Beweis von Geburt und Tod.[7])

I. Rechtlich erheblich ist nicht nur die Tatsache der Geburt und des Todes, sondern besonders auch der Zeitpunkt der Geburt und des Todes, das zeitliche Verhältnis der Geburt und des Todes verschiedener Personen, die Tatsache des Fortlebens einer Person, also ihrer Existenz oder

---

[1]) A. M. Kuhlenbeck, Von den Pandekten usw., S. 80.
[2]) l. 26. D. (1, 5). l. 30. § 1. D. (29, 2).
[3]) Biermann I, S. 429.
[4]) Leonhard, S. 110.
[5]) Walsmann, Der Verzicht (1912), S. 218.
[6]) Auf dem Gebiet des vorbehaltenen Landesrechtes, besonders nach EG. Art. 59 (Familienfideikommiß-, Lehn-, Stammgüterrecht) bestimmen sich Anfang und Ende der Rechtsfähigkeit nach Landesrecht.
[7]) Hölder, Pandekten I, § 20. Regelsberger I, § 59. Gierke, D. Priv.-R. I, §§ 41. **42**. Hellmann, Vorträge über das BGB., § 2.

Nichtexistenz in einem bestimmten Zeitpunkte, schließlich auch die vermutliche Dauer des Lebens einer Person. Wer Rechtsfolgen, die an diese Tatsachen angeknüpft sind, für sich in Anspruch nimmt, hat diese Tatsachen zu beweisen.

Dieser Beweis ist im bisherigen Recht zumeist durch Aufstellung von Vermutungen erleichtert, in gewisser Beziehung aber auch beschränkt worden. Beweiserleichternde Vermutungen bestanden für das Leben des Kindes nach der Geburt überhaupt oder des ausgetragenen Kindes, für das zeitliche Verhältnis der einzelnen Geburten bei Mehrgeburten, für die Fortdauer des Lebens, wenn das Leben in einem bestimmten Zeitpunkt erwiesen war (allgemeine Lebensvermutung), für die Tatsache, daß eine Person eine andere überlebt hat (Überlebensvermutung). Auch für die Berechnung der mutmaßlichen Lebensdauer bestanden besondere Rechtsvorschriften, so im gemeinen Recht die Sterblichkeitstabellen der Quellen[1]), die aber die neuere gemeinrechtliche Theorie als unmaßgeblich verwarf. Eine Erschwerung des Beweises kannte das deutsche Recht, welches den Beweis des Lebens des Kindes auf bestimmte Lebensäußerungen des Kindes (Schreien usw.) und bestimmte Beweismittel einschränkte[2]).

Alle diese Vorschriften sind dem BGB. fremdgeblieben. Es stellt in Anknüpfung an das bisherige Recht nur eine Vermutung des Todes, in Verbindung mit ihr eine Lebensvermutung, ferner eine selbständige Lebensvermutung und eine Vermutung des gleichzeitigen Todes auf. Wo es auf die mutmaßliche Lebensdauer ankommt, z. B. bei Feststellung der Entschädigungsansprüche im Falle der Tötung von Unterhaltspflichtigen (**844. 846**)[3]), bei Berechnung des Nachlaßwertes zur Ermittelung des Pflichtteiles (**2311** ff.), bei Anschlag einer Leibrentenschuld im Konkurse (KO. § 69), hat der Beweispflichtige den Beweis durch Sachverständige an der Hand der Mortalitätsstatistik zu führen, und überhaupt kommen die allgemeinen Beweismittel des Zivilprozeßrechtes in Betracht, wo die in **L.** §§ 19. 20. besprochenen Vermutungen des BGB. nicht hinreichen.

II. Eine wesentliche Erleichterung des Beweises der in Frage stehenden Tatsachen ist durch die Einrichtung der von den Standesbeamten geführten Personenstandsregister geschaffen, die, in Anlehnung an die Kirchenbücher entwickelt, durch die französische Gesetzgebung in deutschen Gebieten Aufnahme und weitere Verbreitung fanden und im Reiche durch die Reichsgesetze vom 4. Mai 1870 und 6. Februar 1875 eingeführt wurden[4]). In diesen Registern werden u. a. Geburten und Todesfälle, besonders auch der Zeitpunkt dieser, eingetragen.

Die Zuverlässigkeit der Register wird garantiert durch die gewissen Personen und Behörden auferlegte Anzeigepflicht, die Amtspflicht der Standesbeamten, die auf diese Pflichten und den Personenstand überhaupt bezüglichen allgemeinen und besonderen Strafbestimmungen und die Ordnung des Verfahrens zur Berichtigung der Eintragungen und ihrer Ergänzung. Den Eintragungen und Auszügen kommt, die ordnungsmäßige Führung der Register und die vorschriftsmäßige Beschaffenheit des Eintrages vorausgesetzt, volle Beweiskraft für diejenigen Tatsachen zu, zu deren Beurkundung sie bestimmt sind und welche in die Register eingetragen sind. Insofern der Standesbeamte die Beurkundung regelmäßig nur auf Grund privater Anzeige anderer vornimmt, liegt eine Abweichung vom allgemeinen Urkundenrecht vor. Der durch die Register erbrachte Beweis kann aber durch den Nachweis der Fälschung, der unrichtigen Eintragung oder der Unrichtigkeit der grundlegenden Anzeigen und Feststellungen entkräftet werden. Demgemäß begründet die Eintragung der Geburt eine Vermutung lebender Geburt[5]), die Eintragung des Todesfalles die Vermutung des Todes, die Eintragung von Mehrgeburten die Vermutung des zeitlichen Verhältnisses der Mehrgeburten und die Eintragung einer Totgeburt oder eines in der Geburt verstorbenen Kindes die Vermutung des Todes, nicht aber auch die des Nichtgelebthabens nach der Geburt. Für die Standesregister gilt der Grundsatz der formalen Öffentlichkeit (Recht auf Einsicht und Auszüge gegen Zahlung der gesetzlichen Gebühr).

---

[1]) l. 68 pr. D. (35, 2).

[2]) Sachsenspiegel I. 33.

[3]) Vgl. Rechtshaftpflichtgesetz vom 7. Juni 1871, §§ 3. 7. (Fassung des EG. Art. 42). Reichs-Unfallversicherungsgesetz vom 6. Juli 1884, § 6.

[4]) Vgl. v. Sicherer, Personenstand und Eheschließung in Deutschland (1879). Hinschius, Das Reichsgesetz über die Beurkundung des Personenstandes usw., 4. Auflage (1909). Mandry-Geib (1898), § 11.

[5]) So auch Staudinger I, S. 9. A. M. Endemann I, S. 95, Note 9.

§ 19.

Die Todesvermutung.[1])

I. Trotz gerechtfertigter Annahme des Todes kann sein Beweis unmöglich sein. So im Falle der Verschollenheit eines Menschen. Hier tritt unter näherer Begrenzung die Vermutung des Todes ein.

Die geschichtlichen Anknüpfungspunkte[2]) für die Todesvermutung liegen nicht im römischen Recht — hier half die cura absentis und das Prinzip der freien Beweiswürdigung aus —, sondern im mittelalterlichen deutschen und fremden Recht. In Deutschland wurde seit der Rezeption das Vermögen eines Verschollenen dem älteren deutschen Rechte entsprechend den nächsten Erben zur freien Verwaltung herausgegeben. Mit dem Eintritt des dem italienischen Recht entlehnten nach Ablauf von hundert Lebensjahren vermuteten Todes gestaltete sich das Recht der damals Eingewiesenen zum Erbrecht (successio ex tunc). Da der Todesvermutung eine Vermutung für das Leben des Verschollenen bis zum Zeitpunkt des vermuteten Todes entsprach, war die successio ex tunc innerlich unhaltbar (cura anomala). Unter dem Einflusse des praktischen Bedürfnisses, hat dieses Institut mehrfach Wandlungen erfahren, hat sich sogar in seiner prinzipiellen Grundlage differenziert und erscheint im partikulären Rechte Deutschlands in verschiedenster Weise geregelt:

A. Die prinzipiellen Grundlagen sind, von der Verschollenheit abgesehen, verschiedene nach dem sog. sächsischen System, das als gemeinrechtliches in Anspruch genommen wird, und dem schlesischen System (im preußischen, bayerischen und sächsischen Recht).

Nach dem sächsischen System stützt sich die Vermutung des Todes darauf, daß der Verschollene die äußerste Lebensgrenze überschritten haben würde, also auf die Wahrscheinlichkeit des Todes. Da das praktische Bedürfnis eine möglichst baldige Beseitigung der Ungewißheit verlangt, wurde die äußerste Lebensgrenze von 100 auf 70 bzw. 80 herabgesetzt.

Dem schlesischen System[3]) eigentümlich ist die Anknüpfung der Todesvermutung an eine längere Dauer (10, 20, 25, 30 Jahre) der Verschollenheit. Die Vermutung stützt sich nicht auf die Wahrscheinlichkeit des Todes, sondern auf die Wahrscheinlichkeit, daß der Verschollene nicht wieder auftauchen werde. Es ist die Analogie der löschenden Verjährung maßgebend.

Das praktische Bedürfnis verlangt, daß die Vermutung auf sicherer Basis ruhe. Daher entwickelte sich seit der Mitte des 18. Jahrhunderts ein gerichtliches Aufgebotsverfahren, das die Voraussetzungen der Vermutung feststellt und mit der Todeserklärung endigt. An diese knüpft sich nunmehr erst die Todesvermutung mit ihren Wirkungen. Bis zur Todeserklärung erhielt der Verschollene einen Abwesenheits-Pfleger (curator absentis).

B. Diese Struktur des Instituts erscheint in den Partikularrechten vielfach abgeändert und kompliziert. Man begnügte sich nicht immer mit einer reinen Abwesenheitspflegschaft für den Verschollenen bis zur Todeserklärung, sondern hielt an der Einweisung der nächsten Erben (cura anomala) des Verschollenen fest, die aber erst nach einer besonderen gerichtlichen Verschollenheitserklärung verfügt wurde, der eine Todeserklärung erst nachfolgte. Mit dem Eintritt dieser wurde die Erbfolge entweder nach dem Zeitpunkt der Verschollenheit (successio ex tunc) oder (überwiegend) nach dem Zeitpunkt des vermuteten Todes (successio ex nunc) geregelt (mecklenburg., französ. Recht).

II. Das BGB. kennt nur eine Todesvermutung kraft Todeserklärung, und zwar auf der Grundlage des schlesischen Prinzipes. Für die Zeit bis zur Todeserklärung hilft die allgemeine Abwesenheitspflegschaft (**1911**). Eine Todeserklärung ist dann nicht erforderlich, wenn der Verschollene wegen hohen Alters gar nicht mehr am Leben sein kann.

A. **Die Voraussetzungen** der Todeserklärung sind

1. **Die Verschollenheit.** Verschollen ist derjenige, von dessen Leben wir während einiger Zeit keine Kunde haben, während normaler Weise solche Kunde vorhanden sein müßte, also verschollen ist der gewisse Zeit hindurch Vermißte. Nicht wesentlich ist, daß Zweifel an dem Leben des Vermißten gerechtfertigt sind. Nicht wesentlich ist ferner die Abwesenheit des Verschollenen von seinem Wohnorte, sondern nur, daß er an seinem Wohnorte nicht aufzufinden ist. Von dem ge-

[1]) Riesenfeld, Verschollenheit und Todeserklärung (1891). Hölder, Pandekten I, § 20. Regelsberger I, § 61. Hölder, Arch. f. d. ziv. Pr., Bd. 80, S. 2 ff. Gierke, D. Priv.-R. I, § 42. Kuhlenbeck, Rechtsprechung I, S. 83 ff. Hellmann, Vorträge über das BGB., § 2. Hachenburg, Das BGB., S. 72 ff. B. Lehmann, Annalen d. D. Reichs 1901, S. 18 ff.

[2]) Bruns, Kleinere Schriften I, S. 48 ff.

[3]) In Deutschland seit 1616 (Kaiserl. Reskript an den Rat von Görlitz) vertreten, im französischen, englischen und niederländischen Rechte aber sehr viel früher angewendet.

wöhnlichen Falle (**14**) heben sich die besonderen Fälle der **Gefahrverschollenheit** (**15**—**17**) durch die Qualifikation der Person und ihrer Lage ab:

a) Kriegsverschollenheit.

Sie liegt vor, wenn ein Angehöriger irgendeiner bewaffneten Macht[1]) am Kriege teilgenommen hat, oder wenn andere Personen sich bei der bewaffneten Macht in einem Amts- oder Dienstverhältnis oder zum Zwecke freiwilliger Hilfeleistung (Marketender, Krankenpfleger) während des Krieges befunden haben und während des Krieges gewisse Zeit hindurch vermißt worden sind (**15**).

b) Seeverschollenheit. Verschollen ist derjenige, der auf die Seefahrt gegangen ist, wenn er nach dem Untergang des Schiffes, auf dem er sich befunden hat, gewisse Zeit hindurch vermißt wird (**16**).

c) Verschollenheit nach dringender Lebensgefahr liegt vor für den, der in solche verwickelt war, wenn er, nachdem die Gefahr ihre Wirkung geäußert hat, gewisse Zeit hindurch vermißt wird. In Frage sind Brand, Explosion, Bergbesteigungen, Überschwemmungen (**17**).

2. Die Verschollenheit muß eine bestimmte **Zeit** gewährt haben. In dem gewöhnlichen Falle beträgt dieselbe 10 Jahre; würde der Verschollene das 70. Lebensjahr vollendet haben, so beträgt die Frist nur 5 Jahre. Die Frist beginnt mit dem Schlusse des Jahres, in welchem der Verschollene den vorhandenen Nachrichten zufolge noch gelebt hat. Hat also A., der im Jahre 1900 nachweislich noch gelebt hat, am 3. August 1907 das 70. Lebensjahr vollendet, so kann er nicht vor Ablauf des Jahres 1907, also nicht schon am 3. August 1907 für tot erklärt werden[2]). Die Frist läuft ferner nach Analogie der Verjährung während der Minderjährigkeit des Verschollenen nicht, so daß die Todeserklärung nicht vor Schluß des Jahres, in dem der Verschollene 31 Jahre alt werden würde, erfolgen kann (**14**). In den qualifizierten Fällen tritt namentlich eine erhebliche Verkürzung der Frist (1 oder 3 Jahre), die vom Friedensschluß oder von dem Schluß des Jahres, in dem der Krieg endigt, vom Ende des gefahrvollen Ereignisses[3]) und vom Schiffsuntergang an gerechnet wird; der Schiffsuntergang und der Zeitpunkt seines Eintrittes wird wieder, wenn er nicht festgestellt werden kann, unter gewissen gesetzlichen Voraussetzungen vermutet (**15**—**17**)[4]).

B. Die Todeserklärung erfolgt im Wege **des Aufgebotsverfahrens** nach ZPO. §§ 960—976 nur auf Antrag.

Antragsberechtigt ist außer dem gesetzlichen Vertreter des Verschollenen jeder, der an der Todeserklärung ein rechtliches Interesse hat, z. B. Ehegatte, Erben, Leibrentenverpflichtete (ZPO. §§ 962. 963).

Das zuständige Amtsgericht (ZPO. § 961) hat dann ein inhaltlich gesetzlich bestimmtes Aufgebot zu erlassen und in bestimmter Weise öffentlich bekanntzumachen, auch ex officio zur Feststellung des Sachverhaltes mitzuwirken und, wenn es die zur Begründung der Todeserklärung erforderlichen Tatsachen für erwiesen erachtet, die Todeserklärung durch Urteil auszusprechen. Das Urteil kann nur durch Anfechtungsklage beim Landgericht gegen den Antragsteller oder den Staatsanwalt von jedem angegriffen werden, der an der Aufhebung der Todeserklärung oder an der Berichtigung des Zeitpunktes des Todes ein rechtliches Interesse hat

---

[1]) Wer zur deutschen bewaffneten Macht gehört, bestimmt sich nach den Reichsgesetzen vom 9. November 1867, dem Militärstrafgesetzbuch vom 20. Juni 1872, dem Reichsmilitärgesetz vom 2. Mai 1874, vgl. auch Reichsgesetz vom 1. Juni 1870, § 23.

[2]) Hölder zu § 14, Note 5. A. M. Biermann I, S. 432.

[3]) So Planck zu **17**, Staudinger, Bd. I (99), S. 78. Hölder, Komm. S. 115, Z. 2. A. M. Hellmann, Vortr., S. 8 und Krit. V. J. Schr., Bd. 41 (1899), S. 241 f., der den Beginn des Ereignisses als entscheidend bezeichnet.

[4]) Vgl. HGB. § 862 ff.

(ZPO. §§ 957, Abs. 2. 973. 974—976). Das Anfechtungsgericht hebt eventuell die Todeserklärung auf oder stellt einen anderen Todestag fest (ZPO. § 976, Abs. 3).

Zweifellos ist, daß die Todesvermutung die Todeserklärung zur notwendigen Voraussetzung hat. Das praktische Bedürfnis verlangt aber die Feststellung eines bestimmten Todeszeitpunktes.

Im bisherigen Rechte war die Bedeutung der Todeserklärung in dieser Richtung streitig und verschieden geregelt. Man schrieb ihr konstitutive Bedeutung zu, d. h. der Zeitpunkt der Rechtskraft des Urteils sollte als Zeitpunkt des Todes gelten, oder nur deklaratorische Bedeutung, d. h. der Zeitpunkt des Todes liegt in dem Zeitpunkt, in dem die Voraussetzungen der Todeserklärung (Alter, Dauer der Verschollenheit) zuerst erfüllt vorliegen. Außerdem wollte man, was prinzipiell zu verwerfen war, als Zeitpunkt des Todes den Zeitpunkt der Antragstellung, wenn hier alle Voraussetzungen der Todeserklärung vorlagen, oder den des Beginnes der Verschollenheit, oder den des Ablaufs der Aufgebotsfrist gelten lassen.

Obwohl nun vom Standpunkte des schlesischen Systems aus die praktischen Vorzüge der konstitutiven Bedeutung der Todeserklärung überwiegen, hat sich das BGB. doch für die deklaratorische entschieden.

Die Feststellung hat zwar stets im Urteil zu erfolgen (ZPO. § 970, Abs. 2), die Rechtskraft des Urteils ergibt aber nicht den Todeszeitpunkt, sondern in erster Linie ist als Todestag derjenige festzustellen, der sich nach den im Aufgebotsverfahren angestellten Ermittelungen ergibt, und wenn diese keinen Anhaltspunkt gewähren,

bei der gewöhnlichen Verschollenheit der Endpunkt der Verschollenheitsdauer. Z. B. wenn der Verschollene zuletzt im Jahre 1906 gelebt hat, so ist mit dem Ablauf des 31. Dezember 1916 die Todeserklärung zulässig geworden und daher der 31. Dezember 1916, 12 Uhr nachts als Zeitpunkt des Todes im Urteil festzustellen.

Bei der Kriegsverschollenheit der Zeitpunkt des Friedensschlusses oder der Schluß des Jahres, in dem der Krieg beendet ist, bei der Seeverschollenheit der Zeitpunkt des wirklichen oder vermuteten Unterganges des Schiffes, bei der Verschollenheit nach dringender Lebensgefahr der Zeitpunkt des Abschlusses des fraglichen Ereignisses. Ist nur der Todestag festgestellt, so gilt als Zeitpunkt des Todes das Ende des Tages (**18**, Abs. 3).

C. Die Wirkung der Todeserklärung.

Sie begründet nur die Vermutung des Todes im festgestellten Zeitpunkt (**18**, Abs. 1); diese wirkt absolut für und gegen alle, z. B. gegen die Lebensversicherungsgesellschaft, bei welcher der Verschollene auf den Todesfall versichert ist (ZPO. § 976, Abs. 3). Sachlich wirkt sie sowohl auf die vermögensrechtlichen wie die familienrechtlichen Verhältnisse.

a) Es treten regelmäßig alle Wirkungen des wirklichen Todes ein: Endigung aller höchstpersönlichen Rechte, Fälligkeit von Verpflichtungen, die auf den Tod des Verschollenen gestellt sind (Renten, Pensionen), und besonders kautionsfreie Eröffnung der Erbfolge in den Nachlaß des Verstorbenen für die Erben, die sich nach dem festgestellten Todestag ergeben[1]).

Die Vermutung des Todes muß aber dem Beweise des anderen Sachverhaltes weichen (**18**). Wird im Prozesse ein anderer (früherer oder späterer) Todestag oder die Fortdauer des Lebens des für tot Erklärten erwiesen, so ist nun dieser Sachverhalt unter den Parteien des Prozesses maßgebend. Ist aber auf Anfechtungsklage die Todeserklärung durch Urteil aufgehoben oder geändert, so wirkt das Urteil für und gegen alle (**976**, Abs. 3).

Die Wirkungen können erst im Zusammenhange des Systems zur Darstellung gelangen (**2031**. **2362**. Abs. 1, **2370**).

b) Im Familienrechte hat aber die Todeserklärung ausnahmsweise die definitive Wirkung des Todes, und zwar schlechthin im Vormundschaftsrecht (**1884**, Abs. 2)[2]) oder so daß die eingetretene Wirkung auf besonderem Wege wieder rückgängiggemacht werden kann wie bei der Ehe (**1348 ff.**), im ehelichen Güterrecht (**1420**. **1494**, Abs. 2. **1544**) **1425**. **1431**, Abs. 2. **1547**. **1548** und bei der elterlichen Gewalt (**1679**. **1684**. **1685**. **1686**).

---

1) Vgl. auch Reichsgesetz vom 11. Juni 1870, §§ 8. 9.

2) Diese Wirkung knüpft sich an die Erlassung des Urteils, nicht wie die sonstigen Wirkungen an den festgestellten Todeszeitpunkt.

§ 20.

Die Lebensvermutung und die Vermutung des gleichzeitigen Todes.

I. Die praktische Bedeutung der **Lebensvermutung**[1]) zeigt sich da, wo das Leben eines Verschollenen nicht bewiesen werden kann, aber die bisher vom Verschollenen erworbenen Rechte gewahrt und neue Rechte (besonders durch Erbschaft oder Vermächtnis, Leibrentenansprüche) für ihn erworben werden sollen, die sein Leben voraussetzen. Auch die Berechtigung dritter Personen kann vom Leben des Verschollenen abhängen.

Die Lebensvermutung hat eine noch wechselvollere Geschichte als die Todesvermutung. Seit der Lehre der Glossatoren, die mit der Rezeption in Deutschland ihren Eingang fand, ist die selbständige Lebensvermutung, die, ohne daß eine Todeserklärung stattgefunden hat, Platz greift, und die mit der ausgesprochenen Todeserklärung in Verbindung stehende (abhängige) zu unterscheiden. Die selbständige Lebensvermutung wurde als allgemeine, wie die Glossatoren sie aufstellten (L. § 18, I.), verworfen, dagegen behauptete sich die selbständige beschränkte und die abhängige Lebensvermutung, beide mit verschiedenem Inhalte nach dem sächsischen und schlesischen System. Für den Inhalt der abhängigen Lebensvermutung machte sich auch der Gegensatz der konstitutiven und bloß deklaratorischen Wirkung der Todeserklärung geltend.

Das BGB. kennt die abhängige und die selbständige beschränkte Lebensvermutung (**19**).

A. Da im Urteil, das die Todeserklärung ausspricht, der Zeitpunkt des Todes des Verschollenen festgestellt wird, so folgt aus dieser Todeserklärung die Vermutung, daß der Verschollene bis zu diesem Zeitpunkt gelebt hat (abhängige Lebensvermutung).

B. Hat eine Todeserklärung nicht stattgefunden, so wird für das Leben des Verschollenen vermutet bis zu dem Zeitpunkt, der im Falle der Todeserklärung als Todeszeitpunkt festzustellen gewesen wäre (**L.** § 19. II, B.). Das Leben nach diesem Zeitpunkte wird nicht verneint, nur der Beweis des Lebens und des Todes muß erbracht werden.

Z. B.: A hat B im Testament zum Erben eingesetzt. A stirbt im Jahre 1912. Um die Erbschaft streiten der gesetzliche Erbe C und die beiden Söhne des Verschollenen B. Die Söhne müssen nachweisen, daß Nachricht vom Leben des B aus 1902 oder später vorliegt, da dann der 31. Dezember 1912, nachts 12 Uhr als Todeszeitpunkt des B in Betracht käme, B also zur Zeit des Todes des A als lebend gelte. Gelingt ihnen der Nachweis nicht, so siegt C; denn wenn die Nachrichten von B weiter zurückliegen, würde C durch die Todeserklärung des B die Vermutung begründen, daß B schon 1912 als tot gilt und daher A nicht beerbt haben kann[2]).

II. **Die Vermutung des gleichzeitigen Todes**[3]). Sind mehrere Menschen in einer gemeinsamen Gefahr umgekommen (Kommorienten), so ist die Feststellung des zeitlichen Verhältnisses der mehreren Todesfälle von Bedeutung für die Beerbung dieser Personen. Der Erbe z. B., der einen Erbschein verlangt hat, hat anzugeben, daß vor oder mit ihm berufene Personen den Erbfall nicht erlebt haben, also vor dem Erblasser verstorben sind (**2354**. **2359**). Gerade in solchen Fällen ist der Beweis äußerst schwierig. Das römische Recht stellte, wenn Eltern und Kinder in gemeinsamer Gefahr umgekommen sind, die Vermutung auf, daß die Eltern vor den mündigen, aber nach den unmündigen Kindern verstorben sind[4]). Das BGB. (**20**) sagt dagegen, daß beliebige mehrere Personen, die in gemeinsamer Gefahr (Brand, Schiffbruch, Hauseinsturz) umkommen, als gleichzeitig verstorben anzusehen sind. Die Folge ist, daß keiner der Umgekommenen den anderen beerben, noch von ihm beerbt werden kann. Eine Ausdehnung dieser Bestimmung auf Fälle, in denen ein gleiches praktisches Bedürfnis vorliegt, ist ausgeschlossen.

---

[1]) Hölder, Pandekten I, § 20. Regelsberger I, §§ 59. 61. Gierke, D. Priv.-R. I, § 42. Hellmann, Vorträge über das BGB., § 2. Hachenburg, Das BGB., S. 83 ff.

[2]) Bei der Abwesenheitspflegschaft (**L.** § 271) wird allerdings der Verschollene über die Grenze der Lebensvermutung (**19**) hinaus als lebend behandelt, ohne daß es des Beweises des Lebens bedürfte. Vgl. Hölder, Jur.-Tag 20, Bd. 1 (1889), S. 260 ff. A. M. Riesenfeld, a. a. O., S. 122 f.

[3]) Hölder, Pandekten I, § 21. Regelsberger I, § 60. Gierke, D. Pr.-R. I, § 42. Hellmann, Vorträge über das BGB., § 2. Böckel, Archiv für d. ziv. Praxis, Bd. 93, S. 478.

[4]) D. 9. § 1. 4. l. 22. l. 23. l. (34, 5).

§ 21.

Intertemporales und internationales Recht.

I. Intertemporales Recht.

Ist eine Todeserklärung vor dem 1. Januar 1900 erfolgt (EG. Art. 158), so stehen Voraussetzungen, Verfahren und Wirkungen unter dem alten Recht. Es gilt also auch das alte Recht der Lebensvermutung. Gewisse familienrechtliche Wirkungen der Todeserklärung (Wiederverheiratung, Endigung der elterlichen Gewalt und des Amtes des Vormundes usw.) treten vom 1. Januar 1900 an nach BGB. ein (EG. Art. 159. 160).

Ein am 1. Januar 1900 anhängiges Verfahren auf Todeserklärung, Verschollenheitserklärung, Einweisung des mutmaßlichen Erben in den Besitz ist nach altem Recht gemäß EG. Art. 161. 162 zu erledigen. Auf ein Verfahren, das erst nach dem 1. Januar 1900 anhängig wird, findet das BGB. Anwendung[1]).

II. Im internationalen Privatrecht normiert das Personalstatut der Staatsangehörigkeit des Verschollenen zur Zeit der letzten Nachricht von seinem Leben (EG. Art. 9). Für Ausländer ist aber im Auslande eine Todeserklärung nach deutschem Recht in einem Falle mit beschränkter Wirkung (EG. Art. 9, Abs. 2), in einem anderen Falle mit unbeschränkter Wirkung (EG. Art. 9, Abs. 3) möglich. Ein Deutscher kann nur nach deutschen Gesetzen für tot erklärt werden[2]).

---

2. Kapitel.

Die Eigenschaften, Beziehungen und Zustände der Menschen.

§ 22.

Natürliche Zustände.[3])

Die Anerkennung aller Menschen als Rechtssubjekte ist eine Forderung der Gerechtigkeit, der unserer Privatrechtsordnung entspricht. Daß alle Menschen vor dem Privatrechte absolute Gleichbehandlung genießen, entspricht der Gerechtigkeit dagegen nicht. Die natürlichen und sozialen Beziehungen, die sittlichen Eigenschaften, die rechtlichen Beziehungen und das religiöse Bekenntnis können nicht ohne Einfluß bleiben auf die den einzelnen Menschen zuerkannte Privatrechtsfähigkeit und Handlungsfähigkeit (**L.** § 17).

I. **Geschlechtsunterschied.** Es gibt nur zwei Geschlechter. Sogenannte Zwitter sind nach sachverständigem Urteil dem männlichen oder weiblichen Geschlechte zuzurechnen. Anders ALR. I, 1, § 19—23. Beide Geschlechter stehen im Privatrechte gleich[4]), nur im ehelichen Verhältnis und im Eltern- und Kindesrecht behauptet der Mann den Vorrang vor der Ehefrau bzw. Mutter. Die elterliche Gewalt der Mutter ist auch nicht durchweg gleichen Inhaltes wie die des Vaters. Es besteht keine Unfähigkeit der Frau zur Vormundschaft, sondern nur ein Ablehnungs-

---

[1]) Vgl. aber Habicht, S. 98 ff.

[2]) A. M. Rehbein I, S. 10.

[3]) Hölder, Pandekten I, §§ 23. 25. Regelsberger I, §§ 62—64. Gierke, D. Priv.-Recht I, §§ 43—45. Dernburg, Persönliche Rechtsstellung, S. 7 ff. Hellmann, Vorträge über d. BGB., § 3.

[4]) Im öffentlichen Recht hat die Gleichstellung gleichfalls Fortschritte gemacht. Reichs-Vereinsgesetz vom 19. April 1908. Im Prozeßrechte: ZPO. §§ 52. 79. 90. 1032. Vgl. i. A. Planck, Die rechtliche Stellung der Frau nach dem BGB. (1899. Vortr.).

recht (**1786**). Im Erbrechte ist jede Zurücksetzung gefallen und auch die Fähigkeit der Frauen zum Testamentszeugnis (**2237**) ist anerkannt. Ältere, mehr als Beschränkungen wirkende beneficia juris (Interzessionsverbot, error juris) sind gefallen, wie die Beschränkungen der Handlungsfähigkeit der Ehefrauen infolge der Geschlechtsvormundschaft oder ehemännlicher Vormundschaft. Die Einschränkungen der Ehefrauen, die noch vorhanden sind (vgl. **L.** § 229) fließen nicht aus der ehemännlichen Vormundschaft. Wohl aber können sich im Gebiete des Landesrechtes auf Grund der Vorbehalte Einschränkungen ergeben (z. B. EG. **57—59. 64**).

II. **Alter.**

Daß das Alter, besonders das jugendliche Alter, nicht nur die allgemeine Handlungsfähigkeit (Geschäftsfähigkeit und Verantwortlichkeit für unerlaubte Handlungen), sondern auch die besondere Handlungsfähigkeit zu gewissen Rechtsakten und die Rechtsfähigkeit beeinflußt, ist niemals verkannt worden. An sich ist bei der weitgehenden Verschiedenheit der Individuen eine individuelle Entscheidung gerechtfertigt, Zweckmäßigkeitserwägungen haben aber im römischen wie im deutschen Recht zur Aufstellung fester abstrakter Altersstufen geführt. Nur bei der Deliktsfähigkeit hielt das römische und gemeine Recht den individuellen Maßstab fest. Seit der Rezeption des römischen Rechtes stellte sich im gemeinen Recht im Anschlusse an das mittelalterliche deutsche Recht die Regelung heraus, daß die infantes bis zum vollendeten 7. Lebensjahre jeder Handlungsfähigkeit entbehrten, daß die Minderjährigen vom 7. bis zum vollendeten 25. Lebensjahr, mochten sie unter väterlicher Gewalt oder Altersvormundschaft stehen, nicht selbständig veräußerungs- und verpflichtungsfähig waren, daß innerhalb der Minderjährigkeit die besonderen Altersgrenzen des römischen Rechtes besonders, die der pubertas (Testierfähigkeit, Deliktsfähigkeit) maßgeblich blieben, und daß auch dem höheren Lebensalter (Greisenalter) eine gewisse privatrechtliche Bedeutung zukam. Diese Regelung ging i. A. in die Partikularrechte über. Die Unterschiede in der Normierung der Grenze der Minderjährigkeit (Volljährigkeitstermin) wurden durch das Reichsgesetz vom 17. Februar 1875 beseitigt, welches die Volljährigkeit mit dem vollendeten 21. Lebensjahre eintreten ließ.

Das BGB. knüpft an diese Entwicklung an: A. **Die Minderjährigen.** Das Gesetz macht zwei Abstufungen:

a) das Kindesalter bis zum vollendeten 7. Lebensjahr[1]); Kinder sind völlig handlungsunfähig (**104. 828**);

b) das Alter der Minderjährigkeit bis zum vollendeten 21. Lebensjahr (**2**)[1]).

1. Minderjährige sind in der Geschäftsfähigkeit beschränkt (**106** ff.); Minderjährige über 18 Jahre sind deliktsfähig, unter 18 Jahren nur, wenn sie die zur Erkenntnis der Verantwortlichkeit erforderliche Einsicht besaßen, also nach individuellem Maßstabe (**828**). **L.** §§ 46. 47. 61.

2. Alle Minderjährigen stehen unter elterlicher Gewalt oder unter Altersvormundschaft.

3. Minderjährige Männer sind nicht ehemündig (**1303**).

4. Innerhalb der Minderjährigkeit ergeben sich noch weitere Altersstufen: für die Ehemündigkeit der Frauen das 16. Jahr (**1303**), für die Notwendigkeit der elterlichen Einwilligung zur Ehe der Kinder das 21. Jahr (**1305**), für die Testamentsfähigkeit das 16. Jahr (**2229**); vgl. ferner für die Annahme an Kindes Statt: **1728. 1747. 1750**; im Vormundschaftsrecht: **1827.**

5. Die gemeinrechtlichen privilegia minorum (restitutio in integrum[2]), error juris) sind im BGB. beseitigt; eine besondere Behandlung der Minderjährigen ergibt sich heut nach: **14**, Abs. 1; **204. 2237. 2238.** RStrGB. §§ 301. 302.

B. **Die Volljährigen.** Unter den Volljährigen wird i. A. nach Altersstufen nicht unterschieden, aber die durch Volljährigkeit begründete Stellung kann uneingeschränkt auch durch **Volljährigkeitserklärung** (**3—5**) erlangt werden[3]). Diese setzt voraus, daß der Minderjährige das 18. Lebensjahr vollendet und seine Einwilligung gegeben hat. Da mit der Volljährigkeit die elterliche Gewalt erlischt, ist die Einwilligung des Inhabers der elterlichen Gewalt

---

[1]) Bei Berechnung dieser Zeiträume wird der Geburtstag mitgezählt; die betreffende Altersgrenze ist erreicht mit dem Anfange des entsprechenden Geburtstages (**187**, Abs. 2. **188**, Abs. 2).

[2]) ZPO. § 232. Im Gebiete der Vorbehalte für das Landesrecht ist die Rechtswohltat öfters durch die Ausführungsgesetze z. BGB. beseitigt, z. B. Mecklenburg-Schwerin § 34.

[3]) Ob in rechtsgeschäftlichen Akten, die an die Volljährigkeit anknüpfen, dieser die Volljährigkeitserklärung gleichzustellen ist, ist selbstverständlich Auslegungsfrage. So schon d. röm. Recht: Seuff. Arch. Bd. 38. Nr. 96.

erforderlich. Diese Einwilligung entfällt allgemein, wenn dem Gewalthaber weder die Sorge für die Person noch für das Vermögen zusteht, und für die minderjährige Witwe oder geschiedene Frau, obwohl durch die Verheiratung die elterliche Gewalt über sie nicht aufgehoben war. Die Volljährigkeitserklärung erfolgt auf Antrag durch Beschluß des Vormundschaftsgerichtes (**1847**, GFG. §§ 32. 56. 196) oder der nach Landesrecht zuständigen sonstigen Behörde (EG. Art. 147)[1]), sie soll aber nur erfolgen, wenn sie das Beste des Minderjährigen befördert, ist aber keineswegs unwirksam, wenn sie ohne diese oder die sonstigen materiellen Voraussetzungen ausgesprochen wurde.

Die Volljährigkeitserklärung ist der einzige Weg, auf dem der Minderjährige die Stellung des Volljährigen erlangen kann, gibt aber nicht auch die Stellung eines 21 Jahr Alten (**1305**. **1726**. **1747**. **1822**)[2]).

2. Das höhere Lebensalter (senectus) berechtigt im römischen Recht zur Ablehnung der Vormundschaft, im BGB. das 60. Lebensjahr (**1786**). Die aktive Fähigkeit zur Annahme an Kindesstatt ist an das 50. Lebensjahr geknüpft (**1744**).

III. **Krankheit.**

A. **Körperliche Krankheit**[3]) ist entweder vorübergehende Störung des normalen körperlichen Zustandes oder dauerndes Leiden, Gebrechen und allgemeine körperliche Schwäche. Eine Beschränkung der Rechtsfähigkeit tritt niemals ein.

Die wichtigsten Folgen sind: Anordnung einer Pflegschaft (**L.** § 126).

Die Verantwortlichkeit eines Taubstummen bestimmt sich wie die der Minderjährigen (**828**).

Krankheit und Gebrechen berechtigen zur Ablehnung der Vormundschaft (**1786**)[4]).

B. **Abnormer geistiger Zustand.**

1. Den Vorschriften des BGB. liegt die Unterscheidung zugrunde zwischen geistiger Erkrankung, bei der besondere Formen oder volle oder nur teilweise Geisteskrankheit nicht unterschieden werden,

Zuständen vorübergehender Bewußtlosigkeit oder vorübergehender Störung der Geistestätigkeit, in denen die freie Willensbestimmung ausgeschlossen ist, wie hochgradige Trunkenheit, Zornmütigkeit, Schrecken, hypnotische Zustände, Nachtwandeln, Fieberzustände und

Geistesschwäche, die Geisteskrankheit minderen Grades ist und den Geistesschwachen dem Kinde über 7 Jahren gleichstellt.

2. Die rechtliche Bedeutung dieser Zustände ist eine verschiedene.

a) Die im Zustande der Bewußtlosigkeit usw. abgegebenen geschäftlichen Willenserklärungen sind nichtig (**105**, Abs. 2; vgl. **1325**) und Verantwortlichkeit für in diesem Zustande begangene unerlaubte Handlungen besteht nicht (**827**).

b) Die Geisteskrankheit hat für sich

α) die Geschäftsunfähigkeit und die Aufhebung der Verantwortlichkeit zur Folge, wenn die freie Willensbestimmung, d. h. die Bestimmbarkeit des Willens, durch vernünftiges Abwägen der für und gegen ein bestimmtes Verhalten sprechenden Motive ausgeschlossen ist. Es wird hiermit nicht völlige Vernunftlosigkeit verlangt, sondern nur ein hoher Grad geistiger Abnormität. Dieser kann im Sinne des Gesetzes vorliegen, obwohl der Geisteskranke die Fähigkeit z. B. zu bestimmter geistiger Tätigkeit besitzt. Die Folge der Geschäftsunfähigkeit ist die Nichtigkeit der abgegebenen Willenserklärungen. Wer sich auf die Geschäfts-

---

[1]) Z. B. Mecklenb.-Schw. § 10.

[2]) Vgl. auch **L.** vorher, Note 1.

[3]) Scholz, Die Verfügungsfähigkeit eines Epileptikers (1899).

[4]) Vgl. ferner: **2243. 2276. 617. 1401. 1450. 1379. 2250.** HGB. §§ 72. 667. 553. Für das öffentliche Recht: ZPO. §§ 905. 1032. GVG. §§ 33. 85. 130.

unfähigkeit beruft, hat die Geisteskrankheit zu beweisen. Geschäftsfähigkeit und Verantwortlichkeit kehren aber zurück während der lichten Zwischenräume (dilucida intervalla), in denen vorübergehende geistige Normalität besteht (**104**, Z. 2. **105**, Abs. 1. **827**)[1]).

β) Der Geisteskranke wird entmündigt, wenn er seine Angelegenheiten im ganzen nicht zu besorgen vermag. Betrifft die Unfähigkeit nur einen begrenzten Kreis von Angelegenheiten, so ist ein Pfleger zu bestellen (**1910**, Abs. 2). Die Entmündigung tritt auch bei geisteskranken Minderjährigen ein (**6**, Z. 1).

Das Entmündigungsverfahren ist in der ZPO. §§ 645 ff. geregelt; es findet nur auf Antrag statt. Antragsberechtigt (ZPO. § 646) sind i. A. der Ehegatte, Verwandte, der gesetzliche Vertreter, dem die Sorge für die Person des Mündels zusteht, und der Staatsanwalt. Die Entmündigung erfolgt durch Beschluß (ZPO. § 659), der mit der Zustellung an den gesetzlichen Vertreter des Entmündigten oder mit der Bestellung des Vormundes in Kraft tritt (ZPO. § 661). Gegen den Entmündigungsbeschluß findet Anfechtungsklage (ZPO. § 664 ff.) statt. In diesem Fall wird die Entmündigung durch Urteil des Landgerichtes aufgehoben (ZPO. § 672). Es kann aber auch auf Antrag des Entmündigten, seines gesetzlichen Vertreters, der die Sorge für dessen Person hat, und des Staatsanwaltes eine Wiederaufhebung der Entmündigung durch Beschluß des Amtsgerichtes oder, falls der Antrag abgelehnt wird, durch Urteil des Landgerichtes eintreten (ZPO. §§ 675 bis 679).

Der wegen Geisteskrankheit Entmündigte ist eo ipso geschäftsunfähig (**104**, Z. 3), ohne Rücksicht darauf, ob er wirklich geisteskrank ist und lichte Zwischenräume eintreten. Die Verantwortlichkeit wird dagegen nur durch die wirkliche Geisteskrankheit aufgehoben.

8. Die Entmündigung zieht weiter die Anordnung der Vormundschaft nach sich. Schon nachdem der Antrag auf Entmündigung eines Volljährigen gestellt ist, kann eine vorläufige Vormundschaft eingerichtet werden mit der selbständigen Folge der Beschränkung der Handlungsfähigkeit (**1906—1908. 114** ZPO. § 657), die von Bedeutung ist, wenn wirkliche Geisteskrankheit nicht vorliegt. Sobald die Entmündigung eingetreten ist, wird die definitive Vormundschaft über den entmündigten Volljährigen eingerichtet (**1896**)[2]).

c) Die Folgen der Geistesschwäche sind:

α) Der Geistesschwache, der seine Angelegenheiten nicht zu besorgen vermag, wird entmündigt (**6**, Z. 1) und damit in der Geschäftsfähigkeit beschränkt (**114**, vgl. **2229. 2230. 2275**), nicht in der Verantwortlichkeit.

β) Der Antrag auf Entmündigung und die Entmündigung selbst zieht bei Volljährigen die vorläufige oder definitive Vormundschaft nach sich (vgl. b).

γ) Begründet die Geistesschwäche nur teilweises Unvermögen zur Besorgung der eigenen Angelegenheiten, so kann eine Pflegschaft über den Geistesschwachen (**1910**, Abs. 2) eingerichtet werden, die eine Beschränkung der Handlungsfähigkeit nicht zur Folge hat.

IV. **Die Verwandtschaft** findet ihre Darstellung im Familienrechte und Erbrechte (**L.** §§ 99 ff. 288 ff.).

§ 23.

Sittliche Zustände.[3])

Es handelt sich um die rechtliche Bedeutung der Verschwendung, Trunksucht und Ehre.

I. Verschwendung.

Im römischen wie im deutschen Recht ist schon frühzeitig eine Entmündigung (Interdiktion) des Verschwenders mit der Folge der Beschränkung der Geschäftsfähigkeit auf dem Gebiete des Vermögens- und Erbrechts und der Stellung unter Vormundschaft entwickelt. Die Geschäftsunfähigkeit ist dann im modernen Rechte auf das Gebiet des Familienrechtes ausgedehnt, bei letztwilligen Geschäften aber ganz oder teilweise fallengelassen. An diese Entwicklung knüpft das BGB. an, ist also nicht den Gesetzen gefolgt, die eine Beschränkung der Handlungsfähigkeit ablehnen und sich mit einer Beistandschaft begnügen.

---

[1]) Für die Eheschließung vgl. **1325**, Bestellung zum Vormunde: **1780**, Verjährung: **206**.

[2]) Vgl. **1418**, Z. Z. 3. **1425. 1428**, Abs. 2. **1542. 1547. 1780.**

[3]) Zitelmann, Beitr., H. 7—8, S. 75 ff. 79 ff. 87 ff. Hölder, Pandekten I, §§ 23. 25. Regelsberger I, §§ 65. 66. **1895**: Gierke, D. Priv.-R. I, §§ 45. 52. 53. Hellmann, Vorträge über BGB., §§ 3. 16.

A. Die Verschwendung führt zur Entmündigung des Verschwenders, wenn er durch dieselbe sich oder seine Familie der Gefahr des Notstandes aussetzt (**6**, Z. 2).

1. Beruht die Verschwendung auf Geisteskrankheit, so scheidet sie hier aus. Die Verschwendung, richtiger die Verschwendungssucht, kann sich in der Lebensweise wie in der Geschäftsführung, in positiven wie negativen Handlungen äußern. Daß dieses Verhalten vorhandenes Vermögen tangiert, ist nicht erforderlich. Auch der mittellose Schuldenmacher kann Verschwender sein, insofern er sich für die Zukunft engagiert. Immer muß aber das Verhalten objektiv das gewöhnliche Maß überschreiten und in einem Mißverhältnis zum Vermögen des Verschwenders wie zu dem verfolgten Zwecke stehen. Es muß ferner dieses Verhalten die Annahme der Fortdauer und Wiederholung rechtfertigen, sich als Ausfluß eines unwirtschaftlichen Hanges darstellen[1]), und es muß die Besorgnis begründet sein, daß der Verschwender sich oder seine Familie in die Gefahr des Notstandes bringt. Als Gefahr des Notstandes wird aber schon die Gefährdung der standesgemäßen Weiterexistenz des Verschwenders oder seiner Familie gelten müssen. Die Familie begreift hier wohl nur diejenigen Personen, für die der Verschwender auf Grund seiner Familienbeziehungen rechtlich zu sorgen verpflichtet ist, d. h. Ehegatten und Verwandte in gerader Linie (**1360**. **1601**), nicht dagegen die erbberechtigten Verwandten als solche. Auch Minderjährige können als Verschwender entmündigt werden.

2. Das Verfahren ist durch die ZPO. §§ 680—687 im Anschluß an die Bestimmungen über Entmündigung Geisteskranker geregelt.

Die Entmündigung findet auch hier nur auf Antrag statt. Das Antragsrecht steht aber dem Staatsanwalt nicht zu, nach Landesrecht aber auch Gemeinden und Armenverbänden (ZPO. § 680). Die Entmündigung tritt mit Zustellung des Entmündigungsbeschlusses in Wirksamkeit (ZPO. § 683). Der Beschluß kann durch landgerichtliches Urteil auf Anfechtungsklage des Entmündigten (ZPO. § 684), die Entmündigung durch Beschluß des Amtsgerichtes auf Antrag des Entmündigten oder seines gesetzlichen Vertreters, dem die Sorge für die Person zusteht, oder durch Urteil des Landgerichtes aufgehoben werden (ZPO. §§ 685. 686). Die Entmündigung und die Wiederaufhebung ist öffentlich bekanntzumachen (ZPO. § 687).

3. Die Folgen der Entmündigung.

a) Der Entmündigte ist in der Geschäftsfähigkeit beschränkt (**114**). Die Testierunfähigkeit tritt schon mit dem Antrage auf Entmündigung ein (**2229** vgl. aber **2230**. **2275**). Die Verantwortlichkeit wird nicht berührt.

b) Die Entmündigung Volljähriger zieht die vorläufige oder definitive Vormundschaft nach sich (**1906—1908**. **1896**)[2]).

B. Die Verschwendung zieht auch ohne Entmündigung des Verschwenders selbständige Folgen nach sich, z. B. **1468**, Z. 4. **1495**, Z. 4. **2338**. **1611**. In diesen Fällen bedeutet Verschwendung lediglich die Gefährdung vorhandenen Vermögens oder späteren Erwerbes.

II. **Trunksucht**[3]).

A. Der Trunksüchtige wird entmündigt (**6**, Z. 3). Trunksucht im Sinne des Gesetzes liegt noch nicht vor bei gewohnheitsmäßigem, übermäßigem Genuß alkoholischer Getränke, es muß dieser sich als Äußerung eines starken sittlichen Defektes darstellen, so daß entweder

1. der Trunksüchtige seine Angelegenheiten (vermögensrechtliche und familienrechtliche, Rechts- und sonstige Angelegenheiten z. B. des Berufes) nicht zu besorgen vermag, oder

2. sich und seine Familie der Gefahr des Notstandes aussetzt, oder

3. die Sicherheit anderer gefährdet.

---

[1]) l. 1 pr. D. (27, 10); Seuff. Arch. Bd. 42. Nr. 220, Bd. 47. Nr. 205, Bd. 49. Nr. 99.

[2]) Weitere Folgen der Entmündigung im Eherecht: **1418**, Z. 3. **1428**, Abs. 2. **1468**, Z. 4. **1495**, Z. 4. **1542**, Abs. 1. **1547**, Abs. 2; im Elternrecht: **1676**, Abs. 2; im Vormundschaftsrecht: **1780**.

[3]) Colla, Die Trinkerversorgung unter dem BGB. (1899). Erlenmeyer, Die Entmündigung wegen Trunksucht nach dem BGB. (1899).

Auch Minderjährige können wegen Trunksucht entmündigt werden. Das Verfahren entspricht dem zur Entmündigung von Verschwendern vorgeschriebenen, nur kann das Gericht den Beschluß über die Entmündigung aussetzen, wenn Aussicht auf Besserung besteht (ZPO. § 681).

B. Die Folgen der Entmündigung sind hier die gleichen wie im Falle der Verschwendung.

Der Vormund hat das Recht und die Pflicht, das Mündel in eine Heilanstalt zu bringen (**1901**). Auch ohne Entmündigung kann die Trunksucht als ehrlos oder unsittliches Verhalten von rechtlicher Bedeutung sein (z. B. **1611**. **1666**).

III. Ehre, Ehrenminderung.

Das römische wie das deutsche Recht haben in den Instituten der infamia bez. der Echtlosigkeit, Rechtlosigkeit und Ehrlosigkeit die Bedeutung der ungeminderten bürgerlichen Ehre[1]) für die privatrechtliche Stellung des Einzelnen anerkannt. Man unterschied im römischen Recht neben der auf Rechtsvorschrift beruhenden infamia (juris) die im sittlichen Urteil der Mitmenschen sich aussprechende infamia (facti) oder Bescholtenheit. Die infamia ist in das gemeine Recht nicht übernommen. Die partikuläre deutsche Rechtsbildung ruhte im wesentlichen auf deutscher Grundlage, in der Gesetzgebung seit der Mitte des vorigen Jahrhunderts schwinden aber zum Teil die alten Unterscheidungen, zum Teil wird der Verlust der bürgerlichen Ehrenrechte von den Strafgesetzen, so auch vom Reichsstrafgesetzbuch normiert.

A. Die Aberkennung der bürgerlichen Ehrenrechte nach dem RStrGB. §§ 31—37 ist eine Nebenstrafe, auf die neben Todes-, Zuchthaus- und Gefängnisstrafe erkannt werden kann oder in einzelnen Fällen erkannt werden muß. Neben der Zuchthausstrafe tritt der Verlust gewisser Ehrenrechte von Rechts wegen ein. Immer handelt es sich um den Verlust bestimmter bürgerlichen Ehrenrechte. Sie liegen meistens auf dem Gebiet des öffentlichen Rechtes und sind nur von indirekter Bedeutung für die Privatrechtsstellung, zum Teile berühren sie diese direkt. Die privatrechtliche Wirkung ergibt sich aus dem RStrGB., anderen Reichsgesetzen und dem BGB.[2]):

1. Verlust der öffentlichen Ämter, Würden, Titel, Orden, Ehrenzeichen und Unfähigkeit zu öffentlichen Ämtern (RStrGB. §§ 33. 34, Z. 3. § 31, Abs. 1[3]).
2. Unfähigkeit zum Urkundszeugen (RStrGB. § 34, Z. 5)[4]) (**1318**), Testamentszeugen (**2237**, Z. 2. **2249**. **2276**. **2290**), Testamentsdolmetscher (**2244**) besonders zum Ehezeugen.
3. Unfähigkeit, Vormund, Gegenvormund, Pfleger, Beistand der Mutter, Mitglied eines Familienrates oder Kurator zu sein (RStrGB. § 34, Z. 6, vgl. EG. Art. 34. **1781**. **1694**. **1792**. **1866**. **1897**. **1915**).
4. Beschränkte Unfähigkeit zum Gewerbebetrieb (RGO. § 106. HGB. § 81).
5. Ablehnbarkeit des Schiedsrichters (ZPO. § 1032).
6. Verlust der Mitgliedschaft, des Stimmrechtes, der Ehrenstellungen innerhalb bestimmter Verbände, z. B. Genossenschaften, eingetragene Hilfskassen, Innungen, Krankenkassen, Berufsgenossenschaften der Unfallversicherung und der Versicherungsanstalten der Invaliditäts- und Altersversicherung nach den betreffenden Reichsgesetzen (Genoss.-Ges. § 68).

B. Die Bescholtenheit (infamia facti, torpitudo) kommt im alten Sinne nicht mehr in Betracht, wohl aber ehrloses und unsittliches Verhalten als Scheidungsgrund (**1568**), als Grund, in das Erziehungsrecht des Vaters einzugreifen (**1666**), als Grund zur Ausschließung und Entlassung des Vormundes (**1778**. **1779**. **1886**), als Grund der Entziehung des Pflichtteiles (**2333**, Z. 5) und für die Beschränkung des Unterhaltsanspruches (**1611**) oder die Verweigerung der Aussteuer seitens der Eltern (**1621**)[5]). In allen diesen Fällen ist derjenige, dem die bürgerlichen Ehrenrechte aberkannt sind, nicht eo ipso auch bescholten[6]).

---

[1]) l. 5. § 1. D. (50, 13).

[2]) Ob das Landesrecht noch weitere Folgen an die Ehrenstrafe anknüpfen kann, ist bestritten. Dagegen Mandry-Geib, S. 98 ff. Dafür Gierke I, S. 428, Note 12.

[3]) Vgl. RAO. § 5, Z. 1. § 6, Z. 2. § 21, Z. 3. § 24. Reichsgesetz vom 2. Juni 1878, § 3.

[4]) Vgl. Reichsgesetz vom 6. Februar 1875, §§ 13. 52. 53.

[5]) Vgl. RGO. §§ 111. 112. 133a.

[6]) A. M. Gierke I, S. 430, Note 29.

§ 24.

Rechtliche Situation.[1])

Die Tatsache, daß der einzelne einer größeren Gemeinschaft angehört (dem Staate, einer Kirche oder Religionsgemeinschaft, einem Stande), daß er sich in einem familienrechtlichen Unterordnungsverhältnis (Vormundschaft, elterliche Gewalt) oder in der Lage des Konkursschuldners befindet, kann auf seine privatrechtliche Stellung zurückwirken.

I. Die Staatsangehörigkeit[2]).

Im römischen wie im deutschen Recht galt der Grundsatz, daß die Rechtsfähigkeit von der Staatsangehörigkeit abhängt. Der Fremde ist rechtlos. Im heutigen Privatrechte gilt der Grundsatz der Gleichstellung der Fremden nach Maßgabe des Gegenseitigkeitsprinzipes und des Wiedervergeltungs- oder Retorsionsrechtes. Die Wiedervergeltung (Retorsion) kann nach diesen Bestimmungen durch den Reichskanzler unter Zustimmung des Bundesrates angeordnet werden (EG. Art. 31). Vgl. **L.** § 15.

Davon abgesehen bestehen reichsrechtliche Unterschiede in der Behandlung von Ausländern und Inländern, die auf das privatrechtliche Gebiet hinübergreifen (z. B. ZPO. §§ 110—113. 114, Abs. 2).

Die privatrechtliche Bedeutung der Staatsangehörigkeit liegt aber vornehmlich auf dem Gebiet des internationalen Privatrechts (**L.** §§ 14. 15[3]).

II. Religiöses Bekenntnis.

Im Mittelalter war die Privatrechtsstellung des Einzelnen durch seine Angehörigkeit an die Kirche bedingt. Der Grundsatz ist nach den konfessionellen Kämpfen der Reformationszeit für die Anhänger des christlichen Bekenntnisses schrittweise im Westfälischen Frieden, der Landesgesetzgebung und der DBA. verlassen. Eigentümlich war die Entwicklung bezüglich der Rechtsstellung der Juden. Sie waren ursprünglich als Fremde, dann als Ungläubige rechtlos, auf besonderen Schutz (Judenschutz, Judenregal) angewiesen und lebten nach ihrem eigenen, dann nach gemeinem Recht, wo nicht ein sie begünstigendes oder häufiger benachteiligendes Sonderrecht eingriff. Im 19. Jahrhundert ist die Sonderstellung schrittweise durch die Landesgesetzgebung beseitigt.

Den Abschluß der Entwicklung brachte im Reich, nach Vorgang des Freizügigkeitsgesetzes vom 1. November 1867, das interkonfessionelle Reichsgesetz vom 3. Juli 1869, das alle noch bestehenden, aus der Verschiedenheit des religiösen Bekenntnisses hergeleiteten Beschränkungen der bürgerlichen und staatsbürgerlichen Rechte aufhob. Gefallen sind damit nur Beschränkungen, d. h. Bestimmungen des bisherigen Rechtes, die Versagung von Rechten und rechtlichen Fähigkeiten enthalten, die den Angehörigen andern Glaubens zugestanden sind, also nicht jedes mit dem religiösen Bekenntnis zusammenhängende Sonderrecht, wie z. B. das jüdische Ehescheidungsrecht hinsichtlich der Ehescheidungsgründe vor der Geltung des BGB. Gefallen sind nur die Beschränkungen der bürgerlichen oder staatsbürgerlichen Rechte, also nicht die Bestimmungen über Rechte und Ausübung solcher Rechte, die im Kirchenrechte ruhen. Selbstverständlich berührt das Gesetz

---

[1]) Hölder, Pandekten I, § 23. Regelsberger I, §§ 67—69. Gierke, D. Priv.-R. I, §§ 46—51. 54—57. Bartholomaeus, Arch. f. öff. R., Bd. 12, S. 267 ff. Mantey, ebenda, Bd. 13, S. 20 ff.

[2]) Die deutsche Staatsangehörigkeit ist eine doppelte: Angehörigkeit an den einzelnen Bundesstaat und Reichsangehörigkeit. Die erstere ist durch Reichsgesetz vom 1. Juni 1870 geregelt. Außerdem besteht für alle Deutschen (Bundesstaatsangehörige und Nichtbundesstaatsangehörige) das gemeinsame Indigenat, d. h. jeder Deutsche gilt in jedem Bundesstaat als Inländer, unterliegt also nicht den landesrechtlichen privatrechtlichen Beschränkungen der Nichtstaatsangehörigen (RVerf. Art. 3, vgl. DBA. Art. 18). Das Indigenat verleiht nicht die aus der Mitgliedschaft fließenden staatsbürgerlichen Rechte. Die Landesrechte, die Unterschiede zwischen Inländern und nicht deutschen Ausländern statuieren, sind durch das Reichsrecht nicht berührt, soweit das Landesrecht überhaupt von Bestand bleibt, oder soweit gerade solche landesrechtliche Bestimmungen aufrechterhalten sind (**1315**, Abs. 2).

[3]) Vorbehalt für das Landesrecht s. EG. Art. 88.

nicht die Privatrechtsakte (Testamente, Verträge usw.), die vom religiösen Bekenntnis Rechtswirkungen abhängigmachen (vgl. oben **138**). Im einzelnen zeigt sich die *privatrechtliche Bedeutung des religiösen Bekenntnisses* im BGB. im Vereinsrechte: Vereine mit religiösem Zweck bedürfen der Eintragung zur Erlangung der Rechtsfähigkeit (**21. 43**, vgl. EG. Art. 84); im Vormundschaftsrechte (**1779. 1801**), bei der Bestimmung der Pflichten des Dienstherrn (**618**). Über die Konfession, in der die Kinder zu erziehen sind, bestimmt das Landesrecht (EG. Art. 134).

III. **Standesangehörigkeit.**

Eine Gliederung des Volkes nach *Geburts-* und *Berufsständen*, welche letzteren im Laufe der Geschichte sich öfter wieder zu Geburtsständen entwickelten, kennt das deutsche Recht in reicherem Maße als das römische. Gegen Ende des Mittelalters bestanden vier Geburtsstände (hoher Adel, niederer Adel, Bürger- und Bauernstand), von denen nur der hohe Adel seine Besonderheit voll behauptet hat. Dagegen treten die Berufsstände (Soldaten-, Beamten-, Geistlichen-, Lehrer-, Kaufmanns- und Gewerbestand) schärfer hervor.

Eine generelle privatrechtliche Bedeutung des Standes ergibt sich aus der Bestimmung des BGB. über den Unterhaltsanspruch (**1610. 1603. 1360**).

I. **Die Geburtsstände.**

1. *Der hohe Adel* und der ihm gleichgestellte Adel genießt dem Landesrecht und dem BGB. gegenüber *Autonomie* (vgl. L. § 5. III)[1]).

a) Wie im bisherigen Reichsrecht[2]) sind auch in Zukunft (EG. Art. 57. 60. 61)[3]) die autonomischen Statuten und Observanzen der *landesherrlichen Häuser*, der Herzoglich Holsteinischen Fürstenfamilie[4]) und der fürstlichen Familie *Hohenzollern* in ihrem ganzen Inhalte anerkannt. Zu den landesherrlichen Familien rechnen auch die depossedierten Häuser von Hannover, Kurhessen und Nassau. Außerdem gilt in einigen Punkten Sonderrecht[5]).

b) Das bisherige Reichsrecht hatte einige Sonderrechte der *Mediatisierten* aufgehoben[6]). Das BGB. beläßt es bei der Autonomie der *Mediatisierten* in Ansehung der *Familienverhältnisse* und *Güter*, soweit die Hausverfassungen jetzt und in Zukunft nach den Landesgesetzen gelten (EG. Art. 58. 60. 61). Ebenso werden behandelt die Familien des *vormaligen Reichsadels*, der zwar Reichsunmittelbarkeit, aber weder Reichsstandschaft noch Landeshoheit erlangt hatte, und die landsässigen adeligen Familien, die vor dem Inkrafttreten des BGB. dem vormaligen Reichsadel durch Landesgesetz gleichgestellt worden sind, obwohl diese an sich nicht zum hohen Adel gehören (EG. Art. 58, Abs. 2).

2. Der außerdem noch bestehende *niedere Adel* nimmt eine privatrechtliche Sonderstellung nicht ein.

B. **Die Berufsstände.**

1. Die *gewerblichen* Berufsstände stehen in gewissen Beziehungen unter einem Sonderrecht, so besonders der Kaufmannsstand unter dem Handelsgesetzbuch vom 10. Mai 1897, der Gewerbestand unter der Gewerbeordnung vom 26. Juli 1900. Den besonderen beruflichen Interessen trägt auch das BGB. Rechnung bei der Verjährung (**196. 201. 218**), beim Dienstvertragsrecht (**622**).

2. *Die öffentlichen Berufsstände.*

a) Der *Soldaten-*, *Beamten-*, *Geistlichen-* und der *Lehrerstand* stehen unter umfassenderen Sonderbestimmungen, besonders der Soldaten- und Beamtenstand.

---

1) *Oertmann*, Die standesherrliche Autonomie im heutigen deutschen bürgerl. R. (1905).

2) Vgl. Reichsgesetz vom 6. Februar 1875, § 72. EG. zum GVG. § 5. EG. zur StrPO. § 4. EG. zur ZPO. § 5. EG. zur OK. § 7.

3) Vgl. EG. zum ZVG. § 2. GBO. § 83. 90. FGG. § 189.

4) Reichsges. vom 25. März 1904.

5) ZPO. §§ 219. 375. 482.

6) GVG. § 15. EG. zum GVG. § 7. Reichsgesetz vom 6. Februar 1875, § 72.

Von privatrechtlicher Bedeutung sind auch einzelne Bestimmungen des BGB., die im Systeme erwähnt sind (**394. 411. 570. 596. 9. 15. 1315. 31. 89. 839. 841. 1784. 1897. 1792. 1915. 1888**, EG. Art. 44. 49. 51. 77. 80. 81). Im römischen Recht genoß der Soldatenstand ausgedehntes Sonderrecht.

b) **Die Ordensleute.**

Diese galten nach älterem deutschen Recht mit dem Eintritt in den Orden (Profeß) als rechtlich tot; nach kanonischem und gemeinem Recht tritt Vermögensunfähigkeit ein[1]), daher tritt beim Eintritt in einen vermögensunfähigen Orden Beerbung des Professen, andernfalls Anfall seines Vermögens an das Kloster ein, für welches er auch ferner erwirbt, da seine Handlungsfähigkeit erhalten bleibt. Seine Rechtsgeschäfte bedürfen aber der Genehmigung seiner Oberen. Er ist unbeschränkt deliktsfähig. Die Rechtsfähigkeit kehrt voll zurück mit dem Religionswechsel und dem Austritt aus dem Orden. Die Partikularrechte behandeln schlechthin den Professen als tot, oder sie gestatten, daß der Professe bis zu einer bestimmten Summe (summa pragmatica) sein Vermögen dem Kloster zuwendet, lassen aber darüber hinaus die Erbfolge eintreten, oder sie kennen gar keine Beschränkungen.

Nach dem neuen Recht (EG. Art. 87) ist bei den Professen die Aufhebung der Rechtsfähigkeit oder der Vermögensfähigkeit gefallen. Die betreffenden Landesrechte treten außer Kraft. Nur die landesgesetzlichen Vorschriften bleiben und können nach EG. Art. 218 auch durch Landesgesetzgebung geändert werden, welche die Wirksamkeit von Schenkungen an Ordensleute von staatlicher Genehmigung abhängig machen (EG. Art. 87, Abs. 1) oder den Erwerb von Todes wegen durch sie an die staatliche Genehmigung knüpfen. Wird die Genehmigung erteilt, so gilt sie als schon vor dem Erbfalle erteilt, wird sie versagt, so ist die zum Erwerbe berufene Person als vor dem Erbfall fortgefallen anzusehen. Solange die Genehmigung noch aussteht, können die Mitberufenen die Aufhebung der Erbengemeinschaft nicht verlangen (EG. Art. 87, Abs. 2. **2043**). Auch von diesen Beschränkungen sind die Mitglieder solcher religiösen Orden oder ordensähnlichen Kongregationen frei, bei denen ein Gelübde auf Lebenszeit oder unbestimmte Zeit nicht abgelegt wird (EG. Art. 87, Abs. 3).

IV. **Ehe, elterliche Gewalt** und **Vormundschaft** sind im Familienrecht behandelt.

V. Auch der **Konkurs** hat für die privatrechtliche[2]) Stellung des Gemeinschuldners bestimmte Wirkungen, die sich nicht an die Zahlungsunfähigkeit oder Überschuldung, sondern an die Eröffnung des Konkurses durch Beschluß des Amtsgerichtes anschließen. Der Gemeinschuldner verliert die Verwaltungs- und Verfügungsbefugnis über sein zur Konkursmasse gehöriges Vermögen (KO. § 6), er ist untauglich, während der Dauer des Konkurses zum Vormund usw. bestellt zu werden, und kann als Vormund usw. entlassen werden (**1781. 1897. 1866. 1792. 1886. 1895. 1878. 1915**). Der Konkursfall beim Ehemann endigt das güterrechtliche Verhältnis (**1419. 1543**), beim Gewalthaber das Recht zur Vermögensfürsorge (**1647. 1686**), beim Gesellschafter die Gesellschaft (**728**). Der Konkurs des Vereins oder der Stiftung hebt die Rechtsfähigkeit auf (**42. 86**).

§ 25.

Wohnsitz.[3])

Auch die Beziehungen der Person zum Raume sind für die Rechtsordnung nicht gleichgültig. An den Wohnsitz knüpft die Rechtsordnung einschneidende Rechtsfolgen und muß deshalb den schwankenden Begriff des Lebens abgrenzen. Wohnsitz einer Person im Rechtssinne ist nur der Ort, welcher als der ständige örtliche Mittelpunkt, als der Standort ihrer Lebens- und Berufstätigkeit erscheint oder gilt, ohne daß zugleich ein Wohnrecht für die Person in bezug auf diesen Ort gegeben sein muß. Es ergibt sich die Möglichkeit mehrfachen Wohnsitzes (**7**, Abs. 2) einer

---

[1]) Seuff. A., Bd. 48, Nr. 167.

[2]) Öffentlichrechtliche Wirkungen: Wahlgesetz vom 31. Mai 1869, §§ 3 und 4. GVG. §§ 32. 85. 113. RAO. § 5.

[3]) Hölder, Pandekten I, § 22. Regelsberger I, § 74. Gierke, D. Priv.-R. I, § 57. Hellmann, Vorträge über d. BGB., § 3. Mandry-Geib, § 4. Levy, Bl. f. Rechtsanwendg., Jahrg. 64, S. 113 ff. 129 ff.

Person und Wohnsitzlosigkeit. — Der Wohnsitz unterscheidet sich vom Aufenthaltsort, d. h. dem Ort, an dem sich jemand befindet mit, ohne, wider seinen Willen; der Aufenthaltsort wird aber im BGB. **570. 1354** Wohnort genannt mit Rücksicht darauf, daß die Person an dem Orte eine Wohnung bezieht. Ferner fällt mit dem Wohnsitz die gewerbliche und Handelsniederlassung als Mittelpunkt, Standort gewerblicher Tätigkeit einer Person nicht notwendig zusammen[1]).

I. Die Bestimmung des Wohnsitzes.

A. Der Wohnsitz wird vom einzelnen frei begründet (domicilium voluntarium), indem er neben einem bestimmten Ort zum Standort seiner Lebenstätigkeit macht (ständige Niederlassung). Wohnsitzbegründung ist also ausdrücklicher oder stillschweigender Willensakt, und zwar wegen der rechtlichen Bedeutung, des Wohnsitzes ein Willensakt von rechtlicher Bedeutung, der die Geschäftsfähigkeit voraussetzt[2]), aber nicht rechtsgeschäftliche Natur hat (vgl. L. § 46). Was von der Begründung gilt, gilt entsprechend auch von der Aufhebung des Wohnsitzes. Für beide Akte gilt also der allgemeine Satz, daß die Willenserklärung nicht mit den tatsächlichen Verhältnissen im Widerspruch stehen darf (**7**, Abs. 1, 3. **8**)[3]).

B. Bei bestimmten Personen weist schon ihre Rechtslage auf einen bestimmten Ort als den Standort ihrer Lebenstätigkeit hin. Der Wohnsitz dieser Personen ist daher kraft Gesetzes mit dieser Rechtslage bestimmt (domicilium necessarium). Das ist der Fall:

1. Bei Militärpersonen[4]). Sie haben ihren Wohnsitz am Garnisonorte bzw. am letzten inländischen Garnisonorte (gemäß **9**). Nicht getroffen sind zur Erfüllung der Wehrpflicht eingezogene, zu diesem Zweck freiwillig eingetretene und solche Militärpersonen, die einen Wohnsitz nicht selbständig zu begründen vermögen (siehe **A.**).

2. Die Ehefrau hat ihren Wohnsitz, wo der Ehemann seinen Wohnsitz hat, auch wenn der Mann den Wohnsitz im Inlande an einen Ort verlegt, an den ihm die Frau nicht folgt und zu folgen nicht verpflichtet ist, oder wenn die Ehegatten im gegenseitigen Einverständnis getrennt leben[5]). Die Frau teilt den Wohnsitz des Mannes nicht, wenn der Mann den Wohnsitz im Auslande begründet und die Frau ihm an diesen Ort nicht folgt und nach **1354** zu folgen nicht verpflichtet ist; sie kann einen selbständigen Wohnsitz begründen. Hat die Frau den Wohnsitz des Mannes geteilt, so verliert sie den Wohnsitz nicht mit der Auflösung der Ehe durch Scheidung oder Tod des Ehemannes, sondern erst durch Aufgabe bzw. Neubegründung (**10**).

3. Eheliche Kinder und solche, die ihnen gleichstehen, teilen den Wohnsitz des Vaters, auch wenn er die elterliche Gewalt nicht hat, uneheliche den der Mutter, angenommene den des Annehmenden (vgl. aber **1757**, Abs. 2). Erlischt bei Lebzeiten oder durch Tod des Vaters usw. der Wohnsitz, so behalten die Kinder den bisherigen Wohnsitz, bis er von ihnen oder für sie aufgegeben wird. Für nach der Volljährigkeit legitimierte oder angenommene Kinder tritt dieser gesetzliche Wohnsitz nicht ein (**11**).

Ein gesetzlicher Wohnsitz für Beamte am Amtssitz, für Strafgefangene am Orte der Detention, für das Hausgesinde am Wohnsitz des Brotherrn[6]) ist nicht anerkannt und auch nicht durch Analogie nach Z. 1 bzw. Z. 3 zu gewinnen.

---

[1]) Dem öffentlichen Recht gehören an die Begriffe. Amtssitz (dienstlicher Wohnsitz eines Beamten, Amtsstelle einer Behörde) und Unterstützungswohnsitz (Reichsgesetze vom 6. Juni 1870 und 12. März 1894).

[2]) Seuff. Arch., Bd. 43, Nr. 174; Bd. 55, Nr. 64.

[3]) Über den dem BGB. nicht bekannten erwählten Wohnsitz des französisch-badischen Rechtes vgl. EG. Art. 157.

[4]) Mil-StrGB. vom 20. Juni 1872, § 4 und Anlage. Reichsgesetz vom 9. November 1867, §§ 2. 13. Reichsmilitärgesetz vom 2. Mai 1874, § 38.

[5]) RG. Bd. 59, S. 337.

[6]) So ausdrücklich Preuß. AG. z. BGB., Art. 14, § 1, Abs. 4.

C. Dem Wohnsitz der natürlichen Personen entspricht der Sitz der juristischen Personen, Vereine (**24**) und Stiftungen (**80**)[1]. Es entscheiden also in erster Linie die Bestimmungen der Satzung usw., die aber mit den tatsächlichen Verhältnissen nicht in Widerspruch stehen dürfen (vgl. L. §§ 29. 30).

II. Die rechtliche **Bedeutung des Wohnsitzes,** des Aufenthaltsortes und der gewerblichen Niederlassung.

A. Abgesehen von der Bedeutung im internationalen Privatrecht (L. §§ 14. 15) bestimmt sich nach dem Wohnsitz des Schuldners oder Gläubigers der Erfüllungsort im Schuldrecht (**269. 270**), nach dem eines Verlobten die Zuständigkeit des Standesbeamten bei der Eheschließung (**1320**), nach dem des Mannes die Zuständigkeit des das Güterrechtsregister führenden Amtsgerichts (**1558. 1559**). Entfernung des Wohnsitzes vom Sitz des Vormundschaftsgerichtes ist Ablehnungsgrund für den als Vormund usw. Berufenen (**1786. 1792. 1897. 1915**). Der letzte Wohnsitz des Erblassers ist von Einfluß für die Ausschlagungsfrist und Anfechtungsfrist (**1944. 1954**). Vor allem bestimmt die ZPO. §§ 13—19 den allgemeinen Gerichtsstand nach dem Wohnsitz[2]) und das Gesetz für die freiwillige Gerichtsbarkeit die Zuständigkeit in der Ausübung derselben[3]).

Bei mehrfachem Wohnsitz wird regelmäßig nur einer maßgebend sein. Welcher das ist, kann nur durch Auslegung der betreffenden Gesetzesbestimmung festgestellt werden. Vielfach wird ein Wahlrecht eintreten (**269. 270. 1558. 1559**).

Im Falle der Wohnsitzlosigkeit (Vagabunden, fahrende Künstler) tritt vielfach der Aufenthaltsort oder der letzte Wohnsitz im Inlande ein (ZPO. § 16, vgl. **961**, EG. Art. 29).

B. Aufenthaltsort und Ort der gewerblichen Niederlassung haben aber auch selbständige rechtliche Bedeutung, der Aufenthaltsort überall da, wo die Abwesenheit (absentia)[4]) eine rechtliche Rolle spielt und nicht die Abwesenheit vom Wohnsitz gemeint ist, z. B. bei der Abgabe von Willenserklärungen unter Abwesenden (**121. 130. 147—151**), ferner als Abwesenheit schlechthin oder als Abwesenheit verbunden mit unbekanntem oder dauernd unbekanntem Aufenthalt (z. B. **1401. 1358. 1911. 983. 132. 1418. 1746. 1305**). Der gewöhnliche Aufenthalt eines der Verlobten begründet außerdem die Zuständigkeit des Standesbeamten (**1320**), und ein Aufenthalt unter Verhältnissen, die auf seine längere Dauer schließen lassen (Dienstboten, Arbeiter, Studierende, Schüler, Lehrlinge, Strafgefangene), begründet den Gerichtsstand (ZPO. § 20)[5]).

Die gewerbliche Niederlassung hat ihre Bedeutung außer im Handelsrecht (HGB. § 13, EG. zum HGB. Art. 4) für die Bestimmung des Gerichtsstandes (ZPO. § 21) und des Erfüllungsortes (**269. 270**).

---

3. Kapitel.

Die juristischen Personen.

§ 26.

Begriff und Arten der juristischen Personen.[6])

I. **Der Begriff** der juristischen Person (L. § 17). Auch die über den engeren Interessenkreis des einzelnen hinausliegenden allgemeinen menschlichen Interessen bedürfen der wirksamen

---

1) ZPO. § 17.

2) Vgl. ferner 773. 775. Reichsgesetze vom 1. Juni 1891, § 13 und 7. April 1891, § 2.

3) Z. B. FGG. § 36. 38. 39.

4) Über die Verschollenheit vgl. L. § 19.

5) Vgl. noch **772. 773. 775.**

6) Gierke, Das deutsche Genossenschaftsrecht (1868—1881). Derselbe, Die Genossenschaftstheorie und die deutsche Rechtsprechung (1887). Derselbe, Beiträge, Heft 18. Derselbe,

rechtlichen Anerkennung. Die sich hier ergebenden subjektiven Rechte können aber eben darum nicht an einzelne menschliche Rechtssubjekte angeknüpft werden, sondern nur an diejenigen realen Erscheinungen des Lebens, in denen jene allgemeinen Interessen ihren dauernden Halt finden. Diese realen, wenn auch nicht sinnlich wahrnehmbaren Erscheinungen (Personenverbände, die zur Förderung bestimmter Zwecke sich gebildet haben, Vermögensmassen, die einem bestimmten Zwecke dauernd dienen sollen) sind die Träger der subjektiven Rechte oder juristischen Personen. Die juristischen Personen fordern die Vergleichung mit den physischen Personen heraus, und die bisherige Wissenschaft ist unter diesem Gesichtspunkte zu diametral entgegengesetzten Auffassungen über ihre Natur gelangt.

A. Die Fiktionstheorien (Savigny, Puchta, Windscheid, Unger, Hölder usw.) kommen darin überein, daß es nur ein Rechtssubjekt gäbe, den Menschen, daß die juristischen Personen nur als solche vorgestellt, fingiert würden. Die Schwäche dieser Theorien liegt in ihrem Ausgangspunkte; denn das muß eben gerade vom Standpunkte dieser Theorien aus bewiesen werden, daß es außer dem menschlichen Individuum Rechtssubjekte nicht geben kann. Wenn hier nun gesagt wird, daß der Nutzen der Rechte stets Menschen zugute kommt, so ist das zwar richtig, schließt aber die Möglichkeit nicht aus, die Zuständigkeit des Rechtes, an andere Erscheinungen anzuknüpfen. Die Fiktionstheorien verkennen die Selbständigkeit der Interessen und die Realität der sozialen Erscheinungen, die sie tragen, sie führen mit Notwendigkeit zur Annahme der Subjektlosigkeit der Rechte, die mit dem Ausgangspunkte dieser Theorien in direkten Widerspruch tritt.

B. Mit diesem Ausgangspunkte harmoniert besser die Theorie (Ihering)[1]), die bei den Personenverbänden alle Mitglieder, bei der Stiftung die Interessenten für die Rechtssubjekte erklärt, aus naheliegenden praktischen Bedenken aber dem Verbande selbst oder der Stiftung die formelle Rechtsträgerschaft zur Vertretung der Gesamtheit der Interessenten nach außen zuweist. Dieses Gesamtsubjekt ist aber auch wieder etwas lediglich Ersonnenes, eine Fiktion; das wahre Rechtssubjekt aber und die ihm zukommende Rechtszuständigkeit ist in vielen Fällen überhaupt nicht mehr festzustellen.

C. Eine eigentümliche Theorie, die von der Subjektlosigkeit der in Frage stehenden subjektiven Rechte ausgeht, hat Brinz[2]) in der Zweckvermögenstheorie vertreten. Das Korporations- und Stiftungsvermögen gehört dem Zwecke, wie es sonst dem Menschen gehört. Darin liegt schon ein Abfall von der Annahme der Subjektlosigkeit, denn dieses Gehören ist eben Rechtszuständigkeit; so ergibt sich eine starke Hinneigung zu den Fiktionstheorien, die den Zweck personifizieren. Die Zugehörigkeit des subjektiven Rechtes an den Zweck wird dann aber wieder fallengelassen, indem den Vertretern des Zweckvermögens die Rechtszuständigkeit als Fiduziaren eingeräumt wird. Eine Theorie, die von der Subjektlosigkeit der Rechte ausgeht, müßte eine völlig abstrakte Rechtszuständigkeit annehmen und eine Vertretung in dieser durch den Zweck begrenzten abstrakten Rechtssphäre zulassen, wie in der des natürlichen Rechtssubjektes. Es bliebe aber dieser Auffassung gegenüber das Bedenken, daß sie den tatsächlichen Erscheinungen des Lebens nicht Rechnung trägt.

D. Hier setzt die Genossenschafts- oder organische Theorie (Gierke, Regelsberger) ein. Sie betont die Realität und selbständige Bedeutung der Personen-

---

Der Entwurf, S. 55 ff. 91 ff. 144 ff. Hölder, Pandekten I, §§ 26—29. Regelsberger I, §§ 75—86. Gierke, D. Priv.-R. I, §§ 58—60. Hellmann, Vorträge über das BGB., §§ 4—9. Leist, Vereinsherrschaft und Vereinsfreiheit im künftigen Reichsrecht (1899). Derselbe, Die Strafgewalt moderner Vereine (1901). Derselbe, Untersuchungen zum inneren Vereinsrecht (1904). Meurer, Die juristischen Personen (1901). Gierke, Vereine ohne Rechtsfähigkeit (2. Aufl., 1902). Derselbe, Das Wesen der menschlichen Verbände (Rede 1902). Schwabe, Die Körperschaft (1904). Hölder, Natürliche und juristische Personen (1905). Binder, Das Problem der jur. Persönlichkeit (1907). Schwarz, Arch. f. bürgerl. Recht, Bd. 32 (1908), S. 12 ff. v. Tuhr I, § 31 ff. Enneccerus I, 1. § 596 ff.

[1]) Geist des röm. R. III, §§ 55. 61. Ähnlich Schwabe und Meurer.

[2]) Lehrbuch der Pandekten (2. A.) III, §§ 432 ff.

verbände und Stiftungen (Anstalten) für das soziale Leben. Es sind soziale Organisationen, die über die einzelnen Individuen treten und sich von ihnen abheben. Die reale Existenz dieser Organisationen führt aber nicht zu ihrer völligen Gleichstellung mit der natürlichen Person. So ist die Rechtsfähigkeit der juristischen Personen einverstandenermaßen eine beschränktere als die der natürlichen Personen. Auf dem Boden dieser Theorie besteht aber Streit darüber, ob ihnen Willensfähigkeit, Handlungsfähigkeit zukommt. Hauptvertreter der Theorie bejahen die Frage. Wie aber für die natürliche Person die Handlungsfähigkeit nicht Voraussetzung der Rechtsfähigkeit ist, so ist sie es auch nicht für die juristische Person. Der juristischen Person fehlt aber jede Handlungsfähigkeit. Was im Bilde oder im kurzen Ausdruck als Willensaktion der juristischen Person bezeichnet wird, ist in Wirklichkeit immer Willensaktion natürlicher Personen, die keineswegs in dem gleichen Sinne Organe der juristischen Person sind wie die Organe des menschlichen Organismus. Das zeigt sich besonders, wenn wir die Fragen nach der Motivierung des Willens, den Willensmängeln und der Schuld aufwerfen.

II. Die Arten der juristischen Personen.

Nach römischem Recht hatte man öffentliche juristische Personen (popolus romanus und municipia) und private (collegia sehr verschiedener Art) als Arten der Korporationen (corpora) und neben diesen die piae causae (Stiftungen) zu unterscheiden.

Die Hauptgruppen bilden auch heut die Personenverbände und die Stiftungen.

A. Wichtige juristische Personen wurzeln in der öffentlichen Organisation, und ihre Verhältnisse werden durch das öffentliche Recht geregelt. Dahin gehören der Staat und die Gemeinden usw., auch die sog. Altgemeinden[1]). (Juristische Personen des öffentlichen Rechts.) Das BGB. bestimmt daher über sie i. A. nicht (vgl. aber **L.** § 35). Alle übrigen gehören dem Privatrechte an (private juristische Personen). Unter die Bestimmungen des BGB. fallen aber nicht, auch wenn sie als private juristische Personen zu betrachten sind:

1. die durch Reichsspezialgesetzgebung geordneten Verbände (Handelsgesellschaften, Erwerbs- und Wirtschaftsgenossenschaften, eingeschriebene Hilfskassen, Innungen, Krankenkassen, Berufsgenossenschaften der Unfallversicherung, die Gesellschaften mit beschränkter Haftpflicht, die Versicherungsvereine auf Gegenseitigkeit[2]). Das BGB. kann hier nur subsidiär zur Anwendung kommen[3]);

2. die mit Materien, die der Landesgesetzgebung vorbehalten sind, in Verbindung stehenden juristischen Personen[4]), wie z. B. Ganerbschaften, Ent- und Bewässerungsgenossenschaften, Deich- und Sielverbände, Gewerkschaften, Pfännerschaften, Agrargemeinschaften, Wald- und Wildschadensgenossenschaften, öffentliche Sparkassen (EG. Art. 59. 65. 66. 67. 69. 83. 99. 113) und die Versicherungsgesellschaften EG. Art. 75).

Dem Landesrecht unterstehen auch die im EG. Art. 164—166 genannten besonderen Vereine (vgl. EG. Art. 4 und 218), sodann die landschaftlichen und ritterschaftlichen Kreditvereine (EG. Art. 167) und die konzessionierten Vereine gemäß EG. Art. 82.

Die juristischen Personen unterscheiden sich ihrer Struktur nach in Vereine und Stiftungen. Die Grundlagen der ersteren ist eine Vereinigung von Personen, daher entscheidet der Wille der Mitglieder, die Grundlage der letzteren ein Vermögen, und es entscheidet der Wille des Stifters. Neben den Vereinen und Stiftungen als dritte Kategorie noch die Anstalten zu unterscheiden, besteht kein Bedürfnis. Sie gehen in den Stiftungen auf, weil auch bei ihnen der Schwerpunkt auf dem zu einem bestimmten Zwecke gewidmeten Vermögen liegt, nicht auf den äußeren Einrichtungen, die der Zweck erfordert[5]). Wo sich mit solchem Ver-

---

[1]) Vgl. Sachsen-Altenb. AG. z. BGB. §§ 6. 7. 8.
[2]) Reichsgesetz vom 12. Mai 1901.
[3]) Biermann I, S. 477.
[4]) Zu beachten ist aber EG., Art. 4.
[5]) Vgl. Mecklenb.-Schw. AB. z. BGB. § 24. Mecklenb.-Strel. AB. z. BGB. § 23.

mögen ein Personenverband verbindet wird es darauf ankommen, welches Element das vorwiegende ist, und demgemäß die Zuteilung zu den Vereinen oder Stiftungen erfolgen müssen[1]). Weitere Unterscheidungen treten in der folgenden Darstellung hervor.

III. Bei den privaten Vereinen und Stiftungen ist auch das öffentliche Interesse beteiligt. Das öffentliche Recht bestimmt daher, ob ein Verein oder eine Stiftung ins Leben gerufen werden darf, wann diese Bildungen aufgelöst werden sollen und daß sie der staatlichen Aufsicht unterstehen. Das Reich hat von seiner Kompetenz (RVerf. Art. 4, Z. 16) in dem Reichsgesetze vom 11. Dezember 1899 und im Reichsvereinsgesetz vom 19. April 1908 Gebrauch gemacht. Das öffentliche Interesse ist aber auch im BGB. mit Entschiedenheit zur Geltung gekommen.

§ 27.

A. Die Vereine. 1. Der Erwerb der Rechtsfähigkeit.

Die Vereine sind durch den Willen der Mitglieder geschaffene, einheitlich organisierte Personenvereinigungen mit eigener Rechtsfähigkeit. Die Rechtsfähigkeit setzt

I. **die Gründung des Vereins** als solchen voraus. Das BGB. sagt nichts über die Gründung; ihre juristische Natur ist in der Theorie sehr bestritten; sie ist weder einseitiges Rechtsgeschäft noch obligatorischer Vertrag, da sie sich nicht in der Begründung von Leistungspflichten erschöpft. Vielmehr liegen einverständliche rechtsgeschäftliche Willenserklärungen der einzelnen Gründer vor, die auf das identische Ziel einer die Einzelnen umfassenden Organisation gerichtet sind. Daher liegt Vertrag eigenartigen Inhaltes vor (Konstitutivakt[2]), kein Gesamtakt[3]) oder Beschluß[4]). — Einer Form bedarf dieser Gründungsakt nicht. Mit der Gründung besteht der Verein als nicht rechtsfähiger; dazu, daß er rechtsfähiger Verein wird, ist erforderlich:

II. **Der Erwerb der Rechtsfähigkeit.**

Im bisherigen römischen, gemeinen, partikulären und Reichsrecht boten sich drei Systeme. Das System der freien Körperschaftsbildung ist das einfachste. Jeder Verein erwirbt eo ipso die Rechtsfähigkeit. Den Gegensatz bildet das Konzessionssystem, nach dem die Rechtsfähigkeit an die Vereine durch die Staatsgewalt verliehen wird. In der Mitte steht das System der Normativbestimmungen. Nach ihm erlangen die Vereine die Rechtsfähigkeit, sobald sie gewissen, ihre Verfassung nach innen und ihre Stellung nach außen klarstellenden Rechtsvorschriften genügt haben und die Erfüllung dieser Voraussetzungen durch behördlichen Akt festgestellt ist. Neben dem Konzessionssystem war dieses vorwiegend im bisherigen Reichsrecht[5]) zur Anerkennung gelangt. Im Partikularrechte sind ebenfalls nur diese beiden Systeme vertreten, während im römischen und gemeinen Recht über die Geltung des Konzessionssystems oder des Systems der freien Körperschaftsbildung Streit besteht.

Im BGB. haben, von politischen Erwägungen abgesehen, die Rücksichten auf die Sicherheit des Verkehrs, für den der Bestand des rechtsfähigen Vereins klar erkennbar feststehen muß, zur Annahme des Normativsystems mit Registerzwang und des Konzessionssystems geführt. Zur Durchführung des Normativsystems werden bei den Amtsgerichten Vereinsregister geführt (FGG. §§ 1—34. 159—162). Für diese besteht das Prinzip der unbeschränkten formalen Öffentlichkeit (**79**). Die vorgeschriebenen Anmeldungen zum Vereinsregister seitens des Vorstandes oder der Liquidatoren sind in öffentlich beglaubigter Form zu bewirken (**77**) und können durch Ordnungsstrafen erzwungen werden (**78**).

Der Erwerb der Rechtsfähigkeit bestimmt sich verschieden, je nachdem der Verein seinen Sitz nicht in einem Bundesstaat (d. h. also im Auslande, oder in deutschen Schutz-

---

[1]) Die ruhende Erbschaft, deren Eigenschaft als juristische Person im gemeinen Recht bestritten ist, kommt im BGB. als juristische Person nicht mehr in Betracht (**1942. 1960. 1961**).

[2]) Vgl. Gierke, a. a. O., S. 486.

[3]) Kuntze, Der Gesamtakt (1892).

[4]) Biermann I, S. 483 f.

[5]) Z. B. bei den Aktiengesellschaften, Kommanditgesellschaften auf Aktien, Erwerbs- und Wirtschaftsgenossenschaften, Gesellschaften mit beschränkter Haftung.

gebieten) oder in einem solchen (also im Inlande) hat. Die **ausländischen** Vereine stehen entweder unter besonderen reichsgesetzlichen Vorschriften, wie die Kolonialgesellschaften[1]), oder es gilt (**23**) das Konzessionssystem (Verleihung durch Beschluß des Bundesrates)[2]). Bei den **inländischen** Vereinen entscheidet der Zweck, den der Verein verfolgt.

Das Gesetz unterscheidet diese Vereine, je nachdem ihr Zweck auf einen wirtschaftlichen Geschäftsbetrieb gerichtet ist, oder nicht gerichtet ist. Das erste liegt vor, wenn der Vereinszweck um des wirtschaftlichen Wohles seiner Mitglieder willen besteht[3]) (Vereine mit wirtschaftlichem Zweck). Die Vereine, deren Zweck auf einen wirtschaftlichen Geschäftsbetrieb nicht gerichtet ist, bezeichnet man als Vereine mit idealem (gemeinnützigem, wohltätigem, geselligem, wissenschaftlichem, künstlerischem) Zweck, mögen von ihnen auch wirtschaftliche Mittel der Unterstützung des Zweckes dienstbar gemacht werden. Verfolgt dagegen ein solcher Verein zugleich den Zweck der Förderung des wirtschaftlichen Wohles der Mitglieder, so scheidet er aus der Reihe der Vereine mit idealem Zwecke aus, ohne daß es auf die Unterscheidung von Haupt- und Nebenzweck ankommt, wie z. B. gewisse Berufs- und Fachvereine.

A. **Die Vereine mit idealem Zweck** erlangen die Rechtsfähigkeit nur durch die Eintragung in das Vereinsregister[4]) des zuständigen Amtsgerichtes und im Zeitpunkt der Eintragung (**21**). Über die Zuständigkeit des Amtsgerichtes entscheidet der Sitz des Vereins (**55**). Zu diesen Vereinen gehören auch die private Religionsübung pflegenden Religions- und geistliche Gesellschaften. Nach EG. Art. 84 bleiben aber landesgesetzliche Bestimmungen erhalten, welche die Verleihung der Rechtsfähigkeit an solche Vereine durch Gesetzgebungsakt vorschreiben[5]).

1. Die Eintragung erfolgt immer nur auf Anmeldung, die zu den Pflichten des Vorstandes gehört und der die Satzung in Urschrift und Abschrift und eine Abschrift der Urkunden über die Bestellung des Vorstandes beigefügt sein müssen (**59**, Abs. 1. 2). Die Anmeldung setzt also voraus, daß der Verein als nichtrechtsfähiger Verein schon entstanden war und daß der rechtsgültige Gründungsakt oder spätere Mitgliederbeschluß auf Erwerb der Rechtsfähigkeit gerichtet waren.

2. Die Eintragung ist davon abhängig, daß den bestimmten Anforderungen genügt ist. Diese Anforderungen haben aber verschiedene Bedeutung.

a) Sind wesentliche Anforderungen nicht erfüllt, so ist die gleichwohl erfolgte Eintragung unwirksam. Dahin gehört, daß der oben gekennzeichnete Zweck vorliegt[6]). Selbstverständlich gehört es zu den wesentlichen Anforderungen, daß der ideale Zweck nicht unmöglich, unerlaubt, unsittlich oder unvernünftig ist. Wesentlich ist ferner, daß die Satzung den Zweck, den Namen und den Sitz des Vereins und auch die Angabe enthält, daß er eingetragen werden soll (**57**, Abs. 1).

b) Sind dagegen die weiteren Ordnungsanforderungen nicht beobachtet, so ist die gleichwohl erfolgte Eintragung wirksam (vgl. Z. 3). In dieser Bedeutung ist verlangt, daß die Zahl der Mitglieder mindestens 7 betragen soll (**56**), daß der gewählte Name sich von den Namen der an demselben Orte oder in derselben Gemeinde bestehenden eingetragenen Vereine deutlich unterscheidet (**57**. Abs. 2), daß die Satzung auch über Ein- und Austritt der Mitglieder, über Beitragspflicht, Bildung des Vorstandes und über die Voraussetzungen der Berufung der Mitgliederversammlung, die Form der Berufung und die Be-

---

1) Reichsgesetz in der Fassung vom 10. September 1900.

2) Internat. Privat-R.: EG. Art. 10. Seuff. Arch. Bd. 57, Nr. 233.

3) So besonders Hölder, zu § 21, Note 2. Nach anderen soll dagegen für die Feststellung des Vereinszweckes entscheidend sein, daß der Verein geschäftsmäßig Güter produziert und umsetzt. Vgl. z. B. Planck zu § 21, Nr. 2. Biermann, S. 476, Note 3. Diese Auffassung hält den Vereinszweck und die Mittel, die ihm dienen, nicht auseinander.

4) FGG. §§ 1—34; 159—162.

5) Vgl. Mecklenb. (Schwerin-Strel.) AB. z. BGB. § 14. Vgl. Preuß. Verf.-Urk. Art. 13.

6) A. M. Biermann I, S. 481 C.

urkundung der Beschlüsse Aufschluß gibt (**58**) und schließlich, daß die Satzung von mindestens 7 Mitgliedern unterschrieben sein und den Tag der Errichtung enthalten soll (**59**, Abs. 3).

3. Ist den Erfordernissen unter Z. 1 und 2 nicht genügt, so hat der Registerrichter die Anmeldung unter Angabe von Gründen zurückzuweisen (vgl. auch EG. Art. 84[1]). Gegen die Zurückweisung findet die sofortige Beschwerde statt (**60**; ZPO. § 577)[2]). Die zugelassene Anmeldung ist dagegen der nach Landesrecht zuständigen Verwaltungsbehörde mitzuteilen, die das Recht des Einspruches beim zuständigen Amtsgericht geltendmachen kann, wenn der Verein nach dem öffentlichen Vereinsrecht unerlaubt ist[3]) oder verboten werden kann[4]), oder wenn er einen politischen, sozialpolitischen oder religiösen Zweck verfolgt (**61**). Der Registerrichter hat den erhobenen Einspruch dem Vorstande mitzuteilen, da der Einspruch im Wege des landesrechtlichen Verwaltungsstreitverfahrens oder, wo ein solches nicht besteht, im Wege des Rekurses nach Gew.-O. §§ 20. 21 angefochten werden kann (**62**)[5]). Eine Beschränkung der Anfechtung auf bestimmte Anfechtungsgründe besteht nicht. Die Anfechtung kann nur dartun, daß ein gesetzlicher Grund zum Einspruch nicht vorliegt[6]). Die Nachprüfung steht der oberen Instanz zu. Eine Eintragung durch den Registerrichter darf erst erfolgen, wenn ihm mitgeteilt ist, daß Einspruch nicht erhoben wird, oder die Einspruchsfrist von 6 Wochen verstrichen ist, oder der Einspruch endgültig aufgehoben ist (**62**. vgl. FGG. §§ 32. 142. 143. 159).

4. Die Eintragung erfolgt mit dem Inhalte, der gerade für Dritte von Interesse ist (Name, Sitz, Tag der Errichtung der Satzung, Mitglieder des Vorstandes, Bestimmungen, welche die gesetzliche Vertretungsmacht des Vorstandes einschränken oder die gesetzliche Art seiner Beschlußfassung ändern) (**64**). Der Verein erhält die Bezeichnung als eingetragener Verein (**65**), und die Eintragung ist vom Amtsgericht zu veröffentlichen (**66**)[7]).

5. Der rechtsfähige Verein ist mit dem nicht rechtsfähigen, aus dem er entstanden ist, rechtlich nicht identisch. Das Vermögen des nicht rechtsfähigen Vereins, d. h. seiner Mitglieder, muß durch die erforderlichen Rechtsgeschäfte auf den rechtsfähigen Verein übertragen werden (Abtretung, Schuldübernahme, Übertragung beweglicher Sachen, Auflassung und Eintragung usw.). Eine Gesamtnachfolge ist ausgeschlossen[8]).

B. **Wirtschaftliche Vereine**, d. h. solche, deren Zweck auf einen wirschaftlichen Geschäftsbetrieb gerichtet ist, erlangen dieselbe nur durch Verleihung durch den Bundesstaat, in dessen Gebiet der Verein seinen Sitz hat (**22**). Die Zuständigkeit, das Verfahren und die Voraussetzungen bestimmen sich nach dem Rechte des betreffenden Bundesstaates. Die Eintragung verschafft also solchen Vereinen nicht die Rechtsfähigkeit (vgl. aber FGG. § 32).

§ 28.

2. Die Rechtsfähigkeit der Vereine.

Die Rechtsfähigkeit der Vereine ist ihrer Natur entsprechend eine mindere als die der natürlichen Personen.

I. Die Vereine besitzen die Familien-Rechtsfähigkeit nicht. Auch eine Vor-

---

[1]) Vgl. aber Leist, a. a. O. (1899), S. 54, Note 1.

[2]) RG. 47, S. 386 (Seuff. Arch. Bd. 56, Nr. 1).

[3]) Das Einspruchsrecht soll es tunlichst verhindern, daß der nach Ansicht des Registerrichters erlaubte und eingetragene Verein hinterher von der Verwaltungsbehörde als unerlaubt behandelt wird.

[4]) Die Verwaltungsbehörde hat also hier die Wahl zwischen Verbot und Einspruch.

[5]) Darüber bestimmen die Ausführungsgesetze: Mecklenb. (Schwer.-Strel.) AV. z. BGB. § 15 und VO. vom 9. April 1899; dazu Langfeld, S. 431 ff. 745.

[6]) So die überwiegende Ansicht (auch OVGer. Bd. 39, S. 440), die aber durch die Fassung des Gesetzes nicht gestützt wird.

[7]) Vereine, welche die Rechtsfähigkeit nach bisherigem Landesrecht erworben haben, können bei Entziehung der Rechtsfähigkeit zur Anmeldung und Eintragung aufgefordert werden nach Bad. AG. z. BGB. Art. 4, Abs. 2. 4. Bayr. Ges. vom 9. Juni 1899, Art. 2 (bei Becher, S. 100 ff.).

[8]) A. M. Kohler I, S. 350.

mundschaft können sie nicht übernehmen[1]). Dagegen sind sie von den reinen Personenrechten nicht ausgeschlossen, insbesondere nicht von dem Recht auf den Namen (vgl. **L.** § 219). Die Vereine haben ferner einen dem Wohnsitz analogen Sitz (vgl. **L.** § 29). Außerdem sind sie fähig, das Amt eines Testamentvollstreckers zu führen (**L.** § 308).

II. Der Schwerpunkt ihrer Rechtsfähigkeit liegt auf dem Gebiet des Vermögensrechtes, des Immaterialgüterrechtes und Erbrechtes. Bisher bestehende Einschränkungen sind gefallen, z. B. die zeitliche Beschränkung des Nießbrauches (**1061**. **1090**, Abs. 2). Die Erbfähigkeit kam im röm. Recht privaten Korporationen nur auf Grund besonderen Privilegiums zu[2]). Im BGB. ist sie stillschweigend anerkannt[3]). Das Reichsrecht außer dem BGB. enthält einige wenige Einschränkungen[4]). Erhalten bleiben aber Beschränkungen im Gebiete der Vorbehalte[5]), weiter das gesetzliche Erb-, Vermächtnis- oder Pflichtteilsrecht, das juristischen Personen nach Landesrecht in den Nachlaß einer verpflegten oder unterstützten Person zusteht (EG. Art. 139)[6]). Die landesgesetzlichen Vorschriften, die den Erwerb durch juristische Personen beschränken oder von staatlicher Genehmigung abhängig machen, bleiben ebenfalls von Bestand, soweit der Erwerb Werte von über 5000 Mark betrifft (EG. Art. 86). Daher bleiben auch die deutschen sogen. Amortisationsgesetze von Bestand[7]). Alle juristischen Personen können nach EG. Art. 119 Z. 1 durch das Landesrecht in der Veräußerung von Grundstücken beschränkt werden, und ausländische juristische Personen können nach Landesrecht (EG. Art. 88) zum Erwerbe von Grundstücken der staatlichen Genehmigung bedürfen. Privilegien der juristischen Personen treten im BGB. nicht hervor. Bisherige Privilegien bleiben bestehen, soweit sie auf Reichsgesetz oder vorbehaltenem Landesrecht beruhen.

§ 29.

3. Die Vereinsfassung. Der Vorstand.[8])

Die reichsgesetzlich bereits geregelten und die dem vorbehaltenen Landesrecht angehörigen Vereine scheiden hier aus.

I. Für die Vereine mit verliehener Rechtsfähigkeit bestimmt sich die Verfassung nach den betreffenden Landesgesetzen (EG. Art. 82), enthalten diese dispositive Vorschriften, so entscheidet die Satzung, und erst, wenn solche landesgesetzlichen Vorschriften fehlen, das BGB. Die Verfassung der eingetragenen Vereine steht unter dem BGB., nach dessen Vorschriften zunächst die Vereinssatzung entscheidet, soweit es sich um lediglich dispositive Verfassungsvorschriften handelt. Soweit aber das BGB. zwingende derartige Vorschriften enthält, kommen diese in erster Linie zur Anwendung. Die Vereinssatzung entscheidet auch da, wo das BGB. gar keine Vorschriften gibt. Die Vereinssatzung ist bei den eingetragenen Vereinen (**57**—**59**) notwendig schriftlich, davon abgesehen nicht. Herkommen kann also in Betracht kommen, soweit es Ausdruck der Satzung ist (**25**)[9]).

II. Die wesentlichen Elemente der Vereinsverfassung sind das örtliche Element des **Sitzes**, welches sich aus dem Statut ergibt, oder der Ort ist, an dem die

---

1) Vgl. EG. Art. 136.

2) l. 8 C. (6, 24).

3) Für das Erbrecht vgl. **2044**. **2101**. **2105**. **2109**. **2163**.

4) Reichsgesetz über die Versicherungsunternehmungen § 54. Gew.-O. § 89b, Z. 1.

5) Z. B. im Lehnrechte: Mecklenb.-Schwer. AV. z. BGB. § 26, AV. z. HGB. § 6.

6) Sächs. AG. z. BGB. §§ 42—45.

7) Die Ausführungsgesetze enthalten Einschränkungen hinsichtlich des Erwerbes durch Schenkung und letztwillige Verfügung und im Erwerbe von Grundeigentum: Mecklenburg-Schw. AV. z. BGB. §§ 27—30. Mecklenb.-Strel. AV. z. BGB. §§ 26—29. Preuß. AG. z. BGB. Art. 6. 7.

8) Westmann, Die Rechtsstellung des Vorstandes eines rechtsfähigen Vereins (1903).

9) Darüber, daß die Satzung kein objektives Recht kraft Autonomie der Vereine schafft, vgl. **L.** § 5 III.

Verwaltung geführt wird (**24. 57. 64**), die **Organe** des Vereines (Vorstand, besondere Vertreter, Liquidatoren) und die **Mitglieder.** Über letztere vgl. **L.** § 30, über die Liquidatoren **L.** § 31.

A. Der **Vorstand.** Jeder Verein muß einen Vorstand haben, der auch aus mehreren Personen bestehen kann (**26**, Abs. 1).

1. Über die Bestellung des Vorstandes und seine Ergänzung soll die Satzung des eingetragenen Vereins eine Bestimmung enthalten (**58**). Enthält die Satzung keine Bestimmung, so erfolgt die Bestellung und Ergänzung durch Beschluß der Mitgliederversammlung (**27**, Abs. 1. **40**), die Wahl bedarf der Annahme; eine Ergänzung des Vorstandes, soweit sie in dringenden Fällen erforderlich ist, kann auf Antrag eines Beteiligten, z. B. eines Gläubigers, durch Beschluß des Amtsgerichtes erwirkt werden. Diese Ergänzung verliert ihre Bedeutung von selbst, sobald die ordentliche Ergänzung beschafft ist (**29**). Die Bestellung ist frei widerruflich, die Satzung kann aber die Widerruflichkeit auf wichtige Gründe einschränken, sie aber nicht ausschließen. Dem Vorstande bleiben im Falle des Widerrufes die Ansprüche auf die vertragsmäßige Vergütung (**27**, Abs. 2)[1]. Soweit der Widerruf gerechtfertigterweise ausgeschlossen ist, hat der Vorstand ein unentziehbares Recht. Bei den eingetragenen Vereinen unterliegt die Bestellung, Änderung des Vorstandes und die erneute Bestellung eines Vorstandsmitgliedes dem Eintragungszwange und dem Registerrecht. (**64. 67. 68.**)

2. Die Beschlußfassung eines mehrgliedrigen Vorstandes richtet sich nach der Satzung bzw. nach den für die Beschlüsse der Mitgliederversammlung geltenden Vorschriften (**28**, Abs. 1. **40. 32. 34**). Weicht die Satzung von **32. 34** ab, so gilt bei eingetragenen Vereinen Eintragungszwang und Registerrecht (**64. 68. 70**). Ist eine Willenserklärung dem Vereine gegenüber abzugeben, so kann sie kraft zwingender Vorschrift (**28**, Abs. 2) dem einzelnen Vorstandsmitgliede gegenüber abgegeben werden (vgl. **132** ZPO. § 171).

3. Der Vorstand hat die volle gerichtliche und außergerichtliche Vertretung des Vereines und die Stellung eines gesetzlichen Vertreters. Er kann also alle innerhalb des Wirkungskreises des Vereines fallenden Rechtsgeschäfte und Rechtshandlungen für den Verein vornehmen, auch in den gesetzlichen Schranken (**181**) mit sich selbst, oder als Vertreter eines Dritten im Namen des Vereines Rechtsgeschäfte abschließen. Beschränkungen der Vertretungsmacht nach innen dem Vereine gegenüber sind selbstverständlich möglich und können in der dem Vorstande erteilten Instruktion enthalten sein, sie können aber auch mit Wirkung gegen Dritte in der Satzung getroffen werden und unterliegen bei eingetragenen Vereinen dem Eintragungszwange und dem Registerrecht (**26**, Abs. 2. **64. 68. 70**), d. h. dem Dritten kann die Beschränkung der Vertretungsmacht nur dann entgegengesetzt werden, wenn sie zur Zeit der Vornahme des Rechtsgeschäftes eingetragen oder dem Dritten bekannt war. War sie eingetragen, so braucht der Dritte sie nicht gegen sich gelten zu lassen, wenn er sie nicht kannte und seine Unkenntnis auch nicht auf Fahrlässigkeit beruht, was er zu beweisen hat. Das gleiche gilt für die nicht eingetragenen rechtsfähigen Vereine[2].

4. Das Verhältnis des Vorstandes zum Vereine ist ein beamtenähnliches und deshalb auch wieder ähnlich dem zwischen dem Auftraggeber und dem Beauftragten. In erster Linie wird es durch die Satzung bestimmt. Wo diese schweigt, kommt eine Reihe von Vorschriften über den Auftrag zur entsprechenden Anwendung (**664** bis **670**). Demnach besteht prinzipielle Nichtübertragbarkeit der Ausführung des Auftrages[3]) und des Anspruches auf Ausführung, eine beschränkte Befugnis des Vorstandes zu Abweichungen von den ihm erteilten Weisungen usw., die Pflicht der Benachrichtigung, Auskunfterteilung und Rechenschaftsablegung, die Pflicht der Herausgabe des Resultates der Geschäftsführung und zur Verzinsung

[1]) Seuff., A., Bd. 39, Nr. 184.

[2]) Hölder zu **68.**

[3]) Das ergibt der klare Ausspruch des Gesetzes (**27**, Abs. 3).

in eigenem Nutzen verwendeter Gelder, der Anspruch auf Vorschuß, Ersatz von Aufwendungen nebst Zinsen. Der Vorstand haftet wegen jeder Schuld (**276**). Mehrere Mitglieder des Vorstandes haften als Gesamtschuldner.

5. Den Vorstand trifft eine Reihe gesetzlicher Pflichten: die Anmeldungspflicht (**59**. **67**. **71**. **72**. **74**. **76**), die Pflicht zur Entgegennahme und weiteren Behandlung des Einspruches (**62**), zur Stellung des Antrages auf Auflösung des Vereines (**73**) und die Pflicht zur Stellung des Antrages auf Konkurseröffnung (**42**, Abs. 2). In diesem letzten Falle tritt auch eine Haftung gegenüber den Gläubigern des Vereines, sonst nur eine solche dem Vereine gegenüber ein.

B. **Besondere Vertreter** (**30**).

Wenn die Satzung es bestimmt, können neben dem Vorstande für gewisse Geschäfte (Kassenführung, besondere örtliche Geschäftsführung) besondere Vertreter bestellt werden. Wenn die Satzung die Vertretungsmacht nicht speziell abgrenzt, erstreckt sich dieselbe auf alle Rechtsgeschäfte, die der dem Vertreter zugewiesene Geschäftskreis gewöhnlich mit sich bringt. Ist der Vorstand von diesen Geschäften ausgeschlossen, so liegt darin eine Beschränkung der Vertretungsmacht des Vorstandes.

C. **Die Wirkung der Handlungen des Vorstandes,** der gerichtlich bestellten oder der besonderen Vertreter und der von dem Vorstande befugterweise bevollmächtigten Personen für den Verein. Es handelt sich (vgl. § 27) um die Vertretung einer handlungsunfähigen Person. Demnach ergibt sich:

1. Aus Rechtsgeschäften, die der Vorstand innerhalb der Grenzen seiner Vertretungsmacht im Namen des Vereines abschließt, oder die dem Vorstande gegenüber vorgenommen werden, wird der Verein berechtigt und verpflichtet (**164**).

2. Ebenso haftet der Verein, wenn der Vorstand ein für den Verein bestehendes Verpflichtungsverhältnis schuldhaft verletzt, oder ein Verschulden der vom Vorstande zur Erfüllung der Vereinsverbindlichkeiten zugezogenen Gehilfen vorliegt (**278**).

3. Der Verein haftet, wenn der Vorstand in Ausübung der ihm übertragenen Verpflichtungen einem Dritten einen Schaden widerrechtlich zufügt, gemäß **831**, Abs. 1[1]).

4. Eine Haftung des Vereines ergibt sich aus allgemeinen Grundsätzen, soweit der Verein selbst aus der unerlaubten Handlung des Vorstandes bereichert ist. Das galt auch nach römischem Recht[2]).

5. Die Haftung des Vereines geht aber nach Vorgang des mittelalterlichen Rechtes und auch der gemeinrechtlichen und preußischen Praxis nach dem BGB. gerechtfertigterweise weiter. Der Verein haftet Dritten aus allen Handlungen (Unterlassungen) des Vorstandes usw., eines Mitgliedes des Vorstandes oder eines anderen verfassungsmäßig (Satzung, Landesgesetz, staatliche Konzession) bestellten Vertreters, den unerlaubten sowohl als den nicht widerrechtlichen und unverschuldeten (z. B. **231**), welche die Schadensersatzpflicht nach sich ziehen, für Ersatz des Schadens, wenn diese Handlungen „in Ausführung der ihm zustehenden Verrichtungen", nicht also nur bei Gelegenheit der Ausführung begangen sind. Gleichgültig ist aber, ob diese Handlungen Rechtsgeschäfte, rechtsgeschäftsähnliche oder rein tatsächliche Akte sind. Die Haftpflicht bezieht sich jedoch nur auf Handlungen, die in Ausübung der dem Vorstand in privatrechtlichen Verhältnissen zustehenden Verrichtungen begangen sind (**31**, vgl. **89**)[3]). Substituten des Vorstandes usw. fallen nur dann unter **31**, wenn die Substitution in der Verfassung vorgesehen und ihnen eine selbständige Entscheidung in Vereinsangelegenheiten eingeräumt ist[4]). Diese Haftung der Vereine führt sich nicht auf

---

1) RG. Bd. 53, S. 276; Bd. 55, S. 229.
2) l. 15, § 1 D. (4, 3).
3) Handelt es sich um die öffentlichen Machtbefugnisse der Beamten, so vgl. **L**. § 35, I, A.
4) Hölder zu § **31**.

eigenes Handeln des Vereins zurück[1]), sie erklärt sich zur Genüge daraus, daß das Vertrauen, welches die Vereine in Anspruch nehmen, und ihre gewichtige Anteilnahme am Rechtsverkehre diese Haftung fordert. Eine Analogie bietet die Haftung des römischen Hausvorstandes für die Delikte der Hausangehörigen mit der actio noxalis. Es ist ferner zweifellos, daß der dritte Geschädigte sich sowohl an den Verein als an den Vorstand selbst halten kann, der ihn z. B. bei Abschluß eines Geschäftes betrogen hat; Verein und Vorstand haften als Gesamtschuldner.

§ 30.

4. Mitgliedschaft und Mitgliederversammlung.

I. Die Grundlage des Vereines ist der Mitgliederverband. Ein Mitgliederverband ergibt sich auch bei den sog. Zentralvereinen, zu denen sich selbständige Vereine zusammenschließen. Eigentümlich ist hier nur die Organisation der Mitgliedergemeinschaft[2]).

Erwerb und Verlust der Mitgliedschaft.

Der Erwerb der Mitgliedschaft tritt für die Gründer mit der Gründung ein (**L.** § 28), sonst kann in Frage kommen Erbgang, Abtretung und Eintritt; es entscheidet die Satzung. Die Satzung der eingetragenen Vereine soll darüber eine Bestimmung enthalten (**58**). Bei der Anmeldung ist ein Verzeichnis der Mitglieder einzureichen, und das Amtsgericht kann vom Vorstande jederzeit ein solches Verzeichnis verlangen, damit namentlich die Kontrolle nach **37** vom Gerichte geübt werden kann. Ein Evidenthalten des Mitgliederverzeichnisses ist nicht vorgesehen (**59. 72**). Der Eintritt erfolgt durch Vertrag mit dem Verein; Erwerb der Mitgliedschaft durch Erbgang oder Abtretung sind nur ausnahmsweise möglich (**38**). Verlust der Mitgliedschaft kann, so lange der Verein besteht, durch Tod, statutengemäße Ausschließung, Austritt oder andere satzungsgemäße Umstände eintreten; der Austritt ist ein einseitiges empfangsbedürftiges Rechtsgeschäft[3]). Der Austritt kann nicht ausgeschlossen, wohl aber dahin beschränkt werden, daß der Austritt nur am Schlusse eines Geschäftsjahres oder nach Ablauf einer Kündigungsfrist[4]), die höchstens zwei Jahre betragen darf, erfolgen kann. Die Satzung kann aber nicht für den Austretenden eine Strafe oder Zahlung eines Austrittgeldes an den Reservefonds festsetzen (**39**)[5]). Die Ausschließung steht dem Vereine zu, auch ohne daß die Satzung dieses Recht, die Gründe und das Verfahren festsetzt[6]). Mit der Mitgliedschaft endigen die Rechte und Pflichten des Mitgliedes für die Zukunft. Die Satzung kann aber ändernd eingreifen[7]).

III. Die Rechte und Pflichten der Mitglieder.

1. Die Bedeutung der Mitgliedschaft zeigt sich in dem Rechte der Mitglieder zur Leitung der Vereinsangelegenheiten und Wahrung der Vereinsinteressen (sog. Organschaftsrechte). Die Mitglieder haben Sitz und Stimme in der Mitgliederversammlung, Wählbarkeit zu Vertreterposten das Recht, Anträge zu stellen usw. Außerdem können den Mitgliedern Rechte auf Nutzung

---

[1]) A. M. Linkelmann, Arch. f. bürg. R., Bd. 13 (1897), S. 99 ff.

[2]) Zweifelnd Kolligs, D. Jur.-Ztg., Jahrg. 2 (1897), S. 319. Vgl. aber Francke, Bl. f. Rechtsanwendung, Jahrg. 64 (1899), S. 385 ff.

[3]) Walsmann, Der Verzicht (1912), S. 218.

[4]) Leist, Vereinsherrschaft und Vereinsfreiheit usw. (1899), S. 29 f. will die Entscheidung davon abhängig machen, ob die Satzung Vertrag ist oder nicht. Er verneint die Vertragsnatur und gelangt daher zu dem Resultat, daß **339. 343. 344** nicht anwendbar, derartige Festsetzungen also gültig seien. — Die Gültigkeit scheitert aber an **39** ohne Rücksicht auf die juristische Natur der Satzung.

[5]) Genossensch.-Ges. vom 1. Mai 1889, § 65. Immerwahr, Die Kündigung (98), S. 176 ff.

[6]) Diese Frage und die weitere, ob die Ausschließung vom Ausgeschlossenen im Wege der Klage angefochten werden kann, ist streitig. Vgl. Regelsberger I, S. 331, Note 1. Biermann I, S. 496 ff.

[7]) Vgl. Genoss.-Ges. v. 1. Mai 1899, § 22, Abs. 3. 73. 18, Abs. 2 und Ges. betr. d. Ges. m. b. H. vom 20. April 1892, § 19, Abs. 3.

des Vereinsvermögens zukommen (Wertrechte). Diesen Rechten entsprechen Pflichten (zur Mitwirkung, Stimmabgabe, Ämterzwang, Beitragspflicht). Alle diese Rechte und Pflichten bestehen um des Vereines willen. Man hat diese Rechte daher als „gemeinnützige Rechte" der Mitglieder bezeichnet oder spricht von „reinen Mitgliedschaftsverhältnissen". Sie sind durch die Satzung (**40**) bestimmt. Damit ist ausgesprochen, daß diese Rechte der Änderung durch die Änderung der Satzung unterliegen, soweit das nicht in der Satzung anders bestimmt ist. Ferner ist die Natur dieser Rechte entsprechend bestimmt, daß die Ausübung der Mitgliedschaftsrechte im Zweifel keinem andern überlassen werden darf (**38**). Diese Rechte und Pflichten können im Zivilprozesse geltendgemacht werden (Klage auf Anerkennung usw.)[1]).

2. Den einzelnen Mitgliedern und Klassen von solchen können aber auch auf Grund ihrer Mitgliedschaft, aber nicht allein um des Vereines und seiner Zwecke willen, Rechte zustehen und Pflichten auferlegt sein. Diese Rechte nennt man „körperliche Sonderrechte" (Gierke), „selbstnützige Sonderrechte" (Regelsberger); sie können Organschafts- oder Wertrechte sein. Die schwierige Frage, wie weit der Verein über solche Sonderrechte ohne Zustimmung der Berechtigten verfügen kann (Abänderung, Entziehung), entscheidet das BGB. dahin, daß Sonderrechte eines Mitgliedes ohne dessen Zustimmung durch Beschluß der Mitgliederversammlung oder des Vorstandes usw. nicht beeinträchtigt werden können (**35**).

Auch die Mitgliedschaft selbst kann als Sonderrecht gestaltet sein[2]).

3. **Die Mitgliederversammlung.**

Der für die Angelegenheiten des Vereines maßgebende Wille der Mitglieder, der selbstverständlich auch für den Vorstand maßgebend ist, betätigt sich in der Mitgliederversammlung. Die Mitgliederversammlung ist also Organ des Vereines, aber regelmäßig beschließendes (nicht ausführendes und Vertretungsorgan), soweit nicht die Angelegenheit vom Vorstande usw. zu erledigen ist (**32**, Abs. 1. **40**).

a) Der Vorstand bzw. die Personen, welche die Satzung damit betraut, berufen die Mitgliederversammlung. Sie ist zu berufen (**36**) in allen Fällen, in denen die Satzung es vorschreibt, und wenn das Interesse des Vereines es erfordert, ferner, wenn der durch die Satzung bestimmte Teil oder, in Ermangelung einer Bestimmung in der Satzung, der zehnte Teil der Mitglieder die Berufung schriftlich unter Angabe des Zweckes und der Gründe verlangt. Wird dem Verlangen nicht entsprochen[3]), so kann das Amtsgericht die Petenten zur Berufung der Versammlung ermächtigen (**37**, vgl. FGG. § 160). In Ermangelung einer Satzungsbestimmung ist allgemein zur Gültigkeit des künftigen Beschlusses die Angabe des Gegenstandes der Beschlußfassung bei der Berufung erforderlich (**32**), wenn nicht sämtliche Mitglieder ihre Zustimmung zur Nichtbeachtung dieser Vorschrift erklären (vgl. b).

b) Die Leitung der Mitgliederversammlung hat im Zweifel der Vorstand. Bei der Beschlußfassung entscheidet mangels einer anderen Bestimmung der Satzung die Majorität der „erschienenen" stimmberechtigten Mitglieder (**32**, Abs. 1, **34**).

Bei Änderungen der Satzung und Auflösung des Vereines wird eine Mehrheit von $^3/_4$ der erschienenen Mitglieder, bei Änderung des Zweckes die Zustimmung aller Mitglieder, die der nicht erschienenen notwendig schriftlich verlangt. Bei den Vereinen mit verliehener Rechtsfähigkeit ist bei jeder Beschlußfassung zur Änderung der Satzung staatliche Genehmigung erforderlich (**33. 41**)[4]), auch für die Änderung der Satzung, die nicht auf Änderung des Zweckes

---

[1]) Hölder, Komm. S. 154. Walsmann, Der Verzicht (1912), S. 218 f. A. M. Planck zu **36**.

[2]) Vgl. über diese Frage Lehmann, K., Arch. f. bürg. R., Bd. 9 (1894), S. 297 ff. Rehbein S. 50. Planck, Note 1 zu § 35. Kohler, § 172. Zitelmann, Allgem. Teil, S. 65. Seuff. Arch. Bd. 61, Nr. 161. RG. Bd. 49, S. 151.

[3]) D. h. bei Unterlassung macht sich der Vorstand regreßpflichtig, vgl. HGB. §§ 253 ff. Genoss.-Ges. § 42, Abs. 2. Ges. f. Ges. m. b. H. § 50, Abs. 2.

[4]) Zuständigkeit: Mecklenb.-(Schwer.-Strel.) AV. z. BGB. § 13, Abs. 2.

abzielt. Das Stimmrecht der Mitglieder regelt ebenfalls die Satzung. Im Zweifel hat jedes Mitglied eine Stimme. Jedoch ist ein Mitglied kraft zwingender Vorschrift nicht stimmberechtigt, wenn die Beschlußfassung ein Rechtsgeschäft mit ihm oder die Einleitung oder Erledigung eines Rechtsstreites zwischen ihm und dem Vereine betrifft (**34**).

Bei eingetragenen Vereinen bedürfen Änderungen der Satzung zu ihrer Wirksamkeit der Eintragung (Anmeldung, Mitteilung und Einspruchsverfahren usw. wie in **60** bis **64**. **66**, Abs. 2 (**71**).

Liegt ein Auflösungsbeschluß vor, so hat der Vorstand die Auflösung zur Eintragung anzumelden (**74**).

c) Ausnahmsweise können, wenn die Satzung nicht entgegensteht, Beschlüsse der Mitglieder ohne Mitgliederversammlung in der Weise zustande kommen, daß alle Mitglieder ihre Zustimmung zu dem Beschlusse schriftlich erklären (**32**, Abs. 2).

d) Haben die Mitglieder (vgl. Z. 3) materiell oder formell nichtige Beschlüsse gefaßt, so kann jeder rechtlich Interessierte auf Feststellung des Bestehens oder Nichtbestehens eines vom Beschlusse abhängigen Rechtsverhältnisses gegen den Verein klagen (ZPO. § 256). Seine Abstimmung kann ein Mitglied wegen Irrtums, arglistiger Täuschung oder Drohung gegenüber dem Verein anfechten (**143**), so daß eventuell der Vereinsbeschluß fallen muß.

§ 31.

5. Auflösung der Vereine und Schicksal des Vermögens.[1])

Die Auflösung des Vereines hebt den Verein auf und so auch seine Rechtsfähigkeit, während die bloße Entziehung der Rechtsfähigkeit an sich den Fortbestand des Vereines als nicht rechtsfähigen zuläßt.

I. Die Auflösung des Vereines kann auf Grund des öffentlichen Vereinsrechtes durch die Staatsbehörde verfügt werden. Hier ist das Landesrecht maßgebend. Bei eingetragenen Vereinen erfolgt die Eintragung der Auflösung auf Anzeige der zuständigen Behörde (**74**, Abs. 3).

Die Auflösung oder Entziehung der Rechtsfähigkeit kraft der Bestimmungen des BGB. können erfolgen aus Gründen, die für alle Vereine oder nur für eingetragene Vereine zutreffen:

A. **Alle Vereine** werden aufgelöst durch Beschluß der Mitglieder (**41**). Die Auflösung ist einzutragen, und vom Vorstande hat die betreffende Anmeldung zu erfolgen unter Beifügung einer Abschrift des Auflösungsbeschlusses (**74**, Abs. 2); die Auflösung kann aber auch nur den Sinn haben, daß der Verein als nichtrechtsfähiger fortbestehen soll.

1. Durch die Eröffnung des Konkurses über den Verein verliert der Verein die Rechtsfähigkeit (**42**, Abs. 1)[2]). Der Vorstand hat die Eröffnung des Konkurses im Falle der Überschuldung zu beantragen. Für die Erfüllung dieser Pflicht ist der Vorstand dem Vereine, wie aus sonstigen Pflichtverletzungen, verantwortlich, außerdem aber haftet er auch dem Gläubiger für jeden aus einer schuldhaften Verzögerung des Antrages entstehenden Schaden. Die Unterlassung trägt den Charakter einer unerlaubten Handlung. Soweit eine Haftung des Vereines für den Vertreter eintritt, kommt diese auch hier in Betracht. Die Gläubiger können also ihre Schadensersatzforderung auch im Konkurse des Vereins geltendmachen. Konkursgrund ist aber auch die Zahlungsunfähigkeit; hier gelten die Bestimmungen der KO.[3]).

Die Eröffnung des Konkurses, bzw. die Aufhebung des Eröffnungsbeschlusses ist von Amts wegen in das Vereinsregister einzutragen (**75**).

---

[1]) Schück, Die Auflösung der Körperschaft nach dem BGB. (Diss. 1898).

[2]) R.-Vers.-Unt.-Ges. § 49 (Auflösung der Versicherungsvereine durch Konkurseröffnung).

[3]) KO. §§ 207. 208. 213.

2. Den Vereinen kann durch die Verwaltungsbehörde bzw. durch das Verwaltungsgericht die Rechtsfähigkeit entzogen werden (**43**),

α) wenn ein gesetzwidriger Beschluß der Mitgliederversammlung oder ein gesetzwidriges Verhalten des Vorstandes das Gemeinwohl gefährdet[1]),

β) wenn sie, deren statutarischer Zweck nicht dem Gebiete der Politik, Sozialpolitik, Religion usw. angehört, einen solchen Zweck tatsächlich verfolgen,

γ) wenn sie ohne satzungsgemäß wirtschaftlichen Zweck einen wirtschaftlichen Zweck tatsächlich verfolgen,

δ) wenn sie als konzessionierte Vereine einen andern als den im Statut bestimmten Zweck tatsächlich verfolgen (**43**, Abs. 4).

Die Bestimmungen rechtfertigen sich aus Gründen des öffentlichen Interesses, bei eingetragenen Vereinen besonders aus dem Einspruchsrechte oder aus der Notwendigkeit, eine Umgehung der Eintragungsvoraussetzungen zu verhindern. Die Zuständigkeit und das Verfahren bestimmen sich nach Landesrecht[2]). Hat der Verein seinen Sitz nicht in einem Bundesstaat, so erfolgt die Auflösung durch den Bundesrat (**44**).

Ein Schadensersatzanspruch gegen die beteiligten Beamten und Behörden ist ausgeschlossen[3]). Die Eintragung erfolgt auch hier auf Anzeige der zuständigen Behörde (**74**, Abs. 3).

3. Inwieweit der Fortfall der Mitglieder, die Erledigung des Zweckes, Eintritt von Endtermin und auflösender Bedingung den Verein zur Auflösung bringen, ergibt sich aus der Satzung bzw. aus dem Wesen und dem Zwecke des Vereines. Die Auflösung ist bei eingetragenen Vereinen einzutragen (**74**, Abs. 2).

B. Bei **eingetragenen Vereinen** gilt Besonderes für den Fall der Minderung der Mitgliederzahl. Sinkt der Bestand der Vereinsmitglieder unter drei, so hat das Registergericht auf Antrag des Vorstandes, der binnen drei Monaten gestellt werden soll, oder, wenn der Antrag versäumt wird, von Amts wegen nach Anhörung des Vorstandes die Entziehung der Rechtsfähigkeit auszusprechen. Der Beschluß ist dem Vereine zuzustellen und kann im Wege der sofortigen Beschwerde nach ZPO. § 577 angefochten werden. Der Entziehungsbeschluß ist aufzuheben, wenn während der Beschwerdefrist Ergänzung der Mitgliederzahl eintrat[4]). Der Verein erlischt mit der Rechtskraft des Beschlusses. Die Entziehung der Rechtsfähigkeit ist von Amts wegen einzutragen (**73**. **74**, Abs. 1).

II. **Das Schicksal des Vermögens** des Vereines nach Auflösung und Entziehung der Rechtsfähigkeit (**45**—**53**).

A. Die **Anfallsberechtigten.** Das Vermögen des Vereines wird wegen der Beziehungen zu physischen oder anderen juristischen Personen nicht herrenlos, sondern fällt diesen in ähnlicher Weise zu wie eine Erbschaft dem Erben.

1. Über das Schicksal des Vermögens bestimmt in erster Linie die Satzung oder, wenn die Satzung es bestimmt, ein später gültig gefaßter Beschluß. Der Satzung nach kann auch ein anderes Vereinsorgan als die Mitgliederversammlung zur Beschlußfassung über den Anfallberechtigten kompetent sein.

Vereine mit idealen Tendenzen können, auch ohne daß die Satzung die Mitgliederversammlung ermächtigt, den Anfallsberechtigten zu bestimmen, durch Beschluß der Mitgliederversammlung ihr Vermögen einer öffentlichen Stiftung oder Anstalt zuweisen. Letztwillige Verfügungen sind solche Beschlüsse bzw. Satzungsbestimmungen nicht. Ihre Anerkennung ist aber durch die Natur der Vereine und das Bedürfnis gefordert (**45**, Abs. 1. 2).

2. Fehlt es an einer solchen Bestimmung des Anfallsberechtigten, so ist zwischen Vereinen, die ausschließlich dem Interesse ihrer Mitglieder dienen, und denen, die das nicht tun, zu unterscheiden. Dem mutmaßlichen Willen der Mitglieder entsprechend fällt im ersten Falle (nicht gemeinnützige Vereine) das Vermögen zu gleichen Teilen an die zur Zeit der Auflösung vorhandenen Mitglieder, im zweiten Falle (gemeinnützige Vereine)

---

[1]) Vgl. Genoss.-Ges. § 79. Ges. betr. Ges. m. b. H. § 62.

[2]) Mecklenb.-(Schwer.-Strel.) AV. z BGB. § 15 und VO. vom 9. April 1899.

[3]) Vgl. R.-Genoss.-Ges. § 79, R.-Ges. betr. Ges. m. b. H. § 62.

[4]) Hachenburg, Das BGB., S. 221.

entweder an den Fiskus des Bundesstaates, in dessen Gebiet der Verein seinen Sitz hat (**45**, Abs. 3) oder an den Reichsfiskus (vgl. **1936**, Abs. 2). Es bleiben aber unberührt die landesrechtlichen Vorschriften, nach denen eine Körperschaft, Stiftung oder Anstalt des öffentlichen Rechtes im Anfallsrecht dem Fiskus vorgeht (EG. Art. 85).

B. **Der Übergang des Vermögens** an die Anfallsberechtigten.

1. Fällt das Vermögen an den Fiskus, so hat dieser die Stellung, als wenn ihm als gesetzlichem Erben eine Erbschaft angefallen wäre. Demnach kann der Fiskus den Anfall nicht ablehnen. Er haftet nur mit den Aktiven des Vereinsvermögens, hat aber den Vereinsgläubigern über den Bestand des Vermögens Auskunft zu erteilen. Der Fiskus hat das Vermögen (natürlich nach Befriedigung der Gläubiger) tunlichst in einer dem Zweck des Vereines entsprechenden Weise zu verwenden. Damit ist lediglich eine öffentlich-rechtliche Pflicht des Fiskus ausgesprochen (**46**. **1936**. **1942**, Abs. 2. **20**. **1966**)[1]).

2. In allen andern Fällen (Anfall an einzelne physische oder juristische Personen, Anfall an die letzten Mitglieder) muß ein Liquidationsverfahren stattfinden. Dasselbe ist im Anschluß an modernes Reichs- und Partikularrecht geregelt und dient sowohl dem Interesse der Vereinsgläubiger wie der Anfallsberechtigten, die nicht das Recht der Ausschlagung haben. Der Verein gilt bis zur Erledigung der Liquidation als fortbestehend, soweit es der Liquidationszweck erfordert (**49**, Abs. 2). In allen anderen Beziehungen ist das Vereinsvermögen den Anfallsberechtigten angefallen. Diese haben daher nach Beendigung der Liquidation nicht lediglich einen schuldrechtlichen Anspruch gegen die Liquidation auf Herausgabe[2]).

a) Die Liquidatoren (**48**). Die Liquidation erfolgt durch den Vorstand oder andere dazu bestellte Personen. Die Bestellung der Liquidatoren erfolgt wie die des Vorstandes. Der Vorstand ist zur Übernahme der Liquidation verpflichtet, soweit er nicht befugt ist, die Vorstandschaft niederzulegen.

Die Liquidatoren sind bei eingetragenen Vereinen einzutragen. Die Anmeldung ist durch den Vorstand, bei späteren Änderungen durch die Liquidatoren zu bewirken, die Eintragung gerichtlich bestellter Liquidatoren erfolgt von Amts wegen (**76**, vgl. auch **29**).

b) Beschlußfassung, rechtliche Stellung, Aufgabe. Mehrere Liquidatoren müssen einstimmig beschließen, sofern nicht ein anderes bestimmt ist. Solche Bestimmungen sind bei eingetragenen Vereinen einzutragen (**48**. **76**). Die Liquidatoren haben die Rechte und Pflichten des Vorstandes, soweit sich nicht aus dem Liquidationszwecke etwas anderes ergibt. Das gilt von der Vertretungsmacht, Geschäftsführung (doch darf eine Weisung der Mitgliederversammlung nicht in den Liquidationszweck eingreifen) von der Pflicht zur Anmeldung des Konkurses und der Haftung aus einer Verzögerung derselben gegenüber den Gläubigern (**53**). Aus dem prinzipiellen Fortbestande des Vereines folgt, daß die Liquidatoren dem Vereine haften, nicht den Mitgliedern. Soweit eine Anmeldepflicht gegenüber dem Gericht für die Liquidatoren besteht, sind sie auch dem Vorstand gleichgestellt (**76**. **77**. **78**).

Die Aufgabe der Liquidatoren besteht in der Beendigung der laufenden Geschäfte und zu dem Zwecke auch in der Eingehung neuer Geschäfte, sodann in der Einziehung der Forderungen und Versilberung des Vermögens. Beides darf unterbleiben, soweit es zur Befriedigung der Gläubiger oder Verteilung an die Anfallsberechtigten nicht erforderlich ist. Die Art der Versilberung liegt ebenso in dem pflichtgemäßen Ermessen der Liquidatoren (**49**).

Die Liquidatoren haben ferner die Befriedigung der Gläubiger zu bewirken

---

[1]) Obwohl hier in den Materialien von einer Verpflichtung des Fiskus die Rede ist, so ist doch durch das „tunlichst" jede privatrechtliche Schranke für den Fiskus beseitigt. Vgl. Hölder, Arch. f. d. ziv. Praxis, 80, S. 19 f. Gegen ein Klagerecht der beitragenden Mitglieder mit Recht Hellmann, Krit. VJSchr. Bd. 40 (1898), S. 180.

[2]) Vgl. Neumann zu **49**. Hellwig, Die Verträge auf Leistung an Dritte (1899), S. 393 ff. A. M. Rehbein, S. 56.

und dazu eine öffentliche Bekanntmachung der Auflösung des Vereines mit der Aufforderung an die Gläubiger zu erlassen, ihre Ansprüche anzumelden; bekannte Gläubiger sind besonders aufzufordern (**50**). Meldet sich ein bekannter Gläubiger nicht, so haben die Liquidatoren den Betrag seiner Forderung zu hinterlegen, soweit die Voraussetzungen gerichtlicher Hinterlegung vorliegen (**52. 372**). Kann zur Zeit die Befriedigung eines Gläubigers nicht erfolgen oder ist eine Verbindlichkeit streitig, so darf Verteilung an die Anfallsberechtigten nur gegen Sicherheitsleistung erfolgen (**52**).

Nach Befriedigung der Gläubiger muß der Überschuß an die Anfallsberechtigten herausgegeben werden. Die Herausgabe darf aber nicht vor Ablauf eines Jahres nach Bewirkung der öffentlichen Bekanntmachung (Schutzjahr) erfolgen. Die öffentliche Bekanntmachung ist bewirkt mit dem Ablauf des zweiten Tages nach der Einrückung bzw. der ersten Einrückung. Nicht bekannte Gläubiger, die sich nicht gemeldet haben, weder innerhalb des Jahres, noch nach Ablauf desselben, wenn auch vor Ausschüttung sind präkludiert. Ob sie sich an die Anfallsberechtigten halten können, ist nach allgemeinen Gesichtspunkten zu bestimmen (**49. 50. 51**).

C. Die Haftung der Liquidatoren. Dieselben haften nur der Körperschaft wie ein Vorstand. Den Gläubigern gegenüber besteht eine Verhaftung nur, soweit schuldhafter Weise von ihnen die besonderen Vorschriften zum Schutze der Gläubiger verletzt worden sind und den Gläubigern daraus ein Schaden erwächst, also in folgenden Fällen:

Verzögerung der Anmeldung des Konkurses, Unterlassung usw. der öffentlichen oder besonderen Aufforderung, Mißachtung des Schutzjahres, Nichtberücksichtigung bekannter Gläubiger durch Unterlassung der Hinterlegung, oder Nichterfordern der Sicherheitsleistung, Ausantwortung vor Befriedigung der Gläubiger.

Mehrere Liquidatoren haften als Gesamtschuldner (**53**).

§ 32.

A. Die nicht rechtsfähigen Vereine (Vereinsgesellschaften).[1])

I. Auch nach dem Inkrafttreten des BGB. werden Vereine, die nach dem öffentlichen Vereinsrechte zu Recht bestehen, vorkommen und als solche im Verkehr auftreten, die aber nach den gesetzlichen Vorschriften die Rechtsfähigkeit nicht besitzen, sei es, weil sie den Anforderungen des Gesetzes nicht genügen wollen oder können, oder die zwar die Rechtsfähigkeit erlangen wollen und können, sie aber noch nicht erlangt haben.

Diese Erscheinung zeigte sich bisher überall da, wo das Landesrecht dem Konzessionsprinzip oder dem System der Normativbestimmungen folgte. Daraus ergab sich für den Verkehr ein Mißstand, der diese Vereine als juristische Personen nimmt, wofür sie sich auch geben.

Theorie und Praxis haben verschiedene Wege eingeschlagen, um dem Mißstande abzuhelfen.

a) Behandlung als Körperschaften beschränkten Rechtes. Die Vereine werden als juristische Personen behandelt, es werden ihnen aber bestimmte Rechte versagt (Erbfähigkeit, Eigentumserwerb oder Erwerb sonstiger Rechte durch Eintragung in das Grundbuch). Diese Halbheit muß notwendiges Schwanken mit sich bringen.

b) Die frühere Praxis des gemeinen Rechtes griff konsequent durch und unterstellte diese Vereine dem römischen Sozietätsrecht. Damit war jegliche Rechtsfähigkeit des Vereines als solchen negiert. Allerdings sind damit klare Rechtsverhältnisse gegeben, aber dem Bedürfnisse war nicht genügt, und der Gestaltung der Vereine entspricht das römische Sozietätsrecht nicht. Man zog deshalb ein nach deutschen Anschauungen (Prinzip der gesamten Hand) modifiziertes Gesellschaftsrecht heran und gelangte so unter künstlichen Konstruktionen dazu, eine einheitliche Rechtsfähigkeit des Vereines anzunehmen, dem Verein Parteifähigkeit im Prozeß zu gewähren, Erwerb im Namen des Vereines für diesen wirksam zu erklären, so daß nur eine gemeinschaftliche Geltendmachung dieser Rechte möglich ist, aber mit der gleichen Beschränkung zur Rechtsfähigkeit wie zu a. Im Namen des Vereines eingegan-

---

[1]) Regelsberger I, S. 311 f. Gierke, D. Priv.-R. I, §§ 79. 80. Kuhlenbeck, Rechtsprechung I, S. 103 ff. Hellmann, Vorträge über das BGB., § 4. Leist, Vereinsherrschaft und Vereinsfreiheit usw. S. 14 ff. 19 ff. 30 ff. Gierke, Verein ohne Rechtsfähigkeit (2. A.) 1902.

gene Verbindlichkeiten sind Verbindlichkeiten des Vereines, für die das Vereinsvermögen haftet, und zwar ausschließlich (ein sehr bestrittener Punkt).

c) Das preußische Landrecht kennt für die in Rede stehenden Vereine („erlaubte Privatgesellschaft") eine besondere Rechtsform. Nach innen werden diese wie juristische Personen behandelt, nach außen erscheinen dagegen die Mitglieder nur als „Teilnehmer eines gemeinsamen Rechtes oder einer gemeinsamen Verbindlichkeit". Erwerb durch Eintragung im Grundbuch ist ausdrücklich im Gesetze versagt. Die Praxis, die sich auch hier in der Richtung von a und b bewegt, hat die Erbfähigkeit versagt, aber Haftung des Vereinsvermögens zugestanden, nicht aber ausschließliche Haftung, und, wenn auch schwankend, die Parteifähigkeit.

II. Bei der Neuregelung im BGB. war man sich darüber einig[1]), daß für diese Vereine die Rechtsform der Gesellschaft „an sich nicht die geeignete ist", hielt aber auch eine beschränkte Verleihung der Rechtsfähigkeit an diese Vereine zurück, weil sonst die Bestimmung über den Erwerb der Rechtsfähigkeit illusorisch würden und re vera das Prinzip der freien Körperschaftsbildung zur Anerkennung gelangen würde. Daher sind diese Vereine i. A. dem Rechte der Gesellschaft (L. § 128) unterstellt (**54**). In einzelnen Punkten sind sie aber den rechtsfähigen Vereinen gleichgestellt. Wir können sie als Vereinsgesellschaften bezeichnen[2]).

A. Nach **Gesellschaftsrecht** ergibt sich:

1. Die Vereinssatzung hat die Bedeutung des obligatorischen Gesellschaftsvertrages. Da die meisten Vorschriften des Gesellschaftsrechtes dispositiven Charakter tragen, bietet sich dem Verein die Möglichkeit, in manchen Beziehungen sich eine der der rechtsfähigen Vereine entsprechenden Stellung zu verschaffen. Der Vorstand hat die Stellung des geschäftsführenden Gesellschafters oder eines Beauftragten. Seine Vertretungsmacht kann nach **714**. **715** der des Vereinsvorstandes angenähert werden. Die Art seiner Beschlußfassung kann durch **709**. **710** der des Vorstandes eines rechtsfähigen Vereines entsprechend gestaltet werden; er haftet aus seiner Geschäftsführung wie der letztere den Mitgliedern, wie ein Beauftragter (**713**). Gerichtliche Bestellung von Mitgliedern des Vorstandes (**29**) fällt fort. Die Vereinsgesellschaften können aber im Gesellschaftsvertrage (Satzung) fast die gleiche Unabhängigkeit vom Wechsel ihrer Mitglieder erreichen (vgl. **736**. **737**. **738**) wie die rechtsfähigen Vereine (vgl. aber **723**, Abs. 1, Satz 3).

2. Die Mitglieder sind Gesellschafter, die Vereinsgesellschaft hängt daher von der Zugehörigkeit der Gesellschafter ab (Kündigung, Tod, Konkurs **723**. **727**. **728**).

3. Die Vereinsgesellschaft ist nicht rechtsfähig. Das Vermögen ist Gesellschaftsvermögen; es steht den Mitgliedern zur gesamten Hand zu. Daher kann kein Mitglied über seinen Anteil verfügen oder Teilung verlangen (**719**); scheidet ein Mitglied aus, so wächst sein Anteil den übrigen Mitgliedern zu und das dem Ausscheidenden nach **738** zustehende Auskehrungsrecht kann durch den Gesellschaftsvertrag oder durch Verzicht beseitigt werden[3]). — Im Grundbuche können aber nur die Mitglieder als Berechtigte eingetragen werden (vgl. aber GBO. § 48), auch Erbfähigkeit besitzt die Vereinsgesellschaft nicht.

4. Die Schulden der Vereinsgesellschaft sind wie Gesellschaftsschulden zu behandeln. Hat der Geschäftsführer sie im Namen des Vereines innerhalb seiner Vertretungsmacht begründet, so haftet jedes Mitglied persönlich, nicht nur sein Anteil am Gesellschaftsvermögen. Die persönliche Haftung der Mitglieder kann nun allerdings durch ausdrückliche oder stillschweigende Vereinbarung mit dem dritten Gläubiger ausgeschlossen und es kann bestimmt werden, daß dem Gläubiger nur das Gesellschaftsvermögen, d. h. der Anteil des einzelnen Mitgliedes an diesem, haften solle[4]). Eine Bestimmung im Gesellschaftsvertrage (Satzung), welche die Vertretungsmacht des Vorstandes dahin beschränkt, daß er nur mit dieser Einschränkung der Haftung Verbindlichkeiten für die Gesellschaft eingehen dürfe, ist auch für den dritten

---

[1]) Denkschrift, S. 13, vgl. M. II, S. 592 f.

[2]) Ebenso werden gewisse ausländische Vereine nach EG. Art. 10 behandelt (vgl. L. § 37 II).

[3]) Anders, wenn **738** eine zwingende Bestimmung (so Leist, a. a. O., S. 47 f.) enthält.

[4]) Danz, Deutsche Jur.-Ztg. 1907, S. 378.

Gläubiger verbindlich[1]). In Abweichung vom Gesellschaftsrecht ist aber bestimmt, daß aus einem Rechtsgeschäfte, das im Namen des Vereines mit einem Dritten geschlossen wird, auch der Handelnde, und daß mehrere Handelnde als Gesamtschuldner persönlich haften sollen. Die persönliche Haftung tritt ohne Rücksicht darauf ein, ob der Dritte wußte oder wissen mußte, daß er es mit dem Vertreter eines nicht rechtsfähigen Vereines zu tun hatte. Die Haftung beschränkt sich auch nicht auf die Vorstandsmitglieder, sondern trifft alle Personen, die im Namen des Vereines handeln. Möglich ist es aber, daß durch Vereinbarung mit dem dritten Gläubiger der letztere auf die Haftung der Vertreters verzichtet und sich mit der Haftung des Gesellschaftsvermögens und der Mitglieder begnügt. Inwieweit die persönlich haftenden Vertreter an die Mitglieder Regreß nehmen können, bestimmt sich nach dem Gesellschaftsrecht.

5. Nach Auflösung der Vereinsgesellschaft kommen die Vorschriften für die Gesellschaft (**730** ff.) zur Anwendung; es besteht keine Gesamtnachfolge der Anfallsberechtigten, denen der Gesellschaftsvertrag das Gesellschaftsvermögen zuweist.

6. Eine Haftung der Vereinsgesellschaft für die schadenstiftenden Handlungen der Vertreter ist nur nach allgemeinen Grundsätzen (z. B. **831**), nicht nach **31** begründet[2]).

B. Die Vereinsgesellschaft wird **nach Vereinsrecht** behandelt: sie hat die passive Parteifähigkeit, die der Gesellschaft fehlt. Sie kann nach ZPO. § 50, Abs. 2 wie ein rechtsfähiger Verein verklagt werden und wird durch den Vorstand vertreten. Das Urteil ergeht für und gegen die Vereinsgesellschaft. Die Zwangsvollstreckung in ihr Vermögen kann auf Grund eines solchen Urteils stattfinden (ZPO. § 735), und dementsprechend ist, wie bei Aktiengesellschaften, ein Konkurs über dieses Vermögen möglich (KO. § 213). Prinzipiell ist aber der Vereinsgesellschaft die aktive Parteifähigkeit versagt. Es müssen sämtliche Mitglieder als Streitgenossen klagen, und der Vorstand hat die Stellung eines Bevollmächtigten. Es erleidet diese Versagung aber notwendige Ausnahmen, besonders im Falle der Widerklage (ZPO. §§ 33. 280), der Nichtigkeits- und Restitutionsklage (ZPO. § 578), der Klage zur Geltendmachung von Einwendungen gegen den Anspruch im Stadium der Zwangsvollstreckung (ZPO. § 767), der Klage gemäß **62**, Abs. 2[3]) und der Beschwerde gemäß **60**, Abs. 2.

III. Da die Vereinsgesellschaft der Gesellschaft gleichgestellt wird, so wird zu fragen sein, ob zwischen diesen beiden überhaupt eine Differenz bestehe. Ist eine solche zu leugnen, so muß das Recht der Vereinsgesellschaft auch auf die Gesellschaft Anwendung finden, also auch **54** Satz 2[4]). Es besteht aber zwischen beiden Erscheinungen der Unterschied, daß nur bei der Vereinsgesellschaft der auf korporative Organisation gerichtete Wille der Mitglieder vorhanden ist.

§ 33.

B. Die Stiftungen und Anstalten.[5])

Für das BGB. handelt es sich nur um die privatrechtlichen Stiftungen und Anstalten. Den öffentlichen Stiftungen gehören alle diejenigen an, 1. die nicht auf einem Privatrechtsgeschäfte beruhen, die also ihr wesentliches Fundament in einem Akte der öffentlichen Gewalt haben, wenn nicht zugleich eine Ausscheidung aus dem öffentlichen Organismus statthat, 2. die, obwohl sie durch Privatrechtsgeschäft begründet sind, doch dem

---

[1]) Planck zu § 54. Biermann I, S. 507. A. M. Hachenburg, Das BGB., S. 203. Rehbein, S. 43.

[2]) A. M. Hachenburg, Das BGB., S. 211.

[3]) Über die Frage, ob der Vereinsgesellschaft gegenüber eingetretene Rechtshängigkeit und Rechtskraft auch gegen die Mitglieder wirke, vgl. Eck, a. a. O., S. 83 f.

[4]) So Endemann I, § 180, Z. 2. Leist, a. a. O., S. 37, Note 1.

[5]) Hölder, Pandekten I, § 28. Regelsberger I, §§ 87—93. Gierke, D. Pr.-R. I, §§ 77. 78. Hellmann, Vorträge über das BGB., § 8. Stintzing, W., Arch. f. d. ziv. Pr., Bd. 88, S. 392 ff. Behrend, Die Stiftungen I (1904).

Organismus des Staates oder einer öffentlichen Kirchengemeinschaft angehören. Durch Privatrechtsgeschäft sind sie dann begründet, wenn das Privatrechtsgeschäft der wesentliche Begründungsakt ist, mag auch ein Akt der öffentlichen Gewalt hinzutreten.

Auch die Privatstiftung greift aber (durch Unterstützung eines bestimmten allgemeinen Zweckes, durch Festlegung von Vermögensmitteln für solchen) in die öffentlichen Verhältnisse erheblich ein, erfordert daher vielfach eine Normierung durch das öffentliche Recht. Auf dem Gebiete des öffentlichen Rechtes liegen auch die Bestimmungen über die Beaufsichtigung der Stiftungen[1]). — Als private Stiftungen mit eigener Rechtsfähigkeit erkannte das röm. Recht nur solche zu frommen Zwecken an. Schon im gemeinen Recht ist diese Beschränkung gefallen.

I. Die Entstehung der Stiftung.

Die Stiftung entsteht, wie nach gemeinem Recht, wenn dem Stiftungsgeschäfte die staatliche Genehmigung hinzutritt (**80**)[2]).

A. Das Stiftungsgeschäft (81—84).

1. Dasselbe kann ein Geschäft unter Lebenden sein. Das Geschäft hat zum Inhalte die Erzeugung eines Rechtssubjektes durch dauernde Vermögenswidmung an einen Zweck bzw. Erzeugung und Bestimmung gewisser Einrichtungen zur Erfüllung eines Zweckes. Vorausgesetzt ist also die Geschäftsfähigkeit des Stifters wie bei unentgeltlichen Verfügungen. Das Geschäft muß den Zweck hinreichend genau bestimmen. Derselbe muß rechtlich und sittlich erlaubt und vernünftig sein. Ferner kann das Geschäft das Vermögen der Stiftung, soweit solches in Frage kommen soll, zusichern[3]) und muß den Willen zum Ausdruck bringen, daß die Stiftung selbständig bestehen soll. Auch über die Verfassung (Vorstand) kann das Geschäft bestimmen.

Das Stiftungsgeschäft selbst ist ein einseitiges nicht empfangsbedürftiges Geschäft, kein Vertrag, da es an einem Vertragsgegner fehlt. Vgl. **L.** § 49.

Es bedarf der schriftlichen Form wegen der Bedeutung des Geschäftes und der Notwendigkeit zweifelsfreier Feststellung des Stifterwillens (**81**, Abs. 1). Das Geschäft ist vollendet mit der Unterschrift des Stifters (**126**, Abs. 1).

Da die Stiftung der staatlichen Genehmigung (B) bedarf, so erhebt sich die Frage: wann ist der Stifter an das Stiftungsgeschäft gebunden? Der Stifter kann bis zur Erteilung der staatlichen Genehmigung frei und formlos widerrufen. Gerade die Verhandlungen mit der Behörde können die Veranlassung zum Widerrufe bieten. Nach Einreichung des Gesuches kann aber der Widerruf nur noch der zuständigen Behörde gegenüber erklärt werden, damit nicht eine erteilte Genehmigung gegenstandslos wird. Die Erben des Stifters können, wenn der Stifter die Genehmigung noch nicht nachgesucht hatte, als er starb, die Nachsuchung der Genehmigung unterlassen, und sie können eine von ihnen bewirkte Nachsuchung bis zur Erteilung der Genehmigung widerrufen, da sie in die Rechtslage des Stifters eintreten. Starb aber der Stifter nach Bewirkung der Nachsuchung, so haben die Erben kein Widerrufsrecht. Bewirkung der Nachsuchung liegt vor nicht nur, wenn der Stifter das Gesuch um Genehmigung eingereicht hat, sondern auch, wenn er bei oder nach der Beurkundung des Stiftungsgeschäftes das Gericht oder den Notar mit der Nachsuchung betraut hat (**81**, Abs. 2).

Aus dem Stiftungsgeschäft entsteht für den Stifter und seine Erben die Verpflichtung zur Übertragung des zugesicherten Vermögens auf die Stiftung. So lange die Genehmigung noch aussteht, befindet sich diese Verpflichtung in der Schwebe. Der Stifter und seine Erben dürfen ihr

---

[1]) Mecklenb. (Schwer.-Strel.) AB. z. BGB. §§ 17. 19. 22. 23.

[2]) Die Errichtung von Stiftungen durch Gesetz oder Verwaltungsakt ist vom BGB. nicht berührt.

[3]) Die Zusicherung des Vermögens an die Stiftung wird überwiegend als wesentlicher Inhalt des Geschäftes angesehen, z. B. Planck zu § 81. Die Streitfrage ist praktisch unerheblich wegen der Vorschriften über die Staatsgenehmigung.

nicht zuwiderhandeln, wenn nicht in der Zuwiderhandlung ein zulässiger Widerruf liegt. Wenn auch in der Stiftung niemals eine Schenkung liegt, so ist sie doch wie die Schenkung unentgeltliche Zuwendung, daher wird der Stifter nur für Vorsatz und grobe Fahrlässigkeit haften (**521**)[1]).

2. Das Stiftungsgeschäft kann ein Geschäft von Todes wegen sein: Testament oder Erbvertrag.

Dadurch ist die Form des Stiftungsgeschäftes gegeben, und was für die Fähigkeit des Stifters und den Widerruf zu gelten hat. Durch Testament und Erbvertrag wird die Stiftung ins Leben gerufen und Zuwendung von Erbschaft oder Vermächtnis an sie angeordnet. Die Nachsuchung der Genehmigung erfolgt durch den Erben, den etwa vom Erblasser ernannten Testamentsvollstrecker oder von Amts wegen durch das Nachlaßgericht (**83**). Steht die Genehmigung noch aus, so haften die Erben der als Miterbin oder Vermächtnisnehmerin bedachten Stiftung nach den erbrechtlichen Grundsätzen. Bei Einsetzung der Stiftung zur Erbin oder Miterbin liegt es ebenso wie bei der Berufung eines nasciturus.

B. **Die staatliche Genehmigung.**

Die hier in Frage stehende obrigkeitliche Genehmigung ist nicht nur polizeiliche Genehmigung, sondern als Verleihung der Rechtsfähigkeit aufzufassen, weil nach der Entstehungsgeschichte der Gesetzesbestimmung auch diejenigen Landesgesetze völlig ersetzt werden sollten, welche die staatliche Verleihung der Rechtsfähigkeit verlangen. Im übrigen hat sie nur deklaratorische Bedeutung und kann weder den Mangel der Form noch materielle Mängel des Stiftungsgeschäftes, noch den Mangel eines rechtlich zulässigen Gesuches heilen.

Zweifellos fällt die hier in Frage stehende Genehmigung nicht unter die privatrechtlichen Willenserklärungen dieses Namens, sondern sie ist Ausübung des Staatshoheitsrechtes. Daher ist von Rückwirkung auf den Moment des Abschlusses des Stiftungsgeschäftes nicht die Rede, und es bestimmt sich nach dem Landesrecht, wann die Genehmigung vollendet ist.

Die Genehmigung ist zu erteilen von dem Bundesstaate, in dem die Stiftung ihren Sitz hat. Als Sitz gilt, wenn nicht ein anderes bestimmt ist, der Ort, an dem die Verwaltung geführt wird. Die zuständige Behörde bestimmt sich nach dem Landesrechte des betr. Bundesstaates[2]). Soll die Stiftung ihren Sitz nicht in einem Bundesstaate haben, so ist die Genehmigung des Bundesrates erforderlich (**80**).

1. Tritt die Genehmigung dem Stiftungsgeschäft unter Lebenden noch bei Lebzeiten des Stifters hinzu, so entsteht mit ihr die Stiftung. Diese erwirbt damit das Forderungsrecht gegen den Stifter auf Übertragung des zugesicherten Vermögens. Nur solche Rechte, zu deren Übertragung der Abtretungsvertrag genügt, gehen kraft Gesetzes mit der Genehmigung auf die Stiftung über, wenn nicht ein anderer Wille des Stifters aus dem Stiftungsgeschäfte erhellt (**82**); z. B.:

B erklärt in der Stiftungsurkunde, daß er ihm zustehende Forderungen im Betrage von 40000 M. der Stiftung überweise. Diese gehen mit der Genehmigung auf die Stiftung über (**398**).

2. Tritt die Genehmigung erst nach dem Tode des Stifters ein, so entsteht ebenso die Stiftung erst mit der Genehmigung. Diese Regel findet ohne Einschränkung Anwendung, soweit es sich um den Erwerb von Zuwendungen Dritter handelt (vgl. z. B. **2102**, Abs. 2). Handelt es sich dagegen um Zuwendungen seitens des Erblassers in oder außer dem Stiftungsgeschäft, so tritt Rückwirkung der Genehmigung ein, d. h. die Stiftung gilt als schon vor dem Tode des Stifters entstanden (**84**)[3]). Daraus folgt:

a) Bei Errichtung der Stiftung unter Lebenden ist die Forderung der Stiftung eine Nachlaß-

[1]) Auch andere Vorschriften des Schenkungsrechtes müssen Anwendung finden, z. B. **2325** ff.
[2]) Meckl enb. (-Schwer., -Strel.) AVB. z. BGB. § 16.
[3]) Bestritten ist, ob sich **84** auch auf das Stiftungsgeschäft unter Lebenden bezieht. Dafür: Planck zu **84**, dagegen Endemann, § 47. Anm. 23.

forderung, die ipso jure übergehenden Rechte waren im Momente des Todes schon auf die Stiftung übergegangen und gehören nicht zum Nachlaß (vgl. Z. 1).

b) Hat der Stifter die durch Geschäft unter Lebenden oder von Todes wegen errichtete Stiftung zur Erbin eingesetzt, so wird sie vom Tode des Stifters an Erbin, nicht Nacherbin; hat er ihr ein Vermächtnis zugewendet, so ist ihr dieses schon mit dem Erbfalle angefallen.

3. Mit der Versagung der Genehmigung wird das Stiftungsgeschäft völlig gegenstandslos.

II. **Die Rechtsfähigkeit der Stiftungen** bestimmt sich wie die der Vereine (L. § 28).

III. **Die Verfassung.**

Sie bestimmt sich durch zwingende reichsgesetzliche Vorschriften, in Ermangelung solcher durch zwingendes Landesrecht und zuletzt durch das Stiftungsgeschäft.

Das BGB. überträgt nun gewisse Normen von den Vereinen auf die Stiftungen (**86**).

1. Jede Stiftung muß einen Vorstand haben. Sorgt das Landesgesetz nicht durch dispositive oder zwingende Norm vor[1], so muß das Stiftungsgeschäft den Vorstand bestimmen. Einen Vorstand müssen auch die nach Landesrecht durch eine öffentliche Behörde verwalteten Stiftungen haben. Diese Stellung kann die verwaltende Behörde einnehmen. Der Vorstand kann aus mehreren Mitgliedern bestehen. Die rechtliche Stellung ist die des Vereinsvorstandes (**26**).

2. Auch die Geschäftsführung bestimmt sich wie bei Vereinsvorständen, wenn nicht die Verfassung, insbesondere im Falle der Verwaltung durch eine öffentliche Behörde, etwas anderes ergibt (**27**, Abs. 3).

3. Nach dem Rechte der Vereine ist auch die Beschlußfassung eines mehrgliedrigen Vorstandes (**32**. **34**), die Abgabe von Willenserklärungen gegenüber der Stiftung (**28**), die Ergänzung des Vorstandes durch das Gericht (**29**), die Bestellung besonderer Vertreter (**30**) und die Haftung der Stiftung aus Handlungen der Vertreter (**31**) geregelt.

Die Beschlußfassung mehrgliedriger Vorstände richtet sich aber zunächst nach der Verfassung bzw. nach der Behördenorganisation, wenn eine öffentliche Behörde Verwalterin und Vorstand ist.

Die Bestimmung über Abgabe von Willenserklärungen gegenüber von Stiftungen und über die gerichtliche provisorische Ergänzung des Vorstandes finden auf Stiftungen, die durch öffentliche Behörden verwaltet werden, keine Anwendung (**28**—**31**).

4. Der Vorstand der Stiftung hat die Pflicht, bei Überschuldung den Konkurs[2]) zu beantragen, wie der Vereinsvorstand (**42**).

IV. Die Personen, denen die Stiftung zugute kommen soll (Interessenten, Destinatäre), ergeben sich aus dem Stiftungsgeschäft. Sie haben einen klagbaren Anspruch gegen die Stiftung auf satzungsgemäße Verwendung der Stiftungsgelder für sie nur, wenn das Landesrecht (**85**) einen solchen anerkennt[3]), sind daher sonst darauf beschränkt, die Staatsaufsicht anzurufen. Ein Forderungsrecht gegen die Stiftung haben aber die von der Stiftungsverwaltung bestimmten Bezugsberechtigten.

V. **Die Beendigung** und **Umwandlung**, das **Schicksal des Vermögens** (**87**. **88**). Eine bestehende Stiftung erlischt nach dem BGB. im Falle des Konkurses, ferner aus Gründen, die sich aus dem Stiftungsgeschäft ergeben (Endtermin, auflösende Bedingung), nicht aber schon an sich durch den Untergang ihres Vermögens. Außerdem kann die zuständige Behörde[4]) die Stiftung aufheben oder ihr eine andere Zweckbestimmung geben (Umwandlung), wenn die Erfüllung des Stiftungszweckes unmöglich geworden ist, oder wenn die Stiftung das Gemeinwohl gefährdet, nicht dagegen, wenn die Erfüllung des Zweckes

---

[1]) Z. B. Mecklenb.-Schwer. AB. z. BGB. § 18.
[2]) Vgl. KO. § 213.
[3]) Zitelmann, Allgem. Teil, S. 74. A. M. Biermann I, S. 517 f.
[4]) Mecklenb. (-Schwer., -Strel.) ABB. z. BGB. § 20.

zwar möglich bleibt, auch das Gemeinwohl nicht gefährdet ist, aber wenn sie im allgemeinen Interesse nicht wünschenswert erscheint. Die Umwandlung soll im Sinne des Stifters erfolgen, und mit ihr kann eine Änderung der Verfassung angeordnet werden (**87**)[1].

Über das Schicksal des Stiftungsvermögens entscheidet die Verfassung, also gemäß **85** das Landesrecht und das Stiftungsgeschäft (**88**). Anfallberechtigt sind die in der Verfassung genannten Personen. Nach dem Landesrecht kann sich ein Anfallsrecht des Fiskus (**46**) oder anderer Personen ergeben[2]. Im letzteren Falle tritt die Liquidation wie bei den Vereinen (**46**—**53**), im ersteren Falle Anfall an den Fiskus ein.

VI. **Die Familienstiftungen.** Diese dienen ausschließlich dem Interesse der Mitglieder einer oder mehrerer bestimmten Familien. Sie folgen dem Rechte der Stiftungen. Ihr eigenartiger Zweck hat aber im Landesrecht zu besonderer Regelung der Verfassung und der Erwerbsfähigkeit geführt[3].

§ 34.

Die nicht rechtsfähigen Stiftungen.[4]

I. Der Stifter kann den Stiftungszweck durch Zuwendung an eine andere physische oder besonders juristische Person behufs Verwendung für den bestimmten Zweck erreichen, und zwar

entweder so, daß das Zugewendete in das freie Vermögen des Empfängers übergeht gegen Übernahme der Verpflichtung zur Zweckerfüllung oder unter der Auflage der Zweckerfüllung (**525** ff., **2192** ff.) schlechthin, also eventuell auch aus eigenem Vermögen;

oder so, daß das zugewendete als Zweckvermögen in das fiduziarische Recht des Empfängers gelangt. Die Verpflichtung der Zweckerfüllung trifft dann den Empfänger gleichfalls, aber nur aus dem empfangenen Vermögen und als Fiduziar. In beiden Fällen entsteht kein neues Rechtssubjekt der Stiftung (**nicht rechtsfähige Stiftung**).

II. Den nicht rechtsfähigen Stiftungen nahe stehen die **Sammlungen zu vorübergehenden Zwecken**. Die Beiträge sollen ihrem Zwecke zugeführt werden. Welches aber ist das Rechtsverhältnis an diesem Sondergut bis zur Verwendung? Wer ist Subjekt? Gierke nimmt an, daß alle Beitragenden in eine sogen. Beitragsgesellschaft treten, die nach dem Prinzip der gesamten Hand geregelt ist. Die Ausschüsse, Komitees usw., welche die Beiträge veranlassen, rufen diese Gesellschaft nur hervor und repräsentieren die Gesellschaft als Geschäftsführer. Die Beiträge werden demnach Gesellschaftseigentum. Die Beitragenden haben Anteile daran, die aber durch die gesamte Hand gebunden sind. Danach würde sich bestimmen, wie weit die Mitglieder beschließen können über Abänderung des Zweckes, ob Anspruch auf Ausführung des Unternehmens, Rechnungslegung von der Gesamtheit geltendgemacht werden kann usw. — Gierke gibt aber selbst zu, daß in vielen Fällen die Gesamtheit der Beteiligten so unbestimmt ist, daß sie als Vermögensträgerin nicht gelten kann. Gegen diese Auffassung spricht außerdem, daß sehr häufig die Beitragenden sich jedes Rechtes am Beitrage und jeder Kontrolle begeben wollen und daß sie hingeben im Vertrauen auf den Ausschuß. Es wäre also wohl quaestio facti, ob eine Beitragsgesellschaft gegründet werden soll. In diesem Falle würde die Erscheinung nicht hierher gehören.

Andere (Krückmann) nehmen bedingtes römisches Miteigentum der Samm-

---

[1]) Das Landesrecht kann aber auf Grund von **85** über die Voraussetzungen von **87** hinausgehen: Mecklenb. (=Schwer., =Strel.) AVB. z. BGB. § 20.

[2]) Mecklenb. (=Schwer., =Strel.) AVB. z. BGB. §§ 21. 22. Preuß. AG. z. BGB., Art. 5.

[3]) Preuß. AG. z. BGB. Art. 1—3. 6. 7. § 1. Anhalt. AG. z. BGB. Art. 6.

[4]) Regelsberger, Streifzüge im Gebiet des Zivilrechtes, S. 70 ff. Regelsberger I, § 87. Krückmann, Arch. f. bürg. R., Bd. 8, S. 67 ff. Gierke, D. Privat-R. I, § 80, bes. Note 43. Kuhlenbeck, Rechtsprechung I, S. 112 ff. Isay, Jahrb. f. Dogm., Bd. 36, S. 409 ff. Hellwig, Die Verträge auf Leistung an Dritte, S. 236 ff.

ler oder (Brinz[1]), Bekker[2]), Dernburg)[3]) ein herrenloses (darum aber nicht schutzloses) Zweckvermögen so lange an, bis die Verwendung stattgefunden hat. Auch die Auffassung ist vertreten, daß es sich um eine juristische Person eigener Art handle, die ohne staatliche Genehmigung zur Entstehung gelange[4]). In den meisten Fällen wird die folgende, von Regelsberger vertretene Auffassung den Parteiabsichten und dem Bedürfnisse entsprechen. Die hingegebenen bzw. gezeichneten, d. h. nur versprochenen Beiträge werden fiduziarisches Vermögen der Sammler.

Nach dem BGB. ist eine eigentliche Stiftung schon wegen des Fehlens der dauernden Zweckbestimmung ausgeschlossen. Ein selbständiges Zweckvermögen kennt das BGB. nicht. Wem das Vermögen zusteht, ist daher nach Lage des Falles zu ermessen. Nur bestimmt **1914**, daß für ein Vermögen, das durch öffentliche Sammlungen für einen vorübergehenden Zweck aufgebracht ist, eine Pflegschaft zur Verwaltung und Verwendung eingerichtet werden kann,

wenn die zur Verwaltung und Verwendung berufenen Personen weggefallen sind,

wenn diesen Personen gegenüber ein wichtiger Grund (z. B. grobe Pflichtverletzung, Unfähigkeit zur ordnungsmäßigen Geschäftsführung) für die Entziehung der Verwaltung und Verwendung vorliegt.

§ 35.

Juristische Personen des öffentlichen Rechtes.[5])

Zu diesen zählen der Staat (Fiskus), die Gemeinden, sonstige Korporationen, Anstalten und Stiftungen. Die besondere Hervorhebung der Anstalten im Gesetz erklärt sich daher, daß bei den so bezeichneten juristischen Personen häufig Zweifel bestehen, ob sie Korporationen oder Stiftungen sind. Eine juristische Person ist dann eine solche des öffentlichen Rechtes, wenn sie als Element der allgemeinen Organisation nach Entstehung, Verfassung und Zweck erscheint.

I. Die Entstehung und Verfassung, insbesondere die Organe der öffentlichen juristischen Personen bestimmen sich nach dem öffentlichen Recht des Reiches und der Bundesstaaten. Aus dem Landesrechte ist daher vorwiegend zu entnehmen, ob sie juristische Persönlichkeit auf dem Privatrechtsgebiete besitzen.

Dagegen sind andererseits zwei für die privatrechtlichen juristischen Personen geltende Vorschriften auch auf die des öffentlichen Rechtes für anwendbar erklärt (**89**).

A. Für die zum Schadensersatz verpflichtenden Handlungen der verfassungsmäßig berufenen Vertreter in Ausführung der ihnen zukommenden Verrichtungen haften auch diese juristischen Personen selbst (also z. B. der Staat, die Gemeinden), vorausgesetzt aber, daß die fraglichen Handlungen in Ausübung wirklich zustehender privatrechtlichen Befugnisse begangen sind (**179. 833**). Beim Staate kommt es daher darauf an, daß er als Fiskus im bürgerlichen Rechtsverkehr beteiligt ist, d. h. entweder an Privatrechtsverhältnissen, die Erwerb, Erhaltung und Veräußerung von Finanz- oder Verwaltungsvermögen bezwecken oder in seiner Eigenschaft als Eigentümer von Finanzvermögen oder immobilem Verwaltungsvermögen, von öffentlichen Sachen oder Verwaltungsmitteln der öffentlichen Anstalten. Handeln dagegen die Organe nur kraft ihrer öffentlichen Gewalt, so bestimmt sich die Haftung allein nach dem öffentlichen Rechte (Reichs-[6], Landesrecht). Die betreffenden, eine solche Haftung anerkennenden

---

[1]) Pandekten (1. A.), S. 1020. 1062, (2. A.) § 440 a. E.

[2]) System II, § 112, Beil. II.

[3]) Pandekten I, § 62, Anm. 8.

[4]) Isay, a. a. O., S. 446 f. Leonhard, § 36.

[5]) Regelsberger I, §§ 80. 91. **1895**: Gierke, D. Priv.-R. I, §§ 60. 61. 71—73. 75. 77. Hellmann, Vorträge über das BGB., § 9. Hatschek, J., Die rechtliche Stellung des Fiskus im BGB. (S.-A.). Schepp, Das öffentl. Recht im BGB., S. 7 f. 20 f.

[6]) Vgl. GVG. § 12. Postgesetz vom 28. Oktober 1871, §§ 6 ff. Telegraphen-O. vom 15. Juni 1891, § 23. Haftpflichtgesetz vom 7. Juni 1871. HGB. § 456.

Landesgesetze bleiben erhalten, ebenso die landesgesetzlichen Vorschriften, welche das Recht des Beschädigten, von dem Beamten den Ersatz eines solchen Schadens zu verlangen, insoweit ausschließen, als der Staat oder der Kommunalverband haftet (EG. Art. 77)[1]). Unberührt bleiben auch die landesgesetzlichen Vorschriften über die Haftung der Beamten für die von ihnen angenommenen Stellvertreter und Gehilfen (EG. Art. 78)[2]).

B. Ferner ist die Verpflichtung der Vorstände der öffentlichen juristischen Personen *zur Anmeldung des Konkurses* im Falle der Überschuldung wie bei Vereinen anerkannt, soweit bei ihnen der Konkurs zulässig ist (KO. § 213)[3]).

II. *Aus den einzelnen weiteren Bestimmungen, welche die öffentlichen, juristischen Personen betreffen*, ist hervorzuheben:

Dem Landesfiskus steht das Recht zu, aufgegebene Grundstücke sich anzueignen (**928**, **L.** § 160).

Der Landes- bzw. der Reichsfiskus hat ein Erbrecht nach den Verwandten und dem Ehegatten, und dieses Erbrecht hat Besonderheiten (**L.** § 292, EG. Art. 138)[4]).

Gegen Forderungen des Reichs- oder Landesfiskus, einer Gemeinde oder eines sonstigen Kommunalverbandes ist eine Aufrechnung nur zulässig, wenn auf die Forderung des Fiskus usw. an dieselbe Kasse zu leisten ist, aus welcher der Fiskus auf die aufzurechnende Forderung zu leisten hätte (**395**). Eine Besonderheit gilt ferner bei Abtretung von Gehaltsansprüchen für die Anzeige der Abtretung an die auszahlende öffentliche Kasse (**411**)[5]).

§ 36.

Die juristischen Personen im intertemporalen und internationalen Privatrecht.

Unter Voraussetzung der allgemeinen Grundsätze (**L.** §§ 13—15) ergibt sich:

I. **Intertemporales Recht.** Die Vorschriften des BGB. über die Rechtsverhältnisse der juristischen Personen haben *rückwirkende* Geltung auch für die am 1. Januar 1900 schon bestehenden juristischen Personen (EG. Art. 163). Keine Rückwirkung tritt ein

1. bei den Vorschriften über die Entstehung der Rechtsfähigkeit (**21**—**24**; **80**—**84**) und über die eingetragenen Vereine (**55**—**79**),

2. bei der Vorschrift über die nicht rechtsfähigen Vereine (**54**). Die Vorschriften des ZPO. und KO. über die nicht rechtsfähigen Vereine wirken dagegen zurück, so daß eine aktive Parteifähigkeit eines nicht rechtsfähigen Vereines nach altem Recht nicht mehr in Frage kommen kann. Beschränkte Rückwirkung wird auch der Vorschrift **54**, Satz 2 zukommen, soweit die Handlung des Vertreters nach dem 1. Januar 1900 vorgenommen ist[6]).

3. Keine Rückwirkung hat das BGB. auf die dem Landesrechte dauernd unterstellten juristischen Personen (vgl. **L.** § 26 II). Es kann aber zweifelhaft sein, ob nicht die Vorschriften in **31** und **42**, Abs. 2 auf sie anzuwenden sind.

---

[1]) Die Ausführungsgesetze schlagen hier verschiedene Wege ein: 1. Der Staat haftet nur, insoweit reichsgesetzlich (s. Note 1) oder durch besondere Landesgesetze eine Haftung vorgeschrieben ist (*Mecklenb.-Schwer.* AG. z. BGB. § 49, *Mecklenb.-Strel.* AV. z. BGB. § 48 (*Langfeld*, S. 58 ff. 755), *Anhalt.* AG. z. BGB. Art. 32, oder 2. der Staat haftet wie ein Bürge (*Elsaß-Lothr.* AG. z. BGB. §§ 39. 40, *Sachsen-Weimar.* (AG. z. BGB. § 91), oder 3. der Staat haftet dem Dritten schlechthin (*Bayer.* AG. z. BGB. Art. 60. 61. *Sachsen-Altenb.* AG. z. BGB. § 28. *Württemb.* AG. z. BGB. Art. 202—204).

[2]) *Elsaß-Lothr.* AG. z. BGB. §§ 37. 38.

[3]) *Mecklenb.-Schwer.* AV. z. ZPO. § 11, z. KO. § 2.

[4]) *Mecklenb.-Schwer.* AV. z. BGB. § 252.

[5]) Vgl. ferner **987** ff. EG. Art. 91. 92. 100. 101. 103. 104. 114. 121. 129. 144. 145. *Mecklenb.-Schwer.* AV. z. BGB. §§ 26. 27. 29. *Mecklenb.-Strel.* AV. z. BGB. §§ 25—29.

[6]) A. M. *Planck*, S. 266.

II. **Internationales Privatrecht.** Die Rechtsverhältnisse der juristischen Personen sind grundsätzlich nach dem Recht ihres Sitzes (**L.** § 29) zu beurteilen, also ihre Entstehung, ihre Rechtsfähigkeit, ihre Verfassung, die Stellung des Vorstandes, das Verhältnis der Mitglieder zum Verein usw. Ausnahmen ergeben sich

1. nach EG. Art. 10: Ein nach dem ausländischen Recht rechtsfähiger Verein, der im Inlande die Rechtsfähigkeit nur nach **21. 22** erlangen könnte, ist nur dann im Inlande rechtsfähig, wenn seine Rechtsfähigkeit durch Beschluß des Bundesrates anerkannt ist (vgl. **L.** § 32 II),

2. die Beschränkungen der Rechtsfähigkeit inländischer juristischen Personen (**L.** § 28) treffen auch die ausländischen juristischen Personen.

3. Ob eine Haftung der juristischen Person für die zum Schadensersatz verpflichtenden Handlungen der Vertreter eintreten kann, entscheidet sich zwar nach dem Recht des Sitzes, ob eine Handlung der Vertreter aber zum Schadensersatze verpflichtet, nach dem Recht des Handlungsortes.

IV. Abschnitt.

Die Lehre von den Sachen.

§ 37.

Der Gegenstand der Rechte. Die Sache.[1])

1. Der Ausdruck **Gegenstand der Rechte** (Rechtsobjekt) wird in verschiedenem Sinne gebraucht, einmal von dem Inhalte des Rechtes, dann von dem, woran nach der juristischen Vorstellung und Abstraktion die subjektiven Rechte unmittelbar haften, worauf sie sich unmittelbar beziehen. In dem letzteren Sinne kommen als Gegenstände[2]) der Rechte in Betracht:

a) in bestimmten Familienrechtsverhältnissen die Menschen selbst (Personenrechte).

b) Die Sachen (II).

c) Die juristische Vorstellung muß aber als Rechtsgegenstände auch heranziehen die Individualgüter[3]) (Namen, Marken, Firma) und Immaterialgüter (Produkte der wissenschaftlichen, künstlerischen, gewerblichen Tätigkeit).

d) Als Rechtsobjekte werden auch bezeichnet:

1. Rechte, insofern, als Nießbrauch und Pfandrecht an Rechten anerkannt sind (**1068** ff. **1273** ff.) und Rechte, die mit dem Eigentum an einem Grundstück verbunden sind, als Bestandteile des Grundstückes gelten (**96**).

2. Vermögen und Sondervermögen (Nachlaß-, Gesellschaftsvermögen, Gesamtgut, Kindesgut), insofern, als sie als Ganzes Gegenstand von Rechten sind (Erwerb des Nachlasses, Nachlaßanspruch, Nießbrauch, Pfandrecht).

Vermögen ist der Inbegriff der einer Person ihrer wirtschaftlichen Zwecke wegen zustehenden (geldwerten) Rechte[4]) und Rechtspflichten (Aktiv-, Passiv-, Reinvermögen). Vom Vermögen ausgeschlossen sind die reinen Personenrechte und Familienrechte. Das Sondervermögen ist ein aus dem Gesamtvermögen einer Person deshalb ausgeschiedenes Vermögen, weil es einer besonderen rechtlichen Behandlung unterliegt, z. B. einer besonderen Herausgabepflicht, einer ausschließlichen Haftung für bestimmte Schulden. Wie weit die rechtliche Sonderstellung geht, ist im einzelnen Falle festzustellen.

---

[1]) Hölder, Pandekten I, §§ 30—35. Regelsberger I, §§ 94—117. Bierling, Jur. Prinzipienlehre I, § 14. Gierke, D. Privat-Recht I, § 31. Hellmann, Vorträge über d. BGB. §§ 10. 11. Bekker, Über die natürl. Beschaffenheit der Objekte unserer dingl. Rechte (Sitzungsbericht der Pr. Akad. d. Wiss.). Sohm, R., Der Gegenstand (1905). Derselbe, Arch. f. bürg. Recht, Bd. 28, S. 173 ff. Enneccerus I, 1. §§ 114 ff.

[2]) Dem Ausdruck „Gegenstand" kommt eine begrenzte technische Bedeutung im BGB. nicht zu. Insofern ist die Definition von Sohm, a. a. O., Gegenstände seien Vermögensrechte, die durch Verfügung begründet oder übertragen werden können, nicht zu billigen. Vgl. Biermann I, S. 372.

[3]) Kuhlenbeck, Von den Pandekten, S. 263, Biermann I, S. 104 f. nehmen hier Rechte ohne Rechtsobjekt an; es handle sich lediglich um den Schutz der Persönlichkeit. Der Begriff des Rechtsobjektes ist aber abstrahiert aus der Regelung des objektiven Rechtes, die auch in dem vorliegenden Falle eine unmittelbare Beziehung des subjektiven Rechtes zu diesen Gütern ergibt.

[4]) In einem verwerflichen Sprachgebrauche wird die Zuständigkeit des Rechtes selbst als Recht, als Eigentum (z. B. Eigentum an Forderungen, dominium usufructus usw.) bezeichnet.

In beiden Fällen (Z. 1 u. 2) fehlt es aber an der unmittelbaren Beziehung des subjektiven Rechtes auf dasjenige, was den Namen Rechtsobjekt tragen soll.

e) Bezeichnet man *körperliche und unkörperliche Dinge* gleicherweise als Rechtsobjekte (**a.** b. c.), so ist damit nicht gesagt, daß diese Eigenschaft in allen Fällen etwa die gleiche rechtliche Bedeutung hat. Insbesondere hat die Rechtsgegenstandseigenschaft der Personen (**a.**) ihre Besonderheiten.

II. **Die Sache** *im Rechtssinne.*

a) *Sachen im Rechtssinne* sind nur *körperliche Gegenstände* (**90**). Ob Körperlichkeit vorliegt, ist aus der Physik und aus der Auffassung des Verkehres zu beantworten. Ein körperlicher Gegenstand verlangt gesonderte, *begrenzte* Existenz im Raume. Der juristische Begriff der Sache fällt mit dem natürlichen zusammen. Das schließt nicht aus, daß die Sachqualität gewisser Dinge, z. B. Sonne, Mond und Sterne, ohne rechtliche Bedeutung sein kann, weil sie als Gegenstände menschlicher Herrschaft nicht in Betracht kommen, oder weil der Verkehr die Sachqualität nicht würdigt (wie beim einzelnen Sandkorn, Wassertropfen). Andererseits ist für den Sachbegriff der Aggregatzustand der körperlichen Dinge als fest, flüssig oder luftförmig und besonders der Wert gleichgültig. Sachen sind aber nur solche körperliche Erscheinungen, die *nur* als Gegenstände von Rechten (Rechtsobjekte) in Betracht kommen, daher ist der Körper des lebenden Menschen als notwendiger Bestandteil des Rechtssubjektes nicht Sache.

b) *Unkörperliche Dinge sind nicht Sachen*, also nicht:

1. *Naturkräfte* (Energie, Wind, Licht, Ton, Wärme, Elektrizität)[1]).

2. *Sachgesamtheiten* (universitates rerum distantium), *Sachinbegriffe*. Sachen sind hier nur die einzelnen selbständigen Stücke, die bald nur durch eine gemeinsame Bezeichnung, bald auch durch ihre wirtschaftliche Bestimmung zusammengehalten werden (Herde, Warenlager). Das Ganze ist hier niemals Rechtsobjekt, also auch nicht Gegenstand des Besitzes[2]), des Eigentumsanspruches, z. B.:

A kann B sein Warenlager nur verpfänden, indem er ihm an den einzelnen Stücken den Besitz oder Mitbesitz verschafft (**854. 1205. 1206**).

Ihre wirtschaftliche Zusammenfassung zur Einheit bewirkt aber, daß die an den einzelnen Stücken bestehenden Rechtsverhältnisse, z. B. der Nießbrauch (**1035**), einen besonderen Inhalt annehmen[3]). — Wo aber der Verkehr das einzelne Stück überhaupt nicht würdigt, sondern erst eine gewisse Menge solcher Stücke, da behandelt das Recht diese Menge als *eine* Sache (Mengesachen). Es geschieht das in **961—964** hinsichtlich des Bienenschwarmes. Auch Mehrheiten anderer derartigen Sachen sind als *eine* Sache zu behandeln.

3. *Rechte* und Komplexe von Rechten (das Vermögen, universitates juris).

c) Wie bei den Mengesachen trotz körperlicher Selbständigkeit der einzelnen Stücke für die rechtliche Behandlung nur eine Sache anzunehmen ist, so werden umgekehrt *bei den Grundstücken* lediglich durch Grenzziehung selbständige körperliche Sachen trotz ihrer körperlichen Unselbständigkeit hergestellt.

III. **Sache und Sachbestandteil.** Die Frage, ob eines oder mehrere Rechtsobjekte anzunehmen sind, wird ferner noch wichtig in dem Verhältnis des Ganzen zu den Bestandteilen.

Bestandteil einer einfachen oder zusammengesetzten, beweglichen oder unbeweglichen Sache ist jedes Stück derselben, welches in der Verbindung ihre körperliche Gesamterscheinung

---

[1]) Bei der Elektrizität ist die Frage im Anschluß an die Rechtsprechung des Reichsgerichtes, welches die Sachqualität verneint, lebhaft erörtert worden und hat für das Strafrecht ihre Erledigung im Reichsgesetz vom 9. April 1900 betr. die Bestrafung der Entziehung elektrischer Arbeit gefunden.

[2]) *Strohal*, Sachbesitz, S. 31.

[3]) Vgl. **92. 1048. 588. 589.**

mit ausmacht[1]). Der Zylinder einer Lampe, das Licht im Leuchter sind daher keine Bestandteile.

1. Besonderes gilt hier bei Grundstücken. Ein Grundstück kann dadurch zum Bestandteil eines anderen gemacht werden, daß der Eigentümer es diesem anderen im Grundbuch zuschreiben läßt (**890**, Abs. 2).

Obwohl gewisse Sachen an sich als Bestandteile von Grundstücken erscheinen, entzieht ihnen positive Bestimmung die Bestandteilseigenschaft.

Das gilt:

α) von Sachen, die nur zu einem vorübergehenden Zwecke, sei es auch vom Eigentümer selbst, mit dem Grund und Boden verbunden oder in ein Gebäude eingefügt sind (Buden, Ehrenpforten, eiserne Öfen, Gerüste usw.). So wird es in der Regel liegen, wenn bloß obligatorisch Berechtigte die Verbindung vornehmen (**95**, Abs. 1).

β) Ebenso liegt es bei Gebäuden oder sonstigen Werken (Triebwerken, Röhrenanlagen, Telegraphen- und Telephonleitungen), die mit einem fremden Grundstücke von dem dinglich (nicht bloß obligatorisch) Berechtigten (Erbbauberechtigten, Grunddienstbarkeitsberechtigten) zu dauerndem Zwecke fest verbunden sind. Hat dagegen der Eigentümer die Verbindung vorgenommen, oder besteht das Gebäude oder Werk schon bei Begründung des dinglichen Rechtes, so ist die Bestandteilseigenschaft begründet[2]).

γ) Andererseits gilt ein Recht, das mit dem Eigentum an einem Grundstück verbunden ist (Grunddienstbarkeiten, dingliches Vorkaufsrecht, Reallast), als Bestandteil des Grundstückes (**96**).

2. Wo keine Bestandteile gegeben sind, liegen selbständige Sachen vor. Daher ist die Möglichkeit besonderen Besitzes und besonderer dinglichen Rechte gegeben. Das gilt auch für die unter **95** fallenden Sachen, die als bewegliche Sachen zu gelten haben[3]).

3. Unter den Bestandteilen ist aber zwischen wesentlichen und unwesentlichen Bestandteilen zu unterscheiden.

Wesentliche Bestandteile einer Sache sind:

α) Solche, die voneinander nicht getrennt werden können, ohne daß der eine oder der andere körperlich zerstört oder in seinem vor der Trennung[4]) gegebenen Wesen verändert wird (**93**). Immer kommt es auf Zerstörung oder Wesensveränderung des einen oder des anderen Bestandteiles an und auf die Würdigung im einzelnen Falle. Gleichgültig bleibt, ob nach der Trennung das Wesen des in der Verbindung vorliegenden Ganzen sich ändern würde[5]). Beispiel: Deckblatt einer Zigarre.

β) Kraft positiver Bestimmung (**94**), also ohne Rücksicht auf **93**, sind wesentliche Bestandteile eines Grundstückes die mit dem Grund und Boden fest verbundenen Sachen, insbesondere Gebäude, stehende und hängende Früchte, Samen und Pflanzen nach der Aussaat bzw. dem Einpflanzen, und wesentliche Bestandteile eines Gebäudes: die zur Herstellung eingefügten Sachen[6]). Das Einfügen deutet nicht eine innigere feste Verbindung an, eine solche fehlt bei zweifellosen Bestandteilen, wie Dachziegeln, sondern, daß die betreffenden Sachen zur Herstellung des Gebäudes nach den herrschenden wirtschaftlichen Auffassungen dienen (Öfen, Fenster, Türen, Maschinen usw.).

---

1) RG. 63, S. 173.

2) Vgl. Strohal, Sachbesitz, S. 33 ff.

3) Die Frage ist aber bestritten; vgl. Tobias, Arch. f. d. ziv. Praxis, Bd. 94, S. 371 ff. Seuff. Arch. Bd. 60, Nr. 1.

4) Auf das Wesen vor der Zusammensetzung kommt es nicht an, wie Oertmann, Recht 1906, S. 1121, ausführt.

5) Vgl. Hellmann, a. a. O., S. 36 ff. Hölder, Komment. S. 210 ff. A. M. Eck (1898), § 24. Strohal, Sachbesitz, S. 37 ff. Neumann zu **93**.

6) Ausnahmen: Erbbaurecht (**1012** ff.), Überbau (**912**); nicht aber ist in Verfolgung dieser Analogien ein Stockwerkseigentum anerkannt. Vgl. EG., Art. 181. 182.

Alle übrigen Bestandteile sind unwesentliche, z. B. die Teilstücke teilbarer Sachen (nach **93**); Sachen wie Zäune, Grenzsteine, die zwar dauernd, aber nicht fest mit dem Grund und Boden verbunden sind (nach **94**).

Während nun alle Rechtssätze für die Bestandteile überhaupt[1]), auch für die wesentlichen, gelten, besteht für diese letzteren die Besonderheit, daß an ihnen besondere dingliche Rechte ausgeschlossen sind. Das Eigentum oder beschränkte dingliche Recht, das am Ganzen besteht, erstreckt sich notwendig auf die wesentlichen Bestandteile[2]); vor der Einverleibung begründete dingliche Rechte erlöschen definitiv (vgl. aber **997**). Umgekehrt sind an unwesentlichen Bestandteilen besondere dingliche Rechte möglich. Die an einer Sache bestehenden dinglichen Rechte bestehen nach Einverleibung der Sache zum unwesentlichen Bestandteile fort. Eine gesonderte Verfügung über den unwesentlichen Bestandteil ist aber ausgeschlossen (vgl. aber GBO. § 6). Schuldrechtliche Geschäfte sind aber bzw. wesentlicher und unwesentlicher Bestandteile möglich.

§ 38.

Die Rechts- und Verkehrsfähigkeit der Sachen.

An rechtsunfähigen Sachen kann Privatrecht nicht bestehen, sie sind deshalb auch notwendig verkehrsunfähig. Verkehrsunfähige Sachen sind zwar Objekte privaten Rechtes, es ist aber die Verfügung des Berechtigten ausgeschlossen oder beschränkt.

Das römische Recht bezeichnete diese Sachen als res extra commercium; es unterschied res omnium communes (aer, aqua profluens, mare, litora maris), res divini iuris (sacrae, religiosae, sanctae), res humani iuris (res publicae in publico usu, flumen publicum). Im allgemeinen und Partikularrecht war die Behandlung eine vielfach abweichende.

Für den heutigen Rechtszustand ergibt sich:

A. **Rechtsunfähig** sind die Sachen, die der körperlichen Sonderexistenz entbehren, wie das Ganze der Luft, des fließenden Wassers[3]) und des Meeres. Mit der Herstellung körperlicher Sonderexistenz (Wasser oder Luft in Behältern) beginnt auch die Rechtsfähigkeit. Rechtsunfähig ist auch der Körper des lebenden Menschen, weil er integrierender Bestandteil der menschlichen Person ist. Abgetrennte Teile des Körpers (Glieder, Haare, Zähne) und künstliche mit dem Körper nur mechanisch verbundene Glieder sind dagegen rechtsfähig, ebenso auch der Leichnam[4]).

Da das BGB. positive Rechtsvorschriften nicht kennt, die den Sachen die Rechtsfähigkeit entziehen, so sind alle übrigen Sachen privatrechtsfähig. Dem Privatrecht unterstehen auch völlig die Sachen des Staates, der Gemeinden und sonstiger juristischen Personen des öffentlichen Rechtes, die ihnen als Subjekten des Privatrechtes gehören (z. B. Staatsdomänen, Bergwerke, Theater, Badeanstalten).

B. Andererseits berührt das BGB. die bisherigen Reichsgesetze nicht, welche die Verkehrsfähigkeit gewisser Sachen beschränkten (**verbotene Sachen**).

C. Auch über die **öffentlichen Sachen** bestimmt nicht das BGB., sondern die Landesgesetze, entweder weil Vorbehalte zu ihren Gunsten eingreifen[5]), oder weil diese Rechtsvorschriften dem

---

[1]) Trotzdem bleibt nach EG. Art. 32 das Pfändungspfandrecht an stehenden Früchten nach ZPO. § 810 erhalten. Über dieses Fuchs, Zeitschr. f. d. Ziv.-Proz., Bd. 24 (1898), S. 188 ff. Auch gesonderter Besitz ist an wesentlichen Bestandteilen möglich (**865**), soweit eine besondere Innehabung möglich ist, also an Stockwerken, nicht aber an Steinen eines Gebäudes, an Wäldern auf dem Stamm. Strohal, Sachbesitz, S. 31 ff. Josef, Arch. f. bürger. R., Bd. 15 (1898), S. 267 f.

[2]) Z. B. **99. 892. 953. 1037. 1038. 1043. 1046. 1120. 2123.**

[3]) Das Rechtsverhältnis an der aqua profluens bestimmt sich nach EG. Art. 65 nach dem Landesrecht.

[4]) Das Privatrecht an ihm ist aber durch öffentlichrechtliche Zweckbestimmung eingeschränkt. Vgl. i. A. Biermann I, S. 374 f.

[5]) EG. 109. Art. 65. 66. 113. 133, vgl. Strohal, Der Sachbesitz, Jahrb. f. Dogmat., Bd. 38, S. 30 f. Thiele, Das Wesen des Gemeingebrauches an den res privatae. Diss. 1898.

öffentlichen Rechte angehören. Es gehören hierher die zum allgemeinen Gebrauch schlechthin bestimmten Sachen (öffentliche Wege, öffentliche Flüsse, Kirchen, Begräbnisplätze) und die dem öffentlichen Dienst gewidmeten Sachen (Amtsgebäude, Schulen mit ihrer Ausstattung). Nach dem Landesrechte ist es zu beurteilen, ob die Bestimmung zum allgemeinen Gebrauch oder öffentlichen Dienst getroffen oder wieder aufgehoben ist. Nach dem geltenden Landesrecht stehen nun die öffentlichen Sachen im privaten Eigentum der öffentlichen juristischen Personen oder auch einzelner Menschen. Dieses Privateigentum steht unter dem BGB.[1]), es ist aber durch die öffentlichrechtliche Zweckbestimmung beschränkt; der Schutz der Zweckbestimmung ist der öffentlichrechtliche, da aber der Gemeingebrauch und Sonderrechte an den öffentlichen Sachen auch als subjektive Privatrechte im Landesrechte anerkannt sein können, so fragt es sich, ob diese Privatrechte nach dem BGB. aufgehoben sind[2]), oder ob sie nach der Analogie der im BGB. geregelten dinglichen Rechte (Dienstbarkeiten) zu beurteilen sind, oder schließlich, ob sie als dem öffentlichen Rechte entstammende besondere Privatrechte im Sinne des Art. 55 EG. nach dem bisherigen Rechte zu beurteilen sind. Diese letztere Behandlung verdient den Vorzug[3]).

D. Durch Vertrag kann eine Sache vom Rechtsverkehr nicht ausgeschlossen werden (**137**).

§ 39.

Rechtlich bedeutsame Unterschiede der Sachen. 1. Bewegliche und unbewegliche Sachen.

Das BGB. kennt nur Grundstücke und bewegliche Sachen. Der natürliche Unterschied der unbeweglichen und beweglichen Sachen ist damit nicht aufgehoben. Wohl aber sind gewisse unbewegliche Sachen, weil sie nicht Grundstücke sind, dem Rechte der beweglichen Sachen unterstellt.

A. **Unbewegliche Sachen** sind besonders die **Grundstücke.** Über die Grundstückseinheit entscheidet das Grundbuch (**890**). Die rechtliche Besonderheit der Grundstücke tritt besonders im Sachenrecht, aber auch im Obligationen-, Familien- und Erbrecht hervor. Bedeutsam ist auch der Unterschied von landwirtschaftlichen Grundstücken und Landgütern (§ 119, §§ 187. 189)[4]) und ein gewisser wirtschaftlicher Zweck, dem sie dienen; z. B. werden hervorgehoben: Wälder, Bergwerke und andere Grundstücke mit Anlagen zur Gewinnung von Bodenbestandteilen[5]). Der gleichen oder ähnlicher rechtlichen Behandlung wie Grundstücke unterliegen[6]):

a) das Erbbaurecht (**1017**),

b) zum Schiffsregister eingetragene Schiffe (**435**, Abs. 2. **1259** ff.).

B. **Bewegliche Sachen** sind alle, bei denen die Möglichkeit einer Lageveränderung oder Wesensveränderung gegeben ist[7]). Die rechtliche Behandlung der beweglichen Sachen teilen aber auch Sachen, die unbeweglich sind[8]).

C. **Unbewegliches** und **bewegliches Vermögen** werden in Reichsgesetzen (z. B. **1549. 1551**, ZPO. § 803), Landesgesetzen und in Rechtsgeschäften unterschieden. Die Auslegung hat in den einzelnen Fällen die Grenze zu ziehen.

---

[1]) Biermann I, S. 382.

[2]) So Biermann I, S. 383, Note 6.

[3]) Zitelmann, Allgemeiner Teil, S. 86. Gierke I, § 102, Note 28.

[4]) Mecklenb.-Schwer. AB. z. BGB. § 7.

[5]) Im Landesrecht spielen noch eine Rolle die wirtschaftlichen Landgüter. S. Mecklenb. (-Schwer., -Strel.) AB. z. BGB. § 7.

[6]) Vgl. ZVG. §§ 162 ff. Die Gleichstellung tritt auch in Reichsspezialgesetzen oder Landesgesetzen auf den vorbehaltenen Gebieten hervor.

[7]) Die res se moventes (Tiere) sind bewegliche Sachen. Ihre Besonderheit bedingt **960**, Abs. 3.

[8]) Vgl. Gierke, Die Bedeutung des Fahrnisbesitzes (1897), S. 37.

§ 40.

2. Vertretbarkeit und Verbrauchbarkeit.

I. **Vertretbare Sachen** sind (**91**) diejenigen beweglichen Sachen, die im Verkehr nach Zahl, Maß oder Gewicht bestimmt zu werden pflegen. Die Eigenschaft der Vertretbarkeit erhält eine Sache demnach durch den Verkehr. Die zu befragende Verkehrsübung erklärt sich daraus, daß bei diesen Sachen die individuellen Eigenschaften zurücktreten, gewisse Gattungsmerkmale hervortreten, und daß diese letzteren den einzelnen Vertretern der Gattung in weitgehender Übereinstimmung eigen sind. Die wichtigste Vertreterin dieser Sachen ist das Geld (**L.** § 44). Die rechtliche Bedeutung liegt auf dem Gebiet des Prozeßrechtes (ZPO. §§ 592. 688. 884) und des Privatrechtes, insofern, als gewisse Schuldverhältnisse vertretbare Sachen als Gegenstand voraussetzen oder Modifikationen erleiden, wenn unvertretbare Sachen in Frage stehen (**607. 700. 783. — 473. 651. 706**); z. B.:

Wenn A mit der Elektrizitätsgesellschaft B einen Vertrag schließt, nach dem die B für 500 M. eine elektrische Batterie Type 11 in den Geschäftsräumen des A aufzustellen hat, so handelt es sich um Kauf nach **651**, da es sich um eine vertretbare Sache handelt und die Aufstellung nur Nebenleistung ist.

Die Parteien können zwar sehr wohl im Rechtsgeschäft auf die individuellen Eigenschaften einer vertretbaren Sache wie auf bestimmte Gattungsmerkmale einer nicht vertretbaren Sache rücksichtigen (Spezies-, Gattungsschuld). Damit ist aber die Eigenschaft der Vertretbarkeit weder entzogen noch verliehen.

II. **Verbrauchbare Sachen** sind (**92**) diejenigen beweglichen Sachen,

a) die durch den bestimmungsgemäßen Gebrauch verbraucht werden, z. B. Lebensmittel. Verbrauch ist Vernichtung der bisherigen körperlichen Erscheinung;

b) deren bestimmungsmäßiger Gebrauch in der Veräußerung, d. h. in dem Aufgeben des Rechtes an ihnen, besteht. Dem Recht nach verbrauchbar ist das Geld, und was sonst Geldfunktion im Verkehr übernimmt (Banknoten, **1084. 1392. 2116**), ferner die in einen Inbegriff von Sachen zusammengefaßten einzelnen beweglichen Sachen, wenn, wie bei einem Warenlager, der bestimmungsgemäße Gebrauch gerade in der Veräußerung der einzelnen beweglichen Sachen besteht. Beim Geld usw. ergibt sich die Veräußerungsbestimmung aus der Verkehrsauffassung, beim Warenlagerstück aus der subjektiven Entscheidung des Einzelnen, der also auch die Verbrauchbarkeit wieder aufheben kann.

Die Verbrauchbarkeit wird besonders in den Rechtsverhältnissen von Bedeutung, in denen die Nutzung einem Anderen als dem Eigentümer zusteht (**1067. 1075. 1084. 1086. 1089. 1376. 1377. 1392. 1411. 1540. 1653**). Bei nicht verbrauchbaren Sachen tritt Herausgabepflicht in Natur, bei verbrauchbaren dagegen Ersatzpflicht ein[1]).

III. Verbrauchbarkeit und Vertretbarkeit fallen nicht notwendig zusammen (z. B. Stahlfedern, Nägel).

§ 41.

3. Teilbarkeit.

I. Unter **Teilen** sind häufig selbständige körperliche Sachen juristisch zu verstehen. So die nach **95** mit einem Grundstücke oder Gebäude verbundenen Sachen. Ebenso werden durch Grenzziehung bei Grundstücken, durch Aufhebung des körperlichen Zusammenhanges[2]) bei Mobilien selbständige Sachen hergestellt (partes pro diviso — partes divisae), die nur mit Rücksicht auf die Vergangenheit Teile heißen.

Andererseits ist der Teil im Sinne des ungetrennten und unwesentlichen Bestandteiles dennoch selbständiges Rechtsobjekt (**L.** § 37).

---

[1]) Vgl. **706. 2325**, Abs. 2.

[2]) Nicht auch durch Grenzziehung, arg. **923, 93**, vgl. Radlkofer, Blätter f. RA., Jahrg. 63 (1898), S. 4. J. A. vgl. Regelsberger, Pandekten I, § 101, und dagegen Eisele, Arch. f. d. ziv. Pr., Bd. 84 (1895), S. 305 ff. v. Czyhlarz, Zeitschr. f. d. Privat- und öff. R., Bd. 21 (1894), S. 508 ff.

II. **Der Anteil** (pars pro indiviso — intellektueller Teil) ist nicht durch gedachte Sachteilung gewonnen, sondern bedeutet den Bruchteil eines Rechtes im Falle einer Rechtsgemeinschaft.

III. Im natürlichen Sinne in Teile (I.) zu zerlegen ist jede Sache, nicht aber im juristischen Sinne. Die juristische Teilbarkeit wird wichtig bei Auflösung einer Rechtsgemeinschaft. Die Auseinandersetzung unter den Genossen kann durch reale Teilung der Sache nur dann erfolgen, wenn die Sache juristisch teilbar ist. Die juristische Teilbarkeit setzt voraus (**752**. — **731**. **2042**, Abs. 2)[1]),

daß nach der realen Zerlegung das Teilstück das Wesen des Ganzen bewahrt, und daß in dem Wert der Teilstücke zum mindesten der Wert des Ganzen erhalten bleibt.

Wo nach diesen Kriterien die juristische Teilbarkeit einer Sache an sich vorhanden ist, wie bei Grundstücken, Quantitäten usw., ist sie es keineswegs immer im konkreten Falle. Z. B. ein Stück Tuch ist an sich teilbar, kann aber unteilbar sein, wenn die Anzahl der herzustellenden Teile sehr groß ist. Die Teilung kann auch rechtlich trotz Teilbarkeit verboten sein[2]).

§ 42.

4. Haupt- und Nebensachen, Zubehör.

Das Verhältnis mehrerer Sachen zueinander als Haupt- und Nebensache ist im System in verschiedenen Richtungen von selbständiger Bedeutung (**947**. **948**. — **470**. — **543**. — **634**. **651**) und dort behandelt.

Allgemeinere Bedeutung hat hier das Verhältnis, in welchem eine Sache **Zubehör** einer anderen ist (**97**. **98**).

A. **Voraussetzungen** dieses Verhältnisses. Zubehör einer anderen, beweglichen oder unbeweglichen (Haupt-)Sache ist diejenige selbständige bewegliche Sache, die dem wirtschaftlichen Zweck der Hauptsache in konsumptiver oder produktiver Richtung zu dienen bestimmt ist und zu ihr in einem dieser Bestimmung entsprechenden räumlichen Verhältnis steht, vorausgesetzt, daß nicht der Verkehr ihr die Eigenschaft als Zubehör abspricht, wie es z. B. bei Öfen vorkommt und bei dem Zaumzeug eines Pferdes allgemein ist.

a) Zubehöreigenschaft können nach der positiven Vorschrift (Grundbuchsystem) nur bewegliche Sachen sein, die nicht Bestandteil sind, d. h. die nicht die nach wirtschaftlichen und Verkehrsbegriffen vollständige körperliche Erscheinung einer anderen Sache mitausmachen[3]). Nach gem. R. konnten Grundstücke auch Zubehör von Grundstücken sein.

b) Das Zubehör muß dem wirtschaftlichen Zwecke der Hauptsache dauernd zu dienen bestimmt sein. Den Bestimmungsakt kann jeder, der über Hauptsache und Zubehör tatsächlich verfügen kann, vornehmen. Da es sich um die Erhöhung des wirtschaftlichen Zweckes der Hauptsache durch ein dauerndes (Dienst-)Verhältnis handelt, so scheiden die Sachen aus, die nur vorübergehend für den wirtschaftlichen Zweck der anderen Sache benutzt werden. Ebenso stehen mehrere Sachen, die gleichmäßig einem wirtschaftlichen Zwecke dienen, wie Messer und Gabel, nicht im Unterordnungsverhältnisse. In gewissen Fällen ersetzt das Gesetz den Bestimmungsakt und die Prüfung des Unterordnungsverhältnisses (**98**): unter Voraussetzung der sonstigen Erfordernisse sind Zubehör eines Gebäudes, das für einen gewerblichen Betrieb eingerichtet ist (Mühle, Gasthaus, Wirtshaus, Theater, Schmiede, Brauhaus, Fabrik), die zum Betriebe bestimmten Maschinen und sonstigen Gerätschaften, Inventarstücke, Requisiten; eines Landgutes das zum Wirtschaftsbetriebe bestimmte Gerät und Vieh[4]), die landwirtschaft-

[1]) Diese Definition bezieht sich auf alle „Gegenstände", umfaßt daher auch Rechte und Leistungen in Schuldverhältnissen (**L.** § 73).

[2]) EG. Art. 119, Z. 2.

[3]) Öfen können also auch, wenn sie nicht Bestandteile sind, Zubehör sein (vgl. **L.** § 37).

[4]) Nach röm. Recht war das Gutsinventar (instrumentum fundi) nicht Zubehör des Gutes (l. 14 D. (33, 10)).

lichen Erzeugnisse, soweit sie zur Fortführung der Wirtschaft bis zu der Zeit erforderlich sind, zu welcher gleiche oder ähnliche Erzeugnisse voraussichtlich wieder gewonnen werden, der vorhandene, auf dem Gute gewonnene Dünger.

c) Der Bestimmungsakt muß sich in einem entsprechenden, sinnlich wahrnehmbaren und zwar räumlichen Verhältnis des Zubehöres zur Hauptsache offenbaren. Körperliche Verbindung der beiden Sachen ist nicht erforderlich. Vorübergehende Aufhebung des räumlichen Verhältnisses (Trennung) hebt die Zubehörqualität nicht auf.

d) Die Zubehöreigenschaft erlischt durch entgegengesetzten Bestimmungsakt in Verbindung mit der entsprechenden Aufhebung des räumlichen Verhältnisses, durch dauernde Aufhebung des räumlichen Verhältnisses allein, durch Einverleibung des Zubehörs in die Hauptsache als Bestandteil, durch dauernde Beendigung des wirtschaftlichen Dienstverhältnisses, durch Änderung der Verkehrsauffassung.

B. **Die rechtliche Bedeutung des Zubehörs** ist nach den Einzelvorschriften folgende:

a) Rechtsgeschäftliche Verpflichtungen zur Veräußerung oder Belastung einer jeden Sache ergreifen nach der Auslegungsregel von **314**. **2164** auch das Zubehör.

Die Verpflichtung des Wiederverkäufers der Hauptsache erstreckt sich auf das Zubehör kraft dispositiver Rechtsvorschrift (**498**).

b) Die Veräußerung, Belastung und die rechtsgeschäftliche Aufhebung einer Belastung von Grundstücken ergreifen unter Umständen auch das (bewegliche) Zubehör der betreffenden Grundstücke (**926**. **1031**. **1093**. **1096**).

Die Hypothek-, Grundschuld-, Rentenschuld- und Schiffspfandbestellung ergreift unter Umständen auch das Zubehör (**1120**. **1192**. **1199**. **1265**, vgl. **1121**. **1122**. **1135**. ZPO. § 865).

Die Beschlagnahme des Grundstückes oder eingetragenen Schiffes erfaßt auch das dem Eigentümer des Grundstückes gehörige Grundstückszubehör, gehört zum unbeweglichen Vermögen der Fahrnisgemeinschaft (**1551**), nicht aber zum Voraus des Ehegatten (**1932**) (ZVG. §§ 20. 21. 55. 162. 146)[1]).

§ 43.

Die Nutzungen (Früchte) und Lasten.[2])

In zahlreichen Einzelvorschriften ist vom Gesetz über Nutzungen und Früchte besondere Bestimmung getroffen. Der vom Gesetz mit diesen Bezeichnungen verbundene Begriff und die allgemeinen Rechtssätze sind hier zu erörtern.

I. Der allgemeinere Begriff der **Nutzungen** (**100**) umfaßt außer den Früchten (II.) auch die Vorteile, welche der Gebrauch (nicht der Verbrauch) einer Sache oder eines Rechtes gewährt. Zu den Nutzungen gehören daher nicht die dem Eigentümer zufallende Schatzhälfte (**984**. **1040**) und auch nicht[3]) die nach **910** gewonnenen Zweige und Wurzeln.

II. **Die Früchte** (**99**).

Zu unterscheiden sind die Früchte einer Sache und eines Rechtes, in beiden Fällen natürliche Früche und juristische.

A. Die **natürlichen Früchte** einer Sache umfassen

1. die Erzeugnisse derselben und

2. die sonstige Ausbeute, die aus der Sache ihrer Bestimmung gemäß gewonnen wird. Der Begriff der natürlichen Frucht setzt also nach beiden Richtungen den wenn auch veränderten

---

[1]) Innerhalb der Vorbehalte kommen die Landesgesetze in Betracht. Vgl. Mecklenb.-Schwer. AB. z. BGB., § 31. Mecklenb.-Strel. AB. z. BGB. § 30.

[2]) v. Petrazycki, Die Fruchtverteilung usw. (1892). Derselbe, Die Lehre vom Einkommen. 2 Bde. (1893. 1895). Reichel, Jahrb. f. Dogmat., Bd. 42, S. 205 ff.

[3]) Rehbein, S. 91. A. M. Planck, Komm. zu **100**, Z. 1.

Fortbestand der Substanz voraus. Substanzteile, deren fortgesetzte Entnahme die restlose Vernichtung der Substanz herbeiführt, sind nicht als sonstige Ausbeute nach **99** zu betrachten.

3. Früchte eines Grundstückes sind auch die auf dasselbe übergefallenen Früchte (**911**).

Ist die Muttersache im Falle 2 zur Gewährung der Ausbeute bestimmt, so kommt es für den Fruchtbegriff nicht darauf an, ob die Ausbeute eine regelmäßige oder wirtschaftlich richtige ist. Diese Gesichtspunkte können aber in anderer Richtung von Bedeutung werden (vgl. **581**. **993**. **1039**. **2133**).

B. Die (natürlichen) Früchte eines Rechtes sind die Erträge, welche das Recht seiner Bestimmung, d. h. seinem Inhalte gemäß, gewährt. Es stehen hier Rechte in Frage, die dem Berechtigten Anspruch auf Einzelleistungen (Erträge) geben, die den etwa vorhandenen Hauptanspruch nicht absorbieren: also bei verzinslichen Forderungen sind Früchte die Zinsen, nicht aber die Teilleistungen. Geht das Mutterrecht auf Gewinnung von Erzeugnissen oder Bodenbestandteilen, so sind Früchte des Rechtes diese Erzeugnisse und Bestandteile.

C. Die **juristischen Früchte** einer Sache oder eines Rechtes sind die Erträge, die eine Sache oder ein Recht unter Fortexistenz für den Berechtigten vermöge eines durch Rechtsgeschäft oder sonst wie begründeten Rechtsverhältnisses gewährt, das sich auf die Sache oder das Recht bezieht, z. B. Miet- und Pachtzinsen bei Vermietung und Verpachtung der Sache oder des Rechtes, die Überbaurente (**912**).

III. **Die rechtliche Bedeutung der Nutzungen und Früchte** zeigt sich besonders bei Feststellung des Inhaltes der Nutzungs- und anderen Rechte (**581**. **585**. **743**. **955**), sowie des Umfanges der Herausgabe- bzw. Ersatzpflicht (**987** ff. **2020**).

A. Wer Früchte herauszugeben hat (z. B. **987** ff.), kann Ersatz der Gewinnungskosten verlangen, soweit sie einer ordnungsmäßigen Wirtschaft entsprechen und den Wert der Früchte nicht übersteigen (**102**). Bei rechtsgeschäftlicher Verpflichtung entscheidet allerdings in erster Linie die Abmachung, bei gesetzlicher der Inhalt der besonderen gesetzlichen Bestimmung (z. B. **592**. **1421**. **998**. **1055**).

B. Die **Fruchtverteilung.** Bei Wechsel in der Person des dinglich oder obligatorisch Fruchtziehungsberechtigten kommt es darauf an, die Früchte zwischen dem bisherigen und neuen Fruchtziehungsberechtigten, z. B. zwischen Eigentümer und Nießbraucher oder gutgläubigem Besitzer, Verkäufer und Käufer, Verpächter und Pächter, zu verteilen[1]).

Jetzt ist zu unterscheiden (**101**):

a) Die natürlichen Früchte einer Sache gebühren dem schlechthin, dem zur Zeit der Trennung das Recht zusteht[2]).

b) Andere Früchte gebühren in der Regel demjenigen, der zur Zeit der Fälligkeit berechtigt ist (z. B. Entschädigung bei Enteignung, laudemium bei der Erbpacht, EG. Art. 63). Sind aber diese Früchte Vergütung für den überlassenen Gebrauch oder Fruchtgenuß, Zinsen oder Gewinnanteile, oder stellen sie sich als regelmäßig wiederkehrende Erträge dar (z. B. Realleistungen), so findet eine Verteilung nach der Dauer des Rechtes statt.

Hat der Fruchtziehungsberechtigte die ihm gebührenden Früchte nach den Grundsätzen über den Fruchterwerb nicht auch erworben, sondern sein Gegner, so hat der Fruchtziehungsberechtigte den obligatorischen Anspruch gegen den Gegner auf Herausgabe. Das kann sowohl bei natürlichen wie bei juristischen Früchten eintreten[3]).

IV. Der Unterschied der noch nicht getrennten Früchte (fructus stantes, pendentes) von den getrennten (f. separati) und in Besitz genommenen (f. percepti) hat außerdem Bedeutung für den Erwerb (**953** ff. **956**, vgl. **L.** § 167). Der Begriff der versäumten Früchte (fructus

---

[1]) Vgl. **993**.

[2]) Milderungen des Prinzips: **592**. **998**. **1055**. **1421**.

[3]) Vgl. Planck, Komm. zu **101**, Z. 1, am Ende. Hellmann, Vorträge, S. 47 f.

percipiendi) ist wichtig bei der Herausgabepflicht (**987. 990. 1017**). Der Gegensatz von fructus industriales und mere naturales spielt eine Rolle nach III. A. und B.

V. Die **Lastenverteilung.** Es muß eine (vgl. III. B.) Verteilung der Lasten stattfinden, wenn ein zur Tragung derselben Verpflichteter einen anderen Verpflichteten ablöst. Nach dem dispositiven **103** trägt die regelmäßig wiederkehrenden Lasten (Hypotheken-, Grundschuldzinsen, Renten, Feuerversicherungsbeiträge) jeder Verpflichtete gemäß der Dauer seiner Verpflichtung, bei anderen Lasten (Einquartierungslast, Kriegsleistungen) entscheidet die Fälligkeit. Ausnahmen: **995. 1045. 1047. 1385. 2379**, in denen der Begriff außerordentlicher öffentlichen Lasten (z. B. außerordentlicher Grundsteuern), die auf den Stammwert der Sache gelegt sind, von Bedeutung wird.

§ 44.

Das Geld.

I. **Geld** ist diejenige Sache, welche die Funktion des Wertmessers für alle anderen Güter ausübt. Der Wert anderer Güter kann in Geld bestimmt werden. Damit ist das Geld geeignet, die Funktion als allgemeines Tausch- und Zahlungsmittel zu übernehmen, — es dient als allgemeines Wertaufbewahrungsmittel.

II. Keine Sache ist von Natur Geld, sondern kraft der Gewöhnung und Bestimmung des Verkehres oder kraft Rechtssatzes.

A. Dasjenige Geld, das der Staat als solches bindend erklärt, ist die **Währung,** Geld im engeren Sinne; das Gesetz besagt, daß mangels anderer Parteifestsetzung dieses als Zahlungsmittel in Betracht kommt, d. h. vom Gläubiger bei Vermeidung der Verzugsfolgen angenommen, vom Schuldner geleistet werden muß. Der Staat kann dem Gelde andererseits den Währungscharakter (Außerkurssetzung) oder auch den Geldcharakter (Umlaufsverbote) entziehen.

Neben der Währung behandelt der Verkehr auch andere Sachen als Geld, **Verkehrsgeld** (usuelles, unvollkommenes, freies, uneigentliches Geld). Hier besteht keine gesetzliche Annahme- und Leistungspflicht. Hingabe zum Zwecke der Erfüllung ist aber Zahlung, nicht datio in solutum.

B. Währungsgeld und Verkehrsgeld sind vorzugsweise Metallgeld, aber auch Papiergeld kann Währungsgeld (Papierwährung) oder Verkehrsgeld (heutige Reichskassenscheine, Banknoten) sein. Als Münzmetalle werden Gold und Silber, besonders wegen ihres hohen Wertes und ihrer Wertbeständigkeit, bevorzugt.

1. **Das Metallgeld** des allgemeinen Verkehrs ist gemünztes Geld. Der Barren scheidet deshalb aus; er hat als Geld nur beschränkte Bedeutung.

a) Die Herstellung der Münzen erfolgt nach dem Münzfuß. Dieser beruht auf Rechtsvorschrift; das Münzrecht gibt Auskunft darüber, wieviel Stücke jeder bestimmten Münzsorte aus einer bestimmten Quantität bestimmten Metalles (Stückelung — Münzgrundgewicht) und unter welchem Zusatze unedlen Metalles (Beschickung, Legierung) auszuprägen sind. Der Münzfuß wird nach der Währungsgrundmünze (Münzeinheit), die nicht auch ausgeprägt sein muß (Rechnungseinheit), benannt. Je nachdem das Münzrecht eines der beiden Edelmetalle oder beide als Währungsmetall vorschreibt, haben wir einfache (Silber- oder Goldwährung) oder gemischte (Doppelwährung).

b) Von privatrechtlicher Bedeutung ist der Wert der Münzen. Sie haben als Quantitäten Metalles den Wert dieser Quantität (Metallwert). Der Wert der edlen Rohmetalle schwankt, so auch der Metallwert der Münzen. Sobald der Verkehr diese Schwankung bei den Münzen berücksichtigt, bildet sich der Verkehrs- oder Kurswert der Münzen. Die Münze hat aber auch formalen Wert (Nennwert), d. i. der der Münze aufprägte Wert. Hier unterscheiden sich nach heutigem Münzrecht Kurantmünzen (grobe

Münzen) von der Scheidemünze, welche letztere nur die Mittel für den kleinen Zahlungsverkehr bieten soll. Bei den Kurantmünzen entspricht der Münzstempel dem Feingehalt, bei den Scheidemünzen nicht. Der Nennwert der Kurantmünzen kann durch spätere Anordnung herabgesetzt werden (Devalvation).

c) Die Währungseigenschaft der Münzen hängt davon ab, daß sie fehlerlos (Feingehalt) geprägt sind. Das heutige Münzrecht bestimmt hier eine Fehlergrenze (remedium), die nicht überschritten werden darf. Die Währungseigenschaft geht auch verloren, wenn die Münzen absichtlich beschädigt oder über eine bestimmte Grenze hinaus (Passiergewicht) durch den Verkehr abgenützt sind.

2. **Das Papiergeld.** Das Wesen des Papiergeldes beruht darin, daß es die bestimmungsgemäße Funktion als Geld (Verwendung zu Zahlungen im eig. Sinne) besitzt, obwohl es jeden inneren Wertes entbehrt und nur auf Metallgeld lautet. Entweder weist der Verkehr gewissen Papieren die entscheidende Funktion zu (usuelles Geld) oder das Gesetz, welches für den privaten Verkehr die Annahmeverpflichtung vorschreibt, die dann nur Annahmeverpflichtung zum Nennwert (Zwangskurs zum Nennwert) sein kann. In solchem Falle steht dann Papierwährung in Geltung.

Keine Geldqualität besitzen Briefmarken, Zinsscheine, Wechsel, Anweisungen, Checks, Reichsschatzanweisungen (Geldpapiere), wohl aber Banknoten. Sie sind zunächst Anweisungen des Ausstellers auf sich selbst, durch die sich der Aussteller verpflichtet, sowohl das Papier in Zahlung zu nehmen als auch es jederzeit zum Nennwerte in Metallgeld einzulösen. Sie stehen insofern sonstigen Anweisungen gleich und begründen ein Forderungsrecht. Ihre Hauptbestimmung liegt aber in der Geldfunktion für den allgemeinen Verkehr. Diese Funktion übernehmen auch die Kassenscheine. Sie enthalten das Versprechen des Ausstellers, das Papier in Zahlung zum Nennwerte annehmen zu wollen. Mit diesem Versprechen kann sich das Einlösungsversprechen wie bei den Banknoten verbinden.

III. Das Geld im Deutschen Reich.

A. Das Metallgeld.

Die Kompetenz des Reiches auf dem Gebiet des Münzwesens beruht auf der Reichsverfassung, Art. 4, Z. 3. Ob dem Reiche nur Münzhoheit, den Einzelstaaten aber das Münzmonopol zusteht, ist eine staatsrechtliche Frage. Auf Grund der Reichsmünzgesetzgebung[1]) besteht im Reiche die reine Goldwährung[2]), und die in den einzelnen Bundesstaaten geltenden Währungen sind beseitigt.

1. Die Reichsmetallmünzen werden hergestellt aus Gold, Silber, Nickel, Kupfer. Das Münzgrundgewicht ist für Gold- und Silbermünzen das Pfund feinen Goldes oder Silbers, dem bei der Ausprägung eine bestimmte Quantität Kupfer beigefügt wird. Die Währungseinheit ist die Mark (Markwährung, Markfuß). Die Münzsorten sind: Goldmünzen (10, 20 M.), Silbermünzen ($^1/_2$, 1, 2, 3, 5 M.), Nickelmünzen (5, 10, 25 Pf.) und Kupfermünzen (1, 2 Pf.). Kurantmünzen sind nur die Goldmünzen; alle übrigen sind Scheidemünzen.

2. Währungsmünzen sind unbeschränkt nur die Goldmünzen, nur beschränkt dagegen die Scheidemünzen. Die Silbermünzen müssen zwar von allen Reichs- und Landeskassen in jedem Betrage, sonst dagegen nur im Betrage bis zu 20 M. bei einer und derselben Zahlung angenommen werden[3]). Die Reichs-Nickel- und Kupfermünzen müssen allgemein nur bis zum Betrage von 1 M. angenommen werden[4]).

---

[1]) Reichsmünzgesetz vom 1. Juni 1909.

[2]) Die Geltung der Talerstücke deutschen und österreichischen Gepräges als Währungsmünzen hat aufgehört. RMzGes. § 15.

[3]) Gegen Umgehung schützt den Gläubiger **266** (Zurückweisung von Teilleistungen).

[4]) Bei den Reichsscheidemünzen besteht aber die auch im Zivilrechtswege erzwingbare Pflicht von Reichs- und Landeskassen zum Umtausch in Kurantmünze. RMzGes. §§ 9. 10.

Keine Währung haben beschädigte (wenn auch vollwichtig gebliebene), auf andere Weise als durch den regelmäßigen Umlauf *im Gewicht verringerte und verfälschte Münzen*, ferner Goldmünzen, die aus irgend einem Grunde, abgesehen von gewaltsamer oder gesetzwidriger Beschädigung, das Passiergewicht nicht erreichen[1]).

Die Annahme- und Umtauschpflicht der Reichs- und Landeskassen fällt in diesen Fällen fort; sie besteht aber noch bei Reichs-Silber-, Nickel- und Kupfermünzen, die infolge längerer Zirkulation und Abnutzung an Gewicht oder Erkennbarkeit *erheblich* eingebüßt haben, und bei Reichsgoldmünzen, die infolge längeren Umlaufes und Abnützung so viel eingebüßt haben, daß sie das Passiergewicht nicht mehr erreichen[2]).

Münzen, die infolge mangelhafter Prägung hinter dem reichsgesetzlichen Feingehalt oder dem Normalgewicht zurückbleiben und auch die zulässige Fehlergrenze[3]) nicht wahren, sind nicht *Währung*[4]), bei Goldmünzen selbst vorausgesetzt, daß das Passiergewicht innegehalten ist.

3) Neben den Währungsmünzen können andere Münzen (ausländische) als Geld umlaufen, solange sie nicht vom Umlauf ausgeschlossen sind. Vor dem Verbot des Umlaufes sind sie allerdings nur usuelles Geld, nicht Währungsgeld. Die Annahme kann also ohne Folgen des Verzuges abgelehnt werden. Freiwillige oder vereinbarte Annahme ist Zahlung, nicht datio in solutum. Die Annahme erfolgt hier im Zweifel zum *Kurswert*.

B. **Das Papiergeld.**

1. Auf Grund der Reichsverfassung Art. 4, Z. 3 ist im Reiche die Emission von Papiergeld von Reichs wegen geregelt[5]). Landesherrliches Papiergeld gibt es nicht mehr[6]). *Papiergeld* sind daher ausschließlich *die Reichskassenscheine* und *die Banknoten* der Reichsbank und der zur Notenausgabe berechtigten Banken und anderen Korporationen[7]).

2. Währungsgeld ist dieses Papiergeld nicht, da eine Verpflichtung zur Annahme im privaten Verkehr nicht besteht. Im Privatverkehr haben beide Papiere nur den Charakter *usuellen* Geldes, aber Reichs- und Landeskassen müssen die *Reichskassenscheine* in jedem Betrage zum vollen Nennwert *in Zahlung* nehmen; die Banknoten müssen von der Bank, die sie ausgegeben hat, und ihren Zweiganstalten ebenso in Zahlung genommen werden. Die Reichsbank und die anderen zur Notenausgabe berechtigten Banken müssen ferner Noten anderer berechtigten Banken in Zahlung nehmen[8]). Das Reichsgesetz vom 1. Juni 1909 Art. 3 bestimmt, daß die Noten der Reichsbank gesetzliches Zahlungsmittel sein sollen unbeschadet der Vorschrift des RBankgesetzes § 2 (keine Verpflichtung zur Annahme von Banknoten bei Zahlungen, die gesetzlich in Gold zu leisten sind).

Die Annahmepflicht zessiert bei unbrauchbar gewordenen und beschädigten Papieren der bezeichneten Art.

3. Die Reichshauptkasse muß Reichskassenscheine gegen Reichsmetallgeld einlösen zum vollen Nennwerte. Ebenso müssen die Notenbanken ihre Noten einlösen.

---

[1]) RMzGes. §§ 10 11 (bei 10- und 20-Markstücken ist Abweichung von $^{5}/_{1000}$ des Normalgewichtes gestattet.) RMzGes. Art. 2 (bei den 5-Markstücken ist Abweichung von $^{8}/_{1000}$ gestattet).

[2]) RMzGes. §§ 11. 12.

[3]) Bei den Reichsgoldmünzen soll die Abweichung vom gesetzlichen *Feingehalt* nach oben oder unten nicht mehr als $^{2}/_{1000}$ betragen, die Abweichung vom *Normalgewicht* nicht mehr als $^{2^1/_2}/_{1000}$ bei 5-Markstücken nicht mehr als $^{4}/_{1000}$; bei den Silbermünzen soll die Abweichung im *Feingehalt* nicht mehr als $^{3}/_{1000}$ im *Gewicht* (ausgenommen die 20-Pfennigstücke) nicht mehr als $^{10}/_{1000}$ betragen. RMzGes. § 4.

[4]) Die Frage ist bestritten, vgl. *Mandry-Geib.*, § 19, *Regelsberger* I, S. 402.

[5]) Reichskassenscheingesetz vom 30. April 1874, dazu RGes. vom 5. Juni 1906 und RBankgesetz vom 14. März 1875.

[6]) Zur Ausgabe von Papiergeld durch einen Bundesstaat ist in Zukunft Reichsgesetz erforderlich (Reichskassenscheingesetz vom 30. April 1874 § 8).

[7]) RBankgesetz 54. In Zukunft ist die Befugnis zur Notenausgabe von einem Reichsgesetz abhängig (RBankgesetz § 1).

[8]) RBankgesetz §§ 4. 18. 19. 44. Z. 4, RKassenscheingeſ. §. 5.

4. Für unbrauchbar gewordene und beschädigte Papiere muß unter gewissen Voraussetzungen Ersatz geleistet werden. Die Ersatzpflicht zessiert bei vernichteten und verlorenen Banknoten[1]). Der Ersatz erfolgt durch Hingabe unbeschädigter Stücke.

5. Neben dem Reichspapiergelde kann ausländisches Papiergeld umlaufen (fremde Kassenscheine oder Banknoten und den letzteren verwandte Inhaberpapiere). Es behält Geldqualität (d. h. eigentliche Zahlung ist möglich), solange nicht ein Umlaufsverbot durch den Bundesrat ergeht. Diejenigen ausländischen Banknoten, die ausschließlich oder neben anderen Wertbestimmungen auf Reichs- oder eine deutsche Landeswährung lauten, sind vom Umlauf ausgeschlossen[2]).

---

[1]) RBankgesetz §§ 4. 18. 44. Z. 4, RKassenscheinges. § 6.
[2]) RBankgesetz § 57.

V. Abschnitt.

Die Lehre vom juristischen Tatbestande.

§ 45.

Der juristische Tatbestand im allgemeinen.[1])

I. Unter dem Einflusse der Rechtsordnung gestalten sich die Lebensverhältnisse zu Rechtsverhältnissen. Demgemäß wird nicht nur die Entstehung und Begründung der Rechtsverhältnisse durch die Rechtsordnung bestimmt, sondern auch ihr weiteres Schicksal, ihre Änderung und Aufhebung. Sämtliche Rechtsvorgänge (Rechtsfolgen, Rechtswirkungen) lassen sich unter diese drei Kategorien: Entstehung, Änderung und Aufhebung von Rechtsverhältnissen unterordnen. Da sich aber im Rechtsverhältnisse Gewährleistung (subjektives Recht) und Gebundenheit (Pflicht) einander entsprechen, so beziehen sich die Rechtsvorgänge auch auf diese. Wir sprechen daher auch von der Entstehung, Änderung und Aufhebung der subjektiven Rechte und Rechtspflichten. Die Rechtsvorgänge knüpft das objektive Recht an bestimmte Tatsachen an. Diese Tatsachen sind die **juristischen Tatsachen.** Eine juristische Tatsache ist daher eine für einen Rechtsvorgang nach dem objektiven Recht erhebliche Tatsache. Im allgemeinen sind die juristischen Tatsachen Ereignisse (z. B. Geburt und Tod des Menschen) oder Zustände (z. B. Dauer des Besitzes), positive oder negative Tatsachen (z. B. Zerstörung einer Sache, Unkenntnis, Nichtgeltendmachung von Ansprüchen), menschliche Handlungen oder Tatsachen anderer Natur.

A. In den einzelnen Rechtsverhältnissen sind verschiedene und ihnen eigentümliche juristische Tatsachen von Erheblichkeit, andere für ihre Entstehung, andere für ihre Änderung und wieder andere für ihre Aufhebung. Die Gesamtheit der für ein Rechtsverhältnis in Betracht kommenden juristischen Tatsachen nennen wir den **besonderen juristischen Tatbestand** dieses Rechtsverhältnisses und sprechen von dem besonderen Tatbestand der Entstehung, der Änderung und Aufhebung dieses Rechtsverhältnisses. Um diesen besonderen Tatbestand handelt es sich in der Darstellung des Systems des Privatrechtes.

B. Gewisse juristische Tatsachen kehren im Tatbestande der einzelnen Rechtsverhältnisse zwar unter stets wechselnder Kombination mit anderen juristischen Tatsachen, aber doch für sich betrachtet mit prinzipiell gleicher Bedeutung wieder. Das gilt besonders von den menschlichen Handlungen, dem zeitlichen Verhältnisse der Tatsachen und dem Irrtum. Insofern werden sie als **allgemeiner Tatbestand** in den folgenden Paragraphen behandelt.

C. Vielfach ist der Rechtsvorgang an mehrere Tatsachen geknüpft, die sich erst sukzessive verwirklichen können, so daß sich bis zur völligen Verwirklichung des Tatbestandes ein Schwebe-

---

[1]) Hölder, Pandekten I, § 36. Regelsberger I, §§ 118—123. **1897**: Hellmann, Vorträge über das BGB., § 12—14. Eltzbacher, Die Handlungsfähigkeit nach deutschem bürgerl. Recht I (1903). Bierling, Jur. Prinzipienlehre II, § 20. Enneccerus I, 1. §§ 126 ff.

oder Pendenzverhältnis ergibt, das für sich selbständige Wirkungen erzeugt (Vorwirkung). Die mit der Erfüllung aller Tatbestandsvoraussetzungen eintretende Zielwirkung kann dann wieder entweder mit dem Moment der Tatbestandsvollendung (Wirkung ex nunc) oder mit dem Beginne der Tatbestandsvollendung (Wirkung ex tunc, sog. Rückwirkung) eintreten (vgl. **L.** § 58).

D. Das Gesetz kann den Richter anweisen, ein erforderliches Tatbestandsmoment als vorhanden oder ein vorhandenes, den Eintritt des Rechtsvorganges hinderndes Tatbestandsmoment als nicht vorhanden anzunehmen. Das ist die **Fiktion** des Tatbestandes (z. B. **162. 1238**), die aber in Wirklichkeit nur einen veränderten Tatbestand enthält[1]). Von den Fiktionen unterscheiden sich begrifflich die Präsumptionen (Rechtsvermutungen). Vgl. **L.** § 71. II.

II. **Der Rechtserwerb.**

Die juristischen Tatsachen, die zur Entstehung eines Rechtes führen, bilden den Tatbestand seiner Entstehung (z. B. beim Eigentumserwerbe durch Ersitzung: Eigenbesitz, Besitzdauer und gutgläubiger Erwerb). Nicht in allen Fällen, in denen ein subjektives Recht zur Entstehung gelangt, verbindet es sich mit einer Person, einem Subjekt. Ausnahmsweise entstehen die Rechte als subjektlose (vgl. **L.** § 17 II, § 26). Wo aber der Tatbestand der Entstehung zugleich über die Rechtszuständigkeit entscheidet, liegt Rechtserwerb vor. Der Erwerbstatbestand wird auch Erwerbstitel (titulus, causa)[2]) genannt. Wenn man innerhalb der Erwerbstitel gesetzliche und Vertragstitel unterscheidet, so hat das den Sinn, daß nur im letzteren Falle auch der Vertragswille der Parteien eine Rolle im Tatbestande spielt. Der Erwerb als endgültiger tritt in Gegensatz zur bloßen Erwerbsmöglichkeit und dem vorläufigen Erwerb oder Anfall (**333. 415**, Abs. 2. **516**, Abs. 2. **1942. 2108. 2142**, Abs. 1. **2176. 2180. 1942**). Von Bedeutung ist der Gegensatz zwischen ursprünglichem (originärem) und abgeleitetem (derivativem) Rechtserwerbe.

A. **Ursprünglicher Erwerb** liegt dann vor, wenn der Rechtserwerb sich vollzieht in Unabhängigkeit von dem bestehenden Rechte eines andern, wie z. B. bei der Aneignung (Okkupation), Verarbeitung (Spezifikation). Die entscheidende Eigentümlichkeit des originären Erwerbes tritt auch bei der Ersitzung des Eigentumes hervor; denn das neu begründete Eigentum gelangt zur Entstehung nicht auf Grund des bisher bestehenden. Wohl aber treten hier Erscheinungen hervor (z. B. Fortbestand der früher begründeten dinglichen Rechte, vgl. **L.** § 163), die der Ersitzung eine Zwischenstellung zwischen dem ursprünglichen und abgeleiteten Erwerbe anweisen.

B. **Abgeleiteter Erwerb** liegt vor, wenn sich der Erwerb des Rechtes des Erwerbers in Abhängigkeit vom bestehenden Rechte eines andern (Rechtsurheber, Autor) vollzieht. Der abgeleitete Erwerb ist inhaltlich entweder

1. Rechtsübergang (translativer Erwerb), d. h. das Recht des Erwerbers ist nach Art und Inhalt das gleiche wie das des Autors[3]), und der Tatbestand, der das Recht beim Autor zur Entstehung brachte, es änderte oder aufhob, äußert seine Wirkung auch für den Erwerber; oder der abgeleitete Erwerb schließt in sich:

---

[1]) Demelius, Die Rechtsfiktion (1858). Isay, Die Willenserklärung im Tatbestande des Rechtsgeschäfts (1899) S. 39. Hedemann, Die Vermutung (1904), § 39. Bernhöft, Zur Lehre von den Fiktionen (Festschrift für Bekker. 1907).

[2]) Titel (titulus) wird aber auch der Tatbestand genannt, der nur einen Anspruch auf Begründung des Rechtes gibt; hierauf beruht die Unterscheidung von titulus und modus acquirendi.

[3]) Andere verwerfen die Vorstellung einer Nachfolge in das identische Recht und ersetzen sie durch die Vorstellung, daß an Stelle des untergegangenen Rechtes ein neues begründet wird, aber aus identischem Rechtsstoff, identischer Rechtssubstanz oder mit ganz gleichem Inhalte. So auch Stammler, Das Recht der Schuldverhältnisse (1897), S. 203. Dagegen Regelsberger I, § 120.

2. Neubegründung eines Rechtes, die das Recht des Autors bestehen läßt, sich aber gerade auf dieses Recht des Autors stützt (konstitutiver Erwerb) und das Grundrecht des Autors beschränkt (z. B. Bestellung beschränkter dinglichen Rechte durch den Eigentümer).

3. Translativer und konstitutiver Erwerb stellen sich als verschiedene Arten der Rechtsnachfolge (Sukzession) in Rechte dar. Rechtsnachfolge kennt das Recht aber auch bei den Pflichten und in ein gesamtes Rechtsverhältnis. Alle Rechtsnachfolge kennzeichnet sich durch die Abhängigkeit der Rechtslage des Rechtsnachfolgers von der des Urhebers[1]). Die Rechtsnachfolge hat ihr Hauptanwendungsgebiet im Vermögensrecht und hier liegt auch die Hauptbedeutung des Unterschiedes von Einzel- und Gesamtrechtsnachfolge (Singular- und Universalsukzession). Der Gesamtrechtsnachfolge ist eigentümlich, daß ein Vermögen (Aktiva und in gewissen Fällen auch Passiva) in einem Akte auf ein anderes Subjekt übergeht, während die Einzelnachfolge in ein Vermögen nur so bewirkt werden kann, daß jeder einzelne Bestandteil des Vermögens (Recht und Pflicht) in der für diesen vorgeschriebenen Rechtsform (Übergabe, Abtretung, Schuldübernahme) auf den Erwerber übertragen wird. Die Gesamtrechtsnachfolge bildet die Ausnahme, der Hauptfall ist der der Erbfolge (ferner: **46. 88. — 2033. 2037. — 1438**). Im römischen Recht traten als Fälle der Gesamtrechtsnachfolge hinzu die sectio und venditio bonorum[2]).

III. Der Rechtsverlust und die Rechtsaufhebung.

Der Rechtsverlust ist nicht identisch mit der Aufhebung oder Endigung des Rechtes überhaupt, wie die Fälle der Sukzession zeigen. Rechtsverlust ist Loslösung des Rechtes von dem bisherigen Subjekt. Vom Tatbestande des Rechtsverlustes oder der Rechtsaufhebung gilt das gleiche wie vom Tatbestande überhaupt. Auf der Verschiedenheit des juristischen Tatbestandes beruht der Unterschied von Veräußerung und Verwirkung.

A. **Veräußerung** (alienatio) ist die auf Aufhebung oder Verlust des Rechtes gerichtete Handlung des Berechtigten, mag der gewollte Verlust oder die gewollte Aufhebung das Recht im ganzen oder nur teilweise treffen. Auch die durch den Berechtigten herbeigeführte Beschränkung seines Rechtes ist Veräußerung (z. B. der Eigentümer bestellt ein Pfandrecht oder einen Nießbrauch). In diesem Falle spricht das Gesetz von **Belastung** und hebt diese neben der Veräußerung besonders hervor (**925** f. **577** ff. **1111** usw.), oder versteht sie unter der Veräußerung mit (**135. 136**). Als Veräußerung läßt sich nicht das bloße Zulassen eines Rechtsverlustes oder die Ablehnung eines angetragenen Erwerbes bezeichnen. Es ist aber sehr wohl möglich, daß die für die Veräußerung geltenden Rechtssätze auch auf diese Handlungen Anwendung finden müssen. Für den Begriff der Veräußerung ist das ökonomische Moment der Minderung des Vermögens gleichgültig; Zahlung von Schulden und Annahme einer Zahlung durch den Gläubiger sind Veräußerungen, nicht aber die Eingehung einer Verpflichtung, wenn auch durch sie der Grund zu einer Veräußerung gelegt sein kann. Dieser Umstand kann aber in anderer Richtung Bedeutung gewinnen (vgl. **310. 311. 313**).

Mit Rücksicht auf die Wirkung der Veräußerung ist zu unterscheiden:

1. Veräußerung im engeren Sinne, die sich mit einer Rechtsübertragung verbindet, und

2. der Verzicht (renuntiatio)[3]), welcher das Recht schlechthin aufhebt. Gegenstand des Verzichtes sind aber nicht nur endgültig oder vorläufig erworbene Rechte (**658. 976**, Abs. 1. **1056. 517** usw.), sondern auch Erwerbsmöglichkeiten (§ 283) und Rechtsbegünstigungen. Der juristische Charakter des Verzichtes ist nicht immer der gleiche. Bei der Darstellung des Systems

[1]) Das BGB. erwähnt die Rechtsnachfolge mehrfach (**221. 1100—1102. 1164. 1173. 1182**), versteht aber darunter auch die Fälle, in denen Eigentum auf Grund guten Glaubens vom Nichteigentümer erworben wird; als Rechtsnachfolger wird also bezeichnet, wer durch Veräußerung seitens eines anderen das Recht erworben hat.

[2]) Vgl. HGB. §§ 305. 306. K. Lehmann, Lehrb. d. Handelsr., § 93.

[3]) Walsmann, Der Verzicht (1912).

wird es sich zeigen, daß der Verzicht bald einseitiges Rechtsgeschäft, bald Vertrag ist (**L.** § 97). Besondere Grundsätze gelten für die Auslegung des Verzichtes nicht[1]).

B. **Die Rechtsverwirkung.**

Hier tritt der Rechtsverlust mit Rechtsübergang oder Rechtsaufhebung schlechthin ein, nicht infolge einer darauf gerichteten Handlung des Berechtigten, sondern ohne Rücksicht auf seinen Willen, besonders infolge eines Verhaltens, welches das Recht zurückdrängen will (vgl. **L.** § 171).

IV. **Die Rechtsänderung.**

Ohne daß ein Rechtsverhältnis seine Identität aufgibt, können seine Elemente (Subjekt, Inhalt) eine Änderung erfahren. Hält man an dem Gedanken der Rechtsnachfolge fest (II.), so enthält sie den Fall der Änderung des Subjektes; Fortbestand des Rechtsverhältnisses ergibt sich aber auch, obwohl der Gegenstand quantitativ (z. B. teilweise Befriedigung des Gläubigers) oder qualitativ (z. B. Ersatzanspruch des Gläubigers infolge verschuldeter nachfolgenden Unmöglichkeit) sich ändert. Zu den Rechtsänderungen gehört es auch, wenn die mit dem Rechte gegebene Möglichkeit, es geltendzumachen, genommen oder eingeschränkt wird (z. B. dem Schuldner erwachsen Einreden gegen die Forderung des Gläubigers).

---

1. Kapitel.

Die Handlungen.

§ 46.

Die Handlungen und das Rechtsgeschäft.[2])

I. **Handlung** ist ein Verhalten, das sich auf bewußten Willensakt zurückführt. Rein zufälliges Verhalten, d. h. durch äußere Momente verursachtes, ist keine Handlung (Reflexbewegungen). Der bewußte Willensakt selbst ohne ein von ihm hervorgerufenes Verhalten ist ebensowenig Handlung. Ob im Tatbestande einer Rechtswirkung die Handlung ein Moment ist oder vielleicht nur zufälliges Verhalten gemeint ist und genügt, ist Interpretationsfrage (z. B. **953**).

II. Die Handlung ist entweder eine rechtlich bedeutungslose, oder eine rechtlich erhebliche, d. h. eine **juristische Handlung.** Eine solche liegt vor, wenn das Recht um deswillen, weil sie eine bewußt gewollte ist, Rechtswirkungen mit ihr verbindet. Der Grund, aus dem diese Rechtswirkungen von der Rechtsordnung angeknüpft werden, ist ein verschiedener. Danach sind zu unterscheiden:

A. **Unerlaubte Handlungen.** Diese sind rechtserheblich wegen ihrer Rechtswidrigkeit (**L.** §§ 61. 142 f.).

B. Bei den **erlaubten Handlungen** ist der Grund der Anknüpfung der Rechtsfolge nicht überall der gleiche.

1. Bei den einen tritt die Rechtswirkung ein, eben weil sie gewollt ist. Das führt auf die **Rechtsgeschäfte** (III).

2. Bei anderen tritt die Rechtswirkung ein, auch wenn sie nicht gewollt ist. Es gehören hierher:

---

1) Von „Verzicht" in untechnischem Sinne spricht das Gesetz in **151**. Dazu Walsmann, a. a. O., S. 25 ff.

2) Zitelmann, Beitr., H. 7—8, S. 19 ff. 36 ff. 160 ff. Bekker, System II, S. 11. Hölder, Pandekten I, §§ 39. 40. Regelsberger I, §§ 129—135. 148. Hellmann, Vorträge über das BGB., §§ 15. 16. Bierling, Jur. Prinzipienlehre II, §§ 21—25. Isay, Die Willenserklärung im Tatbestande des Rechtsgeschäftes nach dem BGB. Manigk, Das Anwendungsgebiet der Vorschriften für die Rechtsgeschäfte (1901). Derselbe, Willenserklärung und Willensgeschäft (1907). Henle, Vorstellungs- und Willenstheorie (1910). Walsmann, Der Verzicht (1912), § 4.

a) die erlaubten Handlungen, die eine Haftung für den aus ihnen entstehenden Schaden nachsichziehen (Zwangsenteignung, Halten von Tieren, gefährdender Gewerbebetrieb);

b) die erlaubten Handlungen (Realakte), die einen äußeren realen Erfolg herbeiführen an den die Rechtswirkung sich anknüpft (Begründung und Aufhebung des Wohnsitzes, Führung fremder Geschäfte, Schatzfindung, Fund, Spezifikation). Das BGB. erklärt, daß auf bestimmte Handlungen gewisse für Rechtsgeschäfte geltende Erfordernisse Anwendung finden sollen (**8. 682**). Damit ist über ihre Rechtsgeschäftsnatur nicht entschieden;

c) die erlaubten Handlungen, die lediglich dazu bestimmt sind, eine Vorstellung in einem anderen hervorzurufen, wie Mitteilungen, Aufforderungen, Anzeigen (Vorstellungsmitteilungen). Nur dann gehören diese Mitteilungen hierher, wenn das Gesetz verlangt, daß die Kenntnis beim Empfänger gerade durch die Handlung vermittelt wird. Ist das der Fall, so muß der Anzeigende die Erklärungshandlung wollen und auch die Wirkung der Vorstellung bei dem Empfänger, dagegen nicht die Rechtswirkung. Diese tritt, anders als bei der rechtsgeschäftlichen Handlung unabhängig von seinem Wollen ein (**50**, Abs. 1; **2061**. **108**, Abs. 2).

Wo in den Fällen a) b) c) Handlung vorliegt, ist auch mit dem rechtsgeschäftlichen Handeln Wesensgemeinschaft vorhanden; daher übertragen sich Erfordernisse des Rechtsgeschäftes auf diese Rechtshandlungen, soweit nicht ihre besondere Natur diese Übertragung ausschließt. So kann im Falle c) keine Bedingung oder Befristung in Frage kommen, auch keine Mentalreservation, wohl aber die Lüge, die ihr gleichsteht[1]).

III. Das **Rechtsgeschäft.**

Rechtsgeschäft ist ein Tatbestand, zu dessen Elementen notwendig eine Willenserklärung gehört, die gerichtet ist auf die Hervorbringung eines rechtlichen Erfolges, welcher nach der Rechtsordnung eintritt, weil er gewollt ist[2]).

A. Zum Rechtsgeschäft ist also bald mehr, bald weniger außer der Willenserklärung erforderlich. Der Gesamttatbestand wird Rechtsgeschäft genannt. Rechtsgeschäft ist der weitere Begriff, die Willenserklärung ist ein notwendiges Element des Rechtsgeschäftes. Die Willenserklärung muß auf den Rechtseffekt gerichtet sein, d. h. der Erklärende muß den Geschäftswillen haben und dieser muß sich in der Erklärung kundtun.

Es genügt nicht, daß der Handelnde sich den Erfolg lediglich in seiner wirtschaftlichen (Lenel) oder in seiner empirischen Bedeutung (Bechmann) vorstellte. Die Partei muß die Folge als eine Folge Rechtens wissen und wollen[3]).

Nicht erforderlich ist die Vorstellung des Rechtseffektes in seiner juristischen Gestalt. Demnach können Rechtswirkungen eintreten, an die der Erklärende nicht gedacht, auch solche, die er bestimmt nicht gewollt hat, aber niemals solche, die mit den von ihm gewollten Rechtswirkungen in keinem Zusammenhange stehen.

Die Rechtswirkung wird an die Willenserklärung geknüpft, weil die Rechtswirkung gewollt ist.

Rechtsgeschäfte dienen den Beteiligten zur Regelung ihrer Interessen (Privatwillenserklärungen). Daher sind Rechtsgeschäfte nicht richterliche Urteile.

---

[1]) Zitelmann, a. a. O., H. 7—8, S. 34, Note 35. J. a. vgl. A., Klein, Die Rechtshandlungen i. e. S. (1912).

[2]) Gegen die Bezeichnung der Willenserklärung als Handlung wendet sich Isay, a. a. O., S. 7 ff. weil nicht aus einer Handlung, sondern aus dem gesamten Verhalten der Partei und auch aus ihrem Nichttun auf den Willen geschlossen werde. Er definiert (S. 13) die Willenserklärung als das Verhalten der Partei samt allen dieses begleitenden Umständen. — Aber diese letzteren gehören doch wohl sicher nicht zum Verhalten der Partei. Sollte nicht eine Verwechselung von Auslegungsmittel und Auslegungsobjekt vorliegen?

[3]) Vgl. Kohler, Jahrb. f. Dogm., Bd. 28 (1899), S. 234 ff. Zitelmann, a. a. O., H. 7—8, S. 28 f., 33, Note 34. Ganz abweichend Isay, a. a. O., S. 24 ff. 52 und O. Bülow, Das Geständnisrecht (1899), bes. S. 105 ff.

B. **Die Erfordernisse des Rechtsgeschäftes.** Jedes konkrete Rechtsgeschäft fordert eine oder auch mehrere Willenserklärungen. Die Erfordernisse des Rechtsgeschäftes sind daher:

a) solche, die sich aus der Willenserklärung ergeben:

die Geschäfts f ä h i g k e i t der Handelnden (**L.** § 47),

das Vorhandensein des auf die Rechtswirkung gerichteten Willens (**Geschäftswille**) (**L.** § 52 ff.),

die Erklärung des Willens (**L.** § 48),

ein bestimmt qualifizierter Inhalt der Willenserklärung (Möglichkeit — Erlaubtheit). Wo zwingende Rechtsvorschriften nicht entgegenstehen, entscheidet über den Inhalt der Rechtsgeschäfte der Parteiwille (**L.** § 54).

b) Außer der Willenserklärung und dem, was mit ihr zusammenhängt, verlangen aber bestimmte Rechtsgeschäfte noch ein Weiteres. Diese weiteren Erfordernisse sind bei den einzelnen Rechtsgeschäften sehr verschieden. Bei allen empfangsbedürftigen Willenserklärungen tritt hinzu der Empfang durch den Adressaten, bei anderen Geschäften muß ein Real- oder Naturalakt erfüllt werden (R e a l g e s c h ä f t e, z. B. Darlehn). Manche sind E r r i c h t u n g s e r f o r d e r n i s s e, müssen also im Momente des Geschäftsabschlusses vorhanden sein, manche nicht. Im letzteren Falle ergeben sich Schwebezustände, die Erfordernisse sind nachholbar, der Tatbestand des Rechtsgeschäftes vollendet sich sukzessive (Einwilligung, Genehmigung, Bedingung, Befristung).

Das gültig errichtete, aber im Schwebezustande befindliche Geschäft kann durch gewisse Ereignisse nachträglich die Aussicht auf Wirksamkeit verlieren, z. B. durch Widerruf oder Zeitablauf.

C. **Die Arten der Rechtsgeschäfte.**

A. Mit Rücksicht auf den T a t b e s t a n d unterscheiden wir:

1. E i n s e i t i g e u n d z w e i s e i t i g e R e c h t s g e s c h ä f t e, je nachdem nur die Willenserklärung einer am Geschäftsabschluß beteiligten Person oder die einverstandenermaßen auf den Rechtserfolg vereinigten Willenserklärungen mehrerer Personen vorliegen müssen. Die zweiseitigen Rechtsgeschäfte sind die V e r t r ä g e (**L.** § 50). Zu ihnen gehören auch die B e s c h l ü s s e in Gemeinschaftsverhältnissen (z. B. Vereinen)[1]. Die einseitigen Rechtsgeschäfte erfordern entweder eine an einen a n d e r e n (Beteiligten) gerichtete und von ihm empfangene Willenserklärung (e m p f a n g s b e d ü r f t i g e W i l l e n s e r k l ä r u n g) oder nicht (schlechthin einseitige Geschäfte, z. B. die Aneignung herrenloser Sachen[2]), oder sie erfordern die Abgabe der Willenserklärung gegenüber einer B e h ö r d e (**L.** § 49)[3].

2. R e i n e W i l l e n s g e s c h ä f t e u n d R e a l g e s c h ä f t e (B, b).

3. Rechtsgeschäfte mit zeitlich einheitlich (simultan) verwirklichtem Tatbestande und solche mit sukzessiv verwirklichtem (B, b).

B. Sieht man auf den Inhalt und den Eintritt d e r R e c h t s f o l g e n d e r G e s c h ä f t e, so ergeben sich

1. die Geschäfte, die Begründung oder Änderung oder Aufhebung von Rechtsverhältnissen zum Inhalte haben; Rechtsgeschäfte, welche die Veräußerung (**L.** § 45. III.), Belastung, Aufhebung oder Änderung von einzelnen Vermögensrechten der Vermögen (z. B. **2033**, Abs. 1) zum Inhalte haben und ihre Wirkung u n m i t t e l b a r nach sich ziehen (sog. dingliche Wirkung), nennt das Gesetz V e r f ü g u n g e n; Erwerbs- und Verpflichtungsgeschäfte sind also keine Verfügungen. Wegen der gleichen Wirkung spricht das Gesetz auch von o b r i g k e i t l i c h e n V e r f ü g u n g e n (z. B. **161**. **499**) und die Wissenschaft von g e s e t z l i c h e n V e r f ü g u n g e n (**268**, Abs. 3). Die Verfügungen sind stets Rechtsgeschäfte unter Lebenden, die vom Gesetz so genannten Verfügungen von Todes wegen sind keine Verfügungen im technischen Sinne (vgl. **L.** § 54. VI.)[4].

---

1) A. M. B i e r m a n n I, S. 140 f.

2) Damit ist nicht gesagt, daß derartige Geschäfte auch durch M o n o l o g der Partei zustande kommen könnten. Dagegen H e l l m a n n, Krit. V.J.Schr. Bd. 40 (1898), S. 183.

3) Vgl. I s a y, a. a. O., S. 47 f.

4) A. M. W e n d t, Arch. f. d. ziv. Prax., Bd. 89 (1899), bes. S. 431 ff. (Vgl. **L.** § 312. I, B).

2. Ergänzende d. h. unselbständige, einseitige Geschäfte, die nur die Elemente für die positive oder negative Rechtswirksamkeit anderer Tatsachen setzen (Vollmachtserteilung, Einwilligung, Genehmigung, Widerruf usw.).

3. Geschäfte unter Lebenden (inter vivos) und von Todes wegen (mortis causa). Die Wirksamkeit der letzteren hängt nach der Parteiabsicht davon ab, daß der Tod des Verfügenden eher eintritt, als der des durch die Verfügung Begünstigten. Solche Geschäfte sind letztwillige, wenn der Verfügende bis zum Tode den freien Widerruf behält (Testament), oder nicht letztwillige (Erbvertrag).

c) Nach ihrer Stellung im Privatrechtssystem scheiden sich die Rechtsgeschäfte in vermögensrechtliche, familienrechtliche, erbrechtliche, personenrechtliche. Die vermögensrechtlichen Geschäfte sind:

1. onerose (lästige, entgeltliche) oder lukrative (unentgeltliche), je nachdem der Erwerb des Vermögensvorteils ein Vermögensopfer des Erwerbers fordert oder nicht. Weiter geht der Gegensatz von lediglich vorteilhaften und nicht lediglich vorteilhaften Geschäften (**107**);

2. kausale oder abstrakte Geschäfte (**L.** § 54).

D. Die Rechtsgeschäfte sind, wenn auf die Erklärung des Willens gesehen wird, formlose oder formbedürftige Geschäfte (**L.** § 51).

§ 47.

Die Geschäftsfähigkeit.[1])

Im gemeinen Recht ging man von dem allgemeinen Begriff der Handlungsfähigkeit aus, die sich unterschied in solche für Rechtsgeschäfte und für Delikte.

Das BGB. unterscheidet sachlich übereinstimmend Geschäftsunfähigkeit und beschränkte Geschäftsfähigkeit. Die Bestimmungen über die Geschäftsfähigkeit finden auch Anwendung auf nicht rechtsgeschäftliche Handlungen (**L.** § 46. II.). Unter besonderen Vorschriften steht die Verantwortlichkeit für unerlaubte Handlungen (**828. 829**). (Vgl. **L.** §§ 22. II. III. 61. 142. 143.)

I. **Die Geschäftsunfähigkeit.**

A. Geschäftsunfähig sind (**104**):

1. Kinder, d. h. Personen unter 7 Jahren (**188**, Abs. 2);

2. Personen, die tatsächlich geisteskrank sind. Ihrer Natur nach vorübergehende Zustände geistiger Störung sind hier ausgeschlossen;

3. wegen Geisteskrankheit entmündigte Personen während der Dauer der Entmündigung.

B. Die Willenserklärungen geschäftsunfähiger Personen sind nichtig, ebenso die Willenserklärungen, die gegenüber einer geschäftsunfähigen Person abgegeben sind (**105**, Abs. 1. **131**, Abs. 1).

Wird der die Entmündigung wegen Geisteskrankheit aussprechende Beschluß infolge einer Anfechtungsklage aufgehoben, so kann die Wirksamkeit der von oder gegenüber dem Entmündigten bis dahin abgegebenen Willenserklärungen nicht auf Grund des Beschlusses in Frage gestellt werden; diese sind also gültig, gültig sind aber auch die von oder gegenüber dem gesetzlichen Vertreter in der gleichen Zwischenzeit vorgenommenen Rechtsgeschäfte. Bei Kollision der Geschäfte des Entmündigten mit denen des Zwischenvertreters entscheidet die Zeitfolge: sind die kollidierenden Geschäfte gleichzeitige, so sind sie unwirksam, soweit sie sich nicht vereinigen lassen (**115**, Abs. 1, vgl. **2230**) [2]).

---

1) Breit, Die Geschäftsfähigkeit (1903).

2) Vermöge des argumentum e contrario ergibt sich, daß die Wirksamkeit der Geschäfte in der Zwischenzeit immer noch wegen wirklicher Geisteskrankheit aufgehoben sein kann. Der Aufhebungsbeschluß stellt also Dritten gegenüber nicht die Gesundheit des Entmündigten fest.

C. Obwohl Geschäftsunfähigkeit nicht vorliegt[1]), tritt doch die gleiche Wirkung für die Handlungen ein, die in Zuständen der Bewußtlosigkeit und vorübergehenden Störung der Geistestätigkeit (Narkose, Traumzustand, Schlaf, hypnotischer Zustand, Trunkenheit, Fieberzustand) vorgenommen werden. Die Bedeutung ist auf die Dauer dieser Zustände beschränkt. Willenserklärungen, die in diesen Zuständen von diesen Personen und mündlich ihnen gegenüber abgegeben werden, sind nichtig, nicht aber die schriftlich ihnen gegenüber abgegebenen. Ihre Wirksamkeit ist also nicht dadurch in Frage gestellt, daß der Adressat z. B. zu der Zeit der Ankunft des Briefes etwa schlief oder betrunken war (**105**, Abs. 2. **131**, Abs. 1).

II. Die **beschränkte Geschäftsfähigkeit** tritt ein bei Minderjährigen, bei den wegen Geistesschwäche, Verschwendung und Trunksucht Entmündigten und bei den unter vorläufige Vormundschaft gestellten Personen[2]) (**L.** § 22. II. III.).

A. **Minderjährige.**

Im römischen Recht sind die Minderjährigen in impuberes infantia majores und puberes minores geschieden. Beide waren zu lediglich vorteilhaften Geschäften selbständig fähig. Die impuberes bedurften zu allen anderen Geschäften der auctoritas des tutor. Die puberes minores, ursprünglich voll geschäftsfähig, bedurften dagegen seit Diocletian, wenn sie einen Kurator hatten, zu Veräußerungs- und Verpflichtungsgeschäften des consensus ihres Kurators. Im gemeinen Recht bedürfen alle Minderjährigen zu diesen Geschäften des Konsenses ihres Vormundes oder Vaters, ihre selbständigen Verpflichtungsgeschäfte erzeugen eine obligatio naturalis. Außerdem genießen sie das benificium der in integrum restitutio. Im BGB., welches sich an das preuß. Recht[3]) angeschlossen hat, sind die Naturalobligation und die Restitution gefallen.

Selbstverständlich scheiden aus die Minderjährigen, die für großjährig erklärt sind oder wegen Geisteskrankheit usw. geschäftsunfähig sind. Dagegen sind sonst alle Minderjährigen, ob sie unter väterlicher Gewalt stehen oder nicht, bevormundet sind oder nicht, in der Geschäftsfähigkeit beschränkt. Mit der Volljährigkeit erlischt die Beschränkung, auch wenn die Vormundschaft etwa fortdauert (**106**).

1. Der Minderjährige kann selbständig Willenserklärungen abgeben und entgegennehmen, durch die er lediglich einen rechtlichen Vorteil erlangt, z. B. Befreiung von einer Verbindlichkeit oder von einem an seiner Sache haftenden dinglichen Rechte eines Dritten, Verzicht eines Dritten auf ein Anfechtungsrecht, Einräumung einer Pfandpriorität durch Dritte usw. Immer kommt es auf Gattung und Art des Geschäftes, nicht auf den Erfolg des konkreten Geschäftes, an. Familienrechtliche Geschäfte gehören niemals zu den lediglich vorteilhaften[4]). (**107**. **131**, Abs. 2)[5]).

Der Minderjährige kann aber als Stellvertreter eines anderen jedes Geschäft vornehmen, wie er auch zum Vormund bestellt werden kann (**165**).

2. Bei allen anderen Geschäften des Minderjährigen in eigenen Angelegenheiten tritt die Beschränkung der Geschäftsfähigkeit hervor, und eine allgemeine Ausnahme wird auch nicht gemacht, wenn der andere Teil nicht gewußt hat, daß der Minderjährige in der Geschäftsfähigkeit beschränkt war. Eine teilweise Geschäftsunfähigkeit liegt nicht vor, weil sonst auch die Einwilligung und Genehmigung des gesetzlichen Vertreters nichts helfen würde (vgl. Z. 1). Richtiger ist von einer mangelnden Verfügungsfähigkeit zu sprechen. Der Minderjährige handelt selbst gültig, damit aber das Geschäft Wirkung äußere auf seinen Rechtskreis, besonders sein Vermögen (Veräußerungen, Belastungen, Verpflichtungen), ist die Einwilligung d. h. vorherige Zustimmung des gesetzlichen Vertreters erforderlich (**107**). — Die Beschränkung bezieht sich nicht nur auf vermögensrechtliche Geschäfte. Für die nicht vermögensrechtlichen Geschäfte sind besondere Bestimmungen getroffen. —

Gesetzlicher Vertreter ist der Inhaber der väterlichen Gewalt (Vater oder Mutter), Beistand

[1]) A. M. Biermann I, S. 199 f., der vorübergehende Willensunfähigkeit annimmt.
[2]) Vgl. auch EG. Art. 200, Abs. 3.
[3]) Gesetz vom 12. Juli 1874.
[4]) Seuff., A., Bd. 61, Nr. 11.
[5]) Annahme einer Zahlung wird also dem Minderjährigen freistehen, die Forderung wird aber nur erlöschen, wenn der gesetzliche Vertreter zustimmte. Vgl. aber Biermann I, S. 207, Note 2.

der Mutter, Vormund, Pfleger. Ihrer Einwilligung muß unter Umständen noch die des Gegenvormundes, Beistandes, Vormundschaftsgerichtes hinzutreten.

Ohne die Einwilligung ist das Geschäft absolut nichtig.

Diese Regel wird durchbrochen:

a) bei **einseitigen Geschäften.**

Die Vornahme solcher Geschäfte durch den Minderjährigen, z. B. eines Rücktritts, einer Kündigung, ist ohne Einwilligung des gesetzlichen Vertreters schon nach der Regel nichtig (**107**); sie erfordert aber weiter, daß der Minderjährige die vorhandene Einwilligung schriftlich dem anderen vorlegt oder daß der gesetzliche Vertreter dem Beteiligten die Einwilligung mitteilt. Unterbleibt die Vorlegung, und weist der andere das Geschäft aus diesem Grunde unverzüglich zurück, so ist es nichtig. Es liegt ein Fall der schwebenden Nichtigkeit vor (**L.** § 55). (**111**);[1])

b) bei **Verträgen**, zweiseitigen wie einseitigen Verträgen, genügt aber die nachträgliche Genehmigung des gesetzlichen Vertreters.

Mit dem Abschlusse des Vertrages ohne Einwilligung tritt demnach ein Zustand der Schwebe ein (schwebende Nichtigkeit). Verweigert der gesetzliche Vertreter die Genehmigung, so ist der Vertrag für immer und für beide Teile unwirksam; genehmigt er, so wird der Vertrag voll wirksam von Anfang an unter Wahrung gewisser in der Zwischenzeit begründeter Rechte Dritter (**184**).

Bedeutung hat nicht nur eine vom gesetzlichen Vertreter dem anderen Teil gegenüber abgegebene Genehmigungserklärung, sondern auch die vom Vertreter an den Minderjährigen erteilte Genehmigung (**182**). Solange der Schwebezustand dauert, ist zwar eine Gebundenheit beider Teile gegeben, aber keine definitive, und die Gebundenheit des Minderjährigen hängt von der Genehmigung des gesetzlichen Vertreters ab. Im Interesse des anderen Vertragsteiles ist diesem die Möglichkeit gegeben, sowohl eine Entscheidung über die Genehmigung herbeizuführen (α) (β) als seine Gebundenheit durch Widerruf zu beseitigen (γ).

α) Der andere Vertragsteil kann den gesetzlichen Vertreter auffordern, sich über die Genehmigung zu erklären. Die Aufforderung muß dem gesetzlichen Vertreter zugegangen sein. Der gesetzliche Vertreter hat sich dann, und zwar nur dem Dritten gegenüber, zu erklären. Genehmigen kann er bis zum Ablaufe von zwei Wochen nach Empfang der Aufforderung. Schweigt der gesetzliche Vertreter, so gilt das Schweigen als Verweigerung. Hatte vor der Aufforderung der gesetzliche Vertreter dem Minderjährigen gegenüber genehmigt oder die Genehmigung verweigert, so werden diese Erklärungen völlig unwirksam. Die Vertragsteile können also auf eine frühere, dem Minderjährigen erklärte Genehmigung oder Verweigerung nicht mehr zurückgreifen[2]). Dieses Mittel verschafft aber dem anderen Teile keine Sicherheit für den Fall, daß der gesetzliche Vertreter vor oder bei dem Vertrage dem Minderjährigen seine Einwilligung erklärt hatte; denn diese wird nicht unwirksam.

β) Ist der Minderjährige unbeschränkt geschäftsfähig geworden, so ist seine Genehmigung erforderlich (α). Ist er in der Minderjährigkeit verstorben, so treten eventuell seine Erben an seine Stelle (**108**).

γ) Abgesehen von etwa bestehenden gesetzlichen oder vertragsmäßigen Rücktrittsrechten (z. B. **671**) kann der andere Vertragsteil seine Gebundenheit bis zur Genehmigung des Vertrages widerrufen, wenn er die Minderjährigkeit der Partei nicht gekannt hat. Der Minderjährige hat den Beweis der Kenntnis zu erbringen. Hat der andere Teil die Minderjährigkeit gekannt (bloß fahrlässige Nichtkenntnis schließt das Widerrufsrecht nicht aus), so kann er nur widerrufen, wenn der Minderjährige die Einwilligung des gesetzlichen Vertreters wahrheitswidrig behauptet hat und das Fehlen der Einwilligung dem anderen Teile nicht bekannt

---

[1]) Wie bei Geschäftsvornahme gegenüber einer Behörde? Kohler I, § 107. Vgl. **1945**, Abs. 2.

[2]) Hatte der Minderjährige keinen gesetzlichen Vertreter, so tritt gleichwohl der Schwebezustand ein. Die Aufforderung des anderen Vertragsteiles ist dann an das Vormundschaftsgericht zu richten.

war. Diese Kenntnis hätte ebenfalls der Minderjährige zu beweisen. Der Widerruf kann sowohl dem gesetzlichen Vertreter wie auch dem Minderjährigen gegenüber erklärt werden.

δ) Hat der Minderjährige ohne Einwilligung des gesetzlichen Vertreters einen Vertrag geschlossen und sodann die Vertragsleistung mit Mitteln bewirkt, über die er ohne weiteres selbständig verfügen kann (Dienstleistungen), oder die ihm zu diesem Zwecke oder zur freien Verfügung von dem Vertreter oder mit dessen Zustimmung von einem Dritten überlassen sind, so ist der Vertrag von Anfang an wirksam (**110**).

Die Überlassung durch den gesetzlichen Vertreter bedarf unter Umständen der Genehmigung des Vormundschaftsgerichtes oder des Gegenvormundes (**1644. 1824**). Auch das gehört im Zweifel zu diesen Mitteln, was mit dem Überlassenen erworben wurde.

Eine etwa erforderliche Zustimmung des Gegenvormundes oder des Vormundschaftgerichtes wird durch die Erfüllung aus den dazu überlassenen Mitteln nicht ersetzt.

Vertragsmäßige Leistung ist nicht nur die Erfüllungsleistung (Leistung an Erfüllungs Statt, endgültige Hinterlegung), sondern auch die Leistung aus anderer causa (Naturalkauf, Handgeschenk, Darlehn usw.).

Die Überlassung kann vor Vollzug der Erfüllung vom gesetzlichen Vertreter widerrufen oder auf bestimmte Zwecke eingeschränkt werden.

c) Einwilligung und Genehmigung müssen immer zu bestimmten Geschäften erteilt sein, eine allgemeine eine Reihe von Geschäften umfassende Erteilung z. B. durch Erlaubnis zum Ergreifen eines Berufes kennt das BGB. nicht[1]).

3. Eine **erweiterte Geschäftsfähigkeit** des Minderjährigen ist in einigen wichtigen Fällen vorgesehen; soweit sie reicht, folgt die Prozeßfähigkeit des Minderjährigen (ZPO. § 52) und fällt die Vertretungsmacht des gesetzlichen Vertreters fort[2]).

a) Dem Minderjährigen kann vom gesetzlichen Vertreter mit Genehmigung des Vormundschaftsgerichtes die ausdrückliche oder stillschweigende Ermächtigung zum selbständigen Betrieb eines Erwerbsgeschäftes erteilt sein. Überlassung von Vermögen an den Minderjährigen ist nicht erforderlich[3]). Diese volle Geschäftsfähigkeit bezieht sich auf alle Geschäfte, die der Betrieb mitsichbringt, gewöhnliche oder außergewöhnliche, nicht aber auch Geschäfte zur Beschaffung seines Unterhaltes; hier hilft **110** aus[4]). Der gesetzliche Vertreter kann einzelne, zu diesem Betriebe gehörige Geschäfte nicht durch bloßen Widerspruch hindern, sondern nur (mit Genehmigung des Vormundschaftsgerichtes) die Ermächtigung widerrufen. Allerdings kann er sie so auch abändern und einschränken. Bei allen Geschäften, für die der gesetzliche Vertreter die Genehmigung des Vormundschaftsgerichtes einholen muß (**1643. 1819** ff. **1825**), ist die regelmäßige spezielle Zustimmung des gesetzlichen Vertreters, die der Genehmigung des Vormundschaftsgerichtes bedarf, erforderlich. Geschäfte, die der gesetzliche Vertreter auch mit Genehmigung des Vormundschaftsgerichtes nicht vornehmen kann, sind dem Minderjährigen versagt (**1641. 1804**).

Aus den so gültig abgeschlossenen Verpflichtungsgeschäften tritt für den Minderjährigen Haftung mit dem ganzen Vermögen ein (**112**).

b) Der Minderjährige kann vom gesetzlichen Vertreter ermächtigt sein, in Dienst oder Arbeit zu treten. Ist der gesetzliche Vertreter ein Vormund, so kann seine Ermächtigung, wenn er sie verweigert, durch das Vormundschaftsgericht ersetzt werden. Der Minderjährige ist dann unbeschränkt geschäftsfähig für alle Geschäfte, welche die Eingehung oder Aufhebung von Dienst- oder Arbeitsverhältnissen der gestatteten Art oder die Erfüllung der sich aus solchen Verhältnissen ergebenden Verpflichtungen betreffen, z. B.:

A, die mit Erlaubnis des Vormundes Dienstmädchen geworden ist, kann nicht ohne neue Erlaubnis eine Stelle als Kellnerin annehmen.

---

1) So richtig v. Blume, Jahrb. f. Dogmat. 48, S. 417 ff. gegen Dernburg I, S. 403.

2) Riezler, Arch. f. d. ziv. Praxis, Bd. 98, S. 375 ff.

3) A. M. Kuhlenbeck, Von den Pandekten usw. I, S. 109.

4) Biermann I, S. 214, Note 3. A. M. Endemann I, S. 113, Note 5 und wieder anders Rehbein, S. 113.

Alle Geschäfte gehören hierher, die zur Erfüllung eigener Verpflichtungen des Minderjährigen wie zu der des anderen Teiles dienen. Der Minderjährige ist aber wohl nicht befugt, einen Vertrag einzugehen, dessen Inhalt ihm Verpflichtungen auferlegt, die über das Gewöhnliche in solchen Verhältnissen hinausgehen, und welchen zuzustimmen der Vertreter nicht beabsichtigt haben kann, z. B. Vereinbarung einer Konventionalstrafe für den Fall nicht rechtzeitigen Dienstantrittes. Ausgeschlossen sind aber Verträge, zu denen der gesetzliche Vertreter der Genehmigung des Vormundschaftsgerichtes bedarf. Der gesetzliche Vertreter kann die von ihm, nicht die vom Vormundschaftsgericht erteilte Ermächtigung zurücknehmen und einschränken (**113**)[1]), z. B.:

Die Minderjährige A, die mit einem Bühnendirektor einen Engagementsvertrag schließen will, dem aber der Vormund die Zustimmung verweigert, fällt nicht unter **113**, sondern **112**, kann aber deshalb die Zustimmung des Vormundes nicht durch das Vormundschaftsgericht ersetzt verlangen.

B. Die wegen Geistesschwäche, Verschwendung und Trunksucht Entmündigten und die unter vorläufige Vormundschaft Gestellten stehen in der Geschäftsfähigkeit den Minderjährigen gleich (**114**). Anwendung findet hier auch **115** (vgl. I. B.).

III. Auf dem Gebiete des Familien- und Erbrechtes bestehen Besonderheiten; entweder sind gewisse Geschäfte dem in der Geschäftsfähigkeit Beschränkten ganz versagt, z. B. die Eheschließung minderjährigen Männern und Frauen unter sechzehn Jahren (**1303**), die Geschäfte des Testamentsvollstreckers (**2201, 2225**), das Testament dem wegen Entmündigung in der Geschäftsfähigkeit Beschränkten und den Minderjährigen unter 16 Jahren (**2229**), der Erbvertrag (**2275**); oder es tritt für andere Geschäfte volle Geschäftsfähigkeit ein, z. B. beim Testament der Minderjährigen über 16 Jahren (**2229**, Abs. 1. 2) ebenso: **1336**, Abs. 1; **1729**, Abs. 3; **1748**, Abs. 2; **2253**, Abs. 2; **2282**, Abs. 1; **2290**, Abs. 2; **2296**, Abs. 1; oder die Zustimmung ist als Einwilligung vorgeschrieben (**1304**).

§ 48.

Die Willensäußerung.[2])

I. Das Rechtsgeschäft ist Handlung. Die **Willensäußerung** ist daher wesentliches Element des Rechtsgeschäftes. Die Willensäußerung ist die notwendige Kundbarmachung des Geschäftswillens, d. h. des auf die rechtlichen Wirkungen des Geschäftes gerichteten Willens. Die Mittel, den Geschäftswillen kundzugeben, sind sehr verschieden: Worte, Gebärden, Zeichen, Signale, sonstige Handlungen, auch bloßes Stillschweigen. Von einer Willenserklärung spricht man vielfach nur dann, wenn das zur Kundgebung des Geschäftswillens geeignete Mittel auch von der Geschäftspartei mit dem Willen, den Geschäftswillen kundzugeben, d. h. mit dem Erklärungswillen verwendet wird. Eine solche Willenserklärung ist aber i. A. nicht verlangt, es genügt vielmehr, daß der Geschäftswille sich aus dem Verhalten der Partei unter Beachtung der dieses Verhalten begleitenden Umstände ergibt (facta concludentia, schlüssiges Verhalten); man spricht hier auch von stillschweigenden Willenserklärungen, jedoch wird mit diesem Ausdruck weder in der Rechtslehre, noch in den Gesetzen das gleiche bezeichnet. Jedenfalls ist es gestattet, den Ausdruck Willenserklärung in dem allgemeineren, das schlüssige Verhalten mit umfassendem Sinne zu gebrauchen.

II. Das BGB. unterscheidet den Willen, der sich aus den Umständen ergibt von dem, was als bestimmter Wille erhellt, sich aus dem Vertrage, Antrage, Inhalte des Geschäftes usw. ergibt und besonders bestimmt ist (**269. 271. 328. 612. 632. 653. 689. 701. 724. 1357. 2165**), das BGB. stellt aber auch diese „stillschweigende Willenserklärung" in Gegensatz zur aus-

[1]) Der gesetzl. Vertreter kann aber ein Dienst- oder Arbeitsverhältnis des Minderjährigen nicht kündigen. Aushilfe: **626**.

[2]) Zitelmann, Beitr., H. 7—8, S. 92 ff. Bekker, System II, S. 73. 75. 81. Hölder, Pandekten I, § 41. Regelsberger I, §§ 136. 138. Ehrlich, Die stillschweigende Willenserklärung (1893). Hellmann, Vorträge über d. BGB. (1897). Derselbe, Jahrb. für Dogmatik, Bd. 42, S. 413 ff. Isay, Die Willenserklärung im Tatbestande des Rechtsgeschäfts (1899), S. 4 ff. 27 ff. Eltzbacher, Handlungsfähigkeit I, S. 121 ff. Breit, Die Geschäftsfähigkeit (1903).

drücklichen (**151**. **164**) und verlangt in einigen Fällen eine ausdrückliche Willenserklärung (**244**. **700**)[1]. Das Gesetz sagt damit, entweder daß überhaupt eine Bestimmung von den Parteien getroffen sein muß, wenn der Geschäftswille in bestimmter Richtung angenommen werden soll, oder daß wörtliche (mündliche oder schriftliche) Kundgebung erforderlich ist (**164**).

a) Bei **schlüssigen Tatsachen** (facta concludentia) kann von einem sicheren Schluß von dem Verhalten auf den Willen am wenigsten die Rede sein. Die Erfahrung des Lebens, Vernunft und Redlichkeit beim Erklärenden vorausgesetzt, führen auf das, was als Wille der Partei zu gelten hat. Die Verwertung schlüssiger Tatsachen ist da ausgeschlossen, wo eine besondere Form für die rechtsgeschäftliche Erklärung vorgeschrieben ist (**L**. § 51), also auch da, wo ausdrückliche Erklärung wörtliche Erklärung bedeutet.

b) Das **bloße Schweigen** kann nach Parteifestsetzung Erklärungsmittel bei den eigentlichen Willenserklärungen (mit Erklärungswillen) sein, z. B. A schweigt absichtlich auf den Antrag des B, nachdem zwischen A und B das Schweigen als Ausdruck der Zustimmung vereinbart ist. Davon abgesehen kann das Schweigen als schlüssiges Verhalten in Betracht kommen, wenn Umstände vorliegen, die zum Reden Veranlassung gaben, der Betreffende von diesen Umständen Kenntnis hatte und in der Lage war, seinen Willen zu erklären. Die Umstände müssen so liegen, daß nach Orts- und Verkehrssitte anzunehmen ist, der Schweigende würde, wenn er den relevanten Willen nicht gehabt hätte, geredet haben. Der Betreffende muß ferner das Bewußtsein gehabt haben, oder er hätte es haben müssen, daß ihm zu reden oblag, d. h. es muß ihm, wenn er die Deutung des Schweigens ablehnen will, sein Schweigen auch subjektiv als Vernachlässigung der Grundsätze von Treu und Glauben angerechnet werden können. Die Schlüssigkeit des Schweigens hat also objektive und subjektive Grenzen. Diese Grenzen allein sind auch dann maßgebend, wenn einseitig von einer Partei in Geschäftsanträgen dem Schweigen des Empfängers des Antrages eine bestimmte Deutung beigelegt wird. Liegen die subjektiven und objektiven Voraussetzungen vor, so wird das Schweigen regelmäßig den Schluß auf zustimmenden, weniger den auf ablehnenden Willen gestatten.

In einer Reihe von Fällen spricht das Gesetz selbst aus, welche Bedeutung das Schweigen haben soll, besonders dann, wenn Erklärungen nicht, wie erforderlich, innerhalb einer bestimmten Frist abgegeben werden. Das Schweigen hat dann entweder die Bedeutung der Ablehnung oder der Zustimmung (z. B. **108**. **177**. **415**. **416**. **496**. **516**. HGB. § 362, Abs. 1. **518**. **1405**. **1452**). Wo eine gesetzliche Bestimmung nicht vorliegt, müssen die vorher entwickelten Grundsätze entscheiden[2].

c) Gegen eine an sich mögliche und vielleicht naheliegende Deutung eigenen Verhaltens kann man **Verwahrung** einlegen (Protestation), die im besonderen Falle der Abwehr einer Deutung auf Verzicht Reservation genannt wird. Die Verwahrung muß aber mit der der Deutung unterliegenden Handlungsweise logisch vereinbar, sie darf nicht eine protestatio facto contraria sein (vgl. **625**. **640**. **568**. **581**, Abs. 2. **341**. **464**. **1001**.

§ 49.

Empfangsbedürftige Willenserklärungen.[3])

Zahlreiche Rechtsgeschäfte sind dadurch eigentümlich, daß ihr Tatbestand Willenserklärungen, die an einen anderen gerichtet und diesem zugegangen sein müssen (empfangsbedürf-

[1]) Vgl. HGB. §§ 22. 24. 48. KO. § 181. Reichsbörsengeſ. v. 22. Juni 1896, § 74. Reichsdepotgeſ. v. 5. Juli 1896, §§ 2. 3.

[2]) Mit der Deutung des Schweigens befassen sich dagegen nicht die Vorschriften in **612**. **632**. **659**. **689**. Sie enthalten lediglich dispositive Rechtssätze.

[3]) Zitelmann, Beitr., H. 7—8, S. 22 ff. 39. 52. 98 ff. 111 ff. 169. Bekker, System II, S. 55. 60 f. 65. 76 f. 110. 112 ff. Zitelmann, Beitr., H. 9—10, S. 138. 146 f. 199. Hellmann, Vorträge über d. BGB., §§ 15. 17. Isay, Die Willenserklärung im Tatbestande d. Rechtsgeschäfts, S. 36 ff. 45 ff. Hölder, Zur Theorie der Willenserklärung (1905). Oertmann, Recht (1906), S. 721. Eltzbacher, Handlungsfähigkeit I. Walsmann, Der Verzicht (1912), S. 219 ff.

tige Willenserklärungen) enthält, während für den Tatbestand anderer Rechtsgeschäfte eine solche Willenserklärung nicht erforderlich ist. Der Gegensatz ist nicht identisch mit dem der zweiseitigen und einseitigen Rechtsgeschäfte; es handelt sich vielmehr um einen Gegensatz unter den einseitigen Willenserklärungen, wie sie den Bestand der einseitigen oder zweiseitigen Rechtsgeschäfte bilden.

I. Die **empfangsbedürftige Willenserklärung** setzt zwei Personen voraus: denjenigen, der die Erklärung abgibt, und den andern (Destinatär, Adressaten, Beteiligten, Empfänger), dem sie zugehen soll. Wer dieser Andere ist, ergibt sich, wenn nicht direkt aus den gesetzlichen Vorschriften, so aus der Auslegung derselben und dem konkreten Geschäfte (**182**, Abs. 1; **183**. **880**, Abs. 2; **1283**, Abs. 2).

Es muß eine **fertige** Willenserklärung, nicht ein bloßer Entwurf einer solchen vorliegen und sie muß an den andern **gerichtet** und dem andern **zugegangen** sein (**130**).

Es macht keinen Unterschied, ob die Willenserklärung eine ausdrückliche oder stillschweigende ist, und ebenso kann es keinen Unterschied machen, ob sie unter Anwesenden oder Abwesenden erfolgt.

Was für die rechtsgeschäftliche Willenserklärung gilt, ist aber auch auf ähnliche nicht rechtsgeschäftliche Erklärungen, wie Anzeigen usw. (**L.** § 46 II) analog anzuwenden.

II. Die Rechtsgeschäfte mit empfangsbedürftigen Willenserklärungen bilden die Regelerscheinung. Es gehören dahin die beiderseitigen Willenserklärungen der Vertragsparteien (**L.** § 50), die Anfechtung von Rechtsgeschäften (**143**), die Wahlakte (**263**), die Kündigungserklärungen (z. B. **609**), Widerrufserklärungen (**130**) Zustimmungserklärungen (**182**) usw.[1]). Wo das Gesetz nicht direkt die Empfangsbedürftigkeit der Erklärung ausspricht, ist durch Auslegung festzustellen, ob eine solche Erklärung vom Gesetz gewollt ist (z. B. **144**). Durch diese Willenserklärungen sollen die Interessen des andern beeinflußt werden; es entspräche der Logik, Kenntnis des anderen zu verlangen, aus praktischen Erwägungen begnügt sich das Recht mit dem Zugang. Daher gilt bei diesen Willenserklärungen weder Äußerungs- noch Vernehmungs-, sondern **Empfangstheorie.**

III. **Die empfangsbedürftige Willenserklärung unter Abwesenden.**

Dem Erfordernis der Richtung ist erst dadurch genügt, daß der Erklärende die Möglichkeit der Wahrnehmung seitens des Adressaten durch sein Verhalten gesetzt hat, z. B. durch Überlieferung des Briefes an die Post.

Ist die Willenserklärung mit Richtung auf den anderen abgegeben, so ist die Willenserklärung vollendet. Zu ihrer Wirksamkeit ist aber weiter der Empfang erforderlich: Errichtung und Empfang treten zeitlich auseinander; der Empfang ist nicht Errichtungserfordernis, er vollzieht sich später. Der Empfang ist ein zur Willenserklärung hinzutretendes weiteres Tatbestandsmoment.

1. Abwesend sind die Parteien, wenn sie nicht in der Lage sind, ihre Erklärungen einander sofort zur Kenntnis bringen zu können, d. h. ohne Zuhilfenahme von Mitteln, deren Anwendung erheblichen Zeitverlust verursacht.

2. Die Willenserklärung wird wirksam, sobald der sie einschließende Brief oder das Telegramm soweit an den gelangt sind, an den die Willenserklärung gerichtet ist, daß ihm normalerweise die Möglichkeit der Kenntnisnahme eröffnet ist. Der Eintritt des Briefes usw. in die äußere Machtsphäre des Adressaten genügt daher nicht[2]), und Erwerb des unmittelbaren Besitzes[3]) ist nicht erforderlich. Mündliche, durch Telephon oder Boten übermittelte Willenserklärungen werden wirksam, sobald der andere sie gehört hat[4]).

---

[1]) Vgl. **149**. **485**.

[2]) Titze, Jahrb. f. Dogmat., Bd. 47, S. 379 ff.

[3]) Fritze, Arch. f. bürg. R., Bd. 14, S. 214 f.

[4]) Nicht schon mit Zugang an den zur Weitergabe geeigneten Boten (RG. Bd. 60, S. 334. Bd. 61, S. 125).

3. Dem Empfange steht es gleich, wenn die Willenserklärung dem andern durch den Gerichtsvollzieher zugestellt ist, nach ZPO. §§ 166 ff., also unmittelbar durch diesen oder durch die Post. Der Erklärende hat dadurch den Vorteil einer öffentlichen Beurkundung des Empfanges. Selbstverständlich ist auch der Gerichtsvollzieher verpflichtet, rechtsgeschäftliche Erklärungen zuzustellen.

Ferner steht dem Empfange gleich die öffentliche Zustellung nach ZPO. §§ 203 ff. (**132**).

Demnach wird der Adressat den Zugang selbst kaum hindern können, wohl aber den rechtzeitigen Zugang, z. B. der Verkaufsantrag des A. an B. soll binnen bestimmter Frist angenommen werden, A. verhindert den Zugang der Annahmeerklärung des B. bis zum Ablauf der Frist. Verletzt A. damit eine Vertragspflicht, oder verstößt er gegen **826**, so ist er nach **249** gehalten, sich so behandeln zu lassen, als wäre eine verspätete Erklärung des B. rechtzeitig zugegangen. Dagegen ist darüber hinaus bei Schuld des A. auf Grund von **162**. **815** ein fingierter Empfang nicht anzunehmen[1]).

4. Der Empfang ist, wie sich aus Z. 2. 3 ergibt, keine Handlung, sondern ein passives Verhalten des Empfängers. Der Empfang soll nun aber den Empfänger zu fernerem Verhalten motivieren. Empfangen kann daher wirksam auch nur derjenige, der die auszulösende Handlung mit rechtlicher Wirkung vornehmen kann. So erklärt sich, daß für den Empfang **Geschäftsfähigkeit** des Empfängers verlangt wird (**L**. § 47) und andere Vorschriften über Willenserklärungen Anwendung finden[2]).

5. Da der Tatbestand der Rechtsgeschäfte mit empfangsbedürftigen Willenserklärungen sich sukzessive verwirklicht, so fragt es sich, ob durch gewisse Tatsachen, die zwischen Abgabe und Empfang eintreten, die Wirksamkeit abgeschnitten wird. Das ist der Fall beim Widerruf; dieser macht die Willenserklärung unwirksam, wenn er dem andern vor oder gleichzeitig mit ihr zugeht (**130**, Abs. 1).

Dagegen haben **Tod** und Eintritt der **Geschäftsunfähigkeit** oder (arg. a maj. ad minus) **Beschränkung der Geschäftsfähigkeit** beim Erklärenden nach Abgabe der Willenserklärung keinen Einfluß. Das gleiche gilt von der Konkurseröffnung[3]). Abgabe der Willenserklärung liegt vor, sobald der Erklärende die Verfügung über das Erklärungsmittel aufgegeben hat, z. B. mit der Absendung des Briefes, Telegrammes, Boten, oder mit der Vollendung der schlüssigen Handlung (**130**, Abs. 2).

Der Tod und die Geschäftsunfähigkeit des Erklärenden, die nach Abgabe der Erklärung eintreten, können aber kraft Parteiwillens die Wirksamkeit hindern (vgl. **153**. **878**).

Tritt nach Abgabe und vor Zugang der Erklärung beim Adressaten der Tod ein, so wird die Erklärung unwirksam, wenn die Persönlichkeit des Gegners, sei es nach Parteiabsicht, sei es nach der Natur des Geschäftes, wesentlich war, sonst (was bei vermögensrechtlichen Geschäften die Regel ist) ist die Erklärung wirksam. Das gleiche gilt, wenn bereits zur Zeit der Abgabe der Erklärung der Tod des Adressaten eingetreten war. Die Erklärung muß aber dem Erben bzw. dessen Vertreter zugegangen sein.

Ebenso liegt es, wenn der Adressat vor oder nach Abgabe der Erklärung geschäftsunfähig geworden ist; die Erklärung ist unwirksam, wenn sie nicht an den gesetzlichen Vertreter des Adressaten gelangt. Ist der Adressat in der Geschäftsfähigkeit beschränkt, so ist die Erklärung wirksam, wenn sie ihm lediglich Vorteil bringt, oder wenn der gesetzliche Vertreter einwilligt. Vorübergehende Bewußtlosigkeit (Schlaf usw.) hindert den Empfang nicht (**105**, Abs. 2. **131**).

IV. **Die empfangsbedürftige Willenserklärung unter Anwesenden** bedarf auch der Richtung und des Empfanges. Beide werden regelmäßig zusammenfallen. Ihre

[1]) Über die viel erörterte Frage v. Blume, Jahrb. für Dogmat., Bd. 51, S. 1 ff. gegen RG. Bd. 58, S. 408.

[2]) Tiaw, a. a. O., S. 85 ff. verlangt nur Erkenntnisfähigkeit beim Empfänger.

[3]) Nur ist die an sich eintretende Wirksamkeit selbständig nach Konkursrecht zu prüfen. Die Frage ist bestritten. Vgl. Jaeger, Komm. z. KO. 2, S. 76, Note 14.

selbständige Bedeutung tritt aber hervor, sobald die Fälle anormal liegen, z. B. eine Partei taub ist usw.

Mündliche Erklärungen muß der Adressat gehört haben[1]), schriftliche müssen ihm übergeben sein[2]).

V. **Die Willenserklärungen, die gegenüber einer Behörde** erfolgen müssen, gehören auch zu den empfangsbedürftigen (I.—IV.). Es gehören hierher z. B. **928. 956. 1945. 1196.** In anderen Fällen kann die Erklärung wahlweise dem privaten Beteiligten oder der Behörde gegenüber erfolgen (z. B. **875** f. **1180. 1183**). Schreibt dagegen das Gesetz vor, daß eine Erklärung vor einer Behörde erfolgen soll (**925. 1317. 2231**), so handelt es sich nur um eine Formvorschrift. Während in den Fällen der Willenserklärung gegenüber einer Behörde diese die Stelle des Beteiligten vertritt und sein Interesse auch weiter wahrzunehmen hat (**143**), ist in den letztgenannten Fällen die Behörde, der Beamte nur Formperson wie die Solennitätszeugen. In den erstgenannten Fällen kann auch schriftliche Erklärung in Frage kommen, in den letzteren nicht.

VI. Den empfangsbedürftigen Willenserklärungen treten die **nicht empfangsbedürftigen** gegenüber. Bei diesen tritt die Wirksamkeit mit der Abgabe ein. Es gehören hierzu z. B. Auslobung (**657**), die Ausstellung einer Schuldverschreibung auf den Inhaber (**794**), das Testament (**1937**), die Annahme der Erbschaft (**1943**).

§ 50.

Der Vertrag.[3])

Der Vertrag ist eine über das ganze Rechtssystem verbreitete Erscheinung, im Recht der Schuldverhältnisse aber am reichsten entwickelt (vgl. **L.** § 85 ff.).

I. Der **Begriff.**

Vertrag ist die auf eine rechtliche Wirkung gerichtete rechtsgeschäftliche Willenseinigung zweier oder mehrerer Personen.

Regelmäßig sind am Vertrage zwei Personen beteiligt; es können aber auch mehrere (Gesellschaft) den Vertrag schließen.

Der Vertrag fordert Willenseinigung, d. h. die Vertragsparteien müssen bewußt auf die rechtliche Wirkung als eine durch gemeinsames Handeln zu erzielende Willenseinigung hinarbeiten. Zielen mehrere Personen selbständig ab auf einen, wenn auch identischen, rechtlichen Erfolg, so liegt noch kein Vertrag vor[4]), und die Rechtswirkungen, die sich daran anknüpfen, sind keine vertragsmäßigen. Jede Vertragserklärung setzt also das Bewußtsein voraus, daß die rechtliche Wirkung durch den übereinstimmenden Willen der anderen Partei mithervorgerufen werden soll. Das ist nicht das Bewußtsein, daß Willensübereinstimmung mit der anderen Partei vorliege.

Beim Vertrage liegen mindestens zwei Willenserklärungen vor, die regelmäßig jede der anderen Partei gegenüber abgegeben und entgegengenommen sein müssen, also zwei empfangsbedürftige Willenserklärungen. Demnach erfolgt von jeder Seite eine Abgabe und von jeder Seite ein Empfang[5]).

---

[1]) Vgl. L. 1, § 15. D. (44, 7).

[2]) OLG. 10, S. 65. RG. Bd. 61, S. 414. Andere verlangen Kenntnisnahme, z. B. Eltzbacher, a. a. O., S. 238.

[3]) Zitelmann, Beitr., H. 7—8, S. 24 ff. 39 f. 119 ff. 135 f. 171. 173. 175. Bekker, System II, S. 81 f. 88 ff. 115. 117. Maas, Der Vertragsschluß auf elektrischem Wege. Hölder, Pandekten I, § 42. Regelsberger I, §§ 149. 150. Hellmann, Vorträge über d. BGB., § 17. Bierling, Jur. Prinzipienlehre II, § 23.

[4]) Es ist aber in diesen Fällen die Annahme eines Vertrages geboten, sobald die Aktion der Einzelnen auf Grund ihrer Willenseinigung erfolgt, wie z. B. bei der Vereinsgründung (**L.** § 27, I), bei Vereinsbeschlüssen (**L.** § 46, III, C.).

[5]) Abgesehen von den anormalen Fällen in **151. 152.**

Die beiden Erklärungen werden sich regelmäßig zeitlich folgen: der Antrag wird die Annahme hervorrufen, denn ohne Antrag ist auch eine Annahme nicht denkbar. Antrag und Annahme müssen sich aber nicht zeitlich folgen. Eine Erklärung, die als Annahme gemeint ist, weil ein Antrag irrtümlich vom Annehmenden vorausgesetzt wurde, kann Antrag sein, und eine Erklärung, die als Antrag gemeint ist, kann, ohne als solcher zu wirken, den Vertrag zum Abschluß bringen (z. B. zwei sich kreuzende Anträge, irrtümliche Nichtannahme eines Antrages und Stellung eines diesem entsprechenden neuen Antrages). Die Parteien können aber ein Interesse daran haben, daß der Antrag nur als Antrag, die Annahme nur als Annahme gelte, der Vertrag also nur in dieser so bestimmten Weise zustande komme. Das wird allerdings die Ausnahme sein. Es kann ferner vorkommen, daß die beiden Vertragserklärungen als Antrag und Annahme sich nicht scheiden lassen (z. B. bei der Eheschließung und anderen formalisierten Verträgen)[1].

Der Vertrag fordert weiter Übereinstimmung der Parteien über die hervorzurufende Rechtswirkung. Ob der Vertrag dann unter diesen oder jenen Typus des objektiven Rechtes fällt, hängt davon ab, ob die Übereinstimmung der Parteien hinsichtlich aller diesem Typus wesentlichen Momente vorliegt.

Einigung muß aber auch vorliegen über alle Momente, die der Partei wesentlich erscheinen, ohne die sie den Vertrag nicht will, und die sie kundgegeben hat. Steht über einige solcher Punkte einverstandenermaßen (offener Dissens) die Vereinbarung noch aus, so ist trotz vorhandener sonstigen Einigung der Vertrag nicht geschlossen, selbst wenn über die erzielte Vereinbarung eine schriftliche Aufzeichnung (Punktation) vorliegt. Die teilweise Einigung fällt in das Gebiet der unverbindlichen Vorverhandlungen (Traktate). Antrag und Annahme sind noch nicht hinreichend geklärt, solange ein Überblick auf den Gesamtinhalt des Gewollten noch nicht möglich ist. Wollen die Parteien die teilweise Vereinbarung als bindend betrachten, so müssen sie es unzweideutig sagen. In den Vorverhandlungen (Traktaten) kann aber, je nach Lage des Falles, Antrag, verspätete Annahme oder modifizierte Annahme liegen. Ist unter den Parteien einverstandenermaßen Einigung erzielt, aber die Beurkundung verabredet, so soll, auch bei Vorliegen einer Punktation, der Vertrag erst mit der Beurkundung geschlossen sein; er ist bis dahin unfertig, folgeweise kann keine Partei auf Vollziehung in bestimmter Form klagen. Unzweideutiger anderer Wille der Parteien setzt auch diese Auslegungsregel außer Anwendung (**154**).

Ob eine Partei einen Vertrag schließen will, ist regelmäßig Sache ihrer freien Entschließung.

Die Verpflichtung einer Partei zum Abschlusse eines Vertrages kann aber durch Gesetz[2]), Vermächtnis oder Vertrag[3]) begründet sein.

II. **Der Abschluß des Vertrages** erfordert Antrag und Annahme.

A. **Der Antrag.**

1. Der Antrag ist das Anerbieten zu einem Vertrage mit der Bedeutung, daß durch seine Annahme der Vertrag zustande kommen soll. Gleichgültig ist, welche Partei, z. B. ob Schuldner, Gläubiger, das Anerbieten macht, Ausnahmen können sich aber infolge der Formvorschriften ergeben, wie z. B. bei der römischen Stipulation, beim Wechsel. Wesentlich ist:

die Vollständigkeit des Antrages in dem Sinne, daß die Annahme den Vertrag zustande bringen kann, weitere Verhandlungen nicht nötig sind. Weitere Verhandlung ist nicht nötig bei alternativen Anträgen, bei generellen Anträgen, wenn dem Adressaten die Bestimmung, z. B. des Quantums der Ware, überlassen ist; auch zuweilen dann nicht, wenn Vorbehalte über die Vereinbarung einiger Punkte gemacht sind.

Die Absicht des Antragenden, daß durch die Annahme der Vertrag zustande kommen soll, muß aus dem Antrage hervorgehen. Die Absicht, noch nicht definitiv disponieren zu wollen,

---

[1]) Hölder, Komm. z. allgem. Teil, S. 321.

[2]) Man spricht hier von Kontrahierungszwang, z. B. bei den Eisenbahnen, der Post und Telegraphie. Biermann, Dogmat. Jahrb., Bd. 32, S. 267 ff.

[3]) Über den Vorvertrag (pactum de contrahendo) vgl. L. § 85.

kann sich nicht nur aus besonderen Klauseln ergeben, sondern namentlich auch aus der Unvollständigkeit des Antrages.

Zweifel rufen die Anträge an unbestimmte Personen und an das Publikum hervor. Anträge an unbestimmte Personen und an jedermann sind wie sonstige Anträge verbindlich, sobald die Individualität des anderen Kontrahenten dem Antragsteller gleichgültig ist und die Absicht des Antragstellers, definitiv disponieren zu wollen, klarliegt, auch der Antrag vollständig ist. In den meisten öffentlichen Anpreisungen wird es an den Erfordernissen des Antrages fehlen. Namentlich wird vielfach der Reklamezweck offen zutage liegen, oder es handelt sich um bloße Aufforderungen zu Anträgen, wie z. B. beim Ausstellen von Waren mit Preisangaben. Ist die Erklärung als Antrag zu deuten, und würde der Erklärende sagen, er habe eine solche nicht machen wollen, so behauptet er, sich innerlich reserviert zu haben (**116**). Liegt ein wahrer Antrag an das Publikum vor, wie z. B. in dem Ausstellen eines Warenautomaten, so bringt jede richtige Annahme den Vertrag zustande[1]).

2. Der Antrag ist empfangsbedürftige (ausdrückliche oder stillschweigende) Willenserklärung. Der Eintritt seiner Wirksamkeit bestimmt sich daher nach dem L. § 49 Bemerkten. Solange der Antrag noch nicht Wirksamkeit erlangt hat, kann er durch Widerruf beseitigt werden (**130**, Abs. 1). Nach Eintritt der Wirksamkeit hat der Antrag die Bedeutung, daß er den Antragsteller bindet, d. h. unwiderruflich in dem Sinne ist, daß der Antragsteller nicht mehr widerrufen kann, nicht nur nicht darf. Diese Gebundenheit entspricht dem Bedürfnisse des Verkehrs und der vernünftigerweise anzunehmenden Absicht des Antragstellers. Der Antragsteller kann aber die Gebundenheit stillschweigend und ausdrücklich ausschließen; in diesem Falle trifft ihn die Beweislast. Dieser Vorbehalt muß dem Adressaten spätestens mit dem Antrage zukommen und kann auch ein eingeschränkter sein (Ungebundenheit bis zur Absendung der Annahmeerklärung) (**145**). Nach röm. gemeinen Recht war der Antrag widerruflich, wenn er nicht als unwiderruflich gestellt war. — Der wirksam gewordene Antrag ist außerdem annahmefähig.

3. Der wirksam gewordene Antrag verliert seine rechtliche Bedeutung, die Gebundenheit hört auf und die Annahmefähigkeit. Der Antrag erlischt also:

a) bei Tod, Geschäftsunfähigkeit, Eintritt beschränkter Geschäftsfähigkeit einer der Parteien, *aber nur gemäß dem* L. § 49 Bemerkten (**153**. **130**, Abs. 2);

b) durch Widerruf, wenn der Antragsteller (Z. 3a) die Gebundenheit ausgeschlossen hatte. Der Widerruf wirkt erst, wenn er dem Adressaten zugekommen ist. Der Antragsteller kann widerrufen, bis die Annahmeerklärung durch Empfang seitens des Antragstellers wirksam geworden ist;

c) durch Ablehnung. Diese ist empfangsbedürftige Willenserklärung, wird also erst wirksam mit dem Empfang seitens des Antragstellers. Gleichgültig ist, ob die Ablehnung innerhalb der Annahmefrist oder nach Ablauf derselben erfolgt. Die Ablehnung kann widerrufen werden, solange sie noch nicht wirksam geworden ist (**130**. **146**);

d) durch Zeitablauf, wenn die Annahme nicht innerhalb der Annahmefrist erfolgt.

α) Ist vom Antragenden bei Verhandlung unter Abwesenden[2]) oder Anwesenden eine Frist ausdrücklich oder stillschweigend gesetzt, so kann die Annahme nur innerhalb der Frist

---

[1]) Biermann Jahrb. f. Dogm., Bd. 32 (1893), S. 298 ff., dem Meisner, Krit. Bemerkungen, S. 12 ff. folgt, verlangt in weitem Umfange die Verbindlichkeit öffentlicher Anpreisungen als Anträge an das Publikum. Seine Ausführungen sind von Zschimmer, Die Offerten an das Publikum (Dissert. 1897), widerlegt. Vgl. Neumond, Arch. f. d. ziv. Pr., Bd. 89 (1899), S. 166 ff. Die Anträge an das Publikum lehnt überhaupt ab Rehbein, S. 210. Vgl. Biermann, Bürg. R. I, S. 149.

[2]) Verhandlungen durch Boten sind solche unter Abwesenden: Fleck, Arch. für bürg. R., Bd. 15 (1899), S. 409 ff. 413 f.

erfolgen. Ist eine Bedenkzeit ohne Festsetzung ihrer Dauer bestimmt, so ist die Frist entweder nach den Umständen oder nach **147**, Abs. 2 (s. γ) zu bemessen (**148**).

β) Ist bei einem Antrage unter Anwesenden (L. § 49) keine Frist gesetzt, so muß Annahme sofort erfolgen. Das „sofort" ist nach Lage des Falles zu bestimmen (**147**, Abs. 1). Anträge durch das Telephon von Person zu Person werden ebenso behandelt.

γ) Ist bei einem Antrage unter Abwesenden keine Frist gesetzt, so kann die Annahme erfolgen bis zu dem Zeitpunkt, in welchem der Antragsteller die Antwort unter regelmäßigen Umständen erwarten darf. Bei der Feststellung der gesetzlichen Annahmefrist kommen daher in Betracht: die Zeit der Beförderung des Antrages; hier ist die Art des Beförderungsmittels (Bote, Brief, Telegramm) zu beachten; die Erledigungszeit, d. h. die Zeit, in der die Annahme durch den Adressaten hätte abgesendet werden müssen; wo sich in der Verkehrssitte eine Frist gebildet hat, ist diese zu berücksichtigen, sonst die Umstände des Falles, z. B. bei Anträgen an Behörden, Korporationen wird die Erledigungsfrist danach zu bemessen sein, daß ein verfassungsmäßiger Beschluß gefaßt werden kann; die Zeit der Beförderung der Annahme; hier kommt es auf die Art der Beförderung an, die ordnungsmäßig vom Adressaten hätte gewählt werden sollen. Der Adressat wird in der Regel ein ebenso geeignetes Beförderungsmittel wählen müssen als der Antragsteller (Telegramm auf Telegramm), er wird dasjenige wählen müssen, welches ihm vom Antragsteller vorgeschrieben ist. Was ferner die Beförderungszeiten für Antrag und Antwort angeht, so darf angenommen werden, daß die Beförderungsmittel, die in Frage sind, regelmäßig funktionieren. Bei solchen Beförderungsmitteln kommen ungewöhnliche Verzögerungen also nicht in Betracht (**147**, Abs. 2). Hat der Antragsteller die Verzögerung vorausgesehen, oder ist ihm die Verzögerung nach Absendung bekanntgeworden, so hat er die Verspätung einzurechnen. Vom Adressaten vorhergesehene wie nicht vorhergesehene Verspätungen treffen den Adressaten[1]).

B. **Die Annahme.**

Annahme ist diejenige Handlung des Adressaten, durch welche er seine Übereinstimmung mit dem gestellten Antrage kundgibt. Die Annahme ist entweder und zwar regelmäßig empfangsbedürftige Willenserklärung oder sonstige Willensäußerung.

1. Die Annahme als empfangsbedürftige Willenserklärung muß an den Antragsteller gerichtet sein und, um wirksam zu werden, von diesem empfangen sein. Bis zu diesem Zeitpunkt ist Widerruf der Annahme möglich (**130**, Abs. 1). Vgl. A, Z. 2.

Nur eine mit dem noch nicht erloschenen Antrage schlechthin korrespondierende Annahme wirkt als Annahme.

Der gewöhnliche Fall ist der der Annahme durch ausdrückliche Erklärung; sowohl bei Anträgen unter Anwesenden, wie bei solchen unter Abwesenden kann nun die Annahme unter Abwesenden wie unter Anwesenden erfolgen. Bei dem unter Anwesenden gemachten Antrage kann die Annahme unter Abwesenden, wenn eine Annahmefrist gesetzt war, erfolgen. Die stillschweigende Annahme (auch die durch schlüssiges Schweigen) unter Anwesenden ist zweifellos zulässig; unter Abwesenden unterliegt sie dem Bedenken, daß der Antragsteller auf Schlußfolgerungen angewiesen und deshalb leicht in Unsicherheit sein kann. Es entscheiden die ausgesprochene Parteiabsicht und die Verkehrssitte. Stillschweigende Annahme ist also jedenfalls unzulässig, wenn der Antragsteller ausdrückliche Antwort verlangt hatte oder die Verkehrssitte solche fordert. Ist die stillschweigende Annahme rechte Annahme, so muß sie, wie die ausdrückliche, dem Antragsteller zugekommen sein, d. h. der Antragsteller muß Kenntnis von ihr erhalten haben, und zwar innerhalb der Annahmefrist.

2. In gewissen Fällen wird die Erklärung der Annahme dem Antragsteller gegenüber nicht gefordert; die Erklärung ist dann weder an den Antragsteller gerichtet,

---

[1]) Vgl. noch die besonderen Bestimmungen in **151. 152.** Unger, Jahrbücher f. Dogm., Bd. 33 (1894), S. 344 ff.

noch muß sie ihm zugehen, noch muß er Kenntnis von ihr erhalten. Diese Annahme ist möglich,

a) wenn eine solche Erklärung nach der Verkehrssitte nicht erwartet wird, oder wenn der Antragsteller auf sie verzichtet[1]) hat.

In diesen Fällen erfolgt die Annahme durch jede für den Annehmenden dem Antragsteller gegenüber definitive Betätigung des Annahmewillens (Erfüllungs- oder Aneignungshandlungen). Auch diese Annahme muß auf den noch bestehenden Antrag treffen; wann der Antrag erlischt, bestimmt sich aus dem Antrage, den Umständen und der Verkehrssitte (**151**)[2]).

b) Ähnlich liegt es, wenn die Annahmeerklärung vom Gesetz fingiert wird (**496**. **516**. HGB. § 362, Abs. 1) und

c) nach der dispositiven Vorschrift in **152** wenn gemäß **128** zunächst der Antrag und dann die Annahme zeitlich getrennt gerichtlich oder notariell beurkundet wurden, so soll der Vertrag durch die Beurkundung der Annahme zustande kommen.

3. Die Bedeutung der wirksamen Annahme liegt darin, daß mit ihr der Vertrag geschlossen ist. Der Moment des Vertragsabschlusses ergibt sich entsprechend den verschiedenen Arten der Annahme (1. 2); z. B.:

A bietet am 11. Mai 1903 dem B schriftlich die Abtretung einer Hypothek von 10000 M. gegen Barzahlung von 5000 M. an, erklärt sich aber an das Angebot nur bis zum 20. Mai 1903 gebunden. Am 19. Mai schickt B einen Brief an A mit der Annahmeerklärung. Da ihn dieser Schritt gereut, schickt er am 20. Mai morgens seinen Sohn zu A, damit er die Annahme widerrufe. Der Sohn bestellt den Widerruf der Ehefrau des A, eine halbe Stunde später trifft der Brief ein. Als A mittags nach Hause kommt, teilt ihm die Ehefrau den Widerruf mit, dann liest er den Brief. Der Widerruf ist zuerst eingetroffen, die briefliche Annahme daher ohne Wirkung (**130**, Abs. 1).

4. Verspätete und modifizierte Annahme.

a) Verspätete Annahme gilt als neuer Antrag, d. h. wenn der Vertrag zustande kommen soll, muß der Antragsteller seinerseits annehmen; möglicherweise genügt Schweigen (**150**, Abs. 1). Ist die rechtzeitig abgesandte Annahmeerklärung, die also bei regelmäßiger Beförderung rechtzeitig zugegangen wäre, verspätet beim Antragsteller eingelaufen, und kannte der Antragsteller diese Umstände oder mußte er sie erkennen, unterließ er es aber, dem Annehmenden die Verspätung (nicht etwa seinen Rücktritt) unverzüglich nach Empfang anzuzeigen, so gilt die Annahme als nicht verspätet. Der Vertrag ist also geschlossen durch Annahme und im Momente des wirklichen Eintreffens der Annahme beim Antragsteller. Die Vorschrift bezieht sich nur auf ausdrückliche Annahme, da bei der stillschweigenden „regelmäßige Beförderung" fehlt. Der stillschweigend Annehmende trägt also somit die Gefahr. Die Verspätung bezieht sich sowohl auf die gesetzliche wie die gesetzte Annahmefrist. Der Antragsteller hat den Eingang der Annahmeerklärung nicht abzuwarten; er kann anzeigen, sobald die Frist verstrichen ist. Er genügt seiner Pflicht durch ordnungsmäßige Absendung der Anzeige (**149**)[3]).

b) Modifizierte Annahme, d. h. Annahme unter Erweiterungen, Einschränkungen oder sonstigen Änderungen, gilt als Ablehnung, verbunden mit einem neuen Antrag. Jedoch handelt es sich hier nur um eine Auslegungsregel. Es kann auch Annahme, soweit der Antrag reicht, und bzw. der Modifikationen allein ein neuer Antrag oder völlige Ablehnung ohne neuer Antrag vorliegen (**150**, Abs. 2).

III. Die Versteigerung.

Bei der Versteigerung handelt es sich um eine eigenartige Form, in der beim Abschluß von Kauf-, Miet-, Pacht- oder Werkverträgen verfahren wird oder nach gesetzlicher Vorschrift

---

[1]) Walsmann, Der Verzicht (1912), S. 219 ff.

[2]) Vgl. **516**. **663**. **700**.

[3]) Die Verteilung der Beweislast ist streitig. Vgl. einerseits Cosack, Lehrb. des Handelsr., 4. Aufl., S. 133 unter II, andererseits Planck zu 149. Rehbein, S. 220.

verfahren werden muß (ZPO. §§ 814 ff. ZVG. §§ 66 ff.). Vielfach ist *öffentliche* Versteigerung vorgeschrieben (**383**. **461**. **489**. **753**. **966**. **979**. **1219** ff. **1235**. HGB. §§ 220. 290. 373. 376. 379. 388). Öffentliche Versteigerung ist die durch einen für den Versteigerungsort bestellten Gerichtsvollzieher oder zu Versteigerungen befugten anderen Beamten oder öffentlich angestellten Versteigerer öffentlich erfolgte Versteigerung. Wer als öffentlicher Versteigerer befugt ist, bestimmt sich nach Reichsrecht (GewO. § 36) und Landesrecht[1]).

Die Vertragsparteirolle soll entweder dem Meistbietenden (Auktion) oder dem Mindestbietenden (Submission) zufallen. Sache der Auslegung ist es, im einzelnen Falle, besonders aus den Versteigerungsbedingungen, festzustellen, wie die Rollen des Antragstellers und des Adressaten sich verteilen. Es ist möglich, daß der Versteigerer (z. B. der Verkäufer) den Antrag stellt, und daß der Bietende diesen durch sein Gebot annimmt. Der Vertrag kommt dann zwischen dem Versteigerer und dem Bietenden unter der auflösenden Bedingung zustande, daß kein höheres Gebot abgegeben wird. In diesem Falle ist der Vertrag mit dem Überbietenden unter der gleichen auflösenden Bedingung geschlossen. Eine definitive Entscheidung ergibt sich mit dem Schluß der Versteigerung. Der Zuschlag hat bei dieser Auslegung nur die Bedeutung einer den geschehenen Vertragsschluß hervorhebenden Handlung. Diese Auslegung wird nach dem, was über den Vertragsantrag (II.) gesagt ist, in seltenen Fällen die zutreffende sein. Gewöhnlich will der Versteigerer durch die Veranstaltung der Versteigerung nur den Anreiz zu Vertragsanträgen geben: letztere liegen in dem Gebot. Jedes frühere Gebot wird aber unter der Einschränkung gemacht, daß es nur gelten solle, solange ein Übergebot nicht vorliegt, und nur bis zum Ende des Versteigerungstermins, wenn dieser ohne Zuschlag geschlossen wird. Der Versteigerer hat die Rolle des Abnehmenden, und der Zuschlag ist hier Annahme des Antrages. Dahin geht die dispositive Bestimmung in **156** (vgl. L. § 104)[2]).

§ 51.

Form der Willenserklärung.[3])

I. **Die Form** *im allgemeinen.*

Die Form bezieht sich auf die *Willenserklärung* beim Rechtsgeschäft, und zwar so, daß entweder alle oder nur gewisse Willenserklärungen eines bestimmten Rechtsgeschäftes der Formvorschrift unterliegen. Danach wird das Rechtsgeschäft selbst ein formelles genannt. Die selbständigen Tatbestandselemente des Rechtsgeschäftes, wie die Übergabe des Besitzes beim Eigentumserwerb, die Darlehnshingabe, Eintragungen in Bücher und Register, behördliche Genehmigungs- und Bestätigungsakte usw. sind dagegen nicht Formen der rechtsgeschäftlichen Willenserklärung.

A. Die vom Recht ausgesprochene Gebundenheit der Partei an eine oder (alternativ) an mehrere Äußerungsmittel macht die Willenserklärung zu einer formellen, nicht die Mittel an sich. Das BGB. stellt nur für gewisse Willenserklärungen eine Formvorschrift auf. Die Gebundenheit bedeutet ausnahmsweise, daß die Formvorschrift beobachtet werden *soll* (z. B. III. **174**), in der Regel aber, daß nur die Beachtung der Form die privatrechtliche Wirksamkeit oder doch die volle privatrechtliche Wirksamkeit der Willenserklärung nach sich zieht (**125**).

Der *Zweck der Form* ist, Übereilung zu verhüten, einen klaren und vollständigen Ausdruck des Willens herzustellen, Vorverhandlungen vom Geschäftsabschlusse sicher zu trennen und den Beweis zu sichern. Die Formvorschriften dienen dem Interesse der Parteien und deshalb

---

[1]) Vgl. *Mecklenb.-Schwer.* AV. z. BGB., § 37. *Mecklenb.-Strel.* AV. z. BGB., § 37.

[2]) Über die Beurkundung von Versteigerungen: FGG. § 181.

[3]) *Zitelmann*, Beitr., H. 7—8, S 152 ff. 177. *Hölder*, Pandekten I, § 41. *Regelsberger* I, § 137. *Hellmann*, Vortr. über das BGB., § 16. *Isay*, Die Willenserklärung im Tatbestande des Rechtsgeschäftes (1899), S. 52. *Löwe*, Die Form der Rechtsgeschäfte im BGB. (Diss. 1899). *Lehmann*, H., Die Unterschrift im Tatbestande der schriftlichen Willenserklärung. (Diss. 1904).

auch dem öffentlichen Interesse; es kann aber außerdem ein selbständiges öffentliches Interesse die Formvorschrift hervorrufen.

B. Wo diese Gebundenheit nicht vorliegt, herrscht Formfreiheit (formloses Rechtsgeschäft). Im Gebiete der Formfreiheit können aber die Parteien für ein zu errichtendes Geschäft oder für die etwa später an das errichtete Geschäft sich anschließenden späteren Willenserklärungen (Kündigung, Mahnung usw.) eine Form vereinbaren. Eine solche Bestimmung kann sich beziehen auf einen Vertrag oder ein einseitiges Rechtsgeschäft (z. B. Kündigung); sie kann selbst ein Vertrag (auch ein stillschweigend geschlossener), aber auch einseitiges Geschäft (**793**, HGB. § 181) oder letztwillige Verfügung sein. Es kann auch der Antragsteller im Antrage die Annahme in bestimmter Form vorschreiben. Niemand kann aber wirksam durch einseitiges Geschäft sich selbst für künftige Rechtsgeschäfte Formvorschriften setzen.

Die Parteien können gesetzliche Formvorschriften weder beseitigen noch erleichtern und auch nicht erschweren, soweit das künftige Rechtsgeschäft auch für dritte Personen Interesse hat. Eine durch Parteibestimmung gesetzte Formvorschrift kann auch durch die Parteien wieder aufgehoben werden. Eine solche Aufhebung wäre in der Leistung und deren Annahme zu erblicken. Die Parteibestimmung ist immer nur dann gültig, wenn die Bestimmenden über die Wirkung des zu errichtenden Geschäftes verfügen können.

II. Die Formen des BGB. sind entweder für gewisse Arten rechtsgeschäftlicher Willenserklärungen, und Rechtsgeschäften oder für einzelne Geschäfte vorgeschrieben, z. B. die öffentliche Bekanntmachung für die Auslobung (**657**). Gewisse Formen sind allgemein geregelt.

A. **Die Schriftform.** Es genügt nicht, irgendwelche schriftliche Formgebung, sondern nur eine bestimmte, die zugleich eine Privaturkunde im Sinne der ZPO. § 416 herstellt.

1. Die Urkunde muß vom Aussteller mit seinem Namen[1]) oder mit einem gerichtlich oder notariell beglaubigten Handzeichen[2]) unterzeichnet sein, eine Vertragsurkunde also von allen Parteien, auch bei Verträgen, die dem einen Teile nur Vorteile einräumen (Bürgschaft, Erlaß, zweiseitige Schriftlichkeit)[3]). Werden aber über den Vertrag mehrere gleichlautende Urkunden aufgenommen, so genügt es, wenn jede Partei die für die andere Partei bestimmte Urkunde unterzeichnet. Überall ist verlangt die Unterzeichnung; daher ist ein Quervermerk unzulässig. Der Gebrauch von Stempeln oder Herstellung des Namens durch Schreibmaschine (an Stelle der Namensunterschrift)[4]), ebenso der des Titels, Amtscharakters oder der Stellung ohne Namensunterschrift ist nicht zulässig. Da gleichlautende Urkunden bei Verträgen verlangt werden, fällt der Ersatz durch bloßen Briefwechsel fort.

A schuldete B aus Wechselakzepten 6000 M. Auf Grund von Vergleichsverhandlungen schrieb der Prozeßbevollmächtigte des B an den des A, daß B damit einverstanden sei, daß A seine Schuld in näher bestimmten Raten abzahle und daß Frau V, die Mutter des A, die Bürgschaft dafür übernehme. Der Prozeßbevollmächtigte des A und der V erwiderte, daß A und die V den Vergleichsvorschlag annähmen. Die Schriftform in **766** ist damit nicht erfüllt.

Blanketts sind dagegen nach Maßgabe des Vorstehenden gestattet[5]). Der unterschriebene Name muß zur Individualisierung des Ausstellers ausreichen. Danach ist zu prüfen, ob der bloße Vorname oder ein Pseudonym genügt. Im Handelsverkehr genügt die Unterzeichnung der Firma (HGB. § 17). Zeit und Ort der Ausstellung sind nicht wesentliche Erfordernisse der Schriftform.

---

[1]) Die Unterzeichnung des Namens des Ausstellers durch einen Schreiber ist nicht zulässig (RG. Bd. 58, S. 387). Das Erfordernis der Eigenhändigkeit verlangt, daß der Vertreter mit seinem Namen, nicht mit dem des Vertretenen unterzeichnet. Lenel, Jahrb. f. Dogm., Bd. 36, S. 25, Note 2. S. 26, Note 2. Rehbein, S. 156. Hölder, Kommentar, S. 281. Biermann I, S. 225, Note 4. A. M. Regelsberger I, S. 497, Note 14. Kohler, § 236. RG. Bd. 50, S. 51.

[2]) Nicht auf Schreibensunfähige oder Schreibensunkundige beschränkt. Vgl. FGG. §§ 167. 183. 191.

[3]) Anders natürlich in den Fällen, in denen das Gesetz bei Schuldverträgen nur für das Versprechen die Schriftform vorschreibt: **761. 766. 780** (einseitige Schriftlichkeit).

[4]) Ausnahme: **793**, Abs. 2 (Inhaberpapiere). HGB. §§ 181. 426, Z. 9.

[5]) M. I, S. 185. Zweifelnd Hellmann, a. a. O., S. 76.

2. Ein Übereignen und Empfangen (Aushändigung) ist zwar zweckdienlich, aber zur Erfüllung der Schriftform nicht wesentlich (**126**, Abs. 1. 2), wohl aber kann die Aushändigung sonst vorgeschrieben sein (**368**).

3. Die Schriftform wird durch die notarielle oder gerichtliche Beglaubigung ersetzt (**126**, Abs. 3).

4. Die Regeln (1—3) gelten im Zweifel auch für die gewillkürte[1]) Schriftform. Hier genügt aber zur Wahrung der Schriftform das einfache Telegramm, bei Verträgen der Austausch zweier oder mehrerer Telegramme und der Briefwechsel, vorausgesetzt, daß sie vom Absender herrühren. Eigenhändige Unterschrift der Aufgabetelegramme und Briefe ist nicht gefordert[2]). Den Parteien bleibt aber das Recht, nachträglich die Beurkundung in regulärer Weise (1—3) zu verlangen. Das Bedenken, das bei der regulären Form allerdings auch nicht ganz zu beseitigen ist, tritt besonders hervor, daß der Empfänger des Telegrammes nicht in der Lage ist, die Echtheit der Erklärung zu prüfen (**127**).

5. Hauptfälle, in denen die Schriftform gefordert wird, sind: das Stiftungsgeschäft unter Lebenden (**81**), die Quittung (**368**), Miet- und Pachtverträge über Grundstücke auf die Zeitdauer von mehr als einem Jahre (**566**. **581**), das Leibrentenversprechen (**761**), die Verbürgung (**766**), das Schuldversprechen und Schuldanerkenntnis (**780**. **781**, vgl. aber **782**), die Anweisung (**783**. **784**. **792**), die Schuldverschreibung auf den Inhaber (**793**. **5**. **111**. **368**. **416**. **1154**) usw. Eine verschärfte Schriftform besteht beim holographischen Testament (**2231**. **2267**, vgl. § 129).

B. **Öffentliche Beglaubigung und Beurkundung.**

1. **Öffentliche Beglaubigung** (**129**) verlangt das Gesetz entweder so, daß die Beglaubigung der Unterschrift von irgendwelchen zuständigen Behörden, Beamten oder Notaren erfolgt ist, oder daß sie eine gerichtliche oder notarielle sein muß.

Die Erklärung muß schriftlich (A) abgefaßt sein, und Gegenstand der Beglaubigung ist die Unterschrift des Erklärenden. Bei Unterzeichnung durch Handzeichen ist Gegenstand der Beglaubigung das Handzeichen. Unterschrift und Handzeichen müssen in Gegenwart der Beglaubigenden vollzogen oder anerkannt werden. Die Beglaubigung selbst geschieht durch entsprechenden schriftlichen Vermerk auf der Urkunde unter der Unterschrift.

Die öffentliche Beglaubigung kann immer durch die gerichtliche oder notarielle Beurkundung ersetzt werden.

Die Zuständigkeit und das Verfahren bei Beglaubigungen bestimmen sich nach FGG. §§ 167. 183 f. 191 oder nach Landesrecht[3]). Wo das Gesetz ferner alternativ Beglaubigung in gerichtlicher oder notarieller Form vorschreibt, kann das Landesrecht eine Form ausschließlich bestimmen (EG. Art. 141). Das Landesrecht kann andere Behörden als Gerichte oder Notare mit der Beglaubigung betrauen und auch die Gerichte von der Beglaubigung ausschließen. Die Beglaubigung des Handzeichens ist stets gerichtliche oder notarielle wie bei der Erfüllung der Schriftform[4]).

Die öffentliche Beglaubigung wird nach dem BGB. verlangt: für Akte des Vereinsrechtes (**66**, Abs. 2. **71**, Abs. 2. **77**), für die Anträge zum Güterrechtsregister (**1560**), für die Anfechtung der Ehe nach dem Tode des anderen Ehegatten (**1342**), für den Verzicht eines Abkömmlinges auf seinen Anteil am Gesamtgut bei fortgesetzter Gütergemeinschaft (**1491**), für die Aufhebung der fortgesetzten Gütergemeinschaft durch den überlebenden Ehegatten (**1484**), für die Wiederannahme und Erteilung des Namens (**1577**. **1706**), für den Verzicht des Vaters

[1]) Wenn die Schriftform tatsächlich gewählt, aber weder gesetzlich noch willkürlich bestimmt war, so gelten die Vorschriften nicht. Vgl. M. I, S. 187.

[2]) Eck, Allgem. Teil (96), S. 58. Planck zu 127, Note 2. Rehbein, S. 158. A. M. Cosack I, S. 187, Note 12; und bez. der Briefe auch Hölder, Kommentar, S. 283 f. Biermann I, S. 227, Note 16.

[3]) Vgl. Mecklenb. (-Schwer., -Strel.) AV. z. BGB., § 4. Dazu Langfeld, S. 18 f.

[4]) Über die Bedeutung der beglaubigten Urkunden vgl. auch ZPO. §§ 415. 416.

auf die Nutznießung (**1662**), für die Anfechtung der Ehelichkeit nach dem Tode des Kindes (**1597. 1599**), für die Ausschlagung der Erbschaft (**1945,** vgl. **1955**), für die Bestimmung des Testamentsvollstreckers (**2198**), für gewisse Erklärungen, die Grundbucheinträge bezwecken (GBO. § 29) usw. In einem Falle gewährt sie *Vorteile* (**1155**), und in einer Reihe von Fällen kann eine Partei, welche die Übergabe oder Errichtung einer Urkunde verlangen darf, *sie in dieser Form verlangen* (**371. 403. 412. 1154. 1155. 411. 444. 1035. 1372. 1528. 2120. 2121. 2215**).

2. **Öffentliche Beurkundung** (**128**). Die öffentliche Beurkundung kennt das BGB. entweder derart, daß die Urkunden vom Gericht oder Notar (a) oder daß sie von irgendwelchen zuständigen Behörden oder Beamten herrühren (b). Hinzu treten die Fälle, in denen das Geschäft vor einer Behörde auch *geschlossen* sein muß (c).

a) Die Erklärungen müssen bei der *gerichtlichen oder notariellen Beurkundung* vor Gericht oder Notar abgegeben werden oder als schriftliche überreicht und vor Gericht oder Notar anerkannt werden, worüber ein Protokoll aufgenommen wird. Auch die Zuziehung weiterer Urkundspersonen (Gerichtsschreiber, zweiter Notar, Zeugen, Dolmetscher) kann erforderlich werden.

Bei der Beurkundung von Verträgen können die Parteien ihre Erklärungen vor der Urkundsperson einander gegenüber *abgeben*; es kann aber auch jeder Teil seine *Vertragserklärung* (Antrag, Annahme) *getrennt* abgeben. Der Schluß des Vertrages käme dann zustande durch Austausch der beurkundeten Erklärungen von Partei zu Partei. Dieser Austausch ist nach den Grundsätzen des Vertragsschlusses notwendig. Zur Erfüllung der Form wäre also auch die Beurkundung dieses Austausches unerläßlich. Nach **128** braucht sich die Beurkundung aber hierauf nicht zu erstrecken. Damit ist nicht etwa das Erfordernis des Austausches beseitigt; es fällt nur seine Beurkundung fort. Außerdem greift die Vorschrift in **152** ein, nach der im Zweifel auch der Vertrag schon mit der *Beurkundung* der Annahmeerklärung geschlossen sein soll. Über Zuständigkeit und Verfahren bei der Beurkundung gilt das gleiche wie für die Beglaubigung (FGG. §§ 167 ff. 198, EG. Art. 141).

Die öffentliche Beurkundung[1]) wird vom BGB. gefordert für das Schenkungsversprechen (**518**), für gewisse Belastungs- und Veräußerungsgeschäfte (**311. 312. 313**), für den dinglichen Vertrag im Grundstücksrecht (**873. 877. 880**), für eine Reihe familienrechtlicher und erbrechtlicher Geschäfte (**1491**, Abs. 2. **1516**, Abs. 2. **1517. 1730. 1748**, Abs. 3. **1501. 2227. 2282**, Abs. 3. **2291. 2292. 2296. 2033. 2348. 2352. 2371**).

b) Während das BGB. in diesen Fällen gerichtliche oder notarielle Beurkundung verlangt, ist für die Anerkennung der Vaterschaft ehelicher oder unehelicher Kinder allgemein *öffentliche* Urkunde gefordert (**1718. 1720**). Vgl. FGG. § 167, Abs. 2. 191, Abs. 1. ZPO. § 415, Abs. 1).

c) *Wo Geschäftsabschluß vor einer Behörde oder einem Notar* gefordert ist, ist gleichzeitige Anwesenheit der Parteien vor der Behörde, Abgabe der Erklärungen vor ihr oder deren Beurkundung notwendig. Es gehören nicht hierher die Willenserklärungen gegenüber einer Behörde (**L.** § 49). Geschäftsabschluß vor der Behörde (Grundbuchamt, Standesamt, Gericht, Notar) ist notwendig bei der Auflassung (**925. 1015. 1017**), bei der Eheschließung (**1317**), bei Eheverträgen (**1434**), Annahme zum gemeinschaftlichen Kinde (**1750. 1770**), Testament (**2231** ff. **2267**) und Erbvertrag (**2276. 2290**). Vgl. FGG. § 167, Abs. 1.

Im Falle der Testamentserrichtung und der Eheschließung treten noch weitere Formerfordernisse hinzu. In allen diesen Fällen ist die Mitwirkung der Behörde keineswegs gleichartig.

III. Wirkung der Vernachlässigung der Formvorschrift (125).

A. Die Vernachlässigung der gesetzlich vorgeschriebenen Form hat nach zwingender Vorschrift *Nichtigkeit* zur Folge. Das gleiche gilt im *Zweifel* für die Verabsäumung der rechtsgeschäftlich vorgeschriebenen Form. Hier wird der von den Parteien verfolgte Zweck

[1]) Vgl. **81**, Abs. 2.

bedeutungsvoll. Es wird vermutet, daß die Form als Voraussetzung der Gültigkeit von den Parteien gewollt ist. Das Geschäft ist also vor der Erfüllung der Form nicht geschlossen. Es besteht kein Anspruch auf Vollendung der Form, auch nicht, wenn völlige Einigung vorliegt.

B. Bei der Feststellung der Rechtsfolge der Nichtigkeit wird die Frage nach dem Umfang der für eine rechtsgeschäftliche Willenserklärung bestehenden Formvorschrift von Bedeutung.

1. Die gesetzliche Formvorschrift bezieht sich selbstverständlich auf alle Bestimmungen, welche die Parteien treffen wollen. Muß aber auch der Vorvertrag zu einem formellen Geschäft in der Form des Hauptgeschäftes geschlossen werden? Ist der Sinn der Formvorschrift der, daß auch ohne Beobachtung der Form eine Wirkung eintreten soll, von der Beobachtung nur eine bestimmt geartete Wirkung abhängt, so bedarf der Vorvertrag nicht der Form des Hauptgeschäftes (Wechselvertrag). Ist aber die Beobachtung der Form Vorbedingung der Wirksamkeit überhaupt, so muß auch der Vorvertrag in dieser Form geschlossen werden. Diesen Sinn haben die Formvorschriften des Gesetzes (**125**, vgl. **313**)[1]).

Dahin gehört auch die positive Bestimmung, daß das Schuldanerkenntnis derjenigen Form, die für das Schuldverhältnis, dessen Bestehen anerkannt wird, bestimmt ist, jedenfalls der Schriftform bedarf (**781**). Auch für die Zustimmung, Bestätigung und Vollmachtserteilung zu formellen Geschäften wäre die gleiche Frage aufzuwerfen. Hier ist sie durch die positiven Bestimmungen in **182**, Abs. 2. **144**, Abs. 2. **167**, Abs. 2 im verneinenden Sinne erledigt.

2. Die Tragweite rechtsgeschäftlicher Vorschrift ist durch Auslegung festzustellen. Haben die Parteien, was im Zweifel anzunehmen ist, die Erfüllung der Form als Gültigkeitserfordernis gewollt, so sind alle nicht formell getroffenen Vereinbarungen nichtig.

3. Formlose Änderungen des formell geschlossenen Geschäftes sind nur gültig, wenn der Hauptvertrag nicht gesetzlicher Formvorschrift unterliegt. Für die Aufhebung gilt das ohne gesetzliche Vorschrift nicht. Bei rechtsgeschäftlicher Formvorschrift entscheidet die Auslegung.

C. Kann der Mangel der Form geheilt werden? Bei rechtsgeschäftlicher Formvorschrift können die Parteien stillschweigend und ausdrücklich die Vorschrift nachträglich wieder aufheben. Ein solcher Akt läge in der Leistung und ihrer Annahme. Es handelt sich um eine Auslegungsfrage.

Bei gesetzlicher Vorschrift tritt dagegen Nichtigkeit ein, und ist Erfüllung eingetreten, so kann die Leistung kondiziert werden. In einigen Fällen tritt aber Heilung der Nichtigkeit aus verschiedenen Gesichtspunkten ein, oder es wird (Z. 3) die beabsichtigte Wirkung nur abgeschwächt.

1. Die Erfüllung macht das wegen Formmangels nichtige Schenkungsversprechen gültig (**518**, Abs. 2. **2301**, Abs. 2). Ebenso liegt es bei der Bürgschaftserklärung (**766**).

2. Der Vertrag auf Übereignung eines Grundstückes wird trotz Formmangels gültig durch Auflassung und Eintragung, d. h. durch Erfüllung (**313**).

3 Der Mietsvertrag nach **566** wird wegen Formmangels nicht durchaus nichtig, sondern gilt als auf unbestimmte Zeit geschlossen.

4. Eine wegen Formmangels nichtige Ehe, die in das Heiratsregister eingetragen ist, ist von Anfang an als gültig anzusehen, wenn sie eine bestimmte Zeit tatsächlich bestanden hat (**1324**).

IV. Die Form der Rechtsgeschäfte steht unter dem Rechte zur Zeit ihrer Errichtung und unter dem Ortsrechte, dem das betreffende Rechtsverhältnis unterworfen ist; es genügt aber in letzter Beziehung die Beobachtung des Rechtes am Orte der Errichtung (EG. Art. 11, Abs. 1, vgl. aber Ausnahmen: EG. Art. 11, Abs. 2; Art. 13, Abs. 3).

[1]) So Stammler, Recht der Schuldverhältnisse (1897), S. 13. Rehbein, S. 207. A. M. zum Teil Endemann II, S. 457, Note 10. Auch Biermann I, S. 223. Vgl. Regelsberger I, S. 499, Note 22. M. I, S. 184.

§ 52.

Übereinstimmung von Wille und Erklärung.[1])

Häufig erweist sich das, was nach dem Inhalte der Erklärung als Wille des Handelnden erscheint, nicht als sein wahrer Wille; wir entnehmen diese Nichtübereinstimmung aus den die Erklärung begleitenden Umständen.

I. Welche Bedeutung einer solchen Nichtübereinstimmung für die rechtliche Wirkung der Erklärung beizulegen ist, darüber gingen die Ansichten, wie über die Natur des Rechtsgeschäftes überhaupt, erheblich auseinander. Zu beachten ist, daß diese Diskussion sich im wesentlichen anlehnte an die römischen Quellen.

A. Die früher ausschließlich herrschende Auffassung (Savigny, Wächter, Windscheid, Unger) geht davon aus, daß für die an die Erklärung angeknüpften Rechtsfolgen der Wille des Erklärenden das entscheidende Moment ist. Erweist sich der in der Erklärung zum Ausdruck gelangte Wille als nicht vorhanden, so kann der Erklärung keinerlei rechtliche Bedeutung zukommen, sie ist nichtig (**Willenstheorie**). Auf dieser Grundauffassung stand auch der Entwurf I.

Diese Auffassung verkennt aber, daß die abgegebenen Erklärungen für andere bestimmt sind, auf die Entschließungen anderer wirken und so die Interessen anderer in Mitleidenschaft ziehen. Eine strikt durchgeführte Willenstheorie führt, indem sie allein den Erklärenden schützt, zu unbilligen Härten gegen den Dritten.

B. Der entgegengesetzte Vorwurf trifft die **Erklärungstheorie** (Bähr, Kohler), die den Erklärenden an seine Erklärung gebunden sein läßt und so allerdings erwünschte Klarheit schafft, aber doch nur unter unbilliger Nichtbeachtung der Interessen des Erklärenden.

C. Die neuere **vermittelnde Theorie** ist bemüht gewesen, beide extremen Auffassungen in einer die Interessen des Erklärenden und des Dritten billig erwägenden Weise zu vereinigen. Allen diesen Auffassungen ist gemeinsam, daß die Eigentümlichkeit der einzelnen Fälle der dogmatischen Grundauffassung gegenüber mehr zur Geltung gelangt. Die Vertreter der Willenstheorie (Windscheid, Zitelmann, Enneccerus usw.) ließen Abweichungen vom Grundprinzipe zu und befürworteten die Haftung des Erklärenden für das negative Vertragsinteresse im Falle der Nichtigkeit. Ebenso machten die Vertreter der Erklärungstheorie weitgehende Ausnahmen von der Geltung des Grundprinzipes (Bekker, Bähr, Leonhard, Kohler). Andere vermittelnde Theorien (Hartmann, Dernburg, Regelsberger) gehen weniger von der einen oder der anderen Theorie aus, als sie neue, selbständige Anhaltspunkte zu gewinnen suchen, um zu bestimmen, wann die Erklärung infolge des Fehlens des Willens bedeutungslos wird, wann nicht. Die Regelung, welche das Gesetzbuch für die einzelnen Fälle der Nichtübereinstimmung zwischen Wille und Erklärung gibt, steht mit der Willenstheorie vielfach in Übereinstimmung (vgl. **L.** *§ 46), weicht aber auch von ihr ab. Das Gesetzbuch nimmt also ebenfalls eine vermittelnde* Stellung ein.

II. Die Nichtübereinstimmung zwischen Wille und Erklärung ist entweder eine dem Erklärenden bewußte oder unbewußte.

Die dem Erklärenden bewußte Nichtübereinstimmung.

A. Erklärungen, die in **harmlosem Scherz**, d. h. um zu scherzen, zu Unterrichts- oder theatralischen Zwecken, zur Erregung der Aufmerksamkeit (Reklame), lediglich zur Vorbereitung eines Rechtsgeschäftes, zur Bekräftigung einer Behauptung und aus bloßer Höflichkeit abgegeben werden (**118**). Alle Fälle unterscheiden sich nur durch den Beweggrund. Gemeinsam ist allen: der Erklärende will die Erklärungshandlung, er will aber nicht den Inhalt derselben, er will auch nicht, daß das Erklärte als von ihm gewollt betrachtet werde. Es fehlt also jede Täuschungsabsicht. Trotzdem kann sie Täuschung zur Folge

---

[1]) Bekker, System, Bd. 2, S. 21. 28 f. 56. 63. 65 ff. 138, Anm. V. 141. Zitelmann, Beitr., H. 9—10, S. 4 ff. 148 ff. Hölder, Pandekten I, §§ 41. 45. Regelsberger I, §§ 139—142. Hellmann, Vorträge über d. BGB., §§ 16. 20—22. Isay, Die Willenserklärung im Tatbestande des Rechtsgeschäfts (1899), S. 13 ff. Walsmann, Der Verzicht (1912), § 4.

haben, bei empfangsbedürftigen Erklärungen Täuschung des Empfängers, bei anderen Erklärungen eine solche Dritter. Vorausgesetzt ist aber, daß die Erklärung für den Dritten bestimmt war. Daß die Erwartung des Erklärenden, die Erklärung werde nicht als ernstliche aufgefaßt werden, sich nicht bestätigt, kann beruhen auf grober oder geringer Fahrlässigkeit des Erklärenden, kann aber auch von ihm nicht verschuldet sein.

a) Die Willenserklärung ist nichtig in allen Fällen ohne Rücksicht auf die Folge der Täuschung (Willenstheorie).

Ist die Täuschung des Empfängers oder eines Dritten bewirkt, so steht diesen, wenn sie durch das Vertrauen auf die Ernstlichkeit und Gültigkeit der Erklärung geschädigt sind, ein Anspruch auf das negative Interesse zu. Verschuldung des Erklärenden ist nicht Voraussetzung dieses Anspruches (Erklärungstheorie). Der Anspruch ist ausgeschlossen, wenn der Empfänger oder der Dritte die Nichternstlichkeit kannte oder kennen mußte, also infolge eigener Fahrlässigkeit nicht kannte. Der Schadensersatzanspruch geht nicht über das Interesse, das der Berechtigte an der Gültigkeit hatte, also nicht über das positive Interesse hinaus (**122**).

b) Über die rechtliche Wirksamkeit einer zum Scherz geschlossenen Ehe vgl. **1332** (L. § 227).

c) In gewisser Richtung gehört auch der Fall des mißlungenen Scheingeschäftes hierher. Der Erklärende meint, der Empfänger verstehe ihn seiner Absicht gemäß dahin, daß die Erklärung nur zum Schein abgegeben werde, während der Empfänger die Erklärung in Wahrheit für ernstlich gewollt hält. Es liegt vor: Wollen der Erklärungshandlung, Nichtwollen ihres Inhaltes und Nichtwollen, daß die Erklärung vom Empfänger als ernstliche angesehen werde. Insofern fehlt die Täuschungsabsicht des Erklärenden; dieser will aber, daß Dritte die Erklärung als ernstliche betrachten, hat daher in dieser Richtung die Täuschungsabsicht. Mentalreservation (**116**) liegt nicht vor, weil der Erklärende den Empfänger nicht täuschen will, Scheingeschäft (**117**) nicht, weil das Einverständnis des Empfängers fehlt. Auch **118** trifft insoweit nicht zu, als der Erklärende zwar nicht den Empfänger, wohl aber Dritte täuschen will, ihm insofern die Erwartung fehlt, die Erklärung werde als nicht ernstliche aufgefaßt werden, **118** trifft aber zu, was die Person des Empfängers betrifft. Die Folge ist Nichtigkeit und Schadensersatzanspruch des Empfängers.

B. **Mentalreservation** (**116**)[1]) liegt vor, wenn der Erklärende eine Willenserklärung abgibt unter wissentlicher Verschweigung, daß er den der Erklärung entsprechenden Willen nicht hat, und in der Absicht, daß seine Erklärung als ernstlich gewollt gelte. Wesentlich ist die Täuschungsabsicht dem Empfänger der Erklärung oder Dritten gegenüber. Sie kann auf wohlmeinender Absicht beruhen. Hier liegt also vor: Wollen der Erklärungshandlung, Nichtwollen des Inhaltes derselben, aber Wollen, daß das Erklärte als gewollt betrachtet werde.

Die Willenserklärung ist gültig. Das gilt für alle Willenserklärungen (Vertragserklärungen und andere, stillschweigende und ausdrückliche). Auch die letztwilligen Verfügungen, d. h. die einseitigen Verfügungen von Todes wegen, machen keine Ausnahme (**2078**). Dagegen sind empfangsbedürftige Willenserklärungen dann nichtig, wenn dem Empfänger der Erklärung der geheime Vorbehalt bekannt war. Es gilt das für alle Vertragserklärungen wie für sonstige empfangsbedürftige Willenserklärungen (Kündigung, Mahnung usw.). Die Nichtigkeit tritt deshalb ein, weil eine Täuschung hier ausgeschlossen ist. Das Kennenmüssen steht aber der Kenntnis nicht gleich, weil eine Prüfungspflicht des Empfängers nicht anerkannt werden kann. Wer sich auf die Nichtigkeit beruft (Erklärender, Empfänger, Dritter), hat die Nichtübereinstimmung und die Kenntnis des Empfängers zu beweisen. Ist nun die Willenserklärung auch aus dem Grunde der Mentalreservation nicht nichtig, so kann sie doch aus anderen Gründen (z. B. wegen Formmangels) sehr wohl nichtig oder auch anfechtbar sein.

Die Eheschließung nimmt eine besondere Stellung ein. Der geheime Vorbehalt

---

[1]) Pestalozza, A. Graf von, Der Begriff der Mentalreservation im Sinne des § 116 BGB. (1904).

ist stets ohne Einfluß: die Ehe ist weder nichtig noch anfechtbar, ohne Rücksicht darauf, ob der Vorbehalt dem anderen Teile bekannt war oder nicht (arg. **1323. 1330**).

Dem Fall des geheimen Vorbehaltes steht gleich der des sog. bösen Scherzes. Er unterscheidet sich nur durch das besondere Motiv. Der Erklärende will auch hier die Erklärungshandlung, nicht ihren Inhalt, wohl aber, daß das Erklärte als gewollt erscheine.

Wenn der Erklärende bei nicht empfangsbedürftigen Willenserklärungen demjenigen den Vorbehalt zu erkennen gibt, der an der rechtlichen Wirkung interessiert ist, während er ihn anderen gegenüber verheimlicht, so ist die Erklärung jedem, auch dem Interessenten gegenüber, der die Kenntnis hat, gültig, z. B. die Nichternstlichkeit einer letztwilligen Verfügung wird den Interessenten vom Verfügenden mitgeteilt, den Dritten aber verheimlicht.

C. **Die Simulation, das Scheingeschäft (117)**[1].

Die Simulation ist nur möglich bei empfangsbedürftigen Willenserklärungen (Vertragserklärungen, sonstige empfangsbedürftige Willenserklärungen). Der Erklärende gibt die Erklärung ab mit dem Vorbehalte, daß er das Gewollte nicht will. Dieser Vorbehalt ist dem anderen Teile (Empfänger) bekannt, und zwar durch die Mitteilung des Erklärenden selbst, aber er nimmt außerdem an dem Vorbehalt durch Einverständnis teil. Durch den Vorbehalt wird somit der Empfänger nicht getäuscht, sondern nur der Dritte. Diese Täuschung wird durch das Verhalten des Empfängers verstärkt. Die Simulation ist somit nur ein Unterfall der Mentalreservation bei empfangsbedürftigen Willenserklärungen. Es liegt wie dort (Z. 2): Wollen der Erklärungshandlung, Nichtwollen des Inhaltes, aber Wollen, daß das Erklärte von Dritten als gewollt betrachtet werde.

Die Simulation ist entweder nur dazu da, einen Schein des Geschäftes hervorzurufen, oder sie soll zugleich ein anderes verdecken (Scheingeschäft — verdecktes Geschäft).

Das **Scheingeschäft** (simulierte Geschäft) ist entsprechend den Regeln über die Mentalreservation nichtig.

Die Nichtigkeit ist eine absolute, d. h. sie kann von den Parteien und gegen sie, von Dritten und gegen sie geltendgemacht werden. Gutgläubige Dritte sind aber vielfach, z. B. durch die besonderen Bestimmungen des Gesetzes über den öffentlichen Glauben des Grundbuches (**L.** § 153), über den redlichen Rechtserwerb an beweglichen Sachen (**L.** § 162) und über den gutgläubigen Erwerb einer simulierten beurkundeten Forderung durch Zession, die unter Vorlegung der Urkunde erfolgte (**L.** § 100), geschützt.

Das verdeckte (dissimulierte) **Geschäft** kommt überhaupt nur in Betracht, wenn es mit dem Scheingeschäft erklärt ist, und es ist gültig, wenn seine materiellen und formellen Gültigkeitsbedingungen erfüllt sind.

Die Simulation bewirkt Nichtigkeit auch dann, wenn das Geschäft vor bloßen Urkundspersonen (Behörden, Beamten, Zeugen), die in die Simulation nicht eingeweiht sind, vorgenommen wird, vollends bei Anwendung der bloßen Schriftform. Wie steht es aber, wenn der behördliche usw. Akt kein bloßer Hilfsakt, sondern ein selbständiger, von dem Parteigeschäft gesonderter Akt ist? Hierher gehört die Erklärung des Standesbeamten. Wenn auch der Standesbeamte beim Abschluß des simulierten Eheschließungsvertrages mitwirkt, so ist dennoch der Akt der Eheschließung selbst ein selbständiger. Ferner gehören dazu die Eintragungen in das Grundbuch, in öffentliche Register. Der behördliche Akt darf nicht nichtig werden (öffentliches Interesse), und folgeweise hat auch die Simulation auf die Parteigeschäfte keine Wirkung. So bei der Eheschließung (arg. **1323**). Ebenso liegt es auch bei Eintragungen zum Grundbuch, zum Register. Der Eintragungsakt selbst ist gültig, weil nicht simuliert. Aber auch die Willenserklärungen der Parteien selbst sind gültig. In allen diesen Fällen ist die Behörde nicht nur Formperson, sondern sie ist auch sachlich beteiligt. Die Parteierklärungen sind insoweit empfangsbedürftig. Dann ist

---

[1]) Über die oft vergleichsweise herangezogenen fiduziarischen Geschäfte s. **L.** § 54.

aber der Fall des geheimen Vorbehaltes gegeben, den beide Parteien der Behörde gegenüber machen, und demnach folgt Gültigkeit nach **116**[1]).

III. Die dem Erklärenden unbewußte Nichtübereinstimmung. Eine solche liegt vor in den Fällen des Irrtumes (A), bei der falschen Übermittelung einer Erklärung durch die Mittelsperson (B), und im Falle des Dissenses (C).

A. **Die Irrtumsfälle (119).**

a) Alle Fälle des hierher gehörigen Irrtumes haben das Übereinstimmende, daß der Erklärende einen Willensinhalt kundtut, den er nicht gewollt hat; sie liegen aber verschieden.

1. Der Erklärende ist bei Abgabe der Erklärung über den Inhalt derselben im Irrtum, d. h. er will die Erklärungshandlung, nicht aber das sich aus der Erklärungshandlung als Willensinhalt Ergebende. Er hat den „Erklärungswillen", nicht aber den „Geschäftswillen" [2]).

So liegt es bei der Annahme eines verkehrt aufgefaßten Vertragsantrages, ferner bei der Bejahung einer falsch verstandenen Frage, wenn Antwort in fremder Sprache unter falscher Vorstellung vom Werte des fremden Wortes erteilt wird und namentlich auch, wenn der Erklärende mit seiner Erklärung einen anderen Sinn verbindet als die Allgemeinheit, z. B.:

A bestellt die „Theaterloge links Nr. 3", indem er links von der Bühne aus rechnet, während die Verkehrsauffassung vom Zuschauerraume ausgeht. Hier ist der Geschäftswille auf die „Loge rechts Nr. 3" gerichtet, die Erklärung aber lautet auf „die Loge links Nr. 3".

So liegt es auch, wenn die Erklärung an die Person X statt an A, über den Gegenstand X statt über den Gegenstand a abgegeben wird, weil der Erklärende X für A, den Gegenstand X für den Gegenstand a hält (Irrtum über die Identität).

Der Irrtum liegt in der Vorstellung, die sich der Erklärende von dem Inhalte der abgegebenen Erklärung macht; diese irrige Vorstellung ruft den Entschluß zur Abgabe der Erklärung hervor.

Die Abgabe der Willenserklärung wird jedoch zumeist noch durch weitere Vorstellungen hervorgerufen. Sie beziehen sich jedoch nicht auf den Inhalt der Willenserklärungen und liegen außerhalb des begrifflichen Rahmens des Rechtsgeschäftes. Ein Irrtum in diesen Vorstellungen ist Irrtum im Motiv; er wird grundsätzlich nicht beachtet, z. B.: ein Vater kauft für seine Tochter eine Aussteuer; das Verlöbnis wird gelöst. Oder: ein Architekt übernimmt einen Bau für 25000 M.; er hat jedoch bei der Kalkulation die Kosten um 3000 M. zu niedrig gerechnet.

Eine Ausnahme macht jedoch das Gesetz beim Irrtum über Eigenschaften einer Person oder Sache. Z. B.: eine Dame kauft bei Lampenlicht von einem bestimmten Stoff 6 Meter, den sie für grün hält, während er blau ist und die Farbe beim Handel gar nicht erwähnt ist. Der Geschäftswille (ich wünsche 6 Meter von diesem Stoff) deckt sich genau mit dem erklärten Willen, der Irrtum liegt hier im Motiv. Aber diesen Irrtum stellt das Gesetz dem Irrtum über den Erklärungsinhalt gleich (**119**, Abs. 2).

2. Der Erklärende will die Erklärungshandlung nicht und so auch nicht durch den sie kundgetanen Willen, z. B. der Erklärende vergreift sich, er verspricht sich, verschreibt sich, oder in die Erklärung schleicht sich ein Druckfehler ein. Man spricht hier auch von „Irrung", „Abirrung" und „fehlgehender körperlicher Bewegung" oder von „error der Bewußtlosigkeit" und error in faciendo (Eck). Der Entschluß ist nicht, wie im Falle 1, von einer irrigen Vorstellung beherrscht, sondern er geht in seiner Ausführung fehl, so daß die Erklärung einen anderen Willensinhalt hat, als der Entschluß; Wille und Erklärung decken sich nicht.

---

[1]) Regelsberger I, S. 517, Note 10 nimmt an, daß mindestens nicht der volle Tatbestand einer Simulation vorliege, weil der gleichfalls erforderliche Akt der Beamten nicht auch simuliert sei. Das erklärt aber nicht die Gültigkeit der Parteiwillenserklärungen. Der Hinweis auf das öffentliche Interesse, daß der Spruch der Behörde nicht entwürdigt werden dürfe, motiviert nur die Aufrechterhaltung dieses Spruches. Auch liegt hierin kein konstruktioneller, sondern nur ein legislatorischer Gesichtspunkt. Vgl. auch Hölder, Kommentar, S. 255 f.

[2]) Gleichbedeutend mit „Geschäftswillen" (vgl. **L.** § 48) werden besonders auch „Erfolgswillen" und „Wirkungswillen" gebraucht.

b) Die rechtliche Bedeutung der Irrtumsfälle.

Der Irrtum bewirkt trotz der Verschiedenheit der Sachlage in allen Fällen (a Z. **1** u. **2**) nur Anfechtbarkeit, weil der Irrende die Erklärung ernstlich gemeint, oder doch der Gegner die Erklärung für wirksam gehalten hat. Die Anfechtung steht daher auch nur dem Irrenden zu, der durch sie den wahren Willen zur Anerkennung bringt[1]). Der Irrende muß aber auch dann anfechten, wenn der andere Teil den Irrtum erkannte oder erkennen mußte. Wenn allerdings der andere Teil den Irrtum und das wirklich Gewollte erkennt, so gilt die Erklärung in ihrem gemeinten Sinne und ist nicht anfechtbar.

Damit der durch die Anfechtbarkeit geschaffene Zustand der Ungewißheit im Interesse des Gegners baldigst endige, muß der Irrende „ohne schuldhaftes Zögern (unverzüglich)" anfechten, nachdem er vom Irrtum Kenntnis erhalten hat. Die wirkliche Kenntnis entscheidet, nicht auch das Kennenmüssen[2]). Einem Abwesenden gegenüber ist die Anfechtung eine rechtzeitige, wenn die Anfechtungserklärung rechtzeitig abgesendet ist. Ausgeschlossen ist die Anfechtung, wenn 30 Jahre seit Abgabe der Willenserklärung verflossen sind (**121**)[3]).

Es kommt für das Anfechtungsrecht nicht darauf an, ob der Irrende entschuldbar oder unentschuldbar irrte. Auch im Falle des Rechtsirrtumes besteht also das Anfechtungsrecht; es kann aber nicht in Frage kommen, wenn der Irrtum sich nur auf die einzelnen Rechtskonsequenzen der gewollten und erklärten allgemeinen Rechtswirkung des Geschäftes handelt (**L.** § 46. III).

Der Irrtum muß aber ein **wesentlicher** sein, d. h. die Differenz des vom Erklärenden erklärten Willensinhaltes und des von ihm wirklich gewollten muß so groß sein, daß bei Kenntnis die Erklärung nicht abgegeben wäre. An sich ist hier ein subjektiver oder objektiver Maßstab möglich. Der erstere besagt, der Irrtum ist wesentlich, wenn die Abgabe der Willenserklärung nach den persönlichen Eigenheiten des Erklärenden und den für ihn in Betracht kommenden Umständen bei richtiger Vorstellung nicht erfolgt wäre. Nach dem zweiten würde nur der Irrtum in Betracht kommen, der sich nach den aus der Beobachtung des Lebens entnommenen Durchschnittsanschauungen als entscheidend herausstellt. Von den Eigenheiten der Person des Erklärenden wie von den besonderen Umständen, unter denen die Willenserklärung abgegeben ist, wird hier abgesehen. Nach **119** ist nun der Irrtum wesentlich, wenn anzunehmen ist, daß der Erklärende „bei Kenntnis der Sachlage und bei beständiger Würdigung des Falles" die Erklärung nicht abgegeben haben würde.

Bei der Beurteilung der Sachlage hat man sich in die Lage des Irrenden zu versetzen und alle für sein Verhalten irgendwie erheblichen Umstände heranzuziehen. Nur wenn man dann sagen muß, der Erklärende hätte die Erklärung ohne den Irrtum bei verständiger Würdigung nicht abgegeben, ist die Anfechtung zulässig. Es kommt daher zunächst darauf an, ob der Erklärende, nicht der Beurteiler, von seinem objektiven Standpunkte aus die Erklärung nicht abgegeben hätte. Darin kommt der subjektive Standpunkt zum Ausdruck. Dann aber ist für die verständige Würdigung nicht die Geistesverfassung des Erklärenden, sondern die verständige Würdigung eines normalen Durchschnittsmenschen zugrundezulegen. Damit kommt der objektive Maßstab zur Geltung.

---

[1]) Daß in der Anfechtung der wahre Wille zur Geltung gelange, bestreitet Isay, a. a. O., S. 20. Grund der Anfechtbarkeit sei stets die Rücksicht auf den Verkehr, der das Zustandekommen der Erklärung mißbillige, wie bei Betrug und Drohung. — Wir müssen aber weiter fragen, weshalb der Verkehr diese Mißbilligung ausspricht? Dann ergibt sich die Antwort des Textes, und die Fälle des Betruges und der Drohung heben sich von den Irrtumsfällen ab.

[2]) Die Bedenken von Hölder, Arch. f. d. ziv. Pr., Bd. 80, S. 34 f. und Komment. S. 268 sind sicher gerechtfertigt. Dem Irrenden ist „die Spekulation auf Gefahr des Gegners", indem er die Entscheidung verzögert, keineswegs abgeschnitten, wie Eck (1896) S. 46 meint, vgl. aber seine Bemerkungen S. 50.

[3]) Vom Standpunkt des Irrenden aus ist bedenklich, daß dieser sein Anfechtungsrecht verliert, auch wenn er annehmen durfte, daß der Gegner den Irrtum erkannte, und auch, wenn der Gegner ihn erkannt hat. Eck (1896), S. 48 ff., bes. Strohal, Jahrb. f. Dogm., Bd. 34, S. 359 f.

Nach der überwiegend geteilten Auslegung[1]) hat das Gesetz diesen, d. h. sowohl den subjektiven wie den objektiven Standpunkt eingenommen, also zwei Voraussetzungen der Wesentlichkeit des Irrtums aufgestellt.

Dieser doppelte Maßstab ist in allen Fällen anzulegen auch beim Irrtum über Eigenschaften. Bei diesem kommen nach **119**, Abs. 2 nur solche Eigenschaften der Person und der Sache in Betracht, die im Verkehr als wesentliche erscheinen. Die Erklärung ist nicht anfechtbar, wenn im konkreten Falle weder der Erklärende noch ein Verständiger bei Kenntnis von der Abgabe der Erklärung Abstand genommen hätten. Auch der Irrtum über die Zahlungsfähigkeit des Schuldners bei Vertragsschluß[2]) ist eine im Verkehr wesentliche und kann daher zur Anfechtung führen. Z. B.:

A, Käufer einer Hypothek, die er irrtümlich für mündelsicher hält, während ihr Hypotheken von weit über die Hälfte des Grundstückswertes vorgehen, kann den Kauf anfechten; denn was von Sachen gilt, muß auch analog von anderen Gegenständen des Geschäftes gelten.

Die Bedenken gegen das weite Anfechtungsrecht des Irrenden werden nun im Interesse des Gegners abgeschwächt durch die Bestimmung, daß, wenn die Anfechtung erfolgt, der Irrende dem Empfänger oder Dritten den Schaden ersetzen muß, den diese dadurch erleiden, daß sie auf die Gültigkeit der Willenserklärung vertrauten (sog. negatives Interesse). Der Anspruch findet seine Grenze an dem positiven Interesse. Er gründet sich auf die Veranlassung, nicht auf die Verschuldung, ist aber ausgeschlossen, wenn der Gegner den Irrtum kannte oder infolge eigener Fahrlässigkeit nicht kannte, d. h. kennen mußte. Irrt daher der Erklärende grob fahrlässig und beruht die Unkenntnis des Gegners auf leichter Fahrlässigkeit, so hat letzterer gleichwohl keinen Anspruch auf Schadensersatz; z. B.:

A kauft von B ein Pferd für 700 M. Er verkauft es weiter mit einem Gewinn von 100 M. Der Transport des Pferdes zu A kostet ihn 30 M. B ficht den Kauf an. Hier beträgt das negative Interesse 30 M., das positive 100 M., daher können 30 M. Ersatz von A verlangt werden. Die Frage für das negative Interesse lautet: was hätte der Ersatzberechtigte gehabt, wenn der ganze Kauf hinweggedacht wird (hier hätte er die 30 M. nicht ausgegeben, von dem Gewinn wäre nicht die Rede gewesen, also 30 M. Schaden), für das positive Interesse: was hätte er gehabt, wenn der Kauf erfüllt wäre (hier 100 M. Gewinn, die 30 M. Unkosten hätte er dann zahlen müssen, also 100 M. Schaden). Betrügen die Unkosten 100 M., der Gewinn aber nur 50 M., so würde das negative Interesse 100 M., das positive 50 M. betragen, das negative könnte nur in Höhe von 50 M. verlangt werden.

c) Die rechtliche Bedeutung bei der Eheschließung (s. L. § 83) und bei letztwilligen Verfügungen (s. L. § 132).

B. **Die unrichtige Übermittelung der Erklärung (120)**[3]).

Der Bote gibt versehentlich eine Erklärung mündlich dem Adressaten anders ab, als ihm aufgetragen ist; ein Telegramm oder eine telephonische Nachricht wird entstellt. Es kann hier die Tätigkeit einer Mittelsperson in Frage sein, oder die Funktion einer Veranstaltung (Fehler der Leitung)[4]). Derartiges kann sowohl bei empfangsbedürftigen wie nicht empfangsbedürftigen Willenserklärungen eintreten.

a) Das Eigentümliche ist, daß die Erklärung selbst, wie sie der Erklärende von sich an das weitere Mittel (Bote usw.) gibt, an keinem Mangel leidet; durch dieses Mittel wird aber die Erklärung zu einer solchen, die er nicht gewollt hat. Daß eine dem Erklärenden gänzlich fremde Kraft das bewirkt hätte, kann man nicht sagen, da die Erklärung eben durch dieses Mittel nach

---

[1]) Eck I, S. 140 ff. A. M. Hölder zu 119, Z. 5, der auch die Bedenken, treffend hervorhebt.

[2]) Türk, Gruch. Beitr., Bd. 43 (99), S. 549 ff. Regelsberger, Jahrb. f. Dogmat., Bd. 40 (99), S. 479 ff. Rehbein, S. 139. Hölder, Komment., S. 263 f. Fritze, Arch. f. bürgerl. R., Bd. 17 (1899), S. 48. A. M. Planck, zu 119, Z. 2a, zu **321** und **610**. Seuff. Arch. Bd. 61, Nr. 42.

[3]) Vgl. Fleck, Arch. f. bürgerl. Recht, Bd. 15 (1899), S. 394 ff. Hölder, Kommentar, S. 266 f.

[4]) Es gehören nicht Fälle hierher, in denen die Übermittelung gar nicht mehr „durch“ die ausschließlich bestimmte Mittelsperson erfolgt, sondern durch andere Personen, oder in denen die Mittelsperson absichtlich die ihr übergebene Erklärung verfälscht übermittelt, oder in denen eine empfangsbedürftige Erklärung an eine unrichtige Adresse bestellt wird, oder in denen die Mittelsperson eine ganz andere Erklärung übermittelt, als ihr aufgetragen war.

Absicht des Erklärenden abgegeben werden sollte. Es liegt also ebenso wie in dem Falle des „Fehlgriffs im Ausdruck".

b) Die rechtliche Bedeutung ist daher die gleiche wie im Falle des Irrtumes. Die Erklärung kann daher vom Erklärenden angefochten werden, wenn die Unrichtigkeit der übermittelten Erklärung nicht nur in der Wortfassung, sondern im Inhalte liegt und nicht Unwesentliches betrifft. Im Falle der Anfechtung tritt die gleiche Schadensersatzpflicht ein. Der Erklärende haftet auch, wenn die Benutzung der Person oder Anstalt vom Adressaten bzw. Geschädigten vorgeschrieben war, wie auch, wenn höhere Gewalt der Grund der unrichtigen Übermittelung ist[1]).

C. Der Fall des **Dissenses** (**155**).

a) Der Dissens ist ein **offener,** wenn die Parteien sich bewußt sind, daß sie sich noch nicht über alle ihrer Auffassung nach wesentliche Punkte geeinigt haben. Über den Fall (**154**), der nicht hierher gehört, vgl. **L.** § 50. Hier kommt nur der **verdeckte Dissens,** bei dem zwei Fälle unterschieden werden müssen, in Frage.

α) Entweder sind die Willenserklärungen der Vertragsparteien jede für sich völlig normal, sie decken sich aber gegenseitig nicht, weil die Parteien sich gegenseitig mißverstehen, die abgegebenen Erklärungen falsch auslegen oder sich dieser nicht mehr erinnern. Die Parteien sind sich jedoch bei Abschluß des Vertrages des Dissenses nicht bewußt (Dissens im engeren Sinne);

β) oder schon eine einzelne Vertragserklärung kann für sich wegen eines Willensmangels nichtig sein und deshalb der Konsens fehlen. Der Vertrag ist nichtig. Wird die Vertragserklärung nach ihrem objektiven Sinne aufrechterhalten und stimmt sie in diesem mit der Erklärung der anderen Partei überein, so ist der Vertrag gültig, obwohl eine Übereinstimmung des Willens auch hier nicht vorliegt.

b) Das Gesetz behandelt in **155** nur den Fall a) *α*) als Dissensfall besonders, und zwar entsprechend dem in **139** aufgestellten Prinzip. Das Vereinbarte gilt, sofern anzunehmen ist, daß der Vertrag auch ohne diese Bestimmung geschlossen sein würde. Diese Fassung bedeutet nicht: wer die Nichtigkeit des Vertrages behauptet, hat zu beweisen, daß die Annahme nicht zutrifft, sondern an sich ist der Vertrag nichtig; er ist nur gültig, wenn die Annahme zutrifft.

Ob nun im Falle des Dissenses über einen einzelnen Punkt Gültigkeit des Vertrages anzunehmen ist, hängt davon ab, ob dieser Punkt im Sinne der Parteien ein so unwesentlicher war, daß sie, falls sie des Dissenses sich bewußt gewesen wären, den Vertrag auch ohne eine Bestimmung über diesen Punkt geschlossen hätten.

Ist der Vertrag nichtig, so kann im Falle des Dissenses von einer Schadensersatzpflicht einer der beiden Vertragsparteien nicht die Rede sein.

Im konkreten Falle wird die Prüfung Dissens und Irrtum streng auseinanderhalten müssen. Zunächst ist festzustellen, ob die beiderseitigen Vertragserklärungen sich decken, ob sie also in dem Erklärten harmonieren, nicht in dem inneren Willen. Besteht die Annahmeerklärung in einem bloßen Ja, so liegt der Konsens vor. Erst, wenn der Konsens feststeht, können die einzelnen Vertragserklärungen auf Irrtum geprüft werden. Es ergeben sich folgende Möglichkeiten:

1. A bestellt bei B 26 Ztr. Kohlen, B verliest sich und erklärt schriftlich, er werde 36 Ztr. schicken: Dissens und Nichtigkeit.
2. A bestellt 26 Ztr. Kohlen, B liest 20, erklärt aber schlechthin, er nehme an: B kann seine Erklärung wegen Irrtums anfechten.
3. A will 26 Ztr. bestellen, verschreibt sich aber und bestellt 36 Ztr.: A kann seine Erklärung wegen Irrtums anfechten.
4. A will 26 Ztr. bestellen, schreibt aber so undeutlich, daß die 26 ebenso gut für 36 gelesen werden kann, B nimmt für 36 an: Nichtigkeit wegen Unbestimmbarkeit des Vertragsantrages.

---

[1]) Begeht die Mittelsperson in Ausführung des Auftrages ein Delikt, so kommt die Haftung des Erklärenden nach **831** in Frage.

§ 53.

Die Beweggründe.[1])

Die Beweggründe, die den Erklärenden zu der Erklärung führen, sind an sich keine Bestandteile des rechtlichen Tatbestandes. Sie können aber dazu werden als Inhalt von Bedingungen und Auflagen. Die Beweggründe beeinflussen die Willensbildung bis zum Willensentschluß. Wird dieser nun erklärt, so besteht völlige Harmonie zwischen dem Willen und der Erklärung. Der Beweggrund ist daher regelmäßig für das Privatrecht gleichgültig. Ausnahmsweise äußert aber der Beweggrund seine Wirkung auf das Rechtsgeschäft; er beeinflußt die rechtliche Wirkung. Hier sind von allgemeinerer Bedeutung: Drohung und arglistige Täuschung. Wieweit der **Irrtum im Beweggrunde** abgesehen vom Falle der arglistigen Täuschung die Willenserklärung anfechtbar macht oder sonst ihre Wirkung beeinflußt, ergibt sich aus **L.** § 52. Vgl. ferner **812** ff. **779**.

I. **Die Drohung** (**123. 124**).

Es handelt sich um die Drohung (vis compulsiva, metus, psychischer Zwang), die einen andern zur Abgabe einer Willenserklärung bestimmt, nicht um den physischen Zwang (vis absoluta), bei dem eine Willenserklärung des Gezwungenen nicht in Frage steht, und nicht um die Bestimmung zu rein tatsächlichen Akten. Wesentlich ist, daß die Willenserklärung durch das Mittel der Furchterregung und letztere durch die Drohung hervorgerufen wird, d. h. es muß ursächlicher Zusammenhang zwischen der Drohung und der Abgabe der Willenserklärung bestehen.

A. Drohung liegt vor, wenn für den Fall der Nichtabgabe der Willenserklärung ein Übel in Aussicht gestellt ist. Ein sog. metus reverentialis genügt nicht; es muß ein Übel sein, das wertvolle Güter des Bedrohten (Leben, körperliche Integrität, guter Ruf, Freiheit, auch Vermögen) oder nahe Angehörige betrifft (metus maioris malitatis). Die Verwirklichung des angedrohten Übels muß ferner in der Macht des Drohenden liegen. Es darf also der Bedrohte nicht in der Lage sein, dem Übel sofort oder für die Zukunft wirksam begegnen zu können. Soll aber der Richter entscheiden, ob der Bedrohte durch die Drohung zur Abgabe der Willenserklärung bestimmt ist, so ist dieser objektive Befund nicht schlechthin ausschlaggebend[2]), sondern es sind auch die Umstände und die Persönlichkeit des Bedrohten zu berücksichtigen (subjektiver Maßstab). Es kann trotz ungenügenden objektiven Befundes die Bestimmung infolge der Drohung eingetreten sein, weil der Bedrohte sich täuschte oder seine Überlegung zurückgedrängt war, während er bei ruhiger Überlegung die Bedeutungslosigkeit der Drohung erkannt hätte.

B. Gleichgültig ist, von wem die Drohung ausgegangen ist, ob von dem Empfänger der Willenserklärung (Anfechtungsgegner) oder einem Dritten. Bei nicht empfangsbedürftigen Willenserklärungen ist notwendigerweise der Drohende ein an der Abgabe der Willenserklärung rechtlich Unbeteiligter, wenn er auch Interessent sein kann. Eine andere unter A. gehörige Frage ist es, ob man auch mit Handlungen Dritter drohen könne.

C. Endlich muß die durch die Drohung bewirkte Bestimmung zur Abgabe der Willenserklärung eine widerrechtliche sein. Das ist die Bestimmung, wenn die Drohungshandlung selbst eine widerrechtliche, eine unerlaubte ist (z. B. Drohung mit Tötung, Körperverletzung usw.), oder wenn das drohende Verhalten zwar an sich einwandfrei ist, aber im konkreten Falle eine Unsittlichkeit in sich schließt, weil die Betätigung oder Unterlassung dieses Verhaltens

---

[1]) Bekker, System, Bd. 2, S. 25 ff. 65. Zitelmann, Beitr., H. 9—10, S. 40 ff. 157. Hölder, Pandekten I, §§ 44. 46. Regelsberger I, §§ 143—146. Eck, Allgem. Teil, § 5. Hellmann, Vorträge über d. BGB., §§ 16. 21. 22. Sprenger, Arch. f. d. ziv. Pr., Bd. 88, S. 359 ff. v. Blume, Jahrb. f. Dogm., Bd. 38, S. 224 ff. Isay, Die Willenserklärung im Tatbestande des Rechtsgeschäfts usw., S. 18 ff.

[2]) Wohl aber nach röm. R.: l. 6. D. (4, 2).

von der Abgabe der Willenserklärung abhängiggemacht wird, z. B. Drohung mit einer wahrheitsgemäßen Strafanzeige, um den Gläubiger zum Schulderlaß zu bestimmen.

II. **Arglistige Täuschung (123. 124).**

Was die Freiheit des Willensentschlusses beeinträchtigt, ist der Irrtum, der von einem andern zu dem Zwecke erregt oder doch benutzt wird, damit er als Motiv wirke und die Abgabe der Willenserklärung hervorgerufen werde.

A. Wesentlich ist daher die arglistige Täuschung, d. h. Erregung oder Benutzung eines Irrtumes. Erregung ist Vorspiegelung nicht vorhandener, Entstellung vorhandener Tatsachen. Benutzung bedeutet Verschweigen von Tatsachen, die dem andern unbekannt sind, unter Verletzung der Aufklärungspflicht. Wieweit eine solche besteht, ergibt sich aus dem besonderen Rechtsverhältnis unter den Parteien (**259**. **260**. **402**) oder aus der allgemeinen Verkehrsauffassung. Es muß ferner ursächlicher Zusammenhang zwischen der Täuschung und der Abgabe der Willenserklärung bestehen, er fehlt, wenn infolge der Täuschung die Abgabe einer Willenserklärung erfolgt, zu der der Getäuschte rechtlich verpflichtet war.

B. Die Abgabe der Willenserklärung muß erfolgt sein, und Erregung und Benutzung des Irrtumes müssen zu diesem Zwecke bewirkt sein. Der Vorsatz des Täuschenden muß die Bestimmung des Getäuschten zur Abgabe der Erklärung mitumfassen. Die Täuschung muß von einem Verantwortlichen ausgehen. Ob der Irrtum bei Getäuschten entschuldbar oder unentschuldbar ist, bleibt gleichgültig, ebenso wie die Absicht des Vermögensvorteiles oder der Vermögensschädigung. Gleichgültig ist auch eine etwa eingetretene Vermögensschädigung für die Wirkung der Anfechtung. Darin liegt der Unterschied vom Tatbestand des StrGB. § 263.

III. Die **rechtliche Bedeutung** der Drohung und arglistigen Täuschung.

A. Die Wirkung der Drohung und arglistigen Täuschung ist Anfechtbarkeit der abgegebenen Erklärung. Bei der Drohung ist es gleichgültig, wer sie verübt hat, nicht so bei der arglistigen Täuschung.

1. Bei empfangsbedürftigen Willenserklärungen ist der beteiligte Empfänger der Willenserklärung, der die arglistige Täuschung weder verübte, noch die Verübung durch einen Dritten kannte, noch kennen mußte, der Anfechtung nicht ausgesetzt.

Tritt bei empfangsbedürftigen Willenserklärungen bei einem andern als dem Empfänger unmittelbar ein Rechtserwerb ein (z. B. **328** ff.), so tritt ihm gegenüber, soweit sein Recht durch die Erklärung begründet ist, die Anfechtung ein, wenn er die Täuschung kannte oder kennen mußte, wenn auch der Empfänger der Erklärung die Täuschung nicht kannte und auch nicht kennen mußte.

Bei nicht empfangsbedürftigen Willenserklärungen und bei Willenserklärungen gegenüber einer Behörde tritt die Anfechtung ein.

2. Hat die arglistige Täuschung einen Irrtum im Sinne von **119** herbeigeführt, so findet auch Anfechtung nach dieser Vorschrift statt[1]).

3. Die Anfechtung ist zunächst an eine einjährige Ausschlußfrist gebunden. Diese beginnt mit Entdeckung der Täuschung (nicht der vorhandenen Unrichtigkeit) bzw. mit dem Wegfall der Zwangslage. Die Anfechtung muß dem Anfechtungsgegner vor Ablauf der Frist zugegangen sein. Auf den Lauf der Frist sind **203**, Abs. 2. **206**. **207** entsprechend anzuwenden. Der Ablauf der Frist kann demnach z. B. durch höhere Gewalt gehemmt sein, die den Anfechtungsberechtigten an der Geltendmachung hinderte. Niemals soll die Frist länger als 30 Jahre, von der Abgabe der Willenserklärung an gerechnet, dauern. Hat die Drohung oder die Täuschung nur einen Teil des Rechtsgeschäftes ergriffen, so bezieht sich die Anfechtung nur auf diesen. Es findet dann weiter **139** Anwendung.

---

[1]) Anders wo der Irrtum Nichtigkeit (**1949**, Abs. 1) bewirkt.

B. Arglistige Täuschung und Drohung können auch unerlaubte Handlungen (**823**. **826**) sein und haben dann den Schadensersatzanspruch zur Folge (**249** ff.)[1]). Dieser verjährt in drei Jahren seit Kenntnis von dem Schaden und von der Person des Ersatzpflichtigen, ohne diese Kenntnis in 30 Jahren seit Begehung des Deliktes (**852**). Der Anfechtungsberechtigte kann nun anfechten und außerdem diesen Anspruch erheben, soweit durch die Anfechtung der Schaden nicht ersetzt ist. Ist der Anfechtungsberechtigte durch Versäumung der Anfechtungsfrist ausgeschlossen, so kann er den Schadensersatzanspruch geltendmachen. Der Anfechtungsberechtigte kann auf die Anfechtung verzichten und den Schadensersatzanspruch geltendmachen.

Ist der Schadensersatzanspruch verjährt, so hat der Geschädigte den Bereicherungsanspruch, wenn der Ersatzpflichtige durch das Delikt auf Kosten des Verletzten etwas erlangt hat (**852**. **812** ff.).

Wenn der Anfechtungsberechtigte durch Versäumung der Frist ausgeschlossen ist, so könnte der Betrüger usw. eine durch Täuschung usw. erworbene Forderung gegen den Verletzten geltendmachen. Der Verletzte kann aber die Erfüllung dieser Forderung auch dann noch verweigern, wenn der Schadensersatzanspruch auf Aufhebung der Forderung schon verjährt ist (**853**. **821**).

C. Über die rechtliche Bedeutung der Drohung und Täuschung bei der Eheschließung und sonstigen familienrechtlichen und erbrechtlichen Geschäften vgl. **L.** bes. §§ 227. 245. 257. 277.

§ 54.

Der Inhalt der Rechtsgeschäfte.[2])

Zur Wirksamkeit der Rechtsgeschäfte ist erforderlich, daß das Geschäft in seinem Inhalt bestimmten Anforderungen genüge (I—III) und daß der Gegenstand des Geschäftes der Verfügung der Parteien untersteht (IV).

I. Der **Inhalt** der Rechtsgeschäfte und die **Rechtsfolgen.**

Die erlaubten Parteiabsichten bewegen sich in bestimmten typischen Richtungen. Indem das Recht diesen Parteiabsichten in der Verhängung der Rechtsfolgen nachgeht und gerecht zu werden sucht, stellt es bestimmte typische Rechtsgeschäfte fest. Alle diejenigen Tatbestandselemente, die ein Rechtsgeschäft zu einem Geschäft bestimmter Art machen, nennt man seine wesentlichen Elemente (essentialia negotii). Um die unter dem Namen des Geschäftes begriffenen Rechtsfolgen hervorzurufen, müssen die Parteien daher die wesentlichen Elemente gewollt haben. Ist das der Fall, so verhängt das Recht von selbst weitere Rechtsfolgen, ohne daß der Wille der Parteien auf diese gerichtet war. Diese Elemente sind die naturalia negotii. Das Recht hat hier aber lediglich ergänzenden Charakter. Die Parteien können diese Rechtsfolgen durch ihre Disposition abwehren. Schließlich können die Parteien Elemente in das Rechtsgeschäft aufnehmen und Rechtsfolgen hervorrufen, die sich mit dem Wesen des Geschäftes vertragen, aber weder zu den essentialia noch zu den naturalia gehören. So gehören zu den essentialia des Kaufes die Einigung der Parteien über Preis und Ware; zu den naturalia der Gefahrübergang mit der Übergabe, die Haftung des Verkäufers für Mängel usw.; zu den accidentalia die Setzung von Bedingungen.

---

[1]) Seuff. Arch. Bd. 60, Nr. 232.

[2]) Zitelmann, Beitr., H. 9—10, S. 54 ff. 157. 159. Barthelmes, Handeln in fraudem legis. Hölder, Pandekten I, §§ 55. Regelsberger I, §§ 141. 147. Kindel, Das Rechtsgeschäft und sein Rechtsgrund. Pfaff, Zur Lehre vom sog. in fraudem legis agere. Neff, Beitr. zur Lehre von der fraus legi facta (Dissert.). Hellmann, Vorträge über d. BGB., S. 15. 21. 27. Lotmar, Der unmoralische Vertrag (1896). Bekker, System II, § 100. Zitelmann, Allgem. Teil, S. 129. Lehmann, H., Die Unterlassungspflicht (1906), S. 135 ff. Raape, Das gesetzliche Veräußerungsverbot (1908).

II. Der **rechtliche Zweck der Rechtsgeschäfte.**

A. In dem Inhalte der Geschäfte, die eine Vermögensverschiebung, eine Vermögenszuwendung (Minderung auf der einen — Vermehrung auf der anderen Seite) bewirken, spielt außer der Zuwendung deren rechtlicher Zweck (causa) eine bedeutsame Rolle. Die Vermögensverschiebung ist niemals ohne rechtlichen Zweck. Um den Zweck zu erreichen, wird die Vermögensverschiebung vorgenommen. Daher wird der rechtliche Zweck selbst causa, Grund, Rechtsgrund, bei Begründung von Forderungen Verpflichtungsgrund genannt. Der rechtliche Zweck (Schenkung, Schuldbegründung, Schuldtilgung, Erfüllung einer Bedingung u. a. a.) unterscheidet sich stets von dem bloßen Beweggrunde; die Vermögenszuwendung (unmittelbare Geschäftswirkung) ist nicht an sich gewollt, sondern mit ihr weitere rechtliche Wirkungen. Beim Beweggrunde ist das nicht der Fall.

B. Manche Geschäfte sind nun in ihrer Gültigkeit von ihrem Zweck abhängig (**kausale**, materialisierte, individualisierte **Geschäfte**), d. h. der rechtliche Zweck ist Element des Geschäftes; die Vermögensverschiebung tritt nur ein, wenn auch ihr Zweck gewollt ist und eintritt. Anderenfalls ist die Vermögensverschiebung unwirksam. Diese Gestaltung durch das positive Recht wird also der Parteiabsicht gerecht, die auf die Vermögensverschiebung und den Zweck geht. Sie ist die natürliche, und für viele Typen von Geschäften ist der rechtliche Zweck essentiale negotii (Darlehn, Kauf).

C. Andere Geschäfte dagegen sind in ihrer Gültigkeit von ihrem Zweck abhängig (**abstrakte Geschäfte**), d. h. die Vermögensverschiebung tritt ein, auch wenn der Zweck von vornherein unwirksam ist oder wird. Die eingetretene Vermögensverschiebung ermangelt dann ihres Rechtsgrundes und findet ihren Ausgleich in der Herausgabe der ungerechtfertigten Bereicherung (**812** ff. **L.** § 141). Diese positive Regelung ist eine künstliche. Sie bezweckt Vereinfachung und Durchsichtigkeit des Tatbestandes und damit Erleichterung des Beweises und der Negotiabilität der Rechte. Die Bezeichnung „Formalgeschäfte" ist irreführend, weil die Form zwar häufig ist, aber nicht das Wesentliche trifft.

Zu den abstrakten Geschäften zählen:

der dingliche Vertrag bei der Übereignung und Belastung von Grundstücken und beweglichen Sachen (Schiffen) und zur Änderung des Rangverhältnisses der Grundstücksrechte,

der Verzicht auf Rechte (Schulderlaß), die Abtretung der Forderung, die Schuldübernahme, die Novation, die römische stipulatio,

das selbständige Schuldversprechen, das Schuldanerkenntnis, Wechselversprechen, Annahme einer Anweisung und die Inhaberpapierschuld.

Regelmäßig kann der causa bei den abstrakten Geschäften durch die Rechtsform der Bedingung Wirkung verschafft werden; wo auch das nicht zulässig ist, spricht man von **notwendig abstrakten Geschäften** (Auflassung, Wechsel u. a. a.).

III. Der Inhalt der Rechtsgeschäfte darf nicht **gegen Rechtsverbot** und **gegen die guten Sitten** verstoßen[1]).

Nicht jedes verbotene Geschäft ist auch ein unsittliches, weil die Verbote oft nur im Interesse einer Partei erlassen sind, und nicht jedes unsittliche Geschäft ist ein verbotenes. Daher gilt das, was für die verbotenen Geschäfte vorgeschrieben ist, nicht ohne weiteres auch für die unsittlichen (z. B. **309**).

A. Ein Rechtsgeschäft, das gegen ein gesetzliches Verbot verstößt, ist nichtig (**134**). Die Vorschrift ist ergänzender Natur. Es kann aus dem Verbotsgesetze oder aus sonstigen Rechtssätzen (Strafrecht) eine andere Folge sich ergeben. Es kann auch das Verbot nur gegen eine Geschäftspartei gerichtet sein. Es muß darüber die Auslegung der betreffenden Verbotsgesetze entscheiden.

---

[1]) Endemann, Über die zivilrechtl. Wirkungen der Verbotsgesetze (1887). Isay, Die Willenserklärung im Tatbestande des Rechtsgeschäfts usw. (1899), S. 94 ff.

1. Das Verbotsgesetz kann dem öffentlichen Recht (Strafrecht, Gewerberecht usw.) angehören. Auch das BGB. stellt Verbote auf. Schwierig ist aber die Feststellung, wann im BGB. ein Verbotsgesetz vorliegt. Die Fassung des Gesetzes geht entweder dahin, daß die betreffende Verfügung überhaupt nicht oder nur unter Voraussetzungen vorgenommen werden kann (**225**. **276**), oder dahin, daß die Verfügung für nichtig erklärt wird (**248**), oder, daß sie bei Nichtigkeit nicht vorgenommen werden darf, oder, daß sie unwirksam ist (**925**), oder, daß sie unzulässig ist (**1014**). In wieder anderen Fällen ist die Folge der Vornahme des Geschäftes näher festgestellt (**456**—**458**). Ob in diesen oder anderen Fällen auch wirklich Verbote gemeint sind, ist durch Auslegung festzustellen. Das BGB. gebraucht gleiche Wendungen da, wo es sich um sonstige Mängel handelt (z. B. **105**).

2. Das Verbotsgesetz kann gewisse Geschäfte oder nur gewissen Geschäftsinhalt (gewisse Leistungen), es kann außer dem Kausalgeschäft auch die abstrakte Zuwendung treffen wollen.

3. Verträge, die für den Fall, daß das Verbot fortfallen sollte, geschlossen sind, sind gültig geschlossen; Verträge, die unter einer anderen Bedingung oder einem Anfangstermin geschlossen sind, sind gültig, wenn das Verbot vor Eintritt der Bedingung oder des Termines aufgehoben wird (**309**).

4. Der unmittelbaren Verletzung des Verbotes steht die **Umgehung** gleich, d. h. die Verwirklichung eines tatsächlichen Erfolges, der vom Gesetz durch das Verbotsgesetz ausgeschlossen sein sollte, auf einem vom Verbotsgesetz nicht bezeichneten Wege (agere in fraudem legis). Das Umgehungsgeschäft ist nichtig, weil und soweit das Verbotsgesetz eben den praktischen tatsächlichen Erfolg überhaupt bekämpfen will; anders, wenn das Gesetz nur die Verwirklichung des Erfolges durch eine bestimmte Geschäftsart[1]) zurückdrängen will; z. B.:

A hat mit B zur Umgehung der Vorschrift der GewO. § 33 über seine Gastwirtschaft keinen Pachtvertrag, sondern einen Dienstvertrag geschlossen. Der Vertrag ist nichtig, ebenso auch seine Bestätigung.

Die Umgehung der Verbotsgesetze unterscheidet sich von dem Scheingeschäfte (Simulation); allerdings kann man auch die Simulation benutzen, um Verbote zu umgehen. Beim agere in fraudem legis als solchem fehlt es aber an der der Simulation wesentlichen Nichtübereinstimmung zwischen Wille und Erklärung. Von beiden heben sich die **fiduziarischen Geschäfte** ab. Die Parteien wollen eine Vermögensverschiebung (Eigentumsübergang, Forderungsabtretung usw.). Diese geht aber im Einverständnis der Parteien über die von ihnen beabsichtigten Zwecke hinaus und soll daher von dem, zugunsten dessen sie eintritt (Fiduziar), nur im Rahmen der beabsichtigten Zwecke ausgenutzt werden. Der Fiduziar soll z. B. nur zu Pfandzwecken oder als Bevollmächtigter über das ihm übertragene Recht verfügen dürfen. Die Rechtswirkung der Vermögensverschiebung wird also durch Vereinbarung der Parteien (fiducia) restringiert. Nach außen hat der Fiduziar die volle Rechtsstellung mit allen Konsequenzen, was besonders für den Konkursfall des Fiduziars mit Unrecht geleugnet wird[2]); im inneren Verhältnis zum Fiduzianten ist der Fiduziar aus der Abrede für Mißbrauch seiner Rechtsstellung verantwortlich. Überall liegt völlige Übereinstimmung des Parteiwillens mit der Erklärung vor, somit keine Simulation. Ob eine Gesetzesumgehung vorliegt, läßt sich aus dem Geschäfte selbst niemals entnehmen, sondern nur aus dem Inhalte des angeblich umgangenen Gesetzes. Schon deshalb hat das fiduziarische Geschäft als solches mit dem in fraudem legis nichts gemein (vgl. **L.** § 100, I. F.).

5. Die Nichtigkeit tritt nur ein, soweit sich nicht aus dem Verbotsgesetze etwas anderes ergibt. Besonders werden Verbotsgesetze nicht immer auch die privatrechtliche Nichtigkeit der Willenserklärung bestimmen wollen. Vgl. **225** mit **477**, Abs. 1. **638**, ferner **671**, Abs. 2. **723**, Abs. 2. Z. B.:

---

[1]) Seuff. Arch., Bd. 58, Nr. 34. AbzahlgsGes. § 6. Über die vielbehandelte Frage, ob das Faustpfand an Mobilien durch Übereignung im Werte des sog. constitutum possessorium ersetzt werden darf, RG. 59. S. 146ff.

[2]) Auch vom RG. in Seuff. Arch., Bd. 46, Nr. 91. Dagegen, wie im Text, Biermann I, S. 236f. Vgl. Jaeger, KO. zu § 43.

Hat A bestimmte Räume eines Hauses gemietet, so kann sich B belangt als Bürge auf die Miete nicht darauf berufen, daß die Miete nach **134** nichtig sei, weil die Baupolizeiordnung die Vermietung dieser Räume als Schlafräume nicht gestatte.

B. Besondere Bedeutung haben die gesetzlichen **Veräußerungsverbote.** Sie sind absolute (**400. 1069**, Abs. 2) oder nur relative, d. h. nur zum Schutze bestimmter Personen erlassene (**135**). Bei den ersteren ist die verbotswidrige Verfügung absolut nichtig, bei den letzteren nur den geschützten Personen gegenüber, also relativ nichtig (**L.** § 55, IV), sonst völlig gültig. Anwendungsfälle sind: **883. 1098. 1092. 2113.** KO. § 7. StrPO. § 326. ZPO. § 772. Den gesetzlichen Veräußerungsverboten dieser Art stehen gleich richterliche oder Veräußerungsverbote anderer Behörden, die sie innerhalb ihrer Zuständigkeit erlassen (**136**).[1])

Welche Verfügungen im einzelnen unter das relative Veräußerungsverbot fallen, ist durch Auslegung festzustellen. Der rechtsgeschäftlichen Verfügung steht aber gleich die Verfügung im Wege der Zwangsvollstreckung und der Arrestvollziehung, weil der Verfügung des an sich Verfügungsberechtigten die Verfügung aus seinem Rechte gleichstehen muß, nicht aber Verfügungen des Konkursverwalters (KO. § 13). Erwirbt jemand durch eine solche verbotene Verfügung, so genießt er den Schutz des guten Glaubens (**135**).

3. Rechtsgeschäftlich begründete Veräußerungsverbote haben weder absolute, noch relative Nichtigkeit der verbotswidrigen Verfügung zur Folge (**137**; vgl. aber **399. 405. 1136**).

C. **Unsittliche Geschäfte** (**138**):

Ein Geschäftsinhalt, der die Sittlichkeit (guten Sitten, boni mores) verletzt.

1. Der hier anzulegende Maßstab der „guten Sitten" ist dahin zu verstehen, daß die moralischen Durchschnittsanschauungen entscheidend sind, nicht besondere subjektive, sei es unter oder über dem Durchschnittsniveau stehende moralische Auffassungen. Viel schwieriger ist aber die Frage, wieweit das einzelne Geschäft einer Prüfung auf Moralwidrigkeit unterzogen werden kann. Bei der einschneidenden Folge der Nichtigkeit ist eine Grenze durchaus erforderlich. Selbstverständlich ist ein Geschäft moralwidrig, wenn es auf eine Handlung, Duldung oder Unterlassung, die moralwidrig ist, abzielt, z. B. ein Vertrag, durch den sich jemand zur Begehung oder Duldung einer unmoralischen Handlung oder zur Unterlassung von etwas sittlich Gebotenem verpflichtet. Hierher gehört auch der in **138**, Abs. 2 hervorgehobene Tatbestand des wucherischen Geschäftes[2]). Ein Rechtsgeschäft (Darlehn, Kauf, Miete, Dienstvertrag usw.) ist nichtig, wenn sich jemand unter Ausbeutung[3]) der Notlage, des Leichtsinnes oder der Unerfahrenheit eines anderen sich oder einem Dritten eine Gegenleistung versprechen oder gewähren läßt, welche den Wert der eigenen Leistung unter den obwaltenden Umständen unverhältnismäßig übersteigt.

Wenn A, ein im hohen Grade geistig minderwertiger Mensch, sein Landgut für 16000 M. an B, dem die geistige Veranlagung des A bekannt ist, verkauft, während der objektive Wert 50000 M. beträgt, so ist der Vertrag nichtig.

Ferner ist unsittlich eine Willenserklärung, die auf eine sittlich erlaubte Handlung, Duldung oder Unterlassung abzielt, die aber nach sittlichen Anforderungen nicht unter Rechtszwang gestellt werden darf, sondern der freien Entscheidung des einzelnen überlassen bleiben muß. Unter diesen Gesichtspunkt können die sogenannten Konkurrenzklauseln in Dienstverträgen und Vertragsstrafversprechen[4]) gehören. Schließlich wird eine Willenserklärung unsittlich, wenn durch sie für Handlungen, Duldungen oder Unterlassungen ein Geldäquivalent in Aussicht gestellt wird. Dahin können Verträge über Verkauf einer ärztlichen oder Anwaltspraxis

---

[1]) Vgl. Philipp, Bl. für Rechtsanwendung, Jahrg. 64 (1899), S. 353 ff. 369 ff.

[2]) Die früher geltenden privatrechtlichen Vorschriften über den Kredit- und Sachwucher in den Reichsgesetzen vom 24. Mai 1880 und 19. Juni 1893 sind durch EG. Art. 47 aufgehoben.

[3]) RG. 60, S. 11. Seuff. Arch., Bd. 60, Nr. 139.

[4]) Vgl. Fuld, Sächs. Arch., Bd. 9 (1899), S. 348 ff.

gehören. Überall liegt die Unsittlichkeit des Geschäftes entweder in seinem unmittelbaren Inhalte und deshalb auch in der Bedeutung des Geschäftes für die Sittlichkeit, oder sie liegt lediglich in dieser letzten Bedeutung.

2. Das unsittliche Geschäft ist nichtig. Die Vorschrift **309** (oben A, Z. 3) findet keine Anwendung. Mitunter spricht das BGB. die Nichtigkeit der Geschäfte aus, so daß die Prüfung ihrer Unsittlichkeit erübrigt (**619**. **312**).

IV. Enthält das Rechtsgeschäft eine Verfügung über ein Recht, so träte Nichtigkeit ein, wenn das Recht dem Verfügenden nicht zusteht. Eine Verfügung, die jemand über fremdes Recht trifft, ist aber wirksam: 1. wenn er sie in fremdem Namen trifft, nach den Regeln der Vertretung (**L.** § 56), 2. trifft er sie in eigenem Namen (**185**), wenn Einwilligung oder Genehmigung der Berechtigten erteilt werden (**L.** § 57).

3. Die Wirksamkeit tritt auch dann ein, wenn der Verfügende den Gegenstand erwirbt, oder wenn der Verfügende vom Berechtigten beerbt wird und der Berechtigte für die Nachlaßverbindlichkeiten unbeschränkt haftet (**185**, Abs. 2).

4. Die Verfügungen Nichtberechtigter sind auch wirksam, soweit die Vorschriften über den Erwerb auf Grund guten Glaubens eingreifen (**L.** §§ 153. 162).

§ 55.

Die Bedeutung der Geschäftsmängel.[1])

Das BGB. kennt einen allgemeinen Begriff der **Unwirksamkeit** der Rechtsgeschäfte. Es bezeichnet damit alle Fälle, in denen der rechtliche Erfolg der Willenserklärung negiert ist, gleichgültig, aus welchem Grunde. Die Unwirksamkeit beruht nicht immer auf einem Mangel des Rechtsgeschäftes z. B. wenn beim aufschiebend bedingten Geschäft die Bedingung ausfällt. Unter die Unwirksamkeit i. A. gehören aber auch die Fälle, in denen wegen Geschäftsmangels absolute Nichtigkeit, Anfechtbarkeit oder relative Nichtigkeit eintritt.

I. **Die absolute Nichtigkeit.** Das nichtige Geschäft äußert nicht die normalen Wirkungen. Andere Wirkungen können sich dagegen an das nichtige Rechtsgeschäft anknüpfen (**118**. **122**). Die Nichtigkeit tritt nicht erst infolge einer Willenserklärung ein, sondern ist mit ihrem Grunde gegeben. Eine Klage ist regelmäßig notwendig zur Geltendmachung der Nichtigkeit einer Ehe (Nichtigkeitsklage, **1329**). Eine Feststellungsklage ist stets möglich nach Maßgabe der ZPO. § 256. Auf die Nichtigkeit kann sich jeder berufen, dessen Interesse durch das nichtige Geschäft, wenn es als gültiges bestehen bliebe, berührt würde.

1. Nichtigkeit tritt ein, wenn ein zur Errichtung des Geschäftes wesentliches Erfordernis fehlt (Geschäftsunfähigkeit, Fehlen des Willens, der Form, Unstatthaftigkeit des Inhaltes).

2. Die Nichtigkeit ist nicht immer schon zur Zeit der Errichtung des Geschäftes entschieden, sondern es hängt in diesem Zeitpunkt noch von späteren Ereignissen ab, ob das Geschäft von Anfang an gültig oder nichtig war, z. B. von einer Genehmigung (**108**, Abs. 1) **L.** § 57, von der Erfüllung (**313**) **L.** § 51 usw. Man kann daher die **entschiedene Nichtigkeit** von der **schwebenden** unterscheiden. Eine Art der schwebenden Nichtigkeit ist auch die Anfechtbarkeit (vgl. II). Die entschiedene Nichtigkeit ist eine unheilbare. Fallen die Umstände fort, welche die Nichtigkeit bewirkt haben, so wird das Geschäft dennoch nicht gültig.

Bestätigt derjenige, der das Geschäft vorgenommen hat, das nichtige Geschäft, so ist das als neue Vornahme des Geschäftes zu beurteilen. Ist die Absicht der Parteien

---

[1]) Gradenwitz, Ungültigkeit obligatorischer Rechtsgeschäfte (1887). Zitelmann, Beitr., H. 9—10, S. 69 ff. 160 ff. Hölder, Pandekten I, § 58. Regelsberger I, § 174—176. Hellmann, Vorträge über das BGB., §§ 20—23. Derselbe, Arch. f. d. ziv. Praxis, Bd. 90, S. 363 ff.

irgendwie klar, daß das frühere nichtige Geschäft gelten solle, so liegt darin die Bestätigung. Es müssen aber auch alle Erfordernisse für die Errichtung des Geschäftes vorliegen[1]), besonders auch die Form. Die rechtlichen Wirkungen knüpfen sich an die Bestätigung. Das alte Geschäft ist nur Auslegungsmittel. Diese Bestätigung ist also durchaus neues Geschäft. Hinzu tritt eine wichtige Auslegungsregel: wird ein nichtiger Vertrag (Eigentumsübertragung, Schuldvertrag) von den Parteien bestätigt, so sind die Parteien im Zweifel verpflichtet, einander das zu gewähren, was sie haben würden, „wenn der Vertrag von Anfang an gültig gewesen wäre". In der Bestätigung liegt daher der neue Vertrag und ein weiterer schuldrechtlicher Vertrag (schuldrechtliche Rückwirkung der Bestätigung). Die gleiche Auslegungsregel greift Platz, wenn durch Vertrag ein einseitiges nichtiges Geschäft bestätigt wird, z. B. eine nichtige Kündigung. Die Bestätigung hat also keine unmittelbare (sog. dingliche) Wirkung (**141**): anders die Bestätigung der Ehe (**1325**)[2]).

3. Haben die Parteien zur Herbeiführung des Rechtserfolges gerade ein bestimmtes Geschäft geschlossen und ist dieses nichtig, so fragt es sich, ob der Tatbestand eines anderen Rechtsgeschäftes erfüllt vorliegt, und wenn das der Fall ist, ob die Parteien bei Kenntnis der Nichtigkeit die Geltung dieses gewollt haben würden. Bestätigt die Auslegung auch letzteres, so ist dieses andere Geschäft gültig (**140**, **Konversion**); z. B.:

Ein als solcher formungültiger und nichtiger Wechsel kann als kaufmännischer Verpflichtungsschein wirksam sein; die Verpfändung einer Briefhypothek, die als solche nichtig ist, kann als Einräumung eines persönlichen Zurückhaltungsrechtes am Briefe aufrechterhalten werden.

Die Konversion ist nicht Auslegung einer wirklich vorhandenen Willenserklärung, da ja der Wille zweifellos auf das nichtige Geschäft gerichtet war. Wäre er auch zugleich eventuell auf das zweite Geschäft gerichtet, so bedürfte es besonderer Vorschriften nicht, die Auslegung würde völlig genügen, wie auch dann, wenn die Parteien das Geschäft nur falsch bezeichnet haben; denn der falsche Name tut nichts zur Sache. Die Konversion beruht vielmehr darauf, daß den Parteien an dem Rechtserfolge in seinen wesentlichen Punkten mehr liegt als an dem geschäftlichen Wege zu demselben. Wie beim Rechtsgeschäft überhaupt das Wollen des Rechtserfolges genügt, um die rechtliche Wirkung eintreten zu lassen, so muß auch der von den Parteien beabsichtigte Weg hinter dem Wollen des Erfolges überhaupt zurücktreten. Die Konversion stützt sich aber auf Auslegung; es muß aus den Erklärungen der Parteien ermittelt werden, ob sie das konvertierte Geschäft gewollt haben würden. Das ist nicht schon bei bloßer Verwandtschaft des zweiten Geschäftes mit dem ersten, sondern nur anzunehmen, wenn der von den Parteien beabsichtigte Rechtserfolg im wesentlichen auch durch das zweite Geschäft verwirklicht wird. Der bei Konversion eintretende rechtliche Erfolg liegt also in der Richtung der wesentlichen Parteiabsichten.

II. Die Anfechtbarkeit.

Anfechtbar ist ein Rechtsgeschäft, wenn die Wirkungen zwar wie beim normalen Geschäft eintreten, aber durch bestimmte Personen (Anfechtungsberechtigte) entkräftet werden können[3]).

1. Geltendmachung der Anfechtung (**143**)[4]).

Die Anfechtung erfolgt durch formlose Willenserklärung[5]). Die Erklärung muß den

---

[1]) RG. Bd. 61, S. 266.

[2]) Vgl. aber Biermann I, 197 f., der nicht eine entschiedene, sondern nur schwebende Nichtigkeit annimmt und daraus **1325** wie auch **1328** erklärt.

[3]) Die Anfechtung kommt nur bei Rechtsgeschäften vor, z. B. Anfechtung der Ehelichkeit (**1594** ff.), des Erbschaftserwerbes wegen Erbunwürdigkeit (**2342**).

[4]) Das Anfechtungsrecht gibt nur die Befugnis zur Anfechtung, keine Einrede (Verweigerungsrecht), anders im Falle **2083**; ferner kann der Bürge dem Gläubiger gegenüber die Leistung verweigern mit Rücksicht auf das dem Hauptschuldner zustehende Anfechtungsrecht (**770**, Abs. 1; ebenso **1137**, Abs. 1 und **1211**, Abs. 1).

[5]) Im röm. Recht ist Ausnahme die außergerichtliche Erklärung, Regel die Anfechtung durch gerichtlichen Akt (Klage, Einrede, Restitution). Nach dem BGB. ist Feststellungsklage möglich (ZPO.

Willen erkennen lassen, daß der Erklärende die angefochtene Erklärung nicht gelten lassen will. Ob die Anfechtung auch in einer sonstigen Geltendmachung des Anfechtungsgrundes liegt, ist Auslegungsfrage. Die Anfechtung ist rechtsgeschäftliche Willenserklärung. Sie kann auch im Prozesse oder in einem vorbereitenden Schriftsatze abgegeben werden[1]).

Die Anfechtungserklärung ist eine empfangsbedürftige (L. § 49). Adressat und Empfänger ist der Anfechtungsgegner oder eine Behörde. Anfechtungsgegner ist bei Verträgen[2]) der andere Teil auch dann, wenn von diesem wieder ein Dritter erworben hätte. Im Falle der durch einen Dritten verübten arglistigen Täuschung ist der Gegner derjenige, welcher aus dem Vertrag unmittelbar ein Recht erworben hat (**123**, Abs. 2. **1342**, Abs. 1. **2281**. **2156**. **2192**). Bei einseitigen empfangsbedürftigen Willenserklärungen ist Anfechtungsgegner der Adressat. War die Willenserklärung entweder dem anderen oder der Behörde gegenüber abzugeben, und ist sie der Behörde gegenüber abgegeben worden (**875**, Abs. 1), so ist Anfechtungsgegner doch die beteiligte Privatperson. War die Erklärung nur einer Behörde gegenüber abzugeben (**928**, Abs. 1), so kann die Anfechtung durch Erklärung an die Behörde erfolgen oder gegenüber jedem, der durch das Rechtsgeschäft unmittelbar einen rechtlichen Vorteil erlangt hat. Ist sie aber der Behörde gegenüber erfolgt, so soll diese die Anfechtung demjenigen mitteilen, „der durch das Rechtsgeschäft unmittelbar betroffen worden ist".

Anfechtungsgegner bei einseitigen, nichtempfangsbedürftigen Willenserklärungen (Auslobung) ist jeder, der Rechtsvorteile unmittelbar durch das Rechtsgeschäft erlangt hat, nicht der weitere mittelbare Singularsukzessor.

Anfechtungsberechtigter ist derjenige, der die mangelhafte Erklärung abgab. Das Anfechtungsrecht ist ein Gestaltungsrecht (L. § 17) und unterliegt einer gesetzlichen Befristung (**119**. **121**. **124**).

Sind mehrere Anfechtungsberechtigte oder mehrere Anfechtungsgegner da, so steht zwar das Anfechtungsrecht jedem einzelnen selbständig zu und richtet sich gegen jeden einzelnen selbständig, wirkt aber immer nur zugunsten und zu Lasten des einzelnen[3]).

2. Die Wirkung der Anfechtung (**142**).

Die Anfechtung hat nicht lediglich schuldrechtliche Wirkung, das Geschäft ist vielmehr, sobald es angefochten ist, nicht nur im Verhältnis der Parteien zueinander, sondern auch Dritten gegenüber von Anfang an nichtig[4]) (sog. dingliche Wirkung). Es liegt bei der Anfechtbarkeit ein Fall der schwebenden Richtigkeit (I) vor. Dritte, die auf Grund des anfechtbaren Geschäftes einen Rechtserwerb gemacht haben oder sich mit der einen oder anderen Partei in ein Geschäft eingelassen haben, genießen den Schutz des guten Glaubens. Kenntnis oder Kennenmüssen der Anfechtbarkeit steht der Kenntnis oder dem Kennenmüssen der Richtigkeit gleich (**409**. **122**, Abs. 2. **1345**, Abs. 2). Vgl. **344**.

3. Die Anfechtbarkeit wird geheilt durch Bestätigung (**144**) seitens des Anfechtungsberechtigten. Diese enthält einen Verzicht auf das Anfechtungsrecht. Der Verzicht ist dem Anfechtungsgegner gegenüber zu erklären; z. B.:

Der Käufer C verlangte aus einem Hauskaufe von den Verkäufern A und B eine Preisminderung, focht aber später den Kauf wegen arglistiger Täuschung an. Dieser Anfechtung kann nicht entgegengehal-

---

§ 256). Ausnahmsweise formalisiert sind die Anfechtung der Ehe (**1341**. **1342**), der Annahme und Ausschlagung der Erbschaft (**1955**), der Anerkennung der Ehelichkeit eines Kindes (**1599**).

[1]) RG. 63, S. 412. Streitig ist, ob der Prozeßbevollmächtigte als solcher schon zur Anfechtung und Entgegennahme der Anfechtung befugt ist.

[2]) Die Bestimmung in **318**, Abs. 2 ist nur insofern abweichend, als ein Anfechtungsrecht des Dritten nicht besteht und er auch nicht Anfechtungsgegner ist.

[3]) Hier kann sich dann teilweise Nichtigkeit des Geschäftes (s. Text III) ergeben oder falls **139** zutrifft, völlige Nichtigkeit. Vgl. RG. 56, S. 423; 62, S. 184.

[4]) Nur obligatorische Wirkung hat die Anfechtung nach der KO. und dem Anfechtungsgesetz vom 21. Juli 1879.

ten werden, daß durch Erhebung der Preisminderungsklage die Bestätigung und Heilung der Anfechtbarkeit nach **144** durch C bewirkt sei.

Ein Verzicht kann besonders in der Vollziehung des Leistungsgeschäftes in Kenntnis der Anfechtbarkeit des Kausalgeschäftes liegen. Die Bestätigung bedarf nicht der für das Rechtsgeschäft bestimmten Form.

Selbstverständlich tritt Heilung durch Versäumnis der Anfechtungsfrist ein (Z. 1).

III. **Teilweise Nichtigkeit und Anfechtbarkeit.**

Nichtigkeit und Anfechtbarkeit können nur einen Teil eines Rechtsgeschäftes treffen, so daß im übrigen das Rechtsgeschäft bestehenbleiben könnte. Nach **139** gilt aber die Auslegungsregel, daß, wenn ein Teil eines Rechtsgeschäftes nichtig ist, das ganze Rechtsgeschäft nichtig sein soll, es wäre denn anzunehmen, daß es auch ohne den nichtigen Teil vorgenommen sein würde (vgl. **155**, **L**. § 52).

Was hier von der Nichtigkeit gilt, gilt auch für die schwebende Nichtigkeit, die Anfechtbarkeit, wenn die Anfechtung durchgeführt ist, und für die relative Nichtigkeit (IV).

Bei der aufgestellten Vermutung ist nicht unterschieden, ob es sich um selbständige Teile (die für sich den Inhalt eines Rechtsgeschäftes bilden können) oder unselbständige Teile (die an sich schon nur in Verbindung mit anderen einen Sinn haben können) handelt, sondern es kommt nur auf die mutmaßliche Entscheidung der Parteien im Momente der Vornahme des Rechtsgeschäftes an; z. B.:

Die Parteien haben sich im Ehescheidungsprozesse dahin verglichen, daß beide getrennt voneinander leben wollen, ohne daß eine gegen die andere Unterhaltsansprüche zu erheben haben solle, und weiter, daß beide sich verpflichten, binnen zwei Monaten Gütertrennung notariell zu vereinbaren, so findet **139** keine Anwendung, da die erste Vereinbarung, deren Unwirksamkeit die Parteien kannten, keinen rechtsgeschäftlichen Charakter trug, also auch als Teil eines Rechtsgeschäftes nicht in Betracht kommen kann, sondern allein die zweite Vereinbarung.

Die entgegengesetzte Vermutung für die Gültigkeit der übrigen Verfügungen gilt bei dem Testamente, wenn andere darin getroffene Verfügungen unwirksam sind. Die übrigen sollen nur dann unwirksam sein, wenn anzunehmen ist, daß der Erblasser sie ohne die hinfällige Verfügung nicht getroffen haben würde. Hier handelt es sich aber um koordinierte, selbständige, im Testamentsgeschäft vereinigte Verfügungen. Bezüglich jeder einzelnen Verfügung tritt die Regel in **139** ein (**2085**. **2195**). Eine Ausnahme von **139** enthält **265** und **2298**, Abs. 1.

IV. **Die relative Nichtigkeit** tritt ein im Falle der Veräußerung gegen ein zum Schutz einer bestimmten Person bestehendes Veräußerungsverbot (**135**, vgl. **L**. § 54), ferner im Falle der Verfügungen des Gemeinschuldners nach Eröffnung des Konkurses (KO. § 7).

§ 56.

Vertretung und Vollmacht.[1])

Das Bedürfnis einer Vertretung tritt nicht nur bei Geschäftsunfähigen (Kindern, Wahnsinnigen, juristischen Personen) hervor, sondern auch bei Geschäftsfähigen.

I. **Stellvertretung** ist Abgabe oder Empfang einer rechtsgeschäftlichen Willenserklärung anstatt des Vertretenen mit der Absicht, daß die Rechtswirkungen bei dem Vertretenen eintreten sollen.

---

[1]) Rümelin, D. Selbstkontrahieren, bes. S. 15 ff., 281 ff., 293. Zitelmann, Beitr. H. 7—8, S. 28. 57 f. 119, H. 9—10, S. 80 ff. 162. Derselbe, Der allgemeine Teil des BGB. (1900). Hölder, Pandekten I, § 57. Regelsberger I, §§ 159—164. Gierke, D. Privatr. I, § 33. Lenel, Jahrb. f. Dogm., Bd. 36, S. 1 ff. Eck, Allgem. Teil, § 7. Hellmann, Vorträge, §§ 19. 24. Clarus, Bl. f. Rechtsanwendg., Bd. 64, S. 161 ff. Schloßmann, Die Lehre von der Stellvertretung, 2 Bde. (1900. 1902). Hupka, Die Vollmacht (1900). Derselbe, Die Haftung des Vertreters ohne Vertretungsmacht (1903). Biermann, Zur Lehre von der Vertretung und Vollmacht. Festschr. (1900). Isay, Die Geschäftsführung nach dem BGB. (1900). Rümelin, M., Arch. f. Ziv.-Pr., Bd. 93, S. 133 ff. Rosenberg, Stellvertretung im Prozeß (1906). Enneccerus I, 1. §§ 166 ff.

Die Stellvertretung unterscheidet sich zunächst von der rein tatsächlichen Mitwirkung bei fremden Geschäften, wie sie bei dem Boten, Dolmetsch, Schreiber gegeben ist (sog. Stellvertretung in der Erklärung). Alle diese Personen spielen die Rolle eines Organes eines anderen; allerdings muß diese ihre Funktion auch äußerlich, was besonders beim Boten wichtig ist, in ihrem Auftreten kundtun. Nicht überall kann man sich eines Boten bedienen, sondern muß persönlich handeln (**2064**. **2274**. **2290**. **2347**. **1317**. **2256**. **2284**. **2351**. **925** usw.). Auch von der juristischen Mitwirkung des Notars, des Beistandes, der Urkundspersonen, die neben dem Interessenten handeln, nicht sein Handeln ersetzen, unterscheidet sich die Stellvertretung, ebenso von Agenten und Mäklern und Erfüllungsgehilfen, die beim Abschluß von Geschäften nicht tätig sind.

Auch die Fälle, in denen aus fremdem Handeln Rechtswirkungen für andere hervorgehen, ohne daß die Absicht des Handelnden auf den Eintritt dieser Rechtswirkung bei dem anderen gerichtet sein muß (z. B. der zahlende Bürge befreit den Hauptschuldner, der römische pater familias und der dominus erwerben durch Hauskinder und Sklaven, der Geschäftsherr wird verpflichtet in den Fällen der adjektizischen Klagen), sind keine Fälle der Stellvertretung (sog. notwendige Stellvertretung), ebensowenig ist Stellvertreter die Vertragspartei bei Abschluß eines Vertrages zugunsten Dritter, weil sie im eigenen Namen, nicht anstatt des Dritten handelt.

Schließlich ist keine Vertretung das Handeln des sog. Ersatzmannes, der zwar in fremdem Interesse, aber in eigenem Namen, d. h. mit der Absicht, daß die Rechtswirkungen bei ihm, dem Handelnden selbst, eintreten sollen, tätig wird (sog. indirekte oder mittelbare Stellvertretung). Ein Hauptanwendungsfall ist der des Kommissionsgeschäftes (HGB. §§ 383 ff. 406, bes. 392)[1]). Das BGB. wendet auf keinen dieser Fälle die Bezeichnung Vertretung an.

II. **Wesentliche Voraussetzungen** der Stellvertretung sind:

A. ein Handeln des Vertreters, also Abgabe oder Empfang einer Willenserklärung von seiner Seite (daher: Stellvertretung im Willen), und

B. im Namen des Vertretenen, d. h. der Vertreter muß den Vertretungswillen kundgegeben haben. Das kann sowohl stillschweigend wie ausdrücklich und auch schon vor Abgabe der Willenserklärung geschehen und für eine Reihe von Geschäften im voraus, so daß es bei den einzelnen Geschäften als stillschweigend wiederholt gilt (**164**).

1. Diese Kundgebung des Vertretungswillens ist wesentlicher Inhalt der Vertretererklärung, ebenso die Angabe der Person des Vertretenen. Erklärt jemand in fremdem Namen, ohne daß sich die Person des Vertretenen ergibt, so ist die Erklärung als unbestimmte nichtig. Hat der Erklärende die Erklärung im eigenen Namen abgeben wollen, gibt sie aber im Namen eines anderen ab, oder umgekehrt, so ist die Erklärung nach **119** anfechtbar. Von der Anfechtungsmöglichkeit abgesehen, gilt aber notwendig eine Erklärung, die als Vertretererklärung nicht erkennbar ist, als Erklärung des Erklärenden im eigenen Namen (**164**, Abs. 2). Das Geschäft gilt in jeder Hinsicht als das des Vertreters, so daß auch keine Wirkungen für den Vertretenen erwachsen können, wenn dieser etwa das Geschäft genehmigt.

Daß der Vertretungswille kundgegeben ist, ist aber dann nicht erforderlich, wenn es für den Empfänger der Erklärung gleichgültig ist, mit wem er das Geschäft abschließt (z. B. beim Einkauf gegen bar) oder wenn jemand nur mit einer bestimmten Person das Geschäft schließen will, es ihm aber nach Lage der Umstände gleichgültig ist, ob der Erklärende diese Person ist oder ihr Vertreter (z. B. Kaufabschluß mit der in einem Laden bedienenden Person, von der der Käufer nicht weiß, ob sie der Geschäftsinhaber oder sein Angestellter ist[2]).

---

[1]) Müller-Erzbach, Die Grundsätze der mittelbaren Stellvertretung (1905).

[2]) Hölder, S. 357 f. Seuff. Arch., Bd. 60, Nr. 123. Vgl. ferner Wendt, Pandekten, §§ 41. 57. Lenel, Jahrb. f. Dogm., Bd. 36 (1896) S. 1 ff. Hellmann, Vorträge, S. 59 ff., 100 f.

2. Soll eine einem anderen gegenüber abzugebende Willenserklärung dessen Vertreter gegenüber abgegeben werden, so ist wesentlicher Inhalt der Willenserklärung des Erklärenden, daß sie dem Adressaten als Vertreter, nicht für seine eigene Person zugehen soll. Dieses muß in der Willenserklärung des Erklärenden kenntlich werden (**164**, Abs. 3). Ist aus der Erklärung nicht ersichtlich, daß sie an den Empfänger als Vertreter eines anderen gerichtet ist, so gilt sie als eine an den Empfänger in Person gerichtete[1]); wo aber nach Lage der Sache dem Erklärenden die Person des Empfängers gleichgültig ist, ist es ohne Bedeutung, wenn die Erklärung nichts darüber sagt, ob der Empfänger als Vertreter eines anderen gemeint ist (s. Z. 1).

C. Daß der Vertreter auch Vertretungsmacht hat und sich im Rahmen derselben hält, ist für das Wesen der Vertretung gleichgültig. Dieses Moment bestimmt nur die Wirkung der Vertretung für den Vertretenen. Es gibt Vertretung mit und ohne Vertretungsmacht (III. IV.).

D. Da die Willenserklärung vom Vertreter ausgeht (A), die Wirkung aber beim Vertretenen eintreten soll, so beantwortet sich demgemäß eine Reihe von Fragen über die Gültigkeit des vom Vertreter geschlossenen Geschäftes.

1. Der Vertreter muß Geschäftsfähigkeit besitzen. Da aber die Beschränkung der Geschäftsfähigkeit ihrem Zwecke nach immer nur ein Handeln des Beschränkten in eigenen Angelegenheiten im Auge hat, so kann ein in Geschäftsfähigkeit beschränkter Vertreter Geschäfte für den Vertretenen wirksam abschließen, und es können ihm gegenüber Geschäfte vorgenommen werden (**165**). Die Verleihung der gesetzlichen Vertretungsmacht ist aber in verschiedenem Maße von der vollen Geschäftsfähigkeit des gesetzlichen Vertreters abhängig (z. B. **1676. 1780. 1915. 1886**).

2. Der Inhalt des Geschäftes und seine Rechtswirkung sind nach der Person des Vertretenen zu beurteilen[2]). Das gleiche gilt, wenn Formvorschriften die Rechtswirkung nach persönlichen Eigenschaften der am Geschäft Beteiligten bestimmen[3]).

3. Die Auslegung des Willens erfolgt aus der Person des Vertreters.

4. Willensmängel (**116—123**) machen die Erklärung nichtig oder anfechtbar, wenn sie in der Person des Vertreters vorliegen (**166**, Abs. 1).

Hat z. B. der Vertreter unter dem Einfluß von Drohung oder Täuschung eine Willenserklärung abgegeben, so kann dieselbe vom Vertretenen angefochten werden, selbst wenn die Willenserklärung dem Willen des Vertretenen entsprach, auch wenn er die Täuschung kannte oder kennen mußte. Ebenso liegt es prinzipiell bei Drohung und Täuschung, durch die der Vertreter den Dritten bestimmt hat, und in den Fällen des geheimen Vorbehaltes, des Scherzes, der Simulation und des Irrtumes. (Vgl. aber III.)

Hängt die Rechtswirkung von einem Kennen oder Kennenmüssen ab (z. B. **307. 173. 561. 932. 439. 460**), oder handelt es sich um den Dissens, so sind auch diese Umstände in der Person des Vertreters festzustellen. Eine Ausnahme erleiden diese Grundsätze bei der auf Vollmacht beruhenden Vertretungsmacht (s. III. D).

III. Vertretung mit Vertretungsmacht.

A. Die Vertretungsmacht kann auf Gesetz beruhen. Wo ihre Verleihung durch Geschäftsunfähigkeit oder beschränkte Geschäftsfähigkeit veranlaßt ist (sog. notwendige Vertretung), spricht das Gesetz von gesetzlichen Vertretern (Vater, Vormund, Pfleger, Beistand der Mutter nach **1693**). Die Stellung der gesetzlichen Vertreter haben der Vorstand, die besonderen Vertreter und die Liquidatoren der Vereine und Stiftungen. Gesetzliche Vertretungsmacht besitzt die Ehefrau im Rahmen der Schlüsselgewalt[4]).

Beruht die Vertretungsmacht auf einem Rechtsgeschäft des Vertretenen, so heißt

---

[1]) Auch die Vorschrift (**164**, Abs. 2) ist im Abs. 3 zwar nicht verwiesen, sie gilt aber auch für Hölder, S. 359. A. M. Biermann I, S. 262.

[2]) Z. B. EG. Art. 86—88.

[3]) Z. B. HGB. §§ 350. 351.

[4]) Einschränkung durch den Ehemann ist aber unmöglich (**1357**).

sie Vollmacht; daher der Unterschied von **gesetzlicher** und freigewählter (**gewillkürter**) Vertretung.

B. **Die Vollmacht.**

Vollmacht ist die Willenserklärung des Inhaltes, daß ein anderer für den Erklärenden und an seiner Statt solle Geschäfte abschließen können.

1. Erteilt wird die Vollmacht durch Erklärung gegenüber dem zu Bevollmächtigenden (sog. **interne Vollmacht**). Die Erteilung kann aber auch erfolgen direkt gegenüber dem Dritten, dem gegenüber die Vertretung erfolgen soll[1]). Die Vollmachtserteilung ist also einseitiges und empfangsbedürftiges Rechtsgeschäft. Die Vollmachtserteilung bedarf demnach nicht der Annahme durch den Bevollmächtigten[2]). Wird die Vollmacht allein durch Erklärung an den Dritten erteilt, so erhält der Bevollmächtigte keine Kenntnis von der Erteilung der Vollmacht (sog. **externe Vollmacht**). Die Vollmacht besteht aber.

Die Erteilung kann auch stillschweigend erfolgen (vgl. **714**). Eine vermutete Erteilung kennt das BGB. nicht. Einer Form bedarf die Erteilung wie die Einwilligung nicht, auch nicht, wenn das Geschäft, welches vorgenommen werden soll, an eine Form gebunden ist (**167**)[3]). Es kann aber für die Vollmacht eine selbständige Formvorschrift bestehen (**1945. 1484.** GBO. §§ 29. 30. FGG. § 108. ZVG. §§ 71. 81, Abs. 2. ZPO. § 80). Es gelten im übrigen die Vorschriften über (Geschäftsfähigkeit, Willensmängel, Bedingungen) wie für Rechtsgeschäfte.

2. **Besondere Fälle** der Vollmachtserteilung.

a) Als Vollmachtserteilung ist es anzusehen, wenn jemand durch besondere Mitteilung an einen Dritten oder durch öffentliche Bekanntmachung[4]) kundgegeben hat, daß er einen anderen bevollmächtigt habe. Es besteht dann die Vollmacht dem Dritten oder jedem gegenüber (**171**).

Die Kundgebung ist nicht Willenserklärung dahin, daß X bevollmächtigt sein solle, auch nicht dahin, daß der Vertretene für den Bestand der Vollmacht gutstehe, der Gegner sich also auf den Bestand verlassen könne; denn eine solche Willenserklärung beruhte in vielen Fällen auf Fiktion. Die Kundgebung ist vielmehr nur Anzeige (Vorstellungsmitteilung), welche die gleiche Wirkung haben soll wie die Erteilung der Vollmacht, weil sie in dem andern das gleiche Vertrauen erweckt wie die wirkliche Erteilung. Gleichgültig bleibt, und der Vertretene kann sich darauf nicht berufen, daß entgegen der Mitteilung oder Bekanntmachung eine Vollmacht überhaupt nicht erteilt war, daß die erteilte nichtig oder anfechtbar war, oder sich in engeren Grenzen hielt, als die Anzeige besagt. Es ist aber nicht gleichgültig, ob der Gegner das Fehlen der Vollmachtserteilung kannte oder kennen mußte; denn hier wurde in ihm weder das Vertrauen auf Bestand der Vollmacht nicht erregt, oder er hätte nicht darauf vertrauen dürfen.

Öffentliche Bekanntmachung ist jede an einen Personenkreis, nicht an einzelne bestimmte Individuen gerichtete Kundgebung; sie ist vollendet, sobald sie vom Vertretenen zum Zwecke der Veröffentlichung abgegeben ist. Kenntnis der Dritten ist zu ihrer Wirkung nicht erforderlich.

Die Kundgebung (durch Mitteilung oder öffentliche Bekanntmachung) wirkt beschränkt, soweit ihr Inhalt ein beschränkter ist, aber auch sonst wirkt die öffentliche Bekanntmachung nur dem Dritten gegenüber, welcher der Kundgebung gemäß mit dem Vertreter abgeschlossen hat. Die Kundgebung durch Mitteilung an Dritte wirkt nur, sofern dieser Dritte mit dem Stellvertreter der Kundgebung gemäß abschließt. Z. B.: A, der die Wirtschaftskonzession für den Holländischen Hof besitzt, hat B als seinen Geschäftsführer eingesetzt und an dem Hause ein Schild mit der Aufschrift angebracht: Holländischer Hof, Inhaber A, geführt von B (Kastellan). C hat das Fehlen der Vollmacht nicht gekannt und B Waren auf Kredit geliefert, er kann den Kaufpreis von A verlangen, da B als Bevollmächtigter des A gilt.

b) Der besonderen Mitteilung im vorigen Falle (a) steht es gleich, wenn der Vertretene dem Vertreter eine Vollmachtsurkunde ausgehändigt hat und dieser sie dem Dritten vorlegt.

---

[1]) Hellwig, Zeitschr. f. d. Ziv.-Proz., Bd. 29, S. 520, verlangt (wie Lenel, a. a. O., S. 15 ff. für das gem. R.), daß die Vollmacht stets durch Erteilung an den Dritten erfolgen müsse, dagegen aber **167**, Abs. 1, vgl. Bekker, Jahrb. f. Dogm., Bd. 49, S. 23.

[2]) Nach v. Seeler, Arch. f. bürgerl. R., Bd. 28, S. 9 ff., soll die Vollmacht stets auf Vertrag mit dem Bevollmächtigten beruhen.

[3]) RG. Bd. 62, S. 335.

[4]) Seuff. Arch., Bd. 61, Nr. 171.

Die Vorlegung der Urkunde bewirkt wie die Mitteilung Vertretungsmacht auch dann, wenn eine Bevollmächtigung nicht vorliegt (**172**, vgl. GBO. § 15).

Die Urkunde muß dem Vertreter vom Vertretenen ausgehändigt sein; stiehlt sie z. B. der Vertreter, so hat er keine Vertretungsmacht. Die Aushändigung genügt aber auch, und es kann nicht darauf ankommen, zu welchem Zweck sie erfolgte. Der Empfänger hat daher Vertretungsmacht, wenn die Übergabe der Urkunde nur zum Zwecke der Durchsicht durch den Empfänger erfolgte[1]). Der Vertreter muß die Urkunde dem Dritten vorgelegt haben, und zwar im Original. Vorlegen ist Verbringen in eine solche räumliche Lage, daß der Dritte sie lesen kann; nicht verlangt ist, daß er sie gelesen hat. Die Vorlage muß bei dem betreffenden Geschäftsabschlusse und, lautet die Urkunde auf eine Reihe von Rechtsgeschäften, bei dem Abschlusse jedes einzelnen Geschäftes erfolgen.

3. Verhältnis der Vollmacht zum **Grundverhältnis** derselben.

Jeder Vollmacht liegt regelmäßig ein anderes Verhältnis zugrunde (Grundverhältnis). Gewöhnlich und häufig wird ein Auftrag vorliegen. Das Grundverhältnis kann aber auch Gesellschaft (**714**), Dienst- oder Werkvertrag usw. sein.

Nicht jedes Grundverhältnis enthält aber eine Vollmacht (z. B. Auftrag zu tatsächlichen Verrichtungen, zur Vornahme von Rechtsgeschäften in eigenem Namen des Beauftragten für den Auftraggeber). Wo Vollmacht in Verbindung mit einem Grundverhältnis steht, ist die rechtliche Bedeutung beider eine verschiedene; das Grundverhältnis bestimmt lediglich das Rechtsverhältnis zwischen Vertreter und Vertretenen (Berechtigung und Verpflichtung). Die Vollmacht ist dagegen maßgebend für die Wirkung der vom Bevollmächtigten mit Dritten vorgenommenen Rechtsgeschäfte für den Vertretenen. Der Beauftragte z. B. handelt kraft Vollmacht, um seiner Verpflichtung aus dem Auftrage zu genügen. Damit die Vollmacht ihrem Zwecke diene, ist die Verpflichtung begründet[2]). Es ergibt sich aber die Frage, ob die Vollmacht von ihrem Grundverhältnis abhängig oder ob sie von ihm unabhängig (selbständig) ist. Die Auslegung entscheidet. Diese wird bei interner Vollmacht auf ihre regelmäßige Abhängigkeit, bei externer auf ihre Unabhängigkeit führen. In beiden Fällen kann sich aber auch das Gegenteil ergeben[3]). Das Resultat der Auslegung ist beachtlich bei der Frage nach der Entstehung, dem Umfange (Z. 4) und dem Erlöschen der Vollmacht (Z. 5). Für die Frage, wie weit der Bevollmächtigte in seinem Verhältnis zum Vertretenen von der Vollmacht Gebrauch machen darf und muß, ist stets das Grundverhältnis entscheidend.

4. **Umfang** der Vollmacht.

Durch Auslegung ist auch festzustellen, ob mehrere Bevollmächtigte in Gemeinschaft oder jeder einzelne zur Vertretung berechtigt sein sollen, oder ob die Majorität unter ihnen entscheidet. Eine Vollmacht, die dem Bevollmächtigten eine zu weitgehende Entscheidung über den Umfang seiner Vertretung gibt, kann nach **138** nichtig sein.

Der Umfang der Vollmacht ist aus dem Akt der Vollmachtserteilung und dem begleitenden Grundverhältnisse, wenn ein solches besteht, durch Auslegung festzustellen. Vielfach hat eine Vollmacht einen von vornherein gesetzlich bestimmten Inhalt, der aber vom Vertretenen eingeschränkt werden kann, z. B. die Vollmacht der Prokuristen, Handlungsbevollmächtigten, Reisenden, Ladenangestellten, Schiffer (HGB. §§ 49 f. 54 ff. 527—531). Es gibt keine Vorschrift, wonach zu gewissen Geschäften Spezialvollmacht erforderlich wäre, auch keine, wonach bei allgemeiner Bevollmächtigung (Generalvollmacht) gewisse Geschäfte ausgenommen sind. Die Spezialvollmacht kommt als Artvollmacht nicht vor, nur als Individualvollmacht (vgl. ZPO. § 613). Nach dem Inhalte der Vollmacht bestimmt sich auch die

---

[1]) So Cosack I, S. 219. Hölder, Komment., S. 370. Dagegen Hellmann, Krit. V.J.Schr., Bd. 40 (1898), S. 184, aber wohl nicht mit Recht; denn die Aushändigung ist erfolgt, und der Empfang gerechtfertigt.

[2]) Vgl. auch Leonhard, Allgem. Österr. Ger.-Ztg. 1897, S. 102.

[3]) Die Frage ist bestritten: für die „abstrakte" Geltung (d. h. Selbständigkeit): Enneccerus, Crome, Hupka usw., für kausale (d. h. abhängige) Geltung: Prot. I, S. 145, Planck, Dernburg usw., eine Mittelmeinung ähnlich wie im Text vertreten: Endemann u. Isay.

Substitutionsbefugnis des Vertreters (Substitution eines Vertreters für sich und für den Vertretenen). Ist der Substitut Bevollmächtigter des Vertretenen, so sind Geschäfte zwischen ihm und dem Bevollmächtigten schlechthin möglich.

5. **Erlöschen** der Vollmacht.

a) Die Vollmacht erlischt mit dem Zeitpunkte oder Ereignisse, mit dem sie ihrem eigenen Inhalte gemäß erlöschen soll (Eintritt auflösender Bedingung, Endtermin, Ausführung des bezweckten Geschäftes, Unmöglichkeit desselben). Bei interner Vollmacht ist daher, wenn das Grundverhältnis erlischt, anzunehmen, daß auch die Vollmacht erlöschen solle, wenn sie lediglich im Interesse des Vertretenen erteilt war, wie bei Auftrag, Werkvertrag und Dienstmiete. Die Vollmacht erlischt also bei Tod des Beauftragten, nicht aber im Zweifel bei Tod des Auftraggebers. In allen Fällen aber, in denen der Auftrag nicht durch Widerruf erlischt, hört er nicht sofort auf, sondern erst, wenn der Beauftragte von dem Erlöschen Kenntnis hat oder hätte haben müssen (**674**). Das gleiche gilt von der Gesellschaft (**729**). Der Fortbestand des Auftrages usw. zieht in solchem Falle auch den der Vollmacht nach sich; aber dieser Fortbestand der Vollmacht gilt nach **169** dem Dritten gegenüber nur dann, wenn dieser das Erlöschen nicht kannte oder nicht kennen mußte. Das Erlöschen der internen Vollmacht tritt aber keineswegs notwendig mit dem des Grundverhältnisses ein. Die Vollmacht kann das Grundverhältnis überdauern. Das ist besonders dann anzunehmen, wenn sie auch im Interesse des Vollmachtnehmers erteilt war.

b) Der Vollmachtgeber kann die Vollmacht widerrufen. Auch bei Fortbestand des Grundverhältnisses kann der Widerruf erfolgen. Eine zwingende Widerruflichkeit der Vollmacht besteht aber nicht. Es besteht vielmehr die Möglichkeit der Erteilung unwiderruflicher Vollmacht. Ob nun solche vorliegt, ist bei einer Vollmacht, die sich an ein Grundverhältnis nicht anschließt, aus der Vollmacht selbst[1]) und, falls sie an ein Grundverhältnis anknüpft, auch wieder aus diesem zu entnehmen. Unwiderruflich ist die Vollmacht, wenn sie in rem suam des Nehmers verliehen war, z. B. der Bevollmächtigte soll das von dem Dritten Geleistete als Geschenk, als Darlehnssumme, zur Erfüllung einer Verbindlichkeit des Vollmachtgebers an ihn behalten. Die Widerruflichkeit kann auch auf bestimmte Umstände beschränkt oder, wie bei der Vollmacht des Gesellschafters, an die Voraussetzung des Fortfalles des Grundverhältnisses geknüpft sein (**712**. **715**). Der Widerruf einer unwiderruflichen Vollmacht ist ohne Einfluß auf die Vertretungsmacht (**168**, Satz 2. **176**, Abs. 3).

Der Widerruf einer Vollmacht erfolgt gegenüber dem Bevollmächtigten oder (auch bei interner Vollmacht)[2]) gegenüber dem Dritten, mit dem das Geschäft geschlossen werden soll (**168**, Satz 3).

Bei externer Erteilung erlischt die Vollmacht grundsätzlich nicht durch Erlöschen des Grundverhältnisses, das zwischen dem Vertretenen und Vertreter besteht, auch nicht durch Widerruf gegenüber dem Vertreter, sondern sie besteht bei Erteilung durch Erklärung gegenüber einem Dritten bis zur Anzeige vom Erlöschen seitens des Vollmachtgebers an den Dritten (**170**) f. bzw. bis zum Widerruf gegenüber dem Dritten fort (**170**).

Beruht die Vertretungsvollmacht auf besonderer Mitteilung bzw. öffentlicher Bekanntmachung, so besteht sie, bis der Widerruf der Kundgebung in derselben oder in gleichwertiger Weise wie diese erfolgte (**171**, Abs. 2).

Beruht die Vertretungsmacht auf Aushändigung und Vorlegung einer Vollmachtsurkunde, so erlischt sie durch Rückgabe der Urkunde an den Geber oder durch Kraftloserklärung (**172**, Abs. 2. **176**).

---

[1]) Also aus einem Verzicht des Vollmachtgebers auf den Widerruf. Die Gültigkeit wird von einigen verneint, so daß der Verzicht nichtig ist (Biermann I, S. 272, Note 4), von anderen bejaht, dem Verzicht aber nicht wie im Text, absolute Wirkung, sondern nur obligatorische Wirkung (Hölder zu **168**, Z. 1) zugeschrieben.

[2]) A. M. Kohler I, § 195.

Diese Ausnahmen gelten aber nicht, wenn der Dritte das Erlöschen der Vollmacht gegenüber dem Vertreter bei Abschluß des Rechtsgeschäftes kannte oder doch kennen mußte (**173**).

d) Nach Erlöschen der Vollmacht von Dritten mit dem Vertreter geschlossene Geschäfte kann der Vertretene vonsichweisen; dem Dritten ist es aber prinzipiell anheimgestellt, den Bestand und Inhalt der Vollmacht zu prüfen; er schließt auf seine Gefahr mit dem Vertreter ab. Der Dritte wird sich also über den Bestand der Vollmacht vergewissern (Vorlegung der Vollmachtsurkunde usw.) und eventuell einen Vertragsantrag ablehnen. Bei einseitigen Rechtsgeschäften ist dem Dritten die Ablehnung des Geschäftes durch Ablehnung der empfangsbedürftigen Willenserklärungen nicht möglich; andererseits hat er ein dringendes Interesse daran, zu wissen, ob das Geschäft (Kündigung) Wirksamkeit hat oder nicht. Hier kann der Dritte Vorlegung einer Vollmachtsurkunde verlangen und, wenn sie nicht erfolgt, das Geschäft aus diesem Grunde unverzüglich zurückweisen und es dadurch nichtig machen. Die Zurückweisung ist einseitige, aber empfangsbedürftige Willenserklärung, muß folglich dem Vertreter zukommen. Es genügt nicht Zurückweisung gegenüber dem Vertretenen. Der Dritte braucht nicht ausdrücklich aus diesem Grunde zurückzuweisen. Es genügt, daß es aus den Umständen kenntlich ist, daß die Zurückweisung aus diesem Grunde erfolgte. Die Zurückweisung ist ausgeschlossen, wenn der Dritte vom Vertretenen Kenntnis der Vollmacht erhalten hatte (**176**)[1]).

e) Nach Erlöschen der Vollmacht hat der Vollmachtgeber den Anspruch auf Rückgabe der Vollmachtsurkunde gegen den Bevollmächtigten und dritte Besitzer[2]). Trotz etwa vorhandenen Interesses des Bevollmächtigten hat er ein Zurückbehaltungsrecht nicht (**175**). Auch Hinterlegung ist in solchem Falle ausgeschlossen. Ist die Rückgabe nicht erfolgt (Verlust der Urkunde, der Bevollmächtigte weiß nicht, wo sich dieselbe befindet usw.), so kann sich für den Vollmachtgeber ein Schadensersatzanspruch aus dem Grundverhältnis oder aus unerlaubter Handlung ergeben. Bei widerruflicher Erteilung kann sich der Vollmachtgeber gegen Mißbrauch der Urkunde durch Kraftloserklärung derselben schützen (176). Diese erfolgt durch öffentliche Bekanntmachung gemäß den Vorschriften der ZPO. §§ 203 ff. über die öffentliche Zustellung einer Ladung.

C. **Die Wirkung.**

1. Handelt der Stellvertreter im Namen des Vertretenen und innerhalb seiner Vertretungsmacht, so treten alle Wirkungen der Willenserklärung nicht beim Vertreter, sondern beim Vertretenen ein (**164**, Satz 1; direkte, unmittelbare Stellvertretung). Beruht aber die Vertretungsmacht auf Vollmacht, so erleidet der Grundsatz (**166**, Abs. 1), daß die Abhängigkeit der Geschäftswirkung von Willensmängeln oder vom Kennen und Kennenmüssen oder vom Nichtkennen und Nichtkennenmüssen aus der Person des Vertreters zu beurteilen ist, eine wichtige Modifikation (vgl. oben II. D. Z. 4). Der Vertretene, welcher selbst die relevanten Umstände kannte bzw. kennen mußte, kann sich niemals auf die Unkenntnis des Vertreters berufen, wenn der Vertreter nach **bestimmten** ihm vom Vertretenen erteilten **Weisungen** und Instruktionen gehandelt hat und die Weisung die relevanten Umstände betraf (**166**, Abs. 2). Die Wandlungsklage des vertretenen Käufers (**460**. **462**) ist demnach in solchen Fällen ausgeschlossen, wenn sein Vertreter den Mangel der Ware nicht kannte, wohl aber er selbst. Trotz erteilter Weisungen kann sich aber der Vertretene auf eigene Unkenntnis nicht berufen, wenn der Vertreter den Mangel gekannt hat. Auch für die Wirkung der Willensmängel (geheimer Vorbehalt, Scherz, Simulation, Irrtum, Drohung, arglistige Täuschung) ist diese Modifikation in **166**, Abs. 2 von großer Bedeutung (vgl. z. B. **116**, Satz 2. **122**, Abs. 2)[3]).

---

[1]) Vgl. Hellwig, Anspruch und Klagerecht, S. 360.

[2]) Hölder zu § 175, Note a).

[3]) Vgl. Rehbein, S. 259. Wenn der Vertretene trotz Anwesenheit beim Geschäftsabschluß oder trotz Kenntnis von demselben seiner Kenntnis entsprechende Weisungen unterließ, so kann das nach **157** so beurteilt werden, als hätte er Weisung zum Geschäftsabschlusse so erteilt, wie er stattgefunden hat. Biermann I, S. 283, Note 4.

Das römische Recht erkannte nur bei der gesetzlichen, nicht bei der gewillkürten Stellvertretung den Eintritt der Wirkung unmittelbar beim Vertretenen an. Die gewillkürte Stellvertretung war also eine mittelbare, indirekte (oben I); eine Ausnahme machte es beim Besitzerwerbe und den durch Besitzerwerb bedingten Rechtserwerb (direkte, unmittelbare Stellvertretung). Ähnlich lag es im älteren deutschen Rechte. Im gemeinen Rechte fand die gewillkürte Stellvertretung mit unmittelbarer, direkter Wirkung Anerkennung.

2. Die Stellvertretung bietet die Erscheinung, daß die Wirkung nicht bei dem Handelnden, sondern beim Vertretenen eintritt, der beim Geschäft nicht tätig geworden ist. Dieses anormale Verhältnis von Ursache und Wirkung hat die Theorie in sehr verschiedener Weise zu erklären versucht.

a) Die Fiktionstheorien gehen übereinstimmend davon aus, daß nur eine Willenserklärung des Vertreters vorliegt. Um die Anknüpfung der Wirkung an den Vertretenen zu erklären, wird dann eine Willenserklärung des letzteren fingiert, entweder so, daß die Willenserklärung des Vertreters die des Vertretenen sei oder doch für die rechtliche Behandlung als die des Vertretenen gedacht werde, oder so, daß eine mit der Willenserklärung des Vertreters identische Willenserklärung des Vertretenen angenommen wird (Windscheid).

b) Andere Auffassungen nehmen nur eine wirkliche Willenserklärung des Vertretenen an, dessen Organ der Vertreter ist, oder sowohl eine wirkliche Willenserklärung des Vertretenen als eine solche des Vertreters, deren gegenseitiges Verhältnis und deren Bedeutung für die Rechtswirkung aber wieder sehr verschieden bestimmt wird.

c) Die der gemeinrechtlichen Gestaltung des Institutes und auch dem BGB. entsprechende Auffassung ist die, daß lediglich eine Handlung des Vertreters die Rechtswirkungen hervorruft (**166**, Abs. 1), daß diese sich aber mit der Person des Vertretenen verknüpfen. Beruht die Vertretungsmacht auf Gesetz (Wahnsinnige, Kinder, juristische Personen), so ist für die anormale Anknüpfung der Rechtswirkung nur das Bedürfnis und die Zweckmäßigkeit entscheidend; beruht die Vertretungsmacht auf Vollmacht, so ist es der Wille des Vollmachtgebers, der die Anknüpfung rechtfertigt; obwohl der Vollmachtgeber beim Geschäfte selbst unbeteiligt ist, so hat er doch den Anstoß zum Handeln des Vertreters gegeben. Daher gewinnt auch sein Wille einen gewissen modifizierenden Einfluß auf die Rechtswirkung (**166**, Abs. 2). Man bezeichnet diese Auffassung als Repräsentationstheorie.

IV. **Stellvertretung ohne Vertretungsmacht.** Vertretungsmacht fehlt z. B., wenn die Vollmachtserteilung nichtig oder als anfechtbare angefochten ist, oder wenn eine Überschreitung der Vertretungsmacht vorliegt.

Das Rechtsverhältnis (Grundverhältnis) zwischen dem Vertreter ohne Vertretungsmacht und dem Vertretenen wird häufig Geschäftsführung ohne Auftrag sein (**677** ff.).

A. **Vertragsschließung** ohne Vertretungsmacht. Die Wirksamkeit für und gegen den Vertretenen hängt von der Genehmigung des Vertretenen ab (**177**, Abs. 1)[1]). Es tritt i. a. die Regelung ein wie bei nicht lediglich vorteilhaften Verträgen, die ein Minderjähriger ohne Einwilligung seines gesetzlichen Vertreters geschlossen hat (**L.** § 47).

1. Solange die Entscheidung des Vertretenen aussteht, besteht Gebundenheit des Dritten, wenn er bei Abschluß des Vertrages den Mangel der Vollmacht gekannt hat (vgl. **142**, Abs. 2), nicht auch, wenn er ihn hat kennen müssen. Hat er ihn nicht gekannt, so kann er bis zur Genehmigung dem Vertreter und dem Vertretenen gegenüber widerrufen oder den Vertrag im Einverständnis mit dem Vertreter aufheben (**178**).

2. Die Genehmigung oder die Verweigerung derselben kann in beliebiger Form (**182**, Abs. 2), sowohl dem Vertreter wie dem Dritten gegenüber, erklärt werden. Ist die Genehmigung oder Verweigerung dem Vertreter gegenüber erklärt, so kann doch der Dritte eine direkte Erklärung vom Vertretenen fordern. Der Vertretene muß die Genehmigung bis zum Ablauf von zwei Wochen nach dem Empfang der Aufforderung erklären. Erklärt er sich innerhalb dieser Frist nicht, so gilt das Schweigen als Verweigerung. Eine vor der Aufforderung erfolgte Genehmigung oder Verweigerung hat keine Bedeutung mehr. Der Dritte verliert sein Recht aus der schon getroffenen Entscheidung, und der Vertretene gewinnt eine neue Überlegungsfrist von zwei Wochen (**177**, Abs. 2).

---

[1]) Seuff. Arch., Bd. 56, Nr. 55.

3. Die Genehmigung hat rückwirkende Kraft (**184**). Teilweise Genehmigung ist ausgeschlossen.

4. Wird die Genehmigung verweigert, so treten zwischen dem Vertretenen und dem Dritten keinerlei Wirkungen ein, es fragt sich aber, ob sich der Dritte an den Vertreter halten kann?

a) Die Regel ist: der Vertreter ohne Vollmacht haftet, wenn er nicht die Vertretungsmacht beweist, nach Wahl des Dritten auf Erfüllung bzw. Schadensersatz wegen Nichterfüllung. Die Gesetzesworte „Erfüllung", „Nichterfüllung" sind allerdings zu eng, da es sich auch um andere als Schuldverträge handeln kann (**179**)[1]).

Die Beweislast rechtfertigt sich durch die Erwägung, daß der Vertreter viel eher in der Lage ist, den Bestand und Inhalt der Vertretungsmacht zu beweisen als der Dritte den Mangel.

Der Umfang der Haftung und das Wahlrecht rechtfertigen sich aus der Schwierigkeit des Beweises des negativen Interesses bzw. aus der Lage des Dritten, der an der Erfüllung seitens des Vertreters häufig kein Interesse hat.

Grund der Haftung ist nicht eine Schuld des Vertreters, auch nicht ein (häufig rein fiktives) Garantieversprechen, sondern die Vornahme des Vertragsschlusses (Veranlassung)[2]).

b) Die Regel wird aber durch Ausnahmen durchbrochen (**179**, Abs. 2. 3).

Der Vertreter haftet nur auf das negative Vertragsinteresse, welches aber niemals über das Erfüllungsinteresse hinausgehen darf, wenn er den Mangel der Vertretungsmacht nicht gekannt hat, z. B. Fälschung der Vollmacht, Geisteskrankheit des Vertretenen bei Ausstellung der Vollmacht. Ob er den Mangel hätte kennen müssen, bleibt gleichgültig (vgl. **142**, Abs. 2); z. B.:

A hat namens C in Odessa 800 Tonnen Gerste an B verkauft. Vollmacht des C an A bestand nicht, was A nicht bekannt war. Wenn C den Verkauf nicht genehmigt, kann B von A das negative Interesse ersetzt verlangen, d. h. die Differenz zwischen dem Ankaufspreis und dem Preise, zu dem Ersatzware zur entscheidenden Zeit zu erhalten war (abstrakte Berechnung).

Der Vertreter haftet nicht, weder auf das positive Erfüllungsinteresse (a) noch auf das negative Interesse, wenn der Dritte den Mangel der Vertretungsmacht kannte oder kennen mußte (vgl. **142**, Abs. 2); damit die Vorschriften zum Schutze der Minderjährigen usw. nicht der Umgehung ausgesetzt werden, haftet der Vertreter auch dann nicht, wenn er in der Geschäftstätigkeit beschränkt war, es sei denn, daß er mit Zustimmung des gesetzlichen Vertreters gehandelt hat. Die Prüfung des Bestandes und Inhaltes der Vollmacht ist also nicht dem Vertreter selbst, wohl aber dem Dritten zugemutet (anders **178**).

B. **Vornahme einseitiger Geschäfte ohne Vertretungsmacht** (**180**) durch oder gegenüber einem Vertreter ist unzulässig. Das Geschäft ist nichtig. Diese Regel gilt ohne Ausnahme bei solchen einseitigen Rechtsgeschäften, zu deren Bestand eine empfangsbedürftige Willenserklärung nicht gehört (Erbschaftsannahme, Auslobung).

Ausnahmen treten bei einseitigen, empfangsbedürftigen Geschäften ein.

1. Wenn der Vertreter (wissentlich oder aus Irrtum) die Vertretungsmacht behauptet und der Dritte sie (z. B. eine Kündigung) nicht beanstandet, so finden die Vorschriften über Verträge entsprechende Anwendung[3]). Der Dritte kennt hier weder den Mangel der Vertretungsmacht, noch hat er von dem Recht der Zurückweisung wegen nicht vorgelegter

---

[1]) Vgl. Planck zu **179**, Abs. 1 und Hellmann, Krit.V.J.Schr. Bd. 41 (1899), S. 244.

[2]) Die geschichtliche Anknüpfung liegt nicht im römischen, sondern im modernen Recht: vgl. Pr. ALR. I, 13, §§ 9. 96. 171. DWO. Art. 95 (EG. z. BGB., Art. 32), HGB. Art. 55. 298, Abs. 2.

[3]) Wenn der Vertreter ohne Vertretungsmacht die Erklärung einer Behörde gegenüber abgibt, so kann die Behörde die Erklärung unter Vorbehalt der Nachlieferung der Genehmigung annehmen (vgl. **1945**, Abs. 2, GBO. § 18).

Vollmachtsurkunde (**174**) Gebrauch gemacht. Einverständnis, daß der Vertreter ohne Vertretungsmacht handle, liegt hier nicht vor. Die Unterlassung des Widerspruches ist der Grund der Anwendbarkeit der Vorschriften über Verträge. Der Dritte kann also nach **178** die Empfangnahme bis zur Genehmigung widerrufen. Die Genehmigung des Vertretenen macht das Geschäft in rückwirkender Kraft wirksam (**177. 184**). Bleibt das Geschäft wegen Ausbleibens der Genehmigung wirkungslos, so findet auch **179**, Abs. 1 und 2, nicht aber **179**, Abs. 3, Anwendung.

2. Die Vorschriften über Verträge finden auch dann Anwendung, wenn der Dritte bei Vornahme des Geschäftes einverstanden ist, daß der Vertreter ohne Vertretungsmacht handle, obwohl er von dem Mangel derselben weiß. Das Einverständnis braucht nicht ausdrücklich erklärt zu sein. Ein Widerrufsrecht (**178**) und eine Haftung nach **179**, Abs. 1 u. 2 ist hier ausgeschlossen. Die Genehmigung hat aber die gleiche Bedeutung wie im vorigen Falle.

3. Die gleiche Ausnahme wie im Falle Z. 2 findet bei einseitigen empfangsbedürftigen Geschäften gegenüber dem Vertreter ohne Vertretungsmacht für den Fall des Einverständnisses und mit den gleichen Folgen statt, nicht aber für den Fall der Nichtbeanstandung (Z. 1).

V. **Zulässigkeit der Stellvertretung**[1]).

A. Die Stellvertretung ist prinzipiell bei allen Geschäften zulässig. Jedoch sind Ausnahmen im Gesetze festgestellt: Eheschließung (**1307. 1317**), Anfechtung der Ehe (**1336**), Anerkennung des Kindes (**1598**, Abs. 3), Antrag auf Ehelichkeitserklärung und Einwilligung dazu (**1728**), Annahmevertrag und Einwilligung dazu (**1748. 1750**), Testamentserrichtung (**2064**), Erbvertrag (**2274**), Anfechtung desselben (**2282**), Aufhebung desselben durch Vertrag (**2290**), Rücktritt von demselben (**2296**) usw. Auch für die Stiftung unter Lebenden wird das gelten (vgl. **1641. 1804**).

Der Ausschluß der Stellvertretung beruht auf der familienrechtlichen und erbrechtlichen Natur der Geschäfte und darauf, daß bei den formalisierten Geschäften die Form die Festigkeit des Willensentschlusses gerade der betreffenden Person sichern soll.

B. Der Geschäftsabschluß des Stellvertreters mit sich selbst (**Selbstkontrahieren des Stellvertreters**).

Die hierher gehörigen Fälle können verschieden liegen. Es handelt jemand entweder im eigenen Namen und zugleich als Vertreter eines andern in fremdem Namen und bringt so einen Vertrag mit sich und dem Vertretenen zustande (z. B. der Bevollmächtigte zahlt aus dem ihm übergebenen Gelde an sich auf seinen Provisionsanspruch usw.); oder der Vertreter zweier anderen Personen handelt im Namen beider und bringt einen Vertrag zwischen ihnen zustande (z. B. der von zwei Personen Bevollmächtigte verkauft aus dem von ihm verwalteten Vermögen der einen Person an die andere).

Ebenso sind einseitige Geschäfte denkbar.

a) Ist in solchen Fällen eine Vertragsschließung durch Stellvertreter anzunehmen?[2])

Aus dem Begriffe des Vertrages, der zwei oder mehrere sich selbständig gegenüberstehende Personen verlangt, wird die Frage verneint und entweder dem Selbstkontrahieren jede Anerkennung versagt, oder die Geschäfte des Vertreters werden als einseitige betrachtet, die mit Wirkungen ausgestattet sind, wie sie sonst Verträgen zukommen. Wieweit solche Geschäfte anzuerkennen sind, soll sich aus dem Einzelfalle ergeben.

---

[1]) Bochalli, A., Die Ausnahmen vom Vertretungsprinzip des BGB. Diss. (1900).

[2]) Regelsberger, Pand. I, S. 554 f. Bechmann, Kauf, 2. Bd., 1. Abt., S. 284 ff. Lepa, Selbsteintritt des Kommissionärs, S. 226—254, bes. Rümelin, Selbstkontrahieren durch Stellvertreter 1888. Roemer, Zeitschr. f. HR., Bd. 19, S. 67 ff. und die Judikatur des RG. ERG., Bd. IV, S. 297, Bd. VI, S. 11; Bd. VII, S. 119. 120 und Gruch. Beitr., Bd. 34, S. 956. Eingehend zuletzt Koeßler, Geldwechsel und Eigentum, in Gruch. Beiträgen, Bd. 36, S. 556 ff., bes. S. 564 ff. Eck, Zeitschr. f. HR., Bd. 39, S. 265.

Von anderer Seite wird die Möglichkeit der Vertragsschließung angenommen. Es wird aber verlangt, daß der Vertreter seinen Willen, im eigenen Namen und im Namen der von ihm vertretenen Person oder im Namen der verschiedenen von ihm vertretenen Personen in übereinstimmender Weise handeln zu wollen, klar zum Ausdrucke bringt (durch Buchungen usw.). Wegen der Gefahr, daß bei Kollision der Interessen der Vertreter das fremde Interesse nicht genügend wahrnehmen werde, ist aber eine Beschränkung auf solche Geschäfte geboten, in denen eine Kollision der Interessen nicht zu besorgen ist. Diese Auffassung teilt auch das BGB. Es geht von der Unzulässigkeit als Regel aus und stellt die Fälle fest, die als zulässige erscheinen (**181**. **1795**. **1630**).

b) Das Selbstkontrahieren ist nur statthaft, wenn dem Vertreter die Vornahme durch Gesetz, zuständige Behörde oder Vollmacht gestattet ist, und wenn das Geschäft nur in der Erfüllung einer Verbindlichkeit besteht. Selbstverständlich ist gefordert die Kundgebung des Doppelwillens durch den Vertreter, und daß das konkrete Geschäft auch in dem Rahmen der Vertretungsmacht liegt. Fällt es aus diesem heraus, so ist Genehmigung des Vertretenen erforderlich. Wo das Selbstkontrahieren statthaft ist, ist auch eine Ausnahme für bestimmte Rechtsgeschäfte, z. B. die Auflassung, nicht zu machen[1]). Wo das Selbstkontrahieren unstatthaft ist, ist das dennoch vorgenommene Geschäft der Genehmigung des Vertretenen bedürftig, aber nicht schlechthin nichtig, weil ein Verbot wegen der Gefahr der Interessenkollision in diesem Sinne nicht anzunehmen ist[2]); z. B.:

A, der mit einer Bank eine G. m. b. H. gegründet hatte, war zum Geschäftsführer derselben bestellt und gab für deren Zwecke 60000 M. aus eigenem Vermögen her, die er als von ihm der G. m. b. H. gegebene Darlehen buchte. Nach Eröffnung des Konkurses über das Vermögen der G. m. b. H. machte A die Darlehensforderung von 60000 M. als Konkursforderung geltend. Da eine Ausnahme des Gesetzes (**181**) nicht vorliegt, bestreitet das der Konkursverwalter mit Recht.

§ 57.

Zustimmung.[3])

Die **Zustimmung** zu Rechtsgeschäften gehört zu den ergänzenden Rechtsgeschäften (L. I, § 46, C.)[4]). Durch die Zustimmung gelangt das ergänzungsbedürftige Geschäft zur Wirksamkeit; entweder ist ohne Zustimmung jede Wirkung ausgeschlossen (107 ff.) oder doch eine Wirkung in gewisser Richtung (**177** f.). Je nach dem Inhalte des ergänzungsbedürftigen Geschäftes treten mit der Zustimmung seine Wirkungen für die Geschäftsparteien (**107** ff.) oder für den Zustimmenden ein (**177** f. **876**). Die Zustimmung kommt in verschiedener Bedeutung vor:

I. Wo das Gesetz von rechtsgeschäftlicher Zustimmung zu rechtsgeschäftlichen Willenserklärungen redet, ist sowohl die dem ergänzungsbedürftigen Geschäft voraufgehende (**Einwilligung**) wie die ihm nachfolgende (**Genehmigung**) gemeint, wenn nicht das Gesetz Einwilligung verlangt (z. B. **111**).

Für Einwilligung und Genehmigung stellt das Gesetz gemeinsame Regeln auf:

A. Jede Zustimmung zu einem Vertrage bzw. einseitigen empfangsbedürftigen Rechtsgeschäft, kann wie die Verweigerung derselben dem einen oder anderen Beteiligten erklärt werden (**182**, vgl. **167**). Es bestehen aber vielfach abweichende Vorschriften (z. B. **108**. **177**.

---

[1]) Huther, D. Jur.-Zeitg., Jahrg. 4 (1899), S. 332 f.

[2]) Biermann I, S. 285. A. M. Planck zu **181**.

[3]) Bekker, System II, S. 210, Anm. a. 227 f. Zitelmann, Beitr., H. 9/10, S. 118 ff. 169. 171. Hellmann, Vorträge über das BGB., § 20.

[4]) Es scheiden daher aus Zustimmungen, Einwilligungen, Genehmigungen, die entweder selbst nicht Rechtsgeschäfte sind (z. B. **3** Abs. 2. **33**. **80**) oder sich auf Rechtsgeschäfte nicht beziehen (z. B. **8**. **1565**. **684**); ferner die Erlaubnis (**549**) und die Bestätigung nichtiger und anfechtbarer Geschäfte (**141**, Abs. 1. **144**, Abs. 2).

876. 1071 usw.). Die Zustimmung zu einem nicht empfangsbedürftigen einseitigen Geschäft ist der Geschäftspartei gegenüber zu erklären (z. B. **1516**)[1]).

B. Die Zustimmung bedarf nicht der für das ergänzungsbedürftige Geschäft vorgeschriebenen **Form**, ebenso nicht die Verweigerung. Ausdrückliche Erklärung ist nicht erforderlich (**182**, Abs. 2).

C. Wird ein einseitiges Rechtsgeschäft, welches Zustimmung des Dritten verlangt, mit dessen Einwilligung vorgenommen, so muß die Partei die Einwilligung in schriftlicher Form vorlegen. Tut sie das nicht, so kann der Gegner das Geschäft aus diesem Grunde sofort zurückweisen, und das Geschäft ist unwirksam (**182**, Abs. 3. **111**, Satz 2, 3, **L.** § 47).

II. Die **Einwilligung** (**112**. **113**) gehört mit den Ermächtigungen der Vollmacht (**166**, Abs. 2) und der Anweisung (**783**) in eine Kategorie.

Daher bestimmt auch **183** entsprechend **168**, daß die Einwilligung bis zur Vornahme des Rechtsgeschäftes widerrufen werden kann, soweit nicht aus dem Grundverhältnis der Einwilligung sich ein anderes ergibt. Auch sonst muß das Grundverhältnis für das Erlöschen der Einwilligung entscheidend sein. Der Widerruf wird dem Grundverhältnis gemäß ausgeschlossen sein, wo die Einwilligung auf Grund einer gesetzlichen Verpflichtung erteilt (**2120**) oder im alleinigen Interesse oder doch mit im Interesse des Empfängers gegeben wurde. Gerade in solchen, aber auch in anderen Fällen ist die Unwiderruflichkeit positiv festgelegt (**876**. **1071** usw.).

Wem gegenüber der Widerruf zu erklären ist, bestimmt sich nach dem Grundverhältnis (vgl. I. A.).

III. **Die Genehmigung** hat in der Regel rückwirkende Kraft, die Rückwirkung kann aber durch die Parteien ausgeschlossen werden (**184**). Bei Eintritt der Rückwirkung soll sich die Rechtslage so bestimmen, als wenn Einwilligung schon bei Vornahme des Rechtsgeschäftes vorgelegen hätte. Daraus würde schon die Schranke folgern, daß die Rückwirkung auf die Zeit der Vornahme des Rechtsgeschäftes nur eintreten kann, wenn auch rückwärts dem Genehmigenden das Recht, über welches die Geschäftspartei verfügt hatte, zustand. Die eintretende Rückwirkung hat aber außerdem zwingende gesetzliche Schranken. Unberührt bleiben nämlich Verfügungen, die der Genehmigende über den Gegenstand des Rechtsgeschäftes vor der Genehmigung getroffen hat (z. B. Einräumung von Pfandvorzügen vor seinem Pfandrecht), oder die auf Grund seines Rechtes im Wege der Zwangsvollstreckung, des Arrestes oder durch den Konkursverwalter erfolgten.

Können die Geschäftsparteien vor der Genehmigung vom Vertrage zurücktreten?

Aus dem Rückwirkungsprinzip folgt, daß der Rücktritt die gleiche Wirkung hat, die er haben würde, wenn sofort bei Abschluß die Zustimmung vorgelegen hätte. Würde für diesen Moment und unter dieser Annahme der Rücktritt keine Wirkung haben, so bedarf er selbst der Genehmigung. Daher hängt die Wirkung des Rücktrittes des Minderjährigen von einem gesetzlichen Vertrage von der Genehmigung des Vormundes oder Vaters ab, sobald die Genehmigung eintritt.

Das BGB. hat nun diese Folgerung aus der Rückwirkung nicht allgemein anerkannt; in einer Reihe von Fällen gewährt es einer Geschäftspartei ein Widerrufsrecht bis zur Genehmigung (z. B. **109**. **178**. **1397**. **1830**).

In anderen Fällen ist die vertragsmäßige Änderung und Aufhebung des Vertrages ausdrücklich anerkannt (**415**).

Wenn das Gesetz in weiteren Fällen schweigt (**458**), so ist daraus nicht der Schluß zu ziehen, als würde nun die Folgerung aus dem Prinzip der Rückwirkung Platz greifen. Es kommt vielmehr auf den einzelnen Fall an. Die Vertragschließenden können z. B. zurücktreten, wenn es sich um Verfügung über fremde Rechte im eigenen Namen des Verfügenden handelt. Wo

[1]) A. M. Crome I, § 82.

der Rücktritt mit Rücksicht auf den Genehmigenden möglich ist, ist selbstverständlich noch zu prüfen, ob der Rücktritt nicht aus anderen Gründen ausgeschlossen ist.

Eine generelle Bestimmung, nach welcher eine Geschäftspartei in der Lage ist, eine Entscheidung über die Genehmigung herbeizuführen, gibt das BGB. nicht, wohl aber Entscheidung für Einzelfälle (z. B. **108**. **177**. **1396**. **1397**. **1643**. **1690**. **1829**).

§ 58.

Das bedingte Rechtsgeschäft, die Auflage.[1])

I. Die Bedingung.

Beim bedingten Rechtsgeschäft liegt eine auf bestimmte Rechtsfolgen gerichtete Willenserklärung vor, es sollen aber die Rechtsfolgen nur dann eintreten oder nur dann von Bestand sein, wenn ein zukünftiger, zur Zeit noch ungewisser Umstand eintritt. Die Bedingung ist also derjenige Bestandteil eines Geschäftes, der ein objektives Erfordernis für den Eintritt der rechtlichen Wirkung setzt. Dieses Erfordernis ist der Eintritt der Bedingung. Da dieses Erfordernis erst nach dem Geschäfte selbst sich verwirklichen kann, so ist ein Schwebezustand gegeben. Die Bedingung beruht auf Parteiwillen. Die Parteien können die Bedingung ausdrücklich oder stillschweigend treffen (z. B. **2077**; vgl. **2107**. **2191**).

Sprachlich ergibt sich die Doppelbedeutung von Bedingung als Geschäftsbestandteil und als der zukünftige Umstand selbst.

Ebenso wie eine Bedingung kann ein bedeutungsloses Motiv oder eine Auflage eingeleitet sein. Die Auslegung hat festzustellen, was gemeint ist. Bei formbedürftigen Geschäften bedarf auch die Bedingung der Form.

II. Die **Arten** der Bedingungen.

A. Mit Rücksicht auf die Verschiedenheit des ungewissen Umstandes werden unterschieden:

1. positive (affirmative) und negative Bedingungen. Die letzteren setzen als zukünftigen Umstand ein Unterlassen, Nichttun, eine Nichtveränderung bestehenden Zustandes oder Verhaltens voraus. Die negative oder positive Formulierung ist gleichgültig;

2. potestative (willkürliche), kasuelle Bedingungen und solche gemischter Natur, je nachdem die Parteien die Entscheidung der Bedingung lediglich durch ihren Willensentschluß herbeiführen können[2]) oder nicht oder zugleich die Entscheidung von dem Willensentschluß der Parteien und einem davon unabhängigen Umstande abhängig ist (vgl. **495**. **496**. **2065**. **2075**).

B. Mit Rücksicht auf das Verhältnis der Rechtsfolge zur Bedingung ist wichtig der Unterschied von **aufschiebender** (suspensiver) und **auflösender** (resolutiver) Bedingung.

1. Die aufschiebende Bedingung verschiebt den Eintritt der Rechtsfolgen und stellt ihn in Frage; die auflösende Bedingung stellt den Fortbestand der Rechtsfolgen des Geschäftes für die Zukunft in Frage, und mit dem Eintritt der Bedingung soll der frühere Rechtszustand wieder eintreten (**158**).

2. Weder aufschiebende noch auflösende Bedingung sind eine außerhalb des Hauptgeschäftes bestehende Bestimmung, sondern Elemente des Rechtsgeschäftes. Zwar lassen sich

---

[1]) Bekker, System II, S. 324. 327. 332 f. 338. 343. 346. 350 f. 356. 359 ff. Zitelmann, Beitr., H. 9/10, S. 129 ff. Hölder, Pandekten I, §§ 47—51a. Regelsberger I, §§ 151—156. 166. Hellmann, Vortr. über d. BGB., §§ 26. 27. Kohler, A., Arch. f. bürgerl. R., Bd. 15, S. 1 ff. 101 f. Zitelmann, Der allgemeine Teil (1900). S. 125 ff. Bruck, Bedingungsfeindliche Rechtsgeschäfte (1904). Enneccerus I, 1. §§ 180 ff.

[2]) Die auf das Wollen der Parteien gestellte Bedingung (Wollensbedingung) hält Walsmann, Jahrb. f. Dogmat., Bd. 54, S. 197 ff. nur für zulässig, abgesehen von formalen Geschäften, wenn sie auf faktisches Wollen abgestellt ist. Vgl. über die Behandlung des Kaufes auf Probe L. § 110.

alle Elemente eines Rechtsgeschäftes, und so auch die aufschiebenden wie die auflösenden Bedingungen, in verschiedenen selbständigen Willenserklärungen formulieren. Das ist aber nicht entscheidend, sondern die Tatsache, daß jede Bedingung nur in Verbindung mit dem sonstigen Tatbestande, nicht selbständig, für den Eintritt der Rechtsfolgen von Erheblichkeit ist. Die Bedingungen sind daher keine Nebenbestimmungen. Im römischen Recht war die auflösende B. eine neben der Hauptwillenserklärung nebenhergehende aufschiebend bedingte Nebenwillenserklärung, was heut nicht zutrifft. Die Bedingungen sind aber auch nicht Nebenbestimmungen in dem Sinne, daß sie eine Ausnahme von der normalen Beschaffenheit der Rechtsgeschäfte begründen[1]).

3. Ob im Einzelfalle eine auflösende oder aufschiebende Bedingung gewollt ist, ist Auslegungsfrage (Auslegungsregeln: **455. 495. 2075**). Die auflösende Bedingung ist allerdings die tatsächlich seltenere Erscheinung.

III. Die **Wirkung** der Bedingung. Bis zur Entscheidung der Bedingung ist ein Schwebezustand vorhanden (Pendenz). Die Entscheidung der Schwebe ist entweder Eintritt (Erfüllung, Existenz) oder Ausfall (Defizienz) der Bedingung.

A. Wann Entscheidung der Bedingung vorliegt (Eintritt oder Ausfall), ist eine Auslegungsfrage. Das BGB. hat die vielfachen Auslegungsregeln des bisherigen Rechtes bis auf wenige beseitigt.

1. Wird der Eintritt der Bedingung von der Partei, zu deren Nachteil er gereichen würde, wider Treu und Glauben verhindert, so gilt die Bedingung als eingetreten. Wird der Eintritt der Bedingung von der Partei, zu deren Vorteil er gereichen würde, wider Treu und Glauben herbeigeführt, so gilt sie als ausgefallen (**162**).

Die Bestimmung ist positiven Charakters. Um festzustellen, ob die Verteilung oder Herbeiführung des bisherigen Umstandes wider Treu und Glauben ist, wird man auf den Sinn des Geschäftes sehen, also die Auslegung des Parteiwillens heranziehen müssen. Die Vorschrift greift nicht Platz, wenn die Bedingung eine dem freien Belieben des Zuwiderhandelnden anheimgegebene Handlung ist. Z. B.:

A hatte B sein Haus vermietet. Die Miete sollte aufgehoben sein, wenn A an B sein Haus verkauft. A und B haben sich über den Verkauf zum Preise von 55000 M. geeinigt, A weigert aber die Auflassung. Hier ist die Bedingung der Auflassung der Miete nicht als eingetreten anzusehen, weil es sich um eine potestative Bedingung handelte, die Verhinderung des Eintritts nicht wider Treu und Glauben erfolgte und die Einigung über den Hauskauf nach **313** unverbindlich war.

Nicht wesentlich ist die Absicht der Vereitelung usw., sondern nur der Vorsatz, d. h. das Bewußtsein des Erfolges der Vereitelung und seine Billigung, ferner die Kausalität der Handlung der Partei mit dem Erfolg.

2. Weitere Auslegungsregeln finden sich für die Bedingungen bei letztwilligen Verfügungen (vgl. **L.** § 276).

B. **Der Eintritt der Bedingung** (**158**).

1. Tritt die aufschiebende Bedingung ein, so ist die Rechtsfolge von dem Momente des Eintrittes der Bedingung an da (Wirkung ex nunc) und zwar von Rechts wegen (dingliche, nicht obligatorische Wirkung), also nicht die Rechtslage, die vorläge, wenn das Geschäft von vorherein unbedingt geschlossen wäre (**158**, Abs. 1). Rückwirkung des Eintrittes der aufschiebenden Bedingung tritt nicht ein. Der Eintritt der Rechtsfolgen knüpft sich an das Rechtsgeschäft, ist aber verlegt in einen späteren Zeitpunkt.

a) Daher ist zu fragen: welche Erfordernisse müssen im Moment der Vornahme des Rechtsgeschäftes, welche im Momente des Eintrittes der Bedingung vorliegen?

Im Momente der Errichtung des Rechtsgeschäftes müssen im allgemeinen alle Begriffserfordernisse des Rechtsgeschäftes vorhanden sein (Geschäftsfähigkeit der Parteien, Wahrung

---

[1]) Die Auffassung der aufschiebenden Bedingung als Ausnahmebestimmung und die der auflösenden als Nebenwillenserklärung spielen auch heut noch eine unberechtigte Rolle bei der Verteilung der Beweislast. Vgl. darüber Biermann I, § 87.

der Form). Gewisse dieser Erfordernisse müssen fortdauern und auch im Momente des Eintrittes der Bedingung vorhanden sein (Rechtsfähigkeit); andere brauchen nur im Momente des Eintrittes der Bedingung vorzuliegen (z. B. Existenz des Gegenstandes, Möglichkeit und Erlaubtheit der Leistungen nach **308. 309**).

b) Aus dem Eintritte der Rechtsfolgen im Momente der eingetretenen Bedingung folgt, daß ein Anspruch aus bedingtem Forderungsrecht erst verjährt mit dem Eintritt der Bedingung, daß bei bedingter Veräußerung die Nutzungen der Zwischenzeit dem bisherigen Eigentümer verbleiben und so weiter.

2. Tritt die auflösende Bedingung ein, so hört die rechtliche Wirkung des Geschäftes von Rechts wegen auf (dingliche, nicht nur persönliche Wirkung). Der Eintritt der Bedingung äußert sich nicht nur in der Negation des bisherigen Rechtszustandes, sondern positiv darin, daß eo ipso der frühere Rechtszustand sich mit dem Eintritte der Bedingung wiederherstellt. Bei Schuldverträgen hört das Schuldverhältnis jetzt auf, bei Abtretung einer Forderung fällt jetzt die Forderung ohne weitere Rückübertragung an den Abtretenden zurück. Auch hier tritt keine Rückwirkung, d. h. nicht die Rechtslage ein, die vorläge, wenn das Geschäft gar nicht geschlossen wäre.

Die Wirkung des Eintrittes führt sich immer auf den Parteiwillen zurück, daher können die Parteien die Rückwirkung bei aufschiebender und auflösender Bedingung festsetzen; ob sie das getan haben, ist Auslegungsfrage (**159**). Besondere Auslegungsregeln bestehen nicht, namentlich nicht in der Richtung, daß bei den resolutiven Bedingungen eine solche Absicht der Parteien anzunehmen sei, nicht dagegen bei suspensiven. Die Festsetzung der Rückwirkung hat aber keine dingliche, sondern nur obligatorische Wirkung; die Parteien sind einander verpflichtet, den Rechtszustand herzustellen, der da sein würde, wenn die Wirkung beim aufschiebend bedingten Geschäft in dem früheren Moment eingetreten, beim auflösend bedingten Geschäft in dem früheren Moment überhaupt nicht eingetreten wäre. Der maßgebende frühere Moment ist im Zweifel der der Vornahme des Geschäftes.

4. Der Eintritt der aufschiebenden und auflösenden Bedingung äußert aber kraft Gesetzes Rückwirkung auf den Moment der Vornahme des Geschäftes insofern, als ein schuldhaftes Verhalten des bedingt Verpflichteten bzw. Verfügenden desselben in der Zwischenzeit eintreten kann (vgl. D, Z. 1. 2).

C. Der **Ausfall der Bedingung.**

1. Bei der aufschiebenden Bedingung ist der Eintritt der Rechtswirkung ausgeschlossen, wie wenn das Geschäft nicht geschlossen wäre. Ist auf Grund aufschiebend bedingter Verpflichtung sofort unbedingt Eigentum übertragen, so ist der bisherige Eigentümer nur rückforderungsberechtigt, ist aber auch das Eigentum ebenso bedingt übertragen, so hat er die dingliche Klage.

2. Bei der auflösenden Bedingung wird die Wirkung des Geschäftes eine definitive, wie wenn das Geschäft unbedingt geschlossen wäre.

D. Das Verhältnis während **der Schwebezeit** (**160. 161**).

1. Die aufschiebende Bedingung.

Die Unentschiedenheit der Bedingung bringt mit sich negativ, daß die Wirkung des Geschäftes noch nicht eingetreten ist; daher besteht kein Anspruch auf Erfüllung aus bedingter Forderung, das bedingt übertragene Recht ist noch nicht erworben; positiv, daß, weil die Grundlage für die rechtliche Wirkung gelegt ist, schon jetzt eine Anwartschaft für den einen, Gebundenheit für den anderen Teil besteht. Die unentschiedene Bedingung erzeugt daher bestimmte Vor-Zwischenwirkungen: Rechtswirkungen, die das betreffende Recht als unbedingtes nicht zulassen würde, sind aber ausgeschlossen. Mit dieser Schranke sind zulässig:

a) Der Rücktritt vom bedingten Geschäft, die Abtretung bedingter Rechte und Verbindlichkeiten, Novation, Erlaß, Erfüllung. Die bedingten Rechte und Pflichten gehen über in der Erbfolge (**1922**, Abs. 1; **2074**. **2108**, Abs. 2), sie sind bei der Berechnung des Pflichtteiles zu beachten (**2313**), sie sind genügende Grundlage für akzessorische Geschäfte wie Bürgschaft (**765**), Vormerkung (**883**), Hypothekbestellung (**1113**), Pfandrecht (**1204**). Ein allgemeiner Anspruch des bedingt Berechtigten während der Schwebezeit auf Sicherheitsleistung besteht nicht (vgl. **883**. **1986**. **2046**. **2217**).

b) Zulässig ist die Erhebung der Feststellungsklage (ZPO. § 256), unter Umständen auch die Erhebung der Leistungsklage (ZPO. §§ 259. 726), der bedingt Berechtigte kann Arrest zur Sicherung der Zwangsvollstreckung nach ZPO. §§ 916 ff. nachsuchen und einstweilige Verfügungen nach ZPO. §§ 935 ff. beantragen. Eine eigentümliche Bedeutung der bedingten Rechte besteht im Konkurse (KO. §§ 54, Abs. 3. 67. 154. 156. 168. 171).

c) Der bedingt Verpflichtete[1]) hat ein tatsächliches Verhalten zu vermeiden, welches die Anwartschaft des anderen Teiles vereitelt oder beeinträchtigt (**160**, Abs. 1). Die Sorgfalt, die er zu prästieren hat, ist die, welche ihn bei unbedingt errichtetem Geschäft oder aus dem Kausalgeschäft der bedingten Zuwendung treffen würde. Bei Verletzung seiner Pflicht haftet er auf Ersatz des Schadens (vgl. **275**).

d) Trifft der bedingt Verpflichtete Verfügungen über den Gegenstand des bedingten Forderungsrechtes, so ist die Verfügung für ihn durchaus wirksam; nur tritt bei Eintritt der Bedingung die Schadensersatzpflicht ebenso ein, als wenn das Forderungsrecht ein unbedingtes gewesen wäre.

e) Handelt es sich aber um eine bedingte schwebende Verfügung, so sind alle Verfügungen des bedingt Verpflichteten während der Schwebezeit insoweit nichtig, als sie die rechtliche Wirkung der früheren Verfügung des bedingt Verpflichteten vereiteln oder beeinträchtigen (**161**, Abs. 1). Dem bedingt Verpflichteten wird also die Verfügung soweit genommen, als sie mit seinem gegebenen Worte in Widerspruch steht. Unter das Verfügen fällt von vornherein nicht der Erwerb von Rechten oder Rechtsvorteilen. Sind also solche in der Schwebezeit von dem bedingt Verpflichteten zugunsten der Sache erworben, so bleiben sie bestehen. Dagegen erlöschen bei Übertragung des Eigentumes alle in der Zwischenzeit begründeten Lasten (Servituten, Pfandrechte) und das für einen anderen begründete Eigentum. Bei Bestellung dinglicher Rechte treten die inzwischen begründeten Rechte hinter den bedingt bestellten bei Eintritt der Bedingung zurück. Den Verfügungen des bedingt Verpflichteten gleich stehen Verfügungen aus seinem Rechte (Zwangsvollstreckung, Arrestvollziehung, Verfügungen durch den Konkursverwalter). Einwilligung und Genehmigung des bedingt Berechtigten heben den Mangel der Verfügungsmacht (**185**). Diese Wirkung des Eintrittes der Bedingung tritt auch hier ex nunc ein, die Zwischenverfügung wird aber von dem Eintritt der Bedingung so beeinflußt (Fortfall, Änderung), als wäre die Bedingung sofort bei Abschluß des Geschäftes eingetreten. Da der bedingt Verpflichtete bei Eintritt der Bedingung als nicht verfügungsberechtigt behandelt wird, so haben diejenigen, welche von einem bedingt Verpflichteten erworben haben, von einem Nichtberechtigten erworben und genießen den Schutz des guten Glaubens.

f) Das bedingt begründete Recht (z. B. Eigentum, Forderung) trägt schon während der Schwebezeit den Charakter als absolutes oder relatives Recht, den es als unbedingt begründetes tragen würde. Die widerrechtliche und schuldhafte Verletzung bedingter absoluten Rechte muß daher bei Eintritt der Bedingung den Schadensersatzanspruch (**823**, Abs. 1) nachsichziehen[2]).

2. Bei auflösender Bedingung ist in der Schwebezeit die rechtliche Wirkung da. Es besteht aber die Eventualität, daß sie mit dem Eintritt der Bedingung wieder fortfällt; insofern liegt auch hier Anwartschaft und Gebundenheit mit der gleichen Bedeutung

---

[1]) Nicht etwa auch derjenige, der vom bedingt Verpflichteten während der Schwebezeit z. B. das Eigentum erworben hat, weil dieser am Geschäft nicht beteiligt ist. Er haftet nur nach den allgemeinen Grundsätzen über unerlaubte Handlungen.

[2]) Biermann I, S. 299, Note 9. 10.

wie bei der aufschiebenden Bedingung vor (**160**, Abs. 2. **161**, Abs. 2. 3. Vgl. Z. 1, a—f). Für die Behandlung im Konkurse vgl. noch KO. §§ 66. 168.

IV. **Uneigentliche Bedingungen** haben nur die äußere Formulierung, nicht die rechtliche Bedeutung mit den eigentlichen Bedingungen gemein[1]).

A. Weil es an der Ungewißheit des Umstandes fehlt, sind nur uneigentliche Bedingungen:

1. Die auf vergangene oder gegenwärtige Tatsachen gestellten (condiciones in praeteritum vel praesens relatae). Die rechtliche Wirkung ist dann sofort vorhanden oder sofort nicht vorhanden, trotz der subjektiven Ungewißheit der Parteien.

2. Die notwendige Bedingung (condiciones necessariae). Die rechtliche Wirkung ist hier vorhanden oder nicht vorhanden. Sind diese Bedingungen positive, so ist möglicherweise eine Befristung beabsichtigt; hierher gehört auch die sog. negativ unmögliche Bedingung (Nichteintritt eines unmöglichen Umstandes).

3. Die unmöglichen Bedingungen (condiciones impossibiles), d. h. solche Bedingungen, bei denen schon im Momente des Geschäftsabschlusses sicher ist, daß sie nicht eintreten werden. War die Bedingung anfänglich möglich, so bedeutet ihre spätere Unmöglichkeit den Ausfall. Ist die unmögliche Bedingung eine aufschiebende, so ist das Geschäft nichtig; ist sie eine auflösende, so ist es unbedingt errichtet. Kenntnis der Parteien von der Unmöglichkeit begründet den Zweifel an der Ernstlichkeit des Willens. Eine eigentliche Bedingung liegt dann vor, wenn die Parteien bei Vornahme des Geschäftes die spätere Möglichkeit ins Auge gefaßt haben (**308. 309**).

B. Weil es an einer Parteibestimmung fehlt, sind uneigentliche Bedingungen die von den Parteien als Bedingungen formulierten Rechtsvoraussetzungen (condiciones juris)[2]). Die Rechtsvoraussetzungen sind entweder mit dem Wesen des Rechtsgeschäftes von selbst gegeben oder beruhen auf besonderer Rechtsvorschrift. Da aber nicht alle Voraussetzungen der rechtlichen Wirkung im Moment der Errichtung vorliegen müssen, sondern sich später verwirklichen können, so liegt auch hier ein Schwebezustand vor, der unter seinen eigenen Regeln steht (z. B. bei der Genehmigung). Die durch die Parteien zum Ausdruck gebrachte Rechtsvoraussetzung kann über diese hinaus wahre Bedingung enthalten.

Die reine Rechtsvoraussetzung ist ein stets bedeutungsloser, in der Regel auch unschädlicher Zusatz.

V. Das Verhältnis der eigentlichen Bedingungen zu den wesentlichen Erfordernissen des Rechtsgeschäftes.

A. Die Hinzufügung gewisser Bedingungen kann den Mangel eines wesentlichen Erfordernisses des Geschäftes aufdecken.

1. Bei Bedingungen, die in das **bloße Wollen** der Parteien, das bedingt Berechtigten oder bedingt Verpflichteten, gestellt sind, kann es nach Auslegung bei Vornahme des Geschäftes an dem Geschäftswillen fehlen und Nichtigkeit eintreten.

2. **Perplexe Bedingungen**, d. h. solche, deren Inhalt mit dem Geschäftsinhalte in unvereinbarem Widerspruche steht, und überhaupt unverständliche Bedingungen machen das Geschäft stets nichtig, weil eine Feststellung des Parteiwillens nicht möglich ist. Gewisse Geschäfte haben einen solchen Inhalt, daß jede Bedingung in Verbindung mit ihnen als perplex erscheint und das Geschäft vernichtet. Deshalb müssen grundsätzlich Rechtsgeschäfte wie Genehmigung, Kündigung, Rücktritt, Widerruf, Anfechtung und analog bloße Rechtshandlungen wie Anzeigen frei von Bedingungen erfolgen. Eine Ausnahme kann bei Bedingungen, die in das Wollen des anderen Beteiligten gestellt sind, und bei Geschäften

---

[1]) A. M. Hellmann, Vorträge, § 26. Meischeider, Die letztwilligen Verfügungen, S. 105 ff.

[2]) Man spricht hier auch von stillschweigender Bedingung (cond. tacita), eine wegen der Verwechselung mit der stillschweigend erklärten wirklichen Bedingung bedenkliche Terminologie.

gemacht werden, bei denen das Interesse des anderen Beteiligten die sofortige Gewißheit über die Wirksamkeit des Geschäftes nicht fordert (Verzicht, Auslobung, Vollmacht, Einwilligung)[1].

B. Die **unsittlichen** und rechtlich **nicht erlaubten Bedingungen.** Hier ist entweder der Geschäftsinhalt einwandfrei, der in der Bedingung gesetzte Umstand aber etwas Unsittliches bzw. Unerlaubtes, oder die Bedingung in sich selbst ist zwar sittlich und rechtlich erlaubt, ja vielleicht sittlich geboten, aber das Geschäft unter dieser Bedingung ist unsittlich oder unerlaubt. Es folgt, daß nach **134**. **138** in Verbindung mit **139** das ganze Geschäft oder nur die Bedingung nichtig ist. Über die Frage, was als unsittliche Bedingung zu betrachten ist, vgl. **L.** § 54. Als unsittlich können auch die Bedingungen, die den Bedachten lediglich verhöhnen sollen (condiciones derisoriae), und diejenigen gelten, deren Erfüllung schlechthin unvernünftig wäre.

C. **Bedingungsfeindliche Geschäfte,** d. h. solche, die nach positiver Vorschrift keine Bedingungen vertragen (vgl. die römischen actus legitimi). Der Ausschluß der Bedingung beruht in den einzelnen Fällen auf verschiedenen Erwägungen (Interesse einzelner Dritten, öffentliches Interesse).

1. Die Geschäfte sind die Aufrechnungserklärung (**388**), die Auflassung (**925**, vgl. **1017**. **1015**), die Eheschließung (**1317**. **1325**, Abs. 2), die Anerkennung der Ehelichkeit (**1598**) die Ehelichkeitserklärung (**1724**), die Annahme an Kindesstatt (**1742**), ihre Aufhebung (**1768**), die Annahme und Ausschlagung der Erbschaft (**1947**. **1484**, Abs. 2), die Annahme und Ausschlagung des Vermächtnisses (**2180**), die Annahme und Ausschlagung des Amtes eines Testamentsvollstreckers (**2202**), Abandon (HGB. § 866, Abs. 1), der Wechsel.

2. Auch Geschäfte, die nur gewisse Arten von Bedingungen nicht vertragen, kennt das BGB. (**2065**).

2. Die Folge der Hinzufügung ist in allen Fällen Nichtigkeit des Geschäftes, die durch Verzicht grundsätzlich nicht abgewendet werden kann. Rechtsbedingungen oder sonstige uneigentliche Bedingungen schaden nicht.

VII. **Die Auflage** (modus).

Das BGB. kennt die Voraussetzung als eine selbständige allgemeine, der Bedingung und Befristung an die Seite gestellte Erscheinung nicht[2]. Die Fälle, die man darunter gestellt hat, haben im Gesetz ihre gesonderte Regelung erfahren (vgl. **L.** §§ 54. 131. 141; **L.** §§ 227. 277).

Zu den im Gesetz besonders geregelten Fällen gehört auch die Auflage. Nähere Bestimmungen trifft das Gesetz für die Auflage nur bei Verfügungen von Todes wegen (**L.** § 300) und Schenkungen (**L.** § 112).

A. Die Auflage (modus) ist die bei einer unentgeltlichen Vermögenszuwendung für den Empfänger derselben durch besondere Nebenbestimmung begründete Verpflichtung zugunsten des Gebers, eines bestimmten Dritten, der Allgemeinheit oder des Empfängers selbst. Die unentgeltliche Vermögenszuwendung ist entweder Schenkung oder Zuwendung von Todes wegen durch Erbeseinsetzung und Vermächtnis.

Inhalt der Auflage ist eine Verpflichtung des Empfängers zu einem Tun oder Unterlassen, das nicht notwendig pekuniären Wert haben muß und schon deshalb nicht immer die Verwendung des Empfangenen in sich schließt. Die Verpflichtung kann begründet sein auch zugunsten des Empfängers allein, soweit nicht bloß ein unverbindlicher guter Rat gemeint oder nur der Anlaß der Zuwendung bezeichnet ist. Die Bedeutung unsittlicher, unerlaubter, unmöglicher Auflagen bestimmt sich nach **139**; vgl. **L.** § 112 (Schenkung) und **L.** § 300 (Verfügungen von Todes wegen).

B. Das Verhältnis der Auflage zum Geschäfte ist ein anderes als bei der Bedingung.

[1] Hellmann, Krit. V.J.Schr. Bd. 41 (1899), S. 222. Immerwahr, Die Kündigung (1898), S. 80 f. Vgl. aber Oertmann, S. 285, Z. 2.

[2] Vgl. aber Kohler I, S. 570 f.

Die Auflage beruht auf einer selbständigen Nebenbestimmung. Sie ist ein integrierender Bestandteil des Geschäftes. Das Geschäft verfolgt seinen Hauptzweck, die Auflage einen selbständigen Nebenzweck in Verbindung mit dem Hauptzweck. Auflage liegt demnach nicht mehr vor, wenn die Verpflichtung des Empfängers als Äquivalent einer Vermögenszuwendung gedacht ist. In solchen Fällen ist der juristische Zweck der Zuwendung die Begründung der Verpflichtung beim Empfänger der Zuwendung (datio ob causam). Die Zuwendung ist dadurch rechtlich charakterisiert (**L.** § 54). Über den Unterschied vom Vermächtnis vgl. **L.** § 300.

C. Die Wirkung der Auflage. Die Auflage hindert nicht die Verwirklichung der Zuwendung. Die rechtliche Wirkung des Geschäftes tritt also ein. Es fehlt somit das der aufschiebenden Bedingung eigentümliche Schwebeverhältnis. Der Empfänger wird aber zur Erfüllung der Auflage verpflichtet. Darin liegt der Unterschied gegenüber der auflösenden potestativen Bedingung. Wie diese Verpflichtung zu erzwingen ist, beantwortet sich bei Schenkungen und Verfügungen von Todes wegen verschieden. Im allgemeinen besteht sowohl ein Anspruch auf Erfüllung wie auf Rückforderung des Zugewendeten. Die näheren Voraussetzungen und Beschränkungen dieser Ansprüche vgl. **L.** § 112. **L.** § 300.

§ 59.

Das befristete Rechtsgeschäft.[1])

I. **Begriff.** Die Befristung geht entweder dahin, daß die rechtliche Wirkung mit einem späteren Zeitpunkte erst beginnen soll (**Anfangstermin,** dies a quo) oder zwar sofort beginnen, aber mit einem späteren Zeitpunkte fortfallen soll (**Endtermin**, dies ad quem). Es handelt sich um Parteibestimmung, welche die rechtliche Wirkung an einen zukünftigen Zeitpunkt anknüpft; da dieser sicher eintreten muß, tritt keine Schwebe ein; das Schicksal der rechtlichen Wirkung ist von vornherein festgestellt. Das Verhältnis der Befristung zum Geschäfte ist das gleiche wie bei der Bedingung. Daraus ist auch hier kein Schluß auf die Beweislast zu ziehen.

II. Die **Bestimmung** von Anfangs- und Endtermin kann erfolgen: entweder durch Benutzung des Kalenders (direkte Bestimmung des Zeitpunktes durch den Kalender, indirekte Bestimmung des Zeitpunktes durch Erstreckung einer Zeitstrecke von einem kalendermäßig direkt bestimmten Zeitpunkte an (dies certus an et quando); oder durch Anknüpfung an ein Ereignis, dessen Eintritt sicher, bei dem aber ungewiß ist, wann es eintritt (dies certus an — incertus quando); oder durch Anknüpfung an ein dem Eintritte nach ungewisses Ereignis, wenn nur der Tag, an dem es eintreten kann, ein gewisser ist und nur auf diesen von den Parteien gesehen ist (dies certus an et quando).

Wird von den Parteien an ein Ereignis angeknüpft, das seinem Eintreten nach ungewiß ist, und soll die rechtliche Wirkung auch zugleich von dem Eintreten dieses Ereignisses abhängen, so liegt entweder nur Bedingung oder zugleich auch neben der Bedingung eine Befristung vor (entweder dies incertus an et quando: „am Hochzeitstage des X", oder: dies incertus an et quando: „an meinem 25. Geburtstage"). Die Auslegung hat demnach nicht auf die Fassung der Willenserklärung, sondern auf den Willen der Parteien zu sehen. Wird dem Schuldverhältnis ein Termin hinzugefügt, so ist mit Rücksicht auf **308**, Abs. 2. **2162. 2177. 2179** durch Auslegung zu ermitteln, ob die Forderung erst mit dem späteren Termin entstehen (künftige Forderung) oder sofort bestehen, aber erst später fällig werden soll.

III. Die **Wirkung** der Befristung.

a) Die Wirkung des Eintrittes des Anfangs- und Endtermines gestaltet sich wie bei der aufschiebenden und auflösenden Bedingung. Bei der aufschiebenden Befristung (Anfangs-

---

[1]) Bekker, System II, S. 305. Siméon, Das Wesen des befristeten Rechtsgeschäftes, S. 138 ff. Zitelmann, Beitr., H. 9/10, S. 137. Hölder, Pandekten I, § 53. Regelsberger I, §§ 157. 158. Hellmann, Vorträge über das BGB., § 27.

termin) tritt also die Wirkung erst mit dem Termin ein. Daher bedurfte es in **813**, Abs. 2 der Ausnahmevorschrift. Mit dem Eintritt der auflösenden Befristung (Endtermin) hört die rechtliche Wirkung auf, und der vor dem Geschäftsabschluß vorhandene Rechtszustand tritt von selbst wieder ein (**158**. **163**). Die Zurückziehung (**159**) kommt nicht in Betracht, ebenso nicht die Fiktion in **162**.

b) Unter den Regeln der Bedingungen steht auch die Wirkung des betagten Geschäftes in der Zwischenzeit (**160**. **161**. **163**, vgl. ZPO. §§ 257—259, KO. § 65).

VI. Die Geschäfte, die nach positiver Vorschrift keine Befristung vertragen, sind die gleichen, die auch eine Bedingung nicht zulassen. Dagegen widerspricht eine Befristung dem Inhalte der Rechtsgeschäfte nicht schon dann, wenn eine Bedingung widersinnig ist, weil die Befristung einen Schwebezustand nicht herbeiführt; eine Kündigung unter Befristung ist zulässig, nicht aber eine Anfechtung.

§ 60.

Die Auslegung der Rechtsgeschäfte.[1])

I. Die Auslegung der Rechtsgeschäfte hat den wirklichen subjektiven Sinn der zum Tatbestande des Rechtsgeschäftes gehörenden Willenserklärung zu erforschen.

Für die Auslegung kommt in erster Linie der Wortsinn der Erklärung in Betracht. Bei dem Wechsel und der Verschiedenheit des Sprachgebrauches ist aber der Wortsinn einer Erklärung keineswegs ein fester und sicherer. Bei Feststellung des Wortsinnes ist nicht nur der allgemeine Sprachgebrauch, sondern je nach Lage des Falles und der Art des Geschäftes auch ein besonderer, ja auch ein individueller Sprachgebrauch des Erklärenden zu beachten. Außer dem gebrauchten Wort sind je nach dem konkreten Falle auch andere Umstände: Zweck des Geschäftes, Zusammenhang des Geschäftes mit anderen Geschäften, die Vorverhandlungen, die den Abschluß begleitenden Umstände, auch dem Abschluß nachfolgendes Handeln und besonders auch die Verkehrsübung, heranzuziehen. Daher die **allgemeinen Anweisungen** des BGB.:

Der wirkliche Wille ist zu erforschen und nicht an dem buchstäblichen Sinn des Ausdruckes zu haften (**133**)[2]). Alle Verträge und einseitigen empfangsbedürftigen Willenserklärungen sind so auszulegen, wie Treu und Glauben mit Rücksicht auf die Verkehrssitte es erfordern. Diese Vorschrift bezieht sich auf alle Verträge, sie besagt, daß der Richter bei Feststellung des Vertragsinhaltes das zu berücksichtigen hat, was nach der Verkehrssitte und allem sonstigen tatsächlichen Material Treu und Glauben an die Hand geben (**157**, vgl. **242**[3])).

Bei letztwilligen Verfügungen soll in Zweifelsfällen diejenige an sich mögliche unter mehreren Auslegungen vorgezogen werden, bei welcher die Verfügung Erfolg haben kann (**2084**)[4]).

II. Außerdem stellt das BGB. zahlreiche **besondere Auslegungsregeln** auf, die es meist durch bestimmte Wendungen ersichtlich macht („im Zweifel"); sie beziehen sich auf ganze Gruppen von Rechtsgeschäften (Verträge: **154**. **156**; letztwillige Verfügungen: **2066—2077**); sie knüpfen an bestimmte Ausdrücke und Wendungen in den Willenserklärungen an und geben diesen einen bestimmten Inhalt. Die gesetzliche Deutung dieser Ausdrücke tritt ein, wenn

---

[1]) Zitelmann, Beitr. H. 7/8, S. 93 ff. 97 f. Hölder, Pandekten I, § 56. Regelsberger I, § 177. Hellmann, Vorträge über das BGB., § 18. K. Schneider, Treu und Glauben usw. (1902). Derselbe, Arch. f. bürgerl. R., **25**, S. 269 ff. Danz, Die Auslegung der Rechtsgeschäfte (3. A. 1911). Derselbe, Jahrb. f. Dogm., Bd. 38. S. 373 ff. Bd. 46, S. 381 ff. Derselbe, D. Jur.-Ztg., Jahrg. 4, S. 139 ff. Derselbe, Einführung in die Rechtsprechung (1912). Petersen, ebenda, S. 281 ff. Enneccerus I, 1. §§ 192 ff.

[2]) Ebenso **L. 219** D. (**50. 16**).

[3]) Hölder, Allgem. Lehren, S. 340 ff. Stammler, Recht der Schuldverh. (**1897**). S. 37.

[4]) Vgl. l. **12**. D (**50. 17**), l. **24** (**25**). D (**34. 5**).

die Parteien nicht eine andere zum Ausdruck gebracht haben (z. B. **186** ff. **269**, Abs. 3. **332**. **336**, Abs. 2 usw.). Die Auslegungsregel setzt in anderen Fällen einen irgendwie geäußerten Willen voraus und stellt fest, ob überhaupt der Wille auf Rechtsfolgen gerichtet ist (z. B. **329** **364**, Abs. 2), oder wenn die gewollten Rechtsfolgen i. a. klarliegen, ob auch gewisse besondere Rechtsfolgen eintreten oder nicht (**612**. **632**. **685**, Abs. 2. **1429**. **1618**).

III. Diese allgemeinen und die zahlreichen besonderen Auslegungsregeln erklären sich aus der Tatsache, daß sich häufig ein zweifellos sicheres Ergebnis nicht finden läßt. Streng genommen gelangte man dann zur Nichtigkeit der Willenserklärung. Das Bedürfnis verlangt aber Anerkennung eines Wahrscheinlichkeitsresultates. Darin liegt die Rechtfertigung der Auslegungsregeln, die sich von dispositiven Rechtssätzen unterscheiden (vgl. **L.** § 10).

IV. Eine der Auslegung verwandte Aufgabe erwächst dem Richter da, wo das Gesetz die feststehende Absicht der Partei für wirkungslos erklärt, wenn anzunehmen ist, daß bei Änderung der Umstände die Partei diesen Willen nicht gehabt haben würde, oder, wenn das Gesetz in solchem Falle den Willen der Partei zur Geltung gelangen läßt, den die Partei, wäre sie vor die Entscheidung gestellt gewesen, gehabt haben würde (**139**. **140**. **155**. **2085**. **2195**). Vgl. **L.** § 55, I.

§ 61.

Die unerlaubten Handlungen.[1])

Die **unerlaubten Handlungen** unterscheiden sich als juristische Handlungen von den Rechtsgeschäften dadurch, daß die rechtliche Wirkung an sie geknüpft wird ohne Rücksicht auf den die rechtliche Wirkung erstrebenden Willen und nur mit Rücksicht auf die Widerrechtlichkeit oder Rechtswidrigkeit. Ihre Rechtswidrigkeit scheidet die unerlaubte Handlung von anderen erlaubten Rechtshandlungen, die nicht rechtsgeschäftlichen Charakter tragen.

I. Die unerlaubten Handlungen (Unterlassungen) sind diejenigen, die sich als **rechtswidriges Verhalten**, d. h. als eine Verletzung von bestimmten Rechtsvorschriften (Gebote, Verbote) darstellen und einen dem Rechte widersprechenden Erfolg herbeiführen.

A. Der herbeigeführte Erfolg widerspricht dem von der Rechtsordnung gewollten Zustande. Es kann zugleich Verletzung subjektiven Privatrechtes oder auch Strafbarkeit vorliegen.

B. Nur menschliche Handlungen (positive Handlungen, Unterlassungen) stehen in Frage im Gegensatze zu Naturereignissen und der rein zufälligen Körperbewegung.

1. Vorausgesetzt ist somit regelmäßig auch Fähigkeit zum Handeln (**Verantwortlichkeit**). Die Betätigung des natürlichen Willens eines Nichtverantwortlichen (II) kann wegen des vom Recht nicht gewollten Erfolges der Handlung gleichstehen (verbotene Eigenmacht), und auch die Haftung ist in solchem Falle nicht immer ausgeschlossen (z. B. **31**. **86**. **278**. **827**—**829**). Vgl. **L.** § 143.

2. Es muß **Kausalzusammenhang** zwischen Handlung und Erfolg vorliegen.

C. Die **Widerrechtlichkeit ist ausgeschlossen**, wenn rechtliche Befugnis zum schädigenden Eingriffe, gesetzliche Pflicht oder autoritativer Befehl vorliegen, wenn der Handelnde im Notstande oder in Notwehr handelt, wenn der verfügungsberechtigte Verletzte einwilligte. Eine Haftung des Handelnden ist trotzdem nicht immer ausgeschlossen (**231**).

---

[1]) Zitelmann, Beitr., H. 9/10, S. 132 ff. 179. Hölder, Pandekten I, § 59. Wendt, Jahrb. f. Dogm., Bd. 31, S. 137 ff. Regelsberger I, §§ 178. 179. Hellmann, Vorträge, § 28. Wendt, Arch. f. d. ziv. Pr., Bd. 87, S. 422 ff. Stammler, Das Recht der Schuldverhältnisse, S. 111 f. Weyl, Arch. f. bürg. R., Bd. 14, S. 79 ff. v. Liszt, Die Deliktsobligationen im System des BGB. Zitelmann, Der allgemeine Teil des BGB. (1900). Derselbe, Arch. f. d. ziv. Pr., Bd. **99**, S. 3 ff. Hold von Ferneck, Die Rechtswidrigkeit I (1903), II. 1 (1905). Bierling, Jurist. Prinzipienlehre III (1905). Enneccerus I, 1. §§ 195 ff.

D. Das rechtswidrige Verhalten kann allein objektiv oder zugleich auch subjektiv nicht gerechtfertigt sein. Daher besteht der Unterschied von objektivem und subjektivem Unrecht. Subjektives Unrecht liegt dann vor, wenn die Herbeiführung des rechtswidrigen Erfolges einem Verantwortlichen zur **Schuld** (II) zugerechnet werden kann. Rechtsfolgen können sich anknüpfen an das objektive Unrecht (**122**. **179**. **231**. **278**. **833**. ZPO. § 945) und an das subjektive.

E. Die **Rechtsfolgen** der unerlaubten Handlung bestehen, von der Strafe abgesehen, in der Schadensersatzpflicht oder in sonstigen Rechtsnachteilen (z. B. **123**, Abs. 1. **338**. **351**. **1996**).

II. Die **Schuld**[1]).

A. Die Schuld kommt in Betracht bei der Verletzung subjektiver Rechte (Nichterfüllung von Verpflichtungen, nicht bloß eigentlichen Schuldverpflichtungen) und beim Delikt, ferner in sonstigen zahlreichen Fällen, in denen das Vorhandensein oder das Nichtvorhandensein einer Schuld Voraussetzung des Eintrittes einer rechtlichen Wirkung, d. h. Tatbestandsmoment ist. Man spricht hier auch von einem Verschulden des Handelnden gegen sich selbst (z. B. **121**. **122**. **123**. **142**. **240**. **254**. **846**. **932**. Abs. 2).

B. Verschulden ist entweder Vorsatz oder Fahrlässigkeit (**53**. **160**. **228** usw.)[2]).

1. **Vorsatz**[3]). Zum Vorsatz gehört, daß der Handelnde die Handlung an sich wollte und sich den rechtswidrigen Erfolg vorstellte, daß er, als er handelte, das Bewußtsein hatte, die Handlung werde den rechtswidrigen Erfolg herbeiführen[4]). Ausnahmsweise genügt, daß der Vorsatz sich auf die Gesetzesverletzung bezieht (**823**, Abs. 2). Zum Vorsatz kann hinzutreten die rechtswidrige Absicht, d. h. das Handeln hat die Herbeiführung des Erfolges zum Zwecke. Das Gesetz hebt dieses Moment der „Absicht" an einigen Stellen durch das Wort „böswillig" hervor (**324**. **1567**. **2333**), während auch wieder Absicht (**1456**) ebenso wie Arglist (**123**) nur den Vorsatz bezeichnet (**1456**). Der Vorsatz kann auch ein bloß eventueller (dolus eventualis) sein[5]).

Der Vorsatz verlangt nicht, daß der Handelnde wußte, daß sein Handeln widerrechtlich ist; Vorsatz ist aber ausgeschlossen, wenn der Handelnde im Irrtum über solche Tatsachen sich befindet, die die Widerrechtlichkeit bedingen.

2. **Fahrlässigkeit** liegt dann vor, wenn der Handelnde die gebotene Sorgfalt nicht beobachtet hat, zugleich aber den Erfolg seiner Handlung hätte vorhersehen können. Das Gesetz enthält in **276** keine erschöpfende Definition der Fahrlässigkeit, weil es nur den Grad der Sorgfalt, die der einzelne anwenden soll, bestimmt. Steht aber fest, daß der Handelnde die gebotene Sorgfalt nicht beobachtet hat, so hat er doch nicht fahrlässig gehandelt, wenn er den Erfolg nicht vorhersehen konnte.

a) Die Bestimmung, welche Sorgfalt, Aufmerksamkeit, diligentia der einzelne anzuwenden hat, kann das Recht an sich verschieden treffen. Bei der Anlegung eines rein individuellen Maßstabes würde lediglich die Sorgfalt geboten sein, die nach den individuellen Verhältnissen des Handelnden erwartet werden kann. Eine derartige Bestimmung wäre unzweckmäßig und ungerecht. Die Anforderungen an die Sorgfalt des einzelnen müssen vielmehr Durchschnittsanforderungen sein und sich nach abstraktem Maßstabe bemessen. Die Durchschnittsanforderungen und der abstrakte Maßstab sind nun auch nicht in allen Fällen gleich hohe. In gewissen Verhältnissen wird vom einzelnen eine angespanntere Sorgfalt verlangt als in

---

[1]) Weyl, System der Verschuldungsbegriffe im BGB. (1905).

[2]) Sittliches Verschulden (z. B. **1611**, Abs. 1. **1580**, Abs. 3) gehört nicht hierher.

[3]) Vgl. Hagen, Zeitschr. f. d. ges. Strafrechtswissenschaft, Bd. 19 (1899), S. 159 ff.

[4]) Dieser Vorstellungstheorie steht die Willenstheorie gegenüber, nach der der Vorsatz in dem Wissen und Wollen des Erfolges besteht. Vgl. über den im Strafrecht wichtigeren Gegensatz v. Hippel, Die Vorstellungstheorie (Festschrift).

[5]) Vgl. Jur. Tag 24, Bd. 4 (1898), S. 271 ff.

anderen. Nach diesem abstrakten Maßstab ist zu bemessen, ob eine Verletzung desselben vorliegt. Einen solchen wechselnden abstrakten Maßstab schreibt auch das BGB. vor, und den Abstufungen dieses Maßstabes entsprechend ergeben sich verschiedene **Grade der Fahrlässigkeit**.

α) Es gibt einen abstrakten Maßstab zunächst für die Fahrlässigkeit i. a. Fahrlässigkeit ist Vernachlässigung der im Verkehr erforderlichen Sorgfalt, d. h. derjenigen Sorgfalt, die ein tüchtiger, sachkundiger Mann zu beobachten pflegt, mag auch im konkreten Fall eine gesteigerte Sorgfalt erforderlich gewesen sein, um den Erfolg abzuwehren. Überall, wo das Gesetz von Fahrlässigkeit schlechthin spricht, ist also Verletzung dieses vom Verkehr gegebenen Maßstabes gemeint. Diese Fahrlässigkeit wäre die **leichte** (culpa levis) oder gewöhnliche. Der in dem Verhalten des bonus pater familias liegende Maßstab des römischen Rechtes ist damit nicht verlassen, wohl aber anders formuliert (**276. 831. 834. 836**). Mehrfach ist an Stelle des im Verkehr Erforderlichen hingewiesen auf das, was ordnungsmäßige Wirtschaft und Verwaltung fordern (**745. 1039. 1078. 1283** usw.). Im Handelsrecht ist die Sorgfalt eines ordentlichen Kaufmannes (Frachtführers, Schiffers, Reeders) entscheidend (HGB. § 347).

β) In einigen Fällen beschränkt aber das Gesetz die Haftung auf **grobe** Fahrlässigkeit (culpa lata). Diese wird nicht näher definiert. Ist aber Fahrlässigkeit Vernachlässigung der im Verkehr erforderlichen Sorgfalt, so liegt grobe Fahrlässigkeit vor, wenn die Sorgfalt, die jedem zugemutet werden kann, nicht beobachtet ist. Umschreibt man die grobe Fahrlässigkeit mit unverantwortlichem Außerachtlassen der im Verkehr erforderlichen Sorgfalt oder mit ausnehmender Sorglosigkeit, so fehlt uns der Maßstab, um zu bestimmen, was unverantwortliches Außerachtlassen ist. Unverantwortlich kann es nur sein mit Rücksicht auf das Maß der Sorgfalt, das geboten war. War dieses ein geringes, das jedem zugemutet werden kann, so ist dessen Nichtbeachtung unverantwortlich. Die Fälle, in denen nur für grobe Fahrlässigkeit gehaftet wird, sind: **521** (Schenkung), **599** (Verleiher), **680** (Geschäftsführung ohne Auftrag zur Abwendung dringender Gefahr), **300** (Schuldner nach Verzug des Gläubigers), **968** (Finder). Die grobe Fahrlässigkeit hat auch sonst Bedeutung, z. B. in **460. 539. 723. 932** usw.[1])

γ) In anderen Fällen wieder beschränkt sich die Haftung auf diejenige Sorgfalt, die jemand in eigenen Angelegenheiten anzuwenden pflegte (diligentia quam suis rebus adhibere solet). Die Verletzung ist die **konkrete Fahrlässigkeit** (culpa in concreto). Das bedeutet, daß er zwar für grobe Fahrlässigkeit stets einzustehen hat, selbst wenn er die entsprechende Sorgfalt in eigenen Angelegenheiten nicht beobachtete (**277**), daß er aber davon abgesehen nur das Maß der Sorgfalt zu beachten hat, welches er in seinen eigenen Angelegenheiten zu beobachten pflegte. Eine Steigerung über die Haftung für leichtes Verschulden hinaus soll aber andererseits bei Anwendung dieses Maßstabes nicht eintreten. Der hier mit dieser Beschränkung eintretende Maßstab ist kein rein konkreter, sondern gleichfalls ein abstrakter, aber beschränkt abstrakter; es kommt das durchschnittliche Verhalten des Handelnden in seinen Angelegenheiten in Frage. Dieser Maßstab findet Anwendung in: **690** (unentgeltliche Verwahrung), **708** (Gesellschafter), **1359** (Ehegatten), **1664. 1686** (Eltern als Inhaber elterlicher Gewalt).

b) Ist nach dem gesetzlichen Maßstabe gemessen eine Verletzung der Sorgfalt gegeben, so ist weiter und zwar nach den subjektiven und individuellen Verhältnissen des Handelnden zu prüfen, ob er den Eintritt des Erfolges vorhersehen konnte. Ist das nicht der Fall, so liegt Fahrlässigkeit nicht vor[2]). Nach überwiegender Auffassung wird aber auch hier der objektive und abstrakte Maßstab (a) angelegt und jedem die entsprechende Anspannung der Geisteskräfte zugemutet. Es kommt nicht darauf an, ob er den Erfolg vorhersehen konnte, sondern ob er ihn diesem Maßstabe entsprechend vorhersehen mußte[3]).

[1]) Die „grobe Pflichtverletzung" in **27** und **712** ist keine Bezeichnung für die Schuldform der groben Fahrlässigkeit, sondern eine Bezeichnung der Art, wie sich die Schuld bemerkbargemacht haben muß.

[2]) Zitelmann, Der allgem. Teil, S. 158.

[3]) Endemann I, S. 641, Note 8. Biermann I, S. 334, Note 13.

C. Die im Gesetz enthaltenen Bestimmungen über den Grad der Haftung sind dispositiver Natur. Der gesetzliche Grad der Haftung kann durch die Parteien abgeschwächt oder gesteigert werden. Nur die Haftung für Vorsatz kann nicht im voraus ausgeschlossen werden (**276**, Abs. 2. **138**).

D. Schuld (Vorsatz und Fahrlässigkeit) hat die Verantwortlichkeit in allen Fällen (A) zur Voraussetzung (**827**. **828**; vgl. **L.** § 142).

III. **Der Zufall.** Hat jemand weder vorsätzlich noch fahrlässig gehandelt, so liegt Zufall (casus) vor. Auch für den Zufall muß in gewissen Verhältnissen gehaftet werden (**122**, Abs. 1. **179**. **231**. **297**. **287**. **701**. **848**. **833**. **835**). Wo für Zufall gehaftet wird, tritt aber häufig eine Beschränkung ein insofern, als Zufall, der sich als **höhere Gewalt** darstellt, nicht zu vertreten ist (**701**). Auch bei der höheren Gewalt handelt es sich um einen allgemeinen Begriff (**203**. **1996**).

Bei der Begrenzung dieses Begriffes ist man von zwei Grundauffassungen ausgegangen. Nach der subjektiven Theorie ist Schädigung durch höhere Gewalt gegeben, wenn sie eintrat, obwohl der Haftende alle Vorkehrungen getroffen hatte, soweit er einen Schaden überhaupt voraussehen konnte. Diese Auffassung läuft darauf hinaus, daß dem Verpflichteten eine ungewöhnliche, über die im Verkehr übliche hinausgehende Sorgfalt auferlegt und entsprechend eine Haftung für culpa levissima statuiert wird. Beachtet man aber, daß die Pflicht zur Sorgfalt nicht bloß ungewöhnlich gesteigert, sondern vielmehr tatsächlich unerfüllbar ist, so gerät diese Auffassung auf das Gebiet der Fiktion der Schuld.

Objektiv versuchte man die Fälle der höheren Gewalt durch wieder sehr verschiedene Charakterisierung des schädigenden Ereignisses selbst abzugrenzen. Höhere Gewalt soll vorliegen bei außergewöhnlicher Wucht und Unberechenbarkeit, bei Unüberwindlichkeit des Ereignisses für sich oder dann, wenn das Ereignis außerhalb des Betriebes des Haftenden entstand und in diesen mit ungewöhnlicher Energie hineinwirkte, oder dann, wenn dem Ereignis nur durch Sistierung des Betriebes selbst oder unwirtschaftliche Einrichtung desselben hätte begegnet werden können (relative Unüberwindlichkeit). Auch eine vermittelnde Formulierung ist versucht: höhere Gewalt sei anzunehmen bei äußerlich erkennbarem, unwiderstehlichem Vorgange, dem der geschädigte Gegenstand unter den obwaltenden Umständen nicht entzogen werden konnte, weil dann die Schuldlosigkeit auf der Hand liege.

Die Fälle, in denen das Gesetz die Grenze verwertet, liegen verschieden.

1. Das Gesetz legt gewissen Betriebsunternehmern die Schadensersatzpflicht ohne Rücksicht auf Verschuldung im allgemeinen Interesse auf. Wäre die Haftung unbegrenzt, so würden derartige Betriebe unmöglich sein oder erheblich leiden. Durch die Begrenzung der Haftung soll der an sich erlaubte und im allgemeinen Interesse erwünschte Betrieb ermöglicht und erleichtert werden (**701**, HGB. § 456, RHaftpflichtgesetz § 1, RPostgesetz § 11)[1]). Die höhere Gewalt begreift hier die Ereignisse, die nur durch Einstellung des Betriebes oder unwirtschaftlichen Betrieb zu vermeiden wären (M. Rümelin).

2. Anders liegt es in den Fällen **203**. **1996**[2]). ZPO. § 233. StrPO. § 44. HGB. § 453. RFlaggenges. § 12. Das Gesetz erklärt hier eine Versäumung für entschuldigt, die durch höhere Gewalt herbeigeführt ist. An dieser Säumnis sind auch die Interessen anderer beteiligt. Hier erscheint es unbillig, daß Rechtsverlust für den Säumigen eintritt, wenn er durch außergewöhnliche Ereignisse verhindert war, denen er nicht begegnen konnte, weil nach der Erfahrung niemand sich ihnen entziehen kann (Naturereignisse oder andere unabwendbare Zufälle)[3]).

---

[1]) Vgl. Bayer. AG. z. BGB. Art. 58. 59. Sachsen-Altenb. AG. z. BGB. § 37.

[2]) Den Fällen **203**. **1996**; HGB. § 453; RFlaggenGes. § 12 wird aber auch der Sinn untergelegt, daß höhere Gewalt die Zufälle bedeutet, die in der Person des Säumigen zutreffen. Planck zu **203**, Note 1. Biermann I, S. 339, Note 7. 8.

[3]) Vgl. aus der neueren Literatur: Engelmann, Die custodiae praestatio (1887). Gerth, Der Begriff der vis major (1890). Stucki, Über den Begriff der höheren Gewalt (1890). Unger, Jahrb. f. Dogm., Bd. 30 (1891), S. 417. Gelpke, Jur. Tag **22**, Bd. 1 (1892), S. 348 ff. v. Schey, Jur.Tag **22**, Bd. 2 (1892), S. 41 ff. Baron, Arch. f. d. ziv. Pr., Bd. 78 (1892), S. 203 ff. Hollander, Vis major als Schranke der Haftung usw. (1892). Stammler, Sächs. Arch., Bd. 3 (1893), S. 65 ff. Jur. Tag 22, Bd. 4 (1893), S. 104 ff. Baron, Arch. f. d. ziv. Pr., Bd. 81 (1893), S. 177 ff. Stintzing, ebenda, S. 427 ff. Schneider, Zeitschr. f. d. ges. Handelsr., Bd. 44 (1895), S. 75 ff. 341 ff. Rümelin, Der Zufall im Recht (Rede, 1896), S. 25 ff. Fischer, Jahrb. f. Dogm., Bd. 37 (1897), S. 199 ff. Volkmar, Vis major und Betriebsgefahr (1900). Knauer, Die höhere Gewalt im Reichsrecht (1901).

2. Kapitel.

Andere juristische Tatsachen.

§ 62.

Der Irrtum als Tatbestandsmoment.[1])

In verschiedener Richtung ist rechtserheblich, ob eine Person von gewissen Tatsachen die richtige oder falsche Vorstellung hatte. Über die Bedeutung des Irrtumes für die Folgen der rechtsgeschäftlichen Willenserklärung vgl. **L.** § 52, III. Darüber hinaus kommt der Irrtum als Element des Tatbestandes in Betracht.

A. Er ist Voraussetzung des Eintrittes einer Rechtsfolge (positive Bedeutung), z. B. Voraussetzung der Rückforderung nicht geschuldeter Leistung (**814**), auch bei der Rückforderung wegen Nichteintrittes des Erfolges (**815**), des Anspruches wegen Mängel beim Kauf (**460**) und überall da, wo guter Glaube Voraussetzung des Rechtserwerbes ist (**932**. **990**. **1032**. **1207**. **955**. **937**. **2024**).

B. Oder der Irrtum verhindert den Eintritt einer Rechtsfolge, wenn ein Element ihres Tatbestandes das Wissen ist (negative Bedeutung). So z. B. ist Arglist durch Irrtum ausgeschlossen und folgeweise der Anspruch wegen Arglist; oder der Lauf einer Frist kann nicht beginnen, solange die geforderte Kenntnis nicht vorhanden ist (**124**, Abs. 2).

C. Irrtum (Falschwissen) und Nichtwissen (ignorantia) stehen sich in diesen Fällen durchaus gleich. Auch dem Irrenden fehlt die richtige Vorstellung.

D. Wo eine Kenntnis gewisser Umstände rechtserheblich ist, wird dem Kennen oft das Kennenmüssen[2]), d. h. diejenige Unkenntnis gleichgestellt, die auf Fahrlässigkeit (**68**. **122**, Abs. 2), oder nur diejenige, welche auf grober Fahrlässigkeit beruht (**460**. **539**. **651**. **524**). Der gute Glaube wird durch Irrtum ausgeschlossen, der auf grober Fahrlässigkeit beruht, außer wenn er sich auf den öffentlichen Glauben des Grundbuches stützt (**892**). Mitunter aber entscheidet lediglich die Kenntnis, so daß es nicht darauf ankommt, ob der Betreffende, der sich in Unkenntnis befindet, entschuldbarerweise sich in derselben befand (**892**. **937**. **955**. **973**. **990**. **2024**. **121**. **179**. **370**. **439**. **464** usw.). So auch bei Arglist, da diese nur bei Kenntnis denkbar ist.

Wo es auf die Unentschuldbarkeit des Irrtumes ankommt, ist nicht etwa der Rechtsirrtum von vornherein unentschuldbar, sondern er kann auch entschuldbar sein. Umgekehrt ist der Irrtum über Tatsachen keineswegs präsumtiv entschuldbar.

§ 63.

Die Zeit.[3])

Die **rechtliche Bedeutung** der Zeit ist eine verschiedene: Anfang und Ende der rechtlichen Wirkung einer rechtsgeschäftlichen Willenserklärung kann an eine Zeit geknüpft sein (Befristung); die rechtliche Bedeutung einer Handlung hängt davon ab, ob sie an einem bestimmten Zeitpunkt oder innerhalb einer bestimmten Frist vorgenommen wird (Ausschlußfrist); die Dauer tatsächlicher Zustände wirkt rechtsbegründend oder rechtsaufhebend (Ersitzung, Verjährung).

---

[1]) Zitelmann, Beitr., H. 9/10, S. 140. 181. Regelsberger I, § 128. Adler, Jahrb. f. Dogm., Bd. 33, S. 149 ff. Hellmann, Vorträge über das BGB., § 25. Weyl, Arch. f. bürg. Recht, Bd. 14, S. 102 ff.

[2]) Das fahrlässige Nichtwissen wird durch „Kennenmüssen" im BGB. bezeichnet. Diese Terminologie ist in **122**, Abs. 2 als solche gekennzeichnet.

[3]) Bekker, System II, S. 31 ff. Hölder, Pandekten I, §§ 37. 38. Regelsberger I, §§ 124—127. Hellmann, Vorträge über das BGB., § 29. Zitelmann I, S. 174 ff. Enneccerus I, 1. §§ 201 ff.

I. Die **Bestimmung** des zeitlichen Elementes erfolgt durch Gesetz, richterliche Verfügung oder Rechtsgeschäft. Sie ist entweder inhaltlich Zeitpunkt (Termin) oder Zeitraum (Frist). Zeitpunkt und Zeitraum können unmittelbar im Anschluß an den Kalender bestimmt werden (Kalendertermin, Kalenderfrist), sie können aber auch durch Anknüpfung an beliebige Ereignisse bestimmt sein, indem von diesen Ereignissen an ein Zeitraum in abstrakter Maßbestimmung, in Jahren, Monaten, Wochen, Tagen erstreckt wird (bewegliche Zeit, z. B. 3 Monate a dato oder nach Sicht; Eintritt der Großjährigkeit nach Verlauf von 21 Jahren nach Geburt; Anfechtung innerhalb eines Jahres seit Kenntnis).

II. Für die **Berechnung** der Kalenderzeit und der beweglichen Zeit stellt das BGB. Auslegungsregeln auf (**186**—**193**).

A. Grundsätzlich findet die Zivilkomputation Anwendung, d. h. die feste Zeiteinheit des Kalendertages, der mit der Mitternacht beginnt und mit der folgenden Mitternacht aufhört, wird zugrunde gelegt. Eine Frist beginnt also immer mit dem Beginn eines Tages und läuft ab mit dem Ende eines solchen.

Die Naturalkomputation (a momento ad momentum computare) ergibt sich in rechtsgeschäftlich bestimmten Fristen dann von selbst als gewollt, wenn es sich um Stundenfristen handelt, die kürzer sind als ein Tag, und sie ist im Zweifel gewollt, wenn es sich um kurze Fristen handelt, die in Stunden ausgedrückt sind (24, 2×24, 48 Stunden)[1]).

B. Für die **Zivilkomputation** ergeben sich mehrere Fragen:

1. Welches ist der erste Tag der Frist? (**187**).

a) Derjenige Tag ist der erste, der auf den Tag folgt, in den das maßgebende Ereignis oder der maßgebende Zeitpunkt fällt.

b) Ist dagegen der Beginn eines Tages der für den Anfang der Frist maßgebende Zeitpunkt, so wird dieser Tag bei der Berechnung der Frist mitgerechnet, so z. B. die Frist für die Gültigkeit von Karten auf Zeit. Ebenso soll bei Berechnung des Lebensalters der Tag der Geburt mit eingerechnet werden. Sollen z. B. alle Personen, die im Kalenderjahre 1900 25 Jahre alt werden, ermittelt werden, so sind das alle Personen, die im Jahre 1875, auch am 31. Dezember dieses Jahres, geboren sind, nicht die am 31. Dezember 1874 Geborenen.

2. Welches ist der letzte Tag, und in welchem Moment des letzten Tages ist die Frist abgelaufen?

a) Bei einer nach Tagen bestimmten Frist ergibt sich der letzte Tag durch Zählung. Die Frist endigt mit dem Ablauf des letzten Tages der Frist (**188**, Abs. 1);

b) ist die Frist in Wochen, Monaten, als Vierteljahr oder Halbjahr oder in Jahren bestimmt, so ergibt sich der letzte Tag durch **Rechnung** a dato ad datum. Im Falle Z. 1 a ist die Frist also beendigt, wenn der Tag, der das entsprechende Datum trägt, abgelaufen ist, im Falle Z. 1 b, wenn der diesem vorhergehende Tag abgelaufen ist (**188**, Abs. 2).

α) Fehlt bei einer nach Monaten bestimmten Frist in dem letzten Monat der entsprechende Tag, so kommt der letzte Tag in Betracht (**188**, Abs. 3);

β) ein halbes Jahr ist = 6 Monat, ein Vierteljahr = 3 Monat, ein halber Monat = 15 Tagen (**189**, Abs. 1), während bei der „Woche" oder „8 Tagen" die Auslegung eine freie ist, vgl. HGB. § 359, Abs. 2[2]);

γ) ist die Frist in einem oder mehreren ganzen und einem halben Monat (z. B. $3^1/_2$ Monat) bestimmt, so ist der halbe Monat zuletzt zu zählen (**189**, Abs. 1).

c) Wird eine abgelaufene oder im Laufe begriffene Frist verlängert so wird die Zusatzfrist von dem Ablaufe der erstbestimmten Frist an berechnet (**190**). Dagegen entscheidet die Auslegung, wenn Aufhebung der alten laufenden Frist und Setzung einer neuen oder Verlängerung einer laufenden Frist unter Einrechnung des abgelaufenen Zeitraumes oder Bewilligung einer neuen Frist nach Ablauf der erst gesetzten vorliegt.

---

[1]) Jedoch besteht keine Übereinstimmung. Vgl. Planck zu **187** und Josef, Arch. f. d. ziv. Prax., Bd. 96, S. 201 ff.

[2]) Seuff. Arch., Bd. 44, Nr. 167; 54, Nr. 75.

d) Die Rechnung a dato ad datum kann ausgeschlossen sein. Das ist namentlich dann der Fall, wenn die Frist nicht als eine von einem bestimmten Anfangstage ununterbrochen laufende gedacht ist, sondern sich auch aus nicht notwendig aufeinander folgenden Tagen und Tagemehrheiten zusammensetzen kann, z. B. ein Geschäftsreisender ist verpflichtet, 3 Monate für den Prinzipal zu reisen. Hier ist an abstrakte Zeiträume gedacht, wenn Jahr oder Monat zur Bezeichnung der Frist gewählt sind. Die Parteien können auch, von diesem Falle abgesehen, solche abstrakte Bezeichnung und Berechnung wählen. Das Jahr bezeichnet dann einen Zeitabschnitt von 365 Tagen, der Monat einen solchen von 30 Tagen (**191**).

C. Bei Terminen, die auf Anfang, Mitte, Ende des Monats gestellt sind, ist der erste, fünfzehnte, letzte Tag des Monates verstanden (**192**). Vgl. HGB. § 359 Abs. 1 („Frühjahr", „Herbst").

III. Ob alle Tage einer natürlichen Zeitstrecke in die Frist einzurechnen sind oder nur diejenigen, an denen die Handlung von dem Handlungspflichtigen vorgenommen werden konnte, hängt von der die Frist setzenden Bestimmung ab (tempus utile — continuum). Das BGB. kennt derartige Bestimmungen nicht. Die Parteien können aber bei rechtsgeschäftlich gesetzten Fristen Berücksichtigung nur der dies utiles anordnen und natürlich auch bestimmen, welche Umstände einen Tag zum dies inutilis machen.

Nur verwandt hiermit, aber keineswegs auf der Rücksicht auf die Person des Handlungspflichtigen beruhend, ist die Behandlung der **Sonn- und Feiertage** im modernen Recht[1]), dem sich die Bestimmung in **193** anschließt: ist eine Willenserklärung oder eine Leistung an einem bestimmten Tage oder innerhalb einer Frist abzugeben bzw. zu bewirken, und fällt dieser Tag oder das Ende der Frist auf einen Sonntag oder einen am Erklärungs- oder Leistungsorte nach Landesrecht[2]) anerkannten allgemeinen Feiertag, so ist der nächstfolgende Werktag maßgebend[3]); z. B.:

Wenn A dem B aus einem akzeptierten Wechsel haftet, dessen Verfalltag am 5. Mai 1904 ist, so wird bei der Berechnung der 3 jährigen Verjährungsfrist der Verfalltag nicht mitgerechnet (**187**, Abs. 1) und die Frist läuft am 5. Mai 1907, nicht am 4. Mai 1907 ab, fiele der 5. Mai auf einen Sonn- oder Feiertag, so läuft sie nicht am 6. Mai 1907 ab, weil sich **193** nicht auf Verjährungsfristen bezieht.

Daß gewisse Fristen (**121**. **852**) erst beginnen mit einer bei einer bestimmten Person vorhandenen Kenntnis (sog. tempus utile ratione initii), gehört nur insofern hierher, als sich auch darin eine Rücksicht auf die Person des Handlungspflichtigen ausspricht, ebenso wie in der Vorschrift in **203** (**L.** § 61).

§ 64.

Anspruchsverjährung und Ausschlußfrist.[4])

Der Gedanke, daß ein längere Zeit währender tatsächlicher Zustand für die Zukunft in einen rechtlich gesicherten übergehen muß, hat in der Anspruchsverjährung, der gesetzlichen Befristung (Ausschlußfrist) und der Ersitzung Ausdruck gefunden. Die drei Institute stehen jedes unter seinen besonderen Regeln. Der Anspruchsverjährung tritt aber sehr nahe die gesetzliche Befristung der Rechte[5]).

I. Die Anspruchsverjährung.

Sie wurzelt in der römischen Klagenverjährung. Diese, im älteren Zivilrecht unbekannt, aber vom prätorischen Edikt in Einzelfällen anerkannt, ist allgemeines Rechtsinstitut im Jahre 424 p. C.

---

[1]) ZPO. §§ 188. 216. 222. 761. WO. Art. 41. 92.

[2]) Vgl. die Ausführungsgesetze. Klotz, A., Das deutsche und badische Sonntagsrecht (1900).

[3]) Vgl. FGG. § 17, Abs. 2. **551**. **565**. **584**. **595**. **621**.

[4]) Hölder, Pandekten I, § 63. Regelsberger I, §§ 181—187. Hellmann, Vorträge über das BGB., § 34. Enneccerus I, 1. §§ 203 ff. 210 ff.

[5]) Über den Grundgedanken der beiden Institute vgl. auch Ehrenzweig, Zeitschr. f. d. Priv.- u. öffentl. R., Bd. 15 (1898), S. 296 f.

geworden[1]) und in das gemeine Recht übergegangen, wo man sie zuerst mit der Ersitzung dem Gesamtinstitut der Verjährung (praescriptio) unterstellte (praescriptio extinctiva — acquisitiva)[2]), dann aber als Sonderinstitut behandelte (Sächs. BGB.).

Ansprüche erlöschen, wenn derjenige, dem sie zustehen, sie während bestimmter Zeit nicht ausübt. Die Voraussetzungen sind daher der Anspruch und die Nichtausübung während der Verjährungszeit. Guten Glauben dessen, gegen den der Anspruch sich richtet, verlangt das Gesetz nicht. Dies ist auch der Standpunkt des römischen, nicht aber des kanonischen und gemeinen Rechtes[3]).

A. **Gegenstand** der Verjährung sind nur **Ansprüche** (**194**, Abs. 1). Über den Begriff des Anspruches und der Klage vgl. **L.** §§ 16. 17. Nur wenn der Anspruch im Wege der Klage verfolgt werden kann, sind Ansprüche im Sinne der Verjährungsvorschriften gegeben. Schon im jüngsten gemeinen Recht (Windscheid) setzte man an die Stelle der Klagenverjährung die Anspruchsverjährung.

1. Daher sind von selbst diejenigen Rechte von der Verjährung nicht berührt, aus denen Ansprüche nicht hervorgehen:

Das Recht auf Feststellung erzeugt zwar die Feststellungsklage, nicht aber einen materiellen Anspruch, weil der Feststellungsberechtigte nicht eine Leistung vom Gegner verlangen kann. Dahin gehört auch die Klage auf Nichtigkeit der Ehe (**1329**, ZPO. § 632). Die Feststellungsklage kann auch erhoben werden zur Feststellung eines Anspruches, und ist dieser verjährt, so ist auch die Feststellungsklage ausgeschlossen, nicht aber, weil sie selbst verjährt wäre, sondern weil es an dem Feststellungsinteresse fehlt.

Den Feststellungsklagen am nächsten stehen die Klagen, mit denen lediglich die Aufhebung oder Begründung von Rechtsverhältnissen vom Richter begehrt wird, nicht die Verurteilung des Beklagten zu einer Leistung. Auch hier liegt der Klage ein Recht, aber kein Anspruch zugrunde, z. B. Ehescheidungsklagen (**1564**), Klagen auf Aufhebung der Gütergemeinschaft (z. B. **1468. 1495. 1469. 1549**), auf Aufhebung der ehemännlichen Verwaltung und Nutznießung (**1418**), auf Erbunwürdigkeitserklärung (**2342**), auf Aufhebung einer Entmündigung (ZPO. §§ 664 ff. 684), auf Bestimmung der Vertragsleistung (**315. 319**).

Die Gestaltungsrechte (z. B. Anfechtungs-, Aufrechnungsrecht usw.) erzeugen keine Ansprüche, auch wenn sie durch Klage geltendgemacht werden müssen (**1341**). Auch die Einreden, die in diese Gruppe der Gestaltungsrechte gehören, verjähren nicht, auch nicht mit den ihnen zugrunde liegenden Ansprüchen (vgl. **478** ff. **490. 639. 651. 821. 852**). Vgl. **L.** § 70.

2. Die Regel der Verjährbarkeit der Ansprüche erleidet aber weiter **positive Ausnahmen.** Unverjährbar sind:

a) der Anspruch auf Aufhebung der Gemeinschaft (**758. 2042**, Abs.2);

b) die Ansprüche aus eingetragenen Rechten, soweit sie nicht auf Rückstände aus wiederkehrenden Leistungen und auf Schadensersatz gehen (**902**), und mit Ausnahme des konfessorischen Anspruches in **1028**;

c) der Anspruch auf Mitwirkung zur Berichtigung des Grundbuches (**898. 1138**) und des Schiffsregisters (**1263**, Abs.1);

d) die nachbarrechtlichen Ansprüche in **924**;

e) die Ansprüche des Familienrechtes, welche die Herstellung des dem familienrechtlichen Verhältnisse entsprechenden Zustandes für die Zukunft bezwecken (**194**, Abs. 2). Dahin gehört z. B. der Anspruch auf Herstellung der ehelichen Gemeinschaft (**1353**) und des Ehemannes, der Eltern auf häusliche Dienste (**1356. 1617**), der Eheleute auf Bestreitung des ehelichen Aufwandes (**1427**), des Vormundes auf Herausgabe des Mündels (**1800. 1897**)[4]). Dagegen fallen nicht unter die Ausnahme und unterliegen der Verjährung die Ansprüche aus dem Verlöbnis bei Auflösung (**1298—1302**), der Anspruch auf Rückgabe der Geschenke nach Ehescheidung (**1584**), der Mutter des unehelichen Kindes gegen den Vater (**1715**), der Tochter auf Aussteuer (**1620. 1623**).

---

[1]) l. 3, C. (**7, 39**).

[2]) Ähnlich ÖBGB. CC. ALR.

[3]) Vgl. Horn, Die bona fides bei der Klagenverjährung. (1899).

[4]) Ohne Interesse sind hier die Ansprüche, welche aus Familienverhältnissen entspringen, die an sich schon zeitlich beschränkter sind als die Ansprüche nach 195 sein würden (**1632. 1686**, vgl. **1626**).

f) Der Verjährung unterliegen nicht die Unterhaltsansprüche nach dem Gesichtspunkte unter e, oder aus dem Grunde, weil sie, solange das Grundverhältnis besteht, sich stets erneuern. Anders liegt es bei den Unterhaltsansprüchen, mit denen Unterhalt für die Vergangenheit verlangt wird (**1601** ff. **1360**. **1578**. **1963**).

B. **Der Beginn des Verjährungslaufes.**

Die Verjährung nimmt ihren Anfang mit der Entstehung des Anspruches (**198**); bei den Ansprüchen auf Unterlassung (auch im Falle **1004**) ist der Beginn erst mit der Zuwiderhandlung gegeben, also nachdem der Anspruch auf Wiederherstellung und Schadensersatz an die Stelle des bloßen Anspruches auf Unterlassung getreten ist[1]). Rechtsverletzung ist zur Entstehung des Anspruches weder als Bestreitung noch als tatsächlicher Eingriff in das Recht erforderlich, ebensowenig, daß der Berechtigte Kenntnis vom Anspruche oder die Möglichkeit hatte, ihn geltendzumachen. Der Anspruch aus absoluten Rechten (dingliche Rechte, Urheberrechte usw.) entsteht, sobald durch einen andern ein tatsächlicher, dem Rechte nicht entsprechender Zustand aufrechterhalten wird. Der Anspruch des Eigentümers auf Herausgabe verjährt daher, auch wenn der andere mit Willen und im Namen des Eigentümers die Sache innehat. Persönliche Ansprüche sind entstanden und beginnen zu verjähren, sobald das Recht entstanden ist, auf welchem sie beruhen. Dieser Regel entspricht es, daß die Verjährung bedingter und künftiger Ansprüche mit dem Eintritt der Bedingung und des Termines eintritt.

In einer Reihe von Fällen wird aber der Beginn der Verjährung über den Zeitpunkt der Entstehung des Anspruches hinausgeschoben, in anderen Fällen liegt er vor diesem Zeitpunkt:

1. Nach der Entstehung des Anspruches beginnt die Verjährung,

a) wenn der Anspruch zwar entstanden, aber noch nicht fällig ist; die Verjährung beginnt mit der Fälligkeit[2]).

b) Nach der generellen Bestimmung in **201** beginnt die Verjährung der einer kurzen Frist von 2—4 Jahren unterworfenen Ansprüche in **196**. **197** immer erst mit dem Schlusse des Jahres, in dem der regelmäßige Beginn der Verjährung liegen würde, also nach der Fälligkeit; z. B.:

Der Händler A fordert für den durch seine Vermittelung 1900 geschlossenen Verkauf des Hauses vom Verkäufer B die Provision von 6000 M. durch Klage vom 24. Dezember 1904. Der Einrede der Verjährung aus **196** setzt A den Einwand entgegen, daß B ihm gegenüber im Frühjahr 1902 die Schuld wörtlich anerkannt habe und daher nach **201** die neue Verjährung erst wieder mit dem Schlusse 1902 beginne. Das ist nicht zutreffend; die neue Verjährung beginnt nach Beendigung der Unterbrechung (**217**). Vgl. C. 3. c.

c) In anderen Fällen beginnt die Verjährung erst mit Ablauf einer bestimmten Frist (**490**. **801**, Abs. 1. **1715**, Abs. 3) oder mit dem Eintritt bestimmter Tatsachen nach Entstehung des Anspruches; diese Tatsachen sind Ablieferung, Rückempfang, Endigung des Rechtsverhältnisses, Abnahme, Kenntnis, Anfall der Erbschaft (**477**. **480**. **483**. **558**, Abs. 2. **606**. **1057**. **1226**. **638**. **646**. **852**. **2332**).

d) Kann der Berechtigte erst nach Kündigung Leistung verlangen, so beginnt die Verjährung mit dem Zeitpunkt, in dem die Kündigung zulässig ist; und ist die Kündigung eine befristete, mit Ablauf der Kündigungsfrist seit dem Zeitpunkt der Zulässigkeit der Kündigung (**199**) [3]).

2. Vor Entstehung des Anspruches beginnt die Verjährung, wenn die bloße Erklärung des Berechtigten den Anspruch zur Entstehung bringen kann, und zwar mit dem Moment, in welchem für die Berechtigten diese Möglichkeit gegeben ist. Dieses

---

[1]) Ansprüche auf Unterlassung unterliegen der Verjährung nicht, vielmehr besagt **198**, Satz 2, daß der mit der Zuwiderhandlung entstehende Anspruch auf Schadensersatz bzw. Wiederherstellung der Regel gemäß mit der Entstehung zu verjähren beginnt. Über diese streitige Frage H. Lehmann, Die Unterlassungspflicht (1906), S. 39 f.

[2]) So u. a. a. Hölder zu **198**, Note 1; A. M. mit Rücksicht auf **202**, Abs. 1. Dernburg, § 175.

[3]) Immerwahr, Die Kündigung (1898), S. 93 ff.

Prinzip (toties praescribitur actioni nondum natae, quoties nativitas est in potestate creditoris) ist aber nur anerkannt[1]), wenn der Anspruch des Berechtigten von einer Anfechtung seinerseits abhängt (**812**. **124**); die Verjährung läuft schon von dem Zeitpunkt der Zulässigkeit der Anfechtung an, aber nicht, wenn es sich um die Anfechtung familienrechtlicher Verhältnisse handelt (**200**). Vgl. aber auch **2332**, Abs. 3.

C. **Der Ablauf der Verjährungszeit.**

1. Die regelmäßige **Verjährungszeit** beträgt 30 Jahre (**195**). In zahlreichen Fällen, die teils allgemein in **196** (Ansprüche des täglichen Verkehrs), **197** (Ansprüche auf Rückstände)[2]) zusammengefaßt, teils besonders festgestellt sind, treten kürzere Fristen von sechs Wochen bis zu fünf Jahren ein (z. B. **490**, Abs. 1. **480**, Abs. 1. **477**, Abs. 1. **1623**. **1302**. **852**. **1715**, Abs. 3. **638**)[3]). In einigen Fällen kürzerer Verjährung kommt neben dieser die regelmäßige Verjährungszeit in Anwendung (**852**. **2332**), und in allen Fällen verkürzter Verjährung tritt eine solche in 30 Jahren ein, wenn die Ansprüche rechtskräftig festgestellt oder durch Vorbehaltsurteil, Schiedsspruch, Urteil des Verwaltungsgerichtes oder Spruch der Verwaltungsbehörde anerkannt sind, oder durch Anerkennung in vollstreckbaren Vergleichen, Urkunden oder im Konkurse die Vollstreckbarkeit erlangt haben. Soweit diese Feststellungen sich auf regelmäßig wiederkehrende, erst künftig fälligwerdende Leistungen beziehen, bleibt die kürzere Frist maßgebend (**218**. **219**. **220**); z. B.:

A hat an B die Maler- und Töpferarbeiten in seinem Neubau übertragen. Diese sind 1902 vollendet. Der Anspruch des B auf die Vergütung ist nach **196**, Z. 1 in 2 Jahren verjährt, nicht in 30 Jahren, da die Forderungen aus Werkverträgen keine Ausnahme erfahren.

2. **Die Berechnung**[4]) der Verjährungszeit bestimmt sich nach **L.** § 63.

Geht während des Laufes der Verjährung der Anspruch auf einen andern Berechtigten (Erbfolge, Abtretung) oder die Verpflichtung auf einen andern Verpflichteten (Erbfolge, Schuldübernahme) über, so wird dem Verpflichteten und seinem Rechtsnachfolger die bereits abgelaufene Verjährungszeit eingerechnet. Aber auch dem Besitzer einer Sache, der durch Erbfolge oder mit Willen des Vorbesitzers in den Besitz gelangt ist, kommt gegenüber der dinglichen Klage die bei seinem Vorgänger im Besitze verstrichene Verjährungszeit zugute (**221**, vgl. **986**, Abs. 1)[5]).

3. **Die Hindernisse** der Verjährung.

a) **Die Hemmung.** Gewisse Umstände haben die Bedeutung für den Ablauf der Verjährung, daß ihre an sich in die Verjährungszeit fallende Zeitdauer nicht in die Verjährungszeit eingerechnet wird (**205**). Hemmungsgründe sind:

α) Der Umstand, daß der Geltendmachung des Anspruches zeitweilig ein Verweigerungsrecht des Verpflichteten einredeweise (dilatorische Einrede) entgegengestellt werden kann, z. B. die Einrede der Stundung, ferner die Einrede aus **986**. **1100**. **2059**. Die hemmende Wirkung ist aber zu versagen allen aufschiebenden Einreden, die der Anspruchsberechtigte zu beseitigen vermag[6]); nach diesem Prinzip ist das ausdrücklich bestimmt für die Einrede aus dem Retentionsrecht (z. B. **273** f.), des nicht erfüllten Vertrages (z. B. **320** ff.) der mangelnden Sicherheit (z. B. **258**), der Vorausklage (**771** ff.), des Bürgen aus **770**, des Erben aus **2014**. **2015**. und der Einrede aus **2332** (**202**).

β) Stillstand der Rechtspflege oder höhere Gewalt (**L.** § 61), die während der letzten sechs Monate der Verjährungsfrist den Berechtigten an der Rechtsverfolgung gehindert haben (**203**).

---

1) A. M. Rehbein, S. 305.

2) Die kurze Verjährung findet auch Anwendung, wenn sich der Anspruch in den Anspruch auf Schadensersatz wegen Nichterfüllung umsetzt. Hierüber und über andere Fragen der kurzen Verjährung vgl. Joseph, Gruch. Beitr., Bd. 42 (1898), S. 1 ff. Mantey, ebenda, S. 545 ff.

3) Nach anderen Reichsgesetzen und auf Grund der Vorbehalte im Landesrecht kommen weitere besondere Verjährungsfristen in Betracht. Vgl. Preuß. AG. z. BGB. Art. 8. 9. Mecklenb.-Schwer. AV. z. BGB. § 32. Mecklenb.-Strel. AV. z. BGB. § 31.

4) Auch **193** findet Anwendung: Hölder zu **195**, Note 4. A. M. Biermann I, S. 351, Note 12; S. 356, Note 6.

5) Rehbein, S. 213 ff. Planck zu **221**. Hölder, S. 446 f.

6) Kohler, § 89. Vgl. **255**. **410**. **526**.

γ) Die Verjährung aller Ansprüche zwischen Ehegatten ist während der Dauer der (wenngleich nichtigen oder anfechtbaren) Ehe[1]), die der Ansprüche zwischen Eltern und Kindern während der Dauer der Minderjährigkeit der Kinder, und die der Ansprüche zwischen Vormund (Gegenvormund, Pfleger, Beistand) und Mündel während der Dauer der Vormundschaft gehemmt (**204**).

δ) Besondere Hemmungsgründe enthalten: **477. 480. 490. 639** und **802**, vgl. HGB. § 470.

b) **Die qualifizierte Hemmung** (**206. 207**). Das Eigenartige liegt hier darin, daß, solange gewisse Umstände dauern, eine an sich abgelaufene Verjährung nicht abläuft, sondern erst dann, wenn nach Beseitigung des Hinderungsgrundes eine bestimmte Frist verstrichen ist. Eine solche Behandlung tritt ein:

α) wenn der Berechtigte eine geschäftsunfähige oder in der Geschäftsfähigkeit beschränkte Person ist und keinen gesetzlichen Vertreter hat, soweit nicht etwa die Person trotz beschränkter Geschäftsfähigkeit prozeßfähig ist (ZPO. § 52). Diese Umstände hemmen die Verjährung nicht (a), sondern die Verjährung kann sich nur nicht eher vollenden, bevor nicht sechs Monate nach Eintritt der Geschäftsfähigkeit oder der gesetzlichen Vertretung verstrichen sind. An die Stelle der sechs Monate tritt die Verjährungsfrist selbst, wenn sie kürzer ist als sechs Monate (**206**).

β) Bei den Ansprüchen, die zu einem Nachlaß gehören oder sich gegen einen Nachlaß richten, kann sich entsprechend die Verjährung erst dann vollenden, wenn nach Annahme der Erbschaft (**1858**) durch den Erben oder nach Eröffnung des Konkurses über den Nachlaß (**1985**) oder nach dem Zeitpunkt, von welchem an der Anspruch von einem Vertreter oder gegen einen solchen (Nachlaßpfleger, Testamentsvollstrecker, Abwesenheitspfleger) geltendgemacht werden kann (**1960. 2205**), sechs Monate oder bei Verjährungsfristen, die kürzer als sechs Monate sind, diese Verjährungsfrist selbst verstrichen ist (**207**)[2]).

c) **Die Unterbrechung** der Verjährung hat die Bedeutung, daß die bis zum wirksamen Eingreifen des Unterbrechungsgrundes abgelaufene Verjährungsfrist nicht in Betracht kommt, und daß erst nach Beseitigung und Fortfall des Unterbrechungsgrundes eine neue Verjährung beginnen kann (**217**). Als Unterbrechungsgründe wirken:

α) Jede Willenserklärung des Verpflichteten, welche die Anerkennung des Anspruches dem Berechtigten gegenüber bezweckt (Abschlagszahlung, Zinsleistung, Sicherheitsleistung, vertragsmäßige oder nicht vertragsmäßige, formelle oder formlose) (**208**), nicht aber jeglicher Akt, der das Bewußtsein von der Existenz des Anspruches zum Ausdruck bringt (Bitte um Schulderlaß)[3]).

β) Die gerichtliche oder eine dieser gleichstehende Geltendmachung des Anspruches. In erster Linie steht die Erhebung der Klage, auch vor einem unzuständigen Gericht (**209**). Klageerhebung liegt in der Anstellung der Leistungsklage, der Feststellungsklage, der Klage auf Erteilung der Vollstreckungsklausel oder auf Erlassung des Vollstreckungsurteiles (ZPO. §§ 722. 731. 796. 1042)[4]).

Der Erhebung der Klage stehen eine Reihe anderer prozessualen Handlungen gleich: die Zustellung des Zahlungsbefehles im Mahnverfahren, die Anmeldung des Anspruches im Konkurse, die Geltendmachung durch Eventual-Aufrechnung im Prozesse[5]), die Streitverkündung in dem Prozesse[6]), von dessen Ausgange der Anspruch abhängt, die Vornahme einer Vollstreckungshandlung bzw. die Stellung des Antrages auf gerichtliche oder behördliche Zwangsvollstreckung (**209**) und auch der Antrag auf Sicherung des Beweises (ZPO. §§ 485 ff. **477. 480. 490. 639. 651**).

An Stelle der Klageerhebung und der ihr gleichgestellten prozessualen Handlungen genügt unter bestimmten Voraussetzungen ein Gesuch auf Erlaß notwendiger Vorentscheidungen an die zuständigen Behörden oder Gerichte (**210**)[7]). Ist schiedsgerichtliche Entscheidung angerufen, so steht der gerichtlichen Klageerhebung die Geltendmachung vor dem Schiedsgericht oder in gewissen Fällen die Vornahme derjenigen Handlungen durch den Berechtigten gleich, die zur Erledigung der Sache durch Schiedsspruch erforderlich sind (**220**). Bei Ansprüchen, die vor besondere Gerichte, Verwaltungsgerichte oder Verwaltungsbehörden gehören, vertritt die Stelle der Klageerhebung der in diesen Fällen zur Geltendmachung des Anspruches erforderliche analoge Akt (**220**, Abs. 1).

---

1) Hölder, Komment., S. 432. A. M. Planck, S. 346.

2) Vgl. auch **2031**.

3) Hölder, Komment., S. 435 f. A. M. Planck zu **208**. Biermann I, S. 364, Note 3.

4) Seuff. Arch., Bd. 62, Nr. 79; Bd. 55, Nr. 62. RG. Bd. 57, S. 372; Bd. 65, S. 398, Bd. 66, S. 365.

5) RG. Bd. 57, S. 375.

6) Seuff. Arch., Bd. 62, Nr. 53.

7) Z. B. ZPO. § 36.

Nicht unterbrechend wirken demnach die reinen Parteiakte zum Zwecke der Rechtsverfolgung, z. B. Mahnung, Verwahrungen, Selbsthilfeakte (**230**), die Benachrichtigung nach ZPO. § 848 und der Abschluß des Schiedsvertrages, ferner auch nicht gerichtliche Akte wie Antrag auf Arrest und einstweilige Verfügung[1]).

γ) Eine an sich eingetretene Unterbrechung verliert in mehreren Fällen ihre Wirksamkeit so, als wenn sie gar nicht eingetreten wäre.

Das ist der Fall bei Zurücknahme oder Abweisung der Klage durch Urteil, welches nicht in der Sache selbst entscheidet (z. B. Abweisung wegen prozeßhindernder Einreden, ZPO. § 274). Die alte Unterbrechung behält dagegen ihre Wirksamkeit, wenn binnen sechs Monaten von neuem Klage erhoben wird. Diese sechsmonatige Frist kann gehemmt sein nach **203**. **206**. **207**; s. oben b (**212**).

In ähnlicher Weise wird die Unterbrechung ihrer Wirksamkeit wieder entkleidet, wenn sie durch Zustellung eines Zahlungsbefehles (**213**, ZPO. § 697. 701), Anmeldung im Konkurse (**214**), Aufrechnung im Prozeß (**215** vgl. **393**) oder durch Betreibung der Vollstreckung bewirkt war (**216**). So liegt es auch in allen Fällen, die der Klageerhebung und der sonstigen ordentlichen Geltendmachung des Anspruches gleichstehen (**220**, Abs. 1).

δ) Für den Beginn der neuen Verjährung ist entscheidend der Fortfall des Unterbrechungsgrundes. Erst nach diesem kann die neue Verjährung beginnen. Der Unterbrechungsgrund wirkt nun regelmäßig nach Eintritt eine Zeitlang fort und fällt dann erst weg. Im Falle der Klageerhebung dauert die Unterbrechung fort bis zur rechtskräftigen Entscheidung (**219**. **220**, ZPO. § 705) oder anderweiten Erledigung (Vergleich) des Prozesses; und tritt Stillstand des Prozesses infolge von Parteivereinbarung oder Nichtbetreibung ein bis zur letzten Prozeßhandlung der Parteien oder des Gerichtes. Die nach diesem Zeitpunkte beginnende neue Verjährung wird dann schon durch jedes Weiterbetreiben des Prozesses (Ladung) unterbrochen (**211**). In analoger Weise ist Fortdauer der Unterbrechung bei schiedsgerichtlichem Austrag (**220**), Anmeldung im Konkurse (**214**), Geltendmachung durch Aufrechnung bei der Streitverkündung (**215**) bestimmt.

Die Unterbrechung durch Vornahme einer Vollstreckungshandlung usw. (**209**, Abs. 2, Z. 5) wirkt dagegen nur momentan. Die neue Verjährung beginnt sofort nach Abschluß des Unterbrechungsaktes.

Eine Mittelstellung nimmt die Unterbrechung durch Zustellung eines Zahlungsbefehles im Mahnverfahren (**213**) ein. Sie wirkt nur momentan; bewirkt aber die Zustellung des Zahlungsbefehles nach rechtzeitig erfolgtem Widerspruch Rechtshängigkeit (ZPO. § 696), oder wird rechtzeitig die Klage erhoben (ZPO. § 697), so tritt die Fortdauer der Unterbrechung ein wie im Falle der Klageerhebung (**211**)[2]).

D. Die Wirkung der Verjährung[3]).

Die Verjährung berührt den Anspruch in seinem Bestande nicht, noch weniger das Recht, aus dem der Anspruch hervorgeht; nur bisweilen bringt die Verjährung des dinglichen Anspruches das dingliche Recht zum Erlöschen (**901**. **1028**. **1090**). Der Verpflichtete gewinnt aber eine peremptorische Einrede gegen den fortbestehenden verjährten Anspruch (**222**, Abs. 1[4]). Mit dem Hauptanspruch ist auch der Anspruch auf Nebenleistungen (Zinsen, Kosten, Schadensersatz), soweit er vom Hauptanspruche abhängig ist, verjährt, auch wenn er für sich nicht verjährt sein würde (**224**). Vgl. **558**, Abs. 3. **606**. **1057**. **1226** mit **425**. **429**. Da der Anspruch besteht, so kann abweichend von **813**, Abs. 1. **814** auch das in Un-

---

[1]) Keine Unterbrechung des dinglichen Anspruches tritt beim Besitzwechsel ein, sondern Einrechnung (s. S. 151, Z. 2).

[2]) Bez. der Unterbrechung der Fristen in **196**. **197** vgl. RG. Bd. 65, S. 268.

[3]) Vgl. Heymann, Das Vorschützen der Verjährung. Friedenthal, Einwendung und Einrede, S. 51 ff. Regelsberger, Jahrb. f. Dogm., Bd. 41, S. 328 ff. Nicht zutreffend ist es, wenn v. Seeler, Arch. f. bürg. R., Bd. 15 (1898), S. 112 f. ausführt, daß wegen des Verweigerungsrechtes eine Leistungspflicht des Schuldners nicht mehr bestehe.

[4]) Hat der Anspruchsverpflichtete den Berechtigten absichtlich hingehalten, so kann dem letzteren der Einrede der Verjährung gegenüber die Replik der Arglist (replica doli generalis) zustehen. RG. Bd. 57, S. 367.

kenntnis vom Verpflichteten Geleistete nicht zurückgefordert werden; es liegt Erfüllungsleistung, nicht Schenkung vor. Das gleiche gilt für die vertragsmäßige Anerkennung (**781**. **782**) und die Sicherheitsleistung (**222**, Abs. 2). Für den Anspruch bestehende Hypotheken und Pfandrechte gehen nicht durch Verjährung des Anspruches unter. Kann auch nach Verjährung der Berechtigte den Anspruch selbst nicht durchsetzen, so doch den aus der Hypothek und dem Pfandrecht (vgl. aber **1137**, Abs. 1; **1211**, Abs. 1), nicht aber den gegen den Bürgen (**768**). Die Rechtsübertragung zu Pfandzwecken (fiduziarische Rechtsübertragung) bleibt ebenfalls von Bestand nach Verjährung des so gesicherten Anspruches. Der Fiduziar hat gegen den Anspruch auf Rückgabe das Recht der Zurückbehaltung aus der inneren Abrede. Ist aber der durch Hypothek, Pfandrecht, fiduziarische Übertragung gesicherte Anspruch auf rückständige Zinsen und andere wiederkehrende Leistungen gerichtet, so besteht nach Verjährung die Sicherung nicht fort (**223**). Die Wirkung der Verjährung ist schließlich in einigen Fällen noch ganz besonders dadurch abgeschwächt, daß der verjährte Anspruch noch zur Aufrechnung verwendet werden kann (**390**).

E. Da das Verjährungsinstitut im allgemeinen Interesse der Sicherheit des Rechtsverkehrs besteht, sind die Verjährungsvorschriften **zwingenden** Charakters (**225**). Die Verjährung kann durch Rechtsgeschäft weder ausgeschlossen noch erschwert werden. Nur eine Erleichterung bestehender Verjährungen, z. B. durch Abkürzung der Verjährungsfrist, ist zulässig, nicht aber die Einführung einer Verjährung für nach dem Gesetz unverjährbare Ansprüche. Ausnahmsweise ist aber eine Verlängerung der Verjährungsfrist durch Parteifestsetzung gestattet (**477**. **490**. **638**. **651**; ferner HGB. §§ 414. 423. 439), und der Verzicht auf die erworbene Einrede der Verjährung ist in allen Fällen zulässig, er muß sich in einem Anerkenntnis (**781**) aussprechen[1]).

II. **Die Ausschlußfristen**[2]).

Der der Anspruchsverjährung und der Ausschlußbefristung zugrunde liegende gemeinsame Gesichtspunkt ist in dem letzteren Institut mit größerer Entschiedenheit durchgeführt[3]). Die Differenz beider Einrichtungen zeigt sich besonders darin, daß die Ausschlußbefristung gegenständlich weitergreift; sie ist nicht auf Ansprüche beschränkt, sondern findet sich auch bei anderen Rechten, z. B. beim Anfechtungsrecht (**124**). Ferner tritt beim Ablauf der Ausschlußfrist dem Anspruch, nicht etwa nur eine peremptorische Einrede entgegen, sondern der Anspruch oder das Recht selbst hören auf; daher muß sie der Richter berücksichtigen, wenn ihr Ablauf sich irgendwie aus der Verhandlung ergibt, während er beim Ablauf der Verjährung die Einrede des Verpflichteten abzuwarten hat. — Ein weiterer Unterschied ist nicht mit Entschiedenheit durchgeführt; in einer großen Zahl von Fällen (z. B. **108**, Abs. 2. **124**, Abs. 3. **148**. **177**, Abs. 2) soll, dem Wesen einer reinen Befristung entsprechend, weder Unterbrechung noch Hemmung des Fristlaufes in Frage kommen (reine Ausschlußfristen), während in vielen anderen Fällen die Hemmung oder modifizierte Hemmung entweder aus denselben Gründen wie bei der Verjährung (z. B. **210**. **490**, Abs. 2. **1002**, Abs. 2 usw.) oder auch aus besonderem Grunde (**802**) vorgeschrieben ist (gemischte Ausschlußfristen). Dadurch sind wieder beide Institute einander genähert. Die Ausdehnung der Ausschlußfristen schwankt zwischen zwei Tagen (**485**) und 30 Jahren (z. B. **121**, Abs. 2 usw.), sie ist in einigen Anwendungen auch eine unbestimmte, wenn das Gesetz die „unverzügliche" Vornahme einer Handlung usw. vorschreibt (z. B. **147**), oder wenn die Frist nach Belieben vom Gericht oder der Behörde (z. B. **976**, Abs. 2), oder nach Belieben oder billigem Ermessen von einem Beteiligten (z. B. **148**. **283**. **326**. **355**. **542**) bestimmt werden soll[4]).

---

[1]) Eccius, Gruch. Beitr., Bd. 50, S. 7. A. M. Regelsberger, a. a. O., S. 339.

[2]) Rosenberg, Verjährung und gesetzliche Befristung (1904), Weisz, E., Verjährung und gesetzliche Befristung (1905), Rutz, Die gesetzliche Befristung (1905).

[3]) RG. Bd. 48, 162 ff.

[4]) Neben Anspruchsverjährung und Befristung tritt noch die objektive zeitliche Fixierung der Tatbestandselemente, z. B. KO. §§ 30—32.

III. **Die Unvordenklichkeit** eines Zustandes begründete nach überwiegender gemeinrechtlicher Auffassung nicht nach Art der Ersitzung und Verjährung die Rechtmäßigkeit, sondern eine Vermutung der rechtmäßigen Entstehung. Unvordenklicher Zustand wurde angenommen, wenn die lebende Generation keinen anderen Zustand kannte und auch von den Vorfahren keinen anderen erfahren hatte. Gegenbeweis war zulässig. Das Institut ist in die Kodifikationen nicht übergegangen. Heut hat es auf dem Gebiete der Vorbehalte noch Geltung[1]). —

§ 65.

Sonstiger Untergang der Rechte und Ansprüche.[2])

I. Regelmäßig hat der **Tod der Parteien** keinen Einfluß auf das Bestehen der Rechte und die daraus entstehenden Ansprüche; sie gehen aktiv und passiv auf die Erben über. Eine Ausnahme machen die höchstpersönlichen Rechte, z. B. das Recht auf Ehescheidung, das Vorkaufsrecht, welches auf die Erben des Berechtigten im Zweifel nicht übergeht (**514**). Der Auftrag als solcher erlischt im Zweifel mit dem Tode des Beauftragten, nicht des Auftraggebers (**672. 673**), und der Nießbrauch mit dem Tode des Nießbrauchers (**1061**), während die auf Grund des bis dahin bestehenden Rechtes erwachsenen Ansprüche fortbestehen. Eine eigentümliche Stellung nehmen die Unterhaltungsansprüche (**1360. 1580. 1615**) ein. Sie erlöschen i. a. mit dem Tode des Berechtigten und Verpflichteten; der Unterhaltungsanspruch des unehelichen Kindes und der Mutter erlischt nicht mit dem Tode des Vaters (**1712. 1713. 1715**). Sodann gilt Besonderes bei den Genugtuungsansprüchen (actiones vindictam spirantes), durch die der Verletzte für eine persönliche Kränkung eine Genugtuung, d. h. billige Entschädigung in Geld verlangt (**847. 1300**). Diese Ansprüche gehen auf die Erben des Verletzten nicht über, wenn sie nicht bereits vertragsmäßig anerkannt oder rechtshängig geworden sind.

II. Mehrere Ansprüche können auf das identische Ziel gerichtet sein. Entweder ruhen diese auf demselben Tatbestande (z. B. die Schadensersatzklage gegen mehrere Delinquenten aus **830**) oder aus verschiedenen Tatbeständen und Rechten (z. B. der Entleiher hat die entliehene Sache schuldhaft beschädigt und haftet aus **599** und **823**, Abs. 1). Man spricht hier von einer **Konkurrenz der Ansprüche.** Das Nebeneinanderbestehen der auf ein identisches Ziel gerichteten Ansprüche hat auf ihren Bestand keinen Einfluß. Ist aber für den einen Anspruch Befriedigung eingetreten, so fällt der konkurrierende Anspruch fort, soweit die Identität des Zieles reicht. Geht er noch weiter, so kann er wegen dieses Mehr geltendgemacht werden. Welchen von den mehreren Ansprüchen der Berechtigte geltendmachen will, steht zu seiner Wahl. Die Identität des Zweckes ist näher Identität des Interesses, mag auch die mit den konkurrierenden Ansprüchen geforderte Leistung verschiedenen Inhaltes sein. So konkurrieren auch der Wandlungs- und Minderungsanspruch; hier entscheidet aber schon die Wahl (**462. 465. 474**).

Unter den Begriff der Konkurrenz hat man auch den Fall gestellt, in dem ein Anspruch zur Vorbereitung eines anderen klageweise geltendgemacht wird, z. B. der Anspruch auf Rechnungslegung zur Vorbereitung des Anspruches aus dem Auftrage. Die Ansprüche gehen aber hier weder auf das identische Ziel, noch berührt die Befriedigung des einen den anderen (sog. sukzessive Konkurrenz). Noch weniger liegt eine Konkurrenz vor, wenn mehrere Ansprüche aus demselben Tatbestande herrühren, aber verschiedene Zwecke verfolgen (sog. kumulative Konkurrenz).

[1]) Vgl. Mecklenb.-Schwer. AG. z. BGB. § 33. Mecklenb.-Strel. AG. z. BGB. § 32.

[2]) Hölder, Pandekten I, § 64. Regelsberger I, § 180. Hellmann, Vorträge über das BGB., § 34. Enneccerus I, 1, § 209.

VI. Abschnitt.

Ausübung und Schutz der Rechte.

§ 66.

Die Ausübung und Kollision der Rechte.[1])

I. Ausübung des Rechtes ist Betätigung der in demselben verliehenen Macht. Sie liegt im Genuß der Rechtsvorteile, in der gerichtlichen oder außergerichtlichen Geltendmachung und auch in der Verfügung. Niemand kann zur Ausübung seines Rechtes gezwungen werden, nur ein indirekter Zwang besteht in der Ausschlußbefristung und der Verjährung. Vertretung in der Ausübung ist regelmäßig zulässig. Worin die Ausübung besteht, besagt der Inhalt des Rechtes, und schon dieser kann durch allgemeinere Vorschriften eingeschränkt sein (**1020. 1353. 1354. 1357. 1358**). Soweit der Berechtigte sich in den Schranken seines Rechtes hält, ist die Ausübung auch unter Schädigung Dritter berechtigt, sie wird aber unerlaubt, sobald sie nur den Hauptzweck haben kann, einem anderen Schaden, d. h. Nachteil irgendwelcher Art zuzufügen, während die Absicht der Schädigung gleichgültig bleibt (**226**, vgl. **905. 997**). Das ist die **schikanöse Rechtsausübung,** die schon an sich und gemäß **826** (**L.** § 142. II. D) zur Schadensersatzleistung verpflichtet. Z. B.:

Auf seiner südlich von der Villa des A in Ammerland liegenden Wiese errichtet B ein Haus, das die Aussicht von A.s Villa auf das Gebirge beeinträchtigt. A verlangt von B Schadensersatz in Höhe von 2000 M., um welchen Betrag der Wert seines Grundstückes gemindert sei, auf Grund von **226** und **826** BGB. Die Klage ist abzuweisen, weil B sein Haus zum Vermieten an Sommergäste gerade an diese günstige Stelle seines Wiesengrundstücke gesetzt hat und in seinem Vorgehen ein Verstoß gegen die guten Sitten nicht zu erblicken ist.

Einen weiteren allgemeinen Rechtssatz stellt das BGB. der Ausübung des Rechtes entgegen, die gegen die Grundsätze von Treu und Glauben im Verkehre verstößt. Der dem Rechte gemäß Verpflichtete hat unter diesem Gesichtspunkt dem Ausübenden gegenüber ein Verweigerungsrecht, wie es das römische Recht kannte (exceptio doli generalis) [2]).

Auch die unerlaubte Rechtsausübung ist unter Umständen noch an besondere Voraussetzungen gebunden: der Berechtigte muß bisweilen, wenn die Ausübung seines Rechtes andere Interessen gefährdet, Sicherheit (cautio damni infecti) leisten (z. B. **258. 509. 811. 1049**).

II. **Kollision der Rechte** liegt vor, wenn die verschiedenen Subjekten zustehenden Rechte identischen Inhalt haben. Im allgemeinen steht jedem Berechtigten die Ausübung ohne Rücksicht auf das Recht des anderen zu. Es entscheidet die Prävention. Der Kollision beugt das Recht in verschiedener Weise vor, indem es die inhaltlich identischen Rechte in ein Rangverhältnis zueinander setzt (z. B. im Pfandrecht, Grundstücksrecht, in der Zwangsvollstreckung,

---

[1]) Regelsberger I, §§ 54. 55. Hellmann, Vorträge über das BGB., § 30. Bauke, Rechtswissenschaftliche Untersuchungen (1897), S. 3 ff. Blümer, Die Lehre vom böswilligen Rechtsmißbrauch (1900). Ramdohr, Gruchots Beiträge, Bd. 46, S. 577 ff. 806 ff.

[2]) Die Geltung im heutigen Recht ist bestritten. Vgl. Wendt, Arch. f. d. ziv. Prax., Bd. 100, S. 1 ff.

im Konkurse, unter Unterhaltungsberechtigten, **1609**) oder anteilsmäßige Ausübung vorschreibt (Konkurs) oder einen Anspruch auf richterliche Regelung der Ausübung einräumt (**1024**. **1060**. **1090**. **873**) oder das Los entscheiden läßt (**659**. **752**. **2042**).

§ 67.

Die Sicherheitsleistung.[1])

Der Ausübung der Rechte können sich Hindernisse sehr verschiedener Art entgegenstellen, z. B. der Schuldner kann in Vermögensverfall geraten, die Erfüllung verweigern oder seine Verpflichtung bestreiten; auch unterliegen die Ansprüche der Verjährung und der Ausschlußbefristung. Zur Anwendung dieser Gefahren dient die Sicherheitsleistung[2]).

I. **Die Pflicht zur Sicherheitsleistung.**

Ob der Verpflichtete dem Berechtigten Sicherheit leisten will, hängt i. a. von seinem freien Willen ab (cautio voluntaria). Eine Pflicht zur Sicherheitsleistung kann aber durch Rechtsgeschäft, richterliche Verfügung oder Gesetz begründet sein (cautio necessaria). Das Gesetz knüpft die Sicherheitsleistung an verschiedene Tatbestände, die eine Unsicherheit oder Gefährdung des Rechtes oder Anspruches mitsichbringen, an. Bemerkenswert sind die Fälle, in denen die Ausübung eines Rechtes, wenn damit Gefährdung anderen Rechtes gegeben ist, nur gegen Sicherheitsleistung erfolgen darf (z. B. beim Wegnahmerecht (jus tolendi), **258**. **811**. **867**. **1005**. **1049**) und ferner die Fälle, in denen der Berechtigte, der ein Gegenrecht des Verpflichteten ausschließen will, dem Verpflichteten Sicherheit zu leisten hat (**273**, Abs. 3. **562**. **704**). Allgemein besteht kraft dispositiver Vorschrift für denjenigen, der auf Grund irgendwelcher Verpflichtung Sicherheit geleistet hat, die gesetzliche Verpflichtung, die geleistete Sicherheit zu ergänzen oder zu ersetzen, wenn sie ohne Schuld des zur Sicherheitsleistung Berechtigten unzureichend wird (**240**).

Die zahlreichen Einzelfälle gesetzlicher Sicherheitsleistungspflicht sind im System erörtert[3]).

II. Der rechtlichen **Form** nach ist die Sicherheitsleistung entweder Rechtsgeschäft oder richterliche Verfügung. Die Rechtsgeschäfte sind entweder Verbalkautionen, zu denen die Anerkennungsakte, besonders die vertragsmäßige Anerkennung (**781**. **782**) und die Anerkennung zur Unterbrechung der Verjährung (**208**) gehören, oder Realkautionen (Bürgenstellung, Pfandbestellung, fiduziarische Rechtsübertragung). Die richterlichen Verfügungen sind inhaltlich Realkautionen. Sie sind entweder im Prozeß- und Konkursrecht oder im BGB. (einstweilige Verfügung in **489**. **885**. **899**. **1716**. vgl. auch **L**. §§ 252 f. 265.) vorgesehen.

III. **Die Mittel der Realsicherheitsleistung** durch Rechtsgeschäft (**232**—**239**). Im Falle der cautio voluntaria bestimmen die Parteien, in welcher Weise Sicherheit zu leisten ist. Besteht eine Pflicht zur Sicherheitsleistung (cautio necessaria), und beruht diese auf Rechtsgeschäft oder Gesetz, so kann das Rechtsgeschäft oder Gesetz auch über die Art der Realsicherung besonders bestimmen. In Ermangelung solcher besonderen Vorschriften treten aber die allgemeinen Bestimmungen ein. Das Gesetz unterscheidet zwischen prinzipalen Realkautionen (A.) und nur subsidiären (B.); die letzteren kommen erst in Frage, wenn die Sicherheit in der prinzipalen Form nicht bestellt werden kann (**232**, Abs. 2).

A. **Die prinzipale Realkaution** wird durch Verpfändung von Grundstücken, beweglichen Sachen und Rechten, und zwar nach Wahl des Pflichtigen bestellt (**232**, Abs. 1):

1. Durch Hinterlegung von Währungsgeld (**244**) oder Wertpapieren bestimmter Art (Inhaberpapiere mit Kurswert und Mündelsicherheit, Orderpapiere mit Blankoindosse-

---

[1]) Regelsberger I, § 189. Hellmann, Vorträge über das BGB., § 32. Enneccerus I, 1. § 224.

[2]) Sächs.-Weim. AG. z. BGB. § 26. Hess. AG. z. BGB. Art. 23—31.

[3]) Vgl. ZPO., § 67.

ment). Mit den Wertpapieren sind die Zins-, Renten-, Gewinnanteilscheine und die Erneuerungsscheine zu hinterlegen. **Wertpapiere** bieten Sicherheit bis zu $^3/_5$ ihres Kurswertes (**234**). Der Verpflichtete kann die so geleistete Sicherheit gegen gleichartige umtauschen (**235**).

Die Wirkung der Hinterlegung ist für den Berechtigten ein Pfandrecht an dem hinterlegten Gelde bzw. an den Wertpapieren (**L.** §§ 212 ff. 217 f.) oder, wenn das Eigentum an dem Hinterlegten an den Fiskus oder die Hinterlegungsstelle nach Landesrecht übergeht (EG. Art. 144. 145), ein Pfandrecht an dem Forderungsrecht, das dem Hinterlegenden auf Rückerstattung zusteht (**L.** §§ 421 f.).

2. Durch Verpfändung von Reichs- und Staatsschuldbuchforderungen bis zu $^3/_4$ des Kurswertes der Wertpapiere, die Gegenstand der Forderung des Buchgläubigers sind (**236**)[1].

3. Durch Verpfändung beweglicher Sachen (**L.** §§ 212 ff.) bis zu $^2/_3$ ihres Schätzungswertes. Der Sicherheitsberechtigte kann aber Sachen, deren Verderb zu besorgen oder deren Aufbewahrung mit besonderen Schwierigkeiten verbunden ist, zurückweisen (**237**).

4. Seitens des Eigentümers durch Bestellung einer Hypothek (auch Sicherungshypothek) an einem inländischen Grundstück, die aber nach den am Orte der Sicherheitsleistung geltenden Vorschriften mündelsicher sein muß (**238**, Abs. 1).

5. Seitens des Gläubigers durch Verpfändung von Forderungen, für die eine Hypothek (nicht Sicherungshypothek) an einem inländischen Grundstück besteht, und durch Verpfändung von Grundschulden und Rentenschulden an inländischen Grundstücken (**L.** §§ 217 f.), falls diese Forderungen mündelsicher sind (**238**).

B. Nur **subsidiäre Realkaution** ist die Bürgenstellung. Kommt sie in Frage, so ist sie nur dann geeignet, wenn der Bürge ein der Höhe der zu stellenden Sicherheit angemessenes Vermögen besitzt, seinen Gerichtsstand im Inland hat und auf die Einrede der Vorausklage verzichtet (**239**). Auch als subsidiäre Realkaution ist die Bürgenstellung ausgeschlossen nach **273** und **1218**. Im übrigen vgl. **L.** § 131.

C. Beschränkter ist die Wahl des Verpflichteten nach ZPO. § 108 und ZVG. § 69.

§ 68.

Die Selbsthilfe.[2])

Die Sicherheitsleistung hat nur präventive Bedeutung für die Rechtsverfolgung. Die Rechtsverfolgung tritt ein, wenn Bestreitung des Rechtes oder ein dem Rechte widersprechender Zustand vorhanden ist. Sie hat den Zweck, den dem Rechte entsprechenden Zustand herzustellen und eventuell die Folgen des widersprechenden Zustandes aufzuheben. Der Berechtigte hat zur Rechtsverfolgung die staatlichen Gerichte anzurufen (Klage, Prozeß, Urteil, Zwangsvollstreckung) und darf nur ausnahmsweise eigenmächtig den seinem Rechte gemäßen Zustand herstellen (Selbsthilfe zur Rechtsverfolgung). Handelt es sich aber nicht um die Verwirklichung des Rechtsinhaltes, sondern um die Abwehr von Angriffen und Gefahren, so ist zwar auch nur unter bestimmten Voraussetzungen, aber in weiterem Umfange, die Selbsthilfe gestattet. Der Angegriffene kann mit eigener Kraft den Angriff abschlagen und die Gefahr unter Schädigung fremder Interessen abwenden (Selbsthilfe zur Rechtsverteidigung)[3]).

I. **Die Selbsthilfe zur Rechtsverteidigung** ist erlaubt im Falle der Notwehr und des Notstandes.

---

[1]) Vgl. EG. Art. 97. Reichsgesetze vom 31. Mai 1891 und 22. März 1893.

[2]) v. Thur, Der Notstand im Zivilrecht (1898). Regelsberger I, § 190. Hellmann, Vorträge über das BGB., § 31. Titze, Die Notstandrechte im BGB., bes. S. 71 ff. v. Liszt, Die Deliktsobligationen im System des BGB., bes. S. 85 ff. Linkelmann, Die Schadensersatzpflicht aus unerlaubten Handlungen usw. Schollmeyer, S. 72 ff. Oetker, Über Notwehr und Notstand usw. (in Bernhöft und Binder, Beiträge zur Auslegung). Hold von Ferneck, Die Rechtswidrigkeit **II, 1** (1905), S. 38 ff. Enneccerus I, 1. §§ 221 ff.

[3]) Mit der Frage, ob die verstattete Selbsthilfehandlung sich auf subjektives Notrecht zurückführe und in diesem Sinne eine rechtmäßige Handlung ist, beschäftigt sich die Schrift von Titze. T. gelangt (S. 34 f.) zur Annahme eines subjektiven, absoluten, objektlosen, unverzichtbaren, Klage und Anspruch nicht erzeugenden Rechtes zum Eingriff in die Rechtssphäre Dritter. Nach Kohler I, S. 270 handelt es sich um das Recht der Persönlichkeit.

A. **Die Notwehr.**

Entsprechend dem StrGB. § 53 ist Notwehr diejenige Verteidigung, welche erforderlich ist, um einen gegenwärtigen rechtswidrigen Angriff von sich oder einem anderen abzuwehren (**227**). Dieser Tatbestand der Notwehr ist auch mit enthalten in dem des Selbsthilfeschutzes des Besitzers nach **859**, Abs. 1. Vorausgesetzt ist also:

1. Ein gegenwärtiger rechtswidriger Angriff. Damit ist nicht gefordert eine persönliche Angriffshandlung des Angreifers; es genügt, wenn der Angreifer andere Mittel in Bewegung gesetzt hat (z. B. Hetzen von Hunden); dagegen stellt reines Unterlassen einen Angriff nicht dar. Gegenwärtig ist der Angriff, wenn er zur Zeit der Abwehr schon begonnen hatte und noch nicht wieder fortgefallen war; sein Beginn ist gegeben, sobald der Wille des Angreifers sich derart kundgegeben hat, daß die Verletzung unmittelbar bevorsteht, sein Fortfall aber, sobald diese Verletzung eingetreten ist. Es muß ferner der Angriff rechtswidrig, d. h. ohne Recht (Züchtigungsrecht der Eltern usw.) erfolgen und, wie aus **228** hervorgeht, der lediglich die Sachen, durch welche Gefahr droht, erwähnt, von einem Menschen ausgehen. Dagegen muß weder der Angreifer verantwortlich noch der Angriff von ihm verschuldet sein. Auch gegen Angriffe von Kindern unter sieben Jahren und von Wahnsinnigen[1]) steht Notwehr frei, nicht aber gegen Angriffe von Tieren. Notwehr ist auch dann gestattet, wenn der Angegriffene den Angriff verschuldet hat. Z. B.:

Der Jagdpächter A trifft auf seinem Jagdgebiet einen Wilderer, als dieser gerade einen Schuß auf einen Rehbock abgibt. A stellt die Persönlichkeit des Wilderers fest und nimmt ihm das Gewehr ab. A kann sich nicht auf **229** berufen, sondern auf **227**, Notwehr gegen einen noch fortbestehenden Angriff auf sein Jagdrecht.

2. Gestattet ist nur die erforderliche Verteidigung, d. h. jede Notwehr hört auf, sobald der Angriff bereits anderweit abgewehrt ist, die Verteidigung nicht mehr notwendig erscheint. Damit ist nicht gesagt, daß der Angegriffene zunächst dem Angriffe auszuweichen versuchen müsse, wohl aber, daß er nur solche Mittel der Abwehr wählen darf, die an sich dem Angriffe zu begegnen geeignet sind, und keine stärkeren Mittel, als durch die Energie des Angriffes gefordert sind. Nur diese Energie des Angriffes, nicht die Bedeutung des angegriffenen Rechtsgutes entscheidet. Man darf also unter Umständen den Dieb töten, der eine unbedeutende Sache entwenden will. Dabei darf die Prüfung, ob das Mittel geeignet war oder sich in den Grenzen der erforderlichen Verteidigung hielt, auch nicht aus der Seele des Abwehrenden angestellt werden, sondern es ist ein objektiver Maßstab anzulegen. Endlich ist nur gestattet eine Verteidigung, die sich gegen den Angreifer wendet. Greift die Abwehr hinüber in die Rechte Dritter, so ist sie nicht mehr Notwehr-, wohl aber unter Umständen Notstandshandlung (**228. 904**).

Daß die Abwehr des Angriffes auch in dem Bewußtsein, daß die Voraussetzungen der Notwehr vorliegen, und mit der Absicht, Notwehr zu üben, seitens des Angegriffenen erfolge, ist einerseits nicht notwendig und andererseits nicht ausreichend, wenn dieses Bewußtsein auf Irrtum beruht (**Putativnotwehr**). Es kommt immer nur darauf an, daß objektiv die Notwehrlage gegeben war.

3. Gleichgültig ist Art und Zuständigkeit des angegriffenen Rechtsgutes. Die Notwehr ist gestattet gegen Angriffe auf Freiheit, Leben, Ehre und Vermögen des Angegriffenen, aber auch dritter Personen und der Allgemeinheit (**Nothilfe**).

4. Die Bedeutung der Notwehrhandlung als einer rechtmäßigen zeigt sich darin, daß gegen sie Notwehr ausgeschlossen ist. Den Notwehr Übenden trifft keinerlei Schadensersatzpflicht, auch dann nicht, wenn der Angriff vom Angegriffenen verschuldet war.

---

[1]) Stellt man die Personen ohne Verantwortlichkeit nicht unter **227**, so müßte man sie unter die „Sachen" in **228** subsumieren oder weder unter **227** noch unter **228**. Dann gäbe es entweder überhaupt nach dem BGB. keine Selbsthilfe gegen Angriffe dieser Personen, oder man müßte sie nach Analogie der Sachen behandeln, wie Linkelmann, a. a. O. (1898), S. 73 ff., vorschlägt.

B. **Der Notstand.**

Als rechtmäßige Handlungen erklärt das Gesetz auch diejenigen Einwirkungen auf fremde Sachen, die zum Zwecke der Abwendung einer gegenwärtigen Gefahr vorgenommen werden (**228**. **904**). Der allgemeinere Fall des Notstandes ist in **904** enthalten; **228** enthält den enger begrenzten Spezialfall, in dem die Einwirkung sich gegen die Sache wendet, durch welche die Gefahr droht. Diesen Sonderfall bezeichnet man auch als Notwehr gegen Sachen oder Sachwehr (**defensiver Notstand**). Die zivilrechtliche Notstandshandlung setzt anderes voraus als die strafrechtliche (StrGB. § 54). Nach dem BGB. kommt nicht nur eine dem Handelnden oder einem seiner Angehörigen, sondern auch eine anderen Personen drohende Gefahr, und nicht nur die Leibes- und Lebensgefahr, in Frage. Andererseits begreift das BGB. nur die Einwirkungen auf fremde Sachen. Im einzelnen sind die Voraussetzungen des Ausschlusses der Rechtswidrigkeit für beide Notstandsfälle verschiedene, und zwar für den defensiven Notstand leichtere:

1. Die drohende Gefahr bedeutet ein größeres Übel, das den Betroffenen in eine Notlage zu versetzen geeignet und dessen Eintritt mit größter Wahrscheinlichkeit zu erwarten ist. Die Gefahr muß außerdem eine gegenwärtig drohende sein in dem gleichen Sinne wie beim Angriff im Falle der Notwehr, d. h. das Übel darf weder schon als abgeschlossene Tatsache eingetreten, noch erst in Zukunft zu erwarten sein, sondern es muß die Annahme des unmittelbar bevorstehenden Eintrittes gerechtfertigt sein. Das gilt auch für den defensiven Notstand (wegen Z. 2), obwohl **228** darüber schweigt. Gleichgültig ist, wem die Gefahr droht, welche Rechtsgüter gefährdet sind, und welcher Art die Quelle der Gefahr ist (Tiere, Sachen, Naturkräfte, menschliche Handlungen)[1].

2. Der der Gefahr begegnende Eingriff muß nach **228** erforderlich, nach **904** notwendig gewesen sein, um das gefährdete Rechtsgut zu retten.

3. Weiter ist nur die Einwirkung auf fremde Sachen (Wegnahme, Beschädigung, Zerstörung, Gebrauch) gestattet, nicht Verletzung anderer fremden Rechtsgüter (Leben, Gesundheit, Freiheit, Ehre usw.)[2].

4. Eine wesentliche Einschränkung liegt in dem Erfordernis der Verhältnismäßigkeit, welches in **228** und **904** verschieden bestimmt ist; nach **228** darf die durch die Notstandshandlung hervorgerufene Verletzung nicht außer Verhältnis zu der durch die Gefahr drohenden Verletzung stehen, nach **904** muß die drohende Verletzung gegenüber dem aus der Notstandshandlung an der Sache Entstehenden unverhältnismäßig groß sein; aber in beiden Formulierungen ist lediglich das Prinzip ausgedrückt, daß das nach objektivem Maße höher gewertete Rechtsgut nicht zum Zwecke der Erhaltung des erheblich minderen Rechtsgutes geopfert werden darf[3].

Bewußtsein des Handelnden von der Notlage ist nicht gefordert[4], auch nicht, daß der Notstand ein unverschuldeter war (vgl. Z. 5).

5. Die Wirkung der Notstandshandlung. Weil die Handlung eine rechtmäßige ist, so ist die Notwehr gegen die Notstandshandlung ausgeschlossen. Die Rechtswidrigkeit ist auch gehoben, wenn der Notstand ein verschuldeter war[5]. An die rechtmäßige Handlung

---

[1]) Unter **228** fallen Menschen niemals, doch ist diese Frage sehr bestritten. Vgl. Biermann I, S. 326, Note 13.

[2]) Titze, a. a. O., S. 111, bes. Note 36, vertritt die analoge Ausdehnung auf Einwirkungen auf fremde Naturkraft (Elektrizität) und sogar auf den Fall, in welchem jemand im Notstande einen andern bestimmt, einem dritten Zahlungsunfähigen ein Darlehn zu geben. Vgl. v. Liszt, Die Deliktsobligationen usw., S. 94 f.

[3]) Rehbein, S. 342. A. M. Planck zu **228**, Z. 6, auch Fischer-Henle zu **228** und **904**. Vgl. ferner Hölder, Komment., S. 461 ff.

[4]) A. M. Oetker, S. 246. Biermann I, S. 326, Note 15.

[5]) A. M. v. Liszt, a. a. O., S. 89 f. 93 f. Der verschuldete Notstand soll sowohl nach **228** wie nach **904** die Rechtswidrigkeit nicht aufheben. Die Tragweite dieser Ansicht erstreckt sich nicht nur auf

ist aber die Schadensersatzpflicht geknüpft; im Falle **904** trifft die Schadensersatzpflicht den Bedrohten auch dann, wenn die Einwirkung auf die Sache von einem Dritten ausgegangen ist, was allerdings streitig ist[1]). Die Schadensersatzpflicht ist aber im Falle des defensiven Notstandes (**228**) unter Umständen ausgeschlossen.

a) Defensiver Notstand liegt dann vor, wenn die Gefahr „durch die Sache" droht und der Bedrohte durch Beschädigung und Zerstörung dieser Sache gleichsam in Notwehr die Gefahr abwendet. Der Wortlaut des Gesetzes (**228**) zwingt dazu, nur dann einen defensiven Notstand anzunehmen, wenn die Gefahr unvermittelt von der Sache her droht, d. h. der Sitz, die ursprüngliche Quelle der Gefahr in der Sache liegt. Die Analogie der Notwehr darf natürlich nicht dahin übertrieben werden, daß die Sache aus dem Zustande der Ruhe herausgetreten sein müßte; die Anlehnung an die Notwehr darf aber nicht gänzlich verlassen werden. Durch das bloße Vorhandensein der Sache ist nicht das gesetzliche Moment der „durch sie" drohenden Gefahr gegeben. Brennt das Haus a, und ich reiße das Haus b, das zwischen meinem Hause und dem Hause a liegt, nieder, so ist das Haus b nicht der eigentliche Sitz der Gefahr. Es findet **904** Anwendung[2]).

b) Ist ein defensiver Notstand gegeben, so tritt die Schadensersatzpflicht nur ein, wenn die Gefahr vom Handelnden selbst (nicht von einem anderen) verschuldet war. Hat der Bedrohte die Gefahr verschuldet, ein Dritter aber zu seiner Rettung eingegriffen, so ist der Bedrohte schadensersatzpflichtig. Hat der Handelnde selbst die Gefahr nicht verschuldet, aber selbst durch Einwirkung auf die Sache abgewendet, so ist er von der Ersatzpflicht frei; die Haftung des anderen, der die Gefahr verschuldet hat, bestimmt sich danach, ob nach den allgemeinen Grundsätzen Kausalität seines Tuns in bezug auf den durch den Bedrohten herbeigeführten Erfolg vorliegt (vgl. **L.** §§ 76. 142); z. B.:

A, Eigentümer eines Bergwerks, baut an der Grenze seines Grundstücks zum Schutze der Gruben gegen Tageswasser einen Damm. Bei einem heftigen Platzregen stauen sich die Wassermassen auf dem höher liegenden Grundstück am Damm so, daß der bedrohte Nachbar B, um dem Wasser Abfluß zu schaffen, den Damm durchsticht. Die Wasser ergießen sich nun in die Gruben und richten einen erheblichen Schaden an, den A von B ersetzt verlangt. **228** ist nicht anwendbar, da die Gefahr nicht durch die geschädigte Sache droht, sondern **904**, der die Schadensersatzpflicht des B statuiert.

II. Die Selbsthilfe zum Zwecke der Rechtsverfolgung[3]).

Erlaubte Handlungen werden nicht dadurch unerlaubt, daß sie zum Zwecke der Selbsthilfe vorgenommen sind, und unerlaubte Handlungen werden nicht durch den gleichen Zweck zu erlaubten.

Diesen Grundsatz verstärkte das römische Recht durch die Strafen unerlaubter Selbsthilfe[4]), welche im gemeinen Recht in ihrer Geltung streitig waren. Das gemeine Recht und die Kodifikationen haben aber ausnahmsweise die Selbsthilfe als rechtmäßig erklärt[5]).

In engen Grenzen gestattet auch das BGB. den Eingriff in fremde Rechtssphäre zum Zwecke der Selbsthilfe einmal in generellen Vorschriften, sodann in einzelnen Sonderfällen.

A. **Die erlaubte Selbsthilfe** nach den allgemeinen Vorschriften (**229. 230. 231**). Der Berechtigte kann, auch schon bevor ein unbedingter und unbefristeter Anspruch besteht, zum Zwecke der Verwirklichung seines Rechtes eine fremde Sache wegnehmen, zerstören, beschädigen oder eine Person nach **1632** wegnehmen, oder den Verpflichteten festnehmen, oder den Widerstand des Verpflichteten gegen eine Handlung, die dieser zu dulden hat, beseitigen. Daß der Berechtigte im Bewußtsein dieses Zweckes die Handlung vornimmt, ist nicht gefordert, es genügt, daß objektiv die Erfordernisse (Gefährdung der Rechtsverwirklichung,

das Strafrecht (Abänderung von StrGB. § 54), sondern auch auf das Zivilrecht (Zulässigkeit der Notwehr). Der Wortlaut des Gesetzes und der Zusammenhang von **228** und **904** spricht gegen die Ansicht v. Liszts.

[1]) Biermann, Komment. zu **904**, Note 3.

[2]) So Titze, a. a. O., S. 114. Biermann I, S. 325, Note 12.

[3]) Friedemann, Selbsthilfe (1898). Heyser, Arch. f. bürg. R., Bd. 19, S. 38 ff.

[4]) Decretum divi Marci (l. 7, D. 48, 7) und Gesetz von 389 (l. 7, C. [8, 4]).

[5]) ALR., Einleitung, §§ 76 ff.; ÖBGB. § 19; Sächs. BGB. §§ 179. 180.

Erforderlichkeit usw.) vorliegen. Auch dann ist Selbsthilfe nicht ausgeschlossen, wenn der Berechtigte für den drohenden Ausfall durch eine Ersatzforderung hinreichend gedeckt ist. Das Schikaneverbot (**226**) wird hier kaum jemals praktisch werden können, da der Berechtigte eben sein Recht nicht lediglich zu dem Zwecke, den anderen zu schädigen, verfolgt[1]). Dagegen ist die Selbsthilfe an folgende Schranken gebunden (**229**):

1. Es darf obrigkeitliche Hilfe nicht rechtzeitig zu erlangen gewesen sein, z. B. weder Hilfe des Gerichtes (Arrest, einstweilige Verfügung) noch der Verwaltungsbehörden (**229**).

2. Es muß eine Gefährdung der Rechtsverwirklichung derart vorliegen, daß die Verwirklichung des Anspruches ohne sofortiges Einschreiten vereitelt oder wesentlich erschwert wird (z. B. Flucht des Schuldners unter Mitnahme seiner Habe), nicht aber derart, daß ein uneinbringlicher Verlust (gemeines Recht) zu besorgen ist (**229**).

3. Die Selbsthilfe muß das zur Anwendung der Gefahr erforderliche Maß einhalten (**230**, Abs. 1).

4. Ist die Selbsthilfe durch Wegnahme von Sachen oder Festnahme des Verpflichteten bewirkt, so muß sie legalisiert werden, d. h. der Berechtigte muß bei Wegnahme von Sachen die Zwangsvollstreckung bewirken oder, wenn er einen vollstreckbaren Schuldtitel nicht besitzt, den dinglichen Arrest beantragen. Im Falle der Festnahme hat der Berechtigte gegen den Verpflichteten, wenn er ihn nicht sofort in Freiheit setzt, den persönlichen Sicherheitsarrest zu beantragen und den Festgenommenen unverzüglich dem Gericht zuzuführen. Verzögert der Berechtigte diese Arrestanträge, oder lehnt das Gericht sie mit oder ohne Grund ab, so sind unverzüglich die Sachen zurückzugeben und der Verpflichtete in Freiheit zu setzen (**230**, Abs. 2. 3. 4). Aus der Notwendigkeit der Legalisierung und dem Erfordernis zu Z. 1 folgt, daß der Berechtigte in der Wegnahme der Sachen und der Festnahme an die Schranken der Zwangsvollstreckungs- und Arrestvorschriften gebunden ist (ZPO. §§ 811 f. 916 ff.).

5. Die Wirkungen. Der legale Selbsthilfeakt ist rechtmäßige Handlung, daher auch straffrei (vgl. StrGB. §§ 123. 239. 242). Gegen ihn ist Notwehr ausgeschlossen, und eine Selbsthilfeleistung kann nicht unter die verbotene Eigenmacht fallen (**858**). An die legale Selbsthilfehandlung knüpft sich auch nicht die Schadensersatzpflicht. Sind aber die Anforderungen (Z. 1—4) nicht erfüllt, so ist die Strafbarkeit und Ersatzpflicht nach den allgemeinen strafrechtlichen bzw. zivilrechtlichen Grundsätzen zu beurteilen. Ein Vertrag zwischen Berechtigtem und Verpflichtetem über Gestattung der Selbsthilfe ohne Rücksicht auf diese Voraussetzungen wäre nichtig (**138**). Selbst wenn der Berechtigte irrtümlich die Voraussetzungen der Legalität der Selbsthilfe angenommen hat, tritt die Schadensersatzpflicht schlechthin ein, auch wenn der Berechtigte sich in entschuldbarem Irrtum befunden haben sollte (Ausnahme von **823**). Ob in diesem Falle auch die Strafbarkeit entfällt, ist lediglich nach dem StrGB. § 59 zu beurteilen.

B. Die **Sonderfälle** der erlaubten Selbsthilfe vgl. **859**, Abs. 2. **1029** (**L.** § 154), **910** (**L.** § 148), **962** (**L.** § 168), **561**. **581**, Abs. 2, **704** (**L.** § 115 und **L.** § 212). Aus dem vorbehaltenen Landesrecht gehört hierher die Pfändung (EG. Art. 89)[2]).

§ 69.

Das Zurückbehaltungsrecht.[3])

Das römische Recht kannte nur einzelne Anwendungsfälle des Zurückbehaltungsrechtes (exceptio doli), das gemeine Recht erstrebte eine allgemeine Fassung. Ein allgemeines Zurückbehaltungsrecht kannten einzelne Kodifikationen[4]).

---

[1]) A. M. Titze, a. a. O., S. 125.

[2]) Gierke I, § 39.

[3]) Hölder, Pandekten I, § 65. Regelsberger I, § 193. Stammler, Das Recht der Schuldverhältnisse, S. 102 ff. Hellmann, Vorträge über das BGB., § 33.

[4]) ALR. I, **20**, § 536. Sächs. BGB., § 767.

So auch das BGB. (**273. 274**).

Das Zurückbehaltungsrecht[1]) (Retentionsrecht), das mit der Einrede des nicht erfüllten Vertrages (**L.** § 86) den Grundgedanken gemeinsam hat, ist ein umfassenderes Rechtssicherungs- und -Verfolgungsmittel. Es hat den Inhalt, daß ein zu einer Leistung Verpflichteter diese dem Berechtigten so lange verweigern kann, bis der Berechtigte einen dem Zurückbehaltungsberechtigten gegen ihn zustehenden Anspruch Zug um Zug zu erfüllen bereit ist. Welcher Art der gegen den Zurückhaltenden gerichtete Leistungsanspruch (dinglicher, schuldrechtlicher usw.) ist, bleibt gleichgültig. Dagegen ist das Zurückbehaltungsrecht sonst an bestimmte Schranken gebunden.

I. Die **Voraussetzungen** sind nur gegeben, wenn

A. der Verpflichtete aus *demselben rechtlichen Verhältnis*, auf dem seine Verpflichtung beruht, einen *fälligen Anspruch* gegen den Berechtigten hat (**273**, Abs. 1).

1. Das Erfordernis, daß beide Ansprüche, der Voranspruch des Berechtigten und der Gegenanspruch des Verpflichteten, auf demselben rechtlichen Verhältnis beruhen (**Konnexität**), ist dann erfüllt, wenn nach der Natur des Rechtsverhältnisses oder der Absicht der Parteien eine Unbilligkeit darin läge, daß der Voranspruch ohne Rücksicht auf den Gegenanspruch durchgesetzt werden könnte. Die Identität des Rechtsverhältnisses wird also hier hergestellt durch die typische Natur des Geschäftes und die Parteiabsichten (vgl. **368. 371. 403. 670**); z. B.:

Die Firma A hat auf Grund eines Vertrages mit der Stadtgemeinde Lieferungen zum Neubau einer Offiziersspeiseanstalt übernommen und den Bau ausgeführt, auch eine Kaution in Gestalt eines Depotwechsels über 67000 M. bei der Stadt hinterlegt. Sie klagt jetzt auf Rückgabe des Wechsels. Die Gemeinde macht ein Zurückbehaltungsrecht daran geltend, bis A ihm zuvielgezahlte 18000 M. zurückerstattet habe. Mit Recht, da die beiden Forderungen im Sinne von **273** wegen ihres tatsächlich gewollten Zusammenhanges konnexe sind.

2. *Gegenstand* des Gegenanspruches und der Zurückbehaltung können sein: Sachen, Handlungen und auch Unterlassungen. Gleichartigkeit mit dem Gegenstande des Voranspruches ist nicht gefordert.

3. Der Gegenanspruch muß *fällig* sein.

B. Außerdem ist, ohne daß das Erfordernis der Konnexität einer Prüfung bedürfte, das Zurückbehaltungsrecht gegeben, wenn der zur Herausgabe eines Gegenstandes irgendwie Verpflichtete einen fälligen Anspruch wegen *Verwendungen* auf diesen Gegenstand hat (z. B. **1000. 304. 601. 972. 292**), oder wenn ihm ein Anspruch wegen eines ihm durch diesen Gegenstand verursachten *Schadens* zusteht (**273**, Abs. 2).

C. Das Zurückbehaltungsrecht ist trotz Vorhandenseins der Voraussetzungen *ausgeschlossen*, wenn die Parteien es wirksam ausgeschlossen haben; wenn Vorleistung auf den Anspruch vorgesehen ist; wenn die Zurückbehaltung der Leistung diese selbst unmöglich machen würde, da der Verpflichtete eben nur zurückbehalten, sich aber nicht weiter in Widerspruch mit seiner Pflicht setzen darf. Außerdem schließen positive Bestimmungen das Zurückbehaltungsrecht aus: **175. 556**, Abs. 2. **581**, Abs. 2. Im Falle B. besonders ist Zurückbehaltung ausgeschlossen, wenn der Verpflichtete den Gegenstand durch vorsätzliche unerlaubte Handlung erlangt hat.

Der Voranspruchsberechtigte kann außerdem die Geltendmachung des Zurückbehaltungsrechtes durch Sicherheitsleistung (**L.** § 67) abwenden, die aber nicht durch Bürgenstellung beschafft werden kann (**273**, Abs. 3, vgl. aber **320. 321**).

II. *Der Inhalt des Zurückbehaltungsrechtes*[2]).

A. Der Zurückbehaltungsberechtigte hat das Recht, die Leistung zu verweigern[3]). Er

---

[1]) Mit diesem haben nichts gemein die Befugnisse in **1428, 1579, 1585**.

[2]) Über die Behandlung im Konkurse vgl. KO. §§ 15. 49. 223, in der Zwangsvollstreckung ZPO. §§ 709, Z. 1. 777 und GVG. § 23.

[3]) Also Einrede im materiellen Sinne wie in **322**. So die gewöhnliche Auffassung; andere nehmen Einrede im prozessualen Sinne an, mit der der Beklagte geltendmacht, daß der Anspruch des Klägers ein nur beschränkter, d. h. auf Austausch gegen die klägerische Leistung gerichteter sei. Vgl. besonders *Hölder* zu **202**, Note 4.

erlangt aber damit nicht die Abweisung der Klage, sondern nur eine Beschränkung seiner Verurteilung, d. h. er wird verurteilt auf Leistung gegen Empfang der ihm gebührenden Leistung, auf Leistung Zug um Zug. Gerät nunmehr der Retentionsberechtigte in Annahmeverzug, so kann der Voranspruchsberechtigte seinen Anspruch im Wege der Zwangsvollstreckung verfolgen, ohne seinerseits geleistet zu haben (**274**, ZPO. §§ 726, Abs. 2. 756. 765).

B. Verliert der Retentionsberechtigte den Besitz der Sache, so hat er je nach seinem Rechtsverhältnis zur Sache petitorische oder possessorische Schutzmittel.

C. Das Zurückbehaltungsrecht als solches gibt dem Berechtigten kein Befriedigungsrecht aus der Sache (vgl. aber **772**, Abs. 2. **1003**).

D. Die Geltendmachung des Zurückbehaltungsrechtes setzt nach **298** den Voranspruchsberechtigten in Verzug der Annahme, während für den Zurückbehaltenden, solange seine Befugnis feststeht, Schuldner-Verzug nicht eintritt.

III. Anderen Charakter hat das **kaufmännische Zurückbehaltungsrecht** (HGB. §§ 369 ff.[1]).

Es findet nur Anwendung unter Kaufleuten aus beiderseitigen Handelsgeschäften, Konnexität wird nicht verlangt, es ergreift nur bewegliche Sachen und Wertpapiere, die mit Willen des Schuldners in den Besitz des Gläubigers auf Grund eines Handelsgeschäftes gelangt sind, und gewährt besonders die Befugnis zur Befriedigung aus der Sache.

§ 70.

Klage und Einrede.[2]

Der normale Weg der Rechtsverfolgung ist der der Geltendmachung des Rechtes usw. im Prozesse durch Klage und Einrede. Von den privatrechtlichen Begriffen, die mit diesen Namen gekennzeichnet werden, sind die prozessualen fernzuhalten.

I. Die Bezeichnung **Klage** hatte im römischen Recht und in der gemeinrechtlichen Lehre einen gänzlich verschiedenen formell-prozessualen und materiell-zivilrechtlichen Inhalt. Im Prozeß bedeutete Klage den bestimmt qualifizierten Akt, der den Prozeß eröffnet und inhaltlich lediglich Rechtsbehauptungen enthält. Diese können begründet sein oder nicht. Klage im zivilrechtlichen Sinne war das dem subjektiven Recht entspringende, somit in ihm liegende abgeleitete Recht, durch Anrufung des Gerichtes (prozessuale Klage) eine Entscheidung über das subjektive Recht herbeizuführen. Mit Klage im zivilrechtlichen Sinne bezeichnen wir also das subjektive Klagrecht. Auch die actio der Römer hat diese Bedeutung. Das subjektive Klagrecht ruht auf dem gleichen Tatbestande wie das subjektive Privatrecht, als dessen Ausfluß es erscheint. Das subjektive Klagrecht besteht demnach niemals selbständig und losgelöst vom subjektiven Recht. Die regelmäßige Erscheinung ist auch weiter die, daß jedem subjektiven Privatrecht das Klagrecht entspricht. Ausnahmsweise ist dem subjektiven Recht die Klagbarkeit genommen (z. B. natürliche Verbindlichkeiten, **L.** § 17. 72). Anders stellt sich das Verhältnis zum Anspruch. Daß nicht jedes subjektive Privatrecht einen zivilrechtlichen Anspruch erzeugt, ist **L.** §§ 17 und 64 dargelegt. Den subjektiven Rechten ohne Anspruch fehlt aber keineswegs durchaus das Klagrecht. So ergibt sich, daß das subjektive Klagrecht das Recht ist, entweder einen zivilrechtlichen Anspruch oder den Inhalt subjektiver Privatrechte, aus denen ein Anspruch nicht hervorgeht, gerichtlich geltendzumachen. Beiden Kategorien von Klagrechten entspricht ein **Anspruch im prozessualen Sinne**[3]). Anspruch in diesem letzteren Sinne

---

[1]) K. Lehmann, Lehrbuch des Handelsrechts, § 126.

[2]) Fischer, Beitr., H. 6, S. 94 ff. Thon, Jahrb. f. Dogm., Bd. 28, S. 37 ff. Hölder, Pandekten I, §§ 62. 65. Regelsberger I, §§ 191—192. Hellmann, § 33. Friedenthal, Einwendung und Einrede. Bucerius, Erörterung der Begriffe exceptio, Einrede und Einwendung nach röm. u. gem. R., nach der deutschen ZPO. und nach dem BGB. (1898). Hellwig, Anspruch und Klagerecht (1900). Suppes, Der Einredebegriff des BGB. (1902). Langheineken, Anspruch und Einrede (1903). Zitelmann, Allgemeiner Teil, S. 24. Hölder, Arch. f. d. ziv. Prax., Bd. 93, S. 54 ff.

[3]) Darüber Langheineken, Der Urteilsanspruch (1899).

ist lediglich das durch prozessuale Klaghandlung an den Richter von der Partei gestellte Begehren (ZPO. § 253). Daß der einzelne aber auch verlangen kann, daß der Richter seinem materiellen Klagrechte entspreche, also z. B. dem begründeten Klaganspruche im Urteile Ausdruck gebe, ergibt sich aus dem ihm gegen den Staat zustehenden öffentlichrechtlichen **Rechtsschutzanspruch**[1]).

Da das Klagrecht auf dem subjektiven Rechte ruht und mit diesem gegeben ist, so übertragen sich die Unterscheidungen innerhalb der subjektiven Rechte auf das Klagrecht (vgl. **L.** §§ 17. 64. 65). Sehen wir auf die Entscheidung, die der Klagberechtigte kraft seines Rechtes herbeiführen kann, so ergibt sich der Unterschied von **Klagrechten zur Geltendmachung eines zivilrechtlichen Anspruches** (d. h. der Klagberechtigte kann die Verurteilung des Gegners zu einer Leistung verlangen); ferner von Klagrechten auf Entscheidung über Existenz oder Nichtexistenz von Rechten und Rechtsverhältnissen (**Feststellungsklagrechte**) und von Klagrechten, kraft welcher die Begründung bzw. Aufhebung von Rechtsverhältnissen verfolgt werden kann (**konstitutive Klagrechte**). Beispiele für die letzte Kategorie bieten die Klagen des ehelichen Güterrechtes auf Aufhebung der ehemännlichen Verwaltung oder der Gütergemeinschaft (**1418. 1468. 1469. 1495. 1542. 1549**). Diese Kategorie berührt sich mit derjenigen der Feststellungsklagrechte.

II. **Die Einreden.**

Das BGB. gebraucht die Bezeichnungen **Einreden** und **Einwendungen.** Die gleichen Ausdrücke verwendet das Prozeßrecht. Im Prozeßrecht handelt es sich hier wieder lediglich um Behauptungen, mögen sie begründet sein oder nicht, im Zivilrecht dagegen um wirklich vorliegende rechtswirksame Tatsachen.

A. Die Einwendung in der ZPO. bedeutet jede Behauptung (z. B. auch das Leugnen des Klaggrundes), die eine Partei der anderen entgegenstellen kann, während Einrede der engere Begriff ist. Lassen wir die prozeßhindernden Einreden (ZPO. § 274), die lediglich die Behauptung prozessualer Hinderungsgründe enthalten und zur Abweisung der Klage angebrachtermaßen führen, außer Betrachtung, so richten sich die Einreden gegen das, was der Kläger mit der Klage erstrebt; sie sollen ein dementsprechendes Urteil abwehren. Eine solche Abwehr liegt in den Einwendungen gegen den vom Gegner angetretenen Beweis (Beweiseinreden, z. B. ZPO. §§ 283. 350) und in den Einwendungen, welche die Richtigkeit des Klaggrundes bestehenlassen), trotzdem aber zur Abweisung der Klage oder zur Modifikation der begehrten Verurteilung führen müssen. Den Klaggrund bilden die Tatsachen, welche nach dem bürgerlichen Recht den klägerischen Anspruch an sich als für den Kläger entstanden erscheinen lassen.

B. Einwendungen und Einreden nach dem BGB. bezeichnen materielle Rechtswirkungen; nur sind sie als im Prozesse geltendgemachte gedacht und formuliert, während sie mit der Verwirklichung des Tatbestandes entstanden sind. Die Einwendungen sind der umfassendere Begriff (z. B. **404. 417. 784. 796. 792. 986**). Sie wollen nach ihrem Inhalte dartun, daß trotz Richtigkeit des Klaggrundes der Anspruch nicht begründet ist; sie zerfallen in drei Gruppen: 1. rechtshindernde (z. B. mangelnde Geschäftsfähigkeit eines Vertragschließenden); 2. rechtsaufhebende (z. B. Aufhebung durch Zahlung). Diese beiden werden rechtsverneinende genannt; 3. rechtsverfolgende. Diese sind die **Einreden des BGB.** Sie sind auf Grund bestimmter Tatbestände begründete subjektive Rechte, die dem Berechtigten die Befugnis gewähren, eine Leistung, zu der er verpflichtet ist, zu verweigern.

a) Die Einreden sind aufschiebende (dilatorische), z. B. das Zurückbehaltungsrecht (**273. 274**), die Einrede des nicht erfüllten Vertrages (**320. 321**), der mangelnden

---

[1]) Wach, Handbuch des Ziv.-Proz. I, S. 19.

Sicherheitsleistung (**321**. **273**, Abs. 2. **258**. **2217**, Abs. 2); ferner **770**. **771**. **2014**. **2015**); oder sie sind ausschließende (peremptorische) Einreden. Die rechtliche Bedeutung ergibt sich aus **813**. **886**. **1169**. **1254**, die Anwendungsfälle sind außer der Einrede der Verjährung (**222**) zahlreich (**478**. **490**. **821**. **1166**. **1973**. **1989**. **1990** usw.).

b) Die Einreden können sich aus anderen Rechten ableiten (z. B. die Einrede des nicht erfüllten Betrages), oder sie gründen sich selbständig auf einen besonderen Tatbestand (z. B. die Einrede der Verjährung);

c) sie führen entweder zur Abweisung der Klage oder nur zu einer eingeschränkten Verurteilung.

C. Die Einreden des BGB. gehören daher zu den Gestaltungsrechten (L. I, § 17). Sie berühren den Bestand des Anspruches nicht, sondern geben dem Verpflichteten nur die Möglichkeit, die Befriedigung des Anspruches zu verweigern. Der Einredeberechtigte kann auf das Recht verzichten; der Richter hat nur dann auf das Einrederecht Rücksicht zu nehmen, wenn es der Verpflichtete geltendmacht (Antrag), nicht schon, wenn es aus dem Prozeßstoff hervorgeht, während er die rechtsverneinenden Einwendungen schon dann zu beachten hat, wenn die ihnen zugrunde liegenden Tatsachen aus dem Prozeßstoffe hervorgehen. Tritt auf Grund der Einrede rechtskräftige Abweisung des Anspruches ein, so bleibt das Verhältnis von Anspruch und Einrede, bei den ausschließenden Einreden also dauernd, das gleiche wie bisher, wenn nicht Anspruch oder Gegenrecht aus sonstigen Gründen erlöschen. Das Einrederecht unterscheidet sich aber wesentlich von anderen Gestaltungsrechten (Anfechtungsrecht, Widerruf, Aufrechnung), deren Geltendmachung nicht abhängig ist von der Geltendmachung des Anspruches im Prozeß, und die nicht die Leistungsverweigerung zum Inhalte haben, sondern die Ausschließung und Vernichtung des Anspruches. Die materiellrechtliche Bedeutung der Einrede zeigt sich außerdem darin, daß der Anspruch schon dadurch, daß ihm eine Einrede entgegensteht, rechtlich affiziert wird (**202**. **390**. **813** f. **886**. **1169**. **1254**. **1266**).

§ 71.

Der Einfluß des Prozesses auf das materielle Recht.[1])

Die Tatsache, daß der privatrechtliche Anspruch und das private Recht zum Gegenstande des Rechtsstreites gemacht werden, ist auch nach heutigem Recht von weittragendem Einfluß auf die materielle Berechtigung. Dabei ist vorauszuschicken, daß die Rechtsverletzung nicht Voraussetzung wirksamer prozessualer Klagerhebung ist, wie auch der privatrechtliche Anspruch und das materielle Klagrecht die Rechtsverletzung zu ihrer Begründung nicht fordern.

I. Der Beginn des Prozesses.

Der als Beginn des Prozesses hier in Betracht kommende Akt ist der der Klagerhebung bzw. ein Vorgang, welcher der Klagerhebung gleichgestellt ist (ZPO. §§ 267. 207, EG. Art. 152. **209**. **210**).

Der Prozeß beginnt daher nicht mit der Entlassung des Beklagten auf die Klage, die nur prozeßrechtliche Bedeutung hat. Der Prozeßbeginn bewirkt **die Rechtshängigkeit**: diese tritt aber nur ein, wenn die Klagerhebung eine rechtsgültige ist. Außer der Erfüllung der Prozeßvoraussetzungen gehört dazu ein bestimmter Inhalt der Klagschrift, besonders Angabe des Klaggrundes und des Gegenstandes des erhobenen Anspruches, und ein bestimmter Antrag (ZPO. § 253, vgl. § 503).

---

[1]) Wach, D. Feststellungsanspruch (1888), S. 39. 60. Hölder, Pandekten I, §§ 66—70. Regelsberger I, §§ 194—199. Binder, Die subjektiven Grenzen der Rechtskraft. Hellmann, Vorträge über das BGB., § 35. Friedenthal, Einwendung und Einrede, bes. S. 19 f., 67 ff. Beckh, Die Beweislast nach dem BGB. Wach und Laband, Zur Lehre von der Rechtskraft. Fischer, Jahrb. f. Dogm., Bd. 40, S. 151 ff., bes. 229 ff. Kreß, Zur Lehre von der Beweislast nach dem BGB. Hellwig, Anspruch und Klagerecht (1900). Mendelssohn-Bartholdy, Grenzen der Rechtskraft (1900). Hellwig, Wesen und subjektive Begrenzung der Rechtskraft (1901).

Die Rechtshängigkeit hat folgende **Wirkungen**, die mit der Zurücknahme der Klage wieder mit rückwirkender Kraft aufgehoben werden (ZPO. § 271. **212. 941**).

A. Bei den Ansprüchen auf Herausgabe von bestimmten Sachen ist der Zeitpunkt der Rechtshängigkeit von entscheidender Bedeutung für die Haftung des Beklagten in betreff der Nutzungen und der Sache selbst (**L.** § 322). Analog liegt es beim Erbschaftsanspruch (**L.** § 173). Durch die Rechtshängigkeit wird auch eine Steigerung der Verpflichtung des Schuldners bei Geldschulden insofern bewirkt, als er nun auch Zinsen zu leisten hat (**291**). Für die Unterhaltsansprüche fällt nach Rechtshängigkeit die Schranke fort, daß Unterhalt für die Vergangenheit nicht geschuldet wird (**1613. 1615. 528. 1580**). Nach Rechtshängigkeit erhält sich der Besitzanspruch (**864**).

B. Mit der Rechtshängigkeit des Anspruches tritt Unterbrechung der Verjährung (**L.** § 64) und der Eigentums- und Nießbrauchsersitzung ein (**L.** §§ 163. 185).

C. Geht der Anspruch auf Herausgabe ungerechtfertigter Bereicherung, so bestimmt sich deren Umfang nach dem Zeitpunkt der Rechtshängigkeit (**818**, Abs. 3. 4).

D. Gewisse unvererbliche Ansprüche werden nach Rechtshängigkeit vererblich (**L.** § 65).

E. Nach dem geltenden Prozeßrecht ist die Frage zu beantworten, ob die materiellen Voraussetzungen der Verurteilung im Zeitpunkt der Rechtshängigkeit oder des Urteiles vorliegen müssen. Prinzipiell entscheidet der Zeitpunkt des Urteiles. Hat der Kläger im Klaggrunde bestimmten Rechtserwerb behauptet, und erweist sich, daß dieser erst nach Rechtshängigkeit eingetreten ist, so kann die Verurteilung dennoch erfolgen, wenn der Beklagte die Klagänderung nicht rügt, und unter allen Umständen dann, wenn die Geltendmachung der erst nach der Klagerhebung eingetretenen Veränderungen unter den Gesichtspunkt einer bloßen Klagenverbesserung oder -ergänzung fiele. Eine Ausnahme machen in dieser Beziehung einige Bestimmungen der ZPO. §§ 257. 258. 259: eine einseitige befristete Geldforderung oder ein befristeter Anspruch auf Räumung von Grundstücken usw. kann als künftiger geltendgemacht werden, ferner kann bei wiederkehrenden Leistungen auf künftige Entrichtung der nach Erlassung des Urteiles fälligwerdenden Leistungen geklagt werden, und allgemein kann Klage auf künftige Leistungen erhoben werden, wenn den Umständen nach die Besorgnis gerechtfertigt ist, daß der Schuldner sich der rechtzeitigen Leistung entziehen werde.

F. Die Rechtshängigkeit hat auch Bedeutung für den subjektiven Umfang der Rechtskraft (III. B. 3. 2. a). Dagegen kennt das heutige Recht nicht mehr das Veräußerungsverbot der im Prozeß befangenen Ansprüche und des Gegenstandes dieser Ansprüche (ZPO. §§ 265. 266, vgl. noch **263, 425**).

II. Der Beweis.

Grundprinzip des heutigen Prozesses ist, daß die Parteien dem Richter das tatsächliche Material vorzulegen haben (Verhandlungsmaxime), und daß der Richter die Rechtsvorschriften des Privatrechtes auf diese anwendet (**L.** § 12). Rechtsausführungen werden zwar gewöhnlich, absichtlich und notwendig (ZPO. **137**) auch durch die Parteien vorgebracht, der Richter ist aber an diese nicht gebunden wie an das von den Parteien vorgelegte Tatsachenmaterial. Aus dem von den Parteien vorgelegten tatsächlichen Prozeßstoff kommen selbstverständlich nur die Tatsachen in Frage, welche für die Sachentscheidung von Erheblichkeit sind.

A. Die von den Parteien behaupteten erheblichen Tatsachen können aber nur als nach der richterlichen Überzeugung feststehende dem Urteil zur Grundlage dienen. Daß eine Tatsache feststeht, kann sich dem Richter schon aus den Parteiverhandlungen ergeben, sie kann sonst für ihn feststehen (offenkundige, notorische, gerichtsnotorische, ZPO. § 291), oder er muß sie als feststehend ansehen, wenn sie gemäß ZPO. § 138 nicht bestritten oder gemäß ZPO. § 288 vom Gegner des Behaupteten zugestanden sind, oder wenn eine Rechtsvermutung (ZPO. § 292) für sie besteht[1]). Wo das nicht der Fall ist, bedürfen die behaupteten Tatsachen des Beweises. Beweisen heißt, dem Richter die Überzeugung von der Wahrheit einer erheblichen Tatsache verschaffen. Das geschieht durch die Parteien unter Anwendung der Beweismittel (Zeugen, Sachverständige, Urkunden, Augenschein, Eid) nach den Vorschriften des Prozeßrechtes. Ob der Richter die behauptete Tatsache für festgestellt erachtet, darüber hat er nach freier Überzeugung zu entscheiden (ZPO. § 286).

Die **Rechtsvermutungen** im eigentlichen Sinne binden den Richter, eine bestimmte Tatsache für wahr anzunehmen, die sich kraft Schlußfolgerung aus einer anderen ergibt, sie binden ihn schlechthin (praesumptio juris et de jure) oder nur bis zum Beweise des Gegenteils (praesumptio juris). Mit Rechtsvermutung bezeichnet man aber auch den Inhalt der Vorschriften,

[1]) Hedemann, Die Vermutung (1904).

die nicht kraft Schlußfolgerung, sondern schlechthin eine Tatsache als für den Richter gegeben hinstellen, bis ihre Unwahrheit bewiesen ist. Beide Kategorien kennt das BGB. (z. B. **16**. **18**. **19**. **20**. **484**. **891**. **921**. **938**. **1006**. **1362**, Abs. 1. **1591**. **1964**).

B. Aus der Verhandlungsmaxime ergibt sich, daß die Parteien (Kläger, Beklagter) alle Tatsachen, die für die richterliche Entscheidung von Erheblichkeit sind, behaupten und beweisen müssen. Freilich besteht weder Behauptungspflicht noch Beweispflicht, wohl aber **Behauptungslast** und **Beweislast**; nimmt die Partei diese Lasten nicht auf sich, so gefährdet sie ihren Erfolg im Urteil. Was aber die Parteien, um ein ihnen günstiges Urteil zu erlangen, behaupten müssen, ergibt sich lediglich aus dem Privatrecht. So bringt die Verteilung der Behauptungs- und Beweislast im Prozesse den Inhalt des Privatrechtes unmittelbar zum Ausdruck. Es erhellt aber auch, von welcher Wichtigkeit die Verteilung der Behauptungs- und Beweislast für den endlichen Erfolg der Partei im Prozesse ist.

1. Für die Verteilung ergeben sich als allgemeine Regeln:

a) Der Kläger hat diejenigen Tatsachen zu behaupten und zu beweisen, die zum Klaggrunde (**L.** § 70) gehören, d. h. alle Tatsachen, die sein Klagbegehren an sich als begründet erscheinen lassen, also den Eintritt der seinen Anspruch begründenden Tatsachen.

b) Der Beklagte hat zu behaupten und zu beweisen alle Tatsachen, die zum Einredegrunde (**L.** § 70) gehören, also die rechtshindernden Tatsachen (Willensmängel) und die rechtsaufhebenden Tatsachen (Zahlung), d. h. den Eintritt dieser Tatsachen; ferner die Tatsachen, die sein Gegenrecht an sich als begründet erscheinen lassen.

c) Entsprechend ergibt sich die Behauptungs- und Beweislast für den replizierenden Kläger und den duplizierenden Beklagten.

Bei der Anwendung dieser Grundsätze ergibt sich besonders die durch Auslegung der privatrechtlichen Vorschriften zu beseitigende Schwierigkeit der Feststellung, ob eine Tatsache rechtsbegründende oder rechtsaufhebende bzw. rechtshindernde Bedeutung hat.

2. Bei der Wichtigkeit der Beweislast hat das BGB. in einigen Fällen direkt die Beweislast bestimmt (z. B. **179**. **282**. **442**. **2336** usw.), in anderen, zahlreicheren Fällen hat es indirekt durch die Fassung die Verteilung der Beweislast zu erkennen gegeben (z. B. **109**. **370**. **460**. **851** usw.).

III. **Das rechtskräftige Urteil.**

Ein rechtskräftiges Urteil liegt dann vor, wenn es durch ein Urteil höherer Instanz nicht mehr geändert werden kann, weil es von der im konkreten Falle zulässigen höheren Instanz ausgeht, oder weil eine solche nicht mehr angerufen werden kann (ZPO. 705)[1]). Das Urteil hat die Rechtskraft, weil es wie das objektive Recht gilt, ohne Rücksicht auf seinen Inhalt, d. h. seine Übereinstimmung mit dem objektiven Recht.

A. Die Bedeutung der Rechtskraft des Urteiles ist zunächst eine verschiedene nach seinem Inhalte; entweder entscheidet das Urteil über einen Anspruch oder ein Klagrecht. Daher ergeben sich außer den Leistungsurteilen Feststellungsurteile und konstitutive Urteile. Die vom konstituierenden Urteil hervorzurufenden Wirkungen knüpfen sich auch an seine Rechtskraft (z. B. **1418**. **1470**. **1496**. **1542**. **1564**. **2342**). Die über einen privatrechtlichen Anspruch ergehenden Urteile sind entweder kondemnatorische oder liberatorische. Der im kondemnatorischen Urteil rechtskräftig festgestellte Anspruch (actio judicati) verjährt in 30 Jahren (**218**, vgl. aber ZPO. § 258).

B. Die Rechtskraft des Urteiles bewährt sich aber nicht nur darin, daß es einen Streit beendigt, sondern vornehmlich dadurch, daß es künftigen Streit, soweit seine Feststellungen reichen, abschneidet. Ein Anspruch, der im rechtskräftigen Urteil abgewiesen ist, kann nicht in einem späteren Prozeß im Wege der Klage oder Verteidigung geltendgemacht werden, und ein Anspruch, der zuerkannt ist, kann später nicht bestritten werden. Die Rechtskraft des richterlichen Urteiles würde im Prozeß die Bedeutung einer rechtsverneinenden Ein-

[1]) Vgl. aber ZPO. §§ 323. 324 (Abänderungsklage.)

rede haben: erhellt aus dem Prozeßstoff, daß schon ein rechtskräftiges Urteil über dieselbe Sache vorliegt, so hat der Richter den Antrag der Partei auf Abweisung der Klage abzuwarten. Dabei ist es gleichgültig, ob die entschiedene Sache auch Gegenstand des neuen Prozesses oder nur ein Inzidentpunkt in diesem ist. Wegen dieser Bedeutung der rechtskräftigen Entscheidung ist aber der Umfang der Rechtskraft festzustellen; sie hat objektive (inhaltliche) und subjektive Grenzen.

1. Die **objektiven Grenzen** der Rechtskraft.

Die Rechtskraft des Urteiles erstreckt sich nur so weit, als über den erhobenen Anspruch im prozessualen Sinne, d. h. über das an den Richter gestellte Begehren, entschieden ist (ZPO. § 322, Abs. 1).

a) Da ein Forderungsrecht durch seinen Entstehungsgrund, nicht durch seinen Gegenstand individualisiert wird, so bezieht sich das Urteil auch nur auf das Forderungsrecht in dieser Individualisierung. Der Klage auf denselben Gegenstand, aber aus anderem Erwerbsgrunde steht demnach die Rechtskraft des früheren Urteiles nicht entgegen. Aber auch bei dinglichen Rechten muß, wenn man der in **L.** § 70 verwerteten Auffassung vom Klaggrunde (ZPO. § 253) folgt, die entsprechende Beschränkung auf den besonderen im Prozeß geltendgemachten Erwerbsgrund angenommen werden.

b) Mit der Entscheidung über das an den Richter gestellte Begehren kann auch über Rechte, die der Beklagte dem klägerischen Rechte entgegenstellt, rechtskräftig entschieden sein. Es ist zu unterscheiden: die Behauptung eigenen Rechtes kann eine bloße Negierung des klägerischen Rechtes (z. B. der Klage des Eigentümers auf Herausgabe wird die Behauptung eigenen Eigentumes entgegengestellt), oder die Berufung auf ein selbständiges Gegenrecht, d. h. eine zivilrechtliche Einrede (z. B. Zurückbehaltungsrecht, **L.** § 70) enthalten. Wird nun das klägerische Recht im Urteil anerkannt, so ist auch Recht und Gegenrecht des Beklagten anerkannt. Wird die Klage abgewiesen, weil das Recht des Klägers nicht besteht, so ist über Recht und Gegenrecht des Beklagten überhaupt nicht rechtskräftig entschieden.

Macht nun aber der Beklagte ein selbständiges Gegenrecht geltend, z. B. das Aufrechnungsrecht, so ist, wenn Abweisung der Klage erfolgt, weil das klägerische Forderungsrecht nicht besteht, über die Gegenforderung gar nicht geurteilt. Bestand dagegen die klägerische Forderung, so handelte es sich um die vollzogene Aufrechnung. Wird diese begründet gefunden, so sind beide Forderungen durch Aufrechnung aufgehoben. Die klägerische Forderung wird abgewiesen in Höhe der Gegenforderung. Die Rechtskraft des Urteiles erstreckt sich auch auf die Gegenforderung in Höhe der Forderung [1]). Wird nun aber die Aufrechnung als unbegründet verworfen, weil die Gegenforderung nicht besteht, so ist damit auch nur über das Nichtbestehen der Gegenforderung in dem Betrage, der zum Zwecke der Aufrechnung geltendgemacht ist, geurteilt und Rechtskraft möglich (ZPO. § 322, Abs. 3) [2]).

Wird die Klage abgewiesen, weil eine aufschiebende oder ausschließende privatrechtliche Einrede entgegensteht, so ist im Falle aufschiebender Einrede über den Anspruch nur dahin erkannt, daß er zurzeit nicht anerkannt werden könne, über die Einrede, daß sie zur Zeit des Urteiles bestand. Weiter kann auch die Rechtskraft nicht wirken. Im Falle ausschließender Einrede ist ebenfalls in dem abweisenden Urteil nicht gesagt, daß der Anspruch nicht bestehe, sondern nur, daß die entgegengestellte Einrede seine Anerkennung verhindert habe und andererseits, daß die Einrede auch dem Anspruch für immer entgegengestellt werden könne. In beiden Fällen berührt also die rechtskräftige Abweisung den Bestand des Anspruches nicht. —

c) Inzidentpunkte werden von der Rechtskraft des Urteiles über die Hauptsache nicht berührt. Es besteht aber nach ZPO. § 280 die Möglichkeit, durch sog. Inzidentfeststellungsklage ein selbständiges rechtskräftiges Urteil über den Inzidentpunkt hervozurufen.

---

[1]) Redlich, Zeitschr. f. d. Zivilproz., Bd. 25 (1899), S. 357 ff.

[2]) Goldschmidt, Arch. f. bürg. R., Bd. 15 (1899), S. 252 ff.

2. Die **subjektiven** Grenzen.

Es gilt die Regel, daß die Rechtskraft nur unter den Parteien des Prozesses wirkt (**425. 429**, ZPO. § 325), sie wird aber durch eine Reihe von Ausnahmen durchbrochen.

a) Die Rechtskraft wirkt auch für und gegen die Rechtsnachfolger der Parteien, die nach der Rechtshängigkeit eingetreten sind. Betraf der Rechtsstreit eine Sache, so erstreckt sich die Rechtskraftwirkung auch auf diejenigen Personen, die den Besitz der Sache nach der Rechtshängigkeit in der Weise erlangt haben, daß eine der Parteien oder ihre Rechtsnachfolger den mittelbaren Besitz haben, also auf diejenigen, welche die Sache von den Parteien oder ihren Rechtsnachfolgern zu Nießbrauch, Pfand, Leihe usw. erhalten haben. Der gutgläubige Erwerber ist aber gegen die Rechtskraftwirkung geschützt. Wenn aber das Urteil über einen Anspruch aus einer eingetragenen Reallast, Hypothek, Grund- oder Rentenschuld entscheidet, so wirkt das Urteil in Ansehung des Grundstückes auch gegen den Erwerber des Grundstückes, der die Rechtshängigkeit beim Erwerb nicht kannte (ZPO. § 325, vgl. §§ 76. 77).

b) Urteile, die im Streit zwischen den Vorerben und dem Dritten über einen gegen den Vorerben als Erben gerichteten Anspruch oder über einen der Nacherbfolge unterliegenden Gegenstand ergehen, wirken, wenn sie vor Eintritt der Nacherbfolge rechtskräftig werden, für den Nacherben, gegen ihn nur, wenn der Vorerbe befugt ist, über den der Nacherbfolge unterliegenden Gegenstand zu verfügen (ZPO. § 326, Bd. II, §§ 149. 150).

c) Für und gegen den Erben wirken Urteile, die ergehen im Streit zwischen dem Testamentsvollstrecker und einem Dritten über ein der Verwaltung des Testamentsvollstreckers unterliegendes Recht oder über einen gegen den Nachlaß gerichteten Anspruch, wenn der Testamentsvollstrecker zur Führung des Rechtsstreites berechtigt war (ZPO. § 327, **L.** § 308).

d) Das auf Ehenichtigkeits-, Eheanfechtungsklage oder auf Klage auf Feststellung des Bestehens oder Nichtbestehens einer Ehe ergehende Urteil wirkt für und gegen alle, wenn es bei Lebzeiten beider Ehegatten rechtskräftig wird. Handelt es sich aber um Nichtigkeit wegen des Ehehindernisses bestehender Ehe (**1326**), so wirkt das Urteil, welches die Ehe als bestehend anerkennt, gegen den Ehegatten der früheren Ehe nur, wenn er am Rechtsstreite teilgenommen hat (ZPO. § 629).

e) Urteile zum Zwecke der Feststellung des Rechtsverhältnisses zwischen Eltern und Kindern (z. B. des Bestehens oder Nichtbestehens des Eltern- und Kindesverhältnisses überhaupt oder der elterlichen Gewalt der einen Partei über die andere, und die Klage zur Anfechtung der Ehelichkeit des Kindes oder der Anerkennung der Ehelichkeit) wirken, sofern die Rechtskraft bei Lebzeiten der Parteien eintritt, für und gegen alle; wird aber im Urteil das Bestehen des Eltern- und Kindesverhältnisses oder der elterlichen Gewalt festgestellt, so wirkt das Urteil gegen einen Dritten, der diese Verhältnisse für sich in Anspruch nimmt, nur dann, wenn er am Rechtsstreit teilgenommen hat (ZPO. §§ 640. 641. 643. 644).

f) In besonderer Weise bestimmt sich ferner die Wirkung der rechtskräftigen Urteile, die im Streit zwischen einem der Ehegatten und Dritten ergehen, für und gegen den anderen Ehegatten (**1380. 1400. 1401. 1525. 1550**)[1].

---

[1]) Vgl. ferner ZPO. §§ 856. 976, KO. § 147.

II. Buch.
Das Recht der Schuldverhältnisse.

I. Abschnitt.
Die allgemeinen Lehren.

1. Kapitel.
Begriff, Inhalt und Entstehung der Schuldverhältnisse.

§ 72.
Das Wesen des Schuldverhältnisses.[1])

1. Das **Schuldverhältnis** (obligatio) ist ein Privat-Rechtsverhältnis zwischen zwei oder mehreren Personen, in welchem die eine Person (Gläubiger, creditor) von der anderen (Schuldner, debitor) eine Leistung zu fordern berechtigt ist (**241**)[2]).

Der Schreiber einer Unfallversicherungs-Berufsgenossenschaft fertigt unter Benutzung von Formularen der Genossenschaft widerrechtlich Anweisungen über 5000 M. aus und sendet sie in Briefumschlägen der Genossenschaft an die Postbehörde, die den bezeichneten Rentenempfängern die Beträge auszahlt und nach der Entdeckung der Betrügerei von der Genossenschaft Schadensersatz verlangt. Zwischen der Post und der Genossenschaft besteht ein öffentlichrechtliches, kein privatrechtliches Schuldverhältnis. Eine Haftung der Genossenschaft wäre begründet, nach **31** und **89**, wenn man die analoge Anwendung des Privatrechtes auf öffentlichrechtliche Verhältnisse zuläßt, auch die Haftung der Genossenschaft für die Vertreter und Erfüllungsgehilfen (**278**) (**L.** §§ 29 II, 83 II).

Das Schuldverhältnis gewährt dem Gläubiger nur ein Forderungsrecht gegen eine andere Person; dieses Forderungsrecht steht als persönliches Recht im Gegensatze zu den dinglichen Rechten. Das Schuldverhältnis schafft nur eine rechtliche Beziehung bestimmter Einzelnen zu bestimmten Einzelnen. Das Forderungsrecht ist also ein relatives Recht im Gegensatze zu den absoluten Rechten. Zwischen Forderungs- und absoluten Rechten bestehen aber Übergänge: das Forderungsrecht kann auf Begründung absoluten Rechtes gerichtet sein; mit den absoluten Rechten verbinden sich Forderungsrechte; die Verletzung der absoluten Rechte führt zu Forderungsrechten; das Forderungsrecht geht bisweilen gegen den, der in ein bestimmtes Verhältnis zu einer Sache tritt (actio in rem scripta **809**. **810**) und wirkt mitunter auch gegen solche, die an der Begründung des Schuldverhältnisses nicht beteiligt sind (**556**, Abs. 3. **571**, Abs. 1).

A. Das Forderungsrecht erschöpft sich in einem Anspruch des Gläubigers gegen den Schuldner auf Leistung, ihm entspricht die Verpflichtung des Schuldners zur Leistung. Die Forderung ist nicht ohne die Schuld, die Schuld nicht ohne die Forderung denkbar. Gläubiger und Schuld-

---

[1]) Enneccerus I, 2, §§ 225ff. Stammler, D. Recht d. Schuldverhältnisse, S. 9ff., 21f., 28ff. Siber, Der Rechtszwang im Schuldverhältnis nach deutschem Reichsrecht (1903). Kohler, Lehrb. d. bürgerl. R., II. Bd.

[2]) pr. I. (3 13): „juris vinculum, quo neccessitate adstringimur alicuius solvendae rei".

ner müssen verschiedene Personen sein: niemand kann sein eigener Gläubiger oder Schuldner sein; treffen Forderung und Schuld in einer Person zusammen, so erlischt das Schuldverhältnis (vgl. aber das Nähere L. § 98).

B. Einen Gegenstand des Schuldverhältnisses, des Forderungsrechtes oder der Verpflichtung gibt es in dem Sinne wie bei dinglichen Rechtsverhältnissen nicht. Das Schuldverhältnis haftet nicht an einer Sache, es haftet auch nicht an der Person des Schuldners wie das dingliche Recht an einer Sache. Soll nicht der Gegenstand des Schuldverhältnisses identisch sein mit seinem allgemeinen wesentlichen Inhalt, so kann Gegenstand des Schuldverhältnisses nur das zu Leistende den Inhalt oder Gegenstand der Leistung bezeichnen.

Das Schuldverhältnis gibt aber dem Gläubiger immer nur das Recht, vom Schuldner ein bestimmtes Verhalten zu fordern. Besteht also der Gegenstand der Leistungen der Verschaffung des Rechtes an bestimmten Sachen, so tritt der Gläubiger zu diesen Sachen durch das Schuldverhältnis in keine unmittelbar rechtliche Beziehung. Das bewirkt erst die Erfüllung. Erwirbt sie daher ein Dritter vom Schuldner, selbst in Kenntnis der Verpflichtung, so hat der Gläubiger keinen Anspruch gegen diesen Dritten, der Erwerb des Dritten wird durch die bestehende Verpflichtung nicht gehindert. Weiter folgt daraus, daß der Schuldner sich zu einer und derselben Leistung mehreren Gläubigern selbständig verpflichten kann, ohne daß der Bestand der einen Verpflichtung die andere und deren Verpflichtung ausschließt[1]). Anders bestimmte sich das Verhältnis nach dem französischen Rechte (Code civil Art. 711. 1138), wonach mit dem Schuldvertrag das Eigentum der zu leistenden Sache auf den Gläubiger überging, und dem Preußischen Landrecht (I, 2, § 134 f.), welches dem Gläubiger ein „Recht zur Sache" (jus ad rem) gegen den dritten Erwerber, der beim Erwerbe das Forderungsrecht kannte, auf Herausgabe der Sache gibt[2]).

C. Das Schuldverhältnis ist nicht höchstpersönlicher Natur, wie grundsätzlich nach römischem Recht; es gehört zu den Vermögensrechtsverhältnissen, weil regelmäßig der Gegenstand der Leistung Vermögenswert hat und einen Posten im Vermögen (Nachlaß) des Gläubigers und Schuldners bildet, aber nicht, weil er Vermögenswert haben muß (vgl. L. §§ 16. 73). Die Forderungen auf vermögenswerte Leistung sind die wichtigsten und zahlreichsten. Bei ihnen findet sich auch regelmäßig die Eigenschaft der Vererblichkeit, der Übertragbarkeit, und es können sich Rechtsverhältnisse an sie anknüpfen, die den dinglichen ähnlich sind, wie z. B. Nießbrauch und Pfandrecht.

D. Kommt der Schuldner seiner Verpflichtung nicht nach, so bietet das Recht dem Gläubiger Mittel zur Verwirklichung seines Rechtes: Selbsthilfe, Klage gegen den Schuldner, Arrest, einstweilige Verfügung, Zwangsvollstreckung. Daß die Zwangsvollstreckung sich gegen die Person des Schuldners selbst wendet, ist ein im römischen und deutschen Recht geschichtlich weit zurückliegender Rechtszustand; heut richtet sie sich gegen das Vermögen, und zwar grundsätzlich das gesamte Vermögen des Schuldners; das bezeichnet man mit der persönlichen Haftung. Diese Zwangsfolgen sind dem Forderungsrecht nicht eigentümlich und daher für seinen Begriff nicht entscheidend. Sie sind selbständigen Charakters, werden allerdings durch das Wesen des Schuldverhältnisses mitbestimmt, decken sich aber keineswegs mit seinem Inhalte, sondern bleiben zumeist hinter ihm zurück. Besonders tritt auch da, wo dem Gläubiger Klage und Zwangsvollstreckung versagt oder nur beschränkt gewährt ist (II. III), das Wesen des Schuldverhältnisses hervor. Das Schuldverhältnis geht also nicht in einer Pfandhaftung der Person oder des Vermögens des Schuldners auf, und ebenso ist die Auffassung abzulehnen, nach der neben die Verpflichtung der Person des Schuldners die Verhaftung seines Vermögens tritt.

---

[1]) l. 3. pr. D. (**44**, 7): obligationum substantia non in eo consistit, ut aliquod corpus nostrum aut servitutum nostram faciat, sed ut alium nobis obstringat ad dandum aliquid vel faciendum vel praestandum.

[2]) Eine Ausnahme ergibt sich auch bei der Vormerkung (**883**); sie schildert schuldrechtliche Ansprüche durch Eintragung in das Grundbuch Dritten gegenüber.

II. **Die natürliche (unvollkommene) Verbindlichkeit.**

Das römische Recht unterscheidet außer der obligatio civilis, der vollwirksamen Obligation, die obligatio naturalis, bei der dem Gläubiger die Klage versagt ist, während je nach dem einzelnen Falle sonstige Wirkungen der obligatio eintreten, z. B. die obligatio pupilli und minoris, servi des Schuldners nach Verjährung der Klage usw. Geschichtlich erklärte man diese Erscheinung aus dem jus gentium, sachlich aus der Billigkeit oder natürlichen Auffassung oder den Anschauungen der bürgerlichen Gesellschaft, der der Staat gewisse Anerkennung gewähren müsse.

Diese Erscheinung findet sich auch im Reichsrecht und besonders im BGB. Bei allen natürlichen Verbindlichkeiten besteht das Forderungsrecht des Gläubigers und die Verpflichtung des Schuldners zur Leistung; es ist aber die Klage auf Leistung und daher die Zwangsvollstreckung in allen Fällen versagt oder durch Einrede beschränkt. Als positive Wirkungen kommen je nach den einzelnen Fällen in Betracht: die natürliche Verbindlichkeit ist erfüllbar, die Leistung entbehrt also nicht des rechtlichen Grundes, die Kondiktion ist ausgeschlossen, es handelt sich nicht um Schenkung; es können sich akzessorische Rechtsverhältnisse wie Pfandrecht und Bürgschaft anknüpfen, es ist die Grundlage für Erfüllungsversprechen und Anerkenntnis gegeben; die Forderung kann zur Aufrechnung benützt werden.

Das Reichsrecht kennt folgende Fälle:

Beim erlaubten Spiel- und Wettvertrage, dem Ausspiel- und Lotterievertrage, dem Differenzgeschäft (**762. 763. 764. L.** § 130), beim Versprechen eines Ehemaklerlohnes (**656, L.** § 124), beim Schuldverhältnis nach Verjährung des Anspruches (**222, L.** § 64), bei sittlichen und Anstandspflichten (**814. 534. 1446**, Abs. 2. **1641. 1804. 2113**, Abs. 2. **2330. 1624**), bei den Verbindlichkeiten des Konkursschuldners nach Zwangsvergleich (KO. § 193).

III. **Schuldverhältnisse mit beschränkter Haftung.** Haftung bezeichnet entweder nur die Verpflichtung des Schuldners (z. B. H. auf Zinsen, für Gehilfen, des Bürgen, für Zufall, aus Delikt, aus Vertrag) oder es weist darauf hin, daß gewisse Gegenstände der Befriedigung des Gläubigers dienen, einem Zugriff unterliegen wie regelmäßig sein ganzes Vermögen.

Von einer beschränkten Haftung spricht man in verschiedenem Sinne:

Eine Beschränkung des Gläubigers kann eintreten im Konkurse des Schuldners und nach den Bestimmungen des ZPO. § 851 in der Zwangsvollstreckung; ferner ist in gewissen Schuldverhältnissen der Schuldner von vornherein nur in einer bestimmten Höhe verpflichtet, haftet in dieser Begrenzung aber mit seinem ganzen Vermögen. Daher kann auch nur in Höhe der so begrenzten Verbindlichkeit Zwangsvollstreckung erfolgen (**122. 702**). Vgl. HGB. § 430. 457. 211. 161. 171[1]). Von beschränkter Haftung ist nur die Rede:

A. wenn sich die Zwangsvollstreckung auf ganz bestimmte Vermögensobjekte des Schuldners zu beschränken hat. Dahin gehört die Haftung des Erben mit dem Nachlasse (**1975. 1994**), desjenigen, der ein Vermögen eines anderen übernimmt (**419**), die Haftung des Reeders (HGB. § 486), des Bodmereischuldners (HGB. § 679), beim landesrechtlichen Familienfideikomisse (EG. Art. 59 ff.).

Auch ein Vertrag kann die Zwangsvollstreckung auf bestimmte Vermögensgegenstände des Schuldners beschränken.

B. wenn sich der Schuldner durch Preisgebung bestimmter Vermögensgegenstände (Abandon) von seiner Verpflichtung befreien kann (HGB. §§ 501. 861[2])), wie z. B. auch bei den römischen Noxalklagen.

IV. Intertemporales und Internationales Privatrecht (vgl. **L.** §§ 13—15).

1. Intertemporales Privatrecht. Grundsatz ist, daß ein vor dem 1. Januar 1900 entstandenes Schuldverhältnis in allen Beziehungen und dauernd unter dem bisherigen Rechte steht (EG. Art. 170). Das BGB. findet aber mit seinen zwingenden

---

1) RGes. vom 20. 4. 1892 (Fassg. v. 20. 5. 1898) § 26. Genossenschaftsgesetz § 2. Nicht anders liegen die Fälle, in denen der Schuldner das Recht hat, den Betrag seiner Verpflichtung abzumindern, z. B. bei der Kompetenzeinrede (**519. 529. 829. 1579. 1620** usw.) und dem Recht auf Minderung einer Vertragsstrafe (**343**).

2) RGes. vom 20. 4. 1892 § 27 (Gesellschaften mit beschränkter Haftung).

Vorschriften auf ältere noch nicht völlig erledigte Schuldverhältnisse Anwendung (z. B. **138**. **310**. **343**), z. B.:

A hat sich B am 8. März 1898 verpflichtet, in seinem Restaurant fünf Jahre hindurch Bier aus der Brauerei des B zu schänken und für den Fall der Nichterfüllung 1000 M. Vertragsstrafe versprochen. Als A 1901 den Bierbezug einstellt, klagt B auf die Vertragsstrafe, A beantragt die Strafe herabzusetzen. Dem Antrage des A ist stattzugeben, da der Vorschrift in **343** zwingende Bedeutung und **Rückwirkung** zukommt.

Ferner stehen Tatbestände, die sich zur Zeit der Geltung des BGB. realisieren und Änderung und Aufhebung des älteren Schuldverhältnisses bewirken (Abtretung, Erfüllung, Aufrechnung usw.) unter dem BGB. (z. B. **242**. **403**). Besondere Bestimmungen (EG. Art. 171 bis 179) sind bez. einzelner Schuldverhältnisse getroffen.

2. Internationales Privatrecht. Das EG. stellt hier keine Kollisionsvorschriften auf. Bei rechtsgeschäftlichen Schuldverhältnissen bleibt daher die Wahl zwischen dem Recht des Entstehungs-, Erfüllungs-, Klagortes, des Wohnsitzes des Schuldners und dem Recht, das sich aus der Staatsangehörigkeit des Schuldners ergibt. Die Frage ist streitig, überwiegend wird für das Recht des Erfüllungsortes entschieden.[1]

A in Dänemark war von einem Vertrage, den er mit B in Hamburg geschlossen hatte, zurückgetreten, weil B an dem für eine Warenlieferung geforderten Preise einen angeblich ungerechtfertigten Abzug gemacht hatte. Die Frage, ob B in Verzug sei, war nach deutschem Recht zu entscheiden, die Frage aber, ob A wegen Verzuges des B vom Vertrage zurücktreten konnte, die die Rechte des A berührt, nach dänischem Recht.

Bei den gesetzlichen Schuldverhältnissen aus Geschäftsführung ohne Auftrag, Bereicherung usw. ergeben sich besondere Zweifel, bei denen aus unerlaubten Handlungen entscheidet über die Qualität und privatrechtlichen Wirkungen die lex delicti commissi. Hat aber ein Deutscher im Auslande eine unerlaubte Handlung begangen, so können die Folgen des Auslandsrechtes im Inland gegen ihn nur soweit geltendgemacht werden, als das deutsche Recht solche anerkennt (EG. Art. 12).

V. Das Schuldrecht des BGB. gilt für alle privaten Schuldverhältnisse, auch für Handelssachen (EG. zum HGB., Art. 2), nicht aber für die dem Gebiete der Vorbehalte angehörigen, z. B. EG., Art. 95 (Gesinderecht), Art. 70—72 (Wildschadensersatz).

§ 73.

Gegenstand und Leistung im allgemeinen.[2]

Der **Gegenstand der Leistung** bedarf einer allgemeinen Erörterung besonders in drei Richtungen: es fragt sich zunächst, was Gegenstand eines Schuldverhältnisses sein kann (I. II), sodann, wie die Bestimmung getroffen werden muß (III), und endlich, welchen Einfluß die Gegenstände auf das Schuldverhältnis selbst ausüben (IV. V. VI.).

I. Die Leistung kann in einem **positiven Tun, Dulden** oder **Unterlassen** des Schuldners bestehen (**241**). Die Leistungen, die in einem positiven Tun bestehen, können zum Ziele einen rechtlichen Erfolg haben (Begründung von Eigentum oder dinglichen Rechten, Befreiung von dinglichen Lasten oder persönlichen Verbindlichkeiten) oder einen rein tatsächlichen, z. B. Dienste; die Leistung kann eine einmalige Handlung oder eine dauernde sein; sie kann eine einfache oder zusammengesetzte sein. Mehrere Leistungen sind eine zusammengesetzte, wenn sie durch ein und denselben das Schuldverhältnis begründenden Akt vereinigt sind, und wenn nach dem Parteiwillen nur einheitliche Leistung erfolgen soll. Die praktische Bedeutung dieser Unterscheidung würde sich z. B. beim Verzuge des Gläubigers zeigen.

II. An der Leistung muß der Gläubiger, objektiv betrachtet, ein **schutzwürdiges Interesse** haben, ein Vermögensinteresse ist nicht erforderlich. Das Erfordernis des Vermögensinteresses versteht man entweder dahin, daß durch die Leistung das Vermögen des

---

[1] Leonhard, F., Erfüllungsort und Schuldort (1907). Vgl. **L.** § 82.

[2] Zitelmann, Beitr., H. 9, 10, S. 56. 58ff. 141. 183. Stammler, Das Recht der Schuldverhältnisse, S. 1ff. 108. 156ff.

Gläubigers eine Vermehrung erfahren würde (Vermögensinteresse im engeren Sinne), oder dahin, daß die Leistung im Verkehre einer Geldschätzung unterliegt, d. h. regelmäßig für Geld beschafft wird (Vermögensinteresse im weiteren Sinne). Das römische Recht verlangte, wenn auch nicht ausnahmslos, ein Vermögensinteresse in diesem letzteren Sinne[1]). Das heutige Recht verlangt nur ein schutzwürdiges Interesse des Gläubigers. Damit ist die Befriedigung der lediglich durch die Laune oder in Sitte oder Moral begründeten Verpflichtungen vom Gebiete der Schuldverhältnisse ebenso ausgeschlossen wie vom Rechtsgebiete überhaupt. Rechtliche Bindung zur Verwirklichung der auf diesen Gebieten liegenden Interessen ist auch nach dem BGB. ohne rechtliche Kraft (**138**). Daß das BGB. ein schutzwürdiges Interesse des Gläubigers genügen läßt, folgt aus dem Schweigen des Gesetzes (**241**), aus den Materialien, aus der grundsätzlichen Anerkennung der Vertragsfreiheit und aus anderen positiven Aussprüchen des Gesetzes (**343. 344. 810. 2373**), während aus der Gestaltung der Exekution begründete Einwände gegen diese Auslegung des Gesetzes sich nicht herleiten lassen[2]); z. B.:

Der Stadtmagistrat hat Bauplätze mit der Bestimmung verkauft, daß Kellerwohnungen in den dort zu errichtenden Gebäuden nicht eingerichtet werden dürfen. Wenn ein Käufer trotzdem solche Wohnungen einrichtet, so kann der Magistrat auf Beseitigung und auf Unterlassung des Baues solcher Wohnungen in Zukunft klagen.

Das Interesse des Gläubigers muß nicht immer dahin gehen, daß ihm selbst geleistet werde. Insofern bedarf es keines subjektiven **eigenen** Interesses des Gläubigers an der Leistung. Es liegt ein vollgültiges Schuldverhältnis vor, wenn der unmittelbare Vorteil aus der Leistung einem Dritten zukommen soll. Man nennt solche hierher gehörigen Verträge altruistische Verträge, z. B. das Versprechen an eine Anstalt, welche die Verpflichtung übernimmt, arme Kranke zur Heilung unentgeltlich aufzunehmen[3]). Bei den Verträgen zugunsten Dritter ist dementsprechend unmittelbares Interesse des Versprechensempfängers an der Leistung nicht erforderlich. Als eigenes Interesse muß ein indirektes Interesse an der Leistung genügen. Sobald überhaupt objektiv ein schutzwürdiges Interesse sich ergibt, ist das subjektive eigene Interesse des Gläubigers gleichgültig, es ist weder in der Klage des Gläubigers zu behaupten noch zu beweisen. Anders, wenn der Gläubiger die Schadensersatzklage erhebt.

III. **Bestimmtheit der Leistung (315—319).**

Den Gegenstand der Leistung bestimmen bei den gesetzlichen Schuldverhältnissen die Rechtsvorschriften, bei den rechtsgeschäftlichen die Parteien. Über den Inhalt ihrer Bestimmungen entscheidet die Auslegung (**L.** § 60).

Der Gegenstand der Leistung muß wie der Inhalt eines jeden Rechtsgeschäftes hinreichend bestimmt sein. Die Bestimmung kann direkt und unmittelbar erfolgen, z. B. in dem das Schuldverhältnis begründenden Rechtsgeschäft, oder unmittelbar durch Verweisung auf eine Quelle, aus der objektiv entnommen werden kann, was geleistet werden soll. Daher ergibt sich der Unterschied von **bestimmten** und **unbestimmten Schuldverhältnissen**, je nachdem zur Zeit der Begründung oder in einem späteren Moment der Gegenstand der Leistung nach Art, Eigenschaft, Maß feststeht oder erst festgestellt werden soll (**1113**, Abs. 1. **1191. 1199**. WO. Art. 4, Z. 2)[4]). Der Gegenstand der Leistung muß also bestimmt oder doch objektiv bestimmbar sein. Ist beides nicht der Fall, so ist das Schuldverhältnis wegen Unbestimmtheit nichtig.

Unter den Fällen der mittelbaren Bestimmung sind diejenigen von Interesse, in denen ein Akt der Parteien oder Dritter in Frage steht.

---

[1]) l. 9. § 2. D. (**40**, 7): ea in obligatione consistere quae pecunia lui praestarique possunt.

[2]) Diese Auffassung wird vertreten u. a. von Kohler, Planck, Stammler, Crome, Die partiarischen Rechtsgeschäfte (1897), S. 8ff., dagegen bekämpft u. a. von Hellmann, Krit. V.J.Schr., Bd. 41 (1899), S. 213. 223ff. Hellwig, Über die Grenzen der Vertragsmöglichkeit (1885). Oertmann, Arch. f. bürgerl. R., Bd. 12 (1897), S. 280.

[3]) Kohler II, S. 13. IV.

[4]) Vgl. die Bedeutung für den Urkunden- und Wechselprozeß und das Mahnverfahren (ZPO. §§ 592. 688).

1. **Die Bestimmung durch einen der Vertragschließenden (315).** Die Bestimmung selbst soll möglicherweise von der Partei nach ihrem freien Ermessen abgegeben werden. Eine derartige Vereinbarung könnte entweder die Existenz der Verpflichtung selbst vom Willen des Schuldners oder ihren Umfang vom Willen des Gläubigers abhängig machen. Der Vertrag wäre dann gegen die guten Sitten und nichtig. Gewöhnlich werden die Parteien auf das billige Ermessen abstellen, und im Zweifel soll angenommen werden, daß auf das billige Ermessen der Partei abgestellt ist[1]). Die Partei ist dann vertragsmäßig zur Bestimmung verpflichtet, diese erfolgt durch Erklärung gegenüber dem anderen Teil und ist unwiderruflich.

a) Ist die Bestimmung getroffen, und entspricht sie der Billigkeit nicht, so ist sie auch keine vertragsmäßige. Will der Benachteiligte sie nicht anerkennen, so könnte er, wenn ein Interesse an alsbaldiger Feststellung vorliegt, auf Feststellung (ZPO. § 256) oder auf Abgabe der Erklärung (ZPO. § 888) klagen. Das Gesetz bietet einen einfacheren Weg. Es wird im Prozesse über die Klage auf Leistung auch über die Billigkeit der Bestimmung vom Prozeßrichter entschieden.

b) Will der Bestimmungspflichtige die Bestimmung nicht treffen, oder verzögert er sie, so ist ebenso die Bestimmung im Urteil zu treffen (a).

B hat an dem Grundstück des A das Abbaurecht an dem dort befindlichen Tonlager erworben und sich verpflichtet, mit dem Abbau zu beginnen, „sobald er des Tons zum Betriebe seiner (erst zu errichtenden) Ziegelei bedürfe". Als B mit der Tonförderung nach Errichtung der Ziegelei nicht begann, mahnt ihn A, setzt ihm eine Nachfrist und erklärt nach fruchtlosem Verstreichen derselben seinen Rücktritt vom Vertrage. — Die Bestimmung der Fälligkeit war dem billigen Ermessen des Schuldners überlassen (**315**). A mußte, da B zögert, durch Leistungsklage die Feststellung der Fälligkeit durch richterl. Urteil herbeiführen. Begann B dann bei Fälligkeit nicht mit der Tonförderung, so geriet er in Verzug. Erst jetzt konnte A nach **326** vorgehen (Fristsetzung, Rücktritt usw.).

c) Wer die Bestimmung zu treffen hat, besagt der Vertrag. Ist für eine bestimmte Leistung eine Gegenleistung verabredet, aber nicht bestimmt, so ist im Zweifel anzunehmen, daß die Bestimmung nach billigem Ermessen derjenigen Partei erfolgen soll, der die Gegenleistung gebührt (**316**). Die Anwendung dieser Auslegungsregel setzt voraus, daß ein bindender Vertrag geschlossen vorliegt, daß die Parteien nicht schon irgendwie die Gegenleistung, z. B. den Markt- oder Börsenpreis, vereinbart haben, und daß nicht die Sonderbestimmungen eingreifen, daß beim Dienstvertrag (**612**, Abs. 2), Werkvertrag (**632**, Abs. 2), Maklervertrag (**653**, Abs. 2), wenn die Höhe der Vergütung nicht bestimmt ist, bei Bestehen einer Taxe die taxmäßige, in Ermangelung einer Taxe die übliche Vergütung als vereinbart gilt.

2. **Die Bestimmung durch Dritte**[2]).

a) Sind im Vertrage die Dritten noch nicht bestimmt, ist ihre Bezeichnung aber vorbehalten, so ist der Vertrag selbst noch nicht abgeschlossen (**154**). Sind mehrere Dritte bestimmt, so ist im Zweifel Übereinstimmung aller erforderlich. Handelt es sich aber um Feststellung einer Summe, so gilt im Zweifel die Durchschnittssumme (**317**, Abs. 2). Die Erklärung der Dritten über die Bestimmung erfolgt gegenüber einer der Parteien (**318**).

Daß die Dritten durch den Vertrag der Parteien nicht diesen gegenüber vertragsmäßig gebunden werden, ist selbstverständlich, wohl aber können sie durch eigenen Vertrag mit den Parteien wie der Schiedsrichter gebunden sein. Die Stellung des Dritten ist allerdings schon darin von der eines Schiedsrichters verschieden, weil er bei der Vertragsbegründung mitwirkt. Die Dritten können im Zweifel nicht andere substituieren. Die von ihnen abgegebene Bestimmung ist unwiderruflich.

b) Die Bestimmung können die Dritten entweder nach freiem oder nach billigem Ermessen treffen sollen. Im Zweifel ist das letztere als gewollt anzusehen (**317**, Abs. 1). Entspricht die Bestimmung dann der Billigkeit offenbar nicht, oder wird die Bestimmung vom Dritten verzögert, oder kann oder will er sie nicht treffen, so wird die Bestimmung durch

---

[1]) Im röm. Recht (l. 35. § 1. D. 18, 1) war das unzulässig, nicht mehr im gem. R.

[2]) Nach römischem Recht war die Zulässigkeit streitig (Gajus, III, 5. 140. l. 15. C. (4, 38), nicht mehr nach gem. R.

Urteil getroffen. Es kommt also nicht zu einem nochmaligen Gutachten des Dritten (**319**, Abs. 1)[1]).

Steht dem Dritten ein freies Ermessen zu, so scheint der Vertrag als aufschiebend durch die Abgabe der Bestimmung des Dritten bedingt geschlossen[2]). Die Bedingung ist, wenn nicht durch Parteidisposition in anderer Weise vorgesorgt ist, ausgefallen, wenn der Dritte die Bestimmung nicht treffen kann, nicht treffen will, nicht innerhalb der gesetzten Frist trifft oder sie, wenn eine solche Frist nicht gesetzt ist, unstatthafterweise verzögert (**319**, Abs. 2). Die Einräumung des freien Ermessens bedeutet nicht schrankenlose Willkür.

Mag das Ermessen des Dritten ein freies oder billiges sein, so unterliegt die Bestimmung doch der Anfechtung wegen Irrtumes, Drohung und arglistiger Täuschung. Die Anfechtung richtet sich gegen den anderen Vertragsteil, sie steht nur den Vertragsparteien zu, sie muß unverzüglich erfolgen, sobald der Anfechtungsberechtigte von dem Anfechtungsgrunde Kenntnis erlangt hat; erlangt der Anfechtungsberechtigte keine Kenntnis, so erlischt das Anfechtungsrecht in 30 Jahren von der getroffenen Bestimmung an (**318**, Abs. 2).

IV. **Die Teilbarkeit der Leistung.**

Die Leistung kann eine juristisch teilbare oder unteilbare sein. Danach werden teilbare oder unteilbare Schuldverhältnisse unterschieden.

A. Die Bedeutung des Unterschiedes liegt darin, daß bei teilbaren Schuldverhältnissen sicher teilweise Erfüllung und teilweise Unmöglichkeit eintreten können[3]), daß das teilbare Schuldverhältnis z. B. infolge Erbganges in eine Mehrheit selbständiger Schuldverhältnisse zerfallen kann, während bei unteilbaren Schuldverhältnissen, sobald mehrere Gläubiger oder Schuldner eintreten, eine eigentümliche Regelung Platz greift (**420**. **432**).

B. Das Gesetz hat keine allgemeine Bestimmung darüber aufgestellt, wann eine Leistung teilbar, wann sie unteilbar ist. Teilbar ist eine Leistung, die unbeschadet ihres Wesens und Wertes in mehrere Leistungen zerlegt werden kann, so daß die Gesamtheit der Einzelleistungen die geschuldete Leistung ergibt.

1. Leistungen, die zum Inhalte die Herstellung eines rechtlichen Erfolges haben (z. B. Begründung von Eigentum, dinglichen Rechten, anderen Rechten, Befreiung von Rechten) sind teilbar, wenn die betreffenden Rechte teilbar sind.

Teilbar ist also die Leistung zur Beschaffung des Eigentumes entweder insofern, als das Eigentum nach ideellen Quoten teilbar ist, oder insofern, als die Sache physisch teilbar ist, z. B. Leistung einer Quantität von vertretbaren Sachen, einer individuellen Sache (species). Jedoch kann trotz Teilbarkeit der Sache aus der Parteiabsicht Unteilbarkeit der Leistung sich ergeben. Die Leistung einer Gattungssache ist dagegen unteilbar, ebenso die Leistung auf Bestellung von Realservituten.

Nur scheinbar betrachtet das Gesetz in **432**. **1011** die Forderung auf Leistung einer Sache schlechthin als eine unteilbare. Diese gesetzlichen Vorschriften setzen vielmehr voraus, daß die Leistung der Sache unteilbar ist. Ergibt sich die Unteilbarkeit nicht aus der Parteivereinbarung, so entscheiden darüber die allgemeinen Grundsätze[4]).

2. Leistungen, die auf einen tatsächlichen Erfolg gerichtet sind, sind regelmäßig unteilbar. Die Unterstützungsleistung ist stets unteilbar[5]).

C. Zu unterscheiden sind von den teilbaren die zusammengesetzten Leistungen. Die letzteren werden zwar beschafft durch eine Reihe natürlicher selbständigen Akte, diese sind aber juristisch nicht immer Teil der Gesamtleistung (z. B. Errichtung eines Bauwerkes).

---

1) A. M. Planck, II, S. 89.

2) A. M. Schollmeyer zu § 319, Note 2.

3) Doch setzen teilweise Erfüllung und Unmöglichkeit nicht notwendig eine teilbare Leistung heraus. H. Lehmann, Die Unterlassungspflicht (1906), S. 202.

4) So Hellmann, Krit. V.J.Schr., Bd. 41 (1899), S. 247. Anders Hruza, Sächs. A., Bd. 5 (1895), S. 66ff.

5) H. Lehmann, Die Unterlassungspflicht (1906), S. 197ff.

V. **Die Möglichkeit der Leistung**[1]).

Die Unmöglichkeit der Leistung spielt eine verschiedene Rolle, je nachdem sie eine anfängliche, ursprüngliche, d. h. bei Begründung des Schuldverhältnisses vorhandene ist oder erst später eintritt (nachfolgende Unmöglichkeit). Die letztere ist hier nicht in Frage (vgl. **L.** § 84).

A. **Die anfängliche Unmöglichkeit** kommt in Betracht, soweit sie eine objektive ist, d. h. für jedermann besteht. Den Gegensatz bildet das subjektive Unvermögen des Schuldners (sog. subjektive Unmöglichkeit).

1. **Die objektive Unmöglichkeit** kann beruhen auf natürlichen Gründen (Naturgesetz) oder rechtlichen (Rechtssatz). Sie ist also natürliche oder juristische Unmöglichkeit. Beispiele sind: Versprechen der Leistung einer nicht vorhandenen, untergegangenen Sache, einer Sache, die aus natürlichen Gründen dem Verkehr entzogen ist, Leistung einer res in publico usu, wenn der öffentliche Gebrauch durch den Inhalt der Leistung verletzt werden würde.

2. Sie kann eine absolute oder relative sein. Im ersten Falle ist die Leistung an sich und unter allen Umständen unmöglich, im zweiten ist sie an sich möglich, aber nicht unter den gegebenen Umständen (z. B. Versprechen einer Sache, die dem Gläubiger schon gehört).

3. Sie kann eine dauernde oder vorübergehende, eine völlige oder nur teilweise (B. Z. 1) sein.

B. Ist die Leistung objektiv unmöglich, so ist der Vertrag nichtig (**306**).

1. Es folgt daraus, daß der Gläubiger niemals einen Anspruch auf die Erfüllung oder das Erfüllungsinteresse (positive Interesse) hat (impossibilium nulla est obligatio), dagegen ist ihm ein Anspruch auf das negative Interesse gegeben, wenn der Versprechende die Unmöglichkeit kannte oder kennen mußte. Kannte aber der andere Teil die Unmöglichkeit oder kannte er sie fahrlässigerweise nicht, so fällt auch der Anspruch des letzteren gegen den Versprechenden fort. Dieser Anspruch steht beiden Kontrahenten beim Vertrage gleichmäßig zu, nicht nur demjenigen, welchem die unmögliche Leistung versprochen ist. Der Anspruch geht aber nicht über das Erfüllungsinteresse hinaus.

Ebenso ist der Anspruch begründet, wenn bei teilweiser Unmöglichkeit der Vertrag, soweit die Leistung noch möglich ist, gültig bleibt (**307**). Ob der Vertrag gültig bleibt, soweit die Teilleistung möglich ist, bestimmt sich nach **139** (**L.** § 55). Z. B.:

A hat mit B einen Lizenzvertrag (**L.** § 222 II) bis 31. Dezember 1904 bez. eines Patentes geschlossen, das, wie A wußte, am 18. Februar 1904 ablief. B hatte zur Ausführung des patentierten Verfahrens Maschinen und Materialien mit einem Aufwand von 1000 M. angeschafft. Es lag anfängliche teilweise Unmöglichkeit der Leistung (vom 18. II. bis 31. XII. 1904) vor, und da der nichtige Teil ein erheblicher ist, folgte die Nichtigkeit des ganzen Vertrages (**139**). B hätte seine Kosten von 1000 M. von A ersetzt verlangen können, da A die Nichtigkeit kannte oder kennen mußte, während B sie nicht kannte, auch nicht kennen mußte.

2. Ist die Unmöglichkeit eine vorübergehende, so ist der Vertrag als unter der aufschiebenden Bedingung des Eintrittes der Möglichkeit geschlossen anzusehen, wenn die Parteien auf den Fall der Möglichkeit den Vertrag schließen wollten, was nicht vermutet wird. War der Vertrag unter anderer aufschiebenden Bedingung oder unter Anfangstermin geschlossen, so ist er gültig, wenn die Unmöglichkeit bis zum Eintritt der Bedingung bzw. des Anfangstermines gehoben ist (**308. 2171**).

3. Eine Ausnahme enthalten beim Kauf und verwandten Verträgen **437. 459**, Abs. 2. Vgl. **265**. Auch kann der Schuldner die Garantie für die Möglichkeit übernommen haben. Eine weitere Ausnahme ergibt sich nach **815**: die Rückforderung wegen Nichteintritts des mit der

---

[1]) Kleineidam, Unmöglichkeit und Unvermögen (1901). Kisch, Die Wirkungen der nachträglich eintretenden Unmöglichkeit bei gegenseitigen Verträgen (1901) Titze, Die Unmöglichkeit der Leistung (1900). Fischer, H. A., Ein Beitrag zur Unmöglichkeitslehre (Festschrift der Rost. Juristenfak. für von Amsberg), 1904. Krückmann, Arch. f. d. ziv. Praxis, Bd. 101, S. 1 ff. Rabel, Unmöglichkeit der Leistung (1907).

Leistung bezweckten Erfolges ist nur ausgeschlossen, wenn der Eintritt von Anfang an unmöglich war, und der Leistende das gewußt hat.

C. Im Falle des **anfänglichen Unvermögens des Schuldners** ist der Vertrag gültig. Der Gläubiger kann auf Erfüllung klagen. Stellt sich aber das Unvermögen heraus, so wandelt sich der Anspruch auf Erfüllung in den auf das Erfüllungsinteresse (ZPO. § 254. **283**)[1]).

D. Die Vorschrift in **306** und **308** findet auch auf das einseitige Versprechen und gesetzliche Schuldverhältnis Anwendung, während **307** hier keine Anwendung finden kann.

VI. **Verbotene und unsittliche Leistungen** (**309**).

Ein Schuldverhältnis, dessen Eingehung durch Rechtssatz verboten oder wider die guten Sitten ist, ist nach **134**. **138** nichtig (vgl. **L.** § 54).

Von diesen Bestimmungen wird auch ein Rechtsgeschäft auf eine Leistung, die verboten ist (z. B. Leistung einer verbotenen Sache), oder die an sich unsittlich ist, getroffen.

Ein verbotswidriger Vertrag wird aber behandelt wie ein auf eine unmögliche Leistung gerichteter. Daher kann auch hier der Anspruch auf das negative Vertragsinteresse (**307**) begründet sein, und die Möglichkeit des Wegfalles des Verbotes spielt hier die gleiche Rolle (**308**) wie bei der objektiven Unmöglichkeit der Wegfall der Unmöglichkeit. Auf sittenwidrige Verträge finden **307** und **308** dagegen niemals Anwendung.

§ 74.

Das Wahl- und Gattungsschuldverhältnis.[2])

Eigentümliche Schuldverhältnisse mit zunächst unbestimmtem, aber objektiv bestimmbarem Inhalte sind:

I. **Das Wahlschuldverhältnis** (Alternativobligation).

Unter Wahlschuldverhältnis ist dasjenige Schuldverhältnis zu verstehen, welches den Schuldner verbindet, nach einer zu treffenden Wahl eine von mehreren Leistungen zu erbringen (**262** bis **265**. **307**, Abs. 2). Die mehreren Leistungen können differieren hinsichtlich des Gegenstandes, sie können aber auch auf denselben Gegenstand gerichtet sein und im sonstigen Inhalte (Bedingung, Befristung, Zeit, Ort) auseinandergehen. Alle wahlweise geschuldeten Leistungen sind mit der Begründung des Schuldverhältnisses geschuldet, fraglich ist nur, welcher Gegenstand geleistet wird. Das folgt aus **262**. **263**. Darin liegt der Unterschied von dem bedingten Schuldverhältnis und von der bloßen Wahlbefugnis des Schuldners (facultas alternativa)[3]). Die hier vertretene Auffassung ist die der sog. resolutiven Pendenz. Nach der entgegenstehenden Auffassung (z. B. bei Enneccerus) ist das Schuldverhältnis im Inhalt unbestimmt, aber bestimmbar; der im Rahmen angegebene Inhalt wird durch die Wahl festgestellt. Beide Auffassungen sind mit dem Gesetz vereinbar, nicht aber die der sog. suspensiven Pendenz, nach der das Wahlschuldverhältnis zunächst keinen Inhalt hätte und erst die Wahl einen solchen herstellt. Ein Anwendungsfall des Wahlschuldverhältnisses liegt beim Wahlvermächtnis vor (**2151**. **2154**. **L.** §§ 296. 297).

A. Die zu erbringende Leistung soll durch **Wahl** bestimmt werden. Im Zweifel steht die Wahl dem Schuldner zu. Das gilt auch bei gegenseitigen, beiderseits alternativen Schuldverhältnissen (**262**)[4]). Das Gesetz gibt dem Schuldner die Wahl z. B. in **323**. **325**. Möglich ist die

[1]) Seuff. Arch., Bd. 49, S. 86. 52, S. 150.

[2]) F. Leonhard, Jahrb. f. Dogm., Bd. 41, S. 1ff. F. Litten, Die Wahlschuld (1903). Pescatore, Die Wahlschuldverhältnisse (1905). Stammler, Das Recht der Schuldverhältnisse, S. 134ff. Enneccerus I, 2, §§ 241—244.

[3]) Den Fällen der facultas alternativa (die römische actio noxalis; **251**. **257**. **617**. **738**. **775**. **261**. **528**. **2329**, Abs. 2) ist eigentümlich, daß der Schuldner nur zu einer Leistung verpflichtet ist, daß er sich aber von seiner Leistungspflicht durch Erbringung einer anderen Leistung befreien kann, die er nicht schuldet. Vgl. unten C., Z. 1; Schollmeyer, S. 61. Über die facultas alternativa zugunsten des Gläubigers vgl. **L.** § 76. III. B. Vgl. Enneccerus I, 2, § 244.

[4]) Schollmeyer, S. 62. A. M. Planck zu **262**, Z. 2.

Einräumung der Wahl durch Parteibestimmung oder auch durch Rechtsvorschrift an den Gläubiger (**340**. **342**) und an Dritte. Im letzteren Falle finden die Bestimmungen in **317**—**319** Anwendung (**L.** § 73).

Das Wahlrecht ist ein G e s t a l t u n g s r e c h t, aber kein höchst persönliches Recht, es geht vielmehr auf Einzel- und Gesamtnachfolger des Wahlberechtigten über (Abtretung, Schuldübernahme, Erbfolge). Das Wahlrecht ist also als Inhalt des Schuldverhältnisses mit diesem begründet. Daher sind auch, solange nicht die Einschränkung auf die eine Leistung eingetreten ist, beide Teile bezüglich aller Leistungen gehalten, das Wahlrecht des Gegners nicht zu beeinträchtigen.

B. **Die Ausübung der Wahl** erfolgt durch Erklärung des Wahlberechtigten in Kenntnis seines Wahlrechtes dem anderen Teile gegenüber (**315**)[1]).

1. Durch Rechtsgeschäft kann die dispositive Vorschrift geändert, folglich auch bestimmt werden, daß zum Vollzuge der Wahl V e r t r a g erforderlich ist, wie nach der Regel des gemeinen Rechtes, oder erst die B e w i r k u n g d e r L e i s t u n g.

2. S t i l l s c h w e i g e n d e Ausübung der Wahl liegt vor, falls eine Leistung, wenn auch nur teilweise, vom wahlberechtigten Schuldner vollzogen ist (anders nach gem. Recht), oder falls der wahlberechtigte Gläubiger eine der Leistungen, wenn auch nur teilweise, angenommen oder auf e i n e Leistung geklagt hat.

3. Ist in Unkenntnis des Wahlrechtes, die auch vorliegt, wenn der Wahlberechtigte den Charakter des Schuldverhältnisses als Wahlschuldverhältnis nicht kennt und kumulativ verpflichtet zu sein glaubt, geleistet, so tritt die Kondiktionshilfe ein (**812** ff.). Hat er die Wahlerklärung im Irrtum oder infolge arglistiger Täuschung abgegeben, so kann er sie anfechten (**119**. **122**).

4. Die getroffene Wahl ist anders als im römischen Recht, unabänderlich (**315**). Das Schuldverhältnis beschränkt sich auf die gewählte Leistung, und es ist so anzusehen, als sei diese von Anfang an allein geschuldet. Diese Beschränkung tritt ein zu Lasten wie zugunsten des Schuldners.

5. Bedingte oder befristete Wahl ist unwirksam (**L.** § 58. V, A, 2.).

C. **Der Einfluß der Nichtausübung des Wahlrechtes und des Verzuges** (**264**).

Eine Verpflichtung zur Ausübung des Wahlrechtes besteht nicht, auch im Falle des Verzuges geht das Wahlrecht nicht verloren.

1. Der wahlberechtigte Schuldner verliert durch seinen Verzug nicht das Wahlrecht, er kann es auch noch im Laufe des Prozesses ausüben. Der Gläubiger muß daher alternativ klagen und erreicht nur eine alternative Verurteilung des Schuldners. Macht der Schuldner auch jetzt von seinem Wahlrecht keinen Gebrauch, so geht nach gem. R. sein Wahlrecht unter und auf den Gläubiger über. Das BGB. behandelt den Schuldner nachsichtiger. Nach Beginn der Zwangsvollstreckung geht zwar sein Wahlrecht unter, der Gläubiger kann jetzt die Zwangsvollstreckung auf einen oder den anderen Gegenstand richten, er hat also die Wahl, und die Beschränkung tritt infolge der Ausübung der Wahl ein. Hinsichtlich der vom Gläubiger gewählten Leistung besteht Leistungsverzug des Schuldners mit seinen Folgen (**287**). Solange aber der Gläubiger die gewählte Leistung nicht wenigstens teilweise erhalten hat, kann sich der Schuldner immer noch durch Bewirkung einer der anderen Leistungen befreien. Das Wahlrecht des Schuldners schwächt sich daher im Momente der Inszenierung der Zwangsvollstreckung zu einer Wahlbefugnis (facultas alternativa) ab (**264**, Abs. 1). Fordert der Gläubiger eine der Leistungen, so hat der Schuldner den Beweis zu erbringen, daß er sein Wahlrecht ausgeübt hat, ehe die Zwangsvollstreckung begonnen hatte[2]).

---

[1]) Über den Fall der Gläubiger- oder Schuldnermehrheit (**L.** § 102).

[2]) Nach E n n e c c e r u s u. a. geht das Wahlrecht nicht auf den Gläubiger über, der Schuldner bleibt auch in der Zwangsvollstreckung wahlberechtigt, aber beschränkt, weil er nur durch tatsächliches Angebot einer der anderen Leistungen die Wahl ausüben kann.

2. Auch der wahlberechtigte Gläubiger verliert das Wahlrecht nicht durch Verzug[1]), und es geht nicht schlechthin auf den Schuldner über. Der Schuldner kann aber den Übergang auf sich herbeiführen, indem er den Gläubiger unter Bestimmung einer angemessenen Frist auffordert, das Wahlrecht auszuüben. Die Fristsetzung kann schon mit dem Angebot der Leistung erfolgen[2]). Läßt der Gläubiger diese Frist verstreichen, so geht mit Ablauf der Frist das Wahlrecht auf den Schuldner über. Die Aufforderung erfolgt ohne Mitwirkung des Gerichtes (vgl. **283**. **633**. **1133**. **250**). Die Tatsache der Aufforderung und die Angemessenheit der Frist unterliegen selbstverständlich, im Falle sie bestritten werden, der richterlichen Beurteilung. Mit der Wahl des Schuldners erstrecken sich auch die Folgen des Empfangsverzuges auf die gewählte Leistung (**264**, Abs. 2).

D. **Der Einfluß der Unmöglichkeit der Leistung** bestimmt sich nach der dispositiven Vorschrift in **265**:

1. Sind einige der wahlweise geschuldeten Leistungen von Anfang an unmöglich, so beschränkt sich das Schuldverhältnis auf die übrigen. Es kann aber nach **307** der Anspruch auf das negative Vertragsinteresse begründet sein. Sind sämtliche Leistungen von Anfang an unmöglich, so ist das Schuldverhältnis nichtig.

2. Werden nach Begründung des Schuldverhältnisses einige der wahlweise geschuldeten Leistungen infolge von Umständen, die weder der Wahlberechtigte noch der andere Teil oder die der Nichtwahlberechtigte nicht zu vertreten hat, gänzlich unmöglich, so tritt gleichfalls Einschränkung ein; werden alle Leistungen in dieser Weise unmöglich, so wird der Schuldner befreit (**323**).

a) Die Einschränkung ist demnach überall da ausgeschlossen, wo der Gegner des Wahlberechtigten durch seine Schuld das Wahlrecht des anderen Teiles verkümmert. Es ergeben sich zwei Möglichkeiten:

Erster Fall: der Schuldner hat die Wahl, den Gläubiger trifft die Schuld. Der Schuldner kann auch die unmöglich gewordene Leistung wählen. Tut er das, so wird er nach **275**, Abs. 1 frei (vgl. **324**, Abs. 1).

Zweiter Fall: der Gläubiger hat die Wahl, den Schuldner trifft die Schuld. Der Gläubiger kann die übriggebliebene oder das Interesse an der unmöglich gewordenen Leistung verlangen (**280**).

b) Tritt aber infolge Verschuldens des Wahlberechtigten Einschränkung ein, so sind wieder zwei Fälle zu unterscheiden:

Erster Fall: der Gläubiger ist wahlberechtigt und hat die Unmöglichkeit verschuldet. Es tritt die Einschränkung ein, und der Gläubiger kann nur unter den noch möglichen Leistungen wählen. Möglich ist es, daß der Gläubiger außerdem schadensersatzpflichtig ist. Nach dem Gesetz ist es ausgeschlossen, daß der Gläubiger die durch seine Schuld unmöglich gewordene Leistung wählt und sich so von der Schadensersatzpflicht befreit.

Zweiter Fall: der Schuldner ist wahlberechtigt und vertretungspflichtig. Es tritt lediglich die Einschränkung ein.

II. **Das Gattungsschuldverhältnis** (Genusobligation) (**243**. HGB. § 360).

Beim Gattungsschuldverhältnis handelt es sich um die Verpflichtung des Schuldners, eine nur der Gattung nach bestimmte Sache zu leisten[3]). Den Gegensatz bildet die Speziesschuld, d. h. die Verpflichtung zur Leistung einer individuell bestimmten Sache.

A. Die Sachen sind der Gattung nach bestimmt, also nach Gattungsmerkmalen. Der Kreis der nach Gattungsmerkmalen bezeichneten Sachen kann noch enger begrenzt sein durch Angabe einer individuellen Menge solcher Sachen (ein beliebiges Schaf aus einer individuell bestimmten Herde — eine Quantität aus einem individuell bestimmten Vorrat). In diesen

---

[1]) Wie der Gläubiger bei Wahlschuldverhältnissen in Verzug gesetzt werden kann, ergibt sich aus **2**. § 80.

[2]) So Schollmeyer, S. 67. A. M. Planck zu **264**, Z. 3.

[3]) Die auf Gegenstände anderer Art als Sachen oder Rechte gerichteten Gattungsschuldverhältnisse folgen anderen Regeln. Bei Schuldverhältnissen auf Arbeiten oder Dienste kommt es darauf an, ob sie vom Schuldner in Person geleistet werden müssen oder auch von anderen geleistet werden können, d. h. vertretbare sind. Vgl. M. II, S. 10f.

Fällen liegen entweder den Gattungsschuldverhältnissen in dem entscheidenden Punkte gleich zu behandelnde Schuldverhältnisse vor oder Wahlschuldverhältnisse. Für die Unterscheidung ist der Wortgebrauch nicht entscheidend, sondern die Intention der Parteien. Kommt es ihnen auf die einzelnen Individuen in der Menge an, so ist Wahlschuldverhältnis anzunehmen, dagegen Gattungsschuld, wenn durch Angabe des Vorrates nur die besondere Gattung näherbestimmt werden sollte, und der Vorrat auch objektiv eine besondere Gattung darstellt und vertritt[1]). Diese Gattungsschuld wird dann als gemischte, begrenzt generelle oder beschränkt generelle bezeichnet im Gegensatz zur reinen.

B. Das Gattungsschuldverhältnis ist kein bedingtes, weil auch hier die Verpflichtung des Schuldners feststeht. Es unterscheidet sich vom Wahlschuldverhältnis dadurch, daß bei dem letzteren von vornherein mehrere Leistungen zur Wahl stehen, während beim Gattungsschuldverhältnis nur eine Leistung bestimmt ist, deren Gegenstand in seiner Individualität festgestellt werden muß.

C. Der Schuldner hat auch bei der Gattungsschuld die Auswahl zu treffen, wenn sie nicht ausdrücklich oder stillschweigend dem Gläubiger[2]) eingeräumt ist. In jedem Falle hat der Schuldner aus der vertragsmäßigen Gattung Stücke mittlerer Art und Güte zu leisten[3]), wenn nichts anderes bestimmt ist. Der Gläubiger ist somit berechtigt, selbst beste Art und Güte zurückzuweisen. Die geleisteten Stücke müssen mangelfrei sein. Wegen der Mängel kann der Gläubiger in gewissen Fällen nicht nur, wie bei Spezialschuldverhältnissen, Wandlung und Minderung, sondern auch Lieferung mangelfreier Stücke verlangen (**480**. **491**. **524**. **651**. **2183**).

D. **Die Konzentration.** Sehr wichtig ist die Frage, wodurch sich die Gattungsschuld auf individuelle Sachen konzentriert und nun als Speziesschuld erscheint. Nach gemeinem Recht standen sich die Lieferungstheorie (Jhering) und die Ausscheidungstheorie (Thöl) gegenüber. Nach dem BGB. gilt folgendes: selbstverständlich ist, daß der Schuldner durch Übergabe des geeigneten Objektes frei wird. Darin liegt Konzentration des Schuldverhältnisses und seine Aufhebung.

Vor der Übergabe tritt die Konzentration ein

1. durch einseitige Bestimmung des zur Wahl Berechtigten gegenüber dem anderen Teile, wenn ihr im Rechtsgeschäft diese Bedeutung beigelegt ist,

2. durch Vertrag der Parteien, die die Gattungsschuld in eine Speziesschuld verwandelt hat,

3. aber auch dadurch, daß der Schuldner das zur Leistung einer geeigneten Sache seinerseits nach dem konkreten Schuldverhältnisse Erforderliche getan hat, d. h. also, sobald er den Gläubiger in Ausnahmeverzug gesetzt hat (**300**, Abs. 2), oder, falls der Schuldner auf Verlangen des Gläubigers die Sachen an den Gläubiger übersendet, sobald er dieselben dem Spediteur oder Frachtführer usw. ausgeliefert hat und so die Gefahr auf den Gläubiger übergegangen ist (**243**. **300**, Abs. 2. **447**)[4]).

4. Infolge der Konzentration auf individuelle Sachen darf der Schuldner diese nicht mehr durch andere ersetzen, es träfe denn **226** und **242** zu[5]). Die Gefahr dieser Sachen geht auf den Gläubiger über, während sie bisher der Schuldner trug (**279**. **275**). Z. B.:

A hat sich B zur Lieferung von 300 m gebrauchter Schienen bestimmter Höhe und Schwere verpflichtet, er hat das Quantum an B übersandt, B hat die Annahme verweigert. A verkauft das Quantum anderweit und verlangt von B unter Angebot des Quantums gleicher Beschaffenheit den Kaufpreis. A ist im Recht, die Berufung des B auf **243**, II verstieße gegen Treu und Glauben.

---

[1]) Ähnlich Dernburg, a. a. O., II, § 11, II, und § 45, II. Vgl. zu dieser alten Streitfrage Schollmeyer, S. 7f, Kisch, W., Gattungsschuld und Wahlschuld (1912).

[2]) Z. B. Verkauf eines Leonberger Hundes aus dem Zwinger des Verkäufers nach Wahl des Käufers. Vgl. RG. 14, S. 244. 30, S. 102.

[3]) Vgl. HGB. § 360; Ausnahme beim Gattungs-Vermächtnis: **2155**.

[4]) H. A. Fischer, Jahrb. f. Dogm., Bd. 51, S. 159ff.

[5]) Abweichend u. a. Schollmeyer, S. 13f.

E. **Der Einfluß der Unmöglichkeit der Leistung.**

1. Die Leistung kann mit Rücksicht auf die Gattung von Anfang an unmöglich sein; dann tritt Befreiung des Schuldners ein.

2. Anfängliche subjektive Unmöglichkeit (subj. Unvermögen) hat auch hier keine befreiende Wirkung. Bei nachträglicher Unmöglichkeit, gleichviel ob objektiver oder bloß subjektiver, sollte der Schuldner nach der Regel frei werden, wenn er nachweist, daß ihn kein Verschulden trifft. Aber diese Regel wird durchbrochen: Unverschuldetes nachfolgendes Unvermögen befreit den Schuldner nicht, solange die Gattung noch besteht. Er kann sich hier nicht damit entschuldigen, daß ihm die Beschaffung der Sachen nicht möglich ist. Unverschuldete nachfolgende Unmöglichkeit befreit. Sie liegt namentlich vor, wenn die ganze Gattung untergegangen ist. Es genügt aber auch, wenn aus der Gattung trotz ihrer Fortexistenz die Leistung unmöglich geworden ist, z. B. jemand verkauft 100 deutsche Schweine ins Ausland, darauf wird die Ausfuhr verboten (genus perire non censetur — species perit ei cui debetur). Man wird auch dem nachfolgenden Unvermögen die gleiche Wirkung beilegen, wenn es mit der Natur der Schuld als Gattungsschuld in keinem Zusammenhang steht, z. B. der Schuldner kann nicht leisten, weil er bei der Mobilmachung sich stellen muß.[1]) Nach der Einschränkung wird die Gattungsschuld wie die Speziesschuld behandelt; z. B.:

A kauft von B, dem Besitzer einer Mühle, eine Quantität Weizenmehl Nr. 00. Nachdem ein Teil geliefert ist, brennt die Mühle des B ab. B meint, von seiner Leistungspflicht frei zu sein, weil Lieferung „aus seiner Mühle" versprochen sei, während A behauptet, es sei marktgängige Ware versprochen. Da letzteres an sich anzunehmen ist, hätte B zu beweisen, daß Lieferung „aus der Mühle des B" bedungen sei.

Vereitelt der Schuldner die Leistung schuldhafterweise, so haftet er nach den allgemeinen Grundsätzen (**280**).

§ 75.

Besondere Gegenstände der Leistung. 1. Die Geldschuld.[2])

Das Geld kann in verschiedenem Sinne Gegenstand der Leistung sein.

Geht das Schuldverhältnis auf Leistung individuell bestimmter Geldstücke, so ergibt sich eine **Speziesschuld**, geht es auf Leistung einer Menge von Stücken einer bestimmten Münzsorte, und ist das Interesse des Gläubigers auf die Sorte, nicht auf den durch die bedungene Menge dargestellten Wert gerichtet, so liegt ein Gattungsschuldverhältnis oder eine **reine, ausschließliche Geldsortenschuld** vor. Vgl. **L.** § 74, II. Ist aber das Schuldverhältnis gerichtet auf Leistung einer Geldsumme, d. h. einer Quantität derjenigen Sachen, welche die Funktion haben, als allgemeiner Wertmesser zu dienen, so haben wir die **eigentliche Geldschuld.** Die eigentliche Geldschuld kann dann wieder eine **reine Geldschuld** sein.

1. Diese wird ausgedrückt durch Bezeichnung einer Menge bestimmter Münzen, usueller oder Währungsmünzen, im letzteren Falle in der Regel durch Bezeichnung einer Menge der Währungsgrundmünze, z. B. 1000 M. oder auch anders, 100 Kronen deutscher Reichswährung. Die genannte Münzgattung dient hier lediglich zur Bezeichnung der abstrakten Geldsumme, und diese kann anders als durch Nennung irgendeiner Münzsorte nicht ausgedrückt werden;

2. mit der Nennung der Münzsorte kann sich aber das weitere Interesse kundgeben, daß die bezeichnete Geldsumme in dieser Sorte geleistet werden soll. Es kann auch die Geldschuld in anderer Münzsorte gezahlt werden sollen als in der sie ausgedrückt ist. Diese Modalität der Zahlung macht die Geldschuld zur sog. **uneigentlichen Geldsortenschuld.**

I. Auf die **eigentliche Geldschuld** finden die Grundsätze des einheimischen Rechtes Anwendung, sobald die Geldschuld im Inlande zahlbar ist, mag sie auch im Auslande entstanden

---

[1]) Oertmann, Arch. f. bürgerl. R., Bd. 12 (1897), S. 284. A. M. Ubbelohde, Arch. f. d. ziv. Praxis., Bd. 85 (1896), S. 121 ff.

[2]) Vgl. **L.** § 37, Note 1. Koch, Beitr., H. 4, S. 3. 14 ff. Peiser, Der rechtl. Inhalt einer Geldschuld (Dissert. 1897).

sein. Auf Geldschulden, die im Auslande zu erfüllen sind, findet das ausländische Recht Anwendung. Daher kann eine im Inlande zahlbare Geldschuld in deutscher Währung gezahlt werden, mag auch die Geldschuld im Auslande begründet sein und auf ausländische Währung lauten (**244**).

1. Selbstverständlich ist die Zahlung in deutscher Währung, wenn schon der Inhalt der Verpflichtung auf deutsche Währung lautet. Das ist auch der Fall, wenn eine Geldschuld ohne nähere Bezeichnung derselben übernommen wird (z. B. jemand verpflichtet sich, Ersatz zu leisten, ohne daß die Summe näher fixiert ist). Der Betrag der Geldschuld bemißt sich nach dem Nennwert der Währungsmünze. Der Gläubiger hat die Währungsmünze zum Nennwerte zu nehmen.

2. Wird die nach Einführung der Reichswährung begründete Geldschuld ausgedrückt in früheren inländischen oder Rechnungswährungen (Taler-, Guldenwährung, usw.), so erfolgt die Zahlung in Reichswährung. Ist die Geldschuld vor der Einführung der Reichswährung entstanden und hätte sie damals in einer inländischen Währung oder in einer landesgesetzlich den inländischen gleichgestellten ausländischen Münze erfüllt werden müssen, so ist ebenfalls in Reichswährung zu leisten. In beiden Fällen findet eine näherbestimmte Umrechnung statt. Mit der Einführung der Reichswährung sind alle diese Geldschulden in Schulden auf Reichswährung gesetzlich umgewandelt, und in solchen Fällen sollen gerichtliche und notarielle Urkunden und richterliche Entscheidungen, soweit sie auf eine Geldsumme lauten, auf Reichswährung lauten[1]).

3. Ist die Geldschuld in ausländischer Währung ausgedrückt, so kann vom Schuldner in Reichswährung geleistet werden (**244**, Abs. 1). Der Schuldner hat also die Wahl, der Inhalt der Verpflichtung ändert sich nicht; aber wenn der Schuldner Reichswährung wählt, kann der Gläubiger nicht ablehnen (Verzug)[2]). Zahlt der Schuldner in Reichswährung, so ist der Betrag der Schuld umzurechnen. Maßgebend ist dann der Kurswert der ausländischen Münze zur Zeit der Zahlung und am Zahlungsort. Wird am Zahlungsort ein Kurs nicht notiert, so ist der am nächsten Börsenplatze notierte Kurs maßgebend (**244**, Abs. 2). Parteibestimmung kann diese Vorschriften außer Anwendung setzen: so kann dem Schuldner eingeräumt sein, an Stelle der Währung in usuellem Gelde zu zahlen, in Scheidemünze über den gesetzlichen Betrag hinaus, in Papiergeld. Währungsmünze wird dann zum Nennwerte, andere Münze zum Kurswert, Papiergeld möglicherweise zum Kurs- oder zum Nennwert vom Gläubiger zu nehmen sein.

II. **Uneigentliche Geldsortenschuld.** Die Parteien können die Geldsorte bestimmt haben, in der zu leisten ist. In der Nennung einer bestimmten Münzsorte allein liegt dieser Wille noch nicht genügend ausgedrückt, da anders als durch Angabe einer bestimmten Geldsorte die Geldschuld nicht ausgedrückt werden kann. Es bedarf einer ausdrücklichen Bestimmung, wenn die Zahlung in ausländischer Währung allein erfolgen soll (**244**, Abs. 1)[3]). Die Parteivereinbarung kann auch dahin gehen, daß in bestimmten inländischen Währungsmünzen zu leisten ist (in Gold statt in Silber), oder in inländischem oder ausländischem Papier. Dann braucht die Bestimmung keine ausdrückliche zu sein.

1. Derartige Vereinbarungen sind gültig, soweit nicht ein Umlaufsverbot besteht.

2. Der Schuldner ist verpflichtet, in der betreffenden Geldsorte zu leisten.

3. Ist die Geldsorte zur Zeit der Zahlung nicht mehr im Umlauf, so liegt bez. der Zahlungsfestsetzung zufällige Unmöglichkeit der Leistung vor. Es kommt nicht darauf an, daß die Geldsorte nicht mehr vorhanden ist, sondern nur darauf, daß sie nicht mehr im Umlauf ist, und zwar allgemein, nicht etwa bloß am Zahlungsort; der Schuldner wird nicht befreit, wenn die Geld-

---

[1]) RMünzGes. § 15. Alle Bestimmungen des § 15 beziehen sich nur auf Währungen, die gesetzliche Geltung hatten zur Zeit der Einführung der Reichswährung. Über die Behandlung der Fälle, in denen die Geldschuld auf noch ältere Währung lautet, vgl. Mandry-Geib, S. 230f.

[2]) A. M. Endemann, S. 680, Note 7.

[3]) Ist die Schuld in inländischer Währung ausgedrückt, aber in ausländischer Währung zahlbar, so hat eine Umrechnung stattzufinden gemäß **244**, Abs. 2.

sorte noch im Umlaufe, aber von ihm nur mit großen Kosten beschafft werden kann. Wird der Schuldner von der Zahlung in der Geldsorte befreit, so hat er so zu leisten, als wenn die Bestimmung nicht getroffen wäre (**245**). Ist bei oder nach der Schuldbegründung Zahlung in bestimmter Währung an sich oder durch die Parteien bestimmt, zur Zeit der Zahlung aber die Währung geändert, so soll z. B. in Silberwährung gezahlt werden, zur Zeit der Zahlung herrscht aber Goldwährung, so ist in Ermanglung gesetzlicher Bestimmung vom Schuldner der Betrag, auf dem die Schuld zur Zeit der Währungsänderung, nicht zur Zeit der Schuldbegründung oder der Fälligkeit lautete, in der geltenden Währung zu leisten. Für diese Zeit ist z. B. das Wertverhältnis von Gold und Silber zugrunde zu legen.

III. Auf die Geldschuld finden mehrere besondere Bestimmungen Anwendung: z. B. **270** (Erfüllungsort), **288** (Verzugsfolgen), **301** (Aufhören der Verzinsung bei Verzug des Gläubigers), **372** (Erfüllung durch Hinterlegung), **948** (Vermengung), **935** (gutgläubiger Erwerb), **1113**. **1191** (Hypothek und Grundschuld können nur für eine bestimmte Geldforderung eingetragen werden), **1228** (Verkauf des Faustpfandes ist erst zulässig, wenn es sich um eine Geldforderung handelt).

§ 76.

2. Die Schadensersatzschuld.[1])

I. **Schaden** ist jeder Nachteil, den wir an unserem Vermögen oder an anderen Gütern erleiden (Vermögensschaden, Schaden anderer Art). Der Vermögensschaden ist die Differenz zwischen dem Stande des Vermögens vor und nach dem Eintritt eines bestimmten Ereignisses. Jeder Schaden führt sich zurück auf bestimmte positive oder negative Tatsachen. Zum Schadensersatz verpflichtet sein, heißt für den Erfolg dieser positiven oder negativen Tatsachen einstehen müssen.

II. Die **Schadensersatzpflicht** kann durch ein besonderes Rechtsgeschäft (z. B. Schadensversicherungsverträge) übernommen sein, oder sie ist eine gesetzliche in dem Sinne, daß das Gesetz sie anknüpft an andere nicht rechtsgeschäftliche Tatbestände. Ein Hauptfall der gesetzlichen Schadensersatzpflicht ist die infolge unerlaubten Verhaltens (Verletzung bestehender privatrechtlichen Verbindlichkeiten — Delikte) eintretende. Ersatz des Schadens ist übrigens nicht nur möglicher Inhalt eines Schuldverhältnisses; auch mit dinglichen Ansprüchen kann Schadensersatz verlangt werden.

III. Die Erfüllung der Schadensersatzpflicht.

Am sichersten würde der Schadensersatzpflicht genügt werden durch Herstellung des Zustandes, wie er ohne das entscheidende Ereignis bestehen würde (**249**, vgl. **12**). Weder bei Vermögens- noch bei anderen Schäden ist die Herstellung immer möglich. Der Schadensersatzpflicht wird dann genügt durch Leistung eines Äquivalentes, besonders durch Geldleistung.

Die **Herstellung** ist nicht beschränkt auf den Fall der Sachbeschädigung, sondern findet auch Anwendung auf sonstige restituierbare Gegenstände. Herstellung bedeutet nicht die Herbeiführung des identischen, sondern eines wirtschaftlich äquivalenten Zustandes etwa auch durch Lieferung eines anderen Stückes der Gattung. Die **Geldentschädigung** wird in gewissen Fällen geleistet durch eine Rentenleistung (**843**. **845**. **913**. **917**. Reichshaftpflichtgesetz § 7).

A. Bei Nichtvermögensschäden kann regelmäßig eine Herstellung[2]), Ersatz in Geld nur ausnahmsweise gefordert werden (**847**. **253**. **1300**)[3]). Es handelt sich hier um eine Genugtuung in Geld, die sich nach den konkreten Umständen, besonders nach den Verhältnissen

---

[1]) Zitelmann, Beitr., H. 9/10, S. 20. 26. 140ff. 181. Stammler, Das Recht der Schuldverhältnisse, S. 122ff. 227f. H. A. Fischer, Der Schaden (1903).

[2]) Bei der Herabsetzung einer Konventionalstrafe (**343**, Abs. 1) vernotwendigt sich aber auch die Schätzung eines Nichtvermögens-Interesses, ebenso bei Feststellung des Finderlohnes (**971**).

[3]) Die Bestimmungen über die Buße bleiben erhalten (z. B. StrGB. §§ 188. 231). Weitere Fälle in den Reichsgesetzen betr. d. Immaterialgüterrecht.

der Beteiligten verschieden bemißt. Genugtuung ist aber nur da zu gewähren, wo eine Verletzung fremder Persönlichkeit in solchen Gütern vorliegt, die einer allgemeinen objektiven Wertschätzung unterliegen (Leben, Ehre, Gesundheit), nicht bei bloß subjektiv empfundenen Beeinträchtigungen. Unrichtig wäre es aber, wollte man bei Feststellung der Genugtuung nur rein pekuniäre Momente berücksichtigen. Der Zweck der Genugtuung macht den Anspruch zu einem nicht übertragbaren und unvererblichen, solange er nicht anerkannt oder rechtskräftig festgestellt ist. Wo die Herstellung nicht möglich ist, und zugleich der Geldersatz nicht eingreift, fällt daher jeder Schadensersatzanspruch fort[1]).

B. Bei Vermögensschäden hat der Ersatzpflichtige ebenfalls in erster Linie den früheren Zustand wiederherzustellen, während nach röm. R. Geldersatz an erster Stelle steht. Ist die Herstellung unmöglich, oder würde dem Interesse des Geschädigten so nicht voll genügt werden können, so tritt die Entschädigung in Geld ein, z. B. bei dem Schaden durch Verzögerung der Leistung (**251**, Abs. 1). Dieser Grundsatz wird aber durchbrochen.

1. Neben dem Anspruch auf Wiederherstellung hat der Gläubiger nach seiner Wahl den Anspruch auf die zur Wiederherstellung erforderliche Geldsumme, wenn wegen Verletzung der Person oder wegen Beschädigung einer Sache Schadensersatz zu leisten ist. Wählt der Gläubiger die Wiederherstellung, so verliert er den Anspruch auf Geldentschädigung in der Höhe der Wiederherstellungskosten. Hierin liegt eine sogen. facultas alternativa zugunsten des Gläubigers[2]), d. h. der Gläubiger hat aus dem gleichen Tatbestande in erster Linie den Anspruch auf Herstellung, in zweiter Linie den auf Geldentschädigung, der bedingt ist durch das Wollen des Gläubigers (**249**).

2. Es liegt im Interesse des Gläubigers, eher als es der regelmäßige Weg (**283**) ermöglicht, darüber Gewißheit zu erlangen, ob die Herstellung oder Geldersatz erfolgt. Der Gläubiger kann deshalb in allen Fällen dem Ersatzpflichtigen eine angemessene Frist setzen zur Wiederherstellung mit der Erklärung, daß er nach Ablauf dieser Frist die Wiederherstellung ablehne. Erfolgt die Herstellung nicht rechtzeitig, so kann der Gläubiger nur noch Geldentschädigung verlangen. Nicht nur der Schuldner, sondern auch der Gläubiger hat den Anspruch auf Wiederherstellung verwirkt (**250**). War die gesetzte Frist zu kurz, so ist sie unwirksam gesetzt[3]). Wirksam ist aber die Setzung der Frist als einer angemessenen, ohne daß der Gläubiger sie der Dauer nach bestimmt.

3. Der Ersatzpflichtige kann (facultas alternativa), wenn die Herstellung des Zustandes nur mit unverhältnismäßigen Kosten möglich ist, den Gläubiger in Geld entschädigen (**251**, Abs. 2)[4]).

IV. **Der Umfang der Schadensersatzpflicht**[5]).

A. Zum Schaden (Interesse, id quod interest) gehört:

1. Die **positive Vermögenseinbuße** (damnum emergens). Diese schließt in sich den gemeinen objektiven Wert (Kaufwert, Marktwert) des geschädigten oder entzogenen Gutes (vera rei aestimatio) und den subjektiven Wert desselben, d. h. den Wert, den das Gut für die Person des Gläubigers hat. Dazu gehört als damnum extra rem z. B. eine Vertragsstrafe. Bei Feststellung des subjektiven Wertes kommen aber wie im röm. Recht bloße Vorliebe und Laune des Geschädigten niemals in Betracht (Affektionsinteresse).

2. **Der entgangene Gewinn** (lucrum cessans). Nicht jeder mögliche Gewinn kommt hier in Betracht, sondern nur ein solcher, der dem Geschädigten auch wahrscheinlich zugegangen wäre.

---

[1]) Vgl. Hellmann, Krit. V.J.Schr., Bd. 41 (1899), S. 235.

[2]) Andere Fälle: **280**, Abs. 2. **281**. **286**, Abs. 2. **340**. **843**, Abs. 3. **1345—1347**. Schollmeyer, Seite 61.

[3]) Enneccerus I, 2, S. 45.

[4]) Vgl. RBörsengeſ. vom 22. Juni 1896, § 44, Abs. 2.

[5]) Der Umfang der Schadensersatzpflicht hängt da, wo sie sich auf schuldhaftes Handeln stützt, nicht vom Grade der Schuld ab, weder nach BGB. noch durch ZPO. § 287. Stammler, a. a. O., S. 123, Note 7. Anders HGB. §§ 430ff. 611ff.

Die Wahrscheinlichkeit, die hier nur verlangt werden kann, liegt vor, wenn nach dem gewöhnlichen Laufe der Dinge oder nach den getroffenen Anstalten und Vorkehrungen der Gewinn zu erwarten war (**252**)[1]. Daß nur rechtlich und sittlich erlaubte Vorkehrungen in Betracht kommen, ist selbstverständlich; z. B.:

A hat mit B einen Vertrag auf Lieferung von 1500 Maschinen eines patentierten Systems geschlossen. Nachdem B weder innerhalb der verabredeten Lieferfrist noch in der von A ihm gesetzten Nachfrist geliefert hat, fordert A Schadensersatz, indem er einen bestimmten Verkäuflichkeitswert zugrunde legt und behauptet, daß ihm an jeder Maschine ein Gewinn von 5 M. entgangen sei. Die abstrakte Schadensberechnung des A ist, den ursächlichen Zusammenhang vorausgesetzt, die richtige.

B. Im rechtsgeschäftlichen Verkehr ist der Gegensatz von **positivem und negativem Geschäfts-, besonders Vertragsinteresse** von Bedeutung (**122. 179. 307. 309.** Vgl. **L.** § 52. III.).

1. Das positive Geschäftsinteresse umfaßt alle die Vorteile, die jemand aus dem vollwirksamen Geschäfte erwachsen wären;

2. das negative dagegen das, was man gehabt hätte, wenn man auf den vollwirksamen Abschluß des Geschäftes, der sich als Schein erweist, nicht vertraut hätte, auf den man vertrauen durfte (Auslagen für Abschluß und Vermittelung des Geschäftes usw.).

C. In Ausnahmefällen wird der Umfang der Schadensersatzpflicht vom Gesetz beschränkt. So in **1298. 1299. 122. 847. 179**, Abs. 2. **307**. In anderen Fällen wird, ohne daß es eines besonderen Nachweises des Schadens bedarf, der Schadensersatz in bestimmtem Umfange gesetzlich fixiert, **288. 290. 849. 340**, Abs. 2.

D. Die Berechnung des Schadens kann nur mit Rücksicht auf einen bestimmten Ort und eine bestimmte Zeit erfolgen. Als Ort ist regelmäßig der Erfüllungsort, bei Sachbeschädigungen der Ort, an dem sich die Sache zur Zeit der Verletzung befand, zugrunde zu legen. Als Zeit der Berechnung kommt bei Schadensersatzforderungen aus Delikt die Zeit der Verletzung in Betracht, es müssen aber Vergrößerungen und Minderungen des Schadens durch spätere Ereignisse bis zum Urteil Berücksichtigung finden; bei Schadensersatzforderungen wegen Nichterfüllung ist der Zeitpunkt des Urteiles maßgebend, der Gläubiger kann aber auch schlechthin auf die Zeit des Verzuges zurückgreifen. Ist aber schon vor dem Urteil durch schuldhaftes Handeln Unmöglichkeit der Leistung eingetreten, so ist dieser Zeitpunkt maßgebend wie bei den Verletzungen durch Delikt[2].

V. Es muß **ursächlicher Zusammenhang** zwischen der entscheidenden Tatsache und dem eingetretenen Schaden vorliegen. Ist z. B. die Schadensersatzpflicht an eine schuldlose oder schuldhafte (vorsätzliche oder fahrlässige) Handlung des Ersatzpflichtigen geknüpft, so muß demnach der ursächliche Zusammenhang zwischen dieser Handlung und dem Schaden vorliegen. Die Kausalität wird nicht vermutet, ihr Beweis unterliegt aber freier richterlichen Würdigung. Wann ist aber ein bestimmtes Ereignis als Ursache eines eingetretenen Erfolges zu betrachten?

1. Ursache des Erfolges in philosophischem Sinne ist jedes Ereignis, das ihn bewirkt hat, Bedingung seines Eintrittes gewesen ist. Wohl niemals wird hier ein einzelnes Ereignis, sondern eine Mehrheit von Ereignissen vorliegen. Stößt A den B zu Boden, und dieser stirbt, weil er hochgradig herzkrank ist, so sind Ursache des Todes des B die Handlung des A, der Sturz des B und seine körperliche Beschaffenheit. Wendet man diesen Kausalitätsbegriff im Zivil- und Strafrecht an, so heißt das, daß alle Ereignisse, die eine Bedingung des Erfolges setzen, als Ursachen des Erfolges, z. B. des Schadens im juristischen Sinne zu betrachten sind, im Beispiele auch die Handlung des A. (So die Rechtsprechg. des RG. in Strafsachen, v. Buri, v. Liszt.)

2. Nach überwiegender Ansicht ergibt aber die Auslegung der Rechtsvorschriften, daß sie als Ursache nur eine bestimmte Bedingung des Erfolges, also einen Ausschnitt aus der Kausal-

---

[1]) Der Sinn der Bestimmung ist der, daß der Ersatz des entgangenen Gewinnes dadurch eingeschränkt werden soll, daß das Erfordernis des ursächlichen Zusammenhanges (Text V) näher präzisiert wird, nicht der, daß der Nachweis des Schadens erleichtert werden soll. Vgl. besonders Schollmeyer, S. 37f. Enneccerus I, 2, § 235, V.

[2]) Vgl. Schollmeyer, S. 39.

reihe meinen. Die Theorie hat aber in sehr verschiedener Weise festzustellen versucht, wodurch sich die Ursache im juristischen Sinne aus der gesamten Kausalreihe heraushebt. Ursache soll die „letzte", oder die „notwendige", oder die „wirksamste", „tätigste", oder „die den regelmäßigen Verlauf der Dinge ablenkende und regelwidrig gestaltende", oder die „unentbehrliche" Bedingung des Erfolges sein. Am meisten befriedigt die Theorie der adäquaten Verursachung (J. von Kries, Rümelin, Zitelmann, Crome u. a.). Nach ihr ist Ursache diejenige Bedingung des Erfolges, die nach den zur Zeit ihres Eintretens gegebenen gesamten sonstigen Bedingungen objektiv geeignet erscheint, ihn herbeizuführen. Demgemäß ist auch zu bestimmen, ob eine menschliche Handlung rechtliche Ursache eines Schadens ist. In gleichem Sinne gibt es aber auch eine juristische Kausalität der Unterlassung; sie ist als negative Bedingung Ursache des Erfolges, z. B. des Schadens, wenn positives Tun, zu dem der Unterlassende im konkreten Falle rechtlich gehalten war, den Erfolg abgewendet hätte.

a) Für die Kausalität der Handlungen ist es daher regelmäßig gleichgültig, ob die Handlung unmittelbar oder mittelbar, d. h. durch dazwischentretende andere Ereignisse oder besondere Disposition des verletzten Objektes den schädigenden Erfolg herbeiführte, ferner, ob der Handelnde den durch die Handlung herbeigeführten Erfolg voraussah oder voraussehen konnte, oder ob der Eintritt des Schadens wahrscheinlich war. Der Kommissionär, der den übernommenen Verkauf von Bergwerksaktien fahrlässigerweise unterläßt, haftet, wenn nach Schluß der Börse das Bergwerk ersoffen ist. Der Verkäufer, welcher Treber liefert, die durch giftige Mikroben infiziert sind, haftet, wenn der ganze Viehstand des Klägers vernichtet wird. Nach dem BGB. würde die Beschränkung auch in Widerspruch stehen mit **287**, der sie nicht kennt. Ist aber die Schadensersatzpflicht an schuldhaftes Handeln geknüpft, so kann es an der Schuld fehlen, wenn der Handelnde die Folgen nicht voraussehen konnte.

b) Es kann die Handlung jemandes als wahre Ursache des Erfolges erscheinen, obwohl zwischen diese Handlung und den Erfolg eine freie Handlung Dritter trat, z. B. A setzt schuldhafterweise das Haus des B in Brand, B oder X suchen den im Hause befindlichen Z zu retten und erleiden hierbei Schaden. Dementsprechend muß auch der Fall mitwirkender Handlung des Beschädigten beurteilt werden. Liegt ein Ereignis (Handlung, sonstiges Ereignis), für dessen Folgen jemand einzustehen hat, zugleich aber Handeln (Vorsatz, Fahrlässigkeit) des Beschädigten vor, so können jenes Ereignis und die Handlung des Beschädigten beide, und zwar in gleichem oder verschiedenem Maße, als Ursachen erscheinen oder nur eines von beiden. Es kann demnach die Schadensersatzpflicht gänzlich oder zum Teil ausgeschlossen sein (**254**, Abs. 1). Z. B.:

Der Wagen des A war von der Fähre in den Fluß gestürzt, und die beiden Pferde waren ertrunken, weil der Angestellte der Fährgesellschaft das Abfahrtszeichen für den Kapitän der Fähre zu früh gegeben hatte, in erster Linie aber, weil der Kutscher des A nicht vorschriftsmäßig auf die Fähre hinaufgefahren war. Die Fährgesellschaft haftete für ihren Angestellten, A für seinen Kutscher (**278**), und da das schuldhafte Handeln des Kutschers in erster Linie den Schaden herbeigeführt hatte, konnte A von der Fährgesellschaft keinen Schadensersatz verlangen.

Diese Erwägung greift auch Platz, wenn der Geschädigte wider Treu und Glauben es schuldhafterweise unterlassen hat, den Schadensersatzpflichtigen auf die Gefahr eines ungewöhnlich hohen Schadens aufmerksam zu machen, die der Ersatzpflichtige weder kannte noch kennen mußte; z. B. der Droschkenkutscher, der sich in der Zeit versäumt, haftet nicht für den etwaigen ungewöhnlich hohen Schaden, wenn nicht der Fahrgast ihm zuvor von dieser Eventualität Mitteilung gemacht hat (vgl. **702**, HGB. § 429, Abs. 2). Das Gesetz läßt hier also niemals die größere Schuld entscheiden (sog. compensatio culpae), sondern den größeren Anteil an der Verursachung[1]).

c) In gleicher Weise kann es an dem ursächlichen Zusammenhang zwischen dem zu vertretenden Ereignis und dem Erfolge fehlen, wenn der Geschädigte die Abwendung[2]) oder

[1]) Vgl. Cohn, Gruch. Beitr., Bd. 43 (1899), S. 96ff. 376ff. Schollmeyer, S. 43f. v. Leyden, Die sog. Culpa-Kompensation im BGB. (1902).

[2]) Eine besondere Anwendung des Satzes enthält § 839, Abs. 3.

Minderung des Schadens unterläßt, z. B. der Verletzte unterzieht sich einer Operation nicht, der sich jeder vernünftige Mensch unterziehen würde. Man kann in solchen Fällen nicht sagen, daß der Geschädigte zur Abwendung und Minderung verpflichtet sei, sondern nur, daß sein Schadensersatzanspruch fortfällt, sobald er Maßregeln unterläßt, die ein vernünftiger und redlicher Mann treffen würde. Das Verhalten seines gesetzlichen Vertreters und seines Gehilfen hat der Geschädigte wie sein eigenes Verhalten zu vertreten (**254**, Abs. 2. **278**)[1]).

d) Die Schadensersatzpflicht des Erklärenden nach **118**. **119**. **120** wird aber abweichend von diesen Grundsätzen behandelt. Sie fällt schlechthin, d. h. ohne daß es noch einer Abwägung wie nach **254** bedürfte, fort, wenn der Geschädigte den Grund der Nichtigkeit oder Anfechtbarkeit kannte oder kennen mußte (**122**). Ebenso bestimmen **179**, Abs. 3 und **307**, und eine besondere Regelung findet sich ferner in **460**. **463**.

e) Aus unerlaubten Handlungen kann neben dem unmittelbar Betroffenen noch ein Dritter schadensersatzberechtigt sein. Der Schadensersatzpflichtige kann sich dem Dritten gegenüber auf das verursachende Verhalten des unmittelbar Betroffenen in derselben Weise berufen wie dem unmittelbar Verletzten selbst gegenüber (**844**. **845**. **846**).

VI. Hat das zu vertretende Ereignis zugleich Nachteil und Vorteil für den Schadensersatzberechtigten gebracht, so fragt sich, ob der Beschädigte sich den Vorteil auf den Schaden anrechnen lassen muß (**compensatio lucri cum damno**)[2]), z. B. der Verletzte erhält von einem Dritten, freiwillig Eintretenden volle oder teilweise Deckung des erlittenen Schadens, oder er erhält Ersatz von einem Versicherer auf Grund des Versicherungsvertrages oder Pensionen und Renten aus öffentlichen Kassen. Nur für den Dienstvertrag gibt das BGB. (**515**. **516**) eine Vorschrift. Im übrigen ist die Frage aus der Natur der Sache zu beantworten, aber vielfach streitig. Alle aus dem zu vertretenden Verhalten adäquat hervorgehenden Folgen (Nachteile und Vorteile) sind in Anrechnung zu bringen; der Schadensersatz in Geld mindert sich also um den Vorteil, oder es muß, wenn der Schaden durch Wiedererstattung ersetzt wird, der Vorteil durch Herausgabe des Vorteils oder Abtretung des Anspruchs erfolgen, in dem der Vorteil besteht. Erfolgt die Deckung des Schadens nur zugunsten des Geschädigten, nicht auch, um die Schuld des Schadensersatzpflichtigen zu tilgen, so kann sich der letztere im allgemeinen nicht darauf berufen, daß der Schaden schon ganz oder teilweise gedeckt sei (vgl. **843**, Abs. 4). Anders wird es liegen, wenn die Deckung des Schadens infolge von eigenen vorbeugenden Maßregeln des Geschädigten eintritt, zu denen er als vernünftiger und redlicher Mann gehalten war. Diese vorbeugenden Maßregeln des Geschädigten können nicht anders behandelt werden als die entsprechenden abwehrenden und mindernden in **254**, Abs. 2; vgl. aber **255** (VII).

VII. Hat jemand auf Grund persönlichen[3]) oder dinglichen Anspruches Schadensersatz wegen Verlustes einer Sache oder eines Rechtes zu leisten, so kann er auch nach Erfüllung der Schadensersatzpflicht Abtretung der dinglichen oder persönlichen Ansprüche verlangen (**273**), die dem Geschädigten auf Grund des Eigentumes oder des Rechtes gegen Dritte zustehen. Es geht somit weder der betreffende Anspruch kraft Gesetzes über, noch das betreffende Recht selbst, auf welches er sich gründet. Der Grund der Bestimmung liegt darin, daß der Geschädigte nicht mehr als seinen Schadensersatz erhalten soll (**255**).

VIII. **Die Verjährung der Schadensersatzforderung** ist in bestimmten Fällen selbständig geregelt (**852**). Wo das nicht der Fall ist, verjährt die Schadensersatzforderung wegen Nichterfüllung oder verspäteter Erfüllung in der gleichen Frist wie die ursprüngliche Forderung, weil sie sich aus dieser entwickelt hat und nur eine Entwicklungsphase dieser darstellt[4]).

---

[1]) Vgl. Cohn, a. a. O., S. 124ff.

[2]) Walsmann, H., Compensatio lucri cum damno. Diss. (1900). Oertmann, P., Die Vorteilsausgleichung beim Schadensersatzanspruch (1901).

[3]) A. M. Schollmeyer, S. 47.

[4]) Vgl. Hellmann, Krit. V.J.Schr., Bd. 40 (1898). A. M. Cosack I, S. 315, Note 2.

§ 77.

3. Die Aufwendungsersatzschuld und das Wegnahmerecht.[1])

I. Der Anspruch auf Ersatz von Aufwendungen und das Recht zur Wegnahme von Einrichtungen kann sowohl gegenüber dinglichen wie persönlichen Ansprüchen gegeben sein. Unter welchen Voraussetzungen Aufwendungen zu ersetzen sind und Einrichtungen weggenommen werden dürfen, und welche Aufwendungen bzw. Einrichtungen, ist an den betreffenden Stellen hervorgehoben (vgl. **304**. **347**. **450**. **500**. **538**. **547**. **601**. **850**. **994**—**997**. **999**—**1003**. **1049**, Abs. 2. **1216**. **2022**—**2024**. **2125**. **2381** usw.).

II. Inhalt der Aufwendungsersatzpflicht.

A. Der Ersatzpflichtige hat den zu ersetzenden aufgewendeten Geldbetrag oder den als Ersatz des Wertes der aufgewendeten Gegenstände zu leistenden Geldbetrag von der Zeit der Aufwendung an zu verzinsen. Die Zinsen bilden den Ersatz für die dem Aufwendenden entgangene Nutzung des Aufgewendeten. Hat daher der Aufwendende Aufwendungen auf einen Gegenstand gemacht, den er dem Ersatzpflichtigen herauszugeben hat, z. B. der Entleiher die geliehene Sache an den Verleiher, so hat der Ersatzpflichtige keine Zinsen zu zahlen, solange dem Ersatzberechtigten, wie z. B. dem Nießbraucher, die Früchte und Nutzungen des Gegenstandes ohne Vergütung verbleiben (**256**).

B. Soweit jemand berechtigt ist, Ersatz für Aufwendungen zu verlangen, kann er auch die Befreiung von übernommenen Verbindlichkeiten verlangen. Ist die Verbindlichkeit noch nicht fällig, so hat der Ersatzpflichtige die Wahl, ob er den Ersatzberechtigten befreien oder ihm Sicherheit leisten will (**257**).

C. Wer berechtigt ist, von einer herauszugebenden Sache Einrichtungen wegzunehmen, muß die Sache selbst in dem früheren Zustande wiederherstellen. Gegenüber dem Besitzer der Sache hat der zur Wegnahme der Sache Berechtigte den Anspruch auf Gestattung der Wegnahme gegen Leistung von Sicherheit für den durch die Wegnahme entstehenden Schaden (**258**).

III. Der Gläubiger kann den Anspruch sowohl im Wege der Klage wie des Zurückbehaltungsrechtes (**273**, Abs. 2, vgl. **L.** § 69) geltendmachen. Über die Folgen des Verzuges und der Rechtshängigkeit des Anspruches auf Ersatz der Aufwendungen vgl. **292**, Abs. 2, **L.** § 80, III.

§ 78.

4. Die Verpflichtung zur Rechnungslegung, Auskunftserteilung und zur Leistung des Offenbarungseides.[2])

I. Die Verpflichtung zur Rechnungslegung.

A. Die Verpflichtung, Rechenschaft abzulegen, gehört in gewissen Fällen zu den Vertragspflichten des Schuldners, z. B. beim Gesellschaftsvertrag (**713**. **740**), beim Auftrag (**666**), bei Dienst- und Werkverträgen, die eine Geschäftsbesorgung zum Gegenstande haben (**675**), bei der Geschäftsführung ohne Auftrag (**681**), oder sie gehört zu den Pflichten des dinglich Berechtigten, z. B. des nutzungsberechtigten Pfandgläubigers (**1214**), in anderen Fällen ist die Pflicht unmittelbar durch Gesetz gewissen Verwaltern fremden Gutes auferlegt, z. B. dem Vereinsvorstande (**27**, Abs. 3. **40**. **48**. **86**), dem Manne bzw. der Verwaltung des eingebrachten Gutes der Frau (**1421**. **1546**), dem Vater und der Mutter bzw. des Kindesvermögens (**1667**. **1681**. **1686**), dem Vormund und Pfleger bez. des Mündelgutes (**1840**. **1841**. **1890**. **1891**. **1897**. **1915**), dem Vorerben bzw. der Erbschaft (**2130**, Abs. 2), dem Testa-

[1]) Stammler, Das Recht der Schuldverhältnisse, S. 103.

[2]) Klewitz, Die Verpflichtung zur Rechnungslegung (1890). Treitel, Arch. f. bürgerl. R., Bd. 14, S. 1ff.

mentsvollstrecker bzw. des Nachlasses (**2218**), den Erben bei angeordneter Nachlaßverwaltung und bei Nachlaßkonkurs (**1978**) [1]). Z. B.:

A hat sich B als Architekt gegen ein Monatsgehalt von 200 M. und 25% des Reingewinns von allen Bestellungen, die bei B durch seine, des A, Vermittelung einlaufen würden, verpflichtet. A klagte gegen B auf Legung einer Rechnung über den bei diesen Bestellungen erzielten Reingewinn und Auszahlung der 25%. Die Klage ist nach § 254 ZPO., der über **259** hinausgeht, begründet.

B. In welcher Weise dieser Pflicht genügt wird, bestimmt sich aus dem begründenden Verhältnis und der Art des Gegenstandes, bez. dessen Rechenschaft abzulegen ist. Bezieht sich die Pflicht auf eine *mit Einnahmen und Ausgaben verbundene Verwaltung*, so kann der Berechtigte die Mitteilung einer die geordnete Zusammenstellung der Einnahmen oder der Ausgaben enthaltenden *Rechnung* verlangen und die Vorlegung von Belegen, soweit solche erteilt zu werden pflegen. Er kann hierauf klagen, die Zwangsvollstreckung betreiben (**259**, Abs. 1) und, wenn Grund zu der Annahme besteht, daß die in der Rechnung enthaltenen Angaben über die *Einnahmen* nicht mit der erforderlichen Sorgfalt gemacht worden sind und es sich um eine Angelegenheit von Erheblichkeit handelt, den *Offenbarungseid* verlangen (**259**, Abs. 2. 3), daß der Verpflichtete nach bestem Wissen die Einnahmen so vollständig angegeben habe, als er dazu imstande sei.

II. Die Verpflichtung zur Auskunftserteilung (260).

A. Eine Verpflichtung, Auskunft zu erteilen, gehört in gewissen Fällen zu den Vertragspflichten des Schuldners, z. B. des Verkäufers (**444**), des Beauftragten (**666**), beim Dienst- und Werkvertrage, dessen Gegenstand eine Geschäftsbesorgung ist (**675**), bei der Geschäftsführung ohne Auftrag (**681**). Sie besteht ferner für den Zedenten gegenüber dem Zessionar (**402**), für den Ehemann bez. des eingebrachten Gutes (**1374. 1394. 1421**), für die Eltern bez. des Kindergutes (**1681. 1686**), den Vormund, Gegenvormund, Pfleger (**1890. 1891. 1897. 1915**), den Besitzer der Erbschaft (**2018. 2027**), den Vorerben (**2127. 2130. 2136**), den Miterben (**2057**), für den Besitzer des unrichtigen Erbscheines (**2362**, Abs. 2), für den Fiskus gegenüber den Nachlaßgläubigern (**2011**), den Erben gegenüber dem Pflichtteilsberechtigten (**2314**), den Nachlaßpfleger und -Verwalter gegenüber den Erbschaftsgläubigern (**2012**), den Erben zur Aufnahme des Inventars (**2003**, Abs. 2).

B. Wie der Pflicht zur Auskunftserteilung genügt wird, ergibt sich aus dem Gegenstande und der Natur des Rechtsverhältnisses. Ist jemand aber verpflichtet, einen *Inbegriff von Gegenständen* herauszugeben oder über den Bestand eines solchen Inbegriffes Auskunft zu geben, so hat er dem Berechtigten ein *Verzeichnis des Bestandes* vorzulegen und, wenn Grund zu der Annahme besteht, daß das Verzeichnis nicht mit der erforderlichen Sorgfalt aufgestellt ist, und es sich nicht um eine unbedeutende Angelegenheit handelt, *den Offenbarungseid zu leisten*, „daß er nach bestem Wissen den Bestand so vollständig angegeben habe, als er dazu imstande sei". Unter Inbegriffen sind nicht nur Sachgesamtheiten, sondern auch andere Mehrheiten von Vermögensgegenständen zu verstehen, soweit nur der Berechtigte nach der Art des Verpflichtungsgrundes nicht in der Lage ist, die einzelnen Gegenstände angeben zu können (**260**).

III. Die Verpflichtung zur Ableistung des Offenbarungseides (261)[2].

Wer verpflichtet ist, den Offenbarungseid zu leisten und unter welchen Voraussetzungen, und wer berechtigt ist, die Ableistung zu fordern, ergibt sich aus I. und II. Vgl. **2028**.

1. Der Verpflichtete ist von der Ableistung nicht zu befreien, wenn er sich zum Beweise der Richtigkeit der Rechnung oder des Verzeichnisses erbietet.

2. Der Offenbarungseid wird vor Gericht geleistet, und zwar, wenn der Verpflichtete zur Ableistung verurteilt ist, vor dem Prozeßgericht, wenn er freiwillig geleistet wird, vor dem

---

[1]) Besonderheiten bestehen bei der Vormundschaft **1840** ff. und bei der Inventarserrichtung **1993** ff. **2006. 2028.**

[2]) Über die Klage auf Leistung des Offenbarungseides vgl. ZPO. § 254.

Amtsgericht des Ortes, an dem die Pflicht zur Rechnungslegung (I.) oder Auskunftserteilung (II.) zu erfüllen war. Verpflichtete, die ihren Wohnsitz oder Aufenthalt im Inlande haben, können den Eid auch vor dem Amtsgericht ihres Wohnsitzes oder Aufenthaltsortes leisten (vgl. aber **2006**). ZPO. §§ 888 f. 899 f. 478 ff.

Das Gericht kann eine den Umständen entsprechende Änderung der Eidesnorm (I. II.) beschließen.

Die Kosten der Eidesabnahme hat der sie Verlangende zu tragen.

3. Erfolgt die Ableistung des Eides nicht, so ist der Gläubiger, von der Bestimmung in **2006**, Abs. 3 abgesehen, auf die Geltendmachung seines Interesses verwiesen.

§ 79.

5. Die Zinsschuld.[1])

I. Begriff des Zinses.

Zinsen sind die für die Nutzung einer Menge von vertretbaren Sachen (Kapital) festgesetzte periodische Gegenleistung, die in einer Quote des Kapitales besteht. Da Zinsen Äquivalent der Nutzung sind, so unterscheiden sie sich von den Amortisationsquoten, die allerdings wie Zinsen berechnet sein können, auch wie Zinsen verjähren (**197**), von Dividenden, die Anteile am Gewinn bedeuten und von den sog. Bauzinsen (HGB. § 215). Auch die Zinsen müssen in vertretbaren Sachen bestehen (Geldzinsen, andere Zinsen). Andere Vorteile (Überlassung des Gebrauches von Sachen des Schuldners, Dienste) sind nicht Zinsen. Die Berechnung des Zinses erfolgt regelmäßig für hundert Einheiten des Kapitales (nach Prozenten) und für Jahresabschnitte.

II. Die **Zinsschuld** besteht neben einer **Hauptschuld**, der Kapitalschuld. Hierin unterscheidet sie sich von der Rente. Die Vorschriften über Zinsen finden aber beschränkte Anwendung auf gewisse Rentenleistungen (**1107. 1199**, Abs. 2). Die Zinsschuld entsteht nicht ohne die Hauptschuld, und sie hört auf, wenn die Hauptschuld aufgehoben ist. Letzteres gilt im Zweifel nicht für die Zinsscheine von Schuldverschreibungen, die auf den Inhaber lauten (**803**). Die bis zur Aufhebung der Hauptschuld verfallenen rückständigen Zinsen bleiben aber geschuldet, sind also auch gerichtlich verfolgbar nach Aufhebung der Hauptschuld. Das gilt heut (nicht nach röm. R.) auch für die gesetzlichen Zinsen. Die Schuld auf rückständige Zinsen ist auch insofern selbständig, als der Gläubiger das Angebot der rückständigen Zinsen ohne Angebot des noch nicht fälligen Kapitales nicht auf Grund von **266** ablehnen darf[2]). Ob in der vorbehaltlosen Annahme des Kapitales durch den Gläubiger ein Verzicht auf die Zinsen liegt, ist eine durch Auslegung zu lösende Frage. Eines Vorbehaltes, um die Klagbarkeit des Anspruches auf die rückständigen gesetzlichen Zinsen zu sichern, bedarf es wie nach gem. Recht heut nicht mehr. Aus Zweckmäßigkeitsrücksichten, nicht wegen des Grundsatzes der akzessorischen Qualität der Zinsschuld, tritt Verjährung der Zinsforderung schlechthin ein, sobald die Hauptforderung verjährt ist (**224**).

III. Die Begründung der Zinsschuld.

Die Zinsschuld versteht sich nicht von selbst, sondern bedarf wie die Kapitalschuld der Begründung. Begründet wird sie:

A. Durch Rechtsgeschäft: einseitiges Versprechen (z. B. durch Schuldverschreibung auf den Inhaber), Vertrag, letztwillige Verfügung (**rechtsgeschäftliche Zinsen**). Längere Zeit fortgesetzte Zinszahlung begründet an sich weder die Zins- noch die Kapitalschuld.

B. Durch Gesetz (**gesetzliche Zinsen**). Die Hauptfälle des Gesetzes sind: Zinsen von Verwendungen (**256**), Verzugszinsen (**288. 289. 290. 582. 1146**), Prozeßzinsen seit Rechtshängigkeit und Fälligkeit (**291**), im Falle des Rücktrittes vom Vertrage (**347**), bei Verwendung

---

[1]) Stammler, D. Recht d. Schuldverhältnisse, S. 146ff.

[2]) Ist die Kapitalschuld gleichfalls fällig, so ist die Zurückweisung gestattet (**367**, Abs. 2).

fremden Geldes in eigenem Nutzen (**668. 675. 681. 698. 1834. 1915**), des Käufers und Bestellers bzw. des Preises und der Vergütung (**452. 641**), bei ungerechtfertigter Bereicherung und rechtswidriger Entziehung und Beschädigung (**819. 820. 849**), ferner vgl. **1133**[1]). Die gesetzlichen Zinsen sind Zinsen in Geld.

IV. **Der Zinsfuß.**

A. Die Höhe der gesetzlichen Zinsen bestimmt das Gesetz; sie betragen im röm. R. 6 Prozent, im gemeinen Recht wurden sie auf 5 Prozent gemindert, heut betragen sie 4 Prozent[2]). In den Landesgesetzen, die gemäß der Vorbehalte in Geltung bleiben, kann ein höherer Zins festgesetzt sein, wenn ihn nicht die Ausführungsgesetze zum BGB. entsprechend normieren[3]).

B. Die Höhe der rechtsgeschäftlichen Zinsen bestimmt das Rechtsgeschäft: wenn das Rechtsgeschäft schweigt, so beträgt der Zins 4 vom Hundert für das Jahr. Ob das Rechtsgeschäft schweigt, ist eine Frage der Auslegung. Es kann z. B. ein Vertrag auch stillschweigend die landes- und ortsüblichen Zinsen oder die sonst unter den Parteien bedungenen Zinsen festgestellt haben, oder endlich, die Vereinbarung über die Höhe des Zinses ist vorbehalten (**154**). Stellt ein richterliches Urteil die Zinspflicht, aber nicht die Höhe derselben fest, so muß der Antrag auf Ergänzung des Urteiles (ZPO. § 321) gestellt oder neue Klagen müssen erhoben werden (**246**).

1. Die Höhe der vertragsmäßigen Zinsen unterliegt also der freien Vereinbarung der Parteien. Eine Grenze bilden nur die reichsrechtlichen Bestimmungen über den Wucher[4]) und die Vorschrift in **138**, Abs. 2 (**L.** § 54). Sind aber mehr als sechs vom Hundert vereinbart, so hat der Schuldner nach Ablauf von sechs Monaten seit Hingabe des Geldes[5]) das durch Vertrag unentziehbare und unbeschränkbare Recht der Kündigung unter Einhaltung einer Kündigungsfrist von sechs Monaten. Auf Schuldverschreibungen auf den Inhaber findet das Kündigungsrecht aber keine Anwendung (**247**)[6]). Z. B.:

Kaufmann A hat vom Kaufmann B im Jahre 1880 ein bis 1912 unkündbares Darlehn von 50000 M. unter Vereinbarung eines Zinsfußes von 8% erhalten. A kann am 1. Juli 1900 zum 1. Januar 1901 das Kapital kündigen, weil **247**, Satz 2 trotz EG. Art. 170 anzuwenden ist als Vorschrift zwingenden Charakters. Das Reichsgesetz von 1867 galt nicht für Handelsschulden von Kaufleuten.

2. Eine im voraus getroffene Vereinbarung, daß fällige Zinsen wieder Zinsen tragen sollen, ist nichtig (Anatozismus)[7]). Dagegen ist eine Zinsabrede über bereits fällige Zinsen gültig, und es können rückständige Zinsen in eine zinsbare Darlehnsschuld sehr wohl verwandelt werden (**248**, Abs. 1; HGB. § 353). Die vom Gesetz aufgestellte Beschränkung fällt auch fort,

wenn Sparkassen, Kreditanstalten und Inhaber von Bankgeschäften im voraus mit ihren Kunden vereinbaren, daß Zinsen von Einlagen als neue verzinsliche Einlage gelten sollen und

wenn Kreditanstalten, die berechtigt sind, in Höhe der von ihnen gewährten Darlehne Schuldverschreibungen auf den Inhaber auszugeben, von ihren Darlehnsschuldnern die Verzinsung rückständiger Zinsen im voraus sich versprechen lassen (**248**, Abs. 2)[8]).

Dagegen besteht die Schranke des non ultra alterum tantum wie im gemeinen Recht[4]) heut nicht mehr.

---

[1]) Vgl. HGB. §§ 353. 354. 355.

[2]) Nach HGB. § 352: fünf vom Hundert; nach WO. Art. 50. 81: sechs Prozent.

[3]) Vgl. z. B. Preuß. AG. z. BGB. Art. 10.

[4]) RGes. vom 24. Mai 1880 und 19. Juni 1893, EG. Art. 47.

[5]) Oertmann, S. 9.

[6]) Das Reichsgesetz vom 14. November 1897 ist aufgehoben. EG. Art. 39.

[7]) l. 26, § 1. D. (12, 6); l. 27. D. (42, 1); l. 28. C. (4, 32)

[8]) Weitere Ausnahmen nach HGB. § 355 für den Kontokorrentverkehr zwischen Kaufleuten und Nichtkaufleuten. Vgl. RGes. vom 19. Juni 1893, II, Art. 4. Schepp, Das öffentl. R. im BGB. (1899), S. 37 f.

V. Die Zinsschuld hat ferner ihre Eigentümlichkeit bei der **Verjährung** (**197. 223. 224**, vgl. **L.** § 64), beim Verzuge (**L.** §§ 80, 81), auch im Konkurse (KO. §§ 62. 63) und Prozeß (ZPO. §§ 4. 321).

§ 80.

Zeit der Leistung, Schuldnerverzug und Rechtshängigkeit.[1])

I. Bei der **Zeit der Leistung** handelt es sich um die Fragen, wann der Gläubiger die Leistung beanspruchen und wann der Schuldner die Annahme der Leistung dem Gläubiger wirksam anbieten kann. Der Zeitpunkt, in dem der Gläubiger die Leistung fordern kann, ist der der **Fälligkeit**[2]), der Zeitpunkt, in dem der Schuldner wirksam anbieten kann, der der **Erfüllbarkeit.**

A. Fälligkeit und Erfüllbarkeit liegen regelmäßig vor mit der Entstehung des Forderungsrechtes. Anders liegt es, wenn die Auslegung des Gesetzes oder Rechtsgeschäftes nach Treu und Glauben einen gewissen Aufschub der Leistung als gewollt ergibt (**133. 157. 226**). Ist die Bestimmung der Zeit der Leistung in das freie Belieben des Schuldners gestellt, so würde **242** in Betracht kommen, vorausgesetzt natürlich, daß nicht das Leistenwollen überhaupt dem Schuldner überlassen ist.

B. Die Zeit der Leistung kann durch Gesetz[3]) oder Rechtsgeschäft bestimmt sein. Eine zwischen Gläubiger und Schuldner vereinbarte Stundung schiebt die Fälligkeit nicht hinaus, sondern begründet nur einen Aufschub der Erfüllung.

1. Die Zeitbestimmung kann in verschiedener Weise getroffen sein. Bei Festsetzung einer Leistungsfrist oder eines Leistungstermines greift die Auslegungsregel in **193** ein. Nicht selten kann der Gläubiger dem Schuldner eine Frist zur Leistung setzen mit der Androhung, daß der Gläubiger nach fruchtlosem Verlauf der Frist die Leistung ablehne[4]). Häufig ist die Kündigungsklausel mit und ohne Kündigungsfrist[5]). Unbestimmte Formulierungen wie: „ehestens, so bald tunlich oder möglich, in kurzem, nach und nach, bei guter Gelegenheit, in einigen oder etlichen Jahren, Monaten, Wochen, Tagen" sind durch Auslegung[6]) festzustellen. Wie sonst kann für die Auslegung die Verkehrs- und Ortssitte entscheidende Bedeutung gewinnen[7]).

Der Gläubiger kann stets nur zur passenden Zeit fordern, der Schuldner nur zur passenden Zeit die Leistung bewirken[8]). Es entscheiden hier zunächst die Festsetzungen des die Zeitbestimmung anordnenden Gesetzes oder Rechtsgeschäftes, dessen Auslegung nach Treu und Glauben auch besonders die Verkehrssitte zu berücksichtigen hat.

2. Die Zeitbestimmung hat den Sinn, daß der Gläubiger nicht früher fordern, der Schuldner aber früher die Leistung bewirken kann (diei adjectio pro reo est), sie kann aber auch im Interesse beider Parteien oder auch nur im Interesse des Gläubigers gewollt sein. Im ersten Falle darf der Schuldner nicht eher die Leistung bewirken, der Gläubiger nicht eher fordern (z. B. verzinsliche und hypothekarisch gesicherte Forderungen), im zweiten Fall kann der Gläubiger vorher fordern, der Schuldner aber nicht vorher leisten (wie z. B. beim Depositum nach **695. 696** (**271**).

Macht der Schuldner von dem Recht der **Früherzahlung** (repraesentatio) Gebrauch, so

---

[1]) Zitelmann, Beitr., H. 7/8, S. 149ff. Zitelmann, Beitr., H. 9/10, S. 142. Stammler, Das Recht der Schuldverhältnisse, S. 72, Note 1—4. 140ff. 145.

[2]) Der Gläubiger kann aber schon vor der Fälligkeit klagen (arg. **291**, vgl. ZPO. § 257).

[3]) Z. B. **551. 584. 608. 614. 641. 721. 760.** (**843. 833. 834.**) **1612. 1580. 1710. 1360. 1361. 1467. 2181. 2186.**

[4]) Z. B. **250. 264. 283. 326.**

[5]) Immerwahr, Die Kündigung (1898), S. 92f.

[6]) Eine Auslegungsregel gibt **2181.** Vgl. HGB. § 359.

[7]) Auch das Bestehen landesgesetzlicher Zahlungstermine. Vgl. Mecklenb.-Schwer. VO. vom 15. Februar 1898.

[8]) Vgl. HGB. §§ 358. 359.

hat er bei unverzinslichen Forderungen kein Recht, die Zwischenzinsen, die der Gläubiger gewinnen kann, in Abzug zu bringen (**272. 813**). Ausnahmsweise ist das Recht auf den Zwischenzins anerkannt, wenn der Gläubiger wegen Gefährdung der hypothekarischen Sicherheit Befriedigung vor Fälligkeit wegen einer unverzinslichen Forderung betreibt (**1133**), oder wenn im gleichliegenden Falle der Verpfänder die Rückgabe des Pfandes gegen Befriedigung verlangt (**1217**). Die Berechnung erfolgt hier nach der Hoffmannschen Methode (vgl. KO. § 65), d. h. es ist gegenwärtig der Betrag zu zahlen, der mit Hinzurechnung der von ihm berechneten gesetzlichen Zinsen den am Fälligkeitstermin zu zahlenden Schuldbetrag ergibt. Dem Schuldner kann aber auch sonst der Abzug des Zwischenzinses gestattet werden, und die Parteien können dann auch die Berechnung des Zwischenzinses regeln.

C. Die Bedeutung der Zeitbestimmung ist zunächst die, daß der Schuldner verpflichtet ist, sie einzuhalten. Leistet der Schuldner nicht rechtzeitig, so erwächst dem Gläubiger, von den Folgen des etwa eintretenden Verzuges des Schuldners abgesehen, neben dem Anspruch auf die Erfüllung der Anspruch auf Schadensersatz wegen nicht rechtzeitiger Erfüllung. Durch Angebot der Leistung und des Interesses des Gläubigers an rechtzeitiger Erfüllung genügt der Schuldner seiner Pflicht. Die Einhaltung der Leistungszeit kann aber auch zum wesentlichen Momente der Leistung gemacht sein. Ob das geschehen ist, ist Auslegungsfrage. Die Absicht der Parteien gibt sich hier vornehmlich in einer präzisen Fassung der Zeitbestimmung kund, namentlich in der sog. kassatorischen Klausel, in der die Parteien erklären, nur bei Einhaltung der Frist gebunden sein zu wollen, sie kann sich aber auch stillschweigend aus der Art der Leistung ergeben (**Fixgeschäft**). Z. B.:

Hat sich A im Vertrage mit B diesem zur Lieferung von 1000 Ztr. Rüböl, und zwar von je 200 Ztr. in jedem Monat von August bis Dezember 1900 verpflichtet, so liegt zwar bestimmte Lieferfrist, aber kein Fixgeschäft vor.

Steht die Absicht der Parteien fest, so ist sie im Zweifel dahin auszulegen, daß der Gläubiger, wenn die Leistung nicht zu der bestimmten Zeit erfolgt, befugt sein solle, *vom Vertrage zurückzutreten*, so daß die Voraussetzung des Verzuges des Schuldners gleichgültig bleibt. Diese Auslegungsregel gilt aber nicht nur für gegenseitige Verträge (**361**, vgl. **L.** § 90)[1]), sondern auch z. B. bei der Schenkung unter Auflage (**527**, Abs. 1).

II. Der Verzug des Schuldners[2]).

A. Wesen und Voraussetzungen.

Verzögert der Schuldner die Erfüllung über die Fälligkeit hinaus, so ist er im Verzug, es sei denn, daß er die Umstände, welche die Verzögerung bewirken, nicht zu vertreten hat (**284. 285**).

1. *Die Leistung muß* **fällig** *sein.* Bei gegenseitigen Verträgen muß, falls Leistung Zug um Zug erfolgen muß, das Angebot der eigenen Leistung durch den Gläubiger erfolgen. Ebenso liegt es, wenn der Gläubiger eine Schuldverschreibung herauszugeben hat, wenn er Zahlung verlangt (**371**), ebenso bei der Quittungspflicht (**368**) und in den Fällen, in denen der Gläubiger mitwirken muß, damit der Schuldner leisten kann. Ist dem Gläubiger die Klage versagt, so kann auch Verzug des Schuldners nicht eintreten.

2. Der Gläubiger bzw. sein Bevollmächtigter oder Zessionar[3]) muß den Schuldner **gemahnt**, d. h. *zur Leistung des Geschuldeten aufgefordert* haben, mag die Leistung positive Handlung oder Unterlassung sein. Die Mahnung ist eine bloße *Rechtshandlung*, Vorstellungsmitteilung (**L.** § 46. II. B.) kein formloses einseitiges Rechtsgeschäft, steht aber diesem sehr nahe. Sie ist gegenüber dem Schuldner vorzunehmen (vgl. **L.** § 49). Mahnung vor Fälligkeit ist für die Frage des Verzuges ohne Bedeutung, ebenso

---

[1]) Das HGB. §§ 376ff. gewährt ein *gesetzliches Rücktrittsrecht*. Vgl. auch RBörsengesetz vom 22. Juni 1896, § 48.

[2]) *Pach*, Der Leistungsverzug (1902). *de Claparède*, Beiträge zur Lehre vom Leistungsverzuge (1903).

[3]) Vgl. aber **410**.

eine Mahnung unter Bedingung[1]). Dagegen ist Voraussetzung gültiger Mahnung nicht, daß der Gläubiger sofortige Leistung verlangt. Erfolgt die Mahnung nach Fälligkeit, so ist sie an ein opportunum tempus nicht gebunden, nur kann die Mahnung ohne Wirkung sein, wenn der Gläubiger dem Schuldner bei der Aufforderung nicht die notwendige Frist zur Bewirkung der Leistung verstattet hat (**242**). Auch von der Vornahme in opportuno loco gilt das gleiche. In der Erhebung der Klage auf Leistung nach Fälligkeit in der Zustellung eines Zahlungsbefehles im Mahnverfahren, nicht aber in der Erhebung der Feststellungsklage, liegt Mahnung. Die Klagerhebung vor Fälligkeit ist Mahnung, wenn und sobald im fortgesetzten Verfahren Fälligkeit eintritt. Ob sonstige die Leistung betreffende Mitteilungen (z. B. die Zusendung einer quittierten oder unquittierten Rechnung) eine Mahnung enthalten, ist Auslegungsfrage. In der Kündigung ohne Kündigungsfrist liegt Mahnung. Fordert der Gläubiger mehr, als er zu fordern hat, indem er das wirklich geschuldete Mindere zurückweist, so ist die Mahnung wirkungslos[2]). Es darf für den Schuldner kein begründeter Zweifel über die Identität der Schuld begründet sein. Bei Holschulden ist die Mahnung nur wirksam, wenn der Gläubiger sich beim Schuldner zur Empfangnahme einfindet. Kann der Schuldner zur Legitimation des Gläubigers Vorlegung eines Papieres verlangen, so tritt Verzug nicht ein, wenn nicht die Vorlegung bei der Mahnung erfolgt (vgl. **1160**).

3. Ist für die Leistung durch Rechtsgeschäft, Gesetz oder Urteil die Zeit nach dem Kalender bestimmt, so gerät der Schuldner in Verzug, wenn er zu dieser Zeit nicht leistet (dies interpellat pro homine). Nach röm. R. galt das nur kraft Auslegung des Parteiwillens. Die Regel gilt im Falle der Kündigung mit Kündigungsfrist, wenn die letztere vom Momente der Kündigung an nach dem Kalender berechnet werden soll. Die Regel gilt also nicht für die Fälle des dies certus an incertus quando und nicht für die der Bedingung. Z. B.:

A hat mit B einen Vertrag geschlossen, in dem sich B verpflichtet, die täglichen Bierlieferungen des A „am Ende jeder Empfangswoche" zu bezahlen. Mit der Nichtzahlung am Ende der Empfangswoche kommt B nicht in Verzug. Ebenso nicht, wenn die Zahlungszeit festgesetzt wäre: „am 20. des der Bierlieferung folgenden Monats", weil in diesen Fällen die Zahlungszeit nicht lediglich nach dem Kalender bestimmt, sondern noch von einem weiteren Ereignis abhängig ist.

Die Hinzufügung einer kalendermäßigen Lieferzeit hat also die Bedeutung, daß der Schuldner anbieten muß; soll sie lediglich die Bedeutung haben, daß der Gläubiger vorher nicht solle fordern dürfen, so muß das zum Ausdruck gebracht sein.

Ist die Schuld mit kalendermäßiger Leistungszeit Holschuld, so muß sich der Gläubiger zudem zur Leistungszeit beim Schuldner zur Empfangnahme einfinden, wenn beim Schuldner Verzug eintreten soll (**284**, Abs. 2)[3]).

4. Die Verzugsfolgen treten nicht ein, wenn der Schuldner die Verzögerung der Leistung nicht zu vertreten hat, z. B. sie nicht **verschuldet** hat. So auch die herrschende Auffassung des gemeinen Rechtes. Die Verzögerung der Leistung ist Nichterfüllung in gewisser Richtung, die Erfüllung ist in dieser Richtung unmöglich geworden, und wie jede nachfolgende Unmöglichkeit hat sie Befreiung des Schuldners zur Folge, wenn sie durch Umstände herbeigeführt ist, die der Schuldner nicht zu vertreten hat. Den Beweis, daß er nicht in Schuld ist, hat der Schuldner zu führen (**282**. **285**). Inwieweit der Schuldner vertretungspflichtig ist, bestimmt sich nach dem Grade seiner Haftung. Demnach bestimmt sich auch die Bedeutung eines Zweifels oder Irrtumes über den Bestand der Schuld und des Unvermögens des Schuldners (**275**). Außerdem muß der Schuldner auch hier für die zur Erfüllung von ihm herangezogenen Hilfspersonen haften (**278**, vgl. **L.** § 83). Bei Gattungsschulden hat der Schuldner sein Unvermögen zur Leistung stets zu vertreten, auch wenn ihm eine Schuld nicht zur Last fällt (**279**).

---

[1]) A. M. Schollmeyer, S. 122 u. a.

[2]) Schollmeyer, S. 122. Auch dieser Punkt ist streitig.

[3]) Die Haftung des Deliktschuldners aus der widerrechtlichen Entziehung einer Sache ist vom Gesetz nicht unter dem Gesichtspunkt des Verzuges geregelt, sondern als Deliktsfolge (**848**. **849**). Nach röm. R. galt auch hier der Satz: mora ex re fit: l. 13. § 1. D. (8, 1).

B. **Die Verzugsfolgen.**

1. Der Schuldner hat dem Gläubiger zu leisten und ihm den durch den Verzug entstandenen **Schaden** zu ersetzen. Der Gläubiger hat also den Anspruch auf nachträgliche Erfüllung und auf Schadensersatz wegen verzögerter Erfüllung. Hat aber die nachträgliche Leistung für den Gläubiger kein Interesse mehr, so kann er die Leistung ablehnen und Schadensersatz wegen Nichterfüllung fordern. Der Gläubiger hat den Beweis dieser Voraussetzung zu erbringen, da er nicht etwa eine Teilleistung, sondern die volle jetzt vom Schuldner zu erbringende Leistung zurückweist. Wie vom Gläubiger die Wahl ausgeübt wird und wann die Wahl ausgeschlossen ist, bestimmt sich wie beim vertragsmäßigen Rücktrittsrecht. Insbesondere ist das Wahlrecht des Gläubigers nicht ausgeschlossen, wenn er die Leistung nicht endgültig, sondern nur vorläufig annahm. Wird erst nach Annahme die Leistung abgelehnt, so entsteht der Rückgewährungsanspruch wie im Falle des vertragsmäßigen Rücktrittes (**286**. **364** bis **356**, vgl. **L.** § 90).

2. Der Schuldner hat nach Verzug nicht nur für **jede Fahrlässigkeit**, sondern auch für den **Zufall** zu haften (obligatio perpetuatur). Eine nach Eintritt des Verzuges eintretende Unmöglichkeit der Leistung befreit den Schuldner nicht mehr (**287**), es sei denn, daß der Schaden auch bei rechtzeitiger Leistung eingetreten wäre. Es muß zwischen dem Schaden und dem Verzuge ursächlicher Zusammenhang bestehen. Der Schuldner hat daher den Beweis zu erbringen, daß bei rechtzeitiger Leistung der nämliche oder ein anderer Zufall den Schaden bei dem Gläubiger hervorgerufen haben würde. Dazu gehört aber auch der keineswegs durch eine Vermutung erleichterte Nachweis, daß der Gläubiger bei rechtzeitiger Lieferung keinerlei Verfügung getroffen haben würde, die den Schaden für ihn abgewendet hätte, z. B. die Sache nicht verkauft haben würde. Hier muß man sich aber an einem gewissen Grade von Wahrscheinlichkeit genügen lassen. Gelingt dieser Nachweis, so fehlt es an dem ursächlichen Zusammenhang zwischen Verzug und Schaden. Es genügt nicht der Nachweis, daß der Schaden durch einen anderen Zufall auch herbeigeführt sein würde, wenn nicht schon der vom Schuldner zu vertretende Zufall zuvor den Schaden herbeigeführt hätte. Wie die Vernichtung ist auch die Verschlechterung zu behandeln[1]). Ist bei Sachleistungen eine zufällige Minderung des Preises nach Verzug eingetreten, so haftet dafür der Schuldner wie bei Untergang und Verschlechterung. Im Falle einer Preissteigerung kann der Gläubiger den höchsten Preis der Sache während des Verzuges fordern; ist der Preis dann wieder bis zum Urteil gefallen, so kann der Gläubiger den höchsten Preis der Zwischenzeit verlangen, wenn nicht der Schuldner nachweist, daß der Gläubiger bei rechtzeitiger Leistung den höheren Preis nicht wahrgenommen hätte (**287**)[2]). Z.B.:

A kauft aus dem Speicher des B 100 Waggon Weizen zu je 1500 M., lieferbar am 1. März. B gerät in Verzug, und am 1. Juni brennt der Speicher zufällig nieder. Am 1. Mai hatte der Weizen einen Preis von 2000 M. p. Waggon, der dann wieder auf 1000 M. fiel. A kann den Preis von 2000 M. zugrunde legen, also von B 50000 M. verlangen, wenn B nicht beweist, daß A den Preis von 2000 M. nicht wahrgenommen haben würde.

3. Bei Geldschulden ist die Schadensliquidation dem Gläubiger dadurch erleichtert, daß er für die Zeit des Verzuges **Verzugszinsen** zu vier vom Hundert[3]) verlangen kann, ohne den Nachweis eines Schadens erbringen zu müssen[4]). An Stelle der vier vom Hundert treten die vom Schuldner aus sonstigem Rechtsgrunde bisher geschuldeten höheren Zinsen[5]). Einen weitergehenden Schaden hat dagegen der Gläubiger zu erweisen (**288**).

---

[1]) Schollmeyer, S. 128.

[2]) A. M. Dernburg, II, § 72, III u. a. a.: den höheren Preis zwischen Verzug und Urteil soll der Gläubiger nur dann fordern dürfen, wenn er beweist, daß er die vorübergehende Konjunktur ausgenützt haben würde.

[3]) Nach HGB. § 352: 5%.

[4]) Z. B. Verzugszinsen von der Grundschuld (**1146**).

[5]) Im römischen Recht gab es einen Anspruch auf Verzugszinsen nur bei den bonae fidei obligationes: anders schon das gem. R.

Der Anspruch ist jedoch nicht bei allen Geldschulden anerkannt:

a) Bei rückständigen Zinsschulden, gesetzlichen und rechtsgeschäftlichen, laufen keine Verzugszinsen. Der Gläubiger hat hier den Nachweis des Schadens zu erbringen (**289**).

b) Der Schenker hat keine Verzugszinsen zu entrichten (**522**).

4. Ist der Gegenstand der Leistung nach Eintritt des Verzuges untergegangen oder verschlechtert und dadurch im Werte gemindert, oder kann er nicht mehr herausgegeben werden, und ist der Schuldner zum Ersatze des Wertes oder seiner Minderung verpflichtet, so kann der Gläubiger zum Ersatze seines Interesses an der rechtzeitigen Entrichtung der Wertsumme Zinsen von dem Momente an verlangen, welcher der Wertbestimmung zugrunde gelegt wird (**290**).

5. Der Gläubiger kann als Schadensersatz von dem im Verzug befindlichen Schuldner auch Ersatz aller Nutzungen (Früchte, Gebrauch) verlangen. Er müßte an sich den Schaden nachweisen. Dieser Nachweis wird ihm erspart, wenn er Zinsen (4 Prozent) von dem zu ersetzenden Wertbetrage (Z. 4) verlangt. Neben diesem Zinsanspruch besteht dann für die gleiche Zeit ein Anspruch auf Nutzungsersatz nicht.

6. Über die Bedeutung des Schuldnerverzuges vgl. noch **339** (Vertragsstrafe), **538. 554** (Miete), **767. 775** (Bürgschaft), **264** (Alternativobligation), **425** (Mehrheit der Schuldner und Gläubiger), **615** (Dienstvertrag), **990** (Eigentumsanspruch), **1613** (Unterhaltsanspruch), **2024** (Erbschaftsanspruch), **326** f. (gegenseitige Verträge), **633** (Werkvertrag).

C. **Die Aufhebung des Schuldnerverzuges** (mora purgatur) steht der Sachlage und dem gem. Recht gemäß unter folgenden Regeln:

1. Der Verzug des Schuldners hört auf, erzeugt daher für die Zukunft keine weiteren Wirkungen, wenn der Schuldner die durch Verzug gesteigerte Leistung anbietet. Nimmt der Gläubiger diese Leistung an, so kann von weiteren Verzugsfolgen schon deshalb nicht die Rede sein, weil Erfüllung vorliegt. Weist der Gläubiger sie zurück, so tritt Verzug des Gläubigers ein. Nur das Angebot der gesteigerten Leistung bewirkt das Aufhören des Verzuges, weil jetzt eben der Gläubiger diese Leistung verlangen kann.

2. Der Verzug hört auch auf, wenn Gläubiger und Schuldner dieses vereinbaren, z. B. der Gläubiger stundet dem Schuldner. Ob in dieser und anderen Vereinbarungen das Aufhören des Verzuges gewollt ist, ist Auslegungsfrage; ebenso, ob der Gläubiger mit einer solchen Vereinbarung auch auf die bereits erwachsenen Verzugswirkungen hat verzichten wollen.

3. Der Verzug hört selbstverständlich auf mit der Forderung; neue Verzugswirkungen sind nicht möglich. Ebensowenig gehen aber die bisher für den Gläubiger aus dem Verzuge entstandenen Ansprüche unter, wie es nach röm. R. beim Anspruche auf die Verzugszinsen allerdings der Fall war. Heut bleiben diese Ansprüche insbesondere bestehen, wenn der Gläubiger die Erfüllung der Hauptforderung annimmt, es hätte denn der Gläubiger auf die Steigerungen stillschweigend oder ausdrücklich verzichtet. Aus ihrer akzessorischen Natur würde ein Erlöschen der Verzugsfolgen nach Annahme der Hauptleistung keineswegs folgen. Bestände aber eine so strenge Akzessorietät, so würde sie sicher den Satz ausschließen, daß ein Vorbehalt des Gläubigers bei Annahme der Hauptleistung den Anspruch auf die Verzugsfolgen konservieren könne.

Der Charakter als Nebenleistung macht sich vielmehr nur geltend bei der Verjährung kraft positiver Bestimmung (**224**), bzw. der Verzugszinsen (**197. 223**) und für die Verpflichtung des Bürgen (**767**).

III. Einfluß der Rechtshängigkeit.

A. Auch wenn der Schuldner nicht im Verzug ist, hat er vom Zeitpunkte der Rechtshängigkeit an und, wenn die Fälligkeit erst später eintritt, von der Fälligkeit an für eine Geldschuld gesetzliche Zinsen zu leisten ohne Rücksicht auf den Eintritt des Verzuges

(**Prozeßzinsen**). Sie sind Ersatz der Nutzungen, die der Schuldner dem Gläubiger entzieht, wenn er es redlicher- oder unredlicherweise zum Prozesse kommen läßt. Sie betragen 4 Prozent, wenn nicht der Gläubiger bisher höhere Zinsen zu beanspruchen hatte. Ist die Geldschuld Zinsschuld, so besteht der Anspruch nicht. Ist der Schuldner zugleich im Verzug, so kann der Gläubiger den durch den Verzug herbeigeführten höheren Schaden ersetzt verlangen (**291**).

B. Ist der Schuldner verpflichtet, eine bestimmte Sache (species) herauszugeben (zurückzugeben oder zu übergeben)[1]), und läßt er es redlicher- oder unredlicherweise zum Prozesse kommen, so trägt er schon damit die Verantwortung für den Gegenstand (Untergang, Verschlechterung) und hat auch andere Umstände, die eine Unmöglichkeit der Herausgabe herbeiführen, ebenso zu vertreten wie der Besitzer nach Rechtshängigkeit des Eigentumsanspruches. Ebenso bestimmt sich seine Pflicht zur Herausgabe und zum Ersatze von Nutzungen und sein Anspruch auf Ersatz von Verwendungen.

Hat der Gläubiger auf Grund des Schuldverhältnisses oder auf Grund des Verzuges des Schuldners eine günstigere Stellung, so kann er diese geltendmachen (**292**).

§ 81.

Verzug des Gläubigers.[2])

I. Das Wesen des Gläubigerverzuges.

Gegenüber der vielfach vertretenen Auffassung, daß eine Annahmepflicht des Gläubigers bestehe und sich aus der Verletzung dieser Pflicht die Folgen der mora creditoris erklären, geht das BGB. davon aus, daß eine solche Verpflichtung nicht bestehe. Damit ist der Verzug des Gläubigers auf eine andere Grundlage gestellt als der des Schuldners, nämlich nicht auf schuldhafte Verzögerung der Leistung. Die Verzugswirkungen bedürfen daher einer anderen Erklärung. Tritt Nichtannahme durch den Gläubiger ein, so erreicht der Schuldner die bei Begründung der Schuld in Aussicht genommene Befreiung nicht. Diese Fortexistenz der Verbindlichkeit würde die Verpflichtung des Schuldners steigern, obwohl er das Seinige zu ihrer Lösung getan hat. Andererseits kann von einer Schuld des Gläubigers bei Ablehnung der Leistung nicht gesprochen werden, da es nur sein gutes Recht ist, die Leistung zurückzuweisen. Die Struktur des Schuldverhältnisses führt also bei seiner Abwickelung zu einem aus ihm selbst unlösbaren Konflikt. Die Rechtsordnung muß eine selbständige gerechte Lösung finden. Diese würde nicht darin gefunden werden können, daß der Schuldner bei Nichtannahme befreit würde. Das Recht muß vielmehr einer Unbilligkeit gegen den Schuldner unter möglichster Wahrung des Interesses des Gläubigers steuern. So wird die Rechtsordnung dem Zweck des obligatorischen Verhältnisses und dem Interesse der Parteien gerecht. Dieses Prinzip liegt den Rechtsbehelfen zugrunde, die das BGB. dem Schuldner einräumt, und wirkt natürlich auch zurück auf die Normierung der Voraussetzungen des Verzuges des Gläubigers. Tritt in ihnen eine stärkere Betonung des Interesses des Schuldners hervor, so hat das in der größeren Schutzbedürftigkeit des Schuldners seinen Grund. Diese Rechtsbehelfe bilden nun allerdings ein indirektes Zwangsmittel für den Gläubiger, die Leistung anzunehmen, aber in keinem anderen Sinne, als in welchem z. B. die Verjährung ihn nötigt, den Anspruch geltendzumachen.

Gläubigerverzug kann da nicht eintreten, wo zur Bewirkung der Leistung keine Mitwirkung des Gläubigers erforderlich ist, z. B. der Vermieter stellt die Wohnung bereit, der Beauftragte schließt das Geschäft ab, das ihm aufgetragen ist, der Schuldner entspricht der Unterlassungspflicht.

II. **Die Voraussetzungen.** Gläubigerverzug liegt vor, wenn der Gläubiger die richtig angebotene richtige Leistung nicht annimmt. Auch ein D r i t t e r kann das Angebot machen,

---

[1]) Edition und Exhibition fallen nicht unter **292**.

[2]) H i r s c h, Zur Revision der Lehre vom Gläubigerverzuge, bes. S. 238ff. S t a m m l e r, Das Recht der Schuldverhältnisse, S. 151ff. K o h l e r, Arch. f. bürgerl. R., Bd. 13, S. 149ff.

wenn er leisten kann (**293**. **294**). Das Angebot muß dem veräußerungsfähigen Gläubiger oder seinem Vertreter gemacht werden.

A. Der Schuldner muß dem Gläubiger die vollständige Leistung zur rechten Zeit und am rechten Orte anbieten, d. h. „die Leistung — so, wie sie zu bewirken ist" (**294**). Demgemäß ergibt sich, ob tatsächliches Angebot der Leistung nötig ist, oder wörtliches genügt, oder ob mora ex re fit:

1. Die Leistung muß dem Gläubiger **tatsächlich angeboten** werden. Darin liegt, daß der Schuldner bzw. der Dritte leistungsbereit ist, und daß der Schuldner bzw. der Dritte dem Gläubiger die Leistung reell anbietet. Das reelle Angebot gestaltet sich je nach der Art der Leistung verschieden, z. B. der Schuldner muß den zu leistenden Gegenstand dem Gläubiger vorlegen, so daß er ihn nehmen kann, oder er muß sich zur Vornahme einer Handlung beim Gläubiger einfinden (Bringschuld). In dem reellen Anbieten liegt zugleich die Erklärung der Leistungsbereitschaft an den Gläubiger (**294**).

2. Ausnahmsweise genügt **wörtliches Angebot** der Leistung, vorausgesetzt, daß die erforderliche Leistungsbereitschaft des Schuldners vorhanden ist:

a) wenn der Gläubiger vor der Realoblation dem Schuldner erklärt hat, daß er die Leistung nicht annehmen werde. Die Realoblation würde hier öfter nutzlos sein, den Schuldner unnötig beschweren und gegen das Interesse des Gläubigers verstoßen. Z. B.:

Der Verkäufer B sendet dem Käufer A am 30. Oktober 1900 Faktura über die gekaufte Ware zu. A antwortet am 3. November 1900, daß er den Kauf nicht als rechtsgültig anerkenne. A ist nicht in Annahmeverzug, weil es an Realoblation (**294**) fehlt und weil **295** nicht zutrifft, weil nach Ablehnung durch A ein Verbalangebot nicht erfolgt ist.

Der Gläubiger kann die Annahmeverweigerung durch Widerruf beseitigen. Ein späteres wörtliches Angebot genügt dann nicht. Auch das wörtliche Anbieten seitens eines Dritten genügt, aber nur, wenn bei dem Dritten auch Leistungsbereitschaft vorliegt;

b) wenn zur Bewirkung der Leistung eine Handlung des Gäubigers erforderlich ist. Häufig kann der Schuldner die von ihm zur Bewirkung der Leistung geforderte Tätigkeit nicht entfalten oder nicht vollenden, wenn nicht zuvor oder zugleich der Gläubiger in bestimmter Weise tätig geworden ist. Hierher gehört der Fall der Holschuld, ferner, wenn der Gläubiger nähere Bestimmung über die Schuld zu treffen, unter mehreren wahlweise geschuldeten (**264**, Abs. 2) Gegenständen zu wählen, über Modalitäten der Erfüllung oder Beschaffenheit des Gegenstandes zu bestimmen hat (Spezifikation)[2][3].

Ist eine gewisse Tätigkeit des Schuldners Voraussetzung der weiteren gleichzeitigen oder vorausgehenden Tätigkeit des Gläubigers, so ist der Schuldner allerdings gehalten, zunächst diese Tätigkeit zu entwickeln und insofern reell anzubieten.

Dem wörtlichen Angebot steht die Aufforderung an den Gläubiger, gleich die betreffende Handlung vorzunehmen, (**295**).

3. Ist für die Vornahme der Handlung des Gläubigers eine Zeit nach dem Kalender bestimmt, oder soll sie nach Kündigung in einer von der Kündigung ab nach dem Kalender zu berechnenden Zeit vorgenommen werden (z. B. Präsentationsfrist bei Inhaberpapieren), so gerät der Gläubiger schon in Verzug, wenn er die Handlung nicht rechtzeitig vornimmt (mora ex re fit). Diese Regelung motiviert sich daraus, daß der Termin schon in genügender Weise die Aufforderung an den Gläubiger in sich schließt. Nur insofern trifft die Analogie des Schuldnerverzuges zu (**296**).

Ein Dritter kann in diesen Fällen das wörtliche Angebot nicht stellen. Der Gläubiger

---

[1]) Schollmeyer, S. 138.
[2]) Oertmann, Arch. f. d. ziv. Pr., Bd. 85 (1896), S. 202ff.
[3]) HGB. § 375.

würde dadurch genötigt werden, sich wegen der von seiner Seite erforderlichen Handlung mit dem Dritten einzulassen.

4. In allen Fällen des wörtlichen Angebotes ist Voraussetzung des Verzuges, daß der Schuldner bzw. der Dritte auch imstande war, die Leistung zu erbringen. Der Gläubiger hat den Beweis zu liefern, daß der Schuldner bzw. der Dritte nicht imstande war, die Leistung zu erbringen (**297**). Diese Beweisregulierung rechtfertigt sich mit Rücksicht auf die Möglichkeit schikanöser Bestreitung des Leistungsvermögens durch den Gläubiger.

B. Ist der Schuldner nur gegen eine Leistung des Gläubigers zu leisten verpflichtet, so tritt Annahmeverzug ein, wenn der Gläubiger zwar die angebotene Leistung anzunehmen bereit ist, es aber unterläßt, die ihm obliegende Gegenleistung anzubieten (**298**). Diese Regelung ist nicht etwa schon in **295** (A. 2. b.) enthalten, sondern sie bezieht sich auf gegenseitige, Zug um Zug zu erfüllende Verbindlichkeiten, ferner auf die Fälle, in denen der Empfänger erst durch die vielleicht freiwillige Leistung zu einer Gegenleistung verpflichtet wird, und auf die Fälle, die der actio contraria entsprechen (**255**. **258**. **274**, Abs. 2. **286**, Abs. 2. **348**. **368**. **371**. **320**. **348**. **601**. **670**. **797**. **1049** usw.)[1]). Z. B.:

A hat B, dem eine Briefhypothek an seinem Grundstück zusteht, den Betrag der Schuld für den Schuldner angeboten und dagegen Aushändigung des Hypothekenbriefes und der sonstigen Urkunden (**1144**) verlangt. Der Gläubiger B ist zwar zur Annahme der geschuldeten Summe bereit, nicht aber zur Aushändigung von Brief und Urkunden. B gerät in Annahmeverzug.

C. Zum Eintritte des Gläubigerverzuges genügt die **Nichtannahme.** Nach der herrschenden Lehre des gem. R. und nach Partikularrecht wurde Verschulden des Gläubigers verlangt. Heut ist es gleichgültig, aus welchen Gründen der Gläubiger die Annahme ablehnte. Es gilt das aber nicht ausnahmslos. Schikanöse Ausnutzung dieser Vorschrift durch den Schuldner muß ferngehalten werden. Ist die Leistungszeit nicht bestimmt, oder ist der Schuldner bei bestimmter Zeit auch vorher zu leisten befugt, so müßte der Gläubiger sich alsbald in die Lage setzen, annehmen zu können, und es könnte der Schuldner eine vorübergehende Behinderung des Gläubigers an der Annahme wahrnehmen und ihn in Verzug setzen. Das soll nicht geschehen. Es wäre gegen Treu und Glauben. Den Beweis der vorübergehenden Behinderung hat der Gläubiger zu führen. Jedwede vorübergehende Behinderung, nicht bloß solche, die der Gläubiger verschuldet hat, kommt in Frage[2]). Hierbei ist vorausgesetzt, wie es in der Mehrzahl der Fälle auch zutreffen wird, daß der Schuldner kein Interesse daran hat, gerade in diesem Momente zu leisten. Hat er ein solches, so soll er dem Gläubiger die Leistung eine angemessene Zeit vorher ankündigen. Liegt diese Ankündigung, was der Schuldner zu beweisen hat, vor, so fällt die Berufung des Gläubigers auf die Behinderung fort (**299**). Die Ankündigung ist eine empfangsbedürftige nicht rechtsgeschäftliche Erklärung.

III. **Die Wirkungen des Gläubigerverzuges.**

Der Schuldner wird durch Verzug des Gläubigers nicht befreit. Es tritt aber

A. eine Abschwächung der Verpflichtung des Schuldners bzw. der Befugnise des Gläubigers ein, und zwar

1. eine Herabsetzung der Haftung. Der Schuldner haftet während des Verzuges des Gläubigers nur für Vorsatz und grobe Fahrlässigkeit, was den beim Schuldner befindlichen Gegenstand der Leistung, nicht die sonstige dem Schuldner obliegende Tätigkeit betrifft (**300**, Abs. 1). Die Gefahr des Unterganges und der Verschlechterung des Leistungsgegenstandes geht auf den Gläubiger über[3]). Entledigt

[1]) Übrigens gerät der anbietende Teil nicht in Schuldnerverzug, wenn er nach Verweigerung der Gegenleistung seinerseits nicht leistet, insofern er nur bei Gegenleistung verpflichtet ist; und der die Gegenleistung verweigernde Teil, der in Verzug der Annahme sich befindet, ist nicht eo ipso auch im Verzug als Schuldner der Gegenleistung, denn es kann an der Vertretungspflicht fehlen. (M. II, S. 73.)

[2]) Daher liegt in **299** kein Kompromiß mit der Culpatheorie vor, vgl. Hirsch, a. a. O., S. 253f.

[3]) Dementsprechend geht auch die Gefahr auf den Besteller über, sobald er sich im Verzuge der Annahme befindet (**644**).

das Gesetz den Schuldner der Haftung für geringes Versehen, so ist ihm damit auch die weitergehende Haftung für casus abgenommen. Die Gefahr der der Gattung nach bestimmten geschuldeten Sache geht nicht infolge jedes Verzuges des Gläubigers über, sondern nur, wenn der Verzug dadurch eintritt, daß der Schuldner die gehörig beschaffene Sache dem Gläubiger angeboten und dieser sie nicht angenommen hat[1]; in diesem Zeitpunkt tritt die Konzentration auf das Ausgeschiedene mit ihren weiteren Folgen ein (**243**, Abs. 2; **324**, Abs. 2). Die Gefahr geht also nicht über, wenn der Verzug gemäß **296** eingetreten ist (**300**, Abs. 2).

Da der Gläubiger auch die vom Dritten angebotene Leistung annehmen muß, wenn der Schuldner nicht widerspicht (**267**), so kann er durch Nichtannahme in Verzug geraten. Der Schuldner, der die angebotene Sache (species) nicht erhalten kann, wird nach **275**, Abs. 2, frei, und gegen den Dritten hat der Gläubiger keinen Anspruch. Anders ist die Behandlung der Wahlschuldverhältnisse (**L.** § 74).

2. Der Zinsenlauf hört auf (**301**). Das bezieht sich sowohl auf Verzugszinsen wie auf andere, insbesondere rechtsgeschäftliche Zinsen. Die Bestimmung rechtfertigt sich durch die Erwägung, daß der Schuldner trotz der Nichtannahme besorgen muß, daß der Gläubiger die Klage erhebt und deshalb von einer Anlage des Kapitals absehen muß; daß ferner der Fortlauf der Konventionalzinsen den Schuldner zur Hinterlegung drängt, was gegen das Interesse des Gläubigers wäre. Tatsächlich aus einem gegen Zins geschuldeten Kapital gezogene Früchte sind dem Gläubiger herauszugeben bzw. zu ersetzen (Z. 4)[2].

3. Das Wahlrecht des Gläubigers beim Wahlschuldverhältnis wird in Frage gestellt (vgl. **L.** § 74).

4. Ist der Schuldner nach dem Schuldverhältnis zur Herausgabe oder zum Ersatze von Nutzungen verpflichtet, so beschränkt sich nach Verzug des Gläubigers seine Verpflichtung auf die Nutzungen, die er zieht, entgegen dem Grundsatze cujus periculum ejus est commodum. Für die gezogenen Nutzungen haftet der Schuldner nach Z. 1 (**302**)[3].

B. Da der Gläubiger i. a. nicht annahmepflichtig ist, so kann er auch auf Grund einer Verletzung solcher Pflicht dem Schuldner nicht gehalten sein, ihm den Schaden, den der Schuldner durch die Nichtannahme erlitten hat, zu ersetzen. Das BGB. gibt aber dem Schuldner einen klagbaren Anspruch auf Ersatz der Mehraufwendungen, die er für das erfolglose Angebot sowie für die Erhaltung und Aufbewahrung des geschuldeten Gegenstandes machen mußte (**304**). Geht die Schuld durch Verzicht oder Untergang des Leistungsgegenstandes nach eingetretenem Gläubigerverzuge unter, so kann es sich nur um den bis zu diesem Zeitpunkte gemachten Mehraufwand handeln. Nutzungen, die der Schuldner zieht, ohne daß sie ihm gebühren, kann der Gläubiger in Abzug bringen. Welchen Mehraufwand der Schuldner machen mußte, ergibt sich aus dem fortdauernden Schuldverhältnisse. Der Anspruch ist durch Gesetz zur Lösung der Kollision und damit auch im Interesse des Gläubigers begründet[4].

Besteht eine konkrete **Annahmepflicht des Gläubigers**, so ist er allerdings bei verschuldeter Nichtannahme nach den Grundsätzen über den Verzug des Schuldners verpflichtet, diesem den vollen Schaden zu ersetzen. Eine Annahmepflicht ist nach dem BGB. begründet beim Kauf (**433**, Abs. 2)[5], beim Tausch (**515**), beim Werkvertrage (**640**, Abs. 1) und nach **445** bei allen entgeltlichen Veräußerungs- und Belastungsgeschäften. Beim Werkvertrage, der den Entgelt in Waren festsetzt, kann daher der Werkmeister auf Annahme der Ware, ferner der Verwahrer gegen den Hinterleger auf Rücknahme nach **696** klagen. Im

[1] Bei Bringschulden ist tatsächliches Angebot der Sache nötig, bei Holschulden tatsächliches oder wörtliches Angebot (**295**) nach vorhergehender Aussonderung der geschuldeten Sache aus der Gattung. So Planck zu **300**. A. M. Schollmeyer, S. 144f.

[2] A. M. Planck, zu **301**.

[3] Über die Bedeutung des Verzuges beim Gesamtschuldverhältnis vgl. **L.** § 102, über Besonderheiten beim Dienst- und beim Werkvertrage vgl. **615**. **642**.

[4] Der Anspruch darf nicht der Geschäftsführung ohne Auftrag unterstellt werden, worauf die Motive II. S. 76 hinführen könnten; vgl. Hirsch, a. a. O., S. 263ff.

[5] Vgl. Kohler, a. a. O. (1897), S. 174.

Wege der analogen Anwendung noch weiterzugehen, ist unstatthaft. Insbesondere ist der Anspruch auf Abnahme bei Verpflichtung auf Tun abzulehnen, nicht, weil kein obligationstüchtiges Interesse vorliegt, sondern weil in diesen Fällen sich der Gläubiger dem Interesse des Schuldners an der Abnahme nicht dienstbar gemacht hat. Der Abnahmeanspruch ist ferner abzulehnen bei unentgeltlichen Veräußerungsgeschäften, z. B. beim Schenkungsvertrage[1]). Wo eine Annahmepflicht des Gläubigers begründet ist, ist ihr Inhalt näher festzustellen. Darüber beim Kauf (**L.** § 108) und beim Werkvertrag (**L.** § 123).

C. Annahmeverzug bewirkt Nichtleistung des Schuldners. Es können aber nach richtiger Auslegung die durch Gesetz oder Parteiwillen gesetzten Folgen der Nichtleistung zuungunsten des Schuldners nicht eintreten (Verfall der Vertragsstrafe, Rücktrittsrecht des Gläubigers, Befugnis zum Verkauf des Pfandes, Verlust des Anspruches auf die Versicherungssumme), und zwar auch ohne daß der Schuldner zur Hinterlegung schreitet. Will allerdings der Schuldner bei Annahmeverzug das bestellte Faustpfand zurückfordern, so muß er hinterlegen (**1223. 1224**).

D. Der Schuldner kann sich der Sorge für den Leistungsgegenstand entschlagen:

1. durch **Preisgebung.** Das römische Recht scheint hier sehr weit gegangen zu sein[2]), nach dem BGB. ist dieser Weg nur gestattet bei Schuldverhältnissen, die auf die Herausgabe eines Grundstückes gehen, und der Schuldner hat dem Gläubiger das Aufgeben des Besitzes vorher anzudrohen, wenn nicht diese Androhung untunlich sein sollte, was der Schuldner zu beweisen hätte (**303**). Der Rechtsbehelf findet Anwendung auf alle Verpflichtungen zur Übertragung des Besitzes, nicht etwa nur auf solche zur Übertragung des Eigentumes. Das Aufgeben ist dementsprechend immer nur ein Aufgeben des Besitzes. Der Schuldner, der zur Übertragung des Eigentumes verpflichtet ist, kann sich nicht durch Verzicht auf das Eigentum (**928**) befreien, er kann nur den Besitz aufgeben und dadurch die Sorge für das Grundstück, nicht auch dessen Zubehör[3]), abwälzen, er bleibt aber zur Übertragung des Eigentumes am Grundstücke verpflichtet, für dessen Beschaffenheit er allerdings nun nicht mehr haftet;

2. durch **Hinterlegung,** die nur bei bestimmten beweglichen Sachen, Geld, Wertpapieren, sonstigen Urkunden und Kostbarkeiten zulässig ist.

Die Hinterlegung hat ein über den Fall des Gläubigerverzuges hinausreichendes Anwendungsgebiet (**372. 382**, vgl. **L.** § 93);

3. durch **Selbsthilfeverkauf,** der zulässig ist bei beweglichen Sachen, die zur Hinterlegung nicht geeignet sind, und ebenfalls auf den Fall des Gläubigerverzuges nicht beschränkt ist (vgl. **L.** § 94).

IV. **Die Aufhebung des Gläubigerverzuges.**

A. Der Verzug des Gläubigers hört auf, wenn er sich zu derjenigen Mitwirkung, die nach dem Schuldverhältnisse zur Lösung desselben von seiner Seite erforderlich ist, zu der ihm obliegenden Gegenleistung und zum Ersatze der Mehraufwendungen (III. B.) bereit erklärt.

B. Er hört ferner auf, wenn Schuldner und Gläubiger das weitere Stehenbleiben der Schuld vereinbaren. Darin liegt an sich kein Verzicht des Schuldners auf die schon erwachsenen Verzugsfolgen.

C. Er hört selbstverständlich auf durch Erlöschen der Schuld. Damit erlöschen nicht die bisher begründeten Ansprüche des Schuldners aus dem Verzuge.

§ 82.

Der Ort der Leistung.[4])

I. Der Gläubiger kann die Leistung nur am richtigen Orte verlangen, der Schuldner sie nur am richtigen Orte bewirken. Der Ort, an dem die Leistung tatsächlich erfolgen soll, die

[1]) Vgl. über diese Frage Hirsch, a. a. O., S. 289 ff.
[2]) l. 1. § 3. D. (18, 6).
[3]) RG. Bd. 47, S. 197.
[4]) Leonhard, F., Erfüllungsort und Schuldort (1907).

Erfüllung also bewirkt wird, ist der Leistungsort im Sinne des Vollzugsortes. Streng davon zu scheiden ist der Ort, der für das rechtliche Schicksal der Schuld charakteristisch und maßgebend ist, der Schuldort. Der Schuldort kann mit dem Vollzugsort identisch sein. Vielfach ist aber der Vollzugsort nicht der Schuldort. Der letztere bestimmt sich nach besonderen Gesichtspunkten[1]).

Wo das Gesetz oder Parteibestimmung den Ort der Leistung festsetzen, ist zu prüfen, ob der Schuldort oder der Vollzugsort festgesetzt sein soll[2]). Der Schuldort bestimmt das anzuwendende Recht (**E.** § 15 III), die Auslegung und Feststellung des Inhaltes der Schuld (**157. 193. 244. 453.** HGB. §§ 359. 361), den Gerichtsstand (ZPO. § 29) in gewissen Fällen (Kauf, Werkvertrag) über Gefahr und Kosten (**447. 448. 644**). Vgl. ferner **374. 383. 391**.

Im BGB. bezieht sich **269** (A. B. C.) auf den Schuldort, die Vorschrift in **270** dagegen auf den Vollzugsort und setzt diesen in Gegensatz zum Schuldort.

A. Der Ort der Leistung kann durch Gesetz[3]) und Rechtsgeschäft ausdrücklich bestimmt sein oder ergibt sich stillschweigend aus den Umständen, unter denen die Natur des Schuldverhältnisses (z. B. Erfüllungsort der Bürgschaftsschuld ist der Ort, wo die Hauptschuld zu erfüllen ist) die Beschaffenheit der Leistung (Übergabe, Bearbeitung eines Grundstückes, Herstellung eines Werkes an einem bestimmten Orte usw.) besonders in Betracht kommen. Es können auch mehrere Orte für die Leistung bestimmt sein, entweder in dem Sinne, daß die Leistung zum Teil an diesem, zum Teil an jenem Orte zu erbringen ist, oder so, daß wahlweise der eine oder der andere Ort maßgebend sein soll (Wahlschuldverhältnis)[4]).

B. Ergibt sich so ein Erfüllungsort nicht, so ist Erfüllungsort der Wohnsitz des Schuldners zur Zeit der Entstehung des Schuldverhältnisses. Hatte der Schuldner zu dieser Zeit keinen Wohnsitz, so tritt der Aufenthaltsort an die Stelle[5]). Hatte er mehrere Wohnsitze, so liegt ein Wahlschuldverhältnis vor. Bei Verbindlichkeiten, die im Gewerbebetriebe des Schuldners entstanden sind, ist der Ort der gewerblichen Niederlassung maßgebend (**269**, Abs. 1. 2). Z. B.:

In dem Lieferungsvertrage des A in Berlin mit dem sächsischen Militärfiskus in Dresden war bestimmt, daß A die Kosten der Übersendung und die Gefahr trage und: „die Maschine ist so zu liefern, daß sie spätestens 1. September 1905 in Dresden eintrifft". Die Klauseln ändern am gesetzlichen Erfüllungsort Berlin nichts, die letzte fixiert nur den Zeitpunkt der Erfüllung.

C. Hat der Schuldner die Kosten der Versendung übernommen, so folgt daraus allein noch nicht, daß der Ort, an den die Übersendung erfolgt, Leistungsort sein soll (**269**, Abs. 3).

D. Bei Geldschulden ist das Geld, wenn nicht ein anderes bestimmt ist, wie z. B. bei indossabeln oder auf den Inhaber lautenden Papieren (**797**), durch den Schuldner auf seine Gefahr und Kosten an den jeweiligen Wohnsitz des Gläubigers zu übermitteln, an dessen Stelle eventuell der Ort der gewerblichen Niederlassung oder der Aufenthaltsort des Gläubigers tritt. An den Bestimmungen über den Erfüllungsort (Schuldort) wird hierdurch nichts geändert; es fallen nur Vollzugsort und Schuldort auseinander (vgl. **447**). Daher bleibt es bei dem durch den Schuldort begründeten Gerichtsstand. Ändert der Gläubiger seinen Wohnsitz oder seine gewerbliche Niederlassung nach Entstehung des Schuldverhältnisses, so können sich dadurch Mehrkosten oder höhere Gefahr der Versendung ergeben. Die Mehrkosten und die Ge-

---

[1]) Gegen die herrschende Auffassung, die Vollzugsort und Schuldort mit dem römischen Recht als identisch behandelt, wendet sich die Schrift von F. Leonhard (S. 205 Note 4).

[2]) Die häufige Vereinbarung eines „Erfüllungsortes" geht in der Regel nicht auf den Vollzugsort, sondern den Schuldort. Daher ist die Vereinbarung auch nicht nichtig, wenn an diesem Orte der Vollzug gar nicht möglich ist. Die Nichtigkeit würde nur dann folgen, wenn der herrschenden Meinung gemäß Schuldort und Vollzugsort zusammenfielen. Vgl. Leonhard, S. 68ff. 75ff.

[3]) So beim Verwahrungsvertrage, **697. 700**, bei Exhibition und Edition, **811**, bei der Grundschuld, **1194**, vgl. 261.

[4]) Vgl. Dernburg, a. a. O., S. 103, Z. 2.

[5]) A. M. Hellmann, Krit. V.J.Schr., Bd. 41 (1899), S. 244, der **242** entscheiden lassen will. Wie im Text: Oertmann zu **269** und Dernburg, a. a. O., S. 115.

fahr hat der Gläubiger zu tragen (**270**). Auf Grund des EG. Art. 92 bestimmen aber die Ausführungsgesetze, daß Zahlungen aus öffentlichen Kassen bei der Kasse in Empfang zu nehmen sind[1]), mit der vereinzelten Ausnahme[2]), daß **270** gelten solle, wenn zur Zeit der Entstehung des Schuldverhältnisses der Gläubiger seinen Wohnsitz nicht am Orte der Kasse hatte.

II. Nicht nur bei zweiseitigen Geschäften kann sich für die Leistungen der Parteien ein verschiedener Schuldort ergeben, sondern allgemein für die verschiedenen Leistungen aus einem Schuldverhältnisse, z. B. für die Kapital- und Zinsleistung, während für gegenseitige Verträge der Vollzugsort derselbe sein muß. Z. B.:

A in Glogau kaufte von B in Frankfurt a. M. eine Drillmaschine und erhält sie in Glogau geliefert. Als Erfüllungsort war Berlin vereinbart. Wegen Mängel der Maschine erklärte A an B die Wandlung und klagte gegen B auf Zurücknahme der Maschine und Ersatz von 21 M. Frachtkosten beim Landgericht Glogau. Berlin wäre zuständig für Lieferung und Zahlung, nicht aber für die Klage des **Käufers aus** der Wandlung. Erfüllungsort für die Hauptverpflichtung auf Rücknahme ist der Ort, wo die Maschine sich jetzt befindet, daher auch für die sekundäre Ersatzpflicht. Daher ist das Landgericht in Glogau zuständig.

III. Der Schuldort hat sodann noch sekundäre Bedeutung als Hinterlegungsstelle (**374**), als Versteigerungsstelle (**383**), bei der Aufrechnung (**391**) und nach der bisher herrschenden Auffassung im internationalen Privatrecht (**L.** §§ 14. 15)[3]). Nach Prozeßrecht begründet der Leistungsort den Gerichtsstand gemäß ZPO. § 29.

§ 83.

Die Haftung in Schuldverhältnissen.[4])

I. Die Haftung für eigene Schuld.

A. Nicht nur wegen **Vorsatzes** haftet der Schuldner grundsätzlich, sondern auch wegen **jeder Fahrlässigkeit** (**276**, Abs. 1, vgl. **L.** § 61). Generell steigert sich die Haftung des Schuldners nach Verzug in der Leistung (**287**) und ermäßigt sich nach Verzug des Gläubigers (**300**); hiervon abgesehen erleidet das Prinzip Ausnahmen mit Rücksicht auf die Ungleichheit des Parteiinteresses, die bei einer Reihe von Geschäften dem Geschäftstypus entsprechend sich ergibt, oder mit Rücksicht darauf, daß es sich um gemeinsame Interessen der Partei handelt, oder es entscheidet die besondere Bedeutung des Rechtsverhältnisses.

1. In gewissen Schuldverhältnissen ermäßigt sich die regelmäßige Haftung auf die Haftung für Vorsatz und grobe Fahrlässigkeit. In dieser Weise haftet der Schenker (**521**), der Verleiher (**599**), der Geschäftsführer, wenn es sich um Abwendung einer drohenden dringenden Gefahr handelt (**680**), der Finder (**968**), beim Überbau (**912**, Abs. 1).

2. In einigen Schuldverhältnissen trifft den Schuldner nur die Haft für diejenige Sorgfalt, die er in eigenen Angelegenheiten anzuwenden pflegt (**277**, **L.** § 61). Das ist der Fall beim Verwahrer im Falle unentgeltlicher Aufbewahrung (**690**), beim Gesellschafter (**708**); ferner bei den Ehegatten in ihrem gegenseitigen Verhältnisse (**1359**), bei den Eltern, welche die elterliche Gewalt ausüben (**1664**. **1686**), und bei dem Vorerben im Verhältnis zum Nacherben (**2131**).

3. Wo ein konkreter Vertrag sich einem im Gesetz geregelten Typus nicht schlechthin unterordnet, hat auch über den Grad der Haftung die Analogie zu entscheiden.

B. Bisweilen muß in Schuldverhältnissen für den **Zufall** gehaftet werden, auch abgesehen vom Falle des Schuldnerverzuges (**287**). Mehrere derartige Fälle liegen außerhalb des Ge-

---

[1]) Z. B. Mecklenb.-Schwer. AV. z. BGB. § 35. Mecklenb.-Strel. AV. z. BGB. § 34. Preuß. AG. z. BGB. Art. 11. Bayer. AG. z. BGB. Art. 11. Bad. AG. z. BGB. Art. 10. 11. Hess. AG. z. BGB. Art. 32. Württemb. AG. z. BGB. Art. 142.

[2]) Hamburg. AG. z. BGB. § 23.

[3]) Vgl. HGB. §§ 359, Abs. 1. 361.

[4]) Rümelin, Die Gründe der Schadenszurechnung (1896), bes. S. 88. Stammler, Das Recht der Schuldverhältnisse usw., S. 111ff. Nußbaum, Die Haftung für Hilfspersonen nach **278** BGB. usw. v. Liszt, Die Deliktsobligationen im System des BGB., bes. S. 103ff. Feder, E., Die Verantwortlichkeit für fremdes Verschulden (1902).

bietes der durch Rechtsgeschäft begründeten Schuldverhältnisse (z. B. **122**. **179**. **231**. **829**. **833**. **835**). Hier kommt in Betracht die Haftung der Gastwirte nach **701**. **702**, die Haftung für die Gehilfen (vgl. II.) und die des Geschäftsführers nach **678**. Bei der Haftung der Gastwirte ist die Grenze der höheren Gewalt gezogen (**L.** § 61)[1]).

C. Die Vorschriften über die Haftung des Schuldners sind nur dispositiver Natur. Die Haftung des Schuldners kann somit durch rechtsgeschäftliche Bestimmung gesteigert und gemindert werden. Wie weit die Steigerung oder der Nachlaß reicht, ist eine Auslegungsfrage. Der Privatautonomie ist aber die Schranke gezogen, daß die Haftung für Vorsatz nicht im voraus, d. h. vor Begehung der vorsätzlichen Handlung oder vor Kenntnis des Verletzten von der Begehung, erlassen werden darf (vgl. aber II.). Die betreffende Vereinbarung ist, weil unsittlich, nichtig (**138**); ob deswegen auch das ganze Geschäft nichtig ist, bestimmt sich nach **139**. Die Haftung für grobe Fahrlässigkeit kann dagegen sehr wohl im voraus erlassen werden; denn das BGB. (anders das röm. R.) stellt die grobe Fahrlässigkeit in keiner Hinsicht dem Vorsatze gleich (**276**, Abs. 2).

D. Wie das Delikt, so setzt auch die Verletzung eines bestehenden Schuldverhältnisses die Verantwortlichkeit des Handelnden voraus (**276**, Abs. 1).

II. Die **Haftung für fremde Schuld.** Grundsätzlich haftet der Schuldner nur für eigene Schuld. Zieht der Schuldner Hilfspersonen hinzu, so ergibt dieser Grundsatz, daß der Schuldner nur haftet, wenn er bei Auswahl der Gehilfen, ihrer Instruktion oder Beaufsichtigung schuldhaft handelte (culpa in eligendo — custodiendo). So das römische und nach herrschender Ansicht das gemeine Recht. Das BGB. geht darüber hinaus:

A. In allen rechtsgeschäftlichen und analogen[2]) Schuldverhältnissen hat der Schuldner auch eine Schuld seines gesetzlichen Vertreters (**L.** § 56, III), die diesen bei Erfüllung der Vertragspflichten trifft, zu vertreten, wie wenn der Schuldner selbst hätte handeln können.

B. Der Schuldner hat aber auch die Schuld derjenigen Personen zu vertreten, deren er sich zur Erfüllung seiner Verbindlichkeit bedient[3]). Ob diese anderen die Leistung allein bewirken oder nur die Tätigkeit des Schuldners unterstützen, ist gleichgültig, ebenso, ob die Betreffenden nur zur Vorbereitung der Erfüllung oder zur Erfüllung selbst zugezogen waren; denn beides läßt sich schwer scheiden. Wesentlich ist, daß der Schuldner will und weiß, daß der Dritte an der Erfüllung mitwirkt. Nicht erforderlich ist, daß die Gehilfen beauftragt waren, es genügt z. B. bei Erfüllung einer Bewahrungspflicht, daß dem Dritten die Sache, wenngleich durch ein auf einen anderen Zweck gerichtetes Geschäft, anvertraut war (Miete, Leihe). Dagegen genügt nicht daß dem Dritten lediglich die Möglichkeit der Einwirkung gewährt ist. (Hilfeleistung beliebiger Fremder.) Mitwirkung bei der Erfüllung liegt ferner nur da vor, wo die Handlung des Gehilfen als Verletzung der Vertragspflichten des Schuldners erscheinen würde, wenn dieser selbst gehandelt hätte, nicht also, wenn der zur Vertragserfüllung zugezogene Gehilfe eine unerlaubte Handlung begeht[4]). In der Person des Gehilfen muß Schuld und Verantwortlichkeit vorliegen, der Schuldner haftet aber für Schuld seines Gehilfen nur in dem Umfange, in dem er haften würde, wenn er selbst gehandelt hätte, er haftet also auch nur für grobe Fahrlässigkeit des Gehilfen, wenn er selbst nur in diesem Umfange haftet[5]).

---

[1]) Vgl. HGB. § 456. Reichshaftpflichtgesetz vom 7. Juni 1871 (Haftung der Eisenbahn EG. Art. 42). Postgesetz § 11 (Haftung der Post). ZPO. §§ 717. 945.

[2]) Z. B. auch bei dinglichen Ansprüchen auf Leistung. Nußbaum, a. a. O., S. 53.

[3]) Weiter geht HGB. § 431 (Haftung des Frachtführers für seine Leute), und besonderes gilt für die Haftung des Reeders oder Schiffseigners (HGB. § 486. Binnenschiffahrtsges. v. 15. Juni 1895 (Fassung vom 20. Mai 1898), §§ 3. 4. Reichs-Haftpflichtgesetz vom 7. Juni 1871. § 2. — Die Vorschrift in **278** gilt auch für das Gesinderecht (EG. Art. 95, Abs. 2).

[4]) Nußbaum, a. a. O., S. 73f. Abweichend Schollmeyer, S. 104. Rümelin, S. 78f. 88.

[5]) Vgl. Schollmeyer, S. 105. Planck, S. 77f. Dagegen Nußbaum, a. a. O., S. 88ff.

Die Haftung des Schuldners für die Gehilfen bezieht sich auf die Fälle, in denen der Schuldner an sich befugt war, Gehilfen hinzuzuziehen. War er das nicht, so folgt schon aus allgemeinen Grundsätzen seine Haftung aus dieser Pflichtverletzung. Die Haftung tritt nicht ein, wenn vom Schuldner berechtigterweise einem Substituten die Ausführung übertragen ist (**664**. **691**). — In keinem Falle ist durch **278** dem Schuldner die eigene Haftung für culpa in eligendo oder custodiendo erleichtert. Auch kann er sich nicht exkulpieren durch den Nachweis sorgfältiger Auswahl des Gehilfen usw.

Die Haftung für vorsätzliche Schädigungen durch Gehilfen und gesetzliche Vertreter kann aber im voraus ausgeschlossen werden (**278**)[1]. Z. B.:

1. Der bei der Landesversicherungsanstalt B versicherte und von dieser mit seinem Willen in das Sanatorium des A verbrachte Invalide C erlitt dort infolge schuldhaften Verhaltens des Hausdieners einen Unfall. C kann sich an den Hausdiener halten, an die Landesversicherungsanstalt (**278**) nur, wenn die zwischen ihr und C vorliegende öffentlichrechtliche Pflicht nach Analogie des bürgerlichen R. zu behandeln ist.

2. A, mit dem Zuge angekommen, ist auf dem Bahnhof von K. auf dem Wege zum Ausgange zu Fall gekommen und hat einen doppelten Bruch des Unterschenkels erlitten. Ursache war die vom Frost herstammende Glätte des durch die angestellten Eisenbahnarbeiter nicht genügend bestreuten Bodens. A kann den Fiskus auf Schadensersatz belangen.

C. Inwieweit man für das Verschulden der nicht zur Erfüllung bestehender Verpflichtungen zugezogenen Gehilfen zu haften hat, ergibt sich aus **831**. **832** (**L**. § 143, I). Unter **278** fällt auch nicht die Haftung des Vertretenen für ein Verschulden des Vertreters bei Eingehung eines Rechtsgeschäftes, sondern unter **166** (**L**. § 56).

III. **Der Beweis der Schuld.**

Die Verteilung der Beweislast ist eine verschiedene, je nachdem der Gläubiger auf Erfüllung auf Schadensersatz wegen Nichterfüllung oder auf Schadensersatz nach geschehener Erfüllung klagt (**282**).

A. Klagt der Gläubiger auf Erfüllung, so hat er nur die Tatsachen zu beweisen, aus denen sein Forderungsrecht entstanden ist, der Schuldner dagegen entweder, daß er erfüllt habe, oder daß er wegen eingetretener Unmöglichkeit befreit sei, d. h. daß er die die Unmöglichkeit herbeiführenden Umstände nicht zu vertreten habe, z. B. daß er nicht in Schuld sei.

B. Klagt der Gläubiger aber auf Schadensersatz wegen Nichterfüllung, so muß er die Entstehung der Forderung wie im vorigen Falle, außerdem aber den Eintritt der Unmöglichkeit der Erfüllung beweisen. An sich müßte er auch behaupten und beweisen, daß der Schuldner den Eintritt der Unmöglichkeit zu vertreten habe. Der Schuldner hat aber auch in diesem Falle den Beweis zu erbringen, daß er nicht vertretungspflichtig, nicht in Schuld ist. Das gilt auch, wenn der Schuldner nur wegen Vorsatzes haften oder der Vorsatz die Haftung steigern würde.

C. Klagt endlich der Gläubiger auf Schadensersatz nach eingetretener Erfüllung, z. B. wegen mangelhafter Ausführung, so muß er die Vertretungspflicht (Schuld) des Schuldners beweisen, wenn nicht etwa aus dem Schuldverhältnis der Schuldner zur Rechtfertigung seines Verhaltens verpflichtet ist (Rechnungslegung).

§ 84.

Nachfolgende Unmöglichkeit der Leistung.[2]

Bei der nach Entstehung des Schuldverhältnisses eintretenden Unmöglichkeit treten die gleichen Unterschiede wie bei der anfänglichen Unmöglichkeit hervor. Es sind daher zu unterscheiden: objektive Unmöglichkeit und subjektive, d. h. das Unvermögen des Schuldners; natürliche und juristische, absolute und relative; dauernde und vorübergehende; völlige und teilweise nachfolgende Unmöglichkeit.

---

[1]) Vgl. HGB. § 471. Reichs-Haftpflichtgesetz § 5.

[2]) Vgl. Literatur **L**. § 73, V. Stammler, Das Recht der Schuldverhältnisse, S. 109ff.

Die Frage ist, welchen Einfluß hat die **nachfolgende Unmöglichkeit** auf den Fortbestand der Verpflichtung des Schuldners? Hier ist zwischen dem Unvermögen des Schuldners und der objektiven Unmöglichkeit zu unterscheiden.

I. **Das Unvermögen des Schuldners** zur Leistung (subjektive Unmöglichkeit), welchem die übergroße Schwierigkeit der Leistung gleichsteht, bewirkt

bei der Gattungsschuld in der Verpflichtung des Schuldners keinerlei Änderung, mag das Unvermögen vom Schuldner verschuldet sein oder nicht (**279**), bei der Speziesschuld dagegen steht das Unvermögen des Schuldners der objektiven Unmöglichkeit gleich (**275**, Abs. 2). Es kommt daher darauf an, ob der Schuldner das Unvermögen zu vertreten hat oder nicht (vgl. II.). Auch die unverschuldete Zahlungsunfähigkeit befreit den Schuldner[1]).

II. **Die objektive Unmöglichkeit.**

Der Schuldner wird durch die nachfolgende Unmöglichkeit der Leistung frei, wenn er den die Unmöglichkeit herbeiführenden Umstand nicht zu vertreten hat. Welche Umstände aber vom Schuldner zu vertreten sind, ergibt sich aus dem konkreten Schuldverhältnis und den allgemeinen Bestimmungen (**L.** § 83). Der Hauptfall der Vertretungspflicht ist der der Verschuldung. Der Kürze halber sind daher die Ausdrücke „zufällige" und „verschuldete" Unmöglichkeit im folgenden gewählt (**275**, Abs. 1, vgl. auch **279**).

A. Die vorübergehende zufällige Unmöglichkeit befreit den Schuldner nur zur Zeit; er kommt, solange sie dauert, nicht in Verzug. Die dauernde zufällige Unmöglichkeit befreit den Schuldner schlechthin.

B. Ist die nachfolgende Unmöglichkeit eine verschuldete (**280**, Abs. 1), so hat der Schuldner dem Gläubiger den durch die Nichterfüllung verursachten Schaden zu ersetzen. Die Forderung hat dadurch ihre durch den Zweck gegebene Individualität nicht verloren. Es ist die alte Forderung mit verändertem Leistungsgegenstande. Es zeigt sich das darin, daß ihre rechtlichen Eigenheiten und Akzessorien fortbestehen wie bisher (Pfandrecht, Bürgschaft, Konkursprivilegien usw.). Bei Verpflichtungen auf Unterlassung muß die Zuwiderhandlung ebenfalls verschuldet sein. Der Gläubiger kann auch in diesem Falle Schadensersatz fordern, es bleibt aber daneben der Anspruch auf fernere Unterlassung oder aus ZPO. § 890 bestehen.

Bei Verpflichtungen auf ein Tun tritt mit dem Verzuge noch nicht der Schadensersatzanspruch, sondern nur der Anspruch auf das Verzugsinteresse ein. Der Schadensersatzanspruch ist von der gänzlichen oder teilweisen Unmöglichkeit abhängig (vgl. aber V, **283**). Diese Unmöglichkeit hat der Gläubiger zu beweisen.

Bei teilweiser verschuldeten Unmöglichkeit kann der Gläubiger (wie im Falle des Verzuges, **286**, Abs. 2) den noch möglichen Teil der Leistung ablehnen bzw. zurückgeben und Schadensersatz wegen Nichterfüllung der ganzen Verbindlichkeit verlangen, wenn er beweist, daß die teilweise Erfüllung für ihn kein Interesse hat. Das sich dann ergebende Verhältnis regelt sich nach den Vorschriften über das vertragsmäßige Rücktrittsrecht (**346—356**, **L.** § 90). Hat der Gläubiger endgültig die Teilleistung angenommen, so hat er nur noch den Anspruch auf Schadensersatz wegen teilweiser Nichterfüllung (**280**, Abs. 2). Dagegen darf der Schuldner die noch mögliche Teilleistung nicht verweigern, wenn sie für ihn auch unverhältnismäßig schwierig oder kostspielig sein sollte[2]).

III. Infolge des Umstandes, der die Unmöglichkeit der Leistung herbeiführt, kann dem Schuldner für den geschuldeten Gegenstand Ersatz zukommen oder ein Anspruch auf Ersatz erwachsen, z. B. der Dritte, der die zu leistende Sache zerstört hat, ersetzt den Schaden oder ist dazu verpflichtet, oder der Schuldner erhält die Versicherungssumme oder hat einen Anspruch auf diese. Der Gläubiger kann verlangen (facultas

---

[1]) Vgl. aber Planck zu **275**.

[2]) Hellmann, Krit. V.J.Schr., Bd. 40 (1898), S. 188, führt mit Recht aus, daß die Analogie von **251**, Abs. 2 nicht zutrifft, weil hier der Anspruch auf Erfüllung, nicht auf Schadensersatz, in Frage steht. Vgl. Schollmeyer, S. 108 f.

alternativa), daß der Schuldner ihm diese Ersatzleistung herausgibt oder den Anspruch auf Ersatz abtritt, soweit er übertragbar ist (**399**). Dieser Anspruch, wiewohl auf einen anderen Gegenstand gehend, ist doch der dem Gläubiger aus dem Schuldverhältnisse zustehende; es besteht also die gleiche Haftung des Schuldners wie dort. Der Anspruch steht dem Gläubiger zu sowohl im Falle verschuldeter wie unverschuldeter Unmöglichkeit. Hat im Falle der verschuldeten Unmöglichkeit der Gläubiger einen Anspruch auf Schadensersatz wegen Nichterfüllung, so mindert sich dieser um den Wert des Surrogates. Die Abtretung des Schadensersatzanspruches geschieht nicht zahlungshalber, auch nicht an Zahlungsstatt, so daß der Gläubiger sich den Nominalbetrag anzurechnen hätte, sondern dem Gläubiger wird der Wert des Anspruches zur Zeit der Abtretung in Abzug gebracht.

Die Pflicht zur Leistung des Surrogates darf nicht auf die „berechtigte Unterstellung, der Verpflichtungswille sei darauf gerichtet gewesen" (M. II, S. 46) zurückgeführt werden. Es handelt sich vielmehr um eine positive Anordnung über die Leistung des Schadensersatzes (**281**).

IV. Beruft sich der Schuldner auf die Befreiung durch nachfolgende Unmöglichkeit der Leistung, so hat der Schuldner den Beweis der Umstände zu erbringen, welche die Unmöglichkeit herbeiführten und ihn entschuldigen (**282**). **L.** § 83, III.

V. Die Unmöglichkeit der Erfüllung gewinnt noch besondere Bedeutung, wenn der Gläubiger von dem Rechtsbehelfe in **283** Gebrauch macht[1]). Hat der Gläubiger gegen den Schuldner auf Erfüllung (Herausgabe einer Sache, Vornahme einer Handlung) geklagt, und ist der Schuldner rechtskräftig zur Leistung verurteilt, so müßte der Gläubiger zunächst den Weg der Zwangsvollstreckung einschlagen und könnte erst, wenn nun die Unmöglichkeit der Leistung sich herausstellt, auf Schadensersatz wegen Nichterfüllung klagen (ZPO. § 893). Damit wäre die Realisierung des Schadensersatzanspruches wegen Nichterfüllung sehr gegen das Interesse des Gläubigers hinausgeschoben. Das Gesetz öffnet deshalb dem Gläubiger folgenden Weg: der Gläubiger setzt, ohne die Zwangsvollstreckung zu betreiben, dem rechtskräftig verurteilten Schuldner eine angemessene Frist[2]) zur Bewirkung der Leistung mit der Erklärung, daß er nach Ablauf der Frist die Leistung ablehne. Verstreicht die Frist, ohne daß die Leistung bewirkt ist, so hat der Gläubiger nicht mehr den Anspruch auf Erfüllung, sondern nur noch den Anspruch auf Schadensersatz wegen Nichterfüllung ohne Rücksicht darauf, ob die Leistung unmöglich geworden ist oder nicht. Es wird im Interesse des Gläubigers angenommen, daß verschuldete Unmöglichkeit der Leistung eingetreten sei. Auch steht dem Gläubiger das Recht zu, bei bloß teilweise rechtzeitig bewirkter Leistung Schadensersatz wegen Nichterfüllung der ganzen Verbindlichkeit zu verlangen. In diesem Falle hat der Gläubiger den Beweis zu führen, daß die teilweise ursprüngliche Leistung für ihn kein Interesse hat (**280**, Abs. 2). Die Verpflichtung zum Schadensersatze tritt nicht ein, wenn in der Zeit zwischen Verkündung des Urteils (ZPO. § 767, Abs. 2) und dem Ablauf der Frist die geschuldete Leistung ohne Schuld des Schuldners unmöglich wird. Ist infolge dieser Umstände keine dauernde Befreiung des Schuldners eingetreten, so würde der Gläubiger eine neue Frist setzen müssen.

Der Rechtsbehelf ist für den Gläubiger von Bedeutung auch im Falle der anfänglichen subjektiven Unmöglichkeit wie in den Fällen der nachfolgenden Unmöglichkeit. Er ist bei allen Schuldverhältnissen statthaft.

§ 85.

Entstehung der Schuldverhältnisse. Der Vertrag.[3])

Eigenartige Schuldverhältnisse wurzeln in sachenrechtlichen, familienrechtlichen, erbrechtlichen Verhältnissen. Auch auf diese finden die für

[1]) Romeick, Zur Technik des BGB., Heft 1 (1901).

[2]) Nach ZPO. § 255 kann die Frist auch schon im Urteil auf Antrag des Gläubigers aufgenommen werden. Sie läuft dann von der Rechtskraft des Urteils an.

[3]) Stammler, Das Recht der Schuldverhältnisse, S. 11ff. 101. Adler, Jahrb. f. Dogm., Bd. 31 (1892), S. 109ff. Affolter, Arch. f. bürgerl. R., Bd. 8 (1894), S. 1ff.

die reinen Schuldverhältnisse maßgebenden Grundsätze Anwendung. Sie sind aber im Zusammenhang mit ihren Grundverhältnissen darzustellen. Das gilt namentlich von ihrer Entstehung.

I. Reine Schuldverhältnisse entstehen aus Rechtsgeschäft, richterlicher Verfügung oder durch Gesetz.

Die Entstehung durch **richterliche Verfügung** gehört in das Prozeßrecht. Die Entstehung durch **Gesetz** begreift alle diejenigen Fälle in sich, in denen das Gesetz das Schuldverhältnis anknüpft an einen Tatbestand, der nicht rechtsgeschäftlichen Charakter hat. Die Hauptfälle sind die der Schuldverhältnisse aus unerlaubten Handlungen und ungerechtfertigter Bereicherung.

Rechtsgeschäftliche Schuldverhältnisse entstehen aus einseitigem Versprechen des Schuldners (einseitiges Rechtsgeschäft).

Nach dem römischen Recht gehören hierher das votum und die pollicitatio.

Das BGB. erkennt diese Entstehung in bestimmten Fällen an (Auslobung, Schuldverschreibungen auf den Inhaber, Annahme der Anweisung, Stiftungsgeschäft). Grundsätzlich ist erforderlich ein Vertrag. Was von der Entstehung gilt, muß auch von der Abänderung des Schuldverhältnisses gelten (**305**).

Das römische Recht erkannte nur gewisse Vertragstatbestände (contractus) als zur Entstehung einer vollwirksamen obligatio geeignet an. Die außerhalb des Kontraktensystems stehenden Schuldverträge erzeugten keine vollwirksame Obligation, gaben also dem Gläubiger nicht die actio auf Erfüllung (pacta nuda). Im gemeinen Recht begründete dagegen jeder an sich gültige Schuldvertrag ein vollwirksames Schuldverhältnis.

II. Für alle Schuldverhältnisse erzeugenden Rechtsgeschäfte gelten die für Rechtsgeschäfte überhaupt normierenden Grundsätze (**L.** § 45 ff.). Besondere generelle Vorschriften gelten aber in Abweichung von allgemeinen Normen oder zur näheren Bestimmung solcher für die **Schuldverträge.**

A. Die im Prinzip herrschende **Formfreiheit**[1]) wird durchbrochen.

1. Entgeltliche und unentgeltliche Verträge, durch die sich der Schuldner verpflichtet, sein gegenwärtiges Vermögen oder einen Bruchteil desselben zu übertragen oder mit einem Nießbrauche zu belasten, bedürfen der gerichtlichen und notariellen Beurkundung (**311**). Der Grund der Bestimmung liegt in der Bedeutung des Geschäftes für den Schuldner und in der Rücksicht auf die Erfolge. Daher auch die übereinstimmende Bestimmung für den Erbschaftskauf (**2371**). Verträge über einzelne Vermögensgegenstände (z. B. Gutabtretungsverträge) oder Sondervermögen (z. B. ein im Handelsbetrieb angelegtes Vermögen) gehören nicht hierher. Beim obligatorischen Schenkungsvertrage genügt hier nicht wie in anderen Fällen (**518**) die gerichtliche oder notarielle Beurkundung des Versprechens, es muß vielmehr der ganze Vertrag, daher auch die Annahme des Versprechens, formrichtig erfolgen. Die Folge der Verletzung der Formvorschrift ist Nichtigkeit (**125**). Im Falle des obligatorischen Schenkungsvertrages tritt die Heilung der Nichtigkeit durch Bewirkung der versprochenen Leistung nicht ein (**518**, Abs. 2). Die durch Veräußerung vollzogene Schenkung fällt dagegen nicht unter **311**, aber teilweise oder gänzliche Veräußerung des Vermögens in Erfüllung des nichtigen Schenkungsvertrages sehr wohl.

2. Für Verträge, durch die sich der Schuldner verpflichtet, Eigentum oder Erbbaurecht (**1017**) an einem Grundstücke zu übertragen, ist gleichfalls gerichtliche oder notarielle Beurkundung[2]) erforderlich, mag der Vertrag bedingt sein oder nicht, oder mag er in seinem Hauptinhalte auf anderes abzielen (z. B. Eingehung einer Gesellschaft). Die durch Verletzung der Formvorschrift hervorgerufene Nichtigkeit wird geheilt durch Auflassung und Eintragung in das Grundbuch. Der Vertrag wird durch diese Akte seinem ganzen Inhalte nach gültig[3]), natürlich nur, soweit der Mangel der Form

---

[1]) Vgl. HGB. § 350.

[2]) Vorbehalt für das Landesrecht: EG. Art. 142. Vgl. Mecklenb.-Schwer. AV. z. BGB. § 36. Mecklenb.-Strel. AV. z. BGB. Art. 12. Preuß. AG. z. BGB. Art. 12.

[3]) Seuff. Arch., Bd. 55, Nr. 6. 7.

der Gültigkeit entgegenstand. Beim Tausche zweier Grundstücke ist Auflassung und Eintragung bei beiden Grundstücken notwendig[1]). Z. B.:

A und B haben einen privatschriftlichen Vertrag geschlossen mit dem Inhalte, daß sie eine Landstelle gegen ein Wohnhaus vertauschen. Die Landstelle ist dem B aufgelassen und B im Grundbuch als Eigentümer eingetragen. A kann die Auflassung des Wohnhauses verweigern und Rückauflassung der Landstelle verlangen (**812**).

Ist der Schuldvertrag z. B. wegen Betruges oder Irrtumes anfechtbar, so tritt die Heilung durch Auflassung und Eintragung nicht ein. Die Heilung rechtfertigt sich besonders dadurch, daß der unter Mitwirkung des Grundbuchbeamten bewirkte Vollzug des Vertrages (Übergang des Eigentumes) ohnehin gültig wäre (**313**).

3. Eine Formvorschrift besteht ferner für den Vertrag der zukünftigen gesetzlichen Erben über ihren gesetzlichen Erb- und Pflichtteil (**312**, Abs. 2, vgl. B. Z. 2).

4. Schriftform ist vorgeschrieben für: das Leibrentenversprechen (**761**), das Bürgschaftsversprechen (**766**), das Schuldversprechen und Schuldanerkenntnis (**780**. **781**), das Schuldversprechen auf den Inhaber (**793**), das Stiftungsgeschäft (**81**).

B. Im Rechte der Schuldverhältnisse gilt das Prinzip der **Vertragsfreiheit**[2]) mit seinen allgemeinen Schranken (**L.** § 73). Ob diese Schranken vorliegen, kann in gewissen Fällen zweifelhaft sein; daher trifft das Gesetz für diese Fälle ausdrückliche Bestimmung, nämlich:

1. Für den Vertrag, durch den der Schuldner sich verpflichtet, sein künftiges Vermögen oder einen Bruchteil desselben zu übertragen oder mit einem Nießbrauche zu belasten (**310**). Der Vertrag ist nichtig, z. B. ein Gesellschaftsvertrag über das künftige Vermögen. Die Bestimmung hat ihren Grund in der Unsittlichkeit[3]) und Gefährlichkeit derartiger Verträge für die freie wirtschaftliche Betätigung des einzelnen. Sie bezieht sich auf alle entgeltlichen und unentgeltlichen Verträge mit dem bezeichneten Inhalte, aber nicht auf Erbverträge und Verträge, die nur ein ausgeschiedenes Sondervermögen betreffen. Verbindet sich der Vertrag nach **310** mit einem solchen nach **311** (A. Z. 1) und ist die Formvorschrift in 311 erfüllt, so bestimmt sich die Wirksamkeit des Vertrages bez. des gegenwärtigen Vermögens nach **139**.

2. Nichtig sind auch die Verträge über den (künftigen) Nachlaß eines noch lebenden Dritten (Erbschaftsvertrag)[4]) und über den Pflichtteil und ein Vermächtnis aus dem Nachlaß eines noch lebenden Dritten, beide wegen ihrer Unsittlichkeit und Gefährlichkeit. Die Bestimmung trifft zu, auch wenn es sich um Erbschaft eines unbestimmten Dritten handelt (z. B. Verzicht des Auswandernden auf alle ihm eventuell anfallenden Erbschaften usw.). Daß der noch lebende Dritte handlungsunfähig oder verschollen ist, schließt die Anwendbarkeit der Bestimmung nicht aus. Möglich ist die Zuziehung des Erblassers zum Vertrage der Parteien. Das Verhältnis gestaltet sich dann als Verbindung von Erbverzicht zwischen Erblasser und Veräußerer und Erbeinsetzungsvertrag zwischen dem Erblasser und Erwerber. Zur Gültigkeit wäre dann erforderlich die Wahrung der für diese erbrechtlichen Geschäfte bestehenden Formvorschriften. Diese Möglichkeit bietet sich aber nicht immer (Geschäftsunfähigkeit, Abwesenheit des Erblassers), es besteht aber ein Bedürfnis vertragsmäßiger Regulierung in gewissen Fällen. Daher sind ausgenommen Verträge unter den zukünftigen gesetzlichen Erben über ihren gesetzlichen Erbteil oder ihren Pflichtteil. Sie bedürfen aber der gerichtlichen oder notariellen Beurkundung (**312**).

3. In den Fällen Z. 1 und 2 bestimmt sich die Rechtsfolge wie bei einem auf unmögliche Leistung gerichteten Vertrage (**309**; **L.** § 73).

III. Dem Abschlusse des Schuldvertrages kann ein **Vorvertrag** der Parteien vorausgehen. Über die Form des Vorvertrages vgl. **L.** § 51. Inhalt des Vorvertrages ist das

---

[1]) Schollmeyer, S. 168.

[2]) Mehrfache Einschränkungen erleidet die Vertragsfreiheit in den Reichsgesetzen. Vgl. Mandry-Geib (1898), bes. S. 416.

[3]) Vgl. Schollmeyer, S. 161.

[4]) Vgl. Schiffner, Der Erbvertrag (1898), S. 201 ff.

von den Parteien abgegebene und angenommene Versprechen, einen anderen Schuldvertrag eingehen zu wollen. In dieser Wirkung zum Abschluß des in Aussicht genommenen Vertrages liegt die Leistung, auf welche eine Partei gegen eine andere klagen kann. Worin die Mitwirkung besteht, wird sich bei reinen Willensgeschäften, formellen Geschäften und Realakten verschieden bestimmen und demgemäß auch die Klage und die Zwangsvollstreckung einzurichten sein (ZPO. §§ 803 ff. 887. 888). Selbstverständlich steht die Bestimmung der Leistung im Vorvertrage unter den allgemeinen Erfordernissen der Leistungsbestimmung (Erlaubtheit, Bestimmtheit usw., vgl. **L.** § 73[1]). Z. B.:

Die sieben Erben des A verpflichten sich in einem notariellen Vertrage zur Umwandlung des ererbten Geschäfts in eine G. m. b. H. In diesem Vertrage waren nur die Beträge der Geschäftsanteile auf Grund einer Bilanz des ererbten Geschäftes einzufügen. Hier kann, sobald die Bilanz aufgestellt ist, keine der Parteien des Vorvertrages wegen Unbestimmtheit seines Inhaltes den Abschluß der Begründung der G. m. b. H. verweigern.

§ 86.

Der gegenseitige Vertrag.[2])

I. Die Verträge sind entweder kausale oder abstrakte (**L.** § 54. II), unentgeltliche (lukrative) oder lästige (onerose) (**L.** § 46, III, C.) und besonders einseitige oder zweiseitige. Bei den **einseitigen Verträgen** ist der eine Teil allein Gläubiger, der andere allein Schuldner, z. B. reines Schenkungsversprechen (**518**), Bürgschaftsvertrag (**765**). Die **zweiseitigen Verträge** sind vollkommen oder nur unvollkommen zweiseitige. Vollkommen zweiseitige (**gegenseitige** oder synallagmatische) Verträge sind auf Austausch von Leistung gegen Leistung gerichtet, jeder Teil ist Gläubiger, jeder Schuldner. Ohne diese gegenseitige Verpflichtung ist ein Vertrag dieser Art nicht vorhanden, z. B. Kauf, Tausch, Miete, Pacht, Dienstvertrag usw. Z. B.:

A, auf eine Vertragsstrafe von B belangt, die er verwirkt habe, weil er vor der festgesetzten Frist in ein Konkurrenzgeschäft eingetreten sei, setzte entgegen, daß B seiner Vertragspflicht zur Rechnungslegung und Provisionszahlung nicht erfüllt habe. Der Einwand ist ohne Bedeutung, da es sich nicht um gegenseitige Pflichten der Vertragsparteien handelt, ihre Erfüllung Zug um Zug unmöglich erscheint. Daher war die Vertragsstrafe verwirkt.

Eine andere ist die Struktur der **unvollkommen zweiseitigen** Verträge, bei denen eine Verpflichtung zur Leistung zunächst nur auf einer Seite entsteht, eventuell aber auch, und zwar dem Vertrage gemäß, eine Verpflichtung auf der anderen Seite eintreten kann (actio contraria, contractus bilaterales inaequales, unvollkommen zweiseitige Verträge, z. B. Auftrag: **662**. **669** bis **670**. **677** ff.) [3]).

II. **Der gegenseitige Vertrag**[4]).

A. Der gegenseitige Vertrag läßt an sich eine verschiedene Auffassung und Normierung im positiven Rechte zu. Der gegenseitige Vertrag kann als eine Vereinbarung zweier völlig selbständigen, vertragsmäßigen Schuldverhältnisse aufgefaßt werden. Der Anspruch aus dem einen Schuldverhältnisse auf die Leistung besteht in vollkommener Unabhängigkeit von dem Anspruche aus dem anderen Schuldverhältnisse auf die Gegenleistung. Dieses ist der Standpunkt des

---

[1]) Auch eine gesetzliche Pflicht zum Vertragsschlusse besteht nach HGB. § 453, Reichspostgesetz vom 28. Okt. 1871, § 3 und Reichstelegraphengesetz vom 6. April 1892. Dieses auf alle konzessionierten Anstalten, die ihre Dienste dem Publikum anbieten, auszudehnen, ist bedenklich. Hinsichtlich der Enteignung vgl. **L.** § 104, I. A.

[2]) Vgl. **L.** § 50: André, Die Einrede des nichterfüllten Vertrages. Stammler, Das Recht der Schuldverhältnisse, S. 84ff. 95ff. 119ff. 133. 140ff. Krahmer, Gegenseitige Verträge (1904).

[3]) Nach röm. R. gehörte dahin auch das commodatum; die Leihe des BGB. **598**ff. ist aber gegenseitiger Vertrag.

[4]) Die Vorschriften finden auf alle gegenseitigen Verträge Anwendung (Kauf, Tausch, Miete, Werkvertrag usw.) und treten zu den besonderen Vorschriften über diese Verträge hinzu; ferner gelten die gleichen Grundsätze auch für die gesetzlichen gegenseitigen Schuldverhältnisse (Gemeinschaft, Rücktrittsrecht), schließlich auch für gegenseitige liberatorische Verträge.

älteren römischen Rechtes. Die entgegengesetzte Auffassung, die im modernen Recht (ALR., code civil) schärfer betont ist, nimmt an, daß der gegenseitige Vertrag überhaupt nur ein Schuldverhältnis mit zwei Seiten erzeugt, so daß jeder Teil einen Anspruch auf Leistung gegen Gegenleistung hat. Einen Anspruch auf Leistung für sich gibt es so wenig wie einen solchen auf Gegenleistung. Zwischen beiden Extremen vermittelt die Auffassung, daß im gegenseitigen Vertrage zwei selbständige Schuldverhältnisse begründet liegen, die sich aber in gegenseitiger Abhängigkeit voneinander befinden. Diese Abhängigkeit läßt dann wiederum eine verschiedene Auffassung zu:

1. Sieht man den Anspruch aus dem einen Schuldverhältnis auf Leistung und den aus dem anderen auf Gegenleistung als sich wechselseitig affizierend und bedingend an, so kann jeder Teil nur fordern, wenn er selbst dagegen leistet oder Gegenleistung anbietet. Geschieht letzteres nicht, so fordert er zu viel. Diese Auffassung nähert sich der Auffassung vom einheitlichen Schuldverhältnisse.

2. Die gegenseitige Abhängigkeit kann aber auch dahin verstanden werden, daß jeder Teil allerdings nur einen Anspruch auf Leistung haben soll, wenn er seinerseits gegenleistet, daß aber, wenn letzteres nicht geschieht, dennoch gefordert ist, was geschuldet ist, und nur gegen die Parteiabsichten gefehlt ist, die bei Begründung des gegenseitigen Vertrages vorlagen.

Diese letzte Auffassung ist die des BGB. Jeder Teil ist mit dem Abschlusse des gegenseitigen Vertrages zur Leistung selbständig verpflichtet. Es steht ihm aber ein Gegenrecht zu, mit dessen Geltendmachung der beklagte Teil zwar nicht die Abweisung der Klage, wohl aber erreicht, daß seine Verurteilung auf Erfüllung Zug um Zug lautet. So wird der Kläger, wenn er das Urteil gegen den Beklagten vollstrecken lassen will, genötigt, auch seinerseits zu leisten. Darin zeigt sich die gegenseitige Abhängigkeit der beiden Schuldverhältnisse.

B. Die **Rechtsgrundsätze** im allgemeinen.

1. Es entspricht bei den gegenseitigen Verträgen den gewöhnlichen Intentionen der Parteien, daß **Zug um Zug** zu leisten ist. Es kann aber auch durch Vertrag oder Gesetz eine Vorleistungspflicht des einen oder anderen Teiles bestimmt sein (**320**, Abs. 1. **321**. **322**, Abs. 2). Das Gesetz bestimmt eine Vorleistungspflicht für den Vermieter, Verpächter, Dienstverpflichteten, Verwahrer (**551**. **581**. **614**. **699**).

2. Besteht eine Vorleistungspflicht für ihn nicht, so kann jeder Teil, der um Erfüllung seiner Verpflichtung angegangen wird, die Erfüllung verweigern bis zur Bewirkung der Gegenleistung, d. h. er kann wechselseitige Erfüllung verlangen, nicht etwa Vorleistung. Dieses Verweigerungsrecht ist die zivilrechtliche Einrede des nicht erfüllten Vertrages (exceptio non adimpleti contractus). Derjenige Teil, der Erfüllung verlangt, muß also entweder bereits erfüllt haben oder zur Erfüllung bereit sein. Die Verweigerung ist auch dann gerechtfertigt, wenn das Geleistete oder Angebotene wegen Unvollständigkeit oder Mangelhaftigkeit vertragsmäßige Leistung nicht ist (sog. exceptio non rite adimpleti contractus)[1]). Das Verweigerungsrecht steht am nächsten dem Zurückbehaltungsrecht (**273**. **274**)[2]).

a) Sind auf einer Seite im gegenseitigen Vertrage Mehrere beteiligt, so kann jeder seinen Anteil an der Leistung nur gegen Bewirkung der ganzen Gegenleistung verlangen. Das entspricht den Absichten der Parteien beim Abschluß des Vertrages und auch der Billigkeit. Die Vorschrift findet Anwendung sowohl, wenn Zug um Zug zu leisten ist, als auch, wenn der An-

---

[1]) Dagegen hat andere Bedeutung der Einwand, daß, obwohl von seiten des Anfordernden Erfüllung vorliege, doch auf Grund besonderer Tatsachen (verborgene Mängel der Sache) die besonderen Ansprüche auf Wandelung oder Minderung erwachsen seien (**462**, vgl. aber **463**. **480**).

[2]) Der Beklagte kann mit der Einrede das Ausbleiben der klägerischen Leistung geltendmachen, nicht auch, daß eine im besonderen Nebenvertrage bedungene Sonderleistung ausblieb. Ob Einheitlichkeit des ganzen Geschäftes und der Leistung und Nebenleistung, oder Hauptgeschäft und Nebengeschäft und demnach Hauptleistung und Nebenleistung anzunehmen ist, ist Auslegungsfrage. Vgl. Stammler, a. a. O., S. 86f.

teilsberechtigte, der Leistung begehrt, vorzuleisten hat. Sie kann durch Parteiwillkür ausgeschlossen werden. Sie findet selbstverständlich nur Anwendung, soweit bei teilbaren Leistungen anteilsweise Beteiligung der Mehreren eintritt (**420**, vgl. **2039**).

b) An sich ist der auf Erfüllung in Anspruch Genommene berechtigt, die ganze Leistung zu verweigern, so lange ihm nicht die volle Gegenleistung angeboten oder gemacht ist. Hat der Anfordernde aber zum Teile geleistet, so kann die Verweigerung der ganzen Gegenleistung nach den Umständen gegen Treu und Glauben verstoßen, z. B. die rückständige Gegenleistung ist eine im Verhältnis zu der geforderten Leistung nur geringfügige. Soweit der Verstoß gegen Treu und Glauben vorliegt, kann die Gegenleistung nicht verweigert werden (**320**, Abs. 2). Diese Vorschrift enthält demnach eine Einschränkung des Verweigerungsrechtes, dem Prinzip in **242** gemäß, nicht etwa die Gewährung eines Rechtes an den Kläger (replica doli)[1]). Die Einschränkung kann daher auch Platz greifen, wenn sich an der vorgenommenen Leistung Fehler herausstellen[2]). Die Vorschrift findet keine Anwendung, wenn durch Annahme der Teilleistung das Schuldverhältnis selbst geteilt ist. Das Verweigerungsrecht steht dann in betreff des verhältnismäßigen Teiles der Gegenleistung überhaupt nicht zu. Z. B.:

A hat für B die Herstellung der Fußböden in B.s Neubau übernommen und bis auf das Ölen und Schleifen fertiggestellt. B hat seine Forderung von 5000 M. gegen A geltendgemacht, der ihr mit Rücksicht auf die noch fehlende Restleistung die Einrede des nicht erfüllten Vertrages entgegenstellt. B wird sich mit Erfolg auf **320**, Abs. 2 berufen können.

c) Das Verweigerungsrecht unterscheidet sich dadurch wesentlich von dem Zurückbehaltungsrecht (**L.** § 69), daß ersteres nicht durch Sicherheitsleistung abgewendet werden kann (vgl. **273**, Abs. 3 mit **320**, Abs. 1).

3. Aus dem gegenseitigen Vertrage kann jeder Teil unter Berücksichtigung des Gegenrechtes, d. h. auf Leistung Zug um Zug klagen; es folgt dann die Verurteilung auf Leistung Zug um Zug.

a) Bleibt der Beklagte aus, so wird er zur Leistung schlechthin verurteilt nicht auf Leistung Zug um Zug[3]).

b) Macht der Beklagte sein Gegenrecht nicht geltend, und verteidigt er sich auch sonst nicht wirksam gegen die Klage, so tritt Verurteilung auf Leistung schlechthin ein.

c) Macht der Beklagte sein Gegenrecht geltend, so erfolgt Verurteilung auf Leistung Zug um Zug. Der Kläger kann dem Verweigerungsrecht allerdings entgegenhalten, daß der Beklagte vorzuleisten habe oder daß er, der Kläger, erfüllt habe. Auch die Erfüllung hat in diesem Falle der Kläger zu beweisen. Er kann aber auch auf Leistung schlechthin klagen, da ihm eben dieser Anspruch zusteht. Es gehört nicht zur Klagbegründung, daß der Kläger vorgeleistet habe oder zur Erfüllung bereit sei.

Denn der Beklagte beruft sich in der Einrede auf den Bestand einer Verpflichtung auch des Klägers, die nach der Vertragsabsicht den Kläger verhindere, Erfüllung vom Beklagten zu verlangen. Beklagter hat daher nur den Bestand dieser Verpflichtung des Klägers zu beweisen. Gelingt dem Kläger dieser Beweis, so wird der Beklagte auf Leistung schlechthin, gelingt er ihm nicht, auf Leistung Zug um Zug verurteilt.

d) Die Zwangsvollstreckung des Urteils auf Leistung Zug um Zug kann der Kläger nur betreiben, wenn er die ihm obliegende Gegenleistung bewirkt oder den Gegner in Annahmeverzug gebracht hat (ZPO. §§ 726, Abs. 2. 756. 765).

4. Hat der eine Teil eine ihm als Erfüllung angebotene Leistung als Erfüllung angenommen, so steht ihm auch jetzt noch als Beklagtem das Verweigerungsrecht zu (Z. 2, exceptio

---

[1]) Stammler, a. a. O., S. 95, sagt daher auf Grund seiner Auffassung der Schranke „Treu und Glauben" mit Recht, daß eine Bemängelung des gegnerischen Vorbringens (exceptio non adimpl. contr.) gar nicht erforderlich sei. Stehe nach dem Ergebnis der Verhandlung fest, daß die vorgeschützte Einrede gegen Treu und Glauben ist, so habe Verurteilung des Beklagten zu erfolgen. Planck zu **320**. Z. 4.

[2]) Planck zu **320**, Z. 4. Schollmeyer, S. 189f.

[3]) Endemann I, S. 701, Note 14.

non rite adimpleti contractus). Es hat aber der Beklagte in diesem Falle den Beweis zu liefern, daß Erfüllung nicht vorliege; der Kläger hat nur den Beweis des Angebotes und der Annahme als Erfüllung zu erbringen (**363**). Behauptet der Beklagte, daß das von ihm als Erfüllung Angenommene nicht Erfüllung sei, so wird auch hier die Schranke **320**, Abs. 2 (Z. 2 b.) zu beachten sein.

5. Behauptet der Beklagte, daß der Kläger vorleistungspflichtig sei, so hat er die Vorleistungspflicht zu beweisen. Besteht die Vorleistungspflicht, so wird der Kläger abgewiesen. Wird der aus dem gegenseitigen Vertrage zur Vorleistung Verpflichtete auf Erfüllung belangt, so hat er ein Verweigerungsrecht (Z. 2) nur unter ganz besonderen Voraussetzungen (clausula rebus sic stantibus)[1]).

Es müssen nach dem Abschlusse des gegenseitigen Vertrages in den Vermögensverhältnissen des anderen Teiles wesentliche Verschlechterungen eingetreten sein, durch welche der Anspruch auf die Gegenleistung gefährdet wird.

Dieses Verweigerungsrecht hat außerdem die Eigentümlichkeit, daß seine Ausübung durch Sicherheitsleistung abgewendet werden kann (**321**). Z. B.:

A hatte B 300 Sack Mehl auf Kredit verkauft. Nach Abschluß des Kaufes geriet B in Vermögensverfall. Wenn er Klage gegen A auf Lieferung des Mehles erhebt, so kann A die Vorleistung verweigern bis B ihm Sicherheit für die Gegenleistung bestellt, oder die Gegenleistung anbietet. Dagegen kann A nicht die Leistung des Mehles in dieser Weise anbieten und B, der zur Annahme schlechthin bereit ist, in Annahmeverzug setzen (**298**) und nach **373** zum Selbsthilfeverkauf schreiten.

C. **Der Einfluß der nachfolgenden[2]) Unmöglichkeit der Leistung,** welcher wie sonst das Unvermögen des Schuldners von Gattungsschulden abgesehen, gleichsteht. Während das römische Recht in dieser Frage Kauf und verwandte Verträge einerseits und die Mietsverträge andererseits verschieden behandelt, stellt das BGB. (wie ALR.) zunächst einheitliche Grundsätze für alle gegenseitigen Verträge auf: jeder Vertragsteil trägt die Gefahr der eigenen Leistung bis zur Erfüllung, kann er diese nicht bewirken, so verliert er auch den Anspruch auf die Gegenleistung, trägt also auch bis zur Erfüllung die Gefahr dieser. Es kommt hier die gegenseitige Abhängigkeit der gegenseitigen Ansprüche zum stärkeren Ausdruck. Verschiedene Möglichkeiten sind auseinanderzuhalten:

1. Die Unmöglichkeit ist eine weder von dem einen noch von dem anderen Teile zu vertretende, somit eine zufällige.

a) Der Schuldner wird befreit (**275**), sobald gänzliche Unmöglichkeit vorliegt, hat aber auch kein Recht auf die Gegenleistung, trägt daher die Gefahr bis zur Erfüllung[3]). Anwendung in **446** (Kauf) und **644** (Werkvertrag) (**323**, Abs. 1)[4]).

b) Wird die teilbare Leistung nur teilweise unmöglich, so muß der Gegner die Teilleistung annehmen, es mindert sich aber seine Gegenleistung in derselben Weise wie ein Kaufpreis wegen Mängel der Ware (**472. 473**, vgl. **L.** § 106). Selbstverständlich muß der möglich gebliebene Teil der Leistung noch von solcher Bedeutung sein, daß er als Teil betrachtet werden kann, sonst wäre der Fall der gänzlichen Unmöglichkeit gegeben (**323**, Abs. 2).

c) Ist dem durch die zufällige Unmöglichkeit Befreiten Ersatz für den geschuldeten Gegenstand zugegangen, oder hat er einen Ersatzanspruch, so kann nach **281** der Gegner die Herausgabe bzw. Abtretung verlangen, bleibt dann aber zur Gegenleistung verpflichtet. Insoweit aber, als der Wert des Ersatzes oder Ersatzanspruches hinter dem Werte der geschuldeten Leistung zurückbleibt, tritt verhältnismäßige Minderung der Gegenleistung nach **472. 473** (b) ein.

d) Ist im Falle der gänzlichen oder teilweisen Unmöglichkeit der Leistung die Gegenleistung über das Maß dessen, was geschuldet wurde, erbracht, so tritt Rückforderung wegen ungerechtigtfertiger Bereicherung ein (**323**, Abs. 3). Z. B.:

---

[1]) Vgl. Fritze, Arch. f. bürgerl. Recht, Bd. 17 (1899), S. 46.

[2]) Bei anfänglicher Unmöglichkeit ist der Vertrag nicht wirksam (**307. 139**).

[3]) Ebenso Pr. ALR., anders das gemeine Recht des Kaufes usw.

[4]) Besonderheit in **616** (Dienstvertrag).

A hat kaufweise eine Briefhypothek abgetreten und dafür 9500 M. erhalten. Die Übergabe des Briefes war aus verzeihlicher Rechtsunkenntnis des A und B unterblieben, und die Hypothek fiel in der Zwangsvollstreckung aus. Der Brief wurde vernichtet. A ist die Verschaffung der Hypothek unmöglich geworden, er hat die 9500 M. als ungerechtfertigte Bereicherung zurückzuerstatten.

2. Die Unmöglichkeit der dem einen Teile obliegenden Leistung ist von dem anderen Teile zu vertreten. Der Schuldner wird hier selbstverständlich befreit (**275**), behält aber den Anspruch auf die Gegenleistung des anderen Teiles. Da die Gegenleistung immer im Austausch gegen die Leistung erfolgen soll, so muß sich der von der Leistung befreite Schuldner anrechnen lassen, was er infolge der Befreiung z. B. an Aufwendungen erspart oder durch anderweitige Verwendung seiner Arbeitskraft erwirbt oder zu erwerben böswillig unterläßt. Der andere Teil hat also ein Abzugsrecht gegenüber dem Anspruche auf die Gegenleistung, er hat keine Forderung auf diese Beträge (vgl. **281**). Rückforderung tritt ein, wenn die Gegenleistung ohne Abzug erbracht ist. Den Gläubiger trifft der Beweis bzw. des Abzuges in allen Fällen (**324**, Abs. 1 vgl. **615**. **649**).

3. Die Unmöglichkeit der dem einen Teile obliegenden Leistung ist von dem Verpflichteten selbst zu vertreten.

a) Der andere Teil hat hier zunächst die Rechte, die sich aus Z. 1 ergeben (**323**), da er im vorliegenden Falle nicht schlechter gestellt sein kann als im Falle der zufälligen Unmöglichkeit; er kann sich auf das Erlöschen seiner Verpflichtung zur Gegenleistung berufen und den Anspruch auf das Surrogat und den Bereicherungsanspruch und im Falle der nur teilweisen Unmöglichkeit den Anspruch auf Minderung geltendmachen (**325**, Abs. 1).

b) Dem andern Teile stehen aber noch weitere Rechte zu, nämlich: der Anspruch auf Schadensersatz wegen Nichterfüllung und das Rücktrittsrecht. Doch ist zu unterscheiden:

α) Ist die Leistung des einen Teiles gänzlich unmöglich geworden, so hat der andere Teil die Wahl, ob er Schadensersatz wegen Nichterfüllung fordern oder vom Vertrage zurücktreten will (**325**, Abs. 1, Satz 1). Wählt er den Rücktritt, so erlöschen die gegenseitigen Verpflichtungen, fordert er Schadensersatz wegen Nichterfüllung, so hat er die ihm obliegende Gegenleistung Zug um Zug zu erfüllen; denn der Schadensersatzanspruch absorbiert nur die unmöglich gewordene Leistung (**Surrogationstheorie**)[1]).

β) Ist die Leistung nur teilweise unmöglich geworden, so kann der andere Teil die noch mögliche Teilleistung annehmen und wegen des unmöglich Gewordenen Schadensersatz wegen teilweiser Nichterfüllung fordern, oder er kann von dem Vertrage zum Teile zurücktreten[2]) oder Minderung begehren. Hat aber die teilweise Leistung für ihn kein Interesse mehr, so kann er entweder nach **280**, Abs. 2, Schadensersatz wegen gänzlicher Nichterfüllung verlangen oder vom Vertrage gänzlich zurücktreten (**325**, Abs. 1). Z. B.:

A hat von der Brauerei N ein Grundstück gekauft und sich zugleich verpflichtet, sein Bier ausschließlich von ihr zu beziehen. Liefert die Brauerei A fortgesetzt schlechtes Bier, so ergibt sich teilweise Unmöglichkeit der Leistung, die von der N zu erwarten ist. Daher kann an sich A teilweise (bez. der Bierbezugspflicht) vom Vertrage zurücktreten (**325**, Abs. 1, Satz 2), aber die Einheitlichkeit des Vertrages wird das teilweise Rücktrittsrecht ausschließen (**139**).

---

[1]) So die überwiegende Ansicht. Dagegen mit beachtlichem Bedenken: Staub II, S. 1277. Schöller, Gruch. Beitr., Bd. 44, S. 641; Bd. 45, S. 512. 519 und andere. RG. Bd. 50, S. 202ff.; Bd. 58, S. 177. Sie vertreten die **Differenztheorie**: der Schadensersatzanspruch absorbiert das gesamte gegenseitige Schuldverhältnis. Der vertragstreue Teil kann alles verlangen, was er bei vollständiger normaler Abwickelung des Vertrages schließlich an Gewinn (Nettogewinn) gehabt haben würde. Es findet also compensatio lucri cum damno Anwendung (**L.** § 76, VI). Konsequent wird diese Auffassung auch dann durchgeführt, wenn der vertragstreue Teil schon geleistet hat; er kann dann seine Leistung kondizieren (Schöller). Andere folgen der Auffassung nur, wenn der vertragstreue Teil noch nicht geleistet hatte (Staub). Wieder andere gewähren ein Wahlrecht zwischen Differenz- und Surrogationsanspruch (Titze, Die Unmöglichkeit (1900), S. 192). Das BGB. kennt die Differenztheorie nicht. Vgl. Oertmann zu **325**, Z. 1.

[2]) Das teilweise Rücktrittsrecht vertritt Stammler, a. a. O., S. 120f. 130f. 143, Note 4. 144. Vgl. Schollmeyer, S. 209.

γ) Ist der eine Teil bereits rechtskräftig verurteilt, und hat der andere Teil ihm eine Frist zur Erfüllung nach **283** gesetzt, so hat der andere Teil, wenn die Frist verstreicht und die Leistung ganz ausbleibt, die Rechte nach α), wenn sie nur teilweise, erfolgt nach β (**325**, Abs. 2). Z. B.:

A hat von B ein Hotel nebst Inventar gegen Anzahlung gekauft. Das Grundstück ist an A aufgelassen. Auf Klage des A ist B jetzt rechtskräftig verurteilt, in die Wandlung zu willigen und die Anzahlung zurückzuzahlen. Gemäß **283** hat A dem B eine Frist zur Erfüllung des Urteils gesetzt mit der Androhung, daß er nach fruchtlosem Ablauf die Annahme ablehne und Schadensersatz wegen Nichterfüllung verlange. Erfolgt die Wandlungsleistung nicht rechtzeitig, so fallen die Wandlungspflichten fort, A hat das Grundstück nicht zurückzugewähren und kann Schadensersatz verlangen.

c) Das gesetzliche Rücktrittsrecht steht unter den Vorschriften für das vertragsmäßige (**327**).

D. **Der Einfluß des Verzuges.**

1. **Der Leistungsverzug**[1]).

a) Liegt nach **284**. **285** Verzug des Schuldners vor, so kann nach den allgemeinen Grundsätzen der andere Teil Erfüllung und Schadensersatz wegen verspäteter Erfüllung verlangen (**286**, Abs. 1). Nach gemeinem Recht beschränken sich hierauf die gesetzlichen Rechtsbehelfe. Nach dem BGB. (**286**, Abs. 2) kann aber der andere Teil auch noch Schadensersatz wegen Nichterfüllung[2]) verlangen, oder er kann nach seiner Wahl vom Vertrage zurücktreten. Im gemeinen Recht hätte ein Rücktrittsrecht durch Vertrag (lex commissoria) begründet werden müssen.

b) Die Wahl zwischen Schadensersatz wegen Nichterfüllung und Rücktritt ist an weitere Voraussetzungen nicht gebunden, wenn die Leistung infolge des Verzuges kein Interesse mehr für den anderen Teil hat (**326**, Abs. 2), sonst muß zunächst der andere Teil dem im Verzuge Befindlichen eine angemessene Frist zur Bewirkung der Leistung mit der Erklärung setzen, daß er die Annahme nach Ablauf der Frist ablehne (**326**, Abs. 1). Vgl. **L.** § 74. I.

α) Erfolgt dann die Leistung nicht innerhalb der Frist, so hat der andere Teil die Wahl zwischen Schadensersatz wegen Nichterfüllung und Rücktritt. Der Anspruch auf Erfüllung ist ausgeschlossen. Ist die Ablehnung der Erfüllung ohne Setzung der Frist oder unter Setzung unbestimmter oder unangemessener Frist erfolgt, und erfüllt der säumige Teil nicht innerhalb angemessener Frist, so kann das Wahlrecht des Gläubigers nicht anerkannt werden[3]).

β) Erfolgt die Leistung nur teilweise nicht, so kann der andere Teil, wenn die Leistung im Ganzen für ihn kein Interesse mehr hat, die noch rückständige Teilzahlung ablehnen und Schadensersatz wegen Nichterfüllung der ganzen Verbindlichkeit fordern oder den Rücktritt vom ganzen Geschäft wählen (**280**, Abs. 2).

γ) Hat aber der andere Teil bei nur teilweiser Leistung ein Interesse an der Teilleistung, nicht aber an der Restleistung, so kann er auch Schadensersatz wegen teilweiser Nichterfüllung, oder er kann teilweisen Rücktritt wählen.

c) Ist nur hinsichtlich eines Teiles der Leistung Verzug eingetreten (Teilverzug), so ist ebenso darauf zu sehen, ob der andere Teil noch Interesse an der Leistung im ganzen hat oder nicht, oder ob er nur an der Restleistung kein Interesse mehr hat.

d) Das gesetzliche Rücktrittsrecht steht unter den Vorschriften für das vertragsmäßige Rücktrittsrecht. Erfolgt aber der Rücktritt wegen eines Umstandes, den der andere Teil nicht zu vertreten hat, so haftet dieser nur nach den Grundsätzen über die ungerechtfertigte Bereicherung (**327**). Hier ist an den Fall in **325**, Abs. 2 zu denken[4]).

2. **Der Annahmeverzug.**

a) War Zug um Zug zu leisten, so ändert der Annahmeverzug nichts an dem bisherigen Verhältnis der beiderseitigen Verpflichtungen. Der in Annahmeverzug Befindliche wird ver-

---

[1]) Besonderheit beim Kauf in **440**.

[2]) Hier tritt dieselbe Streitfrage hervor wie bei der nachfolgenden Unmöglichkeit (**325**), vgl. vorher Note 3.

[3]) Für das Gegenteil beruft man sich auf die Praxis des alten HGB., Art. 354. 357. Vgl. Endemann I, S. 708, Note 42.

[4]) So Planck zu **327**, Note 2. Schollmeyer, S. 214. A. M. Stammler, S. 146.

urteilt auf Leistung Zug um Zug. In der Zwangsvollstreckung aber kann der Kläger ohne Rücksicht auf die ihm obliegende Leistung die Leistung des in Annahmeverzug Befindlichen beitreiben (**274**, Abs. 2).

b) Hatte der Kläger vorzuleisten, und hat er den anderen Teil bereits in Verzug der Annahme gesetzt, so kann er dessen Verurteilung auf Leistung gegen Empfang der Gegenleistung erreichen. Die Vollstreckung des Urteiles kann er dann in derselben Weise (a) durchsetzen (**322**, Abs. 2, 3).

c) Ist eine der Parteien im Annahmeverzuge, und wird während des Verzuges die der säumigen Partei geschuldete Gegenleistung durch Umstände unmöglich, die von der nichtsäumigen Partei nicht zu vertreten sind, so wird letztere von der Gegenleistung frei, während ihr der Anspruch gegen die säumige Partei verbleibt (**324**, Abs. 2).

E. Streitig ist die Behandlung **der positiven Vertragsverletzungen**[1]).

Eine solche liegt vor, wenn der Schuldner bei einer Verpflichtung auf ein Tun etwas leistet, was beim Gläubiger einen besonderen Schaden herbeiführt, z. B. der Verkäufer leistet ein verseuchtes Schwein, das die Schweine des Käufers ansteckt; oder wenn beim Sukzessivlieferungsgeschäft der Schuldner in einem Falle mangelhaft leistet und damit auch das Forderungsrecht auf die übrigen Leistungen, d. h. das gesamte Schuldverhältnis verletzt, oder wenn er bei Verpflichtung auf Unterlassung die verbotene Handlung vornimmt. Es herrscht Einigkeit[2]) darüber, daß eine schuldhafte positive Vertragsverletzung dem vertragstreuen Teile das Recht gibt, vom Vertrage zurückzutreten oder Schadensersatz wegen Nichterfüllung zu fordern. Nach der Ansicht Staubs und des Reichsgerichtes ist dieses Resultat aus **326** (D) zu begründen, der analog anzuwenden sei, sobald die Vertragsverletzung die Erreichung des Vertragszweckes gefährde. Die analoge Anwendung fordere aber nicht die Anwendung der Vorschrift in **326** über die Fristsetzung. Bedenklich ist, daß nach Staubs Ansicht[3]) auf einen Tatbestand **326** angewendet wird, den er nicht deckt und dadurch einen ganz selbständigen Inhalt erhält. Die Heranziehung von **326** ist aber auch überflüssig, weil **325** (C) den Tatbestand der positiven Vertragsverletzung vollkommen deckt; daß die positive Verletzung einer Unterlassungspflicht Unmöglichkeit der Leistung herbeiführt und **325** anwendbar macht, läßt sich mit ausreichenden Gründen nicht bestreiten; jede auf ein Tun gerichtete Verbindlichkeit enthält aber auch die Verpflichtung, ein der Pflicht zum Tun widerstreitendes Verhalten zu unterlassen. Diese Unterlassungspflicht wird durch die positive Vertragsverletzung unmöglich. Ist sie eine vom Schuldner zu ververtretende, so ergibt sich nach **325** das Recht des Rücktrittes und die Forderung auf Schadensersatz wegen Nichterfüllung für den Fall teilweiser Unmöglichkeit dann, wenn der noch mögliche Teil der Vertragserfüllung für den vertragstreuen Teil kein Interesse mehr hat[4]). Z. B.:

Die Firma A hat an B den Alleinverkauf von Steinkohlenbriketts des Werkes D für die Stadt **X** übertragen und ihm in Raten 9000 Tonnen solcher Briketts zu liefern versprochen. Da die Firma auch an andere Abnehmer in **X** diese Briketts lieferte, war mit der Nichteinhaltung dieses Vertrages in diesem Punkte die gänzliche Unmöglichkeit der Erfüllung des Vertrages durch A herbeigeführt, und daher B zum Rücktritt berechtigt.

F. Außerdem kann bei den gegenseitigen Verträgen sich der Einfluß der Rechtshängigkeit (**291**. **292**), der rechtskräftigen Verurteilung (**283**), der Charakter des Geschäftes als Fixgeschäft (**361**) geltendmachen (vgl. **L**. §§ 80. 84). Tritt ferner ohne Schuld des Verpflichteten verspätete Erfüllung ein, so liegt ein richtiges Angebot nicht vor, der andere Teil kann die Annahme ablehnen. Es liegt hier ähnlich, als wenn die Leistung,

---

[1]) Die Frage angeregt durch die Schrift von Staub, Die positiven Vertragsverletzungen (1904) hat eine reiche Literatur. Vgl. Utermarck, Die allgemeinen Rechtsfolgen positiver Vertragsverletzungen nach dem BGB. Diss. (1906).

[2]) A. M. Müller-Erzbach, Jur.-Ztg. 1904, S. 1158, der zu einem Kündigungsrecht des vertragstreuen Teiles gelangt.

[3]) Ebenso RG., Bd. 54, S. 98; Bd. 57, S. 113; zum Teil auch H. Lehmann, Arch. f. d. ziv. Praxis, Bd. 96, S. 60ff. Die Unterlassungspflicht (1906), S. 271ff.

[4]) RG. Bd. 54, S. 286. Planck zu **326**, Z. 6.

die eben rechtzeitig nicht mehr erfolgen kann, zufällig unmöglich geworden wäre (**323**). Der Säumige verliert also den Anspruch auf die Gegenleistung (vgl. C. Z. 1)[1]).

§ 87.

Verträge zu Lasten und zugunsten Dritter.[2])

I. Vertrag zu Lasten eines Dritten.

Das vertragsmäßige Versprechen der Handlung eines Dritten verpflichtet den Dritten nicht, der nicht Erbe des Versprechenden ist, abgesehen natürlich vom Falle der Stellvertretung.

Der Versprechende selbst wird aber verpflichtet, entweder alles zu tun, um den Dritten zur Vornahme der Handlung zu bewegen, oder dafür einstehen zu wollen, daß der Dritte die Handlung vornimmt. In dem letzteren Falle haftet der Schuldner auf Erfüllung bzw. auf das Erfüllungsinteresse.

Auslegung hat zu ergeben, was im einzelnen Falle gewollt ist.

II. Vertrag zugunsten Dritter.

A. Läßt sich jemand (Versprechensempfänger) in eigenem Namen von einem anderen (Schuldner) zugunsten eines am Vertrage Unbeteiligten (Dritter) eine Leistung versprechen, so handelt es sich um zwei Fragen:

1. Erwirbt der Versprechensempfänger gegen den Schuldner ein Forderungsrecht auf Leistung an den Dritten?

Das römische Recht verneinte das im Prinzip (alteri stipulari nemo potest: l. 73, § 4 D. (50, 17), ließ aber bei eigenem Interesse des Versprechensempfängers Ausnahmen eintreten: c. 25, § 1 D. (19, 2).

Diese Frage ist heut auch dann zu bejahen, wenn eigenes Interesse des Versprechensempfängers fehlt. Es genügt, daß der Versprechensempfänger das Interesse des Dritten zu dem seinigen macht (vgl. **L.** § 73)[3]).

2. Erwirbt der Dritte ein Forderungsrecht gegen den Schuldner?

Das römische Recht hat ein Forderungsrecht des Dritten nur in einigen Fällen anerkannt[4]), das gemeine und das moderne Recht haben weitere Fälle hinzugefügt. Über den Entstehungsgrund des Forderungsrechtes des Dritten bestand jedoch in der Theorie keine Einigkeit:

a) Eine Reihe von Theorien geht davon aus, daß dem Dritten aus logischen Gründen ohne eine Willenserklärung seinerseits kein Forderungsrecht erworben werden könne (Stellvertretungstheorie, Akzeptations- oder Beitrittstheorien, Zessions- oder Ermächtigungstheorien).

b) Andere erkennen an, daß die Vertragschließenden allein und unmittelbar ein eigenes Forderungsrecht des Dritten hervorrufen, sind aber nicht einig darüber, ob diese Möglichkeit nicht noch durch weitere Voraussetzungen einzuschränken sei[5]).

Dem Widerstreit in der Theorie entspricht die Behandlung in der Gesetzgebung. Die Beitrittstheorie fand gesetzliche Anerkennung z. B. im ALR., cc., Art. 112, SBGB. § 83. Völlig uneingeschränkt und konsequent hat keines der neueren Gesetzgebungswerke die unter b bezeichnete Auffassung zur Geltung gebracht.

Nach dem BGB. erwächst dem Dritten unmittelbar aus dem Vertrage der Parteien ein selbständiges (nicht abgeleitetes) Forderungsrecht des Dritten gegen den Schuldner (**328**, Abs. 1).

---

[1]) Vgl. Stammler, a. a. O., S. 150f.

[2]) Heck, Arch. f. bürgerl. R., Bd. 4, S. 17ff. Martinius, Gutachten aus dem Anwaltsstande (1890), S. 589ff. Stammler, Das Recht der Schuldverhältnisse, S. 165ff. Crome, Die partiarischen Rechtsgeschäfte, S. 545ff. Pacchioni, I contratti a favore di terzi. Hellwig, Die Verträge auf Leistung an Dritte (1899). Dniestrzański, Die Aufträge zugunsten Dritter I. (1904).

[3]) Außerhalb der hier behandelten Erscheinung liegen die Verträge, die auch im Interesse des Dritten geschlossen werden, aber ohne daß der Dritte ein Forderungsrecht bekommen soll (**1940**). Es ist aber auch in solchen Fällen ein Klagerecht Dritter nicht ausgeschlossen (**525**, Abs. 1. 2).

[4]) l. 3. c (8, 54); l. un. C. (4, 11); Gaius III, 103; § 4 I (3, 19); l. 64. D. (18, 1).

[5]) Windscheid II, § 316, Note 15 verlangte, daß die zugunsten des Dritten versprochene Leistung als Gegenleistung für eine dem Versprechenden vom Versprechungsempfänger gemachten Zuwendung erscheine, wogegen Gareis, Vertrag zugunsten Dritter (1873) nur forderte, daß das Versprechen zugunsten des Dritten seinen Bestimmungsgrund in dem Verhältnis der Vertragsparteien finde.

B. Der Vertrag zugunsten Dritter ist eine Ausnahme von der Regel, daß zur Begründung eines Schuldverhältnisses zwischen zwei Personen ein Vertrag erforderlich ist (**305**), und daß ein Vertrag nur Wirkungen unter den Vertragsparteien hervorrufen kann (Grenzen der Vertragsfreiheit). Die Bedeutung des Vertrages zugunsten Dritter liegt also in der Erweiterung der Vertragsfreiheit. Der Versuch, den Erwerb des Forderungsrechtes durch den Dritten nicht aus dem Vertrage der Parteien, sondern aus einem einseitigen Rechtsgeschäft des Versprechenden herzuleiten[1]), hat keine Stütze im Gesetz.

1. Die **Entstehung** des Forderungsrechtes des Dritten.

a) Der Dritte, der ein Forderungsrecht aus dem zu seinen Gunsten geschlossenen Vertrage ableitet, hat den Beweis zu erbringen, daß der Wille der Vertragschließenden darauf gerichtet war. Bleiben bei der Auslegung Zweifel, so ist gegen die Annahme eines Vertrages zugunsten Dritter zu entscheiden; beschränkt sich der Zweifel auf die Frage, ob Stellvertretung oder Vertrag zugunsten Dritter vorliegt, so ist Stellvertretung anzunehmen[2]).

Das BGB erleichtert die richterliche Würdigung des einzelnen Falles durch Auslegungsregeln:

α) Verpflichtet sich jemand in einem Vertrage einem Schuldner, dessen Gläubiger zu befriedigen, ohne die Schuld zu übernehmen, so soll im Zweifel der Gläubiger kein Recht auf Befriedigung gegen den Versprechenden erhalten (**329**). Z. B.:

Der Onkel verspricht dem Neffen, dessen Schuld bei seinem Logiswirt zu bezahlen. Der Wirt hat keine Forderung gegen den Onkel.

β) Für den Vertrag zugunsten Dritter ist aber im Zweifel zu entscheiden bei Lebensversicherungs- und Leibrentenverträgen, falls die Zahlung der Versicherungssumme oder der Leibrente an den Dritten bedungen ist[3]), ferner bei unentgeltlichen Zuwendungen (**525. 2301**) bez. der dem Bedachten zugunsten Dritter auferlegten Leistungen und bei vertragsmäßiger Vermögens- oder Gutsübernahme[4]) bez. der zugunsten Dritter (Erb- oder Unterhaltsberechtigter) dem Übernehmer auferlegten Abfindungen (**330**)[5]). Z. B.:

Der Bauer A übergibt seinem ältesten Sohn B den Hof und läßt sich von ihm versprechen, daß er seinen Geschwistern C und D bei deren Volljährigkeit je 10000 M. zahlen werde als Abfindung für ihre Ansprüche auf das väterliche Bauerngut; C und D erhalten einen bei ihrer Volljährigkeit fälligen Anspruch auf 10000 M. gegen B.

b) Auch über den Zeitpunkt, in dem das Recht des Dritten zur Entstehung gelangen soll, entscheidet der Vertrag. Die Regel würde sein, daß mit dem Vertragsschluß auch das Recht des Dritten zur Entstehung gelangt. Durch Hinzufügung einer Befristung oder Bedingung kann aber stillschweigend oder ausdrücklich die Entstehung hinausgeschoben sein. Bis dahin besteht dann der Anspruch des Dritten als bedingter bzw. befristeter. Ist der Dritte noch nicht geboren, so entsteht das Recht im Zweifel mit der Geburt (**328**, Abs. 2). Hier gilt aber eine besondere Auslegungsregel: soll der Dritte die Leistung erst nach dem Tode des Versprechensempfängers erhalten, so wird ihm das Recht auf die Leistung im Zweifel erst mit dem Tode des Versprechensempfängers erworben (keine Zuwendung von Todes wegen!). Stirbt der Dritte vor dem Versprechensempfänger, so kommt in diesem Falle das Recht des Dritten nicht zur Entstehung (**331**, Abs. 1). Bei den in Gutsüberlassungsverträgen vereinbarten Abfindungen[6]) wird man aber diese Auslegungsregel nicht immer anwenden dürfen. Nach der Absicht der Parteien wird in solchen Fällen regelmäßig das Recht des Dritten auf seine Erben übergehen[7]).

---

[1]) So Stammler, a. a. O., S. 170ff., dem ich in den früheren Auflagen im wesentlichen folgte.

[2]) Vgl. Stammler, a. a. O., S. 169, Note 1.

[3]) Vgl. EG. Art. 75.

[4]) EG. Art. 96.

[5]) Hinzu tritt der Fall des HGB. § 435. Vgl. Hellwig, a. a. O., S. 152. 477.

[6]) Für Lebensversicherungsverträge zugunsten Dritter vgl. Ehrenberg, Jahrb. f. Dogm., Bd. 41, S. 341ff.

[7]) A. M. Hellwig, a. a. O., S. 217. Planck zu **331**, Z. 1.

2. Über **Inhalt** und **Fortbestand** des Rechtes des Dritten entscheidet ebenfalls der Vertrag (**328**, Abs. 2). Dem Dritten kann auch eine Gegenleistung an den Schuldner auferlegt sein, so daß er das Recht nur unter Anerkennung der Last geltendmachen kann.

a) Ist das Recht des Dritten auch als bedingtes oder betagtes noch nicht zur Entstehung gelangt, so können die Parteien dasselbe aufheben oder abändern. Eine Vertragsbestimmung, welche die Freiheit der Vertragschließenden in dieser Hinsicht aufzuheben bestimmt ist, wäre nichtig. Auch wenn der Dritte eine noch ungeborene Person ist, ist diese Selbstbeschränkung ausgeschlossen. Hier gilt nur eine Ausnahme: stirbt der Versprechensempfänger vor der Geburt des Dritten, also vor der Entstehung des Rechtes des Dritten, so können die Erben des Versprechensempfängers durch Vertrag mit dem Schuldner das Recht des Dritten nicht mehr aufheben oder ändern. Die Auslegungsregel fußt auf der mutmaßlichen Parteiabsicht. Die Ausnahme fällt, sobald ein Vorbehalt der Änderung oder Aufhebung im Vertrage gemacht ist (**331**, Abs. 2).

b) Ist das Recht des Dritten, wenn auch nur als bedingtes oder betagtes, entstanden, so ist Aufhebung und Änderung durch die Vertragschließenden ohne Zustimmung des Dritten nur zulässig, wenn sich diese Befugnis aus dem Vertrage ergibt und soweit sie sich ergibt. Die Befugnis kann den Vertragschließenden im Einverständnis oder auch jeder der Parteien selbständig eingeräumt sein. Ist besonders dem Versprechensempfänger die Befugnis eingeräumt, ohne Zustimmung des Schuldners an die Stelle des Dritten einen anderen zu setzen, so kann das im Zweifel auch in einer Verfügung von Todes wegen geschehen (**332**). Der Versicherungsnehmer erscheint z. B. häufig als stillschweigend befugt, an Stelle der in der Police bezeichneten bezugsberechtigten Person eine andere zu setzen. Hat dann der Versicherungsnehmer über die Versicherungssumme letztwillig disponiert, so ist der in der letztwilligen Verfügung Begünstigte dem im Vertrage Genannten vorzuziehen. Eine Erklärung an den Versicherer (Schuldner) ist dann nicht erforderlich.

3. Die **Geltendmachung** des Rechtes des Dritten. Aus der prinzipiellen Behandlung des Rechtes des Dritten folgt, daß dem Dritten alle diejenigen Einwendungen vom Schuldner entgegengestellt werden können, die sich aus dem Vertrage ergeben. Der Schuldner kann die Anfechtbarkeit und Nichtigkeit des Vertrages, die Wiederaufhebung desselben, die Beseitigung durch Widerruf geltendmachen. War die Verpflichtung gegen den Dritten die Gegenleistung für eine Verpflichtung des Versprechensempfängers gegen den Schuldner, so ist dem Schuldner die Einrede des nicht erfüllten Vertrages (**322**) auch gegen den Dritten im Zweifel zuständig, ebenso die exceptio redhibitoria, quanti minoris, des Notbedarfes nach **528**. Dagegen ist Aufrechnung mit den Forderungen, die dem Schuldner gegen den Versprechensempfänger zustehen, gegenüber dem Dritten versagt (**334**). — Der Schuldner kann selbstverständlich alle Einwendungen geltendmachen, die ihm persönlich gegen den Dritten zustehen.

C. Das Recht des Dritten entsteht, ohne daß eine Willenserklärung seinerseits erforderlich wäre. Der Dritte kann aber nach Anfall des Rechtes definitiv annehmen oder mit rückwirkender Kraft durch Erklärung gegenüber dem Schuldner das erworbene Recht ablehnen (**333**, vgl. **2180**, Abs. 2). Zu verweisen ist hier auf die Regelung des Vermächtnis- und Erbschaftserwerbes[1]). Lehnt der Dritte ab, so ist aus dem Inhalte des Vertrages festzustellen, ob die Leistungspflicht dann überhaupt erlischt, oder ob sie nunmehr anderen Personen, etwa dem Versprechensempfänger, gegenüber besteht[2]). Waren mehrere Dritte vorhanden, so kommt auch das Anwachsen an die übrigen in Frage. Kommen diese Möglichkeiten nicht in Betracht, so wird der Versprechende frei (**275**, Abs. 1). Diese letzte Auslegung liegt nahe, wenn sich das Versprechen zugunsten des Dritten mit einer unentgeltlichen Zuwendung an den Schuldner verbindet. Z. B.:

---

[1]) Walsmann, Der Verzicht, S. 238f. konstruiert das Ablehnungsrecht des Dritten wie beim Erbschafts- und Vermächtniserwerbe als Gestaltungsrecht und lehnt die Annahme eines Verzichtes ab.

[2]) Die gleiche Frage erhebt sich, wenn aus sonstigen Gründen die Leistungspflicht gegenüber dem Dritten erlischt. Vgl. Martinius, a. a. O., S. 600ff.

A verkauft eine Sache an B für 300 M., B zahlt 200 M. an und verpflichtet sich auf eine Schuld des A an C 100 M. zu zahlen, so daß C auf diese Zahlung ein Forderungsrecht gegen B erhält. Darauf erläßt C schenkweise seine Forderung an A und weist deshalb die Forderung auf 100 M. gegen B zurück. Dann kann A die 100 M. von B fordern.

D. **Der Anspruch des Versprechensempfängers** besteht neben dem des Dritten, wenn nicht das Gegenteil aus dem Vertrage hervorgeht. Er geht auf Leistung an den Dritten (**335**). Ist dem Empfänger des Versprechens überhaupt jeder Anspruch versagt, so ist Gegenstand des Vertrages allein die Begründung des Forderungrechtes des Dritten[1]).

E. Die Frage, ob für den Vertrag zugunsten des Dritten eine **Form** erforderlich ist, bestimmt sich einmal nach dem Verhältnis unter den Vertragschließenden, dann auch nach dem Verhältnis des Versprechenden zum Dritten, d. h. nach dem Verhältnis, welches dem Versprechen des Schuldners an den Dritten zugrunde liegt[2]).

---

2. Kapitel.

Bestärkung und Abschwächung der Schuldverhältnisse.

§ 88.

1. Die Daraufgabe.[3])

Eine **Daraufgabe** (Arrha, Handgeld, Haftgeld, Daraufgeld, Angeld) kann erfolgen mit Rücksicht auf einen erst abzuschließenden Vertrag (arrha contractu imperfecto data). Das Gesetz regelt diesen Fall nicht. Derjenige, der sich weigert, den Vertrag zu schließen, würde die von ihm gegebene Daraufgabe verlieren[4]). Dagegen regelt das BGB. den Fall der Daraufgabe bei oder nach[5]) Eingehung des Vertrages (arrha confirmatoria contractu perfecto data).

I. Die Daraufgabe setzt voraus, daß die Parteien sich über ihren Zweck und den Eigentumsübergang geeinigt haben. Sie hat, wie vorzugsweise auch im römischen Recht[6]), die Bedeutung eines **Zeichens des Vertragsabschlusses** (**336**, Abs. 1) und dient zum Beweise desselben.

Wird der Vertrag erfüllt, so muß die Daraufgabe dem Geber auf seine Leistung angerechnet (Erfüllungsfunktion) oder, wenn das nicht möglich ist, an den Geber bei Erfüllung zurückerstattet werden (**337**, Abs. 1). Es kann aber auch die Absicht dahin gehen, daß die Daraufgabe Zugabe zur Vertragsleistung sein soll (wie z. B. öfters nach Landesrecht bei Gesindedienstverträgen[7]).

Ist der Vertrag nichtig, oder wird er hinterher durch Übereinkunft der Parteien oder durch sonstige Gründe (Rücktritt) wieder aufgehoben, so ist die Daraufgabe zurückzugeben (**337**, Abs. 2. **139**). Eine Ausnahme ergibt sich nach **817** (turpis causa für Geber und Empfänger)[8]).

Hat der Geber die Unmöglichkeit der Erfüllung seiner Verpflichtung zu vertreten oder die Wiederaufhebung des Vertrages (Rücktritt) verschuldet, so kann der Empfänger die Daraufgabe behalten, wenn er vom Rücktrittsrechte z. B. wegen Verzuges des Gebers Gebrauch macht.

---

[1]) Vgl. Ehrenberg, Jahrb. f. Dogm., Bd. 30 (1891), S. 422ff. Regelsberger, Pand. I, § 161, V. Schollmeyer, S. 234f. Abweichend seiner Grundauffassung entsprechend Stammler, a. a. O., S. 175f.

[2]) Vgl. Martinius, a. a. O., S. 597f.

[3]) Stammler, Das Recht der Schuldverhältnisse, S. 164.

[4]) Die Hingabe eines Angeldes gehört nach Partikularrecht auch zur gesetzlichen Form der Gesindeverträge. Diese Bestimmungen bleiben erhalten gemäß EG. Art. 95. A. M. Endemann I, S. 620, Note 2. Ebenso kann die Daraufgabe als rechtsgeschäftliche Form Verwendung finden.

[5]) Vgl. Schollmeyer, S. 237. A. M. Endemann I, § 107.

[6]) Gajus III, § 139, l. 35 pr. D. (18, 1).

[7]) Vgl. z. B. Bayer. AG. z. BGB., Art. 18.

[8]) Vgl. Collatz, Ungerechtfertigte Vermögensverschiebung (1899), S. 36ff.

Die Daraufgabe verfolgt also auch Strafzweck. Verlangt der Empfänger aber Schadensersatz wegen Nichterfüllung, so ist im Zweifel die Daraufgabe anzurechnen bzw. zurückzugeben, sobald der Schadensersatz geleistet wird (**338**). Anders läge es bei einer reinen Anzahlung. Hat dagegen der Empfänger der Daraufgabe die Wiederaufhebung des Vertrages oder die Unmöglichkeit der Leistung verschuldet, so bestimmt sich seine Rückgabepflicht nach allgemeinen Grundsätzen. Z. B.:

Der Käufer hat beim Kaufabschluß eine Daraufgabe von 500 M. an den Verkäufer gegeben. Der Verkäufer tritt wegen Verzuges des Käufers vom Vertrage zurück. Der Verkäufer behält dann die 500 M. Verlangt dagegen der Verkäufer Schadensersatz in Höhe von 1000 M., so sind die empfangenen 500 auf die 1000 anzurechnen bzw. zurückzuzahlen.

II. Die Daraufgabe kann auch den Charakter des **Reugeldes** tragen (**336**, Abs. 2). Darüber vgl. **L.** § 91.

§ 89.

2. Die Vertragsstrafe.[1])

I. Das **Versprechen einer Vertragsstrafe** (Konventionalstrafe) besteht in der vertragsmäßigen Übernahme einer weiteren Leistung seitens eines Schuldners für den Fall, daß er einer sonst für ihn begründeten Verbindlichkeit nicht oder nicht gehörig nachkommt. Die Vertragsstrafe hat daher die Funktion eines Verstärkungsmittels, indem sie entweder Straffunktion hat oder dazu dient, die Höhe des Interesses des Gläubigers zu fixieren und die Schwierigkeit einer Schadensliquidation zu beheben. Dadurch, daß es sich um die Begründung einer Verpflichtung zur Leistung handelt, unterscheidet sich die Vertragsstrafe von anderen Vereinbarungen (lex commissoria, Verwirkungsklausel), von sonstigen vertragsmäßig übernommenen Leistungen durch die Beziehung zu einer Hauptschuld.

A. **Die Hauptschuld.**

Die Vertragsstrafe kann zu Hauptschulden jeder Art hinzutreten. Die Hauptschuld muß gültig begründet sein; ist sie nichtig, so ist auch das Vertragsstrafversprechen nichtig, ohne Rücksicht darauf, ob die Parteien die Unwirksamkeit kannten oder nicht. Ist die Hauptverbindlichkeit anfechtbar und aus demselben Grunde das Vertragsstrafversprechen, so kann letzteres auch selbständig angefochten werden. Kennt der Versprechende die Anfechtung der Hauptverbindlichkeit nicht, und liegt ein selbständiger Grund der Anfechtbarkeit des Vertragsstrafversprechens nicht vor, so ist letzteres für sich nicht anfechtbar. Wird aber die Hauptverbindlichkeit durch Anfechtung unwirksam, so fällt auch die Wirksamkeit des Vertragsstrafversprechens fort, es kann die Vertragsstrafe nicht verwirkt werden. Wird gegenüber der Hauptverbindlichkeit von dem Anfechtungsrecht kein Gebrauch gemacht, so ist auch Anfechtung des Vertragsstrafversprechens aus diesem Grunde ausgeschlossen. Kannte der sonst gültig Versprechende die Anfechtbarkeit der Hauptverbindlichkeit, so hat er damit möglicherweise auf die Anfechtung des Strafversprechens verzichtet, d. h. das anfechtbare Hauptgeschäft bestätigt, und es wird auf die Gültigkeit dieser Bestätigung ankommen (**344**)[2]). Einrede gegen die Hauptschuld richtet sich auch gegen die Strafschuld. — Bleibt die Hauptschuld trotz Änderung identisch, so bleibt die Strafschuld bestehen, z. B. bei nachfolgender verschuldeten Unmöglichkeit der Hauptleistung. Aufhebung der Hauptschuld hebt auch die Strafschuld auf, Wiederaufleben der Hauptschuld bringt nicht eo ipso das Wiederaufleben der Strafschuld mit sich. Die Hauptschuld kann auch eine Naturalschuld sein (vgl. aber **339** unten c)[3]).

B. Begründung, Abtretung und Gegenstand.

1. Der Anspruch auf die Vertragsstrafe kann **begründet** werden zugleich mit der Hauptverpflichtung oder auch nach derselben. Das Versprechen steht unter den allgemeinen Schranken

[1]) Seeler, Zur Lehre von der Konventionalstrafe (1891). Stammler, Das Recht der Schuldverhältnisse, S. 159ff.

[2]) Besondere Bestimmung in **1297**, Abs. 2 (Verlöbnis).

[3]) Hellmann, Krit. V.J.Schr., Bd. 41 (1899), S. 236. Vgl. aber Endemann I, S. 764, Note 8.

(z. B. **138**). Es kann auch zugunsten eines Dritten abgegeben sein, z. B. zugunsten einer wohltätigen Anstalt (**328**). Das Versprechen einer Vertragsstrafe neben einem formlosen Grundstücksveräußerungsvertrage konvaleszìert nicht durch Auflassung und Eintragung in das Grundbuch.

2. Mit der **Abtretung** der Hauptforderung ist zwar im Zweifel auch der Anspruch auf die noch nicht fällige Vertragsstrafe als abgetreten anzusehen, jedoch ist die Abtretung der Strafforderung ohne die Hauptforderung und die der Hauptforderung ohne die Strafforderung nicht unzulässig[1]).

3. **Gegenstand** des Vertragsstrafversprechens kann Geld oder eine Leistung anderer Art sein (vgl. D.). Die Höhe der Vertragsstrafe untersteht, soweit nicht Wucher (Abzahl-Geschäft) vorliegt, der freien Bestimmung der Parteien. Stets kann eine verwirkte unverhältnismäßig hohe Strafe vom Richter durch Urteil auf Antrag des Schuldners auf den angemessenen Betrag herabgesetzt werden[2]). Es handelt sich nicht um Einrede oder Anfechtung, sondern um Feststellung des wirklich geschuldeten Betrages, wozu dem Richter das Ermäßigungsrecht eingeräumt ist[3]). Bei der Prüfung der Angemessenheit kommt das Interesse des Gläubigers in erster Linie in Frage, und zwar jedes berechtigte Interesse, nicht bloß ein Vermögensinteresse. Die Angemessenheit ist nach dem Zeitpunkt der Verwirkung, nicht nach dem des Strafversprechens oder des Urteiles zu erwägen[4]). Den Beweis der Unangemessenheit hat der Schuldner zu erbringen. Die Herabsetzung und Rückzahlung kann nicht mehr verlangt werden, wenn die Strafe entrichtet ist (**343**, Abs. 1). Dagegen kann durch Vertrag auf die Schranke in **343** nicht verzichtet werden[5]).

C. **Der Verfall.**

Es besteht hier ein wesentlicher Unterschied zwischen Verpflichtung auf Unterlassen und positives Tun. Im ersten Falle verfällt die Vertragsstrafe mit dem Zuwiderhandeln, in allen anderen Fällen aber erst dann, wenn der Schuldner in Verzug kommt. Diese Regel kann aber durch Disposition der Parteien durchbrochen sein; es kann daher auch bei den Verpflichtungen auf Unterlassen nur auf die Zuwiderhandlung ankommen, die dem Verpflichteten zur Last zu legen ist, oder es kann der Verfall bei Verpflichtung zum Tun an das Nichttun schlechthin (Garantieleistung) geknüpft sein (**339**).

D. Das Verhältnis des Anspruches auf die Vertragsstrafe zu dem aus der Hauptverbindlichkeit.

1. Die Vertragsstrafe ist versprochen für den Fall der **Nichterfüllung** (d. h. als Erfüllungsersatz).

a) Es handelt sich um Geldstrafe. Hier hat der Gläubiger die Wahl, ob er die Hauptleistung oder die Strafe fordern will. Der Schuldner kann aber den Gläubiger nicht etwa wie beim Wahlschuldverhältnis unter Fristsetzung auffordern, zu wählen; es liegt Anspruchskonkurrenz und facultas alternativa für den Gläubiger vor.

α) Wählt der Gläubiger die Strafe, so ist der Anspruch auf Erfüllung ausgeschlossen (**340**, Abs. 1). Hat der Gläubiger die Strafe verlangt, so behält er aber den Anspruch auf Schadensersatz wegen Nichterfüllung bez. des Mehr (**340**, Abs. 2). Nicht so ist es,

β) wenn der Gläubiger Erfüllung verlangt hat. Hier kann er diesen Anspruch fallen lassen und auf die Strafe zurückgreifen. Hat der Gläubiger den Anspruch auf Schadensersatz wegen Nichterfüllung geltendgemacht, so kann er als Mindestmaß seines Schadens die Strafe verlangen, aber auch noch weiteren Schaden geltendmachen.

---

[1]) So Dernburg II, S. 222.

[2]) RG. über die Abzahlungsgeschäfte vom 16. Mai 1894, § 4, Abs. 1; vgl. BGB. **655**. Anders HGB. §§ 348. 351.

[3]) Hölder, Allgem. Teil, S. 162. Derselbe, Recht (1900), S. 161. Andere nehmen nicht Feststellungsklage, sondern konstitutive Klage an. Vgl. Endemann I, S. 767, Note 23. Hellwig, Anspruch und Klagerecht, S. 13.

[4]) A. M. Schollmeyer, S. 250f. Planck, S. 189, Z. 2.

[5]) Vgl. Abzahlungsgesetz § 4. HGB. §§ 74. 75. 76.

b) Es handelt sich um Strafleistung anderer Art. Bei Strafleistungen anderer Art ist der Anspruch auf Schadensersatz ausgeschlossen, wenn der Gläubiger die Strafe wählt (**340. 342**).

c) Tritt der Gläubiger vom Vertrage wegen Nichterfüllung zurück, so ist regelmäßig der Anspruch auf die Strafe ausgeschlossen.

2. Die Vertragsstrafe ist für die **nicht gehörige Erfüllung** versprochen, d. h. z. B. für den Fall der Leistung am unrechten Orte, nicht zur bestimmten Zeit. Auslegungsfrage ist es, für welchen Fall die Strafe versprochen ist. Auf diesen Fall ist sie auch mit ihren Folgen beschränkt und setzt dieses besondere Interesse im Mindestmaße fest. Daher

a) kann der Gläubiger Geldstrafe und Erfüllung verlangen. Hat der Gläubiger den Schadensersatzanspruch wegen nicht gehöriger Erfüllung geltendgemacht, so kann er die Strafe als Mindestmaß des Schadens fordern und darüber hinaus den weiteren Schaden liquidieren. Nimmt aber der Gläubiger die Erfüllung an, so kann er die Strafe nur verlangen, wenn er sich dieselbe bei der Annahme vorbehalten hat. Unkenntnis des Gläubigers vor dem Anspruche auf die Strafleistung oder von dem Eintritt seiner Voraussetzungen im Momente der Annahme nützen dem Gläubiger nicht zur Erhaltung des Strafanspruches. Z. B.:

A verkauft an B einen Motor, dessen Lieferung am 1. Februar 1900 erfolgen soll, für jeden Tag verspäteter Lieferung verspricht A eine Vertragsstrafe von 10 M. A liefert verspätet, B nimmt den Motor ohne Vorbehalt seines Rechtes auf die Strafe an, er kann die Strafe später nicht mehr fordern, zwar nicht deshalb, weil er darauf verzichtet hat, sondern nach dem Grundsatz gegensätzlichen Verhaltens (**L.** § 92, V.). War für B als Bürge C eingetreten, so kann dieser von A belangt den Kaufpreis nicht um die Vertragsstrafe kürzen, da für den Hauptschuldner der Strafanspruch erloschen ist.

b) Handelt es sich um Strafleistung, die nicht Geldleistung ist, so kann der Gläubiger Strafe und Erfüllung fordern, aber durch Wahl der Strafe ist der Anspruch auf Schadensersatz wegen nicht gehöriger Erfüllung ausgeschlossen (**341. 342**).

3. Die Regelung (1 und 2) ist dispositiver Natur. Möglich ist auch, daß die Vertragsstrafe den Charakter eines **Reugeldes** haben soll („Wandelpön"), vgl. **L.** § 91.

4. Ob bei teilweiser Nichterfüllung oder teilweiser nicht gehörigen Erfüllung die ganze Vertragsstrafe oder nur ein Teil der Vertragsstrafe verwirkt ist, ist eine Auslegungsfrage, die im Zweifel im ersten Sinne zu entscheiden ist.

E. **Beweislast.**

Den Beweis der Erfüllung seiner Verpflichtung hat der Schuldner zu erbringen, nicht der Gläubiger den der Nichterfüllung. Der Gläubiger hat aber zu beweisen, daß der Schuldner im Verzug ist. Nur wenn ein Unterlassen unter Strafe gestellt ist, hat der Gläubiger das Zuwiderhandeln zu beweisen, nicht der Schuldner das Nichtzuwiderhandeln (**345**, vgl. **339**).

II. Die **uneigentliche Vertragsstrafe.** Vertragsstrafen im eigentlichen Sinne liegen nur dann vor, wenn die betreffende Vereinbarung mit Bezug auf eine gleichzeitig begründete oder schon bestehende Verpflichtung getroffen wird. Sehr nahe stehen andere Vereinbarungen einer Leistung für den Fall, daß jemand etwas tut oder unterläßt. Der Sinn solcher Vereinbarungen kann ein verschiedener sein: alternatives Versprechen mit Wahlrecht des Gläubigers oder bloß bedingtes Versprechen der Leistung, welche Strafe genannt sein mag. Beide Fälle interessieren hier nicht, sondern nur das bedingte Versprechen einer Leistung als wirklicher Strafe. Von bloßen bedingten Versprechungen unterscheidet sich dieses Versprechen dadurch, daß der Empfänger des Strafversprechens in erster Linie an dem Tun und Unterlassen interessiert ist, nicht wie im Falle eines bedingten Versprechens an der sog. Strafleistung. Da das Gesetz (I. B.) die Freiheit der Parteibestimmung bei der eigentlichen Vertragsstrafe einengt, so mußte, um die Umgehung zu verhüten auch diese Vereinbarung der gleichen Beschränkung unterworfen werden (**343**, Abs. 2). Die Gleichstellung ist aber (**133**) nicht nur in betreff des Ermäßigungsrechtes, sondern allgemein anzunehmen[1]).

[1]) Vgl. Leist, Vereinsherrschaft und Vereinsfreiheit (1899). S. 27f. Kohler, Arch. f. bürg. Recht, Bd. 12 (1897), S. 25.

§ 90.

3. Der Rücktritt vom Vertrage.[1])

I. Das Recht, vom Vertrage zurückzutreten, kann auf Vertrag beruhen (**vertragsmäßiges Rücktrittsrecht**). Dahin gehören der Reuvertrag (pactum displicentiae), der Vorbehalt besseren Angebotes (in diem addictio), der Vorbehalt des Rücktrittes gegen Reugeld (**359**. — arrha poenitentialis, Wandelpön). Auch der Vorbehalt der Rechtsverwirkung für Vergangenheit und Zukunft (lex commissoria) soll im Zweifel dem Gläubiger das Rücktrittsrecht gewähren, sobald der Fall des Vorbehaltes eintritt (**360**). Es gehört ferner hierher, falls die Auslegungsregel in **361** zutrifft, der Fall des Fixgeschäftes (**L.** § 80). Das Rücktrittsrecht kann auch auf Gesetz beruhen (**gesetzliches Rücktrittsrecht**). Das gesetzliche Rücktrittsrecht ruht in einigen Anwendungsfällen auf der allgemeineren Erwägung, daß es der Vertragspartei nicht zugemutet werden könne, beim Vertrage zu bleiben, wenn sich nach Abschluß des Vertrages eine derartig wesentliche Veränderung der damals vorliegenden tatsächlichen Verhältnisse herausstellt, daß das beabsichtigte Ziel des Vertrages völlig verfehlt erscheint (sog. clausula rebus sic stantibus). Das BGB. hat mit Recht diesen Grundsatz nicht allgemein proklamiert, sondern nur in mehreren Einzelfällen anerkannt, z. B. beim gegenseitigen Vertrage (**321**. **325**. **326**), beim Dienstvertrage (**626**), bei Leihe (**605**, Z. 1), Gesellschaft (**723**), Miete und Pacht und beim Vorvertrag über die Hingabe eines Darlehns (**610**). Unter Heranziehung des Grundsatzes von Treu und Glauben wird man aber ein Abgehen vom Vertrage gestatten müssen, wo das Festhalten an demselben zur Ausbeutung des einen Teiles durch den anderen führen würde[2]).

Die dispositive Regelung des Gesetzes betrifft nur das vertragsmäßige Rücktrittsrecht. Sie ist für anwendbar erklärt auf Fälle gesetzlichen Rücktrittsrechtes, bei gegenseitigen Verträgen (**325**. **326**. **327**), dann auf verwandte Fälle: **280** (wenn der Gläubiger wegen verspäteter teilweisen Unmöglichkeit Schadensersatz wegen Nichterfüllung verlangt), **286** (wenn der Gläubiger wegen Leistungsverzuges Schadensersatz wegen Nichterfüllung verlangt), **467** und **634**, Abs. 4 (Wandlungsanspruch bei Kauf- und Werkvertrag). Vgl. ferner **543**, Abs. 2. **555**[3]). Auch teilweises Rücktrittsrecht kann in Frage kommen (**325**).

II. **Die Ausübung.** Das vertragsmäßige Rücktrittsrecht ist ein Gestaltungsrecht, es wird ausgeübt durch formlose Erklärung gegenüber dem anderen Teile, und die abgegebene Erklärung ist unwiderruflich (**349**). Bedingung und Befristung machen die Erklärung wirkungslos (**L.** § 58, V. A, 2).

III. **Die Wirkung.**

A. Mit der Erklärung des Rücktrittes ist nicht etwa wie im röm. Recht eine Resolutivbedingung des Vertrages erfüllt und treten deren Wirkungen ein, auch tritt nicht Aufhebung des Vertrages und folgeweise Rückforderung ob causam finitam ein, sondern der vollzogene Rücktritt wirkt auf das bisherige Schuldverhältnis aufhebend[4]), setzt aber die Parteien in ein gegenseitiges Schuldverhältnis, welches sie einander verpflichtet, sich so zu behandeln, als wenn der Vertrag nicht geschlossen wäre. Daraus folgt, daß keine Partei aus dem Vertrage mehr auf Leistung angesprochen werden kann, und daß beide Parteien einander zur Herstellung des früheren Zustandes verpflichtet sind (**346**)[5]). Die Wirkungen erfüllter

---

[1]) Hruza, Sächs. Arch., Bd. 5, S. 70ff. Stammler, Das Recht der Schuldverhältnisse, S. 88ff. 129ff. Regelsberger, Jahrb. f. Dogm., Bd. 40, S. 451ff. 477ff.

[2]) Vgl. Dernburg, a. a. O., S. 247f.

[3]) Andere gesetzliche Rücktrittsrechte sind im Gesetz nicht dieser Regelung unterstellt, z. B. **81**, Abs. 2. **109**. **178**. **1397**. **1830**. Es wird aber der Satz in **356** (Text, VII.) auch hier zu gelten haben. Vgl. HGB. § 375, RG. betr. die Abzahlungsgeschäfte vom 16. Mai 1894.

[4]) Soweit noch nicht geleistet war, entsteht also nicht nur eine Einrede gegen den Erfüllungsanspruch (Crome II, § 174). Vgl. über die Konstruktionsfrage auch Walsmann, Jahrb. f. Dogm., Bd. 54, S. 197ff. (vgl. **L.** § 110, V. A).

[5]) Vgl. RG. betr. die Abzahlungsgeschäfte vom 16. Mai 1894, § 1, Abs. 1.

auflösender Bedingung treten nur ein, wenn der Rücktritt von den Parteien auch als auflösende Bedingung gesetzt ist (vgl. **883**).

B. Die empfangenen Leistungen sind zurückzugewähren. Demgemäß bestimmt sich der Gegenstand der Herausgabepflicht. Bestand die empfangene Leistung in Diensten oder in der Überlassung der Benutzung einer Sache, so ist deren Wert herauszugeben. War aber für diese Leistungen im Vertrage ein Äquivalent in Geld bestimmt, so ist dieses nach Verhältnis zu zahlen (**346**). Ist nach Empfang der empfangene Gegenstand beim Empfänger verschlechtert oder untergegangen, oder ist die Herausgabe aus anderen Gründen unmöglich geworden, so hat der Empfänger Ersatz zu leisten in demselben Umfange wie ein Besitzer nach Rechtshängigkeit des Eigentumsanspruches (**987**. **989**. **994** ff.).

In derselben Weise bestimmt sich der Anspruch auf Herausgabe von Nutzungen und der Anspruch auf Ersatz von Verwendungen. Ist eine Geldsumme zurückzuerstatten, so ist sie vom Empfange an zu verzinsen (**347**). Die Analogie mit dem Besitzer einer fremden Sache rechtfertigt sich dadurch, daß auch hier beide Teile mit der Möglichkeit des Rücktrittes, d. h. mit der Möglichkeit, das Empfangene zurückgeben zu müssen, rechnen müssen.

C. Die Verpflichtungen sind Zug um Zug zu erfüllen (**348**), daher sind anwendbar **320**. **322**. Die Ansprüche unterliegen der Verjährung von 30 Jahren.

IV. **Der Ausschluß des Rücktrittsrechtes.**

A. Das Rücktrittsrecht wird nicht dadurch ausgeschlossen, daß der vom Rücktrittsberechtigten empfangene Gegenstand nach Empfang durch Zufall untergegangen oder wesentlich verschlechtert ist. Daher hat der zum Rücktritt Berechtigte nichts zu leisten (Ausnahme von **348**)[1]), wohl aber sein Gegner. Das Rücktrittsrecht kann allerdings von den Parteien für diese Fälle ausgeschlossen sein (**350**).

B. Hat der Rücktrittsberechtigte eine wesentliche Verschlechterung (wozu auch der Untergang eines erheblichen Teiles gehört), den Untergang oder anderweite Unmöglichkeit der Herausgabe des empfangenen Gegenstandes zu vertreten, so haftet er nicht auf Ersatz, sondern der Rücktritt ist ausgeschlossen. Verschuldung der Gehilfen und des gesetzlichen Vertreters steht der eigenen nach **278** gleich (**351**). Der Empfänger hat, wenn er sein Rücktrittsrecht ausüben will, zu beweisen, daß er den Umstand, der den Untergang usw. herbeiführte, nicht zu vertreten hat. Z. B.:

A hat einen Schmuck, der mit drei gleichen wertvollen Steinen besetzt ist, unter Vorbehalt des Rücktrittes gekauft und erhalten. Durch Schuld des A geht einer der Steine verloren. A kann nicht mehr zurücktreten, wenn er den Stein nicht wiedererlangt, oder ihn durch einen ganz gleichen nicht ersetzen kann.

C. Der Rücktritt ist ausgeschlossen, wenn der Berechtigte, sein gesetzlicher Vertreter oder Gehilfe die empfangene Sache mit oder ohne Schuld durch Verarbeitung oder Umbildung zu einer anderen Sache umgestaltet hat (**352**, vgl. aber **467**).

D. Wenn der Berechtigte den empfangenen Gegenstand veräußert oder mit dem Rechte eines Dritten belastet hat, so ist das Rücktrittsrecht an sich nicht ausgeschlossen, wenn zur Zeit der Fälligkeit der Rückgewährpflicht die Möglichkeit des Rückerwerbes oder der Beseitigung der Belastung besteht. Der Rücktrittsberechtigte kann von dieser Möglichkeit Gebrauch machen. Der Rücktritt ist aber ausgeschlossen, wenn bei demjenigen, der den Gegenstand infolge der Verfügung erlangt hat, durch dessen Schuld wesentliche Verschlechterung, Untergang oder anderweitige Unmöglichkeit der Herausgabe eingetreten ist, oder eine Verarbeitung oder Umbildung des empfangenen Gegenstandes stattgefunden hat (**351**. **352**). Der Verfügung des zum Rücktritt Berechtigten stehen Verfügungen im Wege der Zwangsvollstreckung, Arrestvollziehung und solche des Konkursverwalters gleich (**353**). Z. B.:

Hat A eine Quantität Faßdauben an B unter Vorbehalt des Rücktritts für A und B verkauft und geliefert und hat B diese an die Brauerei C weitergeliefert oder wurden die Dauben bei B ge-

[1]) Die Ausnahme besteht nicht nach Abzahlungsgesetz § 2.

pfändet und von der C im Wege der Zwangsvollstreckung erworben, so ist das Rücktrittsrecht erloschen, wenn etwa C die Dauben zur Feuerung verwendet hat, oder wenn sie zur Herstellung von Fässern verwendet sind.

V. **Unwirksamwerden des Rücktritts.**

A. Hat der Rücktrittsberechtigte sein Recht ausgeübt und kommt er mit der Rückgewähr des empfangenen Gegenstandes oder eines erheblichen Teiles desselben in Verzug, so kann ihm nach Analogie der Vorschrift in **326** der andere Teil eine angemessene Frist mit der Erklärung bestimmen, daß er die Annahme nach Ablauf der Frist ablehne. Erfolgt dann die Rückgewähr nicht vor Ablauf der Frist, so wird der Rücktritt unwirksam, der Vertrag besteht also fort (**354**).

B. Hat sich ein Vertragsteil A das Rücktrittsrecht für den Fall der Nichterfüllung des anderen Teiles B vorbehalten und den Rücktritt erklärt, so wird dieser unwirksam, wenn B sich durch Aufrechnung befreien konnte und die Aufrechnung unverzüglich nach dem Rücktritt erklärt (**357**). B darf annehmen, da A sich durch Aufrechnung befriedigen kann, daß es nicht zum Rücktritte kommen werde. Er war nicht gehalten, die Aufrechnung eher zu erklären, als Veranlassung dazu durch den Rücktritt des A gegeben wurde (vgl. **554**, Abs. 2).

VI. **Das Erlöschen des Rücktrittsrechtes.**

A. Selbstverständlich kann auf das Rücktrittsrecht verzichtet[1]) werden. Ein solcher Verzicht kann darin liegen, daß der Berechtigte die ihm obliegende Leistung ganz oder teilweise erbringt oder seinerseits Erfüllung ganz oder teilweise verlangt.

B. Ist für die Ausübung des Rücktrittsrechtes eine Frist vereinbart, so erlischt das Rücktrittsrecht, wenn es nicht innerhalb dieser Frist ausgeübt wird, mit Ablauf der Frist. Durch Auslegung ist zu bestimmen, von wann an die Frist zu laufen beginnt.

Ist eine Frist nicht vereinbart, so kann der andere Teil dem Berechtigten eine angemessene Frist setzen. Ist das Rücktrittsrecht noch von einer Bedingung abhängig, so ist die Setzung der Frist unzulässig. Ist die Frist wirksam gesetzt, so beginnt sie zu laufen, sobald die Bestimmung dem Berechtigten zugekommen ist. Das Rücktrittsrecht erlischt, wenn nicht innerhalb der Frist der Rücktritt erklärt ist (**355**).

VII. Bei einer **Mehrheit der Gläubiger oder Schuldner** kann das Rücktrittsrecht nur von allen und gegen alle ausgeübt werden. Das Erlöschen für einen der Berechtigten wirkt für alle (**356**, vgl. aber **474**). Die Vorschrift ist dispositiver Natur. Das Rücktrittsrecht ist ein unteilbares gemeinschaftliches Recht. Es kann also nur im ganzen, d. h. in bezug auf das ganze Geschäft, ausgeübt werden, und nur von allen gemeinschaftlich. Will oder kann der eine Berechtigte das Recht nicht ausüben (Verzicht, Verschuldung des Unterganges der bereits allen übergebenen Sache), so sind auch alle übrigen ausgeschlossen. Ebenso kann das Recht auch nur gegen alle gemeinsam ausgeübt werden. Ist aber, wenn das Recht gegen einen erloschen ist, dasselbe auch gegen alle erloschen? Vermöge des argumentum a contrario aus **356**, Satz 2, kann man das Gegenteil annehmen[2]).

VIII. **Die Beweislast.**

Eine Beweisregel wird nur für den Fall aufgestellt, daß das Rücktrittsrecht für den Fall der Nichterfüllung von der anderen Seite vorbehalten ist. Ist der Rücktritt erfolgt, und bestreitet der andere Teil die Zulässigkeit desselben, so hat er die Erfüllung zu beweisen. Besteht die Leistung in einem Unterlassen, so hat der Zurücktretende den Beweis der Zuwiderhandlung zu führen (**358**, vgl. **345**).

Wer Gebrauch macht vom Rücktrittsrecht, hat seine Begründung zu beweisen, ebenso die Erklärung des Rücktrittes, wer aus dem erklärten Rücktritt Rechte herleitet.

---

[1]) Walsmann, Der Verzicht, S. 196f. 237.

[2]) Vgl. Hruza, a. a. O., S. 77ff.

§ 91.

4. Das Reugeld.[1])

Das Versprechen eines Reugeldes bedeutet eine Abschwächung des Vertrages. Es tritt in verschiedener juristischen Form auf:

I. Einräumung eines **vertragsmäßigen Rücktrittsrechtes gegen Reugeld (359)**. Dahin gehören folgende Abmachungen:

A. Dem Schuldner kann der Rücktritt vom Vertrage gegen Zahlung einer Strafe eingeräumt sein (Wandelpön). Der Schuldner hat die Wahl, ob er seine Verbindlichkeit erfüllen oder die Strafe entrichten will. Eine Verpflichtung des Schuldners zur Zahlung der Strafe besteht nicht, sondern nur zur Erfüllung (facultas alternativa). Wählt der Schuldner den Rücktritt, so muß er vor oder bei der Erklärung des Rücktrittes das Reugeld entrichten; tut er letzteres nicht, so kann der Gläubiger die Rücktrittserklärung unverzüglich zurückweisen. Der Schuldner kann dann aber noch unverzüglich nach Angabe der Zurückweisungserklärung das Reugeld entrichten und dadurch den Rücktritt wirksam machen. Der Zurücktretende hat seinen Rücktritt und die Zahlung des Reugeldes, der Gegner die unverzügliche Zurückweisung zu beweisen (**359**)[2]).

B. In gleichem Sinne kommt auch die **Daraufgabe** vor (**arrha poenitentialis**):

Der Vertragsteil, welcher die Daraufgabe gegeben hat, und dem sie bei Erfüllung anzurechnen wäre, soll gegen Verzicht auf die Rückzahlung vom Vertrage zurücktreten dürfen.

Der Empfänger, der die arrha nach besonderer Festsetzung sich nicht hätte anrechnen lassen müssen, soll gegen Rückerstattung vom Vertrage zurücktreten können (**336**, Abs. 2).

II. Die Geltendmachung eines gesetzlichen Kündigungsrechtes[3]) soll nur erfolgen gegen Zahlung eines Reugeldes. Eine Vertragsstrafe auf Unterlassung liegt hier nicht vor, weil keine Hauptverpflichtung auf Unterlassung besteht. Vielmehr ist Verzicht auf das Rücktrittsrecht anzunehmen unter der auflösenden Bedingung, daß das Reugeld nicht gezahlt wird. Es findet **359** Anwendung (vgl. I.)[4]).

---

3. Kapitel.

Das Erlöschen der Schuldverhältnisse.

§ 92.

1. Die Erfüllung.[5])

I. Zu unterscheiden ist das Erlöschen des Schuldverhältnisses selbst, d. h. im ganzen, von dem Erlöschen der aus dem einzelnen Schuldverhältnisse hervorgehenden Forderungsrechte und Ansprüche. Erlischt das Schuldverhältnis im ganzen, so können allerdings weitere Forderungsrechte für die Zukunft nicht erwachsen. Durch das Erlöschen des Forderungsrechtes würde nur dann auch das Schuldverhältnis erlöschen, wenn es mit dem Erlöschen des Forderungsrechtes erledigt wäre.

---

[1]) Vgl. **L.** § 88, Note 1 und § 89, Note 1.

[2]) Vgl. Planck zu **359**, Z. 2. A. M. Schollmeyer, S. 272.

[3]) **564**ff. **542**ff. **553**ff. **595**f. **605**. **609**. **620**ff. **723**ff.

[4]) Vgl. Stammler, Das Recht der Schuldverhältnisse (1897), S. 163ff. A. M. Hellmann, Krit. V.J.Schr., Bd. 41 (1899), S. 236.

[5]) Behrend, Beitr. zur Lehre von der Quittung. Stammler, Das Recht der Schuldverhältnisse, S. 214ff. 229ff. Kretschmar, P., Die Erfüllung I (1906). Klein, Natur der causa solvendi (1903).

Das Erlöschen der Schuldverhältnisse tritt aus Gründen ein, die auch für andere Rechtsverhältnisse die gleiche Wirkung haben wie Eintritt der auflösenden Bedingung oder des Endtermines.

Selbstverständlich können die Parteien ein bestehendes Schuldverhältnis, das durch Vertrag begründet war, auch durch neuen Vertrag wieder aufheben (contrarius consensus). Dieser Aufhebungsakt führt sich im wesentlichen auf den Erlaßvertrag zurück, mit dem sich, wenn schon Leistung erfolgt ist, ein Schuldvertrag auf Rückgewährung verbindet. Ferner gehören hierher Novation, Vereinigung von Forderung und Schuld, Tod des Gläubigers oder Schuldners.

B. Die das einzelne Forderungsrecht aufhebenden Gründe. Hierher gehören Erfüllung, Hinterlegung, Aufrechnung, Erlaß, Vereinigung von Forderung und Schuld, Tod des Gläubigers oder Schuldners, Unmöglichkeit der Leistung[1]); Kündigung, Rücktritt, Widerruf, ferner Anspruchsverjährung, rechtskräftiges Urteil.

II. **Die Erfüllung.**

Erfüllung (solutio) ist Befriedigung des Gläubigers durch Beschaffung der dem Schuldner obliegenden Leistung zum Zwecke der Aufhebung des Schuldverhältnisses und mit der Wirkung der Aufhebung (**362**).

A. Die Erfüllung ist regelmäßig ein **Rechtsgeschäft,** ein einseitiges, wenn der Schuldner zur Vornahme der Leistung der Mitwirkung des Gläubigers nicht bedarf, wie z. B. bei Verpflichtung zur Unterlassung, ein Vertrag, wenn der Gläubiger die Leistung anzunehmen hat. Daß in gewissen Fällen der Gläubiger bei der Erfüllung mitzuwirken hat, darüber besteht Einigkeit, nicht aber über den rechtlichen Charakter dieser Mitwirkung und der Erfüllung überhaupt. Nach der bisher herrschenden Ansicht hat die Mitwirkung den Charakter der Annahme eines Vertragsantrages, der eben auf Aufhebung der Schuld gerichtet ist. Demgegenüber behauptet man die einseitige Natur der Erfüllungshandlung für alle Fälle; daß mitunter die Mitwirkung des Gläubigers erforderlich sei, liege nur in der Art der geschuldeten Leistung[2]). Wäre diese Auffassung richtig, so wäre es völlig gleichgültig, ob der Gläubiger z. B. von dem rechtlichen Zweck der Zahlung weiß oder nicht, es käme nur darauf an, daß er die Mitwirkung leistet; der Zahlungszweck wäre erreicht, wenn auch der Gläubiger das Geld zu dem Zweck annimmt, es für den Zahlenden aufzubewahren. Es ist auch, wenn man nicht eine auf den rechtlichen Erfolg gerichtete Willenserklärung des Gläubigers annimmt, sondern nur rein tatsächliche Mitwirkung, nicht zu erklären, warum nicht die Zahlungsannahme durch den Minderjährigen die Aufhebung der Forderung nachsichziehen sollte (**107**). Soll aber unter der Mitwirkung eine auf den Rechtserfolg der Zahlung gerichtete Willenserklärung des Gläubigers verstanden werden, so würde von jener Auffassung sowohl eine einseitige Handlung des Schuldners als eine solche des Gläubigers verlangt sein. Eine derartige Mitwirkung zur einseitigen Handlung des Schuldners führt aber mit Notwendigkeit auf den Vertrag.

B. Dem Gläubiger soll das verschafft werden, was der Schuldner nach dem Schuldverhältnisse zu leisten hat. Um zu bestimmen, was der Schuldner zu leisten hat, und wie er es zu leisten hat, soll nicht nur auf den Begründungsakt gesehen werden, sondern auf das, was Treu und Glauben mit Rücksicht auf die Verkehrssitte fordern (**242**). Das von den Parteien Festgesetzte soll also an dem im Gesetz niedergelegten Maßstab von Treu und Glauben geprüft werden, und eine gegen diesen verstoßende Beliebung der Parteien wäre nichtig.

[1]) Unter diesem Gesichtspunkt ist auch der sog. concursus duarum causarum lucrativarum zu behandeln: jemand erhält die ihm geschuldete species schenkweise von einem Dritten. Vgl. Stammler, S. 227. Schollmeyer, S. 98f. Dagegen Endemann I, S. 802. Enneccerus I, 2. § 300. Klein, Untergang der Obligation durch Zweckerreichung (1905), S. 143ff.

[2]) Vgl. bes. Stammler, a. a. O., S. 221f. Schollmeyer, S. 276. 280. Kretschmar, S. 160ff. Böhmer, Der Erfüllungswille (1910).

Das Gesetz stellt hier eine zwingende Norm auf, ähnlich der der Wahrung der guten Sitten. Auch dieser Maßstab von Treu und Glauben ist ein objektiver; es soll nicht das subjektive Dafürhalten des Richters entscheiden, auch nicht ein Idealrecht, sondern es soll das nach dem gesamten tatsächlichen Material einschließlich der Verkehrssitte gerechte Resultat gefunden werden[1]).

C. Der Schuldner ist nicht berechtigt, etwas anderes zu leisten[2]) als er schuldet (vgl. F.), noch Teilleistungen zu machen (**266**)[3]). Beides auch dann nicht, wenn das Interesse des Gläubigers nicht beeinträchtigt wäre. Das erleidet eine Ausnahme insofern, als sich der Eigentümer von dem Anspruche auf Ersatz der Verwendungen durch Rückgabe der Sache befreien kann (**1001**)[4]), und in den Fällen, in welchen dem Schuldner die Rechtswohltat der Kompetenz, des Notbedarfes, gewährt ist (**519. 829**, **L.** § 72, III.).

Der Gläubiger ist ferner nicht gehalten, eine bedingte Erfüllung und regelmäßig auch nicht die Erfüllung unter Vorbehalt (Eventualzahlung) anzunehmen, d. h. die Zahlung unter der Verwahrung des Schuldners dagegen, daß er mit der Zahlung die Schuld anerkenne. Eine bedingte Erfüllung ist diese nicht, es liegt aber, da es an der Anerkennung der Verpflichtung fehlt, eine Erfüllung überhaupt nicht vor. Trotzdem wird der Gläubiger sie annehmen müssen, wenn er den Schuldner kraft Gesetzes schlechthin zur Leistung zwingen kann (z. B. auf Grund vorläufig vollstreckbaren Schuldtitels). Nimmt er die Zahlung freiwillig oder, weil er muß, an, so hätte der Schuldner die condictio sine causa. Beruft sich dieser gegenüber der beklagte Gläubiger auf den wirklichen Bestand der Verpflichtung, so ist das nicht ein Bestreiten der Klagtatsachen, auch nicht Inhalt einer exceptio doli, sondern Aufrechnung. Jedenfalls ist der Gläubiger genötigt, den Bestand der Verpflichtung zu beweisen[5]).

D. Die Erfüllung ist Sache des Schuldners. Nur er kann zur Erfüllung angehalten werden. Damit ist nicht gesagt, daß nicht auch Dritte für den Schuldner leisten könnten. Selbstverständlich ist das, wenn sie Stellvertreter oder Gehilfen des Schuldners sind. Aber auch davon abgesehen, können Dritte für den Schuldner leisten. Nur dann ist die Erfüllung durch Dritte ausgeschlossen, wenn es bei der Leistung auf die Individualität des Schuldners ankommt. Kann nur der Schuldner in Person leisten, so kann noch weiter in Frage kommen, ob er bei der Leistung Gehilfen hinzuziehen darf oder nicht. Können auch Dritte erfüllen, so ist es gleichgültig, ob sie als Beauftragte des Schuldners oder, ohne Auftrag zu haben, ja gegen den Willen des Schuldners handeln; die Befreiung des Schuldners tritt, wenn der Gläubiger annimmt, unter allen Umständen ein. Der Widerspruch des Schuldners hat nur die Bedeutung, daß der Gläubiger, der das Angebot des Dritten ablehnt, nicht in Verzug gerät (**267**, Abs. 2). Über den Regreßanspruch des zahlenden Dritten gegen den befreiten Schuldner vgl. **683. 679**[6]).

Betreibt der Gläubiger die Zwangsvollstreckung in einem den Schuldner gehörigen Gegenstand, so ist jeder, der Gefahr läuft, ein für ihn schon bestehendes Recht an dem Gegenstande (Pfandrecht, Erbbaurecht, Reallast, Vorkaufsrecht) durch die Zwangsvollstreckung zu ver-

---

[1]) Stammler, a. a. O., S. 39ff., formuliert das Prinzip dahin, daß eine Abwägung der widerstreitenden Interessen und Wünsche im Sinne des sozialen Ideales erfolgen müsse. Ich glaube, daß die im Text gegebene Verweisung auf die Gerechtigkeit sich mit der von St. gegebenen Formulierung in der Sache deckt; denn das Ziel der Rechtsordnung ist allerdings, das soziale Zusammenleben im Sinne der Gerechtigkeit zu ordnen. Die Formulierung St.s hat den Vorzug, daß sie auf die letzten Ziele der Rechtsordnung zurückgeht.

[2]) l. 2. § 1. D. (12, 1): aliud pro alio invito creditori solvi non potest.

[3]) Anders bei der Aufrechnung (**389**), ferner nach **320**, Abs. 2. WO. Art. 38.

[4]) Hellmann, Krit. V.J.Schr., Bd. 41 (1899), S. 238.

[5]) Zu dieser äußerst bestrittenen Frage vgl. Isay, Die Willenserklärung im Tatbestande des Rechtsgeschäfts (1899), S. 70ff. (daselbst die Literatur), Sieber, Kompensation und Aufrechnung (1899), S. 122ff. Endemann I, S. 797. Enneccerus I, 2. § 283 II.

[6]) Oertmann, Arch. f. d. zivil. Praxis, Bd. 82, S. 367ff.

lieren, oder der als mittelbarer oder unmittelbarer Besitzer (Mieter, Pächter) im Besitze gefährdet ist, berechtigt, den Gläubiger (auch durch Hinterlegung und Aufrechnung) zu befriedigen. Die Forderung geht, soweit der Gläubiger befriedigt ist, auf den Dritten über; der Übergang darf aber nicht zum Nachteile des Gläubigers geltendgemacht werden. Hat also der Gläubiger nur zum Teile seine Forderung geltendgemacht, so tritt teilweiser Übergang der Forderung auf den Ablösenden ein; die Restforderung des Gläubigers hat aber den Vorzug. Die Berechtigung hat ihre Schranke da, wo eine Befriedigung durch andere als den Schuldner nicht möglich ist, sie ist aber, diese Möglichkeit vorausgesetzt, auch dann gegeben, wenn etwa Leistung durch den Schuldner vereinbart ist. Der Gläubiger braucht sich teilweise Befriedigung nicht gefallen zu lassen (**268**)[1]). Vgl. L. § 100, II. Z. B.:

A schuldet B 400 M. und hat ihm ein Pfandrecht an seinem Wagen bestellt, der an C vermietet ist. B hat 300 M. gegen A eingeklagt, und A ist rechtskräftig verurteilt. B läßt den Wagen pfänden, worauf C die 300 M. an B zahlt. Die Forderung des B geht damit auf C in Höhe von 300 M. über und damit das Pfandrecht, das aber dem Pfandrecht des B für seine Forderung in Höhe von 100 M. nachsteht.

E. Erfüllung muß an den Gläubiger erfolgen. Der Gläubiger muß die dazu notwendige Geschäftsfähigkeit besitzen; denn Annahme zur Erfüllung ist Verfügung. Das gilt aber nur da, wo zur Erfüllung die Mitwirkung des Gläubigers erforderlich ist. Der Gläubiger muß auch die Verfügungsfähigkeit haben, die er nicht besitzt, wenn die Forderung beschlagnahmt ist. Zur Befreiung des Schuldners wirkt aber auch die Leistung an den Rechtsnachfolger (Erben, Sondernachfolger) des Gläubigers, ferner:

1. Die Leistung an den Vertreter des Gläubigers (Bevollmächtigter, gesetzlicher Vertreter). Ob Vollmacht des Gläubigers vorliegt, ist durch Auslegung festzustellen (**167** ff.). Es gilt aber die Rechtsvorschrift, daß der Schuldner durch Leistung an den Überbringer einer echten Quittung befreit wird. Voraussetzung ist dabei, daß nicht Umstände dem Schuldner bekannt sind, die der Annahme der Ermächtigung entgegenstehen (**370**). Den Beweis für den bösen Glauben des Schuldners hat auch hier, wie sonst im BGB., der Gegner, also der Aussteller zu führen. Der Vertreter des Gläubigers ist berechtigt, zu fordern, der Schuldner ist berechtigt, dem Vertreter mit der Wirkung des Verzuges anzubieten, und wird durch Erfüllung an den Vertreter befreit[2]).

2. Ist dem Schuldner vertragsmäßig das Recht eingeräumt, sich durch Leistung an einen Dritten (solutionis causa adjectus) zu befreien, so kann der Schuldner an diesen leisten. Wann dieses Recht des Schuldners hinwegfällt, richtet sich nach dem Vertrage, der es gewährt.

3. Erfüllung an einen andern als den Gläubiger steht sonst unter der Regel in **185**, d. h. befreiende Wirkung hat sofort die Leistung an Dritte mit Einwilligung des Gläubigers; sie erlangt diese Wirksamkeit, wenn der Gläubiger sie genehmigt, wenn der Dritte die Forderung erwirbt oder von dem Gläubiger beerbt wird und das Inventarrecht für den Erben fortfällt (**362**, Abs. 2).

4. In besonderen Fällen wird der gutgläubige Schuldner durch Leistung an Dritte schlechthin befreit (**407**. **408**. **409**. **2366**. **2367**).

5. Von diesen Fällen abgesehen, kann sich der Schuldner, der an Dritte leistet, nur auf die Vorschriften über ungerechtfertigte Bereicherung oder Geschäftsführung ohne Auftrag berufen, letzteres z. B. bei Leistung an den Gläubiger des Gläubigers.

F. **Die Leistung an Erfüllungs Statt** (datio in solutum)[3]).

1. Mit Einverständnis des Gläubigers[4]) kann der Schuldner an Stelle der geschuldeten Leistung eine andere erbringen und sich hierdurch wie durch Erfüllung befreien. Die Leistung

[1]) Vgl. Weißbart, Das Befriedigungsrecht Dritter in der Zwangsvollstreckung nach **268** des BGB. (1899). Francke, Blatt für Rechtsanwendung, Bd. 67, S. 237 ff.

[2]) Vgl. HGB. § 54 ZPO. §§ 81. 754. 755.

[3]) Das beneficium dat. i. s. der Nov. 4 c. 3 ist nicht anerkannt.

[4]) Berndorff, Die Annahme an Erfüllungs Statt (1904). Stampe, Das causa-Problem des Zivilrechts (1904).

an Zahlungs Statt unterscheidet sich wesentlich von der **Leistung zahlungshalber.** In diesem letzteren Falle übernimmt der Gläubiger den geleisteten Gegenstand, ohne sich befriedigt zu erklären; er will sich aber aus ihm Befriedigung verschaffen, und Befreiung tritt daher erst dann ein, wenn diese Befriedigung durch Erfüllung oder Leistung an Erfüllungs Statt eingetreten ist (**364**, Abs. 1). Dieser Unterschied wird besonders wichtig, wenn der Schuldner ihm zustehende Forderungsrechte zur Befriedigung des Gläubigers benutzt, d. h. durch Übertragung eines Inhaberpapieres, Anweisung, Scheck, Indossierung des Wechsels oder anderer Orderpapiere. Geschieht das zahlungshalber, so verpflichtet sich der Gläubiger, auf dem betreffenden Wege Befriedigung zu suchen. Nicht durch die Übertragung usw. wird die Forderung des Gläubigers durch den Schuldner getilgt, sondern erst dadurch, daß der Gläubiger auch auf dem angewiesenen Wege Befriedigung erhält. Geschieht das ohne seine, des Gläubigers, Schuld nicht, so bleibt die alte Schuld bestehen, die also einstweilen durch diesen Umstand resolutiv bedingt erscheint. Der gleiche Unterschied tritt hervor, wenn der Schuldner zum Zwecke der Befriedigung des Gläubigers diesem gegenüber eine neue Verbindlichkeit übernimmt. Möglich ist, daß Schuldner und Gläubiger damit die alte Schuld als endgültig getilgt ansehen wollen. Es gilt aber hier (**364**, Abs. 2) die Auslegungsregel, daß die neue Verbindlichkeit nur zahlungshalber begründet wird. Stellt daher der Schuldner, um den Gläubiger zu befriedigen, einen Wechsel aus, so ist die Wechselverpflichtung im Zweifel nur zahlungshalber eingegangen[1]). Sie tritt dann auch nur neben die frühere Verbindlichkeit.

2. Die Leistung an Erfüllungs Statt tilgt die Schuld wie die Erfüllung und demnach auch definitiv. Stellt sich später beim Gläubiger bez. des hingegebenen Gegenstandes (Sache, Forderung gegen Dritte, sonstige Rechte) ein Mangel an der Sache selbst oder im Rechte heraus, so kann der Gläubiger nur noch wegen dieser Mängel den Schadensersatzanspruch wegen Entwährung oder die Ansprüche wegen Mängel nach den Grundsätzen des Kaufes geltendmachen (vgl. auch **437**). Kauf liegt aber nicht vor (**365**)[2]).

3. Die gleiche Erfüllungswirkung wie die datio in solutum durch den Schuldner hat die durch den Dritten, soweit seine Leistung als Erfüllung in Betracht kommen kann. Die Haftung wegen Mängel (Z. 2) kann aber den Schuldner nur dann treffen, wenn der Dritte sein Vertreter war.

4. Leistung an Erfüllungs Statt ist Leistung aus dem ursprünglichen Schuldverhältnis. Ist dieses nichtig, so findet der Bereicherungsanspruch wegen Erfüllung einer Nichtschuld Anwendung. Ihr rechtlicher Zweck ist aber Erfüllung. Die Leistung an Erfüllungs Statt aus einem vertragsmäßigen Schenkungsversprechen ist daher nicht etwa Schenkung, und deshalb findet auch in diesem Falle **365**, nicht **523**, **524**, **526** Anwendung.

G. Erfüllung aus mehreren Schuldverhältnissen oder auf mehrere Forderungen aus demselben Schuldverhältnis (**367**), die auf gleichartige Leistungen gehen.

1. Reicht die vom Schuldner gemachte Leistung zur Tilgung aller Schulden hin, so besteht kein Zweifel. Deckt aber das Geleistete nicht alle Schulden, so wird zunächst zu fragen sein, ob Gläubiger und Schuldner nicht eine bestimmte Reihenfolge der Tilgung oder etwa anteilsmäßige Anrechnung auf alle Schulden vereinbart hatten. Liegt eine solche Vereinbarung vor, so kann der Gläubiger, wenn der Schuldner bei Angebot der Leistung von dieser Reihenfolge oder dem Tilgungsmodus abweicht, die Leistung zurückweisen, ohne in Verzug der Annahme zu geraten. War im voraus keine besondere Vereinbarung getroffen, so tilgt jede durch Angebot und Annahme perfekt gewordene Leistung die Schulden in der etwa bei der Erfüllung vereinbarten Weise. Eine im voraus getroffene Vereinbarung kann durch eine spätere, be-

---

[1]) Über diese Fälle der „Obligierung an Zahlungs Statt", die auch unter dem Namen „unechte Schuldübertragung" zusammengefaßt sind: Unger, Schuldverhältnisse, S. 8, vgl. v. Blume, Novation, Delegation und Schuldübernahme, S. 86ff.

[2]) Nach gemeinem Recht hatte der Gläubiger auch das Recht, nach seiner Wahl auf das ursprünglich zu Leistende zurückzugreifen.

sonders eine bei der Erfüllung selbst getroffene, ersetzt werden. Jede Vereinbarung schließt das Bestimmungsrecht des Schuldners (Z. 2) und sein Recht aus **366**, Abs. 2 (Z. 3) schlechthin aus[1]).

2. Wenn eine Vereinbarung der Reihenfolge nicht vorliegt, so hat der Schuldner das einseitige und den Gläubiger bindende Bestimmungsrecht. Macht der Schuldner von diesem Gebrauch, so gerät der Gläubiger, der die Leistung nicht annimmt, in Verzug. Nimmt aber der Gläubiger an unter der Erklärung, auf eine andere als die vom Schuldner bestimmte Schuld anrechnen zu wollen, so ist gleichwohl die vom Schuldner bestimmte Schuld getilgt, wenn nicht der Anrechnungsvorschlag des Gläubigers vom Schuldner angenommen ist, also Vereinbarung[2]) vorliegt (**366**, Abs. 1). Der Schuldner kann die Bestimmung stillschweigend und ausdrücklich treffen; sie ist einseitiges empfangsbedürftiges Rechtsgeschäft.

Das Bestimmungsrecht des Schuldners ist aber gesetzlich eingeschränkt. Stehen die mehreren Schulden in dem Verhältnis von Hauptschuld-, Kosten- und Zinsschuld, so wird die Leistung zunächst auf die Kosten, dann auf die Zinsen und endlich auf die Hauptschuld angerechnet. Der Gläubiger kann eine Leistung mit abweichender Tilgungsbestimmung ablehnen, ohne in Verzug zu geraten. Nimmt er aber schlechthin an, so greift die Bestimmung des Schuldners Platz; es liegt nicht etwa Vereinbarung vor. Nimmt der Gläubiger unter Widerspruch an, so greift ebenso das Bestimmungsrecht des Schuldners Platz, wenn nicht anzunehmen ist, daß Gläubiger und Schuldner sich zuvor über die Zurückziehung der abweichenden Bestimmung geeinigt hatten (**367**). Die Ablehnungsbefugnis des Gläubigers fließt aus der gesetzlichen Reihenfolgebestimmung. Wenn in der abweichenden Tilgungsbestimmung ein teilweises Angebot liegt, z. B. Angebot auf die Hauptleistung ohne auf die Verzugszinsen, so steht dem Gläubiger aus diesem Grunde die Befugnis zu, abzulehnen (**266**).

3. Liegt eine Bestimmung des Schuldners nicht vor, so steht dem Gläubiger ein einseitiges Bestimmungsrecht nicht zu, weder ein absolutes noch ein durch die Rücksicht auf das Interesse des Schuldners oder durch ein formales Widerspruchsrecht des Schuldners eingeschränktes. Es kann aber eine Vereinbarung über einen Vorschlag des Gläubigers getroffen werden; eine solche läge vor, wenn der Gläubiger sofort nach Empfang eine bestimmte Art der Anrechnung, z. B. in der von ihm ausgestellten Quittung, bezeichnet und der Schuldner sich dabei beruhigt. Liegt auch eine Vereinbarung nicht vor, so tritt eine gesetzliche Reihenfolge nicht in Kraft, die sowohl die Interessen des Schuldners als die des Gläubigers zu wahren sucht. Fällige Schulden sind vor nicht fälligen, unter mehreren fälligen Schulden ist diejenige Schuld getilgt, die dem Gläubiger geringere Sicherheit bietet, also zunächst die nicht durch Pfänder, Bürgen, Vertragsstrafen gesicherten. Weniger sicher ist auch die einer kurzen Verjährung ausgesetzte Forderung als eine nach längerer Frist verjährende, und ebenso ist auch eine verjährte Schuld unsicherer als eine unverjährte[3]). Unter mehreren gleich sicheren Schulden ist diejenige getilgt, die dem Schuldner lästiger ist (z. B. hinsichtlich des Ortes der Leistung), unter mehreren gleich lästigen die ältere, und bei mehreren gleich alten Schulden tritt verhältnismäßige Tilgung aller Schulden ein (**366**, Abs. 2). Tritt außerdem das Verhältnis von Haupt-, Zinsen- und Kostenschuld hervor, ohne daß durch die Leistung alle Schulden gedeckt sind, so tritt die Vorschrift in **367**, Abs. 1 ein, die auch auf Befriedigung im Wege der Zwangsvollstreckung Anwendung findet.

4. Das grundsätzliche Bestimmungsrecht des Schuldners steht in Harmonie mit der Auffassung, die das Wesen der Erfüllung in die einseitige Bewirkung der Leistung durch den Schuldner verlegt (s. oben II. A.); man hat sie aber auch mit der Auffassung, die die Vertragsnatur

---

1) So RG. Bd. 66, S. 57ff. A. M. Planck zu **366**.

2) Dernburg, a. a. O., S. 265, Z. 2 nimmt an, daß in solchem Falle Bestimmung des Schuldners vorliegt.

3) Ob verjährte Schulden überhaupt in Betracht kommen, kann zweifelhaft sein. Der mutmaßliche Wille des Schuldners kann für sich nicht entscheidend sein; denn die Reihenfolge berücksichtigt auch das Interesse des Gläubigers. Vgl. v. Seeler, Arch. f. bürgerl. Recht, Bd. 15 (1898), S. 110f.

der Erfüllung vertritt, zu erklären versucht (M. II, S. 86). Der Gläubiger könne grundsätzlich das Angebotene nur in dem Sinne annehmen, wie es angeboten ist. Wie aber, wenn der Gläubiger annimmt und erklärt, er wolle anders anrechnen, als der Schuldner bestimmt hat? Dann soll nach dem Gesetz doch die Tilgung der vom Schuldner bestimmten Schuld eintreten. Demnach kann der Hinweis auf die Vertragsnatur des Erfüllungsgeschäftes nur sagen: die Mitwirkung des Gläubigers bei der Erfüllung sei insofern erforderlich, als er die angebotene Leistung als Erfüllungsleistung i. a. annehmen müsse, nicht aber insofern, als auch zwischen Gläubiger und Schuldner Willensübereinstimmung bez. der konkreten Schuld, die getilgt werden soll, vorliegen müsse; der Spezialkonsens über die zu tilgende Schuld sei nicht notwendig, sondern nur Generalkonsens[1]). Ist das zutreffend, so kann allerdings die Bestimmung des Schuldners der Erfüllung die bestimmte Richtung geben. Die Tilgung der vom Schuldner einseitig bestimmten Schuld ist nicht gehindert, wenn der Gläubiger unter der Erklärung annimmt, anders anrechnen zu wollen, als der Schuldner gewollt hat. Vom Standpunkte der Spezialkonsenstheorie gelangt man dagegen für diesen Fall zu der mißlichen Folgerung, daß keines der beiden Forderungsrechte getilgt sein würde, weder das vom Schuldner noch das vom Gläubiger bestimmte. Wenn nun nach dem Gesetz das vom Schuldner bestimmte Schuldverhältnis durch Erfüllung getilgt sein soll, so nötigt uns diese Bestimmung nicht, die Spezialkonsenstheorie für das Erfüllungsgeschäft überhaupt zu verwerfen; es liegt vielmehr eine Ausnahmebestimmung vor. Während in allen anderen Fällen die Bestimmung des Schuldners selbständig nicht hervortritt, sondern durch Annahme des Gläubigers in die Vereinbarung übergeht, hat sie hier selbständige Bedeutung. Die regelmäßige Struktur des Erfüllungsgeschäftes ist durchbrochen aus Gründen der Zweckmäßigkeit. Das Gesetz legt der Erklärung des Schuldners hinsichtlich der zu tilgenden Schuld eine überwiegende Bedeutung bei.

III. Recht des Schuldners auf Quittung[2]) und Herausgabe des Schuldscheines.

A. Derjenige, der den Gläubiger ganz oder teilweise befriedigt, hat zur Sicherung des Beweises Anspruch auf Ausstellung eines schriftlichen Empfangsbekenntnisses[3]). Er kann die Leistung zurückhalten, so lange der Gläubiger die Quittung verweigert. Bietet der Schuldner Erfüllung an und verlangt Quittung, so gerät der Gläubiger, der die Quittung verweigert, in Annahmeverzug. Auch Klage auf Quittung ist möglich. Die Form der Quittung ergibt sich zunächst aus **126**; verlangt der Schuldner Quittung in anderer Form (notarielle Beglaubigung; vgl. **1144**. **1192**. GBO. § 29 usw.), so hat er ein rechtliches Interesse darzutun (**368**). Lediglich zur Schikane darf auch dieses Recht nicht ausgeübt werden (**226**). Die Kosten der Quittung trägt der Schuldner, wenn nicht das Rechtsverhältnis ergibt, daß der Gläubiger sie tragen muß, wie z. B. beim unentgeltlichen Depositum. Treten infolge von Übertragung der Forderung, Teilübertragungen oder Erbgang, mehrere an die Stelle des ursprünglichen Gläubigers, so fallen die Mehrkosten dem Gläubiger zur Last. Der Schuldner, der die Kosten zu tragen hat, ist auch verpflichtet, sie auf Verlangen vorzuschießen (**369**)[4]).

B. Der Gläubiger hat Zug um Zug gegen Leistung auch den über die Schuld ausgestellten Schuldschein herauszugeben[5]). Das Recht auf Quittung wird dadurch nicht berührt. Behauptet der Gläubiger, zur Rückgabe des Schuldscheines nicht imstande zu sein, so hat er auf seine Kosten eine sog. Mortifikationsurkunde dem Schuldner auszustellen, d. h. ein öffentlich beglaubigtes schriftliches Anerkenntnis (Anerkennungsvertrag), daß die Schuld erloschen

---

[1]) Dagegen besonders Kretschmar, S. 113f.

[2]) Vgl. Collatz, Jahrb. f. Dogmat., Bd. 40 (1899), S. 127ff. Hellmann, Krit. VJSchr., Bd. 41 (1899), S. 245f.

[3]) Der Gläubiger genügt im Zweifel seiner Pflicht durch Aushändigung der Quittung im Sinne eines Geständnisses; einen Beweisvertrag zu schließen oder gar ein vertragsmäßiges negatives Schuldanerkenntnis abzugeben, ist er nicht verpflichtet. Planck zu **368**, Z. 5. A. M. Endemann I, S. 798ff.

[4]) Bestimmungen des öffentl. R., die vielfach dem Gläubiger grundsätzlich die Kosten auferlegen, werden nicht berührt.

[5]) Vgl. **797**. **1144**. **1167**. **1150**. **1145**.

sei. Der Anspruch auf Rückgabe des Schuldscheines ist dadurch nicht ausgeschlossen, wenn der Schuldner auch jetzt noch ein Interesse an der Rückgabe hat. Der Schuldner darf seine Leistung dann zurückbehalten, bis der Gläubiger beweist, daß ihm die Rückgabe ohne seine Schuld unmöglich ist und das Anerkenntnis anbietet (**371**)[1].

IV. In nicht wenigen Fällen geht ein Forderungsrecht dadurch unter, daß der Gläubiger bewußt ein Verhalten beobachtet, das mit dem Fortbestand seines Rechtes unverträglich ist (z. B. **341**. **343**. **285**. **326**. **295**). Dieses Erlöschen tritt dem Verzicht des Gläubigers nahe und ist oft unter diesen gezogen, aber von ihm zu trennen. Man spricht hier von Erlöschen durch gegensätzliches Verhalten[2].

V. **Die Beweislast.**

Den Beweis der Erfüllung, einer rechtsvernichtenden Tatsache, hat der Schuldner zu erbringen. Hat der Gläubiger aber eine Leistung als vertragsmäßige, richtige Erfüllung angenommen, so trifft ihn die Beweislast, wenn er behauptet, daß sie nicht Erfüllungsleistung oder unvollständig gewesen sei (**363**)[3].

Rechtsvermutungen zugunsten der Tilgung der Schuld, z. B. auf Grund der Rückgabe oder Vernichtung des Schuldscheines kennt das BGB. nicht. Derartige Tatsachen können aber tatsächliche Vermutungen begründen.

§ 93.

2. Die Hinterlegung.[4]

Einen Weg, dem Gläubiger Befriedigung und dem Schuldner Befreiung von der Schuld zu schaffen, bietet das Recht in der Hinterlegung des Geschuldeten. Verschieden davon ist die Hinterlegung zum Zwecke der Sicherheitsleistung (**232** ff.)[5].

I. **Die Voraussetzungen der Hinterlegung.**

A. Die Hinterlegung ist nur zulässig bei Gegenständen bestimmter Art: Geld, Kostbarkeiten, Wertpapieren und sonstigen Urkunden (**372**)[6]. Sie kann vom Schuldner, aber nicht von jedem Dritten ausgehen, der für den Schuldner leisten und den Gläubiger in Verzug setzen kann (vgl. B. Z. 4).

B. Die Hinterlegung ist dem Schuldner nur dann gestattet, wenn er zur Erfüllung berechtigt ist (vgl. **271**, Abs. 2), und wenn es an der Möglichkeit oder genügenden Sicherheit der Leistung an den Gläubiger für den Schuldner mangelt. Die Unmöglichkeit bzw. Unsicherheit soll sich in einem in der Person des Gläubigers liegenden Umstande oder in einer nicht auf eigener Fahrlässigkeit beruhenden Ungewißheit des Schuldners über die Person des Gläubigers gründen. Demnach gehören folgende Fälle hierher:

1. Der Gläubiger ist in Annahmeverzug,

---

[1]) Vgl. Planck zu **371**, Z. 2.

[2]) Dieser Rechtsgedanke ist für das BGB. nachgewiesen von Walsmann, Der Verzicht (1912), S. 211ff. und öfters.

[3]) Cohn, Gruchots Beitr., Bd. 47, S. 264ff.

[4]) Stammler, Das Recht der Schuldverhältnisse, S. 233ff. Hellwig, Die Verträge auf Leistung an Dritte, S. 442ff. Beer, Hinterlegung zum Zwecke der Befreiung von Schuldverbindlichkeiten (1900). Kohler, Arch. f. bürgerl. Recht, Bd. 13, S. 209ff. Müller, Jahrb. f. Dogm., Bd. 41, S. 411ff. Rosenberg, Jahrb. f. Dogm., Bd. 43, S. 221ff.

[5]) Das im wesentlichen dem öffentl. Recht angehörige Hinterlegungswesen ist an sich und durch EG. Art. 144—146 dem Landesrecht vorbehalten. Vgl. Preuß. AG. z. BGB., Art. 84. Mecklenb.-Schwer. VO. vom 9. April 1899.

[6]) Nach EG. Art. 146 können die Landesgesetze bestimmen, daß die Hinterlegungsstellen auch andere Sachen anzunehmen haben. Ist das der Fall, so sollen auf die Schuldverhältnisse, die auf Leistung solcher Sachen gehen, die Vorschriften über die Hinterlegung des BGB. Anwendung finden. Die Landesgesetze können hier auch die Voraussetzungen regeln, unter denen die Hinterlegungsstellen annehmen sollen (Annahmepflicht ohne Prüfung des Gesuches — mit sachlicher Prüfung).

2. er ist abwesend, verschollen oder veräußerungsunfähig, ohne daß ein Vertreter für ihn bestellt ist, oder die Forderung ist mit Arrest belegt.

3. Es treten mehrere Forderungsprätendenten auf, während es entweder zur Zeit noch objektiv ungewiß ist, wer als Gläubiger legitimiert ist (z. B. bei der Erbfolge), oder es doch dem Schuldner unbekannt ist, wer der Gläubiger ist. Diese subjektive Ungewißheit darf aber nicht auf Fahrlässigkeit beruhen; wenn Zweifel für den Schuldner in dieser Richtung bestehen, so müssen diese solche sein, die ein verständiger Mann hegen würde[1]). Die subjektive Ungewißheit kann sich sowohl in Unkenntnis und Zweifel über Tatsachen wie über die rechtliche Beurteilung von Tatsachen gründen.

4. Positiv ist die Hinterlegung eingeräumt im Falle des Ablösungsrechtes (**268**, Abs. 2. **1142. 1171. 1224**).

C. In gewissen Fällen ist die Hinterlegung nicht sowohl ein Recht des Schuldners, als auch eine Pflicht desselben. Der Gläubiger darf die Hinterlegung fordern, so z. B. können Gläubiger und Nießbraucher einer im Nießbrauch stehenden Forderung vom Schuldner statt der Zahlung die Hinterlegung für sie beide verlangen (**1077**, vgl. **1281. 432. 2039. 2114**. HGB. § 646. ZPO. § 930). In diesen Fällen ist der Schuldner verpflichtet gemäß **378** (II. B.) zu hinterlegen[2]).

D. Wirkung hat die Hinterlegung immer nur, wenn der Leistungsgegenstand so, wie er geschuldet wird, hinterlegt wird (III.).

II. **Die Hinterlegung.**

Die Hinterlegung ist die öffentliche, d. h. sie hat bei einer dazu bestimmten öffentlichen Stelle (Hinterlegungsstelle) zu erfolgen. Die Hinterlegung soll erfolgen bei der Hinterlegungsstelle des Leistungsortes; erfolgt sie dort nicht[3]), so hat der Schuldner dem Gläubiger den daraus erwachsenden Schaden zu ersetzen (**374**, Abs. 1). Der Hinterlegung geht nicht ein ihre Voraussetzungen prüfendes Vorverfahren, keine amtliche Zulassung der Hinterlegung, keine Aufforderung an den Gläubiger voraus, sie erfolgt vielmehr selbständig durch den Schuldner. Die Prüfung der Rechtmäßigkeit der Hinterlegung ist in das Verfahren über die Hauptsache verlegt. Der Schuldner hat nur, wenn das nicht untunlich ist, dem Gläubiger unverzüglich die geschehene Hinterlegung anzuzeigen. Ungerechtfertigte Unterlassung dieser Anzeige macht den Schuldner ersatzpflichtig (**374**, Abs. 2).

Die Hinterlegung erfolgt durch Ablieferung des Gegenstandes an die Hinterlegungsstelle für den Gläubiger und vollendet sich mit der Annahme seitens der Hinterlegungsstelle. Erfolgt die Ablieferung durch Zusendung durch die Post, so ist die Hinterlegung vollendet mit der Aufgabe zur Post (**375**).

III. **Die Wirkung.**

A. Die rechtsgültige Hinterlegung ist nicht Erfüllung, auch nicht Surrogat einer solchen, sondern nur ein Weg, der zur Erfüllung führen kann, weil grundsätzlich der hinterlegende Schuldner in der Lage ist, das Hinterlegte zurückzunehmen (**376**, Abs. 1). Weil ein der Erfüllung gleichstehender Akt nicht vorliegt, kann der Schuldner, der hinterlegt hat, nicht die Gegenleistung aus dem gegenseitigen Vertrage, können Dritte nicht die Freigabe des Pfandes fordern.

1. Der Schuldner, sein Bürge und dritte Pfandbesitzer können den Gläubiger auf den hinterlegten Gegenstand verweisen. Es tritt keine auflösend bedingte Befreiung des Schuldners ein[4]), vielmehr erhält der Schuldner ein Verweigerungsrecht (Einrede). Bei Gattungs-

---

[1]) RG. Bd. 44, S. 166.

[2]) Hellwig, a. a. O., S. 443. Seuff. Arch., Bd. 55, Nr. 199.

[3]) Die Hinterlegungsstelle kann nach den für sie geltenden Bestimmungen allerdings befugt sein, bei nicht vorliegender örtlicher Zuständigkeit die Hinterlegung abzulehnen. EG. Art. 144. 145.

[4]) Diese im gem. Recht herrschende Ansicht vertritt Kohler, Arch. f. bürgerl. R., Bd. 13 (1897), S. 214 für das BGB. Vgl. Kohler, Lehrb. II, § 71. Endemann I, S. 811.

schulden tritt mit der Hinterlegung die definitive Ausscheidung ein. Den Schuldner trifft keinerlei Bewachungspflicht mehr.

Der Gläubiger trägt die Gefahr des hinterlegten Gegenstandes. Die Pflicht des Schuldners, Zinsen zu zahlen, hört wie die zum Ersatz nicht gezogener Nutzungen auf (**379**, Abs. 1 u. 2)[1]).

2. Erfolgt die Rücknahme des hinterlegten Gegenstandes, so gilt die Hinterlegung als nicht erfolgt (**379**, Abs. 3). Damit trägt also wieder der Schuldner auch für die Zeit der Hinterlegung die Gefahr, und die Verpflichtung, Zinsen zu zahlen[2]), nicht gezogene Nutzungen ersetzen zu müssen, lebt rückwärts wieder auf. Diese Nachteile werden den Schuldner von der Rücknahme abhalten. Der Rückgabeanspruch des Hinterlegenden fließt aus seinem Verhältnis zur Hinterlegungsstelle (Fiskus), das regelmäßig Verwahrung sein wird[3]).

B. Ist aber das Zurücknahmerecht ausgeschlossen, so hat die Hinterlegung volle Erfüllungswirkung, und zwar deshalb, weil die Sache, der Verfügung des Schuldners gänzlich entrückt, in der denkbar zuverlässigsten Weise für den Gläubiger bereitgehalten wird. Der Schuldner wird von seiner Schuld befreit, wie wenn er zur Zeit der Hinterlegung geleistet hätte (**378**).

1. Das Recht der Zurücknahme ist ausgeschlossen durch einen Verzicht[4]) des Schuldners, den er der Hinterlegungsstelle bei oder nach Hinterlegung erklärt, ferner dadurch, daß der Gläubiger der Hinterlegungsstelle die Annahme erklärt, und wenn der Hinterlegungsstelle ein zwischen Gläubiger und Schuldner ergangenes rechtskräftiges Urteil vorgelegt wird, welches die Hinterlegung für rechtmäßig erklärt. Ein solches Urteil kann im Prozesse über die Leistungsklage des Gläubigers oder über die Feststellungsklage des Schuldners ergangen sein. Bei unrechtmäßiger Hinterlegung wird das Recht zur Zurücknahme auch durch Verzicht nicht ausgeschlossen (**376**, Abs. 2).

2. Das Rücknahmerecht ist nicht pfändbar, gehört demnach auch nicht zur Konkursmasse. Selbstverständlich ist, daß, wenn bei Konkurseröffnung das Rücknahmerecht schon erloschen war, der hinterlegte Gegenstand nicht zur Konkursmasse gezogen werden kann, da auch dem Schuldner das Recht nicht mehr zusteht, die Sache in seine Verfügung zu bringen. Bestand das Rücknahmerecht aber noch, so gilt das gleiche kraft der positiven Bestimmung.[5]) Während des Konkurses kann das Recht der Zurücknahme auch von dem Schuldner nicht ausgeübt werden (**377**).

3. Durch die Hinterlegung tritt der Schuldner in ein zivilrechtliches Vertragsverhältnis zu der Hinterlegungsstelle bzw. dem Fiskus. Da die Hinterlegung für den Gläubiger erfolgt, so ist der Vertrag zugunsten des Gläubigers geschlossen[6]), und der Gläubiger erwirbt unmittelbar mit dem Hinterlegungsvertrage ein durch den Schuldner widerrufliches, bei Ausschluß des Rücknahmerechtes ein definitives Forderungsrecht gegen die Hinterlegungsstelle[7]). Dieser Anspruch geht auf Ausfolgung des Gegenstandes bzw. auf Herausgabe des hinterlegten Betrages, je nachdem Eigentum auf die Hinterlegungsstelle übergeht oder nicht. Ob der Gläubiger, sobald sein Forderungsrecht entstanden ist, schlechthin fordern kann, bestimmt sich nach der Natur des Schuldverhältnisses, das durch die Hinterlegung keine Änderung erleidet. Bei gegenseitigen Verträgen, die Zug um Zug zu erfüllen sind, kann der Gläubiger nur fordern, wenn er

[1]) Die Verpflichtung zum Ersatz nicht gezogener Nutzungen hört bei Annahmeverzug schon mit diesem auf (**302**).

[2]) Abgesehen natürlich vom Falle des Annahmeverzuges (**300**, Abs. 1).

[3]) EG. Art. 145. Nach Landesrecht kann der Anspruch eigenartig gestaltet sein, z. B. nach Analogie von BGB. **700**, wenn nach dem Landesrecht das hinterlegte Geld in das Eigentum des Staates übergeht.

[4]) Walsmann, Der Verzicht, S. 239f.

[5]) Planck, zu 377, Z. 2. Kohler **II**, S. 193. Abw. Endemann **I**, S. 812 Note 25.

[6]) Zweifelnd unter Hinweis auf **329** Hellmann, Krit. VJSchr., Bd. 41 (1899), S. 238f. Dafür Hellwig, S. 445.

[7]) Im Gegensatz dazu wird aus beachtlichen Gründen das Verhältnis der Vertragsparteien zu der Hinterlegungsstelle dem öffentlichen Rechte der landesrechtlichen Hinterlegungsordnungen unterstellt von Endemann I, S. 817f.

seinerseits die Gegenleistung bewirkt hat. Der Schuldner hat daher das Recht, bei der Hinterlegung das Recht des Gläubigers zum Empfange der hinterlegten Sache von der Bewirkung der Gegenleistung abhängigzumachen (**373**).

Der Gläubiger, der die hinterlegte Sache von der Hinterlegungsstelle fordert, muß sich dieser legitimieren. Wie diese Legitimation zu beschaffen ist, bestimmen die Landesgesetze. Fordern diese eine die Empfangsberechtigung des Gläubigers anerkennende Erklärung des Schuldners, so ist der Schuldner diese abzugeben dem Gläubiger verpflichtet unter den gleichen Voraussetzungen, unter denen er, wenn keine Hinterlegung erfolgt wäre, leisten müßte (**380**). Das Recht des Gläubigers auf Zurücknahme unterliegt der *Pfändung* nach allgemeinen Grundsätzen; es *erlischt* mit dem Ablaufe von 30 Jahren nach dem Empfange der Anzeige von der Hinterlegung oder nach der Hinterlegung selbst, wenn die Anzeige als untunlich unterblieben war. Das Recht des Gläubigers erlischt daher durch Zeitablauf nicht, wenn die Anzeige, obwohl sie tunlich war, unterblieben ist (**374**, Abs. 2)[1]). Ist das Recht des Gläubigers erloschen, so kann der Schuldner zurücknehmen, auch wenn er auf die Zurücknahme verzichtet hatte (**382**)[2]).

VI. **Die Hinterlegungskosten.**

Die Kosten der Hinterlegung fallen dem Gläubiger zur Last, dem Schuldner, wenn er von der Zurücknahmebefugnis Gebrauch macht (**381**).

§ 94.

3. Der Selbsthilfeverkauf.[3])

I. In den Fällen, in denen eine *bewegliche Sache* geschuldet wird, die zur *Hinterlegung nicht geeignet ist*, kann der Schuldner, wenn sonst die Voraussetzungen der Hinterlegung vorliegen (**372**), den geschuldeten Gegenstand verkaufen, den Erlös hinterlegen und so seine Befreiung bewirken (**383**, Abs. 1).

II. **Die Voraussetzungen.**

A. Gemeinsam ist, daß in allen Fällen der Verkauf zunächst im Wege der *Versteigerung* zu erfolgen hat. Die Versteigerung soll am Leistungsorte erfolgen oder, wenn hier ein angemessener Erfolg nicht zu erwarten ist, an einem anderen geeigneten Orte (**383**, Abs. 2). Der Schuldner, der diese Vorschrift nicht beachtet, macht sich schadensersatzpflichtig, während die Versteigerung selbst eine rechtmäßige ist[4]). Die *Versteigerung ist eine öffentliche*, d. h. sie muß durch einen für den Versteigerungsort bestimmten Gerichtsvollzieher, einen zur Versteigerung befugten anderen Beamten oder einen öffentlich angestellten Versteigerer und öffentlich erfolgen. Zeit und Ort der Versteigerung sind unter allgemeiner Bezeichnung der Sache öffentlich bekanntzumachen (**383**, Abs. 3). Die Versteigerung muß vor ihrer Vornahme dem Gläubiger angedroht sein, außer, wenn die Sache dem Verderben ausgesetzt oder Gefahr im Verzuge ist (**384**, Abs. 1). Der Schuldner hat den Gläubiger von der erfolgten Versteigerung unverzüglich zu benachrichtigen; Unterlassung verpflichtet den Schuldner zu Schadensersatz. — Androhung und Benachrichtigung dürfen unterbleiben, wenn sie untunlich sind (**384**, Abs. 2. 3).

Freihändiger Verkauf durch einen zu solchen Verkäufen öffentlich ermächtigten Handelsmakler oder durch eine zur öffentlichen Versteigerung befugte Person zum laufenden Preise kann stattfinden, wenn die Sache einen Börsen- oder Marktpreis hat (**385**).

---

[1]) *Oertmann*, S. 110. A. M. *Planck*, S. 382, Note 3.

[2]) Vgl. **1171**. **1269**. Nach EG. Art. 145 kann das Landesrecht ein Aufgebotsverfahren und ein näher beschränktes Anfallsrecht des Fiskus oder der Hinterlegungsanstalt festsetzen.

[3]) Vgl. **L.** § 93, Note 1.

[4]) Mit Rücksicht auf **1243**, Abs. 2. A. M. *Planck*, zu **383**, Note 3.

B. Der Selbsthilfeverkauf ist im Falle des Annahmeverzuges schlechthin statthaft, in den übrigen Fällen nur, wenn der Verderb der Sache zu besorgen oder die Aufbewahrung mit unverhältnismäßigen Kosten verbunden ist (**383**, Abs. 1).

III. **Die Wirkung.**

Die Versteigerung für sich befreit den Schuldner noch nicht, sondern erst die öffentliche Hinterlegung des Erlöses (**L.** § 93). Der Erlös tritt vor der Hinterlegung nicht an die Stelle des ursprünglichen Leistungsgegenstandes; der Schuldner kann daher nicht mit ihm aufrechnen[1]), der Gläubiger ihn nicht fordern; der Schuldner kann bis zur Hinterlegung immer noch den Erlös behalten und auf die ursprüngliche Leistung zurückgreifen. Es tritt also nicht etwa an die Stelle der ursprünglichen Verpflichtung die Verpflichtung zur Hinterlegung.

Anders liegt es beim Selbsthilfeverkauf des Handelsrechts (HGB. § 373). Der Verkäufer verkauft zum Zwecke der Befriedigung, somit für Rechnung des in Verzug befindlichen Käufers, hat daher mit dem Käufer abzurechnen.

IV. **Die Kosten** des Selbsthilfeverkaufes trägt der Gläubiger; nimmt der Schuldner den Erlös von der Hinterlegungsstelle zurück, so trägt sie der Schuldner (**386**).

§ 95.

4. Die Aufrechnung.[2])

Schuldverhältnisse, die zwischen zwei Personen bestehen, können dadurch erlöschen, daß die Forderungen aus ihnen gegeneinander aufgerechnet werden.

Im römischen Recht hat die Aufrechnung (compensatio) eine vielgestaltige Entwickelung gehabt. Ein Aufrechnungsrecht des Schuldners auf Grund der ihm zustehenden Gegenforderung ist erst anerkannt seit Marc Aurel. Im justinianischen Recht wird dieses durch Vertrag oder durch Einrede im Prozeß geltendgemacht. Die Einrede setzt voraus, daß die Gegenforderung gleichartig, fällig, liquid ist und gegen den Kläger zusteht, sie bewirkt die Aufhebung der Forderungen in ihrem sich deckenden Betrage im Urteil. — Neben der allgemeinen Entwickelung der Aufrechnung stehen die Sonderfälle des agere cum compensatione beim argentarius und des agere cum deductione beim bonorum emtor. Von ihnen abgesehen, ist die römische Gestaltung auch die gemeinrechtliche, auf ihr ruht im wesentlichen auch das BGB.

Aufrechnung ist nicht Erfüllung, da der Gläubiger nicht Befriedigung erhält. Sie ist nur ein Mittel, die Forderung aufzuheben, das sich der Gläubiger gefallen lassen muß und das der Erfüllung vielfach gleich behandelt wird (z. B. **422**).

I. **Der Aufrechnungsvertrag.**

Die Aufrechnung kann durch die Beteiligten vereinbart sein. Je nach den Umständen und den Parteiabsichten wird ein gegenseitiger Erlaßvertrag vorliegen, d. h. jeder Teil verzichtet in Höhe der Gegenforderung auf die eigene Forderung gegen Aufhebung der Gegenforderung, oder der Vertrag geht auf das Erlöschen der Forderung, wie bei der Aufrechnung kraft gesetzlichen Aufrechnungsrechtes (**389**). Der Vertrag kann aber auch künftig unter den Parteien entstehende Forderungen betreffen (sog. pactum de compensando)[3]). Das ist der Fall bei der Skontration und beim Kontokorrentvertrag[4]). Vom Aufrechnungsvertrage sind solche Verträge zu unterscheiden, die nur die gesetzlichen Regeln

---

[1]) So Schollmeyer, zu **383**, Note 1. A. M. Götte, D. Jur.-Ztg. IV, S. 399.

[2]) Leonhard, F., Die Aufrechnung (1896). Liebknecht, Kompensationsvollzug und Kompensationsvorbringen (1898). Stammler, Recht der Schuldverhältnisse, S. 240ff. Stölzel, Soulung f. d. ziv. Praxis, Bd. 2 (4. Aufl.). Liebknecht, Vorbehaltszahlung und Eventualaufrechnung (1899). Sieber, Kompensation und Aufrechnung (1899). Goldschmidt, J., Der Widerspruch gegen die Aufrechnungserklärung (1899). (S. A. Arch. f. bürgerl. R., Bd. 15, S. 153ff.)

[3]) Der Aufrechnungsvertrag ist auch unter den Gesichtspunkt der Zahlung gestellt worden. Vgl. Fischer, Über die Bedeutung der einfachen Rechnung und des Kontokorrentes im heutigen R. (1899).

[4]) Vgl. K. Lehmann, Lehrbuch des Handelsrechts (1908), S. 772ff. 787ff.

der Aufrechnung ausschließen oder abändern (vgl. II, E, Z. 5), aber selbst keine Aufrechnung herbeiführen.

II. **Das gesetzliche Recht auf Aufrechnung.**

Das gesetzliche Recht zur Aufrechnung entsteht, sobald zwei Personen gegeneinander rechtsbeständige, gleichartige und fällige Forderungen haben (Aufrechnungslage A). Die Aufrechnungslage erzeugt das Aufrechnungsrecht (ein Gestaltungsrecht **L.** § 16), die Ausübung erfolgt durch Aufrechnungserklärung (B), an diese knüpfen sich die Wirkungen der Aufrechnung (C).

A. **Die Aufrechnungslage.**

Die zur Aufrechnung verwendeten Forderungen müssen hierzu geeignet sein; die Forderung, mit welcher vom Gläubiger aufgerechnet wird, ist die aktive Aufrechnungsforderung, diejenige, gegen welche aufgerechnet wird, die passive. Die aktive und passive Verwendbarkeit sind nicht immer vereinigt.

Diese Voraussetzungen der Aufrechnung müssen im Zeitpunkte der Aufrechnungserklärung vorliegen. Liegen sie nicht vor, so ist die dennoch erklärte Aufrechnung ohne Wirkung für den Bestand der Forderungen[1]).

1. **Rechtsbeständigkeit** der Gegenforderungen.

Die bei der Aufrechnung verwendeten Forderungen und Gegenforderungen müssen gültig, dürfen also nicht nichtig oder anfechtbar sein. Bei Forderungen aus natürlichen Schuldverhältnissen, wie z. B. beim Spiel, kann die aktive Aufrechnung nicht in Frage kommen. Auch eine durch Einrede entkräftete Gegenforderung ist aktiv zur Aufrechnung nicht geeignet. Das gilt sowohl von peremptorischen wie dilatorischen Einreden, z. B. den Einreden aus dem Zurückbehaltungsrechte, dem nicht erfüllten Vertrage, aus dem pactum de non petendo. Eine verjährte Forderung kann dagegen aktiv aufgerechnet werden. Die allgemeine Zulassung der aktiven Aufrechnung mit verjährten Gegenforderungen würde allerdings den Zweck der Verjährung durchkreuzen; ihre allgemeine Ablehnung wäre unbillig, weil der Schuldner keine Veranlassung hatte, seine Forderung geltendzumachen, solange der Gegner nicht mit seiner Forderung hervortrat. Daher wird im BGB. die Aufrechnung mit einer verjährten Gegenforderung zugelassen, wenn zu der Zeit, als die Forderung und Gegenforderung zuerst aufgerechnet werden konnten, die Verjährung noch nicht eingetreten war (**390**)[2]).

Möglich ist dagegen die Aufrechnung passiv gegen eine natürliche[3]) oder durch Einrede entkräftete Forderung; denn die Einrede gibt nur ein Verweigerungsrecht, hebt aber die Forderung nicht auf. Wird gegen die mit der Einrede behaftete Forderung in Kenntnis der Einrede aufgerechnet, so erlischt die Einrede; wird aber die Aufrechnungserklärung in Unkenntnis der Einrede abgegeben, so tritt der Erfolg der Aufhebung von Forderung und Gegenforderung ebenso ein. Ob Kondiktionshilfe eintritt, ist nach den Grundsätzen für diese zu beantworten (vgl. **L.** § 141, I).

2. Die Forderungen müssen **gegenseitige** sein. Die Forderungen müssen unter denselben Personen bestehen; der Gläubiger der einen Forderung ist Schuldner der anderen. Ist ein Dritter in der Lage, für den Schuldner zu erfüllen, so kann er die fremde Schuld nicht durch Aufrechnung einer ihm gegen den fremden Gläubiger zustehenden Forderung tilgen (**387**). Diesem Erfordernis der Gegenseitigkeit entspricht es, wenn ein Gesamtschuldner nicht Gegenforderungen des Mitschuldners und der Schuldner gegen den einen Gesamtgläubiger nicht Forderungen gegen einen Mitgläubiger aufrechnen kann (**422**, Abs. 2. **429**, Abs. 3). Ferner kann der Bürge nicht Forderungen des Hauptschuldners gegen den Gläubiger aufrechnen

[1]) A. M. Kohler, Zeitschr. f. d. Ziv.-Proz., Bd. 24 (1898), S. 20, der entgegen **387** eine Verfügung über die Forderung mit der Wirkung ihrer Aufhebung annimmt, die nur im Wege der Kondiktion rückgängig gemacht werden könnte. Vgl. Leonhard, F., Arch. f. bürg. R., Bd. 21, S. 177ff.

[2]) Ausnahme: **479**. **639**, Abs. 1.

[3]) Dagegen spricht aber **762**, vgl. RG. Bd. 38, S. 232. Siber, S. 91.

(**770**, Abs. 2). Dem Gläubiger bei der Schuldübernahme ist die Aufrechnung mit Forderungen an den bisherigen Schuldner und dem Übernehmer die Aufrechnung mit Gegenforderungen des bisherigen Schuldners versagt (**417**). Jedoch ist das Prinzip durchbrochen.

a) Die Aufrechnung ist in **268**, Abs. 2, und in den sonstigen Fällen des Ablösungsrechtes (**1150. 1192. 1200. 1107. 1249**) dem Ablösungsberechtigten gestattet, der von seinem Rechte Gebrauch macht. Der Ablösungsberechtigte hat das Recht, eine fremde Schuld zu tilgen, so daß es an dem Erfordernis gegenseitiger Forderungen fehlt (**L.** § 92. II D.)[1]).

b) Obwohl Gegenseitigkeit der Forderungen nicht vorliegt, ist Aufrechnung dennoch gestattet:

α) Während der frühere Gläubiger nach der Abtretung der Forderung mit dieser nicht mehr aufrechnen kann, ist es dem Schuldner gestattet (**406**), mit Gegenforderungen an den bisherigen Gläubiger dem neuen Gläubiger gegenüber aufzurechnen, außer, wenn der Schuldner die Gegenforderungen erst nach Kenntnis von der Abtretung erworben hat oder wenn sie später als die abgetretene Forderung und nach Kenntnis des Schuldners fällig wurden (vgl. die analogen Fälle in: **2019**, Abs. 2. **2111. 574. 575**).

β) Der Vorerbe kann nach Eintritt der Nacherbfolge, solange er hiervon keine Kenntnis erlangt hat, auch über Nachlaßforderungen durch Aufrechnung verfügen (**2140**).

γ) Der Schuldner, der von einer facultas alternativa Gebrauch macht, kann sich ev. auch durch Aufrechnung befreien.

3. **Gleichartigkeit** der Forderungen bez. des Gegenstandes der Leistung. Daher sind vorzugsweise Forderungen auf Geld oder andere vertretbare Sachen aufrechenbar. Auch die Gleichartigkeit muß im Zeitpunkte der Aufrechnung vorliegen. Ursprünglich nicht aufrechenbare Gegenforderungen können aufrechenbar werden (**387**). Völlig gleichartig sind die Gegenforderungen nur, wenn für beide der gleiche Leistungs- oder Ablieferungsort besteht, jedoch ist die Aufrechnung durch eine derartige Ungleichartigkeit nicht ausgeschlossen; der Aufrechnende hat nur dem anderen Teile den Schaden zu ersetzen, den er dadurch erleidet, daß er infolge der Aufrechnung nicht an dem bestimmten Orte Leistung erhält oder seinerseits Leistung bewirken kann (**391**, Abs. 1). Der andere Teil hat z. B. zum Empfange oder zur Erbringung der Leistung am Leistungsorte Vorkehrungen getroffen. Die Bestimmung fließt aus dem allgemeinen Prinzip, daß durch die Aufrechnung der Gegner im Erfolge ebenso gestellt sein muß, als wenn die Erfüllung einträte. Die beiderseits geschuldeten Gegenstände müssen also im Sinne gleichartig sein, daß der Aufrechnungsgegner in dem von ihm geschuldeten Gegenstande Befriedigung für seinen Gegenanspruch findet; z. B.:

A in Hamburg schuldet B in Berlin ein Darlehn. B schuldet A ein Kaufgeld. Erfüllungsort ist in beiden Fällen Berlin (**269**), B hat aber nach **270** an A nach Hamburg zu übersenden. Rechnet B auf, so kann A in Schaden geraten, wenn er das von ihm B geschuldete Geld schon nach Berlin an B gesandt hatte, das nun wieder an ihn zurückgesandt werden muß. Diese Kosten kann A ersetzt verlangen.

4. **Fälligkeit** der Forderungen. Der Aufrechnende muß die ihm geschuldete Leistung verlangen, die von ihm geschuldete bewirken können. Der Schuldner unter Befristung ist demnach nach Maßgabe von **271**, Abs. 2 zur Aufrechnung befugt. Aus Nachsicht gewährter Zahlungsaufschub (Stundung) schiebt für den Gläubiger die Aufrechnungsmöglichkeit nicht hinaus.

Liquidität ist ein materielles Erfordernis der Aufrechnung nicht. Illiquid sind bestrittene oder solche Forderungen, zu deren gegenständlichen Feststellung ein weiteres Verfahren nötig ist. Gleichgültig ist auch, ob die Gegenforderungen aus demselben oder aus verschiedenem Rechtsgrunde erwachsen sind (vgl. III.).

5. **Ausnahmen.** Der Grund der gesetzlichen Ausnahmen liegt in dem Interesse Dritter, im öffentlichen Interesse oder in der Qualität der Schuld. Es gehören als wichtigere Fälle hierher[2]):

a) Ist eine Forderung beschlagnahmt (ZPO. §§ 829. 930), so ergeht an den Drittschuldner (den Schuldner aus der beschlagnahmten Forderung) das Erfüllungsverbot, mit dessen Zustellung die Beschlagnahme vollendet ist. Der Drittschuldner ist an sich durch das Erfüllungsverbot nicht gehindert,

---

[1]) Vgl. Siber, S. 81ff. Stammler, S. 202ff. **L.** § 100 II B.

[2]) Vgl. HGB. §§ 221. 320, Abs. 3. Reichsges., betr. d. Gesellschaften mit beschränkter Haftung vom 20. April 1892 § 12. Genossenschaftsgesetz vom 1. Mai 1889. (12. Aug. 1896) § 22.

die beschlagnahmte Forderung durch Aufrechnung zu tilgen. Im Interesse desjenigen, der die Beschlagnahme erwirkt hat, ist aber eine Einschränkung des Rechtes zur Aufrechnung erforderlich:

Ist die Gegenforderung des Drittschuldners erst nach der Vollendung der Beschlagnahme erworben, so ist die Aufrechnung ausgeschlossen, ebenso

wenn sie zwar schon vor der Beschlagnahme erworben, aber erst nach der Beschlagnahme und zwar später als die in Beschlag genommene Forderung fälliggeworden ist, damit nicht der Drittschuldner die Erfüllung der fälliggewordenen beschlagnahmten Forderung bis zur Fälligkeit der Gegenforderung verzögern und durch Aufrechnung das Recht desjenigen, der eine der Aufrechnung nicht unterliegende Forderung mit Beschlag belegt hatte, vereiteln kann (**392**)[1]).

Immer bezieht sich der Ausschluß der Aufrechnung in diesen Fällen nur auf denjenigen, der die Beschlagnahme erwirkt hat. Dem Gläubiger der beschlagnahmten Forderung gegenüber ist die Aufrechnung nicht beschränkt.

Schuldet z. B. A an B 100 (Fälligkeit: 15. Januar 1900), B an A 100 (Fälligkeit: 15. März) und würde C, der Gläubiger des B, die Forderung des B an A am 15. Januar beschlagnahmen, so kann A mit seiner Forderung B gegenüber aufrechnen, nicht aber, soweit C sein Recht aus der Beschlagnahme geltendmacht.

b) Gegen Forderungen aus vorsätzlich begangenen unerlaubten Handlungen (**823** ff.) ist Aufrechnung ausgeschlossen (**393**, vgl. **273**, Abs. 2).

c) Gegen nicht pfändbare Forderungen (nicht nur solche, die nach ZPO. §§ 850. 851. 852 nicht pfändbar sind) findet Aufrechnung nicht statt, auch nicht die solcher Gegenforderungen, die aus demselben Rechtsverhältnisse herrühren[2]). Die aktive Aufrechnung ist nicht ausgeschlossen[3]). Gegen die Forderung auf Hebungen aus Kranken-, Hilfs- oder Sterbekassen, Knappschaftskassen und Kassen der Knappschaftsvereine können aber Gegenforderungen auf die geschuldeten Beiträge aufgerechnet werden (**394**, vgl. **400**)[4]).

d) Gegen Forderung des Reiches, eines Bundesstaates, einer Gemeinde oder sonstigen Gemeindeverbandes ist Aufrechnung nur zulässig, wenn die Gegenforderung aus derselben Kasse zu berichtigen ist, an welche die Leistung auf die aufzurechnende Forderung zu erfolgen hat (**395**).

e) Gegen die Lohnforderungen der gewerblichen Arbeiter an die Arbeitgeber, GewO. § 115.

f) Selbstverständlich kann der zur Aufrechnung berechtigte Gläubiger auf das Aufrechnungsrecht schon bei Begründung der Forderung oder später ausdrücklich oder stillschweigend verzichten[5]). Auch kann die Aufrechnung durch stillschweigende oder ausdrückliche Vereinbarung ausgeschlossen oder in ihren gesetzlichen Voraussetzungen abgeändert sein. Eine solche liegt im Zweifel in der Abmachung, daß an einem bestimmten Orte zu einer bestimmten Zeit zu leisten ist. Hier kann mit Gegenforderungen nicht aufgerechnet werden, für die ein anderer Leistungsort besteht. (**391**, Abs. 2). Hierher gehört ferner der Vertrag (Anrechnungsvertrag), der die Anrechnung nach **396** abändert (vgl. B, 3).

g) Wo an sich die Voraussetzungen der Aufrechnung erfüllt sind, ist sie gleichwohl ausgeschlossen, wenn die zur Aufrechnung verwendete Gegenforderung nicht dem gleichen geschlossenen Zweckvermögen angehört wie die Forderung (z. B. **719**. **2033**. **1442**. **1487**. **1519**. **1549**, HGB. §§ 105. 161), soweit nicht etwa die Bestimmungen in **406**. **407** entgegenstehen.

B. Geltendmachung der Aufrechnung.

1. Das Recht der Aufrechnung wird von dem Berechtigten geltendgemacht durch Erklärung gegenüber dem anderen Teile, daß er seine Forderung gegen die des anderen Teiles aufrechne. Die Aufrechnungserklärung ist demnach einseitiges empfangsbedürftiges Rechtsgeschäft, sie kann vor der Klageerhebung, in einem vorbereitenden Schriftsatze, während des Prozesses und noch nach rechtskräftiger Verurteilung des Beklagten von diesem abgegeben werden. Einseitige Zurücknahme der Aufrechnungserklärung ist nicht möglich (**388**).

Die Aufrechnungserklärung kann außerhalb des Prozesses und im Prozesse erfolgen (vgl. III.). Es liegt dann im letzteren Falle so, als wenn nach Rechtshängigkeit geleistet worden wäre[6]). Die im Prozesse abgegebene Aufrechnungserklärung ist Prozeßhandlung mit der Be-

---

[1]) Vgl. **406**. **574**. **1125**.

[2]) Vorbehalt für das Landesrecht: EG. Art. 81. 95. Vgl. Mecklenb.-Schwer. AV. z. BGB. § 38. Mecklenb.-Strel. AV. z. BGB. § 37. Preuß. AG. z. BGB. Art. 14, § 1, Abs. 3.

[3]) RG. Bd. 43, S. 53.

[4]) Vgl. Oertel, Sächs. Arch., Bd. 8, S. 607 ff. Schepp, Das öffentliche Recht im BGB. (1899), S. 44 f.

[5]) Walsmann, Der Verzicht, S. 241.

[6]) Besonderheit **357**. **554**, 2.

deutung, daß sie in der mündlichen Verhandlung vorgenommen werden muß, daß sie widerruflich ist bis zum Schlusse der mündlichen Verhandlung, daß sie ihre Wirkung verliert, wenn der Prozeß sich ohne Urteil erledigt. Sie hat jedoch auch zivilrechtliche Wirkung; diese steht unter den Voraussetzungen des BGB. und kann erst eintreten, sobald die prozessuale Erklärung im Urteile unanfechtbar geworden ist und in ihrem Bestande von der prozessualen Wirkung abhängig ist[1]). Dementsprechend wird man den Prozeßvertreter auf Grund einer Prozeßvollmacht (ZPO. § 81) auch nicht zur Aufrechnung für befugt halten dürfen[2]).

•2. Die Aufrechnungserklärung kann nicht wirksam unter Bedingung oder Zeitbestimmung abgegeben werden, ebensowenig als unter Bedingung oder Befristung gezahlt werden kann (**388**). Eine eventuelle Aufrechnungserklärung ist aber wirksam, wenn der Aufrechnungsberechtigte zunächst den Rechtsbestand der geltendgemachten Forderung bestreitet, eventuell aber Aufrechnung geltendmacht; so ergibt sich die Wirksamkeit der Aufrechnungserklärung daraus, daß in der Eventualaufrechnung wahre Bedingung nicht liegt, sondern nur eine Rechtsbedingung[3]). Wenn der Aufrechnende eine Einrede gegen die erhobene Forderung geltendmacht und für den Fall, daß diese Einrede nicht entgegensteht, aufrechnet, so ist diese Eventualaufrechnung wirksam, weil nur eine conditio in praesens collata vorliegt, die keinerlei objektive Ungewißheit über die Wirksamkeit der Aufrechnung schafft[4]).

3. Hat der eine oder der andere Teil mehrere zur Aufrechnung geeignete Forderungen, so kann der Aufrechnende die Forderungen bestimmen, die gegeneinander aufgerechnet werden sollen. Die Wahlerklärung ist Bestandteil der Aufrechnungserklärung. Die Wahlerklärung ist aber nicht notwendig erforderlich und keine für den Aufrechnenden ganz freie.

Unterläßt der Aufrechnende die Bestimmung der durch Aufrechnung zu tilgenden Forderungen des Gegners, oder widerspricht der Gläubiger unverzüglich der getroffenen Bestimmung, so sind die beiderseitigen Forderungen, wenn nicht die zur Aufrechnung verwendeten Forderungen zur Tilgung aller Gegenforderungen ausreichen, in gesetzlicher Reihenfolge (vgl. **366**, Abs. 2) durch Aufrechnung getilgt, d. h. zunächst die dem Gläubiger geringere Sicherheit bietende, unter gleich sicheren die dem Aufrechnenden lästigere, unter gleich lästigen die ältere vor der jüngeren, unter sich gleich alten jede verhältnismäßig (**396**, Abs. 1). Auch hier ist also die verjährte Schuld vor der noch nicht verjährten getilgt[5]). Der Widerspruch ist wie die Aufrechnungserklärung einseitige empfangsbedürftige Willenserklärung, er ist aber nicht Aufrechnungserklärung (compensatio compensationis). Der Widerspruch wendet sich vielmehr nur gegen die Aufrechnungsbestimmung, während er die Aufrechnung unberührt läßt[6]).

Schuldet ferner der Aufrechnende dem anderen Teile außer der Hauptschuld Zinsen und Kosten, und hat der Aufrechnende nicht bestimmt, so sind die Gegenforderungen in der Reihenfolge der Kosten-, Zinsen-, Hauptforderung getilgt. Hat der Aufrechnende eine abweichende Anrechnungsbestimmung getroffen, so kann der andere Teil die Aufrechnung ablehnen, d. h. die Aufrechnung gilt als nicht erfolgt. Die Ablehnungserklärung ist nicht wie der Widerspruch an eine Ausschlußfrist gebunden (**396**, Abs. 2); z. B.:

---

[1]) A. M. Kohler, Zeitschr. f. d. Ziv.-Proz., Bd. 20, S. 1ff. Vgl. über die ganze Frage Walsmann, Arch. f. d. ziv. Prax., Bd. 102, S. 127ff.

[2]) Die Frage ist bestritten. Wie im Text mit anderen das RG., Bd. 50, S. 426. Dagegen Planck, zu **388**, Z. 2.

[3]) Die eventuelle Aufrechnung wird in diesem Falle allgemein für zulässig erklärt. Vgl. Planck zu **388**, Z. 3. **390**, Z. 3.

[4]) In diesem Falle soll nach Planck zu **390**, Z. 3, die Eventualaufrechnung außerhalb des Prozesses unwirksam sein. Vgl. aber Schollmeyer zu **390**, Z. 4, S. 342f.

[5]) Vgl. v. Seeler, Arch. f. bürgerl. R., Bd. 15 (1898), S. 104ff. und Weismann, Zeitschrift f. d. Ziv.-Proz., Bd. 26 (1899), S. 29f.

[6]) Unterläßt der Gegner den Widerspruch, so verzichtet er damit auf ein ihm zustehendes Recht. Es kommt aber dadurch noch nicht ein Vertrag unter den Parteien zustande, vielmehr hat der Aufrechnende das Recht, die zu tilgenden Gegenforderungen zu bestimmen.

A hat gegen B eine Forderung aus dem Jahre 1901 auf 70 M. und eine solche aus dem Jahre 1904 auf 50 M. B hat eine Forderung aus dem Jahre 1903 auf 60 M. gegen A. B erklärt im Juni 1904 die Aufrechnung seiner Forderung auf 60 M. gegen die des A auf 50 M., da A die Forderung auf 70 M. klagend gegen B nicht durchführen könnte (Einrede der Verjährung). Widerspricht A der Bestimmung des B unverzüglich, so ist die Forderung des B von 60 M. gegen die verjährte des A von 70 M. aufzurechnen.

2. Unterläßt der Aufrechnende die Bestimmung der durch Aufrechnung zu tilgenden eigenen Forderungen, so ist die Aufrechnung nicht unwirksam, sondern die Reihenfolge nach **396** (Z. 1) entscheidet.

C. **Wirkung der Aufrechnung.**

1. Das gegenseitige Verhältnis der Forderungen und Gegenforderungen als aufrechenbarer d. h. die Aufrechnungslage gibt dem Gläubiger das Aufrechnungsrecht, von dem er Gebrauch machen kann oder nicht. Solange er keinen Gebrauch davon macht, bleiben die beiderseitigen Forderungen unberührt. Zahlt demnach der Aufrechnungsberechtigte in Unkenntnis dieses Rechtes, so kann er nicht eine nicht geschuldete Leistung zurückfordern[1]); anders, wenn er in Unkenntnis bereits vollzogener Aufrechnung leistet.

2. Macht der Gläubiger vom Aufrechnungsrechte Gebrauch, so bringt er damit Forderung und Gegenforderung zur Erlöschung. Der Klage auf Leistung steht die Berufung auf die Aufrechnungserklärung entgegen, die keine Einrede, sondern Leugnen des Anspruches bedeutet. Steht die Aufrechnungserklärung fest, so sind im Streitfalle nur die Voraussetzungen der Aufrechnung (A), und zwar von dem zu beweisen, der die Aufrechnung geltendmacht.

3. Durch die Aufrechnung werden die Forderungen in dem sich deckenden Betrage aufgehoben, während dem Gläubiger teilweise Leistung nicht aufgedrängt werden kann (**389**).

4. Der juristische Vorgang bei der Aufrechnung ist nicht der, daß Forderung und Gegenforderung sich schon durch ihr Gegenübertreten vernichten (ipso jure compensatur), auch nicht der, daß auf Grund des Vorbringens der Partei der Richter im Urteil kompensiert (im gem. Recht herrschende Lehre). Nach dem BGB. gehört eine Parteierklärung zur notwendigen Voraussetzung der Aufhebung der Forderung, aber in wesentlich verschiedener Deutung. Nach der einen Ansicht (z. B. Liebknecht) vernichtet ihr Gegenübertreten die Forderungen, aber nur unter der Bedingung, daß die Parteien es geltendmachen, oder (Endemann) die Aufrechnungslage schafft einen Schwebezustand, einen Zustand der Gebundenheit, die den Erlöschungsgrund für beide Forderungen kraft Gesetzes enthält und sie der Aufhebung durch die Aufrechnungserklärung unterwirft. Nach der anderen Auffassung (z. B. Planck, Leonhard, Siber) bewirkt die Parteierklärung die Vernichtung der Forderungen. Diese Auffassung verdient, weil sie die Parteierklärung dem Gesetze gemäß schärfer betont, den Vorzug. Die vollzogene Aufrechnung wirkt nun aber nicht erst von der Aufrechnungserklärung an, wie die Zahlung vom Zeitpunkte der Zahlung an, sondern rückwärts von dem Zeitpunkte an, in dem sich die Forderungen zuerst als aufrechenbare gegenüberstanden. Nicht das gegenseitige Verhältnis der Forderungen erzeugt selbständige Wirkungen, sondern die Wirkungen der Aufrechnungserklärung werden zurückbezogen. Die Folge ist, daß vertragsmäßige Zinsen aus den Forderungen von diesem Zeitpunkte an nicht geschuldet werden, der Verzug mit diesem Zeitpunkt aufhört, der Verfall einer Vertragsstrafe ausgeschlossen ist, und daß, wenn auf Nebenansprüche Erfüllung erfolgt ist, die Rückforderung (**812** ff.) eintritt (vgl. **390**, Abs. 2)[2]).

III. Die Aufrechnung im Prozesse und Konkurse.

Auf die vielfach streitige Durchführung der Vorschriften des BGB. über die Aufrechnung im Prozesse und Konkurse soll hier nicht eingegangen werden. Nur einige Sondervorschriften

---

[1]) So Planck zu **389**, Z. 3. A. M. Kohler, Weismann, a. a. O., (1899), S. 33ff.

[2]) Petersen, Bl. f. Rechtsanwendg., Jahrg. 64 (1909), S. 259ff., zieht die weitere Konsequenz, daß der Kläger, dem gegenüber aufgerechnet wird, auch die Prozeßkosten zu tragen habe. Das ist nicht unbedenklich, weil, wie Weismann, a. a. O. (1899), S. 29. 36f., hervorhebt, die Tilgung doch erst durch die Erklärung der Aufrechnung erfolgt. Die Literatur der Frage s. bei Petersen, a. a. O.

sind zur Orientierung hervorzuheben, die auch die materiellrechtlichen Vorschriften modifizieren.

A. Ist im **Prozesse** der Klagforderung die Aufrechnung einer nicht konnexen Gegenforderung entgegengestellt, so kann das Gericht die Verhandlung über die Klage und über die Aufrechnung trennen und über die Klagforderung zunächst entscheiden. Das Gericht kann aber auch unter gleicher Voraussetzung ohne Trennung der Verhandlung, wenn nur die Verhandlung zur Entscheidung über die Klagforderung reif ist, über diese allein entscheiden. In beiden Fällen ist die Entscheidung über die Aufrechnung im Urteile vorzubehalten. Die Aufrechnungswirkung ist damit nur suspendiert. Das Urteil über die Klagforderung, welches diese anerkennt, ist auch vollstreckbar; wird aber in dem weiteren Urteil die Aufrechnung anerkannt, so ist das erste Urteil aufzuheben, die Klage abzuweisen bzw. kann der Beklagte Ersatz der Schadens verlangen, der ihm durch die Vollstreckung entstanden ist (vgl. ZPO. §§ 145. 302).

In der Berufungsinstanz darf die Aufrechnung nur ausnahmsweise geltendgemacht werden (ZPO. § 529). Im Falle der Zurückweisung ist die Geltendmachung dem Beklagten vorzubehalten (ZPO. § 540). Der Rechtsstreit bleibt in betreff der Aufrechnung in der Berufungsinstanz anhängig. Wird die Aufrechnung anerkannt, so ist das erste Urteil aufzuheben, der Kläger mit dem Anspruche abzuweisen und auf Antrag des Beklagten auf Herausgabe des auf Grund des ersten Urteiles Geleisteten nach **812** ff. zu verurteilen (ZPO. § 451).

Wird eine durch Klageerhebung rechtshängig gewordene Forderung in einem anderen Prozesse zur Aufrechnung verwendet, so kann nach ZPO. § 148 der erste Prozeß bis zur Entscheidung über die Aufrechnung in dem zweiten Prozesse ausgesetzt werden. Wird im zweiten Prozesse die Aufrechnung wegen Nichtbestehens der Gegenforderung verworfen, so tritt Rechtskraft hinsichtlich dieser ein gemäß ZPO. § 322, Abs. 2, vgl. **L.** § 71.

B. Im **Konkurse** ist die Aufrechnung erheblich erleichtert. Bestanden bereits zur Zeit der Konkurseröffnung gegenseitige Forderungen zwischen Gläubiger und Gemeinschuldner, so kann der Gläubiger seine Forderungen aufrechnen, auch wenn sie nur betagt oder bedingt oder ungleichartig sind (KO. §§ 53. 54. 65. 69. 70). Die Aufrechnung ist demnach unzulässig, wenn jemand vor oder nach der Konkurseröffnung eine Forderung an den Gemeinschuldner erworben hat und nach der Eröffnung Schuldner der Masse geworden ist, ebenso, wenn jemand zwar vor der Konkurseröffnung Schuldner des Gemeinschuldners geworden war, seine Forderung an den Gemeinschuldner aber erst nach Konkurseröffnung erworben hat (KO. § 55 Z. 1 und 2). Selbst dann, wenn die Forderungen zwischen Gläubiger und Gemeinschuldner zur Zeit der Konkurseröffnung schon bestanden, ist die Aufrechnung ausgeschlossen, wenn der Gläubiger seine Forderung durch Rechtsgeschäft mit dem Gemeinschuldner oder durch Abtretung oder Befriedigung eines Gläubigers erworben hatte und ihm zur Zeit des Erwerbes die Zahlungseinstellung oder der Antrag auf Konkurseröffnung bekannt war. Die Kenntnis von der Zahlungseinstellung schadet nicht, wenn der bezeichnete Erwerb früher als sechs Monate vor der Konkurseröffnung erfolgte, und die Aufrechnung ist auch dann zulässig wenn der Gläubiger zur Übernahme der Forderung oder Befriedigung des Gläubigers verpflichtet war und ihm zur Zeit der Eingehung der Verpflichtung die Kenntnis von der Zahlungseinstellung und vom Antrage auf Konkurseröffnung fehlte (KO. § 55, Z. 3 und Abs. 2, und KO. § 33).

§ 96.

5. Die Schuldneuerung.[1])

Die Schuldneuerung (Novation) ist gewillkürte Begründung eines neuen Schuldverhältnisses an Stelle eines alten mit dem Zweck der Aufhebung des alten Schuldver-

---

[1]) v. Blume, Novation, Delegation und Schuldübertragung. Stammler, Das Recht der Schuldverhältnise, S. 231 ff. Endemann 1, § 142. Merkel, R., Begriff der Novation usw., Diss. (1892).

hältnisses. Wesentlich ist, daß sich in dem formell neuen Schuldverhältnis das alte aufgehobene fortsetzt.

I. Die Voraussetzungen sind zunächst ein altes Schuldverhältnis und ein neues. Das neue Schuldverhältnis muß, der römischen Stipulation entsprechend durch Schuldanerkennung, Abrechnungsvertrag, Wechsel usw. begründet sein, ist also ein abstraktes. Die Parteien müssen ferner die Absicht der Schuldneuerung (animus novandi) gehabt haben. Dadurch hebt sich die Schuldneuerung von der Schuldbegründung ab, die neben die alte Schuld eine neue setzt.

II. Die Schuldneuerung kann verschiedenen Zwecken dienen. Es kann lediglich der Rechtsgrund geändert werden (z. B. an die Stelle der Kaufgelderschuld tritt die Wechselschuld), oder es wird der Gegenstand umgewandelt oder der Inhalt der alten Schuld geändert (z. B. durch Weglassung oder Einfügung einer Bedingung), oder es sollen die Subjekte des alten Schuldverhältnisses durch andere ersetzt werden. Im letzteren Falle ist die Schuldneuerung bestimmt:

A. Zur Herbeiführung eines Gläubigerwechsels. Sie beruht dann stets auf Überweisung (Delegation) seitens des alten Gläubigers (Deleganten). Auf Grund der Überweisung verspricht der alte Schuldner (Delegat) dem neuen Gläubiger (Delegatar). Das ist die Forderungsüberweisung oder aktive Delegation.

B. Soll Schuldnerwechsel eintreten, so kann entweder der neue Schuldner ohne Wissen und Willen des alten Schuldners dem bisherigen Gläubiger versprechen (expromissio), oder der alte Schuldner (Delegant) überweist an den alten Gläubiger (Delegatar) den neuen Schuldner (Delegat), und dieser verspricht dem bisherigen Gläubiger. Das ist die Schuldüberweisung oder passive Delegation.

III. Die Wirkung der Schuldneuerung ist die Aufhebung des alten Schuldverhältnisses von Rechts wegen.

IV. Ein Bedürfnis für das Institut der Schuldneuerung ist nach dem BGB. kaum noch vorhanden. Um den Wechsel des Gläubigers herbeizuführen, dient die Abtretung der Forderung; den Wechsel des Schuldners erreichen die Parteien durch die Schuldübernahme. Soll das unter den Parteien bestehende Schuldverhältnis nur in Einzelheiten seines Inhaltes geändert werden, so bieten nachfolgende Abreden den Parteien den geeigneten Weg. Soll endlich an die Stelle des bisherigen Schuldverhältnisses unter denselben Parteien ein neues treten, unter Aufhebung des alten, so können die Parteien nach **364**, Abs. 2 das neue Verhältnis an Erfüllungs Statt begründen (vgl. L. § 92); fraglich ist aber, ob nicht unter dem Grundsatze der Vertragsfreiheit die Parteien in diesen wie in allen anderen Fällen die Schuldneuerung wählen können. Man hat gesagt[1]), eine derartige Abrede der Parteien müsse dahin getroffen werden, daß zunächst das alte Verhältnis durch Erlaßvertrag (**397**) beseitigt und durch abstraktes Schuldversprechen (**780**) ein neues an seine Stelle gesetzt werde. Es ist aber nicht einzusehen, warum nicht dem Parteiwillen direkte Wirkung zukommen soll (**607**, Abs. 2. **782**), auch wenn er sich in einem neuen kausalen Vertrage ausspricht[2]).

§ 97.

6. Der Erlaß.[3])

I. Der Gläubiger kann die Forderung wie im römischen und gemeinen Recht nicht durch einseitigen Verzicht aufheben. Der Verzicht des Gläubigers auf sein Forderungsrecht muß vielmehr vom Schuldner angenommen sein. Dieser Vertrag ist der Erlaßvertrag. Er

---

1) Stammler, a. a. O., S. 231 ff.

2) Vgl. Enneccerus I, 2 § 298.

3) Bähr, Arch. f. bürgerl. R., Bd. 2, S. 105 ff. 111 ff. Zitelmann, Beitr., H. 9/10, S. 55. 141. 144. Altmann, Der Erlaßvertrag im Entw. e. BGB. Meiszels, Zeitschr. f. d. Priv.- u. öffentl. R., Bd. 18, S. 665 ff. Walsmann, Der Verzicht (1912), S. 231 ff.

unterscheidet sich vom Stundungsvertrage, in welchem der Gläubiger nur zeitweise auf die Ausübung seines Forderungsrechtes verzichtet, ferner von dem Vertrage, in dem sich der Gläubiger verpflichtet, sein Forderungsrecht nicht ausüben zu wollen (schuldbegründender Vertrag) und auch von dem Vertrage, durch den das bestehende Schuldverhältnis aufgehoben werden und diejenige Rechtslage unter den Parteien hergestellt werden soll, die bestehen würde, wenn das Schuldverhältnis nicht entstanden wäre.

Was im einzelnen Falle gewollt ist, hat die Auslegung festzustellen.

Inhaltlich unterscheidet sich vom Erlaßvertrage auch der negative Schuldanerkennungsvertrag. Im ersteren Falle gehen die Parteien von der Existenz des Forderungsrechtes aus und wollen Nichtexistenz, im zweiten gehen sie von der Nichtexistenz aus und wollen, daß diese unzweifelhaft werde. Im konkreten Falle werden beide Verträge sich schwer voneinander scheiden lassen. So kann in der Quittierung an den Schuldner, soweit sie nicht bloße Verschaffung eines Beweismittels ist, oder einen Beweisvertrag dahin enthält, daß der Gläubiger, wenn er entgegen seiner Quittung fordert, verpflichtet sein soll, den Beweis zu bringen, daß die Schuld dennoch besteht[1]) und in beiden Fällen keine Verfügung über das Forderungsrecht enthält (**L.** § 92. III.), sowohl ein Erlaßvertrag wie ein negativer Schuldanerkennungsvertrag liegen. Beide Verträge treffen dahin zusammen, daß die Parteien wollen, es solle in Zukunft die Schuld beseitigt sein. Daher stehen beide unter gemeinsamer Regelung z. B. bez. der Anfechtbarkeit (**397**).

II. Beide Verträge bedürfen einer Form nicht, sie können auch stillschweigend geschlossen werden, z. B. durch Rückgabe des Schuldscheines an den Schuldner und Annahme durch diesen. Ihr Inhalt ist durch Auslegung zu ermitteln.

Beide sind Verträge, durch die sich der Gläubiger seines Rechtes begibt, Verfügungen.

Der rechtliche Zweck beider Verträge kann ein sehr verschiedener sein, insbesondere auch Schenkung. Es kann auch entgeltlicher Vertrag vorliegen (z. B. Aufrechnungsvertrag). Der rechtliche Zweck beherrscht aber nicht das Geschäft. Die Verträge sind abstrakter Natur. Fehlt der rechtliche Zweck, oder ist er mangelhaft, so kann die eingetretene Wirkung nur nach den Grundsätzen über die ungerechtfertigte Bereicherung durch Wiederherstellung des Schuldverhältnisses beseitigt werden (vgl. **L.** § 141). Der Erlaß ist aber kein notwendig abstrakter Vertrag (**L.** § 54 II, C.).

Durch diese Verträge wird das Schuldverhältnis aufgehoben wie durch Erfüllung; ob ganz oder teilweise, bestimmt sich nach dem Inhalt der Verträge. Es ist ferner zu beachten, daß der negative Schuldanerkennungsvertrag auch lediglich den Inhalt haben kann, daß er das Nichtbestehen des Schuldverhältnisses nur gegen eine bestimmte Anzweifelung sicherstellen soll[2]).

§ 98.

7. Die Vereinigung.[3])

Vereinigen sich Forderung und Schuld in einer Person, so geht das Schuldverhältnis unter. Eine solche Vereinigung tritt ein durch Erbgang oder Abtretung (Zession) der Forderung an den Schuldner oder Übernahme der Schuld durch den Gläubiger. Der Grund des Satzes ist, daß niemand Rechte gegen sich selbst haben kann, nicht der, daß der Übergang der Schuld an den Gläubiger, der Übergang der Forderung auf den Schuldner nicht möglich wäre. Die Wirkung ist nicht die der Erfüllung, es liegt vielmehr selbständiger Befreiungsgrund vor: der Gläubiger, der den Schuldner beerbt, ist befreit

---

[1]) Enneccerus I, 2 § 297, Note 18.

[2]) Vgl. Planck, S. 180. Oertmann, zu **397**.

[3]) Stammler, Das Recht der Schuldverhältnisse, S. 256ff. Schwedler, Das Erlöschen der Schuldverhältnisse durch Vereinigung usw. Sachs, Die Wirkungen der Konfusion nach röm. Recht und nach dem Recht d. BGB. (Diss.). Kretzschmar, P., Die Theorie der Konfusion.

von der Schuld, die er erfüllen müßte, wenn er nicht der Gläubiger wäre[1]). Diese Aufhebung tritt ein, soweit der Grund der Vereinigung (Erbfolge) reicht. Die Aufhebung ergreift auch die Nebenrechte.

I. Ist die Vereinigung von vornherein eine vorübergehende, und fällt der Grund der Vereinigung fort, so wird auch die Aufhebung des Schuldverhältnisses wieder rückgängig, z. B. bei vorläufigem Erwerbe der Erbschaft mit folgender Ausschlagung (**1953**, Abs. 1).

II. Auch die endgültige Vereinigung bewirkt nicht die Aufhebung des Schuldverhältnisses, solange noch ein selbständiges Interesse an dem Fortbestande vorhanden ist:

so beim endgültigen Erbschaftserwerbe, wenn es zu einer Trennung des Nachlasses vom eigenen Vermögen des Erben kommt (**1976**. **1991**. **2143**); ferner im Falle des passiven Gesamtschuldverhältnisses nach **425** (vgl. L. § 102); bei dem Vermächtnis einer Forderung des Erblassers an den Erben (**2175**) gilt dem Vermächtnisnehmer gegenüber die Aufhebung als nicht eingetreten. Bei Verkauf der Erbschaft gilt die Aufhebung durch Vereinigung im Verhältnis von Käufer und Verkäufer als nicht eingetreten (**2377**)[2]).

III. Der Satz, daß bei Vereinigung die Nebenrechte erlöschen, erleidet eine Ausnahme durch die Anerkennung der Eigentümerhypothek (**1163**. **1176**. **1177**. **1178**).

§ 99.

8. Der Tod des Gläubigers oder Schuldners.

Regelmäßig gehen Forderungen und Schulden auf die Erben des Gläubigers und Schuldners über (**1922**)[3]). Dieser aus der Natur des Schuldverhältnisses sich ergebende Satz erleidet aber Ausnahmen (höchstpersönliche Schuldverhältnisse)[4]).

I. Der Parteiwille kann die Person des Schuldners oder die des Gläubigers ausdrücklich oder stillschweigend als wesentlich bezeichnen. Dann erlischt die Forderung oder Schuld mit dem Tode des Gläubigers oder Schuldners.

II. Gesetzliche Ausnahmen.

1. Auf die Erben des Gläubigers gehen nicht über die Forderungen auf persönliche Genugtuung wegen erlittener Kränkung. So der Anspruch der unbescholtenen Verlobten (**1300**), der Anspruch auf billige Entschädigung (**847**). Die Vererblichkeit tritt aber ein, wenn der Anspruch durch Vertrag anerkannt oder rechtshängig geworden ist.

2. Der Auftrag erlischt im Zweifel mit dem Tode des Beauftragten, aber nicht mit dem des Auftraggebers (**672**. **673**). Die Gesellschaft löst sich durch den Tod eines Gesellschafters auf, sofern sich nicht aus dem Gesellschaftsvertrage etwas anderes ergibt (**727**. **736**, vgl. HGB. § 131, Z. 4)[5]).

3. Besonderes gilt für die familienrechtlichen Unterhaltsansprüche (**1582**. **1615**. **1712**. **1713**).

4. Mitunter bewirkt der Tod nicht das Erlöschen, wohl aber den Eintritt eines gesetzlichen Kündigungsrechtes für und gegen die Erben (**569**. **596**. **605**, Z. 3).

---

[1]) l. 21. § 1. D. (34, 3); l. 50. D. (46, 1).

[2]) WO. Art. 10. 98 (Indossament des Wechsels an den Akzeptanten).

[3]) Wo Zweifel bestehen können, ob nicht eine Ausnahme anzuwenden ist, wird die Vererblichkeit ausdrücklich festgestellt. So bei der Anweisung (**791**).

[4]) Nicht hierher gehören die Fälle bestimmter unvererblichen, vom Tode abhängigen Rechte, die aber nicht Forderungsrechte auf Leistung sind, sondern nur solche zur Entstehung bringen, z. B. Vorkaufsrecht (**514**), Widerrufsrechte des Schenkers (**530**. **532**).

[5]) Bez. der Gemeinschaft vgl. **750**.

4. Kapitel.

Die Übertragung der Forderung und die Schuldübernahme.

§ 100.

Die Übertragung der Forderung.[1])

Außer der Gesamtnachfolge (Erbnachfolge), die auch die Forderungen ergreift, findet eine **Sondernachfolge** in die Forderungen statt.

Das römische Recht kannte eine Sondernachfolge in das Forderungsrecht besonders durch rechtsgeschäftliche Abtretung nicht, weil die Obligation als höchstpersönliches Rechtsverhältnis aufgefaßt wurde (**L.** § 72. I. C.). Ersatz bot sich in der Novation mit Gläubigerwechsel (**L.** § 96, II) und in dem mandatum ad agendum in rem suam, das unter den Vorschriften des mandatum stand (Erlöschen durch Tod der Parteien und Widerruf des Mandanten). Die Stellung des procurator i. r. s. festigte sich mit der litis contestatio zwischen ihm und dem debitor, ferner schon mit der Anzeige (denuntiatio) des procurator i. r. s. an den debitor von der geschehenen Abtretung. Mit der denuntiatio hatte so der procurator ein eigenes Recht auf Ausübung der fremden Forderung. In der Kaiserzeit erhielt der Zessionar eine actio utilis, also ein eigenes Forderungsrecht, das aber erst nach denuntiatio das Forderungsrecht des Zedenten ausschließt. Erst im gemeinen Recht knüpfte sich diese Wirkung schon an die Abtretung, war also die Zession in vollem Umfange anerkannt.

Nach dem BGB. kann der Gläubiger sein Forderungsrecht auf einen anderen Gläubiger übertragen, und das Forderungsrecht kann kraft Gesetzes oder kraft richterlicher Anordnung auf einen anderen Gläubiger übergehen[2]). Die Vorschriften für die Übertragung der Forderung gelten auch, von Sondervorschriften abgesehen, für die Übertragung anderer Rechte (Urheberrechte, Ansprüche aus dinglichen Rechten usw.) (**413**, vgl. ZPO. § 857).

I. **Die Übertragung der Forderung** durch den bisherigen Gläubiger[3]) an den neuen Gläubiger erfolgt durch Vertrag (**Abtretung**), der einer Form nicht bedarf (**398**)[4]).

A. Einer Einwilligung des Schuldners zur Wirksamkeit der Abtretung bedarf es nicht. Die Einwilligung ist deshalb aber nicht ohne rechtliche Bedeutung (z. B. **407**).

B. Von der Abtretung ist zu unterscheiden ihr **rechtlicher Zweck** (causa cessionis). Letzterer kann ein sehr verschiedener sein (Kauf, Schenkung, Zahlung, Hingabe an Zahlungs Statt usw.). Der rechtliche Zweck kann demnach in der Erfüllung einer Verpflichtung zur Abtretung bestehen, die durch ein anderes Geschäft oder durch Gesetz (**255**) für den bisherigen Gläubiger begründet sein kann. Auch wenn eine gesetzliche Verpflichtung zur Abtretung vorliegt, ist noch die Abtretung, d. h. der Abtretungsvertrag, erforderlich. Ist aber der zur Abtretung Verpflichtete rechtskräftig zur Abtretung verurteilt, so gilt die Abtretung als erfolgt nach ZPO. § 894. Die gesetzliche Pflicht zur Abtretung unterscheidet sich wesentlich von der gesetzlichen Übertragung (sog. cessio legis)[5]). Vgl. II.

Die Abtretung ist von ihrem rechtlichen Zweck unabhängig (abstrakter Vertrag).

C. Der Regel nach sind alle Forderungen abtretbar, fällige und nicht fällige, bedingte, befristete, zukünftige[6]), auch klaglose, aus gegenseitigen Verträgen stammende, in welchem Falle das Verweigerungsrecht dem Schuldner ungeschmälert verbleibt[7]). Abgetreten

---

[1]) Zitelmann, Beitr., H. 9/10, S. 55. 141. 144. Affolter, Arch. f. bürgerl. Recht, Bd. 13, S. 296ff. Stammler, Das Recht der Schuldverhältnisse, S. 180ff. Enneccerus I, 2, §§ 301ff.

[2]) Gegen die Vorstellung der Rechtsnachfolge Affolter, a. a. O. (1897), der in der Abtretung der Forderung wie im röm. Recht nur die Ermächtigung seitens des Gläubigers an den Zessionar sieht, seine, des Zedenten, Rechtsstellung zum Schuldner geltendzumachen.

[3]) Über das Vermächtnis einer Forderung vgl. **2173**, **L.** § 297.

[4]) Abweichend für hypothekarisch gesicherte Forderungen: **1154** (vgl. **1159. 1190**).

[5]) So scheidet auch das Gesetz selbst: **1251**, Abs. 2.

[6]) Streitig; dafür RG. Bd. 55, S. 334. Vgl. Planck zu **398**, Z. 3.

[7]) Dazu Stammler (1897), S. 186f.

können auch werden Forderungen aus Wechseln und sonstigen Orderpapieren[1]). Selbständige Nebenforderungen können abgetreten werden auch ohne die Hauptforderung (z. B. anders als im römischen Recht die Forderung auf gesetzliche Zinsen). Abtretbar sind auch rechtshängige Forderungen (ZPO. § 265). Es ergeben sich aber Ausnahmen:

1. Die Abtretung ist ausgeschlossen, wenn der Gläubiger mit dem Schuldner die Nichtabtretung vereinbart hat, pactum de non cedendo (**399**). Damit ist die Anwendbarkeit von **137** ausgeschlossen. Diese Vereinbarung braucht nicht eine ausdrückliche zu sein. Sie kann mit dem Schuldverhältnisse selbst oder später getroffen und so der Inhalt des Schuldverhältnisses geändert werden. Sie hat nicht nur schuldvertragsmäßige Wirkung unter den Parteien, sondern wirkt gegen Dritte, also auch im Verhältnisse des neuen Gläubigers zum Schuldner, weil durch die Vereinbarung die Leistung dahin bestimmt ist, daß sie nur an den bisherigen Gläubiger erfolgen soll. Die Leistung an einen anderen wäre Veränderung der Leistung, auch wenn sie an sich anderen als dem bisherigen Gläubiger gemacht werden könnte. Üblich sind solche Vereinbarungen bei Versicherungsverträgen bez. der Forderung des Versicherten, bei den Forderungen aus Reichsbankdepotscheinen, aus Rückfahrt- und Rundreisekarten. Bei verbrieften Forderungen kann sich aber der Schuldner dem neuen Gläubiger gegenüber nicht auf die Vereinbarung berufen, es sei denn, daß dieser bei der Abtretung die Vereinbarung kannte oder kennen mußte (**405**)[2]). Vgl. III, Z. 3.

2. Nicht abtretbar sind Forderungen, wenn ihre Erfüllung an einen anderen als den bisherigen Gläubiger nicht möglich sein würde oder doch schon eine Veränderung ihres Inhaltes enthielte (**399**), z. B. die Forderung auf Bestellung eines Nießbrauches. Forderungen aus Vorverträgen auf Abschluß von Verträgen, z. B. von Darlehen, werden regelmäßig unabtretbar sein. Auch rechtsgeschäftliche Alimentationsforderungen können unübertragbar sein (vgl. **259**. **809**. **810**).

Der Klarheit wegen ist das bei gewissen hierher gehörigen Forderungen noch besonders ausgesprochen. So bei den Forderungen der Gesellschafter aus dem Gesellschaftsverhältnis gegeneinander (**717**. **719**), bei den Ansprüchen auf Genugtuung (**748**. **1300**, Abs. 2), bei der Forderung des Ehemannes auf einen Beitrag der Ehefrau zu dem ehelichen Aufwande oder zur Alimentation der Kinder bei Gütertrennung (**1427**. **1585**), des Anspruches auf Aussteuer (**1623**), der Ansprüche des Vaters (**1655**. **1656**. **1658**, Abs. 2). In anderen Fällen ist Unübertragbarkeit ausgesprochen, die aber durch Disposition der Parteien ausgeschlossen werden kann, z. B. beim Anspruch des Dienstherrn (**613**), beim Anspruch auf Ausführung des Auftrages (**664**, Abs. 2).

Vielfach wird aus dem hier maßgebenden Gesichtspunkte gerade ein bestimmtes Verhältnis des Gläubigers es bewirken, daß nur an ihn geleistet werden kann. Ist dieses dann übertragbar, so kann mit seiner Übertragung die Forderung abgetreten werden. So ist abtretbar die Forderung auf Bestellung einer Grunddienstbarkeit zugleich mit der Übertragung des Eigentumes am herrschenden Grundstück. Ist das Grundrechtsverhältnis nicht übertragbar, so auch nicht die daraus erwachsenden Einzelforderungen (**1092**. **1408**. **1658**)[3]).

3. Nicht pfändbare Forderungen sind nicht abtretbar, und zwar nicht nur die nach ZPO. § 850 nicht pfändbaren Forderungen (**400**). Dahin gehören besonders auch die Forderungen auf Arbeits- und Dienstlohn, gesetzliche Alimentationsforderungen und

[1]) Ihre Übertragung durch Abtretung bedeutet aber anderes als die gewöhnliche durch Indossament. Inhaberpapierforderungen werden dagegen nur durch Übertragung der Urkunde übertragen (**793**).

[2]) Der Gefahr einer Benachteiligung der Gläubiger des Gläubigers durch die Vereinbarung gemäß **399** beugt vor: ZPO. § 851, Abs. 2.

[3]) Unvererblichkeit und Unübertragbarkeit fallen regelmäßig zusammen. Eine Ausnahme von der Regel liegt allerdings nicht vor, wenn Rechtsverhältnisse unvererblich sind, während die daraus hervorgehenden Einzelforderungen vererblich und auch übertragbar sind, wohl aber in **514** (**2034**). **613**. **664**, Abs. 2. **750**. HGB. § 664.

eine Reihe von Sold-, Pensions- und Diensteinkommensforderungen (**377**, EG. Art. 81, ZPO. §§ 850. 851. 852)[1]).

Reichsspezialgesetze haben eine Reihe von Forderungen für nicht übertragbar erklärt[2]).

D. **Die Wirkung der Abtretung** i. a.

1. Mit dem Abschlusse des Abtretungsvertrages und allein mit diesem geht das Forderungsrecht von dem bisherigen Gläubiger auf den neuen Gläubiger über, und zwar mit Wirkung für alle Beteiligten: den bisherigen Gläubiger, den neuen Gläubiger, den Schuldner und für Dritte (**398**). Mit der Abtretung scheidet die Forderung aus dem Vermögen (Nachlaß, Konkursmasse) des bisherigen Gläubigers aus und geht in das Vermögen des neuen Gläubigers über. Dieser Übergang ist gänzlich unabhängig von einer Benachrichtigung an den Schuldner oder der Kenntnis der Abtretung auf seiten des Schuldners. Daher erwirbt derjenige, dem die Forderung vom bisherigen Gläubiger abgetreten wird, nachdem sie schon an einen neuen Gläubiger abgetreten war, überhaupt das Forderungsrecht nicht.

2. Mit der Forderung gehen Nebenrechte und Vorzugsrechte (**401**) über, also: Hypotheken[3]), Pfandrechte, Vormerkung, Rechte gegen den Bürgen; der Übergang der Nebenrechte vollzieht sich ohne weiteres, soweit nicht besondere Bestimmungen eingreifen[4]). Der Übergang der Nebenrechte kann auch ausgeschlossen werden[5]).

Vorzugsrechte im Konkurse (KO. § 61) und in der Zwangsvollstreckung (ZVG. § 10 ff.), die sich mit der Forderung verbinden, nicht dem bisherigen Gläubiger persönlich zustehen, gehen über ohne Rücksicht auf den Grund, auf dem sie beruhen. Es genügt, daß diese Vorzugsrechte zur Zeit der Abtretung bestanden, es ist nicht erforderlich, daß zu dieser Zeit Konkurs über das Vermögen des Schuldners schon eröffnet bzw. eine Zwangsvollstreckung in dasselbe schon bewirkt ist.

3. Wie weit nach oder vor Abtretung erwachsende Ansprüche des bisherigen Gläubigers auf Früchte, Schadensersatz, Zinsen[6]) und Strafen mit übergehen, ist Auslegungsfrage.

E. **Das Rechtsverhältnis zwischen dem bisherigen und neuen Gläubiger** nach Abtretung. Dieses bestimmt sich nach dem zwischen dem bisherigen und neuen Gläubiger bestehenden Rechtsverhältnisse, aber auch durch die Abtretung als solche. Wird die Forderung vom neuen Erwerber weiter abgetreten, so gilt das gleiche von dem Verhältnis des weiteren Erwerbers zu seinem Autor.

1. Wichtig ist insbesondere die Frage, inwieweit der bisherige Gläubiger für den Bestand oder die Güte der abgetretenen Forderung einzustehen hat. Ist das zugrunde liegende Geschäft Kauf, Tausch oder sonstiger entgeltlicher Vertrag (**445. 515**), so gilt der Grundsatz, daß der Veräußerer der Forderung für den lastfreien Bestand, nicht aber für die Güte der Forderung einsteht. Hat er die Haftung für die letztere übernommen, so liegt darin im Zweifel Übernahme der Haftung für die Zahlungsfähigkeit des Schuldners zur Zeit der Abtretung (**437—440**). Für den Schenker gilt dagegen, daß er nur Vorsatz und grobe Fahrlässigkeit zu vertreten hat (**521. 523. 524**). Über die Verpflichtung dessen, der mit dem Vermächtnis einer Forderung beschwert ist, vgl. vgl. **2173—2175**. Vereinbarung kann diese Grundsätze abändern. Die Abtretung kann auch zum Sicherungszweck, zum Inkasso erfolgen (fiduziarische Abtretung), die den Fiduziar Dritten gegenüber voll legitimiert[7]). Über die Abtretung an Zahlungs Statt und zahlungshalber vgl. **L.** § 92, II. F.

2. Der neue Gläubiger kann von dem bisherigen verlangen, daß er ihm die zur Geltend-

---

[1]) Vgl. bez. der Ausführungsgesetze **L.** § 95. II. A., Z. 5c und besonders den Vorbehalt EG. Art. 81.

[2]) Mandry-Geib, S. 244 ff. Fischer-Henle zu **394**.

[3]) Vgl. **1190**, Abs. 4.

[4]) Vgl. **429. 1153. 1154. 1158. 1159. 1250. 1251. 1266. 1273**.

[5]) Vgl. aber **1153**, Abs. 2.

[6]) Vgl. **101**.

[7]) Vgl. **L.** § 54. III, Z. 6.

machung der Forderung nötige Auskunft erteilt, z. B. ihm die nicht in seinem, des bisherigen Gläubigers, Besitz befindlichen Beweismittel angibt. Diese Pflicht knüpft sich an die Abtretung. Der bisherige Gläubiger hat außerdem die in seinem Besitze befindlichen Urkunden, die zum Beweise der Forderung dienen, herauszugeben. Diese Pflicht ergibt sich schon aus der Eigenschaft dieser Urkunden (**952**), oder aus dem unterliegenden Verhältnis (**444**), oder aus der Abtretung (**402**). Hat eine Teilabtretung stattgefunden, so kann nicht Herausgabe des Originales, sondern nur eine Abschrift verlangt werden[1]).

Der bisherige Gläubiger hat seinem Nachmanne, dem neuen Gläubiger, nicht den weiteren Erwerbern[2]), auf Verlangen eine öffentlich beglaubigte Urkunde über die Abtretung auszuhändigen, deren Kosten der neue Gläubiger zu tragen und vorzuschießen hat (**403**).

3. Der bisherige Gläubiger ist dem neuen Gläubiger, wenn er nach Abtretung noch über die Forderung verfügt, z. B. Zahlung entgegennimmt, ersatzpflichtig, sei es auf Grund des unterliegenden Verhältnisses, sei es nach den Vorschriften über die Haftung aus unerlaubten Handlungen, die Geschäftsführung ohne Auftrag oder die ungerechtfertigte Bereicherung.

F. Das Rechtsverhältnis zwischen dem neuen Gläubiger und dem Schuldner.

a) Die Lage des Schuldners i. a.

1. Der Schuldner kann dem neuen Gläubiger alle Einwendungen entgegensetzen, die für ihn zur Zeit der Abtretung dem bisherigen Gläubiger gegenüber begründet waren (**404**). Es ist nicht erforderlich, daß ihm die Einreden schon zur Zeit der Abtretung zustanden, daß die Einrede begründenden Tatsachen also schon zur Zeit der Abtretung eingetreten waren, sondern es genügt, wenn die Tatsachen, die nach der Abtretung eintreten, die Einrede nach dem Inhalte des Schuldverhältnisses erzeugen (z. B. die Entwehrung tritt beim Schuldner erst nach Abtretung ein, die Resolutivbedingung erfüllt sich nach Abtretung). Höchstpersönliche Einreden, die nur gegen den bisherigen Gläubiger zu richten waren, sind ausgeschlossen. Abtretung zum Zwecke der Vernichtung der höchstpersönlichen Einreden wäre nur dann nichtig, wenn ein Verbotsgesetz umgangen werden soll. Der Fall solcher persönlichen Einreden ist ein seltener, z. B. der Gläubiger stundet für seine Person, aber nicht für den Fall der Abtretung.

Einwendungen, die erst nach Abtretung aus der Person des alten Gläubigers begründet sind, können dem neuen Gläubiger nicht entgegengestellt werden.

2. Der Schuldner kann auch die Nichtigkeit des Abtretungsvertrages geltendmachen, z. B. wegen Geschäftsunfähigkeit des Abtretenden, wegen Simulation des Abtretungsvertrages. Eine Simulation liegt aber nicht in der fiduziarischen Abtretung. Der Schuldner kann die Verletzung einer mit dem ursprünglichen (nicht bisherigen) Gläubiger getroffenen die Abtretung ausschließenden Vereinbarung mit der Beschränkung in **405** geltendmachen. Der Schuldner kann auch die Legitimation des neuen Gläubigers dadurch angreifen, daß er die Nichtigkeit der abgetretenen Forderung dartut. Beruft sich der Schuldner auf Simulation bei Eingehung oder der späteren Anerkennung seiner Verpflichtung, so ist er hier beschränkt; sind verbriefte Forderungen unter Vorlegung der Urkunde abgetreten, so kann der Schuldner die Simulation dem neuen Gläubiger nicht entgegenhalten, wenn er nicht beweist, daß der neue Gläubiger die Simulation kannte oder kennen mußte (**405**, Schutz des gutgläubigen Erwerbes einer Scheinforderung). Findet eine weitere Abtretung statt, so ist der weitere Gläubiger auch nur geschützt, wenn er in gutem Glauben war. Durch die erste Abtretung an den gutgläubigen Erwerber ist daher der ursprüngliche Mangel nicht geheilt[3]).

3. Hat der Schuldner dem neuen Gläubiger gegenüber die Schuld anerkannt, so ist es Auslegungsfrage, ob er damit auf die Einwendungen verzichtet hat, die ihm gegen den Abtretenden zustanden.

---

[1]) A. M. Planck zu **402**. (Einräumung des Mitbesitzes.) Vgl. Endemann I, S. 869, Note 16.
[2]) A. M. Schollmeyer zu **402**, Z. 4.
[3]) Fischer-Henle zu **405**. Oertmann, S. 127. A. M. Planck, § 405, Note 5.

4. Der Schuldner kann ferner mit Gegenforderungen an den bisherigen Gläubiger gegen die abgetretene Forderung auch gegenüber dem neuen Gläubiger aufrechnen. Gleichgültig ist, ob die Gegenforderung schon zur Zeit der Abtretung bestand oder erst später erworben wurde. Der neue Gläubiger kann aber der Aufrechnung widersprechen, wenn er beweist, daß der Schuldner bei Erwerb der Gegenforderung Kenntnis von der Abtretung hatte, oder daß die Gegenforderung, wenn sie in Unkenntnis der Abtretung erworben war, nach Erlangung der Kenntnis und später als die abgetretene Forderung fälliggeworden ist. Der Schuldner soll nicht die Erfüllung der abgetretenen Forderung hinausziehen können, um eine fällige aufrechenbare Gegenforderung zu erhalten (vgl. **392** mit **406**). Wie der Schuldner die maßgebende Kenntnis erlangt hat, ist gleichgültig.

5. Der Schuldner kann dem neuen Gläubiger Einreden entgegenstellen, die für ihn diesem gegenüber begründet sind, nicht aber Einreden aus dem Verhältnisse des bisherigen Gläubigers zu dem neuen Gläubiger.

6. Kann der neue Gläubiger Vorrechte, die ihm persönlich zustehen, auch bez. der abgetretenen Forderung geltendmachen, z. B. persönliche Konkursprivilegien? Aus der Konsequenz der Sondernachfolge folgt die Bejahung, aus dem Interesse des Schuldners die Verneinung; für letztere wird man sich entscheiden müssen[1]).

b) Die Lage des Schuldners **vor Kenntnis** von der Abtretung.

1. Im Verhältnis zum alten Gläubiger. An sich ist durch die Abtretung die Forderung auf den neuen Gläubiger übergegangen, auch im Verhältnis des Schuldners zum bisherigen Gläubiger. Die Folge wäre, daß der Schuldner, der z. B. an den bisherigen Gläubiger zahlt, dem neuen Gläubiger gegenüber sich auf diese Zahlung nicht berufen kann. Dem Schuldner gegenüber, der die Abtretung kennt, ist das billig, nicht aber dem unkundigen Schuldner gegenüber. Der alte Gläubiger ist daher nach außen noch Gläubiger. Der neue Gläubiger muß daher Zahlung, Erlaß, Stundung usw. und jedes vom gutgläubigen Schuldner mit dem bisherigen Gläubiger in Ansehung der Forderung geschlossene Rechtsgeschäft, z. B. Mahnung, Kündigung, Aufrechnungserklärung des bisherigen Gläubigers, Inverzugsetzung des bisherigen Gläubigers durch den Schuldner, gegen sich gelten lassen (**407**, Abs. 1).

Das gleiche gilt von einem rechtskräftigen Urteil (auch Versäumnisurteil), das in einem nach der Abtretung zwischen dem Schuldner und dem bisherigen Gläubiger anhängig gewordenen Rechtsstreite ergeht; der gutgläubige Schuldner kann sich also dem neuen Gläubiger gegenüber auf die Rechtskraft des Urteils berufen. Maßgebend für die Kenntnis ist der Zeitpunkt der Rechtshängigkeit. Wer Klage erhoben hat, und ob Leistungs- oder Feststellungsklage erhoben ist, ist gleichgültig (**407**, Abs. 2).

Ist die Forderung vom bisherigen Gläubiger nochmals an einen Zweiten, Dritten usw. abgetreten, und erhält der Schuldner Kenntnis von einer dieser späteren Abtretungen und läßt sich mit einem solchen Scheingläubiger ein, ohne von der ersten Abtretung Kenntnis erhalten zu haben, so steht er dem wahren neuen Gläubiger ebenso gegenüber wie im vorigen Falle (**408**).

In diesen Fällen ist der Schuldner durch Leistung an den Nichtgläubiger befreit. Eine Klage des Schuldners gegen den Nichtgläubiger auf Rückforderung wegen Zahlung einer Nichtschuld ist somit nicht begründet[2]).

2. Im Verhältnis zum neuen Gläubiger ergibt sich, daß ihm der gutgläubige Schuldner zur Leistung nicht verpflichtet ist; er kann nach **372** hinterlegen und hat das Recht, die Leistung zu verweigern aus **410**. **411** (unten d, e, f). Vgl. ZPO. § 94.

---

[1]) Für die Bejahung Oertmann, S. 273f., allerdings unter Hinweis auf **226**. **242**. **826**.

[2]) Auf die den Schuldner befreiende Leistung findet **362**, Abs. 2, Anwendung. Wenn dort auf **185** verwiesen ist, so würde das für die Fälle **407**. **408** ergeben, daß der neue Gläubiger eingewilligt habe, besser, daß er kraft Gesetzes wie ein Einwilligender behandelt werden soll. In **407** und **408** ist diese Konsequenz gemildert. Ähnlich Stammler, a. a. O., S. 198, Note 4. — Keine Anwendung finden **407** und **408**, wenn **1156** anzuwenden ist.

c) Die Lage des Schuldners **nach erlangter Kenntnis.**

1. Im Verhältnis zum alten Gläubiger erlischt für den Schuldner die Befugnis, an den alten Gläubiger mit befreiender Wirkung zu leisten usw. (**407. 408**).

2. Im Verhältnis zum neuen Gläubiger ist die Lage des Schuldners sonst nicht verändert (b. Z. 2).

Wie und von welcher Seite dem Schuldner die Kenntnis vermittelt ist, ist gleichgültig, Kennenmüssen genügt. Den Beweis der Kenntnis in dem maßgebenden Zeitpunkt (**407. 408**) hat der neue Gläubiger zu erbringen.

d) Die Lage des Schuldners nach **formloser Anzeige** der Abtretung an den Schuldner durch den alten Gläubiger oder Vorlegung einer vom alten Gläubiger ausgestellten Abtretungsurkunde durch den neuen Gläubiger beim Schuldner.

1. Im Verhältnis zum alten Gläubiger wird das endgültige Ausscheiden des alten Gläubigers bewirkt.

2. Der neue Gläubiger wird als Gläubiger legitimiert. Der Schuldner kann aber auf Grund von **410. 411** die Leistung verweigern. Da **409** nur zugunsten des Schuldners gilt, so kann der Schuldner die Legitimation des neuen Gläubigers bestreiten; denn die Anzeige usw. ersetzt nicht die Abtretung.

Die Anzeige ist eine einseitige formlose Rechtshandlung gegenüber dem Schuldner, welche den Schuldner schlechthin, d. h. ohne Rücksicht auf die Existenz oder die rechtliche Gültigkeit der Abtretung, ermächtigt, sich mit dem Dritten als Gläubiger einzulassen. Die Anzeige muß als Rechtshandlung wirksam sein. Der Schuldner befreit sich also, wenn er dem Dritten zahlt, selbst wenn er die Nichtigkeit, Anfechtbarkeit oder Nichtexistenz der Abtretung kannte (vgl. **171. 172**)[1]. Der Gläubiger kann die Anzeige nur widerrufen, mit Zustimmung dessen, der in der Anzeige als neuer Gläubiger bezeichnet ist (**409**).

Der Anzeige gleich steht es, wenn der neue Gläubiger dem Schuldner die dem neuen Gläubiger vom bisherigen Gläubiger ausgestellte (d. h. echte), auf seinen Namen lautende Abtretungsurkunde vorlegt. Hat der alte Gläubiger die Forderung an X abgetreten und später an Z, und zeigt er die Abtretung an Z dem Schuldner an, so ist streitig, ob hier nur Anzeige nach **407** (**408**) oder auch nach **409** vorliegt[2].

Der Dritte, der Leistung vom Schuldner empfangen hat, aber nicht Gläubiger ist, wird unter verschiedenen Gesichtspunkten gehalten sein, das Empfangene an den wirklichen Gläubiger herauszugeben (Geschäftsführung ohne Auftrag, **816. 823**).

e) Die Lage des Schuldners nach schriftlicher Anzeige. Zeigt der bisherige Gläubiger dem Schuldner schriftlich die Abtretung an, oder händigt der neue Gläubiger dem Schuldner eine vom bisherigen Gläubiger über die Abtretung ausgestellte Urkunde aus, so hat der Schuldner zu leisten. Mahnung und Kündigung des neuen Gläubigers auf Grund solcher Legitimation kann der Schuldner nicht mehr zurückweisen und wirkungslos machen. Auf die Aushändigung der Abtretungsurkunde hatte der Schuldner zwar kein Recht, wohl aber konnte er die Leistung verweigern. Dieses Verweigerungsrecht konnte durch Sicherheitsleistung vom Gläubiger nicht abgewendet werden (**410**, vgl. **273**).

f) Wenn Militärpersonen, öffentliche Beamte, Geistliche oder Lehrer an einer öffentlichen Unterrichtsanstalt ihre Forderung auf Diensteinkommen, Wartegeld oder Ruhegehalt abtreten, soweit sie überhaupt abtretbar ist (nicht bei gesetzlicher Übertragung, II. A.), so ist im Interesse der Sicherstellung der Kassenbeamten und der Ordnung des Kassenwesens die Kasse (Schuldnerin) nur berechtigt, auf bloße Kenntnis von der Abtretung oder Anzeige von seiten des Beamten usw. oder des neuen Gläubigers an den neuen Gläubiger zu zahlen. Verpflichtet ist die Kasse, sobald ihr durch den bisherigen oder den neuen Gläubiger Nachricht unter Aushändigung der öffentlich beglaubigten Abtretungsurkunde gegeben wird (**411**)[3].

[1] Möglich ist, daß der schlechtgläubige Schuldner nach **826** haftet.

[2] Planck zu **409**, Z. 5.

[3] Reichsmilitärges. § 45, Reichsbeamtenges. § 6. EG. Art. 43. 45. Bad. AG. z. BGB., Art. 11, Z. 2.

II. **Die Übertragung der Forderung kraft Gesetzes,** cessio legis (**412**).

A. Das BGB. erkennt den Übergang der Forderung kraft Gesetzes in mehreren Fällen an: **268. 382. 1171. 1269. 426. 774. 1143. 1150. 1192. 1225. 1249. 1607. 1709**[1]), ferner bei der ehelichen Gütergemeinschaft usw. in: **1438**, Abs. 2. **1485**, Abs. 3. **1519**, Abs. 2. **1549**. HGB. §§ 441. 804. 25. 28.

B. In den Fällen der gesetzlichen Übertragung vollzieht sich der Übergang von dem bisherigen Gläubiger auf den neuen Gläubiger, sobald sich der Tatbestand verwirklicht, an den das Gesetz den Übergang knüpft. In den Fällen (z. B. **268**), in denen die Forderung des Gläubigers gegen den Schuldner auf den Dritten, der den Gläubiger befriedigt hat, übergeht, ist der Übergang nicht durch Kauf zwischen bisherigem und neuem Gläubiger vermittelt zu denken, sondern das Gesetz gewährt in dieser Form einen Ersatzanspruch des befriedigenden Dritten gegen den Schuldner mit dem identischen Inhalte der aufgehobenen Forderung. Neben diesem Ersatzanspruche bleiben sonstige Ersatzansprüche des Dritten gegen den Schuldner auf Grund desselben Vorganges als konkurrierende bestehen[2]).

C. Die Grundsätze, die für die rechtsgeschäftliche Abtretung gelten, finden auch Anwendung auf den gesetzlichen Übergang der Forderungen. Vgl. bes. I, C. D. E. F. Im einzelnen ergeben sich aber Abweichungen:

1. Die Grundsätze über die Haftung des alten Gläubigers gegenüber dem neuen für Bestand und Güte der Forderung finden keine Anwendung (**1251**), ebenso nicht die Vorschriften (**405**) über die Wirkung des gutgläubigen Erwerbers.

2. Dagegen besteht die Pflicht zur Auskunftserteilung und Herausgabe der Beweisurkunden. Die Pflicht zur Ausstellung der Abtretungsurkunde modifiziert sich aber dahin, daß der bisherige Gläubiger eine den Übergang betreffende, öffentlich beglaubigte Anerkennungsurkunde auszustellen hat (vgl. **408**, Abs. 2).

3. Häufig ist bestimmt, daß der Übergang nicht zum Nachteil des bisherigen Gläubigers geltendgemacht werden darf (**268. 426. 774. 1143. 1225. 1249. 1607. 1709**).

III. **Die Übertragung der Forderung durch richterliche Anordnung.**

Ist eine Forderung gepfändet worden (Beschlagnahme)[3]), so hat der Gläubiger, zugunsten dessen die Beschlagnahme erfolgt ist, die Wahl, ob ihm die gepfändete Forderung zur Einziehung oder an Zahlungs Statt zum Nennwerte überwiesen werden soll (ZPO. § 835, Abs. 1). Im ersten Fall wird seine Forderung getilgt, soweit er durch die Einziehung befriedigt wird, im zweiten Fall geht die überwiesene Forderung auf den Pfändungsgläubiger über; hier tritt Tilgung ein, soweit der Nominalbetrag der gepfändeten Forderung seine Forderung deckt, den Bestand der gepfändeten Forderung vorausgesetzt (ZPO. § 835, Abs. 2). Die Überweisung wird in beiden Fällen durch Gerichtsbeschluß bewirkt, und zwar in dem Momente, in dem derselbe dem Drittschuldner zugestellt ist (ZPO. § 835, Abs. 3 und § 836, Abs. 1).

1. Nicht übertragbare Forderungen können nicht gepfändet werden; die nach **399** nicht übertragbaren Forderungen unterliegen aber der Pfändung insoweit, als ihr Gegenstand der Leistung der Pfändung unterliegt (ZPO. § 851).

2. Die Pfändung und die auf Grund derselben erfolgende Überweisung ergreift kraft Gesetzes auch die Nebenrechte, Pfandrechte, Rechte gegen Bürgen.

3. Der Pfändungsgläubiger kann von seinem Schuldner die zur Geltendmachung der Forderung nötige Auskunft und die Herausgabe der in seinem Besitze befindlichen Urkunden verlangen. Die Herausgabe kann der Gläubiger im Wege der Zwangsvollstreckung bewirken (vgl. **402. 403** mit ZPO. § 836, Abs. 3).

4. Ist der Überweisungsbeschluß, wenn auch zu Unrecht, ergangen, so gilt er zugunsten des Drittschuldners gegenüber dem Schuldner (dem bisherigen Gläubiger des Drittschuldners) als rechtsbeständig, bis er aufgehoben und die Aufhebung dem Drittschuldner angezeigt wird (vgl. **401. 409** mit ZPO. § 836, Abs. 2).

---

[1]) Bad. AG. z. BGB., Art. 5, Abs. 4.

[2]) Stammler, a. a. O., S. 202ff. Hellmann, Krit. VJSchr., Bd. 41 (1899), S. 238.

[3]) Zu beachten ist die Möglichkeit einer Verpfändung, welche die Bedeutung eines Arrestes hat (ZPO. § 845).

5. Der Drittschuldner kann dem neuen Gläubiger alle Einwendungen entgegenstellen, die für ihn gegenüber dem bisherigen Gläubiger zur Zeit der Beschlagnahme begründet waren (**404**). Über die Aufrechnung vgl. **392**.

6. Die nach **407** und **408** bedeutungsvolle Kenntnis kommt nicht in Betracht, weil es hier nur auf die Zustellung des Pfändungsbeschlusses ankommt, nicht darauf, ob der Drittschuldner von der Pfändung und Überweisung Kenntnis erhalten hat; z. B.:

A schuldet an B 1000 M. Die Forderung wird durch Pfändungsbeschluß an C zur Einziehung überwiesen, der Gläubiger des B auf 1000 M. ist. Nach vier Wochen wird A wiederum ein Pfändungsbeschluß bez. derselben Forderung für D zugestellt. A darf an D nicht zahlen, weil er von der Pfändung für C Kenntnis hat. Anders, wenn C die Forderung von B abgetreten erhalten hatte, und von dieser Abtretung nichts wußte; er hätte an D mit befreiender Wirkung zahlen können.

§ 101.

Die Schuldübernahme.[1])

Eine rechtsgeschäftliche Sondernachfolge in die Schuld in dem Sinne, daß in einem bestehenden Schuldverhältnis lediglich die Person des Schuldners wechselt, war dem römischen Recht aus dem gleichen Grunde wie die Abtretung der Forderung (**L.** § 100) unbekannt, der Zweck konnte nur durch Novation mit Schuldnerwechsel (delegatio, expromissio) erreicht werden (ebenso C. c. und sächs. BGB.). Anders das ältere deutsche Recht, das gemeine Recht und das Pr. ALR.

Nach dem BGB. vollzieht sich eine **Sondernachfolge in die Schuld** bei sonstigem Fortbestande des Schuldverhältnisses durch die auf Vertrag beruhende Schuldübernahme (I—III)[2]). Daneben steht die gesetzliche Haftung des Übernehmers eines Vermögens (IV).

I. **Eingliedrige Schuldübernahme.** Ein Dritter übernimmt durch Vertrag mit dem Gläubiger die Schuld. Der Dritte (Übernehmer) folgt dem bisherigen Schuldner in die Schuld nach. Der bisherige Schuldner wird frei, auch gegen seinen Willen. Der Gläubiger kann also auf diese Weise auch ohne Beobachtung von **397** die Schuld einseitig aufheben[3]). Das ist privative oder befreiende Schuldübernahme (**414**). Die Auslegung kann aber ergeben, daß der Dritte nur neben dem alten Schuldner als Gesamtschuldner oder Bürge eintreten will (kumulative oder bestärkende Schuldübernahme, Schuldbeitritt). Im Zweifelsfalle muß man sich nach allgemeinen Grundsätzen für die letztere entscheiden[4]).

II. **Zweigliedrige Schuldübernahme.** Ein Dritter übernimmt durch Vertrag mit dem bisherigen Schuldner die Schuld, d. h. die Schuld soll von dem bisherigen Schuldner auf den Dritten (Übernehmer) übertragen sein (**415**). Der alte Schuldner soll frei, der dritte Übernehmer alleiniger Schuldner sein; auch diese Schuldübernahme ist private oder befreiende.

A. Von diesem Vertrage zwischen dem Dritten und dem Schuldner ist aber zu trennen:

1. Ein Vertrag, durch den sich der Dritte nur neben dem Schuldner verpflichten will.

---

1) Unger, Schuldübernahme. Zitelmann, Beitr., H. 9/40, S. 55. 96. Seligstein, Die Haftung des Unternehmers e. Handelsgeschäftes (Diss.). Münster, Über die Singularzession in Schulden (Diss.). Regelsberger, Pandekten I, § 147, Note 4. Wendt, Das allgemeine Anweisungsrecht, S. 260ff. v. Blume, Novation, Delegation und Schuldübertragung, S. 86ff. Stammler, Das Recht der Schuldverhältnisse, S. 206ff. v. Blume, Jahrb. f. Dogm., Bd. 39, S. 390ff. Regelsberger, ebenda, S. 463ff. v. Blume, Jahrb. f. Dogm., Bd. 40, S. 109ff. Hellwig, Die Verträge auf Leistung an Dritte, S. 159ff. 390ff. 413ff. Horn, Die Schuldübernahme (1902). Enneccerus I, 2, §§ 308f. Strohal, Dogm. Jahrb., Bd. 57, S. 231ff. Westerkamp, Bürgschaft und Schuldbeitritt (1908). Reichel, Schuldmitübernahme (1909).

2) Fälle des gesetzlichen Überganges von Verpflichtungen in **556**, Abs. 3. **571**, Abs. 1. **1251**, Abs. 2.

3) Daß der Gläubiger mit dem Dritten, der nach **267** für den Schuldner leisten kann, nicht durch negativen Schuldanerkennungsvertrag (Quittungsvertrag) die Schuld aufheben kann, ist selbstverständlich. Stammler, S. 208, Note 1.

4) Nicht aus den Grundsätzen der Schuldübernahme, sondern aus ihrer causa, dem Verhältnis von Übernehmer und Schuldner, beantwortet sich die Frage, ob der Übernehmer Rückgriff gegen den Schuldner hat. Die causa kann Auftrag, Geschäftsführung ohne Auftrag, Zahlung sein.

Dieser führt, auch wenn er zugunsten des Gläubigers geschlossen ist, immer nur zu einer kumulativen Schuldübernahme (I).

2. Ein Vertrag, durch welchen der Dritte lediglich dem Schuldner verspricht, den Gläubiger durch Leistung zu befriedigen (**Erfüllungsübernahme**) oder in dem der Dritte dem Schuldner verspricht, ihn dadurch zu befreien, daß er mit dessen Gläubiger eine Schuldübernahme gemäß **414** (I) herbeiführt, enthält keine Schuldübernahme; denn der Dritte will in diesen Fällen nicht in die Schuld nachfolgen. Auch dann liegt ein Schuldübernahmevertrag nicht vor, wenn der Dritte dem Schuldner nur verspricht, den Gläubiger bewegen zu wollen, daß er ihn, den Dritten, als Schuldner annimmt. Hier kann aber auch die Absicht des Dritten vorliegen, dem Schuldner die ungünstigen Folgen des Schuldverhältnisses jedenfalls abnehmen zu wollen (Garantievertrag).

Die Erfüllungsübernahme kann auch als Versprechen zugunsten des Gläubigers gemeint sein (**329**, vgl. § 87). Der Gläubiger gewinnt dann ein Forderungsrecht auch gegen den Dritten, der nun Gesamtschuldner mit dem alten Schuldner wird ähnlich wie bei kumulativer Schuldübernahme (vgl. **333**. **334**).

Was gemeint ist, hat die Auslegung festzustellen (vgl. I).

B. Der Vertrag ist zunächst gerichtet auf den Schuldübergang. Dazu ist erforderlich die Zustimmung des Gläubigers. Hat der Gläubiger beim Vertrage selbst oder schon vorher seine Einwilligung erteilt, so hat der Vertrag die volle Wirkung des Überganges der Schuld auf den Übernehmer und der Befreiung des bisherigen Schuldners gemäß **414** (I).

1. Steht aber die Genehmigung des Gläubigers nach Abschluß des Vertrages noch aus, so ist die endliche Wirkung des Vertrages, d. h. die Übertragung der Schuld, noch abhängig von der Genehmigung des Gläubigers (**415**, Abs. 1). Diese Genehmigung ist ein einseitiges Rechtsgeschäft, das sowohl gegenüber dem einen wie gegenüber dem anderen Vertragsteile vorgenommen werden kann. Die Genehmigung unterliegt den allgemeinen Regeln (**182**—**185**). Der Gläubiger kann aber entgegen diesen Bestimmungen nur genehmigen, wenn Schuldner oder Übernehmer dem Gläubiger den Abschluß des Übernahmevertrages mitgeteilt haben.

Die Vertragsparteien können auch noch nach geschehener Mitteilung im gegenseitigen Einverständnisse den Vertrag ändern oder aufheben (**415**, Abs. 1). Ob eine Partei einseitig vom Vertrage zurücktreten kann, richtet sich nach dem Übernahmevertrag. Die Mitteilung ist eine einseitige empfangsbedürftige Erklärung, die von jeder Partei abgegeben werden kann und auf dem Übernahmevertrage beruht, auch durch diesen beschränkt, z. B. an eine Frist gebunden sein kann. Immer kann der Gläubiger nur genehmigen, sowie der Vertrag geschlossen ist. Er kann folglich nicht den alten Schuldner neben dem Übernehmer festhalten wollen.

2. Mit dem Vertragsabschluß, nicht erst mit der Mitteilung, tritt also eine objektive Gebundenheit des Übernehmers ein. Die Schuld ist bereits auf den Übernehmer vorbehaltlich der Genehmigung des Gläubigers übertragen. Die Genehmigung kann nicht nur dem Mitteilenden erklärt werden. Wird die Genehmigung erteilt, so tritt die Wirkung der Übernahme definitiv und, wenn nicht der Übernahmevertrag einen späteren Termin der Wirkung festsetzt, mit dem Vertragsschlusse (**184**) ein (**415**, Abs. 1).

3. Wird die Genehmigung verweigert, so gilt die Übernahme als nicht erfolgt. Die objektive Gebundenheit des Übernehmers hört definitiv auf. Nachträgliche Genehmigung, etwa unter der Voraussetzung nochmaliger Aufforderung, ist ausgeschlossen (**108**. **177**). Schuldner und Übernehmer haben aber ein Interesse daran, über die Erteilung oder Verweigerung der Genehmigung Gewißheit zu erhalten. Sie können daher dem Gläubiger eine beliebige Frist zur Erklärung setzen, und zwar jede Partei selbständig. Sind die von den Parteien gesetzten Fristen verschieden bemessen, so ist die zuerst abgelaufene maßgebend. Ist die noch laufende Frist die vom Übernehmer gesetzte, so könnte noch eine Schuldübernahme nach **414** (I) zustandekommen. Erklärt der Gläubiger nicht die Genehmigung innerhalb der Frist, so gilt sie als verweigert (**415**, Abs. 2, vgl. B. Z. 2).

4. Dieser Schuldübernahmevertrag ist zweigliedrig, weil darin im Zweifel auch eine lediglich unter den Parteien wirkende Erfüllungsübernahme liegt (A. Z. 2). Solange daher die Genehmigung noch aussteht und nachdem sie verweigert ist, bleibt die Verpflichtung des Übernehmers aus dieser Erfüllungsübernahme dem Schuldner gegenüber bestehen. Der Übernehmer steht aber dem Schuldner im Zweifel nicht dafür ein, daß der Schuldübergang eintrete, die Genehmigung des Gläubigers also erfolge, sondern nur dafür, daß der Schuldner vom Gläubiger nicht in Anspruch genommen wird, daß der Übernehmer somit den Gläubiger rechtzeitig befriedige. Damit wird dem Interesse der Parteien völlig genügt sein (**415**, Abs. 3).

C. Wird von dem Erwerber im Vertrage mit dem Veräußerer eines Grundstückes eine Schuld, für die eine Hypothek[1]) am Grundstücke besteht, mit der Hypothek (vgl. **439**. **445**) übernommen[2]), so ist, ehe die Genehmigung des Gläubigers eintritt, die persönliche Haftung von der dinglichen getrennt, die Vereinigung beider in der Person des Erwerbers aber wünschenswert. Liegt besonders Kauf und Übernahme der persönlichen Schuld durch den Käufer in Anrechnung auf den Kaufpreis vor, so ist es billig, daß der Veräußerer baldmöglichst von der persönlichen Schuld befreit werde. Daher tritt eine besondere Regelung ein[3]):

1. Der Gläubiger erwirbt die persönliche Forderung gegen den Erwerber noch nicht mit Abschluß des Schuldübernahmevertrages zwischen Erwerber und Veräußerer, sondern erst mit seiner Genehmigung dieses Vertrages[4]). Der Gläubiger kann aber nur genehmigen auf eine Mitteilung des Veräußerers hin. Sind seit dem Empfange der Mitteilung sechs Monate verstrichen, so gilt die Genehmigung als erteilt, der Gläubiger hätte dann die Genehmigung vor Ablauf der Frist dem Veräußerer gegenüber stillschweigend oder ausdrücklich verweigert (**416**, Abs. 1).

2. Die Mitteilung muß schriftlich sein und den Hinweis auf die Folgen der Erteilung der Genehmigung, d. h. den Schuldübergang, enthalten. Da die Vorschrift eben das Mißliche, daß persönliche Schuld und Eigentum am Grundstück auseinanderfallen, vermeiden will, so darf die Mitteilung erst erfolgen, wenn der Erwerber als Eigentümer im Grundbuche eingetragen ist (**416**, Abs. 2), d. h., erfolgte die Mitteilung früher, so ist das Schweigen des Gläubigers zwar nicht als Genehmigung zu deuten, eine auf die verfrühte Mitteilung erfolgte Genehmigung des Gläubigers hat aber volle Wirkung (Z. 1).

3. Das Interesse des Erwerbers ist dadurch gesichert, daß er vom Veräußerer die Mitteilung zu Z. 1 und Nachricht über Erteilung und Verweigerung der Genehmigung verlangen kann (**416**, Abs. 4).

4. Daß der Erwerber durch Antrag an den Gläubiger eine Schuldübernahme gemäß **414** herbeiführt, ist durch **416** nicht ausgeschlossen. Dann gelten die vorstehenden Besonderheiten nicht.

5. Die Struktur dieser Schuldübernahme ist im übrigen die gleiche wie im Falle A. (**415**). Neben dem auf Schuldübernahme gerichteten Vertrage besteht auch hier im Zweifel die Erfüllungsübernahme (vgl. **1164**).

D. Der gesetzlichen Regelung der Schuldübernahme in **415**. **416** entspricht daher weder die Kollektivofferten- oder Beitrittstheorie[5]) noch die Stellver-

---

[1]) Ob abgesehen von ZVG. § 53, Abs. 2 den Hypothekenschulden auch Grund- und Rentenschulden gleichstehen, ist bestritten. Dafür Brettner, a. a. O. (1898), S. 794. Dagegen richtig Planck zu **416**.

[2]) Das BGB. folgt hier dem bayer. Gesetz vom 29. Mai 1866.

[3]) Vgl. v. Czoernig, Zeitschr. f. d. Priv.- u. öffentl. Recht, Bd. 17 (1890), S. 105ff.

[4]) A. M. v. Blume, S. 425 (mit dem Eigentumserwerb).

[5]) Eine an diese sich anlehnende Auffassung vertreten v. Blume, a. a. O. (1898. 1899) und Hellwig, a. a. O. (1899): in **415** sei nur von dem schuldrechtlichen Vertrage zwischen Schuldner und Übernehmer die Rede, durch den sich der Übernehmer verpflichtet, den Schuldner zu befreien. Die Genehmigung des Gläubigers sei Annahme des in der Mitteilung liegenden Antrages des Übernehmers zu einer Schuldübernahme nach **414**. Diese Mitteilung könne vom Schuldner kraft gesetzlicher Ermächtigung für den Übernehmer gemacht werden. — Vgl. dagegen Regelsberger, a. a. O. (1899). Planck zu **415**. **416**. Oertmann, S. 135. Dernburg, a. a. O., S. 356, Note 2.

tretungstheorie, nach der der alte Schuldner als vollmachtloser Vertreter des Gläubigers den Schuldübernahmevertrag mit dem Übernehmer schließt[1]) noch die Auffassung, die den Vertrag zugunsten des Dritten, des Gläubigers, geschlossen ansieht, sondern nur die **Genehmigungs- oder Verfügungstheorie.** Das Gesetz gibt dem Schuldner das Recht, durch Vertrag die Schuld auf einen anderen zu übertragen. Dieser Vertrag ist ein Analogon des Vertrages zur Abtretung der Forderung, nur kann die Übertragung der Schuld ohne Genehmigung des Gläubigers nicht vorsichgehen. Diese Genehmigung ist vom Schuldner und Übernehmer beim Vertragsschluß ins Auge gefaßt. Mit ihrem Eintritt ist die noch fehlende Rechtsvoraussetzung der Schuldübertragung erfüllt wie durch die Existenz der Sache die des Verkaufes einer res futura. Die „Schuldübernahme" in **415**. **416** ist der mit der Rechtsvoraussetzung der Genehmigung des Gläubigers vom Schuldner mit dem Übernehmer geschlossene Schuldübertragungsvertrag. Aus diesem zunächst pendenten Vertrage erwächst den Parteien selbständig voneinander das Recht, durch Mitteilung und Fristsetzung die Entscheidung über die Genehmigung des Gläubigers herbeizuführen. Selbstverständlich ist durch diesen Weg der andere gemäß **414** nicht abgeschnitten. Inwieweit etwa in einer Mitteilung gemäß **415** zugleich ein Antrag zu einem Vertrag nach **414** liegt, ist eine Auslegungsfrage.

III. Die **Voraussetzungen** und **Wirkungen** der Schuldübernahme. (I. II.)

A. Nur solche Schulden können übernommen werden, die nicht an die Persönlichkeit des Schuldners geknüpft sind. Schulden auf Genugtuung können daher nicht übernommen werden. Auch kann die Übernahme der Schuld durch Vertrag mit dem Gläubiger ausgeschlossen sein. Der Konsens des Gläubigers kann hier keine Änderung nachträglich herbeiführen. Stimmt der Gläubiger zu, so wird allerdings der Übernehmer verpflichtet, der Schuldner frei, aber durch Schuldneuerung (Novation).

Wie weit die Schuld übernommen ist, ob nur die Hauptschuld oder auch die Nebenschulden, z. B. Zinsen, Vertragsstrafverpflichtung, ist Auslegungsfrage.

Der Schuldübernahmevertrag bedarf als solcher keiner Form[2]).

B. **Verhältnis des Übernehmers zum Gläubiger.**

1. Macht der Gläubiger die Forderung gegen den Übernehmer geltend, so fragt es sich, welche Einwendungen[3]) der Übernehmer dem Gläubiger entgegenstellen kann.

a) Der Übernehmer, der in die Schuld nachfolgt, kann alle Einwendungen dem Gläubiger entgegensetzen, die dem alten Schuldner gegen den Gläubiger aus dem zwischen ihnen bestehenden Schuldverhältnis zur Zeit der Übernahme zustanden. Nur die mit der Persönlichkeit des Schuldners verbundenen Einreden[4]) kann er nicht geltendmachen (**417**, Abs. 1).

b) Eine dem Schuldner zustehende Forderung kann er nicht aufrechnen, weil die Schuld als eine eigene des Übernehmers gilt, und die Aufrechnung ein Recht des Schuldners ist, welches der Übernehmer nicht vernichten darf. Es bedarf einer Abtretung der Gegenforderung an den Übernehmer.

c) Der Übernehmer kann die Ungültigkeit des zwischen ihm und dem Schuldner geschlossenen Übernahmevertrages (**415**) gegen den Gläubiger geltendmachen, z. B., daß die Schuld schon bei der Übernahme wegen einer vom Schuldner durchgeführten Aufrechnung oder Anfechtung nicht mehr existierte. Die Ungültigkeit des Vertrages kann auch dann geltendgemacht werden, wenn die Mitteilung von der Schuldübernahme **415** vom Übernehmer ausgegangen ist. In diesen Fällen ist die Genehmigung des Gläubigers gegenstandslos gewesen. Ist dagegen die Schuldübernahme nach **414** zustande gekommen, und war ihr eine Erfüllungsübernahme zwischen Schuldner und Übernehmer voraufgegangen, so kann sich der Übernehmer auf die Ungültigkeit der letzteren dem Gläubiger gegenüber nicht berufen.

---

[1]) Strohal, a. a. O., S. 439ff.
[2]) Vgl. Planck zu **415**, Z. 7.
[3]) Vgl. v. Blume, S. 122ff.
[4]) v. Blume, S. 123ff. bes. bez. der Einrede des Notbedarfes (benef. competentiae). Diese ist nach dem BGB. im Falle der Schenkung keine rein persönliche. Stammler, a. a. O., S. 179.

d) Ausgeschlossen sind Einwendungen des Übernehmers aus dem zwischen ihm und dem Schuldner bestehenden Rechtsverhältnisse, das als Grundverhältnis der Übernahme erscheint. Sowohl die Schuldübernahme mit dem Gläubiger wie mit dem Schuldner (I., II.) kommen hier in Betracht. Beide Verträge sind abstrakte Verträge; ist z. B. das Rechtsgeschäft, welches den Übernehmer dem Schuldner zur Übernahme verband, ein gegenseitiger Vertrag, so kann der Übernehmer nicht aus diesem die Einrede des nicht erfüllten Vertrages gegen den Gläubiger geltendmachen (**417**, Abs. 2).

Dagegen kann der Übernehmer Einwendungen gebrauchen, die in seinem Verhältnis zum Gläubiger begründet sind (Stundung, Vergleich).

2. **Übergang der Neben- und Vorzugsrechte**[1]).

a) An sich müssen die Nebenrechte (Bürgschaften, Pfandrechte) nicht untergehen, da ja eine Nachfolge in die Schuld stattfindet. Das gilt auch für die kraft Gesetzes oder richterlicher Verfügung begründeten Bürgschaften und Pfandrechte. Bei bestellten Bürgschaften und Pfandrechten ist aber dieser Gesichtspunkt nicht entscheidend. Die Persönlichkeit und Kreditwürdigkeit des Schuldners spielen bei der Begründung der fraglichen Rechte eine entscheidende Rolle. Daher gehen Bürgschaften und Pfandrechte unter. Eine Hypothek erlischt wie durch Verzicht des Gläubigers (**1168. 1175**). Es können aber diese Rechte aufrechterhalten werden durch Einwilligung des Bürgen oder desjenigen, dem zur Zeit der Schuldübernahme der Pfandgegenstand gehört, sei es, daß dies der Schuldner, der Übernehmer oder ein Dritter ist. Es handelt sich hierbei um die Einwilligung zu der von den Vertragsparteien gewollten Weiterhaftung der Bürgen und Pfänder, der die nachträgliche Genehmigung wohl gleichzustellen ist. Die Bürgen usw. haben ihre Einwilligung demnach den Parteien zu erklären[2]). Daß der Bürge sich für die Schuld schlechthin oder der Verpfänder den Gegenstand ebenso haftbar macht, so daß auch in solchen Fällen diese Rechte fortdauern, hat praktische Bedeutung nicht (**418**, Abs. 1)[3]); z. B.:

A verpfändet seinem Gläubiger B eine ihm von X geliehene Uhr, an welcher B das Pfandrecht erwirbt, weil er in gutem Glauben ist (**1207**). C übernimmt die Schuld des A (**414. 415**). Zum Fortbestande des Pfandrechtes wäre nach **418** die Einwilligung des X erforderlich, wenn nicht im Gesetz der dritte Pfandbesteller oder der Erwerber der Pfandsache nach Schuldübernahme gemeint sein soll. Hier ist A als Eigentümer der Uhr anzusehen.

b) Vorzugsrechte, die sich mit der Forderung im Falle des Konkurses oder der Zwangsvollstreckung verbinden, können im Konkurse usw. des Übernehmers vom Gläubiger nicht geltendgemacht werden wegen der zwingenden Vorschriften über die Rangordnung, welche durch die rechtsgeschäftliche Disposition nicht ausgeschlossen werden können (**418**, Abs. 2, vgl. KO. § 61). Allerdings kann der Übernehmer als Schuldner diese Rangordnung und damit das Interesse seiner Gläubiger alterieren, wenn er bevorrechtigte Forderungen eingeht. Bedenklicher ist aber doch wohl die Übernahme privilegierter Schulden.

IV. **Die Haftung infolge Vermögensübernahme.**

Eine gesetzliche persönliche Haftung trifft denjenigen, der durch Vertrag das Vermögen eines anderen übernimmt (**419**).

A. Der Übernehmer des Vermögens haftet für alle Schulden des Veräußerers, die zur Zeit des Abschlusses des Vertrages bestanden. Die Anwendbarkeit von **419** ist stillschweigend ausgesprochen auch für die Übernahme eines Bruchteiles eines Vermögens und ist nicht ausgeschlossen, wenn der Veräußerer einzelne Objekte zurückbehält, sie fällt fort, wenn es sich nur um ein Sondervermögen handelt (Geschäftsvermögen) und bei Übergang eines oder mehrerer einzelnen Vermögensstücke.

B. Nur vertragsmäßige Übernahme, also unter Lebenden, ist in Frage, ausgeschlossen ist der besonders geregelte Verkauf der Erbschaft (**2371—2385**). Es

[1]) v. Blume, Novation usw., S. 128ff.
[2]) Vgl. aber v. Blume, a. a. O., S. 130f.
[3]) Vgl. aber Stammler, a. a. O., S. 213.

gehören z. B. hierher: Schenkung eines Vermögens, Vitalizien- und Alimentenvertrag[1]), Gutsabtretung, Geschäftsübergabe.

C. Die gesetzliche Haftung knüpft sich unmittelbar an den Vertragsschluß, nicht an die Ausfolgung des Vermögens an den Erwerber. Sie knüpft sich an den Vertragsschluß, auch wenn eine vom Gläubiger genehmigte Schuldübernahme nicht vorliegt. Die Haftung ist daher auch vom Rechtsbestande des Vertrages abhängig. Die Rechtfertigung der Haftung liegt darin, daß die im Vertrage übernommenen Schulden zuvor aus dem miterworbenen Aktivum befriedigt werden sollten und deshalb auch dauernd Befriedigung finden müssen.

D. Die gesetzliche Haftung kann durch Vereinbarung zwischen Übernehmer und Schuldner nicht ausgeschlossen oder beschränkt werden.

E. Die Haftung des bisherigen Schuldners wird nicht aufgehoben. Es liegt also nur ein Analogon der kumulativen oder bestärkenden Schuldübernahme vor.

F. Umfang der Haftung des Übernehmers.

Der Übernehmer haftet mit dem übernommenen Vermögen und den ihm aus dem Vertrage gegen den Veräußerer zustehenden Ansprüchen. Wenn sich der Übernehmer auf die Beschränkung seiner Haftung beruft, also die Unzulänglichkeit des Vermögens behauptet, so muß er das Vermögen zum Zwecke der Befriedigung im Wege der Zwangsvollstreckung an die Gläubiger des Schuldners herausgeben. Der Übernehmer ist den Gläubigern aus der Verwaltung des Vermögens verantwortlich und berechtigt nach **1978** und **1979**. Eine eingetretene Aufhebung durch Vereinigung gilt im Verhältnis der Gläubiger zum Übernehmer als nicht erfolgt. Die rechtskräftige Verurteilung des Übernehmers, die ein Gläubiger erlangt hat, hat den übrigen Gläubigern gegenüber Bestand ebenso wie die Befriedigung. Der Übernehmer ist daher nicht verpflichtet, die Gläubiger verhältnismäßig zu befriedigen. Reicht das Vermögen nicht aus, so darf der Übernehmer Auflagen nur insoweit erfüllen, als sie im Konkursfalle zur Berichtigung kommen würden (**1990**. **1991**).

G. Die Verpflichtungen und Rechte des Übernehmers gegen den Veräußerer ergeben sich aus dem Vertrage. Für den Übergang des Aktivvermögens gilt nichts Besonderes.

H. Nach Handelsrecht (HGB. §§ 25. 26) haftet der Erwerber, der ein Handelsgeschäft unter Lebenden erwirbt und es unter der bisherigen Firma fortführt, für alle Geschäftsschulden des früheren Inhabers. Eine abweichende Vereinbarung wirkt den Geschäftsgläubigern gegenüber nur, wenn sie in das Handelsregister eingetragen und bekanntgemacht oder von dem Erwerber oder Veräußerer dem Dritten mitgeteilt ist. Bei Nichtfortführung der Firma haftet der Erwerber, wenn die Übernahme der Geschäftsschulden in handelsüblicher Weise von ihm bekanntgemacht ist. Auch hier liegt kumulative Schuldübernahme vor (E). Die Ansprüche gegen den früheren Inhaber verjähren aber in fünf Jahren, wenn sie nicht nach allgemeiner Vorschrift in kürzerer Frist verjähren.

---

5. Kapitel.

Die Mehrheit von Gläubigern und Schuldnern.

§ 102.

Die Mehrheit der Gläubiger und Schuldner.[2])

Die Beteiligung mehrerer Gläubiger oder mehrerer Schuldner an einem Schuldverhältnis kann zu Teilschuldverhältnissen (I.), zum Gesamtschuldverhältnis (II.), zur Gesamtforderung auf unteilbare Leistung (III.) und

[1]) RG. Bd. 28, S. 358.

[2]) Rümelin, Jahrb. f. Dogm., Bd. 28, S. 478ff. Hruza, Sächs. Arch., Bd. 5, S. 193ff. 273ff. 401ff. Stammler, Das Recht der Schuldverhältnisse, S. 246ff. Binder, Die Korrealobligationen im röm. und heutigen Recht (1899). Enneccerus I, 2, §§ 311ff.

zum Schuldverhältnis zur gesamten Hand (IV.) führen. Liegen dagegen mehrere Schuldverhältnisse vor, bei denen nur die Leistung die gleiche ist, oder bei denen die einzelne Leistung als Teil eines Gesamterfolges gedacht ist, so gehören diese Fälle nicht hierher (z. B. A verpflichtet B und C, seine Mitmieter, zu bestimmten Tagesstunden keine Musik zu machen, oder A, der 100 Sack Kaffee braucht, bestellt bei B und C je 50).

I. **Das Teilschuldverhältnis.**

Haben mehrere Gläubiger eine teilbare Leistung zu fordern, oder mehrere Schuldner eine solche zu bewirken, so zerfällt das Schuldverhältnis in so viele selbständige Teilschuldverhältnisse (Teilforderungen, Teilschulden), als Gläubiger oder Schuldner beteiligt sind. Die Beteiligung kann eine ursprüngliche oder erst später, z. B. durch Erbfolge, eintretende sein. Im Zweifel sind die mehreren Gläubiger und die mehreren Schuldner zu gleichen Anteilen berechtigt bzw. verpflichtet (**420**). Durch die Struktur des Rücktrittsrechtes (**356**. **L**. § 90) und des gegenseitigen Vertrages kann eine gewisse Einheitlichkeit aller Teilschuldverhältnisse bewirkt werden (**320**, Abs. 1; **L**. § 86);

Kaufen A und B von C 1000 Exemplare einer Ausgabe des Bürgerlichen Gesetzbuches für 3000 M., so haben A wie B eine Forderung auf 500 Exemplare zu 1500 M. Verlangt A 500 Exemplare, indem er 1500 M. anbietet, so kann C die Leistung bis zum Angebot von 3000 M. verweigern, wobei es gleichgültig ist, ob A und B für den Kaufpreis von 3000 M. als Gesamtschuldner oder zu Anteilen haften.

Das Teilschuldverhältnis setzt teilbare Leistung (**L**. § 73) voraus, ist also bei unteilbarer Leistung stets ausgeschlossen. Aber auch bei teilbarer Leistung kann nach der Parteiabsicht oder nach Gesetz eine andere Form der Beteiligung der mehreren eintreten.

II. **Das Gesamtschuldverhältnis.**

Aus den Quellen des römischen Rechtes entnahm man im gemeinen Recht die Unterscheidung der Gesamtschuldverhältnisse in Korreal- und Solidarobligationen. Bei einer Mehrheit der Schuldner entsprach der passiven Korrealobligation die passive Solidarobligation, bei einer Mehrheit der Gläubiger war aber eine der aktiven Korrealobligation entsprechende Erscheinung einer aktiven Solidarobligation in ihrer Existenz bestritten. Die passive Korrealobligation unterschied sich aber von der passiven Solidarobligation darin, daß bei der ersteren grundsätzlich alle Vorgänge, die den einen Korrealschuldner betrafen und ihn befreiten, auch die übrigen correi befreiten, folglich absolute Wirkung hatten, bei der letzteren diese Wirkung nur der Erfüllung und dem, was ihr gleichsteht, zukam. Auf Grund dieses Unterschiedes nahm die Grund-Theorie (Keller-Ribbentropp) bei der Korrealobligation eine Obligation mit einer Mehrheit subjektiver Beziehungen, bei der Solidarobligation aber mehrere Obligationen, die nur durch die Identität ihres Leistungsgegenstandes in Beziehung gesetzt sind, an. Diese Auffassung blieb aber nicht die einzige, auch der ganze Gegensatz wurde verworfen.

Das BGB. kennt nur ein einheitliches Gesamtschuldverhältnis, welches Gesamtforderung oder Gesamtschuld oder beides vereint ergeben kann. Die Leistung kann eine teilbare oder eine unteilbare sein.

A. **Die Gesamtschuld.**

Sind mehrere als Gesamtschuldner verpflichtet, so ist jeder von ihnen zur ganzen Leistung verpflichtet; daher kann der Gläubiger nach seinem Belieben jeden der Gesamtschuldner auf die ganze oder die teilweise Leistung belangen. Der Gesamtschuldner hat keinen Anspruch auf Teilung (beneficium divisionis) oder darauf, daß ein anderer Mitschuldner zuvor belangt werde (Vorausklagung, beneficium excussionis). Die Erhebung der Klage gegen einen und die Verurteilung eines berührt die Verpflichtung der übrigen Mitschuldner nicht. Der Gläubiger kann auch sämtliche Mitschuldner oder mehrere von ihnen als Streitgenossen belangen (ZPO. § 59), er kann die einzelnen Gesamtschuldner selbständig nebeneinander oder nacheinander auf die ganze oder auf die teilweise Leistung in Anspruch nehmen. Folge für den Konkurs: KO. § 68. Immer soll aber der Gläubiger die Leistung nur einmal erhalten. Der Zweck der Gesamtschuld ist derjenige der Erleichterung und Sicherung der Rechtsverfolgung für den Gläubiger.

Ein besonderer Fall ist der der **akzessorischen Gesamtschuld**, bei der die Verpflichtung des einen Gesamtschuldners von der des anderen abhängig ist. Fälle: Bürgschaft (767 f., **L**. § 131), Vermögensübernahme (**419**, **L**. § 101), Erbschaftskauf (**2382**, **L**. § 324).

Nicht hierher gehören die sog. **unechten Gesamtschuldverhältnisse**, in denen die Verpflichtung der einzelnen Schuldner jede auf selbständigem Tatbestande beruht, die Leistungen nur das gleiche Interesse desselben Gläubigers decken sollen, z. B. der Geschädigte kann Ersatz vom Brandstifter und von der Versicherungsgesellschaft, von dem Dieb und von dem Mieter fordern (vgl. **255**, **L.** § 76, VII).

1. **Die Entstehung** der Gesamtschuld beruht auf Rechtsgeschäft oder Gesetz. Im ersteren Falle muß der Parteiwille auf die gesamtschuldnerische Verpflichtung gerichtet sein. Das Rechtsgeschäft kann Vertrag oder einseitiges Rechtsgeschäft sein, wie Auslobung oder Ausstellung von Schuldverschreibungen auf den Inhaber. Kraft gesetzlicher Vorschrift tritt Gesamtschuld ein:

a) Wenn sich mehrere in einem Vertrage gemeinschaftlich zu einer teilbaren Leistung verpflichten (**427**). Durch diese Auslegungsregel ist die unter I. erörterte (**420**) durchbrochen. Die Parteien können aber den Eintritt des Teilschuldverhältnisses bestimmen. Welcher Art der Vertrag ist, abstrakt oder kausal, ist für die Anwendung der Vorschrift in **427** gleichgültig. Die Gesamthaftung bezieht sich auf alle sich aus dem Vertrage ergebenden Leistungen. Voraussetzung ist aber, daß die Schuld gemeinschaftlich durch Vertrag übernommen ist, d. h. alle Schuldner müssen den Vertrag gemeinsam geschlossen haben, oder er muß für alle durch einen Dritten als Vertreter aller geschlossen sein. Übernehmen mehrere getrennt dieselbe teilbare Leistung durch Vertrag oder gemeinschaftlich durch einseitiges Rechtsgeschäft, so kommt es lediglich auf die Auslegung an. Im Zweifel tritt dann Teilschuldverhältnis nach **420** ein[1]).

b) Alle an einer unerlaubten Handlung als Mittäter, Anstifter, Gehilfen Beteiligten haften für den Ersatz des Schadens als Gesamtschuldner (**830**. **840**, Abs. 1; vgl. aber **835**, Abs. 3). Ebenso liegt es bei schuldhafter Versetzung von Vertragsverhältnissen.

c) Gesamtschuld liegt auch vor, wenn mehrere aus irgendwelchem Rechtsgrunde eine unteilbare Leistung schulden (**431**). Wandelt sich z. B. wegen verschuldeter Unmöglichkeit der unteilbaren Leistung diese in eine teilbare Ersatzleistung in Geld, so bleibt es bei der Gesamtschuld.

d) Außerdem hat das Gesetz in zahlreichen Fällen die Gesamtschuld ausdrücklich festgestellt. Auch hier bleibt die Anwendung der Regel unter I. (**420**) immer ausgeschlossen, z. B. in: **42**. **53**. **54**. **86**. **89**. **769**. **1108**. **1388**. **1459** ff. **1480**. **1530**, Abs. 2. **1833**. **2058** ff. **2219**. **2151** ff. Mehrere dieser Fälle sind solche der Gemeinschaft zur gesamten Hand, diese hat aber nicht notwendig Gesamtschuld zur Folge (Gesellschaft). Zu den Fällen des BGB. treten zahlreiche Fälle des Reichsrechtes.

2. **Der Inhalt** der Verpflichtung der einzelnen Gesamtschuldner braucht nicht identisch zu sein. Es kann der eine Gesamtschuldner schlechthin, der andere unter Bedingung oder Befristung, oder alle können unter verschiedenen Bedingungen oder Befristungen schulden.

So sind weiter auch alle Verpflichtungen regelmäßig ihrem Bestande nach völlig unabhängig voneinander. Ist die Verpflichtung des einen Mitschuldners, z. B. wegen Geschäftsunfähigkeit, nichtig oder wegen Zwanges oder Irrtumes anfechtbar, so ist damit nicht auch die Verpflichtung der übrigen Mitschuldner in gleicher Weise mangelhaft. Nur aus besonderen Gründen tritt diese gegenseitige Abhängigkeit ein (akzessorische Eigenschaft, Bestimmung der Abhängigkeit durch Parteiwillen). Ob in dieser Beziehung auch die Anwendung von **139** in Frage kommt, hängt davon ab, ob in der gemeinschaftlichen vertragsmäßigen Übernahme einer teilbaren Leistung nach **427** ein Rechtsgeschäft oder mehrere zu sehen sind. Das letztere ist der Fall schon aus praktischen Rücksichten und wegen der Parteiabsichten. Für die Begründung durch Rechtsgeschäft von Todes wegen kommt aber **139** nicht in Frage, sondern **2085** (vgl. **L.** § 55).

3. **Die Aufhebung** der Gesamtschuld.

---

[1]) Schollmeyer zu **427**, Z. 2.

Hier ist zu unterscheiden zwischen Tatsachen, die, obwohl sie sich nur auf das Schuldverhältnis zwischen dem Gläubiger und einem der Gesamtschuldner beziehen, doch alle Schuldverhältnisse ergreifen und aufheben (absolute Wirkung), und denjenigen Tatsachen, die auf das einzelne Schuldverhältnis beschränkt bleiben (relative Wirkung).

a) **Absolute** Wirkung hat die Erfüllung. Die Erfüllung durch einen Gesamtschuldner befreit alle übrigen[1]). Ebenso die Erfüllung durch einen Dritten (**267**). Mit der Erfüllung werden also auch alle Bürgen und Pfänder der einzelnen Mitschuldner frei. Teilerfüllung bewirkt die Aufhebung für alle auch nur zum Teil (**422**, Abs. 1).

Was von der Erfüllung gilt, gilt auch von der Leistung an Erfüllungs Statt: der Hinterlegung und der Aufrechnung (**422**, Abs. 1). Die Voraussetzungen zur Hinterlegung müssen in der Person des Gesamtschuldners vorliegen, der von ihr Gebrauch macht. Alle Mitschuldner werden frei, sobald das Recht zur Rücknahme ausgeschlossen ist. Solange das Recht zur Rücknahme besteht, können der Hinterlegende und seine Mitschuldner den Gläubiger auf das Hinterlegte verweisen. Im Falle der Rücknahme geht dieses Recht allen Mitschuldnern verloren. Hat der eine Gesamtschuldner öffentlich versteigert und den Erlös hinterlegt, so ist, wenn die Rücknahme ausgeschlossen ist, allseitige Befreiung eingetreten; anderenfalls besteht das Verweisungsrecht für alle Mitschuldner, solange die Rücknahme nicht erfolgt ist. Berufen sich die Mitschuldner auf die Hinterlegung, so haben sie auch ein Verschulden des Hinterlegenden in den Fällen **374**, Abs. 2, und **384**, Abs. 2, zu vertreten, was mit Rücksicht auf **425**, Abs. 2, allerdings zweifelhaft sein kann.

Durch die Geltendmachung des gesetzlichen Aufrechnungsrechtes und durch den Aufrechnungsvertrag wird die Schuld für alle Gesamtschuldner aufgehoben. Zur Aufrechnung darf der Gesamtschuldner nicht eine Gegenforderung seiner Mitschuldner, auch nicht derjenigen, mit denen er im Gesellschaftsverhältnisse steht, verwenden (**422**, Abs. 2).

b) Bei anderen Tatsachen tritt je nach ihrer Bedeutung für das Schuldverhältnis (**425**) **absolute oder nur relative** Wirkung ein; auch kann Vereinbarung der Parteien über die Wirkung abweichend bestimmen[2]).

α) Beim Erlaß und beim negativen Schuldanerkennungsvertrag (**397**) kommt es darauf an, ob diese die Schuld beseitigen sollen, oder ob der Gläubiger und der einzelne Mitschuldner, die den Erlaßvertrag schließen, nur das zwischen ihnen bestehende Forderungsrecht aufheben wollen. Nur der Erlaß im ersten Sinne, und hier auch der entgeltliche, hebt alle Gesamtschulden auf (**423**). Im Zweifel muß man sich aber für die nur relative Wirkung des Erlasses entscheiden. Ebenso liegt es bei der Novation.

β) Der Vergleich kann Erfüllung oder Leistung an Erfüllungs Statt insichschließen. Die Wirkung bestimmt sich dementsprechend. Es kann auch teilweiser Erlaß verbunden mit Erfüllungsversprechen vorliegen; letzteres hat nur relative Wirkung (**425**, Abs. 1 und 2), der teilweise Erlaß dagegen absolute Wirkung. Der unbeteiligte Mitschuldner aber, der den teilweisen Erlaß geltendmacht, muß auch das Erfüllungsversprechen anerkennen. Der Vergleich kann endlich nur die Beziehung der Vergleichsparteien regeln sollen und wirkt dann von vornherein nur relativ. So stets der Zwangsvergleich (KO. § 193).

γ) Eine Schuldübernahme (**414**. **415**) kann sowohl einen wie auch alle Gesamtschuldner befreien sollen.

δ) Der Verzug eines Gesamtschuldners hat im Zweifel nur relative Wirkung, und die Mahnung, die an einen Gesamtschuldner gerichtet ist, hat nur diesem gegenüber Bedeutung, vorausgesetzt natürlich, daß der Gemahnte nicht Vertreter seiner Mitschuldner ist. Vgl. ferner **286**, Abs. 2. **356**. Was von der Mahnung gilt, gilt auch von der Kündigung (**425**). Anders liegt es beim Annahmeverzuge. Dieser hat immer absolute Wirkung. Das Anerbieten

---

[1]) Stammler, S. 255. Jede Einzelforderung ist durch die Erfüllung der anderen resolutiv bedingt. Über den Fall einer für die Gesamtschuldner bestehenden facultas alternativa RG. Bd. 51, S. 73.

[2]) Planck zu **425**, Z. 3. Stammler, S. 260.

eines Mitschuldners setzt den Gläubiger auch allen übrigen Mitschuldnern gegenüber in Verzug und begründet für sie die Rechte aus dem Verzug gegen den Gläubiger (**424**). Erklärt dann hinterher der Gläubiger seine Bereitwilligkeit zur Annahme dem einen Gesamtschuldner, der ihn in Verzug gesetzt hatte, so tritt purgatio morae allen Gesamtschuldnern gegenüber ein, aber nur dieser eine Gesamtschuldner wird durch Nichtleistung in Leistungsverzug gesetzt werden können (**425**).

ε) Die Verschuldung eines Gesamtschuldners hat, wenn nicht andere Vereinbarung vorliegt, Wirkung nur für diesen (**425**).

ζ) Nachträgliche Unmöglichkeit der Leistung macht nur den einzelnen Gesamtschuldner haftbar oder befreit ihn. Wird durch von ihm zu vertretende Umstände die Leistung unmöglich, so werden die übrigen Gesamtschuldner frei.

A leiht an B und C eine Geige. B verleiht sie ohne Willen des A und ohne Wissen des C an D, bei dem sie durch zufälligen Brand zugrunde geht. Die Rückgabe ist für B und C unmöglich geworden, und zwar durch Schuld des B. C wird daher frei (**275**). B hat dagegen Schadensersatz zu leisten (**280**), für den C nicht haftet, da der Leihvertrag diese Haftung nicht erkennen läßt.

Die vollendete Verjährung, die Unterbrechung und Hemmung einer laufenden Verjährung wirken nur relativ. Das gleiche gilt von der Vereinigung und dem rechtskräftigen Urteil, das zwischen dem Gläubiger und einem Gesamtschuldner ergangen ist (**425**, ZPO. 322. 325).

4. **Das Rechtsverhältnis der Gesamtschuldner zueinander** (**426**).

a) Wenn nicht Gesetz (**840. 841. 1833**, HGB. § 432, Abs. 3) oder Rechtsgeschäft ein anderes bestimmen, so sind die Gesamtschuldner in ihrem Verhältnis zueinander Teilschuldner mit der Begründung der Gesamtschuld. Sie sind daher einander verpflichtet, jeder zu seinem Teile zur Leistung mitzuwirken und beizutragen, und ist von einem von ihnen die Leistung bewirkt, so trifft die anderen kraft Gesetzes, nicht nur wie nach römischem Recht auf Grund des unter ihnen etwa bestehenden Rechtsverhältnisses (Gesellschaft), die Ausgleichungspflicht. Der Mitschuldner, der die Befriedigung bewirkt hat, hat das entsprechende Recht des Rückgriffes. Kann von einem der Ausgleichungspflichtigen sein Anteil z. B. wegen Zahlungsunfähigkeit nicht erlangt werden, so wächst damit der Anteil aller übrigen Mitschuldner und entsprechend ihre Ausgleichungspflicht.

b) Sobald ein ausgleichungsberechtigter Mitschuldner den Gläubiger befriedigt hat, sei es auch nur in Höhe seines Anteiles (z. B. durch Zahlung einer Rate, die der Höhe seines Anteiles entspricht)[1], so gehen die Forderungen des befriedigten Gläubigers gegen die übrigen Mitschuldner auf den Befriedigenden, soweit die Befriedigung und die Ausgleichungspflicht geht, mit allen Nebenrechten (Pfandrechten, Bürgen, Vorzugsrechten im Konkurse und in der Zwangsvollstreckung) über (vgl. **L.** § 100). Dieser Übergang rechtfertigt sich dadurch, daß der leistende Mitschuldner im Verhältnis zu den Mitschuldnern eine fremde Schuld erfüllt. Zur Feststellung des Umfanges der Ausgleichungspflicht ist nicht nur auf den Umfang der Befriedigung des Gläubigers, sondern zugleich darauf zu sehen, welchen Aufwand der leistende Mitschuldner zum Zwecke der Befriedigung gemacht hat (z. B. Leistung einer minderwertigen Sache an Erfüllungs Statt).

Der Übergang der Forderungen erfolgt auf der Grundlage des internen Verhältnisses. Die regreßpflichtigen Mitschuldner sind nicht Gesamtschuldner, z. B. A, B, C, D schulden 1200, A zahlt 600. Diese Forderung von 600 geht auf A über, erlischt aber durch Vereinigung zu 150, B, C, D sind A auf je 150 ausgleichungspflichtig. Wenn einer der haftenden Mitschuldner zahlungsunfähig wird, z. B. B, so erweitert sich der Anteil aller, auch der des A, ferner die Ausgleichungspflicht und damit auch das Maß des Überganges der Forderung gegen die Mitschuldner, d. h. A hat gegen C und D einen Anspruch auf je 200[2]).

---

[1]) Planck zu **426**, Z. 1.
[2]) So Stammler, a. a. O., S. 250f.

A, B und C haben von D ein Darlehn von 6000 M. aufgenommen, von dem jeder 2000 M. erhält. B bestellt für das Darlehn dem D ein Pfand und E übernimmt für C selbstschuldnerische Bürgschaft bei D. A zahlt die 6000 M. an D zurück und kann von B und C je 2000 M. zurückverlangen. Er kann sich wegen dieser Regreßforderung von 4000 an das Pfand halten und wegen der 2000 an E. Wäre B zahlungsunfähig, so ist C in Höhe von 3000 M. regreßpflichtig; wegen dieser Regreßforderung haftet E.

c) Durch Gesetz oder Rechtsgeschäft können die Anteile an der Schuld für die einzelnen Gesamtschuldner verschieden bestimmt sein, und die Ausgleichungspflicht kann ausgeschlossen sein. Solche Vorschriften stellt das Gesetz in gewissen Fällen auf, in denen mehrere als Gesamtschuldner für den aus unerlaubten Handlungen entstandenen Schaden verantwortlich sind. Hier tritt für den, der Ersatz geleistet hat, der Ausgleichsanspruch nach der Regel (**426**) ein. Von dieser Regel normieren **840**, Abs. 2 und 3. **841** Ausnahmen. Eine weitere Ausnahme ergibt sich, wenn neben dem Vormunde wegen Verletzung der Aufsichtspflicht der Gegenvormund oder Mitvormund für den vom Vormund verursachten Schaden haftet (**1833**, Abs. 2). — Mitbürgen sind Gesamtschuldner, und unter ihnen besteht die Ausgleichungspflicht nur nach **426**.

d) Wie lange kann ein Gesamtschuldner zur Ausgleichung herangezogen werden? Besteht ein besonderes Rechtsverhältnis unter den Gesamtschuldnern auf Grund von Gesetz oder Vertrag, wie z. B. unter Gesellschaftern oder Miterben, so richtet sich die Haftung nach diesem Rechtsverhältnis. Besteht ein solches besonderes Rechtsverhältnis nicht, so ist Regreß nur nach **426** möglich. Hier würde, wenn der Gesamtschuldner vor Entstehung des Rückgriffsanspruches ausgeschieden ist, kein Rückgriff mehr möglich sein[1]).

B. **Die Gesamtforderung.** Jeder der mehreren Gesamtgläubiger ist forderungsberechtigt auf die ganze Leistung; diese soll aber nur einmal vom Schuldner erbracht werden.

Der Zweck der Begründung einer Gesamtforderung ist auch hier Erleichterung der Rechtsverfolgung gegen den Schuldner, da jeder Gläubiger fordern und so mit seinem Interesse auch das der übrigen Gläubiger wahren kann; aber auch Erleichterung des Schuldners, da er sich den Gläubiger wählen darf, dem er am leichtesten leisten kann. Dieses Wahlrecht kann nicht aufgehoben werden, auch nicht durch die Klageerhebung eines Gläubigers gegen den Schuldner. Auch nach Rechtshängigkeit und in der Zwangsvollstreckungslage kann der Schuldner sich durch Zahlung an einen anderen Gesamtgläubiger befreien. Ebenso kann jeder Gesamtgläubiger unabhängig vom anderen die Klage gegen den Schuldner erheben und durchführen; der Einwand der Rechtshängigkeit steht ihm nicht entgegen (ZPO. § 767). (**428**.)

1. **Entstehung.** Es gilt auch hier zunächst die Vorschrift in **420**, d. h., wenn mehrere eine teilbare Leistung zu fordern haben, so tritt im Zweifel Teilberechtigung zu gleichen Anteilen ein. Abgesehen davon kommt es auf die Auslegung des Rechtsgeschäftes (Vertrages) bzw. des Gesetzes an, um festzustellen, ob Gesamtforderung eintreten soll oder nicht. Haben mehrere durch Vertrag gemeinschaftlich die Forderung erworben oder haben sie eine unteilbare Leistung zu fordern, so folgt daraus noch nicht die Gesamtforderung.

Außerdem kann die Gesamtforderung durch Vermächtnis (**2151**) begründet sein[2]).

2. Für den **Inhalt** der Gesamtforderungen gilt i. a. das gleiche wie bei der Gesamtschuld (A. Z. 2).

3. **Die Aufhebung.**

Auch hier ist zwischen Tatsachen mit absoluter und relativer Wirkung zu unterscheiden (**429**).

a) Ist vom Schuldner einem Mitgläubiger Erfüllung erbracht oder an Erfüllungs Statt geleistet, oder die Hinterlegung mit Ausschluß der Zu-

[1]) So Stammler, a. a. O., S. 250. A. M. Fischer-Henle zu **426**. Planck zu **426**, Z. 1.

[2]) Ähnlich liegen die Fälle in **525**, Abs. 2, und **2194**.

rücknahme[1]) bewirkt, oder die Aufrechnung[2]) vollzogen, so sind alle Forderungen erloschen.

b) Schuldneuerung (Novation), Erlaß und negativer Schuldanerkennungsvertrag, Schuldübernahme[3]) wirken je nach der Absicht der Parteien relativ oder absolut. Über den Vergleich gilt das oben (A. Z. 3b) Gesagte.

c) Kündigung eines Gesamtgläubigers an den Schuldner[4]), Mahnung des Schuldners durch einen Gläubiger, Verzug des Schuldners, das Verschulden eines Mitgläubigers, Unmöglichkeit der Leistung an einen der Gesamtgläubiger, Unterbrechung und Hemmung der Verjährung durch einen Gesamtgläubiger, ebenso die Vollendung der Verjährung zum Nachteil eines Gläubigers wirken nur relativ. So auch das rechtskräftige Urteil, das zwischen dem Schuldner und einem der Gläubiger ergeht. Jedoch kann auf Grund von Parteiabrede oder nach der Natur des Rechtsverhältnisses die absolute Wirkung sich ergeben.

d) Setzt aber der Schuldner einen der Gesamtgläubiger in Verzug, so wirkt das grundsätzlich auch gegen die übrigen Mitgläubiger.

e) Die Vereinigung von Forderung und Schuld in der Person eines Gläubigers hat absolute Wirkung. Auf diese Weise bleibt dem wahlberechtigten Schuldner das Wahlrecht nach Vereinigung erhalten (vgl. **425**). Die Bestimmung hat aber gleichfalls nur ergänzenden Charakter (**429**, Abs. 2).

f) Die Abtretung der Forderung oder ihr gesetzlicher Übergang von einem Gesamtgläubiger auf einen Dritten ist nach den allgemeinen Regeln statthaft. Die Forderungen der übrigen Gesamtgläubiger werden aber dadurch nicht berührt. Der Erwerber tritt also an Stelle seines Auktors ein (**429**, Abs. 3).

4. **Das Rechtsverhältnis der Gesamtgläubiger untereinander.**

Die Gesamtgläubiger sind im Verhältnis zueinander, auch abgesehen von einer unter ihnen bestehenden Rechtsgemeinschaft, zu gleichen Anteilen berechtigt. Hieraus ergibt sich daher die Ausgleichungspflicht. Wenn und soweit der Mitgläubiger befriedigt ist, wenn Vereinigung in seiner Person eingetreten ist, wenn er die Forderung abgetreten hat und an den Erwerber vom Schuldner gezahlt ist, oder wenn er die Rechte der Mitgläubiger sonst z. B. durch absolut wirkenden Erlaß vernichtet hat, so hat derselbe die Mitgläubiger ihrem Anteile entsprechend zu befriedigen. Der Mitgläubiger verliert seinen Ausgleichungsanspruch nicht, wenn er dem Schuldner die Schuld persönlich erließ oder sonst den Anspruch gegen den Schuldner für seine Person verlor. Es kann aber durch Rechtsgeschäft oder Gesetz die Ausgleichungspflicht ganz ausgeschlossen sein (**2151. 2152**), oder es können ungleiche Anteile und damit ungleiche Ausgleichungspflicht bestimmt sein (**430**); z. B.:

A, B, C haben von D 3000 M. als Gesamtgläubiger zu fordern. C beerbt D und hat daher je 1000 M. an A und B zu entrichten.

III. **Mitgläubigerschaft bei unteilbarer Leistung (432).** Schulden mehrere eine unteilbare Leistung, so sind sie Gesamtschuldner (**431**; oben II. A. Z. 1). Haben mehrere eine unteilbare Leistung zu fordern, so sind sie nur dann Gesamtgläubiger, wenn sich das aus Rechtsgeschäft oder Gesetz ergibt[5]). Wenn aber mehrere eine Forderung auf eine unteilbare Leistung erworben haben, sei es in ihrer Person oder durch Erbgang, ohne Gesamtgläubiger zu sein, so können sie Gläubiger zur gesamten Hand sein (IV.), oder es liegt eine bloße Mit-

[1]) Streitig ist aber die Wirkung, solange die Zurücknahme noch nicht ausgeschlossen ist. Vgl. Planck zu **429**, Z. 1.

[2]) Der Schuldner kann dem einen Gesamtgläubiger gegenüber nur mit Forderungen aufrechnen, die ihm gegen diesen Gläubiger zustehen. Er kann die Aufrechnung, die gegenüber einem Gläubiger begründet ist, auch nicht gegenüber einem anderen Gläubiger erklären, sondern er kann nur eine gegenüber einem Gläubiger erklärte Aufrechnung gegenüber allen anderen Gläubigern einwenden.

[3]) A. M. Schollmeyer zu **429**, Z. 2a.

[4]) A. M. Hellwig, Anspruch und Klagerecht, S. 197.

[5]) Im römischen und gemeinen Recht trat Gesamtgläubigerschaft ein: L. 1. § 36. L. 14. pr. D. (**16**, 3).

gläubigerschaft vor (ALR.). Hier kann die Leistung vom Schuldner nur allen Gläubigern gemeinschaftlich gemacht werden, und jeder Gläubiger für sich kann nur Leistung an alle fordern, z. B. die Ansprüche mehrerer Miteigentümer auf Herausgabe (**1011**) oder auf Bestellung einer Grunddienstbarkeit für ihr Grundstück, die Reallastansprüche auf unteilbare Leistung bei Teilung des Grundstückes des Berechtigten (**1109**).

A. Es muß Unteilbarkeit der Leistung vorliegen.

B. Der Schuldner kann nur an alle Gläubiger gemeinschaftlich leisten. Ist durch Bewirkung der Leistung nach ihrer Natur notwendig Befriedigung für alle Gläubiger eingetreten (z. B. Herstellung des Werkes), so ist selbstverständlich die Bewirkung der Leistung überhaupt genügend. Ebenso kann an einen Vertreter aller Gläubiger geleistet werden. Besteht die Leistung in der Herausgabe einer Sache, so kann der Schuldner sie allen Gläubigern gemeinschaftlich anbieten und, wenn auch nur einer die Annahme verweigert, hinterlegen oder zum Selbsthilfeverkauf oder zur Preisgabe schreiten, da durch Nichtannahme auch nur des einen Mitgläubigers alle in Annahmeverzug gesetzt sind (**372. 383. 303**)[1]. Die Klage auf Leistung können alle Gläubiger gemeinschaftlich erheben (ZPO. § 61) oder einer als Vertreter der übrigen. Es kann aber auch jeder Mitgläubiger allein auf Leistung an alle (ZPO. § 72) oder auf Hinterlegung für alle unter Verzicht des Schuldners auf Rücknahme, oder auf Ablieferung an einen gerichtlich bestellten Verwahrer (GFG. § 165) klagen. Dadurch, daß jeder Gläubiger diese Hinterlegung an alle und Ablieferung verlangen kann, ist er besonders gegen die Folgen des Annahmeverzuges gesichert (Ermäßigung der Haftung des Schuldners, Hinterlegungsrecht, Preisgaberecht). Das gestellte Verlangen kann bis zur Hinterlegung oder Ablieferung vom Gläubiger zurückgenommen werden[2]. Die Hinterlegung und Ablieferung kann der Schuldner nicht zurücknehmen, sie befreien den Schuldner allen Mitgläubigern gegenüber.

C. Aus dem Gesagten ergibt sich, welche in der Person eines Mitgläubigers eintretenden Tatsachen absolute Wirkung haben, alle übrigen haben nur relative Wirkung, z. B. ein Gläubiger erhält Erfüllung oder Leistung an Erfüllungs Statt, er erläßt die Schuld, oder es tritt Vereinigung in seiner Person ein, oder es liegt rechtskräftiges Urteil vor. Ebenso steht es auch bei der Verjährung, Kündigung und Mahnung (**432**, Abs. 2). Durch nachfolgende zufällige Unmöglichkeit der Leistung geht die Forderung der Mitgläubiger unter, bei verschuldeter Unmöglichkeit kann jeder Mitgläubiger den Ersatz seines Schadens verlangen.

D. Das Verhältnis unter den Mitgläubigern bestimmt sich nach den Vorschriften über die Gemeinschaft (**741** ff.), soweit nicht aus dem der Forderungsgemeinschaft zugrunde liegenden Rechtsverhältnisse sich Abweichungen ergeben[3].

IV. **Das Schuldverhältnis zur gesamten Hand** kommt als aktives (Forderung mehrerer zur gesamten Hand) oder als passives (Schuld zur gesamten Hand) in Betracht. Die Forderung zur gesamten Hand steht den mehreren Gläubigern anteilsmäßig zu; der Gesamthänder kann aber über den Anteil nicht verfügen, noch weniger über die Gesamtforderung. Die Schuldner zur gesamten Hand sind nur zur gemeinschaftlichen Leistung verpflichtet, woraus sich die weiteren Folgen (Kündigung, Mahnung usw.) ergeben.

Derartige Schuldverhältnisse kommen vor bei der Gesellschaft (**L.** § 128) und im Verhältnisse der Miterben (**L.** § 312) und bei der Gütergemeinschaft in der Zeit zwischen Auflösung und Auseinandersetzung (**L.** § 238, II. A.).

---

[1]) Vgl. bes. Schollmeyer zu **432**, Z. 3. 4.
[2]) So Planck zu **432**, Z. 2. A. M. Schollmeyer, a. a. O., Z. 4.
[3]) Schollmeyer zu **432**, Z. 5.

II. Abschnitt.

Die einzelnen Schuldverhältnisse.

§ 103.

Übersicht.

I. Außer Betracht bleiben in der Darstellung der einzelnen Schuldverhältnisse die sich an familienrechtliche und erbrechtliche Verhältnisse anschließenden Schuldverhältnisse (Unterhaltspflicht, Ausstattungspflicht, Beerdigungspflicht, das Schuldverhältnis zwischen Vormund und Mündel, unter Vorerben und Nacherben, unter Miterben und aus dem Erbschaftskauf usw.).

Ferner sind ausgeschieden die der Landesgesetzgebung überlassenen Schuldverhältnisse: die Leibgedings-, Leibzuchts-, Altenteils-, Auszugsverträge (EG. Art. 75. 76. 96) und im wesentlichen auch der Gesindedienstvertrag (EG. 95).

II. Die einzelnen Schuldverhältnisse des BGB. scheiden sich in:

A. Schuldverhältnisse, die auf Rechtsgeschäft beruhen. Diese sind:

1. Vertragsschuldverhältnisse (Schuldverträge). Sie gruppieren sich nach dem Zweck, den die Parteien verfolgen, in

a) Veräußerungsverträge, welche auf Übertragung eines Vermögensobjektes von einem Vertragsteil auf den anderen abzielen (Kauf, Tausch, Schenkung).

b) Verträge auf Überlassung von Sachnutzung und Arbeitskraft (Miete, Pacht, Leihe, Darlehen, Dienstvertrag, Werkvertrag, Mäklervertrag, Auftrag, Verwahrungsvertrag, Einbringung von Sachen bei Gastwirten).

c) Gesellschaftsvertrag.

d) Aleatorische Verträge (Leibrentenvertrag, Spiel, Wette, Versicherungsvertrag).

e) Sicherungsvertrag und Feststellungsverträge (Bürgschaft, Vergleich, Schiedsvertrag, Schiedseidvertrag, Schiedsrichtervertrag, Schuldversprechen, Schuldanerkenntnis).

f) Anweisung und Scheck.

2. Schuldverhältnisse aus einseitigem Versprechen (Auslobung, Schuldverschreibung auf den Inhaber).

B. Die nicht auf Rechtsgeschäft beruhenden gesetzlichen Schuldverhältnisse. Diese scheiden sich weiter in:

1. Schuldverhältnisse, die sich mehr den auf Rechtsgeschäften beruhenden nähern (Geschäftsführung ohne Auftrag, Gemeinschaft, Vorlegung von Sachen, ungerechtfertigte Bereicherung) und

2. Schuldverhältnisse aus unerlaubten Handlungen (Verpflichtung zum Schadensersatz aus eigenen unerlaubten Handlungen, Verpflichtung zum Schadensersatz aus anderen Tatbeständen).

III. Die Parteien ordnen sich in ihren konkreten Schuldverträgen nicht immer den Typen des BGB. unter, sondern suchen auf dem Boden der Vertragsfreiheit ihren Interessen durch Abänderung des Typus in einzelnen Punkten oder durch Verbindung und Mischung der verschiedenen Typen des Gesetzbuches gerecht zu werden. Die rechtliche Behandlung kann nur der einzelne Fall ergeben[1]).

---

1. Kapitel.

Die Veräußerungsverträge.

§ 104.

Der Kauf.[2])

Der **Kaufvertrag** (emtio venditio) ist der gegenseitige Vertrag, der den Verkäufer zur Verschaffung der Ware, den Käufer zur Zahlung des Preises verpflichtet. Dieser Kauf ist der Konsensualkauf im Gegensatz zum Realkauf (**L.** § 110).

I. **Der Abschluß** des Kaufes ist Sache freier Parteiwillkür. Es kann jedoch eine Verpflichtung zum Kaufabschlusse durch Gesetz oder durch Rechtsgeschäft begründet sein (Vorr verträge). Hierher lassen sich die Fälle zählen, in denen das Gesetz eine Verpflichtung zu-Veräußerung ausspricht und das Rechtsverhältnis unter den Parteien dann nach den Grundsätzen des Kaufes beurteilt wissen will, z. B. der im Falle des Überbaues Rentenberechtigte kann verlangen, daß ihm der Rentenpflichtige den Wert des überbauten Grund und Bodens ersetzt. Rechte und Pflichten bestimmen sich nach den Grundsätzen des Kaufes (**915**, **L.** § 157 II. C). Nicht hierher gehört die landesrechtliche Enteignung (Expropriation), deren rechtliche Natur allerdings sehr bestritten ist (EG. Art. 109, vgl. **L.** § 171).

Rechtsgeschäftlich ist die Pflicht zum Kaufabschluß begründet im Falle des Vorkaufs-, Wiederkaufs- und Wiederverkaufsrechtes (vgl. **L.** § 110).

Im allgemeinen ist auch die Beteiligung für jeden einzelnen an jedem Kaufgeschäfte frei. Es greift hier aber beschränkend ein[3]):

1. Das Verbot des Kontrahierens mit sich selbst im eigenen Namen oder als Vertreter eines Dritten (**L.** § 56, V).

2. Bei einem Verkaufe im Wege der Zwangsvollstreckung (ZPO. §§ 814. 821)[4]) dürfen weder der mit der Vornahme oder Leitung des Verkaufes Beauftragte und die von ihm zugezogenen Gehilfen (einschließlich des Protokollführers) den zum Verkauf gestellten Gegenstand selbst für sich, noch für andere, kaufen noch durch einen anderen für sich kaufen lassen (**456**). Das gleiche gilt von Verkäufen außerhalb der Zwangsvollstreckung, wenn der Auftrag ergangen ist auf Grund einer gesetzlichen Vorschrift, die den Auftraggeber ermächtigt, den Gegenstand auf Rechnung eines anderen verkaufen zu lassen, z. B. **753**. **2042** (Gemeinschaft), **966**, Abs. 2 (Finder), **383**. **385** (Selbsthilfeverkauf), **1228** ff. und **1219** ff. (Pfandverkauf) und der Verkauf durch den Konkursverwalter (**457**)[5]).

---

[1]) Enneccerus I, 2. §§ 322. 323.

[2]) Bernhöft, Beitr., H. 12, S. 54 ff. Bechmann, Der Kauf nach gemeinem Recht I (1876), Bd. II (1884), Bd. III (1905. 1908). Schollmeyer, Das Recht der einzelnen Schuldverhältnisse. Emerich, Kauf und Werklieferungsvertrag, §§ 1 f. 6 ff. Enneccerus I, 2. § 324 bis 341.

[3]) Vgl. Landesrecht: EG., Art. 86, 88; ferner, weil dem öffentlichen Recht angehörig, die Vorschriften disziplinären Charakters für Gerichtsvollzieher und andere Beamte.

[4]) Bei der Zwangsvollstreckung in Grundstücke (ZVG.) führt ZPO. § 41, Z. 1. 4 zu dem gleichen Resultat.

[5]) Vgl. HGB. §§ 290. 371. 373. 376. 388. 391. 437. 440.

Verletzung des Verbotes verpflichtet nach **823**, Abs. 2, den Beteiligten zum Schadensersatz.

Das gegen das Verbot abgeschlossene Kaufgeschäft und das auf Grund des Kaufes vollzogene Leistungsgeschäft (Zession, Übergabe zu Eigentum, sonstige Rechtsübertragung) sind nicht nichtig, bedürfen aber der Zustimmung (Einwilligung oder Genehmigung) aller Beteiligten (Schuldner, Eigentümer, Gläubiger). Der Käufer kann die Beteiligten nach **177**, Abs. 2, zur Erklärung auffordern. Wird die Genehmigung verweigert und ein neuer Verkauf vorgenommen, so haftet der frühere Käufer für die Kosten des neuen Verkaufes und den Mindererlös (**458**).

II. Der Abschluß des Kaufes fordert Einigung der Parteien über Preis und Ware.

A. **Die Ware.** Kaufware sind nicht nur bewegliche und unbewegliche Sachen[1]), sondern auch Rechte (Forderungsrechte, dingliche Rechte, Urheberrechte, Patentrechte, Besitzrechte)[2]). Die als vorhanden gekaufte Sache muß bei Abschluß noch vorhanden sein, sonst entsteht ein Kauf nicht (vgl. aber **306**. **307**).

Die Sachen können eigene des Verkäufers und fremde sein. Möglich ist beim Verkaufe der fremden Sache eine Anfechtung wegen Irrtumes (**119**)[3]). Beim Kauf der eigenen Sache des Käufers kann der Besitz der Sache in Betracht kommen, der dem Verkäufer zusteht. Für den Begriff des Kaufes ist es unwesentlich, ob der Verkäufer die Sache besitzt oder nicht; soll er sie sich erst verschaffen können, so spricht man von Lieferungskauf. Es ist ferner von rechtlicher Bedeutung, ob Spezies- oder Gattungssachen[4]) und ob bewegliche Sachen als schon existente oder erst zukünftige verkauft sind. Der Kauf über zukünftige Rechte oder Sachen, emtio rei speratae (stehende Früchte, Bestandteile, erst anzufertigende Sachen), ist in Schwebe (Rechtsbedingung), solange die Sache nicht existent ist. Weiter sind Gegenstand des Kaufes:

Vermögensganze (Erbschaften)[5]), Sachgesamtheiten, die eine wirtschaftliche Einheit bilden, und solche, die willkürlich als Einheit zusammengefaßt werden (Kauf in Bausch und Bogen);

dingliche Nutzungsrechte als existente und als zu begründende. Ist die Überlassung der Nutzungen eines Grundstückes usw. gegen Entgelt Inhalt des Vertrages, so kann Pacht vorliegen.

Auch Gewinnaussichten können in den Verkauf sonstiger Werte einbegriffen werden (Geschäftsgeheimnisse und Kundschaft bei Verkauf eines Geschäftes, einer Praxis, einer Zeitung) oder selbständiger Gegenstand des Kaufes sein (Hoffnungskauf, emtio spei z. B. Kauf eines Fischzuges, eines Lotterieloses[6]). Der selbständige Hoffnungskauf ist ein unbedingter Kauf. Nur der Gegenstand des Kaufes bringt gewisse Modifikationen mit sich. Der Verkäufer kann hier nur dafür einstehen, daß die Realisierung der Aussicht ihm nach dem Umfange des

---

[1]) Sonntag, Eigentümlichkeiten des Grundstücksverkaufes gegenüber dem Verkauf beweglicher Sachen (1899, Dissert.).

[2]) Tatfrage ist es, ob beim Verkaufe einer Sache auch die Forderungen, die dem Verkäufer in Beziehung auf die Sache zustehen, mitverkauft sind, und ob, wenn das der Fall ist, diese Forderungen schon übertragen sind, oder nur ein vertragsmäßiges Versprechen der Übertragung vom Verkäufer übernommen ist.

[3]) Vgl. Rehbein, S. 137 f. v. Seeler, D. Jur.-Ztg., Jahrg. 4 (1899), S. 16 ff. A. M. Burchhardt, D. Jur.-Ztg., Jahrg. 3 (1898), S. 487.

[4]) Ist auch Geld Gegenstand des Kaufes? Die Frage, wann Kauf, wann Tausch anzunehmen, hat ihre praktische Bedeutung verloren; vgl. **515** (Gleichstellung von Kauf und Tausch).

[5]) Der Erbschaftskauf steht unter besonderen Regeln (**2371—2385**).

[6]) Die Frage, was Gegenstand dieser Geschäfte ist, ob die Gewinnaussicht oder die sich ergebende Sache, oder ob überhaupt ein Kaufgeschäft vorliegt, ist auch nach dem BGB. streitfähig. Für die Ansicht des Textes: Braun, E., Finden die Grundsätze des Kaufes auf die emptio spei Anwendung? (1896). Derartige Käufe sind zugleich aleatorische Verträge (**762—764**). Selbstverständlich unterliegen sie auch den allgemeinen Schranken (**134**. **138**. **306**. **309**). Vgl. v. Blume, Krit. VJSchr., Bd. 40 (1898), S. 31 ff. Endemann I, S. 931 ff.

Versprechens zusteht. Für die Entwährung der auf Grund der Aussicht gewonnenen Sachen und Rechte steht er nicht ein, auch nicht für Mängel.

Dienste und Arbeiten sind nicht Kaufware. Der Werkvertrag tritt aber häufig nahe an den Kaufvertrag heran (**651**, **L.** § 123, VIII.).

B. **Der Preis** muß in Geld, aber nicht notwendig in Währung, fixiert sein. Soll Ware gegen Ware geleistet werden, so liegt Tausch vor. Die praktische Bedeutung der Unterscheidung ist gering (**515**), aber nicht ganz gegenstandslos (vgl. **L.** § 111)[1]). Übernimmt der Erwerber neben dem Preise in Geld ausdrücklich oder stillschweigend noch andersartige Leistungen, so ist es Auslegungsfrage, ob Kauf oder anderes Geschäft vorliegt, ebenso, ob solche Nebenleistungen in den festgesetzten Geld-Kaufpreis einzurechnen sind oder außer diesem geschuldet werden (vgl. **337**). Bestimmtheit des Preises (pretium certum) wird nicht anders verlangt wie für jede andere Leistung aus Schuldverhältnissen (**L.** § 73, III.)[2]).

Die Höhe des Kaufpreises unterliegt wie im klassischen römischen Recht (l. 22. § 3. 23 D. (19, 2) der freien Vereinbarung. Er braucht dem Sachwert nicht gleichzukommen. Das ist z. B. nicht der Fall beim Hoffnungskauf, da der Preis auch dann gezahlt werden soll, wenn die Hoffnung fehlschlägt. Ebenso kann es auch beim Kaufe zukünftiger Sachen liegen, wenn der feste Kaufpreis ohne Rücksicht auf Menge und Eigenschaften der später vorhandenen Sachen gezahlt werden soll. Eigenartig ist auch die Fixierung des Preises unter Baisseklausel, d. h. dahin, daß der Käufer bei Preisrückgang Lieferung zum reduzierten Preise verlangen kann[3]).

Auch der Marktpreis kann vereinbart sein. Es gilt dann im Zweifel der für den Erfüllungsort zur Erfüllungszeit maßgebende Marktpreis (amtliche Börsenkurs), also, wenn am Erfüllungsort der Marktpreis sich nicht bildet, der Marktpreis des Platzes, zu dessen Bereich der Erfüllungsort zur Erfüllungszeit gehört (**453**).

III. Einer **Form** bedarf der Kauf als solcher nicht. Er steht aber unter den Vorschriften der Verträge (**311**. **312**, Abs. 2. **313**. **2371**, vgl. **L.** §§ 85. 324).

IV. Der Kauf ist ein **gegenseitiger Vertrag.** Beide Parteien haben daher ihre Verpflichtungen Zug um Zug zu erfüllen, wenn nicht eine Vorleistungspflicht vereinbart ist (vgl. **L.** § 86).

§ 105.

Die Verpflichtungen des Verkäufers.

1. Die Pflicht zur Übergabe und Rechtsverschaffung.[4])

Das römische Recht stand allerdings nicht ohne Ausnahme (z. B. l. 30. § 1. D. (19, 1); **L.** 19. § 1. D (18, 6) auf dem Boden des Evoiktionsprinzipes; der Verkäufer haftete für rem tradere und habere licere, d. h. er hatte seiner Pflicht durch Tradition zunächst genügt und erst, wenn dem Käufer von einem dritten besser Berechtigten die Sache abgestritten war (Eviktion), trat seine Pflicht zum Ersatz des Interesses (Eviktionsinteresse) ein. Dem römischen Recht folgten das gemeine und sächsische Recht, während das preußische, französische und österreichische Recht den Verkäufer zur Übergabe und Verschaffung des Rechtes verpflichteten (Rechtsverschaffungsprinzip).

Das BGB. folgt dem Rechtsverschaffungsprinzip. Daher trifft den Verkäufer zunächst

I. Die Pflicht zur **Übergabe.**

A. Bis zur Übergabe hat der Verkäufer die verkaufte Sache aufzubewahren und haftet für Fahrlässigkeit.

---

[1]) Vgl. M. II, S. 321.

[2]) Vgl. Koffka, D. Jur.-Ztg., Jahrg. 4 (1899), S. 173 f.

[3]) Vgl. Fuld, Bl. f. Rechtsanwendg., Jahrg. 64 (1899), S. 305 ff.

[4]) Bernhöft, Beitr., H. 12, S. 7 ff., 18 ff. 23 ff. 43 ff. Koenig, Die Haftpflicht des Verkäufers von Inhaberpapieren (1892). Leonhard, Die Haftung des Verkäufers für Verschulden (1896). Rabel, E., Die Haftung des Verkäufers wegen Mangels im Recht I (1902).

B. *Die Übergabe* besteht in der Einräumung des unmittelbaren Besitzes an der Sache (**929**); der Käufer kann sich allerdings mit der Übergabe durch constitutum possessorium (**930**) und Abtretung des Anspruches auf Herausgabe (**931**) begnügen. Bei anderen Kaufgegenständen (z. B. Rechte, Hoffnungen usw.) gestaltet sich die Pflicht des Verkäufers entsprechend. Ebenso wie bei Käufen von Sachen bestimmt sich die Pflicht zur Übergabe beim Kaufe eines Rechtes, welches den Berechtigten zum Besitze befugt, wie z. B. Nießbrauch, Erbbaurecht (**451**).

Verkauft A eine Forderung gegen B, für deren Sicherung B ein Gemälde verpfändet hat, an C, so muß A die Forderung an C abtreten und ihm das Gemälde übergeben.

1. Mit der Sache sind alle Bestandteile (**93** ff.) und im Zweifel das *Zubehör* (**314. 97. 98**) derselben zu übergeben. Die *Nutzungen* und *Lasten* verbleiben dagegen bis zur Übergabe bzw. bis zur Auflassung, d. h. bis zum Gefahrübergang (**L.** § 109) im Verhältnis zum Käufer dem Verkäufer. Das ändert sich grundsätzlich auch nicht beim *Versendungskaufe* (**447**), so daß der Satz cujus periculum ejus et commodum nicht rein anerkannt ist (**446. 101**)[1]).

2. *Zeit und Ort der Übergabe* stehen unter den allgemeinen Grundsätzen (**L.** §§ 80. 82). Kaufschuld ist also für den Verkäufer *Holschuld*, und *Erfüllungsort* ist der Wohnsitz oder der Ort der Geschäftsniederlassung des Verkäufers. Zur *Übersendung* der Ware ist der Verkäufer an sich nicht verpflichtet. Verlangt der Käufer die Übersendung, und ist der Verkäufer einverstanden, so ist damit eine Nebenverpflichtung des Verkäufers begründet, die aber für sich den Erfüllungsort nicht ändert (vgl. **L.** § 109).

3. *Die Kosten der Übergabe* der Sache mit den Kosten des Messens und Wägens und der Begründung und Übertragung des verkauften Rechtes treffen den Verkäufer, während die Kosten der Abnahme und Versendung den Käufer treffen (**448. 451**).

Den *Beweis der Übergabe* hat der Verkäufer zu erbringen.

5. *Gerät der Verkäufer mit der Übergabe in Verzug* (Leistungsverzug), oder *tritt Unmöglichkeit der Übergabe* nach Kaufabschluß ein, so sind die **L.** §§ 86. 109 dargestellten Regeln anzuwenden.

II. *Die Pflicht zur* **Rechtsverschaffung.**

Der Verkäufer hat an der verkauften Sache dem Käufer unbeschränktes Eigentum zu verschaffen, im Falle des Verkaufes eines Rechtes hat er das Recht unbeschränkt zu gewähren (**433** ff.). Grundstücke hat der Verkäufer dem Käufer aufzulassen und die Eintragung zu bewilligen. Ist der Verkäufer selbst noch nicht im Grundbuche als Eigentümer eingetragen, so muß er zunächst seine eigene Eintragung herbeiführen (**L.** § 150, II. C, 1). Die *Kosten* der Auflassung, Eintragung und der Vertragsbeurkundung trägt im Zweifel der Käufer (**449**). Verkaufte Rechte hat der Verkäufer abzutreten, neu zu begründen, eventuell eintragen zu lassen. Dazu kommt bei gewissen Rechten die Übergabe der Sache zu Besitz. Das Eigentum an Grundstücken und beweglichen Sachen geht nach den allgemeinen Regeln über (Übergabe, Auflassung und Eintragung). Den römischen Satz, daß das Eigentum erst dann übergeht, wenn der Kaufpreis gezahlt oder gestundet ist, kennt das BGB. nicht. Dagegen ist ein Vorbehalt bei der Übergabe dahin möglich, daß bis zur Zahlung des Preises das Eigentum dem Verkäufer verbleiben solle (pactum reservati dominii). Möglicherweise liegt darin nur eine schuldrechtliche Vereinbarung der Bestellung eines Pfandrechtes zugunsten des Verkäufers. Davon abgesehen,

---

[1]) *Stammler* (1897), S. 131 ff. *Podewils*, Der Anspruch des Gläubigers auf die Vorteile, die der Schuldner aus der Sache gezogen hat oder hätte ziehen können (Preisschr. 1899), S. 123 ff. Den wesentlichen Zuwachs und die Nutzungen kann man unter der Bezeichnung *akzessorisches Kommodum* (Vorteile, die zu dem Gegenstande hinzutreten) zusammenfassen, über dessen Herausgabe bei den einzelnen Schuldverhältnissen verschiedene Grundsätze gelten. Dem gegenüber steht das *stellvertretende Kommodum* (Vorteile, die an Stelle des untergegangenen Gegenstandes eintreten). Darüber vgl. **255. 281. 323. 325.**

ist beim Verkaufe beweglicher Sachen[1]) im Zweifel anzunehmen, daß der Verkäufer das Eigentum unter der aufschiebenden Bedingung der vollständigen Preiszahlung übertragen und sich ein Rücktrittsrecht für den Fall vorbehalten hat, daß der Käufer mit der Preiszahlung in Verzug gerät. Der Kaufvertrag selbst wird also nicht zu einem bedingten (**455**)[2]). Für die Verschaffungspflicht gelten folgende Grundsätze:

A. Die Freiheit von Rechten Dritter hat der Verkäufer auch dann zu gewähren, wenn er den Bestand der Rechte Dritter nicht gekannt hat und auch nicht kennen mußte.

B. Es handelt sich um alle Rechte Dritter, die gegen den Käufer geltendgemacht werden können, d. h. dingliche (z. B. Grunddienstbarkeiten) und auch persönliche Rechte der Art (z. B. **571**) und Veräußerungsverbote (**433**, Abs. 1. **434**).

1. Der Verkäufer eines **Grundstückes** oder eines Rechtes an einem Grundstücke, eines Schiffes oder eines Rechtes am Schiffe hat demnach Grunddienstbarkeiten, Pfandrechte, Grundschulden usw., die an dem Gegenstand bestehen, soweit sie eingetragen sind, zur Löschung zu bringen. Das gilt auch von den eingetragenen Rechten, die nicht bestehen, wenn sie das zu verschaffende Recht des Käufers im Falle ihres Bestandes beeinträchtigen würden. Die Kosten der Löschung trägt der Verkäufer (**435**, Abs. 1 und 2). Daß eine Geltendmachung dieser Rechte stattgefunden hat oder droht, ist nicht Voraussetzung des Anspruches des Käufers.

Der Verkäufer eines Grundstückes oder eines Rechtes am Grundstücke haftet aber nicht für die Freiheit des Grundstückes von öffentlichen Abgaben und anderen öffentlichen Lasten, die sich zur Eintragung in das Grundbuch nicht eignen. Die Natur der Abgaben als öffentliche bestimmt sich auch nach dem Landesrecht. Der Verkäufer haftet dagegen für das Nichtvorhandensein von belastenden Rückständen aus solchen Abgaben und Lasten. Selbstverständlich ist die Haftung aus besonderer Vereinbarung und arglistigem Verschweigen nicht ausgeschlossen. Der Grund der Bestimmung ist, daß die Kenntnis solcher Abgaben beim Käufer vorliegen wird oder ihm doch die Erkundigung obliegt. Für bewegliche Sachen (Schiffe, Buden) gilt die Bestimmung nicht (**436. 446**).

2. Der Verkäufer eines Rechtes (Forderungen usw.) haftet auch für den rechtlichen Bestand des Rechtes[3]). Das folgt nicht schon aus dem Verschaffungsprinzip. Der Verkäufer ist also verpflichtet zur Verschaffung des Rechtes, gleichviel, ob das Recht niemals bestanden hat oder erloschen oder durch Einrede dauernd entkräftet ist (**437**, Abs. 1). Vgl. **L.** § 100, I. E.

A tritt an B, um eine Darlehnsforderung des B zu tilgen, eine Kaufpreisforderung gegen C in gleicher Höhe von 1000 M. an Zahlungsstatt ab; die Kaufpreisforderung erweist sich als uneinbringlich, weil der Kauf angefochten war, nachdem die Forderung abgetreten war. A haftet (**365. 437. 142**).

Sind Wertpapiere verkauft, so haftet auch der Verkäufer dafür, daß sie nicht (**799**) zum Zwecke der Kraftloserklärung aufgeboten sind. Zweifelhaft kann sein, ob es sich hier um einen Mangel im Recht oder um physischen Mangel handelt. Maßgebend ist, daß der erste gerichtliche Akt im Aufgebotsverfahren zur Zeit des Kaufabschlusses erfolgt war. Ist durch richterliche einstweilige Verfügung eine Zahlungssperre erfolgt, so würde hierfür schon, weil es sich um ein Veräußerungsverbot handelt, der Verkäufer haften nach **136. 434.** (**437**, Abs. 2).

C. **Die Gewährleistungspflicht fällt fort,** wenn der Käufer den Mangel im Rechte beim Abschlusse des Vertrages kennt. In jedem Falle ist die aus dem Rechtsmangel sich ergebende Gefahr dem Käufer durch Gesetz aufgebürdet. Gleichgültig ist, wie der Käufer die Kenntnis erlangt hat. Bei eingetragenen Rechten kann sie namentlich durch Einsicht des öffentlichen Buches erlangt sein. Der Verkäufer hat den Beweis der Kenntnis zu erbringen, und er ist nicht schon erbracht durch den Hinweis auf die Tatsache der Eintragung; denn den Käufer trifft keiner-

[1]) Beim Grundstücksverkauf steht der dinglichen Wirkung **925**, Abs. 2, entgegen, in dem Vorbehalt kann aber der Käufer die Verpflichtung zur Rückübertragung unter der Bedingung unternommen haben, welche durch Vormerkung geliefert werden kann.

[2]) Vgl. Cohen, Zeitschr. f. d. Priv.- und öffentl. Recht, Bd. 21 (1894), S. 689 ff.

[3]) Vgl. Stammler (1897), S. 107 f.

lei Erkundigungspflicht (**439**, Abs. 1). Eine Unkenntnis des Käufers fällt demnach immer dem Verkäufer zur Last. Will sich der Käufer Kenntnis verschaffen, so trifft den Verkäufer die Auskunftspflicht. Sie bezieht sich auf alle Gegenstände, sie erstreckt sich auf alle rechtlichen Verhältnisse, die für diesen Gegenstand in Betracht kommen, bei Grundstücken auf die Grenzen, Gerechtsame, Lasten. Sie begreift auch die Pflicht zur Herausgabe der Beweisurkunden, soweit sie der Verkäufer besitzt. Enthält die Urkunde auch Angaben über andere Angelegenheiten, so muß der Verkäufer einen öffentlich beglaubigten Auszug erteilen (**444**)[1]).

Kannte der Käufer die Mängel im Recht zwar zur Zeit des Kaufabschlusses nicht, wohl aber zur Zeit der Leistung, so ist es Tatfrage, ob etwa der Käufer auf seine Ansprüche verzichtet hat, ebenso, wenn der Kauf einverstandenermaßen und rechtsgültig über die Sache oder das Recht eines Dritten abgeschlossen ist.

Selbstverständlich fällt die Gewährleistungspflicht des Verkäufers überall fort, wenn der Käufer nach den Vorschriften über den Erwerb in gutem Glauben das Recht unbeschränkt erworben hat, z. B. **891**. **892**.

1. Trotz Kenntnis des Käufers fällt die Gewährleistungspflicht des Verkäufers nicht fort, wenn es sich um Hypotheken, Grundschulden, Rentenschulden, Pfandrechte und um Vormerkungen zur Sicherung des Anspruches auf Bestellung solcher Rechte (**883** ff.) handelt (**439**, Abs. 2).

2. Die Gewährleistungsansprüche fallen fort bei der Zwangsvollstreckung (ZPO. § 806, ZVG. § 56).

3. Die Gewährleistungspflicht kann durch Verfügung der Parteien aufgehoben oder abgeändert (erhöht oder gemindert) werden. Eine Erweiterung der Haftung ist einer Beschränkung nicht unterworfen. So kann der Verkäufer einer Forderung auch die Haftung für die Zahlungsfähigkeit des Schuldners übernehmen. Die Auslegungsregel in **438** besagt aber, daß sich diese Übernahme nur auf die Zahlungsfähigkeit zur Zeit der Abtretung bezieht. Abminderung und Ausschluß der Haftung sind aber nichtig, wenn der Verkäufer den Mangel im Rechte kannte und ihn arglistig verschwieg. Arglist liegt z. B. dann nicht vor, wenn der Verkäufer annehmen durfte, daß auch dem Käufer der Mangel bekannt war[2]).

D. **Die Folgen der Verletzung** der Gewährleistungspflicht. Wird das Recht nicht verschafft oder nicht unbeschränkt verschafft, so liegt gänzliche oder teilweise Nichterfüllung vor. Da der Verkäufer für die Rechtsverschaffung schlechthin einzustehen hat, so treten für den Käufer alle die Rechte ein, die bei gegenseitigen Verträgen wegen Nichterfüllung oder nicht rechtzeitiger Erfüllung der dem anderen Teile obliegenden Verpflichtungen zustehen (**320—327**).

1. Der Käufer kann daher die Zahlung des Kaufpreises verweigern, soweit er nicht vorzuleisten hat und unter Berücksichtigung der Vorschrift in **320**, Abs. 2. Gleichgültig ist, ob der dingliche Vertrag noch aussteht oder schon vollzogen ist[3]). Hat der Käufer den Kaufpreis schon gezahlt, so kann er nur noch auf Erfüllung klagen und zugleich Schadensersatz wegen verspäteter Erfüllung verlangen, oder er kann die nachträgliche Erfüllung ablehnen und Schadensersatz wegen Nichterfüllung fordern, oder er kann endlich ganz vom Vertrage zurücktreten.

Die Modifikationen, die im Falle des Verzuges und der nachfolgenden Unmöglichkeit eintreten, bestimmen sich durchaus nach den Vorschriften über den gegenseitigen Vertrag (vgl. **L.** § 86).

2. Macht der Käufer eines der ihm zustehenden Rechte geltend, und wird die Nichterfüllung bestritten, so hat stets der Käufer den Beweis des Rechtsmangels zu führen (**442**), auch wenn er nur das Verweigerungsrecht geltendmacht (vgl. **332**, Abs. 1).

---

[1]) Das Recht auf Gestattung der Einsicht des Originales bestimmt sich nach **810**. Vgl. Endemann **I**, S. 979, Note 46. A. M. Planck zu **444**, Z. 2.

[2]) Beer, D. Jur.-Ztg. 1904, S. 88 ff. Seuff. Arch., Bd. 59, S. 137 (RG.).

[3]) Seuff. Arch., Bd. 55, Nr. 10 (RG.).

3. Sämtliche Rechte des Käufers sind nicht davon abhängig, daß der dingliche Vertrag schon erfüllt ist, und ferner der Anspruch auf Schadensersatz wegen Nichterfüllung und der Rücktritt nicht davon, daß das beschränkende oder ausschließende Recht des Dritten gegen den Käufer durchgesetzt ist (Eviktion).

4. Dem Eviktionssystem folgt aber scheinbar das Gesetz, wenn eine bewegliche Sache verkauft und zum Zwecke der Eigentumsübertragung übergeben ist und an dieser Sache ein Recht eines Dritten besteht, das zum Besitze der Sache berechtigt. Während die sonstigen Rechtsbehelfe wegen Rechtsmangel (Verweigerungsrecht, Rücktritt) dem Käufer schlechthin ohne Entwährung zustehen, kann der Käufer Schadensersatz wegen Nichterfüllung nur begehren, wenn er die ihm übergebene Sache dem Dritten mit Rücksicht auf dessen Recht herausgegeben oder wenn er sie dem Verkäufer zurückgestellt hat, oder wenn sie untergangen ist. Das gleiche gilt, wenn ein zum Besitze berechtigendes Recht an der beweglichen Sache verkauft und die Sache dem Käufer übergeben ist, z. B. Nießbrauch (**440**, Abs. 2—4. **441**).

a) Die Bestimmung soll verhüten, daß der Käufer Entschädigung wegen Rechtsmangels erhält und dennoch im Genusse der Sache verbleibt. Es ist daher nicht die Entwährung der Grund der Schadensersatzpflicht. Letztere ruht vielmehr auf selbständiger Grundlage.

Abweichend vom bisherigen Recht liegt auch Entwährung nicht erst dann vor, wenn der Dritte auf Grund seines Rechtes dem Käufer die Sache abgestritten hat. Der Käufer soll sich ihrer schon entledigen dürfen, sobald er weiß, daß ein Dritter Anspruch auf ihren Besitz hat.

b) Der Käufer, der herausgegeben oder zurückgewährt hat und seine Schadensersatzforderung wegen Nichterfüllung geltendmacht, muß sich auf seine Schadensersatzforderung die Früchte und den Genuß der Zwischenzeit anrechnen lassen und kann seinerseits aufgewendete Kosten (z. B. des Prozesses mit dem Dritten) anrechnen[1]).

c) Der Herausgabe an den Dritten steht es gleich, wenn der Dritte den Käufer oder der Käufer den Dritten beerbt, oder wenn der Käufer das Recht des Dritten sonstwie (durch Schenkung, Vermächtnis) erwirbt. Der Käufer oder sein Erbe schulden dann den Preis für eine Sache, die nicht durch Erfüllung des Vertrages in ihr Eigentum gelangt ist, weil entweder der Erbe Eigentümer war oder der Käufer durch Erbgang Eigentümer geworden ist.

Der Herausgabe steht es gleich, wenn der Käufer den Dritten abfindet (Ablösung von Pfandrechten, Miteigentumsrechten, Dienstbarkeiten) und wenn der Käufer einen ihm gegen einen anderen zustehenden Anspruch auf Herausgabe dem Verkäufer abtritt.

E. Die Grundsätze über die Verpflichtung des Verkäufers zur Gewährleistung wegen Rechtsmangels und die entsprechenden Ansprüche des Käufers finden auch Anwendung auf andere auch nicht gegenseitige entgeltliche Verträge, die auf Veräußerung und Belastung eines Gegenstandes gerichtet sind, z. B. bei Tausch, Vergleich, Hingabe an Erfüllungs Statt usw. (**445**, vgl. **493**)[2]).

§ 106.

2. Die Gewährleistung wegen Mängel der Sache im allgemeinen.[3])

Nach röm. Recht bestand die Haftung des Verkäufers für Mängel der Sache bei dolosem Verschweigen und falls dicta et promissa bzw. der Fehlerfreiheit abgegeben waren, auf Grund des ädilizischen Ediktes (actio quanti minoris und redhibitoria) aber auch für alle nicht offenkundigen Mängel, welche die Gebrauchsfähigkeit beeinträchtigten. Nicht in das gemeine Recht ist der Anspruch des Käufers auf Abschluß einer Garantiestipulation für Mängelfreiheit übergegangen, und streitig blieb

---

[1]) Vgl. Hruza, Sächs. Arch., Bd. 5 (1895), Sep.-Abdr., S. 16 ff.

[2]) Für unentgeltliche Verträge fehlt es an einer allgemeinen Regel. Besondere Regelung vgl. in **523** (Schenkung) und **1624**, Abs. 2 (Ausstattung).

[3]) Hanausek, Haftung des Verkäufers für die Beschaffenheit der Ware (1887). Rießer, Zeitschr. f. d. ges. Handelsr., Bd. 35 (Beil.-H.), S. 418 ff. Bernhöft, Beitr., H. 12, S. 29 ff. 35 ff. Crome, Arch. f. d. ziv. Prax., Bd. 78, S. 122 ff. Strohal, Jahrb. f. Dogm., Bd. 33, S. 379 ff.

die Ausdehnung der Vorschriften auf den Gattungskauf. Der Viehkauf stand im röm. und gem. Recht unter keinen Ausnahmen.

Die Vorschriften des BGB. gelten grundsätzlich für alle Käufe, Ausnahmevorschriften bestehen aber für den Gattungskauf und besonders den Viehkauf.

Wie die Haftung wegen Rechtsmangels, so fließt auch die Gewährleistung wegen Mängel der verkauften Sache aus dem Vertrage selbst. Nachdem der Verkäufer seiner Verpflichtung zur Rechtsverschaffung und Übergabe genügt hat, also insoweit frei ist, trifft ihn noch als Verkäufer die Haftung für Mängel in gewissem Umfange und unter gewissen Voraussetzungen. Diese Haftung beschränkt sich auf Sachkäufe. Sie ist besonders gesetzlich geregelt; denn mit den aus dem gegenseitigen Vertrage fließenden Rechtsmitteln könnte sie mangels besonderer Abmachungen im Vertrage nur beschränkt gemacht werden; denn der Verkäufer hätte die Sache nur in dem Zustande zur Zeit des Vertragsschlusses zu liefern (**433**) und für Mängel, die sich nach dem Vertragsschlusse einstellen, würde er nur nach **323. 325**, Abs. 1, haften. Auch nur für gewisse Fälle würden dem Käufer die Anfechtung wegen Irrtums und arglistiger Täuschung (**119**, Abs. 2, **123**) und der Schadensersatzanspruch aus **823. 826** helfen.

A hat bei B für die Sommerreise einen Anzug gekauft, der nach dem Tragen am ersten Tage der Reise völlig verschossen ist. A kann nach **119**, Abs. 2 den Kauf anfechten, wenn nicht diese Vorschrift durch die über die Haftung für Sachmängel ausgeschlossen ist (RG.). Wenn das der Fall ist, so kann A nur auf Wandlung oder Preisminderung bestehen. Hat B den Mangel gekannt und dennoch den Anzug zum Kaufe angepriesen, so kann A den Kauf anfechten (**123. 124. 142**).

I. Die Voraussetzungen der Gewährleistungspflicht.

A. Der Verkäufer haftet für offene und verborgene Mängel der Kaufsache. Ob der Verkäufer den Mangel gekannt hat oder nicht, ob er ihn schuldhafterweise nicht gekannt hat, ist gleichgültig. Der Verkäufer haftet aber nicht, wenn dem Käufer der Mangel bei Abschluß des Kaufes bekannt war. Kannte der Käufer in grober Fahrlässigkeit (z. B. bei offenbaren Mängeln) den Mangel nicht, so ist die Haftung des Verkäufers ausgeschlossen, wenn er nicht arglistig den Mangel verschwieg, d. h. wenn er selbst den Mangel kannte und wußte, daß er dem Käufer unbekannt geblieben war (**459. 460**)[1]).

B. Der Verkäufer haftet nur für wesentliche Mängel, d. h. solche, die den Wert oder die Tauglichkeit zu dem gewöhnlichen oder dem nach dem Vertrage vorausgesetzten Gebrauche aufheben oder erheblich mindern. Quantitätsmängel können unter beiden Gesichtspunkten erheblich sein (**459**).

C. Während nach gemeinem, französischem, sächsischem Recht die Gewährleistung sich nur auf die Mängel bezieht, die zur Zeit des Abschlusses des Vertrages vorhanden waren, bezieht sie sich nach dem BGB. auf die im Moment des Gefahrüberganges (**L** § 109) vorhandenen Mängel (**460. 463**).

Für einen Mangel, der zur Zeit des Vertragsschlusses vorhanden, zur Zeit des Gefahrüberganges aber weggefallen ist, haftet also der Verkäufer nicht; für einen Mangel, der zur Zeit des Vertragsabschlusses nicht bestand wohl aber zur Zeit des Gefahrüberganges, haftet er, falls nicht **324**, Abs. 1 zutrifft. Keine Haftung tritt beim Versendungskauf ein, wenn der Mangel zwar bei Gefahrübergang vorhanden, bei der Übergabe aber fortgefallen ist.

D. Der Verkäufer haftet auch dafür, daß die Sache zur Zeit des Gefahrüberganges die zugesicherten Eigenschaften hat.

1. Die Zusicherung geht dahin, daß die Sache die zugesicherte Eigenschaft zur Zeit des Vertragsschlusses hat; sie ist zu unterscheiden von dem Versprechen, die Eigenschaft herzustellen; es läge ein Nebenvertrag vor, aus welchem der Veräußerer auf Beschaffung der Eigenschaft haften würde, nicht aber gemäß **459**. Eine vertragsmäßige Verschärfung der gesetzlichen Gewährleistung läge aber vor, wenn der Verkäufer zusichert, daß die Sache beim Gefahrübergang die Eigenschaft haben werde, die sie jetzt nicht hat. Vgl. II. G.

2. Die Zusicherung muß in den Vertrag aufgenommen sein, bedarf daher auch der Form des Kaufvertrages (**313**), und muß eine ernste sein; vage Anpreisungen gehören nicht hier her, können aber die Haftung wegen Betruges begründen.

---

[1]) Zur Sicherung des Beweises kann gerichtliche Beweisaufnahme nach ZPO. § 488 stattfinden. Die Beweislast regelt sich dahin, daß der Käufer den Beweis des Mangels, der Verkäufer den der Kenntnis bzw. der durch grobe Fahrlässigkeit verschuldeten Unkenntnis zu führen hat.

3. Eigenschaften sind solche Beziehungen der Sache zu anderen Gegenständen oder Personen, die von Einfluß auf die Wertschätzung der Sachen im Verkehr sind. Der Zusicherung bestimmter Eigenschaften steht gleich die Zusicherung der Abwesenheit gewisser Mängel.

4. Der Zusichernde haftet gesetzlich für die erheblichen Mängel, auch abgesehen von einer Zusicherung. Innerhalb des Rahmens der Zusicherung, d. h. in bezug auf die zugesicherte Eigenschaft, haftet er ohne Rücksicht auf die Erheblichkeit des Mangels (B)[1]) und ohne Rücksicht auf eine auf grober Fahrlässigkeit des Käufers beruhende Unkenntnis vom Mangel (A). Kenntnis des Mangels beim Käufer schließt allerdings auch diese Haftung aus.

5. Die Zusicherung einer bestimmten Größe des verkauften Grundstückes durch den Verkäufer gilt als Zusicherung einer Eigenschaft. Ob Zusicherung vorliegt oder die Angabe des Flächengehaltes etwa nur zur Bezeichnung des Grundstückes erfolgte, ist Interpretationsfrage (**468**).

E. Die Gewährleistung wegen Mängel (anders wegen Zusicherungen) fällt fort

1. wenn die Sache auf Grund eines Pfandrechtes in öffentlicher Versteigerung unter der Bezeichnung als Pfand verkauft wird. Der Grund dieser Vorschrift liegt weniger in der besonderen Lage des verkaufenden Pfandgläubigers als vielmehr in der Rückwirkung der Wandlung und Minderung auf das Schuldverhältnis und die Lage des Schuldners (**461**. **1235**, ZPO. § 806. ZVG. § 56). Vgl. **464** unten II, F.

2. Beim Erbschaftskaufe (**2376**).

II. Die Gewährleistungsansprüche des Käufers.

In allen Fällen (Spezies-, Gattungskauf) hat der Käufer die Ansprüche auf Wandelung oder Minderung (A—C). An Stelle dieser Ansprüche kann er bei allen Käufen Schadensersatz wegen Nichterfüllung fordern (D), dagegen steht ihm ein Anspruch auf Lieferung mangelfreier Sache nur beim Gattungskaufe zu (J). Kann aber nicht der Verkäufer auch beim Jpezieskauf durch nachträgliches Angebot mangelfreier Lieferung und Besserung des Mangels die Ansprüche des Käufers abwenden? Selbstverständlich wird der Käufer dem Verkäufer die Beseitigung des Mangels immer freistellen können, aber nach dem Grundsatz von Treu und Glauben und gemäß **226** auch freistellen müssen, so z. B., wenn binnen kurzer, den Käufer nicht beeinträchtigender Frist Besserung des Mangels erfolgen kann und vom Verkäufer angeboten wird[2]).

A. Ob Wandelung oder Minderung eintritt, hängt nicht von der Art der Fehler oder dem Gewicht derselben oder vom richterlichen Ermessen ab, sondern von der Wahl des Käufers (**462**). Hier ist es notwendig, Sicherheit darüber zu schaffen, wenn die Wahl unabänderlich wird.

1. Die Wahl des Käufers ist vollzogen, wenn sich der Verkäufer auf Verlangen des Käufers mit ihr einverstanden erklärt hat, d. h. durch Wandelungsvertrag. Zur Geltendmachung der Wahl ist also nicht Erhebung der Klage bzw. Geltendmachung als Einrede nötig, sondern das Verlangen des Käufers. Solange aber der Verkäufer sich mit der Wahl nicht einverstanden erklärt hat, kann der Käufer seine Wahl ändern und auch beim Vertrage bleiben, z. B. wenn nach erklärter Wandelungsabsicht der Verkäufer in Konkurs fällt (**465**). Die Wahlerklärung ist dem Verkäufer gegenüber abzugeben, ebenso wie die Erklärung des Einverständnisses dem Käufer gegenüber; denn es handelt sich um Vertragserklärungen.

Wenn so die Wahl auf Wandelung unwiderruflich geworden ist, kann auch der Verkäufer die Durchführung der Wandelung verlangen. Er braucht nicht die Klage oder Einrede der Wandelung abzuwarten.

2. Der Verkäufer muß auch seinerseits geschützt sein gegen die Unsicherheit, die vorliegt, wenn der Käufer Mängel, und zwar dem Verkäufer gegenüber behauptet, aber die Wahl nicht ausübt. Der Verkäufer kann dem Käufer unter Erbieten zur Wandelung eine angemessene Frist setzen zur Erklärung, ob er Wandelung verlange. Verstreicht die Frist ohne Erklärung, so kann

---

[1]) Nicht aber ohne Rücksicht auf ganz unerhebliche Abweichungen von der Zusicherung. Crome II, S. 457, Note 22.

[2]) Vgl. Planck zu **462**, Z. 4. A. M. Endemann **I**, S. 988, Note 18. Andererseits steht dem Käufer ein Anspruch auf Besserung des Mangels nur zu, wenn diese versprochen oder wenn der Mangel nach Vertragsschluß vom Verkäufer verschuldet ist. (Vgl. **F**.)

nur noch Minderung verlangt werden (**466**). Erklärt sich der Käufer innerhalb der Frist für Wandelung oder Minderung, so muß der Verkäufer diese Wahl unverzüglich annehmen, sonst hat der Käufer wieder freie Wahl. Die Bestimmung soll dem Käufer, der Mängel behauptet, die Möglichkeit einer Spekulation abschneiden. Behauptet der Käufer aber Mängel nicht, so ist **466** allerdings nicht anwendbar. Das Bedenken[1]) mindert sich durch die Verjährungsbestimmungen.

A verkauft an B 50 Ztr. Kleesamen und sichert eine Keimfähigkeit von 75 Proz. zu. Der Kaufpreis wird bar bezahlt. B hat eine Keimfähigkeit des Samens zu nur 50 Proz. festgestellt und zeigt das dem A an, der sich den Mangel bestreitend zur Wandelung erbietet und B auffordert, sich binnen 2 Stunden nach Empfang der Aufforderung telegraphisch über das Angebot der Wandelung zu erklären. B erklärt die Annahme erst 6 Stunden nach dem Empfang. Da B sich innerhalb angemessener Frist erklärt hat, so war die Wandelung vollzogen (**446. 465**), A konnte nicht mehr widersprechen, B kann nicht mehr Minderung verlangen.

3. Kommt es zu keinem Wandelungsvertrage, so entspräche es der natürlichen Auffassung, dem bisherigen Recht und wäre mit den Bestimmungen des BGB. vereinbar, wenn der Käufer den auf Rückgängigmachung des Kaufes, d. h. auf Befreiung von den Verpflichtungen bzw. Rückgewährung der Leistungen aus dem Vertrage gerichteten Wandelungsanspruch durch Klage oder Einrede geltendmachen könnte. Dem widerspricht die durch die Protokolle hervorgerufene Vertragstheorie[2]). Nach ihr ist der Wandelungsanspruch des Käufers gerichtet auf die Einwilligung des Verkäufers in die Wandelung. Kommt es zu einem Wandelungsvertrage nicht, so hat der Käufer nur diesen Anspruch auf Einwilligung in die Wahl, d. h. auf Abschluß des Wandelungsvertrages.

Ist der Verkäufer zum Abschluß des Vertrages nicht bereit, so muß der Käufer Klage erheben. In dieser Klage stellt er den Vertragsantrag. Während des Prozesses kann der Käufer immer noch seine Wahl ändern[3]). Durch rechtskräftiges Urteil wird die Zustimmung des Verkäufers ersetzt (ZPO. § 894), und die Wandelung ist vollzogen.

Mit der Klage auf Abschluß des Wandelungsvertrages kann der Käufer auch die Klage auf die Leistung, zu welcher der Verkäufer auf Grund der vollzogenen Wandelung verpflichtet ist, verbinden.

Die künstliche und keineswegs unbedenkliche Vertragstheorie scheint die natürliche Auffassung zu verdrängen.

B. **Der Wandelungsanspruch.**

Der Wandelungsanspruch steht unter den Normen des vertragsmäßigen Rücktrittsrechtes (**467**, **L.** § 90). Die Parteien sind daher infolge der vollzogenen Wandelung einander so verpflichtet und berechtigt, als wenn der Vertrag nicht geschlossen wäre. Der Käufer hat deshalb die Ware, der Verkäufer den Kaufpreis zurückzugewähren bzw. nicht mehr zu fordern. Die Verpflichtungen sind Zug um Zug zu erfüllen. Ist die Herausgabe des Empfangenen überhaupt oder in unversehrtem Zustande unmöglich geworden, so ist Ersatz zu leisten. Mit dem Empfangenen sind Nutzungen herauszugeben bzw. Zinsen zu leisten und Ersatz von Verwendungen zu gewähren. Wesentliche Verschlechterung und Untergang beim Käufer ohne dessen Schuld schließen die Wandelung nicht aus, wohl aber die vom Käufer verschuldete wesentliche Verschlechterung und der Untergang oder sonstige Unmöglichkeit der Rückgewährung[4]). Die Wandelung ist ferner ausgeschlossen, wenn der Käufer die Ware durch Verarbeitung und Umbildung zu einer anderen Sache umgestaltet hat, und der Mangel sich nicht erst bei dieser Umgestaltung zeigte. Zeigt sich der Mangel bei der Verarbeitung, so hat der Käufer nach **281** entweder die neue Sache gegen Vergütung der Verarbeitungskosten oder, wenn er die Sache

---

[1]) Schollmeyer, a. a. O., S. 16.

[2]) Über den in der Literatur ausgetragenen Streit vgl. Haymann, Gruch. Beiträge, Bd. 46, S. 509 ff. Matthiaß, D. Jur.-Ztg. 1902, S. 205 f.

[3]) RG. Bd. 59, S. 97.

[4]) Das gemeine Recht gab auch in diesem Falle den Wandelungsanspruch und verpflichtete nur den Käufer zum Ersatz.

behält, den Vermögensvorteil herauszugeben. Eine Vergütung der Verarbeitungskosten findet aber nur statt, soweit sie als Verwendung nach dem Recht des Rücktrittes ersetzt wird (**347**, Abs. 2. **994**, Abs. 2)[1]). Die Wandelung ist ferner nicht schlechthin ausgeschlossen, wenn der Käufer die Ware veräußert oder mit dem Rechte eines Dritten belastet hat. Kommt der Käufer mit der Rückgewähr in Verzug, so kann der Verkäufer auf Durchführung der Wandelung klagen. Er kann dem Käufer aber auch eine angemessene Frist mit der Erklärung bestimmen, daß er nach fruchtlosem Verstreichen der Frist die Wandelungsleistung ablehne. Die Wandelung wird dann unwirksam. Der Käufer kann nun auch nicht die Minderung oder die sonstigen Rechtsbehelfe wählen, denn die Wandelung ist und bleibt vollzogen und der ursprüngliche Kaufvertrag von Bestand[2]). Der Wandelungsanspruch ist aktiv und passiv unteilbar (**356**). Der Käufer kann ferner Ersatz der Vertragskosten und der unnötig aufgewendeten Kosten der Erfüllung vom Verkäufer verlangen[3]). Niemals kann mit dem Wandelungsanspruche auch Ersatz des Schadens verlangt werden, den der Käufer durch die mangelhafte Sache erlitten hat[4]).

1. Wegen Mangels der zugesicherten Größe eines Grundstückes kann Wandelung nur begehrt werden, wenn der Mangel so erheblich ist, daß die Erfüllung des Vertrages für den Käufer kein Interesse mehr hat (**468**)[5]).

2. Sind mehrere Sachen zu Einzelpreisen oder zu einem Gesamtpreis verkauft, so kann Wandelung nur wegen der einzelnen mangelhaften Sachen begehrt werden. Das gilt auch an sich für Sachgesamtheiten. Dieser Grundsatz bedurfte der Einschränkung: sind mehrere Sachen als zusammengehörend verkauft, d. h. in dem Sinne, daß der Erwerb aller nicht gewollt wäre, wenn einzelne sich als mangelhaft erweisen (z. B. Viergespann, Damenschmuck, bestehend aus mehreren Stücken), so kann der Käufer die Wandelung wegen aller Sachen nur, wenn die Trennung ihm Nachteil bringen würde, wegen der einzelnen Sachen aber stets verlangen. Verlangt er sie wegen der einzelnen Sachen, so kann der Verkäufer fordern, was er unverzüglich erklären muß, daß die Wandelung auf alle Sachen erstreckt wird, wenn die Trennung ihm nachteilig sein würde (**469**). Die Wandelung wegen eines Mangels der Hauptsache erstreckt sich auch auf die Nebensache. Wegen eines Mangels der Nebensache kann nur Wandelung bez. dieser verlangt werden (**470**). Sind die mehreren Sachen oder die Haupt- und Nebensache zu einem Gesamtpreis verkauft, und findet Wandelung nur bez. einzelner Sachen statt, so fragt es sich, wieviel der Käufer vom Gesamtpreis nicht zu zahlen hat oder herauszuverlangen berechtigt ist. Der Gesamtpreis (= a) ist in dem Verhältnis herabzusetzen, in welchem zur Zeit des Verkaufsabschlusses der Gesamtwert aller mangelfreien Sachen (= b) zu dem Werte der von der Wandelung nicht betroffenen Sachen (= c) gestanden haben würde (**471**). Sind neben dem in Geld festgesetzten Preise Leistungen bedungen, die nicht vertretbare Sachen zum Gegenstande haben, so sind diese nach **473** (vgl. C.) in den Preis einzurechnen. Die Berechnung erfolgt also nach der Formel:

$$c : b = a : x.$$

Wird von A an B ein aus mehreren Stücken bestehender Damenschmuck, der 1200 M. wert ist, für 1500 M. verkauft und ist ein Stück im Wert von 300 M. mit einem Mangel behaftet, und verlangt B Wandelung bez. dieses Stückes, so hat B nur einen Preis von 1125 M. zu zahlen.

3. Sind als Käufer oder Verkäufer mehrere beteiligt, so muß Wandelung von allen und gegen alle verlangt werden. Erlischt der Anspruch für einen der Käufer, so erlischt er für alle (**356**).

C. **Der Anspruch auf Minderung des Kaufpreises.**

1. Die Berechnung der Minderung erfolgt nicht nach dem absoluten Prinzip, d. h. die Minderung ist nicht gleich der Differenz zwischen dem Werte der mangelfreien und

---

[1]) A. M. M. II, S. 231 f.

[2]) Schollmeyer, S. 17, gibt dem Verkäufer keinen Anspruch auf Durchführung der Wandelung, sondern nur das Recht der Fristbestimmung an den säumigen Käufer.

[3]) l. 27. D. (21, 1).

[4]) RG. Bd. 52, S. 18. Bd. 54, S. 82. 219. Bd. 50, S. 190.

[5]) RG. Bd. 53, S. 74.

dem der mangelhaften Sache, auch wird nicht der jetzige Wert der fehlerhaften Sache geschätzt und der Kaufpreis um so viel gekürzt, als er den Schätzungswert übersteigt, auch ist die Berechnung nicht in das Ermessen des Richters gestellt, sie wird vielmehr nach dem relativen Prinzip vorgenommen: der Kaufpreis (c = 20 000) steht zu dem zu ermittelnden geminderten Kaufpreis (x) in dem gleichen Verhältnis, in dem der Wert der mangelfreien Sache (a = 10 000) zu dem Werte der mangelhaften Sache (b = 8000) zur Zeit des Vertragsabschlusses steht; also nach der Formel: a: b = c: x.

$$10\,000 : 8000 = 20\,000 : x$$
$$x = 16\,000.$$

Wenn beim Verkaufe mehrerer Sachen um einen Gesamtpreis die Minderung nur wegen einzelner Sachen stattfindet, so ist bei der Minderung des Gesamtpreises der Gesamtwert aller Sachen zugrunde zu legen (**472**). Die gleiche Berechnung wird anzuwenden sein, wenn die mehreren Sachen nicht zu einem Gesamtpreis, aber als zusammengehörend verkauft sind[1]).

2. In den unter Z. 1 besprochenen Fällen können neben dem Kaufpreise in Geld Leistungen bedungen sein, die nicht auf vertretbare Sachen oder überhaupt nicht auf Sachleistung (Dienste) gehen. Diese sind in den Kaufpreis mit ihrem Geldwerte zur Zeit des Verkaufes einzurechnen. Dieser in Geld festgesetzte Preis wird dann gemindert. Ergibt sich, daß der abzusetzende Betrag größer ist als der in Geld festgesetzte Kaufpreis, so hat der Verkäufer den Überschuß an den Käufer herauszuzahlen (**473**, vgl. **471**. **472**, aber auch **323**. **515**). Geht die Nebenleistung des Käufers auf vertretbare Sachen, so sind der Geldpreis und der Preis in vertretbaren Sachen jeder selbständig zu mindern[2]).

3. Der Anspruch auf Preisminderung ist kein Ersatzanspruch, er bleibt folglich bestehen, wenn auch der Käufer die Ware mit noch so großem Gewinn weiterveräußert.

4. Das Recht auf Minderung kann, anders als bei der Wandelung (B. Z. 3) von jedem von mehreren Käufern selbständig, soweit er den Kaufpreis schuldet (**420**. **427**), und gegen jeden von mehreren Verkäufern, soweit ihm der Kaufpreis geschuldet wird, geltendgemacht werden. Ist aber von einem Käufer die Minderung vollzogen, so ist die Wandelung für alle ausgeschlossen (**474**. **356**. **467**).

5. Ist wegen eines Mangels Minderung erfolgt (**465**), so kann auch noch wegen eines anderen, nicht nur wegen eines später entdeckten Mangels Wandelung oder Minderung begehrt werden (**475**). Wird Wandelung begehrt, so ist der infolge der früheren Minderung herabgesetzte Preis zu berücksichtigen (**346**).

D. **Der Anspruch auf Schadensersatz wegen Nichterfüllung** (**463**). Der Käufer hat diesen Anspruch, wenn der verkauften Sache zur Zeit des Verkaufes eine zugesicherte Eigenschaft fehlt, oder wenn der Verkäufer einen zur Zeit des Vertragsabschlusses vorhandenen Mangel arglistig, d. h. in Kenntnis des Mangels und im Bewußtsein der Unkenntnis des Käufers, verschwiegen hat.

1. Der Schadensersatzanspruch kann nicht neben, sondern nur anstatt des Anspruches auf Minderung oder Wandelung geltendgemacht werden.

2. Der Anspruch geht auf das Erfüllungsinteresse. Der Käufer kann aber Schadensersatz wegen vollständiger Nichterfüllung nur verlangen, wenn die teilweise Erfüllung für ihn kein Interesse mehr hat, sonst hat er nur einen Schadensersatzanspruch wegen teilweiser Nichterfüllung (**325**, Abs. 1), der in erster Linie auf Beseitigung des Mangels (**249**) geht[3]).

3. Der Schadensersatzanspruch ist im Falle der Zusicherung einer Eigenschaft nicht von einer Verschuldung des Verkäufers abhängig.

---

[1]) Vgl. Planck zu **472**, Z. 2.

[2]) Vgl. Planck zu **473**, Z. 1.

[3]) Anders RG. Bd. 50, S. 190. Bd. 52, S. 355. Bd. 53, S. 89. Vgl. über die Streitfrage Planck zu **463**, Z. 4.

4. Der Schadensersatzanspruch steht nicht zu, wenn die zugesicherte Eigenschaft zur Zeit des Vertragsabschlusses vorhanden war und später fortfiel, und auch nicht, wenn ein Mangel damals nicht vorlag, sondern erst später eintrat.

5. Daß der Schadensersatzanspruch fortfällt, wenn dem Käufer bei Abschluß des Kaufes der Mangel bekannt war, folgt schon aus **460**.

E. Die Ansprüche auf Wandelung, Minderung und Schadensersatz stehen dem Käufer nicht zu, wenn er die Ware in Kenntnis ihres Mangels ohne Vorbehalt seiner Rechte wegen des Mangels als Erfüllung annimmt (**464**). Es muß Anbieten und Annahme als Erfüllung, nicht etwa vorläufige Übergabe zu anderen Zwecken, z. B. zur Prüfung, vorliegen. Das Kennenmüssen steht der Kenntnis nicht gleich. Der Käufer kann sich seine Rechte bei der Annahme[1]) vorbehalten. Eine Prüfungs- und Anzeigepflicht trifft ihn aber nicht (vgl. aber unter H. und HGB. § 377). Der Vorbehalt ist empfangsbedürftige Willenserklärung und muß den Hinweis auf einen bestimmten Mangel enthalten.

F. **Die sonstigen Rechte des Käufers.**

1. Ist nach dem Vertragsschlusse durch Zufall oder Schuld des Verkäufers ein zur Zeit des Vertragsschlusses nicht vorhandener Fehler entstanden oder eine damals vorhandene zugesicherte Eigenschaft fortgefallen, so hat der Käufer die Ansprüche aus **323**. **325**[2]).

2. Liegt in dem Verkauf und der Leistung der mangelhaften Sache eine unerlaubte Handlung, so hat der Käufer den Schadensersatzanspruch aus **823**. **826**.

3. Dem Käufer kann ein Anfechtungsrecht wegen Irrtums[3]) (**119**, Abs. 2) oder arglistiger Täuschung (**123**) zustehen.

Ob diese Rechte durch vorbehaltlose Annahme bei Kenntnis ausgeschlossen sind, bestimmt sich nicht nach **464**, sondern durch freie Auslegung.

G. Die Parteien können die Gewährleistung wegen Mängel vertragsmäßig, auch stillschweigend bei oder nach Abschluß der Kaufes modifizieren. Eine Einschränkung der gesetzlichen Gewährleistungspflicht oder ein Erlaß derselben ist aber nichtig, wenn der Verkäufer den Mangel arglistig verschweigt (**476**).

H. **Die Verjährung** (**477**. **478**. **479**).

1. Die Verjährung vollendet sich bei beweglichen Sachen in 6 Monaten von der Ablieferung, also nicht von jeder Übergabe (z. B. durch Konnossement oder Lagerschein) an, da diese eine Untersuchung noch nicht gestattet, bei Grundstücken in einem Jahre von der Übergabe an, wenn nicht durch Vertrag diese Fristen verlängert sind. Wo sich der Käufer mit einer Ersatzübergabe (**930**. **931**) begnügt hat, ist diese entscheidend[4]). Eine Verlängerung auch über die ordentliche Verjährungsfrist hinaus ist trotz **225** zulässig[5]). Ist einer der Ansprüche auf arglistiges Verschweigen des Mangels durch den Verkäufer gestützt, so tritt die ordentliche Verjährung ein.

2. Der Antrag auf gerichtliche Beweisaufnahme zur Sicherung des Beweises (ZPO. §§ 485 ff.) unterbricht die Verjährung. Die Unterbrechung dauert bis zur Beendigung des Verfahrens gemäß **211**, Abs. 2 und **212**.

Für die Hemmung und Unterbrechung der Verjährung gelten sonst die allgemeinen Grundsätze. Weil aber die drei Ansprüche demselben Zwecke dienen, so wirkt die Hemmung und Unterbrechung der Verjährung des einen Anspruches auch auf die Verjährung der übrigen Ansprüche.

3. Die Einrede der Wandelung oder Minderung steht vor der Verjährung dem Käufer

---

[1]) RG. Bd. 58, S. 261 (Zulässigkeit im voraus erklärten Vorbehaltes).

[2]) Dafür u. a. Planck zu **462**, Z. 7. Dagegen Endemann I, S. 989, Note 20.

[3]) Dafür u. a. Planck **459**, Z. 1a. Dagegen RG. Bd. 61, S. 171. Vgl. Biermann I, S. 241, Note 10.

[4]) A. M. Planck zu **477**, Z. 4.

[5]) So Planck zu **477**, Z. 5. A. M. Crome II, S. 474.

auf Grund des Wandelungs- oder Minderungsanspruches zu[1]) und bedeutet, daß der Käufer die Zahlung des Kaufpreises ganz oder teilweise verweigert. Nach der Verjährung würden die Einreden dem Käufer verlorengehen, er kann sie sich aber erhalten und dann die Zahlung des Kaufpreises auch jetzt noch insoweit verweigern, als er dazu im Falle der Wandelung oder Minderung berechtigt sein würde, wenn er vor der Vollendung der Verjährung dem Verkäufer den Mangel angezeigt[2]) oder die Anzeige an ihn abgesendet hat; oder wenn er vor Vollendung der Verjährung den Antrag auf gerichtliche Beweisaufnahme zur Sicherung des Beweises stellt; oder wenn er in einem zwischen ihm und dem weiteren Erwerber wegen des Mangels anhängigen Rechtsstreite dem Verkäufer vor vollendeter Verjährung den Streit verkündet hat (ZPO. §§ 72 ff.). Die Einreden erhalten sich von selbst, wenn der Verkäufer den Mangel arglistig verschwiegen hat[3]).

4. Die Verjährung des Anspruches auf Schadensersatz würde nicht hindern, daß der Käufer mit diesem Anspruche aufrechnet gegen die Forderung auf den Kaufpreis (**390**). Dabei bleibt es auch für den Fall, daß der Verkäufer den Mangel arglistig verschwiegen hat; in den Fällen der kurzen Verjährung des Schadensersatzanspruches ist aber die Aufrechnung mit diesem gegen die Kaufpreisforderung aus demselben Kaufe[4]) ausgeschlossen, wenn der Käufer sie sich nicht durch Anzeige usw. nach **478** gesichert hat (**479**).

J. **Die Gewährleistungsansprüche beim Gattungskauf.**

Dem Käufer stehen beim Gattungskauf auch die Ansprüche auf Wandelung, Minderung und Schadensersatz zu.

1. Anstatt der Wandelung oder Minderung kann aber der Käufer Lieferung einer mangelfreien Sache verlangen. Der Käufer verlangt damit Erfüllung des Vertrages. Dieser Anspruch steht i. a. unter den für die Wandelung bzw. Minderung geltenden Vorschriften. Der Verkäufer hat aber dem Käufer die Kosten des Vertrages nicht zu vergüten (anders **467**, Abs. 2).

2. Anstatt des Anspruches auf Wandelung, Minderung oder Nachlieferung hat der Käufer den Anspruch auf Schadensersatz wegen Nichterfüllung, wenn der Ware zur Zeit des Gefahrüberganges eine zugesicherte Eigenschaft fehlt, oder wenn der Verkäufer den Mangel arglistig verschwiegen hat. Der Moment des Überganges der Gefahr ist hier (anders **463**) deshalb maßgebend, weil erst mit diesem die zu leistenden Sachen bestimmt sind (**480**).

3. Sonstige Rechte des Käufers (vgl. oben F).

Sehr streitig ist, ob der Käufer neben dem Anspruch auf Wandelung und Minderung oder Nachlieferung einen Schadensersatzanspruch wegen schuldhafter Lieferung einer mangelhaften Sache nach **276** hat. Bei dem Anspruche auf Nachlieferung hat der Käufer auch den Anspruch auf Ersatz des durch Verzug mit der Nachlieferung bewirkten Schadens[5]).

III. Die Vorschriften über die Gewährleistung wegen Mängel der Sache finden analoge Anwendung auf kaufähnliche Verträge (Tausch, Vergleich, Hingabe an Erfüllungs Statt, Auseinandersetzung usw.) (**493**, vgl. **445**).

§ 107.

3. Die Gewährleistung wegen Viehmängel.[6])

Die Regelung der Gewährleistung für Viehmängel war im bisherigen Recht eine sehr verschiedene. Nach römischem Recht griffen die allgemeinen Grundsätze ein (Wandelung und Minderung nach

[1]) Die Einreden hängen in ihrer Bedeutung von dem Inhalte des Anspruches auf Wandelung oder Minderung ab, sie sind daher in den Streit über den Inhalt des Anspruches hineingezogen. (Vgl. oben unter A.) Eine Kritik der Auffassungen bei Schaper, Jahrb. f. Dogm., Bd. 52, S. 233 ff., dessen Lösungsversuch mit der Auffassung der Einreden als dilatorischer rechnet.

[2]) RG. Bd. 59, S. 150 (Klagezustellung ist Anzeige).

[3]) RG. Bd. 53, S. 204. Bd. 56, S. 169.

[4]) RG. Bd. 56, S. 166.

[5]) Vgl. Planck zu **480**, Z. 6.

[6]) Scherer, Die Viehgewährschaft (1890). Dieckerhoff, Die Gewährleistung beim Viehhandel (1895). Hirsch und Nagel, Die Gewährleistung beim Viehhandel. Stölzle, Viehkauf (Viehgewährschaft) nach dem BGB. (3) (1904).

Wahl des Käufers wegen aller erheblichen zur Zeit des Kaufabschlusses erweislich vorhandenen Mängel). Nach deutschem Recht beschränkte sich vielfach die Mängelgewähr auf bestimmte Fehler, soweit sie innerhalb bestimmter Fristen hervortraten, ihr Vorhandensein wird für den entscheidenden Zeitpunkt vermutet, die Haftung ist auf die Wandelung beschränkt. Nach dem kombinierten System trat das deutschrechtliche Prinzip bei gewissen Tiergattungen, bei anderen das römische ein. Ein gemischtes System hielt am römischen Recht fest, folgte aber bez. der sog. Nachtkrankheiten, d. h. solcher, die sich binnen 24 Stunden offenbaren, und bez. gewisser Mängel gewisser Haustiere dem deutschen Prinzip. Das sog. amerikanische oder Luzerner Prinzip kennt keine Gewährleistung beim Viehhandel.

Das BGB. folgt i. a. dem deutschen Recht. Für den Kauf von bestimmten Haustieren: Pferden, Eseln, Mauleseln und Maultieren, Rindvieh, Schafen, Schweinen stellt das BGB. besondere abweichende Normen auf. Die allgemeinen Normen finden also Anwendung schlechthin auf alle nicht genannten Tiere, darunter auch Haustiere (z. B. Geflügel, Ziegen), und auch auf die genannten ausgenommenen Tiere, aber nur, soweit nicht die Besonderheiten des Gesetzes Platz greifen. Die Sondervorschriften (**481—492**) gelten auch für Viehkäufe, die Handelskäufe sind (HGB. § 382).

I. Der Verkäufer haftet gesetzlich nur für bestimmte **Hauptmängel,** und auch für diese nur dann, wenn sie sich innerhalb bestimmter **Gewährfristen** herausstellen.

A. Die Hauptmängel und die Gewährfristen sind durch die mit Zustimmung des Bundesrates erlassene Kaiserliche Verordnung vom 27. März 1899 bestimmt, die auf demselben Wege auch ergänzt und abgeändert werden kann[1]).

B. Für andere als die bestimmten Hauptmängel fällt die Gewährleistungspflicht fort. Für einen Hauptmangel haftet der Verkäufer aber dann nicht, wenn der Käufer nach **460** den Mangel gekannt hat oder, abgesehen von besonderer Zusicherung und Arglist der Verkäufers, infolge grober Fahrlässigkeit nicht gekannt hat.

C. Die Gewährfristen sind bestimmt in Anschluß an die Erfahrung. Es sind die Fristen, in denen der Mangel, die Krankheit, sich herauszustellen pflegt. Die Gewährfrist kann aber durch Vertrag verlängert oder abgekürzt werden. Die so bestimmte Frist tritt an die Stelle der gesetzlichen Gewährfrist (**486**). Die Bedeutung der Gewährfristen ist die, daß Haftung des Verkäufers aufhört, wenn der Mangel nach Ablauf der Frist sich herausstellt. Der Käufer kann nicht den Beweis führen, daß der Mangel dennoch zu der entscheidenden Zeit (**459. 484**) vorlag. Die Haftung ist andererseits begründet, wenn der Mangel innerhalb der Gewährfrist hervortritt. Es wird bis zum Beweise des Gegenteils vermutet, daß der Mangel auch zur Zeit des Überganges der Gefahr vorhanden war (**484**). Die Frist beginnt mit dem Ablauf des Tages, an welchem die Gefahr auf den Käufer übergeht (**483**). Das entspricht der Regel in **187**, Abs. 1, da eben der Verkäufer dafür haftet, daß das Tier im Momente des Überganges der Gefahr ohne Mängel ist. Das Ende der Frist ergibt sich aus **188**.

II. **Die Ansprüche des Käufers**[2]).

A. **Die Anzeigepflicht.**

Die Vermutung in **484** fordert eine Berücksichtigung des Interesses des Verkäufers, der in der Lage sein muß, nach Hervortreten des Mangels die Untersuchung zum Zwecke der Sicherung des Gegenbeweises vornehmen zu können. Schon deshalb muß dem Käufer die Anzeigepflicht auferlegt werden. Diese ist dahin verschärft, daß ihre Versäumung nicht nur den Verlust der Vermutung, sondern auch den Verlust der Ansprüche wegen Mängel zur Folge hat[3]), wenn nicht arglistiges Verschweigen des Mangels seitens des Verkäufers vorliegt.

Die Anzeige soll binnen zwei Tagen nach Ablauf der Gewährfrist erfolgen, bzw. binnen zwei Tagen nach dem Tode des Tieres, wenn es innerhalb der Gewährfrist getötet oder verendet ist. Die Anzeige erfolgt gegenüber dem Verkäufer. Sie ist rechtzeitig geschehen, so-

[1]) Erläutert bei Stölzle, a. a. O.

[2]) GVG. § 23 (ausschließliche Zuständigkeit des Amtsgerichts).

[3]) Ein Teil der bisherigen Rechte statuierte nur Verlust der Vermutung (E. T.), andere Rechte teilten den Standpunkt des BGB., wieder andere knüpften keine Folgen an die Unterlassung der Anzeige.

bald sie an den Verkäufer abgesendet ist. Der Anzeige gleich stehen die Erhebung der Klage wegen Mangels gegen den Verkäufer, die Verkündung der Streites an den Verkäufer und der Antrag auf gerichtliche Beweisaufnahme.

Der Verkäufer trägt die Gefahr der gehörig abgesendeten Anzeige. Der Verkäufer kann sich allerdings darauf berufen, daß die Anzeige nicht angelangt ist; der Käufer muß dann nachweisen, daß er mit gehöriger Sorgfalt abgesendet hat.

B. **Der Anspruch auf Wandelung.**

Der Anspruch auf Minderung ist allgemein ausgeschlossen, weil die bei ihr notwendige Schätzung bei lebenden Tieren unsicher ist, die Minderungsklage vom Käufer, der trotz des Mangels ein gutes Geschäft gemacht hat, zu weiterem Vorteile ausgebeutet werden kann und dem Verkäufer die Möglichkeit abgeschnitten ist, sich durch Rücknahme der Ware vor Schaden zu bewahren. Der Wandelungsanspruch ist aber auch dann gegeben, wenn sonst nur Minderung stattfände (**487**), also:

1. wenn der Käufer eine wesentliche Verschlechterung, den Untergang oder die sonstige Unmöglichkeit der Herausgabe des Tieres verschuldet hat (**351**);
2. wenn der Käufer das Tier durch Bearbeitung und Umbildung in eine Sache anderer Art umgestaltet hat (**352**);
3. wenn er über die Ware rechtlich verfügt und dadurch die Möglichkeit der Herausgabe verloren hat (**353**).

Die Wandelung wird in diesen Fällen dadurch bewirkt, daß der Käufer den Wert des Tieres ersetzen muß. Entsprechend findet (anders **467**. **347**) bei unwesentlicher Verschlechterung v o r Vollziehung der Wandelung infolge eines vom Käufer zu vertretenden Umstandes Herausgabe in natura statt, und der Käufer hat die Wertminderung dem Verkäufer zu vergüten. Bei schuldhafter Verschlechterung n a c h Vollziehung der Wandelung trifft den Käufer die Schadensersatzpflicht (**347**). Nutzungen hat der Käufer hier nur soweit zu ersetzen, als er sie gezogen hat, weil ein zweckmäßiger Gebrauch des Tieres hier dem Käufer meist nicht möglich oder für ihn bedenklich ist (z. B. Vermietung des fehlerhaften Tieres) (**487**).

Zu den K o s t e n , die der Verkäufer im Falle der Wandelung dem Käufer zu ersetzen hat (**467**), treten hier hinzu die seit Übergabe aufgewendeten Kosten der Fütterung und Pflege, der tierärztlichen Untersuchung und Behandlung, der notwendig gewordenen Tötung und Wegschaffung, nicht auch die Kosten der Schutzmaßregeln gegen Seuchengefahr. Die zu ersetzenden Kosten mindern sich um die gezogenen Nutzungen. Meist werden aber Nutzungen nicht zu ziehen, die Kosten aber leicht sehr bedeutende sein; daher ist der Ersatzanspruch ein unbedingter (**488**). Käufer wie Verkäufer haben aber möglicherweise ein Interesse daran, das übermäßige Anwachsen dieser Kosten zu verhüten. Daher haben, wenn ein Rechtsstreit über die Wandelung anhängig ist, beide Parteien das Recht, über die Voraussetzungen der ZPO. § 935 hinaus eine einstweilige Verfügung des Prozeßgerichtes zu beantragen, durch welche die öffentliche Versteigerung des Tieres und die Hinterlegung des Erlöses angeordnet wird. Diese einstweilige Verfügung kann ergehen, sobald eine Besichtigung des Tieres nicht mehr erforderlich ist (**489**).

C. Der Käufer einer Herde kann nicht die Wandelung bez. aller Stücke verlangen, wenn bei einzelnen eine ansteckende Krankheit hervorgetreten ist, weil nach der Seuchengesetzgebung doch die der Ansteckung verdächtigen Tiere beim Käufer verbleiben müßten, und zwar stets über die Dauer der kurzen Gewährfrist hinaus. Der bloße Verdacht einer Ansteckung kann die Wandelung nicht begründen. Es wäre das eine zu große Härte gegen den Schuldner. Nur wenn innerhalb der Gewährfrist die Krankheit bei den übrigen Tieren hervortritt, ist der Wandelungsanspruch begründet. Tritt die Krankheit erst nach Ablauf der Gewährfrist hervor, so haftet der Verkäufer, wenn ihn eine Schuld trifft.

D. **Der Anspruch auf Schadensersatz wegen Nichterfüllung** ist begründet, wenn eine zugesicherte Eigenschaft fehlt oder wenn das Vorhandensein eines Hauptmangels arglistig verschwiegen ist (**463**. **481**).

E. **Die Verjährung.**

Der Anspruch auf Wandelung[1]) und der Anspruch auf Schadensersatz wegen eines Hauptmangels, dessen Abwesenheit zugesichert ist, verjähren in s e c h s Wochen von dem Ende der Gewährfrist an. Damit hängt die Herabsetzung der Fristen auf sechs Wochen in **210**. **212**. **215**

---

[1]) Im bisherigen Rechte bestanden drei Wege: Abkürzung der Verjährungsfrist unter Beibehaltung ihres Beginnes — Identifizierung von Gewährfrist und Verjährungsfrist, d. h. die Klage muß innerhalb der Gewährfrist angestellt werden — Abkürzung der Verjährungsfrist und Anknüpfung ihres Laufes an den Ablauf der Gewährfrist. Vgl. M. II., S. 261 f.

zusammen. Im übrigen bleiben die allgemeinen Vorschriften (L. § 106 II. H.) unberührt. Demnach verjährt auch der Schadensersatzanspruch wegen eines arglistig verschwiegenen Hauptmangels nicht in der kürzeren Frist.

Nach Verjährung des Anspruches auf Wandelung verbleibt dem Käufer die Einrede der Wandelung, er kann auch die Forderung auf Schadensersatz nach Verjährung des Anspruches zur Aufrechnung gegen die Kaufpreisforderung verwenden (anders **479**). Vorausgesetzt ist aber hier selbstverständlich, daß der Käufer nicht durch Versäumung der Anzeige nach **485** seine Rechte wegen des Mangels verloren hatte (**490**).

III. **Der Gattungs-Viehkauf.** Auch hier hat der Käufer das Recht (vgl. **480**), statt der Wandelung Lieferung eines mangelfreien Tieres zu verlangen. Auf diesen Anspruch finden die Vorschriften unter II. B. über die Kostenersatzpflicht des Verkäufers, das Recht des Antrages auf einstweilige Verfügung zwecks öffentlicher Versteigerung usw. und die Verjährung (**488. 490**) Anwendung (**491**).

IV. **Vereinbarung über die Haftung.**

A. Der Verkäufer kann die Gewährleistung auch wegen eines nicht zu den Hauptmängeln gehörenden Fehlers im Vertrage übernehmen. Ob das geschehen ist, ist lediglich Auslegungsfrage. Das Versprechen, für alle Mängel haften zu wollen, ist auch im Zweifel nicht nur auf die Hauptmängel zu beziehen. Der Verkäufer kann ferner Eigenschaften des Tieres zusichern, deren Nichtvorhandensein einen Hauptmangel nicht darstellt.

In diesen Fällen wird als Absicht der Parteien angenommen, daß die gesetzliche Haftung eintreten soll, daher ist die Wandelungsklage ausschließlich zulässig, in demselben Umfange und mit denselben Rechten der Parteien (**487—489**). Es gelten die gleichen Grundsätze für die Verjährung (**490**) und für den Gattungstierkauf (**491**). Ist eine Gewährfrist vereinbart, so kommen auch die Grundsätze für den Beginn und die Bedeutung der gesetzlichen Gewährfrist (**483—485**) zur Geltung. Ist dagegen eine Gewährfrist nicht vereinbart, so beginnt die Verjährung des Anspruches auf Schadensersatz und auf Wandelung (**490**) mit der Ablieferung, nicht mit der Übergabe (vgl. **477**) des Tieres (**492**).

B. Die Haftung kann auch beschränkt oder erlassen werden, soweit **476** nicht entgegensteht (L. § 106, II. G.).

§ 108.

Die Verpflichtungen des Käufers.[1])

I. Die Verpflichtung zur **Preiszahlung und Verzinsung.**

Der Käufer ist verpflichtet, dem Verkäufer den Preis zu zahlen und von dem Zeitpunkte an zu verzinsen[2]), von welchem an die Nutzungen der Ware ihm gebühren. (L. § 105, I. B.)[3]). Gleichgültig ist, ob es sich um bewegliche oder unbewegliche Sachen handelt, ob dieselben Nutzungen gewähren oder nicht und welche. Durch ausdrückliche oder stillschweigende Vereinbarung kann die gesetzliche Zinspflicht ausgeschlossen werden. Das ist anzunehmen, wenn der Kaufpreis gestundet ist. Sollen trotz Stundung Zinsen gezahlt werden, so müßte sich der Verkäufer die Verzinsung ausbedingen. Mit Ablauf der Stundung tritt die gesetzliche Zinspflicht an sich nicht ein. Wird nach dem Eintritt der Zinspflicht Stundung gewährt, so kann damit auf die bisherigen Zinsansprüche verzichtet sein. Vgl. auch **288. 291**. In den Preis sind Nebenleistungen zu ihrem Werte einzurechnen (**433. 452**).

II. **Die Abnahmepflicht.** Der Käufer ist verpflichtet, dem Verkäufer die vertragsmäßig angebotene Ware abzunehmen, d. h. sie tatsächlich wegzunehmen[4]). In der Abnahme-

---

[1]) Bernhöft, Beitr., H. 12, S. 56. Sprenger, Gruch. Beitr., Bd. 34, S. 592 ff. Emerich, Kauf- und Werklieferungsantrag, §§ 19—22.

[2]) **246** (4%) HGB. § 252 (5%).

[3]) HGB. § 253 (von der Fälligkeit an).

[4]) Planck zu **433**, Z. 7 b. Endemann I, S. 938 ff. Dagegen leugnet die klagbare Abnahmepflicht Kohler, Arch. f. bürg. R. Bd. 13 (1897), S. 241.

pflicht liegt nicht auch die Abrufs- oder Spezifikationspflicht (vgl. HGB. § 375). Durch die Nichtabnahme gerät der Käufer eventuell auch in Schuldnerverzug (**284. 285**, nicht **287**). Durch Vereinbarung kann die Abnahmepflicht ausgeschlossen sein (**433**). Der Verpflichtung zur Abnahme entspricht es, wenn nach **448** der Käufer die Kosten der Abnahme und auch der Versendung nach einem anderen als dem Erfüllungsorte zu tragen hat [1]).

III. **Verwendungen.** Der Käufer hat dem Verkäufer Verwendungen desselben auf die Kaufsache aus der Zeit nach dem Kaufabschlusse bis zur Übergabe nicht zu ersetzen, soweit es sich um notwendige Verwendungen handelt. Diese trägt der Verkäufer entsprechend seiner Verwahrungspflicht. Der Käufer hat aber dem Verkäufer

1. alle Verwendungen zu ersetzen, für welche er dem Verkäufer Ersatz versprochen hat.

2. Auch abgesehen davon ist er zum Ersatz nach den Grundsätzen der Geschäftsführung ohne Auftrag verpflichtet (**677** ff.). Es können hier nur nützliche Verwendungen in Betracht kommen.

3. Weiter geht die Ersatzpflicht, wenn die Verwendungen nach Kaufabschluß und vor Übergabe, aber, nachdem die Gefahr kraft Gesetzes (**446**, Abs. 2. **447**) oder kraft Vereinbarung gemacht waren, auf den Käufer übergegangen ist. Hat der Verkäufer in diesem Falle Verwendungen gemacht, die nach dem Übergange der Gefahr objektiv notwendig [2]) geworden sind, so kann er nach den Regeln des Auftrages Ersatz dieser notwendigen Verwendungen verlangen.

IV. **Kosten.** Der Käufer eines Grundstückes oder eines Rechtes an einem Grundstücke hat die Kosten des dinglichen und obligatorischen Vertrages zu tragen, also die Auflassungs- und Eintragungskosten und die Kosten der Beurkundung des Kaufes (**313. 449**). Der Vertrag kann das ändern. Über die Kosten der Abnahme vgl. oben II.

V. **Die Rechte des Verkäufers.**

A. Der Verkäufer hat außer dem Anspruch auf Erfüllung (Klage auf Zahlung des Preises und auf Abnahme) [3]) im Falle der Nichterfüllung (Verzug des Käufers) alle Rechte, die bei gegenseitigen Verträgen dem einen Teile wegen Nichterfüllung der dem anderen Teile obliegenden Verpflichtungen zustehen (**L.** § 86).

1. Ob der Käufer gegenüber dem Anspruch auf Zahlung des Preises Abzüge machen kann, z. B. wegen des Gewichtes der Verpackung (Tara), wegen Mängel am Gewicht (Gutgewicht), wegen gewisser Schäden (Refaktie), wegen Barzahlung (Rabatt, Skonto), richtet sich nach der Vereinbarung [4]).

2. Streitig ist die Beweislast. Fordert der Verkäufer den angemessenen Preis (**315. 316**), und der Käufer behauptet einen vereinbarten niedrigeren Preis, so muß der Verkäufer beweisen, daß ein Preis nicht vereinbart sei, nicht der Käufer den vereinbarten niedrigeren Preis [5]).

3. Ist der Käufer mit der Abnahme in Verzug, oder hat er die Unmöglichkeit der Abnahme zu vertreten, so hat der Verkäufer den Anspruch auf Schadensersatz wegen Nichterfüllung nach **283. 286. 325**, Abs. 1, Satz 2. **326**, Abs. 1, Satz 3. Dagegen ist es sehr streitig, ob dem Verkäufer auch die weitergehenden Rechte (**325**, Abs. 2. **326**) zustehen. Die Frage wird bejaht oder verneint, oder es besteht eine Mittelmeinung, nach der im Falle des Verzuges diese Rechte (**326**, Abs. 1, Satz 1, 2) nur zustehen, wenn die Abnahme als Teil der sonst nicht erfüllten Hauptleistung erscheint (RG.) [6]). — Gerät der Käufer zugleich in Verzug der Annahme, so hat der Verkäufer auch die Rechte aus dem Gläubigerverzuge des Käufers.

---

[1]) RG. Bd. 53, S. 161. Bd. 56, S. 173. Bd. 57, S. 105.

[2]) Nach Planck zu **450**, Z. 1 d, soll es gemäß **670** genügen, wenn der Verkäufer die Verwendung den Umständen nach für erforderlich halten durfte (subjektiv notwendige Verwendung), allein die Ausdrucksweise und der Charakter der Vorschrift als einer Ausnahmebestimmung spricht gegen diese Auslegung.

[3]) Zwangsvollstreckung nach ZPO. § 887 oder § 888.

[4]) Auch nach Gesetz (HGB. 380 wegen der Tara) oder Handelsbrauch.

[5]) Planck zu **433**, Z. 4. RG. Bd. 57, S. 46.

[6]) Planck zu **433**, Z. 7.

B. Hat der Verkäufer erfüllt und den Kaufpreis gestundet, so könnte nach **326**, wenn der Käufer in Verzug gerät, oder nach **325**, Abs. 2. **283**, wenn er nach rechtskräftiger Verurteilung nicht zahlt, der Verkäufer vom Vertrage zurücktreten; **454** schließt dieses Rücktrittsrecht aus, weil der Verkäufer mit der Stundung dem Käufer die Disposition über die Ware schlechthin eingeräumt hat, das gewöhnliche Verhältnis von Leistung und Gegenleistung, auf dem das Rücktrittsrecht beruht, gelockert erscheint. Der Verkäufer hat daher nur die Wahl, ob er nachträgliche Erfüllung nebst Schadensersatz wegen Verspätung oder Schadensersatz wegen Nichterfüllung unter Ablehnung späterer Leistung oder Rückforderung des Geleisteten fordern will[1]).

C. Über den Vorbehalt des Eigentums bis zur Zahlung des Kaufpreises (**455**) vgl. L. § 105, II.

D. Der Umstand, daß er unter der Hälfte des Wertes verkauft hat (laesio enormis), berechtigt den Verkäufer nicht, den Kauf rückgängig zu machen, wie nach röm. und gem. R. (l. 2. C. [4, 44]); ebensowenig ist der Käufer, der mehr als das Doppelte des Wertes als Preis versprochen hat, wie nach gem. R. zum Rücktritt berechtigt.

§ 109.

Der Gefahrübergang.[2])

Für den Gefahrübergang galten in Deutschland seit der Rezeption das römische Prinzip und das des deutschen Rechtes. Nach dem ersteren geht die Gefahr grundsätzlich, abgesehen vom Gattungskauf und von besonderer Vereinbarung, mit dem Vertragsschluß auf den Käufer über. Dieses Prinzip galt auch im Gebiet des codex Maximilianeus, in Württemberg, nach sächs. BGB. und nach dem code civil, der aber auch das Eigentum schon mit dem Vertrage übergehen läßt. — Nach dem deutschen Prinzip (ALR. und ÖBGB.) geht die Gefahr auf den Käufer über, sobald der Verkäufer erfüllt hat.

Das BGB. hat sich mit Ausnahme des Erbschaftskaufes, für den das römische Prinzip gilt (**2380**), dem deutschen Prinzip angeschlossen.

I. Beim Verkaufe **beweglicher Sachen** (species, genus) geht die Gefahr des zufälligen Unterganges und einer zufälligen Verschlechterung mit der Übergabe auf den Käufer über. Der Übergabe gemäß **929** steht auch hier die Ersatzübergabe (**930. 931**) gleich [3]).

Ist der Kauf unter aufschiebender Bedingung geschlossen und die Ware vor Erfüllung der Bedingung, wie es die Regel ist, noch nicht übergeben, so geht die Gefahr auch nicht über; aber auch wenn die Übergabe stattgefunden hat, trägt der Verkäufer bis zur Erfüllung der Bedingung die Gefahr (**323**), wenn nicht der aufschiebenden Bedingung kraft Parteibestimmung rückwirkende Kraft beigelegt[4]) ist. Bei der auflösenden Bedingung geht dagegen die Gefahr mit der Übergabe über, der Käufer ist also zur Zahlung des Kaufpreises verpflichtet, wenn während der Schwebe der Bedingung die Sache zufällig untergeht (**446**).

II. Beim Verkaufe eines **Grundstückes** geht die Gefahr auf den Käufer ebenfalls mit der Übergabe über. Wird aber der Käufer vor der Übergabe in das Grundbuch als Eigentümer eingetragen, so geht die Gefahr schon mit der Eintragung über, obwohl in diesem Falle der Verkäufer noch nicht erfüllt hat. Die Abweichung beruht auf einer Berücksichtigung der regelmäßigen Parteiabsicht und der Erwägung, daß der Käufer die Eintragung ablehnen konnte, wenn ihm nicht zugleich durch Übergabe auch die Möglichkeit der Überwachung gewährt wird. Auch wenn vor der Eintragung Übergabe stattfindet, hat der Verkäufer noch nicht erfüllt. Die

---

[1]) RG. Bd. 50, S. 139 f. Zweifelhaft ist, ob **454** nur für den Fall der Stundung des ganzen Preises gilt oder auch für den der teilweisen Stundung, so daß sich ein teilweises Rücktrittsrecht ergeben würde. Vgl. Planck zu **454**, Z. 2 b.

[2]) Bernhöft, Beitr., H. 12, S. 44 ff. 50 ff. Schollmeyer, Das Recht der einzelnen Schuldverhältnisse, § 2. Voß, Über den Satz: periculum est emtoris. Martinius, Arch. f. bürg. Recht, Bd. 17, S. 50 ff. Emerich, Kauf- und Werklieferungsvertrag, § 11.

[3]) Martinius, a. a. O. (1899), S. 54 ff. A. M. Planck zu **446**, Z. 2 b. Emerich, S. 35. 44, Note 1.

[4]) Planck zu **446**, Z. 2 c.

Gefahr geht jedoch über, weil der Verkäufer nicht mehr in der Lage ist, die Überwachung auszuüben (**446**)[1]).

III. **Versendungskauf.**

A. Eigentlicher Übersendungskauf. Versendet der Verkäufer auf Verlangen des Käufers die verkaufte Sache (species, genus) an einen anderen als den Erfüllungsort, so geht die Gefahr auf den Käufer über, sobald der Verkäufer die Sache der Transportperson oder -anstalt, dem Spediteur, Frachtführer oder sonst einer zur Ausführung bestimmten Person ausgeliefert hat. Bewirkt der Verkäufer persönlich, durch seine Leute oder Beförderungseinrichtungen die Versendung, so geht die Gefahr mit der Absendung über (**447**). In diesem Zeitpunkte ist die Versendung bewirkt. Der Käufer trägt die Transportgefahr. Jedoch ist zu unterscheiden:

1. Der Verkäufer übernimmt hier eine weitere Verpflichtung außer der Übergabepflicht. Soll die Gefahr schon mit der Absendung übergehen, so mußte das eben besonders bestimmt werden. Die Art der Versendung hat der Verkäufer zu bestimmen. Er haftet in dieser Hinsicht für jede Schuld. Hat der Verkäufer Anweisung über die Art der Versendung erteilt, und weicht der Verkäufer ohne dringenden Grund von dieser ab, so haftet er für den daraus entstehenden Schaden (vgl. **665**). Die Gefahr geht aber trotzdem auf den Käufer über.

2. Die Frage, ob mit der Absendung auch die Übergabe und die Eigentumsübertragung an den Käufer vollzogen ist, ist hier nicht beantwortet; sie kann erfolgt sein oder nicht. Der Gefahrübergang knüpft sich schlechthin an die Absendung.

A kauft von B in München eine Statue als Geschenk für C in Dresden. B erklärt sich auf Verlangen des A bereit, die Statue an C zu schicken und gibt die Statue zur Eisenbahn. Bei der Verladung wird sie zerschlagen. Ort der Leistung ist München (**269**). Die Gefahr war mit der Lieferung an die Eisenbahn auf A übergegangen, er hat daher den Kaufpreis zu zahlen.

3. Geregelt ist nur die Gefahr der Sache. Die sonstigen Ansprüche der Parteien gegen einander sind nicht berührt, also nicht z. B. der Anspruch des Käufers wegen Mängel der Sache[2]). Getroffen ist auch nicht die Frage, wann die Nutzungen und Lasten übergehen. Hier bleibt es bei der Regel in **446**.

B. Bloßer Fernkauf. Versendet der Verkäufer seiner Vertragspflicht gemäß an den durch Gesetz oder Vereinbarung bestimmten Erfüllungsort, so trägt der Verkäufer bis zur Übergabe an den Käufer am Erfüllungsorte nach **446** die Gefahr. Er trägt daher auch die Transportgefahr.

IV. Die Grundsätze über den Gefahrübergang greifen auch Platz, wenn ein Recht an einer Sache verkauft ist, das zum Besitze der Sache berechtigt (**451**).

A, dem das Erbbaurecht am Grundstück des A zusteht, hat das Recht an C verkauft, und C ist als Erbbauberechtigter im Grundbuch eingetragen worden, bevor ihm das Grundstück übergeben ist; C hat den Kaufpreis zu zahlen, wenn das Grundstück durch Hochwasser fortgerissen ist.

V. Abänderungen der zuvor entwickelten Grundsätze treten ein durch Vertrag der Parteien oder kraft Gesetzes durch Annahmeverzug des Käufers (**300**. **324**, Abs 2).

§ 110.

Arten der Kaufverträge.[3])

I. Das Gesetz regelt nur den **Konsensualkauf**, d. h. den auf Umsatz von Ware gegen Preis gerichteten Schuldvertrag, der demnach eine gegenseitige Verpflichtung der Parteien erzeugt,

[1]) Bei dieser Regelung kann es vorkommen, daß bei mehrfachem Verkaufe eines Grundstückes sowohl der erste Erwerber, dem das Grundstück übergeben war, als auch der zweite Erwerber, dem es aufgelassen ist, die Gefahr tragen. Beide Erwerber haften auf den Kaufpreis, jedoch ist der erste Erwerber nach **440**, Abs. 1, und **325**, Abs. 1 gegenüber dem Verkäufer geschützt. Vgl. Schollmeyer (1897), S. 18f. **Planck zu 446**, Ziff. 2b. **Martinius**, a. a. O., S. 69ff.

[2]) RG. Bd. 55, S. 207.

[3]) Bernhöft, Beitr., H. 12, S. 56ff. Jäger, Das Vorkaufsrecht, **1893**. Oertmann, Arch. f. d. ziv. Pr., Bd. 85 (1896), S. 202ff. Schollmeyer, Das Recht der einzelnen Schuldverhältnisse, § 2. Hahn, Der Wiederkauf (1902). Immerwahr, Jahrb. f. Dogmat., Bd. 40 S. 279ff.

keine Rechtsänderung bez. des Gegenstandes des Kaufes hervorruft. Letztere wird erst durch die Erfüllung hervorgerufen, die zeitlich mit dem Abschluß des Schuldvertrages zusammenfallen kann. Ist daneben noch der **Handkauf** (Realkauf, Naturalkauf) zu unterscheiden? Die Intention der Parteien geht auf sofortigen Umsatz von Preis und Ware, nicht auf hierauf bezügliche Verpflichtung, und zwar auch dann nicht, wenn eine Einigung der Parteien über die auszutauschenden Objekte voraufgehen sollte. Das Geschäft ist ein vom Konsensualkaufvertrage verschiedenes Geschäft.

Das äußert sich nicht in der Gewährleistungspflicht des Handverkäufers, wohl aber bez. der Preiszahlung und der Beweislast. Klagt der Verkäufer auf Zahlung des Kaufpreises auf Grund des Konsensualkaufes, so hat der Käufer, wenn er den Abschluß eines solchen zugesteht, die Zahlung des Preises zu beweisen. Behauptet aber der Käufer einen Handkauf, so gesteht er zwar die Entnahme der Ware zu, leugnet aber den Klaggrund. Der Kläger hat den Abschluß des Kreditkaufes und erst dann der Beklagte die Zahlung des Kaufpreises zu beweisen[1]).

Vom bürgerlichrechtlichen Kauf unterscheidet sich der **Handelskauf.** Dieser liegt vor, wenn wenigstens einer der Vertragsteile Kaufmann ist, dieser den Kauf im Betriebe seines Handelsgewerbes geschlossen hat und bewegliche Sachen oder Wertpapiere gekauft sind. Auf den Handelskauf finden die Vorschriften des BGB. Anwendung, soweit nicht das HGB. (§§ 343. 373—381) Sondervorschriften enthält.

II. Abgesehen von einigen schon hervorgehobenen Besonderheiten sind noch hervorzuheben[2]):

1. **Barkauf, Kreditkauf, Pränumerationskauf,** je nachdem Ware und Preis Zug um Zug, die Ware vor dem Preis oder auch der Preis vor der Ware zu leisten ist, wie z. B. bei dem **Abzahlungsgeschäft**[3]) (Abzahlungskauf und Möbelleihvertrag). Bei diesem ist die Freiheit der Parteibestimmung durch zwingende Gesetzesbestimmungen eingeschränkt (vgl. **L.** § 89, I. B., § 90).

2. **Zeitkauf**[4]), wenn die Ware an einem Termine oder innerhalb einer Frist zu liefern ist.

3. **Versendungskauf** (Distanzkauf); bloßer Fernkauf. Vgl. **L.** § 109, III.

III. **Kauf zur Probe.** Der Käufer stellt weitere Bestellung in Aussicht, was ohne rechtliche Bedeutung ist (Kundgebung eines Motives). Es liegt unbedingter Kauf vor.

IV. **Kauf nach Probe** oder Muster (**494**) ist ein unbedingter Kauf, bei dem die Eigenschaften der Probe oder des Musters als zugesichert anzusehen sind; ein Kauf nach Probe liegt demnach nicht vor, wenn die Parteien das Kaufgeschäft selbst unter der Bedingung der Probemäßigkeit der Ware geschlossen haben. Wegen nicht probemäßiger Lieferung hat der Käufer die Rechtsansprüche der Wandelung, Minderung, des Schadensersatzes wegen Nichterfüllung und (bei Gattungssachen) der Nachlieferung einer mangelfreien Sache (**459. 462. 463. 480**).

Wer daraus Rechte herleiten will, daß nach Probe verkauft ist, hat dieses z. B. durch Vorlegung der Probe[5]) zu beweisen. Die Probemäßigkeit hat der Verkäufer zu beweisen (aber **363**).

V. **Der Kauf auf Probe, auf Besicht (495. 496)**[6]) ist unter der Bedingung der subjektiven

---

[1]) Gegen die Unterscheidung Planck, S. 329. Neumond, Arch. f. d. ziv. Pr., Bd. 89 (1899). S. 122. 166 ff. Collatz, Ungerechtfertigte Vermögensverschiebung (1899), S. 20 ff. Oertmann, S. 153 f. Weniger entschieden: Endemann I, § 163.

[2]) Der Kauf mit dem Vorbehalt besseren Gebotes (in diem addictio) ist heute besonderen Regeln nicht unterstellt. Außer den allgemeinen Auslegungsregeln greifen die Regeln über die Bedingungen und das Rücktrittsrecht ein.

[3]) In bestimmter Richtung geregelt durch Reichsgesetz vom 16. Mai 1894. Hausmann, Die Veräußerung bewegl. Sachen gegen Ratenzahlung (1891). Lazarus, Das Recht der Abzahlungsgeschäfte (1896). Ferner Jastrow, Jur.-Tag 22, Bd. 1 (1892), S. 265 ff. Jur.-Tag 22, Bd. 4 (1893), S. 124 ff. Cohen, Zeitschr. f. d. Priv.- u. öffentl. Recht, Bd. 21 (1894), S. 689 ff.

[4]) Zu diesem gehören die Börsentermingeschäfte (RBörsengesetz v. 22. Juni 1896 und 8. Mai 1908) und die Fixkäufe (**361, L.** § 80 I.), die als Handelskäufe unter HGB. § 376 stehen.

[5]) HGB. § 96 (Pflicht der Handelsmäkler zur Aufbewahrung der Probe).

[6]) Leonhard, Fr., Jahrb. f. Dogm., Bd. 39 (1898), S. 180 ff. Hölder, Komment. S. 345. Muskat, Gruch. Beitr., Bd. 48, S. 205 ff.

Billigung der Ware durch den Käufer geschlossen, nicht unter der Bedingung des objektiven Gefallens. Die Billigung steht im freien Belieben des Käufers. Wann diese rechtsgeschäftliche Erklärung der Billigung vorliegt, ist Auslegungsfrage. Die Bedingung ist im Zweifel eine aufschiebende.

A. Man hat gesagt (M. II. S. 333 f.), nicht der gegenseitige Vertrag sei bedingt, sondern nur die Verpflichtung des Verkäufers stehe unter der aufschiebenden Bedingung des Wollens des anderen Teiles, der Käufer sei noch nicht gebunden. Bis zur Entscheidung der Bedingung wäre der Verkäufer allein, mit der Erfüllung der Bedingung auch der Käufer an den Vertrag gebunden. Mit dem Ausfall der Bedingung würde auch die Gebundenheit des Verkäufers aufhören. Diese künstliche Konstruktion ist möglich, entspricht aber regelmäßig wohl nicht der Parteiabsicht. Dieser gemäß muß man annehmen, daß das Kaufgeschäft ein bedingtes [1]) ist. Der Käufer steht daher für Verschulden bez. der Ware ein, die ihm zur Probe übergeben ist

B. Durch die Übergabe zum Zwecke der Prüfung geht die Gefahr nicht über.

C. Der Verkäufer ist verpflichtet, dem Käufer die Untersuchung der Sache zu gestatten, damit der Verkäufer nicht die Genehmigung des Käufers vereiteln kann und so die Erfüllung der Bedingung. Der Verkäufer kann allerdings seine Gebundenheit durch die Verweigerung der Prüfung nicht beseitigen, auch kann die Genehmigung nicht als erteilt betrachtet werden, aber ohne Prüfung würde der Kauf für den Käufer wertlos werden. Der Käufer kann vor Vollendung des Vertrages nicht auf Erfüllung und Erfüllungsinteresse klagen. Daher der Anspruch und die Klage auf Einräumung der Prüfung.

D. Mit der Billigung kommt der Vertrag als unbedingter zur Vollendung. Es treten nun die allgemeinen Vorschriften über Gewährleistung wegen Rechtsmangels und wegen Mängel der Sache in Anwendung. Ob durch die Billigung eine Annahme im Sinne der Vorschrift in **464** gegeben ist, ist Tatfrage.

E. Ist die Billigung keine rechtzeitige, so ist die Bedingung des Kaufes ausgefallen. Ist eine Billigungsfrist vereinbart, so ist diese maßgebend. Ist keine Frist vereinbart, so kann der Verkäufer dem Käufer eine angemessene Frist bestimmen. War aber die Ware dem Käufer zur Prüfung übergeben, so bedeutet das Schweigen des Käufers Billigung innerhalb der Frist.

F. Da die freie Billigung nur im Zweifel aufschiebende Bedingung ist, können die Parteien auch anderes festsetzen. Möglich ist besonders, daß die Billigung auflösende Bedingung sein solle, oder daß der Käufer vom Vertrage solle zurücktreten dürfen. Auch um sachverständige Prüfung kann es sich handeln sollen, so daß dann richterliche Prüfung eintreten könnte. Beim Kauf auf Umtausch gewährt der Vertrag dem Käufer ein Rücktrittsrecht für angemessene Zeit regelmäßig unter der auflösenden Bedingung des Abschlusses eines anderen Kaufes mit dem Verkäufer über dessen Ware in mindestens gleicher Höhe des Preises geschlossen.

VI. Der **Trödelvertrag** (contractus estimatorius), im röm. R. ein Innominatkontrakt [2]), hat den Inhalt, daß eine Sache unter Schätzung hingegeben wird, und der Empfänger die Sache oder die Schätzungssumme zurückgeben soll. Der Empfänger kann die Sache auch verkaufen (Ermächtigung) und den Mehrerlös über die Schätzungssumme behalten. Das BGB. regelt dieses Geschäft nicht besonders, es kommt daher auf den Inhalt des Vertrages an. Ein Anwendungsfall ist das in der Verkehrsordnung des Börsenvereins der deutschen Buchhändler geregelte **Konditionsgeschäft** [3]) zwischen Verleger und Sortimenter.

VII. Das **Wiederkaufsrecht (Rückkauf) (497—503)** [4]).

A. Das Wiederkaufsrecht wird ausgeübt durch die vom Verkäufer gegenüber dem Käufer

---

[1]) Anders Walsmann, Jahrb. f. Dogm., Bd. 54, S. 197 ff. nach seiner Auffassung der Wollensbedingung (**L.** § 58): nach Inhalt des Vertragsverhältnisses ist dem Käufer das Recht eingeräumt, durch einseitige Willenserklärung ein bestimmtes Schuldverhältnis herbeizuführen. Vgl. Hölder, Jahrb. f. Dogmat., Bd. 56, S. 147 ff.

[2]) l. 17, § 1 D. (19, 5).

[3]) K. Lehmann, Handelsrecht, S. 847 f.

[4]) Vgl. EG. Art. 94, RGewO. §§ 34, Abs. 2. 38. Auch der Vorbehalt des Wiederverkaufsrechtes ist denkbar, aber selten. Häufig wird auch darunter im Sinne der Parteien ein Vorbehalt des Rücktrittes für den Käufer zu verstehen sein. Der Kauf unter Vorbehalt des Wiederkaufsrechtes

abgegebene Erklärung, daß er es ausübe. Durch diese Erklärung kommt auch der Wiederkauf selbst zustande. Die juristische Konstruktion macht gegenüber der Regelung im Gesetz einige Schwierigkeit. Nimmt man einen Vorvertrag auf Rückkauf an, so besteht das Bedenken, daß ein neues Rückkaufsgeschäft nicht geschlossen wird. Es genügt die einseitige Erklärung des Wiederverkäufers, um das neue Rechtsverhältnis unter den Parteien zu begründen. Daß der Vorvertrag sich durch die Erklärung des Berechtigten unmittelbar in einen Hauptvertrag umsetzt, ist an sich dem Vorvertrage widersprechend. Erklärt man das letztere aus positiver Bestimmung, so ist das ein Verzicht auf die rechtliche Konstruktion. Auch mit der Annahme einer Kaufofferte[1]) des ersten Verkäufers (**503**) und eines Rücktrittsrechtes[2]) harmonieren die Vorschriften des Gesetzes nicht (vgl. **501** mit **346**). Der Vorbehalt enthält vielmehr einen unter der aufschiebenden Bedingung, daß der Verkäufer es verlange, geschlossenen Wiederkauf[3]), allerdings mit einer wesentlichen, aber innerlich motivierten Abänderung im Punkte der Gefahr (**498**, vgl. B.)[4]).

1. Der Vorbehalt wirkt nur unter den Kaufparteien, gegen dritte Erwerber selbst dann nicht, wenn sie den Vorbehalt kannten[5]). Das Wiederkaufsrecht ist aktiv und passiv vererblich und kann vom Berechtigten übertragen werden, wenn nicht die besonderen Momente des Falles die Abtretung ausschließen. Wenn das Wiederkaufsrecht mehreren gemeinschaftlich zusteht, so kann es nur im ganzen ausgeübt werden. Erlischt es für einen Berechtigten, oder übt einer der Berechtigten es nicht aus, so können die übrigen es im ganzen ausüben (**502**). Anteilsmäßige Ausübung würde dem Käufer eine Rechtsgemeinschaft aufzwingen. Das ist gegen den Sinn des Geschäftes.

2. Die Erklärung des Wiederkäufers bedarf nicht der für den Kaufvertrag bestimmten Form, z. B. nicht der in **313** vorgeschriebenen, außer wenn das Wiederkaufsrecht erst nach dem Abschluß des Kaufes vereinbart wird.

3. Das Wiederkaufsrecht kann in dem Vorbehalte an eine Frist gebunden sein; ist dies nicht der Fall, so tritt bei Grundstücken eine gesetzliche Ausschlußfrist von 30, bei anderen Gegenständen von drei Jahren, von der Vereinbarung des Vorbehaltes an laufend, ein. Nach Ablauf der vereinbarten oder gesetzlichen Frist kann das Wiederkaufsrecht nicht mehr ausgeübt werden.

4. Der Abschluß des Wiederkaufes verlangt die Vereinbarung über den Preis. Im Zweifel ist der Preis, um den verkauft ist, der für den Wiederkauf vereinbarte. Möglich ist aber auch andere Preisfestsetzung (z. B. **501**).

5. Die Verpflichtung des Wiederverkäufers kann durch Vormerkung gesichert werden (**883**)[6]).

B. Die Verpflichtungen des Wiederverkäufers vor Ausübung des Wiederkaufsrechtes.

Der Wiederkäufer sieht in dem Vorbehalt auf den tatsächlichen und rechtlichen Zustand der Sache zur Zeit des Vorbehaltes. Daher hat der Wiederverkäufer diese mit Sorgfalt zu behandeln. Er macht sich durch schuldhafte Verschlechterung, Untergang, sonstige Veranlassung der Unmöglichkeit der Herausgabe und durch wesentliche Veränderung des Gegenstandes für den daraus entstehenden Schaden verantwortlich. Unverschuldete Verschlechterung oder Verminderung be-

---

kann zum Zwecke der Sicherung des Käufers und Rückkäufers geschlossen sein. Es ist dann in Frage, ob der Kaufvertrag nicht simuliert und nur Pfandbestellung intendiert ist, ferner ob nicht gegen die Wuchergesetze verstoßen ist.

1) Planck, S. 408.

2) Kuhlenbeck, a. a. O., S. 268 ff., nimmt modifiziertes Rücktrittsrecht an. Für das Rücktrittsrecht auch ÖBGB.

3) So auch Oertmann, S. 423 f. Vgl. Stammler, a. a. O., S. 13.

4) Schollmeyer, a. a. O., S. 22 ff., nimmt deshalb ein eigenartiges „Einlösungsrecht" des Wiederkäufers an.

5) Daraus folgt auch, daß das Wiederkaufsrecht nicht ausgeübt werden kann, wenn der Gegenstand des Kaufes dem Zwangsverkaufe unterliegt. Walsmann, Jahrb. f. Dogmat., Bd. 54, S. 197 ff., will seine Konstruktion des Kaufes auf Probe auch für den Wiederverkauf verwenden (vgl. oben V. A.).

6) Kohler, A., Arch. f. bürg. Recht, Bd. 15 (1899), S. 102.

rechtigen aber den Wiederkäufer nicht zur Minderung des Wiederkaufpreises (**498**). Ist als Wiederkaufspreis der Schätzungswert vereinbart, den der Gegenstand zur Zeit des Wiederkaufes hat, so ist der Wiederverkäufer für Verschlechterung, Untergang, wesentliche Änderung oder sonstige Unmöglichkeit der Herausgabe nicht verantwortlich (**501**), wohl aber nach **499** für die rechtlichen Verfügungen zur Belastung des Gegenstandes. Belastet der Wiederverkäufer die Sache mit Rechten Dritter, so ist er zur Beseitigung dieser Rechte, eventuell zum Schadensersatze verpflichtet. Das gilt auch für Verfügungen im Wege der Zwangsvollstreckung, der Arrestvollziehung oder durch den Konkursverwalter (**499**).

C. Das Rechtsverhältnis nach Ausübung des Wiederkaufsrechtes.

Mit dem Abschlusse des Wiederkaufes treten die Verpflichtungen des Wiederkäufers und Wiederverkäufers als gegenseitige, also Zug um Zug zu erfüllende, ein (**323** ff.).

1. Der Wiederverkäufer ist verpflichtet, den gekauften Gegenstand nebst Zubehör herauszugeben[1]), eventuell hat er Ersatz zu leisten (**498**).

2. Der Wiederkäufer hat den Wiederkaufspreis[2]) zu zahlen.

Er hat auch Gegenstände zurückzugeben, die er neben dem Kaufpreise erhalten hatte. Kann er solche Nebenleistungen nicht oder nicht ganz herausgeben, so hat er, soweit ihn eine Schuld trifft, Ersatz zu leisten. Das folgt aus seiner Stellung als bedingter Schuldner und aus der Analogie von **498**, Abs. 2 (Z. 1)[3]).

Verwendungen aus der Zeit vor dem Wiederkauf hat er zu ersetzen, soweit der Wiederverkäufer oder seine Erben durch solche den Wert des Gegenstandes erhöht haben. Wegen notwendiger Verwendungen besteht kein Ersatzanspruch, weil solche vom Wiederverkäufer, der ja auch die Gefahr trägt, im eigenen Interesse gemacht worden sind. Einrichtungen an der verkauften Sache kann er wegnehmen (**258**).

Der Wiederkäufer hat die Pflicht, den Gegenstand abzunehmen. Der Wiederverkäufer kann daher klagen auf Abnahme gegen Ersatz der Verwendungen; wird er selbst auf Herausgabe verklagt, so hat er das Zurückbehaltungsrecht (**273. 274. 320**).

3. Im übrigen gelten die allgemeinen Grundsätze über das Verhältnis nach Abschluß des Kaufes. So auch bez. des Unterganges, der Verschlechterung oder der Verminderung nach endgültigem Abschluß des Wiederkaufes (z. B. **446**).

D. Wo im Gebiete der Vorbehalte für das Landesrecht gesetzliche Wiederkaufsrechte bestehen, kann auch eine selbständige landesrechtliche Regelung bestehen.

VIII. **Das Vorkaufsrecht** (**504—514**).

A. Das Vorkaufsrecht gewährt das persönliche Recht gegen den Verpflichteten, mit diesem den Kauf zum Abschlusse zu bringen, sobald der Verpflichtete einen Kaufvertrag über den Gegenstand mit einem Dritten geschlossen hat[4]).

1. Das Vorkaufsrecht entsteht sowohl durch Rechtsgeschäft unter Lebenden wie durch Verfügung von Todes wegen. Es kann auch dem Verkäufer vom Käufer beim Verkaufe vorbehalten werden. Ein gesetzliches Vorkaufsrecht kennt das Gesetz[5]) nur in **2034** (Vorkaufsrecht der Miterben).

2. Das Vorkaufsrecht kann bei allen Kaufgegenständen begründet sein.

3. Das Vorkaufsrecht kann ausgeübt werden, sobald der Verpflichtete mit dem Dritten einen Kaufvertrag über den Gegenstand geschlossen hat.

a) Es muß ein Kaufvertrag, nicht Tausch oder Schenkung, geschlossen sein. Durch Abschluß solcher Veräußerungsgeschäfte wird das Vorkaufsrecht vereitelt, ein Schadensersatzanspruch des Vorkaufsberechtigten gegen den Vorkaufsverpflichteten besteht nicht, und gegen die dritten

---

[1]) Die Nutzungen gebühren dem Wiederverkäufer auf Grund des ersten Kaufes.

[2]) Zinsen für die Zwischenzeit sind (**452**) nicht zu zahlen.

[3]) Vgl. Planck zu **498**, Z. 2.

[4]) Das dingliche Vorkaufsrecht an Grundstücken ist in **1094** ff. geregelt.

[5]) Vgl. aber das Landesrecht auf dem Gebiete der Vorbehalte, z. B. EG. Art. 67. 109.

Erwerber kann das schuldrechtliche Vorkaufsrecht nicht geltendgemacht werden. Im Zweifel erstreckt sich andererseits das Vorkaufsrecht nicht auf einen Verkauf, der mit Rücksicht auf ein künftiges Erbrecht an einen gesetzlichen Erben erfolgt (**511**)[1]). Ausgeschlossen ist das Vorkaufsrecht bei Verkauf im Wege der Zwangsvollstreckung oder durch den Konkursverwalter. Gegenüber den die Zwangsvollstreckung betreibenden Gläubigern kann von einer Geltendmachung des Vorkaufsrechtes ohnehin nicht die Rede sein. Es ist daher in **512** nur ausgesprochen, daß der Pflichtige in solchen Fällen nicht Schadensersatz zu leisten hat[2]).

b) Der Abschluß des Kaufes ist verlangt. Der Vorkaufsberechtigte ist nicht gehalten, sein Vorkaufsrecht geltendzumachen, solange der Dritte nur bereit ist, den Kauf abzuschließen, sondern erst, wenn der Dritte gebunden ist, und der Eigentumsübergang usw. auf den Dritten bevorsteht. Abschluß ist auch Abschluß unter Bedingung oder unter Einräumung des Rücktrittsrechtes. Der Vorkaufsberechtigte kann den Kauf abschließen, so wie er mit dem Dritten geschlossen ist. Ist aber die Bedingung gerade die, daß der Vorkaufsberechtigte von seinem Vorkaufsrecht keinen Gebrauch macht, oder ist der Rücktritt dem Dritten für den Fall vorbehalten, daß der Vorkaufsberechtigte sein Recht ausübt, so gilt der Kauf dem Vorkaufsberechtigten gegenüber als unbedingter und ohne Rücktrittsrecht geschlossen. Einer Vereitelung des Vorkaufsrechtes ist auf diese Weise vorgebeugt, und der als Voraussetzung des Vorkaufsrechtes geforderte Kaufabschluß liegt vor (**506**).

c) Das Vorkaufsrecht kann auch ausgeübt werden, wenn ein Teil des Gegenstandes (z. B. eine Parzelle eines Grundstückes) verkauft ist. Das Vorkaufsrecht kann niemals auf andere Gegenstände, die nicht Gegenstand des Vorkaufsrechtes sind, erstreckt werden (vgl. aber **508**).

4. Die Ausübung des Vorkaufsrechtes erfolgt durch Erklärung gegenüber dem Verpflichteten (**130** ff.). Die Erklärung bedarf nicht der für den Kaufvertrag bestimmten Form, wohl aber bedarf der Vertrag, durch den das Vorkaufsrecht an einem Grundstück eingeräumt wird, nach **313** der Form (**505**).

5. Steht das Vorkaufsrecht mehreren gemeinschaftlich zu, so kann es nur im ganzen ausgeübt werden. Erlischt das Recht für einen der Berechtigten, oder übt einer sein Recht nicht aus, so tritt Akkreszenz ein, d. h. die übrigen Berechtigten können das Recht im ganzen ausüben (**513**, vgl. **502**).

6. Das Vorkaufsrecht ist nicht übertragbar und nicht aktiv vererblich. Übertragbarkeit und aktive Vererblichkeit können aber vereinbart sein. Die aktive Vererblichkeit ist anzunehmen, wenn das Recht auf bestimmte Zeit beschränkt ist (**514**). Ein auf unbestimmte Zeit begründetes Vorkaufsrecht kann daher für vererblich, ein auf bestimmte Zeit begründetes durch Vereinbarung für unvererblich erklärt werden. Gesetzliche Vererblichkeit tritt in **2034**, Abs. 2 ein. Die passive Vererblichkeit ist nicht ausgeschlossen. Auch ist es selbstverständlich, daß das infolge der Ausübung des Vorkaufsrechtes erwachsende Recht aus dem Kaufe übertragbar und vererblich ist.

7. Haben die Parteien für die Ausübung des Vorkaufsrechtes keine Frist bestimmt, so tritt eine gesetzliche Ausschlußfrist ein, bei Grundstücken von zwei Monaten, bei anderen Gegenständen von einer Woche von dem Empfange der Verkaufsanzeige (Z. 2) an[3]). Das Vorkaufsrecht erlischt, wenn es innerhalb der vereinbarten oder gesetzlichen Frist nicht ausgeübt wird. Erfolgt die Anzeige nicht, so greifen die gewöhnlichen Verjährungsgrundsätze Platz (**510**, Abs. 2).

Ist das Vorkaufsrecht selbst von den Parteien befristet, so erlischt es ohne Rücksicht auf den Abschluß eines Kaufes nach Ablauf der Frist.

8. Selbstverständlich kann der Vorkaufsberechtigte, wenn die Voraussetzung der Ausübung des Vorkaufsrechtes gekommen ist, auf sein Vorkaufsrecht verzichten. Über das Erlöschen des Vorkaufsrechtes nach **507** vgl. C. Z. 2. b.

---

[1]) Sog. Kindskauf. Vgl. M. II. S. 349. Stobbe, D. Pr. R. II, § 89, Nr. 4.

[2]) Das Vorkaufsrecht findet Anwendung im Falle **753**.

[3]) Vgl. **2034**, Abs. 2.

9. Mit der Ausübung des Vorkaufsrechtes ist der Kauf zwischen dem Vorkaufsberechtigten und dem Verpflichteten zustande gekommen, und zwar mit dem Inhalte, wie er zwischen dem Verpflichteten und dem Dritten vereinbart ist (**505**). Der Vorkaufsberechtigte schließt so einen neuen Vertrag, er tritt nicht in den Vertrag des Dritten mit dem Verpflichteten ein. Die juristische Konstruktion ist in diesem Falle die gleiche wie beim Wiederkaufsrecht (VI. A.): mit dem ersten Vertrage verbindet sich der Vorkaufsvertrag als ein durch den Abschluß eines neuen Kaufvertrages und die Erklärung des Vorkaufsberechtigten bedingter Vertrag [1]).

B. Die Anzeigepflicht des Verpflichteten ist eine Folge seiner Vertragspflicht. Der Verpflichtete hat dem Vorkaufsberechtigten unverzüglich den Abschluß des mit dem Dritten geschlossenen Vertrages mitzuteilen. Schuldhafte Verzögerung oder Unterlassung der Anzeige verpflichtet ihn zum Schadensersatz. Die Art der Mitteilung ist gleichgültig. Die Anzeige muß aber den Namen des Käufers und den Inhalt des Kaufes enthalten. Sie wird durch die Mitteilung des Dritten ersetzt. Voraussetzung der Ausübung des Vorkaufsrechtes ist die Anzeige nicht.

C. Die Verpflichtungen der Parteien aus dem Kaufe. Hier gelten die allgemeinen Grundsätze in betreff der Erfüllung, der Folgen der Nichterfüllung, des Verzugs usw.

1. Der Verpflichtete hat die Verbindlichkeiten des Verkäufers zu erfüllen, d. h. die Sache zu übergeben und zu übereignen, auch wenn er an den Dritten ohne Rücksicht auf das Vorkaufsrecht verkauft und auch wenn er die Sache dem Dritten schon übergeben hat. Gegen den Dritten hat der Berechtigte als solcher niemals einen Anspruch auf Herausgabe oder Schadensersatz.

2. Der Vorkaufsberechtigte ist, soweit nicht zwischen ihm und dem Verpflichteten anderes vereinbart ist, verpflichtet, alle Leistungen zu erbringen, die der Verpflichtete mit dem Dritten zulässigerweise vereinbart hat (**505**, Abs. 2).

a) Der Vorkaufsberechtigte hat den Kaufpreis zu bezahlen. An sich könnte der Vorkaufsberechtigte auch eine dem Dritten schlechthin gewährte Stundung in Anspruch nehmen, selbst wenn er keinerlei Sicherheit bietet. Das ist aber nach **509**, Abs. 1, ausgeschlossen. Der Vorkaufsberechtigte muß für den gestundeten Betrag nach **232** ff. Sicherheit leisten. Bei Verkauf eines Grundstückes ist die Sicherheitsleistung nachgelassen, wenn für den gestundeten Kaufpreis die Bestellung einer Hypothek an dem Grundstück vereinbart ist[2]), oder wenn in Anrechnung auf den Kaufpreis eine Schuld übernommen ist, für die eine Hypothek an dem Grundstück besteht.

b) Der Vorkaufsberechtigte muß auch die neben dem Preise bedungenen Nebenleistungen erbringen. Ist er außerstande, diese zu bewirken (z. B. Übernahme der persönlichen Pflege des Verpflichteten), so hat er den Schätzungswert zu entrichten, also nicht wie der Dritte das Erfüllungsinteresse zu leisten. Ist die Nebenleistung nicht in Geld schätzbar, so ist das Vorkaufsrecht ausgeschlossen, wenn nicht anzunehmen ist, daß der Vertrag mit dem Dritten auch ohne die Nebenleistung geschlossen sein würde, wie z. B. bei Geringfügigkeit der Nebenleistung (**507**).

c) Ist der Gegenstand des Vorkaufsrechtes mit anderen Gegenständen um einen Gesamtpreis an den Dritten verkauft, so hat der Vorkaufsberechtigte einen verhältnismäßigen Teil des Gesamtpreises zu zahlen. Der Vorkaufsberechtigte muß aber auf Verlangen des Verpflichteten alle Gegenstände zum Gesamtpreise übernehmen, wenn eine Trennung des Gegenstandes des Vorkaufsrechtes nicht ohne Nachteil der Verpflichteten geschehen kann. Der Vorkaufsberechtigte hat nicht das entsprechende Recht. Der Verpflichtete hätte sein Interesse zu beweisen (**508**).

A hat aus vier von ihm zu je 2000 M. gekauften Pferden einen Viererzug zusammengestellt und diesen eingefahren. An einem der Pferde hat B ein Vorkaufsrecht. A verkauft die vier Pferde zu einem Gesamtpreis von 30000 M., er kann von B verlangen, wenn dieser sein Vorkaufsrecht geltendmacht, daß er in den ganzen Kauf eintritt; verlangt er es nicht, so muß B für das eine Pferd 7500 M. bezahlen.

IX. Der **Erbschaftskauf**, vgl. L. § 324.

---

[1]) So Oertmann, S. 431 f. Andere Ansichten s. bei Jäger, a. a. O., S. 4 ff. Planck S. 414. Schollmeyer, a. a. O. (1897), S. 25. Über die Auffassung Walsmanns Jahrb. f. Dogmat., Bd. 54, S. 197 ff.; vgl. oben V. A.

[2]) Die Mündelsicherheit nach **238** ist nicht verlangt.

§ 111.

Der Tausch.[1])

Der Tauschvertrag, im röm. R. ein Realkontrakt, schließt die Vereinbarung der Parteien in sich, daß Ware gegen Ware geleistet werden soll, nicht wie beim Kauf: Ware gegen Preis. Unter den Kauf fällt demnach auch das Barattogeschäft: die beiden Parteien verkaufen zwei Gegenstände einander zu gleichen Preisen unter Aufrechnung der Kaufpreisforderungen [2]). Ein Tauschgeschäft im eigentlichen Sinne ist nur dann gegeben, wenn die Parteien eben wollen, daß das Objekt der einen Leistung auch wirklich Äquivalent des Objektes der anderen sein solle. Fehlt der Wille des Entgeltes, des Umsatzes von Werten, ganz, so ist der zutreffende Gesichtspunkt gegenseitiges Geschenk oder Schenkung unter Auflage. Es ist auch nicht ausgeschlossen, daß die entscheidende geschäftliche Absicht sich nicht der Schenkungsabsicht verbindet. Der Gesichtspunkt des Entgeltes tritt allerdings beim Tausch häufig zurück. Das hindert aber nicht die analoge Anwendung des Kaufrechtes, die nach dem BGB. einzutreten hat (**515**). Die Auffassung des römischen Rechtes (Innominatkontrakt) ist mit dessen Kontraktsystem verlassen.

I. **Gegenstand** des Tausches sind Sachen und auch andere Vermögensgegenstände (Rechte an Sachen, Forderungen) wie beim Kauf. Auch bez. des Abschlusses und der Form des Vertrages gilt das gleiche.

II. **Das Vertragsverhältnis.** Jede Partei ist der anderen zur Übergabe und zur Verschaffung des Rechtes an derselben verpflichtet wie ein Verkäufer und ihr gegenüber in dieser Hinsicht berechtigt wie ein Käufer. Häufig wird beim Tausch stillschweigend vereinbart sein, daß Einschränkung oder Erlaß der den Verkäufer treffenden Gewährleistungspflicht wegen Mangels des Rechtes eintreten soll. Die Gültigkeit einer solchen Abmachung ist nach **443** zu prüfen[3]). Die Parteien haften wegen der physischen Mängel der Sache nach Kaufrecht. Jedem Teile steht sowohl Wandelungs- wie Minderungsanspruch zu. Für die Durchführung der Wandelung und Minderung beim Tausch hat besondere Bedeutung die Bestimmung in **473**. Auch der Anspruch auf Schadensersatz wegen Nichterfüllung, auf Nachlieferung einer fehlerfreien Sache, ferner die Haftung wegen Viehmängel ist entsprechend gegeben. Beim freundschaftlichen Tausche wird die Möglichkeit einer Einschränkung der Haftung nach **476** wieder besondere Berücksichtigung erfahren müssen. Die Parteien haben den Anspruch auf Abnahme. Die Gefahr geht über mit der Übergabe bzw. der Eintragung.

Tauscht A sein Grundstück a gegen B.s Grundstück b und wird A vor der Eintragung als Eigentümer das Grundstück b übergeben, so geht die Gefahr von **b** auf A mit der Eintragung über; werden die Grundstücke a und b nach der Eintragung von A und B an diese übergeben, so geht die Gefahr bez. a und b mit der Übergabe über (**L.** § 109, II.).

§ 112.

Die Schenkung.[4])

I. **Der Begriff.** Die Schenkung ist ein Vertrag, durch den der eine Teil (Schenker) aus seinem Vermögen eine den anderen Teil (Be-

---

[1]) Bernhöft, Beitr., H. 12 (1889), S. 12 ff. Bekker, System II, S. 128 ff. 157 ff. Enneccerus I, 2. § 342.

[2]) RG. Bd. 50, S. 287.

[3]) Dadurch erledigen sich die Bedenken Bernhöfts, a. a. O., S. 15 f. gegen die Anwendung des Kaufrechtes in diesem Punkte, wobei noch besonders auf **157** zu verweisen ist.

[4]) Regelsberger I, §§ 168 f. Hölder, Pand., § 55. Schloßmann, Jahrb. f. Dogm., Bd. 27, S. 49 ff. 53 ff. Bekker, System II, S. 128. 167. 170 ff. Kohler, Arch. f. bürg. Recht, Bd. 3, S. 244 ff. Burckhard, H., Die Stellung der Schenkung im Rechtssystem (1891). Lammfromm, Teilung, Darlehn, Auflage und Umsatzvertrag (1897). Schollmeyer, Das Recht der einzelnen Schuldverhältnisse, § 3. Burckhard, Zum Begriffe der Schenkung (1899). Zitelmann, Allgem. Teil, S. 138. Ortloff, Arch. f. bürg. Recht, Bd. 21, S. 269 ff. Müller, Jahrb. f. Dogmat., Bd. 48, S. 229 ff. Enneccerus I, 2. §§ 343—348.

schenkten) bereichernde Vermögenszuwendung ohne Absicht des Entgeltes macht[1]).

A. **Die Vermögenszuwendung** (Zuwendungsgeschäft) kann wirtschaftlich und rechtlich sehr verschieden beschaffen sein: Verschaffung von Eigentums- und anderen dinglichen Rechten, Übertragung bestehender Forderungen, Begründung einer Forderung für den Beschenkten gegen den Schenker selbst (Schenkungsversprechen), Befreiung von dinglichen Rechten, Erlaß von Forderungen, Tilgung fremder Forderungen, Veräußerung eines ganzen Vermögens, einer Erbschaft, aber auch Gebrauchsüberlassung. Die Schenkung steht daher in der Mitte zwischen den Veräußerungs- und Gebrauchsüberlassungsverträgen. Im Gegensatze zum Schenkungsversprechen sind alle übrigen Schenkungen Realschenkungen. Unter diesen ist die Realschenkung durch Eigentumsübertragung besonders wichtig (Handschenkung). Die letztere Unterscheidung zwischen Schenkungsversprechen und Realschenkung fällt nicht zusammen mit derjenigen in Schenkungen mit und ohne Verfügung[2]).

1. Die Zuwendung muß aus dem Vermögen des Schenkers kommen und dieses **mindern.** Daher fallen nicht immer unter die Schenkung Dienstleistungen und Gebrauchsüberlassungen. In dem Aufgeben einer Sicherheit (Bürgschaft, Pfandrecht) kann eine Schenkung liegen.

Schenkung liegt dagegen nicht vor, wenn jemand zum Vorteil eines anderen einen Vermögenserwerb unterläßt. Dahin gehört aber nicht der Erlaß zukünftig fälliger Zinsen Schenkung liegt auch nicht vor, wenn jemand auf ein angefallenes, noch nicht endgültig erworbenes Recht verzichtet oder zum Vorteil des anderen eine Erbschaft oder ein Vermächtnis ausschlägt trotz des Erwerbes der Erbschaft und des Vermächtnisses von Rechts wegen (**517**).

2. Die Zuwendung muß das Vermögen des Beschenkten **bereichern.** Keine Schenkung ist die Erteilung von Unterricht, Loskauf aus der Gefangenschaft, wiewohl hier Güter, auch wirtschaftliche Güter, vorliegen. Die Stellung einer Sicherheit kann dagegen die geforderte Bereicherung in sich schließen. Inwieweit eine Ausstattung Schenkung ist, ergibt sich aus **1624** (vgl. **L.** § 248)[3]).

B. **Die Absicht der Unentgeltlichkeit.** Der Schenker bringt das Vermögensopfer nur zu dem Rechtszwecke, um das Vermögen des anderen zu bereichern, nicht zu einem selbstsüchtigen Zwecke. Daher unterscheidet sich die Schenkung von den Zuwendungen, die zum Zwecke der Erfüllung einer dem Zuwendenden gesetzten Bedingung erfolgen, von Vergabungen und Versprechungen zu bestimmten (öffentlichen) Zwecken. Als unentgeltliche Verfügungen unterliegen die Schenkungen der Anfechtung durch die Gläubiger des Schenkers[4]).

C. **Die Vertragsnatur.** In vielen Fällen ist schon das Zuwendungsgeschäft zwischen Schenker und Beschenkten ein Vertrag. Es gibt aber Fälle, in denen die Zuwendung weder Vertrag ist, noch überhaupt rechtsgeschäftlichen Inhalt hat. Zur Schenkung gehört aber immer, daß auch Einigung über den rechtlichen Zweck, der das Geschäft zur Schenkung macht, erfolgt (**516,** Abs. 1). Dieser Schenkungsvertrag kann mit der Zuwendung zeitlich zusammenfallen, ihr voraufgehen oder nachfolgen. Bedenken erregen die Fälle, in denen eine Zuwendung, wie sie dem Begriffe der Schenkung entspricht (A.), zum Schenkungszwecke (B.) vom Schenker vollzogen wird, ohne daß Mitwirkung, Annahme der Zuwendung vom zu Beschenkenden erfordert wird (z. B. Zahlung fremder Schulden, wissentliche Berichtigung einer Nichtschuld an denjenigen, der glaubt, Gläubiger zu sein, Geschäftsführung mit Aufwand für andere zum Schenkungszweck). In solchen Fällen liegt verbindliches Angebot zum Schenkungsvertrage vor, auf welches an sich schon die Sondervorschriften des Schenkungsrechtes zur Anwendung kommen müssen. Für die Annahme

---

[1]) Nach dem RErbschaftssteuergesetz vom 3. Juni 1906, §§ 11. 12. 56 unterliegen der Steuer Schenkungen von 500 M. an mit mehrfachen Ausnahmen.

[2]) Vgl. Kollatz, Ungerechtfertigte Vermögensverschiebung (1899), S. 20 ff.

[3]) RG. Bd. 62, S. 273. 386. Seuff. Arch., Bd. 59, S. 139.

[4]) KO. §§ 32. 37. Reichsgesetz v. 21. Juli 1879, § 3, Z. 3 und §§ 4. 7, Abs. 2. 11. Dazu Mandry-Geib, § 50.

gelten besondere Vorschriften. Der Zuwendende muß in möglichst kurzer Frist darüber zur Gewißheit gelangen, ob die Schenkung zustande kommt oder nicht. Er kann daher den Beschenkten unter Bestimmung einer angemessenen Frist zur Erklärung über die Annahme auffordern. Der Beschenkte kann innerhalb dieser Frist annehmen oder ablehnen. Verstreicht die Frist ohne Erklärung, so gilt die Schenkung als angenommen. Wird die Schenkung abgelehnt, so kann der Schenker wegen Fehlens des rechtlichen Zweckes die Bereicherung fordern (**516**, Abs. 2).

Da die Schenkung Vertrag ist, so kommen die allgemeinen Grundsätze für Verträge, besonders bez. der Geschäftsfähigkeit (z. B. **105**. **107**), der Zulässigkeit (z. B. **310**), zur Anwendung. Da die Schenkung Verfügung über das Vermögen ist, kommt die Verfügungsfähigkeit (**1406**, Z. 2. **1453**, ferner: **1446**. **1477**. **1481**. **1641**. **1804**. **1897**. **1915**. **2113**. **2205**. **2207**. **2287**. **2325**) in Betracht[1]).

II. **Die Form.** Möglich ist, daß das Zuwendungsgeschäft einer Form bedarf. Diese ist dann zu erfüllen, wie ja allgemein das Zuwendungsgeschäft unter seinen eigenen Voraussetzungen steht und von der Schenkung zu trennen ist (**311**. **313**)[2]). Oft bedarf dagegen das Zuwendungsgeschäft keiner Form (constitutum possessorium, brevi manu traditio, Anweisung, Abtretung, und Erlaß einer Forderung). Die Schenkung als solche steht i. a. unter keinem Formerfordernis. Das gilt von allen Realschenkungen. Eine Ausnahme besteht nur bezüglich des Schenkungsversprechens, d. h. des vom Schenker an den Beschenkten schenkweise gegebenen Versprechens einer Leistung, weil hier die Gefahr übereilten Entschlusses und die Schwierigkeit bloße Absichten vom geschäftlichen Entschlusse zu trennen, vorliegt. Nur das Versprechen, nicht die Annahme, ist dementsprechend formalisiert, und die gerichtliche oder notarielle Beurkundung (vgl. **128**, EG.Art. 141) vorgeschrieben. Unter der gleichen Formvorschrift stehen in den Fällen **780**. **781** das schenkweise abgegebene abstrakte Schuldversprechen und die entsprechende Anerkennung wegen der Gefahr der Umgehung. Ob in den sonstigen Fällen abstrakter Schuldversprechen, z. B. in der Ausstellung eines Inhaberpapieres, eines Wechsels, sonstiger indossablen Schuldverschreibungen, in der Annahmeerklärung bei der Anweisung usw., eine schon vollzogene Schenkung oder nur ein Schenkungsversprechen zu sehen ist, das der Form bedarf, richtet sich nach der Natur dieser abstrakten Versprechen. Der Charakter des schuldrechtlichen Versprechens tritt wohl zurück hinter der Bedeutung dieser Wertpapiere für den Verkehr. Bei ihrer leichten Verwertbarkeit durch Übertragung bedeutet schon das Haben des Papiers einen reellen Vermögensvorteil. Die Schenkung bedarf daher der Form nicht [3]).

Der Mangel der Form wird durch die Erfüllung des Versprechens[4]) geheilt (vgl. **313**. **766**)[5]).

III. **Die Arten der Schenkung.**

A. Die Schenkungen unterscheiden sich sehr wesentlich nach dem Zuwendungsgeschäft. Sie sind ferner der Form bedürftig oder nicht, je nachdem das Zuwendungsgeschäft in der Begründung einer Forderung des Beschenkten gegen den Schenker besteht oder nicht (vgl. II.).

B. Die Schenkung kann sich mit anderen Geschäften verbinden (negotium mixtum cum donatione), z. B. mit dem Kauf, Tausch, Ausstattung usw.[6]). Entweder lassen sich Schenkung und anderes Geschäft trennen. Dann steht jedes unter seinen Vorschriften. Oder sie lassen sich

[1]) Das römische Verbot der Schenkungen unter Ehegatten besteht nicht (vgl. I. B.). Beschränkungen können sich nach Landesrecht auf Grund von EG. Art. 86. 87 ergeben, z. B. Pr. AG. z. BGB. § 6 (Schenkungen an jurist. Personen).

[2]) A. M. Planck zu **518**, Z. 4.

[3]) So Endemann I, S. 1027. Planck zu **518**.

[4]) RG. Bd. 53, S. 296; Bd. 42, S. 963.

[5]) Über die Schenkung von Todes wegen vgl. **2301**, Abs. 2. Sobald sie vollzogen ist, finden die Vorschriften der Schenkungen unter Lebenden Anwendung, die Formvorschrift kann dann nicht mehr in Frage kommen.

[6]) Vgl. Lammfromm, a. a. O. (1897), S. 132 ff. Planck zu **516**, Z. 6. Regelsberger, Jahrb. f. Dogmat., Bd. 48, S. 462.

nicht trennen. Die Ansichten gehen auseinander: entweder wird das Mischgeschäft als Schenkung oder als anderes Geschäft in allen Beziehungen behandelt, je nachdem die Schenkung oder das andere Geschäft überwiegt. Das setzt aber wieder eine Trennung voraus. Deshalb wollen andere für das Mischgeschäft ein Mischrecht aus dem Schenkungsrecht und den Regeln des anderen Geschäftes zur Anwendung bringen. Das Richtige dürfte aber sein, bei Untrennbarkeit Nichtigkeit des Mischgeschäftes anzunehmen (**L.** § 73, III.).

C. Die belohnende (remuneratorische) Schenkung, wechselseitige Schenkung, Schenkung zur Erfüllung von Anstands- und sittlichen Pflichten unterscheiden sich lediglich durch ihr Motiv von anderen Schenkungen, vgl. aber **534** (VI.)[1]).

D. Über Schenkung unter Auflage vgl. V., Schenkungen von Todes wegen vgl. **L.** § 280, die Erbschaftsschenkung vgl. **2385, L.** § 324 und die pflichtwidrige Schenkung vgl. **L.** §§ 281. 305.

IV. **Die Verpflichtung des Schenkers i. a.**

Die Unentgeltlichkeit des Geschäftes führt gegenüber den allgemeinen Grundsätzen des Schuldrechtes zu Abschwächungen:

A. Der Schenker hat ein abgegebenes Schenkungsversprechen zu erfüllen (**519**). Er haftet für Vorsatz und grobe Fahrlässigkeit (**521**). Verzug des Schenkers kann daher bei gewöhnlicher Fahrlässigkeit nicht eintreten (**285**). Anwendung findet zugunsten des Beschenkten auch **281.** Dem Anspruche auf Erfüllung des Versprechens gegenüber hat der Schenker das beneficium competentiae, auch bei schenkweiser Abgabe eines abstrakten Schuldversprechens. Der Notbedarf besteht in dem, was der eigene standesmäßige Unterhalt oder die Erfüllung der ihm kraft Gesetzes obliegenden Unterhaltungspflichten[2]) verlangen, ohne gefährdet zu werden. Bei der Prüfung, ob diese Gefährdung bei Erfüllung des Schenkungsversprechens eintreten würde, sind auch die sonstigen Verpflichtungen des Schenkers zu berücksichtigen. Der Schenker kann, soweit diese Gefährdung vorliegt, die Erfüllung verweigern, aber auch, wenn auch nicht in gleichem Umfange, das zur Erfüllung Geleistete zurückfordern (vgl. VI.). Konkurrieren mehrere Schenkungsgläubiger, so geht der früher entstandene Anspruch vor, d. h. es kommt darauf an, wann die mehreren Ansprüche als klagbar geltendgemacht werden konnten[3]). Einen schlechter berechtigten Gläubiger befriedigt der Schenker auf seine Gefahr (vgl. VII. A. Z. 2) (**519**). Wie der Schenker selbst, so haften auch seine Erben.

A verspricht schenkungshalber an seinem Hochzeitstage in Erwartung einer reichen Mitgift seinem mittellosen Freunde B 10000 M., zahlbar sofort nach der Hochzeit, außerdem an C, D und E je 5000 M., zahlbar in einem Jahre nach der Hochzeit. Der Schwiegervater geriet unmittelbar nach der Hochzeit in Vermögensverfall. A besitzt ein eigenes Vermögen von 50000 M. und hat 20000 M. Schulden, so daß ihm nach Deckung der Schulden noch 30000 M. verbleiben würden. A kann, wenn ihm der Notbedarf so nicht verbleibt, B, C, D und E gegenüber die Erfüllung verweigern, er darf C, D, E nicht vor B befriedigen.

Die Verpflichtung des Schenkers ist aber, wenn sich aus dem Versprechen nicht ein anderes ergibt, auf ihn beschränkt und erlischt mit seinem Tode, wenn er eine Rente oder andere in wiederkehrenden Leistungen bestehende Unterstützung versprochen hat. Die Erben des Schenkers haften daher hier nur für die Rückstände aus der Lebenszeit ihres Erblassers. Daß die Erben des Beschenkten keinen Anspruch haben, ist selbstverständlich (**520**).

Gerät der Schenker in Verzug oder tritt Rechtshängigkeit des Anspruches ein, so treffen ihn die Folgen dieser Umstände (Schadensersatzpflicht, Prozeßzinsen), nur ist er zur Entrichtung von Verzugszinsen nicht verpflichtet (**522**).

Hinsichtlich des Ortes und der Zeit der Erfüllung gelten die allgemeinen Grundsätze.

B. Hat der Schenker eine unmögliche Leistung versprochen (**307**) oder eine gesetzlich verbotene (**309**), so haftet er auf das negative Vertragsinteresse, aber nur, wenn er die Unmöglichkeit kannte oder wegen grober Fahrlässigkeit nicht kannte (**521**).

---

[1]) Vgl. ferner: **814. 1446**, Abs. 2. **1641**, Abs. 2. **1804**, Abs. 2. **2113**, Abs. 2. **2205**, Satz 2. **2230.**

[2]) **1351. 1360. 1361. 1578. 1583. 1601** ff. **1703. 1708. 1739. 1766.**

[3]) Oertmann zu **519**, Z. 6 a. A. M. Planck zu **519**, Z. 2.

C. **Gewährleistung wegen Mangels im Recht**[1]).

1. Der Schenker haftet selbstverständlich, wenn er die Gewährleistung versprochen hat, nach Maßgabe dieses Versprechens.

2. Er haftet gesetzlich, wenn er arglistig einen Mangel im Rechte verschwiegen hat, dem Beschenkten für den daraus entstehenden Schaden, nicht auf Schadensersatz wegen Nichterfüllung.

3. Von den Fällen unter Z. 1 und 2 abgesehen, tritt eine Haftung nicht ein, soweit es sich um Sachen (Gattungs-, Speziessachen) handelt, die sich zur Zeit der Schenkung im Vermögen des Schenkers befanden. Diese schenkt er, wie er sie hat. Es kann aber eine Haftung auf das negative Vertragsinteresse nach **307, 521** eintreten. — Hat der Schenker aber, wie den Parteien bekannt, einen Gegenstand (Gattungs- oder Speziessache usw.) versprochen, den er erst erwerben sollte, so ist er zur Verschaffung des vollen Rechtes an dem Gegenstande verpflichtet, er haftet aber wegen Rechtsmangels auf Schadensersatz wegen Nichterfüllung nur, wenn ihm beim Erwerbe der Mangel im Rechte bekannt oder wegen grober Fahrlässigkeit unbekannt geblieben war. Der nähere Umfang der Gewährleistungspflicht, ihre Voraussetzungen und Geltendmachung bestimmt sich nach Analogie der Vorschriften für den Kauf (**523**).

D. **Gewährleistung wegen Mängel der Sache.**

1. Hat der Schenker bestimmte Eigenschaften der Sache zugesichert, so ist die Bedeutung einer solchen Zusicherung durch Auslegung festzustellen. Ebenso, wenn er die Haftung für Mängel übernommen hat.

2. Arglistiges Verschweigen eines Fehlers verpflichtet den Schenker zum Ersatz des daraus entstehenden Schadens (**524**, Abs. 1).

Das von A an B geschenkte Pferd ist, was A nicht wußte, von der Rotzkrankheit befallen und steckt die gesunden Pferde des B an, die mit dem geschenkten Pferde an der Krankheit eingehen. A ist nicht zum Schadensersatz verpflichtet.

3. Für die Fehler speziell bestimmter Sachen haftet der Schenker, abgesehen von Z. 1 und 2, nicht, auch nicht für Fehler von Gattungssachen, die sich zur Zeit der Schenkung im Vermögen des Schenkers befinden. Sind aber Gattungssachen versprochen, die wie den Parteien bekannt, der Schenker erst erwerben sollte, so hat der Beschenkte nach Kaufgrundsätzen (**480. 491**):

den Anspruch auf Nachlieferung einer fehlerfreien Sache, wenn dem Schenker beim Erwerbe der Fehler bekannt oder wegen grober Fahrlässigkeit unbekannt war,

statt dieses Anspruches den auf Schadensersatz wegen Nichterfüllung, wenn der Schenker den Fehler arglistig verschwiegen hat (**524**).

E. Im **Konkurse** kann die Verpflichtung des Schenkers nicht geltendgemacht werden (KO. § 63, Z. 4).

V. **Die Schenkungen unter einer Auflage**[2]).

A. Der Anspruch auf Erfüllung der Auflage steht dem Schenker zu, wenn er seinerseits geleistet hat, also bei der Realschenkung sofort, beim Schenkungsversprechen mit dessen Erfüllung. Gleichgültig ist, ob die Auflage zugunsten des Schenkers, eines Dritten oder des Beschenkten[3]) getroffen ist. Auch der durch die Auflage begünstigte Dritte hat im Zweifel den Anspruch auf Erfüllung der Auflage (**330. 335**) und, wenn die Auflage im öffentlichen Interesse liegt, nach dem Tode des Schenkers auch die nach Landesrecht[4]) zuständige Behörde (**525**)[5]).

---

[1]) Cohn, Die Verpflichtung des Schenkers zur Gewährleistung wegen eines Mangels im Recht (1903).

[2]) RG. Bd. 62, S. 283. Bd. 60, S. 238. 380. Die Schenkung unter Auflage berührt sich nahe mit dem gegenseitigen Vertrage. Der Unterschied liegt darin, daß bei der Schenkung unter Auflage kein Austausch gegenseitiger Versprechungen stattfindet, und daß der Schenker auch nicht in der Verpflichtung des anderen das Äquivalent für sein Vermögensopfer sieht, ebensowenig umgekehrt der Beschenkte. Stammler (1897), S. 85 f.

[3]) RG. Bd. 60, S. 240.

[4]) Mecklenb.-Schwer. AG. z. BGB., § 39. Mecklenb.-Strelitz, AG. z. BGB. § 38.

[5]) Hat der Beschenkte auf Grund von **242** gegen den Anspruch auf Erfüllung der Auflage eine Einrede oder Kondiktion, wenn die Kosten der Erfüllung den Betrag der Zuwendung übersteigen? Dafür Lammfromm (1897), S. 153 f. Oertmann, S. 461.

B. Der unter Auflage Beschenkte kann die Erfüllung der Auflage verweigern (aufschiebende Einrede), wenn infolge eines Mangels im Rechte oder in der Sache selbst der Wert der Zuwendung die Höhe der zur Vollziehung der Auflage nötigen Aufwendungen nicht erreicht, und der Schenker oder ein Dritter den Fehlbetrag nicht ausgleicht (**526**). Ist vom Beschenkten in Unkenntnis solchen Mangels die Auflage vollzogen, so kann der Beschenkte zwar nicht kondizieren, wohl aber diesen Fehlbetrag ersetzt verlangen (**526**).

A schenkt dem Bildhauer B die nachgelassenen Bildhauerwerke seines Erblassers C mit der Auflage, C ein Grabmonument zu errichten. Da sich in dem Nachlasse des C auch Werke befinden, die C nicht gehörten und von ihren Eigentümern herausverlangt werden, so ergibt das Geschenk nur einen Wert von 6000 M., während das von B errichtete Grabmonument einen Kostenaufwand von 8000 M. erfordert hat; B kann 2000 M. von A ersetzt verlangen.

C. Die Rückforderung der Bereicherung (**527**). Wird dem Beschenkten die Vollziehung der Auflage ohne sein Verschulden unmöglich, so wird er von der Erfüllungspflicht frei (**323**). Hat er die Nichtvollziehung verschuldet (**325**), oder ist er zur Erfüllung der Auflage rechtskräftig verurteilt (**325. 283**) oder in Verzug bez. der Erfüllung (**326**), und ist er in diesen Fällen nicht innerhalb der vom Schenker gesetzten Frist zum Vollzug geschritten, so hat der Schenker den Anspruch auf Herausgabe der ungerechtfertigten Bereicherung (**327**) insoweit, als das Geschenk, d. h. ihr Wert, zur Erfüllung der Auflage hätte dienen sollen. Der Anspruch des Schenkers ist ausgeschlossen, solange einem Dritten der Anspruch auf Erfüllung der Auflage zusteht (**328. 330**), oder wenn die Auflage nicht durch ein Vermögensopfer zu erfüllen war (vgl. **812**).

D. Im übrigen steht die Schenkung unter Auflage unter den allgemeinen Schenkungsgrundsätzen (Form, Rückforderung, Widerruf).

VI. **Die Rückforderung der Schenkung.**

Eine solche ist dem Schenker eingeräumt entweder auf Grund der Verarmung oder des Widerrufes. Beides ist ausgeschlossen bei Schenkungen, durch die einer sittlichen Pflicht oder einer Anstandsrücksicht entsprochen wird. Hierher können auch remuneratorische Schenkungen gehören, wenn der Wert der Zuwendung den Wert der geleisteten Dienste (Lebensrettung) nur in geringfügigem Maße übersteigt, und auch wechselseitige Schenkungen (**534**).

A. Die Rückforderung wegen **Verarmung.**

1. Sie tritt ein, soweit der Schenker nach Vollziehung der Schenkung außerstande ist, seinen standesgemäßen Unterhalt und die gesetzlichen Unterhaltspflichten gegen Verwandte, Ehegatten und den früheren Ehegatten (**1360. 1578. 1583. 1601**) zu bestreiten (anders **519**). Gleichgültig ist, ob die Bedürftigkeit vor oder nach der Schenkung eingetreten ist, und wodurch sie eintrat.

2. Die Herausgabe bestimmt sich nach den Grundsätzen für die ungerechtfertigte Bereicherung. Der Beschenkte kann (facultas alternativa) durch Zahlung des für den Unterhalt erforderlichen Betrages die Herausgabe abwenden. Nicht der Umfang des vom Beschenkten Zurückzugebenden bestimmt sich nach **760. 1613. 1615**, sondern der Umfang des zur Abwendung der Herausgabe erforderlichen Betrages[1]). Der früher Beschenkte ist nur insoweit verpflichtet, als nicht später Beschenkte es sind (**528**).

3. Dieser Rückforderungsanspruch ist ausgeschlossen, wenn der Schenker seine Bedürftigkeit vorsätzlich oder durch grobe Fahrlässigkeit herbeigeführt hat, wenn die Verarmung erst nach Ablauf von 10 Jahren nach der Leistung des geschenkten Gegenstandes eintritt, und wenn der Beschenkte selbst in der Lage ist, sich nach **519** den Rückforderungsansprüchen gegenüber auf die Rechtswohltat des Notbedarfes zu berufen (vgl. oben IV. A.).

B. Die Rückforderung auf Grund des **Widerrufes.**

1. Als Grund des Widerrufes ist nur grober Undank, der sich in einer schweren Verfehlung gegen den Schenker oder einen nahen Angehörigen des Schenkers äußert, anerkannt. Ob eine solche schwere Verfehlung vorliegt, und ob sie als Ausdruck groben Undankes gegen den Schenker gelten kann, ob namentlich in einer schweren Verfehlung gegen einen Angehörigen ein

---

1) Vgl. Oertmann zu **528**, Z. 3, gegen Planck zu **528**, Z. 3.

grober Undank gegen den Schenker selbst liegt, steht zum richterlichen Ermessen (**530**, Abs. 1). In einer bloß fahrlässigen Handlung wird der grobe Undank gewöhnlich nicht zu sehen sein. Rechtswidriges Handeln ist nicht verlangt, wird aber meistens vorliegen.

2. Das Widerrufsrecht ist ein höchstpersönliches Recht. Den Erben des Schenkers steht es nur zu, wenn der Beschenkte vorsätzlich und rechtswidrig den Schenker getötet oder am Widerrufe gehindert hat, nicht aber, wenn der Schenker den Grund des Widerrufes nicht erfahren hatte oder sein Widerrufsrecht nicht hatte ausüben können (**530**, Abs. 2).

Unter besonderen Voraussetzungen steht der Widerruf der Schenkungen unter Ehegatten und Verlobten (**1301**. **1345**. **1584**).

3. Die Ausübung des Widerrufsrechtes erfolgt durch Erklärung gegenüber dem Beschenkten. Klage oder gerichtliche Erklärung ist nicht erforderlich (**531**, Abs. 1).

4. Die Wirkung des erklärten Widerrufes. Der Schenker und seine Erben haben einen Anspruch auf Herausgabe des Geschenkes nach den Grundsätzen der ungerechtfertigten Bereicherung gegen den Beschenkten und seine Erben (**531**, Abs. 2).

5. Das Erlöschen und der Ausschluß des Widerrufsrechtes treten ein: durch Tod des Schenkers; durch Verzeihung des Schenkers dem Beschenkten gegenüber, worin eine Rechtshandlung, nicht etwa ein Verzicht auf die Ausübung des Widerrufsrechtes zu sehen ist; nach Ablauf einer Frist von einem Jahre, nachdem der Schenker oder der sonstige Widerrufsberechtigte von dem Eintritte der Voraussetzungen seines Rechtes Kenntnis erlangt hat; durch den Tod des Beschenkten. Ein Widerruf gegenüber den Erben des Beschenkten ist weder wegen eines vom Beschenkten selbst gezeigten Undankes, noch auch wegen eines vom Erben begangenen (weil für diesen keine Dankbarkeitspflicht besteht) möglich (**532**); durch Verzicht des Widerrufsberechtigten in Kenntnis des Undankes. Ein Verzicht vor Kenntnis des Undankes ist nichtig (**533**).

VII. Über die Behandlung der Schenkung bei der Ausgleichung der Miterben und der Pflichtteilsberechnung vgl. L. §§ 313. 304.

---

2. Kapitel.

Verträge auf Überlassung von Sachnutzung und Arbeitskraft.

§ 113.

Die Miete.[1])

Das römische und gemeine Recht gingen von einem allgemeinen Vertragstypus der locatio conductio aus, der in die locatio conductio rei (Sachmiete und Pacht), l. c. operarum (Dienstmiete) und l. c. operis (Werkmiete) zerfiel. Das deutsche Recht schied Miete und Pacht und gab beiden den Charakter dinglicher Rechte. Außerdem treten auch die sonstigen römischen Abarten der locatio conductio als besondere Vertragstypen hervor.

Das BGB. ist der deutschen Entwickelung gefolgt. Die Miete steht allerdings der Pacht sehr nahe.

I. **Der Begriff.**

Der Mietsvertrag ist der gegenseitige Vertrag, der den Vermieter zur Überlassung des Gebrauches einer Sache während der Mietszeit, den Mieter zur Zahlung des vereinbarten Mietszinses

[1]) Bernhöft, Beitr., H. 12, S. 64 ff. 71. Mittelstein, Arch. f. bürg. Recht, Bd. 5, S. 278 ff. Fränkel, Das Miet- und Pachtrecht nach d. BGB. (1897). Crome, Jahrb. f. Dogmat., Bd. 37, S. 1 ff. Schollmeyer, Das Recht der einzelnen Schuldverhältnisse, § 5. Crome, Die partiarischen Rechtsgeschäfte, S. 32 ff. 124 ff. Arnold, Bl. für Rechtsanwendung, Bd. 63, S. 325 ff. 341 ff. 357 ff. 373 ff. Fuld, Das Mietrecht nach d. BGB., S. 1 ff. (1898). Arnold, Die Wohnungsmiete nach dem BGB., (2) (1900). Enneccerus I, 2. §§ 349—359

verpflichtet (**535**). Der Mietsvertrag begründet also nur ein Schuldverhältnis zwischen dem Vermieter und Mieter, kein dingliches Recht (vgl. **L.** § 117. II, B.).

A betreibt in gemietetem Hause die Gastwirtschaft. Aus dem Nebenhause, in dem B einen Großhandel mit Petroleum betreibt, dringt durch die Zwischenmauer dauernd Petroleumgeruch, der die Räume für A unbenutzbar macht. A kann gegen B nicht mit dem Eigentumsfreiheitsanspruch klagen, wohl aber wegen Besitzstörung und aus **823**.

Da die Miete gegenseitiger Vertrag ist, so kommen die Vorschriften für diesen auf das Verhältnis der gegenseitigen Verpflichtungen zur Anwendung. Das Gesetz regelt es aber vielfach abweichend, und diese Regelung kann wieder durch Vereinbarung der Parteien außer Anwendung gesetzt sein.

II. **Der Abschluß** des Mietsvertrages.

Der Abschluß des Mietsvertrages erfolgt durch Einigung der Parteien über die Sache, den Mietszweck (Gebrauch) und den Mietspreis.

A. Einer **Form** bedarf der Mietsvertrag über bewegliche Sachen nicht. Der Mietsvertrag über Grundstücke hat aber auch Bedeutung für den Erwerber des Grundstückes. Dieser muß in der Lage sein, sich zuverlässig über die ihn treffenden Pflichten unterrichten zu können. Daher sollen Mietsverträge über Grundstücke, die für längere Zeit als ein Jahr geschlossen sind, schriftlich geschlossen werden. Ist die Form nicht beobachtet, so ist der Vertrag nicht nichtig (abweichend von **125**), sondern wird wie ein auf unbestimmte Zeit geschlossener nach **564**, Abs. 2. **565** behandelt. Infolgedessen ist der Eintritt des Erwerbers in die Miete unbedenklich. Die Kündigung, die dem Mieter oder Vermieter und auch dem Erwerber zusteht, ist jedoch erst für den Schluß des ersten Jahres zulässig (**566**).

B. **Gegenstand** der Miete sind nur Sachen, bewegliche Sachen oder Grundstücke, einzelne Sachen oder Sachgesamtheiten, aber nicht z. B. die Elektrizität als solche, während Gegenstand der Pacht auch Rechte und gewerbliche Betriebe (Theater usw.) als Ganzes sein können (**581**)[1]. Mit der Sache sind auch deren Zubehörungen vermietet. Die Miete von beweglichen Sachen und von Grundstücken unterscheidet sich in wesentlichen Punkten[2], die im folgenden hervorgehoben sind. Was für die Miete von Grundstücken gilt, bezieht sich auch auf die Miete von Wohnräumen und anderen Räumen (**580**), auch in beweglichen Sachen, z. B. in Schiffen, Stahlkammern[3]) usw. Gemischten Charakter tragen z. B. Verträge auf Überlassung von Wohnung mit Gewährung von Kost, Bedienung.

C. **Zweck** der Miete ist lediglich die Überlassung des Gebrauches der Sache auf Zeit, während bei der Pacht auch die des Fruchtgenusses hinzukommt (**581**).

D. Wesentlich ist der Miete die Vereinbarung eines **Mietszinses.** Ohne eine Gegenleistung läge Leihe vor (**598**). Die Gegenleistung des Mieters braucht nicht in Geld zu bestehen, sie kann auch andere vertretbare Sachen betreffen oder sonstige Leistungen (z. B. Dienstleistungen als Portier). Im letzteren Falle würde der Vertrag einen gemischten Charakter annehmen können.

§ 114.

Die Verpflichtungen des Vermieters.

I. **Die Pflicht zur Gebrauchsgewährung.** Nach dem Mietsvertrage ist der Vermieter verpflichtet, den Gebrauch zu gewähren. Der Vermieter hat also zunächst dem Mieter die Sache in dem zum vertragsmäßigen Gebrauche geeigneten Zustande und rechtzeitig zu überlassen. Diese Verpflichtung erneuert sich beständig, und in jedem Momente ist der Vermieter

---

[1]) Selbstverständlich muß die Mietssache in Beziehung auf den beabsichtigten Gebrauch eine unverbrauchbare Sache sein. Auch ein Mietsvertrag an der eigenen Sache des Mieters ist möglich, z. B. wenn der Gebrauch der Sache dem Eigentümer nicht zusteht. Mietet der Eigentümer im Irrtum die eigene Sache, so ist **119** anzuwenden.

[2]) Vgl. **544. 551**, Abs. 2. **556**, Abs. 2. **559—563. 565. 566. 571—579.**

[3]) Der Vertrag auf Überlassung eines Stahlkammerfaches wird als Miete, Verwahrungsvertrag oder gemischter Vertrag angesehen. Vgl. Lehmann, K., Handelsrecht, S. 768 f.

zur Vorleistung verpflichtet. Der Vermieter hat die Sache im vertragsmäßigen Zustande zu erhalten; er darf nicht durch eigene Handlungen den Mieter im Gebrauche stören, er darf keine Änderungen mit der Sache vornehmen, die den Gebrauch beeinträchtigen. Wird die Sache durch Zufall total zerstört, so ist er zur Wiederherstellung allerdings nicht verpflichtet. Geht sie teilweise unter, so ist der Vermieter zur Wiederherstellung verpflichtet, soweit darin noch Erhaltung, nicht Neuherstellung der Sache liegt (**535**. **536**).

Die Überlassungspflicht schließt nur, soweit der Gebrauch es erfordert, die Pflicht zur Übergabe in sich, z. B. nicht bei Gestattung des Lustwandelns in einem Park, bei Benutzung eines Klaviers am bisherigen Standort. Ist jeder mögliche Gebrauch eingeräumt, so ist dieser der vertragsmäßige. Die Beschaffenheit der Sache und der Zweck, der vom Mieter intendiert ist, begrenzen dann das Maß des Gebrauches.

Mit der Übergabe der Sache wird der Mieter unmittelbarer, der Vermieter mittelbarer Besitzer der Sache.

II. Die Gewährleistungspflicht.

A. Wegen Mängel der Sache.

1. Die Gewährleistungspflicht bezieht sich auf Mängel, Fehler der Sache, die den vertragsmäßigen (nicht den gewöhnlichen) Gebrauch aufheben oder mindern und auf zugesicherte Eigenschaften, die von vornherein, ohne daß eine objektive Prüfung entscheidend wäre, die Tauglichkeit zum vertragsmäßigen Gebrauch bedingen. Auf die Erheblichkeit der Mängel, auch darauf, ob sie den Wert der Sache beeinflussen, kommt es nicht an. Der Zusicherung einer Eigenschaft steht es gleich, wenn bei Vermietung eines Grundstückes eine bestimmte Größe desselben zugesichert ist (vgl. **468**).

Die Mängel können zur Zeit der Überlassung vorhandene und später eintretende sein. Die zugesicherte Eigenschaft kann von Anfang an fehlen oder später hinwegfallen.

2. Nach **537** hat der Mieter bei Aufhebung der Tauglichkeit das Recht auf Befreiung von der Gegenleistung, bei Minderung der Tauglichkeit das Recht auf Minderung wie beim Kauf (**472**. **473**, vgl. **L.** § 106 II, C.), beides für die Zeit der Aufhebung bzw. Minderung der Tauglichkeit und ohne Rücksicht auf Verschulden des Vermieters. Entsprechend kann der Mieter einen im voraus zuviel bezahlten Mietspreis kondizieren.

Da es bei den zugesicherten Eigenschaften auf die objektive Tauglichkeit nicht ankommt, so tritt entsprechend Befreiung ein für die Zeit, in welcher der Gebrauch aufgehoben ist, wenn er die Eigenschaft zur Voraussetzung hat, und Minderung, wenn der Gebrauch gemindert ist.

3. Anstatt des Rechtes auf Befreiung und Minderung, aber neben dem Rechte auf Erfüllung für die Zukunft und dem Kündigungsrecht (V) hat der Mieter das Recht, nach **538** Schadensersatz wegen Nichterfüllung zu verlangen,

wenn der Mangel zur Zeit des Vertragsabschlusses vorhanden ist, ohne Rücksicht auf ein Verschulden des Vermieters und seine Kenntnis vom Mangel. Es wird also angenommen, daß der Vermieter nicht nur bez. der zugesicherten Eigenschaften, sondern auch hinsichtlich der Tauglichkeit zum vertragsmäßigen Gebrauch Garantie leistet. Der Anspruch auf Schadensersatz wegen Nichterfüllung geht über die allgemeinen Grundsätze hinaus, soweit die Beseitigung der Mängel objektiv unmöglich wäre.

Der gleiche Anspruch besteht, wenn der Mangel nach Abschluß des Vertrages entsteht und vom Vermieter verschuldet ist und

wenn der Vermieter mit der Beseitigung des Mangels, auf welche der Mieter auch klagen kann, in Verzug gerät. Hier kann der Mieter den Mangel auch selbst beseitigen und Ersatz der erforderlichen Aufwendungen verlangen (**538**, Abs. 2).

4. Das Recht auf Befreiung und Minderung und der Schadensersatzanspruch wegen Nichterfüllung stehen dem Mieter nicht zu, wenn er den Mangel bei Abschluß des Vertrages gekannt hat. Hat der Mieter den Fehler infolge grober Fahrlässigkeit nicht gekannt, so hat er die Rechte und Ansprüche nur, wenn der Vermieter

den Mangel arglistig verschwiegen oder die Abwesenheit des Mangels zugesichert hat (**460**). Hat der Mieter die mangelhafte Sache in Kenntnis des Mangels angenommen, so hat er die fraglichen Rechte und Ansprüche nur, wenn er sie sich bei der Annahme vorbehielt (**464. 539**). Der Mieter verliert den Anspruch auch bei Verletzung der Anzeigepflicht (**545**, vgl. **L.** § 115. II, D.). Hatte der Vermieter die Beseitigung der Mängel versprochen, so haftet er natürlich aus dem Versprechen.

B. Die Gewährleistungspflicht wegen **Mangels im Rechte** ist ähnlich geregelt wie die für Sachmängel (A).

Wird dem Mieter der vertragsmäßige Gebrauch durch die Geltendmachung des Rechtes eines Dritten ganz oder zum Teil entzogen, so z. B. auch, wenn dem Vermieter das Recht an der Sache nur auf Zeit zustand und während der Mietszeit erlischt, so hat er (**541**) für die Zeit der Entziehung das Recht der Befreiung und Minderung (**537**);

bestand das Recht des Dritten schon zur Zeit des Vertragsabschlusses, so hat der Mieter auch den Schadensersatzanspruch wegen Nichterfüllung ohne Rücksicht auf Schuld des Vermieters.

Ist das Recht des Dritten erst nach Abschluß des Vertrages entstanden, so haftet der Vermieter auf Schadensersatz wegen Nichterfüllung nur, wenn er in Schuld ist.

Der Mieter hat diese Ansprüche nicht, wenn er bei Abschluß des Vertrages das damals vorhandene Recht des Dritten kannte (**539**, Satz 1). Der Mieter hat bei Unkenntnis stets diese Ansprüche, und es kommt also nicht darauf an, ob etwa die Unkenntnis auf grober oder gewöhnlicher Fahrlässigkeit beruhte. Die Ansprüche fallen auch fort infolge der Verletzung der Anzeigepflicht (**545**).

C. Die Gewährleistungspflicht wegen Fehler und Rechtsmängel kann durch Vereinbarung gesteigert werden. Soll sie aber gemindert oder erlassen werden, so ist die Vereinbarung nichtig, wenn der Vermieter den Mangel oder wenn er das Recht des Dritten arglistig verschweigt (**540**).

D. Außer den unter A. B. hervorgehobenen Rechten hat der Mieter das **Kündigungsrecht**[1]).

1. Der Mieter kann ohne Einhaltung einer Kündigungsfrist kündigen, wenn ihm der vertragsmäßige Gebrauch der Mietssache ganz oder teilweise nicht rechtzeitig gewährt oder wieder entzogen ist. Dahin gehören die Fälle der Aufhebung oder Minderung des Gebrauches durch Mängel, der Hinderung durch den Vermieter oder Dritte, der Änderung der Sache durch Vermieter oder Dritte, des zufälligen teilweisen Unterganges der Sache, der Verzögerung der Gebrauchsüberlassung durch den Vermieter oder der Verzögerung der Ausbesserungen trotz Aufforderung durch den Mieter. Das Kündigungsrecht steht dem Mieter nicht zu, wenn er die Nichtgewährung oder Entziehung des Gebrauches verschuldet hat.

a) Die Kündigung hat zur Voraussetzung (**542. 543**), daß der Mieter dem Vermieter die Aufforderung, Abhilfe zu schaffen, hat zugehen lassen, eine angemessene Frist zur Abhilfe gesetzt hat, und diese fruchtlos verstrichen ist. Verzug des Vermieters ist nicht gefordert. Die Aufforderung ist auch notwendig, wenn die Abhilfe unmöglich ist[2]). Der Aufforderung mit Fristbestimmung bedarf es nicht, wenn die Erfüllung des Vertrages infolge des die Kündigung rechtfertigenden Umstandes für den Mieter kein Interesse mehr hat. Hier kann die Kündigung sofort erfolgen.

Es muß ein an sich erheblicher Teil des Gebrauches vorenthalten oder entzogen sein oder die Vorenthaltung oder Entziehung eine an sich erhebliche Zeit gewährt haben. Im Falle der Unerheblichkeit an sich besteht das Kündigungsrecht aber dennoch, wenn die Kündigung durch ein besonderes Interesse des Mieters gerechtfertigt wird.

---

[1]) Immerwahr, Die Kündigung (1898), S. 132 ff.
[2]) RG. Bd. 2, S. 225.

Den Beweis der erfolgten Aufforderung, der Fristsetzung und der Kündigung hat der Mieter zu führen. Bestreitet der Vermieter die Zulässigkeit der Kündigung, weil er rechtzeitig geleistet oder vor Ablauf der Frist Abhilfe gewährt habe, so hat er dieses zu beweisen.

Hat der Vertrag den Charakter eines Fixgeschäftes gemäß **361**, so hat der Mieter das dort gewährte Rücktrittsrecht.

b) Kannte der Mieter bei Abschluß des Vertrages die die Kündigung rechtfertigenden Umstände, wußte er also, daß der Vermieter nicht rechtzeitig liefern konnte, oder daß ihm der Gebrauch wieder werde entzogen werden, so hat er das Kündigungsrecht nicht. Ebenso, wenn er die verspätete Überlassung annimmt. Sind diese Umstände dem Mieter infolge grober Fahrlässigkeit unbekannt geblieben, oder nimmt er die Sache in Kenntnis der Umstände vorbehaltlos an, so hat er das Kündigungsrecht nur, wenn der Vermieter diese Umstände arglistig verschwiegen hat, oder wenn er die Abwesenheit der Umstände besonders zugesichert hat (**539**). Kann wegen des Bestandes des Rechtes eines Dritten der Vermieter nicht rechtzeitig leisten, und nimmt der Mieter ohne Vorbehalt an, so liegt darin nicht immer ein Verzicht auf das Kündigungsrecht (**541**). Das Kündigungsrecht fällt wegen Verletzung der Anzeigepflicht fort (**545**).

c) Sind in einem Mietsvertrage mehrere Sachen vermietet, so kann nur bez. der einzelnen nicht rechtzeitig überlassenen oder entzogenen Sachen das Kündigungsrecht ausgeübt werden, auch wenn ein Gesamtmietszins vereinbart ist (**469**). Der Gesamtmietszins ist nach **471** verhältnismäßig herabzusetzen. Sind die Sachen als zusammengehörend vermietet, so kann jeder Teil nach **469** verlangen, daß die Kündigung auf alle Sachen erstreckt werde. Die Kündigung wegen der Hauptsache erstreckt sich auf die Nebensache, die wegen der Nebensache nicht auf die Hauptsache (**470**).

d) Eine Vereinbarung, die dem Vermieter die Pflicht zur rechtzeitigen Überlassung erläßt oder mindert, ist nichtig, wenn der Vermieter die fraglichen Umstände arglistig verschweigt (**540**).

e) Ist der Mietszins für eine spätere Zeit im voraus entrichtet, so hat der Vermieter nach **347** denselben mit Zinsen seit Empfang zurückzuzahlen. Ist er an der Kündigung nicht schuld, so muß er den Mietszins nach den Grundsätzen über die ungerechtfertigte Bereicherung zurückgeben.

2. Bei der **Miete von Wohnungen** oder anderen zum Aufenthalt von Menschen bestimmten **Räumen** (z. B. Kontors, Werkstätten) ist der Vermieter gehalten, dafür einzustehen, daß die Benutzung nicht mit einer erheblichen Gefährdung der Gesundheit des Mieters und seiner Wohnungsgenossen verbunden ist.

Verlangt ist somit: erhebliche Gefährdung der Gesundheit, d. h., die Annahme der Gefährdung muß naheliegend sein, und es muß sich um Gefahr für die Gesundheit handeln. Die Gefährdung muß in dem Zustand der Wohnung und ihrem Zweck, nicht in den persönlichen Verhältnissen des Mieters begründet sein[1]).

Der Mieter kann ohne Einhaltung der Kündigungsfrist kündigen, selbst wenn er die fraglichen Zustände bei Abschluß des Vertrages gekannt oder auf seine etwaigen Rechte verzichtet hat, oder seine Anzeigepflicht verletzt hat (**545**)[2]).

III. Der Vermieter hat die auf der Sache ruhenden **Lasten** zu tragen (**546**), z. B. öffentliche Abgaben. Die Einquartierungslast trifft dagegen gesetzlich den Vermieter nicht[3]).

IV. **Verwendungen.** Der Vermieter hat dem Mieter die auf die Sache gemachten notwendigen Verwendungen zu ersetzen (**547. 256—258**). Dieser Anspruch steht dem Mieter zu, weil er die Pflicht der Obhut über die Sache hat (vgl. **450**). Auslagen, die der Gebrauch einer beweglichen Sache verursacht, hat der Mieter zu tragen,

---

[1]) RG. Bd. 51, S. 210. So Planck zu **544**, Z. 2. A. M. Fuld, a. a. O., S. 74 f.
[2]) Vgl. auch Schultzenstein, D. Jur.-Zeitg., Jahrg. 4 (1899).
[3]) Reichsgesetze vom 16. Juni 1873, 13. Februar 1875, 21. Juni 1887 und 24. Mai 1898.

obwohl der Vermieter den vertragsmäßigen Gebrauch einzuräumen hat. Solche Auslagen können auch als notwendige Verwendungen erscheinen. Trotzdem trägt sie der Mieter. Für die Fütterungskosten bei Miete von Tieren ist das ausdrücklich ausgesprochen.

Ersatz nicht notwendiger Verwendungen kann der Mieter nur verlangen als Geschäftsführer ohne Auftrag, demnach dann nicht, wenn er den Willen nicht hatte, den Vermieter zu verpflichten, wie das häufig der Fall sein wird.

Ersatz der zur Ausbesserung usw. der Sache erforderlichen Verwendungen kann der Mieter im Falle des **538**, Abs. 2 verlangen (II. A., Z. 3).

Der Mieter kann ferner stets eine Einrichtung, mit der er die Sache versehen hat, wegnehmen (**258**).

Der Mieter hat wegen des Ersatzanspruches auf Verwendungen das Zurückbehaltungsrecht nach **273** (vgl. aber **L.** § 115, II. F.). Der Anspruch des Mieters auf Ersatz der Verwendungen und Wegnahme einer Einrichtung verjähren in sechs Monaten von der Beendigung des Mietsverhältnisses an (**558**).

§ 115.

Die Verpflichtungen des Mieters.

I. Verpflichtung zur **Leistung des Mietszinses.**

Besteht der Mietszins nicht in Geld, so bestimmt sich die Leistungspflicht des Mieters möglicherweise auch nach den Vorschriften, die für Schuldverhältnisse auf derartige Leistungen gelten (z. B. Dienstvertrag, Werkvertrag).

A. Zeit der Entrichtung (**551**).

Der Vermieter ist zur Vorleistung verpflichtet. Der Mieter hat daher den Mietszins nach Beendigung der Mietszeit zu entrichten. Ist der Zins nach Zeitabschnitten bemessen, so ist er nach dem Ablaufe der einzelnen Zeitabschnitte zu entrichten. Das gilt auch für die Miete von Grundstücken. Ist bei der Grundstücksmiete aber der Mietszins nicht nach kürzeren Zeitabschnitten bemessen, so ist er nach dem Ablaufe eines Kalendervierteljahres am ersten Werktag des folgenden Monates zu entrichten. Der Parteiwille kann anderes bestimmen (Ortsgebrauch).

B. Der Mieter hat den Mietszins auch dann zu entrichten, wenn er die Unmöglichkeit der Leistung des Vermieters verschuldet hat, oder die Unmöglichkeit nach Annahmeverzug des Mieters eingetreten ist, oder wenn er die Ausübung des Gebrauches unterläßt (vgl. **322**), obwohl ein objektives Hindernis nicht entgegensteht; aber auch dann, wenn er durch in seiner Person liegende Gründe (Krankheit, Einziehung zum Militär usw.) an der Ausübung des Gebrauches gehindert ist. Insofern trägt also der Vermieter den Zufall nicht. Der Mieter hat somit den Zins zu entrichten, er kann aber in Abzug bringen, was der Vermieter infolge der Nichtausübung des Gebrauches an Aufwendungen erspart hat und was er etwa durch anderweite Verwertung des Gebrauches an Vorteilen erlangt hat. Die Verpflichtung des Mieters hat aber stets zur Voraussetzung, daß der Vermieter sich nicht durch Überlassung des Gebrauches an einen Dritten außerstande gesetzt hat, dem Mieter den Gebrauch zu gewähren. In solchem Falle wird der Mieter frei, selbst wenn er aus in seiner Person liegenden Gründen den Gebrauch nicht ausüben konnte (**552**).

C. Der Vermieter kann auf den Mietszins klagen. Solange aber der Mieter mit zwei aufeinander folgenden Terminleistungen auch nur zum Teile in Verzug ist, kann der Vermieter ohne Einhaltung einer Kündigungsfrist **kündigen.** Befriedigung für den gesamten rückständigen Mietszins vor bewirkter Kündigung schließt die Kündigung aus. In der Annahme von Zahlungen nach wirksam erfolgter Kündigung liegt ein Verzicht an sich nicht. Die erfolgte Kündigung kann aber vom Mieter unwirksam gemacht werden, wenn er sich durch Aufrechnung einer ihm schon vor der Kündigung zustehenden Gegenforderung befreien konnte und unverzüglich nach erfolgter Kündigung von der Aufrechnung Gebrauch macht. Darin liegt eine einschränkende Anwendung von **389** (**554**)[1]. Im Falle der Kündigung hat der Vermieter die für eine spätere Zeit empfangene Vorauszahlung nach **347** zurückzuerstatten, eventuell mit Zinsen von der Zeit des Empfanges an (**555**). — Durch Vereinbarung kann das Kündigungsrecht des Vermieters schon für den Fall der Nichtentrichtung des Zinses für einen Termin eingeräumt sein (sog. Exmissionsklausel). Im Zweifel wird aber auch hier Verzug Voraussetzung des Kündigungsrechtes sein und das Vorhergesagte gelten (**242**. **157**).

II. Verpflichtung des Mieters zur sorgfältigen Behandlung der Sache, zur Einhaltung des vertragsmäßigen Gebrauches und zur Rückgabe nach Beendigung des Mietsverhältnisses.

A. Der Mieter hat nach **276** für Vorsatz und Fahrlässigkeit zu haften. Veränderungen und Verschlechterungen durch Zufall hat der Mieter nicht zu vertreten. Der Mieter haftet auch für fremde Schuld gemäß **278**.

B. Der Mieter darf nur den vertragsmäßigen Gebrauch von der Sache machen. Veränderungen und Verschlechterungen, die durch den vertragsmäßigen Gebrauch herbeigeführt werden, hat der Mieter nicht zu vertreten (**548**), z. B. Abnutzung der Fußböden, Öfen, Türschlösser usw. Anderenfalls hat der Vermieter den Anspruch auf Schadensersatz.

Der Vermieter kann schon vor Rückgabe der Sache auf Unterlassung des vertragswidrigen Gebrauches klagen, wenn der Mieter auf Abmahnung von dem vertragsmäßigen Gebrauch nicht abgeht (**550**, vgl. **1004**). Wenn der vom Mieter trotz Abmahnung fortgesetzte vertragswidrige Gebrauch das Recht des Vermieters erheblich verletzt, so steht dem Vermieter das Recht der **Kündigung** nach **553** zu.

C. **Die Untermiete** (Aftermiete). Ob der Mieter den Gebrauch an andere Personen überlassen darf, hängt ab von der Vereinbarung. Ist eine solche nicht getroffen, so ist bestimmt (**549**): der Mieter darf den Gebrauch der Sache nicht an andere Personen überlassen, insbesondere nicht weiter vermieten (Untermiete, Aftermiete) ohne Erlaubnis des Vermieters, weil die Person des Mieters in der Regel für den Vermieter von wesentlichem Interesse ist. Die Erlaubnis ist nicht Einwilligung oder Genehmigung[2] gemäß **182** ff., sondern, soweit sie nicht Vertragserklärung ist, einseitige empfangsbedürftige Erklärung, welche auch der Form des Mietsvertrages (**566**) nicht bedarf. Es handelt sich hier nicht nur um die Überlassung nichtvertragsmäßigen Gebrauches, bei welchem das Verbot selbstverständlich wäre, sondern um die Überlassung des vertragsmäßigen Gebrauches. Das Interesse des Vermieters an der Person des Mieters fällt hier nicht fort. Eine Überlassung des Gebrauches liegt nicht in jeder unentgeltlichen Aufnahme eines anderen zur Mitbenutzung (Gastbesuch, anders Aufnahme von Pensionären). Wird dem Mieter die Erlaubnis verweigert, so kann der Mieter unter Einhaltung der gesetzlichen Kündigungsfrist kündigen, wenn nicht in der Person des Dritten ein wichtiger Grund gegen die Erteilung der Erlaubnis vorliegt (unehrenhaftes Gewerbe, ein der Sache gefährliches Gewerbe des Untermieters). Selbstverständlich steht dem Mieter das Kündigungsrecht nicht zu, wenn die Untermiete durch Vereinbarung ausgeschlossen war, auch wenn ein gewichtiger Grund für den Ausschluß nicht vorliegt. Das Kündigungsrecht bietet ein indirektes Schutzmittel des Mieters gegen schikanöse Verweigerung der Erlaubnis. Demnach ist weiter zu unterscheiden:

1. Der Mieter überläßt den Gebrauch auf Grund der Vereinbarung oder Erlaubnis, also befugterweise Dann hat der Mieter ein Verschulden des Dritten beim Gebrauche zu vertreten; macht der Untermieter von der Sache einen vertragswidrigen Gebrauch und steht von demselben trotz Abmahnung nicht ab, so hat der Vermieter das Recht der sofortigen Kündigung (**553**), wenn der vertragswidrige Gebrauch die Rechte des Vermieters in erheblichem Maße verletzt, oder wenn der Untermieter die Sache durch Vernachlässigung der pflichtmäßigen Sorgfalt erheblich gefährdet.

2. Der Mieter überläßt den Gebrauch **unbefugterweise**. Selbst-

---

[1] Alsberg, Arch. f. bürg. R., Bd. 22, S. 93 ff.
[2] A. M. Endemann I, S. 1056, Note 18.

verständlich haftet auch hier der Mieter wegen Verschuldens des Dritten. Er hat aber auch zufälligen durch die Überlassung herbeigeführten Schaden zu ersetzen, wenn nicht der Schaden auch ohne diese Vertragswidrigkeit entstanden sein würde.

Der Vermieter hat das Recht der sofortigen Kündigung (**553**), wenn der Mieter den Gebrauch dem Dritten trotz Abmahnung beläßt.

D. **Die Anzeigepflicht (545).**

Der Mieter hat die Pflicht, dem Vermieter M ä n g e l der gemieteten Sache und solche Umstände u n v e r z ü g l i c h anzuzeigen, in denen Vorkehrung zum Schutze der Sache gegen eine nicht vorhergesehene Gefahr notwendig wird. Ebenso, wenn sich ein Dritter ein Recht an der Sache anmaßt. Es handelt sich um Mängel, die sich während der Miete ergeben, und Vorkommnisse aus dieser Zeit. Die Pflicht fließt zum Teil aus der Pflicht der Obhut über die Sache. Die Unterlassung hat

d i e S c h a d e n s e r s a t z p f l i c h t des Mieters bzw. des aus der Unterlassung entstehenden Schadens zur Folge. Kannte der Vermieter die Mängel usw., so entfällt die Schadensersatzpflicht;

die Rechte auf Befreiung und Minderung aus **537** fallen fort, soweit der Vermieter infolge der Unterlassung der Anzeige außerstande war, Abhilfe zu schaffen;

der Mieter kann unter den gleichen Voraussetzungen nicht ohne Fristbestimmung kündigen (**542**, Abs. 1, Satz 3);

er kann nicht nach **538** Schadensersatz wegen Nichterfüllung fordern.

E. In allen Fällen des Kündigungsrechtes wegen vertragswidrigen Gebrauches, unbefugter Überlassung und Vernachlässigung der Sache (**553**) hat der das Recht ausübende Vermieter den Mietzins, der für die spätere Zeit vorausbezahlt ist, zurückzuerstatten (**555**).

F. **Die Pflicht zur Rückgabe.**

1. Die Rückgabe hat nach Beendigung des Mietsverhältnisses zu erfolgen. Bei der Grundstücksmiete hat der Mieter innerhalb der nach Landesrecht[1]) bestehenden Räumungsfristen fortzuziehen, wegen seiner Ansprüche gegen den Vermieter kein Zurückbehaltungsrecht (vgl. **273**. **556**, Abs. 2 und **580**)[2]). Die Zurückbehaltung ist aber nur bez. des Grundstückes selbst ausgeschlossen, nicht aber bez. des Mietspreises[3]). Wohl aber kann sich der Mieter darauf berufen, daß er nach Abschluß des Mietsvertrages vom Vermieter oder Dritten das Eigentum erworben habe, und daß er von vornherein Eigentümer gewesen sei und in Unkenntnis die eigene Sache gemietet habe. Hat der Mieter weiter vermietet oder sonst den Gebrauch an einen Dritten überlassen, so kann der Vermieter nach Beendigung des Mietsverhältnisses die Sache auch von dem Dritten zurückfordern. Durch die Beendigung des Mietsverhältnisses wird die für eine längere Zeit eingegangene Untermiete nicht beendigt. Ist der Vermieter Eigentümer oder sonst dinglich berechtigt, so kann er mit der dinglichen Klage die Sache dem Untermieter abverlangen. Davon abgesehen, könnte der Vermieter nur gegen den Mieter auf Räumung klagen. Das gegen den Mieter erstrittene Urteil würde gegen den Untermieter nach ZPO. § 325 nur rechtskräftig und vollstreckbar werden, wenn der Untermieter nach Rechtshängigkeit des Anspruches die Innehabung erhielt. Das Gesetz gibt aber dem Vermieter die Räumungsklage auch gegen den Untermieter, sobald das Mietsverhältnis selbst beendigt ist (**556**)[4]). Darin liegt ein Fall g e s e t z l i c h e n Schuldüberganges (vgl. **604**, Abs. 4, **L.** § 120 II. C. **571**. **1251**)[5]).

---

[1]) EG. Art. 93.

[2]) Weil die Zurückbehaltung auf den Rückgabeanspruch unverhältnismäßig einwirken würde. S t a m m l e r, a. a. O., S. 104, Note 3.

[3]) Vgl. G o l d s c h m i d t, Arch. f. bürg. R., Bd. 15 (1898), S. 165, Note 22.

[4]) ZPO. § 709, Z. 1 findet Anwendung.

[5]) S t a m m l e r, a. a. O., S. 210, Note 3. Andere nehmen actio utilis, oder gesetzliche Zession der Klage des Mieters gegen den Untermieter, oder Zustandsobligation (actio in rem scripta, P l a n c k zu **556**, Z. 3 c), oder deutschrechtliche Mobiliarvindikation des mittelbaren Besitzers, oder eine Art der Besitzklage, oder gesetzliches Gesamtschuldverhältnis an. Vgl. **L.** § 120, II. C.

2. Gibt der Mieter die Sache nicht zurück, und liegt in der Fortsetzung des Gebrauches nicht eine stillschweigende Verlängerung des Mietsverhältnisses (**568**), so hat der Vermieter für die Dauer der Vorenthaltung ohne weiteres den Anspruch auf den vereinbarten Mietszins, soweit er nicht weiteren Schadensersatz verlangt, dessen Grund und Betrag er dann nachweisen muß (**557**).

G. **Verjährung.** Der Anspruch auf den Mietszins verjährt in zwei Jahren, bei der Miete von Grundstücken und Räumen in vier Jahren seit Ablauf des Jahres der Fälligkeit (**196**, Z. 6. **197**). Der Anspruch wegen Veränderung und Verschlechterung der Sache[1]) verjährt in sechs Monaten seit Rückgabe (**558**), jedenfalls mit dem Anspruche auf Rückgabe.

H. **Das Pfandrecht des Vermieters** an den eingebrachten Sachen des Mieters (**559—563**)[2]).

1. Das Pfandrecht steht nur zu dem Vermieter eines Grundstückes, nicht einer beweglichen Sache, mag sie auch als Wohnung dienen (Schiffe).

2. Es besteht zur Sicherung der Forderungen aus der Miete auf Schadensersatz, Mietszins, Kosten, Vertragsstrafe usw. Ausgenommen sind aber künftige Entschädigungsforderungen, ferner Forderungen auf noch nicht fälligen Mietszins für eine spätere Zeit als das laufende und das folgende Mietsjahr[3]). Gesichert sind also die Forderungen auf rückständigen Mietszins schlechthin. Hier ergibt sich nur insofern eine Beschränkung (**563**), als, wenn eine dem Pfandrechte des Vermieters unterliegende Sache für andere Gläubiger gepfändet wird (ZPO. § 805), der Vermieter sein gesetzliches Pfandrecht nicht wegen des Mietszinses für eine frühere Zeit als das letzte Jahr vor der Pfändung geltendmachen kann (**563**).

3. Das Pfandrecht ergreift nur die eingebrachten Sachen des Mieters. Zu diesen gehören nicht diejenigen Sachen die „Akzessorien" eines Rechtes, z. B. einer Forderung sind, wie Schuldscheine, Versicherungspolicen usw. Ausgenommen sind eingebrachte Sachen Dritter, auch wenn der Vermieter zur Zeit der Einbringung im guten Glauben war, also auch Sachen des Untermieters, der Ehefrau und der Kinder, selbst wenn sie an dem Mietsgebrauch teilnehmen, des Verkäufers der eingebrachten Sachen, der sich das Eigentum vorbehielt (**455**). Dagegen fallen unter das Pfandrecht die Sachen der Ehefrau, die bei allgemeiner Gütergemeinschaft, Errungenschaftsgemeinschaft, Fahrnisgemeinschaft unter das Gesamtgut fallen.

Das Pfandrecht besteht kraft zwingenden Rechtes nicht an Sachen, die aus Gründen des öffentlichen Wohles nicht pfändbar sind, oder die nicht gepfändet werden sollen (ZPO. §§ 811. 812)[4]). Der Mieter kann auch dem Vermieter an diesen Sachen kein vertragsmäßiges Zurückbehaltungsrecht einräumen mit der Wirkung des strafrechtlichen Schutzes[5]) und mit der privatrechtlichen Wirkung eines Zurückbehaltungsrechtes, sondern nur eine rein schuldrechtliche Bindung begründen[6]).

4. Das Pfandrecht erlischt mit der Entfernung der Sachen vom Grundstücke, nicht aber durch Entfernung ohne Wissen oder unter Widerspruch des Vermieters. Der Vermieter hat den Fortbestand des Pfandrechtes trotz Wegschaffung der Sachen zu beweisen. Der Widerspruch ist nicht berechtigt,

wenn die Wegschaffung dem regelmäßigen Betriebe des Geschäftes des Mieters entspricht oder seinen gewöhnlichen Lebensverhältnissen (z. B. Verkauf von Waren im Gewerbebetriebe, Mitnahme von Sachen auf Reisen, Fortgeben zur Reparatur außer Hause), wenn die zurückleibenden Sachen zur Sicherung des Vermieters offenbar ausreichen (**560**).

---

[1]) RG. Bd. 66, S. 362.

[2]) Eck, Das gesetzliche Pfand- und Vorzugsrecht des Vermieters (1888). Groag, Das gesetzliche Pfandrecht des Vermieters (1899). Siber, Das gesetzliche Pfandrecht des Vermieters, des Verpächters und des Gastwirts nach dem BGB. (1900).

[3]) Vgl. RGes. vom 9. Mai 1894, KO. §§ 49, Z. 2. 19 (Absonderung).

[4]) Jastrow, Archiv f. soziale Gesetzgebung, Bd. 12 (1898), S. 607 ff. A. M. Siber, S. 17 u. a.

[5]) Strafrechtlicher Schutz des Vermieters nach RStrGB. § 289.

[6]) A. M. RG. StrS. Bd. 35, S. 150. Dagegen wie im Text Planck zu **559**, Z. 3.

Das Pfandrecht gelangt nicht zur Entstehung oder erlischt, wenn der Mieter in Höhe seiner Schuld oder zur Befreiung einzelner Sachen in Höhe ihres Wertes Sicherheit leistet (**562**) und im Falle Z. 5 (**561**). An Sachen, die keinen Verkaufswert haben (Geschäftspapiere, Briefe, Andenken) besteht das Pfandrecht nicht.

5. Der Inhalt des Pfandrechtes.

Im allgemeinen finden nach **1257** die Vorschriften über das durch Rechtsgeschäft bestellte Pfandrecht Anwendung.

Soll das Pfandrecht wirksam sein, so muß der Vermieter in der Lage sein, die Entfernung der Sachen, soweit er ihr widersprechen kann, ohne Anrufen des Gerichtes, also im Wege der Selbsthilfe, ohne daß er an die gesetzlichen Schranken gebunden ist, zu verhindern und, wenn der Mieter auszieht, die Sachen in Besitz zu nehmen. Sind die Sachen ohne Wissen oder gegen den Widerspruch des Vermieters entfernt worden, so kann er eigenmächtig die Zurückschaffung und Inbesitznahme nur nach **229**. **230** bewirken. Der Vermieter kann aber nach Analogie von **1227** vom Mieter und vom dritten Besitzer, der nicht durch den guten Glauben gedeckt ist (**936**), die Herausgabe zwecks Zurückschaffung und, wenn der Mieter ausgezogen ist, die Überlassung des Besitzes fordern. Hat der Vermieter von der Entfernung Kenntnis erhalten, und macht er nicht innerhalb eines Monates nach Kenntnis den Anspruch gerichtlich geltend, so erlischt das Pfandrecht (**561**).

Der Mieter, der seinem Vermieter noch Miete schuldet, hat heimlich seine Sachen aus dem Hause gebracht und bei seinem neuen Vermieter untergebracht. Das Pfandrecht des neuen Vermieters steht als jüngeres dem des alten Vermieters nach, falls dieses nicht gemäß **561**, Abs. 2, Satz 2 erloschen ist.

6. Das gesetzliche Pfandrecht des Vermieters geht Pfändungspfandrechten, die erst nach der Einbringung entstanden sind, vor (Z. 2, **563**), steht aber denen nach, die vor der Einbringung entstanden waren. In keinem Falle kann der Vermieter die Pfändung hindern; er kann nur gegenüber dem Pfändungspfandgläubiger sein Recht auf vorzugsweise Befriedigung durchsetzen (**816**) ZPO. § 805.

§ 116.

Die Endigung der Miete.

Gewisse Endigungsgründe sind dem Mietsverhältnisse eigentümlich.

I. Das Mietsverhältnis endigt mit dem **Ablaufe der Zeit**, für welche es eingegangen ist (**564**, Abs. 1). Hier ist Kündigung nicht erforderlich. Wann, innerhalb welcher Fristen nach Beendigung der Mieter die gemieteten Räume zu verlassen hat, bestimmt sich nach Landesrecht (EG. Art. 93)[1]. Ist die vereinbarte Mietszeit länger als 30 Jahre, so kann jeder Teil nach Ablauf von 30 Jahren gemäß **565** (vgl. II.) unter Einhaltung der gesetzlichen Frist kündigen. Die Kündigung ist aber bei Verträgen auf die Lebenszeit des Mieters oder Vermieters unzulässig (**567**).

II. **Die Kündigung**[2]).

Die Fälle, in denen der Mieter und Vermieter ohne Einhaltung einer Kündigungsfrist kündigen können, sind **L.** §§ 114. 115 dargestellt. Außerdem besteht nach **567**. **569**. **570** ein gesetzliches Kündigungsrecht unter Einhaltung der gesetzlichen Kündigungsfrist. Die Kündigung steht, davon abgesehen, jedem Teile zu, wenn die Mietszeit nicht bestimmt ist (**564**, Abs. 2). Dahin gehört auch der Fall **566** (Mangel der Form) und **567** (Dauer von mehr als 30 Jahren). Die Kündigung ist formlos und steht unter den Regeln der empfangsbedürftigen Willenserklärungen (**130** ff. **174**)[3].

A. Die gesetzlichen Kündigungsfristen (**565**).

1. Bei der Grundstücksmiete. Die Kündigung ist nur für den Schluß eines

---

[1]) Mecklenb.-Schwerin, AB. z. BGB., § 40. Mecklenb.-Strelitz, AB. z. BGB. § 39.

[2]) Immerwahr, Die Kündigung (1898), S. 132 ff.

[3]) Mit der Kündigung kann auch die Klage auf Räumung verbunden werden. ZPO. § 257.

Kalendervierteljahres zulässig und muß spätestens am dritten Werktage des Vierteljahres erfolgen. Ist der Mietszins nach Monaten bemessen, so würde die Regel nicht passen. Hier ist die Kündigung nur für den Schluß eines Kalendermonates zulässig und hat spätestens am fünfzehnten des Monates zu erfolgen.

Ist der Mietszins nach Wochen festgesetzt, so ist die Kündigung nur für den Schluß einer Kalenderwoche, d. h. für den Ablauf des Sonnabends, nicht des Sonntags, zulässig und muß spätestens am ersten Werktage erfolgen.

Ob eine verspätete Kündigung für den nächsten zulässigen Termin gilt oder gänzlich unwirksam ist, hat die Auslegung zu ergeben.

2. Bei beweglichen Sachen hat die Kündigung spätestens am dritten Tage vor dem Tage, an welchem die Miete enden soll, zu erfolgen, wenn auch der Mietszins nach Jahren, Monaten oder Wochen bestimmt ist. Möglich ist allerdings, daß in dieser Vereinbarung liegt, die Mietszeit solle ein Jahr, einen Monat usw. betragen, oder ein Jahr usw., wenn rechtzeitig gekündigt werde.

3. Bei Grundstücken und beweglichen Sachen ist, wenn der Mietszins nach Tagen bemessen ist, die Kündigung an jedem Tage auf den folgenden Tag zulässig, so daß die Miete, von besonderer Abrede abgesehen, mit dem Tage der Kündigung endet.

B. Bei einzelnen gesetzlichen Kündigungen bestehen besondere Vorschriften über die Kündigungsfrist (z. B. **569**. **570**. **566**). Durch Vereinbarung können abweichende Bestimmungen über die Kündigung getroffen sein, auch eine Form vorgeschrieben sein.

III. **Tod des Mieters** (**569**). An sich besteht nach Tod der Parteien das Mietsverhältnis unter den Erben fort. Der Tod des Mieters hat aber den Einfluß, daß sowohl der Erbe wie der Vermieter das Mietsverhältnis unter Einhaltung der gesetzlichen Kündigungsfrist kündigen können, auch wenn eine bestimmte Mietszeit vereinbart war (vgl. II. D.). Stirbt einer von mehreren Mietern, so entfällt das Kündigungsrecht für und gegen die übrigen.

IV. **Versetzung des Mieters** in seiner Eigenschaft als Beamter, Militärperson, Geistlicher oder Lehrer an öffentlichen Unterrichtsanstalten an einen anderen Ort gibt dem Mieter das Recht der Kündigung unter Einhaltung der gesetzlichen Kündigungsfrist auf den ersten zulässigen Termin bez. aller Räume (Wohnung, Stallungen), die er für sich oder seine Familie an dem bisherigen Garnisons- oder Wohnort gemietet hat (**570**)[1]).

V. **Stillschweigende Verlängerung** der Miete (relocatio tacita).

Nach Ablauf der Mietszeit setzt der Mieter den Gebrauch der Sache häufig fort. Das Mietsverhältnis gilt dann als auf unbestimmte Zeit verlängert, wenn nicht die Parteien ihren entgegengesetzten Willen binnen einer Frist von zwei Wochen einander erklären. Für den Mieter beginnt die Frist mit der Fortsetzung des Gebrauches, für den Vermieter mit dem Zeitpunkt, in dem er von der Fortsetzung erfährt. Auf die verlängerte Miete findet also das unter II. A. bemerkte (**564**, Abs. 2. **565**) Anwendung (**568**).

§ 117.

Die Veräußerung und Belastung der Mietsache.[2])

I. Bei der **Miete beweglicher Sachen** gilt wie im römischen und gemeinen Recht der Grundsatz: Kauf bricht Miete. Veräußert der Mieter, so wird zwar der Mietsvertrag zwischen Vermieter und Mieter nicht berührt, der Erwerber ist aber an den Mietsvertrag nicht gebunden, sondern kann kraft seines dinglichen Rechtes sofort die Herausgabe vom Mieter

---

[1]) Schepp, Das öffentl. Recht im BGB. (1899), S. 52 f.

[2]) v. Meibom, Jur. Tag 19, Bd. 2, S. 3 ff. Eck, ebenda, S. 229 ff. Fischer, ebenda, S. 312 ff. Jur. Tag 19, Bd. 3, S. 36 ff. 73 ff. 301. Jaeckel, Jur. Tag 20, Bd. 2, S. 263 ff. Fischer, ebenda, S. 312 ff. Jur. Tag 20, Bd. 4, S. 205 ff. 426 ff. Jakobi, Miete und Pacht, S. 51 ff. Bernhöft, Beitr., H. 12, S. 72 ff. Lippmann, Arch. f. bürg. Recht, Bd. 3, S. 32 ff. 99 ff. Fuld, Das Mietsrecht usw., S. 163 ff. 207 ff.

verlangen. Der Mieter kann auch, wenn er im Besitze ist, die Übertragung des Eigentumes auf den Erwerber nicht hindern (**931. 934**), er kann sich aber in solchem Falle nach **986**, Abs. 2 dem neuen Eigentümer gegenüber durch Berufung auf den Mietsvertrag für die Dauer der Mietszeit behaupten. Davon abgesehen, ist er auf die Schadensersatzforderungen gegen seinen Vermieter verwiesen.

II. Bei der **Grundstücksmiete.**

Im bisherigen Rechte bestand eine verschiedene Regelung.

Im gemeinen Rechte galt der Satz: Kauf bricht Miete, in Konsequenz der rein obligatorischen Natur der Miete. Daher kein Schutz des Mieters gegen den Erwerber, der die Herausgabe der Sache verlangt. Der Mieter hatte die Schadensersatzklage gegen den Vermieter.

Nach preußischem Recht, das dem deutschen Recht folgt, ist der Mieter dinglich berechtigt, sobald die Übergabe der Sache stattgefunden hat, bei Grundstücken auch ohne Eintragung im Grundbuche. Daher ist der Mieter für die Mietszeit auch gegen den Erwerber geschützt. Für den Fall der notwendigen gerichtlichen Veräußerung der Sache aber muß der Mieter sich Kündigung gefallen lassen und räumen.

Das französische Recht unterscheidet: ist der Mietsvertrag erweislich vor dem Veräußerungsvertrage geschlossen, so ist der neue Erwerber an den Mietsvertrag gebunden. Ist das Vertreibungsrecht im Mietsvertrage vorbehalten, so muß der Mieter dem Erwerber nach Kündigung mit Kündigungsfrist weichen, sobald er entschädigt ist. Ist der Mietsvertrag nicht erweislich vor der Veräußerung geschlossen, so ist der Mieter verpflichtet, nach Kündigung und Ablauf der Kündigungsfrist schlechthin zu weichen. Alles gilt auch für den Fall der Zwangsvollstreckung.

Das sächsische Recht und andere Rechte folgen dem gemeinen Rechte, lassen aber den Mieter dem Erwerber nur weichen, wenn gekündigt und eine bestimmte Frist verstrichen ist. Macht der Erwerber keinen Gebrauch von der Kündigung zum ersten möglichen Termin, so gilt er als in den Vertrag eingetreten. Wenn das Mietsverhältnis in das Grundbuch eingetragen ist, ist der Erwerber auch an den Mietsvertrag gebunden, aber häufig mit Ausnahme des Falles der Zwangsversteigerung.

Das BGB. erkennt den Satz: Kauf bricht nicht Miete an. Anders **E. I.**, der den umgekehrten Satz aufstellte, aber den Mieter keineswegs schutzlos ließ. Die Grundsätze des BGB. gelten mit Modifikationen auch für die Fälle, in denen der Nießbraucher, der Ehemann kraft seines Rechtes am eingebrachten Gut, der Inhaber der elterlichen Gewalt und der Vorerbe Mietsverträge über die Dauer ihres Rechtes hinaus abgeschlossen haben (**1056. 1423. 1546. 1550. 1663. 2135.** ZVG. §§ 57. 152).

A. **Veräußerung und Belastung durch den Vermieter nach Überlassung.** Auf welcher causa die Veräußerung beruht (Kauf, Schenkung usw.), ist gleichgültig. Der Schutz des Mieters tritt aber nur bei der Besitzmiete ein, d. h. wenn zur Zeit der Veräußerung das Grundstück bereits an den Mieter überlassen, d. h. zu Besitz übergeben war, mag er auch später, zur Zeit des Erwerbes des Dritten, nicht mehr im Besitze sein. Erst dann ist der Mietsvertrag dem Erwerber erkennbar und sein Eintritt in denselben (Z. 2) gerechtfertigt. Der Mieter, der noch nicht im Besitze ist, soll sich durch Vertragsstrafe und Sicherungshypothek für seinen Schadensersatzanspruch wegen Nichterfüllung sichern. Andererseits würde regelmäßig der Schaden des Mieters, der in das Grundstück eingezogen ist und dem Erwerber weichen müßte, weit beträchtlicher sein.

1. Der Erwerber tritt an Stelle des Vermieters in die sich während der Dauer seines Eigentumsrechtes aus der Miete ergebenden Rechte und Verpflichtungen ein. Über Inhalt und Tragweite dieser Bestimmung (**571**, Abs. 1) gehen die Auffassungen auseinander. Man hat darin eine Anerkennung der dinglichen Natur der Miete gesehen[1]), die wenigstens dann anzunehmen sei, sobald dem Mieter der Besitz überlassen ist. Die Miete gibt aber dem Mieter kein dingliches Recht; denn das BGB. kennt keinen rechtsgeschäftlichen Erwerb dinglicher Rechte an Grundstücken durch bloße Besitzeinräumung, es gibt dem Mieter keine dingliche Klage: Eintragung der Miete in das Grundbuch ist unzulässig[2]), auch eine Vormerkung ist ausgeschlossen. Auch nach **577** und in der Zwangsvollstreckung wird das Recht des Mieters nicht als dingliches Recht behandelt (vgl. **L.** § 118)[3]). — Andere sehen in der Miete eine Real- oder Zustands-

[1]) So Meisner zu **571**, Z. 3. Kuhlenbeck, Von den Pandekten II, S. 306 u. a.

[2]) RG. Bd. 54, S. 233; Bd. 59, S. 326.

[3]) Vgl. auch EG., Art. 188, Abs. 2.

obligation: das zweiseitige Schuldverhältnis verknüpfe sich mit dem Eigentum am Grundstück, sei aber doch von einer Reallast und Realberechtigung verschieden[1]). Dagegen spricht, daß auch der Erwerber dinglichen Rechtes (Nießbraucher) nach **577** an Stelle der Vermieters eintreten soll, und die Vorschrift in **579**. — Mit dem Gesetze ist nur vereinbar die Auffassung, welche kraft Gesetzes den Erwerber in die Rechte und Pflichten aus dem Mietsverhältnis mit dem Eigentumsübergange eintreten läßt (beschränkter Übergang des Schuldverhältnisses). Das Mietsverhältnis zwischen Vermieter und Mieter wirkt allerdings noch fort: der Vermieter haftet weiter für die Verbindlichkeiten des Erwerbes, aber abgeschwächt nach Art des Bürgen (**571**, Abs. 2. **579**). Sobald auch diese Haftung erlischt, tritt der Erwerber allein als Vermieter dem Vermieter gegenüber (vgl. **1251**)[2]).

2. Der Erwerber hat die Pflichten des Vermieters, ohne Rücksicht auf seine Kenntnis von der Miete. Gegen Unkenntnis ist er außer durch die Beschränkung seines Eintritts auf den Fall der Besitzmiete dadurch gesichert, daß Mietsverträge über Grundstücke auf längere Zeit als ein Jahr der schriftlichen Form bedürfen, und daß der Veräußerer verpflichtet ist, dem Erwerber über das Bestehen von Mietsverträgen Auskunft zu geben und die betreffenden Urkunden mitzuteilen (**444**. **445**). Der Übergang bezieht sich auf alle, nicht nur die gesetzlichen Pflichten aus dem Mietsvertrage. Der Erwerber hat alle Rechte des Vermieters vom Momente des Erwerbes an. Er hat das Kündigungsrecht, das Recht der Erlaubnis bez. der Untermiete und an sich auch den Anspruch auf den in die Zeit seines Eigentumes fallenden Mietszins (**571**, Abs. 1).

3. Es treten aber Abänderungen dieser Grundsätze ein.

a) Hat der Mieter dem Vermieter Sicherheit geleistet, so tritt der Erwerber in die Rechte aus der Sicherheit ein, er und auch der Mieter können vom Vermieter die Aushändigung an den Erwerber verlangen. Der Erwerber ist zur Rückgewähr der Sicherheit nur verpflichtet, wenn er sie erhalten hat, oder wenn er dem Vermieter gegenüber die Pflicht zur Rückgewähr gemäß **415** übernimmt (**572**).

b) Der Erwerber brauchte Vorausverfügungen des Vermieters, d. h. Verfügungen aus der Zeit vor der Auflassung über denjenigen Mietszins, der in die Zeit des Eigentumes des Erwerbers fällt (z. B. Verpfändungen oder Abtretungen der Mietszinsforderung), nicht anzuerkennen. Mit Rücksicht auf den Vermieter ist aber bestimmt (vgl. **1124**), daß solche Verfügungen insoweit wirksam sind, als sie sich auf den Mietszins für das zur Zeit des Überganges des Eigentumes laufende und das folgende Kalendervierteljahr beziehen. Beziehen sie sich auf den Mietszins für eine spätere Zeit, so hat der Erwerber sie nur dann gegen sich gelten zu lassen, wenn er sie zur Zeit des Überganges des Eigentumes gekannt hat. Tritt z. B. der Vermieter am 2. Januar 1900 den Mietszins auf die drei ersten Kalendervierteljahre des laufenden Jahres an X ab, und überträgt er das Eigentum am 31. Januar 1900 an X, so hat Z Anspruch auf den Mietszins für zwei Quartale; erweist er aber die Kenntnis des X, so hat er Anspruch auf den Mietszins für drei Quartale. Hat der X die Abtretung zwar bei Übergang des Eigentumes gekannt, nicht aber bei Abschluß des Veräußerungsgeschäftes (Kaufes usw.), so kann er vom Veräußerer Schadensersatz verlangen (**573**). Das gleiche gilt, wenn Gläubiger des Vermieters die Miete pfänden lassen[3]).

Bei Rechtsgeschäften, die der Mieter mit dem Vermieter über die Mietszinsforderung (Vorauszahlungen, Erlaß, Stundung) abschließt, ist aber zugunsten des Mieters bestimmt (**574**, nach Analogie von **407**, Abs. 1):

---

[1]) Vgl. Crome, Jahrb. f. Dogm., Bd. 37 (1897), S. 1 ff. S. auch P. II. S. 139. Dagegen Rönnberg, Arch. f. bürg. R., Bd. 17 (1899), S. 78 ff.

[2]) Planck zu **571**, Z. 5. Stammler, a. a. O., S. 187, Note 1. Ähnlich Rönnberg, a. a. O. (Note 3), der aber scharf zwischen Eintritt des Erwerbers in die Rechte und Pflichten aus dem Mietsverhältnis und dem Eintritt in dieses selbst scheidet. Ersterer tritt mit dem Eigentumserwerbe, letzterer erst dann ein, wenn der Vermieter aus jeder Haftung ausscheidet. Das Gesetz sagt aber nicht, daß in dem letzteren Stadium sich die Stellung des Erwerbers inhaltlich ändere.

[3]) RG. Bd. 58, S. 181; Bd. 59, S. 177.

Rechtsgeschäfte über die Mietszinsforderung hat der Erwerber gegen sich geltenzulassen, wenn es sich um den Mietszins für das Kalendervierteljahr, in dem der Mieter von dem Eigentumsübergange Kenntnis erlangt, und das folgende Vierteljahr handelt. Wird das Rechtsgeschäft vorgenommen nach Eigentumsübergang, so gilt das gleiche, jedoch nur, wenn der Mieter von dem Eigentumsübergang keine Kenntnis hatte. Der Mieter hat z. B. im Jahre 1900 den Vertrag geschlossen, am 2. Januar 1901 tritt der Eigentumsübergang an X ein. Die Zahlung des Mietszinses vom Mieter an den Vermieter erfolgt für drei Quartale 1901 nach dem 2. Januar 1901. Kannte der Mieter schon zur Zeit der Zahlung den Eigentumsübergang, so ist die Zahlung X gegenüber unwirksam. Trat diese Kenntnis im ersten Quartal 1901 ein, so ist nur die Zahlung für das dritte Quartal 1901 X gegenüber unwirksam.

Soweit sich der Mieter hiernach mit Wirkung gegen den Erwerber durch Zahlung an den Vermieter hätte befreien können, kann er gegen die Mietszinsforderung des Erwerbes mit jeder Forderung gegen den Vermieter *aufrechnen*, wenn er nicht diese Gegenforderung erst nach Kenntnis von dem Eigentumsübergange erworben hat, oder wenn nicht diese Forderung erst nach erlangter Kenntnis und später als die Mietszinsforderung fälliggeworden ist (**575**, vgl. **406**).

c) Der Mieter, welcher von der Veräußerung Kenntnis erhalten hat und an den Erwerber zahlt, könnte in die Gefahr kommen, noch einmal an den Vermieter zahlen zu müssen, wenn die Veräußerung des Mietsgrundstückes nicht oder nicht wirksam erfolgt ist. Dagegen sichert die Bestimmung in **576**, vgl. **409**, Abs. 1, Satz 1, Abs. 2. Hat der Vermieter die Übertragung des Eigentumes auf den Dritten angezeigt, so muß er in Ansehung der Mietszinsforderung dem Mieter gegenüber die angezeigte Übertragung gegen sich geltenlassen, auch wenn sie nicht erfolgt oder unwirksam ist oder der Mieter die Unrichtigkeit der Anzeige kennt. Das gleiche gilt, wenn die Eintragung des Erwerbes im Grundbuch stattgefunden hat (**893**). Die Zurücknahme der Anzeige bedarf der Zustimmung des in der Anzeige als Erwerber Bezeichneten.

B. **Die Belastung des Grundstückes mit Rechten Dritter** (Erbbaurecht, Nießbrauch, Grunddienstbarkeit) (**577**).

Wenn die Ausübung des belastenden Rechtes dem Mieter *den vertragsmäßigen Gebrauch entzieht*, so findet das unter A. Gesagte Anwendung (**571**—**576**).

Tritt nur eine *Beschränkung des Mieters im Gebrauche* ein, so ist der Dritte dem Mieter gegenüber verpflichtet, sich der Ausübung soweit zu enthalten, als sie den vertragsmäßigen Gebrauch beeinträchtigen würde.

C. **Die Verpflichtung des Vermieters** *im Falle der Veräußerung und Belastung nach Überlassung* (**571**, Abs. 2). Mit dem Eintritt des Erwerbers erlischt nicht jede Verpflichtung des Vermieters. Allerdings kann der Mieter zunächst jetzt nur den Erwerber auf Erfüllung belangen. Der Vermieter haftet aber neben dem Erwerber weiter wie ein Bürge, dem die Einrede der Vorausklage (**771**) infolge Verzichtes nicht zusteht (**773**, Z. 1). Der Mieter kann also den Vermieter belangen, wenn der Erwerber nicht erfüllt. Diese Haftung des Vermieters erlischt, wenn der Mieter nach Kenntnis von dem Übergange des Eigentumes nicht das Mietsverhältnis für den ersten zulässigen Termin kündigt. In der Unterlassung der Kündigung wird eine Entlassung des Vermieters aus der Haftung *für die Zukunft*[1]) und Einverständnis des Mieters mit dem Personenwechsel gesehen. Wir haben damit den Satz, daß die Haftung des Vermieters in einer bestimmten Frist nach Kenntnis des Mieters vom Eigentumsübergange erlischt. Selbstverständlich kann der Mieter den Vermieter schon früher seiner Haftung entlassen.

D. **Weiterveräußerung und Weiterbelastung durch den Erwerber** (**579**). Das Verhältnis regelt sich nach dem unter A. und B. Bemerkten. Erfüllt der weitere Erwerber aber seine Verpflichtungen nicht, so kann der Mieter den Vermieter, nicht den weiterveräußernden

---

[1]) *Planck* zu **517**, Z. 3. *Fuld*, a. a. O., S. 212.

Erwerber, nach C. belangen, und ist der Vermieter aus der Haftung entlassen, so haftet dem Mieter nicht der erste Erwerber, sondern nur der weitere Erwerber[1]).

E. **Veräußerung und Belastung vor Überlassung.** Hier gilt der Satz: Kauf bricht Miete. Der Mieter ist aber gesichert, wenn der Erwerber mit dem Vermieter die Erfüllung der Verpflichtungen aus dem Mietsvertrage übernommen hat. Diese Erfüllungsübernahme wirkt kraft der dispositiven Vorschrift des Gesetzes (**578**) zugunsten des Mieters (vgl. **329**).

1. Im Falle einer Veräußerung und Belastung durch den Vermieter hat der Mieter die gleichen Rechte, die er ohne die Übernahme haben würde, wenn er bereits den Besitz gehabt hätte (A—C).

2. Im Falle einer Weiterveräußerung und Weiterbelastung durch den Erwerber finden auf die Erfüllungsübernahme die Vorschriften unter D. Anwendung.

Hat aber eine Erfüllungsübernahme durch den Erwerber und weiteren Erwerber nicht stattgefunden, so ist der Mieter auf seinen Anspruch gegen den Vermieter beschränkt.

F. Das unter A. bis E. Bemerkte bezieht sich nur auf die Fälle der **freiwilligen** Veräußerung und Belastung (vgl. **L.** § 118). Die eingreifenden Vorschriften sind nur dispositiver Natur.

§ 118.

Das Mietsverhältnis in der Zwangsversteigerung und im Konkurse.[2])

I. Wird das vermietete Grundstück im Wege der **Zwangsversteigerung** veräußert, so gilt der Satz: Kauf bricht Miete. Der Ersteher hat das Recht, zu dem ersten Kündigungstermin unter Einhaltung der gesetzlichen Kündigungsfrist dem Mieter zu kündigen, wenn nicht die Versteigerungsbedingungen den Ersteher verpflichten, in den Mietsvertrag einzutreten. Kündigt der Ersteher zu dem ersten zulässigen Termin, so ist der Mieter auf den Schadensersatzanspruch gegen den Vermieter angewiesen[3]). Unterläßt der Ersteher die rechtzeitige Kündigung, so gilt wieder, wie bei den freihändigen Veräußerungen, der Satz: Kauf bricht nicht Miete (ZVG. § 57); ebenso für Mietsverträge, die noch nicht durch Übergabe erfüllt sind.

II. **Der Konkurs** über das Vermögen des Mieters oder Vermieters äußert verschiedene Wirkungen.

A. **Konkurs des Mieters.**

1. War die Überlassung zur Zeit der Eröffnung des Konkurses noch nicht erfolgt, so kann der Vermieter von dem Vertrage zurücktreten (KO. § 20, Abs. 1). Der Konkursverwalter kann den Vermieter zur unverzüglichen Erklärung über die Ausübung seines Rücktrittrechtes auffordern. Gibt der Vermieter diese Erklärung nicht rechtzeitig ab, so verliert er das Recht zum Rücktritt (KO. § 20, Abs. 2). Der Verwalter kann dann seinerseits auf Erfüllung des Vertrages bestehen oder den Vertrag als nicht geschlossen behandeln. Der Vermieter kann den Verwalter zur unverzüglichen Erklärung darüber auffordern, ob er auf der Erfüllung bestehe. Unterläßt der Verwalter diese Erklärung, so kann er auf Erfüllung nicht bestehen (KO. § 17, Abs. 2). Die Schadensersatzforderung des Vermieters bleibt von Bestand (KO. § 26).

2. Wenn die Eröffnung des Konkurses nach der Überlassung eintritt, so bleibt zwar der Mietsvertrag von Bestand, aber Vermieter und Verwalter haben ein Kündigungsrecht mit Einhaltung der gesetzlichen oder der vereinbarten kürzeren Kündigungsfrist. Das Kündigungsrecht besteht also auch, wenn der Vertrag auf bestimmte Zeit geschlossen war. Kündigt der Verwalter, so hat der Vermieter einen Schadensersatzanspruch (KO. § 19, vgl. §§ 49, Z. 2; 59, Z. 2), nicht aber die Masse, wenn der Vermieter kündigt.

---

[1]) Planck zu **579**, Z. 1 b. Crome II, S. 571. A. M. Rönnberg, a. a. O., S. 85 u. a.

[2]) Mietssachen haben im Prozesse Besonderheiten: Zuständigkeit der Amtsgerichte (GVG. § 23, Nr. 2), Feriensachen (GVG. § 202), vorläufige Vollstreckbarkeit (ZPO. § 709), Klage auf künftige Leistungen (ZPO. §§ 257. 259).

[3]) RG. Bd. 63, S. 66.

3. Der Vermieter hat ein Absonderungsrecht (KO. § 49, Nr. 2) an den eingebrachten Sachen des Mieters (**L.** § 115. II. H.).

B. **Konkurs des Vermieters.**

1. Ist bei Eröffnung des Konkurses die Überlassung der Mietssache noch nicht erfolgt, so hat der Verwalter die Wahl, von dem Vertrage zurückzutreten oder auf dessen Erfüllung zu bestehen. Auf Erfüllung kann er nicht mehr bestehen, wenn er sich auf Aufforderung des Mieters nicht unverzüglich darüber erklärt, ob er Erfüllung verlangen will. Wählt der Verwalter die Erfüllung, so steht er darin völlig an Stelle des Vermieters (KO. § 17).

2. Ist dagegen die Eröffnung des Konkurses erst nach Übergabe erfolgt, so bleibt der Vertrag von Bestand (KO. § 21, Abs. 1).

Bei der Miete von Grundstücken, Wohn- und anderen Räumen hat aber der Konkursverwalter Vorausverfügungen des Vermieters über den Mietszins nur insoweit anzuerkennen, als sich diese Verfügungen auf das zur Zeit der Konkurseröffnung laufende und das folgende Kalendervierteljahr beziehen (KO. § 21, Abs. 2).

Die freihändige Veräußerung des Mietsgrundstückes durch den Konkursverwalter wirkt in diesem Falle in dem Verhältnis des Mieters und Erwerbers wie eine Zwangsversteigerung (vgl. I).

§ 119.

Die Pacht.[1])

Im römischen und gemeinen Recht ist die Pacht ein Sonderfall der locatio — conductio rei und für sich nur vereinzelt durch Sonderregeln ausgezeichnet (etwa: Pfandrecht des Verpächters, colonia partiaria). Im deutschen Recht tritt sie als besonderer Vertrag schärfer hervor und ist reicher entwickelt (Viehverstallung, Eisernviehvertrag usw.), außerdem ist das Recht des Verpächters ein dingliches Recht.

Nach dem BGB. unterliegt zwar der Pachtvertrag i. a. den Bestimmungen über die Miete[2]), steht aber in wichtigen Punkten unter Sonderrecht.

I. **Begriff.**

Die Pacht ist der gegenseitige Vertrag, durch den sich der Verpächter zur Überlassung des Gebrauches und des Fruchtgenusses am Pachtgegenstande an den Pächter, der Pächter sich zur Zahlung des vereinbarten Pachtzinses an den Verpächter verpflichtet (**581**).

Ist ein Grundstück vermietet, zugleich aber auch ein anderes mit diesem zum Fruchtgenuß überlassen, so ist für die Entscheidung, ob Miete oder Pacht vorliegt, maßgebend, welcher Gegenstand die Hauptsache ist. Hat man sich für Miete entschieden, so würden doch bez. gewisser Einzelheiten des Vertrages die Grundsätze der Pacht Anwendung finden.

II. **Der Abschluß** des Pachtvertrages erfolgt durch Einigung der Parteien über den Pachtgegenstand, den Pachtzweck (Gebrauch, Fruchtgenuß), die Pachtzeit und den Pachtzins.

A. **Form.** Der Pachtvertrag über bewegliche Sachen und Rechte bedarf einer Form nicht. Für die Pacht von Grundstücken gilt die gleiche Formvorschrift (**566**) wie für die Miete von Grundstücken. Ist daher der Pachtvertrag für längere Zeit als ein Jahr unter Nichtbeachtung der schriftlichen Form geschlossen, so gilt er als auf unbestimmte Zeit geschlossen (vgl. **595**, Abs. 1 unten VI.).

B. **Gegenstand** der Pacht sind nicht nur Sachen (bewegliche Sachen, Grundstücke), sondern auch andere Gegenstände, besonders Rechte, wie z. B. Nießbrauch, Patentrechte usw. (**581**). Besondere Bedeutung hat die Pacht von Grundstücken und hier wieder die Pacht landwirtschaftlicher Grundstücke und solche von Landgütern.

---

[1]) Mittelstein, Arch. f. bürg. R., Bd. 5, S. 283 f. v. Blume, Jahrb. f. Dogm., Bd. 39, S. 429 ff. Schumacher, Das landwirtschaftliche Pachtrecht (1901).

[2]) Auch **544**. **580** finden Anwendung, z. B. bei der Pacht eines Hotels. Planck zu **581**, Z. 6.

C. **Der Zweck** der Pacht ist nicht nur Überlassung des Gebrauches, sondern auch des Fruchtgenusses, und zwar die Überlassung des Gebrauches ohne Rücksicht auf die Notwendigkeit desselben zum Fruchtgenusse (**581**).

D. Wesentlich ist auch die Vereinbarung eines **Pachtzinses.** Es gilt das gleiche für ihn wie für den Mietszins. Der Pachtzins kann auch in einer Quote der Früchte (Teilpacht colonia partiaria)[1]) bestehen (**581**). Bei einer solchen Abmachung ist aber zu prüfen, ob nicht Gesellschaft (**705**), Dienst- oder Werkvertrag gewollt ist.

III. **Die Verpflichtung des Verpächters.**

Der Verpächter hat dem Pächter den Gebrauch der Sache und den Genuß der Früchte zu gewähren. Es gilt hier das gleiche wie für die entsprechende Pflicht des Vermieters. Die Überlassung zum Fruchtgenuß bezieht sich auf diejenigen Früchte, die nach den Regeln einer ordnungsmäßigen Wirtschaft als Ertrag anzusehen sind, nicht also das durch Windbruch in Massen gefällte Holz (**581**). Der Verpächter hat daher den Pachtgegenstand in einem zu dem vertragsmäßigen Gebrauche und zu dem vorher beschriebenen Fruchtgenuß geeigneten Zustande zu überlassen und während der Pachtzeit in diesem zu erhalten. Daraus folgt, daß der Verpächter einen Zufall, der den Pachtgegenstand selbst trifft und den vertragsmäßigen Gebrauch oder die Fruchtziehung ausschließt oder beschränkt, zu tragen hat, daß dagegen einen Zufall, der die Früchte oder deren Entstehung (Mißernte) trifft, der Pächter trägt; er hat keinen Anspruch auf Nachlaß am Pachtzinse (remissio mercedis) und kein Rücktrittsrecht. Bei totalem Untergange des Pachtgegenstandes ist der Pächter zur Wiederherstellung nicht verpflichtet, wohl aber bei teilweisem Untergange. Der Verpächter hat also auch die Erhaltungspflicht mit Ausnahme der gewöhnlichen Ausbesserungen bei der Pacht landwirtschaftlicher Grundstücke (**582**, vgl. **536**). Im übrigen stehen dem Pächter die Rechte und Ansprüche des Mieters zu aus der Gewährleistungspflicht wegen physischer Mängel und wegen Mangels im Rechte, ferner das Kündigungsrecht wegen verspäteter Überlassung des Gebrauches und wegen Gesundheitsgefährlichkeit. Der Verpächter hat auch die auf der Sache ruhenden Lasten zu tragen und dem Pächter die notwendigen Verwendungen auf die Sache zu ersetzen (vgl. aber **591—593** und IV.), soweit sie nicht zur gewöhnlichen Ausbesserung gemacht sind (**582**).

Ein Zurückbehaltungsrecht steht dem Pächter eines Grundstückes nicht zu. Vgl. aber unten V. E.

IV. **Die Verpflichtungen des Pächters.**

A. Der Pächter ist wie der Mieter zur Entrichtung des Pachtzinses verpflichtet. Hinsichtlich der Zeit der Entrichtung ergibt sich eine Modifikation bei der Pacht landwirtschaftlicher Grundstücke. Ist der Pachtzins nach Jahren bemessen, so ist er nicht vierteljährlich, sondern nach dem Ablauf je eines Pachtjahres am ersten Werktage des folgenden Jahres zu entrichten. Wegen Nichtzahlung des Pachtzinses hat der Verpächter die gleichen Rechte wie der Vermieter (Klage, Kündigung) (**584**). Der Pächter hat die Pflicht sorgfältiger Behandlung, die Pflicht der Einhaltung des vertragsmäßigen Gebrauches und Fruchtgenusses und der Rückgabe. Bei der Pacht landwirtschaftlicher Grundstücke ist ihm die sich aus allgemeinen Grundsätzen (**242**) ergebende Pflicht auferlegt, daß er ohne Erlaubnis des Verpächters keine Änderung in der wirtschaftlichen Bestimmung des Grundstückes vornehmen darf, die auf die Art der Bewirtschaftung über die Pachtzeit hinaus von Einfluß sind, z. B. Anlegung von Brauereien, Brennereien usw. (**583**).

Der Pächter eines landwirtschaftlichen Grundstückes hat auch die gewöhnlichen Ausbesserungen (**582**) zu bewirken.

Dem Verpächter erwächst aus der Nichtbeachtung dieser Pflichten der Schadensersatzanspruch, die Klage auf Unterlassung und das Kündigungsrecht.

---

[1]) Darüber ausführlich Crome, Die partiarischen Rechtsgeschäfte (1897), S. 37 ff.

B. **Die Unterpacht** ist wie die Untermiete versagt und die Bestimmungen insofern verschärft, als der Pächter wegen unbegründeter Versagung der Erlaubnis kein Kündigungsrecht hat (**549**, Abs. 1 und **596**, Abs. 1) wegen der erhöhten Bedeutung der Person des Pächters für den Pachtvertrag.

C. Der Pächter hat die **Anzeigepflicht** und die Pflicht der **Rückgabe** wie der Mieter. Bei der Pacht eines landwirtschaftlichen Grundstückes ist dasselbe aber in dem Zustande zurückzugewähren, der sich bei einer während der Pachtzeit bis zur Zeit der Rückgabe fortgesetzten ordnungsmäßigen Bewirtschaftung ergibt. Es ist also nicht maßgebend der Zustand bei Überlassung, es kann vielmehr der geforderte Zustand ein besserer und auch schlechterer sein als der zur Zeit der Überlassung. Es bezieht sich das auf die Bestellung des Grundstückes. Der Pächter hat daher als ordentlicher Landwirt zu wirtschaften. Für Verbesserungen in diesem Rahmen hat er keine Ersatzansprüche, für Verschlechterungen ist er nicht verantwortlich (**591**, vgl. **1055**, Abs. 2).

Unbilligkeiten gegen den Pächter und Verpächter können sich ergeben, wenn die Überlassung und die Rückgewähr nicht in dieselbe Jahreszeit fallen, z. B. der Pächter hat das Grundstück bestellt empfangen und gibt es ordnungsmäßig unbestellt zurück; oder umgekehrt. Auf die Parteidisposition und die Bereicherungsansprüche (E. I.) zu verweisen, ist deshalb bedenklich, weil der Pächter durch die Bestellung nur seiner Pflicht genügt. Das BGB. bestimmt daher: fällt das Ende der Pacht in ein Pachtjahr, so muß der Verpächter die Kosten, die der Pächter auf die noch nicht getrennten, aber nach den Regeln einer ordnungsmäßigen Wirtschaft vor dem Ende des Pachtjahres zu trennenden Früchte verwendet hat, ersetzen. Diese Kosten selbst müssen aber einer ordnungsmäßigen Wirtschaft entsprechen und den Wert der Früchte nicht übersteigen (**592**, vgl. **1055**, Abs. 2). Die Pflicht des Pächters eines Landgutes (folglich nicht eines einzelnen landwirtschaftlichen Grundstückes, bei dem von einem landwirtschaftlichen Betriebe nicht die Rede ist) ist in **593**[1]) noch dahin gesteigert, daß er von den bei Beendigung der Pacht vorhandenen und auf dem Gute gewonnenen landwirtschaftlichen Erzeugnissen (Saatkorn) schlechthin, d. h. auch dann, wenn er solche nicht übernahm, soviel zurücklassen muß, als zur Fortführung der Wirtschaft bis zu der Zeit erforderlich ist, zu welcher gleiche oder ähnliche Erzeugnisse voraussichtlich gewonnen werden. Der Verpächter hat dem Pächter Ersatz zu leisten, soweit der Pächter nach Quantität oder Qualität mehr zurückläßt, als er empfangen hat. Den gesamten vorhandenen, auf dem Gute gewonnenen Dünger hat er zurückzulassen ohne Anspruch auf Ersatz. Die Frage, ob der Pächter verpflichtet ist, dafür zu sorgen, daß solche Produkte da sind, ist nach **591** zu entscheiden.

Gibt der Pächter den gepachteten Gegenstand nicht zurück, so kann der Verpächter, vorbehaltlich der Geltendmachung weiteren Schadens, den vereinbarten Pachtzins verlangen, und zwar nicht nur nach der Zeit, sondern auch nach dem Verhältnis, in dem die während der Dauer der Vorenthaltung gezogenen oder ziehbaren Nutzungen zu den Nutzungen des ganzen Pachtjahres stehen (**597**, vgl. **557**).

D. Dem Verpächter eines Grundstückes steht das **gesetzliche Pfandrecht** wie dem Vermieter eines solchen zu. Das Pfandrecht ist, auch im Interesse des Pächters selbst (**585**), aber nur bei der Pacht landwirtschaftlicher Grundstücke noch erheblich erweitert.

1. Gesichert ist hier die gesamte Forderung auf den Pachtzins, auch auf den erst künftig fälligwerdenden, und zwar sowohl dem Pächter selbst wie anderen Gläubigern des Pächters gegenüber (vgl. **559**. **563** ff., KO. § 49, Z. 2). Künftige Entschädigungsforderungen des Verpächters sind dagegen wie bei der Miete nicht gesichert.

2. Außer den eingebrachten Sachen ergreift das Pfandrecht auch die Früchte, selbst die stehenden (vgl. ZPO. § 810, Abs. 1, EG. Art. 52). Unter den eingebrachten

---

[1]) Vgl. **1055**, Abs. 2 (Nießbrauch).

Sachen sind nicht ausgenommen die nach ZPO. § 811, Z. 4 der Pfändung nicht unterworfenen Sachen. Die für den Ausschluß der Pfändung dort maßgebende Rücksicht auf die Landwirtschaft trifft hier nicht zu.

V. **Besondere Fälle der Grundstückspacht.**

A. Verpachtung eines **Grundstückes mit Inventar** (**586**).

Hier verbleibt das Inventar (Vieh, Geräte) im Eigentume des Verpächters. Der Pächter hat bezüglich der einzelnen Inventarstücke die Pflicht der Erhaltung (z. B. Kurkosten), die an sich nicht selbstverständlich ist. Der Verpächter muß aber ohne Schuld des Pächters in Abgang gekommene Stücke ergänzen. Der Pächter hat an dem fruchttragenden Inventar den Fruchtgenuß. Dieser steht ihm nicht schlechthin zu, wenn der Viehstand auf dem Grundstück eine wirtschaftliche Einheit bildet. Hier hat der Pächter die Pflicht, die abgängigen Tiere aus dem Nachwuchs derselben insoweit zu ersetzen, als das den Regeln einer ordentlichen Wirtschaft entspricht. Diese Ergänzungspflicht ist eine Konsequenz der Erhaltungspflicht (vgl. **1048**, Abs. 1).

B. Verpachtung eines **Grundstückes mit Inventar zum Schätzungswerte** mit der Verpflichtung, es zum Schätzungswerte zurückzugeben (**587**). Soweit die Parteien nichts anderes festgesetzt haben, treten die im Gesetz normierten Rechtsfolgen ein (**588**. **589**).

1. Der Pächter trägt die Gefahr des Inventars, sowohl die des zufälligen Unterganges wie die der Verschlechterung während, nicht auch nach Ablauf der Pachtzeit[1]).

2. Dem Pächter steht wie sonst Gebrauch und Nutzung am Inventar zu. Außerdem darf er aber über einzelne Stücke innerhalb der Grenzen einer ordnungsmäßigen Wirtschaft verfügen, was dem Zwecke der Parteidisposition gerade entspricht (vgl. **1048**, Abs. 2).

3. Der Pächter hat das Inventar nach den Regeln ordentlicher Wirtschaft in dem Zustande zu erhalten, in welchem es ihm übergeben wird. An der Erhaltung des Inventars hat der Verpächter ein wesentliches Interesse. Das Grundstück muß dauernd mit einem zureichenden Inventar versehen sein. Die Erhaltungspflicht ist keineswegs identisch mit der Pflicht, abgegangene Stücke zu ersetzen. Auch nicht abgegangene, aber untauglich gewordene oder in der Tauglichkeit geminderte Stücke müssen unter Umständen ersetzt werden, andererseits brauchen die abgegangenen nicht immer ersetzt zu werden.

4. Aus dem Verfügungsrecht und der Erhaltungspflicht folgt die Anschaffungspflicht. Der Pächter hat dem Verpächter Eigentum an den neuangeschafften Stücken zu verschaffen.

Das könnte durch brevi manu traditio und constitutum possessorium erfolgen. Das Gesetz bestimmt aber, daß die angeschafften Stücke mit der Einverleibung in das Inventar und durch diese Eigentum des Verpächters werden (transitus legalis)[2]). Das liegt im Interesse des Verpächters und der Hypothekengläubiger (**1120**). Zur Einverleibung gehört regelmäßig Einbringung in das Grundstück. Der Verpächter erwirbt auf diese Weise auch das Eigentum an den zum Zwecke der Vermehrung des empfangenen Inventars angeschafften Stücken.

5. Der Pächter hat das bei der Beendigung der Pacht vorhandene Inventar dem Verpächter zurückzugewähren. Die nach den Regeln einer ordnungsmäßigen Wirtschaft für das Grundstück überflüssigen oder zu wertvollen Stücke kann der Verpächter ablehnen (er hat den Beweis), er kann sie also auch nach seiner Wahl zum Taxwert behalten. Mit der gerechtfertigten Ablehnung schon geht das Eigentum auf den Pächter über.

6. Stellt sich eine Differenz zwischen dem Gesamtschätzungswerte der vom Pächter übernommenen und dem Werte der von ihm zurückgegebenen Stücke heraus, so haben die Parteien diese einander zu ersetzen. Daraus folgt, daß der Pächter eventuell ein Sinken der Preise zu tragen hat wie der Verpächter ein Steigen derselben.

C. Nach allgemeinen Grundsätzen regeln sich die Folgen der Übereinkunft, daß das mit dem Grundstücke verpachtete Inventar um die Schätzungssumme dem Pächter verkauft sein und an den Verpächter um die Schätzungssumme zurückzuverkaufen sein solle.

D. Ist die Übernahme eines Landgutes durch den Pächter auf Grund einer Schätzung des wirtschaftlichen Zustandes vereinbart mit der Verpflichtung, die Rückgewähr gleichfalls auf Grund einer Schätzung zu bewirken (**594**, Abs. 1), oder ist die Übernahme von Vorräten mit Schätzung unter derselben Bestimmung vereinbart (**594**, Abs. 2), so finden auf

---

[1]) Planck zu **588**; nach Ablauf der Pachtzeit entscheiden die allgem. Grundsätze.

[2]) Vgl. **1048**, Abs. 2 und **2111**. Sprenger, Der Eigentumserwerb durch Einverleibung in ein Inventar (1904).

die Rückgewähr des Gutes und der Vorräte, die der Pächter zurückzulassen verpflichtet ist, die Vorschriften unter B. Z. 5 und 6 (**589**, Abs. 2. 3) Anwendung.

E. **Gesetzliches Pfandrecht des Pächters.** Nach A. bis D. können sich Forderungen ergeben für den Pächter gegen den Verpächter, die sich auf das mit verpachtete Inventar beziehen. Diese sind, abgesehen vom Zurückbehaltungsrecht (**273**), gesichert durch ein gesetzliches Pfandrecht an den im Besitze des Pächters befindlichen Inventarstücken. Auf dieses Pfandrecht findet **562** Anwendung.

VI. **Die Endigung der Pacht**[1]).

Es gelten die Grundsätze für die Miete.

A. **Ablauf der Pachtzeit, Kündigung.** Ist bei der Pacht eines Grundstückes oder eines Rechtes die Pachtzeit nicht bestimmt, so steht jedem Teile die Kündigung zu. Diese ist aber nur auf den Schluß eines Pachtjahres zulässig und muß spätestens am ersten Werktage des halben Jahres erfolgen, mit dessen Ablauf die Pacht endigen soll. Das gilt auch für die Fälle, in denen unter Einhaltung der gesetzlichen Frist vorzeitig gekündigt werden kann (**595**). Das Pachtjahr ist das mit dem Beginne der Pacht laufende bewegliche Jahr, das zwar bei der Grundstückspacht gewöhnlich mit dem Wirtschaftsjahr zusammenfallen wird.

B. Bei **Tod des Pächters** haben die Erben des Pächters, nicht aber der Verpächter, ein Kündigungsrecht wie in dem entsprechenden Falle bei der Miete (**569**. **596**, Abs. 2).

C. Das Kündigungsrecht im Falle der **Versetzung** der Beamten, Militärpersonen, Geistlichen, Lehrer fällt bei der Pacht fort (**570**. **596**, Abs. 3).

D. In der Fortsetzung des Gebrauches und der Fruchtziehung durch den Pächter liegt unter den gleichen Voraussetzungen wie bei der Miete eine Verlängerung der Pacht auf unbestimmte Zeit.

VII. Die **Veräußerung und Belastung des Pachtgegenstandes** hat die gleiche rechtliche Bedeutung wie die der Mietssache.

VIII. Über das Pachtverhältnis in der **Zwangsvollstreckung** und im **Konkurse** vgl. **L.** § 118.

§ 120.

Die Leihe.[2])

Im römischen Recht war die Leihe (commodatum) Realkontrakt, forderte daher außer dem Konsens den realen Akt der Übergabe der Sache. So auch die herrschende Auffassung des gemeinen Rechtes.

Das BGB. faßt den Leihvertrag als Realkontrakt auf[3]).

I. Dem Leihvertrage können **Vorverträge** (pacta de commodando) vorhergehen. Eine Verpflichtung zur Annahme würde sich ergeben, soweit die Leihe auch im Interesse des Verleihers geschlossen werden soll.

II. **Begriff und Abschluß der Leihe.**

A. Die Leihe besteht in der unentgeltlichen Überlassung von Sachen zum Gebrauche unter Verpflichtung des Empfängers zur Rückgabe nach beendigtem Gebrauche (**598**).

1. **Gegenstand** der Leihe sind nur körperliche Sachen, bewegliche und unbewegliche (commodatum loci), verbrauchbare aber nur, soweit nicht ihr bestimmungsgemäßer Gebrauch in Frage kommt. Die leihweise Überlassung der Ausübung eines Rechtes kann auf eine Leihe von Sachen hinauslaufen, oder sie enthält eine Veräußerung, Schenkung; möglich ist auch die analoge Anwendung der Bestimmungen für die Leihe auf solche Verträge.

---

[1]) Bez. der Kündigung vgl. Immerwahr, Die Kündigung (1898), S. 132 ff.

[2]) Kohler, Arch. f. bürg. Recht, Bd. 2, S. 239. Klein, Die Rechtsformen der Gebrauchsleihe (1902). Enneccerus I, 2. §§ 360—361.

[3]) Das ist die überwiegende Auffassung. A. M. z. B. Schloßmann, Jahrb. f. Dogmat., Bd. 45, S. 1 ff. 76. 91. Die Streitfrage besteht ebenso für Darlehn und Verwahrungsvertrag. **L.** §§ 121. 126.

Auch Fungibilien (z. B. Inhaberpapiere zum Zwecke der Verpfändung), ferner eigene Sachen des Verleihers wie fremde können verliehen werden, eigene des Entleihers aber nur, wenn dem Entleiher der Gebrauch der Sache nicht zusteht.

2. Die **Unentgeltlichkeit** ist der Leihe wesentlich. Bei Entgelt ist der Vertrag Miets- oder Verwahrungsvertrag usw.

3. Welcher Art der gestattete **Gebrauch** ist, besagt der Vertrag. Es kann eine Gebrauchszeit bestimmt sein oder nicht. Im letzteren Falle ergibt sich die Zeit der Leihe aus dem Zwecke derselben (**604**).

4. Der Entleiher erhält den **Besitz** der Sache.

B. **Die Verpflichtungen des Entleihers.**

1. Der Entleiher darf nur den vertragsmäßigen Gebrauch machen und darf den Gebrauch nicht einem anderen überlassen, wenn ihm das nicht gestattet ist (**603**). Der Entleiher haftet für den Zufall, der als Folge des vertragswidrigen Verhaltens eintritt (**276**. **278**. **280**). Der Entleiher hat die Sache zu bewahren (Diebstahl, Verschlechterung). Daß der Entleiher bei gemeinsamer Gefährdung der entliehenen und der eigenen Sachen schlechthin die ersteren mit Vernachlässigung der eigenen Sachen zu retten habe, ist nicht ausgesprochen. Es kommt vielmehr nur auf pflichtgemäßes Handeln an (**603**).

2. Nach beendigtem Gebrauche hat er die Sache zurückzugeben (**604**). Die Rückgabe muß in unverändertem Zustande erfolgen. Der Entleiher haftet für Fahrlässigkeit, nicht für Zufall, wenn er nicht diese Haftung übernommen hat. Die Auslagen, die der Gebrauch verursacht, und die gewöhnlichen Kosten der Erhaltung der Sache hat der Entleiher zu tragen, insbesondere die Fütterungskosten bei Leihe von Tieren (**601**). Für Veränderungen und Verschlechterungen, die sich aus vertragsmäßigem Gebrauche ergeben, steht der Entleiher nicht ein (**602**). Mit der Sache sind Zubehörungen, soweit nicht das Recht der Wegnahme in Frage kommt (**601**, Abs. 2), nicht in den Gebrauch fallende natürliche Früchte und sonstiger Gewinn zurückzugeben.

Wird der Entleiher auf Schadensersatz belangt, so greift **255** ein.

Bei gemeinschaftlicher Leihe an mehrere liegt Verpflichtung zu unteilbarer Leistung vor (**431**).

3. Die Zeit der Rückgabe. Die Rückgabepflicht ist fällig, wenn eine Zeit für den Gebrauch bestimmt ist, mit Ablauf der Frist, Eintritt des Termins. Ist zu einem bestimmten Zwecke geliehen, so ist zurückzugeben, sobald der Gebrauch gemacht ist, oder wenn soviel Zeit verstrichen ist daß der Gebrauch hätte gemacht sein können. Ist eine Zeit nicht ersichtlich, so muß sofort zurückgegeben werden. Kündigung ist in keinem Falle erforderlich (**604**). Der Entleiher kann aber durch Kündigung in gewissen Fällen die Fälligkeit vor Ablauf der Leihzeit herbeiführen (**605**, vgl. **553**):

α) wenn der Verleiher infolge eines nicht vorhergesehenen Umstandes der Sache bedarf. Daher steht ihm die Kündigung auch zu, wenn er den Umstand hätte übersehen können und nicht vorhersah. Auch vom Leihvertrage kann der Verpflichtete aus diesem Grunde zurücktreten;

β) wenn der Entleiher einen vertragswidrigen Gebrauch von der Sache macht, insbesondere den Gebrauch unbefugt einem Dritten überläßt (**604**, Abs. 4.) oder durch Vernachlässigung der ihm obliegenden Sorgfalt die Sache gefährdet;

γ) wenn der Entleiher stirbt. An sich besteht das Leiheverhältnis fort. Ob auch die Erben den Gebrauch machen können, bestimmt sich nach dem Inhalte des Vertrages. Sie können es nicht, wenn der Gebrauch höchstpersönlich bestimmt war.

Der Entleiher kann vor Ablauf der Leihzeit zurücktreten, wenn die Leihe nicht zugleich im Interesse des Verleihers geschlossen ist.

Der Entleiher kann die Rückgabe verweigern unter Berufung darauf, daß er (der Entleiher) Eigentümer sei, sei es, daß er vom Verleiher oder vom Dritten vor oder nach Abschluß des Leihvertrages Eigentum erworben hat; vgl. aber A. Z. 1.

4. Der Ort der Rückgabe steht unter den allgemeinen Grundsätzen.

C. **Die Verpflichtung des Dritten**, dem der Entleiher befugt oder unbefugt die Sache zum Gebrauche überlassen hat, zur Rückgabe an den Verleiher nach Beendigung der Leihe (**604**, Abs. 4)[1].

Der Verleiher, der Eigentümer der geliehenen Sache ist, kann gegen den Dritten seinen Eigentumsanspruch geltendmachen. Hat der Verleiher nach Beendigung der Leihe gegen den Entleiher auf Grund seines Eigentumsrechtes ein verurteilendes Erkenntnis erstritten, und ist der Dritte erst während der Rechtshängigkeit in den Gebrauch gekommen, so ist das Urteil auch gegen den Dritten vollstreckbar. Aus dem Leihverhältnis könnte der Verleiher nur gegen den Entleiher klagen. Hat er gegen diesen ein verurteilendes, rechtskräftiges Erkenntnis erstritten, so ist dieses Urteil vollstreckbar gegen den Dritten, der während der Rechtshängigkeit den Besitz erhalten hat, nicht aber gegen den Dritten, der schon vor der Rechtshängigkeit in den Gebrauch gelangte. Deshalb hat nun das Gesetz eine Rückgabepflicht des Dritten gegenüber dem Verleiher festgestellt.

D. **Die Verpflichtungen des Verleihers.**

1. Der Verleiher ist aus dem Leihvertrage verpflichtet, den Entleiher in dem vertragsmäßigen Gebrauche weder tatsächlich noch durch rechtliche Verfügung zugunsten Dritter zu hindern (**598**)[2].

2. Der Verleiher ist dem Entleiher zum Ersatze des Schadens verpflichtet, der sich auf schuldhafte Nichterfüllung seiner Verpflichtungen zurückführt. Der Verleiher haftet nur für Vorsatz und grobe Fahrlässigkeit (**599**). Für Mängel steht er an sich nicht ein. Führt sich aber der Schaden auf einen Mangel im Rechte des Verleihers oder auf einen Fehler der Sache zurück, so haftet der Verleiher nur bei arglistigem Verschweigen dieser Umstände (**600**).

3. Der Verleiher hat diejenigen Verwendungen des Entleihers auf die Sache, die dieser nicht selbst zu tragen hat, zu ersetzen, soweit er sie einem unbeauftragten Geschäftsführer ersetzen müßte (**601**, Abs. 2, Satz 1). Eine Einrichtung, die der Entleiher mit der Sache verbunden hat, darf dieser wegnehmen (**601**, Abs. 2, Satz 2, vgl. **547**).

4. Die Verpflichtungen des Verleihers werden vom Entleiher geltendgemacht entweder im Wege der Zurückbehaltung (**273**. **274**) oder im Wege der Klage.

E. **Verjährung.** Die Ersatzansprüche des Verleihers wegen Veränderungen und Verschlechterungen und die des Entleihers wegen der Verwendungen und der Anspruch auf Gestattung der Wegnahme verjähren in sechs Monaten. Die Verjährung beginnt bei den Ansprüchen des Verleihers mit der Zeit, zu welcher er die Sache zurückerhält. Ist der Anspruch auf Rückgabe verjährt, so sind wie bei der Miete auch die Ersatzansprüche verjährt. Die Verjährung der Ansprüche des Entleihers beginnt mit der Beendigung des Leihverhältnisses (**606**, vgl. **558**).

III. **Die widerrufliche Leihe** (precarium) unterscheidet sich von der gewöhnlichen Leihe dadurch, daß der Verleiher nur bis zum Widerrufe zur unentgeltlichen Überlassung des Gebrauches an den Entleiher verpflichtet ist.

§ 121.

Das Darlehen.[3])

Im römischen Recht ist das Darlehen (mutuum) ein Realkontrakt und erzeugt eine obligatio stricti juris; einer Sonderbestimmung unterstand das Darlehen an Hauskinder (Sctm. Macedonianum) und

---

[1]) Vgl. **556**, Abs. 3. **L.** § 115, I. F.

[2]) Aus dieser Vorschrift folgert Hellmann, Krit. VJSchr., Bd. 41 (1899), S. 222, daß die Leihe kein Realvertrag sei. Dagegen wohl mit Recht Danz, Jahrb. f. Dogm., Bd. 38 (1898), S. 479. Planck, S. 535 f.

[3]) Rießer, Zeitschrift f. d. ges. Handelsrecht, Bd. 35 (Beil.-H.), S. 364 ff. Kohler, Arch. f. bürg. Recht, Bd. 2, S. 211 ff. 239. Affolter, Arch. f. bürg. Recht, Bd. 8, S. 1 ff. Kohler, ebenda, S. 49 ff. Stammler, Das Recht der Schuldverhältnisse, S. 94. Lammfromm, Teilung, Darlehen, Auflage usw., S. 66 ff. 173 ff. Crome, Die partiarischen Rechtsgeschäfte, S. 365 ff.

das Seedarlehen (foenus nauticum). Das zinsbare Darlehen befreite sich in Deutschland allmählich von dem kanonischen Zinsverbot. Im gemeinen Recht war das Darlehen nach herrschender Auffassung ein Realkontrakt.

Das BGB. hält an der Natur des Darlehens als Realkontrakt[1]) fest. Daher sind Darlehen und Darlehensvorvertrag zu trennen.

I. **Der Darlehensvorvertrag.**

Dem Darlehensvertrage können Vorverträge auf Geben oder auf Nehmen des Darlehens oder auf Geben und Nehmen des Darlehens voraufgehen (**610**).

A. Der Vertrag, durch den sich jemand zum Geben eines Darlehens verpflichtet, erzeugt die Verpflichtung auf Hingabe der Valuta. Das BGB. stellt hier und nicht nur für diesen Vertrag (vgl. **321**) eine Auslegungsregel auf. Der Versprechende kann widerrufen, wenn in den Vermögensverhältnissen des anderen Teiles eine wesentliche Verschlechterung eintritt, durch die der Rückerstattungsanspruch gefährdet wird (clausula rebus sic stantibus)[2]). Die Gefährdung durch wesentliche Verschlechterung muß eingetreten sein nach Abgabe und vor Erfüllung des Versprechens. Bestand die Gefährdung schon bei Abgabe des Versprechens, und befand sich der Versprechende im Irrtum, so kann ihm aus **119** die Anfechtung zustehen wie auch im Falle des Betruges. Der Widerruf ist dann ausgeschlossen, wenn der andere Teil genügende Sicherheit anbietet (vgl. **321**). Den Beweis der Gefährdung hat der Versprechende zu führen (Zahlungsunfähigkeit, Einstellung der Zahlungen, vergebliche Pfändung, Leistung des Offenbarungseides).

B. Der Vertrag, durch den sich jemand zum Nehmen eines Darlehens verpflichtet, ist nicht besonders geregelt. Es unterscheiden die allgemeinen Grundsätze. Die Klage auf Abnahme des Darlehens ist daher nicht ausgeschlossen.

Ob eine Verpflichtung zur Annahme und nicht nur eine solche zur Hingabe begründet ist, ist durch Auslegung festzustellen.

II. **Begriff und Begründung des Darlehens**[4]). Das Darlehen besteht in der Überlassung von Geld oder anderen vertretbaren Sachen (Saatkorn, Bier) zum Verbrauche[5]), unter der Verpflichtung des Empfängers zur Zurückgabe gleicher Art, Güte und Menge. — Aus dem wesentlichen Verbrauchszwecke folgt die Bestimmung über die Kündigung (**609**).

A. Der Darlehensvertrag muß den Erfordernissen der Verträge entsprechen. Der Vertragsschluß liegt im Geben und Nehmen der Valuta unter den dem Darlehen entsprechenden Absichten. Insbesondere ist erforderlich, da eine Restitutionspflicht des Empfängers begründet wird, Verpflichtungsfähigkeit des Empfängers. Sie ist für das Darlehensgeschäft keine besondere. Notwendig ist die Übereignung der Valuta. Diese kann in sehr verschiedener Weise erfolgen.

1. Der Grundfall des Darlehens: der Darleiher übergibt ihm gehörige oder fremde Fungibilien an den Empfänger zu Eigentum. Ob Eigentum an den Empfänger übergegangen ist, bestimmt sich nach den Grundsätzen über den Eigentumserwerb. Ist der Empfänger nach diesen Grundsätzen nicht Eigentümer geworden, so entsteht ein Darlehensvertrag nicht.

B übergibt X dem C gehöriges Geld ohne dessen Zustimmung im eigenen Namen als Darlehen. War X bösgläubig, so hat C gegen X den Anspruch auf Herausgabe (**985**); falls das Geld mit dem des X vermischt war, ist **947**. **951** anzuwenden. War X gutgläubig, so würde er Eigentümer des Geldes

---

1) Vgl. **L** § 120, II, D, Note 2. Enneccerus I, 2. §§ 362—364.

2) Vgl. Regelsberger, Jahrb. f. Dogm., Bd. 40 (1899), S. 451 ff., bes. 482. Fritze, Arch. f. bürg. Recht, Bd. 17 (1899), S. 47 f. und S. 47, Note 2. Planck zu **610**, Z. 1 gegen Stammler, a. a. O., S. 94.

3) Vgl. Fritze, a. a. O. (vgl. Note 2). Planck zu **610**, Z. 1, gegen Stammler, a. a. O., S. 94.

4) Auch landesrechtliche Vorschriften können eingreifen nach EG. Art. 57.

5) Dadurch unterscheidet sich das Darlehen vom unregelmäßigen Hinterlegungs-Vertrage (**700**, **L**. § 126, III.), von einer Barkaution und auch von dem unregelmäßigen Nießbrauch (**1067**, **L**. § 189, II).

geworden sein, C kann gegen B auf Schadensersatz aus **823**, Abs. 1 oder auf Abtretung der Ansprüche des B gegen X aus **687** und **812** klagen. Wäre X Zahler (RStrGB. § 259), so haftet er C nach **823**, Abs. 2.

Der Darleiher muß veräußerungsfähig sein. Bei Personen, die in der Geschäftsfähigkeit beschränkt sind, muß demnach Genehmigung des gesetzlichen Vertreters hinzutreten.

Gleichgültig ist, ob durch den Darleiher selbst die Übergabe zu Eigentum bewirkt wird, oder ob ein Dritter auf Anweisung und im Namen des Darleihers ihm gehöriges Geld übergibt. Ebenso, wenn dem Schuldner indirekt dadurch die Valuta verschafft wird, daß sie auf seine Anweisung vom Darleiher an einen Dritten gezahlt wird.

2. Übergabe von Waren zum Zwecke des Verkaufes mit der Bestimmung, daß der Erlös vom Empfänger als Darlehen behalten werde (contractus mohatrae), oder Überweisung von Wechsel- und anderen Forderungen zur Einkassierung mit der Bestimmung, daß das Gezahlte Darlehen sein solle. Das Darlehen wird erst perfekt mit dem Erzielen des Kaufpreises oder mit der Einziehung[1]). Wer trägt bis dahin die Gefahr? Findet Übergabe der Waren zu Eigentum an den Empfänger statt, so trägt der Empfänger die Gefahr mit der Übergabe. Ist Übergabe zu Eigentum nicht gewollt, so kommt es darauf an, in wessen Interesse die Übergabe erfolgte; wird die Übergabe auch im Interesse des Übergebenden vollzogen, so trägt dieser die Gefahr[2]).

3. Übergabe von Waren unter einer Schätzung mit der Bestimmung, daß der geschätzte Wert die Darlehensvaluta ausmachen solle. Der nähere Sinn dieser Abmachung kann sein, daß die Ware zum Schätzungswert an den Empfänger verkauft sein und er den so festgestellten Erlös als Darlehen behalten soll[3]), oder daß der Darleiher sich durch Hingabe an Zahlungs Statt von seiner Verpflichtung, die Geldsumme zu zahlen, befreit. Welcher Wert hier zugrunde gelegt ist (Kurswert, Marktwert usw.), ist Auslegungsfrage.

4. Das Darlehen an Inhaberpapieren kann Gelddarlehen sein sollen, entweder mit der Struktur zu 2. oder 3., oder es soll, wenn jede weitere Verabredung fehlt, normales Darlehen sein, d. h. es muß in Inhaberpapieren gleicher Art, Güte und Menge restituiert werden. Wenn in diesem letzten Falle die Inhaberpapiere zur Zeit der Fälligkeit nicht mehr vorhanden sind, so tritt Geldleistung an die Stelle, und im Zweifel entscheidet der Kurswert zur Zeit des Kontraktschlusses, nicht der Nennwert oder der Betrag, um den sie eingelöst sind[4]).

5. Der Darleiher gibt Anweisung, daß der Darlehensbetrag auf den Banknoten des Darleihers und Empfängers umgeschrieben werde.

6. Es wird vereinbart, daß der Schuldner, der Geld oder andere Fungibilien aus einem anderen Grunde schuldet (Verwahrungsvertrag, Auftrag, Kauf usw.), das Geschuldete als Darlehen behalten solle. Gleichgültig ist, ob der Schuldner diese Gelder oder Fungibilien zur Zahlung bereit hatte. Eine solche Vereinbarung ist gültig (**607**, Abs. 2). Ob ein solcher Vertrag ein Darlehen ist oder nicht, ist durch Auslegung festzustellen. Diese kann ergeben, daß es bei der alten Schuld bleiben sollte, die nur in Nebenpunkten modifiziert wird, oder daß durch abstraktes Versprechen eine selbständige akzessorische oder novatorische Schuldverbindlichkeit (**780** ff.) oder endlich, daß ein materielles Darlehen durch fiktive Hin- und Herzahlung und Aufrechnung begründet sein sollte. Dieser Auslegung entsprechend löst sich die Frage, ob der Schuldner Einwendungen aus den zugrunde liegenden Schuldverhältnissen erheben kann[5]).

---

[1]) A. M. Planck zu **607**, Z. 5.

[2]) A. M. Planck zu **607**, Z. 5.

[3]) Hiermit verbindet sich das gleichfalls contractus mohatrae genannte Geschäft: Verkauf einer Ware an den Darlehenssucher um hohen Preis auf Kredit und sofortiger Rückkauf zu geringem, bar bezahltem Preise.

[4]) Vgl. Koch, Beitr., H. 4, S. 29 f.

[5]) Vgl. Klemperer, Gruch. Beitr., Bd. 43 (1899), S. 657 ff. Martin, Verwandelung bestehender Schulden (1903).

B. **Die Verpflichtungen des Darlehensschuldners.**

a) Verpflichtung zur Zurückgabe. Gegenstand der Rückgabepflicht ist das Empfangene in gleicher Art, Güte und Menge. Gültig ist die Vereinbarung, daß weniger, auch daß mehr zurückgegeben werde, als hingegeben ist. In dem Mehr steckt der Zins oder eine Vergütung für die Verschaffung des Darlehens (Agio, Provision). Eine Anwendung hiervon sind die sog. Amortisations- oder Annuitätendarlehen, d. h., es wird Rückzahlung in bestimmten Jahresraten, die den Zins übersteigen, verabredet. Eine Vereinbarung, nach der auch anderes, als empfangen ist, zurückgegeben werden könne, fiele aus dem Rahmen des Darlehens heraus (Tausch, Kauf), wenn nicht Hingabe an Zahlungs Statt vertragsmäßig gestattet ist (facultas alternativa).

Hinsichtlich der Zeit der Rückgabe entscheiden die allgemeinen Grundsätze (vgl. L. § 79, IV, B. § 80). Natürlich entscheidet auch hier in erster Linie der Vertrag. In einem Punkte gilt aber besonderes. Ist eine Bestimmung nicht getroffen, so muß die Fälligkeit durch Kündigung seitens des Gläubigers oder Schuldners bestimmt werden. Darlehen von mehr als 300 Mark sind drei Monate, Darlehen von geringerem Betrage einen Monat nach Kündigung fällig. Bei unverzinslichen Darlehen hat der Gläubiger kein Interesse an der Einhaltung einer Kündigungsfrist, daher kann hier der Schuldner zurückgeben ohne zu kündigen. Gläubiger wie Schuldner können das ihnen gewährte Kündigungsrecht vertraglich ausschließen (**609**)[1].

Vom Momente des Empfanges der Valuta, nicht schon von dem der Absendung an, trägt der Empfänger die Gefahr, wenn nicht der Gläubiger sie übernommen hat. — Den Beweis der Hingabe der Valuta hat der Gläubiger zu führen, den Beweis, daß die Hingabe Eigentum nicht bewirkt hat, der Empfänger.

b) Die Verpflichtung zur Zinszahlung (**608**).

Diese kann ausdrücklich oder stillschweigend begründet sein. Die allgemeinen Grundsätze über vertragsmäßige und gesetzliche Zinsen finden Anwendung[2]). Dispositive Vorschriften stellt das BGB. bez. der Zahlungszeit fest: die Zinsperiode beträgt ein Jahr; die Zinsen sollen nach Ablauf je eines Jahres gezahlt werden. Ist die Rückerstattungsfrist für das Kapital kürzer als ein Jahr, so werden die Zinsen mit dem Kapital fällig.

c) Die Verpflichtung des Schuldners kann durch Verpfändung sichergestellt sein. Dabei haben sich besondere Darlehensgeschäfte entwickelt: das Lombardgeschäft (Darlehen gegen Verpfändung von Waren und Wertpapieren); die Bodmerei (Darlehen gegen Verpfändung von Schiff, Fracht und Ladung nach HGB. §§ 679 ff.).

2. **Die Verpflichtungen des Darleihers.**

Das Darlehen ist einseitig verpflichtender Vertrag[3]). Hingabe von gefälschtem Gelde, durch dessen Gebrauch der Empfänger in Schaden gerät, Hingabe von verdorbenen Sachen, die beim Empfänger weiteren Schaden stiften, macht haftbar aus einem Darlehensvorvertrage oder aus unerlaubter Handlung.

§ 122.

Der Dienstvertrag.[4])

Im römischen Recht war die locatio conductio operarum (Dienstmiete) grundsätzlich auf niedere Dienste (operae illiberales) beschränkt. Das ist auf Grund der veränderten sozialen Verhältnisse im gemeinen Recht schon gefallen. In Deutschland erscheint der Vertrag als selbständiger Vertrag, der in der

---

[1]) Vgl. Immerwahr, Die Kündigung (1898), S. 86 ff. Thiele, Arch. f. d. ziv. Pr., Bd. 89 (1899), S. 85 ff.

[2]) Die Verzinsung versteht sich von selbst bei Darlehen, die von Kaufleuten in ihrem Handelsgewerbe gegeben werden, HGB. §§ 353. 354.

[3]) A. M. Kohler, a. a. O., S. 220.

[4]) Bernhöft, Beitr., H. 12, S. 60. 62. 64. 67. Löwenfeld, AG., S. 858 ff. (1890). Kohler, Arch. f. d. bürg. R., Bd. 5., S. 254 f. Kohler, Arch. f. d. ziv. Pr., Bd. 84, S. 1 ff. Lotmar, Archiv für soziale Gesetzgebung und Statistik, Bd. 8, S. 1 ff. Opet, Arch. f. d. ziv. Pr., Bd. 86 ff., S. 155 ff. Enneccerus I, 2. §§ 365—369. Crome, Die partiarischen Rechtsgeschäfte (1897),

Gesindemiete und auch in dem gewerblichen Dienstvertrag mit Vorschriften familienrechtlichen Charakters durchsetzt wird.

Das BGB. folgt der deutschrechtlichen Entwicklung.

Durch seine Vorschriften werden (EG. Art. 32) nicht berührt die reichsgesetzlichen Vorschriften über besondere Dienstverträge, nämlich: die Verträge des Handels- und Gewerberechtes mit den Gehilfen und Lehrlingen, mit dem amtlich bestellten Handelsmäkler, dem Handlungsagenten, mit dem Schiffer, der Vertrag auf Bergung und Hilfeleistung in Seenot, die Verträge mit den gewerblichen Arbeitern und mit der Schiffsmannschaft, mit Kommissionären und Spediteuren, mit Ärzten, Notaren und Rechtsanwälten. Auf die durch Reichsgesetze geregelten Dienstverträge findet aber das BGB. ergänzende Anwendung. Zu den Dienstverträgen gehören an sich auch die von den Beamten mit dem Staate geschlossenen. Für die Reichsbeamten gelten die Bestimmungen des Reichsbeamtenrechtes, für die Landesbeamten bleibt das Landesrecht gemäß dem Vorbehalt des EG. Art. 80 und 81 maßgebend. Unberührt bleiben ferner die landesgesetzlichen Vorschriften über den Dienstvertrag mit den Bergarbeitern (EG. Art. 67), über das Gesinderecht. Nach den Vorschriften des EG. Art. 95 sind aber die folgenden Bestimmungen des BGB. auf den Gesindevertrag ausschließlich anwendbar:

über die Geschäftsfähigkeit (**104—115**), über die Wirkung empfangsbedürftiger Willenserklärungen gegenüber geschäftsunfähigen und in der Geschäftsfähigkeit beschränkten Personen (**131**), über die Haftung für die Gehilfen (**278**), über die persönliche Fürsorgepflicht des Dienstberechtigten (**617—619**), im Erkrankungsfalle (**617**) des Gesindes aber nur, wenn das Partikularrecht dem Gesinde nicht weitergehende Ansprüche gewährt, über die Dienstverträge, die auf Lebenszeit oder auf längere Zeit als 5 Jahre geschlossen sind (**624**), über die Haftung für fremde widerrechtliche Handlung (**831. 840,** Abs. 2), über die Verpflichtungen zu Dienstleistungen, welche die Ehefrau übernimmt (**1358**).

Das in den Landesgesetzen dem Dienstherrn etwa zustehende Züchtigungsrecht ist beseitigt. Die Übertragung des elterlichen Züchtigungsrechtes ist dadurch nicht ausgeschlossen (**1631**, Abs. 2). Den Landesgesetzen untersteht besonders: die Form des Gesindevertrages, die Schadensersatzpflicht desjenigen, der Gesinde zum widerrechtlichen Verlassen des Dienstes verleitet oder es in Kenntnis des Bestehens eines Gesindeverhältnisses in Dienst nimmt oder ein unrichtiges Dienstzeugnis ausstellt[1]).

I. Das Wesen des Dienstvertrages.

Der Dienstvertrag ist der gegenseitige Vertrag, durch den der eine Teil (der Dienstverpflichtete) zur Leistung der vereinbarten Dienste, der andere Teil (der Dienstberechtigte) zur Leistung der vereinbarten Vergütung verpflichtet wird.

Der Dienstvertrag unterscheidet sich vom Werkvertrage dadurch, daß bei ersterem die Arbeitsleistungen oder die Arbeit als solche, bei letzterem ein Resultat der Arbeit, ihr Erfolg, ins Auge gefaßt ist (**611**, Abs. 1).

II. **Der Abschluß** des Dienstvertrages erfolgt durch Einigung der Parteien über die zu leistenden Dienste und die Vergütung. Der Abschluß von Dienstverträgen ist Sache freier Willkür. Eine Erklärungspflicht auf Anträge zu Dienstverträgen besteht nicht; anders beim Auftrag und bei einem auf Geschäftsbesorgung gehenden Dienstvertrag (**L.** § 125)[2]). Eine Form ist nicht erforderlich.

S. 141 ff. 156 ff. Licht, Der gewerbliche Arbeitsvertrag i. d. Rechtsdurchsetzung (1898). Hachenburg, Dienst- und Werkvertrag (1899). Lotmar, Der Arbeitsvertrag I. II. (1902). Rümelin, Dienstvertrag und Werkvertrag (1905).

[1]) Vgl. Preuß. AG. zum BGB., Art. 14. Mecklenb.-Schwerin. AV. z. BGB., § 41. Mecklenb.-Strel. AV. z. BGB., § 40. Vgl. Kähler, Gesindewesen und Gesinderecht in Deutschland (1896). Immerwahr, D. Jur.-Ztg., Jahrg. 3 (1898), S. 345. Jacobi, ebenda, Jahrg. 4 (1899), S. 59. Neubecker, ebenda, S. 60. Brettner, ebenda, S. 292 ff. Nußbaum, ebenda, S. 358. Fuld, Arch. f. öffentl. Recht, Bd. 14 (1899), S. 93 ff.

[2]) Bestehen bleibt aber die Bestimmung der Rechtsanwaltsordnung § 30.

A. Die **Dienste** (**611**, Abs. 2).

Welcher Art die Dienste sind, ist gleichgültig. Ein Unterschied zwischen niederer und höherer Arbeit (opera illiberales und liberales) wie im römischen Recht wird nicht gemacht. Auch die höhere geistige Berufsarbeit (Rechtsanwalt, Arzt, Lehrer usw.) fällt unter den Dienstvertrag. Die Art der Dienste bringt es hier mit sich, daß der Dienstverpflichtete nicht schlechthin an die Weisungen des Dienstberechtigten gebunden ist, sondern daß er selbständig sein Wissen und Können seiner Individualität entsprechend betätigt, allerdings nach pflichtgemäßem Ermessen.

Der Kapellmeister W hat sich bei seiner Anstellung an der Kgl. Oper in Berlin unter einer Vertragsstrafe von 30000 M. verpflichtet, nach seinem Ausscheiden aus der Oper 10 Jahre lang kein Symphoniekonzert in Berlin zu dirigieren. W hat 4 Jahre nach seinem Ausscheiden ein solches Konzert dirigiert. Der Vertrag ist wohl nicht nach **138** nichtig (vgl. HGB. §§ 74. 75; GewO. § 133 f.), daher kann die Intendantur auf Unterlassung klagen und die Vertragsstrafe einfordern.

Auch eine Geschäftsbesorgung kann Gegenstand des Dienstvertrages sein, der dann aber in wesentlichen Punkten nach den Grundsätzen über den Auftrag zu beurteilen ist (**675**, vgl. L. § 125, VI.).

B. **Die Vergütung.**

Die Vergütung ist für den Dienstvertrag wesentlich (**611**). Unentgeltliche Dienstleistung kann Schenkung, vertragsmäßige Übernahme unentgeltlicher Dienste kann Schenkung (vgl. **L.** § 112 I. A.) oder Auftrag sein. Aus der Bezeichnung der Vergütung als Lohn, Gehalt, Gage, Honorar, Provision ist ein Anhaltspunkt für die Auslegung nicht zu entnehmen. Ist eine Vergütung nicht ausdrücklich vereinbart, so gilt sie doch als stillschweigend vereinbart, wenn die Dienstleistung nach den Umständen nur gegen eine Vergütung zu erwarten ist (**612**, Abs. 1).

Die Vergütung kann in Geld und auch in anderen Leistungen (Naturalien, Wohnung, Gewinnbeteiligung) bestehen[1]).

Die Vergütung kann im ganzen oder nach Stücken oder nach dem Maße desjenigen, was Gegenstand des Dienstes ist, oder nach Zeitabschnitten bemessen sein. Besondere Bedeutung hat die Vergütung in festen Bezügen.

Ist die Höhe der Vergütung nicht bestimmt, so ist, wenn eine Taxe besteht (RGewO. §§ 76—80), die taxmäßige Vergütung, wenn keine Taxe besteht, die übliche Vergütung als vereinbart anzusehen. Läßt sich auch die Höhe nach der Üblichkeit nicht feststellen, so hat nach **316** der Dienstverpflichtete die Höhe zu bestimmen (**612**).

III. **Die Verpflichtungen des Dienstverpflichteten**[2]).

A. Der Dienstverpflichtete hat die vereinbarten **Dienste** zu leisten (**611**, Abs. 1). Auf Leistung der Dienste kann der Verpflichtete beklagt und auch verurteilt werden. Die Zwangsvollstreckung ist aber nur beschränkt zulässig (ZPO. §§ 888, Abs. 2. 887). Er ist vorleistungspflichtig wie der Vermieter (**614**). Selbstverständlich ist, daß die Dienste in vereinbarter Weise zu leisten sind, bzw. in einer dem Zwecke und dem Gegenstande derselben entsprechenden Weise und nach bester Einsicht; ob auch nach Anweisung des Dienstberechtigten, richtet sich nach der Art der Dienste (II. A.).

Der Verpflichtete hat die Dienste im Zweifel in Person zu leisten und auch nur an die Person des Dienstberechtigten. Die höchstpersönliche Natur der Dienstpflicht ist die Regel (**613**)[3]), vgl. V.

Der Verpflichtete haftet für Fahrlässigkeit. Schon darin kann eine solche liegen, daß der Verpflichtete die Kenntnisse und Fähigkeiten zu den Diensten nicht besitzt, zu denen er sich verpflichtet hat. Der Verpflichtete würde aber, abgesehen von Fahrlässigkeit, schon auf Grund einer Zusicherung der Kenntnisse usw. und der darin liegenden Garantieübernahme haften. Schon in der Übernahme von Diensten, die besondere Sachkenntnis oder Fähigkeit erfordern, kann eine stillschweigende Übernahme der Garantie liegen.

---

[1]) Zugunsten gewerblicher Arbeiter gilt das Verbot des Trucksystems (GewO. §§ 115—118. 146).

[2]) Nach HGB. § 74 besteht ein gesetzliches Konkurrenzverbot.

[3]) Anders Seemannsordnung § 61, Abs. 2. Mecklenb.-Schwer. AV. z. BGB., § 41. Mecklenb.-Strelitz. AV. z. BGB., § 40. Dazu Langfeld, S. 51 ff.

B. Auslegungsfrage ist es auch, wer im konkreten Falle den zur Erbringung der Dienstleistung erforderlichen **Aufwand** zu tragen, z. B. Werkzeuge, Fuhrwerk usw. zu stellen hat. Sind vom Berechtigten dem Verpflichteten solche Werkzeuge übergeben, so haftet er in der Behandlung und Bewahrung dieser ebenfalls für Fahrlässigkeit.

C. Außerdem trifft den Verpflichteten die Schadensersatzpflicht bei unzeitiger Kündigung (**627**), die Erstattungspflicht betr. vorausempfangener Vergütung (**628**) und die Schadensersatzpflicht bei verschuldeter Kündigung (**628**), vgl. VI. B.

Der bei einer bedeutenden Oper als Heldentenor angestellte Opernsänger A hatte in den ersten drei Jahren seines Engagements den Lohengrin und andere großen Rollen gesungen. Im vierten Jahre werden ihm diese Rollen nicht mehr übertragen und er wird nur in unbedeutenden Rollen beschäftigt. Nur wenn es stillschweigend oder ausdrücklich bedungen ist, hat der Dienstverpflichtete auch ein Recht darauf, daß ihm die Leistung bestimmter Dienste auch gestattet wird. Ist das der Fall, so kann A nach **626** kündigen und nach **628**, Abs. 2 Schadensersatz von dem Operndirektor verlangen.

IV. **Die Verpflichtungen des Dienstberechtigten.**

A. Er hat die vereinbarte **Vergütung** nach der Leistung der Dienste zu leisten, und wenn die Vergütung nach Zeitabschnitten bemessen ist, je nach dem Ablaufe der einzelnen Zeitabschnitte (**614**) HGB. §§ 65. 88)[1]).

1. Bei Annahmeverzug des Dienstberechtigten ist dieser für die infolge des Verzuges nicht geleisteten Dienste die Vergütung zu zahlen verpflichtet, ohne berechtigt zu sein, die Nachleistung der Dienste zu fordern. Ein Anspruch auf Annahme der Dienste gegen den Dienstberechtigten besteht nicht (**611**). Der Verpflichtete muß sich auf die zu leistende Vergütung das anrechnen lassen, was er infolge des Unterbleibens der Dienstleistung erspart oder durch anderweite Verwendung seiner Dienste erwirbt oder zu erwerben böswillig unterläßt (**615**, vgl. **324**)[2].

2. Der Berechtigte hat die Vergütung auch dann zu entrichten, wenn der Verpflichtete für eine verhältnismäßig nicht erhebliche Zeit durch einen in seinen Person liegenden Grund (eigene Krankheit und Krankheit naher Angehöriger, z. B. der Ehefrau, Verkehrsstörungen usw.) ohne sein Verschulden an der Dienstleistung verhindert wird. Der Verpflichtete muß sich aber anrechnen lassen, was ihm für die Zeit der Behinderung aus einer auf Grund gesetzlicher Verpflichtung bestehenden Kranken- oder Unfallversicherung zukommt (**616** vgl. **323**)[3]). Vertragsmäßige Versicherung kommt dem Dienstberechtigten nicht zugute. Gleichgültig ist, wie der Lohn bemessen ist (Zeitlohn, Stücklohn). Unter der gesetzlichen Verpflichtung ist auch die gemäß der RVersicherungsgesetzgebung satzungsgemäß begründete Verpflichtung zu verstehen[4]).

3. Über die Verpflichtung zur Zahlung der Vergütung im Falle der Kündigung vgl. V. B.

B. Die **Fürsorgepflicht** für die Person des Verpflichteten[5]).

1. Steht der Verpflichtete in einem dauernden Dienstverhältnisse, das die Erwerbstätigkeit des Verpflichteten vollständig oder hauptsächlich in Anspruch nimmt, und ist der Verpflichtete zugleich in die häusliche Gemeinschaft (d. h. Wohnung, Kost und häusliche Zucht) aufgenommen, so hat der Berechtigte die im Falle der Erkrankung erforderliche Verpflegung und ärztliche Behandlung bis zur Dauer von 6 Wochen, aber nicht über das Ende der Dienstzeit hinaus zu gewähren. Die Pflicht kann auch durch Aufnahme in eine Krankenanstalt erfüllt werden (facultas alternativa). Die Pflicht fällt fort, wenn

[1]) Die Pfändung, Verpfändung und Abtretung des Anspruches auf den Dienstlohn ist beschränkt (RGes. vom 21. Juni 1869. ZPO. § 850. EG. ZPO. Art. III.); gegen Lohnforderungen ist Aufrechnung ausgeschlossen (**394**); die Lohnforderung ist bevorrechtigt im Konkurse nach KO. § 61, oder Masseschuld nach KO. § 59.

[2]) RG. Bd. 58, S. 402.

[3]) RVersichO. (1911), §§ 179 ff. 436. 555 ff. 930 ff. 1065. Vgl. RGewO. (1891), § 133 c. HGB. § 63, Abs. 2.

[4]) Preuß. AG. z. BGB., Art. 14, § 1, Abs. 1.

[5]) Nach EG., Art. 95, haben diese Bestimmungen auch Geltung für zur Zeit des Geltungsbeginnes des Gesetzes bestehende Dienstverhältnisse. Vgl. auch Kohler, Arch. f. d. ziv. Pr., Bd. 84 (1895), S. 22 ff.

der Verpflichtete die Erkrankung vorsätzlich oder durch grobe Fahrlässigkeit herbeigeführt hat. Die Kosten der Verpflegung und Behandlung muß sich der Verpflichtete auf die in die Zeit der Erkrankung fallende Vergütung anrechnen lassen (anders nach Landesrecht bei Dienstboten). Kündigt der Dienstberechtigte nach **626** wegen Erkrankung des Verpflichteten, so endigt zwar das Dienstverhältnis, die Pflicht des Dienstberechtigten besteht aber fort wie bei Bestand des Dienstverhältnisses. Die Pflicht fällt fort, wenn durch eine (wenn auch nur vertragsmäßige) Versicherung oder Einrichtung der öffentlichen Krankenpflege Vorsorge getroffen ist. Ein dauerndes Dienstverhältnis liegt vor, wenn dasselbe normalerweise oder nach der Parteiabsicht nicht als vorübergehendes angesehen wird. Auf diese Parteiabsicht wird man schließen können z. B. wenn das Verhältnis nicht durch tägliche oder wöchentliche oder sonstige kurze Kündigung gelöst werden kann, wenn Aufnahme in die häusliche Gemeinschaft vorliegt, oder auch aus dem Modus der Lohnzahlung. Es wird aber immer der konkrete Fall zu beachten sein (**617**. HGB. § 63).

2. Der Dienstberechtigte hat die Räume, Vorrichtungen und Gerätschaften, die er zur Verrichtung der Dienste zu beschaffen hat, so einzurichten und zu unterhalten und Dienstleistungen, die unter seiner Anordnung oder Leitung vorzunehmen sind, so zu regeln, daß der Verpflichtete gegen Gefahr für Leben und Gesundheit soweit geschützt ist, als die Natur der Dienstleistung es gestattet[1]). Diese Pflicht steigert sich gegenüber den Bediensteten, die in die häusliche Gemeinschaft aufgenommen sind. Der Dienstberechtigte hat die Wohn- und Schlafräume, Verpflegung, Arbeits- und Erholungszeit so einzurichten bzw. zu regeln, wie es mit Rücksicht auf Gesundheit, Sittlichkeit und Religion des Verpflichteten erforderlich ist. Die verschuldete Nichterfüllung dieser Verpflichtungen macht den Dienstberechtigten schadensersatzpflichtig in dem gleichen Umfange wie aus unerlaubten Handlungen (**842** bis **846**)[2]). Ob der Dienstberechtigte befreit wird, soweit der Dienstverpflichtete etwas aus einer auf gesetzlicher Verpflichtung beruhenden Versicherung erhält, bestimmt sich nach den betreffenden Gesetzen (**618**)[3]). Darüber hinausgehende Fürsorgebestimmungen enthalten die Reichsgesetze[4]).

3. Die dem Berechtigten unter Z. 1 und 2 auferlegten Verpflichtungen können nicht im voraus, d. h. vor völligem Ablaufe des Dienstverhältnisses, durch Vertrag aufgehoben oder beschränkt werden (**619**).

C. Die Pflicht zur **Ausstellung eines Zeugnisses** (**630**)[5]). Diese besteht bei Beendigung eines dauernden Dienstverhältnisses. Das Zeugnis kann schriftlich verlangt werden und muß über das Dienstverhältnis und seine Dauer, auf weiteres Verlangen auch über die Leistungen und Führung im Dienste Auskunft geben.

D. Über die Verpflichtung zum Schadensersatz (**628**) und Gewährung einer angemessenen Zeit zum Aufsuchen eines neuen Dienstverhältnisses (**629**) vgl. V. B.

V. **Die Endigung des Dienstverhältnisses** tritt ein:

A. Mit dem **Ablaufe der Zeit**, für welche es eingegangen ist (**620**, Abs. 1), vgl. aber B. Z. 1. b.

B. Durch **Kündigung**[6]).

In erster Linie entscheidet die Vereinbarung der Parteien, bei deren Auslegung die Ortssitte zu beachten ist[7]).

---

[1]) Vgl. RGewO. (1891), §§ 120 a. 120 e. RVersichO. v. 1911, §§ 537 ff. 546. 555. EG. z. RVersO., Art. 42.

[2]) Auf **847** ist in **618** nicht Bezug genommen. Daraus wäre zu schließen, daß für Nichtvermögensschäden die Entschädigung in Geld fortfällt, also nur der Anspruch auf Wiederherstellung gegeben ist. Vgl. aber Stammler (1897), S. 122, Note 4.

[3]) RVersO. (1911), VersGes. für Angestellte v. 20. Dezember 1911.

[4]) HGB. § 62. GewO. § 120 und die dazu ergangenen Bekanntmachungen des Bundesrates.

[5]) RGewO. § 113.

[6]) Immerwahr, Die Kündigung (1898), S. 159 ff.

[7]) Mecklenb.-Schwer. AV. z. BGB., § 41.

1. Die **regelmäßige Kündigung** ist eine solche mit oder ohne Kündigungsfrist.

a) Ist das Dienstverhältnis auf bestimmte Zeit nicht eingegangen, so steht jedem Teile ein Kündigungsrecht zu (**620**, Abs. 2). Die Kündigungsfrist ist verschieden normiert je nach der Bemessung der Vergütung.

Ist die Vergütung nach festen Zeitabschnitten bemessen (**621**), und zwar nach Tagen, so ist Kündigung an jedem Tage auf den folgenden Tag statthaft; bei Bemessung nach Wochen: spätestens am ersten Werktage der Woche auf den Schluß dieser Woche; bei Bemessung nach Monaten: spätestens am 15. des Monates auf den Schluß des Kalendermonates, und ist sie nach Vierteljahren oder längeren Zeiträumen bemessen: unter Einhaltung einer Kündigungsfrist von sechs Wochen für den Schluß eines Kalendervierteljahres.

Besteht die Vergütung in festen Bezügen, und handelt es sich um Anstellung im Dienste höherer Art, der die Erwerbstätigkeit des Angestellten vollständig oder hauptsächlich in Anspruch nimmt (Lehrer, Erzieher, Gesellschafterinnen, Privatbeamte), so kann nur für den Schluß eines Kalendervierteljahres und unter Einhaltung einer Kündigungsfrist von sechs Wochen gekündigt werden, auch wenn die Vergütung nach kürzeren Zeitabschnitten als Vierteljahren bemessen ist (**622**)[1]). Diese Bemessung würde aber Bedeutung gewinnen, sobald Anstellung mit festen Bezügen nicht vorliegt.

Ist die Vergütung nicht nach Zeitabschnitten bemessen (z. B. Stücklohn), so kann jederzeit gekündigt werden ohne Kündigungsfrist. Eine Kündigungsfrist von zwei Wochen besteht nur, wenn das Dienstverhältnis die Erwerbstätigkeit des Verpflichteten hauptsächlich oder vollständig in Anspruch nimmt (**623**).

Handelt es sich um Dienste höherer Art, die auf Grund besonderen Vertrauens übertragen zu werden pflegen (Arzt, Lehrer, Rechtsanwalt), so ist Kündigung ohne Einhaltung einer Kündigungsfrist möglich, wenn nicht dauerndes Dienstverhältnis mit festen Bezügen vorliegt. Der Verpflichtete soll ohne wichtigen Grund (vgl. 2) nicht zur Unzeit kündigen, d. h. der Berechtigte muß sich die Dienste anderweit verschaffen können. Unzeitige Kündigung ohne solchen Grund hebt den Dienstvertrag auf, verpflichtet aber zum Ersatz des dem Dienstberechtigten daraus entstehenden Schadens (**627**)[2]).

b) Ist das Dienstverhältnis auf Lebenszeit einer der Parteien oder für längere Zeit als fünf Jahre eingegangen, so würde die Kündigung (A.) ausgeschlossen sein. Darin läge eine unzulässige Beschränkung der wirtschaftlichen Freiheit. Deshalb ist dem Dienstverpflichteten die Kündigung unter Einhaltung einer Kündigungsfrist von sechs Monaten nach Ablauf von fünf Jahren gewährt (**624**). Diese Kündigung steht dem Verpflichteten auch dann zu, wenn er die Dienste durch einen andern beschaffen darf; sie würde dann für ihn praktisch, wenn er einen Ersatzmann nicht beschaffen kann. Unter **624** fällt nicht der Vertrag auf Verschaffung von Diensten anderer.

2. Ein **außerordentliches Kündigungsrecht** ohne Einhaltung einer Kündigungsfrist wird sowohl bei Dienstverhältnissen auf bestimmte wie auf unbestimmte Zeit gewährt, und zwar beiden Teilen,

a) wenn ein nach richterlichem Ermessen gerade die Lösung des Dienstverhältnisses rechtfertigender, d. h. gewichtiger Grund vorliegt (längere Erkrankung, mangelnde Fähigkeit, Trunksucht des Verpflichteten, Ausbleiben der Vergütung, Mißhandlung seitens des Berechtigten usw.). Verschuldung ist nicht Voraussetzung (**626**)[3]).

Auch bei Diensten höherer Art, die auf Grund besonderen Vertrauens übertragen werden, ist Kündigung nur aus gewichtigem Grunde möglich, wenn ein dauerndes Dienstverhältnis mit festen Bezügen (Leibarzt, Hofmeister, Syndikus) vorliegt (**627**).

b) Tritt so nach dem Beginne der Dienstleistung eine Aufhebung des Dienstverhältnisses

---

[1]) RGewO. § 133 a.

[2]) RG. Bd. 69, S. 365.

[3]) Über das Verhältnis von **626** z. RGewO. § 124 a. 133. 134 b. HGB. § 70. Vgl. v. Blume, Verwaltungsarchiv, Bd. 7 (1899), S. 481 ff.

ein, so behält der Verpflichtete seinen Anspruch auf eine den bisherigen Leistungen entsprechende Vergütung. Kündigt der Verpflichtete, ohne durch vertragswidriges Verhalten des anderen Teiles veranlaßt zu sein, oder ist sein vertragswidriges Verhalten die Veranlassung zur Kündigung des anderen Teiles, so fällt der Anspruch auf entsprechende Vergütung fort, wenn der Dienstberechtigte an den bisherigen Leistungen kein Interesse mehr hat. Eine für spätere Zeit vorausbezahlte Vergütung ist vom Verpflichteten nach **347** (Rücktritt) oder, wenn er an der Kündigung nicht schuld ist, als ungerechtfertigte Bereicherung herauszugeben. Wer durch sein schuldhaftes vertragswidriges Verhalten die Kündigung veranlaßt, hat den durch die Aufhebung des Dienstverhältnisses entstehenden Schaden zu ersetzen (**628**).

c) Nach Kündigung eines dauernden Dienstverhältnisses hat der Berechtigte dem Verpflichteten auf Verlangen eine angemessene Zeit zum Aufsuchen eines anderen Dienstverhältnisses zu gewähren (**629**).

C. Durch **Tod des Verpflichteten und Berechtigten** (**613**), außer wenn die Dienste schlechthin auch von anderen und an andere geleistet werden können, oder falls es sich um Geschäftsbesorgung handelt (**672**. **675**).

D. Wenn der Dienstverpflichtete nach Ablauf der Dienstzeit die Dienste fortsetzt, ohne daß der Berechtigte unverzüglich widerspricht, so ist der Vertrag in einen solchen auf unbestimmte Zeit geschlossenen umgewandelt (**625**); daher tritt regelmäßige Kündigung ein.

§ 123.

Der Werkvertrag.[1])

Nach römischem Recht ist die locatio conductio operis (Werkmiete) eine Abart der locatio conductio. Darunter fiel besonders auch der Transportvertrag. Im Rahmen des Transportvertrages wurde auch die Verteilung des Schadens an Schiff und Ladung auf die an Schiff und Ladung Beteiligten durchgeführt (lex Rhodia de jactu. D. 14, 2). Im deutschen Recht schied sich der Werkvertrag als selbständiger Vertrag von der Miete und Pacht ab, als Arbeitsvertrag war er vom Dienstvertrag i. a. in gleicher Weise geschieden wie im röm. Recht. In der deutschen Entwicklung hat sich beim Werkvertrage wie beim Dienstvertrage allmählich eine weitgehende Spezialisierung vollzogen.

Das heutige bürgerliche Recht ist Ausdruck dieser Entwicklung.

Der Werkvertrag untersteht nach EG. Art. 32 in gewissen Gestaltungen anderen reichsgesetzlichen Normen; so der Frachtvertrag zu Lande und zu Wasser dem HGB. §§ 425 ff., 556 ff., der Eisenbahnverkehrsordnung vom 26. Okt. 1899, dem Gesetz betr. das Auswanderungswesen vom 9. Juni 1897 und dem Reichsgesetz betr. die Binnenschiffahrt vom 15. Juni 1895 und der Postbeförderungsvertrag dem Reichspostgesetz vom 28. Oktober 1871 und der Postordnung vom 20. März 1900; ferner der Vertrag mit dem Spediteur, Kommissionär, Handelsmäkler und Handlungsagenten dem HGB. Über den gemeinen Mäklervertrag bestimmt das BGB. (**L.** § 124), über den Verlagsvertrag das RGes. vom 19. Juli 1901 (**L.** § 222).

I. Der Begriff des Werkvertrages (631).

Der Werkvertrag ist der gegenseitige Vertrag, durch den der eine Teil (Unternehmer) sich zur Herstellung des versprochenen Werkes, der andere Teil (Besteller) sich zur Entrichtung der vereinbarten Vergütung verpflichtet.

Über den Unterschied vom Dienstvertrage und Dienstauftrage vgl. §§ 122. 125, über die Grenze zum Kauf vgl. unten IX.

---

1) Vgl. die Literatur zu **L.** § 122, Note 1. Ehrenberg, Jahrb. f. Dogm., Bd. 27, S. 253 ff. Bernhöft, Beitr., H. 12, S. 63. 68 ff. Strohal, Jahrb. f. Dogm., Bd. 33, S. 384 ff. Oertmann, Zeitschrift f. d. Priv.- u. öff. Recht, Bd. 24 S. 1 ff. Crome, Die partiarischen Rechtsgeschäfte, S. 141 ff. 252 ff. Harnier, Arch. f. bürg. R., Bd. 14, S. 225 ff. Emerich, Kauf- und Werklieferungsvertrag nach dem BGB. (1899). Riezler, Der Werkvertrag (1900). Henle, Grenzbestimmung zwischen Kauf- und Werkvertrag (1902). Enneccerus I, 2. §§ 370—376.

II. **Der Abschluß des Vertrages** erfolgt formlos durch Einigung der Parteien über das herzustellende Werk und die zu leistende Vergütung (**631**).

A. Das Werk.

Das Werk kann in der Herstellung oder Veränderung von Sachen und auch in sonstigen Erfolgen von Arbeit oder Dienstleistung bestehen (z. B. Beförderung von Personen und Sachen, ein literarisches Produkt, ein wissenschaftliches Gutachten usw.). Gleichgültig ist, ob die in Frage stehenden Arbeiten und Dienste niederer oder höherer (geistiger) Natur sind. Auch eine Geschäftsbesorgung kann Gegenstand des Werkvertrages sein, der dann wieder in wesentlichen Punkten unter dem Recht des Auftrages steht (**L.** § 125).

B. Die Vergütung. Von ihr gilt das gleiche wie beim Dienstvertrage (**632**). Sie braucht nicht in Geld zu bestehen. Sie kann für das ganze Werk (Pauschalsumme) oder für Teile desselben bemessen sein.

III. **Die Verpflichtungen des Unternehmers.** Der Unternehmer hat vorzuleisten.

A. **Die Herstellung des versprochenen Werkes.** Ob der Unternehmer das Werk allein durch persönliche Tätigkeit herzustellen hat oder auch andere hinzuziehen darf, oder nur die Plangebung und obere Leitung ihm obliegt, während die Ausführung im einzelnen von ihm anderen übertragen wird, oder ob er eigene Tätigkeit überhaupt nicht zu entfalten hat (Entreprisevertrag), ist durch Auslegung festzustellen. Regelmäßig wird allerdings irgendwelche entscheidende persönliche Tätigkeit des Unternehmers gewollt sein. Eine Auslegungsregel wie für den Dienstvertrag (**613**) ist aber hier nicht aufgestellt.

B. **Die Gewährleistungspflicht.** Eine solche besteht nicht wegen Mängel im Recht (vgl. aber VIII), wohl aber wegen Mängel des Werkes.

1. Der Unternehmer hat (wie der Verkäufer nach **459**) dafür einzustehen, daß das Werk die zugesicherten Eigenschaften hat und nicht mit Fehlern behaftet ist, die den Wert oder die Tauglichkeit des Werkes zu dem gewöhnlichen oder dem nach dem Vertrage vorausgesetzten Gebrauche aufheben oder mindern.

2. Ist das Werk nicht mangelfrei, so hat der Besteller das Recht, Beseitigung des Mangels zu verlangen (**633**, Abs. 2. 3)[1]). Er kann auch auf Beseitigung klagen und Beweis zum ewigen Gedächtnis erheben lassen (ZPO. § 488).

Der Unternehmer kann die Beseitigung verweigern, wenn sie unverhältnismäßige Kosten verursacht, wie z. B. bei Bauwerken. Der Besteller kann, wenn der Unternehmer (nach Mahnung) mit der Beseitigung in Verzug ist, den Mangel selbst beseitigen und Ersatz der Aufwendungen verlangen (vgl. **538**, Abs. 2 bez. der Miete). Neben diesem Rechte des Bestellers steht ihm nicht von vornherein nach seiner Wahl auch das Recht der Wandelung und Minderung zu, weil das bei weniger erheblichen Mängeln zu Schikanen gegen den Unternehmer führen würde.

3. Der Besteller kann dem Unternehmer, wenn sich ein Mangel (Z. 1) herausstellt, eine angemessene Frist zur Beseitigung stellen mit der Erklärung, daß er die Nachbesserung nach dem Ablaufe der Frist ablehne. Zeigt sich schon vor der Ablieferung des Werkes ein Mangel, so kann die Frist vom Besteller sofort bestimmt werden[2]), allerdings nur so, daß sie nicht vor dem Ablieferungstermin oder der Ablieferungsfrist abläuft (**624**, Abs. 1). Der Besteller hat keinen Anspruch auf nochmalige fehlerfreie Lieferung[3]), sondern den Anspruch auf Wandelung oder Minderung, wenn die Frist abgelaufen und der Mangel, wenn auch ohne Schuld des Unternehmers, nicht rechtzeitig beseitigt ist. Der Anspruch auf Beseitigung ist dann ausgeschlossen.

---

[1]) Das Gesetz regelt die Folgen nicht nach dem Vorbilde der Veräußerungsgeschäfte (Kauf), auch nicht nach der Nichterfüllung aus gegenseitigen Verträgen, sondern selbständig.

[2]) ZPO. § 255.

[3]) **RG. Bd. 57, S. 275.**

Der Wandelungs- und Minderungsanspruch ist begründet ohne Bestimmung einer Frist, wenn die Beseitigung des Mangels objektiv unmöglich ist oder von dem Unternehmer schon aus irgendeinem Grunde (auch nach **633**, Abs. 2) oder ohne Grund verweigert ist, oder die sofortige Geltendmachung des Anspruches auf Wandelung oder Minderung durch ein besonderes Interesse des Bestellers gerechtfertigt, die Nachbesserung also ohne Interesse ist[1]).

Die Wandelung ist ausgeschlossen, wenn der Mangel ein unerheblicher ist. Auf die Wandelung und Minderung finden nach **634**, Abs. 4 die Kaufvorschriften Anwendung (**465**—**475**[2]).

4. Einen Anspruch auf Schadensersatz wegen Nichterfüllung statt der Wandelung oder Minderung (**635**) hat der Besteller, wenn der Mangel des Werkes auf einem Umstande beruht, den der Unternehmer zu vertreten hat. Das ist der Fall, wenn er oder seine Leute (**278**) den Umstand schuldhaft herbeiführten, oder wenn von ihm ein Garantieversprechen (anders **463**)[3]) geleistet war. Es müssen aber auch die Voraussetzungen der Wandelung (Fristsetzung usw. nach Z. 3) vorhanden sein. Hat der Besteller den Schadensersatzanspruch gewählt, so kann er nicht mehr auf den Wandelungs- oder Minderungsanspruch zurückgreifen.

5. Die Gewährleistungspflicht wegen Mängel kann weder vertragsmäßig eingeschränkt, noch erlassen werden (Nichtigkeit), soweit der Unternehmer den Mangel arglistig verschweigt (**637**, vgl. **476**).

6. Wenn der Besteller ein mangelhaftes Werk in Kenntnis des Mangels abnimmt, so entfällt der Anspruch auf Beseitigung des Mangels, Wandelung oder Minderung, wenn er sich nicht bei Abnahme seine Rechte vorbehielt. Die Bestimmung bezieht sich nicht auf die bei der Abnahme vorhandenen Mängel, welche der Besteller nicht gekannt hat, wohl aber bei Sorgfalt hätte kennen können. Es besteht keine Untersuchungs- und Rügepflicht des Bestellers (vgl. aber VIII. B.). Sie bezieht sich nicht auf Mängel, die erst nach der Annahme zur Kenntnis des Bestellers gelangen (**640**, Abs. 2, vgl. **464**).

C. **Rechtzeitige Herstellung des Werkes.** Ist der Werkvertrag im konkreten Falle ein Fixgeschäft, so würde schon daraus das Rücktrittsrecht des Bestellers folgen (**361**), ferner aus den allgemeinen Grundsätzen des Verzuges. Der Verzug wäre aber von einem Verschulden des Unternehmers abhängig. Das Gesetz gibt nun, von diesen Voraussetzungen abgesehen, ein Rücktrittsrecht (**636**). Wird das Werk vom Unternehmer ganz oder teilweise nicht rechtzeitig hergestellt, so kann der Besteller dem Unternehmer eine angemessene Frist setzen mit der Erklärung, daß er nach Ablauf der Frist das Werk ablehne. Zeigt sich schon vor der Zeit, daß das Werk ganz oder teilweise nicht zur rechten Zeit hergestellt werden kann, so kann der Besteller die Frist sofort setzen, die dann aber nicht vor der für die Herstellung bestimmten Zeit ablaufen darf. Verstreicht die Frist fruchtlos, so kann der Besteller vom Vertrage zurücktreten. Der Anspruch auf Erfüllung ist dann ausgeschlossen. Rücktritt ohne Fristsetzung kann aus den gleichen Gründen wie bei der Wandelung erfolgen. Unerhebliche Verzögerungen berechtigen zum Rücktritte nicht. Das Rücktrittsrecht bestimmt sich nach den Regeln für das vertragsmäßige Rücktrittsrecht (**327**. **346** bis **356**). Erfolgt der Rücktritt wegen eines Umstandes, den der Unternehmer nicht zu vertreten hat, so haftet er gemäß **327** nur nach den Vorschriften für die Herausgabe einer ungerechtfertigten Bereicherung. Bestreitet der Unternehmer die Zulässigkeit des erklärten Rücktrittes, weil die Herstellung rechtzeitig erfolgt sei, so hat er zu beweisen. Ist der Unternehmer in Verzug, so bleiben dem Besteller alle Rechte aus dem Verzuge: Schadensersatz wegen Nichterfüllung, Schadensersatz wegen verspäteter Erfüllung neben Erfüllung (**286**. **326**).

D. Die Verjährung der Ansprüche auf Beseitigung des Mangels, Wandelung oder Minderung und auf Schadensersatz tritt in sechs Monaten ein, bei Arbeiten an einem Grund-

[1]) RG. Bd. 52, S. 314.

[2]) Ob für die erforderliche Schätzung gemäß **472** der Zeitpunkt des Vertragsschlusses (überwiegende Ansicht) oder derjenige der Herstellung oder Ablieferung oder Abnahme des Werkes maßgebend ist, ist streitig. Vgl. Planck zu **634**, Z. 4.

[3]) RG. Bd. 58, S. 178.

stücke in einem Jahre, bei Bauwerken in fünf Jahren. Die Verjährungsfrist kann durch Vertrag auch über die ordentliche Verjährungsfrist hinaus verlängert werden (vgl. **225** und **477**). Die Verjährung beginnt mit der Abnahme des Werkes, wenn die Abnahme nach der Beschaffenheit des Werkes ausgeschlossen ist, nach **646** mit der Vollendung des Werkes. Nimmt der Unternehmer im Einverständnis mit dem Besteller eine Prüfung des Mangels vor oder die Beseitigung des Mangels, so ist die Verjährung so lange gehemmt, bis der Unternehmer dem Besteller das Ergebnis der Prüfung mitteilt oder ihm gegenüber den Mangel für beseitigt erklärt oder die Fortsetzung der Beseitigung verweigert. Sonst gilt Kaufrecht (**477**, Abs. 2. 3. **478**. **479**) bez. der Hemmung und Unterbrechung der Verjährung.

Die ordentliche Verjährungsfrist tritt ein, wenn der Unternehmer den Mangel arglistig verschwiegen hat (**638**. **639**)[1]).

IV. **Die Verpflichtungen des Bestellers.**

A. **Abnahme.** Der Besteller hat das vertragsmäßig hergestellte Werk abzunehmen (**640**, Abs. 1, vgl. **433**, Abs. 2). Darin liegt, daß der Besteller den Sachkörper des Werkes reell übernehmen muß, sofern nicht eine solche reelle Abnahme nach der Beschaffenheit des Werkes ausgeschlossen ist, wie z. B. bei Veranstaltung einer Vorstellung, Herstellung von Reparaturen am Hause des Bestellers. Wo die Abnahme relevant ist (Leistung und Verzinsung der Vergütung, Gefahr, Verjährung), tritt die Vollendung des Werkes an die Stelle. Die Abnahme ist aber auch Annahme als Erfüllung im Sinne von **363**, so daß den Besteller die Beweiskraft trifft, wenn er das Werk nicht als das vertragsmäßige gelten lassen will[3]). Die Abnahme kann abgelehnt und auch die Gegenleistung verweigert werden, wenn das Werk nicht vertragsmäßig ist. Abnahme und Gegenleistung können verweigert werden auch wegen nicht erheblicher Mängel usw. Der Unternehmer hat die Klage auf Abnahme.

B. **Vergütung** (**641**. **646**). Der Besteller hat die Vergütung bei der Abnahme oder, wenn solche ausgeschlossen ist, bei der Vollendung des Werkes zu entrichten. Die Vorleistungspflicht des Unternehmers bezieht sich somit nur auf die Herstellung; sodann tritt die Regel ein, daß Zug um Zug zu leisten ist. Ist daher das Werk in Teilen abzunehmen und die Vergütung für die einzelnen Teile bestimmt, so ist die Vergütung für jeden Teil bei dessen Abnahme zu entrichten. Geldvergütung ist von der Abnahme bzw. Vollendung an zu verzinsen (**246**), sofern sie nicht gestundet ist (vgl. **452**).

C. Verschuldet der Besteller die **Unmöglichkeit** der Herstellung des Werkes, oder tritt die Unmöglichkeit infolge eines in der Person des Bestellers oder des Unternehmers liegenden Umstandes ein, so entscheiden die allgemeinen Grundsätze (**323**. **324**. **325**). Ist dagegen zur Herstellung des Werkes eine Handlung des Bestellers erforderlich (z. B. Angabe von Maßen), und ist der Besteller durch Unterlassen der Handlung in **Annahmeverzug** geraten (**295**. **296**), so führen die allgemeinen Grundsätze allein zu keinem befriedigenden Resultat. Der Unternehmer kann, auch abgesehen von den ihm durch **304** gegebenen Rechten (Mehraufwendungen), eine angemessene Entschädigung verlangen, die sich nach der Dauer des Verzuges und der Höhe der vereinbarten Vergütung, aber auch danach bemißt, was der Unternehmer infolge des Verzuges an Aufwendungen erspart oder durch anderweite Verwendung seiner Arbeitskraft erwerben kann (**642**). Es ist aber ferner dem Unternehmer die weitere Leistungsbereitschaft nicht zuzumuten. Er kann dem Besteller eine angemessene Frist zur Nachholung der betreffenden Handlung mit der Erklärung setzen, daß er bei fruchtlosem Verstreichen der Frist den Vertrag kündige. Mit dem Ablauf der Frist gilt der Vertrag von nun an als aufgehoben (**643**), und der Unternehmer kann einen der geleisteten Arbeit entsprechenden Teil der Vergütung und Ersatz der in der Vergütung nicht enthaltenen Auslagen verlangen (**645**, Abs. 1), unbeschadet der weitergehenden Ansprüche aus einem Verschulden des Bestellers. Daneben kann der Unternehmer den Anspruch aus **642** für die Zeit bis zur Aufhebung der Vertrages durch Kündigung geltend machen.

---

[1]) Bedeutung der Garantie für bestimmte Zeit? RG. Bd. 65, S. 119.

V. **Die Gefahr.**

Das BGB. folgt nicht der sog. Sphärentheorie (jeder Teil trägt die seiner Rechtssphäre angehörige Gefahr)[1]), sondern stellt ein absolutes Prinzip auf mit Ausnahmen positiven Charakters.

A. Der Unternehmer trägt die Gefahr des zufälligen Unterganges und der zufälligen Verschlechterung bis zur Abnahme bzw. bis zur Vollendung (**644**. **646**). Der Unternehmer kann daher keine oder nur eine geringere Vergütung fordern. Wenn der Besteller in Verzug der Annahme gerät, so geht die Gefahr auf den Besteller über.

Für den zufälligen Untergang und eine zufällige Verschlechterung des vom Besteller gelieferten Stoffes trägt der Unternehmer die Gefahr nicht (**644**).

Versendet der Unternehmer auf Verlangen des Bestellers das abnahmewürdige Werk an einen anderen als den Erfüllungsort, so geht die Gefahr auf den Besteller mit der Übergabe an das Transportmittel über (**644**), vgl. **447** auch Abs. 2.

B. Ist das Werk vor der Abnahme bzw. vor der Vollendung (**645**. **646**) infolge der Mängel des vom Besteller gelieferten Stoffes oder infolge einer vom Besteller erteilten Anweisung untergegangen, verschlechtert oder unausführbar geworden, ohne daß den Besteller oder den Unternehmer eine Schuld trifft, so würde nach **323** der Unternehmer keinen Anspruch auf die Gegenleistung haben, auch nicht auf einen Teil derselben. Das Gesetz gibt dem Unternehmer aber einen Anspruch auf einen der geleisteten Arbeit entsprechenden Teil der Vergütung und Ersatz der in der Vergütung nicht inbegriffenen Auslagen. Trifft den Besteller eine Schuld, so bestimmen sich die weitergehenden Ansprüche nach allgemeinen Grundsätzen (**645**, Abs. 2).

VI. **Das gesetzliche Pfandrecht des Unternehmers** (**647**. **648**).

A. Der Unternehmer hat für seine Forderungen aus dem Werkvertrage ein Pfandrecht an den von ihm hergestellten oder ausgebesserten beweglichen Sachen des Bestellers, wenn sie bei der Herstellung oder bei der Ausbesserung in seinen Besitz gelangt sind (**648**)[2]).

B. Die Unternehmer eines Bauwerkes oder eines Teiles eines solchen (Baugewerksmeister, Handwerker) können für ihre Forderungen die Eintragung einer Sicherungshypothek an dem Grundstücke des Bestellers (**1184** ff.) und, solange das Werk noch nicht vollendet ist, für einen Teil der Vergütung, welcher der geleisteten Arbeit entspricht, und für die in der Vergütung nicht inbegriffenen Auslagen verlangen. Die Lieferanten der Baumaterialien haben diesen Anspruch nicht, da sie zur Vorleistung nicht verpflichtet sind und das Zurückbehaltungsrecht haben; auch nicht die Architekten als solche[3]). Verweigert der Besteller die Einräumung, so kann nach **883** ff. eine Vormerkung im Wege der einstweiligen Verfügung (ZPO. § 935 ff.) eingetragen werden. Der Anspruch auf Einräumung einer Sicherungshypothek ist folglich weder auf alle Forderungen ausgedehnt, noch auf die fälligen Forderungen beschränkt[4]). Diese Sicherung der Bauforderungen ist nach allgemeiner Auffassung keine ausreichende. Die öfter angeregte Besserung[5]) im Wege eines besonderen Gesetzes ist jetzt in dem Reichsgesetz über die Sicherung der Bauforderungen vom 1. Juni 1909 geboten. Ein Überblick über den Inhalt des Gesetzes ergibt:

a) Den Bauherrn treffen zunächst allgemeine durch Strafandrohungen gesicherte Pflichten: er hat die Baugelder zur Befriedigung der Baugläubiger zu verwenden (Ges. § 1), er hat über den Neubau ein Baubuch mit gesetzlich vorgeschriebenem Inhalt zu führen (Ges. § 2); der Bauleiter ist verpflichtet, an sichtbarer Stelle des Neubaues Namen und Wohnort des Eigentümers oder Unternehmers durch Anschlag ersichtlich zu machen (Ges. § 4). Zivilrechtliche Folgen der Verletzung dieser Pflichten können gemäß **823**, Abs. 2 in Frage kommen.

b) Die dingliche Sicherung der Bauforderungen. Hier kommen nur

---

[1]) A. M. bes. Kohler, Arch. f. bürg. R., Bd. 13, S. 258 ff.; Crome I, § 268. Rümelin, a. a. O., S. 126 ff.

[2]) KO. § 49, Nr. 2 (Recht auf abgesonderte Befriedigung).

[3]) RG. Bd. 63, S. 312.

[4]) RG. Bd. 58, S. 301.

[5]) Vgl. Salomonsohn, Der gesetzliche Schutz der Baugläubiger in den Vereinigten Staaten (1900).

Neubauten in den Gemeinden in Frage, die durch landesherrliche Verordnung bestimmt werden (Ges. § 9); es werden hier Bauschöffenämter gebildet (Ges. § 50 ff.).

1. Im Grundbuch der Baustelle wird ein Bauvermerk eingetragen, der (Ausnahme: Ges. § 12, Abs. 2) die Bedeutung einer Vormerkung (**883** ff.) zur Sicherung des Anspruches der Baugläubiger auf Eintragung einer Bauhypothek hat (Ges. §§ 11. 16). Der Bauherr kann sich davon befreien, wenn er ein Drittel der voraussichtlichen Baukosten (Ges. §§ 12. 13) hinterlegt. Den Baugläubigern haftet die hinterlegte Summe so, wie ihnen als Bauhypothekengläubigern das Grundstück selbst haften würde (Ges. § 41), und es findet ein entsprechendes Verteilungs-Verfahren statt (Ges. §§ 42 ff.). Erst nach Eintragung des Bauvermerkes darf die Bauerlaubnis erteilt werden, und wenn die Belastungen, die dem Bauvermerk vorgehen, drei Viertel des Baustellenwertes nicht übersteigen (Ges. § 15), oder in Höhe des Überschusses Sicherheit durch Hinterlegung geleistet ist (Differenzkaution) (Ges. § 13). Unter die Baugläubiger gehören auch die Lieferanten und Nachmänner des Unternehmers (§§ 18 ff.). Um die gleichmäßige Befriedigung aller Baugläubiger sicherzustellen, kann das Bauschöffenamt die Bauforderungen heruntersetzen.

2. Nach Fertigstellung des Baues erfolgt dann die öffentliche Bekanntmachung durch die Baupolizeibehörde von der Gebrauchsabnahme des Baues (Ges. § 22).

3. Innerhalb einer Frist von einem Monat von dieser an müssen die Baugläubiger ihre Forderungen beim Bauschöffenamt anmelden unter Beibringung der Zustimmung des Eigentümers oder einer die Anmeldung zulassenden einstweiligen Verfügung des Amtsgerichtes (Ges. § 23). Durch Sicherheitsleistung kann der Eigentümer bewirken, daß die betr. Anmeldung als zurückgenommen gilt (Ges. § 24).

4. Liegen bei Verlauf der Anmeldefrist Anmeldungen nicht vor, so muß der Bauvermerk gelöscht werden, liegen solche vor, so werden die Bauhypothek und die Teilbeträge der einzelnen Bauforderungen von Amts wegen eingetragen und der Bauvermerk zugleich gelöscht (Ges. §§ 30. 27). Den Rang der einzelnen Bauforderungen bestimmt Ges. §§ 29. 31.

c) Die rechtliche Stellung des Baugeldergebers. (Begriff. Ges. § 1.)

1. Eine Baugelderhypothek kann vor Eintragung des Bauvermerks nicht eingetragen werden, außer mit dem Rang nach dem Bauvermerk.

2. Da mit den Baugeldern regelmäßig Baugläubiger bezahlt werden, so geht die Baugelderhypothek inklusive 5 Prozent Zinsen, soweit diese Verwendung der Baugelder eintrat, den verbleibenden Bauhypotheken vor. Für eine Frist von zwei Wochen seit Beginn der Anmeldefrist kann aber ein Fünftel der Baugelder durch Widerspruch eines Baugläubigers gesperrt werden, so daß der Baugelderhypothek für Zahlungen in dieser Höhe ein Vorrang nicht zukommt. Wird aber das Fünftel hinterlegt, so tritt der Vorrang wieder ein (Ges. § 34, Abs. 3. 4).

3. Der Baugeldgeber kann die Bestellung eines Treuhänders durch das Amtsgericht bewirken, der wie ein Pfleger die Anweisung auf Zahlung der Baugelder erteilt; alle solche Zahlungen begründen den Vorrang vor der Bauhypothek (Ges. §§ 35. 36).

4. Für den Fall, daß die Zwangsvollstreckung vor Eintragung der Bauhypothek eintritt, trifft Ges. §§ 37—39 Vorsorge.

VII. **Die Endigung des Werkvertragsverhältnisses.**

A. **Der Tod** des Unternehmers oder des Bestellers hat nur dann Bedeutung, wenn die Personen des Unternehmers und Bestellers für die Leistung wesentlich waren. Mit dem Tode des Unternehmers ist dann Unmöglichkeit der Leistung gegeben. Die Erben haben keinen Anspruch auf verhältnismäßige Vergütung, sondern nur auf Herausgabe der ungerechtfertigten Bereicherung. Ebenso liegt es bei Eintritt dauernder Unfähigkeit des Unternehmers.

Die gleiche Bedeutung hat der Tod des Bestellers.

B. **Die Kündigung.** Vgl. IV. C. (**643**).

1. Dem Besteller steht, solange das Werk nicht vollendet ist, das freie Kündigungsrecht zu. Der Unternehmer kann im Falle der Kündigung die volle Vergütung verlangen unter Anrechnung dessen, was er infolge der Aufhebung des Vertrages erspart oder durch anderweitige

Verwendung seiner Arbeitskraft erwirbt oder zu erwerben böswillig, d. h. in der Absicht, den Besteller zu schädigen, unterläßt. Einen weitergehenden Schadensersatzanspruch hat der Unternehmer nicht (**649**).

2. Ebenso liegt es, wenn das Werk unter einem Kostenanschlage übernommen ist, und der Unternehmer die Gewähr für die Richtigkeit des Anschlages übernommen hat (**650**).

Hat aber der Unternehmer diese Gewähr nicht übernommen, und steht sicher zu erwarten, daß der Anschlag erheblich überschritten werden wird, und kündigt aus diesem Grunde der Besteller, so kann der Unternehmer nur einen der geleisteten Arbeit entsprechenden Teil der Vergütung und Ersatz der in der Vergütung nicht begriffenen Auslagen beanspruchen (**650. 645**). Vgl. IV. C. Der Unternehmer hat dem Besteller unverzüglich Anzeige zu machen, sobald eine solche Überschreitung zu erwarten ist. Die Unterlassung macht ihn schadensersatzpflichtig nach **254**, wenn nicht der Besteller von der Überschreitung Kenntnis hatte. Darüber, ob der Unternehmer, der das Werk über die Zeit, in der die Anzeige erfolgen mußte, fortsetzt, den Mehrwert verlangen kann, entscheiden die allgemeinen Grundsätze.

VIII. **Der Werklieferungsvertrag.** Wichtig ist das Verhältnis von Werkvertrag und Kauf.

A. Verpflichtet sich der Unternehmer, das Werk aus einem von ihm zu beschaffenden Stoffe herzustellen, und handelt es sich um Herstellung von vertretbaren Sachen, so ist das Geschäft Kauf. Zu diesen Geschäften gehören auch regelmäßig die Spezifikationskäufe[1]). Die Arbeitsleistung des Unternehmers tritt hier zurück hinter der Lieferung (Übergabe und Eigentumsverschaffung). Daher ist der Unternehmer verpflichtet, die hergestellte Sache zu übergeben und dem Besteller das Eigentum zu verschaffen. Tatfrage ist es, ob die Parteien eine Sache mit der objektiven Eigenschaft der Vertretbarkeit im Auge hatten oder eine individuelle Sache.

Ersteres ist der Fall, wenn A bei einer Möbelfabrik eine Anzahl Stühle eines allgemein gebräuchlichen Musters aus von ihr zu lieferndem Holze bestellt.

B. Liefert dagegen der Unternehmer den Stoff zu einer von ihm herzustellenden nicht vertretbaren Sache (z. B. Kleider nach Maß), so ist auch dieser Vertrag Kauf; denn es kommt auch hier darauf an, daß der Unternehmer die Sache dem Besteller übergibt und ihn zum Eigentümer macht. Daraus ergibt sich aber mittelbar auch die Pflicht zur Herstellung der Sache, die hier nicht wie bei A. zurücktritt. Daher sind gewisse Bestimmungen über den Kauf ausgeschlossen, und die Vorschriften des Werkvertragsrechtes (Werklieferungsvertrag) finden Anwendung. Nach Handelsrecht liegt dagegen, wenn es sich um bewegliche Sachen handelt und ein Teil Kaufmann ist, in beiden Fällen (A. B.) Handelskauf vor (Untersuchungs- und Rügepflicht)[2]). Nach BGB. ergibt sich beim Werklieferungsvertrag:

Die Verpflichtungen der Parteien bestimmen sich nicht wie beim Kauf (**433**), sondern wie beim Werkvertrag. Die Haftung wegen Rechtsmängel besteht aber auch hier wie beim Kaufe.

Die Gefahr geht nicht über mit der Übergabe (**446**, Abs. 1, Satz 1. **447**), sondern nach VI. Die Haftung wegen Sachmängel und zugesicherter Eigenschaften bestimmt sich nicht nach **459. 460. 462—464**, sondern nach IV. Der Besteller kann daher nicht sofort Wandelung und Minderung, sondern zunächst nur Beseitigung des Mangels verlangen, der Unternehmer kann ebenso die Besserung vornehmen.

Die Ansprüche des Bestellers verjähren nicht nach **477—479**, sondern nach IV. D.

Die gleiche Regelung tritt ein, wenn neben dem Unternehmer, welcher Hauptstoff liefert, auch der Besteller Hauptstoff und nicht nur Nebenstoff liefert, ferner auch dann, wenn es sich nicht um Herstellung, sondern um Veränderung einer Sache handelt[3]).

C. Liefert der Unternehmer nur Zutaten oder sonstige Nebensachen, so ist der Vertrag stets Werkvertrag. So der Vertrag über den Bau eines festen Gebäudes auf den Grund

---

[1]) Emerich, a. a. O. (1899), S. 30 und § 23.

[2]) HGB. § 381, Abs. 2.

[3]) Vgl. Emerich, a. a. O., S. 31.

und Boden des Bestellers, wenn auch der Unternehmer das Baumaterial liefert (anders bei Buden-, Zirkusgebäuden).

§ 124.

Der Mäklervertrag.[1])

Der Vertrag mit dem Mäkler (proxeneta) ist im römischen Recht nicht besonders ausgebildet und seine Natur (Mandat, locatio conductio) schwankend (D. 50, 14); er ist im Handelsverkehr von besonderer Bedeutung, aber auch im bürgerlichen Verkehr und im gewerblichen Leben stark entwickelt.

Die Bestimmungen des BGB. finden keine Anwendung auf die Handelsmäkler (HGB. §§ 93 ff.), die amtlich bestellten Handelsmäkler, die Börsenmäkler (HGB. § 373, RBörsengesetz vom 22. Juni 1896), die Handlungsagenten (HGB. § 84), die Stellenvermittelung für Schiffsleute (RGes. vom 2. Juni 1902) und die Gesindemäkler (EG. Art. 95), soweit für diese besondere Vorschriften gelten[2]). Unter das Gesetz fallen: die Häuser-, Güter-, Hypothekenmäkler und der Ehevermitteler.

I. **Begriff.** Der Mäklervertrag ist Vertrag[3]), durch den sich der Auftraggeber zur Zahlung eines Mäklerlohnes für eine gewisse vom Mäkler zu entfaltende Tätigkeit verpflichtet. Die Tätigkeit des Mäklers ist gerichtet auf den Nachweis von Vertragsgelegenheit oder die Vermittelung des Vertragsschlusses. Vorausgesetzt ist, daß der Mäkler die Tätigkeit gegen Entgelt übernimmt. Entweder erfolgt dann die Übernahme der Mäklertätigkeit in dem Sinne, daß der Mäkler nur berechtigt, nicht auch verpflichtet werden soll. In diesen Fällen kann man allerdings nur von einem einseitigen Vertrage sprechen, d. h. einem vertragsmäßigen bedingten Versprechen des Auftraggebers. Oder der Mäkler übernimmt die Verpflichtung zu Bemühungen und haftet dann für Verschulden bei Ausrichtung derselben. In solchen Fällen ergibt sich ein gegenseitiger Vertrag, der nach den Grundsätzen des Dienst- oder Werkvertrages oder nach seinem durch Auslegung festzustellenden besonderen Inhalte zu beurteilen ist. Ein Auftrag wird niemals anzunehmen sein, da es an der Unentgeltlichkeit fehlt, ein einseitig verpflichtendes Versprechen des Auftraggebers schon nicht wegen der klaren Worte des Gesetzes. Ist die Feststellung der Natur des Mäklervertrages im konkreten Falle und damit die des Inhaltes der Parteipflichten erfolgt, so greifen stets ein die Bestimmungen des Gesetzes über den Mäklerlohn.

II. Die Vereinbarung eines **Mäklerlohnes** kann ausdrücklich oder stillschweigend erfolgen. Das letztere ist anzunehmen, wenn die dem Mäkler übertragene Leistung den Umständen nach (z. B. gewerbsmäßiger Betrieb des Mäklergeschäftes) nur gegen eine Vergütung zu erwarten ist (HGB. § 354). Gleichgültig ist, ob der Übertragende gewußt hat, daß die betreffende Leistung nur gegen Vergütung zu erwarten war oder nicht. Ist die Höhe der Vergütung nicht bestimmt, so ist bei Bestehen einer Taxe der taxmäßige Lohn, in Ermangelung einer Taxe der übliche Lohn als vereinbart anzusehen (**653**, vgl. **612**. **632**).

Über die Höhe des Mäklerlohnes entscheidet also die Vereinbarung der Parteien. Ist aber der Mäkler mit dem Nachweis der Gelegenheit zum Abschluß eines Dienstvertrages (Theaterengagement) oder mit der Vermittelung eines solchen betraut, so kann ein vereinbarter unverhältnismäßig hoher Mäklerlohn auf Antrag des Schuldners durch Urteil auf den angemessenen Betrag herabgesetzt werden, solange der Lohn noch nicht entrichtet ist (**655**, vgl. **343**. **L**. § 89).

III. Der **Anspruch des Mäklers auf Mäklerlohn** und Aufwendungen (**652**) richtet sich immer nur gegen den, der ihn versprochen hat, nicht gegen den, der den Mäkler lediglich seine Tätigkeit entwickeln läßt (**652**. **653**, anders HGB. § 99).

---

[1]) Kohler, Arch. f. bürg. Recht, Bd. 5, S. 166 ff. Riesenfeld, Gruch. Beitr., Bd. 36, S. 790 ff.; Bd. 37, S. 27 ff. 257 ff. 530 ff. 814 ff. Neubauer, Arch. f. bürg. Recht, Bd. 6, S. 1 ff. Kohler, Arch. f. bürg. Recht, Bd. 12, S. 317 ff. Crome, D. partiarischen Rechtsgeschäfte, S. 396 ff. 411 ff. Enneccerus I, 2. §§ 377. 378.

[2]) Reichsges. betr. d. Stellenvermittler vom 2. Juni 1910. Das Mäklerwesen ist auch unter polizeiliche Vorschriften gestellt (GewO. § 35).

[3]) Vgl. Crome, a. a. O., S. 415 ff. Riesenfeld, a. a. O., S. 277. 847. Planck, S. 628 ff.

A. Der Mäklerlohn ist im Zweifel nicht versprochen für die Leistung des Mäklers (Nachweis der Gelegenheit, Vermittelung) schlechthin, sondern nur für den Fall, daß der Vertrag, auf dessen Abschluß die Mäklertätigkeit führen soll, auch wirklich zustande kommt, und zwar

1. infolge gerade des Nachweises oder der Vermittelung des Mäklers. Der Nachweis der Person oder des Objektes oder die Vermittelung muß zum Vertrage geführt haben. Demnach kann der Mäkler den Lohn dann nicht verlangen, wenn der Auftraggeber den Vertragsschluß verweigert oder verhindert. Der ursächliche Zusammenhang wird aber nicht schlechthin ausgeschlossen, wenn der Betreffende mit arglistiger Umgehung des Mäklers den von diesem gehörig vorbereiteten Vertrag selbst abschließt. Ist im letzteren Fall der ursächliche Zusammenhang ausgeschlossen, so bliebe dem Mäkler nur der Anspruch auf Schadensersatz nach **823**. **826**.

B weist A einen Käufer für sein Grundstück nach, der A genehm ist und die Forderungen des A zu bewilligen bereit ist; A will den Mittlerlohn sparen und lehnt den Vertrag ab, geht aber später an den Kläger nochmals heran und schließt den Vertrag ab. B hat den Anspruch auf Mäklerlohn gegen A.

2. Der Vertrag muß auch wirksam zustande kommen, daher kein Anspruch auf Mäklerlohn, wenn der Vertrag zwar geschlossen, aber nichtig ist. Bei Darlehensvermittelung muß daher auch die Auszahlung des Darlehens erfolgt sein[1]). Wird der Vertrag unter suspensiver Bedingung geschlossen, so kann demnach der Mäklerlohn erst bei Eintritt der Bedienung verlangt werden; wird er unter auflösender Bedingung geschlossen, so ist der Mäklerlohn zwar verdient, kann aber bei Eintritt der Bedingung nach den Grundsätzen über die ungerechtfertigte Bereicherung zurückgefordert werden (**812**)[2]). War der geschlossene Vertrag anfechtbar, und erfolgt die Anfechtung, so liegt es nach **142** so, als wenn der Vertrag von Anfang an nichtig gewesen wäre. Daher tritt Rückforderung nach **812** ff. ein. Wird dagegen der Vertrag später von den Parteien wieder aufgehoben, so kann die Gebühr nicht zurückgefordert werden.

B. Aufwendungen kann der Mäkler, sei es neben dem Mäklerlohn, sei es anstatt desselben, wenn ein Anspruch auf solchen nicht begründet ist (**652**), nur ersetzt verlangen, wenn ihm das versprochen ist. Wieweit er dann Aufwendungen ersetzt verlangen kann, bestimmt sich nach dem Versprechen und nach **256**. Stillschweigende Vereinbarung und Ersatzpflicht gilt auch hier, nicht aber die Vorschrift in **653**.

C. Der Anspruch auf Mäklerlohn und Ersatz von Aufwendungen kann auch beiden Vertragsparteien gegenüber begründet sein. Zweifellos dann, wenn das Versprechen von den Parteien in Kenntnis des Umstandes abgegeben wird, daß ein Versprechen von der anderen Seite vorliegt. Ist das nicht der Fall, so ist der Anspruch dennoch beiden Parteien gegenüber begründet, wenn eine Interessenkollision nicht vorliegt, z. B. der Mäkler hat nur den Nachweis eines Vertragsobjektes oder des Vertragsteiles übernommen. Liegt dagegen Interessenkollision vor, so kann derjenige, der zuerst dem Mäkler die Tätigkeit übertrug und ihm den Lohn versprach, erwarten, daß er sich lediglich seinem Interesse dienstbar mache; die Annahme der Übertragung auch von dem andern Teile und darin liegendes Tätigwerden schließt Nichterfüllung der zuerst übernommenen Leistung ein, und der Anspruch auf Mäklerlohn besteht dann gegenüber dem ersten Auftraggeber nicht (**242**. **276**. **325—327**). Diese sich aus allgemeinen Grundsätzen ergebende Folge setzt **654** ausdrücklich fest[3]).

D. Das Versprechen eines Vermögensvorteiles für die Vermittelung einer Ehe oder für den Nachweis der Gelegenheit zur Eingehung einer Ehe kann nach **138**, Abs. 1, nichtig sein. In jedem Falle verletzt es das Anstandsgefühl, und die abweichenden Auffassungen bestimmter Bevölkerungskreise sind nicht zu respektieren.

A hat dem Heiratsbureau des Z, das ihm verschiedene Partien vorschlägt, ein Schuldanerkenntnis über 1 Proz. der baren Aussteuer der Braut und einen Wechsel über 200 M., zahlbar am Tage der Hochzeit, ausgestellt. Die Klage des Z auf Erfüllung des Anerkenntnisses ist ausgeschlossen; die Wechsel-

---

[1]) RG. Bd. 39, S. 231.

[2]) Planck zu **652**, Z. 3 c.

[3]) RG. Bd. 57, S. 394.

schuld muß A einem gutgläubigen Dritten berichtigen (WO. § 82), ist aber das Anerkenntnis von A erfüllt, so ist die Rückforderung (condictio indebiti) ausgeschlossen. Auslagenersatz kann Z von A nicht verlangen.

Die Gültigkeit des Versprechens ist damit anerkannt; es erzeugt aber nur eine natürliche Verbindlichkeit (vgl. **L.** § 72)[1]).

Die gleiche Behandlung erfährt eine Verbindlichkeit, die der Versprechende dem Ehemäkler gegenüber zur Erfüllung seines Versprechens auf Mäklerlohn eingegangen ist, z. B. ein Schuldanerkenntnis (**780. 781**).

§ 125.

Der Auftrag.[2])

Der Auftrag des römischen Rechtes (mandatum) war streng unentgeltlicher Konsensualvertrag. Ansprüche des Mandatares auf Honorar konnten erst seit der Kaiserzeit in gewissen Fällen in der extraordinaria cognitio durchgesetzt werden. Das mandatum war zweiseitiger, aber nicht gegenseitiger Vertrag, es war ein höchstpersönlicher Treuvertrag (Erlöschen durch freie Kündigung und Tod beider Teile). Unter das Mandat zog das römische Recht auch den guten Rat (mandatum tua gratia). Das gemeine Recht hielt am römischen Recht fest.

Das BGB. hat diese Struktur in wichtigen Punkten durchbrochen.

I. Der Begriff.

Der Auftrag ist derjenige Vertrag, durch den sich der eine Teil (Beauftragter) dem anderen (Auftraggeber) zur unentgeltlichen Besorgung übertragener Geschäfte verpflichtet.

Der Auftrag ist kein gegenseitiger Vertrag; es entsteht notwendig eine Verpflichtung des Beauftragten, regelmäßig aber auch eine solche des Auftraggebers; beide Verpflichtungen stehen aber nicht in dem Verhältnis, daß die eine um der anderen willen übernommen wird. Im römischen Recht sprach sich das in dem Verhältnis der actio mandati directa zur contraria aus.

A. Das übertragene **Geschäft** kann nicht nur Rechtshandlung oder Rechtsgeschäft[3]), sondern auch rein tatsächlicher Natur sein. Es kann sich um ein Geschäft oder eine Mehrheit von Geschäften, z. B. eine Vermögensverwaltung, handeln.

1. Das übertragene Geschäft darf nicht lediglich im Interesse des Beauftragten liegen. Dann liegt ein mandatum tua gratia, Ratserteilung, Auskunft oder Empfehlung vor. Der Ratgeber hat nicht die Absicht, sich zu verpflichten, der Beratene handelt auf eigene Gefahr, wenn er den Rat befolgt. Es können aber andere Umstände den Ratgeber verpflichten, nämlich: die arglistige Erteilung des Rates (**823** ff.) oder ein Vertragsverhältnis zwischen Ratgeber und Beratenem, das ersteren zur Erteilung von Rat und zur Sorgfalt verpflichtet, wie sie dem Vertrage entspricht. Ein Vertragsverhältnis wird da angenommen werden müssen, wo jemand in Ausübung eines Gewerbes oder Berufes Auskunft, Rat, Empfehlung erteilt, namentlich wenn es gegen Entgelt geschieht. Darunter fallen auch die Fälle, in denen Sachverständige in Kunst und Wissenschaft Rat erteilen; anders dagegen liegt es bei den Beamten, für die eine Verpflichtung zur Ratserteilung dem Publikum gegenüber nach öffentlichem Recht besteht, deren Verantwortlichkeit dem Beratenen gegenüber sich aber ebenfalls nach öffentlichem Rechte bestimmt (**676**).

2. Nach dem Wortlaut des Gesetzes sind Gegenstand des Auftrages „Geschäfte", des Dienstvertrages „Dienste", des Werkvertrages ein „Werk". Ist damit ein Unterschied gegen-

---

[1]) A. M. Kohler, Arch. f. bürg. Recht, Bd. 12, S. 334.

[2]) Bernhöft, Beitr., H. 12, S. 63 ff. Zitelmann, Beitr., H. 9/10, S. 88. 92 ff. 141. 183. Unger, Jahrb. f. Dogm., Bd. 33, S. 325 ff. 345 f. Crome, Die partiarischen Rechtsgeschäfte, S. 438 ff. 472 ff. Isay, Die Geschäftsführung nach dem BGB. (1900). Enneccerus I, 2. §§ 380—384.

[3]) Über das Verhältnis von Auftrag und Vollmacht vgl. **L.** § 56 III.

über dem Auftrage gegeben? Das ist zu verneinen: Dienst- und Werkvertrag und Auftrag können sich gleicherweise auf operae liberales und illiberales beziehen. Dem Worte „Geschäft" in **662** kommt eine technische Bedeutung nicht zu. Über den Begriff der Geschäftsbesorgung in **675** vgl. IV.

B. Wesentlich ist dem Auftrage **die Unentgeltlichkeit** (**662**). Die Geschäfte dürfen nicht so übernommen werden, daß der Beauftragte einen Anspruch auf eine Vergütung erwirbt, mag sich diese als ein Lohn oder als Honorar darstellen. Dadurch scheidet sich der Auftrag vom Dienst- und Werkvertrage (vgl. **612**). Eine freiwillige, nachträgliche Vergütung der Geschäftsbesorgung schließt dagegen den Auftrag nicht aus. In einer solchen nachträglichen Vergütung wird eine remuneratorische Schenkung liegen. Der Dienst- und Werkvertrag, der auf Geschäftsbesorgung im engeren technischen Sinne geht, rückt allerdings nahe an den Auftrag heran (vgl. VI.).

Durch die Unentgeltlichkeit der Übernahme wird der Auftrag niemals zur Schenkung. Fehlt aber dem Beauftragten die Absicht, sich verpflichten zu wollen (Gefälligkeit), so liegt Auftrag nicht vor.

C. Die höchstpersönliche Natur ist ein wesentliches Element des Auftrages nicht mehr, sondern nur ein naturale (**664**. **671**), vgl. V.

II. **Der Abschluß des Vertrages.**

Der Abschluß erfolgt formlos, stillschweigend oder ausdrücklich. Die Annahme eines Auftrages ist Sache freier Willkür, nur ist gewissen Personen, an die ein Antrag zum Auftrage ergeht, eine **Erklärungspflicht** auferlegt (**663**). Will der Betreffende den Auftrag nicht annehmen, so muß er die Ablehnung erklären. Diese Pflicht trifft:

A. diejenigen, die zur Besorgung gewisser Geschäfte öffentlich bestellt sind[1]). Dahin gehören Beamte, Rechtsanwälte[2]), Gerichtsvollzieher und alle Fälle dem Publikum bekannt gegebener Bestellung. Soweit einem Beamten, der zur unentgeltlichen Geschäftsbesorgung bestellt ist, eine unentgeltliche Geschäftsbesorgung angetragen ist, wird sich seine Pflicht, sich über die Nichtannahme zu erklären, nach dem öffentlichen Rechte bestimmen. Die Beamten scheiden deshalb hier aus. Die Bestimmung hätte auch wenig Bedeutung, da die Beamten, wenn sie zur unentgeltlichen Geschäftsbesorgung bestellt sind, regelmäßig auch verpflichtet sind, den Auftrag anzunehmen und auszuführen. Ein privatrechtliches Auftragsverhältnis besteht aber in solchem Falle überhaupt nicht.

Die Bestimmung trifft aber Rechtsanwälte und Gerichtsvollzieher, immer vorausgesetzt, daß ihnen eine unentgeltliche Geschäftsbesorgung angetragen wird, die sie auf Grund ihrer öffentlichen Bestellung auch übernehmen können.

B. Die Erklärungspflicht trifft ferner denjenigen, der sich zur Besorgung gewisser Geschäfte öffentlich erboten hat, z. B. Gesindevermieter, Auskunfteien, Bankiers. Das Erbieten muß auf unentgeltliche Besorgung gerichtet sein. Die Erklärungspflicht trifft nicht auch denjenigen, der sich lediglich zur Geschäftsbesorgung gewisser Art oder nur zur Besorgung gegen Entgelt erboten hat, z. B. nicht den Bankier, der sich zur entgeltlichen Besorgung von Wertpapieren öffentlich erboten hat und nun einen Auftrag zur unentgeltlichen Besorgung erhält. Die Erklärungspflicht und die Schadensersatzpflicht kann nur demjenigen gegenüber bestehen, der auf die Annahme des Auftrages, nämlich auf die unentgeltliche Übernahme rechnen durfte. Die Vorschrift in **663** ist daher durchweg restriktiv zu interpretieren. Dahin führt auch HGB. § 362, an welche Bestimmung sich **663** im Grundgedanken anschließt.

C. Die Erklärungspflicht liegt demjenigen ob, der sich dem Auftraggeber gegenüber zur Besorgung gewisser Geschäfte erboten hat.

D. Will der Bestellte oder sich Erbietende den auf die gewissen Geschäfte gerichteten Auftrag nicht annehmen, so muß er die Ablehnung unverzüglich anzeigen. Unterläßt er die An-

---

[1]) Vgl. Schepp, Das öffentl. Recht im BGB. (1899), S. 57.

[2]) RAO. § 30.

zeige, so macht er sich schadensersatzpflichtig. Der Auftragsvertrag wird nicht als zustande gekommen fingiert (HGB. § 362). Bei der Anwendung der Vorschrift in **663** ist aber davon auszugehen, daß nicht schon nach **151** der Vertrag wirklich ohne Erklärung der Annahme zustande gekommen ist. Die Schadensersatzpflicht folgt aus **823**, Abs. 2.

III. Die Verpflichtungen des Beauftragten.

A. Ausführung des Auftrages.

Der Beauftragte ist im Zweifel nur dem Auftraggeber verpflichtet; eine Abtretung des Anspruches auf Ausführung ist ausgeschlossen (**399**). Er haftet für jede Sorgfalt. Welche Geschäfte und wie er sie auszuführen hat, ergibt die Auslegung.

1. Im Zweifel hat aber der Beauftragte den Auftrag *persönlich* auszuführen (**664**). Die Übertragung der Ausführung ist also im Zweifel nicht gestattet. Die Gestattung kann sich aber aus ausdrücklicher oder stillschweigender Vereinbarung ergeben. *Ist die Übertragung gestattet*, so hat der Beauftragte nur das ihm bei der Übertragung zur Last fallende Verschulden (z. B. in der Auswahl, in der Unterlassung auftragsgemäßer Instruktion) zu vertreten. Es kann aber dem Beauftragten auch die dauernde Aufsicht über den Substituten auferlegt sein. *Ist die Übertragung nicht gestattet, so darf* nach **665** der Beauftragte nur dann die Ausführung übertragen, wenn er den Umständen nach annehmen darf, daß der Auftraggeber bei Kenntnis der Sachlage die Übertragung billigen würde; bei ausdrücklichem Verbot des Auftraggebers ist solche Annahme stets ungerechtfertigt. Ist die Annahme gerechtfertigt, so hat der Beauftragte dem Auftraggeber von der Übertragung Anzeige zu machen und seine Entschließung abzuwarten, wenn nicht Gefahr im Verzuge ist. Eine nicht statthafte Übertragung verpflichtet zum vollen Schadensersatz[1]).

2. Ob der Beauftragte *Gehilfen* bei der Ausführung hinzuziehen darf, richtet sich nach der Auslegung. Die Auslegungsregel unter Z. 1 gilt hier nicht. In der Gestattung der Übertragung liegt aber auch die der Zuziehung von Gehilfen; sie wird sich auch in den meisten Fällen aus der Natur des Geschäftes ergeben. Die befugte und unbefugte Zuziehung von Gehilfen verpflichtet immer nach **278**. Im Falle unbefugter Zuziehung haftet der Beauftragte für jeden Schaden, der aus dieser Vertragsverletzung erwachsen ist (vgl. **L.** § 83, **II.**).

3. *Besondere Weisungen des Auftraggebers, die bei Erteilung des Auftrages* erfolgen, sind Bestandteil des Auftrages. Daher ist es selbstverständlich, daß der Beauftragte diese zu befolgen hat. Da sich aber im Rahmen des Auftrages der Beauftragte dem Interesse des Auftraggebers dienstbar macht, gilt das gleiche von *nachträglichen* Weisungen, die im Rahmen des Auftrages liegen. Derartige Weisungen können nicht nur ausdrücklich, sondern auch stillschweigend erteilt sein. Der Beauftragte darf von solchen Weisungen nur abweichen, wenn er den Umständen nach annehmen darf, daß der Auftraggeber bei Kenntnis der Sachlage die Abweichung billigen würde. Der Beauftragte soll aber durch *Anzeige* die Entschließung des Auftraggebers zuvor einholen, wenn nicht Gefahr mit dem Aufschub verbunden ist (**665**). Nicht in demselben Maße, in dem der Beauftragte zu Abweichungen berechtigt ist, ist er dazu auch verpflichtet. Die *Berechtigung* ist beschränkt durch das wohlverstandene Interesse des Auftraggebers, die *Verpflichtung* durch den Auftrag selbst, welcher wie immer, so auch hier nach Treu und Glauben auszulegen ist. Man hat diese Verpflichtung auch aus der Selbständigkeit des Beauftragten, der nicht bloß mechanisches Werkzeug des Auftraggebers sei, herleiten wollen[2]). Diese Begründung aber führt viel zu weit.

---

[1]) Ob der Auftraggeber einen direkten Anspruch gegen den dritten Substituten erwirbt, hängt davon ab, ob der Beauftragte mit dem Substituten im Namen des Auftraggebers einen Vertrag geschlossen hat, und ob Vollmacht oder Genehmigung des Auftraggebers oder die Voraussetzungen einer Geschäftsführung des Substituten vorliegen. Davon abgesehen, hat der Beauftragte dem Auftraggeber seinen Anspruch gegen den Substituten abzutreten (**667**).

[2]) *Fischer-Henle* zu **665**, Note 1. Vgl. RG. Bd. 54, S. 331; Bd. 57, S. 392.

4. Der Beauftragte darf den Rahmen des Auftrages nicht überschreiten. Liegt eine wirkliche Überschreitung vor, mag ein günstigeres oder ungünstigeres Resultat erzielt sein, so braucht der Auftraggeber dieses nicht als Erfüllung geltenzulassen. Es liegt Geschäftsführung ohne Auftrag vor, z. B. Einkauf oder Verkauf unter oder über dem festgesetzten Einkaufs- oder Verkaufspreise. Bei der Feststellung, ob eine Überschreitung vorliegt, ist allerdings **157** zu beachten. Dessen Anwendung ergibt den Rahmen des Auftrages, und damit ist über die Bindung des Auftraggebers entschieden.

B. Der Beauftragte hat dem Auftraggeber, nötigenfalls auch unaufgefordert, die erforderlichen **Nachrichten** zugeben, z. B. von der Ausführung des Auftrages. Wo diese Pflicht nicht ausdrücklich ausgesprochen ist, ergibt sie sich aus der Natur des Auftrages und nach **157**. Auf Verlangen muß der Beauftragte über den Stand des Geschäftes Auskunft erteilen (**666**, vgl. **260** und HGB. § 384, vgl. **L.** § 78).

C. Der Beauftragte hat nach Ausführung des Auftrages **Rechenschaft** abzulegen (**259**, vgl. **L.** § 78)[1]).

D. **Die Hergabepflicht** (**667**).

Diese besteht auch unabhängig von einer zuvor bewirkten Rechnungslegung. Wird der Beauftragte auf Herausgabe belangt, so kann er Rechnung legen und dadurch die Herausgabepflicht seinerseits bestimmen. Die Herausgabepflicht erstreckt sich auf das, was der Beauftragte zur Ausführung des Auftrages erhalten und was er aus der Geschäftsbesorgung erlangt hat: sie umfaßt auch Nutzungen, Zubehör und Zuwachs. Hat der Beauftragte daher im eigenen Namen Geschäfte geschlossen, so muß er auch die Forderungen abtreten, die er gegen Dritte erworben hat. Unter die Herausgabepflicht fallen auch Geschenke und Extraprovisionen, die der Beauftragte von Dritten erhalten hat, wenn der Beauftragte diese Vorteile gerade wegen des Abschlusses der aufgetragenen Geschäfte und nicht aus Wohlwollen gegen seine Person (Trinkgelder) vom Dritten empfing[2]).

C erbietet sich, A unentgeltlich einen Käufer für sein (des A) Pferd zu besorgen, der mindestens 1000 M. zahlen soll. A nimmt das Erbieten an. B beauftragt C, ihm ein Pferd zu verschaffen und verspricht ihm 100 M. Provision. C verkauft ihm das Pferd des A, erhält 1100 M. und zahlt 1000 M. an A, der mit Recht auch die 100 M. von C verlangt.

E. **Die Verzinsungspflicht** (**668**).

Diese besteht für Gelder, die der Beauftragte herauszugeben oder für den Auftraggeber zu verwenden hatte, die er aber für sich verwendet, von der Zeit der Verwendung an (vgl. **246**). Diese Pflicht besteht auch bei gutgläubiger Verwendung. Die Liquidation höheren Schadens ist nicht ausgeschlossen. Bei Verwendung von Sachen, die nicht Geld sind, in eigenem Nutzen kann **823** Platz greifen.

IV. **Die Verpflichtungen des Auftraggebers.**

A. Der Auftraggeber ist verpflichtet, dem Beauftragten einen **Vorschuß** zu leisten, soweit er für die Ausführung des Auftrages erforderlich ist (Reisekosten). Der Beauftragte kann auf Vorschußleistung klagen. Ist ein Vorschuß erforderlich, und will der Beauftragte keine Auslagen machen, so muß er den Vorschuß einfordern. Wird er verweigert, so ist der Beauftragte von der Verantwortung für seine Untätigkeit frei (**669**).

B. Der Auftraggeber muß diejenigen **Aufwendungen** dem Beauftragten ersetzen, die derselbe den Umständen nach für erforderlich halten darf (subjektiver Maßstab). Die Verpflichtung bestimmt sich nach **256. 257. 258**, vgl. **L.** § 77. Wegen anderer Verwendungen kann der Beauftragte Klage wegen ungerechtfertigter Bereicherung erheben (**670**).

C. Die **Schadensersatzpflicht** trifft den Auftraggeber, wenn dem Beauftragten aus der Geschäftsführung ein Schaden entsteht, nicht schlechthin. Selbstverständlich haftet der Auftraggeber, wenn er die Haftung für Schaden stillschweigend oder ausdrücklich übernommen

[1]) RG. Bd. 56, S. 118.

[2]) RG. Bd. 55, S. 86. Planck zu **667**, Z. 2 c.

oder den Schaden verschuldet hat (z. B. durch nachlässige Instruktion des Beauftragten). Eine Schuld des Auftraggebers wird auch dann anzunehmen sein, wenn er die Gefahr voraussehen mußte und es unterließ, den Beauftragten zu unterrichten. Wenn Auftraggeber und Beauftragter oder wenigstens der Beauftragte die Gefahr bei Übernahme des Auftrages gekannt haben, so wird die Gefahr häufig vom Beauftragten übernommen sein, und es besteht dann keine Haftung des Auftraggebers. War der Schaden für beide Teile voraussehbar oder wenigstens für den Beauftragten, d. h. hätten sie ihn nach der Beschaffenheit des Auftrages und den obwaltenden Umständen in den Kreis ihrer Berechnung ziehen können, so wird nach **254** zu entscheiden sein. Eine Haftung des Auftraggebers besteht dann nicht, wenn eine Schuld des Auftraggebers nicht vorliegt (z. B. bei einem Eisenbahnunglück wird der Beauftragte verletzt)[1]).

D. Wieweit der Beauftragte die Verpflichtungen des Auftraggebers im Wege des Zurückbehaltungsrechtes geltendmachen kann, darüber vgl. **273**, **L.** § 69.

V. **Das Erlöschen des Auftrages.**

Der Auftrag erlischt durch Zeitablauf, Eintritt der auflösenden Bedingung, Ausführung, Vereinbarung der Parteien und durch Unmöglichkeit der Ausführung nach allgemeinen Grundsätzen. Mit dem Erlöschen des Auftrages können neue Ansprüche aus dem Auftragsverhältnis nicht mehr erwachsen. Das gilt ebenso für die dem Auftrage eigentümlichen Erlöschungsgründe:

A. **Kündigung (671)**, d. h. die stillschweigende oder ausdrückliche Erklärung der Parteien, daß der Vertrag gelöst sein soll. Das Gesetz nennt die Kündigung des Auftraggebers Widerruf. Die Kündigung ist empfangsbedürftige Willenserklärung[2]).

1. Auf Kündigung kann verzichtet werden[3]). So kann z. B. in der Annahme eines Auftrages auf bestimmte Zeit der Verzicht des Beauftragten auf die Kündigung liegen. Der Verzicht des Auftraggebers ist von Bedeutung für Aufträge, die auch im Interesse des Beauftragten erteilt sind. Der Verzicht auf Kündigung schließt für den Beauftragten die Kündigung wegen eines wichtigen Grundes (schwere Krankheit) nicht aus.

2. Kündigung kann zwar jederzeit erfolgen, unzeitige Kündigung verpflichtet aber den Beauftragten zum Schadensersatz. Unzeitig ist die Kündigung, wenn sie erfolgt, ohne daß der Auftraggeber für die Besorgung des Geschäftes anderweit Fürsorge treffen kann. Liegt ein wichtiger Grund vor, den der Beauftragte zu beweisen hätte, so kann auch zur Unzeit gekündigt werden. In jedem Falle löst die unzeitige Kündigung das Vertragsverhältnis.

B. **Tod und Geschäftsunfähigkeit der Parteien (672. 673.** HGB. Art. 54. 297).

1. Der Tod des Auftraggebers und seine Geschäftsunfähigkeit bewirken niemals schlechthin Erlöschen des Auftrages, sondern nur, wenn das ausdrücklich oder stillschweigend vereinbart ist. Die Vereinbarung hat derjenige zu beweisen, der sie behauptet. Liegt eine solche Vereinbarung nicht vor, so ist der Beauftragte den Erben oder dem geschäftsunfähigen Auftraggeber verpflichtet wie zuvor; liegt sie vor, so muß der Beauftragte dennoch, soweit Gefahr mit dem Aufschube verbunden ist, die Geschäftsbesorgung fortsetzen, so lange, bis der Erbe oder der gesetzliche Vertreter anderweit Fürsorge treffen kann. Der Auftrag besteht also mit abgeschwächtem Inhalte fort. Das abgeschwächte Mandat greift auch dann Platz,

---

[1]) So Planck zu **670**, Z. 5. Andere erweitern die Haftung des Auftraggebers: vgl. Hanau, Die Voraussetzungen, unter welchen nach gemeinem Recht der Mandant für Schaden haftet, welcher dem Mandatar bei Ausführung seines Auftrages erwächst (Diss. 1894), S. 84. Unger, a. a. O., S. 335. Eisele, a. a. O., S. 319 ff. Kekule, Die Schadensersatzpflicht des Mandanten nach gem. Recht (1894). Burchard, Krit. VJSchr., Bd. 38 (1896), S. 26 ff.

[2]) Immerwahr, Die Kündigung (1898), S. 168 ff.

[3]) A. M. Planck zu **671**, Z. 3c, bez. des Widerrufes; entweder soll der Verzicht nach **138** nichtig sein, oder das Geschäft soll aus dem Rahmen des Auftrages herausfallen. Immerhin werden solche Geschäfte in manchen Beziehungen nach Auftragsrecht zu beurteilen sein. Wie wir sie benennen, ist eine untergeordnete Frage.

wenn die Besorgung des Geschäftes im Moment des Todes noch gar nicht in Angriff genommen war.

Selbstverständlich gehen die bei Tod bereits begründeten Ansprüche aktiv und passiv auf die Erben über bzw. bleiben bei vollem Bestand.

2. Der Tod und die Geschäftsunfähigkeit des Beauftragten. Hier tritt das höchstpersönliche Element mehr hervor. Wenn nichts anderes vereinbart ist, so erlischt der Auftrag mit dem Tode des Beauftragten. Aber dieses Erlöschen ist kein völliges, sondern inhaltliche Abschwächung: die Erben haben unter allen Umständen dem Auftraggeber den Tod des Beauftragten unverzüglich anzuzeigen und, wenn mit dem Aufschube Gefahr verbunden ist, die Besorgung des Geschäftes, soweit sie ihnen möglich ist, fortzusetzen, bis der Auftraggeber anderweit Fürsorge treffen kann.

Erlischt der Auftrag nicht, was der dieses Behauptende zu beweisen hat, so besteht die Verpflichtung für die Erben wie für den Erblasser.

Geschäftsunfähigkeit des Beauftragten hat für sich keinen Einfluß auf den Fortbestand des Auftrages (vgl. **105. 275**).

C. **Die Eröffnung des Konkurses** über das Vermögen des Beauftragten ist ohne Einfluß (vgl. A.), die über das Vermögen des Auftraggebers bewirkt Erlöschen, soweit sich der Auftrag auf das zur Konkursmasse gehörige Vermögen bezieht (KO. §§ 22. 23. 27).

D. Die Rechtsfolgen des Erlöschens treten im Falle der Kündigung des Auftraggebers (Widerruf) zeitlich nach den Regeln über die empfangsbedürftigen Willenserklärungen ein. Von diesem Falle abgesehen, gilt der Auftrag zugunsten des Beauftragten als fortbestehend, bis derselbe von dem Erlöschen Kenntnis erlangt hat oder hätte erlangen müssen. Bis zu diesem Moment kann der Beauftragte die Geschäfte weiterbesorgen, Ersatz der Aufwendungen verlangen usw., er muß aber auch den Verpflichtungen nachkommen, die einen Geschäftsführer ohne Auftrag treffen, die mit denen eines Beauftragten übereinstimmen. Der Beauftragte wird so behandelt, als bestünde der Auftrag noch fort. Das ist dann nicht angängig, wenn der Beauftragte gekündigt hat.

VI. **Dienst- und werkvertragmäßige Geschäftsbesorgung** (**675**). Bestehen bei einem Dienstvertrage die versprochenen Dienste oder bei einem Werkvertrage das übernommene Werk in einer Geschäftsbesorgung, so fällt der Vertrag wegen der Entgeltlichkeit dieser Geschäfte an sich nicht unter die Vorschriften für den Auftrag, es finden aber eine Reihe dem Auftrage eigentümlicher Vorschriften Anwendung.

A. Geschäftsbesorgung bedeutet hier nach einer Ansicht[1]) notwendigerweise Engeres als in **662**, was aber dieses sein soll, ist streitig, und die Versuche, der Geschäftsbesorgung in **675** einen charakteristischen Inhalt zu geben, befriedigen nicht. Bei dem völligen Schweigen des Gesetzes scheint daher die andere Ansicht den Vorzug zu verdienen, die auf solche Unterscheidung verzichtet und **675** auf alle Dienst- und Werkverträge „entsprechende" Anwendung finden läßt[2]).

B. Anwendung finden: **663** (die Erklärungspflicht, II.), die Vorschriften in **665—674** über die Verpflichtungen der Parteien (III. IV.), jedoch können die Vorschußpflicht und Aufwendungsersatzpflicht nicht in Betracht kommen, wenn der Entgelt zur Deckung der Aufwendungen mitbestimmt ist. Weiter sind anwendbar die Bestimmungen über die Endigung des Verhältnisses durch Tod und Geschäftsunfähigkeit der Parteien. Erlischt aber der Dienst- und Werkvertrag, mit dem die Besorgung der Geschäfte verbunden ist, so können nicht daneben noch die Vorschriften über Erlöschen des Auftrages zur Anwendung kommen. Steht dem Verpflichteten das Recht der Kündigung ohne Kündigungsfrist zu, so darf wie beim Auftrage (**671**,

---

[1]) Vgl. z. B. Oertmann zu **675**, Z. 1 b.

[2]) Hachenburg, a. a. O., S. 12 ff. Riezler, Werkvertrag. Planck zu **675**, Z. 2. Das Mißliche ist aber, daß diese Ansicht nicht sagt, nach welchen Gesichtspunkten die „entsprechende" Anwendung des **675** einzutreten hat, also das Rätsel nur anders formuliert.

Abs. 2) nicht zur Unzeit gekündigt werden (V.). Über den Einfluß des Konkurses des Verpflichteten vgl. KO. § 23, Abs. 2.

§ 126.

Der Verwahrungsvertrag.[1])

Der Verwahrungsvertrag des römischen Rechts (depositum) ist Realvertrag, zweiseitiger (actio depositi directa contraria) und unentgeltlicher Vertrag. Die Vereinbarung eines Entgeltes führte zur locatio conductio. Bei vertretbaren Sachen kannte das römische Recht das dem Darlehen verwandte depositum irregulare. Das gemeine Recht folgte dem römischen Recht.

Das BGB. kennt neben der unentgeltlichen eine entgeltliche Verwahrung. Unter dem HGB. steht das Lagergeschäft (**416** ff.), unter dem R.-Depotgesetz vom 5. Juli 1896 die Aufbewahrung von Wertpapieren durch Kaufleute.

I. Dem Verwahrungsvertrage kann ein **Vorvertrag** über Verwahrung vorausgehen (pactum de deponendo). Der Verwahrer wird aus einem solchen Vertrage verpflichtet, die Sache in Verwahrung zu nehmen, der andere Teil aber nicht zur Hinterlegung. Möglich ist aber, daß auch der Hinterleger sich schadensersatzpflichtig macht (z. B. der Verwahrer hat Vorbereitungen getroffen usw.). Der Verwahrer kann aus zwingenden Gründen die Verwahrung ablehnen (**696**).

II. **Begriff.** Der Verwahrungsvertrag hat zum Inhalt die Übergabe einer beweglichen Sache seitens des Hinterlegers zur Aufbewahrung unter Verpflichtung des Empfängers (Verwahrers) zur Rückgabe. Wer aus bloßer Gefälligkeit die Verwahrung übernimmt, will keine rechtlichen Pflichten für sich begründen (**688**). Der Vertrag ist Realvertrag wie Leihe und Darlehen[2]).

A. Der Hauptzweck des Geschäftes muß die Aufbewahrung der beweglichen Sache sein. Eine Verwahrungspflicht ergibt sich vielfach als Nebenverpflichtung aus anderen Hauptverpflichtungen (Leihe, Dienst- und Werkvertrag). Der Verwahrungsvertrag kann aber auch als Nebenvertrag einem anderen Vertrage hinzutreten (Kaufvertrag). Die Einräumung des Gebrauches ist, auch abgesehen vom unregelmäßigen Verwahrungsvertrage (III), dem Wesen des Vertrages nicht schlechthin zuwider. Ist aber die wesentliche Absicht auf Gebrauchseinräumung gerichtet, so ist Gebrauchsleihe, Sachmiete oder sonstiger Vertrag anzunehmen. Ist bloße Gewährung des Raumes beabsichtigt, so liegt kein Verwahrungsvertrag vor[3]). Hinterlegen mehrere eine Sache so, daß sie bei Eintritt gewisser Umstände an einen oder den anderen von ihnen zurückgegeben werden soll, so liegt eine freiwillige Sequestration vor.

B. Gegenstand der Verwahrung sind nur bewegliche Sachen (**688**), bei unbeweglichen Sachen liegt bei gleichem Verwahrungszweck Dienstvertrag oder Auftrag vor. Eigene und fremde Sachen des Hinterlegers, auch eigene des Verwahrers können zum Gegenstande der Verwahrung gemacht werden.

C. Der Vertrag kann entgeltlich und unentgeltlich geschlossen werden. Eine Vergütung gilt als stillschweigend vereinbart, wenn die Aufbewahrung den Umständen nach nur gegen eine Vergütung zu erwarten ist (**689**). Der Verwahrungsvertrag ist also regelmäßig entgeltlicher Vertrag. Durch die Beschränkung auf die Verwahrung unter-

---

[1]) Koch, Beitr., H. 4, S. 31 ff. Kohler, Arch. f. bürg. Recht, Bd. 2, S. 239. Unger, Jahrbuch f. Dogmat., Bd. 33, S. 318 ff. Crome, Die partiarischen Rechtsgeschäfte, S. 455 ff. 472 ff. Stammler, Das Recht der Schuldverhältnisse, S. 237 f. Enneccerus I, 2. §§ 389—391.

[2]) Die Natur des Vertrages als eines Realvertrages wird bestritten, u. a. von Hellmann, Krit. VJSchr., Bd. 41 (1899), S. 222. 252 f. Dagegen Danz, Jahrb. f. Dogmat., Bd. 38 (1898), S. 479. Vgl. Planck, S. 535. 699.

[3]) Seuff. Arch., Bd. 37, Nr. 305; Bd. 58, Nr. 55.

scheidet sich der Vertrag von Auftrag und Dienstvertrag[1]). Der unentgeltliche Verwahrungsvertrag ist ein zweiseitiger Vertrag wie die Leihe, der entgeltliche kann die Struktur des gegenseitigen Vertrages annehmen.

D. **Die Verpflichtungen des Verwahrers.**

a) Der Verwahrer haftet regelmäßig für jede Fahrlässigkeit. Bei unentgeltlicher Übernahme ermäßigt sich seine Haftung; er hat nur für diejenige Sorgfalt einzustehen, die er in eigenen Angelegenheiten anzuwenden pflegt (**690**). Vereinbarung kann den Umfang der Haftung abändern.

b) Der Verwahrer ist zur Aufbewahrung verpflichtet. Darin liegt die Pflicht zur Obhut und Erhaltung.

Bei gemeinsamer Gefährdung eigener und der in Verwahrung genommenen Sachen bestimmt sich die Pflicht, die verwahrte Sache vor der eigenen zu retten, nach den Umständen[2]).

Der Verwahrer ist nicht befugt, die Sache einem anderen (Substituten) in Verwahrung zu geben. Hinterlegt der Verwahrer unbefugterweise bei einem anderen, so haftet der Verwahrer unbedingt für die Folgen. Hinterlegt er befugterweise, so haftet er für Schuld bei der Auswahl, in der Informierung des Unterverwahrers oder in der Überwachung desselben. Die Befugnis zur weiteren Hinterlegung kann ihm ausdrücklich oder stillschweigend eingeräumt sein. Ist der Verwahrer außerstande, die Sache weiter selbst zu bewahren, so wird er nicht sofort einen Substituten ernennen dürfen, sondern er wird zunächst den Hinterleger zur Zurücknahme auffordern müssen (**696**. **691**).

Die Zuziehung von Gehilfen kann dem Verwahrer ausdrücklich und stillschweigend eingeräumt sein. Im Zweifel ist sie ihm insoweit eingeräumt, als sie nach den Umständen und der Sitte gewöhnlich und üblich und kaum vermeidlich erscheint. Bedient sich der Verwahrer unbefugterweise eines Gehilfen, so haftet er unbedingt für die Folgen. Ist er dazu befugt, so tritt die regelmäßige Haftung für den Gehilfen (**278**) ein (**691**).

Die Art der Aufbewahrung (z. B. der Ort derselben) bestimmt sich nach dem Vertrage. Will der Verwahrer von der Bestimmung abweichen, so kann er solche Änderung treffen, von der er den Umständen nach annehmen darf, daß der Hinterleger bei Kenntnis der Sachlage sie billigen werde. Der Verwahrer hat, wenn nicht Gefahr im Verzuge ist, vor der Änderung Anzeige an den Hinterleger zu machen und dessen Entscheidung abzuwarten.

Für die Folgen ungerechtfertigter Abweichung steht der Verwahrer schlechthin ein. Dahin würde auch ein Gebrauch gehören, der nicht zur Erhaltung der Sache erforderlich ist (Ausreiten des Pferdes). Der Hinterleger kann dem Verwahrer nicht nachträglich Abweichungen vorschreiben. Nach Maßgabe des Gesagten ist der Verwahrer auch zur Änderung verpflichtet.

c) Der Verwahrer ist zur Rückgabe der Sache verpflichtet.

Die Rückgabe erfolgt mit Früchten und Zuwachs. Hat der Verwahrer hinterlegte Gelder eigenmächtig für sich verwendet, so hat er sie von der Verwendung an zu verzinsen (**698**). Über den Einwand, daß der Verwahrer Eigentümer, der Hinterleger nicht Eigentümer sei, sondern ein anderer Dritter, vgl. **L.** § 120, II, B. Z. 3d. Aufrechnung und Zurückbehaltung sind nur insoweit ausgeschlossen, als dieses vereinbart ist bzw. sich aus diesen Rechten von selbst ergibt. Die Zeit der Rückgabe. Der Hinterleger kann die hinterlegte Sache jederzeit zurückfordern, auch wenn für die Verwahrung eine Zeit bestimmt ist. Das folgt aus dem Wesen des Hinterlegungsvertrages. Fordert der Hinterleger zurück, so ist damit das Vertragsverhältnis noch nicht gelöst, sondern erst mit der Rückgabe (**695**).

A hat B sein Silbergerät in Verwahrung gegeben gegen monatliche Entschädigung von 20 M. mit der Abrede, daß die Verwahrung wenigstens drei Monate dauern und der Vertrag, falls nicht acht Tage

[1]) Die Schwierigkeit dieser Unterscheidungen und ihre praktische Geringfügigkeit hebt Stammler (1897), S. 237, Note 4, hervor.

[2]) Vgl. Koch, Beitr., H. 4 (1889), S. 32.

vor Ablauf der drei Monate gekündigt wird, sich auf weitere drei Monate verlängern solle. Nach Ablauf eines Monates kann A das Silbergerät herausverlangen, muß aber die Gebühr für drei Monate bezahlen.

Der Ort der Rückgabe ist derjenige, an dem die Sache aufzubewahren war. Hier hat der Hinterleger zu holen (**697**).

E. **Die Pflichten des Hinterlegers.** Der Verwahrer kann sie durch Zurückbehaltung geltendmachen (**273. 274**).

a) Der Hinterleger hat dem Verwahrer nur den Schaden zu ersetzen, der dem Verwahrer durch die Beschaffenheit der Sache zugefügt wird, vorausgesetzt, daß der Hinterleger die Beschaffenheit der Sache gekannt hat oder fahrlässigerweise nicht gekannt hat und vorausgesetzt, daß er sie, wenn er sie kannte, dem Verwahrer nicht mitteilte. Die Kenntnis der Beschaffenheit beim Verwahrer steht in der Bedeutung der Anzeige des Hinterlegers gleich. Die Anzeige ist vollendet, sobald sie zugekommen ist; Kenntnisnahme ist nicht erforderlich. Der Hinterleger hat zu beweisen, daß er die Beschaffenheit nicht gekannt hat und auch nicht kennen mußte, bzw. daß er dem Verwahrer Kenntnis gegeben hat, bzw. daß der Verwahrer Kenntnis hatte (**694**).

b) Der Hinterleger hat dem Verwahrer diejenigen Verwendungen zu ersetzen, die der Verwahrer den Umständen nach für erforderlich halten durfte (vgl. **670**). Es ist, wie bei der Geschäftsführung ohne Auftrag, eine Verwendung in Frage, die der Aufbewahrungszweck fordert, nicht eine bloß nützliche. Es handelt sich nicht nur um Aufwand auf die Sache selbst (z. B. gehören auch Rettungskosten aus Wassers- und sonstiger Gefahr hierher). Ausgeschlossen ist der Aufwand, der von dem Verwahrer stillschweigend oder ausdrücklich übernommen ist; dahin gehört der Aufwand, der zu der regelmäßigen Verwahrung unerläßlich, gewöhnlich und üblich ist, und derjenige Aufwand, für den die Vergütung das Äquivalent zu bieten bestimmt ist. Ist Geld aufgewendet und zu ersetzen, so hat dieses der Hinterleger von der Verwendung an zu verzinsen (**693**).

c) Der Hinterleger hat die Sache jederzeit auf Verlangen des Verwahrers zurückzunehmen, wenn keine Verwahrungszeit bestimmt ist, aber nur unter Gewährung angemessener Frist zur Zurücknahme (**157. 242**). Ist eine Verwahrungszeit bestimmt, so kann der Verwahrer die vorzeitige Rücknahme nur aus wichtigen Gründen (Aufgabe von Räumen, Krankheit) verlangen. Dem Hinterleger steht auch hier eine mäßige Zeit frei, die Rücknahme zu bewirken. Das Verlangen des Verwahrers befreit diesen allein nicht von der Vertragspflicht für die Zukunft.

d) Der Hinterleger ist verpflichtet, die Vergütung zu entrichten (**699**). Diese ist fällig bei Beendigung der Hinterlegung, kann daher durch Zurückbehaltung gegenüber der Klage auf Rückgabe geltendgemacht werden. Ist sie nach Zeitabschnitten bemessen, so tritt Fälligkeit nach Ablauf der einzelnen Zeitabschnitte ein. Endigt die Hinterlegung vorzeitig (**695. 696**), so hat, wenn der Vertrag anderes nicht ergibt, der Verwahrer einen Anspruch auf einen entsprechenden Teil der Vergütung.

e) Der Hinterleger ist zur Herausgabe des Depotscheines (Depositalscheines) verpflichtet (**371**).

III. **Der unregelmäßige Verwahrungsvertrag** (**700**).

A. Wenn vertretbare Sachen hinterlegt werden mit der Abrede, daß das Eigentum auf den Verwahrer übergehen und dieser Sachen gleicher Art, Güte und Menge zurückgeben soll, oder wenn bei der Hinterlegung vertretbarer Sachen dem Verwahrer der Gebrauch derselben gestattet wird und dieser den Gebrauch macht, so steht der Vertrag prinzipiell unter den Grundsätzen des Darlehens, im letzteren Falle von dem Momente an, in dem die Aneignung durch den Verwahrer erfolgt ist. Ob solche Vereinbarungen getroffen sind, ist Auslegungsfrage. Die Vereinbarungen können ausdrücklich oder stillschweigend getroffen sein (vgl. aber C.). In beiden Fällen liegt aber ein Darlehensvertrag nicht vor[1]. Die

---

[1]) Crome, Die partiarischen Rechtsgeschäfte (1897), S. 464. Oertmann, S. 433. A. M. Cosack I, S. 555. Endemann I, S. 841.

Absichten der Parteien gehen hier nicht auf Befriedigung des Kapitalbedürfnisses des Verwahrers, sondern auf Aufbewahrung im Interesse des Hinterlegenden, auch wenn Depositalzinsen vom Verwahrer gezahlt werden. Diese stellen sich als Beteiligung des Hinterlegers am Gewinn des Verwahrers dar. Nur in gewissen Beziehungen wird das Recht des Darlehens den Absichten der Parteien gerecht. Daher

B. Die Auslegungsregel: Zeit und Ort der Rückgabe regeln sich nach dem Rechte des Hinterlegungsvertrages. Es gilt daher nicht die gesetzliche Kündigungsfrist (**609**), vielmehr kann trotz verabredeter Aufbewahrungszeit jederzeit zurückgefordert werden, und der Ort der Rückgabe bestimmt sich nach **697**, nicht nach **270**. Ob weitere Besonderheiten eintreten (z. B. Ausschluß der Aufrechnung), ist im einzelnen Falle durch Auslegung festzustellen.

C. Bei Wertpapieren, die nicht schlechthin vertretbare Sachen sind, sondern nur vielfach so behandelt werden, können die unter A. bezeichneten Vereinbarungen nur ausdrücklich getroffen werden[1]).

A gibt B 1000 M. Preußische Konsols in Verwahrung mit der Abrede, daß B Konsols zu gleichem Gesamtnennwert erstatten solle. Sind die Papiere bei B ohne dessen Schuld gestohlen, so kann A trotzdem von B zurückfordern und die Übersendung an sich verlangen. War dagegen verabredet, daß B die Papiere, sobald er Geld benötige, verkaufen dürfe, und sind ihm, ehe er das tun konnte, die Papiere gestohlen, so hat B nicht Ersatz zu leisten (**700**).

§ 127.

Die Einbringung von Sachen bei Gastwirten.[2])

Das römische und gemeine Recht statuierten die quasikontraktliche Haftung der Schiffer, Gast- und Stallwirte für die aufgenommenen Sachen der Reisenden bis zur Grenze der vis major, ausgenommen, wenn der Schaden durch Schuld des Gastes selbst verursacht war (receptum nautarum, cauponum, stabulariorum, D. 4, 9).

Das BGB. hat die Vorschrift auf Gastwirte eingeschränkt und näher ausgestaltet.

I. Der sog. **Gastaufnahmevertrag** ist kein selbständiger Vertragstypus[3]); an sich verschiedene Verträge (Miete usw.), die auf Gastaufnahme gerichtet sind, nehmen die eigenartige Natur des Gastaufnahmevertrages an. Streitig ist aber, ob überhaupt ein solcher Vertrag zwischen Wirt und Gast als Voraussetzung der Haftung zu verlangen ist, und nicht vielmehr die einseitige rechtsgeschäftliche Handlung oder Rechtshandlung der Aufnahme hinreicht[4]).

Jedenfalls ist wesentliche Voraussetzung der strengen Haftung, daß die Aufnahme von einem Gastwirt ausgeht, der gewerbemäßig Fremde zur Beherbergung aufnimmt, nicht also vom D. und Ö. Alpenverein, der Touristen in seine Hütten in den Alpen aufnimmt, von Restaurateuren und Stallwirten, und daß die Aufnahme erfolgt ist im Betriebe dieses Gewerbes; folglich gehört nicht hierher die unentgeltliche Beherbergung eines Bekannten, während die unentgeltliche Beherbergung eines Fremden, dem Speisen und Getränke gegen Entgelt gereicht werden, hierher gehört.

II. **Die Haftung.** Der Gastaufnahmevertrag erzeugt besondere Vertragspflichten nicht, sondern nur eine Steigerung der Haftung des Wirtes und seiner Rechte. Die aus schuldhafter Verletzung seiner Vertragspflichten oder unerlaubter Handlung sich ergebenden Pflichten werden nicht berührt.

A. Der Gastwirt hat dem Gaste den Schaden zu ersetzen, den der Gast durch die Beschädigung oder den Verlust eingebrachter Sachen erleidet.

---

[1]) Reichsdepotgesetz vom 5. Juli 1896, § 2 fordert ausdrückliche und schriftliche Vereinbarung.

[2]) Mittelstein, Arch. f. bürg. R., Bd. 5, S. 282 ff. Sturm, Die Haftung der Gastwirte (1892). Fuld, Das Mietsrecht nach dem BGB. (1898), S. 258 ff. Langen, Die privatrechtliche Stellung der Wirte und der Gastaufnahmevertrag (1902). Enneccerus I, 2. §§ 392—394.

[3]) Vgl. Zschimmer, Die Offerte an das Publikum (1897), S. 61 ff.

[4]) So Planck zu **701**, Z. 2 a.

1. Eingebracht sind die Sachen, welche der Gast dem Wirte oder seinen Leuten, die zur Entgegennahme bestellt sind oder nach den Umständen als dazu bestellt anzusehen waren, übergeben hat (z. B. an den Hausknecht oder Hotelwagenkutscher am Bahnhof usw.), oder welche der Gast an einen ihm von den genannten Personen angewiesenen Ort, oder in Ermangelung einer Anweisung an den dafür bestimmten Ort gebracht hat. Eingebracht sind auch die Sachen, die der Gast bei sich trägt, und diejenigen, die er nach Aufnahme einbringt.

2. Die Haftung hört in betreff der zurückgelassenen Sachen nicht auf bei vorübergehender, wohl aber, von besonderen Vereinbarungen zwischen Gast und Wirt abgesehen[1]), bei definitiver Entfernung des Gastes. Hört die Haftung auf, so entscheiden die Grundsätze des Verwahrungsvertrages, Auftrages, der Spedition usw.

3. Gleichgültig ist, ob der Schaden durch den Wirt, seine Leute oder Dritte verursacht und verschuldet ist oder sogar zufällig eintrat. Die Haftung hört nur dann auf, wenn der Gastwirt beweist, daß der Schaden vom Gaste, einem Begleiter des Gastes oder einer Person, die er bei sich aufgenommen hat, verursacht (nicht verschuldet) ist[2]), oder, daß der Schaden durch die Beschaffenheit der Sache oder durch höhere Gewalt entstanden ist (**L.** § 61), oder endlich, daß durch besondere Vereinbarung mit dem Gaste die Haftung des Gastwirtes ermäßigt oder erlassen ist. Auf eine durch Anschlag kundgemachte Erklärung, in der er die Haftung ablehnt, kann sich der Wirt nicht berufen, und die Tatsache, daß ein solcher Anschlag von ihm gemacht war, genügt noch nicht zur Annahme einer mit dem Gaste getroffenen Vereinbarung.

4. Der Gast hat demnach nur die Einbringung und den Verlust usw. zu beweisen.

5. Eine Milderung der nach Z. 1—4 begründeten Haftung tritt ein bei Geld, Wertpapieren, Kostbarkeiten[3]). Der Gastwirt haftet hier nur bis zum Betrage von eintausend Mark; eine auch dem Betrage nach unbeschränkte Haftung tritt nur ein, wenn

a) der Gastwirt die Wertsachen in Kenntnis ihrer entscheidenden Eigenschaft zur Aufbewahrung übernommen hat. Damit ist der Gast veranlaßt, die Aufbewahrung dem Wirte anzubieten;

b) wenn der Gastwirt die Aufbewahrung ablehnt, ohne daß damit der Aufnahmevertrag endigt oder die Haftung vertragsmäßig ermäßigt oder erlassen ist. Damit ist der Wirt veranlaßt, die Aufbewahrung zu übernehmen, er ist aber keineswegs hierzu vertragsmäßig verpflichtet. Den Beweis der entscheidenden Tatsachen hat der Gast zu erbringen;

c) hat eine Übernahme oder ein Angebot zur Aufbewahrung nicht stattgefunden, so würde der Wirt nur bis zum Betrage von 1000 M. haften. Es tritt aber die unbeschränkte strengere Haftung ein, wenn der Wirt oder seine Leute den Schaden verschuldet haben, mag es sich um unerlaubte Handlungen oder Verletzung besonderer kontraktlichen Pflichten handeln. Die Beweislast bestimmt sich in diesem Falle nach den allgemeinen Grundsätzen (**702**).

B. **Anzeige.** Der Gast kann die strenge (beschränkte und unbeschränkte) Haftung des Wirtes nur dann geltendmachen, wenn er unverzüglich nach erlangter Kenntnis vom Schaden dem Wirte Anzeige macht. Unterlassen der Anzeige und nicht rechtzeitige Anzeige machen den Anspruch erlöschen, wenn die Sachen nicht dem Wirte zur Aufbewahrung übergeben waren; denn hier ist er in der Lage, die Angaben des Gastes auch nach längerer Zeit noch zu prüfen. Der Gast ist keineswegs vertragsmäßig verpflichtet, die Anzeige zu machen (**703**).

C. **Gesetzliches Pfandrecht.** Die Gastaufnahme hat, auch wenn ein Mietsvertrag nicht zugrunde liegt, einen Einfluß insofern, als dem Gastwirt wegen aller seiner Forderungen für Wohnung und andere dem Gaste zur Befriedigung seiner Bedürfnisse gewährten Leistungen

---

[1]) Vgl. Planck zu **701**, Z. 6.

[2]) Zu beachten ist hier **254**, wenn Mitwirkung des Gastes vorliegt.

[3]) Vgl. HGB. §§ 429. 456, Abs. 2. 462. 607. 708. Die als Vollkaufleute zu erachtenden Gastwirte sind außerdem dem Reichsdepotgesetz vom 5. Juli 1896 unterworfen (gesonderte Aufbewahrung, Eintragung in ein Depotbuch). Vgl. Hohenemser, D. Jur.-Ztg., Jahrg. 1897, S. 38.

und wegen seiner Auslagen wie dem Vermieter an den eingebrachten Sachen des Gastes ein Pfandrecht zusteht (**704**, **L.** § 115).

---

3. Kapitel.

Der Gesellschaftsvertrag.

§ 128.

Der Gesellschaftsvertrag.[1])

Der Gesellschaftsvertrag des römischen und gemeinen Rechts (societas) ist ein gegenseitiger Vertrag und begründet ein höchst persönliches Treuverhältnis unter den socii (Erlöschen durch Kündigung, Tod, Aufnahme eines neuen socius: beneficium competentiae). Die societas erzeugt nur obligatorische Verpflichtungen unter den socii (Haftung für culpa in concreto). Jeder socius muß seinen Beitrag einschießen, am Gesellschaftsgewinn die socii teilnehmen lassen und den Verlust mit ihnen tragen. Die Verpflichtungen werden von den socii mit der actio (famosa) pro socio geltendgemacht. Der Anteil am gesellschaftlichen Erwerbe steht jedem socius zur eigenen Verfügung zu.

Nach dem BGB. ist die Gesellschaft dem deutschen Prinzip der gesamten Hand entsprechend modifiziert; sie erzeugt zwar zunächst auch obligatorische Verpflichtungen der Gesellschafter, der höchstpersönliche Charakter des Gesellschaftsverhältnisses ist aber abgeschwächt. Aus dem gesellschaftlichen Erwerbe besonders entsteht ein Gesellschaftsvermögen zur gesamten Hand, d. h. nur zur gemeinschaftlichen Verfügung der Gesellschafter. Das BGB. findet Anwendung auf die Vereine ohne Rechtsfähigkeit (**54**, EG. Art. 10) und die Gelegenheitsgesellschaft des früheren HGB. Art. 266 ff., dagegen auf die Gesellschaften des Handelsrechtes und sonstigen Reichsrechtes nach EG. Art. 32 nur, soweit die Sonderregelung Raum läßt (HGB. § 105, Abs. 2. 161, Abs. 2; EG. HGB. Art. 2). Das BGB. findet auch nicht Anwendung auf die Gesellschaften des nach EG. vorbehaltenen Landesrechtes, soweit das Landesrecht das nicht vorschreibt (vgl. **L.** § 26).

I. **Begriff.** Der Gesellschaftsvertrag ist der gegenseitige Vertrag, der von mehreren zur Erreichung eines gemeinsamen Zweckes geschlossen wird.

A. Eigentümlich ist der Gesellschaft der **gemeinsame Zweck** der Gesellschafter. Es besteht für die einzelnen Gesellschafter kein selbständiger Zweck. Der Zweck muß möglich (**306**, vgl. **726**), erlaubt und nicht gegen die guten Sitten sein (**134**. **138**). Zu den verbotenen Gesellschaftsverträgen gehört auch der auf eine Gemeinschaft des zukünftigen Vermögens der Gesellschafter abzielende (**310**). Es kann die Verwirklichung eines gemeinsamen Vermögensinteresses oder eines idealen Interesses der Zweck sein (Erwerbsgesellschaften, Gesellschaften zu idealen Zwecken)[2]).

B. Wesentlich ist der Gesellschaft ferner die **Verpflichtung der Gesellschafter** zur Förderung des gemeinsamen Zweckes, die sie einander gegenüber übernehmen.

Verträge, die gewisse Personen nur am Verluste, nicht am Gewinn (sog. societas leonina), oder solche, die gewisse Personen nur am Gewinn, nicht aber an der Förderungspflicht teilnehmen lassen, sind keine Gesellschaftsverträge. Vom Gesellschaftsvertrage unterscheiden sich aber partiarisches Darlehen, Pacht, Dienstvertrag usw., bei denen ein oder beide Vertragsteile zu selbständigen Leistungen verpflichtet, aber zugleich beide am Geschäftsresultat interessiert sind.

---

[1]) Unger, Jahrb. f. Dogmat., Bd. 33, S. 335ff. Adler, Zur Entwickelungslehre und Dogmatik des Gesellschaftsrechtes. Crome, Die partiarischen Rechtsgeschäfte, S. 8ff. Knoke, Das Recht der Gesellschaft nach dem BGB. (1901). Gierke, Vereine ohne Rechtsfähigkeit, 2. A. (1902). Enneccerus I, 2. §§ 395—402.

[2]) RG. Bd. 60, S. 94 (Verhältnis zum eingetragenen Verein zu idealem Zweck).

C. Einer **Form** bedarf der Gesellschaftsvertrag als solcher nicht. Erstreckt sich aber die Gesellschaft auf das gesamte gegenwärtige Vermögen oder den Bruchteil eines solchen, so bedarf der Vertrag der gerichtlichen oder notariellen Beurkundung (**311**).

II. **Die Rechtsverhältnisse aus der Gesellschaft.** Die aus dem Vertragsverhältnisse sich ergebenden Rechte und Pflichten sind nicht solche der Gesellschaft. Diese ist keine juristische Person. Auch das Gesellschaftsvermögen steht den Gesellschaftern zu. Nur die Gesellschafter können als Berechtigte in das Grundbuch eingetragen werden. Die Gesellschaft besitzt keine aktive oder passive Parteifähigkeit[1]), ist also auch in diesem Punkt dem nicht rechtsfähigen Verein nicht gleichzustellen (**L.** § 32 III.).

Aus der Gesellschaft erwachsen zunächst:

A. **Pflichten der Gesellschafter gegeneinander.** Daß die Verpflichtungen der Gesellschafter gegenseitige sind, also die Vorschriften für den gegenseitigen Vertrag (**320** ff. **L.** § 86) Anwendung finden, wird entweder verneint[2]) oder nur mit Einschränkung zugelassen. Das letztere ist zutreffend, der gemeinsame Zweck schließt aber die Gegenseitigkeit der zu seiner Erreichung eingegangenen Verpflichtungen nicht aus[3]). — Der Gesellschafter haftet bei Erfüllung seiner Verpflichtungen aus dem Gesellschaftsvertrage für die Sorgfalt, die er in eigenen Angelegenheiten anzuwenden pflegt (**708**); mag er auch eine Vergütung erhalten. Ist er aber aus besonderem Rechtsverhältnis verpflichtet, so bestimmt sich seine Haftung nach diesem.

1. **Die Förderungs- und Beitragspflicht.**

a) Kein Gesellschafter darf dem Gesellschaftszweck zuwiderhandeln (vgl. HGB. §§ 112. 113).

b) Die Beiträge können in Geld, anderen vertretbaren oder nicht vertretbaren Sachen, Rechten und Diensten bestehen; sie können einmalige oder wiederkehrende sein. Dabei kann die Absicht die sein, daß die betreffenden Gegenstände nur dem Gebrauch und der Nutzung nach oder dem Rechte nach (z. B. Eigentumsübertragung) eingebracht sein sollen (societas quoad usum, — quoad sortem). Es besteht aber die Auslegungsregel (**706**, Abs. 2), daß vertretbare und verbrauchbare Sachen und die unter einer Schätzung, welche nicht bloß für die Gewinnverteilung maßgebend sein soll, eingebrachten nicht vertretbaren und nicht verbrauchbaren Sachen dem Rechte nach beigetragen sind. Für alle übrigen Fälle entscheiden die gewöhnlichen Auslegungsgrundsätze.

Der Gesellschafter ist daher verpflichtet, das Einbringungsgeschäft zu vollziehen, welches nach dem Gegenstande des Beitrages ein verschiedenes ist. Hat sich ein Gesellschafter verpflichtet, das Eigentum an einem Grundstücke einzubringen, so bedarf insoweit schon der Gesellschaftsvertrag der Form nach **313**, und weiter hat die Auflassung und Eintragung im Grundbuche zu erfolgen (vgl. GBO. § 48)[4]). Soweit Einbringung dem Rechte nach in Frage steht, ist der Gesellschafter nach **493** zur Rechtsverschaffung und bez. der eingebrachten Sachen zur Gewährleistung wegen physischer Mängel verpflichtet. Wieweit der Gesellschafter bei der Einbringung quoad usum die versprochene Nutzung zu gewährleisten hat, richtet sich nach der Natur des Einbringungsgeschäftes und seines Gegenstandes.

Die Höhe der Beiträge kann im Gesellschaftsvertrage frei bestimmt werden, im Zweifel sind die Beiträge gleich (**706**, Abs. 1).

c) Die Anwendung der Regeln der gegenseitigen Verträge ergibt, wenn man den einfachen Fall nur zweier Gesellschafter und nur den Bestand ihrer Beitragspflicht annimmt:

---

[1]) Anders die offene Handelsgesellschaft (HGB. § 124).
[2]) Z. B. Windscheid (Kipp), 9. A. II., § 406, Zus. 1. C.
[3]) Planck, S. 729 ff.
[4]) RG. Bd. 56, S. 96.

Im Falle der Nichtleistung oder nicht vollständigen Leistung des Beitrages hat der Mitgesellschafter das Verweigerungsrecht (**320—322**) gegen den klagenden Gesellschafter, der seinerseits mit der Leistung des Beitrages im Rückstande ist, und die Erfüllungsklage auf Illation in das Gesellschaftsvermögen. Gerät ein Gesellschafter in Verzug mit der Leistung, so findet **326** Anwendung. Unter Umständen läge darin ein Kündigungsgrund (**723**).

Wird dem Gesellschafter die Erfüllung der Beitragspflicht zufällig gänzlich unmöglich (z. B. eine versprochene Speziessache geht zufällig unter), so wird er frei und verliert nach **323** den Anspruch auf die Gegenleistung. Die Gesellschaft löst sich also auf (**726**). Bei teilweiser Unmöglichkeit der Leistung mindert sich die Gegenleistung, d. h. der von dem anderen Gesellschafter zu leistende Beitrag, nicht der schließlich erzielte Gewinn. Es kann aber auch nach **723** gekündigt werden und, wenn durch die teilweise Befreiung von der Beitragsleistung der Gesellschaftszweck nicht mehr erreicht werden kann, die Gesellschaft nach **726** endigen. Wird dem einen Gesellschafter die Leistung durch Verschulden des anderen Gesellschafters unmöglich, so wird ersterer frei (**324**), soweit er nicht etwa einen nach **281** ihm zukommenden Ersatz oder Ersatzanspruch beizutragen verpflichtet ist. Soweit er befreit wird, kann wieder die Auflösung der Gesellschaft nach **723. 726** eintreten. Für von ihm verschuldete Unmöglichkeit haftet der Gesellschafter nach **325**, er hat entweder Ersatz zu leisten und diesen beizutragen, es käme aber auch die Auflösung nach **723. 726** in Frage. Tritt der andere Gesellschafter zurück, so finden **327. 346** ff. Anwendung, wählt er die Behelfe aus **323**, so gilt das oben Bemerkte[1]).

Gerät der eine Gesellschafter mit der Leistung in Verzug, so hat der andere Gesellschafter den Schadensersatzanspruch oder das Rücktrittsrecht (**326**). Die Konsequenzen für die Auflösung der Gesellschaft sind die zuvor erörterten.

d) Hat der Gesellschafter seiner vertragsmäßigen Beitragspflicht genügt, so ist er befreit. Eine Erhöhung des vereinbarten Beitrages oder eine Ergänzung der durch zufällige Verluste oder Verschlechterung verminderten Einlage kann von ihm nicht verlangt werden, selbst wenn es der Zweck der Gesellschaft fordern würde. Demnach geht mit der Einbringung die Gefahr auf die Gesellschafter über. Die Gesellschafter können niemals Ersatz des Verlustes vom Beitragspflichtigen verlangen. Bei der Einbringung quoad usum sind die Gegenstände selbst nicht Vermögen der Gesellschafter geworden; der Zufall trifft daher den einbringenden Gesellschafter (**707. 732**).

Durch den Gesellschaftsvertrag oder spätere Vereinbarung kann aber eine Erhöhung und Ergänzung der Einlage bestimmt sein. Die Befreiung von der Erhöhung und Ergänzung der Einlage erleidet eine Ausnahme in der bei Auseinandersetzung eintretenden Nachschußpflicht (**735**).

2. **Die Geschäftsführung.**

a) Wer die Geschäfte der Gesellschaft zu führen hat, hat die Pflicht und das Recht der Geschäftsführung den Gesellschaftern gegenüber. Die Geschäftsführung umfaßt Geschäfte tatsächlichen Inhaltes wie Rechtsgeschäfte. Der Geschäftsführer, der ein Rechtsgeschäft im Rahmen seiner Befugnis abschließt, berechtigt und verpflichtet dadurch noch nicht die Gesellschafter dem Dritten gegenüber. Die Gesellschafter sind nur aus dem Gesellschaftsvertrage zur Anerkennung der Geschäftsführung zu ihren Gunsten und Lasten (Innengesellschaft) verpflichtet.

b) Die **Geschäftsführung** steht nicht jedem Gesellschafter zu, so daß die übrigen nur ein Widerspruchsrecht hätten, solange das Geschäft noch nicht vorgenommen ist, sondern die Geschäftsführung ist eine gemeinschaftliche, d. h. es ist die positive Zustimmung aller Gesellschafter erforderlich. Damit ist eine gemeinsame Vornahme des Geschäftes nicht verlangt (**709**, Abs. 1). Es kann aber im Gesellschaftsvertrage oder durch nachträgliche Vereinbarung bestimmt sein:

Die Mehrheit der Gesellschafter soll entscheiden. Das ist dahin auszulegen, daß die Mehrheit nach der Zahl der Gesellschafter, nicht nach der Größe der Anteile sich bestimmt. Im Zweifel wird der Minderheit das Gehör nicht versagt werden dürfen (**709**, Abs. 2).

Alle Gesellschafter sollen gleichmäßig zur Geschäftsführung berechtigt und verpflichtet sein. Hier kann jeder Gesellschafter durch seinen Widerspruch die Vornahme der Handlung hindern.

---

[1]) Planck, S. 729 ff. Nimmt man den Fall einer Gesellschaft von mehr als drei Gesellschaftern, so kompliziert sich die Anwendung von **320** ff. allerdings über das praktisch erträgliche Maß.

[2]) Oertmann, S. 446. A. M. Cosack II, S. 375, Note 15. Planck, S. 459, vgl. M. I², S. 597.

Das dennoch vorgenommene Geschäft braucht von den übrigen Gesellschaftern nicht anerkannt zu werden (**711**).

Einem oder mehreren Gesellschaftern wird die Geschäftsführung übertragen. Alle übrigen sind von dieser dann ausgeschlossen. Im Falle der Übertragung an mehrere Gesellschafter ist die Geschäftsführung für diese eine gemeinschaftliche, so daß entweder alle zustimmen müssen, oder Stimmenmehrheit unter ihnen entscheidet (**710**). Die Übertragung an die mehreren kann aber wieder so gemeint sein, daß die nicht handelnden Geschäftsführer das Widerspruchsrecht haben (**711**).

Ist die Geschäftsführung einem oder mehreren Gesellschaftern übertragen, so ist durch Auslegung festzustellen, in welchem Umfange die Übertragung stattgefunden hat. Die Übertragung kann sich auf bestimmte Geschäfte oder Geschäftszweige beziehen. Soweit die Übertragung umfänglich reicht, sind alle übrigen Gesellschafter ausgeschlossen.

c) Entziehung und Kündigung der Geschäftsführung (**712**). Die Übertragung der Geschäftsführung gibt Recht und Pflicht der Geschäftsführung. Daher können die Gesellschafter sie weder einseitig entziehen, noch kann der Geschäftsführer sie einseitig von sich weisen. Das ist aber nicht völlig konsequent durchgeführt.

Die Entziehung kann durch einstimmigen Beschluß bzw., falls nach dem Gesellschaftsvertrage Mehrheitsbeschluß entscheidet, durch Mehrheitsbeschluß der übrigen Gesellschafter erfolgen, wenn ein wichtiger Grund vorliegt (grobe Pflichtverletzung, Unfähigkeit zur ordnungsmäßigen Geschäftsführung usw.). Im Falle der Entziehung kommt, wenn der Vertrag nicht Bestimmung trifft, **709** zur Anwendung.

Andererseits kann der Geschäftsführer aus einem wichtigen Grunde kündigen. Er darf aber, wie ein Beauftragter, nicht zur Unzeit kündigen, d. h. nur so, daß die Gesellschafter für die Besorgung der Geschäfte anderweit Fürsorge treffen können. Wichtige Gründe rechtfertigen auch die unzeitige Kündigung. Ungerechtfertigte unzeitige Kündigung verpflichtet zum Schadensersatz. Verzicht auf das Kündigungsrecht ist statthaft, aber bindet den Geschäftsführer nicht, wenn ein wichtiger Grund vorliegt (**712**. **671**, Abs. 2 und 3).

d) Inhalt der Geschäftsführung. Der Geschäftsführer ist nicht Beauftragter der Gesellschafter. Er führt die Geschäfte als Gesellschafter. Das schließt nicht aus, daß Vorschriften für den Auftrag auch für die Gesellschaft anwendbar sind. Das gleiche wie beim Auftrag gilt für die Substitution, sowohl was die Befugnis zu solcher als die Haftung aus einer befugten Substitution betrifft, ferner für die Haftung aus der Beiziehung von Gehilfen (**664**), für die Abweichungen von Instruktionen und Anweisungen (**665**). Der Geschäftsführer ist weiter nach **666** zur Nachrichtserteilung, Auskunftserteilung und Rechenschaftsablegung, nach **667** zur Herausgabe und Einbringung dessen, was er aus der Geschäftsführung erhält, nach **668** zur Verzinsung eingenommener oder im Interesse der Gesellschafter zu verwendender, aber für sich verwendeter Gelder verpflichtet. Andererseits kann der Geschäftsführer Vorschuß verlangen (**669**) und Ersatz von Aufwendungen (**670**)[1]) aus dem Gesellschaftsvermögen bzw. zu ihren Anteilen von den Gesellschaftern. Vom Beauftragten unterscheidet sich der Geschäftsführer durch die Normierung der Haftung (**708**, vgl. Z. 4), durch die Zulässigkeit einer Vergütung, durch die Normierung der Zeit, zu welcher er die Erstattung der Auslagen verlangen kann, wenn Gesellschaftsvermögen nicht vorhanden ist (**721**), und durch die Vorschriften über Entziehung und Kündigung der Geschäftsführung (**671** und **712**)[2]).

Wird die Geschäftsführung durch selbständigen Vertrag an den Gesellschafter oder wird sie an Dritte übertragen, so entscheidet der Vertrag (Auftrag, Dienstvertrag).

3. **Die Vertretungsmacht.** Soll ein vom Geschäftsführer geschlossenes Geschäft auch die Gesellschafter dem Dritten gegenüber berechtigen oder verpflichten, so muß der Geschäftsführer auch Vertretungsmacht (Vollmacht) haben und das Geschäft mit dem Dritten im Namen der Gesellschafter geschlossen haben (Außengesellschaft).

a) Vertretung und Geschäftsführung fallen nicht zusammen und sind nicht identisch. Ob ein Gesellschafter die übrigen vertreten kann, bestimmt sich vielmehr nach allgemeinen Grund-

---

[1]) Ein Zurückbehaltungsrecht steht dem Geschäftsführer nicht zu (**273**), da er vorzuleisten hat. Vgl. Schollmeyer, a. a. O., S. 76 f.

[2]) Erleidet der geschäftsführende Gesellschafter bei der Geschäftsführung einen Schaden, so hat er, da er nur einer Pflicht nachkommt, diesen zu tragen.

sätzen. Soweit aber einem Gesellschafter nach dem Gesellschaftsvertrage die Befugnis zur Geschäftsführung zusteht, ist er in Ermangelung besonderer Bestimmung auch befugt, die Gesellschafter Dritten gegenüber zu vertreten (**714**). Hat der geschäftsführende Gesellschafter keine Vollmacht, so darf er die Geschäfte für die Gesellschaft nur im eigenen Namen schließen (vgl. aber **712**, Abs. 2).

Ist die Vollmacht im Gesellschaftsvertrage erteilt, so kann sie nur nach **712** durch einstimmigen Beschluß bzw. Mehrheitsbeschluß, und wenn ein wichtiger Grund vorliegt, entzogen werden (**715**). Ist sie in Verbindung mit der Übertragung der Geschäftsführung erteilt, so kann sie nur mit dieser entzogen werden. Wird die Geschäftsführung vom Gesellschafter gekündigt (**712**, Abs. 2), so ist damit auch die Vollmacht beseitigt. Die Vollmacht allein kann nicht gekündigt werden (**715**).

Die Erteilung der Vollmacht an einen Gesellschafter (nicht im Gesellschaftsvertrage) oder an Dritte und das Erlöschen der so erteilten Vollmacht steht unter den allgemeinen Vorschriften.

A und B haben sich zum Betriebe des Stadttheaters in H. verbunden und das Theater bis zum 30. August 1912 gepachtet. Im Juli 1912, als bereits über die Verlängerung der Pachtzeit verhandelt wurde, nimmt A, dem die Anstellung des Personals zukam, C als Kapellmeister auf weitere drei Jahre an. Der Pachtvertrag wird dann in der Tat bis 1915 verlängert. C wird aber zum 30. August entlassen. A hat durch den Vertrag mit C auch kraft Vollmacht B verpflichtet, so daß C von A und B Zahlung des Gehaltes für September 1912 verlangen kann.

b) Geschäfte, die der Gesellschafter als Geschäftsführer oder ein Dritter im Rahmen der Vollmacht im Namen der Gesellschafter schließt, berechtigen und verpflichten die Gesellschafter. Ob für die Verpflichtungen die Gesellschafter zu ihrem Anteile oder als Gesamtschuldner haften, richtet sich nach den allgemeinen Vorschriften (**420. 427. 431. L.** § 102). Ein Gesellschafter, der als Gesamtschuldner einen Gläubiger befriedigt hat, kann seinen Regreßanspruch (**426**) nur aus dem Gesellschaftsvermögen oder nach Auflösung der Gesellschaft aus dem Privatvermögen der einzelnen Gesellschafter (gemäß **735**) befriedigt verlangen, nicht aber während bestehender Gesellschaft von den einzelnen Gesellschaftern (**707**). Ebenso liegt es, wenn die Gesellschafter gemeinschaftlich eine gesamtschuldnerische Verbindlichkeit begründet haben. — Im übrigen kommen die allgemeinen Regeln der Vertretung ohne Vertretungsmacht oder der Geschäftsführung ohne Auftrag zur Anwendung.

4. Das Recht der **Einsicht** und **Kontrolle** (**716**).

Der geschäftsführende Gesellschafter ist verpflichtet (**713. 666**) zur Auskunftserteilung, Rechenschaftsablegung usw. (Z. 2. d.). Darüber hinaus hat jeder Gesellschafter, auch wenn er von der Geschäftsführung ausgeschlossen ist, das Recht, sich persönlich durch Einsicht in die Papiere und Geschäftsbücher von dem Stande der Gesellschaftsangelegenheiten zu unterrichten und sich eine Übersicht über den Stand des Gesellschaftsvermögens anzufertigen. Er kann dieses Recht nur in Person oder durch seinen gesetzlichen Vertreter ausüben. Das Recht kann durch Vereinbarung ausgeschlossen oder beschränkt werden. Besteht aber Grund zur Annahme unredlicher Geschäftsführung (Verdacht), so kann trotz solcher Vereinbarung das Kontrollrecht geltendgemacht werden.

5. **Anteil am Gewinn und Verlust.** Wann zum Zwecke der Verteilung von Gewinn und Verlust ein Rechnungsabschluß erfolgen muß, bestimmt die Vereinbarung. Liegt eine solche nicht vor, so kann der Rechnungsabschluß erst nach der Auflösung der Gesellschaft verlangt werden. Ist die Gesellschaft auf längere Zeit geschlossen, so greift die Auslegungsregel ein, daß der Rechnungsabschluß und die Gewinnverteilung, nicht die Verlustverteilung, am Schlusse jedes Geschäftsjahres erfolgen sollen (**721**).

Die Anteile am Gewinn und Verlust können verschieden vereinbart sein, verschieden nach Art und Größe der Beiträge, auch verschieden für Gewinn und Verlust; die Bestimmung kann auch einem Gesellschafter oder einem Dritten überlassen sein. Liegt solche Vereinbarung nicht vor, so sind die Anteile schlechthin **gleich** (**722**, Abs. 1). Ist nur der Anteil am Gewinn oder nur der Anteil am Verlust bestimmt, so gilt diese Bestimmung im Zweifel für beide Fälle (**722**, Abs. 2).

6. Die Ansprüche, die einem Gesellschafter aus dem Gesellschaftsverhältnisse gegen den Gesellschafter zustehen, z. B. auf Leistung der Beiträge, Anspruch aus der Geschäftsführung gegen den Geschäftsführer auf Rechnungslegung, Auskunftserteilung usw., sind nicht übertragbar und aktiv und passiv höchstpersönliche. Jede Übertragung ist nichtig (**399**). Daher sind auch nichtig Pfändung, Bestellung von Nießbrauch und Pfandrecht. Ausgenommen sind die Ansprüche eines Gesellschafters auf den **Gewinnanteil** und, was ihm bei der Auseinandersetzung zukommt, ferner Ansprüche eines Gesellschafters aus seiner Geschäftsführung, soweit deren Befriedigung vor der Auseinandersetzung verlangt werden darf, was durch besondere Vereinbarung bestimmt sein kann (**717**).

B. **Das Gesellschaftsvermögen.**

Der Gesellschaftsvertrag erzeugt unmittelbar ein Schuldverhältnis unter den Gesellschaftern. Die Verwirklichung des Gesellschaftszweckes führt aber zur Ansammlung eines Vermögens, das zwar den einzelnen Gesellschaftern gehört, aber dem Zwecke der Gesellschaft dienen soll und deshalb nach dem Prinzip der gesamten Hand als selbständiges Gesellschaftsvermögen (Zweckvermögen, Sondergut) hingestellt ist[1]).

1. Das Gesellschaftsvermögen besteht aus den **Beiträgen** und dem **Gesellschaftserwerbe** (Sachen und Rechte). **Die Ansprüche auf Leistung der Beiträge** gehören nicht zum Gesellschaftsvermögen, es kann aber der Geschäftsführer zur Einziehung bevollmächtigt werden, und durch Gesellschaftsvertrag kann auch bestimmt sein, daß diese Ansprüche zum Gesellschaftsvermögen gehören sollen[2]). Ein Erwerb fällt in das Gesellschaftsvermögen, wenn er für die Gesellschafter als solche gemacht ist, also wenn alle Gesellschafter gemeinschaftlich den Erwerb mit dieser Absicht gemacht haben, oder der bevollmächtigte Geschäftsführer im Namen aller Gesellschafter als solcher erworben hat. Dem Dritten muß die entscheidende Absicht nicht kundgegeben sein (vgl. **1370**. **2041**)[3]). Es gilt das Surrogationsprinzip (**718**).

2. Das Gesellschaftsvermögen ist nicht subjektlos, auch nicht selbständiges Vermögen im Sinne einer juristischen Person, sondern steht den Gesellschaftern anteilig zu, nicht aber zu Sonderrecht (Miteigentum usw., nomina sunt ipso jure divisa), sondern **gemeinschaftlich** (zur gesamten Hand). Daher:

a) Die Gesellschafter können über das Gesellschaftsvermögen im ganzen überhaupt nicht, über die einzelnen dazu gehörigen Gegenstände nur gemeinschaftlich verfügen (vgl. Z. 2), der einzelne Gesellschafter ist über das Gesellschaftsvermögen und seine Gegenstände zu verfügen nicht berechtigt (**185**). Ein einzelner Gesellschafter kann über seinen **Anteil** am Gesellschaftsvermögen oder an den einzelnen dazu gehörigen Gegenständen nicht verfügen (Veräußerung, Belastung)[4]), die Verfügung ist nichtig. Ein Anspruch auf Teilung der gemeinschaftlich gewordenen Gegenstände ist ausgeschlossen (**719**, Abs. 1).

b) Der einzelne Gesellschafter kann eine Gesellschaftsforderung niemals aktiv zur Aufrechnung verwenden, auch nicht zu seinem Anteile (a). Der Schuldner aus einer Gesellschaftsforderung kann auch nicht eine ihm gegen einen einzelnen Gesellschafter zustehende Forderung aufrechnen (**387**. **719**, Abs. 2), sondern nur eine ihm gegen alle Gesellschafter zustehende Forderung. Daß die Forderung Gesellschaftsforderung (nach **718**, Abs. 1) ist, kann allerdings gegen den Schuldner erst dann geltendgemacht werden, wenn der Schuldner von der Zugehörigkeit Kenntnis erlangt hat. Den Beweis der Kenntnis hätte die Gesellschaft zu führen. Vor erlangter

---

[1]) RG. Bd. 56, S. 206, 430.

[2]) **Planck** zu **718**, Z. 1 a. RG. Bd. 54, S. 297. Dagegen u. a. **Gierke**, a. a. O., S. 21, Anm. 30 a.

[3]) RG. Bd. 54, S. 103.

[4]) RG. Bd. 57, S. 414.

Kenntnis kann daher der Schuldner den einzelnen Gesellschafter als seinen Gläubiger betrachten, und die Gesellschaft muß Aufrechnung, Zahlung und sonstige Rechtsgeschäfte des Schuldners mit dem einzelnen Gesellschafter geltenlassen (**719**, Abs. 2. **720**, vgl. **406** ff.).

c) Gesellschaftsschulden sind diejenigen, die für Zwecke der Gesellschaft begründet sind, und solche, die aus einem dem Gesellschaftsvermögen angehörigen Verhältnis hervorgegangen sind. Sie spielen zwar bei der Auseinandersetzung eine wichtige Rolle, aber nur im obligatorischen Verhältnis der Gesellschafter zueinander, dagegen hat ein Gesellschaftsgläubiger kein Recht auf vorzugsweise Befriedigung aus dem Gesellschaftsvermögen, vielmehr können alle Gläubiger, denen die Gesellschafter als Gesamtschuldner haften (**812**. **831**. **843**), aus dem Gesellschaftsvermögen Befriedigung erlangen; für eine Zwangsvollstreckung in dieses ist aber erforderlich, daß der Gläubiger seine gegen alle Gesellschafter vollstreckbaren Schuldtitel aufweisen kann (ZPO. § 736)[1]. Die Gesellschaftsgläubiger können sich auch an das Privatvermögen des einzelnen Gesellschafters halten, soweit dieser ihr Schuldner ist, sie sind auf das Gesellschaftsvermögen beschränkt, wenn vertragsmäßig ihnen nur das Gesellschaftsvermögen haften soll.

d) Der Gläubiger eines einzelnen Gesellschafters kann sich aus dem Gesellschaftsvermögen nicht befriedigen, sondern sich an die nach **717** übertragbaren Ansprüche des Gesellschafters aus dem Gesellschaftsvertrage (A. 6) halten, nicht an den Anteil des Gesellschafters an den einzelnen zum Gesellschaftsvermögen gehörigen Gegenständen; denn dieser unterliegt der Pfändung nicht. Der Pfändung unterliegt aber der Anteil des Gesellschafters am Gesellschaftsvermögen (ZPO. § 859). Dieses Pfändungspfandrecht ist jedoch dem Prinzip der gesamten Hand gemäß erheblich eingeschränkt (**725**). Der Gläubiger kann bei definitiv vollstreckbarem Schuldtitel die Gesellschaft ohne Einhaltung einer Kündigungsfrist kündigen und so die Auseinandersetzung herbeiführen. Bei nur vorläufig vollstreckbarem Schuldtitel kann er, solange die Gesellschaft besteht, nur den Anspruch des Gesellschafters auf den Gewinnanteil geltendmachen. So auch bei endgültig vollstreckbarem Titel, wenn der Gläubiger nicht kündigt (abweichend HGB. § 135. Genoss.-Ges. § 66).

e) Einen Konkurs der Gesellschaft oder über das Gesellschaftsvermögen gibt es nicht. Im Falle des Konkurses über das Vermögen eines Gesellschafters tritt Auflösung der Gesellschaft (**728**) ein, der Anteil des Konkursschuldners an den Gegenständen des Gesellschaftsvermögens fällt nicht in die Masse, sondern das, was bei der außerhalb des Konkurses sich vollziehenden Auseinandersetzung auf den Gemeinschuldner entfällt (KO. §§ 16. 51).

III. Die Auflösung der Gesellschaft.

A. Die **Gründe** der Auflösung. Ist die Gesellschaft auf Zeit oder unter Bedingung eingegangen, so erlischt sie mit Ablauf der Zeit oder Erfüllung der Bedingung (**723**). Sie erlischt auch durch Vereinbarung der Gesellschafter.

1. Die Kündigung durch die Gesellschafter[2].

a) Ist eine bestimmte Zeit für die Gesellschaft nicht bestimmt (**723**, Abs. 1), oder ist sie auf Lebenszeit eines Gesellschafters eingegangen oder nach Ablauf der bestimmten Zeit stillschweigend und nicht auf bestimmte Zeit fortgesetzt (**724**), so besteht freie Kündigung für die Gesellschafter; ist eine bestimmte Zeitdauer vorgesehen, so ist die Kündigung aus wichtigem Grunde (vorsätzliche oder grobfahrlässige Verletzung einer wesentlichen Vertragspflicht durch einen der übrigen Gesellschafter, oder Unmöglichwerden der Erfüllung einer solchen wesentlichen Pflicht)[3] vor Ablauf der Zeit zulässig. Ist eine Kündigungsfrist im Vertrage bestimmt, so braucht diese, wenn ein solcher wichtiger Grund vorliegt, ebenfalls nicht eingehalten zu werden (**723**, Abs. 1). Grundlose Kündigung ist in diesem und dem vorigen Falle ohne Wirkung.

---

[1]) Anders beim nicht rechtsfähigen Verein (**54**. ZPO. § 735).

[2]) Immerwahr, Die Kündigung (1898), S. 178 ff.

[3]) RG. Bd. 53, S. 19.

Unzeitige, aber begründete Kündigung verpflichtet, wenn nicht ein wichtiger Grund für die unzeitige Kündigung vorliegt, zum Ersatz des Schadens, der aus ihr entsteht, führt aber zur Auflösung.

Die Kündigung ist empfangsbedürftige Willenserklärung. Sie muß allen Gesellschaftern gegenüber erfolgen, wirkt daher auch erst, wenn sie allen Gesellschaftern zugekommen ist[1]).

b) Das Kündigungsrecht kann durch Vereinbarung weder beschränkt noch ausgeschlossen werden (**723. 724**), vgl. aber a. Eine solche Vereinbarung wäre nichtig und möglicherweise infolgedessen (**139**) der ganze Gesellschaftsvertrag.

2. **Die Kündigung durch den Privatgläubiger eines Gesellschafters** (**725**).

3. **Die Erfüllung des Zweckes** oder **eintretende Unmöglichkeit** desselben (**726**). Bei Unmöglichkeit des Zweckes bedarf es daher einer Kündigung nicht.

4. **Der Tod** eines Gesellschafters (**727**)[2]). Ist keine andere Vereinbarung getroffen (z. B. dahin, daß die Gesellschaft mit den Erben des Gesellschafters oder (**736**), daß sie unter den übrigen Gesellschaftern fortgesetzt werden soll), so wird die Gesellschaft durch den Tod eines Gesellschafters aufgelöst, und zwar im Moment des Todes. Daraus kann sich der Übelstand ergeben, daß die Gesellschaft aufgelöst ist, während die übrigen Gesellschafter von der Auflösung noch nichts wissen. Diesem Übelstande begegnen folgende Bestimmungen, die einen teilweisen Fortbestand des Gesellschaftsverhältnisses in sich schließen (**729**, vgl. unten B).

a) Die Erben haben den übrigen Gesellschaftern den Tod unverzüglich anzuzeigen.

b) Die Erben haben, wenn Gefahr im Aufschube liegt, die dem Erblasser übertragenen Geschäfte fortzuführen, bis die übrigen Gesellschafter in Gemeinschaft mit den Erben anderweit Fürsorge treffen können. Selbstverständlich haften die Erben auf Rechenschaftsablegung bez. der von ihrem Erblasser und bez. der von ihnen (nach **727**) geführten Geschäfte nach allgemeinen Grundsätzen. Ihre Haftung ist die des Erblassers. Die übrigen Gesellschafter sind ebenso zur einstweiligen Weiterführung der ihnen übertragenen Geschäfte verpflichtet.

A und B spielen gemeinschaftlich ein Los der Preuß. Staatslotterie. A besorgt die Lose, bezahlt sie und rechnet mit B ab. B stirbt nach Ziehung der 4. Klasse, ohne daß A davon erfährt, der auch das Los der 5. Klasse besorgt und bezahlt. Auf das Los fällt ein Gewinn von 10000 M. Nach dem Gesellschaftsvertrage ist die Gesellschaft durch Tod des B nicht aufgelöst, A war daher verpflichtet, weiter für die Gesellschaft zu handeln, die Erben des B können daher die 5000 M. vom Gewinn nach Abrechnung des Lospreises von A verlangen.

5. **Der Konkurs** über das Vermögen eines Gesellschafters (**728**)[3]). Auch hier gilt die Gesellschaft teilweise als fortbestehend, weil die übrigen Gesellschafter, nach **727**, zur einstweiligen Fortführung der Geschäfte verpflichtet sind. Der Fortbestand der Gesellschaft unter den übrigen Gesellschaftern kann vereinbart werden (**736**, vgl. außerdem **729** unter B).

B. Für alle Auflösungsgründe außer dem der Kündigung gilt nach **729** und **169** die auf dem Gesellschaftsvertrage beruhende Geschäftsführung und Vertretung eines Gesellschafters zu seinen Gunsten so lange als fortbestehend, als nicht der Gesellschafter von der Auflösung Kenntnis erlangt hat oder hätte erlangt haben müssen. Die betreffenden Gesellschafter können aus ihrer Geschäftsführung oder Vertretung nicht haftbar gemacht werden. Dritte Personen, die mit dem Gesellschafter kontrahierten, können sich auf den Fortbestand der Vollmacht nur berufen, wenn sie die Auflösung weder kannten, noch kennen mußten (vgl. KO. § 28).

IV. **Die Auseinandersetzung.** Auf diese hat jeder Gesellschafter dem anderen gegenüber ein Recht. Die Auseinandersetzung bezweckt Teilung unter den Gesellschaftern. Der Teilung geht die Liquidation vorher.

A. Zu dem jetzt veränderten Zwecke der Auseinandersetzung gilt die Gesellschaft unter den Gesellschaftern und Dritten gegenüber als fortbestehend, d. h. soweit begonnene Geschäfte abgewickelt und zu diesem Zwecke Geschäfte neu eingegangen werden müssen, und soweit die Er-

---

[1]) Planck zu **723**, Z. 2.

[2]) Entmündigung ist nicht Auflösungs-, sondern nur Kündigungsgrund (**723**, Satz 2).

[3]) KO. § 28.

haltung und Verwaltung des Gesellschaftsvermögens in Betracht kommt. Den bisherigen Geschäftsführern kann auch im Gesellschaftsvertrage die Geschäftsführung zur Auseinandersetzung übertragen sein. An sich ist das nicht der Fall, und von der Auflösung an haben also im Zweifel die Gesellschafter die Geschäftsführung gemeinschaftlich (**709**. **730**).

B. Die für die Auseinandersetzung geltenden Grundsätze.

1. Es entscheidet zunächst die Vereinbarung, die aber das Recht der Gesellschaftsgläubiger auf Befriedigung aus dem Gesellschaftsvermögen oder dem Privatvermögen der Gesellschafter nicht berührt. Abgesehen von **732** bis **735** gelten die Vorschriften über die Gemeinschaft (**731**).

2. Die quoad usum eingebrachten Gegenstände sind zurückzugeben, sie gehören nicht zum Gesellschaftsvermögen.

3. Das festzustellende Gesellschaftsvermögen (Sachen, Rechte) dient in erster Linie zur Befriedigung der Gesellschaftsschulden (B. c), gleichgültig, ob die Gesellschafter für sie als Gesamtschuldner oder anteilsmäßig haften; ferner Schulden, für welche einem Gesellschafter die übrigen Gesellschafter als Schuldner haften, und die durch den Gesellschaftsbetrieb hervorgerufen sind, z. B. Schulden aus der Geschäftsführung eines Gesellschafters (**732**), nicht aber die von allen Gesellschaftern zusammen, aber ohne Beziehung auf das Gesellschaftsverhältnis kontrahierten Schulden. Letztere gehören nicht hierher, z. B. Schulden aus gemeinschaftlicher Verbürgung.

Für streitige und nichtfällige Schulden ist das zur Berichtigung Erforderliche zurückzubehalten (**733**, Abs. 1) und bleibt Gesellschaftsvermögen.

4. Sodann werden aus dem Reste quoad sortem-Einlagen zurückerstattet, und zwar, soweit sie nicht in Geld bestanden, nach dem Geldwerte zur Zeit der Einbringung. Einlagen, die in persönlichen Diensten oder in der Benutzung von Gegenständen bestanden, werden nicht erstattet. Restitution in natura kann weder vom Gesellschafter verlangt noch ihm aufgenötigt werden (**733**, Abs. 2).

5. Soweit es zum Zwecke der Schuldentilgung oder der Rückerstattung (Z. 3. 4) erforderlich ist, hat Versilberung des Gesellschaftsvermögens zu erfolgen (**733**, Abs. 3. **753**. **754**).

6. Der nach Tilgung der Schulden und Rückerstattung der Einlagen verbleibende Überschuß (Gewinn) kommt den Gesellschaftern nach Verhältnis ihres Anteiles am Gewinne zu. Die Teilung steht unter den Grundsätzen der Teilung im Falle einer Gemeinschaft (**753**. **754**. **756**. **757** ff. **L**. § 139).

7. Reicht das Gesellschaftsvermögen zur Tilgung der Schulden und Rückerstattung der Einlagen nicht hin, so liegt insoweit Verlust vor, und diesen tragen die Gesellschafter nach ihrem Anteile am Verlust, somit auch diejenigen Gesellschafter, die nicht erstattungsberechtigte Einlagen gemacht haben (Z. 5). Die Gesellschafter trifft also entgegen **707** die Nachschußpflicht. Für den Betrag, der von dem einzelnen Gesellschafter nicht beigetrieben werden kann, haften die übrigen nach dem gleichen Verhältnis. Die nicht befriedigten Gesellschaftsgläubiger können sich nur noch an die einzelnen Gesellschafter halten. Wie ist es aber, wenn die Auseinandersetzung beendigt ist, und ein Gesellschaftsgläubiger, der auf die Haftung des Gesellschaftsvermögens beschränkt war, leer ausgegangen ist?[1])

V. **Das Ausscheiden eines Gesellschafters** unter Fortbestand der Gesellschaft kann vorkommen, wenn im Gesellschaftsvertrage für den Fall, daß ein Gesellschafter kündigt, stirbt oder in Konkurs gerät, der Fortbestand der Gesellschaft unter den übrigen vorgesehen ist (**736**), ferner

im Falle des Ausschlusses eines Gesellschafters durch die übrigen Gesellschafter. Dieser ist möglich, wenn im Gesellschaftsvertrage der Fortbestand der Gesellschaft nach Kündigung eines Gesellschafters vorgesehen ist, und nun ein die übrigen Gesell-

[1]) Vgl. Planck zu **735**, Z. 4.

schafter nach **723**, Abs. 1, Satz 2 zur Kündigung berechtigender Umstand in der Person eines Gesellschafters eintritt. Die Ausschließung steht den Gesellschaftern gemeinschaftlich zu und erfolgt durch Erklärung gegenüber dem Auszuschließenden (**737**. HGB. § 140).

Die Auseinandersetzung steht in diesem Falle unter besonderen Vorschriften (**738—740**)[1]).

Zur Auseinandersetzung sind die übrigen Gesellschafter und der Ausscheidende gegenseitig berechtigt und verpflichtet. Sie erfolgt nach der Vermögenslage zur Zeit des Ausscheidens.

Der Ausscheidende kann die quoad usum eingebrachten Gegenstände verlangen (**732**). Die quoad sortem eingebrachten Gegenstände kann er nicht verlangen und braucht sich die Überweisung von Naturalanteilen nicht gefallenzulassen, vielmehr erhält er eine Geldabfindung in der Höhe dessen, was er bei Auflösung im Momente des Ausscheidens erhalten haben würde. — Der Ausscheidende kann ferner Befreiung von den gemeinschaftlichen Schulden (A. 3) und bei noch nicht fälligen[2]) Schulden Sicherheitsleistung für die Befreiung verlangen (**738**, vgl. **257**), weil er für die bisherigen gemeinschaftlichen Schulden an sich weiter haftet.

Ergibt sich ein Verlust (**735**), so hat diesen der Ausscheidende anteilsmäßig mitzutragen (**739**).

Der Ausscheidende hat aber weiter auch Anteil an dem Gewinn und Verlust, die sich später aus den zur Zeit seines Ausscheidens schwebenden Geschäften ergeben (**722**). Diese Geschäfte werden von den übrigen Gesellschaftern geführt, und sie sind dem Ausscheidenden gegenüber berechtigt, diese Geschäfte so zu führen, wie es ihnen am vorteilhaftesten erscheint. Der Ausgeschiedene hat den Anspruch auf jährliche, am Schlusse jedes Geschäftsjahres stattfindende Rechnungslegung über die inzwischen beendigten Geschäfte, auf Auszahlung des Gewinnbetrages und auf Auskunftserteilung über den Stand der noch schwebenden Geschäfte, nicht aber auf Einsicht in die Geschäftsbücher (**740**. **716**).

VI. **Der Eintritt eines neuen Gesellschafters**[3]) in die Gesellschaft ist auch abgesehen von dem Falle des Eintrittes des Erben eines Gesellschafters (**727**) zulässig. Die Aufnahme des Dritten erfolgt stets im Vertrage des neuen Gesellschafters mit allen bisherigen. Ob und wie dieser Vertrag abgeschlossen werden kann, bestimmt sich nach dem Gesellschaftsvertrage, der Einstimmigkeit aller Gesellschafter, Mehrheitsbeschluß vorschreiben kann oder auch den Geschäftsführer bevollmächtigen kann, jeden Dritten aufzunehmen. Die juristische Konstruktion ist streitig. Die eine Auffassung nimmt Abschluß eines neuen Gesellschaftsvertrages auf Grund des bisherigen an; der neu eintretende Gesellschafter bekommt seinen Anteil am Gesellschaftsvermögen und übernimmt auch den bisherigen Gesellschaftern gegenüber den Anteil an den Schulden, während für die Gläubiger die bisherige Haftung des Gesellschaftsvermögens sich nicht ändert, oder der neue Gesellschafter übernimmt die Schuldenhaftung zugleich zugunsten der Gesellschaftsgläubiger. Dieselbe Grundauffassung läßt sich auch so durchführen, daß die bisherigen Gesellschafter mit dem neuen eine neue Gesellschaft schließen und auf diese alle Gegenstände des alten Gesellschaftsvermögens übertragen. Immer widerspricht diese Auffassung der Parteiabsicht, die Eintritt in die alte Gesellschaft will. Dieser wird die andere Konstruktion gerecht, die den Eintritt bei Fortbestand der alten Gesellschaft zuläßt ebenso wie den Austritt.

VII. Da die Vorschriften fast durchgehends dispositiver Natur sind, kann das Gesellschaftsverhältnis den Gesellschaftszwecken angepaßt werden. Möglich ist auch eine Gestaltung, die der römischen societas sich annähert. Der einzelne Gesellschafter kann außerdem eine Untergesellschaft mit Dritten eingehen. Diese erhalten Rechte nur in der Untergesellschaft auf Grund des Untergesellschaftsvertrages. In der Stammgesellschaft könnten sie Rechte nur kraft Abtretung geltendmachen (vgl. II. A. 6).

[1]) Vgl. Leist, Vereinsherrschaft und Vereinsfreiheit (1899), S. 19 ff. 47 f. Vgl. L. § 32.

[2]) Auf streitige Schulden bezieht sich **738** nicht (anders **733**). RG. Bd. 60, S. 155.

[3]) Planck zu **736**, Z. 2. Hellwig, Die Verträge auf Leistung an Dritte (1889), S. 397, Note 828. 829. Knoke, Arch. f. bürg. R., Bd. 20, S. 170.

4. Kapitel.

Aleatorische Verträge.

§ 129.

Der Leibrentenvertrag.[1])

I. Das Gesetz regelt weder den allgemeinen Versorgungsvertrag (Alimentationsvertrag), dessen Inhalt im Einzelfalle festzustellen ist, noch den mit Überlassung eines Grundstückes in Verbindung stehenden Leibgeding-, Leibzuchts-, Altenteils- oder Auszugsvertrag, der unter Landesrecht steht, soweit dieses dispositive Vorschriften enthält (EG. Art. 96)[2]).

II. Die Verpflichtung zur Leistung einer Leibrente kann auf Gesetz (**823**. **844**), richterlichem Urteil, Stiftung oder Rechtsgeschäft (Verfügung von Todes wegen, Vertrag) beruhen. Der **Leibrentenvertrag** ist derjenige Vertrag, durch den sich der Schuldner zu periodisch wiederkehrenden Leistungen von Geld, anderen vertretbaren Sachen, Rechten oder zu vertretbaren Handlungen an den Gläubiger verpflichtet. Diese Verpflichtung kann auch gegen Entgelt übernommen sein (einseitiger — gegenseitiger Leibrentenvertrag)[3]). Der Vertrag kann auch zugunsten eines Dritten geschlossen sein (**330**).

III. Der Leibrentenvertrag bedarf insofern der **Form**, als das Versprechen der Leibrente schriftlich erfolgen muß (**761**). Es kann aber schon nach dem Gegenstande der Leibrente eine Form notwendig sein, z. B. **311**. **313**. **518**.

IV. Die **Verpflichtung des Schuldners.**

Die Bestimmungen beziehen sich auf jede, nicht nur auf die vertragsmäßige Leibrentenschuld.

A. Die **Dauer** der Verpflichtung. Hier entscheidet Vereinbarung, Gesetz (**844**), Urteil, Vermächtnis. Der Vertrag kann bestimmen, daß die Leibrente auf bestimmte Zeit zu gewähren ist oder für die Lebenszeit des Schuldners oder eines Dritten, auch über den Tod des Rentenberechtigten hinaus für die Erben desselben. Fehlt es an Vereinbarung, so gilt der dispositive Satz, daß die Leibrente für die Lebensdauer des Gläubigers zu entrichten ist, auch wenn der Tod ein gewaltsamer gewesen ist (**759**, Abs. 1). Ist der Rentengläubiger vom Rentenschuldner schuldhafterweise getötet worden, so haben die Erben den Schadensersatzanspruch aus **823**. **844**; ist der Dritte, auf dessen Lebenszeit die Rente gestellt ist, vom Rentenschuldner getötet, so ist die Rente auf Grund von **162** bis zum mutmaßlichen Tode des Dritten fortzuentrichten (vgl. **L.** § 58, III). Bis zum mutmaßlichen Tode des Rentenschuldners wird die Rente auch dann wohl zu entrichten sein, wenn der Rentenschuldner, auf dessen Leben die Rente steht, seinen Tod verschuldet hat (Selbstmord, Todesstrafe).

B. Der **Betrag der Rente.** Ist die Rente an mehrere versprochen, so ist durch Auslegung festzustellen, ob Teilung nach Köpfen eintritt, oder ob jeder die ganze Rente fordern kann. Sonst entscheiden **420**. **432**. Ist mehreren Personen, z. B. Ehegatten, von seiten ihrer Kinder die Rente geschuldet, so ist es Auslegungsfrage, ob die Rate des Versterbenden den Überlebenden zufällt. Im Zweifel erlischt nach **420** die Pflicht mit dem Tode des einen.

Nach der Auslegungsregel in **759**, Abs. 2 ist der für die Rente ausgeworfene Betrag der Jahresbetrag der Rente.

C. Dem Zwecke der Rente entspricht die Pflicht zur **Vorauszahlung.** Anderes kann bestimmt werden. Der Zeitabschnitt, für den vorauszuzahlen ist, beträgt bei der Geldrente drei Monate, bei anderen Renten ist er nach Gegenstand und Zweck der Leistung zu bestimmen (**760**, Abs. 1 und 2, ZPO. § 258).

---

[1]) Sepp, Der Leibrentenvertrag (1905). Eccius, Gruch. Beitr., Bd. 45, S. 11 ff.

[2]) Vgl. Preuß. AG. z. BGB. Art. 15.

[3]) Daß das BGB. an beide Fälle denkt, ergibt **761**. Enneccerus I, 2. §§ 407. 408.

D. Für den **Erwerb des Anspruches** auf die einzelne Rate und die Vererbung desselben ist entscheidend, daß der Rentengläubiger den Beginn des Zeitabschnittes (C) erlebt hat (vgl. R.-HaftpflGes. v. 7. Juni 1871, § 7).

E. Schuldhafte Tötung des Rentengläubigers oder des Dritten, auf dessen Leben die Rentenverpflichtung gestellt ist, durch den Rentenschuldner verpflichtet als unerlaubte Handlung zur Fortentrichtung der Rente. Ebenso im Falle des Selbstmordes oder der Todesstrafe des Rentenschuldners, wenn die Dauer der Verpflichtung durch sein Leben bestimmt ist.

§ 130.

Spiel, Wette, Lotterie- und Ausspielvertrag. Differenzgeschäft.[1])

Im römischen Recht waren Wetten erlaubt und erzeugten ihrem Inhalte gemäß die Klage auf Erfüllung. Beim Spiel liegt es ebenso, wenn es ein erlaubtes war.

Im gemeinen Recht hielt man am römischen Recht fest oder nahm auf Grund deutscher Rechtsauffassung an, daß auch erlaubte Spielverträge außerhalb der Sphäre des Rechtes liegen, dem Gewinner also keine Klage auf Erfüllung usw. geben, daß aber das Gezahlte nicht zurückgefordert werden könne.

Dieser Auffassung entspricht das BGB.

I. Spiel und Wette.

A. Dem **Spielvertrage** ist eigentümlich, daß die Parteien *Gewinn und Verlust untereinander abhängig machen vom Zufalle oder von dem Ausfalle und Erfolge eigener oder fremder Tätigkeit.* Das Spielen lediglich zum Unterhaltungszwecke interessiert das Recht nicht, sondern nur das Spiel zum Gewinnzwecke. Diesem ist charakteristisch das Fehlen ernster wirtschaftlichen oder ethischen Zwecke.

Wette *ist das gegenseitige Versprechen eines Vermögensvorteiles für den Fall, daß die versprechende Partei in einem ernsten Meinungskampf unterliegt.*

Beide Verträge gleich zu behandeln, ist insofern gerechtfertigt, als die Verteidigung der eigenen Meinung durch Unterwerfung unter einen Vermögensverlust nur beschränkte Anerkennung verdient und vom geläuterten ethischen Standpunkte aus nicht gefordert wird. Beide Verträge gehen leicht ineinander über. Spiel liegt vor, wenn zum wesentlichen Zwecke der Entscheidung über Gewinn und Verlust ein nicht ernster Meinungskampf inszeniert wird (z. B. Rennwetten am Totalisator)[2]).

B. Unerlaubte Spiel- und Wettverträge sind nach **134**. **138** nichtig, wenn nicht nach dem betreffenden Verbotsgesetze eine andere Wirkung eintritt. Ist Leistung erfolgt, so tritt die Kondiktionshilfe ein oder, wenn auch das Erfüllungsgeschäft nichtig ist, ist die Eigentumsklage begründet. Eine besondere Bestimmung besteht für die *erlaubten* Spiele und Wetten (**762**). Aus dem erlaubten Spiel- und Wettvertrage entsteht eine Verbindlichkeit nicht (keine Klage auf Erfüllung, keine Aufrechnung). Die Leistung, mag sie vorher oder nach der Entscheidung der Bedingung erfolgt sein, kann aber nicht wegen dieser Negierung einer Verbindlichkeit zurückgefordert werden, wohl aber z. B. dann, wenn die Entscheidung überhaupt nicht oder nicht rite getroffen wird.

Das gleiche gilt von einer Verbindlichkeit, die der Verlierende dem Gewinner gegenüber zum Zwecke der Erfüllung der Spiel- oder Wettschuld eingeht (Schuldanerkenntnis nach **780** ff., Novation, Wechsel, datio in solutum). Die Leistung kann hier ebensowenig kondiziert werden. In der Nichtrückforderung erschöpft sich die Bedeutung der Naturalschuld des Spielers; eine Verbürgung für die Spielschuld ist daher wohl nicht als gültig anzusehen[3]), dem zahlenden Bürgen ist aber die Rückforderung versagt.

---

[1]) *Simon*, Zeitschrift f. d. ges. Handelsrecht, Bd. 41, S. 455 ff. *Wiener*, Das Differenzgeschäft. *Leist*, Arch. f. d. ziv. Pr., Bd. 83, S. 153 ff. *Spitzer*, Zeitschrift f. d. Priv.- und öffentl. Recht, Bd. 23, S. 81 ff. v. *Seeler*, Arch. f. bürg. R., Bd. 24, S. 1 ff. *Nußbaum*, das. S. 325 ff. *Elster*, das. Bd. 26, S. 34 ff. *Kohler*, das. Bd. 25, S. 1 ff. *Enneccerus* I, 2. §§ 409. 410.

[2]) RGes. vom 4. Juli 1905 (Verbot des gewerbsmäßigen Buchmachens).

[3]) RG. Bd. 47, S. 48; Bd. 51, S. 156; Bd. 52, S. 39.

Der Auftrag zum Spielen z. B. als Ersatzmann des Auftraggebers, ein Gesellschaftsvertrag, ferner das Darlehen zum Zwecke des Spielers fallen nicht unter die Bestimmung, vielleicht aber ein Darlehen, das vom Mitspieler dem Spieler zum Weiterspielen gewährt wird, wenn der Darleiher nunmehr gewinnt[1]). Derartige Geschäfte könnten aber wegen Unsittlichkeit nichtig sein.

II. **Der Lotterie- und Ausspielvertrag.**

A. Der **Lotterievertrag** ist Hoffnungskauf (emtio spei, vgl. **L.** § 104). Der Spieler kauft die Chance, die sich aus dem Lotterieplan ergibt, und über die in der Ziehung Entscheidung getroffen wird.

Das **Ausspielgeschäft** ist ebenfalls Hoffnungskauf und unterscheidet sich nur durch die meistens geringfügigere Ausdehnung.

Daher ist die gleiche Behandlung der beiden Verträge gerechtfertigt.

B. Das Gesetz unterscheidet zwischen staatlich genehmigten und nicht genehmigten derartigen Verträgen. Die ersteren sind durchaus verbindlich, und ein landesgesetzliches Verbot des Spielens in auswärtigen Lotterien hat ihnen gegenüber keine zivilrechtliche Wirkung[2]); die letzteren stehen den Spiel- und Wettverträgen in ihrer Wirkung gleich (**762**). Das gleiche gilt von solchen Lotterieverträgen, bei denen staatliche Genehmigung nicht erforderlich ist. Wie die Genehmigung zu erfolgen hat, bestimmt das Landesrecht[3]). Besteht ein Verbot solcher Verträge, so kann sich aus dem Verbotsgesetze[4]) oder aus **134** auch die privatrechtliche Nichtigkeit der Verträge ergeben (**763**).

III. **Das Differenzgeschäft** (**764**).

Ein Differenzgeschäft liegt vor, wenn bei Verträgen, die auf Lieferung von Waren oder Wertpapieren (vgl. **372**) lauten, die ausdrückliche oder stillschweigende Bestimmung getroffen wird, daß nicht Lieferung erfolgen, sondern der Unterschied zwischen dem vereinbarten Preise und dem Börsen- oder Marktpreis (**385**) zur Lieferzeit (Stichtag) vom Verlierenden an den Gewinnenden gezahlt werden soll. Ein solcher Vertrag ist als Spiel anzusehen[5]). Das Gesetz entscheidet die theoretische Frage nicht, ob das Differenzgeschäft ein Spiel ist. Die gleiche Behandlung tritt ein, wenn nur die Absicht des einen Teiles auf die Zahlung des Unterschiedes gerichtet ist, der andere Teil aber diese Absicht kennt oder kennen muß. Die Bestimmungen beziehen sich aber nicht auf die Börsendifferenzgeschäfte, welche nach dem Reichsbörsengesetz vom 22. Juni 1896, jetzt nach der Börsengesetznovelle vom 8. Mai 1908[6]) entweder nichtig oder voll gültig sind.

IV. **Die Versicherung** bedeutet einen bestimmten wirtschaftlichen Zweck: Gewährung von Vermögensmitteln zur Deckung im Falle bestimmter wirtschaftlich ungünstigen Ereignisse. Dieser Zweck kann Zweck einer Gesellschaft oder eines Vereins (Versicherung auf Gegenseitigkeit) oder Zweck eines Schuldvertrages sein (Versicherung gegen Prämie).

Die Versicherung hat daher ihre geschichtlichen Wurzeln sowohl im Genossenschafts- und Vereinsrecht wie im Schuldvertragsrecht. Im römischen Recht kommt der Versicherungszweck bei den collegia tenniorum und beim foenus nauticum zur Geltung. Aus dem letzteren hat sich im Mittelalter der Versicherungsvertrag gegen Prämie langsam als selbständiger Vertrag entwickelt, zuerst beim See-, dann beim Landtransport und auf anderen Gebieten. Der immer rationeller ausgebildete Betrieb der Versicherung gegen Prämie kam der Versicherung auf Gegenseitigkeit zugute. Das Seeversicherungsrecht ist zuerst in italienischen und spanischen Statuten, dann in Frankreich und anderen ausländischen Staaten kodifiziert, die zum Teil auch Kodifikationen des gesamten Versicherungsrechtes besitzen. In Deutschland ist die Seeversicherung im Handelsgesetzbuch (§§ 778—900) kodifiziert.

---

1) Die Ansichten gehen auseinander. Vgl. Bingner, Sächs. Arch., Bd. 6 (1896), S. 4. Tränkner, a. a. O. (1899). Planck zu **762**, Z. 10.

2) RG. Bd. 48, S. 175. Die Frage ist streitig, vgl. Planck zu **763**, Z. 6.

3) Mecklenb.-Schwerin. AV. z. BGB., § 42. Mecklenb.-Strelitz. AV. z. BGB., § 41.

4) Vgl. Planck zu **763**, Z. 10. Schepp, Das öffentl. Recht im BGB. (1899), S. 58 f.

5) RG. Bd. 52, S. 250.

6) §§ 56. 64. 66.

Das BGB. regelt das Versicherungsrecht nicht (Vorbehalt für das Landesrecht: EG. Art. 75). Von den Landesrechten hat nur das Pr.ALR. (II, 8, § 1934 ff.) eine Regelung des gesamten Versicherungsrechtes. Reichsrechtlich ist das Versicherungsrecht jetzt durch zwei Gesetze geregelt: Reichsges. vom 12. Mai 1901 (verwaltungsrechtliche Normen über Entstehung, Staatserlaubnis, Staatsaufsicht und Geschäftsführung, privatrechtliche Normen über die Versicherung auf Gegenseitigkeit) und Reichsgesetz vom 30. Mai 1908 über den Versicherungsvertrag mit Ausschluß der See- und Rückversicherung mit EG. von demselben Tage und Gesetzeskraft vom 1. Januar 1910. Beide Gesetze treffen nicht die öffentlichen Versicherungsanstalten.

Innerhalb der Versicherung ergeben sich wichtige Unterscheidungen:

A. Nach der Versicherungsleistung unterscheidet sich die Schadensversicherung, bei der wirklich eingetretener Schaden (nach besonderer Vereinbarung einschließlich des entgangenen Gewinnes) in Geld zu ersetzen ist, von der Summenversicherung (Lebensversicherung) auf eine einmalige feste Geldsumme oder periodische Renten.

B. Nach dem Eintritt der den Versicherungsfall darstellenden Tatsachen unterscheidet man Personen- und Güterversicherung. Zu ersterer gehört die Lebens-, Unfall-, Kranken-, Diätenversicherung. Die Güterversicherung ist Sachversicherung (Feuer-, Wasser-, Hagel-, Vieh-, Kasko-, Kargoversicherung) oder Versicherung von Rechten (gegen Insolvenz, Kursverlust) oder Unternehmungen, Versicherung gegen Haftpflicht, Rückversicherung, Binnen- und Seeversicherung.

C. Am wichtigsten ist die Unterscheidung nach der Rechtsform, in der der Versicherungszweck rechtliche Wirksamkeit erlangt, in

1. **Versicherung auf Gegenseitigkeit.** Ihr Gegenstand ist hauptsächlich die Lebens-, Hagel-, Viehversicherung. Sie kann nur von solchen Personenvereinen betrieben werden, die dem Gesetze vom 12. Mai 1901 entsprechen. Der Verein erlangt die Rechtsfähigkeit mit der Erteilung der staatlichen Erlaubnis (Konzession). Die Verfassung wird, soweit nicht zwingende Vorschriften des Gesetzes vorliegen, durch die Satzung bestimmt. Diese hat darüber zu bestimmen, wie die Deckung der Auslagen zu erfolgen hat, ob durch Prämienzahlung oder Umlagen, und die Bildung eines Gründungs- und Reservefonds vorzusehen. Die größeren Vereine haben die Struktur der Aktiengesellschaft, sie sind Vollkaufleute, ihre Firma muß den Zusatz „auf Gegenseitigkeit" enthalten und ist (mit deklaratorischer Wirkung) in das Handelsregister einzutragen, nachdem das Kaiserl. Aufsichtsamt für Privatversicherung die Erlaubnis zum Geschäftsbetrieb erteilt hat. Auch die Vorschriften des HGB. über die Pflicht zur Buchführung und über die Prokura finden Anwendung und die Vorschriften über Aktiengesellschaften auf den Vorstand, Aufsichtsrat, Generalversammlungen, Liquidation. Die kleineren Vereine mit einem sachlich, örtlich oder nach dem Mitgliederkreise begrenzten Wirkungskreise (z. B. Unterstützungs-, Sterbekassen) unterstehen nächst dem Reichsgesetz nicht dem Handelsrecht, sondern dem BGB. Die Vorschriften über die Firma, die Eintragung in das Handelsregister, Buchführung und Prokura finden also keine Anwendung. Die Funktionen des Amtsgerichtes nimmt die Aufsichtsbehörde wahr. Ist ein Aufsichtsrat zu bestellen, so findet das Genossenschaftsgesetz Anwendung. Die Auflösung das Vereins erfolgt durch Beschluß (Genehmigung des Aufsichtsamtes), Konkurs und Untersagung des Geschäftsbetriebes durch das Aufsichtsamt.

Die Mitglieder des Versicherungsvereines auf Gegenseitigkeit erwerben den Anspruch auf die Versicherungsleistung usw. und werden zur Gegenleistung (Beitrag) verpflichtet durch ihren Beitritt zum Verein. Die Mitglieder haben auch Anspruch auf den Jahresüberschuß gemäß der Satzung, können aber gegen die Forderung des Vereines aus der Beitragspflicht nicht aufrechnen. Den Gläubigern des Vereines haften die Mitglieder nicht. Die Mitgliedschaft endigt, soweit nicht die Satzung anderes bestimmt, mit dem Versicherungsverhältnis.

2. **Die Versicherung gegen feste Prämie.** Der Versicherer bezweckt hier einen Gewinn (Erwerbsversicherung). Gewisse Zweige der Versicherung (Lebens-, Feuer-, Hagel-, Haftpflicht-, Unfall-, Hinterbliebenen-, Aussteuer-, Militärversicherung) können nur von Aktiengesellschaften oder Versicherungsvereinen auf Gegenseitigkeit betrieben werden. Diese Versicherung wird vom Versicherer im Betrage mit dem Versicherungsnehmer übernommen. Der

Versicherungsvertrag ist ein eigenartiger gegenseitiger Vertrag, durch den sich der Versicherer zur Versicherungsleistung für den Versicherungsfall gegen die Verpflichtung des Versicherungsnehmers zur Leistung der Prämie usw. verpflichtet. Auf Seiten des Versicherungsnehmers wird ein Gewinn nicht beabsichtigt, sondern ökonomische Sicherung. Daher Unterschied von Spiel und Wette. Vom Versicherer wird Gewinn beabsichtigt, der Vertrag hat vom Standpunkt des Versicherers aleatorischen Charakter.

a) Der Vertrag wird formlos geschlossen. Der Versicherer hat aber dem Versicherungsnehmer eine Urkunde über den Vertrag (Versicherungsschein, Police) auszuhändigen. Sie enthält gewöhnlich die allgemeinen Versicherungsbedingungen, auf Grund welcher (wie der Beitritt bei der Versicherung auf Gegenseitigkeit) der Vertragsschluß erfolgt. Der Inhalt der Versicherungsbedingungen gilt nicht als genehmigt. Der Versicherungsnehmer kann noch innerhalb eines Monates Widerspruch gegen die Richtigkeit des Scheines erheben oder seine Genehmigung wegen Irrtumes anfechten. Andererseits hat der Versicherungsnehmer und der Versicherte (bei Versicherung auf fremde Rechnung) die Pflicht, dem Versicherer über alle erheblichen Umstände Anzeige zu machen (Ausfüllung der üblichen Fragebogen). Unterlassung gibt dem unkundigen Versicherer ein Rücktrittsrecht oder Anspruch auf Erhöhung der Prämie oder ein Kündigungsrecht (RGes. §§ 16. 18. 20 ff.). Der Versicherungsschein muß die Unterschrift des Versicherers tragen; er kann auf den Inhaber lauten und ist dann Legitimationspapier nach **808**; der Transportversicherungsschein kann auch an Order lauten.

b) Der Versicherungsvertrag kann vom Bevollmächtigten des Versicherers oder Versicherten geschlossen werden. Versicherungsagenten sind als solche nicht bevollmächtigt zum Abschluß des Vertrages; der Versicherungsvertrag kann vom Versicherungsnehmer für eigene und fremde Rechnung geschlossen werden; beim Versicherungsvertrag auf fremde Rechnung kann es unbestimmt gelassen werden, ob die Versicherung auf eigene oder fremde Rechnung genommen sein soll; sie kann auch auf eigene und fremde Rechnung genommen sein. Der Versicherte ist bei Versicherung auf fremde Rechnung nicht Vertragspartei, sondern der Versicherungsnehmer, der allein einen Versicherungsschein verlangen kann. Das interne Verhältnis des Versicherten zum Versicherungsnehmer (Auftrag, Geschäftsführung ohne Auftrag usw.) bestimmt über die Ersatzansprüche des Versicherungsnehmers gegen den Versicherten. Die Rechte aus dem Vertrage stehen dem Versicherten zu; ist ein Versicherungsschein nicht ausgehändigt, so kann der Versicherungsnehmer über die Rechte des Versicherten in eigenem Namen verfügen und sie gerichtlich geltendmachen. Ist dem Versicherungsnehmer ein Schein ausgehändigt, so ist er zur Zahlungsannahme oder zur Übertragung der Rechte unter Zustimmung der Versicherten nur befugt, wenn er im Besitze des Scheines ist. Ist der Versicherte im Besitz des Scheines, so kann er über die Rechte aus der Versicherung frei verfügen. In jedem Falle ist der Versicherer zur Zahlung an den Versicherungsnehmer nur verpflichtet, wenn ihm dieser die Zustimmung des Versicherten zur Versicherung nachweist. Der Versicherungsvertrag kann auch für eigene Rechnung zugunsten eines Dritten geschlossen werden (**328**—**335**, RGes. §§ 159. 166 f.).

c) Der Versicherer ist verpflichtet, die vereinbarte Versicherungsleistung zu erbringen (**255**. HGB. §§ 804. 859, Abs. 2).

d) Der Versicherungsnehmer hat die Prämien zu leisten, vor Eintritt des Versicherungsfalles von jeder erheblichen Gefahrserhöhung Anzeige zu machen (RGes. §§ 23. 25 f.), eine Gefahrerhöhung zu vermeiden, den Schaden zu verhüten (Ges. §§ 24 f. 62 f.), nach Eintritt des Versicherungsfalles unverzüglich Anzeige zu machen (RGes. § 33) und jede erforderliche Auskunft zu erteilen (Ges. § 34), bei der Sachversicherung auch die Veräußerung anzuzeigen.

e) Der Versicherungsvertrag endigt durch Vereinbarung der Parteien, Ablauf der Versicherungszeit, Fortfall des Interesses, Rücktritt des Versicherers (aus allgemeinen Gründen des bürgerl. R. wegen Verletzung der Anzeigepflicht, Kündigung des Versicherers und Versicherungsnehmers und des Erwerbers der versicherten Sache, Konkurs des Versicherers).

3. Das Reichsgesetz gibt besondere und Einzelvorschriften für Schadensversicherung, Lebens- und Unfallversicherung.

5. Kapitel.

Der Sicherungsvertrag und die Feststellungsverträge.

§ 131.

Der Bürgschaftsvertrag.[1])

Der Bürgschaftsvertrag des römischen Rechtes war die in Stipulationsform begründete fidejussio; sie begründete eine akzessorische Verpflichtung des Bürgen, die aber auf nicht mehr gehen konnte, als der Hauptschuldner schuldete (Richtigkeit). Der fidejussor hat die Einrede der Vorausklage (beneficium ordinis oder excussionis (nov. 4). Mitbürgen haben das beneficium divisionis (epistola Hadriani). Der fidejussor hat nach Befriedigung des Gläubigers Regreß gegen den Hauptschuldner (actio mandati oder negotiorum gestorum contraria), wenn er nicht donandi causa intervenierte. Der fidejussor hatte aber auch das beneficium cedendarum actionum und kann mit der actio cessa des Gläubigers Regreß gegen den Hauptschuldner nehmen. Neben der fidejussio standen als bürgschaftsähnliche Geschäfte das constitutum debit ialieni und das Kreditmandat (mandatum qualificatum). Letzteres stand ganz unter den Grundsätzen des mandatum. Die Wirkung des benef. excussionis und cedendarum actionum ergibt sich aus dem Mandat. Mehrere Mandanten haben auch das benef. divisionis. Die Schuld des Mandanten ist aber keine akzessorische, sondern eine selbständige auf Ersatz des Schadens, den der Mandatar (Gläubiger) aus der Ausführung erlitten hat. Auch die Verpflichtung des Konstituenten ist keine akzessorische, wie die des fidejussor. Der Konstituent haftet allerdings nicht, wenn die Hauptschuld nicht besteht oder durch Befriedigung erlischt, dagegen, wenn sie verändert wird oder durch Zeitablauf oder Verjährung erlischt. Die fidejussio gerade kann das Wesen des Interzessionsgeschäftes an sich tragen, das Frauen verwehrt ist (Sctm. Vellejanum. Authentica si qua mulier).

Im gemeinen Recht gelten die materiellen Grundsätze der fidejussio, die Form ist gefallen. Der Abschluß eines constitutum im römischen Sinne oder eines mandatum qualificatum war aber nicht ausgeschlossen.

Das BGB. folgt bei der Regelung i. a. dem römischen und gemeinen Recht. In eine Bürgschaft läuft auch das Kreditmandat aus, sobald der Kredit gewährt ist. Ein constitutum ist im Gesetz nicht besonders geregelt, aber nicht unzulässig, aber dem Verkehr fremd.

I. **Begriff.** Der dem Bürgschaftsvertrag eigentümliche Zweck ist die Sicherstellung des Gläubigers eines anderen. Der Bürge verpflichtet sich, dem Gläubiger eines Dritten für die Erfüllung der Verbindlichkeit des Dritten einzustehen. Der Bürge will also erfüllen, nicht nur Schadensersatz wegen Nichterfüllung leisten. In allen ihren Anwendungsfällen hat die Bürgschaft gleichen Charakter. Sie ist Nachbürgschaft als Verbürgung für die Erfüllung der Bürgschaftsschuld, Rückbürgschaft als Verbürgung für die Erfüllung der Regreßschuld des Hauptschuldners gegenüber dem Bürgen und Schadlosbürgschaft als Verbürgung für die Erfüllung der dem Gläubiger gegen den Schuldner zustehenden Restschuld. Der Bürgschaftsvertrag kann von vornherein als solcher abgeschlossen sein (**765**), oder er entwickelt sich aus dem anfänglichen Kreditauftrage (mandatum qualificatum), d. h. dem Auftrage an einen anderen, im eigenen Namen und auf eigene Rechnung einem Dritten Kredit zu geben, sobald die Gewährung des Kredites auftragsmäßig erfolgt ist. Bis zu diesem Zeitpunkt normieren die Vorschriften über den Auftrag, z. B. über Kündigung, Widerruf usw. (**778**). Es gibt daher nur eine Art der Bürgschaft.

Der Bürgschaftsvertrag ist ein Garantievertrag[2]), der im Gegensatz zur Bürgschaft formlos abgeschlossen werden kann und eine selbständige, nicht akzessorische Verpflichtung des Garanten erzeugt[3]). Als solcher berührt der Bürgschaftsvertrag sich mit dem Vertrage auf Versicherung einer Forderung (Kredit-, Hypothekenversicherung). Ob Bürgschaft oder Versicherung gewollt ist, ist durch Auslegung festzustellen. Der Versicherungsvertrag ist im BGB. nicht geregelt (**L.** § 130. IV.).

---

[1]) Unger, Jahrb. f. Dogm., Bd. 29, S. 1 ff. Rothenberg, Arch. f. d. ziv. Pr., Bd. 77, S. 323 ff. Sokolowski, Die Mandatsbürgschaft (1891). Geib, Zur Dogm. des röm. Bürgschaftsrechtes (1893). Siber, Der Rechtszwang im Schuldverhältnis (1903). Enneccerus I, 2. §§ 411—417.

[2]) Stammler, Arch. f. d. ziv. Praxis, Bd. 69, S. 1 ff.

[3]) RG. Bd. 61, S. 157. 160.

II. **Die Voraussetzungen.** Der Bürgschaftsvertrag steht unter den materiellen Erfordernissen der Schuldverträge.

A. Er setzt eine gültige **Hauptschuld** voraus (akzessorische Natur der Verpflichtung des Bürgen).

1. Verbürgung für eine nichtige oder durch Erfüllung, Aufrechnung, Erlaß, Hinterlegung bereits getilgte Hauptschuld ist als solche nichtig. Möglich wäre, daß in der Verbürgungserklärung die in Kenntnis der Nichtexistenz der Hauptschuld abgegeben wird, ein abstraktes oder kausales Schuldversprechen läge (z. B. ein Schenkungsversprechen). Ungültig ist auch die Übernahme der Bürgschaft für eine Spielschuld. Der leistende Bürge hat aber keine Rückforderung. Gültig ist die Verbürgung für eine verjährte Hauptschuld (**222**, Abs. 2).

2. Nicht gefordert ist die präsente Existenz als Hauptschuld. Auch für künftige oder bedingte Hauptverbindlichkeiten kann Bürgschaft übernommen werden.

B. Einer **Form** bedarf der Kreditauftrag nicht; für den Bürgschaftsvertrag ist aber schriftliche Bürgschaftserklärung, nicht der Annahme, verlangt (**126**). Der Mangel der Form wird durch Erfüllung geheilt (**766**)[1]. Der gleichen Form bedarf die kumulative Schuldübernahme nicht[2].

III. **Der Umfang der Bürgschaftsschuld.** Der Umfang der Bürgenverpflichtung wird dadurch nicht geändert, daß mehrere sich für dieselbe Verbindlichkeit verbürgen. Sie haften, wenn nichts anderes vereinbart ist, als Gesamtschuldner, mag es sich um teilbare Leistung handeln (vgl. **420**) oder nicht, oder mag die Bürgschaft gemeinschaftlich übernommen sein oder nicht (**769. 427**)[3]. Vgl. IV. A.

A. Inwieweit der Bürge sich für die Hauptschuld verpflichtet hat, hängt von dem Inhalt seines Versprechens ab. Er kann sich nicht nur für die Kapitalschuld, sondern auch für Nebenverpflichtungen (Zinsen, Vertragsstrafen) verbindlich gemacht haben. Im Zweifel haftet der Bürge auch für die dem Gläubiger vom Hauptschuldner zu ersetzenden Kosten der Kündigung und der Rechtsverfolgung (**767**, Abs. 2). Daher stehen dem Bürgen auch alle Einreden aus seinem Verhältnisse zum Gläubiger zu (Nichtigkeit des Bürgschaftsvertrages, Aufrechnung mit einer ihm gegen den Gläubiger zustehenden Gegenforderung[4]).

B. Aus der akzessorischen Natur der Bürgschaftsschuld folgt, daß der Bürge nicht über die dem Hauptschuldner obliegende Verbindlichkeit hinaus haftet. Verpflichtet sich der Bürge auf ein höheres Kapital oder unbedingt zur Erfüllung einer bedingten Hauptschuld, so liegt insoweit Bürgschaft nicht vor. Diese weitergehende Verbindlichkeit kann nach allgemeinen Grundsätzen gültig (z. B. **780**) oder nichtig sein. Sehr wohl kann aber der Bürge seine durch den Umfang der Hauptschuld begrenzte Verbindlichkeit durch Sicherheitsleistung (Bürgschaft, Pfandrecht) oder Vertragsstrafe sicherstellen; auch kann der Bürge, wenn er damit nicht ein Mehr übernimmt, eine andere Leistung versprechen (Vereinbarung einer datio in solutum oder facultas alternativa).

C. Weiter folgt aus der akzessorischen Natur der Bürgenverpflichtung, daß sich ihr Umfang und Bestand nach dem jeweiligen Umfange und Bestande der Hauptverbindlichkeit richtet. Demgemäß trägt auch der Bürge die Gefahr, wenn etwa der Hauptschuldner sie trägt. Verschuldung und Verzug des Hauptschuldners treffen auch den Bürgen. Alle Einreden, die dem Hauptschuldner gegen die Forderung des Gläubigers zustehen, kommen auch dem Bürgen zu, auch die nur zum Schutze des Schuldners bestimmten z. B. beneficium competentiae (**519**), und gleichgültig ist, ob der Bürge diese Einreden gekannt hat oder nicht[5].

---

[1]) RG. Bd. 57, S. 65. 258; Bd. 62, S. 379; Bd. 65, S. 46. Keiner Form bedarf die Übernahme der Bürgschaft, wenn sie auf seiten des Bürgen ein Handelsgeschäft ist (HGB. §§ 350. 351).

[2]) Anders RG. Bd. 59, S. 233; Bd. 60, S. 263; Bd. 64, S. 318 aber nur für die Regel, nicht dann, wenn beim eintretenden Schuldner die Absicht, sich wie ein Bürge zu verpflichten, nicht vorliegt.

[3]) Das beneficium divisionis ist also beseitigt.

[4]) RG. Bd. 53, S. 403; Bd. 59, S. 207.

[5]) Der Bürge kann sich auf die dem Hauptschuldner gegenüber vollendete Verjährung trotz einer Unterbrechung gegen den Hauptschuldner berufen. Die Unterbrechung gegenüber dem Hauptschuldner wirkt nicht gegen den Bürgen, die Unterbrechung gegen den Bürgen nicht gegen den Hauptschuldner.

D. Das Prinzip der Akzessorietät ist aber durchbrochen:

1. Änderungen im Umfange und Bestande der Hauptverbindlichkeit, die der Hauptschuldner nach Eingehung der Bürgschaft durch Rechtsgeschäft vornimmt, können die Verpflichtung des Bürgen nicht erweitern (**767**, Abs. 1), z. B. Erhöhung des Zinsfußes, Vertragsstrafversprechen, Änderung der Leistung im Vergleiche, Anerkenntnis der Hauptschuld durch den Hauptschuldner.

Der Verkäufer A, der mit der ihm obliegenden Warenlieferung in Verzug ist, verpflichtet sich im Vergleiche mit dem Käufer diesem an Stelle der Waren eine Geldsumme zu leisten. Als A diese nicht zahlt, belangt der Käufer B als Bürgen. Dieser kann die Leistung ablehnen.

Dagegen entspricht es dem Prinzip wieder, daß der Bürge sich auf nachträgliche Minderungen berufen kann.

2. Auch Einreden, welche dem Bürgen dem Prinzipe gemäß zustanden, können ihm durch Verzicht des Hauptschuldners nicht genommen werden (**768**, Abs. 2[1]).

3. Gewisse Einreden sind dem Bürgen durch positive Vorschrift entzogen: nach KO. § 193 die Einrede aus dem rechtskräftig bestätigten Zwangsvergleiche, nach **768**, Abs. 1 die Einrede des Inventars, die dem Erben des Hauptschuldners zusteht. Die Vorschriften beruhen darauf, daß die Bürgschaft gerade auch für diese Fälle dem Gläubiger Sicherheit gewähren soll.

4. Der Bürge kann auf Einreden, die dem Hauptschuldner und so auch ihm zustehen, zweifellos ausdrücklich und stillschweigend verzichten; er übernimmt aber damit ein Mehr, und insoweit liegt Bürgschaft nicht mehr vor (III. B.)[2]).

E. Nach dem Prinzip der Akzessorietät würde der Bürge nicht die dem Hauptschuldner in Ansehung der Hauptschuld zustehenden Rechte auch sonst ausüben können (Wahl, Rücktritt vom Vertrage, Wandelung, Minderung)[3]). Auch ein Anfechtungs- oder Aufrechnungsrecht des Hauptschuldners könnte der Bürge nicht ausüben. Macht der Hauptschuldner diese Rechte geltend, so erlischt die Forderung, und darauf kann sich der Bürge berufen. Der Bürge kann aber nicht die dem Schuldner allein zustehenden Verfügungen vornehmen. Leistet der Bürge, während das Anfechtungsrecht noch besteht, so kann er kondizieren, wenn der Hauptschuldner es nachträglich ausübt (**812** ff.). Gerade deshalb kann aber dem Bürgen nicht zugemutet werden, bei Bestand des Anfechtungsrechtes zu zahlen. Er hat daher, solange das Anfechtungsrecht besteht, das Recht, die Leistung zu verweigern (**770**, Abs. 1). Das Verweigerungsrecht steht dem Bürgen auch zu, wenn und solange sich der Gläubiger durch Aufrechnung gegen eine fällige Forderung des Hauptschuldners befriedigen kann (**770**, Abs. 2)[4]). Hier ruht das Verweigerungsrecht auf der Erwägung, daß dem Gläubiger die Befriedigung durch Aufrechnung zugemutet werden kann, ehe er sich an den Bürgen hält[5]).

In beiden Fällen handelt es sich um dilatorische Einreden, die dem Hauptschuldner überhaupt nicht zustanden[6]).

Eine Tatsache ist es, ob der Bürge, der sich in Kenntnis des Anfechtungsrechtes bei Übernahme der Bürgschaft dennoch verbürgt, auf die betreffende Einrede verzichtet hat. Liegt ein Verzicht vor, so handelt es sich um Steigerung der Bürgenverpflichtung im Verhältnis zur Hauptverpflichtung so wenig wie beim Verzicht auf die Einrede der Vorausklage (**773**, Z. 1).

F. **Die Subsidiarität der Bürgenverpflichtung.**

Dem Bürgen steht die Einrede der Vorausklage (exceptio ordinis oder excussionis) zu, d. h. er kann die Befriedigung des Gläubigers so lange verweigern, als der Gläubiger die Zwangsvollstreckung gegen den Hauptschuldner noch nicht ohne Erfolg versucht hat (**771**).

---

1) RG. Bd. 56, S. 310; Bd. 59, S. 223.

2) Planck zu **768**, Z. 4.

3) Vgl. RG. Bd. 66, S. 332. Planck zu **770**, Z. 10. Der Bürge hat aber die Einrede aus **478** und **853**.

4) Vgl. **1137**. **1211**.

5) Planck zu **770**, Z. 5. RG. Bd. 62, S. 51.

6) Nach **202**, Abs. 2 tritt eine Hemmung der Verjährung hier nicht ein.

1. Nicht der Bürge hat die Grundlage seiner Einrede zu beweisen, also entweder daß der Gläubiger eine Zwangsvollstreckung noch nicht oder doch nicht ohne Erfolg versucht hat, vielmehr muß der Gläubiger, wenn der Bürge die Einrede vorschützt, beweisen, daß er die Zwangsvollstreckung vergeblich versucht hat[1]).

2. Nicht jede Zwangsvollstreckung ist dem Gläubiger zugemutet, sondern nur Zwangsvollstreckung bestimmter Art (**772**).

a) Der Vollstreckungstitel braucht nicht rechtskräftiges Urteil zu sein.

b) Handelt es sich nicht um eine Geldforderung, so genügt jede erfolglose nach der ZPO. zulässige Vollstreckung zur Herbeiführung der Erfüllung der Pflicht des Hauptschuldners.

c) Handelt es sich um eine Geldforderung, so hat der Gläubiger die Zwangsvollstreckung nur in die beweglichen Sachen des Hauptschuldners zu betreiben, nicht in das unbewegliche Vermögen oder sonstige Aktiva (Rechte).

Diese Zwangsvollstreckung muß versucht sein am Wohnsitze des Schuldners (im Inlande oder Auslande), aber auch am Orte der gewerblichen Niederlassung, wenn der Schuldner eine solche an einem anderen Orte im Inlande oder Auslande als am Wohnsitze besitzt, in Ermangelung beides am Aufenthaltsorte im In- oder Auslande.

Hat der Gläubiger ein Pfandrecht oder ein Zurückbehaltungsrecht an einer beweglichen Sache des Hauptschuldners, so muß der Gläubiger auch aus diesen erfolglos Befriedigung gesucht haben, somit auch in dem Falle, indem der Gläubiger bewegliche Sachen des Schuldners an anderen Orten als den vorher bezeichneten hat pfänden lassen. Besteht dieses Pfandrecht und Zurückbehaltungsrecht auch zur Sicherung einer anderen Forderung des Gläubigers, so gilt das Gesagte nur, wenn beide Forderungen durch den Wert der Sache gedeckt werden (ZPO. § **777**).

3. Die Verjährung wird auch durch die dilatorische Einrede nicht gehemmt (**202**, Abs. 2).

4. Die Einrede ist in weitem Umfange ausgeschlossen. Der Beweis trifft allerdings den replizierenden Kläger (**773**).

a) Der Bürge kann ausdrücklich oder stillschweigend auf die Einrede verzichten. Der Verzicht liegt auch in der Verpflichtung des Bürgen als Selbstschuldner.

b) Die Einrede ist ferner ausgeschlossen, wenn die Zwangsvollstreckung und die Realisierung eines Pfandrechtes (Rechtsverfolgung) durch eine nach Übernahme der Bürgschaft eingetretene Änderung des Wohnsitzes, der gewerblichen Niederlassung oder des Aufenthaltsortes wesentlich erschwert ist. Die Erschwerung kann im neuen Orte selbst oder in dem jetzt vorliegenden Unbekanntsein des Ortes liegen.

c) Der geforderten Rechtsverfolgung gleich steht es, wenn über das Vermögen des Schuldners Konkurs eröffnet ist oder anzunehmen ist, daß die wirkliche Zwangsvollstreckung in das Vermögen des Schuldners zur Befriedigung nicht führen wird. Die Einrede würde aber hier noch zulässig sein, wenn der Gläubiger sich durch Realisierung eines Pfand- oder Zurückbehaltungsrechtes an einer beweglichen Sache des Schuldners befriedigen kann (KO. § 127), soweit nicht wieder die Einschränkung der Einrede nach **772**, Abs. 2, Satz 2 zutrifft. Demnach ist die Einrede dem gemeinen Recht gegenüber sehr beschränkt[2]).

IV. **Der Rückgriff des Bürgen.**

A. **Gegen Mitbürgen.** Befriedigt einer von mehreren Bürgen den Gläubiger, so kann er nur nach **426** auf seine Mitbürgen zurückgreifen (vgl. B. Z. 2. d.). Jeder ist zu gleichem Anteile ausgleichspflichtig (**774**, Abs. 2).

B. **Gegen den Hauptschuldner**[3]).

---

[1]) Planck I, S. 45, Z. 4; II, S. 515. Endemann I, S. 864 ff. Tränkner, a. a. O., S. 190. Oertmann, S. 845. A. M. Schollmeyer (1897), S. 86.

[2]) Ist die Einrede auf Seite des Bürgen ein Handelsgeschäft, so ist die Einrede durch HGB. § 349 ausgeschlossen.

[3]) Für den Regreßanspruch des Bürgen gegen den Hauptschuldner kann dem Bürgen Bürgschaft geleistet sein (Rückbürgschaft). Für diese gilt nichts Besonderes (vgl. I).

1. Der Rückgriff des Bürgen, der den Gläubiger befriedigt hat, auf den Hauptschuldner hängt von dem zwischen Hauptschuldner und Bürgen bestehenden Rechtsverhältnisse ab. Dieses kann Auftrag, Geschäftsführung ohne Auftrag, Schenkung usw. sein. Aus diesem Rechtsverhältnisse ergibt sich auch die Beantwortung der für den Rückgriff wichtigen Fragen, ob der Bürge, ehe er zahlt, Rückfrage an den Hauptschuldner zu stellen hat, und ob er den Hauptschuldner von der geschehenen Befriedigung des Gläubigers in Kenntnis zu setzen hat, ob er ihm bekannte Einreden des Hauptschuldners dem Gläubiger entgegensetzen muß.

2. Allgemein geht aber die Forderung des befriedigten Gläubigers auf den Bürgen kraft Gesetzes über[1]), soweit der Bürge den Gläubiger befriedigt hat (**774**, Abs. 1).

a) Wie die Befriedigung des Gläubigers durch den Bürgen eingetreten ist, ist gleichgültig (Erfüllung, Leistung an Erfüllungs Statt, Hinterlegung, Aufrechnung).

b) Dieser Übergang vollzieht sich für jeden Bürgen, auch den selbst schuldenden Bürgen und den, der sich ohne Wissen und ohne Willen des Hauptschuldners verbürgt hat.

c) Der Übergang läßt die Forderungen des Bürgen gegen den Hauptschuldner und die Einwendungen des Hauptschuldners gegenüber dem Bürgen aus einem zwischen ihnen bestehenden Rechtsverhältnisse unberührt. Es würde daher trotz des Überganges von Bedeutung sein, daß z. B. der Bürge durch Übernahme der Bürgschaft den Hauptschuldner hat beschenken wollen, daß er mit Mitteln des Hauptschuldners gezahlt hat, oder daß seine Zahlung die Gegenleistung für eine vom Hauptschuldner empfangene Leistung war.

d) Die Forderung geht über mit den Nebenrechten, wie sie sich zur Zeit des Überganges mit der Forderung verbinden (Pfandrechte, Bürgschaften, Vorzugsrechte im Konkurse, auch wenn der Konkurs zur Zeit des Überganges noch nicht eröffnet ist). Der den Gläubiger befriedigende Mitbürge hat also auch die Rechte gegen die Mitbürgen, die er aber nur in Höhe seines Regreßanspruches geltendmachen kann. Es bleiben aber auch die Einreden erhalten, die der Hauptschuldner dem Gläubiger entgegensetzen konnte, und die der Bürge schuldhafterweise entgegenzustellen versäumte. An der Verjährung der Forderung wird durch den Übergang auf den Bürgen nichts geändert; es bleibt folglich auch bei einer etwaigen kurzen Verjährung[2]).

e) Der Gläubiger ist nach **402. 412** verpflichtet zur Auskunftserteilung, Herausgabe der Beweisurkunden usw., nach **403. 412** zur Ausstellung einer öffentlich beglaubigten Urkunde über Anerkennung des Überganges.

f) Der Übergang kann nicht zum Nachteile des Gläubigers geltendgemacht werden, z. B. im Falle der Verbürgung für einen Teil einer durch ein Pfandrecht gesicherten Forderung, oder für eine von mehreren durch ein Pfandrecht gesicherten Forderung kann der Bürge nicht sein Pfandrecht vor dem des Gläubigers geltendmachen. Deshalb würde auch im Falle der Verbürgung für einen Teil der Forderung der Gläubiger mit seiner Restforderung im Konkurse vorgehen.

A zahlt als Bürge für den Hauptschuldner B 5000 M. auf die Hauptschuld von 10000 M., für die eine Hypothek bestellt ist; die in der Zwangsversteigerung nur mit 5000 M. zur Hebung kommt. Diesen Betrag erhält nicht A sondern der Gläubiger (**774**, Abs. 1, Satz 2).

g) Die rechtliche Konstruktion des Überganges. Unrichtig ist die Unterstellung des animus emendi beim Bürgen, dem dann auch ein animus vendendi beim Gläubiger entsprechen müßte. Das Gesetz verlangt Befriedigung des Gläubigers, diese hebt aber eben das Forderungsrecht auf. Es bleibt daher nichts übrig als die gesetzliche Fiktion des Fortbestandes und des transitus legalis zum Zwecke des Rückgriffes oder gesetzliche Neubegründung einer Forderung für den Bürgen mit genau dem gleichen Inhalte der durch Befriedigung aufgehobenen Forderung.

---

[1]) Also nicht exceptio doli aus dem beneficium cedendarum actionum.

[2]) Mantey, Gruch. Beitr., Bd. 42 (1898), S. 553. Planck, S. 518. A. M. Joseph, Gruch. Beitr., Bd. 42, S. 7, der die ordentliche Verjährung von 30 Jahren eintreten lassen will.

C. Der Bürge kann auch Befreiung von der Bürgschaft bzw. Sicherheitsleistung vom Hauptschuldner verlangen (**775**), wenn zwischen ihm und dem Hauptschuldner eine dahingehende Vereinbarung getroffen ist. Davon abgesehen:

1. Der Anspruch steht dem Bürgen, auch wenn er auf die Einrede der Vorausklage verzichtet hat, zu, falls er sich im Auftrage des Hauptschuldners verbürgt hat, oder falls ihm als Geschäftsführer ohne Auftrag die Rechte des Beauftragten gegen den Hauptschuldner zustehen. Es müssen sich aber weiter die Vermögensverhältnisse des Hauptschuldners wesentlich verschlechtert haben, oder die Rechtsverfolgung gegen den Hauptschuldner muß infolge einer nach der Übernahme der Bürgschaft eingetretenen Änderung des Wohnsitzes, der gewerblichen Niederlassung oder des Aufenthaltsortes wesentlich erschwert sein, oder der Hauptschuldner ist mit der Erfüllung seiner Verbindlichkeit dem Gläubiger gegenüber im Verzug, oder endlich der Gläubiger hat gegen den Bürgen ein vollstreckbares Urteil auf Erfüllung erwirkt.

2. Der Hauptschuldner kann statt der Befreiung des Bürgen Sicherheit leisten, wenn die Hauptverbindlichkeit noch nicht fällig ist.

V. Die Beendigung der Bürgschaft.

Als eigentümliche Erlöschungsgründe kommen in Betracht:

A. Das Erlöschen der Hauptschuld aus irgendwelchen Gründen. Die Befreiung des Bürgen tritt ein, selbst wenn der Bürge schuldhafterweise das Erlöschen der Hauptschuld (z. B. durch Zerstörung der geschuldeten Speziessache) herbeiführte. In diesem Falle haftet er selbstverständlich aus unerlaubter Handlung (**823** ff.) dem Hauptschuldner, der die Klage dem Gläubiger abzutreten hat (**281**, Abs. 1), er haftet unter dem gleichen Gesichtspunkt und wegen Verletzung seiner Vertragspflichten auch dem Gläubiger auf Schadensersatz, ja, man wird dem Gläubiger die replica doli (**242**) geben müssen, wenn der von ihm aus der Bürgschaft belangte Bürge sich auf die Befreiung berufen wollte[1]).

B. Die Vereinigung von Hauptschuld und Bürgschaftsschuld in einer Person, soweit nicht der Fortbestand der Bürgschaftsschuld (z. B. wegen der Nachbürgschaft) ein besonderes Interesse für den Gläubiger hat.

C. Wenn der Gläubiger mit der Forderung verbundene, wenn auch erst nach der Übernahme der Bürgschaft entstandene Vorzugsrechte, Hypotheken, Pfandrechte oder Rechte gegen Mitbürgen aufgibt, so wird der Bürge frei, soweit dadurch sein Rückgriff auf den Hauptschuldner vermöge des auf ihn (**774**) übergegangenen Forderungsrechtes des Gläubigers geschmälert ist, soweit er also mit diesen Nebenrechten usw. hätte Ersatz erlangen können (**776**).

Eine Diligenzpflicht trifft den Gläubiger aus dem Bürgschaftsvertrage nicht, er ist nur berechtigt. Auch in dieser Bestimmung (**776**) liegt eine Diligenzpflicht dem Bürgen gegenüber nicht ausgesprochen. Sie ruht allerdings auf dem Grundsatze von Treu und Glauben im Verkehr. Über die Bestimmung in **776**[2]) hinaus ist der Gläubiger nicht zur Beschleunigung der Rechtsverfolgung gegen den Hauptschuldner gehalten. Der Bürge hätte nur die Behelfe in **774** und **775**. Der Gläubiger kann aber eine Verpflichtung bez. der Rechtsverfolgung vertragsmäßig dem Bürgen gegenüber übernommen haben. Der Bürge hat dann die aus dem Vertrage sich ergebenden Rechte. Selbstverständlich haftet der Gläubiger dem Bürgen aus unerlaubtem Verhalten.

D. Inwieweit der Bürge die Bürgschaft dem Gläubiger kündigen kann, bestimmt sich nach allgemeinen Grundsätzen[3]).

E. **Die Übernahme der Bürgschaft auf Zeit.**

1. Hat sich der Bürge für zukünftige Verbindlichkeiten des Hauptschuldners, mag das Rechtsverhältnis zwischen Gläubiger und Schuldner schon bestehen oder nicht, auf bestimmte

---

[1]) Oertmann, S. 838. Vgl. auch Planck, S. 510. A. M. Schollmeyer (1897), S. 88.
[2]) Aber auch **777**.
[3]) Immerwahr, Die Kündigung (1898), S. 126 ff.

Zeit verbürgt (Kreditbürgschaft), so ist anzunehmen, daß der Bürge nur für die Verbindlichkeiten haften will, die innerhalb dieser Zeit entstehen.

2. Die zeitlich beschränkte Verbürgung für bestehende Verpflichtungen hat dagegen im Zweifel den Sinn (**777**), daß dem Gläubiger die Kreditgewährung an den Schuldner während dieser Zeit ermöglicht werden soll. Daraus ergibt sich, daß

a) wenn dem Bürgen die Einrede der Vorausklage zusteht, dieser nicht schlechthin mit dem Ablaufe der Zeit frei wird, sondern nur, wenn der Gläubiger nicht nach Ablauf der Zeit die Einziehung der Forderung unverzüglich vom Hauptschuldner nach **772** betreibt, das Verfahren ohne wesentliche Verzögerung fortsetzt und dem Schuldner nach Beendigung des Verfahrens unverzüglich anzeigt, daß er den Bürgen in Anspruch nehme. Entspricht der Gläubiger dieser Vorschrift, so haftet der Bürge für den Umfang der Hauptschuld zur Zeit der Beendigung des Verfahrens;

b) steht dagegen dem Bürgen die Einrede der Vorausklage nicht zu, so wird der Bürge nach Ablauf der Zeit befreit, wenn der Gläubiger ihm nicht unverzüglich nach Ablauf der Zeit anzeigt, daß er seine Haftung in Anspruch nehme.

Erfolgt diese Anzeige, so haftet der Bürge für die Hauptschuld in ihrem Umfange im Zeitpunkt des Ablaufes der bestimmten Zeit.

§ 132.

Der Vergleich.[1])

Der Vergleich war im römischen Recht der Stipulationsform bedürftig oder mußte, um eine klagbare Obligation zu begründen, als unbenannter Vertrag geschlossen sein. Das ist im gemeinen Recht gefallen.

So auch das BGB.

I. **Der Begriff** (**779**).

Vergleich ist der Vertrag, durch den ein Streit oder eine Ungewißheit über ein Rechtsverhältnis oder die Unsicherheit der Verwirklichung durch gegenseitiges Nachgeben der Parteien beseitigt werden soll.

A. Der **Zweck** des Vergleiches ist demnach ein eigentümlicher: der Vergleich geht auf Beseitigung der Ungewißheit, Bestrittenheit, Unsicherheit. Nicht wesentlich ist (von D. abgesehen) die Art, wie die Sittlichkeit, Ungewißheit, Unsicherheit beseitigt wird, und ob in der Neuregelung durch den Vergleich nicht wieder eine Ungewißheit usw. liegt. **Vergleichsgeschäft** ist das Geschäft, durch welches der Vergleichszweck erreicht werden soll. Die juristische Natur dieser Geschäfte ist eine sehr verschiedene, z. B. Verzicht des Berechtigten, Anerkenntnis des Verpflichteten, Erfüllung des Verpflichteten, Erbringung einer anderweiten Abfindungsleistung oder Übernahme der Verpflichtung zu einer solchen. Der Vergleich ist demnach stets Vertrag, denn die Parteien müssen sich über den Vergleichszweck des Geschäftes geeinigt haben. Schuldvertrag ist der Vergleich aber insofern, als die Parteien aus ihm zur Vollziehung des Vergleichsgeschäftes verpflichtet werden; soweit diese Vollziehung nicht schon im Vergleiche und mit ihm vorliegt.

B. Das **verglichene Rechtsverhältnis** kann ein dingliches, schuldrechtliches, familienrechtliches, erbrechtliches sein; immer vorausgesetzt, daß die Verfügung den Vergleichsparteien zusteht[2]). Das Rechtsverhältnis muß entweder streitig, aber nicht rechtshängig

---

[1]) P. I. S. 166. 270 f.; II. S. 509 ff. 519 ff.; VI. S. 198. Sturm, Die Lehre vom Vergleiche (1889). Zitelmann, Beitr., H. 9/10, S. 49 ff. 141. 183 (1890). Regelsberger, Pandekten I, § 171. Oertmann, Der Vergleich im gem. Zivilrecht (1895). Hedemann, Der Vergleichsirrtum (1903). Enneccerus I, 2. §§ 418. 419.

[2]) Schranken für den Vergleich ergeben sich demnach aus **1614**. **1714**. **1360** für den gesetzlichen Unterhaltsanspruch. RG. Bd. 50, S. 96.

sein[1]), oder es muß ungewiß sein nach Existenz oder Umfang, z. B. die Parteien haben den Inhalt des Vertrages vergessen, das Rechtsverhältnis ist bedingt, es hat terminliche Leistungen unsicherer Dauer zum Gegenstande wie die Rentenberechtigung, oder nur die Realisierung kann unsicher sein wegen der Vermögenslage des Schuldners[2]).

Die in allen Fällen vorliegende Ungewißheit ist eine subjektive, nicht objektive. Liegt solche Ungewißheit nicht vor, z. B. ein gewisses Rechtsverhältnis wird durch ein anderes ersetzt, so liegt auch ein Vergleich nicht vor, wie z. B. bei vertragsmäßiger Auseinandersetzung einer Vermögensgemeinschaft[3]).

C. Jede Partei muß ein **Zugeständnis** machen, ein Vermögensopfer bringen. Der Vertrag ist **gegenseitiger** und entgeltlicher **Vertrag.** Wird nur auf einer Seite ein Opfer gebracht, so liegt möglicherweise Schenkung vor. Das Rechtsverhältnis der Parteien bestimmt sich daher nach dem für gegenseitige Verträge (**320** ff.) geltenden, davon abgesehen, nach dem Inhalte des Vergleichsgeschäftes.

D. Der Vergleich bedarf als solcher einer Form nicht, wohl aber kann das einzelne Vergleichsgeschäft der Form bedürfen. Im Wege des Vergleiches abgegebene Schuldversprechen oder Schuldanerkenntnisse bedürfen dagegen der sonst vorgeschriebenen schriftlichen Form nicht (**782**).

II. Die **Wirkung** des Vergleiches.

A. Der Vergleich kann wegen Drohung und wegen Arglist nach allgemeinen Grundsätzen anfechtbar, oder nach **134**. **138** nichtig sein.

B. Ebenso verhält es sich mit der Wirkung eines wesentlichen Irrtumes.

C. Dagegen wird der Vergleich keineswegs dadurch beseitigt, daß die beim Vergleich vorhandene Ungewißheit hinterher sich aufklärt, sich also ein Irrtum der Parteien beim Abschlusse des Vergleiches ergibt; denn die Parteien wollen eben vertragsmäßig die Ungewißheit des Vergleichspunktes beseitigen ohne Rücksicht auf den objektiven Sachverhalt. Man muß aber beim Vergleiche davon ausgehen, daß die Parteien gewisse positive oder negative Umstände, zu denen auch der Rechtssatz gehören kann, nach dem der Streit nach Annahme der Parteien zu entscheiden gewesen wäre, mit der Bedeutung in den Kreis ihrer Abmachungen einbeziehen, daß der Vertrag nur von Bestand sein solle, wenn diese Umstände sich bewahrheiten. Der Parteiwille läßt dann eine verschiedene Deutung zu. Entweder wollen die Parteien für den Fall des Ausfalles des Umstandes

1. ein Rücktrittsrecht oder einen Anspruch auf Aufhebung einräumen oder

2. sie wollen, daß der Vertrag gar nicht geschlossen sei, weil sein wirklicher Gegenstand eben dann nicht vorliege. Der Tatbestand ist von den Parteien als auflösende Bedingung des Vergleiches gedacht.

Das BGB. folgt der letzteren Alternative in der Auslegungsregel in **779**. Voraussetzung ihrer Anwendung ist, daß

a) der nach dem Inhalte des Vertrages stillschweigend oder ausdrücklich zugrunde gelegte Sachverhalt der Wirklichkeit nicht entspricht, z. B. der Testamentserbe schließt einen Vergleich mit den Nachlaßgläubigern, während das Testament sich als nichtig herausstellt;

b) daß der Streit oder die Ungewißheit bei Kenntnis der Sachlage nicht entstanden sein würde.

---

[1]) Die vor einem deutschen Gerichte in einem anhängigen Rechtsstreite geschlossenen Vergleiche sind wie Urteile vollstreckbar, ZPO. § 794, Z. 1. 2.

[2]) Hierher würde der Zwangsvergleich im Konkurse gehören. Auch dieser ist durch Urteilswirkungen ausgezeichnet. KO. § 194.

[3]) Der Vergleich über ein durch rechtskräftiges richterliches Urteil, Schiedsspruch oder früheren Vergleich festgelegtes Rechtsverhältnis ist durchaus nach den allgemeinen Voraussetzungen zu beurteilen und an sich keineswegs ausgeschlossen. Vgl. Planck zu **779**, Z. 6. Oertmann zu **779**, Erl. 4. Hedemann, S. 118 ff.

Aus der eintretenden Unwirksamkeit folgen dann die weiteren Wirkungen[1]). Die Parteien können aber die Wirkungen des Vergleiches auch von anderen Umständen abhängig machen.

§ 133.

Die Schiedsverträge.

Zu den Schiedsverträgen im weiteren Sinne gehören der Schiedseidvertrag und die das Schiedsgericht konstituierenden Verträge, d. h. der Schiedsvertrag im engeren Sinne (compromissum) und der Schiedsrichtervertrag (receptum). Diese Verträge sind durch das BGB. nicht besonders geregelt, aber auch nicht ausgeschlossen (M. II, S. 657).

I. Der **Schiedseidvertrag** hat die Vereinbarung zum Inhalte, daß unter Umgehung des Gerichtes die Entscheidung eines unter den Parteien bestehenden Rechtsstreites durch die eidliche Erklärung einer der Parteien gegeben sein solle. Der Vertrag ist dem praktischen Rechtsleben kaum bekannt, war schon im gem. R. in seiner Gültigkeit bezweifelt, würde aber nach heutigem Recht an sich anzuerkennen sein[2]).

II. Die das **Schiedsgericht begründenden Verträge.**

A. Der **Schiedsvertrag** (compromissum).

Durch den Schiedsvertrag verpflichten sich die Parteien einander, die Entscheidung eines unter ihnen bestehenden Rechtsstreites einem oder mehreren Schiedsrichtern zu übertragen und sich dieser Entscheidung zu unterwerfen. Darin liegt auch das Versprechen, das öffentliche Gericht nicht angehen und die Parteipflichten im Schiedsgerichtsverfahren erfüllen zu wollen.

1. Der Vertrag bedarf einer Form nach dem BGB. nicht. Ist er mündlich abgeschlossen, so kann jede Partei die Errichtung einer schriftlichen Urkunde verlangen (ZPO. § 1027).

2. Die Gültigkeit des Schiedsvertrages ist zunächst nach allgemeinen Gesichtspunkten zu beurteilen. Sie hängt ferner davon ab, daß die Parteien über den Gegenstand des Streites einen Vergleich zu schließen berechtigt sind (ZPO. § 1025). Der Rechtsstreit, um den es sich handelt, braucht nicht ein gegenwärtiger zu sein. Auch das Rechtsverhältnis, über welches der künftige Rechtsstreit entstehen kann, kann selbst ein zukünftiges sein, nur muß es ein bestimmtes sein (ZPO. § 1026). Die Parteien können den Schiedsrichter im Schiedsvertrage benennen oder nicht. Im letzteren Falle können sie über die spätere Ernennung Anordnung treffen. Ist auch das nicht geschehen, so greifen die Bestimmungen der ZPO. § 1028 ff. ein, nach welchen es eventuell zu einer Ernennung des Schiedsrichters durch das Gericht kommt. Auf die Gültigkeit des Schiedsvertrages hat es keinen Einfluß, daß der nicht im Vertrage ernannte Schiedsrichter unfähig ist (Kinder, Geisteskranke), nach ZPO. § 1032 abgelehnt wird oder die Ausführung des Schiedsrichteramtes verweigert. Es tritt Ergänzungsernennung ein. Der Vertrag tritt aber außer Kraft, wenn die Parteien nicht Vorsorge getroffen haben, sobald eine im Vertrage zum Schiedsrichter bestimmte Person stirbt, aus anderem Grunde wegfällt, die Übernahme des Amtes verweigert, von dem mit ihr geschlossenen Vertrage zurücktritt oder die Erfüllung ihrer Pflicht ungebührlich verzögert, ferner auch, wenn sich unter den mehreren Schiedsrichtern Stimmengleichheit herausstellt. Mit dem Tode der Parteien tritt der Vertrag nicht außer Kraft. Der Schiedsvertrag kann endlich über das Verfahren bestimmen (ZPO. § 1034, Abs. 2). Alle Vereinbarungen des Vertrages können durch Strafversprechen gesichert werden.

3. Die Wirkung des Schiedsvertrages zeigt sich vor gefälltem Spruche darin, daß der gerichtlichen Klage die materielle Einrede bestehenden Schiedsvertrages entgegensteht, die der Kläger durch die Replik entkräften kann, daß der Beklagte die Parteipflichten schuldhafterweise nicht erfüllt und den Schiedsspruch vereitelt habe. Zur

---

[1]) Planck, S. 526. Oertmann, S. 860 f. Cosack I, § 160. Endemann I, § 193, Note 11. Vgl. Regelsberger, Pandekten I, S. 626.

[2]) Vgl. Windscheid (Kipp) II, § 418. Keine Anwendung des StrGB. § 153 ff.

Erfüllung der Parteipflichten kann auch das Gericht angerufen werden (ZPO. § 1029, Abs. 2). Ist der Schiedsspruch gefällt, so ruht seine verbindliche Kraft im Schiedsvertrage. Daher kann die Aufhebung des Spruches aus Gründen verlangt werden, die im Schiedsvertrage liegen. Ferner kann der Schiedsspruch durch Vereinbarung aufgehoben und durch Bestimmung im Schiedsvertrage gegen Aufhebung gesichert werden, die an sich zulässig wäre (ZPO. § 1041). Davon abgesehen ist aber dem Schiedsspruche in ZPO. §§ 1040. 1042. 1043 die Bedeutung eines rechtskräftigen Urteiles und die Vollstreckbarkeit beigelegt worden.

B. Der **Schiedsrichtervertrag** (receptum) ist der Vertrag der Parteien mit dem Schiedsrichter, durch den sich der letztere zur Übernahme und Ausführung des Amtes verpflichtet. Auch dieser Vertrag bedarf einer Form nicht. Im Falle der Verweigerung oder Verzögerung der Erfüllung seiner Pflicht können die Parteien auf Erfüllung und Schadensersatz klagen. Eine Klage auf Erfüllung ist auch dann nicht ausgeschlossen, wenn der Schiedsvertrag nach ZPO. § 1033, Z. 1, außer Kraft getreten ist, die Parteien aber am Schiedsvertrage festhalten wollen.

§ 134.

Schuldanerkenntnis, Schuldversprechen.[1])

Das römische Recht verlangte für das abstrakte Schuldversprechen die Form der stipulatio oder litterarum obligatio. Der Gläubiger konnte aus der stipulatio bzw. aus der Stipulationsurkunde (cautio) klagen, ohne auf den Rechtsgrund, die causa des Versprechens, einzugehen und ihn beweisen zu müssen. Mangelte es an der causa, so wurde dem Schuldner die condictio auf Befreiung von der abstrakten Obligierung gegeben, auch eine exceptio doli (generalis) gegen die Klage auf Erfüllung. In der Kaiserzeit wurde die causa schärfer betont; der Gläubiger konnte aus der Stipulation allein nicht auf Erfüllung klagen, er mußte, sobald der Schuldner den Mangel der causa geltendmachte, die causa beweisen; die cautio reichte also nur hin, wenn sie die causa angab (cautio discreta), nicht aber als cautio indiscreta. Diese Behandlung ging in das gemeine Recht über. Unter dem Einfluß des Handelsrechtes (Wechsel, kaufmännische Verpflichtungsscheine) und der Theorie[2]) fand aber das abstrakte Schuldversprechen wieder Anerkennung, ohne daß eine Form verlangt wurde, so daß der Parteiwille entschied.

Das BGB. folgt dieser Entwickelung und regelt das formelle abstrakte Schuldversprechen und Schuldanerkenntnis.

I. Das **Schuldversprechen (780)** ist das abstrakte vertragsmäßige Versprechen einer Leistung (nicht nur einer Geldleistung). Das **Schuldanerkenntnis (781)** ist der abstrakte Vertrag, durch den das Bestehen eines Schuldverhältnisses anerkannt wird.

Beide Verträge berühren sich auf das nächste: in dem Schuldversprechen liegt auch immer ein Schuldanerkenntnis, und wenn dieses als abstrakter Schuldvertrag anerkannt wird, so muß es auch das Schuldversprechen. Eine Auslegungsfrage ist es, ob in einem Anerkenntnis einer Tatsache ein bloßes Geständnis oder ein Schuldvertrag liegt.

Das Versprechen der Leistung oder das Anerkenntnis können unbeschadet ihrer abstrakten Natur von einer Gegenleistung abhängig gemacht sein.

II. Beide Verträge bedürfen der **Form.**

Die Formvorschrift beruht darauf, daß durch diese Verträge eine Verpflichtung begründet wird, die von dem eigentlichen materiellen Schuldgrunde sich loslöst.

Verlangt wird daher Schriftlichkeit des Versprechens und der Anerkennungserklärung, d. h. der Schuldnererklärung, nicht auch der Annahme, die auch stillschweigend, z. B. durch Entgegennahme der Urkunde, erfolgen kann. Gänzlich formlos sind das Versprechen und die Anerkennung, wenn sie auf Grund einer Abrechnung (Abrechnungsvertrag) oder zum Vergleichszwecke erfolgen **(782)**. Wo an sich aus anderen Gründen (z. B. **518**) andere Formen für das Schuldversprechen vorgeschrieben sind oder zur Begründung des Schuld-

[1]) Bähr, Zur Beurteilung, S. 85 ff. Bähr, Arch. f. bürg. Recht, Bd. 2, S. 105 ff. Zitelmann, Beitr., H. 9/10, S. 62. 142. 144. 184 f. Bähr, Gegenentw., S. 149 f. Collatz, Jahrb. f. Dogm., Bd. 40, S. 127 ff. Rümelin, Arch. f. d. ziv. Praxis, Bd. 97, S. 211 ff.; Bd. 98, S. 169 ff. Enneccerus I, 2. §§ 420—422.

[2]) Bähr, Die Anerkennung als Verpflichtungsgrund, 3. Aufl. 1895.

verhältnisses, das anerkannt wird, nötig sind (z. B. **311. 313. 518. 2301**), kommen diese Formen für das Schuldversprechen und das Schuldanerkenntnis zur Anwendung (**780. 781**). Es könnten sonst jene Vorschriften leicht umgangen werden (vgl. HGB. §§ 350. 351).

III. Der **abstrakte Charakter** beider Verträge.

A. Ob der Wille des Schuldners vorliegt, sich unabhängig von dem eigentlichen rechtlichen Zwecke zu verpflichten, ist eine Auslegungsfrage. Schuldversprechen und Schuldanerkenntnis können den rechtlichen Zweck ganz verschweigen oder in einer gewissen Allgemeinheit benennen oder in allen Einzelheiten in sich aufnehmen. Sie sind demnach mehr oder weniger indiskret oder diskret. Der selbständige Verpflichtungswille ist auch in dem letzten Falle nicht ausgeschlossen und erzeugt dann die Folgen unter B. Aus der Schriftform an sich ist andererseits die abstrakte Natur des Versprechens oder Anerkenntnisses zu entnehmen. Eine Vermutung besteht in dieser Richtung nicht. Nur so viel ist richtig, daß die Anwendung der Schriftform besonders bei solchen indiskreten Verträgen für die abstrakte Natur spricht[1]), und daß ein erweislich abstrakt gewolltes Versprechen usw. ohne Anwendung der Schriftform keine Bedeutung hat.

Der Mieter B verspricht dem Vermieter A schriftlich den rückständigen Jahreszins von 200 M. am nächsten Vierteljahrstermin zu zahlen. Das Schriftstück läßt nicht erkennen, ob ein abstraktes Versprechen vorliegt und nicht vielmehr nur ein Versprechen der Mietszahlung, also keine Loslösung des Schuldversprechens von dem Mietsverhältnis.

B. Dem abstrakten Schuldversprechen und dem Schuldanerkenntnisse liegt wie jedem Schuldvertrage ein rechtlicher Zweck zugrunde. Die von den Parteien gewollte Loslösung von dem Rechtsgrunde hat die Bedeutung:

1. Der Gläubiger kann aus dem abstrakten Schuldversprechen klagen, ohne seinen Anspruch aus dem Rechtsgrunde darlegen zu müssen. Bei formlosem Schuldversprechen usw. wird der Gläubiger, wenn der Schuldner das leugnet, beweisen müssen, daß das Schuldversprechen auf Grund einer Abrechnung oder eines Vergleiches abgegeben ist.

2. Wenn der rechtliche Zweck ermangelt, d. h. das Schuldversprechen oder Anerkenntnis ist ohne Rechtsgrund abgegeben, oder der Rechtsgrund ist später fortgefallen, oder der Rechtsgrund entbehrt der rechtlichen Anerkennung, so hat der Schuldner das Recht, nach den Grundsätzen über die Rückforderung ungerechtfertigter Bereicherung die Erfüllung des abstrakten Versprechens oder der Anerkennung zu verweigern (**821**)[2]) oder die Befreiung von der eingegangenen Verpflichtung zu erlangen (**812**). Der Schuldner muß aber den Mangel des Rechtsgrundes beweisen.

3. Unter Umständen ist aber ein Zurückgehen auf das zugrunde liegende Rechtsverhältnis notwendig; so beim Anerkenntnis einer Spielschuld (**L.** § 130), eines Ehemäklerlohnversprechens (**L.** § 124); das Anerkenntnis erzeugt nur eine klaglose Verbindlichkeit (**762. 656.** RBörsenges. § 66, Abs. 3), ferner, wenn das abstrakte Schuldversprechen gegen die guten Sitten verstößt. Daß auch ein abstraktes Geschäft gegen die guten Sitten verstoßen kann, ist zuzugeben (**L.** § 54), nicht aber, daß ein abstraktes Schuldversprechen, wenn sein Rechtsgrund rechtlich gemißbilligt ist (**134. 138**), nichtig ist. Das widerspräche **817** (vgl. **L.** § 141 III. D.)[3]). Auf den Rechtsgrund ist auch zurückzugehen, wenn es sich um die Formgültigkeit handelt, wenn z. B. ein Schenkungsversprechen (**L.** § 112) vorliegt (II).

4. Einwendungen aus dem kausalen Verhältnis stehen dem Schuldner aus dem abstrakten Versprechen nicht zu. Dem Gläubiger, der sich auf die abstrakte Natur der Verpflichtung beruft, kann der Schuldner nicht die replica doli generalis entgegenhalten[4]) und sich so die Einwendungen erhalten. Die Parteien können aber bei Begründung des abstrakten Schuldversprechens

---

[1]) RG. Bd. 58, S. 200.

[2]) RG. Bd. 61, S. 321. Die Einrede steht auch dem Zessionar des Gläubigers entgegen (**404. 405**).

[3]) RG. Bd. 63, S. 179. Planck zu **780**, Z. 3 a., zu **138**, Z. 1 b.

[4]) Dafür Staub zu HGB. § 350, Anm. 14 (8. Aufl.). Dagegen Planck zu **780**, Z. 3 und die dort Zitierten.

dessen Wirkung von der Bedingung abhängig machen, daß das Grundverhältnis, so wie sie voraussetzten (vgl. **779**), auch wirklich besteht, oder ein Rücktrittsrecht vereinbaren für den Fall, daß es nicht oder nicht so, wie vorausgesetzt wurde, besteht.

A stellt B, der ihm Waren auf Kredit verkauft hat, ein Schuldanerkenntnis aus, worin er sich verpflichtet, am nächsten Monatsanfange 500 M. zu zahlen. Wenn B gegen A den Anspruch auf Zahlung erhebt, so kann A einwenden, daß er zur Unterschrift durch Drohung bestimmt wurde (**123. 142**), daß er bei Abgabe der Unterschrift im Zustande der Hypnose gewesen sei (**105**), auch daß er bei Abschluß des Kaufes wegen Wahnsinnes entmündigt gewesen sei und daß aus der Lieferung der Waren keinerlei Bereicherung bei ihm verblieben sei.

5. Zur Feststellung des Inhaltes und Umfanges der Verpflichtung des Schuldners ist das Schuldversprechen maßgebend; dieses ist aber unter Heranziehung des Rechtsgrundes auszulegen.

C. Der Gläubiger kann aus dem Schuldversprechen, aber auch aus dem alten Schuldverhältnis klagen (ZPO. § 264), wenn nicht letzteres durch das Schuldversprechen ganz erledigt sein sollte.

---

6. Kapitel.

Die Anweisung.

§ 135.

Die Anweisung.[1])

I. **Der Begriff.**

Die schriftliche Anweisung enthält die Ermächtigung des Anweisenden an den Angewiesenen, für Rechnung des Anweisenden an einen Dritten (Anweisungsempfänger) Geld, Wertpapiere oder andere vertretbare Sachen zu leisten. Darin, daß die Anweisungsurkunde dem Anweisungsempfänger ausgehändigt wird, liegt die Ermächtigung für diesen, die Leistung bei dem Angewiesenen im eigenen Namen zu erheben.

A. Das BGB. regelt nur die schriftliche Anweisung. Die Wirkungen einer mündlichen Anweisung, auch einer solchen, die sich etwa im Beisein des Anweisungsempfängers vollzieht, sind nach allgemeinen Grundsätzen, namentlich nach dem Parteiwillen, festzustellen.

B. Das BGB. regelt nur die schriftliche Anweisung mit Doppelermächtigung. Die Wirkungen einer nur an den Angewiesenen gerichteten Aufforderung sind nach allgemeinen Grundsätzen und nach dem Parteiwillen festzustellen.

C. Der Anweisungsempfänger ist vom Anweisenden ermächtigt, die Leistung im eigenen Namen zu erheben. Ist letzteres nicht gewollt, so liegt ein Auftrag zum Inkasso vor.

Der Zweck dieser Ermächtigung kann sein: Tilgung einer Schuld des Anweisenden gegenüber dem Anweisungsempfänger, Kreditgewährung von seiten des Anweisenden an den Empfänger (Kreditbrief), Schenkung an den Empfänger, oder der Empfänger soll die Leistung für den Anweisenden erheben, sie an ihn abliefern (Inkassoanweisung) oder für ihn verwenden usw. Möglicherweise ist der Empfänger auch verpflichtet, die Leistung zu erheben. Auch darüber entscheidet das zugrunde liegende (Valuta-) Verhältnis. Soweit das begrifflich möglich ist, kann ein Auftrag an den Empfänger vorliegen.

D. Der Angewiesene ist durch den Anweisenden ermächtigt, für Rechnung des Anweisenden an den Anweisungsempfänger zu leisten.

---

[1]) Wendt, Das allgem. Anweisungsrecht (1894). Jacobi, Wertpapiere (1901), S. 292 ff. Wieland, Arch. f. d. zivil. Prax., Bd. 95, S. 161 ff. Wienstein, Recht (1906), S. 1418 ff. Lenel, Jahrb. f. Dogmat., Bd. 36, S. 113 ff. Enneccerus I, 2. §§ 423—426.

Der Zweck der Anweisung kann der sein, eine Schuld des Angewiesenen an den Anweisenden zur Tilgung zu bringen (Anweisung auf Schuld) oder eine Schenkung des Angewiesenen an den Anweisenden zu bewirken, oder Kreditgewährung vom Angewiesenen an den Anweisenden (Anweisung auf Kredit). Auch hier kann der Angewiesene nach dem zugrunde liegenden (Deckungs-) Verhältnis verpflichtet sein, der Anweisung nachzukommen, und es kann besonders ein Auftrag zur Zahlung vorliegen.

Wesentlich ist der Anweisung, daß die Leistung des Angewiesenen auf Rechnung des Anweisenden erfolgen soll. Geht der Parteiwille dahin, daß der Angewiesene die Leistung mit dem Dritten verrechnen soll, so führt das auf den Kreditauftrag (**778**).

Nicht erforderlich ist, daß der Angewiesene von der Erteilung der Anweisung besonders benachrichtigt wird.

E. Die schriftliche Anweisung beschränkt sich auf die Leistung von Geld, Wertpapieren oder anderen vertretbaren Sachen[1]).

II. **Das Rechtsverhältnis.**

A. **Zwischen dem Anweisungsempfänger und dem Angewiesenen** (**784**).

Aus der Anweisung als solcher erhält der Anweisungsempfänger keine Ansprüche gegen den Angewiesenen auf Leistung. Das ist nur dann der Fall, wenn aus der Deckung der Anweisende einen Anspruch auf Leistung gegen den Angewiesenen hätte und diesen Anspruch auf den Anweisungsempfänger übertragen hätte.

Der Anweisungsempfänger erhält aber einen vom zugrunde liegenden Verhältnisse unabhängigen, d. h. abstrakten Anspruch auf Leistung, sobald der Angewiesene die Anweisung angenommen hat. Die Annahme der Anweisung erhält mithin ein abstraktes vertragsmäßiges Schuldversprechen.

1. Wegen der abstrakten Natur dieses Versprechens muß die Annahmeerklärung schriftlich erfolgen, und zwar durch einen Vermerk auf der Anweisung selbst. War die Anweisung vom Anweisungsempfänger dem Angewiesenen zur Annahme vorgelegt, so ist der abstrakte Schuldvertrag in dem Momente vollzogen, in welchem der Annahmevermerk vom Angewiesenen auf die Anweisung gesetzt ist, ohne daß es einer Übergabe und Annahme der Urkunde von seiten des Anweisungsempfängers noch bedürfte. Ist der Annahmevermerk schon vor Aushändigung an den Anweisungsempfänger von dem Angewiesenen auf die Anweisung gesetzt, so ist die Annahme dem Anweisungsempfänger gegenüber erst dann vollzogen, wenn die Aushändigung der Anweisung an ihn erfolgt ist. Die Bedeutung der vollzogenen Annahme ist, daß Widerruf ausgeschlossen ist. Zerstört der Anweisende den Annahmevermerk, so ist er zur Wiederherstellung verpflichtet.

2. Die abstrakte Natur der Annahme mit ihren Folgen hängt von der schriftlichen Form ab. Ohne Anwendung der schriftlichen Form wird der Wille, sich abstrakt verpflichten zu wollen, nicht berücksichtigt.

3. **Die Wirkungen der abstrakten Annahme** gehen über die des abstrakten Schuldversprechens hinaus. Es liegt ähnlich wie bei der Verpflichtung aus Order- oder Inhaberpapieren. Der Angewiesene kann dem Anweisungsempfänger nur die Einreden entgegenstellen, welche

a) die Gültigkeit der Annahme betreffen (Geschäftsunfähigkeit des Angewiesenen, Zwang zur Annahme),

b) nicht aber solche Einreden, die sich aus dem Verhältnis des Angewiesenen zum Anweisenden oder des Anweisenden zum Anweisungsempfänger, also aus dem Deckungs- und Valutaverhältnis ergeben. Solche Einwendungen sind nur statthaft, wenn sie aus der Anweisung oder dem Inhalte der Annahmeerklärung hervorgehen. In dem gleichen Umfange nur wie die Einwendungen wäre auch die condictio auf das Fehlen oder den Mangel in dem

---

[1]) Das HGB. § 363, Abs. 1, kennt außerdem die kaufmännische Orderanweisung.

Grundverhältnis zu stützen[1]). Ist in der Anweisung oder in der Annahmeerklärung der rechtliche Zweck, Schuldgrund erwähnt, so ist es eine Auslegungsfrage, ob und inwieweit die Einreden aus dem zugrunde liegenden Verhältnisse erhalten bleiben. Die Angabe des zugrunde liegenden Verhältnisses kann auch lediglich orientierenden, nicht disponierenden Charakter haben;

c) dagegen Einreden, die aus dem persönlichen Verhältnis des Angewiesenen zum Anweisungsempfänger sich ergeben, z. B. Aufrechnung mit einer Forderung gegen den Anweisungsempfänger.

A händigt B eine Anweisung auf C über 1000 M. aus. C nimmt sie an. Gegen die Klage kann C nicht einwenden, daß A die Anweisung an B schenkweise gegeben, aber die Schenkung wegen Undank widerrufen habe, oder daß A bei ihm kein Guthaben habe, auch kann C nicht eine ihm gegen A zustehende Forderung aufrechnen, wohl aber kann er aufrechnen mit einer Forderung gegen B (**784**).

4. Der Angewiesene ist nur gegen Aushändigung der Anweisung zu zahlen verpflichtet. Er ist so gegen nochmalige Zahlung gesichert (**785**).

5. Der Anspruch des Anweisungsempfängers gegen den Angewiesenen verjährt, soweit er sich auf die Annahme stützt, in drei Jahren.

B. **Das Verhältnis zwischen dem Angewiesenen und Anweisenden.**

1. Der Angewiesene ist dem Anweisenden weder zur Annahme noch zur Leistung (Honorierung) aus der Anweisung verpflichtet. Eine solche Pflicht ergibt sich auch dann nicht, wenn der Angewiesene Schuldner des Anweisenden ist. Die Pflicht kann sich nur aus der Deckung ergeben (**787**, Abs. 2).

2. Hat der Angewiesene ohne Annahme oder nach Annahme der Anweisung geleistet, so bestimmt sich der Ausgleichungsanspruch des Angewiesenen gegen den Anweisenden nach dem Deckungsverhältnis (Revalierungsklage).

3. Bei der Anweisung auf Schuld wird der Parteiabsicht gemäß und in Übereinstimmung mit **362**, Abs. 2 der angewiesene Schuldner von seiner Schuld gegen den anweisenden Gläubiger in Höhe der Leistung befreit (**787**, Abs. 1).

C. **Das Verhältnis zwischen dem Anweisenden und dem Anweisungsempfänger.**

1. Aus der Anweisung ergibt sich keine Verpflichtung des Anweisungsempfängers dem Anweisenden gegenüber zur Erhebung der Leistung bei Angewiesenen, sondern nur eine Ermächtigung. Der Empfänger hat weder die Pflicht, den Angewiesenen zur Annahme, noch ihn zur Leistung aufzufordern. Eine solche Pflicht kann sich nur aus der Valuta ergeben.

2. Will oder kann aber der Empfänger keinen Gebrauch von der Anweisung machen, überträgt er sie auf einen anderen (**792**), oder verweigert der Angewiesene vor Eintritt der Leistungszeit die Annahme oder verweigert er die Leistung, so entspricht es den Grundsätzen von Treu und Glauben im Verkehr, daß der Empfänger dem Anweisenden unverzüglich Nachricht gibt. Schuldhafte Versäumnis verpflichtet ihn dem Anweisenden gegenüber zum Schadensersatz. Die Anzeigepflicht kann modifiziert oder nachgelassen sein (**789**).

3. Will der Anweisende durch die Anweisung eine Leistung an den Empfänger bewirken, so ist diese Leistung im Zweifel nicht schon mit der Annahme der Anweisung durch den Angewiesenen bewirkt, sondern erst mit der Lieferung des Angewiesenen an den Anweisungsempfänger (Anweisung ist keine Zahlung).

Leistung an den Empfänger durch den Angewiesenen liegt nach allgemeinen Grundsätzen auch im Falle einer Leistung an Erfüllungs Statt, Aufrechnung usw. vor. Der Empfänger hat demnach nach Annahme durch den Angewiesenen neben der Forderung aus der Anweisung auch noch die aus dem ursprünglichen Verhältnis (**788**).

4. Wird dem Empfänger durch den Angewiesenen geleistet, so erhält er die Leistung immer auf Grund der Anweisung, d. h. durch den Anweisenden. Über die Frage, ob der An-

[1]) Vgl. Oertmann, Österr. allgem. Ger.-Ztg., 1897, S. 253.

weisende Regreß gegen den Empfänger hat, entscheidet die Valuta, ebenso darüber, ob der Empfänger im Falle der Nichtannahme oder Nichtleistung durch den Angewiesenen einen Rückgriff gegen den Anweisenden hat.

III. **Das Erlöschen der Anweisung.**

A. **Der Widerruf der Anweisung** (**790**).

1. Der Anweisende kann dem Angewiesenen gegenüber die Anweisung widerrufen, solange nicht der Angewiesene dem Anweisungsempfänger geleistet oder die Annahme ihm gegenüber erklärt hat. Das gleiche gilt auch bei Anweisungen, welche noch nicht fällig sind. Auch diese ist der Angewiesene grundsätzlich anzunehmen befugt, und mit der Annahme ist der Widerruf des Anweisenden ausgeschlossen[1]).

2. Der Anweisende kann sich dem Empfänger zum Nichtwiderruf verpflichtet haben (Valuta). Trotzdem kann der Anweisende dem Angewiesenen gegenüber mit Wirkung widerrufen. Der Angewiesene darf folglich nicht annehmen und leisten. Der Empfänger behält aber seine Ansprüche aus der Valuta aus Schadensersatz.

B. **Tod,** eintretende **Geschäftsunfähigkeit der Beteiligten** (**791**). Auf die bereits angenommene Anweisung haben diese Tatsachen selbstverständlich keinen Einfluß. Das gleiche gilt auch für die noch nicht vom Angewiesenen angenommene Anweisung (vgl. **153**).

IV. **Die Übertragung der Anweisung** (**792**).

A. Das Forderungsrecht aus der vom Angewiesenen angenommenen Anweisung kann nach den Grundsätzen über die Übertragung von Forderungen (**398** ff.) vom Empfänger auf andere übertragen werden. Der Erwerber muß sich also auch die Einreden gefallen lassen, die dem Angewiesenen gegen den Empfänger zustanden. Darin liegt nichts Besonderes. Es kann aber auch die Anweisung selbst vom Empfänger übertragen werden. Diese Übertragung hat den gleichen Charakter wie unter B.

B. Die vom Angewiesenen noch nicht angenommene Anweisung gibt dem Empfänger noch kein Forderungsrecht gegen den Angewiesenen, welches übertragen werden könnte. Dagegen ist die Übertragung der Anweisung durch Vertrag zugelassen wie bei Forderungsrechten (**398** ff.). Die Übertragungserklärung muß schriftlich erfolgen, nicht die Annahmeerklärung. Außerdem ist die Aushändigung der Urkunde erforderlich. Die Übertragungserklärung braucht aber nicht aus der Anweisungsurkunde zu erfolgen. Widerspricht die Übertragung dem Interesse des Anweisenden, so kann er sie ausschließen. Dem Angewiesenen gegenüber wirkt außer der aus der Anweisung selbst ersichtlichen Ausschließung auch jede Mitteilung an den Angewiesenen vor Annahme oder Leistung. Die Übertragung der Anweisung enthält eine weitere Ermächtigung an denjenigen Anweisungsempfänger, die Leistung bei dem Angewiesenen zu erheben. Erhält er vom Angewiesenen Zahlung, so leistet dieser für Rechnung des ersten Anweisenden und des ersten Empfängers (zweiten Anweisenden). Für den Angewiesenen, der die Anweisung dem Erwerber gegenüber annimmt, fallen die Einreden fort, die ihm aus seinem Verhältnis zum Empfänger zustanden.

V. **Die Arten der Anweisungen.**

Außer der schriftlichen Anweisung des bürgerlichen Rechtes kennt unser Recht

1. Die kaufmännische Anweisung (HGB. § 363), die auf einen Kaufmann gezogen ist, durch Indossament übertragen werden kann, das Legitimations- und Transportwirkung aber keine Garantiewirkung äußert. Die Leistung darf nicht von einer Gegenleistung abhängiggemacht sein. Das Indossament hat die Form des Wechselindossaments. In Verlust geratene kaufmännische Anweisungen können im Wege des Aufgebotsverfahrens für kraftlos erklärt werden (HGB. § 365).

---

[1]) Über diese im bisherigen Recht streitige Frage vgl. Oertmann, S. 518.

2. Der Scheck ist eine Schrifturkunde, in der der Aussteller einen Bankier oder ein Geldinstitut anweist, aus dem Guthaben des Ausstellers Geld, Wertpapiere oder andere vertretbare Sachen (Geld-, Effekten-, Warenscheck) an eine in der Urkunde benannte bestimmte Person oder deren Order, oder den Inhaber zu leisten (Namens-, Order-, Inhaberscheck). Der Scheck ist durch Reichsgesetz vom 11. März 1908 geregelt, außer dem Geld- oder Zahlungsscheck, auch der auf Verrechnung (Gutschrift) gerichtete Scheck (roter Scheck der Reichsbank). Um die gesetzlichen Wirkungen zu haben, bedarf der Scheck der gesetzlichen Form (Bezeichnung als Scheck [Scheck-Klausel], die Anweisung des Ausstellers, aus seinem Guthaben eine bestimmte Geldsumme zu zahlen, die Unterschrift des Ausstellers, Zahlbarkeit bei Sicht). Angewiesener (Bezogener) kann sein eine Anstalt des öffentlichen Rechtes oder eine Anstalt, die unter Staatsaufsicht steht (Reichsbank, Reichspost, Landschaftskassen), eingetragene Genossenschaften, Sparkassen, die unter amtlicher Aufsicht stehen, im Handelsregister eingetragene Kaufleute, die gewerbemäßig Bankiergeschäfte betreiben. Der Scheck ist vom Remittenten innerhalb einer gesetzlichen Frist dem Bezogenen am Zahlungsort vorzulegen, bei Verlust des Regresses gegen Aussteller und Indossanten. Der Bezogene ist zur Zahlung nur gegen Aushändigung des quittierten Schecks verpflichtet; Annahme durch den Bezogenen findet nicht statt bzw. gilt als nicht geschrieben. Wird der Scheck nicht eingelöst, so hat der Remittent und der Indossatar Regreß wie beim Wechsel gegen den Aussteller und die Indossanten, die sich nicht von der Regreßpflicht durch die Klausel „Ohne Gewähr" befreit haben. Voraussetzung des Regresses ist der Nachweis, daß der Scheck rechtzeitig vorgelegt und nicht eingelöst oder daß die Vorlegung vergeblich versucht ist, der (wie beim Wechsel) nur in bestimmter Art geführt werden kann. Der Regreßanspruch verjährt in 3 bzw. 6 Monaten, kann im Wechselprozeß erhoben werden. Der Beklagte hat nur solche Einwendungen, die die Gültigkeit seiner Erklärung im Scheck betreffen oder sich aus dem Inhalte des Schecks ergeben. Ist die Unterschrift des Ausstellers oder eines Indossanten gefälscht, so berührt das die Verpflichtung derjenigen nicht, deren Unterschriften echt sind. Der Bezogene, der einen falschen Scheck einlöst, kann vom Aussteller Ersatz fordern, wenn diesen ein Verschulden trifft (**254**). Abhandengekommene oder durch Zufall vernichtete Schecks können im Wege des Aufgebotverfahrens für kraftlos erklärt werden. Bei Inhaberschecks ist gerichtliche Zahlungssperre auf Antrag anzuordnen.

3. Der gezogene Wechsel (Tratte) steht unter den Vorschriften der Wechselordnung, ist seiner Natur nach auch eine Anweisung, unterscheidet sich aber von der bürgerlichen Anweisung durch die Wechselform, durch den Regreß mangels Annahme und Zahlung und die Übertragung durch Indossament mit seinen eigentümlichen Wirkungen, aber auch von der kaufmännischen Anweisung und dem Scheck, denen er sonst nähersteht.

---

7. Kapitel.

Schuldverhältnisse aus einseitigem Rechtsgeschäfte.

§ 136.

Die Auslobung.[1])

In den Quellen des römischen Rechtes ist die Auslobung weder ihrer allgemeinen juristischen Natur nach noch in Einzelpunkten berührt. Anders die Theorie und Praxis des gemeinen Rechtes.

Das BGB. entscheidet mehrere Streitfragen, die sich herausgestellt hatten, und stellt die juristische Natur der Auslobung fest.

[1]) Lichtenstein, Die Auslobung (Diss.). Oertel, Die Lehre von der Auslobung (Diss.). Crome, Partiarische Rechtsgeschäfte, S. 510 ff. Elster, Arch. f. bürg. R., Bd. 18, S. 125 ff. v. Mayr, Die Auslobung (1905). Kohler, Arch. f. bürg. R., Bd. 25, S. 1 ff. Enneccerus I, 2. § 379.

I. **Begriff (657).**

Auslobung ist das öffentlich bekanntgemachte Versprechen einer Belohnung für die Vollbringung einer Leistung.

A. Wesentlich ist die **öffentliche Bekanntmachung,** d. h. die mündliche, schriftliche oder druckschriftliche Verbreitung in der Weise, daß eine unbestimmte Anzahl von Menschen von dem Versprechen Kenntnis nehmen konnte (Anschläge, Zeitungsinserate). Gleichgültig ist es, einem wie großen Kreise individuell unbestimmter Personen die Bekanntmachung zukommt[1]). Die öffentliche Bekanntmachung muß auch zu dem Zwecke erfolgt sein, dem Publikum die Kenntnis von dem Versprechen zu vermitteln. Nicht erforderlich ist die Vermittelung an die Interessenten; die Erklärung ist keine empfangsbedürftige[2]).

B. Der Kreis von Personen, an den sich die auslobende Person wendet, kann ein ungeschlossener oder geschlossener sein.

C. Die Leistung, welche die Auslobung bezweckt, braucht nicht nützlich oder gemeinnützlich zu sein, sie kann auch im rein persönlichen Interesse des Auslobenden liegen. Nur unerlaubt und unsittlich darf sie nicht sein (**134. 138**)[3]). Die Leistung muß aber nicht im Interesse des Auslobenden liegen; auch die sog. einseitigen Wetten, bei denen der Versprechende ein Interesse an der Nichtvollbringung der Handlung, z. B. an der Entdeckung eines Fehlers eines neuen Medikamentes, hat, fallen unter die Auslobung, wenn diese gewollt erscheint und nicht als Angebot zu einem Wettvertrage. Darüber muß die Auslegung entscheiden[4]).

Ist die Leistung unmöglich, so ist das Versprechen nichtig.

D. Selbstverständlich ist das Erfordernis der Ernstlichkeit des Willens des Auslobenden. Aus der öffentlichen Bekanntmachung folgt diese noch nicht zwingend, z. B. Erklärungen zum bloßen Reklamezweck.

E. Bei Preisausschreiben (**661**) muß die Auslobung, um gültig zu sein, in der Bekanntmachung eine Frist für die Bewerbung feststellen.

II. Die Verpflichtung des Auslobenden (**657. 658**).

A. Die Auslobung ist einseitiges, verpflichtendes Versprechen. Die Verpflichtung des Auslobenden entsteht daher auf Grund der öffentlichen Bekanntmachung des Versprechens, sobald jemand die Leistung erbracht hat (sog. Pollizitationstheorie). Der Pollizitationstheorie stand schon im gem. R. die Vertragstheorie gegenüber. Sie wird auch dem BGB. gegenüber vertreten. Man sagt[5]), die Auslobung sei unwiderruflicher Vertragsantrag, die Vollbringung der betreffenden Handlung sei nicht an sich schon Annahme, aber Voraussetzung der Annahme, die vorliege, wenn die Handlung zur Auslobung in Beziehung gesetzt sei, ihr die Bestimmung gegeben sei, Erfüllung der Auslobung zu sein, wozu nach der Auslobung der Handelnde berechtigt sei. Kohler a. a. O. sieht in der Auslobung einen Werkvertrag, der nur in eigentümlicher Weise zustande komme. Nach dieser Auffassung hätte derjenige, der die Handlung gemäß der Auslobung in Unkenntnis derselben vollbringt, keinen Anspruch auf die Belohnung. Nach Jakubezkys Konstruktion vermeidet man dieses Resultat, würde aber demjenigen, der die Handlung vollbracht hat, aber stirbt, ehe er von der Auslobung erfährt, oder ehe er die Bestimmung getroffen hat, in der seine Annahme liegen soll, keinen Anspruch auf die Belohnung geben können, was unangemessen und dem Sinne der Auslobung nicht entsprechend sein würde. Man wird daher mit der überwiegenden Auffassung der Ansicht der M. II. S. 519 folgen müssen. Dazu, daß nach dieser Auffassung der Anspruch auf die Belohnung erworben ist, gehört, wenn eine Frist für die Leistung in der Auslobung gesetzt ist, notwendig bei Preis-

---

[1]) Enger faßt die Öffentlichkeit Planck, S. 403, Z. 1 (zu **657**).

[2]) A. M. Hellmann, Krit. VJSchr., Bd. 41 (1899), S. 242 f.

[3]) Unsittlich kann die Auslobung für Heiratsvermittelung sein. Vgl. Hellmann, a. a. O. (Note 1), S. 253. Unwirksam wäre die Auslobung für die Erfindung eines unschädlichen Mittels zur Beseitigung der Schwangerschaft.

[4]) Vgl. D. Jur.-Ztg. 1904, S. 393.

[5]) Jakubezky, Bemerkungen, S. 140 ff.

ausschreibungen (**661**), auch Erbringung innerhalb der Frist. Vor der Erfüllung dieser Voraussetzung fehlt es an der Person des Gläubigers, es ist aber der Grund der Verpflichtung des Schuldners gelegt. Gläubiger ist auch derjenige, der ohne Kenntnis und ohne Rücksicht auf die Auslobung die Leistung erbrachte. Es müßte denn der Auslobende eine Beschränkung in dieser Richtung gewollt haben. Mit der Erbringung der Leistung geht der Anspruch auf die Erben über. Wozu der Auslobende weiter verpflichtet ist, bestimmt sich nach dem Inhalt der Auslobung.

B. Die Anfechtbarkeit der Auslobung wegen Drohung, Betruges usw. ist nach allgemeinen Grundsätzen zu beurteilen, ebenso ihre Nichtigkeit wegen Verstoßes gegen **134. 138.**, wegen Willensmangels (**118**) oder Fehlens eines schutzwürdigen Interesses.

C. Der Widerruf der Auslobung.

Selbstverständlich ist, daß der Auslobende, weil er den Inhalt der Auslobung bestimmt, sich den Widerruf ausdrücklich oder stillschweigend vorbehalten kann. Das Gesetz erklärt aber die Auslobung im Zweifel für widerruflich, wenn nicht auf den Widerruf verzichtet ist.

1. Der Widerruf ist zulässig nur bis zur Erbringung der Leistung, wenn auch der Auslobende erst später Kenntnis von der Erbringung erlangt hat, oder derjenige, der die Leistung erbracht hat, sich erst später meldet. Die Beweislast wird allerdings in solchem Falle den Gläubiger treffen.

2. Der Widerruf muß in derselben Weise bekanntgemacht werden wie die Auslobung (einseitige Erklärung), oder er kann durch besondere Mitteilung, z. B. an einen auf Grund der Auslobung tätig Gewordenen, erfolgen. Im letzteren Falle ist der Widerruf nur wirksam demjenigen gegenüber, dem die Mitteilung gemacht ist (empfangsbedürftige Erklärung).

3. Tod und Geschäftsunfähigkeit des Auslobenden stehen dem Widerrufe nicht gleich.

4. Wer auf eine widerrufliche Auslobung hin tätig wird, handelt auf eigene Gefahr, er hat keinen Anspruch auf Schadensersatz, Ersatz von Aufwendungen, Kosten usw., wenn der Widerruf rechtswirksam erklärt wird.

5. Auf den Widerruf kann in der Auslobung verzichtet werden, ausdrücklich oder stillschweigend. In der Bestimmung einer Frist für die Vornahme der Handlung, wie besonders im Falle des Preisausschreibens (**661**), liegt im Zweifel ein Verzicht auf den Widerruf für die Dauer der Frist. Nach fruchtlosem Ablauf der Frist wird der Versprechende natürlich frei.

D. Schwierigkeiten ergeben sich, wenn die ausgelobte Leistung von mehreren erbracht ist (**659. 660. 661**).

1. Ist die ausgelobte Handlung von mehreren vorgenommen worden, so entspricht es der Natur der Auslobung, daß derjenige die Belohnung erhält, der die Handlung zuerst vorgenommen hat. Ist die Handlung von den mehreren gleichzeitig vorgenommen, so ist jeder bei Teilbarkeit der Belohnung zum Anteil berechtigt (**420**); bei Unteilbarkeit, oder wenn die Belohnung nach der Auslobung nur einem zukommen soll, entscheidet das Los.

2. Laufen auf ein Preisausschreiben mehrere Bewerbungen ein, so steht die Entscheidung darüber, ob sie einzeln der Auslobung entsprechen, und welche den Vorzug verdient, der in der Auslobung bezeichneten Person und in Ermangelung einer solchen dem Auslobenden selbst zu. Die Entscheidung ist keine empfangsbedürftige Erklärung[1]). Die getroffene Entscheidung ist unanfechtbar, gerichtliche Entscheidung kann nicht etwa wegen Unbilligkeit angerufen werden. Sind mehrere Bewerber durch die Entscheidung als gleich würdig bezeichnet, so erhält bei Teilbarkeit der Belohnung jeder einen gleichen Anteil, bei Unteilbarkeit, oder wenn die Belohnung nach der Auslobung nur einem zukommen soll, entscheidet das Los.

3. Ist die Belohnung für einen Erfolg ausgesetzt, der nur einmal bewirkt ist, bei dem aber mehrere Personen mitgewirkt haben, so hat der Auslobende bei Teilbarkeit der Belohnung die Belohnung unter Berücksichtigung des Anteiles eines jeden

[1]) A. M. Planck, S. 408, gegen ihn Oertmann, S. 392 d.

am Erfolge nach billigem Ermessen unter sie zu verteilen[1]). Wegen offenbarer Unbilligkeit kann die Verteilung angefochten und dann im Urteil festgestellt werden (**317** bis **319**). Erkennt einer der Beteiligten die Verteilung des Auslobenden nicht an, so hat der Auslobende das Recht, die Erfüllung zu verweigern, bis die Beteiligten den Streit unter sich ausgetragen haben. Wegen des Zusammenhanges der Ansprüche der Gläubiger kann nach Analogie von **432** jeder Beteiligte verlangen, daß der Auslobende die Belohnung für alle hinterlegt. Ob der Auslobende selbst sich durch Hinterlegung von seiner Schuld befreien kann, bestimmt sich nach den allgemeinen Grundsätzen (**372**). Ist die Teilung der Belohnung unmöglich oder gemäß der Auslobung unzulässig, so entscheidet das Los.

Das Bankhaus in D., dessen Kassierer B mit 200000 M. entflohen ist, setzt eine Belohnung von 10000 M. und eine goldene Uhr aus für die Ergreifung des Täters und die Wiederverschaffung des Geldes. C zeigt den Aufenthalt des B an und die Polizei verhaftet B durch den Polizisten D; E findet, ohne von der Auslobung zu wissen, das von B versteckte Geld und übergibt es der Polizei, die es der Bank zurückstellt. C, D und E haben Anspruch auf die Belohnung, die von dem Bankhaus nach billigem Ermessen gemäß dem Anteile der drei zu verteilen ist.

E. Ein infolge eines Preisausschreibens von dem Bewerber hergestelltes Werk verbleibt dem Bewerber, der die Belohnung erhält, wenn nicht in der Auslobung ausdrücklich oder stillschweigend bestimmt ist, daß das Eigentum auf den Auslobenden übertragen werden soll. Ist das der Fall, so hat der Auslobende den Anspruch auf Übertragung des Eigentumes jedenfalls erst dann, wenn dem Bewerber der Preis zuerkannt ist. So lange kann der Bewerber das Werk zurückziehen (**661**, Abs. 4).

§ 137.

Die Schuldverschreibung auf den Inhaber.[2])

I. Begriff.

A. Die Schuldverschreibung auf den Inhaber gehört zu den **Wertpapieren**, d. h. zu den Papieren, die für die Entstehung, Übertragung und Ausübung der in ihnen beurkundeten Rechte von entscheidender Bedeutung sind.

Die Urkunde ist also nicht bloße Beweisurkunde (Schuldschein über ein Darlehen), auch nicht nur für die Rechtsbegründung vorgeschriebene Form (Testament).

Das beurkundete Recht muß nicht notwendig ein Forderungsrecht sein, es kann ein dingliches (z. B. Grundschuldbrief) oder Mitgliedschaftsrecht (z. B. Aktien) sein.

Die Forderungswertpapiere sind sehr verschiedenen Charakters; sie begründen ein kausales Schuldverhältnis (Versicherungspolicen, Ladescheine, Lagerscheine, Eisenbahnfahrkarten) oder ein abstraktes (Wechsel, Banknote); sie gehen auf Geld (Wechsel) oder andersartige Leistungen (Transport); sie sind Inhaber- oder Namenspapiere. Bei den ersteren gibt allein die Übergabe des Papieres zu Besitz dem ersten und jedem weiteren Besitzer die Gläubigerlegitimation; bei den letzteren wird die Gläubigerlegitimation dadurch begründet, daß der

---

1) Über den Fall, in dem mehrere Auslobende vorhanden sind, vgl. auch Planck, S. 496 d. 497 g. Oertmann, S. 390 f.

2) Lehmann, O., Zur Theorie der Wertpapiere (Marb. Festgabe 1890). v. Canstein, Arch. f. bürg. R., Bd. 4, S. 250 ff. Heck, Zeitschrift f. d. ges. Handelsrecht, Bd. 37, S. 279 ff. Affolter, ebenda, S. 469 ff. Jacoby, Annalen d. d. R., S. 101 ff. (1891), Jakubezky, Bemerkungen, S. 155 ff. (1892). Kohler, Arch. f. bürg. R., Bd. 6, S. 316 ff. Robinow, Der Begriff des Wertpapieres (Diss.). Bähr, Gegenentwurf, S. 153 ff. (1892). Grützmann, Sächs. Arch., Bd. 3, S. 703 ff. (1893). Jäggi, Die Einreden gegen Forderungen aus Inhaberpapieren (1894). Strohal, Jahrb. f. Dogm., Bd. 33, S. 375 ff. Gerber-Cosack, §§ 235—241 (1895). Schollmeyer, Das Recht der einzelnen Schuldverhältnisse, § 11 (1897). Klemperer, Die rechtliche Natur der Genußscheine. Cordes, Begriff und Arten der Wertpapiere usw. (Diss.). Steuer, Die rechtliche Natur des Theaterbilletts (Diss.). Jacobi, Die Wertpapiere (1901). Gierke, D. Priv.-R. II, §§ 108—112. K. Lehmann, Lehrb. d. Handelsrechts, § 118. Enneccerus I, 2. §§ 427—437.

Besitz des Papieres gerade dem in der Urkunde als Gläubiger Benannten oder denjenigen zusteht, die ihr Gläubigerrecht von dem ersten Gläubiger herleiten. Die Namenspapierforderung geht bei den Namensorderpapieren[1]) vom ersten benannten Gläubiger auf die weiteren benannten Gläubiger über durch Übertragung des Besitzes an der Urkunde und durch Indossament (Giro).

Bei den Namensrektapapieren geht die Forderung durch Abtretung, soweit eine Übertragung bei ihnen statthaft ist, über, während der Besitz des Papieres hier regelmäßig nur die Vorbedingung für die Ausübung des Rechtes aus dem Papier ist.

Die Forderungswertpapiere unterscheiden sich auch darin, daß die Inhaberpapiere Präsentationspapiere sind. Die Schuld ist Holschuld; bei den Orderpapieren ist das nur mangels einer gegenteiligen Bestimmung der Fall, bei den Rektapapieren entscheiden darüber die allgemeinen Grundsätze.

B. **Die Inhaberpapierschuld.**

Die Inhaberpapierschuld beruht auf dem einseitigen schriftlichen Versprechen des Ausstellers, daß er die Leistung dem Inhaber der Urkunde erbringen werde. Die Verpflichtung des Schuldners beruht demnach ganz allein auf dem einseitigen Versprechen, das in der Urkunde niedergelegt ist. Die Entstehung ist so nur von der gültigen Ausstellung der Urkunde abhängig. Es ist nicht richtig, außer diesem Verpflichtungsgrunde auch noch den weiteren zu nennen, daß jemand das Verfügungsrecht über die Urkunde gewinnt. Diese Tatsache ist nicht Grund der Verpflichtung. Wird das Papier definitiv von niemandem erworben, so ist eine Verpflichtung deshalb nicht vorhanden, weil das Versprechen des Schuldners eben an den Besitzer der Urkunde gerichtet ist. Die Verpflichtung wird unwirksam wegen Unmöglichkeit der Leistung. So liegt es auch bei der Auslobung. Da das BGB. die Verpflichtung an das in der Ausstellung der Urkunde kundgegebene einseitige Versprechen anknüpft, sind die älteren Theorien (Vertrags-[2]), Emissionstheorie usw.) abgelehnt und die sog. Kreationstheorie anerkannt. Der Aussteller wird demnach aus einer sonst gültigen Schuldverschreibung (**793**, vgl. II.) verpflichtet, wenn die Urkunde ihm gestohlen oder von ihm verloren oder sonst ohne seinen Willen in den Verkehr gelangt ist. Die Gültigkeit der Verpflichtung wird auch dadurch nicht berührt, daß die Ausgabe nach Tod oder Eintritt der Geschäftsunfähigkeit des Ausstellers erfolgt (**794**).

II. Die **Entstehung** der Inhaberpapierschuld. Sie entsteht mit der Abgabe des einseitigen Versprechens (vgl. **305**) durch Ausstellung der Urkunde. Im einzelnen:

A. Der Aussteller muß voll geschäftsfähig sein (**104. 105. 111**). Willensmängel begründen wie sonst Nichtigkeit (**116. 118. 122**) oder Anfechtbarkeit (**123. 119**). Die Anfechtung kann nach **132**, Abs. 2 schon erfolgen, ehe ein Anfechtungsgegner (**143**, Abs. 4) vorhanden ist (vgl. **657**), aber nicht eher, als die Urkunde in den Verkehr gelangt ist. Eher kann auch die Anfechtungsfrist (**121. 124**) nicht zu laufen beginnen.

B. Das Versprechen bedarf der schriftlichen Form (**793. 126**); also ist zur Vollziehung der Urkunde die eigenhändige Namensunterschrift des Ausstellers erforderlich. Mit Rücksicht auf die häufige Massenausstellung von Inhaberpapieren genügt aber auch eine im Wege der mechanischen Vervielfältigung hergestellte Namensunterschrift. Gerade bei diesen Massenausgaben von Inhaberpapieren wird das Papier vollständig (Datum der Ausstellung, faksimilierte Unterschriften der Aussteller) hergestellt, ohne daß damit schon die Urkunde ausgefertigt und der Verpflichtungswille des Ausstellers schon erklärt sein soll. Die Ausfertigung (Vollziehung) soll erst durch einen auf die Urkunde gesetzten Vermerk oder ein Zeichen erfolgen. Im Anschluß an diese Übung hatten landesgesetzliche Vorschriften bei Schuldverschreibungen auf

---

[1]) Dahin gehören im Reichsrecht der Wechsel und die Orderpapiere des Handelsrechtes (kaufmännische Anweisung, kaufmännischer Schuldschein, Konnossement, Ladeschein, Lagerschein, Bodmereibrief, Seeversicherungspolice).

[2]) Die Vertragstheorie vertritt allerdings Cordes, a. a. O., S. 47. 51. Besonders Jacobi, S. 172 ff. Dagegen Langen, Arch. f. bürg. R., Bd. 27, S. 161 ff.

den Inhaber, die ein Bundesstaat oder eine ihm angehörige Körperschaft, Stiftung und Anstalt des öffentlichen Rechtes ausstellt, festgesetzt, daß die Gültigkeit der Unterschrift von der Beobachtung bestimmter Formen abhängen solle, auch ohne daß eine solche Bestimmung in die Urkunde aufgenommen ist. Diese landesrechtlichen Vorschriften bleiben von Bestand (EG. Art. 100)[1]). Bei allen Schuldverschreibungen auf den Inhaber gilt nach **793**, Abs. 2, daß die Gültigkeit der Vollziehung von der Beobachtung besonderer Formen abhängiggemacht werden kann. Diese Bestimmung des Ausstellers muß aber in der Urkunde selbst Aufnahme gefunden haben. Sonstige Veröffentlichung der Bestimmung genügt nicht.

C. Das Versprechen muß auf eine Leistung[2]) an den Inhaber der Urkunde gehen. Es muß das aus der Urkunde hervorgehen, ohne daß wörtliche Inhaberklausel verlangt ist.

1. Die Leistung besteht nur vorwiegend in Geld. Unter den Schuldverschreibungen auf Inhaber, die auf Geld lauten, nehmen eine besondere Stellung die auf eine bestimmte Geldsumme gestellten ein (vgl. 3, b.). Als Gegenstände der Leistung kommen weiter in Betracht vertretbare, individuelle Sachen, Dienste (Eisenbahnfahrkarten).

2. Zumeist ist das Versprechen der Leistung ein abstraktes, es kann aber auch den rechtlichen Zweck (Schuldgrund) als wesentliches Moment enthalten (z. B. Dividendenscheine).

3. Nach dem Gesetz kann jedermann Schuldverschreibungen auf den Inhaber ausstellen. Beschränkungen ergeben sich nach Reichsrecht[3]):

a) aus dem Reichsgesetz vom 8. Juni 1871 und 14. März 1875, wonach die Ausgabe von Inhaberpapieren mit Prämien nur auf Grund eines Reichsgesetzes zum Zwecke einer Staatsanleihe gestattet ist, und Banknoten und Kassenscheine und sonstige unverzinsliche Schuldverschreibungen auf den Inhaber ohne besonderen Vorbehalt oder reichsgesetzliche Konzession nur von der Reichsbank ausgegeben werden können.

b) Nach **795** besteht eine Schranke für die im Inlande ausgestellten Schuldverschreibungen auf den Inhaber, die auf eine bestimmte Geldsumme lauten, soweit sie nicht vom Reich oder einem Bundesstaate ausgegeben werden. Sie dürfen nicht ohne staatliche Genehmigung in den Verkehr gebracht werden (Emission). Der Vorschrift unterliegen also nicht: im Ausland ausgestellte Inhaberpapiere, Dividendenscheine, Orderpapiere, die mit Blankoindossament versehen sind (HGB. **363**)[4]). Die Genehmigung wird von der Zentralbehörde des Bundesstaates erteilt, in dessen Gebiet der Aussteller seinen Wohnsitz oder seine gewerbliche Niederlassung hat[5]). Die Erteilung der Genehmigung und die Bestimmungen, unter denen sie erfolgt, sollen durch den Reichsanzeiger bekanntgemacht werden. Die Publikation ist nicht Voraussetzung der Wirksamkeit der Staatsgenehmigung. Die Wirksamkeit tritt mit der Erteilung ein. Die bei der Genehmigung getroffenen Bestimmungen sind nur dann Inhalt der Urkunde, wenn diese sie enthält oder auf sie verweist.

Die privatrechtlichen Folgen der Zuwiderhandlung sind:

α) Eine ohne staatliche Genehmigung in den Verkehr gelangte Schuldverschreibung ist nichtig. Die Versagung der Genehmigung nimmt dem Ausstellungsakte seine Gültigkeit. Daher ist die Schuldverschreibung auf den Inhaber gültig, wenn die genehmigte Emission nach dem Tode des Ausstellers usw. eintritt, oder wenn die Genehmigung selbst erst nach dem Tode des Ausstellers erfolgt.

---

1) Preuß. AV. z. BGB., Art. 17.

2) Inhaberpapiere, die nicht ein Leistungsversprechen enthalten, regelt das BGB. nicht.

3) Über das Partikularrecht vgl. M. II. S. 718 ff. Reichsrechtliche Beschränkungen ergeben sich aus dem Aktienrecht (HGB. §§ 179. 183) und der WO. Art. 4. 96.

4) Über die Zinsscheine vgl. Planck zu **795**, Z. 1 a.

5) Schepp, Das öffentl. Recht im BGB., S. 61 f. Vgl. Meckl.-Schwer. AV. z. BGB., § 43. Meckl.-Strel. AV. z. BGB., § 42. Hamb. AG. z. BGB., § 27. Braunschw. AG. z. BGB., § 25. Hess. AG. z. BGB., Art. 67. Sächs. AV. z. BGB., § 11.

β) Der Inhaber, d. h. der letzte Inhaber des nichtigen Papieres hat einen Anspruch auf Ersatz des Schadens, den er durch die Ausgabe erlitten hat (negatives Interesse). Die Schranke in **122**. **307** besteht hier nicht. Dieser Anspruch steht dem Inhaber nicht zu, der die Nichtigkeit kannte; falls er sie kennen mußte, kann **254** eingreifen[1]). Nur dann aber haftet der Aussteller, wenn er das Papier ausgegeben hat, d. h. wenn es mit seinem Willen in den Verkehr gelangt ist, und zwar vor Erteilung der Genehmigung und ohne Rücksicht auf seine Schuld[2]). Der Anspruch des Inhabers gegen denjenigen, von dem er das Papier erworben hat, wird nicht berührt.

III. **Die Forderung.**

Bei der Bestimmung der Zuständigkeit der Forderung kann man einen verschiedenen Standpunkt einnehmen. Der Aussteller, der an den Inhaber der Urkunde zu leisten versprochen hat, hat kein Interesse daran, ob er an den berechtigten oder nichtberechtigten Papierinhaber leistet. Dementsprechend kann sich der Inhaber der Urkunde auf die Inhabung berufen. Das führt zu der Regelung des E. I., nach welcher der Inhaber schlechthin der Gläubiger ist. Die Konsequenz ist, daß beauftragte Verwahrer, selbst der Dieb, Gläubiger sein würden. Diese Regelung ist dem Papiereigentümer oder dem sonst Verfügungsberechtigten ungünstig und widerspricht dem Rechtsbewußtsein, macht dagegen das Papier in hohem Grade verkehrsfähig. Vom Standpunkte des Verfügungsberechtigten kommt die Gläubigerstellung nur diesem zu. Die Konsequenz dieses Standpunktes würde fordern, daß der Inhaber auch dem Schuldner sein Verfügungsrecht zu beweisen hätte, daß der Aussteller das Verfügungsrecht des Inhabers prüfen müßte und nur dem Verfügungsberechtigten mit befreiender Wirkung zahlen könnte. Die Regelung steht im Widerspruch mit dem Inhalte des Versprechens und dem Interesse des Ausstellers und tut der Verkehrsfähigkeit des Papieres erheblichen Abbruch.

Das BGB. wählt einen Mittelweg.

Gläubiger ist der Inhaber der Urkunde. Das zeigt sich darin, daß der Aussteller ihn als Gläubiger behandeln kann, daß Zahlung an ihn den Aussteller schlechthin befreit, und zwar selbst dann, wenn der Schuldner weiß, daß der Inhaber nicht verfügungsberechtigt ist[3]); ferner darin, daß zur Begründung des Anspruches aus der Schuldverschreibung auf den Inhaber die Innehabung der Urkunde genügt. Ist aber der Inhaber nicht verfügungsberechtigt, so steht sein Gläubigerrecht im Widerspruch mit der Billigkeit und der Absicht des Ausstellers. Aus diesem Grunde ist dem Aussteller die Möglichkeit gegeben, durch Einrede den Mangel des Verfügungsrechtes geltendzumachen (exceptio doli)[4]). Die Erhebung der Einrede ist Recht, keineswegs Pflicht des Ausstellers, auch nicht im Falle der Kenntnis des Ausstellers vom Rechtsmangel. Der wirklich Verfügungsberechtigte ist, weil er eben nicht Inhaber ist, auch nicht Gläubiger aus der Schuldverschreibung auf den Inhaber. Sein schutzbedürftiges Interesse ist nur durch die dem Aussteller eingeräumte Einrede und den Rechtsbehelf der Zahlungssperre (vgl. V. D. Z. 2) gesichert.

Die Begründung der Protokolle und der Denkschrift haben Anlaß zu anderer rechtlichen Konstruktion gegeben[5]). Wahrer Gläubiger soll der Verfügungsberechtigte sein, der Inhaber nur Empfangsberechtigter oder vermuteter Gläubiger. Nach dieser Auffassung handelt es

---

[1]) Daß die allgemeinen Vorschriften über die Schadensersatzpflicht hier etwa wegen des besonderen Gewichtes der Ausgabe von Inhaberpapieren für den Verkehr nicht Platz greifen, darf man wohl nicht annehmen. Planck zu **795**, Z. 6 c.

[2]) Vgl. aber Planck zu **795**, Z. 6 a.

[3]) Trotzdem wird die Ansicht vertreten, daß der Aussteller sich ersatzpflichtig macht, wenn er wissentlich an einen nicht verfügungsberechtigten Inhaber leiste. Das würde zutreffen, a) wenn ein Tatbestand entsprechend **823**, Abs. 2 vorläge, z. B. der Aussteller würde durch die Leistung eine strafbare Handlung des Inhabers begünstigen (StrGB. § 257), oder b) wenn **226** mit **826** zusammenträfe.

[4]) Vgl. l. 3, C. 4. 30.

[5]) Vgl. Planck zu **793**, Z. 3. Cordes, a. a. O. (1898), S. 84. 86. Oertmann, Arch. f. bürg. Recht, Bd. 15 (1899), S. 457 f. Derselbe, Komment., zu **793**, Z. 4.

sich nicht um eine Einrede, sondern um ein Bestreiten, daß der Inhaber der Gläubiger sei. Durch den Wortlaut der Materialien wird zum Teil diese Auffassung unterstützt, nicht durch die Fassung des Gesetzes in **793**. Ihr stehen aber Bedenken entgegen.

Handelte es sich um eine Rechtsvermutung, so würde eine Verfügungsberechtigung (Eigentum) des Inhabers über das Papier bis zum Beweise des Gegenteiles angenommen. Zur Begründung des Anspruches gehörte auch die Behauptung des Verfügungsrechtes, und nur bez. des Beweises wäre der Inhaber günstiger gestellt. Vom Standpunkte der bloßen Vermutung käme man auch mangels weiterer Vorschrift zu der Konsequenz, daß der Aussteller nur an den Berechtigten leisten dürfte und nicht an den, wie ihm bekannt, Unberechtigten, und daß der Aussteller den Gegenbeweis auf sich nehmen müßte. Die entscheidende Vorschrift in **793**, Abs. 1 stellt eine Vermutung nicht auf.

Faßt man dagegen den Inhaber als Empfangsberechtigten auf, so wäre zwar damit erklärt, daß der Aussteller sich durch Zahlung an ihn befreien kann. Die Heranziehung des solutionis causa adjectus ist aber verfehlt, denn die Leistung an den solutionis causa adjectus ist Leistung an den wahren Gläubiger selbst vermöge seines Willens. Das Gesetz kann aber in der Leistung an den Dieb doch nicht die Leistung an den wahren Gläubiger sehen wollen. Außerdem kann der Empfangsberechtigte auch seinerseits gar nicht fordern, der Aussteller hätte nur ein Recht, ihm zu leisten, der Inhaber wäre nur Empfangsperson. Das Forderungsrecht des Inhabers ist aber in **793** ebenso wie in den Materialien klar anerkannt. Kann aber der Inhaber auf Grund des Besitzes des Papieres klagen, die Einrede und den Beweis des Mangels seines Verfügungsrechtes abwarten und bei Nichterhebung der Einrede oder bei Scheitern des Beweises eine Verurteilung des Ausstellers erlangen, so ist er eben kein Empfangsberechtigter, sondern Gläubiger.

IV. **Inhaberpapiere besonderer Art.**

A. Die auf Sicht zahlbaren unverzinslichen Schuldverschreibungen auf den Inhaber. Sie haben geldähnliche Natur. Daher die Ausnahme in **799**.

B. Die auf eine bestimmte Geldsumme lautenden Schuldverschreibungen auf den Inhaber besitzen Geldähnlichkeit. Daher die Besonderheit in **795**.

C. Die Schuldverschreibungen auf den Inhaber, welche vom Reiche oder den Bundesstaaten ausgegeben werden (**795**).

D. Mit dem Versprechen des Kapitales kann der Aussteller auch die Zinspflicht übernehmen. In solchen Fällen werden regelmäßig gesonderte Urkunden ausgestellt, nämlich

1. über die Hauptschuld und die Zinsschuld im ganzen (Hauptschuldverschreibung auf den Inhaber);

2. über die einzelnen terminlichen Zinsleistungspflichten (Zinsscheine, Kupons). Diese werden für längere Perioden (10, 20 Jahre) zusammen ausgegeben.

3. Nach Ablauf der Periode, für welche die Zinsscheine ausgegeben sind, kann der Gläubiger neue Zinsscheine verlangen. Der Aussteller verspricht dieses in dem Erneuerungsscheine (Talon) gegen Rückgabe desselben. Der Erneuerungsscheininhaber erhält also die Zinsscheine und einen weiteren Erneuerungsschein.

4. Die Dividendenscheine.

Die Hauptschuldverschreibung und die Zinsscheine sind wahre Schuldverschreibungen auf den Inhaber. Zweifelhaft kann aber das Verhältnis dieser beiden Inhaberpapiere zueinander sein. Das BGB. bestimmt, daß jeder Zinsschein eine selbständige Schuldverschreibung auf den Inhaber ist. Daher findet Übertragung und Geltendmachung der Forderung auf die Zinsen durch den Inhaber des Zinsscheines allein statt. Erlischt die Hauptschuldverschreibung auf den Inhaber (Auslosung), so erlöschen nicht auch die Zinsscheinforderungen. Wird die Zinsverbindlichkeit im ganzen in der Hauptschuldverschreibung auf den Inhaber geändert (Zinsreduktion) oder aufgehoben, so erlöschen nicht die Zinsscheinforderungen. Trotz der Selbständigkeit handelt es sich um eine materielle Zinsschuld. Der Aussteller kann deshalb, wenn ihm die Hauptschuldverschreibung zur Einlösung ohne die ausstehenden Kupons vorgelegt wird, die Leistung um den Betrag dieser Zinsscheine kürzen. Werden die ausstehenden Zinsscheine nachgeliefert, so ist der gekürzte Betrag auch vor Fälligkeit der Zinsscheine zu leisten. Können die Zinsscheine nicht nachgeliefert werden, so ist die Frage die, ob für in Verlust geratene Zinsscheine, die an sich selbständige Schuldverschreibungen auf den Inhaber sind, Zahlung zu leisten ist (**804**). Die Selbständigkeit der Zinsschuld gegenüber der Hauptschuld kann in der Urkunde (Zinsschein) ausgeschlossen sein. Durch diese Bestimmung würde dann **796** anwendbar (**803**).

Der Erneuerungsschein (Talon) kann in dem Sinne ausgestellt sein, daß der Aussteller die Zinspflicht besonders, d. h. in besonderer Urkunde, und so übernimmt, daß nicht der Inhaber der Hauptschuldverschreibung, sondern der des Talons das Recht auf die Empfangnahme der neuen Zinsscheine und des neuen Talons haben soll[1]). Ein vollkommenes Inhaberpapier würde der Talon auch dann nicht sein, weil der Inhaber nicht schlechthin auf Vorlegung des Talons Zinsen fordern könnte, sondern nur, soweit solche wirklich aufgelaufen sind. Er stünde dem Dividendenschein (Gewinnanteilschein) gleich, der stets diesen Charakter hat. Die dispositive Norm in **803** gilt für beide Papiere nicht. Der Erneuerungsschein kommt aber für den heutigen Verkehr vorwiegend nur als Legitimationspapier in Betracht; da nicht nur der Inhaber des Erneuerungsscheines, sondern auch der Inhaber der Hauptschuldverschreibung auf den Inhaber ein Recht auf die neuen Zinsscheine und den neuen Talon haben, so kann der Aussteller dem Inhaber des alten Talons die Herausgabe verweigern. Das Recht des Inhabers der Haupturkunde hat den Vorzug vor dem des Inhabers des Talons. Ersterer kann durch Mitteilung an den Aussteller der Aushändigung an letzteren widersprechen. Die neuen Zinsscheine und der Erneuerungsschein sind im Falle des Widerspruches nur dem Inhaber der Hauptschuldverschreibung gegen Vorlegung derselben auszuhändigen (**805**). Der Erneuerungsschein wird außerdem mit der Haupturkunde kraftlos.

E. Zins-, Renten-, Dividendenscheine haben die gemeinsame Eigentümlichkeit, daß sie meist auf kleinere Beträge lauten, woraus sich gewisse Besonderheiten erklären (**801**. **799**. **804**).

F. Bei den **Karten** (Fahrkarten, Konzert-, Theaterbilletts), **Marken** (Speise-, Bier-, Bade- und Freimarken) und ähnlichen Urkunden, die ein Leistungsversprechen enthalten, ist zunächst festzustellen, ob sie nicht bloße Legitimationsurkunden sein sollen, z. B. Theaterbillette, Rabattmarken, Garderobemarken, Eintrittskarten zu Festlichkeiten. Dann gehören sie nicht hierher. Wohl aber dann, wenn sie in der Absicht ausgestellt sind, daß der Inhaber die Leistung solle fordern dürfen. Es finden deshalb aber nicht alle Vorschriften auf sie Anwendung, die für die vollständigen Inhaberpapiere gelten, wohl aber wesentliche Vorschriften. Wenn auch die Unterschrift unter der Urkunde fehlt (Mangel im Urkundsakt), und auch der Inhalt gegenüber dem eigentlichen Inhaberpapier lückenhaft ist (Mangel im Inhalte), so können beide Mängel doch aus anderen Tatsachen ihre Ergänzung finden, so besonders aus dem Geschäftsbetrieb, auf den diese Karten, Marken usw. sich beziehen, und in dem sie zur Ausgabe gelangen. Vor der Ausgabe ist diese notwendige Ergänzung nicht gegeben, wohl aber mit dem Beginne der Ausgabe. Es finden daher die Vorschriften über die Verpflichtung des Ausstellers und die Forderung des Inhabers (**793**, Abs. 1. **794**. **796**) Anwendung, ferner **796** (Zulässigkeit der Einreden).

A hat vom Kellner B eines Bierrestaurants 30 auf dieses lautende Biermarken gekauft, die B gestohlen hatte; B ist mit dem Preise verschwunden. Der Restaurateur verweigert A mit Unrecht die Lieferung des Bieres auf diese Marken (**807**).

---

[1]) Reichsgesetz vom 9. November 1867, § 2. Reichsbankgesetz vom 19. März 1875, § 4.

V. Das Verhältnis des Ausstellers zum Gläubiger und Papiereigener.

A. Der Aussteller ist

1. dem Gläubiger zur Leistung nach Maßgabe des Versprechens verpflichtet[1]; sind außer dem Kapital Zinsen versprochen, so findet das Kündigungsrecht aus **247**, Abs. 2 keine Anwendung. Auch die Auslegungsregel **271**, Abs. 2 findet keine Anwendung, wenn sie sich nicht aus dem Versprechen des Ausstellers ergibt. Zum Inhalt des Versprechens gehören auch die vor der Emission etwa erlassenen Prospekte, wenn im Papier auf sie verwiesen ist. Der Aussteller ist aber zur Leistung nur auf Vorzeigung und Aushändigung des Papieres verpflichtet. Demnach ist die Schuld eine Holschuld. Die Aushändigung muß an den Aussteller erfolgen, da er gegen Weiterübertragung und nochmalige Zahlung gesichert sein muß. Leistung und Aushändigung sind Zug um Zug zu bewirken (**274**). In besonderen Fällen (**800** und **804**) kann Zahlung ohne Aushändigung verlangt werden. Außerdem kann der zahlende Aussteller Quittung nach **368** verlangen. Leistet der Aussteller eine Abschlagszahlung, so entspricht der Aushändigung die Aufnahme des Zahlungsvermerkes in die Urkunde selbst[2]. Die Aushändigung gibt stets dem Aussteller Eigentum an der Urkunde. Die Vindikation des Papiereigentümers ist daher auch dann ausgeschlossen, wenn der Aussteller wissentlich an den Dieb zahlte und die Urkunde erhält (**797**). J. a. steht aber das Leistungsgeschäft zwischen Aussteller und Inhaber unter den allgemeinen Grundsätzen. Zahlt daher der Aussteller an einen geschäftsunfähigen oder in der Geschäftsfähigkeit beschränkten Inhaber ohne Einwilligung oder Genehmigung des gesetzlichen Vertreters, so wird er nicht befreit. Das Leistungsgeschäft ist nichtig. Der Aussteller hätte daher die Geschäftsfähigkeit des Inhabers zu prüfen[3], außer, wenn für das Leistungsgeschäft eine Willenserklärung des Gläubigers nicht erforderlich ist (Theaterbillette).

2. Der Forderung des Inhabers kann der Aussteller folgende **Einreden** entgegenstellen (**796**. **793**, vgl. WO. Art. 82).

a) Einreden, die sich gegen die Gültigkeit der Ausstellung oder den Rechtsbestand der Verpflichtung richten (Fälschung der Unterschrift des Ausstellers oder Fälschung ihres Inhaltes[4]), Mangel der Geschäftsfähigkeit, des Verpflichtungswillens, Zwang, Irrtum, Betrug, Mangel der staatlichen Genehmigung, der Zahlungssperre, des Ablaufes der Ausschlußfrist, der Verjährung, der Kraftloserklärung).

b) Einreden, die sich aus der Urkunde ergeben. Solche können aus den näheren Bestimmungen der Leistung durch Bestimmungen und Zeitbestimmungen hervorgehen. Der Aussteller kann sich bestimmte Einreden in der Urkunde vorbehalten, oder sich durch Angabe des Schuldgrundes alle oder gewisse aus diesem hergeleitete Einreden erhalten haben. Ob und wieweit die Angabe des Schuldgrundes diese Bedeutung hat, ist Auslegungsfrage (vgl. **784**). Zu den Einreden dieser Art gehört auch die Berufung des Ausstellers auf die akzessorische Natur der Zinsscheine gegenüber der Hauptschuldverschreibung auf den Inhaber (**796**).

c) Die Einreden unter a) und b) stehen gegen jeden Inhaber zu. Hinzu treten solche, die dem Aussteller gegen den jetzigen Inhaber zustehen. Da jeder Inhaber ein selbständiges Forderungsrecht hat, so sind Einreden aus dem Verhältnis des Ausstellers zu den früheren Inhabern nicht gegen den jetzigen verwendbar, sondern nur die aus dem Verhältnis zum jetzigen Inhaber herzuleitenden, z. B. Einrede der Aufrechnung, der Arglist des

---

[1] Über Kündigung vgl. Mecklenb.-Schwer. AV. z. BGB., § 44. Mecklenb.-Strelitz. AV. z. BGB., § 43. Braunschwg. AG. z. BGB., § 26.

[2] WO. Art. 39.

[3] Oertmann zu **793**, D. Jur.-Ztg. 1904, S. 1127. A. M. Planck zu **793**, Z. 4 f. mit der bisher. Praxis, der die „Verfügungsberechtigung" in **793** im weiteren Sinne verstehen will. Vgl. Gierke, D. Jur.-Ztg. 1905, S. 92.

[4] Verabredungswidrige Ausfüllung eines vom Aussteller vollzogenen Blanketts durch den Erwerber desselben ist keine solche Fälschung. ROHG. Bd. 7, Nr. 55. RG. Bd. 2, S. 97; Bd. 28, S. 110.

Inhabers, der nur zum Zwecke, um dem Aussteller eine Einrede gegen den Vormann abzuschneiden, erworben hat[1]); der Arglist gegen den, der zwar in eigenem Namen, aber für fremde (des Vormannes) Rechnung die Forderung erhebt, trotzdem aber die Einreden aus der Person des Vormannes nicht geltenlassen will.

d) Die Einrede des mangelnden Verfügungsrechtes (exceptio doli) (**793**).

Das Verfügungsrecht beruht auf dem Eigentum oder einem sonstigen dinglichen Recht, das die Verfügungsbefugnis gewährt (Pfandrecht, Nießbrauch). Der Inhaber kann durch gültigen Vertrag mit dem Aussteller oder auch, wenn er in gutem Glauben ist, durch Vertrag mit dem nichtberechtigten Inhaber (Dieb), ferner durch Okkupation, Fund, Erbgang Eigentümer geworden sein. Es entscheiden also die Grundsätze des Sachenrechtes. Das Verfügungsrecht kann auch auf Vollmacht des Verfügungsberechtigten beruhen.

Den Mangel des Verfügungsrechtes kann der Aussteller gegen den Inhaber einredeweise geltendmachen, und den Aussteller trifft die Beweislast (III.). Hat der Inhaber gutgläubig und unentgeltlich vom Nichtberechtigten erworben, so hat der Aussteller die Einrede aus **816**, Abs. 1.

B. Der Anspruch des Inhabers ist **gesetzlich befristet** und unterliegt der **Verjährung** (**801**. **802**)[2]). Er erlischt nach Ablauf von 30 Jahren nach dem Eintritte der für die Leistung bestimmten Zeit, wenn nicht die Urkunde vor dem Ablaufe dieser Zeit dem Aussteller zur Einlösung vorgelegt wird (**Vorlegungsfrist**) oder, was dem gleich steht, das Forderungsrecht durch Klage, Widerklage, Aufrechnung gegen den Aussteller geltendgemacht wird, z. B. im Falle der Unmöglichkeit oder Aussichtslosigkeit der Vorlegung. Bei Zins-, Renten-, Gewinnanteilsscheinen beträgt die Vorlegungsfrist vier Jahre. Die Frist beginnt mit dem Schluß des Jahres, in welchem die für die Leistung bestimmte Zeit eintritt. Der Zahltag wird aus der Urkunde ersichtlich sein, sonst ist der Ausstellungstag derjenige der Fälligkeit. Ist aber aus der Urkunde eine Zeit, zu der die Leistung erfolgen soll, nicht ersichtlich, so ist die Vorschrift über die Vorlegungsfrist unanwendbar wie z. B. bei den auf Sicht zahlbaren unverzinslichen Schuldverschreibungen, Banknoten[3]). Die Vorlegungsfrist kann nach Beginn und Dauer von dem Aussteller in der Urkunde anders bestimmt werden, somit die Frist erweitert oder verkürzt, nicht aber ganz beseitigt werden.

Die Vorlegungsfrist ist Ausschlußfrist, doch wird ihr Beginn und Lauf gehemmt durch eine verfügte Zahlungssperre. Die Hemmung beginnt mit dem Antrage auf Zahlungssperre und endigt nach Erledigung des Aufgebotsverfahrens (**802**)[4]).

1. Verstreicht die Vorlegungsfrist ohne Vorlegung, so erlischt das Recht aus dem Papier. Der Aussteller hat daher den Ablauf der Ausschlußfrist, der Inhaber die rechtzeitige Vorlegung zu beweisen.

2. Erfolgt die Vorlegung innerhalb der Vorlegungsfrist, so ist der Anspruch gegen Erlöschen durch Ablauf der Präklusivfrist gesichert. Der Anspruch unterliegt nun aber einer Verjährung in zwei Jahren vom Ablaufe der Vorlegungsfrist an. Eine Verkürzung der Verjährungsfrist und sonstige Erleichterung der Verjährung ist nach **225** zulässig, muß aber in der Urkunde erfolgen. Die Zahlungssperre wirkt wie bei der Vorlegungsfrist hemmend (**802**). Im übrigen steht diese Verjährung unter den allgemeinen Vorschriften. Wo keine Vorlegungsfrist besteht, wie bei Banknoten, können nur die allgemeinen Vorschriften Anwendung finden.

C. Der Anspruch zur Erhaltung des vollen Gläubigerrechtes. Der Inhaber hat den Anspruch (**798**) gegen den Aussteller auf **Erteilung einer neuen Schuld-**

---

[1]) Vgl. RG. Bd. 4, S. 101; Bd. 11, S. 9. Planck zu **796**, Z. 5.

[2]) Sachsen-Weimar. AG. z. BGB., § 55.

[3]) Vgl. Planck zu **801**, Z. 1 e.

[4]) Über die Endigung der Hemmung, wenn vor der Einleitung des Aufgebotsverfahrens die Zahlungssperre verfügt ist, vgl. **802**.

verschreibung[1]) auf den Inhaber gegen Aushändigung der alten, wenn letztere zwar so beschädigt oder verunstaltet ist, daß ihre Umlaufsfähigkeit aufgehoben ist, aber ihre Unterscheidungsmerkmale noch mit Sicherheit erkennbar sind. Ist die Erkennbarkeit aufgehoben, so ist die Urkunde als vernichtet zu betrachten (**799. 804**)[2]). Die Verpflichtung folgt aus dem an jeden Inhaber gerichteten Versprechen, womit die Umlaufsmöglichkeit zugesichert ist. Der Inhaber hat die Kosten zu tragen, eventuell vorzuschießen. Erteilung und Aushändigung erfolgen Zug um Zug.

D. Ansprüche zur Wiederherstellung des Gläubigerrechtes. Kommt dem Inhaber der Urkunde diese abhanden (Diebstahl, Verlust), oder wird sie vernichtet, so verliert der Inhaber sein Forderungsrecht. Das tritt auch ein, wenn in der Urkunde die Zulässigkeit der Kraftloserklärung durch den Aussteller ausgeschlossen ist, ferner bei Zins-, Renten- und Gewinnanteilsscheinen[3]) und bei auf Sicht lautenden unverzinslichen Schuldverschreibungen[4]) (**799**, Abs. 1) und den Karten und Marken usw. (**807**)[5]).

1. In anderen Fällen dagegen ist dem letzten Inhaber[6]) und auch dem Aussteller, dem das Papier nach Ausstellung bzw. nach Rückerlangung abhandengekommen ist, das Recht gegeben, **die Kraftloserklärung der Urkunde** im Wege des Aufgebotsverfahrens durch amtsgerichtliches Ausschlußurteil[7]) zu bewirken. Die Kraftloserklärung setzt voraus, daß sich niemand, spätestens im Aufgebotstermine, gemeldet hat. Mit dem Ausschlußurteil erreicht der Inhaber, daß er nach ZPO. § 1018 den Anspruch aus der Urkunde geltendmachen, aber auch nach dem BGB. an Stelle der für kraftlos erklärten Erteilung einer neuen Schuldverschreibung auf den Inhaber auf seine Kosten oder gegen Kostenvorschuß verlangen kann. Die letztere Pflicht des Ausstellers ist nicht davon abhängig, daß die Leistung noch nicht fällig ist. Der Dritte, der sich nicht spätestens im Aufgebotstermine meldet, und jeder weitere Erwerber verliert seine Rechte aus dem Papier. Der Dritte, der seine Rechte aus dem Papier rechtzeitig meldet und die Berechtigung des Antragstellers bestreitet, erreicht nach ZPO. § 953 entweder Aussetzung des Aufgebotsverfahrens bis zur endgültigen Entscheidung über das Recht des Inhabers (Antragstellers) oder den Vorbehalt seines Rechtes im Urteile. Die auf Grund des Ausschlußurteiles von dem Verpflichteten gemachten Leistungen bleiben Dritten, auch dem Anfechtungskläger gegenüber, in Kraft, wenn infolge Anfechtung das Urteil aufgehoben wird, vorausgesetzt, daß der Aussteller bei der Leistung keine Kenntnis von der Aufhebung hatte. Die Kenntnis muß ihm bewiesen werden.

2. Neben der Einleitung des Aufgebotsverfahrens kann der letzte Inhaber die gerichtliche Zahlungssperre nach ZPO. § 1019 gegen den Aussteller beantragen. Fehlt es für die Einleitung des Aufgebotsverfahrens nur an dem Erfordernis der ZPO. § 1015, Satz 2[8]), so ist der Antrag auf Zahlungssperre schon vor Einleitung des Aufgebotsverfahrens zulässig (ZPO. § 1020). Jede verbotswidrige Leistung ist dem Antragsteller gegenüber nichtig.

Zur Begründung der Anträge auf Aufgebot und Zahlungssperre muß der letzte Inhaber gewisse Umstände, über die ihm nur der Aussteller zuverlässige Auskunft und Zeugnisse geben kann, angeben und glaubhaft machen (vgl. ZPO. §§ 1007. 1010 ff.). Der Aussteller ist deshalb nach **799**, Abs. 2, verpflichtet, auf Kosten des Inhabers oder nach Kostenvorschuß seitens desselben diese Auskunft und diese Zeugnisse zu erteilen.

---

1) Reichskassenschein-Ges. vom 30. April 1874, § 6. Reichsbankges. vom 14. März 1875, § 4.

2) Sachsen-Weimar. AG. z. BGB., § 56.

3) Vgl. aber **804**. Über die Erneuerungsscheine (Talons) vgl. aber **805**.

4) Reichsbankges. vom 14. März 1857, § 4 (Banknoten).

5) Landesgesetzliche Vorschriften über die Kraftloserklärung und Zahlungssperre bleiben nach EG. Art. 102, Abs. 1 in Kraft, auch bez. der Karten, Marken usw. in **807**.

6) Schollmeyer, a. a. O., S. 94, gibt das Recht dem „rechtmäßigen" letzten Inhaber. Vgl. aber ZPO. §§ 1004. 1007.

7) ZPO. §§ 946 ff. 1004 ff.

8) Deshalb ist auch die vorläufige Zahlungssperre bei den auf Sicht zahlbaren unverzinslichen Schuldverschreibungen unzulässig.

3. Zins-, Renten- und Gewinnanteilscheine sind nicht amortisierbar, wenn sie abhandengekommen oder vernichtet sind. Auch hier hat der Inhaber Mittel zur Wiederherstellung des verlorenen Gläubigerrechtes. Er muß den Verlust vor Ablauf der Vorlegungsfrist (**801**, Abs. 2) dem Aussteller anzeigen (**132**, Abs. 1) und kann dann nach Ablauf der Frist die Leistung von dem Aussteller verlangen; denn wenn innerhalb der Vorlegungsfrist keine Vorlegung des Zinsscheines erfolgt, so ist jeder Anspruch auf den Zins erloschen. Der bisherige Inhaber wird also die rechtzeitige Anzeige und den eingetretenen Verlust zu beweisen haben. Der Anspruch ist ausgeschlossen, wenn innerhalb der Frist eine Vorlegung oder gerichtliche Geltendmachung gegenüber dem Aussteller erfolgt ist. Der Aussteller hat den Beweis der Vorlegung usw. zu führen, nicht aber den der Einlösung; sonst wäre der Aussteller benötigt, sich bei jedem Zinsscheine den Beweis der Zahlung zu sichern und bis zum Ablaufe der vierjährigen Verjährungsfrist aufzubewahren. Mit der Vorlegung ist der Nachweis erbracht, daß der Schein vorhanden ist. Der frühere Inhaber kann sein Recht gegen den Präsentanten durchführen und die Einlösung durch einstweilige Verfügung verhindern; vom Aussteller kann er Zahlung nur verlangen, wenn er beweist, daß die Vorlegung usw. erst nach dem Ablauf der Vorlegungsfrist erfolgt ist. Der Anspruch verjährt in vier Jahren von Ablauf der Vorlegungsfrist an. Anspruch ist ausgeschlossen, wenn das in den Zinsscheinen usw. selbst gesagt ist (**804**, EG. Nr. 100)[1].

VI. Da das Gläubigerrecht an die Innehabung der Urkunde geknüpft, die Verfolgung des Eigentumes an Inhaberpapieren aber eine sehr prekäre ist (**935**), so bietet die Umlaufsfähigkeit Gefahren (z. B. für Vormünder, Depositalbehörden usw.); da weiter das Interesse des Gläubigers an der Umlaufsfähigkeit häufig ein geringes ist, so kannte schon das bisherige Recht Mittel, die rechtliche Natur des Inhaberpapieres gänzlich oder teilweise zu verändern, um diese Gefahr abzuschneiden, nämlich

1. die **Außerkurssetzung**, bei welcher durch einen Vermerk des Inhabers selbst oder auf seinen Antrag durch einen Vermerk einer Behörde auf dem Papier dieses als einer bestimmten Person gehörig bezeichnet wird, oder

2. die **Vinkulierung**, welche sich als eine vom Inhaber auf das Papier gesetzte Erklärung dahin darstellt, daß das Papier als Kaution (Amtskaution) dienen solle und auch die Wirkung hat, daß die Vorschriften über Inhaberpapiere keine Anwendung finden (Bayern), oder

3. **die Umschreibung auf den Namen.**

Das BGB. kennt die Umschreibung auf den Namen[2]) eines bestimmten Berechtigten durch den Aussteller mit Einverständnis des Inhabers. Neuausstellung des Namenspapieres ist nicht erforderlich, sondern nur Umschreibung des alten Inhaberpapieres auf den bestimmten Berechtigten. Verpflichtet ist dagegen gesetzlich der Aussteller zur Umschreibung nicht (**806**)[3]) und auch nicht zur Wiederausstellung des Papieres auf den Inhaber nach Umschreibung.

VII. Die **hinkenden Inhaberpapiere** oder **qualifizierten Legitimationspapiere** (**808**)[4]).

Die Besonderheit liegt auch hier in dem Willen des Ausstellers. Zunächst ist dieser Wille darauf gerichtet, daß er nur einer bestimmten im Papier benannten Person zur Leistung ver-

---

[1]) Gehen Erneuerungsscheine verloren, so bedarf es einer Kraftloserklärung nicht. Es genügt nach **805** die Anzeige vom Verlust (**132**, Abs. 1) an den Aussteller, worin der Widerspruch gegen die Aushändigung an den Inhaber des alten Talons liegt. Sachs.-Weim. AG. z. BGB., § 56. Braunschweig. AG. z. BGB., § 27.

[2]) Die Außerkurssetzung ist unzulässig. Eine vor dem Inkrafttreten des BGB. erfolgte Außerkurssetzung verliert mit dem Inkrafttreten ihre Wirkung. EG. Art. 176. Sächs. AV. z. BGB., § 12.

[3]) Vgl. aber Vorbehalt für das Landesrecht. EG. Art. 101. Mecklenb.-Schwerin. AV. z. BGB., §§ 45—48. Mecklenb.-Strel. AV. z. BGB., §§ 44—47. Preuß. AG. z. BGB., Art. 18.

[4]) Strohal, Recht (1901), S. 158.

pflichtet, aber auch dem Inhaber des Papieres zu leisten berechtigt sein will, ohne sich in eine Prüfung der Legitimation desselben einlassen zu müssen. Der Aussteller ist daher nicht verpflichtet, an den Inhaber des Papieres zu leisten, sondern er kann die nach der Natur des Papieres notwendige Legitimation verlangen.

Das Papier kann Namens- (Order- oder Rekta-) Papier sein. Es braucht auch zu den Wertpapieren nicht zu gehören, wenn der Besitz des Papieres überhaupt nicht Voraussetzung der Geltendmachung des in demselben verbrieften Rechtes ist, der Inhaber somit nach Verlust des Papieres, auch ohne daß das Papier für kraftlos erklärt ist, die Leistung verlangen kann, z. B. Garderobemarken.

Zu den Legitimations-, Rektapapieren gehören die Depotscheine der Reichsbank, Sparkassenbücher, die auf den Namen lauten, wenn die Kasse sich die Zahlung an jeden Präsentanten vorhalten hat, öfter auch die Leihhauspfandscheine und die Versicherungspolicen auf den Inhaber[1]).

A. Der Schuldner ist nur gegen Vorlegung und Aushändigung der Urkunde zu leisten verpflichtet; denn wenn auch der Schuldner nicht an eine Prüfung der Berechtigung des Inhabers gebunden sein will, so will er doch keineswegs auf die Vorlegung der Urkunde verzichten, die ihm eben einen Anhaltspunkt für die Berechtigung gibt.

B. Daraus folgt, daß, wenn die Urkunde verlorengegangen ist, die Kraftloserklärung wie bei Inhaberpapieren zu erfolgen hat[2]), also im Wege des Aufgebotsverfahrens. Erfolgt ein Ausschlußurteil, so ist der Schuldner wie bisher zwar berechtigt, an den letzten Inhaber, der es erwirkt hat, zu leisten, aber nicht verpflichtet; er kann den anderweiten Beweis des Gläubigerrechtes verlangen. Die Kraftloserklärung kann in der Urkunde selbst wie auch in Reglements oder nach der Natur des Verhältnisses ausgeschlossen sein.

Dem Vorstande der Sparkasse zu R. ist bekannt, daß das Sparkassenbuch Nr. 100 dem Sparer A gestohlen ist. Der Dieb hat ein Ausschlußurteil des ihm angeblich abhanden gekommenen Sparkassenbuches erwirkt. Die Sparkasse verlangt mit Recht, als der Dieb Zahlung verlangt, den Nachweis seines Forderungsrechtes.

C. Die Verjährung des Anspruches des Gläubigers ist die für den Anspruch aus allgemeinen Grundsätzen sich ergebende. Die Zahlungssperre hemmt gemäß **802** den Beginn und Lauf dieser Verjährung.

D. Da der Schuldner die Leistung dem Inhaber gegenüber ablehnen kann und diesem so den Beweis des Gläubigerrechtes zuschiebt, so wird man doch nicht annehmen können, daß der Schuldner an den Inhaber nicht zahlen darf, wenn er weiß oder wegen eigener grober Fahrlässigkeit nicht weiß, daß der Inhaber nicht berechtigt ist. Er wird vielmehr dem wahren Gläubiger gegenüber befreit (vgl. oben III). Eine Prüfung der Berechtigung ist dem Schuldner nicht auferlegt[3]). Ebenso wie bei den Inhaberpapieren ist auch die Frage zu behandeln, ob der Aussteller sich durch Leistung an einen nicht vollgeschäftsfähigen Inhaber befreit (vgl. oben V. A. Z. 2).

VIII. Der Gemeinschaft der Inhaber von Schuldverschreibungen größerer privaten Unternehmungen ist durch das Reichsgesetz vom 4. Dezember 1899 die Möglichkeit gegeben, sich eine Organisation zu schaffen, die die Rechte der Inhaber besonders zur Abwendung von Zahlungseinstellung und Konkurs oder im Konkurse des Schuldners vertritt.

---

[1]) ROHG. Bd. 2, S. 307; Bd. 3, S. 339.

[2]) Vorbehalt für die Landesgesetzgebung: EG. Art. 102, Abs. 2, die ein anderes als das Aufgebotsverfahren bestimmen kann. Hess. AG. z. BGB., Art. 71. Württemb. AG. z. BGB., Art. 188. 189. Sächs. AG. z. BGB., § 5. Bayer. AG. z. BGB., Art. 109 ff.

[3]) Planck zu **808**, Z. 3 b.

8. Kapitel.

Rechtsgeschäftsähnliche Schuldverhältnisse.

§ 138.

Die Geschäftsführung ohne Auftrag.[1])

Das BGB. regelt zwei Arten der Geschäftsführung ohne Auftrag (negotiorum gestio)[2]): die stellvertretende oder **echte**, d. h. die Besorgung fremder Geschäfte auf fremde Rechnung, also die für den Geschäftsherrn unternommene (I.), und die **unechte Geschäftsführung ohne Auftrag**, d. h. die auf eigene Rechnung, daher die vom Geschäftsführer für sich unternommene Führung fremder Geschäfte.

I. Die stellvertretende, echte Geschäftsführung ohne Auftrag.

A. Die **Voraussetzungen** der Geschäftsführung ohne Auftrag (**677**):

1. Unter Geschäft ist nicht nur Rechtsgeschäft, sondern auch tatsächliche Verrichtung wie beim Auftrag zu verstehen. Es kann ein Geschäft oder eine Mehrheit von Geschäften vorliegen.

2. Der Geschäftsführer muß das Geschäft für den anderen besorgt haben. Es wird verlangt, daß der Geschäftsführer seinen Willen kundgegeben hat, das Interesse des anderen vertreten zu wollen. Es genügt nicht die an sich schwer feststellbare objektive Fremdheit des Geschäftes. Wo ein objektiv fremdes Geschäft vorliegt, ist ein Anhaltspunkt dafür gegeben, daß der Geschäftsführer für den anderen tätig geworden ist. Es ist aber auch in diesem wie in allen Fällen festzustellen, daß der Geschäftsführer den Willen und das Bewußtsein gehabt hat, für den anderen zu handeln. Dieser Wille ergibt sich zumeist schon aus dem Eingriff, in dem Bewußtsein, daß die Angelegenheit fremdem Interessenkreise angehört. Es scheiden daher aus die Fälle, in denen jemand, irrtümlich eine fremde Angelegenheit für eine eigene haltend, tätig wird, wie diejenigen, in denen der Geschäftsführer das Bewußtsein der Fremdheit hat, aber im eigenen Interesse eingreift (II.).

Der entscheidende Wille des Geschäftsführers ist auch dann nicht ausgeschlossen, wenn er ein Geschäft für den anderen im eigenen Namen abschließt.

Das Geschäft muß für einen anderen besorgt sein, d. h. nicht etwa für einen individuell bestimmten und dem Geschäftsführer bekannten Geschäftsherrn, sondern es genügt Besorgung für denjenigen, den es angeht[3]). Der Irrtum in der Person des Geschäftsherrn ist also insofern gleichgültig (**686**). Gegen den bloß vermeinten Geschäftsherrn erwirbt der Geschäftsführer keine Ansprüche. Der Wille, für einen anderen das Geschäft zu besorgen, fehlt demjenigen, der lediglich den Auftrag eines Dritten erfüllt. Der Auftrag des Dritten schließt aber an sich nicht aus, daß der Geschäftsführer nicht auch für den anderen handelte. Gleichgültig bleibt das Motiv des Willens des Geschäftsführers. Er kann auch durch Rücksichten auf sein eigenes[4]) oder auf das Interesse weiterer Dritter zum Eingreifen bewogen sein.

3. Die Geschäftsführung muß eine auftraglose sein, d. h. der Geschäftsführer darf nicht auf Grund eines Auftrages des anderen oder auf Grund eines mit dem

---

[1]) Sturm, Die Lehre von der Geschäftsführung ohne Auftrag nach dem BGB. (1897). Isay, Geschäftsführung nach d. BGB. (1900). Brückmann, Die Rechte des Geschäftsführers ohne Auftrag (1903). Enneccerus I, 2. §§ 385—388.

[2]) Die vom BGB. aufgestellten Normen finden außerdem Anwendung in **450. 547. 601. 994. 1049. 1216. 1978. 2125.**

[3]) Seuff. Arch., Bd. 42, S. 160.

[4]) Liegt ein Gemeinschaftsverhältnis zwischen dem Geschäftsführer und dem anderen vor, so entscheiden die Grundsätze der Gemeinschaft.

anderen geschlossenen Dienst- oder Werkvertrages oder als Vormund oder sonstiger gesetzlichen Vertreter des anderen zur Geschäftsbesorgung berechtigt sein[1]).

Geschäftsführung ohne Auftrag liegt aber auch dann vor, wenn der Geschäftsführer irrtümlich ein Verhältnis annimmt, welches ihn zur Geschäftsführung berechtigt.

B. Die Geschäftsführung ohne Auftrag erzeugt zunächst **Verpflichtungen des Geschäftsführers** (**677**—**682**).

1. Der Geschäftsführer hat das Geschäft so zu führen, wie das Interesse des Geschäftsherrn mit Rücksicht auf dessen wirklichen oder mutmaßlichen Willen es erfordert. Das Interesse des Geschäftsherrn ist nicht nach objektiven Gesichtspunkten zu ermitteln, sondern aus den Intentionen des Geschäftsherrn selbst (subjektives Prinzip)[2]). Die Geschäftsführung ohne Auftrag ruht demnach auf dem doppelten Grunde der Nützlichkeit, im allgemeinen Interesse, d. h. der wirtschaftlichen Vernünftigkeit, daß die Geschäfte Abwesender geführt werden, und der Nützlichkeit für den einzelnen, den Behinderten. Die Durchführung des ersten Gedankens allein würde zu einer unbilligen Beeinträchtigung des Sonderinteresses des Geschäftsherrn führen. Der Geschäftsführer hat daher bei der Prüfung, ob und wie er in die Geschäfte eines anderen eingreift, den wirklichen oder mutmaßlichen Willen des anderen zu berücksichtigen. Er muß so handeln, wie er annehmen konnte und mußte, daß der Geschäftsherr gehandelt haben würde. Entspricht die Handlungsweise des Geschäftsführers dem wirklich vorhandenen Willen des Geschäftsherrn nicht, so genügt es doch, wenn der Geschäftsführer nach Lage des Falles den Willen annehmen durfte und mußte. Bei dieser Prüfung und bei der Erfüllung seiner Pflicht hat der Geschäftsführer alle Sorgfalt zu üben (**278**). Mischt sich der Geschäftsführer ein, obwohl ein Beauftragter oder gesetzlicher Vertreter vorhanden ist, so liegt darin nicht notwendig ein Handeln gegen den Willen des Geschäftsherrn. Ist der Geschäftsherr geschäftsunfähig, so hat der Geschäftsführer bei der Prüfung auf den gesetzlichen Vertreter und dessen Geschäftsführung zu sehen. In dem Abstehen von der begonnenen Geschäftsführung kann eine Verletzung der notwendigen Sorgfalt liegen[3]). Eine Verpflichtung zur Fortführung der Geschäfte besteht aber insofern nicht, als eine Klage zur Fortführung ausgeschlossen ist.

Aus Gründen des Gemeinwohles ist dieses Prinzip der Geschäftsführung ohne Auftrag verlassen und der Geschäftsführer nicht gebunden, sich an den Willen des Geschäftsherrn zu halten, wenn ohne sein Eingreifen eine Pflicht des Geschäftsherrn, deren Erfüllung im öffentlichen Interesse liegt (vgl. actio funeraria) oder eine gesetzliche Unterhaltspflicht des Geschäftsherrn überhaupt nicht oder doch nicht rechtzeitig erfüllt werden würde. Das Eingreifen ist hier objektiv gerechtfertigt, und das genügt. Eine Ausdehnung dieser Bestimmung in **679** auf andere Pflichten, z. B. auf sittliche Pflichten, ist unzulässig[4]).

Nicht alle Sorgfalt, sondern nur Vorsatz und grobe Fahrlässigkeit hat der Geschäftsführer zu vertreten, wenn sein Eingriff die Abwehr einer dem Geschäftsherrn selbst, nicht seinen Angehörigen oder seinem Vermögen, drohenden dringenden Gefahr bezweckt. Grobe Fahrlässigkeit würde vorliegen, wenn der Geschäftsführer interveniert, obwohl er sich sagen muß, daß der Geschäftsherr sich lieber der Gefahr unterworfen, als überhaupt oder doch in der vom Geschäftsführer geplanten Weise eingegriffen haben würde. Das subjektive Prinzip tritt hier gegen das objektive etwas zurück, ist aber nicht aufgegeben (**680**).

2. Der Geschäftsführer, der die Geschäftsführung übernommen hat, hat, sobald es tunlich ist, dem Geschäftsherrn die Übernahme anzuzeigen. Er hat die Weisungen des Geschäftsherrn abzuwarten, wenn nicht Gefahr im Aufschube liegt. Er hat wie ein Beauftragter

1) Die Besorgung der Geschäfte kraft Amtes schließt die Geschäftsführung ohne Auftrag schon deshalb aus, weil ein privatrechtliches Verhältnis zwischen dem Beamten und dem Geschäftsherrn überhaupt nicht besteht.

2) Vgl. Oertmann, S. 721 f.

3) RG. Bd. 63, S. 280.

4) Abw. Zitelmann, Arch. f. d. ziv. Praxis, Bd. 99, S. 113 ff.

(**666—668**) Nachricht zu geben, Auskunft zu erteilen, Rechnung zu legen, das, was er zum Zwecke der Geschäftsbesorgung an sich genommen und durch diese erlangt hat, herauszugeben und für sich verwendetes Geld zu verzinsen. Diese Pflichten folgen schon aus dem Grundprinzip der Geschäftsführung ohne Auftrag (**681**). Der Anspruch auf Herausgabe ist ausgeschlossen, wenn der Geschäftsherr die Genehmigung versagt. Die Rechnungslegung dagegen kann auch ohne Genehmigung vom Herrn verlangt werden.

3. Der Geschäftsführer hat allen Schaden zu ersetzen, der aus seiner Pflichtverletzung dem Geschäftsherrn erwächst. Das gilt insbesondere, wenn der Geschäftsführer bei der Prüfung des Willens des Geschäftsherrn fahrlässig verfuhr und sich einmischte, oder wenn er trotz des ihm bekannten entgegenstehenden Willens des Geschäftsherrn die Geschäftsführung übernahm. In der Übernahme liegt hier die Verschuldung des Geschäftsführers, und er wird von der Pflicht, den durch die Übernahme herbeigeführten Schaden zu ersetzen, nicht frei, wenn ihn auch in der weiteren Führung der Geschäfte ein Verschulden nicht trifft (**678**).

4. Der geschäftsunfähige oder in der Geschäftsfähigkeit beschränkte Geschäftsführer kann die in der Geschäftsführung liegende Rechtshandlung nicht vornehmen. Er kann daher wegen Schadensersatz nur aus dem Gesichtspunkte der unerlaubten Handlungen, wegen der Herausgabe nur wegen ungerechtfertigter Bereicherung haften, auch wenn der in der Geschäftsfähigkeit Beschränkte mit Einwilligung des gesetzlichen Vertreters gehandelt hat (vgl. **107**. **111**. **682**).

5. Die Verpflichtungen des Geschäftsführers gehen unverändert auf die Erben über.

C. Die **Verpflichtung des Geschäftsherrn.** Die Verpflichtung des Geschäftsherrn kann bestehen in dem Ersatz der Aufwendungen des Geschäftsführers in dem Umfange, wie er dem Beauftragten zu leisten ist (**670**), oder nur in der Herausgabe dessen, was er durch die Geschäftsführung erlangt hat, nach den Grundsätzen über die Herausgabe ungerechtfertigter Bereicherung. Beide Ansprüche fallen fort, wenn der Geschäftsführer nicht in der Absicht gehandelt hat, den Geschäftsherrn in Anspruch zu nehmen[1]). Der Geschäftsherr hätte zu beweisen, daß der Geschäftsführer die Absicht nicht gehabt hat (**685**, Abs. 1). Anders liegt es mit der Beweislast nach allgemeinen Grundsätzen, wenn der Geschäftsführer zugleich im Auftrage eines Dritten tätig wurde, und auch, wenn Eltern oder Voreltern ihren Abkömmlingen oder diese jenen Unterhalt gewähren (**685**, Abs. 2, vgl. **1429**. **1618**). In diesem Falle wird der animus recipiendi nicht angenommen, ist vom Geschäftsführer zu beweisen[2]).

1. Die **Pflicht zum Aufwendungsersatz** ist begründet:

a) wenn der Geschäftsherr die Geschäftsführung genehmigt und soweit er sie genehmigt (**184**). Soweit die Genehmigung nicht reicht, ist nur der Anspruch zu Z. 2 begründet (**684**);

b) von der Genehmigung abgesehen dann, wenn eine nützliche Geschäftsführung vorliegt. Nützlich braucht aber nur die Übernahme, nicht die Ausführung des übernommenen Geschäftes zu sein. Die Übernahme der Geschäftsführung ist aber dann eine nützliche, wenn sie nach der Anschauung des Verkehres also objektiv nützlich ist, nicht nach den subjektiven Auffassungen des Geschäftsherrn. Es muß ein solches Interesse vorliegen, nicht bloß vom Geschäftsführer irrtümlich, wenngleich entschuldbarerweise angenommen sein. Außerdem muß die Übernahme der Geschäftsführung mit dem wirklichen oder mutmaßlichen Willen des Geschäftsherrn übereinstimmen. Diese Übereinstimmung wird nicht ersetzt durch die entschuldbar irrtümliche Annahme der Übereinstimmung[3]). Bei der Prüfung der Existenz des Interesses und der Übereinstimmung sind mithin alle Umstände zu berücksichtigen, auch solche, die dem Geschäftsführer entschuldbarerweise unbekannt geblieben waren. Entspricht die Übernahme der Geschäftsführung diesen Anforderungen, so kommt es bei der Art und Weise

---

[1]) Nicht in allen Fällen, in denen dieser Willen, den Geschäftsherrn zu verpflichten, fehlt, liegt Schenkung vor, z. B. es zahlt jemand das Lösegeld für einen, der unter die Räuber gefallen ist.

[2]) Belanglos für die Verpflichtung des Geschäftsführers ist die Absicht, Ersatz verlangen zu wollen.

[3]) Anders liegt es bei der Verpflichtung des Geschäftsführers (**678**).

der Führung des übernommenen Geschäftes nicht auf die Übereinstimmung an. Es wird demnach zu prüfen sein, ob in der Geschäftsführung nicht etwa Übernahme eines neuen, sondern nur Ausführung des übernommenen Geschäftes vorliegt. Letzteres liegt vor, solange sich der Geschäftsführer im Rahmen der gerechtfertigten Übernahme hält. Solange der Geschäftsführer bei der Ausführung die gehörige Sorgfalt anwendete, ist es für die Verpflichtung des Herrn zum Schadensersatz demnach gleichgültig, ob die Geschäftsführung für den Geschäftsherrn günstigen oder ungünstigen Erfolg gehabt hat. Der Geschäftsherr steht wie ein Auftraggeber bei allgemeinem Auftrage, der Geschäftsführer wie ein Beauftragter da, wenn auch ein Auftragsverhältnis nicht vorliegt und nicht fingiert werden darf. Auch bei der Übernahme kommt es auf den wirklichen Willen des Geschäftsführers nicht an, wenn es sich um die Fälle in **679** handelt. Der Ersatzanspruch des Geschäftsführers ist demnach in diesem Falle begründet, selbst wenn die Übernahme mit dem Willen des Geschäftsherrn in Widerspruch stand (**683**). Liegen die Voraussetzungen des Ersatzanspruches nicht vor, so kann er trotzdem auf eine Genehmigung (a) des Geschäftsherrn gegründet werden.

Die Geschäftsunfähigkeit oder die beschränkte Geschäftsfähigkeit des Geschäftsherrn hat nicht die Folge einer Beschränkung der Verpflichtung auf die Bereicherung (Z. 2), sondern der Geschäftsherr haftet im vollen Umfange. Die Gefahr für den Geschäftsherrn ist dadurch gemildert, daß meistens ein Vormund oder gesetzlicher Vertreter da sein und eine Übernahme der Geschäftsführung neben dem Vormund selten im Interesse des Geschäftsunfähigen liegen wird. Freilich kommt es hier auf die Übereinstimmung der Übernahme mit dem Willen des gesetzlichen Vertreters an.

2. Die Pflicht zur Herausgabe der Bereicherung.

Dieser Anspruch ist dann begründet, wenn eine nützlich übernommene Geschäftsführung nicht vorliegt und diese unnützliche Geschäftsführung nicht genehmigt ist (**684**).

II. **Die unechte Geschäftsführung ohne Auftrag** (**687**).

Die Vorschriften über die Geschäftsführung ohne Auftrag finden keine Anwendung, wenn jemand irrtümlich ein (objektiv) fremdes Geschäft als eigenes besorgt. Es fehlt an dem Willen des Geschäftsführers, ein fremdes Interesse zu vertreten, und demgemäß auch an dem Willen, der auf Ersatz gerichtet ist. Eine einseitige Genehmigung des Geschäftsherrn vermag das nicht zu ändern. Der Zweifel über die Fremdheit schließt die echte Geschäftsführung ohne Auftrag nicht aus. Es kann je nach Lage des Falles nur von einem Bereicherungsanspruch der Parteien gegeneinander oder einem Anspruch aus **823** des Geschäftsherrn gegen den Geschäftsführer die Rede sein, der Fahrlässigkeit voraussetzen würde (**687**, Abs. 1).

Wer dagegen wissentlich in ein fremdes Interesse sich einmischt und ein fremdes Geschäft als eigenes, im eigenen Interesse besorgt, handelt rechtswidrig, begeht eine unerlaubte Handlung und haftet deshalb auf vollen Schadensersatz. Der Fall des **687**, Abs. 2 liegt nicht vor, wenn jemand ein fremdes Geschäft im Auftrage eines Dritten besorgt; entweder liegt echte Geschäftsführung ohne Auftrag vor (oben I. A.) oder wirklich eigenes Geschäft des Geschäftsführers. Eine Geschäftsführung liegt auch hier nicht vor, weil der Eingreifende nicht die Absicht hat und offenbart, das Geschäft als fremdes in fremdem Interesse zu führen. Trotzdem darf der Geschäftsherr den Eingreifenden als Geschäftsführer in Anspruch nehmen (**677. 678. 681. 682**). Diese Position ist für den Herrn in gewisser Beziehung günstiger, z. B. er hat nicht die Voraussetzungen der unerlaubten Handlung nachzuweisen, der Anspruch unterliegt nicht der Verjährung nach **852**, er geht auf Herausgabe des Erlangten, auf Rechenschaftsablage. Der Geschäftsherr ist dem Geschäftsführer wegen der Aufwendungen nur zur Herausgabe nach den Grundsätzen der ungerechtfertigten Bereicherung verpflichtet (**684**, Satz 1). Die Fremdheit des Geschäftes bestimmt sich hier allein nach dem objektiven Maßstab, daß das Geschäft seinem Inhalte nach der Verkehrsauffassung gemäß der Rechtssphäre und Interessensphäre eines anderen angehört[1]).

---

[1]) Isay, a. a. O., S. 48 ff. RG. Bd. 46, S. 14; Bd. 47, S. 100; Bd. 58, S. 321.

§ 139.

Die Gemeinschaft.[1])

I. Die Natur der Rechtsgemeinschaft (741. 742).

Die gesetzlichen Bestimmungen über die Gemeinschaft nach Bruchteilen kommen zur Anwendung, wo keine besonderen Bestimmungen durch Gesetz oder Vertrag der Genossen getroffen sind; im Gesetz anders geregelt ist z. B. die Rechtsgemeinschaft durch Gesellschaft (**L.** § 128), die Gütergemeinschaft (**L.** §§ 236 ff.), die Gemeinschaft unter den Miterben (**L.** §§ 312. 313). Der Rechtsgemeinschaft analoge Verhältnisse ergeben sich bei einer tatsächlichen Gemeinschaft nach Bruchteilen z. B. zwischen dem Eigentümer und Nießbraucher an einem Eigentumsbruchteile (**L.** § 189). Wo besondere Vorschriften fehlen, tritt analoge Rechtsanwendung ein.

Die Gemeinschaft nach Bruchteilen kann an den verschiedensten Rechten bestehen, nicht bloß am Eigentum (Miteigentum), für welches außerdem besondere Bestimmungen gelten (**L.** § 179).[2]) Nach der Rechtsvermutung in **742** sind die Anteile der Teilhaber gleiche. Die Anteile beziehen sich nicht auf den Gegenstand des gemeinschaftlichen Rechtes, sondern auf das Recht selbst.

II. Die Rechte und Pflichten der Teilhaber.

A. Jeder Teilhaber hat Anspruch auf einen seinem Anteile entsprechenden Teil der Früchte, an diesen hat er einen Bruchteil entsprechend seinem Anteil an der Gemeinschaft. Sobald die Früchte zur Verteilung gelangen, kann er einen entsprechenden reellen Teil verlangen. Der Teilhaber ist ferner zum Gebrauche des gemeinschaftlichen Gegenstandes insoweit befugt, als nicht der Mitgebrauch der übrigen Teilhaber beeinträchtigt wird (**743**, vgl. **866**).

B. Die Verwaltung des gemeinschaftlichen Gegenstandes ist, soweit nicht Vereinbarung der Teilhaber vorliegt, eine gemeinschaftliche. Es ist also positive Übereinstimmung aller Teilhaber erforderlich (Prinzip der gesamten Hand). Wird einem Teilhaber die Verwaltung übertragen, so liegt ein Auftrags- oder sonstiges Verhältnis vor. Das Prinzip ist aber durchbrochen (**744**, Abs. 1):

1. Jeder Teilhaber kann zu Maßregeln, die zur Erhaltung notwendig sind, ohne Zustimmung der Teilhaber schreiten, und er kann auf vorherige Erteilung der Zustimmung klagen (**744**, Abs. 2, ZPO. § 894).

2. Die nach der Größe der Anteile zu bestimmende asolute Majorität der Teilhaber kann über Verwaltung und Benutzung bestimmen, diese Bestimmung muß aber der Beschaffenheit des Gegenstandes entsprechen und eine ordnungsmäßige sein (**745**, Abs. 1). Die Minorität ist nur unter dieser Voraussetzung an den Beschluß gebunden, die Beseitigung des rechtswidrigen Beschlusses kann im Wege der Klage durchgesetzt werden.

3. Liegt ein Majoritätsbeschluß nicht vor, auch nicht eine Vereinbarung der Teilhaber über Verwaltung und Benutzung, so kann jeder Teilhaber eine dem Interesse aller Teilhaber nach billigem Ermessen entsprechende Verwaltung und Benutzung eventuell im Wege der Klage verlangen, z. B. Verpachtung, wechselnde Benutzung, Überlassung an einen Teilhaber gegen Abfindung der übrigen (**745**, Abs. 2).

4. Die Mehrheit kann keine wesentliche Veränderung des Gegenstandes beschließen (Z. 2), der einzelne Teilhaber kann eine solche nicht verlangen. Hier tritt daher das Prinzip ein. Der Mehrheitsbeschluß kann auch nicht das Recht des Teilhabers zu Z. 1 beeinträchtigen. Beeinträchtigt der Mehrheitsbeschluß das Recht des einzelnen Teilhabers auf Früchte und Gebrauch (A.), so bedarf er der Zustimmung des Beeinträchtigten (**745**, Abs. 3).

---

[1]) Vgl. Planck zu **687**, Z. 1—3. Enneccerus **1**, 2. §§ 403—406.

[2]) Diez, Zur Lehre v. Miteigentum, S. 66 (1888). Lammfromm, Teilung, Darlehen, Auflage und Umsatzvertrag (1897). v. Seeler, Das Miteigentum, S. 1 ff. 73 ff.

5. Die in ihrem Interesse durch einen gültigen Mehrheitsbeschluß beeinträchtigte Minderheit, ebenso jeder durch sonstige gültige Regelung der Verwaltung und Benutzung beeinträchtigte einzelne Teilhaber hat nur das Recht, die Auflösung zu verlangen.

Eine durch Mehrheitsbeschluß, Vereinbarung oder auf Klage des Teilhabers durch Urteil über Verwaltung und Benutzung getroffene Regelung könnte zwar nicht im Falle einer Gesamtnachfolge an Stelle des gebundenen Teilhabers, wohl aber durch Veräußerung des Anteiles seitens eines Teilhabers (C) illusorisch gemacht werden. Daher die Bestimmung, daß solche Regelung auch für und gegen die Sondernachfolger wirkt, also dem Rechtsverhältnis unter den Genossen einen bestimmten und dauernden Inhalt gibt[1]) (**746**, vgl. dagegen **1010** für das Miteigentum an Grundstücken).

C. Die Verfügung über den Anteil, nicht über den gemeinschaftlichen Gegenstand, steht jedem Teilhaber frei, soweit nicht Veräußerungsverbote eingreifen (**134**. **135**). Jeder Teilhaber kann selbständig seinen Anteil veräußern, verpfänden. Der Gläubiger des Teilhabers kann den Anteil im Wege der Zwangsvollstreckung pfänden lassen. Über den Gegenstand im ganzen können die Teilhaber nur gemeinschaftlich, rechtlich wie tatsächlich, verfügen, wenn nichts anderes bestimmt ist (**747**). Es besteht kein Vorkaufsrecht der Teilhaber (anders bei der Erbengemeinschaft, vgl. **2034**).

D. Jeder Teilhaber ist den Genossen gegenüber nach Verhältnis seines Anteiles zur Tragung bzw. zum Ersatz der Lasten des gemeinschaftlichen Gegenstandes und der Kosten der Erhaltung, der Verwaltung und gemeinschaftlichen Benutzung verpflichtet (**748**).

E. Für die Erfüllung aller Verpflichtungen, insbesondere der Pflicht unter D., haftet der Teilhaber für jede Sorgfalt (nicht für diligentia quam suis [anders **708**]). Der Anspruch auf Erfüllung kann (anders als im röm. R.) vor, bei der Aufhebung und nach derselben geltendgemacht werden.

III. **Die Gemeinschaftsteilung**[2]).

Jeder Teilhaber kann jederzeit verlangen, daß ihm von dem Wert des gemeinschaftlichen Gegenstandes ein seinem Anteil entsprechender Teil gewährt werde. Diesen Teilungsanspruch nennt das BGB. Anspruch auf Aufhebung der Gemeinschaft. Der Ausdruck Teilungsanspruch ist vermieden, weil die Teilung im engeren Sinne (Naturalteilung) häufig ausgeschlossen ist.

Das Verhältnis des Teilungsanspruches zur Aufhebung der Gemeinschaft ist dieses, daß die Auflösung der Rechtsgemeinschaft notwendige Voraussetzung der Teilung, d. h. der Auskehrung des Wertanteiles ist. In der Auflösung der Rechtsgemeinschaft an sich liegt aber das Interesse des Teilhabers nicht und daher auch nicht das Ziel des Teilungsanspruches. Wäre das der Fall, so würde die Teilung nur das Mittel sein, die durch die Auflösung der Gemeinschaft herbeigeführten Schäden wieder auszugleichen. Das würde allerdings der bisher herrschenden Auffassung entsprechen[3]). Man kann sie als die Äquivalenztheorie bezeichnen; denn geschädigt ist der Teilhaber im Falle der Auflösung der Gemeinschaft nur durch den Verlust seines Anteiles; die Teilung hätte nur den Zweck, ihm einen Wert zu schaffen, der dem Werte des Anteiles entspricht. Da mit dem Werte des Anteiles keineswegs der dem Anteil des Teilhabers entsprechende Teil des Wertes der ganzen Sache identisch ist, so würde die Teilung nach der herrschenden Auffassung auch dem Interesse des Teilhabers nur unvollkommen gerecht. Endziel des Anspruches des Teilhabers kann aber die Auflösung der Gemeinschaft schon deshalb nicht sein, weil der Teilhaber die Auflösung der Gemeinschaft durch Veräußerung

---

[1]) Oertmann, S. 475.

[2]) Diese Grundsätze sind auch anwendbar für andere Arten der Rechtsgemeinschaften: Gesellschaft (**731**), Erbengemeinschaft (**2042**), Gütergemeinschaften (**1477**. **1546**. **1549**).

[3]) Vgl. bes. Geib, Die rechtliche Natur der actio communi dividendo, S. 58: „Aber nicht die Ausgleichung, sondern die Auflösung soll unter allen Umständen erreicht werden."

oder Verzicht auf seinen Anteil für seine Person oder überhaupt herbeizuführen in der Lage ist, und weil an der Auflösung der Gemeinschaft schlechthin ein Interesse des Teilhabers überhaupt nicht denkbar ist.

A. **Der Teilungsanspruch** fließt aktiv und passiv aus der Gemeinschaft selbst, steht also den Teilhabern und ihren Rechtsnachfolgern und gegen diese zu. Der Anspruch geht auf Leistung, d. h. auf die näher normierte Mitwirkung bei der gesamten Auseinandersetzung. Dieser Anspruch entspringt aber nicht aus einem Schuldverhältnis, sondern aus der Gemeinschaft selbst. Der Teilhaber, der den Teilungsanspruch erhebt, muß notwendig auch seinerseits zur Teilung bereit sein, da er sonst von dem anderen etwas verlangen würde, was dieser nicht zu leisten hat. Der Teilungsanspruch kann nur gegen alle, nicht einige oder einen Teilhaber erhoben werden. Der Anspruch kann sich auf einen der gemeinschaftlichen Gegenstände beschränken. Der Teilungsanspruch ist unverjährbar (**758**).

B. Die **Einschränkung des Teilungsanspruches** (**749—751**).

Der Teilhaber kann sich seines Anspruches niemals für alle Zeit und schlechthin begeben.

Ist unter allen oder einzelnen Teilhabern bezüglich aller oder bez. einzelner gemeinschaftlichen Gegenstände vereinbart worden, daß der Teilungsanspruch auf Zeit oder für immer ausgeschlossen sein solle, so hat solche Vereinbarung nur die Bedeutung, daß die Teilung dann nur aus einem *wichtigen* Grunde verlangt werden kann. Auch eine vereinbarte Kündigungsfrist braucht bei wichtigem Grunde nicht gewahrt zu werden. Über das Vorliegen der Gründe entscheidet eventuell das Gericht.

Darüber hinausgehende Vereinbarungen sind nichtig (**134**). Haben die Teilhaber die Teilung *auf Zeit* ausgeschlossen, so wird die Vereinbarung im Zweifel mit dem Tode hinfällig. Es kann dann von allen Teilhabern wieder schlechthin Teilung verlangt werden. Soweit eine einschränkende Vereinbarung der Teilhaber über die Dauer der Gemeinschaft diese bindet, wirkt sie auch für und gegen die Sondernachfolger[1]). Der Gläubiger eines Teilhabers, der auf Grund eines nicht bloß vorläufig vollstreckbaren Titels den Anteil desselben gepfändet hat, kann aber jederzeit die Teilung verlangen.

C. Der Teilungsanspruch kann außergerichtlich ausgetragen werden.

1. Die Teilhaber können sich im Vertrage über die Teilungsart einigen (Teilungsvertrag); sie sind an die gesetzlichen Vorschriften (**752** ff.) nicht gebunden. Der Teilungsvertrag kann auch vor Gericht geschlossen werden. Er steht unter den allgemeinen Vorschriften (Geschäftsfähigkeit, Anfechtbarkeit usw.).

2. Kommt eine Einigung nicht zustande, so hat der Teilungsanspruch einen ganz bestimmten Inhalt, den er aus den Teilungsvorschriften des Gesetzes entnimmt. Anders im römischen und gemeinen Recht. Hier fehlen den Teilungsanspruch inhaltlich ausfüllende Teilungsvorschriften. Der Klagantrag konnte einen bestimmten Inhalt nicht haben, sondern nur das Begehren der Teilung enthalten. Der Richter hatte demnach die Art der Teilung frei zu bestimmen, wobei das Interesse der Parteien als Richtschnur diente. Weiter hatte er aber auch die von ihm bestimmte Teilungsart zu vollziehen und konnte durch *konstitutives Teilungsurteil* nicht nur Rechte an dem gemeinschaftlichen Objekte schaffen und übertragen, sondern auch neue Rechte und Pflichten schaffen. — Nach dem BGB. hat der Kläger im Anschluß an die Teilungsvorschriften wie sonst einen inhaltlich bestimmten Antrag zu stellen, und das Urteil, das ergeht, ist nicht konstitutiv, sondern bringt nur den Anspruch des Klägers zur Anerkennung und wird wie jedes andere Urteil vollstreckt. In den Teilungsvorschriften selbst aber hat das BGB. dem Bedürfnis Rechnung getragen, daß die Durchführung der Teilung möglichst der Willkür der einzelnen Teilhaber entrückt werde, anders wie das in hervorragendem Maße im römischen Recht der Fall war (vgl. Z. 3). Sind alle Teilhaber über die Teilung einig, so liegt ein Rechtsstreit nicht vor, sondern ein Verfahren der freiwilligen Gerichtsbarkeit vor Gericht, Notar usw. Widerspricht aber ein Teilhaber der Teilung, so muß er zur Teilung verurteilt

---

[1]) Im Konkursfalle eines Teilhabers vgl. KO. §§ 16. 51.

werden, seine Verurteilung hat einen bestimmten Inhalt nach Gesetz oder Vertrag. Die Teilung kann dann wieder unter den Teilhabern allein oder unter Mitwirkung einer Behörde im nichtstreitigen Verfahren erfolgen. Es können sich aber auch Streitpunkte über die Art der Teilung ergeben, die, wenn dem Gericht die Teilung übertragen ist, vom Gericht zu erledigen sind, sonst im Prozesse unter den Streitenden als Inzidentpunkt erledigt werden müssen, ehe das Teilungsverfahren seinen Fortgang nimmt. Solche Streitpunkte können auch durch Vertrag der Parteien erledigt werden, indem sie einzelne gesetzliche Teilungsvorschriften abgeändert haben.

1. Die Teilung bezweckt, die Anteile in reale Teile oder ausschließliche Rechte an einzelnen Gegenständen umzusetzen.

2. **Die Art der Teilung** ist Naturteilung oder Erlösteilung. Die letztere ist die praktisch häufigere.

a) **Die Naturteilung** (752)[1]. Sie ist zulässig, wenn der gemeinschaftliche Gegenstand sich in solche Teile zerlegen läßt, die

α) unter sich und mit dem ungeteilten Gegenstand gleichartig sind,

β) in ihrem Gesamtwert nicht hinter dem Werte des gemeinschaftlichen Gegenstandes zurückbleiben („ohne Verminderung des Wertes") und

γ) den Anteilen der Teilhaber entsprechen, d. h. sie sollen in ihrem Werte sich zu dem Gesamtwerte des Gegenstandes ebenso verhalten, wie der Anteil sich zum ganzen des ungeteilten Gegenstandes verhält. Die Teile brauchen nicht auch in der Größe den Anteilen zu entsprechen.

Was von einem einzelnen Gegenstande gilt, gilt auch von mehreren gemeinschaftlichen, gleichartigen (α) Gegenständen. Unter den gleichen Voraussetzungen (β, γ) kann die Naturteilung hier so erfolgen, daß dem einen Teilhaber der eine ganze Gegenstand, dem anderen der andere zufällt.

Sind gleiche Teile an die Teilhaber zu verteilen, so soll das Los bez. der Teile oder einzelnen Gegenstände entscheiden.

b) Die **Erlösteilung** (753).

Auf diese ist der Teilhaber beschränkt, wenn die Naturteilung ausgeschlossen ist. Die gemeinschaftlichen Gegenstände werden nach den Vorschriften für den Pfandverkauf (**1233** ff.), gemeinschaftliche Grundstücke im Wege der Zwangsversteigerung (ZVG. §§ 180 ff.) verkauft, und der Erlös wird nach Verhältnis der Anteile verteilt. Die Erlösteilung kann nicht erfolgen, wenn die Veräußerung verboten ist (gesetzliche und richterliche Veräußerungsverbote).

Wenn die Veräußerung an einen Dritten unstatthaft ist, z. B. durch Anordnung des Erblassers oder Schenkers, so findet die Versteigerung unter den Teilhabern statt.

Bei Erfolglosigkeit des Verkaufes kann jeder Teilhaber die Wiederholung verlangen. Im Falle des Mißlingens trägt er die Kosten, und die Teilung muß unterbleiben, wenn sich die Teilhaber nicht einigen.

c) Der Verkauf einer Forderung (**754**) ist nur zulässig, wenn sie noch nicht eingezogen werden kann. Liegt die Möglichkeit der Einziehung vor, so kann jeder Teilhaber gemeinschaftliche Einziehung gegen die anderen Teilhaber zu deren Gunsten und Lasten verlangen. Ist die ungeteilte Forderung unteilbar, so steht außerdem jedem Teilhaber das Recht, die Leistung an alle Teilhaber zu verlangen, zu (**432**); ist sie teilbar, die Einziehung aber nur gemeinschaftlich möglich, so steht ihm der Weg in **754** offen. Der Gegenstand der Forderung wird dann gemeinschaftlich, und zur Aufhebung dieser Gemeinschaft tritt Natur- oder Erlösteilung ein.

Eine völlige Auseinandersetzung wird durch die Teilung nicht herbeigeführt. Es werden aber bei der Teilung gewisse Schulden der Teilhaber berücksichtigt.

---

[1]) Vgl. EG. Art. 119, Z. 2.

D. **Die Schulden der Teilhaber.**

Jeder Teilhaber kann aber von den Teilhabern und deren Sonderrechtsnachfolgern (**1010**, Abs. 2) verlangen:

1. Tilgung solcher Forderungen, die die Genossen im internen Verhältnis nach Verhältnis ihrer Anteile zu tragen haben, während sie im Verhältnis zum Gläubiger als Gesamtschuldner haften. Würde nach Erledigung der Teilung ein Teilhaber vom Gläubiger belangt werden können, so könnten seine Regreßforderungen gegen die Teilhaber gerade durch die Ausfolgung des gemeinschaftlichen Gegenstandes gefährdet sein. Durch die Vorschrift des Gesetzes werden solche späteren Regreßforderungen verhindert. Wo solche nicht zu besorgen sind, wenn nämlich die Teilhaber auch dem Gläubiger gegenüber nur anteilig haften, findet die Tilgung der Forderungen nicht statt. Sind die Forderungen noch nicht fällig, so kann nicht Tilgung, wohl aber Hinterlegung des Schuldbetrages verlangt werden[1]. Sind genügende Geldmittel zur Tilgung nicht vorhanden, so muß der gemeinschaftliche Gegenstand nach C. b soweit erforderlich verkauft werden (**755**).

2. Jeder Teilhaber kann weiter verlangen, daß seine Forderungen, die aus der Gemeinschaft gegen einen Teilhaber erwachsen sind, besonders die Forderung auf anteilsmäßigen Ersatz der von einem Teilhaber aufgewendeten Kosten der Lastentragung, Erhaltung, Verwaltung und gemeinschaftlichen Benutzung aus dem auf den Teilhaberschuldner fallenden Teil des gemeinschaftlichen Gegenstandes berichtigt werden. Der Anspruch steht auch zu gegen die Sondernachfolger des Teilhaberschuldners, selbstverständlich gegen die Erben.

Es findet demgemäß eine Ausgleichung der Regreßforderungen unter den Teilhabern statt. Jedem Teilhaber kommt von seinem Anteil nur zu, was nach Durchführung der Ausgleichung noch verbleibt. Es liegt also ein Absonderungsrecht für die Teilhaber vor. Der Regreßberechtigte hat nicht mit den sonstigen Gläubigern des Teilhabers (KO. § 51) zu konkurrieren. Letztere können sich an den Rest halten[2]. Die Durchführung der Ausgleichung kann ebenfalls den Verkauf des Teiles (C. b) notwendig machen (**756**).

Hat ein Teilhaber von der Teilung die Schuld berichtigt, so hat er den Anspruch nach Z. 1 und **426**, Abs. 1.

Ist die Schuld zur Zeit der Teilung noch nicht berichtigt, so bleibt jeder Teilhaber dem Gläubiger auf das Ganze verhaftet, der zahlende Teilhaber hätte aber nicht mehr den Rechtsbehelf aus Z. 1. Daher ist der weitere Anspruch aus **755**, der dem unter Z. 1 analog ist, gegeben.

I. **Gewährleistung und Anfechtung.**

1. Ist bei der Teilung gemäß den gesetzlichen Vorschriften oder auf Grund Teilungsvertrages einem Teilhaber ein gemeinschaftlicher Gegenstand zugeteilt, so haben ihm die übrigen Teilhaber wegen Mängel im Recht und Mängel der Sache nach Verhältnis der Anteile Gewähr zu leisten wie Verkäufer. Im Teilungsvertrag kann die Gewährleistungspflicht ausgeschlossen sein (**443**. **476**).

2. Die Anfechtung der Teilung kann erfolgen auf Grund der arglistigen Täuschung des Teilhabers (z. B. falsche Schätzung, Täuschung über die Voraussetzungen der Erlösteilung). Die Teilung wird dann wieder aufgehoben. Auch eine Forderung auf Schadensersatz kann begründet sein, ferner ein Anspruch auf Herausgabe wegen ungerechtfertigter Bereicherung, z. B. bei Fehlen der angenommenen Gemeinschaft, bei Annahme unrichtiger Anteile, bei irriger Annahme der Voraussetzungen einer bestimmten Teilungsart, z. B. der Naturteilung.

---

[1]) So Crome II, S. 824, Note 58.

[2]) Vgl. Crome II, S. 825, bes. Note 66.

§ 140.

Die Vorlegung von Sachen und Urkunden.[1])

I. Die Voraussetzungen des Anspruches auf Vorlegung von Sachen und Urkunden[2]).

A. **Die Vorlegung von Sachen** (**809**).

1. Der Anspruch steht zu demjenigen, der in Ansehung einer Sache einen dinglichen oder persönlichen Anspruch hat[3]), oder demjenigen, der sich Gewißheit verschaffen will, ob ihm ein solcher Anspruch zusteht, z. B. der Kläger hat einen Eigentumsanspruch gegen den Besitzer oder den Nachbarn (**906. 907** ff.), oder der Kläger will die Identität der im Besitze des Beklagten befindlichen Sache mit derjenigen feststellen, in Ansehung welcher ihm ein Anspruch zusteht.

2. Der dinglich oder persönlich Berechtigte muß außerdem ein Interesse an der Vorlegung oder Besichtigung haben und dieses wie seinen Anspruch bez. der Sache selbst (Z. 1) beweisen, nicht nur glaubhaft machen.

3. Der Anspruch ist bei beweglichen und unbeweglichen Sachen begründet.

4. Der Anspruch geht gegen den unmittelbaren und mittelbaren Besitzer der Sache. Der Anspruch (Z. 1) muß sich gerade gegen den Besitzer richten, von dem die Vorlegung verlangt wird. Daher ist die laudatio auctoris (ZPO. § 76) dem Besitzer hier nicht gegeben und ist

5. gerichtet auf Vorlegung der Sache resp. auf Gestattung der Besichtigung auch unter Zuziehung von Sachverständigen.

B. **Die Vorlegung von Urkunden** (**810**)[4]).

1. Der Anspruch steht demjenigen zu, der ein rechtliches Interesse daran hat, eine in fremdem Besitze befindliche Urkunde einzusehen. Die Urkunden sind nur Schrifturkunden; ein rechtliches Interesse liegt vor, wenn die Vorlegung für die Erhaltung, Förderung, Verteidigung rechtlicher Verhältnisse des Klägers von Bedeutung ist. Den Nachweis dieses Interesses hat der die Einsicht Verlangende zu erbringen. Ein rechtliches Interesse wird aber nur insoweit als hinreichend anerkannt, als es sich um ganz bestimmte Urkunden handelt, nämlich um (vgl. ZPO. § 387 Nr. 2)[5]):

a) Urkunden, die im Interesse wenn auch nicht im ausschließlichen Interesse[6]) des Anspruchsberechtigten errichtet sind (nicht also öffentliche Akten, Familienbriefe);

b) in denen ein zwischen dem Berechtigten und einem anderen bestehendes Rechtsverhältnis beurkundet ist, z. B. Urkunden über Verträge, an denen der Kläger irgendwie beteiligt ist[7]);

c) in denen Verhandlungen beurkundet sind, die zwischen dem Berechtigten und einem anderen oder zwischen einem von beiden und einem gemeinschaftlichen Vermittler gepflogen sind.

2. Der Anspruch geht gegen den Besitzer der Urkunde.

---

[1]) Huggenberger, Die Pflicht zur Urkundenedition (1889). Kohler, Arch. f. d. ziv. Pr., Bd. 79, S. 1 ff. Apt, Die Pflicht zur Urkundenedition. Unger, Jahrbuch f. Dogm., Bd. 33, S. 305 ff. Dierschke, Die Vorlegung von Sachen zur Besichtigung nach BGB. (1901). Enneccerus I, 2. §§ 488. 489.

[2]) Ähnliche Ansprüche: **716. 867. 896. 1005. 1632. 2259.**

[3]) Seuff. Arch., Bd. 56, Nr. 119.

[4]) Vgl. ZPO. §§ 422. 429. Alle sonstigen Ansprüche auf Urkundenedition bleiben unberührt. Vgl. die Fälle des BGB. **79. 716. 1347**, Abs. 2. **1563. 1597.** Abs. 2. **1953. 1957. 1985. 2010. 2081. 2146. 2228. 2264. 2384.** Keine Analogie haben die Fälle, in denen Urkunden herauszugeben sind, z. B. **402. 412. 444. 952.**

[5]) Siegel, Vorlegung von Urkunden im Prozeß (1904).

[6]) RG. Bd. 50, S. 334.

[7]) RG. Bd. 56, S. 109.

3. Der Anspruch geht auf Vorlegung der Urkunde und Gestattung der Einsicht, regelmäßig auch auf Gestattung der Abschriftnahme (Auszüge, Notizen) (**242**). Die Einsicht ist auch nur soweit zu gestatten, als das Interesse des Berechtigten reicht, also eventuell nur hinsichtlich eines Teiles der Urkunde.

II. Beide Ansprüche (A und B) stehen unter den allgemeinen Grundsätzen, z. B. bez. der Folgen der schuldhaften Nichterfüllung, des Verzuges, soweit solche nach der Natur des Anspruches Anwendung finden können (nicht **292**).

Besonderheiten zeigen sich in folgendem:

1. Der Erfüllungsort ist dort, wo sich die Sache bzw. Urkunde befindet (**269**). Jeder Teil kann aber die Vorlegung usw. an einem anderen Orte aus wichtigem Grunde verlangen.

2. Der die Vorlegung Verlangende hat die Gefahr und die Kosten der Vorlegung zu tragen. Der Besitzer ist zur Vorlegung nur gegen Kostenvorschuß und Sicherheitsleistung verpflichtet (Verweigerungsrecht) (**811**).

3. Die Zwangsvollstreckung richtet sich nach ZPO. § 888, auch ist § 883 entsprechend anwendbar.

§ 141.

Die ungerechtfertigte Bereicherung.[1])

Die Herausgabe eines Vermögensvorteiles kann nicht schon deshalb verlangt werden, weil dem die Herausgabe Verlangenden durch diesen Vorteil ein Schaden erwachsen ist, sondern nur, wenn der Vorteil auf Kosten des Verlangenden ohne gerechtfertigten Grund gemacht wurde. Daher ergeben sich folgende Voraussetzungen für den Anspruch auf Herausgabe wegen ungerechtfertigter Bereicherung (condictio).

I. Der Verpflichtete muß einen **Vermögensvorteil** erlangt haben. Dieser kann bestehen in dem Übergang von Eigentum, dinglichem Recht und Besitz (condictio possessionis), in der Befreiung von dinglichen Rechten, in der Begründung und Befreiung von Forderungen, auch (**812**, Abs. 2) in der vertragsmäßigen Anerkennung des Bestehens (**781**) oder des Nichtbestehens (**397**, Abs. 2) eines Schuldverhältnisses und auch in der Ersparung einer Ausgabe (Verzehren fremder Sachen, Zahlung mit fremdem Gelde).

Wie der Vermögensvorteil in das Vermögen des Verpflichteten gelangt ist, ist völlig gleichgültig. Die Vorschrift in **812** sagt: durch „Leistung eines anderen oder in sonstiger Weise". Mit den Leistungen sind Zuwendungsgeschäfte zwischen dem Beeinträchtigten und dem Bereicherten, mit dem letzteren Ausdruck sind Handlungen des Beeinträchtigten, z. B. Säen, Pflanzen, Bauen, Dienstleistungen usw. oder des Bereicherten, z. B. Verarbeitung fremden Stoffes, oder Handlungen Dritter und Ereignisse, die nicht Handlungen sind, z. B. Alluvion, begriffen.

II. Der **Vermögensvorteil muß auf Kosten des anderen** erlangt sein; das Vermögen des anderen erscheint beeinträchtigt, geschädigt, aber nicht gerade um das, was sich als Vorteil des Bereicherten darstellt, z. B. bei Verkauf und Übertragung fremder Sachen an den gut-

[1]) Lenel, Arch. f. d. ziv. Pr., Bd. 74, S. 212 ff. 217 ff. 237 ff. Bekker, System II, S. 81. 130 ff. 159 f. 167 ff. 259. 374 ff. Zitelmann, Beitr., H. 9/10, S. 46 ff. 58. 62. 142 ff. 184 ff. Oertmann, Allgemeine österreich. Ger.-Ztg., Jahrg. 1897, Nr. 32. Stieve, Der Gegenstand des Bereicherungsanspruches nach dem BGB. (1899). Collatz, Ungerechtfertigte Vermögensverschiebung (1899). Derselbe, Jahrb. f. Dogm., Bd. 40, S. 139 ff. Klingmüller, Begriff des Rechtsgrundes (1901). Jung, Die Bereicherungsansprüche und der Mangel des rechtl. Grundes (1902). Freund, Der Eingriff in fremde Rechte, Leonhardts Beiträge, H. 7 (1902). Stammler, Zur Lehre von der ungerechtfertigten Bereicherung, Festgabe (1903). v. Mayr, Der Bereicherungsanspruch (1903). Plessen, Die Grundlagen der condictio (1904). Hartmann, Arch. f. bürg. Recht, Bd. 21, S. 224 ff. Klingmüller, causa und Schuldversprechen, Zeitschr. f. Handelsr., Bd. 58, S. 152 ff. Enneccerus I, 2. §§ 440—448.

gläubigen Erwerber wird letzterer Eigentümer (**932**); der Eigentümer verliert also sein Eigentum, der Vorteil des Veräußerers besteht aber in dem vom Dritten an ihn gezahlten Kaufpreis (**812**, Abs. 1).

III. Daß der **Vermögensvorteil** auf Kosten eines anderen gemacht ist, muß „**ohne rechtlichen Grund**", d. h. ungerechtfertigt sein (**812**, Abs. 1). Es genügt nicht, daß der Vermögensvorteil beim Bereicherten ohne rechtlichen Grund ist; denn sehr häufig hat der Bereicherte an sich den Vorteil mit rechtlichem Grund. Die Bereicherung ist aber trotzdem ungerechtfertigt, wenn sie auf Kosten des anderen gemacht ist.

Es fragt sich, wann ist nach dem Gesetz die Bereicherung ungerechtfertigt? Eine allgemeine Bestimmung hierüber fehlt. Man hat prinzipielle Formulierung versucht: eine Vermögensverschiebung soll dann ohne rechtlichen Grund sein, wenn sie sich vollzieht, ohne Einfluß auf die relativen rechtlichen Beziehungen der Beteiligten zu üben (Jung)[1]) oder noch allgemeiner: die Vermögensverschiebung sei ohne rechtlichen Grund, die zwar dem formell technischen, nicht aber dem grundsätzlich richtigen Recht entspreche (Stammler)[2]). Dem System des Gesetzes, welches einzelne Fälle feststellt, entspricht es, die Frage nach dem Mangel des rechtlichen Grundes bei diesen Einzelfällen zu erörtern. Das Gesetz (**812**) gruppiert diese Fälle in solche der Vermögensverschiebung, die durch Leistung oder in sonstiger Weise sich vollzieht.

A. **Leistung einer Nichtschuld** (condictio indebiti). Der von dem Leistenden, d. h. dem vermeintlichen Schuldner, oder einem Dritten für den Schuldner bezweckte Erfolg, nämlich die Tilgung der Schuld, tritt hier nicht ein (**812**, Abs. 1).

1. Wesentliche Voraussetzung ist, daß die Schuld zur Zeit der Leistung nicht besteht, mag sie auch früher bestanden haben. Der Anspruch ist somit begründet, wenn während der Schwebe einer aufschiebend bedingten Schuld gezahlt wird, nicht dagegen, wenn eine betagte Schuld, deren Entstehung oder deren Geltendmachung hinausgeschoben ist, vorzeitig berichtigt wird. Es sollen in diesem Falle auch nicht einmal die Vorteile, die der Gläubiger durch die Früherzahlung hat (Zwischenzinsen, Nutzungen aus der geschuldeten Sache), beansprucht werden können (**813**, Abs. 2. **272**). Als nicht bestehend wird die Schuld betrachtet, wenn der Forderung eine Einrede entgegensteht, durch welche die Geltendmachung der Forderung dauernd ausgeschlossen ist, während der Anspruch selbst erhalten bleibt. Diesen Charakter kann die Einrede des Erlasses haben. Es gehört hierher die Einrede aus **853**, die Einrede der beschränkten Haftung des Erben aus dem Inventarrecht, ferner **821**. **1166**. **1473**. **2187**, vgl. **886**. **1196**. **1254**. Eine Ausnahme besteht für die Einrede der Verjährung. Die Rückforderung ist ausgeschlossen, wenn in Unkenntnis der Verjährung geleistet ist (**222**, Abs. 2. **813**). Wird auf eine anfechtbare Schuld gezahlt, und tritt hinterher die Anfechtung ein, so ist nunmehr die Rückforderung begründet.

Andererseits genügt vielfach der Bestand der Schuld als einer unvollkommenen, naturalen, um den Anspruch auf Herausgabe auszuschließen (**656**. **762**. **1624**). In Anlehnung an diese Regelung werden in **814** auch die Leistungen einer Nichtschuld als nicht dem Anspruch unterliegend bezeichnet, wenn die Leistung einer sittlichen Pflicht oder auf einer den Anstand zu nehmenden Rücksicht entsprach (vgl. **534**)[3]).

2. Der Leistende muß das Nichtbestehen (Z. 1) der Schuld nicht gekannt haben[4]). Auch unentschuldbare Unkenntnis begründet den Anspruch. Nur wirkliche Kenntnis schließt den Anspruch aus, den Zweifel über den Bestand der Schuld nur dann, wenn auch für die Eventualität des Nichtbestehens geleistet sein sollte, weil der Leistende wissentlich gezahlt hat und darin ein Verzicht auf die Rückforderung zu sehen ist (**814**)[5]).

---

[1]) a. a. O., S. 129.
[2]) a. a. O., S. 153 ff.
[3]) Stammler (1897), S. 30 ff. RG. Bd. 42, S. 120.
[4]) Meseritzer, Der Irrtum bei der condictio indebiti (1899).
[5]) RG. Bd. 56, S. 346.

3. Der Rückfordernde hat die Leistung und den Nichtbestand der Schuld zu beweisen, der Empfänger die Kenntnis vom Nichtbestehen der Schuld oder das Bestehen einer sittlichen oder Anstandspflicht.

B. **Leistung zum Zwecke der Herbeiführung eines bestimmten tatsächlichen oder rechtlichen positiven oder negativen Erfolges** (condictio ob causam datorum). Hierhin gehört insoweit auch die Leistung einer Nichtschuld, als der zukünftige Erfolg der Tilgung der Schuld in Frage steht. Sie scheidet aus, weil die Leistung wesentlich auch auf die Vergangenheit Bezug nimmt. Hier stehen lediglich künftige Erfolge in Frage (**812**, Abs. 1. **815**).

1. Daß die Leistung gemacht wurde, um den Erfolg herbeizuführen, muß aus dem Inhalte des Leistungsgeschäftes hervorgehen.

2. Der Anspruch auf Herausgabe ist dann begründet, wenn der Erfolg ausbleibt. Gleichgültig ist es, ob der Erfolg zwar anfänglich möglich war, dann aber durch Zufall oder durch Einwirkung des Empfängers unmöglich wurde oder aber von Anfang an tatsächlich oder juristisch unmöglich war. Nur dann ist der Anspruch ausgeschlossen, wenn der Leistende wußte, daß der Erfolg von Anfang an unmöglich war, oder wenn er den Eintritt des Erfolges wider Treu und Glauben verhindert hat (vgl. **162**). Besteht also der Erfolg in einer dem Empfänger zugemuteten Leistung, so ist der Anspruch begründet, selbst wenn dem Empfänger die Leistung ohne seine Schuld unmöglich wird.

3. Der Leistende hat die Leistung und den von ihm verfolgten Zweck, der Empfänger den Eintritt des bezweckten Erfolges bzw. im Falle des Nichteintrittes die den Ausschluß des Anspruches begründenden Umstände zu beweisen.

C. **Leistung aus einem Rechtsgrunde, der später fortfällt (condictio ob causam finitam)** (**812**, Abs. 1), z. B. es wird auf eine resolutiv bedingte Schuld während der Schwebe geleistet, und später tritt die Bedingung ein, oder der Gläubiger hat nach Tilgung der Schuld den Schuldschein noch in Händen (**371**), oder es tritt Widerruf der Schenkung nach Erfüllung des Schenkungsversprechens ein (**531**, Abs. 2, vgl. **1584**). Dahin gehört auch die Zahlung auf eine anfechtbare Schuld, wenn später die Anfechtung eintritt; denn nach durchgeführter Anfechtung gilt das zugrunde liegende Geschäft als von Anfang an nichtig (**142**), während es vorher gültig war (**337**). Zahlte der Schuldner in Kenntnis des Anfechtungsrechtes, so wird (regelmäßig) ein Verzicht auf das Anfechtungsrecht vorliegen und dann ist die Rückforderung ausgeschlossen (M. II. S. 846).

D. **Leistung, deren Empfang verwerflich ist wegen des rechtswidrigen oder unsittlichen Zweckes (condictio ob turpem vel injustam causam)** (**817**).

1. Der Empfang einer Leistung ist dann für den Empfänger verwerflich, wenn der aus dem Leistungsgeschäft ersichtliche Zweck ein solcher ist, daß der Empfänger durch die Annahme gegen ein gesetzliches Verbot oder die guten Sitten verstoßen hat. Der Grund des Anspruches liegt hier deshalb darin, daß der Empfänger durch die Annahme gegen das Verbot oder die Moral verstoßen hat. Die verwerfliche Gesinnung des Empfängers soll getroffen werden. Der Empfang kann zum Zwecke der Herbeiführung eines künftigen Erfolges (Tun oder Unterlassen des Empfängers) stattgefunden haben. Dieser künftige Erfolg kann ein völlig einwandfreier sein (Unterlassung strafbarer Handlung durch den Empfänger), trotzdem kann der Empfang verwerflich für den Empfänger sein. Der Empfang kann aber auch mit Rücksicht auf die Vergangenheit erfolgen, z. B. mit Rücksicht auf ein der Vergangenheit angehöriges Verhalten des Empfängers. Dieses Verhalten selbst kann ein einwandfreies, der Empfang der Leistung aber dennoch verwerflich sein, z. B. Bezahlung für Dienste, die nach den Grundsätzen der Moral nicht bezahlt werden sollen, oder Bezahlung für das Unterlassen eines Verbrechens. Die Leistung kann auch zum Zwecke der Erfüllung eines gegen gesetzliches Verbot oder die guten Sitten verstoßenden Geschäftes gemacht sein. Das Geschäft wäre nichtig und die condictio indebiti wäre begründet. Die Annahme kann aber auch in diesem Falle gegen Gesetz oder gute Sitten verstoßen.

2. Unter Leistung ist nicht nur die direkte Überführung von Vermögenswerten an den Empfänger, sondern auch die Begründung eines Schuldverhältnisses (durch Wechsel, abstraktes Schuldversprechen oder Schuldanerkenntnis) zu verstehen. Ein solches Schuldverhältnis ist nicht

deshalb nichtig, weil das zugrunde liegende Geschäft nichtig war. Die Annahme des Versprechens kann trotz der Gültigkeit des Leistungsgeschäftes gegen das Gesetz oder die guten Sitten verstoßen.

3. Der Vorwurf der Verwerflichkeit des Empfanges ist aber ausgeschlossen, wenn der Empfänger den Zweck nicht gekannt hat. Damit ist aber nicht gefordert, daß dem Empfänger auch der Widerstreit mit Gesetz und Sitte zum Bewußtsein gekommen sein müßte.

4. Der Anspruch ist ausgeschlossen, wenn auch den Leistenden selbst der Vorwurf trifft[1]). Besteht die Leistung in der Eingehung einer Verbindlichkeit (Z. 2), z. B. durch Ausstellung eines Wechsels seitens des Anstifters zu einem Verbrechen, so wäre der Anspruch auf Herausgabe, d. h. der Befreiungsanspruch ausgeschlossen. Nach **817**, Satz 2, wird aber diese Rückforderung für zulässig erklärt.[2])

Die Rückforderung ist aber wieder wegen Verwerflichkeit auf seiten des Leistenden ausgeschlossen, wenn der Leistende das Versprechen auch erfüllt hat bez. des Geleisteten. Geht man aber von der Gültigkeit der Verbindlichkeit aus, so muß man eine naturale Verpflichtung insofern annehmen, als das zur Erfüllung Geleistete einer rechtlichen Verbindlichkeit betrachtet wird[3]).

5. Die Beweislast. Der Geber hat die Leistung und daß sie gegen Verbot oder gute Sitten verstößt, zu beweisen, der Empfänger hätte darzutun, daß auch den Kläger der Vorwurf des Verstoßes gegen Verbot oder gute Sitten trifft.

E. Eine Bereicherung kann in das Vermögen des einen auf Kosten des anderen gelangen ohne eine Leistung des Beeinträchtigten, welche die Bereicherung vermittelt hat. Das Gesetz sagt: in „sonstiger Weise". Das ist der Fall bei **Verfügungen Nichtberechtigter**, wenn unabhängig vom Willen des Benachteiligten die Rechtsordnung selbst eine Bereicherung des einen auf Kosten des anderen eintreten läßt. Die Frage ist hier: wann ist diese Bereicherung als ungerechtfertigt im Verhältnis zum Benachteiligten zu betrachten? Damit, daß die Rechtsordnung den Rechtsverlust auf der einen Seite eintreten läßt, ist die Frage nach dem Anspruch auf Herausgabe der Bereicherung noch nicht verneint. Es kommt vielmehr darauf an, ob die betreffende Rechtsvorschrift dem Verlierenden die Ausgleichung des Vermögensverlustes durch den Bereicherungsanspruch gewähren will oder nicht.

1. Verfügungen Nichtberechtigter werden in einigen Fällen dem Berechtigten gegenüber als wirksam anerkannt. Es tritt Rechtsverlust für den Berechtigten, Rechtserwerb für den ein, der vom Nichtberechtigten erworben hat. Der Anspruch auf Herausgabe gegen den Verfügenden wird in **816**, Abs. 1, dem Berechtigten gegeben. Erfolgte die Verfügung unentgeltlich, so wird der Anspruch sogar gegen den Erwerber eingeräumt, der durch die Verfügung unmittelbar einen rechtlichen Vorteil erlangt hat. Fälle: **185**. **892**. **893**. **932**. **933**. **935**, Abs. 2. **936**. **156**. **2366**.

2. Ebenso liegt es, wenn eine Leistung an einen Nichtberechtigten dem Berechtigten gegenüber wirksam ist, so daß letzterer seinen Anspruch verliert. Der Nichtberechtigte ist zur Herausgabe des Geleisteten an den Berechtigten verpflichtet: **362** Abs. 2. **407**. **2367**. **893**.

3. In anderen Fällen, in denen die Bereicherung sich auf Rechtsvorschrift zurückführt, Rechtsverlust für den Berechtigten zugunsten des Erwerbers eintritt, hat das Gesetz den Bereicherungsanspruch ausdrücklich gewährt (**951**. **955**. **977**. **988**. **993**, Verbindung, Vermischung, Verarbeitung, Funderwerb, Fruchterwerb). In wieder anderen Fällen ist der Anspruch stillschweigend eingeräumt (**964**)[4]), oder er erscheint stillschweigend ausgeschlossen wie bei der Ersitzung und bei der Ausschließung des bisherigen Grundeigentümers nach **927**.

---

[1]) RG. Bd. 58, S. 204; Bd. 62, S. 179; Bd. 63, S. 179. 346.

[2]) Vgl. Lotmar, Der unmoralische Vertrag (1896), S. 57 f. 62 f. 171.

[3]) So Stammler (1897), S. 29 f. Gegen ihn Ubbelohde, Jahrb. f. Dogm., Bd. 38, S. 222.

[4]) So Schollmeyer (1897), S. 29 f. Enneccerus-Lehmann II, S. 97. Dagegen Biermann zu **964**. Dernburg, Das bürg. Recht III, S. 313. Collatz, a. a. O., S. 39 f. Zweifelnd Otto, a. a. O., S. 3.

Hierher gehören auch die Fälle, in denen das Leistungsgeschäft nichtig ist, z. B. wegen Mangels der Geschäftsfähigkeit oder wegen gesetzlichen Verbotes, und der Empfänger infolge von Konsumtion oder Veräußerung des Erlangten bereichert erscheint.

F. **Unerlaubte Handlung, die eine Bereicherung auf Kosten des Verletzten beim Täter bewirkt hat,** läßt selbstverständlich die Bereicherung als ungerechtfertigt erscheinen. Neben dem Anspruch auf Schadensersatz aus unerlaubter Handlung besteht der Bereicherungsanspruch mit besonderer praktischen Bedeutung (**852**, Abs. 2).

G. Ungerechtfertigt ist schließlich eine Bereicherung, die jemand auf **tatsächlichem Wege,** ohne daß der Wille des Beeinträchtigten oder die Rechtsordnung in Frage kämen, auf Kosten eines anderen erfährt, z. B. bei Verbrauch und Verzehren fremden Gutes, bei Dienstleistungen (**812**, Abs. 1).

IV. **Die Bereicherung** muß zur Zeit der Klageanstellung noch beim Beklagten vorhanden sein (**818**, Abs. 3). Die Bereicherung braucht nicht in ihrer ursprünglichen Form vorhanden zu sein, es genügt, daß im maßgebenden Zeitpunkt das Vermögen des Beklagten infolge des Empfanges noch vermehrt erscheint. Das Nähere ergibt sich aus dem Gegenstande des Anspruches (vgl. V.).

Nicht immer ist der Moment der Rechtshängigkeit entscheidend, sondern:

A. der Moment, in dem der Empfänger positive Kenntnis vom Mangel des rechtlichen Grundes seines Erwerbes erlangt. Diese Kenntnis kann bei Empfang oder später vorliegen (**819**, Abs. 1).

B. Ebenso liegt es bei verwerflichem Empfange (**817**) der Leistung (**819**, Abs. 2), und wenn nach dem Inhalte des Geschäftes der bezweckte Erfolg oder wenn der Bestand des Rechtsgrundes der Leistung als ungewiß angesehen wurde oder wenn die Leistung aus einem Rechtsgrunde erfolgte, dessen Wegfall nach dem Inhalt des Rechtsgeschäftes als möglich angesehen wurde (vgl. **160**. **347**). So z. B. bei Leistung einer Geldsumme an eine Korporation zur Abhaltung eines Festes oder bei Leistung auf Grund eines für vorläufig vollstreckbar erklärten Urteiles (**820**, Abs. 1).

V. **Der Bereicherungsanspruch.**

A. Der Anspruch steht demjenigen zu, auf dessen Kosten in ungerechtfertigter Weise die Bereicherung erfolgte, und seinen Erben. Der Anspruch ist übertragbar und pfändbar.

B. Der Anspruch geht gegen den Bereicherten und seine Erben, grundsätzlich aber nicht gegen den, der vom Bereicherten erworben hat. Eine Ausnahme liegt nicht vor in **816**, Abs. 1, Satz 2, weil hier entweder der Verfügende selbst überhaupt nicht der Bereicherte ist, sondern allein der Dritte, der unentgeltlich durch die Verfügung unmittelbar erwirbt, oder weil der Dritte gleichwertig neben dem Verfügenden als bereichert erscheint. Wohl aber liegt eine Ausnahme in **822** vor. Wendet der Empfänger in gutem Glauben das Erlangte mit Nutzungen und Surrogaten unentgeltlich einem Dritten zu, so daß er selbst auf Herausgabe nicht mehr belangt werden kann, so wird der Dritte als der ursprüngliche Empfänger im Interesse des Beeinträchtigten behandelt (actio in rem scripta), nicht also, wenn der Dritte durch unentgeltlichen Vertrag oder sonst unentgeltlich (Diebstahl, Ersitzung) erwirbt.

C. Der Anspruch (bzw. die Verpflichtung) ist inhaltlich verschieden, je nachdem der Verpflichtete gutgläubig oder bösgläubig ist, und je nachdem Rechtshängigkeit eingetreten ist oder nicht. Der böswillige Empfänger haftet zunächst wie der gutgläubige nach Rechtshängigkeit.

1. **Der gutgläubige Empfänger** haftet

a) vor Rechtshängigkeit auf Herausgabe des Erlangten in Natur mit dem Zuwachs, ferner der davon gezogenen Nutzungen, des Erwerbes, der aus dem Erlangten, z. B. aus dem erlangten Nießbrauche oder Forderungsrechte, herstammt, und auch des Surrogates, das im Falle der Zerstörung, Beschädigung, Entziehung an die Stelle trat. Was dagegen durch ein über das Erlangte abgeschlossenes Rechtsgeschäft erworben ist, gehört nicht hierher (**818**, Abs. 1)[1]).

Nach dem Gegenstande der Bereicherung bestimmt sich, was der Empfänger zu tun hat, um dem Anspruche zu genügen: Rückübertragung des Eigentumes, Besitzeinräumung, Wiederaufhebung begründeter beschränkter dinglichen Rechte, Wiederherstellung solcher Rechte, Schuldbefreiung und Herausgabe der Schuldurkunden, Rückabtretung einer Forderung, Wiederherstellung einer Forderung, die aufgehoben worden ist.

Ist die Herausgabe in Natur, wie z. B. bei Diensten, von vornherein wegen der Beschaffenheit des Erlangten oder aus anderem Grunde (**946—951**) unmöglich, oder wird sie später aus solchen Gründen unmöglich, so ist der objektive Wert zu ersetzen.

Die Beweislast ist somit dahin geregelt, daß der Empfänger den Beweis zu erbringen hat, daß eine Bereicherung bei ihm gar nicht eingetreten oder eine eingetretene wieder fortgefallen ist. Der Empfänger behauptet z. B., daß Verlust des Erlangten eingetreten ist, ohne daß dem Empfänger noch ein Vorteil verblieb, auch nicht dadurch, daß er eine notwendige Ausgabe erspart hat. Es ist auch beachtlich, wenn die Aufhebung oder Minderung der Bereicherung durch einen Schaden, den der Empfänger durch Empfang und Behalten erlitten hat, behauptet wird (**818**, Abs. 2. 3).

Verwendungen auf den Gegenstand der Herausgabe kann der Empfänger ersetzt verlangen. Er hat das Zurückbehaltungsrecht (**273**). Der Anspruch auf Ersatz der Verwendungen folgt daraus, daß der Empfänger nur so weit haftet, als er zur Zeit der Rechtshängigkeit usw. bereichert ist.

Quantitäten vertretbarer Sachen (Geld) werden nicht anders behandelt.

b) Tritt Rechtshängigkeit ein, so bestimmt sich die Verpflichtung des Empfängers nach den allgemeinen Grundsätzen. Der nach Rechtshängigkeit eintretende Wegfall der Bereicherung befreit an sich den Empfänger nicht mehr. (**291. 292**; **987—990. 994**). Ebenso liegt es bez. der Ansprüche, die durch Verzug des Empfängers für den Rückforderungsberechtigten erwachsen können.

2. Der **bösgläubige Empfänger** haftet vom Eintritt des bösen Glaubens an wie der gutgläubige nach Eintritt der Rechtshängigkeit (**818**, Abs. 4). Ebenso haftet der Empfänger vom Empfange bzw. vom Momente der Kenntnis an in den Fällen IV. A. B. (**819. 820**, Abs. 1). Im Falle von **820**, Abs. 1 erstreckt sich die strengere Haftung nur auf die Erhaltung des Empfangenen selbst, daher sind

a) Zinsen zu entrichten, sobald der Empfänger den Nichteintritt des Erfolges bzw. den Wegfall des Rechtsgrundes erfahren hat, und

b) Nutzungen nur insofern herauszugeben, als der Empfänger zur Zeit dieser Kenntnis noch bereichert ist (**820**, Abs. 2).

D. Der Anspruch kann im Wege der Klage und Einrede geltendgemacht werden, auch im Wege der Aufrechnung gegen eine Forderung des Empfängers. Besteht die Leistung in der Eingehung einer Verbindlichkeit, so hat der Beeinträchtigte den Anspruch auf Befreiung bzw. das Verweigerungsrecht gegen die Forderung des Empfängers[2]). Dieses Verweigerungsrecht steht ihm auch dann zu, wenn der Anspruch auf Befreiung verjährt ist (**821**, vgl. **853**).

E. Der Anspruch unterliegt der gewöhnlichen Verjährung von 30 Jahren (vgl. **852**).

[1]) Abweichend Oertmann, zu **818**, 2 c. Vgl. aber Cosack I, § 168. Neumann zu **818**.
[2]) RG. Bd. 61, S. 318.

9. Kapitel.

Schuldverhältnisse aus unerlaubten Handlungen und die Ausdehnung der Schadensersatzpflicht.

§ 142.

Schadensersatzpflicht aus eigenen unerlaubten Handlungen.[1])

Das römische und gemeine Recht gaben nicht jedem durch Schuld eines anderen rechtswidrig Verletzten einen Schadensersatzanspruch, sondern stellten einzelne Deliktstatbestände fest (furtum, rapina, damnum iniuria datum, dolus, iniuria). Neben diesen standen deliktsähnliche Tatbestände: Quasidelikte). Der Verletzte hat den Anspruch auf Schadensersatz und poena privata. Die Pönalklage ist im gemeinen Recht fortgefallen, auch die Straffolge der infamia.

Die Schadensersatzpflicht aus unerlaubten Handlungen ist schon im bisherigen Reichsrechte geregelt, inhaltlich besonders durch die Bestimmungen über die Buße. Das BGB. läßt ferner unberührt das Gebiet der Unfallversicherungsgesetze (R.-Versicherungsordnung von 1911, R.-Versicherungsungsgesetz für Angestellte vom 20. Dezember 1911), des Reichshaftpflichtgesetzes vom 7. Juni 1871 (EG. Art. 42), das Gebiet des sog. geistigen Eigentumes (vgl. L. §§ 219—222), des Reichsgesetzes zur Bekämpfung des unlauteren Wettbewerbes vom 7. Juni 1909, der Bestimmungen über die Haftung des Reeders und Schiffseigentümers im HGB. und in dem Binnenschiffahrtsgesetz vom 15. Juni 1895 usw.

Diese Bestimmungen bleiben nach EG. Art. 32 in Kraft, soweit sich nicht aus dem EG. oder BGB. selbst die Aufhebung ergibt. Außerdem bleiben vom BGB. kraft der Vorbehalte im EG. (Art. 69 ff. 77—79. 105—108) wichtige Bestimmungen der Landesrechte unberührt.

Das BGB. regelt die Schadensersatzpflicht aus eigenen unerlaubten Handlungen nicht wie das römische und gemeine Recht durch Aufstellung einer Reihe einzelner Privatdelikte, auch nicht durch Aufstellung der allgemeinen Norm, daß jede vorsätzliche oder fahrlässige widerrechtliche, schädigende Handlung ersatzpflichtig macht, sondern in der Weise, daß allerdings ein einheitlicher Anspruch auf Schadenersatz aus schuldhafter, widerrechtlicher, schädigender Handlung gegeben wird, die Voraussetzungen aber besonders in der Richtung enger begrenzt werden, daß objektiv der Rechtskreis festgestellt wird, dessen Verletzung schadensersatzpflichtig macht. Die Voraussetzungen sind demnach: Verletzung des fremden Rechtskreises, Widerrechtlichkeit dieser Verletzung, Zurechenbarkeit und Verschuldung, Eintritt eines Schadens, ursächlicher Zusammenhang zwischen Handlung und Schaden. Überall ist mit der Handlung auch die Unterlassung getroffen.

I. **Verletzung des fremden Rechtskreises** liegt vor:

A. bei Verletzung fremder Rechte und Rechtsgüter. Der Begriff des Rechtes ist aus L. § 16, zu entnehmen. Die allgemein geschützten Interessen kommen nicht in Betracht. Es gehören aber hierher: die Persönlichkeitsrechte (Recht auf Leben, körperliche Integrität, Gesundheit, Freiheit, Namen-, Firmenrecht, nicht aber die Ehre)[2]), ferner die dinglichen Rechte (Eigentum[3]), sonstige dingliche Rechte, auch der Besitz) und die

[1]) v. Liszt, Beitr., H. 5. Klewitz, Der Entschädigungsanspruch aus rechtswidrigen Amtshandlungen (1892). Rümelin, Die Gründe d. Schadenszurechnung (1896). Derselbe, Der Zufall im Recht (Rede). Lenel, D. Jur.-Ztg., Jahrg. 2, S. 409 ff. Nöldeke, Gruch. Beitr., Bd. 41, S. 766 ff. Bd. 42, S. 795 ff. Linkelmann, Archiv f. bürg. R., Bd. 13, S. 79 ff. Jung, Delikt und Schadensverursachung (1897). Stammler, Das Recht der Schuldverhältnisse (1897), S. 112 ff. Rümelin, G., Arch. f. d. ziv. Pr., Bd. 88, S. 255 ff. (1898). Linkelmann, Die Schadensersatzpflicht aus unerlaubten Handlungen (1898). Rümelin, Arch. f. d. ziv. Praxis, Bd. 90, S. 171 ff. v. Liszt, Die Deliktsobligationen im BGB. (1898). Otto, Sächs. Arch., Bd. 9, S. 8 ff. Fischer, Der Schaden (1903). Mauzka, Der Rechtsgrund des Schadensersatzes außerhalb bestehender Schuldverhältnisse (1904). Enneccerus I, 2. §§ 449—465.

[2]) Vgl. v. Liszt, a. a. O. (1898), S. 22 ff. Planck zu **823**, 1 f. RG. Bd. 61, S. 366.

[3]) RG. Bd. 60, S. 138; Bd. 47, S. 249; Bd. 57, S. 239.

Rechte an immateriellen Gütern (Marken-, Urheber-, Erfinderrechte, Recht an Gebrauchsmustern und Warenzeichen). Bei Verletzung des Eigentumes durch den Besitzer einer fremden Sache haftet aber letzterer dem Eigentümer nach **823** ff. nur gemäß **992**[1]). Die dinglichen, die Persönlichkeits- und die Immaterialgüterrechte zählen zweifellos zu den im Gesetze genannten „sonstigen" Rechten[2]), ob aber auch die Forderungsrechte, ist streitig[3]) (**823**, Abs. 1). Selbstverständlich fällt die Verletzung seiner Verpflichtungen durch den Schuldner nicht unter **823**, Abs. 1. Es ist zutreffend, daß im allgemeinen eine Verletzung der rechtlichen Beziehung zwischen Gläubiger und Schuldner durch Dritte nicht gedacht werden kann. Eine solche Verletzung ist aber in einzelnen Fällen denkbar (**275**. **407**. **793**. **808**). Nach den Vorschriften des Schuldrechtes würde hier der Gläubiger seinen Ersatz nicht oder nicht ausreichend finden. Da das Forderungsrecht zweifellos zu den „sonstigen Rechten" gehört, so muß dem Gläubiger in diesen Fällen der Schadensersatzanspruch nach **823**, Abs. 1 gewährt werden.

B. Verstoß gegen ein den Schutz eines anderen bezweckendes Gesetz. Das BGB. verweist hier auf eine Reihe anderer, besonders strafrechtlicher Gesetze, die eben die Interessen einzelner zu schützen bestimmt sind (z. B. **618**). Die Auslegung dieser Gesetze hat ihren hier maßgeblichen Charakter festzustellen. Es handelt sich um die Frage, ob es sich überhaupt um ein Gesetz zum Schutze des anderen handelt, und ob der Geschädigte dieser andere ist.

Es wird festzuhalten sein, daß ein Gesetz, welches die Gesamtheit zu schützen bezweckt, auch die einzelnen schützt[4]).

Liegt ein solches Schutzgesetz vor, so kann es sich bei dem Verstoß gegen dieses auch um die Verletzung des Rechtes nach **823**, Abs. 1 handeln, z. B. bei den Strafbestimmungen über Tötung, Körperverletzung, Diebstahl; manche Rechtsgüter würden aber nicht nach Abs. 1, sondern nur nach Abs. 2 geschützt sein, z. B. würde der Besitz jedenfalls nach Abs. 2 (**858**) geschützt sein. Andererseits ist Abs. 2 enger als Abs. 1, z. B. eine fahrlässige Sachbeschädigung macht haftbar nur nach Abs. 1. Die Besonderheit liegt in **823**, Abs. 2 gegenüber Abs. 1 aber ferner darin, daß das Verschulden des Täters (Vorsatz und Fahrlässigkeit) sich nicht auf den Erfolg der Handlung (**823**, Abs. 1), sondern auf die Übertretung des Schutzgesetzes selbst beziehen müssen. Der Abs. 2 enthält daher eine Verschärfung der Haftung gegenüber Abs. 1. Macht nach dem Schutzgesetze (z. B. Strafgesetz) nur die vorsätzliche Verletzung desselben haftbar, so tritt das gleiche auch nach **823**, Abs. 2, ein.

C. **Die Ehrverletzung.** Unter die „sonstigen Rechte" in **823**, Abs. 1 (A.) könnte auch das Recht auf Integrität der Ehre gestellt werden. Das BGB. hat den privatrechtlichen Schutz des Rechtes der Ehre weder in dieser Weise beschafft, noch durch die Unterordnung unter **823**, Abs. 2, so daß etwa im Falle des Deliktes des StrGB. §§ 185 ff. der Schadensersatzanspruch erhoben werden könnte, sondern das Gesetz hebt nur bestimmte Fälle der Schadensersatzpflicht bei Ehrverletzung heraus und lehnt so eine weitergehende Schadensersatzpflicht bei Ehrverletzung ab[5]). Diese Fälle sind:

1. **Die Kreditverletzung,** die wahrheitswidrige schuldhafte Behauptung oder Verbreitung von Tatsachen, die geeignet sind, den Kredit eines anderen zu verletzen oder sonstige Nachteile für dessen Erwerb oder Fortkommen herbeizuführen (**824**, vgl. StrGB. §§ 186. 187). Fahrlässige Unkenntnis der Unwahrheit der verbreiteten Tatsache steht

---

1) Vgl. Enneccerus-Wolff III, S. 253, II.

2) Streitig ist die Anerkennung eines „Rechtes am eigenen Bilde". Vgl. RG. Bd. 53, S. 312.

3) Dafür u. a. Cosack, v. Liszt, Stammler.

4) KB. S. 1987. Planck zu **823**, Z. 2. RG. Bd. 59, S. 236. Für engere Begrenzung auf Gesetze, die direkt den Schutz einzelner bezwecken: Linkelmann, Arch. f. bürg. R., Bd. 13, S. 84 ff. Lenel, D. Jur.-Ztg., 1897, S. 409 ff.; für verschiedene Behandlung der Gefährdungs- und Verletzungsdelikte Detmold, a. a. O.

5) Vgl. aber Oertmann, S. 948. Neumann, S. 393 f. Otto, a. a. O., S. 12 f. Planck zu **823**, III, Z. 1; zu **824**, Z. 1.

der Kenntnis gleich[1]). Eine Mitteilung, deren Unwahrheit dem Mitteilenden unbekannt ist, verpflichtet aber nicht zum Schadensersatz, wenn er oder der Empfänger der Mitteilung an ihr ein berechtigtes Interesse hat (RStrGB. § 193).

2. **Die Verletzung der weiblichen Geschlechtsehre,** die vorsätzliche Bestimmung einer Frauensperson durch Hinterlist (d. h. versteckte Arglist), Drohung oder unter Mißbrauch eines Abhängigkeitsverhältnisses (des Dienstboten zum Dienstherrn, der Arbeiterin zum Arbeitgeber, des Mündels zum Vormund usw.) zur Gestattung des außerehelichen Beischlafes (**825**)[2]). Das Abhängigkeitsverhältnis ist nicht nur ein Autoritätsverhältnis. Unbescholtenheit der Verletzten und ihr Alter ist gleichgültig, auch die Einwilligung der Verletzten oder Eintritt der Schwangerschaft.

D. **Verstoß gegen die guten Sitten (826).**

Ohne Verletzung eines subjektiven Rechtes oder eines Schutzgesetzes kann jemand auch durch eine gegen die guten Sitten verstoßende Handlung Schaden stiften, z. B. durch Boykottierung oder Ringbildung. Ein solcher Verstoß kann auch vorliegen, wenn jemand sein Recht schikanös ausübt (**266**)[3]). Nur die vorsätzliche Schadenszufügung ist getroffen. Der Täter muß also gerade den Eintritt des Schadens als Erfolg seiner Handlung vorausgesehen haben.

E. **Verletzung der Amtspflicht (839)**[4]).

Die römische actio in iudicem qui litem suam facit ging gegen den Geschworenen des ordentlichen Verfahrens, der durch Versehen (imprudentia) in der Entscheidung oder Führung eines Rechtsstreites einen Schaden verursacht hat, auf billigen Ersatz. Nach gemeinem Recht haften alle Beamten (Syndikatsklage) auf Ersatz des durch schuldhafte Verletzung ihrer Amtspflicht verursachten Schadens.

1. Die Schadensersatzpflicht der Beamten[5]) folgt nach BGB schon aus **823** für die Fälle, in denen der Beamte fahrlässig oder vorsätzlich durch seine Amtshandlung das Recht eines anderen verletzt oder gegen ein Schutzgesetz verstößt[6]).

2. Die Schadensersatzpflicht tritt aber auch ein, wenn der Beamte eine sonstige Amtspflicht verletzt, die ihm Dritten gegenüber obliegt, im Gegensatze zu den Amtspflichten, die ihm nur gegenüber dem Gemeinwesen (Staat, Gemeinde usw.) z. B. durch bloße Ordnungsvorschriften auferlegt sind. Ob eine solche Amtspflicht vorliegt, besagt die betreffende Dienstvorschrift, besonders ihr Zweck. Will sie nur das Interesse des Staates an der öffentlichen Ordnung oder das finanzielle Interesse des Staates fördern, so entfällt die Haftung Dritten gegenüber. Wo eine Amtspflicht Dritten gegenüber besteht, kann sie auch im allgemeinen Interesse begründet sein. Der Beamte haftet für Vorsatz und Fahrlässigkeit[7]). Im Falle der Fahrlässigkeit ist jedoch die Haftung eine nur subsidiäre[8]).

3. Verletzung der richterlichen Amtspflicht seitens der Richter, Verwaltungsbeamten, nicht aber der Schieds-, Gewerbe-, Handelsrichter, Schöffen, Geschworenen[9]), macht dann in

---

[1]) Biberfeld, Gruch. Beitr., Bd. 42 (1898), S. 367 ff. Kohler, Arch. f. Strafrecht, Bd. 47, S. 150 ff. RG. Bd. 51, S. 369.

[2]) Vgl. RStrGB. §§ 170. 173. 174. 176, Nr. 2. 177. 179. 182. 237. Hier handelt es sich um strafrechtl. Schutzgesetze (**823**, Abs. 2), die durch **825** ergänzt werden.

[3]) Abw. RG. Bd. 48, S. 114; Bd. 51, S. 369; Bd. 55, S. 368; Bd. 56, S. 271; Bd. 58, S. 214; Bd. 66, S. 379.

[4]) Vgl. Geser, Die zivilrechtliche Verantwortlichkeit der Beamten (1899). Marcus, D. Jur.-Ztg., Jahrg. 4 (1899), S. 356. Nöldeke, a. a. O. (1898). Schepp, Das öff. R. im BGB., S. 63 ff. Über die Haftung des Staates, der Gemeinden und anderer Kommunalverbände für die Handlungen ihrer Beamten vgl. **31**. **89** und EG. Art. 77. 218. Über die erweiterte Haftung der Beamten nach Landesrecht vgl. EG. Art. 78. 79. Über das Verfahren EG. z. GVG., § 11.

[5]) RStrGB. §§ 336. 359.

[6]) Vgl. z. B. RStrGB. §§ 322—335.

[7]) Reichsbeamtengesetz vom 31. März 1873, § 13. Laband, Reichsstaatsr. I. (3. A.), S. 433 f.

[8]) Nach EG., Art. 77, bleiben die Landesgesetze in Kraft, welche das Recht des Beschädigten, von dem Beamten Ersatz zu verlangen, insoweit ausschließen, als der Staat usw. haftet.

[9]) A. M. Fischer-Henle zu **839**.

beschränkter Weise haftbar, wenn die Verletzung vom Richter beim Urteile in einer Rechtssache, also nicht im Gebiete der freiwilligen Gerichtsbarkeit begangen ist[1]). Den Urteilen stehen die Entscheidungen gleich, die einen Rechtsstreit beenden und der Rechtskraft fähig sind. Die Haftung tritt hier nur ein, wenn die Pflichtverletzung mit einer im Wege des gerichtlichen Strafverfahrens zu verhängenden öffentlichen nicht disziplinären Strafe bedroht ist, z. B. Rechtsbeugung. Es kommen hier nur vorsätzliche, nicht fahrlässige Delikte in Betracht[2]). Der Grund der Einschränkung liegt in der notwendigen Unabhängigkeit der Gerichte, weniger in der Rechtskraft des Urteiles. Daher fällt die Einschränkung der Haftung bei Pflichtverletzungen in der Prozeßleitung, ferner bei solchen Handlungen, die eine Verweigerung oder Verzögerung der Amtstätigkeit in sich schließen, und bei Arrestbefehlen und einstweiligen Verfügungen fort.

4. Die Schadensersatzpflicht (Z. 2. 3) ist ausgeschlossen, wenn der Verletzte von den ihm zustehenden Rechtsbehelfen[3]) vorsätzlich oder fahrlässig keinen Gebrauch gemacht hat (vgl. **1674. 1848**). Soweit ist die Untersuchung über die Verursachung des Schadens nach **254** ausgeschlossen.

5. Mehrere verantwortliche Beamte haften als Gesamtschuldner (**830. 840**). So auch die schuldigen Mitglieder eines Kollegiums (**840**, Abs. 1). Ist neben dem Beamten ein Dritter für den Schaden verantwortlich, so haften beide als Gesamtschuldner, und ihr Verhältnis zueinander bestimmt sich nach **426** (**840**, Abs. 1). Hat aber ein Beamter vermöge seiner Amtspflicht einen anderen zur Geschäftsführung für einen Dritten zu bestellen, z. B. **1694. 1789. 1897. 1915**, KO. §§ 78. 110, oder die Geschäftsführung eines anderen zu beaufsichtigen, z. B. **1837**, KO. § 83, oder durch Genehmigung von Rechtsgeschäften bei dieser Geschäftsführung des anderen mitzuwirken, z. B. **1821. 1822**, KO. § 129, und ist er wegen Verletzung dieser Pflichten neben dem anderen verantwortlich, so hat der vom Verletzten in Anspruch genommene andere keinen Regreß an den Beamten, wohl aber der Beamte gegen den anderen (**841**).

6. Auf die Haftung gemäß **839** ist sowohl beim Vormundschafts- wie beim Grundbuchrichter verwiesen. Der Vormundschaftsrichter haftet dem Mündel aus jeder vorsätzlichen und fahrlässigen Verletzung seiner Amtspflicht (**839**, Abs. 1. 3), Dritten nur aus Verletzung der diesen Dritten gegenüber bestehenden Amtspflicht (**1674. 1848**. EG. Art. 147).

Für den Grundbuchrichter niederer und höherer Instanz haftet wegen vorsätzlicher und fahrlässiger Verletzung jeder Amtspflicht der Staat, aber nur den Beteiligten, anderen gegenüber haftet nur der Grundbuchrichter nach **839**, Abs. 1 (GBO. § 12)[4]).

7. Der haftbargemachte Beamte kann unter Umständen Regreß nehmen gegen den, der den Schaden verschuldet hat (Vormund, Konkursverwalter).

8. Nach dem Reichsgesetz vom 22. Mai 1910 (Reichsbeamtenhaftungsgesetz) das in dem Preuß. Gesetz vom 1. August 1909 sein Vorbild hat, haftet, wenn der Reichsbeamte in Ausübung der ihm anvertrauten öffentlichen Gewalt einem Dritten einen Schaden zufügt, das Reich, vorbehaltlich des Regresses gegen den Beamten (vgl. **L.** § 35 I. A. 1. 2.)

III. Widerrechtlichkeit[5]).

Die Verletzung des fremden Rechtskreises ist widerrechtlich. Es kann aber die Widerrechtlichkeit des Eingriffes aufgehoben sein:

A. Durch die Einwilligung des Verletzten in die schädigende Handlung. Das ist der Fall, wenn die Handlung durch die Einwilligung den Charakter der Widerrechtlichkeit verliert, nicht dann, wenn die Handlung trotz Einwilligung widerrechtlich bleibt (vgl. RStrGB.

---

[1]) Vgl. aber RG. Bd. 58, S. 296 (Haftung des Richters dem eingesetzten Erben gegenüber für verschuldete Nichtigkeit des Testamentes).

[2]) RStrGB. §§ 334. 336. 345, Abs. 2. 347, Abs. 2. Vgl. ZPO. § 580, Z. 5. StrPO. §§ 399, Z. 3. 402, Z. 3.

[3]) Z. B. ZPO. §§ 511 ff. StrPO. §§ 338 ff. EG. z. GVG., § 4.

[4]) Motive z. GBO., S. 34. Nöldeke, a. a. O., S. 823 ff. Oberneck, Gruch. Beitr., Bd. 43 (1899), S. 466 ff.

[5]) Zitelmann, Arch. f. d. ziv. Prax., Bd. 99, S. 1 ff.

§§ 142. 216). Die Einwilligung vermag aber die Widerrechtlichkeit nur insoweit zu heben, als der Einwilligende über das verletzte Rechtsgut rechtswirksam durch Vertrag verfügen könnte. Hier aber ist der Schadensersatzanspruch des Einwilligenden dann nicht ausgeschlossen, wenn derselbe gerade gegen die Folgen der Einwilligung zu schützen war (**825**). Die Einwilligung ist eine Rechtshandlung und daher nach Analogie der rechtsgeschäftlichen Willenserklärung zu beurteilen.

B. Durch gesetzlich bindenden Befehl an den Handelnden.

C. Durch Notwehr (**227**), Notstand (**228. 904**)[1]) und berechtigte Selbsthilfe (**229**), vgl. L. § 68.

D. Durch Amts- und Dienstpflicht oder Erziehungsrecht.

E. Durch sonstiges eigenes Recht, das die Befugnis zum Eingriff gewährt.

IV. **Die Verantwortlichkeit des Handelnden.**

A. Die Verantwortlichkeit fehlt, wenn im Zustande der *Bewußtlosigkeit*, d. h. der Aufhebung oder hochgradigen Trübung des Bewußtseins, oder im Zustande *krankhafter Störung der Geistestätigkeit*, also nicht nur der *Geisteskrankheit* (**104. 105**), gehandelt ist. Die Verantwortlichkeit fehlt folglich nicht in den lichten Zwischenräumen. Der Zustand krankhafter Störung der Geistestätigkeit muß die freie Willensbestimmung ausschließen. Wer sich vorübergehend in einen solchen Zustand versetzt hat durch geistige Getränke oder ähnliche Mittel (Morphium), ist an sich während dieses Zustandes nicht zurechnungsfähig. Der vom Täter selbst herbeigeführte Zustand, in dem er nun Schaden stiftet, kann aber durch den Täter schuldhaft herbeigeführt sein, und nur dann ist der Täter schadensersatzpflichtig, und zwar so, als wenn ihm *Fahrlässigkeit* zur Last fiele. Eine vorsätzliche Begehung ist somit ausgeschlossen[2]) (**827**, vgl. RStrGB. § 51). Ist der Täter ohne Schuld in einen solchen Zustand geraten, so haftet er nicht.

B. Die Verantwortlichkeit fehlt den *Kindern* unter sieben Jahren, den Personen vom vollendeten siebenten bis zum vollendeten achtzehnten Lebensjahre dann, wenn ihnen bei Begehung der schädigenden Handlung die *Einsicht* fehlt, die zur Erkenntnis der Verantwortlichkeit ihres Tuns erforderlich ist. Die jugendlichen Personen haben den Mangel der Einsicht nachzuweisen (**828**, RStrGB. § 58).

C. Die Verantwortlichkeit fehlt den Taubstummen in demselben Maße wie den Personen von 7—18 Jahren (**828**).

D. *Schadensersatzpflicht des Unzurechnungsfähigen* (**829**)[3]). Ausnahmsweise statuiert das Gesetz eine Schadensersatzpflicht des Unzurechnungsfähigen. Sie ist eine subsidiäre, d. h. nach der des Aufsichtspflichtigen eintretende. Sie ist eine bedingte und beschränkte insofern, als sie nur eintritt, wenn die Billigkeit nach den Umständen, insbesondere nach den Verhältnissen der Beteiligten, eine Schadloshaltung erfordert und dem Verpflichteten, was dieser zu beweisen hätte, nicht die Mittel zur Bestreitung seines eigenen Unterhaltes und zur Erfüllung seiner gesetzlichen Unterhaltspflichten entzogen werden.

V. **Verschulden des Handelnden.** Das BGB. geht davon aus, daß den verantwortlichen Täter nur die Verschuldung schadensersatzpflichtig macht, also die *vorsätzliche* oder *fahrlässige* Handlung (vgl. L. § 61).

Die Verletzung *fremden Rechtes* kommt als vorsätzliche wie auch als fahrlässige in Betracht (**823**, Abs. 1). Der *Verstoß gegen ein Schutzgesetz* (**823**, Abs. 2) macht dann haftbar, wenn der Handelnde die durch das betreffende Schutzgesetz geforderte Sorgfalt verletzte. Wo nur die vorsätzliche Verletzung durch das Schutzgesetz verboten ist, kommt die fahrlässige Verletzung auch für die Schadensersatzpflicht nicht in Betracht (RStrGB. § 299). Wo

[1]) Der Notstand nach **228** hebt aber nur bei Sachbeschädigung die Widerrechtlichkeit auf; bei Tötungen blieb sie auch nach RStrGB. § 54 bestehen.

[2]) A. M. v. *Liszt*, Del.-Oblig., § 36, Note 3. *Oertmann* zu **827**, Erl. 3.

[3]) Vgl. *Stammler*, a. a. O., S. 117 f. *Schwarz*, Das Billigkeitsurteil des § 829 (1904).

die Verletzung des Schutzgesetzes auch ohne Schuld strafbar ist (GWO. § 147), ist Voraussetzung der Schadensersatzpflicht dennoch die Verschuldung (**823**, Abs. 2). Die Kreditgefährdung (**824**) macht auch als fahrlässige ersatzpflichtig; hat aber der Mitteilende oder der Empfänger der Mitteilung ein berechtigtes Interesse an der Mitteilung (Erteilung von Auskunft durch die Auskunftsbureaus), so macht nur die vorsätzliche Mitteilung schadensersatzpflichtig (**824**, Abs. 2). Die Verletzung der Geschlechtsehre (**825**) ist nur als vorsätzliche denkbar, ebenso kommt nur Vorsatz im Falle des unsittlichen Handelns (**826**) in Frage. Der Vorsatz muß sich hier auf die Schadenszufügung beziehen, der Handelnde muß den schädigenden Erfolg seiner Handlung vorausgesehen haben.

VI. Es muß ferner ein **Schaden** eingetreten sein und **ursächlicher Zusammenhang zwischen Schaden und Handlung** vorliegen.

A. Der Schaden und die Art des Schadensersatzes.

1. Über den Umfang der Schadensersatzpflicht entscheiden die allgemeinen Bestimmungen, ebenso über die Art, wie der Schadensersatz geleistet wird (L. § 76). Hinsichtlich des Umfanges der Schadensersatzpflicht macht es keinen Unterschied, ob Fahrlässigkeit oder Vorsatz des Handelnden vorliegt. Eine Beschränkung vgl. IV, D. Ersetzt wird daher nicht nur Vermögensschaden, sondern auch Nichtvermögensschaden. Bei Verletzungen einer Person (Ehrverletzungen, Sittlichkeitsverbrechen) sind auch die Nachteile zu ersetzen, welche die gegen die Person gerichtete Handlung für den Erwerb oder das Fortkommen des Verletzten herbeiführt (**824**, vgl. **842**).

Bei Körper- und Gesundheitsverletzungen kommt außer den Kurkosten (für ärztliche Behandlung, Pflege, Badereisen, Nachkur) in Betracht die zeitweise oder dauernde Aufhebung und Minderung der Erwerbsfähigkeit, die zeitweise oder dauernde Vermehrung der Bedürfnisse des Verletzten. Die Leistung des Schadensersatzes erfolgt hier durch Zahlung einer Rente. Die Rentenverpflichtung steht unter der für den Leibrentenvertrag maßgebenden Bestimmung in **760** (L. § 129). Die Sicherheitsleistung bestimmt sich nach richterlichem Ermessen. Auf Verlangen kann an Stelle der Rente das Gericht auch nach dem Urteil die Kapitalabfindung treten lassen, wenn ein wichtiger Grund vorliegt (z. B. mangelnde Sicherheitsleistung). Der Anspruch wird durch die Unterhaltspflicht anderer dem Verletzten gegenüber nicht ausgeschlossen (**843**)[1]). Bei fahrlässiger und strafrichterlich festgestellter vorsätzlichen Körperverletzung, soweit die Unfallversicherung der Arbeiter eingreift[2]).

2. Nichtvermögensschaden kann regelmäßig nicht durch eine Geldleistung gutgemacht werden (**253**). Bei Körperverletzung, Gesundheitsverletzung und Freiheitsberaubung, ferner bei Verbrechen oder Vergehen wider die Sittlichkeit gegen eine Frauensperson, oder wenn eine solche in ihrer Geschlechtsehre nach **825** verletzt ist, erleidet das eine Ausnahme. Hier kann der Richter eine billige Geldentschädigung zusprechen, z. B. für Schmerzen, Defloration, Entstellungen. Ob ein solcher ideeller Schaden vorliegt, ist Sache der richterlichen Prüfung. Ehrverletzungen gehören nicht hierher.

3. Ersetzt wird prinzipiell nur der Schaden, der demjenigen zugefügt ist, gegen den die Handlung gerichtet ist, also der Schaden, den der unmittelbar Betroffene erlitten hat.

a) Im Falle der Tötung sind aber außer den Kurkosten, dem entgangenen Erwerbe und Verdienst (Z. 1)

α) die Beerdigungskosten demjenigen vom Totschläger zu ersetzen, der diese Kosten kraft Gesetzes als Erbe (**1968**), als Unterhaltspflichtiger (**1588**. **1650**. **1713**) oder kraft Vertrages mit dem Erblasser zu tragen hat. Um eine eigentliche Schadensersatzpflicht handelt es sich hier nicht, da die Beerdigungskosten von dem Verpflichteten auch ohne die Tötung zu tragen

---

[1]) Vgl. ZPO. §§ 323. 324. 708, Z. 6. Begründung der Nov. z. ZPO., S. 104. 134. Jäger, Die Umwandlungsklage im deutschen Haftrechte (1898).

[2]) UVGes. § 135.

waren, allerdings erst später. Es handelt sich hier um eine dem Totschläger über den Rahmen der Schadensersatzpflicht hinaus auferlegte Leistung (**844**, Abs. 1).

β) War der Getötete zur Zeit der Tötung einem Dritten kraft Gesetzes unterhaltspflichtig, oder hätte er es nach dem zur Zeit der Tötung zum Dritten bestehenden Verhältnisse werden können (z. B. **1602. 1603. 1608. 1609**), so hat der Dritte, dem durch die Tötung das Recht auf Unterhalt entzogen ist, den Anspruch auf Ersatz[1]). Er kann eine Rente wie nach Z. 1 (**843**, Abs. 2—4) beanspruchen in Höhe des eventuellen Unterhaltes, solange der Getötete mutmaßlich (d. h. unter Berücksichtigung seines Lebensberufes, Gesundheitszustandes, seiner Lebensführung usw.) gelebt haben würde. Die Witwe des Getöteten verliert nach **843**, Abs. 4, die Rente im Falle ihrer Wiederverheiratung nur dann, wenn tatsächlich das Unterhaltsbedürfnis fortfällt und soweit es fortfällt. Auch der zur Zeit der Verletzung Erzeugte, aber noch nicht Geborene hat diesen Anspruch (**844**, Abs. 2)[2]).

b) Im Falle der Tötung, Körper- und Gesundheitsverletzung und Freiheitsentziehung hat derjenige, der vom Verletzten kraft Gesetzes Dienste im Haus oder Gewerbe verlangen konnte, somit nach **1356** der Ehemann bei Verletzung der Ehefrau, die Eltern nach **1617. 1757** bei Verletzung des Kindes, Anspruch auf Ersatz der ihnen entgehenden Dienste durch Entrichtung einer Rente (vgl. Z. 1, **843**, Abs. 2—4. **845**).

4. Im Falle der Schädigung durch Entziehung oder Beschädigung einer Sache (auch einer vertretbaren) geht der Anspruch zunächst auf Wiederherstellung des früheren Zustandes, also besonders auf Rückgabe und, wenn diese nicht möglich oder nicht hinreichend ist, auf Entschädigung in Geld (Werterſatz).

a) Der zur Rückgabe Verpflichtete haftet auch für den zufälligen Untergang und die zufällige Verschlechterung wie für anderweite zufällige Unmöglichkeit der Leistung, wenn er nicht beweist, daß diese Tatsachen auch ohne die Entziehung eingetreten sein würden (**848**, vgl. **287**).

b) Im Falle des Wertersatzes ist die Gesamtsumme mit $4^0/_0$ (**246**) von dem Zeitpunkte an zu verzinsen, welcher der Wertbestimmung zugrunde gelegt wird (**849**).

B. **Kausalzusammenhang** zwischen dem Schaden und der Handlung (vgl. L. § 76). Der Schaden muß sich nach **823**, Abs. 1 auf die Verletzung des Rechtsgutes, nach **823**, Abs. 2 auf den Verstoß gegen das Schutzgesetz zurückführen.

1. Der Schaden muß sich auf die Handlung zurückführen, sei es diejenige einzelner oder mehrerer. Wenn mehrere als Mittäter, Anstifter oder Gehilfen (RStrGB. §§ 48. 49) gemeinschaftlich die schädigende Handlung vornahmen, so hat jeder von ihnen den Schaden verursacht und ist daher in vollem Umfange ersatzpflichtig (Gesamtschuldner), z. B. A, B, C stechen den D; er stirbt, weil die Verletzungen in ihrer Gesamtheit den Tod herbeiführen mußten. Jeder einzelne Stich wäre ungefährlich gewesen. Ebenso liegt es, wenn mehrere an der schädigenden Handlung beteiligt waren, sich aber nicht ermitteln läßt, welchen Anteil der einzelne an dem Erfolge hat (A, B, C stechen den D; nur ein Stich ist tödlich, es ist aber nicht festzustellen, wer ihn führte), oder wenn die Mitwirkung des einzelnen zwar feststeht, aber sich nicht ermitteln läßt, wessen Mitwirkung kausal geworden ist (A schlägt, B sticht C; es läßt sich nicht feststellen, ob der Schlag oder der Stich den Tod herbeigeführt hat). Soll aber die gesamtschuldnerische Haftung eintreten, so ist immer eine rechtswidrige schuldhafte Mitwirkung jedes der mehreren zu dem vorliegenden schädigenden Erfolge erforderlich (**830**, vgl. RStrGB. § 47)[3]). Das Zusammenwirken der mehreren kann ein bewußtes und gewolltes oder ein rein tatsächliches sein. Selbstverständlich haften Hehler und Begünstiger nur aus ihrer eigenen schuldhaften Mitwirkung zum schädigenden Erfolge, nicht weil sie an den Vorteilen des Delinquenten teilnahmen (vgl. aber **812** ff.).

---

[1]) RG. Bd. 65, S. 164.

[2]) Unpfändbarkeit der Rente nach ZPO. § 850. Daraus ergeben sich nach **394. 400** die Nichtübertragbarkeit und Nichtaufrechenbarkeit. Vgl. RG. Bd. 55, S. 24.

[3]) Vgl. Crome, Jahrb. f. Dogmat., Bd. 35, S. 100 ff. Cohn, Gruch. Beitr., Bd. 43 (1899), S. 113 ff.

2. Der einem Dritten, nur mittelbar Verletzten im Falle von **844. 845** zustehende Ersatzanspruch ist in seinem Bestande und Umfange davon abhängig, daß nicht nach den allgemeinen Grundsätzen (**254**) ein konkurrierendes Verschulden des unmittelbar Verletzten dessen Anspruch in seinem Bestande oder Umfange alteriert (**846**).

Der Radler A hat auf einem durch Polizeiverordnung für Radler verbotenen Wege fahrend den 5 jährigen B, der beim Spiele nicht auf das Glockensignal aufgepaßt hat und in das Rad hineingelaufen ist, verletzt. A haftet und kann eigenes Verschulden des B nicht geltendmachen (**254**), weil B nicht schuldfähig ist.

VII. **Der Anspruch auf Schadensersatz.**

A. Der Anspruch steht dem unmittelbar Verletzten zu, in Ausnahmefällen dem mittelbar Verletzten. Wer der Verletzte ist, ergibt sich aus dem Bisherigen. Bei Entziehung oder Beschädigung einer beweglichen Sache ist zum Werterſatze auch der Eigentümer berechtigt. Der Verpflichtete soll aber befreit werden, wenn er den Ersatz an den Besitzer zur Zeit der Entziehung und Beschädigung leistete, wenn ihm nicht das Eigentum des Dritten bekannt oder wegen grober Fahrlässigkeit unbekannt war (**851**, vgl. **1006**).

Der Anspruch ist übertragbar und vererblich. Nur der Genugtuungsanspruch auf die billige Entschädigung in Geld ist nicht übertragbar und geht auf die Erben nicht über, solange er nicht durch Vertrag anerkannt oder rechtshängig geworden ist (**847**).

B. Der Anspruch geht gegen den Schädiger und seine Erben.

1. Sind mehrere für den Schaden verantwortlich, so haften sie als Gesamtschuldner (**830**), untereinander steht ihnen der Ausgleichungsanspruch nach **426** zu.

2. Der Anspruch geht als subsidiärer gegen den Unzurechnungsfähigen.

3. Einwände des Verpflichteten ergeben sich aus dem Bisherigen. Gegenüber dem Schadensersatzanspruch wegen Entziehung einer Sache auf Herausgabe steht dem Verpflichteten der Einwand wegen der Verwendungen zu, wie er dem Besitzer gegenüber dem Eigentümer zusteht (**850**). Vorsätzliche und fahrlässige Entziehung stehen sich gleich. Das Retentionsrecht (**273**) steht dem Verpflichteten allerdings nicht zu, wenn er die Sache durch vorsätzliche Handlung erlangte. Auf entsprechende Befreiung von Verbindlichkeiten kann er (**257**) Klage oder Widerklage erheben.

C. Die Verjährung. Der Anspruch verjährt in drei Jahren von dem Zeitpunkt an, in welchem der Verletzte von dem Schaden und der Person des Ersatzpflichtigen Kenntnis erhalten hat, in Abweichung von der Regel (**198**). Erlangt der Berechtigte die Kenntnis nicht, so verjährt der Anspruch in 30 Jahren der Regel gemäß (**195**) von der Begehung der Handlung an (**852**, Abs. 1).

VIII. **Der Anspruch auf Herausgabe einer ungerechtfertigten Bereicherung,** die der Ersatzpflichtige durch die unerlaubte Handlung auf Kosten des Geschädigten erlangt hat, kann auch nach Verjährung des Anspruches auf Schadensersatz geltendgemacht werden (**852**, Abs. 2).

IX. Hat der Handelnde durch die unerlaubte Handlung eine Forderung erlangt, so kann der Verletzte die Erfüllung dieser Forderung verweigern, selbst wenn ein ihm zustehender Anspruch auf Aufhebung der Forderung verjährt ist (**853**). Analog liegt der Fall in **821**.

§ 143.

Die Ausdehnung der Schadensersatzpflicht.[1])

Die Schadensersatzpflicht ruht grundsätzlich auf dem Verschuldungsprinzip. Die eigene schuldhafte Handlung des Täters, Mittäters, Anstifters und Gehilfen verpflichtet zum Schadensersatz. Dieses Prinzip wird vom Gesetz in einigen Fällen abgeschwächt, in anderen verlassen.

Eine Abschwächung liegt in der Aufstellung der Vermutung der Fahrlässigkeit dessen, der sich durch Genuß von alkoholischen Getränken usw. in den Zustand der Unzurechnungsfähig-

---

[1]) Literatur s. § 142, Note 1. Enneccerus I, 2. §§ 466—468.

keit versetzt hat (**827**). Der Verletzte hat nur diese Tatsache zu beweisen, nicht die Schuld des Täters; letzterer hat den Beweis zu führen, daß er ohne Schuld in diesen Zustand geraten ist. Nur wenn ihm dieser Beweis gelingt, haftet er als Unzurechnungsfähiger nach **829** (§ 142, IV. A. D.). In anderen Fällen weicht das Gesetz durch die Regulierung der Beweiskraft vom Verschuldungsprinzip ab, indem nicht der Verletzte den Beweis der Schuld, sondern der Verpflichtete den Beweis der Nichtschuld führen muß (I. A. B., II. A., III.).

Verlassen ist das Verschuldungsprinzip bei der Haftung trotz fehlender Verantwortlichkeit (§ 142. IV, D.), bei der Haftung ohne Schuld für Tier- und Wildschaden (II.). An diese schließen sich eine Reihe schon erörterter Fälle der Haftung ohne Schuld und der Haftung trotz Mangels der Widerrechtlichkeit an (**31. 86. 89. 122. 228. 904. 231. 278. 867. 962. 795**, Abs. 3. **179. 701**). Weiter gehören die Vorschriften der ZPO. §§ 89. 302. 600. 717. 945 und des Reichshaftpflichtgesetzes vom 7. Juni 1871 (EG. Art. 42)[1]) hierher[2]). Alle diese Ausdehnungen der Schadensersatzpflicht hat man unter einem gemeinsamen Gesichtspunkt zu vereinigen gesucht. Bezeichnet man diese Fälle als Quasidelikte, so ist damit nicht mehr gesagt, als daß die Analogie der Vorschriften für die unerlaubten Handlungen eingreift. Andere sehen die besonderen Fälle als Ausfluß des Verursachungs- oder Veranlassungsprinzipes an oder stellen sie unter das Prinzip des aktiven Interesses (A. Merkel), welches besagt, daß jeder den Schaden ersetzen müsse, den er durch bewußtes Geltendmachen seiner Interessen einem anderen zugefügt, soweit die Verletzung fremden Interesses generell vorauszusehen war. Auch das Prinzip (Unger), daß jeder sein eigenes Interesse nur auf eigene Gefahr geltendmachen könne, ist herangezogen worden, oder die Fälle erscheinen als Gefährdungshaftung (M. Rümelin), d. h. jeder, der ein gefährdendes Verhalten beobachtet, auch den daraus entstehenden Schaden tragen muß. Diese allgemeinen Prinzipien decken sich aber nicht mit dem Inhalte des positiven Rechtes, sie führen viel weiter als dieses. Man wird daher zunächst bei den einzelnen Fällen stehenbleiben müssen[3]).

I. **Die Schadensersatzpflicht für fremde Handlungen** (831)[4]).

II. **Die Haftung des Geschäftsherrn für die zu einer Verrichtung Bestellten.** Der Geschäftsherr (Auftraggeber, Dienstherr[5]), Besteller, Unternehmer, Gesellschaft) haftet für den Schaden, den diejenigen, die er zu einer Verrichtung (tatsächlichen oder rechtsgeschäftlichen Charakters) bestellt hat, in Ausführung (nicht bei Gelegenheit) derselben anderen widerrechtlich zufügen, vorausgesetzt, daß den deliktsfähigen Geschäftsherrn eine Schuld bei der Auswahl der Bestellten, bei der Aufsicht, bei der Beschaffung der Vorrichtungen und Gerätschaften trifft, und vorausgesetzt, daß der Schaden nicht auch bei Anwendung der im Verkehr erforderlichen Sorgfalt eingetreten sein würde. Auf Schuld oder Deliktsfähigkeit des Bestellten kommt es nicht an, auch nicht auf seine Geschäftsfähigkeit zur Zeit, als er zur Verrichtung bestellt wurde. Ebenso haftet derjenige, der diese Funktionen für den Geschäftsherrn vertragsmäßig, wenn auch nicht durch Vertrag mit dem Geschäftsherrn, übernahm. Die Haftung des Geschäftsherrn wird im Falle einer solchen Substitution nicht aufgehoben. Es tritt Gesamthaftung ein (**840**, Abs. 1). Der Substitut hat keinen Regreß gegen den Geschäftsherrn, der Geschäftsherr aber gegen den Substituten. Der Geschäftsherr oder sein Substitut hat den Beweis der Nichtschuld und den Beweis, daß der Schaden trotzdem eingetreten sein würde, zu führen (Mangel des ursächlichen Zusammenhanges)[6]). Eine Bestellung zu einer Verrichtung liegt nicht vor, wenn jemand mit dem Abschluß eines Rechtsgeschäftes beauftragt ist, in betreff der Verrichtungen, die er zur Ausführung des

---

[1]) Mandry-Geib, § 49. v. Rutz, Bl. f. Rechtsanwendung, Jahrg. 64 (1899), S. 1 ff. 41 ff. 81 ff.

[2]) Über den Fall ungerechtfertigten Arrestes vgl. Henrici, Gruch. Beitr., Bd. 42 (1898), S. 625 ff.

[3]) Vgl. bes. Stammler, a. a. O., S. 112 ff.

[4]) Vgl. **31. 164** ff. **611** ff. **710** ff. Die strengere Haftung der Gastwirte, vgl. **127.** Es besteht nach **831** keine Haftung des Vertretenen für den gesetzlichen Vertreter.

[5]) EG. Art. 85, Abs. 2.

[6]) RG. Bd. 59. S. 203.

Geschäftes vornimmt. Gleichgültig ist es für den Begriff der Bestellung, ob der Bestellte bei der Ausführung von den Anordnungen des Geschäftsherrn abhängigbleibt, oder ob er nach eigenem Ermessen handelt [1]).

B. **Die Haftung des Aufsichtspflichtigen.** Diejenigen, welche kraft Gesetzes die Aufsicht über die der Aufsicht bedürftigen Personen (Minderjährige, Geisteskranke und Geistesschwache, körperlich Kranke oder Gebrechliche) zu führen haben, z. B. Eltern [2]), Vormünder [3]), Pfleger [4]), Lehrer, Meister [5]), Dienstherr usw., haften bei Vernachlässigung der Aufsicht für den Schaden, den die zu beaufsichtigenden Personen anderen widerrechtlich zufügen.

Der Aufsichtspflichtige hat den Entschuldigungsbeweis zu führen, daß er seiner Aufsichtspflicht genügt hat, bzw. daß der Schaden auch trotz der Aufsicht eingetreten sein würde. Neben dem Aufsichtspflichtigen haftet in derselben Weise, wer durch Vertrag für den gesetzlich Aufsichtspflichtigen die Aufsicht übernommen hat (Erzieher, Krankenwärter usw.), nicht der gesetzliche Vertreter (**832**).

Liegt Haftung aus unerlaubter Handlung des Beaufsichtigten vor, so tritt Gesamthaftung ein (**840**, Abs. 1). Der vom Verletzten in Anspruch genommene Beaufsichtigte hat keinen Regreß gegen den Aufsichtspflichtigen, wohl aber dieser gegen jenen. Ist der Beaufsichtigte nur nach **829** haftbar, so ist dem Verletzten der Aufsichtspflichtige in erster Linie ersatzpflichtig, der Beaufsichtigte erst in zweiter Linie und beschränkt. Der in Anspruch genommene Aufsichtspflichtige hat keinen Regreß gegen den Beaufsichtigten, wohl aber dieser gegen jenen.

II. **Schadensersatzpflicht bei Schädigung durch Tiere** (**833—835**).

Nach römischem und gemeinem Recht haftet der Eigentümer eines Tieres (quadrupes) mit der actio (noxalis) de pauperie für den Schaden, den das Tier contra naturam sui generis angerichtet hat, oder mit der actio (noxalis) de pastu, wenn ein Tier fremde Früchte abweidete, wenn nicht der Schaden von einem Menschen verschuldet ist (actio legis Aquiliae).

A. Die Haftpflicht trifft ohne Rücksicht auf seine Schuld, also auch ohne daß seine Deliktsfähigkeit in Betracht käme [6]), denjenigen, der ein Tier hält, folglich Eigentümer, Nießbraucher, Mieter, Pächter, kurz jeden, der im eigenen Interesse, nicht lediglich im Interesse eines anderen und nicht bloß zu ganz vorübergehendem Zwecke die Herrschaft über das Tier ausübt [7]). Das Halten des Tieres ist nicht Rechtsgeschäft, sondern Rechtshandlung, auf welche die Vorschriften über die Geschäftsfähigkeit Anwendung finden. Gleichgültig ist, ob es ein zahmes oder ein wildes Tier [8]) ist. Für Haustiere, die dem Beruf, Erwerb oder Unterhalt des Tierhalters zu dienen bestimmt sind, haftet der Tierhalter nicht, wenn er den Entschuldigungsbeweis wie der Aufsichtspflichtige führt. Die Ausnahme gilt also nicht für Haustiere, die zum Luxus gehalten werden (RGes. vom 30. Mai 1908). Die Haftung tritt aber nur ein, wenn durch das Tier, d. h. durch eigene Tätigkeit des Tieres, eine Tötung, Körperverletzung, Gesundheitsschädigung oder Sachbeschädigung herbeigeführt ist (**833**). Die Haftung tritt nicht ein, wenn das Tier lediglich Mittel zur Herbeiführung des schädigenden Erfolges war [9]), wohl aber, wenn äußere Ereignisse das Tier in einen Zustand der Erregung versetzen, der es nachgeben mußte, z. B. ein Bienenschwarm überfällt ein Pferd, welches, durchgehend, Schaden stiftet [10]). Die Haftung tritt immer nur

---

1) Vgl. RG. Bd. 51, S. 199 mit Bd. 32, S. 35.

2) **1631. 1686. 1707**, Abs. 2.

3) **1800. 1897.**

4) **1915.**

5) GewO. §§ 127. 127 a; vgl. HGB. § 76 (?).

6) A. M. v. Liszt (1898), S. 107. Wie im Text Linkelmann, a. a. O., S. 82. 111. Planck zu **833**, Z. 8.

7) RG. Bd. 52, S. 117 weitergehend. RG. Bd. 62, S. 79.

8) Die Anwendbarkeit der Vorschrift trifft auch bei Bazillen zu. A. M. Hausmann, Gruch. Beitr., Bd. 49, S. 286.

9) RG. Bd. 54, S. 73; Bd. 50, S. 180. 219.

10) A. M. RG. Bd. 54, S. 74. 407.

ein, wenn das Tier durch sein Verhalten kausal geworden ist für die Verletzung. Daher wird auch die Vorschrift in **254** zur Anwendung gelangen müssen (L. § 76). Durch Vertrag des Verletzten mit dem Tierhalter kann die Haftung ausgeschlossen werden[1]). Die Möglichkeit, sich durch Hingabe des Tieres an den Verletzten (noxae datio) zu befreien, besteht nicht mehr. Wer für den Tierhalter die Aufsicht durch Vertrag übernommen hat, hat solchen Tierschaden zu ersetzen, wenn er nicht nachweist, daß er die im Verkehr übliche Sorgfalt bei der Beaufsichtigung beobachtet hat, oder daß der Schaden auch bei Anwendung der Sorgfalt eingetreten wäre (**834**)[2]). Halten mehrere gemeinschaftlich ein Tier, so haften sie als Gesamtschuldner (**840**). Haftet der Tierhalter (nach **831**) und derjenige, der die Aufsicht übernahm, so haften sie auch als Gesamtschuldner (**840**, Abs. 1). In beiden Fällen tritt Regreß nach **426** ein. Ist neben dem Tierhalter oder dem Beaufsichtigenden ein Dritter verantwortlich, z. B. derjenige, der das Tier hetzt, so haften alle als Gesamtschuldner, der Dritte ist nach innen allein verpflichtet (**840**, Abs. 3).

B. **Schadensersatzpflicht für Wildschaden** (835)[3]).

1. Der Schaden muß an einem (beliebigen) Grundstück herbeigeführt sein oder an den getrennten, aber noch *nicht* eingeernteten Erzeugnissen. Eingeerntet sind z. B. Feldfrüchte, die in Diemen, Mieten, Beimen bis zum Verbrauch oder bis zur Verwertung zusammengebracht sind. Eigenes Verschulden des Verletzten ist nach **254** zu berücksichtigen (z. B. Versäumung rechtzeitiger Einerntung, Unterlassung von Schutzvorrichtungen)[4]).

2. *Schadenwild*[5]) ist nicht alles jagdbare Wild (z. B. nicht Hasen), sondern nur Schwarz-, Rot-, Elch-, Dam-, Rehwild und Fasanen.

3. Den Schadensersatzanspruch hat der nicht jagdberechtigte oder zur Ausübung des Jagdrechtes nicht berechtigte Eigentümer[6]) des Grundstückes, aber auch der dinglich dauernd Fruchtziehungsberechtigte (Nießbraucher), nicht der nur obligatorisch Nutzungsberechtigte (Pächter). Letzterer würde nur durch den Vertrag mit dem Eigentümer oder nach **823** geschützt sein.

4. Ersatzpflichtig ist der an dem fremden beschädigten Grundstücke kraft Gesetzes Jagdberechtigte oder der dort zur Ausübung der Jagd nach dem Gesetz Berechtigte. Vielfach kann die Jagd auf einem Grundstücke nur in Gemeinschaft mit dem Jagdrecht auf einem anderen Grundstücke ausgeübt werden. Der Eigentümer kann dann sein Jagdrecht an den Eigentümer dieses anderen Grundstückes verpachten. Ersatzpflichtig ist dann der Jagdpächter[7]). Bestehen zum Zwecke der gemeinschaftlichen Jagdausübung *Jagdverbände*, so haften je nach der landesgesetzlichen Organisation der Personenverein der Grundstückseigentümer als solcher oder die jagdausübungsberechtigte Gemeinde oder reichsrechtlich die einzelnen Grundstückseigentümer nach Verhältnis der Größe ihrer Grundstücke, wenn nicht das betreffende Landesgesetz die Art der Haftung anders regelt[8]). Für Schäden durch ausgetretenes gehegtes Wild haftet der Jagdberechtigte, wenn nicht der Eigentümer oder Besitzer des Geheges nach Landesrecht haftet[9]), bei Schäden durch Wechselwild hat der haftende Jagdberechtigte landesrechtlich einen Rückgriff gegen den Jagdberechtigten des Bezirkes, in dem das Wild seinen Stand hat.

---

[1]) RG. Bd. 58, S. 410; Bd. 61, S. 54; Bd. 54, S. 73 ff.; vgl. dazu *Hellwig*, D. Jur.-Ztg. 1906, S. 1289.

[2]) RG. Bd. 60, S. 313.

[3]) *Schepp*, Das öffentl. R. im BGB., S. 62 f. Vgl. EG. Art. 69—72. Das Jagdrecht selbst verbleibt der Landesgesetzgebung. Ebenso die Vorschriften über Feststellung des Wildschadens und das Verfahren. Vgl. *Meckl enb.-Schwer.* VO. v. 9. April 1899.

[4]) RG. Bd. 52, S. 349. *Seuff.* Arch., Bd. 42, Nr. 190.

[5]) EG. Art. 71, Z. 1.

[6]) Wo nach Landesrecht zeitlich nicht begrenzte dingliche oder persönliche Nutzungsrechte an Grundstücken (z. B. Erbpachtrecht) bestehen, da tritt an die Stelle des Eigentümers der Nutzungsberechtigte. EG. Art. 72. 63. 197.

[7]) EG. Art. 71, Z. 3.

[8]) EG. Art. 71, Z. 5. 6.

[9]) EG. Art. 71, Z. 2.

Über die Haftung mehrerer vgl. **840**, Abs. 3.

Die Schadensersatzpflicht ist von einem Verschulden des Ersatzpflichtigen niemals abhängig[1]).

III. **Schadensersatzpflicht bei Schädigungen durch Gebäude und ähnliche Werke** (**836**—**838**).

Nach römischem und gemeinem Recht würde in solchem Falle mit der actio legis Aquiliae, oder im besonderen Falle aus der cautio damni infecti oder mit der actio de posito vel suspenso geklagt werden können.

Entsprechend dem ALR. (I. 8, § 36 ff.; 6, §§ 10 ff.) gibt das BGB. einen direkten Anspruch bei Verletzung durch Gebäudeeinsturz.

1. Die in Frage stehenden Schädigungen müssen durch Einsturz eines Gebäudes oder eines anderen mit einem Grundstück verbundenen Werkes (nicht nur eines gemauerten Werkes, sondern z. B. auch eines Turngerüstes, Karussells) oder durch Ablösung von Teilen dieser herbeigeführt sein.

2. Die Schädigung muß in Tötung, Körper- oder Gesundheitsbeschädigung eines Menschen oder in Sachbeschädigung bestehen. Der Einsturz oder die Ablösung muß für die Schädigung kausal gewesen sein (**254**)[2]).

3. Einsturz und Ablösung müssen Folge fehlerhafter Errichtung oder mangelhafter Unterhaltung sein, nicht Folge von Naturereignissen, die auch ein fehlerloses Gebäude zum Einsturz gebracht hätten.

4. Ersatzpflichtig ist:

a) Der Eigenbesitzer (**836**, Abs. 3. **872**) und zwar, der unmittelbare und mittelbare[3]), weil er nur von dem Zustande des Werkes unterrichtet sein und Abhilfe schaffen kann. Der Besitzer ist frei von Haftung, wenn er beweist, daß er die zum Zwecke der Abwendung der Gefahr im Verkehr erforderliche Sorgfalt beobachtet hat[4]). Die Haftung wird also durch den Einwand der Schuldlosigkeit ausgeschlossen. Damit steht das BGB. am nächsten dem preußischen Recht (Haftung im Falle der Verschuldung). Das bisherige Recht ließ entweder Haftung ohne Schuld (franzöf., sächs. R.) oder Haftung nur auf Grund vertragsmäßiger Übernahme der Ersatzpflicht bei noch drohendem Schaden (cautio damni infecti) eintreten. Nach dieser prinzipiellen Grundlage des Gesetzes ist Voraussetzung der Haftung auch die Deliktsfähigkeit des Eigenbesitzers, so daß **827** bis **829** Anwendung finden. Der deliktsunfähige Eigenbesitzer wird auch für das Verschulden seines gesetzlichen Vertreters wie in **278** zu haften haben[5]).

b) Die Schadensersatzpflicht trifft grundsätzlich denjenigen, der Eigenbesitzer zur Zeit des Unfalles ist. Der Eigenbesitzer wird aber durch Aufgeben des Besitzes nicht schlechthin frei. Er haftet, wenn das schädigende Ereignis innerhalb eines Jahres nach Beendigung seines Besitzes eintritt, falls er nicht beweist, daß er während seiner Besitzzeit die erforderliche Sorgfalt beobachtet hat, oder daß ein späterer Besitzer durch Beobachtung dieser Sorgfalt die Gefahr hätte abwenden können (**836**).

c) An Stelle des Eigenbesitzers des Grundstückes haftet wie dieser ein dinglich oder persönlich Berechtigter (Erbbauberechtigter, Servituten-, Überbauberechtigter, Pächter), der in Ausübung dieser Rechte auf diesem Grundstücke ein Gebäude oder sonstiges Werk besitzt. Man wird verlangen müssen, daß derjenige, der die Berechtigung ausübt, auch wirklich Berechtigter ist (**837**, vgl. **95**)[6]). Vorausgesetzt ist, daß ein vom Besitz am Grund-

---

1) Die strengeren landesrechtlichen Vorschriften, welche die Haftpflicht des Eigentümers oder Besitzers eines Geheges für den Schaden durch eingetretenes eingehegtes Wild regeln, bleiben in Kraft, EG. Art. 71, Z. 2. Über das landesrechtliche Rückgriffsrecht des Ersatzpflichtigen vgl. EG., Art. 71, Z. 7.

2) RG. Bd. 52, S. 236.

3) Vgl. gegen Wendt, Arch. f. d. ziv. Pr., Bd. 87, S. 69; Strohal, Sachbesitz, S. 43, Note 50.

4) Eine Verpflichtung zur Reparatur usw. besteht im allgemeinen nicht, sondern nur beschränkt nach **908**.

5) Dafür Planck zu **836**, Z. 2.

6) RG. Bd. 59, S. 8.

stück verschiedener Besitz am Gebäude usw. vorliegt[1]). Hier erscheint dieser Berechtigte als Besitzer.

d) Neben dem Eigenbesitzer des Grundstückes haften gleich dem Eigenbesitzer (**838**)

α) derjenige, der die Unterhaltung des Gebäudes usw. für den Besitzer durch Vertrag übernimmt (z. B. Mieter, Pächter) und

β) derjenige, den die Unterhaltspflicht kraft eines ihm zustehenden Nutzungsrechtes (Grunddienstbarkeit, Nießbrauch, beschränkte persönliche Dienstbarkeit) trifft. Die Unterhaltspflicht ist dadurch auch Dritten gegenüber indirekt anerkannt.

e) Über die Haftung mehrerer vgl. **840**, Abs. 1 und 3.

IV. **Benachteiligung der Gläubiger.**

Im römischen und gemeinen Recht bestand die actio Pauliana auf Rückerstattung dessen, was der Schuldner in fraudem, d. h. in der Absicht der Beeinträchtigung der Zwangsvollstreckung in sein Vermögen veräußert hat und auf Reszission der Verbindlichkeiten, die er in dieser Absicht begründet hat. Gegen den gutgläubigen Geschäftsteil ging die Klage auf die Herausgabe der Bereicherung. Das Anfechtungsrecht stand dem benachteiligten Gläubiger und dem Konkursverwalter zu. Das Anfechtungsrecht ist seit dem Mittelalter erheblich erweitert (italienisches Statuarrecht, französisches Recht).

Reichsrechtlich beruht es heute auf der Konkursordnung (konkursmäßige Anfechtung: KO. §§ 29 ff.) und dem Reichsanfechtungsgesetz vom 21. Juli 1879 (individuelle Anfechtung):

1. Wenn in der Benachteiligung der Gläubiger strafbare Handlung liegt (RStrGB. § 288. KO. §§ 239—241), ist ein Anspruch auf Schadensersatz wegen unerlaubter Handlung begründet.

2. Davon abgesehen besteht die Anfechtbarkeit der benachteiligten Rechtshandlungen:

a) bei entgeltlichen Verträgen des Schuldners mit nahen Angehörigen (Ehegatten, Verwandten gerader Linie und Geschwistern des Schuldners und seines Ehegatten und der Ehegatten dieser Verwandten), falls diese nicht beweisen, daß ihnen die Absicht des Schuldners, seine Gläubiger zu benachteiligen, unbekannt war (KO. § 31. Anf.-Ges. § 3, Z. 1. 2);

b) bei unentgeltlichen Verfügungen des Schuldners aus dem letzten Jahre vor der Konkurseröffnung oder vor Anfechtung. Bei Verfügungen dieser Art zugunsten des Ehegatten beträgt die Frist zwei Jahre;

c) bei nachteiligen Rechtshandlungen des Schuldners besonders zur Sicherung und Befriedigung einzelner Gläubiger, die der Schuldner innerhalb von 6 Monaten vor der Konkurseröffnung vorgenommen hat, falls der Begünstigte zur Zeit der Rechtshandlung die Zahlungseinstellung oder die Stellung des Antrages auf Konkurseröffnung kannte. (KO. § 30.) Hat der Begünstigte nach Zahlungseinstellung oder Antrag auf Konkurseröffnung oder innerhalb von 10 Tagen vorher Sicherung der Befriedigung erhalten, die er nicht oder in der gewährten Art nicht verlangen konnte, so hat er zu beweisen, daß ihm zur Zeit der Rechtshandlung weder die Zahlungseinstellung, noch die Stellung des Antrages auf Konkurseröffnung, noch die Absicht des Schuldners, die Gläubiger zu benachteiligen bekannt waren.

3. Die Anfechtung erfolgt durch Klage oder Einrede. Sie steht während des Konkurses nur dem Konkursverwalter zu, soweit die Rechtshandlung sich auf die Konkursmasse bezieht, außerhalb des Konkurses jedem benachteiligten Gläubiger, der eine fällige vollstreckbare Forderung gegen den Schuldner hat, deren Vollstreckung ganz oder teilweise ohne Erfolg geblieben oder aussichtslos ist. Die Einrede fordert vollstreckbaren Titel nicht, dieser muß aber vor der Entscheidung binnen einer vom Gericht zu bestimmenden Frist beigebracht werden (KO. § 36. Anf.-Ges. §§ 2. 5). Anfechtungsbeklagter ist derjenige, der vom Gläubiger einen Vermögensvorteil erlangt hat, seine Erben und Einzelnachfolger, die bei Erwerb die Anfechtbarkeit kannten oder als nahe Angehörige (2. a) die Vermutung der Kenntnis nicht entkräften können, oder wenn sie unentgeltlich erworben haben (KO. § 40. Anf.-Ges. § 11); dadurch, daß der Beklagte einen vollstreckbaren Titel erlangt hat, wird die Anfechtung nicht ge-

[1]) Endemann I, § 202, Note 15.

hindert (KO. § 35. Anf.-Ges. § 6). Gegenstand der Anfechtung ist Rückgewähr dessen, was bei Konkurs zur Masse gehört, oder was aus dem Vermögen des Schuldners an den Beklagten gelangt ist, soweit es zur Befriedigung des Klägers gehört (KO. § 37. Anf.-Ges. § 7), nicht Schadensersatz (vgl. Z. 1). Über den Umfang der Rückgewähr entscheidet der Umstand, daß der Empfänger bösgläubig oder gutgläubig war. Gegenansprüche aus dem angefochtenen Rechtsgeschäft geben dem Beklagten nicht das Zurückbehaltungsrecht (KO. § 38. Anf.-Ges. § 8). Im Konkurse ist die Gegenleistung aus der Masse zu erstatten, soweit sie in der Masse enthalten ist, oder die Masse durch sie bereichert ist. Der Anspruch auf die Gegenleistung ist sonst gegen den Schuldner zu richten bzw. Konkursforderung (KO. § 39). Der gutgläubige Empfänger einer unentgeltlichen Leistung haftet nur auf die Bereicherung (KO. § 37, Abs. 2. Anf.-Ges. § 7, Abs. 2).

4. Die Anfechtung ist im Konkurse und außerhalb desselben an bestimmte Fristen gebunden (KO. § 41. Anf.-Ges. §§ 4, 11).

5. Die Wirkung der Anfechtung äußert sich nur im Verhältnis des Anfechtenden zum Beklagten, im Verhältnis des Beklagten zum Schuldner behält das Rechtsgeschäft seinen Bestand. Der Schuldner muß dem Geschäftsgenossen das erstatten, was letzterer auf Anfechtung herausgeben mußte. Ist das Geschäft zwischen dem Schuldner und seinem Geschäftsgenossen nichtig (Verstoß gegen gesetzliches Verbot oder gute Sitten, Simulation), so kann auch diese Nichtigkeit geltendgemacht werden.

V. **Die Haftpflicht der Eisenbahnunternehmer** (R.-Haftpflichtgesetz vom 7. Juni 1871. EG. Art. 42).

1. Die Unternehmer von **Eisenbahnen** (auch Klein- und Straßenbahnen) haften ohne Rücksicht auf Verschulden der Bahnbeamten im Falle der Tötung und Körperverletzung von Menschen (Reisenden, Bahnbeamten, Dritten), soweit solche Verletzungen sich in der Bahn, auf dem Bahnhof oder in den von der Bahn durchlaufenen Orten und im Betriebe der Bahn sich ereignen. Die Haftpflicht des Unternehmers ist ausgeschlossen bei eigener Schuld des Verletzten (**254**) oder höherer Gewalt (Beweislast trifft den Unternehmer). Der Schadensersatz schließt die Unfallrente wegen Körperverletzung und Tötung in sich (**L.** § 142. VI. A.)

2. Unternehmer von **Bergwerken, Steinbrüchen, Gruben, Fabriken** haften im Falle von Unfällen, die den Tod oder Körperverletzung eines Menschen herbeigeführt haben, außer für eigene Verschuldung auch für die Verschuldung ihrer Bevollmächtigten, leitenden Beamten und Aufsichtsbeamten in Ausführung ihrer Dienstverrichtungen (**254**)[1].

3. Die Verjährung der Schadensersatzansprüche tritt in zwei Jahren vom Unfalle bzw. vom Tode ab ein (R.-Ges. § 8).

VI. **Die Haftpflicht des Halters eines Kraftfahrzeuges** für Tötung, Körper- oder Gesundheitsverletzung eines Menschen oder Sachbeschädigung im Betriebe des Fahrzeuges, falls nicht der Unfall durch ein unabwendbares Ereignis verursacht ist (RGesetz über den Verkehr mit Kraftfahrzeugen vom 3. Mai 1909, § 7). Wie der Halter und an dessen Stelle haftet derjenige, der das Fahrzeug ohne Wissen und Willen des Halters in Betrieb gesetzt hat. Der Führer des Fahrzeuges haftet nicht, wenn er nachweist, daß ihn kein Verschulden trifft (G. § 18). Die Haftpflicht schließt sich an die der Eisenbahnunternehmer (V.) an. Der Umfang der Schadensersatzpflicht ist auf einen Höchstbetrag beschränkt (G. § 12), und der Anspruch hängt von der rechtzeitigen Anzeige vom Unfalle an den Ersatzpflichtigen ab (G. § 15).

[1]) RG. Bd. 63, S. 332.

III. Buch.

Das Sachenrecht.

---

§ 144.

Übersicht.

Das Sachenrecht regelt die **Sachenrechte (dinglichen Rechte)**.

I. Die dinglichen Rechte haben ihre Eigenart darin, daß sie dem Berechtigten eine unmittelbare Herrschaft über eine Sache im Rechtssinne (unwesentliche Bestandteile, Bruchteile) gewähren, nicht darin, daß sie absolut, d. h. gegen jedermann wirken. Den absoluten Charakter teilen die Sachenrechte mit den Persönlichkeits- und Immaterialgüterrechten, vgl. **L.** §§ 16, 219 ff. Alle Sachenrechte haben wie im römischen Recht einen vom Gesetz fest bestimmten Inhalt, so daß der Parteiwille an die vom Gesetz bestimmten Arten der Sachenrechte gebunden ist (geschlossene Zahl der dinglichen Rechte)[1]. Alle Sachenrechte gewähren nur eine beschränkte Herrschaft über die Sachen. Sie unterscheiden sich aber durch ihren Inhalt und die Natur der beherrschten Sache, je nachdem diese ein Grundstück oder eine bewegliche Sache ist:

A. Inhaltlich übertrifft das **Eigentum** alle übrigen dinglichen Rechte, die deshalb als beschränkte dingliche Rechte bezeichnet werden. Der Berechtigte hat hier die rechtliche Herrschaft über die fremde Sache immer nur in einzelnen Beziehungen, während sie dem Eigentümer in sehr weitem Umfange zusteht.

Die beschränkten dinglichen Rechte schränken den Eigentümer in seinem Rechte ein, können aber nach heutigem Recht auch dem Eigentümer selbst zustehen; nach römischem Recht sind sie grundsätzlich iura in re aliena.

1. **Gebrauchs- und Nutzungsrechte,** die entweder dem Eigentum an Inhalt nahekommen (Erbbaurecht) oder beschränkteren Gebrauch und Nutzung gewähren (Grund- und persönliche Dienstbarkeiten). Aus dem Landesrecht: Erbpachtrecht, Pfründen-, Kirchenstuhl-, Grabstellen-, Nutzpfandrecht.

2. **Rechte auf persönliche Leistungen** (Reallasten und dingliches Vorkaufsrecht).

3. **Verwertungsrechte** (Pfandrecht, Hypothek, Grundschuld, Rentenschuld).

4. **Erwerbsrechte** auf Übertragung des Eigentumes (landesrechtliches Wiederkaufsrecht, Enteignungsrecht), oder auf originären Erwerb (landesrechtliches Jagd-, Fischerei- und Bergrecht, Recht auf Aneignung herrenloser Grundstücke).

B. An beweglichen Sachen können heut nur Eigentum, Pfandrecht und Nießbrauch bestehen, an Grundstücken alle dinglichen Rechte außer dem Pfandrecht. Nicht prinzipiell, aber in manchen Einzelheiten unterscheiden sich die dinglichen Rechte an Grundstücken und

---

[1]) Im früheren deutschen Recht (ALR.) war dieses Prinzip vielfach verlassen. Vgl. heute: Seuff. Arch., Bd. 56, Nr. 103. RG. 48, S. 61; 56, S. 10. Durch die Vormerkung können aber obligatorische Ansprüche dingliche Wirksamkeit erlangen (vgl. **L.** § 154).

beweglichen Sachen. Die Abweichungen beruhen auf der natürlichen und wirtschaftlichen Verschiedenheit der beiden Arten von Sachen, die vom deutschen Rechte viel schärfer betont wird als vom römischen Rechte. So besteht das Grundbuch nur für die Grundstücke, daher ist z. B. das für alle dinglichen Rechte verfolgte Publizitätsprinzip für Rechte an Grundstücken anders durchgeführt als bei den Rechten an beweglichen Sachen, und der Rechtserwerb usw. ist in beiden Fällen verschieden geregelt.

C. Dem Sachenrecht unterstehen auch die **Rechte an Rechten und an einem Vermögen** (vgl. **L.** §§ 180—218).

II. Neben der Herrschaft über die Sache kraft dinglichen Rechtes unterscheidet die herrschende Auffassung des römischen und heutigen Rechtes die rein tatsächliche, **den Besitz.** Zur Durchführung der Zwecke der Rechtsordnung ist es erforderlich, daß dieser tatsächliche Zustand ohne Rücksicht auf seine Berechtigung Schutz gegen Beeinträchtigungen genießt. Indem aber die Rechtsordnung den Besitzschutz gewährt, erkennt sie nach der der herrschenden entgegengesetzten Auffassung ein subjektives dingliches Recht des Besitzers an, welches lediglich durch die Verwirklichung der tatsächlichen Gewalt in der Person des Besitzers begründet wird (vgl. **L.** § 145. I. D.).

III. Neben dem Reichsrecht kommt auf Grund der Vorbehalte in weitem Umfange Landesrecht zur Anwendung; es erhalten sich so eigenartige dingliche Rechte[1]), und nach EG. Art. 115 kann das Landesrecht das Reichsrecht in großem Umfange zurückdrängen.

IV. **Internationales Privatrecht.** Die dinglichen Rechtsverhältnisse unterstehen grundsätzlich dem Ortsrechte der belegenen Sache (lex rei sitae).

V. **Intertemporales Recht.** Grundsätzlich bleiben die zur Zeit des Inkrafttretens des BGB. nach bisherigem Rechte begründeten dinglichen Rechte nach bisherigem Rechte in Geltung. Besitz und Eigentum, die in diesem Zeitpunkte bestehen, treten aber von nun an unter das BGB. (EG. Art. 180. 181, Abs. 1), für Grundstücksrechte finden die Vorschriften des BGB. erst dann Anwendung, sobald das Grundbuch als angelegt gilt (EG. Art. 186).

---

[1]) a) Das Recht an Familienfideikommiß- und Stammgütern (EG. Art. 59). b) Das Lehen (EG. Art. 59). c) Das Erbpacht-, Büdner-, Häuslerrecht (EG. Art. 63). d) Das Recht am Rentengut (EG. Art. 62). e) Das Jagd- und Fischereirecht (EG. Art. 69). f) Das Bergwerksrecht (EG. Art. 67). g) Die sich aus dem Wasser-, Deich-, Sielrecht ergebenden Rechte, z. B. Mühlenrecht, Fährrecht (EG. Art. 65. 66). h) Zwangs-, Bann-, Realgewerberechte (EG. Art. 74). i) Die Regalien (EG. Art. 73) usw.

I. Abschnitt.

Der Besitz.[1]

§ 145.

Der Begriff des Besitzes. Arten.

Das Besitzrecht des BGB. hat seine Anknüpfungspunkte sowohl im römischen als im deutschen Rechte.

Im römischen Recht stehen sich der juristische Besitz und die Detention gegenüber. Nach der von Savigny begründeten Ansicht ist der juristische Besitz an die Tatbestandselemente der tatsächlichen Gewalt (corpus) und des Willens, die Sache wie eine eigene zu haben (animus domini) gebunden, die Detention ist dagegen die tatsächliche Gewalt mit dem Willen, sie für einen anderen auszuüben (animus alieno nomine possidendi). Durch Gewährung des Besitzschutzes an gewisse Detentoren (Faustpfandgläubiger, Sequester, Prekarist) erweiterte sich der juristische Besitz in dem abgeleiteten juristischen Besitz. Dem Sachbesitz entsprechend ist aber auch geschützt die begrenzte (tatsächliche) Gewalt, über die Sache, wie sie in der Ausübung dinglicher Rechte liegt (juris quasi possessio, Rechtsbesitz). Nach anderer Auffassung (Jhering, Dernburg) ist die Unterscheidung von juristischem Besitz und Detention keine begriffliche, durch den Besitzwillen gegebene, sondern juristischer Besitzer ist jeder, der die tatsächliche Gewalt hat und sie irgendwie haben will; die Detention ist an sich auch juristischer Besitz, aber ein solcher, dem aus rechtspolitischen Erwägungen durch das positive Recht der Besitzschutz versagt ist. — Das römische Besitzrecht trennt Besitz und dingliches Recht streng, es besteht keine Vermutung des dinglichen Rechtes auf Grund des Besitzes.

Im deutschen Recht vereinigt die Gewere den Sachbesitz und Rechtsbesitz. Gewere ist jede selbständige Herrschaft der Person über die Sache, sie ist die äußere Erscheinung des dinglichen Rechtes, verdient Schutz, solange sie nicht vom wahren dinglichen Recht überwunden ist, und begründet die Vermutung des dinglichen Rechtes.

Im gemeinen Recht findet eine starke Erweiterung des Besitzschutzes unter dem Einfluß des kanonischen und deutschen Rechtes statt (exceptio und actio spolii, possessorium ordinarium, summariissimum), die anfänglich allerdings geschwankt hat. Die Detention steht so in weitem Umfange dem juristischen Besitze gleich und der Rechtsbesitz wird über die Ausübung der dinglichen Rechte ausgedehnt. Die in der geschichtlichen Entwicklung sich zeigenden Tendenzen sind besonders vom Pr.ALR. und jetzt vom BGB. aufgenommen[2]).

I. **Besitzer** einer Sache ist derjenige, der die selbständige tatsächliche Herrschaft über eine Sache hat. Das tatsächliche Gewaltverhältnis soll mit Inhabung bezeichnet werden. Sachbesitz ist also selbständige Inhabung.

A. Unselbständige Inhabung ist nicht Besitz (**855**). Den unselbständigen Inhaber nennen wir Besitzdiener (Besitzhalter). In den Fällen der unselbständigen Inhabung ist vielmehr

---

[1]) Goldschmidt, Studien zum Besitzrecht (Berliner Festgabe), S. 61 ff. W. Stintzing, Der Besitz. Strohal, Jahrb. f. Dogm., Bd. 28, S. 346. G. Rümelin, Jahrb. f. Dogm., Bd. 28, S. 472 ff. Gierke, Der Entwurf, S. 294 ff. Wendt, Arch. f. d. ziv. Pr., Bd. 74, S. 135 ff. v. Jhering, Der Besitzwille. Strohal, Jahrb. f. Dogm., Bd. 29, S. 336 ff. Schuppe, Das Recht des Besitzes. Bekker, Jahrb. f. Dogm., Bd. 30, S. 235 ff. Klein, Sachbesitz und Ersitzung. W. Stintzing, Zur Besitzlehre. Strohal, Jahrb. f. Dogm., Bd. 31, S. 1 ff. Bekker, Jahrb. f. Dogm., Bd. 34, S. 1 ff. Randa, Der Besitz, 4. Aufl. Heß, Besitzen heißt gesichert sein. Strohal, Der Sachbesitz nach dem BGB. usw. (SA. aus Jahrb. f. Dogm., Bd. 38). Gierke, Die Bedeutung des Fahrnisbesitzes für streitiges Recht (1897). Strohal, Sächs. Arch., Bd. 8, S. 341 ff. Kniep, Der Besitz des BGB. (1900). F. Leonhard, Vertretung beim Fahrniserwerb. Gierke, D. Priv. R. II, §§ 114—116. Wolff, § 3 ff.

[2]) Gierke, a. a. O. (1897), S. 1 ff. Huber, Die Bedeutung der Gewere im deutschen Sachenrecht, Festschr. (1894). Regelsberger, Der gerichtliche Besitzschutz nach römischem Recht, nach gemeinem Recht und nach dem BGB. (1907).

derjenige Besitzer, von dem der Inhaber abhängig ist. Das würde sich schon aus dem Begriff des Besitzes und aus **854** ergeben, dessen logische Folge in **855** ausgesprochen ist[1]). Die unselbständige Inhabung charakterisiert sich dadurch, daß der Inhaber der tatsächlichen Gewalt sich in einem Unterordnungs- und Abhängigkeitsverhältnis zu diesem anderen befindet, so daß er den sich auf die Sache beziehenden Anweisungen des anderen Folge zu leisten hat. Der Schwerpunkt liegt in dem Abhängigkeitsverhältnis, nicht in dessen Begründung (aus Gefälligkeit oder durch Rechtsvorschrift), dessen Erkennbarkeit und Dauer oder darin, daß der Besitzdiener den Weisungen des Besitzers *sofort* Folge leisten müßte[2]) oder daß er die Gewalt neben dem Herrn oder allein ausübt. Zur Herstellung des Abhängigkeitsverhältnisses genügt nicht jede schuldrechtliche Gebundenheit (**665. 696**). Weiter ergibt sich, daß unselbständige Innehabung des Abhängigen nur bez. solcher Sachen anzunehmen ist, die in dieses Abhängigkeitsverhältnis fallen, auch wenn sie nicht unmittelbar anvertraut sind. Daher ist das Hausgesinde im Besitze seiner Kleidung usw., aber Besitzdiener in betreff des gesamten Hausmobiliars. Nach der Natur des Abhängigkeitsverhältnisses ergeben sich verschiedene Fälle:

a) Der abhängige Inhaber übt die Gewalt für den anderen aus. So, wenn die der Hausgewalt des Hausherrn unterworfenen oder die im Dienst- oder ähnlichen Verhältnis, z. B. als Soldat, stehenden Personen ihnen anvertraute Sachen innehaben. Nicht als Besitzdiener können öffentliche Beamte bez. ihrer Dienstwohnung angesehen werden.

b) Der abhängige Inhaber hat die Sache *für sich* inne, wie z. B. der Gast Messer und Gabel oder das Billard im Gasthaus. Das Abhängigkeitsverhältnis ergibt sich hier aus der ganz vorübergehenden und beschränkten Einräumung der Innehabung[3]). Daher wird in diesen Fällen auch Besitz und Besitzdienstschaft abgelehnt.

B. Außer der selbständigen tatsächlichen Gewalt erfordert der Sachbesitz keinen *Besitzwillen* besonderen Inhaltes (s. **L.** § 146).

C. Die tatsächliche Gewalt bedeutet nicht *physische* Herrschaft über die Sache, sondern auf Dauer angelegte Zugehörigkeit der Sache an die Person nach der Auffassung des Lebens.

D. Das tatsächliche Gewaltsverhältnis der Person zur Sache ist ein vom Recht geschütztes, mit Rechtsfolgen ausgestattetes. Dadurch wird das tatsächliche Verhältnis zu einem selbständigen Rechtsverhältnis; die Frage ist, ob die in diesem Rechtsverhältnis dem Besitzer eingeräumte Stellung sich als subjektives Privatrecht darstellt (vgl. **L.** § 16). Das BGB. hat die Frage nicht entschieden, daher besteht der alte Streit fort[4]). Vielfach begnügt man sich damit, dem Besitzer eine gesicherte Rechtsposition oder Rechtslage einzuräumen, ohne aber den Unterschied solcher Rechtsposition vom subjektiven Recht darzutun. Nach dem, was das Wesen des subjektiven Rechtes ausmacht, ist aber dem Besitzer ein *subjektives Privatrecht*, eine ihm um seiner Interessen willen entsprechende Macht gewährt. Der Ausdruck Besitz hat daher drei Bedeutungen: Besitz bezeichnet einmal den Tatbestand des Rechtsverhältnisses (das Gewaltsverhältnis), dann das Rechtsverhältnis und endlich das subjektive Recht des Besitzers. Letzteres ist

a) ein besonderes, weil es nicht nur in seiner Entstehung, sondern auch in seiner Fortdauer von der Existenz des Tatbestandes abhängig ist;

b) es ist ein dingliches Recht, weil es die unmittelbare Herrschaft über die Sache gewährleistet, ein beschränktes dingliches Recht, weil es diese Herrschaft nur gegen eigenmächtige Verletzung schützt, ein absolutes Recht, weil es sich gegen unbestimmte Dritte wendet;

c) es ist aber den sonstigen dinglichen Rechten (Eigentum usw.) gegenüber ein Recht von geringerer Kraft. Ist z. B. der Besitzer nicht auch Eigentümer, so vermag er die im Besitzpro-

---

[1]) *Barfurth*, H., Der Begriff des Besitzdieners. Diss. (1905).

[2]) Vgl. *Biermann*, S. 35, Z. 3. A. M. *Bekker*, a. a. O. (1895), S. 46.

[3]) *Strohal*, a. a. O., S. 11 f. *Endemann* II, S. 135. *Cosack* II, S. 66.

[4]) *Strohal*, S. 63 ff. *Gierke*, Fahrnisbesitz, S. 9. *Franck*, C., Der Besitzwille nach dem BGB. (1898), S. 52 ff. *Wolff*, § 5.

zesse (possessorium) dem Eigentümer gegenüber erstrittene Position (jus possessionis) nicht zu behaupten, wenn der Eigentümer sein im Eigentum liegendes Recht auf den Besitz (jus possidendi) gegen ihn geltendmacht (petitorium). — Aus der Anerkennung des Besitzes als subjektives Recht ergibt sich die Rechtsnachfolge in den Besitz, die Schadensersatzpflicht gemäß **823**, Abs. 1, die Kondiktion bei grundloser Erlangung des Besitzes (**812**, Abs. 1)[1]).

E. Gewahrsam (RStrGB. §§ 242. 246. ZPO. §§ 808. 809. KO. § 44) ist nicht Besitz, sondern das räumliche Verhältnis der Person zur Sache, kraft dessen die Person tatsächliche Herrschaft über die Sache auszuüben vermag.

II. Die Unterscheidungen innerhalb des Sachbesitzes.

A. **Eigenbesitz** und **Fremdbesitz** (872). Der **Eigenbesitz** ist Sachbesitz mit der besonderen Qualifikation, daß der Besitzer den Willen hat, die Sache wie ein Eigentümer zu beherrschen (animus domini oder rem sibi habendi), ohne daß Eigentum oder die Einbildung des Besitzers, Eigentümer zu sein, hinzukommen müßte. Geschäftsunfähige können daher keinen Eigenbesitz für sich begründen[2]). Eigenbesitz ohne Rücksicht auf den Willen des Erwerbers kann eintreten, wenn der Besitz ohne Willen erworben wird, z. B. der Verwahrer, der den Hinterleger beerbt, wird Eigenbesitzer wie sein Erblasser. Diese Qualifikation des Sachbesitzes ist besonders bei dem Eigentumserwerbe durch Ersitzung (**900**. **927**. **937** ff.) und durch Aneignung (**958**), ferner beim Fruchterwerbe (**955**) wichtig (vgl. **836**. **1127**). Auch die weitere Qualifikation des Eigenbesitzes als gutgläubiger oder bösgläubiger hat rechtliche Bedeutung.

Dem Eigenbesitz steht gegenüber der **Fremdbesitz,** d. i. Sachbesitz desjenigen, der unter der Anerkennung, daß die Sache nicht ihm gehört, besitzt. Seine Unabhängigkeit unterscheidet ihn vom Besitzdiener. Im Fremdbesitz lassen sich verschiedene Gruppen unterscheiden:

1. Nutzbesitz ist Sachbesitz zu eigenem Vorteil (Nießbraucher, der Ehemann in der Verwaltungsgemeinschaft, der Inhaber der elterlichen Gewalt, Mieter, Entleiher, Faustpfandgläubiger, Zurückbehaltungsberechtigter usw.).

2. Verwaltungs- oder Sequestrationsbesitz ist Sachbesitz eines Unparteiischen auf Grund seines Verwaltungsrechtes. Solcher kommt zu dem gerichtlich bestellten Verwalter und Verwahrer (**1052**. **1217**), unter Umständen dem Testamentsvollstrecker (**2205**), dem Konkursverwalter, dem Vormund und Pfleger und dem Vorstande usw. einer juristischen Person, der nach anderen dem Besitzdiener gleichsteht, weil er den Weisungen anderer Organe der juristischen Person unterworfen ist oder lediglich Organ der juristischen Person ist[3]).

3. Fälle, die sich nicht unter eine gemeinsame Kategorie bringen lassen (Finder, Verwahrer, Beauftragter, Unternehmer). Hier wird aber auch die Frage, ob Sachbesitz oder Besitzdienstschaft vorliegt, näher zu prüfen sein.

B. **Mittelbarer und unmittelbarer Besitz** (868).

Gibt der Eigentümer die Sache einem anderen zum Nießbrauch, so sind beide Besitzer; der Nießbraucher als unmittelbarer Besitzer, der Eigentümer als mittelbarer; der unmittelbare Besitzer ist der Besitzmittler für den mittelbaren. Der mittelbare Besitz ist ein durch den (unmittelbaren) Sachbesitz vermittelter Besitz der Sache[4]). Daß neben dem unmittelbaren Sachbesitzer ein mittelbarer anerkannt wird, ist gerechtfertigt aus dem besonderen Verhältnis des mittelbaren zum unmittelbaren Besitzer; wegen dieses Verhältnisses erscheint das Gewaltsverhältnis des

---

[1]) Vgl. Matthiaß, B., Die Vererbung des Besitzes (Festschrift 1904), S. 9 ff.

[2]) Biermann, S. 23. A. M. Wolff, § 7, I.

[3]) Die Ansichten gehen auseinander. Vgl. Cosack II, S. 66 d. Endemann II, S. 211, Note 12. Strohal, S. 16. Dernburg III, S. 50 f. Biermann, S. 19. Förtsch, Gruch. Beitr., Bd. 43 (1899), S. 545 ff. Kniep, S. 49 ff.

[4]) Andere Bedeutung hat der Doppelbesitz der l. 16. D. (41. 3) zwischen Verpfänder (possessio quoad usucapionem) und Faustpfandgläubiger (poss. quoad interdicta). Ähnlich der Auffassung des BGB. ist die des Pr.ALR. I. 7. 124, welches neben dem vollständigen Besitz an der Sache (z. B. des Eigentümers) den unvollständigen (z. B. des Mieters) kennt.

mittelbaren Besitzers zur Sache nach der Auffassung des Lebens nicht aufgehoben[1]). Nach der entgegengesetzten Auffassung[2]) würden die Besitzvorteile dem mittelbaren Besitzer, obwohl er die tatsächliche Gewalt nicht hat, gewährt. Die Folge wäre, daß bei Fortfall des vermittelnden Besitzes auch der mittelbare fortfallen müßte.

Das zwischen beiden Besitzern vermittelnde Verhältnis liegt vor, wenn nicht nur der mittelbare Besitzer einen Anspruch auf Herausgabe der Sache hat, sondern wenn auch der unmittelbare Besitz als ein vom mittelbaren Besitzer auf Zeit abgeleiteter anvertrauter erscheint[3]). Das ergibt sich aus dem Wortlaut von **868** (vgl. **870**) und aus den angeführten Beispielen: „Nießbraucher, Pfandgläubiger, Pächter, Mieter, Verwahrer oder in einem ähnlichen Verhältnisse". Dieses Verhältnis kann vorwiegend im Interesse des Anvertrauenden oder auch in dem des Empfängers liegen (Verwahrungsvertrag — Leihe). Die engere Auffassung verlangt zur Entstehung des mittelbaren Besitzes, daß ein solches konkretes Verhältnis zwischen beiden Besitzern besteht. Ein „ähnliches" Verhältnis wird man aber auch annehmen müssen, wenn der Bestand irrtümlich vom Besitzvermittler angenommen wird (Putativverhältnis). Der freiwilligen Überlassung des unmittelbaren Besitzes steht ferner die durch gerichtliche Einweisung oder auf Grund gesetzlicher Befugnis einseitig erfolgte Begründung des unmittelbaren Besitzes gleich (z. B. **1052**. **2205**. **1373**. **1443**. **1627**. **1638**. **1649**. **1684** ff.). Man wird einseitige Begründung des mittelbaren Besitzes durch freien Entschluß des Besitzmittlers anerkennen müssen (redlicher Finder, Geschäftsführer ohne Auftrag[4]).

a) Der mittelbare Besitzer ist nicht identisch mit dem Eigenbesitzer, weil es Besitzer gibt, die nicht Eigenbesitzer, aber auch nicht unmittelbare Besitzer sind (z. B. der Nießbraucher vermietet die Sache), der Besitz des Besitzvermittlers kann auch Eigenbesitz sein; wird z. B. der Eigentümer nach **1052**, Abs. 2 zum Verwalter bestellt, so ist er entfernt mittelbarer Eigenbesitzer und zugleich Besitzvermittler für den Nießbraucher.

b) Wenn derjenige, dem die Sache nach **868** überlassen ist, in derselben Weise an einen Dritten und dieser wieder an einen Vierten überläßt, so ist der Vierte unmittelbarer Besitzer, der Dritte mittelbarer Besitzer, aber auch der zweite und erste (**871**). D. h. mehrstufiger mittelbarer Besitz.

c) Der mittelbare Besitz ist Sachbesitz, doch genießt der mittelbare Besitzer nicht in allen Beziehungen die rechtlichen Vorteile des Besitzers (vgl. **L.** § 148), oder es gelten sonst für ihn Besonderheiten (**870**. **930**. **1006**, Abs. 3).

C. Der **Teilbesitz** (**865**) ist der Sonderbesitz an abgegrenzten ungetrennten Teilen einer Sache, z. B. an Grundstücksparzellen, abgesonderten Wohnräumen, Stockwerken, Geldschrankfächern, Wandflächen. Wo aber gesonderte Innhabung ausgeschlossen ist, ist es auch der Teilbesitz (vgl. **L.** § 146, I.)[5]).

D. Der **Mitbesitz**[6]) (**866**) im Gegensatze zum Alleinbesitz ist Besitz mehrerer an der ganzen Sache, entweder so, daß jedem Mitbesitzer der Besitz zusteht, oder daß alle Mitbesitzer zur gesamten Hand besitzen (z. B. der auf die Miterben vererbte Besitz (**2032, 2040**), der Besitz der Gesellschafter, der Mitglieder nicht rechtsfähiger Vereine) oder so, daß unter den mehreren Mitbesitzern einer Sache lediglich der Gebrauch der Sache geteilt ist.

---

[1]) Bekker, a. a. O., S. 68 ff. Strohal, a. a. O., S. 16 ff. Gierke, a. a. O., S. 7, Note 15. Endemann II, S. 124.

[2]) Wendt, Arch. f. d. ziv. Praxis, Bd. 87, S. 40 ff.

[3]) RG. Bd. 54, S. 396.

[4]) Nach der engeren Auffassung ist der Verlierer einer Sache nur dann mittelbarer Sachbesitzer, wenn der Finder, etwa im Auftrage des Verlierers, die gefundene Sache für den Verlierer in Besitz genommen hat. So Strohal, a. a. O., S. 22. Planck zu **868**. Leonhard, F., a. a. O., S. 71 f. Biermann, S. 35. Dagegen wie im Text: Wendt, a. a. O., S. 62 ff. Endemann **II**, § 32.

[5]) Vgl. Strohal, S. 31 ff. 113. 134, Note 124. Abweichend zum Teil Biermann, S. 28 f.

[6]) Wolff, Jahrb. f. Dogmat., Bd. 44, S. 143 ff. Wolff, § 9.

Der Mitbesitz kann auch als gleichstufiger mittelbarer Besitz mehrerer vorkommen[1]).

E. Über den fehlerhaften Besitz vgl. L. § 148.

III. **Der Rechtsbesitz** (juris quasi possessio) ist nicht Besitz des Rechtes, sondern begrenzter Sachbesitz, d. h. tatsächliche Herrschaft über die Sache, wie sie der Ausübung eines Rechtes an der Sache entspricht. Im Gegensatze zum gemeinen aber ähnlich wie im römischen Recht erkennt ihn das BGB. nur an bei eingetragenen Grunddienstbarkeiten (**1029**) und bei gewissen persönlichen Dienstbarkeiten (**1090**)[2]). Vgl. L. §§ 155. 180. 183. 193. Auf Grund der Vorbehalte bleibt der Rechtsbesitz im Landesrecht bestehen, z. B. der Besitz des Gemeingebrauchsrechtes an öffentlichen Sachen usw.

§ 146.
Der Erwerb des Besitzes.[3])

Besitzen kann nur ein Rechtsfähiger, eine natürliche oder juristische Person (vgl. L. §§ 28). 145 II. C.

Gegenstand des Besitzes kann nur eine körperliche, verkehrsfähige Sache sein, nicht aber ein Recht, ein Sach- oder Rechtsinbegriff, Naturkraft, Geisteswerk, auch nicht eine Person; inwieweit an Bestandteilen einer Sache und ob an Stücken einer Sachgesamtheit ein Sonderbesitz möglich ist, ergibt sich aus L. § 37.

Der Erwerb des Besitzes verlangt mehr, wenn er neu begründet werden soll, als wenn er sich nur als Fortsetzung des bisher bestehenden Besitzes darstellt.

I. **Die Neubegründung des Besitzes.**

1. Zum Erwerbe des unmittelbaren Besitzes ist nur erforderlich die Erlangung der tatsächlichen Gewalt über die Sache (**854**, Abs. 1). Es kommt demnach immer nur darauf an, daß ein äußeres Verhältnis der Sache zur Person besteht, nach welchem die Sache in den Machtkreis dieser Person gehört. In vielen Fällen wird zu dieser Feststellung die Betrachtung des räumlichen Verhältnisses, in dem die Sache sich befindet, genügen, und die Frage bliebe gleichgültig, ob die Person die Sache in ihre Gewalt hat bringen wollen, und ob sie solchen Willen betätigt hat. Auch das Wissen der Person ist in solchem Falle nicht erforderlich. So besitzt der Besitzer eines Grundstückes die selbständig gewordenen Bestandteile und Früchte, die sich auf dem Grundstücke befinden (vgl. **911**), schon wegen des bestehenden räumlichen Verhältnisses. Wo das Vorhandensein dieses räumlichen Verhältnisses hinreicht, können zweifellos auch bewußtlose (sinnlos trunkene, schlafende) und völlig geschäftsunfähige Personen (Wahnsinnige, Kinder unter 7 Jahren) selbständig Besitz erwerben[4]). Das räumliche Verhältnis kann auch durch andere in der Person des Besitzers hergestellt sein. Wo sich aber in dem räumlichen Verhältnisse die tatsächliche Gewalt nicht unzweideutig offenbart, kann sie sich nur aus der Betätigung eines auf die Herstellung des Gewaltverhältnisses gerichteten Besitzwillens ergeben. Wir besitzen bewegliche Sachen noch nicht, wenn sie auf unser offenes Grundstück gelangen (**867**), wohl aber, wenn wir einen Willensakt zur Erlangung der tatsächlichen Gewalt vorgenommen haben.

a) Damit wird aber der Besitzerwerbsakt in diesen Fällen kein rechtsgeschäftlicher Akt. Der Erwerb knüpft sich lediglich an die Erlangung der tatsächlichen Gewalt. Letztere ist hier durch den Willen der Person hergestellt. Diese Person braucht nicht geschäftsfähig zu sein, auch der entsprechend äußerlich bekundete natürliche Wille eines Geschäftsunfähigen muß hinreichen[5]).

---

[1]) Über einen besonderen Fall nach **1206** vgl. Strohal, S. 115 f.

[2]) Vgl. ferner EG. Art. 191.

[3]) Gierke, D. Pr.-R. II, § 115. Leonhard, F., Die Vertretung beim Fahrniserwerb (1899). Fleck, Arch. f. bürg. R., Bd. 15 (1899), S. 361 ff. Hellmann, Krit. VJSchr., Bd. 41 (1899), S. 243 f.

[4]) A. M. Endemann II, S. 174 ff. Rehbein I, S. 104 f. Wolff, § 10. Dagegen Strohal, S. 75 f., und bes. Frank, C., Der Besitzwille nach dem BGB. (Diss., 1898). Biermann zu **854**, Z. 2. Vgl. Kniep, S. 69 ff.

[5]) So Strohal, S. 76. Gierke, a. a. O., S. 4, Note 4. Kniep, S. 92 f.

b) Welchen Inhalts die vorhandene Willensbetätigung der Person sein muß, damit das erforderliche Gewaltverhältnis hergestellt ist, bestimmt sich verschieden bei besitzfreien und im Besitz befindlichen Sachen, i. a. auch bei beweglichen und unbeweglichen Sachen.

2. Zur Neubegründung des mittelbaren Besitzes ist die Herstellung des vermittelnden Verhältnisses erforderlich. Erlangt jemand auf der Grundlage eines solchen Verhältnisses für den anderen den unmittelbaren Besitz, so bekommt der andere mittelbaren Besitz. Tritt der bisherige unmittelbare Besitzer durch Vertrag in ein solches Verhältnis zu einem anderen, so erlangt der andere den mittelbaren Besitz (const. possessorium), z. B. A. (Besitzer) verkauft die Sache an B. unter Vorbehalt des Nießbrauches. Die Übertragung des Besitzes von A. an B. vollzieht sich dadurch, daß A. als Besitzmittler bei dem B. den mittelbaren Besitz begründet. Das römische constitutum hätte dagegen die Bedeutung, daß A. sich zum Detentor für B. macht, der juristischer Besitzer wird.

II. **Der Übergang** bestehenden Besitzes. Der Übergang bestehenden Besitzes vollzieht sich durch Übertragung oder durch Erbfolge.

1. Die Besitzübertragung kann sich beim unmittelbaren Besitz in der Weise vollziehen, daß zugleich den Erfordernissen der Neubegründung genügt wird (**854**, Abs. 1).

In dieser Weise ist aber die Übertragung nicht immer möglich, und eine Erleichterung der Übertragung des Besitzes ist deshalb innerlich gerechtfertigt, weil schon zur Fortsetzung des Besitzes in der Hand des bisherigen Besitzers sich keineswegs die zur Begründung desselben erforderlichen Tatsachen beständig erneuern müssen, es vielmehr genügt, daß keine Verlustgründe eintreten. Daher kann der Besitz auf den Erwerber nach **854**, Abs. 2 dadurch übertragen werden, daß der bisherige unmittelbare Besitzer[1]) und der Erwerber sich[2]) über den Übergang des Besitzes vertragsmäßig einigen, wenn der Erwerber so weit in der Lage ist, die Gewalt über die Sache auszuüben, wie es zur Fortsetzung des Besitzes hinreicht. So bei Übertragung des Besitzes an einem offenen Grundstücke, an Holz, das im offenen Walde lagert. Diese Einigung wird auch im Zweifel in der Auflassung zu sehen sein[3]). Der bisherige Besitzer muß also die Sache freigeben; für den Besitzübergang ist aber vorübergehende Behinderung des Erwerbers in der Ausübung der Gewalt nicht hinderlich (**856**).

Nur der Einigung der Parteien über den Besitzübergang bedarf es, wenn der unmittelbare Besitzer den Besitz an den Besitzdiener (**855**) oder den Besitzmittler (**868**) überlassen will, z. B. der Eigentümer A. (mittelbarer Besitzer) verkauft die Sache an seinen Verwahrer B. (Besitzmittler). Zur Übergabe des Besitzes genügt es, daß A. zugunsten des B. auf seinen mittelbaren Besitz verzichtet (brevi manu traditio). Im röm. Recht wandelt sich in der brevi m. t. der Detentor durch Vertrag in den juristischen Besitzer.

2. Die Übertragung des mittelbaren Besitzes erfolgt dadurch, daß der mittelbare Besitzer seinen Anspruch auf Herausgabe der Sache[4]) an den Erwerber überträgt (**870**)[5]), nicht dagegen dadurch, daß der Anspruch auf Herausgabe zur Einziehung überwiesen wird[6]), oder der mittelbare Besitzer den unmittelbaren anweist, nunmehr für den Empfänger der Anweisung zu besitzen[7]).

---

[1]) Nach **854**, Abs. 2, kann daher ein Nichtbesitzer (z. B. unselbständiger Inhaber) den Besitz nicht übertragen, wenn er nicht Vollmacht für den Besitzer hat.

[2]) Der Vertrag kann auch zugunsten Dritter geschlossen werden. Strohal, S. 86 ff. Biermann, S. 9. Leonhard, a. a. O., S. 58 ff.

[3]) Vgl. Biermann, S. 8. Cosack II, S. 73. A. M. Planck I, S. 269 (vgl. aber III, S. 34, Nr. 3).

[4]) Durch die Abtretung des dinglichen Anspruches geht nach **931** auch Eigentum über. Vgl. **L.** § 161.

[5]) Über HGB. §§ 424. 450. 467 und ihr Verhältnis zu **870** vgl. Strohal, S. 94 ff. K. Lehmann, Lehrbuch des Handelsrechts (1908), § 119.

[6]) RG. Bd. 63, S. 214.

[7]) v. Thur, D. Jur.-Ztg., Jahrg. 4 (1899), S. 326.

3. Die Vererbung. Nach **857** geht grundsätzlich und folgerichtig der unmittelbare und mittelbare Besitz, den der Erblasser zur Zeit seines Todes hat[1]), auf den Erben mit dem Erbfalle[2]) über[3]). Es ergeben sich aber Ausnahmen, z. B.:

a) Der Mitbesitz des verstorbenen Genossen einer Gesellschaft, die nach **736** unter den übrigen Genossen fortgesetzt wird, geht (**738**) nicht auf die Erben des verstorbenen Genossen über.

b) Im Falle des unmittelbaren oder mittelbaren Sequestrations- oder Verwaltungsbesitzes (vgl. **L.** § 145 II. b) geht der Besitz auf die Erben des Besitzers nicht über, wenn dieser Besitz der Verwaltung als solcher zusteht[4]). Der Verwalter hat z. B. den Besitz des zu verwaltenden Vermögens ergriffen und für ein Warenlager einen Verkäufer angestellt, die vorhandenen Gelder jedoch in seine Wohnung genommen und dort verschlossen. Hier geht der Besitz am Warenlager bei seinem Tode regelmäßig nicht auf seine Erben über, wohl aber der Besitz am Gelde.

III. Der Besitzerwerb durch Stellvertreter[5]). Aus dem Bisherigen ergibt sich, daß Erwerb des unmittelbaren Besitzes durch einen Vertreter für einen anderen nicht möglich ist. Der Besitz ist tatsächliche Gewalt. Diese erhielte stets nur der Vertreter, und sein Wille, daß der Vertretende sie haben solle, kann nicht bewirken, daß er sie hat. Allerdings kann der Vertreter nach **854**, Abs. 2 den Vertrag schließen auf Übergang des Besitzes an den Vertretenen. Dadurch wird aber dem Vertretenen nur dann der Besitz erworben, wenn er, nicht der Vertreter, in der Lage ist, die tatsächliche Gewalt über die Sache auszuüben. Ein Erwerb des unmittelbaren Besitzes durch andere ergibt sich aber, wenn sich jemand als Besitzdiener nach **855** die Innehabung verschafft, z. B. der Jagdgehilfe erlegt ein Stück Wild, der Hausdiener nimmt die vom Herrn bestellten Waren entgegen.

Hinsichtlich des mittelbaren Besitzes ergibt sich die Möglichkeit des Erwerbes durch andere dadurch, daß der andere zum Erwerber in dem Abhängigkeitsverhältnisse gemäß **868** steht, z. B. der Beauftragte erhält den unmittelbaren Besitz der Sache von X für den Auftraggeber, der dadurch mittelbarer Besitzer wird.

§ 147.

Der Verlust des Besitzes.

I. Der **Verlust des unmittelbaren Besitzes** tritt ein:

Durch Übergang des Besitzes auf einen anderen Besitzer und durch den Verlust der tatsächlichen Gewalt.

Ihrer Natur nach vorübergehende Behinderungen in der Ausübung der tatsächlichen Gewalt beendigen den Besitz nicht (**856**, Abs. 2), wohl aber (**856**, Abs. 1) der Verlust der tatsächlichen Gewalt. Solcher tritt ein bei restlosem Untergang der Sache,

bei Herstellung eines räumlichen Verhältnisses des Besitzers zur Sache, welches die Ausübung der Gewalt ausschließt (z. B. verlorene, durch Naturgewalt entführte Sachen, vgl. **960**),

bei Entsetzung des Besitzers durch einen Dritten, der die ausschließliche Herrschaft über die Sache erlangt hat.

Besitzverlust tritt auch ein, wenn der Besitzer die tatsächliche Gewalt aufgibt. Wo das räumliche Verhältnis so bedeutungsvoll bleibt, daß darin allein schon die tatsächliche Gewalt gegeben ist, genügt eine bloße Erklärung des Besitzaufgabewillens nicht, wohl aber da, wo die tatsächliche Gewalt nur aus der Willensäußerung sich herleitete und beim Besitz des Erben

[1]) Auch Untergang des Besitzes im Moment des Todes kann eintreten. Vgl. Strohal, Sachbesitz, S. 100.

[2]) Vgl. **46. 88.**

[3]) Rechtliche Bedeutung hat aber außerdem die spätere tatsächliche Besitzergreifung durch den Erben (**2025. 2027**). Strohal, S. 100 ff. 104 f.

[4]) Strohal, S. 97 ff. Leonhard, a. a. O., S. 62 f. Hinsichtlich des Überganges des Besitzes vom Vorerben auf den Nacherben vgl. Strohal, S. 104, mit Biermann, S. 15.

[5]) Leonhard, F., Vertretung beim Fahrniserwerb (1899). Regelsberger, Jahrb. f. Dogmat., Bd. 44, S. 393 ff.

(**857**), der die tatsächliche Besitzergreifung noch nicht vollzogen hat. Der betreffende Willensakt hat rechtsgeschäftliche Natur, weil es sich um die Aufgabe eines Rechtes handelt[1]).

II. **Der mittelbare Besitz** geht verloren bei Verlust des unmittelbaren Besitzes, von dessen Existenz er i. a. abhängt. Wird dagegen der unmittelbare Besitzer von einem Dritten entsetzt, so ist es möglich, daß nunmehr der Dritte Besitzvermittler für den bisherigen mittelbaren Besitzer ist oder der mittelbare Besitzer unmittelbarer Besitzer wird. Das letztere kann auch eintreten, wenn der unmittelbare Besitzer die Sache freigibt.

Nach der Vererbung des unmittelbaren Besitzes bleibt der durch den Erblasser vermittelte Besitz von Bestand; wird der unmittelbare Besitz übertragen, so kann der bisherige mittelbare Besitz untergehen oder auch fortdauern.

Der bisherige mittelbare Besitz geht ferner unter durch Übertragung auf ein anderes Subjekt.

Der mittelbare Besitz geht ohne weiteres unter, wenn durch Vertrag das Abhängigkeitsverhältnis zwischen mittelbarem und unmittelbarem Besitzer gelöst wird (**929** am Ende), wenn der Herausgabeanspruch des mittelbaren Besitzes verjährt ist und der unmittelbare Besitzer diese Verjährung geltendmacht, wenn der unmittelbare Besitzer durch Ersitzung Eigentümer geworden ist, wenn der unmittelbare Besitzer eigenmächtig die Besitzvermittelung aufgibt, was durch bloßen Willensentschluß nicht geschehen kann.

§ 148.

Die rechtliche Bedeutung des Besitzes. Der Besitzschutz.

I. Die **rechtliche Bedeutung des Besitzes** i. a. liegt darin,

A. daß der Besitzer für dinglich oder obligatorisch Berechtigte die Voraussetzung der Rechtsausübung ist (Eigentümer, Faustpfandgläubiger, Nießbraucher, Zurückbehaltungsberechtigter, Pächter, Mieter, Entleiher)[2]). Hier kommt unmittelbarer wie mittelbarer Besitz in Betracht.

B. Der unmittelbare wie mittelbare Besitz ist neben anderen Tatsachen Tatbestandsmoment für den Rechtserwerb (Eigentumserwerb: **958. 929. 930—937. 900. 927. 955** ff., Erwerb von Nießbrauch und Pfandrecht: **1032. 1205**) und für die Begründung der Schadensersatzpflicht aus **836. 837.**

C. Rechtswidrige und schuldhafte Verletzung des Besitzes hat die Schadensersatzpflicht zur Folge (**823**), Erwerb des Besitzes ohne rechtlichen Grund begründet den Anspruch auf Herausgabe ungerechtfertigter Bereicherung (condictio possessionis), vgl. **812** ff.

D. Der Besitz (unmittelbarer und mittelbarer) gibt die Beklagtenrolle im Prozeß[3]) (**985. 809 ff. 1007. 867. 1005**). Der Besitzer hat das Recht, sich den Besitz bei drohender Zwangsvollstreckung durch Befriedigung des Gläubigers zu erhalten (**268. L.** §§ 92 II. D. 100, II.). Der Besitz beweglicher Sachen begründet die Vermutung des Eigentumes (**1006**) und legitimiert in bestimmten Fällen den Besitzer als Eigentümer, z. B. dem Nießbraucher gegenüber (**1058. 1248. 851. 969**)[4]). Der Besitz kann zum Gegenstande einer Feststellungsklage gemacht werden (ZPO. § 256).

II. **Der Besitzschutz.**

Den Grund für die Gewährung des Besitzschutzes hat man i. a. in der Notwendigkeit des Schutzes der Persönlichkeit oder in der Autorität des geäußerten Willens oder in dem Bedürfnis des Schutzes des Eigentümers gesehen. Entscheidend ist aber die Notwendigkeit wirksamer Sicherung des

---

[1]) Strohal, S. 108. A. M. Biermann, S. 13.

[2]) Hierher gehört auch das Wegnahme- und Abtrennungsrecht (**258. 997**). Vgl. Strohal, S. 43 (die eigenmächtige Ausübung steht nur dem unmittelbaren Besitzer zu, nicht auch dem mittelbaren. A. M. Wendt, a. a. O., S. 69).

[3]) Darüber die überzeugenden Ausführungen von Strohal, S. 44 ff., und Gierke, Die Bedeutung des Fahrnisbesitzes, S. 52 ff. Vgl. **L.** § 172, II.

[4]) Gierke, a. a. O., S. 31 ff. 36 f.

Friedens durch Abwehr von Eigenmacht. Im römischen Recht hat sich der Besitzschutz allmählich entwickelt (possessio ad interdicta, Interdiktenbesitz). Im Justinianischen Recht war der gegenwärtige juristische Besitzer von Mobilien und Immobilien gegen Störung durch die interdicta retinendae possessionis (utrubi und uti possidetis) geschützt, falls er nicht fehlerhaft, d. h. vi, clam oder precario ab altero besaß. Die Besitzklagen waren actiones duplices. Schutz wegen Entziehung genoß dagegen nur der juristische Besitzer von Immobilien im Falle gewaltsamer Entsetzung aus dem, wenn auch fehlerhaften, Besitze (interdictum recuperandae possessionis — unde vi).

Im gemeinen Recht bestand die Besitzstörungsklage als possessorium ordinarium fort, neben diesem entwickelte sich das possessorium summariissimum als selbständige Besitzklage dessen, der die jüngste fehlerfreie Besitzhandlung aufzuweisen hatte auf provisorische Anerkennung im Besitze und Abwehr der Störung. Erhebliche Ausdehnung erfuhr der Besitzschutz wegen Entziehung; mit der actio spolii kann der juristische Besitzer und auch der Detentor im eigenen Interesse wegen jeder widerrechtlichen Entziehung des Besitzes von Immobilien und Mobilien auf Rückgabe klagen. Außerdem hatte der aus dem Besitz Gesetzte die exceptio spolii gegen irgendwelche Ansprüche des Dejizienten, solange dieser den entzogenen Besitz nicht zurückgegeben hatte.

Nach dem BGB. ist der Besitzer (Teilbesitzer, Mitbesitzer)[1]) **gegen verbotene Eigenmacht** geschützt.

A. Verbotene Eigenmacht ist die durch Entziehung oder Störung des Besitzes ohne Willen des Besitzers begangene widerrechtliche Handlung (**858**). Eine Störung des Besitzes beweglicher Sachen wird allerdings weniger in Betracht kommen, ist aber, wie besonders bei Kähnen, Buden, nicht undenkbar. Weder Gewalt gegen den Besitzer ist verlangt noch böser Glaube oder Schuld oder Verletzungsabsicht des Eingreifenden, sondern objektive Beeinträchtigung des Besitzes. Daher können auch Geschäftsunfähige verbotene Eigenmacht begehen. Auch in einer Bedrohung kann verbotene Eigenmacht liegen[2]). Die Widerrechtlichkeit entfällt, wenn das Recht[3]) oder der Besitzer rechtswirksam Entziehung und Störung gestattet. Der durch verbotene Eigenmacht erlangte Besitz ist fehlerhafter Besitz. Der durch Erbfolge in den Besitz gelangte Erbe des fehlerhaften Besitzers hat unter allen Umständen, der Sondernachfolger in den Besitz hat dann fehlerhaften Besitz, wenn er bei dem Erwerbe die Fehlerhaftigkeit des Besitzes seines Vorgängers positiv gekannt hat. Fehlerhaft besitzen auch die weiteren Nachmänner des fehlerhaft besitzenden Vormannes unter den gleichen Voraussetzungen, nicht dagegen die Nachmänner eines fehlerfreien mittelbaren Nachfolgers, selbst wenn sie die Fehlerhaftigkeit des Besitzes des unmittelbaren Nachfolgers des Besitzers gekannt haben[4]). Die Fehlerhaftigkeit ist ein relativer Mangel, sie äußert sich nur in dem Verhältnis des durch die verbotene Eigenmacht Verletzten zu dem fehlerhaft Besitzenden. Letzterer genießt aber gegen Dritte vollen Besitzschutz.

B. Gegen verbotene Eigenmacht genießt der Besitzer besonderen **Selbsthilfeschutz** (**859. 860**)[5]). Er hat das Recht gewaltsamer Abwehr und Wiederbemächtigung. Weggenommene bewegliche Sachen darf er dem auf frischer Tat betroffenen oder verfolgten Täter gewaltsam wieder abnehmen. Der aus dem Besitz des Grundstückes Gesetzte darf sofort nach Entsetzung (nicht nach Kenntnis) durch Entsetzung des Eindringlinges des Grundstückes sich wieder bemächtigen. „Sofort" bedeutet nicht „unverzüglich", sondern „in einer den Umständen angemessenen Frist", so daß der entsetzte Besitzer nötige Vorbereitungsmaßregeln zur Wiederbemächtigung treffen kann. Das Wiederbemächtigungsrecht richtet sich auch gegen den Erben und gegen die sonstigen Nachfolger des fehlerhaften Besitzers, soweit sie (s. oben) als fehlerhafte Besitzer gelten. Die zur Abwehr oder Wiederbemächtigung angewendete Gewalt

---

[1]) Nach **866** ist aber Mitbesitzern im Verhältnis zueinander der Besitzschutz versagt, soweit es sich um die Grenzen des den einzelnen Mitbesitzern zustehenden Gebrauches handelt. Vgl. Josef, Arch. f. bürg. Recht, Bd. 15 (1898), S. 280. v. Seeler, D. Miteigentum (1899), S. 38 f.

[2]) Biermann, S. 15.

[3]) Das BGB. selbst enthält solche Fälle: **227. 228. 561. 704. 859. 904. 2205.** Ferner ZPO. §§ 712. 769. Ein Recht, eine Sache in Besitz zu nehmen, genügt dagegen noch nicht (z. B. **1373**).

[4]) So Strohal, S. 123 f. Crome, Jahrb. f. Dogm., Bd. 39 (1898), S. 324. Biermann, S. 23 f. A. M. Hellwig, Anspruch und Klagerecht, S. 28, Anm. 11.

[5]) D. h. außer dem allgemeinen Selbhilfeschutz (**227—230**). Besonders über das Verhältnis zum Schutz durch Notwehr (**227**) vgl. Titze, Notstandsrechte, S. 78 ff.

darf auch hier nicht über das erforderliche Maß hinausgehen. Der Selbsthilfeschutz steht dem unmittelbaren Besitzer, auch gegen den mittelbaren Besitzer zu, nicht aber dem mittelbaren Besitzer gegen den unmittelbaren Besitzer; denn letzterer handelt nicht in verbotener Eigenmacht, weil sein Besitz auf dem Willen des mittelbaren Besitzers beruht[1]). Der mittelbare Besitzer hat aber den Selbsthilfeschutz gegen Dritte. Den Selbsthilfeschutz gegen Dritte (nicht gegen den Herrn) darf auch der Besitzdiener (**860**) ausüben, soweit er ihm nicht durch den Besitzer untersagt ist[2]).

C. **Gerichtlicher Besitzschutz** steht dem Besitzer wegen Entziehung und Störung des Besitzes zu (**861. 862**). Gegenüber diesen Ansprüchen kann das Recht zum Besitz oder zur Vornahme der Störungs- oder Entziehungshandlung nur zur Begründung der Behauptung geltendgemacht werden, daß verbotene Eigenmacht nicht vorliegt (**863**, vergleiche oben A.)[3]), oder zur Feststellung, ob mittelbarer Besitz vorliegt. Die Besitzansprüche stehen, wenn und soweit sie für den unmittelbaren Besitzer begründet sind, auch dem mittelbaren Besitzer zu (**869**), nicht also gegen Dritte, die nur den mittelbaren Besitz stören, gegen den unmittelbaren Besitzer selbst und gegen Dritte, denen der unmittelbare Besitzer den Eingriff in den Besitz gestattet[4]). Die Besitzansprüche erlöschen in einer Präklusivfrist von einem Jahre schlechthin, von der Verübung der verbotenen Eigenmacht an gerechnet. Hinsichtlich der Wahrung der Frist ist der Beklagte beweispflichtig (**864**, Abs. 1). Das Erlöschen tritt auch dann ein, wenn vor der Durchführung der Besitzansprüche der Beklagte ein rechtskräftiges Urteil erlangt, das sein dingliches oder obligatorisches Recht zum Beweise[5]) feststellt, seinen Eingriff als gerechtfertigt erscheinen läßt (**864**, Abs. 2). War das rechtskräftige Urteil schon vor der Verübung der Eigenmacht erstritten, so ist der Besitzanspruch unbegründet.

1. Der Anspruch wegen **Entziehung des Besitzes** (**861**) steht zu dem durch verbotene Eigenmacht aus dem Besitz Gesetzten gegen denjenigen, der zur Zeit der Klagerhebung dem verdrängten Besitzer gegenüber fehlerhaft unmittelbar oder nur mittelbar besitzt. Der Anspruch, auch des mittelbaren Besitzers, geht auf Wiedereinräumung des Besitzes an den entsetzten unmittelbaren Besitzer. Klagt der mittelbare Besitzer, und kann die Wiedereinräumung an den unmittelbaren Besitzer nicht erfolgen, weil dieser den Besitz nicht übernehmen kann oder will, so kann der mittelbare Besitzer Wiedereinräumung an sich selbst verlangen (**869**). Die dem Beklagten zustehende Verteidigung ergibt sich aus dem Bisherigen (**863. 864**).

a) Von besonderer Bedeutung ist noch der **Einwand des fehlerhaften Besitzes** (**861**, Abs. 2). Dieser Einwand ist dann begründet, wenn der dem Kläger vom Beklagten entzogene Besitz selbst ein dem Beklagten oder seinem Rechtsvorgänger gegenüber fehlerhafter war, und wenn diese dem Einwande zugrunde liegende Besitzentziehung nicht weiter als ein Jahr hinter der der Klage zugrunde liegenden zurückliegt. Der Einwand erhält sich somit nur, wenn die letztere Besitzentziehung in die Frist fällt, während welcher der Beklagte selbst noch gegen den jetzigen Kläger hätte klagen können (**864**), Abs. 1)[6]). Wenn z. B. A. gegen B. auf Wiedereinräumung des Besitzes, den B. ihm am 1. Oktober 1908 entzogen hat, klagt, so kann B. einwenden, daß A. ihm am 1. April 1908 den Besitz entzogen hatte (nicht daß A. ihm den Besitz am 1. April 1907 entzogen hatte). Die Wiederbemächtigung des B. am 1. Oktober 1908 ist daher über **859**, Abs. 2. 3. hinaus gerechtfertigt, A. hätte sich aber am 1. Oktober 1908 gegen B. nach **859**, Abs. 1 verteidigen können.

---

1) Denkbar ist ein Selbsthilferecht des mittelbaren Besitzers nach den allgemeinen Grundsätzen in **227—230**. Strohal, S. 51 f.

2) Dem Besitzdiener stehen aber die allgemeinen Selbstschutzmittel auch für seine Person gegen Dritte zu.

3) Vgl. ZPO. § 145 ff.

4) Vgl. besonders Biermann, S. 39 f.

5) Gegen die Beschränkung auf dingliche Rechte, auf die der Wortlaut der Vorschrift führt, mit Recht Strohal, S. 120 f. Biermann zu **864**, Note 3n u. a. A. M. Planck zu **864**, Note 2a.

6) Vgl. Strohal, S. 128 ff.

b) Der beklagte unmittelbare Besitzer hat als Besitzmittler den Rechtsbehelf aus ZPO. § 76 (laudatio auctoris).

2. **Der Anspruch wegen Störung** (**862**) steht zu dem durch verbotene Eigenmacht im Besitze Gestörten gegen den Störenden bzw. seine Erben. Die störende Handlung muß entweder dadurch, daß sie einen den Besitz beeinträchtigenden Zustand der Sache herbeigeführt hat oder mit Sicherheit herbeiführen wird (Anlagen), oder dadurch, daß ihre Wiederholung in Aussicht steht, besonders qualifiziert sein. Der Anspruch des unmittelbaren und auch des mittelbaren Besitzers (**869**) geht auf Beseitigung der Störung und, wenn zur Zeit des Urteiles weitere Störungen zu besorgen sind, auf Unterlassung der Störung (ZPO. § 890). Der Einwand des fehlerhaften Besitzes hat hier die gleiche Bedeutung wie unter Z. 1a.

3. Die Ansprüche aus dem Besitz gehen als solche nicht auf Schadensersatz. Ein Schadensersatzanspruch kann aber auf **823** ff. gegründet werden.

D. Der Besitzer hat den **Anspruch auf Gestattung der Aufsuchung und Wegschaffung** (röm. actio ad exhibendum) gegen den Besitzer des Grundstückes, auf welches die von ihm besessene Sache gelangt ist, solange nicht von dem Grundstücksbesitzer oder einem Dritten Besitz an der Sache erworben ist. Der Besitzer des Grundstückes kann schlechthin[1]) Ersatz des Schadens, der durch die Aufsuchung oder Wegschaffung entsteht, verlangen; ist ein Schade zu besorgen, so hat der Besitzer den Anspruch auf Sicherheitsleistung vor der Gestattung, wenn nicht mit dem Aufschub Gefahr verbunden ist (**867**)[2]).

E. **Das Verhältnis der Besitzklagen zu den petitorischen Klagen.** Im Besitzprozesse wird nur über den Besitz entschieden. Der Kläger hat daher nur den Besitz zu behaupten und zu beweisen. Hat der Kläger zugleich einen petitorischen Anspruch, so wird es sich für ihn u. U. empfehlen, zunächst nur den Besitzanspruch geltendzumachen. Unterliegt der Beklagte im Besitzprozesse, so kann er die ihm zustehenden petitorischen Ansprüche (z. B. **985**) geltendmachen. Ebenso kann der Kläger nach der Erledigung des Besitzstreites die ihm zustehenden petitorischen Ansprüche geltendmachen. Er kann diese auch mit der Besitzklage sofort verbinden, z. B. mit der Klage wegen Besitzstörung (**862**) den Eigentumsfreiheitsanspruch (**1004**), mit der Besitzentziehungsklage (**861**) die rei vindicatio (**985**) oder die Klage aus früherem Besitz (**1007**), mit beiden Besitzklagen auch die Klage auf Schadensersatz wegen unerlaubter Handlung (**823 ff.**). Die prozeßrechtlichen Schranken sind beseitigt (ZPO. § 260); für den Besitzstreit besteht ein besonderes Verfahren nicht mehr, auch die einstweilige Verfügung steht hier unter den allgemeinen Voraussetzungen (ZPO. § 935. 940).

---

[1]) Die allgemeinen Grundsätze der Schadensersatzpflicht sollen eingreifen nach Dernburg III, S. 84 f.

[2]) Den gleichen Anspruch hat der Eigentümer nach **1005** (**L.** § 176). Vgl. i. a. Klein, Der Abholungsanspruch (1903).

II. Abschnitt.

Die Rechtsverhältnisse an Grundstücken im allgemeinen.

§ 149.

Die Grundbucheinrichtung.[1]

Die Gestaltung des Immobiliarsachenrechtes setzt eine bestimmte Grundbucheinrichtung voraus, die durch die deutsche Grundbuchordnung vom 24. März 1897 geregelt ist[2].

I. In den deutschen Landesrechten galt zur Zeit des Inkrafttretens des BGB. überwiegend das **Grundbuchsystem**, namentlich in Preußen. Dasselbe erforderte Eintragung in die öffentlichen Bücher für die Entstehung der beschränkten Grundstücksrechte (Hypotheken) und für den Erwerb des Eigentumes am Grundstücke. Daneben bestand das **Hypothekenbuchsystem**, welches die Eintragung nur für die Entstehung der Hypotheken usw. forderte; die Eintragung des Eigentumes fand nach diesem System mit der Wirkung statt, daß nur den Pfandgläubigern gegenüber der eingetragene Eigentümer als solcher galt. Wo vereinzelt keines der beiden Systeme galt, war entweder durch die bestehenden Vorschriften auf die Eintragung der Hypotheken und des Eigentumsüberganges hingewirkt, oder die Eigentumsübertragung erschien an anderweite Formvorschriften gebunden. Im römischen Recht galt das Prinzip, daß zum Erwerbe des dinglichen Rechtes, bes. des Eigentumes Übertragung des Besitzes zum dinglichen Vertrage hinzutreten mußte (**Traditionsprinzip**). Der formlose Vertrag (**Vertragsprinzip**) genügte zur Eigentumsübertragung oder Belastung von Grundstücken nur ganz vereinzelt (französ. R.). Allen Systemen, auch dem Hypothekenbuchsystem, ist das Grundbuchsystem überlegen, weil nach ihm im weitesten Maße die wirkliche Rechtslage nahezu aller Grundstücke erkennbar gemacht wird.

Das BGB. folgt dem Grundbuchsystem. Die Vorschriften, welche die Grundbuchbehörden, die Form der Anträge an diese, das Verfahren vor diesen und die Form der Bücher und der Einträge betreffen, bilden das **formelle Grundbuchrecht.** Dagegen gehören dem **materiellen Grundbuchrecht** die Vorschriften über Erwerb und Aufhebung der Rechte an Grundstücken und die materielle Bedeutung der Eintragungen im Grundbuche an.

Die Durchsetzung der Vorschriften des materiellen Immobiliarsachenrechtes in der **Zwangsvollstreckung** steht unter den Vorschriften der ZPO. §§ 704 ff., 864 ff., was die Abgrenzung des unbeweglichen Vermögens und die prozeßrechtlichen Voraussetzungen der Zwangsvollstreckung betrifft, dagegen ist die Zwangsvollstreckung in das unbewegliche Vermögen selbst durch das Reichsgesetz vom 24. März 1897 über die Zwangsversteigerung und Zwangsverwaltung geregelt. Vgl. **L.** § 211.

II. **Die Grundbucheinrichtung.**

A. **Die Grundbücher.**

Die bisherigen Grundbücher wurden verschieden, nach Real- oder Personalfolien oder chronologisch, geführt. Es existierten auch mehrere Bücher nebeneinander. Die GBO. überläßt die Einrichtung der Grundbücher i. a. dem Landesrecht (GBO. § 1, Abs. 2). Es sind aber

---

[1]) Gierke, D. Pr.-R. II, §§ 117. 118. Wolff, §§ 27 ff.

[2]) Dazu Siméon, Die Reichsgrundbuchordnung v. 24. März 1897 (1897). Ausgaben der GBO. mit Komm. von Schwarze (1897). O. Fischer (1897). Willenbücher (1900).

die Grundbücher nach Bezirken einzurichten, d. h. in dem Grundbuche sind alle Grundstücke eines Bezirkes, den das Landesrecht abgrenzt, vereinigt (GBO. § 2, Abs. 1)[1]), soweit nicht Ausnahmen vom Buchungszwange zugelassen sind[2]).

a) Jedes Grundstück, das durch Bezugnahme auf ein amtliches Verzeichnis der Grundstücke (**Flurbuch**[3]) usw.) zu kennzeichnen ist[4]), erhält nach dem Prinzip der formellen Spezialität im Grundbuche eine besondere Stelle (Grundbuchblatt, Folium). Das Grundbuch ist also nach dem Prinzip der **Realfolien** eingerichtet. Das Grundbuchblatt (im Sinne des BGB. das „Grundbuch" des Grundstücks) ist eine Abteilung des Grundbuches und umfaßt nicht notwendig mehrere Seiten. Die nähere Gestaltung des Grundbuchblattes nach Abteilungen (vgl. **879**) verbleibt dem Landesrecht (GBO. §§ 2. 3). Grundstücksteile können daher in der Regel erst dann mit einem Rechte selbständig belastet werden, wenn sie als besondere Grundstücke gebucht sind (**93.** GBO. § 6. 96). Mehrere im Flurbuch für sich aufgeführte Grundstücke können dadurch, daß sie im Grundbuch als ein Grundstück gebucht werden, zu einem Grundstück vereinigt werden, und es kann ein Grundstück dadurch zum Bestandteil eines anderen gemacht werden, daß es ihm im Grundbuch zugeschrieben wird (**890**). Räumlicher Zusammenhang der Grundstücke ist nicht gefordert. Die Vereinigung und Zuschreibung soll aber nicht erfolgen, wenn Verwirrung zu besorgen ist; z. B. im Falle der Verschiedenheit der Belastung vor der Vereinigung und Zuschreibung, die nach diesen Akten von Bestand bleiben muß (GBO. § 5, vgl. **1131**)[5]). Die Rechte, die bisher auf den einzelnen Grundstücken lasteten, erstrecken sich nicht auf das ganze Grundstück, wie die nach der Vereinigung neu begründeten Rechte, sondern belasten die einzelnen Grundstücke als Bestandteile des ganzen Grundstückes. Wird ein Teil eines Grundstückes abgeschrieben, so bleiben die bisherigen Lasten an dem Trennstück bestehen, wenn nicht der Berechtigte auf die Haftung des Trennstückes verzichtet (**1132**). Die lastenfreie Abschreibung wird aber außerdem ermöglicht und in den Ausführungsgesetzen auf Grund eines Unschädlichkeitszeugnisses gestattet[6]).

b) Außer den Grundstücken erhalten ein Grundbuchblatt das Erbbaurecht (**1017. 873.** GBO. § 7) und auf Grund der Vorbehalte nach dem Landesrecht Bergwerke, Gewerbegerechtigkeiten, Erbpachtrechte usw.[7]).

c) Von dem Prinzipe der Realfolien ist nachgelassen und **Personalfolien** sind gestattet nach GBO. § 4; mehrere Grundstücke desselben Eigentümers, die im Bezirke desselben Grundbuchamtes gelegen sind (vgl. aber GBO. § 86)[8]), können ein gemeinschaftliches Grundbuchblatt erhalten, solange Verwirrung dadurch nicht zu besorgen ist. Wird hiervon Gebrauch gemacht, so sind die Realfolien der einzelnen Grundstücke (sog. Wandeläcker) auf einem Grundbuchblatte vereinigt (vgl. GBO. § 87, Satz 2). Jedes Grundstück ist selbständig veräußerlich und belastbar (anders **890**).

---

[1]) Ausnahme zugunsten landwirtschaftlicher Spezialgrundbücher. GBO. § 85. Vgl. Mecklenb.-Schwerin. AV. z. GBO. § 22. Mecklenb.-Strel. AV. z. GBO. § 22.

[2]) Nach der GBO. kann durch Landesrecht bestimmt werden, daß gewisse Grundstücke (des Fiskus, des Landesherrn usw.) nur auf Antrag ein Grundbuchblatt erhalten bzw. aus dem Grundbuche auszuscheiden sind (Ausbuchung). Vgl. GBO. §§ 90 ff. 96. EG. z. BGB. Art. 57. 58. 114. 127. 128. Mecklenb.-Schwerin. AV. z. GBO. § 34. Mecklenb.-Strel. AV. z. GBO. § 34.

[3]) GBO. § 2, Abs. 2. Vgl. Mecklenb.-Schwerin. AV. z. BGB. §§ 50—62. AV. z. GBO. §§ 1—21. Mecklenb.-Strelitz. AV z. BGB. §§ 49—60. AV. z. GBO. §§ 1—21. Sächs. AV. z. GBO. § 4. Hamb. AV. z. GBO. §§ 16 ff.

[4]) Vgl. EG. Art. 186, Abs. 1.

[5]) Vgl. EG. Art. 119, Z. 2. 3. Vgl. z. B. Mecklenb.-Schwerin. AV. z. BGB. §§ 107—113. Mecklenb.-Strelitz. AV. z. BGB. §§ 105—111. Preuß. AG. z. GBO. Art. 2. 3. Sächs. AG. z. BGB. §§ 7—12. VO. zur Ausführung einiger Reichsgesetze, §§ 21—23. AV. z. GBO. §§ 7 ff.

[6]) EG. Art. 120. Vgl. z. B. Mecklenb.-Schwerin. AV. z. BGB. §§ 114—120. Mecklenb.-Strelitz. AV. z. BGB. §§ 112—118. Preuß. AG. z. BGB. Art. 19. 20. Wolff, § 37.

[7]) Vgl. EG. Art. 196 und Preuß. AG. z. GBO. Art. 22 ff.

[8]) Vgl. Mecklenb.-Schwerin. AV. z. GBO. § 23. Mecklenb.-Strelitz. AV. z. GBO. § 23.

d) Prinzipiell ist von der GBO. ein Buch gefordert; davon ist aber zugunsten der bestehenden landesrechtlichen Büchereinrichtungen in GBO. §§ 87—89 erheblich nachgelassen. Wo **mehrere Bücher** geführt werden, muß in einem (Hauptbuch) auf die Eintragungen in den anderen Büchern verwiesen werden; ein gültiger Bucheintrag besteht dann aus den Eintragungen auf dem Realfolium des Hauptbuches und den Einträgen an den von ihm zitierten Stellen der anderen Bücher[1]).

B. Die Buchbehörden, Anträge an dieselben, Verfahren vor ihnen und die Einrichtung der Grundbücher.

1. Die Buchbehörden heißen nach GBO. § 1, Abs. 1, „Grundbuchämter". Ihre Organisation und Zuständigkeit regelt sich durch Landesrecht. Grundbuchämter sind nicht nur die Gerichte, sondern auch andere Behörden, z. B. in Baden und Württemberg die Notare, in Mecklenburg auch Stadtmagistrate[2]). Nur steht die gesamte Buchführung dem Grundbuchamt zu, auch wo etwa mehrere Bücher eingerichtet sind (vgl. GBO. §§ 10. 83).

2. Eintragungen zum Grundbuche erfolgen regelmäßig nur auf Antrag (**L.** § 150. II). Das Verfahren und die Form der Eintragungen bestimmen sich nach der GBO. und dem Landesrecht, wie auch die Einrichtung der Bücher. Das Grundbuchblatt ist in Preußen und Mecklenburg mit Aufschrift und Titelblatt versehen und der Übersichtlichkeit wegen nach drei Abteilungen geschieden, auf welche sich die Eintragungen nach ihrem Inhalte verteilen, und denen die Grundstücksbeschreibung (Bestandsverzeichnis) voraufgeht, die auch mit dem Eigentum verbundene Rechte aufführt. Die Einträge in der ersten Abteilung geben Auskunft über den Eigentümer, in der zweiten Abteilung über die Verfügungsbeschränkungen und Belastungen, soweit sie nicht Hypotheken-, Grund- und Rentenschulden sind, in der dritten Abteilung über die in Hypotheken-, Grund- und Rentenschulden bestehenden Lasten[3]). Die zweite und dritte Abteilung zerfallen in je drei Hauptspalten für die Entstehung, Veränderung und Löschung der Belastungen.

Für jedes Grundbuchblatt werden Grundakten geführt, die die Anträge, Protokolle, Eintragungsbewilligungen, welche die Einträge veranlaßt haben und die Urkunden, auf welche die Einträge Bezug nehmen, enthalten (GBO, § 94).

§ 150.

Das Grundbuchsystem im allgemeinen.[4])

I. Der Zweck der staatlichen Grundbucheinrichtung ist zunächst nur der, durch eine möglichst zuverlässige Feststellung der Grundstücksrechtsverhältnisse eine Grundlage für den Rechtsverkehr mit Grundstücken zu bieten. Wäre die Bedeutung der Einträge im Grundbuch keine weitere, so käme bei Nichtübereinstimmung der buchmäßigen und wirklichen Rechtslage schlechthin die letztere zur Geltung. Hat A, der durch Versehen des Grundbuchbeamten als Eigentümer eingetragen ist, obwohl er nicht Eigentümer ist, das Eigentum an B. veräußert, der sich auf das Grundbuch verließ, so wäre B. nicht Eigentümer geworden. Das moderne Recht hat sich darauf nicht beschränkt, sondern in verschiedenem Grade den Wert der Grundbucheinrichtung für den Rechtsverkehr gesteigert.

a) Durch Durchführung des **Prinzipes des formalen Rechtsbestandes** der sich aus dem Grundbuch ergebenden Rechtslage des Grundstückes; die eingetragenen Rechte bestehen so,

---

[1]) Vgl. Mecklenb.-Schwerin. AV. z. GBO. §§ 24 ff. Mecklenb.-Strelitz. AV. z. GBO. §§ 24 ff.

[2]) Vgl. Mecklenb.-Schwerin. AV. z. BGB. §§ 63 ff. Mecklenb.-Strelitz. AV. z. BGB. §§ 61 ff. Preuß. AG. z. GBO. Art. 1. Württemb. AG. z. BGB. Art. 1 ff. usw.

[3]) Die dritte Abteilung ist bisweilen in weitere Folien eingeteilt, je für die einzelnen Hypotheken, Grund- und Rentenschulden bestimmt.

[4]) Gierke, D. Pr.-R. II, §§ 118. 119.

wie sie eingetragen sind, unabhängig von der materiellen Rechtslage; was nicht eingetragen ist, existiert nicht, soweit nicht gesetzliche Ausnahmen vom Eintragungszwange gemacht sind (Mecklenburg, Hamburg, Lübeck).

b) Das BGB. folgt dem **Publizitätsprinzip** des preußischen Rechtes. Es stellt einmal zugunsten dessen, für den ein Recht im Grundbuche eingetragen ist, die widerlegbare Vermutung auf, daß das Recht besteht, bzw., wenn ein eingetragenes Recht gelöscht ist, daß es nicht besteht (**891**). Sodann wird zugunsten Dritter, die im guten Glauben an die Richtigkeit des Grundbuches ein auf Erwerb eines Rechtes am Grundstück gerichtetes Rechtsgeschäft vorgenommen haben, die buchmäßige Rechtslage des Grundstückes als die wahre gewährleistet (öffentlicher Glaube des Grundbuches). Wer demnach von einem eingetragenen Nichteigentümer das Eigentum rite erwirbt, wird Eigentümer, und der nicht eingetragene Eigentümer hört auf, Eigentümer zu sein (**892** und **L.** § 153). Mit dieser materiellen Publizität verbindet sich die formelle Öffentlichkeit: die Einsicht in das Grundbuch, die Grundakten und noch nicht erledigte Anträge auf Eintragung und die Abschriftnahme ist jedem gestattet, der ein berechtigtes Interesse darlegt. Glaubhaftmachung (ZPO. § 294) ist nicht erforderlich. Diese beschränkte formelle Öffentlichkeit kann durch Landesrecht noch erweitert werden (GBO. §§ 11. 93. 94).

II. Soll die materielle Publizität nicht schädlich wirken, so muß die möglichste Übereinstimmung des Buches mit der jeweiligen wirklichen Rechtslage des Grundstückes hergestellt werden. Das wird angestrebt durch das Eintragungsprinzip und das Legalitätsprinzip.

A. Das **Eintragungsprinzip** besagt einmal, daß alle durch Rechtsgeschäft zu bewirkenden dinglichen Rechtsänderungen des Erfordernisses der Eintragung bedürfen (**L.** § 151); das ist aber auch bei Rechtsänderungen der Fall, die nicht auf Rechtsgeschäft beruhen (z. B. **900**. **927**. **928**, Abs. 2). Hier kann man von Eintragungszwang sprechen. Nur ausnahmsweise bedarf die dingliche Rechtsänderung nicht der Eintragung. Diese eintragungsfreien Rechtsänderungen sind entweder eintragungsfähig[1]) oder nicht[2]). Über die Durchführung des Eintragungsprinzipes s. unten C.

B. **Das Legalitätsprinzip** soll die Rechtsgültigkeit der Eintragungen sicherstellen. Unter Legalitätsprinzip im strengen Sinne versteht man den Grundsatz, daß der Grundbuchbeamte die Übereinstimmung der Eintragungen mit der wirklichen Rechtslage zu prüfen hat. Danach müßte er die materiellrechtliche Gültigkeit der fraglichen Rechtsänderung in jeder Hinsicht prüfen. Soll z. B. auf Grund eines Kaufes Eigentum übertragen werden, so könnte man verlangen, daß nicht nur die Rechtsbeständigkeit des Leistungsgeschäftes sondern auch die des zugrundeliegenden Kausalgeschäftes des Kaufes zu prüfen wäre. Das ist nun aber schon deshalb nicht erforderlich, weil das Grundbuch ja nur zur Verlautbarung der dinglichen Rechte dient und das Leistungsgeschäft, z. B. die Eigentumsübertragung, die Bestellung der Hypothek usw. abstrakt, d. h. von dem zugrundeliegenden Kausalgeschäft in seinem rechtlichen Bestand unabhängig ist. Es wäre aber nach dem Legalitätsprinzip jedenfalls die Rechtsbeständigkeit des dinglichen Geschäftes zu prüfen. Aber das geltende Recht hat das Legalitätsprinzip in solcher Weise keineswegs akzeptiert. Vielmehr gilt das sog. formelle Konsensprinzip[3]), d. h. die Eintragung erfolgt, wenn der sie bewilligt, dessen Recht durch sie betroffen wird. Nur für die Eigentumsübertragung besteht eine Ausnahme: die Einigung muß hier vor dem Grundbuchamt vorgenommen werden (Auflassung).

---

[1]) Z. B. beim Erwerbe durch Erbfolge, durch Eingehung ehelicher Gütergemeinschaft, durch Zwangsversteigerung usw. (**1922**. GBO. §§ 40. 41; **1438**. **1519**. **1487**. GBO. § 36; **738**. **1491**; ZVG. §§ 90. 130, Abs. 1; **1163**. **1164**; EG. Art. 65. 67, GBO. § 83).

[2]) **912—914**. **917**.

[3]) Das formelle Konsensprinzip ist zu unterscheiden von dem sog. materiellen Konsensprinzip, d. h. dem Grundsatz, daß zu jedem rechtsgeschäftlichen Erwerb eines Liegenschaftsrechtes die Einigung der Beteiligten erforderlich ist.

C. Die Durchführung des Eintragungs- und Legalitätsprinzipes. Ausnahmsweise erfolgen Eintragungen im Grundbuch von Amts wegen[1]) oder auf Ersuchen einer zuständigen Behörde[2]), der Regel nach auf Antrag der an der Rechtsänderung Beteiligten (Antragsprinzip). Der Antrag ist die an das Grundbuchamt gerichtete, das Eintragungsbegehren enthaltende empfangsbedürftige Willenserklärung.

1. Antragsberechtigt ist sowohl der, zu dessen Gunsten die Eintragung erfolgen soll (Aktivbeteiligter), als auch der, dessen Recht durch Verlust oder Belastung betroffen würde (Passivbeteiligter). Außer dem Antrage des Aktivbeteiligten ist eine Eintragungsbewilligung des Passivbeteiligten erforderlich. Diese genügt auch, wenn die beantragte Rechtsänderung auf einer Einigung beruht (GBO. §§ 13. 19), bei der Auflassung und der Bestellung oder Übertragung eines Erbbaurechtes muß die erforderliche Einigung der Parteien vorliegen (GBO. § 20. L. § 180). Stellt der Passivbeteiligte den Antrag, so liegt darin die Eintragungsbewilligung. Das Recht des die Eintragung Bewilligenden soll auf seinen Namen im Grundbuch eingetragen sein (GBO. § 40. Ausnahme: GBO. §§ 41. 36, Abs. 1. 37; **26. 40**, Abs. 2). Die Eintragungsbewilligung wird ersetzt durch rechtskräftige Verurteilung (ZPO. § 894. GBO. § 14). Weiter müssen Dritte, deren Rechte mittelbar durch die Eintragung betroffen werden (**876. 880**), ihre Zustimmung erklären (GBO. §§ 21. 27. 8).

2. Der Antrag als solcher bedarf keiner Form, soll aber vorbehaltlos, d. h. unbedingt und unbefristet gestellt sein (GBO. § 16), dagegen müssen die Eintragungsbewilligung und alle sonst für die Eintragung erforderlichen Erklärungen und sonstigen Voraussetzungen (Zustimmungen, Bevollmächtigungen, Bestellung zum gesetzlichen Vertreter usw.) entweder vor dem Grundbuchamt zu Protokoll gegeben oder durch öffentliche oder öffentlich beglaubigte Urkunden nachgewiesen werden (GBO. §§ 29. 30. 15. 27). Daraus ergibt sich auch, wann der Antrag auf Eintragung und die Vollmacht hierzu der Form bedürfen. Der Form bedarf auch die Zurücknahme des Antrages (GBO. § 32). Die Eintragungsbewilligung muß den Inhalt der Eintragung und das Grundstück (mehrere Grundstücke einzeln) in Übereinstimmung mit dem Grundbuch genau angeben (GBO. § 28). Das gleiche gilt vom Antrage bzw. von dem Ersuchen der Behörde, wenn eine Eintragungsbewilligung nicht vorliegt (GBO. § 39). Nach Aushändigung an den anderen Teil kann die Eintragungsbewilligung nicht zurückgenommen werden.

3. Die Eintragung erfolgt nach Abschluß der Legalitätsprüfung. Sind die Voraussetzungen nicht erfüllt, so weist das Grundbuchamt den Antrag ab oder setzt dem Antragsteller eine Frist zur Beseitigung des Mangels (GBO. § 18). Der Antragsteller hat gegen eine ihn beschwerende Entscheidung die Beschwerde an das Landgericht und weitere Beschwerde an das Oberlandesgericht oder Reichsgericht (GBO. §§ 71—73. 79). Sind die Vorbedingungen der Eintragung erfüllt, so sind die dasselbe Recht betreffenden mehreren Eintragungen in der Reihenfolge einzutragen, in der die Anträge eingegangen sind. Daher ist Tag und Stunde des Einganges auf jeden Antrag genau zu vermerken (GBO. §§ 17. 18, Abs. 2. 46). Jeder Eintrag hat das Datum, die Unterschrift des Richters und Gerichtsschreibers zu tragen (GBO. § 45), und was den Inhalt anbetrifft, kann auf die Eintragungsbewilligung Bezug genommen werden (**874**. GBO. § 50), soweit nicht anderes vorgeschrieben ist (z. B. **1115**). Von jedem Eintrag ist dem Antragsteller, dem eintragenden Eigentümer und bestimmten Interessenten Nachricht zu geben (GBO. § 55. Fassung vom 14. Juni 1905.). Fehlerhafte Einträge sind unwirksam und von Amts wegen zu löschen, oder sie sind wirksam und können das Grundbuch unrichtig machen. Dann ist ein Widerspruch von Amts wegen einzutragen (GBO. § 54, Abs. 1).

III. Es ergibt sich, daß das Grundbuch keineswegs immer mit der wirklichen Rechtslage des Grundstückes übereinstimmt. Um so mehr muß bei der Bedeutung des Publizitätsprinzipes auf die Eintragungen selbst alle Sorgfalt verwendet werden, und es darf an Rechtsbehelfen nicht fehlen, Schädigungen der Parteien fernzuhalten oder auszugleichen (vgl. **L.** § 154).

---

[1]) Z. B. GBO. §§ 8. 18, Abs. 2. 23, Abs. 1. 52. 53. 54. 76.

[2]) Z. B. KO. § 113 f.; ZVG. §§ 19. 34. 130 f.; FGG. § 54; EG. Art. 109. 113.

§ 151.
Rechtsänderung an Grundstücken und Grundstücksrechten durch Rechtsgeschäft.[1])

Die in Betracht kommenden Rechtsgeschäfte haben entweder Begründung, Übertragung, Belastung und Inhaltsänderung oder die Aufhebung von Grundstücksrechten zum Gegenstande[2]).

I. Rechtsgeschäfte zur Begründung, Übertragung und Belastung. Hierher gehören: die Übertragung des Eigentumes, Bestellung und Übertragung beschränkter dinglicher Rechte (Erbbaurecht, Dienstbarkeiten, Reallasten, Vorkaufsrecht, Hypotheken, Grundschulden), die Belastung solcher Rechte (**873. 874**).

Für alle diese Rechtsgeschäfte ist zu ihrer rechtlichen Wirksamkeit erforderlich:

A. **Der dingliche Vertrag** der Parteien des Inhaltes, daß die betreffende Rechtsänderung eintreten soll (**Einigung**).

1. Auf diesen Vertrag finden die Vorschriften für Rechtsgeschäfte und Verträge Anwendung (z. B. **117, 130**, Abs. 2); zu seiner Gültigkeit ist folgerichtig nicht verlangt, daß derjenige, dessen Recht durch die Rechtsänderung berührt wird, als Berechtigter schon eingetragen ist. Einer Form bedarf der dingliche Vertrag nur bei Übertragung des Eigentumes und bei der Bestellung und Übertragung des Erbbaurechtes (**925. 1015. 1017**).

Der dingliche Vertrag ist abstrakter Vertrag. Seine Wirksamkeit ist von der des Kausalgeschäftes unabhängig (**L.** § 54, II). Leidet das Grundgeschäft, z. B. der Kauf, an formellen oder materiellen Mängeln (Betrug, Drohung, Irrtum usw.), welche Nichtigkeit oder Anfechtbarkeit zur Folge haben, so übertragen sich diese Folgen nicht auf den dinglichen Vertrag. Möglich ist es aber, daß diese Fehler und Mängel zugleich auch dem dinglichen Vertrage anhaften. Ob das der Fall ist, ist eine Auslegungsfrage, die besonders dann schwierig wird, wenn das Grundgeschäft und der dingliche Vertrag in unmittelbarer Verbindung miteinander geschlossen und beurkundet werden. Führt die Auslegung dahin, daß die Mängel nur das Grundgeschäft treffen, so bleibt der dingliche Vertrag durchaus gültig. Man darf nicht etwa **139** zur Anwendung bringen und aus der Einheit beider Geschäfte im Falle der Ungültigkeit des Grundgeschäftes auch die des dinglichen Vertrages entnehmen wollen; denn diese Einheit der Geschäfte ist durch die positive Vorschrift des Gesetzes beseitigt[3]).

2. Die **Bindung** tritt ein, Widerruf ist also ausgeschlossen, selbstverständlich, sobald die Eintragung, wenn auch nur auf Antrag einer der Parteien, stattgefunden hat; ferner, wenn die Parteierklärungen gerichtlich oder notariell beurkundet oder vor dem Grundbuchamt abgegeben, oder ihm eingereicht sind[4]); und auch dann, wenn eine Partei der anderen eine vorschriftsmäßige Eintragungsbewilligung ausgehändigt hat (**873**, Abs. 2)[5]). Ist ein rechtskräftiges Urteil auf Abgabe der Eintragungsbewilligungserklärung ergangen, so vertritt dieses die Einigung. Die siegreiche Partei kann die Eintragung auf Grund des Urteiles auch schriftlich nachsuchen[6]). Auf Grund eines vorläufig vollstreckbaren Urteiles findet die Eintragung einer Vormerkung statt (ZPO. §§ 894. 895).

---

[1]) Gierke, D. Pr.-R. II, § 119.

[2]) Vgl. EG. Art. 184. 186—189.

[3]) A. M. Krückmann, Archiv f. bürg. R., Bd. 13 (1897), S. 1 ff. 10. Grützmann, Sächs. Archiv, Bd. 8 (1898), S. 232. Wolff, § 38 II, Z. 4.

[4]) Die Abgabe der Erklärung vor dem Grundbuchamt und die Einreichung der Erklärung bedürfen keiner Form (Protokoll, öffentliche oder öffentlich beglaubigte Urkunde); denn es kommt hier nur auf die Bindung der Parteien an, und das Gesetz verlangt hierfür nicht die Form, die Voraussetzung der Eintragung selbst ist. A. M. Strecker, S. 30. Biermann, S. 47 und die Protokolle III, S. 63.

[5]) Vorbehalt für das Landesrecht: EG. Art. 142. Vgl. Mecklenb.-Schwerin. AV. z. BGB. § 84. Mecklenb.-Strelitz. AV. z. BGB. § 82.

[6]) In den Fällen von **925** und **1015. 1017** muß die siegreiche Partei vor dem Grundbuchamte persönlich ihre Erklärung abgeben.

3. Die Einigung ist dinglicher, nicht schuldrechtlicher Vertrag, erzeugt daher keinen Anspruch auf Erfüllung, d. h. auf Herbeiführung der Rechtsänderung.

B. **Die Eintragung** der Rechtsänderung in das Grundbuch (**874**). Die Eintragung ist ein selbständiger amtlicher Akt neben der Einigung, sie soll in gewissen Fällen der Einigung folgen (GBO. § 20), sonst kann sie der Einigung auch voraufgehen.

II. Die Rechtsgeschäfte zur Aufhebung eines Rechtes an einem Grundstücke (**875. 876**).

A. Hier genügt die einseitige **Aufgabeerklärung** des Berechtigten dem Grundbuchamt oder demjenigen gegenüber, zu dessen Gunsten sie erfolgt (z. B. Eigentümer des belasteten Grundstückes, nachstehender Berechtigter). Mit der Aufgabeerklärung kann die Löschungsbewilligung verbunden sein. Die Aufgabeerklärung wird durch die rechtskräftige Verurteilung zur Abgabe der Löschungsbewilligung ersetzt (ZPO. § 894). Die Aufgabeerklärung kann selbstverständlich dann nicht widerrufen werden, wenn die Löschung erfolgt ist, aber auch schon dann nicht, wenn sie formlos[1]) dem Grundbuch gegenüber abgegeben oder wenn dem durch sie Begünstigten eine vorschriftsmäßige Löschungsbewilligung eingehändigt ist. Die Löschungsbewilligung ist eine Art der Eintragungsbewilligung (GBO. § 40, vgl. **L.** § 150)[2]).

B. Die rechtsgeschäftliche Aufhebung fordert aber auch die Zustimmung Dritter:

1. Zur Aufhebung von Hypotheken, Grund- und Rentenschulden ist außer der Aufgabeerklärung des Gläubigers die Zustimmung des Eigentümers, zur Aufhebung eines Rechtes, das mit einer Hypothek usw. belastet ist, ist außer der Aufgabeerklärung des Berechtigten die Zustimmung des Hypothekengläubigers usw. erforderlich (GBO. § 27).

2. Handelt es sich um Aufhebung

a) entweder eines Rechtes, das mit dem Rechte eines Dritten belastet ist (z. B. Pfandrecht oder Nießbrauch an einer Reallastberechtigung) oder

b) eines Rechtes, das dem jeweiligen Eigentümer eines Grundstückes, das mit dem Rechte eines Dritten belastet ist (**96**), zusteht (z. B. den jeweiligen Eigentümern eines Grundstückes, das mit einer Hypothek belastet ist, steht eine Grunddienstbarkeit an einem anderen Grundstück zu), so ist auch die Zustimmung dieser Dritten erfordert, ausgenommen, wenn ihre Rechte durch die Aufhebung nicht berührt werden, wie z. B. das Nießbrauchsrecht an einem Grundstücke nicht berührt wird durch die Aufhebung eines dem Eigentümer dieses Grundstückes zustehenden Vorkaufsrechtes. Die Zustimmungserklärung des Dritten ist dem Grundbuchamte oder demjenigen gegenüber abzugeben, der Inhaber des aufzuhebenden Rechtes ist und dem Eigentümer des damit belasteten Grundstückes gegenüber, und ist unwiderruflich (GBO. § 8. **873. 874. 876**)[3]). Fehlt die Zustimmung, so ist die Änderung dem Dritten gegenüber, dessen Recht sie beeinträchtigt, unwirksam.

C. **Die Löschung** (GBO. § 47). Zur Aufhebung genügt die Aufgabeerklärung des Berechtigten.

III. Rechtsgeschäfte zur Änderung des Inhaltes der Grundstücksrechte (**877**). Hierher gehören solche Rechtsgeschäfte, die weder Begründung, Belastung, Übertragung noch Aufhebung zum Inhalte haben, z. B. die Geschäfte gemäß **1186, 1198, 1203**: sie erfordern Einigung der Parteien, Eintragung der Änderung und Zustimmung Dritter, die ein Recht an dem zu ändernden Rechte haben.

IV. Der dingliche Vertrag und die Aufgabeerklärung würden unwirksam werden, wenn der Berechtigte hinterher und vor der Eintragung einer Verfügungsbeschränkung unterworfen wird, die diese Verfügungen verbietet. Nach **878** soll das aber nicht eintreten, sobald die Ver-

---

[1]) In den Fällen von **925** und **1015. 1017** muß die siegreiche Partei vor dem Grundbuchamte persönlich ihre Erklärung abgeben.

[2]) Ausnahmen: **928** (Verzicht auf das Grundeigentum). Dem Eintragungszwang unterliegen überhaupt nicht die Rechtsgeschäfte auf Aufhebung eines Rechtes an einem Grundstücksrechte (vgl. **1255. 1273. — 1064. 1068. 1072**). Vgl. ferner ZVG. § 91.

[3]) Mecklenb.-Schwerin. AV. z. BGB. § 105, Abs. 2. Mecklenb.-Strelitz. AV. z. BGB. § 103, Abs. 2.

fügung für den Berechtigten bindend geworden ist und der Antrag bei dem Grundbuchamte gestellt worden ist. Solche Verfügungsbeschränkung tritt besonders durch Eröffnung des Konkurses (vgl. KO. § 15) ein[1]).

§ 152.

Das Rangverhältnis der beschränkten dinglichen Rechte.[2])

Die Bedeutung des Ranges der an einem Grundstücke bestehenden Rechte zeigt sich, sobald nicht alle zugleich zur vollen Ausübung gelangen können, z. B. bei der Zwangsvollstreckung in das Grundstück. Das im Range vorgehende Recht gelangt dann zunächst zur Befriedigung; der Vorrang erzeugt daher Rechte (Rangrecht). Das Eigentum tritt hinter die beschränkten Grundstücksrechte notwendig zurück, unter den letzteren besteht die gesetzliche Rangordnung.

I. **Das ursprüngliche Rangverhältnis** (**879**) der beschränkten dinglichen Rechte an einem Grundstücke können die Parteien bestimmen. Die Bestimmung erfolgt im dinglichen Vertrag und bedarf der Eintragung im Grundbuch[3]).

Davon abgesehen entscheidet unter mehreren, in derselben Abteilung des Grundbuches eingetragenen Rechten das **Prinzip der Reihenfolge** der Eintragungen (sog. Lokusprinzip), und zwar auch dann, wenn die Vorschriften der GBO. (**L.** § 150. II. C.) nicht beachtet sind[4]). Unter mehreren, in verschiedenen Abteilungen eingetragenen Rechten entscheidet aber das **Prinzip des Alters**, das sich nach der Angabe des Tages der Eintragung bestimmt. Die Tagesstunde wird nicht berücksichtigt. Reihenfolge oder Datierung der Eintragungen entscheiden, auch wenn das Recht erst nach der Eintragung entstanden ist z. B., wenn die Einigung der Eintragung nachgefolgt ist, wenn das Recht auf Grund einer Vormerkung eingetragen wurde (**L.** § 154, VI) oder wenn das Recht unter Bedingung eingetragen war und die Bedingung sich erst später erfüllte (vgl. **900**, Abs. 2)[5]).

Durch gesetzliche Vorrangsprivilegien kann diese Rangordnung nur nach EG. Art. 118 geändert werden. In der Zwangsversteigerung gehen aber gewisse Rechte den eingetragenen vor (ZPO. § 10, vgl. **L.** § 211.)

Der Rang dinglicher Rechte, die der Eintragung fähig, aber nicht bedürftig sind, oder die der Eintragung nicht fähig sind, bestimmt sich nach der Zeit der Entstehung der Rechte. Unter den letzteren machen aber das Rentenrecht infolge Überbaues (**914**) und das Notwegerecht (**917**, Abs. 2) eine Ausnahme; sie gehen allen anderen, auch älteren Rechten schlechthin vor[6]).

II. **Die nachträgliche Rangänderung** (**880**) verlangt:

Den abstrakten formlosen Vertrag zwischen dem zurücktretenden und vortretenden Berechtigten und die Eintragung im Grundbuch (**873**, Abs. 2. **878**) bei dem zurücktretenden Recht.

Soll eine Hypothek, Grundschuld oder Rentenschuld zurücktreten, so ist der Eigentümer wesentlich interessiert. Er muß daher durch Erklärung dem Grundbuchamt oder einem der Beteiligten gegenüber zustimmen. Seine Zustimmung ist unwiderruflich (Ausnahme: **1151**). Ist das zurücktretende Recht mit dem Rechte eines Dritten belastet, so muß der Dritte zustimmen (**876**).

Die Wirkung der Vorrangseinräumung ist, daß das zurücktretende Recht A im Rang hinter das vortretende C zurücktritt, ohne daß das dazwischenstehende Recht B davon berührt, also weder benachteiligt noch begünstigt wird. Fällt C später fort, so behält Recht A dem Recht

---

1) EG. Art. 189. RG. Bd. 59, S. 289 ff.

2) Gierke, D. Pr.-R. II, § 119, VI.

3) So auch, wenn auf Grund eines Vorbehaltes (III.) ein Recht eingetragen wird.

4) RG. Bd. 57, S. 277.

5) Wie bestimmt sich der Rang undatierter Eintragungen? Vgl. Biermann, S. 55 gegen Strecker, S. 78; Wolff, § 41, I.

6) Strecker, S. 78. Biermann, S. 56.

B gegenüber seinen alten Vorrang. Fällt andererseits A fort (z. B. die Hypothek A wird nach Befriedigung des Gläubigers gelöscht), oder bestand A nicht, während der Berechtigte C sich auf den Bestand verließ, so besteht der Vorrang für C dennoch, und B rückt nicht im Range[1]) auf. Ist aber das zurücktretende Recht A ein an sich endliches, z. B. ein Nießbrauch, und endigt es dieser seiner Natur gemäß, z. B. durch Tod des Nießbrauchers, so endigt der dem Rechte C eingeräumte Vorrang. Der dem Rechte C vor dem Rechte A eingeräumte Vorrang wirkt folglich nur im Umfange des Rechtes A. Sind z. B. eingetragen A mit 500, B mit 1000, C mit 1000, so ergibt sich die Rangfolge: C 500, B 1000, C 500, A 500; sind eingetragen A mit 1000, B mit 1000, C mit 500, so ist die Rangfolge: C 500, A 500, B 1000, A 500.

III. **Rangvorbehalt (881).**

Hat der Rang der Rechte die Bedeutung eines selbständigen Rechtes, so ist es konsequent, wenn sich der Eigentümer bei Begründung eines beschränkten Rechtes die Befugnis vorbehalten darf, ein anderes Recht mit dem Range vor dem jetzt begründeten eintreten zu lassen. Der Vorbehalt entsteht durch Einigung des Eigentümers mit dem im Range zurücktretenden Berechtigten[2]). Das vorbehaltene Recht muß dem Umfange nach bestimmt, eine Hypothek also mit dem Betrage der Forderung angegeben sein, und der Vorbehalt muß bei dem zurücktretenden Recht eingetragen werden. Erfolgt die Eintragung des vorbehaltenen Rechtes, so muß (**879**, Abs. 3) mit ihm sein Rang eingetragen werden. Die Aufhebung des Rangvorbehaltes erfolgt gemäß **877** durch Einigung und Eintragung. Durch den Rangvorbehalt erhält der Eigentümer die Befugnis, die Rangrechte des beschränkten Rechtes auf das später einzutragende zu übertragen. Das geschieht durch Einigung zwischen dem Eigentümer und dem Nachmann mit folgender Eintragung. Im Falle der Veräußerung des zurücktretenden Rechtes (durch Übertragung oder im Wege der Zwangsversteigerung) geht die Befugnis auf den Erwerber über. Anders würde der zurücktretende Berechtigte einen ungerechtfertigten Vorteil haben. Die Rechtslage ist daher hier anders als bei der Eigentümergrundschuld, die in solchem Falle dem früheren Eigentümer verbleibt. Werden nach dem mit Vorbehalt eingetragenen Rechte A auf 1000 zunächst ohne Vorbehalt (z. B. im Wege der Zwangsvollstreckung) die Rechte B und C auf zusammen 1000 und dann erst das vorbehaltene Recht D auf 1000 eingetragen, so sind B und C Zwischenrechte, die nach II. nicht berührt werden. Man könnte nun sagen: aus einem Erlös von 2000 befriedigen sich D, B und C, während A leer ausgeht. Das wäre aber unbillig gegen A, der nur hinter einem Rechte im Betrage von 1000, nicht von 2000 zurücktreten wollte, also auf Befriedigung nach D rechnen konnte. Daher soll in solchen Fällen der eingeräumte Vorrang soweit keine Wirkung haben, als das mit Vorbehalt eingetragene Recht infolge der Zwischenbelastungen eine über den Vorbehalt hinausgehende Schmälerung erfahren würde. Daher werden die Zwischenbelastungen an dem vorbehaltenen Rechte in Abzug gebracht, d. h. die Folgen der Zwischenbelastung trägt zusammen D, der ausfällt. Betrügen die Zwischenbelastungen B und C nur 500, so erhielten D 500, B und C 500 und A 1000[3]).

Man muß daher stets zunächst ausrechnen, wieviel A bekäme, wenn die Zwischenbelastungen fehlten. So viel muß ihm auf jeden Fall zukommen. Dann berechnet man, wieviel auf die Zwischenrechte B und C kommt. Der Rest fällt dann an D.

IV. Der Wert, den der Rang einem eingetragenen Rechte verleiht, hängt wesentlich davon ab, in welcher Höhe die vorgehenden Rechte den Grundstückserwerb in Anspruch nehmen. Daher wird der Wert der Eintragungen erhöht, wenn die Höhe der Belastung aus ihnen zu ersehen ist. Die Ersichtlichkeit des Wertbetrages ist aber von besonderer Bedeutung in der Zwangsversteigerung (vgl. L. § 211.).

---

[1]) Die zur Erklärung herangezogene „relative Fortdauer" der Wirksamkeit eines aufgehobenen Rechtes genügt nicht. Unter dieser Formulierung verbirgt sich nur die Anerkennung der Selbständigkeit des Vorrangsrechtes, die auf der Bucheinrichtung beruht.

[2]) Vgl. Biermann, S. 60, aber auch Cosack II, S. 33.

[3]) Vgl. Biermann, S. 61.

§ 153.
Das Publizitätsprinzip.[1])

Die rechtliche Bedeutung der Publizität des Grundbuches äußert sich nach zwei Richtungen:

I. In der **Rechtsvermutung** zugunsten des eingetragenen Berechtigten und seiner Erben (**891**). Für und gegen denjenigen, für den ein Recht im Grundbuche eingetragen ist, wird vermutet, daß ihm das Recht, und zwar mit dem Inhalte der Eintragung, zustehe, und wenn ein im Grundbuche eingetragenes Recht gelöscht ist, so wird für und gegen den von der Löschung Betroffenen vermutet, daß das Recht nicht bestehe. — Beide Vermutungen sind widerlegbare, beide beziehen sich nicht auf Tatsachen[2]), sondern auf Folgerungen aus Tatsachen, d. h. auf den Bestand oder Nichtbestand der Rechte, und zwar aller eingetragenen Rechte (vgl. ZPO. § 418, Abs. 2), sie beziehen sich nicht auf die tatsächlichen Angaben der Grundstücksbeschreibung, die Grundakten, die Eintragungs- und Löschungsbewilligung[3]), durch Vormerkung gesicherte Rechte. Die Vermutung entfällt bei sich widersprechenden Eintragungen, nicht aber infolge der Eintragung eines Widerspruches.

II. In der **Fiktion**: der Inhalt des Grundbuches gilt dem gutgläubigen Erwerber gegenüber als richtig (öffentlicher Glaube des Grundbuches, **892. 893**)[4]).

A. Auch für den Erwerb von Rechten an Grundstücken und Grundstücksrechten gilt der Grundsatz: niemand kann mehr Recht übertragen, als er hat. Daher wäre der Erwerber gehalten, sich Kenntnis vom Rechte des Veräußerers zu verschaffen. Diese Kenntnis soll das Grundbuch nicht nur gewähren, sondern gewährleisten. Die Gewährleistung erstreckt sich aber nur auf die am Grundstücke bzw. Grundstücksrechte bestehenden Rechtsverhältnisse. Das Recht des Veräußerers besteht demnach dem Erwerber gegenüber so, wie es eingetragen wurde (positive Gewährleistung). Es ist gleichgültig, ob es nach materiellem Recht nicht zur Entstehung gelangte, z. B. weil der Veräußerer zur Zeit des Erwerbes dieses Rechtes geisteskrank war. Das Grundbuch bietet eine Gewähr dafür, daß gelöschte Rechte nicht bestehen, und für Vollständigkeit, d. h. es wird angenommen, daß weitere Lasten und Beschränkungen, als eingetragen sind, nicht bestehen (negative Gewährleistung), soweit solche der Eintragung bedürftig sind[5]).

Nicht gewährleistet sind dem Erwerber rein tatsächliche Angaben des Grundbuches, z. B. über Größe, Wert, Lage der Grundstückes. Der Erwerber kann sich nicht auf die Fiktion der Richtigkeit des Grundbuches berufen, wenn ohne Eintragung entstandene Rechte (**1075. 1287**) oder Verfügungsbeschränkungen (**1449. 2113. 2211**) nicht eingetragen sind, oder wenn ein eingetragenes Recht hinterher untergegangen ist, soweit das ohne Löschung möglich ist (**1072**).

Nicht gewährleistet ist dem Erwerber die Identität des Veräußerers mit dem eingetragenen Berechtigten (z. B. A hat unter dem Namen des eingetragenen B betrügerischerweise an C veräußert), auch nicht die Geschäfts- und Verfügungsfähigkeit des Veräußerers und die Abwesenheit von Willensmängeln in seiner Person. Das gilt auch für die im allgemeinen Interesse bestehenden (absoluten) Verfügungsbeschränkungen (absolute Veräußerungsverbote, nachbarrechtliche Einschränkungen). Die Gewährleistung bezieht sich aber auf die zugunsten bestimmter Personen auf Gesetz[6]) (z. B. KO. §§ 7. 113, ZPO. § 265), richterlicher Ver-

---

[1]) Gierke, D. Pr.-R. II, § 119, IX.
[2]) Vgl. ZPO. § 292.
[3]) RG. Bd. 61, S. 188.
[4]) Nicht als Fiktion, sondern als praesumptio juris et de jure (so auch d. L., frühere Auflage) oder als gesetzliche Legitimation des Erwerbers (so Crome III, § 372, Z. 1) wird die Vorschrift verstanden.
[5]) RG. Bd. 62, S. 99. 215. Vielfach wird die Garantie auf alle der Eintragung fähigen Rechte bezogen. Biermann zu **892**. Crome III, S. 151, Note 32.
[6]) Die gesetzliche Verfügungsbeschränkung der Ehefrau betr. das eingebrachte Gut nach **1395** ff. steht dagegen nach **1404** den im allgemeinen Interesse bestehenden gleich.

fügung (im Zwangsversteigerungsverfahren, ZVG. §§ 19. 146, und Strafverfahren)[1]) beruhenden (relativen). Diese sind dem Erwerber gegenüber nur dann wirksam, wenn sie aus dem Grundbuch irgendwie ersichtlich sind. Ist das der Fall, so wirken sie wie eine absolute Verfügungsbeschränkung gleich einer Vormerkung (**888**. **L.** § 154).

B. Der Inhalt des Buches gilt ferner nur zugunsten dessen, der ein Recht am Grundstücke oder ein Recht an einem solchen Rechte irgendwie entgeltlich oder unentgeltlich (vgl. aber **816**. **822**. **L.** § 154 II. B.) durch Rechtsgeschäft erwirbt, als richtig. Rechtsgeschäftlicher Erwerb liegt vor im Falle der Eintragung des Erwerbers auf Grund einer durch Urteil ersetzten Eintragungsbewilligung (ZPO. § 898).

Nicht geschützt ist demnach der Erwerb durch Zwangsvollstreckung, Arrestvollziehung (ZPO. §§ 866. 830. 837. 930. 932) nach Agrarrecht, durch Zwangsenteignung, infolge der Eingehung einer Ehe oder kraft elterlicher Gewalt[2]), durch Zuschlag in der Zwangsversteigerung (ZVG. §§ 90. 91).

C. Der Schutz ist nur dem gutgläubigen Erwerber gewährt, er versagt also, wenn der Erwerber die Unrichtigkeit des Buches gekannt hat, z. B. die Nichtigkeit oder Anfechtbarkeit der der Eintragung zugrunde liegenden Auflassung, nicht auch, wenn er sie fahrlässigerweise nicht gekannt hat (anders **932** ff.)[3]). Der gute Glaube muß beim Erwerbe vorliegen; ist aber zum Erwerbe Eintragung erfordert, im Moment der Stellung des Antrages auf Eintragung oder im Augenblick der Einigung, falls der dingliche Vertrag (**873**) erst nach der Eintragung zustande kommt. Der Gegner hat die Kenntnis von der Unrichtigkeit des Buches zu beweisen. Die Eintragungen im Grundbuche gelten aber als dem Erwerber bekannt.

Der Schutz versagt auch, wenn ein Widerspruch gegen die Richtigkeit des Grundbuches eingetragen ist (vgl. **L.** § 154).

D. Die Wirkung des Publizitätsprinzips ist eine positive insofern, als der Erwerber das Recht derart erwirbt, wie wenn der Inhalt des Buches richtig und vollständig wäre. Selbstverständlich muß den sonstigen Erfordernissen des Erwerbes, zu denen auch die Eintragung gehören kann, genügt sein. Die Wirkung ist aber auch eine negative, weil der Schutz des Erwerbers den Rechtsverlust für den wahren Berechtigten herbeiführt oder bewirkt, daß wirklich bestehende Rechte im Range hinter das Recht des Erwerbers zurücktreten.

III. Erbringt ein Dritter die dem Berechtigten kraft des Rechtes zustehende Leistung dem im Buche eingetragenen Berechtigten (Zins- und Kapitalzahlung), oder schließt ein Dritter mit dem eingetragenen Berechtigten ein Geschäft, das eine Verfügung über das Recht enthält (Kündigung einer Hypothek, Ablösung einer Reallast,) aber nicht unter II. B. fällt, so gilt auch hier zugunsten des Dritten der Inhalt des Buches als richtig, wenn die Voraussetzungen unter II. zutreffen (**899**, vgl. aber **1144**). Hierher gehört auch die Bewilligung einer Vormerkung[4]).

§ 154.

Rechtsbehelfe gegenüber dem Grundbuchsystem.[5])

I. Das Konsensprinzip kann leicht dazu führen, daß wegen der Nichtigkeit oder Anfechtbarkeit des kausalen Geschäftes die dingliche Rechtsänderung infolge Eintragung zwar eintritt, aber ungerechtfertigt ist. Der Geschädigte hat hier einen Anspruch auf Herausgabe wegen ungerechtfertigter Bereicherung gegen seinen Gegenkontrahenten, nicht aber gegen den weiteren Erwerber; möglicherweise ist ein Schadensersatzanspruch begründet.

[1]) StPO. §§ 325 f. Dahin gehören auch die dem landesrechtlichen Lehn- und Familienfideikommißrecht usw. angehörenden Veräußerungsverbote.

[2]) Der Erwerb durch Erbfolge ist geschützt, soweit der Erwerb des Erblassers geschützt war.

[3]) Vgl. RG. Bd. 57, S. 277, mit RG. Bd. 62, S. 375.

[4]) Vgl. Crome III, § 376, IV. b.

[5]) Schilde, Die Unrichtigkeit des Grundbuchs usw. (Dissert.).

Das Publizitätsprinzip kann die an dem Grundstücke oder dem Grundstücksrechte bestehenden, aber nicht eingetragenen Rechte und die Freiheit von solchen Rechten, die im Grundbuch eingetragen sind, verletzen[1]). Ist der eingetretene Rechtsverlust des wahren Berechtigten von dem nach dem Grundbuch Berechtigten durch unerlaubte Handlungen des letzteren herbeigeführt, so ist ein Schadensersatzanspruch des Verletzten begründet. Es kann ein Anspruch auf Herausgabe wegen ungerechtfertigter Bereicherung gegen den Nichtberechtigten und unter Umständen auch gegen den nach **L.** § 153 geschützten Erwerber bestehen (**816**, Abs. 1).

II. Um Nachteilen, die dem wahren Berechtigten infolge der Unrichtigkeit des Grundbuches erwachsen können, vorzubeugen, muß die **Berichtigung des Grundbuches** erfolgen. Für diese sorgt das Grundbuchamt

A. in gewissen Fällen von Amts wegen z. B. bei Nichtübereinstimmung des Grundbuches mit dem Flurbuch oder gesetzwidrigen Eintragungen. Das Grundbuchamt löscht solche Eintragungen (**914. 917**) oder trägt einen Widerspruch ein (GBO. § 54. 8, Abs. 2. 22).

B. Das Gesetz gewährt zur Durchführung der Berichtigung auch den **Anspruch auf Berichtigung des Grundbuches** (**894—899**). Unrichtigkeit des Grundbuches im Sinne dieser Vorschriften liegt vor, wenn ein bestehendes und eintragungsfähiges Recht am Grundstücke oder an einem Grundstücksrechte nicht oder nicht richtig eingetragen ist, wenn eine nicht mehr bestehende Belastung, oder eine Belastung mit dem alten Inhalte trotz Änderung eingetragen ist, oder eine nicht mehr bestehende Beschränkung (Konkurseröffnung, Vorhandensein eines Nacherben, Vormerkung, Widerspruch), wenn eine bestehende Verfügungsbeschränkung, die den Inhalt des Rechtes verändert (z. B. eine Bedingung), nicht eingetragen ist, ferner in den Fällen **1137. 1138. 1155. 1157**, nicht aber, wenn eine Vormerkung oder ein Widerspruch zu Unrecht gelöscht sind.

1. Anspruchsberechtigt ist der am Grundstücke oder Grundstücksrechte Berechtigte, wenn sein Recht nicht oder nicht richtig eingetragen ist, oder derjenige, der durch die nicht zu Recht bestehende Eintragung beeinträchtigt sein würde, z. B. bei nichtiger Eintragung einer Belastung (Hypothek) der Eigentümer und die dem eingetragenen Rechte gleich- oder nachstehenden Berechtigten, nicht dagegen obligatorisch Berechtigte (Gläubiger, Pächter), die sich aber durch Abtretung oder Pfändung des Anspruches des Berechtigten auf Berichtigung (ZPO. § 857, Abs. 1) helfen können. Anspruchsgegner ist derjenige, der durch die Berichtigung in seinem Rechte betroffen werden würde, also, wenn ein zu Unrecht gelöschtes Recht wieder eingetragen werden soll, der Eigentümer und die gleich- oder nachstehenden Berechtigten.

2. Der Anspruch ist ein privatrechtlicher, kein obligatorischer, sondern ein aus dem beeinträchtigten Rechte fließender negatorischer dinglicher Anspruch. Er kann daher auch im Konkurse des Gegners durch Aussonderung geltendgemacht werden. Der Anspruch ist übertragbar, nach **898** nicht verjährbar und nicht verzichtbar[2]). Er ist gerichtet auf Erteilung der Zustimmung zur Berichtigung des Grundbuches in grundbuchmäßiger (GBO. § 29) Form. Soll z. B. der wahre Eigentümer an Stelle des Bucheigentümers eingetragen werden, so ist nicht eine Rückauflassung, sondern nur die Zustimmung des Bucheigentümers erforderlich. Die Zustimmung ist Verfügung, kann daher nach Konkurseröffnung von dem verpflichteten Kridar nicht wirksam erteilt werden. Die Zustimmung wird ersetzt durch rechtskräftige Verurteilung des Verpflichteten zu ihrer Erteilung (ZPO. § 894, vgl. Z. 3).

3. Kann die Berichtigung des Grundbuches erst erfolgen, wenn das Recht des Berichtigungsverpflichteten eingetragen ist (GBO. § 40, Abs. 1), so erstreckt sich die Verpflichtung auch auf die Eintragung dieses Rechtes (**895**). Soll z. B. eine zu Unrecht gelöschte Hypothek wieder eingetragen werden, so kann der Hypothekengläubiger vom nicht eingetragenen Erben des Eigen-

[1]) Dabei ist noch weiter auf die Tabularersitzung, die Unverjährbarkeit der Ansprüche aus eingetragenen RR. und das Ausschlußurteil (**L.** § 155) hinzuweisen.

[2]) Walsmann, Der Verzicht, S. 81 f.

tümers verlangen, daß er sich als Eigentümer eintragen läßt. Ist der Erbe rechtskräftig verurteilt, sich eintragen zu lassen, so ist damit der Antrag auf Eintragung ersetzt (GBO. § 13. ZPO. § 894), und diese kann erfolgen. Der eingetragene Erbe wäre dann weiter zur Erteilung der Zustimmung zur Eintragung der Hypothek (s. oben Z. 1. 2) verpflichtet. Kürzer ist der Weg, der sich nach GBO. § 14 bietet (vgl. C.).

4. Ist zur Berichtigung die Vorlegung des Hypotheken-, Grundschuld- oder Rentenbriefes erforderlich, so geht der Anspruch gegen den Besitzer des Briefes auf Vorlegung desselben vor dem Grundbuchamt (**896**. GBO. §§ 42. 43, vgl. ZPO. § 883).

5. Sind alle Voraussetzungen der Berichtigung erfüllt, was das Grundbuchamt zu prüfen hat, so erfolgt die Eintragung[1]).

C. Die Berichtigung kann auch ohne Bewilligung des von ihr Betroffenen auf formlosen Antrag (GBO. § 13, Abs. 2) erfolgen, sobald die Unrichtigkeit des Buches grundbuchmäßig nachgewiesen ist. Dieser Weg bietet sich bei Unrichtigkeiten, die nicht unter **894** fallen, z. B. Eintragung und Löschung von Verfügungsbeschränkungen, unrichtige rein tatsächliche Angaben des Buches sollen berichtigt werden, der Erbe will an Stelle des Erblassers eingetragen sein, der Eigentümer verlangt Löschung oder Umschreibung der Hypothek nach Befriedigung des Gläubigers. Der Antrag ist an das Grundbuchamt zu richten (GBO. §§ 22. 23. 24. 27. 29). Dieser Weg ist auch dann zulässig, wenn das Grundbuchamt von Amts wegen vorzugehen hätte (A). Besteht zugleich ein Berichtigungsanspruch (B), so kann der Berechtigte auch diesen durchführen. Zum Zwecke der Berichtigung des Grundbuches kann jedoch der wahre, aber nicht eingetragene Eigentümer oder Erbbauberechtigte ohne seine Zustimmung nicht eingetragen werden. Die Eintragung ist nur dann möglich, wenn die Berichtigung ohne vorherige Eintragung des Eigentümers usw. statthaft ist (GBO. §§ 40, Abs. 2. 41), oder wenn der die Berichtigung Beantragende einen vollstreckbaren Titel auf die Eintragung gegen den Eigentümer usw. erlangt hat (GBO. §§ 22, Abs. 2. 14).

III. Der Berichtigungsanspruch und damit das bestehende Recht könnte leicht vereitelt werden, wenn der eingetragene Berechtigte vor bewirkter Berichtigung zugunsten Dritter verfügt. Daher ist der Berichtigungsanspruch geschützt durch die Eintragung eines **Widerspruches** (**899**) gegen die Richtigkeit des Grundbuches auf Grund der Bewilligung des Verpflichteten (GBO. § 29. ZPO. §§ 894. 895), oder auf Grund einer einstweiligen Verfügung, deren Erlassung eine Glaubhaftmachung der Gefährdung[2]) nicht voraussetzt. Der Widerspruch kann entsprechend der Durchführung des Berichtigungsanspruches auch auf bloßen Antrag (**1139**. GBO. §§ 22. 14) und in gewissen Fällen von Amts wegen eingetragen werden (GBO. § 18, Abs. 2. 54. 71, Abs. 2. 76); in diesen Fällen ist nur die Unrichtigkeit des Buches im Sinne der GBO. § 22 erforderlich[3]). Der eingetragene Widerspruch beseitigt den öffentlichen Glauben der betroffenen Eintragung (**892**. **893**) und schützt das durch ihn gedeckte Recht gegen die Verjährung und Ersitzung, die Wirkung des Ausschlußurteils (**900**. **902**. **927**). Vgl. ferner ZVG. §§ 48. 9. Verfügungen, welche dem durch Widerspruch gedeckten Rechte widersprechen, sind nicht unzulässig, müssen aber dem bestehenden Rechte weichen.

Die Löschung des Widerspruches erfolgt auf bloßen Antrag (GBO. §§ 22. 25), von Amts wegen (GBO. §§ 18. 76) oder in der Regel auf Antrag mit Zustimmung des Widersprechenden.

IV. **Die Vormerkung** (883—888). Rechtsgültige schuldrechtliche Ansprüche, auch befristete, zukünftige und bedingte (vgl. **925**, Abs. 2) auf Begründung oder Aufhebung von Rechten an

---

[1]) Die Kosten der Berichtigung trägt derjenige, der die Berichtigung (vg. Text D. Z. 2) verlangt, wenn sich nicht aus dem Rechtsverhältnisse zwischen dem Berechtigten und Verpflichteten ein anderes ergibt (**897**, vgl. **369**).

[2]) Ausnahme von ZPO. §§ 935. 940.

[3]) Der Widerspruch nach GBO. §§ 23. 24 richtet sich überhaupt nicht gegen die Unrichtigkeit des Buches, seine Eintragung erfolgt von Amts wegen.

einem Grundstücke oder an einem Grundstücksrechte, auf Änderung des Inhaltes oder des Ranges solcher Rechte können dadurch gesichert werden, daß eine Vormerkung eingetragen wird, die entweder die Eintragung oder die Löschung eines Rechtes sicherstellen soll. So kann z. B. der durch Kauf begründete Anspruch auf Auflassung ebenso der durch Darlehnsvertrag begründete Anspruch auf Bestellung einer Hypothek durch eine Vormerkung gesichert werden. Während der Widerspruch bestehende Rechte gegen die Gefahren der Unrichtigkeit des Buches sichern soll, will die Vormerkung die Neuentstehung von Rechten oder die Aufhebung eines bestehenden Rechtes sicherstellen. Nur die Begründung eintragungsfähiger Rechte kann daher durch Vormerkung gesichert werden[1]), nicht auch der Anspruch auf Einräumung einer Pacht.

1. Die Eintragung erfolgt unter den gleichen Voraussetzungen wie die des Widerspruches, also auf Grund einer Eintragungsbewilligung des von der Vormerkung Betroffenen, auf Grund einstweiliger Verfügung und von Amts wegen (GBO. §§ 18, Abs. 2. 76. **885**. **899**)[2]).

2. Die Wirkung der Vormerkung. Wird von dem persönlich Verpflichteten[3]) über das Grundstück oder das Grundstücksrecht Verfügung getroffen, so ist die Verfügung nur gegenüber dem, zu dessen Gunsten die V. besteht, und nur insoweit unwirksam, als sie den Anspruch vereiteln oder beeinträchtigen würde. Der Gesicherte kann daher auf Grund dieser Unwirksamkeit die durch die Vormerkung gesicherte Eintragung bzw. Löschung auch jetzt von dem Erwerber auf Grund der Vormerkung, von dem Verpflichteten auf Grund seines persönlichen Anspruches verlangen. Der Erwerber hat nur seine Zustimmung in grundbuchmäßiger Form (GBO. § 29) zu erteilen; auf Erteilung der Zustimmung kann geklagt werden. Das gleiche gilt von dem Erwerber, der einem gesetzlichen oder richterlichen Veräußerungsverbot zuwider erworben hat (**883**, Abs. 2. **888**)[4]). Verfügungen des Schuldners stehen solche gleich, die im Wege der Zwangsvollstreckung, der Arrestvollziehung oder durch den Konkursverwalter geschehen. Die Wirkung der Vormerkung zeigt sich ferner darin, daß sie, nicht erst die Eintragung, den Rang des vorgemerkten Rechtes begründet (**883**), weiter im Konkurse des Verpflichteten (KO. § 24. 47. 193, Abs. 2), in der Zwangsversteigerung (ZVG. §§ 9. 48). Dem durch Vormerkung gesicherten Anspruch gegenüber kann der Erbe des Verpflichteten sich nicht auf das Recht auf Beschränkung der Haftung berufen (**884**).

Die Wirkungen der Vormerkung lassen sie als ein durchaus eigenartiges Institut erscheinen, bei dem die Unterstellung unter andere Erscheinungen versagt[5]).

3. Die Vormerkung erlischt, wenn der gesicherte Anspruch untergeht, ohne Löschung, sonst durch rechtsgeschäftliche Aufhebung (Löschungsbewilligung und Löschung. Die Aufhebung kann gefordert werden, wenn der Berechtigte sich dazu vertraglich verpflichtet hat.

a) Es kann jedoch der Betroffene von dem Berechtigten die Beseitigung der Vormerkung schon dann verlangen, wenn der gesicherte Anspruch wegen Ausfalles der Bedingung nicht entstanden ist oder ihm gegen den Anspruch eine peremptorische Einrede zusteht (**886**).

b) Ein durch Vormerkung gesicherter unbekannter Gläubiger kann wie ein unbekannter Hypothekengläubiger (**1170**. ZPO. §§ 988. 1024) im Wege des Aufgebotsverfahrens durch Ausschlußurteil, mit dessen Erlassung die Vormerkung erlischt, ausgeschlossen werden (**887**)[6]).

V. **Die Haftung des Staates** für Versehen der Grundbuchbeamten hat zur Voraussetzung, daß eine Ersatzpflicht der Grundbuchbeamten gemäß **839** (vgl. **L.** § 142) aus vorsätzlicher oder fahrlässiger Verletzung der Amtspflicht begründet ist. An Stelle des Grund-

[1]) RG. Bd. 55, S. 270; Bd. 60, S. 423.

[2]) Es kann (**885**, Abs. 2) bei der Eintragung auf die einstweilige Verfügung oder die Eintragungsbewilligung Bezug genommen werden.

[3]) Ebenso sind aber auch Verfügungen im Wege der Zwangsvollstreckung, der Arrestvollziehung und durch den Konkursverwalter zu behandeln.

[4]) RG. Bd. 53, S. 28.

[5]) Vgl. Biermann zu **883**, Note 2. Wolff, § 48, VII.

[6]) Vgl. Preuß. AG. z. BGB. Art. 25.

buchbeamten haftet der Staat oder die mit der Grundbuchführung betraute Gemeinde, die nach Landesrecht sich an ihre Beamten halten können (GBO. § 12).

§ 155.
Rechtsänderung durch Vereinigung, Ersitzung und Verjährung.[1])

I. Vereinigt sich Eigentum und beschränktes dingliches Recht (auch ein nicht eintragungsfähiges) an einem Grundstück in einer Person (**Vereinigung, Konfusion**), so besteht das beschränkte dingliche Recht für den Eigentümer bis zur Löschung als Recht an eigener Sache fort (**889**). Dieser Fortbestand kann allerdings nur Bedeutung mit Rücksicht auf Dritte (Rang, Ansprüche aus dem Recht) haben. Die volle Bedeutung des beschränkten dinglichen Rechtes tritt wieder ein, sobald der Eigentümer das Grundstück wieder veräußert. Der wichtigste Fall ist der der besonders geregelten Eigentümerhypothek (**L.**, § 205). Keine Anwendung findet die Vorschrift bei der Vereinigung von Grundstücksrechten mit den sie belastenden Rechten (**1063. 1072. 1256. 1273**). Vgl. **1178**.

II. Die Ersitzung hat gegenüber dem Grundbuchsystem nur beschränkte Bedeutung (**Tabularersitzung**).

A. Der im Grundbuch als Eigentümer oder dinglich Berechtigter eingetragene Nichtberechtigte erwirbt Eigentum bzw. dingliches Recht, wenn ihn dieses zum Besitze berechtigt (**1036**) oder die Ausübung Besitzschutz genießt (**1029**), vorausgesetzt, daß die Eintragung dreißig Jahre bestanden und der Eingetragene während dieser Zeit den Eigenbesitz, den Besitz oder die als Besitz geschützte Ausübung des Rechtes behauptet hat. In Frage kommen Eigentum, Erbbaurecht, Dienstbarkeiten, nicht aber Hypotheken, Reallasten, Vorkaufsrecht, und Grundschulden. Guter Glaube ist nicht erforderlich.

Durch einen gegen die Eintragung eingetragenen Widerspruch wird der Lauf der Frist gehemmt, die sonst nach den Vorschriften für die Ersitzung beweglicher Sachen (**L.** § 163) berechnet wird. Der Rang des erworbenen Rechtes bestimmt sich nach der Eintragung. Auf diesen Erwerb kann sich auch der wahre Berechtigte berufen (**900**).

B. Der Eigentümer ersitzt die Freiheit von dinglichen Rechten, welche zu Unrecht gelöscht oder welche kraft Gesetzes entstanden, zwar eintragungsfähig, aber nicht eingetragen sind[2]), sobald der Anspruch des dinglich Berechtigten gegen ihn verjährt ist. In diesen Fällen wird dann der unverjährbare Berichtigungsanspruch gegenstandslos, da das Grundbuch richtiggestellt ist (**Tabularversitzung**) (**901**).

III. **Die Verjährung.**

Die Verjährung der Ansprüche aus dinglichen Rechten, die nicht eingetragen sind, ist die allgemeine Anspruchsverjährung (**L.** § 64). Die Ansprüche aus eingetragenen oder durch Widerspruch (nicht aber Vormerkung) geschützten Rechten unterliegen der Verjährung nicht, soweit sie nicht auf rückständige Leistungen oder Schadensersatz gehen (**902**, vgl. **1028**, **1090**). Der Ausschluß der Verjährung rechtfertigt sich aus dem Zweck des Grundbuches und der Unmöglichkeit einer Durchführung der Verjährungsgrundsätze gegenüber dem Publizitätsprinzip. Man kann auch sagen, daß die Eintragung die Ausübung des Rechtes durch den Berechtigten ersetzt. Einen gewissen Ersatz bietet für die Verjährung der Ausschluß eingetragener Berechtigten durch Ausschlußurteil im Wege des Aufgebotsverfahrens (ZPO. §§ 946 ff.) beim Eigentum (**927**), beim Vorkaufsrecht (**1104**), bei den Reallasten (**1112**), bei den Hypotheken- und Grundschulden (**1170. 1171**), bei der Vormerkung (**887. L.** § 154).

---

[1]) Gierke, D. Pr.-R. II, § 119, VII, IX.

[2]) Für Grunddienstbarkeiten und beschränkte persönliche Dienstbarkeiten vgl. **1028. 1090** (**L.** §§ 181 ff. 193).

III. Abschnitt.

Die einzelnen Sachenrechte.

1. Kapitel.

Das Eigentum.

§ 156.

Der Inhalt des Eigentumes.[1])

I. **Das Eigentum** gewährt dem Berechtigten die umfassendste, aber nicht unbeschränkte rechtliche Herrschaft über eine Sache, geht prinzipiell so weit, als die Sache eine Herrschaft zuläßt, und unterscheidet sich dadurch von den *beschränkten Rechten an fremder Sache* (vgl. **L.** §§ 180 ff.), die von vornherein nur Herrschaft über die Sache in *gewissen* Beziehungen einräumen. Soweit das Eigentumsrecht reicht, ist *positiv* der Eigentümer zum Besitze berechtigt, hat das Recht auf die Nutzungen und die tatsächliche und rechtliche Verfügung über die Sache; *negativ* bewährt es sich, wie alle Sachenrechte, in der Ausschließung Dritter von der Einwirkung auf die Sache (**903**).

Das Eigentum findet seine Grenze an den Grenzen der Sache. Das gilt schlechthin für bewegliche Sachen, nicht so für Grundstücke. Zum Grundstücke gehört auch der Erdkörper unter der Erdoberfläche bis in den Erdmittelpunkt, nicht aber der Raum über der Erdoberfläche bis in die unendliche Höhe. Daß aber für den Eigentümer die ausschließliche Herrschaft in beiden Richtungen notwendig ist, ist nicht zu bestreiten. Die Möglichkeit der Annahme eines Eigentumes am Erdkörper steht mit dem Wesen der Sache im Einklang; denn die Einheit des Grundstückes wird, wie auf der Oberfläche durch die Grenzen, so unter derselben durch die in die Tiefe fortgesetzt gedachten Grenzflächen hergestellt. Eigentum am Luftraum ist aber wegen Unkörperlichkeit desselben ausgeschlossen. Trotzdem wird ein ausschließliches Herrschaftsrecht dem Grundeigentümer, wie es in dem Eigentum an dem Grundstücke selbst liegt, auch über den Luftraum gewährt. Es stehen ihm die Schutzmittel des Eigentümers zu. Der Eigentümer kann also Einwirkungen in den Erdkörper und den Luftraum verbieten. Wo aber das Interesse des Eigentümers an einer *ausschließlichen* Herrschaft aufhört, ist auch das Verbietungsrecht versagt. Der Eigentümer hat hier Einwirkungen in sein ausschließliches Herrschaftsrecht zu dulden. Die Bedeutung dieser Regelung liegt darin, daß der Eigentümer, wenn er überhaupt an der Ausschließung ein Interesse hat, jede Einwirkung in den Luftraum oder Erdkörper verbieten kann, daher wirksamer geschützt ist, als wenn man die Erstreckung des Eigentumes nicht annimmt (**905**)[2]).

II. **Beschränkungen des Eigentümers** ergeben sich aus den Vorschriften über unerlaubte Handlungen (**L.** § 287 f.), über die Gültigkeit von Rechtsgeschäften (z. B. **138**), über schikanöse

---

[1]) *Gierke*, D. Pr.-R. II, §§ 120—122. *Maschke*, Das Eigentum im Zivil- und Strafrecht (1893). *Wolff*, §§ 51 ff.

[2]) Das bestreitet, m. E. mit Unrecht, *Monich*, a. a. O., S. 164 f. Vgl. RG. Bd. 59, S. 116.

Rechtsausübung (**226**), ferner soweit Notwehr- oder Notstandshandlungen Dritter vorliegen (**228**), und wenn persönliche oder dingliche Rechte Dritter hinsichtlich oder an der Sache bestehen. Auch in dem letzten Falle wird das Eigentums r e c h t selbst in seinem Wesen nicht alteriert. Das Eigentumsrecht erscheint im Falle der Belastung mit dinglichen Rechten nicht um die in diesem Rechte liegenden Befugnisse vermindert, es besteht die rechtliche Herrschaft in ihrer Totalität fort. Daher tritt mit dem Fortfall der Beschränkung eo ipso Konsolidation ein. Das Wesen des Eigentumes hindert nicht, daß im Eigentum liegende Befugnisse dem Eigentümer auf Grund selbständiger dinglicher Rechte an eigener Sache zustehen. Die Annahme des besonderen dinglichen Rechtes an eigener Sache ist für den Eigentümer von Bedeutung, sobald es sich um die wirksame Wahrung dieser Befugnisse anderen dinglich Berechtigten gegenüber handelt. Beschränkungen des Eigentümers ergeben sich aber schließlich aus den dem E i g e n t u m s r e c h t e vom Gesetz von vornherein gezogenen Grenzen (s. III).

III. **Die gesetzlichen Schranken des Eigentumes.**

Die Beschränkungen des Eigentumes im ö f f e n t l i c h e n R e c h t des Reiches[1]) oder der Einzelstaaten[2]) gehören nicht hierher, folglich auch nicht die polizeilichen Vorschriften dieses Inhaltes[3]). Diese Vorschriften sind durch das BGB. nicht berührt. In Betracht kommen die p r i v a t r e c h t l i c h e n V o r s c h r i f t e n[4]).

A. B e s c h r ä n k u n g e n d e s E i g e n t u m e s an beweglichen und unbeweglichen Sachen.

Der Eigentümer kann Einwirkungen auf die Sache (Beschädigung, Zerstörung, Gebrauch) nicht verbieten, sondern nur Schadensersatz (besser: Ausgleichung in Geld) verlangen, wenn diese Eingriffe zur Abwehr einer gegenwärtigen Gefahr notwendig sind, und der drohende Schaden gegenüber dem dem Eigentümer aus der Einwirkung erwachsenden Schaden unverhältnismäßig groß ist. Die Schadensersatzpflicht trifft auch denjenigen, der den Schaden in unverschuldetem Notstande stiftete (**904**)[5]).

B. **Beschränkungen des Grundeigentumes.** Solche wurzeln im allgemeinen Interesse oder in fremdem Besitz- oder Eigentumsrecht oder im Interesse des nachbarlichen Verhältnisses (Nachbarrecht).

1. In die erste Kategorie gehört die Bestimmung unter I. (**905**), ferner die Vorschrift, daß der Eigentümer gewisse Einwirkungen (Immissionen) auf sein Grundstück, die von anderen, nicht nur benachbarten, Grundstücken ausgehen, nicht verbieten kann, also ertragen muß, wenn er sich nicht durch Vorkehrungen auf seinem Grundstücke schützen kann oder will (**906**). Es handelt sich um die Zuführung d. h. durch Handeln oder Unterlassen bewirktes Eindringen von Gasen, Dämpfen, Gerüchen, Rauch, Ruß, Wärme, Kälte, Geräusch, Erschütterungen, Licht[6]), aber auch von Tieren, da das Gesetz selbst nicht nur Imponderabilien erwähnt[7]). Während

[1]) Reichsrayonges. vom 21. Dezember 1871, §§ 34 ff. (EG. Art. 54). RGes. vom 19. Juni 1883, § 3 (Reichskriegshäfen), vom 3. Juli 1884, § 10 (Reblauskrankheit). Reichsstrandungsordnung vom 17. Mai 1874, § 9. Naturalleistungsgesetze vom 13. Februar 1875, §§ 14. 16, und vom 21. Juni 1887, neuredigiert vom 24. Mai 1898. Reichsquartierleistungsgesetz vom 25. Juni 1868, § 10. Reichskriegsleistungsgesetz vom 13. Juni 1873. Gew.-O. §§ 6 f. 51. 52. RGes. vom 7. April 1869, § 3 (Rinderpest) und 23. Juni 1880 in der Fassung vom 1. Mai 1894 (Viehseuchen). RGes. vom 14. Mai 1879, § 2 (Nahrungsmittelges.), vom 15. Juni 1897, § 8 (Butter usw.), Reichspostgesetz vom 28. Oktober 1871, § 17. RGes. vom 18. Dezember 1899, § 1213 (TelWGes.). TelGes. vom 6. April 1892. RFunkTelGes. vom 7. März 1908. Vgl. M a n d r y - G e i b , §§ 32. 44 (S. 464 f.).

[2]) EG. Art. 109. 111. Die Landesgesetze betreffen z. B. den Leinpfad, Waldschutz, Bauwesen, Denkmal-, Kunst- und Heimatschutz.

[3]) Vgl. S t i e r - S o m l o , Verwalt.-Arch., Bd. 6 (1898), S. 275 ff.

[4]) Vorbehalte zugunsten des Landesrechtes: EG. Art. 65—74. 105—107. 110. 111. 113. 122—124. 182. 183.

[5]) Vgl. **L.** § 68, I, B. Daß die Schadensersatzpflicht denjenigen trifft, z u d e s s e n G u n s t e n d e r S c h a d e n g e s t i f t e t w u r d e , behaupten B i e r m a n n zu **904** u. a. nach Analogie der Enteignung. Dagegen mit Recht R ü m e l i n , Gründe der Schadenszurechnung (1896), S. 40 ff. 96.

[6]) RG. Bd. 57, S. 224; Bd. 45, 298; Bd. 53, S. 43.

[7]) A. M. B i e r m a n n , **906**, Note 1.

unter das Verbietungsrecht an sich alle Immissionen fallen würden, erheischt das Interesse der Grundeigentümer Ausnahmen. Der Eigentümer und der sonst dinglich Berechtigte[1]) können nach **1004** unzulässige Einwirkungen verbieten, d. h. die durch direkte Zuleitung erfolgenden und die übermäßigen. Übermäßig ist die Einwirkung, wenn ein normaler Mensch in der Benutzung seines Grundstückes, und nicht nur in der regelmäßigen, durch sie wesentlich beeinträchtigt wird, oder wenn die Einwirkung durch eine Benutzung des anderen Grundstückes hervorgerufen ist, die nach den örtlichen Verhältnissen oder der Lage des Grundstückes zur Zeit der Klagerhebung ungewöhnlich ist[2]). Ist die Benutzung eine gewöhnliche, so hätte der Eigentümer auch eine wesentliche Beeinträchtigung zu tragen[3]). Die Zuführung kann auch eine unerlaubte Handlung und eine Besitzstörung in sich schließen.

2. Eine Beschränkung erfährt das Grundeigentum durch das dem Besitzer und Eigentümer gewährte Recht der Aufsuchung und Wegschaffung (**867**. **1005**. **962**; vgl. **L.** §§ 148. 176).

3. Weitere Beschränkungen ergeben sich aus der Regelung des nachbarlichen Verhältnisses (vgl. **L.** §§ 157 f.).

§ 157.

Das Nachbarrecht.[4])

Aus dem Nachbarverhältnisse mehrerer Grundstücke zueinander ergibt sich die größere Abhängigkeit der Eigentümer voneinander in der Benutzung ihrer Grundstücke und bei dem Umfange des Grundeigentumes (**L.** § 156, I) die größere Gefahr eines Konfliktes. Daher sind weitere Beschränkungen des Grundeigentümers[5]) und Vorschriften notwendig, die dem Konflikt vorbeugen. Außerdem besteht zwischen den Nachbarn eine Interessengemeinschaft hinsichtlich der Grenze und der Grenzeinrichtungen (vgl. **L.** § 158). Die Beschränkung durch Immissionen (**L.** § 156) trifft selbstverständlich auch für das Nachbarverhältnis zu.

I. **Schutz gegen gefahrdrohende Zustände auf dem Nachbargrundstück.** Die unter A., B., C. dem Eigentümer gewährten Ansprüche unterliegen nicht der Verjährung (**924**).

A. Es dürfen keine **Anlagen**, wozu Bäume und Sträucher (vgl. II., A.) nicht gehören, auf dem Grundstücke hergestellt oder gehalten werden, von denen mit Sicherheit vorauszusehen ist, daß ihr Bestand (wasserführende Gräben) oder ihre Benutzung (Senkgruben) ein unzulässige Einwirkung[6]) auf das Nachbargrundstück zur Folge haben wird. Der Nachbar (Eigentümer und dinglich Berechtigte) kann die Beseitigung der Anlage vor oder nach dem Hervortreten der unzulässigen Einwirkung verlangen, erst nach denselben, wenn die Anlage den landesgesetzlichen Vorschriften über den Abstand von der Grenze und sonstigen Schutzmaßregeln entsprach (**907**, vgl. EG. Art. 124, GewO. § 26).

B. Der Grundeigentümer, der Miteigentümer und dinglich Berechtigte, welche durch den Zustand des Nachbargrundstückes in der Art bedroht sind, daß der **Einsturz** von Gebäuden oder Werken oder Ablösung von Teilen derselben zu befürchten ist, können die Anwendung der zur Abwehr der Gefahr erforderlichen Maßregeln von demjenigen verlangen (**908**), der nach den Vorschriften über die Schadensersatzpflicht aus unerlaubten Handlungen (**836**, Abs. 1. **837**. **838**) für den wirklich eingetretenen Schaden verantwortlich sein würde (vgl. **L.** § 143). Im röm. R. half die cautio damni infecti.

---

[1]) RG. Bd. 59, S. 326.

[2]) RG. Bd. 64, S. 363. Der klagende Eigentümer würde die Klage aus **1004** genügend mit der Immission begründen; der Beklagte würde darzutun haben, daß eine exzessive Immission nicht vorliegt. Biermann zu **906**, Note 3.

[3]) Von Bestand bleibt GewO. § 26, vgl. EG. Art. 125, und dazu **L.** § 175, II.

[4]) Gierke, D. Priv.-R. II. § 126. Wolff, §§ 53 ff.

[5]) Nach EG. Art. 124 bleibt das Landesrecht, das noch andere Beschränkungen im nachbarl. Interesse aufstellt, erhalten, z. B. das Licht- und Fensterrecht. Das Landesrecht darf die Beschränkungen des BGB. nicht verschärfen.

[6]) RG. Bd. 50, S. 253; Bd. 60, S. 140. Die Verbauung des Lichtes gehört nicht unter **906** **L.** § 156, III. B.), also auch nicht hierher.

C. Es darf ein Grundstück nicht in der Weise **Vertiefungen** erfahren, daß das Nachbargrundstück die erforderliche Stütze verliert, oder es muß für genügende anderweite Befestigung gesorgt werden. Der Nachbar kann auf Unterlassung weiterer Vertiefung, nicht auf Befestigung (facultas alternativa) klagen (**909**. EG. Art. 124)[1]).

II. **Die Grenzüberschreitungen.** Solche sind in einigen Fällen unvermeidlich und verlangen eine besondere rechtliche Behandlung.

A. **Überhang** (**910**).

Im römischen Recht bestand das interdictum de arboribus caedendis. Nach BGB. kann der Eigentümer und nur dieser die in ein Grundstück hineinragenden Wurzeln von Bäumen und Sträuchern des Nachbars wegnehmen (Selbsthilfe) und ohne Entschädigung behalten; ebenso hineinragende Zweige[2]), wenn sie der Besitzer des Nachbargrundstückes nicht auf Verlangen innerhalb der ihm bestimmten angemessenen Frist beseitigt. Die Setzung einer unangemessenen Frist ist wirkungslos. Der Eigentümer hat auch den negatorischen Anspruch (**1004**) auf Beseitigung der Wurzeln und Zweige und diesen allein bez. der schräg in das Grundstück hineingewachsenen Baumstämme. Wenn eine Beeinträchtigung der Benutzung des Grundstückes nicht gegeben ist, so hat der Eigentümer die Grenzüberschreitung zu dulden[3]).

B. **Überfall** (**911**).

Im römischen Recht fand das wenig zweckmäßige interdictum de glande legenda Anwendung. Nach dem BGB. gelten die übergefallenen Baum- und Strauchfrüchte als Früchte des Grundstückes, auf welches sie gefallen sind (**L.** § 43 und **L.** § 167). Ist das letztere Grundstück im öffentlichen Gebrauch, so bleiben sie Früchte des Muttergrundstückes.

C. **Überbau**[4]) (**912—916**).

Während nach römischem Recht (superficies solo cedit) der Eigentümer die Beseitigung des Baues verlangen konnte, hat nach BGB. der Eigentümer eines Grundstückes ein Gebäude, das unter Grenzverletzung teilweise auf seinem Grundstück durch den Nachbarn errichtet ist, zu dulden, vorausgesetzt, daß der Nachbar weder vorsätzlich noch in grober Fahrlässigkeit die Grenzüberschreitung beging, und daß weder vor noch s o f o r t nach derselben vom Beeinträchtigten W i d e r s p r u c h eingelegt war. Die Duldungspflicht ist Folge der Verschweigung. Der bauende Eigentümer des Nachbargrundstückes oder der Erbbauberechtigte[5]) hat den Beweis seiner Nichtschuld, der Beeinträchtigte den Beweis des rechtzeitig erhobenen Widerspruches zu erbringen. Beeinträchtigt ist der Eigentümer der bebauten Fläche und derjenige, der Erbbaurecht oder Dienstbarkeit an derselben hat. Der Duldungspflicht des Eigentümers der überbauten Fläche entspricht ein dingliches Recht des Gebäudeeigentümers an derselben (**1004. 946**).

1. Der Beeinträchtigte ist durch eine G e l d r e n t e[6]) zu entschädigen, die als R e a l l a s t auf dem durch den Überbau bevorteilten Grundstück ruht (vgl. **L.** § 195). Die Höhe der Rente ist durch Vertrag oder nach der bei Grenzüberschreitung gegebenen Lage durch richterliches Urteil festzustellen; im ersten Falle bedarf die Rente der Eintragung in das Grundbuch. Den Anspruch auf die Rente hat der jeweilige Eigentümer, Erbbauberechtigte, Dienstbarkeitsberechtigte. Verpflichtet zur Zahlung der Rente ist der jeweilige Eigentümer des Gebäudes. Die Rente ist jährlich im voraus, also an den Jahrestagen der Grenzüberschreitung, zu entrichten. Die Rente geht allen Rechten am Grundstücke ohne Rücksicht auf das Alter vor (ZVG. § 52, Abs. 2).

---

[1]) RG. Bd. 62, S. 370.

[2]) M o n i c h, a. a. O., S. 179, will nach dieser Analogie auch die Ausbauchung der Mauer an der Grenze behandeln.

[3]) V o r b e h a l t für das Landesrecht EG. Art. 122 (Obstbäume), 183 (Waldbäume).

[4]) K o h l e r, Arch. f. d. ziv. Pr., Bd. 87 (1897), S. 287 ff. W o l f f, M., Der Bau auf fremdem Boden usw. (1900). H a g e n a, K., Der Grenzüberbau usw. (1902).

[5]) Vgl. EG. Art. 63. Auf Nießbraucher, Pächter usw. bezieht sich die Bestimmung nicht. B i e r m a n n zu **912**, Note 1. A. M. D e r n b u r g III, S. 235.

[6]) Die vorbehaltenen landesgesetzlichen Vorschriften des EG. Art. 113—115 finden auf diese Rente nach EG. Art. 116 keine Anwendung.

2. Die Rente erlischt nicht durch Verjährung, wenn sie eingetragen ist (**902**); auch wenn sie nicht eingetragen ist, würde der Rentenanspruch, solange der Überbau besteht stets neu entstehen. Der Anspruch auf die einzelne Jahresrente unterliegt der gewöhnlichen Verjährung (**902. 197**). Der Verzicht auf die Rente bedarf der Eintragung. Die Rente erlischt mit der Beseitigung des Überbaues und mit der Übertragung des Eigentumes an der überbauten Fläche seitens des Eigentümers gegen Leistung ihres Kapitalwertes zur Zeit der Grenzüberschreitung seitens des Rentenpflichtigen. Diese Regelung kann der Eigentümer der Fläche jederzeit verlangen[1]), und das Verhältnis der Parteien bestimmt sich dann nach den Grundsätzen des Kaufes (Gewährleistung). Solange die Übertragung des Eigentumes nicht stattgefunden hat, besteht die Duldungspflicht und auch der Anspruch auf die Rente fort[2]).

3. Besteht keine Duldungspflicht, so kann der Eigentümer die Beseitigung des Gebäudes nach **1004. 905** verlangen.

D. **Der Notweg** (**917. 918**)[3]).

Im römischen Recht war das Recht auf den Notweg nur in bezug auf das sepulcrum anerkannt[4]). Das gemeine Recht gab ihm die Ausdehnung für alle Grundstücke, die der notwendigen Verbindung mit einem öffentlichen Wege entbehren. Nach BGB. hat wie im älteren deutschen Recht der Grundstückseigentümer dem Nachbarn (nicht nur dem angrenzenden) den Notweg über sein Grundstück gegen Entschädigung zu gestatten. Während i. a. die Duldungspflicht alle Umlieger trifft, beschränkt sie sich bei Abveräußerungen von Teilgrundstücken oder bei Veräußerung eines von mehreren, demselben Eigentümer gehörigen Grundstücken auf dasjenige Grundstück, über das der Zugang bisher bestand.

1. Voraussetzung ist ein Notstand auf dem Nachbargrundstück, d. h. es muß die zur ordnungsmäßigen, durch die Natur des Grundstückes gegebenen Benutzung des Grundstückes erforderliche Verbindung mit einem öffentlichen Wege fehlen. Dieser Notstand darf nicht durch die willkürliche Aufhebung der bisherigen Verbindung durch den Eigentümer entstanden sein. Jeder Umlieger hat den Notweg zu gewähren, wenn die Erforderlichkeit ihm gegenüber vorliegt; er kann sich nicht darauf berufen, daß der Berechtigte besser andere Umlieger in Anspruch nehmen würde.

2. Wenn über den Inhalt der durch Gesetz begründeten Belastung (Wegrichtung — Umfang der Benutzung) keine Einigung stattfindet, ist er durch Urteil festzustellen.[5])

3. Die Entschädigung wird durch eine Geldrente geleistet, die nach den Vorschriften der Rente im Falle des Überbauers (C) geregelt ist. Dem Belasteten steht hier aber nicht das Recht zu, gegen Abtretung des Eigentumes am Weggrunde oder Einräumung einer Wegedienstbarkeit Kapitalabfindung zu verlangen.

4. Der Anspruch auf den Notweg verjährt nicht (**924**).

§ 158.

Fortsetzung. Das Grenzverhältnis.[6])

Der Grundeigentümer hat ein Interesse an der Feststellung der Grenze im Falle der Grenzverwirrung. Dieser Anspruch ist **L.** § 178 behandelt. An der Kenntlichmachung der Grenzlinie (Abmarkung durch Grenzzeichen) und dem Bestande der Abmarkung haben die Nachbarn ein gemeinsames Interesse. Daher ergibt sich aus dem Grundeigentum

---

[1]) Der Anspruch unterliegt nicht der Verjährung (**924**).
[2]) RG. Bd. 47, S. 114; Bd. 52, S. 15.
[3]) Vorbehalt für die Landesgesetze vgl. EG. Art. 123. 124.
[4]) l. 12 pr. D. (11, 7).
[5]) Vgl. Biermann zu **917**, Note 2.
[6]) Rönnberg, Arch. f. bürgerl. Recht, Bd. 11, S. 272 ff. Hoeniger, J., Die Grenzstreitigkeiten nach deutschem bürgerlichen Recht (1901). Gierke, D. Pr.-R. II, S. 440 ff.

A. **Der schuldrechtliche Anspruch und die Pflicht auf Abmarkung** [1]) (**919**).

Steht die Grenze fest, so kann der Eigentümer von dem Eigentümer des Nachbargrundstückes die Mitwirkung zur Errichtung bzw. zur Wiederherstellung verrückter oder unkenntlich gewordener Grenzzeichen verlangen. Der Anspruch ist unverjährbar (**924**) und erlischt nicht durch Verzicht[2]). Der Eigentümer kann sich aber verpflichten, den Anspruch nicht auszuüben. Der Anspruch ist aktiv und passiv an das Eigentum am Grundstück gebunden. Der Anspruch wird im ordentlichen Prozesse geltendgemacht. Liegt ein rechtskräftiges Urteil vor, so bestimmt sich die Art der Abmarkung und Verfahren nach Landesrecht und, wo dieses schweigt, nach der Ortsüblichkeit, soweit nicht die Parteien eine Art der Abmarkung vereinbart haben. Diese Vereinbarung schließt aber den Anspruch auf gesetzmäßige Abmarkung nicht aus.

Die Kosten der Abmarkung tragen beide Teile gleichmäßig, jedoch kann ein unter ihnen bestehendes Rechtsverhältnis (Rechtsgeschäft, Delikt) eine andere Verteilung ergeben. Es ergibt sich somit auch eventuell ein Kostenersatzanspruch, der der Verjährung unterliegt.

B. **Das Rechtsverhältnis an den Grenzeinrichtungen** (**921. 922. 923**, Abs. 2)[3]).

Es gehören hierher Zwischenräume, Raine, Winkel, Gräben, Mauern, Hecken, Planken, Grenzgestelle usw., aber nur, soweit sie dem Vorteile beider Grundstücke dienen. Vorausgesetzt ist ferner, daß die Grenzeinrichtung Teile beider Grundstücke okkupiert, so daß die geometrische Grenze auf dem von der Grenzeinrichtung okkupierten Grund und Boden läuft[4]). Sind diese Voraussetzungen gegeben, so wird vermutet, daß die Nachbarn *zur gemeinschaftlichen Benutzung* der Grenzeinrichtung berechtigt sind. Diese Vermutung kann selbstverständlich gebrochen werden durch den Nachweis, daß die geometrische Grenze die Grenzeinrichtung ganz dem einen Grundstück zuweist, aber auch schon dadurch, daß äußere Merkmale darauf hinweisen, daß die Einrichtung ganz dem einen der Nachbarn allein gehört und durch den Beweis des Alleineigentums.

Das den Nachbarn bez. des Trennstückes zustehende Recht ist ein dingliches, nicht aber Miteigentum (denn es fehlt an dem besonderen Grundstück), sondern grunddienstbarkeitsähnliches Benutzungsrecht jedes Nachbars an dem Nachbargrundstück. Diese beiderseitigen Rechte stehen in Konkurrenz, und diese soll nach den Grundsätzen einer Gemeinschaft zu gleichen Anteilen behandelt werden (**741** ff.).

Die Art der Benutzung ergibt sich aus der Beschaffenheit der Grenzeinrichtung. Jeder Nachbar kann die Benutzung ausüben, soweit er nicht die Mitbenutzung des anderen beeinträchtigt. Änderungen und Beseitigung der Einrichtung sind ohne Zustimmung des anderen dem Nachbar nicht gestattet, wenn der andere noch ein Interesse an der Einrichtung hat. Das gilt auch für einen Baum oder Strauch auf der Grenze, die als Grenzzeichen dienen und nach den Umständen nicht durch ein zweckmäßiges Grenzzeichen ersetzt werden können, z. B. Weidenbäume im Überschwemmungsgebiet (s. C.). Die Unterhaltungskosten tragen beide Nachbarn zu gleichen Teilen.

C. **Rechtsverhältnis an Bäumen und Sträuchern auf der Grenze,** die nicht Grenzzeichen sind (**923**)[5]). Vor der Trennung bestünde an sich Gemeinschaft pro diviso der Nachbarn wie am Grundstück selbst. Die Grenze, so wie sie den Baum an der Basis durchschneidet, würde bestimmen, was zu dem einen oder andern Grundstück gehört. Nach der Trennung würde nach demselben Verhältnis Miteigentum der Nachbarn entstehen. So liegt es auch bei Felsen,

---

[1]) Verschieden davon ist und unberührt bleibt die öffentlich-rechtliche Abmarkungspflicht des Landesrechtes. Vgl. auch *Preuß.* AG. z. BGB. Art. 24.

[2]) *Walsmann*, Der Verzicht, S. 272.

[3]) *Wolff*, Th., Recht, Bd. 4, S. 447 ff. 475 ff.

[4]) Wie die geometrische Grenze läuft, ob namentlich zu der von ihr besetzten Bodenfläche beide Grundstücke in gleicher Weise beitragen, wird meistens gleichgültig sein. Wo es das nicht ist, wird auch der Anspruch auf Feststellung der Grenze und Abmarkung nicht ausgeschlossen sein.

[5]) *Vorbehalte* zugunsten des Landesrechtes: EG. Art. 122. 124. 183. *Braunschweig.* AG. z. BGB. § 47.

Gebäuden usw.; bei Bäumen und Sträuchern weist aber das BGB. jedem Nachbar zweckmäßigerweise nach der Trennung die Hälfte des Baumes zu; während der Verbindung hat jeder Nachbar (Eigentümer, Pächter, Nießbraucher) den Fruchtgenuß zur Hälfte (**L.** § 167). Aus der vor der Trennung bestehenden Gemeinschaft folgt, daß Verfügungen über den Baum nur gemeinschaftliche sein können. Jeder Nachbar kann aber Beseitigung des Baumes verlangen. Der Anspruch unterliegt nicht der Verjährung (**924**). Die Kosten der Beseitigung tragen beide zur Hälfte; der Kläger allein, wenn der Beklagte, soweit er das kann, auf sein Recht am Baum verzichtet[1]). Der Kläger wird dann Alleineigentümer.

2. Kapitel.

Der Erwerb und Verlust des Eigentumes an Grundstücken.

§ 159.
Der rechtsgeschäftliche Erwerb.[2])

Nach dem in **L.** § 151 Ausgeführten erfordert die Übertragung des Eigentumes oder von Miteigentumsquoten an Grundstücken den dinglichen Vertrag (Einigung) und Eintragung. Bei der Übertragung des Eigentumes ist hinsichtlich der Einigung mehr verlangt. Die Übertragung des Eigentumes an Grundstücken erfordert (**925. 926**):

I. Die Auflassung. Das ist der formelle dingliche Eigentumsübertragungsvertrag. Der dingliche Vertrag ist unter Formvorschrift gestellt, weil bei Anwendung der allgemeinen Grundsätze die Bedeutung der Grundeigentumsübertragung, besonders mit Rücksicht auf **313** Abs. 2, nicht genügend zur Geltung kommen würde.

A. Veräußerer und Erwerber bzw. ihre Vertreter[3]) müssen vor dem Grundbuchamt[4]) ihre Vertragserklärungen gleichzeitig anwesend[5]) abgeben. Die rechtskräftige Verurteilung zur Abgabe dieser Erklärungen steht nach ZPO. § 894 der Erklärung gleich. Der andere Teil muß aber auch diese Erklärung annehmen.

B. Materiell gilt von der Auflassung das gleiche, was für den dinglichen Vertrag nach **L.** §§ 150 und 151 überhaupt gilt. Sie ist ein Vertrag, abstrakter Vertrag, und erfordert zu ihrer Wirksamkeit, daß der Veräußerer eingetragener oder nicht eingetragener Eigentümer und daß er verfügungsberechtigt ist. Die Auflassung vom Nichteigentümer ist wirksam mit der Einwilligung oder Genehmigung des Eigentümers (**185**. GBO. § 29).

Auflassung unter Bedingung oder Befristung, abgesehen von der Rechtsbedingung, ist unwirksam. Ist der obligatorische Veräußerungsvertrag in dieser Weise geschlossen, so kann eine Vormerkung eingetragen werden (vgl. **L.** § 154).

II. Die Eintragung des Erwerbers in das Grundbuch. Die Vorlegung der Urkunde über den obligatorischen Vertrag ist nicht erforderlich (vgl. aber GBO. § 98). Die Auflassung kann der Eintragung auch nachfolgen (GBO. § 20).

---

[1]) Walsmann, Der Verzicht, S. 273.

[2]) Wendt, Jahrb. f. Dogmat., Bd. 29, S. 50 ff. Gierke, D. Pr.-Recht **II**, § 127 **II**. Wolff, §§ 60 ff.

[3]) Auch Auflassung des Vertreters an sich selbst ist statthaft. Huther, D. Jur.-Ztg., Jahrg. 4 (1899), S. 332 f.

[4]) Vorbehalt für das Landesrecht. EG. Art. 143, Abs. 1. Mecklenb.-Schwerin. AV. z. BGB. §§ 84. 104. Mecklenb.-Strelitz. AV. z. BGB. §§ 82. 102. Preuß. AG. z. BGB. Art. 26, § 1. (Zulässigkeit der Auflassung auch vor Gericht oder Notar usw.)

[5]) Vorbehalt für das Landesrecht. EG. Art. 143, Abs. 2. Preuß. AG. z. BGB. Art. 26, § 2. (Auflassung ohne gleichzeitige Anwesenheit der Parteien.)

III. Die Besitzübergabe ist für den Eigentumserwerb nicht erforderlich, aber sonst von rechtlicher Bedeutung (**446. 449**). Durch den mit der Auflassung und Eintragung vollzogenen Übergang des Eigentumes am Grundstück wird, wenn die Parteien nichts anderes bestimmt haben, auch das Eigentum an dem dem Veräußerer zur Zeit des Eigentumsüberganges gehörigen Zubehör des Grundstückes erworben, ohne daß Übergabe des Besitzes, des Grundstückes oder das des Zubehöres stattfindet (**926**), ja, ohne daß der Veräußerer überhaupt den Besitz an dem Zubehör hatte. Steht dem Veräußerer das Eigentum am Zubehör nicht zu, oder ist es mit Rechten Dritter belastet, und erlangt der Erwerber durch die Veräußerung den Besitz derselben, so erwirbt er das Eigentum wie an sonstigen Mobilien, wenn er im Momente der Besitzerlangung in gutem Glauben war (**932—936**, vgl. **L.** § 162).

IV. Der Eigentumserwerb an Grundstücken, die nach GBO. § 90 nicht eingetragen sind und nicht eingetragen zu werden brauchen, an Rentengütern (EG. Art. 62) und an Grundstücken zur Durchführung von Gemeinheitsteilungen und Zusammenlegungen (EG. Art. 113) bestimmt sich nach Landesrecht (EG. Art. 127)[1]). Vgl. ferner EG. Art. 189 über den Erwerb an Grundstücken bis zu der Zeit, zu welcher das Grundbuch als angelegt gilt.

§ 160.

Erwerb durch Aneignung, nach Aufgebot und durch Ersitzung.[2])

I. Erwerb durch Aneignung (928).

A. Das Eigentum an Grundstücken kann nach **L.** § 151 dadurch aufgehoben werden, daß der Berechtigte seinen Verzicht erklärt (Dereliktion) und Löschung des Rechtes im Grundbuch erfolgt. Der Verzicht auf das Grundeigentum bedarf aber der Erklärung gegenüber dem Grundbuchamt und der Eintragung im Grundbuch. Ein bedingter oder befristeter Verzicht ist nach Analogie einer solchen Auflassung unwirksam[3]). Aufgabe des Besitzes ist nicht erforderlich. Mit der Eintragung des Verzichtes ist dieser unwiderruflich, nicht schon mit der Erklärung gegenüber dem Grundbuchamt[4]). Das Eigentum erlischt, nicht aber die sonst an dem Grundstück bestehenden Rechte (z. B. Hypotheken).

B. Dem Fiskus[5]) desjenigen Bundesstaates, in dem das durch Verzicht herrenlos gewordene Grundstück[6]) liegt, steht ein dingliches Aneignungsrecht zu. Der Fiskus erwirbt das Eigentum erst dadurch, daß er sich als Eigentümer in das Grundbuch eintragen läßt. Will jemand, solange der Fiskus noch nicht eingetragen ist, im Wege der Klage oder Zwangsvollstreckung ein Recht an dem herrenlosen Grundstücke geltendmachen, so muß vom Prozeß- oder Vollstreckungsgericht auf seinen Antrag ein Vertreter des Grundstückes bestellt werden[7]). In den Schutzgebieten ist das nicht im Privatbesitz der Eingeborenen stehende Land für Kronland erklärt, über welches der Fiskus des Schutzgebietes verfügt, wo nicht Vorrechte einzelner Kolonialgesellschaften bestehen; Aneignung durch einzelne ist ausgeschlossen.

II. Erwerb auf Grund eines Ausschlußurteiles (927).

Dieser originäre Erwerb ersetzt einmal die Ersitzung, die bei Grundstücken nicht anerkannt ist, und bezweckt ferner, die Funktion der Grundbucheinrichtung zu sichern.

---

[1]) Mecklenb.-Schwerin. AV. z. BGB. § 103. Mecklenb.-Strelitz. AV. z. BGB. § 101. Preuß. AG. z. BGB. Art. 27.

[2]) Gierke, D. Priv.-R. II, § 127, I.

[3]) A. M. Biermann zu **928**, Note 1.

[4]) A. M. Biermann zu **928**, Note 1, der **130**, Abs. 3, und **875**, Abs. 2, anwenden will.

[5]) Wenn nicht nach dem Vorbehalt EG. Art. 129 nach Landesrecht dem Fiskus eine andere bestimmte Person vorgeht. Der gemeinrechtliche Eigentumserwerb des ersten Besitzergreifenden ist damit beseitigt.

[6]) Nach EG. Art. 190 erstreckt sich das Aneignungsrecht des Fiskus auch auf alle Grundstücke, die zu der Zeit herrenlos sind, zu welcher das Grundbuch als angelegt anzusehen ist.

[7]) Vgl. ZPO. § 57. 58. 787. GerKostGes. § 47, Nr. 9.

A. Wer dreißig Jahre[1]) hindurch im Eigenbesitze eines Grundstückes ist, ist, wenn ein anderer im Grundbuch als Eigentümer eingetragen ist[2]), oder wenn überhaupt ein Eigentümer im Grundbuche nicht eingetragen ist (also das Grundstück z. B. als fiskalisches nicht im Grundbuche steht, oder der bisherige eingetragene Eigentümer nach I. A. verzichtet hat, und der Aneignungsberechtigte sich nicht hat eintragen lassen), berechtigt, ein Ausschlußurteil gegen den Eigentümer im Wege des Aufgebotsverfahrens[3]) zu erwirken.

B. Das rechtskräftige Ausschlußurteil macht das Grundstück herrenlos. Derjenige, der das Urteil erwirkt hat, erlangt das dingliche Aneignungsrecht und wird Eigentümer durch Eintragung im Grundbuch. Rechte am Grundstücke bleiben nach dem Urteil und der Aneignung von Bestand und werden gegen den Vertreter gemäß I. B. geltendgemacht. Das Ausschlußurteil hat für sich keine Wirkung gegen den, der vor seiner Erlassung als Eigentümer eingetragen ist (**L.** § 153), d. h. der später das Ausschlußurteil erstreitende Eigenbesitzer kann nicht eingetragen werden. Ist nur ein Widerspruch zugunsten eines Dritten eingetragen, so hindert dieser die Eintragung des Eigenbesitzers nicht; der Dritte kann aber seine Rechte aus dem Widerspruche geltendmachen. Es wird andererseits das Urteil durch bloße Geltendmachung des Eigentumsanspruches nicht entkräftet. Der aus dem Ausschlußurteil Berechtigte kann also während der Schwebe des Eigentumsstreites eingetragen werden, jedoch kann sich der Kläger dadurch, daß er vor Erlaß des Ausschlußurteiles einen Widerspruch gegen die Richtigkeit des Grundbuches eintragen läßt, sichern (vgl. **L.** § 154), und er kann, wenn er siegt, seine Eintragung verlangen. Rechte, die zu Unrecht gelöscht sind, erlöschen nicht bei Unkenntnis des Eigenbesitzers nach **892.**

III. Dem eingetragenen Nichteigentümer eröffnet sich außerdem die auf das Eigentum nicht beschränkte Möglichkeit der **Tabularersitzung** (**L.** § 155).

IV. Der Erwerb durch Anlandungen (Alluvion, Avulsion), an einer Flußinsel und am verlassenen Flußbett bestimmt sich nach Landesrecht (EG. Art. 65. 124. Vgl. **L.** § 171. I. B.). Ferner der Erwerb im Falle der Enteignung.

---

3. Kapitel.

Der Erwerb und Verlust des Eigentumes an beweglichen Sachen.

§ 161.

Der Erwerb durch Übertragung.[4])

Die Übertragung des Eigentumes an beweglichen Sachen vom bisherigen Eigentümer auf einen anderen wird nicht durch den bloßen Vertrag (französ. R.) bewirkt, sondern es muß zur sinnfälligen Klarstellung der Herrschaft über die Sache die Einräumung des Besitzes hinzukommen (**929. 930. 931**). Übereignungsvertrag und Übergabe zu Besitz können miteinander zeitlich verbunden oder voneinander getrennt sein.

Die Übertragung fordert daher:

---

[1]) Berechnung wie bei der Ersitzung beweglicher Sachen, **L.** § 163. Im Falle der Note 4 läuft die Frist vom Tode des Eigentümers ab.

[2]) In diesem Falle muß der Eigentümer gestorben oder verschollen sein; ist er das nicht, so reichen, wenn das Grundbuch nicht richtig ist, die gewöhnlichen Behelfe für den wahren Eigentümer aus (**L.** § 154). Im Falle des Todes oder der Verschollenheit ist weiter erforderlich, daß während der 30 Jahre keine Eintragung in das Grundbuch erfolgt ist, die der Zustimmung des Eigentümers bedarf (**873. 875. 877**).

[3]) Vgl. ZPO. §§ 977—981.

[4]) Kohler, Arch. f. bürgerl. R., Bd. 18 (1900), S. 73 ff. Buhl, H., Das Recht der beweglichen Sachen (1901). Jung, Zeitschr. f. d. ges. Handelsrecht, Bd. 47 (1898), S. 183 ff. Fleck, Arch. f. bürg. Recht, Bd. 15, S. 374 ff. Leonhard, Vertretung beim Fahrniserwerb. Gierke, D. Priv.-R. II, §§ 130. 133. Wolff, §§ 65 ff.

I. **Den dinglichen Vertrag** der Parteien (Einigung). Dieser ist auch hier (vgl. **L.** § 151) zu trennen von dem unterliegenden, kausalen Geschäft (Kauf, Schenkung, Erfüllung usw.), er ist abstrakter Vertrag. Der dingliche Vertrag bedarf einer Form nicht.

II. **Eigentum des Veräußerers.** Der Veräußerer muß Eigentümer sein oder als Vertreter oder kraft Gesetzes (Konkursverwalter, Ehemann, Inhaber elterlicher Gewalt) zur Übertragung des Eigentumes befugt sein (vgl. V.). Eine Veräußerung durch einen Nichtberechtigten in eigenem Namen ist aber oder wird wirksam, wenn die Einwilligung oder Genehmigung des Eigentümers hinzutritt (**185**). Veräußert sonst der Nichteigentümer, so wird Eigentum nur erworben, wenn sich weitere Tatbestandsmomente erfüllen (vgl. **L.** §§ 162. 163).

III. **Die Übergabe des Besitzes** von dem Veräußerer an den Erwerber ist Einräumung des unmittelbaren Besitzes, die sich nach § 854, Abs. 1 und 2 vollzieht. Die Eigentumsübertragung geht aber durch bloße Einigung vor sich, wenn der Erwerber schon z. B. als Mieter im Besitze ist (sog. brevi manu traditio). Der Erwerber wird aus einem Fremdbesitzer zum Eigenbesitzer. Es genügt auch mittelbarer Besitz des Erwerbers, z. B. Übergabe an den Pächter des Erwerbers.

Die Übergabe wird ersetzt:

1. dadurch, daß der unmittelbar oder mittelbar besitzende Eigentümer mit dem Erwerber ein Rechtsverhältnis[1]) vereinbart, durch welches der Erwerber mittelbarer Besitzer wird (sog. constitutum possessorium vgl. **L.** § 145)[2]);

2. dadurch, daß der Eigentümer dem Erwerber seinen Anspruch auf Herausgabe der Sache gegen einen dritten Besitzer der Sache abtritt (**403. 410**). Hat der Eigentümer außer dem dinglichen Anspruch (Vindikation) aus dem Eigentum (**985**) auch einen persönlichen aus dem Rechtsverhältnisse zwischen ihm und dem Dritten, das dem Eigentümer den mittelbaren Besitz gibt, so müssen beide Ansprüche abgetreten werden[3]). Die Rechtslage des Dritten ändert sich durch die Abtretung nicht (**986**)[4]). Diese Ersatzübergabe versagt, wenn kein Dritter im Besitze ist, z. B. der Eigentümer hat die Sache verloren[5]);

3. dadurch, daß im Falle rechtskräftiger Verurteilung des Eigentümers zur Übergabe der Sache der Gerichtsvollzieher die Sache im Wege der Zwangsvollstreckung zum Zwecke der Ablieferung an den Erwerber wegnimmt (ZPO. § 897, Abs. 1).

4. Diesen Fällen schließen sich an die Übergabe durch Vermittelung der Traditionspapiere (vgl. **L.** § 146. II. 2) und der Sonderfall des RDepotgesetzes vom 5. Juli 1896, § 7 (Übergang des Eigentums an Wertpapieren mit der Absendung des Stückeverzeichnisses vom Bankier an den Auftraggeber).

IV. Der Erwerb durch Übergabe kann auch unter Bedingung und Befristung erfolgen. Bei reiner Übergabe müssen alle Erfordernisse (I—III) erfüllt sein, damit Eigentum auf den Erwerber übergeht, im Falle III. Z. 3 also die Wegnahme durch den Gerichtsvollzieher. Der Erwerber erhält das Eigentum so, wie es der Veräußerer hatte, d. h. mit den die Sache belastenden Rechten Dritter (vgl. aber **L.** § 162).

V. Der Erwerb durch Vertreter.

A. Der Abschluß des dinglichen Vertrages kann auch durch einen Vertreter des Veräußerers oder des Erwerbers oder durch Vertreter beider Parteien geschlossen werden. Wie über den Gegenstand der Übertragung, so muß auch über die Person des Er-

---

[1]) Dieses Rechtsverhältnis könnte auch die Leihe, insbesondere die widerrufliche Leihe (**604**), sein. Dagegen mit Unrecht Cramer in Gruch. Beitr., Bd. 40 (1896), S. 45 f.

[2]) Kann der Veräußerer dieses Rechtsverhältnis als Vertreter des Erwerbers mit sich selbst vereinbaren? Darüber vgl. **181** (**L.** § 56, V).

[3]) So Biermann zu **931**. A. M. Neuburger, Eigentumserwerb durch Anspruchsabtretung, Diss. (1901), S. 30 ff. (es genügt die Abtretung des persönl. Anspruches). Vgl. RG. Bd. 52, 385.

[4]) Durch Anweisung an den, der für den Eigentümer Besitzvermitteler ist, kann die Übergabe nicht ersetzt werden.

[5]) Biermann, a. a. O. A. M. Kohler, a. a. O., S. 88 ff. Wolff, § 67, II, Z. 2.

werbers und des Veräußerers Einigung der Parteien vorliegen, die sowohl ausdrücklich wie stillschweigend erklärt sein kann. Will jemand als Vertreter eines anderen erwerben oder veräußern, so muß er das im Vertrage erklärt haben. Schaffen die unmittelbaren Erklärungen der Parteien hierüber keine Klarheit, so kann sich die entscheidende Absicht aus dem Grundverhältnisse ergeben, auf dem der dingliche Vertrag beruht. Ergibt sich so die Absicht, daß der Mittelsmann im Namen eines anderen auftritt, so kann es nicht darauf ankommen, ob die Parteien innerlich etwas anderes wollen, als die Auslegung des Vertrages ergibt. Erklärt z. B. der Veräußerer die Übereignung an die andere Partei B, letzterer aber, daß er für C erwerben wolle, so kommt der dingliche Vertrag nicht zustande; würde aber B die Erklärung des A annehmen, innerlich aber den Willen haben, für C erwerben zu wollen, so erwirbt gleichwohl B. Will andererseits A für B veräußern, so muß seine Vertreterstellung sich aus dem Vertrage ergeben, sonst ist B selbst der Veräußerer[1]).

B. Damit die Wirkung der Übereignung für den Vertretenen eintrete, ist außerdem Vertretungsmacht (Vollmacht) des Vertreters erforderlich oder Genehmigung des Vertretenen (**177. 184**).

C. Zum dinglichen Vertrage muß auch die Besitzübergabe hinzutreten. Ist der Erwerber vertreten, so erwirbt mit der Übergabe an ihn stets der Vertreter den unmittelbaren Besitz, wenn nicht der Vertreter im Besitzdienerverhältnis zum Vertretenen steht (**855**). War der Vertreter Beauftragter usw. des Vertretenen, so erwirbt der letztere mittelbaren Besitz. Trotz Übergabe an den Vertreter kann aber der Veräußerer den Vertretenen zum unmittelbaren Besitzer machen, wenn er dem Vertretenen den Anspruch auf Herausgabe nach **931** abtritt, der ihm gegen den Vertreter zusteht. Dieser Abtretungsvertrag ist im Zweifel vom Vertreter für den Vertretenen mit dem Veräußerer stillschweigend geschlossen[2]).

Ist der Veräußerer vertreten, so begründet die Übergabe durch den Vertreter, auch wenn er nicht unmittelbarer Besitzer ist, unmittelbaren Besitz beim Erwerber.

§ 162.

Der Erwerb auf Grund guten Glaubens.[3])

Das römische Recht führt den Grundsatz nemo plus juris usw. streng durch; wer von einem Nichteigentümer erwirbt, wird auch, wenn er gutgläubig ist, nicht Eigentümer, sondern nur Besitzer und, wenn die besonderen Voraussetzungen hinzutreten, entweder bloßer bonae fidei possessor oder Ersitzungsbesitzer (publizianischer Besitzer). Die Mängel des Erwerbes können also nur durch besonderen originären Eigentumserwerb, durch Ersitzung (usucapio) geheilt werden. Die Anerkennung des Eigentumserwerbes auf Grund des guten Glaubens stammt aus dem deutschen Recht, ist dann außer im Partikularrecht im alten HGB. anerkannt und nun verallgemeinert worden.

Hat nach **L.** § 161 eine Übertragung stattgefunden, während der Veräußerer überhaupt nicht Eigentümer war, oder sein Eigentum durch Rechte Dritter beschränkt war, so geht dennoch Eigentum oder freies Eigentum unter Erlöschen der Rechte Dritter an der Sache auf den Erwerber über, wenn er in gutem Glauben war (**932—936**)[4]). Der gute Glaube deckt daher nur Mängel im Rechte des Veräußerers, nicht andere Mängel des Übertragungsgeschäftes (Geschäftsunfähigkeit, Mangel der Vertretungsmacht).

Nach HGB. § 366 deckt aber der gute Glaube auch den Mangel der Verfügungsbefugnis, wenn jemand von einem Kaufmann (z. B. einem Kommissionär oder Lagerhalter) in dessen Gewerbebetrieb eine Sache erwirbt.

---

1) Vgl. Leonhard, a. a. O., der eine eingehende Kritik der bisher vertretenen Auffassungen gibt.

2) Vgl. Leonhard, a. a. O., S. 84 ff.

3) Buhl, Der Schutz des Eigentums an beweglichen Sachen (Heidelberger Festgabe). Pflüger, Jahrb. f. Dogm., Bd. 35, S. 451 ff. Wendt, Arch. f. d. ziv. Pr., Bd. 89, S. 1 ff. Leonhard, Vertretung beim Fahrniserwerb, S. 86 ff. 107 ff. Gierke, D. Priv.-R. II, § 134.

4) Ähnlich Reichspostges. v. 28. Oktober 1871, § 26. Vgl. Mandry-Geib, § 29, S. 362.

Wo der gutgläubige Erwerber nicht Eigentümer wird, muß er dem Eigentümer die Sache herausgeben ohne Anspruch auf Ersatz des aufgewendeten Kaufpreises (Lösungsanspruch). Vgl. **L.** § 174. III.

I. Das Erfordernis des guten Glaubens.

Der Erwerber ist dann nicht in gutem Glauben, wenn er den Rechtsmangel beim Veräußerer oder die Rechte Dritter an der Sache kannte oder infolge grober Fahrlässigkeit (vgl. **L.** § 61) nicht kannte. Den Erwerber trifft also anders als nach **L.** § 153 eine gewisse Nachforschungspflicht. Der gute Glaube muß i. a. in dem Zeitpunkt vorhanden sein, in dem auch die sonstigen Erfordernisse seines Erwerbes vorliegen (vgl. II). Den Beweis hat der wahre Eigentümer bzw. der dingliche Berechtigte dahin zu führen, daß der Erwerber in dem entscheidenden Zeitpunkt in bösem Glauben war.

II. Zum Erwerbe des Eigentumes oder des freien Eigentumes durch den gutgläubigen Erwerber genügt es nicht, daß das Veräußerungsgeschäft (dinglicher Vertrag — Übergabe des Besitzes oder die sie ersetzenden Akte) nach **L.** § 161 vorliegt; es muß in einigen Fällen noch weiteres hinzukommen, damit das Vertrauen des Erwerbers auf die Rechtsstellung des Veräußerers auch äußerlich hinreichend gerechtfertigt erscheint. Im gewöhnlichen Falle der Übergabe (**929**. **936**) muß der gute Glaube, im Zeitpunkt der Übergabe und, wenn die Einigung der Übergabe nachfolgt, auch im Zeitpunkt der Einigung vorliegen.

a) Bei der sog. brevi manu traditio muß der Erwerber den Besitz vom Veräußerer erlangt haben. Der gute Glaube muß im Zeitpunkt der Einigung vorliegen (**932**. **936**).

b) Beim sog. constitutum possessorium müssen mit Rücksicht auf den wirklichen Eigentümer und die Rechte Dritter an der Sache, die den Akt des constitutum nicht zu durchschauen vermögen, das bisherige Eigentum und die Rechte Dritter so lange erhalten bleiben, bis die Übergabe vom Veräußerer an den Erwerber stattgefunden hat. Der gute Glaube muß in diesem Zeitpunkt vorliegen (**933**. **936**)[1]).

c) Beim Erwerbe durch Abtretung des Anspruches wird der Erwerber Eigentümer schon mit der Abtretung, wenn der Veräußerer im Verhältnis zum Dritten mittelbarer Besitzer (z. B. Vermieter) ist. Der gute Glaube muß im Zeitpunkt der Abtretung vorliegen. Der Erwerb tritt aber erst mit der Erlangung des Besitzes vom Dritten ein, wenn der Veräußerer im Verhältnis zum Dritten nicht mittelbarer Besitzer war, z. B. als Bestohlener. Der gute Glaube muß im Zeitpunkt der Abtretung und der Erlangung des Besitzes vom Dritten vorliegen. Die Rechte des dritten Besitzers (Nießbrauch, Pfandrecht) an der Sache bleiben in diesem Falle von Bestand (**934**. **936**).

d) Bei der durch Wegnahme der Sache seitens des Gerichtsvollziehers vermittelten Übergabe muß der gute Glaube des Erwerbers im Zeitpunkt dieser Wegnahme vorliegen (ZPO. § 897).

e) Bei der Übertragung durch Traditionspapier muß der gute Glaube im Zeitpunkte der Übergabe bez. der Indossierung an den Erwerber vorliegen. Die Rechte Dritter an der Sache bleiben aber nicht bestehen[2]).

III. Der Erwerb auf Grund des guten Glaubens hat zur weiteren Voraussetzung, daß dem Veräußerer die Verfügung über die Sache mit dem Willen des wahren Eigentümers zustand. Nur bei solchem anvertrauten Gut rechtfertigt es sich, dem wahren Eigentümer die Gefahr der Verfügung und der Beweislast (I.) aufzuerlegen. Der gutgläubige Erwerber wird also nicht Eigentümer, wenn die Sache dem wahren Eigentümer oder seinem Besitzvermitteler gestohlen, verlorengegangen oder sonst ohne seinen Willen abhanden gekommen war, z. B. ein Kind gibt absichtlich den Besitz auf, nicht aber, wenn der Besitz infolge von Drohung oder Irrtum vom Eigentümer aufgegeben wurde[3]).

---

[1]) RG. Bd. 49, 172.

[2]) Heymann, Festschrift für Dahn III.

[3]) Biermann, S. 77 ff. A. M. Dernburg III, S. 284.

1. Ausnahmsweise tritt aber der Eigentumserwerb des gutgläubigen Erwerbers gestohlener usw. Sachen ein, wenn es sich um Geld oder Inhaberpapiere irgendwelcher Art oder um Erwerb in öffentlicher Versteigerung handelt (**935**).

2. Nach HGB. § 367 können sich Kaufleute die Bank- oder Geldwechslergeschäfte betreiben, nicht auf ihren guten Glauben beim Erwerbe von Inhaberpapieren berufen, wenn deren Verlust im Reichsanzeiger bekanntgemacht war; anders wenn sie durch besondere Umstände (dauernde Krankheit) an der Kenntnisnahme verhindert waren, oder wenn zur Zeit des Erwerbes bereits ein Jahr seit Ablauf des Veröffentlichungsjahres verflossen war.

IV. Wer durch den gutgläubigen Erwerb, durch Untergang des Eigentumes oder Erlöschen von Rechten an der Sache einen Rechtsverlust erleidet, hat gegen den Veräußerer und denjenigen, der unentgeltlich von diesem erwarb, einen Anspruch auf Herausgabe der ungerechtfertigten Bereicherung (**816**).

V. Der Rechtsgrund des Erwerbes ist die Verfügung des Veräußerers, deren Mangel durch den guten Glauben geheilt wird; daher ist der Erwerb abgeleiteter, nicht ursprünglicher [1]), wie der Erwerb nach **892** (**L.** § 153).

§ 163.

Die Ersitzung.[2])

Die Bedeutung der Ersitzung war im römischen und gemeinen Recht eine viel größere. Beim Fehlen der Grundbucheinrichtung erstreckt sie sich auch auf Grundstücke und hat bei Mobilien weit größeres Gewicht, weil der Eigentumserwerb auf Grund guten Glaubens nicht anerkannt war. Die Ersitzung ist daher ihrer Bedeutung entsprechend an besondere einengende Voraussetzungen (Besitz, ersitzungsfähige Sache, titulus, bona fides, Ersitzungszeit) geknüpft. Neben der ordentlichen Ersitzung kannte das römische Recht noch eine außerordentliche, die unter den Erfordernissen der Klagenverjährung stand. Im älteren deutschen, im französischen Recht fehlt die Mobiliarersitzung ganz, weil der Erwerb auf Grund guten Glaubens anerkannt ist. Nach dem BGB. kommt die Tabularersitzung (**900**) und die Mobiliarersitzung zur Ergänzung des gutgläubigen Erwerbes in Betracht. Ihre Voraussetzungen sind entsprechend geringere und entsprechen mehr den der römischen außerordentlichen Ersitzung.

Längere Zeit fortgesetzter qualifizierter Besitz einer beweglichen Sache führt im Interesse der Rechtssicherheit zum Eigentumserwerbe durch Ersitzung (**937—945**)[3])[4]). Der Nießbrauch an beweglichen Sachen kann in analoger Weise erworben werden (**1033**).

I. Die **Erfordernisse** der Ersitzung.

A. Der Besitzer muß mittelbarer[5]) oder unmittelbarer **Eigenbesitzer** (**872**, vgl. **L.** § 145) sein. Soweit Sonderbesitz an ungetrennten Teilen einer Sache möglich ist (**L.** § 145. IV.), ist es auch die Ersitzung.

B. Der Eigenbesitz muß zehn Jahre gedauert haben (**Ersitzungszeit**). Wechselt innerhalb der Ersitzungszeit die Person des Besitzers, so muß der neue Besitzer eine neue Ersitzung beginnen; es giebt keine successio in usucapionem. Es findet aber Einrechnung der für andere verstrichenen Ersitzungszeit statt (accessio possessionis), falls bei diesen anderen auch ein wirklicher Ersitzungszustand vorlag.

a) Die Ersitzungszeit des Rechtsurhebers kommt dem Rechtsnachfolger zugute, also auch die Ersitzungszeit desjenigen, der besaß während der Schwebe einer auflösenden Bedingung, demjenigen, an den der Besitz bei Erfüllung der Bedingung wieder zurückfällt. Die Ersitzungs-

---

[1]) So Gierke, D. Priv.-R. II, S. 575 f. Dagegen Regelsberger, Jahrb. f. Dogmat., Bd. 47, S. 354 ff.

[2]) Gierke, D. Priv.-R. II, § 135.

[3]) Da auch die Ersitzung gutgläubigen Erwerb voraussetzt, liegt ihre Bedeutung nur noch da, wo der gutgläubige Erwerb nach **L.** § 162 nicht zum Erwerbe des Eigentumes führt, wie z. B. bei gestohlenen usw. Sachen, bei Nichtigkeit des dinglichen Vertrages oder Erwerb des Eigenbesitzes ohne Veräußerung.

[4]) Übergangsbestimmungen: EG. Art. 169. 185.

[5]) Leonhard, Vertretung beim Fahrniserwerb (1899), S. 111 f.

zeit des Erblassers kommt dem Erben aber nicht vermöge successio in usucapionem[1]) zugute wenn sich nicht ein Dritter in den Besitz der Nachlaßsache gesetzt hatte (**943**). Ist der neue Besitzer nicht Rechtsnachfolger des früheren, so findet keine Einrechnung statt, der neue Besitzer muß die Ersitzungszeit vollenden.

b) Die Ersitzungszeit, die für den Erbschaftsbesitzer verstrichen ist, kommt dem Erben zustatten. Die Einrechnung der Ersitzungszeit ist nicht von der Rechtsnachfolge in den Besitz des Erbschaftsbesitzers abhängig (**944**). Der Erbschaftsbesitzer muß bez. seiner Erbenqualität[2]) und hier auch hinsichtlich der Zugehörigkeit der Sache zum Nachlasse in gutem Glauben gewesen sein.

c) Es wird auch die Zwischenzeit bei unschädlicher Unterbrechung eingerechnet nach **940**; vgl. unten II. B. a.

C. Der Erwerber des Eigenbesitzers muß beim Erwerbe und während der ganzen Dauer der Ersitzung im guten Glauben (vgl. **L.** § 162) gewesen sein, d. h. er darf beim Erwerbe den Mangel seines Eigentumsrechtes nicht gekannt haben, und diese Unkenntnis darf nicht auf grober Fahrlässigkeit beruhen. Die Ersitzung ist ausgeschlossen, wenn der Ersitzende die Herrenlosigkeit der von ihm okkupierten Sache, die Geschäftsunfähigkeit des Veräußerers kannte oder grobfahrlässiger Weise nicht kannte (vgl. aber II. B. c.). Gegen den Bösgläubigen, der nicht ersitzen kann, verjährt der Anspruch auf Herausgabe in 30 Jahren, der Bösgläubige ist daher gegen den Eigentümer geschützt, ebenso sein Nachfolger im Besitz, nicht aber andere Erwerber des Besitzes wie der Dieb.

Einen Titel titulus verus oder putativus verlangt das BGB. nicht; ein solcher kann also nur die Bedeutung haben, daß sich aus seinem Nichtvorhandensein der böse Glaube ergibt.

II. Beginn, Lauf und Beendigung der Ersitzung.

Wann eine Ersitzung beginnt, und wann sie beendigt ist, ergibt sich i. a. aus dem unter I. Gesagten. Die Ersitzung kann aber gehemmt oder unterbrochen sein.

A. **Die Hemmung** der Ersitzung hindert den Beginn bzw. die Fortsetzung der begonnenen Ersitzung. Im letzteren Falle kann erst nach Fortfall des Hemmungsgrundes die begonnene Ersitzung fortgesetzt werden (**939**).

Die Ersitzung ist gehemmt, solange der Eigentumsanspruch vom Eigentümer nicht geltendgemacht werden kann, weil ein Hemmungsgrund vorliegt (**202—205**), oder weil der Vollendung der Verjährung bestimmte Privilegierung des Eigentümers oder des Anspruches entgegensteht (**206. 207**).

B. **Die Unterbrechung** der Ersitzung bewirkt, daß die bis zum Eintritt der Unterbrechung abgelaufene Zeit nicht in Betracht kommt, und daß eine neue Ersitzung erst beginnen kann, sobald der Unterbrechungsgrund beseitigt ist (**942**), was bei der mala fides superveniens (C) nicht möglich ist. Die Unterbrechungsgründe haben regelmäßig absolute Wirkung, aber im Falle b relative, d. h. nur für den, der sie herbeiführt.

Die Unterbrechungsgründe sind:

a) Verlust des Besitzes überhaupt oder nur des Eigenbesitzes (**940**). War der Besitz ohne Willen des Besitzers verloren, so ist der Verlust unschädlich, wenn er innerhalb Jahresfrist wieder erlangt wird (z. B. auch durch Selbsthilfe). Geschieht das im Wege der Klageerhebung, so muß die Klage innerhalb der Frist angestellt sein (**941**)[3]).

b) Gerichtliche Geltendmachung des Eigentumsanspruches gegen den ersitzenden Eigenbesitzer oder seinen Besitzvermitteler, die aber nur für den Kläger und seinen Rechtsnachfolger wirkt, nicht für Dritte (**941**). Der Besitzvermitteler kann selbst mittelbarer

---

[1]) Solche wird vielfach angenommen, vgl. Dernburg III, S. 298. Binder, Die Rechtsstellung des Erben, S. 40 ff. Dagegen Wolff, § 71.

[2]) Biermann zu **944**. Goldmann-Lilienthal, S. 449. A.M. Crome III, S. 350, Note 31.

[3]) Behauptet der Eigentümer die Unterbrechung der Ersitzung, so würde der Beweis den Ersitzungsbesitzer treffen. Der Beweis des Fortbestandes des Eigenbesitzes ist aber durch die Vermutung in 938 wesentlich erleichtert, vgl. ZPO. § 292.

oder unmittelbarer Besitzer sein, er muß aber sein Recht zum Besitze vom Ersitzenden herleiten. Nach den Vorschriften über die Anspruchsverjährung bestimmt sich, was hier unter gerichtlicher Geltendmachung zu verstehen ist (**209. 210. 220**), wie lange die Unterbrechung wirkt (**211. 219**), und wenn sie als nicht erfolgt anzusehen ist (**212. 216**). Vgl. **L.** § 64.

c) Nachträgliche, d. h. während des Laufes der Ersitzungsfrist eintretende Kenntnis des Erwerbers davon, daß ihm das Eigentum nicht zusteht (**937**, Abs. 2). Grobfahrlässige Unkenntnis steht aber der erlangten Kenntnis nicht gleich (mala fides superveniens)[1]). Hier würde die Annahme einer successio in usucapionem des Erben von Bedeutung sein.

III. **Wirkung der Ersitzung** (**945**). Durch die Vollendung der Ersitzung wird der Ersitzende Eigentümer, das bisherige Eigentum geht unter; der bisherige Eigentümer hat keine Kondiktion (**812** ff.). Der Eigentumserwerb bezieht sich schlechthin auf alle Bestandteile, auf das Zubehör nur, soweit es mit im Ersitzungsbesitze stand. Die vor dem Erwerbe des Eigenbesitzes begründeten Rechte Dritter an der Sache (Nießbrauch, Pfandrecht) bleiben bestehen, wenn nicht eine Ersitzung der Freiheit des Eigentumes (usucapio libertatis) hinzukommt. Sie erfordert wie die Eigentumsersitzung guten Glauben des Erwerbers bezüglich der belastenden Rechte bei Erwerb des Eigenbesitzes (II. B. c), Ablauf der Ersitzungszeit von zehn Jahren gegenüber dem Dritten, dessen Recht in Frage steht. Die Hemmungs- resp. Unterbrechungsgründe (II) gelten auch hier[2]).

IV. **Der Beweis.**

Wer sich auf eine zu seinen Gunsten eingetretene Ersitzung beruft, hat zu beweisen, daß er am Anfange und am Ende eines zehnjährigen Zeitraumes die Sache besessen hat, und daß sein Besitz Eigenbesitz gewesen[3]). Daß er dann auch in der Zwischenzeit Eigenbesitzer gewesen, wird bis zum Beweise des Gegenteiles vermutet (**938**), ebenso daß er in gutem Glauben erworben hat.

§ 164.

Verbindung und Vermischung.[4])

Nach römischem Recht gehören unter die Verbindung (accessio) die Fälle der alluvio, avulsio des alveus derelictus und der insula in flumine nata, hier bestimmt heut das Landesrecht (EG. Art. 65, vgl. **L.** § 160). Zu den eigentlichen Verbindungsfällen gehört 1. die Verbindung beweglicher mit unbeweglichen Sachen, die bei der satio und implantatio mit dem Keimen und Wurzelfassen definitives Eigentum, bei der inaedificatio nur schwebendes Eigentum des Grundstückseigentümers begründete, so daß das Eigentum am Material wieder auflebte. Der Materialeigentümer hatte nicht die actio ad exhibendum, sondern die Ersatzklage (actio de tigno iuncto); 2. bei Verbindung beweglicher mit beweglichen Sachen entschied das Verhältnis von Haupt- und Nebensache und die Trennbarkeit der Verbindung. Sind die verbundenen Sachen im verbundenen Ganzen gleich bedeutsam, und liegt Trennbarkeit vor, so trat keine Veränderung der Eigentumsverhältnisse ein, und es konnte Trennung verlangt werden. Liegt Trennbarkeit nicht vor, so ergab sich bei der confusio Eigentum der bisherigen Eigentümer an der Gesamtquantität (actio communi dividundo), bei der commixtio aber Fortbestand des bisherigen Sondereigentums (aber vindicatio nach dem Maße der Sonderquantität). Ist die eine Sache im verbundenen Ganzen die Hauptsache, und ist Trennbarkeit gegeben (z. B. adplumbatio), so ruhte das Eigentum an der Nebensache bis zur Trennung, die beansprucht werden konnte (actio ad exhibendum). Ist aber Trennbarkeit nicht gegeben (z. B. ferruminatio), so erlosch das Eigentum an der Nebensache definitiv, und es blieb nur ein Entschädigungsanspruch. Der Gesichtspunkt, nach dem sich die Hauptsache bestimmen sollte, war sehr verschieden formuliert. Nach dem BGB. sind zu unterscheiden:

---

[1]) Die mala fides superveniens des Erblassers ist kein Hindernis für den Erben, eine neue Ersitzung zu beginnen.

[2]) Nach **2026** kann sich der Erbschaftsbesitzer nicht auf Ersitzung gegenüber dem Erben berufen, der den Erbschaftsanspruch erhebt, vgl. **L.** § 322.

[3]) Daß ihm der Beweis des Eigenbesitzes obliegt, ergibt sich m. E. aus **938**. A. M. Dernburg III, S. 291 f. Goldmann-Lilienthal, S. 445 f. (unter Berufung auf **1006**, Abs. 1, Satz 1).

[4]) Biermann, Jahrb. f. Dogm., Bd. 34, S. 169 ff. 272 ff. Tobias, Archiv f. d. ziv. Praxis, Bd. 94, S. 371 ff. Gierke, D. Priv.-Recht II, § 136, I.

I. Die Fälle der **Verbindung** (**946. 947. 949. 951**).

An sich ist der Eintritt einer selbständigen Sache in das Verhältnis des Bestandteiles einer anderen Sache ohne Einfluß auf das früher an ihr bestehende Rechtsverhältnis; der Eigentümer hat also den Anspruch auf Trennung und Herausgabe; nicht so, wenn sie wesentlicher Bestandteil der anderen Sache wird. Was wesentlicher Bestandteil ist, ergibt sich aus **L.** § 37. Die Rechtsfolgen der Verbindung können durch Vertrag der Interessenten geregelt sein; dann ist der Vertrag maßgebend, sofern er nicht gegen ein jus cogens verstößt (z. B. **93**). Davon abgesehen ist zu unterscheiden:

A. Wenn eine bewegliche Sache (durch menschliche Handlung in gutem oder bösem Glauben durch andere Tatsachen) mit einem Grundstücke zum wesentlichen Bestandteile desselben verbunden wird, so fällt sie in das Eigentum des Grundstückseigentümers (superficies solo cedit). Das Eigentum am Grundstück erfährt einen gegenständlichen Zuwachs (**946**). Ein vertragsmäßiger Vorbehalt des Eigentumes ist nichtig. Das infolge der Verbindung erloschene bisherige Eigentum lebt nach Lösung der Verbindung nicht wieder auf.

B. Wenn bewegliche Sachen irgendwie (vgl. A) mit anderen beweglichen Sachen derart verbunden würden, daß sie wesentliche Bestandteile einer einheitlichen Sache, des neuen Ganzen werden, so entsteht, wenn nicht ein Fall der Verarbeitung (**L.** § 165) vorliegt:

a) Miteigentum der bisherigen Eigentümer am Ganzen nach Verhältnis des Wertes der Bestandteile zur Zeit der Verbindung (vgl. HGB. § 419) oder

b) Alleineigentum desjenigen, dessen Sache als die Hauptsache anzusehen ist. Welche unter den mehreren Sachen Hauptsache ist, bestimmt sich nach der Verkehrsauffassung (**947**, vgl. **470**).

II. Die Fälle der **Vermischung** und **Vermengung** (confusio, commixtio) (**948. 949. 951**).

Nach römischem und gemeinem Recht trat bei der confusio Miteigentum ein, bei der zufälligen commixtio blieb bei Unausscheidbarkeit das Eigentum an den einzelnen Quantitäten bestehen und vindicatio in quantum in illo acervo paret meum esse (§§ 27, 28 J. 2, 1, l 5 pr. D. (6, 1) bei der Vermengung von Geld: **L.** 78 D. (46, 3).

Tritt eine untrennbare Vermengung oder Vermischung mehrerer beweglichen Sachen ein, oder würde die Trennung mit unverhältnismäßigen Kosten verbunden sein, so tritt, wenn nicht Verarbeitung anzunehmen ist, Miteigentum oder Alleineigentum ein wie im Falle I. B. Hauptsache ist in diesem Falle bei Gleichartigkeit der vermengten Sachen die größere Quantität. Werden mehrere Mengen Geld untrennbar vermengt, so tritt Miteigentum oder Alleineigentum ein, falls nicht etwa der Empfänger schon nach **L.** § 162 Alleineigentum erworben hat [1]).

III. Der Vermischung verwandte Fälle:

a) Vereinigen sich mehrere ausgezogene Bienenschwärme verschiedener Eigentümer außerhalb einer Bienenwohnung, so werden die sie verfolgenden Eigentümer Miteigentümer des eingefangenen Gesamtschwarmes, der durch herrenlose Schwärme vergrößert sein kann (vgl. **L.** § 168) nach Verhältnis der Zahl der jedem der Miteigentümer ursprünglich gehörigen Stämme (**963**).

b) Ist ein ausgezogener Bienenschwarm in eine besetzte Bienenwohnung eingezogen, so wird der Eigentümer der Bienen, welche die Wohnung besetzt halten, Alleineigentümer des Gesamtschwarmes (**964**).

c) Die Einverleibung in das Inventar durch den Pächter oder Nießbraucher eines Grundstückes, falls Pacht und Nießbrauch sich auch auf das Inventar beziehen (**587. 1048. 1382**), macht den Verpächter und Eigentümer zum Eigentümer der einverleibten Inventarstücke, falls diese im Eigentum des Einverleibenden standen. Ist das nicht der Fall, so findet **832** ff. keine Anwendung [2]).

---

[1]) Vgl. Th. Niemeyer, Zeitschrift f. d. ges. Handelsrecht, Bd. 42 (1894), S. 34 f. Friedländer, Bl. f. Rechtsanwendung, Ergänzungsbd. 15 (1897), S. 385 ff. Wolff, § 72.

[2]) Sprenger, Eigentumserwerb durch Einverleibung (1904). Wolff, § 76.

IV. **Die Wirkung.** In den Fällen I, II und III erlöschen mit dem bestehenden Eigentum auch die sonstigen Rechte an den bisher selbständigen Sachen (**949. 964**). Wird daher der Eigentümer der mit dem Rechte des Dritten belasteten Sache Alleineigentümer, so erstreckt sich das Recht des Dritten jetzt auf die ganzen Sachen. Tritt für die Eigentümer der einzelnen belasteten Sachen Miteigentum ein, so ergreift das belastende Recht jetzt den Anteil am Miteigentum (**949**). Ist jemand schon vor der Verbindung usw. Eigentümer der Einzelsachen, und würde er Alleineigentümer geworden sein, wenn sie ihm nicht gehört hätten, so erlöschen die Rechte an den hinzutretenden Sachen, oder die an der Hauptsache bestehenden Rechte treffen durch ihre Erstreckung auf die hinzutretenden Sachen die an diesen bestehenden Rechte; würde aber Miteigentum eintreten, so wandeln sich die an den hinzutretenden Sachen bestehenden Rechte in solche an den Anteilen des Eigentumes um (Anteilsnießbrauch, -pfandrecht usw.), vgl. M. III, S. 362.

V. Wer gemäß dem Bemerkten einen Rechtsverlust erleidet, hat (**951**), wenn unerlaubte Handlung vorliegt, den Anspruch auf Schadensersatz (**823** ff.) und kann insoweit (**249. 251**) auch Wiederherstellung des früheren Zustandes verlangen (**251**, Abs. 2); er kann auf Grund besonderen Rechtsverhältnisses (**670, 683**) oder als Besitzer Ersatz von Verwendungen verlangen oder das Recht zur Wegnahme einer Einrichtung geltendmachen (**994** ff. **273. 292. 997. 258**); er hat im Falle I dieses dem Besitzer dem Eigentümer gegenüber zustehende Recht der Wegnahme einer Einrichtung auch dann, wenn der Besitzer die Verbindung nicht selbst vorgenommen hat (**997. 258. 951**, Abs. 2); dem Beeinträchtigten steht der Anspruch auf Vergütung in Geld wegen ungerechtfertigter Bereicherung, nicht auf Wiederherstellung des früheren Zustandes, zu (**951**, Abs. 1. Vgl. **812** ff.).

§ 165.

Neugestaltung.[1])

Nach römischem und gemeinem Recht wird derjenige, der aus einer Sache (materia) eine neue Sache (nova species) bona fide anfertigt, Eigentümer der neuen Sache, wenn diese nicht mehr auf die materia zurückgeführt werden kann, oder wenn der Verfertiger mit dem fremden Stoff auch eigenen in die neue Sache verarbeitet. Sonst wird Eigentümer der neuen Sache der Eigentümer der materia. Das BGB. weicht erheblich ab:

I. Die **Verarbeitung** oder **Umbildung** von beweglichen Sachen (Stoffen) zu neuen Sachen (Spezifikation), ebenso die **Bearbeitung**[2]) der Oberfläche von Sachen, durch die eine neue Sache hergestellt wird (Schreiben, Zeichnen, Malen, Drucken, Gravieren oder Ähnliches), gibt dem Arbeiter (Künstler usw.) ohne Rücksicht auf bösen oder guten Glauben das Eigentum an der neuen Sache, wenn nicht der Wert der Arbeit erheblich geringer ist als der Wert des Stoffes. Der Grund des Eigentumserwerbes ist die objektive Tatsache, daß die gewollte produktive Tätigkeit neue Werte geschaffen hat, nicht der auf den Eigentumserwerb gerichtete subjektive Wille. Die Neugestaltung ist notwendig menschliche Handlung, aber kein Rechtsgeschäft oder Rechtshandlung, sondern rein tatsächlicher Akt; eine Stellvertretung kommt nicht in Frage[3]). Eigentümer wird daher auch der Geschäftsunfähige, der die Neugestaltung bewirkt hat. Wer andere als Werkzeuge in solcher produktiven Tätigkeit benutzt, wird Eigentümer[3]). Die Fragen, ob eine neue Sache hergestellt ist, ob der Wert der Arbeit hinter dem Werte

---

[1]) Paret, Die Lehre vom Eigentumserwerbe durch Spezifikation (1892). Waldow, Die Spezifikation (1892). Fischer, D. Problem der Identität und Neuheit (1892), § 6. Sokolowski, Zeitschrift der Savigny-Stiftg. (rom Abt.), Bd. 17, S. 242 ff. Wolff, Zur Kritik der Lehre vom Eigentumserwerbe durch Spezifikation (1897). Gierke, D. Priv.-R. II, § 136, II. Strauß, Stoff und Arbeit (1899).

[2]) Auch bei der Bearbeitung der Oberfläche muß eine neue Sache hergestellt sein. A. M. Fischer-Henle zu **850**.

[3]) Vgl. **L.** § 46. Leonhard, Vertretung beim Fahrniserwerb (1899), S. 112 f., sieht in der Verarbeitung eine Erwerbshandlung und nimmt Vertretung des Herrn durch den Arbeiter an.

des Stoffes zurückbleibt, ob der Arbeiter lediglich als Werkzeug zu gelten hat oder selbständig ist, sind im einzelnen Falle nach der Verkehrsauffassung zu beantworten (**950**, Abs. 1).

II. Ohne Rücksicht darauf, ob der Stoff wesentlicher Bestandteil wird (Verbindung) oder Untrennbarkeit vorliegt (Vermischung), wird das Eigentum an der neuen Sache erworben, und damit erlöschen das Eigentum und die beschränkten Rechte am Stoffe (**950**, Abs. 2). Analoge Rechtswirkung hat die Neugestaltung eigenen Stoffes (**L.** § 164, IV). Erwirbt der Verfertiger das Eigentum nicht, so steht das Hergestellte im Eigentum des Stoffeigentümers, und bei mehreren Stoffeigentümern kommen die Grundsätze der Verbindung, Vermengung und Vermischung (**947. 948. 949. L.** § 164) zur Anwendung.

III. Über die für den Fall eines eintretenden Rechtsverlustes eintretenden Rechtsbehelfe vgl. **L.** § 164, IV; nur fehlt hier das dort erwähnte erweiterte Wegnahmerecht.

§ 166.
Der Eigentumserwerb an gewissen Urkunden.[1]

Wenn über das Eigentumsrecht oder sonstige Rechte an einem über eine Forderung ausgestellten Schuldschein oder an sonstigen Urkunden über andere Rechte, kraft deren eine Leistung gefordert werden kann (Hypothekenschuld-, Grundschuld-, Rentenschuldbrief, Sparkassenbücher, Lebensversicherungspolicen)[2]), nicht anderweite Bestimmung getroffen ist, so steht das Eigentum dem Gläubiger oder dem aus der Urkunde sonst zur Forderung der Leistung Berechtigten zu, und die Rechte Dritter an der Forderung (Nießbrauch, Pfandrecht) erstrecken sich auch auf den Schuldschein und die Urkunden.

Der Eigentums- und sonstige Rechtserwerb vollzieht sich ohne Übergabe durch Gesetz mit der Ausstellung und ist auf das objektive Verhältnis gegründet, in dem diese Urkunden zu dem Zwecke des Forderungsrechtes stehen, dem sie zu dienen bestimmt sind (Quasizubehörverhältnis). Wo die Forderung aber dem Papier folgt (Inhaberpapiere) und bei Orderpapieren gilt das Gesagte nicht (**952**).

§ 167.
Erwerb an Erzeugnissen und sonstigen Bestandteilen.[3]

Nach römischem und gemeinem Recht erwerben die Bestandteile bzw. Früchte: der Eigentümer und emphyteuta mit der Trennung (separatio), ebenso der bonae fidei possessor, wenn seine bona fides im Augenblick der Trennung noch vorliegt. Außerdem hatte er die erworbenen, aber zur Zeit der litis contestatio noch nicht verzehrten Früchte an den vindizierenden Eigentümer mit der Hauptsache herauszugeben. Mit der Aneignung (Perzeption) erwirbt die Früchte der Usufruktuar, mit der Tradition der Pächter; zur Tradition ist der Verpächter aus dem Pachtvertrage verpflichtet. Das BGB. weicht nicht unerheblich ab:

Als Bezugsberechtigte kommen in Betracht der Eigentümer, dinglich Nutzungsberechtigte, persönlich Nutzungsberechtigte, der redliche Besitzer und der zur Ausübung eines Nutzungsrechtes Besitzende. In diesen Fällen (**953—957**) stimmen die für den Eigentumserwerb entscheidenden Tatsachen nicht überein. Besondere Fälle des Erwerbes von Erzeugnissen und Bestandteilen liegen beim Überfall, Überhang und Grenzbaum (**L.** §§ 157. 158) vor.

I. **Der Eigentümer** der Muttersache, soweit er nicht durch andere Bezugsberechtigte ausgeschlossen ist, ist mit der irgendwie bewirkten Trennung von der Muttersache auch Eigen-

---

[3]) Sürder, Der Eigentumserwerb an Schuldscheinen (Diss. 1902). Poeschel, § 952 des BGB. (1907).

[4]) Strohal, Recht (1901), S. 158 ff. RG. Bd. 51, S. 83 ff.

[5]) v. Petrazycki, Die Lehre vom Einkommen, Bd. 1. 2 (1893, 1895). Fuchs, Zeitschrift für den Ziv.-Proz., Bd. 24, S. 188 ff. Schey, Wiener Festschrift für Unger, S. 413 ff. v. Blume, Jahrb. f. Dogm., Bd. 39, S. 429 ff. Francke, Archiv f. d. ziv. Praxis, Bd. 93, S. 309 ff. Gierke, D. Priv.-Recht II, § 137. Wolff, § 77.

tümer der Erzeugnisse[1]) und der sonstigen Bestandteile, also nicht nur der natürlichen Früchte (L. § 43) und nicht nur der wesentlichen, sondern auch der unwesentlichen Bestandteile (**953**).

II. **Die dinglich Nutzungsberechtigten** (Erbbau-, Dienstbarkeitsberechtigte, Nutzpfandgläubiger (**1213**), Ehemann (**1383**), Inhaber der elterlichen Gewalt (**1652**. **1686**) erwerben an den ihnen gebührenden Erzeugnissen und Bestandteilen das Eigentum mit der Trennung und unabhängig vom Besitz des Berechtigten an der Muttersache und der Art der Trennung. Welche Erzeugnisse usw. ihnen gebühren, sagt die betreffende Vorschrift (**954**). Soweit Nutzungsrechte des Landesrechtes (Erbpacht- und Lehnrecht) in Frage stehen, ist der Vorbehalt im EG. zu beachten.

III. **Der Eigenbesitzer** der Muttersache erwirbt die natürlichen Früchte (L. § 43) mit der Trennung unter folgenden Voraussetzungen (**955**):

Es muß mittelbarer oder unmittelbarer Eigenbesitz im Zeitpunkt der Trennung vorliegen oder doch, wenn der Eigenbesitzer ihn zu dieser Zeit ohne seinen Willen verloren hatte, innerhalb eines Jahres bzw. mit einer innerhalb dieses Jahres angestellten Klage wiedererlangt werden (**940**, Abs. 2, vgl. L. § 163).

Der Eigenbesitzer muß in gleicher Weise wie bei der Ersitzung (L. § 163) beim Erwerbe der Muttersache in gutem Glauben gewesen und bis zur Trennung geblieben sein.

Ist ein anderer als der Eigenbesitzer kraft dinglichen Nutzungsrechtes zum Fruchtbezuge berechtigt, so erwirbt der Eigenbesitzer nur, wenn er auch bez. dieses Nutzungsrechtes beim Erwerbe der Muttersache in gutem Glauben war und bis zur Trennung blieb.

Auf ein besonderes Maß der Fruchtziehung ist der Eigenbesitzer nicht beschränkt. Ein Bereicherungsanspruch besteht hier so wenig wie bei der Ersitzung. Wohl aber machen sich die Folgen der Rechtshängigkeit des Eigentumsanspruches geltend (L. § 173).

IV. Derjenige, der eine Sache zum Zwecke der Ausübung eines dinglichen Nutzungsrechtes unmittelbar oder mittelbar besitzt, erwirbt die Früchte wie der Eigenbesitzer nach III. Im Verhältnis zum Eigenbesitzer geht dieser Nutzbesitzer im Fruchterwerbe vor (**955**, Abs. 2).

V. Der Erwerb **auf Grund der Gestattung** der Fruchtziehung durch den, der die Früchte erwerben würde, wenn sie im Zeitpunkte der Gestattung getrennt wären. Er bestimmt sich im Umfange nach dem Inhalte der Gestattung (z. B. **1213**. **581**); in seiner juristischen Natur ist er stets abgeleiteter Erwerb[2]). Es ist zu unterscheiden:

A. Die Gestattung geht vom Eigentümer (I) oder von einem andern Gestattungsberechtigten aus, dem die Erzeugnisse und Bestandteile nach der Trennung gehören (II. III. IV.) (**956**). Der Erwerb wird juristisch konstruiert entweder als Erwerb durch Übergabevertrag (L. § 161) oder als Erwerb auf Grund des übertragenen dinglichen Fruchtbezugsrechtes. Nach der ersteren Auffassung ergibt sich:

1. Der Bezugsberechtigte wird, wenn ihm der Besitz der Muttersache zuvor nicht eingeräumt war, mit der Besitzergreifung an den Früchten deren Eigentümer[3]). In der Gestattung der Aneignung liegt wie nach der römischen Regel der Antrag des Eigentümers usw. zum Übergabevertrage; durch die jedesmalige Besitzergreifung wird dieser Antrag vom Bezugsberechtigten angenommen.

---

[1]) Übergangsvorschrift, betr. das landesrechtliche Sondereigentum an Erzeugnissen aus Grundstücken: EG. Art. 181.

[2]) Anders v. Blume, a. a. O., S. 433 ff.; er vertritt eine dualistische Konstruktion: jeder gutgläubige, unmittelbare Besitzer, der sich in Ausübung eines dinglichen oder persönlichen Nutzungsrechtes befindet, erwirbt die Früchte mit der Trennung. So der Pächter, der im Besitze ist. Der Erwerb ist ein dem Erwerbe durch Verarbeitung analoger, originärer. Ist der Pächter nicht im Besitze der Muttersache, so erwirbt er nur derivativ.

[3]) Über die Vertretung des Nutzungsberechtigten vgl. Leonhard, Vertretung beim Fahrniserwerb (1899), S. 113 ff.

2. War dem Bezugsberechtigten der Besitz der Muttersache vor der Trennung überlassen, so tritt der Eigentumserwerb an den Früchten mit der Trennung ein. Das erklärt sich daraus, daß der in der Besitzüberlassung liegende Antrag des Eigentümers der Muttersache auf Übereignung der Früchte als unwiderruflicher gestellt ist, solange sich der Bezugsberechtigte im Besitze der Sache befindet und stillschweigend durch den zur Zeit der Trennung der Früchte bestehenden Besitz der Muttersache angenommen wird. Zu dem gleichen Resultat führt die Auffassung, daß der Antrag auf Übereignung sich auf alle Früchte im voraus bezieht, die während der Besitzzeit getrennt werden, also unwiderruflich ist, weil der Übereignungsvertrag mit der Annahme des Besitzes der Muttersprache perfekt ist (traditio einer res futura)[1].

3. Die Auffassung der Gestattung als Antrag zum Übergabevertrage (Z. 1. 2) unterliegt dem Bedenken, daß die Annahme des Antrages eine rechtsgeschäftliche Willenserklärung sein müßte, was sie aber nicht ist. Daher verdient die zweite Auffassung den Vorzug, die in der Gestattung eine, allerdings einseitige, Verfügung zur Übertragung des dinglichen Fruchtbezugsrechtes sieht. Die Gestattung ist nur unwiderruflich, solange der Besitz der Muttersache beim Erwerber besteht, oder wenn der Gestattende zur Gestattung verpflichtet war wie der Verpächter.

B. Die Gestattung geht von einem Nichtberechtigten aus. Der Bezugsberechtigte wird Eigentümer der Früchte usw. mit der Trennung oder Besitzergreifung, wenn er nicht im Moment der Überlassung des Besitzes der Muttersache (A. Z. 2) oder im Moment der Besitzergreifung der Früchte (A. Z. 1) im bösen Glauben war oder vor der Trennung der Früchte von dem Rechtsmangel Kenntnis erhalten hat. Es muß eine, vom Mangel des Gestattungsrechtes abgesehen, gültige Gestattung vorliegen, und der Gestattende muß in der Lage sein, Besitz zu übertragen (**855**!); auch im übrigen sind die Vorschriften über den gutgläubigen Erwerb zur Anwendung zu bringen (**957**. **932**. **935**. **940** Abs. 2. Vgl. **L.** § 162)[2].

§ 168.
Aneignung.[3]

Aneignung (Okkupation) ist Eigentumserwerb an herrenlosen Sachen durch Begründung des Eigenbesitzes.

Im römischen Recht ist die occupatio in gleicher Weise für bewegliche und unbewegliche Sachen geregelt; sie ist anwendbar auf res hostium (mit Ausnahme der eigentlichen Kriegsbeute), res nullius (Inseln im Meere und alle wilden Tiere) und res derelictae. Im gemeinen Recht traten Beschränkungen bez. der res hostium und besonders bez. der wilden Tiere ein.

Die Aneignung im BGB. (**958—964**) bezieht sich nur auf bewegliche Sachen. Über die Aneignung von Grundstücken vgl. **928** (**L.** § 155). Die Aneignung beweglicher Sachen[4]) setzt voraus:

I. die **Herrenlosigkeit der Sache** zur Zeit der Begründung des Eigenbesitzes, mag die Sache früher auch unter privatem Rechte gestanden haben[5]). Daher kommen in Betracht:

A. Sachen, die noch nicht im Eigentum gestanden haben (Feldblumen, Muscheln am Seestrand), ferner Sachen, die durch **Verzicht auf das Eigentum** (Dereliktion) herrenlos geworden sind. Zum Rechtsgeschäft der Dereliktion ist erforderlich, daß der Eigentümer den Verzichtswillen durch Aufgabe des Besitzes äußert (**959**)[6]);

---

1) So Biermann zu **956**. Crome III, S. 368 ff.

2) Vgl. Hellmann, Recht, Bd. 5, S. 417. 533. Wendt, Arch. f. d. ziv. Prax. Bd. 89, S. 66. Harburger, Recht, Bd. 5, S. 484. Jakubezky, Recht, Bd. 6, S. 4 f. v. Blume, Bl. f. Rechtsanwendung, Bd. 67, S. 102. 113. Wolff, § 77.

3) Bälz, Das Recht an Bienen (Diss. 1889). Staudinger, Blätter für Rechtsanwendung, Bd. 63, S. 285 ff. Gierke, D. Priv.-Recht II, § 132, I.

4) Das Beute- und Prisenrecht ist vom BGB. nicht geregelt, vgl. Reichsgesetz vom 3. Mai 1884 und VO. v. 15. Februar 1889.

5) Nach dem Vorbehalt EG. Art. 130 können auch fremde Sachen (Tauben) Objekte der Aneignung sein, vgl. Reichsgesetz vom 28. Mai 1894. Mandry-Geib, § 29 (S. 365).

6) Walsmann, Der Verzicht, S. 274 ff.

B. **die wilden Tiere,** die sich im tatsächlichen Zustande der Freiheit, d. h. Freiheit von der Fessel, nicht auch in einem ihrer Eigenart entsprechenden Zustande der Freiheit befinden. Nicht zu den Objekten der Aneignung gehören die in Tiergärten, Teichen oder anderen geschlossenen Privatgewässern gehaltenen wilden Tiere. Eingehegte Jagdreviere gehören nicht zu den Tiergärten. Alle gefangenen wilden Tiere werden herrenlos, können also durch Aneignung zu Eigentum erworben werden, wenn sie die Freiheit wiedererlangen. Das ist aber erst der Fall, wenn der Eigentümer sie nicht unverzüglich verfolgt, oder wenn er die Verfolgung aufgibt. Eine Verfolgung ist nur in solchen tatsächlichen Handlungen zu sehen, die als Fortsetzung des Besitzes anzusehen sind, nicht z. B. in einer Anzeige im Lokalblatt. Auch gezähmte, d. h. solche früher wilde Tiere, die sich durch Gewöhnung wie die Haustiere verhalten, werden wieder herrenlos, wenn sie die Gewohnheit ablegen, an den ihnen bestimmten Ort zurückzukehren (Aufgeben der consuetudo revertendi). Den eigentlichen Haustieren dagegen bleibt, wie bei sonstigen Sachen, das Eigentum trotz Verlust des Besitzes erhalten.

C. Auch die einzelne **Biene** gehört zu den wilden Tieren (B.), nicht so der **Bienenschwarm,** der als selbständige Sache aufgefaßt wird; er steht rechtlich den gefangenen wilden Tieren gleich, wird daher herrenlos, wenn er auszieht und der Eigentümer (vgl. **963**. **964**, **L.** § 164. 167) ihn nicht unverzüglich verfolgt oder die Verfolgung aufgibt, nicht aber schon, wenn er ihn derart aus dem Gesichte verliert, daß er nicht mehr weiß, wo er sich befindet. Das Verfolgungsrecht ist ein sehr weitgehendes (**962**).

II. Die Aneignung ist **Rechtsgeschäft,** erfordert mithin Begründung des Eigenbesitzes und die auf den Eigentumserwerb gerichtete Willenserklärung. Der Wille, Eigentum erwerben zu wollen, ist nicht ausgeschlossen durch die irrige Meinung, die Sache sei eine fremde (**958**). Hat der Okkupant den Willen, für einen anderen erwerben zu wollen, so erwirbt er gleichwohl für sich, selbst wenn er verpflichtet wäre, für den anderen zu erwerben[1]).

III. Die Aneignung darf nicht nach Reichs-[2]) oder auch Landesrecht verboten[3]) sein oder in Aneignungsrechte eingreifen. Zu den landesrechtlichen ausschließlichen Aneignungsrechten gehört das Bernsteinregal des preußischen Rechtes (EG. Art. 73), das Bergbaurecht (EG. Art. 67) und das Jagd- und Fischereirecht (EG. Art. 69)[4]). Der unberechtigte Aneigner wird also nicht Eigentümer, die Sache bleibt herrenlos. Das gilt auch für die Aneignung jagdbarer und fischbarer Tiere; diese stehen nicht etwa von vornherein im Eigentum des Jagd- und Fischereiberechtigten, der Wilderer erwirbt auch nicht als unfreiwilliger Repräsentant des Jagdberechtigten für diesen, noch wird der Jagdberechtigte im Momente der Besitzergreifung durch den Wilderer Eigentümer nach den Regeln des Fruchterwerbes, sondern das Wild bleibt herrenlos. Der Jagdberechtigte hätte nur persönliche Ansprüche gegen den Wilderer auf Herausgabe des Wildes oder auf Bereicherung oder auf Schadensersatz (**823**. **687**). Der Anspruch auf Herausgabe würde versagen gegen den gutgläubigen Erwerber des Wildes. Dieser wird Eigentümer gemäß **923** ff. und das Aneignungsrecht erlischt.

IV. Der Aneignende erwirbt das Eigentum nicht frei von belastenden Rechten. Diese können erst durch usucapio libertatis erlöschen (vgl. **L.** § 163. III).

§ 169.

Der Funderwerb.

Das römische und gemeine Recht kannte weder einen Eigentumserwerb an Fundsachen (l. 67. D. 6, 1), noch besondere Vorschriften über die Pflichten und Rechte des Finders, z. B. auf Finderlohn. Der Eigentumserwerb und das Recht auf Finderlohn ist dagegen in dem älteren deutschen Recht und den Kodifikationen (ALR. c. c.) anerkannt.

---

[1]) Leonhard, Vertretung beim Fahrniserwerb, S. 115 f.

[2]) Z. B. StrGB. § 368, Z. 11. Reichsgesetz v. 22. März 1888.

[3]) Polizeiverbote des Haltens von Tieren (z. B. Tauben) enthalten noch nicht die Erlaubnis der Aneignung im Falle der Übertretung. Es entscheidet das Landesrecht, vgl. oben **I.** Andere Verbote sind nicht notwendig Aneignungsverbote (z. B. die des Jagens in der Schonzeit), Biermann, S. 95.

[4]) Über das reichsgesetzlich geregelte Strandrecht vgl. **L.** § 171, I, C.

Im BGB., das an älteres deutsches Recht und an das ALR. anknüpft, regelt sich das Rechtsverhältnis im Falle eines Fundes verschieden, je nachdem der Fund an privilegierten (I.) oder an anderen Orten gemacht ist (II.). In beiden Fällen steht ein gesetzlicher Eigentumserwerb[1]) an den gefundenen Sachen in Frage, dessen Voraussetzungen aber verschiedene sind.

Finder ist derjenige, der eine verlorene Sache (auch Tiere) entdeckt und an sich nimmt. Verloren ist eine Sache, welche, ohne herrenlos zu werden, auf irgendwelche Weise aus dem Machtbereich des bisherigen Inhabers ohne dessen Willen getreten ist und sich nicht im Besitze eines anderen befindet. Verlierer ist der, aus dessen Machtbereich die Sache ausgetreten ist (Eigentümer usw.). Verliert der Besitzdiener oder der vermittelnde Besitzer die Sache, so hat auch der Besitzer bzw. der mittelbare Besitzer die Sache verloren, ebenso, wenn der Besitzer oder der Besitzmittler freiwillig, aber gegen den Willen des Besitzers oder des mittelbaren Besitzers den Besitz aufgibt (vgl. aber **935**. **1006**. **1007**). Das Finden ist kein Rechtsgeschäft. Der Finder ist Besitzer der Sache (vgl. **L.** § 145). Bloßes Aufnehmen der Sache zum Zwecke der Besichtigung ist kein Ansichnehmen. Eine Verpflichtung zum Ansichnehmen besteht an und für sich nicht.

I. **Der Fund in den Geschäftsräumen oder Beförderungsmitteln einer öffentlichen Behörde** (Sitzungssäle, Schulräume, öff. Krankenhäuser) oder einer dem öffentlichen Verkehr dienenden Verkehrsanstalt (Transportanstalten, Theater, Ausstellungen), folglich an Fundorten, die einer geregelten Aufsicht unterstehen (**978** bis **983**)[2]).

A. Der Finder hat die Sache unverzüglich an die Behörde oder Verkehrsanstalt oder an einen ihrer Angestellten **abzuliefern.** Diese Pflicht besteht sowohl gegenüber der Behörde, Anstalt usw. wie gegenüber dem Empfangsberechtigten. Weitere Rechte und Pflichten bestehen für den Finder nicht[3]).

Die Behörde usw. nimmt die Sache in Verwahrung, macht den Fund gemäß **892** bekannt und kann die gefundene Sache öffentlich versteigern lassen[4]), nachdem die den Empfangsberechtigten zur Anmeldung ihrer Rechte gesetzte Frist von mindestens 6 Wochen verstrichen ist, ohne daß eine Anmeldung erfolgte. Bei den dem Verderb ausgesetzten oder solchen Sachen, durch deren Aufbewahrung unverhältnismäßige Kosten entstehen würden, kann ohne solche Bekanntmachung versteigert werden. Der Erlös tritt an die Stelle der Sache.

B. **Der Eigentumserwerb** tritt ein zugunsten des Reichs- oder Landesfiskus, einer Gemeinde- oder Privatperson, je nachdem sich die Zugehörigkeit der Behörden oder Anstalten bestimmt, unter der Voraussetzung, daß der Empfangsberechtigte sich nicht rechtzeitig gemeldet hat.

Ist die Versteigerung nach vorgängiger Bekanntmachung erfolgt, so tritt der Eigentumserwerb ein, wenn in drei Jahren nach Ablauf der Frist kein Berechtigter sich meldet. Ist die Versteigerung ohne Bekanntmachung oder ist wie bei gefundenem Gelde keine Versteigerung erfolgt, so tritt der Eigentumserwerb ein, wenn in den drei Jahren nach der öffentlichen Bekanntmachung keine Anmeldung einlief. Die Kosten (der Bekanntmachung und Versteigerung usw.) trägt der Erwerber; wird der Betrag des Versteigerungserlöses herausgegeben, so werden die Kosten von diesem in Abzug gebracht. Vgl. II. D.

---

[1]) Verwandt ist der Fall des Eigentumserwerbes des Fiskus nach der RStrandungsordnung vom 17. Mai 1874. Vgl. **L.** § 171, I, C.

[2]) Die gleiche Regelung tritt ein bei Sachen, die eine öffentliche Behörde nicht, wie z. B. die Post, auf Grund eines Vertragsverhältnisses besitzt und herauszugeben hat, wenn der Behörde der Empfangsberechtigte oder dessen Aufenthalt unbekannt ist (**983**), z. B. Überführungsstücke in einer Strafsache, gefundene Sachen (II), welche die Polizeibehörde besitzt, während der Finder nicht zu ermitteln ist. Seuff A., Bd. 59, Nr. 35. Über die Bekanntmachungen: Mecklenb.-Schwerin. AB. z. BGB. § 211. Mecklenb.-Strelitz. AB. z. BGB. § 119.

[3]) Ob der Finder einen Anspruch wegen Verwendung gegen den Empfangsberechtigten hat, bestimmt sich nach allgemeinen Gesichtspunkten (vgl. **683**).

[4]) Reichs-, Staats-, Gemeindebehörden und -verkehrsanstalten können durch einen ihrer Beamten versteigern lassen, vgl. **383**, Abs. 3.

II. Das regelmäßige Fundrecht (965—977).

Der Eigentumserwerb des Finders entscheidet sich erst, wenn der Finder den gesetzlichen Verpflichtungen nachgekommen ist, die ihm im Interesse des Verlierers, Eigentümers oder sonstigen Empfangsberechtigten auferlegt sind. Daneben sind dem Finder auch gesetzliche Ansprüche gewährt, deren Befriedigung ebenfalls für den Eigentumserwerb bedeutsam ist (A. Z. 1 und 2). Durch diese gesetzlichen Pflichten und Ansprüche ist ein gegenseitiges Schuldverhältnis zwischen Finder und Empfangsberechtigten nicht geschaffen. Wohl aber kann ein solches Schuldverhältnis gegeben sein (z. B. aus Auftrag, Geschäftsführung ohne Auftrag, Verhältnis des Eigentümers zum Besitzer der Sache) und subsidär eine selbständige Wirkung äußern.

A. **Die Pflichten und Rechte des Finders** als solchen gegenüber dem Empfangsberechtigten. Diese entstehen möglicherweise an sich aus auftragloser Geschäftsführung, nach BGB. aber kraft Gesetzes aus dem Finden, d. h. aus dem Entdecken und Ansichnehmen.

1. Die Verpflichtungen des Finders. Der Finder haftet für Vorsatz und grobe Fahrlässigkeit (**968**)[1]). Schuldhafte Verletzung der Pflichten ist unerlaubte Handlung nach **823**, Abs. 2.

a) Anzeigepflicht. Der Finder hat bei Wertfunden, d. h. Sachen, die mehr als 3 Mark wert sind, unverzüglich dem ihm bekannten Verlierer (Dieb, gutgläubiger Besitzer, Besitzdiener usw.) oder Empfangsberechtigten, d. h. dem zum Herausgeben Berechtigten (Eigentümer, Nießbraucher, Mieter), bei Unkenntnis des Verlierers oder Empfangsberechtigten oder ihres Aufenthaltes[2]) der nach Landesrecht zuständigen[3]) Polizeibehörde zweckdienliche Anzeige zu machen[4]). Die Anzeige an die Polizei kann bei Kleinfunden, d. h. wenn die Sache nicht mehr als 3 Mark wert ist, unterbleiben (**965**).

b) Verwahrungs- und Versteigerungspflicht. Der Finder hat die Sache zu verwahren (**966**, vgl. **688** ff.), ist aber zur Verwahrung nicht berechtigt (s. c). Dem Verderben ausgesetzte oder solche Sachen, deren Aufbewahrung unverhältnismäßige Kosten machen würde, hat er nach vorgängiger Anzeige an die Polizeibehörde öffentlich versteigern zu lassen. Der Erlös tritt dann an die Stelle der Sache oder auch die beim Finder eingetretene Bereicherung, wenn z. B. die Umstände es gebieten, daß er freihändig veräußert oder selbst verbraucht. Unter Umständen, z. B. wenn ihm unmittelbar ein Schaden durch die Sache droht, und er zur Ablieferung an die Polizeibehörde nicht imstande ist, wird er auch die Sache wegwerfen können (**966**)[5]).

c) Ablieferungs- und Herausgabepflicht. Der Finder ist zur Ablieferung der Sache oder des Erlöses (s. b) an die Polizeibehörde, wenn sie es allgemein anordnet oder im einzelnen Falle verlangt, verpflichtet, stets aber berechtigt. Mit der Ablieferung erlischt die Verwahrungs-, Versteigerungs- und Herausgabepflicht (**967**) und geht als öffentlichrechtliche auf die Polizeibehörde über.

Der Finder ist dem Empfangsberechtigten zur Herausgabe verpflichtet. Durch Herausgabe an die Polizeibehörde, den Verlierer oder sonstigen Empfangsberechtigten wird der Finder auch allen anderen Empfangsberechtigten gegenüber befreit (**969**). Das muß selbst dann gelten, wenn der Finder weiß, daß der Verlierer kein Recht an der Sache hat[6]).

2. **Die Ansprüche des Finders gegen den Empfangsberechtigten.**

a) Der Finder (und die Polizeibehörde) hat den Anspruch auf Ersatz der Ver-

---

[1]) Vgl. **680**. Anwendung findet auch **682**.

[2]) Ebenso, wenn der Empfänger der Anzeige nicht der Empfangsberechtigte war.

[3]) Vgl. Biermann, S. 174.

[4]) Die Anzeige an die Polizeibehörde ist aber auch erforderlich, wenn der Finder Finderlohn beansprucht (**971**, Abs. 2), oder an Wertfunden Eigentum erwerben soll, **973**, s. unter II, B.

[5]) A. M. Biermann, S. 75.

[6]) Cosack II, S. 141. Dernburg III, S. 329.

wendungen zum Zwecke der Verwahrung oder Erhaltung der Sache oder zum Zwecke der Ermittelung eines Empfangsberechtigten, soweit er die Verwendungen den Umständen nach für erforderlich halten darf (**970**);

b) auf Finderlohn, wenn er nicht die Anzeigepflicht verletzt hat oder den Kleinfund auf Nachfrage verheimlicht (**971**)[1].

c) Die Ansprüche unter a. und b. kann der Finder geltendmachen:

Vor Herausgabe durch Zurückbehaltung der Sache, wenn er sie nicht durch eine vorsätzlich begangene unerlaubte Handlung erlangt hatte (**972. 1000**); nach Herausgabe der Sache im Wege der Klage gegen den Empfangsberechtigten, der die Sache wiedererlangt und die Ansprüche etwa durch Annahme der unter Vorbehalt der Ansprüche vom Finder angebotenen Sache genehmigt hat. Liegt Genehmigung nicht vor, so kann der Empfangsberechtigte sich von den Ansprüchen dadurch befreien, daß er die Sache dem Finder zurückgibt; behält er die Sache, so verjähren die Ansprüche des Finders in einem Monat nach der Herausgabe, wenn nicht vorher die gerichtliche Geltendmachung oder die Genehmigung erfolgt (**972. 1001. 1002**).

Die freiwillige oder erzwungene Ablieferung an die Polizeibehörde (Z. 1. d) hat keinen Einfluß auf die Ansprüche des Finders. Der durch die Polizeibehörde erzielte Versteigerungserlös tritt an die Stelle der Sache. Zur Wahrung des Zurückbehaltungsrechtes darf die Polizeibehörde nur mit Zustimmung des Finders Sache oder Erlös an den Empfangsberechtigten herausgeben (**975**).

B. **Der Eigentumserwerb des Finders.**

1. An Wertfunden. Der Finder wird nur Eigentümer, wenn er den Fund der Polizeibehörde angezeigt hat.

a) Meldet sich kein Empfangsberechtigter innerhalb eines Jahres nach Anzeige bei der Polizeibehörde, und ist in dieser Frist auch dem Finder kein Empfangsberechtigter bekanntgeworden, so wird der Finder Eigentümer mit Ablauf dieser Frist (**973**, Abs. 1).

b) Wird dagegen innerhalb der Jahresfrist ein Empfangsberechtigter bekannt, so kann der Finder den Empfangsberechtigten zur Erklärung über die Genehmigung der Finderansprüche innerhalb einer angemessenen, vom Finder bestimmten Frist auffordern. Der Finder wird Eigentümer, wenn diese Frist fruchtlos verstrichen ist, dagegen nicht, wenn der Empfangsberechtigte sich rechtzeitig zur Befriedigung der Ansprüche bereit erklärt. Bestreitet aber der Empfangsberechtigte die Ansprüche überhaupt oder in ihrer Höhe[2]), so kann der Finder sie rechtskräftig feststellen lassen und den Empfangsberechtigten zur Erklärung innerhalb angemessener Frist auffordern. Erfolgt dann die Genehmigung nicht rechtzeitig, so wird der Finder Eigentümer (**974**).

2. An Kleinfunden erwirbt der Finder das Eigentum, wenn er den Fund auf Nachfrage nicht verheimlicht hat, nach Ablauf eines Jahres seit dem Funde, ohne daß dem Finder in dieser Frist ein Empfangsberechtigter bekannt geworden ist. Anmeldung eines Rechtes bei der Polizeibehörde innerhalb dieses Jahres hindert den Eigentumserwerb in diesem Falle nicht (**973**, Abs. 2).

3. Durch die Ablieferung der Sache oder des Erlöses an die Polizeibehörde wird der Eigentumserwerb (1 und 2 nicht beeinflußt (**975**, vgl. A. Z. 2, c).

C. **Eigentumserwerb der politischen Gemeinde des Fundortes** (**976**) an der gefundenen Sache bzw. an dem Erlös tritt ein, wenn der Finder im voraus auf den Eigentumserwerb der

---

[1]) Höhe des Finderlohnes: 5 Proz. vom Werte der Sache zur Zeit der Herausgabe bis zu 300 M., 1 Proz. von dem Mehrwert über 300 M., 1 Proz. vom Wert eines Tieres; bei Sachen, die nur für den Empfangsberechtigten einen Wert haben (Briefe, Urkunden), ist der Finderlohn durch richterliches Ermessen zu bestimmen (**971**). Bez. Sparkassenbücher vgl. Strohal, Recht, Bd. 5, S. 159.

[2]) A. M. Fischer-Henle zu **974**, Note 7. So schon Denkschr. S. 135. Vgl. Biermann zu **974**, Note 2 u. a.

Polizeibehörde gegenüber verzichtet hat, und wenn nach Ablieferung der Sache oder des Erlöses an die Polizeibehörde der Finder zwar Eigentümer nach B. geworden ist, aber die Herausgabe nicht in der ihm von der Polizeibehörde gesetzten Frist von dieser verlangt. Hier erlischt das Eigentum des Finders. Im ersten Falle geht das Finderrecht auf die Gemeinde über.

D. Mit dem Eigentumserwerbe erlöschen alle Rechte an der Sache (**973**, Abs. 1). Wer dadurch einen Rechtsverlust erleidet, hat gegen den Finder oder die Gemeinde den Anspruch auf Herausgabe des durch die Rechtsänderung Erlangten als Bereicherungsanspruch innerhalb einer Ausschlußfrist von 3 Jahren vom Eigentumserwerbe an (**209**. **977**)[1]).

§ 170.

Der Schatzerwerb.[2])

Der Erwerb am Schatz (thesaurus) war schon im römischen und gemeinen Recht wie im ALR., SBGB., c. c. kein Okkupationserwerb, sondern eigenartiger Erwerb (thesauri inventio). So auch nach BGB.

I. **Schatz** (thesaurus) ist diejenige bewegliche Sache, die so lange verborgen gelegen hat, daß der Eigentümer nicht mehr zu ermitteln ist[3]). Darin liegt der Unterschied vom Fund. Die Sache ist auch nicht herrenlos, kann es aber sein (Tiere der Vorzeit). Gleichgültig ist, ob die Sache verloren oder absichtlich verborgen worden ist. Gleichgültig ist auch der Wert, und ob die verbergende Sache ein Grundstück oder eine bewegliche Sache ist.

II. **Eigentümer** des Schatzes wird zur Hälfte der Entdecker, zur Hälfte der Eigentümer der verbergenden Sache, sobald die Entdeckung zu einer Besitzergreifung durch den Entdecker oder einen anderen geführt hat, und ohne Rücksicht darauf, ob die Entdeckung zufällig erfolgte oder auf Nachsuche (**984**). Die Entdeckung verlangt Bewußtsein vom Funde, ist aber kein Rechtsgeschäft, sondern rein tatsächlicher Akt[4]). Vor der Entdeckung hat auch der Eigentümer der verbergenden Sache kein Recht am Schatz. Wer in eigener Sache einen Schatz entdeckt, wird Alleineigentümer, wer in fremder, Miteigentümer zur Hälfte. An die Stelle des Eigentümers tritt nicht der Nießbraucher (**1040**), wohl aber der Erbbauberechtigte, wenn der Schatz in dem Gebäude gefunden ist, das dem Erbbauberechtigten gehört; nach Landesrecht (EG. Art. 59) der Vasall und der Familienfideikommißbesitzer. Das Landesrecht bestimmt auch über das rechtliche Schicksal von Kunst- und Altertumsfunden (EG. Art. **109**), und ob der Schatz als Regalie gilt (EG. Art. 73).

§ 171.

Sonstiger Eigentumserwerb und Verlust.

I. Der Eigentumserwerb an beweglichen Sachen, der sich durch Erbfolge und Begründung ehelicher Gütergemeinschaft vollzieht, findet im Familienrechte und Erbrechte seine Darstellung. Der Erwerb des Zubehörs eines Grundstückes nach den Vorschriften des Grundstücksrechtes ist **L.** § 159 besprochen. Dem Reichsgericht gehört ferner noch der **Eigentumserwerb durch Ausspruch des Staates** an. Solcher liegt vor:

A. beim Zuschlag in der Zwangsversteigerung nach ZVG. Der Zuschlag wird mit der Verkündigung wirksam (ZVG. §§ 87. 89), und mit dem Zuschlage wird der Ersteher Eigentümer des Grundstückes und der Gegenstände, auf welche sich die Versteigerung erstreckt hat (ZVG. §§ 90. 55);

---

[1]) Im Falle B. Z. 1, b. hat der Empfangsberechtigte einen solchen Anspruch nicht.

[2]) Gierke, D. Priv.-Recht II, § 132, V.

[3]) Ebenso: l. 31. § 1. D. (41, 1).

[4]) Seuff. Arch., Bd. 60, Nr. 171.

B. bei der Enteignung, die grundsätzlich nach Landesrecht (EG. Art. 109)[1]), in einzelnen Fällen nach Reichsrecht (vgl. L. § 156. III) geregelt ist; ferner bei der **Konfiskation** oder Einziehung, die im RStrGB. § 40 als Nebenstrafe und in einer Reihe von Reichsgesetzen[2]) angeordnet ist. In diesen Fällen wird entweder schon durch die Beschlagnahme oder erst durch rechtskräftiges Straferkenntnis das Eigentum regelmäßig dem Fiskus erworben. Es läßt ferner dieser Eigentumsübergang die Rechte Dritter an diesen Objekten unberührt oder hebt sie auf.

C. **Gestrandete Sachen** unterlagen ursprünglich dem Aneignungsrecht der Uferbewohner, dann dem staatlichen Regal. Nach der R.-Strandungsordnung vom 17. Mai 1874 findet eine Ermittelung des Eigentümers im Wege eines Aufgebotes statt. Meldet sich kein Eigentümer, so werden die vom Strande aus geborgenen und die strandtriftigen Sachen dem betreffenden Bundesstaate, die versunkenen und seetriftigen dem Berger zu Eigentum überwiesen; Rechte Dritter erlöschen; der sich später meldende Eigentümer hat den Bereicherungsanspruch. Gegen den sich meldenden Eigentümer hat der Berger den Anspruch auf Kostenersatz und Bergelohn.

II. **Eigentumsverlust** verbindet sich mit dem Eigentumserwerbe; der Eigentumsverlust im Falle des restlosen Unterganges der Sache bedarf keiner Erörterung[3]); der Verlust durch Verzicht (Dereliktion) ist L. § 168 erörtert. Dort ergibt sich auch, wodurch das Eigentum an wilden gefangenen und wilden gezähmten Tieren untergeht.

4. Kapitel.

Die Ansprüche aus dem Eigentum.[4])

§ 172.

Der Anspruch auf Herausgabe der Sache.[5])

a) Die Kläger- und Beklagtenrolle.

Der Anspruch auf Herausgabe der Sache (Vindikation, rei vindicatio) steht dem Eigentümer und demjenigen, dem der Anspruch vom Eigentümer abgetreten ist, gegen den Be-

---

[1]) Die landesrechtliche Enteignung bezweckt besonders die Entziehung oder Belastung des Grundeigentumes im allgemeinen Interesse (Eisenbahn-, Wegebau usw.). Der Enteignungsberechtigte erwirbt das Eigentum frei von Lasten durch den das staatliche Enteignungsverfahren abschließenden Enteignungsbeschluß gegen Entschädigung des bisherigen Eigentümers und der dinglich Berechtigten. Kauf liegt nicht vor. Vgl. Mecklenb.-Schwerin. AV. z. BGB. §§ 87—102. Mecklenb.-Strelitz. AV. z. BGB. §§ 85—100. Meyer, G., Heidelberger Festschr. (1899), S. 109 ff. Kappen, Über die rechtliche Natur der Enteignung usw. (1899), Diss. Gierke, D. Priv.-R. II, § 128.

[2]) Vereinszollgesetz v. 1. Juli 1869, § 134. Spielkartenstempelges. v. 3. Juli 1878, § 10. Nahrungsmittelgesetz vom 14. Mai 1879, § 12. Sprengstoffgesetz vom 9. Juni 1884, § 11 usw., vgl. Mandry-Geib, § 29, V. Vorberg, Die Einziehung (Diss. 1895), S. 106 ff. Glücksmann, Die Rechtskraft der strafprozess. Entscheidung über Einziehung und Unbrauchbarmachung.

[3]) In dieser Richtung sind von Bedeutung die reichsgesetzlichen Bestimmungen, welche die Einziehung bestimmter Sachen anordnen zum Zwecke der Unbrauchbarmachung, die auch zur Zerstörung führen kann, wie RStrGB. § 41, Reichsges. über das Urheberrecht an Schriftwerken v. 11. Juni 1870 usw., vgl. Mandry-Geib, S. 365. Vorberg, a. a. O., S. 114 ff.

[4]) Zum Schutze auch des Eigentumes dient die Feststellungsklage (ZPO. § 256), die Widerspruchsklage (ZPO. § 771), beides prozessuale Rechtsbehelfe. Das Eigentum ist auch geschützt durch die Vorschriften über die Rechtsfolgen unerlaubter Handlungen und über die Herausgabe wegen ungerechtfertigter Bereicherung. Zum Schutze des Grundeigentumes dienen ferner die Rechtsbehelfe aus der Grundbucheinrichtung (L. § 154) und aus dem Nachbarrecht (L. §§ 157. 158) und die Besitzschutzmittel (L. § 148).

[5]) Gierke, D. Priv.-R. II, §§ 192. 138. Wolff, §§ 84 ff.

sitzer der Sache zu (**985**). Der Anspruch geht auf Herausgabe von Sachen, beweglichen und unbeweglichen, nicht daher auf Herausgabe von Sachgesamtheiten als solchen (vgl. ZPO. § 254).

I. Der **Kläger** hat den Beweis zu führen, daß ihm gegenwärtig das Eigentum zusteht. Dieser Beweis ist beim Eigentum an Grundstücken durch die Vermutung zugunsten des eingetragenen Eigentümers (**891**), beim Eigentümer an beweglichen Sachen in Anlehnung an das französische und deutsche Recht durch die auf den gegenwärtigen oder früheren Besitz gegründete **Eigentumsvermutung** (**1006**) wesentlich erleichtert.

A. Es wird zugunsten des gegenwärtigen Eigenbesitzes einer beweglichen Sache vermutet, daß er Eigentümer der Sache sei (**1006**, Abs. 1), und entsprechend, daß der frühere Besitzer während der Dauer seines Besitzes Eigentümer gewesen sei (**1006**, Abs. 2). Die Vermutung gilt für jeden Besitzer im Falle des mittelbaren Besitzes aber nur für den mittelbaren Besitzer (z. B für den Verleiher, nicht für den Entleiher). Sie wird entkräftet durch den Nachweis, daß der Besitzer nicht Eigentümer ist oder war. Sie gilt nur, soweit an und für sich Eigentum dem Gegenstande nach möglich ist, also nicht bei Besitz an wesentlichen Bestandteilen (vgl. **L.** § 37), und soweit der Besitzer, als redlicher Erwerber Eigentümer geworden sein kann (vgl. **L.** § 162). Aus diesem Gesichtspunkte muß die Vermutung gegenüber einem früheren Besitzer fortfallen, der den Besitz unfreiwillig verloren hat, während sie bei Geld und Inhaberpapieren auch bei unfreiwilligem Besitzverlust Platz greifen muß[1]).

B. Im Streit um die Herausgabe einer beweglichen Sache macht sich die Eigentumsvermutung in folgender Weise geltend:

Der Kläger hat den Erwerb seines Eigentumsrechtes und den Fortbestand desselben, d. h. sein gegenwärtiges Eigentum zu beweisen. Da er gegenwärtig nicht im Besitze ist, so unterstützt ihn die Vermutung aus **1006** nicht; für ihn spricht, wenn er früher im Besitze war, nur die Vermutung seines Eigentumes während der Dauer dieses Besitzes, für den beklagten Besitzer aber die Vermutung gegenwärtigen Eigentumes. Der Kläger kann diese Behauptung, wenn es sich nicht um Geld oder Inhaberpapiere handelt, durch den Nachweis des unfreiwilligen Besitzverlustes entkräften. Gelingt dem Kläger dieser Nachweis, so ist nun der Beklagte genötigt, die für den Kläger streitende Vermutung des gegenwärtigen Fortbestandes des Eigentumes zu widerlegen, d. h. zu beweisen, daß der Kläger jetzt nicht Eigentümer ist.

Gelingt dem Kläger der Beweis des unfreiwilligen Besitzverlustes nicht, oder kommt es wie bei Geld und Inhaberpapieren auf diesen Beweis nicht an, so muß der Kläger seinen früheren Besitz beweisen und die für den Beklagten geltende Eigentumsvermutung widerlegen, indem er beweist, daß der Erwerb des Besitzes dem Beklagten kein Eigentum verschaffen konnte, z. B. weil er nicht gutgläubig war, oder ein gültiger dinglicher Vertrag nicht vorlag.

Ist der Kläger ohne Besitzerwerb Eigentümer geworden (z. B. durch Verbindung, Vermischung, Fruchterwerb) und auch nach dem Eigentumserwerb nicht in den Besitz gelangt, so entfällt die Eigentumsvermutung für ihn; er hat den Eigentumserwerb zu beweisen und außerdem die für den Beklagten geltende Eigentumsvermutung zu widerlegen. Gelingt ihm die Widerlegung, so hat der Beklagte den Beweis zu führen, daß dem Kläger Eigentum zurzeit nicht zusteht.

II. Der Anspruch auf Herausgabe richtet sich gegen den **Besitzer**, folglich nicht gegen den Besitzdiener (**855**, **L.** §§ 145. 148), sondern nur gegen den unmittelbaren oder mittelbaren Besitzer.

a) Der auf Herausgabe in Anspruch genommene unmittelbare Besitzer, der einen mittelbaren Besitzer anzuerkennen hat, kann nach ZPO. § 76 den mittelbaren Besitzer benennen

---

[1]) Die Eigentumsvermutung kommt in Frage auch bei sonstigen Ansprüchen des Eigentümers (**L.** §§ 175. 176), bei dem Anspruch aus ungerechtfertigter Bereicherung, auf Vorlegung und aus unerlaubten Handlungen, vgl. Gierke, Bedeutung des Fahrnisbesitzes (1897), S. 29 f. 36 ff.

(auctoris nominatio, laudatio). Je nach dem Verhalten des Benannten kann er dann dem Klagantrage genügen, den Prozeß selbst fortführen oder Entbindung von der Klage verlangen.

b) Der Kläger kann beide, den mittelbaren und den unmittelbaren Besitzer, zugleich in Anspruch nehmen, aber

c) auch den mittelbaren Besitzer allein [1]). Der Kläger kann gegen den mittelbaren Besitzer auf Abtretung des dem Beklagten zustehenden Herausgabeanspruches, aber auch nach **985** auf Herausgabe schlechthin klagen. Das vom Kläger gegen den mittelbaren Besitzer erstrittene Urteil ist allerdings nur gegen diesen vollstreckbar. Kann oder will er sich nicht durch Rückforderung der Sache zum unmittelbaren Besitzer der Sache machen oder durch Anweisung an den unmittelbaren Besitzer die Herausgabe an den Kläger bewirken, so wird er in letzter Linie dem Kläger den mittelbaren Besitz überlassen müssen [2]).

§ 173.

Fortsetzung: b) Der Inhalt des Anspruches.

I. Der Beklagte ist analog wie auf Grund schuldrechtlicher Verpflichtung (Miete, Auftrag, Hinterlegung usw.) zur **Herausgabe der Sache** selbst verpflichtet. Mit der Sache sind auch gewisse Nutzungen der Sache herausgegeben (res cum omni causa). Nach den allgemeinen Regeln würde sich ergeben, daß der Besitzer für die Sache selbst nur nach **823** Ersatz leisten müßte. Die Nutzungen würde der Besitzer nach **985** herausgeben müssen, wenn der Eigentümer sie erworben hat (**953**), nach **812** ff. wenn der Besitzer sie erworben hat (**955**). Die allgemeinen Regeln sind aber durch besondere (**987—993**) ersetzt:

I. Die **Herausgabe der Sache.**

A. **Der gutgläubige Besitzer** haftet regelmäßig vor der Rechtshängigkeit nicht; von der Rechtshängigkeit an aber für jede schuldhafte Vernichtung, Verschlechterung und für sonstwie schuldhaft (z. B. durch Veräußerung) bewirkte Unmöglichkeit der Herausgabe, weil er mit der Möglichkeit seiner Verurteilung rechnen muß (**989**). Er haftet jedoch schon von dem Erwerbe an, wenn er sein Recht zum Besitze von einem mittelbaren Besitzer herleitet, aber nur in dem Umfange, in dem er dem mittelbaren Besitzer verantwortlich ist (**991**, Abs. 2).

B. **Der bösgläubige** [3]) **Besitzer** haftet (**990—991**, Abs. 1) vom Erwerbe bzw. dem Zeitpunkt der erlangten Kenntnis an wie der gutgläubige Besitzer nach der Rechtshängigkeit (A). Nach Rechtshängigkeit und allgemein nach Eintritt des Verzuges treten weitere Folgen hinzu, also volle Schadensersatzpflicht, auch die Haftung für den Zufall, wenn nicht die Unmöglichkeit der Herausgabe auch bei rechtzeitiger Herausgabe eingetreten wäre (**287**).

II. Der Beklagte hat auch **Nutzungen der Sache** herauszugeben bzw. zu ersetzen.

A. Der **gutgläubige Besitzer** hat alle Nutzungen herauszugeben, die er nach Eintritt der Rechtshängigkeit gezogen hat. Er hat für schuldhafte Vernichtung, Verschlechterung und

---

[1]) Überzeugend nachgewiesen von Gierke, Die Bedeutung des Fahrnisbesitzes (1897), S. 52 ff. und Jur. Tag 24 (1898), Bd. 3, S. 29 ff., Bd. 4 (1898), S. 129 ff. 350 f. Strohal, Sachbesitz, S. 44 ff. und Sächs. Arch., Bd. 8 (1898), S. 341 ff. Dagegen Wendt, Arch. f. d. ziv. Pr., Bd. 87 (1897), S. 68 ff. und Jur. Tag 24, Bd. 3 (1898), S. 3 ff.

[2]) Einen Anspruch auf Herausgabe der Sache gegen den Beklagten, qui liti se obtulit (Geständnis, Anerkenntnis) oder qui dolo malo possidere desiit, kennt das heutige Recht nicht; es kann ein Schadensersatzanspruch gegen den letzteren begründet sein (**990**, Abs. 2), und der erstere kann nach ZPO. §§ 288. 293 zur Herausgabe und nach **283** zum Schadensersatz verurteilt werden. Gegen den Besitzer, der gutgläubig vor Rechtshängigkeit weiter veräußert hat, kann ein Anspruch auf Grund ungerechtfertigter Bereicherung in Frage kommen. Vgl. aber ZPO. § 290 und **989**.

[3]) Der böse Glaube bestimmt sich ebenso wie bei der Ersitzung (**937**, **L.** § 163) und beim Erwerbe der Früchte (**955**, **L.** § 167). Ist der Beklagte Besitzvermittler, so kann der böse Glaube beim mittelbaren und beim unmittelbaren Besitzer oder nur bei einem von beiden vorliegen.

sonstwie schuldhaft herbeigeführte Unmöglichkeit der Herausgabe solcher Nutzungen, ferner auch für die nach Rechtshängigkeit schuldhaft versäumten Früchte, die er nach den Regeln ordentlicher Wirtschaft hätte ziehen können, Ersatz zu leisten (**987**). Der gutgläubige Eigenbesitzer oder derjenige, der die Sache zum Zwecke der Ausübung eines ihm nicht zustehenden Nutzungsrechtes an der Sache besitzt, ist aber, wenn er unentgeltlich erworben hat, zur Herausgabe auch der vor der Rechtshängigkeit gezogenen Nutzungen nach den Vorschriften über die Herausgabe einer ungerechtfertigten Bereicherung verpflichtet (**988**).

B. Der **bösgläubige Besitzer** hat die gezogenen und versäumten Nutzungen vom Zeitpunkt des Erwerbes an bzw. von dem Zeitpunkt der erlangten Kenntnis an in demselben Maße herauszugeben wie der gutgläubige Besitzer für die Zeit nach der Rechtshängigkeit. Seine Haftung steigert sich nach Rechtshängigkeit und wenn er in Verzug gerät. Auch ohne seine Schuld versäumte Nutzungen hat er zu ersetzen, wenn der Eigentümer sie hätte ziehen können. Ist der beklagte Besitzvermittler bösgläubig, so haftet er als bösgläubiger Besitzer nur dann, wenn auch der mittelbare Besitzer bösgläubig ist, oder ihm gegenüber der Anspruch auf Herausgabe rechtshängig geworden ist, oder er in Verzug gesetzt ist (**990**. **991**).

III. Der Besitzer, der sich **durch schuldhafte verbotene Eigenmacht** (**858**, **L.** § 148) oder durch **strafbare** vorsätzliche oder fahrlässige **Handlung** den Besitz verschafft hat, haftet dem Eigentümer nach den Vorschriften über den Schadensersatz wegen unerlaubter Handlungen (**992**). Diese Haftung geht über die des bösgläubigen Besitzers hinaus, da sie allen Schaden umfaßt, der durch die Besitzentziehung dem Eigentümer erwachsen ist, auch wenn die Sache selbst unversehrt herausgegeben ist, und die Nutzungen erstattet sind. Wo die Voraussetzungen nach **992** nicht vorliegen, kann nur die Gattung nach **989** in Frage kommen. Der aus unerlaubter Handlung haftende Besitzer ist nicht notwendig bösgläubiger Besitzer. Ist er gutgläubig wie z. B. derjenige, der sich entschuldbar für den Eigentümer hält, sich aber den Besitz durch Nötigung verschafft hat, so ergibt sich eine Steigerung seiner Haftung für die Zeit vor der Rechtshängigkeit.

IV. Vor oder nach Rechtshängigkeit von ihm gezogene Früchte, die nach den Regeln einer ordnungsmäßigen Wirtschaft nicht als Ertrag der Sache anzusehen sind (z. B. bei Windbruch), hat jeder Besitzer, auch der gutgläubige, und der unentgeltlich in den Besitz gelangte, nach den Vorschriften über die Herausgabe wegen ungerechtfertigter Bereicherung herauszugeben (**993**).

§ 174.

Fortsetzung: c) Die Verteidigung des Beklagten.

Selbstverständlich kann sich der Beklagte gegenüber dem Anspruch auf Herausgabe auf eigenes Eigentum, auf Verjährung des Eigentumsanspruches berufen, auch von der Benennung des Vormannes (**L.** § 172) Gebrauch machen. Eine besondere Verteidigung gründet sich für den Beklagten

I. auf ein **Recht zum Besitze**, das ihm oder dem mittelbaren Besitzer, von dem er abhängig ist, als dingliches Recht dem Eigentümer gegenüber zusteht (z. B. Nießbrauch, Pacht, Miete). Der Käufer, dem das Grundstück übergeben aber nicht aufgelassen ist, kann sich auf sein Recht zum Besitze dem vindizierenden Verkäufer gegenüber berufen (exceptio rei venditae traditae), dem Dritten aber, dem das Grundstück aufgelassen ist, gegenüber nur dann, wenn der Dritte gegen **826** verstößt[1]). War der mittelbare Besitzer dem Eigentümer gegenüber zur Überlassung des Besitzes nicht befugt, z. B. nicht der Nießbraucher zur Überlassung an den Pächter (vgl. **549**), so kann der Kläger vom beklagten unmittelbaren Besitzer Herausgabe an den mittelbaren Besitzer, oder wenn dieser die Sache nicht übernehmen will oder kann, an sich selbst verlangen (**986**, Abs. 1).

---

[1]) Vgl. Dernburg III, S. 263 f.

II. Ist das Eigentum durch Abtretung des Anspruches auf Herausgabe der Sache erworben, so kann der Besitzer der Sache, gegen den sich dieser Anspruch richtet, dem neuen Eigentümer diejenigen Besitzrechte entgegensetzen, die ihm gegen den abgetretenen Anspruch zustehen (**986**, Abs. 2, vgl. **931**)[1]).

Hat A dem B die Sache geliehen und veräußerte er sie durch Abtretung des Herausgabeanspruches an C, so kann B dem Anspruche des C auf Herausgabe sein Recht zum Besitze aus der Leihe entgegensetzen.

III. **Der Ersatzanspruch wegen Verwendungen** auf die Sache. Das römische Recht gab dem Besitzer die exceptio doli gegen die rei vindicatio, und zwar jedem Besitzer außer dem Diebe wegen der impensae necessariae, dem bonae fidei possessor wegen der imp. utiles, wegen sonstiger impensae nur ein jus tollendi. Eine Klage auf Ersatz der impensae hatte der Besitzer nicht.

Nach BGB gilt:

Soweit überhaupt ein Ersatzanspruch wegen Verwendungen besteht, kann der Besitzer nicht nur für Aufwendungen, die er selbst gemacht hat, sondern auch für diejenigen Ersatz verlangen, die sein Vorbesitzer, dessen Erbe oder Sondernachfolger er geworden ist, gemacht hat und als Beklagter ersetzt verlangen könnte. Die Ersatzpflicht des Eigentümers beschränkt sich andererseits nicht auf diejenigen Verwendungen, die vom Besitzer während des klägerischen Eigentumes gemacht sind, sondern sie erstreckt sich auch auf solche aus früherer Zeit (**999**).

A. **Die notwendigen Verwendungen.**

Zu diesen gehören die zur Erhaltung der Sache oder ihrer wirtschaftlichen Brauchbarkeit nach der bisherigen Wirtschaftsweise dienenden. Möglicherweise gehört dahin auch das zum Erwerbe der Sache vom Beklagten aufgewendete Äquivalent[2]). Die gewöhnlichen Erhaltungskosten z. B. für Viehfütterung werden aber dem sonst ersatzberechtigten Besitzer für die Zeit nicht ersetzt, für die ihm die Nutzungen verbleiben (**994**, Abs. 1). Notwendige sind auch die Aufwendungen zur Bestreitung der öffentlichen und privatrechtlichen Lasten der Sache (Steuern, Hypothekenzinsen usw.). Der sonst ersatzberechtigte Besitzer, dem für eine gewisse Zeit die Nutzungen der Sache verbleiben, kann aber für diese Zeit nur die Aufwendungen für solche außerordentlichen Lasten, die auf den Stammwert der Sache gelegt anzusehen sind (Abfindungen des Anerben an Geschwister, außerordentliche Kriegskontributionen), ersetzt verlangen, während die übrigen nicht einbegriffenen als gegen die Nutzungen aufgerechnet gelten (**995**).

Ein Ersatzanspruch steht nur (**994**, Abs. 2) dem gutgläubigen Besitzer zu, wenn er die notwendigen Verwendungen vor dem Eintritte der Rechtshängigkeit gemacht hat. Der bösgläubige Besitzer, der nach Erwerb oder erlangter Kenntnis, und der gutgläubige Besitzer, der nach Rechtshängigkeit solche Verwendungen macht, haben einen Anspruch auf Ersatz nur, wenn die Verwendung einer Geschäftsführung ohne Auftrag entspricht (**683**. **684**).

B. **Nicht notwendige Verwendungen** sind entweder nützliche, die den objektiven Wert oder die Ertragsfähigkeit steigern (impensae utiles) oder lediglich Luxuszwecken dienen (imp. voluptariae). Diese kann nur der bei ihrer Vornahme gutgläubige Besitzer ersetzt verlangen, wenn er sie vor Eintritt der Rechtshängigkeit machte, und soweit der Wert der Sache durch sie noch zu der Zeit erhöht erscheint, zu welcher der Eigentümer die Sache wiedererlangt (**996**)[3]). Für alle übigen Verwendungen besteht für den Besitzer nur das Wegnahmerecht (C, d).

C. **Die Durchführung des Ersatzanspruches** wegen Verwendungen kann erfolgen:

---

[1]) Vgl. Gierke, Die Bedeutung des Fahrniserwerbes (1897), S. 41 ff.

[2]) Einen Anspruch auf Erstattung des Preises (Lösungsanspruch) schlechthin hat auch der gutgläubige Besitzer nicht, vgl. aber Vorbehalt im EG. Art. 94, Abs. 2.

[3]) Ob der Besitzer auch Zinsen beanspruchen kann, bestimmt sich nach **256**.

a) im Wege der **Zurückbehaltung der Sache**, wenn der Besitzer die Sache nicht durch vorsätzliche unerlaubte Handlung erlangt hat (**1000**, vgl. **273**). Die Zurückbehaltung ist der einzige im römischen Recht gegebene Weg[1]);

b) **im Wege der Klage**, wenn der Eigentümer durch den Besitzer oder sonstwie die Sache wiedererlangt hat oder die Verwendungen genehmigt hat. Die Genehmigung gilt als erteilt, sobald der Eigentümer die ihm vom Besitzer unter Vorbehalt seines Ersatzanspruches angebotene Sache angenommen hat (**1001**).

Hat der Eigentümer die Sache wiedererlangt, ohne genehmigt zu haben, so kann er sich durch Rückgabe der Sache an den Besitzer von dem Ersatzanspruch befreien (**1001**). Behält aber der Eigentümer die ihm vom Besitzer herausgegebene Sache, so erlischt der Anspruch, wenn er nicht vorher gerichtlich geltendgemacht ist (**209**), in einem Monat, bei einem Grundstück in sechs Monaten nach der Herausgabe. Diese Ausschlußfristen werden wie Verjährungsfristen behandelt (**1002. 203. 206. 207**). Ihr Lauf hört auch auf mit der Genehmigung der Verwendungen durch den Eigentümer.

c) **Durch Befriedigung aus der Sache selbst** (**1003**).

Wenn der Eigentümer die Sache nicht zurücknimmt und die Verwendungen auch nicht genehmigt, so ist dem Besitzer die Klage auf Ersatz abgeschnitten (b); er kann weiter zurückbehalten (a), bleibt aber dem Herausgabeanspruch fortgesetzt ausgesetzt. Zur Erledigung dieses mißlichen Schwebezustandes kann aber der Besitzer den Eigentümer unter Angabe der Höhe seines Ersatzanspruches auffordern, sich innerhalb einer vom Besitzer bestimmten angemessenen Frist über die Genehmigung zu erklären.

Erfolgt die Genehmigung nicht oder nicht rechtzeitig, so kann sich der Besitzer aus der Sache selbst nach den Vorschriften über den Pfandkauf bei beweglichen Sachen (**1234** bis **1247**) oder über die Zwangsvollstreckung in das unbewegliche Vermögen befriedigen. Letztere kann aber (ZPO. § 866) durch Eintragung einer Sicherungshypothek erfolgen.

Bestreitet der Eigentümer rechtzeitig den Anspruch selbst oder seine Höhe, so kann der Besitzer auf Feststellung klagen und erst nach rechtskräftiger Feststellung seines Anspruches den Eigentümer unter Bestimmung einer angemessenen Frist zur Genehmigung auffordern. Die Befriedigung aus der Sache ist erst statthaft, wenn die Genehmigung nicht oder nicht rechtzeitig erfolgt. Genehmigt der Eigentümer, so treten die Folgen unter b) ein.

d) Das Abtrennungsrecht (jus tollendi)[2]). Dieses Recht hat der gutgläubige und der bösgläubige Besitzer wegen der Verwendungen vor oder nach der Rechtshängigkeit. Ist die Verwendung ersatzfähig, so hat der Besitzer die Wahl zwischen dem Ersatzanspruch und dem Wegnahmerecht.

Hat der Besitzer die eigenen Sachen mit der fremden verbunden, ohne daß er des Eigentumes verlustig ging, so steht ihm das Abtrennungsrecht selbstverständlich zu, nicht so, wenn durch die Verbindung zum wesentlichen Bestandteil sein Eigentum verlorenging. Hier bliebe ihm der Bereicherungsanspruch (**951**) und der Anspruch auf Ersatz der Verwendungen, die aber das Resultat ergeben könnten, daß er nicht einmal den Wert der Sache erhielte, den sie nach Trennung hätte. Mit Rücksicht darauf ist ihm das Trennungs- und Aneignungsrecht gewährt (**997**). Dieses Recht steht unter den allgemeinen Grundsätzen (**258**. **L**. § 77), es ist aber hier ausgeschlossen, wenn die Verbindung in die gewöhnlichen Erhaltungskosten fällt, und dem Besitzer ein Ersatzanspruch nach A. nicht zusteht, oder wenn die Abtrennung für den Besitzer keinen Nutzen hat, oder wenn dem Besitzer mindestens der Wert ersetzt wird, den die Sache nach Abtrennung für ihn haben würde.

IV. Die Verwendungen auf Früchte.

a) In erster Linie kommt die allgemeine Vorschrift in **102** (**L**. § 43) in Betracht. Daher ist, soweit eine Verpflichtung zur Herausgabe von Früchten besteht, ein Anspruch des Besitzers

[1]) l. 33 D. (12, 6), l. 14. D. (44, 4).

[2]) l. 37. 38. D. (6, 1). Hellmann, Bl. f. Rechtsanwendung, Bd. 76, S. 289 ff.

auf Ersatz nur der auf die Fruchtziehung verwendeten Kosten begründet, die einer ordnungsmäßigen Wirtschaft entsprechen und in ihrem Betrag den Wert der Früchte nicht übersteigen. Sind die Früchte schon getrennt und noch vorhanden, so kann der Besitzer den Ersatzanspruch durch Zurückbehaltung oder Klage geltendmachen (vgl. **256**); sind sie nicht mehr vorhanden, so kann der Besitzer die Aufwendungen von dem Ersatzbetrage in Abzug bringen.

b) Nicht getrennte Früchte fielen dem Eigentümer zu (**104**). Hier greift die besondere Vorschrift (**998**) über die Herausgabe eines landwirtschaftlichen, d. h. zur Produktion von Nutzpflanzen und Vieh bestimmten Grundstückes ein; der Besitzer hat einen Anspruch auf Ersatz der Kosten, die er auf die noch nicht getrennten, aber nach den Regeln ordnungsmäßiger Wirtschaft vor dem Ende des Wirtschaftsjahres zu trennenden Früchte verwendet hat. Die Höhe dieses Ersatzes bestimmt sich nach **102**. Der Ersatzanspruch wird geltendgemacht gemäß III. C.

§ 175.

Der Eigentumsfreiheitsanspruch.

Eine Beeinträchtigung des Eigentumes ist auch in anderer Weise als durch Entziehung oder Vorenthaltung des Besitzes möglich, bei Grundstücken besonders durch Überschreiten der im Nachbarrecht liegenden Schranken (**L.** §§ 157. 158). Solche Beeinträchtigungen lassen sich als Störungen bezeichnen. Ob eine Störung vorliegt, ergibt sich aus dem Inhalte des Eigentumsrechtes. Aus diesen Störungen erwächst dem Eigentümer der Eigentumsfreiheitsanspruch (actio negatorio) (**1004**)[1]).

I. Der Anspruch steht **dem Eigentümer gegen den Störer**[2]) zu; daß der Eigentümer im Besitze ist, ist nicht erforderlich.

a) Wie beim Anspruch auf Herausgabe (**L.** § 172) hat der Eigentümer den Erwerb und gegenwärtigen Fortbestand seines Eigentumes und die Störung durch den Beklagten zu behaupten und zu beweisen.

b) **Die Störung** (vgl. **862**, **L.** § 148, II. C.) setzt nicht notwendig Handlung des Beklagten voraus. Z. B. der Beklagte ist Eigentümer des Grundstückes, auf dem sich die störende Anlage befindet, und duldet die Beeinträchtigung. Auch die bloß wörtliche Behauptung eines beschränkten Rechtes kann hinreichen[3]). Die Störung setzt kein schuldhaftes Handeln des Störers voraus und keine Anmaßung eines Rechtes zur Störung (anders nach röm.-gem. R.). Sie wird in den Hauptfällen in der Aufrechterhaltung eines dem Rechte nicht entsprechenden körperlichen Zustandes der Sache bestehen; die bloße Herbeiführung dieses Zustandes genügt aber nicht, wenn nicht auch zur Zeit der Klagerhebung noch ein Zustand der Gefährdung, d. h. die Besorgnis weiterer Gefährdung besteht. Noch weniger reichen störende Handlungen, die einen solchen Zustand gar nicht herbeigeführt haben, zur Begründung der Klage hin.

II. **Der Anspruch** hat eine doppelte Richtung:

a) Er geht auf Beseitigung des beeinträchtigenden Zustandes auf Kosten des Beklagten.[4]) Ist die Herstellung des Zustandes nicht möglich oder nicht statthaft[5]), so kann Erlaß in Geld nur gefordert werden, wenn ein solcher Anspruch besonders (z. B. durch unerlaubte Handlung des Beklagten) begründet ist.

---

[1]) Denkbar ist auch hier ein Feststellungsanspruch nach ZPO. § 256. Über den besonderen Fall des negatorischen Berichtigungsanspruches vgl. **L.** § 154.

[2]) RG. Bd. 47, 162, 2a; Bd. 48, 950.

[3]) A. M. Dernburg III, S. 359.

[4]) Anders beim Anspruch auf Berichtigung des Grundbuches **L.** § 154.

[5]) GewO. § 26 und EG. Art. 125. Mecklenb.-Schwerin. AG. z. BGB. § 106. Mecklenb.-Strelitz. AG. z. BGB. § 104. Vgl. RG. Bd. 59, S. 74; Bd. 58, S. 130; Bd. 53, S. 23. Mandry-Geib, § 30 (S. 370 ff.). Gallenkamp, Sächs. Arch., Bd. 1 (1891), S. 705 ff., vgl. **L.** § 156.

b) Soweit ein Zustand der Gefährdung besteht, geht der Anspruch auf Unterlassung in Zukunft. Aus dem Urteil folgt Zwangsvollstreckung nach ZPO. § 890, in dem auch die Stellung einer Sicherheit für den durch Zuwiderhandlung entstehenden Schaden vorgesehen ist.

III. Gegenüber dem Eigentumsfreiheitsanspruch kann sich der Beklagte verteidigen durch Berufung auf die gesetzlichen Schranken des Eigentumes oder ein eigenes dingliches oder persönliches Recht zu dem beeinträchtigenden Verhalten, das er zu beweisen hat (**1004**), Abs. 2). Hat der Beklagte nur in Ausübung eines Dritten, z. B. als Mieter, den Eigentümer beeinträchtigt, so kann er diesen Dritten als Vormann benennen (laudatio auctoris nach ZPO. §§ 76. 77).

§ 176.

Der Anspruch auf Gestattung der Aufsuchung und Wegschaffung.

Wie dem Besitzer nach **867** (vgl. **L.** § 148) steht auch dem Eigentümer einer beweglichen Sache gegen den Besitzer des Grundstückes, auf welchem sich die Sache befindet, ein Anspruch auf Gestattung der Aufsuchung und Wegnahme der Sache zu, solange sie noch nicht von einem anderen in Besitz genommen ist (**1005**). Voraussetzung ist hier aber nicht, daß der klagende Eigentümer den Besitz verloren hat.

Der Anspruch fließt aus dem Eigentum, welches der Kläger zu beweisen hat (vgl. **L.** § 172). Hat der Eigentümer den Besitz verloren, so steht ihm auch der entsprechende Anspruch aus dem Besitz zu. Die Durchführung des Eigentumsanspruches bietet dem Kläger den Vorteil, daß auch eine rechtskräftige Feststellung des Eigentumes erfolgt; sie hat andererseits den Nachteil, daß er auch Einwendungen aus dem Recht gegen den Eigentumsanspruch zu gewärtigen hat.

§ 177.

Der Anspruch auf Herausgabe auf Grund früheren Besitzes.

Das römische und gemeine Recht, ähnlich das Pr. ALR. gewährten dem Ersitzungsbesitzer von Immobilien und Mobilien gegen den schlechter berechtigten Besitzer der Sache die Vindikation (actio in rem Publiciana).

Im BGB. ist die Publiciana beseitigt.

Bei Grundstücken ist bei Besitzverlust neben dem reinen Besitzanspruch (**861**) nur der Anspruch aus dem Rechte gewährt, bei beweglichen Sachen dagegen tritt neben die Ansprüche auf Herausgabe aus dem Besitz und dem Rechte noch der aus dem früheren Besitze (**1007**). Dieser ruht nicht auf dem Gedanken der Publiciana also dem relativ besseren Rechte des Klägers, sondern auf dem deutschrechtlichen Gedanken, daß der Besitz, wie er die Vermutung des Rechtes (**1006**) begründet, auch die Rechte, die sich in ihm darstellen (Eigentum, beschränkte dingliche Rechte, obligatorische Rechte, gutgläubiger Besitz), vertritt[1]).

I. **Voraussetzungen des Anspruches:**

a) In der Person des Klägers muß früherer unmittelbarer oder mittelbarer **Besitz** (Mitbesitz, Teilbesitz) vorgelegen haben. Der Kläger hat daher zu behaupten und zu beweisen, daß er früher Besitz irgendwelcher Art gehabt hat, oder daß ihm der in der Person eines anderen begründete Anspruch aus früherem Besitz vererbt oder übertragen ist.

---

[1]) Die Klage aus früherem Besitze konkurriert nicht immer mit der Klage wegen Entziehung des Besitzes (**861**). Die erstere kann begründet sein, während die letztere fehlt (vgl. **864**, Abs. 1 mit II im Text), und umgekehrt. Andererseits macht die Klage aus früherem Besitze auch die Klage aus dem Rechte (Eigentum, Nießbrauch, Pfandrecht) nicht überflüssig, besonders nicht in den Fällen, in denen Eigentumserwerb ohne Besitzerwerb eintritt und der Eigentümer den Besitz auch noch nicht erlangt hat. Wo die beiden Klagen konkurrieren, kann ihre Verbindung (II) zweckmäßig sein, vgl. Gierke, a. a. O., S. 66 ff.

b) In der Person des Beklagten muß **gegenwärtiger Besitz** vorliegen wie beim Anspruch auf Herausgabe (**L.** § 172). Der Kläger kann nun seinen Anspruch auf Herausgabe weiter stützen

1. auf die Behauptung (und den Beweis), daß der Beklagte beim Erwerbe nicht in gutem Glauben war (**932**, Abs. 2), oder

2. auf die Behauptung (und den Beweis) des eigenen unfreiwilligen Besitzverlustes oder eines solchen in der Person des Erblassers oder desjenigen, der auf den Kläger seinen Anspruch übertrug, wenn es sich nicht um Geld oder Inhaberpapiere oder um Sachen, die in öffentlicher Versteigerung erworben sind, handelt. Der böse Glaube des Besitzers beim Erwerbe gehört hier außer bei Geld und Inhaberpapieren weder zur Begründung der Klage, noch schützt der gute Glaube den Beklagten.

II. Der Anspruch geht auf **Herausgabe der Sache,** Erstattung von Nutzungen und Schadensersatz in derselben Weise wie der Anspruch auf Herausgabe aus dem Eigentum an beweglichen Sachen (**L.** § 173). Der Anspruch ist kein Besitzanspruch, sondern ein solcher aus dem materiellen Besitzrecht[1]). Er unterliegt der gewöhnlichen Verjährung.

III. **Die Verteidigung** kann sich gründen

a) **für alle Beklagten** 1. auf ein **Recht des Beklagten zum Besitz** (**986**). Der Beklagte muß dann ein dingliches oder persönliches Recht behaupten, aus dem er dem Kläger gegenüber zum Besitze berechtigt ist. Dagegen genügt weder die bloße Behauptung, daß der Kläger kein Recht zum Besitz hat, noch die, daß ein Dritter dem Kläger gegenüber zum Besitze berechtigt ist.

2. Der Beklagte kann sich berufen auf den bösen Glauben des früheren Besitzers im Zeitpunkt des Erwerbes, wodurch der Anspruch auf Herausgabe schlechthin ausgeschlossen wird, selbst wenn ein Recht zum Besitze vorliegt oder der Beklagte selbst bösgläubig erworben hat.

3. Dem Beklagten stehen die gleichen Einwendungen zu wie gegenüber dem Anspruch auf Herausgabe aus dem Eigentum, z. B. wegen Verwendungen (**L.** § 174).

b) **Der gutgläubige Besitzer** hat außerdem

1. die Einrede des Eigentumes, wenn nicht der Kläger diesem gegenüber dingliches oder obligatorisches Recht zum Besitze behauptet und beweist. Wenn z. B. der frühere Besitzer des Pfandes gegen den gutgläubig in den Besitz gelangten Eigentümer aus **1007** klagt, so wird er die Einrede des Eigentumes durch den Beweis seines Pfandrechtes entkräften und durchdringen[2]);

2. die Einrede, daß ihm selbst vor der Besitzzeit des Klägers die Sache unfreiwillig aus dem Besitze gekommen ist, wenn nicht der Kläger beweist, daß der Beklagte diesen unfreiwillig verlorenen Besitz nicht in gutem Glauben erworben hatte. Diese Einrede ist dem Besitzer deswegen zu gewähren, weil der Besitzer den Anspruch aus früherem Besitz klageweise gegen den jetzigen Kläger geltendmachen könnte, wenn der Kläger im Besitze wäre.

c) Der bösgläubige Besitzer kann den Nachweis erbringen, daß der Kläger den Besitz der Klage freiwillig aufgegeben hat.

§ 178.
Der Anspruch auf Beseitigung der Grenzverwirrung.[3])

Ist die Grenze unter den Nachbarn feststehend, so kann nur der Anspruch auf Abmarkung (**L.** § 158) in Betracht kommen. Steht die Grenze unter den Nachbarn dagegen nicht fest, so

[1]) Jedoch ist nach ZPO. § 260 ihre Verbindung mit der Klage aus **861** zulässig wie die Verbindung mit Klagen aus dem Rechte (Eigentum, Nießbrauch, Pfandrecht). — Ein Urteil über einen dieser Ansprüche macht keine Rechtskraft für den anderen.

[2]) Gierke, a. a. O., S. 61 f.

[3]) Rönnberg, Arch. f. bürgerl. R., Bd. 11, S. 119 ff. 251 ff. 272 ff. Höniger, F., Die Grenzstreitigkeiten nach d. bürg. Recht (1901). Gierke, D. Priv.-R. II, S. 442.

reicht der Anspruch auf Herausgabe aus dem Eigentum aus, wenn der Beweis der räumlichen Erstreckung des Eigentumes möglich ist (sog. Grenzflächenklage), nicht aber, wenn eine Grenzverwirrung vorliegt, d. h. die Grenze zwar objektiv feststeht, aber unter den Parteien ungewiß oder streitig ist, und der Beweis der räumlichen Ausdehnung des Eigentumes nicht erbracht werden kann. Die Grenzverwirrung kann durch Vertrag der Parteien mit dinglicher oder persönlicher Wirkung gehoben werden; es besteht aber auch zu ihrer Beseitigung im römischen Recht die actio finium regundorum, heut der besondere Anspruch in **920**.

I. Der Anspruch steht dem Eigentümer und den dinglich Berechtigten zu gegen den Eigentümer des Nachbargrundstückes und die dinglich Berechtigten[1]). Er ist unverjährbar (**924**) und im ordentlichen Verfahren zu erheben (ZPO. § 42).

II. Der Anspruch geht nur auf Feststellung der Grenze, vindikatorische oder negatorische Ansprüche können damit verbunden werden. Die Festsetzung der Grenze durch den Richter erfolgt auf Grund der Beweiserhebungen über die wirkliche Grenze. Ergeben diese keinen Anhalt, so ist, wenn der Beweis eines Besitzstandes erbracht ist, dieser entscheidend. Als gegenwärtiger Besitzer gilt auch der durch verbotene Eigenmacht Verdrängte, der im Wege der Erhebung des Besitzanspruches den Besitz vom Gegner zurückverlangen könnte (**858**, Abs. 2).

Ergibt sich aber eine Grenzfläche zweifelhaften Besitzstandes, so ist jedem Grundstück ein gleich großes Stück dieser streitigen Fläche im Urteil zuzusprechen und demgemäß die Grenze festzustellen; würde aber die so vorgenommene Aufteilung und Grenzziehung mit festgestellten Umständen, z. B. mit der Größe der Grundstücke, nicht übereinstimmen, so soll die Aufteilung und Grenzlegung diesen Umständen gemäß nach Billigkeit erfolgen. Das Urteil hat nur deklaratorische, nicht wie im gem. Recht konstitutive Bedeutung eines Adjudikationsurteiles.

III. Mit der Klage auf Grenzstellung kann die Klage auf Abmarkung verbunden werden.

---

5. Kapitel.

Das Miteigentum.

§ 179.

Das Miteigentum.[2])

Das Eigentum an einem Grundstück oder einer beweglichen Sache kann mehreren Personen nach römischem Recht gemeinschaftlich nur so zustehen, daß für die Mitberechtigten Bruchteile des Eigentumes ausgeschieden sind, nach denen sich das Verhältnis nach innen und außen bestimmt (**Miteigentum**), nach dem BGB. aber auch derart, daß Anteile zur Verfügung der Anteilsberechtigten nicht bestehen und nur eine Verfügung aller über die ganze Sache möglich ist (**Gesamteigentum**), wie z. B. bei der Gesellschaft, dem nichtrechtsfähigen Verein, der Erbengemeinschaft und der ehelichen Gütergemeinschaft. Soweit Sondervorschriften nicht bestehen, liegt Miteigentum vor (**741**). Eigentümliche Formen des Eigentumes besonders mehrerer Personen an einer Sache kennt das vorbehaltene Landesrecht: Stockwerkseigentum d. h. Eigentum mehrerer nach einzelnen Stockwerken, oder Räumen eines Hauses (EG., Art. 131. 182), geteiltes Eigentum zwischen Ober- und Untereigentümer bei Lehn- und Fami-

---

[1]) A. M. Biermann zu **920**.

[2]) Diez, Zur Lehre vom Miteigentum (1888). v. Seeler, Die Lehre vom Miteigentum (1896). Gierke, D. Priv.-Recht II, § 122. v. Seeler, Das Miteigentum nach dem BGB. (1899). Wolff, § 88.

lienfideikommiß (dominium directum und utile). B gehört an das relative Eigentum im Gegensatz zum Volleigentum (**135**, **L.** § 154. VI.), das aber bei der fiduzianischen Übereignung nicht vorliegt (**L.** § 54, III, A)[1]).

Das Miteigentum[2]) ist im BGB. eingehend geregelt durch die Vorschriften über die Gemeinschaft (**741** ff.) und Sonderregeln (**1009—1011**), während das Eigentum zur gesamten Hand für die einzelnen Anwendungsfälle seine Regelung gefunden hat.

I. Das Miteigentum entsteht durch gemeinschaftlichen rechtsgeschäftlichen Erwerb mehrerer, ohne daß sie eine Gesellschaft gründen, oder in den Fällen der Vermengung, Vermischung, Verbindung, des Fund- und Schatzerwerbes usw. Es gelten i. a. für Erwerb und Verlust die Vorschriften für das Eigentumsrecht (vgl. GBO. § 48). Der Untergang tritt außerdem durch Teilung (**749** ff., vgl. II) ein.

II. Die den **Miteigentümern** zustehenden, im Zweifel gleich großen **Bruchteile** (ideelle Teile) beziehen sich auf das Eigentumsrecht, nicht auf die Sache. Der Anteil des einzelnen Miteigentümers wird i. a. als Eigentum behandelt. Der Miteigentümer kann über seinen Anteil verfügen, unabhängig von den Genossen. Die Übertragung erfolgt wie die des Alleineigentumes. Der Miteigentümer kann an seinem Anteile dingliche Rechte bestellen (Nießbrauch), Reallast, Hypothek, Grund- und Rentenschuld); jedoch können gewisse Belastungen nicht am Bruchteil des Miteigentümers begründet werden: Grunddienstbarkeiten, beschränkte persönliche Dienstbarkeiten, Erbbaurecht (**1012**. **1018**. **1090**, vgl. ZPO. §§ 857. 864). Verfügung über die Sache im ganzen steht nur den Miteigentümern gemeinschaftlich zu.

a) Es ist nicht ausgeschlossen, daß ein Miteigentümer ein beschränktes Recht an der gemeinschaftlichen Sache erwirbt. Beim rechtsgeschäftlichen Erwerbe steht hier das Verbot des Kontrahierens mit sich selbst (**181**) nicht entgegen[3]). Ebenso ist zulässig die Belastung des gemeinschaftlichen Grundstückes zugunsten eines einem Miteigentümer allein gehörenden Grundstückes und die Belastung des dem Miteigentümer allein gehörenden Grundstückes zugunsten des gemeinschaftlichen. Vereinigen sich Miteigentumsanteil und beschränktes Recht an der gemeinschaftlichen Sache, so ist auch der Fortbestand des letzteren regelmäßig außer Frage (bei Rechten an Grundstücken: **889**, bei Nießbrauch und Pfandrecht an beweglichen Sachen: **1063**. **1256**. — **1009**).

b) Für die Belastung des Eigentumsbruchteiles des Miteigentümers gelten besondere Vorschriften: **1066**. **1258**. Aus der Möglichkeit der Belastung eines Anteiles des Miteigentümers folgt nicht die Möglichkeit der Belastung des Eigentumsbruchteiles überhaupt: **1095**. **1106**. **1114**. **1066**. **1258**.

II. Die Miteigentümer stehen in einer Rechtsgemeinschaft, so daß auch die Vorschriften über diese (**741** ff.) Anwendung finden (**741** ff.; vgl. **L.** § 139). Das gilt besonders von der Regelung der Verwaltung, des Gebrauches und der Fruchtziehung[4]). Beim Miteigentum an Grundstücken bedingt aber das Grundbuchsystem gewisse Ausnahmen:

a) Die unter den Miteigentümern eines Grundstückes über Verwaltung und Benutzung nach **745**. **746**, über dauernden oder zeitweisen Ausschluß des Rechtes, die Aufhebung der Gemeinschaft zu verlangen, oder über eine Kündigungsfrist nach **749—751** getroffene Bestimmung wirkt gegen den Sondernachfolger eines Miteigentümers nur, wenn sie als Belastung des Anteiles im Grundbuche eingetragen ist (**1010**, Abs. 1).

b) Die nach den Vorschriften in **755**. **756** unter den Miteigentümern bestehenden Ausgleichsansprüche richten sich gegen den Sondernachfolger eines Miteigentümers nur, wenn sie im Grundbuch eingetragen sind (**1010**, Abs. 2).

III. Die aus dem Eigentum sich ergebenden **Ansprüche** stehen dem ein-

---

[1]) A. M. Wolff, § 88, V.

[2]) Übergangsvorschriften: EG. Art. 173. 181, Abs. 2.

[3]) Seuff. Arch., Bd. 56, Nr. 151. RG. Bd. 47, S. 209.

[4]) Vorbehalt für d. Landesrecht: EG. Art. 131 (Miteigentum an Gebäuden derart, daß den Miteigentümern die ausschließliche Benutzung einzelner realer Teile (Stockwerke, Räume) zusteht.

zelnen Miteigentümer Dritten gegenüber selbstverständlich bez. seines Anteiles zu; in Ansehung der ganzen Sache können die Miteigentümer sie gemeinschaftlich geltendmachen, aber auch der einzelne[1]). Der einzelne Miteigentümer kann aber Herausgabe der ganzen Sache (einschließlich des Ersatzes von Schäden und Nutzungen) nur an alle Miteigentümer bzw. Hinterlegung oder Ablieferung an einen gerichtlich bestellten Verwahrer verlangen (**1011. 432**). Gegen die Miteigentümer kann er für seinen Anteil auf Einräumung des Mitbesitzes klagen, ebenso gegen den Dritten, der den unmittelbaren Besitz für einen der Miteigentümer innehat.

In gleicher Weise steht ihm bei Mobilien die Klage aus früherem Besitze zu[2]).

---

6. Kapitel.

Das Erbbaurecht.

§ 180.

Das Erbbaurecht.[3])

I. **Das Erbbaurecht** (superficies) ist das veräußerliche und vererbliche Recht einer Person an einem Grundstück, das die Befugnis gewährt, auf oder unter der Oberfläche des Grundstückes ein Bauwerk zu haben (**1012**)[4]).

a) Veräußerlichkeit und Vererblichkeit sind dem Erbbaurecht begriffswesentlich, können daher durch Vertrag nicht ausgeschlossen werden. Die Einräumung unter auflösender Bedingung oder Endtermin ist gestattet. Ein Bodenzins (solarium) ist nicht wesentlich, aber möglich.

b) Als Nutzungsrecht an einem Grundstücke unterscheidet sich das Erbbaurecht dadurch von den Grunddienstbarkeiten, daß es einer oder mehreren bestimmten Personen zusteht und auf die Benutzung des Grundstückes als Baugrund beschränkt ist; von den persönlichen Dienstbarkeiten dadurch, daß es umfänglich beschränkter, an die Person des Berechtigten aber nicht gebunden ist. Das Erbbaurecht kann aber auch dem jeweiligen Eigentümer oder Miteigentümer eines Grundstückes als solchen zustehen, wenn der Erbbauberechtigte es einem ihm gehörigen Grundstück zuschreiben läßt (**890**, Abs. 2).

c) Die Befugnis des Berechtigten umfaßt gegenständlich Bauwerke aller Art (Wohngebäude, Monumente, Brücken, Viadukte), nicht Gebäudeteile, z. B. Stockwerke (**1014**), nicht Pflanzungen; wohl aber kann das Erbbaurecht auf Teile des Grundstückes erstreckt werden, die nicht als Baugrund erforderlich sind, wenn ihre Benutzung für die Benutzung des Bauwerkes, z. B. als Garten, Hofraum usw., vorteilhaft ist (vgl. **1019**, Abs. 2). Diese Teile stehen dann unter Erbbaurecht (**1013**)[5]). Nicht erforderlich ist, daß das Bauwerk zur Zeit der Begründung des Erbbaurechtes schon besteht. Das Eigentum am Bauwerk steht dem Eigentümer des Grundstückes zu, wenn das Bauwerk bei Bestellung des Erbbaurechtes schon bestand oder später von ihm errichtet wurde (**93. 94**), dem Erbbauberechtigten gehört es, wenn dieser es errichtete (**95**). Der Erbbauberechtigte ist zur ordnungsmäßigen wirtschaftlichen Behandlung des Bauwerkes nicht gehalten. Der Inhalt seines Rechtes kann durch Vertrag bei Bestellung oder später näher bestimmt sein.

d) Das Erbbaurecht belastet stets das ganze Grundstück, es kann wie die Grunddienst-

---

[1]) Von der Feststellungsklage muß das gleiche gelten. Crome III, S. 435, Note 35.

[2]) Über den Besitzschutz des mitbesitzenden Miteigentümers gegen Dritte und die Mitbesitzer vgl. **866**, **L.** § 148.

[3]) Reinhardt, Das Erbbaurecht, Diss. (1901). Oertmann, Arch. f. bürg. R., Bd. 20, S. 184 ff. Gierke, D. Priv.-R. II, § 141.

[4]) Übergangsvorschrift: EG. Art. 182. 184. Vorbehalt f. d. Landesrecht EG. Art. 131. Schröder, Über eigentümliche Formen des Miteigentums, Heidelberger Festgabe (1896), S. 29 ff.

[5]) Die Bestellung von Grunddienstbarkeiten ist soweit nicht erforderlich, würde aber auch dem Zwecke nicht genügen.

barkeiten an Bruchteilen nicht begründet oder aufgehoben werden. Die Begründung an realen Teilen ist nur nach Abschreibung dieser möglich.

II. **Begründung des Erbbaurechtes.**

Das Erbbaurecht wird dem Grundstück gleichgestellt (**1017**) und erhält im Grundbuch ein besonderes Blatt (GBO. §§ 7. 84)[1]), daher ist die Vereinigung mit einem anderen Grundstück möglich (**96. 890**); andererseits ist es ein das Eigentum belastendes Recht am Grundstück.

Die Bestellung des Erbbaurechtes verlangt daher nach **873** (**L.** § 159) den dinglichen Vertrag in der Form der Auflassung (**925**, Abs. 1)[2]) und die Eintragung auf dem Blatte des belasteten Grundstückes, woran sich dann die Anlegung des Blattes für das Erbbaurecht selbst anschließen kann (**1015**). Der Bestellung liegt als Kausalgeschäft Kauf, Schenkung, Vermächtnis zugrunde, welches auch Gegenleistungen dem Erbbauberechtigten an den Eigentümer auferlegen kann z. B. die Erbzinspflicht, die als Reallast auf dem Erbbaurecht eingetragen werden kann.

Das Erbbaurecht kann, auch durch Tabularersitzung (**900**), nicht aber auf Grund Ausschlußurteiles (**927**), oder durch Aneignung (**928**) begründet werden (**L.** §§ 155. 160).

III. Übertragung, Belastung und Aufhebung.

Die Übertragung des Erbbaurechtes fordert Auflassung und Eintragung (**1017**, Abs. 2, die Auflassung verträgt in diesem Falle weder Bedingung noch Befristung (anders als bei der Bestellung); ein Vorkaufsrecht steht dem Grundeigentümer kraft Gesetzes nicht zu.

Die Belastung mit Rechten muß so erfolgen wie die Belastung eines Grundstückes mit einem Rechte (**1017**, Abs. 2. **873**, **L.** § 151), die Änderung gemäß **877**.

c) Das Erbbaurecht erlischt an sich nicht durch Untergang des Bauwerkes (**1016**). Es könnte aber in diesem Sinne befristet oder bedingt sein. Ist das nicht der Fall, so ist der Erbbauberechtigte zur Wiedererrichtung befugt, auch wenn ihm das Bauwerk nicht gehörte. Zerfällt das dem Grundeigentümer gehörige Bauwerk, so ist das Material dem Erbbaurecht weiter unterworfen.

Die rechtsgeschäftliche Aufhebung des Erbbaurechtes erfolgt nach **876. 875** (**L.** § 151). Die Löschung des Erbbaurechtes muß auf dem Blatt des belasteten Grundstückes erfolgen.

Das Erbbaurecht erlischt auch durch die Tabularersitzung nach **901** (**L.** § 155) und im Falle der Zwangsversteigerung des Grundstückes (ZVG. § 52) und der Enteignung.

IV. Der Erbbauberechtigte genießt den Rechtsschutz des Eigentümers (**L.** §§ 172—178)[3]) und den Besitzschutz nach den allgemeinen Grundsätzen (**L.** § 148).

---

7. Kapitel.

Die Grunddienstbarkeiten.[4])

§ 181.

a) Der Begriff der Grunddienstbarkeiten.

Alle Dienstbarkeiten[5]) (Grunddienstbarkeiten, Nießbrauch, beschränkte persönliche Dienstbarkeiten) sind **Nutzungsrechte.** Ihre dingliche Natur unterscheidet sie von Miete und Pacht.

[1]) Damit sind auch die auf Grundstücke bezüglichen sonstigen Vorschriften des BGB. (z. B. **867. 946. 1018** ff. **1444**), der GBO., der KO., der ZPO. und auch der Landesrechte auf das Erbbaurecht anwendbar. Nach EG. Art. 63. 68 kommt die gleiche Stellung zu dem landesrechtlichen Erbpacht-, Büdner- und Häuslerrecht sowie dem vererblichen und veräußerlichen dinglichen Recht auf Gewinnung von nicht dem Bergrecht unterliegenden Mineralien, vgl. ferner EG. Art. 196. 197. **L.** § 150, **II. A.**

[2]) **925**, Abs. 2, gilt hier aber nicht, vgl. **I, a.**

[3]) Im Falle des Überbaues ist das in **916** ausdrücklich bestimmt.

[4]) Gierke, Der Entwurf, S. 77. 315 ff. 356 ff. Fischer, Sammlung von Vorträgen (Guttentag), H. 3, S. 47 ff. Kohler, Arch. f. d. ziv. Praxis, Bd. 87, S. 157 ff. Gierke, D. Priv.-R. II, §§ 143. 144. 146. Wolff, §§ 106 ff.

[5]) Vorbehalte f. das Landesrecht: EG. Art. 113. 114. 115. 116. 128, vgl. auch 164.

Als Nutzungsrechte unterscheiden sie sich vom Pfandrecht, Vorkaufsrecht usw. durch die Art der Benutzung vom Erbbaurecht. Abgesehen von ihrem gemeinsamen Charakter als Nutzungsrechte unterscheiden sich die Dienstbarkeiten unter sich sehr wesentlich. Die landesrechtlichen (EG. Art. 133) Rechte an Kirchenstühlen und Grabstellen (Erbbaurecht?) sind den Dienstbarkeiten ähnlich.

I. **Die Grunddienstbarkeiten**[1]) sind dingliche Nutzungsrechte an einem fremden (belasteten, dienenden) Grundstück, die dem jeweiligen Eigentümer eines anderen (herrschenden) Grundstückes die Benutzung des belasteten Grundstückes in einzelnen Beziehungen gewähren (**1018**). Möglich ist die Belastung der Grundstücke eines ganzen Bezirkes aber nur jedes einzelnen Grundstückes, z. B. mit dem Inhalt, daß eine bestimmte Bauweise eingehalten werden muß. Herrschendes Grundstück kann nicht ein realer Grundstücksteil oder eine Mehrheit von Grundstücken sein (z. B. alle Grundstücke einer Gemeinde); dienendes Grundstück kann ein Einzelgrundstück oder ein realer Teil eines solchen sein (GBO. § 6, Abs. 2, vgl. **L.** § 183 I. C.).

A. Als belastetes und herrschendes Grundstück können auch das Erbbaurecht oder andere wie Grundstücke zu behandelnde Rechte in Betracht kommen (vgl. **L.** § 180).

B. Wird das herrschende oder das belastete Grundstück geteilt, so besteht die Grunddienstbarkeit für die Teile und an den Teilen fort, weil sie vor der Teilung für das ganze Grundstück und an dem ganzen Grundstück bestand.

1. Gereichte aber die Grunddienstbarkeit nur einem Teil des herrschenden Grundstückes zum Vorteil, oder beschränkte sich ihre Ausübung nur auf einen Teil des belasteten Grundstückes, so erlischt sie für die übrigen Teile und an den übrigen Teilen.

2. Besteht die Grunddienstbarkeit für die Teile des herrschenden Grundstückes fort; und wird dadurch die Last für das belastete Grundstück gesteigert, so ist es eine Frage der Auslegung, ob das belastete Grundstück auch für die eingetretene Steigerung aufkommen muß. Nach der Auslegungsregel ist diese Frage zu verneinen; die Ausübung muß sich also in den bisherigen Grenzen halten **1025**. **1026**).

II. Die durch die Grunddienstbarkeit gewährte Benutzung in einzelnen Beziehungen wird durch Privatwillkür bestimmt[2]), die aber ihre Schranke darin findet, daß die Belastung für die Benutzung des herrschenden Grundstückes Vorteil bietet, d. h. praedio utilis ist. Das durch die Grunddienstbarkeit gesicherte Bedürfnis soll seine objektive Begrenzung in der Beschaffenheit des herrschenden Grundstückes finden. Es sind demnach Grunddienstbarkeiten möglich mit Rücksicht auf eine auf dem herrschenden Grundstück bestehende oder erst zu errichtende Einrichtung (Fabrik-, Gewerbebetrieb). Fällt die Einrichtung fort, so ruht die Ausübung der Grunddienstbarkeit. Der Vorteil kann auch in Annehmlichkeiten bestehen. Wird das objektive Maß nicht eingehalten, so wäre der Anspruch auf Berichtigung des Grundbuches gegeben (**1019**)[3]).

III. Der mögliche **Inhalt** einer Grunddienstbarkeit beschränkt sich nicht auf die Benutzung im engeren Sinne (Fruchtziehung, Gebrauch, positive, affirmative Grunddienstbarkeiten). Es kann die Grunddienstbarkeit auch das Recht gewähren, gewisse Handlungen auf dem belasteten Grundstücke zu verbieten, oder den Inhalt haben, daß die Ausübung eines Rechtes, das sich aus dem Eigentum an dem belasteten Grundstück dem herrschenden Grundstück gegenüber ergibt, ausgeschlossen sein soll (negative Grunddienstbarkeiten, vgl. **L.** §§ 156—158) (**1018**).

IV. Das belastete Grundstück muß nach Lage und Beschaffenheit dem Berechtigten solche Benutzung (II, III) auch gewähren können[4]). Treten auf dem belasteten Grundstück über-

---

[1]) Übergangsvorschriften: EG. Art. 184. 187. 189.

[2]) Grunddienstbarkeiten, deren Inhalt durch Gesetz oder Auslegungsregeln festgelegt wäre, gibt es nicht.

[3]) Vorbehalt für das Landesrecht: EG. Art. 115. Bayer. AG. z. BGB. Art. 85. 86. Gesetz betr. Übergangsvorschriften Art. 10. Hess. AG. z. BGB. § 93. Sachsen-Altenb. AG. z. BGB. § 82. Sachsen-Weimar. AG. z. BGB. § 133 ff.

[4]) Daher ist mit Kohler, a. a. O., S. 193, Biermann, S. 227 f. an dem Erfordernis der perpetua causa festzuhalten. A. M. Dernburg III, S. 469, bes. Note 3.

windliche oder vorübergehende Zustände ein, bei denen solche Benutzung ausgeschlossen ist, so ruht während ihrer Dauer die Ausübung der Grunddienstbarkeit. Ist aber die Ausübung für alle Zeit ausgeschlossen, so kann die Berichtigung des Grundbuches (II) verlangt werden.

V. Die Grunddienstbarkeiten sind **unteilbare** Rechte; sie können weder nach Bruchteilen begründet noch aufgehoben werden und können an einem Bruchteile nicht bestehen.

§ 182.

b) Begründung, Übertragung und Untergang.

I. **Die Begründung** erfolgt nach gemeinem Recht durch bloßen Vertrag, heute aber entsprechend den allgemeinen Vorschriften für Grundstücksrechte:

A. durch rechtsgeschäftliche **Bestellung.** Diese verlangt dinglichen Vertrag und Eintragung[1]) (**L.** § 151). Die Miteigentümer der belasteten wie des herrschenden Grundstückes haben bei der Bestellung mitzuwirken. Die Bestellung kann auch unter auflösender Bedingung und Endtermin erfolgen; der Eigentümer kann die Grunddienstbarkeit auch an dem eigenen Grundstück durch einseitiges Rechtsgeschäft (**1196**) bestellen (Eigentümerdienstbarkeit);

B. durch Tabularersitzung (**L.** §§ 155. 160)[2]);

C. im Falle der Enteignung (nach Landesrecht).

II. Die Übertragung einer bestehenden Grunddienstbarkeit ist getrennt von dem herrschenden Grundstücke nicht möglich. Mit dem Eigentum am herrschenden Grundstück geht auch die Grunddienstbarkeit auf den Erwerber über. Die Ausübung kann nur unter Einräumung der Nutzung des herrschenden Grundstückes überlassen werden, z. B. an Mieter, Pächter.

III. Die Aufhebung erfolgt[3]) entweder:

A. durch Rechtsgeschäft, d. h. durch Aufgabeerklärung und Löschung (**875**, **876**) (**L.** § 151).

B. Die Grunddienstbarkeit erlischt 1. durch Tabularversitzung (**901**, vgl. **L.** § 155), wenn sie im Grundbuch zu Unrecht gelöscht und der Anspruch gegen den Eigentümer des belasteten Grundstückes verjährt ist. 2. Außerdem besteht hier die weitere Vorschrift (**1028**): die Verjährung des Anspruches wegen Beeinträchtigung der Grunddienstbarkeit durch eine auf dem belasteten Grundstück errichtete Anlage zieht das Erlöschen der eingetragenen Grunddienstbarkeit nach sich, soweit die Anlage mit ihr in Widerspruch steht. Gegenüber diesem Erlöschen kommt der öffentliche Glaube des Grundbuches (**892**) nicht zur Geltung.

C. Über das Erlöschen im Falle der Teilung der Grundstücke vgl. **L.** § 181, I., B., der Zwangsversteigerung (ZVG. §§ 59. 916), der Enteignung und bei Ablösungen und Verkoppelungen (Landesrecht).

IV. Über Begründung und Aufhebung von Dienstbarkeiten an Grundstücken, die nicht eingetragen sind und nicht eingetragen zu werden brauchen (GBO. § 90), bestimmt das Landesrecht (EG. Art. 128)[4]).

§ 183.

c) Ausübung und Schutz.

I. **Die Ausübung** der Grunddienstbarkeiten geht an sich dem Eigentum am belasteten Grundstück vor, es ergeben sich aber, von der allgemeinen Schranke in **226** abgesehen, Ausnahmen:

---

[1]) Übergangsvorschrift: EG. Art. 187. Vorbehalt f. d. Landesrecht: EG. Art. 114. 128.

[2]) Vgl. bes. Kohler, Arch. f. d. ziv. Pr., Bd. 87 (1897), S. 241 ff.

[3]) Vorbehalt für das Landesrecht: EG. Art. 120.

[4]) Meckleub.-Schwerin. AV. z. BGB. § 122. AV. z. GBO. § 34. Mecklenb.-Strel. AV. z. BGB. § 120.

A. Der Berechtigte hat bei der Ausübung das Interesse des Eigentümers des belasteten Grundstückes und derjenigen Berechtigten, die ihr Recht vom Eigentümer herleiten, zu schonen (**1020**).

B. Auf dem belasteten Grundstück vom Berechtigten gehaltene Anlagen hat der Berechtigte in ordnungsmäßigem Zustande zu erhalten, soweit das Interesse des Eigentümers es erfordert (**1020**, EG. Art. 115).

1. Die Unterhaltungspflicht kann aber auch dem Eigentümer des belasteten Grundstückes, soweit das Interesse des Berechtigten es verlangt, oder, wenn der Eigentümer des belasteten Grundstückes die Anlagen mitbenutzt, dem Berechtigten, soweit das Benutzungsrecht des Eigentümers es fordert, durch die Parteien auferlegt werden (**1021**).

2. Bei baulichen Anlagen, die auf einer baulichen Anlage des belasteten Grundstückes ruhen, trifft, wenn nicht anders bestimmt ist, den Eigentümer des belasteten Grundstückes die Unterhaltungspflicht bezüglich seiner Anlage.

3. Die Unterhaltungspflicht unter Z. 1 und 2 hat nicht die Natur einer selbständigen Reallast[1]), sondern ist Inhalt der Grunddienstbarkeit.

4. Andere Leistungspflichten können nicht zum Inhalte der Grunddienstbarkeit gemacht werden, auch nicht Gegenverpflichtungen des Eigentümers des herrschenden Grundstückes (vgl. EG., Art. 115).

C. **Anspruch auf Verlegung der Ausübung.** Ist nach dem Begründungsakt die Ausübung auf einen bestimmten Teil eines belasteten Grundstückes nicht beschränkt, so würde schon nach **1020** (A.) der Berechtigte die Ausübung auf gewisse Teile des belasteten Grundstückes einschränken müssen und der Eigentümer eventuell Änderung der Ausübung verlangen können. Das Recht auf Verlegung steht nun aber nach **1023** dem Eigentümer allgemein dann zu, wenn die Ausübung einseitig durch Wahl des Berechtigten oder durch Rechtsgeschäft auf bestimmte Teile seines Grundstückes beschränkt ist; die Verlegung kann aber vom Eigentümer nur auf seine Kosten oder gegen Kostenvorschuß und nur dann verlangt werden, wenn die Ausübung an der bestimmten Stelle für ihn besonders beschwerlich ist, und eine andere für den Berechtigten ebenso geeignete Stelle des belasteten Grundstückes sich bietet. Rechtsgeschäftliche Beschränkung oder Ausschließung dieses Rechtes ist ohne Wirkung. Es handelt sich hier immer um Verlegung der Ausübung auf andere Teile des nämlichen Grundstückes, nicht um Verlegung auf ein anderes Grundstück[2]).

D. Der Anspruch auf **Regelung der Ausübung unter gleichberechtigten Interessenten** (**1024**). Können mehrere im Range gleichstehende Nutzungsrechte am Grundstücke (Grunddienstbarkeiten, Erbbaurechte, persönliche Dienstbarkeiten) nebeneinander nicht oder nicht vollständig ausgeübt werden, so hat, wenn eine Einigung nicht eintritt, jeder Berechtigte den Anspruch auf Regelung der Ausübung. Der Richter hat in der einstweiligen Verfügung oder im Urteil die beteiligten Interessen nach billigem Ermessen zu berücksichtigen (Festsetzung des Maßes der Ausübung, Ausübung zu bestimmten Zeiten bei Wasserbezugsrechten, Weiderechten usw.).

II. **Der Schutz des Grunddienstbarkeitsrechtes** (**1027**).

Gegen Beeinträchtigungen der Grunddienstbarkeit (gänzliche oder teilweise Entziehung oder Vorenthaltung der der Grunddienstbarkeit entsprechenden Benutzung oder Störung in derselben) hat der Berechtigte, d. i. der Eigentümer des herrschenden Grundstückes[3]), einen dem Eigentumsfreiheitsanspruch (**L.** § 175) entsprechenden Anspruch (actio confessoria) gegen den Beeinträchtigenden, also auch ev. gegen den Eigentümer des dienenden Grundstückes[4]).

---

[1]) Vgl. EG. Art. 116 und 113—115.

[2]) Biermann, S. 232. A. M. Kohler, a. a. O., S. 19 ff.

[3]) Biermann, S. 243. A. M. Dernburg III, S. 495 ff., der den konfessorischen Anspruch auch dem dinglich Berechtigten, redlichem Eigenbesitzer, Pächter und Mieter einräumen will.

[4]) Der Anspruch unterliegt, wenn er sich auf das Vorhandensein einer die Dienstbarkeit beeinträchtigenden Anlage auf dem belastenden Grundstücke stützt, der Verjährung gegen das Prinzip in **902** (**1208**.)

A. Der Berechtigte hat den Beweis seines Rechtes und der Beeinträchtigung durch den Beklagten zu führen.

B. Der Anspruch geht

1. auf Herstellung des der Grunddienstbarkeit entsprechenden Zustandes, nicht auf Schadensersatz; ein solcher Anspruch kann daneben besonders begründet sein;

2. oder auch auf Unterlassung weiterer Beeinträchtigung in Zukunft.

C. Der Beklagte kann sich auf ein eigenes dingliches oder persönliches Recht zum störenden Eingriffe berufen und auch seinen Vormann benennen (laudatio auctoris).

III. **Der Schutz des Grunddienstbarkeitsbesitzes (1029)**[1]. Der Sachbesitzschutz reicht aus und findet Anwendung, wenn die Ausübung der Grunddienstbarkeit sich als Teilbesitz am belasteten Grundstück oder als Besitz am herrschenden Grundstück (z. B. beim Erkerrecht) darstellt. Davon abgesehen, besteht selbständiger Schutz im Rechtsbesitze.

A. Die Voraussetzungen des Besitzschutzes.

a) Besitz der Grunddienstbarkeit. Ein solcher ist nur bei eingetragenen Dienstbarkeiten anerkannt (Tabularbesitz). Er besteht in der Ausübung des Inhaltes der Grunddienstbarkeit, d. h. in einem tatsächlichen Herrschaftsverhältnis zum belasteten Grundstück, wie es der Grunddienstbarkeit entspricht. Ein besonderer animus juris exercendi wird nicht verlangt. Über Erwerb, Verlust und Vererblichkeit usw. des Rechtsbesitzes entscheidet die Analogie des Sachbesitzes (vgl. §§ 145—148).

b) Besitz am herrschenden Grundstück irgendwelcher Art (unmittelbarer, mittelbarer Besitz, Mit-, Teilbesitz). Auch das Besitzdienstverhältnis nach **860** kann in Betracht kommen.

c) Es genügt einmalige Ausübung der Grunddienstbarkeit innerhalb eines Jahres vor der Störung.

d) Es muß eine Störung der Ausübung (II) vorliegen.

B. Der Umfang des Besitzschutzes ist der gleiche wie beim Sachbesitze, d. h. es ist Selbsthilfeschutz und Rechtsschutz gegen Entziehung und Störung gewährt (vgl. L. § 148).

Auch das Verhältnis des Schutzes aus dem Rechtsbesitze zu dem aus dem Rechte ist hier kein anderes[2].

---

8. Kapitel.

Der Nießbrauch.[3]

A. Der Sachnießbrauch.

§ 184.

a) Begriff und Inhalt des Sachnießbrauches.

Dem Nießbrauche verwandt sind einzelne im wesentlichen besonders geregelte Rechtsverhältnisse[4]: die ehemännliche und elterliche Nutznießung und die des Vorerben.

Der Nießbrauch hat zunächst Sachen zum Gegenstande (Sachnießbrauch), der Analogie des Sachnießbrauches folgt aber der Nießbrauch an Rechten (L. §§ 190—192)[5].

---

[1] Übergangsvorschrift: EG. Art. 191 (128. 127). Preuß. AG. z. BGB. Art. 28.

[2] Vgl. Josef, Arch. f. bürg. Recht, Bd. 15 (1898), S. 270 ff. 290 f. Biermann, S. 236.

[3] Gierke, Der Entw., S. 33. 358 f. Cosack, Beitr., H. 13, S. 56 ff. 60 ff. v. Blume, Jahrb. f. Dogmat., Bd. 34, S. 281 ff. Gierke, D. Priv.-R. II, § 147. Wolff, §§ 114 ff.

[4] Dahin gehört auch das landesrechtliche Pfründenrecht. Vorbehalt: EG. Art. 80, vgl. Übergangsvorschrift: EG. Art. 164.

[5] Verbindung von Sach- und Rechtsnießbrauch in **1046** (L. § 186, V.).

I. **Der Sachnießbrauch** ist das einer Person zustehende unvererbliche und unveräußerliche (höchstpersönliche) Recht an einer Sache, die Nutzungen derselben zu ziehen (**1030**, Abs. 1[1]).

A. Der Nießbrauch ist ein **höchstpersönliches Recht**. Der Nießbraucher kann sein Recht nicht übertragen oder mit Rechten Dritter belasten, auch nicht mit Zustimmung des Eigentümers; er kann aber die Ausübung des Rechtes überlassen[2]). Der Ausübungsberechtigte erhält zwar unmittelbaren Besitz (**868**) und genießt Besitzschutz, steht aber sonst nur in einem persönlichen Rechtsverhältnis zum Überlassenden (Kauf, Miete, Pacht[3]), Schenkung) (**1059**). Mit dem Tode oder dem Untergange der juristischen Person erlischt das Recht notwendig (**1061**).

B. **Gegenstand des Nießbrauches** sind Grundstücke und bewegliche Sachen[4]). Der Nießbrauch erstreckt sich auf die bei seiner Begründung vorhandenen Bestandteile; ob auch auf zugeschriebene (**890**, Abs. 2) Grundstücke, ist Auslegungsfrage (vgl. **1131**)[5]). Wird die Sache in Teile zerlegt, die nicht Früchte sind, so besteht der Nießbrauch an den Teilen fort, ebenso bei Veränderung der Sache. Die Erstreckung des Nießbrauches auf das Zubehör bestimmt sich nach dem Begründungsakt. Auf den Schatz, d. h. die Eigentümerhälfte desselben, erstreckt sich der Nießbrauch an der Sache, in der er gefunden ist, nicht. Die Schatzhälfte fällt also weder zu Nießbrauch noch zu Eigentum an den Nießbraucher (**1040**). Gegenstand des Nießbrauches kann auch der Anteil eines Miteigentümers oder des Alleineigentümers (Quoten-Nießbrauch, vgl. L. § 189, I) oder auch eine verbrauchbare Sache sein (uneigentlicher Nießbrauch, vgl. L. § 189, II). In diesen Fällen wie im Falle des Nießbrauches an Grundstücken gegenüber dem an beweglichen Sachen treten Besonderheiten ein.

C. Der Nießbrauch hat einen gesetzlich fixierten Inhalt insofern, als dem Nießbraucher alle Nutzungen zustehen. Allerdings kann das Recht durch Ausschließung einzelner Nutzungen eingeschränkt werden (**beschränkter Nießbrauch**).

II. Der Nießbrauch kann auch mehreren gemeinschaftlich zu Anteilen (Bruchteilen) zustehen, z. B. bei Bestellung durch den Alleineigentümer, oder durch alle Miteigentümer für mehrere an der ganzen Sache. Die Gemeinschaft der Nießbrauchsanteilsberechtigten folgt der Analogie der Gemeinschaft unter Miteigentümern (vgl. **1065**).

III. Trifft ein Nießbrauchsrecht mit einem anderen Nießbrauchsrechte oder sonstigen Nutzungsrechte an der Sache zusammen, so entscheidet der Rang, der sich wieder nach den allgemeinen Gesichtspunkten bestimmt (vgl. L. § 152). Sind diese Rechte von gleichem Rang, und können sie nebeneinander nicht oder nicht vollständig ausgeübt werden, so muß eine Regelung der Ausübung nach **1024** (vgl. L. § 183) stattfinden.

§ 185.

b) Begründung und Aufhebung.

I. Da die Fälle der gesetzlichen Nutznießung des Ehemannes, der Eltern und des Vorerben ausscheiden, so kommen als Entstehungsgründe des Sachnießbrauches nur in Betracht:

A. **Rechtsgeschäftliche Bestellung.** Diese kann auch auf Zeit oder unter auflösender Bedingung erfolgen.

1. Der Nießbrauch an **Grundstücken** wird bestellt in der allgemeinen Form der Begründung von Grundstücksrechten (L. § 151).

Im Zweifel erstreckt sich die Bestellung auch auf das Zubehör des Grundstückes, das zur Zeit des Erwerbes des Nießbrauches vorhanden ist und soweit es dem Besteller gehört. Mit der

---

1) l. 1 D. (7, 1): usus fructus est jus, alienis rebus utendi fruendi salva rerum substantia.

2) Inwieweit ist auch Zwangsvollstreckung nach ZPO. § 857, Abs. 3, möglich, vgl. ZVG. § 92.

3) Vgl. **1056**. L. § 187.

4) Der Nießbrauch ergreift daher auch die (wesentlichen und unwesentlichen) Bestandteile der Sache (vgl. L. § 37), demnach auch Rechte, die mit dem Eigentum an dem Nießbrauchsgrundstück verbunden sind (**96**), die allerdings nicht immer von dem Nießbraucher werden ausgeübt werden können.

5) Biermann, S. 238. A. M. Dernburg III, S. 518.

Bestellung des Nießbrauches am Grundstück ist dann auch der Nießbrauch an dem Zubehör bestellt. Gelangen dem Besteller nicht gehörige Zubehörstücke auf Grund dieser Bestellung des Nießbrauches in den Besitz des Nießbrauchers, so erlangt er den Nießbrauch auch an diesen, wenn er zur Zeit der Erlangung des Besitzes in gutem Glauben war (**1031. 926**).

2. An **beweglichen Sachen** wird der Nießbrauch wie das Eigentum durch Einigung und Übergabe der Sache erworben. Alle für den Erwerb des Eigentumes an beweglichen Sachen gegebenen Vorschriften gelten auch hier, besonders auch die über die Bedeutung der Bestellung seitens eines Nichteigentümers und die Übergabe (vgl. L. §§ 161. 162).

Ist der Erwerber auch bezüglich der an der Sache bestehenden Rechte Dritter in gutem Glauben, so erlöschen diese Rechte nicht, wohl aber geht der Nießbrauch diesen Rechten vor (**1032**, anders beim Eigentumserwerbe) vgl. L. § 162.

B. **Erwerb durch Ersitzung.**

1. Der Nießbrauch an Grundstücken kann durch Tabularersitzung erworben werden (L. § 155).

2. An beweglichen Sachen erwirbt der gutgläubige Erwerber nach zehnjährigem Nießbrauchsbesitze den Nießbrauch nach den Vorschriften für die Eigentumsersitzung (L. § 163). War der Erwerber auch bezüglich der an der Sache bestehenden Rechte Dritter in gutem Glauben, so geht der ersessene Nießbrauch diesen Rechten vor (**1033**)[1]).

II. **Die Aufhebung des Nießbrauches** tritt ein, von Endtermin und auflösender Bedingung abgesehen, gemäß seiner rechtlichen Natur durch restlosen Untergang der Sache, durch Tod des Nießbrauchers oder Untergang der juristischen Personen (I, A), durch Zwangsversteigerung des belasteten Grundstückes (ZVG. § 52).

A. **Die rechtsgeschäftliche Aufhebung**

1. des Nießbrauches an Grundstücken bedarf der allgemeinen für Grundstücksrechte vorgeschriebenen Form (L. § 151). Die Aufhebung erstreckt sich im Zweifel auch auf den Nießbrauch am Zubehör (**875. 1062**);

2. der Nießbrauch an beweglichen Sachen wird durch einseitige Verzichtserklärung des Nießbrauchers dem Eigentümer oder dem Besteller gegenüber aufgehoben (**1064**).

B. Die **Vereinigung** von Nießbrauch und Eigentum läßt den Nießbrauch am Grundstück unberührt (vgl. L. § 155); an beweglichen Sachen erlischt er, wenn nicht, was häufig der Fall sein wird, der Eigentümer ein rechtliches Interesse am Fortbestande des Nießbrauches hat (**1063**).

C. Durch Tabularversitzung gemäß **901** (vgl. L. § 155).

III. Über die Begründung und Aufhebung des Nießbrauches an Grundstücken, die dem Buchungszwange nicht unterliegen, bestimmt das Landesrecht (vgl. EG. Art. 128, L. § 182. IV).

§ 186.

c) Rechte und Pflichten der Parteien.

Aus dem umfassenden Nutzungsrecht des Nießbrauchers ergibt sich sein **Recht zum Besitze (1036)**, aus beiden die Rechte und Pflichten bezüglich der **Substanz der Sache** und aus der zeitlichen Beschränktheit des Rechtes die **Pflicht zur Rückgabe.** Die nicht fernliegende Möglichkeit eines späteren Konfliktes des Eigentümers und Nießbrauchers hat zu Rechtsbehelfen der Parteien geführt, den Zustand, den Wert, das Maß der Nutzung und die Art der wirtschaftlichen Behandlung der Nießbrauchssache feststellen zu lassen.

I. In dem Verhältnisse des Nießbrauchers zu dem Eigentümer gilt allgemein zugunsten des Nießbrauchers der Besteller als Eigentümer, wenn nicht der Nieß-

[1]) Übergangsbestimmung: EG. Art. 185 (169).

braucher weiß (dem Wissen steht das fahrlässige Nichtwissen nicht gleich)[1]), daß der Besteller nicht Eigentümer war (**1058**). Der gutgläubige Nießbraucher darf daher den Besteller als Eigentümer für legitimiert halten und wird frei, wenn er z. B. dem Besteller (Nichteigentümer) die Sache zurückgibt[2]).

II. **Das Recht auf Feststellung.** Das Bedürfnis ist in gewissen Fällen schon durch die Vorschriften über die Quittung (**368. 369**) und die Feststellungsklage (ZPO. § 256) gedeckt. Unabhängig von diesen Vorschriften

A. können Eigentümer und Nießbraucher selbständig und einseitig auf ihre Kosten den Zustand der Sache zur Zeit der Begründung des Nießbrauchers oder später, beim Nießbrauch an verbrauchbaren Sachen den Wert derselben zur Zeit der Bestellung durch Sachverständige feststellen lassen (**1034. 1067**)[3]).

B. Eigentümer und Nießbraucher sind einander verpflichtet, bei Begründung des Nießbrauches oder später zur Aufnahme eines Verzeichnisses in gesetzlich näher bestimmter Form mitzuwirken, wenn es sich um den Nießbrauch an einem Inbegriff von Sachen (Warenlager) handelt. Die Kosten trägt der Extrahent (**1035**)[4]).

C. Eigentümer und Nießbraucher können beim Nießbrauch an Wäldern, Bergwerken oder anderen auf Gewinnung von Bodenbestandteilen gerichteten Anlagen verlangen, daß das Maß der Nutzung und die Art der wirtschaftlichen Behandlung durch einen Wirtschaftsplan festgestellt und bei erheblicher Änderung der Umstände eine entsprechende Änderung des Wirtschaftsplanes vorgenommen wird. Die Kosten tragen Eigentümer und Nießbraucher je zur Hälfte (**1038**).

III. **Der Nießbraucher hat das Recht zum Besitze.** Er kann also Einräumung des Besitzes vom Besteller und jeden Dritten verlangen (**1036**, Abs. 1.)

IV. **Das Recht des Nießbrauchers auf die Nutzungen** umfaßt regelmäßig alle Nutzungen.

A. Im Interesse des Eigentümers unterliegt aber die Ausübung des Nutzungsrechtes bestimmten Beschränkungen. Der Nießbraucher soll die bisherige wirtschaftliche Bestimmung der Sache aufrechterhalten und nach den Regeln einer ordnungsmäßigen Wirtschaft verfahren. Er kann somit wohl eine andere Wirtschaftsweise als der Eigentümer befolgen, wenn sie nur eine ordnungsmäßige ist und der bisherigen wirtschaftlichen Bestimmung der Sache entspricht (**1036**, Abs. 2). Umgestaltungen und wesentliche Veränderungen der Sache sind ihm nicht gestattet, selbst wenn sie innerhalb der vorher bezeichneten Grenzen liegen. Auf Grundstücken darf er aber, sofern die wirtschaftliche Bestimmung des Grundstückes dadurch nicht wesentlich verändert wird, neue Anlagen zur Gewinnung von Bodenbestandteilen (Steinen, Kies, Sand, Lehm, Ton, Mergel, Torf) errichten (**1037**). Waldgrundstücke, Bergwerke und andere Anlagen zur Gewinnung von Bodenbestandteilen muß er in Maß und Art nach dem etwa festgestellten Wirtschaftsplan benutzen (**1038**, vgl. II, C.).

B. Der Eigentumserwerb des Nießbrauchers an den Früchten tritt aber nicht nur in diesen Grenzen (A.) ein, sondern der Nießbraucher erwirbt auch die Früchte, die er den Regeln einer ordnungsmäßigen Wirtschaft zuwider oder infolge besonderer Ereignisse (Windbruch oder Raupenfraß im Walde) notwendigerweise im Überflusse gezogen hat. Aber:

a) Die Haftung des Nießbrauchers wegen etwaiger Verschuldung auf Schadensersatz bleibt bestehen.

b) Der Nießbraucher hat dem Eigentümer den Wert dieser Früchte bei Beendigung des Nießbrauches zu ersetzen und für Erfüllung dieser Pflicht unbedingte Sicherheit zu

---

[1]) Die Beweislast trifft den Gegner des Nießbrauchers.

[2]) Gierke, Bedeutung des Fahrnisbesitzers, S. 31 f.

[3]) Verfahren: FGG. § 164. Denkschrift zu FGG. § 160.

[4]) Möglicherweise kommt hier **260** in Betracht. Die Zuständigkeit bestimmt sich nach dem Landesrecht: Mecklenb.-Schwerin. AV. z. BGB. § 123. Mecklenb.-Strelitz. AV. z. BGB. § 121.

leisten. Eigentümer und Nießbraucher können aber auch verlangen, daß der zu ersetzende Betrag soweit zur Wiederherstellung der Sache verwendet wird, als es einer ordnungsmäßigen Wirtschaft entspricht. Soweit dies geschieht, fällt die Ersatzpflicht fort. Wird diese Verwendung nicht verlangt, so wird die Ersatzpflicht insoweit gemindert, als durch den anormalen Fruchtbezug die dem Nießbraucher gebührenden (A.) Nutzungen geschmälert sind (**1039**).

c) Der Nießbraucher erwirbt alle Früchte nach **954**. **957**, vgl. L. § 167. Über die Auseinandersetzung des Nießbrauchers mit dem Eigentümer nach Beendigung des Nießbrauches vgl. **101** (L. § 186).

V. **Die Pflicht zur Erhaltung der Sache und ihrer Rechtslage.**

A. Der Nießbraucher hat für die Erhaltung der Sache in ihrem wirtschaftlichen Bestande (**1041**) zu sorgen, nicht aber dafür, daß sie in demselben körperlichen Zustande, wie er bei Begründung des Rechtes vorlag, oder in ihrem damaligen Kapitalwerte[1]) erhalten wird (vgl. aber IV., B. b). Diese Pflicht bestimmt sich näher dahin:

a) Ausbesserungen und Erneuerungen, die zur gewöhnlichen Unterhaltung gehören, deren man sich also nach dem gewöhnlichen Lauf der Dinge versehen kann, hat er vorzunehmen und definitiv zu bestreiten (**1041**).

b) Bei Beschädigungen und Zerstörung, oder wenn außergewöhnliche Ausbesserungen und Erneuerungen oder Vorkehrungen zum Schutze der Sache gegen eine nicht vorhergesehene Gefahr notwendig sind, oder wenn ein Dritter sich ein Recht an der Sache anmaßt, hat der Nießbraucher dem Eigentümer unverzüglich Anzeige zu machen (**1042**).

1. Der Nießbraucher kann außerordentliche Reparaturen usw. selbst vornehmen, ohne daß die Anzeigepflicht in Wegfall käme. Einen Anspruch auf Ersatz solcher Verwendungen hat er an sich nicht. Er darf aber zu diesem Zwecke Bestandteile des Grundstückes verwenden, die nicht zu den ihm gebührenden Früchten gehören (**1043**)[2]).

2. Der Eigentümer ist stets (a, b) befugt, die Ausbesserungen usw. vorzunehmen und die Bestandteile des Grundstückes (Z. 1) zur Reparatur zu verwenden (Duldungspflicht des Nießbrauchers), aber selbst zur außerordentlichen Reparatur dem Nießbraucher nicht verpflichtet (**1044**).

B. Versicherungspflicht des Nießbrauchers (**1045**. **1046**)[3]).

a) Der Nießbraucher hat die Sache für die Dauer des Nießbrauches gegen Brandschaden und sonstige Unfälle[4]) auf seine Kosten und Lasten zu versichern, soweit dies einer ordnungsmäßigen Wirtschaft entspricht, und zwar so, daß die Forderung gegen den Versicherer dem Eigentümer zusteht. In gleichem Umfange hat der Nießbraucher die Prämien- und sonstigen Leistungen aus einer schon bestehenden Versicherung zu tragen (**1045**).

b) An der Forderung des Eigentümers gegen den Versicherer hat der Nießbraucher den Nießbrauch (N. an einer verzinslichen Forderung). Dieser erlischt, wenn die Versicherungssumme zur Herstellung der Sache oder für Beschaffung eines Ersatzes verwendet wird. Letzteres können Eigentümer und Nießbraucher verlangen, soweit es ordnungsmäßiger Wirtschaft entspricht. Die Verwendung in dieser Weise kann der Eigentümer nach seiner Wahl selbst vornehmen oder dem Nießbraucher überlassen (**1046**. **1076**).

C. Die Pflicht des Nießbrauchers zur Tragung der Lasten (**1047**). Die Pflicht besteht gegenüber dem Eigentümer. Abweichend von der allgemeinen Regel (**103**) hat der Nießbraucher für die Dauer des Nießbrauches, wenn nichts anderes vereinbart ist,

a) alle öffentlichen Lasten zu tragen, die auf der Sache ruhen (Grundsteuern, Deichlasten usw.), ordentliche und außerordentliche, nur nicht die außerordentlichen, welche den Stammwert der Sache belasten, und

---

1) Über landwirtschaftl. Grundstücke und Landgüter, vgl. **1055** (L. § 187, 1).

2) Analoge Anwendung von **1039**.

3) Vgl. Gierke, Jahrb. f. Dogm., Bd. 40 (1899), S. 341 ff.

4) Im Falle von **1048** kann nur eine Versicherung gegen außergewöhnliche Unglücksfälle in Frage kommen.

b) die privatrechtlichen Lasten, die zur Zeit der Begründung des Nießbrauches auf der Sache ruhten (Hypotheken-, Grundschuldzinsen, Rentenleistungen)[1]).

D. Der Ersatzanspruch des Nießbrauchers wegen Verwendungen (**1049**). Ein solcher kann nur in Frage kommen, soweit der Nießbraucher nicht verpflichtet ist (vgl. A. B. C.), Verwendungen zu machen[2]), und ist gewährt wie bei Geschäftsführung ohne Auftrag (**677** ff.)[3]). Außerdem hat der Nießbraucher das Abtrennungsrecht (**258**). Die Ansprüche verjähren in 6 Monaten nach Beendigung des Nießbrauches (**1057**).

§ 187.

Fortsetzung: Die Pflicht zur Rückgabe.

Der Nießbraucher hat nach Beendigung des Nießbrauches die Sache herauszugeben (**985**) in dem Zustande, wie sie bei Begründung des Nießbrauches war. Ist sie verändert oder verschlechtert, so ist der Nießbraucher ersatzpflichtig, wenn sich die Veränderungen oder Verschlechterungen auf nicht ordnungsmäßige Ausübung seines Nutzungsrechtes oder Vernachlässigung der Erhaltungspflicht zurückführen lassen (**989** ff. **1050**).

I. **Die Rückgabepflicht bei landwirtschaftlichen Grundstücken und Landgütern** entspricht der des Pächters (**1055**).

A. Landwirtschaftliche Grundstücke hat der Nießbraucher in dem Zustande zurückzugeben, wie er sich bei fortgesetzter ordnungsgemäßer Bewirtschaftung und besonders auch Bestellung ergibt.

B. Bei Landgütern hat der Nießbraucher außerdem vorhandene landwirtschaftliche Erzeugnisse schlechthin oder in bestimmter Menge auf dem Gute zurückzulassen.

II. **Vermietung und Verpachtung des Grundstückes** über die Dauer des Nießbrauches hinaus. Der Eigentümer ist an diese Miets- und Pachtverträge in gleicher Weise gebunden wie der Erwerber des Grundstückes im Falle einer Veräußerung. Die Regelung in **L.** §§ 117. 119 greift also hier ein[4]). Es kann aber der Eigentümer dem Mieter oder Pächter unter Einhaltung der gesetzlichen Kündigungsfrist (**565. 595**) kündigen (vgl. **571**, Abs. 1). Endigte der Nießbrauch durch Verzicht des Nießbrauchers, so ist Kündigung erst statthaft in dem Zeitpunkt, in welchem der Nießbrauch ohne den Verzicht erloschen sein würde. Der Mieter und Pächter können den Eigentümer unter Bestimmung einer angemessenen Frist zur Erklärung auffordern, ob er von dem Kündigungsrecht Gebrauch machen will. Die Kündigung kann dann nur bis zum Ablauf der Frist erfolgen (**1056**).

§ 188.

d) Der Schutz des Nießbrauchers und Eigentümers.

I. Der Nießbraucher kann die aus dem Verhältnisse sich ergebenden gesetzlichen Pflichten des Eigentümers klageweise geltendmachen. Der Nießbraucher genießt aber weiter den Schutz als dinglich Berechtigter und als Sachbesitzer.

A. **Der Schutz des Rechtes** (**1065**) in Fällen der Beeinträchtigung[5]) desselben durch Ent-

---

[1]) Vgl. **1119. 1184.** Biermann, S. 248 f. Abweichend Dernburg III, S. 525 f. Der Nießbraucher einer beweglichen Sache hat die Verzinsung der Pfandforderung nicht zu tragen.

[2]) Bezüglich der landwirtschaftlichen Grundstücke und Landgüter vgl. **1055**; **L.** § 187, I.

[3]) Ein Anspruch auf Verzinsung des zu ersetzenden Betrages besteht für die Dauer des Nießbrauches nicht (**256**). Ein Anspruch auf Ersatz der Verwendungen, nämlich der Bestellungskosten und ein Anspruch auf Wertersatz ergibt sich nach **1055** bzw. **592. 593.**

[4]) Die Bestimmung **573**, Satz 2, gilt aber hier nicht.

[5]) Der Eigentümer kann aber das Eigentum übertragen. Über die Veräußerung im Wege der Zwangsvollstreckung vgl. ZPO. §§ 771. 805. 809; über Veräußerung im Wege des Pfandverkaufs vgl. **1242**, Abs. 2.

ziehung, Vorenthaltung des Besitzes oder Störung in der Ausübung ist analog dem des Eigentümers bzw. bei gemeinschaftlichem Nießbrauch dem des Miteigentümers (L. §§ 172—179).

B. **Der Schutz des Besitzes** bestimmt sich nach L. § 148.

II. Der Eigentümer kann auf Erfüllung der den Nießbraucher treffenden Verpflichtungen während der Dauer bzw. nach Beendigung des Nießbrauches klagen. Soweit der Eigentümer nicht durch den Nießbrauch beschränkt ist, kann er Beeinträchtigungen seines Eigentumsrechtes mit der Eigentumsfreiheitsklage abwehren, die im Falle der Besorgnis vor weiterer Beeinträchtigung auf Unterlassung geht. Nach **1053** kann aber der Eigentümer schlechthin, wenn der Nießbraucher einen Gebrauch von der Sache macht, zu dem er nicht befugt ist, eine Abmahnung an den Nießbraucher richten und bei Erfolglosigkeit auf Unterlassung klagen (ZPO. § 890). Die Ersatzansprüche des Eigentümers wegen Veränderungen und Verschlechterungen verjähren in 6 Monaten von dem Moment an, in dem er die Sache zurückerhält (**1057**).

Davon abgesehen hat der Eigentümer:

A. den Anspruch auf Sicherheitsleistung. Abgesehen von den Fällen **1039** (L. § 186, IV. B) und **1067** (L. § 189, II) besteht ein solcher nur wegen Gefährdung (Besorgnis einer erheblichen Verletzung) der Rechte des Eigentümers durch das Verhalten des Nießbrauchers (**1051**);

B. den Anspruch auf Verwaltung. Der Eigentümer kann verlangen, daß die Ausübung des Nießbrauches einem gerichtlich bestellten Verwalter[1]), der auch der Eigentümer selbst sein kann, für Rechnung des Nießbrauchers übertragen wird, wenn

1. der Nießbraucher nach A. zur Sicherheitsleistung rechtskräftig verurteilt wird und er die Sicherheit innerhalb der ihm auf Antrag des Eigentümers vom Gericht gesetzten Frist nicht geleistet hat (**1052**). Kommt es zur Anordnung der Verwaltung, so fällt der Anspruch auf Sicherheitsleistung fort. Wird die Sicherheit nach Anordnung der Verwaltung geleistet, so ist durch das Gericht die Verwaltung aufzuheben (**1052**, vgl. ZPO. §§ 934. 936)[2]).

2. Der Anspruch besteht auch, wenn der Nießbraucher die Rechte des Eigentümers in irgendwelcher Weise erheblich und trotz Abmahnung seitens des Eigentümers verletzt (**1054**).

§ 189.

Besondere Fälle des Sachnießbrauches.[3])

Die wichtige Unterscheidung des Nießbrauches an beweglichen Sachen und Grundstücken, landwirtschaftlichen Grundstücken und Landgütern ist in L. §§ 184—188 behandelt. Eigentümlichkeiten ergeben sich noch in folgenden Fällen:

I. Nießbrauch an Anteilen.

A. Der Nießbrauch an Anteilen kann begründet werden dadurch, daß ihn die Miteigentümer an ihren Anteilen bestellen. Der Nießbraucher tritt in eine Gemeinschaft mit dem betreffenden Miteigentümer (Eigentumsgemeinschaft), er übt alle Rechte des Miteigentümers in der Verwaltung und Benutzung der Sache kraft eigenen Rechtes aus und ist dem Miteigentümer zur Erfüllung der Pflichten aus der Gemeinschaft verbunden. Der belastete Miteigentümer und der Nießbraucher können aber die Aufhebung der Gemeinschaft (**749—751. 1010**) nur gemeinschaftlich geltendmachen. An den Gegenständen, die bei Aufhebung an die Stelle des Anteiles treten, kann der Anteilsbraucher den Nießbrauch verlangen.

B. Auch der Alleineigentümer kann an einem Anteile den Nießbrauch bestellen, oder es

---

[1]) Derselbe steht unter Aufsicht des Gerichtes wie ein für die Zwangsverwaltung eines Grundstückes bestellter Verwalter (**1052**).

[2]) Vgl. GFG. § 165 und Denkschrift zum EGFG., ad § 162.

[3]) Vgl. L. § 184, Note 1. Frank, Über den uneigentlichen Nießbrauch an körperlichen Sachen (1889, Diss.). Gierke, D. Priv.-R. II, § 147, II. V. VI.

kann sonst neben Alleineigentum Anteilsnießbrauch bestehen (z. B. der im Nießbrauch stehende Anteil des Miteigentümers fällt an den nunmehrigen Alleineigentümer). Dieser Fall ist nach Analogie von A zu behandeln.

II. **Der Nießbrauch an verbrauchbaren (beweglichen) Sachen** (uneigentlicher Nießbrauch) weist die Besonderheiten auf, daß das Eigentum an den verbrauchbaren Sachen mit der Hingabe auf den Nießbraucher übergeht, wenn die Voraussetzungen des Eigentumserwerbes an beweglichen Sachen vorliegen. Das Verhältnis ist ein darlehnsähnliches. Die Rückgabepflicht betrifft den Wert der Sachen zur Zeit der Bestellung, also nicht Sachen gleicher Qualität und Quantität wie beim Darlehn; es besteht keine facultas alternativa für den Nießbraucher derart, daß er den Wert oder die Sachen selbst ganz oder zum Teil zurückgeben dürfte. Wegen der Wertrückgabe besteht die Möglichkeit der beweissichernden Feststellung des Wertes (vgl. **L.** § 186, II. A.). Im Falle der Gefährdung seines Anspruches auf Ersatz des Wertes hat der Besteller den Anspruch auf Sicherheitsleistung (vgl. **L.** § 188). Untergang durch Vereinigung ist hier ausgeschlossen. Der Nießbraucher kann aber jederzeit das Verhältnis aufheben, indem er den Wert zurückerstattet (**1067**). Die Vorschriften sind dispositiver Natur. Die Parteien können demnach auch an verbrauchbaren Sachen einen eigentlichen Nießbrauch bestellen, wie an nicht verbrauchbaren einen uneigentlichen. Auf letzteres kann die Parteiabsicht in solchen Fällen gehen, in denen die nicht verbrauchbaren Sachen unter Schätzung zum Nießbrauch übergeben werden.

III. **Der Nießbrauch an einem Grundstück samt Inventar** (**1048**). Die ordnungsmäßige Bewirtschaftung fordert bez. des Inventars hier ein Nachlassen von der Erhaltungspflicht (**L.** § 186) und dafür eine Feststellung der Ergänzungspflicht.

A. Der Nießbraucher kann über einzelne Stücke des Inventars als ordentlicher Wirt wie der Eigentümer tatsächlich und rechtlich verfügen. Die Ergänzungspflicht besteht nicht nur bezüglich der befugterweise ausgeschiedenen Stücke, sondern auch bez. des gewöhnlichen Abganges. Die Gefahr außergewöhnlichen Abganges trägt der Nießbraucher nicht. Die in Erfüllung der Ergänzungspflicht angeschafften Stücke werden mit der tatsächlichen Einverleibung Eigentum des Inventareigentümers (vgl. **L.** § 164).

B. Hat der Nießbraucher das Inventar zum Schätzungswerte übernommen mit der Verpflichtung, es zum Schätzungswerte zurückzugeben, so ist dieser Fall wie der der Pacht unter gleicher Beredung (**L.** § 119) geregelt. Da der Nießbraucher die Gefahr des zufälligen Unterganges und der zufälligen Verschlechterung trägt, so erweitert sich gegenüber dem Falle A die Ergänzungspflicht. Der Eigentumserwerb an den angeschafften Stücken für den Inventareigentümer tritt auch hier ein. Mit Recht vom Inventareigentümer abgelehnte Stücke fallen aber dem Nießbraucher zu Eigentum zu.

C. Auf andere Inbegriffe von beweglichen Sachen bezieht sich die Regelung A. B. nicht. Hier können aber die Parteien einen uneigentlichen (II) oder einen eigentlichen Nießbrauch nach A oder B gewollt haben.

B. Der Rechtsnießbrauch.[1]

§ 190.

Der Rechtsnießbrauch im allgemeinen.

Der Nießbrauch an Rechten folgt der Analogie des Sachnießbrauches (**1068**), obwohl der Gegenstand beider wesentlich verschieden ist. Diese Analogie hat ihre Bedeutung darin, daß der Nießbraucher eines absoluten Rechtes auch ein absolutes allen Dritten gegenüber wirksames Recht hat, und daß sich zwischen dem Berechtigten selbst und dem Nießbraucher ein einer Rechtsgemeinschaft analoges Verhältnis ergibt, ähnlich wie beim Anteilsnießbrauch (**L.** § 189).

---

[1]) Gierke, D. Priv.-R. II, § 147, VII. VIII. Wolff, §§ 120 ff.

I. **Gegenstand des Rechtsnießbrauches**[1]) sind Vermögensrechte, also dingliche, Urheber-, Verlags-, Patentrechte und persönliche Rechte; Rechte an beweglichen Sachen und Grundstücken, aber immer nur übertragbare Rechte [2]), weil die Bestellung eines Nießbrauches Veräußerung ist. Veräußerungsverbote können folglich je nach ihrem Inhalte die Bestellung des Nießbrauches am Rechte hindern. Ein Nießbrauch am Nießbrauche ist ausgeschlossen[3]). Ein Vertrag, durch den sich der Berechtigte verpflichtet, die Ausübung des Rechtes einem anderen zu überlassen, ist durch diese Schranke nicht berührt (**1069**, Abs. 2).

II. Die **Bestellung** des Rechtsnießbrauches erfolgt, weil es sich um Veräußerung handelt, nach den für die Übertragung des Rechtes geltenden Vorschriften (**1069**, Abs. 1). Dem Besteller muß daher das zu belastende Recht auch zustehen, oder er muß als Berechtigter legitimiert sein (**2366**. **892**) vgl. **185**.

III. **Das Rechtsverhältnis** gestaltet sich beim Rechtsnießbrauche verschieden:

A. Der Nießbraucher eines Rechtes, das die Nutzung einer Sache gewährt, hat die der Rechtsstellung des Sachnießbrauchers analoge Stellung. Die durch das Recht gewährten Nutzungen fallen dem Rechtsnießbraucher zu. Der Nießbraucher eines Rechtes, dessen Erträge in einzelnen wiederkehrenden Leistungen bestehen (Rentenleistungen)[4]), ist ohne weiteres als Nießbraucher forderungsberechtigt auf diese Leistungen; sie gehören zu der ihm gebührenden Nutzung (**1073**). Der Nießbraucher eines Forderungsrechtes ist dagegen in anderen Fällen nur Nießbraucher der fremden Forderung; die Leistung selbst ist nicht dem Nießbraucher gebührende Nutzung, sondern nur Gegenstand seines Nießbrauches (vgl. **L**. § 191 I).

B. Ist Gegenstand des Nießbrauches ein Recht, kraft dessen eine Leistung gefordert werden kann, so soll der dritte Verpflichtete zu dem Nießbraucher in demselben Verhältnis stehen wie zu dem Erwerber eines Rechtes im Falle der Übertragung[5]). In dieser Beziehung kommen daher die Vorschriften über die Abtretung einer Forderung (**398** ff.) zur Anwendung (**1070**, Abs. 1).

C. Nach Bestellung des Nießbrauches kann der Berechtigte über sein Recht nicht mehr frei verfügen. Aufhebung und Änderungen des Rechtes, die den Nießbraucher beeinträchtigen, bedürfen der Zustimmung dieses, die er dem gegenüber, zu dessen Gunsten sie erfolgt, zu erklären hat, oder, wenn die Rechte im Grundbuch eingetragen sind (**876**, Satz 3), dem Grundbuchamt gegenüber abgeben muß. Diese Erklärung ist unwiderruflich. Ohne die Zustimmung sind diese Verfügungen dem Nießbraucher gegenüber unwirksam (**1071**).

D. Pflichten entstehen für den Rechtsnießbraucher, wie beim Sachnießbrauch, aber nur gegenüber dem Inhaber des belasteten Rechtes. Der Besteller gilt zugunsten des Nießbrauchers, der gutgläubig ist, als Inhaber des Rechtes (**1058**).

IV. **Der Rechtsnießbrauch wird aufgehoben,** abgesehen von allgemeinen Gründen:

A. durch Vereinigung von Rechtsnießbrauch und belastetem Recht in einer Person, soweit nicht der Berechtigte ein Interesse am Fortbestande des Nießbrauches an seinem Rechte hat;

B. durch Rechtsgeschäft, d. h. Erklärung des Nießbrauchers gegenüber dem Berechtigten oder Besteller, daß er sein Recht aufgebe.

In beiden Fällen (A. B.) werden Rechte an beweglichen Sachen und Grundstücken gleich behandelt (**1072**). Vgl. III. C.

V. Der Rechtsnießbraucher wird geschützt wie der Inhaber des belasteten Rechtes.

---

[1]) EG. Art. 67. Sächs. AG. z. BGB. § 29.

[2]) Bei der gesetzlichen Begründung der dem Nießbrauch verwandten Nutznießungsrechte des Ehemannes usw. kommen die betreffenden Bestimmungen in Betracht. Bez. der Grunddienstbarkeiten vgl. **L**. § 182, II.

[3]) Vgl. ferner **399**. **400**. **719**. **1092**.

[4]) Leibrente (**759** ff.), Auszug oder ähnliche Rechte (vgl. Vorbehalt für das Landesrecht: EG. Art. 96). Sächs. AG. z. BGB. § 31.

[5]) Anordnung und Aufhebung der Übertragung der Nießbrauchsausübung an einen Verwalter (**1052** **L**. § 88, II) sind dem dritten Verpflichteten gegenüber nur wirksam, wenn er die Anordnung kennt oder ihm die Mitteilung davon zugestellt ist (**1070**, Abs. 2, vgl. **407**. **1275**).

§ 191.

Besondere Fälle des Rechtsnießbrauches.[1])

I. **Der Nießbrauch an Forderungen.** Von der regelmäßigen Gestaltung des Forderungsnießbrauches weichen der Nießbrauch an verzinslichen Forderungen, Grund- und Rentenschulden und Forderungen aus Inhaber- und Orderpapieren ab.

A. **Der Regelfall des Forderungsnießbrauches.**

1. Durch die Bestellung eines Nießbrauches an der Forderung wird das Recht des Gläubigers nicht aufgehoben wie durch Abtretung, sondern bleibt bestehen. Der Nießbraucher erhält aber ein selbständiges Recht auf Einziehung der Forderung, Aufrechnung, Geltendmachung der damit verbundenen Pfandrechte und Bürgschaften; wenn dem Gläubiger ein Wahlrecht zusteht, auf Ausübung dieses; und wenn die Fälligkeit von der Kündigung abhängt, auf Kündigung)[2]. Andere Verfügungen über die Forderung (Abtretung, Erlaß) stehen ihm nicht zu. Dem Gläubiger ist die Einziehung entzogen, er müßte denn auf Leistung an den Nießbraucher klagen. Weitere Verfügungen stehen ihm nicht zu (**1074**). Rechtsvorgänge zwischen Gläubiger und Schuldner (Leistung, Erlaß, Vereinigung) heben die Forderung nur relativ auf, d. h. nicht mit Wirkung gegen den Nießbraucher; vgl. **L.** § 190, III, C.

2. Der Nießbraucher hat gegenüber dem jeweiligen Gläubiger die Pflicht, für die ordnungsmäßige Einziehung zu sorgen, also zu prüfen, ob und wie gegen den Schuldner vorzugehen ist (**1074**).

3. Wenn der Schuldner an den Nießbraucher leistet, so erwirbt mit der Leistung der Nießbraucher den Gegenstand für den Gläubiger, er selbst bekommt daran den Nießbrauch.

a) Werden *Sachen* geleistet, so tritt an die Stelle des Forderungsnießbrauches ein eigentlicher oder uneigentlicher Sachnießbrauch (**1067**).

b) Geleistete Dienste, Handlungen sind, wenn sie nicht Nutzungen sind oder ein sachliches Produkt ergeben, den verbrauchbaren Sachen gleichzustellen, so daß sich uneigentlicher Nießbrauch ergibt (s. a).

c) Tritt an die Stelle der ursprünglichen Forderung eine solche auf Schadensersatz, so ist diese dem Nießbrauch unterworfen.

d) Ist der Nießbraucher selber der Schuldner, so hat er nichtverbrauchbare Sachen oder sonstige Gegenstände durch Einziehung dem Gläubiger deducto usufructu zu erwerben; schuldet er aber verbrauchbare Sachen, so tritt mit der Fälligkeit ohne weiteres die Pflicht zum Wertersatze an die Stelle der ursprünglichen Verbindlichkeit (s. a).

4. *Vereinigt* sich die dem Nießbrauch unterliegende Forderung und die Schuld in einer Person, so wirkt dieses nicht gegen den Nießbraucher (relative Fortdauer des aufgehobenen Rechtes)[3]).

B. **Der Nießbrauch an verzinslichen Forderungen**[4]) (auch Hypothekenforderungen).

1. Besteht eine rechtsgeschäftliche oder gesetzliche Zinspflicht, so gebühren die *Zinsen als Nutzungen* (vgl. **L.** § 190, III) dem Nießbraucher, je nach der Parteiabsicht vielleicht auch Ansprüche auf Amortisationsquoten, Agios (A.)

2. Die *Einziehung des Kapitales* ist aber gemeinsame Angelegenheit des Gläubigers und Nießbrauchers, aktiv sowohl wie passiv. Der Schuldner kann das Kapital nur an den

---

[1]) Vgl. **L.** § 190, Note 1. *Brandus*, Über den Nießbrauch an Inhaberpapieren mit Prämien (Diss., 1892). *Pilch*, Der Nießbrauch an Inhaberpapieren mit Prämien (1897). *Stammler*, Nießbrauch an Forderungen (1880). *Mansbach*, Nießbrauch an Forderungen (1880). *Nell*, Ususfructus nominis (1900). *Gierke*, D. Priv.-R. II, § 147, S. 693 ff.

[2]) Er hat auch die passive Legitimation zur *Kündigung*. Der Schuldner kann aber nicht mit Forderungen gegen den einziehenden Nießbraucher diesem gegenüber aufrechnen. A. M. *Dernburg*, III, S. 532.

[3]) *Stammler*, Das Recht der Schuldverhältnisse, S. 257 f. *Hellmann*, Krit. VJSchr., Bd. 4 (1899), S. 239 f.

[4]) Die Vorschriften sind dispositiver Natur.

Nießbraucher und den Gläubiger gemeinschaftlich zahlen und wirksam nur beiden kündigen. Beide können nur auf Zahlung an beide oder Hinterlegung für beide[1]) klagen und nur gemeinschaftlich mahnen oder kündigen. Andere nicht der Einziehung dienende Akte darf der Gläubiger allein vornehmen; sie dürfen aber das Recht des Nießbrauchers nicht beeinträchtigen (**1076**. **1077** **L**. § 190, III. C.).

3. Die Gemeinschaftlichkeit der Einziehung begründet für Gläubiger und Nießbraucher gegeneinander

a) bei Fälligkeit der Forderung die Pflicht zur Mitwirkung bei der Einziehung und bei der Kündigung, wenn die Fälligkeit von einer solchen abhängt. Letztere Pflicht besteht aber nur, wenn die Einziehung wegen Gefährdung der Sicherheit der Forderung nach den Regeln ordnungsmäßiger Vermögensverwaltung geboten ist (**1078**);

b) nach Einziehung des Kapitales die Pflicht zur Mitwirkung dahin, daß es nach den für die Verwaltung von Mündelgeldern geltenden Vorschriften (**1807**. **1808**) verzinslich angelegt und gleichzeitig der Nießbrauch dem bisherigen Nießbraucher bestellt wird (vgl. **L**. § 190, II). Die Art der Anlegung bestimmt der Nießbraucher (**1079**).

II. **Der Nießbrauch an Grundschulden und Rentenschulden** wird nach Analogie des Forderungsnießbrauches (I. A. oder B.) beurteilt (**1080**).

III. **Der Nießbrauch an Forderungen aus Inhaberpapieren**[2]) **oder Orderpapieren**, die mit Blankoindossament versehen sind, begründet stets eine Vergemeinsamung der Verfügungsmacht ohne Rücksicht auf Verzinslichkeit.

1. Der Besitz am Stamm-Papier und am Erneuerungsschein steht dem Eigentümer und Nießbraucher gemeinsam zu, der Besitz an den Zins-, Renten- oder Gewinnanteilsscheinen dem Nießbraucher allein, auch wenn die Forderungen noch nicht fällig sind (**1081**, Abs. 1).

2. Zur Bestellung des Nießbrauches genügt an Stelle der Übergabe des Papieres die Einräumung des Mitbesitzers (**1081**, Abs. 2).

3. Eigentümer und Nießbraucher können sich über die Aufbewahrung des Papieres und des Erneuerungsscheines einigen. Davon abgesehen kann jeder die Hinterlegung bei einer Hinterlegungsstelle, der Nießbraucher auch bei der Reichsbank in der Weise verlangen, daß die Herausgabe nur von beiden gemeinschaftlich verlangt werden kann (**1082**). Der Besitz der Zins-, Renten- oder Dividendenscheine steht dem Nießbraucher allein zu.

4. Die gegenseitige Mitwirkungspflicht bezieht sich auf alle Maßregeln, die eine ordnungsmäßige Vermögensverwaltung erfordert, z. B. die Einziehung des Kapitales oder einer Prämie, die bei der Einlösung gezahlt wird[3]) (vgl. I, B. 3, b.), und die Beschaffung der neuen Zins-, Renten-, Gewinnanteilscheine.

C. Der Nießbrauch am Vermögen.

§ 192.

Der Nießbrauch am Vermögen.

Es handelt sich hier um den Nießbrauch an einem ganzen Vermögen und an einer Erbschaft (**1085**. **1089**), nicht am Sondervermögen (z. B. an einem Erwerbsgeschäft). Eine Verpflichtung zur Bestellung kann durch Vertrag (**311**) oder Vermächtnis begründet sein.

I. Die Bestellung des Nießbrauches erfolgt an den einzelnen Gegenständen des Vermögens (beweglichen Sachen, Grundstücken, Rechten) in der für diese Gegenstände erforder-

---

[1]) **372** ff. Diese Hinterlegung und Zahlung schaffen nur interimistischen Zustand, s. Text, I. B. 3. 3.

[2]) Inhaberpapiere als verbrauchbare Sachen und als Bestandteile eines Inbegriffes von Sachen sind Gegenstände eines uneigentlichen Sachnießbrauches (**1084**, vgl. **L**. §§ 40. 189, II).

[3]) Anders bei der Konvertierungsprämie.

lichen Weise (**1085. 1089**). Der Vermögensnießbrauch steht daher je nach dem Gegenstande unter den Vorschriften des Sachnießbrauches oder Rechtsnießbrauches. Anwendung findet auch **1035** (L. § 186, II, B). Der Vertrag auf Einräumung des Vermögensnießbrauches bedarf der gerichtlichen oder notariellen Beurkundung (**311.** L. § 85) und begründet den Anspruch auf Bestellung. Besonders geregelt ist hier aber:

II. Die Stellung der Gläubiger des Bestellers, die es schon zur Zeit der Bestellung waren. Diese sind nicht auf die Anfechtung der Bestellung oder auf die beim Besteller frei vom Nießbrauche verbliebenen Gegenstände verwiesen, sondern

A. sie können sich aus den dem Nießbrauch unterworfenen Gegenständen bzw. beim uneigentlichen Nießbrauch aus dem in solchem Falle sofort fälligen Werterſatzanspruche (**1067**) ohne Rücksicht auf den Nießbrauch befriedigen. Der Besteller ist somit zur Leistung, der Nießbraucher zur Duldung der Zwangsvollstreckung in die Gegenstände des Nießbrauches zu verurteilen (**1086**, ZPO. §§ 737. 738).

B. Sind die vor der Bestellung entstandenen Forderungen fällig, so kann der Besteller die zur Befriedigung erforderlichen Gegenstände nach seiner Auswahl zurückbehalten oder zurückverlangen. Er muß aber die vorzugsweise geeigneten vor anderen Gegenständen wählen und diese zur Befriedigung der Gläubiger verwenden (**1087**, Abs. 1).

C. Der Nießbraucher ist berechtigt, nicht auch dem Besteller verpflichtet, fällige Ansprüche der Gläubiger (B) zu befriedigen, entweder durch Leistung des geschuldeten Gegenstandes, der sich im Nießbrauchsvermögen befindet, oder, wenn dieser Fall nicht vorliegt, dadurch, daß er durch Veräußerung eines vorzugsweise geeigneten Gegenstandes aus dem Vermögen die Befriedigungsmittel gewinnt. Die Veräußerung steht ihm nur zu, wenn die Befriedigung seitens des Bestellers nicht ohne Gefahr abgewartet werden kann. Sie ist ihm versagt, wenn und soweit er als uneigentlicher Nießbraucher werterſatzpflichtig ist (**1087**, Abs. 2). Hier muß er aus eigenem Vermögen in Höhe des dem Besteller zu entrichtenden Ersatzes zahlen, wenn er die Gläubiger befriedigen will[1]).

D. Ansprüche auf Zinsen, Renten, Leibrenten, Altenteilsbeträge, Lebensversicherungsprämien, belasten bei ordnungsmäßiger Wirtschaft die Einkünfte, nicht den Stammwert des Vermögens. Bestand die Verzinslichkeit bzw. die Forderung auf Renten usw. schon zur Zeit der Bestellung, so können die Gläubiger die Zinsen usw. für die Dauer des Nießbrauches auch von dem Nießbraucher verlangen (vgl. **419**). Das Recht des Gläubigers kann durch Vereinbarung zwischen Besteller und Nießbraucher nicht ausgeschlossen oder beschränkt werden. Zu dieser Verzinsung ist der Nießbraucher auch dem Besteller verpflichtet. Gerät der Nießbraucher mit der Erfüllung in Verzug, so kann der Besteller nach B. Gegenstände zurückbehalten oder zurückfordern (**1088**)[2]).

---

9. Kapitel.

Die beschränkten persönlichen Dienstbarkeiten.

§ 193.

Die beschränkten persönlichen Dienstbarkeiten.

I. Die beschränkten persönlichen Dienstbarkeiten sind einer Person zustehende, unvererbliche und unveräußerliche dingliche Rechte an einem fremden Grundstück, welche dem Berechtigten die Benutzung des Grundstückes in bestimmten einzelnen Beziehungen oder sonstige Befugnisse, die Inhalt einer Grunddienstbarkeit sein können (**1090. 1092**), gewähren.

---

[1]) Biermann, S. 277 f. Es handelt sich nicht um die Veräußerung verbrauchbarer Sachen, die dem Nießbraucher ohnehin zusteht, sondern um die Voraussetzungen der Veräußerung sonstiger Gegenstände.

[2]) Vgl. EG. Art. 132 (öffentliche Rechte und Lasten). Gierke, D. Priv.-R. II, § 145.

Die prinzipielle Beschränkung auf Nutzung in bestimmten einzelnen Beziehungen unterscheidet diese Dienstbarkeiten inhaltlich von einem eingeschränkten Grundstücksnießbrauch. Diese und die weitere Beschränkung auf Grundstücke bzw. Rechte, die Grundstückseigenschaft haben [1]), nähert sie den Grunddienstbarkeiten. Ihre rechtliche Regelung folgt dem Recht des Sachnießbrauches und der Grunddienstbarkeiten (**1090**, Abs. 2).

A. **Die höchstpersönliche Natur** des Rechtes ist noch über die des Nießbrauches (**L.** § 184, I. A.) gesteigert, da die Überlassung der Ausübung nur auf Grund einer Gestattung des Eigentümers des Grundstückes zulässig ist (**1092**).

B. **Die Begründung und Aufhebung** folgen den allgemeinen Grundsätzen für Rechte an Grundstücken (**L.** § 151). An einer Quote des belasteten Grundstückes kann das Recht nicht bestellt und aufgehoben werden, wohl aber kann es je nach seinem Inhalt zu Anteilen mehreren zustehen. Auch kann die Ausübung sich auf einen bestimmten realen Teil des belasteten Grundstückes beschränken mit der Folge, daß bei späterer Zerlegung des Grundstückes die übrigen Teile wie auch von Grunddienstbarkeiten freiwerden (**1026**). Der Sonderfall des Unterganges infolge der Verjährung des Anspruches des Berechtigten (**1028**) gilt auch hier [2]).

C. Der **Umfang** des Rechtes bestimmt sich, wenn nichts anderes im Vertrage bestimmt ist, nach den persönlichen Bedürfnissen des Berechtigten (Haushaltung, Gewerbebetrieb) (**1091** vgl. mit **1019**). Der Berechtigte hat die Ausübung seines Rechtes wie ein Grunddienstbarkeitsberechtigter einzurichten; es gelten für die Unterhaltung von Anlagen, für den Anspruch auf Verlegung der Ausübung und Regelung der Kollision mit anderen Nutzungsrechten die Grundsätze der Grunddienstbarkeiten (**1020—1024**, vgl. **L.** § 183).

D. **Rechts- und Besitzesschutz** ist wie bei Grunddienstbarkeiten gewährt (**1027**. **1029**. vgl. **L.** § 183). Den Besitzschutz (**1029**) genießt hier jeder, der in der Ausübung der eingetragenen Dienstbarkeit gestört wird, wenn er auch nicht im Grundbuch eingetragen ist [3]).

II. **Das Wohnungsrecht** (**1093**) ist die beschränkte persönliche Dienstbarkeit des Inhaltes, daß der Berechtigte ein Gebäude oder einen Teil eines Gebäudes auch unter Ausschluß des Eigentümers als Wohnung benutzen darf. Das Wohnungsrecht nähert sich noch mehr dem Sachnießbrauch.

A. Das Wohnungsrecht ist **höchstpersönliches Recht** im Sinne von I. A.

B. **Die Begründung und Aufhebung** erfolgt gemäß I. B. Mit dem Wohnungsrecht an dem Gebäude erlangt der Berechtigte auch das Wohnungsrecht an dem Zubehör, wie sich auch die Aufhebung im Zweifel auf dieses erstreckt (**1031**. **1062**, vgl. **L.** § 184, I. B.).

Wer das Wohnungsrecht nur an einem Teile des Gebäudes hat, kann die zum gemeinschaftlichen Gebrauche der Bewohner bestimmten Anlagen und Einrichtungen mitbenutzen (Wasserleitung, Aborte) (**1093**, Abs. 3).

C. **Der Umfang des Wohnungsrechtes** bestimmt sich nach I. C, von besonderen Vertragsbestimmungen bei der Bestellung abgesehen, durch das persönliche Bedürfnis des Berechtigten. Der Berechtigte kann aber darüber hinaus seine Familie und diejenigen Personen aufnehmen, welche zur standesgemäßen Bedienung und Pflege der befugterweise Aufgenommenen erforderlich sind (**1093**, Abs. 2).

D. Das Rechtsverhältnis von Eigentümer und Wohnungsberechtigten gestaltet sich hier außer nach I. mehr dem Verhältnis beim Sachnießbrauch entsprechend.

a) Der Wohnungsberechtigte ist zum Besitze des Gebäudes bzw. Gebäudeteiles berechtigt (**1036**, Abs. 1).

b) Er wie der Eigentümer können den Zustand des Gebäudes feststellen lassen (**1034**, **L.** § 186 II. A.).

---

[1]) Vgl. **L.** § 180.

[2]) Über die Begründung und Aufhebung dieser Rechte an Grundstücken, die dem Buchungszwange nicht unterliegen, bestimmt das Landesrecht. Vgl. **L.** § 182, IV. Ein schuldrechtlicher Anspruch auf Bestellung ergibt sich aus Preuß. AG. z. BGB. Art. 15, Bayer. AG. z. BGB. § 41.

[3]) A. M. Biermann, S. 280. Planck zu **1090**, Note 3.

c) Der Wohnungsberechtigte hat die bisherige wirtschaftliche Bestimmung des Gebäudes aufrechtzuerhalten und es als ordentlicher Wirt zu behandeln. Umgestaltungen und Veränderungen sind ihm überhaupt untersagt (**1036**, Abs. 2. **1037**, Abs. 1. **L.** § 186, IV. A.).

d) Soweit nicht die Grundsätze über die Unterhaltung benutzter Anlagen nach I. C. in Frage stehen, trifft den Berechtigten die Pflicht zur Erhaltung des Gebäudes (Anzeigepflicht, Duldungspflicht) (**1041. 1042. 1044**, **L.** § 186, 5. A. a. b. Z. 2), er hat den Anspruch wegen Verwendungen und das Abtrennungsrecht eines Nießbrauchers (**1049. 1057**, **L.** § 186, V. D.). Für Veränderungen und Verschlechterungen, die sich nicht auf Rechtsmißbrauch oder Pflichtvernachlässigung seinerseits zurückführen, haftet der Wohnungsberechtigte nicht (**1050. 1057**, **L.** § 187. 188, II.).

e) Außerdem kann der Anspruch auf Verlegung und Regelung der Ausübung (I. C.) in Betracht kommen.

E. **Der Rechts- und Besitzschutz** ergibt sich aus D. a. bzw. I. D.

---

10. Kapitel.

Das dingliche Vorkaufsrecht.

§ 194.

Das dingliche Vorkaufsrecht.[1])

I. **Begriff und Inhalt des Vorkaufsrechtes**[2]).

Das Vorkaufsrecht ist ein Recht an einem Grundstücke, welches dem Berechtigten dem Eigentümer des Grundstückes gegenüber die Befugnis gibt, in einen von diesem geschlossenen Kauf einzutreten und so die Übertragung des Eigentumes zu verlangen (**1094**, Abs. 1).

Das Vorkaufsrecht hat demnach Ähnlichkeit mit der Reallast, von der es sich durch die eigentümliche Leistungspflicht und den Fortfall der der Reallast eigentümlichen Grundstückshaftung unterscheidet (vgl. **L.** § 195). Geschichtlich geht das Vorkaufsrecht zurück auf das mittelalterliche Näherrecht in seinen verschiedenen Gestaltungen (Erben-, Nachbarn-, Markgenossenlosung).

A. **Gegenstand.** Das Vorkaufsrecht besteht nur an Grundstücken oder an einem dem Grundstück gleichstehenden Rechte (Erbbaurecht, vgl. **L.** § 180), ferner an dem Anteile eines Miteigentümers. Es kann also an dem neugebildeten Anteil vom Alleineigentümer[3]) und an einer ausgeschiedenen Quote des Anteiles vom Miteigentümer nicht bestellt werden (**1094. 1095**). Das Vorkaufsrecht erstreckt sich im Zweifel auch auf das Zubehör, welches mit dem Grundstück verkauft wird (**1096**).

B. **Der Vorkaufsberechtigte.** Das Vorkaufsrecht kann

1. einer Person schlechthin zustehen. In diesem Regelfall (**1094**, Abs. 1) ist das Recht, wenn nicht ein anderes bestimmt ist, unübertragbar und unvererblich, vererblich aber im Zweifel, wenn es auf bestimmte Zeit beschränkt ist. Es kann nicht mit dem Eigentum an einem anderen Grundstücke verbunden werden (**1103**, Abs. 2). Vgl. II. B.

2. Es kann dem jeweiligen Eigentümer eines anderen Grundstückes oder dem Inhaber eines Erbbaurechtes usw. zustehen und dann nicht von dem Eigentum an diesem Grundstücke getrennt werden (**1094**, Abs. 2. **1103**, Absb. 1)[4]).

---

[1]) Gierke, Der Entwurf, S. 352 ff. Immerwahr, Jahrb. f. Dogm., Bd. 40, S. 279 ff. Gierke, D. Priv.-R. II, §§ 152 ff. Wolff, § 126.

[2]) Übergangsvorschrift: EG. Art. 184. Im Landesrecht kann auch ein dingliches Wiederkaufsrecht fortbestehen. EG. Art. 62. Preuß. AG. z. BGB. Art. 29.

[3]) Vorbehalt zugunsten des Landesrechts: EG. Art. 113.

[4]) Vorbehalt für das Landesrecht: EG. Art. 120, Abs. 2, Z. 2.

3. Das Vorkaufsrecht ist begründet für den Fall der Veräußerung durch Verkauf, und zwar

a) im Zweifel für den ersten Fall eines Verkaufes des Grundstückes durch den Eigentümer, dem es zur Zeit der Bestellung gehört, oder durch seine Erben oder seinen Konkursverwalter. Nur diese Personen sind vorkaufspflichtig. Im Falle eines von ihnen vorgenommenen Verkaufes wirkt aber das dingliche Recht auch gegen Dritte (III). Das Vorkaufsrecht erlischt und ist zu löschen, wenn es im zutreffenden Falle ausgeübt wird, oder die Ausübung unterbleibt. Das Vorkaufsrecht erstreckt sich im Zweifel nicht auf den Fall eines Verkaufes, der zum Zwecke der Abfindung eines gesetzlichen Erben erfolgt (**511**). Ob in solchem Falle das Vorkaufsrecht erlischt oder bei einem Verkaufe durch den Erben geltendgemacht werden kann, ist Auslegungsfrage[1]).

b) Es kann aber auch für mehrere und für alle Verkaufsfälle begründet werden (**1097**). In diesen Fällen sind dann auch die Nachfolger des damaligen Eigentümers vorkaufspflichtig, wenn sie verkaufen (vgl. Z. 1). Das Vorkaufsrecht bleibt erhalten, mag es in einem zutreffenden Falle ausgeübt sein oder nicht.

II. **Begründung und Aufhebung.**

A. Gemäß den Vorschriften über Rechte an Grundstücken entsteht das Vorkaufsrecht nur durch Einigung und Eintragung (**873**, vgl. **L.** § 151)[2]). Der kausale Schuldvertrag auf Einräumung eines Vorkaufsrechtes bedarf der gerichtlichen oder notariellen Beurkundung (**313**. **L.** § 85).

Ein gesetzliches Vorkaufsrecht besteht nach **2034** f. und kraft der Vorbehalte EG. Art. 109. 67. im Landesrecht.

B. Die Aufhebung steht unter den gleichen Vorschriften (**876**, vgl. **L.** § 151 und oben I. B.)[3]). Ein persönlich (I. B., Z. 1) Vorkaufsberechtigter kann aber, wenn er unbekannt ist, mit seinem Rechte im Wege des Aufgebotsverfahrens[4]) durch Ausschlußurteil und mit der Erlassung desselben ausgeschlossen werden wie ein Hypothekengläubiger (**1104**. **1170**. **887**, vgl. **L.** § 205, I. B.). Das Vorkaufsrecht erlischt auch durch Tabularersitzung (**901**), durch Zuschlag in der Zwangsversteigerung und landesrechtlich durch Enteignung.

III. **Das Rechtsverhältnis.** Aus dem dinglichen Vorkaufsrecht entspringt zunächst ein Rechtsverhältnis zwischen Vorkaufsberechtigten und -verpflichteten, das i. a. dem beim obligatorischen Vorkaufsrecht (**L.** § 110) entspricht; weiter ein solches zwischen dem Vorkaufsberechtigten und demjenigen, der das Eigentum erworben hat.

A. **Die Voraussetzungen der Ausübung des Vorkaufsrechtes** in subjektiver und objektiver Hinsicht ergeben sich aus I. B. und den Vorschriften für das obligatorische Vorkaufsrecht (**504**—**514**). Wegen der dinglichen Natur des Rechtes ist hier aber die Ausübung zwar nicht bei Verkauf im Wege der Zwangsvollstreckung, wohl aber im Falle eines freihändigen Verkaufes des Grundstückes durch den Konkursverwalter statthaft (**1098**, Abs. 1, vgl. **512**). Die Ausübung selbst erfolgt gegenüber dem Verpflichteten und in derselben Weise wie beim obligatorischen Vorkaufsrecht (**505**) und muß rechtzeitig erfolgen, d. h. in Ermangelung anderer Vereinbarung innerhalb von zwei Monaten nach Mitteilung des Inhaltes des abgeschlossenen Kaufvertrages an den Berechtigten durch den Verpflichteten (**510**) oder durch den gleichfalls dazu berechtigten dritten Erwerber und neuen Eigentümer (**1099**, Abs. 1). Der Verpflichtete hat den neuen Erwerber von der Ausübung oder dem Ausschlusse (**510**, Abs. 2) des Vorkaufsrechtes zu benachrichtigen (**1099**, Abs. 2).

---

[1]) Für Erlöschen: Fischer-Henle zu **1097**, für Nichterlöschen: Biermann, S. 286.

[2]) Gesetzliche dingliche Vorkaufsrechte können nach Landesrecht im Gebiete der Vorbehalte vorkommen. Vgl. auch EG. Art. 109.

[3]) Auch durch Vereinigung geht das Vorkaufsrecht nicht unter (**889**, vgl. **L.** § 155 und Text I. B. Z. 3).

[5]) ZPO. § 988.

B. **Die Wirkung der Ausübung.**

1. Gegenüber dem Verpflichteten bestimmt sich die Wirkung dahin, daß der Kauf zwischen dem Vorkaufsberechtigten und -verpflichteten unter den Bestimmungen zustande kommt, die der Verpflichtete mit dem Dritten vereinbart hat (**505—509**).

2. Gegenüber Dritten, die das Eigentum am Grundstücke erworben haben, hat das Vorkaufsrecht die Wirkung einer Vormerkung zur Sicherung des durch die Ausübung des Vorkaufsrechtes entstehenden Anspruches auf Übertragung des Eigentumes (**1098**, Abs. 2. **883** ff., L. § 154).

a) Der neue Erwerber ist daher verpflichtet, seine Bewilligung zur Eintragung des Vorkaufsberechtigten als Eigentümer zu erteilen und demnächst das Grundstück herauszugeben; der Erwerber tritt aber nicht etwa als Verkäufer an die Stelle des Verpflichteten (Z. 1), sondern kann, nur wenn er der Käufer oder ein Rechtsnachfolger des Käufers ist, die Zustimmung und Herausgabe verweigern, bis ihm der vereinbarte Kaufpreis, soweit er nicht berechtigt ist, vom Vorkaufsberechtigten erstattet ist. Wenn der Vorkaufsberechtigte als Eigentümer eingetragen ist, kann der bisherige Eigentümer den berichtigten Kaufpreis gegen Herausgabe des Grundstückes von ihm fordern (**1100**). Dieser Anspruch bleibt ihm auch nach der Herausgabe der Grundstückes.

b) Soweit diese Erstattungspflicht des Vorkaufsberechtigten reicht, wird er von der Verpflichtung zur Zahlung des Kaufpreises frei (**1101**).

c) Verliert der Käufer oder sein Rechtsnachfolger nach a. das Eigentum, so werden sie frei von der Verpflichtung zur Zahlung des rückständigen von ihnen geschuldeten Kaufpreises, können aber den bereits gezahlten nicht zurückfordern (**1102**).

IV. Ein dingliches Wiederkaufsrecht ist nur dem Landesrecht bekannt.

§ 195.

Die Reallasten.[1])

I. **Begriff und Inhalt.**

Die Reallasten sind dingliche Rechte an einem Grundstücke, die dem Berechtigten den Anspruch auf wiederkehrende Leistungen aus dem Grundstück gewähren (**1105**, Abs. 1)[2]). Die Reallasten entstammen dem Rechte des Mittelalters. Ihre Neubegründung ist in den einzelnen deutschen Staaten eingeschränkt, nicht in den beiden Mecklenburg.

A. **Gegenstand** (**1105**, Abs. 1. **1106**). Die Reallasten sind Rechte an Grundstücken, realen Grundstücksteilen oder an Rechten mit Grundstückseigenschaft (Erbbaurecht). Auch der Anteil eines Miteigentümers kann Gegenstand der Reallast sein (vgl. Vorkaufsrecht L. § 194).

B. **Der Reallastberechtigte.** Die Reallast kann wie das Vorkaufsrecht

1. einer Person als solcher (**1105**, Abs. 1) oder

2. dem jeweiligen Eigentümer eines anderen Grundstückes zustehen (**1105**, Abs. 2).

C. **Die Leistungen**[3]), die auf Grund der Reallast gefordert werden können, sind ihrem Inhalte nach nicht näher bestimmt. Maßgebend sind die Grundsätze des Schuldrechtes (**241**, vgl. L. § 73)[4]). Zahlung bestimmter Geldsummen an bestimmten wiederkehrenden Terminen fiele aber möglicherweise unter die Rentenschuld (L. § 210), die der Reallast sehr nahetritt.

---

[1]) Pflüger, Arch. f. d. ziv. Pr., Bd. 81, S. 292 ff. (1893); v. Schwind, Jahrb. für Dogmat., Bd. 33 (1894), S. 1 ff. Stobbe-Lehmann II, 2, §§ 137 bis 143. Gierke, D. Priv.-R. II. §§ 148—151. Wolff, §§ 127, 128.

[2]) Vorbehalte für das Landesrecht: EG. Art. 96. 113—116. 132. Preuß. AG. z. BGB. Art. 30. 31. Übergangsvorschrift: EG. Art. 184.

[3]) Öffentlich-rechtliche Lasten scheiden hier aus, EG. Art. 114, ZVG. § 10, Z. 3.

[4]) Zweifel bestehen bezüglich der Unterlassungen: Biermann, S. 173. Staudinger III, S. 199.

II. **Begründung, Aufhebung und Veräußerung**[1]).

A. Begründung und Aufhebung bestimmen sich wie bei Rechten an Grundstücken. In Betracht kommt nur die Bestellung durch Einigung und Eintragung. Die Aufhebung erfolgt außer durch Erklärung und Löschung (**875**) bei den persönlichen Reallasten (I. B. Z. 1) wie beim Vorkaufsrechte durch Ausschlußurteil (**1104. 1112. 1170**, vgl. L. § 194), durch Ablauf der Zeit (z. B. durch Tod des Berechtigten, wenn die Reallast auf Lebenszeit bestellt war), Zuschlag (ZVG. § 52), Ablösung und Enteignung[2]), nicht aber durch Vereinigung, Dereliktion des belasteten Grundstückes oder des Grundstückes, an dessen Eigentum sich das Reallastrecht knüpft, auch nicht durch Verjährung.

B. Steht das Recht dem jeweiligen Eigentümer eines Grundstückes zu (I. B. Z. 2), so ist Belastung und Veräußerung der Reallast nur mit dem Grundstück, an dessen Eigentum sie gebunden ist, möglich (**1110**). Bei rein persönlicher Zuständigkeit des Rechtes ist Vererblichkeit, Veräußerlichkeit und Belastbarkeit nicht ausgeschlossen, nur kann eine solche Reallast nicht mit dem Eigentum an einem Grundstück verbunden werden (**1111**, Abs. 1), und die Übertragbarkeit fehlt, wenn der Anspruch auf die einzelne Leistung nicht übertragbar ist, was nach den Grundsätzen des Schuldrechtes zu beurteilen ist (**1111**, Abs. 2. **398** ff., L. § 100). Die Übertragung der Reallast selbst bedarf der für die Grundstücksrechte vorgeschriebenen Form (L. § 151).

III. Einfluß der Teilung der Grundstücke[3]).

A. Wird das belastete Grundstück geteilt, so ruht die Reallast nun auf den Teilen (vgl. IV. B.).

B. Ebenso liegt es, wenn das Grundstück des Berechtigten (I. B. Z. 2) geteilt wird (vgl. IV). Die Ausübung des Rechtes darf aber im Zweifel keine Steigerung der Belastung mitsichbringen. Der Berechtigte kann auch bei der Teilung das Recht mit einem der Teile verbinden. Seine Bestimmung muß dem Grundbuchamt gegenüber erklärt und eingetragen werden. Die Vorschriften in **876** und **878** (vgl. L. § 151) finden Anwendung. Unterbleibt bei Abveräußerung eines Teiles eine solche Bestimmung, so verbleibt die Berechtigung bei dem Teil, den der Berechtigte behält. Ist die Berechtigung nur für einen der Teile von Vorteil, so bleibt sie bei diesem allein. Wird zum Grundstück des Berechtigten ein Teil hinzuerworben, so würde sich die Berechtigung ebenso nicht auf diesen erstrecken (**1109**).

IV. Das Rechtsverhältnis.

Der Berechtigte hat außer dem dinglichen Gesamtrecht den Anspruch auf die Einzelleistungen. Wird das Grundstück des Berechtigten geteilt (III. B.), und besteht die Berechtigung an den Teilen fort, so sind bei teilbarer Leistung (**420**) die Eigentümer der Teile im Verhältnis der Größe der Teile jeder zum Anteile, bei unteilbarer Leistung alle als Gesamtgläubiger nach **432** berechtigt (**1109**, Abs. 1).

Der Anspruch ist prinzipiell ein Anspruch auf Befriedigung aus dem Grundstück, neben dem aber ein persönlicher Anspruch gegen den Eigentümer des Grundstückes bestehen kann.

Die Parteien können im Bestellungsakt jede persönliche Haftung des Eigentümers für die Einzelleistungen ausschließen.

A. Ist das der Fall, so kommt nur die Haftung mit dem Grundstück in Frage. Der Berechtigte sucht seine Befriedigung im Wege der Zwangsvollstreckung in das Grundstück, die der Eigentümer durch Erbringung der Einzelleistungen abwehren kann. Es finden hier die für die Hypothekenforderung (L. §§ 199 ff.) geltenden Vorschriften (**1107**) Anwendung.

B. Haben die Parteien die persönliche Haftung des Eigentümers nicht ausgeschlossen, so erstreckt sie sich doch nur auf die während der Dauer seines Eigentumes fällig werdenden Leistungen. Die persönliche Verpflichtung erlischt daher nicht schon, wenn der Verpflichtete aufhört, Eigentümer zu sein, sondern erst wie jede andere Verpflichtung. Soweit die persönliche

[1]) Einen schuldrechtlichen Anspruch auf Bestellung ergeben: Preuß. AG. z. BGB. Art. 15, § 1. Bayer. AG. z. BGB. Art. 41, beim Leibgedingvertrag.

[2]) Nach Landesrecht (EG. Art. 113, 114).

[3]) Vgl. Vorbehalte für das Landesrecht: EG. Art. 120. 121

Haftung reicht, besteht daneben die mit dem Grundstücke, wo keine persönliche Haftung (Rückstände aus der Zeit des Vorbesitzers), da besteht nur die Haftung mit dem Grundstücke (**1108**, Abs. 1).

Mehrere Miteigentümer des belasteten Grundstückes, mehrere Alleineigentümer mehrerer mit einer Reallast belasteten Grundstücke, mehrere Eigentümer von Teilen des belasteten, früher einheitlichen Grundstückes sind, soweit die persönliche Haftung in Frage kommt, Gesamtschuldner (**1108**).

---

11. Kapitel.

Das Pfandrecht.

A. Das Pfandrecht an Grundstücken[1]).

§ 196.

Übersicht.

Das Pfandrecht (im weiteren Sinne) trägt deutschrechtlichen Charakter, sowohl in der scharfen Trennung des Pfandrechtes an Grundstücken und beweglichen Sachen wie in der Regelung des Institutes im einzelnen. Das Pfandrecht an beweglichen Sachen trägt im BGB. allein den Namen Pfandrecht; ihm schließt sich das Pfandrecht an Rechten an (**Pfandrecht im engeren Sinne**).

Das Publizitätsprinzip beherrscht das gesamte Pfandrecht. Das Pfandrecht an beweglichen Sachen ist daher Besitzpfand, während das Pfandrecht an Grundstücken auf der Bucheinrichtung beruht.

Das **Pfandrecht an Grundstücken** weist mit Rücksicht auf die Entwickelung und den Rechtszustand in den einzelnen Rechtsgebieten eine große Vielgestaltigkeit auf. Das BGB. regelt Hypothek, Grundschuld und die Rentenschuld, denen nahetritt die Reallast. Die wichtigsten Formen des Grundstückspfandrechtes sind die Hypothek und die Grundschuld. Beide unterscheiden sich zwar in ihrer Entstehung, ihr Wesen ist aber das gleiche; denn in beiden Fällen ist ein Grundstück in der Weise belastet, daß aus ihm die Zahlung einer bestimmten Geldsumme verlangt werden kann.

An diese einheitliche Grundform des Grundstückspfandrechtes schließen sich die Arten nach verschiedenen Gesichtspunkten an.

I. Soll die Belastung eines Grundstückes zugunsten eines anderen erfolgen, dieser also einen Anspruch auf Zahlung einer bestimmten Geldsumme aus dem Grundstücke erwerben, so treten zunächst Hypothek und Grundschuld auseinander. Zwar werden beide um eines persönlichen Anspruches willen begründet, und eine Forderung besteht in beiden Fällen. Bei der Hypothek ist aber diese Forderung für die Begründung der dinglichen Belastung wesentlich; die Belastung erfolgt hier ausgesprochenermaßen zu dem rechtlichen Zweck der Befriedigung des Gläubigers für eine ihm zustehende Forderung (kausale Belastung). Bei der Grundschuld tritt aber dieser rechtliche Zweck nicht wesentlich hervor, er wird bei Begründung der Belastung unterdrückt (abstrakte Belastung). — Grundschuldgläubiger wird man demnach ohne jede Rücksicht auf eine persönliche Forderung, Hypothekengläubiger nur, weil eine solche persönliche Forderung besteht. Für den Fortbestand und das weitere

[1]) Materialien: Gierke, Der Entwurf, S. 367 ff. Gierke, Beitr., H. 18, S. 73 f. Strohal, Jahrbuch f. Dogmatik, Bd. 28, S. 380 ff. Strohal, Jahrb. f. Dogm., Bd. 31, S. 280 ff. Hachenburg, Beiträge zum Hypotheken- und Grundbuchrecht (1895). v. Schwind, Wesen und Inhalt des Pfandrechtes (1899) bes. S. 102 ff. Gierke, D. Priv.-R. II. §§ 155 ff. Wolff, §§ 129 ff.

Schicksal der *Hypothek* ist aber diese Verbindung der persönlichen Forderung und des Anspruches aus der dinglichen Belastung mit Rücksicht auf die Bucheinrichtung und die Bedürfnisse des Verkehrs nicht die notwendige Voraussetzung. In diesem Punkt trennt sich die *gewöhnliche* oder *Verkehrshypothek* von der *Sicherungshypothek*. Nur bei der letzteren bestimmt sich der Anspruch aus der dinglichen Belastung *dauernd* nach der persönlichen Forderung und hängt von ihr ab.

II. Andere im folgenden näher erörterte Unterschiede sind nicht prinzipieller Natur. Die Besonderheit der *Verbriefung* (Briefhypothek und Briefgrundschuld im Gegensatz zur Buchhypothek und Buchgrundschuld), die Besonderheit der *Forderung* bei der Maximalhypothek und der Hypothek für Inhaber- und Orderpapierforderungen, des *Gegenstandes* bei der Anteils- und Gesamthypothek, des *Begründungsaktes* bei der Urteils- und Arresthypothek ändern nichts an der rechtlichen Natur der Hypotheken und *Grundschuld*. Ebenso hat nur der besondere *Inhalt der Belastung* (Rentenleistungen) zur Hervorhebung der *Rentenschuld* geführt, die eine Art Grundschuld ist.

Das Gesetz rückt die verschiedenen Formen des Grundstückspfandrechtes auch dadurch einander näher, daß es den Übergang einer Form in die andere gestattet. Es können Buchhypotheken in Briefhypotheken, Verkehrshypotheken in Sicherungshypotheken, Hypotheken in Grundschulden, Grundschulden in Rentenschulden und umgekehrt verwandelt werden. Das Wesen des Pfandrechtes ändert sich dadurch nicht.

Die verschiedenen Formen des Grundstückspfandrechtes zeigt die folgende Übersicht:

Grundstückspfandrecht.

- *Selbständiges Pfandrecht.*
  1. Eigentümerhypothek, Eigentümergrundschuld.
  2. Grundschuld.
     - Briefgrundschuld.
     - Buchgrundschuld.
  3. Rentenschuld.
- *Abhängiges Pfandrecht.*
  - Verkehrshypothek.
    - Briefhypothek.
    - Buchhypothek.
  - Sicherungshypothek.

III. **Das Wesen des Grundstücks-Pfandrechtes.**

Das Wesen des Pfandrechtes ist in allen seinen Formen das gleiche. Es besteht darin, daß der Pfandgläubiger kraft seines *dinglichen* Rechtes die Zahlung einer bestimmten Geldsumme aus dem Grundstücke verlangen kann. Es besteht nach dieser Auffassung keine Leistungspflicht des Eigentümers des Grundstückes, sondern der Pfandberechtigte verschafft sich die Geldsumme im Wege d. h. in der Form der Zwangsvollstreckung kraft seines dinglichen Rechtes aus dem Grundstück. Dieser Inhalt des Pfandrechtes wird vom BGB (**952**, Abs. 2, **1137**. **1157**. **1141**. **1146**) und von der ZPO. (§§ 592. 688) wohl als Recht auf Leistung einer Geldsumme bezeichnet und behandelt, ist es aber nicht[1]). Vgl. L. § 201. II. Dem Pfandrecht als solchem ist die Verbindung mit einer Forderung nicht wesentlich. Nur bestimmten Formen des Pfandrechtes ist diese Verbindung schlechthin (Sicherungshypothek) oder relativ (Verkehrshypothek) wesentlich (Hachenburg). Dieser Auffassung stehen andere entgegen, die eine Verpflichtung des Eigentümers und einen Leistungsanspruch des Pfandgläubigers gegen den Eigentümer als vorhanden annehmen: 1. die verbreitete Auffassung, welche die Verbindung von Pfandrecht und Schuld als dem Pfandrechte wesentlich erklärt. Das Pfandrecht sei stets *Gewährleistung einer Schuld, eines Leistensollens, durch Haftung des Grundstückes*. Eine solche Schuld liege vor auch in der Person des jeweiligen Eigentümers des mit einer Grundschuld belasteten Grundstückes und in der Person des jeweiligen Eigentümers eines mit einer Hypothek belasteten Grundstückes, der nicht auch der persönliche Schuldner ist (bes. Dernburg, v. Schwind). Während regelmäßig die Schuld durch die Haftung des Vermögens

[1]) *Wolff*, § 131.

des Schuldners gewährleistet ist, ist sie es hier durch die Haftung des Grundstückes (dingliche Schuld mit beschränkter Haftung). Die Folge ist, daß bei der akzessorischen Hypothek eine Schuld des Eigentümers neben die des persönlichen Schuldners tritt, bei der selbständigen Hypothek eine Schuld des Eigentümers besteht. Eigentümergrundschuld und Eigentümerhypothek ließen sich aber nur sehr gekünstelt in diese Konstruktion einbeziehen[1]). Außerdem ergeben sich gegen diese Konstruktion prinzipielle Bedenken aus der Auffassung der Obligation und der strengen Scheidung des Forderungsrechtes vom dinglichen Recht im BGB.

2. Sehr nahe steht der bekämpften Auffassung diejenige, die eine Verpflichtung des jeweiligen Eigentümers des Grundstückes und aus dem Grundstück annimmt (Realobligation)[2]). Wenn aber das BGB. von „Zahlung aus dem Grundstück" spricht (**1113. 1191. 1199**), so ist nicht an eine privatrechtliche Zahlungspflicht des Eigentümers gedacht, sondern an Zahlung im Wege der Zwangsvollstreckung (**1147**) und Zahlung aus dem Grundstück durch den Eigentümer ist in diesem Sinne aber in anderem Sinne nicht denkbar.

§ 197.

Die Hypothek. a) Begriff und Entstehung.

I. **Die Hypothek** ist ein dingliches Recht an einem Grundstücke, kraft dessen der Berechtigte die Zahlung einer bestimmten Geldsumme zur Befriedigung wegen einer ihm zustehenden Forderung aus dem Grundstücke verlangen kann (**1113**). Der Gläubiger hat also die Forderung gegen den Schuldner, und es haftet ihm das gesamte Vermögen des Schuldners, außerdem haftet ihm das Grundstück, welches ihm verpfändet ist.

A. Die Hypothek ist **dingliches Recht**, daher der Anspruch des Gläubigers wegen Eingriffes, die Bestimmung des Rangverhältnisses, die Durchführung im Wege der Zwangsverwaltung und -versteigerung usw.

B. **Gegenstand** der Hypothek sind Grundstücke und ihnen gleichstehende Grundstücksrechte wie Erbbaurecht usw. (**L.** § 180). Gegenstand der Hypothek ist die Substanz des Grundstückes, nicht allein die Früchte aus demselben; die Hypothek ist folglich Substanz-, nicht Revenuenhypothek. Daß das Grundstück nur bis zu einer bestimmten Wertgrenze belastet werden kann, ist im BGB. nicht bestimmt[3]). Wegen der Grundbucheinrichtung soll (GBO. § 6) an einem realen Teile des Grundstückes vor Abschreibung und Anlegung des Grundbuches keine Hypothek bestehen, wohl aber ist sie an dem Anteil eines Miteigentümers (Anteilshypothek, **1114**)[4]) möglich, so daß im Falle des Erwerbes des Alleineigentumes die Anteilshypothek bestehenbleibt[5]).

C. Der Berechtigte muß nur bei der Verkehrshypothek eine bestimmte natürliche oder juristische Person sein. Als Sicherungshypothek kommt auch die Inhaberhypothek in Betracht (vgl. **1187**, **L.** § 208, V. A.). Der Berechtigte muß eine vom Eigentümer verschiedene Person sein; es kann für den Eigentümer keine Hypothek eingetragen werden, wohl aber eine Grundschuld (vgl. **L.** § 203, I.). Die Bestellung der Hypothek an mehrere kann in der Weise erfolgen, daß an ihr jeder zu einem bestimmten Teile berechtigt sein soll. Hier entstehen mehrere Hypotheken gleichen Ranges. Die Bestellung kann aber an mehrere auch so erfolgen, daß diese zur gesamten Hand, zu ideellen Teilen oder als Gesamtgläubiger berechtigt sein sollen.

D. Die Hypothek ist grundsätzlich akzessorisches Recht. Sie kann selbständig werden, ist es aber nicht von vornherein, sie wird für eine Forderung begründet. Die Forderung, für welche die Hypothek eingetragen wird, muß

---

1) Vgl. v. Schwind, a. a. O., S. 144. 146.

2) Vgl. v. Schwind, S. 133. Vgl. Wolff, § 131. II.

3) Vorbehalte für das Landesrecht: EG. Art. 117, Abs. 2.

4) Vorbehalte für das Landesrecht: EG. Art. 60 (Revenuenhypothek, vgl. EG. Atr. 57—59), Art. 112 Bahneinheiten (Preuß. Gesetz v. 19. Aug. 1895).

5) Vgl. **L.** § 199; II. A. Z. 3.

1. eine bestimmte Geldforderung sein (arg. **1115**), sie kann eine kündbare, befristete, auf einem künftigen Rechtsverhältnisse beruhende und bedingte sein (**1113**, Abs. 2).

2. Die Forderung hat für die Hypothek nicht mehr die Bedeutung, daß der Bestand der Hypothek von der Existenz der Forderung abhängig, die Forderung also ein wesentliches Element für die Hypothek ist. Die Belastung des Grundstückes tritt vielmehr unabhängig von der Forderung ein. Die Forderung dient aber zur Legitimation dessen, der den Anspruch auf Zahlung der Geldsumme aus dem Grundstücke geltendmacht.

E. Durch Privatvereinbarung kann der Inhalt des Pfandrechtes nicht abgeändert werden (**1136**. **1149**).

II. **Entstehung.** Unmittelbare erste Entstehung von Hypotheken durch Gesetz, Richterspruch oder letzten Willen (Vermächtnis) ist ausgeschlossen[1]), nicht aber rechtsgeschäftliche oder gesetzliche Pflicht zur Verschaffung der Hypothek. Solche ist anerkannt in **648** (vgl. L. § 123), wo es nicht anders liegt, als wenn die Pflicht zur Hypothekbestellung durch Rechtsgeschäft begründet wäre. Wie in diesen Fällen, so muß auch bei der Zwangshypothek (vgl. L. § 208, V. C.) stets die Eintragung der Hypothek erfolgen[2]). Eine Ausnahme ergibt sich nach **1287**; aber auch diese ohne Eintragung entstehende Sicherungshypothek kann gewisse Wirkungen nur bei Eintragung entfalten (vgl. L. § 208, I). — Die Tabularersitzung ist bei Hypotheken ausgeschlossen. — Danach steht im Vordergrund die Entstehung durch **Einigung und Eintragung.** Letztere kann auf Grund einer Eintragsbewilligung des Eigentümers erfolgen (vgl. L. § 151).

A. Das Erfordernis der **Eintragung** ist hier näher bestimmt, und es ergeben sich Abweichungen vom Spezialitätsprinzip. Sie muß enthalten (**1115**):

a) die Angabe des Gläubigers (Name, Firma) oder sonstige Bezeichnungen, die auf einen bestimmten Gläubiger führen[3]);

b) den Geldbetrag der gesicherten Forderung in bestimmter Summe (I. D. Z. 1) und (Ordnungsvorschrift) in Reichswährung (GBO. § 28);

c) den Zinsfuß und etwaige andere Nebenleistungen (Vertragsstrafen) in ihrem Geldbetrage (vgl. b). Ausnahmen:

1. Für solche Nebenleistungen, die zur Zeit nicht angegeben werden können (Verzugszinsen, Kosten der Kündigung und der Rechtsverfolgung in das Grundstück), tritt Haftung ohne Eintragung ein (**1118**).

2. Für satzungsgemäße Nebenleistungen der Darlehnsschuldner von Kreditanstalten[4]), deren Satzung von der Behörde öffentlich bekanntgemacht worden ist, genügt die Bezugnahme auf die Satzung (**1115**, Abs. 2).

d) die Forderung in allgemeiner Erwähnung. Bezüglich aller übrigen die Forderung näherbezeichnender Momente (Rechtszweck; Zeit, Ort und Art der Kapitals-Rückzahlung; Beginn und Termine der Verzinsung usw. kann auf die Eintragsbewilligung (**874**, **L.** § 151) in der Eintragung verwiesen werden.

Eingetragen kann auch werden, daß der Schuldner einer Hypothekenbank (Aktiengesellschaft) berechtigt sein soll, die Schuld in Geld oder in Pfandbriefen der Bank gleicher Gattung wie die empfangenen nach dem Nennwerte zu berichtigen[5]).

B. Änderungen hinsichtlich der Eintragung bedürfen nach **877** (**L.** § 151) der Zustimmung der gleich- oder nachstehenden Berechtigten. Diese ist nicht erforderlich, d. h. Einigung der Kontrahenten und Eintragung genügt, wenn es sich um Änderung von Zahlungszeit und Ort oder um Feststellung einer 5 Prozent nicht übersteigenden Zinsverbindlichkeit handelt (**1119**).

C. Die Hypothek kann auch unter Bedingung und Befristung bestellt werden.

III. **Entstehung und Erwerb.** Mit der Eintragung ist die Hypothek zwar entstanden, aber noch nicht immer von einem bestimmten Gläubiger erworben. In dieser Beziehung ist der Unterschied von Brief- und Buchhypothek von Bedeutung: ein Hy-

---

1) Vgl. aber Übergangsvorschrift: EG. Art. 188.

2) Vorbehalt für das Landesrecht: EG. Art. 91.

3) Die Eintragung des Einzelkaufmannes unter seiner Firma genügt daher nicht. Biermann, S. 303. A. M. Böhm, S. 155.

4) Z. B. die preußischen Landschaften. Vgl. EG. Art. 167.

5) Reichshypothekenbankgesetz vom 13. Juli 1899, § 14.

pothekenbrief wird über die Hypothek ausgestellt, wenn nicht die Ausstellung von vornherein oder nachträglich ausgeschlossen ist, d. h. jede Hypothek ist an sich **Briefhypohtek**[1]). Durch die Ausschließung wird die Hypothek **Buchhypothek**. Kraft Gesetzes ist die Sicherungshypothek Buchhypothek. Wird die Ausschließung wieder aufgehoben, so wird die Hypothek wieder Briefhypothek. Der Brief ist dann dem Gläubiger auszuhändigen, nicht dem Eigentümer (GBO. § 60). Ausschließung und Aufhebung der Ausschließung erfordern die Einigung des Gläubigers und Eigentümers und die Eintragung im Grundbuche (**1116**, GBO. §§ 42. 62. 69)[2]). Daher:

A. Die **Buchhypothek** wird erworben mit ihrer Entstehung, wenn auch die Forderung des Gläubigers entstanden ist (**1117**, Abs. 1)[3]).

B. Bei der **Briefhypothek** entscheidet für den Erwerb die Übergabe des Briefes an den Gläubiger.

1. Der Hypothekenbrief wird vom Grundbuchamt erteilt, muß als Hypothekenbrief bezeichnet sein, den Geldbetrag der Hypothek und das belastete Grundstück bezeichnen, vom Grundbuchamt unterschrieben und untersiegelt sein (BGO. § 56). Er soll die Nummer des Grundbuchblattes enthalten und einen Auszug des Grundbuches über folgende für den Verkehr wichtige Punkte darstellen: Grundstücksbeschreibung nach dem Inhalte des Grundbuches, Bezeichnung des Eigentümers, den Inhalt der die Hypothek betreffenden Eintragungen bzw. der Urkunden, auf die in der Eintragung Bezug genommen ist[4]), kurze Bezeichnung der Eintragungen, welche der Hypothek im Range vorgehen oder gleichstehen (auch Vormerkungen, Veräußerungsverbote). Änderungen sollen auf Antrag nachgetragen werden (GBO. § 57). Ein Brief, der etwa ausgestellt wäre, obwohl die Hypothek als Buchhypothek eingetragen ist, ist ohne Bedeutung[5]).

2. Da die Briefhypothek durch Übergabe des Briefes an den Gläubiger erworben wird, ist zur Sicherung des Eigentümers[6]) die Aushändigung an den Eigentümer vorgeschrieben (GBO. § 60). Die Übergabe vom Eigentümer an den Gläubiger kann im gegebenen Falle durch die bloße Einigung (brevi **manu traditio**, **929**, Satz 2), durch eine Vereinbarung, wodurch der Gläubiger mittelbarer Besitzer wird (constitutum possessorium, **930**), oder durch Abtretung des Anspruches auf Herausgabe (**931**) erfolgen; ferner kann im Interesse des Gläubigers und des Eigentümers die Übergabe vom Grundbuchamt an den Gläubiger erfolgen, wenn eine Vereinbarung, nach welcher der Gläubiger sich den Brief vom Grundbuchamt aushändigen lassen darf, vorliegt, oder der Eigentümer die Aushändigung an den Gläubiger dem Grundbuchamt vorgeschrieben hat (**1117**, Abs. 2).

Hat der Gläubiger den Besitz des Briefes, so wird sogar vermutet (ZPO. § 292), daß er ihn durch Übergabe erlangt hat (**1117**, Abs. 3). Der Eigentümer kann diese Vermutung entkräften etwa durch den Nachweis, daß der Gläubiger den Brief durch Versehen des Grundbuchamtes erlangt hat[7]).

3. Schon aus dieser Funktion des Briefes beim Erwerbe des Gläubigerrechtes erhellt, daß er mehr als Beweisurkunde ist; er ist Träger des Rechtes (Wertpapier)[8]); aber mit Einschränkung; denn das Recht entsteht durch die Eintragung im Grundbuche und besteht auch im Regelfalle ganz allein auf Grund der Eintragung. Der Hypothekenbrief ist vielmehr nur Repräsentant des Grundbuches, gewisse Akte können im Interesse eines

---

1) Mit Rücksicht darauf die Übergangsvorschrift: EG. Art. 192.

2) Hinsichtlich der bindenden Kraft der Einigung, des Erfordernisses der Zustimmung des am Grundstücke berechtigten Dritten und des Einflusses von Verfügungsbeschränkungen beim Berechtigten gelten die allgemeinen Vorschriften **873**, Abs. 2. **876**. **878**. GBO. § 29 (**L**. § 151).

3) So auch die Sicherungshypothek (**1285**, Abs. 1).

4) Ausgenommen ist die Satzung (anders **1115**, Abs. 2). An Stelle der Bezeichnung des Inhaltes solcher Urkunden können diese selbst mit dem Brief verbunden werden (GBO. § 58).

5) Biermann, S. 307. A. M. Böhm, S. 160.

6) Der Gläubiger braucht andererseits die Valuta nicht anders zu geben als gegen den Brief.

7) Der Eigentümer könnte gemäß **861** auf Herausgabe des Besitzes klagen.

8) So Bähr, Zur Beurteilung des E. e. BGB. (1888).

leichteren Verkehres an ihn angeknüpft werden, die sonst auf der Grundlage des Buches vorgenommen werden müßten[1]). Aus den weiteren Funktionen des Briefes wird sich dieses bestätigen.

IV. Der Rang der Hypothek bestimmt sich gemäß der Regel (L. § 152).

§ 198.

b) Die Teilung und Übertragung der Hypothek.

I. Wird die Forderung durch Gesetz (Erbgang), richterliche Verfügung (Pfändung) oder durch Rechtsgeschäft (Abtretung) in Teilforderungen zerlegt, so haftet für jede Teilforderung das gesamte Pfandobjekt. Die so entstehenden **Teilhypotheken** haben an sich gleichen Rang. Soll ihr Rang untereinander geändert werden, so ist (anders in **880**, Abs. 2) die Zustimmung des Eigentümers nicht erforderlich (**1151**). Über die Teilhypotheken können ohne Zustimmung des Eigentümers, wenn die Hypothek nicht Buchhypothek ist, Teilhypothekenbriefe nach GBO. § 61 gebildet werden, die für den Teil, auf den sie sich beziehen, die Bedeutung des Stammbriefes haben, der für sich dann auch nur ein Teilhypothekenbrief ist (**1152**).

II. **Die Abtretung der Hypothek.**

Die Forderung bildet bei der Verkehrshypothek die Legitimation für den Gläubiger aus der Hypothek. Daher geht mit der Übertragung der Forderung auch die Hypothek über. Nach dem Gesetz ist scheinbar die Verbindung von Hypothek und Forderung eine sehr viel engere: die Hypothek muß mit der Forderung übergehen, entgegenstehende Vereinbarung bei der Übertragung der Forderung ist nichtig. Die Hypothek kann nicht ohne die Forderung übertragen werden (**1153**). Dieser Grundsatz erleidet aber in den Fällen der Eigentümerhypothek (L. § 205) und sonst (z. B. **1138**) so weitgehende Ausnahmen, daß er nicht aufrechtzuerhalten ist.

A. Die Verbindung von Forderung und Hypothek bewirkt bei der **Buchhypothek**, daß die Forderung nur in der Form übertragen werden kann, in der das dingliche Recht übertragen wird, d. h. durch dinglichen Vertrag und Eintragung des Erwerbers im Grundbuch (**1154**, Abs. 3). Der Rechtsnachfolger ist durch seine und seiner Vormänner Eintragung legitimiert (**892**).

B. Bei der **Briefhypothek** zeigt sich der Brief in einer weiteren Funktion (Übertragungsfunktion). Die Übertragung erfolgt durch Einigung über den Forderungsübergang, Erteilung einer schriftlichen Abtretungserklärung an den Erwerber und durch Übergabe des Briefes nach **1117**. Die Einigung ist an eine Form nicht gebunden (**398**). Die schriftliche Abtretungserklärung wird durch Eintragung der Abtretung im Buche ersetzt (GBO. §§ 42. 62), wozu die Eintragungsbewilligung des bisherigen Hypothekengläubigers unter Vorlegung des Hypothekenbriefes genügt (GBO. §§ 19. 29); auch kann der Erwerber vom Abtretenden, wenn die Abtretung nicht eingetragen ist, die öffentliche Beglaubigung der Abtretungserklärung, und zwar im Zweifel auf des letzteren Kosten, verlangen. Die Wirkung der Abtretung ist hiervon nicht abhängig. Im Verkehr ist es aber durchaus üblich, die Abtretung beglaubigen zu lassen. Blankozession ist ausgeschlossen[2]).

1. Der Besitzer des Briefes, der vom eingetragenen Gläubiger erworben hat, ist durch Besitz des Briefes und der öffentlich beglaubigten Abtretungserklärung gesichert. Er kann sich auch in das Grundbuch als Gläubiger eintragen lassen (**891—895. 1154. 1160**).

2. Wenn die Briefhypothek nicht vom eingetragenen, sondern von einem späteren Gläubiger durch Übergabe des Briefes usw. erworben ist, so wäre der legitimierte Besitzer des Briefes durch den öffentlichen Glauben des Buches nicht geschützt, wenn sich Mängel im Rechte seines nicht eingetragenen Vormannes ergeben. Das Buch garantiert hier nur, daß dem eingetragenen Gläubiger die Hypothek dem Buchinhalt gemäß zustand. Im Interesse der Verkehrsfähigkeit der Briefhypothek wird nun auch der Inhalt der Übertragungsurkunden dem Erwerber garantiert und dieser Inhalt mit öffentlichem Glauben (**891—899**) ausgestattet. Der gutgläubige

---

[1]) Vgl. ZVG. § 10, Z. 4. 8 über die rückständigen Zinsen.

[2]) Vgl. Huther, Mecklenb. Zeitschr. Bd. 17 (1898), S. 137 ff.

Erwerber ist geschützt, wenn Mängel im Rechte seiner Vormänner (z. B. es unterblieb die Übergabe an einen der Vormänner) oder Einreden sich weder aus dem Buche noch aus dem Hypothekenbrief usw. und den Abtretungserklärungen ergeben, noch ihm beim Erwerbe bekannt waren. Hier genügen aber nicht die zum Erwerbe ausreichenden schriftlichen, sondern nur öffentlich beglaubigte Abtretungserklärungen. Geschützt ist nur, wer durch Rechtsgeschäft die Hypothek erworben hat, nicht, wer durch Pfändung und gerichtliche Überweisung oder durch Erbfolge die Hypothek erwarb. Außerdem muß das Gläubigerrecht des gegenwärtigen Besitzers des Briefes durch eine zusammenhängende auf einen eingetragenen Gläubiger zurückführende Reihe solcher öffentlich beglaubigten Abtretungserklärungen darzutun sein. Ein gerichtlicher Überweisungsbeschluß (ZPO. § 835) und ein öffentlich beglaubigtes Anerkenntnis einer kraft Gesetzes eingetragenen Übertragung der Forderung stehen einer öffentlich beglaubigten Abtretungserklärung gleich. Ist das der Fall, so wird nach **1117**, Abs. 3 vermutet, daß die Briefübergabe in den einzelnen Übertragungsfällen stattgefunden hat (**1155**)[1]).

3. Die Übertragung der Hypothek bringt Gefahren mit sich für den Eigentümer. Er kann zwar die Zahlung verweigern bis zur Vorlegung des Briefes, zahlt er aber ohne diese, so kann er gewärtigen, daß er, wenn der Empfänger die Hypothek bereits abgetreten hatte, an den wahren Gläubiger noch einmal zahlen muß.

C. Die Übertragung der Nebenforderung auf künftige Zinsen und andere Nebenleistungen vollzieht sich nach A. und B. (**1158**). Der Mangel der Form wird durch die später eintretende Fälligkeit nicht geheilt[2]). Die Forderung auf Zinsen für das zur Zeit der Benachrichtigung des Eigentümers laufende und das nächstfolgende Kalendervierteljahr wird dagegen nach den allgemeinen Grundsätzen abgetreten. Ebenso vollzieht sich die Übertragung der Forderung auf Rückstände von Zinsen (auch Verzugszinsen) und andere Nebenleistungen und auf Erstattung der Beitreibungskosten, für die das Grundstück haftet (**1118**). Auf **892** kann sich der Erwerber hier nicht berufen (**1159**).

III. **Die Verbindung der Hypothek mit der Forderung** ist nun aber überhaupt eine so lose, daß sowohl die Hypothek ohne Forderung wie die Forderung ohne Hypothek übertragen werden kann. Nur darf die Stellung des Eigentümers nicht willkürlich verschlechtert werden. Der Gläubiger darf nicht die Hypothek veräußern und die Forderung gegen den Eigentümer behalten. Daher ist möglich:

A. **Abtretung der Hypothek ohne die Forderung.** Den von **1153** (s. II.) aufgestellten Satz könnten die Parteien nicht nur umgehen, indem der Gläubiger auf die Hypothek verzichtet, und der Eigentümer die so von ihm erworbene Grundschuld an einen Dritten überträgt (**1177**), sondern es ist auch nach **1180** möglich, daß an die Stelle der Forderung, für welche die Hypothek besteht, eine andere Forderung tritt. Steht die andere Forderung dem Gläubiger der ersten Forderung zu, so ist dazu der Vertrag des Gläubigers und Eigentümers und Eintragung (**873**, Abs. 2. **876**. **878**) erforderlich (**1180**, Abs. 1). Hierin liegt schon eine völlige Trennung der Hypothek von der bisherigen Forderung. Steht die neue Forderung nicht dem Gläubiger der alten zu, so muß auch noch der bisherige Hypothekengläubiger, und zwar durch Erklärung dem Grundbuchamt oder dem Begünstigten gegenüber (**875**, Abs. 2. **876**), zustimmen. Darin liegt eine Übertragung der Hypothek ohne die Forderung auf einen neuen Hypothekengläubiger, nicht eine Veränderung des Inhaltes der Hypothek, da dieser an sich der gleiche geblieben ist und, wie die Fälle der Eigentümerhypothek beweisen, durch den Inhalt der Forderung gar nicht bestimmt ist[3]).

---

[1]) Vgl. Hachenburg, a. a. O., S. 308 ff. Böhm, S. 222. Biermann, S. 216 f. Dernburg **III**, S. 633 f. Klumpp, S. 342 f.

[2]) Biermann, S. 220. Neumann, S. 611. A. M. Staudinger **III**, S. 253. Böhm, S. 232.

[3]) Vgl. Hachenburg, a. a. O., S. 289 ff. Best, a. a. O., S. 90 f. Biermann, S. 237. Staudinger **III**, S. 269 f. A. M. Neumann, S. 631. Die Konsequenz aus **1180** verlangt, daß die Übertragung an den Dritten auch zur Grundschuld erfolgen kann.

B. **Abtretung der Forderung ohne die Hypothek.** Auch hier können die Parteien durch Umwege es erreichen, sowohl daß die nach Abtretung der bisherigen Forderung beim Gläubiger verbleibende Hypothek zur Sicherung einer anderen Forderung dieses Gläubigers dient, als auch, daß sie ihm als Grundschuld verbleibt. Auch hier muß der unter A. eröffnete direkte Weg wegen des prinzipiellen Verhältnisses von Hypothek und Forderung statthaft sein.

§ 199.
c) Der Umfang der Hypothek.[1])

Es handelt sich um zwei Fragen:

I. In welchem Umfang deckt die Hypothek die Forderung?

Der Umfang der Forderung ergibt sich zunächst aus der Eintragung (vgl. L. § 197, II. A. B.) Darüber hinaus haftet aber das Grundstück in vollem Umfange auch für die gesetzlichen Zinsen der Forderung[2]), die Kosten der Kündigung und der die Befriedigung aus dem Grundstück bezweckenden Rechtsverfolgung (der Hypothekenklage, Anwalts- und Gerichtskosten, Kosten der Zwangsvollstreckung) (**1118**).

II. In welchem Umfange bestimmt sich der Gegenstand der Hypothek?

A. Es haftet zunächst **das Grundstück** mit den ungetrennten Bestandteilen (**93**—**96**)[3]) bzw. der Anteil des Miteigentümers.

1. Der gewöhnliche Fall ist der der Verpfändung eines Grundstückes für eine Forderung (Einzelhypothek); möglich ist aber auch die Verpfändung mehrerer selbständigen Grundstücke für eine Forderung (Gesamt- oder Korrealhypothek, vgl. L. §206).

2. Wird ein Grundstück durch Zuschreibung (**890**, Abs. 2) Bestandteil eines anderen Grundstückes, so erstrecken sich die auf dem letzteren lastenden Hypotheken auch auf das zugeschriebene Grundstück, nicht umgekehrt. Die zur Zeit der Zuschreibung auf dem zugeschriebenen Grundstück lastenden Hypotheken gehen aber den Hypotheken an jenem Grundstück vor (**1131**).

3. Werden mehrere hypothekarisch belastete Grundstücke zu einem neuen Gesamtgrundstück vereinigt, so findet eine wechselseitige Erstreckung der Hypotheken nicht statt (**890**, Abs. 1). Die Zwangsvollstreckung wegen der auf den Teilen lastenden Hypotheken richtet sich allerdings gegen das ganze Grundstück, aber diese Hypotheken nehmen an dem Erlöse nur teil im Verhältnis des Wertes der Parzelle zum Gesamtgrundstück. Es haftet also ein Anteil des Grundstückes, das im Alleineigentum steht[4]).

B. Außer dem Grundstück haften in Abweichung von dem Spezialitätsprinzip

1. die von dem Grundstücke **abgetrennten Teilgrundstücke**[5]), auf deren Blatt die Hypotheken übertragen werden müssen;

2. von dem Grundstück getrennte und beweglich gewordene **Erzeugnisse** und sonstige **Bestandteile** haften fort, soweit sie Eigentum des Eigentümers oder Eigenbesitzers des Grundstückes geworden sind, nicht aber, wenn sie mit Trennung nach **954**—**957** in das Eigentum anderer fielen. Es haften ebenso die zur Zeit der Verpfändung auf dem Grundstücke vorhandenen wie die später hinzugekommenen **Zubehörstücke**, welche Eigentum des Eigentümers

---

[1]) Materialien und Literatur vgl. L. § 196, Note 1.

[2]) z. B. Verzugszinsen, Zinsen aus **452**.

[3]) Dazu gehören auch Rechte, die mit dem Eigentume des Grundstückes verbunden sind (**96**), Gebäude (**94**. **95**), ungetrennte Früchte (**94**). Über die Wirkung d. Zwangsvollstreckung auf das Recht des Mieters und Pächters auf die Früchte vgl. ZVG. §§ 21. 152. Der Nießbraucher kann die ihm gebührenden Früchte nur kraft des besseren Ranges seines Rechtes der Haftung entziehen. Vgl. ZPO., §§ 771. 810, Abs. 2.

[4]) Hachenburg, a. a. O., S. 331 f., vgl. L. § 197, I. B. Aus **1114** ergibt sich nur, daß eine solche Anteilshypothek nicht bestellt werden kann.

[5]) Vgl. Vorbehalt für das Landesrecht: EG. Art. 120.

des Grundstückes geworden sind (**1120**). Die Haftung dieser Gegenstände fällt aber im Interesse der wirtschaftlichen Freiheit des Eigentümers fort:

a) wenn sie veräußert und vom Grundstück entfernt sind, bevor sie von dem Gläubiger in Beschlag genommen sind (ZVG. §§ 15. 20. 146). Veräußerung ist Übereignung, nicht Verpfändung, Bestellung zu Nießbrauch usw.[1]). Ist ein solcher beschlagnahmter Gegenstand veräußert, aber noch nicht entfernt, so kann sich der Erwerber dem Gläubiger gegenüber nicht auf seinen guten Glauben in Ansehung der Hypothek berufen. Findet die Entfernung nach Beschlagnahme statt, so ist diese dem in Ansehung der Beschlagnahme gutgläubigen Erwerber gegenüber unwirksam (**1121**, vgl. **936**, Abs. 2); gutgläubig ist der Erwerber, wenn die Beschlagnahme nicht eingetragen und ihm auch sonst nicht bekannt war.

b) Die Haftung erlischt auch ohne Veräußerung durch Entfernung vom Grundstücke nach Trennung oder infolge der Aufhebung der Zubehöreigenschaft vor der Beschlagnahme. Trennung vom Grundstücke und Aufhebung der Zubehöreigenschaft müssen aber innerhalb der Grenzen einer ordnungsmäßigen Wirtschaft geschehen sein, und die Trennung zu einem vorübergehenden Zwecke hat nicht diese Bedeutung (**1122**)[2]).

C. **Die Haftung der Miet- und Pachtzinsforderungen**[3]) und der Ansprüche aus einem mit dem haftenden Grundstück verbundenen Rechte auf wiederkehrende Leistungen (Reallasten). Diese Haftung tritt an die Stelle der Haftung der Früchte. Daraus würde sich die Haftung der zur Zeit der Beschlagnahme fälligen, aber noch nicht eingezogenen und der nach Beschlagnahme fälligen Mietszinsforderungen ergeben; die Haftung ist jedoch eine eingeschränktere:

1. Ein fälliger Anspruch wird frei mit dem Ablauf eines Jahres nach Fälligkeit, wenn nicht vorher vom Gläubiger die Beschlagnahme bewirkt wird. Wird der Miets- und Pachtzins im voraus entrichtet, so erstreckt sich die Befreiung nur auf den für das zur Zeit der Beschlagnahme laufende und das folgende Kalendervierteljahr, nicht auf den für eine spätere Zeit zu entrichtenden Zins (**1123. 1126**).

2. Infolge der Verfügung des Berechtigten über den fälligen Anspruch (Einziehung, Übertragung, Belastung, Veräußerung des Grundstückes ohne die Forderung) vor der Beschlagnahme wird der Anspruch von der Haftung frei oder (im Falle der Belastung) geht das Recht des Dritten der Hypothek im Range vor. Vorausverfügungen über den noch nicht fälligen Miets- und Pachtzins für eine spätere Zeit als das zur Zeit der Beschlagnahme laufende und das folgende Kalendervierteljahr haben diese Wirkung nicht (**1124. 1126**). Ebenso nicht eine Vorausverfügung über eine wiederkehrende Leistung, die erst später als drei Monate nach der Beschlagnahme fällig wird (**1126**). Soweit die Einziehung dem Hypothekengläubiger gegenüber unwirksam wäre, kann der Verpflichtete gegen den Hypothekengläubiger nicht mit einer Forderung gegen den Vermieter usw. aufrechnen (**1125. 1126**, vgl. **404**).

D. **Die Haftung der Versicherungsansprüche gegen den Versicherer.** Diese Haftung tritt ein, wenn hypothekarisch haftende Gegenstände (Grundstück, Gebäude, andere Gegenstände, vgl. B.) für den Eigentümer oder Eigenbesitzer, gleichviel von wem, versichert sind (**1127**, Abs. 1); sie bildet den Ersatz für die Zerstörung und Entwertung des verpfändeten Grundstückes, dessen Wiederherstellung der Pfandgläubiger nicht verlangen kann.

1. Die Haftung dieser Ansprüche hört auf, wenn der versicherte Gegenstand wiederhergestellt oder Ersatz für ihn beschafft ist (**1127**, Abs. 2).

2. Hat der Versicherer den Versicherungsbestimmungen (Gesetz, Statut, Vertrag) gemäß die Versicherungssumme zur Wiederherstellung an den Versicherten geleistet, so ist diese Leistung

---

[1]) Vgl. Biermann, S. 192. Böhm, S. 169. Staudinger III, S. 221.

[2]) Hermes, Jur. Tag 21, Bd. 1 (1891), S. 276 ff. Bunsen, Jur. Tag 21, Bd. 2 (1891), S. 34 ff. Jur. Tag 21, Bd. 3 (1892), S. 186 ff. 441 ff.

[3]) Vgl. oben S. 522, Note 3. Gleichgültig ist, von wem die Miet- und Pachtverträge abgeschlossen sind.

dem Hypothekengläubiger gegenüber wirksam, auch wenn die Verwendung zur Wiederherstellung nicht stattfand, weil der Gläubiger die Versicherungsbestimmungen anerkennen muß (**1130**)[1]).

3. Kann der Versicherte über die Forderung wirksam verfügen? Bei der Mobiliarversicherung unter denselben Voraussetzungen wie über die Miets- und Pachtzinsforderung (C. Z. 2 und 1, **1129**). Bei der Gebäudeversicherung (gegen Feuers-, Explosionsgefahr usw.) sollen die für Verpfändung einer Forderung bestehenden Vorschriften gelten (**1279** bis **1290**, vgl. L. §§ 217. 229), aber mit Abänderungen (**1128**):

a) Wenn der Versicherer oder der Versicherte dem Hypothekengläubiger den Eintritt des Schadens angezeigt hat, und der letztere der Zahlung nicht innerhalb eines Monates nach Empfang der Anzeige dem Versicherer gegenüber widerspricht, so kann der Versicherer wirksam an den Versicherten zahlen. Die Anzeige kann unterbleiben, wenn sie untunlich ist, und die Monatsfrist läuft dann von der Fälligkeit der Versicherungsforderung an (Modifikation von **1281**).

b) Vermöge des Publizitätsprinzipes kann sich aber der Versicherer nicht darauf berufen, daß er die im Buch eingetragene Hypothek nicht gekannt habe (Modifikation von **1280**, vgl. **407**). Der Versicherer, der von der Anzeige (a.) keinen Gebrauch macht, kann also an den Versicherten wirksam nur zahlen mit Zustimmung des Hypothekengläubigers.

E. Eine nachträgliche **Änderung des Gegenstandes** tritt, abgesehen von den eben angeführten gesetzlichen Fällen (**1120. 1122**, Abs. 2, **1127—1129**)[2]), durch Rechtsgeschäft ein, welches den bisherigen Gegenstand durch einen anderen ersetzt, den sonstigen Inhalt des Pfandrechtes aber unberührt läßt. Ein solches Rechtsgeschäft schließt Aufhebung und Neubegründung eines Pfandrechtes in sich, steht demnach unter den Vorschriften, die für diese beiden Rechtsfolgen bestehen.

F. Die umfassende Haftung wird jedoch nur in der Zwangsverwaltung wirksam. Kommt das Grundstück in Zwangsversteigerung, so umfaßt die Beschlagnahme, das ist der Beschluß, durch welchen die Zwangsversteigerung angeordnet wird (ZVG. § 20) land- und forstwirtschaftliche Erzeugnisse sowie die Versicherungsansprüche bez. derselben nur soweit die Erzeugnisse noch mit dem Boden verbunden oder Zubehör des Grundstückes sind, z. B. wohl die Hagelversicherung wegen des Korns auf dem Halm, aber nicht das eingeerntete zum Verkauf bereitstehende Getreide. Miet- und Pachtzinsforderungen wurden von der Zwangsversteigerung nicht berührt. Kommt z. B. ein Haus in Zwangsversteigerung, so werden die Mietsforderungen von der Beschlagnahme nicht ergriffen.

§ 200.

d) Das Erlöschen der Hypothek.

I. Das Erlöschen der Hypothek vollzieht sich keineswegs nur durch Löschung, so daß die Gründe des Erlöschens nur Löschungstitel darstellten. Ohne Löschung geht die Hypothek unter bei Untergang des Grundstückes oder Aufhebung des belasteten Grundstücksrechtes bei Eintritt von auflösender Bedingung und Befristung (**158. 163**), bei lastenfreier Übertragung des Grundstückes auf ein neues Blatt (GBO. § 47, Abs. 2), bei Aufhebung des Eigentumes des Bestellers infolge durch Vormerkung gesicherten Rückfalles (**883. 888. 925**, Abs. 2). Ob das gleiche auch im Falle der Enteignung oder agrarrechtlicher Teilungen und Zusammenlegungen eintritt, bestimmt das Landesrecht (EG. Art. 52. 109. 113). Der Einfluß des Erlöschens der Forderung, der Vereinigung von Hypothek und Eigentum und des Verzichtes ist bei der Betrachtung der Eigentümer- und Gesamthypothek (L. §§ 205. 206) erörtert. Dort ist auch das Erlöschen durch Aufgebot behandelt. In Betracht kommen hier nur noch die rechtsgeschäftliche Aufhebung der Hypothek (II.) und das Erlöschen durch Zwangsvollstreckung (III.).

---

[1]) Vorbehalt für das Landesrecht: EG. Art. 75.

[2]) Gesetzliche Änderungen d. Gegenstandes ergeben sich auch aus der landesrechtlichen Enteignung (EG. Art. 109) und Flurbereinigung (EG. Art. 113).

II. Die Aufhebung der Hypothek durch Rechtsgeschäft (**1183**).

Der einseitige Verzicht des Gläubigers bringt die Hypothek nicht zum Erlöschen, vielmehr erwirbt sie der Eigentümer. Zur Aufgabeerklärung des Gläubigers gegenüber dem Grundbuchamt und dem Antrage auf Löschung (**1168. 875. 876. 878**) und der Vorlegung des Hypothekenbriefes (GBO. §§ 13. 19. 27. 42) muß die Zustimmung des Eigentümers dem Grundbuchamt oder dem Gläubiger und dem an der Hypothek dinglich Berechtigten gegenüber hinzutreten.

III. Das Erlöschen durch Zwangsvollstreckung (**1181**).

Dem Inhalte der Hypothek gemäß erlischt dieselbe, wenn der Gläubiger aus dem Grundstücke oder den mithaftenden Gegenständen Befriedigung erlangt. Dem steht die Befriedigung aus den mithaftenden Gegenständen gleich. Für die Eigentümerhypothek (L. § 205) ist in diesem Falle kein Platz. Mit dem Zuschlage erlöschen weiter außer dem Eigentum die an dem Grundstücke bestehenden Rechte, also besonders auch Hypotheken nach dem betreibenden Gläubiger, da sie nicht durch das geringste Gebot gedeckt sind (Deckungsprinzip)[1]. Vgl. L. § 211.

§ 201.

e) Die Ansprüche aus der Hypothek im allgemeinen.

Der Hypothekengläubiger hat gegebenenfalls den Anspruch auf Grundbuchberichtigung (L. § 154), und er kann die Feststellungsklage erheben (ZPO. § 256). Außerdem genießt er Rechtsschutz gegen Beeinträchtigungen seiner Sicherheit durch Verschlechterungen des Pfandgegenstandes (I. A.), wie im Falle der Besorgnis einer Gefährdung der Sicherheit (I. B.) und zum Zwecke der Befriedigung (II.)[2][3].

I. **Die Rechtsbehelfe im Falle der Beeinträchtigung der Sicherheit** (**1133—1135**).

A. Infolge von Verschlechterungen des Grundstückes oder mithaftender Zubehörstücke oder infolge davon, daß solche Zubehörstücke den Regeln einer ordnungsmäßigen Wirtschaft zuwider vom Grundstück getrennt werden (z. B. Abholzung, Viehverkauf), kann die Sicherheit der Hypothek gefährdet sein. Dem Gläubiger erwächst dann ein **Anspruch auf Befriedigung aus dem Grundstücke.** Wodurch die Verschlechterungen herbeigeführt sind (durch ein Verhalten des Eigentümers oder Dritter oder sonstige Umstände, vom Eigentümer verschuldete oder nicht verschuldete), ist gleichgültig. Auch kommt es auf ein bestimmtes Maß der Entwertung und die Erheblichkeit der Verschlechterung an sich nicht an. Hier ist besonderer Schutz erforderlich, wenn die Forderung noch nicht fällig ist (**1133. 1135**).

1. Der Hypothekengläubiger kann dem Eigentümer eine angemessene Frist setzen zur Beseitigung der Gefährdung (durch Herstellung voller Sicherheit oder anderweite Hypothekenbestellung).

2. Bei fruchtlosem Verstreichen der Frist hat der Gläubiger trotz Nichtfälligkeit der Forderung den Anspruch auf Befriedigung aus dem Grundstück (II); er muß sich aber die Zwischenzinsen von der Zeit der Zahlung bis zur Fälligkeitszeit in Abzug bringen lassen.

B. Einwirkungen des Eigentümers oder Dritter (**1134. 1135**) auf das Grundstück oder das Zubehör[4] können die Gefährdung der Sicherheit besorgen lassen, begründen aber ohne Rücksicht auf Fälligkeit der Forderung nur

1. die Klage auf Unterlassung gegen den Einwirkenden (**Devastationsklage**),

---

[1] Vgl. Brettner, Gruch. Beitr., Bd. 42 (1898), S. 81 ff. (mit Nachwort von Jäckel).

[2] Außerdem können Ansprüche aus unerlaubten Handlungen und aus Vertrag oder Testament, durch die jemand zur Gewährung einer bestimmten Sicherheit verpflichtet ist, in Frage kommen.

[3] Eine Erweiterung der Ansprüche des Hypotheken-Gläubigers und entsprechende Einschränkung des Eigentümers im Wege eines unter ihnen vereinbarten Veräußerungs- und Belastungsverbotes ist bei Nichtigkeit ausgeschlossen (**1136**). Vgl. dazu Biermann, S. 334 f.

[4] Nicht unbedenklich führen M. III, S. 669 f. das Überlassen eines Waldes zum Abholzen, Verkauf des Zubehöres, ohne daß die Entfernung stattgefunden hat, als Beispiele an. Man wird aber wohl diese Vorbereitungsakte der Einwirkung gleichstellen müssen. Biermann, S. 333.

2. gegenüber dem Eigentümer, von dem die Einwirkung ausgeht, oder der die nötigen Vorkehrungen gegen Einwirkungen Dritter oder andere Beschädigungen unterläßt, das Recht des Gläubigers, beim Prozeßgericht die erforderlichen Maßregeln, z. B. im Wege der **einstweiligen Verfügung**, zu beantragen (ZPO. § 935 ff.).

II. **Der Anspruch auf Befriedigung aus dem Grundstück.**

Der Anspruch des Hypothekengläubigers ist kein persönlicher Leistungsanspruch gegen den Eigentümer, sondern ein dinglicher (actio hypothecaria), der im Wege der Zwangsvollstreckung in das Grundstück und die mithaftenden Gegenstände (vgl. L. § 199) zu verwirklichen ist (**1147**)[1]. Ist der Eigentümer auch der persönliche Schuldner, so kann mit der dinglichen Klage auch die persönliche verbunden werden.

Die Befriedigung erfolgt nach den Vorschriften des Gesetzes über die Zwangsversteigerung und Zwangsverwaltung vom 24. März 1897. (Vgl. L. § 211.). Der Anspruch erstrebt den Ausspruch im Urteil, daß der Kläger berechtigt ist, sich wegen einer bestimmten Geldsumme aus dem Grundstück zu befriedigen. (Vgl. L. § 196. III.)

Der Anspruch des Hypothekengläubigers kann nicht durch Vertrag zwischen ihm und dem Eigentümer im voraus, d. h. vor eingetretener Fälligkeit, dahin abgeändert werden, daß zum Zwecke der Befriedigung die Übertragung des Eigentumes an den Hypothekengläubiger (lex commissoria) oder die Veräußerung des Grundstückes in anderer Weise als durch Zwangsvollstreckung erfolgen solle (**1149**)[2].

A. **Die Voraussetzungen des Anspruches.**

1. **Kläger** ist der Hypothekengläubiger, zunächst also der im Buche eingetragene ursprüngliche Gläubiger und sein Erbe.

a) Ist die Hypothek **Buchhypothek**, so ist der ursprüngliche Gläubiger durch die Eintragung, sein Rechtsnachfolger durch diese und seine eigene Eintragung legitimiert. Bei der **Briefhypothek** in erster oder weiterer Hand muß der Kläger den Erwerb der Briefhypothek beweisen. Was dazu gehört, ergibt sich aus L. § 198, II.

Der Übertragungsfunktion des Briefes entsprechend kann aber der Beklagte stets die Vorlegung des Briefes einredeweise verlangen und, wenn der Kläger nicht im Buche eingetragen ist, auch die öffentlich beglaubigten Abtretungserklärungen und die diesen gleichstehenden Urkunden (**1155**), die das Gläubigerrecht des Klägers dartun (**1160**, Abs. 1). Die Einrede ist eine solche im Sinne des BGB. und führt zur Abweisung der Klage. Der Eigentümer, welcher zugleich persönlicher Schuldner ist, hat gegenüber dem persönlichen Anspruch das gleiche Recht (**1161**). Die Bestimmungen gelten aber nicht für die Forderung auf Rückstände von Zinsen und anderen Nebenleistungen und auf Erstattung der Beitreibungskosten, für die das Grundstück (**1118**) haftet (**1160**, Abs. 3. **1159**).

b) Ein abhandengekommener oder vernichteter Hypothekenbrief kann nach **1162** im Wege des Aufgebotsverfahrens (ZPO. § 1003 ff.) im Interesse des Gläubigers (a.) für kraftlos erklärt werden. Auf Grund des vorgelegten Ausschlußurteiles ist nach GBO. §§ 67. 69 ein neuer Brief zu erteilen. Ebenso, wenn der unbekannte Hypothekengläubiger mit seinem Rechte rechtskräftig ausgeschlossen ist (**1170**. **1171**. L. § 205).

2. **Beklagter** ist nicht nur der Eigentümer oder sein Erbe bzw. der Eigenbesitzer, sondern jeder, der dem Anspruche auf Befriedigung im Wege der Zwangsvollstreckung widerstrebt, in jedem Falle daher der im Grundbuche eingetragene Eigentümer. Ist dieser nicht der wahre Eigentümer, so kann der wahre Eigentümer einer Zwangsvollstreckung, die auf Grund eines gegen

---

[1] Wolff, §§ 131, 139, I. Über die prozessuale Geltendmachung im Urkunden-, Mahn- und Vollstreckungsverfahren vgl. ZPO. §§ 592. 688. 704. 794. 801. In die mithaftenden Gegenstände kann der Hypotheken-Gläubiger auch die Befriedigung im Wege der Mobiliarexekution nachsuchen, ZPO. §§ 810. 865. Kurlbaum, Gruch. Beiträge, Bd. 40 (1896), S. 257 ff.

[2] Eine Verpflichtung des Gläubigers, die Befriedigung im Wege der Zwangsvollstreckung zu unterlassen, ist zulässig. Wendt, Jahrb. für Dogm., Bd. 29 (1890), S. 65. Biermann, S. 350 f.

den eingetragenen Nichteigentümer erlangten Vollstreckungstitels durchgesetzt werden soll),[1]) nicht nach ZPO. § 750 widersprechen, der Eingetragene gilt vielmehr dem Gläubiger gegenüber als Eigentümer. Die Zwangsvollstreckung ist formell also auch gegen den wahren Eigentümer zulässig, der seine materiellen Einwendungen gegen die Hypothek im Wege der Klage (ZPO. § 771) oder Einrede geltendmachen kann (**1148**).

3. **Fälligkeit der Forderung.**

Diese ist Voraussetzung der Geltendmachung des Anspruches (vgl. aber I. A. Z. 2.). Wann sie eintritt, richtet sich nach der Eintragung oder nach den allgemeinen Grundsätzen des Schuldrechtes. Hängt sie von einer Kündigung ab, so muß diese zwischen Hypothekengläubiger und Eigentümer erfolgen[2]).

b) Auch hier gilt zugunsten des Gläubigers der als Eigentümer Eingetragene als Eigentümer; es ist daher gleichgültig, ob der Gläubiger den Rechtsmangel beim Eingetragenen kannte oder nicht (**1141**)[3]). Demgemäß hängt die Fälligkeit der Hypothekenforderung nicht von der Fälligkeit der persönlichen Forderung ab und umgekehrt, und es können selbständig auch beim Eigentümer, obwohl er persönlich nicht leistungspflichtig ist, diejenigen Voraussetzungen eintreten, unter denen der Schuldner in Verzug gerät (Mahnung, Kündigung). Der Gläubiger kann dann (abweichend von **1118**) aus dem Grundstück Verzugszinsen verlangen (**1146**).

b) In welcher Weise zu kündigen oder zu mahnen ist, bestimmt sich nach allgemeinen Gesichtspunkten. Bei der Briefhypothek kann aber der Eigentümer diese Akte, die ohne Vorlegung der oben (Z. 1) bezeichneten Urkunden erfolgen, deshalb unverzüglich zurückweisen und sie damit unwirksam machen (**1160**, Abs. 2), wenn nicht der Eigentümer im voraus für sich und seine Rechtsnachfolger auf die Vorlegung der Urkunden verzichtet hat, und der Verzicht im Grundbuch eingetragen ist[4]). Das gilt ferner nicht für die Forderung auf Rückstände von Zinsen und anderen Nebenleistungen und auf Ersatz der Kosten, für die das Grundstück nach **1118** haftet (**1160**, Abs. 3. **1159**).

c) Kündigen kann nur der Eigentümer. Die Kündigung des persönlichen Schuldners, der nicht Eigentümer ist, wirkt nicht gegen den Eigentümer[5]).

§ 202.

Das Befriedigungs- und Lösungsrecht.

Die Durchführung des Anspruches auf Befriedigung aus dem Grundstücke wird gehindert, wenn der Eigentümer von seinem Befriedigungsrechte (I.), Dritte von ihrem Lösungsrechte (II.) Gebrauch machen.

I. Das **Befriedigungsrecht des Eigentümers** (**1142—1145**). Der Eigentümer, welcher persönlicher Schuldner des Gläubigers ist oder nicht ist, hat das Recht der Befriedigung nach den allgemeinen Grundsätzen des Schuldrechtes (insbesondere nach **267**) mit der Einschränkung, daß der persönliche Schuldner der Befriedigung durch den Eigentümer widersprechen und der Gläubiger dann diese Befriedigung ablehnen kann (**L.** § 92).

A. Darüber hinausgehend wird dem Eigentümer das Befriedigungsrecht gewährt, wenn die Forderung ihm selbst gegenüber fällig geworden (**1141**) oder dann, wenn der persönliche Schuldner zur Leistung berechtigt ist (**271**). Was der Gläubiger vom Eigentümer verlangen

---

[1]) Vgl. ZVG. §§ 17, Abs. 1. 147.

[2]) Vorbehalte für das Landesrecht: EG. Art. 117. Vgl. Preuß. AG. z. BGB. Art. 32.

[3]) Über die Ermöglichung einer Kündigung gegenüber dem Eigentümer, der keinen Wohnsitz im Inlande hat, oder der (**132**, Abs. 2) unbekannten Aufenthaltes ist, vgl. **1148**, Abs. 2 (gerichtliche Bestellung eines Vertreters, der die Kündigung entgegennimmt.)

[4]) RG. Bd. 57, S. 342.

[5]) Vgl. ZVG. § 54.

kann, bestimmt sich aus der Person des Schuldners. Auch kann die Befriedigung durch Hinterlegung nach **372** ff. (**L.** § 93) und Aufrechnung seitens des Eigentümers mit einer ihm gegen den Gläubiger zustehenden Forderung erfolgen (**1142**).

B. Der befriedigende Eigentümer, der nicht persönlicher Schuldner ist, erwirbt mit der Leistung die Forderung und damit die Hypothek (**1153**, Abs. 2), ihm stehen daher der Anspruch auf Berichtigung des Grundbuches und eventuell das Recht auf Eintragung eines Widerspruches (**894. 899**) zu. Der Forderungsübergang kann nicht zum Nachteil des Hypothekengläubigers geltendgemacht werden[1]), und dem Schuldner bleiben die Einwendungen aus dem zwischen ihm und dem Eigentümer bestehenden Rechtsverhältnis unberührt. Über die Regelung im Falle des Überganges einer Gesamthypothekenforderung vgl. **L.** § 206 (**1143**).

C. Ist der befriedigende Eigentümer der persönliche Schuldner, so erlischt regelmäßig die Forderung, und die Hypothek wird zu einer dem Eigentümer zustehenden Grundschuld (**1177**, Abs. 1).

D. Da nach GBO. § 61 eine Eintragung, durch welche das Recht des Gläubigers einer Briefhypothek beeinträchtigt wird, nur angeordnet werden soll, wenn der Brief vorgelegt wird, so kann der Eigentümer gegen volle Befriedigung außer den sonstigen zur Berichtigung des Grundbuches (vgl. B.) erforderlichen Urkunden auch die Aushändigung des Briefes vom Gläubiger verlangen (**1144**)[2]).

E. Im Falle nur teilweiser Befriedigung vollzieht sich der Übergang der Forderung (B.) auch nur zum Teil (Teilhypothek)[3]). Aushändigung des Briefes kann der Eigentümer daher nicht verlangen; es genügt nach **1145**, daß

1. die teilweise Befriedigung auf dem Briefe vom Gläubiger vermerkt wird und

2. der Brief selbst zum Zwecke der Berichtigung des Grundbuches[4]) oder der Löschung dem Grundbuchamt oder zum Zweck der Herstellung eines Teilhypothekenbriefes für den Eigentümer der zuständigen Behörde (GBO. § 61) oder einem zuständigen Notar vorgelegt wird. Damit ist dem Teilhypothekar die Verfügung über die Teilhypothek ermöglicht (**1145**, Abs. 1).

II. Im Rahmen der allgemeinen Vorschriften des Schuldrechtes (**267**) können auch Dritte für den Schuldner leisten und sich vom Gläubiger die Forderung abtreten lassen und damit die Hypothek erwerben. Diese Abtretung hängt aber vom freien Willen des Gläubigers ab. Das Gesetz geht hier darüber hinaus, **ein Lösungsrecht Dritter** (**1150**) besteht (anders als das römische jus offerendi der Nachhypothekare) zur Abwendung der Zwangsvollstreckung für alle dinglich Berechtigten und die Besitzer (Mieter, Pächter), falls sie Gefahr laufen, ihr Recht oder den Besitz durch die Zwangsvollstreckung zu verlieren[5]), und zwar schon, sobald der Gläubiger Befriedigung aus dem Grundstück verlangt. Die Befriedigung erfolgt wie im Falle I. A. und mit der gleichen Wirkung (I. B. C. D.). Falls der Gläubiger Befriedigung aus dem Grundstück nur zum Teile verlangt, so kann das Lösungsrecht auch nur zu diesem Teile geltendgemacht werden (I. E.). Betreibung der Zwangsvollstreckung oder gerichtliche Geltendmachung des dinglichen Rechtes sind nicht Voraussetzungen des Rechtes.

Das Lösungsrecht besteht übrigens auch gegenüber dem persönlichen, die Zwangsversteigerung in das Grundstück betreibenden Gläubiger (**268**).

III. Über das Recht des Eigentümers auf Verzicht auf die Hypotheken (**1168**, Abs. 1. **1169**) vgl. **L.** § 205, I. B.

---

[1]) Analogien: **426. 774.**

[2]) Das Recht auf Quittung besteht selbständig nach **368.**

[3]) Hier liegt es anders als im Falle teilweiser Übertragung der Hypothek, vgl. **L.** § 198.

[4]) Die Eintragung der Teilhypothek erfolgt unter Vorrang der Resthypothek.

[5]) Bezüglich des Schutzes des Bürgen vgl. **774.**

§ 203.
Die Einreden des Eigentümers.

Hier soll von der Buchhypothek ausgegangen werden. Zur Begründung seines Anspruches auf Befriedigung aus dem Grundstück hat der Gläubiger die Eintragung im Buche und die Fälligkeit der Forderung zu beweisen. Die Einwendungen des Beklagten, mit denen er die gänzliche oder teilweise Abweisung des Anspruches des Gläubigers erstrebt, richten sich entweder gegen die Hypothek oder gegen die Forderung und so gegen die Hypothek. Beide Arten von Einwendungen greifen entweder den Bestand der Hypothek oder der Forderung an (vernichtende, peremptorische Einreden), oder sie verneinen nur die gegenwärtige Möglichkeit der Geltendmachung beider (aufschiebende, dilatorische Einreden). Während nun die Zuständigkeit dieser Einreden nicht zweifelhaft ist, wenn der Anspruch von dem Hypothekengläubiger gegen den Eigentümer, der auch persönlicher Schuldner ist, erhoben wird, bedarf sie einer Bestimmung, wenn der beklagte Eigentümer nicht der persönliche Schuldner ist, z. B. er hat die Hypothek für fremde Schuld bestellt oder das Eigentum am belasteten Grundstück erworben, ohne die persönliche Schuld zu übernehmen. Die Einrede der Vorausklage hat er nicht (**1137. 1147**).

I. Demnach stehen dem Eigentümer zu:

A. Die Einreden, die sich aus einem zwischen ihm, nicht auch seinem Vormann, und dem Hypothekengläubiger bestehenden persönlichen Verhältnis ergeben, z. B. S. 526, Note 2. Solche Einwendungen können auch dem Eigentümer zustehen, der nicht der persönliche Schuldner ist.

B. Einwendungen, die sich aus dem Buche ergeben, sei es aus der Eintragung der Hypothek selbst oder aus anderen Eintragungen, welche die Hypothek aufheben oder abändern (Veräußerungsverbote, Widerspruch gegen die Richtigkeit des Grundbuches). Auch diese Einwendungen stehen dem Eigentümer zu, der nicht persönlicher Schuldner ist.

C. Einwendungen, die gegen den Bestand der sich aus dem Buch ergebenden Hypothek gerichtet sind (Nichtigkeit des dinglichen Vertrages z. B. wegen Geschäftsunfähigkeit des Eigentümers, Anfechtbarkeit desselben z. B. wegen arglistiger Täuschung und Drohung gegen den Eigentümer, wenn der Anfechtungsberechtigte sie geltendgemacht hat, Nichtigkeit und Erlöschen der Forderung). Auch diese Einwände stehen dem Eigentümer zu, der nicht persönlicher Schuldner ist.

D. Einwendungen aus der Forderung stehen selbstverständlich dem Eigentümer zu, der persönlicher Schuldner ist. Alle Einwendungen, die dem persönlichen Schuldner zustehen, stehen aber auch dem Eigentümer zu, der nicht persönlicher Schuldner ist mit Ausnahme der Einrede der Klagenverjährung (**223**, Abs. 1)[1]) und der Einrede aus der beschränkten Haftung des Erben des persönlichen Schuldners, weil sie mit dem Zwecke der Hypothek nicht vereinbar erscheint (**1975** ff.)[2]). Alle diese Einwendungen können sich gegen den Bestand der Forderung richten oder Verweigerungsrechte zur Geltung bringen. Die Einreden des Schuldners können dem Eigentümer durch Verzicht des Schuldners nicht genommen werden, damit nicht der Schuldner seine persönliche Haftung abwälzen kann[3]). Außerdem stehen dem Eigentümer die Einreden zu, die nach **770** einem Bürgen zustehen, d. h. er kann die Befriedigung verweigern, solange der Schuldner das Recht der Anfechtung hat, oder der Gläubiger sich durch Aufrechnung befriedigen kann. Vgl. **L.** § 131, III. E.

II. Solange dem ursprünglichen Gläubiger oder seinem Erben die Hypothek zusteht, können vom Eigentümer, der persönlicher Schuldner ist oder nicht ist, die Einwendungen zur Berichtigung des Grundbuches und Eintragung eines Widerspruches verwendet werden. Ist aber die Hypothek durch Rechtsgeschäft abgetreten worden, so ist dem Erwerber der Be-

[1]) Die Einrede der Verjährung steht ihm aber zu, soweit es sich (**223**, Abs. 3) um Ansprüche auf rückständige Zinsen und andere wiederkehrende Leistungen handelt.

[2]) Vgl. **768**.

[3]) Vgl. **768**, Abs. 2.

[4]) Biermann, S. 336.

stand des dinglichen Rechtes durch das Publizitätsprinzip (**891. 899**) gesichert. Das Publizitätsprinzip ist aber auch ausgedehnt auf die Forderung (**1138—1157**). Die Erstreckung des öffentlichen Glaubens des Grundbuches auf die Forderung und die Einwendungen, die dem Eigentümer gegen den hypothekarischen Anspruch nach I. zustehen, bedeutet zunächst: es wird vermutet, daß die im Grundbuch eingetragene Forderung besteht, und daß Einreden, die der Forderung als vernichtende oder aufschiebende entgegenstehen, nicht vorhanden sind, soweit sie nicht aus dem Grundbuch ersichtlich sind oder dem Erwerber (C). bekannt waren (**891. 892. 893**).

A. Diese Erstreckung berührt nicht das persönliche Schuldverhältnis (**1138**: „für die Hypothek").

B. Sie bezieht sich nicht auf das Verhältnis des Eigentümers zum ersten Hypothekengläubiger. Letzterer hat sich alle Einwendungen unter I. gefallen zu lassen. Er kann sich allerdings auch auf die Vermutung in **891** berufen. Damit würde die Beweislast hinsichtlich des Bestandes der Forderung dem Eigentümer zufallen. Zu diesem Resultat wird man aber nach allgemeinen Grundsätzen auch ohne **891** gelangen (vgl. L. § 208, II. B.).

C. Die Ausdehnung des öffentlichen Glaubens des Grundbuches gilt aber für den, der die Hypothek in zweiter oder dritter Hand durch Rechtsgeschäft erwirbt, und sie bewirkt, daß diesem Erwerber die Einwendungen gegen die Hypothek (I. A. B. C.) und die Forderung (I. D.) nur so weit entgegenstehen, als sie aus dem Grundbuch hervorgehen oder ihm sonst bekannt waren, was der Eigentümer zu beweisen hätte.

1. Die Funktionen des Grundbuches übernimmt bei der Briefhypothek auch hier der Hypothekenbrief. Der Erwerber kann sich auf das Grundbuch nicht berufen, wenn sich aus dem Hypothekenbrief oder aus Vermerken auf demselben dessen Unrichtigkeit ergibt. Er muß sich also, wenn der Brief, nicht das Buch, eine Quittung enthält, die Einrede der Zahlung gefallen lassen. Ist aber das Buch richtig, nicht aber der Brief, so entscheidet das Buch, und der allein auf den Brief gestützte gute Glaube nützt nichts. Daher ist es von Bedeutung, daß durch GBO. §§ 42. 62 für eine Übereinstimmung von Buch und Brief dadurch Sorge getragen ist, daß bei Eintragungen zum Buch in der Regel der Brief vorzulegen und die Eintragung auf dem Briefe selbst zu vermerken ist (**1140. 1157**)[1]).

2. Der Verlust der Einreden gegenüber dem gutgläubigen Erwerber der Hypothek nötigt den Eigentümer, sich diese durch Richtigkeit des Grundbuches zu wahren. Die Mittel dazu sind dem Eigentümer durch **894—899** gegeben, soweit das dingliche Recht in Frage steht (vgl. L. § 154); soweit es sich um die Einwendungen gegen die Forderung handelt, durch **1138**: der Eigentümer kann daher Einreden gegen die Forderung eintragen lassen oder auch einen Widerspruch zur Wahrung der Einreden (**899**). Die Eintragung der Einreden setzt regelmäßig Antrag des Benachteiligten (GBO. § 13, vgl. aber § 14) und Bewilligung dessen voraus, zu dessen Vorteil die Unrichtigkeit gereicht (GBO. §§ 22. 29). Ein Widerspruch auf dem Hypothekenbriefe oder in einem Vermerke auf demselben steht dem im Grundbuche eingetragenen gleich (**1140**). Das reguläre Recht der Eintragung der Einreden erweitert und ändert sich, wenn eine Buchhypothek[2]) eingetragen, die Darlehnsvaluta aber vom Hypothekengläubiger nicht entrichtet ist (**1139**). Die Einrede der nicht empfangenen Valuta sichert sich der Eigentümer gegenüber dritten Erwerbern der Hypothek durch Eintragung eines Widerspruches, der auf seinen Antrag an das Grundbuchamt erfolgt. Der Antrag muß vor dem Ablauf eines Monates nach Eintragung der Hypothek gestellt und, wenn er als gleichzeitig mit der Hypothek eineingetragen gelten soll (rückwirkende Kraft), innerhalb dieses Monates eingetragen sein. Der gute Glaube (**892**) schützt also gegen diese Einrede erst nach Ablauf dieses Monates (Sperrfrist).

3. Aus dem unter A. und C. bisher Bemerkten folgt, daß wenn die persönliche Forderung und der hypothekarische Anspruch zugleich geltendgemacht werden, der letztere durchdringen kann, während der erste abzuweisen ist.

[1]) Vgl. Hachenburg, a. a. O., S. 307 f.

[2]) Bei der Briefhypothek ist der Eigentümer durch **1117** geschützt.

§ 204.
Das Verhältnis des Erwerbers der Hypothek zum Eigentümer.

Wird nach Übertragung der persönliche Anspruch gegen den Schuldner erhoben, so bestimmt sich das Verhältnis zwischen ihm und dem Erwerber hinsichtlich der Einreden nach den allgemeinen Grundsätzen des Schuldrechtes. Der Schuldner kann nicht nur alle Einreden geltendmachen, die ihm zur Zeit der Übertragung der Forderung gegen den ursprünglichen Gläubiger zustanden, sondern es wirken auch nach der Abtretung zwischen dem Schuldner und alten Gläubiger eintretende Umstände zugunsten des Schuldners (**406—408**). Handelt es sich aber um den Anspruch aus dem dinglichen Recht auf Befriedigung aus dem Grundstück, so hat der Eigentümer zwar alle Einreden, die dem persönlichen Schuldner zur Zeit der Übertragung gegen den bisherigen Gläubiger zustanden nach **L.** § 203. Wie steht es aber mit der Bedeutung der nach Übertragung eintretenden Umstände? Durch das Publizitätsprinzip ist der Erwerber nicht geschützt, wirksameren Schutz würde der Erwerber genießen durch Anzeige der Abtretung an den Schuldner. Darauf ist er aber nicht verwiesen, vielmehr ist auch mit Rücksicht auf die Verkehrsfähigkeit der Buchhypothek bestimmt:

I. Daß der Eigentümer gegenüber dem hypothekarischen Anspruch nicht den Schutz von **406—408** (**L.** § 100) genießt, wenn er auch von der Übertragung der Forderung Kenntnis nicht erlangt hat. Der Eigentümer muß sich also vor der Zahlung usw. vergewissern, ob dem Gläubiger die Hypothek noch zusteht, und er wird sicher nur vor dem Grundbuche gegen Erteilung der Quittung zahlen können. Zahlt er in Unkenntnis an den bisherigen, so wirkt diese Zahlung nicht gegen den jetzigen Gläubiger. Der Eigentümer wird somit immer so behandelt, als habe er das Grundbuch gekannt (**1156**, Satz 1).

II. Ebensowenig hat der neue Gläubiger die Buchhypothek, wenn der Eigentümer dem bisherigen Gläubiger kündigt, diese Kündigung anzuerkennen. Für die Briefhypothek ist aber die Kündigung an den bisherigen für den neuen Gläubiger wirksam, wenn der Eigentümer die Übertragung zur Zeit der Kündigung nicht gekannt hat (**1156**, Satz 2).

III. Dem Anspruche auf Rückstände von Zinsen, andere Nebenleistungen und Erstattung von Beitreibungskosten, für die das Grundstück haftet (**1118**), kann der Eigentümer alle Einwendungen entgegenhalten, die dem Schuldner nach den Grundsätzen des Schuldrechtes gegen den neuen Erwerber zustehen. Das Prinzip unter I. II. gilt hier nicht (**1159**)

IV. Der Anspruch auf noch nicht fällige Zinsen und Nebenleistungen folgt dem Prinzipe unter I. und II. Soweit es sich aber um Zinsen usw. handelt, die in dem Kalendervierteljahre, in dem der Eigentümer von der Übertragung Kenntnis erlangt hat, oder in dem darauf folgenden Vierteljahre fällig werden, gelten die allgemeinen schuldrechtlichen Grundsätze. Zahlungen des gutgläubigen Eigentümers in diesem Rahmen muß der neue Gläubiger gegen sich gelten lassen, mögen sie vor oder nach der Übertragung erfolgt sein (**404. 406—408**). Dem Eigentümer stehen auch die Einreden aus **1157** zu. Der neue Gläubiger kann sich nicht auf den öffentlichen Glauben des Buches (**892**) berufen (**1158**).

V. Auch hier ergibt sich, daß der persönliche Anspruch wirksam getilgt sein kann, während der hypothekarische fortbesteht.

§ 205.
Die Eigentümerhypothek.[1])

Die Unabhängigkeit der Hypothek von der Forderung, die schon in den vorhergehenden Paragraphen hervortrat, kommt am schärfsten in der Eigentümerhypothek des BGB. zur Geltung, mehr noch als im früheren mecklenburgischen und preußischen Recht.

[1]) Grützmann, Sächs. Arch., Bd. 8 (1898), S. 266 ff. Bonschab, Bl. f. Rechtsanwendung, Jahrgang 64 (1899), S. 211 ff. v. Schwind, a. a. O., bes. S. 215 ff.

I. Die Fälle der Eigentümerhypothek. Eine Eigentümerhypothek kann nicht unmittelbar durch Eintragung geschaffen werden, sie entsteht aus der Hypothek.

A. Wenn die Forderung, für welche die Hypothek bestellt ist, nicht zur Entstehung gelangt oder erlischt, so fehlt es nicht an einem Essentiale der Hypothek an sich, sondern nur an der Legitimation zur Hypothek für den Gläubiger. Die Hypothek steht dem Eigentümer zu oder wird von ihm erworben. Aus welchem Grunde die Forderung nicht zur Entstehung gelangt (Nichtigkeit, Anfechtbarkeit, Ausfall der aufschiebenden Bedingung der Forderung) oder erlischt (Erfüllung, Leistung an Erfüllungs Statt, Hinterlegung, Vereinigung, Aufrechnung usw.), ist gleichgültig (**1163**, Abs. 1). Von der Erfüllung und Vereinigung (**889**) gilt folgendes:

1. Nur wenn die Forderung infolge der Befriedigung des Gläubigers erlischt, wird die Hypothek dem Eigentümer erworben, also dann, wenn der Eigentümer, der auch der persönliche Schuldner ist, zahlt; nicht hierher gehört der Fall (II.B.), in dem durch Befriedigung des Gläubigers die Forderung nicht erlischt, sondern (mit der Hypothek) auf den Befriedigenden übergeht (**426**, Abs. 2. **774**. **1150**).

2. Zahlt der Schuldner, der nicht zugleich Eigentümer ist, so erlischt die Forderung, und die Eigentümerhypothek tritt ein. Soweit aber der zahlende Schuldner einen Rückgriff gegen den Eigentümer oder seinen Rechtsnachfolger hat (z. B. weil der veräußernde Schuldner vom Erwerber nicht, wie versprochen, von der persönlichen Haftung liberiert wurde)[1]), steht die Forderung mit der Hypothek dem persönlichen Schuldner zu, und nur für den Rest erwirbt der Eigentümer die Teilhypothek. A hat z. B. sein B für eine eigene Schuld von 1000 verpfändetes Grundstück C verkauft und aufgelassen; C hat die Schuld des A zu 500 auf den Kaufpreis übernommen; B willigt nicht in die Schuldübernahme und verlangt von A die Zahlung von 1000. Hier geht die Schuld zu 500 auf A, und zu 500 als Eigentümerhypothek auf B über.

3. Der Befriedigung des Gläubigers steht der Fall der Vereinigung von Forderung und Schuld in einer Person (**425**. **429**) gleich (**1164**); z. B. der Schuldner und Eigentümer beerbt den Gläubiger oder erwirbt die Forderung durch Abtretung.

B. Verzichtet der Gläubiger auf die Hypothek, etwa weil ihm andere Sicherheit geboten wurde (**1168**)[2]), so erwirbt sie der Eigentümer. Der Verzicht ist dem Grundbuchamt oder dem Eigentümer gegenüber zu erklären und im Grundbuch einzutragen[3]).

1. Ein Verzicht des Gläubigers auf die Hypothek für einen Teil der Forderung steht der teilweisen Befriedigung des Gläubigers durch den Eigentümer gleich (**1145**).

2. Mit der Vollendung des Verzichtes geht die Hypothek von selbst auf den Eigentümer über.

3. Hat der Eigentümer eine vernichtende Einrede gegen den Anspruch aus der Hypothek, so kann er den Verzicht des Gläubigers erzwingen. So z. B. im Falle der Einrede des Eigentümers aus rechtskräftiger Abweisung des persönlichen Anspruches gegen den Schuldner (**1169**). Ein unmittelbarer Erwerb der Eigentümerhypothek liegt hier nicht vor[4]).

C. Wird der Gläubiger im Aufgebotsverfahren (ZPO. §§ 982 bis 987) mit seinem Rechte aus der Hypothek ausgeschlossen, so erwirbt mit der Erlassung des Ausschlußurteiles der Eigentümer die Hypothek (**1170**. **1171**).

---

[1]) Vgl. auch **416**.

[2]) Dem gleich steht der Untergang der Hypothek im Falle der Schuldübernahme nach **418**. Die Hypothek für Rückstände von Zinsen und anderen Nebenleistungen und für Kosten erlischt im Falle des Verzichtes wie in allen Fällen, in denen sich Hypothek und Eigentum in einer Person vereinigen. Das Erlöschen tritt nicht ein, solange einem Dritten ein Recht an dem Anspruch auf solche Leistung zusteht. Der Verzicht bedarf hier nicht der Eintragung, sondern nur der Erklärung gegenüber dem Eigentümer und der Zustimmung des vorher erwähnten Dritten (**1178**, vgl. **1159**).

[3]) Es gelten für diesen Verzicht **875**, Abs. 2. **876**. **878**.

[4]) Hachenburg, a. a. O., S. 235 ff. Bezüglich der Einrede der Verjährung vgl. Biermann, S. 379 f.

1. Die Voraussetzungen des Ausschlusses:

a) Will der Eigentümer das Erlöschen der eingetragenen Hypothek geltendmachen und die Berichtigung des Grundbuches erreichen, so ist der Ausschluß des Gläubigers zulässig, wenn der Gläubiger unbekannt ist, und seit dem letzten die Hypothek betreffenden Eintrage[1]) 10 Jahre verflossen sind, ohne daß die Hypothek in dieser Zeit von dem Eigentümer in einer zur Unterbrechung der Verjährung wirksamen Weise (**208**) anerkannt worden ist (**1170**).

b) Will der Eigentümer Zahlung leisten oder kündigen, so kann der unbekannte Gläubiger ausgeschlossen werden, wenn der Eigentümer zu diesen Akten berechtigt ist und den Betrag der Forderung[2]) für den Gläubiger unter Verzicht auf die Rücknahme hinterlegt (**376**, Z. 1)[3]). Das Verfahren ist nur abhängig von dem Erbieten zur Hinterlegung.

2. Die Wirkung des Ausschlußurteiles. Im Falle 1. a. wird die Forderung nicht berührt, die Hypothek wird aber für den Gläubiger aufgehoben und von dem Eigentümer erworben (wie im Falle B. 2). Im Falle 1. b. ist der Gläubiger befriedigt, wenn nicht die Befriedigung schon vor dem Urteil durch die Hinterlegung eintrat. Infolge des Unterganges der Forderung erwirbt der Eigentümer die Hypothek (wie im Falle A.). In beiden Fällen wird der dem Gläubiger erteilte Brief kraftlos (**1170. 1171**).

D. Eine Briefhypothek steht bis zur Übergabe des Briefes an den Gläubiger dem Eigentümer zu (**1163**, Abs. 2, vgl. **1117**, Abs. 1 und GBO. § 60). Hier besteht die Forderung, aber die Legitimation des Gläubigers ist noch nicht festgestellt.

E. Im Falle A. und B. erwirbt eventuell der Eigentümer nur eine Eigentümerteilhypothek, die aber im Range der dem Gläubiger verbleibenden Teilhypothek nachsteht (**1176**). Sind nach A. Z. 2. (**1164**) Gläubiger-, Schuldner- und Eigentümerteilhypothek gegeben, so tritt die letzte auch hinter der zweiten und die zweite hinter der ersten im Range zurück.

F. Wird eine Zwangs- oder Arresthypothek eingetragen, dann aber die auf diesem Wege zu vollstreckende Entscheidung durch eine vollstreckbare Entscheidung aufgehoben oder die Zwangsvollstreckung für unzulässig erklärt oder deren Einstellung angeordnet, so erwirbt der Eigentümer die Hypothek. Er erwirbt sie auch, wenn zugleich mit der einstweiligen Einstellung der Zwangsvollstreckung durch gerichtliche Entscheidung Aufhebung der vollzogenen Vollstreckungsmaßregeln erfolgt, und wenn die zur Abwendung der Zwangsvollstreckung nachgelassene Sicherheitsleistung oder Hinterlegung bewirkt wird (ZPO. §§ 868. 932, Abs. 2).

G. Die gleichen Grundsätze gelten bei der Sicherheitshypothek (vgl. F.)

H. Eine Eigentümerhypothek entsteht nicht, wenn die dingliche Belastung des Grundstückes überhaupt nicht entstanden ist (Nichtigkeit des dinglichen Vertrages). Die Nachhypothekare rücken aber auch hier nicht auf, weil ein stillschweigend vereinbarter Rangvorbehalt (**881**) für die Stelle des nichtigen Pfandrechtes anzunehmen ist[4]).

II. Die rechtliche Bedeutung der Eigentümerhypothek.

Die Bedeutung der Eigentümerhypothek liegt darin, daß das Aufrücken der Nachgläubiger ausgeschlossen[5]) und der Eigentümer, wie es der Billigkeit entspricht, in die Lage versetzt wird, die Sicherheit, welche die Hypothek bot, weiter zu verwerten. Das Aufrücken der Nachgläubiger ist auch dann ausgeschlossen, wenn sie sich im voraus von dem Eigentümer die Löschung der Eigentümerhypothek haben versprechen lassen. Die Hypothek wird auch hier von dem Eigentümer erworben, er ist aber zur Löschung verpflichtet, was durch Vormerkung (**883**) auch für

---

[1]) Wenn für die Forderung eine nach dem Kalender bestimmte Zahlungszeit besteht, beginnt die Frist erst mit dem Ablaufe des Zahlungstages (**1170**).

[2]) Zinsen müssen hinterlegt werden, wenn der Zinssatz eingetragen ist, dann aber nicht für eine frühere Zeit als vier Jahre vor dem Ausschlußurteile (**197. 1171**).

[3]) Nach Ablauf von 30 Jahren nach Erlassung des Ausschlußurteiles erlischt das Recht des Gläubigers auf den hinterlegten Betrag, wenn er sich nicht zuvor bei der Hinterlegungsstelle meldet. Der Eigentümer kann dann trotz seines Verzichtes auf Rücknahme den Betrag erheben.

[4]) Gierke, § 166, Note 29. Biermann zu **1163**, Note. Crome III, § 474, Note 29—31.

[5]) Übergangsvorschrift: EG. Art. 194, vgl. 192. 193. 195.

den Konkursfall gesichert werden kann. Das Aufrücken tritt also erst mit der Löschung der Eigentümerhypothek ein (**1179**)[1].

In den weiteren Wirkungen unterscheiden sich die einzelnen Fälle.

A. **Die Eigentümerhypothek im engeren Sinne.** Diese Eigentümerhypothek ist eine Hypothek, die keinen Gläubiger hat, eine **forderungsentkleidete Hypothek.** Die feste Gebundenheit und Belastung des Grundstückes mit der Pflicht zur Leistung einer bestimmten Geldsumme ist vorhanden und untersteht der Disposition des Eigentümers.

1. Da die Eigentümerhypothek ohne Eintragung oder Briefübergabe erworben wird, erweist sich das Grundbuch als unrichtig. Der Eigentümer hat daher den Anspruch auf Berichtigung des Buches gegen den Gläubiger oder den Dritten, zugunsten dessen der Gläubiger verfügt hatte, soweit nicht das Publizitätsprinzip eingreift (**890. 894**).

2. Die Eigentümerhypothek ist eine Grundschuld (**1177**, Abs. 1, vgl. **L.** § 209). Die Gläubiger des Eigentümers können die Eigentümerhypothek pfänden und sich überweisen lassen. Der Inhalt dieser Belastung hinsichtlich der Verzinslichkeit, des Zinssatzes, der Zahlungszeit, der Kündigung, des Zahlungsortes bleibt im Interesse des Eigentümers und der Nachgläubiger der bisherige. Der Eigentümer kann die Hypothek in eine Grundschuld umschreiben lassen und diese abtreten, oder er kann die Eigentümerhypothek als Hypothek einem neuen Gläubiger abtreten (**1198**)[2]. Solange der Eigentümer die Eigentümerhypothek behält, kann er nach **1197** die Ansprüche des Hypothekengläubigers wegen Verschlechterung des Grundstückes (**L.** § 201) und auf Befriedigung aus dem Grundstück nicht geltendmachen. In der von einem anderen Gläubiger betriebenen Zwangsvollstreckung in das Grundstück wird aber die Eigentümerhypothek bei dem geringsten Gebot berücksichtigt; der Eigentümer erhält den Betrag derselben nicht als Befriedigung für seinen hypothekarischen Anspruch, sondern als Äquivalent für das, was schon bisher in seinem Vermögen war. Zinsen erhält er erst, wenn die Beschlagnahme zum Zwecke der Zwangsverwaltung eingetreten ist, und für die Dauer der Zwangsverwaltung als Ersatz für die Erträgnisse aus seinem Grundstück.

B. **Die Hypothek des Eigentümers.**

Eine Eigentümerhypothek im engeren Sinne (A.) entsteht nicht, wenn der Eigentümer, der nicht der persönliche Schuldner ist, den Gläubiger befriedigt (**1143**) und die Hypothek mit der Forderung auf ihn übergeht. Ebenso liegt es, wenn der Eigentümer, der nicht der persönliche Schuldner ist, den Gläubiger oder der Gläubiger den Eigentümer beerbt, oder wenn der Eigentümer die Forderung oder der Gläubiger das Eigentum erwirbt. In allen diesen Fällen hat der Eigentümer außer der Hypothek auch die Forderung (**forderungsbekleidete Hypothek**). Hier geht der Regel gemäß mit der Übertragung der Forderung auch die Hypothek über. Eine Abweichung von den allgemeinen Grundsätzen ist nur geboten, solange Hypothek und Forderung in der Person des Eigentümers vereinigt bleiben. Es tritt die Regelung wie unter A. ein (**1177**, Abs. 2), obwohl eine Wandelung in eine Grundschuld nicht eintritt.

IV. Über die Eigentümerhypothek im Falle der Gesamthypothek vgl. **L.** § 206.

§ 206.

Die Gesamthypothek.

Die Gesamthypothek (Korreal-Hypothek) begründet im Gegensatze zur Einzelhypothek die Belastung mehrerer Grundstücke für eine Forderung. Dieser Fall unterscheidet sich wesentlich von der Einzelhypothek in den Fällen **L.** § 196 II. A. Z. 2. 3, wie von der Einzelhypothek überhaupt.

---

[1]) RG. Bd. 63, S. 152. Die Bestimmung wird besonders für die Übergangszeit von Bedeutung sein, EG. Art. 192. 194.

[2]) Vgl. aber Biermann, S. 393.

Die Gesamthypothek entsteht auch dadurch, daß das allein verpfändete Grundstück geteilt wird. Eine Anteilshypothek verwandelt sich in diesem Falle in eine Gesamt-Anteilshypothek bzw. der einzelnen Teilgrundstücke.

I. Die Gesamthypothek steht unter den allgemeinen Grundsätzen, die für die Begründung der Hypothek[1]) und den Umfang der Haftung des Grundstückes gelten (**L.** §§ 197. 199). Ist sie Briefhypothek, so trifft die GBO §§ 59. 63 besondere den Gesamthypothekar sichernde Vorschriften für die Erteilung des Briefes.

II. Bei der Gesamthypothek haftet jedes Grundstück für die ganze Forderung. Gleichgültig ist hier, ob die mehreren Grundstücke demselben Eigentümer oder verschiedenen Eigentümern gehören, und ob das Eigentum an ihnen wechselt. Die Belastung der mehreren Grundstücke hat aber den Sinn, daß nicht jedes selbständig für die Forderung haftet, sondern abhängig und in Gemeinschaft mit den anderen. Nur einmal soll der Gläubiger Befriedigung erhalten, aus welchem Grundstück, das steht zunächst dahin. Aus dieser gemeinschaftlichen Haftung der mehreren Grundstücke ergibt sich, daß der Gesamthypothekar die Wahl hat, welches der Grundstücke und in welchem Betrage die Grundstücke dem Anspruche auf Befriedigung unterliegen sollen:

A. Der Gesamthypothekar kann nach freiem Belieben bestimmen, aus welchem Grundstücke er befriedigt sein will und in welchem Betrage (**1132**, Abs. 1). Dieses Wahlrecht steht ihm auch zu bezüglich des Erlöses aus den einzelnen Grundstücken, wenn mehrere oder alle haftenden Grundstücke zur Versteigerung gebracht sind (ZVG. §§ 64, 83. 112. 122. 123).

B. Folgerichtig steht das Wahlrecht ihm auch vor der Zwangsvollstreckung zu, also ohne daß er den Anspruch auf Befriedigung erhebt. Er kann den Betrag der Gesamtforderung auf die einzelnen Grundstücke beliebig verteilen[2]), so daß jedes Grundstück als Einzelpfand für den zugeteilten Betrag haftet (**1132**, Abs. 2). Die Verteilung kann nur nach **875. 876** und **878** erfolgen, bedarf folglich auch der Eintragung.

C. Das Wahlrecht des Gesamthypothekars (A. B.) kann das Interesse des Nachgläubigers, der Einzelhypothekar oder Gesamthypothekar sein kann, erheblich beeinträchtigen, ist aber durch keine Rücksicht auf dieses beschränkt. Der Nachgläubiger hat aber das Lösungsrecht (**1150**, **L.** § 202).

III. Die Vorschriften über die Eigentümerhypothek erleiden Abänderungen wegen der besonderen Natur der Gesamthypothek.

A. Die Hypothek fällt an den Eigentümer, wenn die Forderung nicht zur Entstehung gelangte, erloschen ist, wenn auf die Hypothek verzichtet wurde[3]), im Falle des Aufgebotes und bis zur Aushändigung des Briefes (**1163. 1168. 1170. L.** § 205, I.). Im Falle der Gesamthypothek ergibt sich die Regel (**1172. 1175**):

1. Stehen alle haftenden Grundstücke in Eines Eigentum, so geht die Gesamthypothek als Eigentümerhypothek an allen Grundstücken auf diesen Eigentümer über. Er hat das Verteilungsrecht unter II. B.

2. Stehen die haftenden Grundstücke verschiedenen Eigentümern zu, so wird die Eigentümerhypothek gemeinschaftlich für die mehreren Eigentümer. Diese Gemeinschaft (**741**) kann durch Auseinandersetzung aufgehoben werden, entweder unter allen Eigentümern oder unter einzelnen. Die Auseinandersetzung kann jeder, soweit nicht Vereinbarung entgegensteht, verlangen, und zwar dahin, daß die Hypothek an seinem Grundstück auf den Teilbetrag, der dem Werte seines Grundstückes im Verhältnis zum Werte der sämtlichen Grundstücke entspricht, beschränkt und ihm zugeteilt wird. Die Wertung richtet sich nach dem Zeitpunkt der Zerteilung[4]), und zu dieser Zeit bestehende Belastungen des Grundstückes, die der Gesamthypothek im Range vorgehen, sind abzurechnen (freier Wert). Nach **1152** (**L.** § 198, I.) kann der einzelne Eigentümer

[1]) Die Begründung wird im Falle der GBO. § 4 erleichtert.
[2]) Selbstverständlich kann er auch auf die Haftung beliebig verzichten (**1175**).
[3]) Auch hier steht der Fall der Schuldübernahme aus **418** gleich.
[4]) Biermann, S. 385.

die Erteilung eines Teilhypothekenbriefes verlangen. Ebenso geht der Teil-Eigentümerhypothek (**1176**, L. § 205, I. E.) die dem Gesamthypothekar verbleibende Teilhypothek vor.

B. Die Regel (A.) erleidet Ausnahmen:

1. Wenn Befriedigung des Gläubigers (Zahlung, Aufrechnung, Hinterlegung gegenüber dem unbekannten Gläubiger nach **1171**) durch einen von mehreren Eigentümern (**1173**) eintritt. Die Ausnahme tritt also nicht ein, wenn entweder einem Eigentümer alle Grundstücke gehören oder wenn die Befriedigung durch alle Eigentümer erfolgt. In dem Ausnahmefall kann weder der zahlende Eigentümer die Gesamthypothek auch an den übrigen Grundstücken erwerben, noch kann die Gesamthypothek nach A. an die Eigentümer gemeinschaftlich fallen. Der zahlende Eigentümer erhält vielmehr die Hypothek in ihrem vollen Betrage, aber nur an seinem Grundstücke; an den übrigen Grundstücken erlischt die Hypothek ohne weiteres, und die Nachgläubiger rücken auf. Das tritt auch ein, wenn der betreffende Eigentümer nicht der persönliche Schuldner ist (**1143**, Abs. 2). Im Falle nur teilweiser Befriedigung gilt auch hier **1176**, L. § 205. I. E. Die gleiche Folge tritt ein im Falle der Vereinigung von Forderung und Schuld in der Person des Eigentümers, z. B. der Beerbung des Schuldners durch den Gläubiger (**1173**, Abs. 1)[1]).

2. Zahlt der Eigentümer, der persönlicher Schuldner ist, so geht die Forderung unter; ist er nicht persönlicher Schuldner, so geht nach **1143**, Abs. 1, die Forderung zwar über, aber nach Z. 1 nicht die Hypothek. Das letztere Resultat ändert sich aber, wenn der zahlende Eigentümer den Rückgriff auf Eigentümer der anderen Grundstücke oder auf Rechtsvorgänger solcher hat (**1173**, Abs. 2[2]). Hier erlischt nicht wie im Falle Z. 1 die Gesamthypothek am Grundstücke des Ersatzpflichtigen, sondern geht in Höhe des Ersatzanspruches auf den zahlenden Eigentümer über und bleibt zum Schutze gleich- oder nachstehender Rechte mit der Hypothek an seinem Grundstück in dem sich deckenden Betrage bei der Gesamthypothek. Der regreßpflichtige Eigentümer, welcher Zahlung leistet, erwirbt an seinem Grundstück die Eigentümerhypothek und bringt die Hypothek am Grundstück des Ersatzberechtigten zum Erlöschen. Die Hypothek des Ersatzberechtigten am eigenen Grundstück ist, soweit der Ersatzanspruch den Gesamtbetrag der Gesamthypothek nicht deckt, reine Eigentümerhypothek, die von der Zahlung des Regreßpflichtigen nicht berührt wird. Soweit sie sich deckt, folgt sie der Analogie von **1177**, Abs. 2. Dieses Resultat ändert sich nach **1176**, wenn durch einen Eigentümer nur eine teilweise Befriedigung des Gläubigers bewirkt ist.

3. Befriedigt der persönliche Schuldner, der nicht Eigentümer ist, den Gläubiger, oder vereinigen sich Forderung und Schuld in einer Person, so ist zu unterscheiden:

a) Hat der Schuldner keinen Ersatzanspruch gegen die Eigentümer, so tritt die Folge A. ein.

b) Hat der Schuldner einen Ersatzanspruch gegen alle Eigentümer als Gesamtschuldner, so erhält er nach **1164**, Abs. 1 die Gesamthypothek in Höhe seines Gesamt-Ersatzanspruches.

c) Geht der Ersatzanspruch gegen alle Eigentümer, aber gegen jeden nur zum Teile, so erhält der Schuldner in Höhe seiner Einzelersatzansprüche Einzelhypotheken an den einzelnen Grundstücken.

d) Geht der Ersatzanspruch gegen den Eigentümer eines der Grundstücke, so erhält der Schuldner die Hypothek in Höhe der Ersatzforderung an diesem Grundstück, an den übrigen Grundstücken erlischt sie (**1174**, Abs. 1).

e) Ist der Ersatzanspruch im Falle d. bei Zahlung des vollen Betrages an den Gläubiger nur zum Teile begründet, so erhält der Schuldner an dem betreffenden Grundstücke in Höhe der Ersatzforderung die Hypothek, während sie an den übrigen Grundstücken in gleicher Höhe erlischt. Die an allen Grundstücken verbleibende Resthypothek fällt als Gesamthypothek an

---

[1]) Der in **1173**, Abs. 1, weiter der Zahlung gleichgestellte Fall der Übertragung des Gläubigerrechtes kann nur bei der Grundschuld praktisch werden. Vgl. Hachenburg, a. a. O., S. 340 f.

[2]) z. B. **2166**. **2167**. **2168**.

alle Eigentümer, also auch an den Ersatzpflichtigen, der sich aber die Ersatzschuld und Ersatzhypothek auf den ihm nach A. (**1172**) zufallenden Anteil an der Gesamthypothek anrechnen lassen muß (**1174**, Abs. 2).

Im Falle der Teilzahlung vgl. Z. 2 a. E.

C. Im Verhältnisse der Gesamthypothek kann auch der Fall eintreten, daß nur ein Eigentümer von der Schuld befreit wird (rechtskräftige Abweisung des Gläubigers mit der Forderungsklage nur einem Schuldner gegenüber), oder wenn der Gläubiger nur einem Eigentümer gegenüber oder bez. eines der Grundstücke desselben Eigentümers auf die Hypothek verzichtet[1]) oder durch Aufgebot seitens nur eines Eigentümers ausgeschlossen wird. In diesen Fällen erlischt die Hypothek nur bez. des betreffenden Grundstückes, an den übrigen besteht sie fort (**1175**). Verzicht allen Eigentümern gegenüber oder bez. aller Grundstücke oder Ausschluß durch alle Eigentümer führt zur gemeinschaftlichen Eigentümerhypothek.

IV. Die Befriedigung des Gesamthypothekars aus dem Grundstück (**1181**, Abs. 2. **1182**).

Ist der Gesamthypothekar aus dem einen Grundstücke voll befriedigt, so werden auch die anderen Grundstücke frei, und die Nachhypotheken rücken vor; die Löschungen im Grundbuch sind von Amts wegen zu bewirken (ZVG. § 130). Ist nur teilweise Befriedigung erfolgt, so bleibt die Hypothek von Bestand. Gehören aber die mehreren Grundstücke nicht einem Eigentümer, so kann der Fall eintreten, daß der der Zwangsvollstreckung Unterworfene Ersatzansprüche gegen die übrigen Eigentümer oder deren Rechtsvorgänger hat. Hier soll dann die Hypothek an dem Grundstück des Ersatzpflichtigen auf den Ersatzberechtigten in Höhe seines Ersatzanspruches übergehen. Diese Ersatzhypothek geht einer Resthypothek des Gläubigers an diesem Grundstück nach, aber auch den der Gesamtschuld an diesem Grundstück gleich- oder ihr nachstehenden Rechten. Dadurch ist der Nachhypothekar in gewisser Weise gesichert, andererseits aber der Ersatzanspruch geschwächt.

§ 207.

Die Sicherung des persönlichen Schuldners.

I. Der Hypothekengläubiger hat die Wahl, ob er im Falle der Veräußerung des verpfändeten Grundstückes seinen persönlichen Anspruch gegen den persönlichen Schuldner und früheren Eigentümer oder ob er den dinglichen Anspruch gegen den jetzigen Eigentümer geltendmachen will. Wählt er den letzteren Weg und erleidet er einen Ausfall, so kann er diesen vom persönlichen Schuldner einfordern. Hier erwächst dann dem persönlichen Schuldner möglicherweise ein Ersatzanspruch gegen den jetzigen Eigentümer, und er erwirbt gemäß **1164** (L. § 205, I. A.) zum Schutze dieses Ersatzanspruches eine Ersatzhypothek an dem Grundstücke des Ersatzpflichtigen, die einer zugleich eintretenden Eigentümerhypothek vorgeht. Diese Ersatzhypothek kann vereitelt werden dadurch, daß der Gläubiger auf die Hypothek verzichtet (**1168**), sie aufhebt (**1183**) oder anderen Rechten vor ihr den Vorrang einräumt, auch dadurch, daß er nach **1180** (L. § 198, III.) die Hypothek mit einer anderen eigenen oder fremden Forderung verbindet, oder sonst Forderung ohne Hypothek, Hypothek ohne Forderung überträgt. In allen diesen Fällen verliert der zahlende persönliche Schuldner die Ersatzhypothek, oder er bekommt eine geringere. Deshalb soll der Schuldner insoweit freiwerden, als er hätte Ersatz verlangen können (**1165**, vgl. **776**).

II. Der Gläubiger, welcher in der Zwangsversteigerung ganz oder zum Teil ausfällt, kann sich an den persönlichen Schuldner halten. Letzterer hat, wenn ihm der Eigentümer ersatzpflichtig ist, ein dringendes Interesse daran, in der Zwangsversteigerung dahin wirken zu können, daß die Hypothek voll gedeckt wird. Daher wird dem die Zwangsvollstreckung betreibenden Gläubiger die Pflicht auferlegt, den persönlichen Schuldner unverzüglich von der Zwangsversteigerung zu benachrichtigen, wenn das nicht untunlich ist. Ist die Anzeige, obwohl tunlich, schuldhafter-

[1]) Der Verzicht bedarf der Form in **1168**, Abs. 2. Biermann, S. 391.

weise unterblieben, so kann der Schuldner die Befriedigung wegen des Ausfalles insoweit verweigern, als er durch die Unterlassung der Anzeige einen Schaden erleidet (**1166**).

III. Wenn im Falle der Briefhypothek der persönliche Schuldner infolge der Befriedigung des Gläubigers die Hypothek erwirbt oder doch im Falle der Befriedigung ein sonstiges rechtliches Interesse an der Berichtigung des Grundbuches hat, z. B. er ist dem Eigentümer gegenüber verpflichtet, die Hypotheken zur Löschung zu bringen, so hat er die dem Eigentümer gegen den Gläubiger zustehenden Rechte auf Aushändigung des Briefes usw. (**1144**. **1145**. **1167**).

§ 208.

Die Sicherungshypothek.[1])

Die Sicherungshypothek ist keine besondere Art der Hypothek, sie teilt vielmehr mit der Verkehrs- (Buch- oder Brief-) Hypothek den Charakter einer dinglichen Belastung des Grundstückes mit der Zahlung einer Geldsumme zugunsten des Berechtigten. Die Besonderheit liegt darin, daß die Legitimation des Gläubigers der Sicherungshypothek durchgehends abhängig ist von der persönlichen Forderung (**akzessorische Hypothek**). Er ist Gläubiger aus der Hypothek, wenn und soweit er Gläubiger der Forderung ist. Sie dient daher dem allgemeinen Realkreditverkehr nicht, entbehrt somit die Vorteile der Verkehrshypothek, bringt aber für den Eigentümer auch nicht die Gefahren dieser.

I. Die Sicherungshypothek wird bestellt[2]) wie eine Buchhypothek und muß im Grundbuch als Sicherungshypothek bezeichnet werden. Ist das unterblieben, so würde Berichtigung des Grundbuches verlangt werden müssen, wenn sie nicht in der Hand des gutgläubigen Erwerbers zur Verkehrshypothek werden soll. Die Sicherungshypothek kann auch ihrem Zweck entsprechend nur als Buchhypothek bestellt werden (**1184**. **1185**, Abs. 1)[3]). Ist die Eintragung erfolgt, die Forderung aber nicht entstanden oder erloschen, so entsteht die Eigentümerhypothek (**1163**).

II. Der Anspruch auf Befriedigung aus dem Grundstück ist durchweg abhängig von der Forderung. Das zeigt sich darin:

A. Der hypothekarische Anspruch ist abhängig von der Fälligkeit des persönlichen Anspruches. Hängt die Fälligkeit ab von einer Kündigung, so hat diese zwischen dem persönlichen Gläubiger und dem Schuldner zu erfolgen, und nur sie wirkt gegen den Eigentümer. Ebenso wird die Haftung des Grundstückes durch Umstände (Mahnung, Verzug) begründet, die eine Erweiterung der persönlichen Haftung des Schuldners gegenüber dem Gläubiger bewirken (**1185**, Abs. 2. **1141**).

B. Nur wer persönlicher Gläubiger ist, kann den Anspruch aus der Hypothek erheben. Daraus folgt allerdings nicht, daß der Kläger den Beweis der Forderung zu erbringen hat. Die Beweislast trifft vielmehr wegen der Eintragungsbewilligung (nicht wegen **891**) den Eigentümer.

C. Dem ersten Gläubiger und dem späteren Erwerber stehen alle Einreden aus der Forderung, sowie sie zur Zeit der Bestellung und Abtretung bestanden oder später entstanden sind, von seiten des Eigentümers entgegen. Das Publizitätsprinzip erstreckt sich nicht auf die Forderung. Daher ist der Eigentümer nicht veranlaßt, sich gegen den Verlust der Einreden zu sichern, wohl aber der Erwerber der Sicherungshypothek nach den hier allein entscheidenden Grundsätzen des Schuldrechtes (**1185**, Abs. 2. **1138**. **1139**). Bezüglich der Einreden gegen die Hypothek selbst gilt das Recht der Verkehrshypothek, also durchaus das Grundbuchrecht (z. B. **1115**. **1157**).

---

[1]) Hachenburg, Das BGB., S. 265 ff. 314 ff. 318 ff.

[2]) Kraft Gesetzes entsteht eine Sicherungshypothek im Falle von **1287**, vgl. **1281**. **1282**. Vgl. **L**. § 197, II. Hachenburg, a. a. O. S. 227 f., nimmt an, daß die Hypothek erst durch Eintragung entsteht. A. M. Biermann, S. 501. Vgl. ferner ZPO. § 848. Bayer. AG. z. BGB. Art. 14. 89. 123. Bad. AG. z. BGB. Art. 6. 30. 31. Württemb. AG. z. BGB. Art. 260. 262.

[3]) Übergangsvorschriften: EG. Art. 192. 193. 195.

III. Die Übertragung der Sicherungshypothek erfolgt wie die einer Buchhypothek (**1154**, Abs 3; L. § 198, I. II.), es muß Eintragung zum Buche erfolgen, und nur der eingetragene Erwerber ist zur Geltendmachung der Hypothek dem Eigentümer gegenüber legitimiert. Mit der Übertragung der Hypothek geht auch die Forderung über, umgekehrt auch mit der Übertragung der Forderung die Hypothek (**1153**). Auch bei der Sicherungshypothek ist die Übertragung der Forderung an die gleiche Form gebunden wie bei der Buchhypothek, sie steht nicht unter den Grundsätzen des Schuldrechtes. Die persönliche Forderung geht durch formlose Abtretung nicht auf den Erwerber über.

IV. Da ihrem Wesen nach alle Formen der Hypothek und der Grundschuld sich gleichstehen, ist die Umwandelung der Sicherungshypothek in eine Verkehrshypothek und umgekehrt, wie auch die Umwandelung der Sicherungshypothek in eine Grundschuld und umgekehrt möglich und nicht von der Zustimmung der im Range gleich- oder nachstehenden Berechtigten abhängig. Nur Übereinstimmung von Gläubiger und Eigentümer ist erforderlich (**1186**. **1198**).

Im übrigen finden auf die Sicherungshypothek die Vorschriften für die Verkehrshypothek Anwendung, also auch die über die Eigentümerhypothek.

V. Die ausschließlichen Sicherungshypotheken[1]).

Ob eine Sicherungs- oder Verkehrshypothek eingetragen werden soll, hängt vom Willen der Parteien ab. In gewissen Fällen ist aber nur die Form der Sicherungshypothek gestattet, und die Hypothek ist Sicherungshypothek, auch wenn sie als solche im Grundbuche nicht bezeichnet ist.

A. **Die Hypothek für Forderungen aus Inhaberpapieren**[2]) **oder Papieren an Order**[3]) (**1187**—**1189**).

Soll die Bestellung einer Hypothek für derartige Forderungen nicht diesen selbst jede Verkehrsfähigkeit nehmen, so ist die Form der Buch- und Briefhypothek ausgeschlossen, das Recht aus der Forderung muß für den Anspruch aus der Hypothek entscheidend sein. Daher ergibt sich die Form der Sicherungshypothek.

1. Die Bestellung erfolgt in den Formen der Buchhypothek (**1115**, Abs. 1), bei der Inhaberpapierhypothek genügt dagegen schon die Erklärung des Eigentümers gegenüber dem Grundbuchamt, daß er die Hypothek bestelle, und die Eintragung (**878**, GBO. § 51). Die Bezeichnung der Hypothek im Grundbuche als Sicherungshypothek ist nicht erforderlich (**1187**. **1188**, Abs. 1). Bei der Orderpapierhypothek ist der erste Gläubiger, bei der Inhaberpapierhypothek kein bestimmter Gläubiger eingetragen.

2. Die Übertragung der Hypothek und Forderung erfolgt hier nicht durch die Eintragung im Buche. Wer nach den Vorschriften für die betreffende Papierforderung Gläubiger ist, ist zur Hypothek legitimiert (**1187**, Satz 3)[4]). Der Gläubiger kann über die Hypothek verfügen und weitere Eintragungen bewilligen, ohne im Grundbuche eingetragen zu sein[5]).

3. Der Eigentümer hat gegen den Anspruch aus der Hypothek

a) die Einreden, die der Forderung entgegenstehen (Einreden aus der Urkunde selbst, des Ausstellers gegen den Inhaber, aus der Ungültigkeit der Ausstellung, nicht aber, vom dolus des Inhabers abgesehen, aus der Person des Vormannes[6]);

b) die Einreden gegen die Hypothek (Nichtexistenz, Erlöschen, Unrichtigkeit der Eintragung)[7]), so wie sie im Grundbuche steht, wenn auch (GBO. § 44) die Schuldurkunde etwas anderes ergibt (Analogie der Briefhypothek)[8]);

---

[1]) Sachsen-Weim. AG. z. BGB. §§ 157 ff.

[2]) Vgl. L. § 137.

[3]) Vgl. WO. Art. 9. 11—13. 36. u. HGB. § 363.

[4]) Die Ausschließung des Gläubigers mit seinem Recht nach **1170** ist in **1188**, Abs. 2, besonders geregelt.

[5]) Biermann, S. 410.

[6]) Vgl. HGB. §§ 364 ff. WO. Art. 82. **796** (L. § 137).

[7]) Die Vorschrift der GBO. § 44 sichert den Gläubiger, wie bes. Abs. 2 des § 44 ergibt, nicht gegen solche Einwendungen.

[8]) Biermann, S. 411. Vgl. Hachenburg, a. a. O., S. 323.

c) die Einreden, die aus dem Verhältnis des Eigentümers zum Hypothekengläubiger hervorgehen.

4. Die Entstehung der Eigentümerhypothek, falls der Aussteller das Papier noch nicht ausgehändigt hat, oder das Papier an den Aussteller zurückgelangt, die man nach Analogie von **1163**, Abs. 2, und **1164**, Abs. 2, annehmen könnte, ist ausgeschlossen (vgl. **794**, Abs. 1).

5. *Für* den jeweiligen Hypothekengläubiger kann *durch Eintragung ein Vertreter* bestellt werden, der dann im Interesse aller Gläubiger und unabhängig von dem Willen des einzelnen bestimmte Verfügungen über die Hypothek (Löschungsbewilligungen, Kündigung und Kündigungsannahme usw.) zu treffen[1]) und den Gläubiger bei Geltendmachung der Hypothek im Prozeß[2]) oder vor dem Grundbuchamt zu vertreten befugt ist. Die Wirkungen der Vertretung treten für und gegen alle späteren Gläubiger ein. Der Eigentümer kann Verfügungen, die er vom Gläubiger zu verlangen berechtigt ist, wie z. B. die Freigabe eines Teiles des Grundstückes oder die Beschränkung der Haftung auf einen Teil des Grundstückes (**1172**, Abs. 2), auch vom Vertreter verlangen, wenn dieser zu solchen Verfügungen ermächtigt ist (**1189**).

B. **Die Maximal- (Kautions-) Hypothek (1190).** Eine normale Buch- oder Briefhypothek kann nicht zu unbestimmtem Betrage eingetragen werden (**1113**). In nicht wenigen Fällen, in denen der Betrag der Forderung sich erst später feststellt (Kautionen der Beamten, der Vormünder, des Nießbrauchers, Kreditgewährung, Vorleistung beim gegenseitigen Vertrage)[3]), besteht aber das Bedürfnis hypothekarischer Sicherung. Dieses wird durch die Form der Sicherungshypothek gedeckt.

1. Die *Bestellung* erfolgt wie bei der Buchhypothek. Der *Höchstbetrag*, für den das Grundstück haften soll, wird unter Vorbehalt späterer Feststellung des Betrages zur Wahrung des Spezialitätsprinzipes eingetragen. Bei verzinslichen Forderungen werden die Zinsen in den Betrag eingerechnet. Das Grundstück haftet aber auch für die Kosten der Kündigung und Rechtsverfolgung. Der Bezeichnung als Sicherungshypothek bedarf es nicht (A. Z. 1).

2. Die *Übertragung* einer aus dem gesamten Schuldverhältnis hervorgehenden Einzelforderung erfolgt nach den allgemeinen Grundsätzen des Schuldrechtes, und mit dieser Einzelforderung verbindet sich die Hypothek nicht. Sie bleibt ungemindert bei der noch nicht definitiv festgestellten Forderung aus dem gesamten Verhältnis (**1190**, Abs. 4). Die Hypothek zur Sicherung der Gesamtforderung kann *nur* in der gewöhnlichen Weise übertragen werden.

3. Eine *Umwandlung* dieser Maximalhypothek in eine gewöhnliche Hypothek oder Grundschuld nach **1186** ist nicht möglich, solange die definitive Feststellung des Betrages noch aussteht[4]).

4. Erfolgt die Feststellung, so wandelt sich die Hypothek in eine solche mit festem Betrage (Sicherungs-, Buch-, Briefhypothek). Dann ist die Umwandlung nach **1186** möglich, das Grundstück haftet auch für die vereinbarten Zinsen (arg. **1119**). Die Übertragung steht unter den allgemeinen Vorschriften.

C. **Die Zwangshypothek.** Diese dient als Ersatz der *Zwangsvollstreckung* (1) oder *Zwangsverwaltung* (2) (Urteils-, Judizial-, Arresthypothek, ZPO. §§ 866—871. 932).

1. Auch nur eine Sicherungshypothek kann der Gläubiger auf Grund eines vollstreckbaren Titels (*Urteile* usw.), nicht auf Grund eines Vollstreckungsbefehles, als Ersatz für die von ihm jetzt nicht begehrte Zwangsvollstreckung eingetragen verlangen. Die Hypothek entsteht mit der Eintragung. Die Eintragung geschieht auf Antrag des Gläubigers und ist auf dem

---

[1]) Vgl. GBO. § 44, Abs. 2.

[2]) Der Gläubiger kann aber auch selbst als Kläger allein oder mit dem Vertreter zugleich (ZPO. §§ 59. 66) auftreten. Der Vertreter, der den Prozeß führt, ist nicht Prozeßsubjekt, sondern gesetzlicher Vertreter. *Biermann*, S. 414 f. *Hachenburg*, a. a. O., S. 326.

[3]) Daß in solchen Fällen auch die Forderung selbst oder das Rechtsverhältnis, aus der sie hervorgeht, schon besteht, ist kein Erfordernis der normalen Hypothek (**1113**, Abs. 2, **L.** § 197, I. D.). Vgl. *Biermann*, S. 417.

[4]) Vgl. *Biermann*, S. 419.

vollstreckbaren Titel zu vermerken. Die Forderung muß den Betrag von 300 Mark übersteigen. Die Verkehrshypothek ist hier wegen der Natur der vorläufigen Vollstreckbarkeit und wegen des eben erwähnten Zweckes ausgeschlossen. Entsprechend den allgemeinen Grundsätzen wird diese Zwangshypothek zur Eigentümerhypothek, wenn der vollstreckbare Titel nicht besteht (ZPO. § 866), über diese Grundsätze aber hinaus auch, wenn z. B. das zu vollstreckende Urteil oder seine Vollstreckbarkeit (ZPO. § 868) aufgehoben wird, und beide Maßregeln sich lediglich gegen die Hypothek als solche, nicht gegen die Forderung richten. Selbstverständlich kann die Zwangshypothek auch mehrere Grundstücke des Schuldners ergreifen, nicht aber als Gesamthypothek, sondern der Betrag ist nach Größenangabe des Gläubigers auf die einzelnen Grundstücke zu verteilen (ZPO. § 866, Abs. 2).

2. Als Ersatz für die Zwangsverwaltung kann die Vollziehung des Arrestes in ein Grundstück durch Eintragung einer Sicherungshypothek für die Forderung erfolgen; der Arrestgeldbetrag (ZPO. § 923) ist als Höchstbetrag wie bei der Maximalhypothek zu bezeichnen, es ist also nicht ein Höchstbetrag von über 300 Mark verlangt. Im übrigen gilt das unter Z. 1 Bemerkte (ZPO. § 932).

D. Nur eine Sicherungshypothek kann eingetragen werden nach EG. Art. 91, wenn der Fiskus und bestimmte andere juristische Personen nach Landesrecht zur Sicherung bestimmter Forderungen die Eintragung einer Hypothek verlangen können. Die Hypothek entsteht mit der Eintragung (GBO. § 39).

E. Wenn der Ersteher in der Zwangsversteigerung das Bargebot nicht berichtigt, so wird zur Ausführung des Teilungsplanes die Forderung gegen den Ersteher auf die Berechtigten durch das Gericht übertragen (ZVG. §§ 118. 120. 121. 123—126) und zur Sicherung eine Sicherungshypothek an dem Grundstücke mit dem Range des Anspruches eingetragen. Die Hypothek entsteht mit der Eintragung (ZVG. § 128 ff.).

§ 209.

Die Grundschuld.[1])

Der juristische Charakter der Grundschuld ist kein anderer als derjenige der Hypothek. Der Grundschuldberechtigte kann wie der Hypothekar kraft der dinglichen Belastung des Grundstückes die Zahlung einer bestimmten Geldsumme aus dem Grundstücke verlangen (**1191**, Abs. 1). Der Unterschied beider liegt nur darin, daß die Grundschuld eine Forderung nicht voraussetzt wie die Hypothek (vgl. L. § 196). Damit ist aber nicht gesagt, daß nicht neben der Grundschuld auch eine persönliche Forderung besteht, vielmehr ist das regelmäßig der Fall[2]). Nur das Verhältnis der Forderung zur Grundschuld ist ein anderes. Die Forderung ist für die Legitimation zur Grundschuld und für ihre Wirkung gleichgültig. Nur indirekt vermag die Forderung Einfluß zu gewinnen. Wer wegen einer Forderung, die sich als nichtig erweist, die Grundschuld eingeräumt hat, wird mit dem Anspruch wegen ungerechtfertigter Bereicherung den Grundschuldanspruch zurückfordern und so die Grundschuld zur Eigentümergrundschuld machen können. Dieser Anspruch versagt allerdings gegenüber dem gutgläubigen Erwerber der Grundschuld, soweit der Anspruch nicht durch Widerspruch (**899**) gesichert ist. Da die Grundschuld im Zweifel nur zahlungshalber nicht an Zahlungs Statt bestellt wird, so dauert das persönliche Schuldverhältnis und der persönliche Anspruch fort[3]).

Die Grundschuld steht daher prinzipiell unter den Vorschriften über die Hypothek, soweit diese nicht durch das Verhältnis derselben zur Forderung bedingt sind. Alle sonstigen Abweichungen sind sekundärer Natur (**1192**, Abs. 1).

I. **Gegenstand** der Grundschuld kann von vornherein das eigene Grundstück sein, während die erste Bestellung einer Eigentümerhypothek ausgeschlossen ist (**1196**, Abs. 1). Die

---

[1]) Kühnast, Die Grundschuld des Entw. usw. (1888). v. Schwind, S. 126 ff. 142 ff.

[2]) Vgl. ZVG. § 53, Abs. 2.

[3]) Vgl. näheres bei Hachenburg, a. a. O., S. 262 ff. v. Schwind, S. 128.

Belastung des Grundstückes mit der Zahlung von Zinsen und anderen Nebenleistungen ist statthaft, muß bei der Grundschuld aber besonders zum Ausdruck gelangen, weil sie sich als besondere Belastung darstellt. Obwohl der Eigentümer für die Grundschuldzinsen lediglich dinglich haftet werden diese doch wie Hypothekenzinsen behandelt.

II. **Die Entstehung** der Grundschuld. Es gilt das Recht der Hypothek. Auch die Grundschuld ist **Buch- oder Briefgrundschuld,** und dem entsprechend bestimmt sich der Erwerb der Grundschuldberechtigung in erster Hand, die Übertragung und die Geltendmachung (Vorlegung des Briefes usw.) (vgl. IV. V.).

III. **Der Anspruch des Gläubigers** weist einige Besonderheiten auf:

A. Wann der Anspruch **fällig** ist, bestimmt sich für Kapital und Zinsen nach der Eintragung bzw. Eintragungsbewilligung und dem Brief. Ist nichts festgesetzt, so können die Grundsätze des Schuldrechtes nicht entscheiden wie bei der Hypothek. Die Kapitalschuld soll dann fällig werden nach vorgängiger Kündigung mit sechsmonatlicher Kündigungsfrist. Die Kündigung erfolgt zwischen Eigentümer und Gläubiger und steht beiden zu (**1193**). Für die Festsetzung des Zinssatzes und der Nebenleistungen wird in Ermangelung einer besonderen Festsetzung die Natur der Zinsen und Nebenleistung den Zeitpunkt der Fälligkeit ergeben.

B. **Der Zahlungsort** ist für Kapital, Zinsen und Nebenleistungen in Ermangelung besonderer Festsetzung der Ort, an dem das Grundbuchamt seinen Sitz hat (**1194**).

C. **Die Einreden,** die dem Eigentümer gegen den Gläubiger zustehen, sind im Vergleich mit der Hypothek beschränkt. Es fallen fort alle Einreden aus der persönlichen Forderung, selbst wenn eine solche besteht. Es stehen dem Eigentümer zu alle Einreden, die sich gegen die Grundschuld richten und sich aus dem Grundbuch ergeben, oder gegen den Bestand der Grundschuld gerichtet sind, oder sich aus dem persönlichen Verhältnis zwischen dem Eigentümer und dem Gläubiger herleiten (**1157**). Die Einreden aus **1157** gehen auch gegen den späteren Erwerber der Grundschuld, wenn er sie kannte.

IV. **Die Inhabergrundschuld** (**1195**). Bei der Briefgrundschuld kann der Brief auf den Inhaber gestellt werden. Dem Inhaber des Briefes steht nach den Vorschriften, die für Inhaberpapiere gelten, der Anspruch aus der Grundschuld zu. Entstehung (staatliche Genehmigung)[1]). Übertragung der Grundschuld, Zuständigkeit von Einreden gegen den Inhaber stehen auch unter diesen Vorschriften (L. § 137). Trotzdem handelt es sich um dingliche Last und dinglichen Anspruch wie bei der Inhaberpapierhypothek. Der Inhabergrundschuldbrief kommt nicht für sich allein in Betracht, sondern in erster Linie das Grundbuch. Auf die Übereinstimmung beider ist durch GBO. § 43 hingewirkt, bei Nichtübereinstimmung ist aber das Grundbuch maßgebend. Auch hier kann ein Vertreter für die Inhaber bestellt werden (GBO. § 43, Abs. 2, § 70, Abs. 2).

V. **Die Eigentümergrundschuld** (**1196. 1197**).

A. Abweichend vom Rechte der Hypothek kann eine Eigentümergrundschuld von vornherein bestellt werden. Zur Bestellung ist die einseitige Erklärung des Eigentümers gegenüber dem Grundbuchamte, daß für ihn die Grundschuld in das Grundbuch eingetragen werden soll, und die Eintragung erforderlich (**878**). Auch hiervon abgesehen, kann sich eine völlige Parellele zwischen Entstehung der Eigentümerhypothek und der Eigentümergrundschuld ergeben. Die Eigentümergrundschuld gelangt nur zur Entstehung, wenn der Eigentümer den Grundschuldgläubiger befriedigt, wenn der letztere auf die Grundschuld verzichtet oder im Aufgebotsverfahren ausgeschlossen wird, und wenn bei der Briefgrundschuld der Brief noch nicht an den Gläubiger übergeben ist, L. § 205, I. A, Z. 1. B. C. D.).

B. Der Inhalt der Eigentümergrundschuld ist derjenige der Eigentümerhypothek im engeren Sinne (L. § 205, II).

---

[1]) RG. Bd. 59, S. 381. Ist der Nachweis der staatlichen Genehmigung zur Eintragung oder nur zur Ausfolgung des Briefes an den Eigentümer erforderlich? Vgl. Biermann, S. 424.

VI. Die begrifflich gleiche Natur beider ermöglicht, ohne daß Zustimmung der im Range gleich- oder nachstehenden Berechtigten erforderlich wäre, die **Umwandlung** der Grundschuld in eine Hypothek und die Umwandlung der Hypothek in eine Grundschuld (**1198**).

§ 210.
Die Rentenschuld.[1])

Die Rentenschuld ist eine **Grundschuld,** deren Besonderheit in der Art der Belastung des Grundstückes besteht[2]). Der Rentenschuldgläubiger hat nicht eine bestimmte Geldsumme und Zinsen, sondern Rentenleistungen, d. h. als Erträgnisse des Kapitales sich darstellende Geldbeträge, an regelmäßig wiederkehrenden Terminen, aus dem Grundstück zu fordern, während eine Forderung auf das Kapital selbst nicht besteht, dem Eigentümer nur ein Recht der Ablösung durch Kapitalleistung zusteht (**1199**, Abs. 1. **1201**, Abs. 1). Die Vorschriften für die Grundschuld gelten auch für die Rentenschuld, insoweit also auch die Vorschriften für die Hypothek.

I. **Die Bestellung** der Rentenschuld erfolgt wie bei der Grundschuld, also verschieden, wenn sie für einen Dritten oder den Eigentümer selbst bestellt wird (vgl. IV), wenn sie Brief- oder Buchrentenschuld ist. Die Briefrentenschuld kann auch als Inhaberrentenschuld bestellt werden. Bei der Bestellung muß die Ablösungssumme festgestellt und eingetragen werden (**1199**, Abs. 2).

II. **Der Anspruch** des Rentenschuldgläubigers geht auf Zahlung der einzelnen Rentenleistungen an den bestimmten Terminen. Gleich den Grundschuldzinsen werden sie wie Hypothekenzinsen behandelt (**1200**, Abs. 1). Die Zahlung der einzelnen Renten, Vereinigung von Rentenrecht und Eigentum, Erlaß der einzelnen Rentenleistung bewirken nicht Entstehung der Eigentümerrentenschuld bzw. dieser einzelnen Rentenleistungen, vielmehr erlischt die Haftung des Grundstückes (**1178**, vgl. **1158. 1159**, Abs. 1; ZVG. § 10, Z. 4).

III. **Das Ablösungsrecht** steht dem Eigentümer zu, dem Gläubiger kann nicht das Recht eingeräumt werden, die Ablösung zu verlangen. Nur im Falle gefährdeter Sicherheit hat der Gläubiger gemäß **1133**, Satz 2 (**L.** § 201, I. A.) dieses Recht (**1201**).

A. Der Eigentümer, welcher ablösen will, muß mit Kündigungsfrist von sechs Monaten kündigen, wenn nicht andere Kündigungsfrist oder Einschränkung der Kündigung vereinbart ist. Diese Vereinbarung kann aber den Eigentümer nur so weit beschränken, daß er erst nach dreißig Jahren, unter Einhaltung der sechsmonatlichen Kündigungsfrist, kündigen kann[3]). Dem Eigentümer kann daher die Ablösung niemals durch Vereinbarung entzogen werden (**1202**, Abs. 1 u. 2).

B. Nach Ablauf der Kündigungsfrist kann der Gläubiger die Zahlung der Ablösungssumme aus dem Grundstücke verlangen (**1202**, Abs. 3). Die Ablösungssumme steht dem Grundschuldkapital gleich (**1200**, Abs. 1).

IV. **Die Eigentümerrentenschuld** entsteht wie die Eigentümergrundschuld (vgl. **L.** § 209), also von dem Falle der Bestellung für den Eigentümer abgesehen, z. B. durch Zahlung der Ablösungssumme an den Gläubiger, durch Verzicht des Gläubigers auf die Rentenschuld. Der Eigentümer erhält die Rentengrundschuld (**1200**, Abs. 2)[4]).

---

[1]) Materialien: M. III. S. 631 f. D. S. 155 f. P. III. S. 508 ff. 771 ff.; IV. S. 497 ff. 587; VI. S. 431. 433 f. 465 ff. 668. 701. 715. 718 f. 727. 735. 797. Begründung d. Novelle z. ZPO., S. 156. 169. Denkschrift zum GFG., S. 80. Literatur: Schneider, Schmollers Jahrbuch, Jahrg. 14, S. 137 ff. Klemm, Schmollers Jahrbuch. 15, S. 183 ff. Brettner, Arch. f. bürgerl. Recht, Bd. 13, S. 308 ff. Gierke, D. Priv.-R. II. § 165.

[2]) Neben dieser dem Kreditbedürfnis dienenden Rentenschuld hat die Reallast selbständigen Zweck und selbständige Existenz (**L.** § 195). Vgl. Grützmann, Sächs. Arch., Bd. 8 (1898), S. 263 ff. v. Schwind, S. 126. Crome III, § 459.

[3]) EG. Art. 117. Pr. AG. z. BGB. Art. 32 (20 Jahre).

[4]) Biermann, S. 428.

V. Die **Umwandlung** der Rentenschuld in eine gewöhnliche Grundschuld und umgekehrt, ist ohne Zustimmung der im Range gleich- oder nachstehenden Berechtigten statthaft. Selbstverständlich liegt eine bloße Umwandlung nur insoweit vor, als sich die Belastung nicht steigert (**1203**).

§ 211.

Die Zwangsvollstreckung in das unbewegliche Vermögen.[1])

Die Zwangsvollstreckung in das unbewegliche Vermögen steht unter der ZPO. und dem Reichsgesetz vom 24. März 1897 (Fassung vom 20. Mai 1898). Der Zwangsvollstreckung dienen die Eintragung einer Sicherungshypothek, Zwangshypothek (ZPO. §§ 866—868. 932, **L.** § 208), die Zwangsversteigerung und die Zwangsverwaltung. Vollstreckungsgericht ist für die letzteren beiden Maßregeln das Amtsgericht des Bezirkes, in dem das Grundstück gelegen ist, Beschwerdegericht ist das Landgericht.

I. **Die Zwangsversteigerung.** Die Anordnung der Zwangsversteigerung setzt den Antrag eines Gläubigers voraus, der sich auf einen vollstreckbaren Schuldtitel (rechtskräftiges Urteil usw.) stützen muß. Die Anordnung erfolgt durch Gerichtsbeschluß, der den Beteiligten zuzustellen ist; auf Ersuchen des Vollstreckungsgerichtes wird vom Grundbuchamt zugleich ein Vermerk in das Grundbuch eingetragen, daß die Zwangsversteigerung in das Grundstück angeordnet ist (Sperrvermerk) ZVG. § 19. Die Anordnung der Zwangsversteigerung bewirkt die Beschlagnahme, die einem gerichtlichen Veräußerungsverbot gleichsteht und außer dem Grundstück die Bestandteile und diejenigen Gegenstände ergreift, auf welche sich z. B. eine Hypothek miterstreckt (Zubehör, getrennte Bestandteile, mit Ausnahme der getrennten Früchte, Versicherungsgelder). Vgl. **L.** § 199. Die Beschlagnahme mithaftender Forderungen (Versicherungsgelder) wird für den Schuldner erst wirksam, wenn dieser nicht schon vorher Kenntnis von der Beschlagnahme hatte, mit der Zustellung des gerichtlichen Zahlungsverbotes (ZVG. §§ 20—22). Dem Vollstreckungsschuldner bleibt nach der Beschlagnahme die Verfügung über die zum Grundstück gehörenden beweglichen Sachen innerhalb der Grenzen ordnungsmäßiger Wirtschaft; er kann das Grundstück benutzen und verwalten. Zur Entziehung dieser freien Verfügung muß der Gläubiger Zwangsverwaltung beantragen (ZVG. §§ 23—26).

A. **Die Beteiligten** sind

1. Der Vollstreckungsgläubiger. Die Zwangsversteigerung kann von einem Gläubiger, der ein Recht an diesem Grundstück hat, und von dem persönlichen Gläubiger des Eigentümers durch Antrag betrieben werden. Dem ersten Antragsteller kann jeder andere Gläubiger, der einen vollstreckbaren Schuldtitel einreicht, beitreten (ZVG. §§ 9. 27) und mit der gleichen Wirkung wie der erste Antragsteller durch Gerichtsbeschluß zugelassen werden.

2. Vollstreckungsschuldner ist der eingetragene Eigentümer oder seine Erbe. Soll gegen den wirklichen, aber nicht eingetragenen Eigentümer die Zwangsversteigerung betrieben werden, so muß der Gläubiger zuvor die Eintragung des Eigentümers veranlassen (Grundbuchberichtigung **L.** § 154).

3. Beteiligt sind am Verfahren alle, die ein eingetragenes oder durch Vormerkung gesichertes Recht am Grundstück haben, ohne daß es ihrer Anmeldung bedarf.

4. Der Anmeldung (und Glaubhaftmachung) beim Vollstreckungsgericht bedürfen aber die nicht eingetragenen Rechte am Grundstücke, Mieter und Pächter, denen das Grundstück überlassen ist, Dritte, die aus einem die Zwangsvollstreckung hindernden Rechte intervenieren.

B. Die Rangordnung (ZGO. §§ 10 ff.). Aus dem Versteigerungserlöse sind an erster Stelle die Kosten des Verfahrens (ausgenommen die Kosten der Anordnung, des Beitrittes und des Zuschlages) zu decken. Es folgen dann die Gläubiger in acht Klassen. Ehe die vorstehende Klasse nicht Befriedigung aus dem Erlös erhalten hat, kann die nachfolgende nicht befriedigt werden. In Klasse 1—3 stehen gewisse bevorrechtigte Forderungen, nämlich

---

[1]) Rothenberg, Arch. f. d. ziv. Praxis, Bd. 94, S. 265 ff. Die Kommentare zum ZVG. von Wolff, Jäckel, Fischer, Schäfer usw.

1. Der Anspruch eines die Zwangsverwaltung betreibenden Gläubigers auf Ersatz der notwendigen Auslagen für die Erhaltung und Verbesserung des Grundstückes, die aus den Nutzungen des Grundstückes nicht erstattet werden können, falls die Verwaltung bis zum Zuschlage fortbesteht.

2. Die Ansprüche des Dienst- und Arbeitspersonales, das im Betriebe land- und forstwirtschaftlicher Grundstücke angenommen ist, auf die laufenden und seit einem Jahre rückständigen Bezüge an Lohn usw.

3. Die laufenden und seit zwei Jahren rückständigen öffentlichen Lasten.

In Klasse 4 folgen die eingetragenen dinglichen Rechte in ihrer Rangordnung. Mit dem dinglichen Rechte selbst werden auch die Ansprüche auf wiederkehrende Leistungen (auch Zinsen), aber nur mit den seit dem letzten Fälligkeitstermin seit der Beschlagnahme laufenden Beträgen und den Rückständen aus den letzten zwei Jahren von dem letzten Fälligkeitstermin befriedigt; ferner die Kosten der Kündigung und Rechtsverfolgung und Ansprüche auf Nebenleistungen aus diesen Rechten. In der 5. Klasse folgt der Anspruch des die Zwangsversteigerung betreibenden Gläubigers, soweit er nicht schon in Klasse 1—4 zur Befriedigung gelangt ist. Unter mehreren konkurrierenden Gläubigern entscheidet die Zeit der Beschlagnahme. Ist in der Klasse 4 die Befriedigung aller mit dem dinglichen Rechte zusammenhängenden Ansprüche oder in Klasse 5 die Befriedigung aller Ansprüche des betreibenden Gläubigers nicht möglich, so werden sie in der Reihenfolge befriedigt: Kosten, Zinsen und sonstige Nebenleistungen und Hauptanspruch. In der 6. Klasse folgen nach ihrem Range die dinglichen Rechte, die infolge der Beschlagnahme dem betreibenden Gläubiger gegenüber unwirksam sind, in der 7. Klasse die älteren Rückstände aus öffentlichen Lasten, in der 8. Klasse die älteren Rückstände aus eingetragenen Rechten (vgl. Klasse 3 bis 4).

C. Das geringste Gebot. Durch die Zwangsversteigerung sollen die Rechte, die dem Anspruche des betreibenden Gläubigers vorgehen, in ihrem Bestande oder ihrer Sicherheit nicht beeinträchtigt werden. Daher wird nur ein Gebot zugelassen, welches die Kosten des Verfahrens und die dem Rechte des betreibenden Gläubigers vorgehenden Rechte deckt. Das ist das geringste Gebot (ZVG. §§ 44—48). Bei der Feststellung des geringsten Gebotes werden berücksichtigt: die Kosten des Verfahrens, die bevorrechtigten Forderungen (B. Z. 1—3), die Rechte am Grundstücke, die dem Anspruch des betreibenden Gläubigers vorgehen, die angemeldet und eventuell glaubhaft gemacht werden müssen, wenn sie nicht eingetragen sind. Ansprüche auf wiederkehrende Leistungen, die aus dem Grundbuche ersichtlich sind, werden mit den laufenden Beträgen angesetzt, mit den Rückständen, soweit sie angemeldet sind. Bedingte Rechte werden als unbedingte, vorgemerkte oder durch Widerspruch gesicherte wie eingetragene angesetzt. Das Reichsgesetz hat das Deckungsprinzip angenommen, dagegen das Löschungsprinzip abgelehnt. Nach dem Löschungsprinzip mußten in der Zwangsvollstreckung alle Pfandbelastungen getilgt werden. Der Steigerungspreis mußte vom Ersteher voll ausgezahlt werden. Ein geringstes Gebot gab es nicht. Der Zuschlag mußte bei jedem Meistgebot, ohne daß eine niedrigste Grenze bestand, erteilt werden. Von dem Erlöse wurden die Hypotheken usw. gezahlt, soweit er reichte, alle Pfandrechte aber stets gelöscht, so daß der Käufer das Grundstück frei von Hypotheken erwarb. Wollte er einzelne Hypotheken übernehmen, so war das nur im Wege besonderer Vereinbarung möglich. Nach dem Deckungs- oder Übernahmeprinzip dagegen wird nur ein Gebot in Höhe des geringsten Gebotes zugelassen. Alle Pfandrechte, die im Rahmen des geringsten Gebotes liegen, werden vom Ersteher übernommen. Z. B. im Grundbuch eines Mietshauses sind eingetragen: 1) 10000 für A, 2. 6000 für B, 3. 5000 für C, 4. 5000 für D, 5. 4000 für E. D betreibt die Zwangsversteigerung. Hier setzt sich das geringste Gebot zusammen aus den Hypotheken 1—3 = 21000, dazu kommen die rückständigen Zinsen dieser Hypotheken, öffentliche Lasten und gewisse Kosten. Werden diese Posten auf 1500 angenommen, so beträgt das geringste Gebot 22500.

D. Das Bargebot. Nicht der gesamte Betrag des Meistgebotes ist vom Ersteher im Verteilungstermin bar zu berichtigen, sondern nur ein gewisser Teil, das Bargebot, und dieser Betrag ist vom Zuschlag an zu verzinsen; das Bargebot setzt sich zusammen aus einem Teil der Kosten des Verfahrens (vgl. B.), den bevorrechtigten Forderungen (Z. 1—3), den wiederkehrenden Leistungen (Zinsen, Renten) und Nebenleistungen aus den dem betreibenden Gläubiger vorgehenden Rechten am Grundstücke. Dazu kommt noch der das geringste Gebot übersteigende Teil des Meistgebotes. Würde dieses in unserem Falle 28000 betragen, so beläuft sich das Bargebot auf 1500 + 5500 = 7000. Kündigungen gegen den Ersteher müssen, um wirksam zu sein, spätestens im Versteigerungstermin angemeldet werden.

E. Die Versteigerung. Nach der Beschlagnahme setzt das Gericht den Versteigerungstermin fest (ZVG. §§ 37—40). Dieser ist öffentlich bekanntzumachen und den Beteiligten anzuzeigen mit der Aufforderung

1. die nicht aus dem Grundbuche ersichtlichen Rechte spätestens im Versteigerungstermin vor der Aufforderung zur Abgabe von Geboten anzumelden und glaubhaft zu machen; widrigenfalls sie bei Feststellung des geringsten Gebotes nicht berücksichtigt werden;

2. wegen solcher Rechte, die die Versteigerung hindern, die Aufhebung oder einstweilige Einstellung des Verfahrens vor Erteilung des Zuschlages herbeizuführen (ZVG. §§ 35—43). Im Termin wird nach Anhörung der Beteiligten das geringste Gebot bekanntgemacht und werden die Versteigerungsbedingungen festgestellt und mitgeteilt (ZVG. § 66). Sodann erfolgt die Aufforderung zu Geboten. Der Bieter hat auf Verlangen Sicherheit zu leisten (ZVG. §§ 67. 68. 70. 71). Die Versteigerung muß mindestens eine Stunde nach der Aufforderung dauern (ZVG. § 73). Das letzte Gebot muß dreimal verkündet werden, ehe der Termin geschlossen wird. Zu einem neuen Versteigerungstermin kann es kommen

a) wenn kein genügendes Gebot abgegeben wird. Wird auch in dem weiteren Termin kein genügendes Gebot abgegeben, so wird das Verfahren aufgehoben;

b) wenn vor Schluß der Verhandlung ein Beteiligter, dessen Recht ausfallen würde, einen neuen Termin beantragt (ZVG. § 85).

F. Der Zuschlag wird dem Meistbietenden oder seinem Zessionar (ZVG. § 71) nach vorheriger Verhandlung am Schluß des Versteigerungstermines oder in einem späteren Termin, der nicht über eine Woche hinausgeschoben werden soll, durch Gerichtsbeschluß erteilt (ZVG. § 87). Rechtsmittel (ZVG. § 90). Der Zuschlag hat die Wirkung, daß der Ersteher Eigentümer des Grundstückes und der mitversteigerten beschlagnahmten Gegenstände wird (ZVG. § 90). Der Ersteher kann Besitz vom Grundstück ergreifen (ZVG. § 93). Eintragung im Grundbuch erreicht er erst nach Bezahlung (H.). Ein Beteiligter, der aus dem Bargebot befriedigt werden soll, kann sich gegen tatsächliche Verfügungen durch Antrag auf Zwangsverwaltung (ZVG. § 94) schützen. Die Gefahr des Grundstückes geht auf den Ersteher über mit dem Zuschlage, die der sonstigen Gegenstände mit dem Schlusse der Versteigerung. Von diesem Zeitpunkte an gebühren ihm die Nutzungen und treffen ihn die Lasten; er hat keinen Anspruch wegen Gewährleistung (ZVG. § 56). Bestehen bleiben die Rechte, die nach den Versteigerungsbedingungen bestehen bleiben sollen (ZVG. § 91), oder die der Ersteher durch Vertrag mit dem Berechtigten übernommen hat. Alle übrigen Rechte erlöschen; sie sind, soweit das Meistgebot reicht, bar auszuzahlen (ZVG. §§ 92. 121). Soweit sie nicht durch das Meistgebot gedeckt sind, erlöschen sie ohne Entschädigung.

G. Verteilung des Erlöses. Für den bar zu zahlenden Teil des Meistgebotes nebst 4 Proz. Zinsen seit Zuschlag hat das Vollstreckungsgericht einen Teilungsplan aufzustellen und einen Verteilungstermin anzusetzen (ZVG. § 105, vgl. §§ 143—145). Das bare Kaufgeld wird den Beteiligten ausbezahlt, soweit kein Widerspruch erfolgt, sonst wird der streitige Betrag hinterlegt. Der Widersprechende muß binnen einem Monat gegen den Berechtigten Klage erheben, sonst wird der Teilungsplan durchgeführt (ZVG. §§ 114. 115. ZPO. §§ 876—882). Wird das Kaufgeld nicht bar bezahlt, so erhalten die Beteiligten durch Gerichtsbeschluß eine dem fehlenden Barbetrage entsprechende Ersatzforderung gegen den Ersteher (ZVG. § 118). Die Beteiligten sind befriedigt, falls sie nicht binnen drei Monaten auf die Ersatzforderung verzichten oder eine neue Zwangsversteigerung beantragen. Mit der Ersatzforderung ist eine Sicherungshypothek mit dem Range der ursprünglichen Ansprüche im Grundbuche einzutragen (ZVG. § 128).

H. Grundbuchberichtigung. Nach Ausführung des Teilungsplanes (G.) und Rechtskraft des Zuschlagsbeschlusses wird der Ersteher auf Ersuchen des Vollstreckungsgerichtes im Grundbuche eingetragen, der Versteigerungsvermerk und die erloschenen Rechte werden gelöscht, die Sicherungshypotheken werden eingetragen (ZVG. §§ 128. 130).

II. **Die Zwangsverwaltung.**

Die Zwangsverwaltung steht i. a. unter den gleichen Voraussetzungen wie die Zwangsversteigerung, sie richtet sich aber auch gegen den nicht eingetragenen Eigenbesitzer (ZVG. §§ 146. 147).

Die Beschlagnahme ergreift auch die Erzeugnisse des Grundstückes und die Miet- und Pachtgelder und entzieht dem Eigentümer oder Eigenbesitzer Verwaltung und Nutzung. Wenn er auf dem Grundstück wohnt, so sind ihm die für seinen Hausstand unentbehrlichen Räume zu belassen, solange er und die Mitglieder des Hausstandes die gerichtliche Verwaltung nicht gefährden (ZVG. §§ 148. 149).

Der Verwalter wird vom Gericht bestellt und steht unter Aufsicht des Gerichtes (ZVG. §§ 150 bis 154).

Aus den Nutzungen werden nächst den Kosten des Verfahrens und der Verwaltung die öffentlichen Lasten bestritten, sodann die Ansprüche der Gläubiger nach der Reihenfolge (ZVG. §§ 155. 156); in Klasse 2—4 werden an wiederkehrenden Leistungen nur die laufenden Beträge, nicht Rückstände berücksichtigt. Abzahlungen auf das Kapital können an betreibende Gläubiger geleistet werden erst nach Berichtigung der laufenden Ansprüche (ZVG. §§ 158. 159).

B. Das Pfandrecht an beweglichen Sachen und Rechten.

§ 212.

Das Pfandrecht an beweglichen Sachen.[1] a) Begriff und Entstehung.

I. Das Pfandrecht an beweglichen Sachen ist ein dingliches Recht, welches dem Berechtigten (Pfandgläubiger) die Befugnis gibt, sich aus der belasteten Sache für eine Forderung Befriedigung zu schaffen (**1204**).

A. **Gegenstand** sind bewegliche Sachen, d. h. selbständige Sachen, nicht erst künftig entstehende Sachen, wie z. B. ungetrennte Erzeugnisse[2]). Die Verpfändung künftiger Sachen als solcher ist aber nicht unwirksam, das Pfandrecht entsteht mit der Trennung und Besitzergreifung[3]) (**956. 957**). Auch ein Anteil des Miteigentümers, ein Anteil dieses Anteiles, ein vom Alleineigentümer ausgeschiedener Anteil kann verpfändet werden (**1258**). Für das Pfandrecht an Schiffen gelten Besonderheiten (**1259** ff.; **L.** § 216). Das Pfandrecht erstreckt sich auf das Zubehör und abgetrennte Bestandteile der Sache, auch auf solche, die zu den Erzeugnissen gehören (**1212**). Sind mehrere Sachen verpfändet, so haftet jede für die ganze Forderung (**1222**).

B. **Die Forderung**[4]), zu der das Pfandrecht als Nebenrecht (akzessorisches Recht) hinzutritt, ist für das Pfandrecht an beweglichen Sachen wesentlich. Die Forderung kann eine eigene des Verpfänders oder eine fremde sein (Verpfändung für eigene, — fremde Schuld). Das Forderungsrecht muß nicht auf eine Geldsumme gerichtet sein, es kann

---

[1]) Mittelstein, Arch. f. bürgerl. Recht (1891), Bd. 5, S. 277 ff. Demelius, Das Pfandrecht an bewegl. Sachen (1897). Gierke, D. Pr. R. II, § 169. 170. Wolff, §§ 159 ff.

[2]) Vgl. aber ZPO. §§ 808, Abs. 1, 810 und **L.** § 37, a. Ende.

[3]) Biermann, S. 93. 255.

[4]) Ob eine natürliche Verbindlichkeit genügt, ist aus den Vorschriften für diese zu entnehmen (**L.** § 72). Vgl. Biermann, S. 432.

eine künftige, befristete, bedingte und eine zur Zeit der Begründung noch unbestimmte Forderung sein. Der Gläubiger kann eine von vornherein individuell oder durch Inhabung oder Indossament eines Wertpapieres bestimmte Person sein. Das Pfand haftet für die Forderung in ihrem jeweiligen Bestande, also auch für die Erweiterungen derselben (Zinsen, Vertragsstrafen), mögen sie zur Zeit der Bestellung schon bestehen oder nachher durch Gesetz oder Rechtsgeschäfte begründet sein. Nur kann der persönliche Schuldner, der nicht der Eigentümer ist, nicht durch rechtsgeschäftliche Erweiterung der Forderung nach der Bestellung die Pfandhaftung erweitern. Außerdem haftet das Pfand für den Anspruch des Pfandgläubigers auf Ersatz der Verwendungen (**1216**) und für die Kosten der Kündigung der Rechtsverfolgung und des Pfandverkaufes (**1210**).

II. **Entstehung.** Das Pfandrecht entsteht durch Gesetz, richterliche Verfügung, private Pfändung[1]) und Rechtsgeschäft. Der Erwerb durch Ersitzung ist ausgeschlossen.

A. **Gesetzliche** Pfandrechte kennen das Handelsrecht (HGB. §§ 366. 368. 397. 410. 421. 440. 443. 623—627. 674. 725)[2]), die Reichsspezialgesetzgebung[3]) und das BGB. zugunsten des Vermieters, Verpächters, Pächters, Unternehmers, Gastwirtes und des zur Sicherheitsleistung Berechtigten im Falle der Hinterlegung. Diese Pfandrechte finden an den betreffenden Stellen des Systemes ihre Darstellung. Die Vorschriften des BGB. über das bestellte Pfand finden aber auch Anwendung auf die gesetzlichen Pfandrechte (**1257**).

B. **Richterliche** Verfügung begründet das Pfandrecht im Zwangsvollstreckungs- und Arrestverfahren nach den Vorschriften der ZPO. §§ 803 ff. 828 ff.[4]).

C. **Die rechtsgeschäftliche Bestellung**[5]).

Das vertragsmäßige Pfandrecht an beweglichen Sachen ist Faustpfandrecht. Die Begründung erfordert demnach (**1205** bis **1207**):

1. den dinglichen Vertrag des Verpfänders und Pfandgläubigers, daß dem letzteren das Pfandrecht zustehen solle, und

2. die Übergabe der beweglichen Sache an den Pfandgläubiger. Die Übertragung des Besitzes hat ihre Bedeutung besonders in der durch sie hergestellten Offenkundigkeit (Publizität) des Pfandrechtes. Die Übergabe zu Besitz ist nicht erforderlich, wenn der Pfandgläubiger z. B. als Verwahrer schon im Besitz ist (Übertragung kurzer Hand, brevi manu traditio **1205**, Abs. 1). Die Übergabe wird ersetzt

a) durch Wegnahme durch den Gerichtsvollzieher nach ZPO. § 897, Abs. 1;

b) wenn der Eigentümer im mittelbaren Besitze sich befindet, durch Übertragung des mittelbaren Besitzes auf den Pfandgläubiger (**870**) und Anzeige der Verpfändung an den unmittelbaren Besitzer durch den mittelbaren Besitzer. Der Besitzer wird dadurch Besitzvermittler des Pfandgläubigers (**1205**, Abs. **2**). Es genügt hier somit nicht wie bei dem Eigentumserwerbe die Abtretung des Herausgabeanspruches, ebenso ist die Einräumung des mittelbaren Besitzes im Wege des constitutum possessorium nicht statthaft (**930**. **931**, vgl. **L.** § 161);

c) auch die Einräumung des Mitbesitzes mit dem Verpfänder oder einem Dritten genügt in gewissen Fällen. Ist der Verpfänder unmittelbarer Besitzer, so genügt die Einräumung des unmittelbaren Mitbesitzers, wenn der Pfandgläubiger die Sache unter Mitverschluß hat. Ist der Verpfänder mittelbarer Besitzer, so genügt die Einräumung des mittelbaren Mitbesitzes, wenn der Besitzvermittler als Treuhänder nur an Verpfänder und Pfandgläubiger gemeinschaftlich herauszugeben gebunden ist (**1206**).

---

[1]) Diese gehört dem Landesrat an, Vorbehalt: EG. Art. 89. Vgl. **L.** § 68, II.

[2]) Vgl. EG. z. HGB. Art. 20.

[3]) Vgl. Mandry-Geib, § 34.

[4]) Vgl. Mandry-Geib, § 35.

[5]) Vorbehalt für das Landesrecht: EG. Art. 94 (gewerbliche Pfandleiher und Pfandleihanstalten und öffentliche Pfandleihanstalten) P. III. S. 369 f.; VI. S. 380 f. Bayer AG. z. BGB. Art. 91.

3. Zur Verpfändung befugt ist der Eigentümer oder sein Vertreter. Verpfändet sonst ein Nichteigentümer, so erwirbt der Pfandgläubiger dennoch das Pfandrecht, wenn er gutgläubig ist (**932. 934. 935**, vgl. L. § 162). Über den weitergehenden Schutz siehe HGB. §§ 366. 367.

III. **Das Rangverhältnis** des Faustpfandrechtes.

A. Der Grundbesitz ist, daß das Alter, also die Zeit der Bestellung, entscheidet, auch wenn die Bestellung für eine künftige oder bedingte Forderung erfolgte (**1209**). Nicht das BGB., wohl aber das sonstige Reichsrecht und das Landesrecht im Bereiche der Vorbehalte durchbrechen diesen Grundsatz durch Pfandprivilegien[1]).

B. Besteht bei der Bestellung des Pfandrechtes bereits ein Recht an der Sache, so geht das Pfandrecht, auch wenn es für eine künftige oder bedingte Forderung bestellt ist, diesem vor, wenn der Pfandgläubiger zur Zeit des Erwerbes des Pfandrechtes in gutem Glauben war; beim Erwerbe durch Übergabe kurzer Hand aber nur, wenn der Erwerber den Besitz vom Verpfänder erlangt hatte (**932**, Abs. 1, Satz 2) und nicht in den Fällen von **935** (gestohlene und verlorene Sachen), sowie wenn es sich um die Rechte des dritten Besitzers (**1205**, Abs. 2. **1206. 936**, Abs. 3) handelt (**1208**).

§ 213.
b) Die Rechte und Pflichten des Pfandgläubigers.

Die Rechte und Pflichten des Pfandgläubigers als dinglich Berechtigten bestimmen sich durch die Vorschriften über das Verhältnis des Eigentümers zum Besitzer der Sache, sein Verhältnis zum Verpfänder durch den Bestellungsvertrag. Abändernd und ergänzend treten besondere Vorschriften hinzu.

I. **Die Rechte und Pflichten des Pfandgläubigers.**

A. Der Pfandgläubiger ist zum Besitze berechtigt. Er hat den **Anspruch auf Herausgabe** analog wie der Eigentümer (**1227**, vgl. L. §§ 172—174). Inwieweit ihm der Besitz eingeräumt ist, ergibt sich aus L. § 211. Er kann Allein- oder Mitbesitzer, unmittelbarer oder mittelbarer Besitzer sein. Er hat aus dem Pfandrecht den dem Eigentumsfreiheitsanspruch analogen Anspruch (**1227**), aus dem Besitze auch die Besitzschutzmittel (L. §§ 148. 175), ferner den Anspruch aus früherem Besitze (**1007**, L. § 177). Als Besitzer ist ihm mit Recht dem Verpfänder gegenüber die Verwahrungspflicht auferlegt (**1215. 688** ff., L. § 126). Verwendungen kann er wie ein Geschäftsführer ohne Auftrag ersetzt verlangen (L. § 138), und er ist befugt, eine Einrichtung, mit der er die Sache versehen hat, wegzunehmen (**1216. 1226**). Wenn trotz Abmahnung durch den Verpfänder fortgesetzte erhebliche Verletzung der Rechte des Verpfänders durch den Pfandgläubiger eintritt, kann der Verpfänder, abgesehen von den sonst begründeten Ersatzansprüchen, auf Kosten des Pfandgläubigers Hinterlegung des Pfandes, falls es sich zur Hinterlegung nicht eignet, Ablieferung an einen gerichtlich zu bestellenden Verwahrer[2]), auch gegen Befriedigung des Pfandgläubigers Rückgabe des Pfandes verlangen (**1217**)[3]).

B. **Bei Besorgnis des Verderbes oder wesentlicher Wertminderung** kann

1. der Verpfänder das Pfand gegen anderweite Sicherheitsleistung (außer Bürgschaft) zurückverlangen. Der Pfandgläubiger hat von dem drohenden Verderb, nicht von der drohenden Wertminderung, unverzüglich dem Verpfänder Anzeige zu machen, sofern solche nicht untunlich ist (**1208**);

2. tritt zugleich eine Gefährdung seiner Sicherheit ein, so kann der Pfandgläubiger

---

[1]) Vgl. M. III, S. 805, Note 3.

[2]) GFG. § 165.

[3]) Ist die unverzinsliche Forderung noch nicht fällig, so hat der Verpfänder den Anspruch auf den Zwischenzins (**1217**, Abs. 2, vgl. **272. 1133**).

das Pfand öffentlich versteigern lassen (**1219**, Abs. 1. **1220**)[1]) oder, wenn es einen Markt- oder Börsenpreis hat, freihändig durch einen dazu öffentlich ermächtigten Handelsmäkler oder eine zur öffentlichen Versteigerung befugte Person verkaufen lassen (Sicherungsverkauf, **1221**). Der Erlös tritt an die Stelle des Pfandes und muß auf Verlangen des Verpfänders hinterlegt werden (**1219**, Abs. 2).

C. **Die Nutzungen** des Pfandes zu ziehen, ist der Pfandgläubiger nur auf Grund des Vertrages berechtigt. Stillschweigende Einräumung liegt im Zweifel in der Übertragung einer fruchttragenden Sache zu Alleinbesitz (Nutzpfand). (**1213. 1214.**)

1. Der Nutzpfandgläubiger zieht die Nutzungen kraft eigenen dinglichen Rechtes, aber für fremde Rechnung. Er hat für die Gewinnung der Nutzungen zu sorgen und dem Verpfänder Rechnung zu legen.

2. Der Reinertrag der Nutzungen ist zunächst auf etwaige Zins- und Kostenleistungen, sodann auf die Hauptleistung abzurechnen (**Antichresis**).

3. Die Parteien können anderes, besonders die Nutzziehung auf eigene Rechnung des Pfandgläubigers, bestimmen, nicht aber die Verbrauchsbefugnis des Pfandgläubigers.

D. Der Pfandgläubiger hat das Pfand nach Erlöschen des Pfandrechtes, oder wenn seiner Geltendmachung eine vernichtende Einrede entgegensteht, an den Verpfänder bzw. auch an den Eigentümer **zurückzugeben** (**1223**, Abs. 1). Die Rückgabe gestaltet sich verschieden, je nachdem der Besitz des Pfandgläubigers beschaffen ist[2]). Vgl. A. und B. Z. 1 und L. § 212.

E. Der Pfandgläubiger hat das **Recht, sich im Wege des Verkaufes aus der Sache zu befriedigen** (L. § 214). Diesem Verkaufsrecht entsprechen wiederum gewisse Pflichten.

F. Ist ein Miteigentumsanteil verpfändet, so übt der Pfandgläubiger die sich aus der Gemeinschaft der Miteigentümer ergebenden Rechte bezüglich der Verwaltung und Art der Benutzung aus. Er kann den verpfändeten Anteil zum Zwecke der Befriedigung verkaufen (E.). Vor Eintritt seines Verkaufsrechtes kann das Recht auf Aufhebung der Gemeinschaft von ihm nur gemeinschaftlich mit dem Miteigentümer, nach Eintritt auch von ihm allein und unabhängig von den schuldrechtlichen Verpflichtungen des Miteigentümers geltendgemacht werden. Der Miteigentümer kann das Recht stets nur gemeinschaftlich mit dem Pfandgläubiger ausüben. Tritt die Aufhebung ein, so hat der Pfandgläubiger ein Pfandrecht an dem, was an die Stelle des Anteiles trat (**1258**).

II. Der Geltendmachung der Ansprüche des Pfandgläubigers kann der Verpfänder (für eigene oder fremde Schuld) alle **Einreden** entgegenstellen, die dem persönlichen Schuldner gegen die Forderung zustehen. Der Verpfänder, welcher nicht der persönliche Schuldner ist, kann auch die nach **770** dem Bürgen zustehenden Einreden (der Anfechtbarkeit und Aufrechenbarkeit) entgegenstellen, nicht aber die dem Erben des persönlichen Schuldners zustehenden Einreden der Verjährung (**223**) und des Inventares. Durch Verzicht des persönlichen Schuldners gehen dem Verpfänder diese Einreden nicht verloren. Das gleiche gilt auch von dem Eigentümer, welcher nicht der persönliche Schuldner und der Verpfänder ist. Wird gegen diesen der Anspruch auf Herausgabe auf Grund des Pfandrechtes geltendgemacht, so steht er wie ein Verpfänder für fremde Schuld. Selbstverständlich kann er auch Einreden aus seinem persönlichen Verhältnis zum Pfandgläubiger und gegen den Bestand des Pfandrechtes (Unwirksamkeit der Bestellung) geltendmachen (**1211**).

---

[1]) Voraussetzungen der Zulässigkeit nach **1220**: α) Androhung an den Verpfänder, die aber bei dem Verderben ausgesetzten Pfändern und Gefahr im Verzuge unterbleiben darf. β) Im Falle der Wertminderung außer α) Bestimmung einer angemessenen Frist, innerhalb welcher der Verpfänder anderweite Sicherheit leisten kann (B., Z. 1) und Verstreichen dieser Frist. γ) Unverzügliche Anzeige von der geschehenen Versteigerung an den Verpfänder (Schadensersatzpflicht des Pfandgläubigers). δ) Die Akte unter α, β, γ dürfen unterbleiben, sofern sie untunlich sind.

[2]) Ob dem Pfandgläubiger in irgendeinem Falle der Rückgabepflicht ein Zurückbehaltungsrecht zusteht, bestimmt sich nach allgemeinen Grundsätzen, L. § 70.

III. **Verjährung.** Die Ersatzansprüche des Verpfänders wegen Veränderungen und Verschlechterungen des Pfandes und die Ansprüche des Pfandgläubigers auf Ersatz von Verwendungen oder auf Gestattung der Wegnahme einer Einrichtung verjähren in 6 Monaten seit Rückempfang des Pfandes, bzw. seit Endigung des Pfandrechtes. Mit der Verjährung des Anspruches auf Rückgabe ist auch der Ersatzanspruch des Verpfänders verjährt (**1226**. **585**, Abs. 2. 3).

§ 214.

c) Das Recht auf Befriedigung durch Verkauf.

Dem Pfandrecht wesentlich ist das Recht des Pfandgläubigers, sich durch Verkauf des Pfandes Befriedigung zu verschaffen (**1204**, Abs. 1. **1228**, Abs. 1). Dieses Verkaufsrecht kann nur dann nicht in Frage kommen, wenn Geld Gegenstand des Pfandrechtes ist. Davon abgesehen, ist die vor Eintritt des Verkaufsrechtes vereinbarte Verfallklausel (lex commissoria) nichtig (**1229**), und eine Vereinbarung, die dem Gläubiger nur Besitz des Pfandes zur Sicherheit gewährt, oder solche ähnlichen Inhaltes begründet kein Faustpfandrecht. Der Pfandgläubiger hat das Recht, nicht die Pflicht, sich durch Verkauf zu befriedigen. Das Verkaufsrecht steht dem Pfandgläubiger als eigenes Recht zu, er übt nicht ein Recht des Eigentümers als dessen Vertreter aus. Recht und Pflicht aus dem Verkauf entstehen daher in der Person des Pfandgläubigers, der Verkauf erfolgt aber auf Rechnung des Eigentümers. Der Verkauf ist regelmäßig Privatverkauf ohne vorhergehende gerichtliche Prüfung des Verkaufsrechtes. Wegen der Interessen des Eigentümers und des Erwerbers ist das Verkaufsrecht nach Voraussetzungen, Ausübung und Wirkungen genau geregelt.

I. **Die Voraussetzungen.**

A. Zum Eintritt des Verkaufsrechtes ist die **Fälligkeit** der Forderung ganz oder zum Teile gefordert, nicht Verzug des Schuldners. Ist der Schuldner nur zur Leistung Zug um Zug verpflichtet, so muß er bezüglich der Gegenleistung in Annahmeverzug sich befinden (**298**). Rechtskräftige Feststellung der Forderung oder ein sonstiger vollstreckbarer Schuldtitel ist nicht verlangt. Das Verkaufsrecht tritt aber nicht ein, ehe nicht die Forderung z. B. nach **280**. **283**. **286** in eine **Geldforderung** übergegangen ist (**1228**, Abs. 2).

B. Unter mehreren Pfändern hat der Gläubiger die Wahl. Er darf aber nicht mehr Pfänder zum Verkaufe bringen, als zu seiner Befriedigung erforderlich sind (**1230**).

C. Die Ausübung des Verkaufsrechtes setzt **Besitz** des Pfandgläubigers voraus. Der Pfandgläubiger muß eventuell auf Herausgabe des Besitzes klagen (vgl. L. § 212, I. A.). Die Herausgabe kann er zum Zwecke des Verkaufes auch verlangen, wenn er nur im Mitbesitz nach **1206**[1]) sich befindet[2]). Der Verpfänder kann hier aber an Stelle der Herausgabe die Ablieferung an einen gemeinschaftlichen Verwahrer (Treuhänder) verlangen, der sich verpflichten muß, das Pfand zum Verkaufe bereitzustellen (**1231**). Die Herausgabe zum Zwecke des Verkaufes kann der Pfandgläubiger auch vom nachstehenden Pfandgläubiger verlangen, nicht aber der nachstehende vom vorhergehenden. Der nachstehende Pfandgläubiger, der im Besitze ist, kann daher nur dann verkaufen, wenn der vorhergehende den Verkauf nicht betreibt, oder zwar betreibt, aber dem Verkauf durch den nachstehenden Pfandgläubiger nicht widerspricht (**1232**). Bei gleichem Range fällt das Widerspruchsrecht fort.

II. **Die Ausübung des Verkaufsrechtes** (**1233**—**1241**).

A. Die Regeln über die Ausübung des Verkaufsrechtes (B.) werden durchbrochen:

a) Wenn auch der Verkauf an sich Privatverkauf ist, so kann doch der Pfandgläubiger einen vollstreckbaren Titel für sein Verkaufsrecht erwirken. Geschieht das gegenüber dem Eigentümer-Schuldner, so ist der Weg des Verkaufes im Wege der Zwangsvollstreckung (ZPO. §§ 814 ff.) selbstverständlich, er wird aber auch gewährt gegen-

---

[1]) Vgl. Biermann, S. 271. A. M. Staudinger III, S. 304.

[2]) Auch wenn er an sich kein Recht zum Besitz hat, wie in **559** ff. **585**.

über dem Eigentümer als solchen (**1233**, Abs. 5). Ein vollstreckbarer Titel gegen den persönlichen Schuldner oder den Verpfänder genügt nicht[1]). Die Vorschriften über den Privatverkauf (B.) fallen dann fort, nicht aber die unter III.

b) Eigentümer und Pfandgläubiger können über die Art des Verkaufes anderes gültig vereinbaren, als unter B. vorgeschrieben ist, vorausgesetzt, daß dritte am Pfande Berechtigte, deren Recht durch die Veräußerung erlöschen würde (III.), dem Begünstigten gegenüber zustimmen. Ihre Zustimmung ist unwiderruflich. Jedoch kann vor Eintritt der Verkaufsberechtigung auf den Verkauf durch öffentliche Versteigerung (B. c.) auf die öffentliche Bekanntmachung (B. c. Z. 2) und auf die Kautelen beim Verkauf von Gold- und Silbersachen (B. c. Z. 4) nicht gültig verzichtet werden (**1245**).

c) Jeder Beteiligte kann eine seinen Interessen nach billigem Ermessen entsprechende von B. C. abweichende Art des Pfandverkaufes verlangen, worüber mangels einer Einigung das Gericht im Verfahren der freiwilligen Gerichtsbarkeit (FGG. § 166) entscheidet (**1246**).

B. Die dispositiven (Ordnungs-)Regeln über den Verkauf[2]).

a) Der Pfandgläubiger muß dem Eigentümer den Verkauf zuvor androhen (Mahnung), wenn das nicht untunlich ist. Die Androhung muß den Geldbetrag, wegen dessen Befriedigung gesucht wird, bezeichnen, und sie kann erst nach Eintritt der Verkaufsberechtigung erfolgen (**1234**, Abs. 1).

b) Der Verkauf kann erst nach Ablauf eines Monates nach Androhung bzw. Eintritt der Verkaufsberechtigung (Verkaufsfrist) erfolgen (**1234**, Abs. 2)[3]).

c) Der Verkauf ist in öffentlicher Versteigerung zu bewirken; bei Pfändern mit Börsen- oder Marktpreis ist freihändiger Verkauf wie beim Sicherungsverkauf (**1221**; L. § 213, I. B.) statthaft (**1235**).

1. Versteigerungsort ist der Aufbewahrungsort; ist an diesem ein angemessenes Resultat nicht zu erwarten, so muß der Pfandgläubiger nach pflichtgemäßem Ermessen an einem anderen geeigneten Orte versteigern lassen (**1236**).

2. Zeit und Ort der Versteigerung sind unter allgemeiner Bezeichnung des Pfandes öffentlich bekanntzumachen. Eigentümer und dritte am Pfande Berechtigte sind, wenn das nicht untunlich ist, besonders zu benachrichtigen (**1237**).

3. Pfandgläubiger und Eigentümer sind zum Gebot zugelassen (vgl. **456**. **457**). Das Gebot des Eigentümers und das des Schuldners bei Verpfändung für fremde Schuld kann zurückgewiesen werden, wenn der Betrag nicht bar erlegt wird (**1239**). Das Pfand darf nur mit der kassatorischen Klausel, d. h. unter der Bestimmung sofortiger Barzahlung bei Verlust der Rechte, verkauft werden (**1238**, Abs. 1). Erhält der Ersteher den Zuschlag ohne Zahlung desselben und Übergabe (**1239**, Abs. 1), wird ohne kassatorische Klausel verkauft oder diese nicht vor Schluß des Versteigerungstermines geltendgemacht, so gilt der nicht bezahlte Kaufpreis als vom Pfandgläubiger empfangen (Zahlungsfiktion)[4]). In den beiden letzten Fällen bleiben dem Pfandgläubiger seine Rechte gegen den Ersteher (**1238**, Abs. 2).

4. Gold- und Silbersachen dürfen nicht unter dem Gold- und Silberwert zugeschlagen werden. Bei ungenügendem Gebot kann der Verkauf durch eine zur öffentlichen Versteigerung befugte Person aus freier Hand zu einem den Metallwert erreichenden Preise freihändig erfolgen (**1240**, vgl. ZPO. § 820).

d) Der Pfandgläubiger hat den Eigentümer vom Verkauf und dem Ergebnis, wenn es nicht untunlich ist, unverzüglich zu benachrichtigen (**1241**).

C. Wo beim Verkaufe des Pfandes das Verhältnis des Pfandgläubigers zum Eigentümer von Bedeutung ist (z. B. A. b. c. B. c. Z. 2. C.), gilt der Verpfänder zugunsten des

---

1) Denn **1248** trifft nur zu für den Fall des Verkaufes des Pfandes. So richtig Biermann S. 469.

2) Preuß. AG. z. BGB. Art. 41.

3) Vgl. HGB. § 368 (eine Woche).

4) Vgl. S. 825 f.

Pfandgläubigers als Eigentümer, es sei denn, daß der Pfandgläubiger weiß, daß der Verpfänder nicht der Eigentümer ist. Den Pfandgläubiger trifft keine Erkundigungspflicht, auch die fahrlässige Unkenntnis sichert ihm den Schutz von **1248**. Anders liegt es bei der Bestellung (**1208**).

III. **Die Wirkungen des Pfandverkaufes** zeigen sich in drei Richtungen:

A. **Für den Erwerber des Pfandes.** Hier ist zu unterscheiden zwischen rechtmäßigem und nicht rechtmäßigem Verkaufe. Nicht rechtmäßig ist der Verkauf, wenn dem Verkaufenden kein Pfandrecht zustand, wenn es an den Voraussetzungen der Fälligkeit, des Umsatzes in eine Geldforderung und des vorgeschriebenen Maßes bei mehreren Pfändern (I. A. B.) oder an der regulären Form des Versteigerungsverkaufes (**1235**), an der öffentlichen Bekanntmachung von Zeit und Ort der Versteigerung oder an der Beobachtung der Verkaufsvorschriften für Gold- und Silbersachen (II, B. c. Z. 2 u. 4) mangelt (**1234**, Abs. 1).

1. **Der rechtmäßige Verkauf** gibt dem Erwerber und auch dem Pfandgläubiger, der den Zuschlag und die Sache übergeben erhält, die gleichen Rechte, als wenn er vom Eigentümer gekauft hätte (**1247**). Der Pfandgläubiger hat die Verschaffungspflicht, die Gewährleistungspflicht nur, wenn freihändiger Verkauf statthaft war (**1235**, Abs. 1. **461**). Die Verschaffungspflicht entfällt, wenn dem Eigentümer der Zuschlag erteilt wird.

Der Erwerber erhält die Sache von allen Rechten, auch Pfandrechten, frei. Die Rechte erlöschen auch, wenn sie dem Erwerber bekannt waren. Nur der allen übrigen Pfandrechten vorgehende Nießbrauch bleibt bestehen (**1242**).

2. **Der nicht rechtmäßige Verkauf** gibt dem Erwerber kein Eigentum, und die Pfandrechte und Nießbrauchsrechte bleiben bestehen. Der Pfandgläubiger haftet hierfür dem Erwerber. Der gutgläubige Erwerber der Pfandsache, die als solche aber nicht rechtmäßig veräußert ist, ist jedoch nach den Vorschriften von **932—934** und **936** geschützt, wenn der nicht rechtmäßige Verkauf im Wege der Zwangsvollstreckung (**1232**, Abs. 2) oder in regulärer Weise gemäß **1235** oder bei Gold- und Silbersachen gemäß **1240** bewirkt war (II. A. a. B. c. und Z. 4).

B. Verletzt der Pfandgläubiger die Vorschriften über den Pfandverkauf, ohne daß der Verkauf dadurch unrechtmäßig wird (A. Z. 1), so wird er dem Eigentümer schadensersatzpflichtig, wenn ihm ein Verschulden zur Last fällt (**1243**, Abs. 2).

C. Der an den Pfandgläubiger bezahlte Erlös gebührt dem Pfandgläubiger zu seiner Befriedigung. Reicht der Erlös dazu nicht hin, so besteht die Forderung in ihrem Reste fort; soweit der Erlös hinreicht, gilt der Pfandgläubiger als vom Eigentümer (nicht vom Verpfänder oder persönlichen Schuldner) befriedigt, die Forderung geht mithin auf den Eigentümer über, wenn er nicht der persönliche Schuldner ist (**1249**). An dem Übererlös (hyperocha) bestehen Eigentum und sonstige Pfandrechte und Nießbrauchsrechte fort. Solange sich der Pfandgläubiger aus dem Gesamterlöse nicht befriedigt hat, steht er im Miteigentum des Eigentümers und Pfandgläubigers (**1247**)[1]).

§ 215.

d) Übertragung und Erlöschen des Pfandrechtes.

Die juristische Natur des Pfandrechtes als eines Nebenrechtes der Forderung zeigt sich besonders bei der Übertragung und dem Erlöschen des Pfandrechtes.

I. **Die Übertragung.**

A. Mit der Übertragung der Forderung oder ihrem Übergange kraft Gesetzes oder durch gerichtliche Überweisung geht das Pfandrecht auf den neuen Gläubiger über. Ein Übergang ohne die Forderung ist nicht möglich, und wenn bei Übertragung der Forderung der Übergang des Pfandrechtes ausgeschlossen ist, so erlischt das Pfandrecht (**1250**).

[1]) Übrigens besteht der Erlös in den Fällen von **1238. 1239** in der Forderung des Eigentümers auf den Kaufpreis, der von dem Pfandgläubiger als empfangen gilt. Der Pfandgläubiger befriedigt sich in diesem Falle durch Aufrechnung, vgl. M. III, S. 833. Biermann, S. 468. Staudinger III, S. 312.

B. Der neue Gläubiger hat das Recht auf den Besitz des Pfandes auch gegen den alten Gläubiger[1]). Hat er auf Grund des Pfandrechtes den Besitz erlangt, so tritt er in alle mit dem Pfandrecht verbundenen Verpflichtungen gegen den Verpfänder ein. Für die Erfüllung einer für ihn sich ergebenden Schadensersatzpflicht haftet der bisherige Pfandgläubiger wie ein Bürge, der auf die Einrede der Vorausklage verzichtet hat, außer in den Fällen des gesetzlichen Überganges (vgl. II. C. Z. 3) und der Abtretung der Forderung auf Grund gesetzlicher Verpflichtung (**1251**).

II. **Das Erlöschen des Pfandrechtes**[2]) tritt nach allgemeinen Grundsätzen ein mit der Erfüllung der Bedingung und dem Endtermin (**158**. **163**, Abs. 2), gemäß seiner Natur als dingliches Recht durch den restlosen Untergang der Pfandsache und in denjenigen Fällen, in denen das Eigentumsrecht des Verpfänders untergeht, also im Falle der Ersitzung (**945**), des Erwerbes auf Grund guten Glaubens (**936**), der Verbindung und Vermischung (**949**. **964**), des Funderwerbes (**974**).

A. **Aufhebung durch Rechtsgeschäft** (**1255**). Diese erfolgt durch Verzichtserklärung des Pfandgläubigers gegenüber dem Verpfänder oder dem Eigentümer. Dritte am Pfandrecht Berechtigte müssen dem Begünstigten gegenüber zustimmen. Ihre Zustimmung ist unwiderruflich.

B. **Vereinigung** von Pfandrecht und Eigentum (**1256**) bewirkt das Erlöschen des Pfandrechtes, wenn nicht, falls z. B. nachfolgende Rechte Dritter am Pfande bestehen, der Eigentümer am Fortbestande seines Pfandrechtes ein rechtliches Interesse hat.

C. Dem Pfandrecht eigentümlich ist das Erlöschen

1. durch **Pfandverkauf** (L. § 214);

2. **durch Rückgabe des Pfandes durch den Pfandgläubiger** an den Verpfänder oder Eigentümer. Diese wird vermutet, wenn Eigentümer und Verpfänder oder Dritte im Besitze sind, die das Pfand nach der Entstehung des Pfandrechtes vom Eigentümer oder Verpfänder erhielten. Die Rückgabe (nicht das Erlöschen des Pfandrechtes) muß vom Pfandgläubiger gewollt sein. Die Rückgabe ist daher kein Rechtsgeschäft[3]), wohl aber Rechtshandlung. Die Rechtsfolge der Rückgabe und die Vermutung ist nur gerechtfertigt, wenn der Pfandgläubiger zum Alleinbesitz berechtigt war (**1253**). Verpfänder und Eigentümer können die Rückgabe verlangen und dadurch das Pfandrecht aufheben, wenn der Geltendmachung desselben eine vernichtende Einrede (z. B. die der Verjährung des dinglichen Pfandanspruches) entgegensteht (**1254**). Ein Vorbehalt des Pfandrechtes bei Rückgabe ist ohne Bedeutung.

3. Durch Erlöschen der Forderung aus irgendwelchen Gründen (**1252**). Forderung und Pfandrecht erlöschen insbesondere, wenn der Verpfänder, welcher der persönliche Schuldner ist, den Pfandgläubiger befriedigt. In gewissen Fällen führt aber die Befriedigung des Pfandgläubigers nicht zum Untergange, sondern zum Übergange der Forderung und des Pfandrechtes:

a) Der Verpfänder, welcher nicht der persönliche Schuldner ist, kann den Pfandgläubiger befriedigen (auch durch Aufrechnung und Hinterlegung) und Zug um Zug Rückgabe des Pfandes verlangen, sobald der Schuldner zur Leistung berechtigt ist (**271**). Die Forderung geht dann mit dem Pfandrecht auf den Verpfänder über, der es aber nicht zum Nachteile des Pfandgläubigers geltendmachen kann (**1223**, Abs. 2. **1224**. **1225**. **774**).

b) Dritte dinglich Berechtigte, die durch die Veräußerung des Pfandes ihr Recht verlieren würden, können in dem gleichen Zeitpunkt in gleicher Weise und mit der gleichen Wirkung wie im Falle a. den Pfandgläubiger befriedigen (Lösungsrecht, **1249**. **268**, Abs. 2. 3).

c) Über die Stellung des neuen Pfandgläubigers vgl. I. B.

---

[1]) Der alte Gläubiger kann aber im Falle der Überweisung der Forderung im Wege der Zwangsvollstreckung die Herausgabe verweigern, solange der neue Gläubiger nicht Sicherheit leistet, mit Rücksicht auf die Bürgenhaftung des alten Gläubigers für den neuen, ZPO. § 838.

[2]) Über die gesetzlichen Pfandrechte vgl. 560.

[3]) A. M. Biermann, S. 286.

§ 216.
Das Schiffspfandrecht.[1])

Das Pfandrecht an Schiffen folgt den Grundsätzen des Pfandrechtes an beweglichen Sachen (**1266**), gewinnt aber durch die Benutzung des Schiffsregisters Analogie zum Grundstückspfande. Es beschränken sich die Vorschriften auf im Schiffsregister[2]) eingetragene See- oder Binnenschiffe (**1259**) sowie auf Schiffsparte (**1272**)[3]). Nicht eingetragene Schiffe sind nur nach **L.** §§ 212—215 verpfändbar; an eingetragenen ist nur das Registerpfandrecht möglich[4]). Für dieses gelten die folgenden Besonderheiten[5]):

I. Die **Bestellung** erfordert

a) dinglichen Vertrag zwischen dem Eigentümer und dem Gläubiger. Für die bindende Kraft der Einigung und den Einfluß nachträglicher Verfügungsbeschränkungen gilt Grundstücksrecht (**873**, Abs. 2. **878**; **L.** § 151);

b) Eintragung des Pfandrechtes zum Schiffsregister, welche den Gläubiger, den Geldbetrag der Forderung, eventuell den Zinssatz und die Bezeichnung der Forderung unter Bezugnahme auf die Eintragungsbewilligung enthalten muß (**1260**).

Die Bestellung kann wirksam nur vom Eigentümer ausgehen. Daß der im Register eingetragene Eigentümer es auch ist, wird aber durch das Register nicht wie durch das Grundbuch gewährleistet.

II. **Der Einfluß der Registrierung.**

A. Das Rangverhältnis der nach I. gültig bestellten Pfandrechte bestimmt sich nach Grundstücks-, besonders Hypothekenrecht (**879—881. 1151. 1261**).

B. Das Schiffspfandrecht besteht, solange es eingetragen ist, im Falle der Veräußerung und Belastung des Schiffes (entgegen **936**) fort, wenn auch der Erwerber bez. des Pfandrechtes in gutem Glauben war (**1262**, Abs. 1)[6]).

Ist es im Register zu Unrecht gelöscht, so erlischt es, wenn das Schiff an einen gutgläubigen Erwerber veräußert wird, sei es durch Übergabe oder durch bloßen Vertrag (HGB. § 474). Das tritt auch dann ein, wenn die Übertragung des Eigentumes durch Abtretung des Anspruches auf Herausgabe erfolgt, und der Pfandgläubiger selbst der dritte Besitzer ist (anders **936**, Abs. 3). Wird ein dem mit Unrecht gelöschten Pfandrecht nachstehendes Pfandrecht auf einen gutgläubigen Erwerber übertragen, so geht dieses dem gelöschten Pfandrechte vor (**1208**, Satz 1. **1262**, Abs. 2).

C. Ist das Register in Ansehung eines Pfandrechtes unrichtig, z. B. das eingetragene Pfandrecht ist erloschen oder übertragen, so kann der dadurch Beeinträchtigte Berichtigung des Registers nach Analogie der Grundbuchberichtigung verlangen (**894. 895. 897. 898**; **L.** § 154).

Wenn ein Pfandrecht zu Unrecht gelöscht ist, so kann die Eintragung eines Widerspruches (**899**, Abs. 2) verlangt werden mit der Wirkung, daß im Falle der Veräußerung und Belastung des Schiffes das gelöschte Pfandrecht als eingetragen (B.) gilt (**1263**).

---

[1]) Mittelstein, Deutsches Schiffspfandrecht u. Schiffsgläubigerrecht (1889). Derselbe, Arch. f. bürg. Recht, Bd. 4, S. 124 ff. Derselbe, Zeitschrift f. d. ges. Handelsr., Bd. 46, S. 89 ff. Gierke, D. Pr.-Recht II, § 171.

[2]) Die Einrichtung der Schiffsregister diente im bisherigen Reichsrecht zu öffentlich-rechtlichen Zwecken (vgl. Reichsgesetze betr. die Nationalität der Kauffahrteischiffe usw. vom 25. Oktober 1867, betr. die Registrierung usw. der Kauffahrteischiffe vom 28. Juni 1873 und betr. die Befugnis usw. zur Führung der Reichsflagge vom 15. April 1885, nach dem Binnenschiffahrtsges. vom 15. Juni 1895 auch der Verpfändung).

[3]) Die Vorschriften des HGB. und des Binnenschiffahrtsgesetzes über das Bodmereipfand und die gesetzlichen Pfandrechte an Schiffen werden durch die des BGB. ergänzt (**1257. 1266**). Vgl. Biermann, S. 290.

[4]) Vgl. aber S. 202, Note 2.

[5]) Das Verfahren ist geregelt durch GFG. §§ 100—124.

[6]) Binnenschiffahrtsges. vom 15. Juni 1895, § 133.

III. **Der Inhalt des Schiffspfandrechtes.**

A. Der **Umfang** der Pfandhaftung

1. in bezug auf die Forderung beschränkt sich (**1264**) auf den eingetragenen Geldbetrag der Forderung und die Zinsen nach dem eingetragenen Zinssatz. Für die gesetzlichen Zinsen und Kosten gilt Hypothekenrecht (**1118**), ebenso für die nachträgliche Vereinbarung der Zinspflicht (**1119**, Abs. 1).

2. In bezug auf die Sache (**1265**). Außer dem Schiff haftet das Zubehör, letzteres nach dem Recht der Hypothek (**1120. 1121. 1122**).

B. Das Schiffspfand ist bewegliches Pfand, das aber nicht in den Besitz des Pfandgläubigers gelangt, sondern durch Registrierung entsteht. Darauf beruhen gewisse Abweichungen vom Pfandrechte an beweglichen Sachen, dessen Vorschriften sonst Anwendung finden (**1266**).

1. Steht dem Pfandrechte eine peremptorische Einrede entgegen, so ist nicht der Anspruch auf Rückgabe der Sache, sondern auf Aufhebung des Pfandrechtes gegeben (**1266**, Satz 2).

2. Verpfänder, Eigentümer und auch der persönliche Schuldner, wenn er ein rechtliches Interesse an der Berichtigung des Schiffsregisters hat, können gegen Befriedigung des Gläubigers die Aushändigung der zur Löschung des Pfandrechtes erforderlichen Urkunden verlangen (**1267**).

C. Der **Anspruch auf Befriedigung** kann dem Rechte der Hypothek entsprechend nur auf Grund vollstreckbaren Titels im Wege der Zwangsvollstreckung geltendgemacht werden (**1268**). Diese ist im ZVG. § 162 ff. geregelt.

IV. Das Schiffspfandrecht erlischt auch mit der Erlassung eines Ausschlußurteiles gegen den unbekannten Gläubiger gemäß dem Rechte der Hypothek **1170. 1171. 1269**. (ZPO. § 1002).

V. Ein Schiffspfandrecht kann

A. für Forderungen aus Schuldverschreibungen auf den Inhaber gemäß **1188. 1189** und für Forderungen aus Wechseln oder anderen indossabeln Papieren gemäß **1189** bestellt werden (**1279**, vgl. L. § 208) und auch

B. als Maximalpfandrecht nach Analogie der Maximalhypothek (**1190**). In den Höchstbetrag sind etwaige Zinsen einzurechnen (**1271**, vgl. L. § 208).

§ 217.

Das Pfandrecht an Rechten.[1])

Die wichtigste Erscheinung der Kategorie des Rechtes am Rechte ist das Pfandrecht am Rechte (**1273**, Abs. 1).

I. Die allgemeinen Grundsätze. Auf das Rechtspfand finden i. a. die Vorschriften für das Pfandrecht an beweglichen Sachen Anwendung (**1273**, Abs. 2).

A. **Gegenstand** des Rechtspfandrechtes sind

1. sowohl Rechte[2]) an beweglichen Sachen wie an Grundstücken, letztere aber nur, soweit sie nicht selbst rechtlich wie Grundstücke behandelt werden.

2. Rechte, die nicht übertragbar sind, sind auch nicht verpfändbar, gleichgültig, worauf die Unübertragbarkeit beruht (Gesetz, richterliche Verfügung, Rechtsgeschäft) (**1274**, Abs. 2).

B. **Entstehung.** Das Pfandrecht an Rechten kann auf Gesetz oder richterlicher Verfügung beruhen[3]). Diese Fälle scheiden hier aus. Die **rechtsgeschäftliche Bestellung** erfolgt nach den für die Übertragung des betreffenden Grundrechtes geltenden Vorschriften (**1274**, Abs. 1), also

---

[1]) Mittelstein, Arch. für bürgerl. Recht, Bd. 7, S. 81 ff. Gierke, D. Priv.-Recht **II**, § 172.

[2]) Verträge des Inhaltes, daß der Gläubiger an der Sache zu seiner Befriedigung Rechte solle begründen dürfen, sind zwar an sich nicht ungültig, begründen aber kein Pfandrecht.

[3]) Fälle des Reichsrechtes: HGB. §§ 388. 756. 758. ZPO. §§ 804. 828 ff. 857.

durch bloßen Vertrag (z. B. beim Urheberrechte) oder durch hinzutretende Eintragung bzw. Übergabe der Rechtsbriefe (Grundschuld-, Hypothekenbrief) oder durch Übergabe der Sache, welche letztere der Übergabe zum Faustpfand (**1205. 1206**, vgl. **L.** § 212) entsprechen muß[1]).

C. **Der Rang** des Rechts-Pfandrechtes bestimmt sich wie beim Faustpfande (**1209**, vgl. **L.** § 212, III.); aber ein schon bei Bestellung des Pfandrechtes bestehendes Recht behält seine Priorität, wenn auch der Pfandgläubiger in gutem Glauben war (**1273**, Abs. 2. **1208**).

D. **Inhalt** des Rechtspfandrechtes.

1. Auch das Rechtspfand kann Nutzungspfand sein. In diesem Falle finden die Vorschriften über das Nutzungsfaustpfand Anwendung (**L.** § 213, I. C.). Die Bestellung als Nutzungspfand liegt hier aber noch nicht in der Einräumung des Pfandrechtes an einem Nutzungen gewährenden Rechte durch Übertragung der Sache zum Alleinbesitze (**1273**, Abs. 2. **1213**, Abs. 2). Damit ist nicht jede stillschweigende Einräumung des Nutzungsrechtes ausgeschlossen. Wohl aber entscheiden die allgemeinen Auslegungsgrundsätze.

2. Bei Verpfändung von Rechten, kraft deren eine Leistung gefordert werden kann (Forderungen, Grundschulden, Rentenschulden), steht der Pfandgläubiger zum dritten Verpflichteten in dem Verhältnis, in dem der Erwerber des Rechtes zu ihm steht (**398** ff., **L.** §100). Wird wegen erheblicher Verletzung der Rechte des Verpfänders die Ausübung des Rechtes einem gerichtlich bestellten Verwahrer überwiesen (**1217**, Abs. 1), so ist diese Maßregel und ebenso ihre Aufhebung dem dritten Verpflichteten gegenüber wie beim Nießbrauch erst wirksam, wenn er Kenntnis erlangt hat, oder ihm Mitteilung gemacht ist (**1275. 1070**, Abs. 2).

3. Will der Verpfänder das verpfändete Recht durch Rechtsgeschäft aufheben oder in einer das Pfandrecht beeinträchtigenden Weise ändern, so bedarf er hierzu der Zustimmung des Pfandgläubigers, die dem Begünstigten gegenüber oder auch bei Grundstücksrechten dem Grundbuch gegenüber (**876**, Satz 3) abzugeben und unwiderruflich ist (**1276**).

4. Wie bei der Hypothek und dem Schiffspfandrecht erfolgt die Befriedigung des Pfandgläubigers auf Grund vollstreckbaren Titels im Wege der Zwangsvollstreckung (ZPO. § 828 ff.). Das erleidet aber eine wichtige Ausnahme beim Forderungspfandrecht (**1282**, **L.** § 218). Die Parteien können außerdem anderes festsetzen; die Verfallklausel (**1229**) und der Verzicht auf gewisse Vorschriften für die Ausübung des Befriedigungsrechtes vor Eintritt desselben (**1245**, Abs. 2) sind auch hier nichtig (**1277**).

E. Das **Erlöschen** des Rechtspfandrechtes tritt ein wie beim Faustpfand, so daß es, wenn es durch Übergabe der Sache bestellt war, auch durch Rückgabe der Sache an den Verpfänder oder Berechtigten nach **1253** (**L.** § 215, II.) erlischt (**1278**). Andererseits ist zur Aufhebung in allen Fällen auch beim Pfandrecht an gebuchten Rechten die Erklärung des Pfandgläubigers gegenüber dem Verpfänder oder dem Berechtigten genügend (**1255**, **L.** § 215, II.).

II. Besonderes gilt für das Pfandrecht an einer Forderung, Grund- und Rentenschuld und für das Pfandrecht an Wertpapieren (**L.** § 218).

§ 218.

Besondere Fälle des Pfandrechtes an Rechten.[2])

I. Das Pfandrecht an Forderungen, Grund- und Rentenschulden (1279. 1291).

A. **Die Bestellung** erfordert da, wo zur Übertragung der Forderung der Abtretungsvertrag genügt, abweichend von **1274**, Abs. 1. **398. 409** (**L.** § 217, I. B.) die Anzeige des Gläubigers an den Drittschuldner (**1280**).

B. Das Forderungspfand ergreift nicht nur die Leistung selbst, sondern auch die Zinsen in demselben Umfange wie die Hypothek die Miets- und Pachtzinsen. Nur tritt an die Stelle

---

[1]) Vorbehalt zugunsten des Landesrechtes: EG. Art. 97 (Verpfändung von Staatsschuldbuchforderungen).

[2]) Oertmann, Arch. f. d. ziv. Pr., Bd. 81, S. 61 ff. Gierke, D. Priv. R. II, § 172, VIII.

der Beschlagnahme die Anzeige des Pfandgläubigers an den Drittschuldner, daß er von dem Einziehungsrechte Gebrauch mache (**1289. 1123**, Abs. 2. **1124. 1125**; vgl. L. § 199, II. C.).

C. Das Rechtsverhältnis. Nach der Verpfändung der Forderung kommt die Stellung des Drittschuldners zum Gläubiger und Pfandgläubiger und das Verhältnis des Pfandgläubigers zum Gläubiger in bezug auf die verpfändete Forderung in Betracht. Pfandgläubiger und Gläubiger können das Rechtsverhältnis durch Vereinbarung regeln (**1284**).

1. Nach der Verpfändung der Forderung kann der Drittschuldner nur an Gläubiger und Pfandgläubiger leisten, die ihrerseits auch nur Leistung an sie gemeinschaftlich, Hinterlegung oder Ablieferung an einen gerichtlich bestellten Verwahrer[1]) für sie beide verlangen können (**1281**, Analogie von **432**, Abs. 1). Nach Fälligkeit der Forderung sind Pfandgläubiger und Gläubiger einander verpflichtet, zur Einziehung mitzuwirken, wie beim Nießbrauch an einer Forderung (**1078. 1285**, Abs. 1).

Bei Forderungen, die auf Kündigung stehen, kann der Gläubiger die Kündigung ohne Zustimmung des Pfandgläubigers vornehmen, außer wenn ein Nutzpfandrecht vorliegt (L. § 217, I. D.). Der Drittschuldner kann nur dem Pfandgläubiger und dem Gläubiger wirksam kündigen (**1283**, Abs. 1 und 2).

2. Das Verhältnis ändert sich, sobald die Voraussetzungen des Befriedigungsrechtes des Pfandgläubigers wie beim Faustpfande (**1228**, Abs. 2; L. § 214, I.) vorliegen:

a) Der Pfandgläubiger kann seine Befriedigung im Wege der Zwangsvollstreckung aus der verpfändeten Forderung nach **1277**, L. § 217, I. D. Z. 4 suchen.

b) Er kann die Forderung einziehen, und der Drittschuldner ist nur an ihn zu leisten berechtigt. Die Einziehung von Geldforderungen steht ihm nur zu, soweit sie zu seiner Befriedigung erforderlich ist (Analogie von **1230**, Satz 2). In diesem Umfange kann er auch die Abtretung der Forderung an Zahlungs Statt verlangen und ist dann, soweit die Forderung besteht (ZPO. § 835), befriedigt. Andere Verfügungen über die Forderung (z. B. Verkauf derselben) stehen ihm nur zu[2]), wenn sie ihm durch Vereinbarung (**1284**) eingeräumt sind (**1282**, vgl. **1074**). Die Einziehung hat er ordnungsmäßig zu bewirken, und nach derselben hat er den Gläubiger unverzüglich zu benachrichtigen, sofern die Benachrichtigung nicht untunlich ist (**1285**, Abs. 2. **1241. 1074**). Unter mehreren Pfandgläubigern entscheidet, anders als beim Faustpfand (**1232**), schlechthin der Rang (**1290**). Der Rang bestimmt sich wie allgemein beim Rechtspfand (**1273**, Abs. 2; vgl. L. § 217, I. C.). An mehrere im Range gleichstehende Pfandgläubiger kann und muß der Schuldner gemeinschaftlich leisten.

c) Der Pfandgläubiger kann, wenn die Fälligkeit der Forderung von einer Kündigung abhängt, selbständig kündigen, und der Drittschuldner kündigt wirksam ihm allein gegenüber (**1283**, Abs. 3).

3. Wegen Gefährdung der Sicherheit der Forderungen kann die Einziehung der Forderung geboten erscheinen und im Interesse des Pfandgläubigers und Gläubigers liegen. Ist die Fälligkeit der Forderung von einer Kündigung abhängig, und steht dem Pfandgläubiger das Kündigungsrecht nicht zu (2, c.), so kann der Pfandgläubiger die Kündigung vom Gläubiger verlangen; steht dem Pfandgläubiger das Recht der Zustimmung zur Kündigung zu (Z. 1 am Ende), so kann der Gläubiger diese Zustimmung verlangen (**1078. 1286**).

4. Rechtsverhältnis bez. der Leistung des Drittschuldners gemäß Z. 1 und 2.

a) Der Gläubiger erwirbt den geleisteten Gegenstand und der Pfandgläubiger ein Pfandrecht an diesem[3]). Hat der Drittschuldner Eigentum an einem Grundstück auf den Gläubiger

---

[1]) GFG. § 165.

[2]) Vgl. M. III, S. 858 f. Gegen die Bestimmung: Wendt: Jahrbuch f. Dogm., Bd. 29 (1890), S. 62.

[3]) Ist ein Pfandrecht an ihm nicht möglich (z. B. bestimmte Handlungen), so kann nur die ausdrückliche oder stillschweigende Vereinbarung der Parteien (**1284**) herangezogen werden. Vgl. M. III, S. 864, Z. 4

zu übertragen, so erwirbt an diesem der Pfandgläubiger eine Sicherungshypothek; über diesen letzteren Fall vgl. **L.** §§ 197. 208, I. (**1287**, vgl. **1075**, Abs. 1).

b) Nach Einziehung einer Geldforderung, und zwar

α) durch Pfandgläubiger und Gläubiger gemeinschaftlich (Z. 1), besteht die gegenseitige Pflicht beider, dazu mitzuwirken, daß der eingezogene Betrag, soweit das Interesse des Pfandgläubigers nicht entgegensteht, wie Mündelgeld verzinslich angelegt und an ihm dem Pfandgläubiger das Pfandrecht bestellt wird. Die Art der Anlage bestimmt der Gläubiger (**1288**, Abs. 1. **1079**);

β) erfolgt die Einziehung durch den Pfandgläubiger allein (Z. 2), so ist der Pfandgläubiger, soweit ihm der Betrag zu seiner Befriedigung gebührt, durch den Gläubiger befriedigt (**1288**, Abs. 2. **1247**, Satz 1, vgl. **L.** § 214, III. C.).

II. **Das Pfandrecht an Wertpapieren** ist zunächst Rechts- und Forderungspfandrecht. Es ergeben sich aber hier auch Abweichungen:

A. Das Pfandrecht an **Inhaberpapieren** folgt dem Pfandrecht an beweglichen Sachen (**1293**).

B. Das Pfandrecht an **Wechseln und anderen Orderpapieren** kann dem Faustpfande entsprechend durch Vertrag des Pfandgläubigers und Gläubigers unter Übergabe des indossierten Papieres bestellt werden (**1292**).

C. Zins-, Renten-, Gewinnanteilscheine verpfändeter Wertpapiere (A. B.) unterliegen der Pfandhaftung nur, wenn sie dem Pfandgläubiger übergeben sind. Trotz der Übergabe kann, wenn nichts anderes bestimmt ist, der Verpfänder diese Scheine zurückverlangen, soweit sie vor Eintritt des Befriedigungsrechtes des Pfandgläubigers (**1228**, Abs. 2) fälligwerden, und sie damit der Pfandhaftung entziehen (**1296**, vgl. **1289** und oben I. B.).

D. Der Pfandgläubiger hat schon vor Eintritt des Befriedigungsrechtes das Einziehungs- und Kündigungsrecht, und der Drittschuldner kann immer nur an den Pfandgläubiger leisten. Die Rechtsfolgen der Einziehung des Geldbetrages durch den Pfandgläubiger bestimmen sich gemäß **1288**, s. oben I. C. Z. 4, b. Ein Orderpapier, das einen Börsen- oder Marktpreis hat, kann der Pfandgläubiger nach Eintritt des Befriedigungsrechtes im Wege des Sicherungsverkaufes gleichartiger Faustpfänder (**1221**) verkaufen lassen (**1295**).

III. Ein Pfandrecht an Hypotheken oder Faustpfandrechten (subpignus) kann selbständig nach **1247** und **401** nicht vorkommen. Hypothek und Faustpfand können ohne die Forderung nicht übertragen, also auch nicht verpfändet werden (**1250. 1153**), und mit der Übertragung, also auch mit der Verpfändung der Forderung sind auch Hypothek und Faustpfand für diese Forderung mitübertragen und verpfändet.

IV. Buch.

Das Persönlichkeits- und Immaterial-Güterrecht.

---

§ 219.

Die Persönlichkeitsrechte. a) Das Namensrecht.[1])

I. Die Persönlichkeitsrechte sind i. a. L. § 16 charakterisiert. Sie sind überwiegend generell gestaltete subjektive Rechte (Recht auf Leben, Freiheit, Ehre usw.) und bedürfen daher einer besonderen Darstellung im System des Privatrechtes nicht. Das römische Recht begnügte sich mit dieser Behandlung des Persönlichkeitsrechtes und stellte außer dem strafrechtlichen und verwaltungsrechtlichen Schutz die umfassende actio injuriarum zur Verfügung. Das moderne Recht hat aber einzelne Persönlichkeitsrechte als spezielle subjektive Rechte gestaltet, indem es einen dem besonderen Interesse adäquaten Privatrechtsschutz geschaffen hat. Diese werden auch als subjektive Individualrechte oder Individualitätsrechte bezeichnet. Durch ihren Gegenstand[2]) unterscheiden sich die speziellen Persönlichkeitsrechte von den Immaterialgüterrechten (L. §§ 221. 222). Während bei den ersteren unmittelbarer Gegenstand des Rechtes die eigene Persönlichkeit ist, beziehen sich die letzteren auf selbständige, außerhalb der Persönlichkeit bestehende, durch ihre Geistestätigkeit geschaffene Güter. Beide Kategorien von Rechten sind nicht dingliche Rechte, die stets eine Sache im Rechtssinne zum Gegenstande haben, sie stehen aber den dinglichen Rechten vermöge ihres absoluten Charakters am nächsten („geistiges und gewerbliches Eigentum").

Die hier in Betracht kommenden Persönlichkeitsrechte sind sämtlich Rechte an den äußeren Bezeichnungen der Persönlichkeit (Namensrecht, Recht an der Firma und an Warenzeichen oder Marken).

II. **Das Namensrecht.** Der Name (bürgerliche Name) ist die Bezeichnung für die gesamte Persönlichkeit, für die Person in allen ihren Beziehungen im Gegensatze zur Firma, dem kaufmännischen Namen. In Betracht kommt der Familienname (Zeichen der Zugehörigkeit zu einer Familie), der Vorname (Zeichen, das einen Träger des Familiennamens von anderen Trägern desselben Familiennamens unterscheidet), der Name einer juristischen Person, der nicht Firma ist, und der angenommene Name (Deckname, Pseudonym), z. B. Schriftsteller- und Künstlername, Inkognito fürstlicher Personen.

---

[1]) Kohler, Arch. f. bürg. R., Bd. 5, S. 77 ff. Kohler, Arch. f. d. ziv. Pr., Bd. 82, S. 141 ff. Kuhlenbeck, Die Rechtsprechung des Reichsgerichts, S. 91 ff. Gierke, D. Priv.-R., I, § 81—83. v. Bülow, D. Jur.-Ztg., 1. Jahrg., S. 432 ff. Opet, Arch. f. d. ziv. Pr., Bd. 87, S. 313 ff. (1897). Staudinger, Bl. f. Rechtsanwendung, Bd. 62, S. 160 ff. 177 ff. 193 ff. 252 ff. Hellmann, Vortr. usw., S. 4 ff. Mantey, D. Jur.-Ztg., 3. Jahrg., S. 220 ff. (1898). Derselbe, Arch. f. öffentl. R., Bd. 13, S. 20 ff. Brettner, D. Jur.-Ztg., 3. Jahrg., S. 242 ff. Staudinger, D. Jur.-Ztg., 3. Jahrg., S. 362 ff. Eck, Vorträge über das BGB., § 11. Mandry-Geib, § 52. Opet, Jur. Tag 42, Bd. 3, S. 191 ff. Fuld, D. Jur.-Ztg., 3. Jahrg., S. 449 f. Manes, Das Recht des Pseudonyms. Götte, Arch. f. bürg. R., Bd. 15, S. 320 ff. Sohm, D. Jur.-Ztg., Jahrg. 4, S. 8 ff.

[2]) Ramdohr, Gruch. Beitr., Bd. 43, S. 1 ff. erklärt das Namensrecht mit anderen Rechten für ein „objektloses Recht".

Zwei Fragen sind im Namensrecht zu scheiden: wie wird der Name dem Rechte gemäß erworben und verloren (A.), und welches Inhaltes ist das aus dem Namen erworbene Recht (B.)?

A. **Der Erwerb und Verlust des Namens** ist durch die gesetzliche Namensordnung bestimmt. Entweder knüpft sich der Namenserwerb kraft Gesetzes an bestimmte Verhältnisse an, in denen die Person steht, oder der Name wird durch einen Wahl- oder Annahmeakt der Person, der zum originären Erwerb des Namens führt, oder durch Namengebung seitens einer anderen Person oder schließlich durch staatliche Verleihung erworben.

1. Über den Erwerb und Verlust des Familiennamens durch die ehelichen, unehelichen, legitimierten und angenommenen Kinder, durch die Ehefrau und die geschiedene Ehefrau vgl. **L.** §§ 229. 243. 248. 254. 255. 256. 258[1]). Durch staatliche Verleihung erhalten Findelkinder den Familiennamen, der aber dem später festgestellten, durch Geburt erworbenen Namen weichen muß[2]). Wo eine Wahl des Namens nicht gestattet ist, hängt die Namensänderung (nach Landesrecht)[3]) von der staatlichen Einwilligung ab. Namensänderung ist auch die Beifügung eines weiteren Namens oder sonstiger Zusätze.

2. Der Vorname wird erworben durch Beilegung[4]), die Ausfluß des Erziehungsrechtes ist. Durch einmalige Ausübung wird das Recht zur Namensbeilegung konsumiert. Außerdem ist die Wahl an gewisse Schranken gebunden, die sich z. B. aus der guten Sitte, der staatlichen Ordnung usw. ergeben. Die Namensänderung unterliegt (nach Landesrecht)[3]) der staatlichen Einwilligung.

3. Juristische Personen erwerben den Namen durch Wahl oder staatliche Verleihung.

4. Pseudonyme werden durch Wahl, die aber nur in bestimmten Beziehungen der Person zum Publikum statthaft ist, erworben.

B. An den erworbenen Namen knüpft sich das besondere Persönlichkeitsrecht, das Namensrecht. Gegenstand dieses Rechtes ist nicht der Name[5]), sondern wie bei allen Persönlichkeitsrechten die eigene Person. Die Person verkehrt unter ihrem Namen. Wo dieses äußere Zeichen der Person erscheint, erscheint die Person selbst, der es nach der Namensordnung zusteht, sei es als Individuum oder Glied der Familie. Würde der ausschließliche Gebrauch des Namens der Person nicht durch das Recht gewährleistet sein, so würde Verwechselung der Person mit anderen vorkommen können, die eine Beeinträchtigung der berechtigten Entfaltung der eigenen Persönlichkeit mitsichbringen würde. Der strafrechtliche Schutz (RStrGB. §§ 360, Z. 8. 185) reicht nicht hin. Die Praxis des gemeinen Rechtes, das Partikularrecht und besonders das ausländische Recht gewährten den notwendigen privatrechtlichen Schutz, während in der Theorie des gemeinen Rechtes noch Widerspruch hervortrat. Im Reichsrecht bestand schon vor dem BGB. privatrechtlicher Schutz gegen unbefugten Gebrauch des bürgerlichen Namens als Firma (HGB., Art. 24, Abs. 2. 27)[6]). Der allgemeine Schutz des BGB. (**12**) knüpft an den des Firmenrechtes und des Markenrechtes an.

---

[1]) Das Recht des hohen Adels wird vom BGB. nicht berührt (EG. Art. 57), ob auch landesrechtl. Bestimmungen, die entgegen den Vorschriften des BGB. die Prädikate des niederen Adels („von", „Freiherr", „Baron", „Graf") versagen, ist bestritten. Es kommt aber darauf an, ob diese Prädikate lediglich zum Namen gehören oder zugleich auch die Angehörigkeit an den adligen Stand gewähren. Das letztere wird regelmäßig zutreffen. Die betreffenden Landesrechte bleiben also bestehen. Vgl. Mecklenb.-Schwer. AB. z. BGB. § 11. (Langfeld, S. 25 ff.)

[2]) Personenstandsgesetz § 24.

[3]) Z. B. Bayer. AB. z. BGB. Art. 3.

[4]) Personenstandsgesetz § 22, Abs. 3.

[5]) Von einem Eigentumsrecht am Namen spricht die französische Praxis (Kohler, Arch. f. bürg. R., Bd. 5, S. 99, vgl. Seuff. Arch., Bd. 48, Nr. 3). Damit ist nur die Zuständigkeit als Privatrecht und eine gewisse Wesensübereinstimmung mit dem Eigentum ausgedrückt. Vgl. Fischer, Arch. f. bürg. R., Bd. 6, S. 310 f.

[6]) Vgl. HGB. (1897), § 24, Abs. 2. 37. Cosack, Lehrb. des Handelsrechtes (4. A.), § 16.

1. Voraussetzung des Rechtsschutzes ist das Recht zum Gebrauche des Namens gemäß A.

2. Da das BGB. ein Recht auf Führung des Namens anerkennt, so ergeben sich schon daraus und abgesehen von der Vorschrift in **12** für den Namensberechtigten

a) die Feststellungsklage nach ZPO. § 256, die ein subjektives Privatrecht und ein Feststellungsinteresse voraussetzt, das bei Bestreitung und Mißbrauch des Namensrechtes gegeben sein würde;

b) der Anspruch auf Schadensersatz (**823. 249** ff.) gegen den, der durch unbefugten Gebrauch des Namens dem Namensberechtigten schuldhafterweise einen Vermögensschaden zufügt. Da der Schadensersatz in erster Linie durch Herstellung des früheren Zustandes geleistet wird, so kann der Verletzte z. B. auch die Löschung des Namens in öffentlichen Urkunden und Registern bewirken.

3. Mit der Feststellungsklage ist aber nur Feststellung zu erreichen, und die Schadensersatzklage würde versagen, wenn es an der Verschuldung des Störenden oder an einem vermögensrechtlichen Interesse fehlt. Hier greift der dem Eigentumsfreiheitsanspruch (L. § 175) verwandte Anspruch aus **12** ein.

a) Der Anspruch geht auf Beseitigung der Beeinträchtigung (s. 2, b.) und, falls weitere Beeinträchtigungen zu besorgen sind, auf Unterlassung (vgl. ZPO. § 890). Verlangt ist also nur ein schutzwürdiges Interesse.

b) Der Anspruch richtet sich gegen jeden, der das Namensrecht des anderen entweder bestreitet[1]) oder dadurch beeinträchtigt, daß er unbefugt den gleichen Namen gebraucht. Weder Verschuldung auf Seite des Beklagten, noch Vermögensschaden des Klägers sind Voraussetzungen des Anspruches. Unbefugter Gebrauch liegt aber dann nicht vor, wenn der Gebrauchende den gleichen Namen rechtmäßig erworben hat (A.). Der Gebrauch eines fremden Namens kann außerdem in einzelnen Beziehungen, z. B. zur Verwendung als Pseudonym, vom Berechtigten eingeräumt sein und ist dann, soweit die Einräumung rechtsgültig ist, im Rahmen derselben ein befugter. Unbefugter Gebrauch kann liegen in der Anmaßung des Namens, die eine Verwechselung des Trägers des Namens mit einer anderen Person herbeiführen und bewirken kann, daß ein Verhalten oder Handlungen und Leistungen anderer dem Namensberechtigten zugerechnet werden (z. B. Gebrauch des Namens als Pseudonym), ferner in der Verwendung des Namens in Romanen, Dramen usw. unter Umständen, die auf den Namensberechtigten hinweisen, oder in einer derartigen Verwendung des Namens als Aushängeschild für gewerbliche Unternehmungen usw., daß eine Verbindung des Namensberechtigten mit diesen Unternehmungen nahegelegt wird. Schließlich gehört hierher auch die Anmaßung des Namens, die zwar nicht die Verwechselung mit einer bestimmten Person, wohl aber die Annahme der Zugehörigkeit des Anmaßenden zur Familie des Namensberechtigten herbeiführen kann, ein Fall, der bei den häufig vorkommenden gleichen Familiennamen selten sein wird (vgl. aber **1577**, Abs. 2).

c) Der Anspruch steht auch den juristischen Personen in Ansehung ihres Namens zu[2]). Streitig ist aber, ob sich der Schutz des Namensrechtes (**12**) auch auf die Pseudonyme, Künstlermonogramme, Wappen erstreckt. Die Frage ist zu bejahen. Soweit die Annahme eines Pseudonyms oder Monogrammes nach der Verkehrsauffassung berechtigt und üblich ist, wie z. B. bei Künstlern und Schriftstellern, und soweit das Pseudonym usw. wirklich im Publikum als Zeichen einer bestimmten Person gilt, trifft die ratio des Gesetzes, wenn es auch nur den bürgerlichen Namen im Auge hat, zu[3]).

---

[1]) Gegen Behörden, die in ihrer behördlichen Tätigkeit das Namensrecht des Privaten bestreiten, ist weder die Feststellungsklage noch der Anspruch aus **12** anwendbar.

[2]) Planck zu **12**. A. M. Opet, Arch. f. d. ziv. Pr., Bd. 87 (1897), S. 374 ff.

[3]) Hölder, Komment. S. 102 u. a.; dagegen **P. I**, S. 45. Planck I, S. 67. Vgl. Götte, a. a. O.

§ 220.

b) Das Recht an der Firma und am Warenzeichen.[1])

Es handelt sich hier um Bezeichnungen, die dem bürgerlichen Namen verwandt sind. Wie der Name die Persönlichkeit im allgemeinen, so kennzeichnen die Firma und das Warenzeichen die Persönlichkeit in ihrer kaufmännischen und in ihrer gewerblichen Tätigkeit und sollen Verwechselungen verhüten.

I. **Die Firma**[2]). Die Firma ist der Name, unter dem der Vollkaufmann (Einzelkaufmann, Gesellschaft) sein Gewerbe betreibt. Er schließt seine Handelsgeschäfte und führt die Prozesse unter diesem Namen. Auch hier handelt es sich zunächst um die Frage:

A. Wie wird die Firma erworben? Über den Erwerb der Firma entscheidet die Wahl des Vollkaufmannes, die aber an bestimmte Schranken gebunden ist, so daß die Firma eine bestimmte gesetzliche Beschaffenheit haben muß. Sie muß den bürgerlichen Namen des Kaufmannes enthalten (Wahrheit der Firma), sie muß sich von allen bereits im Handelsregister eingetragenen Firmen des gleichen Ortes deutlich unterscheiden (Ausschließlichkeit der Firma), und sie hat eine feste, schablonenhafte Form (Einheit der Firma). Der Vollkaufmann ist außerdem zur Annahme und zur Anmeldung der Firma zum Handelsregister verpflichtet (Öffentlichkeit der Firma), sein Firmenrecht ist aber von der Anmeldung und Eintragung nicht abhängig. Vererbung und Übertragung der Firma ist nur mit dem Geschäfte statthaft.

B. Der Schutz des Firmenrechtes. Der Firmenberechtigte kann gegen jeden, der unbefugt die Firma gebraucht, mag er in Schuld sein oder nicht, auf Unterlassung ferneren Gebrauches (Löschung) klagen. Er hat den Anspruch auf Schadensersatz, wenn der Gebrauchende in Schuld ist (**823**. HGB. § 37). Liegt der unbefugte Gebrauch in der schriftlichen Verwendung der Firma oder in der Verwendung derselben als Warenzeichen, so hat der Gebrauchende Schadensersatz zu leisten, wenn er in grober Fahrlässigkeit handelte, soweit er nicht schon nach anderen Vorschriften auch wegen leichter Fahrlässigkeit haftet; außerdem ist bei diesem Mißbrauch der Firma ein Anspruch auf Buße gegeben und öffentliche Strafe angedroht, wenn vorsätzlicher Mißbrauch vorliegt (WSchGes. §§ 14. 18). Endlich kann eine an sich nach den Vorschriften des HGB. (s. A.) befugte Firmenführung, wenn sie arglistig, d. h. mit dem Bewußtsein, daß Verwechselungen entstehen werden, erfolgt, die Ansprüche auf Unterlassung und Schadensersatz begründen (UWGes. § 8)[3])[4]).

II. **Das Warenzeichen** [4]).

Das Warenzeichen ist bestimmt, eine Person als Produzenten einer Ware zu kennzeichnen.

A. Für den Erwerb des Rechtes am Warenzeichen besteht weder eine engere Ausscheidung der Erwerbsberechtigten noch eine Pflicht zur Führung wie bei der Firma. Alle Gewerbetreibenden können vielmehr Warenzeichen führen. Der Erwerb vollzieht sich

1. Durch Wahl, die aber eine freiere als bei der Firma ist; manche Zeichen dürfen als Warenzeichen nicht verwendet werden (z. B. unanständige Zeichen, Staatswappen, unwahre Zeichen, welche die Gefahr einer Täuschung begründen, Zeichen, die sich nicht von anderen in Deutschland zur Eintragung angemeldeten auffällig unterscheiden), andere dürfen verwendet

---

[1]) Bolze, Gruch. Beitr., Bd. 33, S. 9 ff. Gierke, D. Priv.-R. I, § 84. Freund, Arch. f. bürg. R., Bd. 11, S. 287 ff. (1896). Staudinger, Bl. f. Rechtsanwendg. Jahrg. 62, Nr. 11—13. Cosack, Lehrb. d. Handelsrechtes (6. A.), §§ 16. 17. (1898). Stobbe-Lehmann III, § 208. Mandry-Geib, § 53, I. II. Krückmann, § 10. (1899). Altfeld, D. Jur.-Ztg., Jahrg. 4, S. 124 ff. Schmid, Das Warenzeichenrecht. K. Lehmann, Lehrb. d. Handelsr. (1908), § 32 ff.

[2]) HGB. (1861) Art. 15—27, HGB. (1897) §§ 17—37.

[3]) Geschützt sind durch diese Vorschrift auch Geschäftsbezeichnungen (z. B. Hirsch-Apotheke), die nicht Bestandteil der Firma sind.

[4]) An Stelle des Markenschutzgesetzes vom 30. Nov. 1874 gilt jetzt das Gesetz zum Schutz der Warenbezeichnungen vom 12. Mai 1894. (WSchGes.) Auch greift das Reichsgesetz vom 27. Mai 1896 zur Bekämpfung des unlauteren Wettbewerbes (UWGes.) ein.

werden, ein ausschließliches Recht kann aber an ihnen nicht erworben werden (Freizeichen). Davon abgesehen kann das Warenzeichen in figürlicher oder bildlicher Darstellung und mit Einschränkungen auch nur aus Worten, Buchstaben, Zahlen bestehen. Die Wahl gibt aber noch kein ausschließliches Recht an dem Warenzeichen. Dazu ist

2. Anmeldung und Eintragung in die vom Reichspatentamt geführte Zeichenrolle für einen bestimmten Geschäftsbetrieb und eine bestimmte Ware verlangt. Die Anmeldung für sich gibt das Recht auf Eintragung und schließt andere vom Erwerbe des Zeichens aus. Auch ohne Anmeldung und Eintragung wird ausnahmsweise ein Recht an eigenartigen Warenausstattungen und Druckschriftentiteln anerkannt (s. B.).

3. Das Warenzeichenrecht kann nur mit dem Geschäft vererbt und veräußert werden, und es erlischt, sobald es von Amts wegen oder auf Grund einer gegen den Eingetragenen erstrittenen rechtskräftigen Verurteilung zur Löschung auch gelöscht ist.

B. Der am Warenzeichen Berechtigte genießt Rechtsschutz.

1. Gegen den unbefugten Gebrauch der für ihn eingetragenen Zeichen wie der Firmenberechtigte. Die Schadensersatzklage kann aber nur auf grobe Fahrlässigkeit des Beklagten gegründet werden. Es besteht daher auch der Anspruch auf Beseitigung der angebrachten Zeichen, und wenn die Beseitigung anders nicht bewirkt werden kann, auf Vernichtung der Ware (WSchGes. § 19, Abs. 1).

2. Werden eigenartige Warenausstattungen, die nicht eingetragen sind, aber im Verkehre als einem bestimmten Produzenten eigentümliche betrachtet werden, unbefugt und arglistig nachgeahmt und benutzt, so ist dem Verletzten der Anspruch auf Schadensersatz oder Buße gegeben, und es kann öffentliche Strafe eintreten (WSchGes. § 15).

3. Die unbefugte und arglistige Nachahmung und Benutzung von Druckschriftentiteln begründet den Anspruch auf Unterlassung und Schadensersatz (UWGes. § 8).

§ 221.

Die Immaterialgüterrechte im allgemeinen.[1])

I. Es herrscht heute darüber Einigkeit, daß es sich bei den Immaterialgüterrechten, zu denen das Urheberrecht in seinen verschiedenen Gestalten und das Recht an Geschäftsgeheimnissen gehören, um subjektive Rechte handelt; streitig ist aber die Natur dieser Rechte. Abzulehnen ist die Auffassung (v. Ihering), welche diese Rechte im Eigentum oder in den dinglichen Rechten aufgehen läßt (geistiges Eigentum), weil ihr unmittelbarer Gegenstand keine Sache im Rechtssinne ist, und weil da, wo Eigentumsrecht an Sachen besteht, das Immaterialgüterrecht selbständig neben diesem Eigentum bestehen kann, z. B. das Urheberrecht am Schriftwerk neben dem Eigentum am Manuskript. Die Theorie vom geistigen Eigentum enthält aber insofern einen wahren Kern, als die Immaterialgüterrechte subjekte Vermögensrechte und dem Eigentum nahe verwandt sind. Nach einer anderen Auffassung (Gierke) handelt es sich um Persönlichkeitsrechte (L. §§ 219. 220). Sie betont aber nicht genug, daß das in Frage stehende geschützte Interesse in erster Linie an dem durch die geistige Tätigkeit des Individuums geschaffenen, von ihm losgelösten selbständigen Produkt haftet, daß es sich um ein besonderes Rechtsgut handelt. Eine dritte Ansicht (Kohler) zerlegt das Immaterialgüterrecht in ein den sonstigen Vermögensrechten gleichstehendes Vermögensrecht auf Verwertung und ein Persönlichkeitsrecht (Individualrecht), das dem Berechtigten die Befugnis gibt, sein Geistesprodukt zu verheimlichen oder, im Falle es veröffentlicht wird, dessen Integrität zu wahren. Dieser Theorie ist mit Recht entgegengehalten, daß kein Bedürfnis und so wenig wie beim Eigentum ein sachlicher Grund besteht, die einzelnen Befugnisse des Berechtigten aus dem einheitlichen Rechte als besondere subjektive Rechte auszuscheiden. Die enge Be-

---

[1]) Gierke, D. Prv.-R. I, §§ 85—99 (1895). Stobbe-Lehmann III, §§ 200—207 (1898). Mandry-Geib, §§ 48. 53, III. Cosack, Lehrb. d. Handelsrechtes (4. A.) § 18. Krückmann, §§ 92—100.

ziehung des Produktes zur Individualität seines Schöpfers gibt dem Immaterialgüterrecht lediglich in gewissen Beziehungen einen höchstpersönlichen Charakter.

Demnach sind die Immaterialgüterrechte in gewisser Beziehung höchstpersönliche Vermögensrechte, die dem Berechtigten eine umfassende Herrschaft über ein Geistesprodukt gewähren.

II. Unter den sukzessive durch die Reichsgesetzgebung zur Anerkennung gelangten Immaterialgüterrechten sind die Urheberrechte und das Recht an ungehindertem Gewerbebetrieb und an Geschäftsgeheimnissen begriffen. Die Urheberrechte zerfallen in zwei Gruppen: das literarische und künstlerische (A. Z. 1—3) und das gewerbliche Urheberrecht (A. Z. 4 und 5). Dem letzteren schließt sich das Recht am Gewerbebetriebe und den Geschäftsgeheimnissen (B.) an.

A. **Die Urheberrechte.**

1. Das Urheberrecht an Schriftwerken, d. h. an Geisteswerken, die in bestimmte Form (Druck, Schrift) gebracht sind, beruhte für das Reich früher auf dem Reichsgesetz vom 11. Juni 1870, jetzt auf dem Reichsgesetz vom 19. Juni 1901[1]) und der Berner Übereinkunft von 1886, jetzt revid. Berner Übereinkunft vom 13. November 1908. Es steht dem Urheber des Geisteswerkes zu, nicht dem Eigentümer des Manuskriptes.

a) Als Urheber kommen außer demjenigen, aus dessen geistiger Tätigkeit das Schriftwerk seinem gesamten Gedankeninhalte nach hervorgegangen ist (Verfasser, Autor), unter Einschränkungen auch der Herausgeber eines aus fremden Beiträgen bestehenden Werkes, der Verfasser eines Sammelwerkes (Anthologie) und der Bearbeiter fremder Werke (Übersetzer, Herausgeber von Texten), bei einem Sammelwerke, für welches ein Herausgeber nicht benannt ist, der Verleger in Betracht (RGes. §§ 1—7). Gewöhnliche Briefe fallen nicht unter den gesetzlichen Schutz[2]).

b) An Schriftwerken, die überhaupt nicht auf eigener Gedankentätigkeit, sondern rein mechanischer Tätigkeit beruhen, an solchen, die als Gemeingut gelten sollen (Gesetzestexte), besteht kein Urheberrecht, an anderen (Zeitungsartikel) muß es in bestimmter Form vorbehalten werden.

2. Wie an Schriftwerken, besteht ein Urheberrecht

a) des Autors musikalischer Kompositionen;

b) an Geisteswerken (auch musikalischen), die nicht in Schriftform gebracht, sondern lediglich im gesprochenen Wort oder im Ton vorgetragen sind, aber unter Beschränkung (Vorträge zur Erbauung und Belehrung);

c) an Zeichnungen, Abbildungen, bei denen nach ihrem Zweck das rein künstlerische Schaffen zurücktritt.

3. Das Urheberrecht des Schöpfers und des berechtigten Nachbildners von Werken, die mit den Mitteln der bildenden Künste (Malerei, graphische Künste, Plastik, Baukunst, Kunstgewerbe) in erster Linie zu ästhetischen Zwecken (vgl. 2. c) hergestellt sind, soweit sie nicht Gemeingut (öffentliche Bildwerke) geworden sind oder mehr positiven Ausnahmen unterliegen (früher: RGes. vom 9. Januar 1876, jetzt RGes. vom 9. Januar 1907)[1])

4. Das Urheberrecht des Verfertigers der im Wege der Photographie, des Lichtdruckes oder verwandter Technik hergestellten Werke (früher RGes. vom 10. Jan. 1876, jetzt RGes. vom 9. Januar 1907).

5. Das Urheberrecht an patentfähigen Erfindungen, d. h. solchen, die im gesetzlichen Sinne neue sind und eine gewerbliche Verwertung gestatten (Reichs-Patentgesetz vom 7. April 1891, ferner Pariser Übereinkunft zum Schutze des gewerblichen Eigentums vom 20. März 1883), und an gewerblichen, neuen und eigentümlichen, d. h. originellen, Geschmacksmustern, die ästhetischen Zwecken dienen (RGes. vom 11. Januar 1876),

---

[1]) Dazu Reichsges. vom 22. Mai 1910 u. Verordng. vom 22. Juni 1910.
[2]) RG. Bd. 41, S. 49.

oder an neuen Gebrauchsmustern (RGes. vom 1. Juni 1891), bei denen es auf die Erhöhung der praktischen Verwendbarkeit von Arbeitsgerät und Gebrauchsgegenständen durch eine neue Gestaltung abgesehen ist.

B. Das Recht auf ungehinderten Gewerbebetrieb und an Geschäftsgeheimnissen.

1. Das Recht auf ungehinderten gewerblichen Wettbewerb steht den Persönlichkeitsrechten nahe[1]). Es hat seine Anerkennung im RGes. vom 27. Mai 1896, jetzt 7. Juni 1909 gefunden. Der unlautere Wettbewerb[2]) kann sich in öffentlichen, unwahre tatsächliche Angaben enthaltenden Anpreisungen (Reklamen) eigener gewerblichen Leistungen wie in Äußerungen, die nicht erweislich wahre, den gewerblichen Kredit eines Gewerbs-Konkurrenten herabsetzende, tatsächliche Angaben enthalten und zum Zwecke des Wettbewerbes gemacht sind (Anschwärzungen), betätigen.

2. Ein den Urheberrechten verwandtes Recht besteht an den Geschäftsgeheimnissen. Die Geheimhaltung der durch die eigene Intelligenz und Arbeit gestalteten Verhältnisse des Gewerbebetriebes ist eine wesentliche Voraussetzung für die Weiterführung desselben. Der Schutz des Geschäftsgeheimnisses liegt deshalb auch im allgemeinen Interesse.

§ 222.

Erwerb, Verlust und Schutz der Immaterialgüterrechte.

Die Immaterialgüterrechte unterscheiden sich wesentlich in ihrer Ausgestaltung im einzelnen.

I. Erwerb und Verlust der Immaterialgüterrechte.

A. Der Erwerb knüpft sich

1. In gewissen Fällen ohne weiteres an die abgeschlossene produktive Tätigkeit. Diese hat deshalb nicht rechtsgeschäftliche Natur (vgl. L. § 46). In dieser Weise wird das literarische und künstlerische Urheberrecht, das gewerbliche Urheberrecht an der photographischen Platte und auch das Recht auf ungehinderten Gewerbebetrieb erworben.

2. In der Mehrzahl der Fälle befolgt das Reichsrecht, wie beim Rechte am Warenzeichen, das Prinzip, daß zwar das Recht mit dem abgeschlossenen produktiven Akt erworben wird, aber doch erst durch weitere Akte des Produzenten der Behörde gegenüber und durch anschließende Akte der Behörde selbst zu einem voll ausschließlichen Rechte wird. Dieses Prinzip ist aber mit verschiedener Energie durchgeführt.

a) Bei Gebrauchs- und Geschmacksmustern wird Anmeldung und Niederlegung des Musters beim Patentamt oder beim Gericht und Eintragung zur Gebrauchsmusterrolle bzw. zum Musterregister gefordert, ohne daß behördliche Prüfung und Feststellung der objektiven Voraussetzungen des Rechtserwerbes (vgl. L. § 221, II. A., Z. 5) stattfände.

b) Beim Erfinderrecht dagegen bedarf es außer der Anmeldung beim Patentamt einer Veröffentlichung zum Zwecke des Aufgebotes, einer Prüfung der objektiven Voraussetzungen des Rechtserwerbes und einer Feststellung derselben durch die Behörde, der dann die Eintragung zur Patentrolle und die Patenterteilung folgen.

B. Der Verlust der Immaterialgüterrechte.

1. Abgesehen von dem Recht auf ungehinderten Geschäftsbetrieb und an den Geschäftsgeheimnissen sind alle diese Rechte gesetzlich zeitlich begrenzt. Die geistigen und gewerblichen Errungenschaften werden nach Ablauf dieser Zeit Gemeingut. Die gesetzliche Dauer ist bei den einzelnen Urheberrechten und wieder nach der Verschiedenheit der Fälle eine verschiedene: die längste Dauer findet sich beim literarischen Urheberrecht (30 Jahre nach Tod des Autors, außerdem müssen 10 Jahre seit der ersten Veröffentlichung verflossen sein. Beginn der Frist mit Ab-

[1]) Eine engere Berührung mit den gewerblichen Urheberrechten liegt immerhin insofern vor, als sich in der Einrichtung und dem Betriebe des Gewerbes im allgemeinen das geistige Können des Einzelnen auf gewerblichem Gebiete offenbart.

[2]) Nicht in Betracht kommt hier die Repression des unlauteren Wettbewerbes durch die Bestimmung des WUGes. § 5.

lauf des Jahres, Reichsges. von 1901 §§ 29. 34), die kürzeste beim gewerblichen Urheberrecht am Geschmacks- und Gebrauchsmuster und an den photographischen Abbildungen (1, 3 und 10 Jahre). In einzelnen Fällen ist auch eine Verlängerung der Frist vorgesehen, z. B. beim Musterrecht auf weitere 3 oder 15 Jahre.

2. Als weitere Verlustgründe kommen in Betracht der Verzicht, der erblose Tod, mit Beschränkung auf das Patentrecht die Zurücknahme wegen Nichtgebrauches oder Lizenzverweigerung und das Erlöschen wegen Nichterfüllung der Patentpflichten (Gebührenzahlung).

II. Die Übertragung und Vererbung.

1. Alle Urheberrechte sind unter Lebenden übertragbar. Einer Form bedarf das Übertragungsrecht nur beim Patentrechte; sobald die Patenterteilung erfolgt ist, ist zur Wirkung der Übertragung Dritten gegenüber die Eintragung des Überganges in die Patentrolle gefordert. Soweit ein formloses Geschäft genügt, liegt in der Übertragung des Eigentumes am Manuskript oder Kunstwerk noch nicht die Übertragung des literarischen oder künstlerischen Urheberrechtes. Die Übertragung des Benutzungsrechtes heißt beim Patentrecht Lizenzerteilung (Lizenzvertrag). Der gegenseitige schuldrechtliche Vertrag zwischen dem Autor und Verleger, durch den der letztere die Verpflichtung zur Vervielfältigung und Verbreitung übernimmt, ist der eigentümliche Verlagsvertrag[1]). Der Vertrag steht unter dem RGes. vom 19. Juni 1901. Ob und in welchem Umfange das Urheberrecht übertragen ist, bestimmt sich nach dem Inhalte des Rechtsgeschäftes. Vergütung an den Verfasser ist die Regel, aber nicht wesentlich. Gewerbsmäßiger Abschluß macht den Verleger zum Kaufmann (HGB. § 1, Nr. 8). Die aus dem Urheberrechte abgeleiteten Rechte sind gemäß dem Parteiwillen absolute oder relative, übertragbare oder nicht übertragbare Rechte. Das Urheberrecht unterliegt seiner höchstpersönlichen Natur wegen nicht der Zwangsvollstreckung und dem Konkurse, wohl aber die aus der über das Urheberrecht getroffenen Verfügung entstandenen vermögensrechtlichen Ansprüche und die aus dem Urheberrecht abgeleiteten Rechte (Verlags-, Aufführungsrecht).

2. Auch durch letztwillige Verfügung kann das Urheberrecht ganz oder in einzelnen Richtungen übertragen werden, und alle Urheberrechte sind vererblich.

III. Der Rechtsschutz der Immaterialgüterrechte.

1. Das Urheberrecht ist dadurch geschützt, daß bestimmte, näher abgegrenzte rechtswidrige und schuldhafte Verletzungen (Urheberrechtsdelikte, Patentverletzungen) besonders verboten sind. Außer der Rechtsfolge der öffentlichen Strafe, die bei den Urheberrechtsdelikten regelmäßig bei bloßer Fahrlässigkeit, bei der Patentverletzung nur bei Vorsatz des Täters angedroht ist, erwächst dem Verletzten aus diesen Delikten ein Anspruch auf Entschädigung, Buße, Einziehung, öffentliche Bekanntmachung des Urteiles. Die den Entschädigungsanspruch begründende Schuld ist nicht in allen Fällen die gleiche. Soweit besondere Verbote nicht bestehen, kommt dem Urheberrecht der allgemeine privatrechtliche Schutz des absoluten Rechtes zu (Ansprüche auf Beseitigung des Eingriffes, auf Unterlassung, auf Schadensersatz und auf Herausgabe der ungerechtfertigten Bereicherung), der allerdings beim Patentrechte ausgeschlossen ist, soweit eine der besonderen Patentverletzungen vorliegt.

2. Der unlautere Wettbewerb zieht

a) als Anpreisung oder Anschwärzung die Ansprüche auf Unterlassung und Schadensersatz nach sich. Der Anspruch auf Schadensersatz setzt nur im Falle der Anpreisung Schuld des Verletzenden voraus. Außerdem kann der Verletzte gegen den arglistigen Konkurrenten öffentliche Strafe und Verurteilung zur Bußzahlung beantragen;

b) mit Ausnahme des Anspruches auf Unterlassung treten die gleichen Folgen bei der Verletzung des Geschäftsgeheimnisses ein.

---

[1]) Vgl. auch Crome, Die partiarischen Rechtsgeschäfte (1897), S. 467 ff. 472 ff.

V. Buch.

Das Familienrecht.[1]

I. Abschnitt.

Das Eherecht.

5. Kapitel.

Die Eheschließung.

§ 223.

Das Verlöbnis.[2]

Das Verlöbnis ist das gegenseitig von Mann und Weib abgegebene und angenommene Versprechen, die Ehe miteinander eingehen zu wollen.

I. **Die rechtliche Bedeutung.** Aus dem Verlöbnis kann nicht auf Eingehung der Ehe oder Schadensersatz geklagt, seine Erfüllung durch das Versprechen einer Strafe nicht gesichert werden (**1297**). Die Bedeutung des Verlöbnisses als aufschiebendes Ehehindernis war dem Verlöbnis schon durch das Personenstandsgesetz vom 6. Februar 1875 genommen.

Das BGB. nimmt so den Standpunkt des entwickelten römischen Rechtes ein (Baden, Bremen). Im sonstigen bisherigen Rechte besteht entweder ein Anspruch auf Eheschließung (mit Zwangskopulation) und eventuell auf Schadensersatz (gem., preuß. R.) oder ein alternativer Anspruch auf Eheschließung oder Schadensersatz oder nur ein Anspruch auf Schadensersatz[3]).

II. Die sittliche und religiöse Bedeutung des Verlöbnisses, als eines die Ehe regelmäßig vorbereitenden Aktes, kommt im BGB. in bestimmten Richtungen zur Geltung.

A. **Der Schadensersatzanspruch** infolge ungerechtfertigten Rücktrittes (**1289. 1299**). Der Schadensersatzanspruch ist davon abhängig, daß ein Verlöbnis bestanden

---

[1]) Über den allgemeinen Charakter des Familienrechtes vgl. §§ 10. 17.

[2]) Dittenberger, Das Verlöbnisrecht (1901); Stutz, Die Rechtsnatur des Verlöbnisses (1900). Nathan, Die juristische Konstruktion des Verlöbnisses (1902). Hellmann, D. Jur.-Ztg. 1901, S. 217 ff. Zitelmann, Der Verlöbnisbruch (1902). Glaser, Die rechtliche Natur des Verlöbnisses nach dem BGB. (1904). Frohnhausen, Der Verlöbnisbruch nach dem BGB. (1906). Dniestrzánski, Grünhuts Zeitschr. Bd. 33, S. 87 ff. Kipp-Wolff, §§ 3 ff.

[3]) Der Anspruch auf Eingehung der Ehe war schon nach bisherigem Reichsrecht durch Versagung der Zwangsvollstreckung (ZPO. §§ 888, Abs. 2. 894, Abs. 2) praktisch beseitigt. Im jetzigen Rechte hat die Ausschließung der Vollstreckung nur noch Bedeutung für die Übergangszeit, für das internationale Privatrecht und für ausländische Urteile. Der Schadensersatzanspruch war nicht nach gemeinem, wohl aber nach Landesrecht zumeist von einer für den Verlöbnisvertrag zugeschriebenen Form abhängig (Preußen) oder davon, daß ein Aufgebot stattgefunden hatte.

hat, und daß der Rücktritt ein gerechtfertigter war. Das Gesetz verlangt einen wichtigen Grund zur Rechtfertigung, den der Zurücktretende zu beweisen hat (**1298**, Abs. 3). Als wichtige Gründe können erscheinen Gewissensbedenken, Treubruch des anderen Teiles[1]), Irrtum, z. B. auch über die Vermögensverhältnisse[2]), Krankheit, Charakterfehler, Versagung der elterlichen Einwilligung[3]). Der Rücktritt ist aber kein solcher von einem Rechtsgeschäft, wohl aber Willensakt und daher nach der Analogie geschäftlicher Willenserklärungen zu beurteilen.

1. Schadensersatzpflichtig ist der ungerechtfertigt Zurücktretende. Diesem steht gleich der Verlobte, welcher durch sein sittliches Verschulden, das für den anderen Teil einen wichtigen Grund zum Rücktritte abgibt, den Rücktritt dieses anderen Teiles veranlaßt hat, mag er das bezweckt haben oder nicht (**1299**).

2. Der Schadensersatzanspruch steht dem anderen Verlobten zu, ferner den Eltern, ohne Rücksicht auf das ihnen zustehende Ehekonsensrecht, die Unterhalts- oder Aussteuerpflicht und auch Dritten, welche an Stelle der Eltern gehandelt haben, wie z. B. Stiefeltern, Pflegeeltern, Verwandte. Sie können Ersatz verlangen für den Schaden, der daraus entstanden ist, daß sie in einer den Umständen nach angemessenen Weise in Erwartung der Ehe nicht nur zum Zwecke der Ehe Aufwendungen gemacht haben oder Verbindlichkeiten eingegangen sind, z. B. zur Ausrüstung einer Verlobungsfeier[4]). Dritten steht daher kein Ersatzanspruch wegen der gewöhnlichen Hochzeitsgeschenke zu. Der andere Verlobte kann auch für den Schaden, der ihm aus sonstigen Maßnahmen über sein Vermögen oder seine Erwerbsstellung, z. B. aus dem Kauf eines Geschäftes, aus dem Aufgeben eines Berufes, Gewerbes oder aus der Ablehnung einer Anstellung (nicht aber aus der Ausschlagung einer besseren Partie)[5]) erwachsen ist (**1298**, Abs. 1 und 2), Ersatz verlangen.

3. Der Anspruch ist vererblich und übertragbar und verjährt in zwei Jahren vom Rücktritte an (**1302**). Weitergehende Ansprüche, die sich aus sonstigen Vorschriften des Gesetzes ergeben (**823. 826**), sind nicht ausgeschlossen.

B. **Der Anspruch auf Genugtuung** im Falle der Beiwohnung (**1300**). Dieser steht der unbescholtenen[6]) Braut (Jungfrau, geschiedene Frau oder Witwe) zu, die ihrem Verlobten die Beiwohnung gestattet hat, im Falle des Rücktrittes des Verlobten oder der durch ihn gegebenen schuldhaften Veranlassung der Braut zum Rücktritt (A. Z. 1). Die Folge der Schwangerschaft ist nicht Voraussetzung des Anspruches. Die Braut kann hier außer dem Vermögensschaden gemäß **1298. 1299** (s. A.) auch für Nichtvermögensschaden, z. B. wegen geschädigten Rufes, eine billige Entschädigung in Geld verlangen (Genugtuung). Dieser Anspruch unterliegt den Beschränkungen der Genugtuungsansprüche (**L.** §§ 17. 142) und verjährt wie der Anspruch zu A. Z. 3 (**1302**); er unterscheidet sich also wesentlich von dem gemeinrechtlichen alternativen Anspruch gegen den Schwängerer auf Eheschließung oder Dotierung.

Neben diesem Anspruch können die Schadensersatzansprüche aus **823. 825. 847**, Abs. 2 begründet sein, die von dem Verlobtenverhältnisse unabhängig sind, und auch der Anspruch aus **1715**.

C. Der **Anspruch** der Verlobten auf **Rückforderung von Schenkungen** und dessen, was unter ihnen, d. h. nach Abschluß des Verlöbnisses zum Zeichen des Verlöbnisses (z. B. Verlobungsringe und auch wohl die gewechselten Briefe)[7]), gegeben ist (**1301**). Dieser ist begründet, wenn es aus irgendwelchen Gründen, z. B. auch auf Grund gegenseitigen Einverständnisses, nicht zur Eheschließung kommt, steht aber unter den Vorschriften für die Ansprüche auf Herausgabe ungerechtfertigter Bereicherung (**L.** § 141). Der Verlobte, welcher die Eheschließung wider

---

[1]) Seuff. Arch. Bd. 57, S. 23.
[2]) Seuff. Arch. Bd. 56, S. 276. Bd. 58, S. 189.
[3]) RG. Bd. 58, S. 254.
[4]) RG., Gruch. Beitr., Bd. 48, S. 356.
[5]) RG., Recht (1902), S. 372.
[6]) RG. Bd. 52, S. 46. 48.
[7]) Planck IV zu **1301**, Z. 1. A. M. David, Recht (1902), S. 359.

Treu und Glauben vereitelte (vgl. A.)[1]) oder wußte, daß die Eheschließung unmöglich war (**815**), hat daher als Schenker diesen Anspruch nicht. Der Anspruch ist auch im Falle der Auflösung durch Tod der Verlobten ausgeschlossen, wenn der Zurückfordernde nicht entgegenstehende Vereinbarung beweist. Der Anspruch verjährt wie die Ansprüche unter A. u. B. (**1302**).

Das römische Recht kannte die Rückforderung der Geschenke und im Falle der Auflösung des Verlöbnisses durch Tod des Bräutigams den Anspruch der Braut auf die Hälfte (oscuio interveniente).

D. Über die Unwirksamkeit letztwilliger Verfügungen und der Erbverträge bei Auflösung des Verlöbnisses vgl. **2077**. **2279**, Abs. 2. **L.** §§ 276. 280, II.[2]).

III. **Die juristische Natur des Verlöbnisses.** Das BGB. sagt über die juristische Natur des Verlöbnisses direkt nichts. Es besteht Streit. Auf eine juristische Konstruktion verzichten diejenigen, die die Vorschriften in **1298** ff. als positive hinnehmen und sie als der Billigkeit entsprechende bezeichnen. Der geschichtlichen Entwicklung entsprechen die Rechtsgeschäftstheorien[3]), welche unter sich stark voneinander abweichen. Dem Gesetze gegenüber sind zu verwerfen die Annahme eines obligatorischen Vertrages, eines obligatorisch-familienrechtlichen Mischvertrages; die Annahme eines familienrechtlichen Hauptvertrages (Stutz, Glaser) auf Begründung des Brautstandes wird den Absichten der Parteien nicht gerecht und mündet in die Auffassung vom familienrechtlichen Vorvertrag (Planck) aus; denn die Absicht der Begründung des Brautstandes bezielt gerade die Begründung der Ehe. Diese Auffassung vermag auch die Ansprüche der Eltern und Dritter (II. A. Z. 2) nicht zu erklären. Allen diesen Auffassungen stehen gegenüber die Auffassungen, welche das Verlöbnis als ein rein tatsächliches Verhältnis betrachten (Tatsächlichkeitstheorie). Abzulehnen ist allerdings die Auffassung, die mit dem Garantieversprechen und der culpa in contrahendo zum Ziele zu gelangen sucht. Zutreffend ist dagegen die Auffassung (Hellmann, Nathan), daß wegen der sittlichen Bedeutung des Verlöbnisses das Gesetz Schutzbestimmungen für die Verlobten und dritte Beteiligte aufstellt (Deliktstheorie), deren Verletzung sich als Delikt (**823**, Abs. 2) darstellt. Ob ein Verlöbnis vorliegt, hat die Tatsächlichkeitstheorie daher grundsätzlich nicht aus direkter oder analoger Anwendung der Vorschriften für die Rechtsgeschäfte, sondern aus der sozialen und sittlichen Gemeinauffassung zu beantworten; die Eingehung von Liebschaften, Abgabe nicht ernstlicher Eheversprechen, Eheversprechen von Geisteskranken und Kindern und unter solchen Personen, zwischen denen eine Ehe für immer ausgeschlossen ist, sind keine Verlöbnisse. Bei den Eheversprechen minderjähriger Personen kommt es allein auf ihre Reife, nicht auf die Zustimmung des gesetzlichen Vertreters an; Anfechtung des Verlöbnisses kommt nicht in Frage. Die Frage, ob ein Verlöbnis noch bestand oder wieder aufgehoben ist, beantwortet sich aus demselben Prinzip[4]).

IV. **Internationales und intertemporales Privatrecht.**

A. Im intertemporalen Privatrecht entscheidet nicht EG. Art. 170, da das Verlöbnis kein Schuldverhältnis begründet. Liegt ein nach altem Recht gültiges Verlöbnis vor, so äußert es seine Wirkungen für die Zeit der Geltung des alten Rechtes nach altem Recht, für die Zeit nach 1900 dagegen nach neuem Recht, soweit unter dem neuen Recht noch ein Verlöbnis besteht. Wäre das Verlöbnis nach altem Recht unwirksam, so kann es nach neuem Recht wirksam sein und diesem gemäß seine Folgen äußern.

B. Im internationalen Privatrecht findet EG. Art. 13 Anwendung. Es ist maßgebend das Recht des Heimatsstaates jedes der Verlobten. Auf Eingehung der Ehe kann aber gegen keinen der Verlobten geklagt werden (EG. Art. 30). Der Anspruch auf Rückforderung

---

[1]) Seuff. Arch., Bd. 57, S. 23.

[2]) Vgl. ferner über die öffentlich-rechtliche Bedeutung des Verlöbnisses: ZPO. §§ 383. 385. 393. StrPO. §§ 51. 57. StrGB. §§ 52. 257. Über die Gerichtsbarkeit in Verlöbnissachen GVG. § 15. Dazu Nathan, S. 80, Note 5.

[3]) Auf diesem Standpunkt steht auch RG., D. Jur.-Ztg. 1905, S. 1061.

[4]) Vgl. i. a. Frohnhausen, a. a. O.

der Geschenke (II. C.) steht als Bereicherungsanspruch unter dem Recht des Ortes, an dem der Tatbestand der Bereicherung sich verwirklichte.

§ 224.

Die Eheschließung. a) Die materiellen Voraussetzungen.[1])

Die Ehe ist wie im röm. Recht (l. 1 D. 23, 2), die rechtliche Verbindung eines Mannes mit einem Weibe zur umfassenden Lebensgemeinschaft. Die rechtliche Regelung des ehelichen Verhältnisses geht geschichtlich vom Staate und von der Kirche aus. In Zukunft normiert für die Ehe als Privatrechtsinstitut das bürgerliche Recht; die kirchlichen Verpflichtungen werden aber durch die Bestimmungen des bürgerlichen Rechtes nicht berührt (**1588**). Wieweit die Erfüllung kirchlicher Verpflichtungen unter Rechtszwang steht, bestimmt sich nach dem Staats- und Kirchenrecht[2]). Die Eingehung der Ehe erfolgt durch Vertrag (Eheschließungsvertrag)[3]), der Inhalt des Rechtsverhältnisses der Ehe ist aber ihrer Bedeutung für die Familie und die Gesamtheit wegen im wesentlichen der Bestimmung der Parteien entzogen.

Die materiellen Voraussetzungen der Eheschließung können daher nicht die der rechtsgeschäftlichen Begründung vermögensrechtlicher Verhältnisse schlechthin entsprechenden sein. Die Voraussetzungen des Vermögensrechtes erleiden vielmehr Abänderungen, und es treten andere eigentümliche Voraussetzungen hinzu (Ehehindernisse).

I. Die Eingehung der Ehe verlangt:

A. **Ehemündigkeit, Geschäftsfähigkeit** und den **Eheschließungswillen** der Verlobten.

1. Die **Ehemündigkeit**[4]) tritt für Männer mit der Volljährigkeit bzw. Volljährigkeitserklärung (**L.** § 23), für Frauen mit dem vollendeten 16. Lebensjahre (**1303**, Abs. 1) ein. Befreiung ist zulässig (**1322**). Die Ehemündigkeit muß vor Anordnung des Aufgebotes eingetreten sein[5]). Nach röm. Recht trat die Ehemündigkeit mit der Pubertät ein.

2. Die Eheschließung verlangt **Geschäftsfähigkeit** (**1304**). Ein Geschäftsunfähiger kann eine Ehe nicht eingehen (**104**); die in der Geschäftsfähigkeit Beschränkten (minderjährige Frauen, entmündigte Verschwender, Trunksüchtige, Geistesschwache, unter vorläufige Vormundschaft Gestellte) bedürfen der Einwilligung des gesetzlichen Vertreters (Vater, Mutter, Vormund, Pfleger); dem gesetzlichen Vertreter muß die Vertretung in den die Person betreffenden Angelegenheiten zur Zeit der Eheschließung rechtlich zustehen. Wird die Einwilligung des Vormundes (Pflegers) verweigert, so kann sie auf selbständigen Antrag des Mündels durch Beschluß des Vormundschaftsgerichtes ersetzt werden. Das soll geschehen, wenn die Eingehung der Ehe im Interesse des Mündels liegt[6]). Das Verfahren ist das der freiwilligen Gerichtsbarkeit[7]).

3. Die Verlobten müssen den **Willen** gehabt haben, die Ehe einzugehen. Mentalreservation ist auch bei der Eheschließung gemäß **116** ohne Einfluß, aber auch Simulation (**117**) und der Mangel ernsten Willens (**118**). Über den Einfluß von Irrtum, arglistiger Täuschung und Drohung vgl. **L.** § 83.

B. **Einwilligung der Eltern** (**1305—1308**). Dieses Recht fließt nach röm. Recht aus der patria potestas, nach deutschem, kanonischem und heutigem bürg. Recht aus der Elternstellung, die für die Eltern die Unterhaltspflicht mitsichbringt, und aus dem Familieninteresse[8]). Stief-

---

[1]) Kipp-Wolff §§ 2. 8ff. Zu vgl. sind auch die Kommentare zum Personenstandsgesetz von Sartorius (1902); Stölzel, Deutsches Eheschließungsrecht (4a).

[2]) Personenstandsgesetz §§ 82. 67 u. dazu EG. Art. 46, III.

[3]) Dagegen Jacobi, a. a. O., S. 24f. und Jahrb. f. Dogmatik, Bd. 35, S. 1ff.

[4]) Für die Mitglieder der landesherrlichen und standesherrlichen Familien vgl. EG. Art. 57. 58. Personenstandsgesetz § 72, Abs. 3.

[5]) Personenstandsgesetz § 45.

[6]) Für die Eheschließung einer Person mit ihrem Vormunde oder einem Verwandten desselben in gerader Linie ist Einwilligung eines Pflegers erforderlich (**1909. 1795**, Z. 1).

[7]) FGG. bes. §§ 35. 36. 43. 53. 20. 59.

[8]) Goldmann, Recht (1904), S. 131.

und Pflegeeltern kommen hier nicht in Betracht. Die Einwilligung der Eltern ist eine selbstständige Voraussetzung neben der des gesetzlichen Vertreters (A. Z. 2).

1. Die Kinder bedürfen der elterlichen Einwilligung bis zum vollendeten 21. Lebensjahre, eheliche Kinder der des Vaters oder, wenn der Vater gestorben oder dauernd verhindert ist oder nach **1701** über die Kinder aus nichtiger Ehe die väterlichen Rechte nicht hat, der der Mutter. Das uneheliche Kind bedarf der Einwilligung der Mutter, das angenommene Kind der des Annehmenden allein oder, wenn es als eheliches Kind beider Ehegatten gilt, der des Vaters oder der Mutter wie das eheliche. Die leiblichen Eltern sind durch die Annahme dauernd ausgeschlossen. Das für ehelich erklärte Kind bedarf in keinem Falle der Einwilligung der Mutter. Bei Kindern, die durch nachfolgende Ehe legitimiert sind, gilt das gleiche wie bei ehelichen Kindern (**1721**).

Wem das Recht der Einwilligung zusteht, bestimmt sich nach der Zeit der Eheschließung.

2. Das Einwilligungsrecht der Eltern fällt fort durch Tod der Eltern, wenn sie zur Abgabe der Erklärung dauernd (z. B. wegen unheilbarer Geisteskrankheit) unfähig sind, oder ihr Aufenthalt dauernd (z. B. im Falle der Verschollenheit) unbekannt ist.

3. Stellvertretung in der Ausübung des Einwilligungsrechtes ist ausgeschlossen, wohl aber können die Eltern ihre Einwilligung durch andere erklären. In der Geschäftsfähigkeit beschränkte Eltern bedürfen nicht der Zustimmung ihres gesetzlichen Vertreters, sind also in dieser Beziehung voll geschäftsfähig[1]).

4. Ein für volljährig erklärtes Kind, dem die Einwilligung ohne wichtigen Grund versagt wird, nicht ein anderer Beteiligter, kann die Ersetzung der Einwilligung durch Beschluß des Vormundschaftsgerichtes beantragen (vgl. oben A. Z. 2). Die Versagung kann hier durch das Interesse des Kindes wie auch durch das der Eltern oder der Familie gerechtfertigt sein, z. B. die Braut verletzt die Ehrerbietung gegen die Eltern des Bräutigams[2]).

C. Das Ehehindernis **bestehender Ehe** (**1309**). Eine neue Ehe kann erst eingegangen werden, wenn die frühere durch Tod oder Scheidung aufgelöst oder für nichtig erklärt ist. Ein Urteil auf Aufhebung der ehelichen Gemeinschaft genügt dagegen nicht (**1575**. **1586**). Der Auflösung oder Nichtigkeitserklärung bedarf es nicht, wenn die Ehegatten nach (z. B. wegen Formmangels) nichtigem Eheschluß denselben wiederholen. Jeder Ehegatte der alten Ehe kann sogar ohne weiteres zur neuen Ehe schreiten, wenn die alte Ehe wegen Formfehlers nichtig und nicht in das Heiratsregister eingetragen war (**1329**). Von diesen Fällen abgesehen, darf die neue Ehe, wenn gegen das Scheidungs- oder Nichtigkeitsurteil innerhalb der fünfjährigen Frist (ZPO. § 586) die Nichtigkeits- oder Restitutionsklage erhoben ist, auch nicht vor Erledigung dieses Verfahrens eingegangen werden, weil damit erst Sicherheit für den Bestand der alten Ehe geschaffen wird. Erledigung des Verfahrens liegt vor mit der rechtskräftigen Abweisung der Nichtigkeits- oder Restitutionsklage, mit ihrer Zurücknahme oder im Falle des Todes eines der Ehegatten. Die Nichtigkeitsklage stützt sich auf Mängel des Verfahrens (ZPO. § 579), die Restitutionsklage auf Mängel, die auf die materielle Entscheidung von Einfluß waren (ZPO. § 580).

Eine Ausnahme liegt vor im Falle der Todeserklärung eines Ehegatten[3]). Der andere Ehegatte kann eine neue Ehe eingehen[4]), und diese ist gültig, obwohl der für tot Erklärte noch lebt, außer wenn beide[5]) Ehegatten der neuen Ehe bei der Eheschließung wußten,

---

[1]) A. M. Sartorius, S. 235.

[2]) Ordnungsvorschrift: **1308**, Abs. 2.

[3]) Lehmann, Hirths Annalen, Jahrg. 34 (1901), S. 18 ff. Dernburg, Guttentagsche Festschrift für den 26. D. Juristentag. S. 3 ff. Olshausen, D. Jur.-Ztg. (1903), S. 149. Dochnahl, Arch. f. bürg. R., Bd. 26, S. 321 ff.

[4]) Übergangsvorschrift: EG. Art. 158. 159.

[5]) Ist nur einer der Ehegatten böswillig, so tritt zwar die Auflösung der früheren Ehe ein, der betreffende Ehegatte macht sich aber strafbar nach RStrGB. § 171. Vgl. bes. Erler, a. a. O., S. 72, Note 21.

daß er die Todeserklärung überlebt hat. Die neue Ehe löst die frühere mit absoluter Wirkung auf, so daß jetzt auch der Verschollene zur neuen Ehe schreiten kann. Die Auflösung ist eine definitive, also auch wenn der für tot Erklärte zurückkehrt, oder die Todeserklärung im Anfechtungswege aufgehoben wird (**1348**). Auch hier darf die neue Ehe nicht geschlossen werden, bevor die innerhalb der zehnjährigen Frist (ZPO. § 958, Abs. 2) erhobene Anfechtungsklage erledigt ist (**1349**). Ist die neue Ehe nichtig, so wird die frühere Ehe nicht aufgelöst[1]), und die neue Ehe bleibt nichtig, auch wenn der Verschollene nach Eingehung der neuen Ehe gestorben ist. War die neue Ehe anfechtbar, und wird die Anfechtbarkeit wirksam geltendgemacht, so liegt es ebenso. Unterbleibt aber die Anfechtung, so wird die frühere Ehe aufgehoben (vgl. L. § 227, I. E.).

D. Das Ehehindernis der **Verwandtschaft**[2]) (**1310. 1311**) besteht:

1. Zwischen Verwandten und Verschwägerten in gerader Linie und voll- und halbbürtigen Geschwistern (**1590**, Abs. 2); der Mann darf daher eine in die Ehe gebrachte uneheliche Tochter seiner Frau nicht heiraten (**1310**, Abs. 1. **1589**, Abs. 2); die Kinder aus nichtigen Ehen und legitimierte Kinder stehen den ehelichen Kindern gleich, soweit die Folgen ehelicher Abstammung eintreten.

Verwandtschaft liegt im Sinne des **1310** auch vor zwischen den unehelichen Kindern und deren Abkömmlingen einerseits und dem Vater und dessen Verwandten andererseits, obwohl hier (**1589**, Abs. 2) Verwandtschaft im Rechtssinne nicht besteht; sie vermittelt auch die Schwägerschaft; der Vater kann daher die uneheliche Tochter seines ehelichen Sohnes nicht heiraten; denn „Abkömmling" ist in **1310**, Abs. 3 im natürlichen Sinne zu verstehen[3]). Uneheliche Kinder desselben Mannes von verschiedenen Müttern dürfen sich nicht heiraten.

Schwägerschaft ist im Sinne von **1310** auch die natürliche Schwägerschaft (affinitas illegitima) in gerader Linie, folglich zwischen Personen, von denen die eine mit ehelichen Eltern, Voreltern oder Abkömmlingen der anderen Geschlechtsgemeinschaft gepflogen hat. Ein Mann darf somit die Tochter seiner Konkubine nicht heiraten, auch nicht die Tochter seiner geschiedenen Frau aus deren neuer Ehe (**1310**, Abs. 2).

Im Falle der natürlichen Verwandtschaft und Schwägerschaft muß die uneheliche Abstammung irgendwie erwiesen sein. Die Rechtsvermutungen (**1717. 1718**), die für den Unterhaltsanspruch aufgestellt sind, sind hier nicht anwendbar[4]).

2. Zwischen dem Annehmenden und dem angenommenen Kinde und dessen ehelichen und unehelichen mit ihm verwandten (**1589**) Abkömmlingen, auch wenn sich die Wirkungen der Annahme nach **1757**, Abs. 2. **1762** auf die Abkömmlinge nicht erstrecken, für die Dauer des Annahmeverhältnisses (**1768**). Das Verbot erstreckt sich daher nicht auf die Ehe der Adoptivgeschwister.

E. Das Ehehindernis des **Ehebruches** (**1312**)[5]).

Der wegen vollendeten Ehebruches geschiedene Ehegatte kann eine Ehe nicht mit dem eingehen, mit welchem er den Ehebruch begangen hat, wenn dieser Ehebruch in dem Tenor oder den Gründen des Scheidungsurteils als Grund der Scheidung festgestellt ist (ZPO. § 624)[6]). Das gleiche gilt, wenn die Aufhebung der ehelichen Gemeinschaft ausgesprochen ist (**1586**)[7]). Das feststellende Urteil ist möglicherweise das die Berufung zurückweisende Urteil zweiter Instanz[8]). Zur Feststellung genügen nicht Ausführungen, die nicht zu diesem Zwecke erfolgten.

---

1) A. M. Dernburg, a. a. O. (Note 4). Rehbein, BGB. I, S. 11.
2) StrGB. § 173.
3) Küttner, Jahrb. f. Dogmat., Bd. 50, S. 420 ff. A. M. Schmidt zu **1310**.
4) Natter, Arch. f. d. ziv. Praxis, Bd. 95, S. 130 ff. A. M. Birkenbihl, Festgabe der Frankfurt. jur. Ges., S. 218.
5) StrGB. § 172.
6) RG. Bd. 30, S. 145.
7) Franke, Arch. f. d. ziv. Praxis, Bd. 98, S. 447.
8) RG. i. Str. Bd. 21, S. 21.

Auf die Mitschuld des anderen kommt es nicht an[1]). Das Ehehindernis besteht auch dann, wenn die wegen Ehebruches geschiedene Ehe nichtig war, außer wenn sie wegen Formmangels nichtig und auch nicht eingetragen war.

F. Das Ehehindernis der **Wartezeit** (**1313**). Mit Rücksicht auf die gesetzliche Feststellung der Konzeptionszeit (**1592**) dürfen Frauen erst nach Ablauf einer Wartezeit von 10 Monaten seit Beendigung der früheren Ehe (durch Tod, Scheidung, Todeserklärung) oder seit Nichtigkeitserklärung wieder heiraten, wenn sie nicht inzwischen geboren haben, da in diesem Falle die Besorgnis einer Ungewißheit der Vaterschaft fortfällt. Die Vorschrift fällt fort, wenn die Ehegatten die Eheschließung nach **1309** wiederholen.

G. Das Ehehindernis aus der **Vermögensverwaltung** kraft elterlicher Gewalt oder elterlicher Vormundschaft (**1314**). Vater und Mutter, die das Vermögen ihrer ehelichen (legitimierten, angenommenen) und minderjährigen Kinder (nicht Enkel) kraft der elterlichen Gewalt oder das Vermögen ihrer minderjährigen oder volljährigen Kinder kraft Vormundschaft (**1845**) verwalten, dürfen zur neuen Ehe erst dann schreiten, wenn sie vom Vormundschaftsgericht (GFG. § 43) ein Zeugnis darüber beibringen, daß sie den Verpflichtungen in bezug auf das Vermögen der Kinder, die in **1669** näher bestimmt sind, genügt haben, oder daß solche Pflichten (z. B. weil dem Elternteil die väterliche Gewalt nicht zusteht), nicht vorhanden sind. Das Zeugnis ist demnach auch erforderlich, wenn der leibliche Vater des angenommenen Kindes zur zweiten Ehe schreitet. Ebenso bedarf dieses Zeugnisses der überlebende Ehegatte, welcher mit minderjährigen oder bevormundeten Abkömmlingen, also auch Enkeln und Abkömmlingen, die in Vormundschaft Dritter stehen, in fortgesetzter Gütergemeinschaft steht, wenn er eine neue Ehe eingehen will. Ihn treffen nach **1493**, Abs. 2 ähnliche Verpflichtungen (Inventarisierung, Auseinandersetzung)[2]).

H. Ehehindernis **mangelnder Erlaubnis** (**1315**). Militärpersonen[3]) und Landesbeamte einschließlich der Geistlichen und Lehrer[4]) bedürfen zur Eingehung einer Ehe der Erlaubnis, wenn solche durch das Reichsrecht bzw. die Landesgesetze vorgeschrieben ist. Über die Abgrenzung der Landesbeamten entscheidet das Landesrecht. Ebenso bedürfen Ausländer (Nichtdeutsche) der landesgesetzlich vorgeschriebenen Erlaubnis der inländischen Obrigkeit oder eines Zeugnisses der ausländischen Behörde, daß keine Ehehindernisse der Eheschließung entgegenstehen[5]).

J. Für bayerische Staatsangehörige des rechtsrheinischen Gebietes bedarf es eines distriktpolizeilichen Verehelichungszeugnisses[6]).

K. Die Ebenbürtigkeit der Ehegatten und die Mißheirat gehören dem vorbehaltenen Landesrechte an (EG. Art. 57. 58).

II. Die Ehehindernisse haben eine verschiedene **Bedeutung.**

A. Von einigen kann Befreiung durch staatlichen Akt gemäß **1322** eintreten, nämlich in den Fällen I. A. E. und F. Im Falle I. E. (**1312**, Abs. 2) ist nachträgliche Befreiung mit rückwirkender Kraft möglich (**1328**, Abs. 2). Die Befreiung geht vom Reich oder vom Bundesstaat aus[7]).

B. Die Ehehindernisse sind absolute, d. h. sie hindern die Ehe bestimmter Personen überhaupt, z. B. I. A. C. F. oder sie sind nur relative, d. h. sie hindern die Ehe einer Person nur mit einer bestimmten anderen Person, z. B. I. E.

---

1) RG. Bd. 49, S. 85.

2) Vgl. **L.** § 239, IV. V. Übergangsvorschrift: EG. Art. 200. 203.

3) RMilitGes. vom 2. Mai 1874, §§ 40. 60, Z. 4. 61. MilitStrGB. vom 20. Juni 1872, § 150, Abs. 1.

4) Für Reichsbeamte gilt das Reichsspezialrecht, Reichsbeamtengesetz vom 31. Mai 1873, § 19. Personenstandsgesetz §§ 38. 39; für Landesbeamte vgl. Schmidt zu **1315**, Z. 4. Sartorius, S. 272 ff. 282. 293. Stölzel, S. 81 ff.

5) Vgl. Schmidt zu **1315**, Z. 5. Stölzel S. 81 ff.

6) Vgl. Bündnisvertrag vom 23. November 1870, III, § 1, Abs. 1, Schlußprotokoll (von demselben Tage) Z. I. Bayer. Ges. vom 17. März 1892. Stölzel, S. 92 ff.

7) Die Regelung im Landesrecht vgl. bei Planck zu **1322**, Z. 3. Stölzel, S. 89 ff.

C. Gewisse Ehehindernisse sind ohne Einfluß auf die Gültigkeit der Ehe, der Standesbeamte soll aber die Ehe nicht schließen[1]). Das sind die aufschiebenden Ehehindernisse (impedimenta impedienta tantum), z. B. I. A. (**1303**), B. (**1305** ff.), D. (**1310**, Abs. 2. **1311**), F. (**1313**) usw. Andere Ehehindernisse greifen den rechtlichen Bestand der Ehe an (trennende Ehehindernisse, impedimenta dirimentia). Besteht an dem Ehehindernisse ein öffentliches Interesse, so tritt Nichtigkeit der Ehe ein (imp. dirim. publica), darüber **L.** § 226, besteht nur ein Interesse des betroffenen Ehegatten, so tritt Anfechtbarkeit der Ehe ein. Darüber **L.** § 227.

III. **Intertemporales und internationales Privatrecht.**

A. Die Gültigkeit einer vor dem 1. Januar 1900 geschlossenen Ehe bestimmt sich nach dem bisherigen Recht. Ist diese Ehe nach dem bisherigen Recht nichtig oder anfechtbar, und leben die Eheleute nach dem 1. Januar 1900 noch als Ehegatten miteinander, so ist ihre Ehe als von Anfang an gültig anzusehen, wenn der Grund der Ungültigkeit nach dem BGB. die Nichtigkeit oder Anfechtbarkeit nicht zur Folge haben oder diese Wirkung verloren haben würde (EG. Art. 198, Abs. 1, 2).

B. Die Gültigkeit einer Ehe wird nach dem Rechte des Heimatstaates beider Ehegatten beurteilt (EG. Art. 13).

§ 225.

b) Die Form der Eheschließung.

Das römische Recht kannte, von der confarreatio abgesehen, keine Formvorschrift (consensus facit nuptias). Im alten deutschen Recht finden sich Erinnerungen an die Ehe durch Raub der Frau (Raubehe), die regelmäßige Form war aber die Eheschließung durch Kauf, der zwischen dem Bräutigam und dem Vater oder Vormund der Braut über diese selbst oder über die Gewalt über die Frau (munt) unter Vereinbarung eines Kaufpreises abgeschlossen wurde (Verlobung), an den sich die Erfüllung durch traditio puellae (Trauung) durch den Muntwalt anschloß (Kaufehe). Dieser einheitliche Akt schied sich dann in der fränkischen Zeit in die beiden Akte der Verlobung und Trauung. Die Verlobung wurde aber weiterhin von den Brautleuten unter Konsens des Muntwalts der Braut selbst geschlossen, und auch der Kaufpreis als Wittum an die Braut geleistet und der Vertrag zu einem Formalgeschäft (Ringübergabe, Eid, Handschlag). Die Trauung erfolgte dann ebenfalls unter den Verlobten selbst oder durch einen Treuhänder. Beide Akte sind wesentlich: die Trauung ist die Vollendung der Eheschließung, an die sich die kirchliche Einsegnung anschloß, bis unter dem Einfluß der Kirche die Trauung an den Geistlichen überging. Das kanonische Recht hielt gleichwohl an dem Satze: consensus facit nuptias fest; erst 1563 im Tridentinum (decretum: Tametsi) wurde als Form die Konsenserklärung vor dem parochus proprius und zwei Zeugen vorgeschrieben. Die Mitwirkung des parochus war aber eine lediglich passive. Das tridentinische Eheschließungsrecht ist erst durch die bulla Procida (1906) auf ganz Deutschland ausgedehnt worden und durch das Dekret: ne temere (1907) ist die Eheschließungsform der des BGB. analog gestaltet worden, so daß der parochus eine aktive Assistenz zu leisten hat (vgl. **1317**, Abs. 1 unten II, B. 2). Das protestantische Eherecht machte die wie im vortridentinischen kanonischen Recht geforderte Trauung durch den Geistlichen zu dem eigentlichen die Ehe begründenden Akt. Diese Form ging auch in das staatliche Eherecht der deutschen Staaten über (ALR. II, 1, § 136). Der Gedanke, daß die Ehe als privatrechtliches Rechtsverhältnis durch einen rein weltlichen Akt zu begründen sei, wurde in den Niederlanden, England und Frankreich (Gesetz von 1792 und Code civil) durchgeführt. Die Zivilehe gelangte auch in einzelnen deutschen Staaten zur Einführung (Preuß. Ges. vom 9. März 1874) für das Reich erst durch das Personenstandsgesetz vom 6. Februar 1875.

Nach heutigem Rechte wird die Ehe vor einem bürgerlichen Beamten (Standesbeamten) geschlossen und kann nicht anders geschlossen werden (**obligatorische Zivilehe** im Gegensatze zur fakultativen, bei der die Brautleute die Wahl zwischen konfessioneller oder Zivilehe haben, und zur Notzivilehe, bei der die Zivilehe zugelassen ist, wenn nach dem konfessionellen Eherecht die Eheschließung wie bei gemischten Ehen ausgeschlossen wäre)[2]). Der Eheschließungsakt selbst aber hat gegenüber dem bisherigen Reichsrecht Änderungen erfahren[3]).

[1]) Personenstandsges. §§ 11. 69; EG. Art. 46, IV.

[2]) Kipp-Wolff, §§ 18 ff. Schoen, Gött. Festschrift für Regelsberger, S. 218 f.

[3]) Über die Eheschließung im Auslande bestimmt das Reichsgesetz vom 4. Mai 1870, das im EG. Art. 40 abgeändert ist. Über die Eheschließung in den Schutzgebieten s. Reichs-VO. vom 19. März 1884. Schutzgebiets-Ges. v. 25. Juli 1900 (§§ 7. 16); KonsularGerGes. § 36.

I. Der Eheschließung soll ein **Aufgebot** vorhergehen (**1316**). Das Aufgebot ist Formerfordernis (vgl. EG. Art. 13, Abs. 3). Das Aufgebot hat den Zweck, daß Ehehindernisse geltendgemacht und zur Kenntnis des Standesbeamten gebracht werden. Ist ein Aufgebot nicht erlassen, so ist deshalb die Ehe nicht ungültig. Auch kann Befreiung von dieser Ordnungsvorschrift, d. h. vom Aufgebot überhaupt, von der Art des Aufgebotes, oder nur von der Aufgebotsfrist durch den Bundesstaat, in dessen Gebiet die Ehe geschlossen werden soll, eintreten (**1322**, Abs. 2 und 3). Zuständig für Erlaß des Aufgebotes ist der Standesbeamte, vor dem die Ehe gültig geschlossen werden kann (**1320**)[1]. Die weiteren Verfahrensvorschriften sind im Personenstandsgesetz §§ 45—51 gegeben. Das Aufgebot verliert seine Kraft, wenn die Ehe nicht binnen sechs Monaten nach Vollziehung[2]) des Aufgebotes (Aufgebotsfrist) geschlossen wird. Es darf unterbleiben, wenn die lebensgefährliche Erkrankung eines der Verlobten den Aufschub der Eheschließung nicht gestattet[3]).

II. **Der Akt der Eheschließung** muß vor dem Standesbeamten vorgenommen werden.

A. An sich muß der Standesbeamte auch als solcher bestellt sein (**1319**), und er soll für den einzelnen Fall auch örtlich zuständig sein (**1320**). Die örtliche Unzuständigkeit hat aber keinen Einfluß auf den rechtlichen Bestand der Ehe, selbst der Mangel der amtlichen Qualität ist unschädlich, wenn der Unzuständige das Amt des Standesbeamten öffentlich ausübt, es sei denn, daß beide Verlobten bei der Eheschließung seine Unzuständigkeit positiv kannten (**1319**)[4]. Öffentliche Ausübung liegt dann vor, wenn der Betreffende nach Art eines für eine unbegrenzte Mehrheit von Personen zuständigen Standesbeamten fungiert hat, so daß objektiv die Unkenntnis der Verlobten gerechtfertigt ist. Zuständig ist der Standesbeamte, in dessen Bezirk einer der Verlobten zur Zeit der Eheschließung, nicht des Aufgebotes seinen Wohnsitz oder seinen gewöhnlichen Aufenthaltsort hat. Unter mehreren zuständigen Standesbeamten haben die Verlobten die Wahl (**1320**, Abs. 2 und 4)[5]. Der zuständige Standesbeamte kann einen Standesbeamten eines anderen Bezirkes schriftlich zur Eheschließung, nicht zum Aufgebot ermächtigen (**1321**). Der ermächtigte Standesbeamte kann aber nicht einen anderen ermächtigen[6]).

B. Der Eheschließungsakt ist an wesentliche und an bloße Ordnungsvorschriften gebunden. Die kirchliche Trauung darf der standesamtlichen nicht voraufgehen[7]).

a) **Wesentliche Formvorschrift** ist,

1. daß die Verlobten persönlich, also nicht durch Stellvertreter oder Boten[8]), bei gleichzeitiger Anwesenheit unbedingt und unbefristet erklären, daß sie die Ehe miteinander eingehen wollen. Stumme, Taube, Taubstumme und Personen, die der deutschen Sprache nicht mächtig sind, können die Ehe eingehen, soweit sie sich mit dem anderen Verlobten und mit dem Standesbeamten verständigen können[9]);

2. daß der Standesbeamte bereit ist, diese Erklärung entgegenzunehmen, d. h. der Standesbeamte muß wissen, daß es sich um eine Eheschließung handelt, er muß die Erklärung hören bzw. sonst wahrnehmen wollen. Lehnt der Standesbeamte die Entgegennahme der Erklärung ab, so ist eine wesentliche Vorschrift verletzt. Die Ehe wird aber durch den Vertrag der Parteien (Z. 1), nicht durch einen Ausspruch des Standesbeamten geschlossen. Da die Ent-

---

[1]) Personenstandsges. § 44. EG. Art. 46, II.

[2]) Personenstandsgesetz § 46, Abs. 3. § 47, Abs. 1. EG. Art. 46, II.

[3]) Personenstandsgesetz § 50, Abs. 2. EG. Art. 46, II.

[4]) Fischer, Jahrb. f. Dogmat., Bd. 29, S. 293. 321 ff.

[5]) Für den Fall, daß keiner der Verlobten seinen Wohnsitz oder gewöhnlichen Aufenthalt im Inlande, der durch das relativ längere Verweilen im Inlande hergestellt wird, hat, aber doch einer von ihnen ein Deutscher ist, bestimmt sich die Zuständigkeit nach **1320**, Abs. 3.

[6]) Für Grenzpfarreien vgl. Personenstandsges. § 75.

[7]) Personenstandsgesetz § 67 (EG. Art. 46).

[8]) Vorbehalt für das Landesrecht: EG. Art. 57, Personenstandsgesetz § 72.

[9]) Die Bekanntmachung des Bundesrates vom 25. März 1899 gibt für diese Fälle nähere Ordnungsvorschriften.

gegennahme der Parteierklärungen durch den Standesbeamten aber eine freiwillige ist, so ist seine Mitwirkung keine bloß passive Assistenz wie die des Pfarrers nach dem Tridentinum (**1317**)[1]. Die Bereitwilligkeit muß zur Zeit der Parteierklärungen vorliegen. Es schadet nicht, wenn der Standesbeamte nach Abgabe der Erklärungen stirbt oder geisteskrank wird.

b) **Ordnungsvorschriften,** deren Vernachlässigung für den rechtlichen Bestand der Ehe gleichgültig ist (**1318**):

1. der Standesbeamte soll bei der Eheschließung in Gegenwart von zwei Zeugen[2]) an die Verlobten einzeln und nacheinander die Frage richten, ob sie die Ehe miteinander eingehen wollen;

2. nach Bejahung der Frage durch die Verlobten aussprechen, daß sie kraft dieses Gesetzes nunmehr rechtmäßig verbundene Eheleute seien; ob die Eheleute diesen Ausspruch erleben, ist gleichgültig;

3. er soll die Eheschließung in das Heiratsregister mit Rücksicht auf dessen materielle Bedeutung (L. § 226) eintragen (Personenstandsges. § 54).

III. **Intertemporales und internationales Privatrecht.**

Die Gültigkeit der vor dem 1. Januar 1900 geschlossenen Ehen ist auch in formeller Beziehung nach dem bisherigen Rechte zu beurteilen (EG. Art. 198). Die Form der Eheschließung richtet sich nach dem Rechte des Ortes, welches für die Eingehung der Ehe maßgebend ist, es genügt aber die Beobachtung des am Orte der Eheschließung für die Form geltenden Rechtes (EG. Art. 11). Die Form einer Ehe, die im Inlande geschlossen wird, richtet sich stets nach dem deutschen Recht (EG. Art. 13, Abs. 3).

§ 226.

c) Nichtigkeit der Ehe.[3])

Die Nichtigkeit der Ehe (**1323—1329**)[4]) hat die Bedeutung, daß wegen formeller oder materieller Mängel von vornherein die Ehe keinen Rechtsstand hat, sie steht i. a. unter den Vorschriften für die Rechtsgeschäfte. Abweichungen ergeben sich aber in mehrfacher Hinsicht.

I. **Die Gründe der Nichtigkeit.** Nichtigkeit tritt ein:

1. wenn es an der wesentlichen Form der Eheschließung (**1317**) fehlt (**1324**, Abs. 1);

2. wegen Geschäftsunfähigkeit (**104**), und wenn ein Zustand der Bewußtlosigkeit oder vorübergehender Störung der Geistestätigkeit (**105**) bei einem der Ehegatten zur Zeit der Eheschließung (**1325**, Abs. 1) vorlag;

3. wenn einer der Ehegatten zur Zeit der Eheschließung mit einem Dritten in gültiger Ehe lebt (**1309. 1326**). War die alte Ehe nichtig, so liegt nur ein aufschiebendes Ehehindernis vor; die neue Ehe ist von Anfang an gültig, selbst wenn die Nichtigkeitserklärung der alten Ehe zur Zeit der Eingehung der neuen Ehe noch nicht erfolgt war, oder die Anfechtung der alten Ehe nach Eingehung der neuen erfolgte (anders RStrGB. § 171). Es kommt andererseits nur auf den objektiven Rechtsbestand der alten Ehe an, nicht auf den guten Glauben der Ehegatten der neuen Ehe an den Nichtbestand der alten Ehe. Die neue Ehe ist also nichtig, wenn die Ehegatten gerechtfertigterweise auf Grund eines unrichtigen Totenscheines die alte Ehe als gelöst ansahen. Wird die alte Ehe geschieden oder für nichtig erklärt, werden diese Urteile aber im Wege

---

1) RG. Bd. 48, S. 191.

2) Über die Fähigkeit der Zeugen bestimmt **1318**, Abs. 2. Vgl. Personenstandsges. § 53.

3) Kipp-Wolff, §§ 26, 28—30. Buhl, Nichtigkeit und Anfechtbarkeit der Ehe. Heidelberger Festgabe für Bekker (1899). Erler, Ehescheidungsrecht (2. A., 1900), S. 4 ff. Hellwig, Anspruch und Klagerecht (1900), S. 440. 469 ff. Derselbe, Wesen der Rechtskraft (1901) S. 63 ff., Langheineken, Urteilsanspruch (1899), S. 244 ff. Mendelssohn-Bartholdy, Grenzen der Rechtskraft.

4) Übergangsbestimmung: EG. Art. 198. Eintragung der Nichtigkeit in das Heiratsregister: Personenstandsgesetz § 55. EG. Art. 46, II

der Wiederaufnahme aufgehoben, so ist die neue Ehe nichtig[1]). Die neue Ehe ist ferner nichtig, wenn beide Ehegatten bei Abschluß der neuen Ehe wußten, daß der für tot erklärte frühere Ehegatte die Todeserklärung überlebt hat (**1348**, Abs. 1);

4. wegen Verwandtschaft und Schwägerschaft in gerader Linie und wegen des Geschwisterverhältnisses (**1327**. **1310**, Abs. 1 und Abs. 3);

5. wegen im Urteil als Scheidungsgrund festgestellten Ehebruches (**1328**).

B. **Die Geltendmachung der Nichtigkeit** (**1329**). Die Nichtigkeit besteht zwar eo ipso mit dem Nichtigkeitsgrunde. Regelmäßig kann aber die Nichtigkeit nicht schlechthin geltendgemacht werden wie in sonstigen Fällen bestehender Nichtigkeit, sondern es bedarf der Nichtigkeitsklage (ZPO. §§ 632. 633)[2]) seitens der Ehegatten, des Staatsanwaltes oder auch Dritter, für die vom Nichtbestande ein Recht oder vom Bestande der Ehe eine Verpflichtung abhängt, z. B. ein Unterhaltsanspruch. So, wenn zwar die wesentliche Form erfüllt ist, Nichtigkeit aber aus den Gründen A. Z. 2—5 folgt, oder wenn die Form nicht erfüllt ist, die Ehe aber in das Heiratsregister rite[3]) eingetragen worden ist. Solange die Ehe in diesen Fällen nicht für nichtig erklärt ist, ist sie gültig und erzeugt die persönlichen und güterrechtlichen Folgen[4]). Die Ehe ist eine vernichtbare, sie wird durch Nichtigkeitsurteil vernichtet und dadurch zu einer nichtigen Ehe. Während des Nichtigkeitsprozesses kann aber nach ZPO. § 627 ein sog. Interimistikum eintreten (**L.** § 242, III.).

Der Nichtigkeitsklage bedarf es nicht, und die Nichtigkeit kann schlechthin geltendgemacht werden, die Ehe ist eine nichtige im gewöhnlichen Sinne:

1. wenn es an der wesentlichen Form fehlt, und auch die Ehe in das Heiratsregister nicht eingetragen ist (Folge: **1699**, Abs. 2);

2. wenn die aus irgendwelchen Gründen nichtige und zugleich anfechtbare Ehe schon auf Anfechtung durch Urteil für nichtig erklärt oder durch Tod, Scheidung oder infolge der Wiederverheiratung nach Todeserklärung aufgelöst war. Bedarf es der Nichtigkeitsklage, so spricht man von materieller Nichtigkeit, matrimonium nullum, relativer Nichtigkeit, Nichtehe, im anderen Falle von formaler Nichtigkeit, matrimonum non existens, absoluter Nichtigkeit, Scheinehe[5]).

C. **Die Heilbarkeit der Nichtigkeit.** Für die Zukunft kann eine Heilung eintreten durch die Wiederholung der Eheschließung (**1309**). Abweichend aber von dem allgemeinen Grundsatze (**141**, Abs. 1) ist eine an sich nichtige Ehe von Anfang an als gültig anzusehen,

1. wenn die wegen wesentlichen Formmangels nichtige Ehe 10 Jahre oder, wenn sie vorher durch den Tod eines der Ehegatten aufgelöst war, drei Jahre bis zum Tode tatsächlich bestanden hat und in das Heiratsregister rite eingetragen war. Gleichgültig ist, ob die Ehegatten die Nichtigkeit kannten. Der Gedanke der Ersitzung liegt hier fern. Die Heilung tritt aber nicht ein, wenn bei Ablauf der 10 Jahre oder beim Tode des Ehegatten die auf Formmangel gestützte Nichtigkeitsklage schon erhoben war (**1324**, Abs. 2, ZPO. § 253)[6]);

2. wenn der Ehegatte nach Fortfall der Geschäftsunfähigkeit, Bewußtlosigkeit usw. (A. Z. 2) und vor Eingehung einer neuen Ehe[7]) die nichtige Ehe bestätigt, bevor sie für nichtig erklärt oder aufgelöst ist (**1325**, Abs. 2), während die Aufhebung der ehelichen Gemeinschaft

---

1) Planck zu **1326**. A. M. Hellwig, D. Jur.-Ztg. 1904, S. 834 ff. 1074. Das Restitutionsurteil ist wie die Scheidung usw. konstitutiver Akt und macht die Scheidung usw. rückgängig, seine Rückwirkung muß aber haltmachen bei den auf Grund der Scheidung begründeten Rechten Dritter; die zweite Ehe ist daher gültig. Ebenso Philler, Die Rechtsstellung der Kinder aus nichtigen Ehen (Diss. 1906), S. 84 ff. Gegen Hellwig: Oetker, D. Jur.-Ztg. 1904, S. 1030.

2) Vgl. ZPO. §§ 627. 629. 606.

3) Personenstandsgesetz § 15. Die formgerechte Eintragung durch den Putativstandesbeamten (**1319**) genügt. Vgl. Planck zu **1329**, Z. 2. A. M. Sartorius, S. 346 ff. Stölzel, S. 77 ff.

4) So Thiesing, Recht 1905, S. 612.

5) Fischer, Jahrb. f. Dogmat., Bd. 29, S. 293. Kipp-Wolff, § 26.

6) Übergangsvorschrift: EG. Art. 198.

7) Planck, D. Jur.-Ztg. (1899), S. 38.

gleichgültig bleibt (**1586**). Die Bestätigung eines in der Geschäftsfähigkeit beschränkten Ehegatten ist anfechtbar, wenn sie ohne Einwilligung des gesetzlichen Vertreters erfolgte (**1331**. vgl. **111**. **114**). Die Bestätigung kann in beliebiger Form, muß aber dem anderen Teile gegenüber erfolgen (**141**); soweit die allgemeinen Vorschriften nicht im Gesetz selbst durchbrochen sind, kann es zweifelhaft sein, ob die Gültigkeit einer Bestätigung ausschließlich nach den allgemeinen Vorschriften (**116** ff.) oder ausschließlich nach den Vorschriften für die Eheschließung oder grundsätzlich zwar nach den allgemeinen Vorschriften, aber in gewissen Richtungen wegen Gleichheit der ratio nach den Vorschriften für die Eheschließung (**1332**. **1333**. **1334**)[1]) zu beurteilen ist;

3. die wegen Ehebruches nichtige Ehe wird im Falle nachträglicher Befreiung, wenn sie in diesem Zeitpunkte noch besteht, ohne Rücksicht auf eine anhängige Nichtigkeitsklage von Anfang an gültig (**1328**, Abs. 2).

D. **Die Wirkungen der Nichtigkeit** s. L. § 228.

§ 227.

d) Die Anfechtbarkeit der Ehe.[2])

Eine anfechtbare Ehe besteht zu Recht, sie ist aber mit einem Mangel behaftet; dieser wird jedoch nur dann berücksichtigt, wenn er von dem nach dem Gesetz dazu Berechtigten geltendgemacht wird.

I. **Die Anfechtbarkeit der Ehe** (**1330—1347**. **1350**) **tritt ein:**

A. für den in der Geschäftsfähigkeit beschränkten Ehegatten, welcher die Eheschließung (anders **108**) oder die Bestätigung (anders **111**) der nichtigen Ehe (**1325**) ohne Einwilligung seines gesetzlichen Vertreters vorgenommen hat, oder wenn ein in der Geschäftsfähigkeit Beschränkter mit dem gesetzlichen Vertreter oder einem Abkömmlinge des Vertreters die Ehe ohne Einwilligung eines besonders bestellten Pflegers eingeht (**1304**). Mängel der Einwilligung selbst sind nach L. § 226 C. Z. 2 zu beurteilen (**1331**);

B. im Falle des **Irrtumes**[3]) für den irrenden Ehegatten,

1. wenn der Ehegatte bei der Eheschließung *nicht* gewußt hat, daß es sich um eine Eheschließung handle, oder, wenngleich er es wußte, doch die *Erklärung*, die Ehe eingehen zu wollen, *nicht hat abgeben wollen*. Der erste Fall wird vorkommen können bei Personen, denen nach ihrer sittlichen und geistigen Reife die Vorstellung vom Wesen der Ehe fehlt. Beide Fälle könnten etwa bei Tauben, Stummen, Taubstummen eintreten. In beiden Fällen fehlt es an dem Willen, die Ehe eingehen zu wollen. Die gleichwohl abgegebene Erklärung steht dem Erklärenden aber entgegen, er muß die Ehe anfechten. Hat er aber die Erklärung abgeben wollen, wenn auch nur unter Mentalreservation, zum Schein oder harmlosen Scherz, so ist wie die Nichtigkeit auch die Anfechtung aus diesem Grunde ausgeschlossen (**1332**);

2. wenn ein **wesentlicher Irrtum** über die Person des anderen Ehegatten vorliegt (**1333**). Als solcher gilt

der Irrtum über die Identität der Person (error personae) und der Irrtum

über persönliche, körperliche und sittliche Eigenschaften des anderen Ehegatten (nicht seiner Angehörigen), wenn solche ihn bei Kenntnis der Sachlage und bei verständiger Würdigung des Wesens der Ehe von der Eingehung abgehalten haben würden (error qualitatis, conditionis)[4]).

---

1) *Planck* zu **1325**, Z. 3. *Schmidt* zu **1325**.

2) Vgl. L. § 226, Note 2.

3) *Kipp-Wolff*, § **25**. **27**. *Gerigk*, Irrtum und Betrug als Ehehindernisse (Preisschr. 1898). *Gausch*, Der Irrtum als Ehehindernis (kanon. R. 1899). *Hölder*, Jahrb. f. Dogmat., Bd. 42, S. 1 ff. *Erler*, Ehescheidungsr. (2), S. 46 ff. *Seidlmayer*, Jahrb. f. Dogmat., Bd. 46, S. 183 ff. *Heymann*, D. Jur.-Ztg. (1902), S. 110. *Prätorius*, Homosexualität und BGB. *Meisner*, Familienrecht (Kommentar) 1905, S. 33. *Leonhard*, R., D. Jur.-Ztg. 1905, S. 24 ff.

4) RG. Bd. 48, S. 159; Bd. 52, S. 306. 310; RG., *Seuff*. Arch., Bd. 59, S. 458.

Hier fehlt es an dem Eheschließungswillen nicht, es liegt ein Irrtum über den Inhalt der Willenserklärung vor. Wie nach der allgemeinen Vorschrift (**119**) kommt es nicht darauf an, ob der Irrtum des Erklärenden entschuldbar oder dem anderen Ehegatten erkennbar war.

C. Wegen **arglistiger Täuschung** (**1334**) über solche Umstände, zu denen aber die Vermögensverhältnisse des anderen Ehegatten nicht gehören[1]), deren Kenntnis den Getäuschten bei verständiger Würdigung des Wesens der Ehe von der Eingehung der Ehe abgehalten haben würde (z. B. Täuschung über Eigenschaften und persönliche und sonstige Verhältnisse des anderen Ehegatten und auch Dritter). Die Täuschung muß sich also auf bestimmte Umstände beziehen (anders **123**). Täuschung durch Dritte, z. B. einen Ehemakler, begründet die Anfechtung nur, wenn der andere Ehegatte die Täuschung bei der Eheschließung kannte, nicht auch, wenn er sie hätte kennen müssen (anders **123**)[2]). Eine arglistige Täuschung über die Vermögensverhältnisse des andern Ehegatten begründen nach ausdrücklicher Vorschrift des Gesetzes keine Anfechtbarkeit (**1334**, Abs. 2.)

D. **Wegen Drohung** (**1335**), die widerrechtlich durch irgend jemand und durch beliebige Mittel bewirkt ist und für die Eheschließung bestimmend war (**123**, Abs. 1).

E. Im Falle der Todeserklärung kann jeder Ehegatte der neuen Ehe (niemals der für tot Erklärte), wenn der für tot Erklärte zur Zeit der Anfechtung noch lebt, wegen des konfessionellen Standpunktes, von dem aus die frühere Ehe gültig, die neue Ehe aber nichtig ist, die neue Ehe anfechten, es sei denn, daß er bei der Eheschließung wußte, daß der frühere Ehegatte zu dieser Zeit noch lebte (anders **1348**, Abs. 1). Das Anfechtungsrecht fällt nicht fort, wenn der für tot Erklärte sich wieder verheiratet hat oder nach der Anfechtung gestorben ist. Wird die neue Ehe infolge dieser Anfechtung aufgehoben, so lebt die alte Ehe wieder auf. Eine vom Verschollenen eingegangene neue Ehe wird nichtig (**1309. 1326. 1329**), und seine alte Ehe lebt mit der Nichtigkeitserklärung wieder auf[3]). Diese Anfechtung stellt sich der wegen wesentlichen Irrtumes an die Seite (**1350**).

II. **Die Geltendmachung der Anfechtung**[4]).

A. Anfechtungsberechtigt ist einer der Ehegatten (I. A.—D.) oder beide Ehegatten (I. E.), in deren Person der Anfechtungsgrund (I.) entsteht. Vertretung ist (wie bei der elterlichen Einwilligung) ausgeschlossen, nicht aber Vertretung in der Erklärung oder Prozeßführung (ZPO. § 613). Der in der Geschäftsfähigkeit Beschränkte bedarf nicht der Zustimmung seines gesetzlichen Vertreters; er ist aktiv und passiv prozeßfähig (ZPO. §§ 52. 612). Im Falle der Anfechtbarkeit wegen mangelnder Einwilligung bei beschränkter Geschäftsfähigkeit (**1331**. I. A.) ist aber allein der gesetzliche Vertreter, dem die Sorge für die Person zusteht, anfechtungsberechtigt, solange die in Betracht kommende beschränkte Geschäftsfähigkeit besteht (**1336**, Abs. 2, Satz 2). Für den Geschäftsunfähigen kann sein gesetzlicher Vertreter mit Genehmigung des Vormundschaftsgerichtes die Ehe anfechten (**1336. 1828. 1831**).

B. Die Anfechtung ist ausgeschlossen (**1337. 1338. 1350**, Abs. 2):

1. nach Ablauf der Ausschlußfrist von sechs Monaten[5]), deren Lauf in den einzelnen Fällen der Anfechtung in verschiedenen Zeitpunkten beginnt und wie der einer Verjährungsfrist (**203. 206**) gehemmt wird (**1339**)[6]);

---

[1]) RG. Jur. W. (1903), Beil. 70.

[2]) Litten, Monatsschrift für Krim. Psychologie 1904, S. 379 ff. RG., Recht 1904, S. 140.

[3]) A. M. Dernburg IV, S. 7.

[4]) Eine Mitwirkung der Staatsanwaltschaft findet gemäß ZPO. § 607 statt.

[5]) RG., Bd. 53, S. 334. Die fristgemäße Erhebung der Scheidungsklage wahrt auch die Frist für die Anfechtung. Planck zu **1339**, Note 2. RG., Seuff. Arch., Bd. 59, S. 473. RG. Bd. 42, S. 372.

[6]) Versäumt der gesetzliche Vertreter des geschäftsunfähigen Anfechtungsberechtigten die Frist, so liegt es ebenso, als wenn der Anfechtungsberechtigte im Moment der Begründung des Anfechtungsrechtes ohne gesetzlichen Vertreter gewesen wäre. Es findet also **206** Anwendung (**1340**). Bei Versäumnis des gesetzlichen Vertreters eines beschränkt Geschäftsfähigen ist letzterem das Anfechtungsrecht verloren (**1336**, Abs. 2, Satz 2).

2. mit der Genehmigung oder Bestätigung[1]) der anfechtbaren Ehe (**1337**). Bei der Bestätigung ist Vertretung unzulässig. Die Wirkung des Ausschlusses der Anfechtung beschränkt sich auf den Anfechtungsgrund, auf den sich die Genehmigung und Bestätigung beziehen.

a) Im Falle I. A. (**1331**) kann der anfechtungsberechtigte gesetzliche Vertreter die Ehe ohne Genehmigung des Vormundschaftsgerichtes genehmigen[2]) oder der geschäftsfähig gewordene anfechtungsberechtigte Ehegatte sie bestätigen.

b) In den Fällen I. B.—C. kann der Anfechtungsberechtigte nach Entdeckung des Irrtumes (Täuschung) oder der Beseitigung der Zwangslage, oder nachdem er von dem Leben des für tot erklärten Ehegatten Kenntnis erlangt hat, die Ehe bestätigen. Der in der Geschäftsfähigkeit beschränkte Ehegatte bedarf nicht der Zustimmung seines gesetzlichen Vertreters. Die Bestätigung durch den gesetzlichen Vertreter des Geschäftsunfähigen ist ausgeschlossen.

3. Nach Auflösung der anfechtbaren Ehe fällt das Anfechtungsrecht fort (**1338**). Im Falle der Auflösung der Ehe durch Tod des nicht anfechtungsberechtigten Ehegatten bleibt jedoch dem anderen Ehegatten sein Anfechtungsrecht außer im Falle I. E. (**1350**, Abs. 2). Ist in diesem Falle nicht der Ehegatte des Verschollenen, sondern der andere Ehegatte der neuen Ehe gestorben, so ist die alte Ehe gelöst, da die neue Ehe nicht mehr angefochten werden kann.

C. Die Anfechtung erfolgt nicht gemäß der allgemeinen Regel (**143**) durch formlose Erklärung gegenüber dem Gegner, sondern:

1. solange die Ehe noch nicht aufgelöst ist, durch **Erhebung der Anfechtungsklage**[3]). Es bedarf daher einer richterlichen Feststellung, daß die Anfechtung begründet war (**1341**, Abs. 1). Das Urteil spricht die Nichtigkeit der Ehe aus;

2. nach Auflösung der Ehe durch Tod des anderen Ehegatten wird die Anfechtungserklärung nicht etwa gegenüber den Erben des verstorbenen Ehegatten, sondern gegenüber dem **Nachlaßgericht** in öffentlich beglaubigter Form (notarielle Urkunde oder Erklärung vor Gericht, auch vor dem Nachlaßgericht) abgegeben. Das gleiche gilt für die Form der Anfechtung dieser Anfechtungserklärung (**1955**)[4]), die sonst unter den allgemeinen Vorschriften (z. B. **119** ff.) steht. Stellvertretung ist auch hier unzulässig (**1342**, Abs. 1)[5]);

3. **die Anfechtung gilt als nicht erfolgt,** ihre Wirkungen (**1343**) treten also nicht ein, wenn (**1341**, Abs. 2)

die Klage zurückgenommen wird (ZPO. § 271). Das Anfechtungsrecht erlischt dadurch allein nicht (vgl. B.). Verlust des Anfechtungsrechtes tritt aber zugleich ein,

wenn die angefochtene Ehe, bevor sie für nichtig erklärt oder aufgelöst worden ist, vom gesetzlichen Vertreter des anfechtungsberechtigten Ehegatten genehmigt oder von diesem selbst bestätigt worden ist (vgl. B.);

4. während des Anfechtungsprozesses kann nach ZPO. § 627 das Interimistikum eintreten (vgl. **L.** § 242, III.);

5. auch die angefochtene Ehe ist von Anfang an als nichtig anzusehen[6]). Die rechtlichen Wirkungen der Ehe gelten somit als nicht eingetreten. Das Anfechtungsurteil deklariert lediglich diese Tatsache.

---

[1]) RG., Seuff. Arch., Bd. 55, S. 161.

[2]) Die Genehmigung des Vormundes (Pflegers) kann auf selbständigen Antrag des Ehegatten, in dessen Person das Anfechtungsrecht begründet ist, durch das Vormundschaftsgericht ersetzt werden. Das soll geschehen, wenn die Aufrechterhaltung der Ehe im Interesse des anfechtungsberechtigten Ehegatten liegt (**1337**, Abs. **1**. **1847**).

[3]) Die frühere Ungültigkeitsklage; ZPO. §§ 606 ff., vgl. §§ 253, Abs. 1. 281.

[4]) M. IV. S. 96.

[5]) Für das Nachlaßgericht besteht die Ordnungsvorschrift, daß es Mitteilung an die Erbinteressenten zu machen und die Einsicht in die Erklärung jedem zu gestatten hat, der ein rechtliches Interesse glaubhaftmacht (**1342**, Abs. 2, GFG. §§ 15, Abs. 2. 34), vgl. **1953**, Abs. 3. **1957**, Abs. 2).

[6]) Eintragung in das Heiratsregister: Personenstandsgesetz § 55, EG. Art. 46, II.

Auf die Nichtigkeit einer anfechtbaren Ehe kann sich jeder berufen, sobald die Anfechtung erfolgt ist, also, wenn die Anfechtung durch Erklärung zu geschehen hat, schon nach der Abgabe der Erklärung (vgl. Z. 2). Es kann jeder Ansprüche, die von der Nichtigkeit der Ehe abhängen, im Wege der Klage geltendmachen und die Nichtigkeit einredeweise geltendmachen gegen Ansprüche, die von der Gültigkeit der Ehe abhängen. Wenn die Anfechtung im Wege der Anfechtungsklage zu geschehen hat, so müßte mit der Erhebung der Klage das gleiche gelten, da in der Klagerhebung auch die Anfechtungserklärung liegt. Hier soll aber die anderweite Geltendmachung der Nichtigkeit einer anfechtbaren und im Wege der Klage angefochtenen Ehe ausgeschlossen sein, solange als nicht die Ehe für nichtig erklärt oder aufgelöst ist (**1343**). Die anfechtbare Ehe wird somit bis zur erfolgten Nichtigkeitserklärung als gültig betrachtet. Tritt aber z. B. durch Tod eines Ehegatten während des Anfechtungsprozesses Auflösung der Ehe ein (ZPO. § 628), so liegt es wieder wie bei der Anfechtung durch Erklärung, die hier in der Erhebung der Klage liegt.

§ 228.
Die Wirkungen der Nichtigkeit der Ehe.

Die Folgen der Nichtigkeit der Ehe treten sowohl im Verhältnis der Ehegatten zu einander, zu Dritten und für die Kinder aus der Ehe ein[1]).

A. Sie treten mit der Nichtigkeit von selbst ein in den Fällen der Nichtigkeit im gewöhnlichen Sinne, d. h. wenn die Ehe wegen Formfehlers nichtig und nicht in das Heiratsregister eingetragen ist (**1344**, Abs. 2; **1345**, Abs. 2; **1699**, Abs. 2; **1771**, Abs. 2). Ausnahmen ergeben sich aber bei der vernichtbaren Ehe, d. h. wenn die Ehe wegen Formfehlers nichtig, aber in das Heiratsregister eingetragen ist, in allen sonstigen Fällen der Nichtigkeit und bei der anfechtbaren Ehe. Vgl. L. § 226, B:

1. **Dritten**, die mit den Ehegatten oder dem einen Ehegatten ein Rechtsgeschäft geschlossen oder ihm gegenüber ein rechtskräftiges Urteil erstritten haben, kann die Nichtigkeit nur entgegengehalten werden, wenn die Ehe im Moment der Vornahme des Rechtsgeschäftes oder der Rechtshängigkeit für nichtig erklärt war, oder in den gleichen Zeitpunkten die Nichtigkeit der Ehe dem Dritten bekannt war (**1344**, Abs. 1). Kannte der Dritte die Anfechtbarkeit der Ehe, so steht diese Kenntnis der Kenntnis der Nichtigkeit gleich. Es ist also gleichgültig, ob der Dritte auch von der Durchführung der Anfechtung wußte (**1343**, Abs. 1. **142**). Die Beweislast trifft den, der sich dem Dritten gegenüber auf die Nichtigkeit der Ehe beruft. Der Dritte kann sich dagegen stets auf die Nichtigkeit der Ehe berufen. Der gute Glaube des Ehegatten bleibt immer ohne Einfluß.

2. **Unter den Ehegatten selbst** tritt die Nichtigkeit mit ihren Konsequenzen schlechthin ein, wenn beide Ehegatten die Nichtigkeit bei Eingehung der Ehe kannten, oder beide sie nicht kannten (**1345**, vgl. **1343**, Abs. 1. **142**). Zu einer Ausnahme kann es hier aber kommen,

wenn einer der Ehegatten gutgläubig ist, und der gutgläubige Ehegatte verlangt, daß sein Verhältnis zum anderen Ehegatten in vermögensrechtlicher Beziehung so behandelt wird, wie wenn die Ehe zur Zeit der Nichtigkeitserklärung oder der Auflösung der Ehe geschieden und der bösgläubige Ehegatte allein für schuldig erklärt wäre (**1345**, Abs. 1)[2]). Dem gutgläubigen Ehegatten steht daher ein **Wahlrecht** im Sinne der facultas alternativa zu. Der gute Glaube setzt positive Kenntnis im Zeitpunkt der Eheschließung voraus (vgl. **1343**, Abs. 1. **142**). Das gleiche Wahlrecht hat im Falle der Anfechtung wegen Drohung der anfechtungsberechtigte Ehegatte, im Falle des Irrtumes (**1332**. **1333**, nicht **1334**) aber nicht der, welcher im Irrtum die Ehe schloß und die Ehe angefochten hat, sondern der andere Teil, wenn er nicht

---

[1]) RG., J. W. (1903), S. 111.

[2]) Mitteis, Nichtigkeitserklärung der Ehe nach Scheidung (1905), S. 1 ff. Der alleinschuldige Ehegatte der geschiedenen und dann als nichtig erkannten Ehe kann als gutgläubiger Ehegatte gegen den anderen bösgläubigen Ehegatten das Wahlrecht nicht ausüben.

bei der Eingehung der Ehe den Irrtum kannte oder kennen mußte, was der Irrende zu beweisen hat (**1346**).

Das Wahlrecht wird existent nach Nichtigkeitserklärung, oder sobald die Auflösung der Ehe vor der Nichtigkeitserklärung eingetreten ist (**1345. 1346**). Es wird ausgeübt durch Erklärung gegenüber dem anderen Ehegatten, ist unteilbar und aktiv und passiv vererblich (**1347**).

Wählt der Wahlberechtigte die Regulierung auf Grund der Scheidungsfiktion, so greift diese bez. des Unterhaltsanspruches (**1578—1582**), des Widerrufes von Schenkungen (**1584**) und bez. der Vermögensauseinandersetzung ein, in allen anderen Beziehungen treten die Nichtigkeitsfolgen ein (z. B. bei der Namensführung); auf die Nichtigkeitsfolgen in vollem Umfange kann der Wahlberechtigte nicht mehr zurückgreifen. Wählt er aber die Nichtigkeitsfolgen, so kann er auf Grund der Scheidungsfiktion nicht mehr die Regulierung verlangen. Bei den Nichtigkeitsfolgen hat es auch sein Bewenden, wenn der Wahlberechtigte sich auf Aufforderung des anderen Ehegatten nicht innerhalb der ihm gesetzten angemessenen Frist erklärt (**1347**).

Wird die neue Ehe angefochten, weil der für tot erklärte Ehegatte der früheren Ehe noch lebt (**1350**), so hat der anfechtende Ehegatte der alten Ehe dem anderen Ehegatten der neuen Ehe Unterhalt wie im Falle der Scheidung zu gewähren (**1351. 1578—1582**), wenn nicht der andere Ehegatte bei der Eheschließung wußte, daß der für tot erklärte Ehegatte *die Todeserklärung* überlebt hat. Da in diesem Falle nach **1345**, weil beide Ehegatten der neuen Ehe gutgläubig sind, lediglich die Nichtigkeitsfolge eintreten würde, so enthält die Vorschrift eine Ausnahme zugunsten des Ehegatten der neuen Ehe, der von seinem Anfechtungsrechte keinen Gebrauch gemacht hat.

B. Vgl. noch **1771**, Abs. 2. L. § 258, II.

3. **Wirkung für die Kinder** *aus der Ehe* s. **1699** ff. (L. § 254).

IV. **Die Klage auf Feststellung des Bestehens oder Nichtbestehens einer Ehe.**

A. Handelt es sich um Feststellung des Bestandes einer Ehe der einen Prozeßpartei mit einem Dritten oder einer Ehe unter dritten Personen überhaupt, so ist das eine gewöhnliche Feststellungsklage (ZPO. § 256).

B. Handelt es sich dagegen um den Bestand der Ehe unter den Prozeßparteien selbst, so hat diese Klage den Charakter der Ehesache (ZPO. § 606). Wo die Nichtigkeitsklage und die Anfechtungsklage hinreichen, kann diese Klage nicht aufgestellt werden, da es nach ZPO. § 256 an dem rechtlichen Interesse an alsbaldiger Feststellung fehlen würde; anders, wo die genannten Klagen versagen, wie z. B. wenn es fraglich ist, ob unter den Parteien nach inländischem oder ausländischem Recht eine formgültige Ehe geschlossen ist, oder ob eine unter ihnen geschlossene Ehe wieder aufgehoben oder für nichtig erklärt ist[1]).

---

2. *Kapitel.*

Die Folgen der Ehe.

§ 229.

Die Folgen der Ehe im allgemeinen.[2])

Die Folgen der Ehe sind *gewöhnliche* und *vermögensrechtliche*; letztere kommen hier nur insoweit in Betracht, als *nicht* das eheliche Güterrecht eingreift.

---

[1]) Vgl. *Erler*, a. a. O., S. 11 f. 198 ff.

[2]) *Planck* IV, Vorbemerkung zum 3. Titel IV. *Wieruszowski*, Handbuch des Eherechts I (1900). *Planck*, Die rechtl. Stellung der Frau. Vortr. (1899). *Wetzel*, Arch. f. bürg. R., Bd. 26, S. 74 ff. *Eichhorn*, D. Jur.-Ztg. 1905, S. 1111 f. *Derselbe*, Recht 1905, S. 334. *Thiesing*, Recht 1905, S. 612 f. *Kipp-Wolff*, §§ 31. 32.

Auch die öffentlich-rechtlichen Folgen der Ehe scheiden hier aus[1]).

Elterliche Gewalt oder Vormundschaft über die Frau hören mit der Ehe nicht auf.

Die Ehe gibt dem Ehemann keine Gewalt und keine Vormundschaft über die Ehefrau; letztere steht dem Manne als Genossin der Gemeinschaft gleichberechtigt gegenüber, und sie ist in ihrer Geschäftsfähigkeit und Prozeßfähigkeit nicht beschränkt. Die eheliche Lebensgemeinschaft ist aber in einzelnen Richtungen normiert.

I. Die Ehe bezweckt ein persönliches Verhältnis der Ehegatten zueinander. Die aus diesem sich ergebenden Rechte und Pflichten lassen sich zusammenfassen in der **Herstellung der ehelichen Lebensgemeinschaft.** Spezialisierung (Pflicht zur Treue, häuslichen Gemeinschaft, Leistung der ehelichen Pflicht usw. ist erst im konkreten Falle in der Klage und im Urteil erforderlich[2]). Vertragsmäßige Abänderung dieser Vorschriften ist i. a. unzulässig[3]). Eine Verletzung der Pflichten kann zur Ehescheidung führen (**1567. 1568**). Insofern besteht ein indirekter Zwang zu ihrer Erfüllung. Die Herstellung des ehelichen Lebens kann aber jeder Ehegatte auch im Wege der Klage auf Herstellung des ehelichen Lebens verlangen, die, weil sie ein „Ehesache" zum Gegenstande hat, ihre prozeßrechtlichen Besonderheiten aufweist[4]). Es findet eine Verurteilung zur Herstellung des ehelichen Lebens statt, wenn nicht der beklagte Ehegatte (einredeweise) sein Recht auf Ehescheidung wegen schuldhaften Verhaltens des Klägers dartut (vgl. **1361. 1571**), oder wenn in dem Verlangen des Klägers ein Mißbrauch seines Rechtes liegt. Ob Mißbrauch vorliegt, hat der Richter nach den Umständen des Falles unter Berücksichtigung der gesellschaftlichen Stellung, der Lebens- und Erwerbsverhältnisse der Ehegatten festzustellen. Die Zwangsvollstreckung durch Geldstrafen oder Haft ist aber ausgeschlossen. Außer zur moralischen Beeinflussung dient das Urteil zur Grundlage des Ehescheidungsverfahrens (**1353**). Die Klage auf Herstellung d. e. G. ist für die Verletzung der Unterhaltspflicht (V.) nicht anwendbar[5]). In bestimmten Fällen kann das Vormundschaftsgericht angerufen werden. Hier tritt die Klage auf Herstellung des ehelichen Lebens noch mehr zurück (vgl. III. IV.)[6]).

II. **Der Mann ist das Haupt der Ehe.** Dem Manne steht daher in allen das gemeinschaftliche eheliche Leben betreffenden Angelegenheiten im Streitfalle die Entscheidung zu, also über Erziehung der Kinder (**1634**)[7]), Hauswesen, Wohnort[8]) und Wohnung. Das Entscheidungsrecht kann durch Vertrag nicht aufgehoben oder eingeschränkt werden, wenn dieser Vertrag (**138**) unsittlich sein würde[9]). Das Entscheidungsrecht steht dem Manne nicht zu in den persönlichen Angelegenheiten der Frau, soweit diese nicht mit dem gemeinschaftlichen ehelichen Leben (**1402. 1452. 1405**) in Zusammenhang stehen, und wenn Mißbrauch des ehemännlichen Rechtes vorliegt (**1354**)[10]).

---

[1]) Vgl. Reichsges. v. 1. Juni 1870, §§ 2. 5. 13. 21 (Staatsangehörigkeit vgl. EG. Art. 41); v. 6. Juni 1870 in der Fassung vom 12. März 1894, §§ 2. 15 ff. (Unterstützungswohnsitz, EG. Art. 37). ZPO § 13.

[2]) RG. Bd. 51, S. 182.

[3]) RG. Bd. 61, S. 50. Ehrlich, Zwingendes und nicht zwingendes Recht, S. 177.

[4]) ZPO. §§ 606 ff. 888, Abs. 2, BGB., §§ 194, Abs. 2. 1567, Abs. 2, Z. 1.

[5]) So richtig Planck IV, S. 94. Schmidt, S. 147. RG., D. Jur.-Ztg. (1901), S. 98. A. M. Wieruszowski, S. 128.

[6]) Nach Landesrecht kann auch polizeilicher Zwang zur Verfügung stehen. Opet, S. 93. A. M. Dernburg, IV. S. 9. Planck IV, S. 93, Z. 5. Aufgehoben durch Mecklenb.-Schwer. AV. z. BGB. § 208. Mecklenb.-Strel. AV. z. BGB. § 206.

[7]) Vorbehalt für das Landesrecht: EG. Art. 134 (religiöse Erziehung der Kinder).

[8]) RG. Bd. 51, S. 182 ff. Abw. M. Laband, D. Jur.-Ztg. (1903), S. 69. Dernburg IV, S. 301.

[9]) Müller, Bl. f. Rechtsanwendung, Bd. 66, S. 28. RG., Gruch. Beitr., Bd. 45, S. 79.

[10]) RG. Bd. 55, S. 419; Bd. 59, S. 256 ff. Darf der Mann die Briefe der Frau öffnen? Goldmann, D. Jur.-Ztg. (1904), S. 63. Giesker, Das R. an der eigenen Geheimsphäre, S. 64.

In einzelnen Beziehungen ist die Folge aus dem Prinzipe der Überordnung des Mannes näher bestimmt [1]).

1. Die Frau hat das Recht und die Pflicht, den Familiennamen des Mannes zu führen. Die Führung ihres Familiennamens neben dem des Mannes oder eines Pseudonyms kann ihr der Mann untersagen (**1355**) [2]). Ebenso teilt sie den Stand des Mannes (**1356**, Abs. 2. **1578**. **1610**), soweit derselbe privatrechtlich von Bedeutung ist [3]).

2. Die Frau hat Recht und Pflicht der Leitung des Hauswesens (**1356**, Abs. 1).

3. Die Frau ist verpflichtet, wenn das gemäß den konkreten Verhältnissen ihrer Ehe üblich ist, Arbeiten im Hauswesen und im Geschäfte (in oder außer dem Hause) zu verrichten (**1356**, Abs. 2. **845**) [4]). Dieser Erwerb der Frau fällt an den Mann bzw. in das Gesamtgut. Vertragsmäßige Bestimmungen der Ehegatten sind zulässig, z. B. der Mann ist als Gehilfe im Gewerbe der Frau angestellt [5]).

4. Die Frau teilt kraft Gesetzes den Wohnsitz des Mannes (**10**. **L**. § 26).

III. **Die Schlüsselgewalt der Frau** (**1357**) [6]). Diese steht der Frau zu, soweit nach der Auffassung und Sitte des Lebens unter Berücksichtigung der konkreten Verhältnisse der Ehe der häusliche Wirkungskreis der Frau [7]) reicht. Die Schlüsselgewalt enthält zweierlei; die Frau ist kraft Gesetzes dem Manne gegenüber verpflichtet und berechtigt, dessen Geschäfte zu besorgen, wie wenn ein Auftragsverhältnis vorläge, sie ist aber auch berechtigt, diese Geschäfte im Namen des Mannes vorzunehmen, so daß der Mann aus ihnen berechtigt und verpflichtet wird (**164**). Die Geschäfte, die auch Verfügungen oder schuldrechtliche Verpflichtung enthalten können, gelten sogar als im Namen des Mannes von der Frau geschlossen, soweit nicht durch die Umstände die Vermutung widerlegt wird (anders **164**) [8]).

Der Mann kann kraft seines Entscheidungsrechtes (**1354**) die Schlüsselgewalt der Frau mit Wirkung Dritten gegenüber einschränken oder ausschließen, aber nur dadurch, daß er dies in das Güterrechtsregister (**1435**, vgl. **L**. § 230) eintragen läßt; wenn die Dritten die Einschränkung gekannt haben, so wirkt sie gegen diese auch ohne Eintragung. Der Frau gegenüber darf die Ausschließung usw. keine mißbräuchliche sein. Der Frau steht wegen dieses Mißbrauches nicht nur die Klage auf Herstellung des ehelichen Lebens [9]), sondern auch der Antrag beim Vormundschaftsgericht auf Aufhebung, Änderung und Löschung der Beschränkung zu (FGG. §§ 45. 53). Ein abweichender Vertrag der Ehegatten, der die Rechte Dritter berührt, ist unwirksam; soweit er das Verhältnis der Ehegatten selbst betrifft, kann er nichtig sein (**138**) [10]).

---

[1]) Aus dem Prinzip entscheidet sich auch die Frage, ob die Frau ein Gewerbe betreiben und Kaufmann sein darf (**1354**. **1358**).

[2]) Opet, Arch. f. d. ziv. Praxis, Bd. 87, S. 313. Süßheim, Gruch. Beitr., Bd. 43, S. 579. Vorbehalt für das Landesrecht: EG. Art. 57. 58 (hoher Adel). Für den Fall der Scheidung vgl. **1577**, Bd. II, § 98.

[3]) Die Teilnahme am Stande in seiner öffentlich-rechtlichen Bedeutung (z. B. Adel) regelt sich nach Landesrecht.

[4]) RG. Bd. 47, S. 84. 92. Bd. 62, S. 294.

[5]) Biberfeld, Hirths Annalen 1904, S. 172 ff.

[6]) Schröder, R., D. eheliche Güterrecht nach dem BGB. 3. A. (1900). Rothe, Die Schlüsselgewalt der Ehefrau (1896). Rosenfeld, Die Schlüsselgewalt der Ehefrau (1909). Menzel, Sächs. Arch., Bd. 13, S. 609. Riezler, Arch. f. d. ziv. Praxis, Bd. 98, S. 377 f. v. Ziegenhird, Die Schlüsselgewalt der Ehefrau (1906).

[7]) Dieser ist weiter als die Leitung des Haushaltes (**1356**), er umfaßt auch z. B. die Versorgung der Kinder (Unterricht, Kleidung), die Beschaffung der eigenen Kleidung, die Annahme von Dienstboten (EG. Art. 95) usw.

[8]) Für die in der Geschäftsfähigkeit beschränkte z. B. minderjährige Ehefrau kommt **165** in Betracht.

[9]) Diese Klage wird versagt u. a. von Seuffert, ZPO. (8. A.) II, S. 182. Vgl. Planck zu **1357**, Note 5.

[10]) Für Zulässigkeit schlechthin: Rothe, S. 11. Für Zulässigkeit der Regelung des Umfanges der Schlüsselgewalt: Schmidt zu **1357**. Dernburg IV, S. 108. Für Unzulässigkeit jeder abweichenden Regelung: Planck zu **1357**, Z. 7. v. Ziegenhird, S. 119 ff.

IV. **Verpflichtungsgeschäfte der Ehefrau** mit Dritten, die auf eine von ihr in Person zu bewirkende Leistung (wissenschaftliche, Kunst-, sonstige Arbeitsleistungen) gehen, können die eheliche Lebensgemeinschaft erheblich berühren. Die entscheidende Stellung des Mannes (**1354**) macht sich dahin geltend, daß er ein während der Ehe von der Frau eingegangenes Verpflichtungsverhältnis ohne Rücksicht auf ihren juristischen Charakter (Dienst-, Werkvertrag, Gesellschaft, Übernahme der Testamentsvollstreckung usw.) ohne Einhaltung einer Kündigungsfrist kündigen kann, wenn er auf seinen Antrag vom Vormundschaftsgericht dazu ermächtigt ist. Die Ermächtigung soll nur erteilt werden, wenn die Erfüllung der Verpflichtung durch die Frau die Erfüllung ihrer ehelichen Pflichten beeinträchtigt (GFG. §§ 20. 45. 53) (**1358**) [1]).

Das Kündigungsrecht ist ausgeschlossen, wenn und solange die häusliche Gemeinschaft aufgehoben ist[2]), und wenn es sich um Geschäfte der Frau handelt, bei denen der Mann der Frau gegenüber auf das Kündigungsrecht verzichtet hatte[3]), wenn er der Verpflichtung zugestimmt hat, oder seine Zustimmung auf Antrag der Frau vom Vormundschaftsgericht ersetzt ist. Diese Ersetzung kann aber nur im Falle der Behinderung des Mannes an der Abgabe der Erklärung durch Krankheit oder Abwesenheit, wenn mit dem Aufschube zugleich Gefahr verbunden ist, und im Falle mißbräuchlicher Verweigerung erfolgen[4]).

Erfüllt die Frau trotz Kündigung ihre Verpflichtungen, so hat der Mann gegen sie die Klage auf Herstellung des ehelichen Lebens, aber keine Klage gegen den Dritten, der die Dienste der Frau weiter in Anspruch nimmt[5]).

V. **Die Unterhaltspflicht** (**1360. 1361**)

A. **des Mannes** der Frau gegenüber beruht auch auf seiner Pflicht, den ehelichen Aufwand zu tragen. Davon im ehelichen Güterrecht. Die Unterhaltspflicht des Mannes ruht aber auch auf dem persönlichen Verhältnis der Ehegatten als solchem; insofern besteht sie nicht nur der bedürftigen Frau gegenüber (vgl. **1602**) und ist nicht abhängig vom Güterstande. Der der Frau zu gewährende Unterhalt ist nicht schlechthin der standesgemäße, sondern bestimmt sich nach der Lebensstellung des Mannes, seinem Vermögen (nicht nach seinen Einkünften) und nach seiner Erwerbsfähigkeit; der Einwand des Notbedarfes steht dem Manne nicht zu (vgl. **1603**), wohl aber kann er nach pflichtgemäßem Ermessen den Unterhalt im Interesse der Familie heruntersetzen.

Die Unterhaltungspflicht der Frau gegenüber dem Manne tritt nur ein, wenn der Mann außerstande ist, sich selbst zu unterhalten, z. B. wenn der Mann kein Vermögen hat und auch erwerbsunfähig ist, oder wenn sein Vermögen für den Unterhalt nicht verwendet werden kann. Der Unterhalt bestimmt sich umfänglich nach der Bedürftigkeit und der Lebensstellung des Mannes, nach dem Vermögen (nicht bloß dem Einkommen) und der Erwerbsfähigkeit der Frau, also nach ihrer Leistungsfähigkeit. Für beide Ehegatten tritt eine Beschränkung des Anspruches auf den notdürftigen Unterhalt ein, wenn der berechtigte Ehegatte sich solcher Verfehlungen schuldigmacht, die dem anderen Ehegatten das Recht auf Scheidung geben (**1611**, Abs. 2)[6]).

B. Der Unterhalt ist in der durch die eheliche Lebensgemeinschaft gebotenen Weise (**1360**, Abs. 3), d. h. regelmäßig nicht in Geld zu gewähren. Im Falle der Scheidung und Aufhebung der ehelichen Gemeinschaft (vgl. L. §§ 243) fällt der Unterhalts-An-

---

[1]) Dagegen bedarf nach **1783** die Frau der Zustimmung des Mannes zur Übernahme der Vormundschaft (Untauglichkeitsgrund). Zu **1358** vgl. noch EG. Art. 95.

[2]) Schröder, a. a. O., S. 27 f.

[3]) Ein Verzicht auf das Kündigungsrecht schlechthin ist ausgeschlossen. A. M. Müller, Bl. f. Rechtsanwendung, Bd. 66, S. 3. Vgl. auch Walsmann, Verzicht, S. 281.

[4]) Kündigung und Zustimmung können nicht durch Vertreter, wohl aber durch Boten erfolgen. Der in der Geschäftsfähigkeit beschränkte Mann bedarf nicht der Zustimmung des gesetzlichen Vertreters (**1358**, Abs. 3).

[5]) A. M. Wieruszowski, S. 27 ff. Vgl. Strübe, Gruch. Beitr., Bd. 48, S. 295 ff.

[6]) Süßheim, Arch. f. d. ziv. Praxis, Bd. 91, S. 417. RG. Bd. 63, S. 38.

spruch fort. Wenn tatsächliche Trennung eintritt, ohne daß ein Recht, die Herstellung der ehelichen Gemeinschaft gemäß **1353** zu verweigern, überhaupt vorliegt, so ist gemäß **1360**, Abs. 3 Unterhalt überhaupt nicht zu gewähren. Wenn ein Verweigerungsrecht besteht, aber nicht der zu Verweigerung berechtigte, sondern der andere Ehegatte die Herstellung tatsächlich verweigert, so ist nach **1360**, Abs. 3 der Unterhalt zu gewähren[1]); ist der sich weigernde der unterhaltsberechtigte, so fällt demgemäß die Unterhaltungspflicht während der Trennung fort, ist es der unterhaltspflichtige, so hat er nach **280**. **251**[2]) Schadensersatz in Form einer Geldrente zu leisten[3]). Dagegen ist nach **1361** von vornherein Unterhalt in einer Geldrente gemäß **760** (vgl. **1612**) zu gewähren, wenn einer der Ehegatten die Herstellung des ehelichen Lebens verweigern darf und verweigert[4]). In diesem Falle kann die Unterhaltspflicht des Mannes sogar wegfallen oder sich auf eine Beitragspflicht beschränken, wenn es nach den Bedürfnissen, Vermögens- und Erwerbsverhältnissen der Ehegatten der Billigkeit entspricht, z. B. wenn das eingebrachte Gut der Frau oder ihr Beitrag zum Gesamtgut nur gering, ihr Vorbehaltsgut oder ihr Arbeitserwerb aber bedeutend ist (**1361**). Bei richterlicher Trennung finden, abgesehen von dem Interimistikum (ZPO. § 627), die gleichen Grundsätze Anwendung[5]).

C. Bestimmte Vorschriften über die Unterhaltspflicht der Verwandten (**1605**. **1613**—**1614**. **1615**; **L**. § 247) finden auch hier Anwendung[6]).

VI. **Die Sorgfaltspflicht** (**1359**). Bei allen aus dem ehelichen Verhältnis sich ergebenden Pflichten, folglich grundsätzlich auch bei denen, die sich aus dem ehelichen Güterstande ergeben, haften die Ehegatten einander nur für die Sorgfalt, welche sie in eigenen Angelegenheiten anzuwenden pflegen (**276**. **277**)[7]).

VII. **Die Vermutungen zur Feststellung des Vermögensstandes** (**1362**)[8]). Diese Vermutungen gelten auch für die Fälle tatsächlicher oder richterlicher Trennung der Ehegatten.

A. Im Anschlusse an die römische praesumptio Muciana wird nur zugunsten der Gläubiger des Mannes vermutet, daß die im unmittelbaren oder mittelbaren Besitz des Mannes, der Frau oder beider Ehegatten befindlichen beweglichen Sachen, auch Inhaberpapiere und Orderpapiere mit Blankoindossament, dem Manne gehören. Die Vorschrift trifft also nicht Grundstücke, sonstige Forderungen und Rechte (**1362**, Abs. 1). Vgl. ZPO. §§ 808. 809.

B. Für die ihrer Natur nach oder nach den tatsächlichen Verhältnissen ausschließlich zum persönlichen Gebrauche der Frau bestimmten beweglichen Sachen (Kleider, Schmucksachen, Arbeitsgeräte[9]) usw.) gilt die Vermutung, daß sie der Frau gehören, und zwar sowohl im Verhältnis der Ehegatten zueinander wie zu den Gläubigern beider Ehegatten und im Verhältnis der Gläubiger der Frau zu denen des Mannes.

Die Vermutungen können durch Gegenbeweis widerlegt werden (ZPO. § 292)[10]); ihre praktische Bedeutung liegt auf dem Gebiete des ehelichen Güterrechtes. Fällt der Mann in

[1]) Für die Anwendung von **1361**: Schmidt, S. 169. Davidson, D. Jur.-Ztg. (1901), S. 91. Wie im Text: Planck zu **1361**, Z. 5. Eccius, D. Jur.-Ztg. (1901), S. 110.

[2]) Nach Eccius, a. a. O., nach **286**.

[3]) A. M. Staudinger zu **1360**, Z. 4 d.

[4]) Zur Unterhaltungsleistung tritt hier noch hinzu die Pflicht zur Herausgabe der zur Führung des gesonderten Haushaltes erforderlichen Sachen aus dem gemeinschaftlichen Haushalte an die Frau zum Gebrauche nach **1361**, Abs. 1, Satz 2. Die Rechtslage dieser Gegenstände nach Herausgabe bleibt die dem Güterstande entsprechende.

[5]) KO. § 3, Abs. 2. Vgl. ferner **197**. **204**, Abs. 1. **394**. **400**. **1274**, Abs. 2. **1418**. EG. Art. 103. **528**. **529**. **843**. **844**. ZPO. §§ 258. 323. 850, Z. 2.

[6]) Seuff. Arch., Bd. 56, S. 309.

[7]) Vgl. aber **1456**. **1549**.

[8]) Vgl. EG. Art. 16, Abs. 3; ferner KO. §§ 31. 32. Schröder, R., Das eheliche Güterrecht nach dem BGB. (1900), S. 18 ff. Seuffert, L., Gruch. Beitr., Bd. 43 (1899), S. 144 ff. Frey, Sächs. Arch., Bd. 10, S. 456. Francke, Buschs Z., Bd. 29, S. 86.

[9]) Seuff. Arch., Bd. 57, Nr. 243.

[10]) Übergangsvorschrift: EG. Art. 199. 200.

Konkurs, so gilt zum Schutze der Gläubiger des Mannes die weitergehende Vermutung, daß Gegenstände, die die Frau während der Ehe erworben hat, von ihr nur ausgesondert werden können, wenn sie beweist, daß sie nicht mit Mitteln des Mannes erworben sind [1]).

§ 230.
Das eheliche Güterrecht. Übersicht.

Das eheliche Güterrecht schließt sich eng an die bisherige Entwicklung an. Neben den in Einzelheiten wieder verschieden ausgestalteten deutschrechtlichen Systemen galt das rezipierte römische Dotalsystem. Im ganzen bestanden ungefähr 100 verschiedene eheliche Güterrechte.

So ergibt sich für die geschichtliche Entwicklung die **Übersicht**:

Deutschrechtl. Systeme. — Römische Gütertrennung. (Dotalsystem)

- Gütergemeinschaften
  - Allgemeine GG.
  - Besondere (partikuläre) GG.
    1. *Errungenschafts*-G.
    2. *Fahrnis*-(*Mobiliar*-) G.
- Gütertrennung.
  - Verwaltgs.-G. (Gütereinheit)
  - Reine Gütertrennung.

I. Das heutige eheliche Güterrecht ist für das Reich einheitlich durch das BGB. geregelt. Regelung durch Landesrecht ist ausgeschlossen [2]). *Als gesetzliches System* gilt in Zukunft die im Gesetzbuche normierte *Verwaltungsgemeinschaft* (**1363** ff., **L.** §§ 231—234). In bestimmten Fällen tritt aber an Stelle der Verwaltungsgemeinschaft *kraft Gesetzes Gütertrennung* ein (**1426** ff., **L.** § 235). Das gesetzliche Güterrecht kann aber ausgeschlossen werden, wenn und soweit durch *Ehevertrag* die güterrechtlichen Verhältnisse der Ehegatten geregelt sind. Wie dem bisherigen Recht ist auch dem heutigen der Unterschied zwischen *gesetzlichem* und *vertragsmäßigem Güterstande* eigentümlich.

II. Der **Ehevertrag** [3]) ist der vor, bei oder nach Eingehung der Ehe von den Ehegatten geschlossene Vertrag, der ihre *güterrechtlichen* Verhältnisse regelt (**1432**).

A. Der Ehevertrag kann **inhaltlich** die gesamten güterrechtlichen Verhältnisse oder nur einzelne regeln, er kann die Begründung des Güterstandes für die abzuschließende Ehe oder Abänderungen des bestehenden gesetzlichen oder vertragsmäßigen [4]) Güterstandes enthalten und diesen durch eine andere Regelung ersetzen. Der Ehevertrag unterliegt den allgemeinen Schranken der Verträge (z. B. **134. 137. 138**) und den Vorschriften des Vertragsrechtes bez. der Geschäftsfähigkeit, Vertretung, Hinzufügung von Bedingung und Zeitbestimmung. Die vertragsmäßige Begründung eines vom gesetzlichen abweichenden Güterstandes hat das Gesetz dadurch erleichtert, daß es für

die *allgemeine Gütergemeinschaft* (**1437** ff.),
die *Errungenschaftsgemeinschaft* (**1519** ff.) und
die *Fahrnisgemeinschaft* (**1549** ff.)

Vorschriften aufgestellt hat. Diese Systeme kommen daher nur als vertragsmäßig vereinbarte in Betracht.

---

1) KO. § 45. Dazu *Jäger*, KO. (2. A.) zu § 45, Z. 15; RG., Gruch. Beitr., Bd. 47, S. 910 ff.

2) *Ausnahme*: EG. Art. 57. 58.

3) *Bartolomaeus*, J. Wochenschr. (1902), S. 247. *Bollenbeck*, Recht (1904), S. 32.

4) Vgl. **1508**, Abs. **1**. **1518**. **1557**. Eine Einschränkung der Vertragsfreiheit besteht insofern, als die fortgesetzte Gütergemeinschaft des Gesetzes zwar durch Vertrag ausgeschlossen, aber die einmal durch Vertrag begründete nicht abgeändert werden kann.

Muster für das Güterrechtsregister.

(Nach dem Beschluß des Bundesrates vom 3. November 1898. Zentralblatt für das Deutsche Reich. Jahrgang 26, Nr. 47.)

Bezeichnung der Ehegatten: **Lehmann, Heinrich Karl, Kaufmann zu Berlin, und Anna geb. Müller.**

Nummer der Eintragung	Rechtsverhältnis	Bemerkungen[1]).
1.	Die Verwaltung und Nutznießung des Mannes ist durch Urteil vom 1. März 1901 aufgehoben[2]) (Bl. oder Nr. d. A.)[3]). 1. Mai 1901. Name des Registerführers.	
2.	Der Mann hat das Recht der Frau, innerhalb ihres häuslichen Wirkungskreises seine Geschäfte für ihn zu besorgen und ihn zu vertreten, ausgeschlossen[4]) (Bl. oder Nr. d. A.)[3]). 15. Juni 1902. Name des Registerführers.	
3.	Die Verwaltung und Nutznießung des Mannes ist durch Urteil vom 1. April 1903 wiederhergestellt[2]) (Bl. oder Nr. d. A.)[3]). 15. Juni 1903. Name des Registerführers.	
4.	Der Mann hat gegen den Geschäftsbetrieb der Frau Einspruch erhoben[5]) (Bl. oder Nr. d. A.)[3]). 1. Juli 1904. Name des Registerführers.	
•5.	Durch Vertrag vom 1. Juli 1905 ist allgemeine Gütergemeinschaft vereinbart unter Ausschließung der fortgesetzten Gütergemeinschaft. Dabei sind für Vorbehaltsgut der Frau erklärt[3]): Die für sie in dem Grundbuche der Stadt Halle a. S. Band 1, Blatt 50, Abt. III, Nr. 9 eingetragene Hypothek von 20000 M., 5000 M. $3^1/_2$ proz. Pfandbriefe der Preußischen Hypotheken-Aktienbank in Berlin, Serie XIII, Nr. 125—129 zu je 1000 M. (Bl. oder Nr. d. A.)[3]). Fortsetzung der Eintragungen s. S. 100. 1. Juli 1905. Name des Registerführers.	

Ausgeschlossen ist die vertragsmäßige Regelung durch einfache Verweisung auf nicht mehr geltendes oder ausländisches[6]) Recht (**1433**). Die Ehegatten können einen der Vertragsgüterstände des BGB. vereinbaren, dagegen nicht durch bloße Verweisung beliebige Mischformen schaffen. Abweichungen von dem gesetzlich oder kraft Vertrages bestehenden Güterstände sind zulässig, soweit sie mit dem Wesen des Güterstandes vereinbar sind.

---

1) Die Spalte dient zur Berichtigung von Schreibfehlern und ähnlichen offenbaren Unrichtigkeiten, zur Verweisung auf etwaige Eintragungen, zur Angabe des Grundes, aus dem eine Eintragung im Register eines anderen als des für den Wohnsitz des Mannes zuständigen Gerichtes erfolgt ist (EG. z. HGB. Art. 4. EG. z. BGB. Art. 36. I) und zu der Angabe, daß eine beglaubigte Abschrift der Eintragung zum Zwecke der Wiederholung der Eintragung in dem Register eines anderen Bezirkes erteilt ist (**1561**, Abs. 3, Z. 5).

2) **1371. 1431. 1435. 1441. 1470. 1526. 1545. 1548. 1549. 1587.** EG. Art. 16.

3) Hinweis auf die Stelle der Registerakten, an der die der Eintragung zugrunde liegende Verfügung sich befindet.

4) **1357.**

5) **1405. 1452. 1519**, Abs. 2. **1525**, Abs. 2. **1549.** EG. Art. 16. 36, Z. 1.

6) Ausnahme: **1433**, Abs. 2 (Zulässigkeit der Verweisung auf ausländisches, am Wohnsitz des Mannes geltendes Recht).

B. **Die Form.** Der Ehevertrag muß bei gleichzeitiger Anwesenheit[1]) beider Ehegatten gerichtlich oder notariell geschlossen werden (**1434. 125**, aber **1437. 2276**, Abs. 2)[2]).

C. Die von der gesetzlichen Verwaltungsgemeinschaft abweichende ehevertragsmäßige Regelung, z. B. Vereinbarung der Gütertrennung, kann Dritten, die mit einem Ehegatten ein Rechtsgeschäft vorgenommen oder im Prozesse mit ihm ein rechtskräftiges Urteil erstritten haben, wenn sie die Wirkungen des Rechtsgeschäftes oder des Urteiles[3]) geltendmachen, nur entgegengehalten werden, wenn zur Zeit der Vornahme des Rechtsgeschäftes oder des Eintrittes der Rechtshängigkeit die Abweichung in dem Güterrechtsregister des zuständigen Amtsgerichtes eingetragen oder dem Dritten bekannt war. Wird eine eingetragene Regelung durch Ehevertrag wieder beseitigt oder geändert, z. B. an Stelle der eingetragenen Gütertrennung wird die Verwaltungsgemeinschaft gesetzt, so gilt das gleiche (**1435**, vgl. **1344**)[4]). Die Rechtswirkung des Eintrages hängt aber von seiner materiellen Richtigkeit ab. Diese fehlt, wenn der grundlegende Ehevertrag nichtig ist, oder das Urteil im Wege der Wiederaufnahme aufgehoben ist. Der Eintrag genießt also nicht öffentlichen Glauben (vgl. **892. 893**), sondern nur Registerrecht (vgl. **68**. HGB. § 15). Dieser Schutz kommt nicht auch dem Ehegatten, sondern nur dem Dritten zu, der sich dadurch auf die wirkliche Rechtslage stets berufen kann.

Der durch Ehevertrag getroffenen Regelung steht in vielen Fällen die durch Gesetz, Urteil, Konkurseröffnung, Todeserklärung oder Bestimmung Dritter bewirkte gleich[5]); außerdem der Ausschluß oder die Änderung der Schlüsselgewalt (**1357**) und der Einspruch und der Widerruf nach **1405. 1452. 1519.**

III. **Das Güterrechtsregister (1558—1563)**[6]).

Die Eintragungen sind nur zulässig, wo das Gesetz sie gestattet, sie haben bei dem Amtsgerichte zu geschehen, in dessen Bezirk der Mann seinen Wohnsitz hat (**1558**, Abs. 1)[7]), sie sollen nur auf öffentlich beglaubigten Antrag bald nur des Mannes, bald beider Ehegatten[8]) und auch eines von beiden Ehegatten und nach Inhalt des Antrages stattfinden (**1560. 1561**); denn es muß den Ehegatten überlassen bleiben, sich gegen die Nachteile des guten Glaubens Dritter zu sichern. Der Richter prüft nur die gesetzliche Zulässigkeit, nicht die Richtigkeit der Erklärungen. Die Ehegatten können andere zur Antragstellung bevollmächtigen. Die Eintragungen sind in bestimmter Weise bekanntzumachen (**1562**). An die Unterlassung knüpfen sich aber keine materiellen Folgen. Die Einsicht- und Abschriftnahme ist unbeschränkt; der Nachweis eines rechtlichen Interesses wird nicht verlangt (**1563**). Auch hat das Gericht Bescheinigungen über das Nichtbestehen bestimmter Eintragungen zu erteilen. Das Verfahren ist das der freiwilligen Gerichtsbarkeit[9]).

IV. Intertemporales Recht. Für Ehen, die vor dem 1. Januar 1900 geschlossen sind, gilt das bisherige Landesrecht (EG. Art. 200). Die Ausführungsgesetze haben aber das

---

[1]) Vgl. **128. 152.**

[2]) RG. Bd. 48, S. 183.

[3]) Gesetzlicher Erwerb oder Erwerb im Wege der Zwangsvollstreckung (Arrest) vollziehen sich dagegen immer auf Grund der wirklichen Rechtslage.

[4]) Die Vorschrift tritt also z. B. nicht ein, wenn ein nicht eingetragener vertragsmäßiger Güterstand oder, wenn eine durch Urteil eingetreten nicht eingetragene Gütertrennung durch Ehevertrag aufgehoben oder geändert wird.

[5]) Dahin gehören: **1371. 1441. 1526. 1555** (Bestimmung als Vorbehaltsgut). **1431. 1587** (Eintritt der Gütertrennung). **1436** (Aufhebung und Änderung von Einträgen). **1418—1420. 1426. 1431** (Beendigung des ges. Güterstandes). **1425. 1431** (Wiederherstellung der Verwaltungsgemeinschaft). **1470. 1542. 1543** bis **1545. 1549** (Aufhebung usw. der Gütergemeinsch.) **1547. 1548** (Wiederherstellung der Errungensch.-Gemeinsch.).

[6]) Dorst, Zeitschr. d. D. Not.-Ver. (1901), S. 129 ff.

[7]) AG. Art. 36, Z. I. EG. z. HGB. Art. 4. Für den Fall der Verlegung des Wohnsitzes oder der Zurückverlegung: **1559**; für Kaufleute: EG. z. HGB. Art. 4.

[8]) Hier besteht dann eine nach ZPO. §§ 894. 896 vollstreckbare Mitwirkungspflicht der Ehegatten.

[9]) FGG. §§ 127—130. 161. 162. 142. 143. 180.

für diese Ehe geltende Landesrecht einem der Güterstände des BGB. entsprechend gestaltet. Außerdem ist die Regelung durch Ehevertrag anerkannt, auch wo diese nach dem Landesrecht nicht anerkannt wäre (vgl. EG. Art. 218).

V. Internationales Privatrecht. Maßgebend ist das Recht der Staatsangehörigkeit des Ehemannes zur Zeit der Eheschließung. Eheverträge sind unter allen Umständen anerkannt, auch wenn das betreffende Auslandsrecht sie nicht anerkennt (EG. Art. 15).

A. Die gesetzliche Verwaltungsgemeinschaft.[1]

§ 231.

1. Die Rechte und Pflichten des Mannes.

Das **Wesen** der Verwaltungsgemeinschaft besteht darin, daß das Vermögen der Frau und das des Mannes getrennt bleiben, der Mann aber kraft Gesetzes **Verwaltung und Nutznießung am Frauenvermögen** erhält, weil er den ehelichen Aufwand zu tragen hat. Das Vermögen des Mannes, das vom Güterstande gar nicht berührt wird, wird demnach nur mit dem Frauenvermögen in der Verwaltung des Mannes vereinigt (Gütereinheit). Auch als vertragsmäßiger Güterstand kann die Verwaltungsgemeinschaft begründet sein.

I. Das der Verwaltung und Nutznießung des Mannes unterliegende Frauenvermögen ist das **eingebrachte Gut.** Dazu gehört kraft Gesetzes alles bewegliche und unbewegliche Vermögen, das die Frau bei Eintritt der Ehe bzw. der Verwaltungsgemeinschaft schon hat, und welches sie während der Ehe irgendwie hinzuerwirbt (**1363**)[2]. Im Zweifel ist alles Frauengut eingebrachtes Gut[3]. Das Gegenteil muß dargetan werden (II). Was die Frau während tatsächlicher oder gerichtlich angeordneter Trennung erwirbt, ist auch eingebrachtes Gut, ebenso nach allgemeinen Grundsätzen, was der Mann als Vertreter der Frau in ihrem Namen erwirbt.

Gesetzliche Erweiterungen des eingebrachten Gutes[4].

Bewegliche Sachen, auch Inhaber- und Orderpapiere mit Blankoindossament, Rechte an solchen Sachen oder andere Rechte, zu deren Übertragung der Abtretungsvertrag (**398**) genügt (Forderungen, Nießbrauch und Pfandrecht an beweglichen Sachen), die der Mann aus (wirtschaftlichen Mitteln des eingebrachten Gutes erwirbt und für Rechnung dieses Gutes erwerben will[5]), gehen mit dem dinglichen Erwerbe in das eingebrachte Gut über (Surrogationsprinzip). Auch der Erwerb einer Forderung ex lege gehört hierher (z. B. **426**, Abs. 2). Es scheidet aber aus der Erwerb mit Mitteln des Mannes, des Vorbehaltgutes oder Dritter (**1381**).

Haushaltungsgegenstände (nicht Kleider **1362**. **1366**, vgl. **1932**), die an Stelle von eingebrachten nicht mehr vorhandenen oder wertlos gewordenen vom Manne sogar aus

[1]) Schröder, Das eheliche Güterrecht (2. A. 1900). Hachenburg, Vorträge (3. A. 1900), S. 381 ff. Ullmann, Das gesetzl. eheliche Güterrecht (2. A. 1903). Wieruszowski, Handbuch des Eherechts, Bd. II. Kipp-Wolff, §§ 45 ff.

[2]) Für beide Ehegatten besteht der Anspruch auf Inventarisierung des eingebrachten Gutes und die Pflicht der Mitwirkung hierzu wie beim Nießbrauch nach **1035** (**L.** § 186, II.). Außerdem kann jeder Ehegatte Feststellung des Zustandes der zum eingebrachten Gute gehörenden Sachen durch Sachverständige auf seine Kosten verlangen (**1372**, vgl. **1421**). Die Bedeutung dieser Behelfe zeigt sich z. B. bei dem Anspruch auf Herausgabe, auf Sicherheitsleistung usw. (vgl. **1034**, GFG. §§ 15. 164, Abs. 1). — Kann der Anspruch, nachdem ihm genügt ist, später wiederholt erhoben werden? Über d. Streitfrage: Planck zu **1372**, Z. 2.

[3]) Auch nicht übertragbare Rechte: Planck zu **1363**, Note 4. A. M. Oertmann, Arch. für bürgerl. R., Bd. 20, S. 100.

[4]) Thiele, Arch. f. d. ziv. Praxis, Bd. 91, S. 1 ff. Binder, Bernhöfts und Binders Beiträge, 2. Heft, S. 145. Sprenger, Der Eigentumserwerb durch Einverleibung in ein Inventar (1904). Beyer, Surrogation bei Vermögen im BGB. (1905).

[5]) Daß er nicht für Rechnung des eingebrachten Gutes erwerben wollte, hätte der den Erwerb für das eingebrachte Gut bestreitende Mann darzutun, die Frau, daß mit Mitteln des eingebrachten Gutes erworben ist. Vgl. **1362**, Abs. 1. KO. § 45.

eigenen Mitteln angeschafft sind, werden eingebrachtes Gut mit dem Erwerb (**1382**). Gleichgültig ist es, aus welchem Grunde die ersetzten Stücke nicht mehr vorhanden sind, ob die Ersatzstücke wertvoller sind als die ursprünglichen, ob der Mann für die ursprünglichen Stücke hat Ersatz schaffen wollen[1]). Die Beweislast trifft die Frau.

II. Dem Rechte des Ehemannes unterliegt nicht das **Vorbehaltsgut der Frau (1365 bis 1371)**[2]).

1. Zum Vorbehaltsgut gehören kraft Gesetzes:

a) die ausschließlich zum persönlichen Gebrauch der Frau bestimmten und ihr zugehörigen Sachen, z. B. Kleider, Schmucksachen, Arbeitsgeräte (**1366**). Nicht dahin gehören Rechte, z. B. Wohnungsrecht, der Frau vom Manne geliehene Sachen; gleichgültig ist aber, mit wessen Mitteln die Sachen angeschafft sind. Bei Strittigkeit des Eigentumes der Frau greift die Vermutung in **1362**, Abs. 2, ein (vgl. L. § 229);

b) der Erwerb der Frau während der Ehe durch Arbeit als Künstlerin, Tagelöhnerin usw. oder aus dem selbständigen, d. h. auf den Namen der Frau gehenden[3]) Betriebe eines Erwerbsgeschäftes, also nicht der Erwerb, den die Frau pflichtgemäß im Haushalte oder im Geschäfte des Mannes macht. Tatfrage ist es, ob dieser Erwerb aus der Tätigkeit der Frau stammt (Trinkgelder, Geschenke, Altersrente). Darauf kommt es aber nicht an, ob die Frau dem Manne gegenüber (**1353. 1354. 1358**) zum Gewerbebetriebe berechtigt war (**1367. 1356**, Abs. 2, vgl. L. § 229)[4]).

2. Alles, was durch Ehevertrag (**1368**) für Vorbehaltsgut erklärt ist. Das gesamte gegenwärtige oder künftige Vermögen der Frau oder eine Quote desselben können durch Ehevertrag nicht als Vorbehaltsgut bestimmt werden, darin läge Vereinbarung der Gütertrennung, wohl aber einzelne Nutzungen des Frauengutes und auch bestimmter einzelner künftiger Erwerb, z. B. eine Erbschaft (vgl. **312**). Vorbehaltsgut wird auch, was durch letztwillige Verfügung (**1937. 2299**) des Erblassers (Erbteil, Vermächtnis, Pflichtteil) oder durch Bestimmung des Zuwendenden bei einer unentgeltlichen Zuwendung unter Lebenden, z. B. Schenkung, Ausstattung (**1369**), als Vorbehaltsgut bestimmt ist, soweit der betreffende Erwerb nach der Eingehung der Ehe eintritt [5]).

3. Nach dem Grundsatze der Surrogation ist gesetzliches Vorbehaltsgut auch, was die Frau erwirbt auf Grund eines zum Vorbehaltsgut gehörigen Rechtes (Früchte, Zuwachs, Schatzanteil) oder als Ersatz für Zerstörung, Beschädigung oder Entziehung eines zum Vorbehaltsgute gehörigen Gegenstandes oder durch Rechtsgeschäfte, die sich auf Vorbehaltsgut beziehen, wie Kauf, Tausch (**1370**). Die Beweislast trifft die Frau (**1363**)[6]).

Die rechtliche Stellung der Frau zum Vorbehaltsgute ist grundsätzlich die gleiche, welche bei der Gütertrennung hinsichtlich des ganzen Vermögens der Frau eintritt (**1371**, vgl. L. § 235).

III. **Das Verwaltungs- und Nutznießungsrecht des Mannes** am eingebrachten Gute[7]). Mit dem Rechte des Mannes verbinden sich auch Pflichten. Das Recht des Mannes steht ihm

---

[1]) A. M. Planck IV, zu **1382**, Z. 3 b.

[2]) Salamonski, Das Vorbehaltsgut der Frau beim gesetzlichen Güterstande (1901).

[3]) So K. Lehmann, a. a. O. A. M. Dernburg IV, S. 133. Planck zu **1367**, Z. 2 (die Frau muß als Unternehmerin, Prinzipalin das Geschäft führen). Zschimmer, a. a. O., S. 490 ff. (wenn das Geschäft als solches Vorbehaltsgut ist). Wieruszowski II, S. 248 ff. Meisner, Familienrecht, S. 80 f. (Betrieb in rechtlicher Unabhängigkeit vom Manne).

[4]) Schefold, Arch. f. d. ziv. Praxis, Bd. 91, S. 142 ff. Zschimmer, Zeitschr. f. d. ges. Handelsr., Bd. 52, S. 489 ff. Dücker, Die Rechtsstellung einer Ehefrau, welche selbständig ein Erwerbsgeschäft betreibt. Diss. 1903. Lehmann, K., Lehrb. des Handelsr. (1908), § 20, Z. 5.

[5]) Planck zu **1369**, Z. 2. A. M. Staudinger IV, S. 102. Salamonski, S. 16. Mantey, Gruch. Beitr., Bd. 43, S. 833.

[6]) Thiele, Arch. f. d. ziv. Praxis, Bd. 91, S. 1 ff.

[7]) Heinsheimer, Das Recht des Mannes am Vermögen der Frau beim ges. Güterstande (1903). Schilling, Arch. f. bürg. R., Bd. 19 (1901), S. 251 ff.

zu kraft seiner familienrechtlichen Stellung; es ist kein dingliches, aber ein absolutes, höchstpersönliches, unübertragbares, nicht verzichtbares Recht (**1408**)[1].

Den bevormundeten oder unter Pflegschaft stehenden Mann hat der Vormund[2]), Pfleger und, soweit der Fall vorkommt, der Inhaber der elterlichen Gewalt in der Ausübung des Rechtes und der Pflichten zu vertreten, z. B. in der Zustimmung zu Geschäften der Frau (**1409**).

Das Recht des Mannes ist kein unbeschränktes, er ist in weitem Umfange an die Zustimmung (Einwilligung, Genehmigung) der Frau gebunden. Da andererseits die Frau zu Rechtsakten, die das eingebrachte Gut berühren, der Zustimmung des Mannes bedarf, liegt Verwaltungs gemeinschaft, Verfügungsgemeinschaft[3]) beider Ehegatten vor.

A. Der Mann hat gegenüber der Frau und Dritten das Recht (**1373**) zum Alleinbesitze der eingebrachten Sachen. Damit ist dem Manne nicht die eigenmächtige Besitzergreifung gestattet, auch nicht der Frau gegenüber (**858**)[4]); hat er den Besitz erlangt, so ist die Frau mittelbare Besitzerin[5]).

B. Der Mann hat das Recht der Verwaltung. Er ist aber Verwalter fremden Gutes. Ihn trifft daher die Pflicht ordnungsmäßiger Verwaltung, d. h. zur Erhaltung, Verbesserung, Versicherung des eingebrachten Gutes tatsächliche Maßregeln zu treffen und Rechtsgeschäfte abzuschließen (**1359**); er hat ferner die Pflicht der Auskunftserteilung (**260**) über den Stand der Verwaltung, wenn die Frau solche verlangt (**1374**). Darin liegt auch die Pflicht zur Auskunftserteilung über die Substanz des eingebrachten Gutes (**260**, Abs. 2. 3). Die Frau kann auf Erteilung der Auskunft erst dann klagen, wenn die Voraussetzungen in **1391. 1394** vorliegen[6]).

a) Erwerbsgeschäfte für das eingebrachte Gut kann der Mann in eigenem wie in fremdem Namen vornehmen.

b) Verpflichtungsgeschäfte und Verfügungen (**1375**).

Der Mann ist kraft des Verwaltungsrechtes weder befugt, die Frau zu verpflichten, indem er ein Verpflichtungsgeschäft in ihrem Namen abschließt, noch über das eingebrachte Gut zu verfügen. Er bedarf, selbst wenn diese Akte im Rahmen der ordnungsmäßigen Verwaltung liegen, der Zustimmung der Frau (**1375**)[7]). Diese kann aber bei allen zur ordnungsmäßigen Verwaltung erforderlichen Geschäften, Verpflichtungsgeschäften[8]) und Verfügungen, falls sie ohne ausreichenden Grund verweigert wird, oder falls die Frau an der Erteilung der Zustimmung durch Krankheit oder Abwesenheit verhindert ist, und zugleich im Aufschube Gefahr liegt, auf Antrag des Mannes durch das Vormundschaftsgericht ersetzt werden (**1379**)[9]). Das Vormundschaftsgericht wird die Erforderlichkeit des konkreten Geschäftes für den Zweck ordnungsmäßiger Verwaltung zu prüfen haben. Liegt Zustimmung oder Ersetzung derselben vor, so kann der Mann die Geschäfte im Namen der Frau oder in eigenem Namen schließen. Fehlt es an der Zustimmung oder Ersetzung derselben, so kann der Mann in eigenem oder im Namen der Frau die Geschäfte geschlossen haben, deren Bedeutung sich nach den allgemeinen Vorschriften bestimmt (**177—180. 185**).

In gewissen Fällen ist der Mann in der Verfügung an die Zustimmung der Frau nicht gebunden, so daß die Verfügung des Mannes von der Frau den Dritten gegenüber anzuer-

---

[1]) Auch Pfändung ist ausgeschlossen, ZPO. § 861.

[2]) Eventuell also auch die Frau, wenn sie Vormund ist (**1409. 1900**).

[3]) So Hachenburg, a. a. O., S. 114.

[4]) Oertmann, Jahrb. f. Dogmat., Bd. 44, S. 207 ff. Ullmann, Arch. f. d. zivil. Praxis, Bd. 92, S. 306. Derselbe, Arch. f. bürg. R., Bd. 22, S. 106.

[5]) Vgl. Josef, Arch. f. bürg. R., Bd. 15 (1898), S. 268. Planck zu **1373**, Z. 4.

[6]) Ullmann, S. 275. Krug, Recht (1905), S. 191.

[7]) Jastrow, Zeitschr. f. ZP., Bd. 25, S. 131 ff.

[8]) Planck zu **1375**, Z. 2. A. M. Hellwig, Anspruch, S. 300.

[9]) GFG. §§ 45. 53. 60, Z. 6.

kennen ist. Der Mann ist aber der Frau, nicht Dritten gegenüber auch verpflichtet zu solchen Verfügungen und andererseits gehalten, sie nur zum Zwecke ordnungsmäßiger Verwaltung zu treffen (**1376** bis **1378**).

1. Der Mann kann über Geld und andere verbrauchbare[1]) Sachen verfügen[2]). Der Frau gegenüber ist der Mann aber verpflichtet, Geld wie Mündelgeld (**1807. 1808**) verzinslich anzulegen, wenn es nicht zur Bestreitung von Ausgaben (nicht laufenden)[3]) bereitzuhalten ist (**1377**, Abs. 2). Andere verbrauchbare Sachen darf er auch für sich veräußern und verbrauchen. Er hat aber den Wert bei Beendigung seines Rechtes oder, soweit die ordnungsmäßige Verwaltung es erfordert (**1411**, Abs. 2), schon vorher zu ersetzen (**1377**, Abs. 3). Hinsichtlich des Inventars eines eingebrachten Grundstückes steht er wie ein Nießbraucher in dem gleichen Falle (**1048**, Abs. 1. **1378**).

2. Der Mann kann Forderungen der Frau, die zum eingebrachten Gut gehören, gegen Forderungen, deren Berichtigung aus diesem verlangt werden kann (**1411—1414**), aufrechnen. Im übrigen ist ihm ohne Zustimmung der Frau die Einziehung, Abtretung, Verpfändung, Kündigung schlechthin untersagt.

3. Er kann Verbindlichkeiten der Frau, auch solche ihm selbst gegenüber (**181**), auf Leistung eines zum eingebrachten Gute gehörigen Gegenstandes durch Leistung dieses Gegenstandes oder durch Hinterlegung desselben erfüllen, nicht eine Leistung an Erfüllungs Statt oder einen Erlaß vornehmen.

c) Prozeßführung. Selbstverständlich kann der Mann sein absolutes Recht am eingebrachten Gute im Prozesse geltendmachen. Passivprozesse gegen das eingebrachte Gut werden nur von dem Dritten und der Frau geführt, die Klage Dritter auf Leistung aus dem eingebrachten Gute richtet sich also nur gegen die Frau. Anders steht es bei Aktivprozessen. Zum eingebrachten Gute gehörige Rechte kann der Mann kraft seines Verwaltungsrechtes im eigenen Namen gerichtlich durch Klage, Widerklage, Einrede usw. geltendmachen. Da der Mann nur das Recht der gerichtlichen Geltendmachung, nicht aber das Recht der Verfügung durch Annahme zur Erfüllung hat, so kann der Mann auf Leistung an ihn, den Mann, selbst nur klagen, wenn die Frau zustimmt, oder ihre Zustimmung ersetzt ist, oder die Zustimmung nicht erforderlich ist. Sonst muß der Klagantrag (bzw. die Verurteilung des Dritten) gerichtet sein auf Leistung unter Zustimmung der Frau, oder auf Hinterlegung für den Mann und die Frau oder auf Leistung an beide Ehegatten oder an die Frau allein. Das Urteil wirkt nur, wenn der Mann die freie Verfügung über das Recht hatte, auch für und gegen die Frau (**1380**), in allen anderen Fällen allein für und gegen den Mann auch dann, wenn die Frau der Prozeßführung des Mannes im eigenen Namen zustimmte[4]). Der Mann kann aber solche Prozesse mit Zustimmung der Frau auch im Namen der Frau führen. Die Zustimmung gilt als Erteilung der Vollmacht, kann aber nicht durch das Vormundschaftsgericht ersetzt werden[5]).

C. Der Mann genießt **die Nutzungen** (**100**) des eingebrachten Gutes. Er ist zur Fruchtziehung berechtigt, aber nicht verpflichtet (vgl. aber **1418**, Z. 2).

1. **Die Nutzungen** erwirbt der Mann in der Weise und in dem Umfange wie ein Nieß-

---

[1]) **92**, vgl. **L.** § 40. Gehören dahin die Umlaufskapitalien eines Erwerbsgeschäftes der Frau? Hachenburg, S. 120 ff.

[2]) Das Eigentum bleibt auch hier der Frau, anders als beim Nießbrauch (**1067**).

[3]) Vgl. **1804. 1642**.

[4]) Es herrscht Streit darüber, ob in allen Fällen vom Manne das Recht der Frau geltendgemacht wird (Hellwig, Anspruch (1900), S. 298 ff. Derselbe, Rechtskraft (1901), S. 155 ff. 511 ff. Derselbe, Lehrb. des Zivilprozesses I, S. 323. Binder, Beiträge von Bernhöft und Binder, H. 2 (1902), S. 103), oder nur dann, wenn die Urteilswirkung für und gegen die Frau eintritt, sonst aber nur sein Verwaltungs- und Nutznießungsrecht (Planck zu **1380**, Z. 1. Dernburg IV, S. 150. Hachenburg, Vorträge, S. 418 ff.).

[5]) Planck zu **1380**, Z. 6. 9. Wirkliche Vollmacht seitens der Frau verlangt u. a. Herr, Jahrb. f. Dogmat., Bd. 46, S. 229.

braucher (L. §§ 186. 190. 191). In der Verwendung der Früchte ist der Mann unbeschränkt (**1383**)[1]).

2. An **Lasten** hat der Ehemann die Kosten der Gewinnung der Nutzungen (**1039**) und wie ein Nießbraucher (**1041**) die Kosten der Erhaltung des eingebrachten Gutes (**1384**) zu tragen. Außerdem hat der Mann für die Dauer seines Rechtes gewisse andere Lasten, die auf dem eingebrachten Gute ruhen, zwar der Frau gegenüber allein, ohne von ihr Ersatz beanspruchen zu können, aber soweit auch den Gläubigern gegenüber neben der Frau als Gesamtschuldner **421—425**; (vgl. **1088. 1385—1386. 1388**) zu tragen, und zwar ohne Rücksicht darauf, ob die Einkünfte des eingebrachten Gutes zur Bestreitung hinreichen. Dahin gehören:

α) öffentliche Lasten, soweit sie nicht auf dem Vorbehaltsgute ruhen oder außerordentliche und den Stammwert des eingebrachten Gutes belastende sind, z. B. also Personalsteuern zu Lasten der Frau (vgl. **1047**);

β) privatrechtliche Lasten, die auf eingebrachtem Gute ruhen (Grundschulden, Grundrenten, vgl. **1047**);

γ) Versicherungsbeiträge und -prämien aus allen Versicherungen eingebrachten Gutes, nicht nur die, welche nach den Regeln ordnungsmäßiger Wirtschaft aufzuwenden sind (vgl. **1045**);

δ) Zinsen (auch Hypothekenzinsen) aus den Verbindlichkeiten, deren Berichtigung im Verhältnis der Ehegatten zueinander aus dem eingebrachten Gute verlangt werden kann (**1411** ff.) und wiederkehrende Leistungen (Leibrenten, Altenteilsraten, Leistungen auf Grund gesetzlicher Unterhaltungspflicht usw.), sofern sie bei ordnungsmäßiger Verwaltung des eingebrachten Gutes aus den Einkünften des Vermögens bestritten werden; belastet eine solche Verbindlichkeit im Verhältnis der Ehegatten untereinander das Vorbehaltsgut, so fällt soweit die Verpflichtung des Mannes fort (**1386**, vgl. L. § 233).

3. Gewisse Prozeßkosten (Gerichts-, Anwalts-, Vollzugskosten usw.) trägt der Mann der Frau gegenüber ebenfalls ohne Rücksicht auf die Erträge des eingebrachten Gutes allein, haftet aber auch den Gläubigern der Frau als Gesamtschuldner (**1387. 1388**). Dahin gehören die Kosten aus dem Rechtsstreit des Mannes, der in eigenem Namen oder im Namen der Frau um eingebrachtes Gut klagt, oder aus dem Rechtsstreit der Frau, sofern sie nicht im Verhältnis der Ehegatten zu einander dem Vorbehaltgut zur Last fallen (**1415. 1416. 1400. 1407**); ferner die Kosten der Verteidigung der Frau in einem Strafverfahren gegen sie, sofern die Aufwendung den Umständen nach geboten war (RStrPO. §§ 140. 141) oder mit Zustimmung des Mannes (vgl. **1402**) erfolgt. Im Falle der Verurteilung ist die Frau schlechthin ersatzpflichtig. Andere Kosten eines Strafverfahrens gegen die Frau trägt der Mann nicht. Die Pflicht des Mannes zur Tragung der Kosten umfaßt auch die Kostenvorschußpflicht[2]).

4. Der Mann hat den ehelichen Aufwand zu tragen, welcher das für die Bedürfnisse der Ehegatten und ihrer gemeinschaftlichen Abkömmlinge Erforderliche umfaßt. Auf den eigenen Unterhalt kann die Frau schon nach **1360** klagen. Der Umfang des Unterhaltes bestimmt sich nach **1360** und **1603**. Der Mann hat aber auf Verlangen der Frau, nicht auch der Abkömmlinge (L. § 234, I.), den Reinertrag des eingebrachten Gutes zu verwenden, und zwar ohne Rücksicht auf seine sonstigen Verpflichtungen. Der Reinertrag wird festgestellt unter Abzug auch der unter a. und b. aufgeführten Kosten (**1389**, vgl. **1394. 1418**, Abs. 1, Z. 2. ZPO. § 861).

5. Aufwendungen, die der Mann zum Zwecke der Verwaltung des eingebrachten Gutes gemacht hat und die er den Umständen nach für erforderlich halten darf, kann er von der Frau ersetzt verlangen, soweit sie ihm selbst nicht zur Last fallen (**1390**, vgl. **670. 256. 257**). Wieweit der Mann andere Aufwendungen, z. B. in persönlichen Angelegenheiten der Frau oder

[1]) Die von ihm erworbenen Nutzungen sind aber nicht unbeschränkt pfändbar, ZPO. §§ 861. 766.

[2]) RG. Bd. 47, S. 72. Seuff. Arch., Bd. 58, S. 457; Bd. 59, S. 67. A. M. Schmidt zu **1387**. Dernburg IV, S. 148.

auf das Vorbehaltsgut, ersetzt verlangen kann, bestimmt sich nach allgemeinen Grundsätzen (Auftrag, Geschäftsführung ohne Auftrag).

IV. Die dem Manne gegen die Frau zustehenden Ansprüche kann der Mann sofort geltend machen und auch im Rahmen seiner Verfügungsbefugnis aus dem eingebrachten Gute berichtigen (**1376**, Z. 3. **1379**. — **181**).

§ 232.

2. Die rechtliche Stellung der Frau.[1])

Der Frau steht die von dem Güterstande unabhängige Schlüsselgewalt und der Unterhaltsanspruch zu (L. § 229).

Davon abgesehen hat sie

I. Die Rechte, die sich aus der Regelung der Stellung des Mannes ergeben (L. § 231).

A. Die Ansprüche der Frau gegen den Mann aus der Verwaltung und Nutznießung, z. B. der Anspruch auf Auskunfterteilung (**1374**) können aber von der Frau erst nach Beendigung des Güterstandes gerichtlich geltend gemacht werden, wenn nicht die Voraussetzungen des Anspruches auf Sicherheitsleistung (B.) vorliegen (**1394**). Außergerichtliche Geltendmachung (Aufrechnung) wäre auch ohne diese Voraussetzung zulässig. Der Anspruch auf Verwendung des Reinertrages ist dagegen an diese zeitliche Schranke nicht gebunden (**1389**, Abs. 2).

B. Die Frau ist in ihrem Rechte am eingebrachten Gute nicht mehr schlechthin durch ein gesetzliches Pfandrecht am Vermögen des Mannes oder ein Vorzugsrecht im Konkurse des Mannes geschützt, sondern sie hat gegen den Mann einen sofort (**1394**) klagbaren **Anspruch auf Sicherheitsleistung** für den etwa erwachsenden Schaden, wenn das Verhalten des Mannes objektiv eine Verletzung ihrer Rechte durch erhebliche Gefährdung des eingebrachten Gutes besorgen läßt (vgl. **1051**)[2]), oder wenn ihre gegenwärtigen oder künftigen Ersatzansprüche wegen der verbrauchbaren Sachen (vgl. **1067**, Abs. 2) erheblich gefährdet sind, z. B. wegen Vermögensverfalles und Erwerbsunfähigkeit beim Manne (**1391**). Die Höhe der Sicherheit richtet sich nach dem Werte des eingebrachten Gutes, der Höhe der Ersatzansprüche und dem Grade der Gefährdung; die Art der Sicherheit bestimmt sich nach den allgemeinen Grundsätzen (L. § 67).

Bei Inhaberpapieren, die nicht zu den verbrauchbaren Sachen (**92**) gehören, den dazu gehörigen Erneuerungsscheinen und bei Orderpapieren mit Blankoindossament kann aber die Frau Sicherung durch näher bestimmte Hinterlegung (**1392**, vgl. **1082**) oder nach der Wahl des Mannes an Stelle derselben die Umschreibung der Inhaberpapiere auf ihren Namen oder auch die Umwandlung in Staats- oder Reichsschuldbuchforderungen[3]) verlangen (**1393**).

Wo der Anspruch auf Sicherheitsleistung begründet ist, kann die Frau auch auf Aufhebung der Verwaltung und Nutznießung klagen (**1418**, Z. 1. L. § 234).

II. **Die rechtliche Stellung der Frau zum eingebrachten Gute.** Verfügungen, Verpflichtungen und Prozesse der Frau, die das eingebrachte Gut betreffen, sind an sich nicht ausgeschlossen. Die Frau als solche ist geschäftsfähig, und das eingebrachte Gut ist ihr Gut. Die Rechte des Mannes am eingebrachten Gut führen aber zu Beschränkungen der Frau.

1. Bei gewissen Rechtsgeschäften (**1406**) ist die Frau nicht beschränkt: Annahme und Ausschlagung von Erbschaft und Vermächtnis, auch wenn dieser Erwerb eingebrachtes, nicht Vorbehaltsgut wird (vgl. **1369**), Anfechtung von Ausschlagung und Annahme, Erbverzicht, Verzicht auf den Pflichtteil, Errichtung des Inventares über eine angefallene Erb-

---

[1]) S. L. § 229, Note 4.

[2]) Seuff. Arch., Bd. 57, S. 148. RG. Bd. 57, S. 161; Bd. 60, S. 182 ff.; Bd. 65, S. 171.

[3]) Gesetz, betr. das Reichsschuldbuch vom 31. Mai 1891. EG. Art. 50. 97. Preuß. Ges. vom 20. Juli 1883. Sächs. Ges. vom 25. April 1884. Schepp, Das öff. Recht im BGB., S. 94 f.

schaft[1]), Ablehnung von Vertragsanträgen und Schenkungen, Vornahme von Rechtsgeschäften gegenüber dem Manne (Mahnung). Die Frau kann Geschäfte, durch die sie lediglich einen rechtlichen Vorteil erlangt, ferner Verträge mit dem Manne und seinem Vertreter schließen und jede Verfügung von Todes wegen treffen;

2. in der Prozeßführung (**1407**) ist die Frau unbeschränkt, wenn es sich um die Fortsetzung eines zur Zeit der Eheschließung (auch über eingebrachtes Gut) anhängigen Rechtsstreites handelt; der Mann könnte wie in allen Prozessen der Frau zur Wahrung seines Interesses als Nebenintervenient beitreten (ZPO. §§ 265. 66. 742); wenn sie ein zum eingebrachten Gute gehöriges Recht, z. B. eine solche Darlehnsforderung gegen den Mann (vgl. **1391. 1394. 1389**, Abs. 2. **1377**, Abs. 3), geltendmacht, oder wenn sie gegen einen Dritten auf Grund der Unwirksamkeit einer Verfügung des Mannes klagt, z. B. auf Herausgabe einer vom Manne ohne Zustimmung der Frau veräußerten eingebrachten Sache, und endlich, wenn sie ein Widerspruchsrecht gegen eine Zwangsvollstreckung in das eingebrachte Gut gerichtlich geltendmacht (ZPO. §§ 771. 732. 766. 861, Abs. 2. 767). Die Bedeutung der selbständigen Prozeßführung der Frau liegt darin, daß Urteile für und gegen die Frau auch für und gegen den Mann wirken, und daß das eingebrachte Gut für die Verpflichtungen der Frau aus solchen Urteilen den Gläubigern und im Verhältnisse der Ehegatten zueinander haftet. Dagegen bedürfen auch in diesen Fällen Verfügungen über eingebrachtes Gut durch Prozeßhandlungen der Frau nach **1395** der Zustimmung des Mannes.

A. Die Frau ist an die Zustimmung des Mannes gebunden, wenn ihre Rechtsgeschäfte für das eingebrachte Gut wirksam werden sollen.

1. **Verfügungen der Frau** über das eingebrachte Gut bedürfen der Einwilligung des Mannes (**1395**), d. h. der vorhergehenden oder gleichzeitigen Zustimmung (**182** f.)

a) Verfügungen durch einseitiges Rechtsgeschäft (einseitiges Aufgeben von Eigentum, Kündigung, Anfechtung usw.) sind ohne Einwilligung schlechthin unwirksam (**1398**) und werden durch Genehmigung des Mannes oder bei Wegfall des ehemännlichen Rechtes am eingebrachten Gute nicht wirsam; liegt die Einwilligung des Mannes vor, so entscheiden über die Wirksamkeit des Geschäftes weiter die allgemeinen Grundsätze (**182**, Abs. 3. **111**, Satz 2. 3. L. § 57)[2]).

b) Verfügungen durch Verträge der Frau, die sie ohne Einwilligung des Mannes schließt (Übertragung von Rechten, Erlasse usw.), sind wie die Minderjähriger (**108. 109**, vgl. L. § 47) in der Schwebe; sie werden von Anfang an wirksam, wenn der Mann der Frau oder dem Dritten seine Genehmigung erklärt, unwirksam, wenn die Genehmigung verweigert wird. Die Unwirksamkeit besteht schlechthin der Frau, Dritten und dem Manne gegenüber (**135**)[3]). Endigt die Verwaltungsgemeinschaft, ehe der Mann die Genehmigung verweigert, so wird der Vertrag wirksam (**1396**, Abs. 1. 3. **108**, Abs. 3). Hat er sie bereits verweigert, so bleibt es bei der Unwirksamkeit auch nach Aufhebung der Rechte des Mannes. Der Dritte kann eine Entscheidung durch Aufforderung an den Mann herbeiführen. Der Mann hat sich dann dem Dritten gegenüber zu erklären; eine der Frau gegenüber vor dieser Aufforderung abgegebene Erklärung wird unwirksam. Erklärt sich der Mann nicht binnen zwei Wochen nach Empfang der Aufforderung, so gilt die Genehmigung als verweigert (**1396**, Abs. 2). Der Dritte kann durch Erklärung gegenüber dem Manne und der Frau bis zur Genehmigung widerrufen; wenn er aber wußte, daß die Frau Ehefrau ist, nur, wenn die Frau die Einwilligung

---

1) Die Frau kann aber die Beschränkung der Haftung mit dem Nachlasse nicht zuungunsten des eingebrachten Gutes, z. B. durch Versäumung der Inventarfrist, in Wegfall bringen. Vielmehr kann der Mann die beschränkte Haftung der Frau herbeiführen. L. §§ 314 ff. Krug, Jahrb. f. Dogmat., Bd. 49, S. 121 ff.

2) RG. Bd. 50, S. 213. Seuff. Arch., Bd. 57, S. 316.

3) RG. Bd. 54, S. 44 ff. Seuff. Arch., Bd. 59, S. 69.

des Mannes vorgespiegelt hat, und dem Dritten das Fehlen der Einwilligung bei Abschluß des Vertrages unbekannt war (**1397**).

2. **Verpflichtungsgeschäfte der Frau** bedürfen nicht der Zustimmung des Mannes, um der Frau gegenüber wirksam zu sein; anders, soweit sie das eingebrachte Gut betreffen und dem Manne gegenüber wirksam sein sollen, z. B. Verpflichtungen der Frau zur Verfügung über eingebrachtes Gut. Fehlt es an der Zustimmung des Mannes, so kann nur der Mann den Mangel geltendmachen, nicht die Frau oder Dritte. Der Gläubiger kann die Verpflichtung der Frau nur soweit gegen den Mann geltendmachen, als das eingebrachte Gut aus dem Geschäft bereichert ist (**1399**)[1]. Außerdem besteht das von dem Güterrechte unabhängige Kündigungsrecht des Mannes bei Verpflichtungen der Frau zu persönlichen Leistungen (**1358**. **L**. § 229).

B. **Prozeßführung.** Die Regel ist, daß die Frau, da sie prozeßfähig ist, die Prozesse führen kann; sie gilt ohne Ausnahme für Passivprozesse, für Aktivprozesse nur, soweit sie Vorbehaltsgut oder persönliche Angelegenheiten der Frau betreffen. Rechte, die zum eingebrachten Gute gehören, kann die Frau aber, obwohl diese Rechte ihr zustehen, nur mit Zustimmung (Einwilligung, Genehmigung) des Mannes aktiv geltendmachen (**1400**, Abs. 2). Das Fehlen der Zustimmung nimmt der Frau die Aktivlegitimation, und die Klage ist ex officio abzuweisen[2]. Die Zustimmung kann bis zum Urteile und auch noch in der Berufungsinstanz erfolgen[3]. Erlischt das Recht des Mannes während des Rechtsstreites, so fällt die Schranke für die Frau fort. Eine andere Frage ist es, ob das im Prozesse der Frau ergangene Urteil auch dem Manne gegenüber in Ansehung des eingebrachten Gutes wirksam ist. Diese Wirksamkeit hängt davon ab, daß der Mann der Prozeßführung zustimmte (**1400**, Abs. 1). Das folgt aus dem Rechte des Mannes am eingebrachten Gute. Damit nun aber das wirksame Urteil auch Befriedigung aus dem eingebrachten Gute im Wege der Zwangsvollstreckung finden kann, ist Klage gegen den Mann auf Duldung der Zwangsvollstreckung notwendig (ZPO. §§ 739. 741. 742).

C. **Die Zustimmung** des Mannes (A. B.) ist nicht erforderlich, so daß die Frau selbständig, aber nur im eigenen Namen und auf eigene Rechnung handeln kann, wenn der Mann an der Abgabe der Erklärung durch Krankheit oder Abwesenheit verhindert ist, und Gefahr mit dem Aufschube verbunden ist (**1401**, vgl. **1379**); die Zustimmung entfällt ferner bei bestimmten Geschäften (**1406**) und Prozessen (**1407**) der Frau (s. vorher).

Endlich kann die Zustimmung des Mannes, soweit sie erforderlich ist, auf Antrag der Frau durch das Vormundschaftsgericht ersetzt werden (GFG. 45. 53. 60), wenn der Mann sie ohne ausreichenden Grund bei Rechtsgeschäften, die zur ordnungsmäßigen Besorgung der persönlichen Angelegenheiten der Frau (z. B. Ausstattung eines Kindes erster Ehe nach **1620**, Abs. 1, Status-, Beleidigungsklagen usw.) erforderlich sind, verweigert (**1402**). Nur wenn die Zustimmung des Mannes erteilt oder ersetzt wird, kann die Verpflichtung das eingebrachte Gut berühren.

D. Anders als die Zustimmung für jedes einzelne Rechtsgeschäft oder auch für einen Kreis von Geschäften wirkt die Einwilligung des Mannes in den selbständigen Betrieb eines zum eingebrachten oder Vorbehaltsgute gehörigen Erwerbsgeschäftes der Frau. Die Einwilligung kann nicht ersetzt werden, und der Mann kann nicht auf das Widerrufsrecht verzichten[4]. Sie ist nicht als eine Zustimmung des

---

[1]) Heinsheimer, S. 31. v. Mayr, Der Bereicherungsanspruch (1903), S. 668. RG. Bd. 58, S. 36. Seuff. Arch., Bd. 60, S. 442.

[2]) M. IV. S. 232. Planck, S. 177. Hellwig, Anspruch, S. 314. Rosin, D. Jur.-Ztg. 6, S. 530. Eccius, Gruch. Beitr., Bd. 46, S. 169. Dagegen Jolly, Arch. f. d. ziv. Praxis, Bd. 93, S. 462. Ullmann, das. Bd. 92, S. 298. Immerwahr, D. Jur.-Ztg. 7, S. 245. Wieruszowski II, S. 191.

[3]) RG. Bd. 50, S. 214.

[4]) Planck, S. 184. A. M. Zschimmer, Zeitschr. f. Handelsr., Bd. 52, S. 506. Gildemeister, Zeitschr. f. Handelsr., Bd. 54, S. 130.

Mannes zu allen einzelnen Geschäften und Prozessen anzusehen, die vom Manne im voraus erteilt wird, sondern sie befreit die Frau von den Schranken der Verfügungsmacht[1]). Dem Betriebe mit Einwilligung steht der tatsächliche Betrieb mit Wissen und ohne Einspruch des Mannes gleich. Die Frau kann alle Geschäfte vornehmen und Rechtsstreitigkeiten führen, die der Geschäftsbetrieb mitsichbringt, mit Wirkung für den Mann in betreff des eingebrachten Gutes. Die Zwangsvollstreckung in das eingebrachte Gut setzt in diesem Falle Klage und Verurteilung des Mannes zur Duldung nicht voraus (ZPO. § 741. **1405**).

E. **Einseitige Rechtsgeschäfte Dritter**, wenn sie das eingebrachte Gut berühren, sind dem Manne gegenüber vorzunehmen und brauchen nur ihm gegenüber vorgenommen zu werden, z. B. die Kündigung einer zum eingebrachten Gute gehörigen Forderung durch den Schuldner. Die Vornahme der Frau gegenüber ist unwirksam (**1403**, Abs. 1); die Vornahme muß aber der Frau gegenüber erfolgen, wenn sich das Geschäft des Dritten auf eine Verbindlichkeit der Frau bezieht, wie z. B. die Kündigung eines Gläubigers der Frau. Zur Wirksamkeit gegenüber dem Manne in Ansehung des eingebrachten Gutes ist aber *auch* Vornahme gegenüber dem Manne erfordert (**1403**, Abs. 2). Einseitige Rechtsgeschäfte Dritter, die sich auf das *Vorbehaltsgut* beziehen, sind der Frau gegenüber vorzunehmen; die Vornahme gegenüber der Frau ist erforderlich und genügt auch gegenüber dem Manne in betreff des eingebrachten Gutes, wenn die Frau mit Einwilligung des Mannes ein Erwerbsgeschäft selbständig betreibt (B. 5. **1405**, Abs. 1).

III. *Die Beschränkungen der Ehefrau* (II.) *müssen Dritte*, auch wenn sie nicht gewußt haben, daß die Frau eine Ehefrau ist, gegen sich gelten lassen (**1404**). Dritte genießen also nicht den sonst vom Gesetz gewährten Schutz des guten Glaubens (z. B. **892** f. **932**. **936**), selbst wenn die Frau sich arglistigerweise als ledige Frau ausgegeben hat. Der Einspruch gegen den selbständigen Gewerbebetrieb der Ehefrau und der Widerruf der Einwilligung in denselben haben aber Wirkung gegen Dritte nur nach *Registerrecht* (**1405**, Abs. 3. **1435**. EG. Art. 16)[2]).

§ 233.
3. Die Schuldenhaftung.[3])

Die Schuldenhaftung hat eine zweifache Seite, sie ist festzustellen gegenüber den *Gläubigern* des Mannes und der Frau, aber auch *im Verhältnis unter den Ehegatten*. In beiden Fällen ist die Inanspruchnahme des Eigengutes des Mannes, des eingebrachten Gutes der Frau und ihres Vorbehaltsgutes in Frage.

I. **Die Haftung gegenüber den Gläubigern der Ehegatten.**

A. **Die Gläubiger des Mannes**, mögen ihre Forderungen vor oder nach Eingehung der Ehe entstanden sein, können sich nur an das Eigengut des Mannes halten[4]), *nicht an das eingebrachte Gut* (**1410**) der Frau und vollends nicht an ihr Vorbehaltsgut. Wird von den Gläubigern des Mannes eingebrachtes Gut gepfändet, so hat die Frau die Widerspruchsklage nach ZPO. § 771 (vgl. **1407**, Z. 4). Auch im Konkurse des Mannes stehen die Gläubiger des Mannes nicht anders.

B. **Die Gläubiger der Frau** können sich

1. ohne Einschränkung an das *Vorbehaltsgut* der Frau halten, aber regelmäßig auch

2. an das *eingebrachte Gut*, und zwar schon während bestehender Verwaltungsgemeinschaft (**1411**, Abs. 1) und in erster Linie ohne Rücksicht darauf, ob das Vorbehaltsgut

---

[1]) *Planck*, S. 183.

[2]) *Teutsch*, J. W. 1902, S. 383 ff. *Wendt*, Arch. f. d. ziv. Praxis, Bd. 89, S. 47. *Seuff*. Arch., Bd. 60, S. 127. Über die Möglichkeit der Eintragung im Grundbuch vgl. *Männer*, Das Recht der Grundstücke (1899), S. 35, Note 20. *Planck*, S. 182.

[3]) *Knitschky*, Mecklenb. Zeitschr. 18, S. 125 ff.

[4]) Die Pfändung des Nutzungsrechtes und der Früchte des eingebrachten Gutes ist ausgeschlossen bzw. beschränkt, **L** § 231, III.

ausreicht oder nicht. Die Gläubiger der Frau, die sich einen Anspruch der Frau gegen den Mann oder besonders den Ersatzanspruch der Frau aus **1377** im Wege der Zwangsvollstreckung überweisen lassen, unterliegen nicht der zeitlichen Schranke (**1394. 1377**, Abs. 3), der die Frau selbst unterliegt (**1411**). Die Haftung des eingebrachten Gutes besteht

wegen aller vorehelichen Schulden der Frau, auf welchem Rechtsgrund sie immer beruhen (**1411**, arg. **1412**) und

wegen aller ehelichen Schulden der Frau. Das eingebrachte Gut haftet aber nicht wegen der ehelichen Schulden der Frau aus Rechtsgeschäften, wenn der Mann nicht zustimmte, wo seine Zustimmung erforderlich war. Die Beweislast hinsichtlich dieser Ausnahme trifft den Gläubiger. Für die Kosten eines jeden Rechtsstreites der Frau haftet das eingebrachte Gut dagegen schlechthin, ebenso für die Verbindlichkeiten der Frau dem Manne gegenüber (**1412**).

Den ehelichen Schulden stehen die nach Begründung der Verwaltungsgemeinschaft entstandenen gleich, wenn zuvor in der Ehe ein anderer Güterstand galt[1]).

Ferner haftet nicht das eingebrachte Gut, sondern nur das Vorbehaltsgut für Verbindlichkeiten der Frau, die infolge des Erwerbes von Erbschaft oder Vermächtnis, den die Frau zu Vorbehaltsgut nach Eingehung der Ehe macht, zu Lasten des Vorbehaltsgutes entstehen (**1413. 1369. 1370**), und auch nicht für solche Verbindlichkeiten, die nach der Eingehung der Ehe infolge eines zum Vorbehaltsgute gehörenden Rechtes oder des Besitzes einer dazu gehörigen Sache entstehen (Steuern, Reallasten, Renten usw.). Das eingebrachte Gut haftet aber, wenn dieses Recht oder diese Sache zu einem Erwerbsgeschäfte gehören, das die Frau mit Einwilligung des Mannes selbständig betreibt, z. B. für die Gewerbesteuern (**1414**, vgl. **1370**). Die Ausnahmen von der Haftung des eingebrachten Gutes können nur von dem Manne, nicht von der Frau geltendgemacht werden.

3. Das Eigengut des Mannes haftet den Gläubigern der Frau nicht, auch nicht, wenn er der Eingehung der Verbindlichkeiten der Frau zugestimmt hat; es haftet aber in den Fällen, in denen der Mann neben der Frau als Gesamtschuldner haftet (**L.** § 231. III. C.) und im Falle **1411**, Abs. 2.

4. Die Gläubiger der Frau, die sich an das eingebrachte Gut der Frau halten können und wollen, müssen die Frau zur Leistung, den Mann zur Duldung der Zwangsvollstreckung verurteilen lassen (ZPO. § 739)[2]). Die Verurteilung des Mannes kann durch seine bestimmte formelle Einwilligung in die Zwangsvollstreckung ersetzt werden (ZPO. § 794). In gewissen Fällen genügt dem Manne gegenüber das gegen die Frau ergangene Urteil oder eine vollstreckbare Ausfertigung desselben (ZPO. §§ 741. 742)[3]).

II. **Die Haftung unter den Ehegatten.**

A. Der Mann ist der Frau gegenüber verpflichtet, gewisse Lasten zu tragen (vgl. B.).

1. Macht er, ohne gesetzlich verpflichtet zu sein, Aufwendungen auf das Eingebrachte, so hat er gegen die Frau Anspruch auf Ersatz, soweit er den Aufwand den Umständen nach für erforderlich halten darf (**1390**, vgl. **670. 257**).

2. Der Ersatz der freiwilligen Aufwendungen des Mannes und der Frau für das Vorbehaltsgut bzw. für das Eigengut des Mannes bestimmt sich nach den allgemeinen Grundsätzen des Auftrages oder der Geschäftsführung ohne Auftrag (**677**).

B. In den Fällen, in denen der Mann gesetzlich zur Tragung der Lasten der Frau gegenüber allein verpflichtet ist (**L.** § 231, III. C. Z. 2), ist der Mann der Frau ersatzpflichtig, wenn sie, von den Gläubigern belangt, aus dem Vorbehaltsgut gezahlt hat, oder die Gläubiger ein-

---

[1]) Abweichend Planck, S. 192 f.

[2]) Seuff. Arch., Bd. 56, S. 38. 163. RG. Bd. 50, S. 52.

[3]) Über das Verhältnis im Konkurse über das Vermögen der Frau vgl. Planck, S. 197 f. Bernhardi, D. Jur.-Ztg., Jahrg. 4 (1899), S. 56 f. Quartz, Arch. f. bürg. R., Bd. 24, S. 30.

gebrachtes Gut in Anspruch genommen haben. Umgekehrt hat die Frau dem Manne die Kosten ihrer Verteidigung zu ersetzen, wenn sie in einem Strafverfahren verurteilt wird.

C. Die Gläubiger der Frau, die sich an das eingebrachte Gut halten können, können auch das Vorbehaltsgut in Anspruch nehmen. Im Verhältnisse der Ehegatten zueinander ruht aber die Schuld nur auf dem einen Gute, und dieses hat dem anderen Ersatz zu gewähren, wenn es für die ihm fremde Schuld in Anspruch genommen ist, d. h. wenn die fremde Schuld aus ihm durch Erfüllung, Hinterlegung, Aufrechnung, Vereinigung berichtigt ist. Die Ersatzpflicht reicht nicht weiter, als ersatzpflichtiges Gut vorhanden ist, sie ist eine Pflicht zur Ausgleichung unter den Massen. Diese Ausgleichungspflicht kann schon während der Verwaltungsgemeinschaft geltendgemacht werden (**1417**). Im Verhältnis der Ehegatten zueinander ruhen nun grundsätzlich die Schulden, deren Befriedigung aus dem eingebrachten Gute verlangt werden kann, auf diesem; es sollen aber ausnahmsweise nicht dem eingebrachten, sondern dem Vorbehaltsgut zur Last fallen (**1415**. **1416**):

die Verbindlichkeiten aus unerlaubten Handlungen der Frau während der Ehe einschließlich der Kosten eines Strafverfahrens und der Verteidigung,

die Verbindlichkeiten aus einem sich auf das Vorbehaltsgut beziehenden Rechtsverhältnis, z. B. aus einem von der Frau mit Einwilligung des Mannes betriebenen Erwerbsgeschäft (vgl. **1386**. **1412**. **1413**), und

die Kosten aus Aktiv- und Passivprozessen über die genannten Arten von Verbindlichkeiten. Ferner gehören hierher

die Kosten eines Rechtsstreites zwischen den Ehegatten, soweit sie nicht der Mann nach den Vorschriften des Prozeßrechtes zu tragen hat.

Nach **1412**, Abs. 2, fallen die Kosten eines Rechtsstreites der Frau dem eingebrachten Gute zur Last; aber im Verhältnis der Ehegatten treffen die Kosten eines Rechtsstreites der Frau mit einem Dritten als Kläger oder Beklagten das Vorbehaltsgut. Wenn jedoch das Urteil dem Manne gegenüber bez. des eingebrachten Gutes wirksam ist oder sein würde (**1400**—**1402**. **1405**. **1407**. **L.** § 231, III. C.), oder der Rechtsstreit eine persönliche Angelegenheit der Frau oder eine dem Eingebrachten zur Last fallende Verbindlichkeit betrifft, die nicht unter **1415**, Z. 1. 2 fällt, so treffen die Kosten im Verhältnis der Ehegatten nur das eingebrachte Gut, wenn die Aufwendung den Umständen nach geboten war.

Der Mann kann endlich eine an sich dem Vorbehaltsgut aufliegende Verbindlichkeit auf das eingebrachte Gut, die Frau kann eine dem eingebrachten Gute zukommende Verbindlichkeit auf das Vorbehaltsgut in besonderem Vertrage übernehmen.

§ 234.

4. Die Endigung, Aufhebung und Wiederherstellung der Verwaltungsgemeinschaft.[1])

I. **Die Endigung, bzw. Aufhebung der Verwaltungsgemeinschaft.** Von einer Endigung der Verwaltungsgemeinschaft kann nicht die Rede sein, wenn eine Ehe schlechthin nichtig ist oder auf Nichtigkeits- oder Anfechtungsklage für nichtig erklärt wird (vgl. **L.** § 227). Endigung bzw. Aufhebung treten aber ein:

A. bei Auflösung der Ehe durch Tod eines Ehegatten, Scheidung und durch Wiederverheiratung im Falle der Todeserklärung;

B. während bestehender Ehe:

1. durch Aufhebung der ehelichen Gemeinschaft, die der Scheidung in der Wirkung gleichsteht (**1586**), nicht aber durch Trennung der Ehe (ZPO. §§ 627. 942);

2. durch Eröffnung des Konkurses über das Vermögen des Ehemannes. Entscheidend ist die Rechtskraft des Eröffnungsbeschlusses (**1419**, KO. §§ 72. 108. 109, ZPO. § 705), Sonderkonkurse (KO. §§ 209. 214) haben diese Wirkung nicht. Die Wirkung

---

[1]) **L.** § 231, Note 4.

der Konkurseröffnung ist eine endgültige, daher lebt die Verwaltungsgemeinschaft bei Aufhebung und Einstellung des Konkurses nicht wieder auf, auch besteht in diesen Fällen kein Recht auf Wiederherstellung der Verwaltungsgemeinschaft;

3. durch Todeserklärung des Mannes mit dem maßgebenden Todeszeitpunkt (**1420**, vgl. **18**). Auch hier ist die Endigung eine endgültige;

4. durch Ehevertrag (**1432. 1436**), nicht aber durch einseitigen Verzicht[1]);

5. die Frau kann aus bestimmten Gründen die Aufhebung der Verwaltungsgemeinschaft verlangen, und der Mann kann diesem Verlangen dadurch genügen, daß er sich zum Aufhebungsvertrage erbietet. Tut er das nicht, so kann die Frau auf Aufhebung klagen. Die Verwaltungsgemeinschaft endigt dann mit der Rechtskraft des die Aufhebung aussprechenden Urteiles (**1418**). Die Klage ist nicht Ehesache. Die Klage steht der Frau zu:

wenn die Voraussetzungen ihres Anspruches auf Sicherheitsstellung vorliegen (**1391**, **L**. § 232, I);

wenn der Mann die ehemännliche Unterhaltungspflicht gegenüber der Frau oder den gemeinschaftlichen Abkömmlingen objektiv verletzt (**1360. 1361. 1601. 1603**) hat und zugleich eine erhebliche Gefährdung des Unterhaltes, z. B. infolge Vermögensrückganges, für die Zukunft zu besorgen ist. Für die Annahme einer Verletzung soll es schon genügen, wenn den Unterhaltsberechtigten nicht mindestens der Unterhalt gewährt wird, der ihnen bei ordnungsmäßiger Verwaltung und Nutznießung des eingebrachten Gutes zukäme (vgl. **1389**);

wenn der Mann entmündigt ist, wenn er als Gebrechlicher einen Pfleger (**1910**) oder bei seiner Abwesenheit einen Abwesenheitspfleger für die gesamten Vermögensangelegenheiten (**1911**) erhalten hat, und die alsbaldige Aufhebung dieser Abwesenheitspflegschaft nicht zu erwarten ist. Eine Prüfung des Vorhandenseins der Voraussetzungen ex officio findet nicht statt.

II. **Die Folgen der Endigung und Aufhebung.** Die Endigung zieht keine besonderen erbrechtlichen Folgen nach sich.

A. Infolge der Endigung seines ehemännlichen Rechtes hat der Mann

die Substanz des eingebrachten Gutes der Frau sofort und ganz herauszugeben (**260**. **L**. § 78)[2]) und ihr über die Verwaltung desselben Rechenschaft abzulegen, nicht nur Rechnung zu legen (**259**). Das eingebrachte Gut muß in dem Zustande herausgegeben werden, wie er sich bei ordnungsmäßiger Verwaltung ergibt. Der Umfang der Herausgabepflicht im Falle der Aufhebung durch Klage und Urteil bemißt sich so, als wenn der Anspruch auf Herausgabe mit dem Anspruch auf Aufhebung rechtshängig geworden wäre (**1421. 1422**)[3]).

Vom Manne in seinem Namen über eingebrachte Grundstücke geschlossene Miets- und Pachtverträge, welche bei Beendigung der Verwaltungsgemeinschaft noch laufen, werden nach Analogie der vom Nießbraucher geschlossenen behandelt (**1423. 1056**, vgl. **1663**), d. h. die Frau tritt für den Mann in diese Verträge ein, hat aber das Recht der Kündigung[4]).

B. Das ehemännliche Recht erlischt in allen Endigungsfällen für den Mann der Frau und Dritten gegenüber erst, wenn er von der Aufhebung Kenntnis erlangt hat oder sie hätte kennen müssen; Dritte, die mit dem Manne Rechtsgeschäfte vornehmen, können sich aber auf diese Fortdauer der Berechtigung des Mannes von dem Zeitpunkt an nicht mehr berufen, in dem sie von der Aufhebung Kenntnis erhielten oder die Aufhebung hätten kennen müssen. Dem Erben der Frau gegenüber, durch deren Tod die Endigung des ehemännlichen Rechtes eingetreten ist, besteht die Verpflichtung des Mannes, Verwaltungsgeschäfte, mit deren

---

[1]) Vgl. Walsmann, Der Verzicht, S. 281.

[2]) Über die Herausgabe landwirtschaftlicher Grundstücke und von Landgütern vgl. die Vorschriften über die Pacht **592. 593** (**1421**, vgl. **1055**, Abs. 2). Die Verteilung der noch ausstehenden Früchte und der Lasten regelt sich nach **101** und **103**, vgl. **L**. § 43.

[3]) Früchte seit Rechtshängigkeit hat die Frau nicht zu beanspruchen. Neumann, S. 801. A.M. Planck, S. 215.

[4]) Anders, wenn die Frau dem Abschlusse des Mietsvertrages zustimmte.

Aufschub Gefahr verbunden ist, zu besorgen, bis der Erbe anderweit Fürsorge treffen kann (**1424**, vgl. **672**).

C. Nach Aufhebung der Verwaltungsgemeinschaft tritt, wenn nicht ein Ehevertrag anders bestimmt, Gütertrennung ein (**L.** § 235).

III. **Die Wiederherstellung der Verwaltungsgemeinschaft.**

A. Die Wiederherstellung kann durch Ehevertrag erfolgen (**1432**).

B. Der Mann kann auf Wiederherstellung seiner Rechte nur dann, und zwar im ordentlichen Verfahren klagen, wenn die Entmündigung oder Pflegschaft durch rechtskräftigen Beschluß oder rechtskräftiges Urteil (ZPO. **678** f. **685** f.) wieder aufgehoben oder der Entmündigungsbeschluß infolge Anfechtungsklage durch rechtskräftiges Urteil beseitigt (ZPO. **672**. **684**) ist, oder wenn der Mann für tot erklärt war und noch lebt (**1425**).

Die Wiederherstellung knüpft sich an die Rechtskraft des Urteils.

Die Frau, der das eingebrachte Gut herausgegeben war, trifft nun die Herausgabepflicht bez. des eingebrachten Gutes und seiner noch vorhandenen Nutzungen. Der Herausgabeanspruch des Mannes gegen die Frau ist umfänglich auch nach **1422** (vgl. II. A.) bestimmt. Eingebrachtes Gut ist alles, was nicht Vorbehaltsgut ist; kraft Gesetzes wird Vorbehaltsgut, was ohne die Aufhebung, z. B. durch Surrogation, oder weil es in einem selbständigen Gewerbebetriebe erworben war, solches geblieben oder geworden wäre (**1425**).

Die Verfügungen der Frau in der Zwischenzeit sind dem Manne gegenüber wirksam; für ihre in dieser Zeit eingegangenen Verbindlichkeiten haftet das eingebrachte Gut.

C. War die Endigung in das Güterrechtsregister eingetragen, so bedarf auch die Wiederherstellung zur Wirkung gegen gutgläubige Dritte der Eintragung (**1431**, Abs. 2. **1435**).

B. Die gesetzliche Gütertrennung[1]).

§ 235.

Die gesetzliche Gütertrennung.

Die Gütertrennung ist entweder eine allgemeine, alle Güter der Ehegatten ergreifende, oder eine beschränkte, welche sich nur auf das Vorbehaltsgut der Frau bei der Verwaltungsgemeinschaft (**1371**), allgemeinen Gütergemeinschaft (**1441**), Errungenschafts- und Fahrnisgemeinschaft (**1526**. **1549**) bezieht.

I. **Die allgemeine Gütertrennung.**

A. Die allgemeine Gütertrennung kann durch Ehevertrag vereinbart werden, tritt aber kraft Gesetzes ein (**1426**):

1. zum Schutze der Frau, wenn der Mann die Ehe mit einer in der Geschäftsfähigkeit beschränkten, z. B. minderjährigen Frau ohne Einwilligung ihres gesetzlichen Vertreters eingeht (**1364**); der gesetzliche Vertreter der Frau ist so, wenn er gegen die Ehe an sich nichts einzuwenden hat, nicht zur Anfechtung gedrängt (**1304**. **1331**. **1336**, Abs. 2). Die Gütertrennung tritt auch ein, wenn die Ehe wegen Geschäftsunfähigkeit der Frau nichtig ist, aber von der Frau, während sie in der Geschäftsfähigkeit beschränkt ist, ohne Einwilligung ihres gesetzlichen Vertreters bestätigt wurde (**1325**. **1331**). Die Gütertrennung ist in diesen Fällen von Dauer, sollte auch die anfechtbare Ehe bestätigt oder genehmigt werden oder die Beschränkung der Geschäftsfähigkeit fortfallen[2]);

2. an Stelle der beendigten oder aufgehobenen Verwaltungsgemeinschaft (**L.** § 234), allgemeinen Gütergemeinschaft (**1470**), Errungenschaftsgemeinschaft (**1545**), Fahrnisgemeinschaft (**1549**);

---

[1]) Mitteis, Zeitschr. f. d. Privat- u. öff. R., Bd. 16, S. 565 ff. 596 ff. Bähr, Arch. f. bürg. R., Bd. 1, S. 240 ff. Kipp-Wolff, § 59.

[2]) Vereinbarung der gesetzlichen Verwaltungsgemeinschaft ist nach den allgemeinen Grundsätzen statthaft.

3. wenn ein Ehevertrag die Verwaltungsgemeinschaft ausschließt oder eine der Gütergemeinschaften aufhebt, ohne Ersatzbestimmung zu treffen (**1436**);

4. wenn nach Aufhebung der ehelichen Gemeinschaft durch Urteil (**1575**) die eheliche Gemeinschaft wieder hergestellt wird (**1857**. **L.** § 242).

B. Das Rechtsverhältnis. Zunächst treten die allgemeinen Folgen der Ehe ein (**L.** § 229). Davon abgesehen, wird weder eine Rechts- noch eine Verwaltungsgemeinschaft bez. der beiderseitigen Eigengüter begründet. Der Zweck der Ehe äußert sich hier nur in der Behandlung der Beschaffung des ehelichen Aufwandes als einer gemeinsamen Angelegenheit beider Ehegatten (vgl. **1618**. **1619**).

1. Der Mann hat aus seinem Gut den ehelichen Unterhalt zu tragen (**1427**, Abs. 1), hat aber ohne Rücksicht auf seine Vermögenslage einen unübertragbaren (**394**. ZPO. § 851. KO. § 1), aber klagbaren Anspruch gegen die Frau auf Leistung eines angemessenen, im Streitfalle vom Prozeßrichter festzustellenden Beitrages zum ehelichen Aufwand aus ihren Einkünften, dem Ertrage ihrer Arbeit oder eines von ihr selbständig betriebenen Erwerbsgeschäftes (**1427**)[1]. Der Beitrag ist also auf die Einkünfte des Mannes und der Frau gelegt und so zu verteilen. Eine Einschränkung der Beitragspflicht tritt gemäß **1651**. **1661** ein, wenn im Falle I. A. Z. 1 auch die Einwilligung der Eltern fehlt. Diesen Beitrag ist die Frau zur eigenen Verwendung zurückzubehalten berechtigt, soweit er zur Bestreitung des Unterhaltes erforderlich ist, wenn eine erhebliche Gefährdung des Unterhaltes der Frau und der gemeinschaftlichen Abkömmlinge zu besorgen ist, wenn der Mann entmündigt oder als Gebrechlicher bzw. Abwesender einen Pfleger (**1910**. **1911**) erhalten hat (**1428**, vgl. **1418**, Z. 2—5). Die Frau, die den Beitrag zurückbehält, wird erst durch die Verwendung von der Beitragspflicht befreit. Durch Ehevertrag kann die Beitragspflicht, nicht aber das Zurückbehaltungsrecht aufgehoben oder abgeändert werden[2].

2. Verwendungen aus ihrem Vermögen, Überlassung von Vermögen an den Mann oder Übernahme einer Verbindlichkeit zur Bestreitung des ehelichen Aufwandes begründen zwar eine Ersatzforderung der Frau nach allgemeinen Grundsätzen (Auftrag, Geschäftsführung ohne Auftrag), die Frau hat aber den Beweis zu führen, daß sie die Absicht, Ersatz zu verlangen, gehabt hat, da die gegenteilige Absicht angenommen wird (**1429**, vgl. **1618**. **685**, Abs. 2). Es handelt sich um eine Auslegungsregel, nicht um dispositiven Rechtssatz oder Rechtsvermutung.

3. Hat die Frau dem Manne die Verwaltung ihres Vermögens ganz oder teilweise übertragen, so ist der Mann der Frau regelmäßig nach dem Recht des Auftrages (**L.** § 125) oder Dienstvertrages (**L.** § 122) verpflichtet. Es entscheidet aber über die Rechte des Mannes zunächst die Bestimmung der Frau im Vertrage, die sie auch jederzeit aufheben und ändern kann, wenn sie nicht hierauf verzichtet hat. Fehlt eine besondere Bestimmung, so kann der Mann die Einkünfte frei verwenden, die er während der Verwaltung zieht, ohne zur Rechnungslegung und Herausgabe verpflichtet zu sein[3], er hat aber zuvor aus ihnen, nicht aus eigenem Gute, die Kosten ordnungsmäßiger Verwaltung und alle Verpflichtungen der Frau zu bestreiten, die auf dem übertragenen Vermögen ruhen und ordnungsmäßig aus den Einkünften bestritten werden, wie z. B. die Verpflichtung zur Beitragsleistung nach Z. 1, Unterhaltsleistungen usw. (**1430**). Die Pflicht besteht gegenüber der Frau, nicht gegenüber den Gläubigern.

II. **Die beschränkte Gütertrennung** bez. des Vorbehaltsgutes folgt den Vorschriften unter I. Nur beschränkt sich die Beitragspflicht der Frau

---

[1]) Für die Vergangenheit schuldet die Frau die Rückstände schon dann, wenn der Mann sie zur Leistung aufgefordert hatte (**1427**, anders **1613**). Der Schadensersatzanspruch des Mannes wegen Nichterfüllung stände aber unter den allgemeinen Grundsätzen (Verzug). A. M. Opet, Note 3 zu **1427**.

[2]) Langheineken, Anspruch und Einrede (1903), S. 333. Ehrlich, Zwingende Rechtsnormen, S. 215. Dernburg IV, S. 170.

[3]) Die Frau hat auch keinen Anspruch auf die bei Rücknahme noch vorhandenen Früchte, Planck zu **1430**, Note 1. A. M. Fischer-Henle zu **1430**.

bei der gesetzlichen Verwaltungsgemeinschaft dahin, daß die Frau nicht beitragspflichtig ist, wenn der Mann aus den Nutzungen des eingebrachten Gutes den angemessenen Beitrag erhält (**1371**);

bei den vertragsmäßigen Gütergemeinschaften, wenn die Einkünfte, die in das Gesamtgut fallen, zur Bestreitung des ehelichen Aufwandes ausreichen (**1441**. **1526**, Abs. 3. **1549**).

III. Zur Wirkung gutgläubigen Dritten gegenüber ist Eintragung der Gütertrennung in das Güterrechtsregister erforderlich (**1431**, Abs. 1. **1435** **L.** § 230).

C. Die vertragsmäßige allgemeine Gütergemeinschaft[1]).

§ 236.

1. Die Rechte der Ehegatten.

Die Begründung der allgemeinen Gütergemeinschaft erfolgt durch Ehevertrag (vgl. **L.** § 230). Der Ehevertrag kann aber gemäß **1437** niemals durch den gesetzlichen Vertreter für den Ehegatten geschlossen werden, der in der Geschäftsfähigkeit beschränkte Ehegatte bedarf der Zustimmung des gesetzlichen Vertreters und, ist dieser der Vormund, auch der Genehmigung des Vormundschaftsgerichtes. Die Eigentümlichkeiten dieses Systemes bestehen darin, daß das Vermögen der beiden Ehegatten ein gemeinschaftliches Vermögen (Gesamtgut) beider Ehegatten bildet, auf dem die Last des ehelichen Aufwandes ruht, und das vom Manne verwaltet wird (**1438**. **1443**. **1458**).

I. Durch die Bestimmung des Umfanges des **Gesamtgutes** scheiden aus das Sondergut und das Vorbehaltsgut beider Ehegatten.

A. Das Gesamtgut umfaßt das beiderseitige gesamte Vermögen der Ehegatten. Der Eintritt in das Gesamtgut vollzieht sich bei den einzelnen Vermögensgegenständen von Rechts wegen, besondere Übertragungsgeschäfte sind daher nicht erforderlich (**1438**)[2]). Nicht in das Gesamtgut gehören:

a) Gegenstände, die nicht durch Rechtsgeschäfte übertragen werden können (z. B. Lehen, Familienfideikommisse, Nießbrauchsrechte). Auch die durch Rechtsgeschäfte begründete Nichtübertragbarkeit gehört hierher (**399**. **888**). Dieses **Sondergut der Ehegatten** wird rechtlich behandelt wie ihr eingebrachtes Gut bei der Errungenschaftsgemeinschaft, nur tritt das an die Stelle der Güter selbst tretende übertragbare Surrogat in das Gesamtgut. Die Verwaltung der Sondergüter geschieht für Rechnung des Gesamtgutes, die Nutzungen aus ihnen, soweit sie bei der Verwaltungsgemeinschaft dem Manne zufallen würden, fallen daher in das Gesamtgut (**1439**. **1525**).

b) **Vorbehaltsgut der Ehegatten**, für welches das System der Gütertrennung gilt (**1441**. **L.** 235)[3]). Das Vorbehaltsgut ist enger abgegrenzt als bei der Verwaltungsgemeinschaft. Gesetzliches Vorbehaltsgut gibt es nicht gemäß **1366**. **1367**, sondern nur gemäß **1370**. Die Ausscheidung beruht hier stets auf Ehevertrag (**1368**) und Bestimmungen des Schenkers oder Erblassers (**1369**) und begreift auch den Erwerb aus Vorbehaltsgut und die Surrogate (**1440**).

II. **Das Rechtsverhältnis am Gesamtgut** (**1442**) ist nach Analogie der Gesellschaft (vgl. **719**) auf Grund der Rechtsgemeinschaft zur gesamten Hand geregelt.

---

[1]) Ofenstätter, Bayer. Not.-Ztg. (1901), S. 3 ff. 98 ff. Hübler, Bl. f. Rechtsanwendung, Bd. 66, S. 259 f. Mitteis, Zeitschr. f. d. Pr.- u. öff. R., Bd. 16, S. 550 f. Hübler, Bl. f. Rechtsanwendung, Bd. 66, S. 259 ff. Kipp-Wolff, §§ 60 ff.

[2]) Bei Rechten, die im Grundbuch eingetragen sind oder eingetragen werden können, gilt das gleiche; es besteht aber für die Ehegatten der gegenseitige Anspruch auf Mitwirkung zur Berichtigung des Grundbuches (**1438**, Abs. 3. **894** ff. GBO. §§ 13 ff. 34. 48. ZPO. §§ 894. 895). Lenel, D. Jur.-Ztg. 1900, S. 288 f.

[3]) Für das Vorbehaltsgut des Mannes kann nur **1431** Anwendung finden. Darüber Planck zu **1441**, Note 2.

Daher kann kein Ehegatte allein über seinen Anteil am Gesamtgute und an den einzelnen dazu gehörigen Gegenständen verfügen, noch Teilung verlangen. Gegen Gesamtgutsforderungen kann der Schuldner nur mit Forderungen gegen das Gesamtgut aufrechnen (vgl. **719**, Abs. 2). Die Gläubiger eines Ehegatten können während bestehender Gemeinschaft keine Zwangsvollstreckung in den oben bezeichneten Anteil betreiben (ZPO. § 860), der Anteil gehört also auch nicht zur Konkursmasse eines der Ehegatten (KO. § 1). An sich würde dem Prinzip des Systemes eine gemeinschaftliche Verwaltung des Gesamtgutes entsprechen. Aus Zweckmäßigkeitserwägungen ist das nicht der Fall: es tritt Verwaltung durch den Mann ein, der aber zu gewissen Geschäften der Zustimmung der Frau bedarf. Daneben stehen selbständige Rechtsbefugnisse der Frau.

A. **Die Rechte und Pflichten des Mannes.**

Dem Manne als dem Haupt der Ehe steht das Recht der Verwaltung des Gesamtgutes zu wie bei der Verwaltungsgemeinschaft (**1443**, Abs. 1. **1457**. **1409**). In dem Verwaltungsrecht liegt das Recht zum Besitz, das Recht der Verfügung über das Gesamtgut und das Recht zur Führung von Rechtsstreiten im eigenen Namen (**1443**, Abs. 1). Das Recht des Mannes ist aber in gewissen Beziehungen zum Schutze der Frau beschränkt.

1. Er bedarf der Einwilligung der Frau zu gewissen wichtigeren Geschäften. Diese Zustimmung kann in gleicher Weise wie beim gesetzlichen Güterstande auf Antrag des Mannes vom Vormundschaftsgericht ersetzt werden (**1447**, vgl. **1379**); dahin gehören:

a) Schuldgeschäfte (über das Gesamtgut im ganzen (z. B. Verkauf) und Verfügungen, durch die solche Schuldgeschäfte, welche der Mann ohne Zustimmung der Frau schloß, erfüllt werden sollen (**1444**).

b) Verfügungen und auf Verfügung gerichtete Schuldgeschäfte über Grundstücke des Gesamtgutes (**1445**).

2. Der Mann bedarf der Einwilligung, die nicht ersetzt werden kann, zu Schenkungen und zur Erfüllung von Schenkungsversprechen, die ohne Zustimmung der Frau abgegeben sind, mag sich das Schenkungsversprechen selbst auch nicht auf das Gesamtgut beziehen. Schenkungen, durch die einer sittlichen Pflicht oder einer auf den Anstand zu nehmenden Rücksicht entsprochen wird, kann er frei bewirken (**1446**. **1447**, vgl. **534**. **1641**) und selbstverständlich Schenkungen aus dem eigenen Vorbehaltsgut.

3. Der Mangel der erforderlichen Einwilligung der Frau wird ebenso behandelt, wie bei den Verfügungen der Frau über das zur Verwaltungsgemeinschaft eingebrachte Gut der Mangel der Einwilligung des Mannes behandelt wird (**1448**, Abs. 1. **L.** § 232. II. B. Z. 1).

4. Im Gegensatze zur Verwaltungsgemeinschaft haftet der Mann der Frau nicht für ordnungsmäßige Verwaltung, sondern nur für die Minderungen des Gesamtgutes, welche er in der Absicht, die Frau zu benachteiligen (vgl. **1468**. **L.** § 238 I. A.), oder durch Rechtsgeschäfte, die er ohne die erforderliche Zustimmung der Frau (Z. 1. 2) geschlossen hat, herbeiführte (**1456**, vgl. **1359**. **L.** 229. VI.). Für solche Minderungen muß der Mann aus seinem Vorbehaltsgute oder aus seinem Anteile am Gesamtgute bei Auseinandersetzung Ersatz leisten.

B. **Die Rechte der Frau.** Die an sich auch hier geschäftsfähige Frau ist von der Verwaltung des Gesamtgutes ausgeschlossen. Ihre Geschäfte, besonders ihre Verfügungen, berühren das Gesamtgut nur, wenn sie mit Zustimmung des Mannes getroffen waren. Diese Zustimmung kann hier wie bei der Fahrnisgemeinschaft auch generell erteilt sein. Für die Zustimmung zum selbständigen Betriebe eines Erwerbsgeschäftes durch die Frau gilt das gleiche wie bei der Verwaltungsgemeinschaft (**1452**. **1405**. ZPO. § 741).

Der Grundsatz ist aber durchbrochen:

1. Die Frau kann Ersetzung der Zustimmung verlangen, wenn ein Rechtsgeschäft zur ordnungsmäßigen Besorgung ihrer persönlichen Angelegenheiten erforderlich ist, wie bei der Verwaltungsgemeinschaft (**1451**. **1402**. FGG. §§ 12. 35. 45. 53. 60. **L.** § 232. II. B. Z. 4).

2. Die Frau bedarf der Zustimmung des Mannes nicht

a) zur gerichtlichen Geltendmachung von Gesamtgutsrechten gegen Dritte (**1449**), über die der Mann ohne ihre erforderliche Zustimmung, und ohne daß sie ersetzt war (A.), d. h. ohne Wirkung für das Gesamtgut, verfügte. Die Frau hat z. B. die Vindikation von Mobilien, die der Mann in dieser Weise veräußerte (vgl. **1407**);

b) zur Vornahme von Rechtsgeschäften, auch Verfügungen, und zur Führung von Rechtsstreiten, die sich auf das Gesamtgut beziehen, im eigenen Namen oder im Namen des Mannes, wenn der Mann durch Krankheit oder Abwesenheit daran verhindert und mit Aufschub Gefahr verbunden ist. Recht und Last entstehen für das Gesamtgut (**1450**. **1401**, vgl. **L.** § 232. II. B. Z. 4);

c) betreibt die Frau mit Zustimmung des Mannes selbständig ein Erwerbsgeschäft, so kann sie innerhalb des Geschäftsbetriebes über das Gesamtgut verfügen (**1405**. **1452**);

d) zur Annahme und Ausschlagung von ihr angefallenen Erbschaften, Vermächtnissen zum Verzicht auf den Pflichtteil und zur Ablehnung von Vertragsanträgen oder Schenkungen, die ihr gemacht werden. Diese Geschäfte kann der Mann nicht vornehmen. Zur Errichtung eines Inventars über eine der Frau angefallene Erbschaft ist aber auch der Mann berechtigt (**2008**); die Frau bedarf zur Inventarserrichtung der Zustimmung des Mannes nicht (**1453**, vgl. **1406**, Z. 1. 2);

e) zur Fortsetzung eines beim Eintritte der Gütergemeinschaft anhängigen Rechtsstreites mit Wirkung für das Gesamtgut (**1454**, vgl. **1407**, Z. 1).

C. Durch ohne die erforderliche Zustimmung des anderen Ehegatten vorgenommene Rechtsgeschäfte des Mannes (B.) oder der Frau (A.) kann das Gesamtgut bereichert werden. Der handelnde Ehegatte kann von dem Gesamtgute die Herausgabe dieser Bereicherung verlangen (**1455**).

III. Dem Gesamtgute fällt zur Last der eheliche Aufwand (**1458**, vgl. **1389**, Abs. 1 und **L.** § 231, III. C. Z. 2).

§ 237.

2. Die Schuldenhaftung.

Es ist auch hier zu unterscheiden zwischen der Haftung den Gläubigern der Ehegatten gegenüber und der Haftung im Verhältnisse der Ehegatten zueinander.

I. **Die Haftung den Gläubigern gegenüber.** Gesamtgutsverbindlichkeiten sind alle diejenigen, für die Befriedigung aus dem Gesamtgute verlangt werden kann.

A. **Die Gläubiger des Mannes** können sich wegen aller Schulden des Mannes ohne Ausnahme an das Gesamtgut halten (Gesamtgutsverbindlichkeiten). Die Frau haftet persönlich den Gläubigern des Mannes nicht.

B. **Die Gläubiger der Frau** können ebenfalls

1. das Gesamtgut in Anspruch nehmen (Gesamtgutsverbindlichkeiten). Jedoch bestehen hier die gleichen Ausnahmen wie bei der Verwaltungsgemeinschaft (vgl. **L.** § 233. I. B. **1460**—**1462** gleich **1412**—**1414**).

2. Soweit die Gläubiger der Frau Gesamtgutsgläubiger sind (Z. 1), haftet ihnen der Mann persönlich als Gesamtschuldner neben der Frau; für solche Gesamtgutsverbindlichkeiten, die im Verhältnis der Ehegatten nicht das Gesamtgut belasten (II.), nur für die Dauer der Gütergemeinschaft (**1459**, Abs. 2)[1].

II. **Im Verhältnis der Ehegatten zueinander**[2]) trifft das Gesetz durchweg die gleiche Regelung wie beim gesetzlichen Güterstand (vgl. **L.** § 233. II. C. **1463**. **1464** gleich **1415**. **1416**).

---

[1]) Wen trifft die Beweislast, den Mann oder die Gläubiger? Planck, S. 219. Neumann, S. 818.

[2]) Über Konkurs und Zwangsvollstreckung vgl. KO. § 2. ZPO. §§ 740—744. 860. Seuffert, L., Gruch. Beitr., Bd. 43 (1899), S. 139 ff.

Ausstattungen des Mannes an gemeinschaftliche Kinder belasten den Mann, soweit sie außer Verhältnis zum Gesamtgut stehen (**1465**, Abs. 1, vgl. **1624**); die Ausstattungen an nicht gemeinschaftliche Kinder belasten den Ehegatten, dem das Kind gehört, die Mutter aber nur, soweit sie zustimmte, oder die Ausstattung die Kräfte des Gesamtgutes nicht übersteigt (**1465**, Abs. 2). Soweit das Übermaß reicht, liegt in diesem Falle eine Schenkung vor (**1446**).

A. Auf Grund dieser Bestimmungen hat eine **Ausgleichung** unter den Vorbehaltsgütern und dem Gesamtgute stattzufinden. Eine solche ist auch notwendig, wenn Verwendungen aus einem Gute in das andere erfolgen (**1466**, vgl. **256**).

Die Verpflichtungen der Ehegatten werden erst bei Beendigung der Gütergemeinschaft fällig, die Schulden der Frau aber schon vorher, soweit ihr Vorbehaltsgut zur Tilgung derselben ausreicht (**1467. 1394**). Die Schulden des Gesamtgutes an die Frau stehen unter den allgemeinen Regeln.

§ 238.

3. Die Beendigung und Auseinandersetzung.

I. **Die Beendigung.** Die allgemeine Gütergemeinschaft wird beendigt durch Ehevertrag (**1432. L.** § 230), Auflösung der Ehe (**L.** § 242). Die Auflösung der Ehe durch Tod führt aber die Beendigung der Gütergemeinschaft nur mit sich, wenn nicht fortgesetzte Gütergemeinschaft eintritt. Endlich tritt die Beendigung ein durch Aufhebung im Wege richterlichen Urteiles mit der Rechtskraft des Urteiles. Die Aufhebung ist Dritten gegenüber nur nach Registerrecht wirksam (**1470. 1435**).

Eine Beendigung der Gütergemeinschaft tritt aber nicht ein, sondern es entscheiden die allgemeinen Grundsätze, wenn der die Gütergemeinschaft begründende Ehevertrag nichtig ist oder wegen Drohung, Irrtumes usw. angefochten wird. Die Gütergemeinschaft hat hier niemals bestanden.

Die Aufhebungsklage steht zu:

A. Der Frau (**1468**)

1. wegen Überschreitung des Verwaltungsrechtes des Mannes (**L.** § 236, II. A.), wenn durch diese für die Zukunft eine erhebliche Gefährdung des Interesses der Frau am Gesamtgute zu besorgen ist;

2. wenn der Mann das Gesamtgut in der Absicht, die Frau zu benachteiligen, vermindert hat (**1456**);

3. wegen Verletzung der Unterhaltspflicht, wenn für die Zukunft eine erhebliche Gefährdung des Unterhaltes zu besorgen ist (vgl. **1418**, Z. 2);

4. wegen Entmündigung des Mannes wegen Verschwendung oder wegen erheblicher Gefährdung des Gesamtgutes durch Verschwendung des Mannes (vgl. **1418**, Z. 4);

5. wenn das Gesamtgut infolge von Verbindlichkeiten, die in der Person des Mannes entstanden sind, in solchem Maße überschuldet ist, daß ein späterer Erwerb der Frau erheblich gefährdet wird.

B. Der Mann kann auf Aufhebung klagen (**1469**) analog wie die Frau im Falle A. Z. 6, wenn die Überschuldung des Gesamtgutes den späteren Erwerb des Mannes erheblich gefährdet und durch solche Verbindlichkeiten der Frau herbeigeführt ist, die unter den Ehegatten nicht auf dem Gesamtgute, sondern auf dem Vermögen der Frau lasten (vgl. **1459**, Abs. 2).

II. **Die Folgen der Beendigung.**

A. Im Falle der Aufhebung durch Urteil tritt für die Zukunft **Gütertrennung** ein (**1470**, vgl. **1418. 1426**, **L.** § 235).

Mit der Beendigung der Gütergemeinschaft tritt von Rechts wegen die Auseinandersetzung bez. des Gesamtgutes ein; jeder Ehegatte kann sie von dem anderen Ehegatten oder dessen Erben im Wege der Klage verlangen (**1471**, Abs. 1).

B. **Die Auseinandersetzung.**

1. Rechtsverhältnis bis zur Auseinandersetzung (**1471**, Abs. 2). Das Gesamtgut steht weiter den Ehegatten zur gesamten Hand zu; es kann auch jetzt keiner der Ehegatten Teilung einzelner Gegenstände des Gesamtgutes verlangen; der Anteil eines Ehegatten am Gesamtgut ist aber der Zwangsvollstreckung unterworfen (ZPO. §§ 860. 743). Die Verwaltung steht den Ehegatten gemeinschaftlich zu[1]), das Verwaltungsrecht des Mannes ist mit der Gütergemeinschaft fortgefallen; der Mann ist aber zur Fortführung der Verwaltung des Gesamtgutes in demselben Umfange berechtigt und verpflichtet wie bei der Beendigung der Verwaltungsgemeinschaft hinsichtlich des eingebrachten Gutes (**1472**, Abs. 1. **1424. L.** 234, II. A.). Ein Anspruch des Mannes auf Alleinbesitz besteht nicht mehr, sondern der Anspruch der Frau auf den Mitbesitz. Die Prozeßführung ist eine gemeinschaftliche. Erwerb der Ehegatten fällt nicht mehr in das Gesamtgut, von einem Ehegatten einseitig begründete Verbindlichkeiten sind nicht Gesamtgutsverbindlichkeiten, wohl aber die gemeinschaftlich begründeten. Das Gesamtgut kann sich aber auch nach dem Grundsatze der Surrogation von Rechts wegen verändern und erweitern. Tritt demgemäß durch rechtsgeschäftlichen Erwerb eine Forderung in das Gesamtgut, so muß der Schuldner den Übergang erst von der Kenntnis der Zugehörigkeit zum Gesamtgute an gegen sich gelten lassen (**1473. 1370**)[2]).

2. Die Art der Auseinandersetzung. Formell kann die Auseinandersetzung eine private oder gerichtliche sein. Letztere findet wie bei der Erbengemeinschaft (FGG. §§ 86—89. 99. 193) nur auf Antrag der Interessenten (Ehegatte, Erbe des verstorbenen Ehegatten) statt. In materieller Hinsicht gelten für die Auseinandersetzung folgende Grundsätze.

a) Im allgemeinen.

Die Auseinandersetzung kann durch Vertrag der Ehegatten und ihrer Rechtsnachfolger geregelt werden (**1474**). Dieser Vertrag ist kein Ehevertrag im technischen Sinne (**L.** § 230).

Soweit vertragsmäßig weder über die Art der Auseinandersetzung noch über die Durchführung im einzelnen Bestimmung getroffen ist, werden zunächst die Aktiva und Passiva des Gesamtgutes festgestellt. Unter den Passiven befinden sich auch die Ersatzposten, die ein Ehegatte zum Gesamtgute schuldet (**1467**). Sodann werden die Gesamtgutsverbindlichkeiten unmittelbar aus dem Gesamtgute berichtigt. Zu diesem Zweck wird das Gesamtgut, wenn nötig, in Geld umgesetzt. Für noch fällige oder bestrittene Gesamtgutsverbindlichkeiten wird das Erforderliche zurückbehalten. Die Berichtigung derjenigen Gesamtgutsverbindlichkeiten, die im internen Verhältnis Sonderschuld eines Ehegatten sind, kann dieser nicht verlangen, da sich sofort ein Anspruch auf Ersatz zum Gesamtgute gegen ihn ergeben würde (**1475**). Die endliche Aufgabe der Auseinandersetzung ist die Teilung des Überschusses, der nach Berichtigung der Gesamtgutsschulden verbleibt. Der Überschuß gebührt den Ehegatten ohne Rücksicht auf das, was er eingebracht hat, zur Hälfte; was ein Ehegatte dem Gesamtgute jetzt noch ersetzen muß, wird von dieser Hälfte abgerechnet oder, wenn die Abrechnung nicht erfolgt, z. B. weil die Ersatzforderung die Hälfte übersteigt, dem anderen Ehegatten persönlich geschuldet (**1476**).

Die Teilung des Überschusses erfolgt wie bei der Gemeinschaft (**752** ff. **L.** § 139). Jeder Ehegatte bzw. sein Rechtsnachfolger kann aber gegen Ersatz des Wertes, wie er sich zur Zeit der Übernahme, nicht zur Zeit des Einbringens ergibt, die ausschließlich zu seinem persönlichen Gebrauch bestimmten Sachen (Kleider, Schmucksachen, Arbeitsgeräte) und die Gegenstände, welche er in die Gütergemeinschaft eingebracht hat oder während derselben durch Erbfolge, Vermächtnis, als conferendum, durch Schenkung oder als Ausstattung zum Gesamtgute erworben hat, aus dem Gesamtgute übernehmen (**1477**).

[1]) Daher wie bei der Gemeinschaft (**744**) die Mitwirkungspflicht und die Befugnis jedes Ehegatten, zur Erhaltung des Gesamtgutes notwendige Maßregeln selbständig zu treffen (**1472**, Abs. 2).

[2]) Das Verhältnis des Schuldners zum neuen Gläubiger bestimmt sich wie bei der Übertragung der Forderung nach **406—408**, vgl. **L.** § 100.

Ergibt sich ein Überschuß nicht, sondern ein Fehlbetrag, also ungedeckte Gesamtgutsschulden, so haften für diesen die Ehegatten wie in bestehender Gütergemeinschaft (vgl. Z. 3).

b) Im Falle der Scheidung (**1478**, vgl. **L.** § 242). Hier soll der unschuldige Ehegatte besonders gegen Spekulation des schuldigen Ehegatten auf die regelmäßige Teilung des Überschusses geschützt werden. Ist ein Ehegatte allein für schuldig erklärt oder die Ehe wegen Geisteskrankheit eines Ehegatten geschieden, so kann der Unschuldige oder der geisteskranke Ehegatte verlangen, daß zunächst jedem Ehegatten der Wert seines Eingebrachten zur Zeit der Einbringung aus dem Gesamtgute ausgekehrt wird. Den etwaigen Fehlbetrag tragen beide Ehegatten schlechthin zur Hälfte. Was Eingebrachtes ist, bestimmt sich wie bei der Errungenschaftsgemeinschaft (**1520—1524**. **L.** § 240). Bleibt nach dieser Rückerstattung noch ein Überschuß, so tritt die Regel ein (a). Dem Falle der Scheidung steht gleich die Aufhebung der ehelichen Gemeinschaft mit Schuldausspruch. Ist die Ehe durch Urteil geschieden, nachdem zuvor die Gütergemeinschaft durch Urteil aufgehoben (**1468**) war, so hat der unschuldige Ehegatte auch jetzt noch den Anspruch auf Auskehrung;

c) im Falle der Aufhebung durch Urteil (I. A. B.) erfolgt die Auseinandersetzung auf Verlangen des Klägers so, als wenn der Anspruch auf Auseinandersetzung mit dem auf Aufhebung rechtshängig geworden wäre (**1479**, vgl. **1422**. **L.** § 234, II.);

d) im Falle der Auflösung der Ehe durch Tod eines Ehegatten ohne Vorhandensein gemeinschaftlicher Abkömmlinge (**1482**), oder wenn die fortgesetzte Gütergemeinschaft trotz ihres Vorhandenseins ausgeschlossen ist (**1484**, Abs. 3. **1508—1510**. **L.** § 239, I.), erfolgt die Auseinandersetzung nach der Regel (a). Der Anteil des verstorbenen Ehegatten gehört mit seinem Vorbehaltsgute in seinen Nachlaß, in den die Beerbung auch für den überlebenden Ehegatten nach allgemeinen Grundsätzen erfolgt.

3. Sind bei der Auseinandersetzung Gesamtgutsverbindlichkeiten, zu denen auch die Kosten der Auseinandersetzung gehören, unberichtigt geblieben, so kann

a) der Gläubiger jeden Ehegatten und seinen Erben auch für die Verbindlichkeiten persönlich als Gesamtschuldner in Anspruch nehmen, die nicht in seiner Person begründet sind. Diejenigen Gesamtgutsverbindlichkeiten, die in der Person des Ehegatten begründet waren, bestehen ohnehin für jeden Ehegatten fort. Der Ehegatte haftet aber nach **1990**. **1991** nur mit dem, was ihm aus dem Gesamtgut in Natur oder im Werte zugeteilt ist (vgl. **L.** § 318).

Insoweit tritt daher eine Haftung der Frau für Gesamtgutsverbindlichkeiten ein, und haftet der Mann persönlich für die Gesamtgutsverbindlichkeiten der Frau auch nach Beendigung der Gemeinschaft (**1480**. **1459**, Abs. 2).

b) Fällt die nicht berichtigte Gesamtgutsverbindlichkeit auch im internen Verhältnis dem Gesamtgute oder aber dem Manne zur Last, so hat der Mann der Frau, fällt die Verbindlichkeit der Frau zur Last (**1463**. **1464**), so hat die Frau dem Manne dafür einzustehen (durch Sicherheitsleistung, Befreiung von der Verbindlichkeit oder Ersatzleistung), daß die Frau bezw. der Mann nicht vom Gläubiger in Anspruch genommen werden (**1481**).

§ 239.

4. Die fortgesetzte Gütergemeinschaft.[1])

I. **Eintritt** der fortgesetzten Gütergemeinschaft[2]).

An die Gütergemeinschaft unter den Ehegatten schließt sich im Falle der Auflösung der Ehe durch Tod eines Ehegatten, wenn im Zeitpunkte des Todes gemeinschaftliche Abkömmlinge der Ehegatten vorhanden sind, die Gütergemeinschaft zwischen dem überlebenden Ehegatten

---

[1]) Jänicke, Die Stellung des überlebenden Ehegatten bei der fortgesetzten Gütergemeinschaft (Dissert. 1888). Gierke, Der Entw., S. 432 ff. 532 ff. Derselbe, Beitr., H. 18, S. 93 ff. Planck, Arch. f. d. ziv. Pr., Bd. 75, S. 371 ff. Hezel, Die fortgesetzte Gütergemeinschaft (1901). Schultz, Die fortgesetzte Gütergemeinschaft (1902). Kipp-Wolff, § 67.

[2]) Württemb. AG. z. BGB. Art. 263.

und den gemeinschaftlichen Abkömmlingen an, die als gesetzliche Erben des verstorbenen Ehegatten berufen sind (communio bonorum prorogata). Die Abkömmlinge treten an die Stelle des verstorbenen Ehegatten in die Gütergemeinschaft ein. Sind diese Voraussetzungen vorhanden, so tritt die fortgesetzte Gütergemeinschaft von Rechts wegen ein, es sei denn, daß der überlebende Ehegatte[1]) sie ablehnte (**1484**)[2]), oder daß sie durch Ehevertrag (**1508**. **L.** § 230) oder durch einseitige letztwillige Verfügung des verstorbenen Ehegatten ausgeschlossen ist. Diese Ausschließung durch letztwillige Verfügung, welche gleich der Entziehung des Pflichtteiles zu behandeln ist, ist aber nur gestattet, wenn der Verfügende dem anderen Ehegatten den Pflichtteil entziehen (**L.** § 306) oder auf Aufhebung der Gütergemeinschaft klagen (**L.** § 238) durfte (**1509**)[3]). Die fortgesetzte Gütergemeinschaft beruht auf Billigkeit gegen den überlebenden Ehegatten, auf dem mutmaßlichen Willen der Ehegatten und dem Familieninteresse.

II. **Das Gesamt- und das Vorbehaltsgut.**

A. **Das Gesamtgut** besteht (**1485**)

1. aus dem ehelichen Gesamtgute, soweit es nicht als Erbteil den nicht zur Gemeinschaft berechtigten (einseitigen) Abkömmlingen (**1483**, Abs. 2) zufällt, samt Erträgen und Surrogaten[4]);

2. aus dem Vermögen, welches der überlebende Ehegatte aus dem Nachlasse des verstorbenen, was er außer dem Anteile am Gesamtgute als Erbe oder Vermächtnisnehmer erhält oder nach dem Eintritte der fortgesetzten Gütergemeinschaft irgendwie erwirbt;

3. aus den Nutzungen etwaigen Sondergutes (**1486**, Abs. 2, vgl. **1439**. **1524**) des überlebenden Ehegatten[5]) und den Surrogaten des Sondergutes. Sonstiges Vermögen der Abkömmlinge (außer ihrem Anteile am Gesamtgute) wird nicht Gesamtgut. Der Eintritt in das Gesamtgut vollzieht sich wie bei der allgemeinen Gütergemeinschaft (**L.** § 236, I. B. A.).

B. **Vorbehaltsgut** des überlebenden Ehegatten[5]) (**1486**) ist, was er bisher als solches gehabt hat oder auf Grund von Zuwendungen (**1369**) oder als Surrogat (**1370**) hinzuerwirbt (**1486**, Abs. 1, vgl. **1440**. **L.** § 236, I. C.). Das eigene Vermögen der anteilsberechtigten Abkömmlinge steht nicht unter den Vorschriften des Vorbehaltsgutes des Ehegatten.

III. **Das Rechtsverhältnis.**

Das Rechtsverhältnis ist das gleiche wie bei der allgemeinen Gütergemeinschaft (**L.** § 236, II.), nur hat der überlebende Ehegatte, Mann oder Frau, die Stellung des Mannes[6]), die Abkömmlinge die Stellung der Frau. Die Abrechnung wegen der Schulden und Forderungen des überlebenden Ehegatten dem Gesamtgute gegenüber erfolgt erst nach der Beendigung der fortgesetzten Gütergemeinschaft (**1487**. **1467**).

A. Wer von den gemeinschaftlichen Abkömmlingen an dieser Gemeinschaft teilnimmt, ergibt sich nach I. (**1483**). Für die Anteilsberechtigten ist die Anteilnahme

---

[1]) Der Konkursverwalter hat das Recht der Ablehnung nicht. KO. § 59.

[2]) Die Ablehnung steht nach **1484**, Abs. 2 unter den Vorschriften der Ablehnung einer Erbschaft (vgl. **L.** § 309). Sie ist eine völlig freie. Steht der überlebende Ehegatte unter elterlicher Gewalt, unter Vormundschaft oder Pflegschaft, so bedarf die Ablehnung der Genehmigung des Vormundschaftsgerichtes.

[3]) Letztwillige Verfügungen und Verträge der Ehegatten sind sonst nur so weit zulässig, als sie im Gesetze eingeräumt sind (**1518**).

[4]) Der Anteil des verstorbenen Ehegatten am Gesamtgut gehört also nicht zu seinem Nachlaß. Nur das Erbrecht und der Erbteil eines nicht gemeinschaftlichen Abkömmlinges bestimmt sich so, als wenn die fortgesetzte Gütergemeinschaft nicht eingetreten wäre, d. h. ihr Erbteil wird aus dem Anteil am Gesamtgut und dem sonstigen Vermögen des Verstorbenen berechnet. Soweit das Eigengut des Verstorbenen zur Deckung des Erbteiles nicht ausreicht, ruht die Abfindung dieser einseitigen Abkömmlinge auf dem Gesamtgute der fortgesetzten Gütergemeinschaft.

[5]) Sondergut und Vorbehaltsgut des verstorbenen Ehegatten bilden seinen Nachlaß, in den er nach den allgemeinen Vorschriften beerbt wird (**1483**, Abs. 1, Satz 2).

[6]) Der überlebende Ehegatte kann vom Nachlaßgericht ein Zeugnis über die Fortsetzung der Gütergemeinschaft verlangen, das wie der Erbschein (**L.** § 311) zu behandeln ist. Vgl. FGG. §§ 72. 73. 78. 84. 85. GBO. § 36, Abs. 2.

am Gesamtgute der Ersatz für das Erbrecht in dasselbe. Daraus erklären sich die folgenden Vorschriften:

1. Unter den Abkömmlingen nehmen selbstverständlich diejenigen nicht teil, die nicht zur gesetzlichen Erbfolge des verstorbenen Ehegatten berufen sein würden, z. B. Enkel, deren Parens noch lebt. Von denen, die an sich berufen sind, ist aber weiter gewissen Abkömmlingen der Eintritt in die fortgesetzte Gütergemeinschaft verwehrt, anderen die Anteilnahme bei der Auseinandersetzung ganz oder zum Teil genommen. Es kommen in Betracht:

a) Erbunwürdige (**1506**. **L**. § 284).

b) Die Abkömmlinge, welche durch letztwillige Verfügung des verstorbenen Ehegatten unter unwiderruflicher Zustimmung[1]) des anderen Ehegatten (**1511**. **1516**, Abs. 1. 2) oder durch gemeinschaftliches Testament beider Ehegatten (**1516**, Abs. 3) ausgeschlossen sind, oder denen der künftige Anteil entzogen ist (**1513**, Abs. 1). Letzteres ist statthaft, wenn der überlebende Ehegatte zur Entziehung des Pflichtteiles berechtigt gewesen wäre[2]). Die Teilnahme ist beschränkt bei den Abkömmlingen, denen durch letztwillige Verfügung des verstorbenen Ehegatten[1]), oder im gemeinschaftlichen Testamente beider Ehegatten der Anteil herabgesetzt ist, was bis auf die Hälfte (Pflichtteil) statthaft ist (**1512**. **1516**); eine weitergehende Beschränkung wäre wie die Entziehung des Anteiles zu beurteilen (**1513**)[2]).

c) Die Abkömmlinge, welche bei bestehender Ehe gemäß **1517** im Vertrage mit einem Ehegatten für den Fall, daß die Ehe durch dessen Tod gelöst wird, und dann fortgesetzte Gütergemeinschaft eintritt, oder bei oder nach Eintritt der fortgesetzten Gütergemeinschaft gemäß **1491** gegenüber dem Nachlaßgericht auf ihren Anteil einseitig verzichtet haben[3]). Im letzteren Falle wäre eine Abfindung des Verzichtenden aus dem Sondergute des überlebenden Ehegatten oder aus dem Gesamtgute möglich.

2. An wen der Anteil des nicht teilnehmenden Abkömmlinges fällt, bestimmt sich im Falle 1 a nach den Grundsätzen, die für die Erbunwürdigkeit (**2344**) gelten; im Falle des Verzichtes (1 c) entweder nach den Regeln über den Erbverzicht (**1517**, Abs. 2. **2346** f.), oder es tritt nach **1491**, Abs. 4, Anwachsung an die anteilsberechtigten Abkömmlinge oder den überlebenden Ehegatten, nicht aber Anfall an die Abkömmlinge des Verzichtenden ein. Im Falle der Ausschließung (1 b) tritt die gleiche Folge ein. Stirbt ein anteilsberechtigter Abkömmling, oder liegt Entziehung des Anteiles oder Beschränkung vor (1 b), so treten an seine Stelle seine Abkömmlinge ein. Im Falle des Todes sind das diejenigen, die anteilsberechtigt gewesen wären, wenn er den verstorbenen Ehegatten nicht überlebt hätte; sind solche nicht vorhanden, so wächst der Anteil den übrigen anteilsberechtigten Abkömmlingen zu, und sind auch solche nicht vorhanden, dem überlebenden Ehegatten (**1490**)[4]).

B. Die Schuldenhaftung.

1. Gegenüber den Gläubigern.

a) Gesamtgutsverbindlichkeiten sind alle Verbindlichkeiten des überlebenden Ehegatten und diejenigen des verstorbenen Ehegatten, die Gesamtgutsverbindlichkeiten in der ehelichen Gütergemeinschaft waren (**1488**). Für andere Verbindlichkeiten des verstorbenen Ehegatten haftet nur dessen vererbtes Gut.

---

[1]) Über diese bestimmt näher **1516**, Abs. 2.

[2]) Die letztwillige Verfügung muß auch **2336**, Abs. 2—4 entsprechen. Wo gemäß **2338** (**L**. § 306) eine Beschränkung des Pflichtteiles statthaft ist, ist es auch eine Beschränkung des Anteiles (**1513**, Abs. 2). ZPO. § 836. Den nach **1511** von der Gemeinschaft Ausgeschlossenen ist dagegen ihr Pflichtteil am Gesamtgute nicht geschmälert (**1511**, Abs. 2); sie erhalten Ersatz aus dem Gesamtgute, wie es sich zur Zeit des Eintrittes der fortgesetzten Gütergemeinschaft darstellt in Höhe des Betrages, der ihnen bei Nichteintritt als Pflichtteil zufallen würde. Der Anspruch wird wie ein Pflichtteilsanspruch behandelt.

[3]) FGG. §§ 72. 73. 167—182.

[4]) Im Falle der Beschränkung (**1512**) und Entziehung (**1513**, Abs. 1) des Anteiles kann der Ehegatte das Entzogene auch Dritten letztwillig, z. B. durch Vermächtnis, zuwenden (**1514**).

α) Für alle Gesamtgutsverbindlichkeiten haftet außer dem Gesamtgute auch der Ehegatte persönlich. Soweit für die vom verstorbenen Ehegatten herstammenden Gesamtgutsverbindlichkeiten während bestehender ehelichen Gütergemeinschaft den überlebenden Ehegatten eine persönliche Haftung nicht traf, haftet er nur mit dem Gesamtgute in dem Bestande zur Zeit des Eintrittes der fortgesetzten Gütergemeinschaft[1]) (**1489**, Abs. 1 und 2).

β) Die anteilsberechtigten Abkömmlinge haften als solche für die Verbindlichkeiten des verstorbenen[2]) wie des überlebenden Ehegatten nicht persönlich (**1489**, Abs. 3). Sie haften nur mit ihrem Anteile am Gesamtgute. Ihre persönlichen Verbindlichkeiten berühren nicht das Gesamtgut[3]).

b) **Die Schuldenhaftung im Verhältnis der anteilsberechtigten Abkömmlinge zum überlebenden Ehegatten.** Es gilt hier das Prinzip, daß die Gesamtgutsverbindlichkeiten auch im internen Verhältnis das Gesamtgut belasten; es wird aber durchbrochen:

α) dem überlebenden Ehegatten und nicht dem Gesamtgute fallen bei der Auseinandersetzung als Anrechnungs- bzw. Ersatzposten zur Last (**1499**);

die ihm beim Eintritte der fortgesetzten Gütergemeinschaft obliegenden Gesamtgutsverbindlichkeiten, für die das eheliche Gesamtgut überhaupt nicht haften würde, oder für die es zwar haften würde, die aber im Verhältnisse der Ehegatten zueinander dem überlebenden Ehegatten zur Last gefallen wären;

die nach Eintritt der fortgesetzten Gütergemeinschaft entstandenen Gesamtgutsverbindlichkeiten, die bei Bestand der ehelichen Gütergemeinschaft im Verhältnis zum anderen Ehegatten dem überlebenden Ehegatten zur Last gefallen wären (vgl. **1463**);

Ausstattungen, die der überlebende Ehegatte einem anteilsberechtigten Abkömmling über das dem Gesamtgute entsprechende Maß hinaus oder die er einem nicht anteilsberechtigten Abkömmling versprochen oder gewährt hat (vgl. **1465**, Abs. 1), belasten ihn allein.

β) Die Anteile der Abkömmlinge, nicht sie persönlich in Ansehung ihres Eigengutes, werden belastet durch diejenigen Verbindlichkeiten des verstorbenen Ehegatten, die diesem im Verhältnis der Ehegatten zueinander und soweit sie ihm zur Last fielen, ferner durch die Ersatzverbindlichkeiten des verstorbenen Ehegatten (**1466**) gegenüber dem Gesamtgute, und zwar in beiden Fällen, soweit sie nicht von den Erben des verstorbenen Ehegatten gedeckt werden konnten (**1500**).

IV. **Die Beendigung der fortgesetzten Gütergemeinschaft tritt ein:**

A. durch gerichtlichen oder notariellen Vertrag des überlebenden Ehegatten mit den anteilsberechtigten Abkömmlingen (**1492**, Abs. 2. 3, vgl. III. A. Z. 1 c);

B. durch Kündigung seitens des überlebenden Ehegatten gegenüber dem für den verstorbenen Ehegatten zuständigen Nachlaßgericht in öffentlich beglaubigter Form (**1492**, Abs. 1. 3);

C. durch Wiederverheiratung des überlebenden Ehegatten und im Zeitpunkte derselben; die Möglichkeit vertragsmäßiger Fortsetzung (Einkindschaft, unio prolium) (**1493**, Abs. 1) ist ausgeschlossen;

D. mit dem Tode oder mit dem in der Todeserklärung festgestellten maßgebenden Zeitpunkt des Todes des überlebenden Ehegatten (**1494**);

E. infolge Aufhebungsklage eines anteilsberechtigten Abkömmlinges mit der Rechtskraft des Urteiles, die für alle Abkömmlinge wirkt (**1495. 1496**, ZPO. § 69). Die Klage ist statthaft zunächst aus den Gründen, aus denen die Frau auf Aufhebung der ursprünglichen allgemeinen Gütergemeinschaft klagen kann (L. § 238, I. A.); außerdem, wenn der überlebende Ehegatte die elterliche Gewalt verwirkt hat oder verwirkt haben würde, falls sie ihm zugestanden hätte (vgl. z. B. **1626. 1757**).

---

[1]) Analogie der Erbenhaftung, vgl. L. § 318.

[2]) Als Erben der verstorbenen Ehegatten haften sie nach den allgemeinen Grundsätzen.

[3]) Über Konkurs und Zwangsvollstreckung vgl. KO. § 2. PZO. §§ 745, Abs. 1. 780 ff. 786.

V. **Die Auseinandersetzung.** Sie tritt nach der Beendigung der fortgesetzten Gütergemeinschaft ein (**1497**, Abs. 1). Der überlebende Ehegatte, der sich wieder verheiraten will, hat aber bei Vorhandensein anteilsberechtigter minderjähriger oder bevormundeter Abkömmlinge die Pflicht, die Absicht der Wiederverheiratung dem Vormundschaftsgericht anzuzeigen, ein Verzeichnis des Gesamtgutes einzureichen, die Gütergemeinschaft aufzuheben und die Auseinandersetzung herbeizuführen (antizipierte Aufhebung und Auseinandersetzung). Die Aufhebung wird hier durch die Erklärung gegenüber dem Vormundschaftsgericht, also nicht wie in der Regel (IV. C.) durch die Wiederverheiratung bewirkt. Kommt es nach der Aufhebungserklärung nicht zur Wiederverheiratung, so bleibt es bei der Aufhebung der Gütergemeinschaft. Die Aufhebung kann aber bis zur Eheschließung und die Auseinandersetzung auf Gestattung des Vormundschaftsgerichtes auf eine spätere Zeit hinausgeschoben werden (**1493**, Abs. 2)[1]).

A. Das Rechtsverhältnis bis zur Auseinandersetzung ist das gleiche wie bei der allgemeinen Gütergemeinschaft (**1497**, Abs. 2. **L.** § 328, II.).

B. Die Auseinandersetzung erfolgt i. a. wie bei der allgemeinen Gütergemeinschaft. An die Stelle des Mannes tritt der überlebende Ehegatte, an die Stelle der Frau treten die Abkömmlinge (**1498**. **L.** § 238, II.). Nach Berichtigung der Gesamtgutsschulden (III. B.) findet Teilung des Überschusses statt. Der überlebende Ehegatte bzw. sein Erbe erhalten die eine Hälfte, die andere Hälfte erhalten die Abkömmlinge.

Es gelten aber besondere Vorschriften:

1. Soweit die Ersatzleistungen zum Gesamtgute nicht durch Aufrechnung (**1476**) erfolgen, fällt die persönliche Verpflichtung der Abkömmlinge, nicht die des überlebenden Ehegatten fort (**1498**, Satz 2).

2. Abfindungen, die aus dem Gesamtgute an verzichtende (**1491**) oder ausgeschlossene (**1511**) Abkömmlinge gezahlt sind, werden in das Gesamtgut eingerechnet und dann auf die Hälfte der Abkömmlinge angerechnet (**1501**, Abs. 1. **1511**, Abs. 3). Der Grund dieser Behandlung ergibt sich aus **1491**, Abs. 4[2]).

3. Das Recht der Übernahme.

a) Der überlebende Ehegatte hat außer im Falle der Beendigung durch Urteil (IV. E.) das unvererbliche Recht, das Gesamtgut oder, z. B. im Falle der Wiederverheiratung, einzelne Gegenstände aus demselben gegen Ersatz ihres Wertes zur Zeit der Übernahme zu übernehmen (**1502**, Abs. 1).

b) Im Falle der Beendigung durch Urteil steht dieses Recht den Abkömmlingen gemeinschaftlich in dem Umfange zu, wie es dem verstorbenen Ehegatten bei allgemeiner Gütergemeinschaft zusteht (**1477**, Abs. 2. **1502**, Abs. 2. **L.** § 238, II.).

c) Durch letztwillige Verfügung[3]) des verstorbenen Ehegatten oder durch gemeinschaftliches Testament beider Ehegatten (**1516**, Abs. 3) kann auch anteilsberechtigten Abkömmlingen das Recht der Übernahme im Umfange zu a eingeräumt werden, ferner den Abkömmlingen und auch dem überlebenden Ehegatten das Recht, ein im Gesamtgut befindliches Landgut zum Ertragswert (**2049**) oder zu einem diesen mindestens erreichenden Preise zu übernehmen (**1515**. **1516**)[4]). Das Recht der Abkömmlinge geht dem des Ehegatten (a) vor

4. **Die Teilung** zwischen dem Ehegatten und den Abkömmlingen entspricht derjenigen bei der allgemeinen Gütergemeinschaft. Die eine Hälfte des Überschusses fällt an den Ehe-

[1]) Zum Schutze der minderjährigen und bevormundeten Abkömmlinge dient auch **1314**.

[2]) Durch gerichtlichen oder notariellen Vertrag des überlebenden Ehegatten mit den übrigen Abkömmlingen kann schon vor Aufhebung der fortgesetzten Gütergemeinschaft, auch schon in Verbindung mit dem Verzichtsvertrage nach **1491**, Abs. 2, eine andere Behandlung der Abfindung vereinbart werden mit Wirkung gegen die erst später in die Gemeinschaft eintretenden Abkömmlinge (**1501**, Abs. 2. **1511**, Abs. 3).

[3]) Unter Zustimmung des anderen Ehegatten nach **1516**, Abs. 1 u. 2.

[4]) Vorbehalt für das Landesrecht: EG. Art. 137.

gatten bzw. in seinen Nachlaß, die andere an die Abkömmlinge. Mehrere Abkömmlinge werden i. a. untereinander als Miterben in den Nachlaß des verstorbenen Ehegatten behandelt.

a) Sie teilen sich in die Hälfte des Überschusses nach Verhältnis ihrer gesetzlichen Erbteile. Der Zeitpunkt der Beendigung der fortgesetzten Gütergemeinschaft gilt als Zeitpunkt des Todes des verstorbenen Ehegatten (**1503**, Abs. 1).

b) Es besteht unter ihnen die gesetzliche Ausgleichungspflicht der Abkömmlinge (**L.** § 313) bez. des Vorempfanges (**1503**, Abs. 2), soweit nicht die Ausgleichung schon bei Teilung des Nachlasses des vorverstorbenen Ehegatten stattgefunden hat. Die Ausgleichungspflicht besteht auch dann, wenn der vorverstorbene Ehegatte die Anteile geändert oder herabgesetzt haben sollte.

c) Abfindungen an ausscheidende Abkömmlinge, welche die Hälfte beschweren, fallen denen zur Last, welchen der Fortfall zugute kommt (**1503**, Abs. 3. **1511**, Abs. 3. **1501**, Abs. 1).

d) Für die Forderungen der bei der Auseinandersetzung nicht befriedigten Gesamtgutsgläubiger (**1480**) haften die Abkömmlinge untereinander nur nach Verhältnis ihrer Anteile, nicht ihrer Erbquoten und mit den ihnen zugeteilten Gegenständen (**1504. 1990. 1991**).

e) Die Hälfte des Wertes des dem Abkömmling zur Zeit der Beendigung der fortgesetzten Gütergemeinschaft gebührenden Anteiles am Gesamtgute ist sein Pflichtteil. Ist ihm weniger hinterlassen, so hat er den Anspruch auf Ergänzung des Pflichtteiles (**1505. L.** § 305).

D. Die vertragsmäßige Errungenschaftsgemeinschaft.[1])

§ 240.

Die vertragsmäßige Errungenschaftsgemeinschaft.

Neben der allgemeinen Gütergemeinschaft kannte das bisherige Recht und regelt das BGB. verschiedene Formen partikulärer Gütergemeinschaft. Auch der letzteren ist die Verbindung von Gütergemeinschaft und Gütertrennung eigentümlich. Geregelt ist im Gesetze die Errungenschafts- und die Fahrnisgemeinschaft, nicht aber die Gewerbsgemeinschaft.

I. **Der Eintritt.** Die Errungenschaftsgemeinschaft tritt nur auf Grund Ehevertrages ein (**L.** § 230). Gemeinschaftlich, d. h. Gesamtgut, wird nach diesem System nur die Errungenschaft (A.), neben welcher das eingebrachte Gut der Ehegatten (B.) und das Vorbehaltsgut (C.) der Frau zu unterscheiden ist. Auf dem Gesamtgute ruht die Ehelast, ohne Rücksicht auf die Höhe der Beiträge der Ehegatten zum Gesamtgute. Die Gütertrennung, die hier neben die Gütergemeinschaft tritt, hat entweder die Form der Verwaltungsgemeinschaft oder der reinen Gütertrennung.

A. **Gesamtgut** ist die Errungenschaft beider Ehegatten, d. h. der Erwerb von beweglichem und unbeweglichem Gute während des Bestehens der Errungenschaftsgemeinschaft durch eigene Arbeit und Tätigkeit, und zwar entgeltlicher wie unentgeltlicher Erwerb, auch reiner Glückserwerb, soweit solcher Erwerb nicht eingebrachtes (B.) oder Vorbehaltsgut (C.) ist. Durch Ehevertrag kann auch das, was an sich eingebrachtes Gut ist, für Gesamtgut erklärt werden. Gesamtgut ist auch der Ertrag aus demselben und dem eingebrachten Gute beider Ehegatten. Das Rechtsverhältnis am Gesamtgute ist das gleiche wie bei der allgemeinen Gütergemeinschaft (**1519. L.** § 236, II.). Es gilt aber unter den Ehegatten und im Verhältnis zu den Gläubigern die widerlegbare Vermutung[2]), daß das vorhandene Vermögen Gesamtgut ist (**1527**, vgl. D.).

B. **Eingebrachtes Gut** des Mannes oder der Frau ist:

---

[1]) Gierke, Der Entw., S. 442 ff. 533 ff. Derselbe, Beitr., H. 18, S. 89 ff. 93. Schefold, Die Errungenschaftsgemeinschaft des BGB. (1899). Feisenberger, Sächs. Arch., Bd. 10, S. 529 ff. Ofenstätter, Zeitschr. f. d. Notariat i. Bayern. Bd. 2, S. 199 ff. Kipp-Wolff, §§ 68 ff.

[2]) Seuffert, L., Gruch. Beitr., Bd. 43 (1899), S. 147 ff.

1. Das den Ehegatten bei Eintritt der E.-Gemeinschaft gehörige Vermögen, z. B. die Ausstattung der Frau vor Eintritt der E.-Gemeinschaft (**1520**).

2. Von dem während der E.-Gemeinschaft erworbenen Vermögen:

a) Das von Todes wegen durch Erbfolge, Vermächtnis als Pflichtteil oder das mit Rücksicht auf ein zukünftiges Erbrecht, z. B. auf Grund von Gutsübergabeverträgen (**2050**), ferner das durch Schenkung oder als Ausstattung erworbene, soweit nicht solcher Erwerb zu den Einkünften zu rechnen ist, wie z. B. Zuschüsse zu Erholungsreisen, zu den Wirtschaftskosten, eine jährliche Rente, die der Vater seiner verheirateten Tochter für die Zwecke des Hausstandes gewährt (**1521**). Einer besonderen Bestimmung des Zuwendenden bedarf es nicht (anders: **1369**. **1526**).

b) Durch Rechtsgeschäft nicht übertragbare Vermögensgegenstände, Rechte, die mit dem Tode des Berechtigten erlöschen (Nießbrauchsrechte, Leibrenten), oder deren Erwerb durch den Tod eines der Ehegatten bedingt ist (z. B. der Anspruch auf die Lebensversicherungs- und Überlebensversicherungssumme, nicht aber der Anspruch aus Versicherungen auf den Erlebensfall) (**1522**).

3. Das durch Ehevertrag zum eingebrachten Gute Bestimmte (**1523**).

4. Die Surrogate des eingebrachten Gutes mit Ausschluß des Erwerbes aus dem Betriebe eines eingebrachten Erwerbsgeschäftes (**1524**, Abs. 1), der zum Gesamtgute gehört. Das Surrogationsprinzip ist hier sonst in demselben Umfange anerkannt wie beim Vorbehalts- und eingebrachten Gute der gesetzlichen Verwaltungsgemeinschaft (vgl. **1370**. **L.** § 231, I. II.)[1]).

Das eingebrachte Gut wird rechtlich wie das eingebrachte Gut der Verwaltungsgemeinschaft behandelt. Es ist Sondervermögen der Ehegatten, die Verwaltung steht dem Manne zu, und zwar bei dem eingebrachten Gute der Frau nach den Grundsätzen der Verwaltungsgemeinschaft. Die Verwaltung wird aber für Rechnung des Gesamtgutes geführt. Hinsichtlich des eigenen eingebrachten Gutes bestehen für den Mann keine Schranken in der Verwaltung. Die Nutzungen fallen aber in das Gesamtgut, welches auch die Last des ehelichen Aufwandes und auch die Lasten des eingebrachten Gutes beider Ehegatten in dem Umfange trägt, wie sie beim eingebrachten Gute der Verwaltungsgemeinschaft den Mann treffen (**1525**. **1529**). Der Überschuß der Einkünfte über die Lasten ist Gesamtgut der Ehegatten.

C. **Vorbehaltsgut** des Mannes ist ausgeschlossen. Zum Vorbehaltsgute der Frau gehört das durch Ehevertrag dazu bestimmte Gut (vgl. **1368**), ferner der Erwerb von Todes wegen oder der unentgeltliche Erwerb unter Lebenden, wenn der Erblasser oder Dritte bei der Zuwendung es bestimmt haben, und die Surrogate (**1526**, Abs. 1. 2. **1369**. **1370**). Das rechtliche Verhältnis ist das gleiche wie beim Vorbehaltsgute der allgemeinen Gütergemeinschaft (**L.** § 236, I. C.).

D. Mit Rücksicht auf die Vermutung von **1527** (vgl. A.) besteht bez. des eingebrachten Gutes das Inventarisierungs- und Feststellungsrecht wie bei der Verwaltungsgemeinschaft (**1528**. **1372**. FGG. § 164. Vgl. **L.** § 231, I).

II. **Die Schuldenhaftung** (vgl. **L.** § 237). Es ist auch hier zu unterscheiden:

A. Die Schuldenhaftung im Verhältnis zu den Gläubigern der Ehegatten[2]). Gesamtgutsverbindlichkeiten sind (**1530**—**1534**):

1. alle Schulden des Mannes ohne Unterschied (**1530**, Abs. 1. KO. § 2);

2. gewisse Schulden der Frau, nämlich

a) diejenigen Schulden (**1531**), welche auf dem eingebrachten Gute wie bei der Verwaltungsgemeinschaft (**1384**—**1387**) lasten;

b) die Schulden aus Rechtsgeschäften oder Rechtsstreiten, welche die Frau nach Eintritt der E.-Gemeinschaft abgeschlossen bzw. geführt hat, soweit diese Akte für das Gesamtgut wirk-

---

[1]) Wird eine Forderung zum eingebrachten Gut erworben, so gilt zugunsten des Schuldners auch die Bestimmung in **1473**, Abs. 2, vgl. **L.** S. 599, Note 2.

[2]) Über die Zwangsvollstreckung vgl. Seuffert, L., Gruch. Beitr., Bd. 43 (1899), S. 143 f.

sam sind. Gleichgültig ist die Beziehung der Verbindlichkeit zum Gesamtgute oder eingebrachten Gute. Es gehören aber nicht hierher die Verbindlichkeiten mit Bezug auf das Vorbehaltsgut der Frau (**1532**, vgl. **1412**. **1460**);

c) solche Schulden, welche nach Eintritt der E.-Gemeinschaft aus einem der Frau zustehenden Rechte oder aus dem Besitze einer ihr gehörigen Sache entstehen, wenn dieses Recht oder diese Sache zu einem von ihr mit Einwilligung des Mannes selbständig betriebenen Erwerbsgeschäft gehört (**1533**, vgl. **1414**. **1462**);

d) die aus der gesetzlichen (**1581**. **1604**), nicht der ererbten (**1712**) Unterhaltspflicht der Frau erwachsen (**1534**)[1]).

3. Jeder Ehegatte haftet für die in seiner Person entstandenen Verbindlichkeiten, mögen sie Gesamtgutsverbindlichkeiten sein oder nicht, mit *seinem* Gute (eingebrachtes Gut, Vorbehaltsgut). Für die Gesamtgutsverbindlichkeiten der Frau haftet aber außer der Frau auch der *Mann persönlich mit seinem eingebrachten Gute* als Gesamtschuldner für die Dauer der E.-Gemeinschaft, über diese Zeit hinaus, wenn die Schulden im Verhältnis der Ehegatten zueinander das Gesamtgut belasten (**1530**, Abs. 2).

B. *Im Verhältnisse der Ehegatten zueinander* fallen an sich die Gesamtgutsverbindlichkeiten ebenfalls dem Gesamtgute zur Last. Gewisse Gesamtgutsverbindlichkeiten sind aber vom Manne oder von der Frau zu berichtigen, nämlich:

1. *von dem Ehegatten*, in dessen Person sie entstehen, die *Verbindlichkeiten* aus seinem Rechtsverhältnis, das sich auf sein eingebrachtes oder Vorbehaltsgut bezieht, auch wenn sie vor dem Eintritt der E.-Gemeinschaft oder vor der Zeit entstanden sind, zu der das Gut eingebrachtes oder Vorbehaltsgut geworden ist. Von den *Kosten eines Rechtsstreites* über diese Verbindlichkeiten gilt das gleiche aber nur, wenn sie nicht nach **1529**, Abs. 2, vom Gesamtgute zu tragen sind (vgl. A. Z. 2. a) oder durch den für Rechnung des Gesamtgutes geführten Betrieb eines Erwerbsgeschäftes oder infolge eines dazu gehörigen Rechtes oder des Besitzes einer dazu gehörigen Sache entstanden sind. Das Erwerbsgeschäft kann zum eingebrachten Gute der Frau oder zum Gesamtgute, nicht aber zum Vorbehaltsgute der Frau gehören (**1535**. **1537**, vgl. **1415**. **1463**);

2. *von dem Manne* (**1536**. **1537**, Abs. 1)

a) alle seine vor Eintritt der E.-Gemeinschaft entstandenen Schulden, wenn sie nicht nach **1529**, Abs. 2 das Gesamtgut belasten;

b) seine Verbindlichkeiten der Frau gegenüber aus der Verwaltung ihres eingebrachten Gutes, *soweit* nicht bei Beendigung der E.-Gemeinschaft das Gesamtgut bereichert ist;

c) Verbindlichkeiten aus seinen unerlaubten Handlungen nach Eintritt der E.-Gemeinschaft oder aus einem Strafverfahren, welches gegen ihn wegen einer unerlaubten Handlung anhängig war;

d) die Kosten eines Rechtsstreites über die Verbindlichkeiten zu a—c, wenn sie nicht nach **1529**, Abs. 2 das Gesamtgut belasten:

3. Das Versprechen oder die Gewährung einer *Ausstattung* an ein Kind durch den Mann belastet den Mann oder die Frau wie bei der allgemeinen Gütergemeinschaft (**1538**. **1465**. (**L.** § 237, II.).

C. **Die Ausgleichung.**

1. Das Gesamtgut hat, von sonst begründeten Ersatzleistungen (z. B. **1525**. **1390**. **1466**, Abs. 2. **677** ff.) abgesehen, an das eingebrachte Gut des Mannes oder der Frau und umgekehrt haben diese Güter an das Gesamtgut zu ersetzen, was an *Bereicherung* zur Zeit der Beendigung der Errungenschaftsgemeinschaft in dem einen Gute aus dem anderen vorhanden ist (**1539**). Hier gilt die widerlegbare Vermutung, daß nicht mehr vorhandene, verbrauchbare,

---

[1]) Lediglich Schulden der Frau, die auf ihrem eingebrachten Gut, ihrem Vorbehaltsgut und auf ihrem Anteil am Gesamtgut lasten, sind demnach alle ihre vor Eintritt der E.-Gemeinschaft, die nach Eintritt aus unerlaubten Handlungen der Frau und aus Rechtsgeschäften und Führung von Rechtsstreiten die für das Gesamtgut nicht verbindlich sind, entstandenen Schulden.

eingebrachte Sachen in das Gesamtgut verwendet sind, und das Gesamtgut um deren Wert auch jetzt noch bereichert ist (**1540**). Soll die Vermutung eingreifen, so muß feststehen, daß die Sachen eingebracht sind. Für diese Feststellung kommt wieder die Vermutung in **1527** (I. A.) in Betracht. Steht die Einbringung fest, so kann dann weiter die Vermutung in **1362** für die Frage bedeutsam werden, welchem der Ehegatten die Sache gehört.

2. Die Ersatz- und Ausgleichungsansprüche des Gesamtgutes an die Ehegatten, des eingebrachten Mannesgutes an die Frau oder an das Gesamtgut können erst bei Beendigung der E.-Gemeinschaft geltendgemacht werden; die Ansprüche gegen die Frau aber schon vorher, wenn ihr eingebrachtes oder Vorbehaltsgut zur Berichtigung der Schuld hinreicht (**1541**, vgl. **1467**).

III. **Die Beendigung** tritt ein, und zwar mit der Wirkung, daß für die Zukunft Gütertrennung gilt (**1545**, Abs. 1):

A. Durch Auflösung der Ehe. Im Falle des Todes eines Ehegatten tritt, abweichend von der allgemeinen Gütergemeinschaft und der Fahrnisgemeinschaft, fortgesetzte Gütergemeinschaft weder kraft Gesetzes noch auf Grund Ehevertrages ein. Nur durch besonderen Ehe- oder Erbvertrag oder durch Testament könnten die Ehegatten ähnliche Wirkungen hervorrufen, wie sie der fortgesetzten Gütergemeinschaft eigen sind.

B. Während bestehender Ehe (**1542—1544**) wie bei der Verwaltungsgemeinschaft (**L.** § 234, I. A.); nur gilt der Beendigungsgrund der Todeserklärung für beide Ehegatten, und die Aufhebungsklage der Frau kann nicht auf Verletzung der Unterhaltspflicht durch den Mann gegründet werden. Die Frau und der Mann können aber hier auch aus den gleichen Gründen wie bei der allgemeinen Gütergemeinschaft auf Aufhebung klagen (**L.** § 238, I. A. B.).

Dritten gegenüber gilt Registerrecht (**1545**, Abs. 2).

IV. **Die Auseinandersetzung und die Folgen der Beendigung.**

A. Die Auseinandersetzung bezieht sich auf das Gesamtgut. Das eingebrachte Gut beider Ehegatten und das Vorbehaltsgut der Frau sind auszuscheiden. Das Verhältnis bis zur Auseinandersetzung und diese selbst in formeller und materieller Beziehung (soweit nicht Vereinbarung bestimmt) ist wie bei der allgemeinen Gütergemeinschaft geregelt. Die Besonderheit der Auseinandersetzung im Falle der Scheidung fällt hier fort (**1546**, Abs. 1 und 2. **L.** § 238, II.).

B. Das eingebrachte Gut der Frau ist vom Manne wie das eingebrachte Gut der Verwaltungsgemeinschaft herauszugeben (**1546**, Abs. 3. **L.** § 234, II. A.).

V. **Die Wiederherstellung** der Errungenschaftsgemeinschaft (**1547**) kann, vom Ehevertrage abgesehen, im Wege der Klage verlangt werden. Die Klage steht der Frau zu bei Beendigung durch Konkurs des Mannes (**1543**), dem für tot erklärten Ehegatten, falls er noch lebt, und der zurückgebliebene Ehegatte sich nicht mit der Wirkung der Lösung der alten Ehe wieder verheiratet hatte (**1544**), dem Manne aber im Falle der Beendigung wegen Entmündigung oder Pflegschaft, wenn diese fortgefallen sind. Im übrigen treten die gleichen Folgen ein wie bei der Wiederherstellung der Verwaltungsgemeinschaft (**1548**, vgl. **1425**. **L.** § 234, III. B.).

E. Die vertragsmäßige Fahrnisgemeinschaft.[1]

§ 241.

Die vertragsmäßige Fahrnisgemeinschaft.

I. **Eintritt.** Die Fahrnisgemeinschaft tritt ein auf Grund Ehevertrages. Sie ist wie die Errungenschaftsgemeinschaft eine teilweise Gütergemeinschaft, aber mit Betonung

[1] Gierke, Der Entw., S. 49. 446 ff. 533 ff. Derselbe, Beitr., H. 18, S. 89 ff (1889). Kipp-Wolff, § 71.

des Gesamtgutes. Dieses hat einen größeren Umfang als bei der Errungenschaftsgemeinschaft, während das eingebrachte Gut der Ehegatten und das Vorbehaltsgut der Frau mehr zurücktreten.

A. **Gesamtgut** ist alles bewegliche Vermögen der Ehegatten, das sie bei Eintritt der Gemeinschaft haben, und die Errungenschaft, welche während der Gemeinschaft hinzutritt, mag sie bewegliches oder unbewegliches Gut sein (**1549**), soweit sie nicht in das eingebrachte Gut (B.) oder in das Vorbehaltsgut der Frau (C.) fällt. Zum Gesamtgute würde z. B. unbewegliches Gut gehören, welches aus Mitteln des Gesamtgutes während der Fahrnisgemeinschaft erworben ist, oder welches in dieser Zeit ein Ehegatte auf Grund eines Rechtstitels erwirbt, der nicht unter B. Z. 1 und 4 fällt (**1550**, Abs. 1). Zum Gesamtgute gehört auch das während der Gemeinschaft unentgeltlich erworbene bewegliche Vermögen. Gesamtgut sind die Nutzungen aus demselben und dem eingebrachten Gute beider Ehegatten.

B. **Eingebrachtes Gut** der Ehegatten ist

1. das unbewegliche Vermögen der Ehegatten, das sie bei Eintritt der Fahrnisgemeinschaft haben oder während der Gemeinschaft unentgeltlich (durch Erbfolge, Vermächtnis, mit Rücksicht auf ein künftiges Erbrecht, durch Schenkung, als Ausstattung) erwerben. Das unbewegliche Vermögen umfaßt: Grundstücke aller Art nebst Zubehör (**97**) und Rechte an Grundstücken (ausgenommen Hypotheken, Grund- und Rentenschulden) und Forderungen, die auf Übertragung von Grundeigentum, Begründung oder Übertragung von Grundstücksrechten in der vorher bezeichneten Beschränkung oder auf Befreiung des Grundstückes von solchen Rechten gerichtet sind (**1551**. **1521**);

2. Gegenstände, die nicht durch Rechtsgeschäft übertragen werden können (**1522**, vgl. **1222**. **1439**);

3. das durch Ehevertrag bestimmte bewegliche oder unbewegliche Gut (**1553**, Z. 1. **1523**) und das durch Verfügung von Todes wegen oder unter Lebenden unentgeltlich zugewendete bewegliche Gut (**1369**), wenn der Zuwendende (Erblasser oder Dritter) es bestimmt (**1553**, Z. 2);

4. außerdem gilt wie bei der Errungenschaftsgemeinschaft der Grundsatz der Surrogation (**1524**). Die Surrogate der zu Z. 2 genannten Gegenstände werden aber Gesamtgut (**1554**).

C. **Vorbehaltsgut** des Mannes ist wie bei der Errungenschaftsgemeinschaft (**1526**) ausgeschlossen. Das Vorbehaltsgut der Frau bestimmt sich wie bei der allgemeinen Gütergemeinschaft, d. h. es entscheidet der Ehevertrag, die Anordnung Dritter und das Surrogationsprinzip (**1555**. **1440**. **L**. § 236).

II. **Rechtsverhältnis, Beendigung, Auseinandersetzung.**

A. Für das Gesamtgut gelten die Vorschriften der allgemeinen Gütergemeinschaft, folglich besonders für Verwaltung, Schuldenhaftung, Beendigung und Auseinandersetzung (**1549**).

1. Für die Schuldenhaftung[1]) und Auseinandersetzung ist die Bestimmung von Bedeutung, daß, wenn ein Ehegatte von Todes wegen oder durch Zuwendung unter Lebenden während der Fahrnisgemeinschaft Gegenstände erwirbt, die teils an das Gesamtgut, teils an das eingebrachte Gut fallen (z. B. eine Erbschaft, die bewegliches und unbewegliches Gut enthält), so belasten die infolge solchen Erwerbes entstehenden Verbindlichkeiten das Gesamtgut und das eingebrachte Gut des Ehegatten, in dessen Person sie entstehen, und der den Erwerb macht, im Verhältnis der Ehegatten zueinander verhältnismäßig (**1556**, vgl. **1462**. **1549**). Es kommt nicht darauf an, daß die Verbindlichkeiten zum Teil durch das unbewegliche, zum Teil durch das bewegliche Gut bedingt waren. Den Gläubigern gegenüber bleibt es aber bei der Regelung der allgemeinen Gütergemeinschaft.

2. Nach Beendigung tritt die fortgesetzte Gütergemeinschaft nur ein, wenn sie im Ehevertrage vereinbart ist. Tritt sie ein, so gelten die Vorschriften wie bei der allgemeinen Gütergemeinschaft. Eingebrachtes Gut und Vorbehaltsgut der Frau bleiben von

---

[1]) Über die Zwangsvollstreckung vgl. Seuffert, L., Gruch. Beitr., Bd. 43 (1899), S. 143 f.

der fortgesetzten Gütergemeinschaft unberührt, gehören also in den Nachlaß des verstorbenen Ehegatten (**1557**).

B. Das eingebrachte Gut steht unter der Regelung der Errungenschaftsgemeinschaft, wird also für Rechnung des Gesamtgutes vom Manne verwaltet (**1550**, Abs. 2).

C. Das Vorbehaltsgut wird wie bei den übrigen Güterständen behandelt.

---

3. Kapitel.

Die Ehelösung.

§ 242.

Die Auflösung der Ehe. Scheidung.[1])

Die Auflösung der Ehe erfolgt durch Tod eines der Ehegatten, durch Todeserklärung, wenn der andere Ehegatte nach **1348** eine neue Ehe eingeht, und durch Scheidung der Ehe.

Im römischen Recht war die strenge Ehe in älterer Zeit nur durch diffarreatio oder remancipatio zu lösen, bei freier Ehe galt dagegen freie Privatscheidung durch divortium (Scheidungsvertrag) oder repudium (einseitige Kündigung) für beide Ehegatten. Gesetzliche Scheidungsgründe kamen nur insofern in Betracht, als Scheidung ohne solchen Grund oder verschuldete Scheidung gewisse Vermögensnachteile zugunsten des schuldlosen Teiles (Verlust der dos oder donatio propter nuptias) nachsichzog. Im älteren deutschen Recht war Scheidung durch Vertrag und durch Verstoßung der Frau durch den Mann aus bestimmten Gründen anerkannt. In dem bald ausschließlich maßgebenden Recht der katholischen Kirche war die Ehe als Sakrament nicht dem Bande nach lösbar, es konnte nur eine dauernde Trennung von Tisch und Bett (separatio quoad thorum et mensam) aus bestimmten gesetzlichen Gründen durch die geistlichen Gerichte ausgesprochen werden. Das evangelische Eherecht ließ Ehescheidung durch Richterspruch wegen Ehebruches und böslicher Verlassung und daneben Trennung der Ehegatten auf Zeit zu. Das staatliche Recht anerkannte das konfessionelle Ehescheidungsrecht besonders für katholische Ehegatten, regelte aber sonst die Ehescheidung selbständig (Scheidung durch den Richter aus bestimmten Gründen, die das Pr. ALR. am weitesten ausdehnte). Im Reich wurde das Ehescheidungsrecht zuerst durch das Personenstandsgesetz vom 6. Februar 1875 (Scheidung durch den ordentlichen Richter aus den Gründen des bisherigen Rechtes, Ausschließung der dauernden Trennung von Tisch und Bett) eingeführt.

Das BGB. trägt dieser Entwicklung Rechnung:

I. **Die Scheidung der Ehe** löst das eheliche Band für die Zukunft auf und unterscheidet sich sowohl von der Aufhebung der ehelichen Gemeinschaft (II.), d. h. der dauernden Trennung der Ehegatten, die das eheliche Band unberührt läßt und nur die eheliche Gemeinschaft aufhebt, als auch von der vorübergehenden Trennung der Ehegatten auf Grund einstweiliger Verfügung (III.).

A. Die Ehescheidung erfolgt nur durch **richterliches Urteil**. Die prozeßrechtlichen Besonderheiten des Ehescheidungsrechtes regelt die ZPO. (§§ 606 ff.); beseitigt ist die Privatscheidung, die Zuständigkeit geistlicher Behörden und des Standesbeamten und das landesherrliche Ehescheidungsrecht[2]). Die Ehescheidung ist nicht Sache der Gnade, sondern es besteht ein Rechtsanspruch auf Scheidung, durch den der Rücktritt von der Ehe im Falle der

---

[1]) Hubrich, Das Recht der Ehescheidung in Deutschland (1891). Derselbe, Arch. f. d. ziv. Pr., Bd. 85, S. 58 ff. Walter, D., Die Ehescheidung nach dem BGB. (Dissert. 1897). Jakobi, Das persönliche Eherecht des BGB. S. 80 ff. (2 A. 1900). Gerhard, Die Ehescheidungsgründe des BGB. und ihre rückwirkende Kraft (Vortr. 1899). Erler, Ehescheidungsrecht und Ehescheidungsprozeß (1900). Schmidt, Ehescheidung und richterliches Ermessen (Gießner Festgabe 1900). Kipp-Wolff, §§ 33 ff.

[2]) Soweit nicht der Vorbehalt für das Landesrecht EG. Art. 57. 58 eingreift. Vgl. Stoelzel, Über das landesherrliche Ehescheidungsrecht (1890). Hubrich, Das Recht der Ehescheidung in Deutschland (1891). Meurer, Arch. f. öff. R., Bd. 5 (1891), S. 1 ff. Rieker, Theolog. Stud. und Kritiken (1893), S. 363 ff.

Vereitelung ihres Zweckes geltendgemacht wird, und der im Scheidungsurteil verwirklicht wird. Die Auflösung der Ehe mit ihren weiteren Folgen tritt ein mit der Rechtskraft des Urteiles (**1564**. ZPO. § 705).

B. **Die Ehescheidungsgründe.** Das kanonische Recht gestattet grundsätzlich keine Scheidung, sondern nur ein separatio quoad thorum et mensam, die als ständige im Falle des Ehebruches und ihm gleichstehender Fleischesverbrechen ausgesprochen werden konnte; das protestantische Eherecht kennt dagegen die Scheidung. Im BGB. sind nur solche Tatbestände den Ehescheidungsanspruch zu begründen geeignet, die ein Verschulden eines Ehegatten insichschließen; nur ausnahmsweise genügen unverschuldete Umstände[1]).

1. Unter das Verschuldungsprinzip fallen:

a) **Die absoluten Ehescheidungsgründe,** also diejenigen, welche immer, d. h. ohne Rücksicht auf richterliche Abwägung ihrer Bedeutung im einzelnen Falle, zur Scheidung führen:

α) Begehung der strafbaren Handlung des Ehebruches, der Doppelehe, der widernatürlichen Unzucht des anderen Ehegatten (Str.GB. 171. 172. 175). Der Versuch dieser strafbaren Handlungen genügt nicht. Es wäre aber möglich, daß der Ehescheidungsgrund in **1568** zuträfe. Der Ehescheidungsanspruch ist wegen dieser Straftaten ausgeschlossen, wenn der Ehegatte dem Ehebruch oder der sonstigen strafbaren Handlung zustimmte oder sich der strafbaren Teilnahme schuldig machte, nicht auch, wenn der Ehegatte selbst einen Ehebruch usw. begangen hat (Kompensation) oder durch bösliches Verlassen usw. den Anlaß dazu gegeben hat (**1565**).

β) Lebensnachstellung von seiten des anderen Ehegatten, d. h. Versuchs- und Vorbereitungshandlungen, aus denen die Tötungsabsicht erhellt (**1566**). Es genügt nicht bloße Mißhandlung, andererseits ist strafbarer Mord- oder Totschlagsversuch nicht verlangt [2]).

γ) Bösliche Verlassung (malitiosa desertio), d. h. Aufgeben der häuslichen Gemeinschaft in böslicher Absicht oder Aufgeben in dem Bewußtsein und mit dem Zwecke der Pflichtverletzung [3]) ohne Einwilligung des anderen Ehegatten oder ausreichenden Weigerungsgrund, aber nur unter den weiteren Voraussetzungen, daß der Ehegatte, nachdem er zur Herstellung der häuslichen Gemeinschaft rechtskräftig verurteilt ist[4]), ein Jahr[5]) lang dem Urteile in böslicher Absicht, und ohne daß er gegenüber dem Urteile einen neuen Weigerungsgrund geltendmachen könnte, nicht Folge geleistet hat (quasi desertio), oder wenn er ein Jahr lang von der häuslichen Gemeinschaft ferngeblieben ist und seit Jahresfrist und nach Erhebung der Scheidungsklage bis zum Urteil nur durch öffentliche Zustellung erreichbar war (desertio) (**1567**. ZPO. § 203, vgl. § 206).

b) **Die relativen Ehescheidungsgründe** (**1568**, ZPO. § 620). Die Scheidung der Ehe kann verlangt werden, wenn (objektiv) eine so tiefe Zerrüttung, d. h. tatsächliche Beseitigung des ehelichen Verhältnisses eingetreten ist, daß dem Ehegatten die Fortsetzung der Ehe nicht zugemutet werden kann, und (subjektiv) diese Zerrüttung durch schwere Verletzung der ehelichen Pflichten, wohin auch grobe Mißhandlung gehört, oder durch ehrloses oder unsittliches (nicht notwendig strafbares) Verhalten[6]) des anderen Ehegatten während der Ehe verschuldet ist (vgl. **1333**. **1334**). Was hierunter zu begreifen ist, hängt von der richterlichen Würdigung des Wesens der Ehe und der Lage im einzelnen Falle ab (soziale Stellung der Ehegatten). Der Richter hat ferner im einzelnen Falle zu erwägen, ob das schuldhafte Verhalten derart

---

[1]) Nicht anerkannt sind u. a. folgende Ehescheidungsgründe des bisherigen Rechtes: Impotenz, unheilbare körperliche Gebrechen, unüberwindliche Abneigung, Ehescheidung ex consensu.

[2]) A. M. Hubrich, Arch. f. d. ziv. Prax., Bd. 85 (1896), S. 62. 77 ff. Planck zu **1566**, Note 1. 2.

[3]) Planck zu **1567**, Note 2, b.

[4]) Der richterliche Rückkehrbefehl genügt nicht.

[5]) Unterbrechung der Frist durch zeitweilige Rückkehr: RG. Bd. 60, S. 194.

[6]) Danach bestimmt sich auch, ob die Verweigerung der kirchlichen Trauung, wenn sie vor der Eheschließung versprochen war oder bei ihr vorausgesetzt wurde, Ehescheidungsgrund ist, BKR. S. 68 ff. 76 ff. P. IV. S. 111. 115 ff. 414. Jacobi, a. a. O., S. 98, Note 115, S. 121 f.

ist, daß dem klagenden Ehegatten die Fortsetzung der Ehe nicht zugemutet werden kann. Es können hierher gehören leichte Mißhandlung, rechtswidrige Bedrohungen, Beleidigungen[1]), Verweigerung der ehelichen Pflicht, Zanksucht, Trunksucht, schimpfliches Gewerbe, unzüchtige Handlungen usw. Da hierauf, nicht auf der Verschuldung das Hauptgewicht liegt, ist auch hier die sog. Kompensation regelmäßig ausgeschlossen (vgl. a. α.). Es wird wie bei Zustimmung und Teilnahme regelmäßig schon an dem objektiven Erfordernis fehlen[2]).

2. Unabhängig von der Verschuldung ist Ehescheidungsgrund die Geisteskrankheit des Ehegatten[3]), die während der Ehe mindestens drei Jahre, von der Erlassung des Urteiles rückwärts gerechnet, gedauert und zur Zeit des Urteiles einen solchen Grad erreicht hat, daß die geistige Gemeinschaft zwischen den Ehegatten aufgehoben und die Aussicht auf Wiederherstellung dieser Gemeinschaft ausgeschlossen erscheint (ZPO. § 623). Die Scheidung ist also unzulässig, wenn zwar völlige Heilung ausgeschlossen ist, wohl aber eine Besserung der geistigen Gemeinschaft in Aussicht steht. Hieraus ergibt sich die Relativität dieses Scheidungsgrundes (**1569**).

II. Beschränkungen der Ehescheidung.

Abgesehen davon, daß durch Zustimmung oder Teilnahme dem Anspruch auf Scheidung die Begründung entzogen sein kann, erlischt der Anspruch durch Verzeihung (1.) und Fristablauf (2.), nicht aber durch allgemeinen Verzicht auf den Ehescheidungsanspruch von vornherein (**138**)[4]).

1. Das Recht auf Scheidung erlischt durch ausdrückliche und stillschweigende Verzeihung vor und nach Erhebung der Ehescheidungsklage, soweit der Grund ein Verschulden des anderen Ehegatten voraussetzt (I. B. 3. 1). Die Verzeihung, eine Rechtshandlung, setzt zwar Kenntnis des Verhaltens des anderen Ehegatten, nicht aber auch Kenntnis seiner Bedeutung als Scheidungsgrund voraus (**1570**, vgl. **532**. **2337**. **2343**. **2345**).

2. Die Ehescheidungsklage ist, soweit sie sich auf ein Verschulden gründet, an die Ausschlußfrist von sechs Monaten seit Kenntnis des klagenden Ehegatten vom Ehescheidungsgrunde gebunden, jedenfalls, wenn diese Kenntnis nicht eintritt, an eine solche von zehn Jahren seit Eintritt des Ehescheidungsgrundes. Solange die häusliche Gemeinschaft einseitig oder in Übereinkunft aufgehoben ist, laufen die Fristen nicht, wohl aber laufen sie vom Empfange dieser Aufforderung an, sobald der klageberechtigte von dem anderen Ehegatten aufgefordert wird, die häusliche Gemeinschaft herzustellen oder die Klage zu erheben (**1571**) [5]).

a) Ist wegen eines Scheidungsgrundes die Scheidungsklage anhängig, so können in diesem Rechtsstreite auch noch solche Ehescheidungsgründe geltendgemacht werden, welche zwar jetzt zur Zeit ihrer Geltendmachung durch Ablauf der Fristen ausgeschlossen sind, es aber zur Zeit der Erhebung der anhängigen Scheidungsklage oder der Ladung zum Sühnetermin noch nicht waren. Das eheliche Verhältnis als Ganzes ist soweit Gegenstand des Prozesses (**1572**, vgl. ZPO. §§ 614. 616).

b) Ist auf bestimmte Tatsachen wegen Fristablauf, Verzeihung, oder weil ZPO. § 616 eingreift, eine Scheidungsklage nicht zu gründen, so können diese Tatsachen doch zur Unter-

[1]) RG. Bd. 46, S. 159; Bd. 47, S. 31.

[2]) Vgl. Planck zu **1568**.

[3]) BRT. S. 228 ff. 367 ff.

[4]) Walsmann, Verzicht, S. **113** f.

[5]) Die Ladung zum Sühnetermin (ZPO. § 609) innerhalb der Frist wahrt das Klagerecht ebenso wie die Erhebung der Scheidungsklage. Die Ladung wird aber wirkungslos, d. h. die Frist läuft, wenn der Klageberechtigte im Sühnetermin nicht erscheint, oder wenn drei Monate nach Beendigung des Sühneverfahrens verstrichen sind, und die Klage nicht vorher erhoben ist. Wird die rechtzeitig erhobene Klage zurückgenommen, oder erfolgt rechtskräftige Abweisung ohne Entscheidung in der Sache, so fällt die unterbrechende Wirkung fort. Auf die Ausschlußfristen von sechs und drei Monaten finden **202** und **206** über die Hemmung des Verjährungslaufes Anwendung (**1571**, Abs. 3).

stützung einer auf andere Tatsachen gegründeten Scheidungsklage geltendgemacht werden (**1573**, vgl. ZPO. § 616).

III. **Die Aufhebung der ehelichen Gemeinschaft** (**1575. 1576**).

A. Die Voraussetzungen des Anspruches auf Aufhebung der ehelichen Gemeinschaft sind die gleichen wie die des Anspruches auf Scheidung (I. II.). Der Antrag kann von vornherein oder im Laufe des Scheidungsprozesses an Stelle des Antrages auf Scheidung noch bis zur Rechtskraft des Scheidungsurteiles gestellt werden. Dem Antrage ist aber nicht stattzugeben, wenn der andere Ehegatte die Scheidung beantragt.

B. Ist auf Aufhebung erkannt[1]), so kann jeder Ehegatte auf Grund des Aufhebungsurteiles auf Scheidung klagen, wenn nicht nach Erlassung dieses Urteiles die Wiederaufnahme der ehelichen Gemeinschaft eingetreten ist[2]), was der Beklagte zu beweisen hat. Läge Wiederherstellung der ehelichen Gemeinschaft vor, so müßte die Scheidungsklage oder die Klage auf Aufhebung der ehelichen Gemeinschaft auf neue Scheidungsgründe gestützt werden, da die alten durch Verzeihung erledigt wären. Dieser Anspruch auf Ehescheidung steht nicht unter den einschränkenden Vorschriften von **1570—1574**, oben II. Z. 1 u. 2. **L.** § 243, II. C. In prozessualer Hinsicht steht sie aber der Scheidungsklage gleich[3]). In dieser Möglichkeit der Ehescheidung liegt der wesentliche Unterschied von der separatio quoad thorum et mensam.

IV. Während eines Ehenichtigkeits-, Eheanfechtungs- oder Ehescheidungs-Prozesses kann nach ZPO. § 627 vom Gericht durch einstweilige Verfügung das Getrenntleben der Ehegatten für die Dauer des Rechtsstreites auf Antrag eines Ehegatten gestattet werden. Zugleich kann für die Zeit der Trennung die gegenseitige Unterhaltspflicht der Ehegatten (**1361**. **L.** § 229), die Sorge für die Person der gemeinschaftlichen minderjährigen Kinder und die Unterhaltspflicht der Ehegatten den Kindern gegenüber im Verhältnis der Ehegatten zueinander geordnet werden (Interimistikum).

§ 243.

Die Wirkungen der Ehescheidung und der Aufhebung der ehelichen Gemeinschaft.[3])

Die Folgen der Ehescheidung und der Aufhebung der ehelichen Gemeinschaft sind die gleichen. Nur ist bei der Aufhebung der ehelichen Gemeinschaft die Eingehung einer neuen Ehe ausgeschlossen. Da das rechtliche Band der Ehe besteht, sind auch die Vorschriften über die Nichtigkeit und die Anfechtung nicht anwendbar, soweit ihre Anwendung von der Auflösung der Ehe abhängig ist (**1586**, vgl. z. B. **1325**, Abs. 2. **1329** usw. **1586**). Außerdem fallen die Wirkungen der Aufhebung der ehelichen Gemeinschaft für die Zukunft fort, wenn die eheliche Gemeinschaft nach Aufhebung tatsächlich wieder hergestellt wird (**1587**) [4]).

I. Das Recht der Frau auf den Namen des Mannes (**1577**). An sich behält sie denselben nach der Scheidung und Aufhebung der ehelichen Gemeinschaft. Sie kann aber ihren Mädchennamen oder, wenn sie nicht allein für schuldig erklärt ist, den Namen ihres früheren Ehemannes wieder annehmen[5]). Ist sie allein für schuldig erklärt, so kann sie ihren Mädchennamen annehmen oder führt den Namen des Ehemannes der geschiedenen Ehe fort.

---

[1]) Vermerk im Heiratsregister, Personenstandsges. § 55. EG. Art. 46, II.

[2]) Vgl. Davidson, Zeitschr. f. d. Ziv.-Proz., Bd. 26 (1899), S. 79 ff.

[3]) Vgl. **L.** § 242, Note 2. Blcken, Das Alimentationsrecht der an der Ehescheidung unschuldigen Frau (1895).

[4]) Über die nach der Wiederherstellung der ehelichen Gemeinschaft eintretende Gütertrennung vgl. **L.** § 235.

[5]) Durch öffentlich beglaubigte Erklärung gegenüber der (nach Landesrecht) zuständigen Behörde (**1577**, Abs. 2. 3). Mecklenb.-Schwer. AV. z. BGB. § 218. Mecklenb.-Strel. AV. z. BGB. § 216. Preuß. AG. z. BGB. Art. 68, § 1.

Der allein für schuldig erklärten Frau kann aber der Mann die Führung seines Namens stets untersagen[1]); sie erhält dann kraft Gesetzes ihren Mädchennamen wieder (**1577**).

II. Ein Anspruch auf Ersatz des Schadens, den der unschuldige Ehegatte infolge der Scheidung der Ehe erleidet, gegen den Schuldigen ist als dem Wesen der Ehe widerstreitend nicht anerkannt, vielmehr nur als Nachwirkung der Ehe selbst

A. die *Unterhaltspflicht* des *allein* für schuldig erklärten Ehegatten (vgl. aber g) und seiner Erben. Sie beschränkt sich auf den *standesmäßigen* Unterhalt[2]) und durch das Unterhaltsbedürfnis, d. h. der *Ehemann* ist nur so weit verpflichtet, als die Frau nicht schon ihren Unterhalt aus den Einkünften ihres Vermögens oder, wenn und soweit erwerbende Tätigkeit den Verhältnissen der Ehegatten in der Ehe entsprechend ist, aus dem Ertrage ihrer Arbeit bestreiten *kann*[3]); die *Ehefrau*, soweit der Mann ohne Vermögen *und* erwerbsunfähig ist (**1578**). Gleichgültig ist der Umstand, daß die Bedürftigkeit nach der Scheidung eintrat. Jeder Ehegatte haftet aber nur auf den *notdürftigen* Unterhalt, wenn die Bedürftigkeit durch eigene sittliche Schuld des Berechtigten herbeigeführt ist (**1580**, Abs. 3. **1611**, Abs. 1).

a) Der unterhaltspflichtige Ehegatte hat die *Einrede des Notbedarfes*. Ist er nach Berücksichtigung seiner sonstigen Verpflichtungen nicht in der Lage, ohne Gefährdung seines standesmäßigen Unterhalts (S), und zwar aus seinen *Einkünften* (E), der Unterhaltspflicht (U) zu genügen, so kann er zwei Dritteile dieser Einkünfte, und wenn diese nicht zu seinem *notwendigen* Unterhalte (N) genügen, das dazu Erforderliche zurückbehalten (**1579**, Abs. 1, Satz 1). Ist demnach $N = 1000$, $S = 5000$, $E = 6000$, $U = 3000$, so reicht E zwar zur Deckung von N, nicht aber von $S + U$ hin, daher kann der verpflichtete Ehegatte 4000 zurückbehalten, 2000 muß er verwenden; ist dagegen $N = 1500$, $S = 4000$, $E = 2100$ $U — 2000$, so reichen $^2/_3$ E nicht hin zur Deckung von N, und E nicht zur Deckung von $S + U$, daher sind 1500 zurückzubehalten, 600 zu verwenden.

Eine weitere Beschränkung der Unterhaltspflicht nach richterlichem Ermessen tritt ein, wenn der Pflichtige zugleich einem minderjährigen Kinde oder seinem neuen Ehegatten Unterhalt zu gewähren hat (**1579**, Abs. 1, Satz 2)[4]).

b) Die Verpflichtung des Mannes fällt im Falle a weg, wenn die Frau aus dem *Stamme* ihres Vermögens (vgl. **1578**, Abs. 1) ihren Unterhalt bestreiten kann (**1579**, Abs. 2).

c) Der Unterhalt ist, anders als während der Ehe (**1360**. **1361**), durch eine *Geldrente* (**760**) zu leisten; aus *wichtigem* Grunde kann der Berechtigte Kapitalabfindung verlangen, deren Höhe eventuell durch den Richter zu bestimmen ist. Auch die Pflicht und Art der Sicherheitsleistung bestimmt sich nach den Umständen (**1580**, Abs. 1. 2. ZPO. § 324)[5]).

d) Der Unterhalt kann nur für die Zukunft verlangt werden, für die Vergangenheit, wie beim Unterhaltsanspruch unter Verwandten, nur von der Zeit des Verzuges des Pflichtigen und von der Rechtshängigkeit an (**1580**, Abs. 3. **1613**).

e) Ein nach dem schuldigen Ehegatten Verpflichteter kann vor dem Ehegatten in Anspruch genommen werden, wenn die Rechtsverfolgung gegen letzteren unmöglich oder erheblich erschwert sein würde. Soweit dann ein anderer für den Unterhaltspflichtigen den Unterhalt gewährt, geht der Anspruch des Berechtigten gegen den Unterhaltspflichtigen auf den den Unterhalt Gewährenden über wie bei der Unterhaltspflicht unter Verwandten (**1580**, Abs. 3. **1607**)[6]).

f) *Die Unterhaltspflicht erlischt*:

---

[1]) In der Form der Wiederannahme (s. Note 1). Die Untersagungserklärung soll der Frau durch die Behörde mitgeteilt werden (**1577**, Abs. 2).

[2]) **1580**, Abs. 3. **1610** (Inhalt des standesgemäßen Unterhaltes).

[3]) RG. Bd. 62, S. 294.

[4]) Über das Verhältnis der Unterhaltspflicht des geschiedenen Ehegatten zu der der Verwandten vgl. **1608**. **1609**.

[5]) Vgl. **843**. Reichsgesetz v. 7. Juni 1871, § 7 (EG. Art. 42, III).

[6]) Daß die Verweisung in **1580**, Abs. 3 auf **1608**, Abs. 2, nicht auf **1607** hätte lauten müssen, führt aus *Ubbelohde*, Jahrb. f. Dogm., Bd. 38 (1898), S. 214 ff.

α) mit der Wiederverheiratung des Berechtigten (**1581**, Abs. 1), nicht des Verpflichteten; hier kommt es auf das in der neuen Ehe geltende Güterrecht nach **1604** und auf **1579**, Abs. 1, Satz 2, Abs. 2 (a. b.) an (**1581**, Abs. 2);

b) mit dem Tode des Berechtigten, aber mit der Einschränkung in **1615** (**1580**, Abs. 3). Sie erlischt nicht mit dem Tode des Verpflichteten (anders **1615**). Der Erbe hat die Unterhaltspflicht aus dem Nachlaßvermögen zu bestreiten, weil das Erbrecht des unschuldigen Ehegatten fortfällt. Die Beschränkungen der Verpflichtung in **1579** (a) gelten für den Erben nicht, er kann aber die Herabsetzung der Rente auf die Hälfte der Einkünfte aus dem Nachlaßvermögen verlangen, die der Verpflichtete zur Zeit des Todes bezogen hat[1]), nach der näheren Bestimmung von **1582**;

γ) durch Verzicht des Berechtigten (anders **1614**, Abs. 1);

δ) durch Vorausleistung (anders **1614**, Abs. 2);

ε) durch die Wiederherstellung der ehelichen Gemeinschaft. Hier tritt aber die Unterhaltspflicht gemäß **1360**. **1361** wieder ein.

g) Die gleiche Unterhaltspflicht (a—f) besteht auch für den Ehegatten, der sich wegen Geisteskrankheit des anderen Ehegatten hat scheiden lassen, nicht aber für den geisteskranken Ehegatten (**1583**) [2]).

B. **Widerruf der Schenkungen** (**1584**, vgl. **2077**).

Schenkungen unter Ehegatten stehen unter den allgemeinen Vorschriften des Schenkungsrechtes. Das gilt auch für den Widerruf.

Der Ehegatte kann aber darüber hinaus die Schenkungen (**516**. **2301**, Abs. 2), die er dem allein für schuldig erklärten Ehegatten während des Brautstandes oder während der Ehe gemacht hat, widerrufen (**531**. **L**. § 112). Der Widerruf ist an eine Ausschlußfrist von einem Jahre seit Rechtskraft des Scheidungsurteiles gebunden. Die Erben des Berechtigten können nicht widerrufen, und den Erben des Verpflichteten gegenüber kann nicht widerrufen werden. Das gleiche gilt bei Aufhebung der ehelichen Gemeinschaft, nicht aber im Falle der Scheidung wegen Geisteskrankheit.

C. Wo die Wirkungen der Ehescheidung von einer Verschuldung abhängen, ist von Amts wegen im Urteil (Tenor oder Gründen) auszusprechen, daß der Beklagte die Schuld trägt (ZPO. § 313), oder im Falle begründeter Scheidungswiderklage, daß beide Ehegatten schuldig sind. Auf Antrag des Beklagten kann auch, ohne daß Widerklage erhoben ist, der Kläger für schuldig erklärt werden, wenn der Beklagte Tatsachen vorbringen kann, die jetzt noch seinen Scheidungsanspruch begründen oder zur Zeit des Eintrittes des vom Kläger geltendgemachten Scheidungsgrundes begründeten, wenn auch zur Zeit der Erhebung der Klage oder des Antrages der Scheidungsanspruch durch Verzeihung oder Fristablauf ausgeschlossen ist (**1574**). Findet Scheidung auf Grund eines Aufhebungsurteiles statt, so ist die Schuldigerklärung im Scheidungsurteil nochmals auszusprechen (**1576**, Abs. 2, vgl. **L**. § 242, III.).

III. Die Beitragspflicht der Frau zur Unterhaltung gemeinschaftlicher Kinder (**1585**. **1352**. **1635**) ist in **L**. § 247 erörtert.

IV. Die Ehescheidung zieht besonders die Auflösung der ehelichen Gemeinschaft, die Beendigung des gesetzlichen oder vertragsmäßigen Güterstandes und die Auseinandersetzung hinsichtlich des Vermögens nach sich, welche bei der Ehescheidung ihre Besonderheiten aufweist (vgl. **L**. §§ 238. 241). Die Scheidung beeinflußt das gesetzliche Erbrecht der Ehegatten (**L**. § 291) und die Wirksamkeit der Verfügungen von Todes wegen des einen Ehegatten zugunsten des anderen (**L**. §§ 223. 276. 279. 280)[3]).

---

[1]) Vgl. aber Planck, S. 335.

[2]) Der Unterhaltsanspruch ist prozeßrechtlich nicht Ehesache. Die Verbindung mit der Ehescheidungsklage ist nicht zulässig (ZPO. § 615).

[3]) Weitere Wirkungen und Folgen teilt die Ehescheidung mit den anderen Gründen der Auflösung der Ehe, z. B. **1329**. **1341**. **1590**. **1678**. **1684**. **1685**. Ehescheidungsstrafen und Verbot der Wiederverheiratung für den schuldigen Ehegatten treten nicht ein.

V. **Intertemporales und internationales Recht.**

1. Für die Scheidung der am 1. Januar 1900 bestehenden Ehe und die Aufhebung der ehelichen Gemeinschaft normiert das BGB. Die Wirkungen einer vor dem 1. Januar 1900 rechtskräftig erkannten, nach diesem Zeitpunkt aber ausgeschlossenen dauernden Trennung von Tisch und Bett bestimmen sich nach dem bisherigen Recht (EG. Art. 202) [1].

2. Die Ehescheidung usw. steht unter dem Rechte des Staates, dem der Ehemann zur Zeit der Erhebung der Klage angehört. Scheidungsgründe, die in der Zeit der früheren Staatsangehörigkeit des Mannes sich verwirklichten, können nur geltendgemacht werden, wenn sie auch nach den sich ergebenden früheren Gesetzen die Bedeutung des Scheidungsgrundes usw. hatten. Hatte der Ehemann die deutsche Staatsangehörigkeit zur Zeit der Klageerhebung verloren, ist die Frau aber eine Deutsche, so finden die deutschen Gesetze Anwendung. Ist ausländisches Recht anzuwenden, so kann der deutsche Richter auf Scheidung oder Aufhebung der ehelichen Gemeinschaft erkennen, wenn beides nach ausländischem wie nach deutschem Recht begründet ist, niemals auf Trennung von Tisch und Bett (EG. Art. 17, vgl. Art. 27) [2].

---

[1] Nöldecke, D. Jur.-Ztg. 4 (1899), S. 413 ff. Nußbaum, ebenda, S. 412 ff.

[2] Jung, Die Ehescheidung im internat. Pr.-R. (Diss. 1897). Klein, Zeitschr. f. internat. Priv.- und Pr.-R. Bd. 7, S. 487 ff.

II. Abschnitt.

Die Verwandtschaft und das Rechtsverhältnis zwischen Eltern und Kindern.

1. Kapitel.

Die Verwandtschaft.

§ 244.

Die Verwandtschaft im allgemeinen.[1])

I. Die im heutigen bürgerlichen Rechte in Betracht kommende Verwandtschaft ist die **Blutsverwandtschaft** (cognatio), d. h. das dadurch gegebene Verhältnis zweier Personen, daß die eine von der anderen oder beide von einem Dritten abstammen (**1589**, Abs. 1) [2]). Im ersten Falle liegt Blutsverwandtschaft in gerader, auf- und absteigender Linie (linea ascendens und descendens, Verhältnis der Eltern, Großeltern, Urgroßeltern, Voreltern, Vorfahren zu den Kindern und weiteren Abkömmlingen, **1766**, Abs. 2); Kinder sind die Abkömmlinge ersten Grades (Sohn, Tochter). Im zweiten Falle liegt Blutsverwandtschaft in der Seitenlinie (linea obliqua) vor, welche entweder vollbürtige (germani) oder halbbürtige Seitenverwandtschaft ist, je nachdem Gemeinsamkeit beider Elternteile oder nur des Stammvaters (consanguinei oder der Stammutter (uterini) vorliegt. Zu den letzteren gehören uneheliche Geschwister.

A. Die Verwandtschaft ist entweder eheliche (legitime) oder uneheliche (illegitime). Das uneheliche Kind ist mit der Mutter verwandt wie das eheliche, nicht mit seinem Erzeuger (**1589**, Abs. 2. **L.** § 246).

Unehelicher Abstammung sind auch die Kinder aus nichtigen bzw. anfechtbaren Ehen. Sie gelten aber unter gewissen Voraussetzungen als eheliche (**L.** § 254).

Die durch nachfolgende Ehe des Erzeugers mit der Mutter und die durch Ehelichkeitserklärung legitimierten unehelichen Kinder erlangen in verschiedenem Umfange die Stellung ehelicher Kinder. Hier wird also auch Verwandtschaft begründet (**L.** § 256).

B. Die Blutsverwandtschaft zweier Personen kann eine einfache oder mehrfache sein, z. B. bei den aus der Ehe zweier Verwandten stammenden Kindern (s. Erbrecht **L.** §§ 228. 289).

---

1) Engelmann, Bl. f. Rechtsanwendung, Bd. 63, S. 41 ff. 65 ff. 85 ff. Opet, Das Verwandtschaftsrecht d. BGB., §§ 1—4. 41. 42. 44. Spahn, Verwandtschaft und Vormundschaft nach dem BGB. (1900). Enneccerus I, § 92, Kipp-Wolff, § 96.

2) Die deutsche Agnation ist Blutsverwandschaft, vermittelt durch einen gemeinschaftlichen Stammvater durch den Mannesstamm und behält nach Landesrecht auf dem vorbehaltenen Gebiet ihre Bedeutung (Recht der Familienfideikommisse, Lehen, Stammgüter und Privatfürstenrecht); die römische Agnation, die durch die Gemeinschaft der hausherrlichen Gewalt (patria potestas, manus) begründet wurde, ist heute ohne jede Bedeutung.

C. Für die rechtlichen Wirkungen der Verwandtschaft ist der Grad derselben entscheidend, der sich wie im röm. Rechte immer nach der Zahl der sie vermittelnden Geburten bestimmt (**1589**, Abs. 1), ferner die Linie, d. h. gewisse Verwandtengruppen, die sich aus I. ergeben, und die Ordnung (Parentel), d. h. die Abkömmlinge einer Person mit dieser, d. h. mit ihrem Stammvater (Parens) (**L.** § 289).

II. **Durch Annahme an Kindes Statt** wird zwar nicht Blutsverwandtschaft, wohl aber verwandtschaftliche Rechtsstellung begründet (bürgerliche, juristische Verwandtschaft) (**L.** § 257).

III. **Die Schwägerschaft** (affinitas) (**1590**).

Die Blutsverwandten, nicht auch die Verschwägerten eines Ehegatten sind mit dem anderen Ehegatten verschwägert. Das verwandtschaftliche Verhältnis der Schwägerschaft wird daher durch die Ehe und die Blutsverwandschaft begründet. Es erstreckt sich nur auf diejenigen Verwandten des Ehegatten, die zur Zeit des Bestandes der Ehe schon konzipiert waren. Der Grad der Schwägerschaft bestimmt sich nach dem Grade der vermittelnden Blutsverwandtschaft. Nach dieser bestimmt sich auch die Linie der Schwägerschaft (gerade Linie: Schwiegereltern und -Kinder, Stiefeltern und -Kinder, Seitenlinie: Schwager). Durch die Auflösung der Ehe wird die Schwägerschaft nicht aufgehoben, ihre rechtlichen Wirkungen überdauern die Ehe.

A. Eine formrichtig geschlossene, aber nichtige Ehe begründet die Schwägerschaft, diese fällt aber von Anfang an fort, sobald die Ehe aufgelöst oder für nichtig erklärt ist. Dasselbe gilt für die formell ungehörig geschlossene, aber in das Heiratsregister eingetragene Ehe und von einer anfechtbaren Ehe, sobald sie angefochten wird. Ausnahmsweise wird der Ehe der außereheliche Geschlechtsverkehr gleichgestellt (affinitas illegitima) (**1310**, Abs. 2. 3. **L.** § 224, I.), niemals aber ein Verlöbnis (quasi affinitas).

B. Die vermittelnde Verwandtschaft ist die eheliche und die uneheliche, wo sie der ehelichen gleichsteht. Als Verwandtschaft gilt aber auch die Beziehung zwischen dem unehelichen Kinde und dessen Abkömmlingen einerseits und dem Vater und dessen Verwandten andererseits im Falle der Eheschließung (**1310**, Abs. 2. 3. **L.** § 80, I.). Im Falle der Ehelichkeitserklärung wird die Frau des Mannes nicht mit dem Kinde und der Ehegatte des Kindes nicht mit dem Vater verschwägert (**1737**, Abs. 1). Ebenso wird der Ehegatte des Annehmenden nicht mit dem Kinde und der Ehegatte des Kindes nicht mit dem Annehmenden verschwägert (**1763**).

IV. Das Gesetz faßt außerdem mit dem Ausdrucke Angehörige, Familie oder Familienangehörige bestimmte Verwandte, den Ehegatten, Verlobten und die Verschwägerten zusammen (**6**. **530**, Abs. 1. **1969**. **2028**, Abs. 1. **2270**, Abs. 2)[1]).

§ 245.

Die eheliche Abstammung.[2])

I. **Die Blutsverwandtschaft der Mutter gegenüber** beruht auf der Geburt. Der Akt der Geburt ist ein sinnfälliger Akt wie andere, es genügen daher zum Beweise der Verwandtschaft mit der Mutter die gewöhnlichen Beweismittel und -Regeln (mater semper certa). Eheliche wie uneheliche Kinder sind der Mutter und deren Blutsverwandten gegenüber in gleicher Weise verwandt.

II. **Die Blutsverwandtschaft mit dem Vater** beruht auf der Zeugung. Die Erzeugung ist Folge der Beiwohnung. Schon der Beweis der Beiwohnung ist schwierig, fast immer unmöglich aber der Beweis ihrer Folge, der Zeugung (pater semper incertus). Im Falle ehelicher Geburt darf aber die Erzeugung durch den Ehemann angenommen werden, während bei unehelicher Geburt ein solcher Anhaltspunkt fehlt. Daher wird durch die eheliche Ab-

---

[1]) Kipp-Wolff, § 74. 75. Knitschky, Das Rechtsverhältnis zwischen Eltern und Kindern nach d. BGB., §§ 1. 2.

[2]) Vgl. die Literatur zu § 99, Note 1.

stammung wahre Verwandtschaft begründet, durch unehelich e nur ein der Verwandtschaft analoges Verhältnis (**1589**, Abs. 2, vgl. **L.** § 255).

Die Annahme der Erzeugung der ehelich geborenen Kinder durch den Ehemann bedarf aber der näheren Begrenzung. Das gemeine Recht stellte daher die widerlegbare Vermutung auf: pater est quem nuptiae demonstrant, wenn die Empfängniszeit, d. h. die Zeitspanne, innerhalb welcher die Zeugung erfolgt sein muß, in die Ehe fällt, das Kind also nach Ablauf des sechsten Monates nach Eingehung und vor Ablauf des zehnten Monates nach Endigung der Ehe geboren wird. Streitig war besonders der Gegenbeweis, und ob die Vermutung auch gelte, falls die Empfängniszeit außerhalb der Ehe fällt.

A. Nach dem BGB. sind alle Kinder, die vor der Ehe geboren werden, unehelich. Alle diejenigen Kinder, die nach Eingehung der Ehe geboren werden, mag die Mutter sie während oder vor der Ehe empfangen haben, sind ehelich, wenn der Mann der Frau innerhalb der Empfängniszeit beigewohnt hat (**1591**, Abs. 1, Satz 1). Ausgenommen ist der Fall, daß es den Umständen nach offenbar unmöglich ist, daß die Frau das Kind von dem Mann empfangen hat. Den Beweis der Beiwohnung innerhalb der Empfängniszeit erleichtert das Gesetz durch die Fixierung der Empfängniszeit (a) und die Beiwohnungsvermutung (b).

a) Die gesetzliche Fixierung der Empfängniszeit [1]). Die kürzeste Dauer der Schwangerschaft beträgt 181, die längste 302 Tage, die Empfängniszeit ist also die Zeit vom 181. bis zum 302. Tage vor der Geburt unter Einrechnung des 181. und 302. Tages (**1592**, Abs. 1). Die Empfängniszeit ist eine absolute [2]), d. h. es kann im konkreten Falle nicht der Gegenbeweis einer kürzeren oder längeren Empfängniszeit, z. B. aus dem Reifegrad des Kindes, geführt werden; dagegen ist die Empfängniszeit eine relative und präsumtive, soweit es sich um die Maximalgrenze der Schwangerschaftsdauer handelt. Hier ist zugunsten der Ehelichkeit des Kindes der Nachweis zugelassen, daß das Kind innerhalb eines Zeitraumes empfangen ist, der weiter als 302 Tage vor der Geburt zurückliegt (**1592**, Abs. 2) [3]).

Demgemäß bestimmt sich, ob die Empfängniszeit in die Zeit der Ehe fällt, oder ob sie ganz oder teilweise außerhalb, d. h. vor Eingehung oder nach Auflösung derselben, liegt.

b) Da die Ehelichkeit des Kindes weiter davon abhängt, daß der Mann der Frau innerhalb der Empfängniszeit beigewohnt hat, so bedürfte die Beiwohnung des Beweises. Diesen erleichtert das Gesetz durch die Beiwohnungsvermutung, d. h. die widerlegbare Vermutung, daß der Mann innerhalb der Empfängniszeit der Frau beigewohnt hat (**1591**, Abs. 2, Satz 1). Die Vermutung stützt sich auf die durch das eheliche Zusammenleben begründete Wahrscheinlichkeit der Beiwohnung und greift daher Platz, soweit die Empfängniszeit in die Zeit der Ehe fällt. Für die vor die Zeit der Ehe fallende Empfängniszeit findet sie nur Anwendung, wenn der Mann gestorben ist, ohne die Ehelichkeit angefochten zu haben (s. C. **1591**, Abs. 2, Satz 2). Auch dann wird die Vermutung Platz greifen, wenn der Mann bei Lebzeiten noch gar nicht in der Lage war, die Ehelichkeit anzufechten, weil er z. B. von der Geburt des Kindes keine Kenntnis hatte. Die Vermutung trifft also nicht zu, solange der Mann lebt, und wenn er nach Anfechtung der Ehelichkeit gestorben ist; wer die Ehelichkeit des Kindes behauptet, muß den Beweis der Beiwohnung innerhalb der Empfängniszeit erbringen [4]).

B. Der Gegenbeweis gegenüber der Ehelichkeitsvermutung (A.) bestimmt sich verschieden, je nachdem die Empfängniszeit in die Ehe oder ganz oder teilweise außerhalb derselben fällt.

a) Die Empfängniszeit fällt ganz in die Ehe.

---

[1]) Über die sonstige Bedeutung der Empfängniszeit vgl. **844**, Abs. 2, Satz 2. **1732**. **1912**. **1923**, Abs. 2. **2070**. **2162**, Abs. 2. **2178**.

[2]) Obwohl ärztliche Autoritäten als die regelmäßige Minimalgrenze den 210. Tag vor der Geburt angeben.

[3]) Mit Rücksicht auf ärztliche Autoritäten, die eine Schwangerschaftsdauer von 310—325 Tagen als vorkommend angeben.

[4]) A. M. Opet, S. 17.

α) Hier trifft die Vermutung der Beiwohnung zu (A. b). Diese kann der Mann entkräften dadurch, daß er beweist, daß er während der Empfängniszeit der Frau nicht beigewohnt hat, nicht aber gerade, daß die Beiwohnung unmöglich gewesen ist. Der Beweis eines Ehebruches der Frau oder der Trennung der Ehegatten während der Empfängniszeit an sich ist nicht hinreichend. Es gelten die gewöhnlichen Beweisgrundsätze. Die Beweiswürdigung wird hier gerade von Bedeutung sein.

β) Bleibt die Vermutung der Beiwohnung von Bestand, so kann der Mann noch den Nachweis führen, daß es den Umständen nach offenbar unmöglich ist, daß die Frau das Kind von ihm empfangen hat (**1591**, Abs. 1, Satz 2). Nicht die richterliche Beweiswürdigung[1]), sondern das Anfechtungsrecht des Mannes ist eingeschränkt. Es muß dem Richter die Überzeugung von der offenbaren Unmöglichkeit der Zeugung durch den Mann erbracht werden[2]). Nicht genügend ist Gegenbeweis aus dem Reifegrad des Kindes (vgl. A. a), an sich auch nicht der des Ehebruches der Frau in der Empfängniszeit. Doch können auch solche Umstände als Indizien in Verbindung mit anderen die richterliche Überzeugung leiten[3]).

b) Die Empfängniszeit fällt ganz in die Zeit vor der Ehe. Hier trifft die Vermutung der Beiwohnung gleichfalls zu. Auch in diesem Falle gilt das Kind als eheliches. Der Mann muß die Ehelichkeit anfechten, wenn er die Vermutung beseitigen will. Wer trotz Anfechtung die Ehelichkeit des Kindes behauptet, hat die Beiwohnung zu beweisen. Gelingt dieses, so kann der Mann die Unmöglichkeit der Abstammung nach a. β beweisen. Ist aber der Mann verstorben, ohne die Ehelichkeit des Kindes angefochten zu haben (vgl. C.), so gilt die Vermutung unbedingt.

c) Fällt die Empfängniszeit zum Teil in, zum Teil vor die Ehezeit, so gilt bezüglich des ersten Teiles a, bezüglich des letzten b.

d) Fällt aber die Empfängniszeit ganz in die Zeit nach Auflösung der Ehe, so ist das Kind unehelich.

C. **Die Geltendmachung der Unehelichkeit** eines als ehelich (A. B.) geltenden Kindes. Ist ein während der Ehe oder innerhalb 302 Tagen[4]) nach Auflösung der Ehe geborenes Kind unehelich, so kann die Unehelichkeit von Dritten doch nur dann geltendgemacht werden, wenn der Mann die Ehelichkeit angefochten hat oder gestorben ist, ohne angefochten zu haben, während ihm bis zum Tode das Anfechtungsrecht noch zustand (**1593**) [5]).

a) Die Anfechtung steht nur dem Ehemanne als dem Haupte der Familie zu, er allein hat daher die Disposition darüber, ob ein uneheliches Kind als ehelich gelten soll oder nicht, selbst dann, wenn die offenbare Unmöglichkeit der Zeugung durch ihn vorliegt. Das Anfechtungsrecht ist an eine einjährige Ausschlußfrist (gemäß **1594**) gebunden, gewillkürte Vertretung des Mannes ist ausgeschlossen (**1595**, Abs. 1) [6]).

b) Die Anfechtung wird geltendgemacht

α) bei Lebzeiten des Kindes durch Erhebung der Anfechtungsklage (Feststellungsklage) gegen das Kind[7]), die den einseitigen rechtsgeschäftlichen Anfechtungsakt in

---

[1]) So meint Hachenburg, Die Rechtsstellung des unehelichen Kindes (S.-A. aus Annalen d. Großh. Bad. Gerichte, Bd. 41), S. 17 f. 28 f. Degegen Planck, S. 344.

[2]) Z. B. die Eltern sind Weiße, das Kind ein offenbarer Mischling, oder die Schwangerschaft der Frau ist bei Eintritt in die Empfängniszeit nachgewiesen, oder Zeugungsunfähigkeit, Abwesenheit, Krankheit des Mannes.

[3]) Den Gegenbeweis aus dem Reifegrade lassen schlechthin zu u. a.: Knitschky, a. a. O., S. 9. Vorsichtiger Planck zu **1591**, Note 2.

[4]) Gilt das gleiche auch für die Kinder, für die eine längere Empfängniszeit festgestellt ist, gemäß **1592**, Abs. 2? Dafür Kuhlenbeck, a. a. O., I, S. 163, Note 2. A. M. M. IV. S. 664.

[5]) Die Geltendmachung der Unehelichkeit eines Kindes wegen Ungültigkeit der Ehe, wegen Unterschiebung oder wegen Geburt des Kindes nach Ablauf von 302 Tagen nach Auflösung der Ehe steht hier nicht in Frage.

[6]) Für den Fall der beschränkten Geschäftsfähigkeit oder Geschäftsunfähigkeit des Mannes vgl. **1595.**

[7]) Dieses erhält gegebenenfalles einen Pfleger (**1909**). Die Mutter kann als Nebenintervenientin (ZPO. § 66) auftreten. Das rechtskräftige Urteil wirkt für und gegen Dritte (ZPO. § 643). Über das Verfahren vgl. ZPO. § 640 ff.

sich schließt. Wird die Klage zurückgenommen, oder erkennt der Mann das Kind vor Erledigung des Rechtsstreites an (c. *β*.), so gilt die Anfechtung als nicht erfolgt. Im Falle der Zurücknahme erlischt das Anfechtungsrecht des Mannes nicht. Bis zu der Erledigung des Rechtsstreites gilt das Kind auch dem Manne gegenüber als eheliches, und die Unehelichkeit kann so lange von niemandem anderweit geltendgemacht werden. Darin liegt eine Ausnahme von dem Grundsatze von **1593** (C.); denn die Anfechtung ist erfolgt (**1596**. ZPO. §§ 152. 153);

β) nach dem Tode des Kindes erfolgt die Anfechtung durch Erklärung gegenüber dem Nachlaßgericht in öffentlich beglaubigter Form (**1597**) [1]).

c) Das Anfechtungsrecht erlischt, und die Unehelichkeit des Kindes kann von niemand mehr geltendgemacht werden,

α) wenn die Ausschlußfrist (a) versäumt ist;

β) wenn der Mann das Kind nach der Geburt als das seinige anerkannt hat. Die Anerkennung ist ein einseitiges, aber nicht empfangsbedürftiges Rechtsgeschäft. Sie kann ausdrücklich oder stillschweigend (z. B. möglicherweise dadurch, daß der Mann die Anzeige der Geburt beim Standesamt macht oder als gesetzlicher Vertreter des Kindes auftritt) erklärt werden und auch in einer Verfügung von Todes wegen erfolgen. Anerkennung unter Bedingung und Zeitbestimmung und durch Vertreter ist ausgeschlossen (**1598**). Die Anerkennung unterliegt der Anfechtung aus den für Rechtsgeschäfte zutreffenden Gründen (Irrtum, Täuschung, Drohung). Da die Anfechtung der Anerkennung im Grunde eine Anfechtung der Ehelichkeit des Kindes ist, so ist sie materiell und formell wie diese (b) zu behandeln (**1595** bis **1597**. **1599**).

d) Ist die Ehelichkeit mit Erfolg angefochten, so gilt das Kind auch für die Vergangenheit als uneheliches, auch gutgläubigen Dritten gegenüber.

e) Hat der Mann die Ehelichkeit nicht angefochten, und ist er verstorben, ohne das Anfechtungsrecht verloren zu haben (c), so kann die Unehelichkeit von jedem nach den allgemeinen Grundsätzen als Inzidentpunkt oder selbständig mit der Feststellungsklage geltendgemacht werden. Eine Ausschlußfrist besteht nicht (ZPO. § 256).

D. Hat eine Ehefrau nach Auflösung der früheren Ehe wieder geheiratet, und wird nach Eingehung der weiteren Ehe von ihr ein Kind geboren, so kann die Empfängniszeit dieses Kindes ganz (im Falle vorzeitiger Wiederverheiratung, **1313**) oder zum Teil (auch bei Einhaltung der Wartezeit) in die Zeit der früheren Ehe fallen. Hat hier der eine oder der andere Ehemann die Ehelichkeit mit Erfolg angefochten, so ist das Kind eheliches Kind des anderen nicht anfechtenden Mannes. Haben beide Männer die Ehelichkeit mit Erfolg angefochten, so ist das Kind ein uneheliches. Haben beide Ehemänner von ihrem Anfechtungsrechte noch keinen Gebrauch gemacht oder ihr Anfechtungsrecht verloren, oder besitzen sie kein Anfechtungsrecht (vgl. 2. a), so gilt das Kind, wenn es innerhalb 270 Tagen nach der Auflösung der früheren Ehe geboren wird, als Kind des ersten, wenn es später geboren wird, als Kind des zweiten Mannes. Eine Widerlegung dieser Vermutung aus dem Reifegrade oder der Rassenverschiedenheit ist aber unstatthaft[2]) (**1600**).

III. Intertemporales und internationales Recht.

1. Die Ehelichkeit der vor dem 1. Januar 1900 geborenen Kinder richtet sich nach bisherigem Recht, die der später geborenen nach dem BGB.

2. Die eheliche Abstammung eines Kindes steht unter dem Personalstatut der Staatsangehörigkeit des Ehemannes zur Zeit der Geburt des Kindes, wenn er vor der Geburt des Kindes starb, zur Zeit seines Todes (EG. Art. 18).

---

[1]) Das Nachlaßgericht soll von der Erklärung Mitteilung an die Erben des Kindes machen und die Einsicht in die Erklärung jedem rechtlich Interessierten gestatten (**1597**, Abs. 2). Haben die rechtlich Interessierten eine Klage auf Feststellung der Ehelichkeit und Zurücknahme der Anfechtungserklärung gegen den Ehemann? Dafür Kuhlenbeck, a. a. O., I, S. 165, Note 1.

[2]) Vgl. Staudinger IV, S. 378.

§ 246.

Die uneheliche Abstammung.[1])

Die Notwendigkeit einer Feststellung der unehelichen Abstammung ergibt sich aus den Bestimmungen in **1310**, Abs. 3. RStr.GB. § 173; sie erfolgt hier nach den allgemeinen Grundsätzen des Beweisrechtes. Die Feststellung ist weiter erforderlich bei der Legitimation; darüber ist **L.** § 256 zu vergleichen. Endlich bedarf die Vaterschaft der Feststellung mit Rücksicht auf die Unterhaltspflichten und die sonstigen Verpflichtungen des Vaters gegenüber dem unehelichen Kinde und gegenüber der Mutter (**L.** § 255). Es müßte an sich bewiesen werden die Vollziehung des Beischlafes zwischen dem natürlichen Vater und der Mutter innerhalb der Empfängniszeit, und daß kein anderer innerhalb dieser Zeit der Mutter beigewohnt hat. Dieser Beweis ist zugunsten des Kindes erheblich erleichtert.

I. Es gilt (**1717**) die widerlegbare Vermutung, daß derjenige, welcher der Mutter innerhalb der Empfängniszeit beiwohnte, der Vater ist. Die Empfängniszeit bestimmt sich wie bei der ehelichen Abstammung. Sie ist aber hier durchaus absolut festgesetzt[2]).

A. Der in Anspruch genommene Konkumbent haftet aber nicht, wenn auch ein anderer innerhalb der Empfängniszeit der Frau beiwohnte (exceptio plurium concumbentium). Der Konkumbent hat diese Tatsache zu beweisen.

B. Steht die Beiwohnung fest, so kann der Konkumbent den Beweis der offenbaren Unmöglichkeit der Empfängnis aus dieser Beiwohnung führen.

C. Ist der Beweis der Beiwohnung des anderen erbracht, so fällt die natürliche Vaterschaft ins Ungewisse, wenn nicht das Kind bzw. die Mutter beweist, daß offenbar das Kind aus der Beiwohnung des anderen unmöglich herrühren kann, z. B. weil die Mutter zur Zeit derselben schon schwanger war.

II. Die Anerkennung vor der Geburt ist nur Beweismittel. Wer aber nach der Geburt des Kindes in einer öffentlichen Urkunde (ZPO. § 415. FGG. §§ 167—184, Personenstandsgesetz § 25) seine Vaterschaft anerkennt (**1718**, vgl. **1720**) [3]), kann sich nicht darauf berufen, daß ein anderer der Mutter innerhalb der Empfängniszeit beigewohnt habe. Die Anerkennung hat also nicht konstitutive Bedeutung für die Vaterschaft, sondern schließt nur die Berufung auf die sog. exceptio plurium aus, nicht aber weil in der Anerkennung ein Verzicht liegt; denn die sog. exceptio plurium ist ein Leugnen des Klageanspruches, und der Anerkennende hat oft keine Kenntnis von dem stattgehabten Beischlafe anderer. Die Anerkennung ist überhaupt kein Rechtsgeschäft, vielmehr Geständnis über die eigene Beiwohnung innerhalb der Empfängniszeit. An dieses knüpft das Gesetz die verstärkte Vermutung[4]), daß derjenige der Vater ist, welcher den Beischlaf mit der Mutter innerhalb der Empfängniszeit vollzogen hat. Der Beklagte kann nun diese Vermutung durch den Beweis beseitigen, entweder daß er den Beischlaf mit der Mutter innerhalb der Empfängniszeit nicht vollzogen hat, oder daß das Kind aus dieser Beiwohnung offenbar nicht stammen könne.

---

[1]) Vgl. **L.** § 255, Note 1. Menger, Arch. f. soz. Gesetzgebung usw., Bd. 2, S. 52 ff. 69. Fuld, Arch. f. d. ziv. Pr., Bd. 75, S. 89 ff. Gierke, Der Entwurf, S. 480 ff. Linkelmann, GA., S. 465 ff. (1890). Hahn, Gruch. Beitr., Bd. 35, S. 347 ff. (1891). Hachenburg, Die Rechtsstellung des unehel. Kindes in d. Entw. e. BGB. (SA.) (1895). Opet, § 36. Knitschky, Das Rechtsverhältnis zw. Eltern und Kindern usw., § 6. Kipp-Wolff, §§ 94. 95.

[2]) **1592**, Abs. 2 gilt also nicht.

[3]) Zuständigkeit nach Landesrecht: Mecklenb.-Schwer. AG. z. BGB. § 222. Mecklenb.-Strel. AV. z. BGB. § 220. Preuß. AG. z. BGB. Art. 70. 71. Württemb. EG. z. BGB. Art. 267.

[4]) So Hachenburg, a. a. O., S. 31 ff., jedoch ist diese Vermutung keine unwiderlegbare **praesumptio juris et de jure**, wie H. S. 35 will. Vgl. auch Walsmann, Verzicht, S. 291. Für die Rechtsgeschäftsnatur Staudinger IV, S. 523.

§ 247.

Die Unterhaltungspflicht der Verwandten.[1])

Unter den rechtlichen Wirkungen[2]) der Verwandtschaft ist die Unterhaltspflicht[3]) eine sehr wichtige. Die Unterhaltspflicht entsteht kraft Gesetzes mit der Verwandtschaft und unter gewissen weiteren Voraussetzungen.

I. Unterhaltsrecht und -pflicht besteht nur unter den Verwandten in gerader Linie (**1601**) [4].

A. **Berechtigt** ist nur der Verwandte, der kein Vermögen hat, und wenn und soweit er erwerbsunfähig ist, was sich nach seinen Lebensverhältnissen bestimmt (**1602**, Abs. 1). Der Unterhaltsanspruch minderjähriger unverheirateten Kinder gegen die Eltern hängt dagegen nicht von ihrer Vermögenslosigkeit, sondern nur davon ab, ob die Einkünfte ihres Vermögens und der Ertrag ihrer Arbeit zum Unterhalte ausreichen (**1602**, Abs. 2). Die Bedürftigkeit hat der Berechtigte zu beweisen.

1. Mehrere bedürftige Verwandte, denen allen der Verpflichtete nicht Unterhalt gewähren kann (B.), beschränken sich nicht, indem sie alle partizipieren, sondern es besteht eine Reihenfolge: die Abkömmlinge gehen den Verwandten der aufsteigenden Linie vor. Unter den Abkömmlingen gehen die als gesetzliche Erben Berufenen den übrigen vor. Unter den Verwandten der aufsteigenden Linie entscheidet Gradesnähe.

2. Konkurrieren mit bedürftigen Verwandten andere Unterhaltsberechtigte, so steht der Ehegatte den minderjährigen unverheirateten Kindern gleich, allen übrigen Verwandten geht er vor. Der geschiedene Ehegatte (**1578**. **1579**. **L.** § 243) und der nach **1351** (**L.** § 227, III) unterhaltsberechtigte Ehegatte geht den volljährigen oder verheirateten Kindern und sonstigen Verwandten vor (**1609**).

B. **Die Unterhaltspflicht** ist

1. beschränkt durch die dem Verpflichteten gewährte Einrede des Notbedarfes, d. h. der Verpflichtete kann die Leistung des Unterhaltes so weit verweigern, als durch sie bei Berücksichtigung seiner sonstigen Verpflichtungen sein standesgemäßer Unterhalt gefährdet würde. Den Beweis hat der Verpflichtete zu erbringen (**1603**, Abs. 1). Eltern, bei denen diese Leistungsunfähigkeit vorliegt, sind aber ihren minderjährigen und unverheirateten Kindern bis zur Großjährigkeit bzw. Verheiratung so verpflichtet, daß sie ohne Rücksicht auf ihren standesgemäßen Unterhalt alle verfügbaren Mittel zu ihrem und der Kinder Unterhalt gleichmäßig verwenden müssen. Diese gesteigerte Verpflichtung der Eltern tritt nicht ein, wenn ein anderer unterhaltspflichtiger (Großeltern) und im regelmäßigen Umfange (**1603**, Abs. 1) leistungsfähiger Verwandter da ist, auch nicht, wenn der Unterhalt des Kindes aus dem Stamme seines Vermögens bestritten werden kann (vgl. **1602**, Abs. 2 und oben A.) [5]).

2. Unter den Unterhaltspflichtigen besteht eine Reihenfolge, welche durch Einrede geltendgemacht werden kann.

---

[1]) v. Hussarek, Zeitschr. f. d. Priv.- u. öff. R., Bd. 20 (1893), S. 481 ff. 649 ff. Opet, Verwandtschaftsrecht (1899), §§ 10. 11. Knitschky, Das Rechtsverhältnis zw. Eltern und Kindern usw., § 8. Spahn, Verwandschaft und Vormundschaft (1900), S. 45 ff. Kipp-Wolff, § 97.

[2]) Dahin gehören: Ehehindernis der Verwandtschaft (**L.** § 224), das Recht der Zeugnisverweigerung (ZPO. §§ 383, Z. 3. 393, Z. 3. StrPO. § 51), Ablehnungsrecht (ZPO. § 41, Z. 3), Ausschließungsgrund (GVG. § 156, I, Z. 3, II, Z. 3), Recht des Antrages auf Entmündigung (ZPO. §§ 646. 656. 664. 666).

[3]) Vgl. PZO. § 708. KO. § 3, Abs. 2.

[4]) Unter Seitenverwandten, besonders Geschwistern, besteht nach BGB. keine Unterhaltspflicht (RG. Bd. 46, S. 65; Bd. 49, S. 135); es kann aber die sittliche Pflicht der Unterhaltsgewährung bestehen und als solche rechtliche Bedeutung haben (**534**).

[5]) Ob eine unterhaltspflichtige Ehefrau zur Leistung imstande ist (**1603**), bestimmt sich bei der Verwaltungsgemeinschaft so, daß das Recht des Mannes am eingebrachten Gut nicht in Betracht kommt (vgl. **1411**), ob beide Ehegatten imstande sind; bei den Gütergemeinschaften so, als wenn das Gesamtgut dem unterhaltspflichtigen Ehegatten allein gehörte. Sind bedürftige Verwandte beider Ehegatten vorhanden, so ist der Unterhalt aus dem Gesamtgute so zu leisten, als wenn die bedürftigen Verwandten zu

a) Unter den auf Grund der Verwandtschaft Verpflichteten sind:

α) Der Erbfolge entsprechend zunächst die Abkömmlinge (nach der gesetzlichen Erbfolgeordnung und nach dem Verhältnis der Erbteile) vor den Verwandten der aufsteigenden Linie verpflichtet (**1606**, Abs. 1). Die letzteren haften ohne Unterschied zwischen väterlicher und mütterlicher Seite nach Gradesnähe, gleich nahe zu gleichen Teilen. Der Vater haftet vor der Mutter, die Mutter aber vor dem Vater, wenn ihr (**1684**) die Nutznießung an dem Vermögen des Kindes zusteht (**1606**, Abs. 2).

Die Unterhaltspflicht der Eltern gegenüber den Kindern wird durch die Scheidung der Ehe nicht berührt[1]). Es haftet also hier der Vater in der Regel vor der Mutter. Der unterhaltspflichtige Vater kann aber, da für ihn mit der Scheidung und der Aufhebung der ehelichen Gemeinschaft die Nutzung des eingebrachten Gutes fortfällt, von der Mutter ohne Rücksicht auf ihre Schuld an der Scheidung und ohne Rücksicht auf seine Leistungsfähigkeit einen angemessenen Beitrag aus den Einkünften ihres Vermögens oder dem Ertrage ihrer Arbeit oder eines von ihr selbständig betriebenen Erwerbsgeschäftes zu den Kosten des Unterhaltes verlangen, soweit diese nicht durch seine elterliche Nutznießung am Kindesvermögen gedeckt sind. Dieser Anspruch des Mannes ist nicht übertragbar und nicht pfändbar (ZPO. § 851, Abs. 1. KO. § 1, Abs. 1). Hat die Frau die Sorge für die Person des Kindes (**1635**. **L.** § 253), so kann sie den Beitrag zur eigenen Verwendung für den Unterhaltszweck zurückbehalten, wenn eine erhebliche Gefährdung des Unterhaltes des Kindes zu besorgen ist (**1585**). Ist eine Ehe nach Todeserklärung eines Ehegatten durch Eingehung einer neuen Ehe aufgelöst (**1348**, Abs. 2), so trifft die Frau der früheren Ehe die gleiche Beitragspflicht gegenüber dem Manne der früheren Ehe zur Bestreitung des Unterhaltes der Kinder aus dieser Ehe (**1352**).

Während eines anhängigen Ehenichtigkeits-, Eheanfechtungs- oder Ehescheidungsprozesses kann die Unterhaltspflicht der Eltern in ihrem Verhältnisse zueinander interimistisch geregelt werden (ZPO. § 627. **L.** § 242).

β) Ist ein Verwandter nach Z. 1 nicht unterhaltspflichtig, oder ist die Rechtsverfolgung gegen ihn im Inlande ausgeschlossen oder erheblich erschwert (ZPO. § 917), so tritt der nach *α*. nächste Verwandte an die Stelle, auf den dann der Anspruch des Berechtigten kraft Gesetzes übergeht, der aber nicht zum Nachteil des Berechtigten geltendgemacht werden kann (**1607**, vgl. **1709**).

b) Vor den Verwandten haftet der Ehegatte des Bedürftigen (**1360** — **1578**. **1579**. — **1351**, vgl. **L.** § 243).

Ist der Ehegatte aber gemäß Z. 1 außerstande, den Unterhalt zu gewähren, oder ist die Rechtsverfolgung gegen ihn im Inlande ausgeschlossen oder erheblich erschwert, so gehen die Verwandten vor mit der Folge zu *α*. *β*. (**1608**).

c) Öffentliche Behörden, Verbände und Fürsorgeanstalten können den Unterhaltspflichtigen direkt auf Ersatz von ihnen gewährter Unterstützung belangen (EG. Art. 32. 103. Reichsgesetz vom 6. Juni 1870 § 62. Fürsorgegesetz vom 2. Juli 1900 § 16) [2]).

II. **Maß und Art der Gewährung des Unterhaltes.**

A. Unterhalt kann der Berechtigte immer nur für sich, nicht für seinen Ehegatten oder seine Kinder verlangen.

1. Regelmäßig kann der Bedürftige standesgemäßen, d. h. nach seiner Lebensstellung vom Richter zu bemessenden Lebensbedarf verlangen, der, wenn der Berechtigte noch der Erziehung bedarf, auch die Kosten der Erziehung und der Vorbildung zu einem Berufe umfaßt (**1610**).

---

beiden Ehegatten in dem gleichen Verwandtschaftsverhältnis ständen wie zu dem unterhaltspflichtigen Ehegatten (**1604**). Ob ein minderjähriges Kind zur Leistung des Unterhaltes imstande ist, bestimmt sich so, als wenn ihm selbst, nicht den Eltern, die Nutzung seines Vermögens zustände (**1695**).

[1]) Vgl. Erler, Ehescheidungsrecht (1900), S. 153 f.

[2]) Vgl. Schäfer, Gruch. Beitr., Bd. 41 (1897), S. 229 ff. Schepp, Das öff. Recht im BGB., S. 95 ff.

2. Nur notdürftiger Unterhalt ist zu gewähren (**1611**)[1])

a) an den, der durch sein sittliches Verschulden (Spiel, Trunk) seine Bedürftigkeit herbeigeführt hat;

b) an Abkömmlinge, Eltern und Ehegatten, denen wegen einer Verfehlung vom Verpflichteten der Pflichtteil entzogen werden kann (**L.** § 306);

c) an Großeltern und Voreltern, wenn die Voraussetzungen bei ihnen vorliegen, unter denen Kinder ihren Eltern den Pflichtteil entziehen können (**L.** § 306).

B. Die Gewährung.

1. Der Unterhalt ist regelmäßig in einer Geldrente (nach **760**. **L.** § 129) zu gewähren

a) in anderer Art (in Natur), wenn der Verpflichtete es verlangt, und besondere Gründe es rechtfertigen;

b) unverheirateten Kindern gegenüber bestimmen die Eltern die Art der Gewährung und die Zeit, für die der Unterhalt im voraus gewährt wird (vgl. **760**). Die Bestimmung der Eltern unterliegt aber auf Antrag des Kindes aus besonderen Gründen der Abänderung durch das Vormundschaftsgericht (**1612**).

2. Der Unterhalt wird für die Zukunft gewährt. Für die Vergangenheit kann Erfüllung oder Schadensersatz wegen Nichterfüllung nur von der Zeit des Verzuges oder der Rechtshängigkeit an verlangt werden (**1613**, vgl. **1711**).

III. **Erlöschen des Unterhaltsanspruches.** Im allgemeinen greifen die Vorschriften über die Schuldverhältnisse ein.

A. Ein Verzicht auf den Anspruch für die Zukunft ist nichtig (**1614**, Abs. 1).

B. Die Vorausleistung für einen gewissen Zeitraum befreit bei erneuter Bedürftigkeit, die innerhalb dieses Zeitraumes eintritt, den Verpflichteten nur auf drei Monate (**760**, Abs. 2) oder, wenn er selbst den Zeitraum bestimmen konnte (II. B. 1. b.), für einen den Umständen nach angemessenen Zeitraum (**1614**, Abs. 2). Vereinbarungen können das nicht ändern.

C. Der Unterhaltsanspruch erlischt durch Tod des Berechtigten und Verpflichteten, soweit es sich nicht um die klagbaren Ansprüche für die Vergangenheit (**1613**. oben II. B. Z. 2) und um Vorausleistungen (**760**, Abs. 3) handelt, die mit dem Tode einer der Parteien fällig sind (**1615**, Abs. 1, vgl. **1712**).

IV. Die Unterhaltspflicht zieht die Pflicht, die **Kosten der Beerdigung** des Berechtigten zu tragen, nach sich; der Unterhaltspflichtige haftet aber erst nach dem Erben (**1615**, Abs. 2. **1968**)[2]).

2. Kapitel.

Das Rechtsverhältnis zwischen Eltern und Kindern.[3])

§ 248.

Die rechtliche Stellung der ehelichen Kinder im allgemeinen.

Abgesehen von dem Unterhaltsanspruche (**L.** § 247), äußert sich das Verhältnis der Eltern zu den ehelichen Kindern in besonderen allgemeinen Rechtsfolgen (I.—IV.)[4]) und in der elterlichen Gewalt (**L.** § 249)[5]).

---

[1]) Wegen des gegenüber dem standesmäßigen Unterhalt hier eintretenden Ausfalles haften nicht die anderen Unterhaltspflichtigen subsidiär (**1611**, Abs. 3, vgl. oben I. B. Z. 2).

[2]) Die Ansprüche Dritter, die als Geschäftsführer ohne Auftrag (**L.** § 138) für den Unterhaltspflichtigen an den Berechtigten Unterhalt gewährt haben, werden durch die Beschränkungen des gesetzlichen Unterhaltsanspruches nicht getroffen.

[3]) Opet, §§ 12—14. 28—30. Knitschky, Das Rechtsverhältnis zw. Eltern und Kindern usw., § 7. Schepp, D. öff. Recht im BGB., S. 97 f. Neubecker, F. K., Die Mitgift (1909), bes. S. 209 ff. Kipp-Wolff, §§ 76. 77.

[4]) Übergangsvorschrift. EG. Art. 206.

[5]) Nicht ohne privatrechtliche Bedeutung sind auch einige Bestimmungen des öffentlichen Rechts: Freizügigkeitsgesetz vom 1. November 1867, § 2. Staatsangehörigkeitsgesetz vom 1. Juni 1870.

I. Das Kind erhält den **Familiennamen** des Vaters (**1616**), ob auch den Adel des Vaters, bestimmt sich nach öffentlichem Recht (vgl. **L.** § 219).

II. **Kinder, welche dem Haushalte der Eltern angehören** (hausangehörige Kinder), sind

A. den Eltern zu unentgeltlichen Dienstleistungen in ihrem Hauswesen oder Geschäfte in einer ihren Kräften und ihrer Lebensstellung entsprechenden Weise verpflichtet, wenn sie von den Eltern erzogen oder unterhalten werden (**1617**);

B. machen sie als Volljährige, also von der elterlichen Gewalt Befreite, aus ihrem Vermögen zur Bestreitung von Haushaltungskosten Aufwendungen, oder überlassen sie zu diesem Zwecke Vermögen (Kapital, Einkünfte) an die Eltern, so gilt die widerlegbare Vermutung, daß die Absicht fehlte, Ersatz zu verlangen (**1618**, vgl. **1429**; vgl. **L.** § 235).

Überlassen sie Vermögen zur Verwaltung an die Eltern, so können diese die bezogenen Einkünfte frei verwenden, soweit nicht das Kind abweichende Bestimmung trifft, oder die Einkünfte zur Bestreitung der Kosten ordnungsmäßiger Verwaltung oder zur Erfüllung solcher Verpflichtungen des Kindes erforderlich sind, die bei ordnungsmäßiger Verwaltung aus den Einkünften bestritten werden (**1619**, vgl. **1430**). Vgl. **L.** § 235.

III. Ein klagbarer Anspruch der Kinder gegen die Eltern auf **Ausstattung**[1]), d. h. Zuwendung von Vermögen mit Rücksicht auf die Verheiratung oder Erlangung einer selbständigen Lebensstellung, zur Begründung oder Erhaltung der Wirtschaft oder der Lebensstellung, besteht an sich kraft Gesetzes nicht. Die freiwillig gewährte (gegebene oder versprochene) Ausstattung gilt aber als Schenkung nur, soweit sie das den Umständen, besonders den Vermögensverhältnissen der Eltern entsprechende Maß übersteigt[2]). Die Gewährleistungspflicht des Ausstattenden ist die des Schenkers, auch soweit die Ausstattung nicht Schenkung ist (**1624**). Die Ausstattung, welche die Eltern aus dem ihrer elterlichen oder vormundschaftlichen Verwaltung unterliegenden Kindesvermögen gewährt, ist im Zweifel aus dem Kindesvermögen gewährt, nicht Gabe der Eltern (**1625**).

Zur Ausstattung gehört auch die **Aussteuer** (d. h. die Zuwendung von Vermögen an die Tochter im Falle der Verheiratung zur Einrichtung des Haushaltes)[3]). Die Tochter hat aber einen klagbaren Anspruch auf Aussteuer, wenn sie nicht selbst ausreichendes Vermögen hat, in erster Linie gegen den Vater, in zweiter gegen die Mutter, wenn der Vater mittellos oder gestorben oder wenn die Verfolgung des Anspruches gegen den Vater im Inlande ausgeschlossen oder erheblich erschwert ist. Die Eltern haben die Einrede des Notbedarfes. Ob sie zur Gewährung der Aussteuer imstande sind, bestimmt sich je nach dem ehelichen Güterstande wie bei der Unterhaltspflicht (**1604**). Wird die Aussteuer von der Mutter geleistet, so geht auf sie der Anspruch der Tochter gegen den Vater über (**1620**. **1604**. **1607**, Abs. 2. **L.** § 247). Die Gewährung der Aussteuer ist keine Schenkung, wohl aber unentgeltliches Geschäft. Wird die Aussteuer gewährt, obwohl die Tochter hinreichendes Vermögen besitzt, eine Aussteuerpflicht somit nicht besteht, so kommt die Auslegungsregel in **1625** zur Anwendung.

A. Die Eltern können die Aussteuer verweigern (**1621**), wenn die Tochter

1. ohne die erforderliche Einwilligung der Eltern sich verheiratet hat, wenn auch die Einwilligung grundlos versagt wurde (**1305**. **1308**. **L.** § 224);

2. wenn sich die Tochter gegen die Eltern einer Verfehlung schuldigmachte, welche die Eltern zur Entziehung des Pflichtteiles berechtigte (**2333**. **L.** § 306).

B. Der Anspruch auf Aussteuer ist nicht übertragbar und nicht pfändbar (**1623**, ZPO. § 851).

---

§ 8, Z. 1. §§ 11. 19. RStrGB. §§ 189, Abs. 3. 195. 232, Abs. 3. Wehrordnung vom 22. November 1888, § 89, Z. 4 b. Aus dem Reichsprivatrecht kommen ferner in Betracht: GewO. §§ 108. 130. 131. ReichsseemannsO. vom 2. Juni 1902, §§ 5. 6. ZPO. §§ 646. 680; Reichsbörsengesetz vom 22. Juni 1896, § 58, Abs. 2. Unterstützungswohnsitzges. vom 12. März 1894 (6. Juni 1870), § 18 ff. KO. §§ 31. 61 und Anfechtungsgesetz vom 21. Juni 1879, § 3. Vgl. Mandry-Geib, § 55.

1) Vgl. **2050**.

2) RG. Bd. 62, S. 273 f.

3) Vgl. Süßheim, Arch. f. d. ziv. Pr., Bd. 89 (1899), S. 389 ff.

C. Der Anspruch erlischt i. a. nach den Vorschriften des Schuldrechtes.

1. Haben die Eltern die Aussteuer für eine frühere (geschlossene oder nicht geschlossene) Ehe der Tochter gewährt, so besteht kein Anspruch auf nochmalige Leistung (**1622**).

2. Der Anspruch erlischt mit dem Tode der Eltern (**1620**, Abs. 1, Satz 2), nicht mit dem Tode der Tochter nach Erwerb des Anspruches. Der Erwerb tritt mit der Eingehung der Ehe ein.

3. Von diesem Zeitpunkte an verjährt der Anspruch in einem Jahre.

IV. Über das **Recht der Einwilligung der Eltern zur Eheschließung** und zur Annahme des Kindes an Kindes Statt vgl. **1305** und **1747. L.** §§ 224. 257.

V. **Intertemporales und internationales Recht.**

1. Das Rechtsverhältnis zwischen Eltern und ehelichen Kindern bestimmt sich vom 1. Januar 1900 an auch für die vor diesem Zeitpunkte geborenen Kinder in allen Beziehungen (elterliche Gewalt, Ausstattungspflicht) nach dem BGB. (EG. Art. 203).

2. Das Rechtsverhältnis regelt sich nach dem Recht der Staatsangehörigkeit des Vaters oder, falls dieser gestorben ist, der Mutter. Bei Wechsel der Staatsangehörigkeit bleibt das bis dahin maßgebende Recht maßgebend, wenn das Kind die bisherige Staatsangehörigkeit beibehält (EG. Art. 19, vgl. aber Art. 28).

§ 249.

Die elterliche Gewalt im allgemeinen und die des Vaters.[1] a) Die Sorge für die Person des Kindes.

Das römische Recht ging aus von einer die private Rechtsfähigkeit der Kinder absorbierenden und an sich bis zu ihrem Tode dauernden Gewalt des Vaters. Im justinianischen und gemeinen Rechte ist die Gewalt des Vaters über die Person zum Erziehungsrechte abgeschwächt und der alte Grundsatz von der Vermögensunfähigkeit der Hauskinder bis auf wenige Reste in sein Gegenteil gekehrt. Die deutschen Partikularrechte haben, wenn auch in Anknüpfung an die gemeinrechtlichen Grundlagen, die Auffassung des deutschen Rechtes zur Geltung gebracht. Diese Entwicklung vollendet das BGB. in dem Institute der elterlichen Gewalt, das in der Schutzbedürftigkeit des Kindes seine Motivierung findet, also eine vormundschaftliche Grundlage hat. Die elterliche Gewalt steht beiden Eltern, und zwar in gewisser Hinsicht gemeinsam mit Entscheidungsrecht des Vaters (**1634**), sonst dem Vater vor der Mutter und erst in zweiter Linie der Mutter (allerdings mit Einschränkungen) zu (**L.** § 243) [2].

In der elterlichen Gewalt entspricht dem Rechte der Eltern durchaus die Pflicht, daher ist Aufhebung, Beschränkung oder Übertragung der elterlichen Gewalt grundsätzlich ausgeschlossen[3]. Die elterliche Gewalt umfaßt Recht und Pflicht, für die Person des Kindes und sein Vermögen zu sorgen (**1627**). Darin liegt auch Recht und Pflicht der gerichtlichen und außergerichtlichen Vertretung des Kindes in beiden Richtungen (**1630**, Abs. 1) [4]. Mit diesen vormundschaftlichen Rechten und Pflichten verbindet sich das Recht der elterlichen Nutznießung an gewissem Vermögen des Kindes (**1649** ff.) [5]. Der elterlichen Gewalt unterstehen die ehelichen Kinder (verheiratete und unverheiratete, haus-

---

[1]) Gierke, Der Entwurf, S. 34 ff. 62. 71. 142. 461 ff. Opet, §§ 15—22. 24. 26. Knitschky, Das Rechtsverhältnis zwischen Eltern und Kindern usw., §§ 9—14. Boschan, D. Jur.-Ztg., Jahrg. 4, S. 252. Ackermann, Der vormundschaftliche Schutz des minderjährigen Haussohnes (Dissert. 1899). Kipp-Wolff, §§ 78 ff.

[2]) An die Stelle der im vorbehaltenen Landesrecht bestehenden väterlichen Gewalt tritt die elterliche nach Mecklenb.-Schwer. AV. z. BGB. § 219. Mecklenb.-Strel. AV. z. BGB. § 217. Preuß. AG. z. BGB. Art. 69.

[3]) RG. Bd. 60, S. 266.

[4]) In gewissen Fällen bedarf das Kind der Vertretung nicht: **1307. 1336. 1358. 1595.**

[5]) Aus der elterlichen Gewalt fließt auch das Recht der Einwilligung in die Volljährigkeitserklärung (**L.** § 23), der Vormundsernennung (**1777**, **L.** § 260) und der Beistandsbestellung für die Mutter (**1687**, Z. 1, **L.** § 253, II).

angehörige und nicht hausangehörige) während der Dauer der Minderjährigkeit (**1626**). Die elterliche Gewalt ist also prinzipiell zeitlich beschränkt. Inwieweit Kinder aus nichtigen Ehen, legitimierte und angenommene Kinder der elterlichen Gewalt unterworfen sind, ergibt sich aus **L.** §§ 254. 256. 258 [1]). Dem Zwecke des Institutes entsprechend hat die elterliche Gewalt keinerlei Einfluß auf die Rechts-, besonders die Vermögensfähigkeit der Kinder. Die Kinder sind voll vermögensfähig. Die elterliche Gewalt als solche beschränkt auch nicht die Geschäfts- oder Deliktsfähigkeit. Als Minderjährige sind sie aber in der Geschäftsfähigkeit und Deliktsfähigkeit beschränkt (**106**, vgl. **L.** §§ 47. 142. 143). Zunächst ist von der elterlichen Gewalt des Vaters zu handeln.

I. **Die elterliche Gewalt des Vaters** hat den vollen Inhalt derselben: Fürsorge für die Person (II.) und das Vermögen, Vertretung und das Recht der Nutznießung. Der Vater haftet bei Ausübung der elterlichen Gewalt für die Sorgfalt, welche er in eigenen Angelegenheiten anzuwenden pflegt (**1664. 277. 1359**, anders der Vormund nach **1833**). Die Gewalt des Vaters ist aber von vornherein allgemein eingeschränkt:

A. Die Fürsorge erstreckt sich nicht auf Angelegenheiten der Kinder, für die ein Pfleger bestellt ist, d. h. in Fällen der Behinderung des Vaters, von denen er dem Vormundschaftsgericht Anzeige zu machen hat (**1628. 1909**). Betrifft dann eine Handlung sowohl das dem Vater wie das dem Pfleger zugewiesene Gebiet der Fürsorge für die Person oder das Vermögen, so entscheidet über Meinungsverschiedenheit beider das Vormundschaftsgericht, das sich einem von beiden anzuschließen hat (**1629**, vgl. **1797. 1798**).

B. Als gesetzlicher Vertreter ist der Vater ausgeschlossen in den Fällen, in denen auch die Vertretung durch einen Vormund nach **1795**, z. B. bei Geschäften des Kindes mit dem Vater, kraft Gesetzes ausgeschlossen ist. Das Vormundschaftsgericht kann ferner dem Vater nach **1796** wie dem Vormunde wegen Kollision der Interessen die Vertretung nehmen (**1630**, Abs. 2).

A. **Die Sorge für die Person des Kindes** umfaßt

II. die angemessene körperliche, geistige und sittliche Erziehung, Beaufsichtigung (**832**), Bestimmung des Aufenthaltes und des Berufes [2]). Dem Vater stehen kraft des Erziehungsrechtes zur Erzwingung des Gehorsames angemessene Zuchtmittel zu (Züchtigungsrecht); er kann durch einen Antrag geeignete Zuchtmittel seitens des Vormundschaftsgerichtes hervorrufen (**1631**) [3]) [4]).

B. Der Vater hat den Anspruch auf Herausgabe des ihm widerrechtlich vorenthaltenen Kindes (interd. de liberis exhibendis ac ducendis), der durch vertragsmäßige Überlassung des Kindes an den Vorenthaltenden seitens des Vaters nicht ausgeschlossen wird (**1632**).

C. Bei verheirateten Töchtern fallen Recht und Pflicht des Vaters zu B. und A. zugunsten des Ehemannes (**1633**, vgl. **1354**) fort. Es besteht nur die Vertretung in den persönlichen Angelegenheiten, soweit hier nicht die verheiratete Tochter geschäftsfähig ist (z. B. **1336**, Anfechtung der Ehe). Wird die Ehe während der Minderjährigkeit der Tochter gelöst, so fallen die Beschränkungen der elterlichen Gewalt wieder fort (vgl. **4**, Abs. 2, Satz 2).

D. Die Sorge für die Person steht neben dem Vater während der Dauer der Ehe auch der Mutter zu, aber mit Entscheidungsrecht des Mannes (**1354**) bei Meinungs-

---

[1]) Übergangsvorschriften: EG. Art. 204—206.

[2]) Vgl. Reichsges. vom 1. Juni 1870, § 14 a in der Fassung des EG. Art. 41, II.

[3]) Württemberg. AG. z. BGB., Art. 265 (polizeiliche Hilfe zur Zurückführung). Die Fürsorgeerziehung gehört dem öffentlichen Reichs- und Landesrecht an. RStrGB. §§ 55. 56. Pr. Fürsorgegesetz vom 2. Juni 1900.

[4]) Die religiöse Erziehung bestimmt sich nach Landesrecht, EG. Art. 134. **P. IV.** S. 865 ff. Sächs. AG. z. BGB. § 49. Drache, Die religiöse Erziehung der Kinder nach dem Entwurf (1889). Schmid, K., Die Konfession der Kinder nach den Landesgesetzen in Deutschland (1890). Tophoff, Gruch. Beitr., Bd. 35 (1891), S. 377. v. Scheurl, Deutsche Zeitschr. f. Kirchenr., Bd. 1 (1892), S. 5 ff. Kahl, Die Konfession der Kinder aus gem. Ehen (1895). Geiger, Arch. f. kath. Kirchenr., Bd. 73 (1895), S. 257 ff. Zeller, Arch. f. öff. R., Bd. 11 (1896), S. 552 ff.

verschiedenheiten. Vertretung des Mannes ist ausgeschlossen[1]). Es kommen daher nur A. und B. hier in Betracht (**1634**).

E. *Die Sorge für die Person der Kinder aus geschiedenen Ehen*[2]) fällt, solange die geschiedenen Ehegatten leben, wenn ein Ehegatte allein für schuldig erklärt ist, dem anderen Ehegatten, wenn beide Ehegatten für schuldig erklärt sind[3]), bei Söhnen unter sechs Jahren und Töchtern der Mutter, bei Söhnen über sechs Jahre dem Vater zu. Das *Vormundschaftsgericht* (nicht das Prozeßgericht) kann eine andere Anordnung treffen, wenn das Interesse der Kinder aus besonderen Gründen es fordert, und diese Anordnung auch wieder aufheben. Immer steht aber dem *Vater das Recht der Vertretung* der Kinder aus der geschiedenen Ehe zu (**1635**). Der von der Sorge für die Person des Kindes ausgeschlossene Ehegatte kann vom persönlichen Verkehre mit demselben nicht ausgeschlossen werden. Eine nähere Regelung des Verkehres durch das Vormundschaftsgericht kann aber eintreten ~~(**1300**)~~ 1636.

F. Inwieweit der Vater *Aufwendungen*, die er bei der Sorge für die Person gemacht hat, *ersetzt verlangen kann*, ergibt sich aus **L.** § 250, III.

§ 250.

b) Die Sorge für das Vermögen.

Recht und Pflicht der Vermögensverwaltung erstrecken sich auf das *gesamte Vermögen* des Kindes. Ausgenommen ist (**1638**, vgl. **1370**. **1651**, Abs. 2) das dem Kinde von Todes wegen oder unter Lebenden von Dritten unentgeltlich zugewendete Vermögen und seine Surrogate, wenn durch letztwillige Verfügung des Erblassers oder durch Bestimmung des Dritten bei der Zuwendung die *Verwaltung* dem Vater entzogen ist. Für die Verwaltung ist hier ein Pfleger zu bestellen, soweit nicht das Kind geschäftsfähig ist (**112**. **113**. **L.** § 47).

I. **Die Vermögensverwaltung des Vaters** ist i. a. eine freiere vormundschaftliche.

A. Das vom Kinde von Todes wegen erworbene oder ihm von Dritten unter Lebenden unentgeltlich zugewendete Vermögen ist nach den Anordnungen des Dritten (bei der Zuwendung) oder des Erblassers (in einer letztwilligen Verfügung) zu verwalten, widrigenfalls das Vormundschaftsgericht[4]) die zur Durchführung erforderlichen Maßregeln zu treffen hat. Abweichungen von diesen Anordnungen sind dem Vater wie in dem gleichen Falle dem Vormunde (**1803**, Abs. 2. 3) gestattet (**1639**).

B. Der Vater hat das von ihm verwaltete Vermögen des Kindes, solange die Mutter lebt, nicht zu *inventarisieren*, wohl aber das beim Tode der Mutter vorhandene und nach diesem dem Kinde zufallende. Die Prüfung des Privatinventares und eventuell die Anordnung öffentlicher Inventarisierung[5]) steht dem Vormundschaftsgericht zu; die öffentliche Inventarisierung kann aber von der Mutter bez. des dem Kinde infolge ihres Todes zufallenden Vermögens durch letztwillige Verfügung ausgeschlossen werden (**1640**, vgl. **1802**). Die Nichtbeachtung der Inventarisierungspflicht kann zur Entziehung der Verwaltung führen (**1670**. **L.** § 252).

---

[1]) Eine Vertretung durch die Mutter kann während der Ehe nur an *Stelle* des verhinderten Mannes oder im Falle des Ruhens seiner Gewalt nach **1685**, Abs. 1 eintreten (**1634**).

[2]) Es handelt sich um die Scheidung wegen Verschuldung. Wird die Ehe wegen Wahnsinnes des Vaters geschieden, so ruht die elterliche Gewalt (**1676**). Vgl. *Erler*, Ehescheidungsrecht usw. (**1900**), § 35.

[3]) Dem Falle der Scheidung steht hier allgemein gleich der der *Aufhebung der ehelichen Gemeinschaft* (**1586**); der Fall der *Auflösung der Ehe durch neue Eheschließung* seitens des Ehegatten des für tot erklärten Ehegatten (**1348**, Abs. 2) wird ebenso behandelt wie der Fall der Scheidung unter Schuldigerklärung beider Ehegatten, sobald es feststeht, daß der für tot erklärte Ehegatte noch lebt (**1637**).

[4]) Auf Anzeige des Gemeindewaisenrates (**1675**).

[5]) Zuständigkeit nach Landesrecht: *Meckl.-Schwer.* AV. z. BGB. § 220. *Mecklenb.-Strel.* AV. z. BGB. § 218.

C. **Die Beschränkungen des Vaters** sind teils derart, daß ihm gewisse Verfügungen ganz oder bedingt untersagt, andere nur unter Zustimmung des Vormundschaftsgerichtes gestattet sind.

1. Der Vater kann aus dem Vermögen des Kindes nicht Schenkungen machen, mit Ausnahme der Pflicht- und Anstandsschenkungen (**1641**, vgl. **1804**).

2. Gelder des Kindes hat der Vater verzinslich zu belegen wie der Vormund (**1807**. **1808**), soweit sie nicht zur Bestreitung von Ausgaben bereitzuhalten sind, oder der Vater sie in seinem Nutzen verwenden durfte (**1653**), oder das Vormundschaftsgericht ihm eine andere Anlegung aus besonderen Gründen gestattet hat (**1642**, vgl. **1806**. **1811**).

3. Wichtigere Rechtsgeschäfte darf der Vater nur mit Genehmigung des Vormundschaftsgerichtes, die im einzelnen Falle oder wie dem Vormunde nach **1825** generell erteilt werden kann und nach **1828** dem Vater gegenüber erklärt werden muß, abschließen. Zu diesen gehören (**1643**):

a) die in **1821**, Abs. 1, Nr. 1—3, Abs. 2, und in **1822**, Nr. 1, 3, 5, 8—11 genannten, zu denen ein Vormund der Genehmigung bedarf. Auch hier zeigt sich die freiere Stellung des Vaters;

b) die Ausschlagung von Erbschaft und Vermächtnis und der Verzicht auf den Pflichtteil. Wenn der Anfall erst infolge der Ausschlagung des Vaters eintritt, so ist die Genehmigung nur erforderlich, wenn der Vater neben dem Kinde berufen war.

Der Mangel der Genehmigung hat die gleiche Bedeutung wie bei der vormundschaftlichen Verwaltung (**1829**—**1831**. **L.** § 263).

4. Der Vater kann Gegenstände, zu deren Veräußerung nach Z. 3 die Genehmigung erforderlich ist, dem Kinde auch nur mit dieser Genehmigung zur Erfüllung eines vom Kinde geschlossenen Vertrages oder zur freien Verfügung überlassen (**1644**, vgl. **107**. **110**).

5. Er soll ohne Genehmigung kein neues Erwerbsgeschäft im Namen des Kindes beginnen (**1645**, vgl. **1667**).

6. Der Erwerb des Eigentumes oder anderer Rechte an einer beweglichen Sache, an Inhaberpapieren und Orderpapieren mit Blankoindossament oder von Rechten, zu deren Übertragung der Abtretungsvertrag genügt, durch den Vater mit Mitteln und für Rechnung des Kindes vollzieht sich sofort für das Kind. Daß er nicht für Rechnung des Kindes erwerben wollte, hätte der Vater zu beweisen (**1646**, vgl. **1381**).

II. **Die Endigung der Vermögensverwaltung** tritt ein außer in den Fällen, in denen die elterliche Gewalt endigt (**L.** § 252),

A. mit der Rechtskraft des Beschlusses, durch den der Konkurs über das Vermögen des Vaters eröffnet wird. Nach Aufhebung des Konkurses kann nach Ermessen des Vormundschaftsgerichtes die Verwaltung dem Vater wieder übertragen werden (**1647**);

B. mit der Entziehung der Verwaltung und dem Ruhen der elterlichen Gewalt (**1666**, Abs. 2. **1670**. **1676**—**1678**. **L.** § 252).

III. Dem Vater steht ein **Ersatzanspruch** zu, wenn er **Aufwendungen** in der Sorge für das Vermögen macht, die er den Umständen nach für erforderlich halten darf, wenn ihm nicht dieser Aufwand als Nutznießer zur Last fällt (**1648**, vgl. **1390**).

§ 251.

c) Das Recht der Nutznießung.[1]

Das dem Vater zustehende, nicht übertragbare (**1658**)[2]) und nicht pfändbare Recht der Nutznießung am Kindesvermögen (**1649**) ist i. a. analog dem des Ehemannes[3]) (**L.** § 231) geregelt.

---

[1]) Habicht, Gruch. Beitr., Bd. 42 (1898), S. 413 ff.
[2]) Ausnahmen im Text, II. A. Z. 2 und 3.
[3]) Ausnahmen im Text, II. A. Z. 1. 2. B.

I. **Gegenstand der Nutznießung** ist das gesamte Kindesvermögen mit Ausnahme gewisser Gegenstände, die das **freie** Vermögen des Hauskindes bilden. Freies Vermögen sind:

A. die ausschließlich zum persönlichen Gebrauch des Kindes bestimmten Sachen (Kleider, Schmucksachen, Arbeitsgeräte) (**1650**, vgl. **1366**), auch wenn das Kind sie vom Vater erhalten hat;

B. der Arbeitserwerb des Kindes, soweit nicht in Frage ist die pflichtmäßige Arbeit im Hause und Geschäfte (**1617**. **113**) des Vaters und der Erwerb aus einem ihm (**112**) gestatteten selbständigen Betriebe eines Erwerbsgeschäftes (**1651**, Abs. 1, Z. 1, vgl. **1367**);

C. der Erwerb von Todes wegen und durch unentgeltliche Zuwendung unter Lebenden seitens Dritter, wenn der Erblasser durch letztwillige Verfügung oder der Dritte bei der Zuwendung die Nutznießung des Vaters ausgeschlossen hat (**1651**, Abs. 1, Z. 2, vgl. **1369**. **1638**);

D. die Surrogate des freien Gutes unter A.—C. (**1651**, Abs. 2. **1638**).

II. **Die Nutzungen und Lasten.**

A. Der Vater erwirbt die Nutzungen wie ein Nießbraucher[1]) (**1652**, vgl. **1383**), aber

1. Verbrauchbare Sachen (**92**) darf der Vater in der Substanz, Geld nur mit Genehmigung des Vormundschaftsgerichtes, für sich veräußern und verbrauchen gegen Werterſatz, der regelmäßig[2]) nach Beendigung der Nutznießung zu leisten ist (**1653**, vgl. **1376**. **1377**. **1642**).

2. Da die Nutznießung an einem Erwerbsgeschäfte, das der Vater im Namen des Kindes betreibt, das Geschäft als wirtschaftliches Ganze ergreift, zieht der Vater nur den jährlichen Reingewinn. Ein bei Jahresabschluß sich ergebender Verlust ist zugunsten des Kindes durch den Gewinn späterer Jahre auszugleichen (**1655**, vgl. **1645**). Der Anspruch auf den Reingewinn ist nach Fälligkeit übertragbar (**1658**).

3. Der Vater, dem die Verwaltung entzogen ist, nicht aber die Nutznießung (**L.** § 240, II.), kann letztere nicht ausüben, sondern nur vom gesetzlichen Vertreter des Kindes die Herausgabe des Reinertrages nach Abzug von Verwaltungskosten und Lasten verlangen, bleibt aber dinglich zur Nutznießung berechtigt (**1656**).

Von den Nutzungen können auch die Kosten des Unterhaltes des Kindes, soweit der Vater sie zu tragen hat, vorweg in Abzug gebracht werden, wenn die elterliche Gewalt des Vaters ruht, oder ihm die Sorge für die Person oder das Vermögen des Kindes entzogen ist (**1656**, Abs. 2).

Außerdem trifft den Vater hier (abgesehen vom Falle des Ruhens seiner Gewalt) die sofortige Ersatzpflicht (**1657**, vgl. oben Z. 1). Der Anspruch des Vaters auf Herausgabe des Reinertrages wird mit der Fälligkeit übertragbar (**1658**).

B. Die Lasten des Kindesvermögens trägt der Vater wie der Ehemann in der Verwaltungsgemeinschaft, besonders auch die Kosten eines Rechtsstreites, der für das Kind vom Vater, einem Pfleger des Kindes oder dem Kinde selbst geführt wird, sofern sie nicht dem freien Gute des Kindes zur Last fallen (**112**), und ohne Einschränkung (**1387**, Z. 2) die Kosten der Verteidigung im Strafverfahren vorbehaltlich der Ersatzpflicht des Kindes im Falle der Verurteilung (**1654**, vgl. auch A. Z. 2 u. 3).

III. **Die Schuldenhaftung.**

A. Die Gläubiger des Vaters können sich nie an das Kindesvermögen halten, sondern nur an das Vatervermögen und die aus dem Kindesgute von ihm erworbenen Nutzungen (vgl. II. A.).

B. Die Gläubiger des Kindes können sich ebensowohl an das der väterlichen Nutznießung unterstehende (vgl. ZPO. § 746), also auch an die noch nicht vom Vater erworbenen Nutzungen, wie an das freie Kindesgut halten (**1659**, anders **1412**—**1414**).

---

[1]) Über die Pfändbarkeit der gezogenen Früchte ZPO. § 862. Bernhardi, D. Jur.-Ztg. Jahrg. 4 (1899), S. 56 f.

[2]) Sofortiger Ersatz: **1657**. **1659**, Abs. 2.

C. Im Verhältnis des Vaters und des Kindes zueinander fallen diejenigen Verbindlichkeiten, die bei der Verwaltungsgemeinschaft im internen Verhältnisse der Ehegatten dem Vorbehaltsgute zur Last fallen (**L.** § 233), hier dem freien Gute zur Last[1]). Demgemäß bestimmt sich Ersatzpflicht und Ersatzanspruch des Vaters (**1660**).

IV. Endigung der Nutznießung.

A. Sie tritt ein

1. mit der Endigung der elterlichen Gewalt (**1649**);

2. trotz Fortdauer der elterlichen Gewalt mit der Verheiratung des Kindes, wenn nicht die Ehe ohne die erforderliche elterliche Einwilligung (**1305**) geschlossen wird (**1661**);

3. durch Verzicht des Vaters gegenüber dem Vormundschaftsgericht in öffentlich beglaubigter Form (**1662**. **129**);

4. durch Entziehung (**L.** § 252).

B. Miets- und Pachtverträge, die der Vater kraft seiner Nutznießung[2]) geschlossen, und die bei Beendigung der Nutznießung noch laufen, werden nach Nießbrauchsrecht (**1056**) behandelt (**1663**, Abs. 1, vgl. **1423**). Bei Endigung der Nutznießung an einem landwirtschaftlichen Grundstücke oder Landgute im Laufe des Wirtschaftsjahres hat der Vater Anspruch auf Ersatz der Bestellungskosten nach **592**, bei Landgütern auch die Pflicht der Zurücklassung eines bestimmten Maßes landwirtschaftlicher Erzeugnisse nach **593** (**1663**, Abs. 2, vgl. **1421**. **1055**).

§ 252.

d) Maßregeln des Vormundschaftsgerichtes, Ruhen und Endigung der Gewalt.[3])

I. **Einschreiten des Vormundschaftsgerichtes.** Das Vormundschaftsgericht und der es unterstützende Gemeindewaisenrat (**1675**) beaufsichtigen den Vater nicht ständig, sondern das Gericht greift außer in den in den vorigen Paragraphen erwähnten Fällen[4]) nur ein[5]):

A. Bei Behinderung des Vaters in der Ausübung der elterlichen Gewalt im allgemeinen oder in Einzelfällen, wenn nicht die Mutter (**1685**. **L.** § 253) den Vater vertritt. Das Vormundschaftsgericht hat die erforderlichen Maßregeln zu treffen, z. B. einen Pfleger zu bestellen (**1665**).

B. Wenn der Vater die Person oder das Vermögen des Kindes gefährdet, so hat das Vormundschaftsgericht die zur Abwendung der Gefahr erforderlichen Maßregeln zu treffen[6]).

1. Die schuldhafte Gefährdung des geistigen und leiblichen Wohles des Kindes durch Mißbrauch seines Rechtes der Sorge für die Person oder Vernachlässigung des Kindes oder eigenes ehrloses oder unsittliches Verhalten kann die Anordnung der Zwangserziehung[7]), die Entziehung der Sorge und die Vertretung für die Person nachsichziehen.

Verletzung des Unterhaltsanspruches des Kindes, wenn zugleich erhebliche Gefährdung des Unterhaltes für die Zukunft zu besorgen ist, kann auch zur Entziehung der Verwaltung und der Nutzung führen. In allen diesen Fällen kann durch Einzelverfügungen (vgl. **1673**,

---

[1]) **1416**, Abs. 2 kann hier nicht zutreffen.

[2]) Die kraft des Verwaltungsrechtes geschlossenen s. **1643**. **L.** § 251.

[3]) Muskat, Arch. f. öff. R. Bd. 8 (1893), S. 315 ff.

[4]) **1630**. Abs. 2. **1635**. **1636**. **1639**. **1640**. **1642**. **1643**. **1644**. **1645**. **1647**. **1653**.

[5]) Während der Dauer der elterlichen Gewalt kann das Vormundschaftsgericht seine Anordnungen nach Ermessen jederzeit ändern, also auch aufheben (**1671**, vgl. **1844**); vor Entziehung oder Beschränkung der Sorge der Vaters für Person und Vermögen und der Nutznießung sollen Vater und Verwandte nach **1673** gehört werden (vgl. **1847**). Wegen vorsätzlicher oder fahrlässiger Verletzung der Pflichten haftet der Vormundschaftsrichter nach **839**, Abs. 1 und 3 (**1674**).

[6]) Vgl. Mendel, D. Jur.-Ztg., Jahrg. 2 (1897), S. 12 ff.

[7]) Vorbehalt für das Landesrecht: EG. Art. 135. RStrGB. § 55 in der Fassung des EG. Art. 34, II.

Abs. 1) im Gesamterfolge die Entziehung der elterlichen Gewalt eintreten (**1666**) mit folgender Vormundsbestellung (**1773**).

2. Bei Gefährdung des Vermögens durch Verletzung der dem Vater bez. der Vermögensverwaltung oder der Nutznießung obliegenden Pflichten oder bei (auch unverschuldetem) Vermögensverfall kann das Gericht dem Vater auch wiederholte Inventarisierung und Rechnungslegung auferlegen, eventuell öffentliche Inventarisierung anordnen und weitere Sicherungsmaßregeln (Hinterlegung, Umschreibung, Umwandlung in Buchforderungen, Vinkulierung der letzteren) wie dem Vormund gegenüber treffen. Die Kosten aller dieser Maßregeln fallen dem Vater zur Last, auch im Verhältnis zum Kinde (**1667**). Sind diese vom Vater befolgten Maßregeln nicht ausreichend, so kann vom Vater Sicherheit für das Kindesvermögen nach Ermessen des Gerichtes verlangt werden (**1668. 232** ff.) [1]).

C. Die Wiederverheiratung des Vaters hebt seine elterliche Gewalt nicht auf, der Vater ist aber gesetzlich verpflichtet, schon die Absicht der Wiederverheiratung dem Vormundschaftsgericht anzuzeigen, ein Inventar über das seiner Verwaltung unterliegende Kindesvermögen auf seine Kosten zu errichten und bei vorliegender Rechtsgemeinschaft zwischen ihm und dem Kinde die Auseinandersetzung herbeizuführen, die aber nach Gestattung des Gerichtes auch erst nach der Eheschließung erfolgen darf (**1669**, vgl. **1314**).

D. Ungehorsam gegen die Anordnungen des Gerichtes unter B. Z. 2 und die Nichterfüllung der Verpflichtung nach C. wie nach **1640** (**L.** § 250, I. B.), nicht aber die Nichtleistung der Sicherheit (Z. 2 am Ende) können zur Entziehung der Vermögensverwaltung und der dazugehörigen Vertretung führen (**1670**).

II. **Das Ruhen der Gewalt.**

A. Ruht die elterliche Gewalt des Vaters, so besteht sie (anders als bei Endigung, s. III.) zwar fort, aber es hört (anders als im Falle der bloßen Verhinderung) das Recht der Ausübung der Gewalt auf. Dem Vater verbleibt die Nutznießung, die er aber nicht selbst ausüben kann (**1656. L.** § 251, II. A. Z. 3). Über den Eintritt der Mutter vgl. **L.** § 253.

B. Ein Ruhen der elterlichen Gewalt tritt ein:

1. ohne weiteres mit der Geschäftsunfähigkeit des Vaters (**1676**, Abs. 1. **104**);

2. ebenso wenn er in der Geschäftsfähigkeit beschränkt ist (**114**) oder wegen Gebrechlichkeit nach **1910**, Abs. 1 einen Pfleger für seine Person und sein Vermögen erhalten hat (**1676**, Abs. 2) [2]);

3. nach Feststellung der Tatsache durch das Vormundschaftsgericht, daß der Vater, auf längere Zeit an der Ausübung der elterlichen Gewalt tatsächlich (durch Abwesenheit, Krankheit) verhindert ist. Soll das Ruhen wieder aufhören, so muß auch wieder der Fortfall des Grundes vom Vormundschaftsgericht festgestellt werden (**1677**).

III. **Die Endigung der Gewalt** tritt außer durch Tod, Volljährigkeit (Volljährigkeitserklärung) und Adoption des Kindes

A. dadurch ein, daß der Vater für tot erklärt wird. Die Endigung tritt mit dem Zeitpunkte, der als Todesmoment gilt, ein. Lebt der Vater noch, so erlangt er die Gewalt nicht ohne weiteres wieder, sondern nur durch seinen dem Vormundschaftsgericht gegenüber erklärten Willen (**1679. 13. 18**);

[1]) Während der Dauer der elterlichen Gewalt kann das Gericht die Erhöhung, Minderung oder Aufhebung der Sicherheit nach Ermessen anordnen (**1671**). Die Anordnung ersetzt die Mitwirkung eines Pflegers für das Kind (**1672**, Abs. 1). Die Kosten der Bestellung und Aufhebung fallen dem Vater zur Last (**1672**, Abs. 2, vgl. B. Z. 2).

[2]) In diesem Falle konkurriert der Vater in der Sorge für die Person mit dem gesetzlichen Vertreter des Kindes (Mutter, Vormund); letzterem steht aber die Entscheidung zu. Die Vertretungsbefugnis hat der Vater nicht.

B. durch Verwirkung. Gründe sind: Verurteilung des Vaters wegen eines an dem Kinde verübten Verbrechens oder vorsätzlichen Vergehens zu Zuchthaus- oder Gefängnisstrafe von mindestens sechs Monaten[1]). Die Verwirkung tritt ohne weiteres mit der Rechtskraft des Urteiles ein (**1680**) [2]).

IV. Das Ruhen und die Endigung der Gewalt oder nur der Vermögensverwaltung haben zur Folge:

A. die Herausgabe-, die Rechnungslegungs- und die Rechenschaftspflicht des Vaters (**1681. 1421. 259. 1890**).

B. Der Vater hat auch nach diesem Zeitpunkte das Recht, die mit der Sorge für die Person und das Vermögen wie mit der Vertretung verbundenen Geschäfte fortzuführen, bis er von den maßgebenden Ereignissen Kenntnis erlangt hat oder sie kennen muß. Nur gutgläubige Dritte können sich auf dieses Recht des Vaters berufen (**1682. 1424. 1893. 2140**).

C. Der Vater hat im Falle der Beendigung der Gewalt durch Tod des Kindes die Pflicht, die Geschäfte zu besorgen, mit deren Aufschub Gefahr verbunden ist (**1683. 1424. 1893**).

§ 253.

Die elterliche Gewalt der Mutter.

Die Mitsorge der Mutter für die Person des Kindes neben dem Vater nach **1634** ist bereits **L.** § 249 erörtert. Hier handelt es sich um die Ausübung der elterlichen Gewalt durch die Mutter allein und um deren Recht der elterlichen Gewalt.

I. Der Mutter steht die **elterliche Gewalt** zu (**1684**), und es wird kein Vormund ernannt,

1. wenn der Vater gestorben oder für tot erklärt ist, oder

2. wenn er die elterliche Gewalt verwirkt hat (**L.** § 252, III. B.), und die Ehe aufgelöst ist. Besteht die Ehe nach der Verwirkung fort, so muß ein Vormund für das Kind bestellt werden. Solange der Vater lebt, und die Ehe besteht, ist die elterliche Gewalt der Mutter ausgeschlossen.

II. **Die Ausübung der elterlichen Gewalt,** während dem Rechte nach die elterliche Gewalt des Vaters fortbesteht, hat die Mutter (**1685**):

1. während der Dauer der Ehe, wenn der Vater tatsächlich an der Ausübung irgendwie verhindert ist, oder seine Gewalt ruht (**L.** § 252, II.), und zwar in vollem Umfange[3]), nur mit Ausnahme der Nutznießung. Diese steht dem Vater zu, wenn sie ihm nicht aus besonderem Grunde entzogen ist (**1666**, Abs. 2. **L.** § 252, I. B. Z. 1);

2. nach Auflösung der Ehe muß der Mutter auf ihren Antrag die Ausübung der Gewalt mit der Nutznießung durch das Vormundschaftsgericht übertragen werden, wenn die elterliche Gewalt des Vaters ruht, und keine Aussicht besteht, daß der Grund des Ruhens wegfallen werde.

III. Die elterliche Gewalt der Mutter hat i. a. den gleichen **Inhalt** wie die des Vaters (Sorge für die Person und das Vermögen, einschließlich der Vertretung und Nutznießung), erscheint aber in gewissen Beziehungen beschränkt (**1686**) durch den **Beistand,** der vom Gesetz wie ein Gegenvormund behandelt wird[4]).

A. Die Bestellung des Beistandes erfolgt immer durch das Vormundschaftsgericht. Die Bestellung entscheidet über den sachlichen und zeitlichen Umfang seines Wirkungskreises.

---

[1]) Z. B. RStrGB. 173. 176. Bei Verurteilung in eine Gesamtstrafe (RStrGB. 74) ist die erkannte Einzelstrafe maßgebend (**1680**).

[2]) Weiterer Fall: **1771. L.** § 258.

[3]) Ausnahme: **1702. L.** § 254.

[4]) Berufung, Bestellung, Beaufsichtigung, seine Ansprüche, besonders auf Vergütung, die Beendigung seines Amtes stehen unter den Vorschriften, die für den Gegenvormund (**L.** § 260) gelten (**1694**).

Der Beistand ist entweder für alle Angelegenheiten, für gewisse Arten von Angelegenheiten oder für einzelne Angelegenheiten bestellt, im Zweifel für alle Angelegenheiten (**1688**) [1]. Ein Beistand wird aber nur unter gewissen Voraussetzungen bestellt[2]), nämlich (**1687**):

a) wenn der Vater kraft seiner vollen elterlichen Gewalt (**1777**)[3]) durch letztwillige Verfügung die Bestellung angeordnet hat; die Bestellung erfolgt mit dem vom Vater bestimmten Wirkungskreis[4]);

b) auf Antrag der Mutter, den sie z. B. in ihrem Interesse stellt;

c) wenn das Vormundschaftsgericht aus besonderen, auch in der Person der Mutter gelegenen Gründen im Interesse des Kindes die Bestellung für nötig erachtet (z. B. wegen Umfang und Schwierigkeit der Vermögensverwaltung, Gefährdung der Person oder des Vermögens des Kindes).

B. Die Rechte und Pflichten des Beistandes innerhalb seines Wirkungskreises bestehen in der Unterstützung und Überwachung der Mutter bei der Ausübung der elterlichen Gewalt. In seinem Wirkungskreise ist der Beistand auch verpflichtet, unverzüglich dem Vormundschaftsgericht von jedem Falle Anzeige zu machen, in dem das Vormundschaftsgericht zum Einschreiten berufen ist (**1689**).

a) Die Mutter muß (**1690**) zu allen Geschäften, die im Wirkungskreise des Beistandes liegen, seine Genehmigung haben; nämlich da, wo ein Vormund der Genehmigung des Vormundschaftsgerichtes oder des Gegenvormundes bedarf (vgl. L. § 262).

Die Genehmigung des Beistandes ist nicht erforderlich, wenn die Mutter das Geschäft nur mit Genehmigung des Vormundschaftsgerichtes abschließen kann (**1643**).

Die etwa verweigerte Genehmigung des Beistandes wird durch das Vormundschaftsgericht ersetzt. Das Vormundschaftsgericht soll immer vor der Entscheidung über die Genehmigung den gestellten Beistand tunlichst hören.

Die Erklärung der Genehmigung des Beistandes und ihr Mangel wird ebenso behandelt wie die entsprechenden Fälle bei der Vormundschaft (**1828—1831. 1643**, vgl. L. § 263).

b) Geldanlagen können von der Mutter und dem zuständigen Beistand nur in der Weise wie vom Vormund und Gegenvormund (**1809. 1810**) bewirkt werden (**1691**).

c) Der Beistand, dessen Wirkungskreis sich auf die Vermögensverwaltung erstreckt[5]), ist verpflichtet, zur Erfüllung der Inventarpflicht seitens der Mutter (**1640. 1666. 1667**) mitzuwirken. Ungenügende Inventarisierung zieht die Folgen in **1640** oder **1667** nach sich (**1692**).

C. Der Beistand, dem auf Antrag der Mutter die Vermögensverwaltung ganz oder zum Teil übertragen ist, hat insoweit Recht und Pflicht eines Pflegers; die Mutter scheidet nach Recht und Pflicht auch in der gesetzlichen Vertretung aus, behält aber die Sorge für die Person und die persönliche Vertretung und die Nutznießung (**1693**).

D. Die Beistandschaft endigt wie das Amt des Gegenvormundes (L. §§ 260. 269), ferner, wenn die elterliche Gewalt der Mutter ruht (**1694**, Abs. 2) und durch jederzeit mögliche Aufhebung durch das Vormundschaftsgericht in den Fällen A. b. c. Im Falle C kann auch die Übertragung der Vermögensverwaltung jederzeit aufgehoben werden. Im Falle A. b. soll die Aufhebung nur mit Zustimmung der Mutter erfolgen (**1695**).

III. Ruhen und Verlust der elterlichen Gewalt.

A. Ein Ruhen der elterlichen Gewalt der Mutter kann auch wegen Minderjährigkeit der Mutter eintreten. Die Mutter hat dann unter Beistand (II.) des Vormundes die Sorge für die Person; die Vertretung steht allgemein dem Vormunde zu (**1696**).

---

[1]) EG. Art. 41, II.

[2]) Vgl. Preuß. AG. z. BGB. Art. 69, § 2.

[3]) Übergangsbestimmung: EG. Art. 205.

[4]) Die Bestellung durch das Vormundschaftsgericht kann in diesem Falle nicht aufgehoben oder eingeschränkt werden (**1688**, Abs. 3. **1695**).

[5]) Planck zu **1692**, Note 2.

B. Verlust der Gewalt einschließlich der Nutznießung tritt mit der Eingehung einer neuen Ehe durch die Mutter ein (anders beim Vater nach **1669**). Die Mutter behält die Sorge für die Person des Kindes ohne die Vertretung wie unter A. (**1697**).

IV. Steht gemäß I. der Mutter weder die elterliche Gewalt noch die Ausübung derselben zu, und ist entweder ein Vormund (Ruhen, Verwirkung der Gewalt des Vaters oder Entziehung der Vertretung für die Person und das Vermögen) oder ein Pfleger bestellt für die Erziehung des Kindes, so hat die Mutter die Sorge für die Person des Kindes neben dem Vormund oder Pfleger wie neben dem Vater während der Ehe nach **1634** (**L.** § 249).

§ 254.

Die rechtliche Stellung der Kinder aus nichtigen Ehen.[1]

I. Kinder aus nichtigen Ehen (**L.** §§ 226. 227. 228), zu denen auch die anfechtbaren Ehen gehören, wenn der Anfechtungsgrund mit Erfolg geltendgemacht ist, sind nicht schlechthin unehelich, sondern gelten den Eltern und Verwandten der Eltern gegenüber als ehelich, wenn sie bei Gültigkeit der Ehe ehelich sein würden (**L.** § 245), und wenn nicht beide Ehegatten die Nichtigkeit der Ehe bei der Eheschließung gekannt haben (Putativehe). Der Kenntnis steht unentschuldbare Nichtkenntnis nicht gleich. Wer diese Ehelichkeitsvermutung anficht, muß beweisen, daß beide Ehegatten bösgläubig waren (**1699**, Abs. 1)[2]).

A. Die Vermutung trifft nicht zu, wenn die Ehe wegen wesentlichen Formmangels nichtig und nicht in das Heiratsregister eingetragen ist. Die Kinder sind dann stets uneheliche (**1699**, Abs. 2. **L.** § 255).

B. Sind beide Ehegatten in bösem Glauben, so sind die Kinder auch uneheliche (**L.** § 255), können aber vom Vater bei dessen Lebzeiten Unterhalt wie eheliche Kinder verlangen. Dem Vater steht aber das Recht der Bestimmung über Art und Zeit der Reichung des Unterhaltes aus **1612**, Abs. 2 nicht zu (**1703**, vgl. **1699**).

II. Das Rechtsverhältnis der Kinder und Eltern. Gelten die Kinder als eheliche, und sind

A. beide Eltern gutgläubig, so werden sie im Verhältnis zu den Eltern in allen Beziehungen, besonders in der elterlichen Gewalt, so behandelt wie Kinder aus geschiedenen Ehen, wenn beide Ehegatten für schuldig erklärt sind (**1700**, vgl. **1635**. **1636**. **L.** § 249).

B. Der bösgläubige Vater[3]) hat keine Rechte aus der Vaterschaft, auch nicht die aus der elterlichen Gewalt fließenden. Die elterliche Gewalt steht der Mutter zu (**1701**).

C. Die bösgläubige Mutter[3]) hat nur die Rechte bez. des Kindes, welche im Falle der Scheidung der allein für schuldig erklärten Frau zustehen (**1635**. **1636**. **L.** § 249).

Bei Tod des Vaters, Endigung der Gewalt desselben und Ruhen der Gewalt wegen Geschäftsunfähigkeit oder festgestellter längeren Behinderung des Vaters (**1677**) hat die Mutter nur die Sorge nicht auch die Vertretung für die Person, und in der Sorge für die Person hat neben ihr der Vormund die Stellung des Beistandes (**1702**, vgl. **1707**).

---

[1]) Opet, § 25. Knitschky, Das Rechtsverh. zwischen Eltern und Kindern usw., § 16. Erler, Ehescheidungsrecht (1900) § 20. Kipp-Wolff, § 88.

[2]) Übergangsbestimmung: EG. Art. 207.

[3]) Der wegen Drohung anfechtungsberechtigte Ehegatte (**1335**) hat, wenn die Ehe wegen Drohung angefochten wird (**1345**. **1346**), die Stellung des gutgläubigen Ehegatten, obwohl er die Anfechtbarkeit kannte (**1704**).

§ 255.

Die rechtliche Stellung der unehelichen Kinder.[1])

Welche Kinder uneheliche sind, ergibt sich aus L. §§ 246. 254, I [2]). Die rechtliche Lage der unehelichen Kinder ist eine verschiedene der Mutter und dem Vater gegenüber.

I. **Der Mutter und den mütterlichen Verwandten gegenüber** hat das uneheliche Kind die gleiche Stellung wie das eheliche (**1705**). Es besteht also Unterhaltsanspruch, Erbrecht und das allgemeine Eltern- und Kindesverhältnis, aber:

A. Das uneheliche Kind erhält immer nur den Familiennamen der Mutter, selbst wenn die Mutter infolge ihrer Verheiratung einen anderen Namen auch schon zur Zeit der Geburt des Kindes führt (L. § 219). Der Ehemann der Mutter kann aber, auch wenn er nicht der Vater ist, mit Einwilligung des Kindes, eventuell seines gesetzlichen Vertreters, und mit Einwilligung der Mutter dem Kinde seinen Namen erteilen (**1706**) [3]).

B. Die Mutter hat nicht die elterliche Gewalt. Dem Kinde ist daher ein Vormund zu bestellen; als solcher kann auch die Mutter bestellt werden, hat aber kein Recht darauf (**1778**, Abs. 3). Als Mutter hat sie die Sorge für die Person (Erziehung), ausschließlich der Vertretung, unter Beistand des Vormundes (**1707**, vgl. **1702**).

II. **Dem Vater und den väterlichen Verwandten gegenüber** fehlt eigentliche Verwandtschaft. Nur dem Vater gegenüber besteht ein der Verwandtschaft analoges Verhältnis, das, abgesehen von seiner Bedeutung als Ehehindernis (L. § 224) und als Grundlage der Legitimation usw. (L. § 256), den Unterhaltsanspruch des Kindes und wesentlich im Interesse des Kindes den Ersatzanspruch der Mutter gegen den Vater begründet.

A. **Der Unterhaltsanspruch des Kindes** (**1708—1714**).

1. Verpflichtet ist der Vater als solcher, und zwar vor der Mutter und den mütterlichen Verwandten des Kindes (**1708**. **1709**, Abs. 1). Soweit die Mutter und die mütterlichen Verwandten den Unterhalt gewähren, geht der Anspruch des Kindes gegen den Vater auf sie über wie bei der Unterhaltspflicht der Verwandten (**1607**, Abs. 2. L. § 247).

2. Der Anspruch steht

a) dem Kinde bis zur Vollendung des sechzehnten Lebensjahres zu und geht auf den der Lebensstellung der Mutter entsprechenden Unterhalt (d. i. der gesamte Lebensbedarf einschließlich der Kosten der Erziehung und der Vorbildung zu einem Beruf) ohne Rücksicht auf die Bedürftigkeit des Kindes und Leistungsfähigkeit des Vaters (keine Einrede des Notbedarfes) (**1708**, Abs. 1);

b) dem Kinde über sechzehn Jahre steht der Anspruch nur zu, solange und soweit es bei Vollendung des sechzehnten Lebensjahres infolge körperlicher oder geistiger Gebrechen außerstande ist, sich selbst zu unterhalten. Hier wird die Leistungsfähigkeit des Vaters (Einrede des Notbedarfes) berücksichtigt (**1708**, Abs. 2).

3. Der Unterhalt ist durch Geldrente und drei Monate voraus zu gewähren (**1710**. **760**. **1612**), er wird auch für die Vergangenheit geschuldet (**1711**, anders **1613**).

4. Änderung und Erlöschen des Anspruches stehen im allgemeinen unter den Vorschriften des Schuldrechtes.

---

[1]) Gierke, Der Entwurf, S. 61 ff. 479 ff. Hachenburg, Die Rechtsstellung des unehelichen Kindes (1895). Opet, §§ 32—40. Knitschky, Das Rechtsverh. zw. Eltern und Kindern usw., § 16. Hörle, Die rechtliche Stellung der unehelichen Kinder (1900). Kipp-Wolff, § 94 f.

[2]) Sächs. AG. z. BGB. § 36.

[3]) Die diesbezügliche Erklärung des Ehemannes erfolgt der nach Landesrecht zuständigen Behörden gegenüber. Vgl. Mecklenb.-Schwer. AV. z. BGB. § 221. Mecklenb.-Strel. AV. z. BGB. § 219. Die Erklärung und die Einwilligungserklärungen sind in öffentlich beglaubigter Form abzugeben, Zustimmung der Behörde ist nicht erforderlich (**1706**). Über **1706** vgl. Ruhstrat, Jur.-Ztg., Jahrg. 3 (1898), S. 223. Gegen ihn m. R. Neumann, ebenda, S. 265 f.

a) Vereinbarungen des Vaters mit dem Kinde (d. h. mit dem gesetzlichen Vertreter oder unter dessen Zustimmung) über den Unterhalt für die Zukunft (Umfang, Art) oder über eine an Stelle des Unterhaltes zu gewährende Abfindung bedürfen der Genehmigung des Vormundschaftsgerichtes. Der unentgeltliche Verzicht auf den Unterhalt für die Zukunft ist nichtig (**1714**, anders **1615**).

b) Durch Vorausbezahlung der Rente für eine längere Zeit als drei Monate (Z. 3) wird der Vater, wenn nicht gültige Vereinbarung vorliegt (a), nicht befreit (**1710**, Abs. 2).

c) Der Anspruch erlischt nicht (anders **1615**) mit Tod des Vaters, auch nicht mit Tod des Vaters vor der Geburt des Kindes, sondern ist dann aus dem Nachlaß zu befriedigen. Der Erbe kann sich aber für die Zukunft durch Leistung dessen befreien, was dem Kinde als Pflichtteil gebühren würde, wenn es ehelich wäre. Bei Berechnung des Pflichtteiles werden mehrere uneheliche Kinder, auch wenn sie nicht abgefunden werden sollen, als eheliche behandelt (**1712**). Das Wahlrecht des Erben fällt fort, wenn eine gültige Vereinbarung (a) vorliegt. Dagegen erlischt der Anspruch mit dem Tode des Kindes, soweit er nicht auf Erfüllung oder Schadensersatz wegen Nichterfüllung für die Vergangenheit oder auf Vorausleistungen gerichtet ist, die zur Zeit des Todes fällig sind; denn letztere gebühren dem Kinde (**1713**, Abs. 1. **1710**, Abs. 3).

5. Die Unterhaltspflicht zieht die Pflicht, die Kosten der Beerdigung des Kindes zu tragen, nach sich, der Vater haftet aber nur subsidiär nach der Mutter (**1615**) und den Erben (**1968**. **844**. **1713**, Abs 2).

B. **Der Ersatzanspruch der Mutter** (**1715**) [1].

1. Die Mutter kann von dem Vater die Kosten der Entbindung und des Unterhaltes für die ersten sechs Wochen nach der Entbindung und zeitlich unbeschränkt die Kosten der infolge der Schwangerschaft oder der Entbindung notwendig gewordenen Aufwendungen ersetzt verlangen. Die Mutter ist nicht auf Ersatz der wirklichen Kosten beschränkt, sie kann den gewöhnlichen, d. h. ihrer Lebensstellung entsprechenden Betrag der Kosten des Kindbettes schlechthin verlangen, höhere Beträge nur, soweit sie aufgewendet sind (**1715**, Abs. 1).

2. Der Anspruch besteht auch im Falle der Totgeburt und nach Tod des Vaters selbst vor der Geburt des Kindes (**1715**, Abs. 2).

3. Der Anspruch verjährt in vier Jahren von dem Ablaufe von sechs Wochen nach der Geburt an (**1715**, Abs. 3, vgl. **196**. **198**, KO. § 3, Abs. 2); er hat nicht die juristische Natur eines Unterhaltsanspruches, sondern eines gesetzlichen Ersatzanspruches [2].

C. **Sicherstellung durch Hinterlegung** (**1716**. **232**. **233**).

Schon vor der Geburt kann die Mutter, ohne eine Gefährdung der Ansprüche (A. B.) glaubhaftmachen zu müssen, eine einstweilige Verfügung (ZPO. § 935) [3] dahin erwirken, daß der Vater

1. die erste Dreimonatsrate (A. Z. 3) alsbald nach der Geburt an die Mutter oder den Vormund zu zahlen und den gewöhnlich erforderlichen Betrag angemessene Zeit vor der Geburt zu hinterlegen hat,

2. daß er in gleicher Weise den gewöhnlichen Betrag der Entbindungs- und Sechswochen-Kosten (B. Z. 1) an die Mutter zu zahlen und zu hinterlegen hat.

III. **Intertemporales und internationales Recht.**

1. Die rechtliche Stellung der unehelichen Kinder, die vor dem 1. Januar 1900 geboren sind, gegenüber der Mutter oder dem Vater und deren Verwandten bestimmt sich von diesem Zeitpunkte an nach dem BGB. Die Feststellung der Vaterschaft, das Recht des Kindes auf den Familiennamen des Vaters und die Unterhaltspflicht des Vaters bestimmen sich aber nach bisherigem Rechte, ebenso die rechtliche Anerkennung bestimmter vor dem 1. Januar 1900 erzeugter unehelichen Kinder (Brautkinder) als ehelicher Kinder (EG. Art. 208).

---

[1] Mit ihm können konkurrieren die Ansprüche aus **825**. **847**, Abs. 2. **1300**.

[2] A. M. Hachenburg, a. a. O., S. 57 ff.

[3] Vgl. Wilke, D. Jur.-Ztg., Jahrg. 4 (1899), S. 214.

2. Im Verhältnis zur Mutter entscheidet die Staatsangehörigkeit der Mutter über das anzuwendende Recht. Bei Wechsel der Staatsangehörigkeit bleibt das bisher maßgebende Recht das normierende, wenn das Kind die bisherige Staatsangehörigkeit beibehält (EG. Art. 20). Die Ansprüche des Kindes und der Mutter gegen den Vater werden nach dem Rechte der Staatsangehörigkeit der Mutter zur Zeit der Geburt des Kindes beurteilt. Es können aber bei Anwendbarkeit ausländischen Rechtes nicht weitergehende Ansprüche als nach deutschem Rechte geltendgemacht werden.[1]).

§ 256.

Die rechtliche Stellung der legitimierten Kinder.[2])

I. An gewisse Tatsachen knüpft sich für die unehelichen Kinder die rechtliche Gleichstellung mit den ehelichen in ausgedehnterem (A) oder in beschränkterem (B) Umfange (Legitimation). Diese sind:

A. **Nachfolgende Ehe** des Vaters mit der Mutter. Die Wirkungen treten mit der Eheschließung ohne weiteres ein. Willenserklärung des Ehegatten und des Kindes ist nicht erforderlich, und entgegenstehende Willenserklärung kann die Wirkung nicht hindern (**1719**) [3]).

1. Durch die nachfolgende Ehe werden alle unehelichen Kinder (auch incestuosi und adulterini) legitimiert. In Betracht kommen nur vor der Ehe geborene Kinder; bez. der nach Eingehung der Ehe geborenen bedarf es keiner Legitimation, sie gelten als eheliche. Ist das Kind bei Abschluß der Ehe schon verstorben, so wird es gleichwohl legitimiert, wenn es Abkömmlinge hinterläßt. Legitimiert werden mithin auch die ehelichen Abkömmlinge des verstorbenen Kindes, die unehelichen der verstorbenen Tochter und die unehelichen des Sohnes, wenn sie durch nachfolgende Ehe des Sohnes mit der Mutter legitimiert werden (vgl. B. **1722. 1737. 1763. L.** § 258).

2. Die Vaterschaft des Ehemannes der Mutter ist Voraussetzung der Legitimation. Die Vaterschaft wird vermutet, wenn der Ehemann der Mutter innerhalb der Empfängniszeit (**1717**, Abs. 2) beigewohnt hat. Wer die Vaterschaft behauptet, hat die Beiwohnung zu beweisen. Sie wird vermutet, wenn der Ehemann nach der Geburt des Kindes die Vaterschaft in einer öffentlichen Urkunde anerkannt hat (vgl. **L.** § 246, II.). Der Ehemann kann diese Vermutung der Beiwohnung widerlegen. Steht die Beiwohnung fest, so kann der Ehemann nur durch den Beweis der offenbaren Unmöglichkeit der Empfängnis aus dieser Beiwohnung die Vaterschaft ablehnen, nicht durch den Beweis der plures concumbentes. Die Möglichkeit der Vaterschaft ist hier also ausreichend (**1720**).

3. Weitere Voraussetzung ist gültige Eheschließung. Ist die Ehe nichtig (**1721**), so tritt Legitimation dann ein, wenn die Kinder, falls sie in einer Putativehe geboren würden, die Stellung der ehelichen Kinder bekommen hätten, folglich nicht, wenn beide Ehegatten die Nichtigkeit kannten, oder die Ehe wegen Formmangels nichtig und nicht in das Heiratsregister eingetragen war (**L.** § 254).

B. **Die Ehelichkeitserklärung** durch Verfügung der Staatsgewalt im Verwaltungswege ist reine Gnadensache, kann deshalb beliebig versagt werden (**1723—1734**). Sie kann aber nicht von der Staatsgewalt beliebig, sondern nur bei Vorhandensein gewisser Voraussetzungen gewährt werden (Z. 1—4). Zuständig ist der Bundesstaat[4]), dem der Vater angehört; gehört der deutsche Vater keinem Bundesstaat an, der Reichskanzler (**1723**, Abs. 2). Die Wirkungen (II. B.) der Ehelichkeitserklärung treten ein mit der Unterzeichnung der Urkunde.

---

[1]) Mantey, Die Rechte des unehel. Kindes usw. (1897), S. 6.

[2]) Gierke, Der Entwurf, S. 60 ff. 484 ff. Opet, § 7. Knitschky, Das Rechtsverh. zw. Eltern und Kindern, §§ 3. 4. Kipp-Wolff, §§ 89. 90.

[3]) Preuß. AG. z. BGB. Art. 71, § 1.

[4]) Über die Erteilung bestimmt die Landesregierung (**1723**, Abs. 3). Vgl. Mecklenb.-Schwer. AV. z. BGB. § 223. Mecklenb.-Strel. AV. z. BGB. § 221. Sächs. AV. z. BGB. § 34. Württemb. AG. z. BGB. Art. 268. Vgl. Schepp, D. öff. Recht im BGB., S. 99.

1. Die Ehelichkeitserklärung ist anwendbar auf alle unehelichen Kinder (vgl. A. Z. 1), wenn nicht zur Zeit der Erzeugung[1]) des Kindes die Ehe zwischen dem die Ehelichkeitserklärung beantragenden Vater und der Mutter wegen ehelicher Verwandtschaft oder Schwägerschaft in gerader Linie oder wegen des Verhältnisses als vollbürtige oder halbbürtige Geschwister (**1310**, Abs. 1. 3) verboten war (**1732**). Ehe der Eltern oder überhaupt Ehestand des Antragstellers ist nicht erforderlich.

2. Die Ehelichkeitserklärung kann nicht unter Bedingung oder Zeitbestimmung erfolgen (**1724**).

3. Die Ehelichkeitserklärung setzt den Antrag des Vaters und die Einwilligung des Kindes, in gewissen Fällen auch die der Mutter und der Ehefrau des Vaters voraus.

a) Der Antrag des Vaters muß die einseitige rechtsgeschäftliche Erklärung des Vaters enthalten, daß er das Kind als das seinige anerkenne (**1725**). Die Behörde hat zu prüfen, ob die Erklärung der Wahrheit entspricht, also von dem wirklichen Vater ausgeht. Erfolgt die Ehelichkeitserklärung, obwohl der Antragsteller nicht der Vater ist, so ist sie dennoch gültig (**1735**, vgl. b).

b) Die Einwilligung des Kindes[2]), der Mutter und der Ehefrau des Vaters bezieht sich auf die Ehelichkeitserklärung, nicht auf den Antrag des Vaters. Die Einwilligung wird dem Vater oder der zuständigen Verwaltungsbehörde gegenüber erklärt und ist unwiderruflich. Die Einwilligung der Mutter kommt nur bei Kindern unter 21 Jahren in Frage, ihre und der Ehefrau des Vaters Einwilligung ist überhaupt nicht erforderlich, wenn sie zur Abgabe einer Erklärung dauernd außerstande sind, oder ihr Aufenthalt dauernd unbekannt ist (**1726**). Nimmt die Behörde dieses zu Unrecht an, so ist die erfolgte Ehelichkeitserklärung dennoch gültig (**1735**). Die von der Mutter verweigerte Einwilligung kann auf Antrag des Kindes durch das Vormundschaftsgericht ersetzt werden, wenn das Unterbleiben der Ehelichkeitserklärung dem Kinde zu unverhältnismäßigem Nachteile gereichen würde. Hier muß das Interesse der Mutter zurücktreten (**1727**).

c) Der Antrag des Vaters (a) und die Einwilligung (b) bedürfen der gerichtlichen oder notariellen Beurkundung (**128**. **1730**).

d) Vertretung ist bei Antrag (a) und Einwilligung (b) ausgeschlossen (**1728**, Abs. 1). Geschäftsunfähigkeit des Vaters schließt den Antrag aus. Für das geschäftsunfähige oder das Kind unter 14 Jahren kann der Vormund die Einwilligung mit Genehmigung des Vormundschaftsgerichtes erteilen (**1728**, Abs. 2). Vater und Kind, wenn sie in der Geschäftsfähigkeit beschränkt sind, bedürfen zu den betreffenden Akten der Zustimmung ihres gesetzlichen Vertreters und der Genehmigung des Vormundschaftsgerichtes (**1729**, Abs. 1.2); Mutter und Ehefrau des Vaters sind dagegen in gleicher Lage voll geschäftsfähig (**1729**, Abs. 3).

e) Antrag (a) und Einwilligung (b) unterliegen der Anfechtung nach allgemeinen Grundsätzen. Die Anfechtung und die Bestätigung selbst unterliegen aber auch den Vorschriften unter d (**1728**. **1729**. **1731**).

4. Die Ehelichkeitserklärung ist nach dem Tode des Kindes unter allen Umständen ausgeschlossen, nach dem Tode des Vaters ist sie mit gleicher Wirkung, als wenn sie vor dem Tode des Vaters erfolgt wäre, zulässig, wenn der Vater den Antrag (Z. 3. a) bei der zuständigen Behörde eingereicht oder das beurkundende Gericht oder den Notar mit der Einreichung betraut hatte (**1733**)[3]).

II. Die Wirkungen der Legitimation[4]).

A. Die vollen Wirkungen treten ein bei der Legitimation durch nachfolgende Ehe (**1719**). Das Kind steht einem ehelichen Kinde der Eltern völlig gleich. Es tritt daher das

[1]) Die Empfängniszeit (**1717**) bietet zur Feststellung dieses Zeitpunktes nur einen Anhaltspunkt: entscheidend sind die allgemeinen Beweisgrundsätze. So Neumann, S. 962. A. M. Staudinger IV, S. 535.

[2]) Nicht auch seiner Abkömmlinge (vgl. **1762**, **L**. § 258).

[3]) Vgl. noch Personenstandsgesetz § 26. Mandry-Geib, § 55, IV.

[4]) Vgl. Staatsangehörigkeitsgesetz v. 1. Juni 1870 §§ 2. 4. Unterstützungswohnsitzgesetz vom 12. März 1894 (6. Juni 1870) § 18. Mandry-Geib, § 55, IV.

Eltern- und Kindesverhältnis mit der elterlichen Gewalt und die Folge der Verwandtschaft mit allen weiteren familienrechtlichen und erbrechtlichen Folgen ein. Ist die Ehe nichtig (**1721**, I. b. Z. 3), so erlangen die Kinder eventuell nur die Stellung der Kinder aus nichtigen Ehen (**L.** § 254).

B. Die Ehelichkeitserklärung hat nur beschränkte Wirkung.

1. Das für ehelich erklärte Kind erlangt zwar auch die Stellung des ehelichen Kindes, tritt also in das gleiche Verhältnis zum Vater wie das eheliche (**1736**). Der Vater hat somit die elterliche Gewalt über das Kind. Geht er eine Ehe ein, so liegt es ebenso, als wenn der Vater eines ehelichen, in seiner Gewalt stehenden Kindes eine neue Ehe eingeht (**1740. 1669. 1771**). Auch die Abkömmlinge des Kindes stehen wie die des ehelichen Kindes. Beide sind aber mit den Verwandten des Vaters nicht verwandt; es fehlt gegenseitiges Erbrecht und Recht auf Unterhalt. Es besteht keine Schwägerschaft zwischen dem Kinde und der Ehefrau des Vaters und zwischen dem Ehegatten des Kindes und dem Vater (**1310. 1737**, Abs. 1).

2. Das Verwandtschaftsverhältnis zwischen dem Kinde und der Mutter und den mütterlichen Verwandten mit seinen Folgen bleibt unberührt, aber

a) die Mutter verliert die Sorge für die Person (**1707**), und die elterliche Gewalt steht (ohne die Schranke von **1634**) dem Vater zu. Die Sorge für die Person fällt der Mutter auch nicht wieder zu, wenn die elterliche Gewalt des Vaters endigt, sondern nur, wenn die Mutter dem Kinde Unterhalt gewähren muß, und zugleich die elterliche Gewalt des Vaters wegen Geschäftsunfähigkeit oder festgestellter längerer Behinderung (**1677**) ruht (**1738**);

b) die Mutter und die mütterlichen Verwandten bleiben unterhaltspflichtig, haften aber erst nach dem Vater (**1739**, vgl. **1606. 1607**).

III. **Intertemporales und internationales Recht.**

1. Die Voraussetzungen der Legitimation sind nach dem Rechte zur Zeit der Vornahme zu beurteilen. Auch die Rechtslage der vor dem 1. Januar 1900 legitimierten Kinder ist nach bisherigem Rechte zu beurteilen (EG. Art. 209).

2. Die Legitimation steht unter dem Personalstatut der Staatsangehörigkeit des Vaters zur Zeit der Vornahme, was die Einwilligung des Kindes anbetrifft, unter dem Personalstatut der Staatsangehörigkeit des Kindes (EG. Art. 22).

§ 257.

Die Annahme an Kindes Statt.[1]) a) Die Voraussetzungen.

Die rechtliche Stellung als eheliches Kind eines anderen kann auch durch Vertrag des Kindes mit diesem anderen begründet werden (Annahme an Kindes Statt, Adoption). Dieser familienrechtliche Vertrag unterscheidet sich wesentlich von dem rein schuldrechtlichen Vertrag zwischen Pflegeeltern und Pflegekindern.

I. Die Voraussetzungen der Annahme an Kindes Statt.

A. In der Person der Vertragsparteien:

1. Der Annehmende kann Mann oder Frau, verheiratet oder ledig sein, darf aber zur Zeit der Annahme keine (durch Geburt oder Legitimation) ehelichen Abkömmlinge haben, kann wohl aber uneheliche Abkömmlinge und angenommene Kinder haben (**1741. 1743**). Er muß das fünfzigste Lebensjahr vollendet haben (**1744**). Von diesem Erfordernisse können nur Volljährige Befreiung[2]) erlangen (**1745**). Außerdem muß der Annehmende mindestens 18 Jahre älter sein als der Angenommene, jedoch kann auch hier Befreiung[2]), und zwar für beide Teile, eintreten (**1744. 1745**).

---

[1]) Gierke, Der Entwurf, S. 48. 55. 61. 85. Opet, § 8. Knitschky, Das Rechtsverhältnis zw. Eltern und Kindern usw., § 5. Keidel, Blätter f. Rechtsanwendung, Jahrg. 64, S. 409 ff. Kipp-Wolff, §§ 91—93.

[2]) Die Befreiung ist in das Ermessen der Behörde gestellt. Die Zuständigkeit ist wie bei der Ehelichkeitserklärung geregelt (**1723**, Abs. 2 und 3. **1745**. **L.** § 256). Vgl. Mecklenb.-Schwer. AV. z. BGB. § 224. Mecklenb.-Strel. AV. z. BGB. § 222.

2. Der Anzunehmende kann nur als Kind, nicht als Enkel angenommen werden (**1741. 1767**, Abs. 2). Über das relative Alter des Kindes s. Z. 1. Im übrigen bestehen keine Beschränkungen durch Stehen unter elterlicher Gewalt oder Vormundschaft. Das angenommene Kind kann auch uneheliches Kind des Annehmenden sein. Jedoch kann ein Kind als gemeinschaftliches nur von einem Ehepaar angenommen werden (**1749**, Abs. 1), und ein angenommenes Kind kann während des Bestehens der Annahmekindschaft nur von dem Ehegatten des Annehmenden als Kind angenommen werden. Geschieht das, so hat auch damit das Kind die Stellung des gemeinschaftlichen Kindes beider Ehegatten (**1749**, Abs. 2, s. **L.** § 258).

B. Die Annahme an Kindes Statt erfordert **Vertrag des Annehmenden mit dem Kinde.**

1. **Abschluß und Form.** Der Vertrag muß bei gleichzeitiger Anwesenheit beider Teile vor Gericht (Amtsgericht) [1]) oder vor einem Notar geschlossen werden. Außerdem muß der Vertrag gerichtlich bestätigt werden (**1741. 1750**, Abs. 2) [2]). Die Bestätigung kann nicht mehr nach dem Tode des Kindes erfolgen, nach dem Tode des Annehmenden nur, wenn der Annehmende oder das Kind den Antrag auf Bestätigung bei dem zuständigen Gerichte eingereicht oder wenn sie das Gericht oder den Notar mit der Einreichung betraut hatten. Die Bestätigung wirkt dann in diesem Falle, als wenn sie vor dem Tode des Annehmenden erfolgt wäre (**1753**, vgl. **1733. L.** § 256).

Dem Gericht steht nur die Prüfung der gesetzlichen Erfordernisse der Annahme zu. Sind sie erfüllt, so muß die Bestätigung erteilt werden (**1754**) [3]).

2. Der Annahmevertrag kann sonst nicht durch einen **Vertreter** geschlossen werden, außer mit Genehmigung des Vormundschaftsgerichtes durch den gesetzlichen Vertreter des noch nicht 14 Jahre alten Kindes (**1750**, Abs. 1). Die in der Geschäftsfähigkeit beschränkten Parteien (Annehmender und Kind) bedürfen zur Eingehung des Vertrages der Zustimmung des gesetzlichen Vertreters und der Genehmigung des Vormundschaftsgerichtes (**1751**) [4]).

C. **Bedingungen und Zeitbestimmungen** sind bei der Annahme an Kindes Statt ausgeschlossen (**1742**).

D. Die Annahme an Kindes Statt bedarf der **Einwilligung** Dritter.

1. Die Einwilligungserklärung bedarf der gerichtlichen oder notariellen Beurkundung, sie ist dem Annehmenden oder dem Kinde oder dem Bestimmungsgerichte (B. Z. 1) gegenüber abzugeben, ist unwiderruflich und kann nicht durch Vertreter erteilt werden. In der Geschäftsfähigkeit Beschränkte sind aber hier geschäftsfähig (**1748**).

2. Einwilligungsberechtigt sind: der Ehegatte des Annehmenden und des Kindes (**1746**), die Eltern des anzunehmenden ehelichen Kindes unter 21 Jahren, die Mutter des unehelichen Kindes gleichen Alters (**1747**) [5]).

II. **Der Eintritt der Wirkung.** Die Wirkung der Annahme an Kindes Statt tritt ein mit der Kundgebung der Bestätigung (I. B. Z. 1) [6]) an den Annehmenden (FGG. § 67, Abs. 1). Der Annahmevertrag ist zwar schon vorher für die Parteien bindend, verliert aber seine Kraft, wenn die Bestätigung endgültig versagt wird, d. h. mit der Rechtskraft der sie versagenden gerichtlichen Entscheidung (**1754**). Ob der Annahmevertrag oder die Einwilligung anfechtbar ist, bestimmt sich nach den allgemeinen Vorschriften. Die Anfechtung und die Bestätigung eines anfechtbaren Annahmevertrages kann nicht

---

[1]) Zuständigkeit: FGG. § 167.

[2]) Zuständigkeit: FGG. §§ 65. 66.

[3]) Rechtsmittel bei Versagung: FGG. § 68, Abs. 2 (sofortige Beschwerde).

[4]) Besondere Ordnungsvorschriften für das Vormundschaftsgericht stellt **1752** für den Fall auf, daß ein Vormund (bzw. ein für die Vermögensverwaltung bestellter Pfleger) sein Mündel (Pflegling) oder früheres Mündel (Pflegling) an Kindes Statt annehmen will. Folge der Nichtbeachtung: **1754**, Abs. 2.

[5]) Die Einwilligung ist nicht erforderlich, wenn der Einwilligungsberechtigte zur Abgabe der Erklärung dauernd außerstande oder sein Aufenthalt dauernd unbekannt ist (**1746**, Abs. 2, vgl. **1756**).

[6]) Vermerk im Standesregister (Personenstandsgesetz § 26). Mandry-Geib, § 55, IV.

durch Vertreter erfolgen, außer mit Genehmigung des Vormundschaftsgerichtes durch den gesetzlichen Vertreter des Kindes unter 14 Jahren. Der in der Geschäftsfähigkeit beschränkte Annehmende und Angenommene bedarf der Zustimmung des gesetzlichen Vertreters und der Genehmigung des Vormundschaftsgerichtes. Die Anfechtung und Bestätigung der anfechtbaren Einwilligung kann nicht durch Vertreter erfolgen, der in der Geschäftsfähigkeit Beschränkte gilt aber als geschäftsfähig (**1755**).

Die Annahme an Kindes Statt ist unwirksam, wenn bei Bestätigung ein gesetzliches Erfordernis der Annahme irrtümlich als erfüllt angenommen wurde, z. B. das Nichtvorhandensein ehelicher Kinder. Diese Bedeutung hat aber nicht der Umstand, daß vom Gericht irrtümlich angenommen wurde, ein Einwilligungsberechtigter, dessen Einwilligung fehlt, sei zur Abgabe einer Erklärung dauernd außerstande oder sein Aufenthalt dauernd unbekannt gewesen (**1756**).

§ 258.
b) Das Rechtsverhältnis aus der Annahme an Kindes Statt und die Aufhebung desselben.[1]

I. **Die Wirkung der Annahme an Kindes Statt**[2]) ist, daß das Kind die rechtliche Stellung eines ehelichen Kindes des Annehmenden erlangt, nicht auch eines ehelichen Kindes des Ehegatten des Annehmenden. Gemeinschaftliches eheliches Kind beider Ehegatten wird das Kind nur, wenn es von beiden Ehegatten gemeinschaftlich oder nacheinander angenommen wird, oder wenn der Ehegatte das eheliche Kind des anderen Ehegatten annimmt (**1757**).

Die Annahme erstreckt sich auch auf die Abkömmlinge, und zwar auf die ehelichen Abkömmlinge jedes Kindes, auf die unehelichen des weiblichen Kindes; auf die zur Zeit des Vertragsschlusses schon vorhandenen Abkömmlinge und ihre später geborenen Abkömmlinge aber nur dann, wenn auch mit ihnen der Vertrag geschlossen ist (**1762**, vgl. **1737. L.** § 256). Die Annahme erstreckt sich nicht auf die Verwandten des Annehmenden. Der Ehegatte des Annehmenden wird nicht mit dem Kinde, der Ehegatte des Kindes nicht mit dem Annehmenden verschwägert (**1763**, vgl. **1737. L.** § 256).

A. Das gegenseitige **Eltern- und Kindesverhältnis** zeigt aber Besonderheiten und erleidet Einschränkungen, die nur in einzelnen Richtungen der Verfügung der Parteien im Annahmevertrage unterliegen (1. 2. 3).

1. Das angenommene Kind erhält den **Familiennamen** des Annehmenden, das gemeinschaftliche Kind den des Ehemannes, das von einer Frau angenommene Kind den Familiennamen, den die Frau vor ihrer Verheiratung führte. Wenn der Annahmevertrag es nicht ausschließt, so darf das Kind dem neuen Namen seinen früheren Namen anhängen, nicht aber dem früheren Namen seinen neuen Namen (**1758**. Vgl. **L.** § 219).

2. Der Annehmende hat gegen das Kind kein **Erbrecht**, folglich auch kein Pflichtteilsrecht (**1759**), wohl aber das Kind gegenüber dem Annehmenden, wenn der Annahmevertrag dieses Erbrecht nicht ausschließt (**1767**).

3. Dem Annehmenden steht die **elterliche Gewalt**, wenn ihre Voraussetzungen vorliegen, zu.

a) Die leiblichen Eltern verlieren die elterliche Gewalt in jeder Beziehung, die uneheliche Mutter die Sorge für die Person (**1707**), wenn sie ihr Kind nicht angenommen hat (**1765**, Abs. 1). In dem Annahmevertrag kann weder die elterliche Gewalt im ganzen, noch die Vermögensverwaltung des Annehmenden ausgeschlossen, noch die Sorge für die Person modifiziert werden. Nur die Nutznießung kann dem Annehmenden entzogen, dem Kinde also sein gesamtes Vermögen als freies Gut eingeräumt werden (**1767**).

b) Hat der Annehmende kraft der elterlichen Gewalt die Verwaltung des Kindesvermögens, so trifft ihn die Inventarisierungspflicht (wie nach **1640**.

[1]) Literatur s. **L.** § 257, Note 1.

[2]) Vgl. Staatsangehörigkeitsgesetz v. 1. Juni 1870 § 2. Mandry-Geib, § 55, IV.

L. § 250). Nichtbeachtung derselben kann zur Entziehung der Vermögensverwaltung durch das Vormundschaftsgericht führen, das aber nach Ermessen die Entziehung jederzeit wieder aufheben kann (**1760**).

c) Bei Eingehen einer Ehe oder einer neuen Ehe treffen den Annehmenden die gleichen Pflichten wie den ehelichen Vater (**1761**, vgl. **1669—1671**. **L.** § 252).

d) Ist das Kind gemeinschaftliches Kind beider Ehegatten, so erhält die Mutter die elterliche Gewalt ebenso, als wenn sie die eheliche Mutter wäre (**1757**, Abs. 2).

4. Zwischen dem Annehmenden und dem Kinde und seinen von der Annahme betroffenen Abkömmlingen besteht die gesetzliche Unterhaltspflicht. Der Anspruch des Annehmenden beschränkt sich auf den notdürftigen Unterhalt, wenn er sich gegen das Kind usw. Verfehlungen zuschulden kommen läßt, die den Unterhaltsanspruch der Verwandten der aufsteigenden Linie auf dieses Maß beschränken würden (**1766**. **1611**, Abs. 2).

B. **Das bisherige Verwandtschaftsverhältnis des Kindes** wird durch die Annahme nicht berührt. Das Kind behält die Stellung in seiner bisherigen Familie (**1764**).

1. Eine Ausnahme liegt in dem **Verlust der elterlichen Gewalt** für die leiblichen Eltern (A. 3. a). Dieser ist ein definitiver, was die Vermögensverwaltung, Nutznießung und Vertretung in vermögensrechtlicher oder persönlicher Hinsicht betrifft. Die Sorge für die Person fällt aber an die leiblichen Eltern zurück, wenn sie dem Kinde Unterhalt zu gewähren haben, und die elterliche Gewalt des Annehmenden endigt oder wegen Geschäftsunfähigkeit oder festgestellter längeren Behinderung ruht (**1677**). Dem Kinde ist dann ein Vormund zu bestellen.

2. In der **Unterhaltspflicht** gegenüber dem Kinde und seinen von der Annahme betroffenen Abkömmlingen geht der Annehmende den leiblichen Verwandten des Kindes (trotz A. 2) vor.

II. **Die Aufhebung des Rechtsverhältnisses** erfolgt:

A. Durch Vertrag (Aufhebungsvertrag) des Annehmenden (eventuell des annehmenden Ehepaares) mit dem Kinde und den von der Annahme betroffenen Abkömmlingen (**1768**). Der Aufhebungsvertrag steht im allgemeinen unter den Regeln des Annahmevertrages (**L.** § 257, I. B.). Er kann nicht unter Bedingung und Zeitbestimmung geschlossen werden (**1768**, Abs. 1), bedarf der Bestätigung, der Form und verlangt persönlichen Abschluß durch die Parteien. Geschäftsunfähigkeit und Beschränkung der Geschäftsfähigkeit haben die gleiche Bedeutung wie beim Annahmevertrage. Die Bestätigung kann nicht nach dem Tode des Kindes erfolgen, Wirksamkeit der Aufhebung tritt erst mit der Bestätigung ein, während der Aufhebungsvertrag die Parteien schon vorher bindet. Auch die Anfechtbarkeit steht unter den gleichen Regeln (**1770**). Nach dem Tode des Annehmenden ist die Aufhebung ausgeschlossen, nach dem Tode des Kindes können die übrigen Beteiligten (Erben des Kindes und von der Annahme betroffene Abkömmlinge) das zwischen ihnen bestehende Verhältnis durch Vertrag aufheben; nach dem Tode des einen der beiden Ehegatten, die ein Kind gemeinschaftlich angenommen hatten, kann der andere die Aufhebung des ihn betreffenden Rechtsverhältnisses durch Vertrag bewirken (**1769**).

B. Die Aufhebung des zwischen dem Annehmenden und dem Kinde (nicht den sonst von der Annahme Betroffenen) bestehenden Verhältnisse tritt ein, wenn zwischen beiden, entgegen dem aufschiebenden Ehehindernis (**1311**), die Ehe geschlossen wird. Ist die Ehe nichtig, so lebt das Rechtsverhältnis rückwärts wieder auf, aber die elterliche Gewalt des Annehmenden über das Kind ist verwirkt, außer wenn die Ehe wegen wesentlichen Formmangels nichtig und nicht in das Heiratsregister eingetragen war (**1771**).

C. Mit der Aufhebung fallen alle Wirkungen der Annahme für die Zukunft fort; das Kind und die in Betracht kommenden Abkömmlinge verlieren auch das Recht, den Familiennamen des Annehmenden zu führen, sie nehmen ihren Familiennamen wieder an. Das von einem Ehepaare als gemeinschaftliches angenommene Kind behält aber den Familiennamen des Annehmenden, wenn die Aufhebung erst nach dem Tode des einen Ehegatten erfolgt (**1772**).

III. Abschnitt.

Die Vormundschaft.[1]

§ 259.

Übersicht.

I. *Das Institut der Vormundschaft gewährt solchen Mitgliedern der Gemeinschaft, die für ihre Person oder ihr Vermögen nicht oder nicht ausreichend sorgen können, die notwendige Fürsorge und Vertretung.*

Die Geschichte des Institutes im römischen und deutschen Rechte zeigt einen Wechsel in der prinzipiellen Gestaltung des Institutes. In der Anerkennung des Fürsorgebedürfnisses ergibt sich allerdings weitgehende Übereinstimmung. Jugendliches Alter, weibliches Geschlecht, Wahnsinn, Verschwendung und einzelne Sonderfälle führen zur Bevormundung. Die Geschlechtsvormundschaft ist im römischen und deutschen Rechte beseitigt. Die römische Differenz innerhalb der Altersvormundschaft (tutela impuberum — cura minorum) ist im deutschen Recht nicht vorhanden, im gemeinen Recht verschwunden und den Partikularrechten unbekannt. Während aber im älteren römischen und deutschen Rechte die Vormundschaft als eine Angelegenheit der Familie betrachtet wird und als *privates*, dem Erbrechte parallel laufendes *Recht* den Familiengenossen zufällt oder kraft eheherrlicher, väterlicher oder Patronsgewalt im Testamente verliehen wird, tritt in beiden Rechten mit der Zeit mehr der Gesichtspunkt der vom Rechte im allgemeinen Interesse auferlegten *Fürsorgepflicht* (munus publicum) und des vom Staate übertragenen Amtes (*Bestellungsprinzip*), das unter Aufsicht des Staates geführt wird (*Obervormundschaft*) hervor. Der ältere Gesichtspunkt wirkt besonders noch in der Mitwirkung der Familie zur Erreichung des Vormundschaftszweckes (Familienrat), in dem Benennungsrechte gewisser Familienangehörigen und in dem Anspruche auf die Bestellung zum Vormunde nach. Diese Gestaltung, im römischen Rechte angebahnt, im gemeinen Rechte abgeschlossen und, wenn auch in verschiedener Weise, in die Partikularrechte übergegangen, ist auch die des BGB., dem im wesentlichen die preußische Vormundschaftsordnung vom 5. Juli 1875 zugrunde liegt[2]).

II. Innerhalb der Vormundschaft im weiteren Sinne sind die *Vormundschaft im engeren Sinne* und die *Pflegschaft* zu unterscheiden.

A. **Die Vormundschaft** im engeren Sinne gewährt die umfassende Fürsorge für die Person und das Vermögen des Mündels und die Vertretung desselben; sie ist im Bedürfnisfalle von Amts wegen anzuordnen. Der Bedürfnisfall ist *jugendliches Alter (Vormundschaft über Minderjährige)* und *Entmündigung Volljähriger*, (*Vormundschaft über Volljährige*).

---

[1]) *Brettner*, Arch. f. bürg. R., Bd. 2, S. 197 ff. *Adamkiewicz*, Arch. f. bürg. R., Bd. 5, S. 291 ff. *Derselbe*, Der Rechtsbegriff der Kuratel. *Barazetti*, Die Vormundschaft, die Pflegschaft und die Beistandschaft (1894). *Richter*, Das Vormundschaftsrecht nach dem BGB. (1897). *Schultzenstein u. Köhne*, Das deutsche Vormundschaftsrecht (2. A. 1901). *Fuchs*, A., Das deutsche Vormundschaftsrecht (1899). *Böhm*, Das Vormundschaftsrecht des BGB. (2. A. 1900), §§ 6—8. *Schultetus*, Handbuch des Vormundschaftsrechtes (1899). *Philler*, Das Vormundschaftsrecht des BGB. (1900). v. *Blume*, Vormundschaftsrecht (1904). *Kipp-Wolff*, § 100.

[2]) *Übergangsbestimmungen*: EG. Art. 210. *Vorbehalt für das Landesrecht*: EG. Art. 55. 57. 58. 136. Über die Vormundschaft des Anstaltsvorstandes vgl. *Preuß.* AG. z. BGB. Art. 78. *Bayer.* AG. z. BGB. Art. 100. *Sächs.* AG. z. BGB. § 37—39. AV. z. BGB. § 37.

B. **Die Pflegschaft,** ihrem Charakter nach Vormundschaft, unterscheidet sich von ihr dadurch, daß ihre Anordnung nicht immer von Amts wegen erfolgt, daß sie regelmäßig keine umfassende Fürsorge und Vertretung in sich schließt und nicht nur für vorhandene physische Personen, sondern auch für nicht vorhandene natürliche und juristische Personen und Vermögensmassen angeordnet werden kann.

III. **Die Obervormundschaft** steht den Amtsgerichten zu. Zuständigkeit und Verfahren[1]) bestimmen sich nach dem Reichsgesetz betreffend die Angelegenheiten der freiwilligen Gerichtsbarkeit, vom 17. Mai 1898[2]). Beschwerdegericht ist das Landgericht (FGG. §§ 22 ff.). Die Funktionen der Obervormundschaft können aber auch dem Familienrat zustehen. Als Hilfsorgan der Obervormundschaft treten der Gemeindewaisenrat und der Standesbeamte in Tätigkeit.

IV. **Internationales Recht.**

Maßgebend ist das Personalstatut der Staatsangehörigkeit des Mündels, Pfleglings usw. zur Zeit des Eintrittes des Bedürfnisfalles. Über einen Ausländer kann im Inlande eine Vormundschaft oder Pflegschaft angeordnet werden, wenn das nach ausländischem Rechte zulässig ist, und der fremde Staat die Fürsorge abgelehnt hat, oder der Ausländer nach EG. Art. 8 im Inlande entmündigt ist. Vorläufige Maßregeln kann das deutsche Vormundschaftsgericht treffen (EG. Art. 23. FGG. §§ 43. 44).

---

1. Kapitel.

Die Vormundschaft über Minderjährige.

§ 260.

1. Die Anordnung der Vormundschaft.[3])

Die Vormundschaft über Minderjährige bildet den Regelfall, an den die Vormundschaft über Volljährige und die Pflegschaft sich anschließen. Die Vormundschaft über Minderjährige ist von Amts wegen durch das Vormundschaftsgericht anzuordnen, sowie ihm besonders gerichtsseitig, durch das Standesamt oder den Gemeindewaisenrat Kenntnis vom Bedürfnisfalle wird (**1774**) [4]). Es gibt keine Vormundschaft kraft Gesetzes oder letzten Willens.

I. **Der Bedürfnisfall** liegt vor (**1773**)

A. wenn ein Minderjähriger nicht in elterlicher Gewalt steht. Elterliche Gewalt schließt Vormundschaft aus, nicht aber den Schutz des Minderjährigen durch das Vormundschaftsgericht (**L.** § 252). Wann eheliche oder uneheliche Kinder nicht unter elterlicher Gewalt stehen, ergibt sich aus **L.** §§ 252—256. 258;

B. die Vormundschaft ist ferner anzuordnen, wenn den Eltern das Recht, das Kind zu vertreten, weder in den persönlichen noch in den vermögensrechtlichen Angelegenheiten zusteht (**1685. 1666**);

C. wenn der Familienstand des Kindes nicht zu ermitteln ist, das Bestehen der elterlichen Gewalt also ungewiß ist (Findelkinder[5]), verlassene Kinder).

II. **Die Person des Vormundes.**

A. Das Vormundschaftsgericht hat in der Auswahl der Person des Vormundes nicht völlige Freiheit. Die Person des Vormundes ergibt sich vielmehr in erster Linie durch die Be-

---

[1]) Vgl. Fuchs, A., §§ 69—73. Schultzenstein, Zeitschr. f. d. ziv. Pr., Bd. 25 (1899), S. 189 ff.
[2]) Vorbehalt für das Landesrecht: EG. Art. 147. Nach dem AGG. sind Gemeindebehörden, Notare, Stadtmagistrate neben oder an Stelle der Amtsgerichte zuständig.
[3]) Richter, S. 12 ff. 74 ff. Fuchs, A., §§ 16. 17. 22—30. Kipp-Wolff §§ 101—131.
[4]) Anzeigepflicht der Behörde: FGG. §§ 48 ff.
[5]) Personenstandsgesetz § 24, Abs. 1. FGG. § 48.

rufung (1), die ein Recht auf Bestellung gewährt, welches das Vormundschaftsgericht nur aus gesetzlichen Gründen (2—5) unbeachtet lassen soll (**1776—1778**). Erst in zweiter Linie, wenn das Vormundschaftsgericht[1]) durch die Berufung nicht gebunden ist, hat es den Vormund nach Anhörung des Gemeindewaisenrates auszuwählen. Die Anhörung des Gemeindewaisenrates ist nur Ordnungsvorschrift. Er hat nur ein Vorschlagsrecht. Verwandte und Verschwägerte des Mündels sind zunächst zu berücksichtigen. Immer soll bei der Auswahl auf die persönlichen und Vermögensverhältnisse des Vormundes und die sonstigen Umstände gesehen, auch das religiöse Bekenntnis des Mündels berücksichtigt werden (**1779**).

1. **Die Berufung.** Zur Vormundschaft sind in folgender **Reihenfolge** berufen (**1776**)

a) der vom Vater des Mündels,

b) der von der ehelichen Mutter des Mündels ernannte Vormund. Dieses Benennungsrecht (**1777**) ist Ausfluß der elterlichen Gewalt, die dem Benennenden zur Zeit seines Todes, nicht zur Zeit der Benennung, und zwar einschließlich der persönlichen und vermögensrechtlichen Vertretung zustehen muß. Die Benennung erfolgt durch letztwillige Verfügung (letztwillige Berufung)[2]). Außerdem kann der Vater dem nach seinem Tode geborenen Kinde in dieser Weise einen Vormund ernennen, wenn ihm die volle elterliche Gewalt zugestanden hätte, falls das Kind vor seinem Tode geboren wäre. Die Benennung des Vaters geht, auch wenn sie die ältere ist, derjenigen der Mutter vor[3]). Andere Personen (Verwandte, Schenker, Erblasser) haben kein Benennungsrecht (vgl. **1909**, Abs. 1. **1917**. **L.** § 271);

c) der Großvater des Mündels väterlicher Seite und

d) der Großvater des Mündels mütterlicher Seite, also auch der Großvater des unehelichen Kindes. Diese gesetzliche Berufung der Großväter entfällt, wenn das Mündel von einem anderen als dem Ehegatten seines leiblichen Vaters oder seiner leiblichen Mutter, oder wenn ein leiblicher Elternteil des Mündels von einem Fremden mit Wirkung für das Mündel an Kindes Statt angenommen wird, weil in solchen Fällen der soziale Zusammenhang mit der natürlichen Familie häufig gelöst wird.

2. Die zur Vormundschaft Berufenen oder Auszuwählenden müssen die **Fähigkeit** und **Tauglichkeit** eines Vormundes besitzen.

a) Unfähig sind (**1780**) Geschäftsunfähige und wegen Geistesschwäche, Verschwendung oder Trunksucht Entmündigte, die in der Geschäftsfähigkeit beschränkt sind. Die Bestellung des Unfähigen ist nichtig[4]).

b) Untauglich sind (**1781—1784**) Minderjährige oder Volljährige, die nach **1906** unter vorläufige Vormundschaft gestellt sind; Personen, die wegen Gebrechlichkeit einen Pfleger für ihre Vermögensangelegenheiten erhalten haben; der Konkursschuldner während des Konkurses; derjenige, dem die bürgerlichen Ehrenrechte aberkannt sind[5]), für die im Strafurteil bestimmte Zeit. Untauglich ist auch der durch den Vater oder die eheliche Mutter Ausgeschlossene. Die Ausschließung des vom Vater als Vormund benannten (Z. 1) durch die Mutter ist nicht statthaft. Die Ausschließung läuft der Benennung parallel (letztwillige Verfügung, volle elterliche Gewalt)[6]). Unverheiratete Frauen sind fähig und tauglich, verheiratete sind tauglich, wenn sie mit dem ehelichen Vater des Mündels verheiratet sind, andere verheiratete Frauen nur mit (widerruflicher) Zustimmung ihres Ehemannes (vgl. **1887**. **1356**). Beamte oder Religionsdiener sind nur tauglich, wenn sie die nach den Landesgesetzen vorgeschriebene Erlaubnis haben (vgl. **1888**) [7]).

---

[1]) Eventuell der Familienrat (**1872**).

[2]) Nicht in einem Erbvertrage (**2278**).

[3]) Staudinger IV, S. 579 f. A. M. Richter, a. a. O., S. 24 f., der die Benennung des Letztlebenden bevorzugt, aber entgegen **1776**, Abs. 1.

[4]) Unrichtig Richter, a. a. O., S. 39 f. Eine Folge der Nichtigkeit s. KO. § 61, Z. 5.

[5]) Ausnahme: RStrGB. § 34, Z. 6. EG. Art. 35, I.

[6]) Übergangsbestimmung: EG. Art. 205, vgl. **1687**, Z. 1.

[7]) Vgl. Reichsbeamtengesetz vom 31. März 1873 § 19. Reichsmilitärgesetz vom 2. Mai 1874 § 41. Mecklenb.-Schwer. AG. z. BGB. § 225. Mecklenb.-Strel. AG.

Die Bestellung eines Untauglichen ist nicht nichtig, der bestellte Vormund soll aber (**1886**) entlassen werden. Ist ein Unfähiger oder Untauglicher berufen (Z. 1), so bedarf seine Übergehung durch das Vormundschaftsgericht nicht seiner Zustimmung (**1778**).

3. Die Berufenen (Z. 1) können, auch wenn sie fähig oder tauglich sind, ohne ihre Zustimmung übergangen werden, wenn sie an der Übernahme der Vormundschaft verhindert sind, dieselbe verzögern, oder wenn ihre Bestellung die Interessen des Mündels gefährden würde. Der Übergangene kann, wenn eine vorübergehende Behinderung gehoben ist, seine Bestellung zum Vormunde beantragen (**1778**, Abs. 1 u. 2).

4. Das Recht aus der Berufung ist weiter eingeschränkt insofern, als vor dem als Vormund einer Ehefrau Berufenen der nicht berufene Ehemann, vor dem als Vormund eines unehelichen Kindes berufenen Großvater die nicht berufene Mutter als Vormund bestellt werden kann (**1778**, Abs. 3).

5. Der Berufene kann außer in den Fällen Z. 2—4 nur mit seiner Zustimmung übergangen werden und hat den Weg der Beschwerde (FGG. §§ 20. 60, Z. 1).

B. **Ablehnungsrecht.** Die Übernahme der Vormundschaft ist Pflicht jedes Deutschen (ohne Rücksicht auf die Angehörigkeit an einen Bundesstaat), nicht des Ausländers. Die Übernahmepflicht wird begründet durch die vom Vormundschaftsgericht getroffene Auswahl (**1779**). Die Berufung (A. Z. 1) gibt nur Recht, begründet nicht Pflicht zur Übernahme. Der Berufene kann ohne Grund ablehnen (**1785**).

1. Die Pflicht ist nicht begründet für Unfähige oder Untaugliche (**1785**, A. Z. 2).

2. Gewisse Verpflichtete können die Übernahme ablehnen (excusatio).

a) Ein **Ablehnungsrecht** haben (**1786**): Frauen (**1783**), Personen über 60 Jahre, ferner derjenige, welcher mehr als vier minderjährige eheliche Kinder hat, wobei die etwa von anderen angenommenen eigenen Kinder nicht mitzählen, wohl aber legitimierte und an Kindes Statt angenommene Kinder. Ablehnungsgrund ist ferner Krankheit und Gebrechen, welches den Verpflichteten an einer ordnungsmäßigen Führung der Vormundschaft hindert, Entfernung seines Wohnsitzes vom Sitze des Vormundschaftsgerichtes, so daß besondere Belästigung durch die Führung der Vormundschaft entstünde. Ablehnen kann der Verpflichtete auch, wenn von ihm (**1844**) Sicherheit verlangt wird, wenn ihm gemeinschaftlich mit einem anderen die Vormundschaft übertragen werden soll (C.), wenn er bereits mehr als eine Vormundschaft oder Pflegschaft führt, wobei die über mehrere Geschwister geführten als eine, zwei Gegenvormundschaften aber als eine Vormundschaft zählen. Auf den Umfang der Verwaltung kommt es im einzelnen Falle nicht an.

b) Die Ablehnung muß dem Vormundschaftsgericht gegenüber erfolgen. Ein Verzicht, etwa den Eltern des Mündels gegenüber, bindet den Ablehnungsberechtigten dem Vormundschaftsgericht gegenüber nicht. Die Ablehnung muß vor der Bestellung erfolgen (**1786**, Abs. 2, vgl. aber **1889**. **L.** § 269).

c) Unbegründete (a) schuldhafte Ablehnung macht den Verpflichteten dem Mündel haftbar für den durch die Verzögerung entstandenen Schaden, da die Pflicht zur Übernahme auch dem Mündel gegenüber als rein privatrechtliche besteht (**1787**, Abs. 1).

d) Über die Ablehnungsgründe entscheidet das Vormundschaftsgericht. Weist es die Ablehnung zurück, so hat der Verpflichtete die Beschwerde[1]). Diese aber hat keine aufschiebende Wirkung. Der Verpflichtete muß daher bis zur Erledigung der Beschwerde auf Erfordern die Vormundschaft vorläufig übernehmen (**1787**, Abs. 2).

3. Der vom Vormundschaftsgericht ausgewählte Vormund[2]) kann zur Übernahme vom Vormundschaftsgericht nach Ermessen durch Ordnungsstrafen nach **1788** angehalten werden.

---

z. BGB. § 223. Preuß. AG. z. BGB. Art. 72. Sächs. AG. z. BGB. § 40. Bad. AG. z. BGB. Art. 34.

[1]) FGG. §§ 19, Abs. 1. 20, Abs. 1. 60, Z. 2. 24.

[2]) Richter, a. a. O., S. 64 f., bezieht **1788** auch auf die Berufenen nach **1776** im Widerspruch mit dem von ihm a. a. O., S. 53, Bemerkten.

Die Ordnungsstrafe ist Geldstrafe. Versagt diese, so muß ein anderer als Vormund bestellt werden. Die Schadensersatzpflicht nach 2. c bleibt unberührt.

C. Von besonderen Fällen[1]) abgesehen, sollen für ein Mündel immer nur ein Vormund, nicht mehrere Mitvormünder, und für mehrere zu bevormundende Geschwister ebenfalls nur ein Vormund, nicht mehrere bestellt werden (**1775**). Im Falle mehrere Mitvormünder bestellt werden, führen sie die Vormundschaft gemeinschaftlich oder nach getrennten Geschäftskreisen (**L.** § 261). Anders liegt es, wenn neben dem Vormunde ein Gegenvormund bestellt ist (**1792**)[2]). Dieser leistet nur gewisse Mitwirkung in der Verwaltung, vor allem aber Aufsicht über den Vormund.

1. Für die Berufung, Auswahl und Bestellung eines Gegenvormundes gilt das gleiche wie beim Vormund (A. B. und III.).

2. Die Bestellung kann in allen Fällen erfolgen, soll aber erfolgen, wenn mit der Vormundschaft eine Vermögensverwaltung verbunden ist, sofern diese nicht unerheblich erscheint, oder die Vormundschaft nicht von mehreren Vormündern gemeinschaftlich geführt wird. Wird die Vormundschaft von den Mitvormündern nach Geschäftskreisen getrennt geführt, so kann ein Mitvormund zum Gegenvormund des andern bestellt werden.

Die Bestellung erfolgt nicht bei befreiter Vormundschaft (**1852** ff. **L.** § 267).

III. **Die Bestellung** des Vormundes ist kein einseitiger Bestätigungsakt des zuständigen Vormundschaftsgerichtes, dem die Übernahme der Pflicht durch den Vormund voraufgeht, die Bestellung vollzieht sich vielmehr, indem der Vormund sich dem Gerichte zu treuer und gewissenhafter Führung der Vormundschaft verpflichtet, und das Gericht diese Verpflichtung entgegennimmt. Ordnungsmäßig soll die Verpflichtung mittelst Handschlages an Eides Statt erfolgen (**1789**)[3]).

Eine Bestellung kann nicht unter Bedingung oder Zeitbestimmung schlechthin erfolgen, wohl aber ist statthaft der Vorbehalt der Entlassung des Vormundes bei Eintritt oder Nichteintritt eines bestimmten Ereignisses irgendwelcher Art (**1790**). Recht und Pflicht des Vormundes beginnen schon mit der Bestellung. Über diese kann aber der Vormund ein Zeugnis (die Bestallung) verlangen, das die wesentlichsten Angaben über die konkrete Vormundschaft gemäß **1791** enthalten soll. Eine Vollmacht enthält die Bestallung nicht.

§ 261.

Die Führung der Vormundschaft. a) Der Wirkungskreis des Vormundes im allgemeinen.[4])

Der Vormund ist nicht ein bloßes Organ des Vormundschaftsgerichtes, er hat vielmehr innerhalb der Schranken des Gesetzes selbständig Recht und Pflicht der ausgedehnten Sorge für die Person und das Vermögen des Mündels und der außergerichtlichen und gerichtlichen Vertretung (**1793**) und untersteht nur der Aufsicht des Vormundschaftsgerichtes (Selbständigkeitsprinzip). Der Wirkungskreis des Vormundes erleidet aber allgemeine Einschränkungen; solche ergeben sich auch infolge der Mitvormundschaft und Gegenvormundschaft.

I. **Allgemeine Einschränkungen.**

A. Die Sorge für die Person und das Vermögen und entsprechend die Vertretung des Mündels stehen dem Vormunde in den Angelegenheiten nicht zu, für die ein Pfleger bestellt ist (**1794**).

---

[1]) Z. B. umfangreiche oder verschiedenartige Verwaltung. Neben berufenen Vormündern darf sogar nur mit deren Zustimmung ein Mitvormund bestellt werden (**1778**, Abs. 4). Die Bestellung mehrerer Vormünder kann auch auf Grund der letztwilligen Berufung des Vaters und der Mutter erfolgen.

[2]) Übergangsbestimmung: EG. Art. 210, Abs. 2.

[3]) Berufung kraft Gesetzes und Ortsstatutes ist nach Landesrecht möglich: EG. Art. 136 (Anstaltsvormundschaft, Generalvormundschaft).

[4]) Vgl. **L.** § 260, Note 3. Richter, S. 74 ff. Fuchs, A., §§ 2. 15. 20.

B. Die Vertretung des Mündels steht dem Vormunde in den höchstpersönlichen Angelegenheiten nicht zu, in denen das Mündel als geschäftsfähig anerkannt ist (vgl. **1336. 1358. 1595. 1750**).

C. Die Vertretung steht dem Vormunde bei gewissen Rechtsgeschäften und Rechtsstreiten nicht zu, und es ist (**1909**) dem Mündel ein Pfleger zu bestellen. Nimmt der Vormund diese Rechtshandlungen dennoch vor, so sind sie nicht nichtig, bedürfen aber als ohne Vollmacht geschlossene der Genehmigung des Pflegers oder des inzwischen volljährig gewordenen Mündels (**181. 1795**). Hierher gehören:

1. Rechtsgeschäfte und Rechtsstreite zwischen Vormund und Ehegatten, Verwandten in gerader Linie des Vormundes einerseits und dem Mündel andererseits. Ausgenommen ist die Erfüllung von Verbindlichkeiten, auch der aus der Vormundschaft selbst entstandenen. In diesem Ausnahmefall bedarf es der Bestellung eines Pflegers nicht, wohl aber der erforderlichen Genehmigung des Gegenvormundes (vgl. **1813**) und des Vormundschaftsgerichtes.

2. Ist der Vormund Schuldner des Mündels unter Sicherheit (Pfandrecht, Hypothek, Bürgschaft), so kann er weder die Forderung des Mündels an Dritte übertragen und für Dritte belasten, noch die Sicherheit aufheben oder mindern, noch eine Verpflichtung des Mündels in den vorhergehenden Richtungen begründen, noch Rechtsstreite in allen diesen Angelegenheiten führen. Mit sich selbst kann er diese Geschäfte weder im eigenen Namen noch als Vertreter eines Dritten vornehmen (**181**)[1].

D. Das Vormundschaftsgericht kann, wenn eine erhebliche Kollision der Interessen des Mündels einerseits und des Vormundes oder eines vom Vormunde vertretenen Dritten oder des Ehegatten oder der Verwandten des Vormundes in gerader Linie andererseits vorliegt, dem Vormunde die Vertretung für einzelne Angelegenheiten oder für einen ganzen Kreis von Angelegenheiten entziehen (**1795. 1796**). Das Mündel erhält dann einen Pfleger (**1909**).

II. Die Regel ist Bestellung eines Vormundes (auch für mehrere Geschwister **1775**) für das Mündel. Die Verwaltung selbst oder letztwillige Anordnung können zur Bestellung mehrerer Vormünder führen. **Das Verhältnis der Mitvormünder** (vgl. L. § 259) gestaltet sich verschieden:

A. Die Regel ist, daß die Mitvormünder die Vormundschaft in allen Beziehungen gemeinschaftlich führen. Ergibt sich keine Übereinstimmung der Meinungen, so entscheidet nicht die Mehrheit, sondern das Vormundschaftsgericht, das einer der Ansichten beitreten kann. Es kann aber auch bei der Bestellung für die Lösung des Dissenses andere Bestimmung getroffen sein (Entscheidung der Mehrheit usw.). Bei Ausscheidung eines (z. B. durch Tod) führen die übrigen allein die Vormundschaft weiter (vgl. **1894**, Abs. 2), bis auf Grund der Berufung oder Auswahl eine Ergänzung eintritt (**1797**, Abs. 1).

B. Das Vormundschaftsgericht kann die Teilung der Verwaltung nach gesonderten Wirkungskreisen, die sachlich oder geographisch abgegrenzt sein können, anordnen. Jeder Vormund ist selbständig in seinem Wirkungskreise. Ist gemäß der Teilung die Sorge für die Person und die für das Vermögen verschiedenen Vormündern zugewiesen, und berührt eine Angelegenheit beide Wirkungskreise (z. B. Berufswahl des Mündels), so hat bei Meinungsverschiedenheiten das Vormundschaftsgericht zu entscheiden (wie zu A.). Die Regel (A.) tritt auch überall da ein, wo Angelegenheiten nicht einem der Wirkungskreise ausschließlich angehören (**1797**, Abs. 2. **1798**).

C. Vater und Mutter können kraft ihres Benennungsrechtes (**1777**) und bei Ausübung desselben Bestimmungen über die Entscheidung bei Meinungsverschiedenheiten und über die Teilung der Verwaltung treffen. Das Vormundschaftsgericht hat diese Bestimmungen bei der Bestellung zu befolgen, wenn sie nicht das Interesse des Mündels gefährden (**1797**, Abs. 3).

---

[1]) Ohne diese Vorschrift hätte es bei der Genehmigung des Gegenvormundes bzw. des Vormundschaftsgerichtes sein Bewenden.

III. **Das Verhältnis von Vormund und Gegenvormund (1799).** Ein Gegenvormund kann im Bedürfnisfalle stets bestellt werden, er soll regelmäßig bei Vermögensverwaltung, falls solche nicht unerheblich ist, oder mehrere Vormünder die Verwaltung gemeinschaftlich zu führen haben (**1792**, vgl. **1812**), bestellt werden.

A. Der Gegenvormund ist in erster Linie zur Aufsicht und Kontrolle der gesamten Vormundschaftsführung berufen. Er hat die Pflicht, dem Vormundschaftsgericht Pflichtwidrigkeiten oder Fälle, in denen das Vormundschaftsgericht tätig werden, z. B. einen neuen Vormund ernennen oder den alten entlassen muß, anzuzeigen. Er ist insofern Organ des Vormundschaftsgerichtes. Außerdem ist er aber zum Zwecke der Vereinfachung der Verwaltung an dieser selbst in einzelnen Fällen beteiligt (**1802. 1806—1810. 1812. 1824. 1832. 1826. 1891**).

B. Der Aufsichtspflicht des Gegenvormundes entspricht die Pflicht des Vormundes, dem Gegenvormunde auf Verlangen über die Führung der Vormundschaft Auskunft zu erteilen und die Einsicht in die Vormundschaftspapiere zu gestatten.

§ 262.

b) Die Sorge für die Person und das Vermögen.[1])

I. **Die Sorge für die Person des Mündels (1800. 1801)** steht dem Vormunde i. a. in *gleicher Weise zu wie dem Inhaber der elterlichen Gewalt* (**1631—1633. L.** § 249, II. A. B. C.). Es ergeben sich aber Abweichungen vom Rechte der elterlichen Gewalt und dem Grundsatze der Selbständigkeit des Vormundes (**L.** § 261). Die Einwilligung des Vormundes kann in persönlichen Angelegenheiten durch das Vormundschaftsgericht ersetzt werden (**1304**, Abs. 2. **1337**); das Vormundschaftsgericht kann Erziehungsmaßregeln anordnen (**1838**); der Vormund ist bisweilen an die Genehmigung des Vormundschaftsgerichtes gebunden (**1729**, Abs. 1. **1751. 1770. 1822**, Z. 6)[2]); dem Vater und der Mutter kann nicht kraft elterlicher Gewalt oder Vormundschaft, sondern kraft Gesetzes die Sorge für die Person des Mündels zustehen, und sie konkurrieren insoweit mit dem Vormunde, der aber die Entscheidung hat (**1696—1698. 1707. 1765**); schließlich kann die religiöse Erziehung dem Vormunde, der nicht dem Bekenntnis angehört, in dem das Mündel zu erziehen ist, vom Vormundschaftsgericht entzogen werden (vgl. **1779. L.** § 260).

II. **Die Sorge für das Vermögen des Mündels.**

A. Den Vormund trifft die öffentlichrechtliche[3]) Inventarisierungspflicht. Er hat das bei Anordnung der Vormundschaft vorhandene und das dem Mündel nachher zufallende Vermögen unter Zuziehung und Mitwirkung des Gegenvormundes gemäß **1802** unverzüglich zu verzeichnen (Privatverzeichnis, welches, wenn es ungenügend ist, durch ein öffentliches ersetzt werden kann)[4]).

B Die Grundsätze, nach denen der Vormund das Mündelvermögen zu verwalten hat, können dem Vormunde durch den Erblasser des Mündels oder Dritte, die dem Mündel unentgeltlich unter Lebenden eine Zuwendung machen, in einer letztwilligen Verfügung oder in letzterem Falle bei der Zuwendung selbst vorgeschrieben werden, und er darf gemäß **1803** nur unter bestimmten Voraussetzungen von ihnen abweichen (Genehmigung des Vormundschaftsgerichtes, Zustimmung des lebenden Dritten). Davon abgesehen, gilt folgendes:

1. Der Vormund darf (mit Ausnahme der Pflicht- und Anstandsschenkungen) bei Nichtigkeit keine Schenkungen aus dem Mündelvermögen für das Mündel machen und auch nicht in Schenkungen des Mündels einwilligen oder sie genehmigen (**1804**, vgl. **1624. 1902**).

[1]) Vgl. **L.** § 260, Note 3. Fuchs, A., §§ 31—40. 43—47.

[2]) Vgl. Bundes- und Staatsangehörigkeitsgesetz vom 1. Juni 1870, § 14 a und EG. Art. 41. ZPO. §§ 612. 641, Abs. 2. 962, Abs. 2.

[3]) Daher nicht anwendbar **259**. ZPO. § 888.

[4]) Mecklenb.-Schwer. AG. z. BGB. § 226. Mecklenb.-Strel. AG. z. BGB. § 224.

2. Dem Vormund ist grundsätzlich (**181** und **1795**) die Verwendung (Verbrauch und Gebrauch) von Mündelvermögen für sich verboten, soweit darin nicht statthafte Verwaltungshandlungen liegen (**1805**, vgl. **100**. **1653**).

3. Der Vormund hat Mündelgeld verzinslich anzulegen, soweit es nicht zur Bestreitung von Ausgaben (Unterhalt des Mündels, Ankauf von Grundstücken) bereitzuhalten ist. In welchem Maße und wie Gelder bereitzuhalten sind, bestimmt pflichtgemäß der Vormund, ebenso ob das bereitzuhaltende Geld auch zeitweilig zu belegen ist (**1806**). Für die Geldanlage gelten die weiteren Bestimmungen[1]):

a) Die verzinsliche Anlage soll nur in der von **1807** vorgeschriebenen Art geschehen[2]). Ist die verzinsliche Anlage gemäß **1807** nicht möglich, so soll sie vorübergehend gemäß **1808** erfolgen. Jede verzinsliche Anlage nach **1806**—**1808** soll unter Genehmigung des Gegenvormundes, die bei grundloser Verweigerung vom Vormundschaftsgerichte ersetzt werden kann, eventuell, aber abgesehen vom Falle gemeinschaftlicher Vormundschaft, unter Genehmigung des Vormundschaftsgerichtes geschehen (**1810**). Die definitive Anlage bei einer mündelsicheren Sparkasse nach **1807**, Abs. 1, Z. 5 und die vorübergehende gemäß **1808**[3]) soll wegen der für das Mündel mit den Inhaber-Depotscheinen verbundenen Gefahr nur mit der für die Anlegungsstelle verbindlichen Bestimmung erfolgen, daß die Erhebung nur mit Genehmigung des Gegenvormundes oder des Vormundschaftsgerichtes stattfinden darf (**1809**).

b) Eine andere Art der Anlage kann das Vormundschaftsgericht aus besonderen Gründen dem Vormunde gestatten (**1811**).

c) Eine Anlage, die den Vorschriften unter a. b. nicht entspricht, ist nicht wirkungslos. Das Vormundschaftsgericht kann aber einschreiten, besonders richtige Anlage verlangen, und der Vormund ist haftbar.

4. Besondere allgemeine Beschränkungen und Pflichten bestehen bei Forderungen und sonstigen Rechten des Mündels, die einen Anspruch auf Leistung begründen, und bei Wertpapieren.

a) Die Verfügung (d. i. Veräußerung, Belastung, Veränderung, Aufhebung) und die Eingehung einer Verpflichtung zu solcher Verfügung über diese Rechte und Wertpapiere bedarf der Genehmigung des Gegenvormundes, wenn nicht schon nach **1819**—**1822** (vgl. unten Z. 5) die Genehmigung des Vormundschaftsgerichtes erforderlich ist. Die Genehmigung des Gegenvormundes kann durch die des Vormundschaftsgerichtes ersetzt werden. Ist kein Gegenvormund vorhanden, so ist, außer bei gemeinschaftlicher Verwaltung der Mitvormünder, die Genehmigung des Vormundschaftsgerichtes erforderlich (**1812**). An sich fiele unter diese Genehmigung auch die Annahme der geschuldeten Leistung. Ausgenommen werden aber (**1813**)

α) Annahme von Leistungen, die nicht in Geld oder Wertpapieren bestehen;

β) Annahme von Geldleistungen, wenn der Anspruch auf nicht mehr als 300 M. geht, von Rückzahlungen von Geld, das der Vormund angelegt hat (z. B. **1811**, auch oben Z. 3), wenn der Anspruch zu den Nutzungen nicht zum Stamme des Mündelvermögens gehört. Doch ist die Ausnahme in diesen Fällen teils durch die Abmachungen bei der Anlage, teils durch die Art der Anlage bedingt;

γ) wenn der Anspruch auf Erstattung von Kosten der Kündigung und Rechtsverfolgung und sonstigen Nebenleistungen (Vertragsstrafe) gerichtet ist.

---

[1]) Über die Sicherheitsgrenze; EG. Art. 212; Mecklenb.-Schwer. AG. z. BGB. § 227. Mecklenb.-Strel. AG. z. BGB. § 225. Preuß. AG. z. BGB. Art. 74. Bayer. AG. z. BGB. Art. 92. Württemb. AG. z. BGB. Art. 68.

[2]) Vgl. Mecklenb.-Schwer. AV. z. BGB. §§ 228—231. Mecklenb.-Strel. AV. z. BGB. §§ 226—229. Preuß. AG. z. BGB. Art. 73.

[3]) Vgl. Mecklenb.-Schwer. AV. z. BGB. § 232. Mecklenb.-Strel. AV. z. BGB. § 230. Preuß. AG. z. BGB. Art. 75. 76.

b) Inhaberpapiere nebst den Erneuerungsscheinen, soweit sie nicht zu den verbrauchbaren Sachen (**92**) gehören (Banknoten) oder Zins-, Renten-, Gewinnanteilscheine sind, und Orderpapiere mit Blankoindossament sollen bei einer Hinterlegungsstelle[1]) oder der Reichsbank mit der Bestimmung hinterlegt werden, daß die Herausgabe nur mit Genehmigung des Vormundschaftsgerichtes verlangt werden kann (**1841**, vgl. **1809**).

α) An Stelle der Hinterlegung der Inhaberpapiere kann der Vormund Umschreibung auf den Namen des Mündels (Vinkulierung), bei Reichs- und Staatsinhaberpapieren auch Umwandlung in Buchforderungen gegen das Reich oder einen Bundesstaat bewirken. Die letztere Umwandlung in Buchforderungen kann das Vormundschaftsgericht anordnen. Immer ist in diesen Fällen die Bestimmung hinzuzufügen, daß die Verfügung des Vormundes nur mit Genehmigung des Vormundschaftsgerichtes erfolgen darf (**1815**). Diese Bestimmung hat der Vormund auch bei vorhandenen oder später erworbenen Buchforderungen im Schuldbuch vermerken zu lassen (**1816**).

β) Das Vormundschaftsgericht kann dem Vormunde die Hinterlegungs- und damit die Vinkulierungs- und Umwandlungspflicht (*α*) aus besonderen Gründen nachlassen[2]) (**1817**), sie aber auch ausdehnen, und zwar schlechthin auf Zins-, Renten-, Gewinnanteilscheine nach Antrag des Vormundes, aus besonderen Gründen auf weitere Wertpapiere und Kostbarkeiten (**1818**).

γ) Solange die Hinterlegung dauert, ist wie die Erhebung so auch jede Verfügung oder die Eingehung einer Verpflichtung zu einer Verfügung über die hinterlegten Wertpapiere oder Kostbarkeiten und auch über die durch hinterlegte Hypotheken-, Grundschuld- und Rentenbriefe verbrieften Forderungen an die Genehmigung des Vormundschaftsgerichtes gebunden (**1819**). Das gleiche gilt für die Eingehung einer Verpflichtung zu Verfügungen (vgl. **1815**) über die infolge Umschreibung oder Umwandlung sich ergebenden Stammforderungen oder über die durch Vermerk nach **1816** gesperrten Buchforderungen (*α*) (**1820**).

5. Während die Verfügung über bewegliche Sachen (ausgenommen Geld und Wertpapiere) nicht eingeschränkt ist, ist Genehmigung des Vormundschaftsgerichtes erforderlich (**1821**)

a) zu Verfügungen über Grundstücke, Rechte, die diesen gleichstehen, und Rechte an Grundstücken, wozu aber Hypotheken, Grund- und Rentenschulden nicht gehören (vgl. **1812**. **1819**, oben 4. a. b. *γ*);

b) ferner zur Verfügung über Forderungen, die auf Übereignung von Grundstücken oder Begründung, Übertragung von Rechten an Grundstücken oder auf Befreiung von solchen Rechten gehen, weil derartige Forderungen immobiliaren Charakter haben (vgl. **1551**, Abs. 2);

c) zur Eingehung von Verpflichtungen zu Verfügungen unter a und b und

d) zu Verträgen auf entgeltlichen Erwerb von Grundstücken oder Rechten an solchen.

6. **Der Genehmigung des Vormundschaftsgerichtes** bedürfen nach **1822** eine größere Anzahl von Geschäften, teils wegen der Bedeutung des in Frage stehenden Objektes, wegen der Tragweite der Geschäfte für das Vermögen des Mündels, seine persönlichen Verhältnisse und die Freiheit seiner Entschließungen zur Zeit der Volljährigkeit, teils wegen der größeren Kompliziertheit und Gewagtheit der zu begründenden Rechtsverhältnisse.

7. Während nach Z. 6 Erwerb und Veräußerung eines Erwerbsgeschäftes der Genehmigung bedarf, soll weiter noch der Vormund den tatsächlichen Beginn und die Auflösung eines solchen Erwerbsgeschäftes genehmigen lassen (**1823**).

---

[1]) EG. Art. 144.

[2]) Macht der Vormund von der Umschreibung oder Umwandlung Gebrauch, so bleibt es bei der Vorschrift in **1815**.

8. Wo der Vormund zu Veräußerungen der Genehmigung des Gegenvormundes oder des Vormundschaftsgerichtes bedarf (z. B. Z. 4. a. 5. a), ist eine Überlassung von Mündelgut an das Mündel zur Erfüllung eines von diesem geschlossenen Vertrages oder zur freien Verfügung ohne diese Genehmigung ausgeschlossen (**1824**, vgl. **1644**).

9. Außerdem wird die Genehmigung des Vormundschaftsgerichtes verlangt bei Verträgen im Gebiete des ehelichen Güterrechtes (**1437**, Abs. 2. **1491**, Abs. 2. **1517**, Abs. 2. **1549**), des Eltern- und Kindesrechtes (**1714**, Abs. 1. **1902**) und des Erbrechtes (**2275**, Abs. 2. **2290**, Abs. 3. **2347**, Abs. 2. **2351**).

§ 263.

c) Die Genehmigung des Gegenvormundes und des Vormundschaftsgerichtes.[1])

Die Genehmigung des Gegenvormundes und Vormundschaftsgerichtes stehen i. a. unter den gleichen Grundsätzen. Die Genehmigung ist in beiden Fällen nicht an eine bestimmte Form (vgl. aber IV. B.) oder an ausdrückliche Erklärung gebunden, sie kann auch stillschweigend erfolgen. Eine Ausnahme ergibt sich im Grundbuchverkehr (**1154**).

I. Die Genehmigung kann in beiden Fällen *nur dem Vormunde gegenüber* erklärt werden. Sie unterscheidet sich von der rechtsgeschäftlichen Zustimmung als obrigkeitlicher Akt (**1828**, vgl. **182**).

II. Als Regel gilt, daß die Genehmigung *für jeden einzelnen Fall* erteilt wird. Das Vormundschaftsgericht, nicht der Gegenvormund, kann aber auch für die Geschäfte, zu denen nach **1812** die Genehmigung des Gegenvormundes erforderlich ist (vgl. **L.** § 262, II. B. **4**. a), und zu den in **1822**, Z. 8—10 bezeichneten Geschäften eine *allgemeine Ermächtigung* erteilen, z. B. wenn solche für die Vermögensverwaltung, besonders den Betrieb eines Erwerbsgeschäftes, erforderlich ist. Ist sie nicht erforderlich, so *soll* sie nicht erteilt werden (**1825**).

III. Zur Sicherung des Mündels dient weiter die Vorschrift, daß das Vormundschaftsgericht vor der Erteilung oder Versagung der Genehmigung von Handlungen (tatsächlichen oder Rechtsakten) des Vormundes (**1821. 1822. 1823**) tunlichst den Gegenvormund (**1826**) und in gewissen Fällen das Mündel selbst gemäß **1827** *anhören soll*. Das Mündel hat das Recht der Beschwerde (FGG. § 59).

IV. Die Genehmigung kann *vor* und *nach* dem Akte des Vormundes erteilt werden. Werden Rechtsgeschäfte vom Vormunde abgeschlossen, so wirkt der Mangel der erforderlichen Genehmigung i. a. wie der Mangel der Genehmigung bei Rechtsgeschäften Minderjähriger.

A. Demnach sind *Verträge* (**1829**) trotz des Mangels nicht unwirksam, sondern in der Schwebe. Der dritte Kontrahent ist gebunden[2]), solange nicht Gegenvormund oder Vormundschaftsgericht oder das inzwischen volljährig gewordene Mündel die Genehmigung verweigert haben. Die Genehmigung und ihre Verweigerung hat nur Bedeutung, wenn sie dem Dritten vom *Vormunde*, nicht vom Gegenvormunde oder Gericht, mitgeteilt wird. Der Dritte kann eine Entscheidung über den Schwebezustand innerhalb zweiwöchiger Frist durch Aufforderung an den *Vormund* oder das inzwischen volljährig gewordene Mündel verlangen. Erfolgt keine Genehmigung innerhalb der Frist, so gilt sie als verweigert (**108**, Abs. 2). Gegen die Verweigerung hat der Vormund, nicht der Dritte, die Beschwerde (FGG. 20). Die erteilte Genehmigung wirkt von der Zeit des Vertragsabschlusses an (vgl. aber **184**). Ein Widerrufsrecht hat hier der Dritte nach **1830** (wie in **109**, Abs. 2), wenn ihm gegenüber der Vormund die Genehmigung des Gegenvormundes oder Vormundschaftsgerichtes wahrheitswidrig behauptet hat, vorausgesetzt, daß der Dritte nicht das Fehlen der Genehmigung kannte. Das Widerrufsrecht steht dem Dritten zu bis zur Mitteilung der Genehmigung an ihn.

---

[1]) Vgl. **L.** § 259, Note 1. § 260, Note 3. *Richter*, S. 216 ff. (1897). *Fuchs*, A., §§ 5—7. 19. 20.

[2]) Anders im Falle der Minderjährigkeit (**109**, Abs. 1), in dem der Dritte bis zur Genehmigung widerrufen kann.

B. Einseitige Geschäfte [1]) sind ohne die erforderliche (**1822**, Z. 2) Genehmigung unwirksam. Die Genehmigung ist hier also vor dem Geschäft einzuholen. Sie muß aber auch, wenn sie erteilt ist, vom Vormunde in schriftlicher Form vorgelegt werden, sonst tritt Unwirksamkeit ein, wenn der Dritte das Geschäft aus diesem Grunde unverzüglich zurückweist (**1831. 111**)[2]).

§ 264.

d) Haftung und Ansprüche des Vormundes und Gegenvormundes.[3])

I. **Die Haftung des Vormundes und des Gegenvormundes** (**1833. 1834**) dem Mündel gegenüber[4]) knüpft sich an die schuldhafte Pflichtverletzung. Sie haben dem Mündel jeden durch eine solche herbeigeführten Schaden zu ersetzen. Die Pflichtverletzung kann sich aus allgemeinen oder aus den besonderen für die Vormundschaftsführung bestehenden Vorschriften ergeben. Der Vormund haftet für Vorsatz, weiter nicht nur für die Verletzung der Sorgfalt, die er in eigenen Angelegenheiten anzuwenden pflegt (vgl. **1664**), sondern für jede Fahrlässigkeit. Die schuldhafte Pflichtverletzung muß in ursächlichem Zusammenhange mit dem schädigenden Erfolge stehen.

A. Der Schadensersatzanspruch des Mündels kann schon während der Dauer der Vormundschaft (Pfleger) geltendgemacht werden, er geht unbeschränkt gegen die Erben, unterliegt der gewöhnlichen Verjährung (vgl. aber **204. 206**)[5]) und genießt ein Vorrecht im Konkurse des Vormundes (KO. § 61, Z. 5).

B. Nebeneinander verantwortliche (I.) Mitvormünder oder Vormund und Gegenvormund haften als Gesamtschuldner (**420** f.). Auch gegen den, der wegen Verletzung der Aufsichtspflicht haftet (**1792. 1799**), geht der Anspruch in erster Linie und auf das Ganze. Er hat aber Rückgriff gegen den ausführenden Vormund.

C. Verbotswidrige (**1805**) Verwendung von Mündelgeld durch den Vormund für sich verpflichtet den Vormund unter allen Umständen zur Zahlung von 4% Zinsen (**246**) vom Zeitpunkte der Verwendung an[6]).

II. **Die Ansprüche des Vormundes und Gegenvormundes.**

A. Ein Anspruch auf eine **Vergütung** für die Führung der Vormundschaft steht dem Vormund nicht an sich zu. Die Vormundschaft ist unentgeltliches Ehrenamt. Es kann aber dem Vormunde schlechthin, dem Gegenvormunde aus besonderen Gründen, eine angemessene Vergütung vom Vormundschaftsgerichte bewilligt werden[7]), die Bewilligung soll aber immer durch die Lage des Mündelvermögens bzw. durch den Umfang und die Bedeutung der vormundschaftlichen Geschäfte gerechtfertigt sein und kann je nach der Sachlage abgeändert und aufgehoben werden. Die Änderung oder Aufhebung berührt den klagbaren Anspruch auf die auf Grund der bisherigen Festsetzung bereits verdienten Beträge nicht. Vor den die Vergütung betreffenden Verfügungen soll das Gericht den Vormund und den Gegenvormund hören (**1836**)[8]).

B. Für **Aufwendungen** können Vormund und Gegenvormund wie Auftragnehmer (**669**.

---

[1]) Ubbelohde, Jahrb. f. Dogm., Bd. 39 (1898), S. 122 f.

[2]) Nicht erforderlich ist, daß der Dritte die Vorlegung der schriftlichen Genehmigung verlangt haben muß, wie Richter, a. a. O., S. 229, ausführt.

[3]) Vgl. L. § 260, Note 3. Richter, S. 230 ff. Fuchs, A., §§ 21. 41. 42.

[4]) Dem Vormundschaftsgericht gegenüber zieht die Pflichtverletzung namentlich Ordnungsstrafe (**1837**) oder Entlassung (**1886**) nach sich.

[5]) A. M. Richter, a. a. O., S. 232 f., der **852** anwenden will.

[6]) A. M. Richter, a. a. O., S. 239 unter Z. 5.

[7]) Im Beschwerdewege kann Änderung usw. der Bewilligung eintreten, FGG. § 20, Abs. 1. § 57, Z. 7.

[8]) Daß Dritte und die Eltern letztwillig den Vormündern eine Vergütung festsetzen können, ergibt sich aus allgemeinen Grundsätzen.

670) Ersatz oder Deckung durch Vorschuß verlangen. Aufgewendete Geldbeträge sind ihnen zu verzinsen (**256**. HGB. § 354, Abs. 2). Dienste sind unentgeltlich zu leisten oder sind durch die Vergütung (A.) gedeckt; leistet sie der Vormund aber in seinem Gewerbe oder Berufe als Arzt, Rechtsanwalt, Handwerker, so kann er wie für Aufwendungen Ersatz, d. h. übliche Bezahlung verlangen (**1835**).

§ 265.

Die Tätigkeit und Haftung des Vormundschaftsgerichtes.[1])

Die Tätigkeit des Vormundschaftsgerichtes ist eine sehr ausgedehnte und ist keineswegs auf diesen Abschnitt des Systems (z. B. **3**) oder auf das Privatrecht (z. B. ZPO. § 118) beschränkt. Hier kommen nur Aufsicht und Fürsorge des Vormundschaftsgerichtes bezüglich der Vormundschaftsführung in Betracht.

Das Vormundschaftsgericht hat die Aufsicht über die gesamte Tätigkeit des Vormundes und des Gegenvormundes zu führen und kann gegen die pflichtwidrig Handelnden mit Geboten und Verboten vorgehen (**1837**, Abs. 1).

Zur Durchführung dieser Aufgabe stehen dem Vormundschaftsgerichte gewisse Zwangsmittel (I.) gegen den Vormund zu. Das Vormundschaftsgericht hat aber auch eine selbständige, die Führung der Vormundschaft betreffende Zuständigkeit (II.). Der Pflicht des Vormundschaftsgerichtes entsprechen besondere Pflichten des Vormundes dem Gerichte gegenüber (III.).

I. Das Vormundschaftsgericht kann zur Durchführung seiner Anordnungen über Vormund und Gegenvormund Ordnungsstrafen im Einzelhöchstbetrage von 300 M. verhängen (**1837**, Abs. 2, abweichend zum Teil **1788**, Abs. 2, und **1875**, Abs. 2).

II. Dem Vormundschaftsgerichte steht zu:

A. Die Anordnung, daß das Mündel zum Zwecke der Erziehung in einer geeigneten Familie, Erziehungs- oder Besserungsanstalt untergebracht wird. Einwilligung oder Pflichtverletzung des Vormundes ist nicht vorausgesetzt. Den Eltern gegenüber, die neben Vormündern die persönliche Fürsorge ausüben, ist die Anordnung an die Voraussetzungen von **1666** (**L.** § 252) gebunden[2]) (**1838**).

B. Das Vormundschaftsgericht[3]) hat alle erforderlichen Maßregeln zu treffen (z. B. Bestellung eines Pflegers, **1909**), wenn das Mündel zurzeit keinen Vormund hat, oder der bestellte Vormund gehindert ist (**1846**).

C. Zur besseren Erfüllung des Vormundschaftszweckes sollen gemäß **1847** vom Vormundschaftsgerichte vor einer von ihm zu treffenden Entscheidung Verwandte und Verschwägerte des Mündels gehört werden, wenn es ohne erhebliche Verzögerung und ohne unverhältnismäßige Kosten[4]) geschehen kann, und zwar auf Antrag des Vormundes oder Gegenvormundes, in wichtigen Angelegenheiten[5]) auch ohne Antrag.

III. Dem Vormunde und Gegenvormunde sind zur Durchführung der Aufsicht und Kontrolle folgende Pflichten auferlegt:

A. Die Pflicht, Auskunft über die Führung der Vormundschaft und die persönlichen Verhältnisse des Mündels zu erteilen, so oft das Gericht es verlangt (**1839**).

---

[1]) Vgl. **L.** § 260, Note 3. Richter, S. 256 ff. Fuchs, A., §§ 3—8 (1898).

[2]) Beschwerde des Vormundes: FGG. § 20. Vorbehalt für das Landesrecht: EG. Art. 135 (Zwangserziehung). Vgl. Mecklenb.-Schwer. VO. vom 9. April 1899 (Langfeld, S. 451 ff.). Mecklenb.-Strel. VO v. 9. April 1899 (Langfeld, S. 845 ff.).

[3]) Zuständigkeit: FGG. §§ 35. 43. 44, vgl. **1960**. **1962**. FGG. § 97, Abs. 2.

[4]) Nur die Auslagen, die das Vormundschaftsgericht festsetzt, sind den Verwandten usw. zu ersetzen (**1847**, Abs. 2).

[5]) **1847** benennt als wichtige Angelegenheiten die in **3**. **1304**. **1337**, Abs. 1 genannten, die Entlassung aus dem Staatsverbande (Staatsangehörigkeitsgesetz vom 1. Juni 1870, §§ 13. 14 **a**. EG. Art. 41, II, vgl. **1827**) und die Todeserklärung (**18**).

B. Die Rechnungslegungspflicht (**1840—1843**). Die Rechnung ist regelmäßig jährlich zu legen, und zwar vom Vormunde dem Gerichte (**1840**), nicht dem Gegenvormunde, dem aber die Rechnung vorzulegen ist, und der sie zu prüfen hat (**1842**).

Die Rechnung ist dem Gerichte nicht erst auf Erfordern zu legen; sie soll bestimmten gesetzlichen Anforderungen (**1841**, vgl. **259**) entsprechen und vom Gerichte rechnungsmäßig und sachlich geprüft werden. Wenn nach Abschluß der Prüfung, Berichtigung und Ergänzung Ansprüche des Mündels gegen den Vormund streitig bleiben, so können diese schon vor Beendigung der Vormundschaft zur gerichtlichen Entscheidung gebracht werden (**1843**).

C. Die öffentlich-rechtliche Pflicht, Sicherheit für das Mündelvermögen zu leisten (**1844**), trifft den Vormund nicht kraft des Gesetzes und in allen Fällen, sondern nur auf Anordnung des Vormundschaftsgerichtes in besonderen Fällen. Eine Klage auf Sicherheitsleistung ist ausgeschlossen; das Vormundschaftsgericht kann den Vormund durch Ordnungsstrafen anhalten oder entlassen[1]). Das Ermessen des Gerichtes entscheidet über Art und Umfang (vgl. **232—240**)[2]); während der Dauer der Vormundschaft auch über Erhöhung, Minderung, Änderung und Aufhebung der Sicherheit. In allen diesen Beziehungen ersetzt die Anordnung des Gerichtes die Mitwirkung des Mündels, dem auch die Kosten der Bestellung Änderung und Aufhebung zufallen. Die Sicherheitsleistungspflicht ist besonders abgeschwächt durch **1786**, Z. 6, und **1889**[3]).

*D. Eltern des Mündels (Vater und eheliche Mutter), die als Vormünder bestellt sind, haben die Pflicht aus **1669** (vgl. **1314**), wenn sie eine Ehe eingehen (**1845**, vgl. **1723**. **1740**. **1741**. **1761**. **1897**).*

IV. Die Haftung des Vormundschaftsgerichtes. Der Vormundschaftsrichter haftet dem Mündel aus vorsätzlicher oder fahrlässiger Verletzung seiner Pflichten, die ihm bezüglich der Bestellung und Führung der Vormundschaft obliegen, wie aus verletzter Amtspflicht gemäß **839**, Abs. 1 und 3 (**1848**, vgl. **1674**).

§ 266.

Die Mitwirkung des Gemeindewaisenrates.[4])

Die Organisation der Gemeindewaisenräte wird durch das Verwaltungsrecht der Bundesstaaten bestimmt[5]). Durch sie soll die Mitwirkung der Gemeinde bei der Vormundschaft ausgeübt werden. Diese Mitwirkung ist nur eine das Vormundschaftsgericht unterstützende.

I. Den Gemeindewaisenrat trifft die (öffentlichrechtliche) Pflicht, dem Vormundschaftsgerichte, das ihn hören soll, zum Vormund, Gegenvormund, Pfleger und Mitglied des Familienrates geeignete Personen vorzuschlagen (**1849**).

II. Der Gemeindewaisenrat hat die (öffentlichrechtliche) Pflicht gegenüber dem Vormundschaftsgericht (**1850**)

A. der Überwachung der Vormünder in der Sorge für die Person der Mündel, die sich im Bezirke des Gemeindewaisenrates aufhalten, der Anzeige von Mängeln und Pflichtwidrigkeiten und auf Erfordern der Auskunft über das persönliche Ergehen und das Verhalten der Mündel;

B. nicht die gleiche Pflicht ist ihm auferlegt hinsichtlich der Sorge für das Vermögen. Hier hat er nur die Pflicht der Anzeige, wenn er von einer Gefährdung des Mündelvermögens Kenntnis erhält.

---

[1]) A. M. Richter, S. 282.

[2]) FGG. § 54 (Eintragung einer Sicherungshypothek).

[3]) Vorrecht im Konkurse: KO. § 61, Z. 5.

[4]) Ludwig-Wolf, Arch. f. öff. R., Bd. 11, S. 46 ff. Richter, S. 304 ff. Badstübner, Der Waisenrat als Hilfsorgan des Vormundschaftsgerichtes (1898). Fuchs, A., § 14. Vgl. **L**. § 260, Note 3.

[5]) Mecklenb.-Schwer. AV. z. BGB., §§ 233—248. Mecklenb.-Strel. AV. z. BGB. §§ 231—246. Preuß. AG. z. BGB. Art. 77.

Zu Anordnungen, Vorstellungen usw. gegenüber dem Vormunde ist der Gemeindewaisenrat niemals befugt.

III. Um die Erfüllung der Pflichten (I. II.) zu sichern, hat das Vormundschaftsgericht dem Gemeindewaisenrate die Anordnung der Vormundschaft über Mündel seines Bezirkes, die Vormünder, Gegenvormünder und einen Wechsel in der Person derselben mitzuteilen. Verlegt das Mündel den Aufenthalt in einen anderen Bezirk, so hat der Vormund dem bisher zuständigen Gemeindewaisenrate und dieser dem nun zuständigen die Verlegung mitzuteilen (**1851**).

§ 267.

Befreite Vormundschaft.[1])

Der Vormund ist in gewissen Beziehungen von den Einschränkungen befreit, seine Selbständigkeit tritt mehr hervor. Diese Befreiungen beruhen aber bei der Vormundschaft über Minderjährige nicht auf Gesetz, sondern auf letztwilliger Verfügung, welche die Eltern kraft ihres Benennungsrechtes (**1777. L.** § 260) treffen können[2]) (**1856**). Die Befreiungen bleiben auch nur dann in Wirkung, wenn das Vormundschaftsgericht nicht seine Befugnis und Pflicht betätigt und sie wegen Gefährdung des Interesses des Mündels einzeln oder insgesamt außer Kraft setzt (**1857**).

Die Befreiungen können nur einzelne Schranken beseitigen, namentlich ist eine Befreiung von der gerichtlichen Aufsicht im ganzen ausgeschlossen. Möglich ist aber die Benennung zum „befreiten" Vormund schlechthin mit der Bedeutung, daß alle gesetzlich statthaften (I. II.) Befreiungen eintreten.

I. Der eheliche Vater und die eheliche Mutter können nur dann Befreiungen verfügen, wenn sie einen Vormund benennen, und zugunsten des Benannten (**1852**, Abs. **1855**).

II. Die Befreiungen können folgenden Inhalt haben:

A. Die Bestellung eines Gegenvormundes kann ausgeschlossen werden. Damit fällt die Schranke der Genehmigung des Gegenvormundes gemäß **1852**, Abs. 2, aber auch die Schranke der Genehmigung des Vormundschaftsgerichtes, d. h. der Vormund kann die bei Banken und Sparkassen hinterlegten Mündelgelder (**1809**) selbständig erheben und die Anlage von Mündelgeld (**1810**) selbständig bewirken, auch über Forderungen, Rechte und Wertpapiere (**1812**, ausgenommen also **1819**—**1822**) selbständig verfügen.

B. Ohne daß die Bestellung des Gegenvormundes ausgeschlossen wird, können die vorher erwähnten Befreiungen sämtlich oder einzeln eintreten (**1852**, Abs. 2, Satz 1).

C. Befreiung von der Hinterlegungs- und Sperrpflicht nach **1814**. **1816**. **1853**.

D. Von der periodischen Rechnungslegungspflicht (nicht von der Schlußrechnung nach **1840**—**1843**). Der Vormund hat dann nur nach Ablauf eines Zeitraumes von je 2 Jahren, der nach Anordnung des Gerichtes auf höchstens 5 Jahre erstreckt werden kann, eine Übersicht über den Vermögensstand, die dem Gegenvormunde unter dem Nachweis des Vermögensbestandes vorzulegen und von ihm zu prüfen ist, dem Vormundschaftsgerichte einzureichen (**1854**).

§ 268.

Der Familienrat.[3])

Daß die Familie in einer bestimmt organisierten Vertretung (Familienrat) an der Vormundschaft beteiligt wird, ist, von Ansätzen im römischen Rechte abgesehen, erst modernen

[1]) Richter, S. 321 ff. Fuchs, A., § 48. Kipp-Wolff, § 121.

[2]) Gesetzliche Befreiungen treten ein bei der Vormundschaft über Volljährige (**1903**. **1904**, **L.** § 270). Bei der Vormundschaft über Minderjährige sind gesetzliche Befreiungen auch dann nicht gewährt, wenn die Eltern oder Großeltern die Vormundschaft führen.

[3]) Richter, S. 336 ff. Fuchs, A., §§ 9—13. Kipp-Wolff, § 122.

(französischen) Ursprunges. Das BGB. hat den Familienrat i. a. in seiner preußischen Gestaltung als eine nicht unter allen Umständen notwendige, sondern nur unter gewissen Voraussetzungen mögliche Einrichtung aufgenommen.

I. **Voraussetzungen und Zusammensetzung** (**1858—1880**).

A. Die Einsetzung eines Familienrates erfolgt stets durch das Vormundschaftsgericht, aber niemals von Amts wegen[1]), sondern entweder auf Anordnung (1) oder auf Antrag bestimmter Personen (2). Die Einsetzung ist bei Vorliegen ihrer Voraussetzungen nur durch Ordnungsvorschrift geboten, deren Nichtbefolgung nur die Haftung des Gerichtes (**1848**) oder Beschwerde (FGG. §§ 20. 57, Z. 4) nachsichziehen kann.

1. Das Recht der Anordnung folgt dem Benennungsrecht (**1777**) und steht Vater und Mutter des Mündels zu (**1858**, Abs. 1. **1868**. **L.** § 260). Die Anordnung kann auch unter der Bedingung des Eintrittes oder Nichteintrittes bestimmter Ereignisse erfolgen, unterliegt nicht der sachlichen Prüfung des Gerichtes, bleibt aber ohne Folge, wenn die erforderliche Anzahl geeigneter Personen nach Ermessen des Gerichtes nicht vorhanden ist (B.) (**1858**).

2. Das Recht des Antrages steht Verwandten und Verschwägerten ohne Rücksicht auf Gradesnähe und auch dem Vormunde und Gegenvormunde zu. Das Gericht hat die sachliche Prüfung *mit Rücksicht auf das Interesse des Mündels; dem Antrage ist niemals stattzugeben*, wenn die Einsetzung von den anordnungsberechtigten Eltern in letztwilliger Verfügung untersagt ist (**1859**. **1868**. **1777**).

B. Die Zusammensetzung. Der Familienrat besteht kraft Gesetzes aus dem Vormundschaftsrichter oder seinem Stellvertreter im Richteramt (FGG. § 6) als Vorsitzenden[2]) und aus mindestens zwei, höchstens sechs Mitgliedern, die auf Grund von Berufung oder Auswahl als Mitglieder bestellt sind[3]).

1. Die Berufung steht den Eltern ebenso wie das Anordnungsrecht zu (A. Z. 1). Der von den Eltern Benannte kann bei der Bestellung ohne seine Zustimmung nur aus den Gründen übergangen werden, welche die Übergehung des benannten Vormundes nach **1778**, Abs. 1. 2 rechtfertigen (**1861**. **1777**. **1868**). Die Auswahl tritt ein, wenn keine Berufung vorliegt, oder die Berufenen ablehnen. Das Vormundschaftsgericht[4]) hat Mitglieder nur bis zur Beschlußfähigkeitsziffer (also höchstens zwei), der Familienrat die übrigen bis zur Höchstzahl der Mitglieder auszuwählen (**1867**).

2. Die Bestellung erfolgt von dem Vorsitzenden durch Verpflichtung zu treuer und gewissenhafter Amtsführung ordnungsmäßig mittelst Handschlages an Eides Statt (**1870**. **1871**, vgl. **1789**. **1790**. **L.** § 260).

a) Unfähig sind Geschäftsunfähige und wegen Geistesschwäche, Verschwendung oder Trunksucht Entmündigte (**1865**, vgl. **1780**. **L.** § 260).

b) Untauglich sind der Vormund des Mündels, die zum Vormund nach **1781**. **1782** Untauglichen (**L.** § 260), die von den Eltern Ausgeschlossenen (**1866**. **1777**. **1868**) und auch Personen, die mit dem Mündel weder verwandt noch verschwägert sind, wenn sie nicht von den Eltern berufen oder vom Familienrat oder Vorsitzenden (**1864**) ausgewählt sind (**1867**).

c) Die Übernahme des Amtes kann frei abgelehnt werden (**1869**, vergleiche **1785**).

3. Die Endigung der Mitgliedschaft (**1878**) tritt ein wie die Endigung

---

[1]) Die Einsetzung ohne Anordnung oder Antrag ist im Beschwerdewege zu beseitigen, vgl. Text A.

[2]) Mecklenb.-Schwer. AV. z. BGB. § 249. Mecklenb.-Strel. AV. z. BGB. § 247.

[3]) Um Beschlußunfähigkeit (**1874**) zu verhüten, sind unter Umständen auch ein oder zwei Ersatzmitglieder auf Grund entweder der Auswahl des Familienrates oder der Berufung durch die Anordnungsberechtigten oder der Auswahl des Vorsitzenden zu bestellen (**1863**. **1864**).

[4]) Der Gemeindewaisenrat, Verwandte und Verschwägerte des Mündels gemäß **1847** sind zu hören (**1862**).

des vormundschaftlichen Amtes infolge Entmündigung oder Todeserklärung (**1885**) des Mitgliedes und durch Entlassung nach **1886**. **1889** (vgl. L. § 269). Die Entlassung erfolgt, wenn das Mitglied zustimmt, durch den Familienrat, sonst durch das dem Vormundschaftsgericht übergeordnete Gericht (**1878**)[1]).

II. **Mitwirkung und Tätigkeit.**

A. Der Familienrat tritt an die Stelle des Vormundschaftsgerichtes. Demgemäß bestimmen sich Rechte und Pflichten, insbesondere die Haftung gegenüber dem Mündel. Aus der amtlichen Pflicht der Mitglieder folgt die Ausschließung der Vertretung in der Ausübung derselben (**1872**, vgl. L. § 265)[2]).

B. Die Leitung der Geschäfte nach innen und außen liegt dem Vorsitzenden ob (**1872**), er hat den Familienrat einzuberufen (**1873**) und den Beschluß desselben zu veranlassen. Von der Beschlußfassung (gemäß **1874**) kann ein Mitglied wegen erheblicher Kollision seiner Interessen mit denen des Mündels durch den Vorsitzenden ausgeschlossen werden. Für die Mitglieder besteht die Pflicht der Teilnahme an den Sitzungen. Säumnis zieht Kostenersatz oder Ordnungsstrafe nach sich (gemäß **1875**).

C. Der Vorsitzende trifft als Organ des Familienrates die erforderlichen Maßregeln, wenn ein sofortiges Einschreiten des Familienrates notwendig ist (gemäß **1876**).

D. Die Mitglieder können vom Mündel Ersatz der Auslagen verlangen, deren Betrag der Vorsitzende festsetzt (**1877**).

III. **Die Aufhebung** des Familienrates erfolgt wie die Einsetzung durch das Vormundschaftsgericht, aber nur aus bestimmten Gründen, nicht mit Rücksicht auf das Interesse des Mündels, nämlich, wenn es an der zur Beschlußfähigkeit erforderlichen Zahl von Mitgliedern fehlt, und geeignete Personen zur Ergänzung nicht vorhanden sind (**1879**), und wenn von den Eltern die Aufhebung des von ihnen angeordneten Familienrates unter einer Bedingung (gemäß **1777**) angeordnet war, und diese Bedingung eingetreten ist (**1880**). Mit der Aufhebung tritt die Tätigkeit des Vormundschaftsgerichtes wieder ein, das nun die vorgeschriebenen Mitteilungen an die Mitglieder des Familienrates, Vormund und Gegenvormund ergehen lassen und den letzteren neue Bestallungen (**1791**, Abs. 2) ausstellen muß (**1881**).

§ 269.

Die Beendigung des vormundschaftlichen Amtes und der Vormundschaft.[3])

I. Das Amt des Vormundes und Gegenvormundes (**1895**) kann endigen, ohne daß das Bedürfnis der Bevormundung in der Person des Mündels wegfällt, in gewissen Fällen (A.) ohne weiteres, der Regel nach durch Entlassung (B.).

A. Ohne weiteres endigt das Amt durch **Tod** des Vormundes, durch **Entmündigung** wegen Geisteskrankheit, Geistesschwäche, Verschwendung, Trunksucht (**6**) und nicht schon durch den Eintritt dieser Zustände beim Vormunde, die aber zu seiner Entlassung führen können, ferner durch **Todeserklärung**, und zwar mit der Erlassung des Urteils (**1885**).

B. **Die Entlassung** tritt ein mit der Rechtskraft des Beschlusses [4])

1. auf Antrag des Vormundes, wenn ein wichtiger Grund vorliegt. Als wichtige Gründe hat das Vormundschaftsgericht zu betrachten alle Ablehnungsgründe (nach **1786**), mit Ausnahme desjenigen des weiblichen Geschlechtes (**1889**);

---

[1]) FGG. §§ 60, Z. 4. 199, Abs. 2.

[2]) Auch für das Verfahren gelten die Vorschriften für das Verfahren vor dem Vormundschaftsgericht.

[3]) Materialien: M. IV. S. 1193 ff. P. IV. S. 819 ff. 825 ff. Denkschr. z. FGG., S. 39 f. 50 f. BRK. z. GFG., S. 139 f. 141.
Literatur: Vgl. L. § 259, Note 1. § 260, Note 3. Richter, S. 384 ff. (1897).

[4]) Beschwerdeweg nach FGG., §§ 20. 60, Z. 3. 57, Z. 6.

2. von Amts wegen.

a) Die Entlassung muß erfolgen wegen pflichtwidrigen Verhaltens des Vormundes, durch welches das Interesse des Mündels gefährdet würde, oder wenn seine Untauglichkeit (bes. Konkurs, Ehrverlust) nach **1781** eintritt (**1886**).

b) Die Entlassung kann erfolgen, wenn eine Frau, die Vormund ist, sich wieder verheiratet; die Entlassung muß erfolgen, wenn der verheirateten Frau die Zustimmung zur Übernahme vom Ehemanne, der nicht der Vater des Mündels ist, versagt oder durch Widerruf entzogen wird (**1887**. **1783**).

c) Die Entlassung muß erfolgen, wenn einem zum Vormunde bestellten Beamten oder Religionsdiener die behördliche Erlaubnis zur Übernahme oder Fortführung versagt oder wieder entzogen oder ihm die Fortführung untersagt wird (**1888**. **1784**).

II. Die Vormundschaft überhaupt, also auch das vormundschaftliche Amt endigt, wenn das Bedürfnis einer Bevormundung in der Person des Mündels (**1773**) wegfällt, also wenn die Volljährigkeit oder Volljährigkeitserklärung eintritt, oder die volle elterliche Gewalt über das Mündel begründet oder festgestellt wird (**1882**). Die Endigung tritt kraft Gesetzes ohne weiteres ein, jedoch ergeben sich Abweichungen:

A. Bei der Legitimation durch nachfolgende Ehe endigt die Vormundschaft nicht schon mit der Eheschließung, mit der die elterliche Gewalt eintritt (**1719**. **L**. § 256), sondern erst, wenn die Vaterschaft durch ein zwischen Ehemann und Mündel ergangenes rechtskräftiges Urteil festgestellt ist, oder die Aufhebung der Vormundschaft durch das Vormundschaftsgericht angeordnet wird. Diese Anordnung hat zu erfolgen, wenn das Vormundschaftsgericht die Überzeugung von dem Vorhandensein der Vaterschaft gewonnen hat. Die Vaterschaft soll aber das Gericht, solange der Ehemann lebt, nur auf Grund der Anerkennung seiner Vaterschaft annehmen. Ohne diese darf das Gericht die Aufhebung nur anordnen, wenn der Ehemann an der Abgabe der Erklärung dauernd verhindert oder sein Aufenthalt dauernd unbekannt ist (**1883**).

B. Mit der Aufhebung endigt die Vormundschaft auch erst, wenn das Mündel verschollen ist. Die Aufhebung hat jedenfalls zu erfolgen, wenn der Tod des Mündels dem Vormundschaftsgericht bekannt wird (**1884**, Abs. 1).

C. Im Falle des Todes des Mündels endigt die Vormundschaft ohne weiteres, im Falle der Todeserklärung erst mit der Entlassung des die Todeserklärung aussprechenden Urteiles (**1884**, Abs. 2).

III. Mit der Beendigung des Amtes oder der Vormundschaft I. II.) treten ein:

A. Die Pflicht des Vormundes zur Herausgabe des Vermögens an das volljährige Mündel oder an seinen gesetzlichen Vertreter und zur Rechenschaftsablegung, wenn seine Verwaltung beanstandet wird. Die letztere Pflicht schließt die Rechnungslegungspflicht ein. Hat der Vormund dem Vormundschaftsgericht schon Rechnung gelegt, so kann er dem Mündel gegenüber auf diese Bezug nehmen (**1890**. **260**). Die Rechnung ist dem Gegenvormunde vorzulegen, von diesem zu prüfen (**1891**, Abs. 1) und dem Vormundschaftsgericht zur rechnungsmäßigen und sachlichen Prüfung einzureichen. Ergeben sich bei der Abnahme der Rechnung durch das Mündel oder seinen Vertreter Anstände, so hat das Vormundschaftsgericht keinerlei Zwangsgewalt gegen den gewesenen Vormund, es kann nur vermitteln. Bleiben trotzdem Anstände bestehen, so bleibt dem Mündel nur der Prozeßweg. Das Anerkenntnis über die Richtigkeit der Rechnung hat das Vormundschaftsgericht zu beurkunden (**1892**). Das Recht auf Quittung ergibt sich aus **368**.

B. Der Gegenvormund hat auf Verlangen des Gerichtes oder des Mündels Auskunft zu erteilen über die Führung der Gegenvormundschaft und auch über das vom Vormunde verwaltete Vermögen (**1891**, Abs. 2).

C. Vormund und Gegenvormund behalten das Recht der Fortführung der Geschäfte auch mit der Wirkung für gutgläubige Dritte und sind zur Geschäftsbesorgung verpflichtet in dem gleichen Umfange und unter den gleichen Voraussetzungen wie der Inhaber der elterlichen Gewalt nach Beendigung derselben **1683. 1684** (vgl. L. § 252. **1893**, Abs. 1. **1895**).

D. Beide haben ihre Bestallungen zurückzugeben (**1893**, Abs. 2. **1895**).

E. Der Erbe hat den Tod des Vormundes oder Gegenvormundes, der Vormund den des Gegenvormundes oder Mitvormundes unverzüglich anzuzeigen. Das Mündel hat eventuell den Anspruch auf Schadensersatz (**1894. 1895**).

2. Kapitel.

Die Vormundschaft über Volljährige.

§ 270.

Die Vormundschaft über Volljährige.[1])

Volljährige und Volljährigerklärte können unter definitiver (I.) oder vorläufiger (II.) Vormundschaft stehen. Diese Vormundschaft über Volljährige folgt den Vorschriften der Vormundschaft über Minderjährige mit einzelnen Abweichungen (**1897**).

I. **Die definitive Vormundschaft über Volljährige** tritt ein im Falle ihrer Entmündigung wegen Geisteskrankheit, Geistesschwäche, Verschwendung und Trunksucht (**4**)[2]). Die Abweichungen von dem Regelfall (1. Kapitel) treten in folgendem hervor:

A. Anordnung der Vormundschaft (vgl. L. § 260). Tritt der Bedürfnisfall ein, so ist auch hier die Vormundschaft von Amts wegen durch das Vormundschaftsgericht anzuordnen und der durch Berufung oder Auswahl sich ergebende Vormund zu bestellen.

1. Es fehlt hier aber den Eltern, da sie nicht die elterliche Gewalt haben, das Benennungs- und Ausschließungsrecht (**1898**), während kraft Gesetzes (**1899**) vor den Großvätern der Vater und nach ihm die eheliche Mutter berufen ist (**1899**, Abs. 1). Die gesetzliche Berufung der Eltern fällt aber fort,

a) wenn das Kind von einem anderen als dem Ehegatten seines leiblichen Vaters oder seiner leiblichen Mutter an Kindes Statt angenommen ist (**1899**, Abs. 2);

b) wenn das Kind aus einer nichtigen Ehe stammt, und der Vater oder die Mutter die Nichtigkeit der Ehe kannte (**1701. 1702. 1899**, Abs. 3).

2. Die Ehefrau darf ohne Zustimmung ihres Mannes (**1783**) zu seinem Vormunde bestellt werden (**1900**, Abs. 1).

3. Die gesetzliche Reihenfolge der Berufenen nach Z. 1 (Vater, eheliche Mutter, Großväter) darf durchbrochen werden, ohne daß die Übergangenen ein Recht der Beschwerde hätten (**1900**),

a) durch Bestellung des Ehegatten des Mündels vor den Eltern und Großvätern;

b) durch Bestellung der ehelichen Mutter vor den Großvätern, obwohl sie die Nichtigkeit der Ehe gekannt hat, also nach Z. 1. b ihre Berufung fortfiel;

c) durch Bestellung der unehelichen Mutter vor dem Großvater.

---

[1]) Feyerabend, Arch. f. d. ziv. Pr., Bd. 76, S. 143 ff. Richter, S. 429 ff. Fuchs, A., §§ 52—55. Kipp-Wolff, § 127.

[2]) Die Entmündigung tritt in Wirksamkeit bei Geisteskrankheit mit der Zustellung des Beschlusses an den vorläufig bestellten Vormund (**1906**) oder mit der Bestellung des Vormundes (ZPO. § 661), in den anderen Fällen mit der Zustellung an den Entmündigten (ZPO. §§ 661, Abs. 2, 683, Abs. 2). Der Beschluß ist immer von Amts wegen der Vormundschaftsbehörde mitzuteilen (ZPO. §§ 660. 683).

B. Der Wirkungskreis des Vormundes ist i. a. der gleiche wie der des Altersvormundes (L. §§ 261. 262).

1. Die Sorge für die Person des Mündels begrenzt sich durch den Zweck der Vormundschaft. Das Erziehungsrecht fällt hier fort. Es bleibt aber Recht und Pflicht der Pflege, der Beschaffung der Heilung Geisteskranker und Trunksüchtiger, ihrer Beaufsichtigung usw., ferner der Vertretung in persönlichen Angelegenheiten. Das gilt auch für den Vormund einer Ehefrau. Er ist dem Ehemanne gegenüber nicht auf die Vertretung in persönlichen Angelegenheiten beschränkt wie der Inhaber der elterlichen Gewalt (**1633**). Bevor er eigene Maßregeln trifft, hat in diesem Falle der Vormund den Ehemann zur Erfüllung der ehemännlichen Fürsorgepflicht anzuhalten (**1901**).

2. In der Sorge für das Vermögen (**1902**) ist der Vormund des Volljährigen noch beschränkter als der Altersvormund:

a) Ausstattungen (**1624**) an Kinder des Mündels darf er nur mit Genehmigung des Vormundschaftsgerichtes gewähren.

b) Miets-, Pacht- und andere Verträge, die das Mündel zu wiederkehrenden Leistungen (z. B. Versicherungsprämien) verpflichten, kann er auf längere Zeit als vier Jahre nur mit Genehmigung des Vormundschaftsgerichtes schließen. Daneben bestehen alle Beschränkungen des Altersvormundes aus **1822**[1]).

C. Befreite Vormundschaft (**1903. 1904**). Anders als bei der Vormundschaft über Minderjährige tritt hier gesetzliche Befreiung von den Schranken des Gesetzes ein, aber nur

1. für den ehelichen Vater und die eheliche Mutter, die auch als Inhaber der elterlichen Gewalt freier stehen. Die Eltern genießen nur die Befreiungen, die gesetzlich zulässig sind (**1852—1854**. L. § 267), z. B. die Bestellung eines Gegenvormundes findet nicht statt. Für die Mutter ist aber ein solcher zu bestellen, wenn es beantragt oder wenn sie gemäß **1687**, Z. 3 einen Beistand erhalten würde. Die Bestellung des Gegenvormundes nimmt der Mutter die Befreiung in **1852**.

2. Die gesetzliche Befreiung der Eltern tritt nicht ein, wenn ihnen in der elterlichen Gewalt die Vermögensverwaltung nicht zugestanden hätte (**1666. 1670. 1697**). Die eingetretene Befreiung kann wegen Gefährdung des Mündelinteresses außer Kraft gesetzt werden (**1857**).

D. Familienrat (**1905**, vgl. L. § 268). Die Einsetzung des Familienrates erfolgt hier stets auf Antrag der Verwandten, den auch die Eltern stellen können, und auf Antrag des Vormundes oder Gegenvormundes (**1859**, Abs. 1), nicht auf Anordnung der Eltern, die auch die Aufhebung des Familienrates (**1898**) nicht anordnen können.

II. **Die vorläufige Vormundschaft über Volljährige** (**1906—1908**) kann vom Vormundschaftsgericht angeordnet werden, wenn die Entmündigung beantragt ist, und die Vormundschaft zur Abwendung einer erheblichen Gefährdung der Person oder des Vermögens erforderlich erachtet wird. Das Gericht, bei dem der Antrag gestellt ist, hat daher die Pflicht der Mitteilung von der Notwendigkeit der Fürsorge (ZPO. §§ 657. 680, Abs. 3) an das Vormundschaftsgericht, das aber nicht erst einen Antrag auf Anordnung der vorläufigen Vormundschaft abwarten muß[2]). Die Bevormundung zieht die Beschränkung in der Geschäftsfähigkeit nach sich (**114**). Ihrem Charakter nach ist die vorläufige Vormundschaft wahre Vormundschaft, nur hat sie als solche vorübergehende Bedeutung. Abweichungen gegenüber der definitiven Vormundschaft ergeben sich insofern

A. als die Bestellung des Vormundes immer auf Grund der Auswahl des Vormundschaftsgerichtes, nicht der Berufung erfolgt, und

B. die Endigung der Vormundschaft hier eintritt:

---

[1]) A. M. Richter, a. a. O., S. 443, bezüglich der Vorschrift von **1822**, Z. 5, die er durch **1902** als ausgeschlossen ansieht. Wie im Text Fischer-Henle zu **1902**, Note 5. Staudinger IV, S. 684.

[2]) Beschwerdeweg: FGG. §§ 57, Z. 2. 60, Z. 5; auch 61.

1. ohne weiteres mit der Rücknahme und der rechtskräftigen Abweisung des Antrages auf Entmündigung,

2. mit der Bestellung des definitiven Vormundes und

3. mit ihrer Aufhebung, die erfolgen muß, wenn das Schutzbedürfnis fortgefallen ist.

3. Kapitel.

Die Pflegschaft.

§ 271.

Die Pflegschaft.[1])

Über den Charakter der Pflegschaft und ihr Verhältnis zur Vormundschaft i. a. vgl. L. § 259. Die Pflegschaft kann nicht in allen Fällen hervortretender Schutzbedürftigkeit nach Ermessen des Vormundschaftsgerichtes angeordnet werden, sondern nur in bestimmten Fällen.

I. Die Fälle der Pflegschaft lassen sich in folgender Weise gruppieren: entweder ist die Pflegschaft Aushilfsinstitut neben der elterlichen Gewalt und Vormundschaft oder für diese (**1909**), oder sie erscheint selbständig (**1910—1914**). Die letzteren Fälle scheiden sich wieder in die Pflegschaft für Personen (**1910—1913**) und in die Pflegschaft für Vermögen (**1914**)[2]).

II. Die allgemeinen Grundsätze. Alle Fälle der Pflegschaft stehen unter den Vorschriften der Vormundschaft[3]). Die Pflegschaft wird vom Vormundschaftsgerichte angeordnet. Der Pfleger wird vom Vormundschaftsgerichte wie der Vormund bestellt (Mitwirkung des Gemeindewaisenrates, Verpflichtung durch Handschlag an Eides Statt, Bestallung). Der Pfleger hat auch die rechtliche Stellung des Vormundes, und was im Gesetze vom Vormunde gilt, trifft auch den Pfleger. Die Bestellung eines Gegenvormundes ist hier nicht erforderlich, kann aber eintreten und hat dann die gleichen Wirkungen wie bei der Vormundschaft (**1915**). Die Geschäftsfähigkeit des Pflegebefohlenen wird durch die Pflegschaft nicht beschränkt. Daher kann der Pflegebefohlene in den Fällen III. B. C. D. auch Geschäfte ohne die Genehmigung des Gegenvormundes oder Vormundschaftsgerichtes schließen, deren der Pfleger bedürfte. Allgemeiner Endigungsgrund der Pflegschaft ist die Aufhebung durch das Vormundschaftsgericht im Falle des Fortfalles des Bedürfnisses, der durch das Vormundschaftsgericht festzustellen ist (**1919**). Die Pflegschaft für eine einzelne Angelegenheit endigt mit deren Erledigung kraft Gesetzes (**1918**, Abs. 3).

III. Die einzelnen Fälle der Pflegschaft.

A. **Die Aushilfspflegschaft (1909).**

1. Sie tritt ein für Personen, die unter elterlicher Gewalt oder als Minderjährige oder Volljährige unter Vormundschaft stehen,

a) wenn und soweit Gewalthaber oder Vormund an der Besorgung gewisser in ihren Wirkungskreis fallender Angelegenheiten verhindert sind. Der Fall der Endigung oder des Ruhens der elterlichen Gewalt, oder der Verhinderung des Vaters als Gewalthabers allein, gehört nicht hierher. Im übrigen können einzelne Angelegenheiten (Rechts- und tatsächliche Akte) oder Gruppen von Angelegenheiten in Frage stehen. Die Verhinderung kann tatsächlicher Natur (Krankheit, Abwesenheit) oder rechtlicher (Interessenkollision) sein (**1909**, Abs. 1, Satz 2);

b) ein Fall rechtlicher Verhinderung liegt vor, wenn der Erblasser durch letztwillige Ver-

---

[1]) Feyerabend, Arch. f. d. ziv. Pr., Bd. 76, S. 96 ff. 152 ff. Fuchs, Gruch. Beitr., Bd. 40, S. 308 ff. Richter, S. 458 ff. Fuchs, A., §§ 56—69. Kipp-Wolff, § 128 f.

[2]) Dahin gehört auch der Fall RStrPO. §§ 334, Abs. 2. 480. StrGB. § 140.

[3]) Mecklenb.-Schwer. AV. z. BGB. § 250. Mecklenb.-Strel. AV. z. BGB. § 248.

fügung oder ein Dritter bei der unentgeltlichen Zuwendung unter Lebenden an das Mündel die Bestimmung getroffen hat, daß dem Gewalthaber oder Vormunde an dem zugewendeten Vermögen die Verwaltung nicht zustehen soll (**1909**, Abs. 1, Satz 2, vgl. **1638**. **1794**. **1803**). Gewalthaber und Vormund haben den Bedürfnisfall unverzüglich dem Vormundschaftsgerichte anzuzeigen (**1909**, Abs. 2);

c) die Pflegschaft ist ferner anzuordnen, wenn eine Vormundschaft anzuordnen, ein Vormund aber noch nicht bestellt ist. Die Pflegschaft ersetzt hier vorübergehend die Vormundschaft und ist insofern nicht selbständige Pflegschaft (B.) (**1909**, Abs. 3).

2. Die Berufung des Pflegers erfolgt nicht nach den Regeln der Vormundschaft (**1916**), sondern entweder findet allein Auswahl durch das Vormundschaftsgericht statt oder, in dem Falle 1. b, Berufung durch den Erblasser oder Dritten in der letztwilligen Verfügung bzw. bei der Zuwendung. Die so Benannten dürfen nur wie der benannte Vormund übergangen werden (**1917**, Abs. 1).

3. Der gemäß Z. 2 benannte Pfleger kann in der letztwilligen Verfügung bzw. bei der Zuwendung auch in denselben Maße wie der Vormund befreit werden. Diese Anordnung kann das Vormundschaftsgericht wegen Gefährdung des Interesses des Pflegebefohlenen außer Kraft setzen. Abweichungen von den Anordnungen des Dritten bedürfen der Genehmigung der Dritten, solange dieser lebt. Diese genügt und kann unter Umständen durch das Vormundschaftsgericht ersetzt werden (**1917**, Abs. 2. 3, **1803**).

4. Die Pflegschaft endigt nicht nur durch Aufhebung (II.), sondern auch kraft Gesetzes mit der Beendigung der elterlichen Gewalt als solcher (**1626**) oder der Vormundschaft (**1918**, Abs. 1). Einer Aufhebung der Pflegschaft bedarf es nicht[1]).

B. **Die selbständige Pflegschaft über Personen.**

1. Pflegschaft über Gebrechliche, die nicht unter Vormundschaft stehen (cura debilium personarum) (**1910**),

a) tritt ein, wenn diese Personen wegen körperlicher Gebrechen (Taubheit, Blindheit, Stummheit) allgemein unfähig sind, oder wenn sie wegen geistiger oder körperlicher Gebrechen nur in einzelnen Beziehungen unfähig sind, ihre Angelegenheiten zu besorgen. Sie werden aber immer nur mit ihrer Einwilligung unter Pflegschaft gestellt, soweit sie solche Einwilligungserklärungen abgeben können. Demgemäß muß Aufhebung erfolgen, wenn der Pflegebefohlene sie beantragt (**1920**)[2]);

b) im Falle der allgemeinen Unfähigkeit hat der Pfleger ausnahmsweise die Sorge für die Person und das Vermögen in der umfassenden Weise wie der Vormund.

2. Die Pflegschaft für volljährige Abwesende, cura absentis (**1911**).

a) Sie wird von Amts wegen für Personen angeordnet, die sich von ihrem Wohnsitze entfernt haben und

α) entweder unbekannten Aufenthaltes sind und der Fürsorge in irgendwelcher Richtung bedürfen, z. B. in dem gesetzlich fixierten Falle, daß Anlaß zum Widerruf eines vom Abwesenden erteilten Auftrages oder einer Vollmacht gegeben ist, oder wenn sie

β) bekannten Aufenthaltes sind, aber an der Rückkehr und der Besorgung ihrer Vermögensangelegenheiten irgendwie verhindert sind (Strafgefangene, Kriegsgefangene) (**1911**)[3]).

b) Die Abwesenheitspflegschaft erstreckt sich auf die Fürsorge in allen vermögensrechtlichen Angelegenheiten, sie ist nicht allein eine Pflegschaft über das zurückgelassene Vermögen des Abwesenden.

---

1) A. M. Richter, a. a. O., S. 497.

2) Ausnahme für Beamte, Geistliche, Lehrer usw.: Mecklenb.-Schwer. AV. z. BGB. § 251. Mecklenb.-Strel. AV. z. BGB. § 249.

3) RStrGB. § 93. RStrPO. § 334. FGG. §§ 35—37. 39. 46. 47. Vgl. Silberschmidt, Arch. f. bürg. R., Bd. 15 (1898), S. 114 ff.

c) Die Abwesenheitspflegschaft endigt mit der Aufhebung, die erfolgen muß, wenn die Behinderung gehoben ist, namentlich also im Falle der Rückkehr, oder wenn der Tod des Abwesenden eingetreten und dem Vormundschaftsgerichte bekannt geworden ist, aber auch mit der Erlassung des die Todeserklärung aussprechenden Urteiles (**1921**)[1]).

3. Die Pflegschaft für eine Leibesfrucht (cura ventris) wird nur dann angeordnet, wenn ein Bedürfnis der Fürsorge vorliegt. Demnach nicht, wenn das erwartete Kind im Falle seiner Geburt in die elterliche Gewalt treten würde; denn in diesem Falle fällt das Kind unter die Fürsorge der Eltern. Der Pfleger hat die Aufgabe, die künftigen Rechte (Ersatzansprüche aus **844**, Abs. 2, Erbrechte) des Pflegebefohlenen zu wahren, nicht die Fürsorge für die Mutter (**1912**). Die Pflegschaft endigt mit der Geburt des Kindes kraft Gesetzes; wenn keine Geburt eintritt, durch Aufhebung (**1918**, Abs. 2).

4. Die Pflegschaft für den unbekannten oder ungewissen an einer Angelegenheit Beteiligten kann für diese Angelegenheit, soweit eine Fürsorge notwendig ist, angeordnet werden. Der Beteiligte kann auch ein noch nicht Erzeugter sein, er kann der künftige Fideikommiß- oder Lehnsanwärter (EG. Art. 59), aber nach dem Gesetze auch der zur Zeit des Erbfalles noch nicht erzeugte oder erst durch ein künftiges Ereignis zu bestimmender Nacherbe sein (**2100. 2103** ff., vgl. **2163**). Der Pfleger hat dann nicht nur den Beteiligten zu vertreten, sondern es kann sich auch um tatsächliche Fürsorgemaßregeln handeln, wie z. B. bei Überschwemmungen und anderen Unglücksfällen (**1913**).

C. **Die selbständige Pflegschaft für ein Vermögen,** das durch öffentliche Sammlungen zu vorübergehenden Zwecken (vgl. **86**) zusammengekommen ist, kann von Amts wegen angeordnet werden, wenn die zur Verwaltung und Verwendung berufenen Personen weggefallen, d. h. gestorben, verzogen oder geschäftsunfähig geworden sind, nicht aber, wenn sie sich als zur Verwaltung unfähig oder untreu[2]) erweisen (**1914**).

---

[1]) Kuhlenbeck, Von den Pandekten I, S. 95.
[2]) A. M. Richter, a. a. O., S. 487.

VI. Buch.

Das Erbrecht.

§ 272.

Übersicht.[1])

I. Die Vorschriften des Erbrechtes regeln das Verhältnis des vom Subjekte bei seinem Tode hinterlassenen Vermögens und die damit in Zusammenhang stehenden Verhältnisse. Diese Verhältnisse werden entweder **unmittelbar durch diese Vorschriften bestimmt**, wie z. B. die **gesetzliche Erbfolge**, oder nur **mittelbar**, indem die Regelung zunächst durch **Verfügung des Erblassers von Todes wegen** bestimmt wird, und zwar entweder durch **Testament**, d. h. letztwillige Verfügung des Erblassers (**testamentarische Erbfolge**) oder durch **Erbvertrag** (vertragsmäßige **Erbfolge**).

Die **Erbfolge** (L. § 286 ff) kann nicht nur für einen einzelnen, sondern auch für mehrere eintreten. Daher ergibt sich **das Rechtsverhältnis der Miterben** (L. §§ 312 ff.)

Neben der Erbfolge stehen als erbrechtliche Verhältnisse das **Vermächtnis**, die **Auflage**, das **Pflichtteilsrecht** (L. §§ 296 ff. 300. 301 ff.).

Zu den am Nachlasse Beteiligten treten die **Nachlaßgläubiger** (L. §§ 314 ff.) hinzu.

Als erbrechtliche Hilfsinstitute kommen in Betracht die **Testamentsvollstreckung** und der **Erbschein**. Beide dienen zur Durchführung des letzten Willens und zur Sicherung der Interessen der Nachlaßbeteiligten (L. §§ 308. 311).

Endlich schließt sich den rein erbrechtlichen Instituten der **Erbschaftskauf** an, bei dem die Kaufgrundsätze mit Rücksicht auf den Inhalt des Vertrages eine wesentliche Abänderung durch erbrechtliche Gesichtspunkte erfahren (L. § 324).

II. Die nationale Entwickelung wurde auch auf dem Gebiete des Erbrechtes durch die Rezeption unterbrochen. Eine Überwindung des Dualismus zwischen dem römischen und dem deutschen Rechte wurde nicht durch die gemeinrechtliche Praxis erreicht, sondern erst durch die großen Kodifikationen für ihre Rechtsgebiete. Auf dem römischen Recht und den deutschen Kodifikationen, besonders dem ALR. und dem ÖBGB., beruht auch die Regelung des Erbrechtes im BGB., die ihre Ergänzung durch das EG. zum BGB. und durch andere Reichsgesetze (ZPO., KO., FG.) findet.

III. Im BGB. und den ergänzenden Reichsgesetzen ist nur das private Erbrecht getroffen, es scheidet also die Behandlung des **öffentlichen Erbrechtes** (Thronerbfolge) hier ganz aus. Abgesehen davon, kommt das gemeine private Erbrecht des BGB. nicht ohne Ausnahme zur Geltung. Unberührt bleiben die erbrechtlichen Vorschriften der Landesgesetze und autonomen Statuten für die **Landesherren**, die Mitglieder der landesherrlichen Familien und die Familie Hohenzollern, Hannover, Nassau usw.; ferner die erbrechtlichen Vorschriften der Landesgesetze und der in Gemäßheit dieser geltenden autonomen Statuten der Familien

---

[1]) **Strohal**, Das deutsche Erbrecht auf Grundlage des BGB. 3. Aufl., 1903. **Kretschmar**, Das Erbrecht des BGB. (1910). **Kipp** in Enneccerus, Lehrb. des Bürgerl. R. II, 3 das Erbrecht (1. 2. 1911).

des hohen Adels[1]); weiter die landesgesetzlichen Vorschriften über die Sukzession in Familienfideikommisse, Lehen mit Einschluß der allodifizierten Lehen und Stammgüter und endlich die landesrechtlichen Vorschriften über das Anerbenrecht in land- und forstwirtschaftliche Grundstücke[2]), das Recht der Rentengüter und das Erbpachtrecht[3]).

IV. Intertemporales und internationales Recht.

1. Ob die erbrechtlichen Verhältnisse nach Reichserbrecht oder nach dem bisherigen Erbrecht zu beurteilen sind, richtet sich danach, ob der Erblasser nach oder vor dem 1. Januar 1900 verstorben ist (EG. Art. 213). Ist aber der Erblasser nach diesem Tage verstorben, so erleidet die grundsätzliche Anwendung des Reichserbrechtes Ausnahmen (EG. Art. 214. 215. 216. 217).

2. Die erbrechtlichen Verhältnisse werden beurteilt nach dem Recht, das sich aus der Staatsangehörigkeit des Erblassers zur Zeit seines Todes ergibt, mag er auch seinen Wohnsitz zu dieser Zeit in einem anderen Rechtsgebiet gehabt haben (EG. Art. 24, Abs. 1. Art. 25, Satz 1). Nach diesem Prinzip wird 1. der deutsche Erblasser nach Reichserbrecht beerbt (Ausnahmen: EG. Art. 24, Abs. 2), 2. der Ausländer dagegen nach ausländischem Recht (Ausnahmen: EG. Art. 27. 25, Satz 2).

Das Prinzip wird durchbrochen durch die Vorschrift des EG. Art. 28.

---

1) Vgl. ferner EG. Art. 216.

2) EG. Art. 57. 58. 59. 64. Vgl. Mecklenb.-Schwer. AV. z. BGB., § 265 ff. Mecklenb.-Strel. AV. z. BGB., § 262 ff.

3) EG. Art. 62. 63.

I. Abschnitt.

Die Verfügungen von Todes wegen.

1. Kapitel.

Die Testamente.[1])

§ 273.

Begriff und Inhalt des Testamentes.

I. **Die Verfügungen von Todes wegen,** Testament und Erbvertrag, sind rechtsgeschäftliche Anordnungen des Erblassers über den Nachlaß oder andere Verhältnisse, die erst mit dem Tode des Erblassers Wirksamkeit erlangen können. Der Ausdruck „Verfügung" hat hier also nicht den besonderen Sinn, den das BGB. sonst mit ihm verbindet (**L.** § 46, III.).

Dem römischen Recht war das Testament seit alters bekannt. Den Erbvertrag verwarf es aus guten Gründen. Das deutsche Recht vor der Rezeption kannte weder das Testament noch den Erbvertrag (heredem solus deus facere potest), es fehlt aber nicht an Ansätzen zur Entwickelung des Testamentes aus Geschäften unter Lebenden. Mit der Rezeption dringt das römische Testament ein, und nach der der Rezeption entwickelt sich in der Praxis der Erbvertrag. Aus dem gemeinen Recht werden Testament und Erbvertrag in die Partikulargesetzgebung übernommen.

II. **Testament** ist die einseitige, nicht empfangsbedürftige[2]), widerrufliche (letztwillige), an eine Form gebundene Verfügung von Todes wegen, die Erbeseinsetzungen oder andere Anordnungen des Erblassers enthalten kann.

Es gibt nur eine Art letztwilliger Verfügungen: die Testamente, also neben ihnen keine Kodizille (röm. Recht).

III. **Inhalt des Testamentes** können erbrechtliche[3]), familienrechtliche[4]) und andere Anordnungen[5]) sein.

a) Enthält das Testament auch nur eine in ihm mögliche Anordnung, so ist es gültig, z. B. der Erblasser trifft nur eine Anordnung gemäß **1687**, Z. 1. Der römische Satz: ohne Erbeseinsetzung kein Testament, gilt nicht mehr.

Enthält das Testament eine Erbeseinsetzung, so ist diese Anordnung den sonstigen Anordnungen durchaus gleichgeordnet, und mit dem Fortfall der Erbeseinsetzung fallen nicht von selbst wie nach römischen Recht die übrigen Anordnungen (**2085**).

b) Unter den erbrechtlichen Anordnungen haben die **Zuwendungen,** d. h. Erbeseinsetzungen (**1937**) und Vermächtnisse (**1939**) besondere Bedeutung. Der Erbe und der Vermächtnisnehmer werden als Bedachte bezeichnet, nicht auch der durch Anordnung einer Auflage (**1940**) Begünstigte.

---

1) Strohal I, §§ 18—43 b.

2) A. M. Manigk, Willenserklärung und Willensgeschäft (1907), S. 318 ff.

3) Z. B. **1937. 1938. 1939. 1940. 2336. 2338. 2044. 2048. 2049. 2197. 2254. 2189.**

3) Z. B. **1369. 1440. 1509. 1511—1516. 1598. 1638. 1639. 1460. 1651. 1687. 1688. 1692. 1777. 1782. 1797. 1856. 1868. 1880. 1909. 1917.**

5) Z. B. **83. 332,** vgl. Strohal I, S. 128 f.

§ 274.

Die Testamentsform.[1]) a) Die ordentlichen Testamente.

Die Formvorschriften verfolgen den Zweck, die Überlegtheit, Klarheit, Selbständigkeit und Echtheit des letzten Willens zu sichern. Das heutige deutsche Erbrecht (BGB. und besondere Reichsgesetze) zeigt wie schon das römische Recht den Gegensatz der ordentlichen und außerordentlichen Testamente.

Das ordentliche Testament des römischen Rechtes ist ein öffentliches und privates; das öffentliche Testament wurde vor Gericht errichtet (test. judiciale) als testamentum judici oblatum oder apud acta conditum, oder durch Übergabe der Testamentsurkunde an den princeps (test. principi oblatum). Im gemeinen Recht (NotariatsO. v. 1512) war nur das testamentum judiciale in Gebrauch.

Das Testamentsrecht des BGB. findet bez. der Form Anwendung, soweit nicht die Vorbehalte EG. Art. 57. 58. 64 zugunsten landesrechtlicher Formvorschriften eingreifen. — Ob ein Testament formrichtig errichtet ist, bestimmt sich nach dem alten Recht, wenn die Errichtung vor dem 1. Januar 1900 erfolgte, sollte auch der Erblasser nach diesem Tage verstorben sein (EG. Art. 214). — Ist der Erblasser zur Zeit des Erbfalles ein Deutscher, so wird die Form des Testamentes nach deutschem Rechte beurteilt (EG. Art. 24, Abs. 1. Ausnahme: Art. 24, Abs. 3, Art. 11, Abs. 1. Satz 2).

Das ordentliche Testament des BGB. ist ein öffentliches oder privates (**2231**).

I. **Das öffentliche Testament** wird entweder vor dem Richter oder vor einem Notar errichtet (gerichtliches oder notarielles Testament)[2]) (**2232. 2233**).

A. **Die Urkundspersonen** (mitwirkende Personen) sind beim gerichtlichen Testamente der Richter und ein Gerichtsschreiber oder anstatt dieses zwei Zeugen. Der Richter und die von ihm zuzuziehenden Personen können nicht durch andere Personen (der Richter etwa durch Richterkollegien, Pfarrer, Arzt; der Gerichtsschreiber und die Zeugen etwa durch Notar) ersetzt und vertreten werden. Beim notariellen Testamente fungieren der Notar und ein zweiter Notar oder anstatt dieses zwei Zeugen. Richter und Notar sollen die weiter erforderlichen Urkundspersonen zuziehen (testes adhibiti).

B. Die Urkundspersonen müssen zur Zeit der Errichtung des Testamentes zur Mitwirkung fähig und tauglich sein.

1. Unfähigkeit liegt vor

a) wenn Richter, Notar, Gerichtsschreiber oder Zeugen Urkundspersonen und zugleich Erblasser (Beteiligte) sind (FGG. § 170, Z. 1);

b) bei einem bestimmten Verhälnis zum Erblasser.

Keine der mitwirkenden Urkundspersonen darf Ehegatte des Erblassers sein oder gewesen sein, mit ihm in gerader Linie oder im zweiten Grade der Seitenlinie verwandt oder verschwägert sein. Die Schwägerschaft hat die Wirkung, auch wenn die Ehe nicht mehr besteht (**1590. 2234**).

c) Bei einem bestimmten Verhältnis zum Richter oder dem beurkundenden Notar. Als Gerichtsschreiber, zweiter Notar, Zeuge oder sonstige Urkundsperson (EG. Art. 149) können nicht Personen mitwirken, die zu dem Richter oder dem beurkundenden Notar (nicht dem zweiten Notar) in dem unter b bezeichneten Verhältnisse stehen (**2236**).

d) Als Zeugen sind unfähig des Vernunftgebrauches beraubte, im Kindesalter stehende, taube, blinde, stumme Personen und solche, die der deutschen Sprache nicht mächtig sind (vgl. aber **2245**) oder das Protokoll nicht zu unterschreiben vermögen (**2242**, Abs. 3)[3]).

Die Unfähigkeit bewirkt in diesen Fällen Nichtigkeit des Testamentes.

---

[1]) Strohal I, §§ 20. 21. 22 a.

[2]) FGG. §§ 168. 170—173; Vorbehalte für das Landesrecht: EG. Art. 151. 141. 149.

[3]) Beseitigt ist die Unfähigkeit des weiblichen Geschlechtes.

2. Die Unfähigkeit beruht darauf, daß die Urkundsperson im Testamente durch Erbeseinsetzung oder Vermächtnis bedacht ist oder zu einem im Testamente Bedachten in dem unter Z. 1. b bezeichneten Verhältnisse steht. Gleichgültig ist, wie das Testament errichtet ist (C.). Folge der Nichtbeachtung dieser Vorschrift ist Nichtigkeit der betreffenden Zuwendung[1]). Das Testament bleibt an sich von Bestand, wenn nicht aus **2085** die Nichtigkeit des ganzen Testamentes folgt (**2235**).

3. Untauglichkeit (**2237**). Es sollen ferner als Zeugen nicht zugezogen werden: Minderjährige, Personen, denen die bürgerlichen Ehrenrechte aberkannt sind, für die Dauer der Aberkennung, solche, denen nach dem Strafgesetze die Fähigkeit mangelt, als Zeuge eidlich vernommen zu werden[2]), das Gesinde und die Gehilfen im Dienste des Richters oder des beurkundenden Notars, nicht des Erblassers. Die Nichtbeachtung hat niemals Nichtigkeit des Testamentes zur Folge, sondern die Bestimmung ist eine Ordnungsvorschrift, die der Richter oder Notar zu beachten hat (disziplinäre Folgen).

C. **Die Errichtung** des öffentlichen Testamentes.

1. Das öffentliche Testament kann mündlich errichtet werden. Der Erblasser erklärt dem Richter oder Notar seinen letzten Willen zu Protokoll (vgl. testamentum apud acta conditum). Die gerichtliche Errichtung ist an die ordentliche Gerichtsstelle nicht gebunden.

Es kann auch errichtet werden durch Übergabe einer vom Erblasser selbst oder einem anderen herrührenden, von ihm unterschriebenen oder nicht unterschriebenen offenen oder verschlossenen Schrift an den Richter oder Notar unter der mündlichen Erklärung des Erblassers zu Protokoll, daß diese Schrift seinen letzten Willen enthalte (**2238**, Abs. 1) (vgl. testamentum judici oblatum).

Eine Kombination beider Formen ist nicht ausgeschlossen, wohl aber die Anwendung der Zeichensprache in allen Fällen.

2. Der Errichtungsverhandlung müssen die mitwirkenden Personen und der Erblasser unausgesetzt beigewohnt haben (unitas actus). Eine kurze Aussetzung der Verhandlung und Entfernung der Personen in dieser Zeit schadet nicht (**2239**), (GFG. § 174), sofern eine Fortsetzung tatsächlich möglich, inhaltlich nicht Neuerrichtung vorliegt, und die mitwirkenden Personen und der Erblasser identisch bleiben.

3. Wesentlich ist auch die Aufnahme eines Protokolles in deutscher Sprache (**2240**)[3]) mit bestimmtem Inhalte (**2241**)[4]). Das Protokoll soll dem Erblasser auf Verlangen zur Durchsicht vorgelegt werden. Weiter ist wesentlich die Verlesung des Protokolles, Genehmigung durch den Erblasser und eigenhändige Unterschreibung durch den Erblasser und die sämtlichen mitwirkenden Personen gemäß **2242**. Erklärt der Erblasser der Wahrheit gemäß oder zuwider, nicht schreiben zu können, so wird seine Unterschrift nicht durch Handzeichen geleistet, sondern durch die Feststellung seiner Erklärung, daß er nicht schreiben könne, im Protokolle ersetzt (**2242**, Abs. 2)[5]). Die Unterschrift der Urkundspersonen kann in keiner Weise ersetzt werden.

4. Minderjährigen und Personen, die Geschriebenes nicht lesen können (Blinde, Personen, die nicht schreiben gelernt haben, oder die durch Schwachsichtigkeit am Lesen verhindert sind), steht nur die mündliche Errichtung offen (**2238**, Abs. 2).

---

[1]) Auf die Aussetzung eines Äquivalentes an den im Testament ernannten Testamentsvollstrecker findet die Vorschrift in **2235** nur Anwendung, wenn das Äquivalent das übliche Honorar übersteigt und insoweit als Vermächtnis betrachtet werden muß. Das Vermächtnis ist nichtig, die Ernennung zum Testamentsvollstrecker bleibt von Bestand.

[2]) lex specialis gegenüber StrGB. §§ 34, Z. 5. 161, nach dem Nichtigkeit eintreten würde.

[3]) GVG. § 186. FGG. § 8.

[4]) Dazu gehört a) Angabe des Ortes und Tages der Verhandlung; die Richtigkeit dieser Angabe ist aber nicht wesentlich; b) die Bezeichnung des Erblassers und der mitwirkenden Urkundspersonen; c) die Erklärungen des Erblassers (Z. 1) und die Feststellung der Übergabe der Schrift; d) die Feststellung der Vorlesung, Genehmigung und Unterschrift (Z. 3). Vgl. RG. Bd. 50, S. 16.

[5]) RG. Bd. 56, S. 366; Bd. 62, S. 31.

5. Schließlich soll gemäß **2246** das Protokoll nebst Anlagen (übergebene Niederschrift) in Gegenwart der mitwirkenden Personen von Richter oder Notar amtlich versiegelt, durch Aufschrift näher bezeichnet und in besondere amtliche Verwahrung[1]) genommen und hierüber dem Erblasser ein Hinterlegungsschein erteilt werden. Der Erblasser kann die Rückgabe jederzeit verlangen, die aber nur an ihn persönlich erfolgen darf (**2256**, Abs. 2)[2]).

6. Unter Umständen kann das ordentliche öffentliche Testament auch vor Kriegsgerichtsräten oder Marinekriegsgerichtsräten (FGG. §§ 167. 184. Reichsges. vom 28. Mai 1901, § 1. Z. 1, § 2) oder vor den Reichskonsuln (Reichsges. vom 8. Nov. 1867, § 16, EG. z. BGB. Art. 38, Reichsges. vom 7. April 1900, § 7, Z. 2) oder vor Beamten der Schutzgebiete (Reichsges. vom 7. April 1900, § 2, § 7, Z. 2. Schutzgebietsgesetz (Fassung v. 10. Sept. 1900, § 2) errichtet werden.

7. Der Richter oder Notar, der durch vorsätzliche oder fahrlässige Verletzung seiner Amtspflicht die Nichtigkeit des Testamentes herbeiführt, haftet dem Erblasser und dem im nichtigen Testamente Bedachten nach **839** oder **826** (vgl. **L.** § 142, I. E., Note 8).

II. **Das Privattestament.**

1. Das Privattestament des römischen und gemeinen Rechtes ist das mündliche oder schriftliche Testament vor sieben Zeugen. Eine ordentliche Testamentserrichtung durch Niederschrift des letzten Willens durch den Erblasser (testamentum holographum) galt im römischen Recht nur vorübergehend (Nov. Valentinians III. v. 446), sie ist nicht im gemeinen, wohl aber im deutschen Partikularrecht (C. C. u. ÖABG.) und im Ausland anerkannt.

2. Das Privattestament wird nach BGB. errichtet durch eigenhändige, nicht also durch Schreibmaschine hergestellte Niederschrift der letztwilligen Erklärung in ihrem ganzen Inhalte und Unterschreibung[3]) derselben durch den Erblasser (testamentum holographum) mit dem tatsächlich von ihm geführten Namen. Die Niederschrift muß in einer Sprache erfolgen, der der Erblasser mächtig ist (**2247**) und in objektiv verständlichen Schriftzeichen. Die Niederschrift muß zur Vollendung der Urkundsform die eigenschriftliche Angabe des Ortes und des Tages der Ausstellung enthalten (**2231**, Z. 2); Unrichtigkeiten und Ungenauigkeiten in der Zeit- und Ortsangabe bewirken aber keine Nichtigkeit des Testamentes[4]). Minderjährige und Personen, die Geschriebenes nicht zu lesen vermögen, sind von dieser Testamentsform ausgeschlossen (**2247**). Das Privattestament ist auf Verlangen des Erblassers gegen Erteilung des Hinterlegungsscheines in besondere amtliche Verwahrung (**2246**) zu nehmen (**2248**, vgl. **2256**, Abs. 3).

§ 275.

b) Die außerordentlichen Testamente.[5])

I. Das römische und das gemeine Recht kannten außerordentliche Testamente als privilegierte mit erleichterter Form (Soldatentestament, testamentum parentum inter liberos t. tempore pestis conditum, t. ruri conditum) und als qualifizierte mit erschwerter Form (Blinden- und Analphabetentestament).

II. Unser bürgerliches Recht (BGB. EG. z. BGB., sonstige Reichsgesetze) kennt sowohl Testamente mit erschwerten wie mit erleichterten Förmlichkeiten; ihre Bedeutung ist durch die Anerkennung des eigenhändigen ordentlichen Privattestamentes allerdings sehr eingeschränkt.

A. **Erschwerte (qualifizierte) Testamentsformen.**

1. Personen, die nach der Überzeugung des Richters oder Notars stumm oder sonst am Sprechen verhindert sind, können nur durch Übergabe und unter weiteren Kautelen und Vorschriften für das Protokoll ein Testament errichten (**2243**).

---

[1]) Die Zuständigkeit bestimmt sich nach den Landesausführungsgesetzen: Mecklenb. Schwer. AB. z. BGB., § 261. Mecklenb.-Strel. AB. z. BGB., § 258.

[2]) Vorbehalt für das Landesrecht: FGG. § 200.

[3]) RG. Bd. 57, S. 67; Bd. 61, S. 7.

[4]) A. M. RG. Bd. 51, S. 168; Bd. 52, S. 277; Bd. 58, S. 388; Bd. 64, S. 423.

[5]) Strohal I, § 22.

2. Die Zuziehung eines besonderen Dolmetschers und eine besondere Behandlung und Gestaltung des Protokolles wird erforderlich, wenn der Erblasser der deutschen Sprache nicht mächtig ist (**2244**). Die Zuziehung des Dolmetschers kann unterbleiben, wenn sämtliche mitwirkenden Personen der Sprache mächtig zu sein versichern, in der sich der Erblasser erklärt. Unterbleibt sie, so ist wieder eine entsprechende Gestaltung des Protokolles bindend vorgeschrieben (**2245**).

B. **Erleichterte (privilegierte) Testamentsformen.**

1. **Das Dorftestament.** Dieses ist weniger im Anschluß an das testamentum ruri conditum als das dorfgerichtliche Testament des preußischen Rechtes entwickelt (**2249**). Es steht i. a. unter den Regeln des ordentlichen Testamentes vor Richter oder Notar; an deren Stelle tritt der Vorsteher der Gemeinde, des der Gemeinde gleichstehenden Verbandes oder Gutsbezirkes, in welchem der Erblasser sich aufhält. Der Vorsteher (bzw. sein ordentlicher Stellvertreter) muß zwei Zeugen hinzuziehen. Die Erleichterung ist eingeräumt für den Fall der Besorgnis, daß der Erblasser früher sterben werde, als die Errichtung des Testamentes vor Richter oder Notar sich ermöglichen läßt. Diese Besorgnis muß im Protokoll festgestellt sein; gleichgültig ist aber, ob sie begründet war[1]). Minderjährige und Personen, die Geschriebenes nicht lesen können, sind von der schriftlichen Errichtung dieses Testamentes ausgeschlossen.

2. **Das Testament an abgesperrten Orten** (vgl. testamentum tempore pestis conditum) (**2250**). Ist die Errichtung des Testamentes vor Richter oder Notar durch Absperrung des Aufenthaltsortes des Erblassers (wegen Krankheit oder sonstiger außerordentlicher Umstände) unmöglich gemacht oder erheblich erschwert, so kann

die Form des Dorftestamentes oder

Errichtung durch mündliche Erklärung vor drei Zeugen unter Aufnahme eines Protokolles über die Errichtung gewählt werden. Für die Zeugen fallen hier die Unfähigkeits- und Untauglichkeitsgründe hinweg, die sich auf das Verhältnis des Zeugen zum Richter oder Notar gründen. Das Protokoll muß demjenigen bei ordentlicher Testamentserrichtung entsprechen. Errichtung in dieser Form unter Zuziehung eines Dolmetschers ist ausgeschlossen.

3. **Das mündliche Seetestament** vor drei Zeugen (**2251**). Es kann von Personen errichtet werden, die sich an Bord eines deutschen, nicht zur kaiserlichen Marine (4) gehörigen Schiffes außerhalb eines inländischen Hafens befinden.

4. **Das Militärtestament**[2]). Das Privilegium beschränkt sich auf bestimmte Personen, nämlich auf diejenigen, die zum aktiven Landheer gehören, die im Kriege sich beim kriegführenden Heere befinden und unter dem Militärstrafgesetz stehen[3]), und auf eigene und fremde Kriegsgefangene und Geiseln. Das Privilegium steht i. a. während der Kriegszeit oder des Belagerungszustandes zu, unter näherer Bestimmung der Zeitdauer des Privilegiums für die einzelnen Personenkategorien. Das Militärtestament ist nach Wahl des Erblassers ein schriftliches in zwei Formen oder ein mündliches (vgl. **2231**, Z. 2).

5. **Das Marinetestament** (EG. Art. 44, vgl. FGG. § 184, Abs. 2 EG. z. MilStrPO. § 20) wird errichtet entsprechend dem Militärtestament (4). Privilegiert sind die zur Besatzung eines in Dienst gestellten Fahrzeuges (Schiffes) der kaiserlichen Marine gehörigen Personen, ferner diejenigen, welche sich als Kriegsgefangene oder Geiseln in der Gewalt des Feindes befinden, und sonstige Personen, die an Bord genommen sind. Daraus ergibt sich auch die zeitliche Beschränkung des Privilegs für die einzelnen Personenkategorien.

6. In dem dem Dorftestamente zugrunde liegenden Falle (**2249**) (s. oben 1) ist das mündliche Testament vor drei Zeugen (nach **2250**) in den Konsulargerichts-

[1]) Vorbehalt für das Landesrecht: EG. Art. 150.
[2]) Reichsmilitärgesetz vom 2. Mai 1874, §§ 38. 44. EG. zur MilStrPO. § 20.
[3]) Militärstrafgesetzbuch vom 20. Juni 1872, §§ 155—158.

bezirken und den Schutzgebieten statthaft (Reichsges. v. 7. April 1900 § 38. Schutzgebietges. § 3).

7. Allen außerordentlichen erleichterten Testamenten ist eigentümlich, daß ihre Wirksamkeit nach Ablauf bestimmter Fristen seit ihrer Errichtung erlischt (**2252**. Reichs-Militär-Gesetz § 44, Z. 5. EG. z. BGB. Art. 44).

§ 276.

Die sachlichen Voraussetzungen der Errichtung und der Inhalt des Testamentes.[1])

I. Das Testament kann nur von einem zu diesem Geschäfte **fähigen** Erblasser errichtet werden.

Das römische Recht kannte Unfähigkeit zur Testamentserrichtung wegen mangelnder Rechtsfähigkeit (z. B. bei servi, peregrini usw.) und mangelnder Handlungsfähigkeit (bei furiosi, prodigi, impuberes). Von den Fällen der Rechtsunfähigkeit ist im gemeinen Recht noch der der Hauskinder bzw. des peculium adventicium erhalten. Das BGB. kennt nur Unfähigkeit wegen mangelnder Handlungsfähigkeit.

A. Unfähig sind 1. Geschäftsunfähige (**104**). 2. Personen unter sechzehn Jahren (**2229**, Abs. 2). 3. Die wegen Geistesschwäche, Verschwendung oder Trunksucht Entmündigten, und zwar schon seit der Stellung des Antrages, der die Entmündigung nach sich zieht (**2229**, Abs. 3, vgl. aber **2253**, Abs. 2). Der Antrag auf Entmündigung wegen Geisteskrankheit hat nicht diese Wirkung[2]). 4. Nichtig sind auch die Testamente, die im Zustande der Bewußtlosigkeit oder vorübergehender Störung der Geistestätigkeit errichtet sind (**105**, Abs. 2). Die vorläufige Vormundschaft (**1906**) hat keinen Einfluß auf die Testierfähigkeit. Alle in der Geschäftsfähigkeit beschränkten testierfähigen Personen bedürfen nicht der Zustimmung des gesetzlichen Vertreters zum Testieren (**2229**, Abs..1) [3]).

B. Die Testierfähigkeit muß vorhanden sein im Zeitpunkte der Errichtung, späterer Verlust schadet nicht, späterer Eintritt genügt nicht. Testamente Entmündigter sind daher nichtig. Hat aber ein Entmündigter nach Entmündigung ein Testament errichtet, und wird der Entmündigungsbeschluß auf Anfechtungsklage aufgehoben, so ist das Testament gültig (**115**). Testamente der aus irgendwelchem Grunde Entmündigten, die sie vor Eintritt der Unanfechtbarkeit des Entmündigungsbeschlusses (ZPO. §§ 664. 675. 684) errichteten, sind sogar auch dann gültig, wenn der Entmündigte vor diesem Zeitpunkt stirbt (**2230**, Abs. 1), ebenso die nach Antrag auf Wiederaufhebung der Entmündigung errichteten Testamente, wenn der Antrag von Erfolg ist (**2230**, Abs. 2).

C. Die Formvorschriften für Testamente bringen es mit sich, daß gewisse Personen, weil sie diese Vorschriften tatsächlich nicht zu erfüllen vermögen, von der Errichtung des Testamentes ausgeschlossen sind, z. B. ein Minderjähriger über 16 Jahr, der am Sprechen verhindert ist (**2238**, Abs. 2. **2247**).

II. Im Testamente soll der **Wille des Erblassers**, ein Testament errichten zu wollen, zum Ausdrucke gelangt sein und nur der eigene und letzte Wille des Erblassers zur Geltung kommen.

A. Der Wille, ein Testament errichten zu wollen, wird in den meisten Fällen durch die Anwendung der Form außer Zweifel gestellt sein. Beim holographischen Privattestament können aber Zweifel leichter entstehen.

B. Wegen des Erfordernisses des eigenen Willens des Erblassers ist die Vertretung und sogar die Erklärung durch Boten bei der Errichtung ausgeschlossen (**2064**).

Der Erblasser kann weder die Bestimmung, ob seine letztwillige Verfügung überhaupt gelten solle, noch die Bestimmung der Person, welcher etwas zugewendet werden soll, noch

[1]) Strohal I, §§ 19. 23 ff.
[2]) A. M. Kipp, S. 31, Note 4.
[3]) Übergangsbestimmung: EG. Art. 215, Abs. 1.

die Bestimmung des Gegenstandes der Zuwendung der Willkür oder dem billigen Ermessen eines anderen allgemein oder in beschränktem Umfange (z. B. die Auswahl aus einem Kreise vom Erblasser bezeichneter Personen) überlassen (**2065**)[1]. Das gilt uneingeschränkt von der Erbeseinsetzung. Freier wird das Vermächtnis (**2151** ff. **2156**), die Auflage (**2192** f.) und die Ernennung des Testamentsvollstreckers (**2198**) behandelt[2].

C. Der Erblasser kann sich nicht vertragsmäßig verpflichten, ein Testament zu errichten oder nicht zu errichten, aufzuheben oder nicht aufzuheben (**2302**; ebenso l. 22 pr. D. 32). Der Erbvertrag fällt unter diese Schranke nicht, weil er eine schuldrechtliche Verpflichtung nicht erzeugt. Für das heutige Testament gilt der Satz: ambulatoria voluntas defuncti usque ad vitae exitum (l. 4. D. 34, 4). Daher die Unwirksamkeit des Widerrufsverzichtes und der sog. derogatorischen Klausel (vgl. § 278, I.).

III. Der im Testamente ausgedrückte Wille des Erblassers darf kein völlig unbestimmter sein. Unbestimmtheit schadet erst dann, wenn die Auslegung kein annehmbares Mittel zu fördern vermag.

A. **Bedingung und Befristung** können letztwilligen Verfügungen hinzugefügt werden. Das römische R. behandelte (vom Soldatentestamente abgesehen) die Erbeseinsetzung strenger; die auflösende Bedingung und jede Befristung wurden als nicht hinzugefügt angesehen.

Nur eine relative zeitliche Schranke ist heute dem Erblasser bei Erbeseinsetzungen, Vermächtnissen und der Benennung des Testamentsvollstreckers (**2109**. **2162**. **2163**. **2210**) gesetzt. Für Bedingungen und Befristungen gelten die allgemeinen Vorschriften (**L.** §§ 58. 59), soweit nicht einige besondere Auslegungsregeln eingreifen[3].

1. Bei letztwilligen Zuwendungen unter aufschiebender Bedingung (nicht unter Anfangstermin, vgl. **163**) ist als Wille des Erblassers anzunehmen, daß der Bedachte die Erfüllung der Bedingung erleben muß (**2074**). Trifft diese Auslegungsregel nicht zu, so genügt also, daß der Bedachte den Erbfall erlebt hat, und stirbt er vor der Erfüllung, so geht das bedingte Recht auf seine Erben über (vgl. **2108**).

2. Die einer letztwilligen Zuwendung hinzugefügte rein potestative aufschiebende Bedingung, daß der Bedachte während einer Zeit von unbestimmter Dauer (Lebenszeit des Bedachten) etwas unterläßt oder fortgesetzt tut, ist im Zweifel als auflösende Bedingung mit entgegengesetztem Inhalte zu deuten. Der Bedachte verliert also die Zuwendung im Falle der Zuwiderhandlung, behält aber im Zweifel (vgl. **159**) die Früchte der Zwischenzeit (vgl. die cautio Muciana des röm. R.) (**2075**).

3. Bezweckt die Bedingung einer letztwilligen Zuwendung den Vorteil eines Dritten, so gilt sie im Zweifel als erfüllt, wenn der Dritte seine zum Eintritte der Bedingung notwendige Mitwirkung verweigert (**2076**, vgl. **162**, Abs. 1 und 2).

4. Bei letztwilligen Zuwendungen des Erblassers an seinen Ehegatten oder Verlobten ist, wenn nicht das Gegenteil klar ist, anzunehmen, daß sie unter der stillschweigenden Bedingung der Gültigkeit der Ehe oder des Bestandes der Ehe oder des Verlöbnisses bis zum Tode des Erblassers angeordnet sind. Die Bedingung ist schon dann ausgefallen, wenn der Erblasser zur Zeit seines Todes auf Scheidung wegen Verschuldens des Ehegatten zu klagen berechtigt war und die Klage auf Scheidung oder Aufhebung der ehelichen Gemeinschaft erhoben hatte (**2077**, vgl. **1933**. **2268**. **2279**).

B. **Die Auslegung.** In gewissen Fällen der Unbestimmtheit greifen gesetzliche Auslegungsregeln und ergänzende Vorschriften ein.

---

[1]) Zulässig ist es, einen Dritten zum Schiedsrichter zu bestellen zur Entscheidung über die durch das Testament begründeten Ansprüche (ZPO. § 1048). Vgl. Strohal I, S. 123, Note 4.

[2]) Das römische Recht (l. 32 pr. D. 28. 5) enthält das gleiche Prinzip. Auf Grund des kanon. Rechtes (ca. 13. X. 3, 26) herrschte im gem. Recht Streit, soweit es sich um die Abstellung auf das billige Ermessen handelte.

[3]) Vgl. auch **2106**. **2181**.

1. Zunächst gelten auch für Testamente die allgemeinen Auslegungsregeln für Rechtsgeschäfte (**133**, **L.** § 60).

2. Läßt eine letztwillige Verfügung verschiedene Auslegungen zu, d. h. sowohl eine solche, bei der die Verfügung von Bestand sein könnte, als eine solche, bei der sie nicht aufrecht zu erhalten wäre, so hat sich der Richter für die erstere Auslegung zu entscheiden (l. 19. D. 28, 2. l. 5. D. 29, 3. l. 192. § 1. D. 50, 17. l. 24. D. 34. 5. **2084**). Die Regel kommt also nur zur Anwendung, wenn der Richter die mehreren Auslegungen als gleichberechtigt ansehen muß.

3. Bei letztwilligen Zuwendungen gilt auch heute der römische Satz: falsa demonstratio non nocet, während an die Stelle des Satzes: positus in condicione non est positus in dispositione wie im gem. R. freie Auslegung getreten ist. Besondere Auslegungsregeln stellt aber das Gesetz auf, wenn der Erblasser ohne nähere Bestimmung den oder die Bedachten in allgemeineren, verschiedener Deutung zugänglichen Bezeichnungen benannt hat. Hierher gehören letztwillige Verfügungen des Erblassers zugunsten seiner „gesetzlichen Erben" (**2066**), seiner „Verwandten" (**2067**), seiner „Kinder" und „Abkömmlinge" (**2068**. **2069**), der „Abkömmlinge eines Dritten" (**2070**), zugunsten einer Klasse oder Mehrheit von Personen, z. B. solcher, welche zum Erblasser in einem Dienst- oder Geschäftsverhältnisse stehen, z. B. der „Dienstboten" (**2071**), der „Armen" (**2072**).

Paßt die Bezeichnung des Bedachten auf mehrere Personen, an die sämtlich der Erblasser gedacht haben kann, ohne daß sich ermitteln läßt, wer von ihnen bedacht sein soll, so sollen sie sämtlich zu gleichen Teilen bedacht sein [**2073**, anders **L.** 63 D. (28, 5)]. Hier handelt es sich nicht um eine ergänzende Vorschrift, da der Erblasser nicht alle Personen hat bedenken wollen. Anders liegt der Fall der alternativen Bezeichnung mehrerer Bedachten, in dem freie Auslegung entscheidet [vgl. aber **2152**; l. 4. C. (6. 38)].

IV. Der letzte Wille des Erblassers muß im Testamente vollständig zum Ausdrucke gelangt sein. Dieser Grundsatz gilt aber nur beschränkt. Steht die Unvollständigkeit fest, so z. B. wenn der Erblasser sich Ergänzungen vorbehalten, dann aber unterlassen hat, so bewirkt sie die Unwirksamkeit des Testamentes nur, wenn anzunehmen ist, daß die Wirksamkeit von der Ergänzung abhängen sollte (stillschweigende Bedingung) (**2086**, anders **154**). Zu beachten ist aber, daß der Vorbehalt der Ernennung des Erben in einer besonderen Urkunde (test. mysticum) und der Vorbehalt formloser Nachzettel dem BGB. unbekannt sind.

§ 277.

Nichtigkeit und Anfechtbarkeit der Testamente.[1])

Die Nichtigkeit und Anfechtbarkeit des Testamentes unterscheiden sich von der **bloßen Unwirksamkeit** des gültig errichteten Testamentes, z. B. der im Testamente eingesetzte Erbe fällt vor dem Erbfalle fort (**1923**, vgl. **2160**) oder schlägt nach dem Erbfalle aus (**1953**. **2180**); die Bedingung, unter der er eingesetzt ist, fällt aus (vgl. **2077**. **2086**). Hierher gehört auch der Fortfall der außerordentlichen Testamente nach Ablauf der gesetzlichen Frist (**2252**. **L.** § 275) und die für die Nacherbfolge eintretende Unwirksamkeit (**2109**).

I. **Nichtigkeit des Testamentes** tritt ein wegen Unfähigkeit des Erblassers zum Testamentsgeschäft, bei Errichtung des Testamentes durch den bewußtlosen Erblasser (**105**), wegen wesentlichen Formmangels und wegen verbotenen oder unsittlichen Inhaltes, z. B. im Falle der Beifügung verbotener oder unsittlicher Bedingungen (**134**. **138**), und wegen Willensmangels (**118**); der geheime Vorbehalt (**116**, Satz 1) ist ohne Einfluß auf die Gültigkeit des Testamentes, und die Fälle **116**, Satz 2 und der Simulation (**117**) sind beim Testamente nicht denkbar.

---

[1]) Strohal I, §§ 41. 42.

II. Anfechtbarkeit.

A. Wenn der Inhalt der letztwilligen Erklärung dem wahren Willen des Erblassers nicht entspricht, tritt Anfechtbarkeit ein:

1. Wegen Irrtumes (**2078**).

Der Erblasser wollte entweder die Erklärung selbst (z. B. er verschrieb sich) nicht abgeben (Irrtum in der Erklärungshandlung), oder er wollte eine Erklärung dieses Inhaltes nicht abgeben (Irrtum über den Inhalt der Erklärung), und es ist anzunehmen, daß er bei Kenntnis der Sachlage die Erklärung nicht abgegeben haben würde (anders **119**), oder der Erblasser ist durch irrige Annahme oder Erwartung negativer oder positiver Umstände zu der letztwilligen Verfügung bestimmt worden (Irrtum im Beweggrunde). Hierunter fällt auch die Bestimmung durch arglistige Täuschung[1]). Bei Rechtsgeschäften unter Lebenden würde, vom Falle der arglistigen Täuschung (**123**) abgesehen, Anfechtbarkeit nicht eintreten. Der Fall in **120** kann hier nicht eintreten.

2. Wegen Drohung (**2078**, Abs. 2. **123**).

3. In Anlehnung an den Fall des Irrtumes im Beweggrunde tritt zum Schutze des Pflichtteilsrechtes Anfechtbarkeit der letztwilligen Verfügung ein, wenn der Erblasser einen im Zeitpunkte des Erbfalles vorhandenen Pflichtteilsberechtigten übergangen hat, dessen Existenz oder Pflichtteilsrecht der Erblasser zur Zeit der Errichtung der letztwilligen Verfügung nicht kannte, oder der erst nach der Errichtung geboren oder erst nach Errichtung pflichtteilsberechtigt wurde (**1719**. **1723**. **1736**. **1757**. **2303**, Abs. 2). Die Anfechtbarkeit tritt aber nicht ein, wenn anzunehmen ist, daß der Erblasser die Verfügung auch bei Kenntnis der Sachlage getroffen haben würde (**2079**)[2]).

B. Die an sich zu Recht bestehende und wirksame letztwillige Verfügung muß angefochten werden, wenn ihre Wirkung aufgehoben werden soll.

1. Anfechtungsberechtigt ist anders als beim Erbvertrage nicht der Erblasser, da diesem der Widerruf zusteht, sondern regelmäßig derjenige, dem die Aufhebung der letztwilligen Verfügung unmittelbar zustatten kommen würde, z. B. der nächst dem in der anfechtbaren Verfügung Berufenen berufene Erbe. Der Erwerb des Anfechtungsrechtes hängt davon ab, daß der Betreffende den Erbfall erlebt, das erworbene Anfechtungsrecht geht auf die Erben des Anfechtungsberechtigten über, soweit es nicht (s. Z. 3) wieder erloschen ist. Bezieht sich der Irrtum (A. 1) nur auf eine bestimmte Person, so kann nur diese anfechtungsberechtigt sein, im Falle A. 3 nur der übergangene Pflichtteilsberechtigte (**2080**). Hat also der A, weil er annimmt, sein Bruder B sei verstorben, und weil er seinen andern Bruder C nicht einsetzen will, den **X** zum Erben eingesetzt, so ist der B bzw. sein Erbe, wenn er den Tod des **A** erlebt hat, allein anfechtungsberechtigt; wenn der B den Tod des A nicht erlebt hat, so ist weder sein Erbe noch sonst jemand anfechtungsberechtigt. Sollte der Anfechtungsberechtigte erbunwürdig sein, so ist das Anfechtungsrecht demjenigen einzuräumen, dem der Wegfall des Erbunwürdigen zustatten kommen würde.

2. Die Anfechtung erfolgt entweder nach den allgemeinen Grundsätzen (**143**) durch Erklärung gegenüber dem Anfechtungsgegner, d. i. dem durch die letztwillige Verfügung im Zeitpunkte des Erbfalles unmittelbar Berechtigten, oder aber durch Erklärung gegenüber dem Nachlaßgericht (gemäß **2081**), wenn die letztwillige Verfügung Erbeseinsetzung, Ausschließung von der gesetzlichen Erbfolge, Ernennung eines Testamentsvollstreckers oder die Aufhebung dieser genannten Verfügungen zum Inhalte hat, ferner wenn sie Rechte für andere nicht begründet, also Auflage oder familienrechtliche Anordnungen enthält oder solche aufhebt, und auch wenn sie die Entziehung oder Beschränkung des Pflichtteiles verfügt oder solche Verfügung aufhebt.

---

[1]) RG. Bd. 50, S. 33.
[2]) RG. Bd. 59, S. 60.

3. Die Geltendmachung der Anfechtung kann nur innerhalb einer Ausschlußfrist von einem Jahre geltendgemacht werden, die mit dem Zeitpunkte beginnt, in dem der Anfechtungsberechtigte vom Anfechtungsgrunde Kenntnis erlangt hat, und deren Lauf sich nach **203. 206. 207** bestimmt. Ohne Rücksicht auf die Kenntnis des Anfechtungsberechtigten erlischt das Anfechtungsrecht in dreißig Jahren nach dem Erbfalle (**2082**)[1]. Dem aus einer letztwilligen Verfügung (Vermächtnis, Auflage) auf die Leistung Klagenden kann aber auch nach Erlöschen des aktiven Anfechtungsrechtes die Anfechtbarkeit entgegengehalten werden (**2083**). Das Anfechtungsrecht kann auch durch Verzicht erlöschen.

4. Die erfolgreiche Durchführung der Anfechtung bewirkt Nichtigkeit der Verfügung von Anfang an (**142**, Abs. 1). In den Fällen A. 1. 2 gewährt sie aber demjenigen, gegen den sie sich wendet, keinen Anspruch auf Schadensersatz nach **122** (**2078**, Abs. 3).

IV. Die bloße Unwirksamkeit, die Nichtigkeit (I.) und Anfechtbarkeit (II.) können sich auf alle oder auf einzelne letztwillige Verfügungen eines und desselben Testamentes erstrecken. Die Regel im letzteren Falle ist, daß die übrigen letztwilligen Verfügungen dieses Testamentes davon unberührt bleiben; anders, wenn der Erblasser die letzteren ohne die unwirksame Verfügung nicht getroffen haben würde (**2085**, vgl. **139**).

V. Die Bestätigung eines nichtigen Testamentes durch den Erblasser ist nach **141**, Abs. 1 zu beurteilen, ebenso die eines anfechtbaren.

§ 278.

Die Aufhebung der Testamente.

Die Aufhebung eines Testamentes erfolgt durch Widerruf und andere Tatsachen, denen die gleiche Bedeutung beigelegt wird. Auch ein später errichtetes Testament hebt das frühere auf, nicht aber schon wie nach römischem Rechte durch seine Existenz, sondern nur durch seinen Inhalt, d. h. soweit er mit dem des früheren in Widerspruch steht (**2258**, Abs. 1). Ein nichtiges oder durch Anfechtung von Anfang an als nichtig geltendes neues Testament hat keine aufhebende Wirkung, bei bloßer Unwirksamkeit des neuen Testamentes liegt es ebenso im Falle **2252**, Abs. 1, in anderen Fällen wird es auf Auslegung ankommen.

I. **Der Widerruf.**

Die Widerrufsmöglichkeit folgt aus der Natur der letztwilligen Verfügung; sie kann weder durch Vertrag aufgehoben werden (**2302. 2253**, Abs. 1) noch durch die sog. derogatorische Klausel, d. h. die Bestimmung des Erblassers dahin, daß eine von ihm später getroffene Verfügung schlechthin oder unter gewissen Umständen oder Voraussetzungen nicht gelten solle.

A. Der Widerruf hat die Fähigkeit des Erblassers zur Errichtung des Testamentes zur Voraussetzung. Nur können wegen Geistesschwäche, Verschwendung, Trunksucht Entmündigte ein vor der Entmündigung errichtetes Testament widerrufen (**2253**, Abs. 2).

B. Der Widerruf erfolgt in einem neuen gültigen Testamente, dessen Form nicht die des widerrufenen zu sein braucht (**2254**). Ein nichtiges oder durch Anfechtung als von Anfang nichtig zu betrachtendes Widerrufstestament hat die aufhebende Wirkung nicht; im Falle der Unwirksamkeit des neuen Testamentes nach **2252**, Abs. 1 verliert der Widerruf mit dem Testamente seine Kraft. Der Widerruf ist also mit allen Folgen eine letztwillige Verfügung.

II. **Dem Widerrufe steht es gleich**:

A. Wenn der Erblasser in Aufhebungsabsicht die Testamentsurkunde vernichtet oder an ihr auch bloß Veränderungen vornimmt, durch die der Wille, eine schriftliche Willenserklärung

[1] Über den Fall der nach Ablauf von 30 Jahren sich als anfechtbar erweisenden Nacherbfolge vgl. Hellmann, a. a. O., S. 222. Strohal (2. A.), S. 172.

aufzuheben, ausgedrückt zu werden pflegt, z. B. Durchstreichungen, Einklammerungen. Liegt diese Vernichtung oder Veränderung vor, so wird die Aufhebungsabsicht vermutet (**2255**).

B. Als Widerruf gilt es auch, wenn dem Erblasser persönlich ein ordentliches öffentliches oder ein Dorftestament (**2249**) auf sein Verlangen aus der amtlichen Verwahrung zurückgegeben wird (**fingierter Widerruf**). Die Wirkung des Widerrufes knüpft sich an die Rückgabe, nicht an das Verlangen der Rückgabe, daher muß der Erblasser nur in dem Zeitpunkte der Rückgabe widerrufsfähig sein (I. A.) [1]), und die Möglichkeit einer Anfechtung dieses Widerrufes wegen Irrtumes usw. ist ebenso nach diesem Zeitpunkte zu beurteilen. Der fingierte Widerruf findet keine Anwendung beim ordentlichen Privattestament (**2256**, Abs. 1 und 3). Sollte der Erblasser das Privattestament hinterher den Vorschriften für das öffentliche Testament entsprechend solennisiert haben, so ist es damit in ein öffentliches Testament verwandelt, ohne daß es auf die vom Erblasser gehegten Absichten ankommen könnte; denn nicht der Wille des Erblassers, sondern allein die Form entscheidet darüber, ob ein Testament zu dieser oder jener Art gehört. Ist dem aber so, so findet nun der fingierte Widerruf schlechthin Anwendung[2]). Ist die Rückgabe nicht an den Erblasser persönlich, sondern etwa an seine Ehefrau erfolgt, so kann es zweifelhaft sein, ob der fingierte Widerruf überhaupt eintreten kann; läßt man das zu, so kann die Widerrufswirkung jedenfalls erst mit dem Gelangen an den Erblasser eintreten[3]).

III. Der Widerruf durch Testament, gemäß dem unter I. Gesagten, kann widerrufen werden. In solchem Falle lebt die widerrufene letztwillige Verfügung, wenn nicht der Wille des Erblassers entgegensteht, wieder auf, als wenn sie nicht widerrufen worden wäre (**2257**). Ebenso fällt auch die aufhebende Wirkung des späteren Testamentes wieder fort, und das frühere lebt wieder auf, wenn das spätere Testament nach I. und II. widerrufen wird (**2258**, Abs. 2).

§ 279.

Das gemeinschaftliche Testament.[4])

Ehegatten, nicht Verlobte und andere Personen, können ihren letzten Willen in einem gemeinschaftlichen Errichtungsakte kundtun, so daß der letzte Wille beider in derselben Urkunde enthalten ist (gemeinschaftliches Testament, testamentum simultaneum) (**2265**).

Im corpus juris ist das gemeinschaftliche Testament nur unter Soldaten (**L.** 19, C. 2. 3) anerkannt, die Novelle Valentinians III. hatte es zwar allgemein zugelassen, war aber nicht in die Kompilation aufgenommen. Im gemeinen Rechte entwickelte sich die allgemeine Geltung, ihm folgte das sächsische BGB. Das preußische ALR. und das ÖBGB. gestatteten es nur unter Ehegatten, während der code civil es gänzlich verwarf.

I. **Die Form** des gemeinschaftlichen Testamentes ist die ordentliche oder nach Lage des Falles die außerordentliche Testamentsform. Beim Dorftestament genügt sogar das Vorhandensein der Voraussetzungen in der Person des einen Ehegatten (**2266**) und beim ordentlichen Privattestament die formgerechte Niederschrift durch einen der Ehegatten, welcher der andere Ehegatte die eigenhändig geschriebene und unterschriebene, mit Angabe des Ortes und Tages versehene Erklärung hinzufügt, daß das Testament auch als sein Testament gelten solle (**2267**). Genügen wird es nicht, wenn jeder Ehegatte seine Verfügung eigenhändig niederschreibt, beide unterschreiben, nur ein Ehegatte aber die Datierung niedergeschrieben hat. Wählen die Ehegatten verschiedene Formen, so darf die Gemeinschaftlichkeit des Aktes nicht leiden; wenn daher ein Ehegatte Geschriebenes nicht zu lesen vermag, so ist für beide Ehegatten nur die ordentliche mündliche Form zulässig (**2238**, Abs. 2).

II. **Der Inhalt** der gemeinschaftlichen Testamente kann auch der sein, daß die Ehegatten sich gegenseitig bedenken (testamentum mutuum oder reciprocum), und weiter, daß alle oder

[1]) A. M. Strohal I, S. 316.
[2]) A. M. Strohal I, S. 317.
[3]) A. M. F. Leonhard, **2256**, II. C.
[4]) Strohal I, §§ 43—43 b.

gewisse Verfügungen der beiden Testamente wechselbezügliche sind, also miteinander stehen und fallen sollen (testamentum correspectivum).

A. Aus der Beschränkung der gemeinschaftlichen Testamente auf Ehegatten folgt, daß die Testamente, wenn die Ehe nichtig ist, ihrem ganzen Inhalte nach schlechthin unwirksam sind, nicht nur soweit ihr Inhalt korrespektiv ist. Ist die Ehe vor dem Tode des einen Ehegatten z. B. durch Scheidung gelöst, oder war der Erblasser zur Zeit seines Todes berechtigt, auf Scheidung wegen Verschuldung des anderen Ehegatten zu klagen, und hatte er die Klage auf Scheidung oder auf Aufhebung der ehelichen Gemeinschaft bereits erhoben, so bleiben die Verfügungen im gemeinschaftlichen Testamente nur insoweit wirksam, als anzunehmen ist, daß sie von den Ehegatten auch für diesen Fall getroffen sein würden. Es wird das angenommen werden können für Verfügungen, die mit der Ehe in gar keinem Zusammenhange stehen (**2268**, vgl. dagegen **2077**, Abs. 1. **L.** § 276 III A.).

B. Haben die Ehegatten im gemeinschaftlichen, ihre gegenseitige Erbeseinsetzung enthaltenden Testamente einem Dritten als Erben den beiderseitigen Nachlaß nach dem Tode des Überlebenden zugewendet, so entscheidet die Auslegung. Derartige Bestimmungen können den Sinn haben, daß der Dritte aus dem Testamente des erstverstorbenen Ehegatten in dessen Nachlaß Nacherbe nach dem überlebenden Ehegatten, bez. des sonstigen Nachlasses des Überlebenden aber Erbe werden soll. Im Zweifel soll aber nach der Auslegungsregel in **2269** angenommen werden, daß der Dritte erst Erbe des Längstlebenden werden soll, und zwar auf den gesamten Nachlaß mit Einschluß des Hinzuerworbenen, also auch des Nachlasses des Vorverstorbenen. Der Dritte muß somit den Tod des längstlebenden Ehegatten erleben (**1923**), und bez. des Nachlasses des Vorverstorbenen findet kein Voranfall (**2108**, Abs. 2) statt. Ebenso fällt ein Vermächtnis an Dritte, das mit dem Tode des längstlebenden Ehegatten erfüllt werden soll, erst mit dem Tode des überlebenden Ehegatten an. Es wird so angesehen, als habe jeder Ehegatte unter der Bedingung vermacht, daß er nicht zuerst sterben werde.

C. Soweit Erbeseinsetzungen, Vermächtnisse, Auflagen im gemeinschaftlichen Testamente **korrespektive** sind, fällt bei Nichtigkeit und Widerruf, nicht auch notwendig bei bloßer Unwirksamkeit, der einen auch die von ihr abhängige andere zusammen; die eine ist von Rechts wegen bedingt durch den Bestand der anderen. Das gilt auch dann, wenn der Erblasser den Widerruf des anderen Ehegatten erfahren und dennoch sein Testament nicht geändert hat. Das korrespektive Verhältnis braucht nicht ausdrücklich erklärt zu sein. Es besteht auch keine Vermutung für Korrespektivität in gewissen Fällen, sondern die Auslegungsregel, daß man sich für Korrespektivität im Zweifel zu entscheiden hat bei gegenseitigen Erbeseinsetzungen der Ehegatten, ferner, wenn ein Ehegatte dem anderen eine Zuwendung macht, und dagegen der Bedachte (in der Annahme, daß er den Zuwendenden überleben werde) eine Verfügung zugunsten einer mit dem zuwendenden Ehegatten verwandten oder ihr sonst nahestehenden Person trifft. Sind, was zulässig ist, andere Verfügungen (Ernennung von Testamentsvollstreckern, familienrechtliche Anordnungen) im gemeinschaftlichen Testamente in korrespektivem Sinne getroffen, oder hat nur ein Ehegatte seine Verfügungen von dem Bestande der Verfügungen des anderen Ehegatten abhängig gemacht (sog. einseitige Korrespektivität), so bestimmt sich die Entscheidung über ihre Wirksamkeit ohne Rücksicht darauf, daß sie Inhalt eines gemeinschaftlichen Testamentes sind, lediglich nach den allgemeinen Grundsätzen (**2270**), d. h. der Bestand der einen Verfügung ist niemals Bedingung der anderen von Rechts wegen, sondern nur kraft Auslegung, und wo die Auslegung auf eine Bedingung nicht führt, kann die Anfechtung wegen Irrtumes im Motiv (**2078**, Abs. 2) begründet sein.

III. Die **Anfechtung und Aufhebung** gemeinschaftlicher Testamente steht unter den allgemeinen Grundsätzen (**L.** §§ 277. 278).

Besonderes gilt aber zum Teil für die **Aufhebung** und den **Widerruf**:

A. Ein gemeinschaftliches Testament kann durch gemeinschaftliche Akte widerrufen und aufgehoben werden [durch neues gemeinschaftliches Testament der Ehegatten, das den Widerruf ausspricht oder durch seinen Inhalt (**2258**) das alte Testament aufhebt — durch Erbvertrag der Ehegatten (**2289**, Abs. 1, Satz 1) — durch fingierten Widerruf (**2256**), der sich aber nur an die Zurückgabe an beide Ehegatten knüpft (**2272**) — durch gemeinschaftliche Vernichtung usw. (**2255. 2272**)].

B. Zurückgabe an einen Ehegatten allein (**2256**) hat keine aufhebende Wirkung (**2272**), regelmäßig auch nicht die einseitige Vernichtung (**2255**), dagegen kann jeder Ehegatte eigene Verfügungen (vgl. aber C.) durch sein Testament widerrufen und aufheben.

C. Besonders erschwert ist der einseitige **Widerruf korrespektiver Verfügungen**:

1. Solange der andere Ehegatte lebt (**2271**, Abs. 1), kann der eine Ehegatte eine korrespektive Verfügung nur (wie beim Rücktritt vom Erbvertrage) durch eine dem anderen Ehegatten gegenüber abzugebende, gerichtlich oder notariell beurkundete Erklärung widerrufen (vgl. **2296. 130—132.** ZPO. § 203) [1]).

Trifft der eine Ehegatte, ohne diesen formellen Widerruf erklärt zu haben, eine neue Verfügung von Todes wegen, so ist diese nicht nichtig, sie hebt aber korrespektive Verfügungen des gemeinschaftlichen Testamentes nicht auf.

2. Mit dem Tode eines Ehegatten erlischt das Widerrufsrecht für den überlebenden (**2271**, Abs. 2), wenn er nicht

a) das ihm vom verstorbenen Ehegatten Zugewendete ausschlägt. Nimmt er es an, so ist er an seine korrespektiven Verfügungen wie durch Erbvertrag gebunden, es sei denn, daß er bei der Annahme die Anfechtungsgründe kennt. Er wird aber die Verfügung nach **2281** anfechten dürfen.

b) Hatten sich die Ehegatten lediglich gegenseitig zu Erben eingesetzt oder sonst bedacht, so wird das Testament des überlebenden Ehegatten mit dem Tode des anderen unwirksam, und der überlebende Ehegatte kann ein neues Testament errichten. Anders steht es bei Verfügungen zugunsten Dritter. Nach Annahme des Zugewendeten kann der betreffende Ehegatte (wie beim Rücktritt vom Erbvertrage) nur dann seine Verfügungen zugunsten Dritter widerrufen oder sonst aufheben, wenn sich der von ihm Bedachte derartig verfehlt, daß eine Entziehung des Pflichtteiles eintreten kann oder könnte, falls der Bedachte ein Abkömmling des widerrufenden Erblassers wäre (**2294. 2336**). Ist der überlebende Ehegatte an die Verfügungen zugunsten Dritter gebunden, so hat der Dritte die Stellung wie ein Vertragserbe oder Vertragsvermächtnisnehmer gemäß **2286—2288**.

3. Der Ehegatte kann bei Lebzeiten oder nach dem Tode des anderen Ehegatten korrespektive Verfügungen zugunsten eines pflichtteilsberechtigten Abkömmlinges eines oder beider Ehegatten durch solche spätere letztwillige Anordnungen einschränken, wie sie in der Enterbung in guter Absicht liegen, wenn die Voraussetzungen derselben zutreffen (**2271**, Abs. 3. **2289**, Abs. 2. **2338**).

2. Kapitel.

Der Erbvertrag.[2])

§ 280.

a) Wesen, Form und Inhalt des Erbvertrages.

Im Gegensatze zum römischen Rechte, welches dem Erbvertrage jede Anerkennung versagt, und dem französischen und österreichischen Rechte, welches ihn nur unter Ehegatten zuläßt, hat das gemeine, preußische und sächsische Recht den Erbvertrag in weitem Umfange aner-

---

[1]) Möglich ist, daß der einseitige Widerruf durch besondere Bestimmung des gemeinschaftlichen Testamentes dem Gesetze gegenüber erleichtert ist. Ob dagegen korrespektive Vermächtnisse und Auflagen nach Analogie von **2291** durch Testament des einen Ehegatten unter formeller Zustimmungserklärung des andern Ehegatten aufgehoben werden können, ist streitig. Dafür Strohal I, S. 335 f.

[2]) Strohal I, §§ 44—47.

kannt; so auch das BGB., welches den Erbvertrag (im engeren Sinne) und den Erbverzicht normiert. Der letztere, obwohl er auch eine Verfügung von Todes wegen enthalten kann (L. § 283), steht unter besonderen Regeln. Ebenso scheiden aus der sog. Erbschaftsvertrag (**312**. **L**. § 85) und die nach **2302** nichtigen obligatorischen Verträge.

I. **Der Erbvertrag.**

Die eigentlichen Erbverträge sind vertragsmäßige Verfügungen von Todes wegen und stehen somit im Gegensatze zu dem Testamente, der einseitigen letztwilligen Verfügung[1]). Der Erbvertrag löst sich nicht auf in ein aus einseitiger letztwilliger Verfügung und Verzicht des Erblassers auf deren Widerruf zusammengesetztes Geschäft. Der Verfügende (Erblasser) ist der anderen Vertragspartei gegenüber an seine Erklärung gebunden, aber nicht wie im Schuldvertrage derart, daß dem anderen Teile ein Forderungsrecht auf Leistung des Nachlasses oder eines Teiles des Nachlasses zukäme; oder derart, daß der Verfügende verpflichtet wäre, dem Inhalte des Vertrages gemäß über den Nachlaß zu verfügen; auch nicht mit der Wirkung, daß dem anderen Vertragsteile ein festes gegenwärtiges Recht an dem Vermögen des Erblassers eingeräumt würde wie beim dinglichen Vertrage. Der Erbvertrag enthält vielmehr, von seiner Unwiderruflichkeit abgesehen, gleich dem Testamente Verfügungen über den Nachlaß, er ist daher besonderer erbrechtlicher Vertrag. Die Vertragswirkung, d. h. die Bindung des Erblassers, erstreckt sich aber nach positiver Bestimmung keineswegs auf alle in einem Erbvertrage getroffenen Verfügungen, sondern nur auf Zuwendungen, d. h. die Anordnung von Erbfolge (**Erbeinsetzungsvertrag**), Vermächtnis (**Vermächtnisvertrag**) und auf die Auflage (**Auflagevertrag**)[2]) (**1941**, Abs. 1. **2278**, Abs. 2). Das sind die bindenden, vertragsmäßigen Verfügungen.

Jedem Vertragsteile steht es frei, wie im Testamente, im Erbvertrage neben vertragsmäßigen Verfügungen wenigstens eines Vertragsteiles entweder Zuwendungen und Auflagen als nicht vertragsmäßige anzuordnen oder noch andere Verfügungen zu treffen (Ernennung von Testamentsvollstreckern, familienrechtliche Anordnungen, Widerruf letztwilliger Verfügungen). Auf diese erstreckt sich aber die Vertragswirkung nicht, auf Zuwendungen und Auflagen, weil die Parteien es so wollten, auf die anderen nicht, weil es das Gesetz nicht zuläßt. Sie gelten wie durch Testament getroffene, sind also widerruflich wie diese (**einseitige Verfügungen 2299**, Abs. 1). Verfügungen zugunsten des andern Teiles (Erbeseinsetzung und Vermächtnis) sind aber als vertragsmäßige gewollt anzusehen, bei Verfügungen zugunsten Dritter und Auflagen entscheidet freie Auslegung. Es kann nun eine oder jede der Vertragsparteien als Erblasser im Erbvertrage in dieser Weise über ihren Nachlaß verfügen (einseitiger — zweiseitiger, also gemeinschaftlicher Erbvertrag (**2278**, Abs. 1). Die Verfügungen können Zuwendungen an den anderen Vertragsteil (wechselseitiger Erbvertrag) oder zugunsten Dritter enthalten (Erbvertrag zugunsten Dritter) (**1941**, Abs. 2). Der Erbvertrag zugunsten Dritter gibt aber anders als der obligatorische Vertrag zugunsten Dritter dem Dritten kein Forderungsrecht auf eine Leistung, sondern eine erbrechtliche Aussicht. Der wechselseitige Erbvertrag kann auch korrespektive Ver-

---

[1]) Durch den unwiderruflichen Erbvertrag lassen sich verschiedene wirtschaftliche und soziale Zwecke verwirklichen. Insofern kann der Erbvertrag besonders von Bedeutung sein: als Verpfründungs-, Einkindschafts-, Versorgungsvertrag oder zur Gewinnung eines Hoferben, der schon vor dem Erbfall die Wirtschaft übernimmt.

[2]) Eine besondere Schenkung auf den Todesfall wie die römische donatio mortis causa kennt das BGB. nicht. Das Schenkungsversprechen, schenkweise abgegebene Schuldversprechen oder Schuldanerkenntnis (**780**. **781**) unter der Bedingung, daß der Beschenkte den Schenker überlebt, ist Verfügung von Todes wegen und steht unter den Vorschriften des Erbvertrages (Erbeinsetzungs-, Vermächtnisvertrag). Fehlt es an der Vertragsannahme, so können Schenkungen als letztwillige Verfügungen in Betracht kommen und bedürfen der Testamentsform. Ist dagegen die Schenkung durch Leistung vollzogen, so liegt eine Schenkung unter Lebenden vor (**2301**). Ebenso, wenn unbedingt geschenkt ist, die Erfüllung aber bis zum Tode des Schenkers hinausgeschoben ist. Vgl. Kipp, § 41.

fügungen enthalten. Wechselseitige Erbverträge sind nicht notwendig gemeinschaftliche, sondern möglicherweise auch einseitige.

II. **Form (2276) und Verwahrung** (2277).

A. Während das gemeine Recht eine Form nicht vorschrieb, kann nach dem BGB. der Erbvertrag nur vor einem Richter oder einem Notar bei gleichzeitiger Anwesenheit beider Teile (**128**) geschlossen werden. Dabei sind die Formvorschriften für das ordentliche öffentliche Testament durchweg maßgebend. Es gibt demnach eine dem mündlichen und eine dem schriftlichen öffentlichen Testamente, nicht aber eine dem Privattestamente oder den außerordentlichen Testamenten entsprechende Form des Erbvertrages. Beide Teile können als Erblasser auch eine verschiedene Form wählen, wie auch die allein als Erblasser in Betracht kommende Vertragspartei[1]). Was für den Erblasser bei der Testamentsform gilt, gilt hier von beiden Vertragsteilen, daher auch für den Fall, daß der Vertragsteil, der nicht Erblasser ist, den Vertrag durch einen Vertreter schließt[2]). Für Erbverträge unter Ehegatten oder Verlobten, die mit Eheverträgen in derselben Urkunde verbunden werden, genügt die Form des Ehevertrages[3]), während an den materiellen Erfordernissen des Erbvertrages nichts nachgelassen ist (**1432. 1434.** FGG. § 168 ff. **L.** § 230); daher muß auch in diesem Falle der Erblasser den Vertrag persönlich schließen. Ist der Erbvertrag mit anderen Verträgen verbunden (**1750—2348**), so ist an der Form (**2276**, Abs. 1) nichts nachgelassen.

B. **Die testamentsmäßige Versiegelung und besondere Verwahrung** (**2246**) ist nur Ordnungsvorschrift. Die Parteien können sie ausschließen, und dieser Wille ist anzunehmen, wenn der Erbvertrag mit einer anderen Urkunde (Ehe- oder sonstigem familienrechtlichen Vertrage) verbunden ist (**2277**). Erfolgt die amtliche Verwahrung, so ist jedem Vertragsteile ein Hinterlegungsschein zu erteilen. Der fingierte Widerruf (**2256**) gilt hier nicht.

III. **Die materiellen Voraussetzungen.**

A. Der Erbvertrag kann von dem Erblasser nur persönlich geschlossen werden (**2274**, vgl. **2284. 2290**, Abs. 2).

B. Die Fähigkeit der Parteien. Mit Rücksicht auf die Unwiderruflichkeit gelten höhere Anforderungen als beim Testament.

1. Der Erblasser, beim einseitigen Erbvertrage also nur die eine, beim zweiseitigen beide Parteien, muß nicht etwa nur testierfähig, sondern voll geschäftsfähig sein. Beschränkt Geschäftsfähige können selbst mit Zustimmung des gesetzlichen Vertreters keinen Erbvertrag schließen. Ehegatten und Verlobte untereinander können aber Erbverträge auch schließen, wenn sie in der Geschäftsfähigkeit beschränkt sind, selbst wenn sie zur Testamentserrichtung nicht fähig sind. Der Erblasser bedarf aber hier der Zustimmung des gesetzlichen Vertreters, und wenn dieser ein Vormund (nicht Vater oder Mutter) ist, auch der Zustimmung des Vormundschaftsgerichtes. Nach erlangter Geschäftsfähigkeit kann der Erblasser den ohne Zustimmung geschlossenen Erbvertrag auch durch eigene formlose Genehmigung wirksam machen (**2275**, vgl. **108. 134. 182**).

2. Für die Partei, die nicht Erblasser ist, gelten die allgemeinen Grundsätze (**107. 108. 109**).

3. Für die Person des Bedachten (Erben, Vermächtnisnehmer) gelten die allgemeinen Grundsätze, ebenso für die des Belasteten (Vorerbe, Auflage-, Vermächtnisträger).

B. Auf die im Erbvertrage angeordneten vertragsmäßigen Zuwendungen und Auflagen kommen die für letztwillige Bestimmungen getroffenen Vorschriften zur Anwendung (**2279**, Abs. 1, vgl. **L.** § 276).

1. Die Unwirksamkeit eines Erbvertrages unter Ehegatten und Verlobten wegen Ausfalles der Bedingung der Gültigkeit der Ehe oder des Verlöbnisses bis zum Tode des Erb-

[1]) Vgl. F. Leonhard, § **2276** und die dort in A. 3 zitierten.
[2]) Vgl. Strohal I, S. 353, Note 17.
[3]) Vorbehalt für das Landesrecht: EG. Art. 151.

lassers (**2077**) erstreckt sich, anders als bei letztwilligen Verfügungen, auch auf die Zuwendungen an Dritte (**2279**, Abs. 2).

2. Die in **2269** für Verfügungen im gemeinschaftlichen Testamente getroffene Auslegungsvorschrift (**L.** § 279, II. B.) gilt auch für den Erbvertrag entsprechenden Inhaltes, in dem sich die Ehegatten gegenseitig zu Erben einsetzen (**2280**).

3. Ebensowenig wie bei letztwilligen Verfügungen ist eine vertragsmäßige Bindung dahin statthaft, daß jemand einen Erbvertrag abschließen oder nicht abschließen, aufheben oder nicht aufheben soll (**2302**).

§ 281.

b) Wirkungen und Aufhebung des Erbvertrages.

I. Wie ein Testament kann auch der Erbvertrag lediglich

unwirksam werden, z. B. wegen Ausfalles der Bedingung der Zuwendung oder wegen Fortfalles des eingesetzten Erben vor dem Erbfalle (**L.** § 277, I).

Die Nichtigkeit des Erbvertrages tritt wie dort wegen Unfähigkeit des Erblassers und wesentlichen Formmangels ein, ferner im Falle der Mentalreservation (**116**), der Simulation (**117**) und wegen Nichternstlichkeit (**118**).

Die Anfechtbarkeit gründet sich auf dieselben Umstände wie dort.

1. Soll aber die Anfechtung nach **2079** wegen Übergehung des Pflichtteilsberechtigten erfolgen, so kommt es nur darauf an, daß der Pflichtteilsberechtigte zur Zeit der Anfechtung vorhanden ist (**2281**, Abs. 1). Es ist gleichgültig, daß er zur Zeit des Erbfalles nicht mehr vorhanden ist oder aus anderen Gründen den Erblasser nicht beerbt.

2. *Anfechtungsberechtigt* ist hier, anders als beim Testament, auch der *Erblasser* selbst; aber die außer dem Erblasser dem Testamente gegenüber anfechtungsberechtigten Personen können einen Erbvertrag nicht mehr anfechten, wenn das Anfechtungsrecht des Erblassers zur Zeit des Erbfalles schon erloschen ist (vgl. Z. 3) (**2281**, Abs. 1. **2285**). Trifft ihr Anfechtungsrecht zu, so gilt für seine Durchführung Testamentsrecht. Anfechtungsberechtigt ist auch der andere Vertragsteil, der nicht Erblasser ist, nach allgemeinen Grundsätzen (**119**).

3. Während für die sonstigen Anfechtungsberechtigten Testamentsrecht zur Anwendung kommt, gelten für das Anfechtungsrecht des *Erblassers* noch besondere Bestimmungen:

a) Das Recht muß vom Erblasser *persönlich* ausgeübt werden. Der in der Geschäftsfähigkeit beschränkte Erblasser kann es selbständig geltendmachen, für den geschäftsunfähigen Erblasser kann aber der gesetzliche Vertreter mit Genehmigung des Vormundschaftsgerichtes eintreten (**2282**, Abs. 1 und 2)[1]).

b) Die Anfechtungserklärung bedarf immer der *gerichtlichen* oder *notariellen Form*, sie muß dem anderen Vertragsteile gegenüber erfolgen (**143**), nach dem Tode dieses aber ist sie, da es sich nur noch um Anfechtung einer zugunsten eines Dritten getroffenen Verfügung und um Auflagen handeln kann, dem Nachlaßgerichte gegenüber abzugeben (**2282**, Abs. 3. **2281**, Abs. 2).

c) Die Anfechtung ist an die *Ausschlußfrist von einem Jahre* gebunden, die im Falle der Anfechtung wegen Drohung mit dem Fortfalle der Zwangslage, sonst mit der Kenntnis vom Anfechtungsgrunde beginnt und zum Teil wie eine Verjährungsfrist (**203. 206**) behandelt wird (**2283**).

d) Die *Bestätigung* eines anfechtbaren Erbvertrages durch den Erblasser setzt *persönliche* Erklärung, volle Geschäftsfähigkeit, aber gemäß **144** keine Form voraus (**2284**). Die Erklärung wird aber dem anderen Vertragsteile oder dem Nachlaßgerichte gegenüber erfolgen müssen.

Eine bindende vertragsmäßige Verfügung kann im Falle der Nichtigkeit, entweder weil

---

[1]) Versäumt der gesetzliche Vertreter die Frist, so gilt **2283**, Abs. 3.

der Erblasser das eventuell gewollt hat, oder gemäß **140** (**L.** § 55) als letztwillige aufrechterhalten werden.

II. **Wirkungen des Erbvertrages auf spätere Verfügungen des Erblassers unter Lebenden.** Aus der Natur des Erbvertrages folgt, daß dem Erblasser die tatsächliche und rechtliche Verfügung über sein Vermögen durch Rechtsgeschäft unter Lebenden nicht genommen ist (**2286**). Sie könnte ihm auch durch Rechtsgeschäfte unter Lebenden nicht mit dinglicher Wirkung genommen werden (**137**). Der Erblasser kann also z. B. Annahme an Kindes Statt und Legitimation vornehmen, obwohl diese dem Erbvertrage zuwider sein können. Der Erblasser kann auch entgeltliche Geschäfte, selbst Schenkungen und tatsächliche Verfügungen, die sein Vermögen vermindern, vornehmen. Diese Freiheit könnte aber mißbraucht werden, um den Vertragserben oder Vertragsvermächtnisnehmer zu beeinträchtigen; daher sind (abgesehen von besonderen vertragsmäßigen Behelfen und der Entmündigung wegen Verschwendung) dem Vertragserben und Vertragsvermächtnisnehmer die Rechtsbehelfe aus **2287** und **2288**, wenn sie nicht in den betreffenden Erbverträgen ausgeschlossen sind[1]), gewährt:

A. Der Vertragserbe (nicht der andere Vertragsteil) kann, nachdem ihm die Erbschaft angefallen ist, die vom Erblasser in Beeinträchtigungsabsicht gemachten Schenkungen von dem Beschenkten, aber nur nach den Grundsätzen über die Herausgabe einer ungerechtfertigten Bereicherung, herausverlangen bzw. die Erfüllung von Schenkungsversprechen dieser Art verweigern, ohne daß es auf die Kenntnis des Beschenkten von der Absicht des Schenkers ankäme. Einer von mehreren Vertrags-Teilerben hat den Anspruch auf Herausgabe der entsprechenden Quote, **2039** findet nicht Anwendung; ist der Vertragserbe Teilerbe neben gesetzlichen oder Testamentserben, so hat er den Anspruch soweit nicht, als er für ihn durch Zuwendung weiteren Erbteiles gedeckt ist. Der Anspruch verjährt in drei Jahren von dem Anfalle der Erbschaft an, ohne Rücksicht auf Kenntnis des Vertragserben vom Anfalle (**2287**, vgl. ferner **821**).

B. Auch in der rechtlichen und tatsächlichen Verfügung über den vermachten individuellen Gegenstand ist der Erblasser nicht beschränkt (vgl. **2170**). Der Vertragsvermächtnisnehmer kann aber, wenn der Erblasser in Beeinträchtigungsabsicht den vermachten Gegenstand zerstört, beiseite geschafft, beschädigt oder umgestaltet hat, vom Erben, soweit Unmöglichkeit der Leistung eingetreten ist, den Wert verlangen (vgl. **2169**. **2172**). Hat der Erblasser den Gegenstand veräußert oder belastet, so bleibt der Erbe nach seiner Wahl (facultas alternativa) zur lastenfreien Verschaffung des Gegenstandes bzw. seines Wertes (**2170**, Abs. 2) verpflichtet. Erlangt der Vermächtnisnehmer im Falle schenkweiser Veräußerung vom Erben keinen Ersatz, so hat er den Anspruch auf Herausgabe des Geschenkes gegen den Beschenkten nach A. (**2288**). Beim Forderungsvermächtnis gilt das bez. des eingezogenen Gegenstandes der Forderung (**2173**. **2279**).

III. **Die Wirkung des Erbvertrages** auf frühere, spätere, gleichzeitige **Verfügungen** des Erblassers **von Todes wegen** (**2289**).

A. Der Erbvertrag beseitigt **frühere** letztwillige Verfügungen, soweit sie das Recht des vertragsmäßig Bedachten oder eine vertragsmäßige Auflage beeinträchtigen (anders **2258**, Abs. 1). Eine frühere letztwillige Erbeseinsetzung zur Hälfte wird durch eine spätere vertragsmäßige auf die andere Hälfte nicht aufgehoben. Durch Bestimmung im Erbvertrage kann aber die frühere letztwillige Verfügung konserviert werden. Durch einen nichtigen oder durch Anfechtung vernichteten Erbvertrag tritt die Aufhebung nicht ein. Ist ein Testament durch späteren Erbvertrag aufgehoben, so lebt es wieder auf, wenn der Erbvertrag durch den Berechtigten einseitig und selbständig oder im Einverständins nach **2290**—**2297** aufgehoben wird (**2258**, Abs. 2. **2279**, Abs. 1), nicht aber im Falle sonstiger nachträglichen bloßen Unwirk-

---

[1]) Strohal I, § 45. A. M. Kipp, S. 92, Note 4.

samkeit, z. B. durch Tod des im Erbvertrage Bedachten vor dem Erbfall, soweit hier die Aufhebungswirkung dem Willen des Erblassers entspricht und sich nicht nur auf die Beeinträchtigung der vertragsmäßigen Verfügung gründet.

Ein früheres gemeinschaftliches korrespektives Testament wird durch Erbvertrag der beiden Ehegatten in derselben Weise nach **2289** aufgehoben; die aufhebende Wirkung des Erbvertrages eines der Ehegatten mit einem Dritten bestimmt sich nach **L.** § 297, III.

B. **Spätere** die erbvertragsmäßigen Zuwendungen und Auflagen beeinträchtigende Verfügungen des Erblassers (Testament, Erbvertrag des Erblassers mit einem Dritten) sind unwirksam. Sie werden wirksam, wenn diese erbvertragsmäßigen Anordnungen nachträglich wegfallen (Aufhebung oder sonstige Unwirksamkeit). Inwieweit der Erblasser darüber hinaus durch Verfügung von Todes wegen den früheren Erbvertrag beseitigen kann, ergibt sich aus IV.

C. Vertragsmäßige und letztwillige Verfügungen in demselben Erbvertrage stehen im Verhältnisse der Gleichwertigkeit zueinander. Wieviel die einen die anderen einschränken, ergibt sich aus der Auslegung. Die Vorschrift in **2289** gilt hier nicht.

IV. **Die Aufhebung des Erbvertrages.**

A. Soweit der Erbvertrag **einseitige letztwillige Verfügungen** enthält, kann sie der Verfügende wie im Testamente getroffene aufheben (vgl. **L.** § 278). Der fingierte Widerruf (**2256**) fällt jedoch stets, der gemäß **2255** regelmäßig fort. In einem Vertrage, der eine einzelne vertragsmäßige Verfügung aufhebt, kann auch die Aufhebung einer einseitigen letztwilligen Verfügung angeordnet werden und wenn der Erbvertrag im ganzen durch Vertrag oder durch Rücktritt aufgehoben wird, so fallen im Zweifel die einseitigen letztwilligen Verfügungen beider Vertragsteile bzw. die vom zurücktretenden Erblasser getroffenen (**2299**, Abs. 2. 3).

B. Die Aufhebung **vertragsmäßiger Zuwendungen und Auflagen** ist ermöglicht:

1. **Durch Aufhebungsvertrag** der Vertragsschließenden in der Form des Erbvertrages. Das Recht zur Aufhebung geht auf die Erben der Parteien nicht über. Der Aufhebungsvertrag setzt persönlichen Abschluß auf Seite des Erblassers, nicht des anderen Teiles voraus. Der Erblasser darf nicht geschäftsunfähig sein, kann aber, wenn er in der Geschäftsfähigkeit beschränkt ist, den lediglich aufhebenden Vertrag selbständig schließen. Der in der Geschäftsfähigkeit beschränkte andere Teil bedarf der Zustimmung des gesetzlichen Vertreters; der geschäftsunfähige andere Teil muß vertreten sein, und der gesetzliche Vertreter schließt für ihn den Vertrag. Außerdem ist Genehmigung des Vormundschaftsgerichtes erforderlich, nicht aber, wenn der andere Teil unter elterlicher Gewalt steht, und der Vertrag unter Ehegatten oder Verlobten geschlossen wird (vgl. **2275**). Sind beide Vertragsteile Erblasser und in der Geschäftsfähigkeit beschränkt, so gilt für beide auch das für den anderen Teil Gesagte. Der Vertrag kann entweder nichts als die Gebundenheit des Erblassers beseitigen (rein entbindender Vertrag) oder inhaltlich den Erbvertrag im ganzen oder einzelne vertragsmäßige Verfügungen, auch die zugunsten Dritter getroffenen, aufheben (aufhebender, ändernder Vertrag) (**2290**). Die Anfechtung dieses Vertrages bestimmt sich durch die allgemeinen Vorschriften (nicht nach **2281**). Der Vertrag, der den Aufhebungsvertrag aufhebt, ist bez. der Fähigkeit der Parteien nach **2275** zu beurteilen. Der Erblasser kann mit dem andern Teil keinen Erbverzicht schließen, wohl aber der dritte Bedachte mit dem Erblasser (**2352**). Die Anfechtung des Aufhebungsvertrages steht der Anfechtung des Erbvertrages gleich. Tritt die Anfechtung ein, so gilt die Vorschrift in **2257**. (Vgl. I.)

2. **Durch Testament des Erblassers** (Ausnahme von III. B.)

a) Der Erblasser kann sich im Erbvertrage selbst auch spätere beschränkende letztwillige Verfügungen vorbehalten haben (vgl. **2086**).

b) Er kann das Recht des vertragsmäßig bedachten pflichtteilsberechtigten Abkömmlinges durch spätere letztwillige Verfügung bona mente (**2338**) beschränken (**2289**, Abs. 2).

c) Durch Testament des Erblassers kann eine vertragsmäßige Vermächtnis- oder Auflageverfügung aufgehoben werden, wenn der andere

Vertragschließende dem Erblasser gegenüber seine gerichtlich oder notariell beurkundete Zustimmungserklärung, die unwiderruflich ist, gibt. Für den unter Vormundschaft oder elterlicher Gewalt stehenden anderen Vertragsteil gilt das unter Z. 1 Gesagte. Diese Aufhebung bedeutet einen Nachlaß an der Form unter Z. 1 (**2291. 2290**, Abs. 3).

d) Durch gemeinschaftliches Testament der Ehegatten kann der unter diesen Ehegatten geschlossene einseitige, zweiseitige oder gegenseitige Erbvertrag aufgehoben werden. Auch hier bedarf es der Genehmigung des Vormundschaftsgerichtes wie im Falle Z. 1 (**2292**). Da das gemeinschaftliche Testament auch ein Privattestament sein kann, ist die Form der Aufhebung (**2290. 2291**) hier ganz besonders abgeschwächt.

C. **Durch Rücktritt des Erblassers.**

1. Der Rücktritt steht dem Erblasser zu

a) auf Grund eines Vorbehaltes im Erbvertrage selbst oder in einem späteren förmlichen Vertrage (**2293**). Ein solcher Vorbehalt hebt die Bindung des Erblassers noch nicht auf; der Vorbehalt könnte aber den Sinn haben, daß die ganze Verfügung eine letztwillige sein soll;

b) kraft Gesetzes, wenn der vertragsmäßig Bedachte sich Verfehlungen zuschulden kommen läßt, die den Erblasser zur Entziehung des Pflichtteiles berechtigen oder berechtigen würden, falls der Bedachte ein pflichtteilsberechtigter Abkömmling des Erblassers wäre (**2294**). Das Recht zum Widerruf erlischt durch Verzeihung. Die Aufhebung des Vertrages wird durch nachträgliche Verzeihung ebenfalls unwirksam (**2333—2337**);

c) wenn die vertragsmäßige Verfügung gerade mit Rücksicht auf eine rechtsgeschäftliche Verpflichtung des Bedachten, dem Erblasser lebenslänglich wiederkehrende Leistungen, z. B. Unterhalt, zu gewähren, getroffen war, und diese Verpflichtung vor dem Tode des Erblassers mit Einwilligung der Beteiligten oder etwa auf Grund Rücktrittsrechtes oder durch Anfechtung einseitig aufgehoben, nicht etwa nur verletzt wird (**2295**).

2. Der Rücktritt erfolgt bei Lebzeiten des anderen Vertragsteiles durch gerichtlich oder notariell beurkundete Erklärung (anders **349**) gegenüber dem anderen Vertragsteile seitens des Erblassers in Person (anders **2275**), der sie aber, wenn er auch in der Geschäftsfähigkeit beschränkt ist, selbständig abgeben kann (**2296**). Nach dem Tode des anderen Vertragsteiles, also nur noch mit Wirkung für die zugunsten Dritter getroffenen Vertragsverfügungen und Auflagen, kann der rücktrittsberechtigte Erblasser nur die Aufhebung durch Testament wählen, d. h. es muß letztwilliger Widerruf (**2254**) oder neue letztwillige Zuwendung oder Auflage erfolgen (**2258. 2297** f., vgl. **2336**, Abs. 2—4).

V. **Der zweiseitige, gemeinschaftliche Erbvertrag** (**2298**) zeigt eine gewisse Abhängigkeit (Korrespektivität) der beiderseitigen Verfügungen, auch wenn sie nicht gegenseitige Verfügungen sind.

A. Die Nichtigkeit einer vertragsmäßigen Verfügung (nicht auch immer die bloße Unwirksamkeit, z. B. wegen Ausfalles der Bedingung, Fortfalles des Bedachten, Rücktrittes) hat im Zweifel die Unwirksamkeit des ganzen Vertrages zur Folge.

B. Macht einer der Vertragsteile von seinem vorbehaltenen Rücktrittsrecht Gebrauch, so ist damit der ganze Vertrag aufgehoben. Es handelt sich um Auslegungsregeln, die vor dem klaren Willen anderer der Vertragschließenden zurücktreten.

Das vorbehaltene Rücktrittsrecht erlischt im Zweifel mit dem Tode des anderen Vertragschließenden. Wenn aber der Überlebende die ihm durch den Vertrag gewährte Zuwendung ausschlägt, so erlangt er damit die unentziehbare Freiheit, seine Verfügung zugunsten Dritter durch Testament, Widerruf oder neue letztwillige Verfügung aufzuheben (vgl. **2271**, Abs. 2 **L.** § 279).

C. Für den zweiseitigen Erbvertrag unter Ehegatten gilt die Vorschrift in **2269** (**2280**). Vgl. **L.** § 279, II. B.

3. Kapitel.

Die Eröffnung der Verfügungen von Todes wegen.[1])

§ 282.

Die Eröffnung der Verfügungen von Todes wegen.

I. Alle Verfügungen von Todes wegen (auch offene Privattestamente, Erbverträge) sind alsbald nach dem Tode des Erblassers von Amts wegen zu eröffnen. Der Erblasser kann die Eröffnung nicht verbieten (**2263**). Damit das Gericht in den Besitz der Urkunde gelangt, ist der private Besitzer einer nicht in amtlicher Verwahrung befindlichen Urkunde zur unverzüglichen Ablieferung an das Nachlaßgericht, sobald er von dem Tode des Erblassers Kenntnis erhalten hat, privatrechtlich verpflichtet. Das Nachlaßgericht kann den Besitzer durch Ordnungsstrafen anhalten, ihm auch den Offenbarungseid auferlegen, die Interessenten können Klage auf Ablieferung eventuell Schadensersatz erheben. Behörden (auch Gerichte) und Notare, welche die Urkunde in amtlicher Verwahrung, aber nicht in besonderer amtlichen Verwahrung haben, trifft die öffentlich-rechtliche Ablieferungspflicht, deren Erfüllung das Nachlaßgericht, sobald es von der Urkunde Kenntnis erlangt, zu veranlassen hat (**2259**. EG. Art. 147. FGG. §§ 72. 83).

II. **Die Eröffnung**[2]) der Verfügungen von Todes wegen schließt eine Prüfung ihrer Gültigkeit und Wirksamkeit nicht in sich.

A. Die Eröffnung erfolgt durch das Nachlaßgericht, wenn es die Urkunde in besonderer amtlichen Verwahrung hat, und sobald es Kenntnis vom Tode des Erblassers erlangt hat, in einem Termin, zu dem die gesetzlichen Erben und die sonstigen Beteiligten, soweit tunlich, geladen werden. Die Urkunde ist zu öffnen, zu verkünden und den Beteiligten auf Verlangen vorzulegen. Im letzteren Falle darf die Verkündung unterbleiben (**2260**, Abs. 1. 2).

B. Die Verfügungen des überlebenden Teiles in einem gemeinschaftlichen Testamente oder Erbvertrage sind, soweit sie sich sondern lassen, weder zu verkünden noch sonst zur Kenntnis der Beteiligten zu bringen. Von den Verfügungen des verstorbenen Teiles in einem gemeinschaftlichen Testamente ist eine beglaubigte Abschrift anzufertigen, die bei den Akten bleibt, die Urkunde des Testamentes selbst ist dann wieder zu verschließen und in die amtliche Verwahrung zurückzubringen bzw. zurückzugeben. Ist eine Sonderung nicht möglich, so wird das ganze Testament beim Tode des Erstverstorbenen eröffnet (A.), wieder verschlossen und verwahrt (**2248**). Bei Erbverträgen hat Abschriftnahme und Wiederverwahrung nur zu geschehen, wenn der Erbvertrag sich vorher in amtlicher Verwahrung befand (**2273. 2300**).

C. Über die Eröffnung ist ein Protokoll aufzunehmen, in dem die Unversehrtheit des Verschlusses festzustellen ist, wenn die Urkunde verschlossen war (**2260**, Abs. 3).

D. Befindet sich die Urkunde in besonderer amtlichen Verwahrung eines anderen Gerichtes als des Nachlaßgerichtes, so hat dieses andere Gericht nach A.—C. zu eröffnen, das Testament sodann nebst beglaubigter Abschrift des Eröffnungsprotokolles an das Nachlaßgericht zu übersenden, selbst aber eine beglaubigte Abschrift des Testamentes zurückzubehalten (**2261**).

E. Das Nachlaßgericht hat die nicht bei der Eröffnung anwesend gewesenen Beteiligten von dem sie betreffenden Inhalte des Testamentes oder Erbvertrages in Kenntnis zu setzen (**2262**).

III. **Ein Recht auf Einsicht und Abschrifterteilung** (**2264. 2300**) steht nach Eröffnung dem zu, der ein rechtliches Interesse glaubhaft macht. Die Abschrift ist auf Verlangen zu beglaubigen.

IV. **Der Erbvertrag**[3]) soll nicht in amtliche Verwahrung gebracht werden, wenn die Parteien das Gegenteil verlangen, was im Zweifel anzunehmen ist, wenn der Erbvertrag mit einem andern Vertrage in derselben Urkunde verbunden ist (**2277**).

---

[1]) Strohal I, § 48.

[2]) Preuß. AG. z. BGB., Art. 82. Bayer. AG. z. BGB., Art. 108. Württemb. AG. z. BGB., Art. 80.

[3]) Kipp, § 40.

II. Abschnitt.

Die einzelnen erbrechtlichen Verhältnisse.

1. Kapitel.

Der Erbverzicht und die Erbunwürdigkeit.

§ 283.

Der Erbverzicht.[1])

Im Gegensatze zum römischen, aber in Übereinstimmung mit dem deutschen und modernen Rechte ist vom BGB. der Vertrag des Erblassers mit den Erben, Pflichtteilsberechtigten oder Vermächtnisnehmern, durch den letztere auf ihr eventuelles Erb-, Pflichtteils- oder Vermächtnisrecht verzichten, anerkannt (**2346. 2352**). Der Erbverzicht ist kein schuldrechtlicher Vertrag, weil er unmittelbar auf eine erbrechtliche Wirkung (II.) abzielt; er unterscheidet sich darin vom schuldrechtlichen Erbschaftsvertrage (**312**, Abs. 2), von den familienrechtlichen Verträgen in **1491. 1517** und **1767** und auch von dem Verzicht des Pflichtteilsberechtigten auf seinen Anspruch gegenüber dem Erben.

I. **Die Voraussetzungen:**

A. In formeller Beziehung ist die gerichtliche oder notarielle Beurkundung vorgeschrieben (**2348. 128. 152**). Ein Erbverzicht im Prozeßvergleich bedarf der Form dieses Vergleiches.

B. **Die Parteien.** Der Erbverzicht wird geschlossen zwischen dem Erblasser einerseits und dem eventuellen Erben oder Vermächtnisnehmer andererseits.

1. Der Erblasser kann sich beim Abschlusse nicht vertreten lassen. Ist er in der Geschäftsfähigkeit beschränkt, so kann er den Vertrag selbständig schließen; den geschäftsunfähigen Erblasser kann sein gesetzlicher Vertreter vertreten, welcher der Genehmigung des Vormundschaftsgerichtes bedarf, wenn nicht der Erblasser unter elterlicher Gewalt steht, und zugleich der Vertrag unter Ehegatten oder Verlobten geschlossen wird (**2347**, Abs. 2. **2352**).

2. Der Verzichtende kann sich vertreten lassen; ist er geschäftsunfähig, so muß für ihn der gesetzliche Vertreter den Vertrag schließen. Ist er in der Geschäftsfähigkeit beschränkt, so ist die Zustimmung des gesetzlichen Vertreters stets erforderlich. Beim Verzichte nicht voll Geschäftsfähiger muß die Genehmigung des Vormundschaftsgerichtes hinzutreten, nur dann nicht, wenn der Verzichtende unter elterlicher Gewalt steht, und der Vertrag unter Ehegatten oder Verlobten geschlossen wird (**2347**, Abs. 1. **2352**).

C. Verzichten können

1. die Verwandten und der Ehegatte des Erblassers (nicht der Fiskus) auf ihr eventuelles gesetzliches Erbrecht, auch wenn sie nicht zu den nächsten gesetzlichen Erben gehören. Der Verzicht kann aber auch nur ein teilweiser sein und sich, um dem Erblasser die Freiheit letztwilliger Verfügung zu geben, auf das Pflichtteilsrecht beschränken (**2346**, Abs. 2). Auch ein Verzicht auf das gesetzliche Erbrecht unter Vorbehalt des Pflichtteilsrechtes ist gültig; der Verzichtende gibt hier sein gesetzliches Erbrecht nicht schlechthin und nicht vollständig auf;

---

[1]) Strohal I, § 59. Walsmann, Der Verzicht, S. 293 ff.

2. der im Testamente eingesetzte oder im Erbvertrage berufene Erbe, wenn er nicht die andere Erbvertragspartei ist (**2352. 2290**);

3. der im Testamente oder Erbvertrage mit einem Vermächtnis Bedachte; letzterer wiederum nur, wenn er nicht Erbvertragspartei ist (**2352. 2290**).

II. **Die Wirkungen** des Erbverzichtes bestimmen sich seinem Inhalte gemäß. Im allgemeinen kommt der Verzichtende, wenn der Anfall eintritt, als Erbe oder Vermächtnisnehmer nicht in Betracht, als wenn er nicht vorhanden wäre. Darin steht der Verzicht der Ausschlagung (**L.** § 309) gleich, die aber durch einseitige Erklärung und nach dem Erbfall erfolgt. Im Falle des Verzichtes auf das gesetzliche Erbrecht erlischt auch das Pflichtteilsrecht (**2346**, Abs. 1). Hatte der Verzichtende kein Pflichtteilsrecht, so hätte der Erblasser die gleiche Wirkung auch durch letztwillige Ausschließung von der Erbfolge erreichen können (vgl. aber **2310. 2316**).

Für den **Verzicht auf das gesetzliche Erbrecht** gilt:

A. Der Verzicht eines Abkömmlinges oder Seitenverwandten auf das gesetzliche Erbrecht oder den Pflichtteil schließt, wenn nicht im Verzichte oder nachher anders bestimmt wird, auch die Abkömmlinge des Verzichtenden aus, wenn diese auch nicht Erben des Verzichtenden geworden sind, und wenn der verzichtende Abkömmling eine Abfindung (**2315**) auch nicht erhielt.

B. Der Verzicht zugunsten eines anderen gilt im Zweifel nicht für den Fall, daß der andere durch Ausschlagung, Erbverzicht, Erbunwürdigkeit oder Wegfall vor dem Erbfalle nicht Erbe wird (**2350**, Abs. 1).

C. Der Verzicht eines Abkömmlinges des Erblassers gilt im Zweifel nur zugunsten der anderen Abkömmlinge und des Ehegatten des Erblassers, nicht auch zugunsten sonstiger Verwandten oder gar des Fiskus (**2350**, Abs. 2).

III. **Die Aufhebung.** Der Verzicht kann in allen Fällen, auch in denen, die in **2352** genannt sind, durch Vertrag der Parteien wieder aufgehoben werden. Der Aufhebungsvertrag bedarf der Form des Verzichtes (I. A.). Die Geschäftsfähigkeit des Erblassers wird in derselben Weise gefordert wie beim Verzicht (I. B.), 1. nicht so die des Verzichtenden (**2351**). Eine letztwillige Anordnung des Erblassers, daß von dem Erbverzicht abzusehen sei, kann als letztwillige Erbeseinsetzung gemeint sein, nimmt aber dem Erbverzicht nicht seine Wirkung für das gesetzliche Erb- und Pflichtteilsrecht.

IV. **Die Anfechtung.** Dem Erblasser steht die Anfechtung des Erbverzichtes an sich nicht zu. Ist der Erbverzicht mit Abreden unter Lebenden oder mit einem Erbvertrage verbunden, so steht dem Erblasser die Anfechtung wie bei Rechtsgeschäften unter Lebenden und wie beim Erbvertrage zu. Der Verzichtende hat das Anfechtungsrecht wie bei Rechtsgeschäften unter Lebenden[1]).

§ 284.

Die Erbunwürdigkeit.[2])

I. **Die Gründe der Erbunwürdigkeit.** Eine absolute Erbunwürdigkeit kennt das BGB. nicht. Alle Gründe der Erbunwürdigkeit beruhen in Verfehlungen des Unwürdigen gegen den Erblasser, die dessen Testierfreiheit beeinträchtigen und Ungewißheit über den letzten Willen herbeiführen (relative Erbunwürdigkeit). Sie äußern ihre Wirkung bei der Erbfolge, dem Vermächtnis- und dem Pflichtteilsanspruch und auch bei dem Anteilsrecht am Gesamtgut der fortgesetzten Gütergemeinschaft (**L.** § 239).

A. Die Gründe (**2339**, Abs. 1) sind:

1. Vorsätzliche widerrechtliche Tötung des Erblassers oder Versuch der Tötung oder Versetzung des Erblassers in einen Zustand, der den Erblasser bis zu seinem Tode, also dauernd

---

1) Kipp, S. 374.

2) Eck, W., Indignität und Enterbung (1894). Strohal I, § 60.

verhindert hat, eine Verfügung von Todes wegen zu errichten oder aufzuheben. Ob der Vorsatz des Handelnden auf den Eingriff in die Testierfreiheit gerichtet war, ist hier gleichgültig. Notwendig ist aber der ursächliche Zusammenhang des Eingriffes mit dem Erfolge.

2. Vorsätzliche und vollendete, nicht bloß versuchte widerrechtliche Verhinderung des Erblassers an der Errichtung oder Aufhebung einer Verfügung von Todes wegen (Testament, Erbvertrag). Der Eingriff in die Testierfreiheit liegt hier im Vorsatz mitbegriffen.

3. Bestimmung des Erblassers durch arglistige Täuschung oder Drohung zur Errichtung oder Aufhebung einer Verfügung von Todes wegen (vgl. **2078. 2281**).

4. Fälschungsdelikte nach RStGB. §§ 267—274 in Ansehung einer Verfügung von Todes wegen des Erblassers. Die strafrechtliche Verfolgung ist nicht entscheidend.

B. In den Fällen A. Z. 1 und 2 beruht die Unwürdigkeit zugleich auf dem Gesichtspunkte der Strafe. Hat also der Betreffende gemäß Z. 2 den Erblasser an der Errichtung einer Verfügung verhindert, ist es aber doch zu einer Errichtung späterhin gekommen, so bleibt es bei der Unwürdigkeit des Betreffenden. Anders in den Fällen A. Z. 3 und 4. Hier soll die Unwürdigkeit nur auf dem Gesichtspunkte der Verdunkelung des letzten Willens beruhen. Wenn daher

1. die gemäß Z. 3 hervorgerufene Verfügung oder die Verfügung des Erblassers, in Ansehung welcher gemäß Z. 4 das Fälschungsdelikt begangen wurde, unwirksam geworden ist, z. B. durch Aufhebung oder Wegfall des Bedachten vor dem Erbfalle, oder

2. die gemäß Z. 3 aufgehobene Verfügung des Erblassers unwirksam geworden sein würde, weil z. B. der in dieser Verfügung Bedachte vor dem Erbfalle fortgefallen ist, so tritt Unwürdigkeit nicht ein (**2339**, Abs. 2).

C. Die Unwürdigkeit wird in allen Fällen durch Verzeihung gehoben. Ob solche eingetreten ist, ist Tatfrage (**2343**, vgl. **1570. 2337**).

II. **Die Wirkungen der Unwürdigkeit und ihre Geltendmachung.**

A. Die Erbunwürdigkeit bewirkt anders als der Erbverzicht, daß der für den Unwürdigen eingetretene Erwerb wieder aufgehoben wird, so als wenn er von ihm nicht gemacht wäre (**2344**, Abs. 1).

In allen Fällen treten die Wirkungen nicht von Rechts wegen, sondern erst infolge besonderer Geltendmachung der Unwürdigkeit durch Anfechtung ein. Anfechtungsberechtigt ist jeder, dem der Wegfall des Unwürdigen zustatten kommt, auch wenn er nicht unmittelbar an die Stelle des Unwürdigen treten würde, z. B. derjenige, der an Stelle des Erbunwürdigen Erbe sein würde, oder sein Vorerbe usw. Anfechtungsgegner ist der Erbunwürdige und sein Erbe (**2341**) [1]).

B. Die Geltendmachung durch Anfechtung ist eine andere bei Erbfolge einerseits und Vermächtnis und Pflichtteilsrecht andererseits.

1. Sobald der Anfall der Erbschaft an den Unwürdigen oder an den Vorerben des unwürdigen Nacherben erfolgt ist, kann der Anfechtungsberechtigte den Erwerb anfechten, indem er auf Feststellung der Erbunwürdigkeit gegen den Unwürdigen oder seine Erben innerhalb der für die Anfechtung letztwilliger Verfügungen bestimmten (**2082**) Ausschlußfrist, klagt. Mit der Rechtskraft des Urteiles, das den Erben für unwürdig erklärt, tritt die Wirkung der Anfechtung des Erbschaftserwerbes ein. Der Anfall an den Erbunwürdigen gilt nun als nicht erfolgt. Die Erbschaft fällt nicht etwa an den Anfechtenden, sondern an denjenigen, der berufen sein würde, wenn der Erbunwürdige zur Zeit des Erbfalles nicht gelebt hätte. Der Anfall an diesen gilt mit dem Eintritte des Erbfalles als erfolgt (**2340. 2342. 2344**). Stirbt z. B. A. am 2. März 1900 mit Hinterlassung seines Sohnes B., seiner Ehefrau und seiner Eltern und wird das auf Anfechtung durch die Ehefrau ergangene, die Erbunwürdigkeit des B. aussprechende Urteil am 1. Mai 1901 rechtskräftig, so erben die Eltern und der Ehegatte. Im Falle der gegen den unwürdigen Nacherben durchgeführten Anfechtung tritt die Wirkung natürlich erst mit dem Falle der Nacherbfolge ein.

[1]) Über das Verhältnis zu **2080**, Abs. 1 vgl. **L.** § 277, II. B.

2. Gegen erbunwürdige Vermächtnisnehmer oder Pflichtteilsberechtigte wird die Anfechtung nicht durch Klage geltendgemacht, sondern in derselben Weise wie die Anfechtung letztwilliger Verfügungen wegen Willensmängel (**2345. 2083**, vgl. **L.** § 277).

2. Kapitel.

Die Erbfolge.

§ 285.

Das Wesen der Erbfolge.[1])

1. Mit dem Tode einer Person wird das Vermögen nicht herrenlos, die Rechte und Verbindlichkeiten gehen nicht unter, das Vermögen geht vielmehr auf andere Personen in der Erbfolge über[2]). Die Erbfolge ist die kraft zwingender Rechtsvorschrift eintretende, unmittelbare und von Rechts wegen sich vollziehende einheitliche Gesamtnachfolge in den Nachlaß eines Verstorbenen (**1922**).

A. Die Erbfolge setzt voraus den **Tod** einer Person oder die Todeserklärung. Mit dem Tode des Erblassers oder dem gemäß der Todeserklärung vermuteten Tode tritt der Erbfall ein. Die Voraussetzung der **Vermögensfähigkeit des Erblassers** ist heut stets gegeben (**L.** § 276). In betreff der Religiosen vgl. **L.** § 24, III. Vor dem Tode besteht für den Erbfolgeberechtigten nur eine Aussicht auf Erbfolge. Die Nachfolge in das Vermögen juristischer Personen ist nicht Erbfolge, wohl aber dieser ähnlich (**L.** § 31. II).

B. Der Erbe folgt nach in das **Vermögen** des Verstorbenen. Die Familienrechte, die Personenrechte erlöschen[3]).

1. Nur Vermögensrechte und vermögensrechtliche Pflichten sind Gegenstand der Erbfolge.

Mit dem Vermögen gehen in der Erbfolge über alle Vermögensrechte[4]), auch solche, die sich auf familienrechtliche Verhältnisse gründen (**1613. 1615. 1712. 1713. 1582**). Dahin gehört auch das Recht zur Ausschlagung einer Erbschaft oder eines Vermächtnisses (**1952. 2180**) der Anspruch auf den Pflichtteil (**2317**), ferner die Immaterialgüterrechte, das Handelsgeschäft (HGB. § 22). Auch bedingte Rechte und Verbindlichkeiten, die Anwartschaften auf Erbschaft und Vermächtnis sind vererblich (**2108**, vgl. **2074**). Vererblich sind auch die Gebundenheiten des Antragstellers beim Vertragsschlusse, Wahlrechte, Forderungen und Verbindlichkeiten aus Schuldverhältnissen auf nicht vermögenswerte Leistungen[5]).

Nur die höchstpersönlichen Vermögensrechte und Verbindlichkeiten werden nicht vererbt[6]). Ob ein Vermögensrecht höchstpersönlichen Charakter hat, ist durch Auslegung festzustellen. Zu beachten ist, daß bisweilen dasselbe Recht aktiv, aber nicht passiv vererblich ist, oder daß Vererblichkeit nur unter gewissen Voraussetzungen anerkannt ist[7]), oder daß Vererbung zwar eintritt, aber unter Veränderung des Rechtes (**81. 569. 605. 727** usw.).

---

[1]) Strohal I, §§ 1—6.

[2]) Die Erbfolge des öffentlichen Rechtes (Thronerbfolge usw.) scheidet hier aus. Vgl. Strohal I, S. 2.

[3]) Vgl. **1338**; das Recht, die uneheliche Abstammung geltendzumachen (**1593** ff.), steht allerdings auch den Erben zu, aber nicht als ererbtes Recht. Strohal I, S. 18, Note 25.

[4]) Auch der Besitz (**857**, **L.** § 146).

[5]) Vgl. **130. 153. 791.**

[6]) Z. B. **38. 40** (Vereinsmitgliedschaft), **1061** (Nießbrauch), **1090** (beschränkte persönl. Dienstbarkeiten), **1105** (Altenteil), **514** (Vorkaufsrecht), **613** (Dienstvertrag), **673** (Auftrag), **520. 530. 532** (Fälle der Schenkung), **727** (Gesellschaft), **759. 760** (Leibrente), RStrPO. §§ 444. 495, StrGB § 530 (Buße).

[7]) Vgl. **530** und **532** (Schenkung), **847. 1300** (Ansprüche auf Genugtuung).

2. Die Erbfolge setzt nicht voraus, daß der Verstorbene tatsächlich Vermögen hinterläßt (Beerbung des verstorbenen Gemeinschuldners), auch nicht, daß des Erblassers Aktiva die Passiva überwiegen. Es können auch nur Passiva den Nachlaß bilden. Auch wenn Aktiva und Passiva fehlen, hat die Erbenstellung noch rechtliche Bedeutung (**1968**. **1969**).

4. Aus der Natur der Erbfolge als **Universalsukzession** ergibt sich die Haftung des Erben für die Nachlaßverbindlichkeiten. Zu diesen gehören aber nicht nur vom Erblasser her vererbte, sondern auch in der Person des Erben erst neu begründete Verpflichtungen (Beerdigungspflicht, Vermächtnis, Auflage) (**1967**).

C. Das Vermögen eines Verstorbenen (**die Erbschaft**) **ist ein Ganzes**.

1. Nach herrschender Ansicht vollzieht sich die Gesamtnachfolge in dieses Ganze, also in die Aktiva und Passiva. Die abweichende Auffassung, daß die Gesamtnachfolge nur in die Aktiva erfolge, die Haftung für die Passiva auf besonderer positiven Bestimmung (**1967**) beruhe und der Gesamtnachfolge in die Aktiva äußerlich hinzutrete[1]), scheitert daran, daß bei Nichtvorhandensein von Aktiven eine Erbfolge entfallen würde.

2. Das Vermögen zerfällt auch nicht in einzelne Massen, die nach besonderen Grundsätzen vererbt werden, sondern geht auf den Erben als Einheit über (einheitliche Gesamtnachfolge). Wo aber die dem Landesrecht vorbehaltene Nachfolge in Lehn-, Fideikommiß-, Stamm- und Bauerngut mit der gemeinen Erbfolge des Gesetzes zusammentrifft, ergibt sich allerdings die dem deutschen Rechte eigentümliche geteilte Gesamtnachfolge.

3. Die Erbfolge ist als Gesamtnachfolge Nachfolge in einem einheitlichen Rechtsakte, im Gegensatze zur Einzelnachfolge.

4. Erben kann nicht nur eine Person (Alleinerbe), sondern auch mehrere Erben nebeneinander (Miterben). Aus dem Wesen der Gesamtnachfolge ergibt sich, daß mehrere Erben zu Bruchteilen erben. Der Erbteil ist stets ein für alle Miterben gleicher oder ungleicher Bruchteil. Der Erbteil ist Erbschaft (**1922**, Abs. 2). Die Erbfolge kann auch in der Weise eintreten, daß zunächst eine Person als Vorerbe, sodann eine weitere Person als Nacherbe desselben Erblassers folgt (Nacherbfolge).

D. Die Erbfolge ist **unmittelbare Gesamtnachfolge**, d. h. keine (wie beim römischen Erbschaftsvermächtnis) durch eine Zwischenperson zwischen Erblasser und Erben vermittelte. Sie vollzieht sich ferner von Rechts wegen mit dem Erbfalle ohne Wissen und Willen des Erben, der allerdings (abgesehen vom Fiskus, der als gesetzlicher Erbe berufen ist) (**1942**, Abs. 2, vgl. **L.** § 292), das Recht der Ausschlagung hat. Eine ruhende Erbschaft im römischen Sinne gibt es nicht, auch nicht, wenn der nächste Erbe ein nasciturus ist, oder wenn eine noch zu genehmigende Stiftung zum Erben eingesetzt ist (**84**), oder wenn als nächster Erbe eine Person in Betracht kommt, die erst noch für ehelich erklärt oder deren Annahme als Kind bestätigt werden soll. Während die römische hereditas jacens eine Erbschaft ohne Herrn ist, gehört die Erbschaft des BGB. stets einem bestimmten, wenn auch zur Zeit des Erbfalles noch ungewissen Subjekte, in letzter Linie dem Fiskus.

Alle Erben sind notwendige Erben, und zwar entweder endgültig (Fiskus) oder zunächst nur vorläufig (Regelfall).

E. Vererbung ist nicht Veräußerung, Veräußerungsverbote stehen der Vererbung nicht entgegen. Die Grundsätze, welche für die Veräußerung und den Erwerb einzelner Vermögensbestandteile als einzelner gelten, finden keine Anwendung (z. B. der Erbe wird Eigentümer des erbschaftlichen Grundstückes auch ohne Eintragung).

F. Die Erbfolge kann durch Privatwillkür nicht ausgeschlossen werden. An sich vererbliche Rechte können aber von der Vererbung dadurch ausgeschlossen werden, daß sie unter auflösender Befristung begründet waren und mit dem Tode des Erblassers erlöschen.

---

[1]) Diese Auffassung vertrat für das römische Recht Birkmeyer, Das Vermögen (1879), für das BGB. ist sie aufgenommen besonders von Binder, Rechtsstellung des Erben (1901). Vgl. Kipp, § 1. VII.

G. Die Gesamtnachfolge erklärt sich aus der Einheit des Vermögens, nicht, wie die älteren Fiktionstheorien wollten, aus der Fortsetzung der Persönlichkeit des Erblassers durch den Erben oder der Repräsentation des Erblassers durch den Erben oder aus der Personeneinheit von Erblasser und Erben.

II. Neben der Erbfolge können zu Lasten des Erben oder Vermächtnisnehmers einzelne Vorteile besonders durch Verfügung des Erblassers von Todes wegen bestimmten Personen zugewendet werden oder kraft Gesetzes zustehen, nämlich:

A. Im Falle des **Vermächtnisses.** Eine Einzelnachfolge in einzelne Bestandteile der Erbschaft (wie z. B. beim gemeinrechtlichen Vindikationslegat) wird hier nicht begründet, denn der Vermächtnisnehmer erhält stets nur eine Forderung (**2174**) gegen den Erben (**2174**) oder Vermächtnisnehmer, und erst durch Geltendmachung der Forderung erhält er das Vermachte aus der jetzt auf den Erben übergegangenen Erbschaft. Daher darf auch von mittelbarer Einzelnachfolge nach dem Erblasser nicht gesprochen werden. Eine Gesamtnachfolge kann durch Vermächtnis niemals begründet werden. Es gibt kein Erbschafts- oder Universalvermächtnis (3. Kapitel).

B. Es kann ferner der Erbe und der Vermächtnisnehmer mit einer **Auflage** (**1940. 2195** ff.) beschwert werden, deren Vollziehung erzwungen werden kann, ohne daß ein selbstnütziger Anspruch auf die Erfüllung bestände wie beim eigentlichen Forderungsrecht und dem Vermächtnis.

C. Gewisse dem Erblasser nahestehende Personen haben wie im preuß. Rechte kraft Gesetzes eine Forderung gegen den Erben auf die Hälfte des Wertes dessen, was bei ihnen bei gesetzlicher Erbfolge als Erbteil zufallen würde (Pflichtteil). Auch für diese pflichtteilsberechtigten Personen eröffnet sich niemals (anders im röm., gem. Recht und nach CC.) eine Erbfolge in den Nachlaß (5. Kapitel).

III. Für alle am Nachlasse interessierten (I. II.) ist von Bedeutung die Einsetzung eines Testamentsvollstreckers (6. Kapitel).

§ 286.

Die Berufung zur Erbfolge.[1])

Außer dem Tode des Erblassers (**L.** § 285) setzt die Berufung einen Berufungsgrund und Fähigkeit des berufenen Erben voraus.

I. **Der Berufungsgrund** ist diejenige juristische Tatsache, welche die Person des Erben bestimmt. Berufungsgründe sind **Gesetz** und **Verfügung von Todes wegen** (letztwillige Verfügung und Erbeinsetzungsvertrag). Gesetzliche Berufung bedeutet, daß die Wirkung der Berufung hier an Tatsachen angeknüpft ist, die nicht in einer Verfügung des Erblassers bestehen (Verwandtschaft, Ehe, Staatsangehörigkeit). Eine gesetzliche Erbfolge gegen den Willen des Erblassers (Noterbfolge) kennt das Gesetz nicht.

Während nach röm. Rechte das Testament die gesetzliche Berufung durch seine Existenz ausschließt (nemo pro parte testatus pro parte intestatus decedere potest), würden heute Testament und Erbvertrag die gesetzliche Berufung nur durch ihren Inhalt ausschließen. Die gesetzliche Erbfolge tritt demnach ein,

a) wenn durch Verfügung von Todes wegen ein Erbe nicht berufen ist,

b) wenn durch Verfügung von Todes wegen der Erbe erst von einem Anfangstermine oder unter aufschiebender Bedingung berufen ist; die gesetzlichen Erben werden Vorerben, die gewillkürten Nacherben (**2105**),

c) wenn Testament oder Erbvertrag nur eine Berufung von Erben zu einem Bruchteile der Erbschaft enthalten (**2088**),

---

[1]) Strohal I, §§ 3. 4.

d) wenn die Berufung durch Vertrag oder Testament unwirksam wird (z. B. der im Testamente oder Vertrage berufene Erbe stirbt vor dem Erblasser oder schlägt aus, ohne daß durch Anordnung einer Ersatz- oder Nacherbfolge Abhilfe getroffen ist, oder das Testament usw. ist nichtig oder wird angefochten, oder der allein eingesetzte Erbe wird für unwürdig erklärt).

Nach der gewillkürten Erbfolge tritt die gesetzliche dagegen nicht ein; bei Einsetzung unter auflösender Bedingung sind die gewillkürten Erben als Vorerben, die gesetzlichen als Nacherben eingesetzt (**2104**).

Die Berufungsgründe des Testamentes und Erbeinsetzungsvertrages schließen sich ebenso nicht aus durch ihre Existenz, sondern gleichfalls nur durch ihren Inhalt. Es ergibt sich somit, daß sowohl eine gleichzeitige wie eine sukzessive Mischung der Erbfolge eintreten kann (z. B. **2105**). Über **2104** vgl. **L.** § 287.

II. **Die Erbfähigkeit.** In der Person der Erben wird bei jeder Erbfolge Existenz und Rechtsfähigkeit verlangt. Existenz zur Zeit des Erbfalles wird gefordert wegen des Erbschaftserwerbes ipso jure. Das Erfordernis der Existenz verlangt Leben oder doch Erzeugtsein, Vorhandensein als Embryo zur Zeit des Erbfalles (**1923**, Abs. 1). Zugunsten des Embryos soll angenommen werden, daß er, falls lebend geboren wird, schon vor dem Erbfalle geboren war (**1923**, Abs. 2). Ob eine Person im Zeitpunkte des Berufungsfalles erzeugt ist, bestimmt sich, nur wenn zugleich die Ehelichkeit oder uneheliche Abstammung des Kindes in Frage steht, für die ehelichen und unehelichen Kinder nach **L.** §§ 245. 246, sonst gelten keine beweiserleichternden Vermutungen. Für die Feststellung der Existenz im Berufungsfalle sind ferner die Vermutung gleichzeitigen Todes (**20**), die Lebensvermutung (**18. 19**) und die Todesvermutung (§ 14 ff.) von Bedeutung. Der im Momente des Todes noch nicht Erzeugte ist also nicht erbfähig. Tritt aber, wie z. B. bei Einsetzung eines Nacherben, der Erbfall nicht mit dem Tode des Erblassers ein, so kann auch der im Moment des Todes nicht Erzeugte gültig berufen werden, wenn er im Momente des Anfalles der Nacherbschaft existent ist (**2139**).

Nicht nur natürliche, sondern auch juristische Personen können zu Erben berufen werden[1]), vorausgesetzt, daß sie zur Zeit des Erbfalles existent und rechtsfähig sind. Eine vom Stifter zum Erben eingesetzte Stiftung, deren Genehmigung erst nach dem Erbfalle erfolgt, gilt als schon vor dem Erbfalle entstanden (**84**). Werden nicht rechtsfähige Vereine oder Stiftungen zu Erben eingesetzt, so kann die Auslegung auf Einsetzung erbfähiger Personen oder auf eine Auflage führen.

A. Die gesetzliche Erbfolge.

§ 287.

Die gesetzliche Erbfolge im allgemeinen.[2])

I. Die Erbschaft fällt grundsätzlich an die gesetzlichen Erben des Verstorbenen. Die gesetzliche Erbfolge ist daher die Grunderbfolge. Sie dient nicht dazu, nur in eine Lücke einzutreten, die der Wille des Verstorbenen (Testament, Erbvertrag) etwa gelassen hat. Deshalb handelt es sich im gesetzlichen Erbrecht auch nicht um eine Regelung in Gemäßheit des mutmaßlichen Willens des Erblassers, sondern um diejenige Regelung der Erbfolge, die der sozialen Bedeutung des verwandtschaftlichen und sonstigen Verbandes, in dem der Erblasser stand, entspricht.

II. Dem steht nicht entgegen, daß die gesetzliche Erbfolge ausgeschlossen wird durch die Berufung eines Erben im Testamente oder Erbvertrage, und soweit dieselbe reicht (vgl. **L.** § 286). Die gesetzliche Berufung tritt zwar immer (anders im röm. R.) mit dem Tode des Erblassers ein, es entscheidet sich aber nicht immer schon im Momente des Erbfalles, ob eine gesetzliche Berufung eintritt (vgl. **L.** § 290).

---

[1]) Vorbehalt für das Landesrecht: EG. Art. 86. 87, Abs. 2. 3.

[2]) Strohal I, §§ 7—12.

III. Gesetzliche Erben sind die Verwandten und der überlebende Ehegatte des Erblassers, wenn sie nicht durch Testament von der gesetzlichen Erbfolge ausgeschlossen sind (**1938**), und der Fiskus.

§ 288.

Die gesetzliche Erbfolge der Verwandten.[1]) a) Die Verwandtschaft.

A. Die in Betracht kommende Verwandtschaft ist **Blutsverwandtschaft.**

1. Unbeschränkte Erbberechtigung gewährt nur die **eheliche Verwandtschaft.**

2. **Uneheliche Geburt** vermittelt Verwandtschaft und damit gesetzliches Erbrecht nur mit der Mutter und deren Verwandten einerseits und dem unehelichen Kinde und dessen Abkömmlingen andererseits.

Über die Stellung der Kinder aus nichtiger Ehe sowie der legitimierten Kinder vgl. **L.** §§ 254. 256.

B. **Verwandtschaft durch Annahme an Kindes Statt.** Das Wahlkind tritt nur in ein Verwandtschaftsverhältnis zum Annehmenden, nicht zu den Verwandten des Annehmenden. Mehrere Wahlkinder derselben Wahleltern und die Abkömmlinge der Wahlkinder erhalten also kein gegenseitiges Erbrecht. Nur das Wahlkind und seine Abkömmlinge beerben, solange das Verhältnis dauert, den Annehmenden, nicht umgekehrt. Es kann aber im Annahmevertrage das Erbrecht des Kindes ausgeschlossen werden. Für die zur Zeit der Annahme bereits lebenden Abkömmlinge des Wahlkindes und deren später geborene Abkömmlinge tritt das Erbrecht nur ein, wenn der Annahmevertrag auch mit den vorhandenen Abkömmlingen geschlossen war[2]). Das Erbrecht des Wahlkindes in seiner natürlichen Familie wird durch die Annahme nicht berührt (**1757. 1759. 1762—1764. 1768**).

C. **Die mehrfache Verwandtschaft** gewinnt überall da Bedeutung, wo nach Stämmen gefolgt wird (I.—III. Ordnung).

Wer zu mehreren Stämmen als Abkömmling gehört, erhält in jedem Stamme seinen Anteil, der als besonderer Erbteil gilt. Das hat Bedeutung für die Möglichkeit der Ausschlagung, der Kollationspflicht, der Haftung gegenüber den Pflichtteilsberechtigten, den Vermächtnisnehmern und für Auflagen (**1927**).

D. Der Gegensatz **von halbbürtigen und vollbürtigen Verwandten** macht sich geltend bei der Nachfolge nach Stämmen (I.—III. Ordnung).

E. Der Unterschied in **Verwandte mütterlicher und väterlicher Seite** tritt bei der Nachfolge in Linien (II. und III. Ordnung) hervor. Linie bedeutet hier nicht die Parentel, sondern die Vater- oder Mutterseite als weitere Gliederung der Parentel.

§ 289.

b) Die Erbfolgeordnung der Verwandten.

Es kommen hier zwei Fragen in Betracht: in welcher Reihenfolge werden die Blutsverwandten berufen, und wie nehmen die vom Gesetze zugleich berufenen Verwandten die Erbschaft?

I. Das BGB. hat keine reine Gradualerbfolgeordnung, bei der lediglich die Gradesnähe entscheiden würde, sondern eine Erbfolge nach Ordnungen eingeführt. Das römische gemeine Recht berief die Verwandten (Nov. 118) nach ordines, die mehr willkürlich innerhalb der Gesamtverwandtschaft abgeteilt waren; das BGB. beruft die Blutsverwandten auch nach Ordnungen (Linien, Parentelen), die aber dem natürlichen Aufbau der Verwandtschaft entsprechen. Die erste Ordnung umschließt den Erblasser

[1]) Strohal I, §§ 8—10.
[2]) Strohal I, S. 45, Note 7 a.

und seine Abkömmlinge, die *zweite* die Eltern des Erblassers und deren Abkömmlinge mit Ausschluß der ersten Ordnung usw. (*Lineal- oder Parentelenordnung*). Das Gesetz ist so dem ÖBGB. und dem älteren deutschen Rechte gefolgt. Das ÖBGB. schnitt aber die Erbberechtigung mit der 6. Ordnung ab. Der dabei zugrunde liegenden Erwägung, daß die Erbberechtigung nicht weiter zu reichen brauche, als das Gefühl der Familienzusammengehörigkeit lebendig sei, und im allgemeinen, besonders im wirtschaftlichen Interesse nicht weiter reichen dürfe, hat unser Gesetzbuch nicht nachgegeben; es kennt keine *Erbrechtsgrenze*.

In den ersten drei Ordnungen ist die Erbfolgeordnung eine *Parentel- oder reine Linealordnung* d. h. es konkurrieren die Angehörigen der Parentel ohne Rücksicht auf Gradesnähe, in den weiteren Ordnungen dagegen eine *Parentelgradualordnung* d. h. unter den Angehörigen der Parentel entscheidet Gradesnähe.

In den drei ersten Ordnungen ist das Prinzip der *Nachfolge nach Stämmen* (stirpes) unbeschränkt durchgeführt. Jedes Haupt einer Parentel mit seinen Abkömmlingen bildet einen Stamm, der Stamm zerfällt wieder in Unterstämme. Der Nachlaß geht an die einzelnen Stämme der Parentel. Solange noch in einen Stammesteil ein Angehöriger des Stammes folgt, geht der Stammteil nicht an einen anderen Stamm. Die entfernteren Angehörigen der Stämme folgen wie im röm. Recht kraft eigenen Erbrechtes (Eintrittsrecht oder Repräsentationsrecht), nicht als Rechtsnachfolger des dem Erblasser näherstehenden Stammesangehörigen aus dessen Erbrecht (Repräsentationsrecht im unrichtigen Sinne). Der Satz vivi nulla repraesentatio gilt nicht; die entfernteren Abkömmlinge treten *überall* da ein, wo der nähere Stammvater nicht zur Erbschaft gelangt, es sei denn, daß sie durch den Verzicht des Stammvaters nach **2349** ausgeschlossen sind.

II. Die fünf Ordnungen.

Durch die Einreihung der Blutsverwandten in die fünf Ordnungen ist die Reihenfolge der Erben zunächst fest bestimmt. Solange noch ein Angehöriger einer vorhergehenden Ordnung vorhanden ist, kann ein Angehöriger einer späteren Ordnung nicht zur Erbschaft gelangen (Nachfolge nach Ordnungen successio ordinum (**1930**).

A. Die erste Ordnung.

a) *Die berufenen Verwandten* (**1924**) sind die Abkömmlinge des Erblassers[1]). Die erste Ordnung fällt also zusammen mit der Parentel des Erblassers (erste Parentel). Der entferntere Abkömmling wird durch einen zur Zeit des Erbfalles lebenden Abkömmling, sofern er durch diesen mit dem Erblasser verwandt ist, ausgeschlossen. Im Beispiel 1 ist also C durch A, F durch D ausgeschlossen, berufen sind nur A und D. Im Beispiel 2 erben C und D (für ehelich erklärte Söhne des A) nicht, sondern nur B.

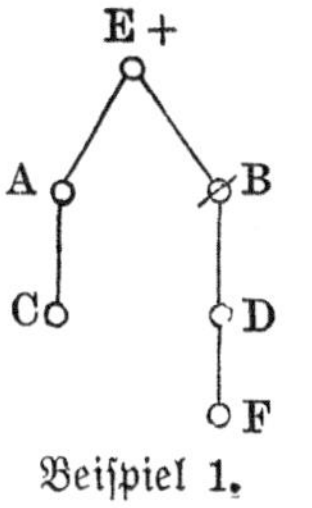

Beispiel 1.

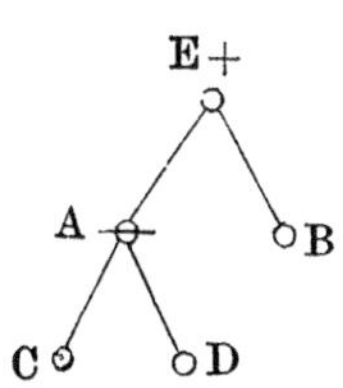

Beispiel 2.

b) *Das Verteilungsprinzip.*

1. Sind nur mehrere Kinder berufen, so erben sie zu gleichen Teilen (Teilung nach Köpfen).

2. Sind neben Kindern entferntere Abkömmlinge von vorverstorbenen Kindern oder nur entferntere Abkömmlinge verschiedener vorverstorbener Kinder des Erblassers vorhanden, so treten an die Stelle der Vorverstorbenen deren Abkömmlinge (Teilung nach Stämmen) (Beispiel 3). Die Behandlung der konkurrierenden halbbürtigen und vollbürtigen Abkömmlinge ergibt Beispiel 4.

3. Gehört ein Abkömmling verschiedenen Stämmen an, so erhält er in jedem seinen Teil (**1927**, vgl. Beispiel 5).

---

[1]) Einkindschaft (unio prolium) ist dem BGB. unbekannt.

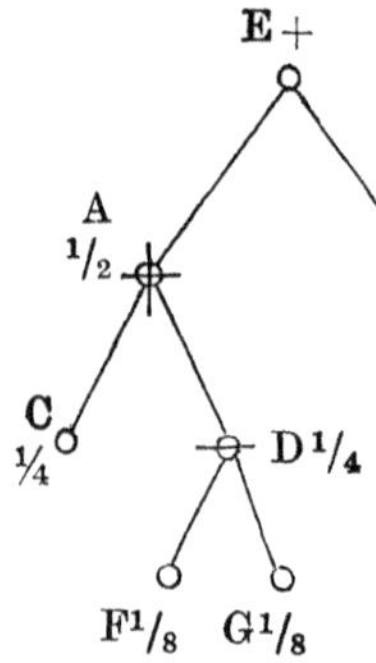

Beispiel 3.

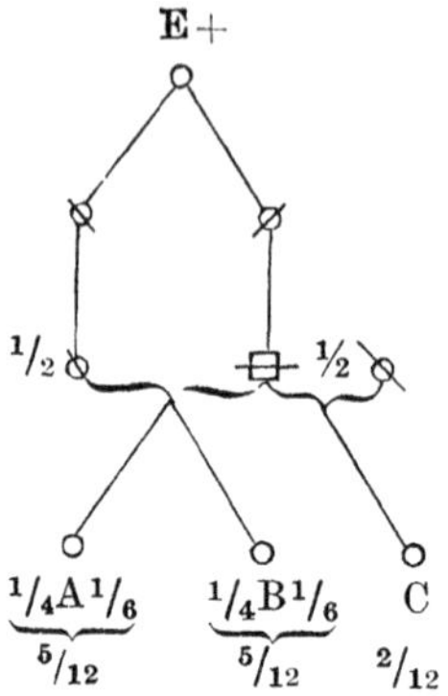

Beispiel 4.

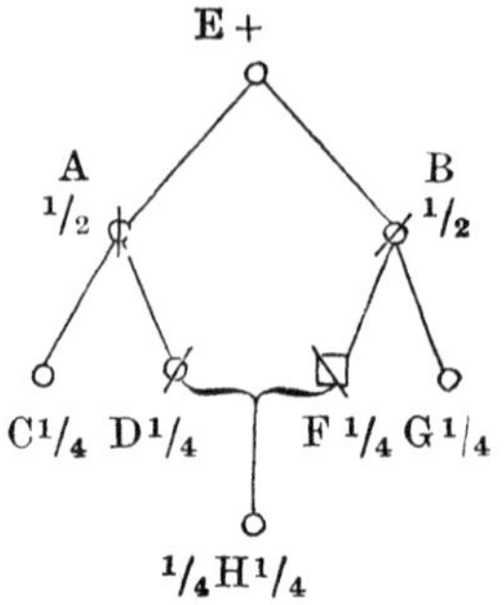

Beispiel 5.

B. **Die zweite Ordnung (1925).**

a) Die berufenen Personen sind die Eltern des Erblassers und deren gemeinsame oder einseitige Abkömmlinge, vorausgesetzt, daß Verwandtschaft und Erbberechtigung dieser Abkömmlinge der Eltern dem Erblasser gegenüber besteht (zweite Parentel). Es erben im Beispiel 6 nur die Mutter B, F und G, nicht C, wenn C ein für ehelich erklärtes Kind ist. Es erben hier nicht der bösgläubige Vater aus einer Putativehe, auch nicht Adoptivvater oder -Mutter. Leben beide Eltern, so sind die Abkömmlinge ausgeschlossen. Ist Vater oder Mutter verstorben, so erben die Abkömmlinge des Verstorbenen mit dem überlebenden Elternteil. Sind Abkömmlinge dieses nicht vorhanden, so erbt der überlebende Elternteil allein. Sind beide Elternteile verstorben, so erben die Abkömmlinge derselben allein.

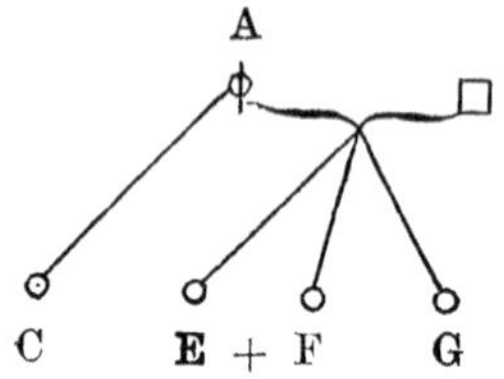

Beispiel 6.

b) Das Verteilungsprinzip.

1. Die allein erbenden Eltern teilen nach Köpfen (Schoßfall).

2. Wenn ein Elternteil mit den Abkömmlingen des anderen vorverstorbenen Elternteiles konkurriert, so tritt kein Schoßfall, d. h. Anfall an den Elternteil ein, sondern der auf den vorverstorbenen Elternteil kommende Stammesteil (Hälfte) fällt an dessen Abkömmlinge nach den Grundsätzen, die bei der ersten Ordnung gelten.

3. Sind beide Eltern vorverstorben, so fällt die eine Hälfte an die Abkömmlinge der Mutter (mütterliche Linie), die andere an die des Vaters (väterliche Linie) nach den Grundsätzen der I. Ordnung. Derjenige, der in mehreren Stämmen steht, erhält wiederum in jedem seinen Anteil (**1927**), (Beispiel 7 und 8). Auch wenn Geschwisterkinder allein erben, tritt Nachfolge nach Stämmen ein.

C. **Die dritte Ordnung (1926).**

a) Die berufenen Verwandten sind die Großeltern des Erblassers und deren gemeinsame oder einseitige Abkömmlinge (dritte Parentel). Leben die zwei Großelternpaare, so schließen sie ihre Abkömmlinge aus. Ist ein Großelternteil von einem oder dem anderen Großelternpaare vorverstorben, so erben die Abkömmlinge des vorverstorbenen mit dem überlebenden Großelternteile; sind solche nicht vorhanden, so erbt der andere Großelternteil, und wenn auch dieser vorverstorben ist, so erben dessen Abkömmlinge.

Leben das eine oder das andere der Großelternpaare nicht mehr, so erben, wenn Abkömmlinge des vorverstorbenen nicht da sind, das andere Großelternpaar bzw. dessen Abkömmlinge allein.

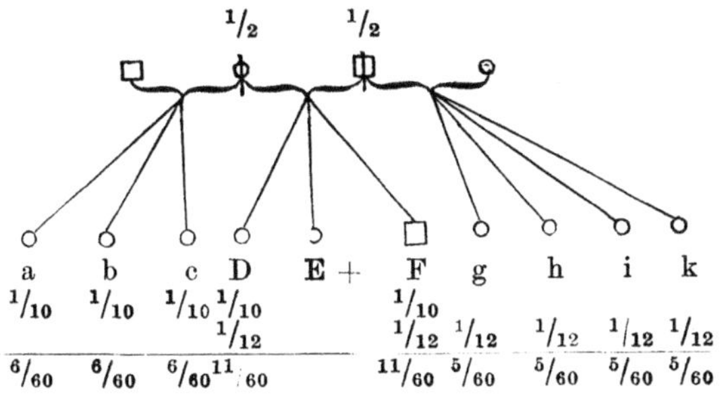

Beispiel 7.

b) Das Verteilungsprinzip.

1. Erben die vier Großeltern, so teilen sie nach Köpfen (Schoßfall).

2. Sobald nicht alle Großeltern vorhanden sind, und die vorverstorbenen Großelternteile Abkömmlinge hinterlassen oder nicht, tritt die Behandlung wie in der I. und II. Ordnung ein. Hier zerfällt der Nachlaß zunächst in vier Stammesteile; die auf die väterlichen und die auf die mütterlichen Großeltern entfallenden je zwei Stammesteile stehen in engerer Verbindung, sie bilden zwei Linienteile, den der väterlichen und den der mütterlichen Linie. Jede Linie wird behandelt wie die zweite Parentel im ganzen. Die Abkömmlinge in jeder Linie erben wie in der I. Ordnung.

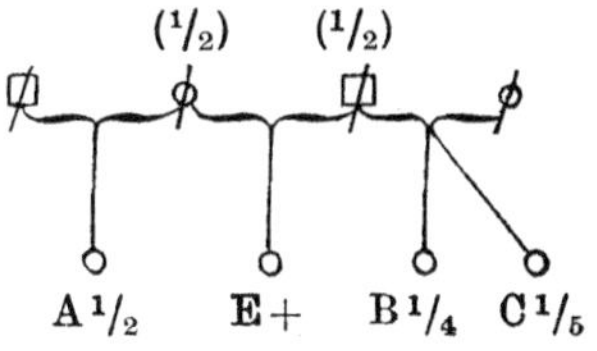

Beispiel 8.

α) Fällt ein Großelternteil fort, z. B. der väterliche Großvater (Beispiel 9), und hinterläßt er Abkömmlinge, so erben diese den auf den väterlichen Großvater fallenden Stammesteil (kein Schoßfallsrecht). Hinterläßt er keine Abkömmlinge, so fällt sein Stammesanteil an den überlebenden Großelternteil, also im Beispiel an die väterliche Großmutter. — Fällt auch der andere Großelternteil (z. B. die väterliche Großmutter) fort, so vererbt sich der Stammesteil des Großvaters auf die Abkömmlinge des Großvaters, derjenige der Großmutter auf die Abkömmlinge der Großmutter. Hat einer der Großelternteile keine Abkömmlinge, so vererbt sich der Stammesteil an die Abkömmlinge des anderen Großelternteiles.

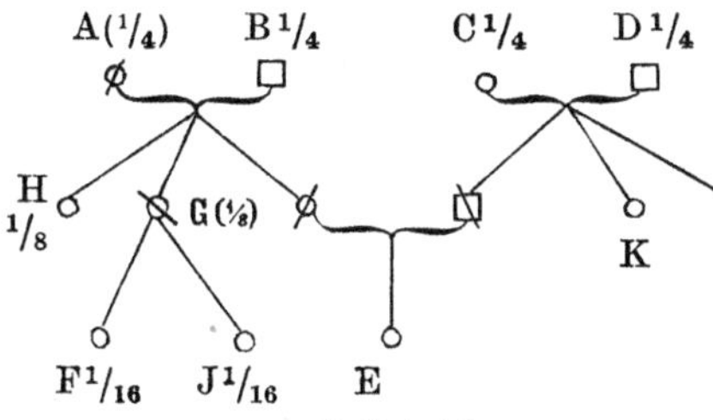

Beispiel 9.

β) Leben beide väterlichen oder beide mütterlichen Großeltern nicht mehr, und sind auch Abkömmlinge von ihnen nicht vorhanden, so fällt der Linienteil an die andere Linie bzw. deren beide Stämme (d. h. die Großeltern und deren Abkömmlinge in dieser Linie) nach α.

γ) Die Gliederung der Abkömmlinge der Großeltern nach Stämmen bewirkt auch hier wieder verschiedene Behandlung der vollbürtigen und halbbürtigen Verwandten. Die Halbgeschwister der Eltern des Erblassers stehen nur in einem Stamme, die Vollgeschwister in zwe

Stämmen. Bei mehrfacher Verwandtschaft entfällt in jedem Stamme, dem der Betreffende angehört, auf ihn ein Stammesanteil (**1927**).

D. **Die vierte Ordnung (1928).**

a) Die berufenen Verwandten sind die Urgroßeltern des Erblassers und deren Abkömmlinge (vierte Parentel). Leben noch Urgroßeltern, so schließen diese unbedingt die Abkömmlinge vorverstorbener Urgroßeltern aus. Die Abkömmlinge sind erst berufen, sobald keine Urgroßeltern mehr vorhanden sind (unbedingtes Schoßfallsrecht), und zwar nach Gradesnähe zum Erblasser. Bedeutungslos ist, weil die Nachfolge nach Stämmen fortfällt, der Unterschied von Vollbürtigen und Halbbürtigen und die mehrfache Verwandtschaft.

b) Das Verteilungsprinzip.

1. Mehrere Urgroßeltern erben nach Köpfen, es tritt folglich keine Nachfolge nach Linien ein.

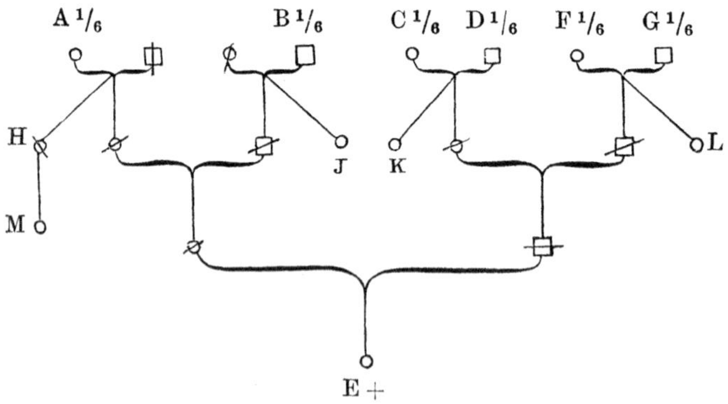

Beispiel 10.

2. Mehrere gleichnahe Abkömmlinge der Urgroßeltern erben nach Köpfen. Im Beispiel 10 würden also, wenn A B C D F G nicht da wären, I, K und L erben je zu ⅓.

E. **Die fünfte und die weiteren Ordnungen (1929)** entsprechen den weiteren Parentelen.

§ 290.

c) Der Zeitpunkt der Berufung und die sukzessive Berufung.

I. **Der Zeitpunkt für die Bestimmung des nächsten Erben.**

Der nächste Erbe bestimmt sich nach dem Zeitpunkte des Erbfalles, d. h. des Todes des Erblassers. Nur diejenigen Personen sind daher berufen, welche in diesem Momente die allgemeine Erbfähigkeit besitzen (**L.** § 286) und mit dem Erblasser verwandt sind (**L.** § 288).

Die Verwandtschaft zur Mutter und zu den mütterlichen Verwandten entsteht mit der Geburt.

Die Verwandtschaft zum Vater und zu den väterlichen Verwandten entsteht durch Geburt in bestehender Ehe oder in einer Putativehe (**1591. 1699**), ferner durch den Abschluß der legitimierenden Ehe oder Putativehe (**1719. 1721**), durch Abgabe der Ehelichkeitserklärung (**1736**), durch den Abschluß des Annahmevertrages (**1757**). — Der nasciturus gilt als verwandt seit der Erzeugung, falls diese in die Zeit der bestehenden Ehe oder Putativehe fällt. Fällt die Zeugung in die Zeit vor der Ehe, die Geburt aber in die Zeit der Ehe, so datiert die Verwandtschaft erst vom Eheschluß an.

Die Verwandtschaft durch Annahme endigt mit Abschluß des Aufhebungsvertrages (**1768**).

II. Bei der gesetzlichen Erbfolge kommen, obwohl sie im Zeitpunkte des Erbfalles existent und verwandt sind, nicht in Betracht:

a) die durch einseitige letztwillige Verfügung des Erblassers ausgeschlossenen Personen (**1938**);

b) die durch Verzicht auf ihr gesetzliches Erbrecht Ausgeschlossenen (**2346. 2349**).

Fällt der ursprünglich Berufene durch Ausschlagung, Anfechtung des Erbschaftserwerbes oder wegen Erbunwürdigkeit fort, oder erledigt sich die ursprüngliche Berufung durch Totgeburt des nasciturus, so tritt sukzessiver Erbfall an denjenigen ein, der berufen sein würde, wenn der ursprünglich Berufene zur Zeit des Erbfalles nicht gelebt hätte (**1953. 2344**). Die sukzessive Berufung geht zunächst an die Mitberufenen, dann an die in der gleichen Ordnung zunächst Berufenen und eventuell an die in der nächsten Ordnung Berufenen. Wie der ursprünglich Berufene, so bestimmt sich auch der eventuell Berufene nach dem Zeitpunkte des Erbfalles, nicht nach dem Momente des Wegfalles des ursprünglich Berufenen. Der für den Zeitpunkt des Erbfalles ursprünglich Berufene ist also Erbe unter der auflösenden Voraussetzung (condicio juris), daß sein Erwerb ein endgültiger war, alle nach der Erbfolgeordnung Nachrückenden sind schon für den Zeitpunkt des Erbfalles unter der aufschiebenden Voraussetzung (condicio juris) berufen, daß die ursprünglich Berufenen wegfallen.

Der im Momente des Erbfalles noch nicht Konzipierte ist also auch von der sukzessiven Berufung ausgeschlossen.

Das noch schwebende Erbrecht des ursprünglich oder eventuell berufenen Erben kann Gegenstand von Verfügungen unter Lebenden und von Todes wegen sein, besonders wird es auf die gesetzlichen oder Testamentserben vererbt (transmittiert) [1]).

Nach römischem Rechte hat die sukzessive Delation eine andere Bedeutung; bei Wegfall der ursprünglich Berufenen ergeht eine neue Berufung an die eventuell Berufenen, die demnach den Fortfall des ursprünglich Berufenen erlebt haben müssen. Auf die Erben des Berufenen gelangt die Erbschaft, abgesehen von den Transmissionsfällen, nur wenn sie der Berufene schon erworben hat. Die römische Transmission bedeutet Sukzession in das Recht aus der Berufung, d. h. das Recht zum Antritte der Erbschaft.

III. **Wegfall gesetzlicher Erben.** Dadurch, daß ein gesetzlicher Erbe vor oder nach dem Erbfalle wegfällt (infolge von Tod vor dem Erbfalle, Ausschließung, Ausschlagung, Erbunwürdigkeit und Verzicht), kann sich der Erbteil anderer gesetzlichen Erben erhöhen. Das gleiche tritt ein, wenn der Erblasser nur über einen Teil des Nachlasses durch Erbeseinsetzung verfügte, der eingesetzte Erbe aber vor oder nach Erbfall fortfällt. Diese **Erhöhung** wächst dem ursprünglichen Erbteile nicht eigentlich zu, sondern kommt dem Erben zu, weil er schon im Zeitpunkte des Erbfalles zu ihr unter einer condicio juris berufen war, die sich erfüllt hat, sie gilt, aber gleich dem dem eingesetzten Erben anwachsenden Erbteile (**2094. 2095. L.** § 297) als besonderer Erbteil, soweit der Erbteil des Wegfallenden mit Vermächtnissen, Auflagen beschwert ist, oder den Wegfallenden die Ausgleichungspflicht trifft. Diese Belastungen ruhen also immer auf dem Erbteile des Wegfallenden (**1935**).

§ 291.

Das gesetzliche Erbrecht des überlebenden Ehegatten.[2])

Im römischen und gemeinen Recht hat der überlebende Ehegatte ein ordentliches gesetzliches Erbrecht (bonorum possessio unde vir et uxor) nach allen Verwandten und die arme Witwe das außerordentliche Erbrecht auf die quarta.

Die heutige Erbfolge des überlebenden Ehegatten ist entweder eine selbständige oder eine durch die während der Ehe herrschende Gütergemeinschaft bestimmte.

I. **Das selbständige gesetzliche Erbrecht des überlebenden Ehegatten.**

A. Das Erbrecht des überlebenden Ehegatten setzt gültige Ehe voraus.

---

[1]) Vgl. Strohal (2. A.), § 2 und Derselbe: Transmission pendente condicione (1879), S. 58 ff.

[2]) Strohal I, § 10.

1. Ist die Ehe wegen Formmangels (**1317**) nichtig und nicht in das Heiratsregister eingetragen, so ist von einem Erbrechte des Ehegatten nicht die Rede (**1324**, Abs. 1).

a) Ist die Ehe aus sonstigen Gründen nichtig oder anfechtbar, so wird die Ehe mit der erfolgreichen Durchführung der Nichtigkeits- bzw. Anfechtungsklage von Anfang an als nichtig angesehen. Ist die Ungültigkeitserklärung erfolgt, so kann nachher von Erbrecht nicht die Rede sein.

b) Wird die Ehe durch den Tod eines der Ehegatten gelöst, ohne daß zuvor die Ungültigkeitserklärung erfolgte, und war sie nichtig aus den Gründen sub a, so kann ebenso (**1329**) kein Erbrecht bestehen.

c) War die Ehe anfechtbar, und wird sie durch den Tod eines der Ehegatten gelöst, ohne daß die Anfechtung zuvor wirksam durchgeführt war, so kann (**1338**) der überlebende Ehegatte, wenn er der Anfechtungsberechtigte war, die Anfechtung durchführen. Daher besteht kein Erbrecht.

2. Ist die Ehe rechtskräftig geschieden, bevor der Erbfall eintritt, so besteht kein Erbrecht. Das Erbrecht des überlebenden Ehegatten ist aber schon ausgeschlossen, wenn der Erblasser zur Zeit seines Todes Scheidung wegen Verschuldens des überlebenden Ehegatten zu verlangen berechtigt war und die Scheidungsklage oder die Klage auf Aufhebung der ehelichen Gemeinschaft erhoben hatte[1]). (**1933**. ZPO. § 628.)

3. Das Erbrecht des überlebenden Ehegatten ist auch dann ausgeschlossen, wenn die Aufhebung der ehelichen Gemeinschaft durch Urteil ausgesprochen und die eheliche Gemeinschaft vor dem Tode nicht wiederhergestellt ist (**1575. 1586. 1587**).

B. Konkurriert der überlebende Ehegatte mit den Verwandten als gesetzlichen Erben, so ist er in verschiedenem Umfange zur Erbfolge berufen.

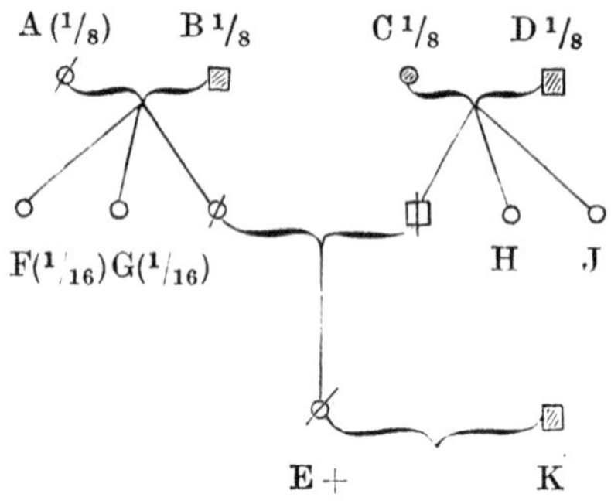

Beispiel 11.

1. Neben Verwandten der I. Ordnung ist er zu einem Vierteile,

neben Verwandten der II. Ordnung zur Hälfte,

neben Großeltern (III. Ordnung) zur Hälfte berufen. Konkurrieren mit Großeltern Abkömmlinge vorverstorbener Großeltern, so erhält der Ehegatte auch von der anderen Hälfte den Anteil, der auf die Abkömmlinge fallen würde (Beispiel 11).

2. Gehört der überlebende Ehegatte zu den erbberechtigten Verwandten, so erbt er auch als solcher; der ihm als Verwandten zufallende Erbteil gilt als besonderer Erbteil (**1934**). Vgl. Beispiel 12.

C. Konkurriert der überlebende Ehegatte mit Verwandten der II. Ordnung oder mit Großeltern, so erhält er außer dem Erbteile (B.) die zum ehelichen Haushalte gehörenden Gegenstände und die Hochzeitsgeschenke (V o r a u s) (**1932. 1933**).

---

[1]) Die Ladung zum Sühnetermin genügt nicht. Vgl. S t r o h a l I, S. 52, Note 6.

1. Die zum ehelichen Haushalte gehörenden Gegenstände, die Zubehör eines Grundstückes sind, gehören nicht zum Voraus. Die Hochzeitsgeschenke gehören aber zum Voraus, ohne Rücksicht darauf, ob sie zum Hausinventar gehören oder nicht. Diejenigen Hochzeitsgeschenke dagegen gehören nicht hierher, welche ohne Zweifel einem der beiden Ehegatten gemacht sind. Waren sie dem überlebenden Ehegatten gemacht, so behält er sie ohnehin. Waren sie dem verstorbenen Ehegatten gemacht, so befinden sie sich zwar im Nachlasse dieses, der überlebende Ehegatte erhält sie aber nicht als Voraus.

2. Der Voraus hat nicht den Charakter des Erbteiles oder des Pflichtteiles, sondern eines gesetzlichen Vermächtnisses (**2147** ff. **L.** § 299).

II. Das gütergemeinschaftliche Erbrecht des Ehegatten (**L.** § 239).

a) Der gesetzliche Güterstand, die Verwaltungsgemeinschaft, hat keine die Ehe überdauernden Wirkungen für den überlebenden Ehegatten.

b) Die allgemeine Gütergemeinschaft löst sich durch den Tod eines der Ehegatten, und wenn gemeinschaftliche Abkömmlinge nicht da sind, gehört der Anteil des verstorbenen Ehegatten am Gesamtgute zu seinem Nachlasse. Der verstorbene Ehegatte wird also in bezug auf diesen Anteil nach den allgemeinen Grundsätzen beerbt (**1482**).

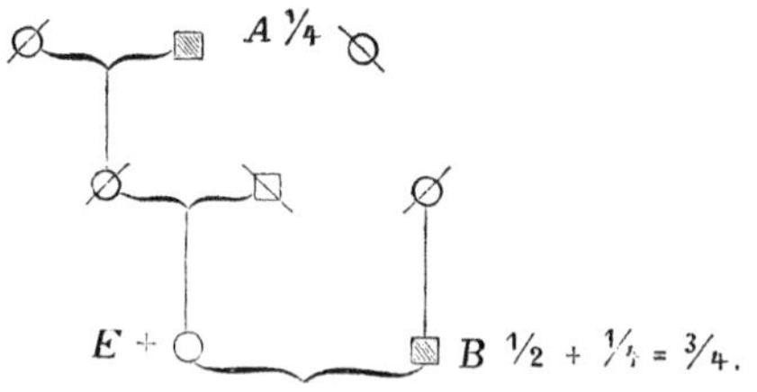

Beispiel 12.

Fortgesetzte Gütergemeinschaft tritt ein, wenn beim Tode eines Ehegatten gemeinschaftliche Abkömmlinge vorhanden sind, welche zur gesetzlichen Erbfolge berufen sind, und zwar zwischen diesen Abkömmlingen und dem überlebenden Ehegatten. Der Anteil des verstorbenen Ehegatten am Gesamtgute gehört in diesem Falle nicht zum Nachlasse. Stirbt ein anteilsberechtigter Abkömmling, so gehört sein Anteil auch nicht zu seinem Nachlasse (**1490**); seine eventuell anteilsberechtigten Abkömmlinge treten an seine Stelle, oder der überlebende Ehegatte erhält allein das Gesamtgut. Nachlaß ist nur das Vorbehaltsgut und andere gesetzlich vom Gesamtgute ausgeschlossene Gegenstände (**1439**. **1440**).

Bei der Fahrnisgemeinschaft tritt (**1557**) fortgesetzte Gütergemeinschaft nur ein bei besonderer Vereinbarung im Ehevertrage.

§ 292.

Das gesetzliche Erbrecht des Fiskus.[1])

Das römische und gemeine Recht gab dem Fiskus das Recht auf das erblose Gut (bonum vacans), das als privilegiertes Okkupationsrecht, richtiger als ein dem Erbrechte analoges Recht aufgefaßt wurde.

I. Nach heutigem bürgerlichen Rechte ist der Fiskus gesetzlicher Erbe (**1936**), wenn weder Verwandte noch ein Ehegatte vorhanden sind, und zwar zunächst der Fiskus des Bundesstaates[2]), dem der Erblasser zur Zeit des Todes angehört hat. Hat der Erblasser in diesem Zeitpunkte die Staatsangehörigkeit in mehreren Bundesstaaten, so ist der Fiskus eines jeden dieser Bundesstaaten zu gleichen Teilen zur Erbfolge berufen.

Deutsche, die keinem Bundesstaate angehören, beerbt der Reichsfiskus[3]).

---

[1]) Strohal I, § 11.

[2]) Als Bundesstaat gilt auch Elsaß-Lothringen. EG. Art. 5.

[3]) Unberührt bleiben die landesgesetzl. Vorschriften: 1. nach denen im Falle von **1936** an Stelle des Fiskus eine Körperschaft, Stiftung oder Anstalt des öffentl. R. gesetzlicher Erbe ist. (EG. Art. 138.) Vgl. Mecklenb.-Schwer. AV. z. BGB., § 252; 2. nach denen dem Fiskus oder einer anderen

II. Das Recht des Fiskus ist **Erbrecht.** Ausschließung des Fiskus von der gesetzlichen Erbfolge ist nicht möglich (Arg. **1938**). Das gesetzliche, nicht das gewillkürte Erbrecht des Fiskus steht aber unter Sonder-Vorschriften.

A. Der Fiskus wird der Regel gemäß Erbe mit dem Erbfall, er kann aber sein Erbrecht erst geltendmachen, und es kann gegen ihn erst geltendgemacht werden, wenn vom Nachlaßgerichte festgestellt ist, daß ein anderer Erbe als der Fiskus nicht vorhanden ist. Diese Feststellung findet nach dem **L.** § 310 Gesagten statt; sie schließt etwa wirklich vorhandene Erbrechte nicht aus, sondern begründet nur eine Vermutung für und gegen den Fiskus (**1960. 1961. 1964—1966**).

B. Die **Erbenstellung des Fiskus** als gesetzlichen Erben.

1. Der Fiskus kann die ihm angefallene Erbschaft nicht ausschlagen. Er ist endgültig Erbe (**1942**, Abs. 2).

2. Der Fiskus kann des Rechtes auf Beschränkung der Haftung für die Nachlaßverbindlichkeiten nicht verlustig gehen wie andere Erben. Von den Verlustgründen käme in Betracht der Ablauf der Inventarfrist. Eine solche kann dem Fiskus nicht gesetzt werden (**2011**, vgl. **1994**). Vgl. **L.** §§ 314. 315.

3. Der Fiskus ist verpflichtet, den Nachlaßgläubigern Auskunft über den Stand des Nachlasses zu erteilen. Diese Pflicht besteht vom Zeitpunkte der unter A. erwähnten Feststellung an.

4. Werden in letztwilligen Verfügungen die „gesetzlichen Erben" bedacht (Erbeseinsetzung, Vermächtnis), so zählt nach Auslegungsregeln (**2104. 2149**) der Fiskus nicht zu den gesetzlichen Erben.

5. Das literarische und künstlerische Urheberrecht geht auf den Fiskus als gesetzlichen Erben nicht über (Reichsgesetz vom 19. Juni 1901, § 8; Reichsgesetz vom 9. Januar 1907, § 10.[1])

B. Die gewillkürte Erbfolge.

§ 293.

Die Erbeseinsetzung.[2])

Das römische Recht kannte nur eine Berufung des Erben durch Erbeseinsetzung im Testamente, nach gemeinem und heutigem Rechte kann ein Erbe auch durch Erbvertrag berufen werden. Die gewillkürte Erbfolge ist also heut eine testamentarische oder erbvertragsmäßige.

I. Die Verfügung des Erbvertrages, in der ein Erbe berufen wird, und die Erbeseinsetzung im Testamente stehen inhaltlich unter den Vorschriften der Verfügungen von Todes wegen, und für die Berufung des Erben im Erbvertrage gelten nach **2279** die Bestimmungen über die letztwilligen Verfügungen (**L.** §§ 273—279), besonders die für die Erbeseinsetzung. Daher ist hier nur von dieser eingehender zu handeln.

II. **Die Erbeseinsetzung** ist diejenige testamentarische Verfügung, in welcher der Erblasser den Erben bestimmt (**1937**). Das ältere römische Recht schrieb bis zur l. 15 C. (6, 23) eine besondere Form vor, nach jetzigem Rechte ist innerhalb der Testamentsform die Erbeseinsetzung nicht noch an besondere Formen, z. B. bestimmten Wortgebrauch („Erbe"), gebunden. Wesentlich ist nur, daß der Erblasser sein Vermögen oder einen Bruchteil desselben einem anderen zuwendet. Ob das der Fall ist, muß die Auslegung ergeben (**2087**, Abs. 1). In der Zuwendung bestimmter einzelnen Sachen soll im Zweifel ein Vermächtnis liegen, selbst wenn

---

juristischen Person ein Erbrecht, Pflichtteilsanspruch oder ein Recht auf bestimmte Sachen in Ansehung des Nachlasses von verpflegten oder unterstützten Personen zusteht (EG. Art. 139). Vgl. Bayer. AG. z. BGB., Art. 101. 102.

[1]) Vgl. Strohal I, S. 57, Note 19.

[2]) Strohal I, §§ 23—26.

der Bedachte als Erbe bezeichnet ist (**2087**, Abs. 2). Vermächtnisanordnung liegt daher in der römischen institutio heredis ex re certa oder excepta re certa (**2149**), in der Bedenkung mit einer Quote des Reinertrages des Nachlasses oder mit einer dem Erblasser von einem Dritten angefallenen Erbschaft. (Vgl. ferner **2304**. **L.** § 304.) Die Auslegungsregel wird aber nicht zur Anwendung gelangen, wenn die einzelnen Gegenstände nach durch die Sachlage gerechtfertigter Meinung des Erblassers den Nachlaß im ganzen oder Bruchteile des Nachlasses vertreten.

A. Der Erblasser kann einen Erben auf den gesamten Nachlaß berufen (Alleinerbe, Universalerbe) oder mehrere (Teilerben). Hat der Erblasser den einen Erben auf einen Bruchteil der Erbschaft beschränkt, so tritt zu dem Rest die gesetzliche Erbfolge ein. Der Erblasser kann bei der Einsetzung mehrerer Erben auch die Bruchteile festsetzen, zu denen er die einzelnen Erben berufen will.

1. Hat er die Eingesetzten ohne jede Bezeichnung der Erbteile berufen, so erben, soweit nicht die allgemeinen Auslegungsregeln für letztwillige Verfügungen (**2066** bis **2069**. **L.** § 273) eingreifen, alle zu gleichen Teilen (**2091**).

2. Sind alle eingesetzten Erben zu bestimmten Erbteilen berufen, so ist zu unterscheiden:

Sind die mehreren Erben auf bestimmte Bruchteile ohne Erschöpfung des Ganzen eingesetzt, und sollen sie auf ihre Bruchteile beschränkt sein, so tritt für den nicht vergebenen Rest die gesetzliche Erbfolge ein (**2088**). Sollen dagegen die eingesetzten Erben die alleinigen Erben sein, fehlt also die Beschränkungsabsicht, so erhöhen sich die bestimmten Erbteile verhältnismäßig (**2089**). Sind dagegen alle Erben auf bestimmte Bruchteile unter Überschreitung des Ganzen eingesetzt, so mindern sich die Bruchteile verhältnismäßig (**2090**).

3. Sind einige Erben mit, einige ohne Bestimmung der Bruchteile eingesetzt, so erhalten die letzteren den noch unvergebenen Rest der Erbschaft eventuell zu gleichen Teilen (Z. 1); sind z. B. A, B, C zu je $^1/_6$ und dann noch D, E, F, G zu Erben eingesetzt, so erhalten D, E, F, G je $^1/_8$ der Erbschaft. Wenn aber die bestimmten Bruchteile das Ganze erschöpfen oder überschreiten, so erhalten die übrigen Erben, unter verhältnismäßiger Minderung der Bruchteile, so viel wie der mit dem geringsten Bruchteil bedachte Erbe, z. B. es sind eingesetzt: A zu $^1/_4$, B zu $^1/_4$, C zu $^1/_4$, D zu $^1/_2$ und E und F, es erben A, B, C, E, F je zu $^1/_7$ D zu $^2/_7$. (**2092**). Nach der so beseitigten römischen Regel ex asse fit dupondium, tripondium usw. würden dagegen A, B, C je $^1/_8$, D $^2/_8$, E und F je $^3/_{16}$ erben.

4. Unter mehreren Erben kann der Erblasser einige wieder zu einem und demselben (gemeinschaftlichen) Bruchteile (re coniuncti) berufen. Unter den mehreren zum gemeinschaftlichen Erbteile Berufenen können wieder einige zu einem gemeinschaftlichen Bruchteile dieses Bruchteiles berufen sein. Die Konkurrenz der zu einem gemeinschaftlichen Erbteile Berufenen bestimmt sich ebenso wie die Konkurrenz der zur Erbschaft überhaupt Berufenen (**2088**—**2092**; oben Z. 1—3). Wann eine Berufung zu einem gemeinschaftlichen Erbteile vorliegt, ist Auslegungsfrage. Die Auslegung ist durch keine besonderen Regeln wie im römischen Rechte, das zwischen bloßen verbis coniuncti, re coniuncti und re et verbis coniuncti unterschied, gebunden, es können aber die allgemeinen Auslegungsregeln (**2066**—**2069**) eingreifen.

B. **Anwachsung (Akkreszenz)** [1]).

Im römischen Rechte trat Anwachsung in gleicher Weise bei der gesetzlichen und testamentarischen Erbfolge ein, heut gibt es bei der gesetzlichen Erbfolge keine eigentliche Anwachsung, sondern eine Erhöhung des gesetzlichen Erbteiles (**L.** § 290). Die römische Anwachsung beruhte darauf, daß in den Nachlaß entweder nur testamentarische oder nur gesetzliche Erbfolge stattfinden konnte und in jedem Falle der ganze Nachlaß der

---

[1]) Über die Anwachsung bei der fortgesetzten Gütergemeinschaft vgl. **1490**, **L.** § 239. Über die Erhöhung des gesetzlichen Erbteiles vgl. **1935**, **L.** § 290.

Erbfolge unterlag. Im heutigen Rechte besteht aber die Möglichkeit einer Mischung der Erbfolge in denselben Nachlaß.

1. Die Anwachsung beruht daher heut zwar nicht auf Anordnung des Erblassers, sondern ist dispositiven Rechtes, sie tritt aber dem vermutlichen Willen des Erblassers gemäß ein und kann daher auch vom Erblasser ausdrücklich oder stillschweigend ausgeschlossen werden (**2094**, Abs. 3). Das ist zu beachten bei der Anwendung der Vorschriften des Gesetzes darüber, wann und wie sie eintritt (**2094**, Abs. 1 und 2).

a) Sind mehrere Erben so eingesetzt, daß sie, falls sie alle zur Erbfolge gelangen, die gesetzliche Erbfolge ausschließen, und fällt einer der Eingesetzten vor oder nach dem Erbfalle fort, so wächst dessen Erbteil den übrigen Erben nach Verhältnis der für sie bestimmten Erbteile an. Die Anwachsung kann eintreten, ob nun die Erben ohne oder mit Bruchteilbestimmung eingesetzt sind. Sie kann auch eintreten, wenn die mehreren Erben zu einem gemeinschaftlichen Erbteil berufen sind. Wenn dann neben diesen noch andere Erben vorhanden sind, so tritt die Anwachsung zunächst zugunsten der gemeinschaftlich Berufenen ein, wenn von diesen einer fortfällt. Sie kann regelmäßig[1]) nicht eintreten, wenn der Erbe nach Anfall und endgültigem Erwerbe wegfällt; fällt er nach Anfall aber vor endgültigem Erwerbe fort, so geht sein Erbteil mit dem Rechte der Ausschlagung auf seinen Erben über, und daher ist Anwachsung erst mit der Ausschlagung des Erbeserben möglich, ausgeschlossen aber mit dem endgültigen Erwerbe des Erbeserben. Die Anwachsung ist ausgeschlossen, wenn ein Ersatzerbe (C.) an Stelle des fortgefallenen Erben endgültig erwirbt (**2099**).

b) Hat der Erblasser nur zu einem Teile über seinen Nachlaß durch Erbeseinsetzung verfügt, so daß in den Rest die gesetzliche Erbfolge stattfindet, so tritt unter den eingesetzten Erben Anwachsung nur ein, soweit sie auf einen gemeinschaftlichen Erbteil eingesetzt sind (**2094**, Abs. 2).

2. Die Anwachsung tritt, wenn der Berechtigte den Fortfall des Erben nicht erlebt, für die Erben des Berechtigten ein (**1953**). Das gleiche trat nach dem besonderen römischen Satze portio portoni accrescit ein. Mit der Annahme und Ausschlagung des ursprünglichen Erbteiles ist auch über die Annahme und Ausschlagung des anwachsenden entschieden (portio ipso iure accrescit). Es gilt ferner auch der römische Satz portio accrescit cum onere (**2161**. **2192**). Der anwachsende Erbteil gilt in bezug auf Vermächtnisse, Auflagen und Ausgleichungspflicht als besonderer Erbteil. Das findet Anwendung sowohl, wenn der anwachsende, wie wenn der ursprüngliche Erbteil belastet ist (**2095**. **1935**. **L.** § 290; **2007**, Satz 2. **L.** § 315).

C. **Die Ersatzerbeseinsetzung (Vulgarsubstitution).**

1. Die Ersatzeinsetzung bestimmt den Erben entweder für den Fall, daß der gesetzliche Erbe oder der zunächst Eingesetzte nicht Erbe sein kann (Tod vor dem Erbfalle, Nichtigkeit oder Anfechtbarkeit der Einsetzung, Erbunwürdigkeit, Verzicht usw.), oder daß er nicht Erbe sein will (Ausschlagung) [2]). Im Zweifel gilt die Ersatzeinsetzung für beide Eventualitäten (**2096**. **2097**). Der römische Vulgarsubstitut stand einem unter aufschiebender Bedingung eingesetzten Erben gleich, er mußte daher den Erbfall und die Erfüllung der Bedingung erleben. Der heutige Ersatzerbe ist dagegen nicht unter wirklicher aufschiebender Bedingung berufen, **2074** findet daher keine Anwendung, sondern er ist als eventueller Erbe auf den Erbfall unter der condicio iuris berufen, daß der Ersteingesetzte fortfällt. Die Ersatzeinsetzung läuft der eventuellen Berufung der entfernteren gesetzlichen Erben und der eventuellen Berufung der gesetzlichen Erben nach den eingesetzten Erben gleich. Daher muß der Ersatzerbe die Fähigkeit zur Erbfolge (**1923**. **L.** § 286) im Momente des Erbfalles besitzen, und fällt der Ersteingesetzte nach dem Erbfalle fort, so folgt der Ersatzerbe dennoch vom Erbfalle an, wie wenn der Ersteingesetzte beim Erbfalle nicht vorhanden gewesen wäre (**1953**. **2344**).

---

[1]) Über den Ausnahmefall s. Strohal I, S. 155, Note 16.

[2]) In Betracht kommen hier die Auslegungsregeln in **2069**, vgl. **L.** § 276 und die durch **2101**, Abs. 1 beschränkte Auslegungsregel von **2102**, vgl. **L.** § 294.

Tritt daher der Fall der Ersatzeinsetzung ein, und ist der Ersatzerbe bereits fortgefallen, so treten dessen Erben an seine Stelle, falls nur der Ersatzerbe den Erbfall erlebt hatte. Hat umgekehrt der Ersteingesetzte den Erbfall erlebt, so schließen seine Erben den Ersatzerben aus.

2. Eine Ersatzeinsetzung kann auch wieder für den Ersatzerben erfolgen[1]). Die Ersatzeinsetzung mehrerer Ersatzerben ist wie die Einsetzung mehrerer Erben zu behandeln (A. B.). Liegt eine gegenseitige Ersatzeinsetzung der Erben untereinander (substitutio reciproca) oder aller übrigen Erben für einen vor, so gelten sie im Zweifel als Ersatzerben nach dem Verhältnisse ihrer Erbteile (**2098**, Abs. 1). Allgemeine Auslegungsregeln greifen dagegen Platz, wenn neben den als Ersatzerben eingesetzten Miterben noch Fremde als Ersatzerben berufen sind. Bei der gegenseitigen Ersatzeinsetzung der Miterben gehen die auf einen gemeinschaftlichen Erbteil berufenen Miterben für diesen Teil als Ersatzerben den übrigen vor (**2098**, Abs. 2).

3. Die Beschwerungen der eingesetzten Erben treffen auch den Ersatzerben (**2161**. **2192**). Der einem Miterben als Ersatzerben zufallende Erbteil gilt als besonderer Erbteil in jeder Beziehung (vgl. B. Z. 2).

§ 294.

Die Einsetzung eines Nacherben.[2])

Die Einsetzung eines Erben konnte nach römischem Rechte wegen seines Grundsatzes: semel heres semper heres, nicht in der Weise erfolgen, daß der eingesetzte Erbe des Erblassers als Nacherbe werden soll, nachdem ein anderer (Vorerbe) aufgehört hat, Erbe zu sein (Nacherbeseinsetzung). Die ungefähr gleichen praktischen Ziele erreichte das römische und gemeine Recht mit dem Erbschaftsvermächtnis. Nach Vorgang des preußischen, österreichischen und sächsischen Rechtes hat das BGB. (**2100**) die Nacherbeseinsetzung aufgenommen. Der Erblasser kann auf diese Weise die Erbschaft mehreren Personen nacheinander zuwenden, die sämtlich ihm als Erben nachfolgen, nicht sie zuwenden ihren Vormännern. Eine Folge davon: **2143**, eine Abschwächung: **2111**. Die Anordnung einer Nacherbfolge legt dem Vorerben gewisse nicht unerhebliche Verfügungsbeschränkungen hinsichtlich des Nachlasses auf, die wirtschaftlich schädlich wirken würden, wenn die angeordnete Nacherbfolge erst nach beliebig langer Zeit eintreten könnte. Daher ist bestimmt (**2109**), daß die Anordnung der Nacherbfolge unwirksam wird, wenn der Fall der Nacherbfolge nicht vor Ablauf von dreißig Jahren eingetreten ist. Diese Schranke gilt stets bei Einsetzung einer juristischen Person zum Vorerben oder Nacherben. Verfügt also der Erblasser, daß der Verein, dem er angehört, Erbe sein solle, daß aber die Stadtgemeinde Erbin werden solle, wenn der Verein eine Bestimmung seiner Statuten ändern sollte, so ist die Anordnung der Nacherbfolge unwirksam, wenn die fragliche Statutenänderung erst nach dreißig Jahren eintritt. Die Anordnung einer Nacherbfolge behält aber ausnahmsweise über die dreißig Jahre hinaus ihre Wirksamkeit:

1. wenn die Nacherbfolge an ein in der Person des Vorerben oder eines der Vorerben oder in der Person des Nacherben oder eines der Nacherben eintretendes bestimmtes Ereignis (z. B. bestimmtes Lebensalter des Vorerben oder Nacherben) geknüpft ist, und dieser betreffende Vor- oder Nacherbe zur Zeit des Erbfalles lebt. Daß der Nacherbe dieses Ereignis erlebt, ist nicht erforderlich;

2. auch dann fällt die zeitliche Schranke, wenn dem Vorerben oder Nacherben für den Fall, daß ihm ein Bruder oder eine Schwester geboren wird, der Bruder oder die Schwester als Nacherbe bestimmt ist.

---

[1]) Der Ersatzerbe eines Ersatzerben ist auch Ersatzerbe des Ersteingesetzten. Der Ersatzerbe eines Ersatzerben, der Miterbe des Ersteingesetzten ist, kann auch als Ersatzerbe seines Vormannes für den Fall der Erledigung des Erbteiles berufen sein.

[2]) Strohal I, §§ 27—28 a.

I. **Die Erbfähigkeit** im Momente des Erbfalles wird für den Nacherben nicht verlangt. Auch eine zur Zeit des Erbfalles noch nicht existente natürliche oder juristische Person kann zum Nacherben, nicht zum Erben (**1923**) eingesetzt werden.

II. **Die Einsetzung** des Nacherben ist Erbeseinsetzung. Es gelten aber hier besondere Auslegungsregeln:

A. Die Einsetzung zum Nacherben ist im Zweifel auch Einsetzung zum Ersatzerben, der dann aber nach **1923** erbfähig sein muß (**2102**, Abs. 1).

B. Eine Einsetzung, die sowohl als Ersatz- wie als Nacheinsetzung aufgefaßt werden kann, gilt als Ersatzeinsetzung (**2102**, Abs. 2).

C. In folgenden Fällen hat man sich im Zweifel für Nacherbeseinsetzung zu entscheiden:

1. Bei der Einsetzung nicht erbfähiger natürlichen oder juristischen Personen zu „Erben". Selbst wenn der Erblasser die noch nicht existente Person als Erben, nicht als Nacherben, eingesetzt hat, ist sie als Nacherbe berufen gemäß **2084**. Nur dann würde die Verfügung unwirksam, wenn feststände, daß der Erblasser die Nacherbfolge auch als eventuelle nicht gewollt hat. Anders liegt es (**84**) bei der vom Erblasser errichteten, aber erst nach dem Erbfalle genehmigten Stiftung (**2101**).

2. Die Nacherbeseinsetzung liegt auch in der Anordnung der Herausgabe der Erbschaft durch den Erben an einen anderen bei Eintritt eines bestimmten Zeitpunktes oder Ereignisses (**2103**), auch in der bloßen Anordnung, daß der Erbe nur bis zu einem bestimmten Zeitpunkte oder Ereignis (Endtermin, auflösende Bedingung) Erbe sein soll. Als Nacherben eingesetzt sind dann die gesetzlichen Erben des Erblassers (mit Ausschluß des Fiskus) in diesem Zeitpunkte oder bei Eintritt dieses Ereignisses; stirbt also der Erblasser in diesem Falle, ohne Verwandte oder einen Ehegatten zu hinterlassen, so behält trotz Eintrittes der Bedingung der Eingesetzte die Erbschaft (**2104**). Die bloße Anordnung, daß der eingesetzte Erbe von einem bestimmten Zeitpunkte oder Ereignis (Anfangstermin, aufschiebende Bedingung) an Erbe sein sollte, ist dahin zu verstehen, daß der eingesetzte Erbe Nacherbe, die gesetzlichen Erben (auch der Fiskus) Vorerben sind (**2105**, Abs. 1). Ebenso liegt es, wenn die Persönlichkeit des Erben durch ein erst nach dem Erbfalle eintretendes Ereignis bestimmt werden soll, oder wenn eine nicht erbfähige Person eingesetzt ist (Z. 1). Die so Eingesetzten sind Nacherben nach den gesetzlichen Erben als Vorerben (**2105**, Abs. 2).

III. **Die Eröffnung der Nacherbfolge und der Voranfall an den Nacherben** sind von einander zu halten:

A. **Die Eröffnung (Anfall) der Nacherbfolge** ist der Zeitpunkt des Eintretens des Nacherben an Stelle des Vorerben.

1. Dieser Zeitpunkt wird durch den Erblasser bestimmt (vgl. II. C. Z. 2). Ist eine solche Bestimmung nicht getroffen, so wird die Nacherbfolge mit dem Tode des Vorerben eröffnet (**2106**, Abs. 1). Ausnahmen:

a) Im Falle der als Nacherbeseinsetzung zu deutenden Einsetzung einer noch nicht erzeugten natürlichen oder noch nicht bestehenden juristischen Person (II. C. Z. 1) tritt die Eröffnung mit der Geburt bzw. Entstehung der Person des Nacherben ein (**2106**, Abs. 2).

b) Ist nach einem Abkömmlinge des Erblassers als Vorerben, der zur Zeit der letztwilligen Verfügung keinen Abkömmling hat, oder von dem der Erblasser nicht weiß, daß er einen Abkömmling hat, ein Nacherbe eingesetzt, so tritt die Eröffnung der Nacherbfolge dem vermutlichen Willen des Erblassers gemäß zwar mit dem Tode des Vorerben, aber nur dann ein, wenn er ohne Nachkommen verstirbt (**2107**).

2. Gemäß der Bestimmung des Erblassers oder im Falle Z. 1 kann die Eröffnung der Nacherbfolge nach dem Tode des Vorerben eintreten, nachdem die Erbschaft an die Erben des Vorerben gelangt war.

3. Wer zur Nacherbfolge gelangen will, muß im Zeitpunkte der Eröffnung existent sein.

Ist der Nacherbe zur Zeit der sich grundsätzlich (Z. 1) ergebenden Eröffnung der Nacherbfolge erzeugt, aber noch nicht geboren, so erfolgt die wirkliche Eröffnung erst mit der Geburt, es genügt aber, daß der Nacherbe im Zeitpunkte der grundsätzlich sich ergebenden Eröffnung erzeugt war. Mit der Geburt gilt er als Nacherbe schon von diesem Momente an (**2108**, Abs. 1. **1923**). Die Wirksamkeit der Nacherbfolge hängt aber nicht analog der Erbfolge davon ab, daß der Nacherbe die Eröffnung der Nacherbfolge erlebt (vgl. B.).

B. **Der Voranfall an den Nacherben**, d. h. die vererbliche Anwartschaft auf die Nacherbfolge tritt regelmäßig schon mit dem Erbfalle ein. Es genügt daher, daß der Nacherbe den Erbfall erlebt. Stirbt er vor dem Erbfalle, so ist seine Einsetzung unwirksam; stirbt er nach dem Erbfalle, aber vor Eröffnung der Nacherbfolge, so vererbt er sein Recht auf seine Erben; wird er erst nach dem Erbfalle geboren oder erzeugt, so tritt der Voranfall mit der Geburt ein, wenn diese vor der Eröffnung der Nacherbfolge eintritt (**2108**, Abs. 2). Auch hier ergeben sich aber Ausnahmen:

1. Der Erblasser kann den Voranfall an den Nacherben in den Zeitpunkt der *Eröffnung* der Nacherbfolge verlegen (**2108**, Abs. 2).
2. In den Fällen von **2104** und der Nacherbeseinsetzung unter aufschiebender Bedingung (**2108**, Abs. 2. **2074**) tritt der Voranfall erst mit dem Zeitpunkt der Eröffnung der Nacherbfolge ein.
3. Im Falle A. Z. 2 (**2107**) bestimmt sich entweder der Voranfall wie im Falle der aufschiebenden Bedingung (Z. 2) oder, was die Auslegung ergeben muß, der Regel gemäß mit dem Tode des Erblassers.

§ 295.

Das Rechtsverhältnis bei der Nacherbfolge.

Bei dem Rechtsverhältnis zwischen dem Vorerben und Nacherben ist das Verhältnis vor Eröffnung der Nacherbfolge und das nach der Eröffnung zu trennen.

I. **Das Rechtsverhältnis vom Erbfalle bis zur Eröffnung der Nacherbfolge.** Vor der Eröffnung der Nacherbfolge ist der Vorerbe Erbe mit allen Folgen, auch der des Erlöschens von Rechtsverhältnissen durch *Vereinigung* (Arg. **2143**). Mit Rücksicht auf das eventuelle Erbrecht des Nacherben, an den der Nachlaß herauszugeben ist, ist aber seine Erbenstellung eine mehr oder weniger beschränkte. Der Nacherbe besitzt der Regel nach jetzt schon eine feste Anwartschaft auf die Erbschaft. Er kann auch die Erbschaft jetzt schon ausschlagen. Die Erbschaft verbleibt in solchem Falle, wenn der Erblasser nicht anders bestimmt hat, dem Vorerben, und Beschränkungen desselben fallen dann natürlich fort (**2142**). Die Stellung des Vorerben zur Erbschaft ist, soweit nicht Bestimmung des Erblassers eingreift, gesetzlich geregelt. Danach ist zu unterscheiden:

A. **Die gesetzliche Stellung des Vorerben.**

Diese bedarf einer Regelung nur, soweit das Recht des Nacherben auf den Nachlaß in Betracht kommt. Zum Nachlasse in diesem Sinne gehört im Zweifel alles, was der Vorerbe *als Erbe* erhält, also auch der Erwerb durch Erhöhung des gesetzlichen Erbteiles (**1935**), Anwachsung oder Ersatzberufung, nicht aber ein Vorausvermächtnis (**2110**); ferner gehört zum Nachlasse alles, was nach dem *Surrogationsprinzip* in **2111** die Substanz der Erbschaft vermehrt[1]), nicht aber, was unter die *Nutzungen* derselben fällt. In den Nachlaß fällt auch, was der Vorerbe dem Inventar eines erbschaftlichen Grundstückes einverleibt (**1048**. **1378**).

---

[1]) Handelt es sich um Forderungen, die vom Vorerben durch Rechtsgeschäft erworben sind, so hat der Schuldner die Stellung nach **406**—**408**.

Die Stellung des Vorerben zum Nachlasse ist der eines Nießbrauchers ähnlich, aber freier. Völlig unbeschränkt ist der Vorerbe in der gerichtlichen Vertretung des Nachlasses (ZPO. § 326. 728.) Die Beschränkungen zeigen sich in folgendem:

1. Das Gesetz gibt Rechtsbehelfe zur Feststellung des Bestandes, des Zustandes und der wirtschaftlichen Behandlung des Nachlasses; dahin gehören die Inventarisierungspflicht des Vorerben (**2121**)[1], das Recht des Vorerben und Nacherben auf Feststellung des Zustandes der Erbschaftssachen (**2122**) und eines Wirtschaftsplanes (**2123**) und die Auskunftspflicht des Vorerben (**2127**).

2. Das Gesetz beschränkt den Vorerben in der ihm an sich zustehenden (**2112**) Verfügung über die Erbschaftsgegenstände:

a) Verfügungen über Grundstücke und Rechte an solchen (Hypotheken-, Grund- und Rentenschulden) dürfen das Recht des Nacherben nicht vereiteln oder beeinträchtigen. Sie sind anderenfalls bei Eintritt der Nacherbfolge unwirksam, ebenso stets unentgeltliche Verfügungen über Nachlaßgegenstände, mit Ausnahme der Pflicht- und Anstandsgeschenke. Die Erwerber genießen aber den Schutz des guten Glaubens (**892. 936. 2366. 2367. 2113. 2114**, Satz 3).

b) Hypothekenforderungen, Grund- und Rentenschulden kann der Vorerbe zwar selbständig kündigen, er kann aber die Kapitalleistung an sich nur nach Beibringung der Einwilligung des Nacherben oder die Hinterlegung für sich und den Nacherben verlangen (**2114**).

c) Verfügungen über Erbschaftsgegenstände im Wege der Zwangsvollstreckung, des Arrestes oder durch den Konkursverwalter im Konkurse der Vorerben sind stets unwirksam, gleichgültig, ob der Vorerbe selbst zu solchen Verfügungen berechtigt gewesen wäre oder nicht, soweit sie das Recht des Nacherben beeinträchtigen oder vereiteln würden. Es handelt sich um die Befriedigung der persönlichen Gläubiger des Vorerben wegen ihrer Geldforderungen, nicht dagegen um eine Zwangsvollstreckung gemäß ZPO. § 897. Unbeschränkt wirksam sind derartige Verfügungen, wenn es sich um eine Verwirklichung der Ansprüche eines Nachlaßgläubigers oder eines an einem Nachlaßgegenstande bestehenden Rechtes handelt, die der Nacherbe im Falle der Nacherbfolge auch gegen sich gelten lassen müßte (**2115**). Vgl. ZPO. § 773. KO. § 128.

Es ergibt sich, daß der Vorerbe als solcher nicht in der Verfügung von Todes wegen beschränkt ist; er kann ferner dem Erblasser angefallene Erbschaften und Vermächtnisse annehmen oder ausschlagen (vgl. aber Z. 3), als Teilerbe über seinen Anteil am gemeinschaftlichen Nachlasse verfügen (**2033**) und obligatorische Geschäfte über den Nachlaß abschließen, mithin auch Miet- und Pachtverträge über Erbschaftsgrundstücke, in die aber der Nacherbe nach **2135** einzutreten hat.

3. Das Gesetz regelt die Verwaltung des Nachlasses durch den Vorerben, legt ihm und dem Nacherben bestimmte Pflichten auf und gibt dem Nacherben bestimmte Rechte.

Die Verwaltung des Nachlasses steht dem Vorerben zu. Er ist dauernd zur ordnungsmäßigen Verwaltung verpflichtet und hat für die Sorgfalt einzustehen, welche er in eigenen Angelegenheiten anzuwenden pflegt (**2131**). Den festgestellten Wirtschaftsplan (Z. 1) hat er einzuhalten. Wenn zur ordnungsmäßigen Verwaltung (z. B. Berichtigung einer Nachlaßverbindlichkeit) eine Verfügung des Vorerben erforderlich ist, die er selbständig mit Wirkung gegen den Nacherben nicht vornehmen kann, so ist der Nacherbe (gemäß **2120**) zur Erteilung der Einwilligung verpflichtet. In der Verwaltung selbst ist der Vorerbe an besondere Vorschriften gebunden.

a) Der Nacherbe kann verlangen, daß der Vorerbe Inhaberpapiere und deren Erneuerungsscheine sowie Orderpapiere mit Blankoindossament mit der Bestimmung (gemäß **2116**)

---

[1]) Mecklenb.-Schwer. AV. z. BGB., § 258. Mecklenb.-Strel. AV. z. BGB., § 255.

hinterlegt, daß die Herausgabe nur mit der Zustimmung des Nacherben verlangt werden kann. In diesem Falle kann der Vorerbe auch nur mit Zustimmung des Nacherben über die Papiere verfügen. Der Vorerbe kann an Stelle der Hinterlegung die Umschreibung auf seinen Namen oder die Umwandlung in Reichs- oder Staatsbuchforderungen bewirken, beides aber nur mit der Bestimmung, daß er allein mit Zustimmung des Nacherben zu verfügen berechtigt ist (**2117**). Bei Reichs- und Staatsbuchforderungen, die zum Nachlasse gehören, hat der Vorerbe auf Verlangen den Buchvermerk eintragen zu lassen, daß er nur mit Zustimmung des Nacherben zu verfügen berechtigt ist (**2118**).

b) Kraft Gesetzes muß der Vorerbe Gelder, die nach den Regeln ordnungsmäßiger Wirtschaft dauernd anzulegen sind, mündelsicher anlegen (**2119**).

4. Das Gesetz regelt den Bezug der Nutzungen und die Kosten- und Lastentragung:

a) Der Vorerbe hat die Nutzungen der Erbschaft. Die Benutzung der Erbschaftssachen muß eine ordnungsmäßige sein (**2132**). Die Früchte gebühren ihm nach **101**, er erwirbt sie nach **953**. Früchte, die er einer ordnungsmäßigen Wirtschaft zuwider oder infolge *besonderer Ereignisse (Windbruch) notgedrungen in übermäßiger Weise zieht, erwirbt* er, sie gebühren ihm aber nur so weit, als der übermäßige oder ordnungswidrige Fruchtbezug die ihm gebührenden Nutzungen geschmälert hat, und der Gewinn aus den Früchten nicht nach den Regeln ordnungsmäßiger Wirtschaft zur Wiederherstellung der Sache zu verwenden ist (**2133**, vgl. **1039**).

Der Vorerbe darf Erbschaftsgegenstände nicht für sich verwenden. Er haftet für Werterſatz, auch abgesehen von einer weitergehenden Haftung für Verschuldung (**2134**).

b) Kosten, Lasten und Verwendungen.

Die auf die Dauer der Vorerbfolge (**103**) fallenden gewöhnlichen Verwaltungs- und Erhaltungskosten und ordentlichen Lasten trägt der Vorerbe, weil ihm die Nutzungen zufallen. Darüber hinausgehende Kosten der Erhaltung von Erbschaftsgegenständen, die der Vorerbe den Umständen nach für erforderlich halten darf, kann er schlechthin aus der Erbschaft bestreiten oder ersetzt verlangen[1]), wenn er sie aus eigenem Vermögen bestreitet (**2124**). Ebenso steht es bei den außerordentlichen Lasten, die auf dem Stammwert der Erbschaftsgegenstände ruhen, während für andere Lasten die allgemeinen Grundsätze (**103**. **L.** § 43) entscheiden (**2126**). Wegen solcher Verwendungen, die nicht die Erhaltung von Erbschaftsgegenständen bezwecken, hat er Ersatzanspruch wie ein Geschäftsführer ohne Auftrag. Außerdem hat er das Recht der Wegnahme von ihm geschaffener Einrichtungen (**2125**).

5. Das Gesetz gibt dem Nacherben ein Recht auf Sicherheitsleistung neben den allgemeinen Sicherungsmitteln des Arrestes oder der einstweiligen Verfügung.

Der Nacherbe kann Sicherheitsleistung verlangen, wenn durch das obwohl unverschuldete Verhalten des Vorerben oder dessen ungünstige Vermögenslage die Besorgnis einer erheblichen Verletzung der Rechte des Nacherben begründet ist. Ist der Vorerbe zur Sicherheitsleistung rechtskräftig verurteilt, und erbringt er sie nicht, so kann wie beim Nießbrauch (**1052**. **L.** § 188) die Entziehung der Verwaltung und Übertragung derselben an einen gerichtlich bestellten und beaufsichtigten Verwalter erfolgen. In diesem Falle verliert der Vorerbe die Verfügung über die Erbschaftsgegenstände schlechthin. Die Entziehung ist nach Stellung der Sicherheit wieder aufzuheben. Dritte mit dem Vorerben in rechtsgeschäftlichen Verkehr Tretende genießen den Schutz des guten Glaubens. Erbschaftsschuldnern gegenüber ist die Entziehung und ihre Wiederaufhebung erst wirksam, wenn sie von diesen Akten Kenntnis erlangt haben, oder ihnen eine Mitteilung darüber zugegangen ist (**2128**. **2129**).

---

[1]) Ohne Anspruch auf Zinsen gemäß **256**.

B. **Eine befreite Stellung** kann dem Vorerben durch den Erblasser eingeräumt werden (**2136**).

a) Trotz Verfügung des Erblassers kann aber auch der befreite Erbe nicht unentgeltliche Verfügungen treffen (**2113**, Abs. 2), er muß der Pflicht zur Mitteilung des Verzeichnisses (**2121**) und zur Feststellung des Zustandes der Erbschaft (**2122**) genügen, und die Unwirksamkeit der Zwangsvollstreckungen, Arrestvollziehungen und Verfügungen des Konkursverwalters (**2115**) besteht auch hier. Ferner bestimmt sich der Umfang des Nachlasses auch hier gemäß **2111**.

b) Wieweit die Befreiung hiervon abgesehen geht, ist durch Auslegung festzustellen. In der Einsetzung des Nacherben auf das, was bei Eintritt der Nacherbfolge noch von der Erbschaft übrig ist (fideicommissum eius, quod superfuturum erit), liegt die Befreiung, soweit eine solche überhaupt möglich ist, und im Zweifel auch in der Einsetzung des Nacherben unter Einräumung der freien Verfügung über die Erbschaft an den Vorerben (**2137**). Hat hier der Vorerbe Verwendungen auf Gegenstände gemacht, die er nicht herauszugeben hat, so fällt sein Ersatzanspruch fort; hat er eine unentgeltliche Verfügung getroffen (**2113**, Abs. 2) oder die Erbschaft in der Absicht, den Nacherben zu benachteiligen, vermindert, so ist er trotz seiner befreiten Stellung dem Nacherben ersatzpflichtig (**2138**).

C. Dem Vorerben kann durch Verfügung des Erblassers auch eine noch beschränktere Stellung zugewiesen sein, als sie der dispositiven Regelung (A.) entspricht, besonders auch durch Einsetzung eines Testamentsvollstreckers (**2209**. **2222**, vgl. **L.** § 308).

II. **Das Rechtsverhältnis nach Eröffnung der Nacherbfolge.** Mit der Eröffnung der Nacherbfolge hört der Vorerbe auf, Erbe zu sein, und die Erbschaft fällt kraft Gesetzes ohne weiteres an den Nacherben (**2139**). Hatte er zuvor schon angenommen[1]), so ist der Nacherbe jetzt endgültig Erbe, anderenfalls kann der Erbe annehmen oder ausschlagen. Schlägt der Nacherbe aus, so verbleibt die Erbschaft möglicherweise dem Vorerben (**2142**). Der Vorerbe bleibt aber auch so lange als solcher verfügungsberechtigt, als er den Eintritt der Nacherbfolge schuldloserweise nicht gekannt hat, und dritte Gutgläubige, die sich mit dem Vorerben in ein Rechtsgeschäft eingelassen haben, welches eine Verfügung in sich schließt, können sich ebenso auf diese Verfügungsberechtigung berufen. Der gute Glaube muß zur Zeit der Vornahme des die Verfügung in sich schließenden Rechtsgeschäftes vorhanden sein (**2140**, vgl. **1472**. **1893**). Einen weiteren Fall der Fortdauer der Vorerbenstellung vgl. bei B. Der Eintritt des Nacherben in die Erbenstellung erfolgt mit allen Folgen derselben. Der Eintritt der Nacherbfolge läßt aber alle nach dem Erbfalle durch Vereinigung von Recht und Verbindlichkeit bzw. Belastung erloschenen Rechtsverhältnisse in jeder Beziehung wieder aufleben (**2143**).

A. Im Verhältnis des Nacherben zum Vorerben ergibt sich aus dem Gesagten, daß der Nacherbe die Herausgabe der Erbschaft[2]) und Rechenschaftsablegung vom Vorerben verlangen kann. Die Herausgabe der Erbschaft muß in dem Zustande erfolgen, der sich bei dauernder ordnungsmäßigen Verwaltung ergibt. Die Ansprüche aus einer nicht ordnungsmäßigen Verwaltung können also erst jetzt gegen den Vorerben geltendgemacht werden. Was Erbschaft ist, und worin die Ansprüche bestehen können, ergibt sich aus dem unter I. Bemerkten, besonders, daß im Falle der Einsetzung des Nacherben auf den Überrest sich die Herausgabepflicht regelmäßig auf das beschränkt, was der Vorerbe noch hat (**2130**. **2138**, Abs. 1).

B. Im Verhältnisse zu den Nachlaßgläubigern haftet der Nacherbe. Die Vorschriften über die Haftung des Erben kommen auch hier zur Anwendung. Obwohl der Vorerbe aufhört, Erbe zu sein, erlischt seine Haftung für die Nachlaßverbindlichkeiten nicht durchaus. Über die Abweichungen, die **2144**. **2141** enthalten, vgl. **L.** § 320.

[1]) Für die Zulässigkeit einer Annahme vor Eröffnung der Nacherbfolge überzeugend Strohal I, S. 191, Note 3.

[2]) Für die Herausgabe landwirtschaftlicher Grundstücke soll **592**, für die eines Landgutes sollen **592**. **593** Anwendung finden.

C. Im Interesse der Nachlaßgläubiger ist ihnen gegenüber dem Vorerben die Verpflichtung auferlegt, den Eintritt der Nacherbfolge dem Nachlaßgerichte unverzüglich anzuzeigen. Die Anzeige wird durch die des Nacherben ersetzt. Das Nachlaßgericht hat die Einsicht in die Anzeige jedem zu gestatten, der ein rechtliches Interesse glaubhaft macht (**2146**).

---

8. Kapitel.

Die Vermächtnisse.[1])

A. Die gewillkürten Vermächtnisse.

§ 296.

a) Wesen und Errichtung des Vermächtnisses. Die Vermächtnisparteien.

Dem Erblasser ist die Möglichkeit eröffnet, durch Verfügung von Todes wegen (Testament, Erbvertrag) anderen einen Vorteil zuzuwenden, ohne daß er sie zu Erben einsetzt (**1939**). Welcher Art dieser Vorteil ist, ist gleichgültig. Wenn das Gesetz (**1939**) von „Vermögensvorteil" spricht, so bezeichnet es damit nur den praktisch wichtigsten und häufigsten Fall. Es ist auch weder erforderlich, daß der Nachlaß geradezu gemindert, das Vermögen des Bedachten vermehrt wird (z. B. Bestellung oder Aufgeben einer Sicherheit), noch daß der Vorteil von Dauer ist (z. B. Nachvermächtnis: II. D.). Wesentlich ist aber, daß dem Bedachten aus dem Vermächtnisse immer eine Forderung auf Erfüllung gegen den mit dem Vermächtnis Belasteten zusteht. Die Forderung und die entsprechende Verpflichtung zur Leistung, ja auch der Gegenstand der Leistung werden Vermächtnis genannt.

I. **Die Errichtung des Vermächtnisses** bestimmt sich in formeller und materieller Hinsicht nach dem, was für die Verfügungen von Todes wegen gilt. Ob ein Vermächtnis mit Rücksicht auf seinen Inhalt wirksam ist, bestimmt sich aber im Gegensatze zu der römischen regula Catoniana l. 1 pr. D. (34, 7) nicht nach dem Zeitpunkte der Errichtung, sondern nach dem des Erbfalles. Ob Nichtigkeit des Vermächtnisses wegen Unsittlichkeit (**138**) vorliegt, beurteilt sich demgemäß nach dem Erbfalle. Ausdrücklich bestimmt das BGB. für die auf (objektiv) unmögliche oder verbotene Leistung gerichteten Vermächtnisse (**2171. 2172**). Die Unmöglichkeit oder Verbotswidrigkeit schadet nicht, wenn sie nur eine vorübergehende ist, und der Erblasser das Vermächtnis für den Fall der Möglichkeit usw. hat vergeben wollen, oder wenn das Vermächtnis unter aufschiebender Bedingung oder Anfangstermin, angeordnet ist und die Möglichkeit usw. nach dem Erbfalle, aber vor der Erfüllung der Bedingung usw. eingetreten ist (**308**). Als objektive Unmöglichkeit gilt es (**2172**, Abs. 1), wenn sich die Eigentumsverhältnisse an der vermachten Sache infolge von Verbindung, Vermischung, Vermengung oder Verarbeitung (Umbildung) verändert haben (**946—948. 950**). — Die Unwirksamkeit des Vermächtnisses tritt in allen Fällen der Unmöglichkeit ein; dem steht nicht entgegen, daß das unwirksame Vermächtnis in gewissen Fällen als Vermächtnis anderen Inhaltes aufgefaßt wird und so wirksam ist (**2172**, Abs. 2 **S.** § 297, II. A. 1. a).

II. Mit dem Vermächtnis **Beschwerter** kann jeder Erbe und Vermächtnisnehmer sein, im Gegensatze zum römischen Rechte aber nicht andere, die durch die Verfügung des Erblassers von Todes wegen Vorteile erlangen, wie der pater familias des eingesetzten Erben oder derjenige, dem zur Erfüllung der Bedingung einer Erbeseinsetzung der eines Vermächtnisses etwas geleistet wird (condicionis implendae causa datum). In Ermangelung einer ausdrücklichen oder stillschweigenden Bestimmung des Erblassers ist der Erbe der Beschwerte (**2147**). Mehrere mit demselben Vermächtnis Beschwerte sind im Zweifel nach

[1]) Strohal I, §§ 29—37 a.

Verhältnis ihrer Erbteile bezw. nach Verhältnis des Wertes ihrer Vermächtnisse beschwert (**2148**). Bei Unteilbarkeit des Gegenstandes sind die Mehreren Gesamtschuldner (**431**). Ebenso liegt es bei alternativer Belastung Mehrerer. 1. 25 D. de leg. III. Fällt der beschwerte Erbe oder Vermächtnisnehmer als solcher fort, so tritt, wenn nicht nach der Absicht des Erblassers das Vermächtnis unwirksam sein soll (**2085**), derjenige als Beschwerter an die Stelle, dem der Ausfall des zunächst Beschwerten unmittelbar zustatten kommt, z. B. die gesetzlichen Erben, wenn der einzige Testamentserbe wegfällt (**2161**). Im gemeinen Recht gilt die umgekehrte Regel, d. h. das Vermächtnis wird regelmäßig unwirksam.

Ist das Vermächtnis neben einer Nacherbfolge angeordnet, so ist durch Auslegung zu ermitteln, ob lediglich der Vorerbe oder lediglich der Nacherbe beschwert sein soll, oder ob das Vermächtnis zu Lasten des Erben schlechthin angeordnet ist. Über den beim Nachvermächtnis Beschwerten vgl. II. D.

III. **Der Vermächtnisnehmer.**

In der Person des Nehmers ist Existenz im Momente des Erbfalles (Erbfähigkeit) nicht gefordert; es können gültig auch in diesem Zeitpunkte noch nicht Geborene und nicht Erzeugte oder noch nicht bestehende juristische Personen mit einem Vermächtnis bedacht werden. Es tritt aber Unwirksamkeit des Vermächtnisses ein, wenn der Nehmer zur Zeit des Erbfalles nicht mehr lebt (**2160**). Es gelten die Auslegungsregeln für Verfügungen von Todes wegen. In einzelnen Fällen greifen besondere Vorschriften ein.

A. Die Einsetzung eines Erben unter Ausscheidung eines Nachlaßgegenstandes (institutio excepta re certa) gilt als Vermächtnis dieses Gegenstandes an die gesetzlichen Erben mit Ausnahme des Fiskus (**2149**, vgl. **2104**).

B. Mehreren Nehmern kann in verschiedener Weise ein und dasselbe Vermächtnis zugewendet werden,

1. so daß ein Dritter oder der Beschwerte unter den Bezeichneten den Nehmer bestimmen soll (**2151**). Soll nur der eine oder der andere der Bezeichneten das Vermächtnis erhalten, z. B. „der Würdigste" oder „Bedürftigste", so ist anzunehmen, daß der Beschwerte unter den Mehreren wählen soll (**2152**). Der Beschwerte hat seine Bestimmung durch Erklärung gegenüber dem von ihm Bestimmten, der Dritte durch Erklärung gegenüber dem Beschwerten zu treffen, ohne daß eine richterliche Korrektur dieser Bestimmung eintreten kann.

a) Kann der Beschwerte oder der Dritte die Bestimmung nicht treffen, so sind alle Bedachten Gesamtgläubiger, jeder kann Klage gegen den Beschwerten erheben. Der Beschwerte kann sich durch Leistung an jeden der Nehmer befreien. Der Bedachte, der das Vermächtnis erhält, hat mit den übrigen nicht zu teilen (anders **430**).

b) Durch das Nachlaßgericht kann dem säumigen Beschwerten oder Dritten auf Antrag eines der Beteiligten eine Frist zur Erklärung der Wahl gesetzt werden[1]). Erst mit dem erfolglosen Verstreichen der Frist tritt die Gesamtgläubigerschaft (nach a) ein.

2. Andere Fälle der Zuwendung an mehrere sind bei der Betrachtung des Gegenstandes des Vermächtnisses zu erledigen.

C. Das **Ersatzvermächtnis** entspricht der Ersatzerbfolge und folgt deren Regelung. Das Vermächtnis ist hier einem anderen für den Fall, daß der zunächst Bedachte das Vermächtnis nicht erwirbt, zugewendet (**2190. 2097—2099. L.** § 293).

D. Das **Nachvermächtnis** entspricht der Nacherbfolge. Der Erblasser hat den vermachten Gegenstand von einem bestimmten Zeitpunkte oder Ereignis nach Anfall des Vermächtnisses an einem Dritten (Nachvermächtnisnehmer) zugewendet. Mit diesem Vermächtnis ist der Vorvermächtnisnehmer, nicht der Erbe belastet, vorausgesetzt, daß der Vermächtnisnehmer das Vermächtnis nicht durch Ausschlagung für seine Person vereitelte; der Nachvermächtnisnehmer erhält auch nur eine Forderung gegen den Vorvermächtnisnehmer; darin liegen die Unterschiede gegenüber der Nacherbfolge. Die Anordnung des Nachvermächtnisses gilt auch

---

[1]) FGG. § 80.

als Anordnung eines Ersatzvermächtnisses, und bestehen Zweifel, ob das eine oder andere angeordnet ist, so ist Ersatzvermächtnis anzunehmen. Ein Nachvermächtnis, dessen Anfall nicht bestimmt ist, fällt mit dem Tode des Vorvermächtnisnehmers an. Ist der Vermächtnisnehmer ein Abkömmling des Erblassers, der zur Zeit der Errichtung des Vermächtnisses keinen Abkömmling hat, oder von dessen Abkömmlingen der Erblasser nichts weiß, so gilt der auf den Tod des Vorvermächtnisnehmers berufene Nachvermächtnisnehmer nur auf den Fall des nachkommenlosen Todes des ersteren berufen. Der Nachvermächtnisnehmer kann auch das in Anspruch nehmen, was dem Vorvermächtnisnehmer durch Anwachsung zufiel (**2191**. **2102**. **2106**, Abs. 1. **2107**. **2110**, Abs. 1).

E. **Das Vorausvermächtnis** (**Prälegat**) (**2150**) ist das dem Erben zugewendete Vermächtnis. Es kann einer bestimmten Person, z. B. einem der Miterben, zugunsten eines anderen Miterben auferlegt sein oder den Miterben schlechthin, in diesem Falle also auch den bedachten Erben selbst belasten. Auch im letzten Falle gilt es in seinem ganzen Umfange als Vermächtnis; der Bedachte kann daher als Erbe ausschlagen und das Vorausvermächtnis in seinem ganzen Umfange annehmen. Diese vom römischen Rechte abweichende Behandlung gewinnt ferner Bedeutung, wenn der bedachte Erbe die Erbschaft an den Nacherben herausgeben muß (**2110**, Abs. 2), wenn festgestellt werden muß, ob der Nachlaß mit Vermächtnissen überschwert ist, im Verhältnis zum Erbschaftskäufer (**2371** ff.) usw.

§ 297.

b) Der Gegenstand des Vermächtnisses.

I. Der **Gegenstand des Vermächtnisses** kann in verschiedener Weise bestimmt sein. Wieweit der Gegenstand bestimmt sein muß, ergeben die allgemeinen Grundsätze des Schuldrechtes (**L.** § 73).

A. Um eine vorhandene **Unbestimmtheit** zu heben, sind besondere Vorschriften gegeben:

1. Der Bedachte soll von mehreren Gegenständen nur den einen oder anderen erhalten. Die Wahl steht gemäß **262**—**265** im Zweifel dem Beschwerten zu, sie kann aber auch dem Bedachten eingeräumt sein oder einem Dritten. Hat der Bedachte die Wahl (Wahlvermächtnis, legatum optionis oder optio legata), so kann sie gemäß **264**, Abs. 2 auf den Beschwerten übergehen. Ist die Wahl einem Dritten übertragen, so erfolgt sie durch Erklärung gegenüber dem Beschwerten. Wenn der Dritte die Wahl nicht treffen kann, so geht das Wahlrecht auf den Beschwerten über; ist er säumig, so tritt das gleiche ein, wenn die gemäß **2151**, Abs. 3, Satz 2 gestellte Frist erfolglos verstrichen ist (**2154**).

2. Ist mehreren Nehmern ein Gegenstand in der Weise zugewendet, daß der Beschwerte oder ein Dritter bestimmen soll, was jeder von dem Gegenstande erhalten soll, so erfolgt die Bestimmung ebenso wie bei der Übertragung der Auswahl des Nehmers nach **2151**, Abs. 2 (**L.** § 296, II. B. Z. 1). Kann der Dritte oder der Beschwerte die Wahl nicht treffen, so sind die Mehreren zu gleichen Teilen berechtigt; ist der Wahlberechtigte säumig, so tritt das gleiche ein, wenn die gemäß **2151**, Abs. 3, Satz 2 gesetzte Frist erfolglos verstrichen ist (**2153**).

3. Es ist vom Erblasser nur der Zweck des Vermächtnisses bestimmt, die Bestimmung der Leistung dem billigen Ermessen des Beschwerten oder eines Dritten überlassen. Hier entscheiden die Grundsätze des Schuldrechtes (**315**—**319**. **L.** § 73).

4. Über das Gattungsvermächtnis s. II. B.

B. Mehreren ist derselbe Gegenstand (Sache, Recht) vermacht. Hier kann der Erblasser die Anteile bestimmen, sonst nehmen die Bedachten das Vermächtnis zu gleichen Teilen. Auch im übrigen gilt das gleiche wie bei der Erbeseinsetzung (**2157**. **2089** bis **2093**). Dementsprechend tritt auch Anwachsung, wenn ein Bedachter vor oder nach dem Erbfalle wegfällt, für die übrigen Bedachten (mit Vorrecht der zu demselben Anteile Berufenen) nach dem Verhältnisse ihrer Anteile, und zwar ipso iure und cum onere, ein. Die Anwachsung kann vom Erblasser ausgeschlossen sein, ist es aber nicht schon dadurch, daß er die Anteile der

Bedachten bestimmt hat (**2158**). Der anwachsende Teil gilt in Ansehung der Vermächtnisse und Auflagen, mit denen der wegfallende oder der durch die Anwachsung begünstigte Nehmer beschwert ist, als besonderes Vermächtnis (**2159**).

II. Als **Gegenstand** des Vermächtnisses kommen **Sachen** und **Rechte** (auch der Besitz) in Betracht. Der Gegenstand kann individuell oder nur der Gattung nach bestimmt sein (species legata, genus legatum).

A. Für das **Vermächtnis eines individuell bestimmten Gegenstandes** stellt das Gesetz in **2169**, Abs. 1 den Grundsatz auf, daß es nur wirksam ist, soweit der Gegenstand zur Zeit des Erbfalles zur Erbschaft gehört. Da dieser Grundsatz aber Ausnahmen erfährt, so ist zu unterscheiden:

1. **Das Vermächtnis eines bestimmten zur Erbschaft gehörigen Gegenstandes.**

a) Es kommt auf die Zugehörigkeit zur Zeit des Erbfalles an; es ist also gleichgültig, ob der Erblasser irrigerweise annahm, der Gegenstand gehöre ihm nicht, und ob der Gegenstand zur Zeit der Errichtung dem Erblasser gehörte. Nach positiver Vorschrift gehören aber nicht zur Erbschaft Gegenstände, die der Erblasser im Zeitpunkte des Erbfalles zu veräußern verpflichtet ist (**2169**, Abs. 4).

Bisweilen würde sich nach dem Wortlaut der Verfügung Unwirksamkeit des Vermächtnisses ergeben, weil der Gegenstand zur Zeit des Erbfalles sich nicht im Nachlasse befindet; hier greifen Auslegungsregeln ein: hat der Erblasser die Sache selbst vermacht, die zum Nachlasse nicht gehört, deren Besitz dem Erblasser aber zustand, so gilt der Besitz als vermacht, es sei denn, daß er dem Bedachten keinen rechtlichen Vorteil bringt (**2169**, Abs. 2). In einer Reihe anderer Fälle tritt der an die Stelle der vermachten Sache für den Erblasser getretene Ersatz (Ersatzansprüche oder Rechte) als Gegenstand des Vermächtnisses ein (**2169**, Abs. 3. **2172**, Abs. 2. **2173**).

b) Das Vermächtnis einer Erbschaftssache begreift im Zweifel das zur Zeit des Erbfalles vorhandene Zubehör sowie den dem Erblasser aus einer nach der Anordnung des Vermächtnisses erfolgten Beschädigung erworbenen Anspruch auf Ersatz der Wertminderung in sich (**2164**).

Ist der Gegenstand mit Rechten belastet, auf deren Beseitigung dem Erblasser ein Anspruch zusteht, so ist im Zweifel dieser Anspruch mitvermacht (**2165**, Abs. 1, Satz 2).

c) Ob die an dem vermachten Grundstücke dem Erblasser zustehenden Hypotheken, Grund- oder Rentenschulden mitvermacht sind oder dem Erben verbleiben, ist durch Auslegung festzustellen (**2165**, Abs. 2).

2. **Das Vermächtnis bestimmter nicht zur Erbschaft gehörigen Gegenstände** (**2169**. **2170**). Nach der Regel ist ein solches Vermächtnis unwirksam.

Es kann aber die Absicht des Erblassers sein, daß der Bedachte den Gegenstand erhalten solle, obwohl er nicht zur Erbschaft gehört. Diese Absicht des Erblassers ist anzunehmen, wenn er wußte, daß der bestimmte Gegenstand ihm nicht gehört, und er auch den späteren Erwerb nicht erwog. In diesem Falle ist der Beschwerte verpflichtet, den Gegenstand dem Bedachten zu verschaffen (**Verschaffungsvermächtnis**). Dieses Vermächtnis wandelt sich in ein solches auf Entrichtung des entsprechenden Wertes, wenn der Beschwerte zur Verschaffung vollständig oder teilweise außerstande ist (Unvermögen zur Leistung). Ist die Verschaffung nur mit außergewöhnlichen Mitteln möglich, so kann sich der Beschwerte durch Entrichtung des Wertes befreien (facultas alternativa) (**2170**). Der Gegenstand kann auch dem Bedachten selbst gehören. Hier liegt nicht notwendig in jeder Hinsicht Unmöglichkeit der Leistung und Unwirksamkeit des Vermächtnisses vor. Ist z. B. der Gegenstand mit einem Rechte des Beschwerten oder Dritter belastet, so ist Inhalt des Vermächtnisses die Befreiung von diesem Rechte. Hat der Bedachte den Gegenstand nach Errichtung des Vermächtnisses vor dem Erbfalle erworben, so kann das Vermächtnis auf Gewährung des Erwerbsaufwandes gehen. Immer entscheidet die Auslegung.

B. **Das Gattungsvermächtnis** (**2155**). Hier hat der Beschwerte die Auswahl, die er auf eine den Verhältnissen des Bedachten entsprechende Sache zu richten hat. Bietet diese keinen Anhalt, so ist eine Sache von mittlerer Art und Güte zu leisten (**243**). Wenn die Auswahl dem

Bedachten oder Dritten übertragen ist, so gilt für die Wahl des Dritten die Vorschrift in **2154**, vgl. I. A. Wenn die Auswahl des Bedachten oder Dritten den Verhältnissen des Bedachten offenbar nicht entspricht, so fällt das Bestimmungsrecht des Bedachten oder Dritten fort, und der Beschwerte hat demgemäß zu leisten. Ein Gattungsvermächtnis oder ein alternatives Vermächtnis bestimmter Sachen liegt vor, wenn die Gattung auf die im Nachlasse befindlichen Stücke beschränkt ist. Ein Gattungsvermächtnis auf andere Gegenstände als Sachen ist in seinem Inhalte durch Auslegung festzustellen.

C. **Rechte können als Gegenstand von Vermächtnissen** in verschiedener Weise in Betracht kommen:

1. Es ist ein **bestehendes** bestimmtes Recht vermacht. Steht das Recht im Zeitpunkt des Erbfalles nicht dem Erblasser zu, sondern dem Beschwerten oder einem Dritten, so kann das Vermächtnis als Verschaffungsvermächtnis wirksam sein. Hierher gehört auch das Vermächtnis einer bestehenden Forderung (legatum nominis).

a) Ist eine Forderung des Erblassers gegen den Bedachten oder einen Dritten vermacht, und ist vor dem Erbfalle die Leistung erfolgt, so ist im Zweifel der geleistete Gegenstand, wenn er sich noch in der Erbschaft vorfindet, bei Geldforderungen die entsprechende Geldsumme, auch wenn sich eine solche nicht in der Erbschaft vorfindet, Gegenstand des Vermächtnisses (**2173**).

b) Ist eine Forderung des Erblassers gegen den Erben oder ein Recht des Erblassers an einer Sache oder einem Rechte des Erben vermacht, so tritt in Ansehung des Vermächtnisses das Erlöschen durch Vereinigung nicht ein. Der Nehmer hat z. B. den Anspruch auf Abtretung der vermachten Forderung. Hat also der Erblasser verfügt: „Mein Erbe A soll die 1000, die er mir aus Darlehen schuldet, an den X als Vermächtnis zahlen," so kann X die Abtretung der Forderung verlangen (**2175**). In jeder anderen Beziehung, z. B. den Nachlaßgläubigern gegenüber, tritt die Vereinigung ein.

2. Es ist die **Neubegründung des Rechtes** an Nachlaßsachen oder Sachen des Beschwerten oder Dritter für den Bedachten angeordnet, z. B. auch Vermächtnis des Nießbrauches an der Erbschaft (**1058—1088**) oder an einer dem Erblasser angefallenen Dritterbschaft oder an einem bestehenden Handelsgeschäft (HGB. § 22).

3. Es ist die **Befreiung von einem Rechte** vermacht, z. B. von einem Forderungsrecht, das dem Erblasser, dem Beschwerten oder einem Dritten gegen den Bedachten (liberatio legata), oder von einem dinglichen Rechte, das dem Erblasser, dem Beschwerten oder Dritten an einer Sache oder Rechte des Bedachten zusteht. Hat der Erblasser dem Bedachten einen bestimmten Gegenstand vermacht, den er im Zeitpunkte des Erbfalles vom Bedachten selbst zu fordern berechtigt ist, so ist die Befreiung von der Schuld als vermacht anzusehen (**2169**, Abs. 3).

4. Es ist **dasjenige vermacht, was der Erblasser bereits dem Bedachten schuldet** (legatum debiti). Von dem Bestande der Schuld ist die Wirksamkeit des Vermächtnisses nur abhängig, wenn die Auslegung das ergibt. Möglich ist aber Anfechtbarkeit der Verfügung gemäß **2078**.

§ 298.

c) Unwirksamkeit und Erwerb des Vermächtnisses.

I. Die Unwirksamkeit des Vermächtnisses.

Wann ein Vermächtnis nichtig oder anfechtbar ist, ergibt sich aus den allgemeinen Grundsätzen und den Bestimmungen über Verfügungen von Todes wegen (**L.** §§ 273 ff. 280. 281. 284). Bloße Unwirksamkeit des Vermächtnisses tritt außer in den schon früher (**L.** §§ 296. 297) erwähnten Fällen noch gemäß **2162**. **2163** ein. Mit dem Ablaufe von 30 Jahren nach dem Erbfalle werden aus der gleichen Erwägung wie bei der Anordnung einer Nacherbfolge Vermächtnisse unter aufschiebender Bedingung oder unter Bestimmung eines Anfangstermines unwirksam, wenn nicht vorher die Bedingung oder der Termin eingetreten ist. Das gleiche tritt ein, wenn ein zur Zeit des Erbfalles noch nicht Erzeugter oder eine Person bedacht ist, die erst durch ein nach dem Erbfalle eintretendes Ereignis bestimmt werden soll, und die Erzeugung oder das Ereignis nicht vor Ablauf der 30 Jahre eingetreten ist. Auch die Ausnahmen entsprechen den im Falle der Nacherbfolge zugelassenen (**2109**, vgl, L. § 294).

Die Unwirksamkeit des Vermächtnisses kommt dem damit Beschwerten zugute, wenn nicht Anwachsung oder Ersatzberufung eintritt.

II. **Der Erwerb des Vermächtnisses.**

Gegenstand des Erwerbes ist stets nur ein **Forderungsrecht** des Bedachten gegen den Beschwerten auf Leistung des vermachten Gegenstandes (**2174**). Auch wenn der Gegenstand sich zur Zeit des Erbfalles in der Erbschaft befindet, geht er nicht, wie im Falle des römischen Vindikationslegates, mit dem entscheidenden Zeitpunkte ipsio iure auf den Vermächtnisnehmer über, sondern letzterer kann nur vom Beschwerten Leistung (Übergabe, Auflassung usw.) fordern. Die Frage ist, wann gelangt dieses Forderungsrecht zur Entstehung (Anfall), und wann besteht eine feste Anwartschaft auf das Vermächtnis mit der Wirkung der Vererblichkeit (Voranfall), und wann kann der Vermächtnisnehmer Erfüllung verlangen?

A. **Der Anfall des Vermächtnisses.**

1. Das Forderungsrecht des Nehmers entsteht von Rechts wegen regelmäßig mit dem Erbfalle. Der Nehmer hat aber das Recht der Ausschlagung (**2174. 2176**).

2. Der Anfall ist über den Erbfall hinausgeschoben, wenn der Bedachte zur Zeit des Erbfalles noch nicht erzeugt ist, wenn die Person des Bedachten durch ein erst nach dem Erbfalle eintretendes Ereignis bestimmt werden soll, wenn der Bedachte unter aufschiebender Bedingung oder unter Anfangstermin berufen ist, die zur Zeit des Erbfalles noch nicht eingetreten sind. In diesen Fällen tritt der Anfall mit der Geburt des Bedachten, mit dem Eintritte des bestimmenden Ereignisses, mit dem Eintritte der Bedingung und des Anfangstermines ein (**2177. 2178**). In der Zwischenzeit zwischen Erbfall und Anfall finden die Vorschriften für aufschiebend bedingte Forderungen Anwendung (**2179. 158** ff.).

3. **Annahme und Ausschlagung** des Vermächtnisses (**2180**). Der Vermächtnisanspruch wird, ohne daß eine Annahmeerklärung erforderlich wäre, von Rechts wegen erworben. Die Annahme hat aber insofern Bedeutung, als sie die sonst dem Nehmer freistehende Ausschlagung unwiderruflich vernichtet. Annahme und Ausschlagung erfolgen durch Erklärung gegenüber dem Beschwerten, die erst nach dem Erbfalle aber vor dem Anfalle (Z. 2) und nicht unter Bedingung oder Zeitbestimmung oder mit Beschränkung auf einen Teil (Stück, Quote) des Vermächtnisses abgegeben werden kann. Die Ausschlagung ist an eine Frist nicht gebunden (vgl. **1943**). Das Recht, das Vermächtnis auszuschlagen, ist vererblich, und mehrere Erben des Nehmers können jeder den seinem Erbteile entsprechenden Teil des Vermächtnisses ausschlagen. Eine Ausschlagung, die vor dem Anfalle des Vermächtnisses erfolgt, verhindert den Anfall; erfolgt sie nach Anfall des Vermächtnisses, so gilt der Anfall an den Ausschlagenden als nicht erfolgt; das Vermächtnis fällt demjenigen an, der es erhalten hätte, wenn der Ausschlagende zur Zeit des Voranfalles nicht gelebt hätte. Der Anfall an diesen gilt als mit dem Voranfalle erfolgt (**1950. 1952**, Abs. 1, 3. **1953**, Abs. 1. 2). Tritt nicht Ersatzberufung oder Anwachsung ein, so kommt die Ausschlagung dem Beschwerten zugute.

Annahme und Ausschlagung eines Vermächtnisses können nur nach den allgemeinen Vorschriften (**119** ff. **142** ff.), nicht gemäß **1954** ff. angefochten werden, abgesehen von dem Sonderfalle **2308**, Abs. 2.

B. **Der Voranfall des Vermächtnisses.** Die Vererblichkeit der Anwartschaft auf das Vermächtnis tritt schon vor dem Anfalle (A.) ein, wenn der Anfall über den Erbfall hinausgeschoben ist, und zwar mit dem Erbfalle. Der Bedachte muß den Erbfall erlebt haben (**2160**). Stirbt er vor dem Anfalle, so geht die Anwartschaft auf seine Erben über. Dieser Voranfall kann in Frage kommen bei Anordnung des Vermächtnisses unter Anfangstermin, bei Anordnung unter aufschiebender Bedingung aber nur, wenn die Auslegungsregel in **2074** nicht zutrifft.

C. **Die Fälligkeit der Vermächtnisforderung** fällt zeitlich mit dem Anfalle (A.) nicht notwendig zusammen (III. A.), sondern nicht selten über diesen hinaus.

Aus dem unter A.—C. Bemerkten ergibt sich, daß der Anfall im heutigen Sinne sich weder mit dem dies legati cedens noch mit dem dies legati veniens des röm. Rechtes deckt.

III. **Der Vermächtnisanspruch.** Der Vermächtnisanspruch geht auf Erfüllung; es entscheiden die Grundsätze des Schuldrechtes und der Haftung des Erben für die Nachlaßverbindlichkeiten, wo nicht besondere Vorschriften eingreifen.

A. **Fälligkeit** des Vermächtnisanspruches tritt frühestens mit dem Anfalle ein (**271**). Der Nehmer kann den Anspruch aber nicht immer mit dem Anfalle geltendmachen. Die Fälligkeit tritt später ein als der Anfall,

1. wenn der Nehmer die Annahme der Erbschaft durch den beschwerten Erben abwarten muß (**1958**),

2. wenn vom beschwerten Erben, Nachlaßpfleger (**1960. 1961**) oder Testamentsvollstrecker (**2213**) die ihnen zustehenden aufschiebenden Einreden geltendgemacht werden (**2014. 2015**. ZPO. § 305),

3. wenn der Erblasser Anordnungen betreffs der Fälligkeit getroffen hat. Die Zeit der Erfüllung kann z. B. dem freien Belieben des Beschwerten überlassen sein. Hier tritt die Fälligkeit im Zweifel nicht später als mit dem Tode des Beschwerten ein (**2181**). Hierin liegt eine Abweichung von dem Grundsatze in **2065**.

4. Ein beschwerter Vermächtnisnehmer ist zur Erfüllung nicht eher verpflichtet, als er selbst die Erfüllung des ihm zugewendeten Vermächtnisses verlangen kann (**2186**).

B. **Der Inhalt des Vermächtnisanspruches** (vgl. L. § 297).

1. Der Vermächtnisnehmer hat einen Anspruch auf Früchte des vermachten Gegenstandes nach den allgemeinen Grundsätzen (**284** f. **291** f.).

Der Anspruch aus dem Vermächtnis eines bestimmten zur Erbschaft gehörigen Gegenstandes erstreckt sich aber auch auf die vom Beschwerten seit dem Anfalle wirklich gezogenen Früchte (Zinsen) und das sonst auf Grund des vermachten Rechtes vom Beschwerten Erlangte (Schatzhälfte), nicht aber auf Ersatz für Nutzungen, die nicht zu den Früchten gehören (**2184**). Dieses gilt abgesehen von den Folgen, die Verzug (**286**) und Rechtshängigkeit (**292**) mit sich bringen.

2. Die Kosten der Erfüllung des Vermächtnisses hat im Zweifel der Beschwerte zu tragen.

3. Der Beschwerte hat gegenüber dem Vermächtnisanspruch Gegenansprüche wegen Verwendungen; beim Vermächtnisse einer bestimmten zur Erbschaft gehörenden Sache kann er nämlich wie der Besitzer vom Eigentümer Ersatz der nach dem Erbfalle auf die Sache selbst oder zur Bestreitung von Lasten der Sache gemachten Aufwendungen fordern. Von dem Momente der Kenntnis des Vermächtnisses an hat er die Stellung des bösgläubigen Besitzers (**2185**, vgl. L. § 174).

4. Besondere Sicherungsmittel wie im römischen Rechte (gesetzliches Pfandrecht, Veräußerungsverbot) stehen dem Vermächtnisnehmer nicht zu, selbstverständlich aber die allgemeinen (Arrest, einstweilige Verfügung, Vormerkung). Auch kommen für die Durchführung seines Anspruches gegen den beschwerten Erben die Nachlaßverwaltung, der Nachlaßkonkurs und eine besondere Testamentsvollstreckung (L. § 308) in Betracht.

5. Der Vermächtnisanspruch unterliegt bestimmten Einschränkungen. Ein Abzugsrecht wegen Überschwerung der Erbschaft durch Vermächtnisse, wie dem römischen Erben nach der lex Falcidia, steht ihm nicht zu.

a) Der beschwerte Erbe kann das Recht auf Beschränkung der Haftung (L. §§ 314 ff.) geltendmachen und eine Kürzung des Vermächtnisses mit Rücksicht auf von ihm zu befriedigende Pflichtteilsansprüche vornehmen (vgl. **2187**, Abs. 2).

b) Der beschwerte Vermächtnisnehmer kann sich auf die Unzulänglichkeit des ihm zugewendeten Vermächtnisses berufen und insoweit die Erfüllung verweigern (**1992**). Das gleiche Recht hat der nach **2161** als Beschwerter an die Stelle des beschwerten Nehmers Tretende (**2187**).

Außerdem kann der beschwerte Vermächtnisnehmer, der selbst eine Kürzung erfahren hat, im Zweifel die ihm auferlegten Vermächtnisse kürzen (**2188**). Ein weiteres Kürzungsrecht ergibt sich aus **2322**.

c) Zu beachten ist, daß bei den nach a und b möglichen Kürzungen die Kürzung grundsätzlich eine verhältnismäßige ist; der Erblasser kann aber durch Verfügung von Todes wegen einen Vorrang bestimmter Vermächtnisse angeordnet haben (**2189**).

C. **Die Gewährleistungspflicht des Beschwerten.**

1. Einen zur Erbschaft gehörigen bestimmten Gegenstand hat der Beschwerte im Zweifel nicht frei von den darauf ruhenden Lasten (Nießbrauch, Pfandrecht, Hypothek, Grund- und Rentenschuld) zu leisten. Anders nach röm. Rechte (l. 57 D. 30). Besteht neben der Belastung eine persönliche Schuld des Erblassers, oder ist der Erblasser dem persönlichen Schuldner für die Berichtigung der Schuld aufzukommen verpflichtet, so hat der Nehmer im Zweifel die persönliche Schuld nicht zu tragen. Anders ist das, wenn es sich um Hypotheken, Grund- und Rentenschulden handelt; hier besteht gemäß **2166**. **2167**. **2168** für den Nehmer dem Erben (nicht dem Gläubiger) gegenüber die Pflicht, den Gläubiger zu befriedigen.

2. Beim Gattungssachvermächtnis. Den Beschwerten trifft hier i. a. die Pflicht des Verkäufers zur Gewährleistung wegen Rechtsmangels (gemäß **2182**, Abs. 1. Vgl. L. § 106). Wegen physischer Mängel hat der Nehmer den Anspruch auf Lieferung einer mangelfreien Sache, und wenn der Beschwerte einen Mangel arglistig verschwiegen hat, auch statt dieses Anspruches den auf Schadensersatz wegen Nichterfüllung. Beide Ansprüche stehen unter Kaufrecht (**2183**, vgl. L. § 106).

3. Beim Verschaffungsvermächtnis haftet im Zweifel der Beschwerte, abgesehen von den Fällen, in denen sich das Vermächtnis (**2170**) auf Wertleistung richtet, wegen Rechtsmangels wie beim Gattungssachvermächtnis (1.), bei Grundstücken aber nicht für die Freiheit von Grunddienstbarkeiten, beschränkten persönlichen Dienstbarkeiten und Reallasten, wohl aber von Nießbrauch, Hypotheken-, Grund-, und Rentenschulden. — Wegen physischer Mängel haftet der Beschwerte nach Kaufrecht (**459** ff.) nicht (**2182**, Abs. 2. 3).

B. Die gesetzlichen Vermächtnisse.

§ 299.

Die gesetzlichen Vermächtnisse.

I. Das BGB. kennt Fälle, in denen kraft Gesetzes vermögensrechtliche Vorteile bestimmten Personen zukommen, durch die andere Personen als belastet erscheinen. Diese lassen sich aber nicht sämtlich als gesetzliche Vermächtnisse den gewillkürten zur Seite stellen. Ein gesetzliches Vermächtnis läßt sich nur dann annehmen, wo das Gesetz eine wirkliche Verpflichtung zur Leistung bzw. ein Forderungsrecht gewährt und außerdem eine Nachlaßverbindlichkeit statuiert. Demnach ist die Ausgleichung (L. § 313) nicht Inhalt eines gesetzlichen Vermächtnisses. Eine Nachlaßverbindlichkeit und -forderung ergibt sich nun allerdings beim Pflichtteilsrechte und bei dem Rechte der Mutter aus **1963**[1]), die Kategorie der gesetzlichen Vermächtnisse ist aber hier unanwendbar, weil die betreffenden Rechtsverhältnisse im Gesetze eine auf besonderen Grundgedanken ruhende selbständige Regelung erfahren haben, die der Ergänzung durch Heranziehung des Vermächtnisses demnach nicht zugänglich ist. Als gesetzliche Vermächtnisansprüche müssen aber gelten:

1. Der Anspruch des überlebenden Ehegatten auf den **ehelichen Voraus** (L. § 291, I. C.). Da dieses Vermächtnis einem Miterben gewährt ist, so hat es, wenn der Ehegatte Erbteil und Voraus annimmt, den Charakter eines Vorausvermächtnisses (**2150**). Die Vermächtnisgrundsätze (**2147** ff.) finden (**1932**) hier Anwendung bez. der Personen des Beschwerten und Bedachten,

---

[1]) Strohal (3), § 62, I.

der Haftung des Beschwerten, des Anfalles, der Annahme und der Ausschlagung und auch bez. der Beschränkungen und der Entziehung durch den Erblasser. Besonders ist heranzuziehen als analoger Fall das gewillkürte Vermächtnis bestimmter Sachen aus der Erbschaft (vgl. aber **2311**, Abs. 1, Satz 2).

2. Der der Analogie des deutschrechtlichen **Dreißigsten** folgende Anspruch der Familienangehörigen, die zur Zeit des Todes des Erblassers zu dessen Hausstand gehörten und Unterhalt von ihm tatsächlich bezogen haben, gegen den Erben auf den bisherigen Unterhalt und die Gestattung der Benutzung der Wohnung und der Haushaltungsgegenstände während der ersten dreißig Tage nach dem Tode des Erblassers (**1969**). Hier liegt entweder gesetzliches Vermächtnis oder Vorvermächtnis vor (**1969**, Abs. 2).

---

4. Kapitel.

Die Auflage.

§ 300.

Die Auflage.[1])

Durch Verfügung von Todes wegen kann der Erblasser einen Erben oder Vermächtnisnehmer zu einer Leistung verpflichten, ohne einem anderen eine Forderung auf diese Leistung einzuräumen (**Auflage,** modus **1940. 1941**). Wesentlich ist, daß eine Verpflichtung zur Leistung begründet werden soll. Dadurch unterscheidet sich die Auflage vom bloßen Rat, nudum praeceptum (l. 38. § 4. D. de leg. III.) und von der Anordnung einer Zuwendung unter der Bedingung eines bestimmten Verhaltens des Bedachten. Der wesentliche Unterschied vom Vermächtnis liegt darin, daß bei der Auflage der Verpflichtung des Beschwerten kein Forderungsrecht des durch die Auflage Begünstigten entspricht. Die Auflage enthält daher keine Zuwendung. Im übrigen rücken Auflage und Vermächtnis nahe aneinander (**2192**).

I. **Die Anordnung der Auflage** erfolgt durch den Erblasser in einer Verfügung von Todes wegen. Damit ist sowohl die Form gegeben wie die Anwendbarkeit der sonstigen Vorschriften über diese Verfügungen. Die Geltung der Anordung kann nicht von der Bestimmung Dritter abhängig gemacht werden (**2065**).

II. **Inhalt der Auflage** kann nur eine positive und negative Leistung sein, die auch Gegenstand eines Schuldverhältnisses sein könnte. Die Leistung kann Vermögensopfer erfordern oder nicht, sie kann zur Verwirklichung persönlicher Interessen des Erblassers, zugunsten einzelner Personen, des Beschwerten selbst oder Dritter (vgl. IV.), auferlegt sein oder allgemeine Zwecke fördern. Es können in Einschränkung der grundsätzlichen Selbständigkeit des erblasserischen Willens (**2065**, Abs. 2) ähnlich wie bei Vermächtnissen und mit der gleichen Folge auch mehrere Leistungen in der Weise auferlegt sein, daß nur eine oder die andere erbracht werden soll, und die Wahl hierbei einem Dritten übertragen ist (**2154**). Die Leistung kann ferner auch als Gattungsleistung bestimmt sein (**2155**), und bei Leistungen, deren Zweck vom Erblasser bestimmt ist, kann die Bestimmung der Leistung dem billigen Ermessen des Beschwerten oder eines Dritten überlassen sein (**2156**, vgl. **L.** § 296).

III. **Der Beschwerte.** Die Auflage kann wie das Vermächtnis nur einem Erben oder Vermächtnisnehmer auferlegt sein (vgl. die Auslegungsregel **2072**). Im Zweifel ist der Erbe der Beschwerte (**2147. 2192**). Sind mehrere beschwert, so hat das die gleiche Bedeutung wie beim Vermächtnis (**2147. 2148. 2192**). So tritt auch hier bei Fortfall des beschwerten Erben oder Vermächtnisnehmers derjenige an ihre Stelle, dem der Fortfall unmittelbar zustatten kommt (**2161. 2192**, vgl. **L.** § 296).

---

1) Strohal I, § 38.

IV. **Der Begünstigte.** J. a. gilt auch hier Vermächtnisrecht. In Einschränkung des Grundsatzes von **2065**, Abs. 2 kann aber bei Auflagen, deren Zweck der Erblasser bestimmt hat, die Bestimmung der Person, an welche die Leistung erfolgen soll, dem Beschwerten oder einem Dritten überlassen werden. Dem Beschwerten, der die Bestimmung zu treffen hat, und der zur Vollziehung der Auflage rechtskräftig verurteilt ist, kann vom Kläger eine angemessene Frist zur Vollziehung bestimmt werden. Läßt der Beschwerte diese Frist verstreichen, ohne die Bestimmung zu treffen, so geht das Recht der Bestimmung auf den Kläger über. Dritte Bestimmungsberechtigte haben ihre Erklärung gegenüber dem Beschwerten abzugeben. Kann der Dritte die Bestimmung nicht treffen, so geht das Bestimmungsrecht auf den Beschwerten über, und ist der Dritte nur säumig, so gilt das gleiche wie in dem entsprechenden Falle der Vermächtnisanordnung (**2151**, Abs. 3, Satz 2, vgl. **L.** § 296), nur daß hier zum Antrage auf Fristsetzung außer dem Beschwerten auch diejenigen (V. A.) berechtigt sind, welche die Vollziehung zu verlangen berechtigt sind (**2193**).

V. **Die Vollziehung der Auflage.**

A. Die Vollziehung können im Klagewege (ZPO. §§ 27. 888. 890) verlangen: der Erbe, wenn ihn die Auflage nicht selbst belastet, der Miterbe, die Erbeserben, derjenige, welchem der Wegfall des mit der Auflage zunächst Beschwerten unmittelbar zustatten kommen würde (Ersatzberufene, gesetzliche Erben), in bestimmten Fällen der Testamentsvollstrecker (**L.** § 308) und, wenn die Vollziehung im öffentlichen Interesse liegt, die zuständige Behörde (**2194**)[1]. Da diese Personen nicht zum Schutze eigener, sondern fremder Interessen klagberechtigt sind, steht ihnen auch bei zu vertretender Nichterfüllung der Auflage ein Schadensersatzanspruch gegen den Belasteten nicht zu (vgl. C.). Die Klageberechtigten sind aber nicht Fiduziare im gewöhnlichen Sinne, da sie nicht verpflichtet sind, das ihnen zustehende Klagerecht auszuüben. Nur mit dieser Einschränkung kann man daher von einem Gläubigerrechte sprechen.

B. Über Zeit und Ort der Vollziehung entscheiden die allgemeinen Grundsätze. Ist aber die Zeit der Vollziehung dem freien Belieben des Beschwerten überlassen, so kann sie im Zweifel beim Tode des Beschwerten verlangt werden (**2181**). Von einem beschwerten Vermächtnisnehmer kann die Vollziehung abgelehnt werden, solange er selbst nicht berechtigt ist, die Erfüllung des ihm zugewendeten Vermächtnisses zu verlangen (**2186**).

C. Der Beschwerte kann die Vollziehung ablehnen, wenn die Auflage unwirksam ist. Unwirksamkeit tritt z. B. ein nach **138**, infolge von Anfechtung (**2078** ff.), ferner wie bei Vermächtnissen, wenn die Leistung zur Zeit des Erbfalles unmöglich oder gesetzlich verboten ist (**2171**). In allen Fällen der Unwirksamkeit der Auflage behält die Zuwendung an den Beschwerten ihre Kraft, außer wenn anzunehmen ist, daß der Erblasser die Zuwendung nicht ohne die Auflage gemacht haben würde (**2195**). Dazu muß aber feststehen, daß eine Auflage gewollt ist. Auch wenn die Unmöglichkeit der Vollziehung der Auflage durch Umstände herbeigeführt ist, die der Beschwerte zu vertreten hat, tritt die Zuwendung an den Beschwerten nicht außer Kraft. Es kann aber in diesem Falle derjenige, dem der Wegfall des Beschwerten unmittelbar zustatten kommen würde, die Zuwendung, soweit sie zur Vollziehung der Auflage hätte verwendet werden müssen, nach den Vorschriften über die Herausgabe ungerechtfertigter Bereicherung vom Beschwerten verlangen. Die gleiche Folge tritt ein, wenn der Beschwerte zur Vollziehung einer Auflage, die nicht durch einen Dritten vollzogen werden kann, rechtskräftig verurteilt und die gesetzlich zulässige Zwangsvollstreckung fruchtlos geblieben ist (**2196**). Die Zuwendung kann von der Wirksamkeit der Auflage nach dem Willen des Erblassers abhängig gemacht sein. Tritt die Auflage nicht in Wirksamkeit, ohne jedoch ganz unmöglich zu werden, so kommt **2161** in Anwendung.

---

[1]) Vgl. **L.** § 112. V. Mecklenb.-Schwer. AB. z. BGB., § 259. Mecklenb.-Strel. AB. z. BGB., § 256.

D. Die mit einer Auflage beschwerten Erben oder Vermächtnisnehmer können gegenüber dem Verlangen der Vollziehung die gleichen Einschränkungen und Kürzungsrechte geltend-machen wie gegenüber dem Vermächtnisanspruche (vgl. L. § 298, III. B.).

---

5. Kapitel.

Das Pflichtteilsrecht.[1])

§ 301.

a) Die rechtliche Natur des Pflichtteilsrechtes.

I. Das römische Recht gelangte von der ursprünglichen Testierfreiheit zur Einschränkung derselben im formellen und materiellen Noterbenrechte. Das ältere deutsche Recht kannte die Testierfreiheit überhaupt nicht und so auch kein Pflichtteilsrecht. Mit den Testamenten ist auch das Noterbenrecht als gemeines aufgenommen, und zwar das materielle Noterbenrecht, während das formelle Noterbenrecht (Anspruch auf Erbeseinsetzung) wohl schon im Justinianischen Rechte ohne praktische Bedeutung war. Auch im Partikularrechte bestand nur ein materielles Noterbenrecht (Pflichtteilsrecht).

II. Das Pflichtteilsrecht ist das Recht gewisser kraft Gesetzes erbberechtigten Personen auf den Wert der Hälfte ihres eventuellen gesetzlichen Erbteiles (**2303**)[2]).

Das BGB. läßt die Testierfreiheit des Erblassers völlig unbeschränkt. Die vom Erblasser über die Erfolge getroffene Verfügung bleibt trotz Verletzung des Pflichtteilsrechtes bestehen. Der römische Grundgedanke[3]), daß gewisse Personen einen bestimmten Teil des Nachlasses erhalten sollen, ist in anderer Weise durchgeführt.

Der heutige Pflichtteilsberechtigte ist wie im preuß. R. stets nur forderungsberechtigt, niemals erbberechtigt[4]), während im römischen und gemeinen Rechte ein gemischtes System gilt, nach dem der Pflichtteilsberechtigte in gewissen Fällen Erbe wird (querela inofficiosi testamenti), in anderen nur forderungsberechtigt ist (actio suppletoria). Der Pflichtteilsberechtigte hat daher nach dem BGB. die Nachlaßverbindlichkeiten nicht mitzutragen (**1967**), sein Anspruch geht wie die actio suppletoria auf eine reine Geldleistung und ist vererblich und übertragbar (**2317**); die entsprechende Verbindlichkeit ist Nachlaßverbindlichkeit und trifft den Erben als solchen (**1967**). Sie ist aber eine Nachlaßverbindlichkeit eigener Art und keine der Vermächtnisverbindlichkeit analoge (L. § 299). Das zeigt sich besonders darin, daß der Pflichtteilsberechtigte hinter den Gläubigern des Erblassers und anderen Gläubigern, aber vor den Vermächtnisnehmern und Auflagen Befriedigung verlangen kann.

§ 302.

b) Die pflichtteilsberechtigten Personen.

I. Ein Pflichtteilsrecht haben (**2303**) nur Verwandte (L. §§ 288—291), nämlich:
die **Abkömmlinge des Erblassers,**
die **Eltern des Erblassers** und

---

[1]) Strohal I, §§ 49—58.

[2]) Vorbehalt für das Landesrecht: EG. Art. 216. 139.

[3]) Ein anderer ist der Ausgangspunkt des französischen Rechtes, das dem Erblasser Testierfreiheit bis zu einer in den einzelnen Fällen verschiedenen Grenze (portion disponible) zubilligt und entsprechend einen Vorbehaltsteil (réserve) der betreffenden Aszendenten und Deszendenten fixiert; der Vorbehaltsberechtigte ist Erbe.

[4]) Zu beachten ist die Bestimmung in **2079** und **2281**; die Anfechtung ruht nicht schlechthin auf dem Pflichtteilsrecht (vgl. **2281. 2285**), sondern darauf, daß die Anordnung dem wirklichen Willen des Gesetzes nicht entspricht.

der **überlebende Ehegatte.** Die entfernteren Aszendenten und sämtliche Seitenverwandten, auch die Geschwister sind daher anders als im röm. R. nicht pflichtteilsberechtigt. Unter den vom Gesetze genannten Verwandten sind nicht pflichtteilsberechtigt diejenigen, deren gesetzliches Erbrecht durch Erbverzicht (**2346. 2349**) oder Erbunwürdigkeitserklärung (**2344. 2345**) erloschen ist, die auf ihr Pflichtteilsrecht verzichtet haben (**2346**, Abs. 2. **2349**), oder denen ihr Pflichtteilsrecht regelmäßig entzogen ist (**2333—2337**).

Die an sich pflichtteilsberechtigten Personen sind nur dann pflichtteilsberechtigt, wenn sie im Falle der Eröffnung der gesetzlichen Erbfolge zu dieser berufen sein würden. Da der Ehegatte des Erblassers stets ein gesetzliches Erbrecht hat, ist er auch stets pflichtteilsberechtigt. Entferntere Abkömmlinge des Erblassers werden aber durch einen ihre Verwandtschaft mit dem Erblasser vermittelnden näheren Abkömmling von der gesetzlichen Erbfolge ausgeschlossen wie die Eltern des Erblassers durch vorhandene Abkömmlinge. Sie würden demnach der Regel gemäß auch ein Pflichtteilsrecht nicht haben können. Diese Regel, daß gesetzliches Erbrecht im konkreten Falle Voraussetzung des Pflichtteilsrechtes ist, wird aber durch die Ausnahme in **2309** durchbrochen (s. III.).

II. Aus dem Pflichtteilsrechte erwächst der **Pflichtteilsanspruch,** wenn bestimmte Voraussetzungen vorliegen.

A. Ist der Pflichtteilsberechtigte von der gesetzlichen Erbfolge durch den Erblasser ausgeschlossen, und ist ihm der Pflichtteil nicht rechtmäßig entzogen, ohne daß ihm etwas hinterlassen ist, so hat er den Pflichtteilsanspruch.

B. Der Pflichtteilsanspruch kann dadurch ausgeschlossen sein, daß dem Pflichtteilsberechtigten etwas hinterlassen ist, d. h. er ist als gesetzlicher oder gewillkürter Erbe berufen, oder ihm ist ein Vermächtnis zugewendet. Hier ist aber zu unterscheiden, ob das Hinterlassene Erbteil oder Vermächtnis ist, und beim Erbteile, ob dieser mit oder ohne Einschränkungen und Beschwerungen hinterlassen ist. Als Beschränkungen bzw. Beschwerungen gelten: Ernennung eines Vorerben vor dem Pflichtteilsberechtigten, eines Nacherben nach ihm, eines Testamentsvollstreckers, eine Teilungsanordnung (vgl. aber **2312**), Beschwerung mit Vermächtnis und Auflage. Keine Beschränkung enthalten die Berufung des Pflichtteilsberechtigten als Ersatzerbe wie die Berufung eines Ersatzerben nach dem Pflichtteilsberechtigten, auch nicht wohlmeinende Beschränkungen (vgl. L. § 306).

1. Der Erbteil ist uneingeschränkt und unbeschwert hinterlassen (**2305**).

a) Ist der Erbteil gleich der Hälfte des gesetzlichen Erbteiles des Pflichtteilsberechtigten oder größer, so kann der Pflichtteilsberechtigte ausschlagen oder annehmen; einen Anspruch auf den Pflichtteil hat er in keinem Falle.

b) Ist der Erbteil kleiner als die Hälfte des gesetzlichen Erbteiles, so hat der Pflichtteilsberechtigte bei Annahme und Ausschlagung immer nur den Pflichtteilsanspruch auf den Wert dessen, was ihm an der Hälfte des gesetzlichen Erbteiles fehlt (Ergänzungsanspruch).

2. Der Erbteil ist beschränkt und beschwert hinterlassen (**2306**).

a) Ist der Erbteil gleich der Hälfte des gesetzlichen Erbteiles oder kleiner, so gelten die Einschränkungen und Beschwerungen als nicht angeordnet. Es erwächst demnach dem Pflichtteilsberechtigten nur soweit ein Pflichtteilsanspruch, als der Erbteil hinter der Hälfte des gesetzlichen Erbteiles zurückbleibt (vgl. 1. b).

b) Ist der Erbteil größer als die Hälfte des gesetzlichen Erbteiles, so hat der Pflichtteilsberechtigte die Wahl zwischen Annahme und Ausschlagung:

α) wenn er annimmt, keinen Pflichtteilsanspruch und hat die Einschränkungen und Beschwerungen zu tragen. Gegen die Gefahr einer Annahme, die durch Versäumung der Ausschlagungsfrist eintritt (**1943**), ist der Pflichtteilsberechtigte durch **2306**, Abs. 1, Satz 2 gedeckt[1]).

[1]) RG. Bd. 59, S. 341.

Hat er eine Annahmeerklärung, ohne daß ihn ein Vorwurf trifft, in Unkenntnis der Einschränkungen usw. abgegeben, so wird er die Annahme anfechten können (gemäß dem Grundgedanken des **2308**, Abs. 1)[1]).

β) Schlägt der Pflichtteilsberechtigte aus[2]), so erwächst ihm der Pflichtteilsanspruch. Wenn zur Zeit der Ausschlagung die Beschränkung usw. fortgefallen, ohne daß der Pflichtteilsberechtigte das wußte, so kann er sie anfechten und damit den Erbteil annehmen (**2308**, Abs. 1).

3. Ist dem Pflichtteilsberechtigten ein Vermächtnis hinterlassen (**2307**), so kann er es ausschlagen und hat dann den Anspruch auf den vollen Pflichtteil, nimmt er es an, so kann er den Pflichtteil nur soweit verlangen, als er nicht durch den Wert des Vermächtnisses gewährt ist[3]). Die Feststellung des Wertes erfolgt ohne Berücksichtigung von Beschränkungen und Beschwerungen. Der mit dem Vermächtnis beschwerte Erbe kann eine Entscheidung der Pflichtteilsberechtigten über die Annahme nach **2307**, Abs. 2 herbeiführen. Ausschlagung und auch Annahme kann der Pflichtteilsberechtigte nach **2308** anfechten (vgl. 2. b, Note 1).

III. Das Pflichtteilsrecht und der Pflichtteilsanspruch der entfernteren Abkömmlinge und der Eltern (**2309**). Wo ein Pflichtteilsrecht der entfernteren Abkömmlinge und der Eltern sich ergibt, ist die Entstehung des Pflichtteilsanspruches für sie von den Voraussetzungen unter II. abhängig. Bei der Vorführung dieser Fälle soll angenommen werden, daß nur ein nächststehender Abkömmling vorhanden ist.

A. Kann der einzige nächststehende Abkömmling den vollen Pflichtteil verlangen (II. A. B. 2. b. α. 3), so haben die entfernteren Abkömmlinge und die Eltern kein Pflichtteilsrecht, mag der nächststehende Abkömmling seinen Pflichtteilsanspruch geltendmachen oder nicht. — Ebenso liegt es, wenn der nächststehende Abkömmling durch Annahme von Erbteil oder Vermächtnis vollständige oder teilweise Deckung für seinen Pflichtteil erlangt hat (II. B. 1. 2. a. b. α. 3).

Ist dem nächststehenden Abkömmling aber ein Erbteil ohne Beschränkung oder Beschwerung hinterlassen, und schlägt er aus, so haben die entfernteren Abkömmlinge das Recht auf ihren vollen Pflichtteil oder auf einen um den Wert desjenigen Teiles seines Pflichtteiles geminderten Pflichtteil, den der nächststehende Abkömmling verlangen konnte, (II. B. 1. a. b. 2. a).

B. Der einzige nächststehende Abkömmling ist für erbunwürdig erklärt. Der Abkömmling hat in diesem Falle kein gesetzliches Erbrecht (**2344**). Daher haben nach der Regel die entfernteren Abkömmlinge und die Eltern das Pflichtteilsrecht.

C. Der einzige nächststehende Abkömmling hat verzichtet, und zwar

1. auf sein gesetzliches Erbrecht. Der Abkömmling hat kein gesetzliches Erbrecht, die entfernteren Abkömmlinge und die Eltern haben also Pflichtteilsrecht. Bei den entfernteren Abkömmlingen trifft das jedoch nur zu, wenn der Verzicht nicht auch für sie wirkt (**2349**). Dadurch, daß dem Verzichtenden eine Abfindung gewährt oder trotz Verzichtes etwas durch Verfügung des Erblassers von Todes wegen hinterlassen ist, wird der Pflichtteilsanspruch der entfernteren Pflichtteilsberechtigten in keiner Weise beeinflußt.

2. Der Abkömmling hat nur auf den Pflichtteil verzichtet (**2346**, Abs. 2), er ist aber von der Erbfolge durch Verfügung des Erblassers ausgeschlossen. Da der Abkömmling den Pflichtteil nicht verlangen kann, haben die entfernteren Abkömmlinge und die Eltern das Pflichtteilsrecht. Für die entfernteren Abkömmlinge gilt das allerdings nur, wenn der Verzicht nicht auch für sie wirkte (**2349**). Ist dem verzichtenden Abkömmling trotz des Verzichtes vom Erblasser Erbteil oder Vermächtnis hinterlassen, so können die entfernteren Pflichtteilsberechtigten ihren Pflichtteil ganz verlangen, wenn der Abkömmling das Hinterlassene ausschlägt; wenn er aber annimmt, so haben sie das Recht auf ihren Pflichtteil, der durch den effektiven Wert des von dem Abkömmling Angenommenen gemindert ist. Der effektive Wert ergibt sich, wenn von

[1]) So Strohal I, S. 423, Note 23.

[2]) Die Ausschlagungsfrist beginnt erst (**2306**, Abs. 1), wenn der Pflichtteilsberechtigte von der Beschränkung oder Beschwerung Kenntnis erhalten hat, er daher eine Prüfung vornehmen kann.

[3]) KO. §§ 226. 227.

dem Werte des Hinterlassenen der Wert der Beschränkungen und Beschwerungen in Abzug gebracht sind. So gemäß der Tendenz des **2309**[1]). Vgl. D. Z. 2.

D. Dem einzigen nächststehenden Abkömmling ist durch den Erblasser gesetzmäßig der Pflichtteil entzogen.

1. Der Erblasser hat dem Abkömmling den Pflichtteil ganz oder zum Teil entzogen. Obwohl der Abkömmling in der gesetzlichen Erbfolge ihnen vorgehen würde, haben die entfernteren Abkömmlinge und die Eltern das Recht auf den Pflichtteil, soweit der Abkömmling den Pflichtteil nicht verlangen kann.

2. Der Erblasser hat dem Abkömmling den Pflichtteil entzogen, ihm aber gleichwohl Erbteil oder Vermächtnis zugewendet.

Schlägt der Abkömmling aus, so kann er niemals den Pflichtteil verlangen, nimmt er das Hinterlassene an, so liegt es wie im Falle C. Z. 2.

§ 303.

c) Der Betrag und Berechnung des Pflichtteiles.

I. Der Pflichtteil beträgt, abweichend vom römischen Rechte, die Hälfte des Wertes des gesetzlichen Erbteiles für alle Pflichtteilsberechtigten (Abkömmlinge, Eltern, Ehegatten) und ohne Rücksicht auf die Anzahl derselben (**2303**).

II. Bei der Berechnung des Pflichtteiles kommt es demnach zunächst auf Feststellung des eventuellen gesetzlichen Erbteiles des Pflichtteilsberechtigten an. Der Pflichtteil wird also für jeden Pflichtteilsberechtigten gesondert und nicht für alle Pflichtteilsberechtigten gemeinsam festgestellt; es gilt distributive, nicht kollektive Berechnung. Da der Pflichtteilsanspruch auf eine Wertquote, nicht auf eine Erbquote gerichtet ist, so ist weiter eine Wertung des Nachlasses erforderlich. Daher:

A. **Die Feststellung des eventuellen gesetzlichen Erbteiles (2310).** Hier werden alle diejenigen mitberücksichtigt, die im Falle der gesetzlichen Erbfolge den gesetzlichen Erbteil des Pflichtteilsberechtigten beschränken würden, folglich auch die, welche die Erbschaft ausgeschlagen haben, durch letztwillige Verfügung von der Erbfolge oder rechtmäßig vom Pflichtteile ausgeschlossen oder für erbunwürdig erklärt sind oder lediglich auf den Pflichtteil verzichtet haben[2]). Dagegen wird derjenige nicht mitgezählt, der auf seinen Erbteil, nicht etwa bloß auf den Pflichtteil, verzichtet hat (**2346**).

B. **Die Wertung des Nachlasses (2311. 2312. 2313)**[3]). In Geld anzusetzen ist der reine Nachlaß zur Zeit des Erbfalles. Vermehrungen und Verminderungen nach dem Erbfalle kommen somit nicht in Betracht. Zur Wertung bedarf es einer Aufnahme und eventuellen Schätzung der im Momente des Todes vorhandenen vererblichen Aktiva[4]) und Passiva. Dabei liegt es i. a. so, als wenn im Falle der Eröffnung der gesetzlichen Erbfolge ein Nachlaßinventar zu errichten wäre. Zu den Aktiven gehören nach EG. Art. 59 nicht Lehn- und Fideikommisse usw., wenn das Erbrecht des BGB. bei ihnen nicht gilt. Zu den Passiven zählen die vom Erblasser herrührenden Schulden (**1967**) und diejenigen Nachlaßverbindlichkeiten, welche im Falle der gesetzlichen Erbfolge den Nachlaß belasten, z. B. die Kosten der Beerdigung des Erblassers (**1968**), ferner die Kosten der Aufnahme und Schätzung des Nachlaßbestandes usw. Eine Schätzung der einzelnen Posten ist nicht erforderlich bei barem Gelde, bei sicheren, unzweifelhaften und un-

---

[1]) Strohal I, S. 432 ff.

[2]) Hat der Erblasser den extraneus X zu Erben eingesetzt, seinen Sohn A enterbt, seinen Sohn B nicht berücksichtigt, so beträgt nach **2310** der gesetzliche Erbteil des B nur $1/2$, der Pflichtteil $1/4$. Der Ausschluß des Enterbten und ebenso des Erbunwürdigen kommt also dem Pflichtteilsberechtigten hier nicht zustatten. Vgl. Strohal I, S. 231 f.

[3]) RG. Bd. 65, S. 249.

[4]) Zu diesen gehören auch die dem Erblasser angefallenen aber später ausgeschlagenen Erbschaften und Vermächtnisse, vgl. M. V. S. 406.

bedingten und unbefristeten Forderungen und Schulden. Ist die Schätzung notwendig, so ist eine vom Erblasser getroffene Wertbestimmung nicht maßgebend. Für die eventuell vom Richter vorzunehmende Schätzung ergeben sich die Grundsätze aus allgemeinen Vorschriften. Bei Gegenständen mit Kurswert ist der mittlere Tageskurs[1]), bei befristeten Forderungen und Schulden ist der Zwischenzins zu berücksichtigen[2]). Ansprüche auf wiederkehrende Leistungen werden kapitalisiert. Im besonderen ist hier bestimmt:

1. Rechte und Verbindlichkeiten, die von einer aufschiebenden Bedingung abhängig sind, ebenso ungewisse, unsichere Rechte und zweifelhafte Verbindlichkeiten bleiben außer Ansatz. Der Erbe ist aber dem Pflichtteilsberechtigten gegenüber, soweit es einer ordnungsmäßigen Verwaltung entspricht, verpflichtet, für die Feststellung eines ungewissen und die Verfolgung eines unsicheren Rechtes zu sorgen.

2. Rechte und Verbindlichkeiten, die von einer auflösenden Bedingung abhängig sind, werden als unbedingte eingesetzt.

3. Geht die nach 1. oder 2. zunächst maßgebende Sachlage in eine veränderte definitive über, so hat eine dieser letzteren entsprechende Ausgleichung zu erfolgen, für die aber der Pflichtteilsberechtigte Sicherheit nicht zu leisten hat.

4. Hat der Erblasser einem der an sich pflichtteilsberechtigten Miterben das Recht eingeräumt, ein zum Nachlasse gehöriges Landgut zum Ertragswerte oder zu einem Übernahmepreise, der den Ertragswert erreicht, aber den Schätzungswert nicht übersteigt, zu übernehmen, und macht der Miterbe von diesem Rechte Gebrauch, so kommt der Ertragswert oder der Übernahmepreis auch bei der Schätzung in Betracht. Ebenso kann der Erblasser, wenn er nur einen an sich pflichtteilsberechtigten Erben hinterläßt, der das Landgut übernehmen soll, den Ertragswert oder einen anderen Übernahmepreis maßgebend bestimmen. Es liegt darin eine Ausnahme von dem Satze, daß eine vom Erblasser getroffene Wertbestimmung nicht maßgebend ist. Der Ertragswert bestimmt sich nach **2049** oder nach Landesrecht (EG. Art. 137)[3]).

Der reine Nachlaß ergibt sich durch Abzug der Passiven von den Aktiven, daraus weiter der Wert des Erbteiles und Pflichtteiles.

C. In Ausnahmefällen wird übrigens der Pflichtteil nicht von dem reinen Nachlasse, sondern von einem erweiterten oder verringerten reinen Nachlasse berechnet. Bei der Berechnung des Pflichtteiles der Eltern (nicht des Ehegatten) bleibt der Voraus des Ehegatten außer Ansatz; der Voraus wird also vom Nachlasse in Abzug gebracht und der Pflichtteil der Eltern von dem so geminderten Nachlasse berechnet. Hat der Ehegatte auf den Voraus keinen Anspruch (Ausschließung, Erbunwürdigkeit, so wird er in den Nachlaß eingerechnet werden müssen (**2311**, Abs. 1. vgl. **2315**. **2325**)[4]).

§ 304.

d) Die Gewährung des Pflichtteiles.

I. Voraussetzung des Pflichtteilsanspruches ist ungerechtfertigter Ausschluß des Pflichtteilsberechtigten vom Nachlasse des Erblassers, sei es, daß er überhaupt nichts oder doch nicht den vollen Pflichtteil erhält. Gewährung des Pflichtteiles liegt demnach vor, wenn der Pflichtteilsberechtigte in Höhe seines Pflichtteiles gesetzlicher Erbe des Erblassers wird, dagegen nicht, wenn er Erbeserbe wird. Sie liegt weiter vor, wenn dem Pflichtteilsberechtigten durch Verfügung von Todes wegen der volle Pflichtteil zugewendet ist. Kommt dem Pflichtteilsberech-

[1]) D. h. an dem Börsenplatz, der für den letzten Wohnsitz des Erblassers maßgebend war.

[2]) Bei befristeten Ansprüchen auf Früchte vgl. **101**.

[3]) Nach EG. Art. 64 besteht auch ein Vorbehalt für die Landesgesetze, die den Anerben, der das Gut übernimmt, durch Gewährung eines Voraus am wahren Werte des Gutes begünstigen und entsprechend die Pflichtteilsrechte beschränken.

[4]) Vgl. Strohal I, S. 447 f.

tigten auf diese Weise der abstrakte Pflichtteil nicht voll zu, so geht der Pflichtteilsanspruch auf das an dem abstrakten Pflichtteile Fehlende.

II. Die Gewährung des Pflichtteiles kann erfolgen **durch Verfügung von Todes wegen**, Vgl. L. § 302, II.

III. Der Pflichtteil kann dem Pflichtteilsberechtigten auch durch gewisse **Verfügungen unter Lebenden**[1]) gewährt sein. Der Pflichtteilsberechtigte hat sich das aus solchen Verfügungen Empfangene (Vorausempfang) auf den Pflichtteil anrechnen zu lassen. Ob daher der Erblasser sich im Rahmen seiner Freiheit, über seinen Nachlaß letztwillig zu verfügen, gehalten hat, ergibt sich, wenn auch der dem Pflichtteilsberechtigten gewährte Vorausempfang berücksichtigt wird[2]).

A. Alle Pflichtteilsberechtigten haben sich die Vorausempfänge anrechnen zu lassen, die ihnen vom Erblasser mit der ausdrücklichen oder stillschweigenden Bestimmung gewährt sind, daß sie auf den Pflichtteil angerechnet werden sollen. Ob eine solche Bestimmung vorliegt, z. B. bei vollzogenen Schenkungen von Todes wegen, oder wenn der Erblasser die Anrechnung auf den Erbteil verfügt hat, ist durch Auslegung festzustellen. Dieser Bestimmung bedarf es auch, wenn Vorausempfänge, die bei der Erbenausgleichung anzurechnen sind, auch auf den Pflichtteil angerechnet werden sollen. Ob der Erblasser bei Empfängen, die zur Ausgleichung zu bringen sind (**2050**, Abs. 1. 2), die Anrechnung vorschreiben kann, hängt davon ab, ob der Erblasser zu der Vergabung verpflichtet war oder nicht[3]). In allen Fällen erfolgt die Bestimmung, die einer Form nicht bedarf, in dem Zuwendungsvertrage, nicht einseitig. Bestimmung der Anrechnung einer Zuwendung unter Lebenden durch letztwillige Verfügung ist nicht möglich[4]).

a) Abkömmlinge, die an die Stelle eines weggefallenen Abkömmlinges getreten sind, müssen sich auch Vorausempfänge auf den Pflichtteil anrechnen lassen, die der Weggefallene erhalten hat und sich hätte anrechnen lassen müssen. Ob der entferntere Abkömmling den Vorempfang seines Parens erhalten hat, ist gleichgültig. Die Bestimmung findet auch dann Anwendung, wenn nur ein Abkömmling des Erblassers vorhanden ist[5]). (**2315**, Abs. 3. **2051**, Abs. 1).

b) Zur Ermittelung des Betrages des Pflichtteiles im konkreten Falle wird der Wert der Zuwendung zur Zeit der Zuwendung dem reinen Nachlasse hinzugerechnet und dann der Betrag des Erbteiles und des Pflichtteiles festgestellt. Auf den Pflichtteil wird dann der Vorausempfang angerechnet (**2315**, Abs. 2), z. B. der Erblasser hat seine Söhne B und D zu Erben, seinen Enkel X von seinem verstorbenen Sohne A, der anrechnungspflichtige 10 000 erhalten hat, auf den Pflichtteil eingesetzt. Der reine Nachlaß beträgt 35 000. Der gesetzliche Erbteil des X beträgt: $\frac{35\,000 + 10000}{3} = 15\,000$, sein Pflichtteil 7500. Auf diesen hat er sich den Vorempfang von 10 000 anrechnen lassen, er erhält also nichts mehr.

c) Zu beachten ist, daß die Anrechnung immer nur bei Feststellung des Pflichtteiles desjenigen erfolgt, der das Anzurechnende vorausempfangen hat. Z. B.: der Erblasser hinterläßt seine Söhne B und D, ferner einen Enkel X von einem vorverstorbenen Sohne und einen Enkel Y von einem andern vorverstorbenen Sohne. X hat 20 000 vorausempfangen. Der reine Nachlaß beträgt 40 000. Der gesetzliche Erbteil des X beträgt: $\frac{40000 + 20000}{4} = 15\,000$, sein Pflichtteil 7500; da er 20 000 erhalten hat, erhält er nichts mehr. Der gesetzliche Erbteil des Y beträgt: $\frac{40000}{4} = 10\,000$, sein Pflichtteil 5000[6]).

---

[1]) Dahin gehört nach **2301**, Abs. 2 auch die vollzogene Schenkung von Todes wegen.

[2]) Zur Bestimmung der Person des Zuwendenden im Falle von Zuwendungen aus dem Gesamtgute bei ehelicher Gütergemeinschaft dient die Vorschrift in **2331**.

[3]) Vgl. Strohal I, S. 466 ff.

[4]) Strohal I, S. 465, Note 2.

[5]) Strohal I, S. 469.

[6]) Strohal I, S. 471 f.

B. Besonderes gilt für die Berechnung des Pflichtteiles von Abkömmlingen (**2316**), wenn im Falle der gesetzlichen Erbfolge mehrere[1]) Abkömmlinge erben würden, und unter ihnen ein Vorausempfang zur Ausgleichung (**2050—2056**) zu bringen wäre. Hier sollen bei der Berechnung des Betrages des gesetzlichen Erbteiles und des Pflichtteiles die unter den mehreren Abkömmlingen zur Ausgleichung zu bringenden Posten in folgender Weise berücksichtigt werden:

a) Die Ausgleichungsposten ergeben sich aus **L.** § 313. Nur kann der Erblasser eine Ausstattung (**2050**, Abs. 1) nicht zum Nachteile des Pflichtteilsberechtigten von der Berücksichtigung bei der Berechnung des Pflichtteilsbetrages ausschließen (**2316**, Abs. 3).

b) Als gesetzliche Erben kommen diejenigen Abkömmlinge in Betracht, die bei der Berechnung der Pflichtteilsquote (**L.** § 303, II. A.) in Betracht kämen, und ebenso wie dort nicht derjenige, der auf sein gesetzliches Erbrecht verzichtet hat, und seine Abkömmlinge, wenn der Verzicht auch für sie wirksam ist (**2316**, Abs. 1, Satz 2).

c) Der Pflichtteil ist dann die Hälfte dessen, „was auf den gesetzlichen Erbteil unter Berücksichtigung der Ausgleichungspflicht bei der Teilung entfallen würde" (**2316**, Abs. 1).

Nach **2055** müssen daher dem reinen Nachlasse, soweit er den ausgleichungspflichtigen Abkömmlingen zukommt, die Ausgleichungsposten hinzugerechnet werden. Von dem sich so ergebenden Betrage des gesetzlichen Erbteiles des einzelnen Abkömmlinges kommt in Abzug der ihn treffende Ausgleichungsposten. Die Hälfte des Restes ist der Pflichtteilsbetrag (Ausgleichungsverfahren)[2]).

Beispiel:

Der Nachlaß beträgt 20 000. Zum Erben ist eingesetzt der extraneus A, als Pflichtteilsberechtigte kommen in Betracht der Sohn des Erblassers B mit einem Vorempfang von 8000 und der Sohn des Erblassers C mit einem Vorempfang von 2000. Beide Vorempfänge unterliegen der Ausgleichung.

1. Ohne Berücksichtigung der Ausgleichungspflicht wäre der Erbteil von B und C = 10 000, ihr = Pflichtteil 5000.

2. Mit Berücksichtigung der Ausgleichungspflicht (**2316**) ist der Erbteil gemäß **2055**:

$$\text{des B} = \left(\frac{20\,000 + 8000 + 2000}{2}\right) - 8000 = 7000$$

$$\text{des C} = \left(\frac{20\,000 + 8000 + 2000}{2}\right) - 2000 = 13\,000.$$

Der Pflichtteil des B also = 3500, der des C = 6500.

d) Die Ausgleichungspflicht und deshalb auch die Berechnung nach **2316** kommt nicht in Betracht im Verhältnisse vom Abkömmlingen und anderen Pflichtteilsberechtigten (Ehegatten) (**2055**). Würde in dem vorigen Beispielsfalle etwa noch die pflichtteilsberechtigte Ehefrau hinzutreten, so gestaltet sich die Berechnung so:

Der Erbteil der Ehefrau betrüge 5000, ihr Pflichteil 2500; der Erbteil

$$\text{des B} = \left(\frac{15\,000 + 8000 + 2000}{2}\right) - 8000 = 4500;$$

$$\text{des C} = \left(\frac{15\,000 + 8000 + 2000}{2}\right) - 2000 = 10\,500$$

der Pflichtteil des B beträgt somit = 2250, der des C = 5250.

---

[1]) Die Bestimmung findet daher keine Anwendung, wenn als Pflichtteilsberechtigter der einzige Abkömmling des Erblassers in Frage steht. Hier kann eine Ausgleichungspflicht nicht in Anwendung kommen, sondern nur die Einrechnung in den Pflichtteil nach **2315** (A.). Strohal I, S. 473 f.

[2]) Strohal I, S. 474 f.

e) Tritt der Fall ein, daß unter Abkömmlingen einige nur Vorausempfänge nach **2316**, andere nur solche nach **2315** erhalten haben, so daß neben Ausgleichungsposten auch Anrechnungsposten in Betracht zu ziehen sind, so muß der Pflichtteil jedes Abkömmlinges mit Rücksicht auf die Ausgleichungsposten nach **2316**, mit Rücksicht auf die Anrechnungsposten nach **2315** berechnet werden.

Beispiel:

Der Nachlaß beträgt 20 000, eingesetzt ist ein heres extraneus, als Pflichtteilsberechtigte kommen in Betracht Sohn B mit einem Ausgleichungsposten von 4000, Sohn C mit einem Anrechnungsposten von 4000 und der Ehegatte G. Die Berechnung stellt sich so: dem Nachlasse 20 000 M. ist der Anrechnungsposten = 4000 C zuzurechnen = 24 000 Nachlaß; von diesem kommen $\frac{3}{4}$ = 18 000 Mark A und B zu, der der Ausgleichung nach **2316**, Abs. 1. zu unterwerfen ist, so daß der Erbteil des C sich auf $\frac{18\,000 + 8000}{2} = 13\,000$ M. stellt, sein Pflichtteil auf 6500 M., von dem 4000 abzuziehen sind, so daß der Pflichtteil sich auf 2500 beläuft. Der Pflichtteil des G beträgt 2500 M. ohne Rücksicht auf etwaige Ergänzung.

f) Es kann ferner ein Ausgleichungsposten auch als Anrechnungsposten in Betracht kommen (**2316**, Abs. 4)[1]). In diesem Falle soll er nur mit der Hilfe des Wertes auf den Pflichtteil angerechnet werden.

Der Nachlaß beträgt 4000, eingesetzt ist ein heres extraneus, als Pflichtteilsberechtigte kommen in Betracht der Sohn des Erblassers A mit einem Ausgleichungsposten von 800, der Sohn B mit einem Anrechnungs- und zugleich Ausgleichungsposten von 400 und der Ehegatte G. Die Berechnung gestaltet sich bei Anwendung von **2316**, Abs. 4 folgendermaßen:

$$A = \left(\frac{3000 + 8000 + 400}{2}\right) - 800 = 1300 \text{ Erbteil des A; daher sein Pflichtteil} = 650.$$

$$B = \left(\frac{3000 + 800 + 400}{2}\right) - 400 = 1700 \text{ Erbteil des B; daher sein Pflichtteil} = 850 - 200 = 650.$$

$$G = \frac{4000}{4} = 1000; \text{ Pflichtteil} = 500$$[2]).

C. Die Berechnung nach A. oder B. kann ergeben, daß die Anrechnungsposten oder Ausgleichungsposten den Pflichtteil decken oder übersteigen. Hier ist der Pflichtteilsberechtigte für seinen Pflichtteilsanspruch, den er an sich verlangen konnte, befriedigt[3]); im zweiten Falle behält er auch das Mehr über den Pflichtteilsbetrag (**2056**). Der Pflichtteilsberechtigte kann andererseits den sich nach A. und B. ergebenden Pflichtteilsbetrag verlangen. Ist derselbe durch letztwillige Zuwendungen an den Pflichtteilsberechtigten nicht gedeckt, so kann er das Fehlende als Pflichtteil verlangen (z. B. **2307**). Das muß schon an sich und ohne die Bestimmung in **2316**, Abs. 2[4]) eintreten, wenn der Pflichtteilsberechtigte zwar auf die Hälfte des gesetzlichen Erbteiles oder auf mehr zum Erben eingesetzt ist, der nach B. sich ergebende Betrag seines Pflichtteiles aber mehr beträgt als der Wert des hinterlassenen Erbteiles. — Beispiel:

Der Nachlaß beträgt 20 000, zu Erben sind eingesetzt der Sohn des Erblassers A zu $\frac{1}{5}$, X und Z zu je $\frac{2}{5}$; als Pflichtteilsberechtigte kommen in Betracht der Sohn B mit einem Ausgleichungsposten von 10 000 und der Sohn C mit einem solchen von 9000. Der Erbteil des A beträgt 13 000, der Pflichtteil 6500; A hat also noch 2500 als Pflichtteil zu beanspruchen.

---

[1]) Strohal I, S. 481 ff.

[2]) Vgl. die abweichende Berechnung bei Strohal I, S. 490, Note 40 unter C.

[3]) Das ist von Bedeutung für **2309**. Der Pflichtteilsberechtigte ist ein solcher, der den Pflichtteil verlangen kann. Strohal I, S. 470.

[4]) Die Bestimmung sollte verhüten, daß der Ausdruck „gesetzlicher Erbteil" in **2305** zu eng verstanden werde.

§ 305.

e) Beeinträchtigung des Pflichtteilsrechtes durch Schenkungen unter Lebenden.

In der Verfügung über sein Vermögen unter Lebenden ist der Erblasser durch die Pflichtteilsrechte nicht beschränkt. Bedenklich ist dies mit Rücksicht auf Schenkungen des Erblassers unter Lebenden. Dem Pflichtteilsberechtigten wird deshalb gegenüber solchen ihn beeinträchtigenden Schenkungen ein Anspruch auf Ergänzung des Pflichtteiles (außerordentlicher Pflichtteil) gegeben. Der Anspruch kann aber auch gegebenen Falles dem zustehen, der einen Anspruch auf den ordentlichen Pflichtteil nicht hat: so wenn der einzige Abkömmling des Erblassers auf seinen Pflichtteil verzichtet hat, und, nachdem der Erblasser eine Schenkung an einen Dritten gemacht hat, gesetzliche Erbfolge eintritt. Die Eltern des Erblassers können hier nach **2309** die Ergänzung verlangen[1]).

I. Die Voraussetzungen des Anspruches sind:

A. Es muß eine Schenkung unter Lebenden von seiten des Erblassers[2]) vorliegen. Hierher gehören deshalb die vom Erblasser vollzogenen Schenkungen von Todes wegen (**2301**, Abs. 2) und Stiftungen unter Lebenden (L. § 34). Andere Zuwendungen des Erblassers unter Lebenden sind nur getroffen, soweit in ihnen eine Schenkung liegt, z. B. Ausstattung (**1625**), Erbabfindung, Leibrentenkauf. Nicht getroffen sind Schenkungen, die einer sittlichen Pflicht oder einer auf den Anstand zu nehmenden Rücksicht entsprechen (**2330**)[3]). Gleichgültig ist, ob der Erblasser durch die Schenkung den Pflichtteilsberechtigten hat verletzen wollen.

B. Nur solche Schenkungen kommen in Betracht, die innerhalb von 10 Jahren, vom Erbfalle an rückwärts gerechnet, seitens des Erblassers durch Leistung vollzogen sind[4]). Bei Schenkungen an den Ehegatten beginnt die Frist nicht vor Auflösung der Ehe, sonst von der Leistung (nicht von der Schenkung) an (**2325**, Abs. 3).

Demgemäß kommt es nicht darauf an, ob der Pflichtteilsberechtigte im Momente der Schenkungsleistung schon vorhanden war oder nicht, sondern nur darauf, daß er zur Zeit des Erbfalles als Pflichtteilsberechtigter vorhanden ist.

C. Es ist gleichgültig, ob die Schenkung zur Zeit der Zuwendung den Pflichtteil beeinträchtigt, also eine übermäßige ist; es kommen vielmehr alle Schenkungen nach A. und B. in Betracht.

II. Der Anspruch des Pflichtteilsberechtigten gestaltet sich verschieden, je nachdem die Schenkung an Dritte oder an den Pflichtteilsberechtigten selbst erfolgte.

A. Der Fall der Schenkung an Dritte.

a) Der Pflichtteilsberechtigte kann weder die Schenkung anfechten noch widerrufen, sondern er hat in erster Linie nur den Anspruch gegen den Pflichtteilsbelasteten auf Ergänzung des Pflichtteiles (**2325. 2326**); in zweiter Linie erst einen Anspruch gegen den Beschenkten (**2329**).

b) Die Ergänzung des Pflichtteiles besteht in dem Betrage, „um den sich der Pflichtteil erhöht, wenn der verschenkte Gegenstand dem Nachlasse hinzugerechnet wird" (**2325**, Abs. 1). Verbrauchbare Sachen werden hier mit dem Werte zum Nachlasse hinzugerechnet, den sie zur Zeit der Schenkung (nicht der Leistung) hatten, andere Gegenstände mit dem Werte, den sie zur Zeit des Erbfalles hatten, wenn nicht ihr Wert zur Zeit der Schenkung ein geringerer war. Die Werterhöhung kommt mithin hier dem Pflichtteilsberechtigten nicht zugute, die Wertverminderung trifft ihn stets, selbst wenn der Beschenkte sie absichtlich herbeiführte[5]). Aus dem

---

[1]) Strohal I, S. 248 f.

[2]) Erfolgt die Schenkung aus dem gemeinschaftlichen Vermögen bei ehelicher Gütergemeinschaft, so bestimmt sich der Schenker nach **2331**.

[3]) Vgl. **814. 1446. 1804**.

[4]) Besser steht also ein Vertragserbe in dem analogen Falle (**2287**), vgl. Strohal I, S. 507 f.

[5]) Wie, wenn nicht mehr der geschenkte unverbrauchbare Gegenstand, sondern nur ein Äquivalent sich zur Zeit des Erbfalles im Vermögen des Beschenkten befindet? Auch hier ist die Zeit des Erbfalles maßgebend.

nach Zurechnung der Schenkungen gewonnenen Nachlasse ist der Pflichtteil und weiter die Ergänzung zu berechnen. Was dem Pflichtteilsberechtigten vom Erblasser von Todes wegen hinterlassen wurde (Erbeseinsetzung, Vermächtnis), ist ihm auch auf den Ergänzungsanspruch anzurechnen; ein solcher ist ausgeschlossen, soweit der Wert des Hinterlassenen reicht, er ist nicht ausgeschlossen, wenn ihm die Hälfte oder mehr als die Hälfte des gesetzlichen Erbteiles, wie er sich ohne die Einrechnung der Schenkungen stellt, hinterlassen ist (**2326**). Beschränkungen und Beschwerungen des Hinterlassenen sind nach **2306** f. (**L.** § 304) zu behandeln. Hat der Pflichtteilsberechtigte in Unkenntnis seines Ergänzungsanspruches das ihm über den gesetzlichen Pflichtteil hinaus Hinterlassene angenommen, so wird ihm das Hinterlassene ohne Berücksichtigung der Beschwerungen auf die Ergänzung angerechnet, ihm aber auch die Anfechtung der Annahme zu gestatten sein.

c) Der Ergänzungsanspruch richtet sich gegen den Erben und Miterben (vgl. d. Z. 2).

d) Der Anspruch auf Herausgabe des Geschenkes gegen den Beschenkten steht dagegen dem Ergänzungsberechtigten nur zu,

1. wenn der Pflichtteilsberechtigte Alleinerbe des Erblassers geworden ist, und der Wert des Nachlasses nicht die Hälfte des ergänzten (b) Nachlasses erreicht (**2329**, Satz 2). Im Falle der Beschwerung und Beschränkung der Erbeseinsetzung liegt es wie unter b;

2. richtet sich ein Ergänzungsanspruch gegen einen gleichfalls pflichtteilsberechtigten Erben, so kann dieser (**2328**) die Ergänzung soweit verweigern, daß ihm sein eigener Pflichtteil und dessen Ergänzung verbleibt; wegen des Ausfalles hat der Ergänzung fordernde Pflichtteilsberechtigte den Anspruch auf Herausgabe gegen den Beschenkten (**2329**, Satz 1);

3. ist der Erbe nach den seine Haftung für die Nachlaßverbindlichkeiten regelnden Grundsätzen zur Leistung der Ergänzung nicht verpflichtet, so hat der Pflichtteilsberechtigte wegen des Ausfalles auch den Anspruch auf Herausgabe gegen den Beschenkten. Demnach besteht bei unbeschränkter Haftung des Erben dieser Anspruch auf Herausgabe niemals. Die Gefahr der Zahlungsunfähigkeit des Erben trifft dann folglich den Pflichtteilsberechtigten.

Der Anspruch auf Herausgabe ist in seiner Höhe begrenzt durch den Umfang des Ergänzungsanspruches und dadurch, daß er unter den Vorschriften der Herausgabe einer ungerechtfertigten Bereicherung steht (**812** ff. **L.** § 141. **2329**, Satz 1). Während der Ergänzungsanspruch ein Geldanspruch ist, handelt es sich hier um ein Anfechtungsrecht. Der Beschenkte hat aber die facultas alternativa, sich durch Zahlung des fehlenden Betrages in Geld zu befreien (**2329**, Abs. 2). Unter mehreren nach einander Beschenkten haftet der frühere Beschenkte nur, soweit der später Beschenkte nicht verpflichtet ist, z. B. nicht oder doch nicht in der Höhe der ausgefallenen Ergänzung bereichert ist. Ist der später Beschenkte in Höhe der ausgefallenen Ergänzung verpflichtet, so haftet der früher Beschenkte nicht, selbst wenn der später Beschenkte nicht zahlungsfähig ist (**2329** Abs. 3).

B. Der Fall der Schenkung an den Pflichtteilsberechtigten selbst (**2327**).

a) Hat der Erblasser bestimmt, daß das Geschenk auf den Pflichtteil angerechnet werden soll (**2315**), so ist es dem Nachlaß zuzurechnen (A.) und auf den Gesamtbetrag des Pflichtteiles und der Ergänzung anzurechnen (**2327**, Abs. 1, Satz 2).

Beispiel:

Der Nachlaß beträgt 6000, eingesetzt ist ein heres extraneus; als Pflichtteilsberechtigte kommen in Betracht der Sohn des Erblassers A, der ein Geschenk von 6000 mit Anrechnungsbestimmung erhalten hat, und der Sohn B. Hier beträgt der ordentliche Pflichtteil des A = 1500, die Ergänzung $= \left(\frac{6000 + 6000}{2 \qquad 2}\right) - 1500 = 1500$. Der Gesamtbetrag des ordentlichen Pflichtteiles und der Ergänzung beträgt also 3000; A erhält also nichts mehr.

b) Fehlt eine Anrechnungsbestimmung des Erblassers, so ist das Geschenk wie im Falle A. dem Nachlasse zuzurechnen und zugleich dem Pflichtteilsberechtigten auf die Ergänzung anzurechnen. Praktisch wird das nur, wenn nicht nur der einzige Pflichtteilsberechtigte der einzige Beschenkte ist, sondern auch Dritte ein Geschenk erhalten haben (**2327**), wegen dessen der Pflichtteilsberechtigte Ergänzung verlangen kann, und wenn mehrere Pflichtteilsberechtigte vorhanden sind. Würde z. B. in dem unter a angenommenen Falle die Anrechnungsbestimmung fehlen, so ist das Geschenk von 6000 nur auf die Ergänzung anzurechnen; A kann also noch den ordentlichen Pflichtteil von 1500 verlangen.

c) Ein ergänzungsberechtigter Abkömmling des Erblassers, der an die Stelle eines anderen Abkömmlinges getreten ist, hat sich auch diejenigen Schenkungen anrechnen zu lassen, die dieser erhalten hatte. Dabei ist es gleichgültig, ob der ergänzungsberechtigte Abkömmling den vorstehenden beschenkten Abkömmling beerbte oder nicht, und ob er der alleinige Abkömmling zur Zeit des Erbfalles ist oder nicht. (**2327**, Abs. 2. **2051**, Abs. 1.)

III. Der Ergänzungsanspruch steht unter den allgemeinen Vorschriften des Pflichtteilsanspruches. Vgl. L. § 306, wo etwaige Abweichungen hervorgehoben sind.

§ 306.

f) Pflichtteilsanspruch.

I. Der Pflichtteilsanspruch.

A. Die Entstehung.

Der Pflichtteilsanspruch entsteht mit dem Erbfalle (**2317**, Abs. 1) oder gilt, wenn er erst nach Ausschlagung von Erbteil oder Vermächtnis zur Entstehung gelangt (**2306**. **2307**), oder wenn gemäß **2309** erst nach Wegfall eines näherstehenden Pflichtteilsberechtigten der Pflichtteilsanspruch des entfernteren zur Entstehung gelangt, als mit dem Erbfalle entstanden (**2332**). Das bedeutet, daß der Pflichtteilsanspruch in diesen Fällen mit dem Erbfalle, aber nur unter weiteren Rechtsbedingungen (conditiones iuris) entstanden ist. Annahme ist nicht erforderlich, und der Erwerb ist kein provisorischer wie beim Vermächtnis, sondern ein definitiver. Allerdings ist der Anspruch auch befristet, insofern als er jedenfalls nicht geltendgemacht werden kann vor der Feststellung des Nachlaßwertes, und weil er außerdem den allgemeinen Vorschriften über die Geltendmachung von Nachlaßverbindlichkeiten folgt (**1958**. **1990** f. **2014** ff.)

B. Der Anspruch ist vererblich und übertragbar (**2317**, Abs. 2). Als rein vermögensrechtlicher Anspruch erscheint er insofern nicht, als er der Pfändung und der Konkursverstrickung nur unterliegt, wenn er bereits durch Vertrag anerkannt oder rechtshängig geworden ist (ZPO. § 852. KO. § 1).

C. Zur Sicherung des Anspruches stehen dem Pflichtteilsberechtigten einmal

a) die Rechtsbehelfe des Nachlaßgläubigers zu. Er kann beim Nachlaßgericht Nachlaßverwaltung (**1981**) und vorläufige Sicherungsmaßregeln (Nachlaßpflegschaft) (**1960** ff.) beantragen; ferner, daß dem Erben eine Frist zur Errichtung des Inventars gesetzt werde (**1994** ff.) mit der Folge, daß der Erbe unbeschränkt haftet, wenn er die Frist verstreichen läßt, ohne das Inventar zu errichten. Zur Glaubhaftmachung der Pflichtteilsforderung gehört die der Pflichtteilsberechtigung, nicht die der Entziehung oder Verkürzung;

b) ein besonderer Rechtsbehelf ist dem Pflichtteilsberechtigten nach **2314** gewährt, wenn er nicht Erbe ist. Er kann verlangen, daß der Erbe ihm über den Bestand des Nachlasses Auskunft erteilt, also ein Verzeichnis des Bestandes vorlegt (**260**), daß der Erbe nach **259** den Offenbarungseid leistet, daß er bei Aufnahme des Verzeichnisses zugezogen und der Wert der Nachlaßgegenstände ermittelt wird, auch daß das Verzeichnis durch die zuständige Behörde oder durch einen zuständigen Beamten oder Notar aufgenommen wird. Alles auf Kosten des Nachlasses;

c) die Verpflichtungen aus **2314** (wie auch aus **1994** ff.) können dem Erben nicht durch einseitige Verfügung des Erblassers zum Nachteil des Pflichtteilsberechtigten erlassen werden, wohl aber durch Vertrag des Erblassers mit dem Pflichtteilsberechtigten.

D. **Entziehung des Pflichtteilsrechtes** (**2333**—**2338**). Der Erblasser kann in wohlmeinender Absicht das Pflichtsteilsrecht beschränken, zur Strafe es sogar ausschließen. Wo die Entziehung eingeräumt ist, ist es auch die Beschränkung (bedingte, teilweise Entziehung, Beschwerungen). Entziehung und Beschränkung erfolgen durch letztwillige Verfügung (**2336**, Abs. 1. **2338**, Abs. 2), also auch möglicherweise in einem Erbvertrage (**2299**)[1]), und sind nur aus bestimmten im Gesetze erschöpfend fixierten Gründen zulässig (s. unten), die in der letztwilligen Verfügung selbst angegeben sein und zur Zeit der Errichtung derselben bestehen müssen. Den Beweis des Grundes hat derjenige zu führen, der die Entziehung oder Beschränkung geltendmacht (**2330**, Abs. 2. 3. **2336**, Abs. 2). Es genügt nicht der Beweis eines anderen nicht vom Erblasser angegebenen Grundes.

a) **Entziehung und Beschränkung zur Strafe.**

Die Gründe sind verschiedene, je nach der Person des betroffenen Pflichtteilsberechtigten:

1. Für **Abkömmlinge** (**2333**) ist die Entziehung begründet,

a) wenn der Abkömmling dem Erblasser (nicht den Eltern desselben), dem Ehegatten oder einem anderen Abkömmling des Erblassers (auch angenommenen Kindern) nach dem Leben *trachtet*;

b) wenn der Abkömmling sich einer *vorsätzlichen* (auch leichten) körperlichen Mißhandlung des Erblassers oder des Ehegatten des Erblassers, von dem der Abkömmling abstammt, *schuldig* macht. Der Erblasser selbst braucht nicht der leibliche Parens des Abkömmlinges zu sein;

c) wenn der Abkömmling sich (abgesehen von 2.) eines Verbrechens oder schweren vorsätzlichen Vergehens gegen den Erblasser oder dessen Ehegatten (folglich auch gegen Ehre und Vermögen derselben) schuldigmacht. Ob ein schweres Vergehen vorliegt, ist vom Richter nach den Umständen des konkreten Falles zu entscheiden;

d) wenn der Abkömmling die ihm dem Erblasser gegenüber *gesetzlich* obliegende Unterhaltspflicht *böswillig* verletzt;

e) wenn der Abkömmling einen ehrlosen oder unsittlichen Lebenswandel wider den Willen des Erblassers führt. Hier wird die Entziehung unwirksam (**2336**, Abs. 4), wenn, was der Abkömmling zu beweisen hätte, dieser sich von dem ehrlosen oder unsittlichen Lebenswandel dauernd abgewendet hat.

2. Die Entziehung ist gegenüber dem Vater oder der Mutter begründet, wenn der Vater oder die Mutter sich einer der unter *a*. Z. 1, 3 oder 4 bezeichneten Verfehlungen schuldigmacht (**2334**). Die Unterlassung der gehörigen körperlichen oder sittlichen Erziehung gehört an sich noch nicht unter *a*. Z. 4.

3. Grund der Entziehung gegenüber dem Ehegatten ist es, wenn sich dieser einer Verfehlung schuldig macht, auf Grund deren der Erblasser nach **1565**—**1568**[2]) auf Scheidung klagen kann. Die Ausschlußfrist in **1571** ist hier gleichgültig.

Das Recht zur Entziehung erlischt durch Verzeihung. Eine erfolgte Entziehung wird durch Verzeihung unwirksam (**2337**), die nicht ausdrücklich erklärt sein muß, aber auch nicht in einer einmaligen Annäherung der betreffenden Personen, noch viel weniger in einer bloßen Änderung des Verhaltens des Pflichtteilsberechtigten gefunden werden darf, vielmehr die Herstellung des früheren sittlichen Verhältnisses bedeutet. Auf das Recht zur Entziehung wegen künftiger Verfehlungen kann der Erblasser nicht verzichten, da es sich immer um vorsätzliche Verfehlungen handelt (**276**. **134**. **138**).

b) **Beschränkung in wohlmeinender Absicht** (exheredatio bona mente) (**2338**). Diese kommt nur in Frage gegenüber Abkömmlingen und ist an die Voraussetzung gebunden,

---

[1]) Vertragsmäßige Entziehung ist ausgeschlossen (**138**. **2302**).

[2]) Nach **1568** gehört zu den Scheidungsgründen auch bestimmt qualifiziertes, ehrloses oder unsittliches Verhalten des Ehegatten wie in **2333**, Z. 5. Ist nun etwa auf **2335** in dieser Hinsicht **2336** Abs. 4 analog anwendbar? Die Verneinung ist das Richtige.

α) daß die Absicht des Erblassers, für den Beschränkten zu sorgen, wirklich in der Beschränkung zum Ausdruck kommt;

β) daß der Abkömmling sich in solchem Maße der Verschwendung ergeben hat oder überschuldet ist, daß sein späterer Erwerb erheblich gefährdet wird.

Die beschränkende Verfügung kann sich, damit zugleich das Interesse der Familie gewahrt wird, nur in bestimmter Richtung bewegen. Selbst teilweise Entziehung ist ausgeschlossen. Es steht dem Erblasser frei, die Anordnung, daß nach dem Tode des Abkömmlinges alle seine gesetzlichen Erben (nicht der Fiskus) das ihm Hinterlassene oder den ihm gebührenden Pflichtteil als Nacherben oder Nachvermächtnisnehmer nach Verhältnis ihrer gesetzlichen Erbteile erhalten sollen. Die Betreffenden haben dann die Stellung und Sicherheit der Nacherben (**2209**. **2211**. **2113** ff. **2128**. **1052**) oder Nachvermächtnisnehmer (**2191**) gegenüber dem Abkömmling. Ist dem Abkömmling mehr als der Pflichtteil hinterlassen, so hat er kein Wahlrecht (L. § 304); ist ihm weniger hinterlassen, so bezieht sich die Anordnung auf das Hinterlassene und den fehlenden Pflichtteilsbetrag.

Weiter kann der Erblasser in Verbindung mit der vorigen Anordnung oder selbständig verfügen, daß für die Lebenszeit des Abkömmlinges die Verwaltung einem Testamentsvollstrecker übertragen werde. Der Abkömmling hat dann den Anspruch auf den Reinertrag[1]).

Die beschränkenden Verfügungen sind unwirksam, wenn sich der Abkömmling zur Zeit des Erbfalles dauernd vom verschwenderischen Leben abgewendet hat, oder die Überschuldung nicht mehr besteht.

c) Die Entziehung fällt auch fort durch Aufhebung der letztwilligen Verfügung, die sich nach allgemeinen Grundsätzen richtet. In solchem Falle ist durch Auslegung festzustellen, ob der Pflichtteilsberechtigte nur den Pflichtteil oder mehr erhalten soll. Die Entziehung fällt ferner fort durch Wegfall des Pflichtteilsberechtigten.

II. **Verjährung** (**2332**).

Der Pflichtteilsanspruch (Anspruch auf Ergänzung) und auch der Anspruch auf Herausgabe des Geschenkes gegen den Dritten verjähren in 3 Jahren.

Beim Pflichtteilsanspruch beginnt die Verjährung in dem Zeitpunkte der vom Pflichtteilsberechtigten erlangten Kenntnis vom Erbfalle und von der verletzenden Verfügung (vgl. **198**), beim Anspruch auf Herausgabe des Geschenkes dagegen mit dem Zeitpunkte des Erbfalles. Fehlt die Kenntnis, so verjährt der Pflichtteilsanspruch in 30 Jahren vom Erbfalle an.

Wenn der Pflichtteilsberechtigte seinen Anspruch erst nach Ausschlagung von Erbschaft oder Vermächtnis seinerseits geltendmachen kann (**2306** f. **202**), so ist er selbst in der Lage, dieses Hindernis zu beseitigen, und er soll es beseitigen. Ebenso wird es liegen, wenn der Pflichtteilsanspruch des entfernteren Pflichtteilsberechtigten von einer Anfechtung wegen Erbunwürdigkeit abhängig ist (**2309**)[2]). Es tritt daher eine Hemmung der Verjährung hier nach **202** nicht ein, wohl aber nach **207**. Auch sonst stehen Hemmung, Unterbrechung und Wirkung der Verjährung unter den allgemeinen Grundsätzen (L. § 63).

§ 307.

Die Pflichtteilslast.

A. Die Pflichtteilslast trifft grundsätzlich den Erben oder die Erben und den Erbschaftskäufer (**2376**. **2378**. **2382**) wie eine sonstige Nachlaßverbindlichkeit[3]), nicht den Vermächtnisnehmer. Miterben haften daher als Gesamtschuldner oder nach Anteilen (**2058** ff.).

B. Ohne daß der Pflichtteilsberechtigte eine Einbuße erleidet, ergeben sich aber Abweichungen.

---

[1]) Vgl. ZPO. § 748.
[2]) Strohal I, S. 456 f. 518 f.
[3]) Vgl. auch ZPO. § 28.

1. Ist ein Miterbe selbst pflichtteilsberechtigt, so haftet er einem anderen Pflichtteilsberechtigten nach der Teilung des Nachlasses nur so weit, daß ihm der eigene Pflichtteil verbleibt (**2319**, vgl. **2328**). Wegen des Ausfalles kann sich der Pflichtteilsberechtigte an die übrigen Erben halten. Dadurch ergibt sich eine Ausnahme von dem Grundsatze, daß im Verhältnis zueinander die Miterben nach Verhältnis ihrer Erbteile haften.

2. Der mit Vermächtnissen, Schenkungen von Todes wegen, soweit sie Vermächtnisse sind, oder Auflagen belastete Erbe kann die Pflichtteilslast auf die Vermächtnisnehmer usw. so weit abwälzen, ihnen also so weit Abzüge machen, daß die Pflichtteilslast von ihnen und den Erben nach Verhältnis getragen wird (**2318**, Abs. 1). Diese Abwälzung der Pflichtteilslast ist aber einem pflichtteilsberechtigten Vermächtnisnehmer gegenüber nur so weit zulässig, als ihm der Pflichtteil verbleibt. Der Pflichtteilsberechtigte wäre sonst wegen des seinen Pflichtteil verletzenden Abzuges auf den Pflichtteilsanspruch angewiesen (**2318**, Abs. 2). Der selbst pflichtteilsberechtigte Erbe kann die auf ihn angewiesenen Vermächtnisnehmer selbstverständlich so weit verkürzen, als jeder auch nicht pflichtteilsberechtigte Erbe eine Kürzung vornehmen kann (vgl. **L.** § 314 ff.), außerdem aber so weit, daß ihm sein Pflichtteil verbleibt (**2318**, Abs. 3). Unter dem Pflichtteil ist aber hier auch das zu verstehen, womit sich der Pflichtteilsberechtigte gegebenen Falles für seinen wirklichen Pflichtteil als befriedigt ansehen muß (**2306**)[1]). Treten sich ein pflichtteilsberechtigter Erbe und ein solcher Vermächtnisnehmer gegenüber, so geht zunächst das Pflichtteilsrecht des Erben vor.

Diese Grundsätze erleiden aber gemäß dem mutmaßlichen Willen des Erblassers Modifikationen.

a) Wird jemand an Stelle des Pflichtteilsberechtigten gesetzlicher Erbe (weil dieser ausgeschlossen war oder ausgeschlagen hatte nach **2306**), oder erhält er dessen gesetzlichen Erbteil durch eine Verfügung von Todes wegen des Erblassers, so ruht die Pflichtteilslast auf diesem Erbteile; der durch ihn Begünstigte trägt daher im Verhältnis zu den Miterben die Pflichtteilslast allein, soweit der erlangte Vorteil reicht. In gleicher Weise hat er ein dem Pflichtteilsberechtigten zugewendetes und von diesem angenommenes Vermächtnis zu tragen (**2320**).

b) Schlägt der pflichtteilsberechtigte Vermächtnisnehmer das Vermächtnis aus und erhebt den Pflichtteilsanspruch (**2307**), so hat der durch die Ausschlagung Begünstigte im Verhältnisse der Erben und Vermächtnisse zueinander die Pflichtteilslast in Höhe des erlangten Vorteiles zu tragen (**2321**). Ist der durch die Ausschlagung Begünstigte der Erbe, so kann er so weit andere Vermächtnisnehmer usw. nicht nach **2318**, Abs. 1 verkürzen. Ist der Begünstigte ein Vermächtnisnehmer, so ist dieser dem Erben gegenüber zur Übernahme der Pflichtteilslast verbunden.

c) Die auf dem vom Pflichtteilsberechtigten ausgeschlagenen Erbteil oder Vermächtnis ruhenden Vermächtnislasten hat der Begünstigte zu tragen. Er kann aber die Vermächtnisse so weit kürzen, daß ihm noch der zur Deckung der Pflichtteilslast erforderliche Betrag verbleibt (**2322**).

d) Nach a. b. c ergibt sich, daß der Erbe, obwohl er dem Pflichtteilsberechtigten gegenüber zur Tragung der Pflichtteilslast verpflichtet ist, diese Last doch auf andere abwälzen kann. Soweit er das kann, hat er nicht das Recht, die Vermächtnisse und Auflagen nach **2318**, Abs. 1 zu kürzen (**2323**).

C. Der Erblasser kann durch letztwillige Verfügung im Verhältnis der Erben zueinander die Pflichtteilslast einzelnen Erben auferlegen, und er kann von den dispositiven Vorschriften **2318**, Abs. 1. **2320**—**2323** abweichende Anordnung treffen. Er kann also dem Erben des Ab-

---

[1]) Strohal I, S. 459 f. bringt das Beispiel: Nachlaß = 16 000, aber beschwert mit Vermächtnissen usw. im Betrage von 12 000; eingesetzt ist der einzige Sohn, der Ehefrau ist der Pflichtteil entzogen. Der Sohn nimmt die Erbschaft an und kann deshalb die Vermächtnisse nicht kürzen (**2306**), sondern muß sich für seinen 6000 betragenden Pflichtteil mit 4000 befriedigt ansehen. Macht die Ehefrau ihren Pflichtteilsanspruch (2000) mit Erfolg geltend, so kann der Sohn im Betrage von 2000 die Vermächtnisnehmer verkürzen, nicht aber etwa im Betrage von 4000, so daß ihm sein voller Pflichtteil von 6000 verbliebe.

wälzungsrecht nach **2318**, Abs. 1 entziehen, die Pflichtteilslast einzelnen Vermächtnisnehmern usw. auferlegen usw. Niemals kann er die Pflichtteilslast im Verhältnis zum Pflichtteilsberechtigten selbst alterieren (**2324**).

---

6. Kapitel.

Der Testamentsvollstrecker.

§ 308.

Der Testamentsvollstrecker[1]).

Das Institut des Testamentsvollstreckers ist deutschrechtlichen Ursprunges und durch das moderne Recht aufgenommen und entwickelt. Die rechtliche Stellung des Testamentsvollstreckers im BGB. ist eine durchaus eigenartige. Er ist weder Beauftragter des Erben noch des Erblassers, eine Unterordnung unter die Vermächtnisse ist ausgeschlossen. Am nächsten steht er einem Nachlaß- oder Konkursverwalter. In der Anordnung der Testamentsvollstreckung liegt die testamentarische oder erbvertragsmäßige Verleihung eines auch mit bestimmten gesetzlichen Befugnissen und Pflichten ausgestatteten Amtes zu dem Zwecke, daß die letztwilligen Verfügungen des Erblassers in ihrer Durchführung gesichert und die Interessen der Nachlaßbeteiligten gewahrt werden.

I. **Die Ernennung, Beginn und Endigung des Amtes.**

A. **Die Ernennung** des Testamentsvollstreckers geht immer auf den Willen des Erblassers zurück. Zum mindesten muß ein Ersuchen des Erblassers vorliegen, daß ein Testamentsvollstrecker vom Nachlaßgerichte ernannt werde (**2200**, Abs. 1).

1. Die Ernennung durch den Erblasser kann im Testamente oder im Erbvertrage erfolgen. Auch im letzteren Falle liegt letztwillige Ernennung (**2299**) vor. Der Erblasser kann einen oder mehrere Testamentsvollstrecker ernennen, er kann für den fortgefallenen einen Ersatzmann berufen (**2197**) und die Bestimmung der Person einem Dritten überlassen. Die Bestimmungserklärung des Dritten erfolgt in öffentlich beglaubigter Form gegenüber dem Nachlaßgerichte[2]). Das Nachlaßgericht bestimmt dem Dritten auf Antrag der an der Ernennung Beteiligten (rechtlich Interessierten) eine Frist zur Erklärung, nach deren fruchtlosem Ablauf das Bestimmungsrecht des Dritten erlischt (**2198**). Der Erblasser kann auch den Testamentsvollstrecker ermächtigen, einen oder mehrere Mitvollstrecker oder einen Nachfolger zu ernennen. Die Ernennung erfolgt ebenso wie die Bestimmung durch den Dritten (**2199**)[3]).

2. Die Ernennung durch das Gericht kann nach pflichtmäßiger Erwägung erfolgen, wenn der Erblasser im Testamente ein Ersuchen an das Gericht gerichtet hat. Ohne solches Ersuchen kann das Gericht nicht vorgehen. Erlischt das Bestimmungsrecht des Dritten, so kann es zweifelhaft sein, ob ein Ersuchen an das Gericht vorliegt. Folgt das Gericht dem Ersuchen, so soll es vor der Ernennung die Beteiligten hören, wenn es ohne erhebliche Verzögerung und ohne unverhältnismäßige Kosten geschehen kann (**2200**, FGG. §§ 78. 81, Abs. 1. 85).

B. Die **Fähigkeit** des Ernannten ist wesentliche Voraussetzung der wirksamen Ernennung. Sie muß zur Zeit, zu welcher er das Amt anzutreten hat, vorliegen. Unfähig sind Geschäftsunfähige, in der Geschäftsfähigkeit Beschränkte und unter

---

[1]) Gierke, Der Entw., S. 520 ff. Strohal I, §§ 39—40 b. Sturm, Die Lehre von den Testamentsvollstreckern und der Entwurf. Derselbe: Die Lehre von den Testamentsvollstreckern nach dem BGB. Deutsch, Die Vorläufer der heutigen Testamentsvollstrecker im röm. Recht. Vgl. F. Leonhard, Lit. vor **2197**.

[2]) Gestattung der Einsicht nach **2228**.

[3]) Vgl. Note 2.

Gebrechlichkeitspflegschaft (**1910**) Stehende. Juristische Personen (**2201**), Erben oder Vermächtnisnehmer sind nicht unfähig[1]).

C. **Beginn und Endigung des Amtes.**

1. Das Amt des Testamentsvollstreckers beginnt mit der **Annahme**[2]) seitens des Ernannten. Annahme- und Ablehnung stehen dem Ernannten völlig frei, sie erfolgen durch Erklärung gegenüber dem Nachlaßgerichte. Die Erklärungen können erst nach Eintritt des Erbfalles und weder unter Bedingung noch unter Zeitbestimmung abgegeben werden. Erklärt sich der Ernannte nicht innerhalb der ihm auf Antrag der Beteiligten vom Nachlaßgerichte gesetzten Frist, so gilt das Amt als abgelehnt (**2202**).

2. Das Amt endigt mit dem **Tode**, mit dem **Eintritt der Unfähigkeit** beim Ernannten (**2225**), mit der **Kündigung** des Amtes durch den Vollstrecker, die diesem jederzeit auch ohne Grund freisteht und durch Erklärung gegenüber dem Nachlaßgerichte erfolgt. Durch Kündigung zu einer für die Beteiligten ungünstigen Zeit, ohne daß ein wichtiger Grund vorliegt, macht sich der Vollstrecker den Beteiligten schadensersatzpflichtig (**671**, Abs. 2). Aus wichtigem Grunde kann er auch kündigen, trotz seines Verzichtes auf das Kündigungsrecht (**671**, Abs. 3. **2226**). Das Amt endigt auch mit der **Entlassung**, die aus wichtigem Grunde (grobe Pflichtverletzung, Unfähigkeit zur ordnungsmäßigen Geschäftsführung, Konkurs) auf Antrag eines der Beteiligten durch das Nachlaßgericht, tunlichst nach Anhörung des Vollstreckers, erfolgen kann (**2227**). Endigt das Amt nicht durch den Tod des Vollstreckers, so gilt es zu seinen Gunsten so lange als fortbestehend, bis er von der Endigung Kenntnis erhalten hat oder hätte haben müssen (**674**. **2218**, Abs. 1).

II. **Der Wirkungskreis des Testamentsvollstreckers** kann vom Erblasser näher bestimmt werden. Von solchen Anordnungen abgesehen, kommt in Betracht:

A. der gesetzliche Wirkungskreis des Testamentsvollstreckers.

1. Er hat die letztwilligen Verfügungen des Erblassers (Vermächtnisse, Auflagen) dem Willen des Erblassers, nicht dem der Erben usw. gemäß zu vollziehen (**2203**); zu diesem Zwecke stehen ihm auch Verwaltungshandlungen zu.

2. Er hat die Auseinandersetzung der Miterben den gesetzlichen Vorschriften (**2042—2056**) und den Anordnungen des Erblassers, nicht dem Willen der Erben gemäß zu bewirken. Er hat die Miterben über den Auseinandersetzungsplan vor Ausführung desselben zu hören, ist aber an der Ausführung durch Widerspruch der Erben nicht gehindert (**2204**).

3. Ihm steht die freie Verwaltung des Nachlasses (Besitz, Verfügung) zu. Unentgeltliche Verfügungen stehen ihm aber mit Ausnahme der Pflicht- und Anstandsschenkungen nicht zu (**2205**). Sein Verwaltungsrecht umfaßt auch die Eingehung von Verbindlichkeiten für den Nachlaß, soweit sie zur ordnungsmäßigen Verwaltung erforderlich sind, und soweit sie ihm zustehende Verfügungen über Nachlaßgegenstände (**2205**) zum Gegenstande haben. Der Erbe muß zu solchen Verbindlichkeiten seine Einwilligung erteilen, ohne daß er dadurch seines Rechtes, die Beschränkung seiner Erbenhaftung geltendzumachen, verlustigginge (**2206**).

B. Der gesetzliche Wirkungskreis des Testamentsvollstreckers kann durch Anordnung des Erblassers in verschiedener Richtung abgeändert sein. J. a. entscheidet die Auslegung der letztwilligen Verfügung (**2208**, Abs. 1, Satz 1)[3]). Über Einzelpunkte enthält das Gesetz Vorschriften:

1. In Erweiterung des gesetzlichen Wirkungskreises kann dem Vollstrecker die Eingehung von Verbindlichkeiten ohne Einschränkung gestattet sein. Zu einem Schenkungsversprechen ist er auch dann nur befugt mit der Schranke zu A. Z. 3 (**2207**).

---

[1]) Wohl aber Behörden (Magistrate, Gerichte).

[2]) Über Aufnahme der Ernennung in den Erbschein und Ausstellung eines Zeugnisses über die Ernennung vgl. **L.** § 311.

[3]) Auch im Sinne von **2048**, Satz 2 und 3 wird ein Testamentsvollstrecker ernannt werden können.

2. In Einschränkung der gesetzlichen Befugnisse kann dem Vollstrecker nur die Verwaltung einzelner Nachlaßgegenstände eingeräumt sein. Pflicht- und Anstandsschenkungen kann er dann auch nur aus diesen einzelnen Gegenständen vornehmen (**2208**, Abs. 1). Ist dem Vollstrecker die selbsteigene Ausführung der letztwilligen Verfügungen des Erblassers genommen, so kann er im Zweifel doch noch die Ausführung von dem Erben verlangen (**2208**, Abs. 2).

3. Eine sachliche Veränderung der Aufgaben des Vollstreckers enthalten die folgenden Anordnungen des Erblassers:

a) Dem Vollstrecker ist lediglich die Verwaltung des Nachlasses übertragen, oder es ist angeordnet, daß er die Verwaltung nach Erledigung der sonstigen gesetzlichen Aufgaben fortführen soll. Im Zweifel hat der Vollstrecker dann die erweiterten Befugnisse unter Z. 1 (**2209**). Eine derartige Anordnung wird aber unwirksam mit dem Ablaufe von dreißig Jahren nach dem Erbfalle; sie kann darüber hinaus wirksam sein, wenn die Verwaltung bis zum Tode des Erben oder des Testamentsvollstreckers oder bis zu einem in der Person des einen oder anderen eintretenden Ereignisses dauern soll, wenn nicht Erbe oder Vollstrecker juristische Personen sind (**2210**).

b) Dem Vollstrecker ist nur die Ausübung der Rechte und Erfüllung der Pflichten des Nacherben bis zum Eintritt der Nacherbfolge übertragen (**2222**), z. B. im Falle der Enterbung in guter Absicht (**2338**).

c) Der Vollstrecker soll nur für die Ausführung der einem Vermächtnisnehmer auferlegten Beschwerungen (Vermächtnisse, Auflagen) sorgen (**2223**).

III. **Pflichten und Ansprüche** des Testamentsvollstreckers und seiner Erben.

A. **Die Pflichten** des Vollstreckers. Der Erblasser kann, mit Rücksicht auf den Erben, den Vollstrecker nicht von seinen Pflichten (Ausnahme: II, B. Z. 3) befreien (**2220**). Andererseits sind die Ansprüche des Erben auf Erfüllung der Obliegenheiten gegen den Vollstrecker nicht übertragbar (**664**, Abs. 2. **2218**, Abs. 1). Im Zweifel darf der Vollstrecker die Ausführung seiner Amtsbefugnis nicht Dritten übertragen. Ist ihm die Übertragung gestattet, so haftet er für eigenes Verschulden und für ein Verschulden der Gehilfen nach **278** (**L.** § 83) (**664. 2218**, Abs. 1).

1. Inventarisierungspflicht[1]). Der Vollstrecker ist dem Erben verpflichtet, unverzüglich nach Annahme des Amtes nach der näheren Vorschrift in **2215** ein Verzeichnis der seiner Verwaltung unterstehenden Nachlaßgegenstände und der bekannten Nachlaßverbindlichkeiten auf Kosten des Nachlasses anzufertigen und mitzuteilen und ihm die zur Aufnahme des Inventars sonst erforderliche Beihilfe zu leisten. Über die Bedeutung dieser Pflichten vgl. Z. 3. 4.

2. Den Vollstrecker trifft die Pflicht ordnungsmäßiger Verwaltung, soweit die Verwaltung in seinen Wirkungskreis fällt. Er hat letztwillige Anordnungen des Erblassers für die Verwaltung zu befolgen, soweit das Nachlaßgericht sie nicht auf seinen Antrag außer Kraft gesetzt hat; das kann geschehen, wenn ihre Befolgung den Nachlaß erheblich gefährden würde. Vor der Entscheidung sollen die Beteiligten, soweit tunlich, gehört werden (**2216**. FGG. § 82).

3. Der Vollstrecker hat die Nachlaßgegenstände, deren er zur Erfüllung seiner Obliegenheiten offenbar nicht bedarf, dem Erben auf Verlangen herauszugeben. Der Vollstrecker kann die Herausgabe mit Rücksicht auf Nachlaßverbindlichkeiten, die auf unbedingten oder unbetagten Vermächtnissen oder Auflagen beruhen, schlechthin verweigern, in allen anderen Fällen nur, wenn der Erbe nicht für Berichtigung bzw. Vollziehung Sicherheit leistet (**2217**).

4. Der Vollstrecker ist wie ein Beauftragter dem Erben verpflichtet zur Erteilung von

---

[1]) Zuständigkeit: Mecklenb.-Schwer. AV. z. BGB., § 260. Mecklenb.-Strel. AV. z. BGB., § 257.

Nachricht, Auskunft über den Stand der Amtsführung bei länger dauernder Verwaltung auf Verlangen des Erben zu jährlicher Rechnungslegung und nach Endigung des Amtes zur Rechenschaftsablegung und Herausgabe dessen, was er zum Zwecke der Amtsführung und auf Grund derselben erlangt hat. Für sich verwendetes Geld, das er hätte herausgeben oder als Vollstrecker verwenden müssen, hat er zu verzinsen (**666. 667. 668. 2218**).

5. Der Vollstrecker haftet wegen schuldhafter Verletzung seiner Verpflichtungen dem Erben und, soweit ein Vermächtnis zu vollziehen ist, auch dem Vermächtnisnehmer für den Ersatz des Schadens (**2219**, Abs. 1).

6. Die Erben des Vollstreckers trifft die Pflicht, den Tod des Vollstreckers dem Erben unverzüglich anzuzeigen und bei Gefahr im Aufschube die Amtsführung fortzusetzen, bis der Erbe anderweit Fürsorge treffen kann. Insoweit gilt das Amt als nicht beendigt (**673**, Satz 2. **2218**, Abs. 1).

B. **Die Rechte** des Vollstreckers. Der Vollstrecker kann wie ein Beauftragter vom Erben Vorschuß und Ersatz der Aufwendungen verlangen (**669. 670. 2218**, Abs. 1), auch eine angemessene Vergütung, wenn der Erblasser diesen Anspruch nicht inhaltlich bestimmt oder ausgeschlossen hat (**2221**)[1].

IV. **Die Amtsführung mehrerer Testamentsvollstrecker** bestimmt sich zunächst gemäß dem unter I.—III. Gesagten. Wie die mehreren Vollstrecker das Amt führen, bestimmt sich nach der Anordnung des Erblassers, der jedem Mitvollstrecker seinen gesonderten örtlichen oder sachlichen Wirkungskreis bestimmen, auch für den Ersatz wegfallender Mitvollstrecker Vorsorge treffen und auch anordnen kann, daß bei gemeinschaftlicher Amtsführung Mehrheitsbeschluß entscheiden soll. Liegen Anordnungen des Erblassers nicht vor, so ist (wie bei Mitvormündern, **L.** § 261) die Amtsführung eine gemeinschaftliche; bei Meinungsverschiedenheit entscheidet das Nachlaßgericht. Fällt ein Mitvollstrecker fort, so führen die übrigen das Amt allein. Die zur Erhaltung eines der gemeinschaftlichen Verwaltung unterliegenden Nachlaßgegenstandes notwendigen Maßregeln ist jeder Mitvollstrecker selbständig zu treffen berechtigt. Dieses Recht kann der Erblasser, der es bei der gemeinschaftlichen Verwaltung beläßt, nicht entziehen (**2224**). Wegen Verschuldens (III. A. Z. 5) der Mitvollstrecker haften diese als Gesamtschuldner (**2219**, Abs. 2).

V. **Der Einfluß der Testamentsvollstreckung auf die Erbenstellung** ergibt sich i. a. aus der Begrenzung des Wirkungskreises des Vollstreckers (II.). Als wichtige Folgen ergeben sich:

A. **Die Verfügung des Erben** über Nachlaßgegenstände, die der Verwaltung des Vollstreckers unterliegen, ist ausgeschlossen. Dritte genießen aber den Schutz des guten Glaubens (**2211**).

B. **Die Prozeßführung**[2].

1. Seiner Verwaltung unterliegende Rechte kann nur der Vollstrecker gerichtlich geltendmachen (**2212**).

2. Bei Ansprüchen gegen den Nachlaß ist zu unterscheiden (**2213**):

a) Pflichtteilsansprüche können stets nur gegen den Erben geltendgemacht werden.

b) Ebenso alle Ansprüche gegen den Nachlaß, soweit dem Vollstrecker die Verwaltung des Nachlasses nicht zusteht.

c) Im übrigen können alle diese Ansprüche nach Wahl der Gläubiger sowohl gegen den Testamentsvollstrecker als gegen den Erben geltendgemacht werden, gegen den Vollstrecker

---

[1] KO. § 224, Z. 6 (Masseschuld).

[2] Vgl. ZPO. §§ 243 (241). Über die Rechtskraft der vom Vollstrecker erstrittenen Urteile: ZPO. §§ 327. 728, Abs. 2. 748. 749. 779. 780. GBO. § 22. 36. 37. 41.

auch schon vor der Annahme der Erbschaft durch den Erben (**2213**, Abs. 2. **1958**). Es ergibt sich, daß der Gläubiger immer gegen den Erben klagen kann; zur Zwangsvollstreckung in die Nachlaßgegenstände, die der Verwaltung des Vollstreckers unterliegen, bedarf der Gläubiger aber eines vollstreckbaren Titels gegen den Vollstrecker. Um diesen zu erhalten, kann er stets den Anspruch gegen den Vollstrecker auf Duldung der Zwangsvollstreckung in die seiner Verwaltung unterliegenden Gegenstände erheben.

3. Die Gläubiger des Erben, die nicht Nachlaßgläubiger (Z. 2) sind, können sich nicht aus Gegenständen, die der Verwaltung des Vollstreckers unterliegen, Befriedigung verschaffen, weil sonst die Erfüllung der Aufgabe des Vollstreckers vereitelt werden könnte (**2214**).

III. Abschnitt.

Die Erbenstellung.

1. Kapitel.

Die Begründung der Erbenstellung.

§ 309.

Annahme und Ausschlagung der Erbschaft.[1])

Die durch Gesetz, Testament oder Erbvertrag deferierte Erbschaft geht auf den Erben nicht erst durch Antretung, d. h. auf Erbschaftserwerb gerichtete Willenserklärung, sondern wie bei den römischen heredes necessarii und wie prinzipiell im älteren deutschen Rechte von Rechts wegen mit dem Erbfalle über (**Anfall der Erbschaft**). Der so Erbe Gewordene hat aber das vererbliche Recht, die Erbschaft *ausschlagen* (**1942**, Abs. 1. **1952**, Abs. 1), mit Ausnahme des Fiskus, dem die Erbschaft kraft seines gesetzlichen Erbrechtes angefallen ist (**1942**, Abs. 2, vgl. L. § 292). Aus der regelmäßig gewährten Möglichkeit der Ausschlagung der Erbschaft ergibt sich, daß es mit dem Anfalle der Erbschaft noch zweifelhaft ist, ob der Erbschaftserwerb ein endgültiger oder nur vorläufiger ist. Sicherheit wird in dieser Richtung durch die **Annahme** geschaffen. *Annahme ist die Erklärung des Erben, die Erbschaft behalten zu wollen.* Der Annahme gleich wirkt es aber, wenn der Erbe die gesetzliche Ausschlagungsfrist verstreichen läßt, ohne die Ausschlagung erklärt zu haben. Daraus folgt, daß die eigentliche Annahme nur Bedeutung hat, wenn sie vor Ablauf der Ausschlußfrist, ohne daß eine Ausschlagung erfolgt wäre, erklärt wird (**1943**). Während die eigentliche Annahme und die Ausschlagung Rechtsgeschäfte sind, ist das bei dem Verstreichenlassen der Ausschlagungsfrist nicht der Fall. *Annahme* im weiteren Sinne bedeutet also den *endgültigen Erbschaftserwerb, Anfall den vorläufigen.*

I. **Die gesetzliche Ausschlagungsfrist** beträgt *sechs Wochen*; wenn aber der Erblasser seinen letzten Wohnsitz ausschließlich im Auslande oder der Erbe bei Beginn der Frist seinen Aufenthalt im Auslande hatte, beträgt sie *sechs Monate*. Die Frist beginnt mit dem Zeitpunkt, in dem der Erbe, sein gesetzlicher Vertreter, Gebrechlichkeitspfleger oder Bevollmächtigter von dem Anfalle und dem Grunde der Berufung Kenntnis erlangten, für den Testaments- und Vertragserben aber nicht *vor* der Verkündung der Verfügung (L. § 282). Kenntnis *vor* der Verkündung entscheidet somit nicht, und *nach* erfolgter Verkündung ist die *Kenntnis* maßgebend. Der Lauf der Frist wird gehemmt und ihr Ablauf gehindert wie der Lauf und die Vollendung einer Verjährungsfrist gemäß **203. 206** (**1944**). Dem Erben des zur Ausschlagung berechtigten Erben steht der Rest der dem letzteren zustehenden Frist zu; die Ausschlagungsfrist endigt aber für den Erbeserben niemals vor dem Ablauf der ihm bezüglich der Erbschaft des Erben zustehenden Ausschlagungsfrist (**1952**), Abs. 2. Der Erbeserbe braucht keine Kenntnis vom

---

[1]) *Strohal* II, §§ 61—62.

Anfalle der Erbschaft an seinen Erblasser zu haben[1]). Mehrere Erbeserben haben das Recht der Ausschlagung der ihrem Erblasser angefallenen Erbschaft nicht gemeinschaftlich, sondern jeder selbständig nach Verhältnis seines Erbteiles (**1952**, Abs. 3). Vgl. II. C. (**1950**).

Die Versäumung der Ausschlagungsfrist kann angefochten werden wie die Annahme (**1956**, vgl. III.)[2]).

II. Die formellen und materiellen Voraussetzungen.

A. Ist der Berufene geschäftsunfähig oder in der Geschäftsfähigkeit beschränkt, so kann in beiden Fällen der gesetzliche Vertreter annehmen oder durch Verstreichenlassen der Ausschlagungsfrist den definitiven Erwerb herbeiführen. Die Ausschlagung kann für Geschäftsunfähige nur der gesetzliche Vertreter erklären, während die in der Geschäftsfähigkeit beschränkten Personen diese Erklärung selbst mit Zustimmung des gesetzlichen Vertreters abgeben können. Bei der Ausschlagung des Vormundes ist Genehmigung des Vormundschaftsgerichtes nötig (vgl. **1643**, Abs. 2). Auch der Abwesenheitspfleger (**1911**) und der Gebrechlichkeitspfleger (**1910**) können für den Pflegling annehmen und ausschlagen, letzteres aber nur mit Genehmigung des Vormundschaftsgerichtes.

Die Annahme und Ausschlagung der vor oder nach der Konkurseröffnung dem Gemeinschuldner angefallenen Erbschaften steht nur ihm zu. Nimmt er an, so fällt im ersten Falle die Erbschaft in die Masse, im zweiten Falle nicht (KO. §§ 1. 9)[3]).

Eine Ehefrau bedarf in der Verwaltungs- oder Gütergemeinschaft nicht der Zustimmung des Mannes zur Annahme oder Ausschlagung (**1406**, Z. 1. **1453**, Abs. 1).

Wenn der Erbe vor Ablauf der Ausschlagungsfrist stirbt und einen Vorerben und Nacherben hinterläßt, so kann der Vorerbe die seinem Erblasser angefallene Erbschaft mit Wirkung für den Nacherben ausschlagen.

Die Erklärung der Ausschlagung erfolgt in öffentlich beglaubigter Form gegenüber dem Nachlaßgerichte. Erfolgt sie, was statthaft ist, durch einen Bevollmächtigten, so muß die Vollmacht öffentlich beglaubigt sein und der Ausschlagungserklärung beigefügt oder innerhalb der Ausschlagungsfrist nachgebracht werden, sonst gilt die Erbschaft als angenommen (**1945**). Die Annahme kann formlos dem Nachlaßgericht gegenüber (ausdrückliche Erklärung, vgl. hereditatis aditio) und stillschweigend durch Betätigung des Annahmewillens (vgl. pro herede gestio), die aber nicht in jeder Einmischung in die Erbschaftsangelegenheiten zu erblicken ist, zum Ausdruck gebracht werden, z. B. in dem Antrage auf Erteilung des Erbscheins (**2353**), in der Erhebung des Erbschaftsanspruches (**2018**), im Erbschaftsverkaufe (**2371**), in der Verfügung des Miterben über seinen Anteil am ungeteilten Nachlaß (**2033**), oder in der Verfügung über Erbschaftsgegenstände, in der Vermengung von Erbschaft und Eigenvermögen.

B. Annahme und Ausschlagung sind erst nach Eintritt des Erbfalles, aber vor Beginn der Ausschlagungsfrist statthaft (**1946**).

C. Bedingung und Zeitbestimmung sind bei beiden Geschäften ausgeschlossen (**1947**). Ebenso ist eine auf einen Teil der Erbschaft oder des Erbteiles oder gar auf einzelne Bestandteile beschränkte Annahme oder Ausschlagung unwirksam, nicht nur die Beschränkung (**1950**).

D. Die Annahme der Erbschaft setzt Kenntnis des Berufungsgrundes voraus. Berufungsgrund ist die Verfügung von Todes wegen (Testament, Erbvertrag) und das Gesetz. Die Tatbestände, an die das Gesetz die Berufung anknüpft (Verwandtschaft, Ehe) sind nicht Berufungsgründe für sich[4]). Die im Irrtum über den Berufungsgrund erfolgende Annahme ist unwirksam (**1949**, Abs. 1)[5]). Für die Ausschlagung gilt das gleiche aus **1949**, Abs. 2[6]).

---

[1]) Strohal II, S. 8 ff.

[2]) Protok. V, S. 632. Strohal II, S. 31. 35 ff. RG. Bd. 58, S. 81.

[3]) Strohal II, S. 17 ff.

[4]) Strohal II, S. 28 ff. Vgl. Leonhard, z. **1951**, I. A.

[5]) Sobald sich die Annahme als irrtümliche herausstellt, läuft gemäß **1944**, Abs. 2 eine neue Ausschlagungsfrist.

[6]) Strohal II, S. 34.

E. Liegen für den Erben mehrfache Berufungsgründe vor, so ist

1. der durch Verfügung von Todes wegen berufene Erbe berechtigt, mit Rücksicht auf die Berufung durch Verfügung von Todes wegen auszuschlagen und nach dem so für ihn eintretenden gesetzlichen Anfalle anzunehmen;

2. der durch Testament und zugleich durch Erbvertrag Berufene kann aus dem einen Berufungsgrunde annehmen und aus dem anderen ausschlagen und umgekehrt (**1948**).

Liegen mehrere solche Berufungsgründe vor, und sind sie dem ausschlagenden Erben zur Zeit der Erklärung bekannt, so erstreckt sich die Ausschlagung im Zweifel auf alle diese (**1949**, Abs. 2). Für die Annahme gilt diese Auslegungsregel nicht, auch für die Ausschlagung gilt sie nicht, wenn der ausschlagende Erbe erst dadurch, daß ein Ersatzerbe oder daß vor ihm berufene gesetzliche Erben fortfallen, zur Erbfolge gelangt[1]).

F. Ist der Erbe zu mehreren Teilen derselben Erbschaft berufen, so ist zu unterscheiden (**1951**):

1. Liegen für die mehreren Teile verschiedene Berufungsgründe (Testament, Vertrag, Gesetz) vor, so kann der Erbe beliebig den einen Teil ausschlagen, den anderen annehmen und umgekehrt (**1951**, Abs. 1).

2. Liegt der gleiche (d. i. gleichgeartete) Berufungsgrund vor (z. B. gesetzliche Berufung als Verwandter und als Ehegatte, Berufung in verschiedenen Testamenten des Erblassers oder in verschiedenen Erbverträgen des Erblassers mit derselben Person), so gilt Ausschlagung und Annahme eines Teiles auch schlechthin für die übrigen. Dem von ihm auf mehrere Teile (im Testamente oder Vertrage) eingesetzten Erben kann aber der Erblasser durch Verfügung von Todes wegen die beliebige Annahme und Ausschlagung einräumen (**1951**, Abs. 2). Für die Erhöhung und Anwachsung (**1935. 2095**) gilt die Vorschrift nicht, weil es sich in diesen Fällen nicht um besondere Erbteile handelt.

III. **Die Anfechtung der Annahme und Ausschlagung** kann aus den allgemeinen Gründen (Irrtum, arglistige Täuschung, Drohung) durch Erklärung des Erben oder seines Bevollmächtigten gegenüber dem Nachlaßgerichte in der Form der Ausschlagungserklärung (**1955**) erfolgen. Die Anfechtungsfrist beträgt sechs Wochen; sie verlängert sich auf sechs Monate, wenn der Erblasser seinen letzten Wohnsitz ausschließlich im Auslande, oder wenn der Erbe beim Beginne der Frist im Auslande seinen Aufenthalt hatte. Der Beginn der Frist liegt im Zeitpunkte der vom Anfechtungsberechtigten erlangten Kenntnis vom Anfechtungsgrund, im Falle der Drohung im Zeitpunkte des Aufhörens der Zwangslage. Der Lauf der Frist unterliegt in gewissen Beziehungen den Vorschriften über den Lauf der Verjährungsfrist (**203. 206. 207**). Nach Verlauf von 30 Jahren seit Annahme oder Ausschlagung ist die Anfechtung schlechthin ausgeschlossen (**1954**). Die durchgeführte Anfechtung der Annahme gilt als Ausschlagung, die durchgeführte Anfechtung der Ausschlagung gilt als Annahme (**1957**, Abs. 1).

IV. **Die Wirkung der Ausschlagung (1953).**

A. Die dem Ausschlagenden vorläufig erworbene (angefallene) Erbschaft gilt als ihm nicht angefallen. Sie fällt also demjenigen, und zwar mit dem Erbfalle an, der berufen sein würde, wenn der Ausschlagende den Erbfall garnicht erlebt hätte. Hat einer von mehreren Erben des zur Ausschlagung Berechtigten von seinem Ausschlagungsrechte Gebrauch gemacht (**1952**, vgl. I.), so fällt der erledigte Teil nach der vielfach vertretenen Auffassung an diejenigen, welche Erben des Erblassers des zur Ausschlagung Berechtigten geworden wären, nach der Gegenauffassung aber an die Miterben des ausschlagenden Erben[2]).

B. Mit Rücksicht auf ihre Wirkung soll das Nachlaßgericht die Ausschlagung dem nunmehrigen Erben mitteilen und jedem, der ein rechtliches Interesse glaubhaft macht, die Einsicht gestatten. Wird die Ausschlagung angefochten, so muß entsprechend die Mitteilung der An-

---

[1]) Strohal II, S. 19 f.
[2]) Vgl. Strohal II, S. 39 ff.

fechtung an den erfolgen, welchem die Erbschaft infolge der Ausschlagung angefallen ist (**1953**, Abs. 3. **1957**, Abs. 2).

§ 310.

Die Bedeutung des vorläufigen Erwerbes (Anfalles).[1])

Mit dem Anfalle ist die Erbschaft in das Vermögen des Erben übergegangen, aber nur vorläufig. Endgültig wird der Erwerb erst mit der Annahme; bis dahin kann die Ausschlagung erfolgen. Der bestehende Schwebezustand äußert ungeachtet der Ausschlagung folgende Wirkungen:

I. **Rechtsstellung des vorläufigen Erben.**

A. Ansprüche, die sich gegen den Nachlaß richten, können nicht gegen den Erben, wohl aber gegen den Nachlaßpfleger (II. A.) gerichtlich geltendgemacht werden (**1958**. ZPO. §§ 239, Abs. 5. 246)[2]). Anhängige Prozesse braucht der Erbe nicht aufzunehmen. Zwangsvollstreckungen wegen solcher Ansprüche sind nur in den Nachlaß, nicht in das eigene Vermögen des Erben zulässig (ZPO. § 778). Ebensowenig sind zulässig Zwangsvollstreckungen in den Nachlaß wegen Ansprüche gegen den Erben selbst.

B. Vornahme erbschaftlicher Geschäfte durch den Erben berechtigt und verpflichtet ihn zwar demjenigen gegenüber, der Erbe wird, nach den Grundsätzen der Geschäftsführung ohne Auftrag, seine Verfügungen über Nachlaßgegenstände bleiben aber nach der Ausschlagung nur dann in Kraft, wenn sie ohne Nachteil für den Nachlaß nicht verschoben werden konnten (**1959**, Abs. 1. 2). Verfügungen, die über das Maß in **1959**, Abs. 2 hinausgreifen, können zugunsten gutgläubiger Erwerber nach **932—935** oder **2366**. **2367** oder durch Genehmigung (**185**, Abs. 2) des endgültigen Erben rechtlichen Bestand gewinnen.

C. Rechtsgeschäfte, die Dritte dem Erben gegenüber vornehmen, und die dem Erben gegenüber vorzunehmen sind, bleiben auch nach der Ausschlagung wirksam (**1959**, Abs. 3).

D. Von dem Fiskus als gesetzlichem Erben und gegen ihn in dieser Eigenschaft können Rechte immer erst geltendgemacht werden, wenn vom Nachlaßgerichte festgestellt ist (vgl. II. B.), daß ein anderer Erbe nicht vorhanden ist (**1966**).

II. **Fürsorge des Nachlaßgerichtes.**

Der bei Anfall vorliegende Zustand kann eine Fürsorge des Nachlaßgerichtes in zweifacher Richtung fordern:

A. Soweit ein Bedürfnis besteht, ist der Nachlaß zu sichern[3]). Ein solches Bedürfnis kann nicht nur vorliegen, wenn es an der Annahme fehlt, sondern auch, wenn der Erbe unbekannt ist, oder es ungewiß ist, ob Annahme seitens des Erben vorliegt. Die Maßregeln können in der Anlegung von Siegeln, Hinterlegung von Geld, Wertpapieren und Kostbarkeiten, Anordnung der Inventarisierung und in der Bestellung eines Nachlaßpflegers für den, der Erbe wird, bestehen. Ist ein Nachlaßpfleger bestellt, so können gegen diesen Ansprüche, die sich gegen den Nachlaß richten, geltendgemacht, und bereits gegen den Erblasser begonnene Prozesse können gegen ihn fortgesetzt werden (**1960**). Zu diesem Zwecke können die aus solchen Ansprüchen Berechtigten die Bestellung eines Nachlaßpflegers beantragen, und das Gericht hat dem Antrage stattzugeben (**1961**). Die Nachlaßpflegschaft ist Pflegschaft aber zu besonderem Zwecke (**2012**. **2017**). Daher tritt an Stelle des Vormundschaftsgerichtes hier das Nachlaßgericht (**1962**).

B. Die Ermittelung des Erben. Ist der Erbe vom Nachlaßgerichte oder Nachlaßpfleger nicht zu ermitteln, so muß das Nachlaßgericht nach Verlauf einer den Umständen

---

[1]) Strohal II, S. 48 ff.

[2]) RG. Bd. 60, S. 179.

[3]) Vorbehalte für das Landesrecht, EG. Art. 140. 147, Abs. 1. Preuß. AG. z. BGB., Art. 79.

nach angemessenen Frist eine öffentliche Aufforderung zur Anwendung der Erbrechte unter Bestimmung einer Anmeldungsfrist wie beim förmlichen Aufgebotsverfahren (ZPO. §§ 948 bis 950) ergehen lassen; die öffentliche Aufforderung darf unterbleiben, wenn die Kosten für den Nachlaß unverhältnismäßig groß sind. Erbrechte, deren Bestehen oder klagweise Geltendmachung gegen den Fiskus nicht innerhalb drei Monaten nach Ablauf der Anmeldefrist nachgewiesen wird, bleiben unberücksichtigt (**1965**)[1]), und das Nachlaßgericht stellt fest, daß ein anderer Erbe als der Fiskus nicht vorhanden ist. Durch diese Feststellung wird keine Ausschließung der Erbberechtigten bewirkt, sondern nur die widerlegbare Vermutung für das gesetzliche Erbrecht des Fiskus begründet (**1964**).

§ 311.

Der Erbschein und das Testamentsvollstreckerzeugnis.[2])

Der Erbe und der Testamentsvollstrecker bedürfen zu ihrer Legitimation vor Gericht[3]), Grundbuchämtern[4]), Registerbehörden und anderen Behörden und Privaten eines Zeugnisses über die Erbeigenschaft bzw. die Ernennung[5]). Nicht minder ist diese Legitimation für Dritte, die sich mit dem Erben oder Vollstrecker als solchen einlassen, von Bedeutung. Diesem Bedürfnis entspricht der Erbschein und das Testamentsvollstreckerzeugnis[6]).

I. Der Erbschein.

Der Erbschein ist das dem Erben auf seinen Antrag vom Nachlaßgerichte über sein Erbrecht, dem Teilerben zugleich über die Größe seines Erbteiles ausgestellte Zeugnis (**2353**). Der Erbschein des Teilerben über die Größe seines Erbteiles ist zu unterscheiden von dem gemeinschaftlichen Erbschein, den der Teilerbe auch beantragen kann (vgl. A.).

A. **Der Antrag** auf Erteilung steht dem Erben zu, eine Ausfertigung des erteilten Erbscheines kann jeder verlangen, der ein rechtliches Interesse glaubhaft macht[7]). Der Erbschein hat alle die Tatsachen zu enthalten, die für die Beurteilung des Erbrechtes des Antragstellers von Bedeutung sein können. Von mehreren Erben kann jeder den Antrag auf Erteilung eines gemeinschaftlichen Erbscheines stellen (**2357**, Abs. 1).

1. Der gesetzliche Erbe hat anzugeben

a) die Zeit des Todes des Erblassers (vgl. **18**. **20**),

b) das Verhältnis (z. B. Verwandtschaft, Ehe), auf dem sein Erbrecht beruht,

c) ob und welche Personen vorhanden sind oder waren, die ihn von der Erbfolge ausgeschlossen oder seinen Erbteil gemindert haben würden,

d) ob und welche Verfügungen von Todes wegen des Erblassers vorhanden sind,

e) ob ein Rechtsstreit über sein Erbrecht anhängig ist,

f) in welcher Weise die Personen, die den Antragsteller ausgeschlossen oder seinen Erbteil gemindert haben würden, fortgefallen sind (**2354**).

2. Der Testaments- oder Vertragserbe hat

a) die Angaben unter Z. 1. a und e zu machen,

b) die Verfügung von Todes wegen zu bezeichnen, auf der sein Erbrecht beruht, und

---

[1]) Ist keine öffentliche Aufforderung ergangen, so beginnt die dreimonatige Frist mit der gerichtlichen Aufforderung, das Erbrecht oder die Erhebung der Klage nachzuweisen (**1965**, Abs. 2, Satz 2).

[2]) Strohal II, §§ 67—69.

[3]) ZPO. §§ 727. 729. ZVG. §§ 17, Abs. 3. 175. 177.

[4]) GBO. §§ 36. 37. Hier kann an die Stelle des Erbscheines ein näher bestimmtes Erbenzeugnis treten.

[5]) RG. Bd. 54, S. 343.

[6]) Durchaus verwandten Charakter hat das dem überlebenden Ehegatten nach **1567** erteilte Zeugnis über die Fortsetzung der ehelichen Gütergemeinschaft.

[7]) Vgl. aber ZPO. § 792. Über die Erteilung von Ausfertigungen und Gestattung der Einsicht an rechtlich Interessierte vgl. FGG. §§ 78. 85.

c) anzugeben, ob und welche sonstigen Verfügungen des Erblassers von Todes wegen vorhanden sind (**2355**).

3. Der Antrag auf Erteilung eines gemeinschaftlichen Erbscheines hat die Erben und ihre Erbteile anzugeben, und, wenn er nicht von allen Erben gestellt wird, ob die übrigen die Erbschaft angenommen haben (**2357**, Abs. 2. 3, Satz 1).

4. Sind die von den Antragstellern anzugebenden Tatsachen bei dem Nachlaßgerichte offenkundig, so bedarf es eines Weiteren nicht. Ist das nicht der Fall, so sind die Angaben des gesetzlichen Erben zu Z. 1. a. b durch öffentliche Urkunden nachzuweisen. Die Urkunde, auf der das Erbrecht des Testaments- oder Vertragserben beruht (Z. 2. b), ist vorzulegen. Ist die Vorlegung dieser Urkunden nicht oder nur mit unverhältnismäßigen Schwierigkeiten möglich, so genügt die Angabe anderer Beweismittel. Die Richtigkeit der übrigen Angaben hat der Antragsteller nach Ermessen des Nachlaßgerichtes vor Gericht oder vor einem Notar an Eides Statt zu versichern (**2356**). Alle diese Vorschriften gelten auch für alle Angaben, die der Antrag auf gemeinschaftlichen Erbschein (Z. 3) enthalten muß. Die Versicherung an Eides Statt ist hier von allen Erben abzugeben, wenn nicht das Nachlaßgericht mit der Versicherung eines oder einiger sich begnügt (**2357**, Abs. 3, Satz 2, Abs. 4).

B. **Die Erteilung, Einziehung und Herausgabe.**

1. Die Erteilung des Erbscheines durch das Nachlaßgericht erfolgt erst auf Grund einer von Amts wegen eingeleiteten Ermittelung und Feststellung der Antragstatsachen (**2359**). Das Gericht erhebt unter Benutzung der vom Antragsteller angegebenen Beweismittel die erforderlichen Beweise. Es kann auch eine öffentliche Aufforderung zur Anmeldung anderer Erbberechtigten gemäß ZPO. §§ 948—950 erlassen (**2358**). Erbberechtigte, die sich nicht melden, sind nicht ausgeschlossen, bleiben aber bei der Erteilung des Erbscheines unberücksichtigt. Gewisse Personen sind, wenn tunlich, vor Erteilung zu hören: nämlich der Gegner des Antragstellers, wenn ein Rechtsstreit über das Erbrecht anhängig ist, wenn die Verfügung, auf der das Erbrecht beruht, nicht in öffentlicher dem Nachlaßgerichte vorliegender Urkunde enthalten ist, derjenige, der im Falle der Unwirksamkeit der Verfügung Erbe sein würde (**2360**). Auch über die Richtigkeit des erteilten Erbscheines kann das Nachlaßgericht von Amts wegen weitere Ermittelungen anstellen (**2361**, Abs. 3).

a) In dem Erbscheine sind die Namen der Erben und ihre Erbteile auch nach Verkauf der Erbschaft aufzuführen[1]), in dem Erbscheine des Vorerben sind die Anordnung der Nacherbfolge, die Voraussetzungen ihres Eintrittes, die Person des Nacherben und die Abweichungen von der regelmäßigen Rechtsstellung des Vorerben anzugeben (**2363**, Abs. 1).

b) Ist ein Testamentsvollstrecker ernannt, so ist seine Ernennung im Erbscheine anzugeben (**2364**, Abs. 1) und die nähere Bestimmung über seine Rechte, nicht aber Pflichtteile und Vermächtnisse.

2. Einen unrichtigen Erbschein hat das Nachlaßgericht **einzuziehen** und dadurch kraftlos zu machen; kann aber die Einziehung nicht sofort bewirkt werden, **durch Beschluß für kraftlos zu erklären.** Der Beschluß ist gemäß ZPO. § 204 bekanntzumachen und wird wirksam mit dem Ablauf eines Monates nach der letzten Einrückung in die öffentlichen Blätter (**2361**, Abs. 1. 2).

3. Der Besitzer eines unrichtigen Erbscheines hat diesen an das Nachlaßgericht herauszugeben, wenn der wirkliche Erbe, der Nacherbe, auch schon vor Eintritt der Nacherbfolge (Z. 1 a), der Testamentsvollstrecker und der für tot erklärte Erblasser, der den Todesmoment überlebt hat, sowie der Erblasser, dessen Tod zu Unrecht angenommen ist, die Herausgabe an das Nachlaßgericht verlangen (**2362**, Abs. 1. **2363**, Abs. 2. **2364**, Abs. 2. **2370**, Abs. 2)[2]).

---

[1]) RG. Bd. 64, S. 173.
[2]) RG. Bd. 61, S. 274.

4. Derjenige, dem der unrichtige Erbschein erteilt ist, hat dem wirklichen Erben, dem für tot erklärten, aber noch lebenden Erblasser und dem, dessen Tod ohne Todeserklärung zu Unrecht angenommen ist, über den Bestand der Erbschaft und über den Verbleib der Nachlaßgegenstände Auskunft zu erteilen (**2362**, Abs. 2. **2370**, Abs. 2).

C. **Die Wirkungen des Erbscheines.**

1. Der Erbschein begründet für den, der in ihm als Erbe bezeichnet ist, die widerlegbare **Vermutung,** daß ihm das angegebene Erbrecht zusteht, und daß er nicht durch andere als die angegebenen Anordnungen beschränkt ist. Diese Vermutung gilt auch gegenüber dem, der selbst Erbe zu sein behauptet. Dieser hat den Beweis der Unrichtigkeit zu erbringen; so besonders im Erbschaftsstreit (**2365**).

2. Dritten gegenüber, die sich mit dem im Erbscheine bezeichneten Erben in Rechtsgeschäfte eingelassen haben, gilt der Inhalt des Erbscheines, soweit die Vermutung (Z. 1) reicht, als richtig, es sei denn, daß sie in bösem Glauben sind, d. h. die Unrichtigkeit des Erbscheines kannten oder wußten, daß die Rückgabe vom Nachlaßgerichte wegen Unrichtigkeit verlangt ist. Dieser Schutz des guten Glaubens tritt ein, wenn der Dritte

a) von dem als Erbe Bezeichneten durch Rechtsgeschäft einen Erbschaftsgegenstand, ein Recht an solchem oder die Befreiung von einem zur Erbschaft gehörenden Rechte erworben hat,

b) wenn der Dritte an den als Erbe Bezeichneten auf Grund eines Nachlaßrechtes eine Leistung bewirkt, oder

c) wenn er mit ihm sonstige Rechtsgeschäfte (Kündigung, Mahnung) in Ansehung von Erbschaftsrechten vornimmt, die eine Verfügung über das Recht enthalten (**2366. 2367**)[1]).

Der wirkliche Erbe hat derartige Geschäfte gegen sich gelten zu lassen.

3. In einem besonderen Falle genießen Dritte den Schutz des guten Glaubens, ohne daß der vermeintliche Erbe einen Erbschein verlangt hatte, wenn sie in rechtsgeschäftlichen Verkehr mit demjenigen getreten sind, der nach Inhalt einer **Todeserklärung** Erbe sein würde, während der für tot erklärte Erblasser den maßgebenden Zeitpunkt überlebt hat oder bereits früher verstorben ist. Voraussetzung des Schutzes ist, daß der Dritte die Unrichtigkeit der Todeserklärung nicht kannte, und nicht wußte, daß die Todeserklärung infolge einer Anfechtungsklage aufgehoben ist. Die Todeserklärung vertritt in dieser Beziehung den Erbschein (**2370**)[2]). Vgl. B. Z. 3.

II. **Der beschränkte Erbschein.** Über einzelne im Inlande befindliche Nachlaßgegenstände, wohin auch Gegenstände, über die von einer deutschen Behörde ein zur Eintragung der Berechtigten bestimmtes Buch oder Register geführt wird, und Ansprüche, wenn für die Klage ein deutsches Gericht zuständig ist, gehören, kann ein Erbschein verlangt und nach den Vorschriften unter I. erteilt werden, wenn es für die Erteilung des regelmäßigen Erbscheines an einem zuständigen (FGG. §§ 72. 73) deutschen Nachlaßgerichte fehlt (**2369**. EG. Art. 24. 25).

III. **Das Testamentsvollstreckerzeugnis** wird dem Vollstrecker auf seinen Antrag über Ernennung erteilt. Ist die Ernennung nicht in einer dem Nachlaßgerichte vorliegenden öffentlichen Urkunde enthalten, so soll der Erbe tunlichst über die Gültigkeit der Ernennung gehört werden. In das Zeugnis sind die Abweichungen von den gesetzlichen Befugnissen des Vollstreckers (**L.** § 308) aufzunehmen. Das Zeugnis wird von selbst kraftlos mit der Beendigung des Amtes. Im übrigen normiert das Recht des Erbscheines (**2368**)[3]).

---

[1]) Für den Fall unentgeltlicher Verfügung durch den bezeichneten Erben vgl. **816**, Abs. 1, Satz 2.

[2]) Vgl. Strohal II, S. 169 f.

[3]) Das Zeugnis kann also wegen Unrichtigkeit eingezogen werden.

2. Kapitel.

Das Rechtsverhältnis unter Miterben.

§ 312.

Das Rechtsverhältnis vor und bei der Auseinandersetzung.[1])

Mehrere Erben treten bezüglich des Nachlasses in eine Rechtsgemeinschaft. Diese Rechtsgemeinschaft ist ihrem Gegenstande nach eine doppelte und dementsprechend verschieden zu beurteilen. Der Gegenstand ist nämlich der Nachlaß als Ganzes. Daneben besteht Rechtsgemeinschaft bezüglich aller einzelnen Nachlaßgegenstände. In bezug auf den Nachlaß liegt Gemeinschaft nach Bruchteilen (L. § 139) vor. Jeder Miterbe kann über seinen Anteil (**2032**. GBO. § 18) verfügen. In bezug auf die einzelnen Nachlaßgegenstände ist die Gemeinschaft eine solche zur gesamten Hand. Daraus folgt:

I. **für das Rechtsverhältnis bis zur Auseinandersetzung.**

A. Über die **einzelnen Nachlaßgegenstände**[2]) können die Miterben nur gemeinschaftlich verfügen (**2040**, Abs. 1), nicht der einzelne Miterbe über seinen Anteil an diesen (**2033**, Abs. 2). Daher kann ein Miterbe auch nicht Prozesse über einzelne Nachlaßgegenstände führen, noch können solche gegen ihn geführt werden (vgl. ZPO. § 62). Weiter folgt daraus, daß der Nachlaßschuldner nicht eine ihm gegen einen Miterben zustehende Forderung aufrechnen kann (**2040**, Abs. 2). Entsprechend ist die Zwangsvollstreckung in den Anteil des Miterben an den einzelnen Gegenständen ausgeschlossen (ZPO. § 859). Der Regel würde es entsprechen, wenn auch die Geltendmachung eines zum Nachlasse gehörenden Anspruches nur gemeinschaftlich erfolgen könnte (vgl. **747**, Satz 2). Hier kann sich zwar der Schuldner nur durch Leistung an alle Miterben befreien, jeder Miterbe kann aber Leistung an alle Erben oder Hinterlegung der zu leistenden Sache für alle oder, wenn sich die Sache zur Hinterlegung nicht eignet, Ablieferung an einen gerichtlichen Verwahrer[3]) fordern und dahin klagen (**2039**). Auch ein Miterbe, der Schuldner des Nachlasses ist, hat in dieser Weise zu leisten, wenn ein solches Verlangen nicht schikanös ist (**226**)[4]).

B. Jeder Miterbe kann über **seinen Anteil am Nachlasse** und über den Bruchteil seines Anteiles selbst verfügen (**2033**, Abs. 1, Satz 1, vgl. **747** mit **719**)[5]), und entsprechend ist der Anteil des Miterben am Nachlasse der Zwangsvollstreckung unterworfen (ZPO. § 859). Die Verfügung kann auf Übertragung des Anteiles oder Bestellung von Nießbrauch oder Pfandrecht gehen.

1. Der Vertrag, der die Verfügung enthält (nicht der obligatorische Vertrag), bedarf wie der Erbschaftskauf der gerichtlichen oder notariellen Beurkundung. Ebenso der Vertrag, in dem der Käufer des Anteiles den Anteil weiter überträgt (**2033**, Abs. 1, Satz 2. **2037**).

2. Der Erwerber des Anteiles tritt mit dem Vertrage, ohne daß es bezüglich der einzelnen Nachlaßgegenstände besonderer Übertragungsakte bedürfte, unmittelbar in die Gemeinschaft am Nachlasse als Anteilsberechtigter ein. Anders liegt es beim Erbschaftskauf, der dem Käufer nur den Anspruch gegen den Erben auf Gewährung der zum Nachlasse gehörigen Bestandteile gewährt (vgl. L. § 324)[6]).

---

[1]) Strohal II, §§ 64—66. v. Seeler, Miteigentum nach BGB. Walsmann, Der Verzicht, S. 135 f.

[2]) Eine gemeinschaftliche Verfügung über den Nachlaß als Ganzes ist ausgeschlossen; zulässig ist nur ein gemeinschaftliches schuldrechtliches Kausalgeschäft.

[3]) FGG. § 165.

[4]) Vgl. RG. Bd. 65, S. 5.

[5]) Vgl. auch **1442. 1471**.

[6]) Demnach stehen die abweichenden Regelungen in beiden Fällen nicht im Widerspruche, wie Strohal, a. a. O. (1. A.), S. 121 f. und 163 f. annimmt.

3. **Das Vorkaufsrecht der Miterben.** Den Miterben wird durch die Übertragung des Anteiles ein anderer Genosse gegeben. Den möglichen Nachteilen hieraus zu entgehen, ist ihnen bei dem Falle des freiwilligen Verkaufes des Anteiles an Dritte, nicht an einen Miterben, das Vorkaufsrecht gegeben, und zwar

a) gegen den verkaufenden Miterben, solange der Anteil noch nicht übertragen ist. Übertragung bedeutet nicht die Übertragung der einzelnen Bestandteile, sondern des Anteiles, also den Vertrag unter Z. 1 im Gegensatze zum obligatorischen Kaufvertrage. Die Frist für die Ausübung beträgt zwei Monate. Das Vorkaufsrecht ist vererblich, steht aber sonst unter den Vorschriften des Vorkaufsrechtes überhaupt (vgl. L. § 110).

Das Vorkaufsrecht steht den Miterben gemeinschaftlich zu (**2034**. **2035**, Abs. 1, Satz 2);

b) gegen den Käufer steht das Vorkaufsrecht zu, sobald die Übertragung des Anteiles stattgefunden hat, ferner gegen den, der vom Käufer den Anteil erworben hat. Der verkaufende Miterbe und der weitere Verkäufer hat die Miterben von der Übertragung unverzüglich zu benachrichtigen. Seine Mitteilung wird durch die des Käufers ersetzt (**2035**. **2037**).

Wird infolge der Ausübung des Vorkaufsrechtes der Anteil vom Erwerber auf die Miterben übertragen, so scheidet der Erwerber aus der Gemeinschaft aus. Seine Haftung für die Nachlaßverbindlichkeiten hört auf. Es erlischt aber nicht die Verantwortlichkeit, die für ihn in der Zwischenzeit infolge der angeordneten Nachlaßverwaltung nach **1978**—**1980** und **1991** (vgl. L. §§ 317. 318) bereits begründet war (**2036**. **2037**).

C. **Die Verwaltung des Nachlasses** ist eine gemeinschaftliche. Jeder Miterbe ist aber dem anderen verpflichtet zur Mitwirkung, soweit Maßregeln zur ordnungsmäßigen Verwaltung erforderlich sind. Ja es kann jeder Miterbe die zur Erhaltung des Nachlasses notwendigen Maßregeln ganz selbständig treffen (vgl. **744**). Die Bestimmung über die Verwaltung und Benutzung durch Mehrheitsbeschluß der Genossen erfolgt wie bei der Gemeinschaft (**745**. **746**). Jeder Miterbe trägt wie ein Gemeinschafter die Lasten und Kosten (**748**) und hat Anspruch auf den seinem Erbteile entsprechenden Bruchteil der Früchte und auf die Benutzung (**743**), jedoch erfolgt die Teilung der Früchte erst bei der Auseinandersetzung. Nur wenn die Auseinandersetzung auf längere Zeit als ein Jahr ausgeschlossen ist, kann jeder Miterbe am Schlusse jedes Jahres die Teilung des Reinertrages verlangen (**2038**). Vgl. **2039** (A.).

II. **Die Auseinandersetzung.**

1. Solange die Auseinandersetzung noch nicht erfolgt ist, gilt der Grundsatz der Surrogation wie bei der allgemeinen Gütergemeinschaft (**1473**. L. § 238). Zum Nachlasse gehört auch nach **2019** rechtsgeschäftlicher Erwerb des Erbschaftsbesitzers mit Mitteln der Erbschaft, wenn er auch nicht mit Beziehung auf den Nachlaß gemacht wurde. Ist eine Forderung durch Rechtsgeschäft für den Nachlaß erworben, so muß der Schuldner diese Zugehörigkeit zum Nachlasse erst gegen sich gelten lassen, wenn er Kenntnis von ihr erlangt hat. Der Schuldner hat die Stellung wie im Falle der Abtretung der Forderung (**406**—**408**. **2041**).

2. Die Auseinandersetzung der Miterbengemeinschaft kann grundsätzlich jeder Miterbe, und zwar zu jeder Zeit verlangen (**2042**, Abs. 1). Dieser Grundsatz erleidet aber mehrere Ausnahmen:

a) Der Vertrag der Miterben, durch den das Recht, die Auseinandersetzung zu verlangen, für immer oder auf Zeit ausgeschlossen wird, wirkt wie der entsprechende Vertrag der Gemeinschafter (**749**, Abs. 2. 3. **750**. **751**. L. § 139. **2042**, Abs. 2).

b) Die Auseinandersetzung ist ausgeschlossen, solange Unbestimmtheit der Erbteile wegen der zu erwartenden Geburt eines Miterben vorliegt, oder weil die Entscheidung über eine Ehelichkeitserklärung, über die Bestätigung einer Annahme an Kindes Statt oder die Genehmigung einer vom Erblasser errichteten Stiftung noch aussteht (**2043**). Die Auseinandersetzung ist aber, wenn die Voraussetzungen fehlten, nicht schlechthin nichtig (**134**), sondern nur dann, wenn der fragliche Erbe auch wirklich eintritt, oder er oder sein gesetzlicher Vertreter nicht zustimmte.

c) Die Auseinandersetzung kann durch letztwillige Verfügung des Erblassers, in Ansehung des ganzen Nachlasses oder einzelner Gegenstände, ausgeschlossen oder von einer Kündigungsfrist abhängiggemacht sein. Die Wirkung dieser Verfügung ist die gleiche wie die eines Vertrages der Miterben dieses Inhaltes (vgl. a). Bezieht sich die Verfügung des Erblassers auf ein Grundstück in der Erbschaft, so ist **1010**, Abs. 1, anzuwenden. Alle diese Anordnungen werden unwirksam mit Ablauf von 30 Jahren seit Erbfall, wenn nicht ihre Geltung bis zum Eintritt eines bestimmten Ereignisses in der Person eines Miterben, der nicht eine juristische Person ist, oder bis zum Eintritt einer angeordneten Nacherbfolge, oder bis zum Anfalle eines angeordneten Vermächtnisses vom Erblasser verfügt ist (**2044**).

d) Bis zur Beendigung des Aufgebotsverfahrens zur Ermittelung der Nachlaßgläubiger (**1970**, vgl. **L.** § 316) oder bis zum Ablaufe der in der öffentlichen Aufforderung des Miterben den Nachlaßgläubigern bestimmten Anmeldungsfrist (**2061**, **L.** § 321) kann jeder Miterbe Aufschub der Auseinandersetzung verlangen, selbst dann, wenn der Antrag auf Aufgebot oder der Erlaß der öffentlichen Aufforderung erst nach dem Verlangen des Aufschubes, aber unverzüglich, gestellt wird (**2045**).

3. **Die Durchführung der Auseinandersetzung.**

a) **Der formelle Weg,** auf dem die Auseinandersetzung erreicht wird, kann dadurch gewiesen sein, daß die Auseinandersetzung einem Testamentsvollstrecker übertragen wird (vgl. **L.** § 308). Liegt Ernennung eines Testamentsvollstreckers nicht vor, oder hat der ernannte Testamentsvollstrecker nicht die Aufgabe der Auseinandersetzung, so erfolgt die Auseinandersetzung auf privatem, außergerichtlichem Wege durch **Vertrag der Miterben,** der einer Form nicht bedarf, oder durch den letztwillig **durch den Erblasser dazu berufenen Dritten.** Die Parteien sind aber an die Anordnung des Dritten nicht schlechthin gebunden, sie können im Einverständnis die vertragsmäßige Erledigung vorziehen. Nur hat jeder Miterbe ein Recht auf Durchführung der Auseinandersetzung durch den Dritten. Zur Realisierung des Vertrages der Miterben oder der von dem Dritten getroffenen Anordnungen können formbedürftige Rechtsgeschäfte, z. B. Übertragung des Eigentumes an einem Grundstücke an einen der Miterben (**313**), nötig werden. Endlich kann die Auseinandersetzung auf Antrag jedes Miterben auf gerichtlichem Wege, d. h. durch **Vermittelung des Nachlaßgerichtes**, erfolgen[1]) (FGG. §§ 86—98. 193). Das Verfahren führt zum Abschlusse eines Auseinandersetzungsvertrages auf Grundlage eines vom Gerichte vorgelegten Teilungsplanes; der Auseinandersetzungsvertrag muß vom Gerichte durch Beschluß bestätigt werden. Als diesem Vertrage zustimmend wird auch derjenige Miterbe angesehen, der seinen Widerspruch weder in dem Termine zur Verhandlung über den Auseinandersetzungsplan noch später rechtzeitig erklärt. Kommt es zu keinem Vertrage unter den Miterben, oder widerstreben einzelne Miterben der Auseinandersetzung überhaupt, so muß die Erbteilungsklage (actio familiae herciscundae) erhoben werden.

b) Die **materiellen Grundsätze,** nach denen die Auseinandersetzung bewirkt wird, ergeben sich aus letztwilligen Anordnungen des Erblassers oder aus den Vereinbarungen der Parteien oder aus den Vorschriften, die bei der Gemeinschaft gelten (**752**—**758**[2]). **2042**, Abs. 2[3]), vgl. **L.** § 139), jedoch macht sich das Prinzip der gesamten Hand geltend.

α) Die Miterben sind zwar berechtigt, die Nachlaßverbindlichkeiten erst nach der Teilung zu bewirken: jeder Miterbe kann aber verlangen, daß aus dem noch ungeteilten Nachlasse die

[1]) Gemäß FGG. § 192 kann für gewisse Fälle durch das Landesrecht bestimmt werden, daß die gerichtliche Auseinandersetzung von Amts wegen eintritt. Nach FGG. § 193 können mit der Auseinandersetzung an Stelle des Gerichtes auch die Notare betraut werden; vgl. Bayer. AG. z. BGB. Art. 104. Württ. AG. z. BGB. Art. 81 ff.

[2]) Über die Anwendung von **757** (Gewährleistungspflicht der Miterben) vgl. Strohal **II**, S. 122 ff.

[3]) Vgl. EG., Art. 147.

Nachlaßverbindlichkeiten berichtigt werden, für welche den Gläubigern alle Miterben haften, und der Nachlaß ist dann, soweit dazu erforderlich, zu versilbern. Für noch nicht fällige oder streitige Nachlaßverbindlichkeiten ist das zur Berichtigung Erforderliche zurückzubehalten. Die Nachlaßverbindlichkeiten, die nur einem oder einzelnen Miterben den Gläubigern gegenüber zur Last fallen, sind nur aus dem zu berichtigen, was den betreffenden Miterben bei der Auseinandersetzung zukommt. Da mit der Teilung die Haftung jedes Miterben für die Nachlaßverbindlichkeiten eintritt, ist auf die Berichtigung der Nachlaßverbindlichkeiten vor der Teilung wirksam hingewirkt (**2046**, vgl. **733. 1475. 52.** HGB. § 301. GenG. § 88).

β) Der Nachlaß oder, wenn die Berichtigung der Nachlaßverbindlichkeiten stattgefunden hat, der noch verbleibende Überschuß fällt den Miterben nach Verhältnis ihrer Erbteile zu (**2047**, Abs. 1) und ist zu teilen.

γ) Gemeinschaftlich bleiben Personal- und Familienpapiere und solche Papiere, die sich auf den ganzen Nachlaß beziehen (**2047**, Abs. 2).

c) Bei der Auseinandersetzung sind auch die den Miterben vom Erblasser zugekommenen Vorausempfänge zu berücksichtigen und zur Ausgleichung zu bringen. Darüber L. § 313.

d) Die Auseinandersetzung gestaltet sich besonders, wenn dahin gehende letztwillige Anordnungen des Erblassers vorliegen, welche die Miterben schuldrechtlich binden.

α) Hat der Erblasser die Auseinandersetzung dem billigen Ermessen eines Dritten überlassen, so kann dessen Entscheidung bei offenbarer Unbilligkeit durch eine richterliche ersetzt werden (**2048**).

β) Soll ein Miterbe berechtigt sein, ein im Nachlasse befindliches Landgut zu übernehmen, so soll es im Zweifel zum Ertragswerte, der sich nach dem Reinertrage bestimmt, den das Landgut nach seiner bisherigen wirtschaftlichen Bestimmung bei ordnungsmäßiger Bewirtschaftung nachhaltig gewähren kann, angesetzt werden (**2049**, vgl. **2312. 1515**)[1]).

III. Über die Haftung der Miterben für die Nachlaßverbindlichkeiten vgl. L. § 321.

§ 313.

Die Pflicht zur Ausgleichung.[2])

Die Pflicht zur **Ausgleichung (Kollation)** beruht auf dem Gedanken, daß unter gewissen Erben durch gewisse Vorausempfänge seitens des Erblassers bei seinen Lebzeiten doch keine dauernde Ungleichheit herbeigeführt werden soll. Das BGB. knüpft an die Kollation des jüngeren römischen Rechtes (Kaiser Leos c. 17 C. 6, 20 vom Jahre 472) und das Pr.ALR. an. Der Erblasser kann selbst die Ausgleichung verfügen (gewillkürte Ausgleichung), oder die Ausgleichungspflicht beruht auf dem Gesetze (gesetzliche Ausgleichung). Das Gesetz sucht hier dem wahrscheinlichen mutmaßlichen Willen des Erblassers zu entsprechen und begnügt sich daher mit dispositiven Vorschriften.

I. Durch die gesetzlichen Ausgleichungsvorschriften ist eine Verpflichtung und ein Recht gewisser Miterben gegen einander, nicht für andere Nachlaßbeteiligte (**2050**, Abs. 1) begründet, daß gewisse Vorempfänge von diesen Personen zur Ausgleichung gebracht werden. Verpflichtung und Recht treten nur ein für die wirklich zur Erbschaft gelangenden Erben; gegen diese kann die Pflicht geltendgemacht werden wie ein Vermächtnis oder eine Auflage (V.).

II. **Die verpflichteten und berechtigten Erben.**

a) Die Ausgleichungspflicht tritt ein bei der gesetzlichen Erbfolge der Abkömmlinge

---

1) Vorbehalt für das Landesrecht: EG. Art. 137. Mecklenb.-Schwer. AV. z. BGB. §§ 254—257. Mecklenb.-Strel. AV. z. BGB., §§ 251—254. Preuß. AG. z. BGB. Art. 83.

2) Strohal I, §§ 13—16. 66.

(**2050**). Bei der gewillkürten Erbfolge fehlt regelmäßig die Anlehnung an den mutmaßlichen Willen des Erblassers; diese ist aber wieder vorhanden, wenn der Erblasser die Abkömmlinge auf das eingesetzt hat, was sie als gesetzliche Erben erhalten würden, oder wenn er sie neben anderen Erben so berufen hat, daß ihre Erbteile in demselben Verhältnisse wie ihre gesetzlichen Erbteile stehen. Daher tritt hier auch bei gewillkürter Erbfolge der Abkömmlinge die Ausgleichungspflicht ein (**2052**). Bei der gewillkürten Erbfolge tritt aus dem gleichen Grunde auch insofern die Ausgleichungspflicht ein, als (**2051**, Abs. 2) der Ersatzerbe eines weggefallenen Abkömmlinges nicht mehr erhalten soll, als der wegfallende Abkömmling unter Berücksichtigung seiner Ausgleichungspflicht erhalten haben würde.

b) Die Ausgleichungspflicht trifft nur Abkömmlinge des Erblassers (eventuell auch adoptierte, legitimierte, uneheliche, solche aus nichtigen und anfechtbaren Ehen), soweit sie zur Erbschaft gelangen. Alle diese sind auch ausgleichungsberechtigt, nur nicht die durch den Ausgleichungsberechtigten gerade in der Erbfolge Beschränkten. Ausnahmsweise trifft die Ausgleichungspflicht auch einen Nichtabkömmling nach **2051**, Abs. 2. Die miterbenden Abkömmlinge sind ausgleichungspflichtig nur, soweit sie gewisse Zuwendungen (III.) bei Lebzeiten des Erblassers von diesem erhielten (**2050**). Dies erleidet Ausnahmen, die aber auch auf den wahrscheinlichen Willen des Erblassers sich stützen.

1. **Ausgleichungspflicht ohne eigenen Empfang.** Tritt an die Stelle eines vor oder nach dem Erbfalle wegfallenden Abkömmlinges, der als gesetzlicher oder gewillkürter Erbe kraft Gesetzes oder kraft Willkür ausgleichungspflichtig gewesen wäre (**2050. 2052**), ein entfernterer Abkömmling als gesetzlicher Erbe, so ist dieser in gleichem Umfange ausgleichungspflichtig wie jener, auch wenn die Zuwendung nicht an ihn gelangt ist, und auch wenn er jenen garnicht beerbte (**2051**, Abs. 1). Ebenso liegt es, wenn sich der gesetzliche Erbteil eines Abkömmlinges durch Fortfall eines anderen Abkömmlinges nach oder vor dem Erbfalle erhöht (**1935**), und wenn der Erbteil eines wegfallenden eingesetzten Abkömmlinges durch Anwachsung an einen anderen Abkömmling gelangt (**2059**)[1]). In beiden Fällen gilt der hinzukommende Erbteil in Ansehung der Ausgleichungspflicht als besonderer Erbteil. Man hat also bei der Berechnung der Erbteile den weggefallenen Erben als miterbend zu behandeln, die Ausgleichungsgrundsätze zur Anwendung zu bringen und dasjenige, was auf den weggefallenen Erben als Erbteil fällt, demjenigen zuzuschlagen, zu dessen Gunsten Erhöhung oder Anwachsung eingetreten ist. Im Zweifel gilt das gleiche, wenn an Stelle eines weggefallenen Abkömmlinges ein Ersatzerbe, Abkömmling oder Nichtabkömmling eingesetzt ist (**2051**, Abs. 2)[2]). Immer ruht die Belastung mit der Ausgleichungspflicht auf der Erbportion, mit der sie ursprünglich verbunden war.

2. **Eigener Empfang ohne Ausgleichungspflicht.**

Ein entfernterer miterbender Abkömmling ist nicht ausgleichungspflichtig wegen einer Zuwendung, die er vor Wegfall des ihn ausschließenden näheren Abkömmlinges erhalten hat (**2053**).

Ein für einen Abkömmling als Ersatzerbe eintretender Abkömmling ist nicht ausgleichungspflichtig wegen einer Zuwendung, die er vor dem Wegfalle jenes erhalten hat.

Ein Abkömmling hat nicht zur Ausgleichung zu bringen eine Zuwendung, die er zu einer Zeit erhielt, als er noch garnicht die rechtliche Stellung eines Abkömmlinges hatte, z. B. der Bedachte ist erst später vom Erblasser adopiert oder legitimiert worden.

Die Fälle haben das Gemeinsame, daß diesen Abkömmlingen zur Zeit der Zuwendung die unmittelbare Erbanwartschaft fehlte.

Die Ausgleichungspflicht tritt hier nur ein, wenn der Erblasser sie angeordnet hat, aber

---

[1]) Ist der ursprüngliche Erbteil in den Fällen von **1935. 2095** mit der Ausgleichungspflicht belastet, der hinzukommende aber nicht, so gilt der letztere auch in diesem als besonderer Erbteil. Strohal I, S. 74 ff.

[2]) Ist der Ersatzerbe auch ausgleichungspflichtig wenn der weggefallene Abkömmling gewillkürter Erbe oder ausgangspflichtig war? Die Stellung von **2052** nach **2051**, Abs. 2 erregt Bedenken Vgl. Strohal I, S. 69, Z. 3.

auch dann, dem zugrunde liegenden Prinzip gemäß, wenn der Erblasser dem begünstigten entfernteren Abkömmling irrtümlich die unmittelbare Erbanwartschaft zuschrieb.

c) Der Erbschaftskäufer tritt in die Ausgleichungspflicht wie in die entsprechende Berechtigung ein.

III. **Die Ausgleichungsgegenstände.**

Nach dem wahrscheinlichen Willen des Erblassers sind zur Ausgleichung zu bringen nur gewisse unentgeltliche und pflichtmäßige Zuwendungen des Erblassers an den Abkömmling bei Lebzeiten des Erblassers (**2050**). Bei Zuwendungen aus dem Gesamtgute (allgemeine Gütergemeinschaft, Errungenschaftsgemeinschaft, Fahrnisgemeinschaft und auch fortgesetzte Gütergemeinschaft) gilt die Zuwendung als von jedem Ehegatten zur Hälfte gemacht. Stammt aber der so begünstigte Abkömmling nur von einem der Ehegatten ab, oder hat einer der Ehegatten wegen der Zuwendung zum Gesamtgute Ersatz zu leisten, so gilt die Zuwendung als von diesem allein gemacht (**2054**).

Unter den Zuwendungen dieser Art kommen in Betracht:

a) **Ausstattungen** (**2050**, Abs. 1). Der umfassende Begriff der Ausstattung ergibt sich aus **1624**. Wie die Ausstattung gewährt ist (Zahlung von Schulden des Kindes, Abfindung eines näheren Abkömmlinges, Kapital- und Rentenzuwendung), ist gleichgültig. Auch die unter den Begriff der Ausstattung fallenden Zuwendungen an Enkel gehören hierher. Soweit die Ausstattung als Schenkung (**1624**) gilt, liegt Schenkungskollation vor.

b) **Zuschüsse,** die zu dem Zwecke gegeben werden, als Einkünfte verwendet zu werden, und Aufwendungen zur Vorbildung zu einem Berufe (Studien-, Erziehungskosten) aber nur, soweit sie das den Vermögensverhältnissen des Erblassers entsprechende Maß übersteigen. Die Gewährung solcher Zuwendungen innerhalb des bezeichneten Rahmens ist, wenn nicht Erfüllung gesetzlicher Alimentationspflicht, doch die Erfüllung einer Pietätspflicht und deshalb von der Ausgleichung befreit. Soweit die Zuschüsse und Aufwendungen hierher gehören, kann wieder Schenkungskollation (**516**) vorliegen (**2050**, Abs. 2).

c) **Andere Zuwendungen unter Lebenden** (außer a. b) sind zur Ausgleichung zu bringen, wenn der Erblasser die Ausgleichung bei der Zuwendung, also nicht einseitig, angeordnet hat. Diese Anordnung ist an eine Form nicht gebunden. Auch letztwillig (folglich einseitig) kann der Erblasser solche Verfügung treffen (z. B. Ausgleichungsvermächtnis), soweit er das Pflichtteilsrecht des durch die Zuwendung Begünstigten nicht verletzt (**2050**, Abs. 3).

d) Der Erblasser kann bei der Zuwendung (**2050**, Abs. 1) und durch spätere letztwillige Verfügung die Ausgleichung, auch wo sie gesetzlich vorgeschrieben ist, erlassen, im letzteren Falle allerdings nur unter Wahrung des Pflichtteilsrechtes des Begünstigten.

IV. **Die Durchführung der Ausgleichung.**

a) Zur Durchführung der Ausgleichung ist eine Feststellung aller Ausgleichungsgegenstände (III.) erforderlich. Über diese hat jeder ausgleichungspflichtige Miterbe dem Ausgleichungsberechtigten **Auskunft** zu erteilen, er hat daher ein Verzeichnis der Gegenstände vorzulegen und eventuell den Offenbarungseid zu leisten (**2057. 259. 260. 261**, vgl. L. § 78).

b) Die Ausgleichung findet statt bei der **Auseinandersetzung der Erbengemeinschaft.** Hier soll jedem Miterben der Wert der von ihm zur Ausgleichung zu bringenden Zuwendung auf seinen Erbteil angerechnet werden. Der jetzt festzustellende Wert der Zuwendung bestimmt sich nach der Zeit der Zuwendung, sofern der Erblasser nicht eine Wertbestimmung getroffen hat, durch die er aber Pflichtteilsrechte nicht verletzen darf. Wertverminderungen und Verluste seit der Zuwendung ändern somit an dem Umfange der Ausgleichungspflicht nichts. Der Gesamtwert aller Zuwendungen wird dem Werte des Nachlasses, soweit er den ausgleichungspflichtigen und ausgleichungsberechtigten Miterben zukommt (**2055**, Abs. 1. **2050**, Abs. 1) hinzugerechnet, der Betrag der Erbteile der einzelnen Miterben sodann rechnerisch festgestellt und von dem Erbteile jedes Miterben der Wert des von ihm zur Ausgleichung zu bringenden Gegenstandes in Abzug gebracht. Übersteigt dagegen der Wert der Zuwendung den des Erbteiles, so ist der Miterbe zur Herauszahlung des Überschusses nicht verpflichtet, wenn nicht Pflichtteilsansprüche verletzt sind. In solchem Falle wird der Wert der Zuwendung nicht zum Nachlasse hinzugerechnet, ein Erbteil für den Begünstigten nicht berechnet, sondern der Nachlaß wird, wie er ist, unter die übrigen Miterben nach Verhältnis ihrer Anteile verteilt (**2056**). Modifikationen in der Berechnung ergeben sich in den Fällen II. b. 1 (**1935. 2095**)[1]. — Wie sich ergibt, erfolgt die Ausgleichung durch Zurausgleichungbringen des Ausgleichungsgegenstandes; sie ist Realausgleichung, nicht Kautionalkollation. Das Zurausgleichungbringen geschieht aber weder durch wirkliches Einwerfen des Ausgleichungsgegenstandes selbst noch seines Wertes in die Erbteilungsmasse (Naturalausgleichung), sondern durch Einrechnung des Wertes des Ausgleichungsgegenstandes in den Nachlaß (Rechnungskollation oder Idealkollation).

c) Wäre bei der Auseinandersetzung etwa irrtümlich die Ausgleichung nicht erfolgt, so kann der Anspruch auf Herausgabe der ungerechtfertigten Bereicherung geltendgemacht werden.

V. **Der Anspruch auf Ausgleichung.**

Der Anspruch beruht entweder auf der Anordnung des Erblassers oder auf Gesetz. Selbständige Ausgleichungsansprüche und -Verbindlichkeiten unter den beteiligten Miterben sind aber vom Gesetze nicht begründet[2]. Die Vorschriften des BGB. lassen vielmehr nur die Auffassung zu, daß die Erbfolge der bei der Ausgleichung Beteiligten eine inhaltliche Modifikation erfährt.

---

3. Kapitel.

Die Haftung des Erben für die Nachlaßverbindlichkeiten.

§ 314.

Die Nachlaßverbindlichkeiten und die Haftung des Erben im allgemeinen.[3]

I. **Die Nachlaßverbindlichkeiten.**

Die Haftung des Erben ist gegenständlich auf die Nachlaßverbindlichkeiten beschränkt (**1967**, Abs. 1). Es gehören hierher folgende Gruppen:

A. Die vom Erblasser herrührenden Schulden, soweit sie nicht (z. B. **613**) mit dem Tode des Erblassers untergingen (**1967**, Abs. 2).

B. Die Verbindlichkeiten aus Pflichtteilsrechten, Vermächtnissen, Auflagen und auch gesetzlichen Vermächtnissen (**1967**, Abs. 2).

C. Sonstige dem Erben als solchen auferlegte Verbindlichkeiten. Dahin gehört die Pflicht, die Kosten der Todeserklärung und standesmäßigen Beerdigung[4] des Erblassers (**1968**), ferner die Kosten der Eröffnung letztwilliger Verfügungen, der Inventarserrichtung, der Nachlaßpflegschaft, des Nachlaßkonkurses, der Nachlaßverwaltung, des Aufgebotes der Gläubiger usw. zu tragen. Ferner gehört hierher die Erbschaftssteuerverbindlichkeit[5].

---

[1] Über diese Fälle vgl. Strohal I, S. 74 ff.

[2] So besonders Strohal I, §§ 16 und 17 II. Vgl. Leonhard zu **2055** IV. C.

[3] Strohal II, §§ 70—92.

[4] Ob darunter auch die Kosten der Feuerbestattung fallen, ist bestritten. Vgl. Leonhard zu **1968** II.

[5] Im Reiche besteht eine Erbschaftssteuer auf Grund des Reichsgesetzes vom 3. Juni 1906: besteuert ist der Erwerb durch Erbschaft, Vermächtnis, Pflichtteil, Auflage, Schenkung von Todes wegen und durch Schenkung unter Lebenden (Stiftungen außer Familienstiftungen). Die Steuer belastet neben dem Erwerber den Erben als Gesamtschuldner; sie beträgt 10 Proz. vom Erwerbe mit fortschreitender Steigerung von 20 000 Mark an aufwärts; einen geringeren Satz entrichten nahe Verwandte und Verschwägerte, gewisse Personen sind befreit, frei bleibt ein Erwerb bis zu 500 Mark. Die Forderung verjährt in 10 Jahren.

Die Behandlung dieser Gruppen ist im einzelnen eine verschiedene (z. B. **1973. 1992**).

II. Die Haftung des Erben i. a.

A. Mit dem definitiven Erwerbe der Erbschaft tritt der Erbe endgültig in das Vermögen des Erblassers ein. Das Vermögen des Erben und der Nachlaß bilden jetzt ein Vermögen des Erben. Der Erbe haftet daher auch den Nachlaßgläubigern grundsätzlich persönlich, d. h. auch mit seinem eigenen Vermögen und im vollen Umfange der Nachlaßforderungen. Da der Erbe persönlich haftet, so beschränkt sich seine Haftung nicht auf die Nachlaßgegenstände, er haftet nicht cum viribus hereditatis; da seine Haftung eine unbeschränkte ist, hat er die Nachlaßgläubiger auch dann zu befriedigen, wenn die Kräfte des Nachlasses nicht ausreichen, und darf ihnen mit Rücksicht hierauf keine Abzüge machen; er haftet nicht pro viribus hereditatis. Dieses (römische und französische) Prinzip darf aber nicht schlechthin zur Durchführung gelangen, wenn nicht je nach Lage des Falles die Gläubiger auf Kosten des Erben oder der Erbe auf Kosten der Gläubiger unbilligerweise bevorteilt werden sollen. Im römischen Rechte hatten daher einerseits die Nachlaßgläubiger, welche durch die Konkurrenz der Erbengläubiger beeinträchtigt waren, das Recht, den Nachlaß aus dem Erbenvermögen zu sondern und sich allein aus dem Nachlasse zu befriedigen (beneficium separationis), andererseits konnte der Erbe seine Haftung durch rechtzeitige Errichtung eines ordentlichen Inventares auf den Nachlaß beschränken (beneficium inventarii). Im späteren römischen Rechte haftet also der heres cum beneficio inventarii zwar pro viribus hereditatis, aber nicht cum viribus, sondern persönlich. Ebenso schlechthin nach sächsischem BGB. (§ 2328). Dagegen haftete nach gemeinem Recht der Inventarerbe cum viribus hereditatis.

Nach BGB. ist zwischen der Haftung vor und nach endgültigem Erwerbe der Erbenstellung zu unterscheiden.

Vor dem endglütigen Erwerbe können sich die Nachlaßgläubiger nur an den Nachlaß halten (**L.** § 310). Für die Zeit nach dem endgültigen Erwerbe hat das BGB. dem Bedürfnis Rechnung getragen, indem es den Nachlaßgläubigern und dem Erben Wege (B.) eröffnet, die Sonderhaftung des Nachlasses herbeizuführen[1]). Daß das BGB. auf diesem grundsätzlichen Standpunkte steht, wird bestritten[2]), und es wird die Auffassung vertreten, daß auch nach dem Erbschaftserwerbe die Sonderung des Nachlasses vom Erbenvermögen fortbesteht, und dementsprechend beschränkte Haftung des Erben mit dem Nachlasse (cum viribus hereditatis) den Nachlaßgläubigern gegenüber eintritt. Ausschlaggebend[3]) ist, daß das Gesetz den Untergang durch Vereinigung von Recht und Pflicht infolge Erbschaftserwerbes, wenn auch mit Ausnahmen (**1976. 1991. 2143. 2175. 2377**), anerkennt, daß nach dem Erbschaftserwerbe sich sowohl Nachlaßgläubiger aus dem Vermögen des Erben wie Erbengläubiger aus dem Nachlasse befriedigen können (ZPO. §§ 781. 784); daß ferner der Erbe immer erst die beschränkte Haftung in der Zwangsvollstreckung durch Einrede und Einwendung geltendmachen muß und seines Rechtes definitiv verlustiggeht, wenn er das versäumt (ZPO. §§ 780. 781. 785)[4]); schließlich daß der Erbe an sich über Nachlaßgegenstände frei verfügen kann (Arg. **1984**). Demnach kommt es darauf an, daß die beschränkte Haftung erst durch die vom Gesetz dazu bereitgestellten Mittel herbeigeführt wird. Erst wenn sie herbeigeführt ist, haftet der Erbe mit dem Nachlasse.

B. Die Mittel zur Beschränkung der Haftung.

1. Die Mittel zur Beschränkung der Haftung stehen dem Erben nur dann zur Verfügung,

---

[1]) So Strohal, Dernburg, Böhm, Wendt, Jäger, Planck, Staudinger, H. Meyer, Kretschmar, Kipp.

[2]) D. S. 263. Begründung zur Ziv.-Proz.-Nov., S. 120, und Hachenburg, Goldmann-Lilienthal, Münchmeyer, Eccius, Frommhold, Binder, Die Rechtsstellung des Erben II, S. 52 ff.

[3]) Dem Wortlaut des Gesetzes in **1994** und **2000**, auf die sich die Gegenansicht stützt, steht der Wortlaut in **1967**, Abs. 1 und **1975** entgegen.

[4]) Vgl. Jäger, Erbenhaftung und Nachlaßkonkurs usw., S. 1, Note 5. S. 20 ff.

wenn er nicht durch Verletzung seiner Pflichten das Recht auf die beschränkte Haftung verwirkt hat. Das ist der Fall

a) allen Nachlaßgläubigern gegenüber (absolute Verwirkung), wenn er die ihm vom Nachlaßgerichte auf Antrag der Nachlaßgläubiger gesetzte Frist zur Inventarerrichtung versäumt; wenn er vorsätzlich ein unrichtiges Inventar errichtet, oder wenn er die ihm obliegende Mitwirkung zur amtlichen Inventarerrichtung verweigert oder verzögert (L. § 315),

b) nur denjenigen Gläubigern gegenüber (relative Verwirkung), die von ihm den Offenbarungseid über die Vollständigkeit des Inventares verlangen, wenn er diesen verweigert (L. § 315).

2. Die Mittel zur Herbeiführung der beschränkten Haftung führen zur beschränkten Haftung des Erben mit dem Nachlasse (cum viribus hereditatis). Sie sind teils von absoluter, teils nur von relativer Wirkung, d. h. die Einschränkung der Haftung tritt gegenüber allen oder nur gegenüber bestimmten einzelnen Nachlaßgläubigern ein.

a) Zu den absolut wirkenden gehört die Anordnung des Nachlaßkonkurses und der Nachlaßverwaltung (L. § 317), ferner die Einrede der Unzulänglichkeit des Nachlasses (L. § 318);

b) zu den relativ wirkenden das Ausschlußurteil und die Verschweigung (L. § 316).

§ 315.

Die Errichtung des Inventares.

Ein Verzeichnis des Nachlasses (Inventar) anzufertigen und dem Gerichte einzureichen (Inventarerrichtung), ist ein Recht des Erben (**1993**) und Sache seiner freien Entscheidung. Die Errichtung eines Inventares kann aber auch dem Erben, der nicht schon aus eigenem Antriebe ein solches errichtet hat, von den Nachlaßgläubigern angesonnen und auf ihren Antrag ihm vom Nachlaßgerichte eine Frist zur Errichtung des Inventares (**Inventarfrist**) bestimmt werden (**1994**, Abs. 1, Satz 1. FGG. §§ 72. 73. 77. 22). Für den Nachlaßgläubiger hat das Inventar den Zweck, ihm eine zuverlässige Einsicht in die Nachlaßverhältnisse zu gewähren. Eine Verpflichtung des Erben zur Inventarerrichtung besteht in jedem Falle nur insofern, als ihm durch Säumnis usw. die Vorteile rechtzeitiger und ordnungsmäßiger Inventarerrichtung verlorengehen.

I. **Das Recht, dem Erben eine Inventarfrist setzen zu lassen,** steht zu den einzelnen Nachlaßgläubigern, z. B. auch den Vermächtnisnehmern, den im Aufgebotsverfahren ausgeschlossenen oder den ihnen gleichstehenden Nachlaßgläubigern und auch den Miterben, die Nachlaßgläubiger sind. Der Antragsteller hat seine Forderung glaubhaft zu machen. Stellt sich hinterher der Nichtbestand der Forderung heraus, so wird die Bestimmung der Frist nicht unwirksam (**1994**).

A. Eine Inventarfrist kann nicht dem Fiskus als gesetzlichem Erben, dem Nachlaßpfleger (**1960** f.), dem Nachlaßverwalter (**2012**) bestimmt werden. Es sind aber die Genannten verpflichtet, den Nachlaßgläubigern über den Bestand des Nachlasses Auskunft zu erteilen (**2011. 2012**). Die Verpflichtung des Nachlaßpflegers und Nachlaßverwalters besteht aber nur den Nachlaßgläubigern gegenüber; erfüllen sie ihre Verpflichtung nicht, so treffen die Folgen demnach nicht den Erben.

Während der Dauer der Nachlaßverwaltung und des Nachlaßkonkurses kann dem Erben eine Inventarfrist nicht bestimmt werden, und eine frühere Bestimmung der Frist wird, soweit sie nicht schon versäumt ist, unwirksam, sobald eine Nachlaßverwaltung angeordnet oder der Konkurs eröffnet wird (**2000**). Ist aber ein Testamentsvollstrecker ernannt, so kann dem Erben stets eine Inventarfrist bestimmt werden (**2001**, Abs. 2. **2205**. **2215**). Ist die Ehefrau Erbin einer zum eingebrachten oder Gesamtgute gehörigen Erbschaft, so muß die Bestimmung der Inventarfrist auch dem Manne gegenüber erfolgen (**2008**, Abs. 1, Satz 1, Abs. 2).

B. **Die Inventarfrist soll**

1. mindestens einen Monat, höchstens drei Monate betragen, kann aber auf Antrag des Erben nach Ermessen des Nachlaßgerichtes verlängert werden (**1995**, Abs. 1. 3). Der Erbe erhält sogar auf seinen rechtzeitig gestellten Antrag nach Versäumung der Frist oder des Antrages auf ihre Verlängerung eine neue Inventarfrist (gemäß **1996**), und eine Verlängerung der Frist kann ihm auch zur Vervollständigung des Inventares gewährt werden (**2005**, Abs. 2).

2. Die Inventarfrist beginnt mit der Zustellung des Beschlusses, der sie festsetzt; wird sie aber vor der Annahme der Erbschaft (vor Ablauf der Ausschlagungsfrist) bestimmt, erst mit der Annahme. Der Lauf der ersten und einer neuen Inventarfrist bestimmt sich wie der einer Verjährungsfrist (**203**, Abs. 1. **206**. **1997**). Aus der entsprechenden Anwendung der Verjährungsvorschriften (**206**) folgt, daß die Inventarfrist, wenn sie über das gesetzliche Maximum von drei Monaten verlängert ist, sich eventuell bis zu sechs Monaten erhöhen kann. Stirbt der Erbe vor Ablauf der Inventarfrist, so endigt diese für den Erben des Erben nicht vor dem Ablaufe der für die Erbschaft des Erben maßgebenden Ausschlagungsfrist (**1998**).

3. Da die Fristbestimmung dem gesetzlichen Vertreter gegenüber mit voller Wirkung für den unter elterlicher Gewalt oder Vormundschaft Stehenden erfolgt, so ist zur Sicherung des letzteren vorgeschrieben, daß das Nachlaßgericht dem Vormundschaftsgerichte von der Bestimmung der Inventarfrist Mitteilung machen soll. Das Vormundschaftsgericht hat dann auf rechtzeitige Inventarerrichtung zu halten (**1999**).

C. **Die Errichtung des Inventares.**

1. Die Aufnahme des Inventares durch den Erben oder seinen gesetzlichen Vertreter muß unter Zuziehung einer zuständigen Behörde oder eines zuständigen Beamten oder Notares geschehen (**2002**)[1]), und das Inventar muß innerhalb der Inventarfrist dem Gerichte eingereicht werden. Zur Wahrung des Inventarrechtes genügt es aber,

a) wenn der Erbe die Aufnahme des Inventares durch das Nachlaßgericht[2]) selbst oder durch eine vom Nachlaßgerichte zu bestimmende zuständige Behörde (Beamten oder Notar) beantragt. Durch die rechtzeitige Stellung des Antrages wird die Inventarfrist gewahrt. Der Erbe hat nur die Pflicht, die zur Aufnahme des Inventares erforderliche Auskunft zu erteilen (**2003**);

b) der Erbe kann auch, wenn bereits dem Nachlaßgerichte von dem Nachlaßpfleger, Nachlaßverwalter, Konkursverwalter, Testamentsvollstrecker, vermeintlichen Erben, Geschäftsführer ohne Auftrag usw. ein ordnungsmäßiges (Z. 1. a) Inventar eingereicht ist, gegenüber dem Nachlaßgerichte rechtzeitig erklären, daß dieses Inventar als von ihm eingereicht gelten solle, dadurch und die Inventarfrist wahren (**2004**).

2. Inhaltlich soll das Inventar die bei dem Eintritte des Erbfalles vorhandenen Nachlaßgegenstände und die Nachlaßverbindlichkeiten vollständig angeben und eine Beschreibung der Nachlaßgegenstände, soweit solche für die Wertbestimmung erforderlich ist, und die Angabe des Wertes enthalten (**2001**). Die Beschreibung und Wertbestimmung wird sich nur auf die Zeit der Aufnahme des Inventares beziehen können. Die Unvollständigkeit des Inventares an sich nimmt ihm nicht seine Wirkung. Es kann Ergänzung durch den Erben verlangt werden (**2005**, Abs. 2). Veränderungen, die nach dem Erbfalle eintraten, sind im Inventare nicht anzugeben.

3. Um die Vollständigkeit und Richtigkeit des Inventares möglichst zu sichern, kann jeder Gläubiger ohne weiteres vom Erben die Leistung des Offenbarungseides vor dem Nachlaßgerichte[3]) gemäß **2006** verlangen und das Nachlaßgericht diesen Eid abnehmen (ZPO. §§ 478—484. FGG. §§ 78. 79). Dieser Eid bezieht sich aber nur auf die bei Eintritt des Erbfalles vorhandenen Nachlaßgegenstände, nicht auf die Nachlaßverbindlichkeiten.

---

[1]) Mecklenb.-Schwer. AV. z. BGB. § 253. Mecklenb.-Strel. AV. z. BGB. § 250.
[2]) Vgl. Vorbehalt für das Landesrecht: EG. Art. 148.
[3]) FGG. § 72, Vorbehalt für das Landesrecht: EG. Art. 147, Abs. 2.

Hat der Erbe den Eid geleistet, so kann regelmäßig weder der verlangende noch ein anderer Gläubiger nochmalige Leistung des Eides fordern. Klage und Zwangsvollstreckung auf Leistung des Offenbarungseides ist in **2006** nicht anerkannt[1]).

4. Jeder, der ein rechtliches Interesse glaubhaft macht, kann vom Nachlaßgerichte die Einsicht in das Inventar verlangen (**2010**).

II. Die rechtliche Bedeutung der Inventarerrichtung.

A. Das ordnungsmäßig und rechtzeitig errichtete Inventar begründet zwischen dem Erben und den Nachlaßgläubigern die **gesetzliche Vermutung**, daß zur Zeit des Erbfalles weitere Nachlaßgegenstände als die angegebenen nicht vorhanden gewesen seien. Damit ist die Beweislast dem Nachlaßgläubiger auferlegt. Er kann die Vermutung durch den Nachweis der Unvollständigkeit des Inventares brechen und muß selbstverständlich beweisen, wenn er Erweiterungen des Nachlasses nach dem Erbfalle für sich geltendmacht. Stützt sich der Nachlaßgläubiger auf die Vermutung, so kann der Erbe dartun, daß der Nachlaß seit Erbfall ohne seine Schuld gemindert ist (**2009**).

B. Die Folgen der Versäumung. Diese Bedeutung des Inventares bestimmt sich verschieden, je nachdem dem Erben eine Frist von den Nachlaßgläubigern gesetzt ist oder nicht.

1. Ist dem Erben eine Frist nicht gesetzt, und unterläßt er die Errichtung, so haftet er den Gläubigern allerdings unbeschränkt, verliert aber nicht die sonstigen Möglichkeiten, seine Haftung einzuschränken. Errichtet er ein Inventar, so kann die Beschränkung seiner Haftung nicht mehr durch Fristsetzung seitens der Gläubiger alteriert werden.

2. Ist dem Erben eine Frist gesetzt, so kommt nur dem bei der Errichtung sorgsamen Erben der Vorteil der beschränkten Haftung zugute. Seine Säumnis schließt ihn von diesem Vorteile aber in verschiedenem Umfange aus.

a) Der Erbe haftet sämtlichen Nachlaßgläubigern gegenüber unbeschränkt,

α) wenn er die Inventarfrist versäumt (**1994**, Abs. 1, Satz 2),

β) wenn er absichtlich eine erhebliche Unvollständigkeit der Angabe der Nachlaßaktiven, wenn auch ohne Absicht, die Gläubiger zu benachteiligen, herbeiführt, oder wenn er in dieser Absicht die Aufnahme einer nicht bestehenden Nachlaßverbindlichkeit in das Inventar bewirkt (**2005**, Abs. 1, Satz 1),

γ) wenn er bei der gerichtsseitigen oder amtlichen Aufnahme des Inventares die Erteilung der Auskunft verweigert oder absichtlich in erheblichem Maße verzögert (**2005**, Abs. 1, Satz 2). Zunächst wird durch dieses Verhalten der Antrag des Erben seine Wirkung (Wahrung der Inventarfrist) verlieren. Wird aber das Inventar trotzdem innerhalb der Inventarfrist fertiggestellt, so ist dadurch die Inventarfrist wieder gewahrt. Dem Nachlaßverwalter und Konkursverwalter gegenüber besteht die besondere Verpflichtung gemäß **2005** nicht (vgl. **260**).

b) Der Erbe haftet nur denjenigen Nachlaßgläubigern gegenüber unbeschränkt, die von ihm die Leistung des Offenbarungseides verlangt haben, wenn er die Ableistung des Eides verweigert oder wenn er sowohl in dem Schwurtermin als in dem auf Antrag des Gläubigers bestimmten neuen Termin ohne genügende Entschuldigung ausbleibt (**2006**, Abs. 3). Allen übrigen Nachlaßgläubigern gegenüber behält der Erbe die Möglichkeit, die beschränkte Haftung herbeizuführen, soweit er sie nicht auch ihnen gegenüber schon verwirkt hatte. Er kann daher außer dem Nachlaßkonkurse auch Nachlaßverwaltung beantragen (**2013**, Abs. 2).

C. **Berufung desselben Erben zu verschiedenen Erbteilen** durch Gesetz oder Verfügung von Todes wegen. Dem Erben kommt der Vorteil der beschränkten Haftung nur zu, soweit er ihn sich für jeden der Erbteile gewahrt hat (**2007**). Jeder Erbteil gilt in Ansehung des Inventarrechtes so, als wenn er verschiedenen Erben hinterlassen wäre.

---

[1]) Vgl. über den Streitpunkt Strohal II, S. 224, Note 39.

1. Sind von vornherein mehrere Erben vorhanden, und ist einer von ihnen zu verschiedenen Erbteilen berufen, so hat dieser in Ansehung jedes einzelnen Erbteiles die Stellung des Miterben (**2059** ff.).

2. Ist aber von vornherein nur ein Erbe auf verschiedene Erbteile berufen, so zeigt sich die Bedeutung der Vorschrift nur bei Vermächtnissen und Auflagen, mit denen die einzelnen Erbteile beschwert sind; der betreffende Erbe erwirbt und verliert das Inventarrecht sebständig bezüglich jedes Erbteiles und gegenüber den auf diesen angewiesenen Vermächtnisnehmern. Bei den sonstigen Nachlaßverbindlichkeiten äußert die Vorschrift in **2007** wegen der Bestimmungen in **1994**, Abs. 1, Satz 2 und **2063** keine Wirkung.

3. Für die Fälle der Anwachsung und den Fall der Erhöhung des gesetzlichen Erbteiles durch Wegfall eines Mitberufenen (**1935**. **2095**) gilt **2007** nur, wenn die Erbteile verschieden beschwert sind. Ist das nicht der Fall, so gelten sie als ein Erbteil[1]).

§ 316.

Der Ausschluß der Nachlaßgläubiger durch Aufgebot und Verschweigung.[2])

Die Feststellung der Passiven des Nachlasses ist sowohl für den Erben zum Zwecke der Inventaraufnahme wie zur gesicherten Entscheidung über den Antrag auf Nachlaßverwaltung oder Nachlaßkonkurs als für den Testamentsvollstrecker und Nachlaßpfleger von Wichtigkeit. Dazu dient das Aufgebot der Nachlaßgläubiger durch das Nachlaßgericht gemäß ZPO. §§ 989 ff. (**1970**).

I. **Antragsberechtigt** (ZPO. § 991, vgl. §§ 999. 1000) ist jeder Erbe, sofern er nicht schon unbeschränkt haftet (**2013**), Testamentsvollstrecker und Nachlaßpfleger, denen die Verwaltung des Nachlasses zusteht. Über die Beschaffenheit des Antrages, die Aufgebotsfrist, die Zustellung des Aufgebotes u. a. vgl. ZPO. §§ 992—1000. Das Aufgebot selbst soll unter der Androhung des Rechtsnachteiles gemäß **1973** erfolgen (ZPO. § 995).

II. Nicht alle **Nachlaßgläubiger** sind vom Aufgebote betroffen und zur Anmeldung gehalten. Es scheiden aus:

A. Pfandgläubiger, Gläubiger, die diesen im Konkurse gleichstehen, Gläubiger, die bei der Zwangsvollstreckung in das unbewegliche Vermögen ein Recht auf Befriedigung aus diesem Vermögen haben (ZVG. § 10), Gläubiger, die durch Vormerkung (**883** ff.) gesichert sind oder im Konkurse ein Aussonderungsrecht haben. Für alle diese gilt die Ausnahme nur, soweit ihr Recht auf Befriedigung aus den besonderen Gegenständen des Nachlasses bzw. die Aussonderung derselben in Frage steht, nicht aber, soweit sie hier einen Ausfall erleiden (**1971**).

B. Pflichtteilsrechte, Vermächtnisse, Auflagen (**1972**).

Alle übrigen Gläubiger werden, wenn sie sich nicht rite melden, ohne Rücksicht darauf, ob der Erbe ihre Forderungen vor dem Urteile kannte, ob diese rechtshängig oder rechtskräftig festgestellt waren, durch Urteil ausgeschlossen. Der Erbe steht nunmehr einerseits den ausgeschlossenen und andererseits den angemeldeten und zur Anmeldung nicht gehaltenen (nicht ausgeschlossenen) Gläubigern gegenüber.

III. **Die Wirkung des Ausschlußurteiles.**

1. Die Forderungen der ausgeschlossenen Gläubiger erlöschen nicht, der Gläubiger kann mit seiner Forderung aufrechnen und die Einrede des nichterfüllten Vertrages auf sie stützen. Der Erbe kann aber die nicht ausgeschlossenen Forderungen auch vor den ihm bekannten ausgeschlossenen berichtigen und die Befriedigung der ausgeschlossenen Gläubiger insoweit verweigern (Einrede), als der Nachlaß durch die Befriedigung der nicht ausgeschlossenen erschöpft wird. Es genügt zur Begründung des Weigerungsrechtes, daß die angemeldeten und die nicht

---

[1]) Strohal II, S. 359 ff.

[2]) Strohal II, §§ 75. 76.

anmeldungsbedürftigen Forderungen rechnerisch die Aktiva aufwiegen, und der Erbe hat nur dieses, nicht aber zu beweisen, daß vom Nachlasse nichts mehr übrig ist. Es bedarf also einer Ermittelung der Aktiva des Nachlasses, denen Rechte des Erblassers zuzurechnen sind, die durch Vereinigung erloschen sind. Die Voraussetzung, daß die Leistung wirklich erfolgt ist, ist nur für die Pflichtteils-, Vermächtnis- und Auflageverbindlichkeiten gefordert. Die ausgeschlossenen Gläubiger erlangen daher Befriedigung, wenn sie ihre Forderungen gegen den Erben vor Berichtigung der Pflichtteilsansprüche und der diesen gleichstehenden Ansprüche geltendmachen (**1973**, Abs. 1, vgl. ZPO. § 995. KO. § 222. Anfechtungsgesetz § 3 a). Unter mehreren ausgeschlossenen Gläubigern entscheidet die Prävention durch rechtskräftige Verurteilung des Erben (**1973**, Abs. 2, Satz 3) oder Befriedigung.

2. Ergibt sich gemäß dem unter Z. 1 Gesagten ein Überschuß, so muß ihn der Erbe dem ausgeschlossenen Gläubiger jedenfalls zum Zwecke der Befriedigung im Wege der Zwangsvollstreckung nach den Vorschriften über die Herausgabe einer ungerechtfertigten Bereicherung herausgeben. Der Erbe kann den Überschuß aber auch freiwillig herausgeben. In diesem Falle trifft ihn allerdings der Beweis der Höhe des Überschusses. Der Erbe wird somit auf die Klage des ausgeschlossenen Gläubigers unter Wahrung seines Rechtes, die Zahlung verweigern zu können, soweit sich nicht ein Überschuß ergibt, verurteilt. Der Überschuß ist dann zu ermitteln und zur Befriedigung im Wege der Zwangsvollstreckung herauszugeben. Hat der Erbe den Nachlaß in Natur nicht mehr, so muß er die Bereicherung herausgeben. In beiden Fällen bringt er in Abzug, was er aus eigenem Vermögen für den Nachlaß aufwendete, z. B. zur Zahlung nicht ausgeschlossener Nachlaßschulden. Statt der Herausgabe der noch vorhandenen den Überschuß darstellenden Nachlaßgegenstände kann der Erbe auch die Abfindung durch Zahlung ihres Wertes wählen (**1973**, Abs. 2, Satz 1. 2).

3. Das Ausschlußurteil befreit folglich den Erben von der Verantwortlichkeit aus **1979**. **1980** den ausgeschlossenen Gläubigern gegenüber und sichert ihm die Haftung mit dem Nachlasse (cum viribus hereditatis). Der ausgeschlossene Gläubiger hat mithin nur Anspruch auf Befriedigung aus dem noch vorhandenen Nachlasse.

IV. **Die Verschweigung (1974).**

Den ausgeschlossenen Gläubigern gleich stehen diejenigen Nachlaßgläubiger, die ihre Forderungen später als fünf Jahre nach dem Erbfalle gegen den Erben, der nicht schon unbeschränkt haftet (**2013**), geltendmachen, vorausgesetzt, daß ihre Forderungen dem Erben nicht vor dem Ablaufe der fünf Jahre bekanntgeworden (Beweislast des Gläubigers) oder im Aufgebotsverfahren angemeldet sind oder zu den mit Vorrecht ausgestatteten (**1971**) gehören. Zu den von der Verschweigung Betroffenen gehören also, mag ein Aufgebotsverfahren stattgefunden haben oder nicht, die Forderungen aus Pflichtteilsrechten, Vermächtnissen und Auflagen (**1972**).

A. Die Frist der fünf Jahre beginnt mit dem Erbfalle. Nur im Falle der Todeserklärung ist mit Rücksicht auf **18** der früheste Beginn der Frist auf den Zeitpunkt des die Todeserklärung aussprechenden Urteiles gelegt (**1694**, Abs. 1, Satz 2). In anderen, nicht in allen Fällen, in denen der Gläubiger dem Erben, z. B. wegen Unbekanntschaft desselben, seine Forderungen nicht bekanntgeben konnte, wird der Antrag auf Bestellung eines Pflegers und das Vorgehen gegen diesen oder den Nachlaßpfleger Abhilfe schaffen können.

B. Der Nachlaßgläubiger, der sich verschwiegen hat, wird dem ausgeschlossenen Gläubiger (III.) gleichgestellt. Eine Abweichung ergibt sich hier nur für den Fall, daß ausgeschlossene Pflichtteilsberechtigte, Vermächtnisnehmer usw. miteinander konkurrieren. Der Erbe soll diese Gläubiger aus dem Überschuß in der ihnen beim Nachlaßkonkurse zukommenden Rangordnung befriedigen. Soweit deshalb ein ausgeschlossener Pflichtteilsberechtigter seiner Forderung schon geltendgemacht hat, darf der Erbe die nicht ausgeschlossenen Vermächtnisnehmer nicht befriedigen (KO. § 226), wenn damit die Deckung für den Pflichtteilsberechtigten verloren geht.

§ 317.

Nachlaßverwaltung und Nachlaßkonkurs.[1])

Auf Antrag des Erben oder der Nachlaßgläubiger (vgl. I. und II.) kann eine Nachlaßpflegschaft (Nachlaßverwaltung) vom Nachlaßgerichte angeordnet oder der Konkurs über den Nachlaß eröffnet werden. Diese Nachlaßpflegschaft hat den Zweck der Befriedigung der Nachlaßgläubiger. Sie unterscheidet sich dadurch von der Sicherungs-Nachlaßpflegschaft in **1960—1962**, vgl. L. § 310. Die Nachlaßverwaltung setzt einen bekannten Erben voraus, sie ist auch Pflegschaft für den Erben, aber zu besonderem Zwecke. Daher vertritt der Nachlaßverwalter nicht nur die Interessen des Erben, sondern auch die der Nachlaßgläubiger[2]). Er wird zum Vertreter der Masse wie der Konkursverwalter.

I. **Der Zweck und die Wirkung beider Maßregeln** ist, dem Erben die Verantwortung für die Verwaltung und Liquidation des Nachlasses abzunehmen und seine Haftung auf den Nachlaß zu beschränken. Diese Wirkung tritt allerdings dann nicht ein, wenn schon zuvor die unbeschränkte Haftung des Erben feststand (**1975. 2013.** ZPO. § **784**, Abs. 1). Die Wirkung besteht immer nur für die Dauer der beiden Maßregeln. Nach ihrer Aufhebung und Beendigung greifen die Bestimmungen über das Inventarrecht ein. Der weitere Zweck geht dahin, den Nachlaßgläubigern den Nachlaß zum Zwecke ausschließlicher Befriedigung zu sichern, sowohl gegen Verfügungen des Erben wie gegen Zugriff der eigenen Gläubiger des Erben. Dazu erfolgt sowohl bei Nachlaßverwaltung wie Nachlaßkonkurs die Trennung des Nachlasses vom eigenen Vermögen des Erben; diese hat zur Folge:

A. daß alle Rechtsverhältnisse, die durch Vereinigung mit dem Erbfalle erloschen waren, als nicht erloschen gelten (**1976**)[3]);

B. die vom Nachlaßgläubiger zuvor ohne Zustimmung des Erben bewirkte Aufrechnung seiner Nachlaßforderung gegen eine persönliche Forderung des Erben und die vom persönlichen Gläubiger des Erben bewirkte Aufrechnung[4]) seiner Forderung gegen eine Nachlaßforderung gelten mit dem Eintritt beider Maßregeln als nicht erfolgt. Wenn aber der Erbe zuvor schon absolut unbeschränkt haftete, so bleibt es in dem ersten Falle bei der Wirkung der Aufrechnung (**1977. 2013**)[5]).

Beide Maßregeln sind im übrigen getrennt zu betrachten.

II. **Die Anordnung einer Nachlaßverwaltung durch das Nachlaßgericht** findet nur auf Antrag statt (A.). Der Antrag kann, wenn eine den Kosten entsprechende Masse nicht vorhanden ist, abgelehnt werden (**1982**), und die Anordnung ist zu veröffentlichen gemäß **1983**. Die Ablehnung kann durch Kostenvorschußleistung nicht abgewendet werden (vgl. III). Die Übernahme des Amtes eines Nachlaßverwalters ist nicht allgemeine Pflicht (**1981**, Abs. 3).

A. Die Anordnung der Nachlaßverwaltung durch das Nachlaßgericht kann **beantragen (1981)**.

1. der Erbe. Der Antrag bedarf keiner besonderen Begründung und ist an eine Frist nicht gebunden. Das Antragsrecht fehlt aber dem bereits absolut unbeschränkt haftenden Erben (**1981**, Abs. 1. **2013**);

2. jeder Nachlaßgläubiger aber nur,

a) wenn Grund zu der Annahme besteht, daß die Befriedigung der Nachlaßgläubiger aus dem Nachlasse durch das Verhalten oder die Vermögenslage des Erben gefährdet wird[6]), und

---

[1]) Strohal II, §§ 78—80.
[2]) Die Auffassungen gehen auseinander.
[3]) So auch, wenn der Erbe schon zuvor unbeschränkt haftete. Vgl. **2013**.
[4]) Strohal II, S. 160 f.
[5]) Daß auch sonst die Trennung nicht ausnahmslos ausgeführt wird, wird sich unter III. B. 3. 2 ergeben.
[6]) Es genügt, daß er seine Forderung und Gefährdung glaubhaft macht.

b) nur innerhalb einer Frist von zwei Jahren seit der Annahme der Erbschaft (**1981**, Abs. 2).

B. **Die Wirkung der Anordnung** ist, daß dem Erben die Befugnis zur Verwaltung des Nachlasses und zur Verfügung über ihn verlorengeht, ähnlich wie dem Gemeinschuldner nach Eröffnung des Konkurses (KO. §§ 7. 8), und daß der Nachlaßverwalter an seine Stelle tritt (**1984**, Abs. 1, Satz 1. 2). Wann diese Wirkung eintritt, ist nicht unzweifelhaft; man kann sie an den Beschluß des Gerichtes[1]) oder an diejenige gerichtliche Handlung, die den Beschluß der Ausführung zuführt, anknüpfen; mit Rücksicht auf die Bedeutung der Anordnung der Nachlaßverwaltung wollen andere die Zustellung des Beschlusses entscheiden lassen (FGG. § 76. KO. § 108).

1. **Ansprüche gegen den Nachlaß** können nur gegen den Verwalter geltendgemacht werden (**1984**, Abs. 1, Satz 3).

2. Der Nachlaß dient jetzt nur der Befriedigung der Nachlaßgläubiger (beneficium separationis)[2]). Daher sind nunmehr Zwangsvollstreckungen und Arreste in den Nachlaß zugunsten von anderen als Nachlaßgläubigern ausgeschlossen, und vorher erfolgte sind auf Verlangen des Nachlaßverwalters aufzuheben (**1984**, Abs. 2. ZPO. § 784, Abs. 2). Andererseits kann wegen der erfolgten Trennung des Nachlasses vom eigenen Vermögen des Erben auch der Erbe die Aufhebung einer wegen Nachlaßverbindlichkeiten über das *eigene* Vermögen verhängten Vollstreckungsmaßregel verlangen (ZPO. § 784, Abs. 1).

3. **Die Verwaltung** steht dem Nachlaßverwalter zu, er hat die Nachlaßverbindlichkeiten zu berichtigen und dazu den Nachlaß zu versilbern, aber nur, wenn er den Nachlaß zur Befriedigung aller Gläubiger für ausreichend erachten darf, sonst muß er Konkurseröffnung beantragen. Er haftet nicht nur dem Erben, sondern auch den Nachlaßgläubigern für die schuldhafte Verletzung seiner Pflichten. Zu diesen gehören auch die Pflichten des Erben, die diesen für die Zeit vor Anordnung der Verwaltung den Nachlaßgläubigern gegenüber treffen (**1978**, Abs. 2. **1979**), besonders die Pflicht zum Antrage auf Konkurseröffnung (**1980**). Er hat auch das Aufgebot der Nachlaßgläubiger zu veranlassen (**1985**, vgl. L. § 316).

4. **Die Ausantwortung des Nachlasses (Überschusses) an den Erben** darf erst nach *Befriedigung* der bekannten Nachlaßgläubiger oder nach *Sicherstellung* derjenigen Nachlaßgläubiger, deren Forderungen zur Zeit nicht berichtigt werden können (z. B. bedingte) oder streitig sind, erfolgen (**1986**). Mit der Ausantwortung des Nachlasses tritt dann wieder den noch nicht befriedigten Nachlaßgläubigern gegenüber die sich nach den sonstigen Grundsätzen ergebende Haftung des Erben ein.

5. Für die Führung seines Amtes kann der Verwalter eine angemessene Vergütung beanspruchen (**1987**).

C. **Die Endigung der Nachlaßverwaltung** tritt, außer im Falle der Ausantwortung des Nachlasses (B. Z. 4), von Rechts wegen ein, nämlich

1. mit der Eröffnung des Nachlaßkonkurses (vgl. B. Z. 3) und

2. infolge der vom Nachlaßgerichte wegen Mangels an Masse verfügten Aufhebung (**1988**. FGG. §§ 19. 20. 57, Z. 1. 75).

III. **Die Eröffnung des Nachlaßkonkurses** setzt außer den sonstigen Erfordernissen (KO. §§ 107. 111. 208. 81) Überschuldung des Nachlasses voraus (KO. § 215), nicht aber Annahme der Erbschaft durch den Erben oder beschränkte Haftung des Erben (KO. § 216, Abs. 1).

A. **Das Antragsrecht** steht zu:

1. dem Erben (gemäß KO. §§ 217. 218),

2. dem Nachlaßverwalter, sonstigen Nachlaßpfleger, dem zur Verwaltung befugten Testamentsvollstrecker (KO. § 217, Abs. 1. 3),

3. jedem Nachlaßgläubiger innerhalb zwei Jahren nach Annahme der Erbschaft. Ausgeschlossene Nachlaßgläubiger (L. § 316), Vermächtnisnehmer und Gläubiger aus einer Auf-

---

[1]) *Strohal* II, S. 273 f.

[2]) Vgl. *Oertmann*, Zeitschr. f. d. Privat- und öffentliche Recht, Bd. 17 (1890), S. 257 ff.

lage können aber den Nachlaßkonkurs nur beantragen, wenn über das Vermögen des Erben der Konkurs eröffnet ist (KO. §§ 219, Abs. 1. 217, Abs. 1. 220).

B. **Die Wirkung der Konkurseröffnung.** Der Nachlaß wird hier schlechthin nach den Grundsätzen des Konkursrechtes dem Erben entzogen und der Verwaltung und Verfügung des Konkursverwalters unterstellt. Für die Rechtshandlungen des Erben bestimmt hier KO. §§ 6—8, für die Rechtsansprüche gegen den Nachlaß KO. § 10. Der Nachlaß dient jetzt der konkursmäßigen ausschließlichen Befriedigung der Nachlaßgläubiger (KO §§ 223 ff.), und die Trennung des Nachlasses vom eigenen Vermögen des Erben vollzieht sich hier nach den Grundsätzen des Konkursrechtes. Maßregeln der Zwangsvollstreckung in den Nachlaß während der Dauer des Konkursverfahrens sind für die Nachlaßgläubiger sowohl in den Nachlaß wie in das eigene Vermögen des Erben ausgeschlossen (KO. § 14), nach dem Eintritt des Erbfalles gegen den Nachlaß erfolgte können nicht zur abgesonderten Befriedigung führen (KO. § 221). Die Erfüllung von Pflichtteilsansprüchen, Vermächtnissen und Auflagen durch den Erben vor Eröffnung des Konkurses ist wie eine unentgeltliche Verfügung des Erben anfechtbar (KO. § 223).

C. Findet eine **Einstellung des Konkursverfahrens** statt (KO. § 204), so erhält der Erbe den Nachlaß zurück (KO. § 206), ebenso, wenn das Verfahren durch Verteilung der Masse oder durch Zwangsvergleich (KO. § 230) beendigt ist. In beiden Fällen bleibt es dann bei der unbeschränkten Haftung, wenn diese vor der Eröffnung des Verfahrens bestand. Haftete der Erbe aber nicht unbeschränkt, so haftet er in dem letzteren Falle der Konkursbeendigung den im Konkurse nicht befriedigten Nachlaßgläubigern nur mit dem Überschuß in demselben Umfange wie den durch Aufgeogt ausgeschlossenen Gläubigern (**1989**, vgl. **2000**, Satz 2).

IV. **Die Haftung des Erben bis zur Anordnung der Nachlaßverwaltung und bis zur Eröffnung des Nachlaßkonkurses (1978. 1979. 1980).** Im Falle der Anordnung der Nachlaßverwaltung oder der Eröffnung des Nachlaßkonkurses findet die Trennung und die Herausgabe des Nachlasses an die Verwalter im Interesse der Gläubiger statt. Der Erbe erscheint jetzt bezüglich seiner bisherigen Verwaltung als Verwalter fremden Gutes. Demgemäß bestimmt sich seine Verantwortlichkeit den Nachlaßgläubigern gegenüber.

A. Für die Verwaltung vor der Annahme haftet er wie ein Geschäftsführer ohne Auftrag, von der Annahme an wie ein Beauftragter, der also namentlich den Verwaltern Rechenschaft abzulegen hat; die sich aus der Verwaltung für die Nachlaßgläubiger ergebenden Ansprüche gehören zum Nachlasse, sind also von den Verwaltern wahrzunehmen. Die Ersatzansprüche des Erben wegen Aufwendungen ergeben sich ebenso aus der grundsätzlichen Stellung des Erben als unbeauftragter Geschäftsführer oder Beauftragter und sind von den Verwaltern aus dem Nachlasse zu berichtigen. Dem Erben steht auch das Zurückbehaltungsrecht zu. Aus dieser Verwaltung haftet der Erbe stets persönlich, wenn auch sonst seine Haftung sich auf den Nachlaß beschränkt (**1978**, vgl. KO. §§ 223. 224, Z. 1. 225. 228, Abs. 2).

B. Muß der Erbe nach den Umständen annehmen, daß der Nachlaß zur Berichtigung aller Nachlaßschulden nicht ausreicht, so kann er die Berichtigung von Nachlaßverbindlichkeiten den Nachlaßgläubigern nicht in Rechnung stellen, sie belastet ihn selbst, andernfalls ist er wegen dieser Aufwendung ersatzberechtigt (**1979**, vgl. KO. §§ 223. 224, Z. 1. 225. 228, Abs. 2). Zugunsten der Nachlaßgläubiger kann aber trotzdem Anfechtbarkeit solcher Berichtigung eintreten (KO. § 222. Anfechtungsgesetz § 3 a, vgl. EG. zur KO. Art. VII. Z. 2). Haftet der Erbe absolut unbeschränkt, so ist ein Ersatzanspruch aus **1979** für ihn niemals begründet (**2013**).

C. Die positive Kenntnis oder fahrlässige Unkenntnis der Überschuldung, bei deren Feststellung Vermächtnisse und Auflagen außer Betracht bleiben, verpflichtet den Erben zu unverzüglicher Stellung des Antrages auf Konkurseröffnung. Eine Fahrlässigkeit liegt schon in der Unterlassung des Antrages auf Aufgebot, obwohl der Erbe Grund hat, das Vorhandensein unbekannter Nachlaßverbindlichkeiten anzunehmen. Von dem Aufgebot darf der Erbe absehen, wenn im Verhältnis zu den Kosten desselben der Nachlaßbestand zu gering ist. Die Folge der schuldhaften Unterlassung ist die Schadensersatzpflicht den Gläubigern, und zwar auch den ausgeschlossenen Gläubigern gegenüber, die von den Verwaltern oder den einzelnen Gläubigern geltendgemacht werden kann (**1980**, vgl. KO. § 228). Haftet der Erbe absolut unbeschränkt so entfällt für ihn diese Pflicht (**2013**).

§ 318.

Einrede der Unzulänglichkeit des Nachlasses.[1])

Der Erbe, welcher nicht schon unbeschränkt haftet (**2013**), kann sich auf die Unzulänglichkeit des Nachlasses berufen und die Befriedigung der Nachlaßgläubiger verweigern, soweit der Nachlaß nicht ausreicht.

I. Dieses Recht steht dem Erben zu, wenn die Anordnung der Nachlaßverwaltung oder die Eröffnung des Nachlaßkonkurses wegen Mangels einer den Kosten entsprechenden Masse untunlich ist, oder wenn diese Maßregeln aus dem gleichen Grunde wieder aufgehoben werden.

A. **Der Inhalt des Verweigerungsrechtes.**

Das Verweigerungsrecht stützt sich auf die Unzulänglichkeit des Nachlasses, die der Erbe zu beweisen hat. Unzulänglich ist der Nachlaß, wenn die Passiva die Aktiva überwiegen, mag auch der Nachlaß zur Befriedigung des klagenden Gläubigers ausreichen. Der Erbe hat das Verweigerungsrecht auch gegenüber Gläubigern, die nach dem Eintritt des Erbfalles im Wege der Zwangsvollstreckung oder Arrestvollziehung ein Pfandrecht oder eine Hypothek oder im Wege der einstweiligen Verfügung eine Vormerkung erlangt haben. Macht er davon Gebrauch, so müssen diese Gläubiger ihre Rechte in der Zwangsvollstreckung geltendmachen: denn das Verweigerungsrecht macht der Erbe geltend durch Herausgabe des Nachlasses selbst, nicht seines Wertes, an den Gläubiger, der sich aus dem Nachlasse im Wege der Zwangsvollstreckung befriedigt. Der Erbe entschlägt sich so der Verantwortlichkeit für Verwaltung und Liquidation des Nachlasses wie bei der Nachlaßverwaltung und im Falle des Konkurses. Er wird verurteilt auf Leistung an den Gläubiger unter Vorbehalt seines Verweigerungsrechtes. Gibt er den Nachlaß nicht freiwillig heraus, so muß er den Gläubiger voll befriedigen. Hat der Erbe den Nachlaß einmal herausgegeben, so hat er später andrängenden Gläubigern gegenüber das Verweigerungsrecht unter Hinweis auf die geschehene Herausgabe. Unter den mehreren Gläubigern entscheidet die Prävention (**1990**).

B. Mit **der Herausgabe des Nachlasses** tritt wie bei Nachlaßverwaltung oder Konkurs eine Trennung des Nachlasses vom eigenen Vermögen des Erben ein.

1. Die infolge des Erbfalles durch Vereinigung erloschenen Rechtsverhältnisse gelten im Verhältnis von Erben und Nachlaßgläubiger als nicht erloschen (**1991**, Abs. 2).

2. Es erhebt sich auch hier die Frage nach der Verantwortlichkeit des Erben aus der bisherigen Verwaltung. Sie ist i. a. ebenso wie im Falle der Nachlaßverwaltung und des Konkurses geregelt (**1991**, Abs. 1. **1978. 1979**, vgl. L. § 317, IV. A. B.) mit zwei Ausnahmen:

a) Schon die rechtskräftige Verurteilung des Erben zur Befriedigung eines Gläubigers wirkt wie die Befriedigung, berechtigt den Erben daher zum Abzuge, natürlich wenn die Voraussetzungen von **1979** vorliegen (**1991**, Abs. 3).

b) Der Erbe hat die Verbindlichkeiten aus Pflichtteilsrechten, Vermächtnissen und Auflagen konkursmäßig (KO. §§ 226. 227) zu befriedigen (**1991**, Abs. 4).

II. Das Verweigerungsrecht (I.) steht dem Erben schlechthin zu, wenn die Erschöpfung des Nachlasses auf **Vermächtnissen** und **Auflagen**, nicht aber, wenn sie auf der Pflichtteilslast beruht[2]), die sonstigen Nachlaßverbindlichkeiten daher volle Deckung finden. Der Erbe ist somit nicht gehalten, in solchem Falle den Konkurs zu beantragen. Macht er von dem Weigerungsrechte Gebrauch, so hat er nicht auch das Recht, an Stelle des Nachlasses selbst dessen

---

[1]) Strohal II, § 81.

[2]) Ein Recht zum Antrage auf Konkurseröffnung über den Nachlaß steht den Vermächtnisnehmern nur beschränkt zu (KO. § 219).

Wert herauszugeben. Da der Erbe nach **1991**, Abs. 4 zur konkursmäßigen Befriedigung der Vermächtnisnehmer verpflichtet ist, so kann er die Vermächtnisnehmer durch die ihnen zustehende Wertquote befriedigen (**1992**).

§ 319.

Aufschiebende Einreden.[1])

Solange der Erbe die Erbschaft noch nicht angenommen hat, können Ansprüche der Nachlaßgläubiger gegen ihn nicht gerichtlich geltendgemacht werden (**1958**, vgl. L. § 310). Hat er angenommen, so soll ihm die nötige Überlegungsfrist gelassen werden, die geeigneten Schritte zur Wahrung der beschränkten Haftung zu wählen. Während der Frist kann er die Befriedigung der Gläubiger verweigern.

I. Voraussetzungen.

A. Die Einrede steht nicht zu dem bereits unbeschränkt haftenden Erben (**2016**, Abs. 1).

B. Sie richtet sich nicht gegen Pfand- und andere bevorrechtete Gläubiger (nach **1971**); soweit aber ihre Rechte auf abgesonderte Befriedigung erst in der Zeit nach dem Erbfall im Wege der Zwangsvollstreckung, Arrestvollziehung oder Vormerkung begründet sind, besteht das Verweigerungsrecht (**2016**, Abs. 2).

C. Das Verweigerungsrecht besteht

1. bis zum Ablauf der ersten drei Monate nach der Annahme der Erbschaft, aber nicht über die Errichtung des Inventares hinaus (**2014**);

2. bis zur Beendigung des Aufgebotsverfahrens[2]), wenn der Erbe den Antrag auf Erlassung des Aufgebotes innerhalb eines Jahres nach der Annahme gestellt hat, und der Antrag zugelassen ist (**2015**);

3. ist vor der Annahme ein Nachlaßpfleger bestellt, so beginnt die Frist im Falle Z. 1 und 2, und zwar auch für den etwa später eintretenden Erben, da dem Nachlaßpfleger (wie auch dem Testamentsvollstrecker) das Verweigerungsrecht als gesetzlichem Vertreter zusteht, mit der Bestallung des Pflegers (**2017**).

II. Der Inhalt der Einreden.

Die Einreden hindern nicht die Verurteilung des Erben unter Vorbehalt der beschränkten Haftung (ZPO. § 305), auch nicht die Zwangsvollstreckung in den Nachlaß und das eigene Vermögen. Der Erbe kann nur verlangen, daß die Zwangsvollstreckung für die Dauer der Verweigerungsfrist auf solche Maßregeln beschränkt wird, die zur Vollziehung eines Arrestes zulässig sind (ZPO. § 782). Diese Beschränkung der Zwangsvollstreckung kann der Erbe auch verlangen, wenn es sich um Nachlaßgegenstände und eigene Gläubiger handelt, es sei denn, daß der Erbe für die Nachlaßverbindlichkeiten unbeschränkt haftet (ZPO. § 783).

§ 320.

Die Haftung des Vorerben und des Nacherben.[3])

Es greifen hier i. a. die bisher für den Alleinerben dargestellten allgemeinen Grundsätze ein. Nur einzelne Besonderheiten ergeben sich; daher die Vorschrift, daß der Vorerbe den Eintritt der Nacherbfolge dem Nachlaßgerichte unverzüglich anzuzeigen hat (**2146**).

I. Die Haftung des Nacherben.

A. Hat der Vorerbe kein Inventar errichtet, so kann dem Nacherben die Inventarfrist bestimmt werden. Hatte der Vorerbe schon ein Inventar errichtet, so kommt dieses auch dem

[1]) Strohal II, § 74.

[2]) Über die Bestimmung dieses Zeitpunktes vgl. **2015**, Abs. 2. 3. Vgl. aber ZPO. § 952, Abs. 2 und dazu Goldmann, D. Jur.-Ztg., Jahrg. 4, S. 334 f.

[3]) Strohal II, § 83.

Nacherben zustatten. Hatte der Vorerbe die ihm gesetzte Inventarfrist versäumt oder die beschränkte Haftung wegen Unrichtigkeit des Inventares verwirkt (**2005**, Abs. 1), so muß gemäß **2005**, Abs. 2 dem Nacherben eine neue Inventarfrist bestimmt werden. Sobald der Nacherbe ein Inventar errichtet, handelt es sich nicht um die Aufnahme desjenigen, was der Nacherbe mit Einschluß der ihm gegen den Vorerben als solchen zustehenden Ansprüche aus der Erbschaft erhält (Bestand des Nachlasses zur Zeit des Eintrittes der Nacherbfolge), sondern um die Inventarisierung des zur Zeit des Erbfalles Vorhandenen (**2001**). Es folgt das nicht aus der Fassung von **2144**, Abs. 1.

B. Der beschränkt haftende Nacherbe haftet mit dem, was er aus der Erbschaft erlangt (A.). Haftet er den übrigen Nachlaßgläubigern gegenüber unbeschränkt, so kann er sich doch auf seine beschränkte Haftung dem Vorerben gegenüber berufen, dem der Bestand des Nachlasses bekannt ist (**2144**, Abs. 1. 3). Die Geltendmachung dieser Haftungsbeschränkung steht unter den allgemeinen Vorschriften.

II. Nach Eintritt der Nacherbfolge treffen die Nachlaßverbindlichkeiten den Vorerben prinzipiell nicht mehr. Ausnahmen ergeben sich aber in den Fällen, in denen eine Haftung des Nacherben nicht besteht.

A. Nach Eintritt der Nacherbfolge haftet

1. der Vorerbe weiter, wenn ihm das Recht der Haftungsbeschränkung nicht mehr zustand, auch wenn der Nacherbe unbeschränkt haften sollte (irrig M. V. S. 127). Treffen die Nachlaßverbindlichkeiten im Verhältnis zum Nacherben diesen, so kann der Vorerbe Befreiung bzw. Ersatz vom Nacherben verlangen (**2144**, Abs. 3).

2. Hatte der Vorerbe bei Eintritt der Nacherbfolge noch das Recht der Haftungsbeschränkung, so bleiben

a) dem Vorerben zur Last Vermächtnisse oder Auflagen, die nur ihm auferlegt sind (**2145**, Abs. 1, Satz 1).

b) Der Vorerbe haftet neben dem Nacherben weiter auch für die Nachlaßverbindlichkeiten, die im Verhältnis zwischen ihm und dem Nacherben ihm zur Last fallen, z. B. für die gewöhnlichen Erhaltungskosten (**2124**).

3. Die Haftung des Vorerben dauert allgemein soweit fort, als ihm Nachlaß verbleibt, der dem Nacherben nicht zusteht. Solcher Nachlaß würde sonst den Nachlaßgläubigern entzogen werden (**2245**, Abs. 1, Satz 1).

Der Vorerbe, der beschränkt haftet, kann sich diesen Nachlaßverbindlichkeiten (Z. 1. 2. 3) gegenüber auf die Unzulänglichkeit dessen berufen, was ihm aus der Erbschaft gebührt, und von dem Verweigerungsrechte nach **1990**. **1991** (**L.** § 318) Gebrauch machen (**2145**, Abs. 2).

§ 321.

Die Haftung der Miterben.[1]

Bei der Haftung der Miterben sind zwei Fragen auseinanderzuhalten: tritt anteilsmäßige oder gesamtschuldnerische Haftung der Miterben ein (I.)? und haftet der einzelne Miterbe mit dem Nachlasse oder unbeschränkt (II.)?

I. Die gesamtschuldnerische und anteilsmäßige Haftung der Miterben. Als Grundsatz stellt das Gesetz hin, daß die Miterben für die Nachlaßverbindlichkeiten als Gesamtschuldner haften (**2058**). Dieser Grundsatz, der die Interessen der Gläubiger einseitig begünstigt, wie der entgegengesetzte Grundsatz der anteilsmäßigen Haftung sie beiseite setzen würde, wird aber zur Ausgleichung der Gläubiger- und Erbeninteressen durchbrochen. Dabei ergibt sich eine günstigere Stellung der Erben in der Zeit vor als nach der Teilung des Nachlasses. Damit ist auf die Befriedigung der Nachlaßgläubiger vor der Teilung, die an sich

[1]) Strohal II, §§ 87—92.

nur interne Pflicht der Miterben untereinander ist (**2046**), indirekt hingewirkt. Demnach ist zu unterscheiden:

A. **In der Zeit vor der Teilung** kann der Nachlaßgläubiger gegen alle Miterben vorgehen und Befriedigung aus dem Nachlasse verlangen; er kann aber auch gegen den einzelnen Miterben als Gesamtschuldner vorgehen und Befriedigung aus dem Anteile des Miterben erreichen, nicht aber aus dem Eigenvermögen des Miterben; denn jeder Miterbe, mag ein einzelner oder die Gesamtheit vom Nachlaßgläubiger in Anspruch genommen sein, hat das Recht, die Berichtigung der Nachlaßverbindlichkeit aus dem Vermögen, das er außer seinem Anteile am Nachlasse hat, zu verweigern (**2059**). Dieses Recht fließt aus der Ungeteiltheit des Nachlasses, die dem Miterben die Möglichkeit nimmt (**2040**), sich die hinreichenden Mittel zur Befriedigung aus dem Nachlasse zu verschaffen. Die Miterben verweisen den Nachlaßgläubiger durch die Einrede auf den Nachlaß bzw. den Anteil am Nachlasse. Auf Grund eines vollstreckbaren Urteiles gegen sämtliche Miterben kann er die Zwangsvollstreckung in den Nachlaß (ZPO. § **747**), auf Grund eines solchen gegen die einzelnen Erben nicht in die einzelnen Nachlaßgegenstände, sondern nur in den Anteil des betreffenden Erben (durch Versteigerung oder gemäß **751**, Satz 2. **2042**) bewirken. Die Miterben halten also durch die aufschiebende Einrede jede Haftung mit ihrem eigenen Vermögen von sich fern. Es kann die Beseitigung von Vollstreckungen in das eigene Vermögen verlangt werden. Diese Einrede kommt nicht dem Erben zustatten, der bereits unbeschränkt haftet. Der dem Nachlaßgläubiger unbeschränkt haftende Erbe würde gemäß **2058** als Gesamtschuldner für die ganze Schuld auch mit dem eigenen Vermögen haften müssen, nach **2059**, Abs. 1, Satz 2 kann er aber bei ungeteiltem Nachlasse die Haftung mit dem eigenen Vermögen auf die seinem Erbteile entsprechende Quote der Schuld beschränken und für den Restbetrag den Gläubiger auf den Nachlaß verweisen (**2059**).

Bei der Befriedigung aus dem ungeteilten Nachlasse kann es zum Nachlaßkonkurse oder zur Nachlaßverwaltung kommen, oder die Miterben liquidieren den Nachlaß.

Bei dem Vorgehen gegen den einzelnen Miterben kann der Nachlaßgläubiger die Pfändung des Anteiles und die Auseinandersetzung der Miterbengemeinschaft erreichen (**2042**, Abs. 2. ZPO. §§ 859, Abs. 2. 751, Satz 2).

B. **Nach Teilung des Nachlasses** fällt die aufschiebende Einrede (A.) jedenfalls fort. Es tritt aber nicht schlechthin die gesamtschuldnerische Haftung der Miterben ein, sondern die Miterben haften anteilsmäßig.

1. Den im Aufgebotsverfahren ausgeschlossenen und den ihnen gleichstehenden Gläubigern, die sich verschwiegen haben. Es genügt, daß ein wenn auch unbeschränkt haftender Miterbe das Aufgebot beantragt hat (ZPO. §§ 991. 997). Die anteilsmäßige Haftung tritt für alle Miterben ein, auch den ausgeschlossenen Gläubigern gegenüber, denen die Miterben unbeschränkt haften, und auch den ausgeschlossenen Gläubigern aus Pflichtteilsrechten, Vermächtnissen und Auflagen gegenüber. Gleichgültig ist auch, ob die Forderungen der ausgeschlossenen Gläubiger dem Miterben bei der Teilung bekannt waren. Zu den Gläubigern, die sich verschwiegen haben, rechnet nicht der Gläubiger, der sich auf ein Privataufgebot (Z. 3) angemeldet hat, ohne daß ein Aufgebotsverfahren stattgefunden hat (**2060**, Z. 1 u. 2).

2. Die anteilsmäßige Haftung tritt auch ein, wenn der Nachlaßkonkurs eröffnet und durch Verteilung der Masse oder durch Zwangsvergleich beendigt ist (**2060**, Z. 3. KO. § 216, Abs. 2)[1]).

3. Wie durch Aufgebotsverfahren kann auch durch Privataufgebot, d. h. öffentliche Aufforderung eines Miterben an die Nachlaßgläubiger, ihre Forderungen binnen sechs Monaten bei ihm oder dem Nachlaßgerichte anzumelden, die anteilsmäßige Haftung für alle Miterben, auch die etwa unbeschränkt haftenden, begründet werden gegenüber dem Gläubiger,

[1]) Ob die Bestimmung auch für den Fall der Konkurseröffnung nach der Teilung gilt, kann zweifelhaft sein. Vgl. Strohal II, S. 350 ff.

der sich nicht rechtzeitig meldet, oder dessen Forderung dem Miterben zur Zeit der Teilung nicht bekannt ist (**2061**, Abs. 1).

II. **Die beschränkte Haftung der Miterben.**

Ob der als Gesamtschuldner oder nur anteilsmäßig haftende Miterbe unbeschränkt oder nur mit dem, was ihm aus dem Nachlasse gebührt, haftet, bestimmt sich i. a. so die beim Alleinerben. Abweichungen zeigen sich in folgenden Punkten:

A. Die Inventarerrichtung durch einen Miterben kommt auch den übrigen Erben zustatten, für die nicht schon die unbeschränkte Haftung begründet ist. Gegen den Miterben als Nachlaßgläubiger steht auch dem unbeschränkt haftenden Erben das Inventarrecht zu (**2063**).

B. Die Nachlaßverwaltung zu beantragen, ist gemeinschaftliche Angelegenheit der Miterben. Sie ist allgemein nur vor der Teilung zulässig. Eine Nachlaßverwaltung über den Anteil der Miterben ist ausgeschlossen (**2062**). Der Konkurs über den Nachlaß kann vor und nach der Teilung eröffnet werden (KO. § 216, Abs. 2).

---

4. Kapitel.

Die Ansprüche aus der Erbschaft.[1]

§ 322.

Der Erbschaftsanspruch.

Dem Erben stehen nach endgültigem Erwerbe die Ansprüche zu, die dem Erblasser zustanden, soweit sie überhaupt vererblich sind (**L.** § 285), und die Ansprüche die für den Erblasser entstanden sein würden, wenn die Rechtsverhältnisse, aus denen sie erwachsen, auf den Erben übergehen. Über diese **Einzelansprüche** vgl. **L.** § 323.

Der Erbe hat aber auch einen Gesamtanspruch (hereditatis petitio) auf alles, was der Beklagte (Erbschaftsbesitzer) an Erbschaft in Händen hat. Dieser **Erbschaftsanspruch** steht unter folgenden Voraussetzungen:

I. **Kläger** ist der Erbe, Miterbe, Teilerbe und an Stelle des Erben Nachlaßpfleger, Nachlaßverwalter, Konkursverwalter, Testamentsvollstrecker, auch der Käufer der Erbschaft auf Grund der Abtretung seitens des Verkäufers der Erbschaft (**L.** § 324). Der Kläger hat seine Berufung zur Erbfolge zu beweisen. Dazu gehört bei gesetzlicher Berufung auch der Nachweis der Verwandtschaft oder Ehe mit dem Erblasser. Behauptet der Beklagte, daß das Erbrecht des Klägers nicht bestehe, z. B. weil eine Verfügung von Todes wegen es ausschließt, so hat er den Beweis zu führen. Dieser Beweis kann sich nicht nur darauf erstrecken, daß nicht der Beklagte, sondern auch, daß ein Dritter der Berufene sei. Für den Beweis des Erbrechtes ist auf die Bedeutung des Erbscheines zu verweisen (**L.** § 311). Die Annahme der Erbschaft hat der Kläger nicht zu beweisen, sondern der Beklagte die Ausschlagung.

Einen analogen Gesamtanspruch hat auch derjenige (bzw. für ihn sein Abwesenheitspfleger), der für tot erklärt ist und den maßgebenden Todesmoment überlebt hat, und derjenige, dessen Tod zu Unrecht angenommen worden ist, auf Herausgabe seines Vermögens (**2031**). Behauptung und Beweis des Klägers gestalten sich dementsprechend.

II. **Beklagter**

A. ist derjenige, der die Erbschaft als solche oder Bestandteile derselben als solche in Besitz genommen hat und damit eine das Erbrecht des Klägers negierende oder verdrängende Prätension eigenen Erbrechtes oder sonstigen Rechtes auf den Nachlaß ausdrücklich oder stillschweigend zu erkennen gibt (Erbprätendent, possessor pro herede). Es gehört dahin derjenige, der Erbschaft in Besitz genommen hat und ausdrücklich sich selbst Erbrecht zuschreibt; ferner auch, wer irrtümlich für den Erben gehalten wird und sich gleich diesem verhält, ohne den Irrtum auf-

---

[1]) Strohal II, §§ 93—96. Binder, Die Rechtsstellung des Erben III, S. 356 ff.

zuklären (**2018**); ferner derjenige, der die Erbschaft von einem solchen Erbschaftsbesitzer, d. h. Erbprätendenten, durch Vertrag erworben hat, also der Erbschaftskäufer, der von einem Nichtberechtigten die Erbschaft erwarb (**2030. 2371. 2385**). Dagegen richtet sich der Erbschaftsanspruch nicht gegen den Besitzer von Nachlaß oder Nachlaßgegenständen, dessen Verhalten einen Rechtsstreit um das Erbrecht nicht nötig macht, z. B. nicht gegen den, der eine Nachlaßsache als ihm vom Erblasser geschenkte in Händen hat, oder der den Nachlaß im Interesse des Erben als Geschäftsführer ohne Auftrag, als Vormund, Testamentsvollstrecker, Nachlaßpfleger verwaltete, oder der unter Mißachtung des Erbrechtes Erbschaft in Besitz nimmt, ohne sich Erbrecht anzumaßen (vgl. possessor pro possessore). Der Nacherbe kann gegen den Vorerben den Anspruch nur dann erheben, wenn der Vorerbe den Eintritt der Nacherbfolge bestreitet. Tut er das nicht, so muß der Nacherbe auf Grund von **2130** auf Herausgabe klagen. In gleicher Weise bestimmt sich der Beklagte beim Gesamtanspruche des mit Unrecht für tot Erklärten und desjenigen, dessen Tod mit Unrecht angenommen ist (**2031**). Damit, daß der Beklagte etwas aus der Erbschaft erlangt haben muß, ist nicht gefordert, daß er Besitz an Erbschaftssachen, besonders Eigenbesitz (**872**), erlangt haben muß. Erbschaftsbesitzer ist auch derjenige, dem Nachlaßschuldner als dem Erbprätendenten die Leistung erbringen, sowie derjenige, der seinem Gläubiger gegenüber eine Nachlaßforderung aufgerechnet hat, ferner auch derjenige, der als Erbprätendent dem wahren Erben gegenüber die Erfüllung einer Nachlaßschuld verweigert.

B. Der Kläger hat nur den Beweis zu erbringen, daß der Beklagte als Erbprätendent etwas aus der Erbschaft erlangt hat. Der Beklagte dagegen würde zu beweisen haben, daß er *gegenwärtig* nichts mehr aus der Erbschaft hat (**2018**).

III. Den Kläger unterstützen hier die dem Beklagten und gewissen Dritten auferlegten *Pflichten*:

A. *Der Erbschaftsbesitzer* ist verpflichtet, dem Erben über den Bestand der Erbschaft und über den örtlichen und wirtschaftlichen Verbleib der Erbschaftsgegenstände (Surrogationsprinzip IV. Z. 1) Auskunft zu erteilen. Über den Inhalt dieser Pflicht, die auch die Leistung des Offenbarungseides in sich schließt, vgl. **260**. **L.** § 78 (**2027**, Abs. 1). Eine gleiche Auskunftspflicht trifft den Besitzer eines unrichtigen Erbscheines nach **2362**, Abs. 2 (**L.** § 311) und den Besitzer einer Nachlaßsache, der nicht Erbschaftsbesitzer ist nach **2027**, Abs. 2.

B. *Dritte*, die sich zur Zeit des Erbfalles mit dem Erblasser in häuslicher Gemeinschaft befunden haben, sind dem Erben verpflichtet, Auskunft darüber zu erteilen, welche erbschaftlichen Geschäfte sie geführt haben, und was ihnen über den Verbleib der Erbschaftsgegenstände bekannt ist. Auch hier tritt eine näher bestimmte Pflicht zur Leistung des Offenbarungseides ein (**2028. 259**, Abs. 3. **261**).

IV. *Der Inhalt des Erbschaftsanspruches.*

A. Der Erbschaftsanspruch geht auch auf das, was der Beklagte aus der Erbschaft erlangt hat (**2018**). Dahin gehört

1. nach dem *Surrogationsprinzip* das, was auf Grund eines zur Erbschaft gehörenden Rechtes oder als Ersatz für die Zerstörung, Beschädigung oder Entziehung eines Erbschaftsgegenstandes erworben ist, ferner alles, was der Erbschaftsbesitzer durch Rechtsgeschäft mit Mitteln der Erbschaft erworben hat, ohne Rücksicht darauf, ob es für den Nachlaß erworben wurde oder vom Beklagten für sich (**2019**)[1]. Wie bezüglich der ursprünglichen Erbschaftssachen, steht dem Erben auch bezüglich der surrogierten der Aussonderungsanspruch im Konkurse des Erbschaftsbesitzers zu (KO. § 46);

2. der Besitzer hat ferner *Nutzungen aus der Erbschaft* herauszugeben und abweichend vom Eigentumsanspruch (**993**) auch diejenigen Früchte, die er zu Eigentum erworben hat (**2020**);

[1]) *Schuldner* aus Forderungen, die in dieser Weise erworben sind, genießen Schutz ihres guten Glaubens an die Gläubigerstellung des Erbschaftsbesitzers gemäß **2019**, Abs. 2, wie in den verwandten Fällen **2041. 2111.** Dritte, die vom Erbschaftsbesitzer erworben haben, genießen den Schutz des guten Glaubens.

3. der Erbschaftsbesitzer kann sich, anders als gegenüber dem Eigentumsanspruch, nicht auf die Ersitzung einer Erbschaftssache berufen, solange der Erbschaftsanspruch selbst noch nicht verjährt ist (**2026**, vgl. **944**);

4. kann der Erbschaftsbesitzer das, was er aus der Erbschaft erlangt hat, nicht mehr herausgeben, so muß er, soweit er bereichert ist, den Wert herausgeben (**2021**). Die Beweislast trifft nach II. B. den Erbschaftsbesitzer (vgl. Sctm. Juventianum).

B. Haftung des Erbschaftsbesitzers wegen Unterganges, Verschlechterung oder sonstiger Unmöglichkeit der Herausgabe. Hier entscheidet einmal der Zeitpunkt der Rechtshängigkeit, sodann die Gut- oder Schlechtgläubigkeit (**932**. **L**. § 173) des Erbschaftsbesitzers und die Tatsache, daß er durch strafbare Handlung oder verbotene Eigenmacht in den Besitz gelangte.

1. Der gutgläubige Erbschaftsbesitzer haftet für die Zeit vor der Rechtshängigkeit nicht, nach dem Eintritt dieser aber, wenn er infolge eigenen Verschuldens die Erbschaftssachen oder Nutzungen nicht herausgeben kann oder Nutzungen nicht gezogen hat, die er bei ordnungsmäßiger Wirtschaft hätte ziehen können (**2023**. **987**. **989**). Handelt es sich um die Herausgabe der Bereicherung, so entscheiden die Grundsätze für diese (**2021**. **818**, Abs. 4, vgl. **L**. § 141.)

2. Der schlechtgläubige Erbschaftsbesitzer haftet (**2024**), wenn er bei Beginn des Erbschaftsbesitzes nicht in gutem Glauben war, von diesem Zeitpunkte an; wenn er in einem späteren Zeitpunkte Kenntnis davon erhält, daß er nicht Erbe ist, von diesem späteren Zeitpunkte an wie der gutgläubige Besitzer nach Rechtshängigkeit; bei ihm eingetretener Verzug kann weitere Steigerungen seiner Haftung herbeiführen (**L**. § 80).

3. Haftung auf Schadensersatz wegen unerlaubter Handlungen tritt ein, wenn der Erbschaftsbesitzer einen Erbschaftsgegenstand durch eine strafbare Handlung oder eine Nachlaßsache durch verbotene Eigenmacht (**857**. **858**) erlangt hat. Eine Milderung wird hier zugunsten des gutgläubigen Erbschaftsbesitzers zugelassen. Dieser haftet für verbotene Eigenmacht nur, wenn der Erbe den Besitz der Erbschaftssache schon tatsächlich ergriffen hatte (**2025**).

C. Der Gegenanspruch des Erbschaftsbesitzers wegen Verwendungen. Der Erbschaftsbesitzer soll aus dem Besitze der Erbschaft keinen Vorteil ziehen, aber auch keinen Nachteil erfahren. Er kann deshalb in weiterem Umfange als der Besitzer gegenüber der Eigentumsklage (**L**. § 174) nicht nur wegen solcher Verwendungen, die auf Erbschaftssachen gemacht sind, sondern die in der Tilgung von Nachlaßverbindlichkeiten und Bestreitung von Lasten der Erbschaft bestehen, Ersatz verlangen. Es ist zu unterscheiden:

1. Der gutgläubige Besitzer kann

a) vor der Rechtshängigkeit gemachte Verwendungen ersetzt verlangen ohne Rücksicht darauf, ob sie notwendige waren oder den Wert der Erbschaft zur Zeit noch erhöhten[1]). Der Erbe kann den Erbschaftsbesitzer zur Deckung dieses Betrages auf die vom Erbschaftsbesitzer herauszugebende Bereicherung verweisen (A. Z. 4). Soweit die Ersatzforderung auf diese Weise nicht gedeckt ist, kann sie durch Zurückbehaltung der Erbschaftssachen geltendgemacht werden (**2022**, Abs. 1). Dieser Erstattungsanspruch ist sonst ebenso bestimmt wie gegenüber dem Eigentumsanspruch (**L**. § 174).

b) Nach der Rechtshängigkeit hat der gutgläubige Besitzer den gleichen Ersatzanspruch wie gegenüber dem Eigentumsanspruch, d. h. die Verwendungen müssen notwendige sein und der Ersatzanspruch sich nach den Grundsätzen über die Geschäftsführung ohne Auftrag rechtfertigen (**2023**, Abs. 2).

2. Der schlechtgläubige Besitzer hat den beschränkten Ersatzanspruch wie der gutgläubige nach Rechtshängigkeit, und zwar entweder vom Beginne des Erbschaftsbesitzes oder von dem späteren Zeitpunkte des Eintrittes seiner Schlechtgläubigkeit an (**2024**).

---

[1]) Vgl. **994**—**996**.

3. Das Zurückbehaltungsrecht ist immer ausgeschlossen, wenn der Besitzer die Erbschaft oder die einzelnen Erbschaftssachen, die er zurückbehalten will, durch eine vorsätzliche, unerlaubte, wenn auch nicht strafbare Handlung erlangt hat (**2022**, Abs. 1. **1000**).

4. Wenn der Erbe wegen Verwendungen, die nicht auf einzelne Sachen gemacht sind, z. B. Tilgung von Nachlaßschulden, nach allgemeinen Grundsätzen in weiterem Umfange Ersatz zu leisten hat, so bleibt dieser Anspruch des Erbschaftsbesitzers unberührt (**2022**, Abs. 3).

V. Die Verjährung des Erbschaftsanspruches tritt nach dreißig Jahren ein (**194**. **195**). Die Verjährung kann nicht eher beginnen, als die Erbschaft durch einen Erbschaftsbesitzer (**2018**. **2031**) in Besitz genommen ist[1]). Die Verjährung des Gesamtanspruches des für tot Erklärten, aber noch Lebenden soll sich nicht vor dem Ablauf eines Jahres nach dem Zeitpunkte vollenden, in dem der Berechtigte von der Todeserklärung Kenntnis erlangt hat (**2031**, Abs. 1, Satz 2).

VI. Während des Rechtsstreites über das Erbrecht gilt den Nachlaßgläubigern und -Schuldnern gegenüber keine der Parteien an sich als Erbe. Es entscheiden hier lediglich die allgemeinen Grundsätze. Die Nachlaßschuldner sind durch das Institut des Erbscheines und die Hinterlegungen gesichert. Auch das Urteil über das Erbrecht wirkt nicht über die Parteien hinaus (ZPO. §§ 293 ff.).

§ 323.

Die Einzelansprüche.[2])

Die Einzelansprüche, die dem Erblasser zustanden, kann der Erbe gegen den anstellen, gegen den sie sich ihrem Inhalte gemäß richten, mag dieser Erbschaftsbesitzer sein oder nicht. In jedem Falle wird der Erbe bei Erhebung der Einzelansprüche unterstützt durch die Auskunftspflichten, die dem Erbschaftsbesitzer und Dritten, die sich zur Zeit des Erbfalles in häuslicher Gemeinschaft mit dem Erblasser befanden, obliegen; denn die dem Erbschaftsbesitzer auferlegte Auskunftspflicht trifft nach **2027**, Abs. 2, denjenigen, der, ohne Erbschaftsbesitzer zu sein, eine Sache aus dem Nachlasse in Besitz nimmt, bevor der Erbe tatsächlich den Besitz ergriffen hat. Steht der Einzelanspruch gegen den Erbschaftsbesitzer zu, so liegt es im Ermessen des Erben, ob er diesen oder den Gesamtanspruch geltendmachen will. Wählt der Erbe den Einzelanspruch, so kann dadurch die Lage des Beklagten eine ungünstigere werden, als wenn er mit dem Gesamtanspruche belangt würde, z. B. im Punkte des Ersatzanspruches wegen Verwendungen gegenüber der Eigentumsklage auf Herausgabe. Damit ist auch gegenüber dem Einzelanspruch seine Haftung ebenso bestimmt wie gegenüber dem Gesamtanspruch (**2029**). Das Gericht hat hier zugunsten und zu Lasten des Beklagten die Vorschriften des Erbschaftsanspruches auf den Einzelanspruch zur Anwendung zu bringen. Erweist sich der Erbschaftsbesitz des Beklagten, so ist damit seine Haftung gesetzlich festgelegt (vgl. exceptio si praejudicium non fiat hereditati).

---

5. Kapitel.

Der Erbschaftskauf.[3])

§ 324.

Der Erbschaftskauf.

I. Unter den Regeln des „Erbschaftskaufes" stehen eine Reihe von **Schuldverträgen über eine Erbschaft** (**2371**. **2385**, Abs. 1).

A. In erster Linie gehören hierher der Verkauf der dem Alleinerben angefallenen Erbschaft und des dem Miterben angefallenen Anteiles, ferner der Verkauf eines Bruchteiles dieser Erbschaft oder dieses Anteiles durch den Allein- bzw. Miterben,

---

[1]) Vgl. Strohal, a. a. O., S. 162, Note 15. Derselbe, Jahrb. f. Dogm. Bd. 38, S. 101.
[2]) Strohal II, § 96.
[3]) Strohal II, §§ 97. 98. Binder, Die Rechtsstellung des Erben III, S. 98 ff.

B. sodann der Weiterverkauf einer durch Kauf erworbenen Erbschaft, eines Anteiles oder der Bruchteile von solchen,

C. andere Veräußerungsverträge über eine angefallene Erbschaft, Anteile und Bruchteile von solchen (z. B. Schenkung) und andere Weiter-Veräußerungsverträge über durch Kauf oder andere Veräußerungsverträge erworbene Erbschaft, Anteile oder Bruchteile von solchen.

Im folgenden wird der Grundfall, in dem der Erbe die ihm angefallene Erbschaft oder den Erbteil verkauft, betrachtet werden.

II. **Die Form** des Erbschaftskaufes. In allen unter I. genannten Fällen bedarf der Vertrag der gerichtlichen oder notariellen Beurkundung (**2371**). Hat ein Teilerbe über seinen Anteil gemäß **2033**, Abs. 1, in formgerechtem, d. h. gerichtlich oder notariell beurkundetem Vertrage verfügt, ohne daß zugleich der der Verfügung unterliegende Schuldvertrag nach **2371** gerichtlich oder notariell beurkundet worden ist, so ist das Verfügungsgeschäft zwar gültig, aber der Kondiktion (**812**) unterworfen[1]).

III. **Gegenstand** des Erbschaftskaufes ist im Grundfalle die Erbschaft. Was dazu gehört, wird durch Auslegungsregeln klargestellt.

A. Vorteile, die dem Erben aus dem Wegfalle von Vermächtnissen, Auflagen oder aus der Ausgleichungspflicht der Miterben erwachsen, gebühren dem Käufer, wenn nicht anderes vereinbart ist (**2372**). Das gleiche gilt, wenn zugunsten des verkaufenden Vorerben eine angeordnete Nacherbfolge in Wegfall kommt.

B. Dagegen sind im Zweifel nicht mitverkauft die Erhöhungen des ursprünglichen verkauften Erbteiles (**1953. 2094**), der weitere Erbteil, der dem Verkäufer als Nacherben zufällt, soweit die Erhöhung und die Nacherbfolge nach Abschluß des Kaufes eintreten, ferner ein dem Verkäufer zufallendes Vorausvermächtnis (**2150**) und Familienpapiere und Familienbilder (**2373**).

IV. **Rechte und Pflichten der Parteien.**

Durch den Abschluß des Kaufes wird der Käufer nicht etwa Erbe an Stelle des Verkäufers, sondern er erhält nur den schuldrechtlichen Anspruch gegen den Verkäufer, daß er ihm die tatsächliche Stellung des Erben, wie sie für den Verkäufer bestand, einräume. Der Verkäufer, der als Teilerbe seinen Erbteil verkauft hat, kann diesen selbst wie auch einen Bruchteil desselben übertragen, nicht so der Alleinerbe; hier fehlt es an einem einheitlichen Übertragungsakt.

A. **Der Verkäufer** hat die Pflicht,

1. die zur Zeit des Verkaufes vorhandenen Erbschaftsgegenstände mit Einschluß dessen, was vor dem Verkaufe als Surrogat an deren Stelle getreten ist, dem Käufer herauszugeben (**2374**). Diese Herausgabe gestaltet sich nach der Natur der Nachlaßgegenstände verschieden (Übergabe, Auflassung, Abtretung). Für Erbschaftsgegenstände, die der Verkäufer vor dem Verkaufe verbraucht, unentgeltlich veräußert oder unentgeltlich belastet hat, nicht aber im Falle sonstiger Verschlechterung, Unterganges oder einer aus einem anderen Grunde eintretenden Unmöglichkeit der Herausgabe, muß der Verkäufer im Zweifel deren Wert bzw. Wertminderung ersetzen. Diese Ersatzpflicht tritt dann nicht ein, wenn der Käufer bei dem Kaufabschlusse Kenntnis von diesen tatsächlichen und rechtlichen Verfügungen hatte (**2375**, Abs. 1), und auch nicht im Falle der Schenkung (**2385**, Abs. 2, Satz 1). Rechtsverhältnisse, die durch Vereinigung infolge des Erbfalles erloschen sind, gelten im Verhältnis von Verkäufer und Käufer, nicht Dritten gegenüber, als nicht erloschen und sind erforderlichen Falles wiederherzustellen (**2377**).

2. Den Erbschaftsverkäufer trifft die Gewährleistungspflicht in beschränkterem Umfange als den Verkäufer i. a.

a) Fehler einer Erbschaftssache hat er nicht zu vertreten (**2376**, Abs. 2).

---

[1]) A. M. Strohal II, S. 96 f., der auf Grund analoger Anwendung von **313** annimmt, daß der formwidrige Schuldvertrag durch formgerechten Abschluß des Verfügungsgeschäftes seinem ganzen Inhalte nach gültig wird. Gelangt man nicht aber dann zu dem ganz allgemeinen Satz, daß formwidrige Kausalgeschäfte durch nachfolgenden formgerechten Abschluß des dinglichen Vollzugsgeschäftes gültig werden?

b) Mängel im Rechte hat er nur insoweit zu vertreten, als er dafür haftet, daß ihm das Erbrecht zusteht, und zwar frei von der Beschränkung durch das Recht eines Nacherben, durch Ernennung eines Testamentsvollstreckers, frei von Vermächtnissen, Auflagen, Pflichtteilsschulden und Teilungsanordnungen. Auch dafür muß der Verkäufer einstehen, daß nicht allen oder einzelnen Nachlaßgläubigern gegenüber unbeschränkte Haftung eingetreten ist (**2376**, Abs. 1). Davon abgesehen, müssen die allgemeinen Voraussetzungen der Gewährleistungspflicht vorliegen (**L.** § 105).

Der Schenker haftet nur wegen des aus argligtigem Verschweigen des Rechtsmangels dem Beschenkten entstandenen Schadens (**2385**, Abs. 2, Satz 2).

B. **Der Käufer** ist verpflichtet

1. zur Zahlung des Kaufpreises,

2. er hat im Verhältnis zum Verkäufer die Nachlaßverbindlichkeiten zu erfüllen, soweit nicht der Verkäufer (A. 2. b) dafür einzustehen hat, daß solche nicht bestehen. Für Berichtigung von Verbindlichkeiten durch den Verkäufer vor dem Verkaufe hat der Käufer Ersatz zu gewähren (**2378**).

C. **Vorteile, Lasten, Verwendungen und Gefahr.**

1. In Abweichung von den allgemeinen Kaufregeln (**446**) trägt der Käufer die Gefahr zufälligen Unterganges und zufälliger Verschlechterung der Nachlaßgegenstände schon vom Abschlusse des Kaufes an (**2380**, Satz 1).

2. Die Nutzungen und Lasten für die Zeit vor dem Verkaufe genießt bzw. trägt daher der Verkäufer. Er hat auch die Nachlaßverbindlichkeiten für diese Zeit zu verzinsen. Der Käufer hat aber schon die für diese Zeit von der Erbschaft zu entrichtenden Abgaben und die außerordentlichen Lasten, die auf dem Stammwerte der Erbschaftsgegenstände ruhen, zu tragen (**2379**). Vom Gefahrübergange, d. h. vom Kaufabschlusse an gebühren die Nutzungen dem Käufer, und trägt er die Lasten (**2380**, Satz 2).

3. Die Ersatzpflicht des Käufers bzw. der vom Verkäufer vor dem Verkaufe auf die Erbschaft gemachten Verwendungen beschränkt sich nicht auf die notwendigen Verwendungen. Jedoch sind nur diese schlechthin, andere nur insoweit zu ersetzen, als durch sie der Wert der Erbschaft zur Zeit des Verkaufes erhöht ist (**2381**).

V. **Die Haftung des Verkäufers und Käufers den Nachlaßgläubigern gegenüber** (**2382** bis **2384**).

A. Vom Abschlusse des Kaufes an haftet der Käufer den Nachlaßgläubigern, und zwar sämtlichen, auch denen, deren Befriedigung der Verkäufer vom Käufer nicht verlangen kann (IV. B. 2. C. 2). Diese Haftung ist zwingenden Rechtes; ausschließende oder abändernde Vereinbarungen zwischen den Kaufparteien sind also ausgeschlossen (**2382**).

B. Die Haftung des Verkäufers erlischt nicht (**2382**). Eine beschränkte Ausnahme ergibt sich beim Vorkaufsrechte der Miterben nach **2036**.

C. Wie der Käufer den Nachlaßgläubigern haftet, bestimmt sich nach den allgemeinen Vorschriften über die Haftung des Erben. Soweit der Verkäufer den Nachlaßgläubigern unbeschränkt haftete, trifft die gleiche Haftung den Käufer. Haftete er noch nicht unbeschränkt, so kann sich der Käufer wie der Erbe die beschränkte Haftung wahren; die Inventarerrichtung durch den Verkäufer kommt aber auch dem Käufer zustatten. Haftet der Käufer beschränkt, so gelten auch die Ansprüche des Käufers aus dem Kaufe als zur Erbschaft gehörig (**2383**)[1]. Für die Haftung des Verkäufers ist es von Bedeutung, daß ihm das vom Käufer errichtete Inventar zustatten kommt, wenn er nicht schon unbeschränkt haftete (**2383**, Abs. 2). Zum Schutz der Interessen der Nachlaßgläubiger ist ihnen gegenüber dem Verkäufer die Pflicht auferlegt, dem Nachlaßgerichte den Verkauf und den Namen des Käufers unverzüglich anzuzeigen. Die Anzeige des Verkäufers wird durch die des Käufers ersetzt. Die Einsicht in die Anzeige ist jedem rechtlich Interessierten zu gestatten (**2384**).

---

[1]) Vgl. ZPO. § 1000. KO. § 232. 233.

Sachregister.

A.

B.

C.

D.

E.

F.

G.

H.

L.

M.

N.

R.

S.